I0033062

ENCYCLOPÉDIE
MÉTHODIQUE,
OU

PAR ORDRE DE MATIÈRES;

PAR UNE SOCIÉTÉ DE GENS DE LETTRES, DE SAVANS ET D'ARTISTES;

Précédée d'un Vocabulaire universel, servant de Table pour tout l'Ouvrage, ornée des Portraits de MM. DIDEROT & D'ALEMBERT, premiers Éditeurs de l'Encyclopédie.

ENCYCLOPÉDIE
MÉTHODIQUE.

ÉCONOMIE
POLITIQUE ET DIPLOMATIQUE,
PARTIE DÉDIÉE ET PRÉSENTÉE

A Monseigneur le Baron DE BRETEUIL,
Ministre et Secretaire d'État, &c.

Par M. DÉMEUNIER, Secrétaire ordinaire de MONSIEUR
Frere du Roi, & Censeur royal.

TOME TROISIEME.

A PARIS,

Chez PANCKOUCKE, Libraire, hôtel de Thou, rue des Poitevins.

A LIÈGE,

Chez PLOMPTEUX, Imprimeur des États.

M. DCC. LXXXVIII.
Avec Approbation, & Privilege du Roi.

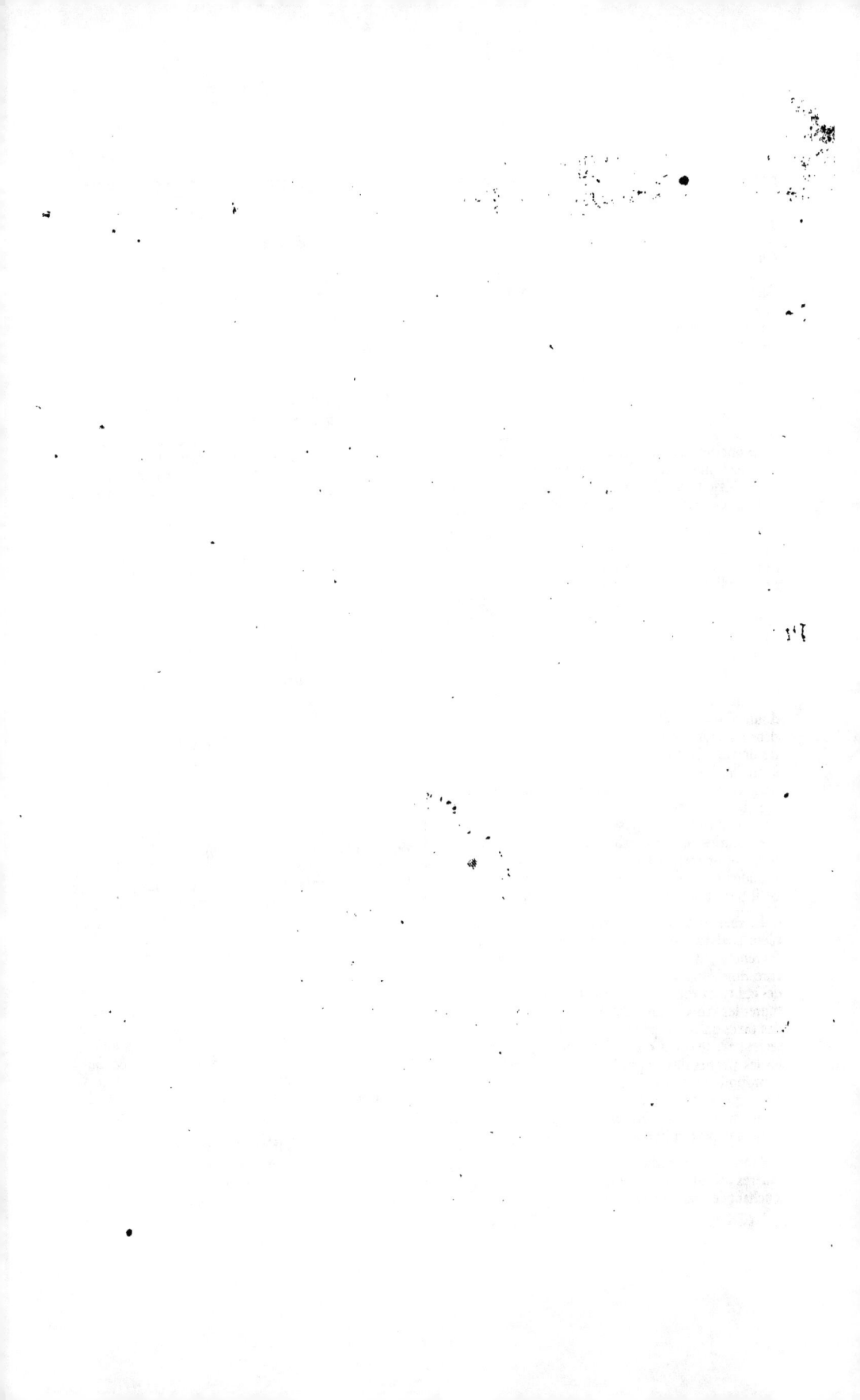

IMPOTS.

On donne le nom d'*impôts* aux contributions qu'exige le gouvernement pour la défense & le maintien de l'état. Cette partie de l'administration qui devroit être bien perfectionnée, puisqu'il n'y a jamais eu d'association politique sans contributions, est encore dans l'enfance : par-tout on a mis des *impôts* nuisibles à la prospérité nationale, & leur multiplicité a fait par-tout moins de tort que le vice de leur assiète : depuis qu'on s'occupe de la science de l'économie politique, on a écrit des ouvrages sans nombre sur la théorie des *impôts* ; la plupart des auteurs ont montré clairement que les *impôts* d'usage sont mal assis ; mais ils n'ont pas été si heureux, lorsqu'ils ont voulu dire quelle étoit la manière la plus convenable de les asseoir.

Ce sujet est si important que nous ne craindrons pas d'étendre beaucoup cet article : nous examinerons les divers *impôts* établis en Europe : nous indiquerons les critiques dont ils paroissent susceptibles, & nous démontrerons presque toujours, d'après M. Smith qui a déployé une sagacité merveilleuse, les principes généraux qu'il est à propos de suivre, & la nécessité de quelques exceptions selon les circonstances particulières.

Sans doute il faut simplifier les *impôts*, sans doute il seroit utile d'en réduire le nombre, mais dans les grandes nations accablées de dépenses & de dettes, le fisc est réduit à user d'adresse, & à choisir les *impôts* dont les contribuables s'apperçoivent le moins : nous n'examinerons point ces deux articles qu'on a discutés mille fois : nous n'examinerons pas non plus s'il seroit possible ou utile de convertir tous les impôts dans un seul impôt territorial, comme le voudroient les économistes : M. Necker a traité cette matière, & il paroît avoir résolu la question.

Le revenu particulier d'un individu vient en dernière analyse, de trois différentes sources, de ses rentes, de ses profits & de son salaire. Toute taxe doit être payée finalement par quelqu'une de ces trois différentes sortes de revenu, ou par toutes les trois indifféremment. Nous parlerons 1°. des taxes qu'on se propose de faire tomber sur les rentes : 2°. de celles qu'on se propose de faire tomber sur les profits des capitalistes : 3°. de celles qu'on se propose de faire tomber sur le salaire : 4°. de celles qu'on se propose de faire tomber indifféremment sur ces trois différentes sources du revenu des particuliers.

Avant d'entrer dans l'examen des taxes particulières, il est nécessaire de poser quatre maximes touchant les *impôts* en général.

I. Les sujets de chaque état doivent contribuer à maintenir le gouvernement, chacun dans la proportion la plus exacte possible avec ses facultés, c'est-à-dire, en proportion du revenu dont ils jouissent respectivement sous la protection de l'état. L'observation ou la violation de cette maxime entraîne ce qu'on appelle l'*égalité ou l'inégalité de l'impôt*.

II. La taxe que chaque individu est obligé de payer, doit être certaine & non arbitraire. Le temps du paiement, la manière de payer, la quantité à payer, tout doit être clair & précis pour le contribuable & pour toute autre personne ; sans quoi la personne sujette à l'*impôt* est plus ou moins à la merci du collecteur, qui peut ou aggraver l'*impôt* sur un contribuable, ou lui extorquer quelque présent ou gratification par la crainte d'une pareille vexation. La certitude de ce que chaque individu doit payer, est une chose si importante, qu'il paroît, je crois, par l'expérience de toutes les nations, qu'un degré considérable d'inégalité n'est pas un si grand mal que le plus petit degré d'incertitude.

III. Chaque *impôt* doit être levé au temps ou de la manière qui doit être la plus commode pour le contribuable.

IV. Chaque *impôt* doit être calculé de manière qu'il sorte & qu'il ne reste, hors de la poche du peuple, que le moins possible au-delà de ce qu'il fait entrer dans le trésor de l'état. Le contraire peut arriver de quatre façons différentes : 1°. la levée de l'*impôt* peut exiger un grand nombre d'officiers, dont les gages emportent la plus grande partie du produit de la taxe, & dont la cupidité peut imposer à leur profit une nouvelle taxe sur le peuple : 2°. elle peut arrêter l'industrie du peuple, & l'empêcher de s'adonner à certaines branches de travail, capables de donner de la subsistance & de l'emploi à un nombre d'hommes ; 3°. par les confiscations & les amendes qu'encourent les malheureux individus qui tâchent de se soustraire à l'*impôt* : 4°. en soumettant le peuple à de fréquentes visites & à un examen odieux de la part des collecteurs, on l'expose inutilement à être troublé, vexé & opprimé ; & quoique, strictement parlant, la vexation ne soit pas une dépense, elle est l'équivalent de ce que chacun donneroit volontiers pour s'en racheter.

L'utilité & la justice de ces maximes les ont rendues plus ou moins l'objet de l'attention de toutes les nations. Mais on verra bientôt qu'elles n'ont pas toutes également réussi.

A

Impôts fur les rentes. Taxes fur la rente des terres.

On peut impofer une taxe fur la rente des terres, qui foit invariable, d'après une estimation qui ne change point, & qui impofe chaque canton à une certaine contribution ; ou l'on peut l'établir de manière qu'elle varie, & que l'*impôt* hausse ou baisse avec la rente des terres, avec l'amélioration ou la décadence de leur culture.

Une taxe invariable fur les terres, comme celle de la Grande-Bretagne, peut être égale au tems de fon premier établissement ; mais, par successsion de tems, elle devient inégale, felon les divers degrés d'amélioration ou de détérioration dans la culture de différentes parties du pays. En Angleterre, l'évaluation selon laquelle les différens comtés ou paroisses ont été imposés par le quatrième acte de Guillaume & de Marie, étoit fort inégale dès le premier établissement. A cet égard, cette taxe péche donc contre la première de nos quatre maximes. Du refte, elle s'accorde parfaitement avec les trois autres. Elle est très-certaine. Le temps de la payer étant le même que celui où l'on reçoit la rente, est aussi commode qu'il peut l'être pour le contribuable. Il y a beaucoup moins d'officiers pour la lever, que pour en lever toute autre d'un rapport à-peu-près égal. Comme elle ne monte pas avec la rente, le fouverain ne participe point aux profits des ameliorations faites par les propriétaires. Elle n'arrête point l'induftrie du peuple.

Les propriétaires ont prefque tous gagné la différence entre la taxe qu'ils auroient payée selon la rente actuelle de leurs biens-fonds, & celle qu'ils payent d'après l'ancienne évaluation. Le revenu de tous les biens-fonds ayant augmenté, la taxe a été avantageufe aux propriétaires, & préjudiciable au fouverain. Dans un autre état, elle eût été avantageufe au fouverain, & préjudiciable aux propriétaires.

Comme la taxe est payable en argent, l'évaluation s'est faite de même en argent. Depuis le premier établissement de cette évaluation, la valeur de l'argent a été constamment uniforme, & il n'est arrivé aucune altération dans le titre de la monnoie, quant au poids & à la pureté des métaux. Si l'argent étoit confidérablement monté en valeur, comme il femble avoir fait dans le cours des deux fiècles qui ont précédé la découverte des mines de l'Amérique, l'évaluation fixe auroit pu devenir fatale aux propriétaires. Si l'argent, au contraire, avoit baissé, comme il a fait environ un fiècle après la découverte de ces mines, cette branche du revenu du fouverain auroit beaucoup fouffert. Si l'on eût fait quelque grand changement dans le titre de la monnoie, foit en donnant à la même quantité d'argent une moindre dénomination, foit en lui en donnant une plus haute ; dans le premier cas, le revenu du

propriétaire en auroit fouffert, & dans le fecond celui du fouverain.

Une taxe fur le revenu des terres, qui change avec le revenu, ou qui hausse & baisse d'après les progrès ou la décadence de la culture, est la plus équitable de toutes les taxes, felon les économiftes. Toutes les taxes, difent-ils, tombent finalement fur le revenu des terres, & doivent par conféquent être impofées également fur le fonds qui les fupporte en dernière analyfe. Il est certain que les taxes doivent tomber fur le fonds qui finalement doit les payer. Mais, fans entrer dans la difcussion défagréable des argumens métaphyfiques par lefquels ils appuient leur ingénieufe théorie, les détails fuivans feront connoître quelles font les taxes qui tombent finalement fur le revenu des terres, & quelles font celles qui tombent finalement fur quelqu'autre fonds.

Dans le territoire de Venife, toutes les terres labourables qui font données à ferme, font taxées au dixième de la rente. Les baux font enrégiftrés au greffe dans chaque province ou diftrict. Lorfque le propriétaire fait valoir fes terres par lui-même, on les apprécie d'après une estimation équitable, & on lui accorde une déduction du cinquième de la taxe, enforte qu'au lieu de dix, il ne paye que huit pour cent de la rente fuppofée.

Cette taxe fur les terres est certainement plus égale que celle qui est établie en Angleterre. Elle n'est peut-être pas fi certaine. L'affiette peut en être fouvent plus incommode pour le propriétaire, & la perception plus difpendieufe.

Peut-être pourroit-on imaginer une combinaifon qui remédieroit en grande partie à cette incertitude, & qui modéreroit la dépenfe.

Le propriétaire & le fermier pourroient être obligés folidairement à faire inscrire leur bail dans un régiftre public. On pourroit décerner des amendes convenables contre ceux qui en cacheroient ou déguiferoient les conditions ; & fi une partie de ces amendes tournoit au profit de celui des deux contractans, qui accuferoit & convaincroit l'autre de l'avoir fait, ils ne fe liguéroient pas ensemble pour frauder le revenu public. Ce régiftre public feroit affez connoître les conditions du bail.

Quelques propriétaires, au lieu d'augmenter la rente, prennent un pot de vin au renouvellement du bail. Cette pratique est communément celle d'un dissipateur, qui vend pour une fomme d'argent comptant un revenu à venir d'une plus grande valeur. Elle est donc communément préjudiciable au propriétaire : elle l'est fouvent au fermier, & toujours à la communauté. En mettant fur les pots de vin un *impôt* plus fort que fur la rente ordinaire, on pourroit décourager cette mauvaife pratique à l'avantage commun de toutes les parties intéressées, du propriétaire, du fermier, du fouverain & de la communauté,

Quelques baux prefcrivent au fermier une certaine manière de culture, & une certaine fucceffion de récoltes pendant le cours du bail. Cette condition eſt dictée en général par la bonne opinion que le propriétaire a de la fupériorité de fes connoiſſances en agriculture, opinion preſque toujours mal fondée, C'eſt une rente additionnelle de plus, ſtipulée dans le bail, non pas une rente en argent, mais une rente en fervice. Pour décourager cette folle pratique, on pourroit évaluer & taxer cette eſpèce de rente plus haut que la rente ordinaire en argent.

Quelques propriétaires, au lieu d'une rente en argent, demandent une rente en nature, en bled, en bétail, volaille, vin, huile, &c; d'autres exigent encore une rente en fervice. Ces fortes de rentes font toujours plus de tort au fermier que de bien au propriétaire. Elles tirent plus de la poche de l'un qu'elles ne mettent dans celle de l'autre, ou ce qu'elles en tirent reſte plus long-temps dehors. Plus elles font en uſage dans un pays, plus le fermier eſt pauvre. En évaluant & en taxant de même ces fortes de rentes plus haut que celle en argent, on pourroit dégoûter d'une pratique nuiſible à toute la communauté.

Lorſque le propriétaire prend le parti de faire valoir par lui-même, la rente peut être évaluée ſelon l'arbitrage équitable des fermiers & des propriétaires des environs, & on peut lui allouer une diminution de la taxe, comme dans le territoire de Veniſe, pourvu que le revenu des terres qu'il occupe, n'excède pas une certaine ſomme. Il eſt important d'encourager le propriétaire à cultiver une partie de ſes terres. Son capital eſt généralement plus conſidérable que celui du fermier, & avec moins d'habileté il peut avoir un plus grand produit. Le propriétaire a le moyen de tenter des expériences, & il eſt généralement diſpoſé à le faire. Mais la modération de la taxe ne doit pas l'encourager à ne cultiver qu'une certaine étendue de terres. S'il étoit tenté de faire valoir tout ce qu'il en peut avoir, au lieu de fermiers induſtrieux & économes que leur intérêt oblige de cultiver autant que leur capital & leur expérience le permettent, le pays feroit rempli de propriétaires pareſſeux & débauchés, dont l'adminiſtration abuſive dégraderoit bientôt la culture, & réduiroit le produit de la terre à une diminution qui n'affecteroit pas ſeulement le revenu de leur maître, mais encore la partie la plus eſſentielle de celui de la ſociété.

La dépenſe pour lever une taxe ſur les terres, qui varieroit avec la rente, feroit ſans doute un peu plus forte que celle qu'il faut pour en lever une invariable & fondée ſur une évaluation fixe. Il faudroit néceſſairement quelques frais de plus pour les bureaux d'enrégiſtrement à établir dans différens cantons du pays, & pour les différentes évaluations qu'occaſionneroient de temps en temps les propriétaires qui ſe mettroient à faire valoir par eux-mêmes. Toute cette dépenſe pourroit cependant être fort modérée, & fort au-deſſous de ce qu'il en coûte pour lever pluſieurs autres taxes d'un mince rapport, en comparaiſon de celle-là.

La plus grande objection contre une taxe variable ſur les terres eſt, ce ſemble, le découragement qu'elle pourroit mettre dans l'agriculture. Le propriétaire feroit certainement moins diſpoſé à améliorer, lorſque le ſouverain qui ne contribueroit en rien à la dépenſe, en partageroit le profit. Je crois pourtant qu'on pourroit obvier à cet inconvénient, en permettant au propriétaire, avant qu'il commençât ſes améliorations, de conſtater, conjointement avec les officiers du fiſc, la valeur actuelle de ſes terres, & en l'impoſant, ſelon cette évaluation, pour tel nombre d'années qui ſuffiroit pour l'indemniſer complettement. Un des principaux avantages de cette eſpèce de taxe ſur les terres, eſt d'attirer l'attention du ſouverain vers l'amélioration de l'agriculture, par l'intérêt de voir augmenter ſon revenu. Ainſi ce nombre d'années ne devroit être ni trop long ni trop court. Il vaudroit cependant mieux qu'il fût trop long que trop court. Il eſt beaucoup moins eſſentiel d'exciter l'attention du ſouverain, que de ne pas décourager celle du propriétaire. L'attention du ſouverain ne peut être au plus qu'une conſidération vague & générale de ce qui eſt expédient, pour que les terres de la plus grande partie de ſes domaines ſoient mieux cultivées. L'attention du propriétaire eſt une conſidération particulière & détaillée de la manière dont il peut faire l'application la plus avantageuſe de chaque pièce de terre qui lui appartient.

Une taxe de cette eſpèce ſe prêteroit d'elle-même, & ſans l'intervention du gouvernement, à tout état des choſes; elle feroit également juſte & équitable dans toutes les variations par où paſſe la ſociété, dans les progrès comme dans la décadence de l'agriculture, dans tous les changemens qui arriveroient à la valeur de l'or & de l'argent &. au titre de la monnoie. Par conſéquent, elle vaudroit mieux pour en faire un réglement perpétuel & inaltérable, ou pour être ce qu'on appelle une loi fondamentale de l'état ou de la communauté.

Au lieu de l'expédient ſimple & facile de l'enrégiſtrement ou inſinuation des baux, quelques états ont eu recours à la voie pénible & diſpendieuſe d'un arpentage & d'une évaluation actuelle de toutes les terres du pays. Ils ont probablement ſoupçonné que le bailleur & le preneur pouvoient complotter enſemble de ne pas déclarer les vraies conditions du bail, afin de frauder le revenu public. Le grand cadaſtre d'Angleterre paroît avoir été le réſultat d'un arpentage fort exact.

La taxe ſur les terres eſt aſſiſe, dans l'ancien

domaine du roi de Pruffe, fuivant un arpentage & une évaluation qu'on revoit & qu'on change de temps en temps. Les propriétaires féculiers y payent depuis vingt jufqu'à vingt-cinq pour cent de leur revenu, & les eccléfiaftiques depuis quarante jufqu'à quarante-cinq. L'arpentage & l'évaluation de la Siléfie ont été faits par ordre du roi actuel, &, à ce qu'on dit, fort exactement. Selon cette évaluation, les terres qui appartiennent à l'évêque de Breflau, font taxées à vingt-cinq pour cent de leur rente ; les autres revenus des eccléfiaftiques des deux religions, à cinquante pour cent ; les commanderies de l'ordre teutonique & de l'ordre de Malthe, à quarante pour cent ; les terres en fief noble, à trente-huit & un tiers pour cent ; & les terres en roture, à trente-cinq & un tiers.

On dit que l'arpentage & l'évaluation de la Bohême a été l'ouvrage de plus de cent ans. Ce travail n'a été achevé qu'en 1748 par ordre de l'impératrice-reine. L'arpentage du duché de Milan, commencé fous Charles VI, n'eft fini que depuis 1760. On le regarde comme le plus exact qu'on ait jamais fait. Celui de la Savoie & du Piémont a été exécuté fous les ordres du feu roi de Sardaigne.

Dans les domaines du roi de Pruffe, le revenu de l'églife eft taxé beaucoup plus haut que celui des propriétaires laics. Le revenu de l'églife eft communément un *impôt* fur le revenu des terres. Il n'arrive guère qu'on l'applique à leur amélioration, & que ce qu'on y emploie tourne à l'augmentation du grand corps du peuple. C'eft probablement par cette raifon que fa majefté pruffienne a cru qu'il étoit raifonnable de le faire contribuer davantage aux befoins de l'état.

En Siléfie, les terres nobles font taxées à trois pour cent plus haut que celles en roture. Sa majefté pruffienne a fans doute imaginé que les privilèges & les différentes fortes d'honneurs attachés aux premières, compenferoient affez cette petite charge de plus ; tandis qu'une légère charge de moins dédommageroit les autres de l'humiliation où elles font par rapport aux premières. En d'autres pays, le fyftême d'impofition ne fait qu'aggraver cette inégalité. Dans les états du roi de Sardaigne & dans les provinces de France, fujettes à ce qu'on appelle *taille réelle*, la taxe tombe entièrement fur les terres en roture, & c'eft un abus.

Quelqu'égale que puiffe être d'abord une taxe fur les terres, affife fuivant un arpentage & une évaluation générale, elle ne peut l'être long-tems. Pour en prévenir l'inégalité, il faut que le gouvernement donne une attention pénible & continuelle à toutes les variations dans l'état & le produit de chaque différente ferme du pays. Les gouvernemens de Pruffe, de Bohême, de Sardaigne & du duché de Milan font actuellement dans cet embarras, qui convient fi peu à la nature du gouvernement, qu'il n'eft pas vraifemblable que les chofes reftent long-temps fur le même pied ; & que fi elles y reftent, cette attention occafionnera probablement à la longue plus de peine & de vexation aux contribuables, qu'elle ne les foulagera. Enfin, fi jamais on établit des cadaftres dans les grands royaumes, il eft difficile qu'on s'y livre, d'une manière exacte, aux travaux fans nombre qu'exige leur renouvellement : lorfqu'il fera queftion de les renouveller, on fera prefque toujours ce qu'on a fait dans la généralité de Montauban.

En 1666 la taille réelle y fut affife, fuivant un arpentage & une évaluation qu'on dit fort exacte. En 1727, l'affiette étoit devenue abfolument vicieufe. Le gouvernement n'y trouva pas de meilleur remède que d'impofer fur toute la généralité une taxe additionnelle de cent vingt mille livres. Cette taxe eft mife fur les différens diftricts foumis à la taille par l'ancienne affiette : mais on ne la lève que fur ceux qui, dans l'état des chofes, font moins chargés par l'ancienne répartition qu'ils ne doivent l'être, & on l'applique au foulagement de ceux qui font furchargés. Deux diftricts, par exemple, dont l'un doit être annuellement taxé à 900 liv. & l'autre à 1100 livres, font taxés à 1000 liv. chacun par l'ancienne affiette. Par la nouvelle taxe additionnelle, ils font impofés chacun à 1100 liv. ; mais on ne la lève que fur celui qui n'eft point affez chargé, & on l'applique entièrement au foulagement de celui qui l'eft trop, & qui par conféquent ne paye que 900 liv. ; le gouvernement n'y gagne & n'y perd rien. Il remédie fimplement aux inégalités provenant de l'ancienne répartition. L'application fe fait à la difcrétion de l'intendant de la généralité, & par conféquent doit être arbitraire. Les adminiftrations provinciales vont changer ce même régime, & elles produiront fur cet article toute forte de biens.

Taxes qui font proportionnées non à la rente, mais au produit des terres.

Les *impôts* fur le produit des terres font dans la réalité des *impôts* fur la rente ; & quoiqu'ils puiffent être d'abord avancés par le fermier, ils font payés finalement par le propriétaire. Il n'y a point de fermier qui, avant de s'engager, ne calcule à quoi peut fe monter la dixme eccléfiaftique, qui eft une taxe de cette efpèce.

La dixme & toutes les autres taxes femblables font fouvent des taxes fort inégales fous l'apparence d'une parfaite égalité, parce qu'une certaine portion du produit, dans différentes fituations, équivaut à une portion de rente fort différente. Il y a des terres riches d'un fi grand produit, que la moitié de ce produit fuffit pleinement pour faire rentrer au fermier le capital qu'il a mis à la culture, & pour lui rendre les profits ordinaires des fonds de ferme, tels qu'on les retire dans les environs. S'il n'y avoit point de dixme, il feroit en état de payer comme rente au propriétaire l'autre moitié, ou, ce qui revient au même, la valeur de l'autre moitié. Mais si la dixme lui enleve un dixième du produit, il faut qu'il demande un rabais du cinquième sur la rente, sans quoi il ne pourroit plus retrouver son capital & le profit ordinaire. Dans ce cas, au lieu de se monter à la moitié du produit ou à cinq dixièmes, la rente ne se montera plus qu'à quatre dixièmes. Dans les terres pauvres, au contraire, le produit est quelquefois si petit & les frais de culture si considérables, qu'il ne faut pas moins que les quatre cinquièmes du produit pour remplacer le capital du fermier avec les profits ordinaires. Dans ce cas, quand il n'y auroit point de dixme, la rente du propriétaire ne pourroit excéder un cinquième ou deux dixièmes de tout le produit. Mais si le fermier paye en dixme un dixième du produit, il faut qu'il le paye de moins sur la rente du propriétaire, qui, par conséquent, se trouvera réduite à un dixième de tout le produit.

Si la dixme est souvent une taxe fort inégale sur la rente, elle est aussi toujours un grand découragement aux améliorations que pourroit faire le propriétaire & à la culture du fermier. La dixme a rélégué long-temps la culture de la garance aux Provinces-Unies, qui étant habitées par des presbytériens, & par conséquent affranchies de cet *impôt* destructif, faisoient une sorte de monopole de cette plante utile pour la teinture contre tout le reste de l'Europe. Les dernières tentatives pour en introduire la culture en Angleterre, n'ont été faites que d'après un statut qui a ordonné qu'en place de toute espèce de dixme, on ne prendroit que cinq schelings par acre sur la garance.

Une taxe sur les terres proportionnées non à la rente, mais au produit, est le principal revenu de divers états de l'Asie, comme il est le principal revenu de l'église dans la plus grande partie de l'Europe. L'empereur de la Chine perçoit la dixième partie du produit de toutes les terres de l'Empire. L'estimation de cette dixième partie est cependant si modérée, que dans plusieurs provinces elle n'excède pas, dit-on, le treizième du produit ordinaire. On dit que la taxe sur les terres ou sur la rente des terres, qu'on étoit dans l'usage de payer au gouvernement mahométan du Bengale, avant que ce pays tombât au pouvoir de la compagnie angloise, se montoit environ au cinquième du produit. C'est à quoi l'on prétend que se montoit aussi la taxe sur les terres de l'ancienne Egypte.

On dit qu'en Asie cette sorte de taxe intéresse le souverain à l'amélioration & à la culture des terres. On ajoute que les souverains de la Chine, ceux du Bengale, tandis qu'il étoit soumis au gouvernement mahométan, & ceux de l'ancienne

Egypte, ont eu la plus grande attention à faire & entretenir de bons chemins & des canaux navigables, afin de favoriser le plus qu'ils pouvoient l'accroissement de la quantité & de la valeur de chaque partie du produit, en ouvrant à chacune le marché le plus étendu que comportassent leurs domaines. Mais la dixme de l'église est divisée en tant de petites portions, qu'aucun de ses propriétaires ne sauroit avoir un intérêt de cette nature. Le curé d'une paroisse ne trouveroit jamais son compte à faire un chemin ou un canal pour donner au loin un débouché au produit de sa paroisse. Ces impôts, quand ils sont destinés à l'entretien de l'état, peuvent avoir quelques avantages qui en contrebalancent l'inconvénient. Destinés à entretenir l'église, ils n'ont que les inconvéniens qui ne sont compensés par rien.

Les taxes sur le produit des terres peuvent être levées ou en nature, ou en argent.

Le curé d'une paroisse ou un homme d'une petite fortune, qui vit de son bien, peuvent trouver quelquefois de l'avantage à recevoir en nature, l'un sa dixme, & l'autre sa rente. L'espace où il faut recueillir & la quantité à recueillir, sont si peu de chose, qu'ils peuvent avoir l'œil sur la perception de chaque partie de ce qui leur est dû. Si les rentes d'un homme fort riche étoient en nature dans une province éloignée, il seroit en grand danger de perdre beaucoup par sa négligence, & encore plus par la faute de ses facteurs & de ses agens. La perte du souverain, par la mauvaise conduite & la déprédation de ses collecteurs, seroit nécessairement encore plus grande. On dit cependant qu'une partie du revenu public se touche en nature à la Chine. Les mandarins & les autres receveurs sont fort intéressés à continuer une pratique sujette à bien plus d'abus & de malversations que le paiement en argent.

Une taxe sur le produit des terres, levée en argent, peut se lever ou suivant une appréciation qui suive les variations du prix courant, ou suivant une évaluation fixe, c'est-à-dire, toujours à tant le boisseau de bled, par exemple, quel qu'en soit le prix courant. Le produit d'une taxe levée de la première façon changera, selon toutes les variations qui arriveront dans le produit réel des terres, selon les progrès ou la décadence de la culture. Le produit d'une taxe levée de la seconde manière variera non-seulement suivant les variations dans le produit de la terre, mais suivant celles qui arriveront dans la valeur des métaux précieux, & dans la quantité de ces métaux contenus en différens temps sous une même dénomination de la monnoie.

Si au lieu d'une certaine portion du produit de la terre, ou du prix de cette portion, l'on doit payer une certaine somme d'argent, en compensation de toute taxe ou dixme, l'*impôt* est pour lors exactement de la même nature que la taxe angloise sur les terres. Il ne hausse & ne baisse point avec le revenu des terres. Il n'encourage ni ne décourage l'amélioration. La dixme est une taxe de ce genre, dans la plus grande partie des paroisses où l'on paye ce qu'on appelle un *abonnement* en place de toute autre dixme. Durant le gouvernement mahométan du Bengale, au lieu du paiement en nature d'un cinquième du produit, on établit dans la plupart des zemindarats un abonnement qu'on assure avoir été fort modéré. Quelques personnes au service de la compagnie angloise, sous prétexte de remettre le revenu public à sa véritable valeur, ont substitué à l'abonnement un paiement en nature. Sous leur administration, ce changement doit décourager la culture & donner de nouvelles occasions de voler dans la perception du revenu public, qu'on dit être fort déchu de ce qu'il étoit lorsqu'il a passé entre les mains de la compagnie.

Taxes sur la rente des maisons.

La rente d'une maison peut être distinguée en deux parties, dont une peut s'appeler proprement *revenu du bâtiment*, & l'autre s'appelle communément *revenu du terrein*.

La rente du bâtiment est l'intérêt du capital employé à le faire. Pour que cet emploi soit de niveau avec les autres, il faut que cette rente suffise, 1°. pour payer à celui qui bâtit, le même intérêt qu'il auroit eu pour son capital, s'il l'avoit prêté sous bonne caution, & 2°. pour tenir toujours la maison en bon état. Le revenu du bâtiment ou le profit ordinaire de celui qui bâtit, est réglé par-tout par l'intérêt ordinaire de l'argent. Lorsque le taux courant de l'intérêt est à quatre pour cent, la rente d'une maison qui, en sus du paiement de la rente foncière, rapporte six ou six & demi pour cent sur toute la dépense du bâtiment, donne peut-être un profit suffisant à celui qui a fait bâtir.

Tout ce qui excède ce profit raisonnable dans la rente, va naturellement au revenu du terrein, & se paye ordinairement par le propriétaire du bâtiment au propriétaire du sol, quand ce sont deux personnes différentes. Ce surplus de la rente est le prix que paye l'habitant de la maison pour quelque avantage réel ou supposé de la situation. Dans les maisons éloignées des grandes villes & situées dans des endroits où il y a beaucoup de terreins à employer, la rente foncière n'est presque rien, ou n'est que ce que rapporteroit le sol s'il étoit cultivé. Elle est quelquefois bien plus forte dans les maisons de campagne voisines des grandes villes, & on y paye souvent la commodité ou la beauté de la situation. Les revenus du terrein sont généralement plus hauts dans la capitale, & dans ces quartiers de la capitale où l'on veut avoir plus de maisons, quelle que soit la raison qui en fait demander davantage.

Une taxe sur la rente d'une maison, payable par celui qui l'occupe, & proportionnée à toute

la rente de la maison, ne peut affecter, au moins pendant long-temps, la rente du bâtiment. Si celui qui bâtit n'y trouve pas un profit raisonnable, il sera obligé d'y renoncer; la demande des maisons augmentera, & en fort peu de tems le profit de bâtir reprendra le niveau avec les autres emplois. Une pareille taxe ne peut pas tomber non plus entiérement sur la rente foncière; elle se partagera donc de manière à tomber en partie sur celui qui habite la maison, & en partie sur le propriétaire du sol.

Supposons, par exemple, qu'un particulier juge qu'il peut mettre au loyer d'une maison 60 liv. sterlings par an, & supposons encore qu'il y ait quatre schelings par livre ou un cinquième, de taxe à payer sur ce loyer par celui qui occupe la maison; dans ce cas, une maison de 60 liv. de rente lui en coûtera 72, c'est-à-dire, 12 liv. de plus qu'il ne croit pouvoir y mettre. Il se contentera donc d'une maison inférieure ou d'une maison de 50 l. de rente, qui, avec les 10 liv. à payer pour la taxe, complettera la somme de 60 liv. par an, qui est justement tout ce qu'il se croit en état d'y mettre; & pour payer la rente, il se privera de certaines commodités qu'il auroit trouvées de plus dans une maison de 60 liv. de loyer. Il sera pourtant mieux logé dans une maison de 50 liv. de rente, en conséquence de la taxe, que s'il n'y avoit point de taxe.

La proportion de la dépense pour se loger, à tout le reste de la dépense d'une personne, est différente, selon les différens degrés de fortune. Cette proportion est peut-être au plus haut degré dans le plus haut degré de fortune, & diminue graduellement dans les degrés inférieurs, de manière qu'en général elle est au plus bas dans le plus bas degré. Les nécessités de la vie font la grande dépense des pauvres. Il leur est difficile de se procurer leur subsistance, & ils y mettent la plus grande partie de leur petit revenu. Le luxe & la vanité occasionnent la principale dépense du riche, & une maison magnifique embellit & fait ressortir avantageusement toutes les richesses de luxe & de vanité qu'il possède. Une taxe sur les rentes des maisons tomberoit donc sur le riche, & il n'y auroit rien de déraisonnable dans cette inégalité; car il paroît assez juste que le riche contribue à la dépense publique, non-seulement en proportion de son revenu, mais un peu au delà de cette proportion.

En général, il n'y a peut-être pas un seul article de dépense ou de consommation, par lequel on puisse mieux juger de l'état que tient un homme, que par ce que lui coûte son logement. Une taxe proportionnée sur cet article, produiroit peut-être en Angleterre un revenu plus considérable que celui qu'on en a tiré jusqu'à présent dans quelle partie de l'Europe que ce soit. Mais si la taxe étoit bien forte, la plupart des gens tâcheroient de s'y souftraire autant qu'ils pourroient, en fe contentant de maifons plus petites, & en tournant d'un autre côté la plus grande partie de leur dépenfe.

Les maifons inhabitées ne doivent point payer de taxes. Une taxe fur elles tomberoit entièrement fur le propriétaire, qui par-là fe trouveroit impofé pour une chofe qui ne lui procureroit ni commodité, ni revenu. Les maifons habitées par le propriétaire doivent être impofées, non felon la dépenfe qu'il en a coûté pour les bâtir, mais felon la rente qu'une eftimation équitable fait juger qu'il en tireroit s'il la louoit. Si on l'impofoit en Angleterre, felon la dépenfe qu'elle pourroit avoir coûté à bâtir, un impôt de trois ou quatre fchelings par livre, joint aux autres impôts, ruineroit prefque toutes les grandes & riches familles de ce pays, &, je crois, de tout autre pays civilifé. Quiconque examinera avec attention les différentes maifons de ville & de campagne de quelques-unes des plus riches & des plus grandes familles angloifes, verra que fi on les mettoit feulement à fix ou fix & demi pour cent de toute la dépenfe qu'elles ont coûté, la rente feroit à-peu-près égale à la rente totale & quitte de tous leurs biens.

Les revenus des terreins & la rente ordinaire des terres font une efpèce de revenu, dont le propriétaire jouit la plupart du temps fans aucune peine ou attention de fa part. Quand on lui prendroit une partie de ce revenu pour défrayer la dépenfe de l'état, on ne décourageroit par-là aucune forte d'induftrie. Le produit annuel des terres & du travail de la fociété, la richeffe réelle & le revenu du grand corps du peuple, pourroient être les mêmes après la taxe qu'auparavant. Les revenus des terreins & la rente ordinaire des terres font donc peut-être l'efpèce de revenu qui peut le mieux fupporter un impôt particulier.

A cet égard, les revenus du terrein paroiffent être encore un objet d'impofition plus propre que la rente ordinaire des terres. Celle-ci eft, en plufieurs cas, due en partie à l'attention & à la bonne adminiftration du propriétaire. Un impôt trop lourd pourroit décourager cette attention & cette bonne adminiftration. Les revenus du terrein, en ce qu'ils rapportent de plus que la rente ordinaire des terres, font entièrement dus au bon gouvernement du fouverain qui, en protégeant l'induftrie, foit de tout le peuple, foit des habitans d'un lieu particulier, le met en état de payer le fol fur lequel ils bâtiffent fort au-delà de fa valeur, ou de donner au propriétaire bien plus qu'il ne faut pour compenfer la perte qu'il pourroit effuyer par l'ufage de ce terrein. Qu'y a-t-il de plus raifonnable que de mettre un impôt particulier fur un fonds qui doit fon exiftence au bon gouvernement de l'état, & de le faire contribuer un peu plus que les autres fonds, au foutien de ce gouvernement?

Quoiqu'on ait mis des impôts fur les rentes des maifons dans plufieurs pays de l'Europe, je n'en connois aucun où les revenus du terrein aient été confidérés comme devant être taxés féparément. Les inventeurs des taxes ou impôts ont trouvé probablement quelque difficulté à démêler quelle eft la partie de rente qu'on doit regarder comme revenu du terrein, & quelle eft celle qu'on doit regarder comme la rente du bâtiment. Cependant il ne paroît pas fort mal aifé de diftinguer ces deux parties de rente l'une de l'autre.

On fuppofe que, par la taxe annuelle fur les terres, la rente des maifons eft impofée, dans la Grande-Bretagne, dans la même proportion que la rente ordinaire des terres, l'évaluation fuivant laquelle chaque paroiffe ou diftrict eft impofé, eft toujours la même. Dans l'origine, elle étoit extrêmement inégale, & elle continue de l'être. Dans la plus grande partie du royaume, cette taxe tombe plus légérement fur la rente des maifons que fur celle des terres. Il n'y a que quelques cantons originairement taxés fort haut, & dans lefquels la rente des maifons a beaucoup diminué, où la taxe de trois ou quatre fchelings par livre fe monte, à ce qu'on dit, à une proportion exacte avec la rente réelle des maifons. Quoique la loi foumette à la taxe les maifons qui ne font pas louées, elles en font exemptes dans plufieurs cantons par la faveur des affeffeurs; & cette exemption occafione quelquefois un peu de variation dans la taxe des maifons particulières, quoique celle du canton foit la même.

Dans la province de Hollande, chaque maifon eft impofée à deux & demi pour cent de fa valeur, fans aucun égard à la rente qu'elle paye annuellement, & qu'elle foit louée ou qu'elle ne le foit pas. Il y a de la dureté à obliger le propriétaire à payer une taxe pour une maifon qui n'eft pas louée, & dont il ne tire aucun revenu, fur-tout à payer une taxe fi lourde. En Hollande où le taux courant de l'intérêt n'excède pas trois pour cent, deux & demi pour cent fur toute la valeur de la maifon doivent ordinairement fe monter à un tiers de la rente du bâtiment, peut-être au tout. A la vérité, l'évaluation fuivant laquelle on impofe les maifons, quoique fort inégale, eft, à ce qu'on dit, toujours au-deffous de leur valeur réelle. Quand on rebâtit une maifon, qu'on l'améliore ou qu'on l'agrandit, il fe fait une nouvelle évaluation, & on y conforme la taxe.

Les inventeurs des diverfes taxes impofées en Angleterre fur les maifons, à différentes époques, femblent avoir imaginé qu'il étoit fort difficile de connoître la valeur réelle de chaque maifon. Ils ont donc réglé leurs taxes fur quelque circonftance plus frappante, & telle qu'elle auroit, felon eux, la plupart du tems quelque proportion avec la rente.

Le premier impôt de cette efpèce fut celui du fouage. Pour s'affurer combien il y avoit d'âtres ou de foyers de cheminée dans une maison, il falloit que les collecteurs de l'*impôt* entraffent dans toutes les chambres. Cette visite odieuse fit haïr la taxe ; & elle fut abolie, immédiatement après la révolution, comme une marque d'esclavage.

La seconde taxe de cette espèce fut un *impôt* de deux schelings sur toutes les maisons habitées. Une maison percée de dix croisées payoit quatre schelings de plus. Celle qui en avoit vingt & au-delà, payoit huit schelings. Cet *impôt* fut ensuite tellement changé, que les maisons qui avoient vingt croisées & moins de trente, furent obligées de payer dix schelings ; & celles qui en avoient trente & au-delà, d'en payer vingt. Dans plusieurs cas, on peut compter du dehors le nombre des fenêtres d'une maison, & dans tous les cas on peut le savoir sans entrer dans les chambres. La visite des collecteurs de la taxe étoit donc moins choquante.

L'*impôt* fut ensuite révoqué, & l'on établit à sa place l'*impôt* sur les fenêtres, qui a subi de même divers changemens & augmentations. Telle qu'elle existoit au mois de janvier 1775, outre le droit de trois schelings sur chaque maison d'Angleterre, & d'un scheling sur chaque maison d'Ecosse, elle porte encore un droit sur chaque fenêtre, qui, en Angleterre, augmente graduellement depuis deux pences, qui sont le taux le plus bas sur les maisons qui n'ont que sept croisées, jusqu'à deux schelings, qui sont le taux le plus haut sur les maisons de vingt-cinq croisées & au-delà.

La principale objection contre ces sortes de taxes est leur inégalité ; elles pèsent souvent plus sur les pauvres que sur les riches. Une maison de dix liv. sterl. de rente, dans une ville de province, peut avoir quelquefois plus de fenêtres qu'une de cinq cents liv. sterl. de rente à Londres ; & quoique l'habitant de la première doive être naturellement plus pauvre que celui de la dernière ; sa contribution étant réglée sur ce point par le nombre des fenêtres, il contribue davantage au soutien de l'état. Ces sortes d'*impôts* sont par conséquent directement contraires à la première des quatre maximes que nous avons posées d'abord. Du reste, elles ne paroissent pas fort opposées aux trois autres.

L'*impôt* sur les fenêtres & tous les autres *impôts* sur les maisons, tendent naturellement à en faire baisser les rentes. Il est évident que plus un homme paye pour la taxe, moins il est en état de payer pour la rente. Cependant, depuis l'imposition de la taxe sur les fenêtres, les rentes des maisons, à tout prendre, sont augmentées plus ou moins dans presque toutes les villes & villages que je connois dans la Grande-Bretagne. La demande ou le besoin de maisons est tellement augmentée presque par-tout, qu'elle a fait monter les rentes, plus que la taxe sur les fenêtres n'a pu les faire baisser ; ce qui est une des meil-

leures preuves de la grande prospérité du pays, & de l'accroissement du revenu de ses habitans. Sans l'*impôt*, les rentes auroient probablement monté plus haut.

Taxes sur les profits des capitalistes, ou le revenu provenant des fonds d'argent.

Le revenu ou profit venant des fonds se divise naturellement en deux parties ; celle qui paye l'intérêt & qui appartient au propriétaire des fonds, & ce qui reste, l'intérêt déduit.

Il est évident que la partie qui reste, l'intérêt déduit, ne peut être imposée directement. Elle est une-compensation, & la plupart du tems une compensation fort modérée, pour le risque & la peine d'employer ses capitaux. Si celui qui emploie ses fonds n'avoit pas cette compensation, il ne pourroit continuer de le faire, sans blesser son intérêt. S'il étoit donc imposé directement en proportion de tout le profit, il seroit obligé ou de hausser le taux du profit, ou de rejetter la taxe sur l'intérêt de l'argent, c'est-à-dire, de payer moins d'intérêt. S'il plaçoit ses capitaux dans la culture des terres, il ne pourroit faire monter le taux de son profit qu'en se réservant une plus grande portion, ce qui revient au même, le prix d'une plus grande portion du produit de la terre ; & comme il ne pourroit le faire que par une réduction de la rente, le paiement final de l'*impôt* tomberoit sur le propriétaire. S'il les plaçoit comme fonds mercantiles ou manufacturiers, il ne pourroit hausser le taux de son profit qu'en augmentant le prix de ses marchandises, & alors le paiement final de la taxe tomberoit entièrement sur ceux qui consommeroient ces marchandises. S'il ne haussoit pas le taux de son profit, il seroit obligé de faire porter toute la taxe sur la partie du profit qui doit payer l'intérêt de l'argent ; il n'auroit pas le moyen de payer le même intérêt pour le fonds qu'il emprunteroit, & alors ce seroit l'intérêt de l'argent qui porteroit en dernière analyse, tout le poids de l'*impôt*. Ne pouvant s'en délivrer d'un côté, il faudroit qu'il s'en délivrât de l'autre.

Au premier coup-d'œil, l'intérêt de l'argent paroît un objet aussi capable d'être imposé directement que la rente des terres. Comme elles, il est le produit net, après que le risque & la peine d'employer les fonds ont été pleinement compensés. Comme un *impôt* sur la rente des terres ne peut faire monter la rente, parce que le produit net, déduction faite du remplacement des fonds du fermier & de son profit raisonnable, ne peut être plus grand après la taxe qu'auparavant ; ainsi, par la même raison, un *impôt* sur l'intérêt de l'argent, ne pourroit faire hausser le taux de l'intérêt, la quantité de fonds pécuniaires dans le pays, ainsi que la quantité des terres, étant supposée demeurer la même après comme avant l'*impôt*,

pôt. Le taux ordinaire du profit fe règle par-tout fur la quantité de fonds à employer, en proportion de la quantité des emplois ou des affaires qui en demandent. Or la quantité des emplois ou des affaires qui demandent des fonds, ne peut être ni augmentée, ni diminuée par un *impôt* fur l'intérêt de l'argent. Le taux ordinaire du profit refteroit donc néceffairement le même; mais la portion de ce profit néceffaire, pour dédommager du rifque & de la peine d'employer les fonds, refteroit également la même, puifqu'il n'y auroit rien de changé dans le rifque & la peine. L'autre portion du profit, celle qui appartient au propriétaire des capitaux, refteroit donc auffi néceffairement la même. Il eft donc vrai qu'au premier coup-d'œil l'intérêt de l'argent paroît auffi propre à fupporter un *impôt* direct, que la rente des terres.

Il y a cependant deux circonftances qui l'y rendent moins propre. 1°. La quantité & la valeur des terres qu'un homme poffède, ne peut jamais être un fecret, & on peut s'en affurer avec une grande exactitude. Mais à quoi fe monte le total des capitaux qu'il a? C'eft prefque toujours un fecret qu'il eft difficile de favoir un peu exactement. Son capital eft d'ailleurs dans des variations continuelles. Il fe paffe rarement un an, fouvent pas un mois, quelquefois pas un jour, où il n'augmente ou ne diminue plus ou moins. Une inquifition dans l'état de la fortune de chaque particulier, & une inquifition qui, pour proportionner un *impôt* à leurs facultés, voudroit fuivre de l'œil toutes les viciffitudes de leur fortune, feroit une fource de vexations continuelles que perfonne ne pourroit fupporter.

2°. La terre ne peut s'emporter, au lieu qu'il eft facile d'emporter un capital. Le propriétaire d'une terre eft néceffairement un citoyen du pays où elle eft fituée. Le propriétaire d'un capital eft un citoyen du monde; il n'eft pas néceffairement attaché à un pays en particulier. Il eft tout prêt à abandonner celui où il feroit expofé à une inquifition vexatoire, dont l'objet feroit de le charger d'un *impôt* lourd à porter, & il feroit paffer fes capitaux dans quelqu'autre pays où il pourroit faire fes affaires & jouir de fa fortune avec plus de tranquillité. En emportant fes capitaux d'un pays, il feroit ceffer toute l'induftrie qu'ils y entretenoient. Les capitaux cultivent la terre, les capitaux emploient le travail. Un *impôt* qui tendroit à leur faire déferter un pays, tendroit par-là même à tarir toutes les fources du revenu, tant du fouverain que de la fociété.

Auffi, au lieu d'une inquifition févère, les nations qui ont voulu taxer le revenu provenant des capitaux, ont été obligées de fe contenter d'une eftimation fort inexacte, & par conféquent plus ou moins arbitraire. L'extrême inégalité & l'incertitude d'un *impôt* affis de cette manière ne peuvent être compenfées que par fon extrême modération, d'après laquelle chacun fe trouve impofé fi fort au-deffous de fon revenu, qu'il ne s'embarraffe pas que fon voifin le foit encore moins que lui.

L'intention de ce qu'on appelle la taxe fur les terres en Angleterre, étoit que les capitaux fuffent impofés dans la même proportion que les terres. Lorfque cette taxe étoit de quatre fchelings par livre ou d'un cinquième de la rente fuppofée, on entendoit que les capitaux feroient taxés à un cinquième de l'intérêt. Lors du premier établiffement de ce te taxe, le taux légal de l'intérêt étoit à fix pour cent. Cent liv. fterl. étoient donc taxés vingt-quatre fchelings, la cinquième partie de fix liv. fterl. Le taux légal de l'intérêt ayant été réduit depuis à cinq pour cent, cent liv. fterl. ne font plus fuppofés taxés qu'à vingt fchelings. La fomme à lever par ce qu'on appelle la taxe fur les terres, étoit partagée entre la campagne & les principales villes; & la plus grande partie de ce qu'on en impofoit fur les villes, étoit affife fur les maifons. Ce qui reftoit à affeoir fur les capitaux ou le commerce des villes (car on ne vouloit pas taxer les capitaux employés fur les terres), étoit fort au-deffous de la valeur réelle de ces capitaux ou de ce commerce. Quelques inégalités qu'il pût y avoir dans la répartition originaire, on ne s'en mit donc pas fort en peine. Chaque paroiffe & chaque diftrict continuent d'être impofés pour fes terres, fes maifons & fes capitaux, felon la première affiette, & la profpérité prefque univerfelle du pays, qui en a augmenté la valeur prefque par-tout, a rendu ces inégalités encore moins importantes. Chaque diftrict étant toujours impofé de même, l'incertitude de la taxe, en tant qu'on pouvoit l'affeoir fur les capitaux d'un individu, eft devenue moins fenfible & de moindre conféquence. Si la plus grande partie des terres de l'Angleterre ne font pas impofées à la moitié de leur valeur actuelle, la plupart de fes capitaux ne le font peut-être pas à un cinquantième de la leur. Dans quelques villes, toute la taxe eft affife fur les maifons, comme à Weftminfter où les capitaux & le commerce font libres. Il n'en eft pas de même à Londres.

Par tout pays, on a évité une inquifition févère dans la fortune des particuliers.

A Hambourg, (1) chaque habitant eft obligé de payer à l'état quatre pour cent de tout ce qu'il poffède; & comme le peuple de Hambourg eft principalement riche par fes capitaux, cette taxe peut être confidérée comme un *impôt* fur les capitaux. Chacun s'impofe lui-même, & met annuellement, en préfence du magiftrat, une cer-

---

(1) Mémoire concernant les droits, tom. 1, pag. 74.
Œcon. polit. & diplomatique, Tome III.

B

taine fomme d'argent dans la caiffe publique, déclarant fous ferment que c'eft le quatre pour cent de tout ce qu'il poffede, fans déclarer à quoi fe monte fon bien, ni être expofé à aucune recherche fur ce fujet. On croit que cet *impôt* eft généralement payé avec une grande fidélité. On peut quelquefois s'attendre à ce paiement volontaire & fcrupuleux, dans une petite république où le peuple a une pleine confiance dans fes magiftrats, & où, convaincu de la néceffité de foutenir l'état, il eft bien perfuadé que ce qu'il donne fera fidelement appliqué aux befoins de l'état. Cette méthode n'eft point particulière au peuple de Hambourg.

Le canton d'Undervald en Suiffe eft fouvent ravagé par des ouragans & des inondations, qui l'expofent à des dépenfes extraordinaires. Dans ces occafions, le peuple s'affemble, & on dit que chacun déclare avec la plus grande franchife la valeur de fes biens, afin d'être taxé en conféquence. A Zurich la loi veut que, dans les cas de néceffité, chacun foit taxé au prorata de fon revenu, qu'il eft obligé de déclarer fous ferment. On ne foupçonne pas, dit-on, qu'aucun citoyen s'avife de tromper. A Bâle, le principal revenu de l'état vient d'un petit droit fur les marchandifes exportées. On s'en rapporte aux marchands, & même aux aubergiftes, pour l'état de ce qu'ils vendent au dedans & au-dehors du territoire. Tous les trois mois, ils envoient cet état au tréforier avec la taxe comptée au bas du mémoire. On ne croit pas que le revenu fouffre de cette confiance.

Il paroît que, dans ces cantons fuiffes, on ne regarde pas comme une rigueur d'obliger chaque citoyen à déclarer publiquement fous ferment le montant de fa fortune. A Hambourg, on le regarderoit comme la plus grande oppreffion. Des marchands engagés dans les projets hafardeux du commerce, tremblent tous à l'idée d'être forcés de publier l'état réel de leurs affaires. Ils prévoient que la ruine de leur crédit & le mauvais fuccès de leurs entreprifes en feroient bientôt la fuite. Des gens fimples, vivans de peu, & à qui ces fortes de projets font fort étrangers, ne fentent aucune néceffité de cacher ce qu'ils ont.

En Hollande, auffi-tôt après l'élévation du dernier prince d'Orange au ftathouderat, il fut impofé fur tous les biens de chaque citoyen une taxe de deux pour cent, ou d'un cinquantième denier. Chaque citoyen s'impofa lui-même & paya comme à Hambourg, & on fuppofe qu'il le fit généralement avec la même fidélité. Le peuple avoit alors la plus grande affection pour le nouveau gouvernement qu'il venoit d'établir par une infurrection générale. La taxe ne devoit être payée qu'une fois pour le befoin de l'état dans une occafion particulière. Permanente, elle eût été trop lourde. Dans un pays où le taux courant de l'in-

térêt excède rarement trois pour cent, elle fe monte à treize fchelings quatre pences par livre fur le plus grand revenu net qu'on tire communement des capitaux; & peu de gens pourroient la payer, fans écorner plus ou moins leurs capitaux. Dans une néceffité extraordinaire, un zele ardent pour le bien public peut engager le peuple à faire un grand effort, & à facrifier même une partie de fon capital pour fecourir l'état; mais il eft impoffible qu'il continue de le faire long-tems; & s'il continuoit, l'*impôt* le ruineroit bientôt de manière que l'état ne pourroit plus tirer de lui aucun fecours.

Quoique la contribution impofée en Angleterre par le bill de la taxe fur les terres, foit proportionnée au capital, elle n'entend ni diminuer, ni ôter aucune partie de ce capital. Elle ne porte que fur l'intérêt de l'argent, qu'elle impofe en proportion de ce qu'eft impofée la rente des terres; de manière que quand la dernière taxe eft à quatre fchelings par livre, y eft auffi. La taxe à Hambourg & les taxes encore plus modérées d'Undervald & de Zurich ne portent pas non plus fur le capital, mais fur l'intérêt du revenu net des capitaux. Celle de Hollande étoit une taxe fur le capital.

Taxes fur le profit de quelques emplois particuliers de capitaux.

On met, en certains pays, des *impôts* extraordinaires fur les profits des capitaux employés dans des branches particulières de commerce, ou dans l'agriculture.

Il faut rapporter à la première efpèce les taxes mifes en Angleterre fur les colporteurs & petits merciers, fur les carroffes & les chaifes de louage, & fur ce que paient les cabaretiers pour la permiffion de vendre de la bierre & des liqueurs fpiritueufes en détail. Durant la guerre de 1756, on propofa de mettre un pareil *impôt* fur les boutiques. La guerre ayant été entreprife, difoit-on, pour la défenfe du commerce, il étoit jufte que les marchands qui devoient en profiter, contribuaffent à la foutenir.

Cependant un *impôt* fur les profits des capitaux employés dans une branche particulière de commerce, ne peut retomber fur les marchands, il retombe fur les confommateurs.

Une taxe de cette efpèce, quand elle eft proportionnée au commerce du marchand, n'eft point oppreffive pour lui. Quand elle n'eft pas proportionnée, & qu'elle eft la même fur tous les marchands, quoique ce foit le confommateur qui la paye finalement, elle ne laiffe pas de favorifer les gros marchands & de nuire aux petits. La taxe de cinq fchelings par femaine fur chaque carroffe de place, & celle de dix fchelings par an fur chaque chaife de louage, devant être avancées par les maîtres de ces voitures, font, à cet égard, aſſez exactement proportionnées à l'étendue du commerce qu'ils font. La taxe de vingt ſchelings par an pour la permiſſion de vendre de la petite bierre, de quarante, pour celle de vendre des liqueurs ſpiritueuſes, & de cent pour vendre du vin, étant la même ſur tous les détailleurs, doit néceſſairement donner quelque avantage à ceux qui vendent beaucoup, & accabler quelques petits vendeurs. Il eſt plus facile aux premiers qu'aux autres de rejetter la taxe ſur le prix de leurs marchandiſes. Cependant la modicité de la taxe rend cette inégalité moins ſenſible. M. Pitt a établi la même taxe ſur toutes les boutiques, & l'on ſait quelles réclamations il a excité : il y a lieu de croire que cette taxe va être abolie. Il eſt impoſſible de la proportionner avec quelque exactitude à l'étendue du commerce de chaque boutique, ſans une inquiſition qui ne ſeroit pas ſupportable dans un pays libre. On dit que cet impôt opprime tous les petits marchands, & qu'il met entre les mains des gros tout le commerce de détail. Il avoit été queſtion autrefois de cette taxe ; mais on ſentit que la concurrence des petits marchands écartée, les gros auroient joui d'une eſpèce de monopole ; & qu'à l'exemple de tous les autres monopoleurs, ils ſe ſeroient bientôt ligués pour faire monter leurs profits bien au-delà de ce qu'il auroit fallu pour payer l'impôt. Le paiement final, au lieu de tomber ſur les gens tenant boutique, ſeroit tombé ſur le conſommateur avec une ſurcharge conſidérable à leur profit. Ces raiſons firent abandonner alors le projet d'un impôt ſur les boutiques, & on lui ſubſtitua le ſubſide de 1759.

Ce qu'on appelle en France la taille perſonnelle, eſt peut-être l'impôt le plus conſidérable qui ſe lève en Europe ſur les profits des capitaux employés à l'agriculture.

Dans le déſordre du gouvernement féodal, le ſouverain étoit réduit à impoſer ceux qui ſe trouvoient trop foibles pour refuſer de payer l'impôt. Les grands ſeigneurs, quoique diſpoſés à l'aſſiſter dans des occaſions particulières, ne vouloient ſe ſoumettre à aucun impôt conſtant, & il n'étoit pas aſſez fort pour les y contraindre. Ceux qui cultivoient la terre, étoient preſque tous originairement des ſerfs. Ils furent affranchis par degrés, dans la plus grande partie de l'Europe. Quelques-uns acquirent en propriété des terres qu'ils tenoient en roture, & qui relevoient quelquefois du roi, quelquefois d'un grand ſeigneur, comme les anciens vaſſaux qui, en Angleterre, n'avoient d'autre titre à produire de leur tenure, que la copie des rôles faits par les maîtres-d'hôtel de la cour de leur ſeigneur, & qu'on appelloit par cette raiſon copy holders. D'autres, ſans acquérir de propriété, obtenoient pour tant d'années le bail des terres qu'ils faiſoient valoir, & devenoient ainſi moins dépendans de leur ſeigneur. Il paroît que les grands barons virent avec un œil d'envie & d'indignation mépriſante le degré de proſpérité & de liberté, dont cette claſſe d'hommes commençoit à jouir, & qu'ils conſentirent volontiers à ce qu'ils fuſſent impoſés par le ſouverain. Dans quelques pays, cet impôt ne regardoit que les terres poſſédées en roture ; &, dans ce cas, on diſoit que la taille étoit réelle. La taxe établie ſur les terres par le dernier roi de Sardaigne, & dans les provinces du Languedoc, de la Provence, du Dauphiné & de la Bretagne, dans la généralité de Montauban, dans les élections d'Agen & de Condom, auſſi-bien que dans quelques autres cantons de la France, ſont des taxes ſur les terres poſſédées en propriété, & en roture. Ailleurs, la taxe fut miſe ſur les profits ſuppoſés de ceux qui tenoient à ferme ou à bail les terres appartenant à d'autres, ſoit en roture, ſoit en fiefs nobles ; & c'eſt ce qu'on appelle la taille perſonnelle. La taille eſt de ce genre dans la plupart des provinces de France, qu'on nomme pays d'élections. Comme la taille réelle n'eſt impoſée que ſur une partie des terres du pays, elle eſt néceſſairement inégale, mais elle n'eſt pas toujours arbitraire, quoiqu'elle le ſoit quelquefois. La taille perſonnelle devant être, par l'eſprit de ſon inſtitution, proportionnée aux profits d'une certaine claſſe d'hommes, qu'on ne peut connoître exactement & qu'il faut deviner, eſt néceſſairement inégale & arbitraire.

La taille perſonnelle annuellement impoſée en France ſur les vingt généralités, appellées pays d'élection, ſe montoient en 1775 à 40,107,239 liv. 16 ſ. (1) La proportion dans laquelle cette taxe eſt aſſiſe ſur ces différentes provinces, varie d'une année à l'autre, ſelon les rapports faits au conſeil du roi de la récolte bonne ou mauvaiſe, & ſelon les circonſtances qui augmentent ou diminuent la faculté qu'elles ont de payer. Chaque généralité eſt diviſée en un certain nombre d'élections, & la proportion ſelon laquelle la ſomme impoſée ſur toute la généralité eſt répartie ſur ces élections, varie pareillement d'une année à l'autre, ſelon le rapport fait au conſeil, de leurs facultés reſpectives. Il paroît impoſſible que le conſeil, avec les meilleures intentions, proportionne jamais avec quelque exactitude la répartition de ces deux tailles aux facultés réelles des provinces ou cantons impoſés. L'ignorance & les informations fauſſes doivent l'égarer, quand il auroit les vues les plus droites. La proportion dans laquelle chaque paroiſſe doit contribuer à la ſomme impoſée ſur toute l'élection, & ce que

---

(1) M. Necker a évalué depuis, le produit de la taille réelle & de la taille perſonnelle à 91 millions ; mais il n'indique pas le produit particulier de la taille perſonnelle.

chaque individu doit payer de celle qu'on demande à chaque paroiſſe, varient de même tous les ans, ſelon qu'on ſuppoſe que les circonſtances l'exigent. Dans le premier cas, ce ſont les officiers de l'élection qui jugent de ces circonſtances; dans le ſecond, ce ſont ceux de la paroiſſe, & les uns & les autres ſont plus ou moins ſous la direction de l'intendant. Dans les diſtricts où il n'y a point encore d'adminiſtrations provinciales, on dit que ces aſſeſſeurs ſont ſouvent des injuſtices, non-ſeulement parce qu'ils ſont ignorans & mal informés, mais parce qu'ils écoutent l'amitié, l'animoſité de parti & leur reſſentiment particulier. Il eſt évident qu'un homme ſujet à un pareil *impôt*, ne peut jamais être certain de ce qu'il aura à payer, qu'après qu'il eſt impoſé. Si quelqu'un a été taxé lorſqu'il devoit être exempt, ou ſi quelqu'un a été ſurtaxé, & qu'il ait le bonheur de faire goûter ſes plaintes, il faut qu'il commence toujours par payer; mais l'année d'enſuite on réimpoſe toute la paroiſſe pour le rembourſer. Si quelqu'un des contribuables fait banqueroute ou devient inſolvable, le collecteur eſt obligé d'avancer cette taxe, & l'année ſuivante on réimpoſe toute la paroiſſe pour rembourſer le collecteur. Si le collecteur fait lui-même banqueroute, la paroiſſe qui le choiſit, répond de ſa conduite au receveur général de l'élection. Mais comme il pourroit être embarraſſant pour le receveur de perſécuter toute la paroiſſe, il prend à ſon choix cinq ou ſix des plus riches contribuables, & les oblige à faire bon des deniers perdus par l'inſolvabilité du collecteur. La paroiſſe eſt enſuite réimpoſée pour le rembourſement de ces cinq ou ſix. Ces réimpoſitions ſont toujours par-delà la taille annuelle.

Lorſqu'on impoſe une taxe ſur les profits des capitaux dans quelque branche de commerce, les marchands ont preſque tous ſoin de ne mettre en vente que ce qu'ils peuvent vendre à un prix ſuffiſant pour ſe rembourſer de la taxe qu'ils ont avancée. Quelques-uns retirent une partie de leurs fonds du commerce, & le marché ſe trouve moins fourni qu'auparavant. Le prix de la marchandiſe hauſſe, & le paiement final de la taxe tombe ſur le conſommateur. Mais quand une taxe eſt impoſée ſur les profits des capitaux employés dans l'agriculture, il n'eſt pas de l'intérêt des fermiers de retirer de cet emploi aucune partie de leurs fonds. Chaque fermier occupe une certaine quantité de terres, dont il paye la rente. Pour cultiver convenablement ces terres, il faut une certaine quantité de capitaux; & s'il en retire une partie, il n'en ſera pas plus en état de payer la rente & la taxe. Pour payer la taxe, il ne peut jamais être de ſon intérêt de diminuer la quantité de ſon produit, ni de fournir le marché moins abondamment. La taxe ne lui donnera donc jamais le moyen de faire monter le prix de ſon produit, ni de ſe rembourſer lui-même, en faiſant payer

finalement la taxe au conſommateur. Cependant il eſt néceſſaire que le fermier ait un profit raiſonable, comme tout autre qui emploie ſes capitaux, ſans quoi il faut qu'il abandonne le métier. Avec une pareille taxe, il ne peut faire ce profit qu'en payant moins de rente au propriétaire. Plus il paye en rente, moins il a de quoi payer en *impôt*. Une taxe de cette eſpèce, impoſée dans le courant d'un bail, peut ſans doute gêner ou ruiner le fermier. Au renouvellement du bail, elle tombe ſur le propriétaire.

Dans les pays où la taille perſonnelle a lieu, le fermier eſt communément impoſé en proportion des capitaux qu'il paroît employer dans la culture. Il craint ſouvent, par cette raiſon, d'avoir un bon attelage de chevaux ou de bœufs, & il affecte de montrer de mauvais inſtrumens de labourage. Il a une telle méfiance de la juſtice des aſſeſſeurs, qu'il contrefait le pauvre & tâche de paroître preſque hors d'état de rien payer, de peur d'être obligé de payer trop. Il ne conſulte peut-être pas toujours ſon propre intérêt, & peut-être qu'il perd plus par la diminution de ſon produit, qu'il n'épargne par celle de *l'impôt*. D'après ſa mauvaiſe culture, le marché n'eſt pas approviſionné; mais la petite augmentation du prix qu'elle peut occaſionner, ne l'indemniſe pas de la diminution de ſes récoltes; elle peut encore moins le mettre en état de payer plus de rente au propriétaire. Le public, le fermier, le propriétaire, tous ſouffrent plus ou moins de cette mauvaiſe culture. Ainſi la taille perſonnelle tend à décourager de plus d'une manière la culture, & à tarir la principale ſource de la richeſſe d'un grand pays.

Ce qu'on appelle *capitation* dans les provinces méridionales de l'Amérique ſeptentrionale & dans les iſles des Indes occidentales, ou la taxe annuelle de tant par tête de nègre, eſt proprement un *impôt* ſur les profits d'une certaine eſpèce de capitaux employés à l'agriculture. Comme les colons ſont la plupart fermiers & propriétaires, le paiement final de la taxe tombe ſur eux, en leur qualité de propriétaires, ſans aucun dédommagement.

Les *impôts* de tant par tête ſur les eſclaves employés à la culture, ſemblent avoir été communs autrefois dans toute l'Europe. Il y a aujourd'hui un *impôt* de cette eſpèce dans l'empire de Ruſſie. C'eſt probablement ſur cela qu'on a repréſenté toutes les ſortes de capitations comme des marques d'eſclavage. Mais tout impôt eſt pour celui qui le paye, une marque non de ſervitude, mais de liberté. Il dénote, il eſt vrai, ſa ſoumiſſion à un gouvernement; mais il dénote auſſi qu'ayant quelque propriété, on ne peut être ſoi-même la propriété d'un autre. Une capitation ſur des eſclaves eſt très différente d'une capitation ſur des hommes libres. La ſeconde eſt payée par les perſonnes ſur qui elle eſt impoſée, & non pas la première. La ſeconde eſt ou abſolument arbitraire, ou absolument inégale, & la plupart du temps arbitraire & inégale. La première, quoiqu'inégale à certains égards, la valeur de tous les esclaves n'étant pas la même, n'est point arbitraire. Chaque maître qui sait exactement le nombre de ses esclaves, sait exactement ce qu'il doit payer. Ces diverses taxes portant le même nom, on a cru qu'elles étoient de même nature.

Les taxes sur les profits des capitaux, appliqués à telles branches d'industrie, ne peuvent jamais affecter l'intérêt de l'argent. On ne prête pas à plus bas intérêt à ceux qui exercent une branche d'industrie chargée d'une taxe, qu'à ceux qui en exercent une qui ne l'est pas. Il n'en est pas de même des taxes sur le revenu provenant de tous les capitaux, quelle que soit la manière dont ils sont employés. Si le gouvernement essaye de les lever avec un peu d'exactitude, elles tomberont, dans plusieurs cas, sur l'intérêt de l'argent. Le vingtième denier, en France, est une taxe de la même espèce que celle qu'on appelle en Angleterre *taxe sur les terres*, & il est assis de même sur les revenus des terres, des maisons & des capitaux. Quoiqu'on ne le perçoive pas avec une grande rigueur sur les capitaux, on le perçoit avec beaucoup plus d'exactitude que cette partie de la taxe sur les terres, qui est imposée en Angleterre sur le même fonds. Dans plusieurs cas, il tombe entièrement sur l'intérêt de l'argent. Le vingtième ne paroît pas avoir fait monter le taux des contrats de rente, (c'est-à-dire, des annuités perpétuelles, rachetables en tout temps par le débiteur, moyennant le remboursement de la somme originairement avancée, mais dont le rachat n'est point exigible par le prêteur, si ce n'est dans des cas particuliers), quoiqu'il se lève exactement sur toutes.

Tant qu'une propriété reste entre les mains d'une même personne, quelques taxes qu'on impose sur cette propriété, on ne prétend rien diminuer ou ôter de sa valeur foncière, mais percevoir quelque chose sur son revenu. Quand la propriété change de mains, quand elle passe du mort au vivant, ou du vivant au vivant, elle est souvent imposée par des taxes qui ôtent une partie de sa valeur foncière.

Le transport de toutes sortes de propriétés du mort au vivant, & celui des propriétés immobilières des terres & des maisons entre-vifs, sont des faits publics & notoires de leur nature, & tels qu'il n'est pas possible de les cacher longtems. On peut les imposer d'une manière directe. Le transport d'un capital ou des propriétés mobilières entre-vifs par un prêt, est souvent & peut toujours être une affaire secrette, & il n'est pas aisé de le taxer d'une manière directe. On l'a

taxé indirectement : 1°. en exigeant, que l'acte, contenant l'obligation de rembourser, soit écrit sur du papier où du parchemin qui paye un certain droit de timbre, sous peine de nullité de l'acte : 2°. en exigeant, sous la même peine de nullité, qu'il soit consigné dans un registre public où secret, & en mettant certains droits sur cet enregistrement. Les droits de papier timbré & les droits d'insinuation ont été souvent placés sur les actes qui transfèrent des propriétés de toute espèce du mort au vif, & sur ceux qui transfèrent des propriétés immobilières du vivant au vivant, quoiqu'il fût aisé de les taxer d'une manière directe.

La *vigesima hæreditatum*, le vingtième denier des successions, imposé par Auguste sur les anciens romains, étoit un impôt sur le transport de propriété du mort au vivant. Dion Cassius, qui en parle le moins confusément, dit qu'on le percevoit sur toutes les successions, legs & donations en cas de mort, excepté sur les actes en faveur des plus proches parens, ou des pauvres.

La taxe sur les successions, en Hollande (1), est de la même espèce. Les successions collatérales sont taxées, selon le degré de parenté, depuis cinq jusqu'à trente pour cent de la valeur de la succession. Les donations testamentaires ou les legs à des collatéraux sont sujets aux mêmes droits. Celles du mari à la femme, ou de la femme au mari, sont taxées au cinquantième denier ; la *luctuosa hæreditas*, la succession triste des ascendans aux descendans, n'est taxée qu'au vingtième denier. Les successions directes où celles des descendans aux ascendans, ne paient rien. La mort d'un père est rarement suivie pour ceux de ses enfans qui vivoient avec lui d'aucun accroissement ; & souvent elle est suivie d'une diminution considérable de revenu, par la perte de son industrie, de son emploi, ou de quelque bien viager dont il étoit en possession. Il y auroit de la cruauté dans une taxe qui leur enleveroit une partie de sa succession. Mais tout ce qui revient aux enfans qui, dans le langage des loix romaines, sont appelés *émancipés*, & dans celui des loix d'Ecosse *foris-familiated*, établis hors de la famille, c'est-à-dire, qui ont reçu leur portion, qui font une famille à part, & qui vivent sur des fonds séparés & indépendans de ceux de leur père, est un accroissement de leur fortune, & peut-être pourroit-on le taxer sans autre inconvénient que les inconvéniens attachés à toutes ces sortes de droits.

Le casuel, dans les loix féodales, étoit une taxe sur le transport des terres, tant du mort au vif que du vivant au vivant. Il faisoit jadis, dans toute l'Europe, une des principales branches du revenu de la couronne.

---

(1) *Mémoires concernant les droits*, &c. tom. 1, pag. 225.

L'héritier de chaque vaffal immédiat de la couronne payoit un certain droit ; il payoit en général une année du revenu, lorfqu'il recevoit l'inveftiture des poffeffions. S'il étoit mineur, tant que duroit la minorité, le revenu des biens paffoit au fupérieur, fans autre charge que l'entretien du mineur & le paiement du douaire, s'il y en avoit un d'hypothéqué fur les terres. Quand le mineur atteignoit l'âge de majorité, il devoit encore une autre taxe au fupérieur. Elle s'appelloit *droit de relief*, & fe montoit encore à une année de revenu. Ainfi une longue minorité, qui libère aujourd'hui de grands biens, & qui remet une famille dans fon ancienne fplendeur, ne faifoit alors que la grever & l'embarraffer.

Par les loix féodales, un vaffal ne pouvoit aliéner fans le confentement de fon fupérieur qui, en général, ne l'accordoit qu'en extorquant de lui un pot de vin ou une compofition. Ce pot de vin, qui étoit d'abord arbitraire, fut fixé dans certains pays, à une certaine portion du prix de la terre. Dans des pays même où la plupart des coûtumes féodales font tombées en défuétude, cet *impôt* fur l'aliénation des terres continue d'être encore une branche confidérable du revenu du fouverain. Dans le canton de Berne, il va jufqu'au fixième du prix d'un fief noble, & au dixième d'un bien en roture (1). Dans le canton de Lucerne, la taxe fur la vente des terres n'eft pas univerfelle, mais particulière à certains diftricts. Mais fi une perfonne vend fa terre pour quitter le territoire, elle paye dix pour cent fur tout le prix de la vente (2). Il y a, dans plufieurs autres contrées, des taxes de cette efpèce, ou fur la vente de toutes les terres, ou fur la vente de celles qui font poffédées à une certaine tenure, & le fouverain en tire plus ou moins de revenu.

Ces ventes peuvent être taxées indirectement, par le droit du timbre ou par des droits fur l'enrégiftrement, & ces droits peuvent être ou n'être pas proportionnés à la valeur de l'objet aliéné.

Dans la Grande-Bretagne, les droits du timbre font plus hauts ou plus bas, moins felon la valeur de la propriété (dix-huit pences ou un demi écu de droit de timbre fuffifant pour une obligation de la plus grande fomme d'argent), que felon la nature de l'acte. Les plus hauts n'excèdent pas fix liv. fterl. pour chaque feuille de papier ou chaque morceau de parchemin, & ces gros droits tombent principalement fur les conceffions de la couronne & fur certains actes, fans aucun égard à la valeur de l'objet. Il n'y a point de droits en Angleterre fur l'infinuation des actes ou écrits ; on paye feulement les honoraires des officiers qui tiennent les regiftres, & ces honoraires font affez

proportionnés à leur travail ; la couronne n'en tire rien.

En Hollande, il y a des droits de timbre & des droits fur l'enrégiftrement, qui, en certains cas, font & en d'autres ne font pas proportionnés à la valeur de la propriété qu'on transfère. Il faut que tous les teftamens y foient écrits fur du papier timbré, dont le prix eft proportionné à la propriété dont on difpofe. Le papier timbré coûte, depuis trois fous (*ftivers*, *ftoeuvres*) la feuille, jufqu'à trois cents flor., qui équivalent à environ vingt-fept liv. fterling. Si le papier eft d'un prix inférieur à celui dont le teftateur devoit fe fervir, fa fucceffion eft confifquée. Cette taxe eft indépendante de toutes les autres qu'on y a établies fur les fucceffions. Excepté les lettres de change & quelques billets de marchands, tous les actes, obligations & contrats font fujets au droit de timbre. Ce droit cependant n'augmente pas en proportion de la valeur de l'objet. Toutes les ventes de terres & de maifons, & toutes les hypothèques fur ces immeubles doivent être enrégiftrées, & payer à l'état un droit d'enrégiftrement de deux & demi pour cent fur le montant du prix ou de l'hypothèque. Ce droit fe perçoit fur la vente de tous les navires & bâtimens de mer de la charge de plus de deux tonneaux, pontés ou non pontés. Il femble qu'on les ait regardés comme des maifons fur l'eau. La vente des biens-meubles eft fujette à un pareil droit, quand elle fe fait par autorité de juftice.

En France, il y a de même des droits de timbre & des droits d'enrégiftrement. Les premiers font confidérés comme une branche des aides, & font levés par les commis aux aides dans les provinces qui les paient. Les derniers font regardés comme une branche des domaines de la couronne, & font levés par une autre claffe d'employés.

Ces manières de taxer par des droits de timbre & d'enrégiftrement, font d'une invention très-moderne. Mais, en moins de cent ans, le droit de timbre eft devenu prefque univerfel en Europe, & le droit d'infinuation très-commun. L'art de fouiller dans les poches du peuple, eft ce que les gouvernemens apprennent le plutôt.

Les *impôts* fur la mutation des propriétés qui paffent des morts aux vivans, retombent finalement & immédiatement fur les perfonnes à qui elles paffent. Les taxes fur la vente des terres retombent fur le vendeur. Il eft prefque toujours dans la néceffité de vendre, & par conféquent de prendre le prix qu'il trouve. L'acheteur n'eft prefque jamais forcé d'acheter, & il ne donne que ce qu'il veut. Plus il eft obligé de payer pour la taxe, moins il voudra donner pour le prix de

---

(1) Mémoires, &c. tom, 1, pag, 154.
(2) *Ibid*, pag, 157.

l'acquisition. Ces sortes de taxes tombent donc presque toujours sur une personne qui est dans le besoin, & par-là deviennent souvent cruelles & oppressives. Les taxes sur la vente des maisons nouvellement bâties, dont on vend le bâtiment sans le sol, retombent en général sur l'acheteur, parce qu'il faut que celui qui bâtit, trouve son bénéfice, sans quoi il abandonneroit cette branche d'industrie. Si donc il avance la taxe, ce sera communément l'acheteur qui la lui remboursera. Les taxes sur la vente des vieilles maisons retombent en général sur le vendeur, par la même raison que celles sur la vente des terres : car, en général, c'est la convenance ou la nécessité qui les fait vendre. Le nombre des maisons neuves qui sont à vendre, est réglé plus ou moins par la demande qu'on en fait. A moins que la demande ne soit telle que l'entrepreneur y trouve son profit, toutes les dépenses payées, il ne bâtira plus. Le nombre des vieilles maisons qui sont à vendre, est réglé par des accidens qui n'ont aucun rapport avec la demande. Deux ou trois banqueroutes dans une ville commerçante, feront vendre plusieurs maisons, dont il faut se défaire au prix qu'on en peut avoir. Les taxes sur la vente des revenus du terrein retombent entièrement sur le vendeur, par la raison que nous indiquions tout-à-l'heure à l'occasion de la vente des terres. Les droits de timbre & les droits d'enrégistrement des obligations & contrats d'emprunt retombent sur l'emprunteur ; &, dans le fait, c'est toujours lui qui les paye. Les droits de la même espèce sur les procédures, retombent sur les plaideurs. Ils diminuent pour les deux parties la valeur foncière de l'objet en litige. Plus il en coûte pour acquérir une propriété, moins elle a de valeur quand elle est acquise.

Comme toutes les taxes sur les mutations de propriété diminuent la valeur foncière de cette propriété, elles tendent par-là à diminuer les capitaux destinés au travail productif. Elles font toutes, plus ou moins, des *impôts* en faveur de la prodigalité ; elles augmentent le revenu du souverain, qui n'entretient guère que des gens qui ne produisent rien, & elles diminuent le capital de ceux qui n'entretiennent que des gens, dont le travail est productif.

Ces sortes de taxes, lors même qu'elles sont proportionnées à la valeur de la propriété transférée, sont encore inégales, parce que les choses d'une valeur égale n'éprouvent pas toujours le même nombre de mutations. Elles le sont encore davantage, quand elles ne sont pas proportionnées à cette valeur ; ce qui arrive dans la plupart des droits de timbre & d'enrégistrement. Elles ne sont nullement arbitraires, puisque, dans tous les cas, elles peuvent être parfaitement claires & certaines. Quoiqu'elles tombent quelquefois sur des personnes qui ne sont pas fort en état de payer, le tems du paiement est en général assez

convenable, parce que, quand il vient, on a ordinairement de quoi payer. On les lève à peu de frais, & en général elles ne sont d'autre mal aux contribuables que celui que leur fait toujours l'inconvénient inévitable de payer la taxe.

On ne se plaint pas beaucoup en France des droits de timbre, mais beaucoup de ceux d'enrégistrement qu'on appelle *contrôle* ; ils donnent matière à bien des exactions de la part des employés, des fermiers généraux ; & cette taxe qui devroit être certaine & fixe, est devenue en grande partie, arbitraire & incertaine.

Comme l'enrégistrement des hypothèques, & en général de tous les droits sur des propriétés immobilières, donne une grande sûreté aux créanciers & aux acheteurs, il est avantageux au public. Celui de la plupart des actes d'un autre genre est souvent à charge & même dangereux pour les individus, sans être d'aucun avantage pour le public. Tous les registres qu'on reconnoit devoir être tenus secrets, ne devroient pas exister. Il ne convient pas que le crédit ou la réputation des individus dépende d'une chose aussi peu solide que la probité, & la religion des commis inférieurs employés à la perception du revenu. Les droits de l'enrégistrement ou insinuation étant devenus pour le souverain une source de revenu, les bureaux de contrôle se sont multipliés sans fin. En France, il y a différentes sortes de registres secrets. Si cet abus n'est pas une suite nécessaire de l'*impôt* il faut avouer qu'il en est du moins une suite naturelle.

Les droits de timbre, tels que les droits établis en Angleterre sur les cartes, les dez, les gazettes, les pamphlets périodiques, &c. sont proprement des *impôts* sur la consommation, & le paiement retombe sur les personnes qui en font usage. Les droits de timbre, tels que ceux sur les permissions de vendre de la bierre, du vin & des liqueurs spiritueuses, quoique peut-être établis avec l'intention de les faire retomber sur les profits des détailleurs, sont de même payés finalement par les consommateurs. Ces *impôts*, quoiqu'appelés du même nom, & levés par les mêmes officiers & de la même manière que les droits de timbre sur les mutations de propriété, sont cependant d'une toute autre nature, & retombent sur des fonds très-différens.

Impôts sur le salaire du travail.

Les salaires des classes inférieures d'ouvriers sont par tout réglés par ce qu'on demande de travail & par le prix ordinaire ou moyen des vivres. Selon que la demande de travail croît, reste la même ou décroît, ou selon qu'elle exige une population croissante, stationnaire ou décroissante, elle règle la subsistance de l'ouvrier, & détermine à quel point elle doit être aisée, médiocre ou pauvre. Le prix moyen ou ordinaire des vivres détermine la quantité d'argent qu'il doit gagner pour se procurer cette subsistance aisée, médiocre ou pauvre. Ainsi, tant que la demande du travail & le prix des vivres ne changent pas, un *impôt* direct sur le salaire du travail ne peut avoir d'autre effet que de le faire monter un peu plus haut que la taxe ou l'*impôt*. Supposons, par exemple, que dans un lieu particulier la demande du travail & le prix des vivres mettent à dix schelings par semaine le salaire d'un ouvrier, & qu'on impose ce salaire à un cinquième ou quatre schelings par livre, la demande du travail & le prix des vivres demeurent les mêmes, il faudra toujours que l'ouvrier gagne dans cet endroit une subsistance qu'il ne peut se procurer à moins de dix schelings par semaine, ou qu'après avoir payé la taxe, il lui reste par semaine un salaire de dix schelings. Or, pour qu'il ait ce salaire, il faut que le prix du travail augmente en cet endroit, non-seulement de deux schelings par semaine, mais de deux schelings & six pences, c'est-à-dire, que pour le mettre en état de payer l'*impôt*, il faut que son salaire augmente non-seulement d'un cinquième, mais d'un quart. Quelle que fût la proportion de l'*impôt*, le salaire du travail augmenteroit toujours, non-seulement dans cette proportion, mais au-delà. Si, par exemple, l'*impôt* étoit d'un dixième, le salaire du travail augmenteroit aussi-tôt, non pas simplement d'un dixième, mais d'un douzième.

Quand l'ouvrier pourroit donc payer par lui-même un impôt direct sur le salaire du travail, on ne pourroit dire qu'il l'avance, si on suppose du moins que la demande du travail & le prix moyen des vivres restent les mêmes après l'impôt qu'auparavant. Dans ces cas-là, celui qui emploie l'ouvrier, avanceroit non-seulement l'*impôt*, mais quelque chose en sus. Le paiement tomberoit, en différens cas, sur différentes personnes. D'abord sur l'entrepreneur d'une manufacture, ensuite sur le marchand, & enfin sur le consommateur. D'autrefois, l'augmentation qu'un tel *impôt* occasionneroit dans le salaire du travail de la campagne, seroit avancée par le fermier, qui, pour entretenir le même nombre d'ouvriers qu'auparavant, seroit obligé d'employer un plus grand capital. Pour faire rentrer ce plus grand capital avec les profits ordinaires des capitaux, il seroit forcé de retenir une plus grande portion, ou, ce qui revient au même, le prix d'une plus grande portion du produit de la terre, & par conséquent de payer moins de rente au propriétaire. Le paiement de cette augmentation de salaire retomberoit donc en ce cas sur le propriétaire, aussi-bien que le profit additionnel du fermier qui l'auroit avancée. Ainsi un *impôt* direct sur le salaire du travail, doit occasionner à la longue plus de ré-

duction dans la rente des terres & plus de cherté dans les marchandises manufacturées, qu'il n'y en auroit eu, si on avoit assis convenablement une somme égale au produit de l'*impôt* sur la rente des terres & sur les marchandises de consommation.

Les *impôts* directs sur le salaire du travail n'ont pas toujours fait monter le salaire en proportion, mais ils ont généralement fait baisser la demande du travail, & la décadence de l'industrie, la diminution des moyens d'employer les pauvres, & celle du produit annuel des terres & du travail du pays, sont donc les suites de ces *impôts*.

Un *impôt* sur le salaire du travail rustique n'augmente pas le produit brut de la terre, par la même raison qu'une taxe sur les profits des fermiers ne l'augmente point.

Malgré le vice & les funestes effets de ces *impôts*, ils ne laissent pas d'avoir lieu dans plusieurs pays. En France, la partie de la taille, dont on charge l'industrie des ouvriers & des journaliers dans les villages, est proprement une taxe de cette espèce. On estime leur salaire par ce qu'ils gagnent ordinairement dans le canton qu'ils habitent; & afin qu'ils soient surchargés le moins possible, on ne compte que deux cents jours de travail par année (1). La taxe de chaque individu varie d'une année à l'autre selon diverses circonstances, dont le collecteur ou le commissaire nommé par l'intendant pour l'aider, sont juges. En Bohême, d'après le changement introduit dans le système des finances, en 1748, on a mis un *impôt* fort lourd sur l'industrie des artisans. Ils sont divisés en quatre classes. La plus haute paye cent florins par an; la seconde classe est taxée à soixante & dix; la troisième à cinquante, & la dernière de celles qui sont dans les villages, à vingt-cinq. Le salaire des artistes ingénieux & de ceux qui exercent une profession libérale, garde une certaine proportion avec les émolumens des professions inférieures. Un *impôt* sur ce salaire n'auroit d'autre effet que de le faire monter un peu plus haut que la proportion de l'*impôt*, sans quoi les arts ingénieux & les professions libérales ne seroient plus de niveau avec les autres, & seroient bientôt abandonnés.

Les émolumens des emplois ne sont pas réglés, comme ceux des métiers & des professions, par la libre concurrence du marché, & par conséquent ne gardent pas toujours une juste proportion à ce qu'exige la nature de l'emploi. Ils sont peut-être trop hauts dans beaucoup de pays, les personnes chargées de l'administration d'un pays sont disposées en général à se favoriser eux-mêmes, & ceux qui dépendent immédiatement d'eux. Les émolumens des emplois sont donc en général susceptibles d'un *impôt*. D'ailleurs les

---

(1) *Voyez* les Mémoires concernant les droits & les impositions, tom. 2.

personnes qui jouiffent des emplois publics, fpé-cialement des plus lucratifs, font par-tout les objets de l'envie; & un *impôt* fur leurs émolu-mens feroit toujours populaire, quand même il feroit un peu plus fort que fur toute autre efpèce de revenu. En fuppofant, par exemple, qu'en Angleterre toute autre efpèce de revenu fût taxée à quatre fchelings par livre, ce feroit une taxe fort populaire que celle de cinq fchelings par livre fur le falaire des emplois qui pafferoient cent liv. fterl. par an; il faut en excepter tou-tefois les offices des juges & quelques autres moins expofés à l'envie.

Taxes qu'on a voulu faire tomber indifféremment fur les trois efpèces de revenu.

Les taxes qu'on a voulu faire tomber fur tou-tes les efpèces de revenu, font la capitation & les *impôts* fur les marchandifes de confommation; car un contribuable les paye également, foit qu'il tire fes revenus de la rente de fes terres, des pro-fits de fes capitaux & du falaire de fon travail.

Capitation. Si on veut proportionner cet *impôt* à la fortune ou au revenu du contribuable, il de-vient arbitraire. L'état de la fortune d'un homme varie d'un jour à l'autre, & on ne peut la devi-ner fans une inquifition qui eft plus intolérable qu'aucun *impôt*, & qui fe renouvelle au moins une fois tous les ans. Sa répartition dépend donc en général de la bonne ou de la mauvaife humeur de fes affeffeurs; & doit par conféquent être ar-bitraire & incertaine.

Si on proportionne la capitation non à la fortune fuppofée, mais au rang du contribuable, elle devient abfolument incertaine, les degrés de for-tune étant fouvent inégaux au même degré de rang.

Si on veut la rendre égale, elle devient abfo-lument arbitraire & incertaine, & fi on veut la rendre certaine & non arbitraire, elle devient entièrement inégale. Que la taxe foit légère ou pefante, l'incertitude eft toujours un grand mal. Une grande inégalité peut fe fupporter dans une taxe légère; elle eft infupportable dans une taxe lourde.

Les différentes capitations, impofées en An-gleterre fous Guillaume III, taxoient la plupart des contribuables felon leur rang. Ils étoient taxés comme ducs, marquis, comtes, vicomtes, ba-rons, écuyers, gentilshommes, comme enfans aînés ou cadets des pairs, &c. Tous les mar-chands tenant boutique & autres qui avoient plus de trois cents liv. fterlings de fortune, c'eft-à-dire, ceux de la claffe la plus diftinguée dans le commerce, étoient taxés de même, quelque dif-férence qu'il y eût dans leur fortune. Plufieurs de ceux qui, dans la première capitation, étoient impofés felon la fortune qu'on leur fuppofoit, fe furent enfuite felon leur rang. Les avocats,

les procureureurs & les gens d'affaires, qui avoient été impofés d'abord à trois fchelings par livre de leur revenu, le furent enfuite comme *gentlemen*: on crut que, dans la répartition d'une taxe qui n'étoit pas fort lourde, une grande inégalité feroit plus fupportable que la moindre incerti-tude.

La capitation levée en France depuis le com-mencement de ce fiècle, taxe les rangs fupérieurs d'après un tarif invariable; & les claffes inférieu-res du peuple, felon la fortune qu'on leur attribue, de manière qu'elles font taxées différemment d'une année à l'autre. La capitation des officiers de la cour du roi, des juges & des officiers des cours de juftice, des officiers des troupes, &c. ne varie point. Celle du peuple dans les provinces varie continuellement. Les grands fe foumettent volon-tiers, en France, à un degré confidérable d'iné-galité dans une taxe qui ne pèfe pas beaucoup fur eux; mais ils ne pourroient fouffrir d'être im-pofés d'une manière arbitraire par un intendant. A l'égard du peuple, il faut qu'il fouffre le trai-tement que fes fupérieurs jugent à propos de lui faire. En Angleterre, la capitation n'a jamais produit les fommes qu'on en attendoit, ou qu'el-les auroient pu produire, fi elles euffent été le-vées exactement. En France, elle les produit toujours. La douceur du gouvernement d'Angle-terre, en établiffant la capitation fur les divers rangs du peuple, fe contente de ce qu'elle peut produire, & n'exige point de compenfation pour la perte que l'état fouffre de la part de ceux qui ne peuvent payer ou qui ne le veulent pas; car il y en a plufieurs qui ne payent pas, faute de bonne volonté, & que l'indulgence dans l'exé-cution des loix ne force pas de payer. Le gou-vernement de France plus rigoureux répartit fur chaque généralité une certaine fomme que l'in-tendant doit trouver. Si une province fe plaint d'être impofée exceffivement, elle obtient l'année fuivante une diminution proportionnée à la fur-charge; mais en attendant, il faut qu'elle paye. L'intendant, pour être fûr de trouver la fomme impofée fur la généralité, étoit autrefois le maî-tre de demander une fomme plus confidérable, afin que les non-valeurs occafionnées par ceux qui n'auroient pas le moyen de payer, fuffent compenfées par la furcharge des autres contri-buables. La fixation de ce furplus de la fomme demandée par le gouvernement, fut laiffée à la difcrétion des intendans jufqu'en 1765, où le confeil fe la réferva. L'auteur, parfaitement bien informé des Mémoires fur les droits & impofi-tions de France, obferve que la portion de ca-pitation qui tombe fur la nobleffe & fur ceux que leurs privilèges exemptent de la taille, eft la moins confidérable. La plus forte portion tombe fur les taillables qui font impofés au marc la li-vre de la taille.

La capitation fur les rangs inférieurs du peuple.

C

est une taxe directe sur le salaire du travail, & en a tous les inconvéniens.

Cet *impôt* se lève à peu de frais; & quand on l'exige à la rigueur, il rapporte un revenu sûr à l'état. C'est par cette raison qu'il est très-commun dans les pays où l'on fait peu d'attention au bien-être, au soulagement & à la sureté des rangs inférieurs du peuple. Ce n'est pourtant en général qu'une petite partie du revenu public dans un grand Empire, & on pourroit toujours tirer ce qu'il fournit par quelque autre voie beaucoup moins onéreuse au peuple.

Taxes sur les consommations.

L'impossibilité de taxer les sujets par aucune capitation en proportion de leur revenu, paroît avoir donné lieu à l'invention des *impôts* sur les consommations. L'état qui ne sait comment taxer directement & proportionnellement le revenu de ses sujets, tâche de le taxer en taxant leur dépense, qui est communément proportionnée à leur revenu. Or, on la taxe en mettant des droits sur les articles de consommation qui en font l'objet.

Les articles de consommation sont ou de nécessité, ou de luxe.

J'entends par choses de nécessité ce qui est nécessaire pour vivre, mais pour vivre décemment selon son état, ou tout ce dont les honnêtes gens des états même les plus bas, ne peuvent se passer décemment selon la coutume des pays. Une chemise de toile, par exemple, n'est pas, à parler strictement, une chose nécessaire à la vie. Quoique les grecs & les romains n'en portassent pas, ils ne laissoient pas de vivre, je suppose, avec plus d'aisance. Mais à présent, dans la plus grande partie de l'Europe, un honnête journalier seroit honteux de paroître en public sans une chemise de toile, faute de laquelle on ne manqueroit pas de le regarder comme tombé dans cette pauvreté ignominieuse que l'on présume être toujours l'effet de la plus mauvaise conduite. Des souliers sont de même une chose nécessaire en Angleterre, parce que la coutume les a rendus tels; les plus pauvres de l'un & de l'autre sexe qui ont quelque sentiment, rougiroient de n'en avoir pas quand ils se montrent en public. En Ecosse, la coutume veut aussi que tous les hommes en portent, même ceux de la dernière classe; mais elle ne l'exige pas des femmes de cette même classe. Elles peuvent aller nuds pieds, sans qu'on ait plus mauvaise idée d'elles. En France, ils ne sont nécessaires ni aux hommes ni aux femmes; ailleurs les gens du peuple des deux sexes y vont en sabots ou nuds pieds, sans être mésestimés. J'appelle choses de luxe toutes les choses que la coutume ou les règles de décence établies n'ont pas rendues nécessaires aux derniers rangs du peuple. J'appelle, par exem-

ple, *choses de luxe* la bierre & l'aile dans la Grande-Bretagne, & le vin dans les pays de vignobles. De quelque rang que soit un homme, il peut, sans reproche, s'abstenir de ces liqueurs. La nature ne les rend pas nécessaires à la vie, & on peut sans rougir s'en passer.

Comme le salaire du travail est toujours réglé en partie par la demande qu'on en fait, & en partie par le prix moyen des articles nécessaires de subsistance, tout ce qui fait hausser ce prix moyen, fait nécessairement hausser le salaire; car il faut que l'ouvrier puisse encore se pourvoir de ces articles. Un *impôt* sur ces articles nécessaires fera monter infailliblement leur prix un peu plus haut que la taxe, parce que le marchand qui avance le droit, vendra en général à un prix qui lui fasse rentrer ses avances avec un profit. Un pareil *impôt* fait donc monter le salaire du travail en proportion de ce prix.

Ainsi un *impôt* sur les choses nécessaires à la vie produit les effets d'un *impôt* direct sur le salaire du travail. Si un ouvrier peut le payer d'abord, il ne pourra l'avancer long-temps. Il faut qu'à la longue il lui soit avancé par celui qui l'emploie immédiatement, & qui lui paye son salaire. Si celui qui le fait travailler est un manufacturier, il reprendra sur le prix de ses marchandises cette augmentation de salaire avec un bénéfice, & le paiement de l'*impôt* & la surcharge du profit retomberont sur le consommateur. Si celui qui l'emploie est un fermier, le paiement & la surcharge retomberont sur la rente du propriétaire.

Il n'en est pas de même des *impôts* sur ce que j'appelle *choses de luxe*. L'augmentation du prix des marchandises par l'*impôt*, n'occasionnera pas nécessairement une augmentation dans le salaire du travail. Par exemple, un *impôt* sur le tabac, quoiqu'objet de luxe pour les pauvres comme pour les riches, ne fera pas augmenter le salaire. Quoiqu'il soit imposé en Angleterre à trois fois, & en France à quinze fois sa valeur intrinsèque, il semble que ces gros droits n'aient eu aucun effet sur le salaire du travail. On peut dire la même chose des *impôts* sur le thé & le sucre, qui, en Angleterre & en Hollande, sont devenus le luxe des derniers rangs du peuple; & de ceux sur le chocolat, qui, en Espagne, est également le luxe de tous les gens du peuple. On peut le dire encore des différens *impôts* qu'on a mis en Angleterre pendant ce siècle sur les liqueurs spiritueuses. L'augmentation dans le prix du *porter* ou de la bierre forte, occasionnée par la taxe additionnelle de trois schelings sur le baril de bierre forte, n'a pas fait hausser à Londres le salaire des gens de peine. Leurs journées étoient à dix-huit ou vingt pences, & elles y sont encore.

Le haut prix de ces sortes de denrées ne diminue pas nécessairement la faculté qu'ont les rangs inférieurs du peuple d'élever leurs familles. Ces fortes de taxes font fur le pauvre induftrieux & rangé, l'effet des loix fomptuaires, & le difpofent à ufer fort fobrement ou à fe priver des fuperfluités qu'il n'a plus le moyen de fe procurer.

L'impôt, au lieu de diminuer fes facultés pour élever une famille, ne fera peut-être fouvent que les augmenter par cette abftinence forcée. Ce font les pauvres, économes & induftrieux, qui en général élèvent les familles les plus nombreufes, & qui fourniffent le plus à la demande du travail utile. Tous les pauvres, à la vérité, ne font pas économes & induftrieux; & ceux qui font déréglés & diffolus, peuvent continuer de fe fatisfaire fur ces articles de fuperflu, après l'augmentation de prix, fans fonger à la détreffe où cette inconduite peut jetter leurs familles : mais il eft rare que des gens du peuple de ce caractère élèvent beaucoup d'enfans. Ceux qu'ils ont, périffent communément par la négligence de leurs pères, & parce qu'ils font mal foignés & mal nourris. Si la force de leur conftitution les fauve des rigueurs & des dangers auxquels ils font expofés par la mauvaife conduite de leurs parens, l'exemple de cette mauvaife conduite corrompt leurs mœurs; & bien loin d'être utiles à la fociété par leur induftrie, ils lui deviennent pernicieux ou à charge par leurs vices & leurs maladies. Ainfi, quand le haut prix des fuperfluités du pauvre pourroit aggraver un peu la détreffe de ces familles déréglées, & diminuer par là leur faculté d'élever des enfans, il eft probable que la population utile du pays n'en fouffriroit guères.

Toute augmentation dans le prix moyen des chofes néceffaires, qui ne feroit pas compenfée par une augmentation proportionnée dans le falaire du travail, diminueroit plus ou moins chez les pauvres gens la faculté d'élever des familles nombreufes, & par conféquent de fournir à la demande du travail utile, quel que foit là demande du travail, c'eft-à-dire, croiffante, ftationnaire ou décroiffante.

Les impôts fur les chofes de luxe ne tendent pas à faire hauffer le prix d'aucune autre marchandife que celles qui font impofées. Les impôts fur les chofes néceffaires, en élevant le falaire du travail, tendent à hauffer le prix de toutes les manufactures, & par conféquent à en diminuer la vente & la confommation. Les impôts fur les chofes de luxe font payés finalement par les confommateurs des marchandifes impofées, fans qu'il leur en revienne rien. Ils tombent indifféremment fur toutes les efpèces de revenu, fur le falaire du travail, les profits des capitaux & la rente des terres. Les impôts fur les néceffités de la vie tombant fur le pauvre, font payés finalement par les propriétaires des terres dont ils diminuent les rentes, & par les riches confommateurs, propriétaires ou autres, & toujours avec une furcharge confidérable pour le bénéfice de ceux qui

l'avancent. Si les rangs moyens & fupérieurs du peuple entendoient leurs intérêts, ils s'oppoferoient à tout impôt fur les néceffités de la vie, auffi-bien qu'à tout impôt direct fur le falaire du travail. Le paiement de ces deux efpèces d'impôt retombe fur eux, & toujours avec une furcharge confidérable. Il tombe plus pefamment fur les propriétaires des terres, qui payent toujours à double titre, & comme propriétaires, par la diminution de leurs rentes; & comme riches confommateurs, par l'augmentation de leur dépenfe. L'obfervation du chevalier Decker, que certains impôts font répétés & accumulés trois ou quatre fois dans le prix de certaines marchandifes, fe trouve parfaitement jufte par rapport aux impôts fur les chofes néceffaires à la vie. Dans le prix du cuir, par exemple, il faut que vous payiez le droit fur le cuir de vos propres fouliers, & une partie du droit fur celui des fouliers du cordonnier & du tanneur. Il faut que vous payiez auffi pour le droit fur le fel, le favon & les chandelles que ces ouvriers confomment pendant qu'ils travaillent pour vous, & pour le droit fur le cuir que confomment ceux qui font le fel, le favon & la chandelle, tandis qu'ils font employés à votre fervice.

Dans la Grande-Bretagne, les principaux impôts fur les chofes néceffaires à la vie portent fur le fel, le cuir, le favon & la chandelle.

Le fel eft un objet d'impôt bien ancien & bien univerfel; il l'étoit chez les romains, & il l'eft, je crois, actuellement dans toute l'Europe. Chaque individu en confomme fi peu, & la quantité qu'il en achète à la fois peut être fi petite, qu'on eft parti de-là, ce femble, pour imaginer qu'un gros impôt fur cette denrée ne feroit pas fort fenfible. En Angleterre, il eft impofé à trois fchelings le boiffeau, c'eft-à-dire, environ le triple de fon prix originaire. Dans quelques autres pays, la taxe eft encore plus forte. Le cuir eft d'une néceffité réelle. Le favon l'eft auffi par rapport à l'ufage du linge. Dans les pays où les nuits d'hiver font longues, les chandelles font néceffaires pour travailler, & doivent être regardées comme des inftrumens de métier. Le cuir & le favon font taxés dans la Grande-Bretagne à trois demi-pences par livre, les chandelles & le favon à un penny; taxes qui peuvent fe monter à huit ou dix pour cent du prix originaire du cuir, à quatorze ou quinze pour cent de celui des chandelles, à vingt ou vingt-cinq pour cent de celui du favon. Quoique ces impôts ne foient pas fi forts que fur le fel, ils font encore fort lourds. Comme ces quatre articles font d'une néceffité réelle, la pefanteur de ces impôts doit augmenter un peu la dépenfe des pauvres gens économes & induftrieux, & par conféquent faire monter plus ou moins le falaire du travail.

Dans un pays où les hivers font auffi froids que dans la Grande Bretagne, le chauffage eft une

C 2

chofe néceffaire à la vie durant cette faifon, non-feulement pour préparer les mêts, mais pour rendre l'exiftence fupportable à, plufieurs claffes d'ouvriers qui travaillent dans l'intérieur des maifons. Le charbon de terre eft le chauffage qui coûte le moins. Le prix du chauffage influe tellement fur celui du travail, que, dans toute la Grande-Bretagne, les manufactures fe font refugiées où il y a du charbon de terre, les autres parties du pays ne pouvant travailler à auffi bon marché, à caufe du haut prix de cet article néceffaire. D'ailleurs, c'eft un inftrument néceffaire du métier dans certaines manufactures, dans les verreries, les forges de fer & d'autres métaux. Si une gratification pouvoit jamais être raifonnable, on devroit peut-être l'accorder au tranfport de cette marchandife des parties du pays où elle abonde, dans ceux où elle manque. Mais la légiflation, au lieu d'une gratification, a mis un droit de trois fchelings & trois pences par tonneau fur le charbon tranfporté par les côtes de la mer; ce qui, fur la plûpart des efpèces de charbon, fe monte à plus de foixante pour cent du prix qu'il coûte à la mine. Les charbons voiturés par terre ou par la navigation intérieure, ne paient point de droit. Dans les lieux où ils font à bon marché, on les confomme fans payer de droit, & on les a chargés d'un droit fort lourd dans les lieux où ils font fort chers.

Quoique ces fortes d'impôts faffent monter le prix de la fubfiftance, & par conféquent le falaire du travail, ils procurent néanmoins au gouvernement un revenu confidérable qu'il ne lui feroit peut-être pas aifé de tirer d'ailleurs. Il peut donc y avoir de bonnes raifons pour les continuer. La gratification fur l'exportation des grains, envifagée comme tendante, dans l'état actuel du labourage, à faire hauffer le prix de cet article néceffaire, produit de mauvais effets tout femblables; & au lieu de rapporter quelque chofe au gouvernement, elle lui occafionne fouvent une grande dépenfe. Les gros droits fur l'importation des grains étrangers, droits qui, dans les années médiocrement abondantes, équivalent à une prohibition, & la défenfe abfolue d'importer du bétail en vie & des provifions falées, défenfe qui exifte dans l'état ordinaire, & que les difettes font fufpendre pour un tems limité par rapport à l'Irlande & aux plantations britanniques, ont les mauvais effets des impôts fur les chofes néceffaires à la vie, & ne produifent aucun revenu au gouvernement. Pour faire révoquer ces fortes de réglemens, il ne s'agit que de convaincre le public de la futilité du fyftême en conféquence duquel ils font établis.

Les impôts fur les chofes néceffaires à la vie font beaucoup plus forts en d'autres pays que

dans la Grande-Bretagne. Quelques gouvernemens ont mis des droits fur la fleur & la farine du bled qui fe moud au moulin, & fur le pain qu'on cuit au four. On fuppofe qu'en Hollande le prix pécuniaire du pain qu'on mange dans les villes, eft doublé par ces fortes d'impôts. Le peuple qui vit à la campagne, paye chaque année tant par tête, felon la forte de pain qu'on fuppofe qu'il confomme. Ceux qui mangent le pain le plus blanc, paient trois flor. quinze fols, ou environ fix fchelings neuf pences & demies. On dit que ces impôts & quelques autres de la même efpèce ont ruiné la plus grande partie des manufactures de Hollande (1): on en voit de femblables, quoique moins lourds, dans le Milanez, dans les états de Gênes, dans le duché de Modène, dans les duchés de Parme, de Plaifance & de Guaftalle, & dans l'état eccléfiaftique. Un auteur françois (2) a propofé de réformer les finances de fon pays, en fubftituant cet impôt, le plus ruineux de tous, à la plûpart des autres. Il n'y a rien de fi abfurde, dit Cicéron, qui n'ait été avancé par quelques philofophes.

Les impôts fur la viande de boucherie font encore plus communs que ceux fur le pain. Il eft vrai qu'on peut douter fi la viande de boucherie eft nulle part une chofe néceffaire à la vie. On fait par expérience que le grain & d'autres végétaux, avec le fecours du lait, du fromage & du beurre, ou de l'huile quand on n'a pas de beurre, peuvent, fans aucune viande de boucherie, fournir le régime le plus abondant, le plus fain, le plus nourriffant & le plus propre à donner de la vigueur. La décence n'exige nulle part qu'un homme mange de la viande; mais elle exige, dans beaucoup de pays, qu'il porte du linge & des fouliers.

Les articles de confommation, foit de néceffité, foit de luxe, peuvent être impofés de deux différentes manières. Le confommateur peut payer une fomme annuelle pour l'ufage & la confommation qu'il fait de certaines chofes, ou les chofes peuvent être impofées tandis qu'elles font entre les mains du marchand; & avant qu'elles paffent dans celles du confommateur. La première méthode convient mieux aux chofes qui font longtemps à fe confommer; la feconde à celles dont la confommation eft immédiate ou plus prompte. Les impôts fur les carroffes & l'argenterie font un exemple de la première; & la plus grande partie des droits de douane & d'accife, des exemples de la feconde.

Un carroffe dont on a bien foin, dure dix ou douze ans. Il peut être impofé une fois pour toutes, avant de fortir des mains du fellier. Mais il eft certainement plus commode à l'acheteur de payer quatre liv. sterl. par an pour le privilège de tenir un carrosse, que de payer tout-à-la-fois 48 liv. sterl. de surplus au sellier, c'est-à-dire, une somme équivalente à ce que la voiture lui coûtera pendant tout le tems qu'il s'en servira. Un service d'argenterie peut durer de même plus d'un siècle. Il est certainement plus facile au consommateur de payer cinq schelings par an pour cent onces de vaisselle d'argent, c'est à-dire, environ un pour cent de la valeur, que de racheter cette longue annuité au denier quatre ou au denier trois ; ce qui augmenteroit le prix de sa vaisselle de vingt-cinq à trente pour cent. Les différens *impôts* sur les maisons sont payés plus commodément par une somme annuelle modérée, que par une taxe d'une valeur égale sur la première construction ou vente de la maison.

On sait que le projet du chevalier Decker étoit que toutes les marchandises, même celles qui se consomment tout de suite ou en fort peu de temps, fussent imposées de cette manière, le marchand n'avançant rien, & le consommateur payant une certaine somme annuelle pour la permission de les consommer. Il vouloit favoriser les diverses branches du commerce étranger, particulièrement du commerce de transport, en ôtant tous les droits sur l'importation & l'exportation, & en mettant ainsi le marchand en état d'employer tout son capital & son crédit à acheter des marchandises & à freter des vaisseaux, sans en détourner aucune partie à faire les avances de l'*impôt*. Ce projet, par rapport aux choses d'une consommation prompte ou immédiate, est cependant exposé à quatre objections importantes que voici. 1°. La taxe seroit plus inégale ou moins proportionnée de cette manière à la dépense & à la consommation des différens contribuables, qu'elle ne l'est aujourd'hui. Les droits sur le rum, le vin, les liqueurs spiritueuses, avancés par le marchand, sont payés par les consommateurs en proportion de leur consommation respective. Mais s'il falloit les payer en achetant la permission de boire ces liqueurs, l'homme tempérant seroit beaucoup plus foulé que l'ivrogne, en proportion de sa consommation. Une famille qui exerceroit une grande hospitalité, le seroit beaucoup moins que celle qui recevroit peu de monde. 2°. Cette manière d'imposer, en faisant payer tous les ans, tous les six mois, tous les trois mois la permission de consommer certaines denrées, ôte aux contribuables une des plus grandes commodités dans le paiement, celle de payer à mesure qu'ils consomment. Les différens droits sur la dreche, le houblon & la bierre, compris dans les trois pences & demie qu'on paye à présent pour un pot de bierre forte, en y joignant le profit extraordinaire que prend le brasseur pour les avoir avancés, doivent se monter à environ trois demi - pences. Si un ouvrier peut épargner ces trois demi-pences, il achète un pot de bierre forte. S'il ne le peut pas, il se contente d'en acheter un demi-pot ; & comme un sol épargné est un sol gagné, il gagne un *farthing* par sa tempérance. Il paye l'*impôt* peu à peu, à mesure qu'il est & quand il est en état de le payer ; & chaque paiement qu'il en fait, est parfaitement volontaire, puisqu'il ne tient qu'à lui de l'éviter. 3°. Ces *impôts* auroient moins de vertu comme loix somptuaires. La permission une fois achetée, qu'un homme bût peu ou largement, sa taxe seroit toujours la même. 4°. S'il falloit qu'un ouvrier payât tout-à-la-fois par an, par semestre ou par quartier, une taxe égale à ce qu'il paye à présent, sans se gêner, sur tous les pots ou pintes de bierre forte qu'il boit dans un an, dans six ou trois mois, il seroit souvent fort embarrassé. Il est donc évident que cette forme d'imposition ne pourroit jamais produire, sans opprimer le peuple, un revenu à peu près égal à celui que fournit la méthode actuelle sans aucune espèce d'oppression. Il y a pourtant divers pays où les choses d'une consommation prompte ou immédiate sont ainsi taxées. En Hollande, on paye tant par tête pour la permission de prendre du thé. J'ai déja parlé d'un pareil *impôt* sur le pain, qu'on y lève dans les fermes & les villages.

On met les droits d'accise principalement sur les denrées du pays qui sont destinées à sa consommation. Ils n'affectent qu'un petit nombre d'articles d'un usage général. Il ne peut jamais y avoir aucun doute ni sur les articles qui en sont chargés, ni sur les droits imposés à chacun. Ces *impôts* tombent entièrement sur ce que j'appelle *choses de luxe*, excepté peut-être ceux dont j'ai déja parlé sur le sel, le savon, le cuir & les chandelles, & peut - être encore sur le verre commun.

Les droits de douane sont beaucoup plus anciens que ceux de l'accise. A en juger par le nom qu'on leur donne en Angleterre, *customs* (coutumes), ce sont des droits qu'on payoit de tems immémorial. Il semble que, dans l'origine, on les ait regardés comme des taxes sur les profits des marchands. Dans les tems barbares de l'anarchie féodale, les marchands, ainsi que les autres habitans des bourgs, n'obtenoient guères plus d'estime que des esclaves émancipés. On les méprisoit & on envioit leurs gains. La haute noblesse, qui avoit consenti que le roi mît la taille sur ses vassaux, n'eut aucune répugnance à la laisser mettre sur un ordre d'hommes qu'elle étoit moins intéressée à protéger. Dans ces tems d'ignorance, on étoit loin de penser que les profits des marchands ne pouvoient être le sujet d'un *impôt* direct, ou que le paiement de ces sortes d'*impôts* retomboit avec une surcharge considérable sur les consommateurs.

Le bénéfice des marchands étrangers étoit regardé encore de plus mauvais œil que celui des marchands anglois, & on le taxoit plus fortement.

Cette diſtinction entre les droits ſur les marchands étrangers & les marchands nationaux, introduite par l'ignorance, a continué depuis par l'eſprit du monopole ou par l'envie de donner un avantage aux marchands anglois, tant dans le marché du dedans que dans celui du dehors.

Avec cette diſtinction, les anciens droits de douane étoient impoſés également ſur toutes ſortes de marchandiſes de néceſſité ou de luxe exportées ou importées. Pourquoi, diſoit-on probablement, favoriſer ceux qui vendent une eſpèce de marchandiſe plutôt que ceux qui en vendent une autre, ou le marchand exportateur plutôt que l'importateur?

Les anciens droits de douane étoient diviſés, dans la Grande-Bretagne, en trois branches. La première, & peut-être la plus ancienne de ces taxes, étoit ſur la laine & le cuir. C'étoit, ce ſemble, principalement & même entierement, un droit d'exportation. Lorſque les manufactures de laine vinrent à s'établir en Angleterre, on le mit ſur les étoffes de laine exportées, afin que le roi ne perdît rien de ce qu'il retiroit de l'*impôt* ſur la laine. Les deux autres branches étoient un droit ſur le vin, qui étoit impoſé à tant le tonneau, & fut appellé *droit de tonnage*; & un droit ſur les autres marchandiſes, qui, étant fixé à tant par livre, de la valeur qu'on leur ſuppoſoit, fut appellé *droit de poundage*. Dans la quarante-ſeptième année du règne d'Edouard III, on mit un droit de ſix pences par livre ſur toutes les marchandiſes exportées, excepté les laines, les peaux d'agneaux & de moutons, les cuirs & les vins ſoumis à des droits particuliers. Dans la quatorzième année du règne de Richard II, ce droit fut porté juſqu'à un ſcheling par livre; mais trois ans après, il fut réduit à l'ancien taux. On le fit monter à huit pences, la ſeconde année du règne de Henri IV; & la quatrième, à un ſcheling où il eſt reſté depuis ce tems juſqu'à la neuvième année du règne de Guillaume III. Les droits de tonnage & de poundage étoient généralement accordés au roi par quelqu'acte du parlement, & furent appellés *le ſubſide du tonnage & du poundage*. Le ſubſide du poundage ayant été fixé ſi long-tems à un ſcheling par livre ou à cinq pour cent, ce qu'on appelloit un ſubſide dans le langage des douanes, vint à marquer un pareil droit général de cinq pour cent. Ce ſubſide, qu'on nomme encore aujourd'hui *l'ancien ſubſide*, continue de ſe lever ſuivant le tarif établi la douzième année du règne de Charles II. On dit que la méthode de conſtater par le tarif la valeur des marchandiſes ſujettes à ce droit, remonte au-delà du règne de Jacques I.

Le nouveau ſubſide, établi par le neuvième & le dixième acte du règne de Guillaume III, fut un nouvel *impôt* additionnel de cinq pour cent ſur la plupart des marchandiſes. Le tiers & les deux tiers du ſubſide font entr'eux un autre cinq

pour cent. Le ſubſide de 1749 en a mis un quatrième ſur la plupart des marchandiſes, & celui de 1759 un cinquième ſur quelques-unes. Outre ces cinq ſubſides, on a impoſé beaucoup d'autres droits ſur des eſpèces particulières de marchandiſes, ſoit pour les beſoins de l'état, ſoit, comme il eſt arrivé quelquefois, pour régler le commerce du pays, ſuivant les principes du ſyſtême mercantile.

Ce ſyſtême a pris plus de faveur de jour en jour. L'ancien ſubſide étoit impoſé indifféremment ſur l'exportation & ſur l'importation. A quelques exceptions près, les quatre autres ſubſides, auſſi-bien que les droits impoſés dans l'occaſion ſur diverſes ſortes de marchandiſes, n'ont affecté que l'importation. La plupart des anciens droits impoſés ſur l'exportation des marchandiſes du pays, ont été ou modérés ou ſupprimés. Non-ſeulement on en a ſupprimé beaucoup, mais on a mis des gratifications ſur l'exportation de quelques-unes. On a encore accordé ſur l'exportation des marchandiſes étrangères la reſtitution quelquefois du tout, & plus communément d'une partie des droits payés à leur importation. L'on ne rend ſur leur exportation que la moitié du droit de l'ancien ſubſide ſur l'importation; mais on rend ſur la plupart des marchandiſes tous les droits des ſubſides poſtérieurs & autres *impôts*. La faveur qu'a priſe de plus en plus l'exportation, & la défaveur où eſt tombée l'importation, n'ont ſouffert que très-peu d'exceptions, qui regardent ſurtout les matières de quelques manufactures. Les marchands & les manufacturiers anglois voudroient que ce qu'elles fabriquent leur revînt au meilleur marché poſſible, & au plus haut prix pour leurs rivaux & compétiteurs dans les autres pays. C'eſt pour cela que les matières étrangères arrivent quelquefois en Angleterre franches de droit, comme, par exemple, les laines d'Eſpagne, le lin & le fil écru. L'exportation des matières du pays & de celles que produiſoient les colonies angloiſes, a été quelquefois prohibée & quelquefois ſoumiſe à de gros droits: celle des laines angloiſes a été défendue. Celle des peaux & de la laine de caſtor & de la gomme du Sénégal a été aſſujettie à de gros droits juſqu'en 1783, la Grande-Bretagne en ayant preſque le monopole depuis qu'elle avoit conquis le Canada & le Sénégal.

Il eſt démontré que le ſyſtême mercantile n'a pas été favorable au revenu du grand corps du peuple, ni au produit annuel des terres & du travail du pays. Il ne paroît pas que le revenu du ſouverain s'en ſoit mieux trouvé, du moins par rapport à la partie qui dépend des droits de douane.

D'après ce ſyſtême, l'exportation de pluſieurs ſortes de marchandiſes a été abſolument prohibée. Cette prohibition a empêché dans certains cas, & beaucoup diminué dans d'autres, l'importation de ces marchandises, en réduisant les importateurs à la nécessité de faire la contrebande. Elle a empêché l'importation des laines étrangères, & a beaucoup diminué celles des soies & velours étrangers. Elle a donc absolument anéanti, dans les deux cas, le revenu des douanes qui pouvoit être levé sur cette importation.

Les gros droits imposés sur l'importation de diverses sortes de marchandises étrangères pour en décourager la consommation dans la Grande-Bretagne, n'ont guères servi qu'à encourager la contrebande, & ont constamment réduit le revenu des douanes au-dessous de ce que des droits plus modiques auroient rapporté ; M. Pitt l'a bien prouvé en diminuant les droits sur le thé. Le mot du docteur Swift, que dans l'arithmétique des douanes deux & deux, au lieu de faire quatre, ne font souvent qu'un, se trouve parfaitement vrai par rapport à ces gros droits qu'on ne se feroit jamais avisé de mettre, si le système mercantile ne nous avoit appris à employer souvent l'*impôt* comme instrument, non du revenu, mais du monopole.

Les gratifications accordées quelquefois sur le produit brut & manufacturé du pays, & les restitutions faites, à la réexportation de la plupart des marchandises étrangères, ont donné occasion à beaucoup de fraude & à une espèce de contrebande plus destructive du revenu public qu'aucune autre. Pour obtenir la gratification ou les restitutions, on charge un vaisseau qu'on met en mer, & bientôt après il revient aborder à quelqu'autre partie du pays. Ce que les gratifications & les restitutions (1), dont une grande partie est obtenue frauduleusement, défalquent du revenu des douanes, est fort considérable. Le produit total des douanes au bout de l'année, qui finissoit le 5 janvier 1775, se montoit à 5,668,000 l. sterl. Les gratifications prises sur ce revenu, quoiqu'il n'y en eût pas cette année sur le bled, se montoient à 167,800 liv. sterl. Les restitutions acquittées sur des billets & des certificats, à 2,156,800 liv. sterl. Les gratifications & les restitutions prises ensemble, à 2,324,600 liv. sterl. Ces déductions faites, le revenu des douanes montoit seulement à 2,743,400 liv. sterl., dont il faut déduire encore 287,903 liv. sterl. pour les frais de l'administration. Ainsi le revenu net des douanes fut cette année-là de 2,455,500 liv. sterl. De cette manière, les frais de l'administration se montent de cinq à six pour cent sur le revenu total des douanes, & passent dix pour cent sur le revenu net.

Depuis les gros droits imposés en Angleterre sur presque toutes les marchandises importées, les négocians importateurs en font entrer le plus qu'ils peuvent en fraude, & ils en déclarent le moins qu'ils peuvent. Les négocians exportateurs, au contraire, déclarent plus de marchandises qu'ils n'en exportent, quelquefois par vanité & dans la vue de passer pour de grands trafiquans de marchandises qui ne paient point de droits, & quelquefois pour obtenir une gratification ou des restitutions. En conséquence de ces diverses fraudes, les exportations, dans les livres de la douane, paroissent l'emporter de beaucoup sur les importations, à la grande satisfaction de ces politiques qui mesurent la prospérité nationale par ce qu'ils appellent *la balance du commerce.*

Toutes les marchandises importées, à moins qu'elles ne soient particuliérement exceptées, ne sont pas en grand nombre, & celles-ci payent quelques droits de douane. Si l'on importe des marchandises qui ne sont pas indiquées dans le tarif ou livre des taxes, elles sont taxées à 4 s. 9 den. un dixième pour chaque valeur de vingt schelings, d'après le serment de l'importateur, c'est-à-dire, à-peu-près à cinq subsides ou cinq droits de poundage. Le tarif ou livre des taxes est fort étendu, & contient le dénombrement d'une grande variété d'articles, dont plusieurs sont de peu d'usage, & par conséquent peu connus. C'est pourquoi il est souvent incertain sous quel article telle marchandise doit être classée, & par conséquent de quel droit elle est susceptible. Les méprises que cette incertitude occasionne, ruinent quelquefois un officier de la douane, & causent bien de la peine, de la dépense & des vexations à l'importateur. En fait de clarté, de précision & de netteté, les droits de douane sont par conséquent inférieurs à ceux de l'accise.

Pour que la plupart des membres d'une société contribuent au revenu public en proportion de leur dépense respective, il ne paroît pas nécessaire qu'un seul article de cette dépense soit taxé. On suppose que le revenu qu'on lève pour les droits de l'accise, tombe aussi également sur les contribuables que celui qui est levé par les droits de douane, & les droits de l'accise sont imposés seulement sur quelques articles d'un usage & d'une consommation générale. Plusieurs personnes ont pensé qu'on pourroit également réduire à peu d'articles les droits de douane ; & qu'avec une bonne administration, non-seulement le revenu public n'y perdroit rien, mais que le commerce étranger y gagneroit beaucoup.

Il paroît qu'aujourd'hui les articles étrangers d'un usage & d'une consommation générale en Angleterre, consistent principalement dans les vins étrangers & les eaux-de-vie ; dans quelques-unes des productions de l'Amérique & des Indes occidentales, le sucre, le rum, le tabac, les noix de cacao, &c ; & dans quelques-unes de celles

---

(1) Nous rendons ici par restitutions de droits ce que les anglois appellent *draw-backs.*

des Indes orientales, le thé, le café, la porcelaine, les épiceries de toutes les fortes, diverses
espèces de marchandises en pièce, &c. Ces différens articles donnent peut-être à préfent la plus
grande partie du revenu qu'on tire des droits de
douanes. Si vous en exceptez ce peu d'articles
dont je viens de parler, les *impôts* qui subsistent
fur les manufactures étrangères, n'ont pas été
mis, du moins pour la plupart, pour le revenu,
mais pour le monopole, ou pour donner aux
marchands nationaux un avantage dans le marché intérieur. En révoquant toutes les prohibitions, & en foumettant toutes les manufactures
étrangères à des droits modiques, tels que l'expérience fur chaque article les feroit trouver propres à produire plus de revenu au public, les
ouvriers anglois pourroient avoir encore un avantage confidérable ; & plufieurs articles qui aujour-
d'hui ne rapportent rien ou que fort peu de chofe
au gouvernement, lui rapporteroient beaucoup.

De gros droits, en diminuant quelquefois la
confommation des marchandises taxées, & en encourageant quelquefois la fraude, rapportent fouvent moins de revenu au gouvernement que ne
feroient des droits modiques.

Lorsque la diminution du revenu est l'effet de
la diminution de la confommation, il n'y a qu'un
feul remède, celui de modérer l'*impôt*.

Quand la diminution du revenu est l'effet de
l'encouragement donné à la fraude, peut-
être y peut-on remédier en deux manières ;
favoir, en diminuant la tentation de frauder, ou
en augmentant la difficulté de la faire. Le feul
moyen d'affoiblir l'envie de frauder est de baiffer
le droit ; & on ne peut augmenter la difficulté de
faire la contrebande, qu'en établiffant le fyftême
d'adminiftration le plus propre à la prévenir.

Il paroît, je crois, par l'expérience, que les
loix de l'accife font beaucoup plus efficaces que
celles des douanes, pour embarraffer & traverfer les
opérations d'un contrebandier. En introduifant,
dans les douanes, un fyftême d'adminiftration auffi
femblable à celui de l'accife que le comporteroit
la nature des différens droits, on rendroit la contrebande beaucoup plus difficile. Bien des gens
ont fuppofé que ce changement étoit très-prati-
cable.

On a dit, qu'on pouvoit laiffer au choix de
l'importateur de marchandises fujettes aux droits
de douane, ou de les faire porter dans fon magafin particulier, ou de les faire porter dans un
magafin dont il feroit pourvu à fes frais ou aux
frais du public ; mais dont un officier de la douane
auroit la clef, & qui ne pourroit être ouvert qu'en
préfence de cet officier : que fi le marchand les
mettoit dans fon magafin particulier, il paieroit
fur-le-champ les droits, fans aucune efpérance
d'obtenir des reftitutions, & que fon magafin feroit en tout tems fujet à la vifite & à l'examen
de l'officier de la douane, afin de conftater à

quel point la quantité qu'il contiendroit, corref-
pondroit à ce qu'il auroit payé de droits ; que,
s'il les mettoit dans le magafin public, il ne paieroit point de droits, jufqu'à ce qu'il les en tirât
pour la confommation intérieure ; que, s'il les
en tiroit pour les exporter, il n'en paieroit aucun, pourvu qu'il donnât les fûretés convenables
qu'elles feroient exportées ; que les marchands
qui vendroient ces fortes de marchandises en gros
ou en détail, feroient en tout tems fujets à la vifite & à l'examen de l'officier de la douane, &
obligés de juftifier par de bons certificats le paiement des droits fur tout ce qui feroit contenu
dans leur boutique ou leur magafin. On lève actuellement de cette manière les droits d'accife fur
le rum importé en Angleterre ; & peut-être le
même fyftême d'adminiftration pourroit-il s'étendre à tous les droits fur les marchandises importées, pourvu cependant que ces droits, à l'inftar
de ceux de l'accife, fuffent toujours bornés à un
petit nombre de marchandises, dont l'ufage
& la confommation font plus généraux. S'ils
fe percevoient, comme à préfent, fur prefo-
que toutes les efpèces de marchandises, il ne
feroit pas aifé de trouver d'affez grands magafins, & un marchand ne pourroit mettre en fûreté que dans le fien les marchandises d'une nature délicate, ou dont la confervation exige beaucoup de foin & d'attention.

Si, avec un pareil fyftême d'adminiftration,
on pouvoit déconcerter la contrebande des articles même fujets à de gros droits, & fi on hauffoit ou baiffoit les droits dans l'occafion, felon
qu'on s'appercevroit qu'ils doivent être d'un plus
grand revenu pour l'état, l'*impôt* étant toujours
employé comme inftrument du revenu & non du
monopole, il ne paroît pas improbable qu'on
pût tirer des droits fur l'importation d'un petit
nombre de marchandises d'une confommation générale, au moins autant de revenu qu'on en tire
actuellement des douanes, & qu'on pût amener
ainfi ces droits au même degré de fimplicité, de
certitude & de précifion que ceux de l'accife.
Ce que le gouvernement perd actuellement par
les reftitutions fur la réexportation des marchandifes étrangères qui reviennent & font confommées dans le pays, feroit épargné dans ce fyftême ;
fi, à cette épargne qui fe trouveroit confidérable,
on ajoutoit l'abolition de toutes les gratifications
fur l'exportation du produit du pays, dans tous
les cas où elles ne feroient pas de véritables reftitutions de certains droits d'accife qui auroient
été avancés auparavant : on ne pourra guères
douter que le revenu net des douanes ne fût
égal, après ce changement, à ce qu'il auroit été
auparavant.

Si le revenu public ne fouffroit en rien de ce
changement de fyftême, le commerce & les manufactures du pays en tireroient un avantage confidérable. Le commerce de toutes les marchandifes

dises franches de droit, qui seroient sans comparaison le plus grand nombre, se feroit de partout & à toutes les parties du monde avec tout le succès imaginable. Parmi ces marchandises, seroient comprises toutes les choses nécessaires à la vie & toutes les matières des manufactures. L'importation libre des choses nécessaires à la vie, en réduisant leur prix moyen en argent dans le marché intérieur, réduiroit le prix pécuniaire du travail, sans diminuer en rien sa récompense réelle. La valeur de l'argent est en proportion de la quantité des choses nécessaires à la vie qu'il achète. Celle des choses nécessaires à la vie est entièrement indépendante de la quantité d'argent qu'elles peuvent procurer. La réduction dans le prix du travail en argent, seroit nécessairement suivie d'une réduction proportionnelle dans celui des manufactures du pays, qui par-là auroient quelque avantage dans tous les marchés étrangers. Le prix de certaines manufactures seroit encore plus réduit par l'importation libre des matières crues. Si on importoit librement en Angleterre la soie crue de la Chine & de l'Indostan, les ouvrages anglois en soie pourroient se donner à beaucoup meilleur marché que les soieries de France & d'Italie. L'Angleterre n'auroit pas besoin de prohiber l'importation des soies & des velours étrangers. Par le bon marché de ses marchandises, ses ouvriers s'assureroient non-seulement la possession du marché intérieur, mais une grande supériorité dans les marchés étrangers. Le commerce même des marchandises imposées se feroit bien plus avantageusement qu'il ne se fait à présent. Si on le tiroit d'un magasin public pour les exporter chez l'étranger, comme dans ce cas elles ne paieroient aucun droit, le commerce en seroit parfaitement libre. Toutes les espèces de commerce de transport fleuriroient sous ce système. Si on tiroit ces marchandises du magasin pour la consommation du pays, l'importateur n'étant pas obligé d'avancer l'*impôt* jusqu'à ce qu'il eût une occasion de vendre à quelqu'autre marchand ou à quelque consommateur, pourroit vendre moins cher que s'il avoit payé le droit au moment de l'importation. Avec les mêmes droits, le commerce étranger de consommation pourroit se faire, même pour les marchandises imposées, beaucoup plus avantageusement qu'il ne se fait à présent.

L'objet du fameux plan d'accise du chevalier Robert Walpole étoit d'établir pour le vin & le tabac un système assez semblable à celui qu'on propose ici. Mais, quoiqu'il ne fût question que de ces deux articles dans le bill présenté au parlement, on supposa généralement que c'étoit un essai qui devoit servir d'introduction à un plan beaucoup plus étendu. La faction liguée avec l'intérêt des marchands contrebandiers excita contre ce bill une clameur si violente, quoique si injuste, que le ministre trouva bon de le retirer, & qu'au-

cun de ses successeurs n'a osé reprendre le projet.

Quoique les droits sur les marchandises de luxe importées pour la consommation intérieure, tombent quelquefois sur le pauvre, ils tombent principalement sur les gens de la moyenne classe & de la classe supérieure. Tels sont, par exemple, les droits sur les vins étrangers, le café, le chocolat, le thé, le sucre, &c.

Les droits sur les choses de luxe les moins chères que produit le pays, tombent très-également sur les personnes de tout rang, en proportion de leur dépense. Le peuple paye les droits sur la dreche, le houblon & la bierre qu'il consomme; le riche les paye & pour sa consommation & pour celle de ses domestiques.

Il faut observer que par-tout la consommation des classes inférieures du peuple ou des gens au-dessous du moyen état, est beaucoup plus grande, non-seulement en quantité, mais en valeur, que celle des personnes des classes moyenne & supérieure. En premier lieu, presque tout le capital du pays se distribue annuellement parmi les rangs inférieurs du peuple en salaires du travail productif. Secondement, une grande partie du revenu provenant de la rente des terres & des profits des fonds, s'y distribue aussi annuellement en salaires & en subsistances des domestiques & autres ouvriers qui ne produisent rien. Troisiémement, une partie des profits des capitaux leur appartient, comme revenu provenant de l'emploi de leurs petits capitaux. Le montant des profits que font annuellement les petits marchands tenant boutique, les trafiquans & les détailleurs de toute espèce, est par-tout fort considérable, & forme une bonne partie du produit annuel. Quatriémement, une partie même de la rente des terres leur appartient. Ainsi, quoique la dépense de ces rangs inférieurs soit fort peu de chose, à la prendre dans chaque individu, si on la prend en masse ou collectivement, elle forme toujours la portion de toute la dépense de la société, la plus considérable de beaucoup. Par conséquent, les *impôts* qui tombent principalement sur la dépense des rangs supérieurs, doivent rapporter un bien moindre revenu que ceux qui tombent sur celle de tous les rangs, ou même que ceux qui tombent principalement sur celle des rangs inférieurs, les *impôts* tombant, dans ces deux derniers cas, ou sur tout le produit annuel, ou sur la portion de ce produit, qui est de beaucoup la plus forte. Aussi l'accise sur les matières & les manufactures des liqueurs fermentées & spiritueuses qui se font en Angleterre, produit-elle sans comparaison plus que les autres *impôts* sur la dépense, & cette branche de l'accise tombe beaucoup, & peut-être principalement sur la dépense du bas peuple. Dans l'année finissant au 5 juillet 1775, le produit total de cette branche de l'accise se monta à 3,341,837 liv. sterl.

Il ne faut cependant jamais oublier que c'est

D

fur la dépenfe de luxe des claffes inférieures du peuple, & non fur celle de néceffité, qu'on doit mettre des *impôts*. Le paiement final d'un *impôt* fur les chofes néceffaires à la vie tomberoit entiérement fur les claffes fupérieures, fur la plus petite portion du produit annuel, & non fur la plus grande.

Les liqueurs fermentées braffées & les liqueurs fpiritueufes, diftillées pour l'ufage privé, ne font fujettes à aucun droit d'accife dans la Grande-Bretagne. Cette exemption, dont le motif eft de ne pas expofer les familles particulières à la vifite & à la recherche odieufe du collecteur d'impôt, eft caufe que le riche porte fouvent moins que le pauvre le fardeau de ces droits. Il eft vrai qu'on ne diftille pas communément pour fon ufage, quoiqu'il y ait des gens qui le faffent. Mais, dans la province, bien des perfonnes du moyen étage & prefque toutes les riches & grandes familles braffent leur bierre. Leur bierre forte leur coûte ainfi huit fchelings de moins par baril qu'elle ne coûte aux braffeurs, qui doivent avoir leurs profits fur l'*impôt* auffi-bien que fur tout le refte de leurs avances. Ces familles boivent donc leur bierre forte au moins neuf à dix fchelings meilleur marché par baril, que le peuple ne peut boire celle qu'on lui vend de même qualité, & qu'il achète peu-à-peu pour fa commodité, foit chez le braffeur, foit au cabaret. La drèche faite pour l'ufage privé d'une famille, n'eft pas fujette non plus à la vifite & à l'examen du collecteur de l'impôt; mais, en ce cas, la famille eft obligée de donner fept fchelings & demi par tête, pour tenir lieu de l'*impôt*. Sept fchelings & demi font égaux à l'accife fur dix boiffeaux de drèche, qui font précifément la quantité qu'une famille bien rangée peut confommer, année commune. Mais, dans les riches & grandes familles de la province qui reçoivent beaucoup de monde, ce que les membres d'une famille confomment de drèche en liqueur, n'eft qu'une petite partie de la confommation qui fe fait dans la maifon. Cependant, foit à caufe de cette compofition, foit par quelqu'autre raifon, il eft bien plus rare de faire de la drèche que de braffer pour fon ufage particulier. Il eft difficile d'imaginer une raifon équitable qui difpenfe ceux qui braffent ou qui diftillent pour leur ufage particulier, d'être affujettis à une compofition de cette efpèce.

On a dit fouvent qu'en mettant un *impôt* plus léger fur la drèche, on retireroit un revenu plus confidérable que celui qu'on retire aujourd'hui de tous les gros droits fur la drèche & la bierre, parce que les occafions de frauder les droits font beaucoup plus grandes dans une brafferie que dans un endroit où l'on fait de la drèche; & parce que ceux qui braffent pour leur ufage particulier, font exempts de tous droits ou compofition pour les droits, exemptions que n'ont pas ceux qui font de la drèche pour leur ufage.

Depuis quelque temps la politique de l'Angleterre a été de décourager la confommation des liqueurs fpiritueufes, comme tendantes à ruiner la fanté & à corrompre les mœurs du bas peuple. Selon cette idée, il ne faudroit pas que les droits fur la diftillation fuffent réduits de manière à faire tomber le prix de ces liqueurs. Elles pourroient refter auffi chères, tandis qu'on feroit une réduction confidérable dans le prix de la groffe & de la petite bierre, qui font des boiffons faines & fortifiantes. Le peuple pourroit être ainfi foulagé en partie d'un des fardeaux dont il fe plaint davantage, & le revenu en feroit beaucoup plus confidérable.

Les objections du docteur Davenant, contre ce changement du fyftême actuel des droits d'accife, ne paroiffent pas fondées. Ces objections font que l'*impôt*, au lieu de fe répartir également comme il fait à préfent, fur le profit du marchand de drèche, fur celui du braffeur & fur celui du détailleur, affecteroit uniquement le profit du marchand de drèche; que celui-ci ne pourroit pas recouvrer fi facilement le montant de l'*impôt* dans le prix avancé de fa drèche, que le braffeur & le détailleur le recouvreroient dans le prix avancé de leur liqueur, & qu'une charge fi pefante fur la drèche pourroit réduire la rente & le profit des terres où l'on recueille de l'orge.

Outre les droits de douane & d'accife, il y en a divers autres qui affectent plus inégalement & plus indirectement le prix des marchandifes. Tels font les droits qu'on appelle en France *droits de péage*, qu'on appelloit dans l'ancien faxon *droits de paffage*, & qui femblent avoir été mis, dans l'origine, pour le même objet que nos droits établis en Angleterre fur les barrières des grandes routes, & qu'on appelle *turnpikes*, ou ceux fur nos canaux & nos rivières navigables, c'eft-à-dire, pour l'entretien des grands chemins & de la navigation. Appliqués à ce but, leur impofition, fuivant le volume & le poids des marchandifes, eft celle qui convient le mieux. Comme ils étoient originairement des droits locaux, applicables à l'ufage de tel lieu ou de telle province, on en confioit la plupart du tems l'adminiftration à la ville, la paroiffe où la feigneurie particulière où ils étoient levés; ces communautés étant toujours fuppofées, comptables de l'application des deniers. Le fouverain, qui n'eft point du tout comptable, s'eft réfervé dans plufieurs pays l'adminiftration de ces droits; & quoiqu'il les ait fouvent augmentés, fouvent il en a négligé l'application. Si les turnpikes de la Grande-Bretagne deviennent jamais une reffource du gouvernement, l'exemple de plufieurs autres nations peut lui apprendre quels en feront les effets. Il n'eft pas douteux que ces fortes de péages ne foient finalement payés par les confommateurs; mais le confommateur n'eft pas taxé en proportion de fa dépenfe, quand il paye, non felon la valeur, mais selon le volume & le poids de ce qu'il confomme. Quand ces fortes do droits font impofés, non fuivant le volume & le poids, mais fuivant la valeur des marchandifes, ils rentrent proprement dans ceux de la douane ou de l'accife, & nuifent beaucoup à la branche la plus importante du commerce, qui eft celle du commerce intérieur; & dans l'un & l'autre cas la gêne qu'ils mettent au commerce, eft nuifible.

Il y a des endroits où l'on impofe des droits femblables fur les marchandifes qui paffent par un territoire pour aller, foit par terre, foit par eau, d'un pays étranger dans un autre. Quelques petits états d'Italie, fitués fur le Pô & les rivières qui s'y jettent, tirent un revenu de ces droits appellés *droits de paffage*, qui ne font payés que par les étrangers, & qui font les feuls qu'un état puiffe impofer fur les fujets d'un autre état, fans faire tort à l'induftrie & au commerce de fes propres fujets. Le plus important droit de paffage qui foit dans le monde, eft celui que lève le roi de Danemarck fur tous les vaiffeaux marchands qui paffent le détroit du Sund.

Quoique les droits fur le luxe, tels que la plupart des droits de douane & d'accife, tombent indifféremment fur toute efpèce de revenu, & qu'ils foient payés finalement ou fans reftriction par les confommateurs, ils ne tombent pas toujours également ou proportionnellement fur le revenu de chaque individu. Comme c'eft l'humeur ou la difpofition d'efprit de chaque particulier qui règle le degré de fa confommation, chacun contribue plutôt felon fa fantaifie qu'au *prorata* de fon revenu. Durant fa minorité, un jeune homme d'une grande fortune contribue d'ordinaire fort peu au foutien de l'état, à la protection duquel il doit un gros revenu. Ceux qui vivent en pays étranger, ne contribuent en rien par leur confommation à foutenir le gouvernement du pays où fe trouve leur bien. Si, dans l'état où leurs biens font fitués, il n'y a ni taxes fur les terres, ni aucun droit confidérable fur le tranfport des propriétés mobilières & immobilières, ce qu'on voit en Irlande, ces abfens peuvent tirer un gros revenu de la protection d'un gouvernement auquel ils ne donnent pas un fol. Cette inégalité ne doit jamais être plus grande que dans un pays à certains égards fubordonné à un autre pays. Ceux qui poffèdent les propriétés les plus étendues dans le pays dépendant, préféreront en général de vivre dans celui qui gouverne. L'Irlande eft précifément dans cette fituation, & nous ne devons par conféquent pas être furpris que la propofition d'y mettre un impôt fur les abfens y foit fi goûtée. Peut-être feroit-il un peu difficile de déterminer dans quel cas ou après quel tems un abfent commenceroit ou cefferoit d'être fujet à l'impôt. Mais fi vous exceptez cette fituation qui eft extraordinaire, toute l'inégalité dans la contribution des individus que peuvent occafion-

ner ces fortes d'*impôts*, eft bien plus que compenfée par la circonftance même qui l'occafionne, je veux dire, par l'avantage qu'a cette contribution d'être volontaire; car chacun eft abfolument le maître de confommer ou de ne pas confommr la marchandife impofée. C'eft pourquoi, par-tout, où ces *impôts* font affis convenablement & mis fur des marchandifes qui en font fufceptibles, on les paye avec moins de chagrin & de murmure qu'aucun autre. Lorfqu'ils font avancés par le marchand & le manufacturier, le confommateur qui les paye finalement, les confond avec le prix de la chofe, & oublie qu'il paye un *impôt*.

Ces fortes d'*impôts* font ou peuvent être parfaitement certains, ou on peut les affeoir de manière à ne laiffer aucun doute fur ce qu'on doit payer & fur le temps du paiement. L'incertitude qui fe trouve quelquefois dans les droits de douane de la Grande Bretagne, ou ailleurs dans d'autres droits de même efpèce, ne peut venir de la nature de l'*impôt*, mais de la manière peu exacte ou mal-adroite dont la loi s'exprime.

Les *impôts* fur les chofes de luxe font généralement & peuvent être toujours payés à mefure que les contribuables ont befoin d'acheter les marchandifes impofées. Ils font les plus commodes de tous pour le tems & la manière du paiement. A tout prendre, ils s'accordent peut-être auffi-bien qu'aucun autre avec les trois premières maximes générales concernant les impofitions. Ils choquent abfolument la quatrième.

En proportion de ce qu'elles verfent dans le tréfor de l'état, ces taxes font plus fortir & tiennent plus d'argent hors de la poche du peuple, que prefque toutes les autres : car 1°. la levée de ces fortes d'*impôts*, lors même qu'ils font établis de la manière la plus judicieufe, demande un plus grand nombre d'officiers de douane ou d'accife, dont les gages ou les revenant-bons chargent le peuple d'un impôt réel qui ne va point dans le tréfor de l'état.

2°. Ces fortes d'*impôts* embarraffent ou découragent néceffairement certaines branches d'induftrie. Comme ils font toujours monter le prix de la marchandife impofée, par-là ils en découragent la confommation, & conféquemment la production. Si c'eft une marchandife du crû du pays ou de la fabrique de fes manufactures, il y a moins de travail employé à la produire ou à la fabriquer. Si c'eft une marchandife étrangère dont le prix augmente ainfi par l'*impôt*, celles du pays qui font du même genre, peuvent gagner par là quelqu'avantage dans le marché intérieur, & cet avantage déterminera une plus grande quantité de l'induftrie domeftique à fe porter de ce côté-là. Mais quoique l'augmentation du prix d'une marchandife étrangère puiffe encourager l'induftrie domeftique dans une branche particulière de commerce, elle la décourage néceffairement dans presque toutes les autres. Plus le manufacturier de Birmingham paye son vin étranger, moins il vend cette partie de ses quincailleries, avec le prix desquelles il l'achète. Cette partie de ses quincailleries devient donc pour lui d'une moindre valeur, & il a moins d'encouragement pour y travailler. Plus les consommateurs d'un pays paient cher le surabondant de produit d'un autre pays, moins ils vendent nécessairement cette partie de leur surabondant, avec le prix de laquelle ils l'achètent. Cette partie de leur surabondant devient d'une moindre valeur pour eux, & ils sont moins encouragés à en augmenter la quantité. Tous les *impôts* sur les objets de consommation, tendent donc à réduire la quantité du travail productif au-dessous de ce qui en seroit employé sans eux, ou à préparer les marchandises imposées si elles sont du pays, ou à préparer celles avec lesquelles on les achète si elles sont étrangères. Ces sortes d'*impôts* changent aussi toujours plus ou moins la direction naturelle de l'industrie nationale, & la poussent dans un canal toujours différent de celui où elle se porteroit d'elle-même, & ce calcul est en général moins avantageux.

3°. L'espoir de se soustraire à ces *impôts* par la fraude, occasionne une multitude de confiscations & d'amendes, esquelles ruinent absolument le contrebandier, qui est sans doute très-blâmable de violer les loix de son pays, mais qui souvent est incapable de violer celles de la justice naturelle, & qui, à tous égards, auroit été un excellent citoyen, si les loix de son pays n'avoient pas fait un crime d'une chose où la nature n'en met point. Dans ces gouvernemens corrompus où il y a tout au moins un apperçu général d'une grande déprédation & d'une folle dépense du revenu public, les loix faites pour en être les gardiennes sont peu respectées. On n'y voit guères de gens scrupuleux de faire la contrebande, quand ils peuvent trouver une occasion facile & sûre de la faire sans parjure. Quoique ceux qui achètent sciemment des marchandises de contrebande, encouragent manifestement la violation des loix du revenu & le parjure qui l'accompagne presque toujours, si quelqu'un s'avisoit de montrer du scrupule d'en acheter, cette délicatesse passeroit dans la plupart des pays pour un de ces traits pédantesques d'hypocrisie, qui, au lieu de gagner la confiance, servent uniquement à rendre celui qui les affecte, suspect d'être un plus mauvais sujet ou un plus grand fourbe que la plupart de ses voisins. Cette indulgence du public anime souvent le contrebandier à continuer un métier qu'il apprend ainsi à regarder comme innocent; & quand la sévérité des loix est prête à fondre sur lui, on le trouve quelquefois disposé à défendre avec violence ce qu'il s'est accoutumé à envisager comme sa propriété légitime. D'imprudent qu'il étoit d'abord, plutôt que criminel, il devient à la fin un des plus hardis & des plus déterminés infracteurs des loix de la société.

4°. Ces sortes d'*impôts*, en soumettant au moins ceux qui vendent les marchandises imposées aux visites & aux recherches odieuses des collecteurs des taxes, les exposent sans doute quelquefois à un certain degré d'oppression, & toujours à beaucoup d'embarras & de vexation; & quoique la vexation, comme on l'a déja dit, ne soit pas, strictement parlant, une dépense, elle équivaut certainement à celle qu'un homme feroit volontiers pour s'en racheter. Les loix de l'accise, quoique plus efficaces pour leur but, sont à cet égard plus vexatoires que celles des douanes. Lorsqu'on a payé les droits de douane, on n'est plus guère exposé à être troublé ou vexé par les officiers du fisc. Il en est autrement des marchandises sujettes aux droits d'accise; les commis de cette partie ne donnent aucun répit au marchand, qu'ils tourmentent sans cesse par leurs visites & leurs examens. Par cette raison, les droits d'accise sont plus anti-populaires que ceux des douanes, & les officiers de l'accise plus haïs du peuple.

D'après la fausse idée que les droits sur les objets de consommation sont des *impôts* sur les profits des marchands, ces droits ont été répétés dans quelques pays sur chaque vente successive des marchandises. Si on imposoit les bénéfices du marchand importateur ou du marchand manufacturier, l'égalité sembleroit demander que ceux de tous les acheteurs intermédiaires, qui surviennent entre ces marchands & le consommateur, fussent assujettis au même *impôt*. Le fameux alcavala d'Espagne paroît établi sur ce principe. C'étoit d'abord un impôt de dix pour cent, ensuite de quatorze pour cent; & il n'étoit en 1786, époque où on l'a aboli que de six pour cent sur la vente de toutes sortes de propriétés mobilières ou immobilières, & on le percevoit de nouveau chaque fois que la propriété se vendoit (1). La levée de cet *impôt* exigeoit une multitude de commis, pour veiller sur le transport des marchandises, non-seulement d'une province à l'autre, mais d'une boutique à une autre boutique. Elle assujettissoit non-seulement ceux qui vendent certaines choses, mais ceux qui vendent quelque chose que ce soit, c'est-à-dire, qui en font commerce, tout fermier, tout manufacturier, tout négociant, tout marchand tenant boutique, à des visites & des recherches continuelles de la part des collecteurs. Dans les lieux où l'on a la mal-adresse de percevoir un impôt de cette sorte,

---

(1) Mémoires concernant les droits, &c. tom. 1, pag. 455.

chaque canton ne produit qu'en proportion de la confommation du voifinage. Auffi eft-ce à l'alcavala qu'Uftaritz impute la ruine des manufactures d'Efpagne. Il pouvoit l'imputer pareillement à la décadence de l'agriculture, puifque l'impôt tombe non-feulement fur les manufactures, mais encore fur le produit brut de la terre ; & on ne peut trop féliciter l'Efpagne d'avoir enfin aboli un impôt auffi deftructeur.

Il y a dans le royaume de Naples un femblable impôt de trois pour cent fur la valeur de tous les contrats, & cette taxe affecte ainfi tous les contrats de vente. Non-feulement il eft plus léger qu'il ne l'étoit en Efpagne, mais on permet à la plupart des villes & des paroiffes de payer un abonnement qui en tient lieu. Elles lèvent cet abonnement comme il leur plaît, & généralement d'une manière qui n'interrompt point le commerce intérieur du pays. Auffi la taxe napolitaine eft-elle infiniment moins ruineufe que l'efpagnole. Le cabinet de Naples fentira peut-être, d'après l'exemple de celui de Madrid, que cet impôt, malgré fes modifications, a encore des fuites très-funeftes.

A quelques exceptions près, qui ne font pas de grande conféquence, le fyftême uniforme d'impofition, qui règne dans les différentes parties des royaumes unis de la Grande-Bretagne, laiffe une liberté prefqu'entière au commerce intérieur du pays & à celui des côtes. La plûpart des marchandifes peuvent être tranfportées d'un bout du royaume à l'autre, fans permis ni laiffez-paffer, fans être expofées à aucune queftion, vifite ou examen de la part des officiers du revenu. Si cela arrive quelquefois, il n'en réfulte pas d'interruption dans aucune branche importante du commerce intérieur. Il faut, à la vérité, des certificats de la douane pour tranfporter des marchandifes par mer le long des côtes ; mais il n'y a guère que le charbon qui ne foit pas franc de droits : cette liberté du commerce intérieur, fruit de l'uniformité du fyftême d'impofition, eft peut-être une des principales caufes de la profpérité de la Grande-Bretagne ; car un grand pays eft néceffairement le marché le plus avantageux & le plus étendu pour la plupart de fes productions. Si, d'après cette uniformité, la liberté pouvoit s'étendre jufqu'à l'Irlande & aux colonies angloifes, elle augmenteroit probablement la grandeur de l'état & la profpérité de chaque partie de l'empire. Les gênes mifes à la liberté du commerce dans la Grande-Bretagne, ont produit de fi heureux effets pour fa profpérité, que l'adoption de ce grand principe y eft peut-être encore bien reculée.

En France, les loix concernant le revenu, établies dans chaque province, exigent qu'une multitude d'employés bordent non-feulement les frontières du royaume, mais encore celles de quelques provinces particulières, où pour empêcher l'importation de certaines marchandifes, ou pour l'affujettir à certains droits au détriment du commerce intérieur, qui en fouffre une interruption affez confidérable. On y permet à quelques provinces de compofer pour la gabelle ou l'impôt fur le fel. D'autres en font entièrement exemptes. Quelques-unes font exemptes de la vente excluſive du tabac, qui appartient aux fermiers généraux dans la plus grande partie du royaume. Les aides, qui correfpondent à l'accife en Angleterre, font très-différentes dans les diverfes provinces. Il y en a qui en font exemptes, & qui payent une compofition ou un équivalent. Dans celles où elles font établies en ferme, il y a plufieurs droits locaux qui ne s'étendent pas au-delà d'une ville ou d'un diftrict particulier. Les traites, qui correfpondent aux douanes angloifes, partagent le royaume en trois grandes parties. La première, celle des provinces fujetes au tarif de 1664, qu'on appelle provinces des cinq groffes fermes, où font comprifes la Picardie, la Normandie & la plupart des provinces intérieures du royaume : la feconde, celle des provinces fujetes au tarif de 1667, qu'on appelle provinces réputées étrangères, & où font comprifes la plupart des provinces frontières ; & la troifième, celle des provinces traitées comme étrangères, ou qui, jouiffant d'un commerce libre avec les pays étrangers, font fujetes aux mêmes droits qu'eux dans leur commerce avec les autres provinces de France. Telles font l'Alface, les trois évêchés de Metz, Toul & Verdun, & les trois villes de Dunkerque, Bayonne & Marfeille. Dans les provinces des cinq groffes fermes (ainfi nommées d'après une ancienne divifion des droits de douane en cinq grandes branches, dont chacune étoit affermée particulièrement, quoiqu'elles foient toutes réunies aujourd'hui dans une feule ferme), & dans celles qu'on appelle réputées étrangères, il y a plufieurs droits locaux qui ne s'étendent pas au-delà d'une ville ou d'un diftrict particulier. Il y en a même dans celles traitées comme étrangères, nommément dans la ville de Marfeille. Il eft inutile d'obferver combien ces différens fyftêmes d'impofition mettent d'entraves au commerce intérieur du pays, & combien ils multiplient le nombre des commis qu'il faut pour garder les frontières de ces diverfes provinces : le gouvernement s'occupe des moyens de réformer ces abus, & l'on fongeoit à propofer un autre régime à l'affemblée des notables, qui vient de fe tenir.

Outre l'obftruction générale qui réfulte de cette complication de fyftême pour le commerce intérieur, celui des vins qui, après le bled, font peut-être la plus importante production de la France, étoit fujet, dans la plupart des provinces, à des entraves particulières, parce qu'il y a des vignobles moins favorifés que d'autres : mais on vient de fupprimer une partie de ces gênes.

La variété & la complication des loix du revenu ne font point particulières à la France. Le petit duché de Milan étoit, avant les dernières réformes de l'empereur, divisé en six provinces, dans chacune desquelles il y avoit un syftême d'impofition différent par rapport à diverfes efpèces de marchandifes de confommation. Les états encore plus petits du duc de Parme font divifés en trois ou quatre, dont chacune a de même un fyftême d'impôts particulier. Sous une adminiftration auffi défectueufe, il n'y a que la grande fertilité du fol & le bonheur du climat qui puiffent empêcher ces pays de retomber dans le dernier état de pauvreté & de barbarie.

On peut lever les impôts fur les objets de confommation, par une adminiftration dont les officiers foient gagés par le gouvernement, & lui foient immédiatement comptables, & dont le revenu varie par conféquent d'une année à l'autre, felon les variations dans le produit des impôts ; ou le gouvernement peut les donner à ferme pour une rente certaine & déterminée, en laiffant au fermier le foin de nommer fes officiers qui, quoiqu'obligés de lever l'impôt de la manière prefcrite par la loi, font fous fon infpection & lui rendent compte immédiatement. La voie la plus économique & la meilleure de lever l'impôt, ne peut être celle de l'affermer. Outre ce qu'il faut payer la rente ftipulée, les gages des officiers de la ferme & toute la dépenfe de l'adminiftration, il faut que le fermier tire toujours du produit de l'impôt un certain bénéfice, qui foit au moins proportionné aux avances qu'il fait, au rifque qu'il court, à la peine qu'il a, aux connoiffances & à l'habileté néceffaires pour manier une affaire fi compliquée. Le gouvernement, en établiffant fous fon infpection immédiate une adminiftration comme celle qu'établit le fermier, pourroit du moins fauver ce profit qui eft prefque toujours exorbitant. Pour prendre à ferme une branche confidérable du revenu public, il faut avoir un grand capital ou un grand crédit, circonftances qui, feules, réduifent à un fort petit nombre les concurrens pour une pareille entreprife. Ce petit nombre de gens qui pourroient devenir compétiteurs, trouvent qu'il eft plutôt de leur intérêt de fe liguer enfemble que d'aller fur les brifées les uns des autres ; & quand la ferme eft mife à l'enchère, ils ne font guères que des offres fort au deffous de fa valeur réelle. On eft parvenu avec affez d'incertitude à connoître le produit & le bénéfice de la ferme de ce genre la plus confidérable ; mais c'eft après cent ans, lefquels on avoit vu les traitans faire des fortunes fcandaleufes.

Les fermiers du revenu public ne trouvent jamais trop de rigueur dans les loix qui puniffent les entreprifes pour éviter de payer l'impôt. Ils n'ont point d'entrailles pour les contribuables qui ne font pas leurs fujets, & qui, le lendemain de l'expiration du bail, pourroient faire une banqueroute univerfelle, fans les intéreffer. Ils manquent rarement de fe plaindre & d'alléguer que,

fans des loix plus févères que les loix ordinaires, il leur fera impoffible de payer même la rente ftipulée. La détreffe où fe trouve le gouvernement, ne lui permet pas de contefter leurs demandes. Les loix concernant les impôts, deviennent ainfi de jour en jour plus dures. Les plus fanguinaires exiftent toujours dans les pays où la plus grande partie du revenu eft en ferme, & les plus douces dans ceux où la levée des impôts eft fous l'infpection immédiate du fouverain. Un mauvais prince fentira plus de compaffion pour fon peuple, qu'on ne peut en attendre des fermiers de fon revenu. Il fait que la grandeur permanente de fa famille dépend de la profpérité de fes fujets, & il ne détruira pas volontairement cette profpérité pour un intérêt momentané. Il en eft tout autrement des fermiers, dont la grandeur peut être fouvent l'effet de la ruine, & non de la profpérité du peuple.

Quelquefois un impôt n'eft pas feulement affermé, c'eft encore le fermier qui a le monopole de la marchandife impofée. C'eft ainfi que fe lèvent en France les impôts fur le tabac & le fel. Alors le fermier fait fur le peuple deux bénéfices exorbitans au lieu d'un, le profit du fermier & le profit encore plus exorbitant du monopoleur. Le tabac étant une chofe de luxe, il eft libre à chacun d'en acheter ou de n'en pas acheter ; mais le fel étant une chofe de néceffité, chacun eft obligé d'en acheter du fermier une certaine quantité. Les impôts fur ces deux articles font très-confidérables. La tentation de frauder eft par conféquent irréfiftible pour bien des hommes, tandis que d'un autre côté, la rigueur des loix & la vigilance des commis du fermier expofent celui qui cède à la tentation, à une ruine prefque certaine. La contrebande du fel & du tabac envoie tous les ans plus de cent perfonnes aux galères, fans compter ceux qu'elle envoie au gibet. Ces impôts ainfi levés rapportent un gros revenu. On peut en voir le détail dans les ouvrages de M. Necker. Des droits & des monopoles femblables ont été établis, à l'égard du fel & du tabac, dans les domaines autrichiens & pruffiens, & dans la plupart des états d'Italie.

En France, la plus grande partie des revenus de la couronne eft tirée de huit efpèces de contributions ; favoir, la taille, la capitation, les deux vingtièmes, les gabelles, les aides, les traites, le domaine & la ferme du tabac. Les cinq dernières font en ferme ou en régie. La levée des trois premières fe fait par-tout fous l'infpection & la direction immédiate du gouvernement, & il paroît qu'en proportion de ce qu'elles font fortir de la bourfe du peuple, elles mettent plus dans le tréfor du prince que les cinq autres, dont l'adminiftration eft plus funefte & plus coûteufe.

M. Smith, qui nous a fourni la plupart des détails dans lefquels nous venons d'entrer, dit qu'il femble que les finances de France font fufceptiblés, dans leur état actuel, de trois fortes de réformes qui se préfentent naturellement. 1°. qu'en aboliffant la taille & la capitation, & en augmentant le nombre des vingtièmes jufqu'à la concurrence du produit de ces deux *impôts*, on pourroit conferver le revenu de la couronne, diminuer beaucoup les frais de perception, délivrer le peuple de toutes les vexations qu'occafionnent la taille & la capitation, & ne pas charger les rangs fupérieurs plus que la plupart ne le font à préfent. J'ai déja obfervé que le vingtième eft un impôt à-peu-près de la même efpèce que la taxe fur les terres en Angleterre. On avoue que le fardeau de la taille retombe fur les propriétaires des terres; & comme la plus grande partie de la capitation eft affife fur les taillables au marc la livre de la taille, il faut que le paiement retombe également, pour la plus grande partie, fur la même claffe d'hommes. Ainfi, quand le nombre des vingtièmes augmenteroit jufqu'à la concurrence d'un revenu additionnel égal à celui que rapportent ces *impôts*, les rangs fupérieurs du peuple ne feroient pas plus chargés. Plufieurs individus le feroient fans doute, à raifon des grandes inégalités qu'il y a dans la répartition des tailles fur les biens, & les fermiers des différens particuliers. L'intérêt & l'oppofition de ceux qui font actuellement favorifés par cette répartition, feront probablement le plus grand obftacle à une pareille réforme. 2°. En rendant les gabelles, les aides, les *impôts* fur le tabac, & tous les droits de douane & d'accife, uniformes dans tout le royaume, la perception pourroit s'en faire à bien moins de frais, & le commerce du royaume devenir auffi libre qu'il l'eft en Angleterre. 3°. En mettant tous ces *impôts* fous la direction & l'infpection immédiate du gouvernement, on pourroit ajouter au revenu de l'état les bénéfices des fermiers généraux. Mais on s'occupe de la plupart de ces réformes, & il en eft quelques-unes, dont on voit mieux les inconvéniens que ne peut les voir un auteur étranger.

Le fyftême d'impofition adopté en France, paroît à tous égards, inférieur à celui de l'Angleterre. On lève annuellement dans la Grande-Bretagne onze ou douze millions fterlings fur moins de huit millions d'ames, fans qu'on puiffe dire, qu'aucun ordre particulier y foit opprimé. Il paroît que la France, y compris les provinces de Lorraine & de Bar, contient environ vingt-quatre millions d'habitans, c'eft-à-dire, peut-être trois fois plus que n'en contient la Grande-Bretagne. Le fol & le climat de la France valent mieux que celui de l'Angleterre. Il y a plus long-tems qu'elle eft dans un état de progrès & de culture; & par cette raifon, elle doit être mieux fournie de toutes les chofes qui ne peuvent fe former & s'accumuler qu'à la longue; comme de grandes villes, des maifons commodes & bien bâties, tant à la ville qu'à la campagne. Avec ces avantages,

on devroit peut-être lever en France un revenu de trente millions fterl. pour le foutien de l'état, avec auffi peu d'inconvéniens qu'un revenu de dix millions en Angleterre. Le revenu de la France n'eft pas encore arrivé à ce point. Cependant, fi on l'examine bien, on verra que le peuple eft beaucoup plus opprimé en France par les *impôts* qu'il ne l'eft en Angleterre. L'opinion contraire eft générale; mais on ne fait pas attention que les *impôts* plus multipliés de l'Angleterre foulent moins le peuple.

On dit qu'en Hollande la pefanteur des *impôts* fur les chofes néceffaires à la vie, a ruiné les principales manufactures du pays, & elle doit y décourager peu à peu les pêcheries & le commerce des bâtimens de mer. Les *impôts* fur les néceffités de la vie font fort peu de chofe dans la Grande-Bretagne, & on ne voit pas qu'ils aient ruiné aucune manufacture. Ceux qui pèfent le plus fur quelques manufactures, font certains droits fur les importations des matières crues, particuliérement fur celles de la foie. On dit que le revenu des Etats-Généraux & des différentes villes fe monte à plus de fix millions fterlings; & comme on ne peut pas fuppofer que le nombre des habitans des Provinces-Unies furpaffe le tiers de ceux de la Grande-Bretagne, il eft clair qu'ils doivent être beaucoup plus foulés, en proportion du nombre.

Quand on a épuifé tous les fujets de taxes, fi les befoins de l'état exigent de nouveaux *impôts*, on eft bien forcé d'en mettre fur des articles qui n'en font pas fufceptibles. Les *impôts* fur les chofes néceffaires à la vie ne font donc pas un reproche à la fageffe de cette république, qui, pour acquérir ou maintenir fon indépendance, s'eft vue forcée à des guerres fi difpendieufes, que, malgré fon extrême économie, elle n'a pu s'empêcher de contracter de grandes dettes. D'ailleurs la pofition des provinces de Hollande & de Zélande exige des frais confidérables pour empêcher qu'elles ne foient englouties par la mer, ce qui doit beaucoup augmenter les charges & par conféquent les *impôts* de ces deux provinces. La forme du gouvernement républicain paroît être le principal foutien de la profpérité actuelle de la Hollande. Les propriétaires de grands capitaux, les grandes familles commerçantes ont, en général, une part directe ou quelque influence indirecte dans l'adminiftration. La confidération & l'autorité, dont ils jouiffent à ce titre, les retiennent dans un pays où ils tirent moins de profit de leur capital s'ils l'emploient eux-mêmes, & moins d'intérêt s'ils le prêtent à d'autres, & où ils ne peuvent fe procurer, avec le modique revenu qu'ils en retirent, autant de chofes néceffaires & commodes qu'ils en pourroient avoir dans tout autre pays de l'Europe. La réfidence de ces citoyens puiffans tient en activité, malgré tous les défavantages, une certaine quantité d'induftrie. Une calamité publique qui détruiroit la forme républicaine du gouvernement, qui feroit paffer toute l'adminiftration dans les mains des nobles & des foldats, qui anéantiroit l'importance de ces riches négocians, leur rendroit défagréable le féjour d'un pays où ils ne feroient plus respectés ; ils fe transporteroient eux & leur capital dans quelqu'autre contrée, où l'induftrie & le commerce de la Hollande fuivroient les-capitaux qui les foutiennent. *Voyez* les articles CHARGES PUBLIQUES & CONTRIBUTIONS du dictionnaire de Finances.

INALIÉNABILITÉ des domaines de la couronne. Ce mot n'a pas befoin de définition : nous avons déja traité cette queftion à l'article ALIÉNATION. Les circonftances nous déterminent à ajouter ici d'autres remarques ; les raifons qu'on a eu d'établir l'*inaliénabilité* du domaine fubfiftent-elles encore ?

Si ces domaines qui femblent rapporter quelque chofe, coûtent une fomme confidérable pour les réparations, les dédommagemens, &c. que les hommes en faveur ne manquent jamais d'obtenir, eft-il raifonnable de dire toujours qu'il n'eft pas permis de les aliéner ? & parmi ceux qui foutiennent la vieille maxime, en eft-il un feul qui fe foit donné la peine d'examiner ce petit fait ?

Eft-il poffible dans une monarchie, telle que la monarchie françoife, d'empêcher ce défordre? & quand on a de l'expérience, peut-on compter fur les remèdes qu'on proposeroit là-deffus ?

Les domaines paroiffent encore rapporter 13 ou 14 cents mille livres ; mais il faut en ôter toutes les réparations qui abforbent quelquefois le produit ; & ne coûtent-ils pas des fommes beaucoup plus fortes, lorfqu'on veut les racheter ? Les familles qui obtiennent gratuitement quelques-uns de ces domaines, ne viennent-elles pas à bout de les faire racheter au roi, fous un autre prince ? & quel eft le prix exorbitant de ces rachats ? Lors même que les familles ne font aucune démarche pour tranfiger fur le rachat, ne furvient-il pas des circonftances où le miniftère croit qu'il eft utile de racheter ces domaines ? & quelle charge ne tombe pas alors fur le tréfor royal pour prix de ces dédommagemens ?

Si on vendoit les domaines de la couronne dans un moment de détreffe, n'en réfulteroit-il pas deux avantages ? N'affranchiroit-on pas le tréfor de la charge des rachats toujours onéreux, & le prix de la vente ne lui procureroit-il pas un autre foulagement ?

Les finances d'une grande nation gouvernée par un monarque qui a une cour magnifique & une nobleffe très-nombreufe, peuvent-elles être adminiftrées avec fageffe & avec économie ? Les périodes de détreffe ne doivent-ils pas revenir avec une régularité effrayante ? Pour contribuer à l'efprit d'ordre & d'économie, qui ne peut jamais être permanent, n'eft-il pas à défirer que les re-

venus du fouverain fe bornent aux contributions de fes fujets ? Le prince alors ne fera-t-il pas mieux averti de fes devoirs ? Si cet arrangement doit produire peu d'effet, faut-il négliger les petits moyens qui peuvent empêcher les défaftres & les calamités publiques ?

Les tribunaux & les jurifconfultes, qui rappellent les vieilles maximes avec tant de confiance & de fécurité, ont-ils fait ces réflexions ?

Si on difoit aux étrangers : la nation la plus éclairée de l'Europe avoit pour principe de ne pas permettre l'*aliénation* du domaine de la couronne, à une époque où le fouverain n'avoit pas d'autres revenus : elle avoit raifon ; elle vouloit prévenir les impôts & le gafpillage des finances: mais les chofes font bien changées : on a établi des impôts de tous les genres : cependant la nation eft accablée de dépenfes & de dettes : le tréfor royal eft gêné : ces domaines ne rapportent prefque rien ; & à des intervalles qui reviennent fouvent, ils coûtent des fommes bien plus fortes pour les rachats : la vente de ces domaines feroit d'une grande reffource ; & on s'en tient aux vieux principes : que penferoient-ils de nous ?

Afin qu'il ne refte pas aux lecteurs de doutes fur cette queftion, nous allons répondre à ce qu'on a dit pour prouver que *le domaine de l'état eft inaliénable par le droit public.*

« Les loix faites pour l'intérêt du repos public, difent les vieux publiciftes, ne veulent pas que les murs des villes, les poffeffions des fouverains puiffent être aliénés, ni que les domaines de l'état, qui, felon les vues du légiflateur de chaque nation, doivent être éternels, foient moins inébranlables que l'état même ; les biens de la république font facrés, & le prince n'a pas la liberté d'en difpofer comme un particulier difpofe de fa maifon, de fa vigne, de fon champ ». Ces raifons étoient bonnes lorfque le domaine formoit le feul revenu du fouverain ; mais font-elles bonnes aujourd'hui ? & s'il eft de l'intérêt de l'état d'aliéner ces domaines, ne font-elles pas en notre faveur ?

« Plufieurs écrivains, continuent-ils, en établiffant que les loix de leur pays rendent le domaine public imprefcriptible, parlent de ces loix comme fi elles étoient particulières à leur nation, & comme fi elles pouvoient les oppofer aux autres peuples ». Mais ne s'abufent-ils pas fur l'un & fur l'autre point ? Chaque état prétend être majeur pour acquérir, & mineur pour aliéner ; & on tient dans toute fociété civile que la couronne & tout ce qui en dépend, eft *inaliénable* ; mais ce principe, tout certain qu'il eft en foi, eft renfermé dans les lieux où il eft établi ; aucune fociété, ce femble, ne peut l'oppofer à une fociété étrangère.

« Ce retrait perpétuel du domaine des fouverains a quelque forte de rapport avec la cinquantième année des juifs, qui étoit leur jubilé, c'eft-à dire, une révision générale de toutes les terres dont on conservoit le premier partage ».

Sans doute, la maxime de l'*inaliénabilité* du domaine de l'état est à-peu-près universelle, parce qu'elle fut établie par-tout, à l'époque où il importoit de ne pas laisser au prince le droit de dissiper ce domaine : le fond de cette maxime est encore vrai ; car le domaine de l'état, qui fournit au maintien & à la dépense de l'état, provient des contributions publiques ; & si les contributions publiques des années à venir étoient aliénables, le prince ne pourroit les aliéner. Ce qu'on dit des juifs ne mérite pas de réponse ; car le cas est très-différent. Les autres citations, tirées des peuples anciens, ne prouvent rien non plus ; & nous observerons seulement que chez les nations de l'antiquité, où les sujets payoient peu d'impôts, & où l'état faisoit peu de dépense, l'inaliénabilité du domaine étoit fort sage ; & qu'en général la même maxime est utile par-tout, lorsque ce domaine est bien administré, lorsqu'il produit au lieu de coûter, & lorsqu'enfin il n'offre pas une grande ressource à un gouvernement obéré qui ne sait comment rétablir ses affaires. Ainsi il est inutile de nous rappeler les grecs de nous dire : « que Thémistocle incorporoit au domaine de l'état tout ce qui avoit une fois appartenu à la république d'Athènes, de quelque manière & par quelque voie qu'elle l'eût perdu : qu'il disoit que la prescription n'a lieu, ni contre les choses sacrées, ni contre le domaine souverain de la république ; & que les mortels ne peuvent prescrire contre Dieu qui est immortel, ni les hommes privés contre la chose publique ».

« Que Caton imita chez les romains la conduite de Thémistocle, & que les jurisconsultes de Rome mettent tout ce qui regarde la puissance publique au nombre des choses facrées que les loix doivent particulièrement protéger ». Nous avons prouvé d'ailleurs à l'article ALIÉNATION que le domaine des empereurs romains se vendoit à perpétuité comme celui des particuliers, parce que sans doute le gouvernement étoit arrivé à l'époque où l'aliénation des domaines se trouvoit utile.

Alexandre Sévère n'a-t-il pas dit dans une loi : *je rougirois que le fisc inquiétât un acquéreur du domaine, après que l'adjudication lui en a été faite de bonne-foi, & qu'il en a payé le prix ?*

Les paroles d'Honorius & de Théodose sur ce sujet ne sont pas moins remarquables : « ni la justice ni l'honneur, disent - ils, ne permettent point que le fisc retire ce qu'il a une fois vendu ».

Théodose & Valentinien l'ont décidé encore plus expressément ; & Constantin le grand en a fait un édit général, dont voici les propres termes : « nous faisons savoir à tous, que quiconque acquiert ou a acquis des héritages de notre fisc,

en est fait, lui, ses héritiers & successeurs, seigneurs perpétuels & incommutables, sans que nous puissions avoir aucun droit de les retirer ».

Gratien, Valère & Théodose étendirent ces réglemens jusqu'aux donations pures & gratuites : « quiconque, disent-ils, possède par notre libéralité impériale, ou par celle de nos prédécesseurs, quelques biens domaniaux, situés en la province Asiatique & en celle de Pont, en sera propriétaire absolu, avec pouvoir de les transmettre à ses descendans, même de les aliéner hors de sa famille, par quelque sorte de contrat que ce soit ».

Ensuite les françois qui tiennent pour maxime que le domaine de la couronne est inaliénable, savent-ils bien qu'il ne l'a pas toujours été ? Nous avons prouvé à l'article ALIÉNATION que Louis XIV s'écarta de cette maxime, & que Colbert la jugea fausse : nous ajoûterons ici d'autres preuves.

Avant Hugues Capet, les fiefs n'ayant été en France que de simples bienfaits de nos rois, ceux qui les possédoient ne pouvoient les aliéner, les abolir ou les détruire. Cet usage de l'*inaliénabilité* subsista, après que les fiefs furent devenus héréditaires sous la troisième race. Or, les fiefs que cette troisième race possédoit sous les premiers rois qu'elle nous a donnés, n'étoient pas des biens de la royauté, mais le patrimoine de la famille adapté à la royauté en la personne de Hugues Capet, & par conséquent originairement sujets à l'usage des fiefs, qui se pratiquoit dans tout le royaume.

Cependant nos rois qui les premiers ont, par des conquêtes ou d'une autre manière, formé le domaine de leur couronne, ont eu pendant long-temps le pouvoir de l'aliéner comme bon leur sembloit ; & ils en ont tellement usé, que des domaines qui leur appartenoient sous la première & la seconde race, & fort avant sous la troisième, ne sont plus aujourd'hui des domaines royaux. Ce n'est que par l'ordonnance de Moulins, du mois de février 1566, que l'aliénation à perpétuité du domaine de la couronne a été défendue.

Philippe le Bel est le premier roi de France qui ait défendu, par un édit exprès, l'aliénation du domaine royal. Plusieurs de ses successeurs ont renouvellé cette défense.

Aux états de Blois, dont je viens de citer l'ordonnance, Henri III déclara qu'il étoit résolu de vendre des biens de son domaine pour trois cents mille livres de rente ; mais qu'il desiroit les vendre de l'avis des députés de cette assemblée. Le tiers-état résolut de ne consentir à cette aliénation du domaine à perpétuité, ni pour le tout, ni pour une partie. Le roi & d'autres personnes des états envoyèrent consulter Bodin, député de Vermandois, ce jurisconsulte si connu par sa république ; & Bodin répondit « que, suivant l'avis

» commun, le roi n'étoit qu'un fimple ufufruitier
» du domaine, & que lui & les officiers payés,
» le furplus des revenus devoit fe garder pour les
» affaires de la république ; que le fonds & la pro-
» priété du domaine appartenoient au peuple ;
» qu'ainfi les députés des provinces pourroient
» bien confentir à l'aliénation perpétuelle du do-
» maine, fi les provinces les y autorifoient ; mais que
» fi les provinces y confentoient, l'intérêt du peu-
» ple devroit en détourner, parce que le peuple
» s'obligeroit par-là, lui & toute fa poftérité, à
» nourrir & entretenir le roi & le royaume, &
» feroit une ouverture inévitable à mille impofi-
» tions, dépouillant le roi de tout ce qu'il peut
» avoir pour l'entretien de fon état ; & qu'enfin
» ce confentement devoit encore moins être don-
» né par les députés, dont plufieurs étoient ab-
» fens & déja congédiés, & qui tous manquoient
» de pouvoir ». Ainfi Bodin étoit de notre avis ;
le peuple peut confentir à l'aliénation du domaine : les impôts que craignoit cet auteur, font
établis ; & l'aliénation du domaine devant aujour-
d'hui prévenir les impôts, que le produit de ces
domaines remplaceroit, Bodin confeilleroit de les
aliéner, s'il vivoit encore. Mais pour revenir à
la négociation entamée par Henri III, Bellié-
vre, commiffaire envoyé par le roi à l'affemblée du tiers état, dit que, quoique par les loix
du royaume le domaine fût inaliénable, ces loix
n'avoient point lieu en temps de néceffité ; qu'il
y alloit du falut du peuple ; que les loix qui
avoient été établies pour la manutention de l'état,
devoient être favorablement interprétées, & non
pas tourner à la ruine du peuple ; qu'il étoit plus
convenable de vendre une partie du domaine pour
conferver l'autre, que d'expofer le tout fi on ne
vendoit rien, & qu'une telle vente fe devoit plutôt appeller confervation qu'aliénation du domaine. Le tiers-état répliqua que, par la loi fondamentale du royaume, cette aliénation étoit défendue, & que les députés n'avoient aucun pouvoir des provinces d'y confentir ; que le domaine
du roi peut fe comparer aux biens d'une femme
que le mari ne peut aliéner ; que le domaine de
l'églife n'eft pas auffi privilégié que le domaine
du roi ; que le domaine de l'églife fe peut aliéner, fuivant les canons, en certains cas, & en
obfervant les formalités néceffaires ; mais que le
domaine du roi eft une colonne qui foutient l'é-
tat, & qu'il faut plutôt la fortifier que la détruire ; que le domaine du roi étant aliéné, *tout
moyen feroit ôté au roi d'entretenir fon état,* &
affigner à l'avenir dots, douaires & apanages ;
que c'étoit une chofe inouïe que le domaine fût
vendu à perpétuité fans rachat ; que cela ne s'é-
toit jamais pratiqué, quoique le royaume fe fût
trouvé en plus grand danger qu'il n'étoit alors ;
que cela ne s'étoit pas même fait du temps du
roi Jean ; que le domaine étant aliéné, il feroit
néceffaire, pour l'entretien de l'état du roi, d'en

remplacer autant qu'il en feroit ôté ; & que cette
nouvelle acquifition retomberoit fur le tiers-état ;
& non fur la nobleffe & le clergé, qui y donneroient aifément leur confentement. Le tiers-
état prit donc la réfolution de ne point toucher
au domaine, & propofa au roi d'autres expédiens
pour foutenir la guerre. Nous ne nous permettrons
pas d'attaquer ces raifons : les protecteurs du peuple avoient peut-être raifon alors ; mais il eft clair
que les protecteurs du peuple doivent demander
l'aliénation du domaine ; car fi on ne l'aliène pas,
de nouveaux impôts font indifpenfables ; & l'on
fait bien que ces impôts tomberont fur le peuple.
Au refte, cette fermeté du tiers-état produifit
l'ordonnance de Blois, que j'ai indiquée plus
haut.

Tous les rois de France, depuis Charles V
jufqu'à Charles VIII, ont juré à leur facre de
conferver la fouveraineté, les droits & la dignité
de la couronne de France, & de ne les aliéner
ni tranfporter à perfonne. Mais depuis Charles
VIII, cette claufe n'a été inférée dans le ferment
d'aucun de nos rois. C'eft ce qu'a remarqué l'auteur du Cérémonial françois. « Il femble, dit
» cet auteur, qu'il ait été jugé fuperflu & inu-
» tile de ftipuler de nos rois, qu'ils n'aliéneront
» les droits de la couronne ; d'autant que pro-
» mettant de défendre, & de protéger leurs fu-
» jets, de les maintenir en paix, & leur admi-
» niftrer bonne juftice, & ufer de clémence, &
» miféricorde envers eux, ils ne le pourront
» faire, s'ils confentoient jamais ou permettoient
» qu'ils tombaffent fous la domination, & feigneu-
» rie d'un prince étranger ». Cette raifon n'eft
point fatisfaifante du tout : le miniftère a fenti
depuis le facre de Charles VIII, que les befoins
de l'état obligeroient peut-être à l'aliénation du domaine, dont le produit fe trouvoit avantageufement remplacé par des impôts confidérables.

Les jurifconfultes expliquent les motifs qui ont
déterminé nos rois à rendre leur domaine inaliénable : mais on vient de voir que le domaine n'a pas
toujours été regardé comme inaliénable : voici
les motifs de cette prétendue inaliénabilité.

I°. « C'eft la naiffance qui élève nos rois fur
le trône, & non le hafard de l'élection, ou la
voix des foldats toujours vénale ».

II°. « Il faut que l'état ait des fonds fixes &
certains. C'eft de-là que dépend fa fureté & fon
repos. *Les domaines ne rapportent prefque plus rien.*

III°. « En France l'avidité des courtifans eft
bornée par la fageffe du prince, au lieu que,
fous certains empereurs romains, elle tariffoit
toutes les fources des finances » : *on ne peut répondre ici comme on le voudroit, ou plutôt nous
avons prouvé combien le tréfor royal fouffre de ces
conceffions de domaines qu'on obtient fous un prince,
& qu'on rend fous un autre avec des dédommagemens
exceffifs.*

IV°. « Le retrait ne fait aucun tort aux particuliers; ils n'achètent qu'à cette condition ».

V°. « Il est fort avantageux à l'état, parce qu'il est une ressource assurée contre l'aliénation ». *Ce retrait a pu être utile; mais l'est-il à présent?*

VI°. « Les particuliers insèrent souvent cette faculté de rachat, dans les contrats de vente qu'ils passent entr'eux. Pourquoi ne seroit-elle pas de droit pour le roi »? *Elle sera de droit, quand elle sera à l'avantage de l'état.*

VII°. « Les terres du domaine consistent ordinairement en duchés & autres apanages, distingués par des titres éclatans qui étoient inconnus à l'Empire romain ». *Cela n'est point du tout exact; & si les empereurs romains n'aliénèrent le domaine que pour l'avantage de l'état, il faut les imiter. Mais s'ils les aliénèrent pour enrichir des courtisans, il ne faut pas suivre leur exemple: nous ne disons pas que le domaine de la couronne est ainsi aliénable: nous voulons que le produit de l'aliénation soit appliqué aux besoins de l'état.*

VIII°. « Si en France on a reçu ou introduit le droit d'aînesse, le retrait féodal & le lignager pour la conservation des familles, pourquoi ne garderoit-on pas le retrait perpétuel pour la conservation de la couronne, sous la grandeur de laquelle toutes les familles du royaume se reposent & sont à couvert? Ce principe incontestable doit empêcher l'aliénation des domaines particuliers des couronnes ». *Il doit empêcher cette aliénation, tant qu'elle est avantageuse à l'état.*

« Les jurisconsultes flamands, disent encore quelques publicistes, prétendent que leurs princes ne peuvent faire le moindre préjudice aux droits de leur souveraineté ».

« Un chancelier du duché de Brabant a écrit que le duc ne peut aliéner le moindre domaine, ne fût-ce qu'un simple & léger droit de péage; & que de même que, suivant les loix civiles, la dot ne peut être aliénée par le mari, le patrimoine de la couronne ducale est comme une dot indivisible que la république a apportée au prince pour lui servir à en soutenir les charges ». L'ignorance ou la légéreté de ces publicistes est curieuse. Le peuple du Brabant a conservé ses états & ses privilèges: on ne l'accable pas d'impôts sans son aveu; il veille à l'administration des domaines, & nous n'ajouterons rien de plus.

« Les jurisconsultes allemands, ajoute-t-on, supposent que le souverain domaine d'un état, qui a été une fois incorporé à l'Empire, ne peut plus se perdre, ni expressément en vertu d'un acte positif, ni tacitement par la voie du délaissement, ni absolument par la force de la prescription. Les empereurs d'Allemagne, à leur couronnement, jurent de réunir à l'Empire tout ce qui en a été séparé sans limitation de temps; & quelques contemporains de leurs prédécesseurs y puissent avoir donné ». C'est encore un exemple bien choisi. L'Empire est soumis à des capitula-

tions & à des loix qu'on exécute: la conservation du domaine y est utile, du moins dans le système adopté par le corps germanique; & il ne faut pas faire de pareils rapprochemens.

« Les loix de Brandebourg ne permettent point à l'électeur, ayant des états en propre, d'aliéner pour toujours & sans retour ses états, ses sujets, ni même les nouvelles acquisitions qu'il peut faire. Ces loix veulent qu'en cas de contravention, l'électeur ou son successeur soit en droit de revendiquer ce qui a été ainsi aliéné, & de s'en remettre en possession ». C'est ce que disent les vieilles capitulations.

« Selon les espagnols, c'est un principe fondamental, & l'une des plus anciennes constitutions de leur monarchie, que le royaume d'Espagne est inaliénable; que les espagnols vivent toujours sous leurs propres rois, & que la couronne d'Espagne ne peut être ni annexée, ni incorporée à aucune autre ». Voilà comment les jurisconsultes & les publicistes traitent la plupart des questions: après quelques phrases, ils sont bien loin de la matière qu'ils paroissent discuter: ils nous parlent ici, ainsi que dans le paragraphe précédent, de l'aliénation de la couronne & de l'état, & il s'agit du domaine.

« Les italiens citent un serment de *non infeudando*, que les papes font en prenant possession du souverain pontificat. Ils disent qu'aucun pape n'a le pouvoir d'aliéner ce qui a été donné à S. Pierre & au Saint-Siège, & que, par les bulles de Pie V & de Clément VIII, un état incaméré est inaliénable pour toujours ». Eh qu'importe! on connoît les bonnes raisons qui veillent au maintien de l'état précaire de l'église, & les féodistes, les canonistes & les jurisconsultes ultramontains pensent néanmoins que le pape peut aliéner, à titre d'inféodation, des seigneuries souveraines, du consentement des cardinaux.

« Les turcs, ajoute-t-on, ne peuvent aliéner aucune partie de leur domaine; ils allèguent aussi les constitutions de leur Empire & les loix de l'alcoran, & savent se faire non-seulement une loi politique, mais aussi une religion, de l'intérêt de l'état, contre tout démembrement de l'Empire ». C'est donner une dernière preuve de justesse, & c'est très-bien fait aux jurisconsultes de parler de la constitution de l'empire ottoman; car ils l'ont beaucoup étudié.

« Tous les princes chrétiens, assemblés solennellement dans le treizième siècle, convinrent, par eux ou par leurs ambassadeurs, que le domaine de leurs couronnes seroit inaliénable, & que les portions qui en auroient été démembrées, y seroient réunies ». *Où se tint cette belle assemblée?*

Enfin, en admettant le principe & les faits sur lesquels nous nous sommes permis quelques remarques, ce principe devroit être borné à l'usage

E 2

du droit public qu'il fuppofe ; il n'a de force qu'autant que le droit public d'un état a d'étendue ; & c'eft confondre les notions de tous les droits que de le porter au-delà du cas dans lequel il doit avoir lieu.

Tous les princes favent obéir à la loi de la néceffité quand il le faut ; ils aliénent le domaine facré de leur couronne, fans craindre de paffer pour des infracteurs & des facrilèges. Il n'y a jamais eu de fouverain qui n'ait reçu ou fait des ceffions, étendu ou refferré, par des traités, les frontières de fes états.

L'aliénation d'un domaine faite par un état en faveur d'un autre état ; l'aliénation des domaines particuliers faite à des particuliers ; la ceffion d'un pays faite par un fouverain à un autre fouverain ; la prefcription & toutes les autres manières d'acquérir ou d'aliéner, ont leur origine dans le droit des gens & le droit facré de l'utilité publique, qui fait ceffer les loix particulières de chaque état. Mais, dans le cas dont il eft ici queftion, le droit d'aliéner les domaines particuliers de l'état n'appartient pas exclufivement au prince, ainfi que nous l'avons obfervé : on a befoin d'une forte de confentement de la nation. *Voyez* l'article ALIÉNATION.

INCAS (royaume des) : il feroit affez inutile de donner ici des détails fur l'adminiftration du royaume des *Incas*, & nous renvoyons le lecteur à l'hiftoire de M. Robertfon.

INDOLENCE DES PRINCES. C'eft un des défauts les plus ordinaires de leurs conditions, & nous tâcherons d'en montrer ici les triftes effets.

Lorfqu'un prince tombe dans l'*indolence*, & qu'il fe néglige au point de n'avoir plus aucun foin de fa réputation, les gens les plus indignes ne manquent pas de l'obféder, & alors les hommes de mérite ne peuvent le fervir. Schah Huffein avoit été fervi par des miniftres habiles, par de bons généraux ; mais les eunuques faifoient échouer tous leurs efforts, & fouvent les privoient de leurs biens & de la vie. Les princes foibles ou indolens ont trop peu de confiance, & il convient à un prince d'être circonfpect fur le choix des perfonnes qu'il tient auprès de lui, puifque ceux qui font dans les poftes les plus fubalternes, ont toujours affez d'influence dans les affaires pour nuire au bonheur de l'état & à la gloire du fouverain. S'ils ne peuvent venir à bout de le conduire felon leurs fauffes vues, ils ne manqueront pas de ternir fa réputation, foit en le décriant, foit en montrant une corruption qui fera une tache à fon règne.

Un prince fouffre toujours de la mauvaife conduite & de la méchanceté de fes domeftiques, fur-tout s'il leur permet de fe mêler de la diftribution des récompenfes & des châtimens.

Les fimples domeftiques de Galba, & même fes efclaves, avoient affez de crédit pour déshonorer l'empire de leur maître : on favoit qu'ils vendoient tous les emplois & toutes les graces du prince. L'empereur qui auroit dû examiner le mérite, la capacité & les prétentions des particuliers, oublioit qu'il étoit de fon honneur de placer dignement fes bienfaits ; il en abandonna le foin à fes domeftiques. Ces mercenaires perfides ne daignoient pas confidérer combien ils hâtoient le déshonneur & par conféquent la perte de leur vieux maître, dès que leur fcélérateffe leur procuroit de l'argent. Leurs démarches, dans ces vues honteufes, hâtoient la ruine de l'empereur, puifqu'en fouillant ainfi fa réputation, ils minoient le plus fort foutien de fon autorité.

On voit toujours avec indignation de miférables fubalternes inconnus, fi ce n'eft par leurs vices, s'élever à une fortune éclatante par la protection & l'*indolence* du prince. La honte de leur acquifition illégitime retombe fur le fouverain, & ils excitent le reffentiment de ceux qui voient échouer leurs juftes prétentions. Galba fe perdit autant par la corruption de fes domeftiques, que par la corruption & la violence de la foldatefque.

On ne pouvoit aborder l'empereur Schah Huffein que par la médiation des eunuques, qui ne connoiffoient d'autre mérite que celui de l'argent. Ces vils efclaves vendoient la protection du fouverain, proftituoient fes graces au plus offrant, & faifoient un marché public des emplois & de la juftice. Il ne pouvoit y avoir ainfi aucune émulation dans une cour où l'on n'avoit aucun égard pour la capacité ou pour la vertu. C'étoit une fource d'oppreffions & de rapines. Ceux qui s'étoient épuifés pour avoir des charges, étoient réduits à fe permettre toutes fortes de lâchetés & d'injuftices pour fe dédommager, & pour fatisfaire à la cupidité de leurs infatiables protecteurs, les eunuques, dont il falloit chaque jour acheter les bonnes graces par de nouveaux préfens. On ne connoiffoit auparavant parmi les perfes, ni larcins, ni vols, parce que les gouverneurs des villes & des provinces étoient refponfables de ces défordres, & avoient un foin particulier de les prévenir.

Mais, fous le règne de Schah Huffein, le vol étoit devenu commun, & même encouragé ; les gouverneurs en partageoient le produit, ou, pour s'exprimer plus exactement, ils l'avoient affujetti à un impôt. Ils n'avoient rien à craindre des tribunaux de juftice. Dès qu'ils avoient la précaution de fournir de l'argent aux eunuques, ils pouvoient exercer leurs brigandages fans crainte.

Ces eunuques, fi corrompus par la cupidité, étoient fi éloignés de répandre le fang, qu'ils enfeignèrent au roi ce trait de clémence mal entendu, de ne jamais faire mourir un homme pour quelque crime que ce fût. Ainfi ces pieux impofteurs travailloient à leur propre fûreté. Le prince converti, d'après leur avis, toutes les punitions en amendes pécuniaires : mais sa conscience ne lui permettant pas de recevoir le prix de ces crimes, ceux qui lui avoient inspiré ce scrupule, se chargèrent du maniement des amendes.

Les impositions publiques en Perse étoient fixées, & chaque ville payoit tous les ans une somme invariable : les gouverneurs ne pouvoient la changer. Mais les amendes pour les contraventions étant plus ou moins arbitraires, ils découvroient à chaque instant de nouveaux délits, & ils levoient des amendes sans fin. Ils tiroient ainsi des peuples, de très-grosses sommes qui n'étoient point limitées. Certaines villes payèrent en amendes pécuniaires dans un jour, plus qu'elles ne payoient dans un an au trésor royal. Le gouverneur même d'Ispahan, capitale de l'Empire, rançonnoit les voleurs & les filoux. Il retenoit en prison ceux qui n'avoient pas assez volé pour acquérir ses bonnes graces; il les laissoit sortir de nuit pour voler de nouveau, & leurs derniers larcins les garantissoient de la peine des précédens.

D'où venoient tant d'injustices ? d'où venoit la dépravation de l'ordre public ? Pourquoi les sujets n'étoient-ils plus protégés par les loix ? D'où venoient l'anarchie & ces concussions que les grands exerçoient sur les petits ? Pourquoi l'iniquité n'avoit-elle pas de bornes ? Pourquoi l'innocence étoit-elle opprimée & sacrifiée ? Ces désordres venoient de la lâcheté & de la corruption de ceux qui obsédoient le trône, & de la molle indolence de celui qui l'occupoit. Schah Hussein avoit un très-bon naturel; il étoit plein de générosité, de douceur & de compassion : il avoit l'ame compatissante. Il tua un jour un canard qu'il vouloit effrayer, il se crut souillé par ce sang; & pour expier son meurtre, il eut recours à des actes de dévotion & à des aumônes. Il étoit si religieux, que le feu ayant pris à la grand'salle du palais, remplie de riches meubles, il ne voulut pas permettre qu'on travaillât à l'éteindre, de peur de s'opposer aux décrets de la providence. Il fit des charités immenses, fonda des monastères, dota des hôpitaux; il entreprit de longs pélérinages, un entr'autres de deux cens lieues.

Mais à quoi servoient son bon cœur, sa compassion & sa religion ? Il étoit fâché d'avoir tué un canard, & il souffroit que ses sujets fussent rançonnés & livrés au désespoir; il attira la guerre & la dévastation dans le sein de son Empire.

Ce prince indolent & foible s'occupoit de bagatelles, & il ne voyoit point les oppressions que ses peuples souffroient; il n'entendoit pas leurs cris. Il sembloit n'avoir d'autres soins & d'autres royaumes à gouverner que son serrail. C'étoient ses maîtresses & non ses sujets, qui étoient l'objet de ses occupations & de sa bienveillance; le

gouverneur d'une ville ou d'une province étoit sûr de se mettre dans ses bonnes graces, s'il lui envoyoit une belle femme. Il s'embarrassoit peu que les gouverneurs traitassent bien ou mal le peuple. Quand il auroit montré cette inquiétude, ses fideles conseillers, les eunuques, avoient été gagnés d'avance pour en avoir une réponse favorable. On le berçoit si mollement dans son repos, on l'éloignoit avec tant de soins de toutes les fatigues du gouvernement, qu'il paroissoit ne prendre aucune part aux intérêts ou à la destinée de son Empire. Lorsqu'on lui dit que l'ennemi approchoit d'Ispahan, il répondit que « c'étoit aux » ministres à y pourvoir; qu'ils avoient des ar- » mées sur pied pour cela; qu'à son égard il » seroit content, pourvu qu'on lui laissât seu- » lement son palais de Farabath ».

Dans quelle indolence, dans quelle insensibilité, dans quel mépris ce pauvre prince n'étoit-il pas tombé, en s'abandonnant à des séducteurs qui ne songeoient qu'à leurs propres intérêts ?

Il n'y a rien de plus méprisable, rien de plus exposé qu'un prince, un état ou un grand, tombés dans le mépris; c'est, je crois, une réflexion de Tite-Live. L'esprit de religion, qui peut inspirer à un prince tant de choses utiles pour son peuple, fut très-désavantageux aux perses. Schah Hussein fit un long pélérinage pour aller visiter le tombeau d'un saint; & comme il voyageoit accompagné de tout son serrail & d'une garde de 60 mille hommes, il ruina toutes les provinces qu'il traversa, & dissipa plus d'argent qu'il n'en auroit fallu pour soutenir une longue guerre contre ceux qui envahirent la Perse.

Dès qu'un prince néglige ses affaires & tombe dans le mépris, il cesse d'être en sûreté. Les peuples tournent alors les yeux vers son successeur; ils souhaitent une révolution; ils sont disposés peut-être à y concourir. Et qu'est-ce qu'un prince mésestimé de ses sujets ? Quelle estime pouvoit avoir le public pour Philippe IV, roi d'Espagne, lorsqu'on le voyoit aller à la défense de son royaume contre les françois, suivi, non d'un cortège d'officiers, mais d'une troupe de comédiens ? Le duc d'Olivarès vouloit ainsi le tenir dans l'indolence, l'empêcher de s'occuper des affaires, & de voir les malversations publiques. Faut-il s'étonner si les affaires de ce monarque furent conduites avec tant de mollesse, si ses desseins échouèrent, & si cette grande monarchie jouoit un si triste rôle, tandis que ses favoris seuls régnoient ? La réputation d'une nation au dehors est bien peu de chose, lorsque le gouvernement intérieur est sans vigueur & sans intelligence, lorsque l'on y a perdu le respect pour le prince.

INDOSTAN. Nous parlerons, dans des articles particuliers, des divers pays de l'Inde où les européens ont des établissemens, & avec lesquels ils ont des rapports : nous ferons ici le tableau général de l'*Indoftan*, de fes révolutions politiques & de fon gouvernement.

Cette belle & riche contrée tenta, fi l'on veut s'en rapporter à des traditions incertaines, l'avidité des premiers conquérans du monde. Mais foit que Bacchus, Hercule, Séfoftris, Darius aient ou n'aient pas parcouru, les armes à la main, cette grande partie du globe, il eft certain qu'elle fut pour les premiers grecs un champ inépuifable de fictions & de merveilles. Ces chimères enchantoient tellement un peuple toujours crédule, parce qu'il fut toujours dominé par fon imagination, qu'on ne s'en défabufa pas même dans les fiècles les plus éclairés de la république.

En réduifant les chofes à la vérité, l'on trouvera qu'un air pur, des alimens fains, une grande frugalité, avoient de bonne heure prodigieufement multiplié les hommes dans l'*Indoftan*. Ils connurent les loix, la police, les arts, lorfque le refte de la terre étoit défert ou fauvage. Des inftitutions fages & heureufes préfervèrent de la corruption ces peuples, qui paroiffoient n'avoir qu'à jouir des bienfaits du fol & du climat. Si de temps en temps les bonnes mœurs s'altéroient dans quelques cours, les trônes étoient auffi-tôt renverfés; & lorfqu'Alexandre fe montra dans ces régions, il y reftoit fort peu de rois, il y avoit beaucoup de villes libres.

Un pays partagé en une infinité de petits états, populaires ou affervis, ne pouvoit pas oppofer un front bien redoutable au héros de la Macédoine. Auffi fes progrès furent-ils rapides. Il auroit tout affervi, fi la mort ne l'eût furpris au milieu de fes triomphes.

En fuivant le conquérant dans fes expéditions, l'indien Sandrocotus avoit appris la guerre. Cet homme, auquel fes talens tenoient lieu de droits & de naiffance; raffembla une armée nombreufe, & chaffa les macédoniens des provinces qu'ils avoient envahies. Libérateur de fa patrie, il s'en rendit le maître, & réunit fous fes loix l'*Indoftan* entier. On ignore quelle fut la durée de fon règne, quelle fut la durée de l'empire qu'il avoit fondé.

Au commencement du huitième fiècle, les arabes fe répandirent aux Indes, comme dans plufieurs autres contrées de l'univers. Ils fournirent à leur domination quelques ifles. Mais, contens de négocier paifiblement dans le continent, ils n'y formèrent que peu d'établiffemens.

Trois fiècles après, des barbares de leur religion, fortis du Khoraffan & conduits par Mahmoud, attaquent l'Inde par le nord, & pouffent leurs brigandages jufqu'au Guzarate. Ils emportent de ces opulentes contrées, d'immenfes dépouilles qu'ils vont enfouir dans leurs incultes & miférables déferts.

Le fouvenir de ces calamités n'étoit pas encore effacé, lorfque Gengiskan, qui avec fes tartares avoit fubjugué la plus grande partie de l'Afie,

porta, vers l'an 1200, fes armes victorieufes fur les rives occidentales de l'Indus. On ignore quelle part ce conquérant & fes defcendans prirent aux affaires de l'*Indoftan*. Il eft vraifemblable qu'elles ne les occupèrent pas beaucoup; puifqu'on voit, peu de tems après, les patanes régner dans ce beau pays.

C'étoient des hommes agreftes & féroces qui, fortis par bandes des montagnes du Kandahar, fe répandirent dans les plus belles provinces de l'*Indoftan*, & y formèrent fucceffivement plufieurs dominations indépendantes les unes des autres.

Les indiens avoient eu à peine le temps de fe façonner à ce nouveau joug, qu'il leur fallut encore changer de maître. Tamerlan, forti de la grande Tartarie, & déja célèbre par fes cruautés & fes victoires, fe montre à la fin du quatorzième fiècle au nord de l'*Indoftan*, avec une armée aguerrie, triomphante & infatigable. Il s'affure lui-même des provinces feptentrionales, & abandonne à fes lieutenans le pillage des terres méridionales. On le croyoit déterminé à fubjuguer l'Inde entière, lorfque tout-à-coup il tourna fes armes contre Bajazet, le vainquit, le détrôna, & fe trouva, par la réunion de toutes fes conquêtes, le maître de l'efpace immenfe qui s'étend depuis Smirne jufqu'aux bords du Gange. Des guerres fanglantes fuivirent fa mort. Ses riches dépouilles échappèrent à fa poftérité. Babar, fixième defcendant d'un de fes enfans, conferva feul fon nom.

Ce jeune prince, élevé dans la molleffe, régnoit à Samarcande, où fon aïeul avoit fini fes jours. Les tartares Usbecks le précipitèrent du trône, & le forcèrent de fe refugier dans le Cabuliftan. Ranguildas, gouverneur de la province, l'accueillit & lui donna une armée.

On traça, fans perdre de temps, un plan d'ufurpation, qui fut fuivi avec beaucoup de vivacité & d'intelligence. Le fuccès le couronna. Les provinces feptentrionales, Delhy même, fe foumirent après quelque réfiftance. Un monarque fugitif eut l'honneur de fonder la puiffance des tartares mogols, qui exifte encore.

La confervation de la conquête exigeoit un gouvernement. Celui que Babar trouva établi dans l'Inde, étoit un defpotifme purement civil, tempéré par les ufages, par les formes, par l'opinion; en un mot, abfolument conforme au caractère de douceur que ces peuples doivent à l'influence du climat, & à l'influence plus puiffante encore, des opinions religieufes. A cette conftitution paifible, Babar fit fuccéder un defpotifme violent & militaire, tel qu'on devoit l'attendre d'une nation conquérante & barbare.

Cependant, en appefantiffant le defpotifme, Babar avoit voulu l'enchaîner lui-même, & donner à fes inftitutions une telle force, que fes fucceffeurs, quoiqu'abfolus, fuffent obligés d'être

juftes. Le prince devoit être le juge du peuple
& l'arbitre de l'état ; mais fon tribunal & fon
confeil étoient dans la place publique. L'injuftice
& la tyrannie aiment à fe renfermer dans l'ombre ; elles fe cachent à ceux qu'elles oppriment.
Mais quand le monarque ne veut agir que fous
les yeux de fes fujets, c'eft qu'il n'a que du
bien à leur faire. Infulter en face à des hommes
raffemblés, eft une injure dont les tyrans même
peuvent rougir.

Le principal appui de l'autorité étoit un corps
de quatre mille hommes, qui s'appelloient les
premiers efclaves du prince. C'eft dans ce corps
que l'on choififfoit les omrahs, c'eft-à-dire, ceux
qui entroient dans les confeils de l'empereur, &
à qui il donnoit des terres honorées de grands
privilèges. Ces fortes de fiefs étoient toujours
amovibles, & le prince héritoit de ceux qu'il en
avoit rendu poffeffeurs. C'eft à cette condition
qu'étoient données toutes les grandes places : tant
il paroît de la nature du defpotifme, de n'enrichir des efclaves que pour les dépouiller.

Les places d'omrahs n'en étoient pas moins bri-
guées. C'étoit l'objet de l'ambition de quiconque
afpiroit à l'adminiftration d'une province. Pour
prévenir les projets d'élévation & d'indépendance
que pouvoient former ces commandans, on mettoit auprès d'eux des furveillans qui ne leur étoient
foumis en rien, & qui étoient chargés d'examiner l'emploi qu'ils faifoient des forces militaires
qu'on étoit obligé de leur confier pour tenir dans
le refpect les indiens affujettis. Les places fortes
étoient fouvent entre les mains d'officiers qui ne
rendoient compte qu'à la cour. Cette cour foupçonneufe mandoit fouvent fon délégué, le retenoit ou le déplaçoit, felon les vues d'une politique changeante. Ces viciffitudes étoient devenues fi communes, qu'un nouveau gouverneur
fortant de Delhy, refta fur fon éléphant, le vifage tourné vers la ville, *pour voir*, difoit-il, *arriver fon fucceffeur*.

Cependant la forme de l'adminiftration n'étoit
pas la même dans tout l'Empire. Les mogols
avoient laiffé plufieurs princes indiens en poffeffion de leurs fouverainetés, & même avec pouvoir de les tranfmettre à leurs defcendans. Ils
gouvernoient felon les loix du pays, quoique relevant du nabab nommé par la cour. On ne leur
impofoit qu'un tribut & l'obligation de refter foumis aux conditions accordées à leurs ancêtres, au
temps de la conquête.

Il faut que la nation conquérante n'ait pas exercé
de grands ravages, puifqu'elle ne fait encore que
le dixième de la population de l'Inde. On dit
qu'il y a cent millions d'indiens fur dix millions
de tartares. Les deux peuples ne fe font point
mélangés. Les indiens feuls font cultivateurs &
ouvriers. Eux feuls rempliffent les campagnes &
les manufactures. Les mahométans font dans la

capitale, à la cour, dans les grandes villes, dans
les camps & dans les armées.

Il paroît qu'à l'époque où les mogols entrèrent
dans l'*Indoftan*, cette région n'étoit plus ce qu'elle
avoit été. Les propriétés foncières, qui dans les
temps reculés avoient eu tant de ftabilité dans
les mains des particuliers, étoient devenues généralement la proie des dépofitaires de l'autorité.
Tous les champs étoient dans les mains des fouverains indiens ou patanes ; & l'on peut bien
croire que des conquérans féroces, livrés à l'i-
gnorance & à la cupidité, confacrèrent cet abus,
qui eft le dernier excès du pouvoir arbitraire. La
portion des terres de l'Empire, que les nouveaux
fouverains s'attribuèrent, fut divifée en grands
gouvernemens qu'on appella *foubabies*. Les fou-
bas, chargés de l'adminiftration militaire & civile, le furent auffi de la perception des revenus.
Ils en confioient le foin aux nababs qu'ils établirent dans l'étendue de leurs foubabies, & ceux-
ci à des fermiers particuliers, qui furent chargés
immédiatement de la culture des terres.

Au commencement de l'année, qui eft fixé au
mois de juin, les officiers du nabab convenoient
avec leurs fermiers d'un prix de bail. Il fe faifoit
une efpèce de contrat, appellé *jamabandi*, qui
étoit dépofé dans la chancellerie de la province ;
& ces fermiers alloient enfuite, chacun dans leur
diftrict, chercher des cultivateurs, auxquels ils
faifoient des avances affez confidérables pour les
mettre en état d'enfemencer les terres. Après la
récolte, les fermiers remettoient le produit de
leur bail aux officiers du nabab. Le nabab le faifoit paffer entre les mains du fouba, & le fouba
le verfoit dans les tréfors de l'empereur. Les
baux étoient ordinairement portés à la moitié du
produit des terres ; l'autre moitié fervoit à couvrir les frais de culture, à enrichir les fermiers
& à nourrir les cultivateurs. Indépendamment
des grains, qui font les récoltes principales, les
autres productions de la terre fe trouvoient enveloppées dans le même fyftème. Le bétel, le
fel, le tabac étoient autant d'objets de ferme.

Il y avoit auffi quelques douanes, quelques
droits fur les marchés publics, mais aucune impofition perfonnelle, aucune taxe fur l'induftrie.
Il n'étoit pas venu dans la tête des defpotes,
de demander quelque chofe à des hommes à qui
on ne laiffoit rien. Le tifferand renfermé dans fon
aldée travailloit fans inquiétude, & difpofoit librement du fruit de fon travail.

Cette facilité s'étendoit à toute efpèce de mobilier. C'étoit véritablement la propriété des particuliers. Ils n'en devoient compte à perfonne. Ils
pouvoient en difpofer de leur vivant, & après
leur mort il paffoit à leurs defcendans. Les maifons
des aldées, celles des villes, & les jardins toujours peu confidérables dont elles font ornées, formoient encore un objet de propriété particulière.
On en héritoit, & on pouvoit les vendre.

Dans le dernier cas, le vendeur & l'acheteur se rendoient devant le cothoal. Les conditions du marché étoient rédigées par écrit, & le cothoal apposoit son sceau au pied de l'acte, pour lui donner de l'authenticité.

La même formalité s'observoit à l'égard des esclaves, c'est-à-dire, de ces hommes infortunés qui, pressés par la misère, préféroient une servitude particulière qui les faisoit subsister, à l'état d'une servitude générale, dans laquelle ils n'avoient aucun moyen de vivre. Ils se vendoient alors à prix d'argent, & l'acte de vente se passoit en présence du cothoal, afin que la propriété du maître fût connue & inattaquable.

Le cothoal étoit une espèce d'officier public, établi dans chaque aldée pour y faire les fonctions de notaire. C'étoit devant lui que se passoit le petit nombre d'actes, auxquels la nature d'un pareil gouvernement pouvoit donner lieu. Un autre officier, du nom générique de *gémidar*, prononçoit sur les contestations qui s'élevoient entre particuliers. Ses jugemens étoient presque toujours définitifs, à moins qu'il ne s'agît de quelque objet important, & que la partie condamnée n'eût assez de fortune pour aller acheter un jugement différent à la cour du nabab. Le gémidar étoit aussi chargé de la police. Il avoit le pouvoir d'infliger des peines légères ; mais lorsqu'il s'agissoit de quelque crime capital, le jugement en étoit réservé au nabab, parce qu'à lui seul appartenoit le droit de prononcer la peine de mort.

Un tel gouvernement, qui n'étoit rien autre chose qu'un despotisme qui alloit en se subdivisant depuis le trône jusqu'au dernier officier, ne pouvoit avoir d'autre ressort qu'une force coactive toujours en action. Aussi, dès que la saison des pluies étoit passée, le monarque quittoit sa capitale & se rendoit dans son camp. Les nababs, les rajahs, les principaux officiers étoient appellés autour de lui, & il parcouroit ainsi successivement les provinces de l'Empire, dans un appareil de guerre qui pourtant n'excluoit pas les ruses de la politique. Souvent on se servoit d'un grand pour en opprimer un autre. Le raffinement le plus odieux du despotisme est de diviser ses esclaves. Des délateurs, publiquement entretenus par le prince, fomentoient ces divisions & répandoient des alarmes continuelles. Ces espions étoient toujours choisis parmi les personnes du rang le plus distingué. La corruption est au comble, quand le pouvoir anoblit ce qui est vil.

Chaque année le mogol recommençoit ses courses, plutôt en conquérant qu'en souverain, allant rendre la justice dans les provinces comme on y va pour les piller, & maintenant son autorité par les voies & l'appareil de la force, qui font que le gouvernement despotique n'est qu'une continuation de la guerre. Cette manière de gouverner, quoiqu'avec des formes légales, est bien dangereuse pour un despote. Tant que les peuples n'éprouvent ses injustices que par le canal des dépositaires de son autorité, ils se contentent de murmurer, en présumant que le souverain les ignore & ne les souffriroit pas : mais lorsqu'il vient les consacrer par sa présence & par ses propres décisions, il perd la confiance. L'illusion cesse. C'étoit un dieu, c'est un méchant.

Cependant les empereurs mogols ont joui long-temps de l'idée superstitieuse que la nation s'étoit formée de leur caractère sacré. La magnificence extérieure, qui en impose au peuple plus que la justice, parce que les hommes ont une plus grande opinion de ce qui les accable que de ce qui les sert, la richesse fastueuse de la cour du prince, & la pompe qui l'environnoit dans ses voyages, nourrissoient dans l'esprit des peuples ces préjugés de l'ignorance servile, qui tremble devant les idoles qu'a faites. Ce qu'on raconte du luxe des plus brillantes cours de l'univers, n'approche pas de l'ostentation du mogol, lorsqu'il se montroit à ses sujets. Les éléphans, autrefois si terribles à la guerre, & qui n'y seroient plus que des masses incommodes depuis que l'on combat avec la foudre, ces colosses de l'Orient, inconnus à nos climats, donnent aux despotes de l'Asie un air de grandeur dont nous n'avons pas l'idée. Les peuples se prosternent devant le monarque élevé majestueusement sur un trône d'or, resplendissant de pierreries, porté par le superbe animal, qui s'avance à pas lents, fier de présenter au respect de tant d'esclaves le maître d'un grand Empire. C'est ainsi qu'en éblouissant les hommes ou en les effrayant, les mogols conservèrent & même étendirent leurs conquêtes. Aurengzeb les acheva, en se rendant maître de toute la péninsule. Tout l'*Indostan*, si l'on excepte une petite langue de terre sur la côte de Malabar, se soumit à ce tyran superstitieux & barbare, teint du sang de son père, de ses frères & de ses neveux.

Ce despote exécrable avoit fait détester la puissance mogole ; mais il la soutint, & à sa mort elle tomba pour ne plus se relever. L'incertitude du droit de succession fut la première cause des troubles que l'on vit naître après lui au commencement du dix-huitième siècle. Il n'y avoit qu'une seule loi généralement reconnue, celle qui ordonnoit que le trône ne sortiroit point de la famille de Tamerlan. D'ailleurs chaque empereur pouvoit choisir son successeur, n'importe à quel degré de parenté. Ce droit indéfini étoit une source de discorde. De jeunes princes que leur naissance appelloit à régner, & qui se trouvoient souvent à la tête d'une province & d'une armée, soutenoient leurs prétentions les armes à la main, & ne respectoient guère les dispositions d'un despote qui n'étoit plus. C'est ce qui arriva à la mort d'Aurengzeb. Sa magnifique dépouille fut ensanglantée. Dans ces convulsions du corps politique, les ressorts qui contenoient une milice de douze

cents

cents mille hommes, fe relâchèrent. Chaque nabab ne fongea plus qu'à fe rendre indépendant, à
étendre les contributions qu'on levoit fur le peuple, & à diminuer les tributs qu'on envoyoit au
tréfor de l'empereur. Rien ne fut plus réglé par
la loi, & tout fut conduit par le caprice ou troublé par la violence.

L'éducation des jeunes princes ne promettoit
aucun remède à tant de maux. Abandonnés aux
femmes jufqu'à l'âge de fept ans, imbus pendant
leur adolefcence de quelques préceptes religieux,
ils alloient enfuite conformer dans la molle oifiveté d'un ferrail, ces années de jeuneffe &
d'activité, qui doivent former l'homme & l'inftruire dans la fcience de la vie. On les amolliffoit
pour n'avoir pas à les craindre. Les confpira-
tions des enfans contre leurs pères étoient fréquentes. Une politique foupçonneufe affoibliffoit
le caractère de ces jeunes gens, afin qu'ils ne
fuffent pas capables d'un crime. De là cette penfée atroce d'un poëte oriental, *que les pères,
pendant la vie de leurs fils, donnent toute leur tendreffe à leurs petit-fils, parce qu'ils aiment en eux
les ennemis de leurs ennemis.*

Les mogols n'avoient plus rien de ces mœurs
fortes qu'ils avoient apportées de leurs montagnes.
Ceux d'entr'eux qui parvenoient à quelque place
importante ou à de grandes richeffes, changeoient
de domicile fuivant les faifons. Dans ces retraites plus ou moins délicieufes, ils n'occupoient
que des maifons bâties d'argille & de terre, mais
dont l'intérieur refpiroit toute la molleffe afiatique, tout le fafte des cours les plus corrompues.
Par-tout où les hommes ne peuvent élever une
fortune ftable, ni la tranfmettre à leurs defcendans,
ils fe hâtent de raffembler toutes leurs jouiffances
dans le feul moment dont ils foient fûrs. Ils épuifent au milieu des parfums & des femmes, & tous
les plaifirs, & tout leur être.

L'empire Mogol étoit dans cet état de foibleffe,
lorfqu'il fut attaqué en 1738 par le fameux Na-
dersha, plus connu parmi nous fous le nom de
Thamas Kouli-kan. Les innombrables milices de
l'Inde fe difperfèrent fans réfiftance devant cent
mille perfans, comme ces mêmes perfans avoient
été autrefois diffipés devant trente mille grecs
inftruits par Alexandre. Thamas entra victorieux
dans Delhy, reçut les foumiffions de Muhammet,
permit à cet imbécille monarque de vivre & de
régner, réunit à la Perfe les provinces qui étoient
à fa bienféance, & fe retira chargé d'un butin
immenfe & des dépouilles de l'*Indoftan.*

Muhammet, méprifé par fon vainqueur, le
fut encore plus par fes fujets. Les grands ne voulurent plus relever du vaffal d'un roi de Perfe.
Les nababies devinrent indépendantes, & ne furent plus foumifes qu'à un léger tribut. Inutilement l'empereur exigea qu'elles continuaffent d'être
amovibles. Chaque nababemployoit la force pour
rendre fa place héréditaire, & le fer décidoit de

tout. La guerre fe faifoit continuellement entre
le maître & les fujets, fans être traitée de rebellion. Quiconque put payer un corps de troupes, prétendit à une fouveraineté. La feule formalité qu'on obfervoit, c'étoit de contrefaire le
feing de l'empereur dans un *firman* ou brevet d'inveftiture. L'ufurpateur fe le faifoit apporter &
le recevoit à genoux. Cette comédie étoit néceffaire pour en impofer au peuple, qui refpectoit
encore affez la famille de Tamerlan pour vouloir
que toute efpèce d'autorité parût au moins émaner d'elle.

Ainfi la difcorde, l'ambition & l'anarchie dé-
foloient cette belle contrée de l'*Indoftan.* Les crimes étoient d'autant plus aifés à cacher, que les
grands de l'Empire étoient accoutumés à n'écrire
jamais qu'en termes équivoques, & n'employoient
que des agens obfcurs qu'ils defavouoient quand
il le falloit. L'affaffinat & le poifon devinrent
des forfaits communs, qu'on enfeveliffoit dans
l'ombre de ces palais impénétrables, remplis de
fatellites prêts à tout ofer au moindre fignal de leur
maître.

Les troupes étrangères, appellées par les dif-
fèrens partis, mirent le comble au défaftre de ce
malheureux pays. Elles en emportoient les richeffes, ou forçoient les peuples à les enfouir. Ainfi
difparurent peu à peu ces tréfors amaffés pendant
tant de fiècles. Le découragement devint général. La terre ne fut plus cultivée, & les manufactures languirent. Les peuples ne vouloient plus
travailler pour des étrangers déprédateurs, ou
pour des oppreffeurs domeftiques. La mifère &
la famine fe firent fentir. Ces calamités qui depuis dix ans ravageoient les provinces de l'Empire, alloient s'étendre jufqu'à la côte de Coromandel. Le fage Nizam-Elmoulouk, fouba du Décan, n'étoit plus. Sa prudence & fes talens avoient
fait fleurir la partie de l'Inde où il commandoit.
Les négocians d'Europe craignirent que leur commerce ne tombât, lorfqu'il n'auroit plus cet abri.
Contre ce danger, ils ne voyoient de reffource
que la propriété d'un terroir affez vafte pour contenir un nombre de manufacturiers fuffifant pour
former leurs cargaifons.

Dupleix fut le premier qui vit la poffibilité de
réalifer ce fouhait. La guerre avoit amené à Pondichery des troupes nombreufes, avec lefquelles
il efpéra fe procurer par des conquêtes rapides,
des avantages plus confidérables que les nations
rivales n'en avoient obtenu par une conduite fuivie
& réfléchie.

Depuis long-temps il étudioit le caractère des
mogols, leurs intrigues, leurs intérêts politiques.
Il avoit acquis fur ces objets, des lumières qui
auroient pu étonner dans un homme élevé à la
cour de Delhi. Ces connoiffances profondément
combinées l'avoient convaincu qu'il pouvoit fe
donner une influence principale dans les affaires
de l'*Indoftan*, peut-être en devenir l'arbitre. La

trempe de son ame, qui le portoit à vouloir au-delà même de ce qu'il pouvoit, donnoit une nouvelle force à ces réflexions. Rien ne l'effrayoit dans le grand rôle qu'il se disposoit à jouer à six mille lieues de sa patrie. Inutilement voulut-on lui en faire craindre les dangers. Il n'étoit frappé que de l'avantage glorieux d'assurer à la France une domination nouvelle au milieu de l'Asie, de la mettre en état, par les revenus qui y seroient attachés, de couvrir les frais de commerce & les dépenses de souveraineté, de l'affranchir même du tribut que notre luxe paye à l'industrie des indiens, en procurant au royaume des cargaisons riches & nombreuses, qui ne seroient achetées par aucune exportation d'argent, mais dont le fonds seroit fait par la surabondance des nouveaux revenus. Plein de ce grand projet, Dupleix saisit avec empressement la première occasion qui se présenta de l'exécuter; & bientôt il osa disposer de la soubabie du Decan, de la nababie du Carnate, en faveur de deux hommes prêts à tous les sacrifices qu'il exigeroit. Voyez l'article DÉCAN.

La soubabie de Décan étant devenue vacante en 1748, Dupleix, après une suite d'événemens & de révolutions, où la corruption des mogols, la foiblesse des indiens, l'audace des françois, se firent également remarquer, en mit en possession au commencement de 1751 Salabetzingue, l'un des fils du dernier vice-roi. Ce succès assuroit de grands avantages aux établissemens françois répandus sur la côte de Coromandel : mais l'importance de Pondichery parut exiger des soins plus particuliers. Cette ville située dans le Carnate, a des rapports si suivis & si immédiats avec le nabab de cette riche contrée, qu'on crut nécessaire de procurer le gouvernement de la province à un homme, sur l'affection & la dépendance duquel on pût compter. Le choix tomba sur Chandasaeb, connu par ses intrigues, par ses malheurs, par ses faits de guerre, par un caractère ferme, & parent du dernier nabab.

Pour prix de leurs services, les françois se firent céder un territoire immense. A la tête de leurs acquisitions étoit l'isle de Scheringham, formée par deux branches du Caveri. Cette isle longue & fertile doit son nom & sa célébrité à une pagode qui est fortifiée, comme la plupart des grands édifices destinés au culte public.

Indépendamment des autres avantages que Scheringham offroit aux françois, ils y trouvoient une position qui devoit leur donner une grande influence dans les pays voisins, & un empire absolu sur le Tanjaour, qu'ils étoient les maîtres de priver quand ils le voudroient, des eaux nécessaires pour la culture de ses riz.

Karical & Pondichery virent augmenter chacune leur territoire d'un espace de dix lieues & de quatre-vingt aldées. Si ces acquisitions n'étoient pas aussi considérables que celle de Sche-

ringham pour l'influence dans les affaires générales, elles étoient bien plus avantageuses au commerce.

Mais c'étoit encore peu de chose, au prix du territoire qu'on gagnoit au nord. Il embrassoit le Condavir, Mazulipatnam, l'isle de Divy, & les quatre provinces de Moutafaganar, d'Elour, de Ragimendry & de Chicakol. Des concessions de cette importance rendoient les françois maîtres de la côte dans une étendue de six cents milles, & devoient leur donner des toiles supérieures à celles qui sortent de l'Indostan. Il est vrai qu'ils ne devoient jouir des quatre provinces, qu'autant qu'ils entretiendroient au service du souba le nombre de troupes dont on étoit convenu; mais cet engagement qui ne lioit que leur probité, ne les inquiétoit guère. Leur ambition dévoroit d'avance les trésors accumulés dans ces vastes contrées depuis tant de siècles.

L'ambition des françois & leurs projets de conquête alloient bien plus loin encore. Ils se proposoient de se faire céder la capitale des colonies portugaises, & de s'emparer du triangle qui est entre Mazulipatnam, Goa, & le cap Comorin.

En attendant que le temps fût venu réaliser ces brillantes chimères, ils regardoient les honneurs qu'on prodiguoit personnellement à Dupleix, comme le présage des plus grandes prospérités. On n'ignore pas que toute colonie étrangère est plus ou moins odieuse aux indigènes; qu'il est dans les principes d'une conduite judicieuse de chercher à diminuer cette aversion, & que le plus puissant moyen pour arriver à ce but, est d'adopter, autant qu'il est possible, les usages du pays où l'on veut vivre. Cette maxime généralement vraie, l'est sur-tout dans les contrées où l'on pense peu, & par conséquent aux Indes.

Le penchant que le chef des françois avoit pour le faste asiatique, l'affermissoit encore plus dans ces principes. Aussi fut-il comblé de joie, lorsqu'il se vit revêtu de la dignité de nabab. Ce titre le rendoit l'égal de ceux dont on avoit été réduit jusqu'alors à briguer la protection, & lui donnoit une grande facilité pour préparer les révolutions qu'il jugeroit convenables aux grands intérêts qui lui étoient confiés. Il espéra encore davantage du gouvernement qu'il obtint de toutes les possessions mogoles, dans un espace presque aussi étendu que la France entière. Tous les revenus de ces riches contrées devoient être déposés dans ses mains, sans qu'il fût obligé d'en rendre compte qu'au souba même.

Quoique les arrangemens faits par des marchands, ne dussent pas être agréables à la cour de Delhy, on craignit peu son ressentiment. Privée des secours d'hommes & d'argent, que les soubas, les nababs, les rajas, ses moindres préposés, se permettoient de lui refuser, elle se voyoit assaillie de tous les côtés.

Les rajeputes, descendans de ces indiens que

combattit Alexandre, chaſſés de leurs terres par les mogols, ſe ſont refugiés dans des montagnes preſqu'inacceſſibles. Des troubles continuels les mettent hors d'état de former des projets de conquête : mais, dans les momens de repos que leur laiſſent leurs diſſenſions, ils ſont des incurſions qui fatiguent un Empire épuiſé.

Les patanes ſont des ennemis encore plus redoutables. Chaſſés par les mogols de la plupart des trônes de l'*Indoſtan*, ils ſe ſont refugiés au pied du mont Imaüs, qui eſt une branche du Caucaſe. Ce ſéjour a ſinguliérement changé leurs mœurs, & leur a donné une férocité de caractère qu'ils n'avoient pas ſous un ciel plus doux. La guerre eſt leur occupation la plus ordinaire. On les voit ſe ranger indifféremment ſous les étendards des princes indiens ou mahométans ; mais leur docilité n'égale pas leur valeur. De quelque crime qu'ils ſe ſoient rendu coupables, il eſt dangereux de les en punir, parce que l'eſprit de vengeance les porte à l'aſſaſſinat quand ils ſont foibles, & à la révolte lorſque leur nombre peut les enhardir à des démarches audacieuſes. Depuis que la puiſſance dominante a perdu ſa force, la nation a ſecoué le joug. Ses généraux ont même, il y a peu d'années, pouſſé leurs ravages juſqu'à Delhy, qu'ils n'ont abandonné qu'après un affreux pillage.

Au nord de l'*Indoſtan* eſt une nation qui, quoique nouvelle, inſpire encore plus de terreur. Ces peuples, connus ſous le nom de *Seiks*, ont ſu ſe tirer des fers du deſpotiſme & de la ſuperſtition, quoiqu'entourés de nations eſclaves. Mais de tous les ennemis du Mogol, il n'y en a pas d'auſſi dangereux que les marattes. *Voyez* l'article MARATTES.

Tandis que la cour de Delhy luttoit avec des avantages contre tant d'ennemis acharnés à la ruine, M. de Buſſy, qui avec un foible corps de françois & une armée indienne avoit conduit Salabetzingue à Aurengabad ſa capitale, s'occupoit avec ſuccès du ſoin de l'affermir ſur le trône où il l'avoit placé. L'imbécillité du prince, les conſpirations dont elle fut la cauſe, l'inquiétude des marattes, les firmans qu'on avoit accordés à des rivaux, d'autres obſtacles traverſèrent ſes vues ſans y rien changer. Il fit régner le protégé des françois plus paiſiblement que les circonſtances ne permettoient de l'eſpérer, & il le maintint dans une indépendance abſolue du chef de l'Empire.

La ſituation de Chandaſaeb, nommé à la nababie du Carnate, n'étoit pas ſi heureuſe. Les anglois, toujours oppoſés aux françois, lui avoient ſuſcité un rival, nommé *Mahmet-Ali-kan*. Le nom de ces deux princes ſervoit de voile aux deux nations pour ſe faire une guerre vive. Elles combattoient pour la gloire, pour la richeſſe, pour ſervir les paſſions de leurs chefs, Dupleix & Saunders. La victoire paſſa ſouvent de l'un à l'autre camp. Les ſuccès auroient été moins variés, ſi le

gouverneur de Madraſs eût eu plus de troupes, ou celui de Pondichery de meilleurs officiers. Tout portoit à douter lequel de ces deux hommes, à qui la nature avoit donné le même caractère d'inflexibilité, finiroit par donner la loi ; mais on étoit bien aſſuré qu'aucun ne la recevroit, tout le temps qu'il lui reſteroit un ſoldat ou une roupie pour ſe ſoutenir. Cet épuiſement même, malgré leurs efforts exceſſifs, paroiſſoit fort éloigné, parce qu'ils trouvoient l'un & l'autre dans leur génie, des reſſources que les plus habiles ne ſoupçonnoient pas. Il étoit manifeſte que les troubles ne ceſſeroient point dans le Carnate, à moins que la paix n'y arrivât d'Europe ; & l'on pouvoit craindre que le feu concentré depuis ſix ans dans l'Inde, ne ſe communiquât au loin. Les miniſtres de France & d'Angleterre diſſipèrent ce danger, en ordonnant aux deux compagnies ſe rapprocher. Elles firent un traité conditionnel, qui commença par ſuſpendre les hoſtilités dans les premiers jours de 1755, & qui devoit finir par établir entr'elles une égalité entière de territoire, de force & de commerce à la côte de Coromandel & à celle d'Orixa. Cet arrangement n'avoit pas encore obtenu la ſanction des cours de Londres & de Verſailles, lorſque de plus grands intérêts rallumèrent le flambeau de la guerre entre les deux nations.

La nouvelle de ce grand incendie, qui de l'Amérique ſeptentrionale ſe communiqua à tout l'univers, arriva aux Indes dans un temps où les anglois avoient à ſoutenir contre le ſouba du Bengale une guerre très-embarraſſante. Si les françois avoient été alors ce qu'ils étoient quelques années auparavant, ils auroient joint leurs intérêts aux intérêts des naturels du pays. Des vues étroites & une politique mal combinée leur firent deſirer d'aſſurer, par une convention formelle, une neutralité qui, dans les dernières diſſenſions, avoit eu lieu ſur les bords du Gange. Leur rival leur fit eſpérer cet arrangement, tant qu'il eut beſoin de leur inaction. Mais auſſi-tôt que ſes ſuccès l'eurent mis en état de donner la loi, il attaqua Chandernagor. La priſe de cette place entraîna la ruine de tous les comptoirs qui lui étoient ſubordonnés, & elle mit les anglois en état de faire paſſer des hommes, de l'argent, des vivres, des vaiſſeaux à la côte de Coromandel, où les françois venoient d'arriver avec des forces conſidérables de terre & de mer.

Avant le commencement des hoſtilités, la compagnie françoiſe poſſédoit aux côtes d'Orixa & de Coromandel, Mazulipatnam avec cinq provinces, un grand arrondiſſement autour de Pondichery qui n'avoit eu long-temps qu'une langue de ſable, un domaine à peu près égal près de Karical, & enfin l'iſle de Scheringham. Ces poſſeſſions formoient quatre maſſes, trop éloignées les unes des autres pour s'étayer mutuellement. On y voyoit l'empreinte de l'eſprit un peu découfu , & de l'imagination fouvent gigantefque de Dupleix , qui les avoit acquifes.

Le vice de cette politique avoit pu être corrigé. Dupleix qui rachetoit fes défauts par de grandes qualités , avoit amené les affaires au point de fe faire offrir le gouvernement du Carnate. C'étoit la province de l'empire Mogol la plus floriffante. Des circonftances fingulières & heureufes lui avoient donné de fuite trois nababs de la même famille , qui avoient fixé un œil également vigilant fur la culture & fur l'induftrie. La félicité générale a été le fruit d'une conduite fi douce & fi génereufe , & les revenus publics étoient montés à douze millions. On en auroit donné la fixième partie à Salabetzingue, & le furplus feroit refté à la compagnie.

M. Dupleix fut rappellé , & les fuites de ce rappel font connues. Les anglois obtinrent dans l'Inde l'afcendant que les françois y avoient eu : ils conquirent le Bengale avec une rapidité qui étonnera toujours : ils dictèrent des loix fur la côte de Coromandel. Cet Empire eft devenu d'une grande utilité entre leurs mains; il a acquis de la confiftance : il les dédommagera peut-être un jour de la perte des colonies d'Amérique. *Voyez* les articles BENGALE , MADRASS , PONDICHERY, & les articles ARCATE , CARNATE , DECAN , MAISSOUR , TANJAOUR , &c. *Voyez* auffi l'article GENTOUX , où nous parlons des anciennes loix des gentoux ; dont plufieurs font tombées en défuétude, mais qui donnent une idée très-exacte de la légiflation des peuples de l'Inde.

INDUSTRIE. Nous n'examinerons ici l'*induftrie* que dans fes rapports avec l'économie politique; & même fous ce point de vue borné , nous n'examinerons que les avantages plus ou moins grands, qui réfultent de certains emplois du travail & des capitaux ; nous parlerons enfuite des mauvais effets qu'ont produit les entraves mifes par l'établiffement des jurandes, des corps de metiers & des corporations.

Les bénéfices de l'induftrie , dans les différens arts & les diverfes profeffions , varient par toute l'Europe, felon les diverfes applications du travail & des capitaux. Cette différence vient en partie, de la police de l'Europe qui ne laiffe nulle part les chofes dans un état de parfaite liberté.

Mais elle vient auffi de la nature même des ouvrages : cinq chofes principales tiennent lieu d'un petit gain dans quelques emplois du travail & des capitaux , & dans d'autres contrebalancent un gain confidérable. La première eft l'agrément ou le défagrément des emplois même : la feconde eft la facilité ou la difficulté de l'apprentiffage qu'ils exigent , & le peu de frais ou la grande

dépenfe qu'ils entraînent : la troifième eft la conftance ou l'interruption de l'occupation qu'ils donnent : la quatrième eft le degré de confiance qu'il faut mettre dans ceux qui les exercent ; & la cinquième eft la probabilité ou l'improbabilité d'y réuffir.

1°. Le falaire du travail varie felon qu'il eft aifé ou mal-aifé , propre ou fale , honorable ou déshonorant. Ainfi prefque par-tout un tailleur (1) gagne moins dans une année qu'un tifferand. Son ouvrage eft beaucoup plus aifé. Un tifferand gagne moins qu'un ferrurier ; fon ouvrage n'eft pas toujours plus aifé , mais il eft plus propre. Un ferrurier gagne rarement en douze heures ce que gagne en huit un charbonnier qui travaille aux mines de charbon de terre , & qui n'eft qu'un manœuvre : fon ouvrage n'eft pas tout-à-fait fi fale ; il eft moins dangereux ; il fe fait à la lumière du jour , & non fous terre. L'honneur fait une grande partie de la récompenfe des profeffions honorables; & tout confidéré , elles font en général mal payées, comme on le verra bientôt. Le métier d'un boucher eft un emploi brutal & odieux ; mais en beaucoup d'endroits, il eft plus lucratif que la plupart des métiers communs. Le plus déteftable de tous les emplois , celui de bourreau, eft mieux payé en proportion de l'ouvrage fait , qu'aucun des métiers ordinaires.

La chaffe & la pêche , les plus importantes occupations des hommes dans l'état agrefte de la fociété , deviennent dans fes progrès leurs plus agréables amufemens. Ils font par plaifir ce qu'ils faifoient autrefois par néceffité ; & ceux qui s'y livrent encore comme à un métier , font tous fort pauvres. Tels ont été les pêcheurs depuis le tems de Théocrite. Un braconier eft par-tout un homme fort pauvre. Le goût naturel entraîne vers cette occupation beaucoup plus de monde qu'elle ne peut en faire vivre avec quelque aifance ; & le produit de leur travail eft toujours trop bon marché en proportion de fa quantité , pour qu'ils en retirent au-delà d'une étroite fubfiftance. Le défagrément & le déshonneur affectent les profits des capitaux , de la même manière qu'ils affectent le falaire du travail. La profeffion d'un aubergifte ou d'un cabaretier qui jamais n'eft maître chez lui , & qui eft expofé à la brutalité de tous les ivrognes, n'eft ni fort agréable ni fort honorable ; mais il n'y a guères de métiers où un petit capital rapporte un fi grand profit.

2°. Le falaire du travail varie felon la facilité ou la difficulté de l'apprendre , & felon les frais de l'apprentiffage.

Quand on élève une machine difpendieufe, on compte que l'ouvrage qu'elle doit faire avant d'être ufée, remplacera le capital qu'on y a mis , &

_____

(1) Nous ne parlons ici que des ouvriers & non pas des maîtres , dont les bénéfices font déterminés par des circonftances particulières.

que ce capital rentrera au moins avec ses profits ordinaires. Un homme auquel il en a coûté beaucoup de peine & de temps pour s'instruire dans une profession qui demande beaucoup d'adresse & de science, peut être comparé à une machine de cette espèce. Il faut qu'outre le salaire ordinaire du travail vulgaire, l'ouvrage qu'il s'est mis en état de faire, lui remplace toute la dépense de son éducation, & en outre au moins les profits ordinaires d'un capital de valeur égale. Il faut même que cela soit ainsi, au bout d'un tems raisonnable, eu égard à la durée incertaine de la vie humaine; car la durée de la machine est bien plus sûre.

La différence, entre le salaire du travail savant & celui du travail vulgaire, est fondée sur ce principe.

La police de l'Europe considère le travail des arts méchaniques, des artisans & des manufacturiers comme un travail savant, & celui des ouvriers de la campagne comme un travail vulgaire. Il semble qu'elle suppose que le premier est d'une nature plus fine & plus délicate que le second. Cela peut être vrai dans certains cas; mais nous tâcherons de montrer tout-à-l'heure que le principe est souvent faux. Pour qu'un homme soit en droit d'exercer la première espèce de travail, les loix & les coutumes de l'Europe lui imposent la nécessité d'un apprentissage plus ou moins rigoureux selon les lieux. Elles laissent l'autre espèce de travail libre & ouverte à tout le monde. Pendant la durée de l'apprentissage, tout le travail de l'apprentif appartient à son maître. Son père & sa mère ou ses parens sont souvent réduits à fournir à sa subsistance, & presque toujours à l'habiller. Il donne aussi communément quelqu'argent au maître. Ceux qui n'en peuvent pas donner, donnent du temps, ou s'engagent à travailler par-delà le terme que prescrit l'usage. Dans le travail de la campagne, au contraire, l'ouvrier apprend les parties les plus difficiles de la besogne, tandis qu'on le met aux plus faciles, & il gagne sa subsistance dès le moment qu'il est employé. Il est donc raisonnable qu'en Europe, le salaire des artisans & des manufacturiers soit un peu plus haut que celui des ouvriers de la campagne. Aussi l'est-il; & c'est par cette supériorité de gain qu'on les regarde en bien des endroits, comme d'un rang supérieur. Cette supériorité de gain se réduit cependant à fort peu de chose. Ce que gagnent les journaliers par jour ou par semaine dans les manufactures de l'espèce la plus commune, comme celle de toile & de draps, n'est guère plus, année commune, que ce que gagnent les manœuvres. Il est vrai que leur occupation, plus constante & plus uniforme, doit leur procurer quelque chose de plus dans le cours d'une année; mais il paroît que ce surplus n'excède pas ce qui suffit pour compenser la dépense supérieure de leur éducation.

L'éducation, dans les arts ingénieux & les professions libérales, est encore plus ennuyeuse & plus coûteuse; par conséquent la récompense pécuniaire des peintres, des sculpteurs, d'un homme de robe, d'un médecin, doit être plus ample. Elle l'est en effet.

Il paroît que la facilité ou la difficulté d'apprendre le commerce où on emploie les capitaux, affectent peu les bénéfices de ces corps. Les diverses manières dont on les emploie communément dans les grandes villes, sont, dans le fait, aussi faciles ou aussi difficiles à apprendre. Une branche du commerce étranger ou domestique ne peut être une affaire beaucoup plus compliquée qu'une autre branche.

3°. Le salaire du travail varie selon que l'occupation qu'il donne, est constante ou interrompue.

Dans la plus grande partie des manufactures, un journalier peut compter qu'on l'emploiera presque tous les jours de l'année où il sera en état de travailler. Un maçon, au contraire, ne peut rien faire dans les grandes gelées & dans les temps pluvieux; & en tout autre temps, il dépend des occasions. Il est donc exposé à rester souvent oisif. Ce qu'il gagne quand il est employé, doit non-seulement le faire subsister quand il ne l'est pas, mais le dédommager de ces momens d'inquiétude & d'abbattement qu'entraîne une situation si précaire. Aussi, dans les endroits où le gain de la plupart des manufacturiers est à-peuprès de niveau avec le salaire journalier des simples manœuvres, celui des maçons est en général plus fort de la moitié ou du double. Si les simples manœuvres gagnent quatre & cinq schelings par semaine, les maçons en gagnent souvent sept ou huit: si les uns en gagnent six, les autres en gagnent souvent neuf ou dix; & où les premiers en gagnent neuf & dix comme à Londres, les derniers en gagnent communément quinze & dix-huit. De tous les genres de travail savant, il n'y en a pourtant pas qui s'apprenne plus aisément que celui de maçon. On dit qu'à Londres les porteurs de chaise sont quelquefois employés à la maçonnerie pendant l'été. Le haut salaire de ces ouvriers est donc moins la récompense de leur savoir, qu'une compensation des intervalles où cesse leur travail.

Il semble qu'un charpentier en bâtiment exerce un métier plus délicat, & qui demande plus d'esprit que le métier de maçon; mais il gagne moins à la journée dans la plupart des endroits. Quoiqu'il dépende des occasions pour la continuité de son travail, il n'en dépend pas si absolument, & le mauvais temps ne l'empêche pas de travailler.

S'il arrive que les métiers dont l'exercice est constant, souffrent une interruption dans un endroit particulier, le salaire des ouvriers s'y élève toujours assez au-dessus de la proportion ordinaire.

A Londres, prefque tous les compagnons artifans font expofés à être renvoyés par leurs maîtres d'une femaine & d'un jour à l'autre, comme ceux qui travaillent à la journée dans d'autres endroits. En conféquence, les tailleurs qui font la dernière claffe des artifans, gagnent par jour un demi - écu (deux fchelings & demi ou trente pences), quoique dix-huit pences puiffent être regardées comme le falaire du plus bas travail. Dans les petites villes & les villages, à peine les journées d'un garçon tailleur valent - elles celles des manœuvres. Mais à Londres ils reftent fouvent oififs, fpécialement en été.

Lorfqu'à l'interruption du travail fe joignent la dureté, le défagrément & la mal-propreté de l'ouvrage, le prix du bas travail s'élève quelquefois au-deffus du falaire des artifans les plus favans. On fuppofe qu'un homme qui tire du charbon des mines de Newcaftle, & qui travaille à la pièce, gagne environ le double, & en plufieurs endroits de l'Ecoffe environ le triple du falaire du bas travail ; cela vient de la dureté, du défagrément & de la mal-propreté de fon ouvrage. Son occupation peut être en général auffi conftante qu'il le voudra. Les portefaix-charbonniers exercent un métier qui n'eft guère moins pénible, guère moins défagréable & mal-propre. Mais la plupart ne peuvent l'exercer conftamment, à caufe de l'irrégularité inévitable dans l'arrivée des vaiffeaux de charbon. Si ceux qui tirent le charbon des mines, gagnent le double & le triple, il ne paroît pas déraifonnable que ces portefaix gagnent le quadruple & le quintuple du falaire du bas travail. Il y a quelques années qu'on voulut favoir en Angleterre quel étoit leur bénéfice. On trouva qu'aux taux où on les payoit, ils pouvoient gagner de fix à dix fchelings par jour. Six fchelings feroit environ le quadruple du falaire du bas travail à Londres, & dans chaque métier le moindre gain ordinaire peut toujours être regardé comme celui que fait la très - grande partie de ceux qui l'exercent. Quelqu'exorbitant que paroiffe un tel falaire, s'il étoit plus que fuffifant pour compenfer tout ce qu'il y a de défagréable dans la befogne, il feroit bientôt réduit à un moindre taux par la multitude de compétiteurs qu'on verroit entrer dans un métier qui n'a point de privilège exclufif.

La conftance ou l'interruption du travail ne peut affecter les profits ordinaires des capitaux dans aucun commerce particulier ; il dépend du commerçant & non du commerce, que les fonds foient ou ne foient pas toujours employés.

4°. Le falaire du travail varie felon la confiance qu'il faut mettre dans les ouvriers.

Le falaire des orfèvres & des jouailliers eft partout fupérieur à celui de la plupart des ouvriers, dont le métier demande autant ou plus de talent. C'eft qu'on leur confie des matières précieufes. Nous mettons notre fanté entre les mains du médecin ; notre fortune & quelquefois notre vie & notre réputation entre les mains d'un avocat & d'un procureur ; on ne pourroit avoir cette confiance en des gens d'une vile & baffe condition. Il faut donc que nous les récompenfions de manière à leur donner dans la fociété le rang qu'exige un pareil dépôt. Le temps & les frais de leur éducation, combinés avec cette circonftance, renchériffent encore le prix de leur travail.

La confiance n'a pas lieu, quand une perfonne fe borne à employer fes propres capitaux dans un commerce ; & le crédit qu'elle peut trouver, dépend non de la nature de ce commerce, mais de l'opinion qu'on a de fa fortune, de fa probité & de fa prudence. Les différens taux du profit, dans les diverfes branches du commerce, ne viennent donc point des degrés de la confiance qu'on met dans les commerçans.

5°. Le falaire varie, dans les divers emplois du travail, felon la probabilité ou l'improbabilité d'y réuffir.

La probabilité du fuccès n'eft pas à beaucoup près la même dans les diverfes profeffions. Il eft prefque fûr dans la plus grande partie des arts méchaniques, & très-incertain dans les arts libéraux. Mettez votre fils en apprentiffage chez un cordonnier, il y a toute apparence qu'il apprendra à faire des fouliers. Envoyez-le dans un collège de droit, il y a pour le moins vingt à parier contre un, qu'il ne fera point affez de progrès pour gagner fa vie dans cette profeffion. Dans une loterie parfaitement avantageufe, c'eft-à-dire, où le total des lots eft égal à celui des mifes, ceux qui ont des lots, doivent gagner tout ce qui eft perdu par ceux qui n'en ont point. Dans une profeffion où vingt perfonnes échouent pour une qui réuffit, celui qui a du fuccès doit gagner ce que les vingt autres ne gagnent pas. L'avocat qui commence, peut-être à l'âge de quarante ans, à tirer parti de fa profeffion, doit recevoir la rétribution, non-feulement de fon éducation qui a été fi pénible & fi difpendieufe, mais de celle de plus de vingt autres à qui vraifemblablement elle ne rapportera jamais rien. En général, quelqu'exceffifs que puiffent paroître les honoraires d'un avocat, fa rétribution réelle ne va jamais là. Qu'on fuppute, en tel endroit qu'on voudra, ce que peuvent gagner & ce que peuvent dépenfer annuellement les cordonniers ou les tifferands ; on trouvera que la première fomme excède la dernière. Qu'on faffe le même calcul, par rapport aux avocats & aux jurifconfultes, on trouvera peu de proportion entre leurs gains & leur dépenfe annuelle, quand on porteroit les premiers auffi haut, & la dernière auffi bas qu'il eft poffible. Il s'en faut donc beaucoup que la loterie de cette profeffion foit tout-à-fait avantageufe. En fait de gains pécuniaires, elle eft donc mal récompenfée, ainfi que plufieurs autres profef-fions libérales & honorables.

Il y a cependant une efpèce d'équilibre en-tre les profeffions libérales & celles qui ne le font pas ; &, malgré ces découragemens, les efprits qui font les plus généreux & qui ont le plus de fentimens, s'empreffent d'y en-trer. Deux caufes les y déterminent : la pre-mière eft le defir de la réputation qu'on acquiert quand on y excelle : la feconde eft la confiance naturelle que chacun a plus ou moins dans fes talens, & dans fa bonne fortune. Il eft agréable d'exceller dans une profeffion où fort peu de gens parviennent à la médiocrité. L'admiration que le public a pour eux, fut toujours une par-tie de leur récompenfe ; partie plus ou moins con-fidérable, felon le degré plus fort ou plus foible de cette admiration qu'il faut compter pour beau coup dans la médecine, peut-être pour davantage dans le barreau, & prefque pour tout dans la littérature.

Il y a des talens qui infpirent une forte d'ad-miration, mais dont l'exercice en vûe du gain eft regardé, par raifon ou par préjugé, comme une efpèce de proftitution publique. Ainfi la ré-compenfe pécuniaire de ceux qui les exercent par ce motif, doit non-feulement payer le temps, la peine & la dépenfe qu'il a fallu pour les acqué-rir, mais encore les dédommager du décri dans lequel tombent ceux qui les emploient comme des moyens de fubfiftance. Le gain exorbitant que font les comédiens, les chanteurs, les danfeurs d'opéra, &c. eft fondé fur ces deux principes ; la rareté & la beauté de leurs talens, & le peu de confidération dont ils jouiffent. Au premier coup-d'œil, il paroît abfurde qu'on méprife leurs perfonnes & qu'on récompenfe leurs talens avec tant de profufion. L'un eft pourtant une fuite néceffaire de l'autre. Si l'opinion publique ou le préjugé changeoit à l'égard de ces occupations, elles deviendroient auffi-tôt moins lucratives. Plus de gens s'y adonneroient, & la concurrence ré-duiroit le prix de leur travail. Ces fortes de ta-lens, quoique loin d'être communs, ne font pas auffi rares qu'on l'imagine. S'il eft peu de gens qui les poffèdent dans une grande perfection, & qui dédaignent d'en faire cet ufage, il en eft beaucoup qui feroient capables de les acquérir, fi l'on pouvoit s'y livrer avec honneur.

L'opinion préfomptueufe que la plupart des hommes ont de leur capacité, eft un mal ancien, remarqué par les philofophes & les moraliftes de tous les fiècles. On a moins parlé de l'abfurde vanité qui les porte à préfumer de leur bonne fortune. Elle eft cependant, s'il eft poffible, en-core plus univerfelle. Il n'y a point d'homme qui n'en ait fa part, quand il fe porte bien & qu'il eft bien difpofé. Chacun groffit plus ou moins la chance du gain ; la multitude exténue celle du mal, & à peine trouvera-t-on quelqu'un qui, n'é-

tant ni malade ni chagrin, l'eftime plus qu'elle ne vaut.

Qu'on furfaffe la chance du gain, le fuccès univerfel des loteries le démontre. Le monde n'en a jamais vu & n'en verra jamais où la probabilité du gain foit égale à celle de la perte, & où le total de l'un compenfe le total de l'autre, parce qu'il n'y auroit pas de bénéfice pour l'entrepre-neur. Dans les loteries d'état, les billets ne va-lent réellement pas le prix qu'en donnent les premiers foufcripteurs, & cependant ils gagnent fur la place vingt, trente & quelquefois qua-rante pour cent de prime. Par la vaine efpé-rance de gagner un bon lot, on en veut avoir à ce prix. Les plus fages regardent à peine comme une folie de payer une petite fomme pour la chance de gagner dix ou vingt mille liv. fterlings, quoiqu'ils fachent que cette petite fomme eft peut-être de vingt ou trente pour cent fupérieure à ce que vaut la chance. On ne marqueroit pas le même empreffement pour avoir des billets dans une loterie où aucun lot n'excéderoit vingt liv. fterlings, quoiqu'à d'autres égards elle approchât plus d'une loterie égale que n'en approchent les loteries ordinaires. Pour augmenter la chance de quelque lot confidérable, certaines gens prennent plufieurs billets, & d'autres de petites parts dans un nombre de billets encore plus grand. Cepen-dant plus on prend de billets, plus on doit per-dre. Il n'y a point de propofition plus certaine dans les mathématiques. Qu'on les prenne tous, on fera certain d'y perdre ; & plus on en prend, plus on approche de cette certitude.

Qu'on évalue la chance de la perte, fouvent moins & prefque jamais plus qu'elle ne vaut, le profit très-modéré que font les affureurs en eft une preuve. La prime ordinaire pour l'affurance contre les dangers du feu & de la mer, (les feuls que les affureurs prennent fur eux), doit fuffire pour compenfer les pertes qui arrivent communément, pour payer la dépenfe de l'ad-miniftration de l'affurance, & pour rapporter un profit tel qu'on auroit pû le tirer du même ca-pital employé dans un commerce ordinaire. La perfonne qui ne donne pas plus, ne paye mani-feftement pas au-delà de la véritable valeur du rifque, ou au-delà du plus bas prix auquel elle peut raifonnablement fouhaiter d'en être affran-chie. Mais quoique bien des gens aient gagné par l'affurance, il y en a fort peu qui aient fait une grande fortune ; ce qui démontre affez que la balance ordinaire du profit & de la perte n'eft pas plus avantageufe dans le métier d'affureur, que dans beaucoup d'autres où tant de monde s'enrichit. Tout modéré qu'eft le prix ordinaire de l'affurance, un nombre infini de propriétaires ne fe foucient pas de le payer, tant ils font peu touchés du rifque. Prenez tout le royaume d'Angleterre, il y a dix-neuf maifons fur vingt, ou peut-être quatre-vingt dix-neuf fur cent, qui ne font point affurées contre le feu. Le rifque de la mer alarme plus de monde, & la proportion des vaiffeaux affurés à ceux qui ne le font pas, eft beaucoup plus confidérable. On en voit pourtant grand nombre fe mettre en mer dans toutes les faifons, & même en temps de guerre, fans être affurés. Peut-être n'y a-t-il quelquefois aucune imprudence à le faire. Lorfqu'une compagnie ou un gros négociant a vingt ou trente vaiffeaux en mer, ils s'affurent, pour ainfi dire, l'un l'autre. La prime épargnée fur tous, peut être plus que fuffifante pour indemnifer des pertes que doit amener le cours ordinaire des chances. Mais la plupart de ceux qui négligent de faire affurer les vaiffeaux comme les maifons, ne font pas un calcul fi délié; leur négligence eft la fuite de la fécurité que donne le mépris téméraire & préfomptueux du rifque à courir.

Le mépris du rifque & l'efpérance préfomptueufe du fuccès ne font jamais plus actifs que dans ce période de la vie, où les jeunes gens font choix de leurs profeffions. Que la crainte du malheur foit bien foible à cet âge, en comparaifon de l'efpoir du bonheur, c'eft ce qu'on voit fur-tout dans la facilité avec laquelle le bas peuple s'enrôle pour être foldat, ou aller fur mer.

On fent affez ce que peut perdre un fimple foldat. Sans avoir aucun égard au danger, les jeunes volontaires ne s'enrôlent jamais fi gaiement qu'au commencement d'une nouvelle guerre; & quoiqu'ils n'aient pas la moindre probabilité de s'avancer, leur imagination vive fe repaît de mille occafions d'acquérir de l'honneur & de la diftinction, qui ne fe préfentent jamais. Ces illufions romanefques font tout le prix de leur fang. Leur paie eft moindre que celle des bas ouvriers, & la fatigue de leur fervice beaucoup plus grande.

La loterie de la mer n'eft pas tout-à-fait fi défavantageufe que celle de l'armée. Le fils d'un honnête artifan peut s'embarquer avec le confentement de fon père; il ne l'aura pas pour fe faire foldat. Les autres voient quelqu'apparence qu'il ne perdra pas fon tems dans le fervice de mer, & il eft le feul qui en voie le chemin pour réuffir dans celui de terre. Par les règles de la préféance, un capitaine de vaiffeau a le rang d'un colonel; mais il ne l'a pas dans l'opinion publique. Moins il y a de lots confidérables dans une loterie, plus il y en a de petits. Quoique la fcience & l'adreffe de ceux qui s'adonnent à la marine, foient fort fupérieures à celles de prefque tous les artifans, & quoique leur vie foit une fuite continuelle de fatigues & de dangers, cependant, tant qu'ils reftent dans la condition de fimples matelots, ils reçoivent à peine d'autre récompenfe que celle d'endurer les unes & de furmonter les autres. Ils ne gagnent pas plus que les manœuvres au port, où le falaire de ceux-ci règle le leur. Comme ils vont continuellement d'un port à l'autre, ce qu'on paye par mois à ceux qui font voile de

tous les différens ports de la Grande-Bretagne, eft plus uniforme que ce qu'on paye à toute autre claffe d'ouvriers en des lieux différens; & le taux du port d'où s'embarquent & auquel abordent le plus grand nombre, c'eft-à-dire, le taux du port de Londres, eft celui qui règle tout le refte. A Londres, le falaire de la plus grande partie des diverfes claffes d'ouvriers, eft d'environ le double de ce qu'il eft pour les mêmes claffes à Edimbourg. Mais les marins qui font voile du port de Londres, gagnent rarement par mois trois ou quatre fchelings de plus que ceux qui font voile du port de Leith, & fouvent la différence de leur falaire ne va pas jufques-là. Dans les temps de paix & dans le fervice de la marine marchande, le prix de Londres eft depuis une guinée jufqu'à environ vingt-fept fchelings par mois, tandis qu'un fimple manœuvre peut y gagner de quarante à quarante-cinq fchelings, fur le pied de neuf ou dix fchelings par femaine. Il eft vrai que le marin eft fourni de vivres outre fa paie; mais la valeur de fa nourriture n'excède peut-être pas cette différence de fa paie à celle du manœuvre; & quand elle le feroit quelquefois, cet excédant ne feroit pas un gain clair pour lui, parce qu'il ne peut le partager avec fa femme & fa famille qu'il eft obligé de faire vivre de fa paye.

Il femble que les périls & les hafards d'une vie aventurière, bien loin de décourager la jeuneffe, ne fervent fouvent qu'à lui donner de l'ardeur pour une profeffion. Une tendre mère craint d'envoyer fon fils à l'école dans une ville où il y a un port. Elle craint que la vue des vaiffeaux & le récit des aventures des gens de mer, ne le féduifent. La perfpective éloignée des hafards, dont on peut fe tirer par le courage & l'adreffe, n'eft point défagréable pour nous : elle ne fait point hauffer le falaire dans aucun genre de travail. Il n'en eft pas de même de ceux où le courage & l'adreffe ne peuvent être d'aucun fecours. Dans les métiers connus pour être mal fains, le falaire du travail eft toujours fort. Leur mauvaife influence fur la fanté eft une efpèce de défagrément, & leurs effets à cet égard doivent être rangés fous ce chef.

Dans tous les emplois des capitaux, le taux ordinaire du profit varie plus ou moins, fuivant la certitude ou l'incertitude des retours. Ils font en général moins incertains dans le commerce intérieur que dans le commerce étranger, & moins dans certaines branches de celui-ci que dans d'autres; par exemple, moins pour les anglois dans le commerce avec l'Amérique feptentrionale, que dans celui qui fe fait à la Jamaïque. Le taux ordinaire du profit s'élève toujours plus ou moins avec le rifque. Il ne paroît pourtant pas s'élever en proportion fuffifante, pour que l'un compenfe l'autre. Les commerces les plus hafardeux font ceux où les banqueroutes font les plus fréquentes. Il n'en eft point où l'on court tant de rifques que dans

dans celui qui fe fait par fraude ; & quoiqu'il n'y en ait pas de plus lucratif, quand on a le bonheur d'y échapper, il conduit infailliblement à la banqueroute. La confiance dans le fuccès femble encore foutenir ce métier-là. Elle y attire tant d'aventuriers, que leur concurrence réduit le profit au-deffous de ce qu'il faut pour compenfer le rifque. Pour que cette compenfation fût complette, les profits ordinaires des capitaux, les retours devroient donner non-feulement l'indemnité de toutes les pertes accidentelles, mais encore un furplus de bénéfice, de la même nature que celui des affureurs. Or, fi les retours ordinaires dans le commerce par fraude rempliffoient tous ces objets, les banqueroutes n'y feroient pas plus fréquentes que dans les autres commerces.

De cinq chofes qui affectent le prix du travail, il n'y en a que deux qui affectent les bénéfices des capitaux; favoir, l'agrément ou le défagrément du métier, & le rifque ou la fûreté qui l'accompagnent. L'agrément ou le défagrément ne mettent que peu ou point de différence dans l'emploi de la plupart des capitaux; mais ils en mettent beaucoup dans ceux du travail; & quoique le profit ordinaire augmente avec le rifque, il ne paroît pas toujours augmenter en proportion. Il doit réfulter de là que, dans la même fociété ou le même arrondiffement, les taux ordinaires & communs du profit dans les divers emplois des capitaux, feront plus près du niveau que les taux du falaire en argent dans les différentes fortes de travail. Ils le font en effet. La différence du falaire d'un fimple ouvrier, & celui d'un médecin ou d'un homme de loi employés, eft beaucoup plus grande que celle qui fe trouve entre les profits ordinaires de deux branches de commerce quelconque. Ajoutez que la différence apparente, dans les profits de différens commerces, eft généralement une illufion provenant de ce que nous ne diftinguons pas toujours ce qui doit être confidéré comme falaire, & ce qui doit être confidéré comme profit.

Les mémoires d'apothicaire font paffés en proverbe, pour défigner un profit énorme. Mais ce grand profit apparent des apothicaires n'eft fouvent que le raifonnable falaire de leur travail. La fcience qu'exige leur profeffion, eft d'un genre beaucoup plus fin & plus délicat que celle de tous les artifans, & la confiance qu'on leur donne eft beaucoup plus importante. Un apothicaire eft le médecin des pauvres dans tous les cas, & des riches quand le mal ou le danger n'effrayent point. Sa récompenfe doit donc être proportionnée à fes talens & à la confiance qu'on lui donne. Cette récompenfe vient en général du prix auquel il vend fes drogues. Mais toutes les drogues qu'un apothicaire le plus en vogue vendra en un an dans une grande ville, ne lui coûtent peut-être pas au-delà de cent livres fterlings. S'il les vend à trois ou quatre cents ou à mille pour cent de profit, il

peut fe faire que ce bénéfice n'excède point ce qu'il doit raifonnablement gagner par fon travail.

Dans un port, un petit épicier gagnera quarante ou cinquante pour cent fur un capital de cent livres fterlings, tandis qu'un marchand en gros y gagnera à peine huit ou dix pour cent fur un capital de dix mille liv. fterlings. Le commerce de l'épicier peut être néceffaire à la commodité des habitans, & il eft poffible que les bornes étroites du marché ne comportent pas l'emploi d'un capital plus confidérable en ce genre. Il faut cependant qu'un homme vive de fon commerce, & qu'il en vive proportionnellement aux qualités qui l'y rendent propre. Outre la poffeffion d'un petit capital, il eft néceffaire que ce petit épicier fache lire, écrire & compter; qu'il juge auffi peut-être d'une cinquantaine ou d'une foixantaine de différentes fortes de marchandifes, de leurs prix, de leurs qualités, & des marchés où il peut les avoir à meilleur compte. Il faut, en un mot, qu'il ait toutes les connoiffances d'un gros marchand tel qu'il le deviendroit, s'il jouiffoit d'un capital fuffifant. Trente ou quarante liv. fterlings par an ne peuvent être regardées comme une récompenfe trop confidérable pour un homme de ce mérite. Ôtez cela des profits de fon capital qui vous paroiffent énormes, & il ne reftera guères que les profits ordinaires des capitaux.

La différence entre le profit apparent du commerce en détail & celui du commerce en gros, eft beaucoup moindre dans la capitale que dans les petites villes & les villages. Là où dix mille livres fterlings peuvent être employées dans le commerce de l'épicerie, ce que l'épicier retire de fon travail, n'eft qu'une légère addition aux profits d'un fonds fi confidérable. Les profits du riche détailleur s'y mettent donc plus de niveau avec ceux du marchand en gros. C'eft par cette raifon qu'on a les marchandifes en détail à auffi bon & fouvent à meilleur marché dans la capitale que dans les petites villes & les villages. Les épiceries, par exemple, y font en général beaucoup moins chères, & fouvent le pain & la viande ne le font pas davantage. Il n'en coûte pas plus pour amener les épiceries dans une grande ville, que pour les amener dans un village; mais il en coûte beaucoup plus pour y amener du blé & des beftiaux, parce que la plus grande partie de ces denrées vient de plus loin. Le premier prix des épiceries étant donc le même dans une grande ville & dans un village, elles font à meilleur compte où on fait un moindre profit fur elles. Le premier prix du pain & de la viande de boucherie, eft plus grand dans l'une que dans l'autre; & conféquemment, quoique le profit foit moindre, ils n'y font pas toujours à meilleur marché, & ils s'y vendent fouvent au même prix. Dans des articles tels que le pain & la viande, la même cauſe qui diminue le profit apparent, augmente le premier prix. L'étendue du marché, en permettant d'employer de plus gros capitaux, diminue le profit apparent. Mais comme elle met dans la néceſſité de ſe fournir à une plus grande diſtance, elle augmente ainſi le premier prix de la diminution de l'un; & de l'augmentation de l'autre il réſulte, la plupart du temps, qu'ils ſe contre-balancent ou à-peu-près. C'eſt pour cela que les prix du pain & de la viande ſont à peu de choſe près, les mêmes dans la plus grande partie du royaume, quoique les prix du bled & du bétail ſoient fort différens.

Quoique les profits des capitaux du commerce en gros & en détail, ſoient en général moindres dans la capitale que dans les petites villes & les villages, on y voit ſouvent de petits commencemens mener à une grande fortune, ce qui n'arrive preſque jamais dans les petits endroits. Dans ceux-ci les bornes du marché ſont trop étroites, pour que le commerce puiſſe s'étendre à meſure que les capitaux s'étendent. Quoique le taux des bénéfices d'une perſonne particulière puiſſe y être fort haut, la ſomme ou le montant de ces bénéfices, & par conſéquent celle de leur accumulation annuelle, ne peut être fort grande. Dans les grandes villes, au contraire, le commerce peut s'étendre à meſure que les capitaux croiſſent, & le crédit d'un homme économe & qui fait bien ſes affaires, croît encore plus vîte que ſon capital. Son commerce s'aggrandit en proportion de l'un & de l'autre. La ſomme de ſes bénéfices eſt en proportion de l'étendue de ce commerce, & l'accumulation annuelle en proportion de ſes bénéfices. Il eſt rare toutefois qu'on y faſſe des fortunes conſidérables par aucune branche d'induſtrie régulière, établie & bien connue, ſi ce n'eſt après une longue vie laborieuſe, économe & appliquée. Les fortunes s'y font par ce qu'on nomme le commerce de ſpéculation. Le marchand qui ſpécule, n'exerce point une branche régulière, établie & bien connue de commerce. Il eſt marchand de blé cette année, il ſera marchand de vin l'année prochaine, & celle d'enſuite il ſera marchand de ſucre, de tabac ou de thé. Il entre dans toutes les affaires où il prévoit un grand bénéfice; & il les quitte dès qu'il prévoit que le gain retombera au niveau des autres commerces. Ses bénéfices & ſes pertes n'ont donc point de proportion régulière avec ceux des branches établies & bien connues. Deux ou trois ſpéculations heureuſes peuvent enrichir un homme entreprenant; mais il n'en faut de même que deux ou trois malheureuſes pour le ruiner. Ce commerce eſt particulier aux grandes villes; il demande une ſagacité qu'on ne peut avoir que dans les places, où il y a le plus d'affaires & de correſpondance.

Quoique les cinq choſes dont on vient de parler, occaſionnent de grandes inégalités dans le ſalaire du travail & les profits des fonds, elles n'en occaſionnent point dans le total des avantages & des déſavantages, réels ou imaginaires, des différens emplois, tant de l'un que des autres. La nature de ces choſes eſt telle, que, dans quelques-uns de ces emplois, elles tiennent lieu d'un petit gain pécuniaire, & que dans d'autres elles ſont le contre-poids d'un gain conſidérable.

Cependant, pour que l'égalité ſubſiſte dans le total de ces avantages ou déſavantages, il faut le concours de trois choſes, dans les endroits même où il règne la plus parfaite liberté; 1°. les applications du travail & des capitaux doivent être bien connues & établies depuis long-temps dans le pays ou l'arrondiſſement; 2°. elles doivent être dans leur état ordinaire & naturel; & 3°. elles doivent faire la ſeule ou la principale occupation de ceux qui s'y livrent.

Le lecteur trouvera le développement de ces trois remarques dans les *Recherches ſur la nature & les Cauſes de la richeſſe des nations*, tom. I, pag. 233 de la traduction.

La police de l'Europe, en gênant la liberté, occaſionne d'autres inégalités bien plus importantes.

Elle les occaſionne ſur-tout de trois manières: 1°. en reſtreignant la concurrence, dans certaines profeſſions, à un nombre plus petit qu'il ne ſeroit ſans les entraves qu'elle met à ceux qui veulent y entrer: 2°. en l'augmentant dans d'autres au-delà de ce qu'elle ſeroit naturellement: 3°. en empêchant le travail & les fonds de circuler librement d'un emploi à l'autre, & d'une place à une autre.

1°. La police de l'Europe occaſionne une inégalité dans le total des avantages & des déſavantages des divers emplois du travail & des capitaux, en reſſerrant la concurrence dans des bornes plus étroites qu'elles ne ſeroient naturellement.

Les privilèges excluſifs de corporations ſont le moyen dont elle ſe ſert pour cet effet.

Le privilège excluſif d'un corps de métier borne la concurrence, dans une ville où il eſt établi, à ceux qui y ſont agrégés. Pour acquérir le droit d'en être, il faut communément ſervir en qualité d'apprentif, dans une ville ſous un maître. Les ſtatuts de la corporation règlent quelquefois le nombre d'apprentifs qu'un maître peut avoir, & preſque toujours le nombre d'années que doit durer l'apprentiſſage. L'intention de ces règles eſt de reſtreindre la concurrence à un plus petit nombre qu'il n'en entreroit ſans cela dans le métier. La limitation du nombre des apprentifs le fait d'une manière directe; la longue durée de l'apprentiſſage le fait d'une manière plus indirecte, mais auſſi efficace, en augmentant les frais de l'éducation.

Par un ſtatut de la communauté de Sheffield,

un maître ne peut avoir qu'un apprentif à la fois. A Norfolk & à Norwich, un maître tisserand ne peut en avoir que deux, sous peine d'une amende de cinq liv. sterl. par mois, payable au roi. Il n'est permis à aucun maître chapelier, nulle part en Angleterre ni dans les colonies angloises, d'en avoir davantage, sous peine de pareille amende, moitié au profit du roi, moitié au profit du dénonciateur. Mais, quoique ces réglemens aient été confirmés par une loi publique du royaume, ils sont dictés par le même esprit de corporation qui a fait les statuts de Sheffield. Il y avoit à peine un an que les ouvriers en soie formoient une communauté à Londres, lorsqu'ils défendirent par un statut, à tous les maîtres de leur corps, de prendre plus de deux apprentifs à la fois. Il a fallu un acte du parlement pour annuller cette disposition.

Il paroît qu'anciennement la durée de l'apprentissage, dans toute l'Europe, étoit de sept ans pour la plupart des corps de métier. On appelloit autrefois ces communautés, des *universités*. L'université des forgerons, l'université des tailleurs, &c. sont des expressions qu'on rencontre dans les vieilles chartes des anciennes villes. Lors du premier établissement des corporations, qu'on appelle aujourd'hui *universités*, le nombre d'années d'étude qu'on exigea pour devenir maître-ès-arts, fut emprunté de la durée de l'apprentissage dans les professions méchaniques, dont les corporations étoient bien antérieures. Comme il falloit avoir travaillé sept ans sous un maître, pour obtenir la maîtrise & le droit d'avoir soi-même des apprentifs, il fut réglé qu'on étudieroit sept ans sous un maître, avant de devenir maître, professeur ou docteur (mots anciennement synonymes), & pour avoir des écoliers & des apprentifs, mots également synonymes dans l'origine.

L'acte cinquième du règne d'Elisabeth, appellé communément le *statut d'apprentissage*, déclare que personne à l'avenir n'exercera aucun métier, profession ou art méchanique, exercé alors en Angleterre, à moins qu'il n'ait servi au moins sept ans comme apprentif; & ce qui n'avoit été qu'un statut de plusieurs corporations particulières, devint une loi générale & publique pour tous les métiers pratiqués dans les villes de marché; car quoique les mots du statut soient généraux, & qu'ils paroissent comprendre tout le royaume, son effet a été limité par interprétation aux villes de marché, parce qu'on a jugé que pour la commodité des habitans de la campagne, & vu la difficulté d'y avoir assez d'ouvriers de chaque espèce, il falloit qu'une seule personne pût exercer dans un village plusieurs métiers différens, quoiqu'elle n'eût pas fait sept ans d'apprentissage dans chacun d'eux.

Par une interprétation littérale des termes de l'acte, on en a aussi borné l'effet aux métiers

établis en Angleterre avant qu'il parût, & on ne l'a jamais étendu à ceux qui s'y sont introduits depuis. Cette limitation a donné lieu à diverses distinctions qui, considérées comme règles de police, sont extravagantes. Par exemple, on a condamné les carrossiers à ne faire ni par eux-mêmes, ni par les compagnons qu'ils emploient, les roues de leurs carrosses. Il faut qu'ils les achètent des maîtres faiseurs de roues, parce que ce métier existoit en Angleterre avant l'époque du statut d'Elisabeth. Mais un faiseur de roues, qui n'a jamais fait d'apprentissage chez un carrossier, peut faire des carrosses par lui-même ou par les ouvriers qu'il emploie, le métier de carrossier n'étant point compris dans le statut, parce qu'il n'existoit pas en Angleterre avant que la loi fût portée. La plupart des manufactures de Birmingham, de Manchester & Wolverampton n'y sont pas comprises par la même raison.

En France, la durée de l'apprentissage varie selon les villes & les métiers. Cinq ans sont le terme prescrit à Paris pour un grand nombre; mais avant qu'une personne puisse exercer un métier comme maître, il faut dans la plupart qu'elle serve cinq ans de plus comme journalier. Durant ce dernier terme, il est appelé compagnon de son maître.

En Ecosse, il n'y a point de loi qui fixe universellement la durée de l'apprentissage. Le terme varie selon les corporations. Quand il est long, on peut en général en racheter une partie avec de l'argent. Dans la plupart des villes, on achète aussi pour peu de chose la maîtrise dans une corporation. Les tisserands de toile de lin & de chanvre, qui font les principales manufactures du pays, & les autres artisans qui travaillent pour eux, comme ceux qui font les rouets, les dévidoirs, &c. peuvent y exercer leurs métiers sans rien payer. Dans toutes les villes de corporations, chacun peut vendre de la viande de boucherie tous les jours de la semaine où cette vente est permise. Trois ans sont le terme ordinaire de l'apprentissage en Ecosse, même pour certains métiers qui demandent plus de connoissances; & il n'y a peut-être pas de pays en Europe, où les loix des corporations soient si peu oppressives.

Comme la propriété qu'un homme a sur son travail, est le fondement de toute autre propriété, elle est aussi la plus sacrée & la plus inviolable. Le patrimoine d'un homme pauvre est dans la force & l'adresse de ses mains; & l'empêcher d'user de cette force & de cette adresse, comme il croit devoir le faire sans porter aucun préjudice à ses semblables, c'est une violation manifeste de cette propriété de toutes la plus sacrée; c'est un attentat visible à la juste liberté de l'ouvrier & de ceux qui voudroient l'employer. Car l'ouvrier n'étant pas le maître alors de travailler à ce qu'il lui plaît, les autres ne sont pas les maîtres

de faire travailler qui bon leur femble : on peut
s'en rapporter fur le choix d'un ouvrier, à la difcrétion de ceux qui l'emploient. Ils font trop
intéreffés à ne pas s'y méprendre. L'inquiétude
du légiflateur, qui craint qu'on n'emploie des
gens incapables, eft auffi déplacée qu'oppreffive.

Les longs apprentiffages ne peuvent garantir
qu'on ne mettra pas en vente de l'ouvrage mal
fait. Lorfqu'on en expofe de mauvais, c'eft en
général l'effet de l'envie de tromper, & non de
l'incapacité ; & les longs apprentiffages ne mettent point à l'abri de l'envie de tromper. Il faut
d'autres réglemens pour prévenir cet abus. L'empreinte qui eft fur la vaiffelle d'argent, & celles
qu'on met fur les draps & les toiles, garantiffent
mieux l'acheteur, (quoiqu'elles aient peut-être
d'autres abus) qu'aucun ftatut de l'apprentiffage.
Celui qui achète, regarde à ces marques, & il
ne croit pas que ce foit la peine de s'informer
fi celui qui a fait l'ouvrage, a fervi fes fept ans
comme apprentif.

Cette inftitution n'eft nullement propre à rendre les hommes induftrieux. Un ouvrier qui travaille à la pièce, doit être plus laborieux qu'un
autre, parce que fon ardeur & fon application
lui font utiles. Un apprentif doit être pareffeux,
& il l'eft prefque toujours, parce qu'il n'a point
d'intérêt immédiat à ne pas l'être. Dans les métiers inférieurs, la récompenfe eft l'unique aiguil-
lon du travail. Ceux qui font plutôt dans le cas
d'en jouir, doivent prendre auffi plutôt du goût
pour le travail qui les leur procure, & acquérir
plutôt l'habitude de l'induftrie. Il eft tout fimple
qu'un jeune homme conçoive de l'averfion pour
le travail, quand il n'en retire aucun bénéfice
pendant long-temps. Les petits garçons qu'on met
en apprentiffage avec les fonds des charités publiques, font obligés de fervir au-delà du nombre d'années ordinaire ; & quand ils en fortent,
ce font en général des fainéans & de mauvais
fujets.

Les anciens ne connoiffoient point du tout les
apprentiffages ; les devoirs réciproques de maître
& d'apprentif font un article confidérable dans
chaque code moderne ; la loi romaine garde un
profond filence à leur égard. Nous ne connoiffons
pas de mot grec ou latin. (& nous croyons pouvoir affurer qu'il n'y en a point), qui exprime
l'idée que nous attachons au mot *apprentif*, celle
d'un ferviteur qui s'engage à travailler d'un métier particulier pour le bénéfice d'un maître, durant un certain nombre d'années, à condition
que le maître lui montrera ce métier.

Les longs apprentiffages font abfolument inutiles. Les arts méchaniques les plus difficiles, tels
que celui d'horloger, ne contiennent pas des myftères qui exigent un fi long cours d'inftructions.
La première invention des horloges & des montres, l'invention même de certains inftrumens de

l'horlogerie, font fans doute le fruit de beaucoup
d'idées profondes & d'un temps confidérable, &
on peut les regarder, à jufte titre, comme les
plus heureux efforts de l'efprit humain ; mais une
fois trouvées & bien conçues, l'explication la
plus complette fur l'ufage des inftrumens & la
conftruction de ces belles machines, eft une affaire qui ne demande que quelques femaines; peut-
être même feroit-ce affez de quelques jours. Il
n'en faut certainement pas davantage dans les métiers inférieurs. Il eft vrai qu'on n'y acquiert la
dextérité de la main qu'avec beaucoup de pratique & d'expérience. Mais un jeune homme ap-
portera plus de foin & d'attention dans la pratique, fi dès les commencemens il travaille comme un ouvrier à la journée, s'il eft payé à proportion du peu d'ouvrage qu'il peut faire, &
s'il paye à fon tour ce qu'il peut gâter par mal-
adreffe ou par inexpérience. Une pareille éducation auroit en général plus d'effet, & feroit toujours moins ennuyeufe & moins coûteufe; mais
le maître y perdroit le falaire de l'apprentif, qu'il
épargne aujourd'hui fept années de fuite. Peut-
être qu'à la fin l'apprentif y perdroit auffi : car
il auroit plus de concurrens dans un métier qui
s'apprendroit aifément ; & quand il feroit un ouvrier confommé, fon falaire feroit moindre qu'il
ne l'eft. La même augmentation de concurrence
réduiroit les profits des maîtres auffi-bien que les
journées des ouvriers. Tous les arts, métiers &
profeffions méchaniques y perdroient ; mais le
public y gagneroit, parce que tous les artifans
vendroient leurs ouvrages moins chers.

Les corporations & la plupart de leurs loix
ont été établies pour prévenir cette réduction de
prix, & par conféquent celle du falaire & du
profit, en arrêtant la concurrence libre qui l'oc-
cafionneroit. Pour ériger une corporation, il ne
falloit anciennement, dans la plus grande partie
de l'Europe, que l'autorité de la ville corporée
où elle fe formoit. En Angleterre, il falloit encore une charte du roi : mais cette prérogative
de la couronne femble avoir été réfervée, plutôt
pour extorquer l'argent du fujet, que pour défendre la liberté commune contre l'oppreffion du
monopole. En payant une fomme au roi, la charge
s'obtenoit fans difficulté ; & quand une claffe particulière d'artifans ou de marchands s'avifoit d'a-
gir comme corporation fans avoir de charte, le
roi ne perdoit pas toujours pour cela ces tributs
bâtards (comme on les appelloit) : car elle étoit
obligée de payer tous les ans une taxe au roi
pour l'exercice de fes privilèges ufurpés. L'infpection immédiate fur toutes les corporations &
les ftatuts qu'elles jugeoient à propos de faire
pour fe gouverner, appartenoit à la ville corporée où elles étoient ; & la difcipline à laquelle
elles étoient foumifes, regardoit non le roi, mais
la grande corporation dont ces communautés fubordonnées étoient membres.

Le gouvernement des villes corporées se trouvoit tout entier dans les mains des marchands & des artisans, & il étoit de l'intérêt de chaque classe de ces citoyens d'empêcher que le marché ne fût trop garni (comme ils s'expriment) des productions particulières de son industrie, c'est-à-dire, de le tenir dégarni. Chaque classe s'empressoit de faire des réglemens dans cette vue; & pourvu qu'on la laissât faire, elle consentoit volontiers que les autres classes en fissent autant. Il est vrai que, d'après ces réglemens, chaque classe étoit obligée d'acheter un peu plus cher dans la ville les marchandises des autres classes; mais elle leur vendoit les siennes plus cher aussi; de manière que tout revenoit au même, & qu'aucune ne perdoit au commerce qu'elles faisoient ensemble dans les villes. Mais elles gagnoient toutes beaucoup dans leur commerce avec la campagne, qui est celui qui soutient & enrichit les villes.

Chaque ville tire de la campagne ses subsistances & les matières de son industrie : elle les paye sur-tout de deux manières; 1°. en y renvoyant une partie de ces matières travaillées & manufacturées, dont le prix s'accroît alors du salaire des ouvriers & des bénéfices de leurs maîtres, ou de ceux qui les emploient immédiatement; 2°. en y envoyant une partie des productions brutes ou manufacturées, qui lui viennent des autres pays ou des parties éloignées du même pays, & dont le prix s'accroît, en ce cas, du salaire des voituriers ou des mariniers, & des bénéfices des marchands qui les emploient. L'avantage que les villes tirent de leurs manufactures, résulte du gain qu'elles font sur la première de ces deux branches de commerce; & l'avantage du trafic intérieur & extérieur résulte du gain qu'elles font sur la seconde. Tout ce qu'elles gagnent par ces deux voies, se réduit en salaire & en profits. Par conséquent, tous les réglemens qui tendent à faire monter le salaire & les profits plus haut qu'ils n'iroient autrement, tendent aussi à donner aux villes le moyen d'acheter une plus grande quantité du produit du travail de la campagne avec une moindre quantité de leur propre travail. Ils donnent aux marchands & aux artisans des villes un avantage sur les propriétaires, les fermiers & les ouvriers de la campagne, & ils rompent l'égalité naturelle qu'il y auroit sans cela dans le commerce qu'ils font entr'eux. Le produit annuel du travail de la société se partage annuellement entre ces deux classes d'hommes. Par le moyen de ces réglemens, il en revient aux habitans des villes une part plus grosse qu'il ne leur en reviendroit, si ces réglemens n'existoient pas; & celle qui passe aux habitans de la campagne, est moindre qu'elle ne devroit être naturellement.

Que l'industrie exercée dans les villes soit plus avantageuse par-tout en Europe que celle qu'on exerce à la campagne, c'est une chose dont on

peut se convaincre sans beaucoup de calculs. Une observation fort simple & à la portée de tout le monde, le démontrera. Nous voyons, dans tous les pays de l'Europe, que pour une personne qui fait fortune par l'industrie de la campagne, c'est-à-dire, par la culture & l'amélioration de la terre, il y en a cent qui parviennent à de grandes richesses par le commerce & les manufactures, ou par l'industrie propre aux villes. L'industrie est donc mieux récompensée, & le salaire & les bénéfices des capitaux sont donc plus considérables dans une situation que dans l'autre : mais les capitaux & le travail cherchent naturellement l'emploi le plus avantageux. De là vient qu'ils se rendent dans les villes, & désertent les campagnes autant qu'ils peuvent.

Les habitans d'une ville sont rassemblés dans le même lieu, & ils peuvent aisément se liguer. Aussi voit-on que les métiers dont on fait le moins de cas, sont devenus des corporations. Si ce n'est pas dans une ville, c'est dans une autre, & dans celles où ils n'ont jamais fait corps, l'esprit de corporation, la jalousie contre les étrangers, & la répugnance à prendre des apprentifs ou à communiquer le secret de leur art, ne laissent pas de dominer parmi eux, au point qu'ils savent bien empêcher, par des associations & des conventions volontaires, cette liberté de concurrence qu'ils ne peuvent prévenir par des statuts. Ces sortes de complots se font plus aisément dans les métiers qui n'exigent qu'un petit nombre de bras. Il faut peut-être une demi-douzaine de cardeurs de laine pour donner de l'occupation à un millier de fileuses & de tisserands. S'ils conviennent de ne pas prendre d'apprentifs, ils peuvent s'emparer de tout l'ouvrage en se faisant employer seuls, & réduire toute la manufacture dans une sorte d'esclavage par rapport à eux, & hausser le prix de leur travail bien au-delà de ce qu'il vaut.

Les habitans de la campagne vivent dispersés, & il ne leur est pas facile de se concerter. Non-seulement ils n'ont jamais fait corps, mais l'esprit de corporation n'a jamais régné parmi eux. On n'a pas cru qu'il fût besoin d'apprentissage pour mettre au fait de l'agriculture, qui est le travail de la campagne. Cependant, après ce qu'on nomme les beaux arts & les professions libérales, il n'est peut-être pas un métier qui demande une aussi grande variété de connoissances & autant d'expérience. La multitude innombrable de livres écrits sur ce sujet, dans toutes les langues, font bien voir que les nations les plus sages & les plus savantes ne l'ont jamais regardé comme fort aisé. Or, nous tenterions vainement de puiser dans tous ces livres une connoissance des opérations variées & compliquées du fermier, que possèdent les fermiers ordinaires, quoiqu'en puissent dire certains auteurs qui affectent quelquefois de parler des fermiers avec dédain. A peine y a-t-il, au contraire, un seul art méchanique dont on ne puisse développer tous les procédés dans un pamphlet de quelques pages, aussi complettement & aussi distinctement qu'il est possible de le faire avec des mots & des figures. Dans l'histoire des arts que l'académie des sciences de Paris publie, plusieurs d'entr'eux se trouvent expliqués de cette manière. D'ailleurs la direction d'opérations qui doivent varier selon le tems qu'il fait, & selon bien d'autres circonstances, exige beaucoup plus de jugement & de circonspection que celle d'opérations qui sont toujours les mêmes ou à-peu-près les mêmes.

Aussi à la Chine & dans l'Indostan, le rang & le salaire des ouvriers de la campagne sont-ils, à ce qu'on dit, supérieurs à ceux de la plupart des artisans & des manufacturiers, & il en seroit vraisemblablement de même par-tout, sans l'esprit & les loix de corporations.

L'avantage que l'industrie des villes a sur celle de la campagne dans toute l'Europe, n'est pas uniquement l'effet de leurs corporations & de leurs loix. Il est soutenu par plusieurs autres réglemens. Les gros droits sur les manufactures étrangères & sur les marchandises importées par les marchands étrangers, tendent au même but. Les loix des corps de métiers mettent les habitans des villes dans le cas de hausser leur prix, sans craindre que la concurrence de leurs concitoyens les force à les diminuer. Les autres réglemens écartent la concurrence des étrangers. Le surhaussement du prix occasionné par ces doubles entraves, retombe sur les propriétaires, les fermiers & les ouvriers de la campagne, qui rarement se sont opposés à ces sortes de monopole. Ils n'ont donc en général ni la volonté, ni la fermeté nécessaires pour former une contrelique, & les clameurs & les sophismes des marchands & des manufacturiers leur persuadent aisément que l'intérêt d'une partie, & d'une partie subordonnée, est l'intérêt du tout.

Les gens du même métier ne se rassemblent guères, même pour se divertir, sans que leur entretien aboutisse à une conspiration contre le public, ou à quelqu'invention pour renchérir leur travail. Il est impossible d'empêcher ces assemblées par aucune loi compatible avec la liberté & la justice. Mais si les loix ne peuvent les empêcher, elles ne doivent rien faire pour les faciliter, ni à plus forte raison pour les rendre nécessaires.

Un réglement qui oblige les gens d'un même métier à consigner leurs noms & leurs domiciles dans un registre public, facilite ces assemblées. Il lie ensemble les individus qui, sans cela, ne se seroient jamais connus, & donne à chacun d'eux le moyen de trouver tous les autres.

Un réglement qui les autorise à se taxer eux-mêmes pour le soulagement de leurs pauvres, de leurs malades, de leurs veuves & de leurs orphe-

lins, rend ces assemblées nécessaires, parce qu'il leur donne un intérêt commun à diriger.

Une corporation n'entraîne pas seulement la nécessité des assemblées; la pluralité des voix lie tous les membres. Dans un métier libre, il ne peut se former de ligue efficace que de l'aveu unanime de tous ceux qui l'exercent, & elle ne peut durer qu'autant que chacun d'eux persiste dans son avis. Dans un corps de métier, la majorité fera passer un statut accompagné d'une sanction pénale, qui limitera la concurrence d'une manière plus efficace & plus durable que ne le feront jamais toutes les conventions volontaires.

Ce qu'on dit de la nécessité des corporations pour maintenir le bon ordre & la police dans les métiers, est dénué de fondement. La véritable discipline & la plus efficace sur les ouvriers n'est pas celle de leur communauté, mais celle qu'exercent leurs pratiques. C'est la crainte de les perdre qui empêche un ouvrier de tromper, & qui le corrige de sa négligence. Or, le privilège exclusif des corps de métiers affoiblit cette discipline, puisqu'on est obligé de se servir des membres de ces corps, qu'ils travaillent bien ou mal. C'est pour cela que plusieurs grandes villes à corporations ne fournissent pas un ouvrier passable dans quelques métiers, même des plus nécessaires. Si on veut que l'ouvrage ne soit pas mauvais, il faut le commander dans les fauxbourgs où chez les ouvriers qui, n'ayant point de privilège exclusif, ne peuvent rien attendre que de leur réputation; & quand cet ouvrage est fait, il faut chercher des expédiens pour le faire entrer en fraude dans la ville.

C'est ainsi que la police de l'Europe, en limitant la concurrence, de certaines professions, à un plus petit nombre d'ouvriers, occasionne une inégalité importante dans la répartition du total des avantages & des désavantages des différens emplois du travail & des fonds.

2°. En augmentant dans certaines professions la concurrence au-delà de ce qu'elle seroit, elle produit une autre inégalité d'un genre opposé dans cette même répartition.

L'idée de l'importance de certaines professions & la crainte de les voir manquer de sujets, ont engagé le public, & quelquefois des particuliers, à fonder des pensions, des écoles, des collèges, des bourses, &c. pour l'éducation des jeunes gens qu'on y destine; ce qui attire dans ces professions bien plus de monde qu'il n'y en auroit autrement. C'est ainsi, je crois, qu'un grand nombre d'ecclésiastiques sont élevés. Fort peu le font entièrement à leurs frais. Le tems, l'ennui & la dépense qu'il en coûte à ceux-ci, n'ont pas toujours une récompense proportionnée, parce que l'église regorge de sujets qui, pour subsister, sont obligés de se contenter d'honoraires fort au-dessous de ceux qui conviendroient à la décence de leur état & à la nature de leur éducation;

d'où il arrive que la concurrence des pauvres ecclésiastiques diminue la récompense à laquelle ils auroient droit de prétendre. Sans doute, il ne seroit pas décent de comparer un curé ou un chapelain avec un simple artisan. On peut toutefois assimiler les honoraires des premiers avec le salaire du dernier. Tous les trois sont payés de leur ouvrage, selon le contrat qui se fait entr'eux & leurs supérieurs respectifs. Cinq marcs, équivalant à-peu-près à dix liv. sterl. actuels, étoient en Angleterre, après le milieu du quatorzième siècle, les appointemens ordinaires des vicaires ou des prêtres gagés des paroisses, comme nous le voyons par divers décrets des conciles nationaux. A cette époque, on fixa le salaire d'un maître maçon à quatre pences par jour, c'est-à-dire, à un scheling de la monnoie actuelle, & la journée d'un garçon maçon à trois pences, qui reviennent à neuf pences d'aujourd'hui. Le salaire de ces deux ouvriers, employés constamment, étoit de beaucoup supérieur à celui d'un vicaire ; & un maître maçon, employé seulement les deux tiers de l'année, gagnoit autant qu'un vicaire. Le douzième acte parlementaire de la reine Anne, chap. 12, déclare que, « faute de subsistance & » d'encouragement pour les vicaires (1), les vi- » cariats ayant été assez mal pourvus en différens » endroits, l'évêque est autorisé à leur assigner, » par un écrit de sa main & scellé de son sceau, » des appointemens ou une pension qui n'excède » pas cinquante livres sterlings par an, & qui » n'aille pas au-dessous de vingt ». On compte que quarante liv. par an sont un revenu fort honnête pour un vicaire ; &, malgré cet acte du parlement, il y a même en Angleterre plusieurs vicariats, dont la portion ne monte pas à 20 liv. Il y a des garçons cordonniers à Londres, qui gagnent quarante liv. par an, & à peine y a-t-il dans cette métropole un artisan, de quelque espèce qu'il soit, qui n'en gagne plus de vingt.

Les gros bénéfices & les grandes dignités ecclésiastiques soutiennent l'honneur de l'église, malgré la pauvreté d'une partie du clergé inférieur. Le respect qu'on a pour cette profession, compense aussi la modicité de la récompense pécuniaire.

Si on élevoit aux dépens du public une égale proportion de jeunes gens dans les professions où il n'y a point de bénéfices, telles que celles du droit & de la médecine, la concurrence y seroit bientôt si grande, que le métier n'en vaudroit plus rien. Ce ne seroit plus la peine qu'un homme y élevât son fils à ses propres frais. Elles seroient abandonnées aux enfans entretenus par les charités publiques, que leur multitude & leurs

besoins forceroient à se contenter d'une médiocre rétribution.

L'état où elles seroient réduites dans cette hypothèse, est justement celui des gens de lettres.

Les honoraires des savans professeurs étoient beaucoup plus considérables dans l'antiquité, où il n'y avoit point de ces charitables établissemens pour l'éducation gratuite des jeunes gens qui se destinent aux sciences. Isocrate, dans ce qu'on appelle son discours contre les sophistes, parle ainsi de ceux qui enseignoient de son tems. « Ils » font, dit-il, les plus magnifiques promesses à » leurs écoliers, & ils entreprennent de leur ap- » prendre à être sages, à être heureux, à être » justes ; & en échange d'un si important ser- » vice, ils ne demandent que la misérable ré- » compense de quatre à cinq mines. Ceux qui » montrent la sagesse, continue-t-il, doivent cer- » tainement être sages eux-mêmes ; mais si quel- » qu'un vendoit une telle marchandise à ce » prix, il seroit convaincu de la plus évidente » folie ». Cet orateur n'avoit sûrement pas envie d'exagérer la récompense, & on ne peut supposer qu'elle ait été moindre qu'il ne la représente. Quatre mines étoient égales à treize livres six schelings & huit pences (299 liv. 12 sols de France), cinq mines à seize livres treize schel. & quatre pences (374 liv. 18 s.) La rétribution ordinaire des habiles sophistes d'Athènes étoit donc alors de cinq mines & pas moins. Isocrate en prenoit dix ; on dit qu'il avoit cent écoliers lorsqu'il enseignoit à Athènes, & ce nombre ne paroit point extraordinaire pour une si grande ville & un professeur si fameux, qui donnoit des leçons de rhétorique, celle de toutes les sciences qui étoit le plus à la mode en ce tems-là. Un cours de rhétorique d'un an lui valoit donc mille mines, ou 3333 liv. 6 s. 8 den. sterl. (environ 75,000 liv. de France) ; aussi Plutarque dit-il dans un autre endroit, qu'il fixoit annuellement mille mines de ses leçons. Plusieurs autres grands maîtres paroissent avoir fait de grosses fortunes, par la même voie, dans le même tems. Gorgias fit présent au temple de Delphes de sa statue en or massif. Je présume qu'il ne faut pas la supposer de grandeur naturelle. Platon nous le représente, ainsi qu'Hippias & Protagoras, comme vivant avec magnificence. On dit la même chose de Platon. Aristote, après avoir été précepteur d'Alexandre, & très-bien récompensé par ce prince & par son père Philippe, crut néanmoins devoir retourner à Athènes, pour y reprendre ses fonctions dans son école. Il paroit que les maîtres des sciences étoient plus rares alors qu'ils ne le furent un ou deux siècles après, lorsque la concurrence augmentant, diminua quelque chose

---

(1) Les vicariats d'Angleterre répondent aux cures de France : ces vicaires ont des collaborateurs subordonnés, qu'on appelle parsons.

du prix de leur travail & de l'admiration pour leurs personnes. Mais les plus éminens d'entr'eux paroissent avoir encore joui d'une considération très-supérieure à celles dont jouissent aujourd'hui nos plus habiles professeurs des sciences. Les athéniens chargèrent l'académicien Carnéade & le stoïcien Diogène d'une ambassade solemnelle à Rome ; & quoiqu'Athènes fût déchue de son ancienne grandeur, elle étoit encore indépendante, & formoit une république considérable. Comme Carnéade étoit babylonien de naissance, & que jamais peuple ne fut plus jaloux que les athéniens d'exclure les étrangers des emplois publics, on peut conclure de là qu'ils faisoient de ce philosophe un cas extraordinaire.

3°. La police de l'Europe, nuisant à la libre circulation du travail & des capitaux d'un emploi à l'autre & d'un lieu à l'autre, occasionne quelquefois une inégalité fâcheuse dans le total des avantages, &c.

Le statut d'apprentissage nuit à la libre circulation du travail d'un emploi à l'autre, dans le même lieu. Les privilèges exclusifs des corporations l'empêchent d'un lieu à l'autre jusques dans le même emploi.

En Angleterre, tandis que les ouvriers d'une manufacture ont de gros salaires, ceux d'une autre sont souvent obligés de se contenter du salaire le plus modique. C'est que l'une faisant des progrès, demande continuellement plus de bras ; & que l'autre déclinant, en a toujours trop. Là, c'est la disette, & ici c'est la surabondance de bras qui augmente. Ces deux manufactures peuvent être dans la même ville ou dans le même voisinage, sans se prêter le moindre secours. Le statut d'apprentissage s'y oppose dans un cas ; & il s'y oppose encore dans l'autre, conjointement avec la corporation exclusive. Les opérations de plusieurs manufactures différentes se ressemblent tellement, que les ouvriers pourroient néanmoins aisément changer de métier les uns avec les autres, si ces loix absurdes ne leur lioient pas les mains. Par exemple, l'art de faire de la toile unie & celui de faire des étoffes de soie unie, sont presque les mêmes. Celui de faire du drap uni est un peu différent ; mais la différence est si peu de chose, que quelques jours suffiroient pour mettre au fait de la besogne un ouvrier en toile ou en soie. Si une de ces trois manufactures capitales venoit donc à déchoir, les ouvriers pourroient trouver une ressource dans une des deux autres, & leur salaire ne seroit ni si haut dans celle qui prospéreroit, ni si bas dans celle qui tomberoit. Il est vrai qu'un statut particulier permet à tout le monde de fabriquer de la toile ; mais comme on fait peu de toile dans la plus grande partie du pays, cette fabrique ne peut être une ressource générale pour les ouvriers des autres manufactures qui tombent, & il ne leur en reste pas d'autre que celle de profiter des aumônes de la paroisse, ou de tra-

vailler comme les gens de peine ; travail pour lequel leurs habitudes les rendent beaucoup plus ineptes qu'ils ne le sont pour toute autre sorte de manufactures qui a quelque analogie avec la leur. Aussi prennent-ils généralement le parti de vivre à la charge de la paroisse.

INQUISITEURS D'ÉTAT, magistrats de Venise. Le tribunal qu'on appelle des *inquisiteurs d'état* est le plus formidable qu'on ait jamais établi dans aucune république. Il est composé de trois membres, deux sénateurs du conseil des dix, & un des conseillers du doge. Ces trois hommes sont revêtus d'un pouvoir absolu sur la vie de tous les sujets, & même sur celle des nobles, après avoir oui leur justification ; ils ne doivent rendre compte à personne de leur conduite, ni en instruire les conseils, s'ils se trouvent tous trois de même avis.

Les deux avogadors ou procureurs généraux ont seuls droit de suspendre trois jours les jugemens de ce tribunal, lorsqu'il ne s'agit pas d'un crime que le tribunal regarde comme bien avéré.

Ses exécutions sont très-secrètes ; & on l'a vu, après la simple confrontation de l'accusé & de deux témoins ou espions, faire noyer un misérable pour quelques propos échappés contre le gouvernement. Venise se sert de ce terrible moyen pour maintenir son aristocratie.

Cette magistrature est permanente, parce que les desseins ambitieux peuvent être commencés, suivis, suspendus, repris ; elle est cachée, parce que les crimes qu'elle est censée punir, se forment dans le secret. Elle a une inquisition générale, parce qu'elle doit connoître de tout.

On ne peut faire l'apologie de cette terrible magistrature ; mais il y a tout lieu de croire qu'elle a contribué au maintien de la république.

Les *inquisiteurs d'état* étoient autrefois beaucoup plus sévères : son ancienne sévérité est si connue, que les étrangers ont des idées très-fausses sur l'esprit actuel de leur administration. Nous nous sommes assurés nous-mêmes que les exécutions secrètes sont devenues rares ; & en 1779 on étoit convaincu à Venise qu'il n'y en avoit pas eu depuis plus de dix ans. Ils ont fait exécuter depuis deux rebelles qui avoient excité une sédition dans la Dalmatie, & qui méritoient la mort selon les loix du pays. Ces deux rebelles furent étranglés la nuit en prison ; mais le lendemain ils furent exposés sur la place Saint-Marc avec un écriteau qui annonçoit leur rebellion.

On choisit les *inquisiteurs d'état* avec beaucoup de soin, & cette précaution est bien nécessaire. On croit que cette effrayante magistrature s'est rarement trompée dans ses décrets, & cela n'est guères vraisemblable pour les époques de trouble ; & si Venise a été moins agitée que les autres gouvernemens, elle a eu ses époques de trouble.

Il paroît qu'on conserve les *inquisiteurs d'état*,

d'abord comme un épouventail, & ensuite comme un frein pour arrêter les séditions. Nous reviendrons sur cette matière à l'article VENISE.

INQUISITION. *Voyez* le dictionnaire de Jurisprudence.

INSTRUCTIONS DU MINISTRE PUBLIC OU AMBASSADEUR. On donne ce nom au développement des objets qui doivent faire la matière ou la règle de ses négociations.

Parmi les anciens, les ordres dont on chargeoit les ambassadeurs, étoient contenus dans le décret ou du prince ou du peuple, ou du sénat qui les députoit. Ce décret leur tenoit lieu de ce que nous appellons *instruction, lettre de créance, plein pouvoir.*

La coutume des athéniens étoit d'ajouter toujours une clause générale : « qu'au surplus les ambassadeurs fassent tout ce qu'ils croiront être le meilleur pour le bien de l'état ».

Quelquefois aussi les autres peuples donnoient un plein pouvoir spécial à leurs ambassadeurs, de traiter aux conditions que leur prudence leur suggereroit.

Parmi nous, l'*instruction* est un écrit qui contient les choses principales qu'un souverain attend de son ministre. Cet écrit est nécessaire pour le prince qui donne des ordres, & pour le ministre qui doit les exécuter : pour le prince, parce qu'il lui importe de pouvoir juger si ses ordres ont été suivis : pour le ministre, parce qu'il a intérêt de savoir les intentions de son maître, & la manière dont il veut qu'elles soient remplies.

Les lettres que, dans le cours de la négociation, l'ambassadeur reçoit du souverain & des secrétaires d'état ne sont que des instructions.

S'il se conforme aux ordres contenus dans l'*instruction* & dans les dépêches, on n'a rien à lui reprocher.

L'une des loix de la confédération des achéens portoit que les ambassadeurs étrangers n'auroient une audience des villes confédérées, qu'après avoir montré leurs *instructions* & les avoir données par écrit. Ce fut par cette unique raison que les achéens s'excuserent de n'avoir pas admis dans leur conseil, des ambassadeurs que le sénat romain avoit envoyés, pour examiner si les villes que, pendant les divisions d'Eumenès & de Philippes, avoient été enlevé à différens peuples de la Grèce, leur avoient été rendues. Nous observions tout-à-l'heure que, parmi les anciens, le décret dont les ambassadeurs étoient chargés, leur tenoit lieu d'*instruction*, de lettre de créance & de plein pouvoir : ainsi la règle des achéens ne peut avoir aucune application à nos mœurs. Dans l'usage des nations modernes, les ministres publics sont obligés de représenter leur lettre de créance & leur plein pouvoir, mais non leur instruction.

Un prince ne peut, sans violer le droit des gens, forcer un ambassadeur à représenter son *instruction*. C'est une pièce secrète qui n'est faite que pour celui à qui elle est remise. Afin de garantir les paroles qu'il porte, un ministre public n'a besoin que de la lettre de créance ou du plein pouvoir qu'il a communiqué.

Quelquefois le prince ordonne à son ministre de montrer, dans certaines circonstances, son *instruction*, ou d'en faire voir quelques articles, comme par épanchement de cœur. Quelquefois il lui donne deux sortes d'*instructions* ; une, qu'on appelle ostensible, parce qu'elle est faite pour être montrée, & une secrète qui ne doit point être vue, & qui contient les vraies intentions du prince. Quelquefois aussi, quoique l'ambassadeur n'ait qu'une seule *instruction*, sans ordre de la montrer, il la fait voir : c'est lorsqu'il est sûr qu'elle peut se montrer sans inconvéniens, & qu'elle convaincra de sa bonne-foi le prince avec qui il traite, & qu'il obtiendra ce qu'il demande. Ce doit être l'ouvrage de sa raison, l'effet de son choix, un acte purement volontaire de sa part. En toute autre circonstance, l'ambassadeur qui montreroit son *instruction* n'en ayant point l'ordre de son maître, passeroit pour infidele ; il violeroit le secret de sa négociation, & il porteroit lui-même atteinte à l'indépendance de son caractère. *Voyez* l'article AMBASSADE, AMBASSADEUR, MINISTRE PUBLIC.

INTÉRÊT DE L'ARGENT. Nous avons indiqué à l'article INDUSTRIE les différentes causes qui influent sur la diversité de ce qu'on appelle, dans l'économie politique, les profits des avances ou des capitaux : nous y avons donné une explication sensible d'une multitude de petits phénomènes auxquels on fait peu d'attention : nous allons examiner ici les usages & les loix qui ont rapport à l'*intérêt* de l'argent dans la plupart des pays, & nous espérons offrir aux hommes d'état & aux lecteurs indifférens, à-peu-près tout ce qu'il leur importe de savoir sur cette matière : cet article est presque une suite de l'article INDUSTRIE.

On peut établir comme une maxime que, par-tout où l'on fait beaucoup de choses avec de l'argent, on donnera communément beaucoup pour en avoir, & qu'on donnera peu si on en fait peu ; ainsi, selon que l'*intérêt* ordinaire de l'argent au taux du marché, varie dans un pays, selon qu'il hausse ou qu'il baisse, nous pouvons être assurés que les bénéfices des capitaux varient également, ils haussent ou ils baissent avec lui. Les progrès de l'un peuvent donc nous mener à former quelqu'idée du progrès des autres.

En Angleterre, sous Henri VIII, tout *intérêt* au-dessus de dix pour cent fût déclaré illégal. Il semble qu'avant cette époque, les capitalistes percevoient un *intérêt* plus considérable. Sous le règne d'Edouard VI, on eut des vues religieuses, & on défendit tout *intérêt*. Mais on dit

H

que cette prohibition, ainfi que toutes les autres de la même efpèce, ne produifit aucun effet, & probablement elle accrut plutôt le mal de l'ufure qu'elle ne le modéra. Le ftatut d'Henri VIII fut renouvellé par Elifabeth, & dix pour cent fut le taux légal jufqu'au moment où Jacques I le reftreignit à huit. Il fut réduit à fix aufli-tôt après la reftauration, & à cinq, fous la reine Anne. Tous ces ftatuts ou réglemens paroiffent avoir été faits d'après le taux courant de l'*intérêt*, ou d'après le denier auquel empruntoient les gens qui avoient un bon crédit. Il paroît encore que depuis la reine Anne, cinq pour cent ont été en Angleterre plutôt au-deffus qu'au-deffous du taux du marché. Avant la guerre de 1756, le gouvernement anglois empruntoit à trois pour cent; & ceux qui avoient un bon crédit dans la capitale & dans plufieurs autres parties du royaume, empruntoient à trois & demi, à quatre & à quatre & demi pour cent.

Depuis le règne d'Henri VIII, la richeffe & le revenu d'Angleterre ont augmenté confidérablement. Non-feulement ce progrès a été conftant, mais il femble avoir conftamment augmenté de vîteffe. Le falaire du travail s'eft élevé fans ceffe durant cette même période; &, dans la plupart des branches de commerce & de manufactures, les profits des capitaux ont diminué.

Il faut en général de plus gros capitaux pour faire un commerce dans une grande ville que dans un village. Les gros capitaux employés à chaque branche de commerce & le nombre des riches compétiteurs font en général baiffer le taux des bénéfices. Il eft donc plus haut dans les villages. Mais le falaire du travail y eft généralement plus bas que dans les grandes villes. Dans celles-ci les gens qui ont des capitaux confidérables, manquent fouvent d'ouvriers pour les employer. C'eft à qui donnera davantage pour en avoir. De là le hauffement du falaire & la baiffe des profits des capitaux. Dans ceux-là, au contraire, il n'y a pas affez de capitaux pour employer tout le monde; & la concurrence qui s'établit parmi ceux qui manquent d'ouvrage, fait baiffer le falaire & augmente les bénéfices.

Quoique le taux légal de l'*intérêt* foit le même en Écoffe qu'en Angleterre, le taux du marché y eft ordinairement plus haut. Les gens bien folvables n'y empruntent guères à moins de cinq pour cent. Les banquiers particuliers d'Edimbourg donnent même quatre pour cent d'*intérêt* fur leurs billets, dont le paiement, en tout ou en partie, peut être demandé quand on le veut. Les banquiers particuliers de Londres ne donnent aucun *intérêt* pour l'argent qui eft dépofé chez eux. Il y a peu de commerce qu'on ne puiffe faire en Écoffe avec moins de capitaux qu'il n'en faut en Angleterre. Le taux commun du profit doit donc y être un peu plus haut. On a déjà remarqué que le falaire du travail y eft plus bas. Le pays

eft non feulement beaucoup plus pauvre, mais fes progrès font beaucoup plus lents & plus tardifs.

Le taux légal de l'*intérêt* en France n'a pas toujours été réglé, durant le cours de ce fiècle, fur le taux du marché. En 1720, il fut réduit du vingtième au cinquantième denier, ou de cinq à deux & demi pour cent. En 1724, il remonta au trentième denier, ou à trois & un tiers pour cent. En 1725, il alla au vingtième denier, ou à cinq pour cent. En 1766 il fut réduit, fous l'adminiftration de M. de l'Averdy, au vingt-cinquième denier, ou à quatre pour cent. L'abbé Terray le remit enfuite à l'ancien taux de cinq pour cent. Le but de plufieurs de ces violentes réductions d'*intérêt* femble avoir été de préparer la voie à la réduction de celui des dettes publiques. Quoique le taux légal de l'*intérêt* ait été fouvent plus bas en France qu'en Angleterre, le taux du marché a été généralement plus haut; car là comme ailleurs, il y a plufieurs méthodes fûres & faciles d'éluder la loi. Le falaire du travail eft plus bas en France qu'en Angleterre. Lorfque vous allez d'Écoffe en Angleterre, la différence que vous appercevez dans l'air & l'habillement du peuple de l'un & de l'autre pays, eft un indice qui marque affez la différence de leur condition. Le contrafte eft encore plus grand lorfque vous revenez de France.

D'un autre côté, la province de Hollande, en proportion de fon territoire & de fa population, eft un pays auffi riche que l'Angleterre; le gouvernement y emprunte à deux pour cent, & les particuliers qui ont un bon crédit, à trois. On dit que le falaire du travail y eft plus haut qu'en Angleterre, & on fait que les hollandois font de tous les peuples d'Europe celui qui tire les moindres profits du commerce. Quelques perfonnes ont prétendu que celui de la Hollande eft tombé; ce qui peut être vrai de certaines branches, mais la décadence n'eft pas générale. Quand les bénéfices diminuent, les marchands ne manquent pas de fe plaindre que le commerce tombe, quoique la diminution du bénéfice foit l'effet naturel de la profpérité, ou de ce qu'on y met plus de capitaux qu'on n'en mettoit auparavant. Pendant la guerre de 1756, les hollandois ont eu tout le commerce de tranfport que faifoit la France, & ils en conservent encore une grande partie. Ce qui leur appartient dans le fonds de France & d'Angleterre, & qui eft fort confidérable, puifqu'on dit que la dernière leur doit quarante millions fterlings (en quoi je foupçonne cependant qu'il y a beaucoup d'exagération), & les grandes fommes qu'ils prêtent aux particuliers dans les pays où le taux de l'*intérêt* eft plus haut que dans le leur, démontrent clairement la furabondance de leurs capitaux; mais elles ne démontrent pas qu'ils en emploient moins chez eux qu'ils ne faifoient autrefois. Le capital qu'acquiert un particulier dans son commerce, peut devenir trop considérable pour y entrer tout entier, & cependant il peut se faire que son commerce ne laisse pas d'augmenter. Il en est de même du capital d'une grande nation.

Dans les colonies angloises de l'Amérique septentrionale & des Indes occidentales, le salaire du travail & l'intérêt de l'argent, & conséquemment les bénéfices des capitaux, sont plus hauts qu'en Angleterre. L'*intérêt* légal & l'*intérêt* au taux du marché y sont de six à huit pour cent; mais le fort salaire du travail & les grands profits des capitaux sont des choses qui ne vont guères ensemble, excepté dans les nouvelles colonies. Une nouvelle colonie a nécessairement moins de capitaux en proportion de l'étendue de son territoire, & elle est moins peuplée en proportion de l'étendue de ses capitaux que la plûpart des autres pays. Elle a plus de terre à cultiver qu'elle n'a de capitaux. Aussi ne cultive t-elle que les plus fertiles & les mieux situées, celles qui bordent la mer & les rivières navigables. Ces terres s'achètent souvent à un prix inférieur à la valeur naturelle de leur produit. Le capital avec lequel on les achète & on les améliore, doit donc rapporter un gros bénéfice, & par conséquent de quoi payer un gros intérêt. Les capitaux s'accumulent si rapidement dans un emploi si avantageux, que le colon a besoin de plus de bras qu'il ne peut en trouver dans un établissement nouveau, & qu'il est obligé de récompenser libéralement ceux qu'il met en œuvre. A mesure que la colonie augmente, les profits des capitaux diminuent par degrés. Lorsque les meilleures terres sont occupées, la culture de celles qui sont moins bonnes, ne rapportent pas autant, & il n'est plus possible d'en tirer de quoi payer le même *intérêt* pour les fonds qu'on y emploie. Aussi l'*intérêt* légal & l'*intérêt* au taux du marché ont-ils baissé considérablement, ce siècle-ci, dans la plus grande partie des colonies angloises. A mesure qu'elles sont devenues plus riches & plus peuplées, l'*intérêt* est tombé. Le salaire du travail baisse point avec les profits des capitaux. On demande d'autant plus de travail que ces capitaux croissent davantage, quels que soient leurs profits; & après que ces profits sont diminués, non-seulement les capitaux peuvent continuer d'augmenter, mais augmenter plus vîte qu'auparavant. Il en est des nations industrieuses qui font des progrès dans l'acquisition des richesses, comme des individus industrieux. Un gros capital avec de petits profits s'accroît généralement plus vîte qu'un petit capital avec de gros profits. L'argent fait l'argent, dit le proverbe. A-t-on gagné quelque chose, il est souvent aisé de gagner davantage. La grande difficulté est de faire le premier gain.

L'acquisition d'un nouveau territoire ou d'une nouvelle branche de commerce peut quelquefois hausser les profits des capitaux, & avec eux l'*intérêt* de l'argent, dans un pays même qui avance à grands pas dans l'acquisition des richesses. Les capitaux du pays ne suffisant pas pour les nouvelles affaires qui se présentent, on ne les applique plus qu'aux branches qui rendent le plus de profit. On retire une partie de ce qui avoit été employé dans d'autres commerces, pour la mettre dans des branches nouvelles qui sont plus lucratives. Il y a par conséquent moins de concurrence dans ces anciens commerces; le marché est moins fourni de plusieurs sortes de marchandises. Leur prix monte plus ou moins; & comme elles rendent un plus grand profit à ceux qui les vendent, elles les mettent en état d'emprunter à plus gros *intérêt*. Un peu avant la fin de la guerre de 1756, non-seulement les particuliers qui avoient le plus de crédit, mais quelques-unes des plus grandes compagnies de Londres empruntoient communément à cinq pour cent, & auparavant elles ne payoient que quatre ou quatre & demi. Pour rendre raison de cette différence, l'aggrandissement du territoire & du commerce des anglois, par leurs acquisitions dans l'Amérique septentrionale & dans les Indes orientales, suffit, & il est inutile de supposer aucune diminution dans les capitaux de la société. Un surcroît si considérable d'entreprises à faire avec les anciens capitaux, doit avoir diminué la quantité de ceux qu'on employoit dans beaucoup de branches particulières, où la concurrence étant moindre, les profits ont dû être plus grands.

La diminution des capitaux de la société, ou des fonds destinés à entretenir l'industrie, fait cependant monter les profits des fonds, & par conséquent l'*intérêt* de l'argent, en même-tems qu'elle fait baisser le salaire du travail. Par la diminution du salaire, les propriétaires des capitaux qui restent dans la société, peuvent garnir à meilleur compte le marché; & comme ils emploient moins de capitaux qu'auparavant à le fournir, ils peuvent vendre leurs marchandises plus cher. Elles leur coûtent moins, & ils en retirent davantage. Leurs profits ainsi doublement augmentés, ils peuvent en tirer de quoi payer un plus gros *intérêt*. Les grandes fortunes, faites si subitement & si aisément dans le Bengale & dans d'autres établissemens anglois des Indes orientales, prouvent bien que, comme le salaire est fort bas dans ces pays ruinés, les profits des capitaux y sont de même très-hauts. L'*intérêt* de l'argent est fort en proportion. Dans le Bengale, on prête souvent de l'argent aux fermiers à quarante, cinquante & soixante pour cent; & le paiement est hypothéqué sur la récolte suivante. Comme les profits qui peuvent payer un *intérêt* si excessif, doivent absorber presque toute la rente du propriétaire de la terre, l'énormité d'une pareille usure doit absorber une grande partie de ces profits. Il semble qu'avant la chûte de la république romaine, les provinces étoient ravagées par une usure de cette espèce, sous l'administration ruineuse de leurs proconsuls. Les lettres de Ciceron nous apprennent que le vertueux Brutus prêta de l'argent en Chypre à quarante-cinq pour cent.

Dans un pays qui auroit acquis toute la richesse dont il est susceptible par la nature de son sol, de son climat & de sa situation, relativement aux autres pays, qui par conséquent ne pourroit plus faire de progrès & qui ne reculeroit pas, le salaire du travail & les bénéfices des capitaux seroient probablement fort bas. Dans un pays qui auroit acquis toute la population que son territoire & ses capitaux pourroient nourrir & employer, la concurrence pour trouver de l'emploi seroit si grande, qu'elle réduiroit le salaire du travail à ce qui suffiroit pour y entretenir le nombre d'ouvriers qu'il auroit ; & comme il seroit assez peuplé, ce nombre ne pourroit jamais augmenter. Dans un pays où les capitaux pour toutes les entreprises à faire, seroient aussi abondans qu'ils pourroient l'être, on en emploieroit dans chaque branche particulière autant que la nature & l'étendue du commerce en comporteroient ; ainsi la concurrence seroit par-tout la plus grande, & le bénéfice le plus bas possible.

Mais il n'est peut-être aucun pays qui soit jamais parvenu à ce degré d'opulence. La Chine paroît avoir été long-tems stationnaire, & c'est probablement depuis des siècles qu'elle est aussi riche que la nature de ses loix & de ses institutions lui permet de l'être. Mais sa richesse peut être fort inférieure à ce que comportent son sol, son climat & sa situation, si elle avoit eu d'autres loix & d'autres institutions. Un pays qui néglige ou qui dédaigne le commerce étranger, & qui n'admet que dans un ou deux de ses ports les vaisseaux des autres nations, n'a pas toute l'industrie qu'il pourroit avoir, & ne fait pas tout ce qu'il pourroit faire avec des loix & des institutions différentes. D'ailleurs, quoique les gens riches ou les propriétaires de grands capitaux jouissent à la Chine d'une assez grande sûreté, il n'y en a presqu'aucune pour les pauvres & les petits propriétaires, qui en tout tems sont pillés & volés par les mandarins inférieurs. La quantité de capitaux, employée dans les diverses branches des affaires qui s'y font, ne peut être égale à ce que la nature & l'étendue de ces affaires comporteroient. L'oppression des pauvres doit établir dans chaque branche le monopole des riches, qui, en s'emparant de tout le commerce, y feront de gros bénéfices. Aussi dit-on qu'à la Chine l'*intérêt* commun de l'argent est à douze pour cent, & il faut bien que les profits ordinaires des fonds suffisent pour les donner. Cette réflexion est applicable aux pays de l'Inde, où l'*intérêt* légal de l'argent est encore plus considérable.

Un vice dans les loix peut quelquefois hausser le taux de l'*intérêt* bien au-delà de ce qu'exigeroit l'état du pays considéré par rapport à sa richesse ou à sa pauvreté. Lorsque la loi ne prête pas son autorité aux contrats, elle met tous les emprunteurs à-peu-près sur le pied où sont, dans les pays mieux réglés, les banqueroutiers & les gens d'un crédit douteux. L'incertitude de recouvrer son argent, fait que le prêteur exige le même *intérêt* usuraire qu'on exige communément des banqueroutiers. Parmi les nations barbares qui ont inondé les provinces occidentales de l'Empire romain, les contrats furent laissés pendant plusieurs siècles à la bonne foi des parties contractantes. Les cours de justice de leurs rois s'en mêloient rarement. Peut-être que le haut *intérêt* qu'on payoit dans ces anciens tems, vient en partie de cette cause.

Lorsque la loi défend toute espèce d'*intérêt*, elle ne l'empêche pas. Il faut que bien des gens empruntent ; & ceux qui prêteront, exigeront quelque chose pour le danger & la difficulté d'éluder la loi. M. de Montesquieu rend raison de l'*intérêt* exorbitant qu'on prend chez les peuples mahométans, non par leur pauvreté, mais par le péril de la contravention, & par le péril de l'insolvabilité.

Le taux ordinaire le plus bas du bénéfice doit toujours être un peu au-dessus de ce qui suffit pour compenser les pertes accidentelles, auxquelles est exposé tout emploi des capitaux. Ce surplus est uniquement ce qui forme le profit net ou clair ; & l'*intérêt* que l'emprunteur peut payer, est en proportion de ce profit seulement.

Le taux ordinaire le plus bas de l'*intérêt* doit être de même un peu plus que suffisant pour compenser les pertes accidentelles auxquelles est exposé le prêt, même celui qu'on fait avec sagesse : autrement il n'y auroit que la charité ou l'amitié qui pourroient engager quelqu'un à prêter. Si on suppose un pays qui a acquis toutes les richesses dont il est susceptible, & qui a pour chaque branche d'industrie, la plus grande quantité de capitaux dont elle est susceptible : comme le taux ordinaire du profit seroit fort petit, ce qu'on pourra en tirer pour payer l'*intérêt* au taux du marché, sera si peu de chose que les personnes les plus opulentes pourront seules vivre de l'*intérêt* de leur argent. Tous les gens d'une petite ou d'une médiocre fortune seront obligés de diriger eux mêmes l'emploi de leurs capitaux. Il faudra que presque tout le monde se mette dans les affaires, ou embrasse quelque profession. La province de Hollande paroît fort près de cet état. Il n'y est point à la mode de ne rien faire. La nécessité oblige presque tous les individus à travailler, & par-tout c'est la coutume qui règle la mode. Comme il est ridicule de s'habiller autrement que les autres, il l'est aussi, en quelque manière, d'être désœuvré lorsque tout le monde est occupé.

Le taux ordinaire le plus haut du bénéfice peut être tel que, dans le prix de la plupart des marchandises, il absorbe tout ce qui devroit aller à la rente de la terre, & qu'il ne laisse que ce qu'il faut pour payer le travail nécessaire à leur préparation & à leur transport au marché, selon le taux le plus bas possible du salaire, c'est-à-dire, la stricte subsistance de l'ouvrier. Il faut toujours que l'ouvrier soit nourri tandis qu'il travaille; mais il n'y a pas la même nécessité que le maître ou le propriétaire de la terre soit payé. Ce taux des bénéfices n'est peut-être pas fort éloigné de ceux du commerce que les facteurs de la compagnie des Indes orientales font aujourd'hui dans le Bengale.

La proportion qui doit se trouver entre l'*intérêt* au taux ordinaire du marché, & le taux ordinaire du profit net, varie nécessairement selon que le profit hausse ou baisse. Dans la Grande-Bretagne, on évalue au double de l'*intérêt* de l'argent ce que les négocians appellent un bénéfice honnête, modéré, raisonnable. Si le taux ordinaire du profit net est de huit ou dix pour cent, il peut être raisonnable qu'on en défalque la moitié pour le paiement de l'*intérêt*, lorsque les affaires se font avec de l'argent prêté. Le capital est aux risques de celui qui emprunte, & qui l'assure, pour ainsi dire, à celui qui prête; & quatre ou cinq pour cent dans la plupart des branches de commerce, peuvent être un profit suffisant sur les risques de cette assurance, & en même-temps une récompense proportionnée à la peine d'employer le capital. Mais la proportion entre l'*intérêt* & le profit net, peut n'être pas la même dans les pays où le taux ordinaire du profit seroit bien au-dessous ou bien au-dessus. S'il étoit bien au dessous, l'on ne pourroit pas en prendre la moitié; & s'il étoit bien au-dessus, on pourroit en prendre plus de la moitié pour payer l'*intérêt*.

Dans les pays qui font de grands progrès, ou qui s'enrichissent rapidement, le taux bas du bénéfice, dans le prix de plusieurs marchandises, compense le haut salaire du travail, & met en état de les vendre aussi bon marché que les vendent les pays voisins, qui vont moins vîte dans l'acquisition des richesses, & où le salaire peut être plus bas.

Nous avons indiqué plusieurs pays où l'*intérêt* de l'argent a été défendu par les loix. Mais comme on peut faire par-tout quelque chose avec de l'argent, on doit payer par-tout quelque chose pour l'usage qu'on en fait. L'expérience a montré que ce réglement ne fait qu'aggraver le mal de l'usure au lieu de le prévenir, ainsi que nous l'avons déja dit.

Dans les pays où l'*intérêt* est permis, la loi, pour prévenir les extorsions de l'usure, fixe en général le plus haut taux qu'on puisse prendre sans encourir une peine. Ce taux doit toujours être un peu au-dessus du plus bas prix courant, ou du prix que payent communément pour l'usage de l'argent ceux qui peuvent donner les meilleures sûretés. Si ce taux légal étoit fixé au-dessous du plus bas prix courant, les effets de cette fixation seroient à-peu-près les mêmes que ceux d'une prohibition totale de l'intérêt. Le créancier ne prêtera point son argent à un taux plus bas que ne le détermine l'usage. Si on fixe le taux précisément au plus bas prix courant, on ruine, parmi les honnêtes gens qui respectent les loix du pays, le crédit de tous ceux qui ne peuvent donner les meilleures sûretés, & on les oblige d'avoir recours à des usuriers. Dans un pays tel que la Grande-Bretagne, où l'on prête à trois pour cent au gouvernement, & aux particuliers qui sont solvables, à quatre & à quatre & demi pour cent, le taux actuel de cinq pour cent est peut-être aussi convenable qu'aucun autre.

Il faut encore que le taux légal ne soit pas fort au-dessus du prix courant. Si, par exemple, il étoit fixé en Angleterre à huit ou dix pour cent, la plus grande partie de l'argent à prêter seroit prêtée à des prodigues ou à des faiseurs de projets, qui seuls voudroient le prendre à si gros intérêt. Les gens sages qui ne veulent donner pour l'usage de l'argent qu'une partie du bénéfice qu'ils peuvent faire, ne se mettroient pas sur les rangs pour emprunter. Ainsi une grande partie du capital du pays n'iroit pas dans les mains capables d'en tirer un bon parti, & il seroit jetté dans celles qui seroient les plus propres à le consumer & à le détruire. Si au contraire le taux légal de l'intérêt est simplement fixé un peu au-dessus du taux courant le plus bas, on donne universellement la préférence aux gens sages, & on leur prête plutôt qu'aux prodigues & aux hommes portés à de folles entreprises. Le prêteur tire presqu'autant d'intérêt des premiers qu'il oseroit en prendre des derniers, & son argent est placé bien plus sûrement dans les mains des uns que dans celles des autres. Une grande partie du capital du pays tombe ainsi entre les mains les plus capables de le faire valoir avec avantage.

Il n'y a point de loi qui puisse réduire le taux de l'intérêt au-dessous du taux courant le plus bas qui existe dans le temps qu'elle est portée. En 1766, le roi de France a tenté de mettre à quatre pour cent le taux de l'intérêt qui étoit à cinq. Malgré son édit, l'on continua d'y prêter à cinq pour cent, la loi se trouvant éludée en bien des manières. Ceux qui ont cru régler l'intérêt avec des loix ont montré bien peu de connoissances sur l'économie politique.

Il faut observer que le prix courant ordinaire des terres dépend par-tout du taux courant ordinaire de l'intérêt. Celui qui possède un capital, dont il veut tirer un revenu sans se donner la peine de l'employer lui-même, délibère s'il en achetera une terre, ou s'il le placera à intérêt. Le placement des terres eſt plus ſûr ; d'autres avantages qui accompagnent toujours cette eſpèce de propriété, le diſpoſent ſouvent à préférer un moindre revenu qu'il tirera d'une terre à celui qu'il pourroit avoir en prêtant ſon argent à intérêt. Ces avantages compenſent la diminution de ſon revenu, mais ils n'en peuvent compenſer qu'une certaine différence ; car ſi elle étoit plus grande, & que la rente d'une terre fût trop au-deſſous de l'intérêt de l'argent, perſonne n'acheteroit plus de terres, & leur prix ordinaire ſeroit bientôt réduit. Si ces avantages, au contraire, faiſoient plus que compenſer cette différence, chacun acheteroit des terres, & auſſi-tôt elles hauſſeroient de prix. Lorſque l'intérêt étoit en Angleterre à dix pour cent, les terres ſe vendoient communément pour dix ou douze années du revenu. A meſure qu'il eſt tombé à ſix, à cinq & à quatre pour cent, le prix des terres s'eſt élevé au denier vingt, au denier vingt-cinq & au denier trente. *Voyez* l'article INDUSTRIE.

INTÉRÊTS POLITIQUES. On donne ce nom aux choſes qui intéreſſent une nation enviſagée comme gouvernement, & dans ſes rapports avec les autres peuples : en parlant ici des *intérêts politiques* des différens peuples, nous parlerons de ceux que ſuivent les divers gouvernemens, ſans examiner s'ils ne ſe trompent pas : c'eſt par les autres morceaux de cet ouvrage qu'on pourra en juger.

L'intérêt général de toutes les nations eſt de conſerver leur repos & la liberté plus ou moins grande qu'on leur a laiſſé. Tous les ſoins de ceux qui gouvernent, doivent ſe rapporter à ce double objet, & il n'eſt point de peuple ſur la terre qui n'ait cet intérêt général.

Dans un ſens plus limité, l'intérêt général d'un gouvernement n'eſt pas le même que l'intérêt général d'un autre gouvernement, parce qu'un état, quel qu'il ſoit, ne peut ſe maintenir que par des moyens analogues aux principes qui l'ont formé, ou aux circonſtances ; mais, dans ce choix de moyens analogues aux principes d'un gouvernement ou aux circonſtances, on ſe méprend quelquefois ſur ceux qui mènent à la proſperité, & on confond trop ſouvent une proſpérité illuſoire avec une proſpérité réelle.

Pour quelques états, c'eſt le commerce qui forme un intérêt capital. Les nations qui, par la ſituation du pays, le défaut de rivières, le défaut de matières propres au commerce, la nonchalance du peuple, ne peuvent ſe livrer au trafic, ſe bornent à cultiver & fertiliſer la terre, à recueillir tous les fruits qu'elle produit, à s'en procurer le débit, à fortifier le travail, à animer l'induſtrie de ſes habitans.

Pour quelques autres nations, cet objet capital eſt l'intérêt de la paix ou celui de la guerre. Il en eſt qui jouiſſent d'une paix à-peu-près conſtante ; tel eſt le corps helvétique ; il n'a point de

prétentions ſur ſes voiſins, & ſes voiſins n'en ont point ſur lui, ou ils ne ſont point en état de les faire valoir. Il en eſt que leurs puiſſances & leur ſituation obligèrent autrefois à ſe mêler de toutes les guerres. Tels étoient, il n'y a pas long-tems, les peuples ſoumis aux maiſons de France & d'Autriche. Il ne ſe paſſoit rien de conſidérable en Europe, que ces deux premières maiſons n'y priſſent part. Chacune d'elles cherchoit ſa propre grandeur & l'abaiſſement de ſa rivale. La maiſon d'Autriche eſt éteinte ; mais elle eſt repréſentée par celle de Lorraine, qui s'occupe des mêmes intérêts que celle d'Autriche. Il étoit difficile que la maiſon de Savoie, placée entre les états de l'une & de l'autre, évitât d'entrer dans leurs querelles ; & l'Angleterre & la Hollande ont rarement manqué auſſi d'y prendre part, pour maintenir cet équilibre qui ſemble devoir aſſurer leur liberté & leur repos. Il ſeroit aiſé d'écrire des volumes ſur cet équilibre de l'Europe, qui a excité tant de guerres déſaſtreuſes, & qui en excitera tant d'autres : nous ne ferons ici qu'une remarque ; il y a des nations aſſez puiſſantes par elles-mêmes, pour ne pas redouter l'ambitieux voiſin qui cherche à aggrandir ſes domaines : il eſt vrai qu'elles ne peuvent développer leurs forces, ſi elles ne ſont bas bien gouvernées ; mais le prince qui voudra les adminiſtrer avec ſoin, dédaignera, s'il le veut, l'équilibre de l'Europe : au reſte en attendant, il eſt raiſonnable de contenir l'eſſor ambitieux des puiſſances qui veulent trop envahir.

Il eſt des nations à qui la paix convient dans un temps, & ne convient pas dans un autre. L'intérêt politique, bien ou mal entendu, conſerve tout dans le repos, ou met tout en mouvement : il n'y a preſque point de démêlés qui, d'un côté, ne ſoient aſſez graves pour donner lieu à la guerre, lorſque les ſouverains la trouvent convenable à l'intérêt général de leurs états, & qui de l'autre ne ſoient ſuſceptibles de conciliation, ſi le maintien de la paix entre dans leurs vues. Ce que je dis de la paix & de la guerre, eſt applicable à la neutralité qu'on garde, ou qu'on rompt par les mêmes principes.

Toutes les nations ont auſſi un intérêt particulier. L'intérêt général d'une nation, pris dans un ſens limité, donne néceſſairement des vues différentes ; & ces vues, plus ou moins étendues, forment les intérêts particuliers de chaque état. Or, l'intérêt particulier d'une nation, dans ſes rapports avec les autres nations, réſulte de ſa puiſſance, de ſa religion, de ſes alliances, de ſa ſituation, & des prétentions qu'elle a ſur d'autres états, ou que d'autres états ont ſur elle.

I. Le degré de puiſſance fait la deſtinée d'un état. Selon qu'un prince eſt puiſſant ou foible, il peut conſerver ſa liberté ſans les autres princes, ou il a beſoin de leur alliance pour ne pas la perdre.

II. On connoît l'empire de la religion: fur les peuples; elle réunit ou divise les états. Lorsqu'elle eft la même, elle lie d'un même intérêt deux états qui la profeffent. Lorsqu'elle eft différente, elle les rend fouvent irréconciliables; elle éloigne ou approche du trône ceux qui y afpirent, & favorife des prétentions mal fondées, ou empêche d'exercer de juftes droits. Mais cette cause eft aujourd'hui plus foible qu'elle ne l'étoit jadis.

III. Les alliances des peuples, les liaifons des familles, & les traités de nation à nation produifent auffi d'autres intérêts, fuivant que ces alliances font égales ou inégales; qu'elles fe font entre des états plus ou moins voifins, & qu'elles font bien ou mal obfervées.

IV. La fituation des états, felon qu'ils font plus ou moins voifins ou plus ou moins utiles, détermine les efpérances ou les craintes qu'ils peuvent donner.

V. Les prétentions qu'un état a fur un autre tiennent dans fon inaction ou le mettent en mouvement, fuivant qu'elles font plus ou moins fondées, plus anciennes ou plus récentes, & à proportion des moyens qu'on a de les faire valoir. Les uns font occupés du foin de faifir des occasions favorables, les autres font dans une jufte défiance.

C'eft d'après ces cinq objets principaux, qu'il faut examiner les intérêts particuliers de chaque prince & de chaque nation.

L'efprit, les vues & l'intérêt du gouvernement fe confervent mieux dans une république que dans le cabinet d'un prince. Les nouveaux magiftrats qui entrent dans un fénat, forment leur politique fur celle des anciens; le tems confacre tout dans une république, & l'on y a pour règle une certaine tradition qui rend fa conduite uniforme. En général, cela n'eft pas ainfi dans un gouvernement monarchique; à chaque nouveau règne, & même à chaque nouveau miniftre, les monarchies ont une nouvelle politique, ou du moins une manière différente d'envifager les intérêts de la nation; & cette différence vient de la différence même du caractère des hommes. Il feroit à fouhaiter que les princes & les miniftres laiffaffent à leurs fucceffeurs, des mémoires fur les intérêts du royaume qu'ils ont gouverné; & qu'en hafardant leurs conjectures fur l'avenir, ils indiquaffent à la fois les efpérances qu'on peut avoir, les maux qu'on peut craindre, les remèdes qu'on pourra y apporter, & un plan fur la conduite qu'il faudra tenir. Ces ouvrages deviendroient les archives les plus précieufes d'une nation, & fes oracles dans les tems difficiles; mais les princes & les miniftres ne portent guères leur vues fur l'avenir.

Les anciens voyoient, finon avec plaifir, au moins avec indifférence & fans crainte, la ruine de leurs voifins; mais depuis quelques fiècles, l'Europe s'inquiète au moindre mouvement d'ambition qu'elle apperçoit dans une puiffance. Chaque nation, alors même qu'elle tâche de s'élever au-deffus des autres, tâche de maintenir un certain équilibre, qui communique aux plus petits états les forces d'une grande partie de l'Europe & les foutient, malgré la foibleffe de leurs armées ou les défauts de leur gouvernement. L'équilibre de puiffance a pour fondement ce principe: que la grandeur d'un prince n'eft, à proprement parler, que la ruine ou la diminution de celle de fes voifins, & que fa force n'eft que la foibleffe d'autrui. Mais ce principe a befoin de modifications, & il feroit facile de montrer qu'on lui donne une application trop étendue, & qu'en lui-même il n'eft pas exact.

Autrefois ce fyftème de politique ne fut connu que des feules républiques de la Grèce. Elles étoient à-peu-près, les unes à l'égard des autres, dans la fituation où nous voyons les états de la chrétienté. Elles connoiffoient les mêmes arts, avoient les mêmes principes dans la guerre, un gouvernement à-peu-près femblable, & un égal intérêt d'entretenir un équilibre qui empêchât que l'une ne parvînt à dominer les autres. Sparte, Athènes & Thèbes fe difputèrent l'empire; elles dominèrent alternativement: la Grèce attentive fe partagea; & ceux qui avoient le plus contribué au triomphe du vainqueur, ne fouffroient pas qu'il pouffât trop loin fes avantages, de forte que le vaincu trouvoit une reffource infaillible dans fa foibleffe.

Aujourd'hui l'Europe entière eft un corps formé par la liaifon des intérêts des différens princes. Ces princes, à parler en général, regardent l'Europe comme une balance, dont le côté plus chargé enlève l'autre, & croit qu'afin que le tout foit dans une affiette folide & tranquille, il doit y avoir entre fes parties principales ce point d'équilibre, qui, empêchant qu'un des deux côtés de la balance ne penche, les maintient au niveau. Les publiciftes juftifient cet équilibre à leur manière, c'eft-à-dire, par des raifons vagues & de vieux préjugés. « Il eft, difent-ils, dans les chofes morales, un ordre auffi certain & auffi inévitable que dans les chofes phyfiques. Ce qui arrive à une extrémité de la partie du monde que nous habitons, felon les loix du mouvement moral, gagne prefque auffi-tôt les parties voifines, & ne tarde guères à fe communiquer aux plus éloignées. Il faut, en conféquence, qu'il y ait une forte d'égalité entre les potentats, laquelle, ôtant la jaloufie d'une trop grande puiffance de la part des uns, maintienne la paix entre tous. » Quoi qu'il en foit, depuis deux cents ans la crainte de voir renverfer l'équilibre, a donné naiffance aux plus grandes guerres; & l'idée d'en avoir affuré le maintien, les a prefque toujours terminées.

On a vu le temps où une grande partie de l'Europe confpiroit contre la maifon de France; l'autre partie prefque entière étoit fouvent fpectatrice oifive, & on lui a reproché de n'avoir pas vu qu'elle périroit fi la France périffoit. Il femble qu'il foit facile d'affujettir l'Europe à la même monarchie. Cette monarchie univerfelle eft impoffible ; & c'eft un cri de ralliement qu'on a employé, fans bien examiner ce qu'on difoit. Après l'avoir répété fans ceffe contre Charles-Quint, on le fit valoir contre Louis XIV avec le même foin. Quel que foit l'orgueil ou le vertige des confeils d'un grand monarque, il y a lieu de croire que jamais le cabinet de Charles-Quint ou celui de Louis XIV ne fongea à la monarchie univerfelle. La maifon de France, qui eft redoutable depuis près de huit cents ans, a profité dans le dernier fiècle, & dans celui où nous vivons, des débris de celle d'Autriche qui étoit plus nouvelle, & qui n'avoit jetté les premiers fondemens de fa grandeur que dans le treizième fiècle. Mais quel eft fon Empire en comparaifon du refte de l'Europe ? Elle forme quatre branches ; l'aînée règne en France ; la puînée en Efpagne, & deux cadettes fur la puînée fur les Deux-Siciles & à Parme : & comment réunir fur tous les points les cabinets de Verfailles, de Madrid & de Naples ? L'empereur réunit prefque tous les états de la maifon d'Autriche : mais fes domaines font féparés : fes revenus font peu confidérables, & doit-il faire craindre une grande révolution ?

Après ces deux maifons, qui ont partagé l'attention de l'Europe jufqu'à préfent, l'Angleterre & la Hollande ont été les deux puiffances qui ont le plus influé dans les affaires de la partie du monde que nous habitons. La maifon de France & la maifon d'Autriche ont été, difent les publiciftes, regardées comme les baffins de la balance de l'Europe. L'un & l'autre de ces baffins ont reçu leur mouvement de l'Angleterre & de la Hollande, qui en étoient comme le balancier. Ce n'eft que par le feul motif de maintenir cet équilibre que la Hollande, l'Angleterre & plufieurs autres puiffances avoient garanti la pragmatique-fanction de Vienne. La France elle-même, défarmée par fes victoires, & contente de quelques avantages qu'on lui avoit faits, avoit garanti cette même pragmatique-fanction que la feule crainte de fa puiffance avoit enfantée ; & le fort de cette pragmatique n'a pas été heureux, quoiqu'elle eût été confirmée par le dernier traité de paix d'Aix-la-Chapelle.

Les princes, qui n'ont aucune vûe particulière qui les écarte de l'intérêt commun de l'Europe, penfent que, pour la confervation de fa liberté, il eft néceffaire que la maifon de France & celle de Lorraine fubfiftent toutes deux & fubfiftent floriffantes ; non qu'il foit à craindre de voir la monarchie univerfelle établie par l'une ou par l'autre, mais afin que leur ambition contenue refpecte les gouvernemens établis, ou du moins foit plus modérée dans leurs réclamations ou dans leurs entreprifes. Il eft inutile d'ajouter avec les publiciftes : « tant que Rome & Carthage confervèrent leur puiffance entière, la terre fut libre ; auffi-tôt qu'on eut permis que Rome triomphât de Carthage, les républiques & les royaumes devinrent des provinces de l'Empire romain. Ces deux maifons font Rome & Carthage pour l'Europe. Sa liberté eft attachée à leur confervation, comme la liberté de l'univers le fut au fort de ces deux fameufes républiques. De même que la liberté de l'Europe dépend de la confervation de ces deux maifons, fon repos dépend d'une certaine proportion & d'une égalité de forces qu'on doit mettre entr'elles, afin que l'une n'efpérant guères de pouvoir rien emporter fur l'autre, elles ne fe portent pas aifément à s'attaquer, & qu'elles fervent ainfi réciproquement, l'une contre l'autre, de rempart & de défenfe aux états inférieurs ». Il n'eft pas ici queftion de Rome ou de Carthage, & les tems font bien changés.

Au refte, l'Europe offroit jadis un bien plus grand nombre de fouverainetés. Comme elles étoient moins confidérables, leurs mouvemens ou leurs déterminations ne portoient pas de fi grands coups ; mais aujourd'hui il eft plufieurs états dont les déterminations ne font pas indifférentes à l'ordre général, ou pour lefquels, à le bien prendre, rien de ce qui fe paffe dans l'Europe n'eft indifférent.

Les réfolutions des maifons de France & de Lorraine ; celles de la Ruffie qui, malgré fes forces précaires, a obtenu une influence fi marquée ; celles de l'Angleterre dont la marine eft fi redoutable, entraîneront vraifemblablement tout ce qui fe trouvera dans la fphère de leur mouvement. La deftinée des états moins confidérables doit fuivre la fortune de l'une de ces quatre puiffances, felon qu'elles entreront dans fon alliance, ou qu'elles fe mettront fous fa protection. La puiffance de ces quatre états n'eft pas égale à beaucoup près ; mais on peut dire des plus foibles ce qu'Henri VIII, roi d'Angleterre, avoit voulu exprimer par fa devife : celui pour qui je me déclare, l'emporte. Il fe fit peindre tenant de la main droite une balance, dans les baffins de laquelle étoient les monarchies de France & d'Efpagne avec un fi jufte équilibre, qu'il dépendoit abfolument de lui de faire pencher celle où il laiffoit tomber le poids qu'il avoit à la main gauche.

Pour revenir à cet équilibre, que de flots de fang il a fait répandre ! cette nouvelle idole, cette efpèce de divinité des politiques ne fe contente pas de la fumée de l'encens, ni de l'odeur des parfums, il lui faut des victimes humaines, & on lui en a déja facrifié plus qu'on n'en immola jamais aux divinités les plus meurtrières du paganifme. Il y a long-temps que, pour détourner des maux éloignés & incertains, les princes s'en caufent de réels, & qu'ils fe font la guerre pour tâcher de l'éviter. On n'a pas encore

core trouvé cet équilibre qui doit maintenir la paix, & qu'on cherche d'une manière si dangereuse. Si on l'avoit trouvé, il seroit impossible de le maintenir. Les passions des princes, les inclinations des peuples, les maximes des états, les changemens de règne, de petites circonstances que bien peu de personnes remarquent, & les révolutions intérieures ne dérangeroient-elles pas de si belles combinaisons? L'équilibre peut-il être assez parfait, pour que la balance ne penche jamais plus d'un côté que de l'autre? Pour qu'il y eût une parfaite égalité, il faudroit non-seulement une parfaite égalité de puissance, mais une parfaite égalité de génie entre les souverains & leurs ministres, & l'on comprend que c'est une espérance chimérique. Si on l'avoit atteint ce parfait équilibre, subsisteroit-il long-temps? Des troubles intestins, un administrateur prodigue affoibliront une de ces deux monarchies qu'on regarde comme les bassins de la balance, pendant qu'un droit de succession, des acquisitions graduelles & une administration économe accroîtront la force de l'autre, & l'équilibre sera renversé. Le maintien de cet équilibre dépendroit d'ailleurs de la conservation des alliés des deux monarchies. Que l'un de ces alliés devienne ou plus puissant ou plus foible, la balance sera encore renversée : que s'il n'arrive aucun changement dans la puissance des alliés, n'en arrivera-t-il point dans leur volonté? Le maintien de l'équilibre de l'Europe ne sera-t-il jamais sacrifié à leur ambition, à leur jalousie, à des desirs de haine & de vengeance, à des espérances de quelqu'avantage présent & particulier? Quelle que fut la puissance de la maison d'Autriche, sous les règnes de Charles-Quint & de Philippe II, quarante ans d'un mauvais gouvernement suffirent pour l'affoiblir au point qu'elle devint aussi inférieure en forces à sa rivale, qu'elle lui étoit supérieure auparavant. Quel ne fut point l'agrandissement de la France sous le règne de Louis XIV, & l'abaissement de l'Espagne sous celui de Charles II?

De la balance des différens intérêts politiques, quand ils sont mixtes.

Toute combinaison est plus ou moins difficile à faire en proportion du nombre d'objets, sur lesquels elle doit porter, & de la complication de ces mêmes objets, pris en eux-mêmes ou dans les rapports des uns avec les autres.

Il ne suffit pas d'étudier séparément les divers *intérêts politiques*; il faut en approfondir l'ensemble, puisqu'il n'est presque point d'états où ils ne se mêlent & ne produisent une réaction. Chaque état dépend tout-à-la-fois des circonstances de sa position, de la nature de son gouvernement, de ses besoins, de l'étendue de ses forces & de ses ressources, de la possibilité de les mettre en usage; & l'état n'est bien gouverné, qu'autant que ces divers intérêts sont ménagés avec sagesse & suivis avec discernement. Chacun

de ces intérêts doit être apprécié; & les sacrifices ou l'abandon de ceux qui sont le moins importans, demandent à être pesés mûrement.

Il est presque impossible, quand même on les pourroit tous approfondir, de faire tout ce que chacun sembleroit exiger. Quand on le pourroit, peut-être même seroit-ce mal faire, parce qu'en tout état il est plusieurs sortes d'intérêts; quelques-uns méritent plus ou moins d'attention de la part d'un homme public; & une attention égale à des objets dont l'importance n'est pas la même, mettant de niveau ce qui n'est pas fait pour l'être, seroit un vice dans l'administration.

On doit toujours distinguer les intérêts généraux & ceux de détail. Dans l'un & l'autre genre, il y en a d'essentiels, de simple utilité & de simple convenance.

Il est moins difficile de se méprendre dans la façon de juger des intérêts généraux, que dans l'examen des intérêts de détail; ceux-ci demandent plus de connoissances particulières que les premiers, auxquels suffit quelquefois l'opération simple du bon sens ou du raisonnement, parce qu'ils sont si palpables qu'on les pourroit mettre au rang des vérités géométriques qui portent leur démonstration avec elles.

Un intérêt général, par exemple, & nécessaire à chaque état, est celui de sa conservation; elle dépend de la sûreté de ses frontières, & cet intérêt est commun à tous les états.

Pour un état commerçant il faut y ajouter ce qui peut intéresser son commerce, parce qu'il en tire sa richesse; & que s'il se diminue, le corps de l'état s'affoiblit dans la même proportion. Nous parlons ici d'après les principes, ou les préjugés reçus; & nous ajouterons, d'après les mêmes principes & les mêmes préjugés, que cette considération entrera encore dans les objets de la conservation, parce que tout affoiblissement continué conduit à l'impuissance ou à la destruction.

Un état républicain comptera entre les intérêts généraux essentiels, ceux de sa liberté. La sûreté de ses frontières sera un moyen de détail. Il exige une attention plus particulière à éloigner le théatre de la guerre, & à prévenir les querelles entre les puissances voisines qui pourroient l'entraîner dans les engagemens ruineux ou même hasardeux. Son vrai système sera de se tenir toujours en état d'employer des soins de médiation, soit pour concilier les différends avant qu'ils éclatent, ou pour ramener à des sentimens de paix. Rien n'est plus propre à procurer une grande considération, quand on soutient le caractère d'impartialité qu'exige toute médiation en matière publique comme dans l'ordre civil. On s'exposeroit sans cela à recevoir, par la récusation de quelqu'une des parties, un affront qu'on ne pourroit imputer qu'à soi.

Pour un état maritime, ce sera un intérêt général & essentiel que d'assurer ses ports & ses côtes, d'avoir des forces confidérables de mer pour les défendre. Les vaiſſeaux ſont pour les uns ce que les fortereſſes ſont pour les autres. La protection du commerce entrera encore dans les moyens de détail, parce qu'un état maritime ne peut ſubſiſter & proſpérer que par le commerce, qui n'eſt jamais floriſſant qu'autant qu'il peut compter ſur une protection efficace de la part du gouvernement, & elle ne peut être telle qu'autant que ſes forces maritimes ſont ſupérieures.

Une puiſſance majeure aura un intérêt général & néceſſaire à veiller à ce qui pourroit agrandir celles qui ſont avec elle à-peu-près en rapport d'égalité. Un moyen de détail pour elle ſera d'empêcher que les puiſſances moyennes ou du troiſième ordre ne ſoient opprimées ou envahies, parce que le contre-coup d'un pareil événement compromettroit ſa propre conſidération.

Pour une puiſſance moyenne, ce ſera un intérêt général & néceſſaire de ne point entrer dans les querelles des grandes, parce que ſi ſon concours donnoit de la prépondérance à l'une, l'équilibre en pourroit ſouffrir, & que le ſalut des moyennes eſt dans le maintien de cet équilibre.

Une puiſſance du troiſième ordre aura pour intérêt général & néceſſaire de ne ſe brouiller avec perſonne, & en particulier de ménager autour d'elle des protecteurs & des défenſeurs contre l'avidité des conquérans.

On ne ſauroit donc prendre d'engagemens qui bleſſent ces intérêts généraux & néceſſaires, ſans commettre des fautes politiques très-funeſtes.

Les intérêts de ſimple utilité dépendent un peu plus de l'opinion, & ſont par conſéquent plus ſujets à erreur; mais les erreurs y ſont moins dangereuſes, pourvu qu'elles ne faſſent point ſacrifier ou compromettre ſes intérêts généraux ou eſſentiels, ou ceux des autres. C'eſt dans ce dernier cas qu'on excite contre ſoi la défiance & la haine publique.

Il peut, par exemple, y avoir une utilité de détail à ſe lier avec une puiſſance, à prendre & à ſoutenir ſes intérêts; mais s'il doit en réſulter vraiſemblablement quelque ſuite contraire aux intérêts généraux & néceſſaires, ce ſera un faux plan de politique.

Dans l'ordre particulier, on regarderoit comme un fou quiconque, pour augmenter ſon bien, ſe mettroit dans le riſque vraiſemblable de le perdre tout entier. Quoiqu'en matière politique on ne puiſſe pas établir une proportion exactement géométrique entre les réſolutions & les évenemens, parce qu'ils ſont incertains, il faut du moins, pour excuſer & juſtifier les réſolutions, qu'elles aient pour elle plus de probabilité.

Il eſt rare que l'on puiſſe ſe livrer impunément aux intérêts de pure convenance; cela ſuppoſe des objets foibles en eux-mêmes, & qui ne méritent pas qu'on s'expoſe à des haſards.

Cette conſidération devient encore bien plus grave, s'il s'agit de droit de convenance qui, ſans reſpect pour la juſtice & pour le droit d'autrui, arme un conquérant & le porte à entreprendre de dépouiller ſes voiſins, parce que ſes dépouilles ſont à ſa bienſéance. Le concours des moyens qui ſe réuniſſent contre de pareilles entrepriſes, fait tomber ordinairement toutes les proportions entre les riſques & les avantages.

En général, tout ce qui eſt de pure convenance eſt trop arbitraire, & l'arbitraire eſt le poiſon de la politique ſenſée. Si nous ſuivons des intérêts eſſentiels, perſonne ne nous blâmera; & les gouvernemens, ainſi que les individus, exercent ſur ces objets une cenſure aſſez raiſonnable.

Il eſt donc peu de partis à prendre, qui ne ſoient ſujets à quelque inconvénient. Il eſt bien difficile de calculer le pour & le contre, & c'eſt ce que doit faire un homme d'état dans tous les momens: il doit ſans ceſſe combiner ce qu'il y a à gagner, le rapprocher de ce qu'il peut perdre, évaluer la valeur de l'un & de l'autre; dans le nombre des objets de perte, calculer ceux qui influent le moins ſur les intérêts généraux & eſſentiels, & ceux qui en pourroient être deſtructifs; prévoir les reſſources pour être dédommagé par quelque choſe, des riſques que l'on court; juger ſi ce que l'on peut perdre eſt ſuſceptible d'être réparé; examiner ſi ce que l'on prévoit qu'on perdra, ne ſera pas par lui-même un obſtacle au ſuccès de l'objet qui nous détermine: la combinaiſon de tous ces élémens eſt preſqu'infinie.

Quels peuvent être les guides ſûrs dans un pareil labyrinthe, où il eſt ſi facile de s'égarer? Une parfaite connoiſſance de l'intérieur & des moyens de l'état; une égale connoiſſance, autant qu'il eſt poſſible, de l'intérieur & des moyens des autres, afin de calculer les proportions d'une manière exacte; une grande netteté d'idées pour voir chaque choſe dans ſon juſte point de vue; une droiture d'eſprit, qui les compare l'une à l'autre ſelon leur valeur réciproque; de la ſuite & de la prévoyance, pour ne point laiſſer confondre les diverſes ſortes d'intérêts; une attention continuelle & ſuivie ſur les évenemens pour en tirer des avantages, ou pour réparer les déſordres qu'ils peuvent occaſionner dans les premiers plans & dans les intérêts eſſentiels; une ſageſſe, prompte à céder ou aux obſtacles invincibles, ou à ceux contre leſquels on ne pourroit lutter qu'avec trop de pertes. Et cette dernière qualité eſt peut-être une des plus eſſentielles dans l'ordre politique, puiſqu'elle intéreſſe le bonheur général; & que ſouvent une perſévérance déraiſonnable, dans les vues d'un ſeul homme, qu'on peut nommer entêtement, force tous les reſſorts politiques, & produit un ébranlement général.

Exiger d'un ſeul homme tant de qualités, c'eſt

peut-être rappeller la république de Platon, pour laquelle il auroit fallu créer des hommes exprès ; mais est permis de peindre ce que les administrateurs, en certaines occasions, devroient être, & ce qu'il seroit à souhaiter qu'ils fussent. Ce tableau peut exciter l'émulation, & leur donner le desir d'approcher de la perfection.

Voyez les articles DÉMOCRATIE, ARISTOCRATIE, MONARCHIE, GOUVERNEMENT, LOI, & tous les autres articles qui ont rapport à l'administration.

INTERNONCES, ministres du second ordre, qu'envoie le pape dans les cours ; ils sont ce que les envoyés y sont de la part des autres puissances. Le pape n'a ordinairement qu'un *internonce* à Cologne auprès de l'électeur de ce nom ; à Bruxelles, auprès du gouverneur des Pays-Bas autrichiens ; auprès des cantons suisses catholiques, &c.

La Pologne envoie aussi à la Porte, des ministres sous le titre d'*internonces*, comme elle appelle *nonces* les députés qui sont envoyés à ses diètes. On donne encore à Vienne le titre d'*internonces* à certains ministres du grand-seigneur.

Enfin les auditeurs de nonciature envoyés par le pape avec un nonce, & qui exercent à-peu-près les fonctions de nos secrétaires d'ambassade, prennent souvent le titre d'*internonces*, dans l'intervalle du départ d'un nonce à l'arrivée de son successeur, & alors cette qualité signifie un chargé d'affaires pendant l'absence du nonce.

La France ne reconnoît point d'*internonces*, quoiqu'elle reconnoisse des auditeurs de nonciature. *Voyez* AUDITEUR DE NONCIATURE & NONCE.

INTRODUCTEUR DES AMBASSADEURS. On nomme ainsi celui qui, entr'autres fonctions de sa charge reçoit & conduit les ministres étrangers dans la chambre de leurs majestés & des enfans de France, & auquel on s'adresse pour les particularités qu'il convient de savoir au sujet du cérémonial.

Cette charge n'a été établie en France qu'à la fin du dernier siècle ; &, dans la plupart des autres cours, elle est confondue avec celle de maître des cérémonies.

Les admissionales, employés par les romains dans le troisième siècle, répondent à nos *introducteurs des ambassadeurs*. Lampride dit d'Alexandre, qui monta sur le trône en 208 : *quid salutaretur quasi unus de senatoribus, patente velo admissionalibus remotis.* Il en est fait mention dans le code théodosien, ainsi que dans Ammien Marcellin, lib. xv, cap. 5, où l'on voit que cet emploi étoit très-honorable. Corippus, *lib. iii de laudib. Justini*, qui fut élu empereur en 518, donne à cet officier le titre de *magister*.

INVALIDES MILITAIRES. Ce mot n'a pas besoin de définition : nous ne ferons ici que la description de l'hôtel des *Invalides*, fondé par Louis XIV : plusieurs écrivains en ont examiné des avantages & des inconvéniens ; & les principes & les faits qu'ils établissent, mettront le lecteur en état de juger les autres établissemens de cette espèce : nous ne nous permettrons pas cette discussion.

« Outre les différens établissemens que nous
» avons faits dans le cours de notre règne, il
» n'y en a pas, dit Louis XIV dans son testa-
» ment, qui soit plus utile à l'état que celui
» de l'hôtel royal des *Invalides*. Il est bien
» juste que les soldats qui, par les blessures qu'ils
» ont reçues à la guerre, ou par leurs longs ser-
» vices & leur âge sont hors d'état de travailler
» & de gagner leur vie, aient une subsistance
» assurée pour le reste de leurs jours. Plusieurs
» officiers y trouvent aussi une retraite honora-
» ble. Toutes sortes de motifs doivent engager
» le dauphin & tous les rois nos successeurs, à
» soutenir cet établissement & à lui accorder une
» protection particulière. Nous les y exhortons
» autant qu'il est en notre pouvoir ».

Toute la majesté du siècle de Louis XIV & du caractère de ce prince respire encore dans les bâtimens de l'hôtel des *Invalides*. On ne peut les parcourir sans une admiration mêlée de respect. Cette émotion nous a accompagné dans la recherche des titres & de la législation qui le gouvernent.

Il est le plus ancien des asyles consacrés dans l'Europe aux soldats. Il a fourni le modèle de tous les autres ; & quelque cas qu'on veuille faire de ceux de Chelsea & de Greenwich, je crois celui de Paris le premier du monde entier. C'est ce qui m'a déterminé à en faire entrer la description dans un ouvrage de la nature de celui-ci.

On appelloit *oblats* ceux qui, dans le dixième siècle & dans les suivans, se donnoient aux abbayes avec leurs biens, & même quelquefois avec leurs familles, au point d'entrer dans la servitude des abbayes, eux & leurs enfans. Il subsiste encore de ces oblats dans la Flandre & dans les ordres de Cîteaux & des Chartreux.

L'église a depuis ouvert l'entrée des monastères à une autre espèce d'*oblats*. C'étoient des soldats estropiés & *invalides* que le roi mettoit dans les abbayes ou prieurés conventuels, & qui étoient de fondation royale, ducale ou comtale. Les religieux chez lesquels ils étoient placés, étoient obligés de leur donner une portion monacale. Le soldat *invalide*, de son côté, étoit chargé de sonner les cloches & de balayer l'église & les cours.

Cette institution, dont la singularité tient aux siècles qui l'ont vue naître, n'avoit, en 1670, presque plus lieu pour ceux auxquels la religion & l'état l'avoient consacrée. La plupart des places de religieux lais se trouvoient remplies par les domestiques de différentes personnes (1), & presque toutes possédées par des gens qui n'avoient jamais porté les armes, ou qui avoient très-peu servi dans les troupes.

Pour remédier à cet abus, le roi ordonna (2) que ceux qui se trouveroient pourvus de ces places, rapporteroient ès mains du secrétaire d'état ayant le département de la guerre, les provisions, certificats & autres titres en vertu desquels ils en jouissoient. Déja elles avoient été converties, dans la plupart des monastères, en pensions qui venoient, par une déclaration du roi, d'être fixées à la somme de 150 liv. Par la nouvelle ordonnance (3), toutes les places furent commuées en pensions de cette valeur ; & les abbayes & prieurés qui y étoient sujets, furent obligés de les payer entre les mains du receveur général du clergé.

Les fonds furent alors divisés en deux parties égales ; l'une destinée à l'entretien des soldats qui véritablement avoient été blessés ou estropiés à la guerre, ou qui, par leur grand âge ou pour avoir vieilli dans le service, se trouvoient incapables de le continuer ; l'autre consacrée à des pensions pour les officiers des troupes d'infanterie, lesquels ont reçu des blessures en servant.

En conséquence, tous les sergens & soldats qui n'étoient plus en état ni en âge de servir, reçurent ordre de se rendre à Paris (4), pour y justifier pardevant le secrétaire de la guerre & par bons certificats, tant des colonels ou commandans des corps dans lesquels ils avoient été enrôlés, que des commissaires des guerres à la suite de ces corps, le temps de leur service, leurs blessures & les occasions dans lesquelles ils les avoient reçues. Ceux qui, en conséquence de cet examen, se trouvèrent effectivement avoir été estropiés dans le service, & ceux qui, pour y avoir vieilli & y avoir été au moins dix ans, ne pouvoient le continuer, furent nommés pour habiter un hôtel déja commencé, & y être vêtus & nourris le reste de leurs jours. Mais, pour commencer un si bel établissement, on jugea à propos de louer une grande maison dans le fauxbourg Saint-Germain, & d'y fixer les soldats invalides jusqu'au moment où on pourroit les loger dans l'hôtel même qui leur étoit destiné (5).

Ce magnifique hôtel fut construit sur les desseins de Libéral Bruant. Il étoit presqu'achevé au mois d'avril 1674 que parut l'édit du roi pour l'établissement de l'hôtel royal des Invalides. C'est avec plaisir que nous avons reconnu que les vues exposées dans cet édit, gouvernent encore en grande partie cet établissement, & que les dispositions législatives qui sont depuis survenues, n'ont tendu réellement qu'à le perfectionner. L'ordonnance de 1776 n'en a point altéré la constitution, comme quelques-uns l'ont cru ; elle n'a fait que donner à un corps aussi vaste un mouvement plus simple & plus régulier, une forme plus nette & plus libre.

Nous n'entrerons pas dans le détail historique des accroissemens de l'hôtel des Invalides. Mais nous fondrons toutes les loix qui le régissent, & nous présenterons l'état actuel de toutes les parties qui le composent.

La première intention du fondateur avoit été de n'y admettre que les soldats. Une partie des oblats étoit destinée à faire des pensions pour les officiers ou estropiés, ou devenus incapables de servir par leur âge ; des pensions de deux cents livres aux capitaines, de cent cinquante livres aux lieutenans, de cinquante livres aux sergens ; mais il paroît que, dès l'année 1674, l'hôtel fut ouvert aux officiers, en conservant leurs pensions.

L'ordonnance du 3 décembre 1730 est la première qui ait déterminé bien positivement les classes des anciens militaires reçus à l'hôtel ; & elle a servi depuis à graduer d'une manière assez certaine les postes différens qu'ils occupent dans les régimens.

La première classe est composée des officiers des troupes du roi, des gardes du corps, gendarmes, chevau-légers, sergens des gardes françoises & suisses après dix ans de service en ladite qualité, des officiers de la connétablie & des maréchaussées, y compris les exempts.

La seconde classe est composée des maréchaux des logis de la cavalerie, des dragons & des sergens d'infanterie lorsqu'ils ont servi dix ans en ces qualités, des gardes-magasins, capitaines & conducteurs d'artillerie.

La troisième classe réunit les soldats, cavaliers & dragons, archers de la connétablie & des maréchaussées, maîtres ou simples ouvriers & charretiers d'artillerie.

L'hôtel a quelquefois reçu dans ses bâtimens près de trois mille hommes, officiers & soldats. Le nombre de ceux qu'on y admet actuellement, se monte au plus à quinze cents ; savoir, six lieutenans-colonels, douze commandans de bataillon ou majors, soixante capitaines de la première & seconde classe, deux cents lieutenans, soixante maréchaux des logis, deux cents douze bas-offi-

(1) Ordonnance du 24 février 1670.
(2) Ordonnance du 24 février 1670.
(3) Déclaration de janvier 1670.
(4) Ordonnance du 24 février 1670.
(5) Ordonnance du 15 avril 1670.

ciers, & neuf cents cinquante foldats (1). Sur ce nombre de places, il y en a cent qui, proportionnellement aux grades, restent vacantes & font uniquement destinées, pendant le cours de l'année, aux militaires dont l'admission à l'hôtel ne peut être différée, par le genre de leurs infirmités ou de leurs blessures.

Les blessures & les infirmités ont toujours été un titre sûr pour être admis; mais on a beaucoup varié sur l'âge & le temps de service nécessaires pour être reçus. Comme le nombre de ceux qui peuvent y demeurer, a été fort restreint par l'ordonnance de 1776, on n'y reçoit plus, après les blessés & les infirmes, que ceux qui ont soixante & dix ans révolus (2).

Le directeur dresse chaque année, à l'époque du 1er décembre, un état des remplacemens à faire indépendamment des cent places réservées, le fait approuver du gouverneur, & le remet au secrétaire d'état de la guerre. Aussi-tôt que cet état est revêtu de la sanction du ministre, le gouverneur propose à chacun des intendans des provinces le nombre des officiers, bas officiers & soldats *invalides* qui peuvent être admis dans l'hôtel, proportionnellement à celui des *invalides* retirés dans leurs généralités. Ce sont les commissaires des guerres, qui sont chargés par les intendans de leur rendre compte des hommes qu'ils croient les plus susceptibles de cette grace. Lorsque le résultat de ce travail est approuvé par le gouverneur & par le ministre, on adresse aux intendans les routes sur lesquelles les *invalides* se rendent à l'hôtel.

Les deux cents soixante-dix-huit officiers conservés à l'hôtel font distribués en trois divisions, dont chacune est commandée par deux officiers que nomme le gouverneur.

Leur uniforme est habit, veste & culotte de drap de Châteauroux, bleu de roi, 4 quarts entre les deux lisières, paremens de drap écarlate, doublure de refoulé rouge-garence pour l'habit & blanc écru pour la veste, quatre plis de chaque côté, vingt-huit boutonnières d'argent-cordonnet, dix-huit à la veste, boutons argentés sur bois aux armes du roi surmontées de la couronne royale, culotte doublée de toile de garence, boutons, poches & boursons.

Depuis le premier octobre 1701, l'habit de l'officier a toujours été distingué de celui des bas-officiers & soldats par une tresse d'argent de trois lignes de large sur toutes les tailles, & à double rang sur les paremens & poches. Ce n'est qu'en 1752 que le ministre ordonna la suppression de la tresse d'argent, pour y substituer des boutonnières d'argent qui ont eu lieu le premier janvier 1753,

jusqu'à l'époque du réglement arrêté par le roi le 2 septembre 1775 qu'elles ont cessé d'avoir lieu. On a donné alors à l'officier l'habit tout uni, boutonnières de la couleur de l'étoffe & une épaulette d'argent. Le 30 septembre 1778, sur les représentations faites par le gouverneur que des soldats mal intentionnés mettoient dans Paris des épaulettes sur leurs habits, on a rétabli les boutonnières d'argent.

Le roi ayant reconnu, par le compte qui lui avoit été rendu des logemens des officiers retirés à l'hôtel des *Invalides* (3), que plusieurs de ceux qui étoient dans le cas, soit par l'ancienneté de leurs services, soit par leurs blessures, d'y obtenir des places, particulièrement les officiers parvenus à la tête des corps, se privoient de cet avantage par l'incommodité qu'ils trouvoient à être logés dans des chambres communes à quatre officiers, lesquelles d'ailleurs étoient sans cheminée, ordonna en 1749 la construction d'un nouveau bâtiment, où les officiers sont logés séparément, ou deux à deux suivant la supériorité des grades dans lesquels ils ont servi.

On donne à chaque officier, dans une chambre à un lit, deux voies de bois, cent cotterets & vingt-quatre livres de chandelles; & dans chaque chambre à deux lits trois voies de bois, cent cinquante cotterets & trente livres de chandelles. Ce secours a été accordé par l'ordonnance du 9 septembre 1749.

La cuisine & le réfectoire des officiers furent séparés en 1766, de la cuisine & du réfectoire des soldats. On délivre chaque jour au cuisinier une ration pour chacun des officiers présens & effectifs. Elle est composée d'une livre un quart de pain blanc, de cinq demi-septiers de vin & d'une livre & demie de viande. On a converti en légumes la demi-livre de viande qu'ils avoient de plus précédemment.

Les gratifications n'étoient que de trois livres indistinctement pour chaque officier par mois avant l'ordonnance de 1749. Elles furent alors portées à trente liv. pour ceux qui auroient commandé en qualité de lieutenans-colonels; à vingt-quatre liv. pour ceux qui n'en auroient eu que le titre, ou pour les lieutenans-colonels de la milice, pour chaque commandant de bataillons des troupes réglées; dix-huit livres à ceux de la milice; douze livres pour les capitaines des troupes réglées & les aides-majors pourvus du titre de capitaine; à six livres pour les officiers de milice, qui auroient commandé une compagnie comme capitaines, les officiers des autres troupes qui auroient commission de capitaine, pour les capitaines en second des troupes françoises ou étrangères qui n'auroient

---

(1) Ordonnance du 17 juin 1776, art. 4, tit. 1.
(2) Art. 6.
(3) Préambule de l'ordonnance du 9 septembre 1749.

point eu de compagnie, & pour les capitaines-lieutenans des régimens fuiffes. Les officiers reçus en qualité de lieutenans à l'hôtel, continuèrent de recevoir trois liv. par mois.

Mais ces gratifications ont été fixées par l'ordonnance de 1776 (1) à douze liv. par mois pour les lieutenans-colonels des première & feconde claffes ; à neuf livres pour les commandans de bataillon ou major ; à fix liv. pour les capitaines de première & feconde claffe ; à trois livres pour les lieutenans.

Depuis la fondation de l'hôtel, les officiers de tout grade étoient reçus aux infirmeries indiftinctement avec les bas officiers & foldats. Il a paru honnête & convenable à l'adminiftration de prendre, en 1778, deux falles donnant fur la cour de la boulangerie, de les faire approprier, d'y mettre quarante lits neufs, & d'intituler ces falles : *falles de meffieurs les officiers.*

Une lettre de M. le comte d'Argenfon, en forme de réglement, a fixé les honneurs funèbres. En conféquence, on commande pour le lieutenant-colonel, un capitaine de la compagnie des fufiliers, un lieutenant, deux fergens, un tambour & cinquante bas-officiers ; pour un commandant de bataillon, un pareil détachement, excepté qu'il n'eft que de quarante bas-officiers ; pour un capitaine, un capitaine, un lieutenant, deux fergens, un tambour & quarante foldats ; pour un lieutenant, un lieutenant, un fergent, un tambour & vingt foldats.

Quatre officiers du même grade foutienenent les quatre coins du poële ; & à leur défaut, ceux du grade fuivant. Les bas-officiers & foldats commandés portent les armes traînantes.

Le nombre des bas-officiers réfidans dans l'hôtel, a été réduit à deux cents douze, & celui des foldats à neuf cents cinquante. Ces douze cents vingt-deux maréchaux des logis, bas-officiers & foldats font diftribués en douze divifions. Chacune eft commandée par un capitaine, deux lieutenans, quatre maréchaux des logis & huit bas-officiers ; de manière que chaque bas-officier puiffe avoir douze hommes environ fous fon infpection, le maréchal des logis vingt-cinq, le lieutenant cinquante.

On fournit tous les jours aux bas-officiers chargés du détail de chaque divifion, une ration pour chacun des hommes préfens & effectifs ; laquelle eft compofée d'une livre fix onces de pain bisblanc, d'une demi-livre de viande, d'une portion de légumes, d'une chopine de vin pour les foldats, & d'une chopine & demie pour les maréchaux des logis & bas-officiers.

On a établi en 1773, par économie, & pour éviter la dépenfe de la confommation du linge de table & du blanchiffage, des tables de mar-

bre dans les quatre grands réfectoires des foldats.

Les règles qui maintiennent la difcipline admirable de cette maifon, font :

Pour la réfidence à l'hôtel : les bas-officiers & foldats ne peuvent fortir, fans montrer aux portiers un billet figné du gouverneur, & fur lequel les trois jours de fortie par femaine font indiqués. Il y a même des peines graves prononcées contre celui qui diroit avoir perdu fon billet, pour en obtenir un autre chargé de trois autres jours de fortie, afin de pouvoir s'abfenter pendant la femaine. Aucun officier ou foldat ne peut découcher fans en avoir obtenu la permiffion du gouverneur, fur la demande qui en eft faite par le commandant de leur divifion. Tous les commandans de divifions font tenus de faire trois appels par jour, lefquels font fignés d'eux, afin qu'ils puiffent répondre perfonnellement de leur exactitude ; le premier à l'heure du lever, le fecond au dîner, & le troifième au fouper. Il n'eft permis aux bas-officiers & foldats de découcher que trois jours de la femaine au plus, les lundi, mercredi & vendredi.

Pour la conduite dans l'hôtel, les officiers ne peuvent en fortir pendant les quinze premiers jours de leur admiffion ; les foldats, pendant les quarante premiers jours. Tout bas-officier & foldat eft obligé de remettre au portier fon épée, toutes les fois qu'il y rentre. Il eft expreffément défendu d'avoir dans les chambres, des armes à feu, poignards ou bayonnettes. Les repas fe prennent en commun. Je defirerois feulement qu'il y eût plus d'ordre, moins de tumulte, plus de propreté, & moins de hâte. Il n'eft jamais permis de porter des alimens dans les chambres, d'y avoir du vin ou d'autres liqueurs ; de jouer à quelque jeu que ce puiffe être, dans les corridors, chambres, poëles & autres lieux de l'hôtel, les fêtes & dimanches ; & dans les corridors, à quelque jour & à quelque heure que ce foit : aucun étranger ne doit coucher dans la maifon.

L'ame générale de cet établiffement eft la plus févère fubordination. Les peines ordinaires y font févères. Les arrêts, la privation du vin, la prifon, la confifcation, la défenfe de fortir, quelquefois le cheval de bois (je n'ai vu cette dernière indiquée que dans le cas où on feroit coucher un étranger dans fon lit), & enfin le renvoi. Autrefois on envoyoit à l'hôpital de Bicêtre.

Ceux qui jureront & blafphêmeront le faint nom de Dieu pour la première fois, feront mis en prifon pendant deux mois ; & s'ils ne fe corrigent pas, feront chaffés de l'hôtel fans efpérance d'y pouvoir rentrer.

Les officiers qui fe prennent de vin une première fois, font mis aux arrêts, & leur vin retranché pendant huit jours. Les bas-officiers & foldats qui auront été huit fois en prison pour cette faute, & ne s'en seront pas corrigés, seront chassés absolument.

Il est sévérement défendu à tous ceux qui sont dans cet hôtel, tant sergens que soldats, de suivre, de quelque manière & sous quelque prétexte que ce puisse être, même d'amitié ou d'alliance, ceux qui sont attirés par leur curiosité dans l'hôtel, pour le voir & s'y promener, ni de leur rien demander, à peine d'un mois de prison; & pour l'observation de ce réglement, les aides-majors doivent aller de temps en temps dans tous les lieux de l'hôtel, & remarquer ceux qui y contreviennent, pour les faire conduire & mettre au cachot au même instant.

Il est aussi défendu aux invalides qui ont la liberté de sortir, de mendier dans la ville ou dans les maisons, d'acoster des filles de joie, de jouer sur les places publiques, & de fréquenter les tabagies & autres lieux de désordre, & ce sous les peines les plus rigoureuses. Ceux qui vendent ou qui débitent aucune sorte de tabac, sont chassés de l'hôtel.

Tous les officiers, bas-officiers & soldats qui ont pris le mal vénérien, étant résidens dans l'hôtel, sont condamnés pour la première fois à demeurer un an sans sortir de la maison; & pour la seconde fois, après être guéris, sont chassés pour toujours.

Pour leur donner lieu de s'appliquer à des choses qui leur soient avantageuses, il leur est permis de travailler dans leurs chambres ou dans les lieux destinés pour cela, aux jours ouvrables: on leur fournit des ouils & tout ce qui est nécessaire, pour leur donner les moyens d'apprendre & d'exercer les métiers dont ils sont capables; & le travail qu'ils font, tourne entièrement à leur profit.

On ne doit avoir ni feu ni chandelle allumés dans les chambres, après la dernière retraite battue, à peine aux officiers d'être mis aux arrêts pendant huit jours, & aux autres de pareil tems de prison, au pain & à l'eau pour la première fois, & d'un plus grand châtiment pour la seconde.

Il est défendu à tous officiers, bas-officiers & soldats invalides, tant ceux qui demeurent dans l'hôtel que ceux qui sont dans les compagnies de détachement, de se marier sans permission; & ceux qui contreviennent à cette défense, sont chassés du corps sans espérance d'y rentrer.

Ceux qui résident dans l'hôtel au temps de Pâques, sont obligés de faire leur devoir paschal dans la paroisse de S. Louis de l'hôtel, sous peine aux officiers d'être mis aux arrêts pendant trois mois; & aux soldats, de prison pour pareil tems. A cet effet, on cesse de leur accorder un congé pour aller dans leur pays vaquer à leurs affaires ou autrement, à commencer depuis la mi-carême jusqu'à pâques, sous quelque prétexte que ce soit; après quoi, pour l'obtenir, ils sont obligés jus-

qu'à la Pentecôte de chaque année, de présenter au gouverneur un billet, signé des prêtres de la mission établis dans l'hôtel, pour connoître qu'ils ont fait leur devoir, sans quoi leur congé ne peut être expédié. Il n'est donné aucune permission de découcher les samedis, devant tous assister les dimanches au service divin dans la paroisse de l'hôtel.

Il n'est personne qui, en entrant dans le magnifique temple des Invalides, n'ait été frappé de la manière dont on y sert le Dieu des armées, & n'ait, à différentes reprises, quitté les superbes morceaux de sculpture, de peinture & d'architecture qu'il réunit, pour admirer l'attitude respectueuse, la piété franche d'un grand nombre de militaires qui viennent y adresser leurs prières au roi des rois. Il n'est aucun instant de la journée où Dieu n'y reçoive les vœux de ces respectables victimes de la patrie. Combien est auguste le cortège de ces braves soldats dans les cérémonies publiques de religion! Nous ne craignons point d'être démentis, en disant qu'il n'est point de temple ni de monastère qui produise la même impression. Avec quelle sensibilité nous jettons les yeux sur ces précieux restes de la piété de nos armées, lorsque nous pensons aux principes irréligieux qui désolent actuellement la nation & nos troupes. Hélas! la bravoure est-elle accrue? en sert-on mieux le prince que la religion nous oblige de regarder comme l'image de Dieu?

Nous rendons ici avec un sensible plaisir hommage au zèle plein de lumière & de charité de messieurs les prêtres de la mission, auxquels l'administration spirituelle de la maison est confiée, & aux sages règles qui y sont en vigueur.

Les prêtres de la mission gouvernent le spirituel de l'hôtel, sous la conduite de l'un d'entre eux qui a le nom & fait les fonctions de curé depuis sa fondation.

L'ordonnance du 17 juin 1766 réduit le clergé de l'hôtel à un curé, quatre prêtres, un serpent & quatre enfans de chœur, auxquels, y compris le luminaire de l'église & l'entretien des ornemens, elle assigne la somme de dix mille liv.

Les différens contrats, passés entre le roi & les prêtres de la maison, portent que ceux-ci seront sous la protection spéciale du roi, sans que le gouverneur & autre officier de l'hôtel aient aucune vue ni autorité sur eux; qu'on leur fournira toutes les clefs nécessaires pour aller & venir, tant dans les infirmeries que dans les autres appartemens où leur ministère sera nécessaire; que le gouverneur & les autres officiers les appuyeront dans l'exercice de leurs fonctions, particuliérement quand il s'agira d'empêcher les juremens, blasphêmes, ivrogneries, querelles & scandales.

Les loix religieuses qui sont en vigueur dans cette maison, sont peu nombreuses, mais très-sévères. J'en ai déja cité quelques-unes, & il me paroît superflu d'entrer dans un plus grand détail.

Il y a dans l'hôtel deux espèces d'infirmes, dont l'administration s'est toujours occupée. On les appelle *manieros* & *moines lais*.

Les *manieros* sont des soldats qui, ayant eu le malheur de perdre l'usage de leurs membres, ont besoin d'être aidés & servis. Il faut payer ceux qui sont en état de les aider. On accorda à cet effet, en 1689, quatre francs par mois. Cette gratification fut réduite, en 1713, à quarante sols.

La table des soldats appellés, je ne sais pourquoi, *moines lais*, a été établie pour ceux qui, par des coups de feu qui leur ont brisé les mâchoires, n'ont plus de dents, & ne peuvent broyer les alimens ordinaires. Leur cuisine est faite par les sœurs de la charité, & ils sont servis par elles. On ne donne aux moines lais que des viandes en hachis & des alimens faciles à mâcher. Ils ont du pain blanc. On conçoit que ces tables sont plus dispendieuses à l'hôtel que les tables ordinaires.

Ces deux institutions de *manieros* & de *moines lais* ont donc eu pour principes, des vues très-humaines & très-justes. Mais comme les meilleures loix deviennent presque toujours abusives à la suite des temps; que les protections forcent souvent les hommes qui disposent des graces, à s'écarter des règles, la paye des *manieros* & là table des *moines lais* avoient été accordées à nombre de gens qui n'en étoient pas susceptibles, & qui souvent laissoient derrière eux ceux qui les méritoient davantage. Ces abus donnèrent lieu à deux réglemens, en date du 4 décembre 1766, qui fixent la manière dont ces deux espèces d'infirmes seront reçus.

En 1771, sur les représentations que le nombre des *manieros* & des *moines lais* qui se présentoient journellement, & qui pour la plupart cherchoient encore à obtenir ces graces par faveur, augmenteroit beaucoup & deviendroit très-onéreux à l'état, M. de Monteynard ordonna, conformément aux intentions du roi, qu'il ne seroit plus donné de ces places que par extinction.

L'ordonnance de 1776 avoit de beaucoup diminué le nombre des hommes qui habitoient l'hôtel. Il se trouvoit alors quatre-vingt-seize *manieros* & cent trois *moines lais*. Il fut décidé, le 28 juillet même année, que ces deux classes seroient fixées à cent hommes pour chacune, parce que ce qui restoit d'hommes à l'hôtel, étoit la partie la plus âgée, la plus caduque, & qui avoit le plus besoin de ce secours. Depuis cette décision, on y tient exactement la main.

L'une des parties de l'administration la plus intéressante & la mieux surveillée est celle des infirmeries. On ne paroît rien négligé pour régler l'ordre qui doit y régner.

Le médecin demeure dans l'hôtel. C'est le ministre de la guerre qui le nomme. Il jouit des mêmes privilèges que les médecins du roi, & a

le droit de *committimus*. Il doit faire deux visites par jour. Le réglement de 1712 l'astreignoit à ne sortir que trois fois la semaine & encore pour six heures seulement; & après en avoir obtenu l'agrément du gouverneur; son traitement a été réduit par l'ordonnance de 1776 à 3000 liv.

Le chirurgien-major a le même traitement & les mêmes obligations. Ce fut le célèbre M. Morand qui, en 1759, proposa au ministre de ne plus admettre à cette place que celui qui auroit le mieux répondu dans une assemblée de chirurgiens tenue à cet effet dans l'hôtel. Ce plan est exécuté. Le nombre des chirurgiens employés sous ses ordres avoit été fixé par M. de Crémille, & ensuite par M. de Choiseul, à huit. Il n'est plus actuellement que du chirurgien gagnant-maîtrise & de deux élèves.

L'un de ces chirurgiens doit toujours être de garde la nuit comme le jour. Ils sont chargés des détails de l'appareil, dans lequel il ne leur est jamais permis de jouer, qui doit être fermé pendant les heures des repas, & dans lequel un d'entr'eux doit coucher. Ils ne doivent emporter hors des infirmeries, ni médicamens, ni rien de ce qui leur est confié pour le service de l'hôtel.

L'administration a bien voulu ouvrir pour leur instruction une école d'anatomie, à laquelle aucun étranger n'est admis. Elle commence au mois de novembre, & finit à pâques. On ne se sert jamais des corps des officiers, ni de ceux des soldats pour lesquels il y a un service. Ils ont un corps chaque semaine, & l'enlèvent après la retraite des malades ou pendant la messe; & ce, avec la permission du curé & l'ordre du chirurgien-major. Ils ne peuvent le garder que quatre jours. Les sœurs de la Charité donnent de quoi ensevelir les sujets dont on s'est servi, & qui sont rendus entiers en présence d'une des sœurs désignée par la supérieure.

Il y a eu jusqu'en 1774 un apothicaire major, dont les sœurs de la Charité obtinrent la suppression. L'apothicaire gagnant maîtrise en fait les fonctions. Il est nommé après un concours qui se fait dans l'hôtel, & où se trouvent les maîtres apothicaires de Paris.

Les infirmeries sont gouvernées par des sœurs de la Charité. Le premier contrat que l'hôtel passa avec leur communauté, est du 7 mars 1676. Elles furent alors établies au nombre de douze. Le second qui fut passé par M. le duc de Choiseul, le 16 février 1769, porte leur nombre à trente. Par le premier, l'hôtel leur donnoit trente-six liv. à chacune par an, & trente liv. à la grande communauté par forme de subvention. Par le second, il leur donne à chacune la somme de soixante & dix livres, & à la communauté générale il conserve celle de trente liv.

Les conditions de ces deux contrats sont absolument les mêmes. Les principales sont : dépendance du seul ministre de la guerre, & de sa part protection;

protection ; n'être deftinées qu'aux malades réunis dans leurs infirmeries ; être chargées de les
recevoir & de les congédier ; avoir feules l'adminiftration de l'apothicairerie ; être maitreffes de
choifir & renvoyer les domeftiques attachés au
fervice des infirmeries ; être difpenfées de faigner,
de donner des lavemens , de faire les leffives ;
faire l'approvifionnement des malades pour les
jours maigres ; prendre , fur les récépiffés de la
fupérieure , les denrées , fubfiftances & effets pour
lefquels il y a des marchés faits & des fourniffeurs
à l'hôtel ; faire faire les réparations aux lits, linge & hardes , & en être rembourfées fur des états
certifiés véritables par elles ; être traitées en maladie comme les *invalides* , & en tout être regardées comme filles de la maifon , & non comme
mercénaires. La fupérieure générale conferve le
droit de les changer.

La diftribution des malades dans les falles eft
faite de manière qu'il y a deux falles confacrées
aux malades , qui exigent un traitement & des
remèdes particuliers & fuivis (1). Ainfi , ceux
qui fe trouvent aux infirmeries pour raifon de caducité , de paralyfie , ou autres accidens qui n'intéreffent pas la vie d'une manière prochaine , &
qui enfin ne demandent pas de traitemens & de
remèdes , ne peuvent contracter des maladies
accidentelles & étrangères à leur état par le voifinage des autres.

Les heures du fervice font ainfi divifées : avant
la vifite des médecin & chirurgien - major, les
bouillons : à fix heures du matin , les vifites de
ces officiers de fanté ; enfuite on fait les lits , à
l'exception de ceux qui font falis par les malades , & qu'on fait avant la vifite : diftribution de
la portion à ceux qui doivent manger la portion
& demi portion , &c. Ceux qui ont été purgés
& ont la permiffion de manger , dînent à midi &
demi. Le fouper eft fervi à cinq heures du foir
pour ceux auxquels il a été permis. Après le fouper , on diftribue les remèdes du foir: A fix heures , feconde vifite des médecin & chirurgien-major. Dans les intervalles de ces différentes heures,
on diftribue des bouillons dans la proportion des
portions ; c'eft-à-dire , que ceux qui font à la
portion entière , en ont moins que ceux à la demi-
portion , & ceux-ci moins que ceux qui font à la
diète : les tifannes & boiffons , dans le cours de
la journée , fuivant le befoin. La portion de vin
pour les convalefcens eft fixée à une chopine.
On la réduit en proportion des autres alimens , de
forte que ceux à la demi - portion n'en
ont qu'un demi-feptier , & ceux à la diète n'en
ont point. On donne une livre de pain blanc aux
officiers & foldats. Les premiers ont cinq quarte-
rons de viande , & les autres une livre. Les quan-

tités de viande font toujours mifes à la marmite
fur ce pied ; à caufe du bouillon néceffaire ; mais
elles ne font diftribuées que fuivant les feuilles
de vifites. Il y a des rechauffoirs pour les bouillons à l'inftar de la Charité. Il y a des reverbères ,
dont des tuyaux de fer blanc conduifent la fumée au dehors. On a eu raifon de fupprimer les
roulettes pour le tranfport des portions.

Il eft défendu , fous peine de prifon, d'apporter du dehors aux malades aucuns médicamens ,
drogues , viandes , alimens , boiffons & liqueurs.
La même peine eft prononcée contre ceux qui
emporteront les mêmes objets hors de l'infirmerie.
Les *invalides* & autres perfonnes attachées à l'adminiftration peuvent cependant prendre aux infirmeries les remèdes dont ils ont befoin , fur des
billets fignés du médecin & du chirurgien-major.

Les perfonnes du dehors ne peuvent entrer aux
infirmeries qu'une fois la femaine , & le jour indiqué à cet effet. Elles ne peuvent y refter que
depuis une heure après-midi jufqu'à deux. A l'effet de quoi , on commande pour ce jour & cette
heure une garde aux ordres d'un officier de confiance.

Les perfonnes du dehors ne peuvent boire ni
manger avec les malades & convalefcens , fous
quelque prétexte que ce foit. Tout trafic réciproque des fubfiftances & médicamens eft expreffément défendu , non-feulement entre les *invalides*
qui font aux infirmeries & les perfonnes du dehors , mais encore entre les *invalides* & ceux
de l'hôtel , les infirmiers domeftiques & autres.

Une décifion de l'adminiftration a fupprimé
avec raifon les médecines de précaution, qui fe
prenoient hors des infirmeries. La falle des bains
eft fermée depuis 1775 , à tous ceux à qui les
officiers de fanté ne l'ont pas ordonnée.

Les ouvriers & domeftiques , ou bleffés , ou
malades , ou devenus infirmes au fervice de l'hôtel , font reçus aux infirmeries.

On a jugé néceffaire , en 1780 , de commettre
un employé pour informer les chefs , de l'entrée ,
de la fortie , ou de la mort de ceux qui fe rendent
aux infirmeries.

Toutes les difpofitions teftamentaires qui fe font
dans l'hôtel , ne peuvent être reçues que par les
notaires du Châtelet , ou par le curé , fon vicaire , ou par un eccléfiaftique de la maifon en
l'abfence de l'un & de l'autre (2). En obfervant,
de la part du curé , de figner & de faire figner
les teftateurs & trois témoins , conformément à
l'article 289 de la coutume de Paris, tit. 14 des
teftamens. Il n'eft pas permis d'y mettre quelque
chofe pour les prêtres de la miffion , ou pour les
fœurs de la Charité établies à l'hôtel.

---

(1) Réglement du 18 novembre 1766,
(2) Réglement du 29 juin 1716.

Œcon. polit. & diplomatique, Tom. III.

Il étoit d'ufage, lorfqu'un officier ou foldat moutoit aux infirmeries avec quelqu'argent fur lui qu'il n'avoit pas dépofé, de l'enrégiftrer fur un livre particulier que la fœur fupérieure tient à cet effet, & qui eft arrêté tous les trois mois par le directeur de l'hôtel, pour en être le montant remis au curé & diftribué aux pauvres femmes & enfans des invalides. Mais il arrive que, parmi ces fommes, il s'en trouve quelquefois d'affez confidérables pour faire le bien des héritiers de ceux qui les laiffent; & il a été décidé, le 24 avril 1749, que toute fomme excédant 12 liv. feroit portée au bureau du major, pour être confervée aux héritiers; & que les fommes au-deffous de 12 livres, continueroient à être délivrées au curé pour être employées en charités.

Dans le cas de décès d'officiers ou foldats, fans teftament, on fait l'inventaire de tout ce qui fe trouve pouvoir leur appartenir. On en fait enfuite une vente publique; & l'argent qui en provient, refte entre les mains du major pendant un an; & fi, après ce temps fini, il ne fe préfente aucun parent ou héritier de la fucceffion du défunt, il en eft difpofé felon ce qu'en ordonne l'adminiftration (1). Quant à ceux qui, par teftament, ont difpofé de leurs effets, on exécute fidelement leur derniere intention.

L'adminiftration générale de la maifon fut donnée, dès fon origine, au fecrétaire d'état ayant le département de la guerre. Telle eft la difpofition de l'ordonnance du mois d'avril 1674. C'eft lui qui nomme aux places des officiers employés.

La direction des affaires fe fait fous fes ordres, par le gouverneur & par l'intendant ou directeur.

Celui-ci a été placé plus immédiatement fous les ordres du gouverneur, par l'ordonnance de 1776. Les premiers directeurs furent conjointement, MM. Camus-Deftouches, Camus-Duclos & Camus de Beaulieu, nommés le 15 avril 1670. On ne peut trop apprécier les fervices que ces trois refpectables freres rendirent à cet établiffement naiffant. Le directeur doit toujours réfider dans l'hôtel.

L'édit de création porte que chaque mois il fera tenu une affemblée dans l'hôtel, à laquelle pourront affifter le colonel, le lieutenant-colonel & le fergent-major des gardes-françoifes, les colonels dès fix vieux corps d'infanterie, le colonel général, le meftre-de-camp général & le commiffaire général de la cavalerie légere, le colonel général des dragons, pour y tenir le confeil relatif à toutes les affemblées de la maifon. Les colonels, meftres-de-camp & lieutenans-colonels qui fe trouvoient à Paris, avoient droit d'affifter aux comptes des receveurs ou tréforiers.

(1) Du 30 août 1687.

L'ordonnance de 1776 a réuni tous les emplois fous la dénomination de grand état-major & de petit état-major, & a fixé leur traitement.

Grand état-major.

	liv.
Le gouverneur toujours choifi parmi les officiers généraux	24,000
Le directeur choifi parmi les commiffaires des guerres	10,000
Le major choifi parmi les lieutenans-colonels	7000
Les aide-majors choifis parmi les capitaines, [non compris leur nourriture comme capitaines, 500 liv. chacun].	2000
Le tréforier	8000
Le fecrétaire-garde des archives	4000

Petit état-major.

	liv.
Le curé, quatre prêtres, un ferpent & quatre enfans de chœur, y compris le luminaire de l'églife & l'entretien des ornemens	10,000
Un organifte	700
Un médecin	3000
Un architecte	2000
Un chirurgien-major	3000
Un fecond gagnant maîtrife	350
Deux élèves gagnant maîtrife, à chacun 100 liv.	200
Un apothicaire gagnant maîtrife	300
Un piqueur nourri à l'hôtel	400
Garde-magafin nourri à l'hôtel	600
Quatre fuiffes nourris à l'hôtel, à chacun 200 liv.	800
Un facteur	300
Un économe nourri à l'hôtel	1200
Un chef de cuifine nourri à l'hôtel	800
Quatre aides nourris à l'hôtel, à chacun 200 liv.	800
Douze garçons nourris à l'hôtel, à chacun 150 liv.	1800
Douze valets nourris à l'hôtel, à chacun 100 liv.	1200
Deux balayeurs nourris à l'hôtel, à chacun 100 liv.	200
Total des employés 66	
Total des traitemens	82,650

Nous ne connoiffons que deux branches des revenus de l'hôtel, les penfions d'oblats & les trois deniers pour livres fur l'achat des fournitures des troupes. Car l'édit de fondation porte qu'il ne sera reçu ni accepté par l'hôtel aucunes fondations, dons & gratifications qui pourroient lui être faits par quelques personnes, pour quelque cause & sous quelque prétexte que ce soit ; comme aussi qu'il ne pourra faire aucune acquisition d'héritages ni d'autres biens immeubles quelconques, sinon les héritages des environs & qui y sont contigus, lesquels seront jugés nécessaires pour la plus grande commodité, utilité, embellissement, & pour conserver les vues ; défend très-expressément toutes autres acquisitions, gratifications ou donations qui pourroient lui être faites, & déclare nuls & de nuls effet & valeur tous les contrats & autres actes qui seroient faits & passés au préjudice de cette disposition. C'est sur ces principes que l'administration refusa, en 1710, le legs universel qu'avoit fait en sa faveur Victor de Frétats de Vabres, chevalier de Beaufort.

Les pensions d'oblats ont généralement été substituées, en 1670, à la subsistance que les moines donnoient dans leurs monastères aux anciens militaires. Elles furent dès-lors toutes portées à 150 l. pour bénéfices au-dessus de 1000 livres, & à 75 pour ceux au-dessous. Tous les bénéfices à nomination royale y furent assujettis. Le roi a depuis rendu différentes déclarations, qui comprennent dans cette imposition les bénéfices à sa nomination dans les provinces réunies successivement à la monarchie. La différente valeur du marc d'argent, la cherté des vivres déterminèrent le roi à porter, par sa déclaration du 2 avril 1768, la pension d'oblat à 300 liv. Il a, par l'arrêt de son conseil d'état du 13 octobre 1769, modéré la pension à 150 liv. pour les bénéfices au-dessous de

2000 livres, & à 75 liv. pour ceux au-dessous de mille. Le receveur général du clergé fait cette recette, & en compte avec le trésorier de l'hôtel. On a même attribué une somme de 1200 liv. pour les honoraires du commis chargé de ce département. L'arrêt du 16 novembre 1716 attribue au grand conseil la connoissance de toutes les contestations qui naîtront sur cet article.

Le roi affecta, par son arrêt du 12 mars 1670 pour la construction de l'hôtel, la retenue de deux deniers par livres sur toutes les dépenses payées par les différens trésoriers de l'ordinaire & de l'extraordinaire des guerres ; & il choisit ce moyen comme n'étant point à charge ni à ses finances, ni à ses sujets. L'édit de création de 1674 en fait au profit de l'hôtel une branche de revenu perpétuel. Ce fonds ne tarda pas à être regardé comme insuffisant, & l'arrêt du conseil du 17 février 1682 ordonna la retenue des trois deniers par livres sur les mêmes trésoriers. Il a fallu depuis, plusieurs arrêts du conseil pour les obliger de payer.

Tels sont les revenus dont rend compte le receveur ou le trésorier de l'hôtel, substitué, par l'édit d'octobre 1763, aux trois offices héréditaires des trésoriers généraux des *Invalides*.

L'hôtel jouit encore de différentes exemptions qu'on pourroit encore regarder comme l'une des branches les plus considérables de ses revenus.

La première est l'exemption de tous droits de péage & d'entrée sur les vins nécessaires à la consommation de l'hôtel. L'arrêt du conseil du 10 décembre 1672 accorde l'exemption pour trois cents muids. Cette quantité a successivement été augmentée. En voici le tableau.

Par augmentation		Muids
Par l'édit d'établissement au mois d'avril 1774	300	
Par un autre édit de mars 1676	300	
Par arrêt du conseil du 26 juin 1677	200	
Par arrêt du 30 juillet 1678	350	
Par arrêt du 10 juin 1679	350	
Par arrêt du 11 juillet 1684	200	
Par arrêt du 14 juillet 1685	300	
Par arrêt du 14 juillet 1703	500	
Par arrêt du 26 juillet 1705	500	
	3000	

La seconde exemption est celle des droits sur le sel. Elle a été accordée suivant cette progression.

Par augmentation		Minots de sel
Par l'édit d'établissement	30	
Par autre édit de mars 1676	45	
Par arrêt du conseil du 26 juin 1677	25	
Par arrêt du 30 juillet 1678	34	
Par arrêt du 10 juin 1679	46	
Par arrêt du 11 juillet 1684	50	
Par arrêt du 14 juillet 1685	50	
Par arrêt du 27 avril 1745	60	
	340	

K 2

L'édit de mars 1676 accorde à l'hôtel l'exemption de tous droits d'entrée fur les bois à brûler & de charpente qui lui font néceffaires, fur le charbon, eau-de-vie, étain, foin, plâtre, viandes & tous les vivres néceffaires à la confommation d'une maifon auffi confidérable.

On ne tarda pas à reconnoître que, quelque immenfe que fût le bâtiment des *Invalides*, il ne l'étoit pas affez pour la quantité de ceux qui ont le droit d'y entrer. On prit alors le parti de détacher des compagnies pour la garde des forts, châteaux & quelques maifons royales, trop éloignés de la réfidence des régimens. Ainfi, ces braves foldats ne font pas encore inutiles à l'état. La première compagnie fut détachée le 13 avril 1690. C'eft même de ce jour que les compagnies prennent rang dans l'infanterie.

Le nombre de ces compagnies eft de feize de bas-officiers, huit de canoniers & foixante-cinq de fufiliers.

On a affecté onze compagnies de bas-officiers à la garde des Thuileries, du Louvre, de l'Arfenal, de la Baftille, du château de Vincennes, de l'Ecole militaire & de l'hôtel des *Invalides*. Une décifion du 9 août paffe cinquante liv. par an à chaque officier des compagnies détachées à la garde de la Baftille, de l'Arfenal, du Louvre & des Thuileries, pour lui tenir lieu de la franchife du vin.

Les huit compagnies de canoniers font détachées fur les côtes. Chaque compagnie de fufiliers eft compofée de deux fergens, deux caporaux, deux appointés, quarante-trois fufiliers & un tambour, & eft commandée par un capitaine & trois lieutenans.

La folde a été fixée felon le tableau qui fuit.

S A V O I R :

	par jour.	par mois.	par an.
	liv. f. d.	liv. f. d.	liv. f. d.
A chaque capitaine, deux livres feize fols............	2 16	84	1008
A chaque lieutenant, une livre deux fols fept deniers......	1 2 7	33 17 6	406 10
A chaque fergent, onze fols deux deniers............	11 2	16 15	201
A chaque caporal, huit fols deux deniers............	8 2	12 5	147
A chaque appointé, fept fols deux deniers...........	7 2	10 15	129
A chaque fufilier & au tambour, fix fols deux deniers.....	6 2	9 5	111

Les appointemens des capitaines font fujets à la retenue des quatre deniers pour livres.

Les bas-officiers & foldats s'entretiennent de linge & chauffure, au moyen des huit deniers par jour qu'on retient fur leur folde, & dont on leur fait le décompte tous les fix mois.

Les officiers, bas-officiers & foldats continuent de recevoir tous les trois ans un habillement qui leur eft délivré fur les états que les capitaines envoient tous les fix mois au fecrétaire d'état de la guerre.

Les troifièmes lieutenans lui font propofés par le gouverneur de l'hôtel. Les capitaines & les lieutenans font des officiers penfionnés qui ceffent de jouir de leurs penfions à l'époque de leur remplacement.

Les officiers ou foldats *invalides*, qui veulent fe retirer dans leurs provinces & obtenir ce qu'on appelle grands congés, y jouiffent d'une récompenfe militaire, folde ou demi-folde. On peut confulter, fur les gradations de cette penfion felon les rangs, le réglement très-détaillé du 10 novembre 1773.

Ces grands congés étoient autrefois obligés de fe préfenter fix fois par an à la réfidence du fubdélégué pour y recevoir leurs paiemens. Il fuffit actuellement qu'ils s'adreffent à l'échevin, fyndic ou collecteur de leurs paroiffes; mais le paiement des deux mois de chaque femeftre ne peut être fait que par le fubdélégué. Ils ne peuvent changer de fubdélégation que le jour de leur préfentation. Les commiffaires des guerres peuvent néanmoins faire expédier des certificats de ceffation de paiement, quand le befoin de changer eft urgent. La revue de ces penfionnés fe fait par le commiffaire chez le fubdélégué, dans les quinze premiers jours de chaque mois de juillet.

Le régiment eft tenu de leur donner le premier habillement au fortir du corps. Ils font enfuite habillés tous les fix ans.

Ils jouiffent de l'exemption de la taille induftrielle & autres impofitions perfonnelles pour raifon de trafic, commerce, induftrie & exploitation, auxquels ils peuvent fe livrer. Ils peuvent rentrer dans l'hôtel, ou à raifon de leurs infirmités, ou lorfqu'ils ont atteint l'âge de foixante & quinze ans : mais alors leur penfion ceffe.

Il eft enjoint aux curés, dans les paroiffes defquels font retirés les officiers & autres militaires penfionnés, d'adreffer exactement au fecrétaire de la guerre une expédition de l'acte mortuaire de chaque homme, à l'inftant de fon décès vifé *gratis* des juges, maire, échevins-fyndics des lieux. Ils doivent encore en envoyer une femblable expédition au fubdélégué.

Le fuiffes proteftans au fervice de la France, ne pouvant, à raifon de leur religion, entrer à l'hôtel des *Invalides*, le roi, par fes deux ordonnances du 17 janvier 1710 & 24 août 1711, a voulu qu'il feroit pris & fait fonds chaque année fur les revenus de l'hôtel, d'une fomme de fix mille livres, pour être partagée & employée; favoir, cinq mille liv. en penfion de foixante & douze livres neuf fols chacune, & les autres mille livres en dix penfions de cent livres chacune.

Telles font les conftitutions françoifes du régime des *invalides* militaires. La première idée en a été jettée par le plus grand génie qui ait adminiftré les affaires de la guerre, & fous le prince le plus propre à féconder & à confolider une inftitution nationale. Celle des *Invalides* durera autant que la nation, dont elle acquitte une dette facrée & malheureufement trop durable.

(*Cet article eft de M. des Bois de Rochefort, docteur de la maifon & fociété de Sorbonne, vicaire-général de la Rochelle, curé de S. Andrédes-Arcs, &c.*)

IRLANDE, ifle de la mer Atlantique, qui appartient à l'Angleterre.

Sa conftitution politique eft à-peu-près celle de l'Angleterre. Le vice-roi y repréfente le roi; il y a une chambre des communes & une chambre des pairs, & nous renvoyons le lecteur à l'article Angleterre.

Nous nous bornerons à faire ici quelques remarques fur les troubles & l'état du royaume d'*Irlande*.

Depuis fix cents ans, l'*Irlande* eft affujettie à l'Angleterre. L'un des tyrans auxquels elle étoit livrée, appella Henri II à fon fecours, en lui promettant foi & hommage: cinq cents hommes en firent la conquête. Le peuple, à cette époque, étoit un ramas de fauvages affervis à des chefs de tribus, vaffaux eux-mêmes de petits fouverains tous divifés, tous belligérans, tous oppreffeurs. Bien loin d'avoir aucune part, ou aucune influence directe ou indirecte dans la légiflation, le peuple n'en avoit pas même à la propriété; il vivoit dans la mifère & dans la fervitude: on ne peut dire lefquels étoient les plus barbares des maîtres ou des fujets.

L'incertaine domination de l'Angleterre fur cette contrée ne ceffa d'être troublée par les révoltes des grands feudataires. Jufqu'au règne de Jacques I, l'hiftoire de l'*Irlande* n'offre qu'une anarchie enfanglantée, que des brigandages, des affaffinats, des mœurs belliqueufes, mais atroces;

pas une idée jufte dans le gouvernement anglois pour remédier à cette barbarie, pas une trace de légiflation raifonnée, ni de liberté ou d'induftrie dans la nation.

Jacques I entreprit de la civilifer, & réuffit du moins à adoucir la condition des habitans. On fubftitua les loix angloifes aux coutumes fous lefquelles l'*Irlande* gémiffoit. Jufqu'alors, la nobleffe avoit joui du droit d'affaffiner impunément, moyennant une foible amende pécuniaire. On peut juger de l'efprit qui gouvernoit cette contrée, par la réponfe de lord Maguire, l'un des feigneurs les plus turbulens & les plus accrédités. Le viceroi Fitz-Williams lui manda qu'il envoyoit un fhérif dans fon comté pour y adminiftrer la juftice. « Votre fhérif fera bien reçu, lui répondit » Maguire; mais commencez par l'évaluer, afin » que fi l'un de mes gens lui coupe la tête, je » puiffe impofer fur le comté la fomme qu'elle » vaut ».

Jacques I ne fe borna point à tirer l'*Irlande* de cette fauvage groffiéreté; il améliora encore le fort du peuple; il limita les redevances exigées par les feigneurs, & réprima leurs exactions; il introduifit la connoiffance des arts, de la police & de l'agriculture, &c.

Mais, à chaque occafion, les mœurs primitives ont repris leur afcendant: pas un règne où les révoltes particulières n'aient recommencé; & ne perdons pas de vue qu'aucune de ces infurrections n'eut le peuple pour agent, ni la liberté pour objet. Cromwel, après avoir dompté les rebelles d'*Irlande*, en fit fortir quarante mille de ce royaume, & il vouloit en réformer la génération entière. Celle qui venoit d'égorger cinquante mille proteftans par haine de religion, n'étoit pas en effet fort à regretter.

Sous les Stuarts, l'Irlande fut un champ de carnage: la guerre civile y avoit choifi fon domicile, & ne l'abandonna qu'à la dernière extrémité. Les Wighs & le presbytérianifme l'ayant emporté à force de combats & de profcription, l'*Irlande* fut paifible fous les règnes de George I & de fon fucceffeur. Le parlement s'occupa de l'intérêt national, des manufactures, du commerce, de l'agriculture: il fut fecondé par la fage adminiftration du lord Carteret & du duc de Dorfet, vice-rois fucceffivement.

A la rupture de l'Angleterre avec fes colonies, on vit fermenter en *Irlande*, dans quelques têtes, les idées politiques que la Grande-Bretagne & l'Europe entière difcutoient. Le même parti qui ne ceffoit de vanter fon patriotifme, en cenfurant celui du miniftère, échauffa les efprits en *Irlande* comme il les avoit échauffés en Amérique: les liaifons, les intrigues, les pamphlets, les promeffes commencèrent. On avoit mis alors, à la tête des infurgens irlandois, l'un des feigneurs les plus puiffans dans la contrée par fes alliances & par fa fortune. Aucun but d'ailleurs déterminé, fauf celui d'embarraſſer le miniſtère anglois. Celui-ci ne ſe méprit point ſur ces manœuvres ; il ſe tira d'embarras par des conceſſions ſucceſſives, au-delà deſquelles on ne voyoit plus qu'un pas à faire, celui de former des deux iſles deux états abſolument diſtinɛts.

Le parlement d'*Irlande* fut affranchi de toute ſubordination à celui de la Grande-Bretagne, & ſon pouvoir légiſlatif déclaré indépendant, ainſi que les tribunaux du royaume : tous les ſtatus contraires furent révoqués : des privilèges de com-merce contre leſquels tous les fabricans anglois ſe récrièrent, furent accordés ; l'union cimentée par ces largeſſes, parut devenir inaltérable.

M. Grattan qui s'eſt montré un moment le plus zélé & le plus éloquent des défenſeurs de ſa na-tion, tous les citoyens ſages qui penſoient comme lui, ne virent, au-delà de ces demandes obte-nues, que des chicanes inutiles, des prétentions illuſoires, mille dangers pour un avantage ; mais les mains qui avoient allumé le premier incendie, prirent ſoin d'en entretenir les étincelles. Les vo-lontaires furent conſervés ; les pétitions recommen-cèrent, tantôt pour un objet, tantôt pour un au-tre, & quelquefois contradiɛtoirement. Le parle-ment d'*Irlande* s'étant refuſé à toutes ces nouveau-tés indiſcrettes, les mécontens enveloppèrent dans leur animadverſion le gouvernement, le parlement & tous les patriotes ſatisfaits des précédentes con-ceſſions.

La fermentation eſt encore aſſez vive. Quel-ques ambitieux, quelques déclamateurs hardis, aidés de l'oppoſition britannique, ſont les reſſorts de ce mouvement : mais les trois quarts de la nation n'y attachent, ne peuvent y attacher le moindre intérêt. En effet, que ſignifient leurs griefs ? Les volontaires ſe diſent eſclaves ſi la re-préſentation au parlement n'eſt pas changée, & ſi ce parlement ne devient pas annuel : ſes anglois ſeroient donc auſſi eſclaves par la même raiſon.

Ils voudroient qu'on laiſſât un plein eſſor à leur induſtrie ; mais le moment n'eſt pas encore venu : il eſt difficile, d'après les préjugés & la morgue nationale qui ſubſiſte encore en Angleterre, qu'un pays conquis qui ſe trouve ſans marine & ſans force, qui n'eſt pas accablé d'impôts comme l'An-gleterre, partage tous les privilèges de la nation conquérante, redoutable par ſon énergie & par ſa marine, & bien inſtruite que la liberté abſolue des manufaɛtures & du commerce des irlandois, nuiroit aux manufaɛtures & au commerce de l'An-gleterre : nous reviendrons ſur cet objet à la fin de l'article.

Autrefois les habitans s'occupoient preſqu'uni-quement de l'éducation du bétail ; ils donnent aujourd'hui une partie de leurs ſoins à l'agricul-ture. Les pommes de terre ſont devenues une nourriture commune, & on les mange au lieu de pain. La culture du lin & du chanvre proſpère de jour en jour. La pêche pourroit être plus con-

ſidérable. On exploite des mines de plomb & de cuivre.

Une ſociété, qui ſe nomme *corporation for pro-moting and carrying on an inland navigation in Ir-land*, eſt chargée de veiller à l'amélioration du pays. Elle eſt compoſée du lord-lieutenant, de l'archevêque d'Armagh, du lord-chancelier, de trois autres évêques, & de vingt députés des quatre provinces. Elle encourage par des récom-penſes les entrepriſes utiles à l'agriculture ; elle fait deſſécher les marais & défricher les landes ; elle travaille à rendre les rivières navigables ; elle creuſe des canaux ; l'objet de ces ſoins eſt l'ac-croiſſement du commerce. Pour être en état de ſubvenir aux dépenſes, elle lève les impoſitions miſes ſur les dez, les cartes à jouer, les caroſſes & l'argenterie. L'*Irlande* tire de l'Angleterre tou-tes les marchandiſes dont elle a beſoin ; mais elle commerce auſſi immédiatement avec la Hollande, la Flandre, le Portugal & l'Eſpagne ; elle leur livre ſes peaux, ſon talc, ſes bœufs, ſon beurre, de la viande ſalée & de la toile ; elle en reçoit pour paiement de l'argent comptant, qu'elle don-ne aux anglois pour leurs marchandiſes. Les ir-landois envoyoient autrefois leurs étoffes de laine en Hollande & en Eſpagne ; mais comme ils pou-voient les donner à meilleur marché que les an-glois, le parlement en défendit bientôt l'exportation chez l'étranger.

L'Angleterre avoit mis bien d'autres entraves au commerce de l'*Irlande*. Ce dernier pays ayant fait des progrès, s'eſt agité au milieu de ſes chaî-nes durant la guerre de la métropole contre les colonies, ainſi que nous le diſions tout-à-l'heure. Des orateurs véhémens ont entraîné l'opinion pu-blique ; des corps nombreux de volontaires ſe ſont armés pour recouvrer la liberté du commerce & la liberté politique : l'Europe s'attendoit à une grande révolution : mais on eſt venu à bout de gagner les principaux chefs, & l'*Irlande* n'a ob-tenu que l'abolition & la modification de quelques loix de commerce qui lui étoient déſavantageuſes : la fermentation ſemble continuer ; mais l'Angle-terre ne paroît pas inquiète. Si un obſervateur étranger peut haſarder ici ſon opinion, nous nous permettrons de dire que l'*Irlande* parviendra vrai-ſemblablement un jour à être traitée comme l'É-coſſe ; mais que cette époque que diverſes cir-conſtances peuvent accélérer, n'eſt pas encore venue. L'adminiſtration angloiſe s'appercevra que, s'il eſt de l'intérêt de quelques négocians ou de quelques manufaɛturiers de conſerver l'ancien ré-gime, il eſt aſſez indifférent à l'Angleterre, comme état, que l'*Irlande* obtienne tous les pri-vilèges de l'Écoſſe ; mais ce qui arrêtera l'admi-niſtration, c'eſt que le nombre des catholiques eſt plus conſidérable que celui des proteſtans, comme on le verra plus bas, & que l'Angleterre craindra long-tems d'incorporer une nation preſ-que toute catholique à une nation de proteſtans,

Quoi qu'il en foit de ces remarques, voici des détails fur le commerce actuel de l'*Irlande*, dont nous ne garantiffons pas l'exactitude, où nous entrevoyons même plufieurs erreurs.

Dans les bonnes années, comme le fut celle de 1782, l'exportation des toiles d'*Irlande* monta à 25 millions de verges. En 1782, l'Angleterre en reçut 24,692,072 qui valoient 1,646,138 liv. fterl. Cet article feul balance prefqu'entiérement l'importation des marchandifes angloifes en *Irlande*. — Les étoffes de laine de cette dernière ifle n'ont pas encore atteint la perfection de celles d'Angleterre, quoique depuis 1780 l'*Irlande* emploie la plus grande partie de fes laines. — La pêche du hareng fur les côtes du nord-oueft augmente confidérablement d'année en année ; mais jufqu'ici les écoffois ont fu tirer le meilleur parti de cette pêche. Cependant depuis que les irlandois s'en mêlent, l'importation du hareng fuédois eft diminuée de la moitié, & l'*Irlande* a pu exporter 24,000 tonneaux de fes harengs. — Les manufactures de foieries font auffi des progrès. La ville de Dublin occupe 1500 ouvriers à cette branche d'induftrie. L'importation de la foie crue & filée venant d'Angleterre, a été jufqu'ici de 80 à 100,000 livres pefant : en 1783, cette importation s'éleva jufqu'à 114,798 livres pefant ; mais, malgré l'induftrie nationale des irlandois, ils ne peuvent encore fabriquer affez d'étoffes de foie pour fe paffer de celles d'Angleterre. — Les manufactures de coton deviennent très-importantes ; elles occupent près de 30,000 individus : le cheflieu de ces manufactures eft la ville de Profperous dans le comté de Kildare. — Les fabriques de fer font améliorées dans ce royaume ; mais elles ne s'éleveront jamais à l'état floriffant des fabriques angloifes, parce que les irlandois n'ont pas les mêmes moyens de les faire fleurir. En 1783, il a été importé en *Irlande* 144,187 quintaux de fer brut, dont 83,489 de la Suède, & 61,943 de l'Angleterre. — Les verreries de l'*Irlande* font en bon état, & elles envoient beaucoup de marchandifes en Amérique & en Portugal. — L'*Irlande* ne fabrique pas encore affez de bas pour fa confommation. En 1783, elle reçut de l'Angleterre 23,744 paires de bas de coton, 60,570 de fil, & 7944 de laine. — « On croit communément, (ajoute le papier qui nous fournit ces détails, & qui paroît encore fufpect fur cette remarque), que l'*Irlande* perd dans fon commerce avec l'Angleterre, mais c'eft une erreur ; au contraire, elle gagne fur l'Angleterre de 4 à 800,000 liv. fterlings par année. Voici la fource de cette erreur : aux douanes d'Angleterre, les toiles irlandoifes font évaluées fort au-deffous de leur véritable valeur ; la verge n'y eft portée qu'à la valeur de 8 pences, tandis qu'elle en vaut réellement 15 à 17 ». L'*Irlande* achète de l'Angleterre beaucoup de marchandifes des Indes orientales. Depuis 1781 jufqu'en 1783, elle en avoit fait venir pour 1,056,0501.

fterl. Le feul thé faifoit un objet de 815,399 liv. fterl. — L'*Irlande* paye avec fon beurre prefque toutes les marchandifes qu'elle reçoit du Portugal ; en 1782, elle y en a envoyé 46,000 quintaux, & pour 37,000 liv. fterl. de marchandifes d'étoffes de laine. La France reçoit de l'*Irlande*, année commune, de 70 à 80,000 tonneaux de viande falée, & plus de 20,000 quintaux de beurre. L'importation des eaux-de-vie, du papier, &c. de France en *Irlande*, eft diminuée : en 1765, l'importation des eaux-de-vie de France monta à 739,864 galons, & feulement à 386,000 en 1777 — Le commerce de l'*Irlande* avec les états du nord eft à fon défavantage. — En 1783, les befoins de ce royaume exigèrent un fubfide de 1,098,184 liv. fterl. ; les revenus montoient alors à 1,329,880 liv. fterlings ; mais dans cette fomme eft comprife celle de 145,000 l. de dettes arriérées. — La dette nationale forme un objet de 2,131,625 liv. fterl.

Nous trouvons dans un autre papier un état des revenus & des dépenfes de l'*Irlande*, qui ne paroît guères plus exact.

« Le revenu ordinaire, dit ce papier, monte à 1,300,000 liv. fterl. ; les anciens impôts additionnels à 380,000 ; les nouveaux à 140,000 ; les impôts du timbre, les amendes, &c. à 80,000 ; ce qui, en défalquant 500,000 liv. fterlings que coûtent les perceptions & autres objets, forme un total net de 1,300,000 livres fterlings. Voici l'état des dépenfes. Lifte civile, 330,000 liv. fterl. ; établiffement militaire, 938,000 ; dépenfes extraordinaires, 432,000. Total, 1,700,000 liv. fterl. de manière que la dépenfe furpaffe la recette de 400,000 liv. fterl. ».

Enfin un autre papier fait à l'*Irlande* ce reproche, dont nous ne pouvons apprécier la juffeffe.

« Il eft extraordinaire que le parlement d'*Irlande* n'ait jamais porté fon attention fur la conftitution pécuniaire de la tréforerie de ce royaume. En Angleterre, pour adminiftrer un revenu annuel de 15 millions fterl. par des officiers conftamment attachés à leurs bureaux, & occupés fans relâche, l'état paye 14,400 liv. fterl. de falaires ; favoir, au premier lord de la tréforerie, 4000 liv. fterl. ; aux quatre autres lords adjoints, 6400 liv. fterl. ; au chancelier de l'échiquier, 2000 liv. fterlings ; & aux deux fecrétaires, 2000 liv. Mais en *Irlande*, pour négliger la geftion d'un revenu de 1,200,000 liv. fterl. par année, on paye au grand-tréforier 2000 liv. fterl. ; à trois vice-tréforiers toujours abfens, 8500 liv. fterl. ; au chancelier de l'échiquier, 2000 liv. fterl. ; & aux autres officiers, 2000 liv. fterlings ».

L'*Irlande* contient 11,042,642 arpens, 32 comtés, 2293 cures, 260 baronies, & 118 boroughs (bourgs) qui envoient des députés au parlement. En 1754, on y comptoit 395,439 maifons ; & en

1766 il y en avoit 424,046. Le nombre des habitans se montoit en 1776 :

	protest.	cathol.
Dans la province de Leinster, à	214,173	474,863
Dans celle d'Ulster, à	379,217	194,602
Dans celle de Connaught, à	23,718	246,142
Dans celle de Munster, à	134,061	494,738
	751,169	1,410,445

Ainsi la population totale est de 2,161,514 habitans.

L'*Irlande* est obligée d'entretenir à ses frais un corps de troupes qui est ordinairement de douze mille hommes, de donner tous les ans 12,000 liv. sterl. au vice-roi que le roi d'Angleterre y envoie, & de payer toutes les charges qui la concernent. L'Angleterre est obligée de la secourir & de la défendre par mer. L'*Irlande* est un pays conquis, & elle est traitée sur ce pied : il falloit toutefois, même à l'époque des derniers changemens, que les loix du parlement d'Angleterre fissent mention de l'*Irlande*, sans quoi elle n'étoit pas tenue de s'y conformer.

Le tribunal suprême de ce royaume est le parlement. Le vice-roi le convoque selon le bon plaisir de sa majesté, & il a aussi le droit de le dissoudre : en 1768, le roi a consenti que chaque parlement durât huit ans. Les autres collèges sont : *the court of castle chambre*, *the chancery*, *king's bench*, *common—pleas* & *l'exchequer*.

Voyez les articles ANGLETERRE & ECOSSE.

ISENBOURG, états des comtes d'*Isenbourg*. Le haut-comté d'*Isenbourg* (Ober-Isenbourg) est distingué du bas-comté (Nieder-Isenbourg), & situé en grande partie dans la Wetteravie : on trouvera à la fin de cet article ce qui regarde le bas-comté d'*Isenbourg*. Le haut-comté d'*Isenbourg* est composé, en partie de la seigneurie de Budingen, érigée en comté par l'empereur Frédéric III en 1442, & qui s'étend depuis le bailliage de Bucherthal au comté de Hanau, jusqu'au Vogelsberg; il comprend une partie du district de Dreyeich, qui provient de la succession de Munzenberg & Falkenstein, situé sur la rive gauche du Mein, & incorporé au grand bailliage d'Offenbach. Son sol est parsemé de champs fertiles, de prairies excellentes, & de pâturages sur lesquels on nourrit beaucoup de bestiaux : il offre quelques vignobles & de belles forêts, telles que la forêt impériale de Dreyeich ou des trois-Chênes, dont une grande partie a passé, dans le dernier siècle, au landgrave de Darmstadt avec le bailliage de Kelsterbach; celle de Budingen, qui, avec le droit de chasse & de gruerie, fait un des principaux domaines, dont les comtes d'*Isenbourg* reçoivent l'investiture de l'empereur & de l'Empire, outre la sous-maîtrise qui y est attachée, & qui consiste en certains droits que le comte Louis

achèta en 1484 de Balthasar, maître des forêts de Gelnhausen.

Précis de l'histoire politique. Les comtes d'*Isenbourg*, qui avoient leur siège & leurs terres sur le moyen Rhin, sont connus dès le milieu de l'onzième siècle. Le premier que citent des documens authentiques, fut Reinhold ou Renaud, dont le fils Gerlac premier laissa deux enfans, Gerlac II & Henri, qui, vers le milieu du douzième siècle, formèrent deux branches séparées. Celle de Gerlac II en possession du bas-*Isenbourg*, dont elle portoit le titre, subsista jusqu'en 1664, & finit à la mort du comte Erneste. Gerlac, l'un des fils de Henri, fonda la branche d'*Isenbourg*-Grensau, qui s'éteignit en 1349 à la mort de Jean I, dont la succession passa en grande partie à ses deux sœurs Louise & Adélaïde, femmes de Guillaume, comte de Wied, & de Salentin, comte d'*Isenbourg*. Louis, chef de la ligne de haut-*Isenbourg*, partagea la succession paternelle avec son frère, & épousa Heilwigie, fille aînée de Gerlac, dernier seigneur de Budingen, qui lui apporta une partie de cette seigneurie. Ses successeurs en acquirent encore plusieurs lambeaux, par des pactes d'alliance ou par des achats; lorsque la tige mâle de Budingen s'éteignit au commencement du treizième siècle, sa succession fut partagée entre les maisons d'*Isenbourg*, de Brauneck, de Brenberg & de Trimberg, d'où sortoient les quatre gendres de Gerlac, dernier seigneur de Budingen : mais celle de Brauneck ayant fini vers l'an 1390, sa part échut aux trois autres en vertu du pacte conclu entr'elles; & la tige mâle de Brenberg ayant également fini sans laisser d'autres héritiers que deux filles, comtesses de Wertheim, sa portion leur échut; & elles la portèrent par moitié à leurs époux; l'une à un seigneur d'*Isenbourg*, l'autre à un seigneur d'Epstein, du chef duquel la maison de Stolberg la possède encore aujourd'hui. La branche de Trimberg s'éteignit dans la suite, & sa part passa aux maisons d'*Isenbourg*, de Rodenstein & de Hanau, partie par achat, partie à titre de succession ganerbinale; & la maison de Hesse-Darmstadt tient aujourd'hui, par droit de conquête, ce qui en appartenoit à Rodenstein. Lothaire, fils de Louis d'*Isenbourg*, avoit deux fils, dont le second, nommé Philippe, eut Grensau & d'autres domaines; son petit-fils Philippe mourut sans enfans en 1439, & ses deux sœurs Mechtilde, épouse du comte de Nassau-Beilstein, & Adélaïde, femme du comte de Nieder-Isenbourg, s'emparèrent de la plus grande partie de sa succession, tandis que Thierry, comte de haut-Isenbourg, quoique plus proche parent, fut obligé de se contenter d'une partie de Vilmar. Le comte Louis, son successeur, fut néanmoins augmenter ses états de plusieurs domaines; & ses deux fils, Philippe & Jean, fondèrent en 1516 les branches de Ronnenbourg & de Birstein; la première s'éteignit

teignit en 1606 : l'autre exiſte encore & elle eſt partagée en pluſieurs rameaux.

Aujourd'hui cette maiſon d'*Iſenbourg* forme deux lignes principales : 1°. celle d'Offenbach-Birſtein, élevée à la dignité de prince de l'Empire dès 1744; la branche de Philippſeich eſt appanagée & au rang des comtes : 2°. la ligne de Budingen, partagée d'abord en quatre branches régnantes; mais qui depuis l'extinction de celle de Marienborn, arrivée en 1724 à la mort du comte Charles-Auguſte, n'en conſerve plus que trois; ſavoir, celles de Budingen, de Vœchterbach & de Meerholz.

Le titre actuel des ſeigneurs de cette maiſon eſt : *princes & comtes* d'Iſenbourg & de Budingen.

Ces quatre lignes régnantes ont voix & ſéance au collège des comtes de la Wetteravie & aux aſſemblées du cercle du haut-Rhin : leur taxe matriculaire eſt répartie de cette manière; celle de Birſtein paye 69 flor. 57 kr.; celle de Budingen 23 flor. 42 & demi kr.; celle de Wœchterbach 22 flor. 16 kr.; celle de Meerholz 14 flor. 19 trois quarts kr.; & le landgrave de Heſſe - Darmſtadt pour ce qu'il y poſſède, 28 flor. Leur contingent militaire eſt de deux compagnies d'infanterie; ils payent à la chambre impériale 47 écus 35 & demi kr. pour Birſtein; 16 écus 5 & demi kr. pour Budingen; 15 écus 8 kreut. pour Wœchtersbach; 9 écus 64 kr. pour Meerholz, & 25 écus 33 trois quarts kr. pour Darmſtadt.

Les poſſeſſions reſpectives de differentes branches dans ce comté ſont :

Pour Iſenbourg - Birſtein.

1°. La juriſdiction de Reichenbach.
2°. La juriſdiction de Wenings.
3°. La juriſdiction de Wolfenborn, fief d'Empire, qui en 1687 fut partagé entre les deux branches d'Iſenbourg; celle de Birſtein y poſſède Hitzkirchen, Keffenrothe & Binſachſen.
4°. La juriſdiction de Selbold, mouvante de l'empereur, de l'Empire & de l'électeur de Mayence, & dont le ſol produit de très-bon vin, ſur-tout près d'Eiſenberg.
5°. La juriſdiction de Laugen-Diebach, limitrophe du bailliage de Bücherthal, & relevant de l'électeur de Mayence.
6°. Le grand bailliage d'Offenbach.

Pour Iſenbourg - Budingen.

1°. La juriſdiction de Budingen, fief impérial.
2°. La juriſdiction de Düdelsheim ou Dilsheim, qui eſt un démembrement de celle d'Ortenberg.
3°. La juriſdiction de Mockſtatt, qui eſt proprement un quart du Ganerbinat de Staden, dont la maiſon d'Iſenbourg-Budingen obtint en 1662 la ſeigneurie & le domaine utile ſous la directe de l'archevêché de Mayence.

Pour Iſenbourg-Wœchtersbach.

1°. La juriſdiction de Wœchtersbach.
2°. La juriſdiction de Spielberg, mouvante de l'empereur & de l'Empire, & qui s'étend ſur onze villages & pluſieurs fermes.
3°. La juriſdiction de Wolfenborn.
4°. Ronnenbourg, ancien château.
5°. La juriſdiction d'Aſſenheim, qui comprend la part de la famille de Wœchtersbach à la petite ville d'Aſſenheim, & les villages de Bœnſtatt & de Bruchenbrücken.

Pour Iſenbourg - Meerholz.

1°. La juriſdiction de Meerholz.
2°. La juriſdiction de Gründau ou de Lieblos, fief d'Empire, dont le ſol produit du bon vin.
3°. La juriſdiction d'Eckardshauſen.

Le bas-comté d'*Iſenbourg* eſt ſitué près du cercle de Wied, dans le cercle de Weſtphalie; il avoit autrefois ſes comtes particuliers, qui le poſſédoient à titre de fief mouvant, partie de Trèves & partie de Cologne. Erneſte, le dernier de ſes comtes, étant mort en 1664 ſans poſtérité, l'électeur de Trèves en retira les terres de ſa directe; & comme elles faiſoient la majeure partie du comté, il prit le rang & la voix qui lui appartenoient dans les diètes du bas-Rhin. Les comtes de Wied avoient fait des démarches pour s'emparer de cette ſucceſſion en qualité de plus proches héritiers; mais leurs commiſſaires & leurs troupes en furent chaſſés par l'électeur de Trèves : il en réſulta un procès qui eſt encore pendant au conſeil aulique de l'Empire. Le bourg & le château d'*Iſenbourg* avec la paroiſſe de Meyſcheid relèvent de l'évêché de Fulde, qui en avoit accordé l'expectative aux barons de Walderdorff avant la mort du comte Erneſte. Après ſon décès, ceux de Wied leur diſputèrent la validité de cette expectative; mais, par un accommodement conclu en 1665, les deux parties réſolurent de tenir en commun l'objet conteſté, comme relevant de l'abbaye de Fulde; & ils déclarèrent qu'au défaut d'héritiers mâles dans l'une des deux familles, ceux de l'autre ſuccéderoient ſans oppoſition.

La taxe matriculaire de ce comté eſt de deux cavaliers & huit fantaſſins ou de 56 florins. Sa contribution pour l'entretien de la chambre impériale eſt par terme, de 40 écus 54 kr., dont l'électeur de Trèves paye 30 écus 40 & demi kr. Le comte de Wiedrunkel 7 écus 54 & demi kr. & le baron de Walderdorf 2 écus 48 & demi kreutſers.

ISLANDE, iſle de la mer Atlantique, qui appartient au Danemarck.

L'*Iſlande* eſt ſituée dans la partie ſupérieure de

L

la mer Atlantique, à 120 milles à-peu-près de Drontheim, & à 60 milles du Groenland.

Sa longueur est d'environ 120 milles suédois, & sa plus grande largeur de 50 milles; sa largeur est réduite au quart de cette quantité dans les parties les plus étroites.

Elle n'offre, à proprement parler, qu'une chaîne immense de montagnes, qui s'étendent du levant au couchant, & dont le penchant & les vallées servent de retraite aux habitans. Plusieurs de ces montagnes sont toujours couvertes de neige & de glaces.

Industrie. On se servoit autrefois de chariots & de charettes dans ce pays; mais aujourd'hui le transport s'y fait communément sur des chevaux qui passent chaque année par-dessus les montagnes du septentrion au midi, chargés de beurre, d'étoffes de laine & d'autres marchandises; les mêmes chevaux ramènent celles que le pays ne fournit point. Les chevaux sont petits, ainsi que dans tous les autres pays septentrionaux; mais ils sont vigoureux & assez vifs : on les tient hiver & été en plein air, & ils sont obligés de chercher leur nourriture sous la neige & sous la glace; on ne met à l'écurie que les chevaux de monture : on les traite de la même manière dans les *Etats-Unis.* Les islandois laissent courir librement sur les montagnes les chevaux dont ils ne se servent pas; & lorsqu'ils en ont besoin, ils les reconnoissent à leurs marques. L'entretien des moutons est considérable; une seule personne, dans les cantons où l'on se livre le plus à ce genre d'industrie, en nourrit trois, quatre jusqu'à cinq cents : on les enferme dans des étables pendant la nuit en hiver, & souvent même pendant le jour, lorsque le temps est mauvais. Ceux qui demeurent au sud de l'isle, sont plus adonnés à la pêche, & laissent l'hiver & l'été leurs brebis errer dans la campagne; mais ils les retirent dans des souterrains lorsque la saison est mauvaise. Lorsqu'il y a peu de neige & qu'on espère du beau temps, on fait sortir les moutons, pour qu'ils fouillent leur nourriture sous la neige; & si une grande quantité de neige les surprend, ils se forment en peloton, joignent leurs têtes & se laissent enneiger; souvent même ils sont tellement pris par la glace, qu'ils ne peuvent plus se détacher, & que les habitans, après les avoir cherchés avec beaucoup de fatigue & de peine, les viennent délivrer : souvent ils sont écrasés par le poids de la neige. Quand ils ont passé ainsi quelques jours sous un tas de neige, ils se rongent la laine les uns les autres; mais ils en deviennent malades. La partie extérieure de leur laine est grossière, l'intérieure est un peu meilleure.

Population. On peut évaluer le nombre des habitans de l'Islande à 50,000. A proprement parler, on ne trouve pas de ville dans toute l'étendue de l'isle; cependant on donne ce nom aux maisons bâties, autour des vingt-deux ports

qu'on y rencontre. Le pays n'offre pas non plus de villages, chaque ferme est bâtie séparément; mais comme ces fermes sont composées de vingt, trente jusqu'à cinquante édifices, elles ressemblent beaucoup à des villages.

Les islandois sont naturellement robustes; mais les travaux pénibles auxquels la mer & la pêche les assujettit, les affoiblissent au point qu'à l'âge de cinquante ans ils sont accablés d'infirmités; ils éprouvent sur-tout des maladies de poitrine, & ils parviennent rarement à un âge avancé.

Manufactures. Comme ils sont obligés d'acheter leur bois de la manufacture danoise, ils bâtissent leurs maisons avec toute l'économie possible, & elles sont bien chétives. Lorsque la pêche & la nourriture du bétail leur laissent du loisir, sur-tout en hiver, les hommes, les femmes & les enfans travaillent en laine, tricottent des chemisettes de laine, des gants, des bas, &c. du wadmal; mais leurs métiers sont mal construits; cependant ils en ont été fournis peu-à-peu par les danois.

Commerce. Dans les temps antérieurs, les hollandois, les hambourgeois & la ville de Bremen firent le commerce de cette isle. Christian IV l'enleva en 1602 aux étrangers, & établit à Copenhague une compagnie à laquelle il accorda des privilèges considérables, mais qu'il révoqua en 1662. Dans la suite, on partagea le pays en quatre districts, & on afferma son commerce & ses revenus. En 1684, le commerce d'*Islande* fut mis publiquement à l'enchère; & en 1733 la compagnie d'*Islande* & de Finmarck, établie à Copenhague, se chargea de cette ferme, & envoya annuellement vingt vaisseaux aux quatorze ports appellés *ports au poisson*, & huit à ceux appellés *ports à la viande.* Le roi Frédéric V donna aux islandois deux grands vaisseaux & plus de 50,000 rixdallers pour l'établissement de leur commerce & de quelques pêcheries, & pour le soutien de leurs manufactures; il supprima aussi, en 1759, la compagnie d'*Islande* & de Finmarck, afin que les habitans de cette isle pussent par leur propre commerce, exporter avec plus d'avantage leurs denrées & marchandises, & se procurer celles dont ils auroient besoin. Les marchandises qu'ils vendent aux étrangers, sont du poisson sec, du mouton salé, quelque peu de bœuf, du beurre, de l'huile de baleine, beaucoup de suif, des gilets ou chemisettes de wadmal, de diverses qualités; des bas & des gants de laine; de la laine écrue, des peaux de moutons, d'agneaux, de renards de différentes couleurs, du duvet & des plumes. Les marchandises qu'ils reçoivent, sont : du fer en barre, des fers de cheval, des bois de charpente, de la farine, de l'eau-de-vie, du vin, du tabac, du sel, de la grosse toile, quelques étoffes de soie, &c. &c.

Religion. L'exercice de la religion protestante

eſt ſeule permiſe en *Iſlande*. Les égliſes ſituées dans les quartiers du levant, de l'occident & du midi, ſont ſous l'inſpection de l'évêque de Skalholt, & celles du quartier ſeptentrional dépendent de celui de Hoolum.

Précis de l'hiſtoire politique de l'Iſlande. Le gouvernement tyrannique de Harald, roi de Danemarck, ſurnommé *Pulchricomus*, ayant forcé beaucoup de danois diſtingués à ſe réfugier dans la Norwège, ils ſe retirèrent dans cette iſle, & en devinrent les premiers habitans. Ingulf & Hiozleif y abordèrent en 870, & quatre années après ils s'y établirent avec leurs familles. Les deux endroits où ils ſe fixèrent, portent encore aujourd'hui leur nom. Ingulf trouva le pays inculte, déſert & couvert d'épaiſſes forêts; mais il découvrit des indices, d'après leſquelles il jugea que le pays avoit été peuplé. Vers le milieu du dixième ſiècle ou peu après, les iſlandois eurent quelques connoiſſances de la religion chrétienne; mais ce ne fut qu'un demi-ſiècle après qu'elle fut publiquement adoptée, c'eſt-à-dire, en l'année 1000. L'égliſe cathédrale de Skalholt, ainſi que l'école qui en dépend, fut élevée en 1057 par le premier évêque Islef. L'évêché, la cathédrale & l'école de Holum furent érigés en 1106. Le gouvernement des iſlandois fut ariſtocratique pendant environ 387 ans, & nous entrerons tout-à-l'heure dans quelques détails ſur ſa conſtitution. Ils ſe ſoumirent volontairement en 1261 à Haquin, roi de Norwège, & obéirent à ſes ſucceſſeurs juſqu'en 1387, époque où ils paſſèrent avec les norwégiens ſous la domination danoiſe, qu'ils reconnoiſſent encore aujourd'hui. La réformation ne fut établie qu'en 1551, après avoir cauſé beaucoup de troubles. Les corſaires algériens ſurprirent cette iſle en 1627; ils s'y permirent des cruautés & des aſſaſſinats ſans nombre, & ils enlevèrent 242 perſonnes. En 1687, des corſaires turcs vinrent de nouveau enlever beaucoup d'hommes & de marchandiſes.

Adminiſtration actuelle. L'adminiſtration civile de cette iſle eſt confiée à un gouverneur, bailli diocéſain, qui fait ſa réſidence ordinaire à Copenhague, & dont la juriſdiction s'étend ſur les iſles de Féroër; il a ſous lui un bailli qui demeure à la ferme royale de Beſſesſtader. Il y a de plus en *Iſlande* un landvogt ou ſénéchal, qui eſt chargé de la perception des revenus de la couronne, & qui en rend compte à la chambre des finances: il demeuroit autrefois à Beſſesſtader, & aujourd'hui à Widoë-Kloſter.

Revenus. Ces revenus comprennent: 1°. le produit des fermes de tous les ports de l'iſle, qui monte annuellement à environ 16,000 rixdallers: 2°. celui des impôts & de la dixme: les habitans ſont dans l'uſage de l'acquitter en poiſſons, & il eſt affermé à des particuliers: 3°. la rente des couvens ſécularisés & des biens royaux: 4°. le produit des barques royales: 5°. le prix

de 138 aunes & demie de wadmal, que chaque ſyſſel ou diſtrict eſt obligé de livrer; celui de 892 paires de bas que tous les diſtricts enſemble fourniſſent, & celui de 344 quintaux de poiſſon, contribution de quelques diſtricts.

Adminiſtration de la juſtice.

Il y a de plus deux langmanns ou juges ſupérieurs, dont l'un a dans ſon reſſort les quartiers ſitués vers le midi & l'occident, & l'autre ceux qui ſont vers le couchant & le nord: chacun d'eux a un lieutenant ou juge inférieur. Enfin on y compte vingt-un ſyſſelmanners ou juges de diſtricts, dont les fonctions ſont les mêmes que celles des prévôts en Danemarck, & qui, outre cela, perçoivent les impôts des diſtricts affermés. L'*Iſlande* contient dix-huit de ces ſyſſels ou diſtricts; ceux qui ſont vers l'orient, ont, à cauſe de leur étendue, deux juges chacun: il y en a un particulier pour les iſles de Weſtmann. L'appel de leurs jugemens eſt porté aux aſſiſes, appellées *lang-gericht*, leſquelles ſe tiennent tous les ans à Oexeraë le 18 juillet: chaque langmann a huit aſſeſſeurs. La troiſième & dernière inſtance eſt portée au tribunal ſupérieur, qui ſiège à la même époque & au même lieu que les aſſiſes: le bailli y préſide au nom du gouverneur ou bailli diocéſain, & eſt aſſiſté d'un langmann & de onze aſſeſſeurs. L'appel de quelques cauſes eſt porté au conſeil ſuprême de Copenhague.

Diviſion. Suivant la diviſion commune, l'*Iſlande* eſt partagée en quatre quartiers, fixés par les montagnes & nommés d'après les quatre points cardinaux. Le quartier ſeptentrional comprend le diocèſe de Hoolum, compoſé de cent égliſes; les trois autres appartiennent au diocèſe de Skaalholt, ſous lequel ſont 163 égliſes.

Remarques ſur l'ancienne adminiſtration de l'Iſlande. La colonie des norwégiens, chaſſée par la tyrannie d'un de leurs rois qui alla s'établir en *Iſlande*, s'y occupa de la rédaction d'un code, & prit toutes les meſures néceſſaires, afin de donner à cette iſle une forme de gouvernement aſſez régulière pour aſſurer l'indépendance & le repos de la peuplade.

L'adminiſtration des iſlandois fut remarquable à pluſieurs égards; ils ſe diſtinguèrent par leur eſprit, par leur bon ſens & leur amour de la liberté. Rien ne les empêcha de ſuivre leurs mouvemens naturels; ſéparés de toutes les autres parties du monde par une vaſte étendue de mer, leurs inſtitutions furent moins corrompues que celles des autres peuples, & il ne paroît pas qu'ils aient tiré des autres états la forme de gouvernement, ſous laquelle ils vécurent pluſieurs ſiècles.

Suivant une diviſion que ſemble indiquer la nature, ils partagèrent cette iſle en quatre différentes provinces; ils établirent dans chacune un magiſtrat, avec le titre de *juge provincial*. Les provinces furent diviſées enſuite en deux diſtricts;

qui avoient chacun leurs juges, & chaque diftriét comprenoit un certain nombre de bailliages, qui tous avoient cinq juges inférieurs chargés d'adminiftrer la juftice en première inftance, de veiller à la tranquillité publique & au bon ordre, de convoquer les affemblées ordinaires & extraordinaires du bailliage, auxquelles affiftoient tous les tenanciers qui avoient un bien libre d'une certaine valeur. Ces affemblées choififfoient les cinq juges ou baillifs, qui devoient être recommandables par leur fageffe & leur expérience, & poffeder en outre un revenu affez confidérable, afin que la pauvreté ne les expofât pas au mépris & à la corruption. Dans les affaires très importantes, toute l'affemblée motivoit fon avis en détail. On ne permettoit pas de recevoir un nouveau membre dans la communauté fans le confentement général : ceux qui defiroient y être admis, s'adreffoient d'abord au canton, qui examinoit leur demande, & le rejettoit s'ils avoient manqué à l'honneur en quelques occafions, ou s'ils étoient pauvres; car la communauté pourvoyant à la fubfiftance de ceux des citoyens qu'un accident réduifoit à la mifère, il étoit de l'intérêt public d'en écarter ceux qui n'apportoient pas des richeffes en fe préfentant. Le fonds deftiné à ceux qui étoient dans le befoin, fe formoit des contributions des particuliers & du produit des amendes, qui étoient d'autant plus confidérables alors que l'on n'infligeoit guère d'autres peines.

De plus, cette même affemblée du bailliage jouiffoit du droit d'examiner la conduite des baillifs, d'entendre les plaintes qu'on portoit contre eux, & de les punir quand ils abufoient de leur autorité. Les membres ou les députés de dix de ces bailliages, formoient un des diftriéts dont on a parlé plus haut. Le chef d'un diftriét jouiffoit d'un pouvoir fort étendu. Il avoit le droit de convoquer les dix communautés pour leur demander du fecours, & il préfidoit à toutes les affemblées ordinaires ou extraordinaires; il ordonnoit auffi les facrifices & les cérémonies religieufes, qui s'accompliffoient dans le même lieu où on régloit toutes les affaires politiques & civiles.

On appelloit des fentences des baillifs des différentes communautés à cette affemblée, qui régloit d'ailleurs tous les différends entre les juges. Le préfident de l'affemblée recevoit le tribut que chaque citoyen devoit payer pour les dépenfes des cérémonies religieufes; & en fa qualité de grand-prêtre, il jugeoit ceux qu'on accufoit d'avoir profané les temples, d'avoir manqué de refpeét aux dieux, ou d'avoir donné d'autres preuves d'irréligion : il impofoit ordinairement à ces coupables, des amendes que l'affemblée lui accordoit enfuite, en l'obligeant à pourvoir à l'entretien des temples.

Quand il falloit délibérer fur des affaires d'une grande importance pour la nation, ou qui intéreffoient toute la province, tous les membres ou les députés des trois diftriéts fe réuniffoient & compofoient les états de la province. Ces affemblées provinciales ne fe tenoient pas réguliérement comme celles des bailliages dont on vient de parler, qu'on convoquoit au moins une fois par an. On ne fait pas précifément quel étoit l'objet de leurs délibérations : on peut fuppofer feulement qu'elles arrangeoient les différends entre les diftriéts d'une province, & qu'elles s'occupoient des moyens d'écarter les dangers qui menaçoient toute la peuplade.

Ces diverfes affemblées des bailliages & de la province relevoient des états-généraux de l'ifle, qui fe tenoient une fois chaque année : tous les bons citoyens fe croyoient obligés, par l'honneur & le devoir, d'y affifter. Le préfident étoit le juge fouverain : il exerçoit cette charge jufqu'à fa mort, mais il la recevoit des états : fes principales fonétions étoient de convoquer la diète générale, & de faire exécuter les loix; il pouvoit examiner en préfence des états, & caffer toutes les fentences des juges inférieurs dans toute l'étendue de l'ifle, annuller leurs ordonnances & les punir, s'il les trouvoit coupables; il propofoit les nouvelles loix & l'abolition ou le changement des anciennes. Lorfque les loix des iflandois furent écrites, & que toute l'ifle eut adopté la même jurifprudence, il fut dépofitaire de l'original du code de la nation; les baillifs ou les juges des diftriéts, dont le préfident des états-généraux revoyoit la fentence, étoient obligés d'examiner l'affaire une feconde fois avec lui; & en fa qualité de juge fupérieur, il prononçoit entre les parties & les juges. La crainte d'être condamné & puni devant une affemblée fi nombreufe, intimidoit tous les juges fubalternes & les contenoit dans les bornes de leur devoir.

L'affemblée des états-généraux ne duroit guères que feize jours; elle commençoit & fe terminoit par des facrifices & des cérémonies religieufes. C'eft fur-tout durant cet intervalle que le juge fuprême exerçoit fon autorité : il ne paroît pas qu'après la diffolution de la diète, fes fonétions fuffent bien étendues : on le traitoit cependant toujours avec refpeét, & on lui rendoit beaucoup d'honneurs, comme à l'organe des loix & au protecteur du peuple.

Telle fut l'ancienne conftitution de la république d'*Iflande*, qui a fubfifté pendant plufieurs fiècles, mais qui eft totalement oubliée aujourd'hui, même dans le nord. Il eft aifé de découvrir ici l'efprit des nations celtiques, & leurs idées fur le gouvernement. Cette diftribution du peuple en différentes communautés, fubordonnées les unes aux autres; le droit de n'être jugés que par un certain nombre de ces communautés; ces affemblées générales de la nation, revêtues de toute la puiffance légiflative, exiftoient chez les germains au fiècle de Tacite, & peut-être long-temps avant lui : on les retrouvoit auffi en Danemarck, en

Suède & dans le Holstein, où il y en a encore des traces, malgré le despotisme des rois de Danemarck.

Il paroît que cette ancienne forme de gouvernement produisit les effets les plus heureux ; & la constitution dont nous venons de parler, n'est pas le seul phénomène qu'offrent les anciennes annales de l'Islande. Sa littérature, à cette époque, n'est pas moins extraordinaire : on en trouve des vestiges par-tout, & nous n'en dirons rien ici : il y a lieu de croire qu'à cette époque, les islandois vivoient dans l'aisance, & que, malgré les rigueurs du climat & les désavantages de leur position, ils étoient assez heureux. *Voyez* les articles DANEMARCK & NORWEGE.

ISLE INCONNUE ou MÉMOIRES DU CHEVALIER DE GASTINES. C'est le titre d'un roman politique de M. Grivel, des académies de Dijon & de la Rochelle : la première édition à 4 vol. & la seconde en contient 6.

Le chevalier de Gastines est jetté dans une isle déserte comme Robinson Crusoë ; mais il y est jetté avec une femme ; & au lieu des petites vues, des petits moyens & des petits effets de l'auteur anglois, M. Grivel a tiré de cette circonstance, de grandes vues sur la formation & le développement des sociétés, sur l'utilité des principes de l'économie politique, sur l'agriculture, & sur les moyens de ramener les nations & les administrateurs à la raison & à la nature : ce qui donne bonne opinion de l'auteur françois, on voit que la félicité des hommes l'intéresse vivement : il fait des tableaux intéressans de la vie agricole ; il montre le bonheur dans des mœurs simples & honnêtes ; dans les travaux qu'imposent les premiers besoins, & les affections que produit une famille.

Le chevalier de Gastines & Léonore sa compagne donnent le jour à plusieurs enfans, qui eux-mêmes se marient & forment de nouvelles familles : au moment où ces diverses familles séparent leurs habitations, M. Grivel trace un précis des loix politiques, des loix fondamentales & des loix positives de cette petite société ; & il y développe les principes qu'ont établis sur la politique, la propriété, les finances, les impôts, l'industrie & le commerce, ces respectables citoyens qu'on appelle *économistes* : il y ajoute d'autres principes sur l'administration de la justice & le régime des états, dictés par une saine philosophie.

ISTRIE, presqu'isle d'Italie, qui appartient à l'état de Venise & à la maison d'Autriche.

La partie autrichienne de l'*Istrie* fait partie de la Carniole : nous avons oublié d'en parler à l'article CARNIOLE : nous allons réparer cette omission, & nous renvoyons à l'article VENISE ce qui regarde l'*Istrie* vénitienne.

La partie autrichienne de l'*Istrie* est très-fertile en vins, en huiles, en grains & autres denrées. Elle comprend :

1°. Le comté de Mitterbourg, ancien domaine des comtes de Gœrtz, qui, après leur mort, passa à la maison d'Autriche. En 1644, l'empereur Ferdinand III l'engagea aux comtes Flangini, qui, dans la suite, le donnèrent à la maison princière de Portia, & par-là le démembrèrent entièrement de la Carniole. Allarmés de cette séparation, les états du duché firent des remontrances à l'empereur en 1664 ; & de son consentement, ils achetèrent ce comté des princes de Portia, pour 550,000 florins. Ils le revendirent ensuite au prince d'Aversberg, en stipulant qu'il ne dépendroit point & qu'il ne seroit point justiciable de la Carniole ; ce qui prévint le démembrement redouté. Les princes d'Aversberg le cédèrent à l'empereur Ferdinand III, en échange de Theugen en Suabe ; il parvint ensuite au marquis de Prié, qui le revendit en 1667 au comte Montecuccoli, envoyé de Modène à Vienne, pour la somme de 240 mille florins. Il a un évêque résidant à Biben, & il contient vingt-huit paroisses, dont cinq églises collégiales.

Il comprend en outre la seigneurie de Castna, qui échut en 1400 à la maison d'Autriche, & fut incorporée à la Carniole : elle appartenoit dernièrement aux jésuites de Fiume ; mais nous ignorons si elle est rentrée dans le domaine de la maison d'Autriche.

Voyez l'article CARNIOLE & les autres articles des divers états que possède la maison d'Autriche.

ITALIE, grande péninsule de l'Europe : elle contient divers états, dont nous parlerons dans des articles particuliers. *Voyez* les articles GÊNES, PIÉMONT, VENISE, PARME, MODÈNE, TOSCANE, ÉTAT DE L'ÉGLISE, NAPLES, &c. nous nous bornerons ici à quelques remarques sur les intérêts politiques des divers gouvernemens d'*Italie*.

Les princes d'*Italie* ont deux sortes d'intérêts, l'intérêt général de leur nation par rapport aux étrangers, & l'intérêt particulier de leurs états, les uns à l'égard des autres. Il ne s'agit ici que de cet intérêt général : nous indiquerons les intérêts particuliers dans les articles des divers états.

Après avoir dissipé les nations barbares qui avoient si long-temps ravagé l'*Italie*, les princes entre lesquels cette belle partie de l'Europe se trouva partagée, n'avoient rien à desirer, sinon d'être séparés des autres nations par leurs intérêts, comme ils le sont, par la situation de leur pays, entre les Alpes & la Méditerranée ; ils devoient écarter les puissances étrangères de leurs différends. L'*Italie* n'avoit jamais été si florissante ni si paisible qu'elle le fut sur la fin du quinzième siècle. Une paix profonde régnoit dans toutes ses provinces ; mais l'incursion de Charles VIII, roi de France, attiré par Louis Sforce, duc de Milan, les prétentions des angevins & des arragonois, la part qu'y prirent Louis XII & François premier, les empereurs Maximilien & Charles-Quint, & celle qu'y eurent les princes du pays, ramenèrent les troubles & les ravages de la guerre. La maison de France & celle d'Autriche parurent se disputer le droit de l'attaquer ou de la défendre. La querelle de ces deux maisons a encore embrasé l'Italie de nos jours. Si une paix prompte éteignit l'incendie, la mort de l'empereur Charles VI y ranima le feu de la guerre.

Si les vues particulières pouvoient céder à l'intérêt général, rien ne seroit si aisé que d'établir le repos de l'*Italie* sur des fondemens solides. Les princes qui en partagent la domination, n'auroient qu'à s'unir intimément & former une ligue défensive, à la tête de laquelle seroit le pape, en conservant à chaque prince sa souveraineté, & rejettant toute alliance étrangère; mais ce projet si simple ne sera jamais exécuté.

Le nombre des souverainetés de l'Italie, les diverses formes de gouvernement qui y sont reçues, les divers événemens dont cette belle partie de l'Europe a été le théâtre, & sur-tout le séjour de la cour de Rome, qui étoit, il n'y a pas long-temps, le centre des négociations des princes catholiques, ont éclairé les italiens sur leurs intérêts. Mais chaque prince, peu touché de l'intérêt général du pays, ne s'occupe que du soin de faire réussir ses desseins particuliers; & quel est le prince qui n'en a point? Le roi d'Espagne & le roi de France veulent maintenir l'état de l'infant, duc de Parme; le roi de Naples veut augmenter le sien; le roi de Sardaigne ne se croit point en sûreté, s'il n'augmente sa puissance; son ambition & les ressources qu'il tire de son économie, lui inspirent des projets d'agrandissement qu'il suit avec succès, ainsi qu'on le verra dans l'article PIÉMONT; il y a mille sujets de différends entre les princes d'Italie; & les seules difficultés du cérémonial empêcheroient qu'on ne prît des mesures utiles à cette contrée; si des motifs supérieurs n'y mettoient obstacle. Chaque état se livre à des espérances frivoles: une défiance mutuelle les désunit tous; & à force de subtiliser & de raffiner sur leurs intérêts, ils s'éloignent du point auquel ils devroient tous s'attacher. Rien n'est plus difficile que d'apprendre aux hommes à négliger des fortunes ruineuses, & à perdre à propos, dans certaines conjonctures, pour acquérir plus sûrement dans d'autres. Une vérité démontrée & une illusion vraisemblable opèrent les mêmes effets sur les gouvernemens.

Au milieu de cette division de leurs intérêts, & tant qu'on suivra le système actuel, il est de l'intérêt de tous les princes d'*Italie* d'empêcher l'accroissement de la puissance du pape, de celle du roi des Deux-Siciles, & de celle du roi de Sardaigne.

Lorsque les rois d'Espagne de la maison d'Autriche avoient un établissement en *Italie*, c'étoit un axiome reçu que tout agrandissement de la puissance des espagnols affoiblissoit les forces de l'*Italie*. Ce que les italiens disoient alors du roi d'Espagne, ils ont dû le dire depuis la paix d'Utrecht, de l'empereur d'Allemagne. L'empereur Charles-Quint avoit réuni à ses états d'Allemagne ceux que le roi Charles II possédoit en *Italie*, à l'exception du royaume de Sardaigne; & la puissance de cet empereur en *Italie* n'auroit pû augmenter, sans qu'il fût en état de soumettre toute l'*Italie*. Elle n'étoit déja que trop grande; & sans la considération de la France, ce prince eût été le maître absolu du sort des italiens. Tout a changé de face depuis la mort de Charles VI; une partie du Milanez a été démembrée en faveur du roi de Sardaigne, dont la force est devenue plus considérable, & les duchés de Parme, de Plaisance & de Guastalla sont passés sous la domination d'un infant d'Espagne.

Les forces temporelles du pape n'ont rien de redoutable, au moins pour l'*Italie* considérée en général, & ses armes spirituelles sont beaucoup moins puissantes qu'elles ne l'étoient jadis: mais on doit toujours le surveiller, afin que celles-ci ne reprennent point l'efficacité qu'elles ont perdue. Les autres princes d'*Italie* doivent craindre sans cesse que l'influence qu'a encore le pape dans quelques cours, & sur-tout en *Italie*, n'augmente. On ne doutera point de cette vérité, si l'on fait attention aux excès auxquels la religion mal-entendue a porté les peuples, & à l'usage que divers papes ont fait de leur autorité.

L'attention doit se porter aussi sur le roi des Deux-Siciles & celui de Sardaigne. Les sujets de crainte que les petits princes d'*Italie* avoient de la puissance de la maison d'Autriche, n'ont fait que changer d'objet; c'est la puissance du roi des Deux-Siciles, c'est celle de l'infant d'Espagne, c'est celle du roi de Sardaigne qu'ils doivent aujourd'hui appréhender. Les petits princes sont environnés de dangers; & ce qu'ils gagnent d'une part pour leur sûreté, ils le perdent de l'autre. Leur indépendance n'est jamais sûre.

Les princes d'*Italie* doivent donc se servir alternativement du pape, du roi des Deux-Siciles, du duc de Parme, du roi de Sardaigne, pour éviter qu'aucune de ces puissances ne les accable. Ils doivent aussi se ménager l'alliance du roi très-chrétien, pour les occasions où ce monarque aura quelque intérêt à les protéger. La France ne formera désormais aucune prétention sur l'*Italie*; elle n'y a aucun établissement; mais le voisinage de ses états lui donne des moyens faciles d'aller au secours des princes opprimés.

Les secours de cette puissance peuvent être utiles aux princes d'*Italie*; mais ces princes doivent craindre que ces secours ne soient dangereux. S'ils ont un intérêt capital de se ménager une ressource du côté de la France, ils en ont un plus grand d'écarter les occasions d'en avoir besoin. Ils ne sauroient jamais prendre part aux querelles des maisons de France, & de Savoie, sans partager avec ces maisons les dépenses & les périls, d'une guerre, dont ils ne peuvent tirer aucun avantage.

C'est principalement de la bonne intelligence entre les papes & la république de Venise, dont les états sont limitrophes par mer & par terre, que dépend le repos de l'*Italie*. Une crainte commune doit unir ces deux puissances. La cour de Rome a eu souvent à se plaindre des vénitiens ; la république s'est élevée la première avec succès contre les prétentions des souverains pontifes.

Elle a toujours subordonné les prétentions des papes à la raison d'état ; & nous ne citerons pour exemple que la querelle de l'interdit, où saint Pierre fut contraint de céder à S. Marc ; l'affaire de la *Sala regia* ; le différend avec Urbain au sujet de l'évêché de Padoue, auquel le sénat ne voulut jamais admettre le cardinal Cornaro, parce que son père étoit doge lorsque le pape lui conféra cet évêché ; la résistance que le sénat fit toujours au nonce Altoviti, qui ne vouloit aller à l'audience sans la mantelletta ; enfin le différend que les vénitiens ont eu avec le pape, au sujet du patriarchat d'Aquilée. Et ce qui paroîtra bien extraordinaire, la cour de Rome n'a pas de meilleurs amis que les vénitiens.

En effet, la république de Venise a pris ordinairement l'intérêt général de l'*Italie* pour la règle de son intérêt particulier. Je dis ordinairement ; car elle a eu quelquefois l'ambition des conquêtes, dont les républiques ne sont pas agitées avec moins de violence que les monarchies. Les vénitiens ont quelquefois substitué à la résolution de veiller pour la liberté de l'*Italie*, celle de l'assujettir ; car la guerre de Ferrare en est une preuve.

De ce que l'union de la cour de Rome & de la république de Venise peut être utile à la liberté de l'*Italie*, les autres princes doivent désirer cette union. Ils doivent s'attacher, selon les occasions, à la maison de France ou à la maison de Savoie, aux intérêts du roi de Sardaigne, ou à ceux du roi des Deux Siciles & de l'infant ; & essayer de mettre entre les dominateurs de l'*Italie*, l'équilibre que l'Angleterre & la Hollande tâchent depuis si long-temps d'établir en Europe, entre la maison de France & celle d'Autriche ; celui que les princes du nord doivent s'efforcer d'établir chez eux, & celui qu'il seroit convenable d'amener entre les puissances maritimes.

JUDICATURE, JUGES. Nous établissons ailleurs les principes sur la puissance judiciaire. *Voyez* les articles DÉMOCRATIE, ARISTOCRATIE, MONARCHIE & PUISSANCE JUDICIAIRE :

nous voulons examiner ici quelle est l'administration de la justice aux diverses époques de la société ; pourquoi elle commence d'abord par former l'un des revenus du souverain, & comment elle devient ensuite une dépense : nous parlerons de quelques abus de chacune de ces combinaisons, & nous ne manquerons pas d'indiquer les principes qui pourroient servir de remedes.

Ce qui regarde la vénalité des charges de *judicature*, sera traité dans un autre endroit. *Voyez* l'article VÉNALITÉ.

Si l'on suit les sociétés dans leurs développemens & leurs progrès, on voit qu'à la première époque de la vie pastorale, au moment où il s'établit un chef parmi les bergers, ceux-ci forment une espece de petite noblesse, intéressée à défendre la propriété & à maintenir l'autorité de leur petit souverain, afin qu'il soit en état de défendre & de maintenir les leurs.

L'autorité judiciaire d'un pareil souverain, loin d'être pour lui une occasion de dépense, a été long-temps une source de revenu. Les personnes qui s'adressoient à lui pour demander justice, étoient toujours disposées à la payer, & un présent ne manquoit jamais d'accompagner leur requête. Lorsque l'autorité du souverain eut jetté de profondes racines, le coupable étoit obligé de lui payer une amende pécuniaire, indépendamment de la satisfaction qu'il faisoit à l'offensé. Il avoit embarrassé, troublé, rompu la paix du roi son seigneur, & l'on croyoit que pour cela il devoit payer une amende pécuniaire. Dans les gouvernemens tartares de l'Asie, dans les gouvernemens d'Europe fondés par les scythes & les germains sur les ruines de l'Empire romain, l'administration de la justice étoit d'un grand rapport, tant pour le souverain, que pour les chefs inférieurs ou barons, qui exerçoient sous lui une jurisdiction sur une certaine horde ou tribu, ou sur un territoire, ou canton particulier. Le souverain & ces chefs inférieurs commencerent par exercer cette jurisdiction en personne. Ils trouverent ensuite plus commode pour eux de la déléguer à un substitut, bailli ou juge. Ce substitut étoit cependant obligé de rendre compte au souverain constituant des profits de la jurisdiction. Quiconque lit les instructions données aux juges anglois de tournée sous le règne d'Henri II, verra que les juges étoient une espece de facteurs ambulans, préposés pour aller dans le pays lever certaines branches du revenu du roi. Non-seulement l'administration de la justice rapportoit alors un revenu au souverain ; mais il semble que ce revenu étoit un des principaux avantages qu'on se proposoit dans l'administration de la justice.

Cette intention de faire servir la justice à des vues fiscales, ne pouvoit guere manquer de produire des abus crians. La personne qui venoit demander justice avec un présent considérable, devoit naturellement obtenir quelque chose de plus que la juſtice ; & celle qui , en la demandant , n'avoit qu'un petit préſent à offrir , devoit obtenir quelque choſe de moins. D'ailleurs on pouvoit différer de la rendre , afin que le préſent ſe renouvellât. Enſuite l'amende pécuniaire , infligée à la perſonne dont on ſe plaignoit , pouvoit devenir ſouvent une forte raiſon de la trouver coupable , quoiqu'elle ne le fût pas. L'hiſtoire de chaque pays de l'Europe atteſte que ces abus n'étoient point rares.

Lorſque le ſouverain ou chef exerçoit ſon autorité judiciaire en perſonne , quelqu'abus qu'il en fît , il n'y avoit pas moyen d'obtenir de réparation , parce qu'il y avoit rarement quelqu'un d'aſſez puiſſant pour lui demander compte de ſa conduite. Lorſqu'il l'exerçoit par un bailli , un accuſé pouvoit quelquefois avoir ſatisfaction , s'il étoit condamné injuſtement ; mais il falloit pour cela que le bailli eût prévariqué pour ſon intérêt particulier , & dans ce cas le ſouverain devoit avoit moins de répugnance à le punir. Mais s'il avoit fait un acte d'oppreſſion au profit du ſouverain ; s'il l'avoit fait pour faire ſa cour à celui qui le gageoit & qui pouvoit l'avancer , la réparation étoit auſſi difficile que ſi le ſouverain avoit commis l'injuſtice lui-même. Il paroît , en effet , que dans tous les gouvernemens barbares , & en particulier dans tous ces gouvernemens de l'Europe fondés ſur les ruines de l'Empire romain , l'adminiſtration de la juſtice a été long-tems extrêmement corrompue. Elle ſe trouvoit loin d'une égalité & d'une impartialité parfaites ſous les meilleurs monarques. Sous les plus mauvais , c'étoit un vrai brigandage.

Parmi les peuples bergers où le ſouverain ou chef n'eſt que le plus grand berger ou propriétaire de troupeaux de la horde ou tribu , le ſouverain fournit à ſes dépenſes de la même manière que ſes vaſſaux ou ſujets , par la multiplication de ſes beſtiaux. Chez ces nations agricoles qui ne font que ſortir de l'état de berger , & qui ne ſont pas encore fort avancées au-delà de cet état , (condition dans laquelle paroiſſent avoir été les tribus grecques dans le temps de la guerre de Troye , auſſi-bien que nos ancêtres les germains & ſcythes qui s'établirent ſur les ruines de l'Empire d'occident) , le ſouverain ou chef n'eſt de même que le plus grand terrien du pays , & il fournit à ſon entretien , uniquement par le revenu qu'il tire de ſes terres , comme ſes vaſſaux les autres propriétaires. Il n'a pour ſubvenir à ſa dépenſe , que ce qu'on appelle dans l'Europe moderne le domaine de la couronne. Ses ſujets n'y contribuent en rien , excepté lorſqu'ils ont beſoin de l'interpoſition de ſon autorité contre l'oppreſſion de quelques-uns de leurs co-ſujets. Les préſens qu'ils lui font dans ces occaſions , forment tout le revenu ordinaire , tous les émolumens qu'il retire de ſa domination ſur eux , excepté peut-être certains cas extraordinaires. Dans Ho-

mere , lorſqu'Agamemnon offre à Achille , pour prix de ſon amitié , ſept villes grecques , le ſeul avantage qu'il lui en promet , eſt que le peuple l'honorera de ſes préſens. Tant que ces préſens , tant que les émolumens de juſtice , ou ce qu'on peut appeller les honoraires de la cour , ont conſtitué le revenu ordinaire que le ſouverain tiroit de ſa ſouveraineté , on ne pouvoit guère eſpérer ou même propoſer décemment , qu'ils fuſſent abolis ou abandonnés. On a pu ſeulement propoſer , & on l'a fait ſouvent , qu'ils fuſſent réglés & fixés. Quand on les eut réglés , il fut encore bien difficile , pour ne pas dire impoſſible , d'empêcher un homme qui étoit tout puiſſant , de ſortir des bornes preſcrites. Ainſi , pendant toute la durée de cet état des choſes , la corruption de la juſtice fut preſque ſans remède , parce qu'elle venoit de la nature arbitraire & incertaine de ces préſens.

Mais lorſque par différentes cauſes , & ſur-tout par l'augmentation continuelle de la dépenſe qu'il falloit pour défendre la nation des invaſions étrangères , le domaine du ſouverain ne ſuffit plus pour les frais de la ſouveraineté , lorſqu'il devint néceſſaire que le peuple contribuât pour ſa propre ſûreté à ces frais , & payât diverſes ſortes de taxes , il paroît qu'on ſtipula communément qu'aucun préſent ne ſeroit accepté , ſous quelque prétexte que ce fût , pour l'adminiſtration de la juſtice , ſoit par le ſouverain , ſoit par ſes baillis & ſubſtituts, les juges. On ſuppoſa probablement qu'il étoit plus aiſé de les abolir que de les régler & de les fixer avec ſuccès. On aſſigna aux juges , des appointemens qu'on ſuppoſa devoir compenſer la part qu'ils perdoient dans les émolumens ſupprimés , comme les taxes compenſoient & au-delà ce qu'y perdoit le ſouverain. On dit pour lors que la juſtice étoit adminiſtrée gratuitement.

Dans la réalité néanmoins , il n'y a jamais eu nulle part d'adminiſtration gratuite de la juſtice. Il faut au moins que les parties payent les avocats & les procureurs ; & ſi elles ne les payoient pas , ils s'acquitteroient de leur devoir encore plus mal qu'ils ne font. Dans toutes les cours de judicature , les honoraires des avocats & des procureurs montent à une ſomme plus forte que les gages des juges. Quoique ces gages ſoient payés par la couronne , ils ne diminuent pas beaucoup la dépenſe d'un procès. Mais c'étoit moins pour diminuer la dépenſe que pour prévenir la corruption de la juſtice , qu'on a interdit aux juges de recevoir des préſens ou des honoraires.

L'office de juge eſt ſi honorable en lui-même , qu'on l'accepte volontiers , quoiqu'il n'ait que de petits émolumens. L'office inférieur de juge de paix , quoiqu'aſſez pénible & la plupart du tems nullement lucratif , ne laiſſe pas d'être un objet d'ambition pour la plus grande partie des anglois aiſés. Dans un pays civilisé, les gages des différens juges, ajoutés à toute la dépense de l'administration & de l'exécution de la justice, lors même qu'elle n'est pas dirigée par une bonne économie, ne fait qu'une bien petite partie de toute la dépense du gouvernement.

Mais les dépenses qu'entraîne pour le souverain l'administration de la justice, pourroient être aisément défrayées par les honoraires de la cour ; & sans exposer l'administration de la justice à aucun danger réel de corruption, le revenu public pourroit être entiérement soulagé de cette charge (1). Il est difficile de régler efficacement les honoraires des juges, quand une personne aussi puissante que le souverain, doit les partager & en tirer une partie considérable de son revenu ; mais la chose est fort aisée, quand le principal bénéfice en revient aux juges. La loi peut sans peine obliger le juge à respecter le réglement, quoiqu'elle ne soit pas toujours capable de le faire respecter par le souverain. Si les honoraires des cours sont réglés & fixés avec précision ; si on les paye tout-à-la-fois, à une certaine époque du procès, entre les mains d'un caissier ou receveur qui les distribue, d'après des proportions connues, parmi les juges lorsque le procès est décidé, & non avant qu'il le soit, il paroît qu'il n'y a pas plus de danger pour la corruption que quand on les défend absolument. En ne les payant qu'à la fin du procès, on engageroit les juges à mettre plus de diligence dans l'examen & la décision de l'affaire. Si, dans les cours où il y a une multitude de juges, on payoit chacun d'eux selon le nombre d'heures & de jours qu'il auroit employés à examiner le procès, ou dans la cour ou dans un comité par ordre de la cour, ces honoraires pourroient encourager le zèle des juges. Le public n'est jamais mieux servi que quand la récompense vient après le service, & qu'elle est proportionnée au zèle avec lequel on s'en est acquitté. Dans les divers parlemens de France, les droits de vacations font la plus grande partie des émolumens des juges. Toute déduction faite, ce que la couronne donne de gages au conseiller du parlement de Toulouse, le second du royaume pour le rang & la dignité, ne monte qu'à cent cinquante liv. de France, environ six liv. onze schelings sterl. par an. Il y a sept ans qu'un laquais ordinaire y avoit les mêmes gages. La distribution des épices s'y fait selon le travail des juges. Celui qui s'applique, tire de son office un revenu honnête, quoique modique.

Les droits de vacations paroissent avoir été originairement le principal revenu des différentes cours de justice en Angleterre. Chaque tribunal tâchoit d'attirer à lui le plus d'affaires qu'il pouvoit, & ne demandoit pas mieux que de prendre connoissance de celles même qui ne tomboient pas sous sa jurisdiction. La cour du banc du roi, instituée pour le jugement des causes criminelles, connut des procès civils ; le demandeur prétendoit que le défendeur, en ne lui faisant pas justice, s'étoit rendu coupable de quelque faute grave ou malversation. La cour de l'échiquier, préposée pour la levée des deniers royaux & pour contraindre à les payer, connut aussi des autres engagemens pour dettes ; le plaignant alléguoit que si on ne le payoit pas, il ne pouvoit payer le roi. Avec ces fictions, il dépendoit souvent des parties de se faire juger par le tribunal qu'elles vouloient ; & chaque cour s'efforçoit d'attirer un plus grand nombre de causes, par la diligence & l'impartialité qu'elle mettoit dans l'expédition des procès. La constitution actuelle des cours de justice de l'Angleterre, qui est si digne d'éloges, est peut-être, en grande partie, le fruit de cette émulation qui animoit autrefois les différens juges, chacun d'eux s'efforçant à l'envi d'appliquer à chaque sorte d'injustice le remède le plus prompt & le plus efficace que comportoit la loi. Dans l'origine, le cours de la commune loi (the courts of law) n'accordoient des dommages que pour la rupture des contrats. La cour de la chancellerie, comme cour de conscience, prit sur elle de faire exécuter formellement les conventions. Lorsque la rupture ou l'inexécution du contrat consistoit dans le défaut du paiement, le dommage souffert ne pouvoit se compenser qu'en ordonnant le paiement qui équivaloit à l'exécution spécifique de la convention. Le remède suffisoit dans ces cas-là ; mais il n'en étoit pas de même dans d'autres. Lorsque le tenancier attaquoit son seigneur pour l'avoir injustement dépossédé de son bail, les dommages qu'on lui adjugeoit n'équivaloient point à la possession de la terre. Ces sortes de causes furent donc toutes portées pendant quelque temps à la cour de chancellerie, au grand détriment des cours de la commune loi. On dit que c'est pour rappeler ces causes à leur tribunal, que ces cours ont inventé le *writ* artificiel & fictif d'*ejeatment* (de dépossession), le remède le plus efficace contre l'injuste expulsion d'un fermier.

On a dit qu'un droit de timbre sur les procédures légales de chaque cour particulière, qui seroit levé par elle & appliqué au paiement des juges & autres officiers, pourroit fournir aussi un revenu suffisant pour défrayer la dépense de l'administration de la justice, sans mettre aucune charge sur le revenu de la société : mais le juge

_____

(1) Nous établissons ici une théorie générale ; il seroit difficile de la mettre en pratique, dans ces pays où l'on a multiplié les juges outre mesure, où l'on a reçu pour leurs charges une finance dont la totalité offre un remboursement bien lourd pour le trésor royal. On a calculé, par exemple, qu'il faudroit en France 300 millions pour rembourser la finance de tous les offices de judicature.

feroit alors tenté de multiplier les procédures fans néceffité, pour augmenter le produit de ce droit de timbre. Il eft affez généralement d'ufage de régler, dans l'Europe modèrne, le paiement des procureurs & des greffiers par le nombre des pages : la cour exige que la page contienne tant de lignes, & la ligne tant de mots. Mais, pour éluder ce réglement, les procureurs & les greffiers ont imaginé de multiplier les mots fans aucune néceffité ; & c'eft là une des caufes de la corruption de la langue des tribunaux. La forme des procédures légales fe corromproit également fi on avoit la tentation de multiplier les droits du timbre. D'ailleurs il n'y a rien de fi contradictoire que la pureté de la juftice, & les vexations & la cupidité des inventions fifcales.

Mais foit que l'adminiftration de la juftice fe défraie elle-même, foit que les juges tirent leurs falaires de quelqu'autre fonds, il ne paroît pas néceffaire que la perfonne ou les perfonnes à qui l'on confie le pouvoir exécutif, foient chargées de la difpenfation de ce fonds ou du paiement de ces falaires. Ce fonds pourroit venir d'un revenu territorial, dont l'adminiftration feroit confiée à chaque cour particulière, à laquelle on l'attacheroit. Ce fonds pourroit venir également de l'intérêt d'une fomme d'argent, dont le prêt feroit au profit du tribunal. Une partie, quoique petite, du falaire des juges de la cour de feffion en Ecoffe, vient de l'intérêt d'une fomme d'argent. Mais l'inftabilité de ce fonds paroît le rendre peu propre au maintien d'une inftitution qui doit toujours durer.

La raifon veut que la puiffance judiciaire foit féparée de la puiffance exécutrice ; mais ce n'eft pas la raifon qui a établi cette divifion. Il paroît que la multiplication des affaires de la fociété, en conféquence de fes progrès, y a donné lieu. L'adminiftration de la juftice devint fi laborieufe & fi compliquée, qu'elle revendiqua toute l'attention des perfonnes qui en étoient chargées. Celui qui avoit en main la puiffance exécutrice n'ayant pas le loifir de vaquer par luimême à la décifion des caufes particulières, on nomma quelqu'un pour tenir fa place. Dans les progrès de la grandeur romaine, le conful fut trop occupé des affaires politiques de l'état, pour fe mêler de l'adminiftration de la juftice : on nomma un préteur pour l'adminiftrer à fa place. Dans le progrès des monarchies européennes, fondées fur les ruines de l'Empire romain, le fouverain & les grands barons en vinrent jufqu'à regarder l'adminiftration de la juftice comme un emploi trop pénible & trop ignoble pour le remplir en perfonne. Ils le renvoyèrent tous à un fubftitut, à un bailli ou juge qu'ils nommèrent.

Lorfque la puiffance judiciaire eft unie à la puiffance exécutrice, il eft difficile que la juftice ne foit pas facrifiée à ce qu'on appelle *la politique*.

Les perfonnes chargées des grands intérêts de l'état, fans avoir même de mauvaifes vues, peuvent imaginer fouvent qu'il eft néceffaire de leur facrifier les droits d'un particulier : mais la liberté civile de chaque individu, le fentiment qu'il a de fa propre fûreté, dépendent de l'adminiftration impartiale de la juftice. Pour qu'il fente bien qu'on ne le troublera pas dans la poffeffion de fes droits, il n'eft pas feulement néceffaire que la puiffance judiciaire foit féparée de l'exécutrice, mais qu'elle foit indépendante le plus qu'il eft poffible ; que le juge ne foit point amovible au caprice de cette dernière puiffance, & que le paiement de fes gages ne dépende ni de fa bonne volonté, ni de fa bonne économie. *Voyez* PUISSANCE JUDICIAIRE.

JUGE, gouverneur du peuple juif avant l'établiffement des rois.

On donna le nom de *juges* à ceux qui gouvernèrent les ifraélites, depuis Moïfe incluſivement jufqu'à Saül. Ils font appellés en hébreu *fophetim* au plurier, & *fophet* au fingulier. Tertulien a point exprimé la valeur du mot *fophetim*, lorfque citant le livre des *juges*, il l'appelle *le livre des cenfeurs*. Leur dignité ne répondoit point à celle des cenfeurs romains ; elle répondoit plutôt à celle des fuffetes de Carthage, ou des archontes perpétuels d'Athènes.

Les hébreux n'ont pas feuls donné le titre de *fuffetes* ou de *juges* à leurs fouverains ; les tyriens & les carthaginois employèrent cette dénomination. De plus, les goths n'accordèrent, dans le quatrième fiècle, à leurs chefs que le même titre ; & Athanaric, qui monta fur le trône vers l'an 369, ne voulut point prendre la qualité de *roi*, mais celle de *juge*, parce qu'au rapport de Thémiftius, il regardoit le nom de *roi* comme un titre d'autorité & de puiffance, & celui de *juge*, comme un fymbole de fageffe & de juftice.

Grotius compare le gouvernement des hébreux fous les *juges*, à celui qu'on voyoit dans les Gaules & dans la Germanie, avant que les romains l'euffent changé.

Les fonctions des *juges* étoient à vie, mais non pas héréditaires; il y eut des tems d'anarchie & de longs intervalles, durant lefquels les hébreux n'avoient ni *juges*, ni gouverneurs fuprêmes. Quelquefois cependant ils nommèrent un chef pour fe tirer de l'oppreffion : c'eft ainfi qu'ils choifirent Jephté avec un pouvoir limité, pour les conduire dans la guerre contre les ammonites ; car nous ne voyons pas que Jephté ni Barac aient exercé leur autorité au-delà du Jourdain.

La puiffance de leurs *juges*, en général, ne s'étendoit que fur les affaires de la guerre ; les traités de paix & les procès civils ; tout le refte étoit du reffort du fanhédrin : les *juges* n'étoient donc, à proprement parler, que les chefs de la république.

Ils n'avoient pas le pouvoir de faire de nouvelles loix, ou d'imposer de nouveaux tributs. Ils étoient protecteurs des loix établies, défenseurs de la religion & vengeurs de l'idolâtrie ; d'ailleurs sans éclat, sans pompe, sans gardes & sans suite, à moins que leurs richesses personnelles ne les missent en état de se donner un train conforme à leur rang.

On dit que le revenu de leur charge se bornoit aux présens qu'on leur faisoit ; qu'on ne leur assignoit aucune somme, & qu'ils ne levoient aucune contribution sur le peuple ; ce qu'il est difficile de croire.

On peut voir maintenant quelle étoit la borne du pouvoir des juges des israélites : 1°. ils n'étoient point héréditaires : 2°. ils n'avoient droit de vie & de mort que selon les loix : 3°. ils n'entreprenoient point la guerre à leur gré, mais seulement quand le peuple les appelloit à leur tête : 4°. ils ne levoient point d'impôts : 5°. ils ne se succédoient point immédiatement. À la mort d'un juge, la nation pouvoit lui donner un successeur sur-le-champ ou attendre ; c'est pourquoi on a vu souvent plusieurs années d'inter-juges, si je puis parler ainsi : 6°. ils n'avoient aucune marque de souveraineté ; ils ne portoient ni sceptre ni diadême : 7°. enfin, ils n'avoient point d'autorité pour créer de nouvelles loix, mais seulement pour faire observer celles de Moïse & de leurs prédécesseurs. Ce n'est donc qu'improprement que les juges sont appellés rois dans deux endroits de la Bible. Juges, chap. 9 & chap. 18.

Quant à la durée du gouvernement des juges, depuis la mort de Josué jusqu'au règne de Saül, les savans ne sont point d'accord sur ce point de chronologie, & il importe peu de le discuter ici.

JUGE PÉDANÉE. C'étoit le nom que l'on donnoit chez les romains aux juges des petites villes. Quelques auteurs croient qu'ils furent ainsi appellés, parce qu'ils se rendoient à pied au lieu où l'on administroit la justice, tandis que les magistrats alloient dans un chariot ; mais il seroit aisé de prouver que cette explication est mauvaise : d'autres croient qu'on les appella juges pédanées, quasi stantes pedibus, parce qu'ils rendoient la justice debout ; les savans disent que c'est encore une erreur, car ils étoient assis ; seulement ils n'étoient point sur des sièges élevés comme les magistrats, mais in subselliis, c'est-à-dire, sur des bas sièges ; de manière qu'ils rendoient la justice de plano, seu de plano pede, c'est-à-dire, que leurs pieds touchoient à terre ; c'est pourquoi on les appella pedanei, quasi humi judicantes.

On ne doit pas confondre les juges pédanées les sénateurs pédaniens : on donnoit ce nom aux sénateurs qui n'opinoient que pedibus ; c'est-à-dire, en se rangeant du côté de celui dont ils adoptoient l'avis.

Les empereurs ayant défendu aux magistrats de renvoyer aux juges délégués autre chose que la connoissance des affaires légères, ces juges délégués furent nommés juges pédanés.

L'empereur Zenon établit des juges pédanés dans chaque siège de province, comme il est dit en la novelle 82, chap. 1 ; & Justinien, à son imitation, érigea, par cette même novelle en titre d'office dans Constantinople, sept juges pédanés, à l'instar des défenseurs des cités qui étoient dans les autres villes. Jusqu'alors ils n'avoient pas instruit les procès où il s'agissoit de plus de 50 sols (1) ; cet empereur leur attribua la connoissance des procès, où il ne s'agiroit pas de plus de 300 sols.

L'appel de leurs jugemens ressortissoit au magistrat qui les avoit délégués.

JULIERS, (Duché de) appartenant à l'électeur Palatin ; il est borné à l'ouest par le duché de Gueldres, l'évêché de Liège, le duché de Limbourg, le territoire de la ville d'Aix-la-Chapelle & l'abbaye de Cornelii-Munster ; vers le sud, par les seigneuries de Schleiden & de Blankenheim, & une partie de l'archevêché de Cologne ; vers le levant, par le même archevêché, & vers le nord, par le duché de Gueldres. Sa plus grande longueur est de 20 milles, sa largeur est dans quelques endroits de neuf milles ; mais elle est beaucoup moindre dans d'autres. Il contient trente bailliages ou seigneuries.

Précis de l'histoire politique du duché de Juliers. Le premier comte de Juliers dont on puisse parler avec certitude, est Gérard, qui vivoit au commencement du dixième siècle. Le comte Guillaume VII fut élevé à la dignité de marggrave par l'empereur Louis de Bavière, & à celle de duc, par l'empereur Charles IV, en 1356. Son fils, Guillaume VII, acquit, du chef de sa femme, le duché de Gueldres & le comté de Zutphen ; & son fils & successeur Reinhold, étant mort en 1433 sans héritiers, les duchés de Juliers & de Gueldres passèrent au duc Adolphe VIII de Berg ; mais Adolphe VIII fut obligé de céder la Gueldres à Louis d'Egmont. Adolphe mourut en 1437 sans postérité, & il eut pour successeur dans les duchés de Juliers & de Berg, son neveu Gerard, fils de son frère Guillaume, lequel fut en même-temps comte de Ravensberg, du chef de son père. Son fils Guillaume XI mourut en 1511, & ses états de Juliers, Berg & Ravensberg, échurent à l'époux de sa fille Marie, Jean III, duc de Clèves, comte de la Mark, & seigneur de Ravenstein. Nous avons indiqué à l'article CLÈVES, les révolutions que subirent successivement ces pays ainsi réunis. Nous avons également dit que les duchés de Juliers & de Berg, les seigneuries de Ravenstein, Winnenthal & Breskesand, échurent en partage à Philippe-Guil-

---

(1) On dit que cette somme équivaloit à 50 écus ; mais toutes ces évaluations sont bien incertaines.

laume de Neubourg, qui devint électeur Palatin en 1685. Son second fils & successeur Charles Philippe n'ayant laissé ni fils ni frères, la maison électorale de Brandebourg réclama la succession des trois provinces, au préjudice de Charles Théodore, comte Palatin du Rhin, de la branche de Soultz-bach, & électeur Palatin. Cette affaire causa des rumeurs ; mais elle fut enfin terminée par un traité conclu en 1742. Il fut stipulé par ce traité, qu'après la mort du dernier électeur Palatin du Rhin, la maison de Soultzbach hériteroit des pays de Juliers, Berg & Ravenstein. Les sujets prêtèrent hommage à Charles-Théodore, qui succéda bientôt après au vieil électeur Charles Philippe.

Nous avons dit à l'article BERG que nous donnerions ici un précis de l'histoire politique de ce duché. Berg étoit originairement gouverné par les comtes d'Altena : son premier comte particulier fut Engelberg, frère du comte d'Altena Éyerard I ; il vécut vers le milieu du douzième siècle. L'ancienne souche des comtes de Berg s'éteignit en 1348, à la mort d'Adolphe VII, qui étoit le onzième comte. Sa fille Marguerite doit avoir été mariée à Gérard, duc de Juliers ; au reste ce même Gérard fut comte de Berg, quoiqu'on ignore comment il obtint cette dignité, & s'il a été le douzième ou le treizième comte. Son fils Guillaume fut créé duc de Berg en 1380, par l'empereur Wenceslas ; & Adolphe, fils de Guillaume, devint aussi duc de Juliers & de Gueldres.

Le suffrage appartenant au duché de Juliers, dans le collège des princes, n'est pas exercé. La taxe matriculaire de ce duché, aux impôts de l'Empire, est de 639 florins 45 kr. & celle de Berg, de 284 quatre-quinzièmes de florins ; & les deux duchés ensemble payent pour l'entretien de la chambre impériale, 676 rixdales 26 trois quarts kr. par quartier. Les ducs de Juliers & de Clèves font alternativement les fonctions de princes convoquants du cercle de Westphalie, & exercent le directoire.

Les collèges supérieurs des duchés de Juliers & de Berg, savoir, le conseil privé, la chambre des appels, le conseil aulique, la chancellerie & la chambre des finances, ont leur siège à Dusseldorp. Les baillifs des deux duchés sont choisis parmi la noblesse indigène. Les villes qui ont leurs magistrats particuliers ne ressortissent point des bailliages dans lesquels elles sont enclavées ; les appels vont directement au conseil aulique à Dusseldorp. Les états accordent au prince tous les ans une certaine somme ; elle étoit en 1755, pour les dépenses ordinaires, de 580,000 rixdales ; on y ajouta un don gratuit de 50,000 florins.

Productions. commerce. Le sol est fertile, & produit beaucoup de bled ; on y trouve aussi de bonnes prairies, des pâturages & des forêts. L'entretien du bétail est un objet considérable ; on élève surtout de bons chevaux, que l'on envoie dans les provinces limitrophes & en France. On y cultive de la garance & en particulier du lin, qui fait avec le bled le principal objet du commerce des habitans. La toile fine qu'on fabrique dans le pays, est blanchie à Haerlem, & se vend alors pour de la toile d'Hollande.

Etats. Les états de Juliers, pour mieux conserver leurs privilèges, se sont réunis en 1628 & 1636, à ceux de Berg ; ces états, ainsi réunis, sont composés de la noblesse des deux duchés, & de ce qu'on appelle les *quatre grandes villes de chaque duché* ; savoir, dans le duché de Juliers, de la ville de Juliers, Deuren, Munster-Eyffel, Enskirchen, & dans le duché de Berg, de Lennep, Rattingen, Dusseldorp & Wipperfurt. Ces états ont la prétention de ne point dépendre de la volonté du seigneur territorial ; ils soutiennent qu'ils doivent être gouvernés selon les franchises, privilèges, droits, usages & coutumes du pays ; que non-seulement ils ont voix décisive aux assemblées provinciales, mais aussi qu'ils doivent être consultés dans toutes les affaires importantes. Les assemblées se tiennent à Dusseldorp.

Religion. Les habitans suivent en partie la religion catholique, & en partie la religion protestante. Le traité conclu à Cologne sur la Sprée, en 1672, & à Dusseldorp le 20 juillet 1673, entre l'électeur de Brandebourg, Frédéric Guillaume, & le comte Palatin, Philippe Guillaume, contient diverses dispositions en faveur des luthériens & des réformés, relativement à l'exercice public de leur culte ; & de tous les objets qui en dépendent. Le synode provincial des réformés de ce duché est uni à ceux de Clèves, de Berg & de la Mark, comme nous l'avons dit à l'article de CLÈVES. Il est divisé en trois classes, dont la première comprend deux, la seconde neuf, & la troisième dix ministres. Le jour de l'assemblée de chacune de ces classes est le dixième avant la fête de l'Ascension. *Voyez* les articles CLÈVES, BERG, RAVENSBERG & PALATINAT.

JURANDE, *voyez* INDUSTRIE.

JURISDICTION ECCLÉSIASTIQUE. On trouve dans le *dictionnaire de jurisprudence*, un article *jurisdiction ecclésiastique*, auquel nous renvoyons le lecteur. Nous nous bornerons à établir ici quelques principes politiques sur la nature & les bornes de cette *jurisdiction*.

On distingue deux puissances dans les états : la puissance temporelle & l'autorité ecclésiastique : l'empire & le sacerdoce.

La puissance temporelle regarde la terre, agit sur le corps, & commande à tout ce qui est temporel. Elle a été instituée pour le gouvernement des hommes, en qualité de citoyens, de sujets & de membres de l'état. Comme elle a pour objet l'ordre extérieur des sociétés civiles, qui seul est au pouvoir des hommes, elle emploie des moyens humains, la force coactive, la sévérité des peines temporelles, & tout ce qui compose l'appareil d'une puissance séculière. Elle donne des loix, elle prononce des jugemens, elle impose des peines, elle domine sur tous les ordres de l'état ; & tandis qu'elle en maintient le corps par l'empire légitime qu'elle exerce au dedans, elle le garantit au dehors des entreprises de l'étranger.

L'autorité spirituelle regarde le ciel, & agit sur les ames. Elle a été instituée pour le gouvernement des hommes, envisagés comme chrétiens. Elle a pour objet l'ordre surnaturel des choses spirituelles, d'où lui vient le nom qu'elle porte quelquefois. Elle explique les vérités de la religion, destinées à soumettre les esprits & à changer les cœurs : elle prononce sur les affaires de cette nature ; elle a reçu le pouvoir de lier & de délier, d'établir des règles pour la conduite des fidèles & d'en dispenser, de condamner & d'absoudre en matières spirituelles, mais sans employer la force coactive par elle-même. Si elle décide les matières spirituelles, impose des peines spirituelles ; si elle prive de sa communion ceux qui refusent de s'y soumettre, si elle assujétit les consciences, c'est sans pouvoir agir ni sur les corps ni sur les biens, ni sur rien de ce qui est temporel : on la laisse exercer son pouvoir spirituel chez les catholiques dans le tribunal secret de la pénitence ; chez les réformés, dans les consistoires, ou dans des tribunaux qui ressemblent aux consistoires ; mais il ne lui est pas permis d'entreprendre sur l'ordre public, ni d'employer les voies extérieures & l'empire réservé à la puissance temporelle.

Si l'on réfléchit sur les différens objets de l'institution de l'une & de l'autre puissance, on sera étonné que les bornes de la jurisdiction ecclésiastique soient devenues souvent un problème abandonné à la dispute des hommes.

Le droit naturel & inné de toutes les sociétés civiles, est de se gouverner comme elles le veulent. Chaque nation pourvoit à ses besoins par les voies que sa sagesse lui inspire. Elle peut faire les établissemens qu'elle juge à propos ; & comme elle les peut faire, elle peut ne les pas faire & empêcher qu'on ne les fasse. Ce droit est aussi ancien que les sociétés civiles, & il remonte même jusqu'à la création du monde, parce que le droit que les nations ont toujours eu de se gouverner de la manière qu'elles jugent à propos, les familles, d'où les sociétés civiles sont sorties, l'avoient avant que ces sociétés civiles fussent formées.

Le pouvoir coactif appartient à la puissance temporelle. Les loix extérieures de discipline qui intéressent la société, n'ont d'exécution qu'autant que le prince les appuie de son autorité.

L'Eglise peut bien, par sa seule autorité dans des matières purement spirituelles, nous imposer, comme fidèles, des devoirs, & déclarer coupables ceux qui ne les remplissent pas. Elle peut, dans l'ordre de son ministère spirituel, punir les réfractaires à ses réglemens ; mais quelque coupable

qu'on soit en se révoltant contre une autorité à laquelle la religion nous a soumis, il n'est pas moins certain que l'autorité de l'Eglise se borne aux censures ecclésiastiques, & que ces censures ayant plus ou moins de rapport à l'autorité temporelle, celle-ci peut les contenir ou les modifier.

Le droit de prononcer des censures est tout spirituel ; il se réduit au refus ou à la suspension de la communion ecclésiastique ; il n'a rien de commun avec le pouvoir que l'Eglise emprunte quelquefois du prince pour nous forcer d'obéir à ses ordres. C'est à la jurisdiction pénitentielle & non à la jurisdiction contentieuse, appellée proprement *jurisdiction*, que se rapporte le pouvoir des censures. Tout ce qui emporte une coaction précise & formelle est du ressort de la puissance temporelle ; il n'appartient point aux évêques. Comme évêques, ils n'ont ni territoires, ni officiers, ni droit du glaive : le souverain seul joint à l'autorité de la loi l'autorité de la force, qui détermine l'obéissance des sujets.

On ne dit rien ici qui n'ait été démontré par mille & mille auteurs. Cependant la faculté de Théologie de Paris accusa jadis d'hérésie Marsile de Padoue, qui l'a solidement établie dans un ouvrage composé au quatorzième siècle, pour la défense de Louis de Bavière, empereur, contre les entreprises du pape Jean XXII. Mais outre que les décisions d'aucune faculté n'ont force de loi dans l'Eglise, outre que la décision de l'Eglise elle-même seroit impuissante sur un point qui n'intéresse pas la foi, outre que nulle puissance sur la terre ne peut limiter les droits des princes, l'historien de l'Eglise a combattu cette censure de la Sorbonne. « Il faut observer, dit ce savant & judicieux écrivain, qu'entre les erreurs de Marsile, on comptoit une proposition véritable, & la faculté de Théologie de Paris donna dans cette méprise. La proposition qu'elle condamna est, *que le pape ou toute l'Eglise ensemble, ne peut punir de peine coactive un homme, quelque méchant qu'il soit, si l'empereur ne lui en donne le pouvoir.* Toutefois la puissance que l'Eglise a reçue de J. C. est purement spirituelle & toujours la même : le reste vient de la concession des princes, & est différent selon les temps & les lieux ».

Juger, c'est, selon le langage des jurisconsultes, *dire droit.* C'est ainsi qu'ont toujours parlé les jurisconsultes ; mais il faut ajouter à dire droit, avec l'autorité de se faire obéir. Aussi les constitutions ecclésiastiques ne portoient-elles pas anciennement le nom de *droit*, parce qu'il paroissoit aux saints pères que ce nom indique la contrainte, & que la contrainte ne convient pas à l'Eglise. Le mot latin qui signifie *droit*, est dérivé d'un autre mot latin qui signifie *commandement* ; & comme c'est le propre de l'Eglise de persuader, & non de contraindre, ses loix furent appellées *canons*, c'est-à-dire *règles*, & non pas *commandemens*.

Mais lorsque les princes eurent accordé à l'Eglise

une jurifdiction extérieure, on appliqua infenfiblement le nom de *droit* & même celui de *loi* aux
canons, qu'on n'avoit d'abord appellés que *règles*
ou *réglemens eccléfiaftiques*. On s'accoutuma peu à
peu à dire le *droit canonique*, les *loix canoniques*,
comme on a toujours dit le *droit civil*, les *loix
civiles*.

Les eccléfiaftiques n'ont ni territoire, ni jurifdiction, ni aucune portion d'empire pure ou mixte,
telle qu'eft la jurifdiction. De là vient, ce qu'obfervent les auteurs, que dans les loix des premiers empereurs chrétiens, le titre qui traite des
jugemens eccléfiaftiques eft intitulé, non de la
jurifdiction épiscopale, mais de l'*audience épiscopale*,
du *jugement épifcopal*; expreffion dont le fens diffère beaucoup de celui du terme propre de *jurifdiction* dans le droit romain. De là vient la différence des titres des conftitutions des premiers empereurs romains.

L'un des plus grands jurifconfultes de l'Europe
(Cujas), dit affirmativement que les évêques
n'ont ni jurifdiction, ni rien de ce qui appartient
à la jurifdiction.

L'hiftorien de l'Eglife, cet écrivain célèbre,
dont le nom feul eft un éloge, employant dans fon
inftitution au droit canonique, le terme de *jurifdiction* fuivant l'ufage reçu, explique les mêmes
principes qu'on vient de pofer. « Il faut revenir,
» dit-il, à la diftinction de la *jurifdiction* propre &
» effentielle à l'Eglife, & de celle qui lui eft étran-
» gère. L'Eglife a par elle-même le droit de dé-
» cider toutes les queftions de doctrine, foit fur
» la foi, foit fur la règle des mœurs. Elle a droit
» d'établir des canons ou règles de difcipline pour
» fa conduite intérieure, d'en difpenfer en quel-
» ques occafions particulières, & de les abroger
» quand le bien de la religion le demande. Elle a
» droit d'établir des pafteurs & des miniftres, pour
» continuer l'œuvre de Dieu jufqu'à la fin des
» fiècles, & pour exercer cette *jurifdiction*; elle
» peut les deftituer s'il eft néceffaire. Elle a le
» droit de corriger tous fes enfans, leur impofant

» des peines falutaires, foit pour les péchés fecrets
» qu'ils confeffent, foit pour les péchés publics
» dont ils font convaincus. Enfin, l'Eglife a droit
» de retrancher de fon corps les membres corrom-
» pus, c'eft-à-dire les pécheurs incorrigibles, qui
» pourroient corrompre les autres. Voilà les droits
» effentiels à l'Eglife, dont elle a joui fous les em-
» pereurs payens, & qui ne peuvent lui être ôtés
» par aucune puiffance humaine... Tous les autres
» pouvoirs dont les eccléfiaftiques ont été en pof-
» feffion & le font encore en quelques lieux, ne
» laiffent pas de leur être légitimement acquis par
» la conceffion expreffe ou tacite des fouverains,
» & l'Eglife a autant de raifon de conferver fes
» droits que fes autres biens temporels ».

JUSTINGEN, feigneurie d'Allemagne dans le
cercle de Suabe; elle eft prefque entièrement enclavée dans les bailliages de Blanbeuren, Munfin-
gen & Steusflingen, du duché de Wurtemberg.
C'étoit le patrimoine des anciens feigneurs de
Juftingen, dont il eft déjà fait mention dans des
titres du douzième fiècle. Au feizième fiècle elle
paffa à l'ancienne maifon de Freyberg, & nommément à la branche d'Apfingen. Cette famille étoit
furchargée de dettes; un de fes créanciers, connu
fous le nom de colonel Keller, prit poffeffion de
la feigneurie de *Juftingen* durant la guerre de trente
ans. Enfin, Jean-Chriftophe de Freyberg, de la
branche d'Eifenberg, qui fut d'abord prévôt
d'Ellwangen, & enfuite évêque d'Augsbourg, la
dégagea, & l'abandonna à fon frère Ferdinand-
Chriftophe de Freyberg, dont les defcendans la
vendirent au duc de Wurtemberg en 1751, pour
la fomme de 300,000 florins. Elle donne à fon
titulaire voix & féance à la diète de l'Empire fur
le banc des comtes de Suabe, ainfi qu'aux affemblées du cercle. Son contingent eft de cinq fantaffins ou vingt florins par mois, & fa contribution
pour l'entretien de la chambre imperiale, eft fixée
à 15 rixdales onze & demi kr. par terme. Elle eft
fous l'adminiftration du baillif ducal établi à Steuf-
flingen. Ses habitans profeffent la religion catholique. *Voyez* l'article WURTEMBERG.

K

KAMTCHATKA, péninsule qui se trouve à l'extrémité orientale du continent de l'Asie, & qui appartient aux russes. Cette péninsule se prolonge à-peu-près au nord & au sud depuis le 52e jusqu'au 61e degré de latitude. On évalue à 236 milles sa plus grande largeur, qui est entre l'embouchure de la rivière Tigil & celle de la *Kamtchatka*. De-là elle se retrécit peu-à-peu vers chacune des extrémités.

On y distingue aujourd'hui trois sortes d'habitans, les naturels du pays, les russes & les cosaques, & les individus qu'a produit le mélange de ces trois races.

M. Steller qui y a résidé quelque temps, & qui semble avoir étudié avec beaucoup de soin l'origine des kamtchadales, croit qu'ils habitent cette péninsule depuis un grand nombre de siècles, & qu'ils descendent originairement des mungales, & non pas des tartares tunguses, comme quelques auteurs l'ont dit, ou des japonois, ainsi que d'autres l'ont imaginé.

Les russes ayant étendu leurs conquêtes & établi des postes & des colonies, le long de la vaste côte de la mer Glaciale, depuis le Jenissei jusqu'à l'Anadir, leurs commissaires allèrent reconnoître & subjuguer les pays situés plus loin à l'est. Ils ne tardèrent pas à arriver parmi les hordes errantes des koriaques, qui habitent la côte septentrionale & la côte nord-est de la mer d'Okotsk, & ils les assujettirent sans peine à des tributs. Les koriaques se trouvoient les voisins immédiats des kamtchadales, avec lesquels ils faisoient une sorte de commerce; ils acquirent cette connoissance vers le milieu du dix-septième siècle, & à la fin du même siècle les russes commencèrent leurs premiers établissemens au *Kamtchatka*.

Cet établissement fut troublé par la révolte des cosaques qu'on y avoit laissé, & par la haine des naturels du pays; & depuis 1706 jusqu'à 1731, époque de la grande rebellion des kamtchadales, on vit, d'une extrémité de la péninsule à l'autre, une suite de massacres, de révoltes & de rixes cruelles & sanguinaires.

Il fallut détruire un grand nombre d'habitans pour étouffer la rebellion de 1731. Un petit nombre de russes périrent en 1740 dans une émeute qui n'eut pas d'autre suite; &, exceptée l'insurrection arrivée en 1770 à Bolcheretsk, la colonie a été tranquille depuis cette époque.

La petite-vérole y fut apportée en 1767 par un soldat, & elle enleva vingt mille habitans: il paroît qu'on n'y compte pas aujourd'hui plus de trois mille tributaires, & qu'en moins d'un demi-siècle la race des indigènes sera anéantie.

La Russie y entretient quatre ou cinq cens soldats russes ou cosaques. L'administration est-très-douce & très-modérée pour une administration militaire: on permet aux naturels du pays de choisir leurs magistrats parmi eux; ces magistrats ont toute l'autorité dont ils jouissoient avant la conquête. L'un d'eux préside à chaque ostrog: il est l'arbitre des différends: il impose des amendes, il inflige des peines; mais il renvoie au gouverneur la connoissance des délits compliqués & atroces qu'il ne veut pas juger lui-même.

Le tribut qu'exige la Russie, ne paroît être qu'une reconnoissance de la souveraineté de la czarine; c'est en quelques districts une peau de renard, en d'autres une zibeline, & aux isles Kouriles, dont quelques-unes dépendent du *Kamtchatka*, une loutre du mer.

Le commerce d'exportation est borné à des fourrures, & il se fait sur-tout par une compagnie de négocians que l'impératrice actuelle a établie.

Les articles d'importation arrivent en grande quantité de l'Europe; mais ils ne se bornent pas aux ouvrages des manufactures, ou aux productions de la Russie; il y en a qui viennent d'Angleterre, de Hollande, de la Sibérie, de la Bucharie, du pays des calmouques & de la Chine.

Toutes les fourrures qu'on exporte du *Kamtchatka* par la mer d'Okotsk, payent dix pour cent à la douane, & le droit sur les zibelines est de douze. Les marchandises, de quelque espèce qu'elles soient, exportées d'Okotsk, acquittent à la douane un droit d'une demi-rouble par poude.

Les droits sur les exportations & les importations sont évalués annuellement à dix mille roubles.

Si le lecteur desire de plus grands détails sur la colonie du *Kamtchatka*, sur son commerce & son rapport, il peut consulter le troisième voyage de Cook. *Voyez* aussi l'article RUSSIE.

KARIKAL. *Voyez* PONDICHERY.

KATZENELNBOGEN. *Voyez* RHINFELS-HESSE ou HESSE-RHINFELS.

KAUFFBEUREN, ville impériale d'Allemagne au cercle de Suabe: son territoire est situé dans l'Algau sur la rivière de Werthac, dans la vallée qui en prend le nom, entre l'évêché d'Augsbourg & les abbayes de Kempten & d'Yrsée. En 1336 elle se nommoit encore *Buren* ou *Burin*. La bourgeoisie est partie luthérienne, partie catholique, & le magistrat est composé de douze membres, dont quatre catholiques. La cour de juftice & le grand confeil ont de même deux affef-feurs catholiques, & les autres font de la confef-fion d'Augsbourg. C'eft dans la ville ou dans fon voifinage, qu'il y avoit autrefois un château de même nom, qui, felon quelques auteurs, a donné le furnom à Frédéric de Buren, père de Frédéric de Stauffen, premier duc de Suabe; mais Sattler, dans fon hiftoire du duché de Wurtemberg, prouve que Wafchaubeuren eft l'endroit d'où Fré-déric de Buren ou Beuren prit fon nom. A l'ex-tinction des ducs de Suabe de la maifon d'Ho-henftauffen, la ville fut dévolue à l'Empire, & les empereurs Charles IV & Wenceflas lui ont promis la confervation de fon immediateté. Son rang à la diète eft le vingt-deuxième parmi les villes impériales de Suabe, & elle remplit le dix-feptième dans les affemblées du cercle. Sa taxe matriculaire, autrefois de 160 florins, a été réduite en 1683 à 53 & demi florins, outre 44 rixdales 65 kr. qu'elle paye pour l'entretien de la chambre impériale. Voyez l'article SUABE.

KAYSERSHEIM, abbaye princière d'Allema-gne, dans le cercle de Suabe.

Cette abbaye eft de l'ordre de Cîteaux; elle porte indifféremment le nom de Kayfersheim ou Keyffsheim; elle eft fituée près de la ville de Do-nawerth, dans le comté de Graifpach, incor-poré au duché de Neubourg. Le comte Henri de Lechfgemund, fondateur de ce cöuvent en 1135, déclara qu'il n'auroit d'autre vidame & protec-teur que le fils de la fainte Vierge. Néanmoins l'abbaie recherca & obtint en 1274 la protection du roi Rodolphe; en 1346, celle de l'empereur Louis de Bavière, & en 1349 celle d'Etienne, comte palatin du Rhin & duc de Bavière; mais les ducs ayant ufurpé la fupériorité territoriale fur l'abbaye, l'empereur Charles l'en affranchit en 1370, & lui permit de fe choifir, indépendam-ment du chef de l'Empire, le gouverneur qu'il voudroit. Cette exemption ayant été confirmée par l'empereur Wenceflas & Sigifmond, l'abbaye, dès-lors cenfée membre immédiat du corps ger-manique, fut mife fur le tableau en 1445, 1459, 1460 & 1475; appellée à la diète de Worms en 1521, & inférée dans la matricule auffi-bien que dans le recès de l'Empire, pour un contingent de 4 cavaliers & 67 fantaffins. Ce monaftère con-clut avec Frédéric, comte palatin du Rhin & duc de Bavière, alors tuteur des princes mineurs de cette maifon, un traité d'accommodement, par lequel l'abbaye s'engagea à payer 750 florins en place de la contribution exigée par le duc, qui de fon côté promit, tant pour lui que pour fes defcendans, pupilles & leurs héritiers, de ne ja-mais impofer aucune taxe fur l'abbaye ni fur fes fujets, & de n'attenter en rien à fes anciens pri-vilèges, droits, jurifdictions, coutumes, &c. Elle accorda en 1527 cent autres florins payables annuellement aux comtes palatins, qui dérechef

s'engagèrent à la protéger, fans toutefois s'arro-ger aucune jurifdiction, ni la charger d'aucune taxe; fauf aux deux parties de renoncer à la pro-tection quand bon leur fembleroit. Un nouveau traité, conclu en 1534 & confirmé par l'empereur Charles-Quint en 1541, ftipula que l'abbaye, en qualité de feigneur du comté de Grayfpach, re-connoîtroit les comtes palatins pour fes protec-teurs perpétuels, & qu'en reconnoiffance de cette protection elle leur paieroit annuellement 600 flo-rins; qu'en outre les comtes palatins exerceroient la juftice criminelle dans les terres de l'abbaye; mais qu'au refte ils n'établiroient aucune taxe, & qu'ils ne s'attribueroient aucune jurifdiction, ni fur elle, ni fur fes fujets. Tous ces traités n'ont pas empêché les comtes palatins d'attaquer dans la fuite, & à plufieurs reprifes, l'immédiateté de cette abbaye; & d'ailleurs les cercles de Suabe & de Bavière vouloient fe l'attacher, l'ab-baye s'étant jointe tantôt à l'un, tantôt à l'autre de ces cercles, & n'ayant fouvent fuivi aucun d'eux. Enfin le cercle de Suabe la reçut en 1557 dans le collège de fes prélats, malgré les protef-tations de celui de Bavière, & lui affigna fon rang entre les abbés d'Urfperg & de Röggenbourg, place qu'elle occupe de même à la diète de l'Em-pire. Sa taxe matriculaire étoit autrefois de 282 florins. En 1701, elle promit volontairement une contribution annuelle de 300 florins, payables à la caiffe; elle promit de la porter jufqu'à 400, fi l'état des impofitions étoit augmenté. Dans la guerre de 1757, le cercle de Bavière lui ayant demandé un contingent de 216 hommes, elle ju-gea à propos de fe déclarer membre du cercle de Suabe. Sa contribution pour l'entretien de la cham-bre impériale eft de 338 rixdales 23 kr. L'abbé prend le titre de très-révérend prélat du faint Em-pire romain, feigneur-abbé régnant de la fonda-tion immédiate & libre de Kayfersheim & Pillen-hofen, confeiller-né & chapelain héréditaire de fa majefté impériale, vicaire & vifiteur du faint ordre de Cîteaux dans le Tyrol & la Suabe. L'ab-baye de Pillenhofen, incorporée à celle de Kay-fersheim eft fituée dans la principauté de Neu-bourg.

KEMPTEN, ville impériale d'Allemagne, au cercle de Suabe, en latin Campidona; elle eft fi-tuée dans l'Algau-fur-l'Iler, qui fépare la ville de fon fauxbourg: on la croit bâtie fur l'emplace-ment de l'ancien Campadunum ou Campidunum. La ville, ainfi que le magiftrat, profeffent la reli-gion luthérienne. Elle prétend être plus ancienne que l'abbaye impériale qui en eft voifine. Celle-ci foutient au contraire que ce font les abbés qui ont fermé la ville de murailles, & lui ont donné fa conftitution municipale; que la ville leur avoit été foumife dans fon origine, & elle la défie de donner des preuves de fon immédiateté avant le treizième fiècle. La ville, de fon côté, avoue que les anciens abbés y ont acquis peu-à-peu différens

droits

droits régaliens & diverses prérogatives ; mais elle nie qu'ils aient jamais acquis sur elle la supériorité territoriale, attendu qu'elle avoit toujours été une ville impériale de l'Empire. Quoi qu'il en soit, il est incontestable que l'empereur Rodolphe I, dans une charte de 1289, se qualifia de *legitimus advocatus* de la ville ; il ordonna que les bourgeois ne seroient ni troublés, ni molestés en aucune façon de la part de l'abbaye. Cette charte fut renouvellée & confirmée par l'empereur Albert I en 1304, & par Charles IV en 1354. Ce dernier confirma de nouveau son immédiateté en 1348, 1355 & 1361 ; ce que fit aussi Wenceslas en 1370 & 1377 ; enfin l'empereur Frédéric III la reçut encore sous sa protection & celle de l'Empire, déclarant qu'elle en avoit toujours dépendu, & il confirma ses anciens droits & privilèges. Au reste, la ville acheta pour 30,000 florins d'or tous les droits, prérogatives, rentes & revenus, nommément tous les péages que l'abbaye avoit possédés, tant au-dehors qu'au-dedans de ses murs ; & ce contrat de vente fut ratifié par l'empereur Charles-Quint & tous ses successeurs, & par la cour de Rome. En vertu du même contrat, l'abbaye ne pourra faire élever sur son propre territoire qu'autant d'édifices qu'il lui en faudra pour son usage nécessaire, sans fortifier son couvent de manière quelconque : elle s'abstiendra de même de tenir ou faire tenir des marchés publics ou clandestins, un mille à la ronde de la ville de *Kempten*. En 1633, la ville fut prise d'assaut par les impériaux, qui massacrèrent les deux tiers de la bourgeoisie. Elle a la vingtième place parmi les villes impériales de Suabe assemblées à la diète générale, & la seizième dans celle du cercle. Sa taxe matriculaire qui étoit autrefois de 150 florins, fut réduite en 1683 à 52. Sa contribution pour l'entretien de la chambre impériale, est de 40 rixdales 54 kr. Elle ne possède point de villages ; mais en revanche beaucoup de biens-fonds, rentes, cens, dixmes & autres revenus.

KEMPTEN, abbaye princière d'Allemagne, au cercle de Suabe. Le territoire de cette abbaye est situé sur les deux rives de l'Iler, à l'endroit où cette rivière cesse de borner l'évêché d'Augsbourg & le comté de Kœnigseck-Rothenfels, pour traverser ensuite le comté de Waldbourg. Ses domaines consistent principalement dans le comté princier de *Kempten*, auquel ont été ajoutés quelques districts. Il fait partie de l'Algau, de l'Ilergau, & de quelques autres arrondissemens connus sous le nom de *Gau*.

Ce fut vers l'an 773 qu'Hildegard, épouse de l'empereur Charlemagne, fonda ou du moins renouvella le monastère de *Kempten*, ordre de saint Benoît. Elle lui fit donation de son héritage maternel ; ce qui engagea le couvent à prendre le portrait de cette princesse pour ses armes. L'abbaye prétend aussi que cette donation de Hilde-

gard comprenoit son territoire actuel, dont elle prouve qu'elle étoit en possession dès le neuvième ou dixième siècle. Quoiqu'elle ait acquis dans la suite plusieurs terres & seigneuries, elle soutient que ces acquisitions n'ont regardé que le domaine & la basse jurisdiction, attendu qu'à l'exception de la seigneurie de Teisselberg, ces terres avoient déja fait partie des domaines de l'abbaye, & étoient soumises à sa haute jurisdiction & supériorité territoriale. On ne sauroit déterminer l'époque où cette abbaye fut déclarée princière. Quelques auteurs prétendent que Charlemagne lui-même revêtit de la dignité de prince le premier abbé, nommé *Andegaire* ; d'autres soutiennent que l'empereur Charles IV la conféra, en 1360, à l'abbé Henri de Mittelberg. Mais on trouve, dans les annales de Schaten, un acte de l'empereur Conrad III de l'année 1150, dans lequel l'abbé de *Kempten* est compté parmi les princes ecclésiastiques.

Le prince-abbé de *Kempten* est archi-maréchal de l'impératrice romaine ; &, dans cette qualité, il assiste à son couronnement pour recevoir de ses mains le sceptre qu'on présente à cette princesse, & pour le lui rendre selon l'étiquette de cette cérémonie. Il occupe dans le conseil des princes de l'Empire, & nommément sur le banc ecclésiastique, une place entre l'évêque de Fulde & le prévôt d'Elwangen : mais, dans les diètes du cercle de Suabe, il observe avec ce dernier une alternative journalière pour le rang. Sa taxe matriculaire est de six cavaliers & vingt fantassins ou 152 florins, & sa contribution pour l'entretien de la chambre impériale est fixée à 182 rixdales 56 kr. ; quant au spirituel, elle est immédiatement soumise au saint-siége.

Cette abbaye princière a ses grands officiers héréditaires ; l'électeur de Bavière s'en reconnoît le grand-maître ; l'électeur de Saxe le grand-échanson ; le comte de Montfort le grand-maréchal, & le landgrave de Nellenbourg le grand-chambellan : mais ces grands officiers ont leurs vicaires chargés de leurs fonctions : ainsi les nobles de Roth ont l'emploi de vice-grand-maîtres ; ceux de Bodmann sont vice-échansons ; ceux de Prasperg vice-maréchaux, & ceux de Werdenstein vice-chambellans. Au reste, ces grands offices sont plutôt une alliance de protection que des engagemens de service.

Les dicastères du prince-abbé sont la régence, le consistoire & la chambre des finances. Il y a une espèce de corps des états, composé d'une députation du pays, en présence de laquelle les administrateurs des deniers publics rendent compte de leur gestion.

Le présidial libre & impérial du comté de *Kempten*, cédé à l'abbaye, a subsisté depuis nombre de siècles, sans que sa jurisdiction se soit étendue au-delà des bornes du comté. D'après une convention faite en 1522, entre ce tribunal & celui de la Leutkircher-heyde & de la Purse, les sujets

de l'abbaye, cités devant ce tribunal & réclamés par leur juge naturel, doivent être renvoyés devant celui-ci à fa première requisition. Mais par un nouveau traité conclu en 1545, & qui s'obſerve encore aujourd'hui, on a accordé au préſidial de Leutkrcher-heyde & de la Purſe dix exceptions ou cas réſervés, dans leſquels la réclamation du juge provincial de *Kempten* ne doit pas avoir lieu.

KERPEN & LOMMERSUM, comté d'Allemagne, au cercle de Weſtphalie. Il eſt compoſé des deux ſeigneuries dont il porte le nom, ſituées toutes deux dans l'enceinte du duché de Juliers : celle de *Kerpen-ſur-l'Erſt* & celle de Lommerſum ou Lommersheim entre les villes d'Enskirchen & Bonn, ſur les confins de l'archevêché de Cologne. Après avoir appartenu à pluſieurs ſeigneurs différens, l'empereur Charles VI, en ſa qualité de duc de Brabant, les donna enfin en 1711 avec toute juriſdiction & ſupériorité territoriale à Guillaume, électeur palatin, qui les céda peu de temps après à Jean - Frédéric, comte de Schœsberg, en faveur duquel le même empereur les érigea, dès 1712, en comté de l'Empire. Celui qui les poſſède, a rang parmi les comtes de la Weſtphalie, avec voix & ſéance aux diètes du cercle. Sa taxe eſt de 12 florins, & il n'eſt pas dans l'uſage de contribuer aux frais de la chambre impériale. L'immédiateté de ce comté fut attaquée, il y a quelque temps, par le duché de Brabant ; &, malgré les griefs détaillés en 1757 & portés à la diète du cercle par le comte de Schœsberg, la maiſon d'Autriche mit cette terre en ſéqueſtre, où elle la tenoit encore en 1764 ſur le refus que faiſoit le comte de reconnoître ſa ſupériorité territoriale.

KLETTENBERG. *Voyez* HOHNSTEIN.

KLETTGAU, principauté ou landgraviat d'Allemagne, au cercle de Suabe. Le *Klettgau* ou *Klettgow*, en latin *pagus latobrigicus*, eſt un diſtrict borné au midi par le Rhin ; à l'eſt de au nord par les cantons ſuiſſes de Schaffhouſe & de Zurich ; au nord-oueſt par le landgraviat de Stuhlingen, & à l'oueſt par les quatre villes foreſtières. Il doit le nom de pays & même de comté de Soulz aux comtes de Zoulz, ſes anciens maîtres ; mais c'eſt mal-à-propos qu'il le porte, ſon vrai nom ayant toujours été landgraviat de *Klettgau*, auquel l'empereur Léopold ajouta le titre de principauté. Il abonde en bled, en gibier & en vin ; le vin rouge eſt ſur-tout eſtimé.

Les comtes de Soulz, anciens poſſeſſeurs de ce landgraviat, tenoient ce nom de la ville de Soulz, qui leur appartenoit & qui eſt ſituée ſur le Necker dans le duché de Wurtemberg. Dès l'année 1085, il eſt fait mention d'un comte de Soulz, nommé *Alwig*, lequel apparemment eſt auſſi celui qui concourut à la fondation du couvent d'Alpirſpach. Cette famille, déchue de ſa ſplendeur, ſe releva

par le mariage du comte Rodolphe, fils du comte Hermann, avec Urſule, fille de Jean, dernier comte de Habsbourg de la branche de Lauffenbourg : cette héritière eut pour dot le landgraviat de *Klettgau* avec les ſeigneuries de Rothenbourg & de Krenkingen ; & en 1408, ſa mère Agnès paſſa en faveur de ce mariage un acte, par lequel tous ſes biens provenant de la ſucceſſion de ſon époux Jean, ou acquis à d'autres titres quelconques, tombèrent au comte Rodolphe & à ſon père. L'empereur Sigiſmond confirma cet acte en 1430, à condition que le landgraviat du *Klettgau* releveroit de la maiſon archiducale d'Autriche. Cette maiſon s'agrandit encore davantage par les ſeigneuries de Schellenberg, de Vaduz & de Blumeneck que Verene, fille d'Ulric, baron de Brandis, y apporta par ſon mariage avec Alwig, fils du comte Rodolphe. Son petit-fils Charles-Louis eut par ſon épouſe Dorothée-Catherine, fille d'Adolphe, comte de Sayn, les ſeigneuries de Monklar & de Mainzbourg ou Mauzenberg, leſquelles paſſèrent enſuite à d'autres maiſons. La tige mâle des comtes de Soulz s'éteignit en 1687 en la perſonne de Jean-Louis ; & l'empereur Léopold ayant déclaré Marie - Anne, fille aînée du défunt, épouſe de Ferdinand-Guillaume Euſebe, prince de Schwarzenberg, habile à ſuccéder aux états, biens, droits & prérogatives de ſon père, & à les tranſmettre à ſes enfans, ſon fils Adam-François-Charles eut le landgraviat de *Klettgau*.

Le prince de Schwarzenberg prend le titre de prince & landgrave du *Klettgau*, comte de Soulz & prévôt héréditaire de l'hôtel impérial à Rothweil. Pour exercer cette dernière charge, il nomme un vice-prévôt, qui cependant doit être né comte ou baron. Ce fut en 1360 que l'empereur conféra cette prévôté au comte Rodolphe de Soulz.

Depuis 1696, les princes de Schwarzenberg ont obtenu, du chef de la principauté de *Klettgau*, voix & ſéance parmi les princes ſéculiers du cercle de Suabe. Il n'en eſt pas de même des diètes de l'Empire, où ils ſont encore exclus du conſeil des princes & demeurent agrégés aux comtes de Suabe. Leur contingent pour le *Klettgau* eſt de deux cavaliers & de neuf fantaſſins, évalués à 60 florins par mois, avec 37 rixdales 79 kr. qu'ils payent par quartier pour l'entretien de la chambre impériale. *Voyez* SCHWARZENBERG.

On trouve dans ce landgraviat un préſidial de l'Empire, qui ſiège ordinairement à Rhinow-ſur-l'Halder ou au Langeſtein.

KIRCHBERG. *Voyez* l'article SAYN.

KNIPHAUSEN, ſeigneurie d'Allemagne. La ſeigneurie de Jever la borde du côté de la terre ferme, & la Jahde au nord-eſt. On n'a pas encore décidé de quel cercle la ſeigneurie de Jever fait partie, & le même doute a lieu pour celle de *Kniphauſen*. Le cercle de Weſtphalie, vu ſa ſituation, paroît avoir le droit le plus apparent de la réclamer ; le directoire de ce cercle a fait valoir cette raison en 1749, & même encore postérieurement. Le terrein y est en général fertile ; il est propre à l'éducation des bêtes à cornes & des chevaux. On en exporte annuellement une quantité considérable de bled pour la Hollande, pour Breme & pour Hambourg. On en exporte du porc salé, du fromage & du beurre ; car l'on y compte communément 4000 vaches, lorsqu'il ne règne point de maladie contagieuse dans la ferme. On croit qu'il en sort aussi chaque année plus de 400 chevaux. Cette seigneurie étoit autrefois possédée par des barons qui, ainsi que les nobles d'Inhausen, dépendoient du canton d'Ostringen, & faisoient par conséquent partie de celle de Jever. Les uns & les autres s'en détachèrent pendant quelque temps ; mais cette séparation cessa d'avoir lieu, lorsque le baron Frédéric-Guillaume céda en 1623 tous les droits qu'il avoit sur cette seigneurie, à Antoine Gunther, seigneur de Jever & comte d'Oldenbourg & de Delmenhorst, cession que la cour impériale agréa & ratifia ensuite. Antoine Gunther disposa de cette seigneurie en faveur d'Antoine, comte d'Aldenbourg, son fils naturel, duquel elle passa à Antoine II. Celui-ci n'eut qu'une fille, nommée *Charlotte-Sophie*, comtesse de Bentink, qui la posséda jusqu'en 1757, époque où cette même seigneurie fut abandonnée au comte de Bentink son époux, pour la transmettre aux enfans mâles qu'ils avoient procréés. Elle forme une seigneurie libre, à laquelle est attachée l'immédiateté & la supériorité territoriale ; elle forme aussi un fief de Bourgogne, dont la reprise se fait à Bruxelles. On s'est chargé de payer pour elle les taxes matriculaires & la contribution pour l'entretien de la chambre impériale. Cette seigneurie contient trois paroisses.

KŒNIGSEGG, terrés que les comtes de *Kœnigsegg* possèdent dans le cercle de Suabe.

La famille des seigneurs de *Kœnigsegg* est une des plus anciennes de l'Empire. Elle obtint la dignité de comte sous l'empereur Ferdinand II ; & les deux fils de George, seigneur de *Kœnigsegg*, appellés *Hugues* & *Jean-George*, en prirent le titre. Le premier fonda la branche de Rothenfels, le second celle d'Aulendorf, l'un & l'autre ont le titre de comtes du saint-Empire à *Kœnigsegg* & Rothenbourg, barons d'Aulendorf & de Tauffen ; celle d'Aulendorf se qualifie en outre de seigneur d'Ebenweiler & de Walde en Suabe. Ils n'ont ensemble qu'une voix dans le collège des comtes de Suabe à la diète de l'Empire ; mais chaque branche en a une à celle du cercle : ils alternent pour la préséance entre eux, & avec les diverses branches des Truchsess de Waldbourg. Leur taxe matriculaire est de 20 florins pour la montagne de *Kœnigsegg*, de 24 pour Aulendorf, & de 40 pour Rothenfels & Stauffen ; ils payent d'ailleurs 28 rixdales 38 & demi kr. pour Aulendorf, & 30 rixdales 59 & demi kr. pour Ro-

thenfels & Stauffen à la caisse de la chambre impériale.

Les comtes de *Kœnigsegg*-Rothenfels possèdent le comté de Rothenfels avec la seigneurie de Stauffen, située dans l'Algau, entre l'évêché d'Ausbourg, l'abbaye de Kempten, le comté de Tranchebourg, & les terres autrichiennes en deçà l'Alberg : son étendue est d'environ cinq milles de longueur sur deux à trois de largeur. Elle appartenoit ci-devant aux comtes de Montfort, qui, au seizième siècle, la vendirent aux comtes de *Kœnigsegg*.

La branche des comtes de *Kœnigsegg*-Aulendorf possède le comté de *Kœnigsegg*, situé entre celui de Heiligenberg, la seigneurie de Scheer, la commanderie d'Alschhausen, & la préfecture d'Altorf.

La baronie d'Aulendorf, située entre la commanderie d'Alschhausen, la préfecture d'Altorf & l'abbaye de Schussenried.

KŒNIGSTEIN, comté d'Allemagne ; il est situé dans la Wetteravie le long d'une chaîne de montagne, appellée *die Hœhe* : c'est une ancienne dépendance du comté de Nuringes, qui passa aux seigneurs de Munzenberg. Les mâles de cette famille s'éteignirent au treizième siècle, & il en resta cinq sœurs mariées aux maisons de Hanau, Falkenstein, Weinsberg, Schœnberg & Pappenheim, qui héritèrent de toutes les terres de Munzenberg, & les gouvernèrent d'abord en commun ; puis les cédèrent par accommodement au comte de Falkenstein, à l'exception d'un sixième que la maison de Hanau se réserva. A l'extinction de cette maison de Falkenstein, la succession échut à cinq sœurs mariées dans les maisons de Solms, Sayn, Virnebourg, Isenbourg & Epstein, entre lesquelles elle fut partagée de façon que cette dernière en eut le tiers ; & en particulier le château de *Kœnigstein* où un seigneur d'Epstein fixa sa résidence en ajoutant à ses titres celui du comte de *Kœnigstein*. Everard, dernier comte d'Epstein, mort en 1535 sans postérité, fit, du consentement de sa sœur Anne, épouse de Bothon, comte de Stolberg, un testament confirmé par l'empereur Charles-Quint, & institua pour son héritier universel Louis, troisième fils de cette sœur ; & en cas de mort, le cinquième nommé *Philippe*, ou à son défaut, le huitième appellé *Christophe* : mais sans préjudice du droit de succession que la mère se réserva pour elle & ses autres enfans, si le testateur venoit à changer ses dispositions en faveur de quelque étranger, ou si ses trois fils désignés héritiers mouroient sans successeurs mâles. A l'échéance de cette hérédité, Louis en prit possession, & il en jouit jusqu'en 1574, époque où il mourut sans postérité mâle ; il la laissa à son frère Christophe, qui ne lui survécut que sept ans environ, & mourut aussi sans enfans en 1581. Son septième frère Albert George, comte de Stolberg, comptoit lui succéder dans le comté de *Kœnigstein* avec Chriftophe le jeune, fils de fon frère Henri ; mais, à la réferve d'un petit nombre de domaines qu'ils obtinrent, Daniel, électeur de Mayence, s'empara de toute la fucceffion, en vertu d'un acte qu'il s'étoit procuré de Rodolphe II, & qui l'autorifoit à occuper, au nom de l'empereur, les château & états de *Kœnigftein*, ainfi que les portions des feigneurs d'Epftein & de Munzenberg, dont les comtes de *Kœnigftein*, & après eux les comtes Louis & Chriftophe avoient été inveftis par l'empereur & l'Empire : ces fiefs étoient déclarés ouverts & dévolus à l'Empire par la mort du comte Chriftophe ; Daniel étoit chargé d'y recevoir les hommages accoutumés & d'en prendre l'adminiftration jufqu'à nouvel ordre. Les comtes de Stolberg fe virent forcés par-là de conclure en 1590 avec l'archevêque de Mayence un accommodement, & de renoncer à la majeure partie de la fucceffion d'Epftein, appellée communément le *comté de Kœnigftein*, quoique les comtes de Stolberg foutiennent que ce foit mal-à-propos. Ce prince s'engagea, de fon côté, à leur payer à des époques fixes la fomme de 300 mille florins ; mais peu après ces comtes revinrent contre la convention : ils fe plaignirent que l'électeur ne la rempliffoit point, & il en réfulta un procès qui eft encore pendant au confeil aulique de l'Empire.

En attendant l'arrêt, l'électeur prend voix & féance aux diètes du cercle du haut Rhin pour le comté de *Kœnigftein*, quoique la maifon de Stolberg y affifte également pour le petit diftrict qu'elle y a confervé. Les deux parties font auffi membres du collège des comtes de la Wetteravie, bien que l'électeur s'en foit féparé. Ils contribuent aux charges de l'Empire en conformité de la taxe matriculaire de ce pays ; l'électeur paye 80 florins outre fon contingent pour l'entretien de la chambre impériale, compris dans fon contingent général ; la maifon de Stolberg ne fournit que vingt florins feulement, & elle ne paye rien pour la chambre.

La portion de l'électeur de Mayence forme le grand bailliage de *Kœnigftein*.

La portion du comté de *Kœnigftein*, poffédée par la maifon de Stolberg, eft partagée entre deux branches ; celle de Stolberg Gendern, & celle de Stolberg-Rosla.

KRICHINGEN, comté de Créange-*Krichingen*. Nous avons oublié cet article à la lettre C, & nous le plaçons ici.

Les feigneuries qui dépendent du comté de Créange-*Krichingen* font fituées dans la Weftrie ; une partie eft enclavée dans la Lorraine & le Luxembourg, fous la fupériorité territoriale des poffeffeurs de ces deux duchés.

Ce n'étoit anciennement qu'une baronie ; l'empereur Matthias l'érigea en comté en 1617. Jean V, l'un de fes comtes, laiffa deux fils, Georges & Wyrich, qui fondérent deux lignes diftinctes ; celle de Putelange & celle de Créange, & dont les tiges mâles s'éteignirent ; favoir, celle du premier en 1681, & celle de l'autre en 1697. Alors Chriftine-Louife, fille unique de Ferdinand Ulric, qu'Anne-Dorothée, fille du comte Albert-Louis de Créange, avoit eu du comte Ezard-Ferdinand d'Oft-Frife, tranfmit ce domaine à la maifon de Wiedrunkel par fon mariage avec le comte Jean-Louis-Adolphe, malgré les prétentions des princes de Solms-Soraunfels & des comtes d'Ortenbourg, qui en prennent encore le titre.

Les comtes de Créange ont voix & féance aux diètes du cercle du haut-Rhin ; & depuis 1765, à celle de l'Empire où ils fiègent parmi les comtes immédiats de la Wetteravie. La matricule de l'Empire les taxe à deux cavaliers & quatre fantaffins, ou, à 40 florins par mois ; fomme qui, dit-on, a été réduite à la moitié. Leur contingent pour l'entretien de la chambre impériale eft de 13 rixdales 46 & demi kr. ; mais il paroît que cette contribution a varié.

La feigneurie de Saar-Wellingen fur la Saar, celle de Créange-Putelange & celle de Rollingue font toutes trois unies à ce comté & foumifes, partie à la fupériorité immédiate de l'Empire, partie à celle de Naffau-Saarbrück, partie à celle du duché de Luxembourg.

KYRBOURG. *Voyez* SALM.

L

LABRADOR, contrée de l'Amérique septentrionale, qui dépend du Canada, & qui appartient aux anglois.

Lorsque l'Angleterre eut conquis le Canada en 1760, pendant quatre années cette colonie fut divisée en trois gouvernemens militaires. C'étoient les officiers des troupes qui jugeoient les causes civiles & criminelles à Quebec & aux Trois-Rivières, tandis qu'à Montréal les fonctions augustes étoient confiées à des citoyens. Les uns & les autres ignoroient également les loix. Le commandant de chaque district auquel on pouvoit appeller de leurs sentences, ne les connoissoit pas davantage.

L'année 1764 vit éclore un nouveau système. On démembra du Canada la côte de *Labrador*, qui fut jointe à Terre-Neuve; le lac Champlain & tout l'espace au sud du quarante - cinquième degré de latitude, dont la Nouvelle-Yorck fut accrue; l'immense territoire à l'est du fort de la Golette & du lac Nissiping qui fut laissé sans gouvernement. Le reste, sous le nom de *province de Quebec*, fut soumis à un chef unique.

Cet ordre de choses ne pouvoit pas durer. Le parlement le sentit. Il régla qu'au premier mai 1775, le Canada recouvreroit ses premières limites : qu'il seroit régi par son ancienne jurisprudence & par les loix criminelles & maritimes de l'Angleterre : qu'il auroit. l'exercice libre de la religion romaine, sans que ce culte pût jamais être un obstacle à aucun des droits du citoyen : que la dîme ecclésiastique, que les obligations féodales si heureusement tombées en désuétude depuis la conquête, recouvreroient leur première force. Un conseil, formé par le roi, pouvoit annuller ces arrangemens, exercer tous les pouvoirs, excepté celui d'imposer des taxes. Il devoit être composé de vingt-trois personnes choisies indifféremment dans les deux nations, & assujetties seulement à un serment de fidélité.

Cette aristocratie très-variable, & d'un genre tout-à-fait nouveau, déplut généralement. Les anciens sujets de la Grande-Bretagne, établis depuis peu dans cette nouvelle possession, furent fort mécontens de se voir ravir une partie de leurs premiers droits. Les canadiens qui commençoient à connoître le prix de la liberté, & auxquels on avoit promis ou fait espérer le gouvernement anglois, se virent avec douleur déchus de leurs espérances.

La seule entreprise, dit le *Voyageur américain*, qu'on ait formée jusqu'ici pour établir quelque commerce à la côte de *Labrador*, c'est la pêche, dont l'exportation annuelle pour la Grande-Breta-

gne, le Portugal, l'Espagne & l'Italie consiste en

		liv. sterl.
1500 tonnes d'huile de baleine, à 15 liv.		22,500—0 0
310 *ditto* huile de veau marin, à 15 liv.		4,650 0 0
72 *ditto* fanons de baleine, à 300 l.		21,600 0 0
12,000 peaux de veau marin, à 6 d.		300 0 0
		49,050

Voyez les articles CANADA & TERRE-NEUVE.

LACÉDÈMONE. *Voyez* SPARTE.

LA LIPPE, comté d'Allemagne, au cercle de Westphalie. Il est situé entre l'évêché de Paderborn, les comtés de Rietberg, Ravensberg, Schavembourg & Pyrmont, la principauté de Calenberg & l'abbaye de Corvey.

Son sol est en général très-montueux, & parsemé de champs labourables & de bruyères. Ce comté renferme cinq villes, quatre bourgs & cent cinquante-deux communautés, formées en grande partie de métairies isolées.

Etats. Il a ses états particuliers, composés de deux classes, la noblesse & les villes; ils sont convoqués par la maison régnante de *la Lippe*, qui en notifie la tenue à ses branches paragères; elle prend leur avis sur les matières à proposer; les observations des états relatives au bien du pays, sont toujours écoutées.

Religion. La moindre partie de ses habitans professent la religion luthérienne : les autres sont réformés, & leur gouvernement ecclésiastique est confié à trois surintendans.

Précis historique de la maison, des comtes de la Lippe. La maison des comtes de la Lippe est très-ancienne. Son histoire est assez connue depuis le comte Bernard I, contemporain de l'empereur Lothaire. Sans nous arrêter à ces premiers tems, nous passerons tout de suite au règne de Simon VI, tige commune de tous les comtes de *la Lippe* d'aujourd'hui. Par son testament de 1597, il institua son fils aîné comte régnant, avec attribution de la supériorité territoriale & de toutes ses dépendances, tant civiles qu'ecclésiastiques; il légua à ses fils cadets plusieurs terres & bailliages à titre de parage & d'entretien; il régla, au surplus, qu'en cas de mort de l'aîné sans héritiers mâles, le puîné lui succéderoit, & que les autres succéderoient au puîné; que si l'un des cadets ou sa branche venoit à s'éteindre, ses possessions pasferoient, moitié au comte régnant ; moitié aux autres frères & à leurs defcendans mâles par portions égales. A l'époque de fa mort, arrivée en 1613, il avoit quatre fils qui fignèrent en 1616 un pacte, par lequel les frères parageaux ne devoient point être foumis à la maifon régnante, mais cenfés comtes immédiats de l'Empire. Le troifième de ces frères, nommé *Hermann*, mourut en 1620, & fon domaine fut partagé entre fes deux aînés, par une convention de 1621 qui affura au cadet, des rentes annuelles en dédommagement de fa portion : ces trois frères font les chefs de trois branches principales, divifées enfuite en plufieurs rameaux. 1°. L'aîné Simon VII fonda celle de Detmold ; Jufte Hermann, fon fils cadet, fut chef de la ligne collatérale de Bifterfeld, qui fe foudivifa en Bifterfeld propre & Wittenfeld, dans les perfonnes de Frédéric-Charles-Augufte & Ferdinand-Louis, fils de Rodolphe-Ferdinand : 2°. le comte Otton fonda la ligne paragère de Brak, qui s'éteignit en 1709 à la mort de Louis-Ferdinand, dont la fucceffion compofée des bailliages de Brak, Blomberg, Schieder, Bahrendorf ou Barrentropp & des dépendances, fit naître un long procès entre la maifon de Detmold ; & 3°. la branche de Schaümbourg - Lippe, fondée par le comte Philippe, qui avoit en apanage les bailliages de Lipperode & Alverdiffen, avec quelques autres rentes & revenus, auxquels il joignit par acquêt la moitié du comté de Schaumbourg : Philippe laiffa deux fils ; Frédéric-Chriftian qui lui fuccéda à la régence, & Philippe-Ernefte, d'où eft venue la ligne collatérale d'Alverdiffen. En 1734, il intervint un arrêt de l'empereur, qui, en adjugeant la moitié de cette fucceffion à la maifon régnante de Schaumbourg-Lippe avec la moitié des fruits perçus depuis fon ouverture, fembloit devoir terminer le procès : mais l'accommodement entier n'eut lieu qu'en 1748 entre les parties principales ; la branche d'Alverdiffen s'étant mife fur les rangs, plaide encore à cet égard contre celle de Detmold. Le pacte de confraternité de 1616 donne d'ailleurs aux comtes apanagés le titre de feigneurs héréditaires : ils prennent ordinairement celui de feigneurs territoriaux ; & le teftament de Simon VI, outre les prérogatives dont on vient de parler, réferve au comte régnant la collation des fiefs & leur dévolution, le droit de fucceffion, l'hommage des villes, l'adminiftration de la juftice criminelle, le droit de paroître aux diètes de l'Empire & du cercle, la convocation de la nobleffe & les fervices à en recevoir ; mais il laiffe à chacun des cadets le pouvoir de fe faire prêter ferment de fidélité chacun pour fes fujets, habitans des bourgs, fermes & villages qui compofent fon apanage. On demande encore aujourd'hui fi ce teftament établit les apanages ou non ; car quelques favans publiciftes ont foutenu que, dans les branches fondées par les fils de Simon VI, le

droit de primogéniture à l'égard des aînés, & par conféquent celui d'apanage vis-à-vis des puînés ne fauroient avoir lieu. La branche de Schaumbourg-Lippe adopte cette maxime, & prétend que ce qu'on appelle *apanage*, doit plutôt porter le nom de *parage*, & elle en compte fept dans le comté en général.

Remarques fur la conteftation qui vient de s'élever entre le landgrave de Heffe-Caffel & la comteffe douairière de la Lippe-Schaumbourg, au fujet du comté de Schaumbourg.

Le comte de *Lalippe*-Schaumbourg étant mort le 13 février de cette année 1787, le landgrave de Heffe-Caffel a pris poffeffion, à main armée, du comté de Schaumbourg, & la comteffe douairière a fait des réclamations.

Le comté de Schaümbourg fut poffédé, dès le dixième fiècle, par des comtes qui, étant devenus très-puiffans par des alliances, furent élevés en 1619 à la dignité de prince. Le duché de Holftein leur appartenoit. Adolphe, comte de Schaumbourg, fi connu dans l'hiftoire de Henri le Lion, duc de Saxe, étoit en même-temps comte de Holftein, de Stormarie & de Wagrie. La maifon de Holftein - Schaumbourg fe partagea en plufieurs lignes, dont chacune poffédoit une portion de l'ancien patrimoine. Enfin le comte Otton II céda, dans une convention conclue en 1650, le duché de Schlefwig & le comté de Holftein à Chriftian I, roi de Danemarck. Après cette tranfaction, il ne refta plus à cette maifon que le comté de Schaumbourg, dont les poffeffeurs furent par la fuite élevés à la dignité de prince. Cette ancienne maifon des comtes de Schaumbourg s'éteignit en 1640 par la mort d'Otton VI, le dernier mâle. La mère de cet Otton étoit Elifabeth, fille du comte Simon de *la Lippe*, & fœur du comte Philippe. A l'extinction de la maifon régnante de Schaumbourg, fes poffeffions furent partagées de la manière fuivante : 1°. le duc de Brunfwick - Lunebourg s'appropria, en vertu d'un pacte, trois bailliages qui compofent aujourd'hui le quartier de Lavenau, dans la principauté de Calenberg : 2°. le landgrave de Heffe - Caffel prit, en vertu d'un autre pacte, & en qualité de fuzérain de plufieurs fiefs, une partie du comté de Schaumbourg ; favoir, 5 villes, 1 bourg & 89 villages ; dans fa part étoit l'ancien château de Schaumbourg & la ville de Rinteln : 3°. le comte Philippe de *la Lippe*, oncle maternel du dernier comte de Schaumbourg, obtint fous la fuzéraineté de Heffe-Caffel le refte du comté de Schaumbourg, confiftant en 4 bailliages, 2 villes, 2 bourgs & 78 villages. Ce partage fut confirmé en 1648 par le traité de Weftphalie. — C'est de cette manière qu'une partie du comté de Schaumbourg, dans laquelle font fitués le bailliage & la ville de Buckebourg échut à une branche de l'ancienne maifon des comtes de *la Lippe*. Depuis cette acquifition, cette branche, pour fe diftinguer de celle de *la Lippe*-Detmold, a pris, tantôt le titre de comte de Schaumbourg, tantôt de Buckebourg, tantôt de *la Lippe*-Schaumbourg, & tantôt de *la Lippe*-Buckebourg. On vient de voir que la maifon de *la Lippe* n'a plus que deux branches principales ; celle de *la Lippe*-Detmold poffède dans le cercle de Weftphalie, la majeure partie du comté de *la Lippe* ; celle de Schaumbourg-*Lippe*, ou de *la Lippe*-Buckebourg fe foudivifoit en l'ainée & celle d'Alverdiffen. La branche ainée s'éteignit avec Guillaume-Frédéric Ernefte, feld-maréchal général des armées du roi de Portugal, qui mourut fans enfans. La branche d'Alverdiffen, dont étoit le comte de *la Lippe*-Schaumbourg, mort le 13 février de cette année, lui fuccéda dans les poffeffions de de la branche ainée. — La partie du comté de Schaumbourg, appartenante à la famille de *la Lippe* - Schaumbourg, comprend 4 bailliages ; favoir, ceux de Stadthagen, de Buckebourg, d'Arensbourg & d'Hagenbourg ; deux villes, favoir ; Stradthagen & Buckebourg ; deux bourgs, favoir ; Hagenbourg & Steinhude ; la forterefte de Wilhelmftein, fur le lac de Steinhude, & 78 villages. — Dans la conteftation, entre le landgrave de Hefle-Caffel & la maifon de *la Lippe*-Schaumbourg, il s'agifloit de favoir fi, à l'extinction de la branche ainée de *la Lippe*-Schaumbourg, celle d'Alverdiffen pouvoit fuccéder aux droits & poffeffions de l'ainée, fous la fuzeraineté de Hefle-Caffel. Le landgrave de Hefle conteftoit à cette branche la capacité de fuccéder, parce que le comte Frédéric-Ernefte d'Alverdiffen n'avoit époufé qu'une demoifelle noble qui, en 1751, fut créée par l'empereur comtefle de Friefenhaufen. — Le confeil aulique de Vienne avoit donné, dans les années 1753 & 1754, des arrêts favorables au comte d'Alverdiffen contre le landgrave de Hefle, & cette cour fouveraine avoit jugé en 1756, que la lettre d'inveftiture que le landgrave feroit expédier au comte d'Alverdiffen, feroit conforme aux inveftitures précédentes, fauf cependant les droits & réclamations que le landgrave prétendoit avoir, relativement à la defcendance du comte.

Le confeil aulique vient de prononcer contre le landgrave de Hefle-Caffel ; & l'empereur ayant donné des ordres fur l'exécution du jugement, le landgrave, d'après l'avis du roi de Pruffe, a retiré fes troupes, & les habitans de Schaumbourg font relevés du ferment qu'ils lui avoient prêté.

Le titre des feigneurs de cette maifon eft : comtes & feigneurs de la Lippe.

Séance à la diète. Les comtes de *la Lippe* ont voix & féance au collège des comtes de la Weft-

phalie, à la diète de l'Empire & aux affemblées du cercle, où ils fiègent immédiatement après le roi de Danemarck, comme comte de Delmenhorft. La matricule les taxe à quatre cavaliers & huit fantaffins, ou à 120 florins par mois ; & à 67 écus 56 & demi kr. par terme pour l'entretien de la chambre impériale.

Tribunaux. Les tribunaux de ce comté font une régence ou chancellerie, une juftice aulique ordinaire, compofée d'un juge (à la nomination duquel les comtes parageaux ont une voix) & en fon abfence, de fon lieutenant, de deux affeffeurs, (fur le choix defquels le comte régnant prévient auffi fes cadets, pour favoir s'ils n'ont rien à dire contre eux,) & de quelques fecrétaires ; une juftice aulique générale, à laquelle le comte régnant nomme deux confeillers, chacune des branches cadettes, un ; la nobleffe un député ; les villes un autre : les comtes parageaux y préfident alternativement avec leur chef. C'eft à la juftice aulique & non à la chancellerie, que les habitans des bailliages & autres fujets des parages portent leurs appellations en vertu de la convention de 1616 ; & le comte régnant n'a pas même le droit, en fût-il requis par les demandeurs, de les citer directement à cette juftice, en déclinant la jurifdiction des feigneurs parageaux, à laquelle les demandeurs doivent toujours être renvoyés, quoique leurs propres fujets jouiffent du droit de décliner. Le comte régnant nomme au confiftoire ordinaire, deux commiffaires, l'un féculier, l'autre eccléfiaftique, qui eft toujours le furintendant de la cour. Le confiftoire général eft formé de la même façon que la juftice aulique générale, fi ce n'eft que les villes envoient deux députés au lieu d'un. Il connoît des affaires de mariage, des moeurs des eccléfiaftiques, de leurs prévarications, &c. Le refte des affaires cléricales fe termine au confiftoire ordinaire. En matières criminelles, les feigneurs parageaux inftruifent les procès dans leurs bailliages ; mais les comtes régnans concourent à la nomination des juges. Enfin ces branches cadettes ont dans leurs partages haute & baffe jurifdiction, & le comte régnant n'y exerce que la fupériorité territoriale. Encore les lignes de Philippe & d'Otton foutiennent-elles qu'elles ont droit d'ordonner privativement chez elles de tout ce qui ne fait point partie de l'adminiftration commune, comme de la police du pays, de la juftice aulique, des affaires confiftoriales, &c. Elles s'attribuent fur-tout le pouvoir d'armer (*jus armorum*), & elles ont toujours leurs propres troupes dans leurs domaines : une contribution particulière fur les fujets fournit à l'entretien de ces troupes. La ligne de Detmold prétend feule repréfenter la maifon régnante ; elle dit qu'elle n'envifage que comme branches apanagées ces mêmes branches cadettes qui, à leur tour, ne regardent leur chef que comme le premier entre des égaux, le co-feigneur leur plénipotentiaire à la preſtation de l'hommage des villes & des habitans convoqués en diètes.

C'eſt dans ces aſſemblées que ſe règlent les impôts ; & le comte régnant, de concert avec les états, jouit du droit d'en établir (*jus collectandi*). Les charges ordinaires ſont les contributions militaires ; ce qu'il faut verſer dans les caiſſes de l'empire & du cercle, & ce qui doit s'appliquer aux beſoins généraux du pays.

LANDAMMANN, c'eſt aſſez communément le nom des chefs des cantons démocratiques de la Suiſſe, qui ſont élus par l'aſſemblée générale du canton ; mais comme il y a d'autres officiers qu'on appelle *landammanns*, nous allons entrer dans quelque détail.

A Uri, le *landammann* eſt obligé de réſigner ſa charge après un an de ſervice ; mais on la lui laiſſe une ſeconde année. Il eſt le préſident de l'aſſemblée générale, des conſeils, &c.

Il en eſt à-peu-près de même à Schwitz.

A Underwalden, il ne reſte qu'un an en place ; il a d'ailleurs les mêmes prérogatives.

A Zug, il a proprement le nom d'*amman*. Cette place alterne entre la ville & chacune des trois communautés. Celui qui eſt tiré de la ville, reſte trois ans en charge, les autres ne le ſont que pendant deux ans.

A Glaris, il reſte auſſi deux ans en charge ; mais il y a pluſieurs réglemens à ce ſujet, qu'il ſeroit trop long de détailler.

Il en eſt à-peu-près de même à Appenzell. Celui qui n'eſt pas en exercice, occupe la charge de banneret.

Celui de Gerſau reſte auſſi deux ans en place, & il eſt pareillement le chef de cette petite république.

La plupart des chefs des hochgerichts & des demi-hochgerichts des griſons portent le même nom.

Le *landammann* de Thourgovie eſt un autre officier, & il n'a de commun que le nom avec ceux dont on vient de parler. Il eſt toujours de la religion réformée. Zuric, Berne & Glaris le fourniſſent à leur tour, & il eſt en place pendant dix ans. Il exerce un emploi très-important ; il doit veiller à l'exécution du traité de paix conclu en 1712, connu ſous le nom de *landsfrieden*, & s'oppoſer à ce qu'on voudroit entreprendre de contraire à ce traité. Il doit maintenir la religion proteſtante, & empêcher qu'on ne gêne l'exercice libre du culte ; qu'on n'oblige perſonne à changer de religion, &c. Il eſt le ſeul juge dans tout ce qui concerne les égliſes proteſtantes, leur conſtruction, leurs réparations, &c. Il eſt le tuteur général de toutes les veuves & orphelins dans les hautes juriſdictions de la Thourgovie, & cela ſans égard à la religion. Il eſt auſſi un des conſeillers du baillif de Thourgovie. *Voyez* l'article CORPS HELVÉTIQUE.

LANDRATH, c'eſt le nom du conſeil ordinaire dans les cantons démocratiques ; ſouvent on

double & triple le *landrath*, ſelon que les circonſtances & l'importance des matières l'exigent. On donne auſſi ce nom aux aſſemblées des députés des dizains du Vallais, au conſeil de Gerſau, aux aſſemblées des conſeils populaires au Toggenbourg, à Uznach, Gaſter, &c. Nous donnons d'autres détails à l'article de chacun des cantons démocratiques & du Vallais. C'eſt ce conſeil qui a le pouvoir exécutif, & qui peut convoquer extraordinairement les aſſemblées générales, ſelon qu'il le juge néceſſaire. Il décide des cauſes civiles, criminelles, &c. *Voyez* l'article CORPS HELVÉTIQUE.

LANDSGEMEIND. C'eſt ainſi qu'on nomme en Suiſſe les aſſemblées générales des cantons démocratiques : elles forment le ſouverain. Tous les citoyens du canton, âgés de ſeize ans, ont le droit d'y aſſiſter ; à Uri & Underwalden, il n'en faut que quatorze. Chacun d'eux eſt armé d'une épée, & ils ſont obligés de s'y trouver ſous des peines ſévères. On y décide les affaires les plus importantes du canton : on y délibère ſur les loix, les impôts, la paix, la guerre, les alliances, les traités, l'élection des magiſtrats, des députés ou ambaſſadeurs, la réception des nouveaux citoyens, les recrues, &c. A Uri, on s'aſſemble à Bezlingen. Ibach eſt la place d'aſſemblée du canton de Schwitz. L'aſſemblée du canton d'Underwalden-ob-dem-Wald ſe fait au Landenberg, prairie près de Sarnen, ou à l'hôtel-de-ville à Sarnen, Underwalden-nid-dem-Wald, à Veil ſur l'Aa près de Stanz. A Zug, l'aſſemblée ſe tient dans la capitale : il y a en outre des aſſemblées particulières de la ville & des trois communes : dans ce dernier cas, la ville ſeule balance les déciſions des trois communes ; & ſi une d'elles ſe joint à la ville, alors elle a la pluralité en ſa faveur. La partie proteſtante du canton de Glaris s'aſſemble à Glaris, & la partie catholique à Næfels. Le canton d'Appenzell catholique s'aſſemble à Appenzell, & la partie proteſtante alternativement à Trogen & à Hundweil.

On donne le même nom aux aſſemblées générales qui ſe tiennent à Gerſau, à celles des hochgerichts des griſons, à celles du Toggenbourg, &c. ce qu'il ſeroit trop long de détailler. *Voyez* l'article CORPS HELVÉTIQUE.

LANDSHAUPTMANN. Dans les cantons démocratiques de la Suiſſe, c'eſt le premier officier militaire, & un des chefs du gouvernement ; il eſt aſſeſſeur né de tous les conſeils, & il prend ſoin de tout ce qui concerne le militaire.

A Saint-Gall, c'eſt une charge particulière qui alterne entre les cantons de Zuric, Lucerne, Schwitz & Glaris, de deux en deux ans. C'eſt une ſuite du traité conclu entre ces cantons & l'abbé en 1490. Il réſide à Wyl. Il eſt repréſentant des quatre cantons, & il a le rang immédiat après l'abbé, dont il eſt auſſi le conſeiller ſecret. Il peut aſſiſter à la cour palatine & aux cours de judicature

judicature pour les amendes dans toute l'Alte-Landſchafft, & il retire auſſi une portion des amendes qu'on y impoſe.

Dans le *Vallais*, c'eſt le chef de la république qui porte ce titre. Ses fonctions ſont à-peu-près les mêmes que celles des landammans.

Il y a encore d'autres places de ce nom en Suiſſe ; mais elles ſont peu conſidérables : nous les paſſons ſous ſilence. *Voyez* l'article Corps helvétique & les articles particuliers des treize cantons, & des alliés du corps Helvétique.

LANDGRAVE. Ce mot eſt compoſé de deux mots allemands, *land*, terre, & de *graff* ou *grave*, juge ou comte. On donnoit anciennement ce titre à ceux qui rendoient la juſtice, au nom de l'empereur, dans l'intérieur du pays. Quelquefois on les trouve déſignés ſous le titre de *comites patria* & de *comites provinciales*. Le mot *landgrave* ne paroît point avoir été uſité avant l'onzième ſiècle. Ces juges, dans l'origine, n'étoient chargés que de rendre la juſtice à un certain diſtrict, ou à une province intérieure d'Allemagne, en quoi ils différoient des margraves qui étoient juges des provinces de limites : peu-à-peu ces offices ſont devenus héréditaires ; & ceux qui les poſſédoient, ſe ſont rendus ſouverains des pays dont ils n'étoient originairement que les juges. Aujourd'hui on donne le titre de landgraves par excellence à des princes ſouverains de l'Empire, qui poſſèdent héréditairément des états qu'on nomme *landgraviats*, & dont ils reçoivent l'inveſtiture de l'empereur. On compte quatre princes dans l'Empire, qui ont le titre de *landgraves* ; ceux de Thuringe, de Heſſe, d'Alſace & de Leuchtenberg. Il y a en Allemagne d'autres landgraves : ces derniers ne ſont point au rang des princes ; ils ſont ſeulement parmi les comtes de l'Empire : tels ſont les *landgraves* de Baar, de Buſgau, de Burgend, de Kletgow, de Nellenbourg, de Sauſſemberg, de Sisgow, de Steveningen, de Stulingen, de Suntgau, de Torgow, de Walgow. *Voyez* les articles Rhin-graves & Wild-graves.

LANGUEDOC, province de France. *Voyez* dans le Dictionnaire géographique l'époque de ſa réunion à la couronne.

LAVENBOURG (SAXE) ou SAXE-LAVENBOURG, duché d'Allemagne, qui appartient au roi d'Angleterre, électeur de Hanovre. Il eſt environné de celui de Holſtein, de l'évêché de Lubeck & de ſon territoire, de la principauté de Ratzebourg, des duchés de Mecklenbourg, de Lunebourg & de quelques domaines des villes impériales de Hambourg & de Lubeck.

Culture, productions, commerce. La majeure partie du pays forme une plaine que, ſelon le plus ou moins de bonté du terrein, les habitans diviſent en canton à froment, en canton à orge, en cantons de ſable & de bruyères. En général, il exige une culture laborieuſe & ſuivie, pour produire cinq ou ſix fois autant de grains qu'on

y en ſème. La récolte la plus abondante eſt celle du lin.

Les hollandois y louent, ainſi que dans le Holſtein & dans le Mecklenbourg, les terres nobles, & y élèvent une grande quantité de beſtiaux ; ils payent cinq juſqu'à ſix rixdales pour chaque vache.

L'Elbe communique à la Trave par le moyen de la Steckenitz, que des écluſes, placées de diſtance en diſtance ont rendue navigable. La Wackenitz tire ſa ſource du lac de Ratzebourg ; elle porte bâteaux, & ſe précipite à Lubeck dans la Trave.

Etendue, population, états. Ce duché contient trois villes, un bourg & environ 36,000 ames. La nobleſſe & les villes y compoſent les états. On y compte 27 domaines nobles ; mais quatre d'entr'eux n'ayant point été admis à l'union contractée par la province, ceux qui les poſſèdent, n'ont ni voix, ni ſéance aux états ; les vingt-trois autres appartiennent à treize familles de gentilshommes, & donnent vingt-cinq ſuffrages, parce que les propriétaires de deux de ces biens nobles y ont deux voix. Buchen eſt le lieu où s'aſſemblent les états ; les aſſemblées particulières ſe tiennent communément à Ratzebourg dans un appartement de la chancellerie de la régence. La charge de maréchal de la province eſt attachée au fief de Gudow, que poſſèdent les nobles de Bulow. Celui de la famille qui eſt revêtu de cette qualité, eſt en même-tems le premier des quatre conſeillers provinciaux qui devroient être en exercice, mais dont le nombre ſe trouve réduit à deux depuis pluſieurs années. La nobleſſe & la province ont un ſyndic particulier ; ils jouiſſent l'un & l'autre des privilèges énoncés dans le recès provincial de 1702, & que les rois George I & George II ont généralement confirmés.

La religion luthérienne eſt la ſeule de ce duché. Il contient 35 paroiſſes ſoumiſes à l'inſpection d'un ſurintendant que nomme le ſouverain du pays.

Le pays eſt dépourvu de fabriques & de manufactures. Ses exportations ſe bornent, ſuivant le calcul qu'en a fait un homme expérimenté en ce genre, à 1000 charges environ de ſeigle, 200 tonnes de beurre, du poids de 224 livres chacune ; à 450 quintaux de fromages, 70 milliers de laine, à la valeur de 20 mille rixdales en bois de conſtruction ou de chauffage, & enfin à quelques quintaux de poiſſon.

Précis de l'hiſtoire politique. Ce pays formoit anciennement une partie de la Slavonie tranſalbine, & ſes habitans, mis au nombre des ſlaves ou venedes occidentaux, étoient appellés *polabres*, eu égard à l'Elbe qui confinoit leur territoire. Henri le Lion, duc de Saxe & de Bavière, les aſſujettit & agit en maître dans cette province. Il fut mis au ban de l'Empire, injuſtement à la

O

vérité; mais cette forte de proscription ne put lui faire perdre le duché de Saxe-*Lavenbourg*, qui n'étoit point fief de l'Empire. Bernard, nouveau duc de Saxe, chercha néanmoins à le soumettre; il bâtit à cet effet en 1182, temps auquel le duc Henri étoit en Angleterre, le château de *Lavenbourg*, qu'il fortifia, & auquel il employa les pierres de celui d'Ertenebourg que Henri avoit démoli. Soit que ce nouveau fort nuisît aux comtes de Holstein, de Schwerin & de Ratzebourg, ou qu'ils eussent lieu d'en prendre de l'ombrage, ils le détruisirent; mais ils le reconstruisirent ensuite sur les ordres qu'ils en reçurent de l'empereur. Henri le Lion en prit possession en 1189, & le défendit, de même que tout le pays, contre les efforts du duc Bernard. Lorsque ses fils partagèrent ses états héréditaires, cette province échut à Guillaume de Lunebourg, qui ne paroît pas en avoir joui, puisque le comte Adolphe de Holstein s'en rendit maître peu de temps après, & qu'il en obtint l'investiture du duc Henri, comte palatin, en 1197. Le comte, fait prisonnier de guerre par Waldemar II, roi de Danemarck, fut obligé de le céder à son vainqueur, pour prix de sa rançon. Celui-ci nomma le brave comte Albert d'Orlamunde, son neveu, gouverneur de *Lavenbourg*; mais ce même Albert ayant été aussi fait prisonnier à la bataille de Bornhœyet, il fut obligé d'abandonner *Lavenbourg* en 1227, pour se racheter des mains du comte de Schwerin, qui, de son côté, le donna au duc Albert de Saxe, en récompense des secours qu'il lui avoit fournis pendant la guerre. Ce fut ainsi que ce duc acquit à sa postérité le château & le territoire de *Lavenbourg*; ni l'un ni l'autre ne pouvoit par conséquent former une dépendance du duché de Saxe, dont le père d'Albert venoit de recevoir l'investiture. Les princes d'Anhalt, qui ne sont pas les descendans de ce même Albert, mais du comte Henri son frère, dit *le gros*, peuvent d'autant moins prétendre succéder, à titre de parenté, à ce pays conquis, qu'ils sont hors d'état de prouver qu'ils en ont reçu la co-investiture.

Le duché de Saxe-*Lavenbourg* forme une principauté particulière depuis que le duc Albert en a eu la propriété; ceux qui le possédèrent après lui, se qualifièrent & furent appellés *ducs de la basse-Saxe*. La maison de Brunswick & de Lunebourg a toujours fait valoir ses droits sur cet ancien domaine de Henri le Lion; les ducs Guillaume & Magne stipulèrent même en 1369, dans une convention avec Eric, duc de Saxe-*Lavenbourg*, que si la branche de Saxe-*Lavenbourg* s'éteignoit, ce duché passeroit à la maison de Brunswick & de Lunebourg; & à cette époque, ils reçurent l'hommage éventuel du pays de *Lavenbourg*. Le cas prevu arriva en 1689, par la mort du duc Jules-François. George-Guillaume, duc de Zell, se mit en possession du duché de *Lavenbourg*, & entra en accommodement en 1697 avec

l'électeur de Saxe, qui le premier s'étoit emparé de ce duché, en vertu de l'expectative que l'empereur Maximilien avoit accordée à ses prédécesseurs. Les prétentions des ducs de Saxe de la branche Ernestine, sur ce duché, celles des princes d'Anhalt, des ducs de Mecklenbourg, de la maison de Brandebourg & des héritiers allodiaux de *Lavenbourg*, sont savamment discutés *in vindiciis juris Brunsvicensis & Luneburgensis in ducatu Saxo-Lavenburgicum*; thèse que Frédéric-Philippe Strube a soutenue à Goëttingue, sous la présidence du professeur Ayrer. George-Guillaume de Zell étant mort, ce duché passa à l'électeur Erneste-Auguste de Brunswick & de Lunebourg, au profit duquel la branche princière de Brunswick-Wolfenbuttel se démit de sa co-propriété en 1706. Le roi George I en obtint de l'empereur les premières investitures en 1716, de même que le droit de pouvoir siéger & opiner aux diètes dans le collège des princes. George II, son successeur, parvint en 1738 & 39 à faire incorporer à ce duché le bailliage de Steinhorst.

Droits. Le roi de la Grande-Bretagne a, comme possesseur de ce duché, les mêmes rang & suffrage aux diètes & aux assemblées circulaires de la basse-Saxe, qu'avoient anciennement les princes de Saxe-*Lavenbourg*. Sa taxe matriculaire est de huit cavaliers montés & équipés & de trente fantassins, ou de 116 florins en argent. Son contingent pour l'entretien de la chambre, se monte à 243 rixdales 43 & demi kr.

Administration, tribunaux. Ce duché dépend du conseil-privé royal & électoral de Hanovre; mais il a une régence particulière, composée du drossard ou gouverneur du pays & de deux conseillers. On y trouve de plus un tribunal de la cour, composé d'un juge de la cour, de deux conseillers de la régence dont nous venons de parler, & de deux assesseurs, auxquels on en ajoute d'autres quelquefois. Le souverain nomme seul le conseil de la cour, & il a promis qu'en le nommant il se souviendroit de la noblesse du pays, & notamment du maréchal provincial; il nomme aussi les conseillers & l'un des assesseurs: le reste est au choix de la noblesse & de la province; mais ces officiers ne peuvent entrer en fonction, à moins que leur élection n'ait été approuvée par le souverain. L'on appelle de ce tribunal à la cour supérieure des appellations, qui juge en dernier ressort les causes de ce duché, en vertu du privilège illimité *de non appellando*, que l'empereur a accordé à l'électeur de Brunswick en 1747. Ce même duché a un consistoire que préside le drossard, & auquel assiste un assesseur de la noblesse que celle-ci nomme, un conseiller aulique, le sur-intendant, un prédicateur que tout le consistoire choisit, un assesseur que les villes députent tour-à-tour, & qui n'y est de service que pendant l'espace d'un an. Tous ces tribunaux sont établis dans la ville de Ratzebourg.

La nobleſſe & les magiſtrats de ville ont droit de haute & baſſe-juſtice dans l'étendue de leurs diſtricts. L'appel des jugemens rendus par les magiſtrats, & celui des ſentences émanées des bailliages du ſouverain ſont portés en matière civile à la régence, & ceux des juſtices nobles relèvent du tribunal de la cour.

Impôts, revenus. Les revenus immédiats du ſouverain proviennent des biens domaniaux & des droits régaliens. Les nobles & la province, mais non point les domeſtiques des premiers, ni les bourgeois des villes, ſont exempts de péages & de pontenages; il n'en eſt pas de même du droit de naulage, établi à Artelnbourg & à Dargau, ni celui de pontenage qui ſe perçoit à Ratzebourg; tout le monde l'acquitte ſans aucune diſtinction. La quotité des impôts eſt déterminée par la nobleſſe & la province, qui en fait la répartition: voici la proportion qu'on obſerve pour les bailliages, la nobleſſe & la province: lorſque le bailliage de *Lavenbourg* eſt impoſé à une ſomme

	rixd.	ſch.	pf.
de	92	18	5
Celui de Ratzebourg paye	60	32	
Celui de Neuhauſs	58	34	
Et celui de Schwarzenbeck	52	8	
TOTAL	263	44	5

	rixd.	ſch.	pf.
Si la nobleſſe eſt tenue de payer	109	19	7
La part de la ville de Ratzebourg eſt de	12		
Celle de la ville de *Lavenbourg* de	8	42	8
Et celle de Mœllen de	20		
TOTAL	150	14	3

Le contingent du bailliage de Steinhorſt, qui a été ajouté nouvellement à ce duché, n'eſt point compris dans cette évaluation. Quant aux ſubſides de l'Empire & du cercle, & aux dépenſes dans l'étendue de ce même duché, les unes & les autres ſont à la charge du ſouverain qui, pour y faire face, ſe ſert des impôts qu'on lui accorde.

LAUTERN, principauté d'Allemagne. Elle formoit avec la principauté de Simmern & un cinquième du haut comté de Sponheim l'apanage que Frédéric IV, électeur palatin, légua à Louis-Philippe ſon ſecond fils, par une diſpoſition confirmée & expliquée en 1613. Mais, d'après la convention faite en 1653 entre l'électeur Charles-Louis & ce même comte Louis-Philippe, ce dernier ne retint en toute ſupériorité & juriſdiction le château, ville & bailliage de *Lautern* avec la

plupart des biens eccléſiaſtiques de ſa dépendance, que pour en jouir lui & ſa femme pendant leur vie; il ſe réſerva, au reſte, les ſous-bailliages de Wolfstein & de Rockenhauſen, avec la ville d'Otterberg & les haute & baſſe juriſdiction ſur le tout, à titre de bien propre tranſmiſſible à ſes héritiers. Mais après ſa mort, celle de ſa femme & de ſon fils Henri, tout le domaine échut à la branche électorale qui, par le même traité, s'étoit déja miſe en poſſeſſion de la menſe & collecture de *Lautern*, du couvent & de la prévôté d'Engenbach, de la cenſe de Bockenheim, de la recette de Callſtadt & du droit de ſéance que cette principauté donne immédiatement avant celle de Simmern aux diètes de l'Empire & du cercle. *Lautern* n'a aucune taxe particulière pour les charges de l'Empire & l'entretien de la chambre impériale. L'électeur y a formé un grand bailliage de même nom. *Voyez* l'article PALATINAT.

LÉGAT, vicaire du pape. Un *légat* du pape ou du Saint-Siège eſt un prélat qui fait les fonctions de vicaire du pape, & qui exerce ſa juriſdiction dans les lieux où le pape ne peut ſe trouver.

Le pape donne quelquefois le pouvoir de *légat*, ſans en conférer le titre ni la dignité.

Le titre de *légat* paroît emprunté du droit romain, ſuivant lequel on appelloit *légats, legati*, les perſonnes que l'empereur ou les premiers magiſtrats envoyoient dans les provinces, pour y exercer en leur nom la juriſdiction. Quand ces *légats* ou vicaires étoient tirés du corps de l'empereur, on les nommoit *miſſi de latere*, d'où il paroît que l'on a auſſi emprunté le titre de *légats à latere*.

Les premiers *légats* du pape, dont l'hiſtoire eccléſiaſtique faſſe mention, ſont ceux que les papes envoyèrent, dès le quatrième ſiècle, aux conciles généraux; Vitus & Vincent, prêtres, aſſiſtèrent au concile de Nicée comme *légats* du pape Sylveſtre. Le pape Jules ne pouvant ſe trouver au concile de Sardique, y envoya deux prêtres & un diacre. Le pape Tibère envoya trois *légats* au concile de Milan; Lucifer, évêque de Cagliari; Pancrace, prêtre; & Hilaire, diacre.

Les papes envoyoient quelquefois des évêques, & même de ſimples prêtres, dans les provinces éloignées, pour examiner ce qui s'y paſſoit de contraire à la diſcipline eccléſiaſtique. Ce fut ainſi que Zozime envoya l'évêque Fauſtin en Afrique, pour y faire recevoir le décret du concile de Sardique, ſur la réviſion du procès des évêques jugés par le concile provincial. Les africains dirent qu'ils n'avoient vu aucun canon qui permît au pape d'envoyer des légats *à ſanctitatis ſua latere*; mais l'évêque Potentius fut encore délégué en Afrique pour examiner la diſcipline de cette égliſe & la réformer.

On trouve, dès l'an 683, des *légats* ordinaires; le pape Léon envoya cette année à Conſtan-

O 2

tinople Conſtantin, ſous-diacre régionnaire du ſaint-ſiège, pour y réſider en qualité de *légat*.

Les *légats* extraordinaires, dont la miſſion ſe bornoit à un ſeul objet particulier, n'avoient auſſi qu'un pouvoir très-limité.

Ceux qui avoient des légations ordinaires ou vicariats apoſtoliques, avoient un pouvoir beaucoup plus étendu ; l'évêque de Theſſalonique, en qualité de légat ou vicaire du ſaint-ſiège, gouvernoit onze provinces, confirmoit les métropolitains, aſſembloit les conciles, & décidoit toutes les cauſes majeures. Le reſſort de ce *légat* fut fort circonſcrit, lorſque Juſtinien obtint du pape Vigile un vicariat du ſaint-ſiège pour l'évêque d'Acride : ce vicariat fut enſuite ſupprimé à l'époque ou Léon l'Iſaurien ſoumit l'Illyrie au patriarche d'Antioche.

Les premiers *légats* n'exigeoient aucun droit dans les provinces de leur légation ; mais leurs ſucceſſeurs ne furent pas ſi modérés. Grégoire VII fit promettre à tous les métropolitains, en leur donnant le *pallium*, qu'ils recevroient honorablement les *légats* du ſaint ſiège ; ce qui s'étendit ſur toutes les égliſes, & les *légats* en tirèrent des ſommes immenſes. Malgré le reſpeċt de S. Bernard pour tout ce qui avoit quelque rapport au ſaint-ſiège, il ſe récria, ainſi que les autres auteurs de ſon temps, contre les exaċtions des *légats*. Ces plaintes déterminèrent les papes à rendre les légations moins fréquentes, & ils ne voulurent point les avilir ; néanmoins ces derniers *légats* ont eu plus d'autorité par rapport aux bénéfices, que ceux qui les avoient précédés ; car les papes qui s'en étoient attribués la diſpoſition de pluſieurs manières, au préjudice des collateurs ordinaires, donnèrent aux *légats* le pouvoir d'en diſpoſer comme ils le faiſoient eux-mêmes.

Au douzième ſiècle, on diſtinguoit deux ſortes de *légats* ; les uns étoient des évêques ou abbés du pays ; d'autres étoient envoyés de Rome : les *légats* pris ſur les lieux étoient auſſi de deux ſortes ; les uns établis par commiſſion particulière du pape ; les autres par la prérogative de leur ſiège, & ceux-ci ſe diſoient *légats nés*, tels que les archevêques de Mayence & de Cantorbery, &c.

Les *légats* envoyés de Rome ſe nommoient *légats à latere*, pour marquer que le pape les avoit envoyés d'auprès de ſa perſonne. Cette expreſſion étoit tirée du conſeil de Sardique en 347.

Les *légats à latere* tiennent le premier rang entre ceux qui ſont honorés de la légation du ſaint-ſiège ; ſuivant l'uſage des derniers ſiècles, ce ſont des cardinaux que le pape tire du ſacré collège, qui eſt regardé comme ſon conſeil ordinaire, pour les envoyer dans différens états avec la plénitude du pouvoir apoſtolique. Comme ils ſont ſupérieurs aux autres en dignité, ils ont auſſi un pouvoir beaucoup plus étendu, & ſur-tout pour la collation des bénéfices.

Ceux qui ſont honorés de la légation ſans être cardinaux, ſont les nonces & les internonces qui exercent dans quelques pays une juriſdiċtion qui diminue d'un jour à l'autre, ainſi que nous l'avons dit à l'article EGLISE (ÉTAT DE L'). Leurs pouvoirs ſont moins étendus que ceux des *légats*-cardinaux : on met dans leurs lettres qu'ils ſont envoyés avec une puiſſance pareille à celle des *légats à latere*, lorſqu'avant de partir ils ont touché le bout de la robe du pape, ou qu'ils ont reçu eux-mêmes leur ordre de la bouche de ſa ſainteté.

Quoique le pape donne aux *légats à latere* une plénitude de puiſſance, ils ſont néanmoins toujours regardés comme des vicaires du ſaint-ſiège, & ne peuvent rien décider ſur certaines affaires importantes, ſans un pouvoir ſpécial exprimé dans les bulles de leur légation : telles ſont les tranſlations des évêques, les ſuppreſſions, les éreċtions, les unions des évêchés, & les bulles des bénéfices conſiſtoriaux, dont la collation eſt expreſſément réſervée à la perſonne du pape par le concordat.

Lorſqu'une affaire, qui étoit de la compétence du *légat* eſt portée au pape, ſoit que le *légat* l'ait lui-même envoyée, ou que les parties ſe ſoient direċtement adreſſées au ſaint-ſiège, le *légat* ne peut plus en connoître, à peine de nullité.

Le pouvoir général que le pape donne à ſes *légats*, dans un pays, n'empêche pas qu'il ne puiſſe enſuite adreſſer à quelqu'autre perſonne une commiſſion particulière pour une certaine affaire.

Des légats conſidérés comme miniſtres publics.

Nous obſerverons, après ces remarques générales, qu'on peut diſtinguer trois ſortes de *légats*.

1°. On appelle de ce nom les gouverneurs des cinq principales provinces de la domination du pape. Ce ſont les *légats* d'Avignon, de Bologne, de Ferrare, de la Romagne & d'Urbin ; car les autres provinces de l'état eccléſiaſtique ne ſont régies que par de ſimples gouverneurs. Ces cinq *légats* ne ſont ni ambaſſadeurs, ni miniſtres étrangers.

2°. Quelques archevêques s'appellent *légats-nés*. Ce ſont des titres honorifiques, attachés à certains ſièges, mais ſans fonċtions. Tels ſont en France les archevêques de Rheims & d'Arles. De ſimples abbés ont même cette qualité. Ces bénéficiers ne ſont pas non plus miniſtres étrangers.

3°. Les miniſtres publics que le pape envoie dans les états catholiques, pour y repréſenter & y exercer ſon autorité en tout ce qui a rapport au ſujet de la légation, ſont auſſi appellés *légats* à la cour de Rome. Nous allons parler des droits de cette ſorte de *légats*. Il ne faut pas confondre les *légats* avec les nonces, dont nous parlerons à l'article NONCES.

Toutes les cours de la communion romaine rendent de grands honneurs aux *légats* ou nonces, & à quelques égards elles les traitent mieux que les ambassadeurs des plus grands monarques.

En France, nous ne regardons les *légats* que comme des ambassadeurs extraordinaires ou des plénipotentiaires ; mais des ambassadeurs & des plénipotentiaires dont la dignité est encore plus relevée, & dont les fonctions sont plus étendues que celles des autres ministres publics. L'assemblée des notables tenue à Rouen, ayant défendu à ses membres tout commerce avec les ambassadeurs & ministres étrangers, le cardinal du Perron prétendit qu'un *légat*, envoyé par le père commun des chrétiens, ne pouvoit être regardé comme ambassadeur d'un prince étranger. La question fut remise sur le tapis dans une autre assemblée de notables tenue à Paris. Le cardinal de la Valette entreprit de faire valoir dans celle-ci les motifs que du Perron avoit employés à Rouen ; mais il fut décidé que le réglement de Rouen seroit observé pour le nonce, comme pour les autres ministres étrangers.

On avoit autrefois des idées bien exagérées sur la puissance des *légats*. Leur autorité sembloit approcher de celle du pape ; alors on croyoit en France qu'ils ne pouvoient l'être qu'à temps, de crainte qu'il ne parût y avoir plusieurs chefs dans l'église. Ce fut pour cette raison que l'université de Paris s'opposa aux bulles de prorogation du cardinal d'Amboise, & que le parlement de cette ville refusa si long-temps de les vérifier, parce qu'elles étoient accordées pour tout le tems qu'il conviendroit au pape.

Il y a cependant un *légat* perpétuel ; & ce qui est plus digne de remarque, ce *légat* étoit autrefois laïque. C'est le juge de la monarchie de Sicile.

Le pape appelle ses *légats à latere* ou *de latere* : nous avons expliqué d'où vient cette dénomination. Il appelle *légat à latere* ceux qui sont cardinaux, & *de latere* ceux qui ne le sont pas : c'est une petite subtilité de canoniste. La cour de Rome en a imaginé un si grand nombre. Du temps des derniers empereurs, de qui les papes ont emprunté le mot *latere*, tous ceux qui alloient dans les provinces avec autorité, étoient appelés *laterales* ou *de latere missi*.

Le collège des cardinaux accompagne processionnellement, hors de la porte de Rome, le *légat* qu'on vient de déclarer dans le consistoire. Ce *légat* rentre dans Rome, & y demeure *incognito* : il est censé parti ; & c'est pour cela que lorsqu'il part effectivement, il ne fait porter devant lui la croix & les autres marques de sa légation, que lorsqu'il est à 40 milles de Rome. La légation finie, il rentre en cérémonie dans cette capitale du monde catholique, & il reçoit plusieurs marques d'honneur de la part du collège des cardinaux.

En Portugal & dans toutes les autres cours de l'Europe, à la réserve de celle de France, les *légats* exerçoient, il n'y a pas long-temps, une grande autorité dans les affaires ecclésiastiques. Ils faisoient des protonotaires apostoliques, des chevaliers, des docteurs dans toutes les facultés ; ils légitimoient les bâtards ; ils donnoient des dispenses, & nommoient aux bénéfices vacans. Ils jugeoient du crime d'hérésie, évoquoient à eux toutes les matières bénéficiales, & s'attribuoient enfin, dans tous les lieux de leur légation, la même autorité qu'y auroit eue le pape, s'il s'y étoit trouvé. Ils étoient reçus avec le poêle ; & les rois qui alloient au-devant d'eux, leur donnoient la main à leur entrée, dans les visites qu'ils en recevoient & dans les repas où ils les admettoient : mais on sait que les choses ont bien changé.

La France a mis plus de réserve dans ses honneurs. Ce royaume a toujours assujetti le pouvoir des *légats* à des restrictions qui ont maintenu nos précieuses libertés.

Les *légats* furent inconnus vers la première & la seconde race de nos rois, & nous ne trouvons dans notre histoire que de légers vestiges des légations que Rome a envoyées en France avant Louis XI.

Le premier cardinal-*légat* qui soit venu en France, fut celui que Foulques, comte d'Anjou, y amena sous le règne de notre roi Robert, & pendant le pontificat de Jean VIII, pour faire la dédicace d'une église, au refus de l'archevêque de Tours. Un historien contemporain donne le nom de *Pierre* à ce *légat*, & remarque que le sujet de sa mission révolta tous les évêques.

Le second *légat* que la France ait vu, lui fut envoyé sous le règne d'Henri II, par Victor II. Ce fut Hildebrand, cardinal-sous-diacre, depuis pape sous le nom de *Grégoire VII*.

Depuis cette époque jusqu'au règne de Louis XI, vingt *légats* furent envoyés en France. L'histoire ne nous apprend pas qu'on leur ait rendus des honneurs aussi grands que ceux qu'ils obtinrent dans la suite ; mais elle a conservé de tristes preuves des maux qu'ils firent à cette monarchie. Dans le cahier que les états-généraux du royaume, assemblés à Tours, présentèrent à Charles VIII en 1483, on trouve des plaintes amères sur les différentes voies par lesquelles la cour de Rome épuisoit ce royaume d'argent. On y lit entr'autres cet article :

« Semblablement depuis ledit temps sont venus
» trois ou quatre *légats*, qui en ont donné de mer-
» veilleuses évacuations à ce pauvre royaume,
» & voit l'en mener des mulets chargés d'or &
» d'argent. Et pour ce, semble auxdits trois états
» que le roi ne doit recevoir le cardinal d'An-
» giers, ne permettre que lui ou autre *légat* entre
» en ce royaume : car dieu merci ce royaume est

» en si bon état, union & disposition, qu'il n'a
» besoin de *légat* pour le présent, & pour aucu-
» nes autres causes justes & raisonnables que l'on
» pourroit alléguer en cette partie ».

Louis XI marqua peu de considération pour les *légats*. La légation du cardinal de Modène est demeurée fort obscure. Celle du cardinal de Saint-Pierre aux liens eut plus d'éclat, parce qu'il étoit neveu du pape, qui l'envoyoit pour négocier la paix entre le roi & ses ennemis. Ce prince lui fit rendre de grands honneurs dans les villes de son passage, & l'envoya recevoir fort loin ; mais dans la permission qu'il lui donna d'user de ses pouvoirs, il mit cette clause expresse : que le *légat* ne pourroit faire porter la croix dans les lieux où seroit le roi ; & il exigea du *légat* un acte qu'il n'abuseroit point de l'étendue de ses pouvoirs, & que les honneurs qu'on lui rendroit ne tireroient point à conséquence pour les *légats* qui viendroient ensuite dans le royaume. Le parlement de Paris lui rendit tous ceux qui s'accordoient avec les maximes de l'église gallicane ; dès le lendemain de l'entrée du *légat*, les gens du roi s'opposèrent à la lecture de la bulle, par laquelle le pape lui donnoit pouvoir de contraindre, par censure ou excommunication, le roi & Maximilien d'Autriche à faire la paix. On déclara que le *légat* se borneroit à donner ce conseil. Le cardinal Bessarion, qui n'étoit point agréable à Louis XI, parce que, dans le procès de Balue, il avoit été un des commissaires dont le roi se plaignoit, & avoit osé depuis demander la grace du coupable, fût trois mois à solliciter son audience, & obligé à la fin de se retirer sans avoir rien fait, & après avoir parlé une seule fois à Louis XI qui le maltraita de paroles.

Sous Charles VIII, les *légats* ne réussirent pas mieux. Le cardinal Balue, ce ministre perfide de Louis XI, ayant fait une entrée dans le royaume en qualité de *légat*, sans avoir la permission du roi, le parlement de Paris lui défendit d'user de ses pouvoirs, & aux sujets du roi de le reconnoître. La seule grace qu'il obtint, fut de faire porter la croix devant lui lorsqu'il s'en retourneroit. Alexandre VI donna, à la vérité, le titre de *légat* à son fils César Borgia, cardinal de Valence ; mais ce fut en exécution du traité d'amitié perpétuelle & de ligue offensive, conclu entre Charles VIII & Alexandre VI, lequel renfermoit plusieurs conditions ; & entr'autres que César Borgia suivroit l'armée du roi l'espace de trois mois comme *légat* apostolique. Le cardinal de Valence ne devoit servir en effet que de garant des paroles de son père, & le titre de sa légation ne fut qu'un prétexte pour sauver l'honneur du pape, afin qu'il ne parût pas que sa foi fût si suspecte, qu'il eût été obligé de donner des ôtages pour la garantir. Elle l'étoit à juste titre, & l'ôtage prit la fuite.

Ce ne fut que sous Louis XII que les *légats*
devinrent importans. La cour de Rome voyant que les légations ne contribuoient pas à sa grandeur en France, comme elles le faisoient ailleurs, nomma *légat* le cardinal d'Amboise, premier ministre de Louis XII ; & cet homme puissant, qui d'ailleurs usa de sa légation en homme de bien, se servit de sa faveur pour se faire rendre des honneurs extraordinaires à son entrée à Paris. L'université demanda, par une requête au parlement, qu'il fût ordonné que, quoique les bulles du *légat* lui donnassent le pouvoir de prévenir les ordinaires & de dispenser les résignants de la règle de vingt jours, dont ils doivent, suivant les canons, survivre à leur résignation, il n'useroit point de cette faculté au préjudice des gradués, à qui le tiers des bénéfices avoit été affecté par le concile de Bâle ; mais le parlement de Paris débouta l'université de sa demande. Le cardinal d'Amboise fut *légat* presque toute sa vie. Le pape attribua les distinctions singulières qu'il avoit obtenues, non pas à la personne de d'Amboise, mais à sa qualité de *légat*. Ce qu'il y avoit eu d'excessif, ce qu'on avoit accordé à un homme qui étoit tout-à-la-fois premier ministre & principal favori du roi, fut retranché sous les règnes suivans.

La cour de Rome, occupée du soin de maintenir & de renforcer ce qu'elle venoit d'obtenir, fit successivement *légats* les cardinaux de Boissy & Duprat. Ces ministres, qui avoient tous deux beaucoup de part aux bonnes graces de François premier, conservèrent à la légation une partie de l'éclat que d'Amboise lui avoit procuré. Alors les papes, n'espérant pas de porter plus loin les honneurs de la légation, & estimant que ceux qu'ils venoient d'acquérir étoient solidement établis, ne songèrent qu'à éviter les pertes qu'ils faisoient par des légations accordées à des françois, parce que l'argent produit par la légation demeuroit en France, & n'étoit point envoyé à Rome. Ce royaume n'a plus eu de *légat* françois, excepté pour quelque commission particulière : c'est ainsi que le cardinal de Joyeuse fut honoré de cet emploi, uniquement pour tenir Louis XIII sur les fonts-baptismaux, au nom de Paul V.

Sous le règne de Henri II, Jérôme Cap Ferri, cardinal du titre de S. George, vint en France en qualité de *légat* de Paul III. Le parlement de Paris vérifia ses pouvoirs, & y mit les modifications qu'on avoit mises autrefois à ceux des cardinaux Alexandre Farnèse & Jacques Sadolet.

On mit les mêmes restrictions aux pouvoirs du cardinal Jérôme Verallo, & on y en ajouta d'autres.

Le cardinal Caraffe, qui vint ensuite en la même qualité de la part de Paul IV son oncle, tâcha de porter les honneurs de la légation au-delà même de l'étendue que lui avoient donnée ceux qui l'avoient précédé. Il demanda que le parlement de Paris allât au-devant de lui, & il pouffa fi vivement le roi fur cet objet , qu'il fallut plus d'une très-humble remontrance pour perfuader à ce prince que les parlemens de France ne marchent en corps que pour le fouverain. On envoya au-devant de ce *légat* un grand nombre de députés, qui l'accompagnèrent pour obéir au roi, mais qui ne le faluèrent pas même en l'abordant. De Thou rapporte qu'on difoit de ce *légat* qu'il étoit impie ; qu'il fe moquoit librement de la religion , & répétoit tout bas ces paroles : *trompons ce peuple puifqu'il veut être trompé* , au lieu de celles qu'il devoit prononcer en donnant la bénédiction au peuple , qui fe jettoit en foule à fes genoux pour la recevoir.

Sous Charles IX , Hippolyte d'Eft , cardinal de Ferrare , quoique prince & parent du roi, eut beaucoup de peine à faire agréer fa légation. Le chancelier de l'Hôpital refufa de figner les lettres que les *légats* doivent obtenir du roi, avant de préfenter leurs pouvoirs au parlement. Il fallut un commandement exprès de les fceller ; & le chancelier ne le fit qu'en déclarant , au-deffous du fceau , qu'*il ne le mettoit que par l'exprès commandement du roi & contre fon propre fentiment.* Ce *légat* ne trouva pas moins de réfiftance dans le parlement. On vouloit lui ôter le pouvoir de conférer les bénéfices, au préjudice des ordinaires , & l'obliger à faire le ferment de fidélité , parce que le roi étant fouverain & abfolu dans fon royaume , nul n'y doit exercer de jurifdiction fans avoir prêté ce ferment. Toutes les difficultés furent enfin levées par les importunités du *légat* , & par la promeffe expreffe qu'il donna de ne pas ufer de fes pouvoirs. Il n'eut que le nom de *légat* ; mais il faut avouer que , s'il n'en fit pas les fonctions, ce fut par la crainte qu'eut la cour de France d'augmenter les allarmes des proteftans ; car le *légat* étoit arrivé dans ce royaume peu de temps après le maffacre de la S. Barthelemi.

Du temps d'Henri III , le cardinal Morofini vint en France ; mais pour exercer fa légation , il fut obligé de prêter ferment de fidélité au roi , & de promettre de n'ufer de fes pouvoirs qu'aufli long-temps & de la manière qu'il plairoit à Henri III : les *légats* qui l'avoient précédé , & ceux qui l'ont fuivi, n'ont donné que de fimples lettres. Les légations alloient tomber dans le décri , lorfque la ligue qui troubloit ce royaume , les releva. La cour de Rome dépêcha en France le cardinal Caïetan. En des temps moins orageux , elle n'eût ofé choifir pour *légat* un homme de la famille de Boniface VIII , fi juftement odieux à la France. Ce *légat* dont les bulles furent enregiftrées, fit publier fes pouvoirs qui lui attribuoient une jurifdiction que les factieux reftés à Paris reconnurent, après la réquifition du magiftrat qui rempliffoit les fonctions de procureur général. Le *légat* , arrivant au parlement de Paris , alloit fe placer fous le dais qui eft réfervé pour le roi , lorfque le préfident Briffon qui étoit à la tête de

la compagnie, le retint par le bras , l'avertit que cette place étoit celle du roi , & que perfonne ne pouvoit l'occuper fans fe rendre coupable. Le *légat* fut obligé de fe placer au-deffous du premier préfident. Le cardinal de Plaifance vint enfuite : il profita, tant qu'il put , des défordres de l'état. Oublions ce qui fe paffa durant la ligue , & ne rapportons pas ici des exemples qu'on ne doit plus citer , depuis que la guerre civile a ceffé, & que la majefté du trône a repris toute fa fplendeur.

Lorfque la ligue fut abattue , la cour de Rome toujours redoutable à Henri IV , par l'autorité qu'elle confervoit fur les factieux de France, voulut profiter de l'intérêt qu'avoit ce prince de montrer du refpect pour le pape. Elle deftina le cardinal de Florence à la légation de France , pour achever le grand ouvrage de la réconciliation du roi avec le faint-fiège ; il y vint , & fut reçu du roi avec de grandes démonftrations de joie & de très-grands honneurs. La cour envoya Henri de Bourbon, prince de Condé , au-devant du *légat*. Le roi lui-même lui fit l'honneur de l'aller voir à Chartres, pour marquer fa reconnoiffance à un homme qui , dans toutes les occafions , avoit embraffé les intérêts de ce prince contre la faction d'Efpagne ; mais il n'y alla que fur des chevaux de pofte , & n'y fut pas fuivi de l'éclat extérieur qui accompagne la majefté royale dans les cérémonies publiques : on imagina cet expédient, afin que la vifite parût perfonnelle , & ne pût jamais tirer à conféquence.

Le pape , fatisfait du fuccès de cette légation , ainfi que les françois durent l'être du *légat*, qui fe conduifit (dit l'hiftorien) avec beaucoup de fageffe & de modération, envoya , quelque tems après , le cardinal Aldobrandin en France , en qualité de *légat*, pour la célébration du mariage de Henri IV & de Marie de Médicis , & pour la négociation de l'affaire du marquifat de Saluces. Ce *légat* ne vint point à Paris, parce que le roi étoit occupé de la conquête de la Breffe & de la Savoie ; il s'arrêta à Lyon où il fit fon entrée , le prince de Conti & le duc de Montpenfier marchant à fes côtés. La France crut en avoir fait affez , mais Rome ne fut pas contente. Les pouvoirs du *légat* étoient , prefque dans tous les points , contraires aux libertés de ce royaume , & ils ne furent point enrégiftrés. Aldobrandin , quoique neveu du pape , ne reçut point la vifite du roi ; & la cour de Rome apprit que, pour donner de la confidération aux *légats*, il ne falloit pas rendre les légations fi communes.

Il n'y eut qu'une feule légation fous Louis XIII, & ce fut le cardinal Barberin qui l'exerça. Elle avoit pour objet l'affaire de la Valteline, & la paix d'Italie entre les françois & les efpagnols. Ce prélat avoit peu d'expérience ; mais il étoit neveu du pape , ferme , cérémonieux felon l'efprit de fa nation. Inftruit de l'ambition du cardinal de Richelieu & du crédit de ce ministre sur l'esprit de son maître, il voulut le gagner. D'abord il le flatta de l'espérance de devenir lui-même *légat*, afin de l'engager à agir comme pour ses propres intérêts; mais s'appercevant bientôt que le cardinal de Richelieu mettoit peu de prix à des espérances si incertaines & si éloignées, il offrit de lui donner la main dans la visite qu'il en devoit recevoir, ce qu'il avoit refusé en Italie au cardinal de Médicis. Ce misérable honneur flatta Richelieu, qui persuada à son maître d'ordonner aux évêques d'assister à son entrée avec le chapeau & la mantelette; ce qui fut une nouveauté sans exemple. Richelieu persuada aussi au roi d'envoyer son propre frère le duc d'Orléans au-devant du *légat*, avec ordre de l'accompagner à son entrée, & de lui donner la main. A juger ici d'après les vaines prétentions des corps diplomatiques, il est étrange que le frère d'un roi de France ait cédé le pas à un *légat* qui le cède aux cardinaux, lesquels le cèdent eux-mêmes, non-seulement aux fils & petits-fils de France, mais à tous les princes du sang & même aux princes légitimés. Toutes les cours supérieures allèrent saluer le *légat*. Il avoit sollicité pour que le roi lui fit une visite; mais Richelieu qui n'étoit pas alors aussi absolu qu'il le fut depuis, ne put déterminer son maître à cette démarche; & les honneurs qu'on rendit au *légat* & qui étoient excessifs, ne firent pas réussir la légation. Il prit son audience de congé, & partit subitement pour l'Espagne, sans attendre qu'on lui fît le présent ordinaire, ni qu'on lui rendît les honneurs accoutumés en pareille occasion. Le roi assembla là-dessus son conseil, & le résultat fut que, puisque le *légat* s'en alloit, il falloit le laisser partir.

Sous le règne de Louis XIV, le cardinal de Chigi, neveu d'Alexandre VII, vint en qualité de *légat*, pour un sujet qui n'avoit jamais donné lieu à aucune légation. Ce fut pour apporter au roi les soumissions & les satisfactions réglées pour l'affaire des Corses, par le traité de Pise. Le roi envoya au-devant du *légat* un prince de son sang, afin de ne pas ôter au neveu du pape un honneur, dont Henri le grand a le premier établi l'usage.

Pour envoyer un *légat* en France, le pape doit, avant toutes choses, savoir si le roi approuve la légation, & si la personne qu'il y destine lui est agréable. Il est vrai que Boniface VIII s'éleva contre cette coutume: mais son aversion pour la France & ses emportemens sont si connus, qu'il n'est pas nécessaire de dire que son suffrage n'est d'aucune autorité dans les affaires qui regardent cette couronne. Il suffit que tous les autres papes l'aient observé. L'on ne peut ni l'on ne doit entrer dans un état, malgré le souverain qui y commande; & quand ce ne seroit qu'un usage de bienséance, il conviendroit qu'on s'y conformât. Si cette chose se pratique à l'égard des nonces qui sont envoyés en France, combien n'est-

elle pas plus indispensable pour les *légats* qui viennent ériger un tribunal & remplir une fonction extraordinaire dans le royaume! Ils ne la peuvent remplir que de l'autorité du roi; car la jurisdiction qui s'exerce dans un état, émane du souverain. C'est pour cela que les *légats*, lorsqu'ils arrivent sur la frontière de France, cessent de faire porter la croix devant eux, parce qu'elle est la marque d'une jurisdiction qui ne leur appartient qu'après qu'ils ont obtenu, par des lettres-patentes du roi, la permission d'user de leurs pouvoirs.

Lorsque les *légats* ont obtenu le consentement du roi, ils sont obligés d'envoyer leurs bulles au parlement de Paris; là elles sont examinées & modifiées, d'après les maximes du royaume, les droits de la couronne & les libertés de l'église gallicane. Le pape voit avec regret les pouvoirs de ses *légats*, soumis à la censure du parlement de Paris. Aussi a-t-il fait tous ses efforts pour l'éviter; mais ce parlement a toujours contraint les *légats* à se soumettre à un usage qui conserve à l'église de France ses libertés. Tout ce que les papes ont enfin pu obtenir, c'est que les modifications ne se mettroient pas sur le repli des bulles, mais seroient enrégistrées à part. Le parlement de Paris a eu bien de la peine à y consentir, mais nos rois l'ont voulu.

L'une de ses modifications, c'est que le *légat* est obligé de donner au roi des lettres, par lesquelles il promet de n'user de son pouvoir qu'aussi long-temps & de la manière qu'il plaira au roi. Jusqu'à ce qu'il ait satisfait à cette formalité essentielle, le *légat* reste sans fonctions; & tout ce qu'il feroit, seroit déclaré nul & abusif.

Lorsque ces formalités ont été remplies, si les *légats* vont au parlement, ils prennent, non pas la place du roi, mais la première place du côté gauche. On ne souffre jamais qu'ils fassent porter la croix devant eux, ni dans les lieux où le roi se trouve, ni en présence des parlemens, quoique le roi n'y soit pas. La croix est une marque de jurisdiction; & les *légats* n'en ont en France, ni en présence du roi, ni en présence des parlemens. Les *légats* ont cela de commun avec tous les officiers du royaume, qu'ils ne conservent de jurisdiction en présence du roi, qu'autant qu'il le trouve bon. C'est ce qui a fait dire à un premier président du parlement de Paris, que le *légat* est officier du roi aussi bien que du pape.

Le roi envoie au-devant des *légats* un prince de son sang, & nous venons de voir comment cet usage s'est établi; il ne leur fait point de visite; & lorsqu'il leur fait l'honneur de les admettre à sa table, ce qui n'arrive guère qu'une fois pendant leur légation, il ne leur donne pas la main.

Si les *légats* ont des dégoûts à leur arrivée en France, & pendant le séjour qu'ils y font, ils
ont

ont encore, à leur sortie du royaume, le défagrément d'y laisser les registres de leurs expéditions & le cachet de leur légation. C'est une des
conditions de l'enregistrement de leurs bulles, sans
quoi l'on n'auroit aucun égard à tout ce qu'ils auroient fait : la condition est juste ; car si le pape est
tenu lui-même de donner aux sujets du roi, des
juges en France, à plus forte raison ses *légats*
doivent-ils remplir cette formalité, afin que les
françois ne soient pas obligés d'aller à Rome
compulser des registres, & former des contestations sur ce qui se seroit passé en France. Telle
est la vraie raison de cet usage (1). Quelques auteurs disent qu'il n'a été introduit que pour empêcher que les *légats* n'emportent les actes qu'ils
pourroient avoir fait au préjudice de l'état ; mais
cette raison n'est pas bonne. Outre que les *légats*
pourroient avoir facilement des doubles de ces actes
contraires à nos libertés, on les auroit bien plutôt obligés à laisser en France leurs bulles
qu'on vérifie purement & simplement, & qui
feroient plus propres à leurs vues que des actes
dont ils sont eux-mêmes les auteurs ; car il est
vraisemblable que les *légats*, en retournant à Rome, n'y portent pas les arrêts du parlement,
qui contiennent les modifications de leurs bulles.

LÈSE-MAJESTÉ : c'est le nom qu'on donne
aux attentats contre le souverain : si le peuple
compose le souverain, il faut attenter aux intérêts de la patrie pour commettre un crime de *lèse-
majesté* ; mais si le gouvernement est monarchique,
un attentat contre le prince est un crime de *lèse-
majesté*. Le crime de *lèse-majesté* est le plus grand
de tous les crimes qu'on puisse commettre dans une
société : on doit le punir sévèrement ; mais il n'est
pas de principe dont on ait plus abusé ; & ce
qu'il y a de plus triste, on en a fait un étrange
abus, même dans les démocraties.

Nous nous bornerons à indiquer ici quelques-
uns des abus qu'on en a fait dans les monarchies
ou dans les gouvernemens despotiques ; & nous
établirons, à la suite de ces faits, les principes
qui doivent guider les législateurs & les juges sur
cette matière.

Les loix de la Chine décident que quiconque
manque de respect à l'empereur, doit être puni
de mort. Comme elles ne définissent pas ce que
c'est que manquement de respect, tout peut
fournir un prétexte pour ôter la vie à qui l'on
veut, & exterminer la famille que l'on veut.

Deux personnes chargées de faire la gazette
de la cour ayant mis dans quelque fait, des circonstances qui ne se trouvèrent pas vraies, on
dit que, mentir dans une gazette de la cour, c'é-
toit manquer de respect à la cour, & on les fit
mourir (2). Un prince du sang ayant mis quelque
note par mégarde sur un mémorial, signé du pin-
ceau rouge par l'empereur, on décida qu'il avoit
manqué de respect à l'empereur ; ce qui causa contre cette famille une des plus terribles persécutions
dont l'histoire ait jamais parlé (3).

C'est assez que le crime de *lèse-majesté* soit vague, pour que le gouvernement dégénere en
despotisme.

C'est encore un violent abus de donner le nom
de crime de *lèse-majesté* à une action qui ne l'est
pas. Une loi des empereurs romains (4) poursuivoit comme sacrilèges ceux qui mettoient en question le jugement du prince, & doutoient du mérite de ceux qu'il avoit choisis pour quelque emploi (5). Ce furent bien le cabinet & les favoris
qui établirent ce crime. Une autre loi avoit déclaré que ceux qui attentent contre les ministres
& les officiers du prince, sont criminels de *lèse-
majesté*, comme s'ils attentoient contre le prince
même (6). Nous devons cette loi à deux princes (7), dont la foiblesse est célèbre dans l'histoire ; deux princes qui furent menés par leurs
ministres, comme les troupeaux sont conduits par
les pasteurs ; deux princes esclaves dans le palais,
enfans dans le conseil, étrangers aux armées, qui
ne conservèrent l'empire que parce qu'ils le donnèrent tous les jours. Quelques-uns de ces favoris conspirèrent contre leurs empereurs. Ils firent
plus : ils conspirèrent contre l'empire, ils y appellèrent les barbares ; & quand on voulut les
arrêter, l'état étoit si foible, qu'il fallut violer
leur loi, & s'exposer au crime de *lèse-majesté*
pour les punir.

C'est pourtant sur cette loi que se fondoit le
rapporteur de Cinq-Mars (8), lorsqu'il voulut
prouver qu'il étoit coupable du crime de *lèse-majesté* pour avoir voulu chasser le cardinal de Richelieu des affaires.

Ce rapporteur de M. de Cinq-Mars dit : « le
» crime qui touche la personne des ministres des
» princes, est réputé par les constitutions des em-
» pereurs, de pareil poids que celui qui touche
» leur personne. Un ministre sert bien son prince
» & son état, on l'ôte à tous les deux ; c'est com-

(1) Dupleix en la vie de Henri IV, *ad ann.* 1596,
(2) Le père du Halde, tom 1, pag. 43.
(3) Lettres du père Parennin, dans les Lettres édifiantes.
(4) Gratien, Valentinien & Théodose. C'est la troisième au code *de crim. sacril.*
(5) *Sacrilegii instar est dubitare an is dignus sit quem elegerit imperator,* ibid. Cette loi a servi de modele à celle de Roger, dans les constitutions de Naples, tit. 4.
(6) La loi cinquième, au code *ad leg. Jul. maj.*
(7) Arcadius & Honorius.
(8) Mémoires de Montresor, tom. 1.

» me ſi l'on privoit le premier d'un bras , & le
» ſecond d'une partie de ſa puiſſance ». Quand
la ſervitude elle-même viendroit ſur la terre , elle
ne parleroit pas autrement.

Une autre loi de Valentinien , Théodoſe &
Arcadius , déclare les faux monnoyeurs coupables
du crime de *lèſe-majeſté*. Mais n'étoit-ce pas confondre les idées des choſes ? Porter ſur un autre
crime le nom de *lèſe-majeſté* , n'eſt-ce pas diminuer l'horreur du crime de *lèſe-majeſté* ?

Paulin ayant mandé à l'empereur Alexandre
» qu'il ſe préparoit à pourſuivre comme criminel
» de *lèſe-majeſté* un juge qui avoit prononcé con-
» tre ſes ordonnances , l'empereur lui répondit
» que , dans un ſiècle comme le ſien , les cri-
» mes de *lèſe-majeſté* indirects n'avoient point de
» lieu ».

Fauſtinien ayant écrit au même empereur
qu'ayant juré , par la vie du prince , qu'il ne par-
donneroit jamais à ſon eſclave , il ſe voyoit obligé
de perpétuer ſa colère , pour ne pas ſe rendre
coupable du crime de *lèſe-majeſté* : « vous avez
» pris de vaines terreurs , lui répondit l'empe-
» reur , & vous ne connoiſſez pas mes maxi-
» mes ».

Un ſénatus-conſulte ordonna que celui qui avoit
fondu des ſtatues de l'empereur , qui auroient été
reprouvées , ne ſeroit point coupable de lèſe-
majeſté. Les empereurs Sévère & Antonin écrivirent à Pontius que celui qui vendroit des ſtatues de
l'empereur non conſacrées , ne tomberoit point
dans le crime de *lèſe-majeſté*. Les mêmes empereurs écrivirent à Julius Caſſianus , que celui qui
jetteroit par haſard une pierre contre la ſtatue de
l'empereur , ne devoit point être pourſuivi comme criminel de *lèſe-majeſté*. La loi Julie demandoit ces ſortes de modifications : car elle avoit
rendu coupables de *lèſe-majeſté* , non-ſeulement
ceux qui fondoient les ſtatues des empereurs ,
mais ceux qui commettoient quelque action ſemblable ; ce qui rendoit ce crime arbitraire. Quand
on eut établi bien des crimes de *lèſemajeſté* , il
fallut néceſſairement diſtinguer ces crimes. Auſſi
le juriſconſulte Ulpien , après avoir dit que l'accuſation du crime de *lèſe-majeſté* ne s'éteignoit
point par la mort du coupable , ajoute-t-il que
cela ne regarde point les crimes de *lèſe-majeſté*
établis par la loi Julie , mais ſeulement celui qui
contient un attentat contre l'Empire , ou contre
la vie de l'empereur.

Une loi d'Angleterre , paſſée ſous Henri VIII,
déclaroit coupables de haute-trahiſon tous ceux
qui prédiroient la mort du roi. Cette loi étoit
bien vague. Le deſpotiſme eſt ſi terrible , qu'il
ſe tourne même contre ceux qui l'exercent.
Dans la dernière maladie de ce roi , les médecins
n'oſèrent jamais dire qu'il fût en danger , & ils
agirent ſans doute en conſéquence.

Un Marſias ſongea qu'il coupoit la gorge à Denis (1) : celui-ci le fit mourir , diſant qu'il n'auroit pas ſongé la nuit , s'il n'y eût pas penſé le
jour. C'étoit une grande tyrannie (2). Les loix
ne ſe chargent de punir que les actions extérieures.

Rien ne rend encore le crime de *lèſe-majeſté*
plus arbitraire , que quand des paroles indiſcrètes
en deviennent la matière. Les diſcours ſont ſi ſujets à interprétation ; il y a tant de différence
entre l'indiſcretion & la malice , & il y en a ſi
peu dans les expreſſions qu'elles emploient , que
la loi ne peut guère ſoumettre les paroles à une
peine capitale , à moins qu'elle ne déclare expreſſément ce qu'elle y ſoumet (3).

Les paroles , la plupart du temps , ne ſignifient
point par elles-mêmes , mais par le ton dont on
les dit. Souvent , en rediſant les mêmes paroles ,
on ne rend pas le même ſens : ce ſens dépend de
la liaiſon qu'elles ont avec d'autres choſes. Quelquefois le ſilence exprime plus que tous les diſcours. Il n'y a rien de ſi équivoque que tout cela.
Il eſt donc très-difficile d'aſſeoir ſur des paroles
un crime de *lèſe-majeſté*

Dans le manifeſte d'Eliſabeth , impératrice de
Ruſſie , donné contre la famille d'Olgourouki (4) ,
un de ces princes eſt condamné à mort , pour
avoir proféré des paroles indécentes qui avoient
du rapport à ſa perſonne ; un autre , pour avoir
malignement interprété ſes ſages diſpoſitions pour
l'Empire , & offenſé ſa perſonne ſacrée par des
paroles peu reſpectueuſes.

Je ne prétends point diminuer l'indignation que
l'on doit avoir contre ceux qui veulent flétrir la
gloire de leur prince : mais je penſe qu'une ſimple
punition correctionnelle conviendra mieux dans ces
occaſions , qu'une accuſation de *lèſe-majeſté* , toujours terrible à l'innocence même (5).

Les actions ne ſont pas de tous les jours ; bien
des gens peuvent les remarquer. Une fauſſe accuſation ſur des faits peut être aiſément éclaircie.

---

(1) Plutarque, vie de Denys.
(2) Il faut que la penſée ſoit jointe à quelque ſorte d'action.
(3) *Si non tale ſit delictum , in quod vel ſcriptura legis deſcendit , vel ad exemplum legis vindicandum eſt* , dit Modeſtinus dans la loi 7, §. 3. *in fine ff. ad leg. jul. maj.*
(4) En 1740.
(5) *Nec lubricum linguæ ad pœnam facile trahendum eſt.* Modeſtinus , dans la loi 7, §. 3. ff. *ad leg. Juli maj.*

Les paroles qui font jointes à une action, prennent la nature de cette action. Ainsi, un homme qui va dans la place publique exhorter les sujets à la révolte, devient coupable de *lèse-majesté*, parce que les paroles sont jointes à l'action & y participent. Ce ne font point les paroles que l'on punit; mais une action commise, dans laquelle on emploie les paroles. Elles deviennent des crimes lorsqu'elles préparent, qu'elles accompagnent, ou qu'elles suivent une action criminelle.

Les empereurs Théodose, Arcadius & Honorius écrivirent à Ruffin, préfet du prétoire : « si quelqu'un parle mal de notre personne ou de notre gouvernement, nous ne voulons point le punir (1) : s'il a parlé avec légéreté, il faut le mépriser : si c'est par folie, il faut le plaindre : si c'est une injure, il faut lui pardonner. Ainsi, laissant les choses dans leur entier, vous nous en donnerez connoissance, afin que nous jugions des paroles par les personnes, & que nous pensions bien, si nous devons les soumettre au jugement, ou les négliger ».

Les écrits contiennent quelque chose de plus permanent que les paroles : mais lorsqu'ils ne préparent pas au crime de *lèse-majesté*, ils ne paroissent pas devoir être une matière du crime de *lèse-majesté*.

Auguste & Tibère y attachèrent pourtant la peine de ce crime (2); Auguste, à l'occasion de certains écrits faits contre des hommes & des femmes illustres; Tibère, à cause de ceux qu'il crut faits contre lui. Rien ne fut plus fatal à la liberté romaine. Cremutius Cordus fut accusé, parce que, dans ses annales, il avoit appelé Cassius le dernier des romains (3).

Les écrits satyriques ne font guère connus dans les états despotiques, où l'abattement d'un côté & l'ignorance de l'autre ne donnent ni le talent, ni la volonté d'en faire. Dans la démocratie, on ne les empêche pas, par la raison même qui, dans le gouvernement d'un seul, les fait défendre. Comme ils font ordinairement composés contre des gens puissans, ils flattent dans la démocratie la malignité du peuple qui gouverne. Dans la monarchie, on les défend; mais on en fait plutôt un sujet de police que de crime.

L'aristocratie est le gouvernement qui proscrit le plus les ouvrages satyriques. Les magistrats y font de petits souverains, qui ne font pas assez grands pour mépriser les injures. Si, dans la monarchie, quelque trait va contre le monarque, il est si haut que le trait n'arrive point jusqu'à lui. Un seigneur aristocratique en est percé de part en part. Aussi les décemvirs, qui composoient une aristocratie, punirent-ils de mort les écrits satyriques (4).

Auguste établit que les esclaves de ceux qui avoient conspiré contre lui, seroient vendus au public, afin qu'ils pussent déposer contre leur maître (5). On ne doit rien négliger de ce qui mène à la découverte d'un grand crime. Ainsi, dans un état où il y a des esclaves, il est naturel qu'ils puissent être indicateurs, mais ils ne sauroient être témoins.

Vindex indiqua la conspiration faite en faveur de Tarquin, mais il ne fut pas témoin contre les enfans de Brutus. Il étoit juste de donner la liberté à celui qui avoit rendu un si grand service à sa patrie; mais on ne la lui donna pas, afin qu'il rendît ce service à sa patrie.

Aussi l'empereur Tacite ordonna-t-il que les esclaves ne seroient pas témoins contre leurs maîtres, dans le crime même de *lèse-majesté* (6) : loi qui n'a pas été mise dans la compilation de Justinien.

Il faut rendre justice aux Césars, ils n'imaginèrent pas les premiers les tristes loix qu'ils firent. C'est Sylla (7) qui leur apprit qu'il ne falloit point punir les calomniateurs. Bientôt on alla jusqu'à les récompenser (8).

« Quand ton frère, ou ton fils, ou ta fille ou ta femme bien-aimée, ou ton ami qui est comme ton ame, te diront en secret : *allons à d'autres dieux, tu les lapideras* : d'abord ta main sera pour lui, ensuite celle de tout le peuple ». Cette loi du Deutéronome (9) étoit particulière aux juifs; chez la plupart des peuples que nous connoissons, elle ouvriroit la porte aux crimes.

La loi qui ordonne dans plusieurs états, sous peine de la vie, de révéler les conspirations aux-

(1) *Si id ex levitate procefferit contemnendum est ; si ex infaniâ, miferatione dignifimum ; si ab injuriâ remittendum. Lege unicâ, cod. Si quis imperat. maled.*
(2) Tacite, annales, liv. I. Cela continua sous les règnes suivans. Voyez la loi première au code *de famofis libellis.*
(3) Tacite, annales, liv. IV.
(4) La loi des douze Tables.
(5) Dion, dans Xiphilin.
(6) Flavius Vopifcus, dans sa vie.
(7) Sylla fit une loi de majesté; dont il est parlé dans les Oraisons de Ciceron, *pro Cluentio*, art. 3; *in Pifonem*, art. 21; 10. contre Verres, art. 5; épitres familières, liv. III, lettre II. César & Auguste les inférèrent dans les loix Julies; d'autres y ajoutèrent.
(8) *Et quò quis diftindior accufator, eo magis honores affequebatur, ac veluti facrofandus erat.* Tacite.
(9) Chap. 13, verf. 6, 7, 8 & 9.

quelles même on n'a pas trempé, paroît bien dure dans le gouvernement monarchique.

Elle ne doit être appliquée, dans toute sa sévérité, qu'au crime de *lèse-majesté* au premier chef. Dans ces états, il est très-important de ne point confondre les différens chefs de ce crime.

Au Japon où les loix renversent toutes les idées de la raison humaine, le crime de non-révélation s'applique aux cas les plus ordinaires.

Une relation (1) nous parle de deux demoiselles qui furent enfermées jusqu'à la mort dans un coffre hérissé de pointes; l'une pour avoir eu quelqu'intrigue de galanterie; l'autre pour ne l'avoir pas révélée.

Il est dangereux dans les républiques de trop punir les crimes de *lèse-majesté*.

Quand une république est parvenue à détruire ceux qui vouloient la renverser, il faut se hâter de mettre fin aux vengeances, aux peines & aux récompenses même.

On ne peut faire de grandes punitions, & par conséquent de grands changemens, sans mettre dans les mains de quelques citoyens, un grand pouvoir. Il vaut donc mieux, dans ce cas, pardonner beaucoup que punir beaucoup; exiler peu qu'exiler beaucoup; laisser les biens que multiplier les confiscations. Sous prétexte de la vengeance de la république, on établiroit la tyrannie des vengeurs. Il n'est pas question de détruire celui qui domine, mais la domination. Il faut rentrer, le plutôt que l'on peut, dans ce train ordinaire du gouvernement, où les loix protègent tout & ne s'arment contre personne.

Les grecs ne mirent point de bornes aux vengeances qu'ils prirent des tyrans, ou de ceux qu'ils soupçonnèrent de l'être. Ils firent mourir les enfans (2), quelquefois cinq des plus proches parens (3). Ils chassèrent une infinité de familles. Leurs républiques en furent ébranlées; l'exil ou le retour des exilés furent toujours des époques qui marquèrent le changement de la constitution.

Les romains furent plus sages. Lorsque Cassius fut condamné pour avoir aspiré à la tyrannie, l'on mit en question si l'on feroit mourir ses enfans: ils ne furent condamnés à aucune peine. « Ceux qui ont voulu, dit Denys d'Halicarnasse (4), changer cette loi à la fin de la guerre des marses & de la guerre civile, &

» exclure des charges les enfans des proscrits par » Sylla, sont bien criminels ».

On voit, dans la guerre de Marius & de Sylla, jusqu'à quel point les ames, chez les romains, s'étoient peu-à-peu dépravées. Des choses si funestes firent croire qu'on ne les reverroit plus. Mais, sous les triumvirs, on voulut être plus cruel & le paroître moins: on est désolé de voir les sophismes qu'employa la cruauté. On trouve dans Appien (5) la formule des proscriptions. Vous diriez qu'on n'y a d'autre objet que le bien de la république, tant on y parle de sang-froid, tant on y montre d'avantages; tant les moyens que l'on prend sont préférables à d'autres, tant les riches sont en sûreté, tant le bas peuple sera tranquille, tant on craint de mettre en danger la vie des citoyens, tant on veut appaiser les soldats, tant enfin on sera heureux (6).

Rome étoit inondée de sang, quand Lépidus triompha de l'Espagne; & par une absurdité sans exemple, il ordonna de se réjouir, sous peine d'être proscrit (7). *De l'Esprit des loix*, liv. XII, chap. 7 & suiv. Voyez l'article LOI.

LETTRES DE CRÉANCE. Ce sont des *lettres* émanées du souverain, ou de quelqu'autre personne constituée en dignité, portant que l'on peut ajouter foi à ce que dira celui qui est muni de ces *lettres*. Les ambassadeurs, plénipotentiaires, envoyés & autres ministres qui vont dans une cour étrangère, ne partent point sans avoir des *lettres de créance*; & la première chose qu'ils font lorsqu'ils sont arrivés, est de présenter leurs *lettres de créance*.

Les *lettres de créance* sont l'instrument qui autorise & constitue le ministre dans son caractère auprès du prince à qui elles sont adressées. Si ce prince reçoit le ministre, il ne peut le recevoir que dans la qualité que lui donnent ses *lettres de créance*; elles sont comme sa procuration générale, son mandement ouvert, *mandatum manifestum*. Voyez les articles AMBASSADEUR, MINISTRES PUBLICS, &c.

LEUCHTENBERG, landgraviat princier d'Allemagne, au cercle de Bavière. Il est situé dans le Nordgow, entre la principauté de Soulzbach & Nabbourg, Tenesberg & Treswitz, bailliages de Bavière dans le haut Palatinat. Il obéissoit jadis à des landgraves, dont le dernier, appellé

(1) Recueil des voyages qui ont servi à l'établissement de la compagnie des Indes, pag. 423, liv. V, art. II.
(2) Denys d'Halicarnasse, antiquités romaines, liv. VIII.
(3) *Tyranno occiso, quinque ejus proximos cognatione magistratus necato.* Ciceron, de inventione, lib. II.
(4) Liv. VIII, pag. 547.
(5) Des guerres civiles, liv. IV.
(6) *Quod felix faustumque sit.*
(7) *Sacris & epulis dent hunc diem; qui secus faxit, inter proscriptos esto.*

Maximilien *Adam*, mourut sans successeur en 1646, Albert son beau-frère, duc de Bavière, époux de Mathilde sa sœur, reçut l'investiture de ce landgraviat, malgré la survivance donnée à Henri de Mecklenbourg, en 1502, par l'empereur Maximilien I. Il l'échangea contre d'autres terres avec son frère Maximilien, électeur de Bavière, qui le céda à son second fils Maximilien-Philippe. Celui-ci étant mort en 1707 sans héritiers, & l'électeur de Bavière ayant été mis au ban de l'Empire, le landgraviat de *Leuchtenberg* fut donné en fief par l'empereur au prince de Lamberg, & revendiqué par la maison électorale de Bavière en 1714.

Le dernier électeur de Bavière en prenoit le titre sans les armes. Il avoit, à raison de cette principauté, voix & séance au collège des princes & au cercle de Bavière. Son contingent matriculaire est de six cavaliers & quatorze fantassins ou 128 florins. Sa contribution pour l'entretien de la chambre impériale est de 135 rixdales 26 & demi kr.

Le landgraviat étoit régi par un magistrat commis pour l'exécution des réglemens civils & de police (*director in civilibus & politicis*), par un prévôt féodal, par un juge & un capitaine provinciaux, & par d'autres officiers princiers. Il relevoit pour le spirituel du diocèse de Ratisbonne, & reconnoissoit la justice de quatre tribunaux, qui étoient : 1° le tribunal provincial de *Leuchtenberg* : 2°. la justice municipale de Pfreimbdt : 3°. le bailliage de Wernberg : 4°. la jurisdiction de Misbrunet, située à l'est hors de l'enceinte des terres mentionnées : nous ignorons si son administration a éprouvé des changemens depuis la mort du dernier électeur de Bavière *Voyez* les articles BAVIÈRE & PALATINAT.

LEUTKIRCHEN, ville impériale d'Allemagne, au cercle de Suabe : elle est située dans l'Argau & arrosée par l'Eschach, qui s'y jette dans l'Aitrach ; elle occupe une plaine ou une bruyère qui porte son nom. On y compte deux paroisses, l'une luthérienne, l'autre catholique. La majeure partie du magistrat & des habitans suit la confession d'Augsbourg. Les preuves certaines de son immédiateté, dans laquelle Charles IV. & Wenceslas se sont engagés de la maintenir, ne remontent qu'à Rodolphe premier. Elle a la vingt-huitième voix à la diète parmi les villes impériales de Suabe, & la vingt-unième dans les assemblées du cercle. Sa taxe matriculaire, qui avoit été de 40 florins & réduite à 14 en 1683, est depuis 1728 de 21 florins, outre 33 rixdales 69 & demi kr. qu'elle paye par quartier pour l'entretien de la chambre impériale. C'étoit autrefois un des sièges du présidial établi dans la bruyère de son nom & dans la Purs. Elle est enclavée dans la jurisdiction de la préfecture avec laquelle elle conclut en 1545 un traité relatif à cet objet.

LICHTENBERG, HANAU-LICHTENBERG, seigneurie de la basse-Alsace, dont une partie est membre du corps germanique. Cette seigneurie avoit anciennement ses seigneurs particuliers, qui s'éteignirent en 1480 à la mort de Jacques, seigneur de *Lichtenberg* : elle échut alors à Anne & Elisabeth, filles de Louis son frère. La première fut mariée à Philippe l'aîné, comte de Hanau, qui en obtint la moitié, & dont l'arrière petit-fils, Philippe V, acquit le reste en 1560 par son mariage avec Marguerite-Louise, fille de Jacques premier, comte d'Ochsenstein & Bitche, descendante d'Elisabeth. La tige mâle de Hanau-Munzenberg s'éteignit en 1642 à la mort du comte Jean-Erneste ; & ce domaine, en vertu du pacte de succession de 1610 & du secours que prêta la maison de Hesse-Cassel, passa à la branche de *Lichtenberg*, qui y réunit le tiers cédé jadis au comte Philippe premier & la seigneurie de *Lichtenberg* proprement dite. Mais le comte Frédéric Casimir de Hanau détacha de nouveau cette dernière en 1680, pour la donner à Philippe-René son cousin, & à des héritiers mâles, à la réserve du bailliage de Babenhausen, qu'il garda comme une ancienne dépendance du comté de Hanau-Munzenberg. Casimir étant mort sans enfans mâles, toute sa succession passa à Philippe-René ; Philippe-René céda à son tour la seigneurie de Hanau-Lichtenberg à Jean-René son frère, qui lui succéda également dans le comté de Munzenberg, & mit fin en 1736 à la tige mâle des comtes de Hanau. Sa fille unique avoit épousé Louis VIII, landgrave de Hesse-Darmstadt ; & Louis, l'aîné des princes, issus de ce mariage, hérita de la seigneurie de *Lichtenberg*. Le roi de Pologne Auguste III, électeur de Saxe, y forma des oppositions en 1749 ; faisant valoir l'expectative accordée à sa maison, (*voyez* l'article HANAU) il réclama devant le conseil souverain d'Alsace le bailliage de cette seigneurie, dépendant de son ressort ; mais il fut débouté par arrêt de 1750, & le prince héréditaire, aujourd'hui landgrave régnant de Hesse-Darmstadt, maintenu dans sa possession.

La plus grande partie de cette belle seigneurie située en Alsace, a été séparée de l'Empire germanique, en passant avec cette province sous la souveraineté de la France. Ce qui en reste à l'Allemagne forme quelques bailliages, pour lesquels la maison de Darmstadt est taxée annuellement à 500 florins, qu'elle verse dans la caisse du cercle du haut-Rhin, outre 14 écus 38 & demi kr. pour l'entretien de la chambre impériale. Toutes les affaires judiciaires de la seigneurie vont à la régence de Bouxviller. La religion luthérienne y est dominante ; mais on y trouve beaucoup de catholiques & quelques réformés dans les bailliages françois & dans celui de Lemberg.

Ce qui dépend de l'Empire, consiste dans 1°. Le bailliage de Lichtenau.

2°. Le bailliage de Wilſtœdt, ſitué ſur la riviere de Kinſig, à côté du précédent, d'un ſol à-peu-près égal, & dont les productions ſe débitent la plupart à Strasbourg.

3°. Le bailliage de Lemberg, ſitué dans les Voſges, entre l'Alſace, le comté de Bitche, la principauté de Deux-Ponts, le comté de Sponheim, &c.

4°. Le bailliage de Schaf-heim, démembrement de celui de Babenhauſen, peut être enviſagé comme une dépendance de la ſeigneurie de Lichtenberg. *Voyez* l'article HANOVRE.

LIBERTÉ SOCIALE. C'eſt le droit de jouir & d'accroître nos propriétés.

Le droit de propriété, conſidéré par rapport au propriétaire, n'eſt autre choſe que le droit de jouir : or, il eſt évident que le droit de jouir ne peut exiſter ſans la liberté de jouir, comme la liberté de jouir ne peut avoir lieu ſans le droit de jouir. Sans le droit, la liberté n'auroit aucun objet, à moins d'admettre dans un homme la liberté de jouir des droits d'un autre homme. Mais cette idée renfermeroit une contradiction; elle ſuppoſeroit dans le ſecond, des droits qu'il n'auroit point, puiſqu'il ne ſauroit les exercer; ils appartiendroient au contraire à celui qui auroit la liberté d'en jouir.

Par la raiſon que le droit de jouir & la liberté de jouir ne peuvent exiſter l'un ſans l'autre, on doit les regarder comme ne formant qu'une ſeule & même prérogative, qui change de nom ſelon la façon de l'enviſager. Ainſi, on ne peut bleſſer la liberté ſans altérer le droit de propriété, & on ne peut altérer le droit de propriété ſans bleſſer la liberté.

La *liberté ſociale* peut être définie une indépendance des volontés étrangeres, qui nous permet de faire valoir, le plus qu'il nous eſt poſſible, nos droits de propriété, & d'en retirer toutes les jouiſſances qui peuvent en réſulter, ſans préjudicier aux droits de propriété des autres hommes. Cette définition nous fait connoître combien eſt ſimple l'ordre eſſentiel des ſociétés : nous ne ſommes plus embaraſſés pour déterminer la portion de liberté dont chaque homme doit jouir; la meſure de cette portion eſt toujours évidente; elle nous eſt naturellement donnée par le droit de propriété : telle eſt l'étendue du droit de propriété, telle eſt auſſi l'étendue de la liberté.

Les préjugés dans leſquels les hommes ont vieilli, ne manqueront pas de s'élever contre ce que je dis, pour prouver la néceſſité phyſique que les hommes jouiſſent en ſociété de la plus grande liberté poſſible. Mais, quels que ſoient les ſophiſmes qu'ils aient à m'objecter, je peux y répondre d'avance, en établiſſant ici deux vérités : la premiere eſt que de la liberté il ne peut réſulter que du bien; la ſeconde, que de la diminution de la liberté il ne peut réſulter que du mal.

La façon dont nous ſommes organiſés, nous montre donc que, dans le ſyſtême de la nature, chaque homme tend perpétuellement vers ſon meilleur état poſſible, & qu'en cela même il travaille & concourt néceſſairement à former le meilleur état poſſible du corps entier de la ſociété. Or, il eſt évident qu'il ne peut conſerver cette direction ſi précieuſe à l'humanité, qu'autant qu'il jouit de la plus grande liberté; ainſi la liberté d'un ſeul eſt avantageuſe à tous : on ne peut l'en dépouiller ſans lui occaſionner des privations qui de proche en proche viennent, comme un mal contagieux, affecter tous les autres membres de la ſociété.

On s'eſt imaginé cependant que l'intérêt général demandoit qu'on mît des bornes factices à la liberté; qu'on ne permît pas aux hommes de mettre à profit toutes les jouiſſances que leur droit de propriété pouvoit leur procurer. Cette idée eſt d'autant plus mal combinée, qu'elle met en oppoſition l'intérêt général avec les intérêts particuliers. Et qu'eſt-ce donc que l'intérêt général d'un corps, ſi ce n'eſt ce qui convient le mieux aux divers intérêts particuliers des membres qui le compoſent? Comment peut-il ſe faire qu'un corps gagne, quand ſes membres perdent. Mais, me dira-t-on, peut-être, la valeur des bénéfices que les uns procurent à la ſociété par ce moyen, ne peut-elle pas ſurpaſſer la valeur des pertes que les autres éprouvent? Non, cela eſt impoſſible; car ces prétendus bénéfices pour la ſociété ſont imaginaires, & les pertes très-réelles; pertes même d'autant plus conſidérables, qu'elles ſe multiplient par leurs contre-coups, qui ſe font ſentir juſques dans les parties qu'on a cru favoriſer. Tels ſeront toujours & néceſſairement les effets cruels de tout ſyſtême qui, en bleſſant le droit de propriété, attaquera l'eſſence de la ſociété.

Voulez-vous qu'une ſociété parvienne à ſon plus haut degré poſſible de richeſſes, de population, & conſéquemment de puiſſance? Confiez ſes intérêts à la liberté; faites que celle-ci ſoit générale : au moyen de cette liberté, qui eſt le véritable élément de l'induſtrie, le deſir de jouir, irrité par la concurrence, éclairé par l'expérience & l'exemple, vous eſt garant que chacun agira toujours pour ſon plus grand avantage poſſible, & par conſéquent concourra de tout ſon pouvoir au plus grand accroiſſement poſſible de cette ſomme d'intérêts particuliers, dont la réunion forme ce qu'on peut appeler l'intérêt général du corps ſocial, ou l'intérêt commun du chef & de chacun des membres dont ce corps eſt compoſé.

LIBERTÉ CIVILE. La *liberté civile* n'eſt que la liberté naturelle, dégagée de ſes inconvéniens & perfectionnée par la légiſlation. La liberté naturelle, dans l'état de nature, étoit ſujette à bien des inconvéniens, qui ſouvent auroient pu la rendre dangereuſe à ceux qui vouloient la faire valoir. L'homme iſolé & hors de la ſociété civile, entraîné preſque toujours par les paſſions, auroit ſouvent pris pour un droit naturel un écart de la ſaine raiſon ; & il auroit tiré vengeance d'un prétendu tort, au grand déſavantage de la tranquillité publique.

Voici les avantages de la *liberté civile* ſur la liberté naturelle : 1°. le ſouverain n'ayant pas les mêmes paſſions que les particuliers, eſt en état de connoître la perſonne léſée & de lui rendre juſtice. En général, nous pouvons même nous tranquilliſer ſur la droiture des jugemens : 2°. la *liberté civile* met à l'abri un honnête homme d'être accablé par un ſcélérat ; ce qui ſeroit arrivé très-ſouvent dans l'état de nature & de la liberté naturelle, où le plus fort l'auroit toujours emporté ſur le plus foible. Le ſouverain ayant en main toutes les forces unies de la nation, nous ſommes aſſurés que l'offenſeur ſera châtié conformément à la grandeur de l'offenſe, quelle que ſoit ſa force particulière.

Par le renoncement à la liberté naturelle, & jouiſſant à ſa place de la *liberté civile*, les hommes vivent dans la plus grande ſûreté de leur vie, de leur honneur, de leurs biens & de leurs véritables droits naturels.

Nous n'entrerons pas ici dans le détail des devoirs ſacrés du ſouverain pour garantir à ſes ſujets cette excellente prérogative de la *liberté civile*, parce que nous en traiterons ailleurs.

LIBERTÉ POLITIQUE. C'eſt la conſervation des droits que la nation s'eſt réſervé dans l'établiſſement de la ſociété civile. Lorſque les nations ſe ſont donné un ſouverain, elles ont conſervé tous les droits naturels, parce que ces droits étant une ſuite des devoirs à remplir, il n'étoit pas en leur pouvoir d'y renoncer, ſans ſe mettre hors d'état de remplir des devoirs d'autant plus inviolables, que les inſtitutions de la nature ſont plus reſpectables que les inſtitutions humaines.

Mais, outre ces droits naturels, la plupart des nations ſe ſont réſervé certains droits, qu'elles ont cru néceſſaires à leur bonheur : ce ſont les droits ſtipulés par les nations avec leurs ſouverains, dans la conſtitution fondamentale des états. *Voyez* l'article CONSTITUTION POLITIQUE. C'eſt donc la conſervation de tous ces droits qui procure à la nation la *liberté politique*.

Suivant qu'un pays eſt plus ou moins libre, on y a des idées de la *liberté politique* plus ou moins étendues : les uns la prennent pour la facilité de dépoſer celui à qui ils avoient donné un pouvoir abſolu ; les autres pour le privilége de n'être gouverné que par un homme de leur nation, pour le pouvoir d'élire celui à qui ils doivent obéir ; ceux-ci ont pris ce mot pour le droit d'être armés, ceux-là pour le privilége de n'être gouvernés que par leurs propres loix.

Pluſieurs ont attaché ce nom à une forme particulière de gouvernement. Ceux qui ont vécu ſous un gouvernement républicain, ont mis la *liberté politique* dans ce gouvernement, & ils ont pris pour des expreſſions ſynonimes *gouvernement républicain & gouvernement libre* ; tandis que ceux qui ont vécu ſous un gouvernement monarchique, l'ont placé dans la monarchie ; enfin chacun ne remontant pas aux vrais principes, a appellé *liberté politique*, le gouvernement qui étoit conforme à ſes coutumes, à ſes inclinations. Tout gouvernement, de quelque nature, de quelque forme qu'il ſoit, peut également conſerver religieuſement à la nation la *liberté politique* & la lui ôter. Rien n'empêche que le ſouverain le plus abſolu ne ſoit le véritable père de ſes ſujets, & que la république la plus modérée ne s'érige en tyran de ſa nation. L'hiſtoire ancienne & moderne nous en fournit aſſez d'exemples pour ne pouvoir pas douter de cete grande vérité ; & la queſtion ſur la meilleure forme de gouvernement n'eſt ſi difficile à réſoudre, que parce qu'elle eſt inexacte. *Voyez* GOUVERNEMENT. La *liberté politique*, en général, conſiſte dans la jouiſſance des droits naturels, & de ceux qu'on a ſtipulés par la conſtitution dans les pays où il y en a une. Voilà le grand principe d'où le ſouverain & les ſujets doivent partir également ; le premier, pour voir s'il s'acquitte des devoirs ſacrés de la ſouveraineté, & les ſujets, pour examiner ſi c'eſt à tort ou avec raiſon qu'ils ſe plaignent de la violation de la *liberté politique*.

Il faut néanmoins faire une différence entre les droits naturels & les droits ſtipulés par la convention ſociale. Les droits naturels, fondés ſur la nature humaine, ne ſauroient être ſujets à aucun changement ; ils ſont immuables, ils ſont éternels, ils ſont généraux. Mais les droits ſtipulés entre le ſouverain & les ſujets, n'étant pas tous de la même nature ; pluſieurs ayant des rapports aux circonſtances de la nation, il eſt évident que ces circonſtances venant à changer, ces mêmes droits changent auſſi de nature ; & d'avantageux qu'ils étoient, ils deviennent onéreux. C'eſt alors à la prudence du ſouverain d'y apporter les changemens néceſſaires ; bien entendu qu'il en obtienne préalablement le conſentement de la nation, ſans lequel il ne peut point toucher à la conſtitution eſſentielle.

Il n'eſt pas moins vrai que ſans des principes fondamentaux & un ſyſtème de légiſlation qui règle la conſtitution de l'état, il ne peut exiſter de véritable liberté. Ne donnons point ce nom à la ſauvage indépendance de quelques hommes barbares réunis en ſociété par la voix de l'inſtinct & la néceſſité de pourvoir mutuellement à leurs beſoins ; tant qu'ils ne ſe ſont point ſoumis au joug néceſſaire des loix, ils vivent encore ſous l'empire de la nature, ils en jouiſſent des avantages de cet état, ils en éprouvent auſſi les inconvéniens ; leur aſſociation n'a point de conſiſtance, & eſt toujours prête à ſe diſſoudre, faute de fondemens aſſurés ; leurs mœurs ſont innocentes, mais non incorruptibles ; ils aiment leur indépendance, mais ils ne favent point la conferver.

Pour faire mieux fentir la différence qui fe trouve entre deux peuples, dont l'un devra fa gloire & fa félicité à une fage légiflation, & l'autre, au contraire, compofé d'individus fiers de leurs forces naturelles, fe refufera à toute efpèce de règle, ouvrons l'hiftoire, & comparons entr'elles deux nations célèbres dans l'antiquité. Je parle des romains & des germains ; tant que ces derniers fe contentèrent des fruits de leur chaffe & des groffières productions d'un climat froid, ils vécurent dans leurs forêts, fimples, libres & heureux, & l'éloge de leurs mœurs mérita d'occuper la plume rapide & éloquente d'un écrivain célèbre, qui a fait contrafter le tableau de leurs vertus avec celui de l'effrayante corruption de fes compatriotes ; mais dès que, s'abandonnant à leur inquiétude naturelle, ils fe furent tranfportés dans des contrées plus fertiles & fous un ciel plus favorable, ces vertus qui n'avoient point de bafe politique, ne purent réfifter aux attaques de l'avarice & de la volupté ; elles difparurent tout-à-coup, & au lieu de l'honorable liberté dont ils avoient été fi jaloux, ils fe virent en proie tour-à-tour aux rigueurs d'un affreux defpótifme & à la confufion de l'anarchie. Si nous jettons les yeux fur la république romaine ; elle nous offrira une fcène toute différente ; nous verrons un peuple fier abattre le coloffe de la tyrannie qui menaçoit de l'écrafer ; nous le verrons épris du plus ardent amour pour cette liberté précieufe qu'on avoit voulu lui ravir, chercher auffitôt à l'affeoir fur des fondemens inébranlables : convaincu de la néceffité d'une légiflation certaine, & du danger des coutumes arbitraires, il preffe fes magiftrats de lui dreffer un code de loix, il les y oblige à force de clameurs ; le code fe compofe, & le peuple y met le fceau légiflatif. Dès-lors la conftitution ébauchée par un prince républicain, prend une affiette plus folide ; les troubles & les débats de la place publique l'affermiffent, au lieu de l'ébranler ; femblables à ces exercices violens qui mettent toutes les parties du corps dans un état de tenfion, & augmentent par-là leur jeu & leur force naturelle. Ces loix fages, & l'établiffement du tribunat, furent comme la bafe de l'édifice, & dans la fuite les pièces qui pouvoient manquer vinrent fe ranger, pour ainfi dire d'elles-mêmes, à leur place. Des mœurs auftères, des vertus héroïques, dûrent leur naiffance à ce fyftême de légiflation, & Rome devint l'admiration de l'univers. Cette auftérité, cette pureté de mœurs honora long-temps la république ; & fi par un deftin inévitable & commun à tous les empires, la corruption parvint à y répandre fon funefte poifon, ce ne fut que par degrés, & prefque infenfiblement. Les vices nés d'une trop grande fortune, furent obligés de difputer le terrein pas à pas aux vertus

qui leur oppofoient la plus grande réfiftance ; au milieu des fureurs de l'ambition, l'amour de la patrie & de la liberté parut avec le plus grand éclat ; le plus fublime héroïfme força la cabale & la calomnie à fe cacher dans l'ombre du filence, & le plus auftère défintéreffement fit fouvent trembler la vénalité. Rome finit parce que tel eft le fort de tous les établiffemens humains ; mais en tombant écrafée fous le poids de fa profpérité, elle laiffa aux fiècles futurs l'exemple à jamais mémorable de cinq cens ans de vertu.

Les loix & la liberté ayant un rapport effentiel, & leur exiftence fe trouvant liée par la nature des chofes, l'inftituteur d'une république doit, en traçant le plan de fon édifice, porter la vue fur la liaifon qui eft entre ces deux objets, afin que ce rapport ne fe trouve point altéré dans fon fyftême. Il eft aifé de fentir que fi ces réflexions lui échappoient, fon inftitution ne pourroit avoir de bafe folide, & ne tarderoit pas à tomber en ruines : c'eft faute d'avoir fait attention à cette connexion effentielle, que la plupart des légiflateurs modernes ont eu dans leurs établiffemens fi peu d'égards pour la liberté ; ils n'ont pas vu qu'attaquer ce droit facré de la nation, c'étoit ôter aux loix le caractère qui les rend refpectables ; que mettre la violence à la place de la volonté générale, c'étoit détruire les fondemens de la fociété civile, & fe replacer dans l'état de confufion dont elle a été le remède. L'homme d'état doit toujours être perfuadé de cette vérité, que l'homme eft libre par effence, & que par conféquent aucun des états adventifs n'a pu détruire en lui un droit qu'il tient du créateur ; que quand même, & contre toute apparence, il eût voulu s'en dépouiller, il ne pouvoit légitimement, cette faculté faifant, ainfi que la raifon, partie de fon être ; & qu'enfin la fociété civile ne devant fon origine qu'à la liberté, ne peut fubfifter que par elle, & que fans cela elle feroit un état violent & totalement oppofé à la nature de l'homme.

Nous n'avons traité ici de la liberté civile & de la *liberté politique*, que d'une manière générale & prefque abftraite : nous avons appliqué ces principes d'une manière détaillée, aux diverfes formes de gouvernement ; c'eft ce qu'on peut voir dans le cours entier de l'ouvrage, & fur-tout aux articles ABSOLU, (POUVOIR) ARISTOCRATIE, DÉMOCRATIE, GOUVERNEMENT, MONARCHIE, &c.

LICHTENSTEIN, principauté & maifon princière de *Lichtenftein*.

Hartmann, baron de *Lichtenftein*, laiffa deux fils, Charles & Gundacker, fondateurs des deux branches qui portent leurs noms : la dignité princière fut conférée à la première par l'empereur Matthias en 1618 ; l'autre fut élevée au même rang par Ferdinand II. Nous nous bornerons, touchant cette maifon, à rapporter l'origine

du

du droit de fuffrage & de féance qu'elle a aux diètes du cercle de Suabe parmi les princes féculiers. Le prince Jean-Adam-André de la branche Caroline en fut revêtu en 1707, en reconnoiffance d'une fomme de 250,000 florins qu'il venoit de prêter au cercle, fans intérêt. Il mourut en 1712, & il ne laiffa point d'héritiers; il donna par fon teftament à fon coufin Joseph-Wenceflas-Laurent de la branche de Gundacker cette fomme & une partie de fes états, entr'autres le comté de Vadutz & la feigneurie de Schellenberg. Le vieux prince les avoit obtenus en 1699, en échange de la feigneurie de Biftritz en Moravie, qui étoit de bien plus grand rapport. Ces deux terres furent vendues par leur nouveau poffeffeur en 1718 à fon oncle paternel, Antoine Florian, qui en 1713 avoit été reçu au collège des princes. En 1719, l'empereur érigea, en faveur de ce dernier, le comté de Vaduz & la feigneurie de Schellenberg en principauté immédiate de l'Empire, & leur donna le nom de Lichtenftein. C'eft du chef de cette principauté que le fils d'Antoine Florian, nommé Joseph-Jean Adam, obtint en 1723, pour lui & pour fes defcendans, l'entrée au collège des princes. Il mourut en 1732, & laiffa un fils appelé Jean-Charles, qui mourut en 1748 fans poftérité mâle; après quoi fes droits & prérogatives pafferent au prince Joseph-Wenceflas-Laurent, dont nous venons de parler. La diète de l'Empire lui difputa quelque temps le droit de fiéger au collège des princes; mais il exerçoit ce droit fans difficulté aux affemblées du cercle de Suabe, d'après la convention faite en 1707 entre ce cercle & le prince Jean-André de Lichtenftein : on difputa enfuite fur les domaines qui devoient fonder fon droit de fuffrage; car, après l'érection des terres de Vadutz & de Schellenberg en principauté immédiate, le prince de manda le rembourfement de la fomme prêtée au cercle; il prétendit que fon droit de fuffrage fe trouvoit fondé fur la dignité princière qui venoit d'être attachée à fes terres, ce que le cercle refufa de reconnoître : la médiation de l'empereur arrangea la querelle; le cercle garda une partie de la fomme prêtée, & le droit en litige fut affecté, tant au refte des prêts qu'à la nouvelle principauté.

La principauté de Lichtenftein confifte donc, comme nous venons de dire, dans les anciens comté & feigneurie immédiats de Vaduz & de Schellenberg, fitués fur le Rhin de l'autre côté du lac de Conftance, entre les comtés de Pludenz, de Feldkirch & la Suiffe. Les barons de Schellenberg les vendirent au quinzième fiècle à ceux de Brandis, qui en 1507 les tranfmirent par mariage aux comtes de Soulz. En 1614, Gafpard de Hohenembs les acheta 200,000 florins, & fes fucceffeurs les cédèrent, en 1699, au prince Jean-Adam de Lichtenftein. Cette principauté étoit jadis taxée dans la matricule de l'Empire à 19 flor. par mois; mais nous ignorons fa taxe actuelle. Elle

contribue à l'entretien de la chambre impériale de 18 rixd. 60 kr. par terme, & forme un grand bailliage.

LIEGE (évêché & principauté de). Cet évêché eft fitué dans les Pays-Bas. Il eft borné au nord par le duché de Brabant; au couchant par le Brabant, le comté de Namur & le Hainaut; au midi par la Champagne & le duché de Luxembourg; au levant par les duchés de Limbourg & de Juliers. Sa longueur du midi au nord eft de vingt & quelques milles; mais il fe courbe vers le midi; & fa largeur eft fort inégale. Quelques diftricts de fa dépendance font enclavés dans les duchés de Brabant & de Luxembourg.

Outre l'évêché de Liège proprement dit, le prince-évêque poffède le comté de Looz ou Loon ou Borchloen, le comté immédiat de Horn, le marquifat de Franchimont, le pays de Condroz & le pays entre la Sambre & la Meufe, qu'on appelle Interamnenfis provincia.

Productions. La partie qui eft au nord de la Demer, ne confifte qu'en bruyères; mais celle qui fe trouve au fud de cette rivière, vers le comté de Namur, eft fertile en bled & en vins; vers les duchés de Luxembourg & de Limbourg, le pays eft couvert de montagnes & de brouffailles. Le vin qu'il produit, reffemble aux petits vins de Bourgogne & de Champagne.

Population. L'évêché de Liège renferme vingt-fix villes : on y compte 1400 villages. Prefque toutes les terres appartiennent à la nobleffe & au clergé; le pays eft pauvre. On y parle le dialecte de Brabant ou le patois de Liège, qui eft un françois corrompu : ceux qui parlent patois, font appelés luiker-waalen.

Etats. Les états provinciaux font compofés du haut clergé ou du chapitre cathédral, de la nobleffe & des bourg-meftres des principales villes. Ils ont deux tréforiers généraux & fix receveurs. Chacun des deux premiers ordres élit annuellement quatre députés; les bourg-meftres de Liège, font députés nés du troifième ordre; ils font affiftés de quatre autres députés des petites villes. Tous ces députés s'affemblent dans le palais épifcopal à Liège.

Commerce. Ce pays exporte de la bierre, du tabac, des armes, des cloux, des ferges, des cuirs, des marbres & pierres bleues, de la chaux, du charbon de terre & de l'alun. On fabrique dans cette principauté, des montres, de la bijouterie, de l'orfèvrerie, des armes, des canons, vafes & poêles de fer, des draps, des ferges, du papier, de la fayence, de la gaze, de la dentelle noire, de l'eau-forte, du favon noir, de la couperofe, du vert-de-gris & de la calamine. On y importe des vins, de l'eau-de-vie, de l'huile, des draps de France, d'Angleterre & de Hollande, des foieries, des indiennes, des mouffelines, des épiceries, des drogues, des peaux, &c.

L'exportation eft très-confidérable. Elle fe fai-

Q

foit autrefois par les Pays-Bas fur la Meufe ; mais depuis qu'on a hauffé & multiplié les péages le long de ce fleuve, elle fe fait fur de grands chariots par Bois-le-Duc & Breda pour la Hollande.

Précis de fon hiftoire. L'évêché de *Liège* fut d'abord fondé dans la ville de Tohgres ; & Servatius, l'un des premiers évêques, quitta Tongres pour fe retirer à Maëftricht, où fes fucceffeurs fixèrent leur fiège jufqu'à ce que S. Hubert le transféra à Liège. Cette translation fe fit au commencement du huitième fiècle. Cependant les évêques fe nommèrent encore quelque tems *évêques de Tongres* : Héraclius ou Everard prit le premier le nom d'*évêque de Liège*, ce qui eft conftaté par un document de 961.

Titre & prérogatives. Le titre de l'évêque de *Liège* eft : par la grace de Dieu, évêque de *Liège*, duc de Bouillon, marquis de Franchimont, comte de Looz, Horn, &c.

L'évêque de *Liège* fiège à la diète de l'Empire dans le collège des princes ; il alterne avec Munfter, de manière cependant qu'Ofnabruck fe trouve toujours entre deux. La taxe matriculaire de *Liège* eft de 50 cavaliers & de 170 fantaffins, ou de 1280 florins par mois. Mais l'évêque s'étant plaint de l'énormité de cette taxe, & ayant demandé la diminution du tiers à caufe des pertes qu'il a effuyées (parmi lefquelles il faut compter le duché de Bouillon & le comté d'Agimont), on l'a réduit à 826 florins. Sa contribution pour l'entretien de la chambre impériale eft, fuivant la matricule ufuelle, de 360 écus d'empire 62 & demi kr. pour chaque terme ; mais on a diminué auffi cette dernière fomme. L'évêché de Liège eft au troifième rang dans le cercle de Weftphalie. Il s'en détacha au commencement de ce fiècle, & refufa de payer fa part des contributions circulaires ; mais il y rentra en 1716, & envoya à la diète en 1718.

L'évêque de *Liège* eft fuffragant de Cologne.

Tribunaux. Le confeil privé d'état, qui eft compofé de confeillers eccléfiaftiques & féculiers, eft le tribunal fuprême de tout l'évêché ; il connoît & juge de ce qui concerne la fupériorité territoriale, ainfi que des affaires de juftice ordinaires. La chambre des comptes connoît de toutes les affaires qui ont rapport aux revenus du du prince. L'officialité exerce la jurifdiction eccléfiaftique. Le tribunal des échevins & la cour de juftice prononcent dans les affaires criminelles. Le confeil ordinaire juge toutes les affaires qui viennent par appel de la cour féodale & de la cour allodiale, ainfi que de toutes celles qui font contraires aux privilèges impériaux. La première de ces cours connoît de toutes les affaires féodales, & la feconde de celles qui concernent les allodiaux. Le tribunal des vingt-deux juge les employés qui abufent de leur autorité, &c.

LIEUTENANT, magiftrat de Genève. *Voyez* GENÈVE.

LIGUES GRISES. *Voyez* GRISONS.

LIGNITZ, principauté d'Allemagne. *Voyez* SILÉSIE.

LIGUE, union ou confédération de plufieurs puiffances politiques, ou même de quelques particuliers, pour attaquer un ennemi commun, ou pour fe protéger & fe défendre mutuellement en cas d'attaque.

Des grandes ligues. Ce que nous avons dit des grandes alliances, regarde fur-tout les grandes *ligues* où plufieurs puiffances formidables s'uniffent offenfivement contre une ou plufieurs autres. Ces grandes *ligues*, où des intérêts naturels, invariables & différens cèdent pour un moment à un intérêt accidentel, paffager & unique, méritent peu de confiance, & tout le monde fait qu'elles ont rarement le fuccès qu'on en efpère. Dans une pareille union de forces, il eft abfolument néceffaire de combiner un plan d'opérations pour l'attaque, dans lequel on diftribue, pour ainfi dire, les rôles que chaque acteur doit jouer. Le fuccès, le dénouement eft à la merci d'un heureux accord. Dès que la puiffance ennemie trouve un moyen de détacher un feul des alliés, de le faire agir foiblement ou à contrefens, de femer la difcorde ou la défiance parmi les membres de la *ligue*, l'objet eft manqué & tout eft perdu. C'eft une machine trop compofée ; l'immobilité d'une feule roue, ou le dérangement d'un feul reffort en interrompt tout le mouvement. L'hiftoire entière attefte cette vérité. Nous ne rappellerons point ici les mauvais fuccès qu'eurent la fameufe ligue de Smalkade, & celle de Cambrai contre la république de Venife. La première devint funefte à la plupart de fes membres, & la feconde difparut comme la fumée : mais un exemple qu'on ne fauroit oublier, c'eft la grande alliance que les principaux états de l'Europe conclurent contre la France, au commencement de ce fiècle, après la mort de Charles II, dernier roi d'Efpagne de la maifon d'Autriche. Elle produifit une guerre qui auroit pu devenir très-funefte à la France ; mais cette guerre n'aboutit à rien. Louis XIV difoit tout haut à Verfailles : *depuis tant d'années que j'ai l'Europe fur les bras, perds-je un pouce de terrein ?* Et enfin la paix fignée en 1713, à Utrecht, termina cette guerre, & fut en tout fens avantageufe à la France.

Lorfqu'en 1740 la mort enleva l'empereur Charles VI, le dernier defcendant mâle de cette fameufe maifon d'Autriche, qui depuis le treizième fiècle avoit raffemblé fous fa domination tant de royaumes & de provinces : il étoit naturel qu'une auffi riche fucceffion fût difputée ; & en effet, malgré les difpofitions de ce monarque, ou malgré la fanction pragmatique, tous les princes qui croyoient y avoir quelques droits, fe liguèrent contre la

∴

reine de Hongrie , fille aînée & héritière de l'empereur , & firent entrer dans leur alliance les rois de France , de Prusse , d'Espagne , de Suède , de Naples , & plusieurs autres souverains. La guerre commença de tous les côtés ; & l'on a calculé qu'au commencement de l'année 1742, il y avait près de cinq cens mille hommes armés contre cette princesse. De si formidables apprêts n'eurent que de foibles succès. Le roi de Prusse qui agissoit, pour ainsi dire , seul , & qui avec raison compta plus sur son génie & son armée que sur ses alliances, fut aussi le seul qui conquit une grande & belle province , & s'en assura la possession par une paix séparée.

En 1744, les conjonctures amenèrent la fameuse union de Francfort. Tant qu'elle subsista , les affaires allèrent mal pour tous les alliés , en Bohème, en Bavière , sur le Rhin , en Italie & presque par-tout : mais après que tant de mauvais succès l'eurent rompue ; que la plupart des confédérés eurent fait leur paix particulière , les armes de la France prospérèrent , & cette puissance conclut une paix glorieuse à Aix-la-Chapelle. Tant de raisons & tant d'exemples suffisent pour prouver le cas qu'on doit faire des grandes ligues. Voyez l'article ALLIANCE.

LIMBOURG, l'une des dix-sept provinces des Pays-Bas: ce pays est environné de l'évêché de Liège & du duché de Juliers; il touche également à celui de Luxembourg. On l'appelle autrement le pays au-delà de la Meuse , dénomination qu'on donne en particulier à la partie du duché de Limbourg , possédée par les états-généraux. Tout le duché comprend six villes & cent vingt-trois villages.

Précis de l'histoire politique. L'origine des anciens comtes de *Limbourg* est fort incertaine. Il est vraisemblable que cette maison a commencé vers le milieu du dixième siècle. Henri I , comte de *Limbourg* , qui vécut en 1071 , épousa Judith , fille unique de Frédéric de Luxembourg , duc de la basse-Lorraine , & reçut en dot des biens considérables au bord des rivières d'Ourt & d'Ambleve. Son fils Henri II , ayant été élu duc de la basse-Lorraine , quitta le titre de comte pour prendre celui de duc ; & c'est depuis ce temps que ses descendans ont été nommés *ducs de Limbourg.* La race masculine de Henri II s'éteignit en 1280 , en la personne du duc Woleran : sa succession donna lieu à une guerre sanglante. Adolphe , comte de Bergue , le plus proche héritier , céda , en 1282 & 1283 , ses droits sur le duché de *Limbourg* à Jean I , duc de Brabant ; & comme Rainald ou Reinhold , duc de Gueldre , en avoit déja pris possession , il s'éleva entre les deux compétiteurs une guerre sanglante , qui fut terminée par la bataille de Woringen , où le duc de Brabant eût l'avantage. Cette province , ainsi que le reste des Pays-Bas , passa dans la suite aux ducs

de Bourgogne , & après eux à la maison d'Autriche.

Cette province appartient en entier à l'empereur , excepté le pays de Fauquemont , de Daélem & de Rolduc , qui a été partagé entre Philippe IV , roi d'Espagne , & les états généraux des Provinces-Unies , suivant le traité conclu à la Haie le 29 décembre 1661.

Elle est divisée en quatre contrées; savoir, la seigneurie de Fauquemont , le comté de Daélem, la seigneurie de Rolduc , & le duché propre de *Limbourg.* Les hollandois possèdent les deux premières ; les deux dernières sont sous la domination de la maison d'Autriche : elles comprennent les bans de Baélen , de Herve , de Montzen , de Walhorn , de Sprimont & d'Onsbeeck.

On trouve peu de provinces , eu égard à son étendue , qui soit aussi peuplée que celle-ci , les moindres villages , & ils sont en grand nombre , ont plus de mille habitans.

Le pays est parsemé de rochers ; mais les habitans , laborieux & actifs , tirent le parti le plus avantageux possible de ce qui est susceptible de productions. Les vallons sont très-fertiles ; les pâturages y sont abondans.

Il y a , dans le voisinage de Maëstricht , des villages connus sous le nom de *terres de Rédemption*, & onze autres qu'on nomme *les bans de S. Servais*, dont on a beaucoup parlé dans les dernières querelles de l'empereur avec les hollandois , & sur lesquelles il est bon de donner quelques détails.

Les terres de Rédemption sont Falais , qui est la plus éloignée de Maëstricht , Foulogne ou Veulen , Hermal , Hoppertinghen , Moppertinghen , Nederen ou Nedhehen , Peef ou Paive , Ruiten ou Russon.

La souveraineté de tous ces villages est contestée à l'empereur par les hollandois. Ils paient annuellement une contribution à chacune des deux puissances ; mais le voisinage de Maëstricht donne aux hollandois de grandes facilités pour soutenir leurs prétentions , ainsi qu'ils ont fait souvent , par des détachemens de la garnison de cette place. Cependant Falais & Hermal sont complettement assujettis à la jurisdiction du conseil de Brabant.

Les hollandois prétendent que ces terres doivent leur appartenir comme dépendances de Maëstricht ; mais la maison d'Autriche soutient que cette ville n'a aucunes dépendances.

Quoi qu'il en soit , les hollandois ont cédé à la maison d'Autriche , par l'article 18 du traité de 1673 , leurs prétentions sur les villages de Rédemption , sans aucune réserve : ce qui auroit dû terminer la difficulté.

Les onze villages , nommés *les bans de Saint-Servais*, sont Berg , Berneau , Groot , Loon , Hees , Heer & Reer , qui ne font qu'un ban

Q 2

Koningftheim, Mechelen, Sepperen, Sluyfen, Tweebergen & Vleittinghen.

L'empereur réclame la fouveraineté d'une partie de ces villages ; favoir, de Berneau, de Groot, de Loon, de Heer, de Reer, de Koningftheim & de Sluifen, qui tous, à la réferve de Berneau, lui paient des contributions annuelles.

Les liégeois forment auffi des prétentions fur la terre d'Argenteau & fur le village d'Hermal qui en dépend, fous prétexte que l'empereur Henri IV, en faifant dans un diplome de 1070, l'énumération des dons obtenus par l'églife de Liège & en les confirmant, y compris le château d'Argenteau ; mais, outre que cette pièce n'eft pas authentique, il paroît qu'elle n'a cédé aux liégeois que le droit de pouvoir entrer dans le château d'Argenteau, & celui d'en fortir. Les liégeois fe prévalent de ce que, dans les temps anciens, les procès des habitans de ces terres on été jugés quelquefois à Liège ; mais il faut remarquer que plufieurs autres villages du Brabant & des pays d'Outre-Meufe étoient également dans ce cas.

Les contrées de Limbourg, de Daëlem & de Rolduc font fous la jurifdiction eccléfiaftique de l'évêché de Liège ; les autres font en partie fous celle de l'évêché de Trèves & de l'archevêché de Cologne.

Chacun des quatre diftricts a un corps d'états féparé, & il y a dans chacun un officier principal de fa majefté, qualifié de haut, droffard.

On convoque fouvent enfemble ces différens corps d'états, fur-tout lorfqu'il s'agit de la démande des aides & fubfides, & on s'adreffe à tous comme s'ils ne formoient qu'un même corps ; mais la réfolution de chacun de ces quatre corps fe prend féparément ; & quand ils conferient tous à la même fomme, ils ont entr'eux une règle de répartition.

Les états font compofés d'eccléfiaftiques, de nobles & de députés des bans.

Le clergé, ayant entrée aux états du duché, confifte dans les abbés de Rolduc & de Val-Dieu, dans le prieur de Daëlem de l'ordre du Saint-Sepulcre, & dans un député du chapitre de Notre-Dame d'Aix-la-Chapelle. Ces deux abbés conftituent auffi l'état eccléfiaftique de Daëlem, & celui de Rolduc repréfente le clergé des états de Rolduc.

Pour être reçu à l'état noble, il faut être iffu d'ancienne nobleffe & pofféder, dans celui des diftricts où l'on fouhaite d'être admis, un bien noble ayant haute, moyenne & baffe-juftice.

Les états ont neuf commiffaires ou députés ordinaires ; favoir, un eccléfiaftique, deux nobles & deux du tiers-état pour le duché, un eccléfiaftique & un noble de la part des trois pays d'Outre-Meufe, & un du tiers-état de chacun de ces trois pays.

Il y a un greffier pour l'état primaire du du-ché ; compofé de la chambre du clergé & de celle de la nobleffe, & le tiers-état a fon greffier à part ; mais, dans les trois pays d'Outre-Meufe, il n'y a qu'un feul greffier pour les différentes chambres de ces trois corps d'état.

Ces greffiers rempliffent les mêmes fonctions que les confeillers-penfionnaires dans les états des autres provinces.

Dans le duché de Limbourg, les états eccléfiaftiques & nobles ont un receveur général particulier ; le tiers-état n'en a pas. Chaque communauté paye fa contribution au receveur général des fubfides, établi par l'empereur dans cette province.

Il y a d'ailleurs un receveur des états pour chacun des trois pays de Fauquemont, de Daëlem & de Rolduc, qui fait la recette des charges qu'on y impofe.

Adminiftration. Feue l'impératrice reine établit pour cette province, le 29 janvier 1778, une commiffion qui porte le titre de *commiffion des charges publiques.* Elle eft compofée d'un chef, de cinq affeffeurs ou membres & d'un greffier. Son objet eft de connoître en première inftance, à l'exclufion de tout autre juge, de toutes les matières & difficultés concernant les charges publiques, nommément les plaintes en furcharge, tant des communautés que des particuliers, lefquelles devront être inftruites fommairement ; & fi ceux qui fe croiront grevés par les jugemens de cette commiffion, veulent en appeller, ils le peuvent ; mais dans les fix femaines feulement, à dater du jour de l'infinuation, pardevant trois confeillers du confeil de Brabant, nommés par le chancelier.

Cette commiffion s'affemble fur la convocation du chef, ou en fon abfence de l'ancien, dans le lieu ordinaire de l'affemblée des états, afin de fe trouver toujours à portée de fe concerter avec ceux-ci fur tout ce qui peut concerner le maintien de la nouvelle forme de répartition, établie par l'ordonnance de 1778.

Les fujets de l'empereur au duché de Limbourg jouiffent non-feulement de leurs propres privilèges, mais auffi de ceux des brabançons. Avant la réunion du Limbourg au Brabant, ils avoient leurs joyeufes entrées comme le Brabant : ce ne fut que fous le règne de Jean IV, pour faire ceffer la charge des logemens & pour en compenfer la dépenfe, que l'on commença, l'an 1674, à impofer à chacune des terres franches une certaine quantité de rations de fourage par jour, payables en argent ; chaque ration eft évaluée à 15 f.

Ces impofitions, qu'on continue de nommer *rations*, font devenues permanentes, & le gouverneur les augmente dans une certaine proportion toutes les fois que le fouverain demande des fubfides extraordinaires aux états de la province. Ces impofitions fe payent à un receveur particulier, nommé *le receveur des terres franches*, qui, comme les autres receveurs de fa majefté, eft comptable à la chambre des comptes.

Commerce. Le commerce des limbourgeois eft affez-confidérable ; les mines, les carrières & les bois font d'un grand produit & contribuent à l'aifance de ce pays.

Les fabriques de drap, répandues dans ce duché, occupent trente mille perfonnes des deux fexes ; Néau, Hodimont & le ban de Herve font les lieux où il fe fabrique le plus grand nombre de ces draps, connus fous le nom de *draps de Limbourg.*

Le pays fournit très-peu de laine pour ces fabriques ; la meilleure vient de l'Efpagne & du Portugal. Celle qui entre par le port d'Oftende, eft libre de droits ; mais celle qui vient par la voie de la Hollande, paye deux pour cent de la valeur.

Cet impôt, créé depuis quelques années, a occafionné beaucoup de mécontentement parmi les fabricans ; aurefte cette taxe qui n'a point le fifc, mais l'intérêt public pour objet, fe réduira infenfiblement à rien, & il en réfultera que deux millions de capital, employés annuellement par les hollandois pour fournir les fabriques de *Limbourg,* feront mis dans ce commerce par les regnicoles ; & le fret, ainfi que la main-d'œuvre & le tranfport, feront gagnés par les fujets internes : cet impôt eft d'autant plus avantageux pour le bien de l'état en général, qu'on gagne cinq à fix pour cent en tirant des laines par la voie d'Oftende ; & afin d'encourager la traite de ce côté, le gouvernement exempte du même droit de deux pour cent les négocians d'Aix-la-Chapelle & de Vervier, qui l'adoptent de préférence à celle de la Hollande.

Les draps fe débitent aux foires de Francfort, de Léipfick, de Brunfwick, de Kœnigsberg & de Breflau ; il en paffe une grande quantité fur Lubeck pour la Ruffie ; & par l'Allemagne & le Danube, en Pologne & les pays héréditaires de fa majefté l'empereur. Une autre partie eft envoyée dans le Brabant & en Flandre, ainfi que fur les ports d'Oftende & de Dunkerque pour l'Amérique & le Levant.

Feue fa majefté l'impératrice-reine excepta les draps, demi-draps & ratines des fabriques de la province de *Limbourg,* de l'impofition des droits d'entrée, établis fur les mêmes draps venant de l'étranger dans les provinces héréditaires allemandes, en accordant une modération des droits d'entrée de 12 kr. par livre, de manière qu'ils ne font affujettis qu'à 48 kr. par livre de droit d'entrée, aux conditions que l'expédition en feroit faite par les bureaux d'Hodimont, de Herve & d'Eupen. Sa majefté exigea auffi que les fabricans feroient mettre, dans le tiffu & au commencement de chaque pièce de drap, leur nom & le lieu de la fabrique ; & que chaque pièce feroit munie d'un plomb, défignant également le

nom & le lieu de la fabrication ; que l'expédition de ces mêmes draps & lainages ne pourroit être faite qu'à la deftination de l'une ou de l'autre des villes fuivantes : Prague & Pilfen, en Bohême, Brunn & Olmutz, en Moravie, Troppau, en Siléfie, Lintz, dans la haute-Autriche, Vienne ou Crems, dans la baffe-Autriche, Gratz, en Styrie, Laybach, en Carniole, Klagenfurt, en Carinthie ; & Gorice, pour les comtés de Gorice & de Gradifca.

LIMBOURG, comté ou feigneurie princière d'Allemagne ; elle eft bornée par le duché de Wurtemberg, par la prévôté d'Elwangen, par la principauté d'Onolzbach & par le territoire de la ville impériale de Schwœbifch-hall ; fa plus grande étendue, du nord au midi, eft d'environ cinq milles ; on en compte quatre & demi du levant au couchant. La feigneurie de Speckfeld, qui en dépend, eft dans la Franconie ; elle avoifine le comté princier de Schwarzenberg, & la feigneurie de Seinlhem, le comté de Caftell & l'évêché de Wurzbourg. Sa longueur eft de deux milles, & fa largeur d'un mille & un quart.

Les anciens feigneurs & enfuite comtes de *Limbourg,* échanfons héréditaires de l'empire, toujours libres, formoient deux lignes ; favoir, celle de Speckfeld, dont les mâles s'éteignirent en 1690, & celle de Gaildorf, dont le dernier mâle, Volrath, mourut en 1713. La maifon électorale de Brandebourg ayant obtenu en 1693, de l'empereur Léopold, l'expectative des fiefs de l'empire, poffédés par la maifon de *Limbourg ;* & cette expectative ayant été confirmée par les empereurs Jofeph, en 1706, & Charles VI, en 1712, le roi de Pruffe s'empara, à l'extinction des ducs de *Limbourg,* de tous leurs domaines ; mais il finit par les reftituer aux héritiers allodiaux : l'empereur féqueftra les fiefs de l'empire, & il en inveftit, en 1728, le roi Frédéric-Guillaume. Le roi Frédéric II transféra ces fiefs en 1742, dans la maifon de Brandebourg-Onolzbach, comme arrière-fief de l'empire, & cette difpofition fut confirmée par l'empereur Charles VII, en 1744. Le marggrave Charles-Guillaume-Frédéric mit fin, par une tranfaction fignée en 1746, aux réclamations que formoient depuis bien des années les héritiers allodiaux. Cette tranfaction fut ratifiée tant par le roi de Pruffe que par le Marggrave de Brandebourg-Culmbach, & fut échangée & exécutée en 1748. En vertu de cet acte les héritiers allodiaux de *Limbourg* cédèrent à Brandebourg-Onolzbach, 1°. trois quarts du fuffrage circulaire appartenant à *Limbourg*-Gaildorf-Schmidelfeld ; & la maifon d'Onolzbach fe chargea de payer fept florins de la taxe matriculaire & circulaire. 2°. Tous les tenanciers & vaffaux relevant de la maifon de *Limbourg,* avec leurs droits & dépendances, & fans en excepter autre chofe que les droits des descendans de Juliane Dorothée, comteffe de Wurmbrand, née Comteffe de *Limbourg*-Gaildorf; ces defcendans font les Solms de Ræedelheim & de Saxe-Gotha-Roda. 3°. Tous les fujets, tenanciers & terres éparfes d'Ober-Speltack, Golobach, Ingersheim, Gollach-Oftheim, Pfahlenheim, Herren-Bergtheim & Seyderzell, fituées aux environs des deux bailliages de Creilsheim & d'Uffenheim, appartenant à Onolzbach, ainfi que le village entier de Markertshofen, & tous les fujets appartenants à *Limbourg* dans les deux villages d'Unter-Sontheim & Ummenhofen. Brandebourg-Onolzbach abandonna de fon côté aux héritiers allodiaux, à titre d'arrière-fiéfs mafculins & féminins de l'empire, tous les droits & régales de *Limbourg*, relevant de l'empire, tels qu'ils font fpécifiés dans le *conclufum* du confeil-aulique impérial, de l'année 1710, avec les feules réferves du péage féodal, qui fe perçoit fous les portes de Schwœbisch-hall & de Geifslingen, & du droit de conduite de Mankheim & de Geifslingen; on ftipula que tout ce qui appartiendroit auxdits héritiers allodiaux pafferoit librement & fans acquitter aucun droit.

Les héritiers allodiaux, dont il eft ici queftion, étoient, 1°. Guillelmine-Chriftine, comteffe douairière de Solms-Affenheim, née comteffe de *Limbourg*-Gondolf; 2°. Marie-Sophie-Charlotte-Guillelmine-Dorothée-Frédérique, Princeffe de Hohenlohe-Bartenftein, du chef de fa mère Chriftine-Magdeleine, landgrave-douairière de Heffe-Hombourg, née comteffe de *Limbourg*; 3°. les enfans & héritiers d'Amœne-Sophie-Frédérique, comteffe douairière de Lœwenftein-Wertheim, née comteffe de *Limbourg*-Schmidelfeld, Sontheim & Speckfeld; 4°. les enfans & héritiers de Frédérique-Augufte, comteffe de Schœnbourg-Waldembourg, née comteffe de *Limbourg*-Schmidelfeld, Sontheim & Speckfeld; 5°. Juliane-Françoife Wild & Rhingrave de Grumbach, née comteffe de Prœffing & *Limbourg*; 6°. Jean-Louis Vollrath, comte de Lœwenftein-Wertheim, au nom de fon époufe Frédérique-Guillelmine-Augufte, comteffe d'Erbach & *Limbourg*; 7°. Frédéric-Louis, comte de Lowenftein-Wertheim, en qualité de comte de *Limbourg*; &c. 8°. Amélie-Alexandrine-Frédérique, comteffe douairière de Rechtern, née comteffe de *Limbourg*, &c. 9°. Chriftine-Caroline-Henriette, comteffe de Grœvenitz, née comteffe de *Limbourg*, &c. 10°. les deux filles de Frédéric-Ernefte, comte de Welz & de *Limbourg*; favoir, Marie-Frédérique-Amœne-Chriftine, Elifabeth-Eléonore, & Guillelmine-Caroline-Françoife. Enfuite les defcendans de Juliane-Dorothée, comteffe de *Limbourg*-Gaildorf; favoir, la famille de Solms-Rœdelheim, & celle de Saxe-Gotha-Rhoda, ont auffi part aux terres appartenantes à la maifon de *Limbourg*. Depuis la tranfaction, dont il s'agit, il eft furvenu beaucoup de

changemens relativement à ces allodiaux.

Les héritiers allodiaux de *Limbourg* ont, par rapport à ce comté, deux fuffrages à la diète, dans le college des comtes de Françonie. La maifon de *Limbourg* en obtint auffi deux en 1589, dans les affemblées circulaires; mais à condition que dans le cas où les deux lignes de Speckfeld & de Gaildorf viendroient à fe confondre; il n'y auroit plus qu'un fuffrage pour *Limbourg*; cependant le cercle confentit en 1721 d'en admettre toujours deux fous les noms de Speckfeld & de Gaildorf. Ce dernier fuffrage qui précède l'autre, eft partagé de manière que les trois quarts appartiennent à Brandebourg-Onolzbach, & le quart aux maifons de Solms-Rœdlheim & de Saxe-Gotha-Rhoda, comme defcendantes de Juliane-Dorothée, comteffe de *Limbourg*-Gaildorf. Le comté paie, pour un mois romain, 64 florins; favoir, *Limbourg*-Gaildorf, 20 fl. 20 kr. *Limbourg*-Speckfeld, 18 fl. 48 kr. & *Limbourg*-Southeim, 24 fl. 52 kr... Brandebourg-Onolzbach s'eft chargé de payer 7 fl. La contribution pour l'entretien de la chambre impériale (Onolzbach n'y contribue pas) eft de 21 rixdales 59 & demi kr. pour Speckfeld, & de la même fomme pour Gaildorf.

Je ne fache pas que les héritiers allodiaux aient encore fait de partage; on y travaille depuis quelques années. Leurs poffeffions comprennent:
I. La feigneurie de *Limbourg* proprement dite.
II. La feigneurie de Speckfeld.

LIMBOURG (comté de) différent de la feigneurie de ce nom. Le comté de *Limbourg* eft enclavé dans le comté de la Mark; il confine au Duché de Weftphalie, & il a environ cinq lieues de long fur quatre large. La plus grande partie confifte en montagnes fertiles & couvertes de beaux bois; on rencontre auffi de belles prairies, de bons pâturages & de bonnes terres labourables. Ce comté eft un fief de la Marck, dont voici l'origine. Après l'exécution du comte Frédéric d'Ifembourg, fon château d'Ifembourg fut démoli, & fon beau-frere, Henri duc de *Limbourg*, conftruifit pour fes deux fils Frédéric II & Thierry II, au bord de la Lenne, fur une haute montagne, un château qu'il nomma *Limbourg*, dont les defcendans du comte d'Ifembourg prirent le nom. Ce château donna auffi le nom au comté, & devint le chef-lieu. La généalogie des premiers comtes de *Limbourg* n'eft pas encore bien éclaircie. On fait cependant, par un diplôme de 1241, qu'en cette année Thierry, comte d'Ifembourg, offrit en fief fon château de *Limbourg* à Henri, duc de Berg, & le reprit de lui fous ce titre. On fait auffi que le comte Guillaume de *Limbourg* céda en 1442, en toute propriété, le comté de *Limbourg* à fon gendre Gumpert de Nüwenaer, & que l'empereur Frédéric III confirma cette ceffion, & y ajouta l'inveftiture de tout ce qui relevoit immédiatement de l'empire. Mais les deux freres Guillaume-Henri & Thierry de *Lim-*

bourg ayant dépoſſédé leur beau - frère à main armée, ils convinrent entr'eux qu'ils partageroient le château & le comté de *Limbourg* ; mais ce traité ne ſubſiſta pas long-temps. Il fut ſuivi d'un autre, en vertu duquel il fut ſtipulé que Jean comte de *Limbourg* épouſeroit Eliſabeth de Nüwenaer, & qu'il recevroit le comté de *Limbourg* à titre de dot ; & qu'en cas de mort ſans enfans, le comté retourneroit pour toujours au comte de Nüwenaer. Le comte Gumpert de Nüwenaer fut inveſti en 1546, du comté de *Limbourg* par Guillaume duc de *Limbourg*, &c. ; & il fut convenu en même - temps que ce comté pourroit tomber à ſes filles ; c'eſt de cette manière qu'il paſſa à Armand comte de Tecklenbourg, de Bentheim & de Steinfurt, qui avoit épouſé Magdelaine, fille du comte Gumpert. Le comte Maurice de Bentheim, Tecklenbourg, *Limbourg*, &c. affranchit du lien féodal, en 1669, le comté de *Limbourg*, moyennant une ſomme de 10,000 rixdales, qu'il paya au comte Palatin Philippe Guillaume, ſeigneur direct en ſa qualité de comte de Berg. Aujourd'hui *Limbourg* eſt ſous la protection de Clèves & de la Mark, & paie annuellement au roi de Pruſſe une ſomme de 3056 rixdales. Le titre du poſſeſſeur actuel eſt N. N., comte du S. empire romain, de Tecklenbourg, Bentheim, Steinfurt & *Limbourg*, ſeigneur de Rheda, Wevelinkhoven, Hoja, Bedbur & Helfonſtein, baron de Leunep, prévôt héréditaire de Cologne. *Voyez* les articles TECKLENBOURG & LA MARK.

LIMOSIN, province de France. *Voyez* dans le dictionnaire de géographie, l'époque de ſa réunion à la couronne

LINANGE, comté ſouverain d'Allemagne : il eſt ſitué ſur la rive du Rhin, dans l'ancien Worſingau ; il eſt enclavé preſque tout entier dans les terres du Palatinat ; il touche d'un côté à la ſeigneurie de Kirchheim & de Stauff, appartenant aux princes de Naſſau - Weilbourg, & aux territoires de Worms & de Spire. Son ſol eſt très-fertile, &c.

Le premier comte de *Linange* dont on ait quelques notions ſûres, eſt un Emic, qui vivoit au douzième ſiècle ; ſon ſucceſſeur du même nom, probablement ſon fils, prit dans une charte le titre de comte par la grace de Dieu : formule dont toute cette maiſon ne s'eſt plus ſervi juſqu'à ce jour. Au commencement du treizième ſiècle le comte Frédéric de *Linange* acquit par l'héritage de ſon frère Sigiſmond, ſeigneur d'Altorf, le comté de Dabo : Sigiſmond en étoit devenu poſſeſſeur par ſon mariage avec Gertrude, fille d'Albert, le dernier de ſes comtes. Mais Frédéric IV & ſon frère Godefroi firent entr'eux en 1317 & 1318, un partage des terres de *Linange*, qui donna naiſſance à deux maiſons diſtinctes ; ſavoir :

La branche aînée des comtes de *Linange*, à laquelle a ſuccédé la maiſon de Weſterbourg.

Cette branche tire ſon origine de Frédéric IV, qui fut fait landgrave : cette dignité donnoit alors rang de prince, & l'empereur Frédéric III la confirma au comte Heſſan, qui termina cette tige en 1467. Sa ſœur Marguerite, épouſe de René II, ſeigneur de Weſterbourg, ſuccéda en qualité de plus proche héritière à ſes domaines, la plupart allodiaux. Mais l'électeur Palatin & l'évêché de Worms en retirèrent les fiefs mâles, dont ils étoient Seigneurs directs, & le reſte lui fut diſputé par le comte Emic VII de la branche cadette d'Hartenbourg ; ne pouvant ſe défendre contre cet adverſaire, elle réclama la protection de l'électeur palatin qui la ſecourut, & à qui elle céda par reconnoiſſance une partie aſſez conſidérable de ſes allodiaux. Les prétentions des comtes d'Hartembourg reſtèrent aſſoupies de 1468 à 1608, époque où elles ſe renouvellèrent & occaſionnèrent un procès que les deux parties ſuivirent avec une égale vivacité, de 1618 à 1627, & qui fut repris en 1705.

La maiſon de Weſterbourg, héritière des biens & titres des anciens comtes de *Linange*, deſcend de Siffroid, ſeigneur de Runkel. Ses deux fils formèrent deux branches, l'une de Runkel, l'autre de Weſterbourg, mais en conſervant leurs biens indivis : cette communauté ayant bientôt produit des conteſtations, les deux branches ſe ſéparèrent en 1288. La cadette eut pour ſa part les terres de Runkel, & l'aînée Weſterbourg & Schadeck, auxquelles elle ajouta par un mariage, en 1290, la ſeigneurie de Schavenbourg ſur la Lœhn, avec une partie de Kleeberg & de Huttenberg ; & en 1467, les ſeigneuries appartenantes à la branche aînée de *Linange*, du chef de Marguerite, épouſe de René II. Ses trois fils Philippes, George & René IV, partagèrent le tout, enſorte que l'aîné eut *Linange*, le ſecond Schavenbourg & Kleeberg, le troiſième Weſterbourg & Schadeck, & les filles furent excluſes de la ſucceſſion par un traité ſolemnel ſigné en 1557. Les deux branches aînées s'éteignirent ſucceſſivement, & la cadette réunit de nouveau toute la maſſe : mais elle ſe diviſa, dès 1694, en deux lignes encore exiſtantes, & diſtinguées par les noms de Chriſtophe & de George, leurs auteurs, fils du comte George - Guillaume. La première a ſa réſidence ordinaire à Grumſtadt & l'autre à Weſterbourg, quoique ces deux villes ſoient indiviſes entr'elles, & que chacune y ait un ſiege.

Leur titre eſt : comte de *Linange*, Seigneur de Weſterbourg, de Grumſtadt, d'Oberbroun & de Forbach, état immédiat & libre (Semperfreye) du ſaint empire.

Ils ont enſemble une voix au college des comtes immédiats de la Wétéravie, & aux dietes du cercle du haut Rhin. Leur taxe matriculaire eſt de deux cavaliers & quatre fantaſſins, ou de 40 florins par mois, ſelon quelques-uns ; ſelon d'autres de 36 florins 26 kr. ſeulement ; outre 40 rixdales

34 trois quarts kr. par quartier pour l'entretien de la chambre impériale. Ils possèdent une partie du comté de *Linange*, & la seigneurie de Wester-bourg.

La maison cadette des comtes de *Linange*-Hartenbourg descend, comme nous l'avons dit, du comté Geoffroi ou Godefroi, dont l'arrière-petit-fils Emic VII forma des prétentions sur l'hé-ritage de la branche aînée à l'extinction de ses mâles, & s'en attribua dès-lors, comme tous les descendans, le titre de *Linange*-Dabo (Dachs-bourg). Ses arrières-petits-fils Jean-Philippe & Emic X furent les chefs des deux nouvelles bran-ches ; celle de *Linange*-Dabo-Hartenbourg & celle de *Linange*-Dabo-Heidesheim ou Falken-bourg. La première se divisa par les deux fils du comte Jean-Frédéric (Frédéric magnus & Char-les-Louis) en deux rameaux qui portent les noms de Durkeim & de Bockenheim, & la se-conde en trois par les trois fils du comte Emic XI, issus de deux mariages : savoir, George-Guillaume, qui forma celui de *Linange*-Dabo-Heydesheim, éteint en 1766, Emic-Christian celui de *Linange*-Dabo-Dabo, qui finit en 1708, dans la personne de son fils Charles-Frédéric ; & Jean-Louis celui de *Linange*-Guntersblum, qui existe encore. Le droit de primogéniture in-troduit dans cette maison, fut confirmé en 1728 par l'empereur Charles VI.

Son titre actuel est : comte de *Linange* & de Dabo, seigneur d'Aspremont, d'Oberstein, de Bruch, de Burgel, de Reipoltskirchem, &c.

Cette maison a une voix au college des comtes immédiats de la Wétéravie & aux diètes du cer-cle du haut-Rhin. Sa taxe matriculaire est de trois cavaliers & six fantassins ou de 72 florins par mois, selon quelques-uns ; selon d'autres de 59 florins 12 kr. seulement, répartis de façon que Hartenbourg en paye 30, Heydesheim 12, & Guntersblum 17 & les 12 kr. : son contingent pour l'entretien de la chambre impériale est de 12 rixdales 7 & demi kr.

LINDAU, ville impériale d'Allemagne au cercle de Suabe : d'anciennes chartes la nomment Lintonna, Lindaugia, Lindowe ; d'autres Phy-lyræa, d'un nom grec, qui signifie un tilleul, en allemand Linde. Elle est bâtie sur une isle du lac de Constance, qui est jointe au continent par un pont. Un bras du lac coupe l'emplacement de la cité du reste de cette isle, & en forme ainsi une autre isle entourée de murailles & chargée de vignobles & de jardins. Cette situation a fait donner à la ville de *Lindau* le nom de *Venise de la Suabe*. La magistrature composée du conseil secret & du grand sénat, professe la religion luthérienne, ainsi que la plupart des bourgeois. Il est fait mention de cette ville sous le nom de *Curtis-Lintowa* dans deux chartes datées du temps des Carlovingiens. En 948 elle fut réduite en cendres par Hermann, duc de Suabe, & un

grand nombre de ses habitans retournèrent sur la terre ferme, à Eschach, qui par cette nouvelle colonie, prit la face d'une ville : mais ayant été dévastée par le feu, dans le onzième siècle, les émigrans firent une convention avec leur sei-gneur, le comte Hugues de Bregenz ; & étant rentrés dans l'isle, ils y rebâtirent la ville de *Lindau*, qui, en 1264 & 1347, essuya de nou-veaux incendies. Il paroît par les privilèges que lui accorda le roi Rodolphe, en 1275, que cette ville étoit libre & immédiate assez long-temps avant cette époque. Les empereurs Charles IV & Wenceslas se sont engagés à la maintenir dans sa dépendance immédiate de l'empire. Elle se ra-cheta pour toujours en 1396, de l'office de la prévôté impériale, & elle acquit le droit de l'exercer elle-même. Elle occupe à la diète la quinzième place parmi les villes impériales de Suabe, & la douzième dans les assemblées du cercle. Sa taxe matriculaire, jadis de 196 fl. fut réduite en 1683, à 90 fl. qui en 1728, furent portés à 130. Cette ville a été jusqu'à la fin du quinzième siècle, une des sieges du présidial de Suabe, lequel fut transféré à Altorf, qui lui paye annuellement une redevance de deux muids de vin. En 1496, il se tint à *Lindau* une diète, qui établit le règlement de la chambre impériale de justice.

LINDAU, abbaye princière d'Allemagne au cercle de Suabe ; elle est située dans la ville de Lindau, dont nous avons parlé à l'article précé-dent : c'est un chapitre séculier & immédiat de l'empire ; le nombre des chanoinesses, qui tou-tes doivent être nobles, est fixé à douze : elles ont la permission de se marier. Leur abbesse a depuis le règne de Frédéric III, le rang de prin-cesse. Son titre est : N. par la grace de Dieu, abbesse du chapitre princier, immédiat & sécu-lier de Notre-Dame à *Lindau*. L'abbaye n'entre pas à la diète de l'empire ; mais, depuis l'année 1642, elle siege aux assemblées des états du cer-cle de Suabe, sur le banc des princes séculiers, entre Hohenzollern Sigmaringen, & l'abbaye de Buchau, avec laquelle, depuis la convention de 1697, elle observe l'alternative du rang. L'ab-baye de Salmansweiler dispute, en son propre nom & en celui des autres prélats, le pas à ces abbayes, dans les diètes & les autres assemblées : toutes trois protestent contre ces oppositions. La taxe de cette abbaye étoit autrefois de cinq fantassins ou 20 florins par mois ; on l'a diminuée de treize florins depuis 1682, & aujourd'hui elle ne paye plus que 7 florins d'empire, outre 50 rixdales 64 k. pour l'entretien de la chambre im-périale.

L'origine précise de cette abbaye n'est pas encore bien constatée. On dit que dès le neu-vième siècle on bâtit un couvent à la même place, & dans la même isle du lac de Constance, où se trouvent aujourd'hui la ville & l'abbaye de *Lindau*; mais

mais cette assertion n'est pas prouvée : l'opinion qui a prévalu & qui est la plus vraisemblable, est celle de Conring ; il assure que l'abbaye de Lindau a commencé d'abord par le couvent de Wasserbourg, d'où, pour plus de sûreté, elle a été transférée dans l'isle, au commencement du dixième siècle ; & qu'alors ce monastère fut joint à la ville. Au commencement du dix-septième siècle l'abbaye a voulu produire une charte de l'empereur Louis, de l'année 866, de laquelle il résulte que le comte Adelberg de Rohrbach, son fondateur, lui avoit fait donation de tous les environs du district, où la ville de Lindau est située, & que cet empereur avoit confirmé la donation à l'abbaye, avec la dignité princière ; mais la fausseté de ce titre, a été prouvée par un grand nombre de savans, catholiques & protestans.

Cette abbaye n'a point de territoire propre. Ses possessions sont des domaines isolés, qui se trouvent en grande partie sous la jurisdiction de la ville impériale de Lindau, & ses sujets étant contribuables de plusieurs autres seigneurs, elle ne peut mettre aucun impôt sur eux. Elle tire des rentes de beaucoup de maisons & biens-fonds, dont le terrein lui appartient dans la ville de Lindau & ses environs ; chaque nouvelle abbesse peut faire grace au premier criminel condamné à mort par les juges de Lindau ; mais elle n'exerce ce droit qu'une fois en sa vie ; & elle est obligée de se faire recevoir bourgeoise de la ville & d'accorder au magistrat le droit de tocsin (Sturmschllag) sur le clocher de son abbaye. La maison d'Autriche s'attribue le droit de protection sur cette abbaye, qui annuellement livre à la préfecture un muid de vin, par forme de redevance, & on l'appelle le vin de protection.

LINGEN, comté libre d'Allemagne, mais qui n'est assujetti à aucune des charges de l'empire. Ce comté est assez bien représenté sur les cartes de l'évêché de Munster, qui lui sert de limites avec celui d'Osnabruck & une partie du comté de Tecklenburg. Son sol est médiocre presque par-tout ; on y trouve des mines de charbon de terre.

La religion réformée est la dominante, mais la plupart des habitans de la campagne sont catholiques, parce qu'au temps de la réformation le comte Conrad, qui l'avoit embrassée, fut obligé d'abandonner cette partie de ses états à des seigneur catholiques & même aux Espagnols. Les églises furent rendues aux réformés sous le gouvernement de la maison de Nassau-Orange, & les catholiques obligés d'aller à la messe chez leurs voisins ; le roi de Prusse, Frédéric-Guillaume, leur accorda, en 1717, une sorte de liberté de culte dans le pays même, à charge par eux de payer les droits d'étole aux ecclésiastiques réformés. Il n'y a que très-peu de Luthériens.

Le comté de Lingen, tel qu'il est aujourd'hui, formoit jadis un bailliage dépendant du comté de

Tecklenburg, dont les comtes le séparoient souvent pour le donner à leurs freres cadets à titre de seigneurie. C'est ainsi que Nicolas IV, comte appanagé de Tecklenburg, l'avoit obtenu & le possédoit en 1541, lorsqu'il mourut sans postérité ; il le transmit au fils de son frère aîné, le comte Conrad. Celui-ci ayant accédé à la ligue de Smalkalden, fut mis au ban de l'empire, par l'empereur Charles V, & l'exécution de la sentence confiée au comte Maximilien de Buren, qui, ayant surpris deux fois le malheureux Conrad, l'obligea de payer une somme de 25 mille rixdales, & d'abandonner quatre paroisses du comté de Tecklenburg, avec ses prétentions sur l'évêché de Munster, jointes à la terre de *Lingen* : l'empereur investit, en 1548, le comte de Buren du comté de *Lingen*, sous le titre de comté libre & dégagé de toute espèce de charge de l'empire. Le comte de Buren mourut peu de temps après, & il ne laissa pour héritière qu'une fille nommée Anne, qui épousa dans la suite Guillaume Iᵉʳ, prince de Nassau-Orange, & dont les tuteurs rendirent le comté de *Lingen* à Charles V, qui le transmit, en 1555, avec ses états de Bourgogne à son fils Philippe II, roi d'Espagne. Ce prince, malgré les remontrances & les plaintes de la maison de Tecklenburg, le garda jusqu'en 1597, que Maurice, prince d'Orange, s'en empara, d'après la donation que le roi Philippe en avoit faite à son père Guillaume Iᵉʳ, dès l'an 1578. Les espagnols y rentrèrent de nouveau ; ils le gardèrent depuis 1605 à 1632, & à cette dernière époque, ils le rendirent enfin à la maison de Nassau-Orange, qui le conserva jusqu'à la mort de Guillaume III. Le roi de Prusse en prit alors possession & le réincorpora au comté de Tecklenburg. Les françois s'y établirent en 1757, mais ce ne fut que pour peu de temps.

L'empereur Charles V l'exempta de toutes les impositions de l'empire & de sa jurisdiction ; & il jouit encore de cette exemption. Ce comté & celui de Tecklenburg ont une régence commune, qui connoît des affaires territoriales & ecclésiastiques de tous deux, & des causes civiles de celui de *Lingen* en particulier ; celui-ci ressortit d'ailleurs, en matière de police, de guerre & de finances, à la chambre des guerres & des domaines de Minden, dont il y a une subdélégation à *Lingen*.

Les revenus royaux provenans des biens domaniaux, contributions & assises du pays, sont évalués à environ 80 mille florins.

LITTORALE. *Voyez* FRIOUL AUTRICHIEN.

LITHUANIE ; (grand duché de) il est réuni à la Pologne. La *Lithuanie* (nommée *Litwa* dans la langue du pays) fut peu cultivée & pleine de forêts jusqu'au règne de Sigismond premier. Sous ce prince & ses successeurs, les forêts s'éclaircirent insensiblement, & la terre fut cultivée avec plus de soin.

Productions. Le pays offre beaucoup de po-

R

taffe & de bled, & en particulier du bled farrafin. Avec la grande quantité de miel qu'il produit, on y fait diverfes boiffons fort agréables, entre autres de l'hydromel. Il offre de plus d'excellens pâturages, ce qui rend l'entretien du bétail utile, ainfi que celui des brebis dont la laine eft très-fine. L'activité des habitans ne répond pas à la bonté du terroir. Les meilleures terres reftent en friche, le foin fe gâte fur fes belles prairies, & les forêts font gardées avec fi peu de foin, qu'elles fe-confument par les flammes. Toutes les denrées font à fort bon marché; mais les habitans manquent d'argent, & l'intérêt y eft à 10 pour cent.

La religion dominante eft la catholique romaine; mais on y trouve beaucoup de luthériens, de réformés, de juifs, de turcs, de fociniens: de tous les diffidens, les grecs jouiffent des plus grands avantages.

Précis de l'hiftoire politique. L'hiftoire ancienne de *Lithuanie* eft obfcure, incertaine & fabuleufe. Elle a eu fes ducs particuliers qui ont eu de fréquentes guerres à foûtenir contre leurs voifins les polonois & les ruffes. Ruigold, qui vivoit dans le treizième fiècle, prit le premier le titre de grand duc; cette ancienne race ducale s'éteignit à la mort de Volftinik. Vers la fin du treizième fiècle, Viténès, originaire de Samogitie, fut revêtu de la dignité de grand-duc; Jagellon fon petit-fils, offrit fa main à Hedwige, fille unique de Louis, roi de Pologne & de Hongrie, qui étoit déjà couronnée reine, & il s'engagea en même-temps à embraffer le chriftianifme avec tout fon peuple, à réunir la *Lithuanie* à la Pologne, & à reconquérir les provinces démembrées de la couronne. Cette offre plut aux polonois, qui envoyèrent une ambaffade folemnelle au grand-duc. Jagellon vint effectivement à Cracovie en 1386, fut baptifé & nommé *Uladiflas*; & après la célébration de fon mariage avec Hedwige, il fut également couronné roi. L'année fuivante, ce prince retourna en *Lithuanie*, y abolit les anciennes fuperftitions, convertit plufieurs milliers de fes fujets à la religion chrétienne, fonda l'évêché de Vilna, & introduifit les cérémonies eccléfiaftiques. En 1392, il nomma grand-duc de *Lithuanie* fon coufin Alexandre ou Vitold; mais il confirma la réunion de cette province à la Pologne; & il s'en réferva la fouveraineté. En 1401, cette réunion fut ratifiée par un acte formel, dreffé dans une diète provinciale à Vilna. En 1408, le grand-duc enleva la Samogitie à l'ordre teutonique. Une autre diète provinciale tenue en 1417, dans la petite ville de Hrodlo, déclare les Lithuaniens égaux aux Polonois à l'égard des charges & des loix; une multitude de familles lithuaniennes fe mêlèrent aux familles polonoifes; enfin les armes des deux nations furent réunies: elle déclara de plus que les lithuaniens recevroient leur grand-duc de la main du roi de Pologne, & que ce dernier venant à mourir fans

enfans ni defcendans habiles à lui fuccéder, les polonois éliroient un nouveau roi conjointement avec les lithuaniens. La Samogitie ayant embraffé le Chriftianifme, on y fonda une évêché & quelques autres dignités eccléfiaftiques. L'alliance conclue en 1413 fut renouvellée en 1499, & on y ajouta, par forme d'éclairciffement, que les lithuaniens n'éliroient point leur grand duc fans l'agrément des polonois, ni les polonois leur roi fans le concours des lithuaniens. En 1561, les chevaliers Porte-glaives fe foumirent, eux & la partie de la Livonie qu'ils confervoient, à la domination du roi de Pologne, comme grand-duc de *Lithuanie*, & le nouveau duc de Courlande devint feudataire de la *Lithuanie*. En 1569, les polonois & les lithuaniens tinrent à Lublin une diète, où le grand-duché fut réuni au royaume de Pologne, de manière qu'ils ne firent plus enfemble qu'un même corps, foumis à un feul prince éligible par les deux nations. On y convint auffi qu'une diète feroit toujours tenue à Varfovie; que les deux peuples auroient le même confeil, la même chambre pour leurs nonces ou députés; que leurs monnoies feroient au même titre; qu'enfin les alliances, les troupes auxiliaires, &c. feroient communes entre eux. On affigna aux fénateurs & aux nonces de *Lithuanie* leurs places parmi les états de Pologne; & la Livonie, regardée jufqu'alors par les lithuaniens comme un domaine qui leur appartenoit exclufivement, fut réunie au nouveau royaume. Dans les loix de 1673, 1677 & 1685, il fut réglé que la troifième diète fe tiendroit toujours à Grodno: on excepta cependant de cette règle les diètes de convocation, d'élection & de couronnement. On a tenu en effet des diètes à Grodno jufqu'au règne actuel, fous lequel elles fe font conftamment affemblées à Varfovie. Les lithuaniens ont donné un confentement tacite à cette innovation, à caufe de l'éloignement où eft Grodno de la réfidence du roi, & des troubles dont le royaume a été prefque toujours agité. En 1697, les loix polonoifes & lithuaniennes reçurent une force & une autorité égale.

Avant le partage de la Pologne, la *Lithuanie* moderne étoit divifée en neuf Palatinats. Les voici felon leur ordre: Wilna, Trotzki, Polotzk, Nowogrodek, Witepsk, Brfesk, Mftfchiflawsk, Minsk & Livonie. Les deux premiers compofoient la *Lithuanie* proprement dite (*Litwa fama*), & les fix autres la Ruffie lithuanienne (*Rus litewska*). Celle-ci fe fubdivifoit en trois parties; favoir, en Ruffie blanche (*Rus biala*), qui comprenoit les Palatinats de Polotzk, de Witebsk, de Mftfchiflawsk & de Minsk; 2°. en Ruffie noire (*Rutfcharna*) qui comprenoit le Palatinat de Nowogrodetfchik & les diftricts de Rfetsch & de Mofirski; 3°. la Polérie, qui comprenoit le Palatinat de Brfeski. On pouvoit joindre à ces Palatinats la principauté de Samogitie (en polonois *Smnids* ou *Kfieftwo Smudeski*); &

le duché de Courlande, fief relevant de la Pologne. Chaque Palatinat étoit divisé en diſtricts (powiaty) ; outre une certaine portion de pays qui compoſe le Palatinat proprement dit, & qui eſt ordinairement ſitué aux environs de la ville principale, il y a en *Lithuanie* des principautés particulières, qui ſont gouvernées par leurs propres princes: telles ſont Sluck, Niewitſch, &c.

Le Palatinat de la Livonie (*Woiewodſtwo Inflantskie*) eſt une partie de la Livonie. Il eſt auſſi appellé le *Palatinat de Wenden* ; & dans le diſcours ordinaire, *la Livonie polonoiſe.* La Pologne, en cédant la Livonie à la Suède par la paix d'Oliva, ſe réſerva ce Palatinat qu'elle poſſédoit déja en 1655. Il y avoit avant la dernière révolution un évêque, un palatin & un caſtellan, & il appartenoit en même-temps à la Pologne & à la Lithuanie. Il envoyoit à la diète ſix nonces; ſavoir, deux polonois, deux lithuaniens & deux livoniens. Il conſiſtoit dans les diſtricts de Dunebourg, Roſitten, Lutzen & Pluſin. Ses principaux endroits ſont Marienhans, Lutzen, Roſitten, Dunabourg & Kreuzbourg. C'eſt à Dunabourg que ſe tenoit la diète & le tribunal provincial, dont on n'appelloit qu'au grand tribunal de la couronne. Mais la Ruſſie a acquis ce Palatinat de Livonie, lors du démembrement de la Pologne, ainſi que nous le dirons à l'article POLOGNE.

La Samogitie (*Samogitia*), en polonois *Smuids* ou *Kſieſtwo Smudskie*, eſt un duché qui appartient depuis long-temps à la *Lithuanie* ; il avoit autrefois ſon duc particulier. On l'abandonna à l'ordre teutonique en 1404; quatre années après on le reprit à cet ordre, & on lui promit, en 1411, qu'il lui reviendroit après la mort du roi Uladiſlas Jagellon & du grand-duc Alexandre. La religion chretienne fut introduite en Samogitie vers l'année 1431, & on y fonda un évêché. Quoique le pays ſoit couvert de forêts, il offre cependant beaucoup de terres fertiles, & produit une quantité conſidérable de miel. On trouve en Samogitie un évêque, un grand-ſtaroſte qui a l'autorité d'un palatin, & un caſtellan; tous les trois ont ſéance au ſénat de la république, & peuvent à leur gré convoquer des diètes. La Samogitie eſt diviſée en vingt-cinq diſtricts. Ces vingt-cinq diſtricts dépendent tous enſemble de la Staroſtie ou Grod de Roſien. C'eſt auſſi dans cette ville que ſe tiennent les diètes pour l'élection de deux nonces.

Voyez l'article POLOGNE qui eſt fort étendu.

LIVONIE & ESTHONIE (duchés de). Ce pays eſt ſitué entre la Courlande, la mer Baltique, le golfe de Finlande, l'Ingermanie, la Ruſſe & la Pologne. Sa grandeur du nord au ſud eſt de 45 à 50 milles, & de l'oueſt à l'eſt de 35 à 40 milles, non compris les iſles.

Précis de l'hiſtoire politique de ces duchés. L'hiſtoire ancienne d'*Eſthonie* & de *Livonie* eſt auſſi obſcure qu'incertaine. Le paganiſme y régnoit au douzième ſiècle. Voici comment la religion chrétienne pénétra dans ces contrées. Quelques marchands de Breme navigeoient, en 1158, vers Wisby dans l'iſle de Gothland : une tempête les jetta ſur les côtes de *Livonie* ; ils abordèrent à l'endroit où la Duna ſe jette dans la mer Baltique, & où les habitans portoient le nom de *livoniens.* Ces marchands furent d'abord attaqués, mais ils finirent par ſe lier avec les naturels ; ce qui attira ſucceſſivement un plus grand nombre de bremois, auxquels les indigènes permirent d'avancer ſur la Duna juſqu'à une diſtance de ſix milles, & d'y dreſſer des baraques. Dans la ſuite, les bremois bâtirent ſur une montagne une maiſon pour l'entrepôt de leurs marchandiſes : les livoniens appellèrent cette maiſon *Ykeskola*, c'eſt-à-dire, école ou couvent, & ſon nom moderne eſt *Uxkül.*

Le nombre des allemands s'accrut ; ils amenèrent avec eux en 1186 un prédicateur, nommé *Meinhard*, de l'ordre de S. Auguſtin & du couvent de Segebert en Wagrie : ce moine apprit la langue du pays, & engagea quelques habitans à recevoir le baptême. Uxkül devint peu à peu un bourg, & on bâtit enſuite le château de Dalen. Meinhard établit dans le premier endroit une égliſe & un couvent d'Auguſtins, devint évêque & transféra ſon ſiège à Kerkholm ou Kirchholm. Depuis ce temps, une multitude de familles allemandes s'y fixèrent. Ce fut à la même époque, c'eſt-à-dire en 1196, que le roi de Danemarck Canut VI fit une expédition en Eſthonie, s'empara de cette province, y introduiſit la religion chrétienne, & y établit des égliſes & des prêtres. Pour conquérir la *Livonie* & pour s'y maintenir, l'évêque Albert fonda en 1201 les chevaliers de Chriſt, auxquels le pape Innocent III donna la règle des Templiers, & une marque qui étoit une épée & une croix attachée ſur leur habit ; il leur enjoignit l'obéiſſance envers l'évêque de Riga. En 1206, Albert céda à ces chevaliers la troiſième partie de la *Livonie*, avec tous les droits de ſupériorité ; le pape confirma cette ceſſion en 1210, & exempta les chevaliers de la dixme & de toute autre eſpèce de contributions. Le premier maître de l'ordre fut Winno, lequel ordonna qu'à l'avenir tous ceux qui y entreroient, ſeroient obligés de prendre le nom de *chevaliers porte-glaives.* Ils furent réunis ſolemnellement à l'ordre teutonique en 1237 ; ils portoient des manteaux blancs avec des croix noires ; & c'eſt-là ce qui les fit appeller *frères de la croix*, nom qu'ils changèrent en 1381 en celui de chevaliers de la croix.

En 1346, le roi de Danemarck Waldemar III abandonna à perpétuité l'Eſthonie à l'ordre, pour une ſomme de 80,000 marcs d'argent pur. En 1521, le grand-maître Walther de Plettenberg acheta du grand-maître de l'ordre teutonique en Pruſſe la juriſdiction ſouveraine en *Livonie*, & fut par-là délié, ainſi que les états de *Livonie*, du ferment qu'il avoit prêté au grand-maître de l'ordre teutonique ; & peu de temps après, l'empereur Charles-Quint l'admit au nombre des princes de l'Empire, ce qui procura aux livoniens la liberté d'appeller des jugemens prononcés par leurs tribunaux à la chambre impériale qui siégeoit alors à Spire. Ce fut vers cette époque que le luthéranisme commença à s'introduire dans le pays.

Le czar Yvan Wasiliewicz y fit une invasion, & tâcha de le foumettre vers le milieu du feizième fiècle ; les troubles que ce prince caufa, engegèrent la ville de Revel & l'Efthonie à fe mettre fous la protection des fuédois : c'eft-là l'origine des prétentions que cette couronne forme fur la *Livonie* & des prérogatives de l'Efthonie, préférablement à la *Livonie*. Le grand-maître Gotthard Kettler céda la *Livonie* au roi de Pologne comme grand-duc de Lithuanie, réfigna folemnellement fon titre de grand-maître, & devint en 1561 premier duc de Courlande, après avoir prêté foi & hommage à la Pologne. Les polonois prirent poffeffion de Riga & de la tonie. De tels événemens firent de ce pays une pomme de difcorde, pour laquelle la Ruffie, la Pologne & la Suède verfèrent beaucoup de fang l'efpce d'environ un fiècle, c'eft-à-dire, depuis 1561 jufqu'en 1660, époque du traité d'Oliva. Par ce traité, la *Livonie* fut abandonnée à la couronne de Suède, & la Düna fut affignée comme limite entre les poffeffions fuédoifes & polonoifes. La paix de Nyftadt, conclue en 1721, fit paffer ce pays fous la domination ruffe. Voici le contenu de l'article quatrième : « la Suède abandonne pour toujours à l'empire de Ruffie les » provinces de *Livonie*, d'Efthonie, d'Ingerma-» nie & une partie de la Carélie, outre le diftrict » du fief de Wibourg, avec les villes & forte-» reffes de Riga, Dünamünde, Pernau, Revel, » Dorpat, Narva, Wibourg, Kexholm & au-» tres villes, forterreffes, ports, places fortes, » diftricts & rivages appartenans auxdites pro-» vinces, ainfi que le ifles d'Oëfel, de Dagoë & » de Mon, & toutes autres fituées depuis les » frontières de la Courlande, le long des rivages » de la *Livonie*, de l'Efthonie & de l'Ingerma-» nie, au bord orie tal de Revel, dans le paffage » de Wibourg, ainfi & de même qu'elles étoient » poffédées par la couronne de Suède. » Par les articles 9 & 10, fa majefté czarienne promet de maintenir tous les habitans des provinces de *Livonie*, d'Efthonie & de l'ifle d'Oëfel, tant les nobles que les bourgeois, ainfi que les villes, magiftrats, communes, tribus, &c. dans les droits, privilèges, us & coutumes, dont ils jouiffoient fous la domination fuédoife ; d'y conferver la liberté de confcience, & de laiffer la religion proteftante & ce qui en dépend, fur l'ancien pied ; avec cette réferve feulement que les grecs auront également l'exercice libre de leur religion. La Suède tâcha, à la vérité, en 1741 de recouvrer

quelques parties de ces provinces ; mais loin d'y réuffir, elle perdit encore une portion de la Finlande ; & par le traité d'Abo, en 1743, la Ruffie fut maintenue dans la poffeffion de toutes ces conquêtes, & de quelques diftricts de la Finlande.

Culture, productions. Le fol y eft d'une bonté médiocre. Il feroit facile de deffécher les marais qui font en grand nombre, & de les convertir en terres labourables ; mais comme on néglige prefque entièrement cette reffource ; ils occupent, pour ainfi dire, la moitié des deux duchés. On peut dire la même chofe des prés, qui ne produifent que du mauvais foin & en petite quantité. Sur le peu de prairies d'un terroir fec, on laiffe croître du bois ou des brouffailles, du bois d'aulne & de bouleau que l'on coupe enfuite. On conduit fur celles qu'on laboure, du bois de pin ou de fapin, ou bien même des brouffailles ; dont on fait des tas par rangées ; on les couvre de tourbes & on les réduit en cendres. Les terres ainfi brûlées rapportent, la première année, du froment ou de l'excellente orge ; la feconde année, du feigle affez bon, & la troifième de la bonne avoine.

Il y a des diftricts qui font encore fertiles à la quatrième année, & les meilleurs produifent jufqu'à la cinquième ; mais il faut avoir foin d'y femer des grains de moindre qualité : cette préparation ruine la terre pour quinze ou vingt ans. Lorfqu'on ne la brûle pas, & que l'on fe contente d'y mettre du fumier, ils rapportent davantage ; & fi on y remue fimplement le fol avec la charrue & la herfe, on en fait d'excellentes prairies. On y plante peu de légumes. L'agriculture pourroit être améliorée & devenir plus utile ; les mauvaifes années, les temps de guerre ont toujours été fuivis de la famine. Dans les années fertiles, on exporte beaucoup d'orge & de feigle. On commence d'abord par fécher ces deux efpèces de grains ; ce qui change l'orge en malt, & rend le feigle plus propre à être confervé ; car on peut alors le garder vingt années & même au-delà. On s'applique peu à la culture du houblon, enforte qu'on eft obligé de s'en pourvoir chez l'étranger. Les habitans de l'Efthonie ne cultivent que la quantité de lin & de chnvre néceffaire à leur confommation.

En hiver, les traîneaux facilitent finguliérement le commerce intérieur & le commerce extérieur avec la Ruffie, la Lithuanie & la Pologne.

Population. Autrefois on rencontroit beaucoup de villes & de bourgs en *Livonie* ; mais la plupart ont été détruits par les fréquentes guerres que ce pays a effuyées, & l'on en voit à peine encore quelques traces. On n'en compte aujourd'hui que neuf dans les deux duchés. Le plat pays offre à peine une maifon noble médiocrement bâtie. Les villages font compofés de maifons ifolées, à une certaine diftance les unes des autres.

Le pays pourroit nourrir beaucoup plus de

monde; la guerre, la peste & la famine y ont causé des ravages effrayans. Le nombre des habitans peut être calculé d'après les exemples suivans. La valeur des biens est estimée suivant le nombre de ce qu'on appelle *hake* (certaine portion de terre), c'est-à-dire, suivant le nombre des mâles propres au travail, depuis l'âge de quinze ans jusqu'à cinquante. D'après les calculs que nous avons sous les yeux, il doit y avoir dans les deux duchés 16,000 hakes. En *Livonie*, on compte dix paysans pour un hake; & comme il y a environ 5000 hakes, le total des paysans peut monter à 50,000; ce qui fait une population bien foible, eu égard à la grandeur du pays. Outre les allemands & un petit nombre de suédois, ces deux duchés sont habités par des lettoniens & des esthoniens; & malgré la différence de leur origine, ces peuples ont à-peu-près les mêmes mœurs & les mêmes usages.

Paysans & nobles. Tous les sujets sont serfs, & leur servitude approche de celle des esclaves romains. Leurs maîtres ne leur doivent, & en général ils ne leur laissent rien au-delà de ce qui est absolument nécessaire pour leur subsistance; ils peuvent les vendre ou les échanger suivant leur bon plaisir, les séparer de leurs enfans, & exercer sur eux les droits les plus tyranniques; mais ils n'ont pas celui de les punir de mort, parce que la noblesse a cessé, sous la domination suédoise, d'exercer la jurisdiction criminelle. La misère des paysans est extrême, & ils souffrent beaucoup de la faim depuis le printemps jusqu'à la récolte. Les paysans lettoniens font un peu moins malheureux que les paysans esthoniens. On trouve beaucoup de russes dans ces duchés.

La noblesse qui est nombreuse, est presque toute originaire d'Allemagne, & particulièrement de la Thuringe, de la Westphalie, de la Poméranie, de Mecklenbourg, & d'autres contrées du cercle de la basse-Saxe. On y rencontre aussi des familles danoises, suédoises, & polonoises. On distingue les familles qui se sont établies lors de l'arrivée des chevaliers porte-glaive, de celles qui sont venues après eux. La matricule de *Livonie*, dressée en 1747, en compte cinquante-deux. En général, cette matricule renferme cent soixante-onze familles.

Dans le temps que ces duchés appartenoient à la Pologne, l'indigenat ne fut accordé qu'à très-peu de familles étrangères: on l'accorda plus facilement sous la domination suédoise, & on est devenu plus facile encore sous le gouvernement russe. On trouve peu de barons & de comtes, & le surplus de la noblesse jouit des mêmes droits qu'eux. L'Esthonie & l'isle d'Oesel ont leur noblesse particulière, ainsi que leurs états & leur banc de noblesse. Mais, d'après un arrangement fait entre la noblesse des deux duchés, les familles de l'un jouissent de l'indigenat dans l'autre, sans avoir besoin d'une concession particu-

lière. Les nobles se sont presque toujours voués au métier des armes; ceux qui n'ont aucun penchant pour cet état, vivent à la campagne, d'autres leurs études pour se rendre propres à exercer les emplois civils du pays: ces emplois ne sont donnés qu'aux indigenes. Les privilèges & les capitulations stipulent aussi que la noblesse des deux duchés aura toujours un droit de préférence sur les charges dépendantes de la cour impériale.

Etats de la noblesse. Les privilèges de la noblesse ne se sont pas affoiblis sous la domination russe; ils ont au contraire été confirmés, & les domaines que le gouvernement suédois lui a enlevés, lui ont été rendus. La noblesse d'Esthonie forme une diète tous les trois ans à Revel, après en avoir averti le gouverneur général, & à son défaut le gouverneur en second, lequel en annonce la tenue par des lettres. L'assemblée est ouverte par l'élection d'un capitaine de la noblesse, qui répond au maréchal provincial, & qui, à la fin de son exercice, doit obtenir la première charge de conseiller provincial. On délibère à cette diète sur tous les objets qui concernent l'avantage du pays & les prérogatives & libertés de la noblesse: on y nomme une députation, à laquelle sont joints les conseillers provinciaux, convoqués par le capitaine de la noblesse; il les convoque toutes les fois qu'il survient des matières importantes, & qui exigent une délibération commune. Les diètes de *Livonie* ressemblent en tout à celles d'Esthonie, si ce n'est que dans celles-là le capitaine de la noblesse est appelé *maréchal provincial.*

Entr'autres objets, on y est occupé du maintien des privilèges & de l'administration de la caisse de la noblesse. Après l'élection du maréchal provincial, qui a rang de colonel, on procède à celle des conseillers provinciaux, s'il y a des places vacantes. Ceux-ci ont rang de lieutenant colonel; & les deux candidats, à qui la noblesse a donné le plus de suffrages, sont présentés au gouverneur général pour être confirmés, & cette confirmation se fait en faveur de celui qui réunit le plus de voix. Le magistrat de Riga a le droit d'envoyer deux députés à la diète de Riga, pour voter sur les biens patrimoniaux de la ville, ou lorsqu'il s'agit de concessions pécuniaires: cet usage existe depuis le temps des chevaliers porte-glaives.

Outre la diète, on trouve à Riga un conseil provincial qui change tous les mois, & délibère avec le gouvernement impérial sur les moyens les plus faciles d'exécuter les ordres de la Russie. Ce tribunal, ainsi que le maréchal provincial, est particulièrement chargé de veiller au maintien des privilèges du pays, & il a en même temps l'inspection des postes.

Les ports établis le long de la mer Baltique, les fleuves navigables & le lac de Peipus sont aussi avantageux pour le commerce en été que les traîneaux le font en hiver. Les villes de Riga, de Revel & de Narwa font un commerce considérable, & celui de Pernau est bon ; mais il pourroit être d'un plus grand produit, & enrichir davantage le pays.

Commerce. Le petit nombre de villes cause beaucoup de préjudice au commerce intérieur. Lorsque le paysan est obligé de conduire ses denrées à dix, vingt & même trente milles d'Allemagne jusqu'à une ville maritime, les frais du charoi en absorbent le produit. A l'égard du commerce extérieur, si l'année est bonne & si l'exportation des bleds n'est point défendue, les habitans vendent au dehors plusieurs milliers de lasts d'orge & de seigle, ainsi que de l'eau-de-vie & du gros bétail, objets principaux de leur exportation : celle du lin, du chanvre, de la graine de lin & de chanvre, de la cire, du miel & des planches est moins importante. La ville de Riga exporte aussi des marchandises qui lui viennent par la Düna, de la province de Welikoluk, dans le gouvernement de Nowogorod, d'une partie du grand-duché de Lithuanie, de la *Livonie* polonoise & de la Courlande ; elle exporte en particulier trois fois plus de bled qu'il n'en croît en *Livonie*. L'exportation des productions du pays & l'importation des marchandises & denrées étrangères se font par les seuls vaisseaux étrangers.

Religion & régime ecclésiastique. Les habitans professent presque tous la religion évangélique luthérienne ; les réformés & les russes exercent aussi librement la leur.

En Esthonie, les curés & la cathédrale de Revel, dépendent de la noblesse. Il n'y en a que quarante dans tout ce duché, d'où l'on peut juger de l'étendue des paroisses. Elles sont distribuées en prévôtés, & cette distribution est la même que celle des cercles. Le consistoire de la noblesse est composé d'un président (qui est conseiller provincial), des prévôts, des ministres de la cathédrale de Revel, & de quelques autres assesseurs. Outre ce tribunal, il y a pour les affaires ecclésiastiques le conseil suprême des appels, dans lequel siègent, sous la présidence du gouverneur, quelques ecclésiastiques & quelques conseillers provinciaux & autres membres de la noblesse. En *Livonie*, ou dans le gouvernement général de Riga, on compte cent vingt curés ou pasteurs, qui dépendent aussi de la noblesse. Ils sont tous sous la direction d'un surintendant qui siège à Riga, que la noblesse présente, & que le souverain confirme ; il n'a l'administration particulière d'aucune communauté. Le consistoire suprême, dont le président est conseiller provincial, siège également à Riga. Dans les affaires mixtes, on peut appeller de ce tribunal au conseil aulique de l'empereur ; & dans les affaires purement ecclésiastiques, l'appel doit être porté au collège de justice de Saint-Pétersbourg. Chaque cercle a un conseiller provincial, comme inspecteur ecclésiastique. Les pasteurs de Pernau, de Dorpat & d'autres petites villes de *Livonie*, sont soumis au surintendant général : mais les villes de Riga, de Revel & de Narwa ont leurs consistoires particuliers, & leurs magistrats ne dépendent point du corps de la noblesse.

Administration, collège, tribunaux. En Esthonie, le pouvoir exécutif & les affaires de police appartiennent au gouvernement, lequel est composé du gouverneur & d'un conseiller. Le tribunal supérieur du pays, qui siège tous les ans depuis la mi-janvier jusqu'à Pâques, ne connoît que des affaires de justice, & remplit d'ailleurs les mêmes fonctions que le conseil aulique de Riga. Ses membres sont le gouverneur (qui en est le président) & douze conseillers provinciaux, pris dans le corps de la noblesse & ayant rang de généraux-majors. Les conseillers provinciaux ont le droit de remplir les places vacantes par une libre élection, sans avoir besoin de la confirmation du souverain ; & le plus ancien parmi eux administre quelquefois le gouvernement, en cas d'absence du gouverneur ; mais il faut pour cet effet un ordre du sénat de Pétersbourg. Ce tribunal a dans son ressort, des justices inférieures, appellées *maungerichte*, & il commande aux hakenrichters.

Le hakenrichter de chaque cercle d'Esthonie a deux adjoints ; ses fonctions sont de veiller à l'entretien des ponts & chaussées, de faire rentrer les sommes accordées par l'assemblée de la noblesse ; & dans les discussions de limites & autres cas, il forme un tribunal de première instance. Le maungerichte est composé d'un juge, de deux assesseurs & d'un secrétaire. Il connoît des affaires de limites & de liquidation, & il a le droit d'informer & de juger les causes criminelles : mais ses jugemens doivent être confirmés par le tribunal provincial. Les hakenrichters & les maunrichters sont nommés par le collège du conseil provincial, choisis parmi la noblesse, & ils changent tous les trois ans. Dans la règle, les adjoints passent à la place d'assesseurs ; les assesseurs à celle des hakenrichters, & ceux-ci deviennent maunrichters. Comme toutes ces justices ne siègent qu'à certaines époques, les parties sont obligées préalablement de s'adresser au gouverneur général.

Le premier collège en *Livonie* est la chancellerie du gouvernement, autrement la régence, composée du gouverneur & de deux conseillers, outre un fiscal & deux secrétaires du gouvernement. Le directeur général d'économie a une chancellerie particulière. Le conseil aulique est composé de quatre conseillers provinciaux (c'est-à-dire un par cercle), dont l'un est vice-président, la place de président n'étant presque jamais remplie : il y a d'ailleurs sept assesseurs, tirés du corps de la nobleffe. Mais, comme pour remplir la place de vice-préfident, on fait plus attention aux connoiffances du fujet qu'à la qualité de conseiller provincial, il arrive souvent qu'il n'y a dans le conseil aulique que trois conseillers provinciaux, lesquels, dans ce cas, ont le rang fur le vice-préfident. Les tribunaux inférieurs font appellés *land-gerichte* & *ordnungs-gerichte* : leur jurifdiction est la même que celle des justices d'Efthonie. De tous ces sièges, l'appel est porté au collège de justice d'Efthonie & de Livonie, qui fiège à Pétersbourg, & dont les jugemens peuvent être réformés en dernier reffort par le fénat dirigeant.

Revenus. Les revenus du souverain viennent : 1°. des biens domaniaux, auxquels appartiennent beaucoup de hakes, dont une partie a été aliénée à titre de don, & l'autre donnée à ferme à des employés du duché & à des officiers, moyennant un canon ou cens annuel de 40, 50 à 60 patagons, & même quelquefois au-delà, felon la différence des terres.

2°. Des droits régaliens. Ils comprennent principalement les péages, & en particulier les péages qui fe paient dans les ports de mer.

3°. Des contributions des fujets. Chaque hake paye, fous le nom de fervice de cheval & d'argent de ftation, onze patagons & trois gros. Les fujets livrent d'ailleurs aux troupes, moyennant un prix fixe, du bled, du gruau & d'autres denrées. Il y a des droits d'accife fur la bière, l'eau-de-vie, la farine & le vinaigre : le papier timbré a été introduit dès l'année 1693. On dit que la *Livonie*, l'Efthonie & la partie ruffe de la Finlande rapportent annuellement environ 7 ou 800,000 roubles.

Depuis que ce pays est fous la puiffance de la Ruffie, il est divifé en deux gouvernemens & une ville. *Voyez* l'article RUSSIE.

LODOMERIE, partie de la Pologne qu'a obtenu la maifon d'Autriche, lors du partage de cette contrée. *Voyez* l'article POLOGNE.

LOCARNO, en allemand *Luggaris*, un des quatre bailliages que douze cantons fuiffes poffèdent en commun en Italie. Appenzell est exclu de cette domination commune, parce qu'il n'a été reçu dans la confédération helvétique qu'après leur conquête. Louis Sforze que les fuiffes avoient rétabli dans fon duché de Milan, leur céda ces bailliages par reconnoiffance en 1512. François Ier, roi de France, confirma cette ceffion en 1516 comme duc de Milan, & les fuiffes les poffèdent depuis ce temps-là. Ils les font gouverner par des baillifs pris tour-à-tour dans les divers cantons, & dont la préfecture dure deux ans.

Le bailliage de *Locarno* a fix lieues de longueur fur une de largeur. Les parties montueufes font riches en pâturages. Les vallons produifent un peu de froment, des châtaignes & beaucoup de fruits. Les environs du lac Majeur font très-fertiles en vin, en grains, en fruits & en mûriers blancs. Les payfans élèvent beaucoup de vers à foie.

La population est d'environ 30,000 ames. Les habitans font foumis à l'évêque de Côme pour les affaires eccléfiaftiques, à l'exception de Brifago qui dépend de l'archevêque de Milan.

La réformation s'introduifit dans ce pays, furtout à *Locarno* ; mais en 1555 les réformés furent chaffés par les cantons catholiques, qui avoient la pluralité des voix pour eux. Un grand nombre de familles furent forcées de quitter leur patrie au milieu de l'hiver, & de s'établir chez les grifons, à Zuric, à Berne, à Bâle, &c. Plufieurs de ces familles fubfiftent encore dans ces villes, fur-tout les Muralti, les Orelli & les Peftalozzi, &c.

Le baillif a le titre de *commiffaire*. Son pouvoir est très-étendu. Il l'est trop, ainfi que nous le dirons à l'article LUGANE. Il décide feul des caufes civiles & criminelles. Les adjoints, peut-être par abus, n'ont que la voix confultative, excepté dans le cas de crimes dignes de mort : alors le baillif n'a que le droit de grace ; mais on appelle de fes fentences devant les députés que chaque canton envoie chaque année dans le pays ; il y a encore appel de ce fyndicat pardevant les cantons mêmes.

Toutes les caufes civiles fe jugent en allemand, quoique l'italien foit la langue du pays.

Le bailliage a un confeil de vingt-une perfonnes. Ce confeil règle les affaires du pays, le prix des denrées, les poids & mefures, ce qui a rapport à la fanté, aux chemins & à d'autres dépenfes publiques. Le bourg de Brifago, la Riviera di Gambarogno & le val Vetzafca n'y envoient de députés que lorfqu'il s'agit du pays en général. Ils ont leur propre juftice, dont on appelle devant le baillif. Ils payent auffi les impôts féparément.

Locarno est un bourg très-grand, bien bâti & dans une fituation riante. Au huitième fiècle, il appartenoit à l'évêché de Côme. Il paffa fucceffivement entre les mains des Muralti, des Vifconti & des Rufca. Les fortifications ont été rafées par les fuiffes. Les habitans font partagés en *nobili*, en *terrieri* & en *cittadini*. Brifago a des privilèges particuliers. Ses habitans furent fi bien fe conduire que, dans le partage de ces bailliages, ils furent tout à-fait oubliés, & ne furent adjugés à perfonne. En 1520, ils fe foumirent volontairement aux douze cantons, qui leur accordèrent plufieurs franchifes. Ils ont leur propre juftice, dont on appelle, il est vrai, devant le baillif ; mais celui-ci est tenu d'aller à Brifago même pour y juger les procès.

Ils choififfent leur podefta, qu'ils font obligés de prendre dans la famille des Orelli. Celui-ci avec trois *confoli*, nommés pareillement par la communauté, forme la justice. La Riviera di Gambarogno a aussi sa propre justice.

LŒWENSTEIN, comté & maison princière d'Allemagne. Les princes de Lœwenstein-Wertheim viennent de Frédéric le Victorieux, comte palatin du Rhin, qui, à la mort de son frère Louis IV, en 1449, prit la tutèle de son neveu Philippe ; il obtint ensuite l'électorat du Rhin pour sa vie, en promettant de ne point se marier ; il épousa cependant Claire de Tettingen ou Dettingen, & il eut d'elle deux fils légitimes ; savoir, Frédéric & Louis, à qui il assura, du consentement de son neveu, les seigneuries de Scharfeneck, Weinsberg, Neustad près du Kocher, Meckmuhl, Utzberg & Umstadt : il désigna en même-temps son neveu pour successeur dans l'électorat ; & l'aîné de ses fils, Frédéric étant mort en 1474, son frère cadet fut institué héritier de toutes les seigneuries dont on vient de parler. Le comte palatin Philippe étant parvenu à l'électorat après la mort de son oncle, enleva ces mêmes seigneuries à Louis, excepté Scharfeneck ; & lui donna en échange le comté de Lœwenstein, dont il reçut l'investiture du duc de Wurtemberg, Ulric, en l'année 1510 : cette terre est encore aujourd'hui sous la mouvance de Wurtemberg. L'empereur Maximilien éleva ce même Louis à la dignité de comte ; il est la souche commune des princes & comtes de Lœwenstein-Wertheim, qui existent aujourdhui. Il mourut en 1524. Son petit-fils Louis épousa Anne, troisième fille du comte Louis de Stolberg, Kœnigstein & Wertheim ; & par ce mariage, la maison de Lœwenstein acquit les comtés de Wertheim, Rochefort & Montaigu, & les seigneuries de Brenberg, Herbemont & Chasse-pierre. Louis mourut en 1611. Son fils Christophe-Louis épousa Elisabeth, fille du comte Joachim de Manderscheidt, & obtint par-là le comté de Virnenbourg avec d'autres terres. Il est l'auteur de la ligne aînée protestante, nommée la ligne de Lœwenstein-Wertheim-Virnenbourg, laquelle continue le titre de comte. Son frère Jean-Thierry fonda la ligne catholique de Lœwenstein-Wertheim-Rochefort, laquelle fut élevée à la dignité princière en 1711, & de laquelle il est proprement ici question. Elle fut admise sur le banc des princes aux assemblées du cercle de Franconie, après avoir promis de payer une taxe matriculaire de 16 florins, jusqu'à ce qu'elle eût acquis une terre immédiate, sur laquelle la taxe ordinaire & usitée des princes pût être assise. Elle n'a pas encore de voix à la diète de l'Empire dans le collège des princes. Comme le suffrage que cette ligne a aux assemblées circulaires, n'est point attaché à la part qu'elle a dans le comté de Wertheim, nous parlerons de ce comté à l'article WERTHEIM. Voyez cet article.

LOI : sa définition est assez connue. Chaque ligne de cet ouvrage tend à procurer aux hommes de bonnes loix : il embrasse le droit naturel, le droit civil, le droit politique, le droit des gens, & même le droit fiscal : en racontant ce qui se passe, nous avons soin d'indiquer les vices & les abus de ce qui se passe : nos idées, qui ont toutes pour objet la prospérité & le bonheur des nations, se montrent avec plus ou moins de vigueur ou de développement selon les circonstances : quelquefois nous indiquons les faits, en laissant au lecteur le soin d'établir les principes ; d'autrefois nous établissons les principes, en lui laissant le soin de les appliquer aux faits. Nous profitons souvent du travail des autres ; mais ce n'est jamais sans le revoir, & sans le corriger lorsqu'il est susceptible de correction. Notre plan ne sera pas saisi par un lecteur frivole, qui parcoura quelques articles qu'il critiquera plus ou moins, selon que le hasard lui offrira des morceaux plus ou moins intéressans : mais si les hommes d'état, si les lecteurs laborieux se donnent la peine d'étudier l'ensemble de cet ouvrage, ils trouveront que, malgré sa forme de dictionnaire, son plan est assez vaste ; que l'exécution pouvoit être meilleure, mais qu'elle est encore utile ; & que le citoyen que son zèle seul porte à de si grands travaux, mérite de l'indulgence.

Il y a peu de pays où l'on fasse les loix sans légéreté ; il y en a peu où le code ne présente des contradictions, des bisarreries, des vues fausses ou puériles : on sait quelle est leur influence sur le bonheur des peuples. Les principes qui doivent guider le législateur, se trouvent épars ici dans un grand nombre d'articles. Nous avons dit, sur-tout aux articles Démocratie, Aristocratie & Monarchie, les loix qui conviennent ou qui ne conviennent pas aux gouvernemens démocratiques, aristocratiques & monarchiques : nous nous bornerons dans celui-ci à présenter quelques vues générales sur les bonnes & les mauvaises loix, tirées de Montesquieu, & nous y ajouterons des remarques sur les loix qui ont gouverné le peuple le plus célèbre de l'antiquité & la plupart des peuples modernes.

L'esprit de modération doit être celui du législateur ; le bien politique, comme le bien moral, se trouve toujours entre deux limites. En voici un exemple.

Les formalités de la justice sont nécessaires à la liberté. Mais le nombre en pourroit être si grand, qu'il choqueroit le but des loix mêmes qui les auroient établies ; les affaires n'auroient point de fin ; la propriété des biens resteroit incertaine ; on donneroit à l'une des parties le bien de l'autre sans examen, ou on les ruineroit toutes les deux à force d'examiner.

Les citoyens perdroient leur liberté & leur sûreté ; les accusateurs n'auroient plus les moyens de convaincre, ni les accusés les moyens de se justifier.

Choſes à obſerver dans la compoſition des loix.

Ceux qui ont un génie aſſez étendu pour donner des *loix* à leur nation ou à une autre, doivent faire de certaines attentions ſur la manière de les former.

Le ſtyle en doit être concis. Les *loix* des douze Tables ſont un modèle de préciſion : les enfans les apprenoient par cœur (1). Les *Novelles* de Juſtinien ſont ſi diffuſes, qu'il fallut les abréger (2).

Le ſtyle des *loix* doit être ſimple ; l'expreſſion directe s'entend toujours mieux que l'expreſſion réfléchie. Il n'y a point de majeſté dans les *loix* du bas-Empire : on y fait parler les princes comme des rhéteurs. Quand le ſtyle des *loix* eſt enflé, on ne les regarde que comme un ouvrage d'oſtentation.

Il eſt eſſentiel que les paroles des *loix* réveillent chez tous les hommes les mêmes idées. Le cardinal de Richelieu (3), ou du moins l'auteur de ſon teſtament, convenoit que l'on pouvoit accuſer un miniſtre devant le roi ; mais il vouloit que l'on fût puni, ſi les choſes qu'on pouvoit n'étoient pas conſidérables : ce qui devoit empêcher tout le monde de dire quelque vérité que ce fût contre lui, puiſqu'une choſe conſidérable eſt entièrement relative ; & que ce qui eſt conſidérable pour quelqu'un, ne l'eſt pas pour un autre.

La *loi* d'Honorius puniſſoit de mort celui qui achetoit comme ſerf un affranchi, ou qui auroit voulu l'inquiéter (4). Il ne falloit point ſe ſervir d'une expreſſion ſi vague : l'inquiétude que l'on cauſe à un homme, dépend entièrement du degré de ſa ſenſibilité.

Lorſque la *loi* doit faire quelque évaluation, il faut, autant qu'on le peut, éviter de la faire à prix d'argent. Mille cauſes changent la valeur de la monnoie ; & avec la même dénomination, on n'a plus la même choſe. On ſait l'hiſtoire de cet impertinent (5) de Rome, qui donnoit des ſoufflets à tous ceux qu'il rencontroit, & leur faiſoit préſenter les vingt-cinq ſous de la loi des douze Tables.

Lorſque, dans une loi, l'on a bien fixé les idées des choſes, il ne faut point revenir à des expreſſions vagues. Dans l'ordonnance criminelle de Louis XIV (6), après qu'on a fait l'énumération exacte des cas royaux, on ajoute ces mots : « & ceux dont de tout temps les juges » royaux ont jugé » ; ce qui fait rentrer dans l'arbitraire dont on venoit de ſortir.

Charles VII (7) dit qu'il apprend que des parties font appel trois, quatre & ſix mois après le jugement, contre la coutume du royaume en pays coutumier : il ordonne qu'on appellera incontinent, à moins qu'il n'y ait fraude ou dol du procureur (8), ou qu'il n'y ait grande & évidente cauſe de relever l'appellant. La fin de cette *loi* détruit le commencement ; & elle le détruiſit ſi bien, que dans la ſuite on a appelé pendant trente ans (9).

La *loi* des lombards (10) ne veut pas qu'une femme qui a pris un habit de religieuſe, quoiqu'elle ne ſoit pas conſacrée, puiſſe ſe marier : « car, dit-elle, ſi un époux qui a engagé à lui » une femme ſeulement par un anneau, ne peut » pas ſans crime en épouſer une autre, à plus » forte raiſon l'épouſe de Dieu ou de la ſainte » Vierge . . . ». Je dis que, dans les *loix*, il faut raiſonner de la réalité à la réalité ; & non pas de la réalité à la figure, ou de la figure à la réalité.

Une *loi* de Conſtantin (11) veut que le témoignage ſeul de l'évêque ſuffiſe, ſans ouïr d'autres témoins. Ce prince prenoit un chemin bien court ; il jugeoit des affaires par les perſonnes, & des perſonnes par les dignités.

Les *loix* ne doivent point être ſubtiles ; elles ſont faites pour des gens de médiocre entendement : elles ne ſont point un art de logique, mais la raiſon ſimple d'un père de famille.

Lorſque dans une *loi* les exceptions, limitations, modifications ne ſont point néceſſaires, il vaut beaucoup mieux n'en point mettre ; de pareils détails jettent dans de nouveaux détails.

Il ne faut point faire de changement dans une *loi*, ſans une raiſon ſuffiſante. Juſtinien ordonna qu'un mari pourroit être répudié, ſans que la femme perdît ſa dot, ſi pendant deux ans il n'avoit pu conſommer le mariage (12) : Il changea ſa *loi* & donna trois ans au pauvre malheureux (13).

---

(1) *Ut carmen neceſſarium.* Cicéron, *de legibus*, liv. II.
(2) C'eſt l'ouvrage d'Irnerius.
(3) Teſtament politique.
(4) *Aut qâ libet manumiſſione donatum inquietare voluerit.* Appendice au code Théodoſien, dans le premier tome des œuvres du père Sirmond ; pag. 737.
(5) Aulugelle, liv. X, chap. 1.
(6) On trouve, dans le procès-verbal de cette ordonnance, les motifs que l'on eut pour cela.
(7) Dans ſon ordonnance de Montel-les-Tours, l'an 1453.
(8) On pouvoit punir le procureur, ſans qu'il fût néceſſaire de troubler l'ordre public.
(9) L'ordonnance de 1667 a fait des réglemens là-deſſus.
(10) Liv. II, tit. 37.
(11) Dans l'appendice du père Sirmond au code Théodoſien, tom. 1.
(12) Leg. 1 : cod. de repudiis.
(13) Voyez l'authentique, *ſed hodiè* au code *de repudiis.*

Mais, dans un cas pareil, deux ans en valent trois, & trois n'en valent pas plus que deux.

Lorsqu'on fait tant que de rendre raison d'une *loi*, il faut que cette raison soit digne d'elle. Une loi (1) romaine décide qu'un aveugle-né ne peut pas plaider, parce qu'il ne voit pas les ornemens de la magistrature. Il faut l'avoir fait exprès, pour donner une si mauvaise raison, quand il s'en présentoit tant de bonnes.

Le jurisconsulte Paul (2) dit que l'enfant naît parfait au septième mois, & que la raison des nombres de Pythagore semble le prouver. Il est singulier qu'on juge ces choses sur la raison des nombres de Pythagore.

Quelques jurisconsultes françois ont dit que lorsque le roi acquéroit quelque pays, les églises y devenoient sujettes au droit de régale, parce que la couronne du roi est ronde. Je ne discuterai point ici les droits du roi; & si, dans ce cas, la raison de la *loi* civile ou ecclésiastique doit céder à la raison de la *loi* politique: mais je dirai que des droits si respectables doivent être défendus par des maximes graves. Qui a jamais vu fonder, sur la figure d'un signe d'une dignité, les droits réels de cette dignité?

Davila (3) dit que Charles IX fut déclaré majeur à quatorze ans commencés, parce que les *loix* veulent qu'on compte le temps du moment au moment, lorsqu'il s'agit de la restitution & de l'administration des biens du pupile: au lieu qu'elle regarde l'année commencée comme une année complette, lorsqu'il s'agit d'acquérir des honneurs. Je n'ai garde de censurer une disposition qui ne paroît pas avoir eu jusqu'ici d'inconvénient; je dirai seulement que la raison alléguée par le chancelier de l'Hôpital n'étoit pas la vraie: il s'en faut bien que le gouvernement des peuples ne soit qu'un honneur.

En fait de présomption, celle de la *loi* vaut mieux que celle de l'homme. La loi françoise regarde (4) comme frauduleux tous les actes faits par un marchand dans les dix jours qui ont précédé sa banqueroute: c'est la présomption de la *loi*. La loi romaine infligeoit des peines au mari qui gardoit sa femme après l'adultère, à moins qu'il n'y fût déterminé par la crainte de l'événement d'un procès, ou par la négligence de sa propre honte; & c'est la présomption de l'homme. Il falloit que le juge présumât les motifs de la conduite du mari, & qu'il se déterminât sur une manière de penser très-obscure. Lorsque le juge présume, les jugemens deviennent arbitraires; lorsque la loi présume, elle donne au juge une règle fixe.

La *loi* de Platon (5) vouloit qu'on punît celui qui se tueroit, non pas pour éviter l'ignominie, mais par foiblesse. Cette *loi* étoit vicieuse, en ce que, dans le seul cas où l'on ne pouvoit pas tirer du criminel l'aveu du motif qui l'avoit fait agir, elle vouloit que le juge se déterminât sur ce motif.

Comme les *loix* inutiles affoiblissent les *loix* nécessaires, celles qu'on peut éluder affoiblissent la législation. Une *loi* doit avoir son effet, & il ne faut pas permettre d'y déroger par une convention particulière.

La *loi* Falcidie ordonnoit, chez les romains, que l'héritier eût toujours la quatrième partie de l'hérédité: une autre *loi* (6) permit au testateur de défendre à l'héritier de retenir cette quatrième partie: c'est se jouer des *loix*. La *loi* Falcidie devenoit inutile: car, si le testateur vouloit favoriser son héritier, celui ci n'avoit pas besoin de la *loi* Falcidie; & s'il ne vouloit pas le favoriser, il lui défendoit de se servir de la *loi* Falcidie.

Il faut prendre garde que les *loix* soient conçues de manière qu'elles ne choquent point la nature des choses. Dans la proscription du prince d'Orange, Philippe II promet à celui qui le tuera de donner, à lui ou à ses héritiers, vingt-cinq mille écus & la noblesse; & cela en parole de roi, & comme serviteur de Dieu. La noblesse promise pour une telle action! Une telle action ordonnée en qualité de serviteur de Dieu! Tout cela renverse également les idées de l'honneur, celles de la morale & celles de la religion.

Il est rare qu'il faille défendre une chose qui n'est pas mauvaise, sous prétexte de quelque perfection qu'on imagine.

Il faut dans les *loix* une certaine candeur. Faites pour punir la méchanceté des hommes, elles doivent avoir elles-mêmes la plus grande innocence. On peut voir dans la loi des wisigoths (7) cette requête ridicule, par laquelle on fit obliger les juifs à manger toutes les choses apprêtées avec du cochon, pourvu qu'ils ne mangeassent point du cochon même. C'étoit une grande cruauté: on les soumettoit à une *loi* contraire à la leur: on ne leur laissoit garder de la leur que ce qui pouvoit être un signe pour les reconnoître.

Mauvaise manière de donner des loix. Les empereurs romains manifestoient comme nos princes leurs volontés par des décrets & des édits: mais ce que nos princes ne font pas, ils permirent que les juges ou les particuliers, dans leurs différends,

---

(1) *Leg.* 1. ff. *de postulando.*
(2) Dans ses sentences, liv. IV, tit. 9.
(3) Della guerra civile di Francia, pag. 96.
(4) Elle est du mois de novembre 1702.
(5) Liv. IX des *loix.*
(6) C'est l'authentique, *sed cùm testator.*
(7) Liv. XII, tit. 2, §. 16.

les interrogeaffent par lettres ; & leurs réponses étoient appellées des *refcrits*. On fent que c'eft une mauvaife forte de légiflation. Ceux qui demandent ainfi des *loix*, font de mauvais guides pour le légiflateur ; les faits font toujours mal expofés. Trajan , dit Jules Capitolin (1) , refufa fouvent de donner de ces fortes de refcrits, afin qu'on n'étendît pas à tous les cas une décifion & fouvent une faveur particulière. Macrin (2) avoit réfolu d'abolir tous ces refcrits ; il ne pouvoit fouffrir qu'on regardât comme des *loix* les réponfes de Commode, de Caracalla, & de tous ces autres princes pleins d'impéritie ou de cruauté : Juftinien penfa autrement, & il en remplit fa compilation.

Je voudrois que ceux qui lifent les *loix* romaines, diftinguaffent bien ces fortes d'hypothèfes d'avec les fenatus-confultes, les plebifcites, les conftitutions générales des empereurs, & toutes les *loix* fondées fur la nature des chofes, fur la fragilité des femmes, la foibleffe des mineurs, & l'utilité publique.

Combien les idées d'uniformité font dangereufes en matiere de légiflation. Il y a de certaines idées d'uniformité, qui faififfent quelquefois les grands efprits (car elles ont touché Charlemagne), mais qui frappent infailliblement les petits. Ils y trouvent un genre de perfection qu'ils reconnoiffent, parce qu'il eft impoffible de ne le pas découvrir : fans doute, les principes ne varient pas dans les mêmes circonftances, & il n'y a pas fur une même chofe deux principes différens : mais trouve-t-on fi aifément les mêmes circonftances & la même chofe ? & cette uniformité n'admet-elle pas d'exception ? Le mal de changer eft-il toujours moins grand que le mal de fouffrir ? Et la grandeur du génie ne confifteroit-elle pas mieux à favoir dans quel cas il faut l'uniformité, & dans quel cas il faut des différences ? A la Chine, les chinois font gouvernés par le cérémonial chinois, & les tartares par le cérémonial tartare : c'eft pourtant le peuple du monde qui a le plus la tranquillité pour objet. Lorfque les citoyens fuivent les *loix*, qu'importe qu'ils fuivent la même.

Il ne faut point régler, par les principes du droit politique, les chofes qui dépendent des principes du droit civil.

Comme les hommes ont renoncé à leur indépendance naturelle pour vivre fous des *loix* politiques, ils ont renoncé à la communauté naturelle des biens, pour vivre fous des loix civiles.

Ces premières *loix* leur acquierent la liberté ; les fecondes la propriété. Il ne faut pas décider par les *loix* de la liberté, qui n'eft que l'empire de la cité, ce qui ne doit être décidé que par les *loix* qui concernent la propriété. C'eft un paralogifme de dire que le bien particulier doit céder au bien public : cela n'a lieu que dans les cas où il s'agit de l'empire de la cité, c'eft-à-dire, de la liberté du citoyen : cela n'a pas lieu dans ceux où il eft queftion de la propriété des biens, parce que le bien public eft toujours que chacun conferve invariablement la propriété que lui donnent les *loix* civiles.

Ciceron foutenoit que les *loix* agraires étoient funeftes, parce que la cité n'étoit établie que pour que chacun confervât fes biens.

Prenons donc pour maxime que lorfqu'il s'agit du bien public, le bien public n'eft jamais que l'on prive un particulier de fon bien, ou même qu'on lui en retranche la moindre partie par une loi ou un réglement politique. Dans ce cas, il faut fuivre à la rigueur la *loi* civile, qui eft le *palladium* de la propriété.

Ainfi, lorfque le public a befoin du fonds d'un particulier, il ne faut jamais agir par la rigueur de la *loi* politique : mais c'eft-là que doit triompher la *loi* civile, qui, avec des yeux de mère, regarde chaque particulier comme toute la cité même.

Si le magiftrat politique veut faire quelque édifice public, quelque nouveau chemin, il faut qu'il indemnife à cet égard comme un particulier qui traite avec un particulier. C'eft bien affez qu'il puiffe contraindre un citoyen de lui vendre fon héritage, & qu'il lui ôte ce grand privilège qu'il tient de la *loi* civile, de ne pouvoir être forcé d'aliéner fon bien.

Après que les peuples qui détrônirent les romains, eurent abufé de leurs conquêtes même, l'efprit de liberté les rappella à celui d'équité ; les droits les plus barbares, ils les exercèrent avec modération ; & fi l'on en doutoit, il n'y auroit qu'à lire l'admirable ouvrage de Beaumanoir, qui écrivoit fur la jurifprudence dans le douzième fiècle.

On raccommodoit de fon temps les grands chemins, comme l'on fait aujourd'hui. Il dit que, quand un grand chemin ne pouvoit être rétabli, on en faifoit un autre le plus près de l'ancien qu'il étoit poffible ; mais qu'on dédommageoit les propriétaires (3) aux frais de ceux qui tiroient quelque avantage du chemin. On fe déterminoit pour lors par la *loi* civile ; on s'eft déterminé de nos jours par la *loi* politique.

Il ne faut point décider par les regles du droit

---

(1) Voyez Jules Capitolin, *in Macrino*.
(2) Ibid.
(3) Le feigneur nommoit des prud'hommes pour faire la levée fur le payfan ; les gentilshommes étoient contraints à la contribution par le comte ; l'homme d'églife par l'évêque. *Beaumanoir*, chap. 22.

civil, quand il s'agit de décider par celles du droit politique.

On verra le fond de toutes les queftions, fi l'on ne confond point les règles qui dérivent de la propriété de la cité, avec celles qui naiffent de la liberté de la cité.

Le domaine d'un état eft-il inaliénable ou ne l'eft-il pas ? Cette queftion doit être décidée par la *loi* politique, & non pas par la *loi* civile (1). Elle ne doit pas être décidée par la *loi* civile, parce que le domaine d'un état eft foumis à la *loi* politique.

L'ordre de fucceffion eft fondé, dans les monarchies, fur le bien de l'état, qui demande que cet ordre foit fixé, pour éviter les malheurs qui doivent arriver dans le defpotifme où tout eft incetain, parce que tout y eft arbitraire.

Ce n'eft pas pour la famille régnante que l'ordre de fucceffion eft établi, mais parce qu'il eft de l'intérêt de l'état qu'il y ait une famille régnante. La *loi* qui règle la fucceffion des particuliers, eft une *loi* civile qui a pour objet l'intérêt des particuliers ; celle qui règle la fucceffion à la monarchie, eft une *loi* politique qui a pour objet le bien & la confervation de l'état.

Il fuit de là que, lorfque la *loi* politique a établi dans un état un ordre de fucceffion, & que cet ordre vient à finir, il eft abfurde de réclamer la fucceffion en vertu de la *loi* civile de quelque peuple que ce foit. Une fociété particulière ne fait point de *loix* pour une autre fociété. Les *loix* civiles des romains ne font pas plus applicables que toutes autres *loix* civiles ; ils ne les ont point employées eux-mêmes lorfqu'ils ont jugé les rois ; & les maximes pour lefquelles ils ont jugé les rois, nous font fi étrangères qu'il ne faut point les faire revivre.

Il fuit encore de là que, lorfque la *loi* politique a fait renoncer quelque famille à la fucceffion, il eft abfurde de vouloir employer les reftitutions tirées de la *loi* civile. Les reftitutions font dans la *loi*, & peuvent être bonnes contre ceux qui vivent dans la *loi* : mais elles ne font pas bonnes pour ceux qui ont été établis pour la *loi*, & qui vivent pour la *loi*.

Il eft ridicule de prétendre décider des droits des royaumes, des nations & de l'univers, par les mêmes maximes fur lefquelles on décide entre particuliers d'un droit pour une goutière, pour me fervir de l'expreffion de Cicéron (2).

Il ne faut pas décider par les loix civiles les chofes qui doivent l'être par les loix domeftiques.

La *loi* des wifigoths vouloit que les efclaves (3) fuffent obligés de lier l'homme & la femme qu'ils furprenoient en adultère, & de les préfenter au mari & au juge : *loi* terrible qui mettoit, entre les mains de ces perfonnes viles, le foin de la vengeance publique, domeftique & particulière !

Cette *loi* ne feroit bonne que dans les ferrails d'orient, où l'efclave qui eft chargé de la clôture, a prévariqué fitôt qu'on prévarique. Il arrête les criminels, moins pour les faire juger que pour fe faire juger lui-même, & obtenir que l'on cherche, dans les circonftances de l'action, fi l'on peut perdre le foupçon de fa négligence.

Mais, dans les pays où les femmes ne font point gardées, il eft infenfé que la *loi* civile les foumette, elles qui gouvernent la maifon, à l'inquifition de leurs efclaves.

Cette inquifition pourroit être tout au plus, dans de certains cas, une *loi* particulière domeftique, & jamais une *loi* civile.

Il ne faut pas décider, par le principe des loix civiles, les chofes qui appartiennent au droit des gens.

La liberté confifte principalement à ne pouvoir être forcé à faire une chofe que la *loi* n'ordonne pas, & on n'eft dans cet état que parce qu'on eft gouverné par des *loix* civiles : nous fommes donc libres, parce que nous vivons fous des *loix* civiles.

Il fuit de là que les princes qui ne vivent point entr'eux fous des *loix* civiles, ne font point libres, ils font gouvernés par la force ; ils peuvent continuellement forcer ou être forcés. De là il fuit peut-être que les traités qu'ils ont faits par force, font auffi obligatoires que ceux qu'ils auroient faits de bon gré. Quand nous, qui vivons fous des *loix* civiles, fommes contraints à faire quelques contrats que la *loi* n'exige pas, nous pouvons, à la faveur de la *loi*, revenir contre la violence ; mais un prince, qui eft toujours dans cet état dans lequel il force ou il eft forcé, ne peut pas fe plaindre d'un traité qu'on lui a fait faire par violence. C'eft comme s'il fe plaignoit de fon état naturel : c'eft comme s'il vouloit être prince à l'égard des autres princes, & que les autres princes fuffent citoyens à fon égard, c'eft-à-dire, choquer la nature des chofes.

Il ne faut pas décider par les loix politiques, les chofes qui appartiennent au droit des gens.

Les *loix* politiques demandent que tout homme foit foumis aux tribunaux criminels & civils du pays où il eft, & à l'animadverfion du fouverain.

Le droit des gens a voulu que les princes s'envoyaffent des ambaffadeurs ; & la raifon tirée de la nature de la chofe, n'a pas permis que ces ambaffadeurs dépendiffent du fouverain chez qui

---

(1) *Voyez* les articles ALIÉNATION & INALIÉNABILITÉ.
(2) Liv. I. des *loix*.
(3) Loi des wifigoths, liv. III, tit. 4, §. 6.

ils font envoyés, ni de fes tribunaux. Ils font la parole du prince qui les envoie, & cette parole doit être libre : aucun obstacle ne doit les empêcher d'agir : ils peuvent fouvent déplaire, parce qu'ils parlent pour un homme indépendant : on pourroit leur imputer des crimes, s'ils pouvoient être punis pour des crimes : on pourroit leur fuppofer des dettes, s'ils pouvoient être arrêtés pour dettes : un prince qui a une fierté naturelle, parleroit par la bouche d'un homme qui auroit tout à craindre. Il faut donc fuivre, à l'égard des ambaffadeurs, les raifons tirées du droit des gens, & non pas celles qui dérivent du droit politique. Que s'ils abufent de leur être repréfentatif, on les fait ceffer en les renvoyant chez eux : on peut même les accufer devant leur maître, qui devient par là leur juge ou leur complice.

Lorfque, par quelque circonstance, la loi politique détruit l'état, il faut décider par la loi politique qui le conferve, qui devient quelquefois un droit des gens.

Quand la *loi* politique, qui a établi dans l'état un certain ordre de fucceffion, devient deftructrice du corps politique pour lequel elle a été faite, il ne faut pas douter qu'une autre *loi* politique ne puiffe changer cet ordre ; & bien loin que cette même *loi* foit oppofée à la première, elle y fera dans le fond entièrement conforme, puifqu'elles dépendront toutes deux de ce principe : le falut du peuple eft la fuprême *loi*.

Un grand état devenu acceffoire d'un autre, s'affoiblit & même affoiblit le principal. On fait que l'état a intérêt d'avoir fon chef chez lui, que les revenus publics foient bien adminiftrés. Il eft important que celui qui doit gouverner ne foit point imbu de maximes étrangères ; elles conviennent moins que celles qui font déja établies : d'ailleurs les hommes tiennent prodigieufement à leurs *loix* & à leurs coutumes ; elles font la félicité de chaque nation ; il eft rare qu'on les change fans de grandes fecouffes & une grande effufion de fang, comme les hiftoires de tous les pays le font voir.

Il fuit de là que fi un grand état a pour héritier le poffeffeur d'un grand état, le premier peut fort bien l'exclure, parce qu'il eft utile à tous les deux états que l'ordre de la fucceffion foit changé. Ainfi la *loi* de Ruffie, faite au commencement du règne d'Elifabeth, exclut très - prudemment tout héritier qui poffféderoit une autre monarchie : ainfi la *loi* de Portugal rejette tout étranger qui feroit appellé à la couronne par le droit du fang.

Que fi une nation peut exclure, elle a à plus forte raifon le droit de faire renoncer. Si elle craint qu'un certain mariage n'ait des fuites qui puiffent lui faire perdre fon indépendance ou la jetter dans un partage, elle pourra fort bien faire renoncer les contractans, & ceux qui naîtront d'eux, à tous les droits qu'ils auroient fur elle ; & celui qui renonce, & ceux contre qui on renonce, pourront d'autant moins fe plaindre, que l'état auroit pu faire une loi pour les exclure.

Il ne faut pas fuivre les difpofitions générales du droit civil, lorfqu'il s'agit de chofes qui doivent être foumifes à des règles particulières tirées de leur propre nature.

Eft-ce une bonne *loi* que toutes les obligations civiles, paffées dans le cours d'un voyage entre les matelots dans un navire, foient nulles ? François Pyrard (1) nous a dit que de fon tems elle n'étoit pas obfervée par les portugais, mais qu'elle l'étoit par les françois. Des gens qui ne font enfemble que pour peu de temps, qui n'ont aucun befoin puifque le prince y pourvoit, qui ne peuvent avoir qu'un objet qui eft celui de leur voyage, qui ne font plus dans la fociété, mais citoyens du navire, ne doivent point contracter de ces obligations qui n'ont été introduites que pour foutenir les charges de la fociété civile.

C'eft dans ce même efprit que la *loi* des rhodiens, faite pour un temps où l'on fuivoit toujours les côtes, vouloit que ceux qui, pendant la tempête, reftoient dans le vaiffeau, euffent le navire & la charge ; & que ceux qui l'avoient quitté, n'euffent rien.

Il ne faut point décider par les préceptes de la religion, lorfqu'il s'agit de ceux de la loi naturelle.

Les abyffins ont un carême de cinquante jours très-rude, & qui les affoiblit tellement que de long-temps ils ne peuvent agir : les turcs (2) ne manquent pas de les attaquer après leur carême. La religion devroit, en faveur de la défenfe naturelle, mettre des bornes à ces pratiques.

Le fabbat fut ordonné aux juifs : mais ce fut une ftupidité à cette nation de ne point fe défendre (3), lorfque fes ennemis choifirent ce jour pour l'attaquer.

Cambyfe, affiégeant Pelufe, mit au premier rang un grand nombre d'animaux que les égyptiens tenoient pour facrés : les foldats de la garnifon n'oférent tirer. Qui ne voit que la défenfe naturelle eft d'un ordre fupérieur à tous les préceptes ?

Il ne faut pas régler par les principes du droit, appellé canonique, les chofes réglées par les principes du droit civil.

---

(1) Chap. 14, part. XII.
(2) Recueil des ouvrages qui ont fervi à l'établiffement de la compagnie des Indes, tom. 4, part. I, pag. 35 & 103.
(3) Comme ils firent lorfque Pompée affiégea le temple. *Voyez* Dion, liv. XXXVII.

Par le droit (1) civil des romains, celui qui enlève d'un lieu sacré une chose privée, n'est puni que du crime de vol : par le droit canonique (2), il est puni du crime de sacrilège. Le droit canonique fait attention au lieu, le droit civil à la chose. Mais n'avoir attention qu'au lieu, c'est ne réfléchir ni sur la nature & la définition du vol, ni sur la nature & la définition du sacrilège.

Comme le mari peut demander la séparation à cause de l'infidélité de sa femme, la femme la demandoit autrefois (3) à cause de l'infidélité du mari. Cet usage, contraire à la disposition des *loix* romaines (4), s'étoit introduit dans les cours d'église (5), où l'on ne voyoit que les maximes du droit canonique ; & effectivement, à ne regarder le mariage que dans des idées purement spirituelles & dans le rapport aux choses de l'autre vie, la violation est la même : mais les *loix* politiques & civiles de presque tous les peuples, ont avec raison distingué ces choses. Elles ont demandé des femmes, un degré de retenue & de continence qu'elles n'exigent point des hommes, parce que la violation de la pudeur suppose dans les femmes un renoncement à toutes les vertus ; parce que la femme, en violant les *loix* du mariage, sort de l'état de sa dépendance naturelle ; parce que la nature a marqué l'infidélité des femmes par des signes certains ; outre que les enfans adultérins de la femme sont nécessairement au mari & à la charge du mari, au lieu que les enfans adultérins du mari ne sont pas à la femme, ni à la charge de la femme.

Les choses qui doivent être réglées par les principes du droit civil, peuvent rarement l'être par les principes des loix de la religion.

Les *loix* religieuses ont plus de sublimité, les *loix* civiles ont plus d'étendue.

Les *loix* de perfection, tirées de la religion, ont plus pour objet la bonté de l'homme qui les observe, que celle de la société dans laquelle elles sont observées : les *loix* civiles, au contraire, ont plus pour objet la bonté morale des hommes en général, que celle des individus.

Ainsi, quelque respectables que soient les idées qui naissent immédiatement de la religion, elles ne doivent pas toujours servir de principe aux loix civiles, parce que celles-ci en ont un autre, qui est le bien général de la société.

Les romains firent des réglemens pour conserver dans la république les mœurs des femmes ; c'étoient des institutions politiques. Lorsque la monarchie s'établit, ils firent là-dessus des *loix* civiles, & ils les firent sur les principes du gouvernement civil. Lorsque la religion chrétienne eut pris naissance, les *loix* nouvelles que l'on fit eurent moins de rapport à la bonté générale des mœurs, qu'à la sainteté du mariage : on considéra moins l'union des deux sexes dans l'état civil, que dans un état spirituel.

D'abord, par la *loi* romaine (6), un mari qui ramenoit sa femme dans sa maison après la condamnation d'adultère, fut puni comme complice de ses débauches. Justinien (7), dans un autre esprit, ordonna qu'il pourroit pendant deux ans l'aller reprendre dans le monastère.

Lorsqu'une femme qui avoit son mari à la guerre, n'entendoit plus parler de lui, elle pouvoit, dans les premiers temps, aisément se remarier, parce qu'elle avoit entre ses mains le pouvoir de faire divorce. La *loi* de Constantin (8) voulut qu'elle attendît quatre ans, après quoi elle pouvoit envoyer le libelle de divorce au chef ; & si son mari revenoit, il ne pouvoit plus l'accuser d'adultère. Mais Justinien (9) établit que, quelque temps qui se fût écoulé depuis le départ du mari, elle ne pouvoit se remarier, à moins que, par la déposition & le serment du chef, elle ne prouvât la mort de son mari : Justinien avoit en vue l'indissolubilité du mariage ; mais on peut dire qu'il l'avoit trop en vue. Il demandoit une preuve positive, lorsqu'une preuve négative suffisoit ; il exigeoit une chose très-difficile, de rendre compte de la destinée d'un homme éloigné & exposé à tant d'accidens ; il présumoit un crime, c'est-à-dire, la désertion du mari, lorsqu'il étoit si naturel de présumer sa mort. Il choquoit le bien public, en laissant une femme sans mariage ; il choquoit l'intérêt particulier, en l'exposant à mille dangers.

La *loi* de Justinien (10), qui mit parmi les causes de divorce le consentement du mari & de la femme d'entrer dans le monastère, s'éloignoit entièrement des principes des *loix* civiles. Il est naturel que des causes de divorce tirent leur origine de certains empêchemens qu'on ne devoit pas prévoir avant le mariage : mais ce desir de garder la chasteté pouvoit être prévu, puisqu'il

---

(1) Leg. V. ff. ad leg. Juliam peculatús.
(2) Cap. quisquis XVII. quæstione 4 ; Cujas, observat. liv. XIII, chap. 19, tom. 3.
(3) Beaumanoir : ancienne coutume de Beauvoisis, chap. 18.
(4) Leg. I. cod. ad leg. Jul. de adult.
(5) Aujourd'hui, en France, elles ne connoissent point de ces choses.
(6) Leg. XI. §. ult. ff. ad leg. Jul. de adult.
(7) Nov. 134, coll. 9, ch. 10, tit. 170.
(8) Leg. VII, cod. de repudiis & judicio de moribus sublato.
(9) Auth. hodiè quantiscumque, cod. de repudiis.
(10) Auth. quod hodiè, cod. de repudiis.

eſt en nous. Cette *loi* favoriſe l'inconſtance dans un état qui, de ſa nature, eſt perpétuel ; elle choque le principe fondamental du divorce, qui ne ſouffre la diſſolution d'un mariage que dans l'eſpérance d'un autre ; enfin, à ſuivre même les idées religieuſes, elle ne fait que donner des victimes à Dieu ſans ſacrifice.

Il ne faut point régler les tribunaux humains, par les maximes des tribunaux qui regardent l'autre vie.

Le tribunal de l'inquiſition, formé par les moines chrétiens ſur l'idée du tribunal de la pénitence, eſt contraire à toute bonne police. Il a trouvé par-tout un ſoulevement général ; & il auroit cédé aux contradictions, ſi ceux qui vouloient l'établir n'avoient tiré avantage de ces contradictions mêmes.

Ce tribunal eſt inſupportable dans tous les gouvernemens. Dans la monarchie, il ne peut que faire des délateurs & des traitres ; dans les républiques, il ne peut former que des mal-honnêtes gens ; dans l'état deſpotique, il eſt deſtructeur comme lui.

Au reſte, il faut juger les *loix* avec circonſpection ; il faut examiner les circonſtances avec plus de ſoin que les légiſlateurs eux-mêmes ne les ont examinées : car l'intérêt avertit quelquefois ceux qui gouvernent, & ils font quelquefois d'heureuſes diſpoſitions ſans avoir de bons principes : d'autrefois ils ſe déterminent d'après des données inconnues du vulgaire ; &, dans tous les cas, il faut étudier ces données, ou deviner tous les rapports.

Les loix qui paroiſſent s'éloigner des vues du légiſlateur, y ſont ſouvent conformes.

La *loi* de Solon, qui déclaroit infâmes tous ceux qui, dans une ſédition, ne prendroient aucun parti, a paru bien extraordinaire : mais nous avons montré ailleurs combien elle étoit ſage. Il faut faire attention aux circonſtances dans leſquelles la Grèce ſe trouvoit pour lors. Elle étoit partagée en de très-petits états ; il étoit à craindre que, dans une république travaillée par des diſſenſions civiles, les gens les plus prudens ne ſe miſſent à couvert, & que par-là les choſes ne fuſſent portées à l'extrémité.

Dans les ſéditions qui arrivoient dans ces petits états, le gros de la cité entroit dans la querelle, ou la faiſoit. Dans nos grandes monarchies, les partis ſont formés par peu de gens, & le peuple voudroit vivre dans l'inaction. Dans ce cas, il eſt naturel de rappeller les ſéditieux au gros des citoyens, non pas le gros des citoyens aux ſéditieux : dans l'autre, il faut faire rentrer le petit nombre de gens ſages & tranquilles parmi les ſé-

ditieux : c'eſt ainſi que la fermentation d'une liqueur peut être arrêtée par une ſeule goutte d'une autre.

De quelle manière deux loix diverſes peuvent être comparées.

En France, la peine contre les faux témoins eſt capitale ; en Angleterre, elle ne l'eſt point. Pour juger laquelle de ces deux *loix* eſt la meilleure, il faut ajouter : en France, la queſtion préparatoire contre les criminels a été d'uſage juſqu'à nos jours : en Angleterre, elle ne l'eſt point ; & dire encore : en France, l'accuſé ne produit point ſes témoins, & il eſt très-rare qu'on y admette ce qu'on appelle *les faits juſtificatifs* : en Angleterre, l'on reçoit les témoignages de part & d'autre. Les trois *loix* françoiſes forment un ſyſtème très-lié & très-ſuivi ; les trois *loix* angloiſes en forment un, qui ne l'eſt pas moins. La *loi* d'Angleterre, qui ne connoît point la queſtion contre les criminels, n'a que peu d'eſpérance de tirer de l'accuſé la confeſſion de ſon crime ; elle appelle donc de tous côtés les témoignages étrangers, & elle n'oſe les décourager par la crainte d'une peine capitale. La *loi* françoiſe qui a une reſſource de plus, ne craint pas tant d'intimider les témoins ; au contraire, la raiſon demande qu'elle les intimide : elle n'écoute que les témoins d'une part (1) ; ce ſont ceux que produit la partie publique, & le deſtin de l'accuſé dépend de leur ſeul témoignage. Mais en Angleterre, on reçoit les témoins des deux parts, & l'affaire eſt pour ainſi dire diſcutée entr'eux : le faux témoignage y peut donc être moins dangereux ; l'accuſé a une reſſource contre le faux témoignage, au lieu que la *loi* françoiſe n'en donne point. Ainſi, pour juger leſquelles de ces deux *loix* ſont les plus conformes à la raiſon, il ne faut pas comparer chacune de ces *loix* à chacune ; il faut les prendre toutes enſemble, & les comparer toutes enſemble.

Loix, uſages & droits chez toutes les nations, qui ont gouverné les peuples les plus célèbres de l'antiquité & la plupart des peuples modernes.

Les *loix* les plus célèbres de l'antiquité ſont celles de Lycurgue, de Dracon, de Solon, des douze Tables.

Dans les temps moins éloignés, les *loix* fameuſes ſont les *loix* des angliens, wermes ou thuringiens, la *loi* des allemands, les *loix* angloiſes, la *loi* des boyens ou bavarois, les *loix* bourguignones, la *loi* des danois ou norvégiens, les *loix* des francs, celles des friſons, les *loix* gothiques, celles des lombards, la *loi* Mariane ou des murciens, la *loi* Moliolitine, la *loi* d'Oleron, les *loix* Ripuaires, la *loi* Salique, la *loi* des ſaxons,

(1) Par l'ancienne juriſprudence françoiſe, les témoins étoient ouïs des deux parts. Auſſi voit-on, dans les établiſſemens de S. Louis, liv. I, chap. 7, que la peine contre les faux témoins en juſtice étoit pécuniaire.

des scots ou des écossois, des siciliens, des visigoths, la *loi* Gombette.

La *loi* Gombette étoit dans l'ancien royaume de Bourgogne ce qu'étoit la *loi* Salique parmi les francs : elle fut ainsi appellée de *Gombaut*, mot abrégé de Gondebaut, roi de Bourgogne. C'est en effet Gondebaut qui la porta au commencement du sixième siècle ; elle fut exécutée dans la Bourgogne, devenue province de France, & maintenue par les rois françois qui y commandèrent, comme les *loix* romaines subsistèrent dans le pays où les rois visigots avoient régné, & dont ils furent chassés.

Les loix Ripuaires dûrent leur origine, comme plusieurs le pensent, à Théodoric, fils de Clovis ; le nom de *Ripuaires* a été donné à ces peuples qui habitoient entre le Rhin, la Moselle & la Meuse, & sur les bords de ces fleuves. Quelques auteurs croient que les ripuaires sont les anciens francs, ainsi nommés, parce qu'ils habitoient les rivages du Sol & de Main. D'autres disent enfin qu'on appelloit ainsi les peuples qui habitoient en-deçà du Rhin, de l'Escaut & de la Meuse.

Aucun peuple n'a été aussi renommé par ses *loix* que les lombards, qui fondèrent en Italie une puissante monarchie que Charlemagne détruisit. Les *loix* lombardes étoient équitables, claires & précises, & elles furent fidelement exécutées par les rois & par les sujets. C'est Rotheric, roi des lombards, Arien, prince juste, d'une prudence consommée & d'une valeur extraordinaire, qui le premier donna des *loix* écrites aux lombards. Ses successeurs l'imitèrent, & de leurs édits se forma insensiblement un volume qu'on appella les *loix lombardes*. Les droits des fiefs en Italie prirent naissance dans ces *loix* que quelques villes de cette belle région, & principalement le royaume de Naples, suivent encore aujourd'hui préférablement aux *loix* romaines : on en a même inféré quelques-unes dans le droit canonique. C'est vers la fin du quinzième siècle que le droit féodal des lombards s'introduisit en Allemagne ; & depuis ce temps-là il a été regardé, dans le corps germanique, comme un droit coutumier pour les fiefs.

A proprement parler, il n'y avoit plus de *loix* en France : on ne suivoit que des usages établis par l'anarchie, sur la fin de la seconde race de nos rois & au commencement de la troisième, lorsqu'on recommença à étudier le droit romain ; mais ce ne fut pas le droit contenu dans le code Théodosien, qui, avant le temps des désordres, étoit appellé *le droit romain* dans les Gaules & dans les Espagnes. Il n'étoit déja plus connu que de quelques savans, & il demeura dans l'oubli jusqu'au commencement du seizième siècle. On l'imprima sur trois manuscrits trouvés en Allemagne. Cette édition est celle de Charlemagne, ou, pour mieux dire, celle d'Alaric. On a trouvé

depuis une partie de ce code, tel que Théodose l'avoit fait.

Le droit romain qu'on commença à étudier au temps dont je parle, que l'on étudie encore aujourd'hui en France, & sur lequel on prend des degrés dans les universités pour entrer au barreau, ou pour être reçu dans les offices de judicature, est le droit de Justinien, qui jusques-là avoit été peu connu en occident : car, dans le temps que cet empereur le fit publier, il n'étoit observé que dans les deux provinces de l'Europe qui lui obéissoient paisiblement, la Grèce & la plus grande partie de l'Illyrie, & dans la partie de l'Italie où les romains se maintenoient encore par les armes. Cette partie est ce qu'on appelle aujourd'hui la Romagne, avec le reste des terres de l'église, le royaume de Naples & la Sicile.

Voyez les articles ARISTOCRATIE, DÉMOCRATIE, MONARCHIE, LÈSE-MAJESTÉ, & tous les articles qui ont rapport aux défenses & aux prohibitions usitées dans les états.

LOMBARDIE. *Voyez* les articles PIÉMONT, MILANEZ & VENISE.

LOMMERSUM, état d'Allemagne. *Voyez* l'article KERPEN.

LORE. *Voyez* l'article HOHNSTEIN.

LORRAINE, province de France. *Voyez* dans le dictionnaire de Géographie, l'époque de sa réunion à la couronne.

LOTERIE. *Voyez* le dictionnaire de Finances.

LOUISIANE, contrée de l'Amérique septentrionale, entre la Floride & le nouveau Mexique : sa position n'a jamais été déterminée d'une manière bien fixe : on verra dans le cours de cet article, que d'après l'étendue qu'on lui assignoit, il y a cinquante ans, une partie de ce pays se trouve compris aujourd'hui dans l'espace assigné aux Etats-Unis, par le traité de paix avec l'Angleterre : cette remarque générale suffit ici, & le lecteur peut faire ces rapprochemens en comparant l'ancienne carte de la *Louisiane*, & la carte actuelle des républiques américaines.

Nous donnerons quelque étendue à cet article : il a un rapport immédiat avec le déplorable *système* qui a produit en France des effets si extraordinaires & si fâcheux.

La *Louisiane*, que les espagnols comprenoient autrefois dans la Floride, resta long-temps inconnue aux habitans du Canada. Ce ne fut qu'en 1660 qu'ils en soupçonnèrent l'existence. Avertis à cette époque, par les sauvages, qu'il y avoit à l'occident de la colonie un grand fleuve qui ne couloit ni à l'est, ni au nord, ils en concluent qu'il devoit se rendre au golfe du Mexique, s'il couloit au sud, ou dans l'océan pacifique, s'il se déchargeoit à l'ouest. Le soin d'éclaircir ces faits importans fut confié, en 1673, à Joliet, habitant de Québec, homme très-intelligent, & au jésuite Marquette, dont les mœurs douces & compatissantes étoient généralement chéries.

Aussi-tôt

Aussi-tôt ces deux hommes, également désintéressés, également actifs, également passionnés pour leur patrie, partent ensemble du lac Michigan, entrent dans la rivière des Renards qui s'y décharge, la remontent jusques vers sa source, malgré les courans qui en rendent la navigation difficile. Après quelques jours de marche, ils se rembarquent sur le Ouisconsing, & naviguant toujours à l'ouest, ils se trouvent sur le Mississipi, qu'ils descendent jusqu'aux Akansas, vers les trois degrés de latitude. Leur zèle les poussoit plus loin; mais ils manquoient de subsistances; mais ils se trouvoient dans des régions inconnues; mais ils n'avoient que trois ou quatre hommes avec eux; mais l'objet de leur voyage étoit rempli, puisqu'ils avoient découvert le fleuve qu'on cherchoit, & qu'ils étoient assurés de sa direction. Ces considérations les déterminèrent à reprendre la route du Canada à travers le pays des illinois, peuplade assez nombreuse & très-disposée à s'allier avec leur nation. Sans rien cacher, sans rien exagérer, ils communiquèrent au chef de la colonie les lumières acquises.

La Nouvelle-France comptoit alors au nombre de ses habitans, un normand nommé Lasale, possédé de la double passion de faire une grande fortune, & de parvenir à une réputation brillante. Ce personnage avoit acquis dans la société des jésuites, où il avoit passé sa jeunesse, l'activité, l'enthousiasme, le courage d'esprit & de cœur, que ce corps célèbre savoit si bien inspirer aux ames ardentes dont il aimoit à se recruter. Lasale, prêt à saisir toutes les occasions de se signaler, impatient de les faire naître, audacieux & entreprenant, voit enfin dans la découverte qui vient d'être faite, une vaste carrière ouverte à son ambition & à son génie. De concert avec Frontenac, gouverneur du Canada, il s'embarque pour l'Europe, se présente à la cour de Versailles, s'y fait écouter, se fait admirer dans un temps où la passion des grandes choses échauffoit à la fois le monarque & la nation. Il en revient comblé de faveurs, & avec l'ordre d'achever ce qu'on avoit si heureusement commencé.

C'étoit un beau projet. Pour en rendre l'exécution utile & solide, il falloit, par des forts placés de distance en distance, s'assurer des contrées qui séparoient le Mississipi des établissemens françois; il falloit gagner l'affection des peuplades errantes ou sédentaires dans ce vaste espace. Ces opérations, lentes de leur nature, furent encore retardées par des accidens inattendus, par la malveillance des iroquois, par les émeutes répétées des soldats, que le despotisme & l'inquiétude de leur chef aigrissoient continuellement. Aussi Lasale, qui avoit commencé ses préparatifs au mois de septembre 1678, ne put-il naviguer que le 2 février 1682 sur le grand fleuve qui fixoit ses vœux & ses espérances. Le 9 avril, il en reconnut l'embouchure qui, comme on l'avoit prévu, se trouva

dans le golfe du Méxique; & il étoit de retour à Québec au printemps de l'année suivante.

Il part aussi-tôt pour aller proposer en France la découverte du Mississipi par mer, & l'établissement d'une grande colonie sur les fertiles rives qu'arrose ce fleuve. La cour se rend à son éloquence ou à ses raisons. On lui donne quatre petits bâtimens, avec lesquels il vogue vers le golfe du Méxique. Pour avoir trop pris à l'ouest, la petite flotte manque son terme, & se trouve au mois de février 1685 dans la baie Saint-Bernard, à cent lieues de l'embouchure où l'on s'étoit proposé d'entrer. La haine irréconciliable qui s'est formée entre le chef de l'entreprise & Beaujeu, commandant des vaisseaux, rend cette erreur infiniment plus funeste qu'elle ne devoit l'être. Impatiens de se séparer, ces deux hommes altiers se décident à tout débarquer sur la côte même où le hasard les a conduits. Après cette opération désespérée, les navires s'éloignent; & il ne reste sur ces plages inconnues que cent soixante-dix hommes, la plupart très-corrompus, & tous mécontens avec raison de leur situation. Ils n'ont que peu d'outils, peu de vivres, peu de munitions. Le reste de ce qui devroit servir à la fondation du nouvel état, a été englouti dans les flots par la perfidie ou la maladresse des officiers de mer, chargés de le mettre à terre.

Cependant l'ame fière & inébranlable de Lasale n'est pas abattue par ces revers. Soupçonnant que les rivières qui se déchargent dans la baie où l'on est entré, peuvent être des branches du Mississipi, il emploie plusieurs mois à éclaircir ses doutes. Désabusé de ces espérances, il perd sa mission de vue. Au lieu de chercher parmi les sauvages des guides qui le conduiroient à sa destination, il veut pénétrer dans l'intérieur des terres, & prendre connoissance des fabuleuses mines de Sainte-Barbe. Cette idée folle l'occupoit uniquement, lorsqu'au commencement de 1687 il est massacré par quelques-uns de ses compagnons, irrités de ses hauteurs & de ses violences.

La mort du chef disperse la troupe. Les scélérats qui l'ont assassiné périssent par les mains les uns des autres. Plusieurs s'incorporent aux tribus indiennes. La faim & les fatigues en consument un assez grand nombre. Les espagnols voisins chargent de fers quelques-uns de ces aventuriers, qui finissent leurs jours dans les mines. Les sauvages surprennent le fort qu'on avoit construit, & immolent à leur rage ce qui s'y trouve. Il n'échappe à tant de désastre que sept hommes qui, ayant erré jusqu'au Mississipi, se rendent au Canada par le pays des illinois. Ces malheurs font oublier en France une région encore peu connue.

D'Iberville, gentilhomme canadien, qui avoit fait à la baie d'Hudson, en Acadie & à Terre-Neuve des coups de main très-hardis & non moins heureux, réveille, en 1697, l'attention du

T

miniftère. On le fait partir de Rochefort avec deux vaiffeaux. Il découvre le Miffiffipi en 1699, le remonte jufqu'aux Natchez ; & après s'être affuré par lui-même de tout ce qu'on avoit publié d'avantageux, il conftruit à fon embouchure un petit fort qui ne fubfifte que quatre ou cinq ans. Cependant il va établir ailleurs fa colonie.

Entre le fleuve & Penfacole, que les efpagnols venoient d'élever dans la Floride, eft une côte d'environ quarante lieues d'étendue, où aucun bâtiment ne peut aborder. Le fol en eft fablonneux & le climat brûlant. On n'y voit que quelques cèdres, quelques pins épars. Dans ce grand efpace eft un canton, nommé *Biloxi*. Cette pofition, la plus trifte, la plus ftérile de ces contrées, eft celle qu'on choifit pour fixer le petit nombre d'hommes qu'Iberville avoit amenés fous l'appas des plus grandes efpérances.

Deux ans après arrive une nouvelle peuplade. On retire la première des fables arides où elle avoit été jettée, & toutes deux font réunies fur les bords de la Mobile. Cette rivière n'eft navigable que pour des pirogues; les terres qu'elle arrofe ne font pas fertiles. C'étoient des motifs fuffifans pour abandonner l'idée d'un pareil établiffement. Il n'en fut pas ainfi. On décida que ces défavantages feroient compenfés par la facilité des communications avec les fauvages voifins, avec les efpagnols, avec les ifles françoifes & avec l'Europe. Le port qui devoit former ces liaifons, ne tenoit pas au continent. Un hafard heureux ou malheureux l'avoit placé à quelques lieues de la côte, dans une ifle déferte, ingrate & fauvage, qu'on décora du grand nom d'*Ifle-Dauphine*.

Une colonie, fondée fur de fi mauvaifes bafes, ne pouvoit profpérer. La mort d'Iberville, qui en 1706 termina fa carrière devant la Havane, en fervant glorieufement fa patrie dans la marine, acheva d'éteindre le peu d'efpoir qui reftoit aux plus crédules. On voyoit la France trop occupée d'une guerre défaftreufe, pour en pouvoir attendre des fecours. Les habitans fe croyoient à la veille d'un abandon total; & ceux qui fe flattoient de pouvoir trouver ailleurs un afyle, s'empreffoient de l'aller chercher. Il ne reftoit que vingt-huit familles, plus miférables les unes que les autres, lorfqu'on vit avec furprife Crozat demander en 1712 & obtenir pour quinze ans le commerce exclufif de la *Louifiane*.

C'étoit un négociant célèbre, qui, par de vaftes entreprifes, fagement combinées, avoit élevé l'édifice d'une fortune immenfe. Il n'avoit pas renoncé à augmenter fes richeffes, mais il vouloit que fes nouveaux projets contribuaffent à la profpérité de la monarchie. Une ambition fi noble tourna fes regards vers le Miffiffipi. Le foin d'en défricher le fol fertile, ne l'occupa pas. Son but étoit d'ouvrir, par terre & par mer, des communications avec l'ancien & le nouveau Mexique, d'y verfer des marchandifes de toutes les

efpèces, & d'en tirer le plus qu'il pourroit de métaux. La conceffion qu'il avoit defirée lui paroiffoit l'entrepôt naturel & néceffaire de fes vaftes opérations, & les démarches de fes agens furent dirigées fur ce plan magnifique. Mais diverfes tentatives, toutes infructueufes, l'ayant défabufé de fes efpérances, il fe dégoûta de fon privilège, & le remit en 1717 à une compagnie, dont le fuccès étonna toutes les nations.

Cette compagnie fut formée par Law, ce célèbre écoffois, fur lequel on n'eut pas, dans le temps, des idées bien arrêtées, & dont le nom paroît aujourd'hui placé entre la foule des fimples aventuriers & le petit nombre des grands hommes. L'occupation de ce génie hardi étoit, depuis fon enfance, de porter un œil curieux & réfléchi fur toutes les puiffances de l'Europe, d'en approfondir les refforts, d'en calculer les forces. L'état où l'ambition défordonnée de Louis XIV avoit plongé la France, fixa finguliérement fes regards. Ils s'arrêtèrent fur des ruines. Un empire qui, durant quarante ans, avoit caufé tant de jaloufie, tant d'inquiétude à tous fes voifins, ne montroit plus ni vigueur ni vie. L'état étoit écrafé par les befoins du fifc, & le fifc par l'énormité de fes engagemens. En vain on avoit réduit la dette publique, dans l'efpoir de redonner du prix aux créances refpectées. Cette banqueroute n'avoit produit que très-imparfaitement l'efpèce de bien qu'on en attendoit. Les papiers-royaux étoient encore infiniment au-deffous de leur valeur originaire.

Il falloit ouvrir un débouché aux effets pour prévenir leur difcrédit total. La voie du rembourfement étoit impraticable, puifque les intérêts pour les fommes dues abforboient prefqu'entiérement les revenus du gouvernement. Law imagina un autre expédient. Au mois d'août 1717 il fit créer, fous le nom de *compagnie d'occident*, une affociation, dont les fonds devoient être faits avec des billets d'état. Ce papier étoit reçu pour fa valeur entière, quoiqu'il perdît cinquante pour cent dans le commerce. Auffi le capital, qui n'étoit que de cent millions, fut-il rempli dans peu de jours. Il eft vrai qu'avec ces finguliers moyens on ne pouvoit pas fonder une puiffante colonie dans la *Louifiane*, comme le privilège exclufif fembloit l'exiger : mais un efpoir d'un autre genre foutenoit l'auteur de ces nouveautés.

Ponce de Léon n'eut pas plutôt abordé à la Floride, en 1512, qu'il fe répandit dans l'ancien & le nouveau-Monde, que cette région étoit remplie de métaux. Ils ne furent découverts, ni par François de Cordoue, ni par Velafquez de Ayllon, ni par Philippe de Narvaez, ni par Ferdinand de Soto, quoique ces hommes entreprenans les euffent cherchés pendant trente ans avec des fatigues incroyables. L'Efpagne avoit enfin renoncé à fes efpérances; elle n'avoit même laiffé aucun monument de fes entreprifes, & cependant il étoit resté vaguement dans l'opinion des peuples que ces contrées renfermoient des trésors immenses. Personne ne désignoit le lieu précis où ces richesses pouvoient être : mais cette ignorance même servoit d'encouragement à l'exagération. Si l'enthousiasme se refroidissoit par intervalles, ce n'étoit que pour occuper plus vivement les esprits quelque temps après. Cette disposition générale à une crédulité avide pouvoit devenir un merveilleux instrument dans des mains habiles.

Dans les temps malheureux, il en est des espérances du peuple comme de ses terreurs, comme de ses fureurs. Dans ses fureurs, en un clin-d'œil les places sont remplies d'une multitude qui s'agite & qui menace. La nuit vient ; le tumulte cesse, & la tranquillité renaît. Dans ses terreurs, en un clin-d'œil la consternation se répand d'une ville dans une autre ville, & plonge dans l'abattement toute une nation. Dans ses espérances, le fantôme du bonheur, non moins rapide, se présente par-tout. Par-tout il relève les esprits, & les bruyans transports de l'allégresse succèdent au morne silence de l'infortune. La veille, tout étoit perdu ; le jour suivant, tout est sauvé.

De toutes les passions qui s'allument dans le cœur de l'homme, il n'y en a point dont l'ivresse soit aussi violente que celle de l'or. On connoît le pays des belles femmes, & l'on n'est point tenté d'y voyager. L'ambition sédentaire s'agite dans une enceinte assez étroite. La fureur des conquêtes est la maladie d'un seul homme qui en entraîne une multitude d'autres à sa suite. Mais supposez tous les peuples de la terre également policés, & l'avidité de l'or déplacera les habitans de l'un & l'autre hémisphère. Partis des deux extrémités du diamètre de l'équateur, ils se croiseront sur la route d'un pole à l'autre.

Law, auquel ce grand ressort étoit bien connu, persuada aisément aux françois, la plupart ruinés, que les mines de la *Louisiane*, dont on avoit si long-temps parlé, étoient enfin trouvées ; qu'elles étoient même plus abondantes que la renommée ne l'avoit publié. Pour donner plus de poids à cette fausseté, déja trop accréditée, on fit partir les ouvriers destinés à mettre en valeur une découverte si précieuse, avec les troupes nécessaires pour les soutenir.

L'impression que fit ce stratagème sur un peuple singulièrement passionné pour les nouveautés, est inexprimable. Chacun s'agitoit pour acquérir le droit de puiser dans cette source regardée comme inépuisable. Le Mississipi devint un centre où tous les vœux, toutes les espérances, toutes les combinaisons se réunissoient. Bientôt des hommes riches, puissans, & qui la plupart passoient pour éclairés, ne se contentèrent pas de participer au gain général du monopole ; ils voulurent avoir des propriétés particulières dans une région qui passoit pour le meilleur pays du monde. Pour l'exploitation de ces domaines, il falloit des bras. La

France, la Suisse & l'Allemagne fournirent avec abondance des cultivateurs qui, après avoir travaillé trois ans gratuitement pour celui qui auroit fait les frais de leur transplantation, devoient devenir citoyens, posséder eux-mêmes des terres, & les défricher.

Durant les accès de cette fièvre ardente, ou dans les années 1718 & 1719, on entassoit sans soin & sans choix, dans des navires, tous ces malheureux. Ils n'étoient pas déposés à l'Isle-Dauphine, dont des monceaux de sable venoient de combler la rade. Ils n'étoient pas jettés à la Mobile, à laquelle il ne restoit plus rien depuis qu'elle avoit perdu son port. C'étoit le Biloxi, cet affreux Biloxi, qui recevoit tous les nationaux, tous les étrangers qu'on avoit séduits. Ils périssoient par milliers, de faim, d'ennui & de chagrin. Pour les conserver, il n'auroit fallu que les faire entrer dans le Mississipi, que les placer sur les terreins qu'ils devoient mettre en valeur. Mais telle étoit l'impéritie ou la négligence de ceux qui dirigeoient l'entreprise, qu'ils ne firent jamais construire les bateaux nécessaires pour une opération si simple. Après même qu'on se fut assuré que les navires qui arrivoient d'Europe, pouvoient la plupart remonter le fleuve, le Biloxi continua à être le tombeau des tristes victimes d'une imposture politique. On ne transféra le quartier général de la Nouvelle-Orléans qu'au bout de cinq ans, c'est-à-dire, lorsqu'il ne restoit presqu'aucun des infortunés qui s'étoient si légèrement expatriés.

Mais, à cette époque trop tardive, le charme étoit rompu. Les mines avoient disparu. Il ne restoit que la confusion d'avoir embrassé des chimères. La *Louisiane* éprouvoit le sort de ces hommes singuliers, dont on s'est fait d'abord une idée trop avantageuse, & qu'on punit de cette renommée en les rabaissant au-dessous de leur valeur réelle. On cherche par l'excès du blâme à persuader qu'on n'a pas donné dans l'erreur commune. Comment en effet imaginer qu'on s'acharnât à dire du mal de soi ? Ce pays d'enchantement fut en exécration. Son nom devint un nom d'opprobre. Le Mississipi fut la terreur des hommes libres. On ne lui trouva plus de colons que dans les prisons, que dans les lieux de débauche. Ce fut un cloaque où aboutirent toutes les immondices du royaume.

Que pouvoit-on espérer d'un édifice élevé avec ces matériaux ? Le vice ne peuple point, ne travaille point, ne se fixe point. Plusieurs des misérables qui avoient été transplantés dans ces climats sauvages, allèrent étaler dans les établissemens anglois ou espagnols le dégoûtant spectacle de leur nudité. D'autres périrent très-rapidement du poison dont ils avoient apporté le germe. Le plus grand nombre erra dans les forêts, jusqu'à ce que la faim & les fatigues eussent terminé son sort. Rien n'étoit commencé dans la colonie, & cependant on y avoit enterré vingt-cinq millions. Les administrateurs de la compagnie qui faisoit ces énormes avances, avoient la folle prétention de former, dans la capitale de la France, le plan des entreprises qui convenoient à ce nouveau-Monde. Paris, qui ne connoît pas même les provinces qu'il dedaigne & qu'il épuise; Paris vouloit tout soumettre aux opérations de ses frivoles & rapides calculateurs. De l'hôtel de la compagnie, on arrangeoit, on façonnoit, on dirigeoit chaque habitant de la *Louisiane*, avec les gênes & les entraves qu'on jugeoit bien ou mal favorables au monopole. De légers encouragemens, accordés à des citoyens qu'on auroit appellés dans la colonie, en leur assurant cette liberté que tout homme désire, la propriété qu'il a droit d'attendre de son travail, & la protection que toute société doit à ses membres : ces encouragemens donnés à des propriétaires guidés par les circonstances locales, éclairés par l'intérêt personnel, auroient produit des effets infiniment plus grands & plus durables, des établissemens plus étendus, plus solides & plus utiles que tous ceux qu'un privilége exclusif avoit pu faire avec ses trésors, administrés & distribués par des agens qui ne pouvoient avoir, ni toutes les connoissances nécessaires à tant d'opérations différentes, ni même un intérêt immédiat au succès.

Cependant le ministère croyoit important au bien de l'état de laisser la *Louisiane* entre les mains de la compagnie. Ce corps eut besoin de tout son crédit pour obtenir la permission d'aliéner cette portion de son privilège. On lui fit même acheter en 1731 cette faveur par le sacrifice d'une somme de 1,450,000 liv.

Tout le temps que le privilége exclusif avoit tenu la *Louisiane* dans les fers, il avoit exigé, selon les distances, cinquante, soixante, quatre-vingt, cent pour cent de bénéfice sur les marchandises qu'il y faisoit passer; il avoit réglé, par un tarif plus oppresseur encore, le prix des denrées que la colonie lui livroit. Comment un établissement naissant auroit-il pu faire des progrès sous le joug d'une pareille tyrannie? Aussi le découragement étoit-il universel. Pour redonner du ressort & de l'énergie aux esprits, le gouvernement voulut qu'une possession, devenue vraiment nationale, éprouvât de plus heureuses influences. Dans cette vue, il régla que tout ce que le commerce de France porteroit dans cette contrée, que tout ce qu'il en rapporteroit, seroit exempt pendant dix ans de tous les droits d'entrée & de sortie. Voyons à quel degré de prospérité une disposition si sage éleva cette région célèbre.

On donnoit alors le nom de *Louisiane* à une vaste contrée, bornée au midi par la mer, au levant par la Floride & la Caroline, au couchant par le Nouveau-Mexique, au nord par le Canada & par les terres inconnues, qui se trouvent jusqu'à la baie de Hudson. Sa longueur n'étoit pas fixée avec précision; mais sa largeur commune passoit pour être de deux cents lieues.

En supposant une ligne tirée à quelques lieues de l'embouchure du Mississipi, tout ce qui est à l'est de ce fleuve jusqu'aux lacs, fait aujourd'hui partie des Etats-Unis : nous ignorons si, à l'époque du traité de paix entre l'Angleterre & les républiques d'Amérique, l'Espagne a réclamé ces terres comme dépendantes de la *Louisiane* : & en effet, l'étendue de la *Louisiane*, telle qu'on la voit sur les anciennes cartes, n'étoit fondée que sur la fantaisie des géographes ou des faiseurs de projets. Peut-être le ministère britannique a-t-il cédé la Floride orientale aux espagnols pour les dédommager? Mais les défenseurs du traité n'ont fait cette réponse ni à la chambre des pairs, ni à celles des communes.

Climat, sol. Le climat varie beaucoup dans un si grand espace. A la basse-*Louisiane*, les brouillards sont trop communs au printemps & durant l'automne; l'hiver est pluvieux, & accompagné de loin en loin de foibles gelées; la plupart des jours d'été sont gâtés par de violens orages. Sur ce vaste espace, les chaleurs ne sont nulle part telles qu'on devroit les attendre de sa latitude. Les épaisses forêts qui empêchent les rayons du soleil d'échauffer ce sol; des rivières innombrables qui y entretiennent une humidité habituelle; les vents qui, par une longue continuité de terres, arrivent du nord : toutes ces raisons expliquent aux yeux des physiciens ce phénomène étonnant pour le vulgaire.

Quoique les maladies ne soient pas communes dans la haute-*Louisiane*, elles sont peut-être plus rares dans la basse. Ce n'est toutefois qu'une langue de terre de deux ou trois lieues de largeur, remplie d'insectes, d'eaux stagnantes, de matières végétales qui croupissent dans une athmosphere humide & chaude, principe constant de la dissolution des corps. Sous ce ciel, où tous les êtres morts subissent généralement une putréfaction rapide, l'homme jouit d'une santé plus affermie que dans les régions qui tout porteroit à croire plus salubres.

Antérieurement à tous les essais, on devoit croire cette région susceptible d'une grande fécondité. Elle étoit remplie de fruits sauvages. Une multitude prodigieuse d'oiseaux & de bêtes fauves y trouvoient une subsistance abondante. Ses prairies, formées par la nature seule, étoient couvertes de chevreuils & de bisons. Les arbres étoient remarquables par leur grosseur, par leur élévation; & il n'y manquoit ni les bois de teinture, qui ne croissent qu'entre les tropiques. D'heureuses expériences ont depuis confirmé ces augures favorables.

Mississipi, sa navigation. On n'a pas encore découvert la source du fleuve qui coupe du nord au sud ce pays immense. Les voyageurs les plus déterminés ne l'ont guère remonté que deux cents lieues au-dessus du saut Saint-Antoine, qui en barre le cours par une cascade assez haute, vers les quarante-six degrés de latitude. De là jusqu'à

LOU

la mer, c'est-à-dire, dans un circuit de sept cens lieues, la navigation n'est pas interrompue. Le Mississipi arrive sans obstacle à l'Océan, après avoir été grossi par la rivière des Illinois, par le Missouri, par l'Ohio, par cent rivières moins considérables.

Quand on ne considère que la largeur & la profondeur du Mississipi, on est porté à croire que la navigation y est très-facile. Cependant elle est lente, même en descendant, parce qu'il y auroit du danger à la continuer pendant la nuit dans des temps obscurs; & qu'au lieu de ces légers canots d'écorce, qui sont d'un usage si commode dans le reste de l'Amérique, il faut employer des pirogues plus solides, & par conséquent plus lourdes, plus difficiles à manier. Sans ces précautions, on seroit sans cesse exposé à heurter contre les branches ou contre les racines des arbres entraînés en foule par le fleuve, & souvent arrêtés sous l'eau. Les difficultés augmentent encore, quand il s'agit de remonter.

À une assez grande distance des terres, il faut, avant que d'entrer dans le Mississipi, se débarrasser des bois flottans qui sont descendus de la Louisiane. La côte est si plate, qu'on l'apperçoit à peine de deux lieues, & qu'il n'est pas facile d'y aborder. Les embouchures du fleuve sont multipliées : elles changent d'un moment à l'autre, & la plupart n'ont que fort peu d'eau. Lorsque les navires ont heureusement franchi tant d'obstacles, ils naviguent assez paisiblement dix ou douze lieues, à travers un pays noyé, où l'œil n'apperçoit que des joncs & quelques arbustes. Ils trouvent alors sur les deux rives, des forêts épaisses qu'ils franchissent en deux ou trois jours, à moins que des calmes, assez ordinaires durant l'été, n'arrêtent leur marche. Il faut ensuite se faire touer, ou attendre un nouveau vent pour passer le détroit à l'Anglois, & arriver à la Nouvelle-Orléans. Le reste de la navigation, sur un fleuve si rapide, si rempli de courans, se fait avec des bateaux à rame & à voile, qui sont forcés d'aller de pointe en pointe, & qui, partis dès l'aurore, ont beaucoup avancé, quand, à l'entrée de la nuit, ils se trouvent avoir fait cinq ou six lieues. Les européens qui y sont embarqués, se font suivre par terre de chasseurs sauvages, qui fournissent à leur subsistance, pendant un espace d'environ trois mois & demi que dure la navigation, d'une extrémité de la colonie à l'autre.

Ces difficultés locales sont les plus grandes que la France ait eu à surmonter dans la formation de ses établissemens à la Louisiane.

Les anglois fixés à l'est ont toujours été si occupés de leurs cultures, qu'ils n'ont jamais songé qu'à les étendre, qu'à les perfectionner. L'esprit de conquête ou de ravage ne les a pas détournés de leurs travaux. Eussent-ils eu du penchant à la jalousie, les françois ne se conquisoient pas de manière à la provoquer.

Entreprises des espagnols pour écarter au nouveau-Mexique les colonies angloises de l'Amérique septentrionale. Les espagnols, pour leur malheur, furent plus entreprenans du côté de l'ouest. L'envie d'éloigner du nouveau-Mexique un voisin actif, leur fit former, en 1720, le projet de pousser une peuplade considérable fort au-delà des limites dans lesquelles ils s'étoient jusqu'alors renfermés. La nombreuse caravane qui devoit la composer, partit de Santa-Fé. Elle dirigea sa marche vers les osages, qu'on vouloit armer contre leurs ennemis, les missouris, dont on avoit résolu d'occuper la place. Les espagnols s'égarèrent : ils arrivèrent précisément chez la nation dont ils méditoient la perte; & se croyant où ils avoient voulu se rendre, ils expliquèrent sans détour le sujet qui les amenoit.

Le chef des missouris, instruit par cette méprise singulière du danger que lui & les siens avoient couru, dissimula son ressentiment. Il promit de concourir avec joie au succès de l'entreprise qui lui étoit proposée, & ne demanda que quarante-huit heures pour rassembler ses guerriers. Lorsqu'ils se virent armés, au nombre de deux mille, ils fondirent sur les espagnols qu'on avoit amusés par des jeux, & les égorgèrent dans le sommeil. Tout fut massacré, hommes, femmes, enfans. L'aumônier seul échappa au carnage, & encore ne dut-il sa conservation qu'à la singularité de ses vêtemens. Cette catastrophe ayant rassuré la Louisiane du côté qui paroissoit le plus menacé, la colonie ne pouvoit plus être troublée que par les naturels du pays.

Progrès de la colonie de la Louisiane entre les mains des françois, & obstacles qu'elle éprouve. Les naturels du pays, quoique plus nombreux alors que de nos jours, n'étoient pas fort redoutables.

Ces sauvages se trouvoient divisés en plusieurs nations, toutes très-foibles, toutes ennemies, quoique séparées par des déserts immenses. Quelques-unes avoient une demeure fixe. Des feuillages entrelacés, étendus sur des pieux, formoient leurs habitations. Des peaux de bêtes fauves couvroient les tribus qui n'alloient pas tout-à-fait nues. La chasse, la pêche, le maïs, quelques fruits fournissoient à leur nourriture. On leur trouvoit les mêmes habitudes qu'aux peuples du Canada, mais avec moins de force & de courage, moins d'énergie & d'intelligence, moins de caractère. Nous avons donné à l'article ÉTATS-UNIS un état des diverses tribus de sauvages, qui se trouvent dans l'enceinte ou à la portée des nouvelles républiques américaines, & nous y renvoyons le lecteur. Mais lorsque les françois parurent à la Louisiane, ce peuple ne comptoit que deux mille guerriers, & ne formoit que quelques bourgades placées à une grande distance les unes des autres, mais toutes rapprochées du Mississipi.

Ce défaut de population n'empêchoit pas que le pays des Natchez ne fût excellent. Le climat en est sain & tempéré ; le sol se prête à des cultures riches & variées : le terrein est assez élevé pour n'avoir rien à craindre des inondations du fleuve. Cette contrée est généralement ouverte, étendue, arrosée, couverte de jolis côteaux, d'agréables prairies, de bois délicieux, jusqu'aux Apalaches. Aussi les premiers françois qui la reconnurent, jugèrent-ils que, malgré l'éloignement où elle étoit de la mer, ce seroit avec le temps le centre de la colonie. Cette opinion les y attira en foule. Ils furent accueillis favorablement, & soulagés par les sauvages dans l'établissement des plantations qu'ils vouloient former. Des échanges réciproquement utiles commencèrent entre les deux nations une amitié qui paroissoit sincère. Elle seroit devenue solide, si les liens n'en avoient été chaque jour affoiblis par l'avidité des européens. Ces étrangers n'avoient d'abord demandé les productions du pays qu'en négocians honnêtes. Ils dictèrent depuis impérieusement les conditions du commerce. A la fin, ils ravirent ce qu'ils étoient las de payer, même à vil prix. Leur audace s'accrut au point de chasser le cultivateur indigène des champs qu'il avoit défrichés.

Cette tyrannie étoit atroce. Pour en arrêter le cours, les natchez employèrent, mais sans succès, les plus humiliantes supplications. Dans leur désespoir, ils tentèrent d'associer à leur ressentiment les peuples de l'est, dont les dispositions leur étoient connues ; & ils réussirent à former, sur la fin de 1729, une ligue presque universelle, dont le but étoit d'exterminer en un seul jour la race entière de leurs oppresseurs. La négociation fut si heureusement conduite, que le secret n'en fut pénétré ni par les sauvages, amis des françois, ni par les françois eux-mêmes. Ce qui est sûr, c'est que, sur deux cents vingt françois qui étoient alors dans cet établissement, il y en eut deux cents de massacrés : les femmes enceintes, ou qui avoient des enfans en bas âge, n'eurent pas une destinée plus heureuse ; & les autres, restées prisonnières, furent exposées à la brutalité des assassins de leurs fils & de leurs époux.

Au bruit de cet événement, la colonie entière se crut perdue. Elle ne pouvoit opposer à la foule d'ennemis qui la menaçoient de toutes parts, que quelques palissades à demi-pourries, qu'un petit nombre de vagabonds mal armés & sans discipline. Perrier, en qui résidoit l'autorité, n'avoit pas une meilleure opinion de la situation des choses. Cependant il montra de l'assurance, & cette audace lui tint lieu de forces. Les sauvages ne le crurent pas seulement en état de se défendre, mais encore de les attaquer. Pour écarter les soupçons qu'on pouvoit avoir conçus contr'eux, ou dans l'espoir d'obtenir leur grace, plusieurs de ces nations joignirent leurs guerriers aux siens, pour assurer sa vengeance.

Il eût fallu, pour réussir, d'autres troupes que des alliés mal intentionnés & des soldats qui servoient par force. Cette milice marcha vers le pays des natchez avec une lenteur qui n'étoit pas d'un fort bon augure ; elle attaqua leurs forts avec une mollesse qui ne promettoit aucun succès. Heureusement les assiégés offrirent de relâcher tous les prisonniers qu'ils avoient en leur puissance, si l'on consentoit à se retirer ; & cette proposition fut acceptée avec une joie extrême.

Mais Perrier, ayant reçu quelques secours d'Europe, recommença les hostilités dans les premiers jours de l'an 1731. A la vue de ce nouveau péril, la division se mit parmi les natchez, & cette mésintelligence entraîna la ruine de la nation entière. Quelques foibles corps de ces sauvages furent passés au fil de l'épée ; un grand nombre furent envoyés esclaves à Saint Domingue. Ce qui avoit échappé à la servitude & à la mort, se réfugia chez les chicachas.

C'étoit le peuple le plus intrépide de ces contrées. On connoissoit ses liaisons intimes avec les anglois. Sa vertu chérie étoit l'hospitalité. Pour toutes ces raisons, on craignit de lui proposer d'abord de livrer ceux des natchez, auxquels il avoit accordé asyle. Mais le successeur de Perrier, Bienville, se crut autorisé à les demander. La réponse des chicachas fut celle de l'indignation & du courage. Des deux côtés, on courut aux armes en 1736. Les françois furent battus en rase campagne, & repoussés avec perte sous les palissades de leur ennemi. Encouragés quatre ans après par les secours qu'ils avoient reçus du Canada, ils voulurent tenter de nouveau la fortune. Ils succomboient encore, lorsque des circonstances favorables les réconcilièrent avec ces sauvages. Depuis cette époque, la tranquillité de la *Louisiane* ne fut plus troublée. On va voir à quel degré de prospérité cette longue paix avoit élevé la colonie.

Ce qu'étoit devenue la colonie de la Louisiane, *le traité de paix de 1763 l'a cédée à l'Espagne, & ce qu'elle est aujourd'hui.* Les côtes de la *Louisiane,* toutes situées sur le golfe du Mexique, sont généralement basses & couvertes d'un sable aride. Elles sont inhabitées & inhabitables. On n'a jamais songé à y élever aucune fortification.

Quoique les françois dussent souhaiter de s'approcher du Mexique, ils n'avoient formé aucun établissement sur la côte qui est à l'ouest du Mississipi. On craignoit sans doute d'offenser l'Espagne, qui n'auroit pas souffert patiemment ce voisinage.

A l'est du fleuve, on voit le fort la Mobile, élevé sur les bords d'une rivière qui prend sa source dans les Apalaches. Il servoit à contenir dans l'alliance des françois, les chactas, les alimabous, d'autres peuplades moins nombreuses, & à s'assurer de leurs pelleteries. Les espagnols de Pensacole tiroient de cet établissement quel-ques denrées, quelques marchandises.

L'embouchure du Mississipi offre un grand nom-bre de passes qui n'ont point de stabilité. Plu-sieurs sont quelquefois à sec. Il y en a qui ne peu-vent recevoir que des canots ou des chaloupes. Celle de l'est, la seule aujourd'hui fréquentée par des navires, est très-tortueuse, n'offre qu'une voie infiniment étroite, & n'a qu'onze ou douze pieds d'eau dans les plus hautes marées. Le petit fort, nommé *la Balise*, qui défendoit autrefois l'embouchure de la rivière, a perdu toute son utilité, depuis que son canal s'est comblé, & que les bâtimens naviguent hors de la portée du canon.

La Nouvelle-Orléans, située à trente lieues de l'Océan, est le premier établissement qui se pré-sente. Cette ville, destinée à être l'entrepôt de toutes les liaisons que la métropole & la colonie formeroient entr'elles, fut bâtie sur le bord orien-tal du fleuve, autour d'un croissant accessible à tous les navires, & où ils jouissent d'une sûreté entière. On en jeta les fondemens en 1717; mais ce ne fut qu'en 1722 qu'elle prit quelque con-sistance, qu'elle devint la capitale de la *Loui-siane*. Jamais elle n'a compté plus de seize cents habitans, partie libres, & partie esclaves. Les cabanes qui la couvroient originairement, ont été successivement remplacées par des maisons com-modes, mais bâties de bois sur brique, parce que le sol n'avoit pas assez de solidité pour soutenir des édifices plus pesans.

La ville s'élève dans une isle qui a soixante lieues de long sur une largeur médiocre. Cette isle, dont la plus grande partie n'est pas suscep-tible de culture, est formée par l'Océan, par le Mississipi, par le lac Pontchartrain & par le Manchac, ou la rivière d'Iberville, canal que le Mississipi s'est creusé pour y verser le superflu de ses eaux dans la saison de sa trop grande abon-dance. Il peut y avoir sur ce territoire une cen-taine de possessions, où l'on trouve quatre ou cinq cents blancs & quatre mille noirs, que des indigoteries occupent principalement. Quelques propriétaires entreprenans ont tenté d'y naturali-ser le sucre; mais de petites gelées, destructives de cette riche production, ont rendu ces essais infructueux. Les plantations sont rarement conti-guës. Des eaux stagnantes & marécageuses les sé-parent le plus souvent, sur-tout dans la partie in-férieure de l'isle.

Vis-à-vis l'isle de la Nouvelle-Orléans, & sur la rivière occidentale du Mississipi, furent éta-blis, en 1722, trois cents allemands, restes infortunés de plusieurs mille qu'on avoit arrachés à leur patrie. Leur nombre a triplé depuis cette époque peu éloignée, parce qu'ils ont toujours été les hommes les plus laborieux de la colonie. Aidés par environ deux mille esclaves, ils culti-vent du maïs pour leur nourriture, du riz & de

l'indigo pour l'exportation. Ils s'occupoient au-trefois du coton: mais ils l'ont abandonné, de-puis que l'Europe l'a trouvé trop court pour ses fabriques.

Un peu plus haut, sur la même côte, furent placés huit cents acadiens, arrivés à la *Louisiane* immédiatement après la paix de 1763. Leurs tra-vaux se sont bornés jusqu'ici à l'éducation des bestiaux, à la culture des denrées les plus né-cessaires. Si leurs facultés augmentent, ils deman-deront à leur sol des productions vénales.

Toutes celles qui enrichissent le bas de la co-lonie, se terminent à l'établissement de la Pointe-Coupée, formé à quarante-cinq lieues de la Nou-velle-Orléans. Il fournit de plus, la majeure par-tie du tabac qui se consomme dans le pays, & beaucoup de bois pour le commerce extérieur. Ces travaux occupent cinq ou six cents blancs & douze cens noirs.

Sur toute la longueur des terres cultivées dans ces divers établissemens qui appartiennent à la basse-*Louisiane*, règne une chaussée destinée à les garantir des inondations du fleuve. De larges & profonds fossés, dont chaque champ est entouré, assurent une issue aux fluides qui auroient percé ou surmonté la digue. Ce sol est entièrement va-seux. Lorsqu'il doit être mis en valeur, on coupe par le pied les grosses cannes dont il est couvert. Dès qu'elles sont sèches, on y met le feu. Alors, pour peu qu'on fouille la terre, elle ouvre un sein fécond à toutes les productions qui demandent un terrein humide. Le bled n'y prospère pas, & il ne pousse que des épis sans grain.

La plupart des arbres fruitiers ne réussissent pas davantage. Ils croissent fort vîte; ils fleurissent deux fois chaque année: mais le fruit, piqué de vers, sèche & tombe généralement avant d'avoir atteint sa maturité. Il n'y a que le pêcher, l'o-ranger & le figuier, dont on ne peut assez vanter la fertilité.

On trouve une nature différente dans la haute *Louisiane*. A l'est du Mississipi, cette région com-mence un peu au-dessus de la rivière d'Iberville. Son terrein, anciennement formé, assez élevé pour être à l'abri des inondations, & qui n'a que le degré d'humidité convenable, exige moins de soins, & promet une plus grande variété de pro-ductions. Ainsi le pensèrent les premiers françois qui parurent dans ces contrées. Ils s'établirent aux Natchez, y essayèrent plusieurs cultures qui réus-sirent toutes, & se fixèrent enfin à celle du ta-bac, qui ne tarda pas à avoir dans la métropole la réputation dont il étoit digne. Le gouvernement s'attendoit à voir arriver bientôt de cet établisse-ment l'approvisionnement entier de la monarchie, lorsque la tyrannie de ses agens en causa la ruine. Depuis cette funeste époque, ce sol inépuisable est resté en friche, jusqu'à ce que la Grande-Bre-tagne en ayant acquis la propriété par les traités, y ait fait paſſer une population ſuffiſante pour le féconder.

Un peu plus haut, mais ſur la rive occidentale, ſe décharge dans le Miſſiſipi la rivière Rouge. C'eſt à trente lieues de ſon embouchure, & ſur les terres des nachitoches que les françois, à leur arrivée dans la *Louiſiane*, élevèrent quelques paliſſades. Ce poſte avoit pour objet de tirer du Nouveau-Mexique des bêtes à poil & à cornes, dont une colonie naiſſante a toujours beſoin, & celui d'ouvrir un commerce interlope avec le fort eſpagnol des Adayes, qui n'en eſt éloigné que de ſept lieues. Il y a long-temps que la multiplication des troupeaux, dans les campagnes où il falloit les naturaliſer, a fait ceſſer la première liaiſon : on avoit encore plutôt compris que la ſeconde, avec un des plus pauvres établiſſemens du monde, n'auroit jamais d'utilité réelle. Auſſi les nachitoches ne tardèrent-ils pas à être abandonnés par ceux que l'eſpoir d'une grande fortune y avoit attirés. On n'y voit plus que les deſcendans de quelques ſoldats qui s'y ſont fixés à la fin de leur engagement. Leur nombre ne paſſe pas deux cents. Ils vivent du maïs ou des légumes qu'ils cultivent, & vendent le ſuperflu de ces productions à leur indolent voiſin. L'argent qu'ils reçoivent de cette foible garniſon, leur ſert à payer les boiſſons & les vêtemens qu'ils ſont obligés de tirer d'ailleurs.

L'établiſſement formé aux Akanſas eſt plus miſérable encore. Infailliblement il ſeroit devenu très-floriſſant, ſi les troupes, les armes, les engagés, les vivres & les marchandiſes que Law y faiſoit paſſer pour ſon compte particulier, n'euſſent été confiſqués après la diſgrace de cet homme entreprenant. Il ne s'eſt depuis fixé dans cet excellent pays que quelques canadiens qui ont pris pour compagnes des femmes indigènes. De ces liaiſons eſt bientôt ſortie une race preſque ſauvage. Les familles en ſont très-peu nombreuſes ; elles vivent diſperſées, & ne s'occupent guère que de la chaſſe.

Pour arriver des Akanſas aux illinois, il faut faire trois cents lieues ; car les peuples ne ſe touchent pas en Amérique comme en Europe, & n'en ſont que plus indépendans. « Les illinois, dit l'auteur de l'Hiſtoire philoſophique & politique des établiſſemens européens dans les deux Indes, placés dans la partie la plus ſeptentrionale de la *Louiſiane*, étoient continuellement battus, & toujours à la veille d'être détruits par les iroquois ou par d'autres nations belliqueuſes. Il leur falloit un défenſeur, & le françois le devint, en occupant une partie de leur territoire à l'embouchure de leur rivière & ſur les rives plus riantes, plus fécondes du Miſſiſipi. Raſſemblés autour de lui, ils ont évité la deſtinée de la plupart des peuplades de ce nouveau-Monde, dont il reſte à peine quelque ſouvenir. Cependant leur nombre a diminué à meſure que celui de

leurs protecteurs s'eſt accru. Ces étrangers ont formé peu-à-peu une population de deux mille trois cents quatre-vingt perſonnes libres & de huit cents eſclaves, diſtribués dans ſix bourgades, dont cinq ſont ſituées ſur le bord oriental du fleuve ».

« Malheureuſement la plupart d'entr'eux ont eu la paſſion de courir les bois pour y acheter des pelleteries, ou d'attendre dans leurs magaſins que les ſauvages leur apportaſſent le produit de leurs chaſſes. Ils auroient travaillé plus utilement pour eux, pour la colonie & pour la France, s'ils euſſent fouillé le ſol excellent où la fortune les avoit placés ; s'ils lui avoient demandé les grains de l'ancien monde, que la *Louiſiane* a toujours été obligée de tirer de l'Europe ou de l'Amérique ſeptentrionale. Mais combien l'établiſſement formé par les françois du pays des illinois, combien leurs autres établiſſemens ſont reſtés loin de cette proſpérité » ! Ces détails manquent d'exactitude, ou il faut les appliquer ſeulement à la partie de la *Louiſiane* qui eſt à l'oueſt du Miſſiſipi, en face de la rivière des illinois ; car à l'eſt du Miſſiſipi & dans le pays proprement dit des illinois, on trouve le fort de Kaskakias qui appartenoit, ainſi que tous les environs, aux anglois, & qui appartient aujourd'hui aux colonies américaines.

Commerce de la Louiſiane. Jamais, dans ſon plus grand éclat, la *Louiſiane* n'eut plus de ſept mille blancs, ſans y comprendre les troupes qui varièrent depuis trois cents juſqu'à deux mille hommes. Cette foible population étoit diſperſée ſur les bords du Miſſiſipi, dans un eſpace de cinq cents lieues, & ſoutenue par quelques mauvais forts ſitués à une diſtance immenſe l'un de l'autre. Cependant elle n'étoit point engendrée de cette écume de l'Europe que la France avoit comme vomie dans le nouveau-Monde au temps du ſyſtème. Tous ces miſérables avoient péri ſans ſe reproduire. Les colons étoient des hommes forts & robuſtes, ſortis du Canada, ou des ſoldats congédiés qui avoient ſu préférer les travaux de l'agriculture à la fainéantiſe, où le préjugé les laiſſoit orgueilleuſement croupir. Les uns & les autres recevoient du gouvernement un terrein convenable & de quoi l'enſemencer, un fuſil, une hache, une pioche, une vache & ſon veau, un coq & ſix poules, avec une nourriture ſaine & abondante durant trois ans. Quelques officiers, quelques hommes riches avoient formé des plantations aſſez conſidérables, qui occupoient huit mille eſclaves.

Cette peuplade envoyoit à la France quatre-vingt milliers d'indigo, quelques cuirs & beaucoup de pelleteries. Elle envoyoit aux iſles, du ſuif, des viandes fumées, des légumes, du riz, du maïs, du brai, du goudron, du merrain & des bois de charpente. Tant d'objets réunis pouvoient valoir 2,000,000 de livres. Cette ſomme

lui

étoit payée en marchandifes d'Europe, & en productions des Indes occidentales. La colonie recevoit même beaucoup plus qu'elle ne donnoit; & c'étoient les frais de fouveraineté qui lui procuroient ce fingulier avantage.

Les dépenfes publiques furent toujours trop confidérables à la *Louifiane*. Elles furpaffèrent, même en pleine paix, le produit entier de cet établiffement. Peut-être les agens du gouvernement auroient-ils été plus circonfpects, fi les opérations euffent été faites avec des métaux. La malheureufe facilité de tout payer avec du papier, qui ne devoit être acquitté que dans la métropole, les rendit généralement prodigues. Plufieurs furent même infideles. Pour leur intérêt particulier, ils ordonnèrent la conftruction des forts, qui n'étoient d'aucune utilité, & qui coûtoient vingt fois plus qu'il ne falloit. Ils multiplièrent, fans motif comme fans mefure, les préfens annuels que la cour de Verfailles étoit dans l'habitude de faire aux tribus fauvages.

Les exportations & les importations de la *Louifiane* ne fe faifoient pas fur des navires qui lui fuffent propres. Jamais elle ne s'avifa d'en avoir un feul. Il lui arrivoit quelquefois de foibles embarcations des ports de France. Quelquefois des ifles à fucre lui envoyoient de gros bateaux. Mais le plus fouvent des vaiffeaux, partis de la métropole pour Saint-Domingue, dépofoient dans ce riche établiffement une partie de leur cargaifon, alloient vendre le refte au Miffiffipi, & s'y chargeoient en retour de ce qui pouvoit convenir à Saint-Domingue, de ce qui pouvoit convenir à la métropole.

La *Louifiane* feroit arrivée à la profpérité des colonies angloifes de l'Amérique feptentrionale; elle auroit fait les progrès que fait aujourd'hui la colonie de *Kentucke*, qui occupe une partie du terrein qu'on comprenoit autrefois fous le nom de *Louifiane*; elle auroit eu les fuccès qu'auront les habitans des Etats-Unis, qui iront s'établir fur les terres fituées à l'eft du Miffiffipi, en remontant ce fleuve jufqu'à la hauteur des lacs, fi l'on eût écouté les vœux des proteftans françois, refugiés dans les colonies établies par les anglois au nouveau-Monde.

Les trois cents mille familles, établies en France à l'époque de la révocation de l'édit de Nantes, furent difperfées dans les différentes parties du globe, & elles tournoient par-tout de triftes regards vers leur ancienne patrie. Ceux qui avoient trouvé un afyle au nord de l'Amérique, défefpérant de revoir jamais leurs premiers foyers, vouloient du moins être réunis à la nation aimable dont on les avoit féparés. Ils offroient de porter leur induftrie & leurs capitaux à la *Louifiane*; pourvu qu'il leur fût permis d'y profeffer leur culte. Mais Louis XIV & le régent firent rejetter ces propofitions.

Peut-être encore la *Louifiane* n'auroit-elle pas

Œcon. polit. & diplomatique. Tom. III.

langui fi long-temps, fans la faute qu'on fit, dès l'origine, d'accorder des terres au hafard & felon le caprice de ceux qui les demandoient. Des déferts immenfes n'auroient pas féparé les colons les uns des autres. Rapprochés d'un centre commun, ils fe feroient prêté des fecours mutuels, & auroient heureufement joui de tous les avantages d'une fociété régulière & bien ordonnée. A mefure que la population auroit augmenté, le cercle des défrichemens fe feroit étendu. Au lieu de quelques hordes de fauvages, on eût vu s'élever une riche colonie, qui feroit peut-être devenue avec le temps une nation puiffante. Que d'avantages il en eût réfulté pour la France même!

Ce royaume, qui a acheté chaque année dixhuit à vingt millions pefant de tabac, & qui l'a tiré de l'Angleterre jufqu'à la révolution d'Amérique, auroit pu le faire cultiver dans la *Louifiane*. Ainfi le penfoit & l'efpéroit le gouvernement, quand il fit arracher cette plante en France. Convaincu que les terres de fes provinces étoient propres à des cultures plus riches & plus importantes, il crut fervir à la fois la métropole & la colonie, en affurant à cet établiffement naiffant le débouché de la production qui demandoit le moins d'avances, le moins de temps & le moins d'expérience. Le difcrédit où tomba Law, auteur du projet, fit tomber dans l'oubli cette vue, dont les avantages étoient fi fenfibles, avec celles qui n'avoient pour bafe qu'une imagination déréglée. Les intérêts particuliers des agens du fifc empêchèrent enfuite le miniftère de renouveler ce plan.

Ces détails font inutiles aujourd'hui pour la France qui ne poffède plus la *Louifiane*; mais ils peuvent fervir à l'Efpagne, & nous allons les continuer.

Les richeffes que le tabac eût fait entrer dans la colonie, lui auroient ouvert les yeux fur l'utilité des vaftes & belles prairies dont elle eft remplie. Bientôt elles fe fuffent couvertes de nombreux troupeaux, dont les cuirs auroient difpenfé la métropole d'en acheter de plufieurs nations, & dont la chair préparée & falée auroit remplacé le bœuf étranger dans les ifles. Les chevaux & les mulets, qui s'y feroient multipliés dans la même proportion, euffent tiré les colonies françoifes de la dépendance où elles ont toujours été, où elles font encore, des anglois & des efpagnols, pour cet objet indifpenfable.

Une fois mis en action, les efprits feroient montés d'une branche d'induftrie à l'autre. Auroient-ils pu fe refufer à la conftruction des vaiffeaux? Le pays étoit couvert des bois propres pour le corps du navire. La mâture & le goudron fe trouvoient dans les pins qui rempliffoient les côtes. Le chêne ne manquoit pas pour le bordage, & il pouvoit être remplacé par le cyprès, moins fujet à fe fendre, à fe courber, à fe rompre, & rachetant par un peu d'épaiffeur ce que la nature

V

lui refufoit de force & de dureté. Il étoit facile de faire croître du chauvre pour les voiles & pour les cordages. On n'eût été réduit qu'à tirer du fer des autres contrées; & encore paroît - il prouvé qu'il en exifte dans les mines de la Louifiane.

Les forêts, ainfi défrichées fans frais & même avec profit, auroient laiffé le fol libre aux grains, à l'indigo, même à la foie, lorfqu'une population abondante auroit permis de fe livrer à une occupation à laquelle la douceur du climat, la multitude des mûriers, quelques expériences heureufes ne ceffoient d'inviter. Que n'eût-on pas fait d'une poffeffion où le ciel eft tempéré, où le terrein eft uni, vierge, fertile, & qui avoit été moins habité que parcouru par quelques vagabonds auffi inappliqués que mal-habiles?

Si la Louifiane fût parvenue à la fécondité que la nature y fembloit attendre de la main des hommes, on n'auroit pas tardé à s'occuper du foin de rendre fon entrée plus acceffible. Peut-être y eût-on réuffi, en bouchant les petites paffes avec les arbres flottans que les eaux entraînent, & en réuniffant toute la force du courant dans un feul canal. Si la molleffe du terrein, fi la rapidité du fleuve, fi le refoulement de la mer euffent oppofé à ce projet des obftacles infurmontables, le génie eût trouvé des reffources. Tous les arts, tous les biens feroient nés les uns des autres, pour former dans cette plaine de l'Amérique une colonie floriffante & vigoureufe. Nous allons configner ici une remarque, dont la poftérité pourra reconnoître toute la juftefle. La Louifiane ont poffédé la Louifiane cent ans, & on vient de voir ce qu'elle étoit après un fiècle de travaux. Les Etats-Unis vont s'établir dans une partie de la Louifiane, & on verra, à la fin du dix-neuvième fiècle, ce qu'elle fera devenue entre les mains de leurs citoyens : fans attendre cette époque, on peut comparer fes progrès avec ceux des colonies angloifes.

A la paix de 1763, les habitans auxquels le fifc devoit fept millions, acquis pour la plupart par des manœuvres criminelles, défefpérant d'être jamais payés de cette dette impure, ou ne pouvant fe flatter que de l'être tard & imparfaitement, tournoient heureufement leurs travaux vers des cultures importantes. Ils voyoient groffir leur commerce d'une partie des pelleteries qu'attiroit autrefois le Canada. Les ifles françoifes, dont les befoins augmentoient continuellement & dont les reffources venoient de diminuer, leur demandoient plus de bois & de fubfiftances. Les liaifons frauduleufes avec le Mexique, interrompues par la guerre, reprenoient leur cours. Les navigateurs de la métropole, exclus d'une partie des marchés qu'ils avoient fréquentés, tournoient leurs voiles vers le Miffiffipi, dont les bords trop long - temps déferts alloient enfin être habités. Déjà deux cents familles acadiennes s'y étoient

fixées; & les reftes infortunés de cette nation, difperfés dans les établiffemens anglois, faifoient leurs arrangemens pour les fuivre. Les mêmes difpofitions fe remarquoient dans plufieurs colons de Saint-Vincent & de la Grenade, mécontens de leurs nouveaux maîtres. Douze ou quinze cents canadiens s'étoient mis en marche pour la Louifiane, & ils devoient être fuivis pas beaucoup d'autres. On a même de fortes raifons pour croire qu'un affez grand nombre de catholiques alloient paffer des poffeffions britanniques dans cette vafte & belle contrée.

Ceffion de la Louifiane à l'Efpagne, effets de cette ceffion. Tel étoit l'état des chofes, lorfque la cour de Verfailles annonça, le 21 avril 1764, aux habitans de la Louifiane que, par une convention fecrète du 3 novembre 1762, on avoit abandonné à celle de Madrid la propriété de leur territoire.

L'averfion que montrèrent les habitans de la Louifiane pour la domination efpagnole, ne fit rien changer aux arrangemens des cours de Madrid & de Verfailles. Le 28 février 1766, M. Ulloa arriva dans la colonie avec quatre-vingt hommes de fa nation. La prife de poffeffion devoit, dans les règles ordinaires, fuivre fon débarquement. Il n'en fut pas ainfi. Les ordres continuèrent à être donnés au nom du roi de France; la juftice fut rendue par fes magiftrats, & les troupes ne ceffèrent point de faire le fervice fous fes enfeignes. C'étoit le repréfentant de Louis XV qui avoit toujours le commandement. Toutes ces raifons perfuadèrent aux habitans que Charles III faifoit étudier le pays, & qu'il fe détermineroit à l'accepter ou à le rejetter, felon qu'il le croiroit utile ou nuifible à fa puiffance. Cet examen étoit fait par un agent qui paroiffoit prendre une idée peu favorable de la région qu'il étoit venu reconnoître, & il étoit raifonnable d'efpérer qu'il en dégoûteroit fon maître.

On étoit affez généralement dans cette illufion, lorfqu'une loi arrivée d'Efpagne défendit à la Louifiane toute liaifon de commerce avec les marchés qui avoient fervi jufqu'alors au débouché de fes productions. Les habitans difent que ce décret fut fuivi d'une hauteur intolérable, d'odieux monopoles, d'actes répétés par autorité arbitraire.

Ils étoient mécontens du moins; car ils fe livrèrent au défefpoir. Ils n'avoient que le fleuve à traverfer pour trouver le gouvernement anglois qui les preffoit d'accepter un excellent territoire, des encouragemens à la culture, toutes les prérogatives de la liberté : mais un lien cher & facré les attachoit à leur patrie. Ils aimèrent mieux demander au confeil qu'Ulloa fût obligé de fe retirer, & que la prife de poffeffion qu'il avoit différée jufqu'alors, ne lui fût pas permife avant que la cour de Verfailles eût écouté les repréfentations de la colonie. Le tribunal prononça, le 28 octobre 1768, l'arrêt qu'on lui demandoit, & les espagnols s'embarquèrent paisiblement sur la frégate qui les avoit amenés. Durant trois jours que dura cette grande crise, il n'y eut pas le plus léger tumulte à la Nouvelle-Orléans. Lorsqu'elle fut finie, les habitans de la ville & ceux de la basse-*Louisiane*, qui avoient uni leurs ressentimens pour opérer la révolution, reprirent leurs travaux avec l'espoir que la conduite qu'ils avoient tenue, seroit approuvée par la cour de France.

Le succès ne répondit pas à leur attente. Les députés de la colonie n'arrivèrent en Europe que six semaines après Ulloa, & ils trouvèrent le ministère de Versailles très-mécontent de ce qui s'étoit passé. La cour de Madrid fit partir rapidement M. Orelly pour l'isle de Cuba. Ce général y prit trois mille hommes de troupes réglées ou de milices, qu'il embarqua sur vingt-cinq bâtimens de transport; & le 25 juillet 1769, il fit voir son pavillon à l'embouchure du Mississipi.

Il arriva devant la Nouvelle-Orléans le 17 août. Le lendemain, tous les citoyens furent déchargés de l'obéissance qu'ils devoient à leur première patrie. Malgré les cris des habitans, on prit possession de la colonie au nom de son nouveau maître; & les jours suivans, ceux des habitans qui consentoient à obéir à l'Espagne, prêtèrent leur serment. *Voyez* l'article ESPAGNE.

LUBECK, évêché souverain d'Allemagne. Cet évêché occupe la partie du Holstein que les anciens appelloient la *Wagrie*. La première résidence des évêques fut Oldenbourg, ville du Holstein; l'empereur Otton I les y établit pour la conversion des venèdes, qui habitoient alors cette contrée. On ignore quelle fut l'année de sa fondation; Gerhardi la fixe, avec assez de vraisemblance, à l'année 948. Il ne garda pas long-temps sa constitution primitive; Adalberg, archevêque de Hambourg, osa diviser le diocèse de son autorité privée; & sans en obtenir le consentement de Henri III, il y créa en 1058 trois différens évêchés; savoir, celui d'Oldenbourg, celui de Ratzebourg & celui de Mecklenbourg. Le premier cessa d'exister en 1066; les venèdes payens exterminèrent dans ces cantons la religion chrétienne encore à son berceau. Vicelin, prêtre zélé & ambitieux, la rétablit en 1149, & fut sacré évêque par Hartwige, archevêque de Breme; il sollicita Henri le Lion, duc de Saxe, de lui donner l'investiture de cet épiscopat; mais il ne parvint à l'obtenir qu'après une réprimande sur ce qu'il avoit accepté la qualité d'évêque d'Oldenbourg, sans que le duc y eût donné son consentement. Oldenbourg ne fut bientôt plus le siège de cet évêché; il fut transféré à Lubeck, où la cathédrale fut consacrée en 1164, sur la résolution que le duc en avoit prise six années

auparavant. L'évêque ne jouissoit point alors de l'immédiateté de l'Empire; le ban, prononcé contre le duc, lui parut une occasion trop favorable à ses vues pour la négliger; il sollicita cette prérogative avec succès, & par ce moyen se dégagea du duc, auquel il étoit redevable de sa dignité. La réformation s'introduisit dans l'évêché, dès le temps où Henri de Bocholt en occupa le siège. Detlev de Reventlav, son successeur en 1535, l'adopta & en favorisa l'établissement; ceux qui le remplacèrent, suivirent son exemple, & en 1561 il n'existoit plus dans le diocèse aucune trace de la religion catholique romaine. En 1586, le grand chapitre conféra pour la première fois la qualité d'évêque à un prince de la maison de Holstein-Gottrop. Cette maison resta en possession de l'évêché, & ne négligea ni peine ni soins pour en empêcher la sécularisation: elle sut tellement captiver le grand chapitre, que celui-ci s'obligea par reconnoissance, en 1647, d'élire ou de postuler encore six évêques de cette même maison après la mort du duc Jean, évêque alors régnant, & après celle du duc Jean-George son coadjuteur. Le traité de paix de Westphalie de 1648 confirma l'église luthérienne dans la possession de cet évêché. Christian Albert, duc de Holstein & coadjuteur postulé, fit une convention à Gluckstadt, en 1667, avec Frédéric III, roi de Danemarck; il promit de porter le chapitre à s'engager envers la maison royale & princière de Holstein, lors de la première élection, que lorsque le traité conclu avec la maison de Holstein-Gottrop, en 1647, auroit eu son entière exécution, il éliroit alternativement un des descendans de sa majesté danoise. L'exécution de ce traité de 1647 eut lieu effectivement par l'élection d'Adolphe-Frédéric, devenu ensuite roi de Suède, ou au moins par la postulation du duc Frédéric-Auguste son frere, évêque actuel de *Lubeck*: le grand chapitre lui a désigné pour successeur, par un choix libre du 4 octobre 1756, Frédéric, prince de Danemarck, fils du second lit du roi Frédéric V.

L'évêque de *Lubeck* est prince d'Empire; mais à la diète il ne prend séance ni sur le banc des princes ecclésiastiques, ni sur celui des séculiers; il se place sur un banc de travers qui lui est destiné, ainsi qu'à l'évêque d'Osnabruck, lorsque celui-ci est de la religion évangélique. Il jouit aussi d'un suffrage de prince dans les assemblées circulaires de la basse-Saxe. Sa matricule est fixée à trois cavaliers montés ou à 36 florins en argent. Il fournit de plus 40 rixdales 52 un quart kr. pour l'entretien de la chambre impériale.

L'église cathédrale est dans la ville impériale de *Lubeck*, où l'évêque ne donne aucun ordre. On choisit toujours le grand doyen parmi les trente personnes dont le chapitre est composé, qui, à l'exception de quatre catholiques, professent toutes la religion luthérienne. Le grand prévôt est nommé alternativement par ce même chapitre & par la ville de *Lubeck*.

Les évêques résident à Eutin, où sont établis aussi la chancellerie de la régence, la chambre des finances & le consistoire. On évalue les revenus de l'évêque à 16,000 rixdales, somme à laquelle on porte aussi ceux que perçoivent de leurs propres fonds les évêques de la maison ducale de Holstein-Gottrop. Ceux du grand-prévôt n'excèdent point 5000 rixdales.

LUBECK, ville libre & impériale d'Allemagne : elle est située sur le territoire du Holstein, & arrosée par la Trave qui porte bateaux. Cette rivière reçoit au-dessus de la ville celle de Steckenitz également navigable, & par le moyen de laquelle la première communique à l'Elbe. Elle reçoit de plus, dans la ville même, celle de Wackenitz, qui y arrive du lac de Ratzebourg, & va se perdre dans la mer Baltique ; après avoir grossi ses eaux de celles de la Schwartau. On peut ainsi naviguer de la mer Baltique avec de longs bateaux plats sur la Trave, la Steckenitz & l'Elbe jusques dans la mer du nord. *Lubeck* est environné de fortes murailles, de tours & de fausses braies, mais de fossés & de bons remparts plantés d'arbres, qui forment une jolie promenade. C'est en 1530 que le luthéranisme commença à s'y introduire.

Le sénat est composé de quatre bourgue-maîtres & de seize conseillers ; de ce nombre, sont des gradués, des patriciens & des particuliers adonnés au commerce. Si l'on excepte les gradués, les employés aux églises, ceux des écoles & quelques autres, toute la bourgeoisie est divisée en douze classes, dont chacune a voix dans les délibérations.

Lubeck étoit anciennement à la tête des villes anséatiques ; les députés s'y assembloient à la maison-de-ville dans la grand-salle qui leur étoit commune. Elle est encore aujourd'hui confédérée des villes de Breme & de Hambourg ; toutes trois font des traités de négociation avec des puissances étrangères sous le nom des villes anséatiques, & elles ont figuré avec ce titre dans le traité de paix d'Utrecht, conclu en 1713 entre la France & la Grande-Bretagne. *Voyez* l'article ANSÉATIQUES (VILLES).

L'empereur François I promit, lors de son élection & conformément au traité de paix dont il vient d'être parlé, de protéger & de maintenir dans leurs droits & privilèges toutes les villes commerçantes ; mais principalement celles qui, à l'exemple de Lubeck, de Breme & de Hambourg, entretiennent le négoce sur mer pour l'intérêt & les avantages communs de l'Allemagne, *Lubeck* n'a pas cessé de profiter de sa position relativement au commerce maritime. On y trouve des manufactures de toutes espèces. L'emplacement qu'elle occupe, est le même sur lequel étoit bâtie anciennement une ville, nommée *Buen*, détruite vers 1144 & remplacée par celle de *Lu-*

beck, qu'Adolphe II, comte de Holstein & de Schavenbourg, y fit construire. Elle ne tarda pas à se peupler ; les marchands de Bardewick s'y établirent en foule, au point que Henri le Lion, duc de Saxe, en prit de l'humeur & de la jalousie, & qu'il défendit de vendre autre chose dans *Lubeck* que des comestibles. Cette ville devint la proie des flammes en 1156, événement qui donna lieu à des négociations entre le duc Henri & le comte Adolphe : le premier les conduisit si adroitement, qu'Adolphe lui céda enfin *Lubeck*, & mit fin à la rivalité qui jusqu'alors avoit régné entr'eux. Henri la fit rebâtir ; il y appella des habitans du nord ; il leur promit une liberté entière de commerce, & y établit ces fameux statuts qui eurent pour base ceux de la ville de Soest : statuts que confirmèrent les empereurs Frédéric I en 1188, Frédéric II en 1226, & que confirmèrent également plusieurs autres empereurs leurs successeurs ; statuts aussi que toutes les villes des provinces voisines de la mer Baltique s'empressèrent d'obtenir, dès l'année 1254. Ce même duc y transféra l'évêché, qui avoit eu jusqu'alors la ville d'Oldenbourg pour siège. Henri le Lion avoit à peine été mis au ban de l'Empire, que cette ville tomba en 1182 au pouvoir de l'empereur Frédéric I, qui jetta les premiers fondemens de son immédiateté. Elle passa néanmoins sous la domination de Henri en 1189 ; il ne la garda que jusqu'en 1192, temps auquel le comte Adolphe de Holstein s'en mit en possession : Wademar, duc de Sleswig, & postérieurement roi de Danemarck, l'enleva en 1202. La domination de Waldemar ne fut pas de longue durée ; *Lubeck* secoua le joug en 1226, pour recouvrer sa liberté qu'elle n'a pas perdu depuis. On voit néanmoins, par les lettres de franchise que lui accorda Henri, roi d'Angleterre, qu'Albert le grand, duc de Brunswick, conservoit des droits sur cette ville ; puisque les lettres déclarent que les privilèges auroient lieu pendant tout le tems que les bourgeois & les marchands de *Lubeck* seroient sous la puissance & la protection de ce duc (*sub dominio & protectione*). La ville entière, exceptées cinq maisons, fut brûlée en 1276. Ses députés occupent aux diètes de l'Empire la troisième place sur le banc du Rhin dans le collège des villes impériales, & la première entre celles de l'Empire dans l'assemblée des cercles de la basse-Saxe. Sa taxe matriculaire est de 480 florins, & son contingent pour l'entretien de la chambre de 557 rixdales 88 kr.

LUCAYES, isles d'Amérique : on en compte environ deux cents, toutes situées au nord de Cuba. La plupart ne sont que des rochers à fleur d'eau. Colomb qui les découvrit en arrivant dans le nouveau-Monde, & qui donna le nom de *San-Salvador* à celle où il aborda, n'y fit point d'établissement. Les castillans ne s'y fixèrent pas non-plus dans la suite : mais en 1507 ils enlevèrent tous les habitans qui périrent bientôt dans les travaux des mines, ou par la pêche des perles. Ce petit archipel étoit entièrement défert, lorfqu'en 1672 quelques anglois s'aviférent d'aller occuper l'ifle de la Providence. Chaffés fept ou huit ans après par les ordres de la cour de Madrid, ils y retournèrent en 1690, pour en être expulfés de nouveau en 1703 par les efpagnols & les françois réunis. Un événement particulier la repeupla.

En 1714, des vaiffeaux richement chargés furent engloutis par la tempête fur les côtes de la Floride. Les tréfors qu'ils portoient appartenoient à l'Efpagne, qui les fit pêcher. Une fi riche proie tenta quelques habitans de la Jamaïque. On refufa de les admettre au partage; & Jennings, le plus hardi d'entr'eux, eut recours aux armes pour foutenir ce qu'il appelloit un droit naturel & imprefcriptible. La crainte d'être féverement puni pour avoir troublé une paix après laquelle l'Europe avoit long-temps foupiré, & dont on ne commençoit qu'à jouir, le fit pirate. Ses compagnons furent bientôt en affez grand nombre, pour qu'il fallût multiplier les armemens. Les *Lucayes* devinrent leur repaire. C'eft de là que ces brigands s'élançoient pour attaquer tous les navigateurs indiftinctement, les anglois ainfi que les autres. Les nations craignoient de voir fe renouveller dans le nouveau-Monde les fcènes d'horreurs qu'y avoient données les anciens flibuftiers; lorfque George I, réveillé par les cris de fon peuple & par le vœu de fon parlement, fit partir en 1719 des forces fuffifantes pour réduire ces forbans. Les plus déterminés refuférent l'amniftie qui leur étoit offerte, & allèrent infefter l'Afie & l'Afrique de leurs brigandages. Les autres groffirent la colonie que Voodes Roger amenoit d'Europe.

Elle peut être aujourd'hui compofée de trois ou quatre mille ames. La moitié eft établie à la Providence, où l'on a conftruit le fort Naffau, & qui a un port fuffifant pour de petits bâtimens: le refte eft réparti dans les autres ifles. Ils envoient annuellement à l'Angleterre pour quarante ou cinquante mille écus en coton, en bois de teinture, en tortues vivantes; & avec leur fel, ils paient les vivres que leur fournit l'Amérique feptentrionale.

Quoique le fol des *Lucayes* ne puiffe pas être comparé à celui de plufieurs colonies, il feroit fuffifant pour faire vivre dans une affez grande abondance par le travail, une population beaucoup plus confidérable que celle qui s'y trouve actuellement en hommes libres ou en efclaves Si la culture y eft fi négligée, c'eft aux premières mœurs, c'eft aux inclinations actuelles qu'il faut l'attribuer. Ces ifles, féparées d'un côté de la Floride par le canal de Bahama, forment de l'autre une longue chaîne qui fe termine à la pointe de Cuba. Là commencent d'autres ifles, nommées *Turques* ou *Caïques*, qui fe prolongent juf-

ques vers le milieu de la côte feptentrionale de Saint-Domingue. Une pofition fi favorable à la piraterie, a tourné les vues des habitans vers la courfe. Sans ceffe ils foupirent après des hoftilités, qui puiffent faire tomber dans leurs mains les productions efpagnoles ou françoifes.

LUCERNE, nom d'un des treize cantons ou républiques confédérées de la Suiffe, & de la ville capitale de ce canton. La fituation de la ville de *Lucerne*, dans un lieu où une rivière navigable fort d'un lac affez étendu, fait préfumer qu'il dut s'y former un établiffement de pêcheurs, de bateliers & de cultivateurs, dès que la population des pays voifins put fournir la matière de quelques échanges. Cette rivière s'appelle la *Reufs*. Le lac d'où elle débouche, eft nommé le *lac des quatre Waldftætt* ou cantons foreftiers, qu'il ne faut pas confondre avec les quatre Waldftætt ou villes foreftières fur le Rhin; il s'étend, fous une forme très-irrégulière, entre les confins des cantons de *Lucerne*, de Schwitz d'Uri & d'Underwalden. On fait dériver le nom de *Lucerne* d'un phare, qu'on fuppofe avoir été établi au haut d'une tour très-ancienne, fondée au milieu des eaux.

Précis de l'hiftoire politique de Lucerne. Lucerne doit fes premiers progrès à l'établiffement d'un monaftère de Bénédictins, fondé dans le fixième fiècle, foumis à l'abbaye de Murbach en Alface, & converti en un chapire de chanoines réguliers vers 1455. A mefure que la ville s'étendit fur les deux rives de la Reufs, on établit des ponts pour réunir les différens quartiers. Afin de montrer le foin qu'on prend dans les petits états du peuple & des citoyens, nous dirons que malgré le peu d'étendue de la ville de *Lucerne*, on y trouve trois ponts couverts pour l'ufage des gens à pied; l'un de 500, un autre de 316, & le troifième de 176 pas géométriques.

Le fort de cette ville, dans le moyen âge, à été femblable à celui de la plupart des villes de l'Europe. Son confeil municipal n'exerçoit qu'une police très-circonfcrite; fes corps de métiers eurent des privilèges, & le corps général de la bourgeoifie obtint fucceffivement des immunités. Mais toute efpèce de jurifdiction & la haute police s'exerçoient dans la ville, au nom de l'abbé de Murbach, par des officiers ou juges de fon choix, & la plupart des nobles des environs étoient fes vaffaux.

Le monaftère s'étoit engagé envers les bourgeois de *Lucerne* à ne point aliéner leurs droits fans leur confentement. Cependant l'empereur Rodolphe I, occupé du projet de former à fes fils un patrimoine digne du rang où il venoit d'être élevé, détermina l'abbaye de Murbach à lui vendre fa jurifdiction fur *Lucerne* & fur d'autres fiefs circonvoifins. Les petits pays d'Uri, Schwitz & Underwalden, voifins de *Lucerne*, jouiffoient de la prérogative du relief direct de l'Empire, & ils réfiftèrent avec fermeté au duc d'Autriche qui les preſſoit de ſe reconnoître ſes ſujets. Albert, fils de Rodolphe I, parvenu à ſon tour à la dignité impériale, voulut forcer ces pays à ſe ſoumettre ; les procédés tyranniques de ſes officiers révoltèrent les peuples ; leur union & l'expulſion des baillifs autrichiens commencèrent la ligue helvétique. La victoire de Morgarten qui, en 1315, mit le ſceau à la nouvelle confédération, ne pouvoit manquer d'augmenter la défiance des gouverneurs autrichiens ſur le compte de leurs nouveaux ſujets de Lucerne : il y a lieu de croire que l'exemple & les premiers ſuccès des confédérés invitoient les peuples voiſins à tourner leurs regards ſur les avantages d'une indépendance toujours flatteuſe. Las des hoſtilités, auxquelles les expoſoit la rupture ouverte entre les pays ligués & le parti autrichien, ils conclurent avec les premiers une trève contre le gré de leurs maîtres. Les autrichiens cherchèrent à prévenir les progrès de cette révolte ; les meſures qu'ils prirent ſourdement, furent découvertes ; les citoyens, après s'être ſaiſis des poſtes, congédièrent le gouverneur, chaſſèrent les partiſans des ducs, & entrèrent dans la ligue perpétuelle des trois pays. Depuis 1332, époque de cette alliance, ils vécurent en inimitié ouverte avec le parti autrichien, quoique les droits des ducs euſſent été réſervés dans le traité. Dans l'eſpace de vingt ans, la ligue réunit huit cantons, parmi leſquels Lucerne eſt le quatrième en date, & devint le troiſième en rang.

Cette ville avoit fait quelques conquêtes ſur les vaſſaux de la maiſon d'Autriche. En 1386, les ducs réſolurent de frapper un coup déciſif. Il y eut une bataille ſanglante près de la petite ville de Sempach. Les confédérés remportèrent la victoire. Léopold d'Autriche fut tué avec la fleur de la nobleſſe de ſon parti. La paix de 1389 procura à Lucerne l'affranchiſſement entier de la domination autrichienne : ſa liberté fut confirmée & même étendue par l'empereur Sigiſmond, lors du concile de Conſtance.

Nous ne rapporterons pas ici les divers événemens communs à toute la nation helvétique, auxquels la république de Lucerne a eu part. Ses citoyens & ſujets ont partagé les dangers & les ſuccès des diverſes guerres ſoutenues par les ſuiſſes ; ils en ont partagé la gloire & les conquêtes. Voyez les articles CORPS HELVÉTIQUE, SUISSE & les articles particuliers des douze autres cantons.

Le ſchiſme politique, occaſionné par le ſchiſme religieux, a donné à l'état de Lucerne, comme au plus ancien des cantons qui ſont demeurés attachés à l'égliſe de Rome, le premier rang dans les diètes particulières des ſuiſſes catholiques. Les recès, les actes & diplômes publics, la correſpondance avec les puiſſances étrangères, dont ce parti a recherché l'appui ou accepté l'union, ſont dépoſés à Lucerne : nous avons dit ailleurs que la

chancellerie générale du corps helvétique eſt fixée à Zuric. Durant les brouilleries qu'occaſionnèrent entre les huit cantons le progrès de la réformation dans les bailliages indivis entre ces cantons, & les querelles entre les abbés de Saint-Gall & les peuples de Toggenbourg, qui éclatèrent en 1529, 1531, 1656 & 1712, l'état de Lucerne, uni aux trois cantons ſes plus anciens alliés & à celui de Zug, contre les cantons de Zuric & de Berne, fut obligé de fournir preſque ſeul les munitions, & de ſupporter les plus grands frais.

On a lieu d'eſpérer que ces querelles ne ſe réveilleront plus. Les objets douteux qui en furent le prétexte, ſont fixés par des traités ; les préjugés de partis & de ſectes s'affoibliſſent chaque jour ; d'ailleurs la politique doit déterminer Lucerne à vivre en paix avec les ariſtocraties voiſines. Les divers mouvemens intérieurs qu'a éprouvé la république, doivent inſpirer de la modération à ſes adminiſtrateurs ; dans ces momens de criſe, l'attrait d'une indépendance égale à celle des peuples des états démocratiques voiſins, préſenté aux communes par des citoyens mécontens, peut augmenter les embarras du gouvernement & la fermentation des eſprits. En 1477, & depuis dans la mutinerie aſſez générale des payſans en 1652, quelques ſujets de l'état de Lucerne ſe révoltèrent : ils furent déſarmés ; & des bourgeois, convaincus d'avoir encouragé la rébellion, furent punis. On découvrit, en 1764, un complot de quelques citoyens ; le gouvernement, inquiet ſur les ſuites, avertit les états de Zuric, Berne, Fribourg & Soleure, de ſe diſpoſer à protéger ſa conſtitution, en vertu de la garantie réciproque énoncée dans les traités d'alliance. Les préparatifs de ces états ariſtocratiques pour ſecourir au beſoin le gouvernement de Lucerne, mirent celui-ci à même de ſévir ſans crainte contre les coupables. Depuis cette époque, le gouvernement entretient une garde de 150 hommes dans la ville.

Remarques générales ſur le canton de Lucerne. Le canton ou le pays ſujet à la ville de Lucerne, peut avoir, dans ſa plus grande longueur ou largeur, dix à onze lieues communes. Sa population eſt évaluée à cent mille ames, & on aſſure qu'elle n'alloit qu'à la moitié de ce nombre il y a trois ſiècles. Nous ne ſavons ſi ces faits ſont bien conſtatés.

La partie méridionale du pays eſt montueuſe ; mais elle renferme peu de glaciers ou de rochers : elle eſt abondante en bois & en pâturages, & fournit au commerce d'exportation, des fromages & des beſtiaux.

Le ſol de la partie ſeptentrionale du canton de Lucerne eſt fertile en grains, en fruits & en fourages. Ses récoltes, année commune, ſuffiſent à la conſommation des habitans ; mais les montagnards de divers cantons voiſins venant ſe pourvoir de bled au marché de Lucerne, il faut que la ville tire des autres parties de la Suiſſe, &

même le plus souvent de l'Alsace ou de la Suabe, cet excédent de grains. C'est aussi du marquisat de Baden & de l'Alsace que les lucernois tirent les vins qui manquent à leur pays. On évalue à 200,000 livres ce seul objet d'importation annuelle. La France & la Bavière leur fournissent des sels, ainsi qu'à la majeure partie de la Suisse. Les manufactures du pays se réduisent à quelques filatures de soie ou de coton.

Le gouvernement de Lucerne a tant de rapport avec ceux des autres cantons aristocratiques, que nous pouvons nous borner ici à une notice générale. Un conseil de cent personnes, choisies dans le corps de la bourgeoisie, est revêtu du pouvoir souverain. M. de la Borde dit que M. Coxe s'est trompé en assurant qu'à Lucerne, il n'y a que cinq cens personnes, parmi lesquelles on puisse choisir les cent. Trente-six conseillers, pris du nombre des cent, forment le sénat ou petit conseil : il est partagé en deux divisions égales, qui se remettent l'une à l'autre l'administration tous les six mois : on les appelle la division ou le côté de l'été, & la division ou côté de l'hiver, parce que l'une relève l'autre aux deux fêtes de S. Jean, après le solstice de l'été & celui de l'hiver. La division qui sort, n'est pas exclue des assemblées pendant le semestre suivant ; mais celle qui rentre, y est obligée par serment. La division qui sort, fait le grabeau ou la réélection de celle qui succède ; elle complette aussi les places vacantes par mort, en choisissant les nouveaux sujets, ou dans le grand conseil, ou dans le corps de la bourgeoisie. La réélection, ou la confirmation des membres du grand conseil, a lieu aussi chaque semestre dans le conseil des cent. Après ces opérations, la nouvelle division du sénat prête serment dans la chapelle d'une église, & le grand conseil sur l'hôtel-de-ville. La bourgeoisie est appellée chaque fois à renouveller le serment de fidélité au gouvernement.

Il faut, pour aspirer aux charges, être citoyen né dans le canton ou au service de la république. Une loi expresse défend au père & au fils, ou à deux frères, de siéger, en même temps, dans un même corps de conseil ; l'un cependant peut être du grand conseil pendant que l'autre siège au sénat ; il est assez ordinaire qu'après la mort d'un sénateur, son fils ou son frère lui succède ; il suffit d'avoir vingt ans accomplis pour être éligible. L'entrée au sénat donne le patriciat à la personne & à ses descendans, & ce titre de noblesse est reconnu par l'ordre de Malthe.

Le gouvernement de Lucerne seroit susceptible de plusieurs remarques. Quoique le grand conseil soit le souverain titulaire, le sénat ou le petit conseil s'est emparé de presque toute l'autorité. Il ne faut pas s'en étonner : c'est la marche naturelle des passions, & de tous les gouvernemens. Ce sénat a la puissance exécutrice ; il a

seul l'administration des affaires courantes, celle des finances & le soin de la police ; & le conseil, qu'on appelle souverain, ne s'assemble que dans certaines occasions, soit pour des questions relatives à la législation, soit pour d'autres affaires de cette nature. Au milieu de ces usurpations de la puissance exécutrice, le conseil général a pourtant gardé un beau privilège. Le sénat juge les affaires criminelles ; & lorsqu'un arrêt inflige la peine de mort, on convoque l'assemblée générale pour le prononcer. C'est une sage coutume dans une petite république : elle prouve que les mœurs y sont moins corrompues qu'ailleurs, & qu'on n'y est pas obligé souvent de prononcer la peine de mort. Dans les causes civiles, on appelle au conseil souverain, des arrêts du sénat : mais on dit que c'est une simple formalité ; ou alors on appelle seulement de l'opinion des sénateurs dans un tribunal, aux mêmes sénateurs dans un autre tribunal. L'influence du sénat doit être en effet trop forte sur un corps, dont il forme plus du tiers, & dans lequel il choisit à son gré ses membres ; qui d'ailleurs est revêtu des principaux emplois de l'état ; qui les confère presque tous, & qui compte au nombre de ses droits, celui de nommer à tous les bénéfices ecclésiastiques ; prérogative qui lui donne un grand nombre de créatures, puisque les deux tiers des revenus du canton appartiennent au clergé.

Les parens du candidat jusqu'au troisième degré ne peuvent voter à l'élection : on a fait d'autres réglemens pour circonscrire le pouvoir des patriciens ou des nobles : mais on élude tous ces réglemens ; & ce qu'on peut dire, c'est qu'ils n'osent pas encore déclarer la guerre ou faire la paix, former de nouvelles alliances, ou imposer de nouvelles taxes, sans le consentement général de l'assemblée des citoyens ; mais qu'ils gouvernent d'ailleurs la république à leur gré.

Nous avons parlé à l'article États-Unis des vices de l'acte de la confédération des suisses : nous avons dit que celui de l'union américaine, malgré quelques défauts, est mieux calculé : nous observerons ici que la constitution des diverses républiques de la Suisse n'approche pas non plus de celles des républiques du nouveau-Monde ; & pour n'en citer qu'un exemple, en Amérique on a adopté pour principe fondamental la division ou la séparation des trois pouvoirs législatif, exécutif & judiciaire : quelques états n'ont pas trop bien appliqué ce principe ; mais on l'a méconnu dans tous les gouvernemens de la Suisse, & on ne doit pas en être surpris : ils se sont formés, avant que les philosophes & les politiques eussent développé cette maxime fondamentale de la liberté publique : ils ont tous confondu la puissance exécutrice & la puissance judiciaire : ceux qui en sont revêtus, ont encore une grande part à la puissance législative ; & par une influence secrette, ils l'entraînent presque toujours. Au rette, la position de la Suisse & l'heureux caractère de ses habitans diminuent les funestes effets qu'entraîneroit le vice des constitutions.

Les premières dignités de l'état sont celles des deux avoyers; elles sont à vie. Chaque avoyer préside pendant six mois la division du sénat qui est en exercice, & pendant le même temps les assemblées du grand conseil. Le conseiller le plus âgé de chaque division porte le titre de *statthalter* ou *lieutenant de l'avoyer*. Après ces magistrats, le trésorier, les deux *panner-herren* ou porte - bannières, le *venner* ou banneret sont les officiers les plus distingués de l'état.

Le grand conseil est juge criminel en dernier ressort. La justice civile, la régie des biens des pupilles, l'administration de l'économie publique & des différens départemens de police civile & militaire, &c. sont confiés à divers comités subordonnés aux conseils. La bourgeoisie est divisée en quartiers & en tribus; mais cette division n'a point de rapport à la constitution & à la forme du gouvernement. La bourgeoisie n'est pas nombreuse; & le nombre des familles qui participent aux charges & aux honneurs de l'état, est assez limité. On ne compte pas plus de trois mille ames dans la ville de *Lucerne*; les religieux & autres ecclésiastiques y sont trop nombreux en proportion.

Tout le canton est divisé en quinze bailliages. Les baillifs sont tirés en partie du sénat, en partie du grand conseil. Trois seulement de ces baillifs résident sur les lieux; les autres habitent la capitale.

Milice. Toute la milice du canton est partagée en cinq brigades d'infanterie, & chaque brigade en cinq bataillons de six cents hommes. Chaque brigade a son état-major, & chaque bataillon un capitaine & plusieurs officiers subalternes. La première division d'un bataillon, commandée pour marcher au premier ordre, est de 225 hommes; les augmentations se font par piquets de cinquante hommes par bataillon. La cavalerie ne consiste qu'en trois compagnies de dragons, & le corps d'artillerie est composé de cinq compagnies. L'arsénal de *Lucerne* est, en proportion de cette milice, assez bien fourni; la plupart des canons sont de nouvelle fonte.

Nonce du pape. C'est à *Lucerne* que réside le nonce du pape. Sa présence a souvent fait naître des embarras; lorsque des nonces, fatigués de leur inaction, ont voulu se mêler avec trop de chaleur de la police ecclésiastique du pays, le gouvernement a toujours soutenu ses droits avec fermeté.

L'état de *Lucerne* a part, non-seulement à tous les gouvernemens indivis des anciens cantons, à toutes les alliances de la nation suisse avec d'autres puissances, & aux privilèges qui en sont le fruit, mais particuliérement aux traités & engagemens des états catholiques de la Suisse avec les états voisins.

Les revenus de cette république sont peu considérables. Les plus grandes ressources même des maisons patriciennes consistent dans des fidéicommis, dans le service militaire étranger, dans l'état ecclésiastique pour les cadets de famille, & dans les charges publiques. En général, l'industrie a fait beaucoup de progrès chez les suisses catholiques que chez les suisses protestans: mais on doit s'attendre à voir diminuer de jour en jour les obstacles qu'un faux zèle opposoit aux progrès des lumières. Les sciences, les arts & l'activité qu'elles traînent à leur suite, se répandront par-tout où de meilleures institutions auront perfectionné l'éducation de la jeunesse. Au reste, la preuve la plus sûre d'un gouvernement sage & modéré, c'est l'accroissement de la population réunie à l'aisance du peuple; & cette preuve existe dans les états de la république de Lucerne.

LUCIE (SAINTE), isle des Antilles, appartenant à la France.

Histoire de l'établissement de cette colonie. Les anglois occupèrent sans opposition cette isle, dans les premiers jours de l'an 1639. Ils y vivoient paisiblement depuis dix-huit mois, lorsqu'un navire de leur nation, qui avoit été surpris par un calme devant la Dominique, enleva quelques caraïbes accourus sur leurs pirogues avec des fruits. Cette violence décida les sauvages de Saint-Vincent, de la Martinique, à se réunir aux sauvages offensés; & ils fondirent tous ensemble, au mois d'août 1640, sur la nouvelle colonie. Dans leur fureur, ils massacrèrent tout ce qui se présenta. Le peu qui échappa à cette vengeance, abandonna pour toujours un établissement qui étoit encore au berceau.

Les françois songèrent ensuite à faire un établissement à *Sainte-Lucie.* Ils y firent passer, en 1650, quarante habitans sous la conduite de Rousselan, homme brave, actif, prudent, & singuliérement aimé des sauvages, pour avoir épousé une femme de leur nation. Sa mort, arrivée quatre ans après, ruina tout le bien qu'il avoit commencé à faire. Trois de ses successeurs furent massacrés par les caraïbes, mécontens de la conduite qu'on tenoit avec eux; & la colonie ne faisoit que languir, lorsqu'elle fut prise en 1664 par les anglois, qui l'évacuèrent en 1666.

A peine étoient-ils partis, que les françois reparurent dans l'isle. Ils ne s'y étoient pas encore beaucoup multipliés, quelle qu'en fût la cause, lorsque l'ennemi qui les avoit chassés la première fois, les força de nouveau, vingt ans après, à quitter leurs habitations. Quelques-uns, au lieu d'évacuer l'isle, se réfugièrent dans les bois. Dès que le vainqueur, qui n'avoit fait qu'une invasion passagère, se fut retiré, ils reprirent leurs occupations. Ce ne fut pas pour long-tems. La guerre,

qui

qui bientôt après déchira l'Europe, leur fit craindre de devenir la proie du premier corsaire qui auroit envie de le piller ; & ils allèrent chercher de la tranquillité dans les établissemens de leur nation qui avoient plus de force, ou qui pouvoient se promettre plus de protection. Il n'y eut plus alors de culture suivie ni de colonie régulière à Sainte-Lucie. Elle étoit seulement fréquentée par des habitans de la Martinique, qui y coupoient du bois, qui y faisoient des canots, & y entretenoient des chantiers assez considérables.

Des soldats & des matelots déserteurs s'y étant réfugiés après la paix d'Utrecht, il vint en pensée au maréchal d'Estrées d'en demander la propriété. Elle ne lui eut pas été plutôt accordée en 1718, qu'il y fit passer un commandant, des troupes, du canon, des cultivateurs. Cet éclat blessa la cour de Londres qui avoit des prétentions sur l'isle, à raison de la priorité d'établissement ; comme celle de Versailles, en vertu d'une possession rarement interrompue. Ses plaintes déterminèrent le ministère de France à ordonner que les choses seroient remises dans l'état où elles étoient avant la concession qui venoit d'être faite. Soit que cette complaisance ne parût pas suffisante aux anglois, soit qu'elle leur persuadât qu'ils pouvoient tout oser, ils donnèrent eux-mêmes, en 1722, Sainte-Lucie au duc de Montaigu, qui en envoya prendre possession. Cette opposition d'intérêts donna de l'embarras aux deux couronnes. Elles en sortirent en 1731, en convenant que, jusqu'à ce que les droits respectifs eussent été éclaircis, l'isle seroit évacuée par les deux nations ; mais qu'elles auroient la liberté d'y faire de l'eau & du bois.

Cet arrangement n'empêcha pas les françois d'y établir de nouveau, en 1744, un commandant, une garnison, des batteries. Ou la cour de Londres n'en fut pas avertie, ou elle feignit de ne rien voir, parce que ses navigateurs se servoient utilement de ce canal pour entretenir avec des colonies plus riches, des liaisons interlopes que les sujets des deux gouvernemens croyoient leur être également avantageuses. Elles durèrent avec plus ou moins de vivacité jusqu'au traité de 1763, qui assura à la France la propriété si long-temps & si opiniâtrement disputée de Sainte-Lucie.

Ce qu'est devenue cette colonie. Un entrepôt fut le premier usage que la cour de Versailles se proposa de faire de son acquisition. Depuis que ses isles du vent avoient augmenté leurs forêts, étendu leurs cultures, & perdu la ressource du Canada & de la Louisiane, il étoit devenu impossible de s'y passer des bois & des bestiaux de l'Amérique septentrionale. On avoit cru voir de grands inconvéniens à l'admission directe de ces secours étrangers, & Sainte-Lucie fut choisie pour les échanger contre les sirops de la Martinique, de

la Guadeloupe. L'expérience ne tarda pas à démontrer que c'étoit un plan chimérique.

Pour que cet arrangement pût avoir son exécution, il faudroit que les américains déposassent leurs cargaisons, qu'ils les gardassent sur leurs navires, ou qu'ils les vendissent à des négocians établis dans l'isle : trois combinaisons dont aucune n'est praticable.

Jamais les navigateurs ne se détermineront à mettre à terre leur bétail, dont la garde, la nourriture, les accidens les ruineroient infailliblement ; ni à déposer dans des magasins, des bois d'un trop mince prix, d'un trop gros volume, pour soutenir les frais d'un loyer. Jamais ils n'attendront sur leur bord des acheteurs éloignés qui pourroient ne pas arriver. Jamais ils ne trouveront des acheteurs intermédiaires, dont le ministère seroit nécessairement si cher qu'on ne pourroit pas l'employer.

Le propriétaire des sirops a les mêmes raisons d'éloignement pour ce marché. Les voitures, le coulage & la commission réduiroient à rien sa denrée. Si l'anglois se déterminoit à acheter les sirops plus cher qu'il ne les payoit, il se verroit forcé d'augmenter dans la proportion ses marchandises, dont le consommateur ne voudroit plus après ce surhaussement. L'expérience a montré depuis, que cette disposition étoit mal calculée ; & l'arrêt du conseil du mois d'août 1784, qui a excité & qui excite tant de réclamations, en conservant l'entrepôt établi à Sainte-Lucie, en établit beaucoup d'autres. _Voyez_ les articles DOMINGUE (SAINT) & FRANCE.

Détaché de la première idée qu'il avoit eue, sans y renoncer formellement, le ministère de France s'occupa, dès 1763, du soin de former des cultures à Sainte-Lucie. Le projet étoit sage, mais l'exécution fut mal concertée. Si le gouverneur & l'intendant de la Martinique, dont cette isle n'est éloignée que de sept lieues, avoient été chargés de l'opération, les colons qu'on y auroit fait passer auroient obtenu les secours que peut aisément fournir un établissement qui remonte à plus d'un siècle. La précipitation, la passion des nouveautés, le désir de placer des parens ou des protégés, d'autres motifs, peut-être encore plus blâmables firent préférer l'envoi d'une administration indépendante, qui ne devoit avoir des liaisons qu'avec la métropole. Cette mauvaise combinaison coûta 7,000,000 au fisc, & à l'état huit ou neuf cents hommes, dont la fatale destinée inspire plus de pitié que de surprise. Sous les tropiques, les colonies les mieux établies coûtent habituellement la vie au tiers des soldats qui y sont envoyés ; quoique ce soient des hommes sains, robustes & bien soignés : est-il étonnant que des misérables, ramassés dans les boues de l'Europe & livrés à tous les fléaux de l'indigence, à toutes les horreurs du désespoir, aient misérablement péri dans une isle inculte & déserte,

X

& dont le climat, foit parce qu'elle n'eſt pas encore aſſez défrichée, foit par la nature particulière de ſon ſol, eſt plus meurtrier que celui du reſte des Antilles (1) ?

L'avantage de la peupler étoit réſervé aux établiſſemens voiſins. Des françois qui avoient vendu très-avantageuſement leurs plantations de la Grenade aux anglois, ont porté à *Sainte-Lucie* une partie de leurs capitaux. Un grand nombre des cultivateurs de Saint-Vincent, indignés de ſe voir réduits à acheter un ſol qu'ils avoient défriché avec des fatigues incroyables, ont pris la même route. La Martinique a fourni des habitans dont les poſſeſſions étoient peu fécondes ou bornées, & des négocians qui ont retiré quelques fonds de leur commerce pour les confier à l'agriculture. On leur a diſtribué à tous gratuitement des terres.

C'eût été un préſent funeſte, ſi le préjugé établi contre *Sainte-Lucie* avoit eu quelque fondement. La nature, diſoit-on, lui avoit refuſé tout ce qui peut conſtituer une colonie de quelque importance. Dans l'opinion publique, ſon terroir inégal n'étoit qu'un tuf aride & pierreux, qui ne paieroit jamais les dépenſes qu'on feroit pour le défricher. L'intempérie de ſon climat devoit dévorer tous les audacieux que l'avidité de s'enrichir ou le déſeſpoir y feroient paſſer. Ces idées étoient généralement reçues.

Dans la vérité, le ſol de *Sainte-Lucie* n'eſt pas mauvais ſur les bords de la mer, & il devient meilleur à meſure qu'on avance dans les terres. Tout peut être défriché, à l'exception de quelques montagnes hautes & eſcarpées, ſur leſquelles on remarque aiſément des traces d'anciens volcans. Il reſte encore dans une profonde vallée huit ou dix excavations de quelques pieds de diamètre, où l'eau bout de la manière la plus effrayante. On ne trouve pas, à la vérité, dans l'iſle, de grandes plaines, mais beaucoup de petites, où le ſucre peut être heureuſement cultivé. La forme étroite & allongée de cette poſſeſſion en rendra le tranſport aiſé, dans quelques lieux que les cannes ſoient plantées.

L'air, dans l'intérieur de *Sainte-Lucie*, n'eſt peut-être que ce qu'il étoit dans les autres iſles avant qu'on les eût habitées : d'abord impur & mal ſain ; mais à meſure que les bois ſont abattus, que la terre ſe découvre, il devient moins dangereux. Celui qu'on reſpire ſur une partie des côtes, eſt plus meurtrier. Sous le vent, elles reçoivent quelques foibles rivières qui, partant des pieds des montagnes, n'ont pas aſſez de pente pour entraîner les ſables, dont le flux de l'Océan embarraſſe leur embouchure. Cette barrière inſur-

montable fait qu'elles forment, au milieu des terres, des marais infects. Une raiſon ſi ſenſible avoit ſuffi pour éloigner de ces cantons le peu de caraïbes qu'on trouva dans l'iſle en y abordant la première fois. Les françois, pouſſés dans le nouveau-Monde par une paſſion plus violente que l'amour de la conſervation, ont été moins difficiles que des ſauvages. C'eſt dans cette étendue qu'ils ont principalement établi les cultures. Pluſieurs ont été punis de leur aveugle avidité. D'autres le ſeront un jour, à moins qu'ils ne conſtruiſent des digues, qu'ils ne creuſent des canaux pour procurer de l'écoulement aux eaux. Le gouvernement en a donné l'exemple dans le port principal de l'iſle ; quelques citoyens l'ont ſuivi, & il eſt à croire qu'avec le tems une pratique ſi utile deviendra générale.

Déja ſe ſont formées dans la colonie onze paroiſſes, preſque toutes ſous le vent. Cette préférence, donnée à une partie de l'iſle ſur l'autre, ne vient pas de la ſupériorité du ſol ; mais du plus ou du moins de facilité à recevoir, à expédier des navires. Avec le tems, l'eſpace qu'on a d'abord négligé ſera occupé à ſon tour, parce qu'on découvre tous les jours des anſes où il ſera poſſible d'embarquer ſur des canots toutes ſortes de productions.

Un chemin qui fait le tour de l'iſle, & deux chemins qui la traverſent de l'eſt à l'oueſt, donnent les facilités qu'on pouvoit déſirer pour porter les denrées des plantations aux embarcadaires. Avec du tems & des richeſſes, ces routes parviendront à un degré de ſolidité qu'on ne pouvoit leur donner d'abord ſans des dépenſes trop conſidérables pour un établiſſement naiſſant. Les corvées, dont ces chemins ſont l'ouvrage, ont retardé les cultures & excité bien des murmures : mais les colons commencent à bénir la main ſage & ferme qui a ordonné, qui a conduit cette opération pour leur utilité. Leur fardeau a été un peu allégé dans les derniers temps, par l'attention qu'ont eue les adminiſtrateurs, d'appliquer à ces travaux les taxes exigées pour les affranchiſſemens.

Au premier janvier 1777, la population blanche de *Sainte-Lucie* s'élevoit à deux mille trois cents perſonnes de tout âge & de tout ſexe. Il y avoit mille cinquante neuf ou mulâtres libres & ſeize mille eſclaves. La colonie comptoit parmi ſes troupeaux onze cents trente mulets ou chevaux, deux mille cinquante-trois bêtes à cornes, trois mille ſept cents dix-neuf moutons ou chèvres.

Cinquante-trois ſucreries qui occupoient quinze cents quarante-un quarrés de terre, cinq millions

(1) Les anglois ſe ſont emparés de Sainte-Lucie pendant la dernière guerre ; & le nombre des ſoldats qu'ils ont perdu, eſt très-conſidérable. Un de leurs chirurgiens en a fait le détail ; & ſon livre renferme, ſur l'inſalubrité du climat de cette iſle, des remarques qu'il eſt bon d'annoncer ici.

quarante mille neuf cents soixante-deux pieds de café, un million neuf cents quarante-cinq mille sept cents douze pieds de cacao, cinq cents quatre-vingt-dix-sept quarrés de coton formoient ses cultures.

Ces produits réunis étoient vendus, dans l'isle même, un peu plus de 3,000,000 de liv. Les deux tiers étoient livrés aux américains, aux anglois & aux hollandois, en possession de fournir librement aux besoins de la colonie. Le reste étoit porté à la Martinique, dont on dépendoit, & d'où l'on tiroit quelques marchandises, quelques boissons arrivées de la métropole.

Lorsque *Sainte-Lucie*, qui a quarante lieues de circuit, sera parvenue à toute sa culture, elle pourra occuper cinquante à soixante mille esclaves, & donner pour neuf ou dix millions de denrées : tous ceux qui connoissent l'isle, l'avouent. Par quelle fatalité cet établissement a-t-il donc fait si peu de progrès, malgré tous les encouragemens qu'il a reçus ?

C'est que, dès l'origine, on donna précipitamment des propriétés à des vagabonds, qui n'avoient ni l'habitude du travail, ni aucun moyen d'exploitation : c'est qu'on accorda un sol immense à des spéculateurs avides qui n'étoient en état de mettre en valeur que quelques arpens : c'est que les terres intérieures furent distribuées avant que les bords eussent été défrichés : c'est que les fourmis qui désoloient si cruellement la Martinique, ont porté le même ravage dans les sucreries naissantes de *Sainte-Lucie* : c'est que le café y a éprouvé la même diminution que par-tout ailleurs : c'est enfin que l'administration n'y a été ni assez régulière, ni assez suivie, ni assez éclairée. Quels remèdes employer contre tant d'erreurs, contre tant de calamités !

Il faudroit établir un gouvernement plus ferme, une police plus exacte. Il faudroit dépouiller de leur territoire ceux qui n'auront pas au moins rempli en partie l'engagement qu'ils avoient contracté de le rendre utile. Il faudroit par des réunions sagement réglées, rapprocher, le plus qu'on pourra, des plantations séparées par des distances qui leur ôtent la volonté & la facilité de s'entr'aider. Il faudroit contraindre légalement tous les débiteurs à respecter des créances dont ils se sont habituellement joués. Il faudroit assurer, pour une longue suite d'années & par des actes authentiques, aux navigateurs de toutes les nations la liberté de leurs liaisons avec cette isle. L'arrêt du conseil du mois d'août 1784 l'a entrepris; mais on ne sait pas encore si le ministère ne se verra point forcé de se rendre aux criailleries déraisonnables des négocians. On devroit aller plus loin.

Les françois de la métropole ne veulent pas, & ceux des isles ne peuvent pas mettre en valeur *Sainte-Lucie*. Beaucoup d'étrangers, au contraire, ont offert d'y porter leur industrie & leurs capitaux, si l'on vouloit supprimer le barbare droit d'aubaine : droit qui s'oppose au commerce réciproque des nations ; qui repousse le vivant & dépouille le mort ; qui déshérite l'enfant de l'étranger ; qui condamne celui-ci à laisser son opulence dans sa patrie, & lui interdit ailleurs toute acquisition, soit mobilière, soit foncière : droit qu'un peuple qui aura de saines notions sur la politique, abolira chez lui, & dont il se gardera bien de solliciter l'extinction dans les autres contrées.

Lorsqu'on aura pris les mesures convenables pour rendre *Sainte-Lucie* florissante, le ministère de France pourra se livrer au système qu'il paroît avoir adopté de défendre ses colonies par des forteresses. Pour garder cette isle, il suffira de garantir de toute insulte le port du Carenage.

Ce port, le meilleur des Antilles, réunit plusieurs avantages. On y trouve par-tout beaucoup d'eau ; la qualité de son fond est excellente ; la nature y a formé trois carenages parfaits : l'un pour les plus grands bâtimens, les deux autres pour des frégates. Trente vaisseaux de ligne y seroient à l'abri des ouragans les plus terribles. Les vers ne l'infectent pas encore. Les vents sont toujours bons pour en sortir, & l'escadre la plus nombreuse seroit au large en moins d'une heure.

Une position si favorable peut non-seulement défendre toutes les possessions nationales, mais menacer encore celles de l'ennemi dans toute l'étendue de l'Amérique. Les forces maritimes de l'Angleterre ne sauroient couvrir tous les lieux. La plus foible escadre, partie de *Sainte-Lucie*, porteroit en peu de jours la désolation dans les colonies qui, paroissant les moins exposées, seroient dans la plus grande sécurité. Pour l'empêcher de nuire, il faudroit bloquer le port du Carenage ; & cette croisière, aussi dispendieuse que fatigante, pourroit encore être bravée impunément par un homme hardi, qui oseroit tout ce qu'on peut oser en mer.

Le Carenage, qui a l'inconvénient d'exposer au danger d'être pris, les vaisseaux qui sont à sa vue, n'a jamais paru digne d'attention à la Grande-Bretagne, assez puissante, assez éclairée, pour penser que c'est aux vaisseaux à protéger les rades, & non aux rades à protéger les vaisseaux. Pour la France, ce port possède la plus grande défense maritime, c'est-à-dire, une position qui empêche les vaisseaux d'y entrer sous voile. Il faut alonger plusieurs touées pour y pénétrer. On ne peut louvoyer entre les deux pointes. Le fond augmente tout d'un coup, &, passant près de terre de vingt-cinq à cent brasses, ne permettroit pas aux attaquans de s'y embosser. Il ne peut y entrer qu'un navire à la fois, & il seroit battu en même-tems de l'avant & des deux bords par des feux masqués.

Si l'ennemi vouloit insulter le port, il seroit

X 2

réduit à faire sa descente à l'anse du Choc ; plage d'une lieue , qui n'est séparée du Carenage que par la pointe de la Vigie qui forme cette anse. Maître de la Vigie , il couleroit bas ou forceroit d'amener tous les vaisseaux qui se trouveroient dans la rade ; & ce seroit sans perte de son côté, parce que cette péninsule, quoique dominée par un citadelle bâtie de l'autre côté du port, couvriroit l'assaillant par son revers. Celui-ci n'auroit besoin que de mortiers : il ne tireroit pas un coup de canon ; il ne hasarderoit pas la vie d'un homme.

S'il suffisoit de fermer à l'ennemi l'entrée du port, il seroit inutile de fortifier la Vigie. Sans cette précaution, on l'empêcheroit bien d'y pénétrer : mais il faut protéger les vaisseaux de la nation. Il faut qu'une petite escadre puisse braver les forces ennemies , les réduire à la bloquer, profiter de leur absence ou d'une faute : ce qui ne se peut faire sans fortifier le sommet de la péninsule. On ne doit pas se dissimuler qu'en multipliant ainsi les points de défense , on augmentera le besoin d'hommes : mais s'il y a des vaisseaux dans le port, leurs matelots & leurs canonniers seront chargés de la défense de la Vigie , & ils s'y porteront avec d'autant plus de vigueur, que le salut de l'escadre en dépendra. Si le port est sans bâtimens, la Vigie sera abandonnée, ou peu défendue. On s'occupe du soin de défendre le Morne fortifié, où l'on projette de construire une citadelle.

Les anglois s'étoient emparés de *Sainte-Lucie* durant la dernière guerre ; mais ils l'ont rendue à la France par le traité de paix de 1783.

LUCQUES (république de). Cette république d'Italie est située au bord de la partie de la Méditerranée , qu'on appelle mer de Toscane, *mare Tuscum* ou *Tyrrhenum* ; & du côté de la terre, elle touche aux états du grand-duc de Toscane & du duc de Modène. Sa longueur est d'environ 40 milles d'Italie , & sa largeur de 15.

Productions , culture , population. Ce pays est très fertile. Il est si peuplé que , dans une ville & 150 villages , on compte plus de 120 mille hommes , dont 20 ou 30 mille peuvent porter les armes. On ne sauroit trop louer , ni trop admirer l'industrie avec laquelle les habitans cultivent le moindre lambeau de terre & savent en tirer parti. Le pays est montueux , mais la fertilité de ses vallées est admirable. Les montagnes sont couvertes de vignes , d'oliviers , de châtaigniers & de mûriers. La partie de la côte offre des prairies qui nourrissent une grande quantité de bestiaux. L'huile & la soie sont d'un très-grand rapport , & forment les deux objets les plus importans de son commerce.

Précis de son histoire politique. La ville de *Lucques* étoit jadis une des principales villes des Etrusques , & fut ensuite une colonie romaine. Sous les goths & les lombards , elle éprouva les mê-

mes vicissitudes que le reste de la Toscane. Après la mort de la comtesse Mathilde en 1115 , le gouvernement de *Lucques* devint républicain, sans se soustraire à l'obéissance des empereurs. En 1316 , elle fut soumise à Castruccio , *Castracani.* En 1328 , l'empereur Louis de Bavière l'enleva aux fils de Castruccio : il changea à son gré la forme du gouvernement ; il rélégua les Castracani à Pontremoli , & imposa aux lucquois un subside de 150,000 florins. En 1355 , Charles IV les assujettit à la jurisdiction civile & criminelle des pisans , chargés de l'exercer au nom de l'empereur. En 1369 , le cardinal-légat de Bologne , établi vicaire de *Lucques* par l'empereur Charles IV, vendit aux lucquois la liberté pour cent mille florins d'or. En 1400 un simple citoyen, Paul Guinisi , se fit souverain de *Lucques* qu'il gouverna jusqu'en 1430. Depuis cette époque, *Lucques* a toujours été une république aristocratique ; & les lucquois étant plus jaloux de leur liberté qu'en état de la défendre, ils ont de tout temps recherché la protection de quelqu'état plus considérable.

Forme de gouvernement. La puissance législative appartient à un sénat composé de 150 patriciens : ce sénat a pour chef un gonfalonier & neuf conseillers , nommés *anziani,* qu'on change tous les deux mois ; pendant leur régence , ils sont entretenus dans le palais aux dépens de l'état. Le grand conseil se change tous les deux ans. L'autorité du gonfalonier se réduit à faire le premier les propositions au sénat.

Il a le titre de *prince de la république ,* & jouit des honneurs d'un souverain. La justice est administrée par cinq auditeurs , dont l'un a le titre de *podestat* & décide les causes criminelles ; mais ses jugemens doivent être confirmés par le sénat , sur-tout quand ce sont des arrêts de mort.

Cet état a le titre de *sérénissime république de Lucques.* Ses armes sont deux bandes entre lesquelles est écrit en caractères d'or le mot *libertas,* sur un fond d'azur de lapis-lazzuli. On évalue les revenus ordinaires de la république à quatre cents mille écus. Elle a cinq cents hommes de troupes réglées & environ soixante & dix suisses, qui servent de garde au gonfalonier & aux neuf anziani.

Remarques générales. Si l'on forme un parallélogramme du territoire de *Lucques ,* ce parallélogramme n'aura que huit lieues de longueur sur une largeur égale : il est presque par-tout entrecoupé de montagnes & circonscrit dans son agriculture , dans son commerce , dans son industrie , & on y trouve au moins cent vingt mille habitans. La population totale de l'état est donc d'environ 1900 personnes par lieue quarrée. C'est le double de ce qu'on en trouve en France, dit M. de la Lande. Si l'on sépare la partie montueuse de la république, pour comparer l'étendue de la seule plaine de *Lucques* avec le nombre de ses habitans, on en comptera 5,274 par lieue quarrée. Nulle part en Europe, excepté dans les cantons suisses de Zurich, de Soleure & d'Appenzell, on ne trouvera une population aussi forte.

A quelles causes est-elle due ? Pourquoi ne voit-on dans l'état de *Lucques*, ni mendians, ni pauvres, ni oisifs ? Pourquoi chacun y est-il bien vêtu, bien nourri, bien logé ? Pourquoi enfin ce territoire, dont la fertilité ne surpasse pas celle d'une infinité de lieux parsemés de quelques rares habitans, offre-t-il par-tout une culture admirable & très - variée ? C'est que le gouvernement de *Lucques* offre un modèle de sagesse ; c'est que la petitesse de la république lui permet de tout voir, de tout prévenir, de tout corriger ; c'est que chaque abus est à la portée de sa vigilance ; c'est que chaque sujet ne paye que cinq livres par tête pour toute espèce d'impositions ; c'est que, malgré la modicité de ses revenus, l'état pourvoit à tous les détails de bien public, à tous les besoins accidentels ; c'est qu'on n'y connoît pas celui des armées, des guerres, des classes éminentes, oisives & onéreuses de citoyens ; c'est que les propriétés foncières y sont très subdivisées ; c'est que les distinctions y sont bannies autant que la simplicité des mœurs y est respectée ; c'est qu'on n'y éprouva jamais de disette ; c'est que le sénat aime son peuple, & le peuple le sénat, qui ne s'écarte point de cette modération tutélaire, principe conservateur des aristocraties ; modération non seulement de sentiment, mais encore de réflexion, & devenue une maxime d'état fondamentale. Depuis deux siècles, cette prospérité & ces principes n'ont pas varié. Tant il est vrai que l'aristocratie, peut-être mauvaise dans une ville, règne avec succès sur un territoire, lorsqu'elle a su réprimer sa puissance par des loix qu'elle ne pourroit enfreindre sans danger.

LUGANO, l'un des quatre bailliages ultramontains que possède le corps helvétique. En allemand, on le nomme *Lauis*. C'est le plus grand, le plus riche & le plus important : il a huit lieues de longueur sur cinq de largeur. Le pays est fertile ; il offre des vignes, des fruits, des oliviers, & des mûriers. Les orangers & les citroniers même y sont assez communs. On y trouve différentes espèces de marbre, desquels on tire grand parti, de même que des vers à soie. Il y a des lapidaires qui polissent les cristaux apportés de la Suisse. On y compte plus de 70 paroisses & environ dix mille habitans. Le lac de *Lugano* lui est aussi très-utile : il est assez considérable, car il a huit lieues de longueur.

Les tusques paroissent avoir été les premiers habitans de cette contrée, & on y vit ensuite les gaulois. Les romains s'en emparèrent : ceux-ci furent chassés à leur tour. Enfin, après bien des révolutions, les ducs de Milan en furent les maîtres. Nous avons dit à l'article LOCARNO comment elle fut soumise aux cantons suisses. Ceux-ci envoient, chacun à leur tour, un bailli qui y gouverne pendant deux ans. Son titre est *capitaneo*, & en temps de guerre il commande les troupes des quatre bailliages. Son pouvoir est trop absolu ; il est presqu'illimité : il juge seul toutes les affaires civiles & criminelles ; il y a cependant appel devant le syndicat. Le secrétaire bailival, le lieutenant bailival, les fiscaux, &c. n'ont que la voix consultative ; c'est toujours un abus dangereux. Le lieutenant bailival a une jurisdiction particulière en affaires civiles, indépendante du baillif. On peut le changer tous les deux ans ; les autres places sont à vie & à la nomination des cantons.

Le bailliage est partagé en quatre pièves, *Lugano*, Agno, Riva & Capriasca. Il jouit de beaux privilèges ; il a le droit d'établir des loix civiles sous l'approbation cependant du syndicat, de taxer les denrées, de fixer la valeur des monnoies, de déterminer les précautions de santé, &c. Il a une magistrature qui s'étend sur tout le bailliage, & chaque ieve en a une particulière. On tient annuellement une assemblée générale à *Lugano*, Loretto ou Sorengo ; chaque commune y envoie son consule, & *Lugano* en envoie deux. Cette assemblée générale règle les affaires du pays, & sur-tout les dépenses publiques. Il y a quelques communautés qui ont leur propre jurisdiction, qui fournissent un contingent fixe, & qui n'envoient point de députés à l'assemblée. On nomme celles-ci *terre separate*. Les communes de Vescia & Montechio sont nommées *terre privilegiate*, en ce qu'elles ne contribuent qu'aux dépenses militaires & de santé.

Les habitans sont tous de la religion catholique romaine. La piève de Capriasca est du diocèse de Milan ; les trois autres de celui de Côme : l'évêque de Milan entretient dans chacune un vicaire forain.

Le bourg de *Lugano* est assez étendu ; on y fait un commerce assez grand, sur-tout en soie : le passage des marchandises de Suisse en Italie lui procure aussi différens avantages. La foire de bétail qui s'y tient le 13 octobre, est importante par la quantité extraordinaire de bétail qui s'y vend & qu'on tire de la Suisse. On y a établi une imprimerie qui a déja fourni d'excellens ouvrages à l'Italie ; elle est sous la protection immédiate des cantons. *Voyez* les articles CORPS HELVÉTIQUE, LOCARNO, MENDRISIO & VAL-MAGIO.

LUNEBOURG, principauté d'Allemagne, appartenant à la maison de Brunswick.

Nous avons indiqué à l'article BRUNSWICK les divers états que possède en Allemagne la maison électorale de Brunswick-Lunebourg, leur population totale & leurs revenus : nous y avons donné un précis historique de la maison de Brunswick : nous y avons parlé de ses titres, de ses prérogatives & de ses charges.

Nous avons fait des articles particuliers de chacun des états de la maison électorale de Brunfwick; & le lecteur trouvera aux articles HANO-VRE, HOYA, WOLFENBUTTEL, &c. ce qui regarde les principautés de Calenberg, de Hoya, de Wolfenbuttel, &c.

Nous parlerons ici de la principauté de Lunebourg & de Zell: mais nous ajouterons à la fin de l'article quelques remarques générales sur les productions, les manufactures & le commerce des états de la maison de Brunfwick que nous nous sommes procurés depuis l'impreffion de l'article BRUNSWICK.

La principauté de *Lunebourg* ou de Zell eft bornée à l'oueft par les duchés de Breme & de Verden, le comté de Hoya & la principauté de Calenberg; au midi par cette même principauté, le diocêse de Hildesheim & le duché de Brunf-wick; au levant par ce dernier duché, par celui de Mecklenbourg & par la vieille Marche; & vers le nord par le duché de Lavenbourg & l'Elbe, qui la fépare du territoire de la ville impériale de Hambourg.

Productions, fol. Le fol y eft fertile le long de l'Elbe, de l'Aller & de la Jetze; il eft fec & fablonneux dans les autres endroits. L'Elbe tra-verfe les parties orientale & feptentrionale de cette principauté. Les avantages qu'elle retire de ce fleuve, font importans; il fertilife les terres voifines; il ajoute à la fubfiftance des habitans par le grand nombre de poiffons qu'on y prend; il facilite la navigation; & les péages qui y font établis d'après un mauvais régime, font utiles au fifc.

Population. La principauté contient trois gran-des villes; favoir, *Lunebourg, Ulzen & Zell*, onze petites & treize bourgs.

Etats. Cette province a confervé fes états, ainfi que les ont conférvés la plus grande partie des pays d'Allemagne, & un grand nombre de provinces que le fouverain ménage, parce qu'il en eft éloigné. Il faut diftinguer d'abord le collège entier de la province: il eft compofé, 1°. du direc-teur provincial qui eft l'abbé du couvent de Saint-Michel de *Lunebourg*, & qui, pour entrer en charge, doit être confirmé par le roi, fur les préfenta-tions des confeillers provinciaux. Ce directeur, à qui l'on donne le titre *d'excellence*, a rang après les confeillers intimes en exercice, & il a le pas fur le préfident du tribunal fupérieur des appel-lations, à moins que celui-ci ne foit lui-même confeiller intime: 2°. de huit confeillers qui, avec le directeur dont il vient d'être parlé, for-ment le confeil provincial: 3°. de deux confeil-lers du tréfor: 4°. de quatre députés ordinaires de la nobleffe. Une ordonnance du roi du 2 no-vembre 1752 a réglé la manière dont on doit pro-céder à l'élection de ces officiers: elle a partagé tous les biens nobles en quatre quartiers ou can-tons, qui font celui de *Lunebourg*, celui de Lu-

chau, celui de Zell & celui de Giffhorn; le pre-mier contient 48 biens nobles; le fecond 49; le troifième 50, & le dernier 48. On a donné droit de fuffrage aux différens poffeffeurs. On a aggrégé à chaque canton un député perpétuel de la no-bleffe & deux confeillers du confeil de la pro-vince, dont l'un élu par le corps entier de la no-bleffe de la principauté, & l'autre par celle du canton, ou il faut qu'il poffède un des biens no-bles dont on vient de parler. L'ancienneté feule règle entr'eux les privilèges. Lorfqu'il s'agit de choifir un nouveau membre, le député ordinaire perpétuel notifie aux propriétaires nobles de cha-que canton le jour fixé par le directeur de la pro-vince; il leur ordonne de s'affembler dans les villes, dont leurs quartiers portent le nom; & là fous la préfidence ils élifent, à la pluralité des voix, deux autres députés qu'on appelle d'é-lection, qui doivent être de l'ancienne nobleffe du même canton, & pofféder un de ces biens auxquels eft attaché le droit de fuffrage. Ces nou-veaux députés fe rendent, au jour fixé par le même directeur, dans la maifon des états à Zell, où fe rendent auffi les huit confeillers provinciaux qui, préfidés par le même directeur, font avec les députés l'élection dont il s'agit. Celui fur le-quel eft tombé le choix, eft enfuite préfenté au fouverain qui, s'il le juge à propos, accorde fa ratification. La nobleffe concourt de la même ma-nière lorfqu'il eft queftion d'élire un confeiller du tréfor: on le choifit dans le corps de la no-bleffe; mais attendu que les députés ne font qu'au nombre de huit, tandis que le collège qui forme le confeil de la province, n'a que neuf mem-bres fur le pied complet, le confeiller furvivant du tréfor fe joint aux huit députés pour donner la neuvième voix. A la mort d'un député ordi-naire de la nobleffe, il eft remplacé par un autre noble du canton, dans lequel vaque la place. Les corps qui compofent le collège provincial, font alors choix de deux fujets capables, & le canton en adopte un qui eft enfuite préfenté au roi. Le confeil provincial choifit, concurremment avec les deux confeillers du tréfor, le fecrétaire du tréfor & le receveur général; mais la première de ces deux compagnies nomme feule le fyndic de la province & tous les employés fubalternes, dont les fonctions intéreffent le public.

Les états s'affemblent deux fois par année, & ils font convoqués par le fouverain. Ils fe font affemblés à Hæfering, bailliage de Bodenteiche, jufqu'en 1652; mais ils furent transférés à cette époque, dans la maifon-de-ville de Zell. Ceux qui ont droit d'y affifter, font: les confeil-lers de la province & ceux du tréfor; les quatre députés perpétuels de la nobleffe, dont les deux plus anciens feuls ont droit de fuffrage; ceux des évêchés de Bardewick & Ramelsloh & ceux des villes de *Lunebourg*, d'Ulzen & de Zell. Les vo-lontés du roi y font indiquées par un de fes ministres, auquel les états ne répondent que par l'organe de leur syndic.

Religion. On compte dans cette principauté environ deux cens paroisses luthériennes, divisées en quinze surintendances, & celles-ci en deux autres générales.

Manufactures, commerce. Les manufactures & les fabriques qui ont le plus de réputation, sont celles de toiles, de rubans, de bas & de chapeaux. La ville de Zell a acquis quelque célébrité par ses ouvrages d'or & d'argent que l'étranger recherche, & celle de Haarbourg par sa blanchisserie de cire, & par ses fabriques d'amidon & de sucre. Le pays exporte sur-tout du bled, du sarrasin, des légumes, du houblon, du lin, des chevaux, des bêtes à cornes, & principalement des veaux gras, dont le seul bailliage de Winsen sur la Luhe fait un commerce avec la ville de Hambourg d'environ 6000 écus par an. Il exporte aussi des mats, du bois à différents usages, des bateaux, de la volaille, de la laine, de la cire crue ou blanchie, du miel, du sel, du sucre, du fil, des toiles de toutes qualités, des bas, des draps, des ouvrages d'or & d'argent, &c. La multitude de voitures chargées de marchandises, qui dirigent leurs routes vers Hambourg, Lubeck & Altona occupent aussi les habitans de cette principauté.

Origine & privilèges de cette principauté. La principauté de *Lunebourg* vient des biens héréditaires que possédoit le comte de Billung, dont le fils, nommé *Hermann*, fut créé duc de Saxe par l'empereur Otton I. Le duc Magnus, dernier de sa race, étant mort sans laisser d'héritier mâle, Wulfhild sa fille porta ses domaines au duc Henri de Bavière qu'elle épousa; ils passèrent ensuite à sa postérité, ainsi que nous l'avons dit à l'article BRUNSWICK.

Cette principauté donne au roi de la Grande-Bretagne droit de séance & suffrage dans le collège des princes de l'Empire & dans les assemblées circulaires de la basse-Saxe. Sa taxe matriculaire en cette qualité est de vingt cavaliers & cent vingt fantassins, ou de 726 florins en argent.

Charges héréditaires. Les ducs de *Lunebourg* établirent à leur cour diverses charges héréditaires, dont ils investirent des familles nobles du pays; celle de grand-maréchal fut donnée à la maison de Meding; celle d'intendant des cuisines & d'échanson à la famille de Vehren; & celle de grand-trésorier aux nobles de Knesebeck. Ces mêmes ducs établirent aussi une grande charge, appellée *Erbpætkerant*, qu'ils conférèrent à la maison de Spœrken, charge qui probablement est celle de dégustateur (*officium prægustatoris*).

Tribunaux. La ville de Zell est le siège de la justice, de la chancellerie, & celui du tribunal de la cour de toute la principauté. Le pays a le droit de présenter deux assesseurs à ce tribunal, dont le choix dépend du conseil provincial; elle a le droit aussi de présenter deux membres du siège supérieur des appellations; l'un noble, & l'autre de condition bourgeoise. Leur élection se fait ensuite à la pluralité des voix, lors de la tenue des diètes, auxquelles les conseillers de la province & ceux du trésor ont chacun une voix; les députés de la noblesse, ainsi que ceux des abbayes & des villes, y ont une voix par chaque classe.

Revenus. Les revenus que tire le prince des trente-neuf bailliages & prévôtés bailliagères qui lui appartiennent, joints au produit des droits régaliens, doivent former des sommes considérables, puisque, dans le nombre des bailliages, il en est qui rapportent 14,000, 15,000 & même 27,000 rixdales. Les péages établis sur l'Elbe sont aussi lucratifs que les objets de recette dont on vient de parler; peut-être même le sont-ils davantage. La province est chargée du recouvrement, 1°. des contributions qui se payent tous les mois: elles sont accordées au souverain dans les diètes qui se tiennent deux fois l'année, & se montent par chaque mois à plus de vingt mille rixdales. La ville de *Lunebourg* en paye seule la seizième partie. 2°. D'un impôt, nommé *licent*: on ne le perçoit que sur ceux qui habitent les villes, & la concession s'en fait également de six mois en six mois; les prélats & le corps de la noblesse en sont exempts. 3°. D'un autre impôt, appellé *schatz*, auquel les dettes nationales ont donné lieu: on le lève sur le bétail, sur la bierre, sur le vin & sur l'eau-de-vie, & il produit par an 40 à 50,000 rixdales. Les frais de légation sont un objet de dépense, auquel la province est obligée de contribuer. La recette de ces divers impôts se fait par des receveurs sous l'inspection de commissaires, qui les uns & les autres sont nommés par le conseil provincial.

Remarques générales sur les états de la maison de Brunswick-Lunebourg. Les états de la maison électorale de Brunswick-Lunebourg produisent en général tout ce qui peut être nécessaire aux besoins des habitans.

Les manufactures & les fabriques, quoique nombreuses, pourroient se multiplier davantage, & elles sont susceptibles de perfection. On y fait de l'amidon blanc qu'on tire du froment & de la pomme de terre. On y fait de la poudre: on y file beaucoup de lin qu'on travaille dans le pays: on y fabrique aussi beaucoup de rubans, & les galons de cette principauté ne le cèdent guère à ceux du Brabant. Les tapisseries de toile cirée, qui sortent de ces manufactures, offrent de très-belles couleurs. On est parvenu à y peindre les toiles de lin avec tant de succès, que les indiennes y sont défendues. On y file du coton, dont on fait des bas, des bonnets, des gants, des toiles & des futaines. On y apprête du tabac à fumer & en poudre ; la garence y croît, & on en tire le parti convenable. Les tanneries sont en grand nombre, & le pays exporte une quantité considérable de souliers. On y fabrique des draps de plusieurs qualités ; il y en a de fins, de moyens & de plus gros : la fabrique des premiers est établie à Gœttingue ; ils approchent de ceux de Hollande pour la finesse & la solidité des couleurs. Les manufactures fournissent aussi des demi-draps, des frises, des flanelles, &c. des étoffes en forme de draps, du ras & des serges drapées, de la ratine, du moleton, du drap de roi, de dames, auxquelles il faut ajouter les camelots d'une seule couleur ou de couleurs mêlées, des callemandes, des moires, des étamines, des chalons, de la pluché, &c. Il s'y fait aussi des chapeaux de poil & de laine, des bas & des étoffes de soie, des galons d'or & d'argent & des broderies. On y trouve des blanchisseries de cire & des raffineries de sucre, des verreries, des fabriques de fer, de cuivre, de laiton, des manufactures d'armes blanches, des moulins à poudre, à papier, &c.

L'exportation annuelle de ces états en grains ; en lin, en chanvre & en bois de construction ; celle des tourbes, du bétail, du sel & des minéraux de différentes espèces ; celle du fil, des grosses toiles, & autres ouvrages des fabriques & manufactures produisent des sommes d'argent très-considérables. D'un autre côté, ces pays manquent de plusieurs productions naturelles & de différens ouvrages de manufactures qu'ils tirent de l'étranger.

Religion. La religion luthérienne est la dominante dans ces états en général. Il y a à-peu-près 750 églises paroissiales, divisées en quarante-trois surintendances particulières, qui elles-mêmes sont partagées en sept surintendances générales. Les réformés ont sept églises dans les états électoraux proprement dits, & autant de communautés dans le duché de Brême. Si les catholiques romains ont une église & une école dans la ville de Hanovre, c'est en vertu d'une convention particulière, faite en 1692 entre l'empereur & l'électeur, qui de son côté régla, par l'ordonnance de 1713, l'exercice de cette religion ; les prêtres séculiers catholiques ne peuvent faire aucune fonction de leur état, sans avoir été précédemment confirmés par l'électeur. L'exercice de cette même religion est libre aussi dans la ville de Gœttingue & dans celle de Hamelin. Les juifs sont tolérés & même protégés dans les états électoraux ; des privilèges obtenus en 1687, confirmés & augmentés en 1697, 1716 & 1737, leur permettent de choisir un rabin provincial, qui dirige leurs synagogues, & qui veille sur leurs loix & leurs cérémonies.

Administration. Nous avons indiqué à l'art. BRUNSWICK l'étendue de la jurisdiction du conseil-privé royal & électoral de Hanovre, qui tient lieu de régence provinciale. Ce conseil est composé de conseillers-privés royaux & électoraux, qui se partagent entr'eux les affaires d'état & celles de la régence, ensorte que chacun a un département particulier ; mais pour prononcer sur un cas important, il faut l'avis de tout le collège. Les secrétaires privés, qui sont au nombre de quatre, sont chargés de la partie des impôts, des tailles, des subsides ; ceux des chancelleries délivrentles expéditions des affaires réglées, tant en matière gracieuse que contentieuse. Il y a aussi un régistrateur privé.

Les ducs de Brunswick & de *Lunebourg* ont toujours traité les états avec bienveillance & avec estime ; ils ont souvent demandé l'avis des provinces en matières qui intéressent la régence ; ils leur ont accordé des privilèges & des prérogatives, ou confirmé ceux qu'ils avoient ; les états, de leur côté, ont toujours donné des preuves de zèle & de fidélité. Les droits dont jouissent les pays électoraux & conquis, sont les mêmes sur les points principaux ; mais chacun en a de particuliers, & est régi par des constitutions & des coutumes différentes.

Il y a quatre consistoires dans les états de la maison électorale ; un à Hanovre, auquel ressortissent les états électoraux, & auquel préside un membre du conseil privé ; un à Stade, qui connoît des affaires des duchés de Breme & de Verden ; un à Ratzebourg, où sont portées celles du duché de Lavenbourg ; & un à Otterndorf, qui décide celles du pays de Hadeln. Il y a de plus à Hanovre une chancellerie de justice & une cour de justice ; de la première relèvent les principautés de Calenberg & de Grubenhagen, & les comtés de Hoya & de Diepholz ; de la seconde, les mêmes pays, la principauté de Grubenhagen seule exceptée. On trouve les mêmes tribunaux dans la ville de Zell pour la principauté de *Lunebourg*, & d'autres pareils à Stade pour les duchés de Breme & de Verden. Le duché de *Lunebourg* relève de la régence & de la cour de justice établies à Ratzebourg, où sont aussi portés les appels des jugemens rendus au siège supérieur de justice d'Ottendorf dans le pays de Hadeln. Les appellations de tous ces collèges de justice, institués dans les états de la maison électorale, vont à la cour supérieure des appellations établie à Zell en 1711 ; un conseiller du conseil-privé y préside & est à la tête de deux vice-présidens, dont l'un siège sur le banc réservé aux nobles, l'autre sur celui des docteurs ; quatre d'entr'eux sont nommés par le roi-électeur ; le reste est présenté par les provinces : savoir, deux par celle de Calenberg, un par celle de Grubenhagen, un par celle de Hoya & de Diepholz, deux par celle de *Lunebourg*, & trois par celle de Breme & de Verden. La dernière place, créée en 1733, est occupée par un conseiller que les provinces présentent tour-à-tour. Le tribunal dont on vient de parler, a un protonotaire, différens secrétaires & quelques employés de chancellerie. Ses jugemens sont en dernier ressort : on ne peut en appeller à aucun autre tribunal de l'Empire : le droit d'appeller qu'avoient les duchés de Breme & de Verden, fut annullé par le traité de paix de Westphalie : on les dédommagea par le droit d'appeller à la cour supérieure des appellations de Zell, lorsque ces deux duchés parvinrent à la maison électorale de Brunswick & de Lunebourg. Le privilège de *non appellando* a été rendu stable depuis par les ordonnances de l'empereur Charles VI en 1716, quant aux pays électoraux, & de l'empereur François I en 1747, quant au duché de Lavenbourg.

Voyez l'article BRUNSWICK & les articles des autres états de la maison électorale de Brunswick-*Lunebourg*.

LUSACE, marquisat ou margraviat de la haute & basse - *Lusace*, appartenant à l'électeur de Saxe.

La *Lusace*, qui se prolonge du nord-ouest vers le sud-est, est bornée au levant par la Silésie, au midi par la Bohême, au couchant par la Misnie, & au nord par la marche de Brandebourg. Son étendue est d'environ 180 lieues géographiques quarrées, sans y comprendre toutefois la partie qui dépend du marquisat de Brandebourg, & qui contient environ vingt lieues géographiques quarrées. Suivant l'opinion d'Abraham Frentzel, le nom esclavon *Lusice* ou *Lausitz* signifie un pays rempli de forêts & d'eau. Le bas-marquisat porta le premier ce nom, qui lui fut particulier pendant trois cents cinquante ans, c'est-à-dire, jusqu'au milieu du quinzième siècle ; le haut marquisat obtint alors la même dénomination : jusques-là on l'avoit appelé la Marche ou le pays de Budissin & de Gœrlitz, & quelquefois le pays des neuf cantons & villes. Le premier diplôme qui offre le nom de *haute-Lusace*, est de 1466 ; mais à cette époque on lui donnoit aussi les deux autres dénominations, comme on peut s'en convaincre par d'autres chartes. Sous le règne du roi Matthias, un noble de Stein, préfet du pays, prenoit, dans les actes publics, le titre de *préfet des deux Lusaces*, & les autres suivirent son exemple.

Sol, productions. La haute-*Lusace* est plus montueuse & plus saine que la basse, où il y a beaucoup de marais ; mais celle-ci a de meilleures forêts & en plus grand nombre que la première. L'agriculture a fait peu de progrès dans les districts montueux de la haute - *Lusace*, aux confins de la Bohême & de la Silésie. Les landes sur les frontières de la basse-*Lusace* & sur ceux de la Silésie offrent un terrein ingrat & stérile. La basse - *Lusace* l'emporte sur la haute en tabac, houblon, fruits, légumes & en vignobles, qui

Œcon. pol. i. & diplomatique. Tom. III.

donnent des vins rouges & blancs, quoiqu'en petite quantité ; celui de Guben est le meilleur. Mais ces productions ne suffisent pas à la subsistance des habitans. Il s'est établi dans la haute-*Lusace* une société économique, dont l'objet principal est l'éducation des abeilles. On y nourrit beaucoup de bestiaux.

Population. On compte dans la haute-*Lusace* six villes, appellées *villes par excellence* ou *les six villes*, seize petites & sept bourgs : il n'y a dans la basse-*Lusace* que quatre villes qui aient séance aux diètes provinciales, treize petites & quatre bourgs.

L'origine des habitans de ce pays ne remonte pas aujourd'hui au delà des semnons ou senons, nation suève, qui habita la haute-*Lusace*, & qui, par l'émigration qu'elle entreprit, fit place aux vandales, qui à leur tour quittèrent la *Lusace* au septième siècle, & l'abandonnèrent aux sorabes, tribu esclavone. Dans le douzième siècle, il y arriva des colons des Pays - Bas & du côté du Rhin. Les villes actuelles sont presque toutes peuplées d'allemands ; mais, dans les villages, on trouve plus de venèdes que d'allemands. Les demeures des venèdes commencent près de Lœbau, & s'étendent par la haute & basse-*Lusace* jusques dans la Marche de Brandebourg. Ils conservent toujours l'habillement venède & leur ancienne langue. Leur dialecte diffère des autres dialectes esclavons : le dialecte de la haute-*Lusace* a peu de ressemblance à celui de la basse. Les deux dialectes diffèrent considérablement de la langue esclavone-venède, en usage dans la Carniole, la Dalmatie, la Croatie, la Hongrie & les contrées voisines. On compte environ 449 villages venèdes dans la haute-*Lusace*. L'idiome des allemands n'est pas plus uniforme.

Noblesse. Chaque marquisat a des états. Nous en parlerons ci-dessous dans la description particulière de ces deux provinces. Nous ne ferons ici qu'une observation générale sur la noblesse du pays. Quelques familles nobles descendent, à ce qu'il paroît, des anciens esclavons. On compte ordinairement dans ce nombre toutes celles dont les noms se terminent en *itz* & *zin*. Quelques autres sont si anciennes qu'il est très-difficile, pour ne pas dire impossible, d'en découvrir l'origine : telle est, par exemple, celle de Gersdorf ; mais la plupart sont arrivées, à des époques plus ou moins reculées, de la Bohême, de la Silésie, de la Pologne, de la Saxe & de différens autres pays allemands & étrangers. Un noble de la haute-*Lusace*, qui achète un fief dans la basse, n'est point réputé étranger, & un noble de la basse-*Lusace* est noble aussi dans la haute. Les états des deux marquisats ont établi ou renouvellé cette disposition en 1689 & 1690.

Religion. En 1521, la doctrine de Luther eut des sectateurs dans la haute & la basse-*Lusace*, & s'étendit peu à peu au point que cette religion devint la dominante, & l'est encore aujourd'hui. On croit qu'il y a dans la haute-*Lusace* 40 à 50 mille venèdes protestans qui possèdent soixante-deux églises, où le service divin se fait en langue venède. L'autre partie des venèdes, au nombre d'environ 8000 ames, suit la religion catholique romaine, & elle possède dix églises, chapelles & oratoires. En 1722, une colonie des frères de l'unité vint de la Bohême & de la Moravie s'établir dans la haute-*Lusace*, & elle bâtit le bourg appellé *Herrenhuth*. Depuis ce temps ils s'y sont multipliés, & ils ont même acquis une autorité qui a excité l'attention de la communion luthérienne de cette province.

Le grand-sénéchal de Budissin, qui étoit alors un comte de Gersdorff, reçut en 1750 des lettres du souverain, qui ordonnoit de tolerer & de protéger les frères de l'unité, établis dans la haute-*Lusace* en qualité de chrétiens de la confession d'Augsbourg & de fidèles sujets; de les faire jouir des privilèges & des droits à eux accordés, dans l'espérance qu'ils se conduiroient à l'avenir avec la tranquillité & la décence qu'ils avoient montré jusques-là.

Plusieurs membres de cette communion possèdent dans la haute-*Lusace* des terres nobles très-considérables, & jouissent, à l'instar des autres propriétaires du pays, de la jurisdiction civile & du droit de patronage.

Manufactures. Sans ses manufactures, la *Lusace* ne pourroit jamais nourrir ses habitans; mais elle a de nombreuses & belles fabriques de laine & de toiles; elles fleurissent sur-tout dans la haute-*Lusace*. Les manufactures de draps sont les plus anciennes; elles sont établies, dès le treizième siècle, dans plusieurs villes. La seule ville de Gœrlitz tiroit autrefois de son commerce plus d'une tonne d'or par année de ses voisins; mais l'importation de ces draps dans le pays de Brandebourg & d'Autriche ayant été défendue, les manufactures sont déchues; les draps de ce pays sont de différentes qualités, & les meilleurs ne le cèdent guère à ceux de Hollande. A Budissin & dans ses environs, on fabrique beaucoup de bas, de guêtres, de bonnets & de gants. Les manufactures de toiles sont aussi importantes; les plus considérables se trouvent dans la haute-*Lusace*.

La conduite que les empereurs Ferdinand II, Ferdinand III & Léopold tinrent vis-à-vis les protestans de la Bohême & de la Silésie, détermina un grand nombre d'entr'eux à se retirer vers la haute *Lusace*. Ils aggrandirent les villages situés sur les frontières de ces marquisats, principalement ceux des montagnes, & y exercèrent pour la plu-

part le métier de tisserand. Depuis cette époque, c'est-à-dire depuis 1623, le pays a pris une face nouvelle; il est devenu plus peuplé & plus riche, & ses nouveaux habitans qui se multiplièrent beaucoup à cette époque, occasionnèrent le progrès des manufactures de toile & du commerce dans la haute-*Lusace*: ces progrès se font remarquer sur-tout entre les années 1660 & 1690. On fabrique en *Lusace* des toiles blanches, grises, communes ou fines; du damassé blanc & très-beau à l'usage de la table & des lits, & du treillis blanc. Mais le débit des différentes espèces de toiles grises & blanches ayant diminué depuis plusieurs années, & celui des toiles teintes, nappées, modelées & imprimées, étant devenu plus commun, il en est résulté une nouvelle branche de commerce qui est poussée très-loin. Les teintures en noir & en couleurs fines font subsister aussi une grande quantité de personnes. De plus, il y a dans ce pays de bonnes fabriques de chapeaux, de cuir, de papier, de poudre, des forges & des verreries, des blanchisseries de cire & quantité d'autres.

Ces manufactures, & sur-tout celles de draps & de toiles, produisent un commerce important. Quoiqu'il ne soit plus aujourd'hui si considérable qu'autrefois, il est très-utile à la *Lusace*; sa valeur excède celle de l'importation des laines, fils & soie dont on a besoin pour les fabriques, & celle des marchandises étrangères de soie, laine, galons d'or & d'argent, des dentelles, vins, épiceries, bled, fruits frais & secs, légumes & houblon. Le commerce des toiles a commencé en 1684.

L'établissement des métiers & le trafic des toiles dans les villages ont fait naître, entre les états & les villes, de longues contestations: on nomma des commissions sur cet objet, en 1712 & 1714. Les six villes de la haute-*Lusace* allèguent, pour défendre leur cause, les rescrits du souverain de 1682, 83, 84, 1704, 1706 & 1708, qui interdisent le commerce en gros, sous peine de confiscation, aux gens de la campagne, & à tous ceux qui n'ont pas fait leur apprentissage: mais les états soutiennent que la plupart de ces rescrits ont été expédiés sur les représentations seules des négocians des six villes; & que celui de 1682, sur lequel ils s'appuient le plus, n'a jamais été publié dans le pays. Ils réclament un décret rendu en 1674, par la chambre des appellations, à Dresde, & devenue obligatoire, par lequel le commerce libre des toiles fut assuré à cette province: ils font valoir d'autres preuves & d'autres argumens; ils soutiennent que le trafic en toile est un moyen de subsistance pour tous les habitans, & que les villages étant, ainsi que les villes, membres du même corps politique, ont droit d'y participer.

Précis de l'histoire politique. L'histoire de ces

deux marquisats ne doit pas être confondue. Le territoire actuel de la haute - *Lusace* appartenoit autrefois à la Bohême , & étoit gouverné par les ducs & rois de Bohême : cependant la ville de Budissin avec le district de Nissin (qui s'étendoit alors de Nossen en Misnie jusqu'à Budissin) appartenoit au comte de Groitsch entre le onzième & douzième siècle. Le roi Wenceslas Ottocar donna à sa fille Béatrice les villes de Budissin , de Gœrlitz , de Lauban & de Lœbau avec les districts qui en dépendent , lorsqu'elle épousa en 1231 le margrave de Brandebourg Otton le pieux. Ce même margrave acquit Camentz & Ruhland à la mort de Mechtilde , épouse d'Albert II, électeur de Brandebourg , qui avoit apporté ces domaines à son mari. La ville de Zittau avec son territoire , resta unie à la couronne de Bohême. Le premier margrave de la basse-*Lusace* , Gera , fut nommé en 931 par Henri , premier roi de Germanie , & confirmé par Otton le grand. Jean III, margrave de Brandebourg , réunit à ses états une partie de la basse-*Lusace* ; & son frère Waldemar I , électeur & margrave , se mit en possession du reste & régna sur la haute & basse-*Lusace* : mais après sa mort , en 1319 , la haute-*Lusace* se rangea volontairement sous la protection de la Bohême , & le roi Jean de Luttzelbourg en fut investi , dans la même année , par l'empereur Louis de Bavière. Ce ne fut qu'en 1355 qu'elle fut pleinement incorporée au royaume de Bohême par l'empereur Charles IV, qui , en 1370, y incorpora la basse *Lusace* qu'il avoit achetée : mais , en 1461 & 1550, on en céda quelques villes & villages à l'électeur de Brandebourg. En 1623, les marquisats de la haute & basse-*Lusace* , comme fiefs de la Bohême , furent engagés à Jean-George , électeur de Saxe , pour les 72 tonnes d'or qu'il avoit employées à secourir l'empereur contre les bohémiens. La paix de Prague de 1635 lui en fit la cession plénière & transmissible à ses héritiers , quoiqu'à titre de fiefs ; & en 1636 il en prit possession. L'empereur se réserva pour lui & ses successeurs , dans le royaume de Bohême , le titre avec les armes de la *Lusace* , sans néanmoins préjudicier à cette cession. L'électeur Jean-George , par son testament , légua en 1652 la haute-*Lusace* à son successeur dans l'électorat , & la basse au duc Chrétien I , administrateur de l'évêché sécularisé de Mersebourg. Le roi & électeur Frédéric-Auguste III ayant pris en 1738 cette administration , la basse-*Lusace* retourna à la maison électorale , qui depuis ce temps gouverne les deux marquisats , sans qu'ils soient incorporés aux anciens pays héréditaires de l'électorat, dont ils sont & demeurent séparés.

Description des deux marquisats. Ces marquisats diffèrent entr'eux , quant à leur constitution, quant au gouvernement & aux impôts. Ils se sont opposés à une taxe proportionnelle pour le prince territorial , & les états de chaque marquisat se sont réservés un consentement libre. Il paroît que le rang des deux marquisats étoit douteux autrefois ; mais la haute-*Lusace* a depuis long-tems le pas sur la basse.

On distingue dans la haute-*Lusace* l'ordre des seigneurs & celui des villes.

I°. Les seigneurs se divisent :

1°. en barons (*staudesherren* , *proceres* , *domini* , *majores* ; en langue bohémienne , *korauseway*, *pani* , *wettsy* ; ils ont leurs arrière-vassaux & leur propre jurisdiction.

2°. en prélats , qui sont le doyen de Budissin, les abbesses de Marienstern & de Marienthal , & le prieuré de Lauban. Lorsqu'en 1635 ces marquisats furent cédés à l'électeur de Saxe , celui-ci promit , par la convention de Prague , de maintenir les droits & privilèges des chapitres & couvens , & nommément de conserver l'exemption dont ils jouissent pour le spirituel de tout tribunal séculier , & de laisser aux visiteurs ordinaires & généraux pleine & entière liberté. En vertu du même traité , chaque roi de Bohême est le protecteur des chapitres , des couvens & du clergé catholique dans les deux marquisats ; mais cette protection ne s'étend que sur les objets qui concernent le culte ; car , pour le reste , ils dépendent de l'électeur.

3°. En noblesse & bourgeoisie. Cet ordre est composé de comtes , barons , gentilshommes & de bourgeois , possesseurs des biens nobles & féodaux. En 1769, on comptoit vingt-une maisons de comtes , quatorze de barons & quatre-vingt sept familles nobles. Le droit d'indigénat n'a jamais eu lieu dans la haute-*Lusace* : quand un étranger ou un gentilhomme de la basse veut y acheter un bien noble , il n'est pas obligé d'obtenir un consentement spécial , encore moins de payer une somme d'argent ; mais depuis un temps immémorial , il est tenu de se légitimer par-devant l'ordre des seigneurs , en leur présentant son arbre généalogique , & de se faire recevoir publiquement dans leur corps avant de pouvoir paroître aux dietes ; car il a été arrêté , en 1503 & 1541, qu'ils n'admettroient qu'un chevalier en état de faire preuve de quatre quartiers : ce qui regarde la réception publique , se trouve indiqué dans le contrat féodal de 1619. Un roturier qui achète un bien noble , est obligé de paroître à la diète , & de promettre que , s'il veut le revendre , il en donnera la préférence à l'ordre des seigneurs.

II°. Les villes-états sont les villes municipales , qu'on appelle villes par excellence ou les six villes , & quelquefois même villes royales & électorales. Voici leur rang : Budissin , Gœrlitz , Zittau , Lauban , Camenz & Lœbau. Les trois premières sont appelées *les villes présidantes.* Ces fix villes tiennent immédiatement du prince territorial leurs privilèges & libertés, qui font partie de pures faveurs ; partie achetées, & partie mixtes. Leur autorité remonte au treizième fiècle ; elles commencèrent alors à fe liguer, & la nobleffe fe ligua contr'elles. Sous les empereurs Charles IV, Wenceflas (de qui elles achetèrent plufieurs privilèges) & Sigifmond, leur autorité s'étendit au point que, dans les expéditions militaires, elles avoient leurs bannières particulières. Elles ont encouru deux fois la difgrace du prince territorial ; favoir, dans la guerre de Smalcalde en 1547, & dans celle de trente ans en 1620. La première leur coûta cher, & elles fe tirèrent de la feconde par l'interceffion de l'électeur de Saxe. Voici les plus effentiels de leurs privilèges. Elles forment le fecond ordre des états de ce marquifat ; elles jouiffent du libre exercice de la religion & des droits qui y font attachés ; elles ont la libre adminiftration de leurs biens patrimoniaux, fi les bourgue-maîtres & échevins l'exercent de bonne-foi ; elles jugent en première inftance ; elles ont le droit de glaive & perçoivent le produit des amendes fifcales : les bourgeois & fujets ne dépendent que de leurs magiftrats municipaux ; elles ont la libre élection pour la magiftrature ; le préfet & le fénéchal ont toutefois ordre de furveiller ; les caves municipales ont droit de bouchon pour le vin ; & fous quelque reftriction pour la bierre étrangère ; elles ont le droit de gabelle, &c. Budiffin a le droit de faire des ftatuts & ordonnances, de les changer & d'appeller immédiatement au prince territorial. Les autres villes s'arrogent le même privilège. Outre ces privilèges qu'on ne leur contefte pas, elles en réclament qui leur font difputés. Ces villes font depuis long-temps en difpute avec l'ordre des feigneurs, fur le droit de brafferie, le commerce, les arts & métiers, &c. Malgré les prérogatives dont nous venons de faire mention, les fix villes ne font pas villes libres, mais municipales & princières ; ce qui eft prouvé par la formule du ferment de fidélité. Elles tiennent leurs affemblées dans la ville de Lœbau, fur la convocation faite par celle de Budiffin.

En vertu du traité de Prague de 1534 & de la déclaration de l'empereur Ferdinand de 1544, ces deux ordres dans les délibérations relatives aux affaires publiques forment deux fuffrages, dont le premier appartient à l'ordre des feigneurs ; le fecond aux fix villes unies. Ils participent à toutes les délibérations & décifions relatives au bien général ; & fans leurs avis & confentement, on ne peut établir aucun impôt, ni faire ou permettre aucune difpofition contraire à la conftitution du pays.

La haute-Luface eft divifée dans les cercles de Budiffin & de Gœrlitz, qui ont encore leurs diftricts particuliers. Chacun de ces cercles a les deux ordres, dont nous venons de parler. Les états des feigneurs s'y divifent en grand & petit comité ; ils élifent les officiers provinciaux de leur cercle, fans la participation des états de l'autre. L'ordre des villes eft formé par les magiftrats des trois villes municipales incorporées à chacun des deux cercles, & elles envoient aux diètes leurs députés.

Les affemblées des états ou diètes font 1°. ordinaires : celles-ci fe tiennent trois fois par an dans la ville de Budiffin au nom de tout le marquifat, & fans convocation préalable. L'ouverture s'en fait le lendemain du dimanche oculi, le 24 août & le 19 de novembre. Ces affemblées portent auffi le nom de diètes volontaires. Il y en a une autre, celle du lendemain des rois, qui fe tient à Gœrlitz, & pour laquelle le bureau du cercle convoque l'ordre des feigneurs par lettres-patentes circulaires. 2°. Les états s'affemblent extraordinairement par ordre du prince, pour délibérer fur des demandes que propofent des commiffaires, pour affifter à l'inftallation d'un nouveau préfet, ou lorfque les anciens, pour affaires graves & urgentes, demandent une diète au directeur de Budiffin & de Gœrlitz. La convocation de ces affemblées extraordinaires fe fait par des lettres particulières adreffées aux poffeffeurs des baronies, & par des lettres-patentes pour les autres nobles poffeffionnés. Les comités des deux états font convoqués, en cas de befoin, par les anciens du cercle de Budiffin.

Offices. Les dignitaires & officiers du marquifat font élus & brevetés, en partie par le prince, en partie par les états. Le préfet (landvogt), qui eft le premier magiftrat du pays, eft nommé par le prince & refide ordinairement à Budiffin. Il eft inftallé dans une diète convoquée pour cet effet, après avoir donné aux états une reverfale fcellée, dans laquelle il promet de maintenir fidelement & fans exception les droits, patentes, privilèges, poffeffions, jurifdictions, immunités & coutumes, anciennement accordés par les empereurs, rois, princes & feigneurs, ou par eux acquis & exercés en tems & lieux ; de veiller à la fûreté du pays, des villes & des grands chemins, & de pourvoir les états de bons fénéchaux, conformément aux avis qu'il en recevra. Ces réferves font en ufage depuis l'année 1420. Le préfet reçoit du prince une inftruction : cette inftruction fut donnée pour la première fois, en 1561, par l'empereur Ferdinand I : elle enjoint fur-tout au préfet de tenir au nom du feigneur les grands tribunaux, ainfi que les juftices auliques & provinciales, & de préfider à toutes les affaires litigieufes ; de donner en préfence du fénéchal l'inveftiture des fiefs ; d'affifter celui-ci dans l'exécution de fes ordres, fans empiéter toutefois fur fes fonctions. Le préfet, fur l'avis des états revêtus du droit d'élection, établit les fénéchaux pour les deux directoires de Budiffin & de Gœrlitz, & il nomme le juge aulique & le chancelier. Il intervient lorfque les juges abufent de leur jurifdiction. Il eft de plus, chargé du logement des troupes, &c. Depuis 1737 le prince électoral eft revêtu de la préfecture ; mais, à la mort du roi Augufte III, cette place a été conférée en 1764 à un miniftre de l'électeur. Le fénéchal (landeshauptmann) eft choifi par le prince fur fix fujets de l'ordre des barons & des nobles que les états lui propofent, en vertu d'un privilège par eux acquis en 1603 de l'empereur Rodolphe II pour la fomme de fept mille écus d'Allemagne. Il eft chargé de lever & d'adminiftrer tous les revenus qui appartiennent au prince dans l'étendue du marquifat : ce dernier lui donne un adjoint (gegenhœndler) de la claffe des nobles. Conjointement avec le préfet, il régit les fix villes, ainfi que les biens domaniaux du prince & les châtellenies eccléfiaftiques & féculières. Il veille auffi à ce qu'on obferve dans les villes les ftatuts & réglemens du prince, & qu'on y rende la juftice d'après ces réglemens. Il tient avec le préfet la main à ce que les emplois de bourgue-maîtres & échevins foient conférés à des fujets capables. Le procureur de la chambre (cammer procurator) eft également à la nomination du prince.

Par un décret de la diète de 1675, le grand baillif d'épée (ober-amtshauptmann) du cercle de Budiffin eft, fuivant un ufage immémorial, choifi par le petit comité. Cette élection fe fait de la manière fuivante : on nomme d'abord, à la pluralité des voix, cinq perfonnes, qui enfuite font réduites à trois ; & de ce dernier nombre l'ordre des feigneurs tire le grand baillif, dont l'élection eft tout de fuite notifiée aux députés des trois villes incorporées. Si celles-ci confirment la nomination du nouvel élu, on l'en avertit par une députation compofée du grand & du petit comité de la claffe des nobles & des députés de villes, avec prière d'accepter cet emploi en attendant l'agrément du prince. L'élection du baillif d'épée (amtshauptmann) du cercle de Gœrlitz fe fait avec les mêmes formalités. Les deux anciens de chaque cercle font choifis par la claffe des nobles, dans les diètes convoquées pour cet objet, & confirmés par le préfet. Ils font réputés pères & chefs du pays, & leurs fonctions dans les diètes, ainfi qu'aux directoires & aux grands tribunaux, &c. font importantes & d'une grande étendue. L'officier, nommé landesbeftalter, eft auffi pris dans la claffe des nobles par les deux cercles conjointement : (on obferve l'alternative arrêtée par la convention de Budiffin de l'année 1665) : il eft chargé de porter la parole aux diètes générales & de la garde des regiftres. Le fyndic de la province, qui eft le confultant des états, eft un jurifconfulte d'extraction roturiere.

A Budiffin comme à Gœrlitz, il y a un directoire du cercle, qui connoît en première inftance de toutes les affaires civiles & féodales de chaque cercle. Le premier, indépendamment du grand baillif d'épée, eft compofé de deux anciens du cercle de Budiffin & des députés des trois villes municipales, qui en font partie ; l'autre eft formé par le baillif d'épée ; les deux anciens du cercle de Gœrlitz, & les députés de ces trois villes municipales. En vertu d'un ufage très-ancien, il y a dans ce marquifat une juftice aulique, dont le reffort s'étend fur les actes de dernière volonté, les renonciations, les bans, &c. Dans le cercle de Budiffin, le préfet conftitue un juge aulique particulier, tiré du corps de la nobleffe, & qui fiège trois fois dans l'année. Dans celui de Gœrlitz, c'eft le baillif d'épée qui en fait les fonctions toutes les fois que les circonftances l'exigent ; mais l'un & l'autre font affiftés de trois affeffeurs élus par les états. Le juge aulique eft chargé de veiller, lors de l'engagement ou de la vente de quelques terres, à ce qu'elles foient offertes & abandonnées à celui qui a le droit de préférence. De plus, il eft chargé de connoître des affaires criminelles qui furviennent parmi la nobleffe. Les affifes du grand tribunal fe tiennent trois fois l'année à Budiffin dans le château d'Ortenburg, à l'iffue des diètes ordinaires, & l'on dit que cet ufage remonte à l'an 1505. Le préfet y préfide, & c'eft en fon nom que les fentences & arrêts font prononcés & expédiés, fauf l'appel au prince. Après lui, le fénéchal occupe le premier rang. Les affeffeurs font le grand baillif & le baillif d'épée, les quatre anciens des deux cercles, quatre gentilshommes de chacun, & les neuf députés des fix villes. Ce tribunal exerce fa jurifdiction fur toute la nobleffe propriétaire & leurs fujets, ainfi que fur les bourgeois des villes. Les matières qui s'y portent, font : les appels des fentences du préfet, des fénéchaux, de la juftice aulique, de celle du clergé en matières civiles, de celle des nobles & des magiftrats municipaux ; les affaires litigieufes entre le préfet & les particuliers du corps des états ; celles qui font relatives à la liberté publique & à l'adminiftration de la juftice, ainfi que tous les objets qui, par leur importance, ne peuvent ni ne doivent fe juger fans la participation de cette cour ; comme, par exemple, les procès de limites & de cours d'eau & d'autres matières femblables ; enfin les affaires criminelles d'une nature grave, & les procès pour caufe d'injures. Ce grand tribunal a un chancelier, un vice chancelier, qui partagent entr'eux les expéditions, & un protonotaire ; la juftice féodale de ce marquifat lui eft annexée, & il eft foumis au confeil d'état de l'électeur, de même que tout le marquifat de la haute-Luface.

Revenu. Les revenus que le prince tire de la

haute-*Lusace*, sont les impositions accordées par les états, parmi lesquelles il faut compter aujourd'hui la capitation & la taille, & les gabelles sur la bierre, l'accise, les péages, &c. Les états perçoivent eux mêmes les contributions, suivant le cadastre arrêté entre l'ordre des seigneurs & celui des villes, par la convention de 1581, à l'occasion des subsides pour la guerre contre les turcs. Parmi les villes, celle de Gœrlitz fournit la plus forte contribution; car si les six villes sont taxées à quatre cents écus, elle en paye 149. Les villes & leurs bourgeois ont des terres comprises dans les tarifs municipaux, & d'autres qui appartenoient jadis à la noblesse, de qui elles les ont acheté: celles-ci entrent dans le tarif de la province, c'est-à-dire, qu'elles payent leur quote-part dans les charges publiques, non à la ville, mais à la recette des cercles de Budissin ou de Gœrlitz. Le prince peut ordonner la révision des rôles, & il reçoit souvent des plaintes sur l'excédant que les seigneurs respectifs veulent s'arroger.

Détails sur le marquisat de la basse-Lusace.

États. Les états de la basse-*Lusace* se divisent aussi en deux classes, qui sont les seigneurs & les villes.

La classe des seigneurs est composée:

1°. De l'ordre des prélats, qui comprend l'abbé de Neu-Zelle, ordre de Cîteaux, & les commanderies de Sonnenbourg, Friedland, & Schenkendorf, ordre de Malthe. Le grand-prieur de Sonnenbourg nomme un baillif d'épée du corps des nobles, qui remplit en son nom les devoirs vassallitiques, & qui est membre du grand comité.

2°. De l'ordre des barons ou des possesseurs des baronies de Dobrilugk, Torsta, Pforten, Sorau, Leuthel, Drehna, Straupitz, Lieberose, Lubbenau & Amtitz.

3°. De l'ordre équestre, qui comprend les comtes, barons, gentilshommes, & autres possesseurs des biens nobles & féodaux. Les fiefs de la basse-*Lusace* peuvent être aliénés, échangés & engagés selon le bon plaisir des propriétaires; & au défaut d'hoirs naturels ils passent, sans nouvelle investiture, aux frères, neveux, nièces & proches. La coutume exigeoit autrefois que celui qui vouloit obtenir l'indigénat, ou qui vouloit participer aux privilèges, payât certains frais d'immatricule, & qu'il achetât, pour ainsi dire, l'entrée dans cette classe; mais depuis plusieurs années cet usage est aboli, de sorte que la concession de l'indigénat ne dépend aujourd'hui que du prince.

L'ordre des villes est formé des députés des quatre villes de Lukau, Guben, Lubben & Kalau.

Le marquisat de la basse-*Lusace* est divisé en cinq cercles; savoir, celui de Lukau, de Guben, de Lubben, de Kalau & de Spremberg. Chaque cercle tient dans sa capitale, des diètes ou des états sous la présidence de l'ancien. L'ordre des seigneurs forme le grand & petit comité, qui s'assemblent pour les affaires importantes & pressées, & le dernier rend compte des résolutions à la cour électorale. Pour les assemblées ordinaires ou volontaires, on demande l'agrément de la régence, qui en fixe le jour & commet son président. Elle convoque les baronies par des lettres particulières, & le reste des états par des patentes. Ces diètes se tiennent communément à Lubben vers l'Epiphanie & la S. Jean. On donne le nom de *grande diète* à celle que le prince convoque à son gré, & où il leur fait des propositions par l'organe de ses commissaires.

Offices du marquisat de la basse-Lusace. Les dignitaires & officiers du marquisat sont, partie à la nomination du prince, partie à celle des états. Le premier président de la régence fait les fonctions du préfet. Le prince constitue de même un sénéchal pour l'administration de ses revenus, & son adjoint, appellé gegenhœndler, avec le procureur de la chambre: ces deux derniers sont pris dans la classe des roturiers. Le juge provincial est aussi nommé par le prince, qui le choisit parmi les sujets que les états lui proposent alternativement de la classe des barons & de l'ordre équestre. Chaque cercle a un noble pour ancien. Quand cette place est vacante, les états réunis proposent plusieurs sujets, & on en choisit un à la pluralité des voix. Il faut y ajouter deux anciens de la rote, honneur que les états assemblés en diète confèrent à deux bourgue-maîtres; l'un de Lukau, l'autre de Guben. Les anciens nobles des cercles de Lukau, Guben & Kalau sont, en cas de besoin, représentés par trois députés de l'ordre équestre. Le receveur en chef est choisi par les états dans le même ordre, & on lui adjoint un caissier d'extraction bourgeoise. L'officier, appellé landerbestallter, dont nous avons parlé plus haut, est toujours roturier; mais le syndic provincial est pris dans la noblesse.

Jurisdictions, tribunaux. L'abbaye, les commanderies de Malthe, les baronies, seigneuries & villes ont leurs jurisdictions particulières, dont on peut appeller à la justice provinciale, qui se tient deux fois par an à Lubben; & qui, sous le grand juge, est composé de deux assesseurs nobles & de six roturiers. Les premiers sont élus par le corps des états; deux des autres sont nommés par le prince; deux par l'ordre des barons, un par la ville de Luckau, & un au-

re par celle de Guben : ils font tous confirmés par l'électeur. Il eft des caufes qui, fans
être portées à la juftice provinciale, paffent directement à la régence, qui reçoit auffi les
appels de cette même juftice. Elle a été fubftituée, en 1666, au tribunal de la préfecture,
& elle tient fon fiège à Lubben. Elle connoît, foit
directement, foit par voie d'appel, de toutes
les affaires de juftice, féodales & de police,
qui furviennent dans les cercles. Elle eft compofée d'un préfident, d'un vice-préfident, de
quatre confeillers actuels, dont deux font tirés
du corps des barons ou de l'ordre équeftre, deux
de la roture, & de plufieurs autres officiers.
On peut appeller de ce tribunal, fuivant l'exigence des cas, au confeil d'état du prince. La régence eft auffi la cour féodale ordinaire de la
baffe-*Luface*.

Contributions. Chaque cercle a fa caiffe particulière qui reçoit les contributions, & les verfe
dans la caiffe générale, régie par le receveur en
chef, & dont les comptes font examinés tous
les ans, & quittancés par une commiffion des
états. *Voyez* l'article SAXE.

LUXEMBOURG, (duché de) petit pays
qui appartient, partie à la France, & partie à
l'Autriche. Le duché de *Luxembourg* eft borné
au levant par l'électorat de Trèves, au midi
par le duché de Lorraine, au couchant par la
Champagne, & vers le nord par les duchés de
Limbourg, de Juliers & l'évêché de Liège. Il
a dans fa plus grande étendue vingt milles d'Allemagne du feptentrion au midi, & à-peu-près
autant du levant au couchant.

Productions. Il eft fitué vers le centre de la
forêt des Ardennes, fi fameufe dès les tems les
plus reculés : la partie de cette forêt, qui appartient au duché de *Luxembourg*, eft partagée
en quatre cantons, favoir : celui d'Eiffel aux
environs de *Luxembourg* ; celui de Famenne, vers
le nord près de la Marche ; celui de la Meufe
& celui de la Mofelle. Le terrein, particuliérement dans la partie méridionale, eft montueux,
rempli de fable & peu fertile ; mais il produit
un peu de bled : le pays eft d'ailleurs dédommagé par le produit de l'entretien du bétail. On
cultive auffi des vignes, fur-tout vers la Mofelle ; les mines de fer font la plus grande richeffe du pays.

Population. Dans tout le duché il y a, outre
la capitale, vingt-trois petites villes, quelques
bourgs, onze cents foixante & dix villages.

Etats. Les états provinciaux font compofés
du clergé, de la nobleffe & des députés des
villes de *Luxembourg*, Arlon, Baftogne, Ried-
bourg, Chiny, Diekrich, Durbuy, Epternach,
Grevenmachern, Houffalize, Marche, Neu-

château, Remich, la Roche & Virton. L'abbé
de Saint-Maximin, qui poffède de grands biens
dans le duché de *Luxembourg*, eft primat des
états, quoique fon abbaye foit fituée dans l'é-
vêché de Trèves. La nobleffe a à fa tête un
maréchal, dignité qui appartient depuis 1674
aux barons de Metternich, qui jouiffent à ce
titre de la feigneurie de Deusborn ou Deuf-
bourg.

Religion. Tous les habitans fuivent la religion
catholique romaine. La plus grande partie du
duché eft fous la jurifdiction de l'archevêque
de Trèves ; l'autre reconnoît celle des évêques de Rheims, Liège, Toul, Verdun, Metz
& Namur.

Précis de l'hiftoire politique de ce duché. Il feroit inutile ici de remonter au-delà du comte
Sigefroi, qui poffédoit des biens héréditaires
confidérables dans l'ancien comté d'Ardenne,
(lequel comprenoit tout le *Luxembourg* moderne)
& acquit, à titre d'échange, le château de Lu-
zelinburhut (*Luxembourg*). Le dernier de fa
race, Conrad II, comte de *Luxembourg*, mourut en 1136 ; & le comté paffa à Henri I,
comte de Namur, comme au plus proche héritier : la fille de Henri, Harmefinde, le tranfmit à fon premier mari, Théobald, comte de
Bar ; &, après la mort de celui-ci, à fon fecond mari, Waleran, duc de Limbourg, dont
le fils ainé, Henri, fonda la feconde branche
des comtes de *Luxembourg*, laquelle a donné des
empereurs, des rois & des ducs. Son petit-fils,
Henri IV, fut élu empereur d'Allemagne, & eft
connu fous le nom de *Henri VII*. Jean, fils de
ce dernier, fut élu roi de Bohême ; & Wenceflas I, fils de Jean, fut le premier duc de
Luxembourg, en vertu d'un diplome de 1354 de
fon frère l'empereur Charles IV. Wenceflas étant
mort fans enfans, il tranfmit fon duché, par
teftament, à fon neveu Wenceflas, roi de Bohême & élu roi des romains ; lequel abandonna
le duché de *Luxembourg* à la princeffe Elifabeth,
fille de Jean de *Luxembourg*, duc de Goerlitz
fon frère, (mariée d'abord à Antoine, duc de
Bourgogne, & enfuite à Jean de Bavière), à
titre d'hypothèque, pour la dot de 120,000 flor.
qu'il avoit promis de lui payer. Cette princeffe
céda, en 1444, tous fes droits fur le duché de
Luxembourg au duc de Bourgogne, Philippe le
Bon, avec réferve néanmoins du droit de retrait appartenant au roi de Hongrie, Uladislas,
& à fes defcendans. Dans la fuite, le *Luxembourg*
fubit le même fort que les autres provinces unies.
La France en obtint une portion par le traité des
Pyrénées de 1659.

Tribunaux. Ce duché eft adminiftré par un
gouverneur. Il y a à *Luxembourg* un tribunal
appellé *le fiège des nobles*, compofé de perfonnes d'ancienne extraction noble. Le préfident eft

appellé *justicier*. Le conseil provincial fut érigé par Charles V en 1531. Les membres de ce tribunal sont un président, trois conseillers nobles & trois jurisconsultes, un procureur-général, un secrétaire, &c.

Quelques écrivains divisent le duché de *Luxem-bourg* en trois parties, suivant les trois langues qu'on y parle; savoir, l'allemande, la vallonne & la françoise.

LYONNOIS, province de France. *Voyez* dans le dictionnaire géographique l'époque de sa réunion à la couronne.

M

MACASSAR, iſle. *Voyez* l'article CELEBES.

MADAGASCAR, iſle de l'Océan indien, où la compagnie françoiſe des Indes orientales forma autrefois un établiſſement qui a été bouleverſé par les naturels, mais qui ſubſiſte encore en partie.

L'iſle de *Madagaſcar*, ſéparée du continent de l'Afrique par le canal de Mozambique, eſt ſituée à l'entrée de l'Océan indien, entre le douzième & le vingt-cinquième degrés de latitude, & le ſoixante-deuxième & le ſoixante-dixième de longitude. Elle a trois cents trente-ſix lieues de long, cent vingt dans ſa plus grande largeur, & environ huit cents de circonférence.

Climat & ſol. Les côtes de cette grande iſle ſont généralement mal-ſaines. Ce malheur tient à des cauſes phyſiques qu'on pourroit changer. La terre que nous habitons n'eſt devenue ſalubre que par les travaux de l'homme. Dans ſon origine, elle étoit couverte de forêts & de marécages qui corrompoient l'air. C'eſt l'état actuel de *Madagaſcar*. Les pluies, comme dans les autres pays ſitués entre les Tropiques, y ont des temps marqués. Elles forment des rivières qui, cherchant à ſe décharger dans l'Océan, trouvent leur embouchure fermée par des ſables que le mouvement de la mer y a pouſſés durant la ſaiſon ſèche, c'eſt-à-dire, lorſque les eaux n'avoient pas aſſez de volume & de vîteſſe pour ſe faire jour. Arrêtées par cette barrière, elles refluent dans la plaine, y ſont quelque tems ſtagnantes, & rempliſſent l'horiſon d'exhalaiſons meurtrières, juſqu'à ce que, ſurmontant l'obſtacle qui les retenoient, elles ſe ménagent enfin une iſſue. Ce ſyſtème paroîtra d'une vérité ſenſible, ſi l'on fait attention que les côtes ne ſont mal-ſaines que dans la mouſſon pluvieuſe; que la colonne d'air corrompu ne s'étend jamais bien loin; que le ciel eſt toujours pur dans l'intérieur des terres, & que le rivage eſt conſtamment ſalubre dans tous les lieux où, par des circonſtances locales, le cours des rivières eſt libre ſans interruption.

Productions. Par quelque vent que le navigateur arrive à *Madagaſcar*, il n'apperçoit qu'un ſable aride. Cette ſtérilité finit à une ou deux lieues. Dans le reſte de l'iſle, la nature toujours en végétation produit ſeule, au milieu des forêts ou ſur les terres découvertes, le coton, l'indigo, le chanvre, le miel, le poivre blanc, le ſagou, les bananes, le chou caraïbe, le ravenſera, épicerie trop peu connue, mille plantes nutritives étrangères à nos climats. Tout eſt rempli de palmiers, de cocotiers, d'orangers, d'arbres gommiers, de

bois propres à la conſtruction & à tous les arts. Il n'y a proprement de culture à *Madagaſcar* que celle du riz. On arrache le jonc qui croît dans les marais. La ſemence y eſt jettée à la volée. Des troupeaux les traverſent enſuite, & par leur piétinement enfoncent le grain dans la terre. Le reſte eſt abandonné au haſard. Une autre eſpèce de riz eſt cultivée dans la ſaiſon des pluies, ſur les montagnes avec la même négligence. Ces contrées ne ſont pas fécondées par les ſueurs de l'homme. La fertilité du ſol & des eaux bienfaiſantes y doivent tenir lieu de tous les travaux.

Des bœufs, des moutons, des porcs, des chèvres paiſſent jour & nuit dans les prairies ſans ceſſe renaiſſantes que la nature a formées à *Madagaſcar*. On n'y voit ni chevaux, ni buffles, ni chameaux, ni aucune eſpèce de bêtes de charge ou de monture, quoique tout annonce qu'elles y proſpéreroient.

On a cru trop légérement que l'or & l'argent étoient des productions de l'iſle. Mais il eſt prouvé que, non loin de la baie d'Antongil, il ſe trouve des mines de cuivre aſſez abondantes, & des mines d'un fer très-pur dans l'intérieur des terres.

Habitans. L'origine des madecaſſes ſe perd, comme celle de la plupart des peuples, dans des fables extravagantes. Sont-ils indigènes? ont-ils été tranſplantés? C'eſt vraiſemblablement ce qui ne ſera jamais éclairci. Cependant on ne peut s'empêcher de penſer qu'ils ne ſont pas tous ſortis d'une ſouche commune, quand on réfléchit aux différentes formes qui les diſtinguent.

Cette variété tient ſans doute à la formation générale des iſles. Toutes ont été liées à quelque continent, dans des tems antérieurs à l'origine de la navigation, & en ont été ſéparées par ces bouleverſemens qui ne ſe renouvellent que trop ſouvent. Si la rupture a été ſubite, l'iſle ne vous offrira qu'une ſeule race d'hommes. Si les contrées adjacentes ont été menacées long-tems avant le déchirement, alors le péril mit les différens peuples en mouvement. Chacun courut en tumulte vers le lieu où il ſe promettoit quelque ſécurité. Cependant le terrible phénomène s'exécuta, & l'eſpace entouré d'eaux renferma des races qui n'avoient ni la même couleur, ni la même ſtature, ni la même langue.

Tout porte à croire qu'il en a été ainſi à *Madagaſcar*. A l'oueſt de l'iſle, on trouve un peuple, appellé *Quimoſſe*, qui n'a communément que quatre pieds, & qui ne s'élève jamais à plus de quatre pieds quatre pouces. On le croit réduit à quinze mille ames. Il devoit être plus nombreux avant la guerre meurtrière & malheureuse qui lui fit quitter ses premiers foyers. Forcé de s'expatrier, il se réfugia dans une vallée très-fertile & entourée de hauteurs escarpées, où il vit sans communication avec ses voisins. Lorsque ses anciens vainqueurs se réunissent pour l'attaquer dans cette position heureuse, il lâche un grand nombre de bœufs sur la croupe de ses montagnes. Les assaillans qui n'ont que ce butin en vue, s'emparent des troupeaux & quittent les armes, pour les reprendre lorsqu'ils peuvent encore réussir à former une confédération assez puissante pour déterminer les quimosses à acheter de nouveau la paix.

Du gouvernement des naturels. Madagascar est divisé en plusieurs peuplades, plus ou moins nombreuses, mais indépendantes les unes des autres. Chacune de ces foibles associations habite un canton qui lui est propre, & se gouverne elle-même par ses usages. Un chef, tantôt électif, tantôt héréditaire, & quelquefois usurpateur, y jouit d'une assez grande autorité. Cependant il ne peut entreprendre la guerre que de l'aveu des principaux membres de l'état, ni la soutenir qu'avec les contributions & les efforts volontaires de ses peuples.

Le dépouillement des champs ensemencés, le vol des troupeaux, l'enlèvement des femmes & des enfans, telles sont les sources ordinaires de leurs divisions. Ces peuples agrestes sont tourmentés de la rage de jouir par l'injustice & la violence, aussi vivement que les nations les plus policées. Leurs hostilités ne sont pas meurtrières, mais les prisonniers deviennent toujours esclaves.

On n'a pas à *Madagascar* une idée fort étendue de ce droit de propriété, d'où dérivent le goût du travail, le motif de la défense, & la soumission au gouvernement. Aussi les peuples y montrent-ils peu d'attachement pour les lieux qui les ont vu naître. Des raisons de mécontentement, de convenance ou de nécessité, leur font aisément quitter leur demeure pour une autre contrée plus abondante ou plus éloignée de leurs ennemis. Souvent même, par pure inconstance, un madecasse se choisit une autre patrie, pour en changer encore lorsqu'il aura un nouveau caprice, ou qu'il craindra quelque châtiment pour un acte de fureur ou pour un larcin. Il est assuré de trouver par-tout des terres à cultiver. Jamais elles ne sont partagées. C'est ordinairement la commune qui les ensemence & qui en partage ensuite les productions. Ainsi le droit civil est peu de chose dans ces régions; mais le droit politique y est encore moins étendu.

Industrie & arts. On apperçoit un commencement de lumière & d'industrie chez ces peuples. Avec de la soie, du coton, du fil d'écorce d'arbre, ils fabriquent quelques étoffes. L'art de fondre & de forger le fer ne leur est pas entiè-

rement inconnu. Leurs poteries sont agréables. Dans plusieurs cantons, ils pratiquent la manière de peindre la parole par le moyen de l'écriture. Ils ont même des livres d'histoire, de médecine, d'astrologie, sous la garde de leurs ombis, qu'on a pris mal-à-propos pour des prêtres, & qui ne sont réellement que des imposteurs, qui se disent & peut-être se croient sorciers. Ces connoissances, plus répandues à l'ouest que dans le reste de l'isle, y ont été portées par les arabes, qui de temps immémorial y viennent trafiquer.

Vingt-quatre familles arabes, qui très-anciennement avoient usurpé l'empire dans la province d'Anosli, en ont long-temps joui sans trouble, & l'ont perdu en 1771, sans être ni chassées, ni massacrées, ni opprimées.

Détails sur l'établissement qu'y avoit formé notre compagnie des Indes. Tel étoit *Madagascar*, lorsqu'en 1665 il y arriva quatre vaisseaux françois. La compagnie des Indes qui les avoit expédiés, étoit résolue à former un établissement solide dans cette isle. Ce projet étoit sage, & l'exécution n'en devoit pas être fort coûteuse.

Toutes les colonies que les européens ont établies en Amérique pour en obtenir des productions, ou au cap de Bonne-Espérance, dans les isles de France, de Bourbon, de Sainte-Hélène, pour l'exploitation de leur commerce aux Indes, ont exigé des dépenses énormes, un très-long-temps & des travaux considérables. Plusieurs de ces régions étoient entièrement désertes, & l'on ne voyoit dans les autres que des habitans qu'il n'étoit pas possible de rendre utiles. *Madagascar* offroit au contraire un sol naturellement fertile, & un peuple nombreux, docile, intelligent, qui n'avoit besoin que d'instruction pour seconder efficacement les vues qu'on se proposoit.

Ces insulaires étoient fatigués de l'état de guerre & d'anarchie, où ils vivoient continuellement. Ils soupiroient après une police qui pût les faire jouir de la paix, de la liberté. Des dispositions si favorables ne permettoient pas de douter qu'ils se prêtassent facilement aux efforts qu'on voudroit faire pour leur civilisation.

Rien n'étoit plus aisé que de la rendre très-avantageuse. Avec des soins suivis, *Madagascar* devoit produire beaucoup de denrées convenables pour les Indes, pour la Perse, pour l'Arabie & pour le continent de l'Afrique. En y attirant quelques indiens & quelques chinois, on y auroit naturalisé tous les arts, toutes les cultures de l'Asie. Il étoit facile d'y construire des navires, parce que les matériaux s'y trouvoient de bonne qualité & en abondance, de les armer même, parce que les hommes s'y montroient propres à la navigation. Toutes ces innovations auroient une solidité que les conquêtes des européens n'auront peut-être pas aux Indes, où les naturels du pays ne prendront jamais nos loix, nos mœurs, notre culte, ni par conséquent cette disposition favorable qui attache les peuples à une domination nouvelle.

Une si heureuse révolution ne devoit pas être l'ouvrage de la violence. Un peuple brute, nombreux & brave n'auroit pas présenté ses mains aux fers, dont une poignée d'étrangers auroient voulu le charger. C'étoit par la voie douce de la persuasion, c'étoit par l'appas si séduisant du bonheur, c'étoit par l'attrait d'une vie tranquille, c'étoit par les avantages de notre police, par les jouissances de notre industrie, par la supériorité de notre génie, qu'il falloit amener l'isle entière à un but également utile aux deux nations.

La législation qu'il convenoit de donner à ces peuples, devoit être assortie à leurs mœurs, à leur caractère, à leur climat. Elle devoit s'éloigner en tout de celle de l'Europe, corrompue & compliquée par la barbarie des coutumes féodales. Quelque simple qu'elle fût, les points divers n'en pouvoient être proposés que successivement, à mesure que l'esprit de la nation se seroit éclairé, qu'il se seroit étendu. Peut-être même n'auroit-il pas fallu songer à y amener les hommes dont l'âge auroit fortifié les habitudes; peut-être auroit-il fallu s'attacher uniquement aux jeunes gens qui, formés par nos institutions, seroient devenus avec le temps, des missionnaires politiques, qui auroient multiplié les prosélytes du gouvernement.

Le mariage des filles madecasses avec les colons françois, auroit encore plus avancé le grand système de la civilisation. Ce lien si cher & si sensible auroit éteint ces distinctions odieuses qui nourrissent des haines éternelles, & qui séparent à jamais des peuples habitant la même région, vivant sous les mêmes loix.

Il eût été contre toute justice, contre toute politique, de prendre arbitrairement des terres pour y placer les nouvelles familles. On auroit demandé à la nation assemblée celles qui n'auroient pas été occupées; & pour assurer plus de confiance à l'acquisition, le gouvernement en auroit donné un prix qui pût plaire à ces insulaires. Ces champs légitimement acquis auroient eu, pour la première fois, des maîtres. Le droit de propriété se seroit établi de proche en proche. Avec le temps, tous les peuples de Madagascar auroient librement adopté une innovation, dont aucun préjugé ne peut obscurcir les avantages.

Plus les colonies qu'il s'agissoit de fonder à Madagascar, pouvoient réunir de genres d'utilité, mieux il falloit choisir les situations propres à les faire éclore, à les multiplier, à les vivifier, à les conserver. Indépendamment d'un établissement qu'il étoit peut être convenable de placer dans l'intérieur de l'isle, pour obtenir de bonne heure la confiance des madecasses, il étoit indispensable d'en former quatre sur les côtes. L'un

à la baie de Saint-Augustin, qui auroit ouvert une communication facile au continent d'Afrique; le second à Louquez, où une chaleur vive & continue devoit faire prospérer toutes les plantes de l'Inde; le troisième au fort Dauphin, qu'une température douce & saine rendoit propre au bled & à la plupart des productions de l'Europe; le quatrième enfin à Tametave, le canton le plus fertile, le plus peuplé, le plus cultivé du pays. Cette dernière position méritoit même d'être choisie pour être le chef-lieu de la colonie, & voici pourquoi.

Il n'y a point de port connu à Madagascar. C'est une erreur de croire qu'il seroit possible d'en former un au fort Dauphin, en élevant un môle sur des recifs qui s'avancent dans la mer. Les travaux d'une si grande entreprise ne seroient pas seulement immenses, la dépense en seroit encore inutile. Jamais un môle ne mettroit à l'abri des ouragans les vaisseaux que les montagnes elles-mêmes n'en garantissent pas. D'ailleurs ce port factice, ouvert en partie à la fureur des vagues, auroit nécessairement peu d'étendue. Les navires n'y auroient point de chasse. Un seul démarré se feroit tous échouer, & ils périroient sans ressource sur une côte où la mer est toujours agitée, où les sables sont mouvans par-tout.

Il n'en est pas ainsi à Tametave. La baie, débarrassée de cette incommode barre qui s'étend sur toute la côte de l'est de Madagascar, est très-spacieuse. Le mouillage y est beau & bon. Les vaisseaux y sont à l'abri des plus fortes brises. Le débarquement y est facile. Il suffiroit de faire creuser l'espace d'une lieue & demie la grande rivière qui s'y jette, pour faire arriver les plus gros bâtimens dans l'étang de Nosse-Bé, où la nature a formé un excellent port. Au milieu est une isle, dont l'air est très-pur, & dont la défense seroit aisée. Cette position a cela d'heureux, qu'avec quelques précautions on en pourroit fermer l'entrée aux escadres ennemies.

Tels étoient les avantages que la compagnie de France pouvoit retirer de Madagascar. La conduite de ses agens ruina malheureusement ces brillantes espérances. Ils détournèrent sans pudeur une partie des fonds dont ils avoient l'administration; ils consumèrent en dépenses folles ou inutiles des sommes plus considérables, ils se rendirent également odieux, & aux européens dont ils devoient encourager les travaux, & aux naturels du pays qu'il falloit gagner par la douceur & par les bienfaits. Les crimes & les malheurs se multiplièrent à un tel excès, qu'en 1670 les associés crurent devoir remettre au gouvernement une possession qu'ils tenoient de lui. Le changement de domination n'amena pas un meilleur esprit. La plupart des françois qui étoient restés dans l'isle, furent massacrés deux ans après. Ceux qui avoient échappé à cette mémorable

Z 2

boucherie, s'éloignèrent pour toujours de *Madagafcar*.

Remarques fur les établiffemens qu'on a effayé d'y former depuis. La cour de Verfailles a jetté de loin en loin quelques regards fur *Madagafcar*, mais fans en fentir vivement le prix. Après avoir perdu, par la guerre de 1756, tout fon commerce, elle a fenti l'importance d'une ifle, dont la poffeffion lui auroit vraifemblablement épargné ces calamités. Depuis on l'a vue occupée du defir de s'y établir. Les deux tentatives de 1770 & 1773 ne doivent pas l'avoir découragée, parce qu'elles ont été faites fans plan, fans moyens ; & qu'au lieu d'y employer le fuperflu des habitans de Bourbon, hommes pacifiques, fages & acclimatés, on n'y a envoyé que des vagabonds ramaffés dans les boues de l'Europe. Des mefures plus fages & mieux combinées la conduiront fûrement au but qu'elle fe propofe. Ce n'eft pas feulement la politique qui veut qu'on fe roidiffe contre les difficultés inféparables de cette entreprife. L'humanité doit parler plus haut, plus énergiquement encore que l'intérêt.

Il feroit glorieux pour la France de retirer un peuple nombreux des horreurs de la barbarie ; de lui donner des mœurs honnêtes, une police exacte, des loix fages, une religion bienfaifante, des arts utiles & agréables ; de l'élever au rang des nations inftruites & civilifées.

MADERE, ifle de la mer Atlantique, appartenant au Portugal.

Lorfque les monarques portugais formèrent, au commencement du quinzième fiècle, le projet d'étendre leur navigation & leur empire, c'étoit une opinion généralement établie que la mer Atlantique étoit impraticable ; que les côtes occidentales de l'Afrique, brûlées par la zone torride, ne pouvoient pas être habitées. Ce préjugé auroit pu être diffipé par quelques ouvrages de l'antiquité, qui auroient échappé aux injures du temps & de l'ignorance : mais on n'étoit pas affez familier avec ces favans écrits, pour y découvrir des vérités qui n'étoient que confufément énoncées. Il falloit que les maures & les arabes, de qui l'Europe avoit déja reçu tant de lumières, nous éclairaffent fur ces grands objets. A travers un océan qui paffoit pour indomptable, ces peuples tiroient des richeffes immenfes d'un pays qu'on croyoit embrafé. Dans des expéditions, dont la Barbarie fut le théâtre, l'on fut inftruit des fources de leur fortune, & l'on réfolut d'y aller puifer. Des aventuriers de toutes les nations formèrent ce projet. Henri, fils de Jean I, roi de Portugal, fut le feul qui prit des mefures fages.

Ce prince mit à profit le peu d'aftronomie que les arabes avoient confervé. Un obfervatoire, où furent inftruits les jeunes gentilshommes qui compofoient fa cour, s'éleva par fes ordres à Sagres, ville des Algarves. Il eut beaucoup de part à l'invention de l'aftrolabe, & fentit le premier l'utilité qu'on pouvoit tirer de la bouffole, qui étoit déja connue en Europe, mais dont on n'avoit pas encore appliqué l'ufage à la navigation.

Les pilotes qui fe formèrent fous fes yeux, découvrirent en 1419 *Madere*, que quelques favans ont voulu regarder comme un foible débris de l'Atlantide.

Quoi qu'il en foit de cette contrée réelle ou imaginaire, c'eft une tradition fort accréditée qu'à l'arrivée des portugais *Madere* étoit couverte de forêts ; qu'on y mit le feu ; que l'incendie dura fept ans entiers, & qu'enfuite la terre fe trouva d'une fertilité extraordinaire.

Etat de la culture. Sur ce fol qui a vingt-cinq milles de long & dix de large, les portugais ont, felon le dénombrement de 1768, formé une population de foixante-trois mille neuf cents treize perfonnes de tout âge & de tout fexe, diftribuées dans quarante-trois paroiffes, fept bourgades, & la ville de Funchal, bâtie fans beaucoup de goût fur la côte méridionale, dans un vallon fertile, au pied de quelques montagnes dont la pente douce eft couverte de jardins & de maifons de campagne très-agréables. Sept ou huit ruiffeaux, plus ou moins confidérables, la traverfent. Sa rade, la feule où il foit permis de charger ou décharger les bâtimens, & la feule par conféquent où l'on ait établi des douanes, eft très-fûre durant prefque toute l'année. Quand, ce qui eft infiniment rare, les vents viennent d'entre le fud-eft & l'oueft-nord-oueft, en paffant par le fud, il faut appareiller ; mais heureufement on peut prévoir le mauvais tems vingt-quatre heures avant de l'éprouver.

Les crevaffes des montagnes, la couleur noirâtre des pierres, la lave mêlée avec la terre : tout porte l'empreinte des anciens volcans. Auffi ne récolte-t-on que très-peu de grain, & les habitans font réduits à tirer de l'étranger les trois quarts de celui qu'ils confomment.

Les vignes font toute leur reffource. Elles occupent la croupe de plufieurs montagnes, dont le fommet eft couronné par des châtaigners. Des haies de grenadiers, d'orangers, de citronniers, de myrtes, de rofiers fauvages les féparent. Le raifin croît généralement fous des berceaux, & mûrit à l'ombre. Les feps qui le produifent, font baignés par de nombreux ruiffeaux qui, fortis des hauteurs, ne fe perdent dans la plaine qu'après avoir fait cent & cent détours dans les plantations. Quelques propriétaires ont acquis ou ufurpé le droit de tourner habituellement ces eaux à leur avantage ; d'autres n'en ont la jouiffance qu'une, deux, trois fois la femaine. Ceux même qui veulent former un nouveau vignoble fous un climat ardent, dans un terrein fec où l'arrofement eft indifpenfable, n'en peuvent partager le privilège qu'en l'achetant fort cher.

Le produit des vignes se partage toujours en dix parts. Il y en a une pour le roi , une pour le clergé , quatre pour le propriétaire , & autant pour le cultivateur.

L'isle produit plusieurs espèces de vin. Le meilleur & le plus rare sort d'un plant tiré originairement de Candie. Il a une douceur délicieuse , est connu sous le nom de *malvoisie de Madere* , & se vend cent pistoles la pipe. Celui qui est sec ne coûte que six ou sept cents francs, & trouve son principal débouché en Angleterre. Les qualités inférieures & qui ne passent pas quatre ou cinq cents livres, sont destinés pour les Indes orientales, pour quelques isles & le continent septentrional de l'Amérique.

Les récoltes s'élèvent communément à trente mille pipes. Treize ou quatorze des meilleures vont abreuver une grande partie du globe : le reste est bu dans le pays même, ou converti en vinaigre & en eau-de-vie pour la consommation du Bresil.

Revenus. Le revenu public est formé par les dixmes généralement perçues sur toutes les productions ; par un impôt de dix pour cent sur ce qui entre dans l'isle , & de douze pour cent sur ce qui en sort. Ces objets réunis rendent environ 2,700,000 liv. Tels sont cependant les dépenses ou les vices de l'administration, que d'une somme si considérable il ne revient presque rien à la métropole.

Gouvernement. La colonie est gouvernée par un chef qui domine aussi sur Porto-Santo, qui n'a que sept cents habitans & quelques vignes ; sur les salvages encore moins utiles ; sur quelques autres petites isles entièrement désertes hors le tems des pêches. On ne lui donne, pour la défense d'un si bel établissement, que cent hommes de troupes régulières ; mais il dispose de trois mille hommes de milice qu'on assemble & qu'on exerce un mois chaque année. Officiers & soldats, tout dans ce corps sert sans solde , sans que les places en soient moins recherchées. Elles procurent quelques distinctions, dont on est plus avide dans cette isle que dans aucun lieu du monde. *Voyez* l'article PORTUGAL & l'article AFRIQUE.

MADELAINE, (isles de la), situées en Amérique, dépendantes de l'isle de Saint-Jean , & appartenant à l'Angleterre. *Voyez* l'article JEAN (S.).

MADRASS , établissement des anglois sur la côte de Coromandel. Les anglois ont dans l'Inde trois établissemens généraux : celui de Bombay, de *Madrass* & de Calcutta ou du Bengale, lequel , par les derniers réglemens, a obtenu la supériorité sur les autres.

Nous avons parlé de l'établissement de Bombay à l'art. BOMBAY : nous avons parlé en général des productions & du commerce de la côte de Coromandel à l'article COROMANDEL : nous donnerons des détails généraux semblables à l'article

MALABAR : nous avons dit à l'article INDOSTAN comment & à quelle époque les françois & les anglois se sont mêlés des révolutions politiques de l'Indostan , & nous avons fait sur cette vaste contrée de l'Inde les observations qui nous ont paru analogues à la nature de cet ouvrage : nous avons donné à l'article BENGALE le précis de l'hist. politique du Bengale & de la conquête qu'en ont fait les anglois : nous avons parlé de l'état actuel du Bengale & des revenus qu'il produit : nous avons fait des observations sur l'administration tyrannique de la compagnie angloise, & sur les moyens qu'on vient d'imaginer en Angleterre pour la réformer : nous avons parlé des tribunaux, de la navigation & du commerce du Bengale : & le lecteur trouvera des articles particuliers sur les diverses souverainetés de l'Inde, & sur les établissemens qu'y ont formé les françois, les hollandois & les danois.

Nous nous bornerons ici, 1°. à un précis des progrès de la compagnie angloise dans l'Inde, & à des remarques sur l'état actuel de cette compagnie : 2°. nous rapporterons le nouvel acte du parlement sur l'administration angloise dans l'Inde, acte qui n'avoit pas encore passé à l'époque où on a imprimé l'article BENGALE, & nous ferons quelques remarques sur cet acte : 3°. nous donnerons des détails sur l'établissement de *Madrass*.

SECTION PREMIERE.

Précis des progrès de la compagnie angloise dans l'Inde , & remarques sur l'état actuel de cette compagnie.

En 1600 , une société de négocians de Londres obtint un privilège exclusif pour le commerce de l'Inde. L'acte en fixoit la durée à quinze ans. Il y étoit dit que si ce privilège paroissoit nuisible au bien de l'état, il seroit aboli & la compagnie supprimée, en avertissant les associés deux ans d'avance.

Cette réserve dut son origine au chagrin que les communes avoient récemment témoigné d'une concession qui pouvoit les blesser par sa nouveauté.

Les fonds de la compagnie furent d'abord peu considérables. L'armement de quatre vaisseaux qui partirent dans les premiers jours de 1601, en absorba une partie. On embarqua le reste en argent & en marchandises.

Nous n'indiquerons pas ici les premiers pas de cette compagnie, & les établissemens qu'elle forma dans les diverses contrées de l'Inde : nous renvoyons le lecteur à l'Histoire philosophique & politique des établissemens européens dans les deux Indes , & aux divers articles que nous avons fait dans cet ouvrage sur ces établissemens.

La compagnie angloise établit bientôt des comptoirs à Mazulipatam , à Calicut , en plusieurs autres ports, & même à Delhy. Surate, le plus riche entrepôt de ces contrées, tenta leur ambition en 1611. On étoit difposé à les y recevoir; mais les portugais déclarèrent que, fi l'on fouffroit l'établiffement de cette nation, ils brûleroient toutes les villes de la côte, & fe faifiroient de tous les bâtimens indiens; & ce n'eft qu'après plufieurs victoires que les anglois triomphèrent de la réfiftance du Portugal.

Les intérêts de cette compagnie firent bientôt déclarer la guerre aux hollandois. De toutes les guerres maritimes dont l'hiftoire a confervé le fouvenir, c'eft la plus favante, la plus illuftre, par la capacité des chefs & le courage des matelots, la plus féconde en combats opiniâtres & meurtiers. Les anglois eurent l'avantage, & ils le dûrent à la grandeur de leurs vaiffeaux que l'Europe a imitée depuis.

Le protecteur qui donna la loi, ne fit pas pour les Indes tout ce qu'il pouvoit. Il fe contenta d'y affurer le commerce anglois, de faire défavouer le maffacre d'Amboine, & de prefcrire les dédommagemens pour les defcendans des malheureufes victimes de cette action horrible. On ne fit nulle mention, dans le traité, des forts que les hollandois avoient enlevés à la nation dans l'ifle de Java, & dans plufieurs des Moluques. A la vérité, la reftitution de l'ifle de Pouleron fut ftipulée; mais les arbres à épiceries y furent tous arrachés, avant qu'elle repaffât fous les loix de fes anciens maîtres. Comme fon fol lui reftoit cependant toujours, & qu'avec le tems il pouvoit mettre obftacle au monopole que la Hollande vouloit exercer, on la conquit de nouveau en 1666, & les inftances de la France ne réuffirent pas à en arracher le facrifice à la république.

Malgré ces négligences, dès que la compagnie eut obtenu, en 1657, du protecteur le renouvellement de fon privilège, & qu'elle fe vit folidement appuyée par l'autorité publique, elle montra une vigueur que fes malheurs paffés lui avoient fait perdre. Son courage s'accrût avec fes droits.

Le bonheur qu'elle avoit en Europe, la fuivit en Afie. L'Arabie, la Perfe, l'Indoftan, l'eft de l'Inde, la Chine, tous les marchés que les anglois avoient anciennement pratiqués, leur furent ouverts. On les y reçut même avec plus de franchife & de confiance, qu'ils n'en avoient éprouvé autrefois. Les affaires y furent fort vives, & les bénéfices très-confidérables. Il ne manquoit à leur fortune que de pénétrer au Japon: ils le tentèrent. Mais les japonois, inftruits par les hollandois que le roi d'Angleterre avoit époufé une fille du roi de Portugal, ne voulurent pas recevoir les anglois dans leurs ports.

Malgré cette contrariété, les profpérités de la compagnie furent très-brillantes. L'efpoir de donner encore plus d'étendue & de folidité à fes affaires, la flattoit agréablement, lorfqu'elle fe vit arrêtée dans fa carrière par une rivalité que fes propres fuccès avoient fait naître.

Des négocians, échauffés par la connoiffance des gains qu'on faifoit dans l'Inde, réfolurent d'y naviguer. Charles II, qui n'étoit fur le trône qu'un particulier voluptueux & diffipateur, leur en vendit la permiffion, tandis que d'un autre côté il tiroit des fommes confidérables de la compagnie, pour l'autorifer à pourfuivre ceux qui entreprenoient fur fon privilège. Une concurrence de cette nature devoit dégénérer en brigandages. Les anglois, devenus ennemis, couroient les uns fur les autres avec un acharnement, une animofité qui les décrièrent dans les mers d'Afie.

Les hollandois voulurent mettre à profit cette fingulière crife. Ces républicains s'étoient trouvés affez long-temps les feuls maîtres du commerce des Indes. Ils en avoient vu avec chagrin fortir une partie de leurs mains, à la fin des troubles civils d'Angleterre. La fupériorité de leurs forces leur fit efpérer le recouvrer, lorfque les deux nations commencèrent, en 1664, la guerre dans toutes les parties du monde: mais les hoftilités ne durèrent pas affez long-tems pour réalifer ces vaftes efpérances. La paix leur interdifant la force ouverte, ils fe déterminèrent à attaquer les fouverains du pays, pour les obliger de fermer leurs ports à leur rival. La conduite folle & méprifable des anglois accrut l'audace hollandoife; elle alla jufqu'à les chaffer ignominieufement de Bantam en 1680.

Une infulte auffi grave & auffi publique ranima la compagnie angloife. La paffion de rétablir fa réputation, de fatisfaire fa vengeance, de maintenir fes intérêts; la détermina aux plus grands efforts. Elle arma une flotte de vingt-trois vaiffeaux, où furent embarqués huit mille hommes de troupes réglées. On mettoit à la voile, lorfque les ordres du monarque fufpendirent le départ. Charles, dont les befoins & la corruption ne connoiffoient point de bornes, avoit efpéré que, pour faire révoquer cette défenfe, on lui donneroit un argent immenfe. N'en pouvant obtenir de fes fujets, il fe détermina à en recevoir de fes ennemis. Il facrifia l'honneur & le commerce de fa nation à 2,250,000 livres que lui firent compter les hollandois, que de fi grands préparatifs avoient effrayés. L'expédition projettée n'eut point lieu.

La compagnie, épuifée par les frais d'un armement que la vénalité de la cour avoit rendu inutile, envoya fes bâtimens aux Indes, fans les fonds néceffaires pour former des cargaifons, mais avec ordre à fes facteurs de les raffembler fur fon crédit, fi la chofe étoit poffible. La fidélité qu'elle avoit montrée jufqu'alors dans fes engagemens, fit trouver 6,750,000 liv. Rien n'eft plus extraordinaire que la manière dont on s'y prit pour les payer.

Josias Child, qui de directeur de la compagnie en étoit devenu le tyran, fit passer, dit-on, à l'insu de ses collègues, des ordres aux Indes, pour qu'on imaginât des prétextes, quels qu'ils pussent être, de fruster les prêteurs de leur créance. C'est à son frère Jean Child, gouverneur de Bombay, que l'exécution de ce système d'iniquité fut plus particuliérement confiée. Aussi-tôt cet homme avide, inquiet & féroce, annonce au gouverneur de Surate des prétentions plus folles les unes que les autres. Ces demandes ayant été accueillies comme elles le méritoient, il fond sur tous les vaisseaux qui appartenoient aux sujets de Delhy, & de préférence sur les navires expédiés de Surate, comme les plus riches. Il ne respecte pas même les bâtimens qui naviguoient munis de ses passe-ports, & il pousse l'audace jusqu'à s'emparer d'une flotte chargée de vivres pour une armée mogole. Cet horrible brigandage, qui dura toute l'année 1688, causa dans tout l'Indostan des dommages inestimables.

Aurengzeb, qui tenoit les rênes de l'empire d'une main ferme, ne différa pas d'un moment la punition d'un si grand outrage. Un de ses lieutenans débarque, au commencement de 1689, avec vingt mille hommes à Bombay, isle importante du Malabar, qu'une princesse de Portugal avoit apporté en dot à Charles II, & que ce monarque avoit cédée à la compagnie en 1668. A l'approche de l'ennemi, l'on abandonne le fort de Magazan avec tant de précipitation, qu'on y oublie de l'argent, des vivres, plusieurs caisses remplies d'armes, & quatorze pièces de gros canon. Le général indien, enhardi par ce premier avantage, attaque les anglois dans la plaine, les bat & les réduit à se renfermer tous dans la principale forteresse, où il les investit, & où il espère bientôt les forcer de se rendre.

Child, aussi lâche dans le danger qu'il avoit paru audacieux dans ses pirateries, envoie sur-le-champ des députés à la cour pour y demander grace. Après bien des supplications, bien des bassesses, ces anglois sont admis devant l'empereur, les mains liées & la face prosternée contre terre. Aurengzeb, qui vouloit conserver une liaison qu'il croyoit utile à ses états, ne fut pas inflexible. Après avoir parlé en souverain irrité, en souverain qui pouvoit & devoit peut-être se venger, il céda au repentir & aux soumissions. L'éloignement de l'auteur des troubles; un dédommagement convenable pour ceux de ses sujets qu'on avoit pillés: tels furent les actes de justice auxquels le despote, le plus absolu qui fût jamais, réduisit ses volontés suprêmes. A ces conditions si modérées, il fut permis aux anglois de continuer à jouir des privilèges qu'ils avoient obtenus dans les rades mogoles, à des époques différentes.

Ainsi finit cette malheureuse affaire, qui interrompit le commerce de la compagnie pendant plu-

sieurs années; qui occasionna une dépense de neuf à dix millions; qui causa la perte de cinq gros vaisseaux, & d'un plus grand nombre de moindre grandeur; qui coûta la vie à plusieurs milliers d'excellens matelots, & qui se termina par la ruine du crédit & de l'honneur de la nation: deux choses dont la valeur est au-dessus de tous les calculs, & dont les deux Child auroient dû payer la perte, de leur tête.

En changeant de maximes & de conduite, la compagnie pouvoit se flatter de sortir du précipice affreux où elle s'étoit jettée elle-même. Une révolution qui lui étoit étrangère, ruina bientôt ces douces espérances. Jacques II fut précipité du trône. Cet événement arma l'Europe entière. Les suites de ces sanglantes divisions sont assez connues. L'on ignore peut-être que les armateurs françois enlevèrent à la Grande-Bretagne quatre mille deux cents bâtimens marchands, qui furent évalués six cents soixante-quinze millions de livres, & que la plupart des vaisseaux qui revenoient des Indes, se trouvèrent compris dans cette fatale liste.

Ces déprédations furent suivies d'une disposition économique, qui devoit accélérer la ruine de la compagnie. Les refugiés françois avoient porté en Irlande & en Ecosse la culture du lin & du chanvre. Pour encourager cette branche d'industrie, on crut devoir proscrire l'usage des toiles des Indes, excepté les mousselines, & celles qui étoient nécessaires au commerce d'Afrique. Un corps déja épuisé pouvoit-il résister à un coup si imprévu, si accablant?

La paix qui devoit finir tant de malheurs, y mit le comble. Il s'éleva dans les trois royaumes un cri général contre la compagnie. Ce n'étoit pas sa décadence qui lui suscitoit des ennemis; elle ne faisoit que les enhardir. Ses premiers pas avoient été contrariés. Dès 1615, quelques politiques avoient déclamé contre le commerce des Indes orientales. Ils l'accusoient d'affoiblir les forces navales, par une grande consommation d'hommes, & de diminuer sans dédommagement les expéditions pour le Levant & pour la Russie. Ces clameurs, quoique contredites par des hommes éclairés, devinrent si violentes vers l'an 1628, que la compagnie se voyant exposée à l'animosité de la nation, s'adressa au gouvernement. Elle le supplioit d'examiner la nature de son commerce, de le prohiber, s'il étoit contraire aux intérêts de l'état; & s'il lui étoit favorable, de l'autoriser par une déclaration publique. Le tems n'avoit qu'assoupi cette opposition nationale; & elle se renouvella plus furieuse que jamais au temps dont nous parlons. Ceux qui étoient moins rigides dans leurs spéculations, consentoient qu'on fît le commerce des Indes; mais ils soutenoient qu'il devoit être ouvert à toute la nation. Un privilège exclusif leur paroissoit un attentat manifeste contre la liberté. Selon eux, les peuples n'avoient établi un gouvernement qu'en vue de procurer le bien général; & l'on y portoit atteinte en immolant, par d'odieux monopoles, l'intérêt public à des intérêts privés. Ils fortifioient ce principe fécond & incontestable, par une expérience assez récente. Durant la rébellion, disoient-ils, les marchands particuliers, qui s'étoient emparés des mers d'Asie, y portèrent le double des marchandises nationales qu'on demandoit auparavant, & ils se trouvèrent en état de donner les marchandises en retour, à un prix assez bas pour supplanter les Hollandois dans tous les marchés de l'Europe. Mais ces républicains habiles, certains de leur perte si les Anglois conduisoient plus long-temps les affaires sur les principes d'une liberté entière, firent insinuer à Cromwel, par quelques personnes qu'ils avoient gagnées, de former une compagnie exclusive. Ils furent secondés dans leurs menées par les négocians Anglois qui faisoient alors ce commerce, & qui se promettoient pour l'avenir des gains plus considérables, lorsque devenus seuls vendeurs ils donneroient la loi aux consommateurs. Le protecteur, trompé par les insinuations artificieuses des uns & des autres, renouvella le monopole, mais pour sept ans seulement, afin de pouvoir revenir sur ses pas, s'il se trouvoit qu'il eût pris un mauvais parti.

Ce parti ne paroissoit pas mauvais à tout le monde. Assez de gens pensoient que le commerce des Indes ne pouvoit réussir qu'à l'aide d'un privilège exclusif : mais plusieurs d'entr'eux soutenoient que la charte du privilège actuel n'en étoit pas moins nulle, parce qu'elle avoit été accordée par les rois, qui n'en avoient pas le droit. Ils rappelloient plusieurs actes de cette nature, cassés par le parlement, sous Edouard III, sous Henri IV, sous Jacques Ier, sous d'autres règnes. Charles II avoit à la vérité gagné un procès de cette nature à la cour des plaidoyers communs, mais sur une raison puérile. Ce tribunal avoit osé dire, *que le prince devoit avoir l'autorité d'empêcher que tous les sujets pussent commercer avec les infidèles, dans la crainte que la pureté de leur foi ne s'altérât.*

Quoique les partis dont on a parlé eussent des vues particulieres, & même opposées, ils se réunirent tous dans le projet de rendre le commerce libre, ou de faire annuller du moins le privilège de la compagnie. La nation, en général, se déclaroit pour eux : mais le corps attaqué leur opposoit ses partisans, les ministres, tout ce qui tenoit à la cour, qui faisoit elle-même cause commune avec lui. Des deux côtés, on employa la voie des libelles, de l'intrigue, de la corruption. Du choc de ces passions, il sortit un de ces orages, dont la violence ne se fait guère sentir qu'en Angleterre. Les factions, les sectes, les intérêts se heurtèrent avec impétuosité Tout, sans distinction de rang, d'âge, de sexe, se partagea. Les plus grands évènemens n'avoient pas

excité plus d'enthousiasme. La compagnie, pour appuyer la chaleur de ses défenseurs, offrit de prêter de grandes sommes, à condition qu'on lui laisseroit son privilège. Ses adversaires en offrirent de plus considérables pour le faire révoquer.

Les deux chambres, devant qui s'instruisoit ce grand procès, se déclarèrent pour les particuliers. Il leur fut permis de faire, ensemble ou séparément, le commerce de l'Inde. Ils s'associèrent & formèrent une nouvelle compagnie. L'ancienne obtint la permission de continuer ses armemens jusqu'à l'expiration très-prochaine de sa charte. Ainsi l'Angleterre eut à la fois deux compagnies des Indes Orientales, autorisées par le parlement, au lieu d'une seule établie par l'autorité royale.

On vit alors ces deux corps aussi ardens à se détruire réciproquement, qu'ils l'avoient été à s'établir. L'un & l'autre avoient goûté les avantages qun procuroit le commerce, & se regardoient avec cette jalousie, cette haine, que l'ambition & l'avarice ne manquent jamais d'inspirer. Leur division se manifesta par de grands éclats en Europe & sur-tout aux Indes. Les deux sociétés se rapprochèrent enfin, & finirent par unir leurs fonds en 1702. Depuis cette époque, les affaires de la compagnie furent conduites avec plus de lumières, de sagesse & de dignité. Les principes du commerce, qui se développoient de plus en plus en Angleterre, influèrent sur son administration, autant que le permettoient les intérêts de son monopole. Elle améliora ses anciens établissemens; elle en forma de nouveaux. Ce qu'une plus grande concurrence lui ôtoit de bénéfice, elle cherchoit à se le procurer par des ventes plus considérables. Son privilège étoit attaqué avec moins de violence, depuis qu'il avoit reçu la sanction des loix, & obtenu la protection du parlement.

Quelques disgraces passagères troublèrent ses prospérités. Les Anglois avoient formé en 1702 un établissement dans l'isle de Pulocondor, dépendante de la Cochinchine. Leur but étoit de prendre part au commerce de ce riche royaume, jusqu'alors trop négligé. Une sévérité outrée révolta seize soldats Macassars, qui faisoient partie de la garnison. Dans la nuit du 3 mars 1705, ils mirent le feu aux maisons du fort, & massacrèrent les Européens à mesure qu'ils sortoient pour l'éteindre. De quarante-cinq qu'ils étoient, trente périrent de cette manière; le reste tomba sous les coups des naturels du pays, mécontens de l'insolence de ces étrangers. La compagnie perdit par cet événement les dépenses que lui avoit coûté son entreprise, les fonds qui étoient dans son comptoir, & les espérances qu'elle avoit conçues.

D'autres nuages s'élevèrent sur plusieurs de ses comptoirs. C'étoit l'inquiétude, c'étoit l'avarice de ses agens, qui les avoient assemblés. Une politique plus modérée fit abandonner d'odieuses

prétentions,

prétentions, & la tranquillité se trouva bientôt rétablie. De plus grands intérêts ne tardèrent pas à fixer son attention.

L'Angleterre & la France entrèrent en guerre en 1744. Toutes les parties de l'univers devinrent le théâtre de leurs divisions. Dans l'Inde, comme ailleurs, chaque nation soutint son caractère. Les anglois, toujours animés de l'esprit de commerce, attaquèrent celui de leurs ennemis, & le détruisirent. Les françois fidèles à leur passion pour les conquêtes, s'emparèrent du principal établissement de leur concurrent. Les évènemens firent voir lequel des deux peuples avoit agi avec plus de sagesse. Celui qui ne s'étoit occupé que de son agrandissement, tomba dans une inaction entière, tandis que l'autre, privé du centre de sa puissance, donnoit plus d'étendue à ses entreprises.

A peine les deux nations avoient mis fin aux hostilités qui les divisoient, qu'elles entrèrent comme auxiliaires dans les démêlés des princes de l'Inde. Peu après, elles reprirent les armes pour leurs propres intérêts. Avant la fin des troubles, les françois se trouvèrent chassés du continent & des mers d'Asie. A la paix de 1763, la compagnie Angloise dominoit en Arabie, dans le golfe Persique, sur les côtes de Malabar & de Coromandel, & dans le Bengale.

Il faut en convenir; la corruption à laquelle les anglois se livrèrent dès les premiers momens de leur puissance dans l'Inde, l'oppression qui en fut la suite, les abus qui se multiplioient de jour en jour, l'oubli profond de tous les principes, tout cela forme un contraste révoltant avec leur conduite passée dans l'Inde, avec la constitution actuelle de leur gouvernement en Europe. Mais cette espèce de problême moral se résoudra facilement, si l'on considère avec attention l'effet des évènemens & des circonstances.

Dominateurs sans contradiction dans un empire où ils n'étoient que négocians, il étoit bien difficile que les anglois n'abusassent pas de leur pouvoir. Dans l'éloignement de sa patrie, l'on n'est plus retenu par la crainte de rougir aux yeux de ses concitoyens. Dans un climat chaud, où le corps perd de sa vigueur, l'ame doit perdre de sa force. Dans un pays où la nature & les usages conduisent à la molesse, on s'y laisse entraîner. Dans des contrées où l'on est venu s'enrichir, on oublie aisément d'être juste.

Peut-être cependant qu'au milieu d'une position si périlleuse, les anglois auroient conservé du moins quelqu'apparence de modération & de vertu, s'ils eussent été retenus par le frein des loix: mais il n'en existoit aucune qui pût les diriger ou les contraindre. Les réglemens faits par la compagnie, pour l'explication de son commerce, ne s'appliquoient point à ce nouvel ordre de choses; & le gouvernement anglois ne considérant la

conquête du Bengale que comme un moyen d'augmenter numérairement les revenus de la Grande-Bretagne, pour 9,000,000 de liv. par an, la destinée de douze, quinze ou vingt millions d'hommes.

Ces malheureuses victimes d'une insatiable cupidité furent accablées de tous les fléaux que la tyrannie peut rassembler; & le corps qui ordonnoit ou qui souffroit tant de forfaits, n'en fut pas moins menacé d'une ruine totale. Elle alloit être consommée, lorsqu'en 1773 l'autorité vint à son secours, & le mit en état de faire face aux engagemens téméraires qu'il avoit contractés. Mais le parlement ordonna que tous les détails d'une administration si corrompue seroient mis sous ses yeux; que les abus multipliés & crians qu'on avoit commis seroient publiquement dévoilés; que les droits d'un peuple entier seroient pesés dans la balance de la liberté & de la justice.

Ces espérances, fondées sur la haute opinion que devoit inspirer la législation britannique, ont-elles été réalisées? On en jugera.

D'abord, pour prévenir une banqueroute inévitable, & dont le contre-coup se seroit étendu au loin, le gouvernement permit que la compagnie empruntât 31,500,000 liv. à un intérêt de quatre pour cent. Cette somme a été successivement remboursée, & le dernier paiement a été fait au mois de décembre 1776.

Le parlement déchargea ensuite la compagnie du tribut annuel de 9,000,000 de liv. que depuis 1769 elle payoit au fisc. L'époque du renouvellement de cette contribution ne fut pas fixée. On arrêta seulement que les intéressés ne pourroient pas toucher une dividende de plus de huit pour cent, sans partager le surplus avec le gouvernement.

Le sort des intéressés occupa aussi l'autorité. Le commerce des Indes étoit mal connu, & conduit sur des principes très-variables dans le dernier siecle. Il arrivoit de là que, dans quelques circonstances, on y faisoit d'énormes bénéfices, & d'autres fois d'assez grandes pertes. Les répartitions que recevoient les actionnaires, suivoient le cours de ces irrégularités. Avec le temps, elles se rapprochèrent davantage, mais sans être jamais égales. En 1708, le dividende n'étoit que de cinq pour cent. On le porta à huit en 1709, & à neuf en 1710. Il fut de dix les onze années suivantes; & de huit seulement depuis 1721 jusqu'en 1731. De 1731 à 1743, il ne passa pas sept pour cent. De 1743 à 1756, il s'éleva à huit, mais pour retomber à six depuis 1756 jusqu'en 1766. En 1767, il monta à dix, & augmenta de deux successivement les années suivantes. En 1771, on le poussa jusqu'à douze & demi: mais dix-huit mois après, le parlement le réduisit à six, pied sur lequel il devoit rester jusqu'au paiement de l'emprunt, de 31,500,000 liv.

La compagnie ayant rempli cet engagement, hauſſa ſon dividende à ſept, & enſuite à huit, lorſqu'elle eut éteint la moitié de ſa dette, con- nûe ſous le titre de billets d'engagement, & qui étoit de 67,500,000 liv.

Depuis l'origine de la compagnie, les intéreſ- ſés avoient toujours choiſi chaque année vingt- quatre d'entre eux, pour conduire leurs affaires. Quoique ces agens puſſent être réélus juſqu'à trois fois de ſuite, & que les plus accrédités réuſſiſſent aſſez ſouvent à ſe procurer cet avan- tage, ils étoient dans une trop grande dépendance de leurs commettans pour former des plans bien ſuivis, & avoir une conduite courageuſe. Le parle- ment ordonna que dans la ſuite tout directeur le ſeroit quatre ans, & que le quart de la direc- tion ſeroit renouvellé chaque année.

La confuſion qui régnoit dans les délibérations, donna l'idée d'un autre réglement. Juſqu'alors les aſſemblées publiques avoient été tumultueuſes, parce que le droit d'opiner appartenoit à tout poſ- ſeſſeur de 11,250 liv. On arrêta que dans la ſuite le ſuffrage ſe ſeroit accordé qu'à ceux qui auroient le double de cette ſomme. Ils furent même aſtreints à affirmer, ſous ſerment, qu'ils étoient vérita- blement propriétaires de ce capital, & qu'ils l'étoient depuis un an entier.

Indépendamment des changemens ordonnés par le parlement, la compagnie fit elle-même un arran- gement d'une utilité ſenſible.

Ce grand corps conçut dès ſon origine l'am- bition d'avoir une marine. Elle n'exiſtoit plus lorſ- qu'il reprit ſon commerce au temps du protec- torat. Preſſé alors de jouir, il ſe détermina à ſe ſervir des bâtimens particuliers ; & ce qu'il avoit fait par néceſſité, il le continua depuis par éco- nomie. Des négocians lui frétoient des vaiſſeaux tout équipés, tout avitaillés, pour porter dans l'Inde, & pour en rapporter le nombre de ton- neaux dont on étoit convenu. Le temps qu'ils de- voient s'arrêter dans le lieu de leur deſtination étoit toujours fixé. Ceux auxquels on n'y pou- voit pas donner de cargaiſon, étoient commu- nément occupés par quelque marchand libre, qui ſe chargeoit volontiers du dédommagement dû à l'armateur. Ils devoient être expédiés les pre- miers l'année ſuivante, afin que leurs agrès ne s'uſaſſent pas trop. Dans un cas de néceſſité, la compagnie leur en fourniſſoit de ſes magaſins, mais elle ſe les faiſoit payer au prix ſtipulé de cinquante pour cent de bénéfice.

Les bâtimens employés à cette navigation, por- toient depuis ſix cents juſqu'à huit cents tonneaux. La compagnie n'y prenoit, à leur départ, que la place dont elle avoit beſoin pour ſon fer, ſon plomb, ſon cuivre, les étoffes de laine, & des vins de Madere, les ſeules marchandiſes qu'elle envoyât aux Indes. Les propriétaires pouvoient remplir ce qui reſtoit d'eſpace dans le navire, des vivres néceſſaires pour un ſi grand voyage,

& de tous les objets dont le corps qu'ils ſervoient ne faiſoit pas commerce. Au retour, ils avoient auſſi le droit de diſpoſer de l'eſpace de trente tonneaux, que par leur contrat ils n'avoient pas cédé. Ils étoient même autoriſés à y placer les mêmes choſes que recevoit la compagnie, mais avec l'obligation de lui payer trente pour cent de la valeur de ces marchandiſes.

Ce droit, en 1773, fut réduit à la moitié, dans l'eſpérance que cette faveur engageroit les armateurs & leurs agens à mieux remplir leurs obligations, & qu'elle feroit ceſſer les importa- tions frauduleuſes. Le nouvel arrangement n'ayant pas produit l'effet qu'on en attendoit, la compa- gnie a pris enfin le parti de s'approprier toute la capacité des bâtimens. Depuis cette réſolution, elle importe la même quantité des marchandiſes ſur un plus petit nombre de vaiſſeaux, & fait annuellement une économie de 2,250,000 liv. En 1777, elle n'a expédié que quarante-cinq navires, formant trente-trois mille cent ſoixante & un tonneaux, & montés par quatre mille cinq cents hommes d'équipage.

Le chirurgien de chaque bâtiment arrivé des Indes, reçoit, outre ſes appointemens, vingt- quatre livres de gratification pour chacun des indi- vidus qu'il ramène en Europe. On a penſé avec raiſon que ce chirurgien, mieux récompenſé, pren- droit plus de ſoin de ceux qu'on lui confioit, & que la vie d'un matelot valoit mieux qu'une guinée. Si le même uſage ne s'eſt pas établi ailleurs, c'eſt qu'on y eſtime plus le chirurgien, ou qu'on y fait moins de cas de l'homme.

La réforme introduite en Europe dans le régime de la compagnie étoit ſage & néceſſaire : mais c'étoit ſur-tout aux Indes que l'humanité, que la juſtice, que la politique étoient outragées. Ces terribles vérités n'échappèrent pas au gouvernement, & l'on va voir quels moyens il imagina pour réta- blir l'ordre.

Les membres les plus hardis ou les plus ambi- tieux de l'adminiſtration penſoient qu'il falloit engager le corps légiſlatif à décider que les ac- quiſitions territoriales faites en Aſie n'apparte- noient pas à la compagnie, mais à la nation, qui s'en mettroit en poſſeſſion ſans retardement. Ce ſyſtême, de quelque raiſonnement qu'on l'eût étayé, auroit été ſûrement rejeté. Les citoyens les moins éclairés auroient vu que cet ordre de choſes devoit donner trop d'influence à la cou- ronne ; il auroit alarmé juſqu'à ces ames vénales, qui juſqu'alors avoient été les plus favorables à l'autorité royale.

Le parlement crut devoir ſe borner à établir pour le Bengale un conſeil ſuprême compoſé de cinq membres, dont les places, à meſure qu'elles deviendroient vacantes, ſeroient remplies par la compagnie, mais avec l'approbation du monarque. L'adminiſtration abſolue de toutes les provinces conquiſes dans cette région, fut déférée à ce conseil. Sa jurisdiction s'étendoit même sur toutes les autres contrées de l'Inde où les anglois ont des possessions. Ceux qui exerçoient l'autorité ne pouvoient faire, sans son aveu, ni la guerre, ni la paix, ni aucun traité avec les princes du pays. Il devoit obéir aux ordres qui lui venoient de la direction, qui de son côté étoit obligée de remettre au ministère toutes les informations qu'elle recevoit. Quoique les opérations du commerce ne fussent pas assujeties à son inspection, il en étoit réellement l'arbitre, parce qu'ayant seul la disposition des revenus publics, il pouvoit à son gré accorder ou refuser des avances.

Après avoir mis les rives du Gange sous une forme de gouvernement plus supportable, il fallut s'occuper du soin de punir ou même de prévenir les atrocités qui souilloient de plus en plus cette riche partie de l'Asie. On permit que dans les autres établissemens la justice civile & criminelle continuât à être rendue par les principaux agens de la compagnie; mais il fut créé par le parlement, pour le Bengale, un tribunal composé de quatre magistrats, dont la nomination appartient au trône, & dont les arrêts ne peuvent être cassés par le roi en son conseil privé. Tout commerce est interdit à ses juges, ainsi qu'aux membres du conseil suprême. Pour les consoler de cette privation, on leur a assigné des honoraires, trop considérables au gré des actionnaires, obligés de les payer sans les avoir ni réglés ni accordés.

Un abus & un grand abus s'étoit introduit aux Indes. On y élevoit de tous côtés des fortifications sans nécessité, quelquefois même sans une utilité apparente. C'étoit la cupidité seule des agens de la compagnie qui décidoit de ces constructions. Elles avoient coûté plus de cent millions en très-peu d'années. La direction arrêta ce désordre affreux, en réglant sagement la somme qu'on pourroit employer dans la suite à ce genre de dépense.

L'esprit d'ordre s'étendit au recouvrement des revenus publics, à la solde des troupes, à la marine militaire, aux opérations du commerce, à tous les objets d'administration.

Le Grand-Mogol s'étoit réfugié dans le Bengale. On lui avoit assigné une pension de 6,240,000 liv. pour sa subsistance. Il fut replacé sur le trône par les Marattes, & les Anglois se virent déchargés d'une espèce de tribut qu'ils ne supportoient pas sans impatience, depuis qu'ils n'avoient plus besoin de ce foible appui. Le hasard ne les servit pas si heureusement pour dépouiller le Souba de cette contrée; & cependant ils réduisirent à 7,680,000 liv. le revenu de 12,720,060 liv., que par le traité de 1765, ils s'étoient obligés de lui faire. Son successeur fut même borné en 1771, à 3,840,000 liv., sous prétexte qu'il étoit mineur. Il a essuyé depuis une nouvelle diminution, parce qu'on n'emploie plus son nom,

dont jusqu'en 1772 on avoit cru devoir se servir dans tous les actes de souveraineté.

Il étoit impossible que toutes ces réformes ne comblassent le précipice que la présomption, la négligence, les factions, le brigandage, les délires de tous les genres avoient creusé à la compagnie. On jugera à quel point sa situation s'est améliorée.

Au 31 Janvier 1774, ce corps, dont les prospérités apparentes étonnoient l'univers entier, n'avoit que 255,240,742 livres 10 sols. Il devoit 250,847,842 liv. 10 s. La balance n'étoit donc en sa faveur que de 4,392,900 liv.

Son capital, au 31 janvier 1776, étoit de 256,518,067 liv. & sa dette de 195,248,655 liv. Sa richesse étoit par conséquent augmentée en deux ans de 46,876,512 livres 10 sols.

Il a depuis remboursé 11,506,680 liv. Il a retiré pour 11,250,000 liv. de ses billets d'engagement. Il a éteint plusieurs dettes anciennement contractées aux Indes; de sorte qu'au 31 janvier 1778, la compagnie avoit la disposition entièrement libre de 102,708,112 liv. 10 s. sans compter ses magasins, ses navires, ses fortifications, tout ce qui servoit à l'exploitation de ses divers établissemens.

Cette prospérité augmentera à mesure que l'immense territoire acquis par les anglois aux Indes sera mieux régi. En 1773, ces possessions rendoient 113,791,252 liv. 10 sols : mais les frais de perception en absorboient 81,153,652 liv. 10 sols. A cette époque, le produit net se réduisoit à 32,660,100 liv. Il s'est accru graduellement, parce que quelques désordres ont été attaqués avec succès; il augmentera encore, parce qu'il reste beaucoup de désordres à détruire.

L'extension qu'a pris le commerce sera une nouvelle source de fortune. La vente de 1772 fut de 79,214,872 liv. 10 sols. Celle de 1773, de 71,992,552 liv. 10 sols. Celle de 1774, de 82,665,405 liv. Celle de 1775, de 78,627,712 liv. 10 sols. Celle de 1776, de 74,400,457 liv. 10 s.

Nous indiquerons à la fin de la section seconde, l'actif & le passif de la compagnie, telle qu'on l'a énoncé au parlement dans les derniers débats sur cet objet : le lecteur sent qu'il ne doit pas compter ici sur une exactitude bien rigoureuse, & que l'esprit de parti, le ministère ou les vues politiques de l'administration altèrent souvent la vérité.

Ajoutez à ces grandes opérations de la compagnie, la somme de 11,250,000 liv. à laquelle on évalue les marchandises qui arrivent tous les ans clandestinement des Indes. Ajoutez-y 4,500,000 l. pour les diamans. Ajoutez-y les fonds plus ou moins étendus, mais toujours très-considérables, dont les anglois répandus dans les différens comptoirs d'Asie ont fourni la valeur aux nations étrangères. Ajoutez-y les richesses que ces négocians emportent eux-mêmes à la fin de leur carrière, pour en jouir dans le fein de leur patrie. Obfervez que ces vaftes fpéculations, qui rendent tributaires de la Grande-Bretagne tous les peuples de l'Afrique, de l'Europe & de l'Amérique, ne font fortir annuellement de cet empire pour les Indes que 2,250,000 liv., tout au plus 3,375,000 liv. & vous aurez une idée des avantages immenfes que des colonies fi éloignées procurent à leurs heureux poffeffeurs.

En 1780, le privilège exclufif de la compagnie a été renouvellé? Depuis cette époque, la nation anglaife s'eft beaucoup occupée de fes établiffemens de l'Inde, & le nouveau bill de M. Pitt a changé leur régime : nous avons parlé à l'article BENGALE de celui de M. Fox, qui après avoir paffé à la chambre des communes, fut rejetté par la chambre des pairs. La chambre des communes va former de plus une accufation criminelle devant la chambre haute, fur les vexations de M. Haftings ; & quelle qu'en foit l'iffue, elle intimidera du moins les gouverneurs & les employés.

SECTION IIᵉ.

ACTE paffé au parlement d'Angleterre, en 1784, fur l'adminiftration de la compagnie dans l'Inde, & remarques fur cet acte.

Article premier. Il eft arrêté que, pour le meilleur gouvernement & la plus grande fûreté de l'Inde, fa majefté & fes defcendans, de l'avis & du confentement des lords fpirituels & temporels, & de fes communes, affemblés en parlement, pourront déformais nommer, en vertu d'une commiffion fcellée du grand fceau, telles perfonnes qu'ils jugeront à propos de choifir dans le confeil privé, n'excédant pas le nombre de fix, pour commiffaires des affaires de l'Inde, dont un des principaux fecrètaires d'état de fa majefté & le chancelier de l'échiquier feront toujours deux membres du.

II. Il ne faudra pas moins de trois defdits commiffaires pour former un confeil pour exécuter, ordonner, &c.

III. Le fecrètaire d'état fufdit, en fon abfence le chancelier de l'échiquier, & en l'abfence de celui-ci, le plus ancien commiffaire fiégera comme préfident de ce nouveau confeil, & aura le maniement & la furintendance des affaires de l'Inde, tant en ce qui regarde les poffeffions territoriales, que les affaires mercantiles de la compagnie.

IV. En cas de divifion dans les opinions, le préfident aura la voix prépondérante.

V. Le roi caffera, révoquera & réformera, toutes les fois qu'il le jugera à propos, la fufdite commiffion, dont l'un des principaux fecrètaires d'état & le chancelier de l'échiquier feront toujours deux membres, & dont les commiffaires

n'excéderont jamais le nombre de fix dans aucun cas.

VI. Le confeil de l'Inde fera autorifé à connoître de tous les actes, opérations, &c. relatifs au gouvernement civil & militaire de la compagnie.

VII. Le fecrètaire d'état choifira un fecrètaire particulier, & tel nombre de commis & autres perfonnes qu'il jugera néceffaires pour faire le fervice du bureau ; & lefdites perfonnes pourront être renvoyées à la volonté defdits commiffaires: tout ce qui fe paffera dans leurs affemblées, fera enrégiftré dans des livres à ce deftinés par lefdits fecrètaires employés, &c. qui recevront tel falaire, qu'il plaira à fa majefté d'ordonner par un ordre de fa main.

VIII. Avant de procéder à aucune affaire, les membres du bureau feront le ferment fuivant :

« Je . . . promets fidelement & affirme avec » ferment, qu'en ma qualité de commiffaire ou » membre du bureau établi pour les affaires de » l'Inde, je donnerai de mon mieux mes avis & » mon affiftance pour le gouvernement des pof- » feffions de la compagnie ; que j'exercerai les » pouvoirs qui m'ont été délégués le mieux qu'il » me fera poffible, felon mon jugement, fans » faveur ni affection, préjugé ou malice contre » qui que ce foit ».

Lequel ferment pourra être adminiftré par deux membres du fufdit confeil, & fera enrégiftré par le fecrètaire, comme tous autres actes dudit bureau ; & fera duement figné & attefté par les membres, lorfqu'ils prêteront & s'adminiftreront refpectivement ledit ferment.

IX. Il eft également obfervé que les divers fecrètaires, commis & autres perfonnes attachés au bureau, prêteront également, pardevant lefdits commiffaires, le ferment de garder les fecrets qui leur feront confiés, ou tel autre ferment qu'il plaira au bureau d'exiger.

X. Tous les papiers de la compagnie, comptes, lettres, ordres, réponfes, &c. &c. feront dans tous les temps acceffibles aux commiffaires ; il leur en fera fourni des copies, extraits, &c. toutes les fois qu'ils le requerront ; & la cour des directeurs fera obligée de remettre fous les yeux des commiffaires les minutes de tout ce qui fe paffera dans les affemblées des propriétaires, ainfi que toutes les dépêches qu'ils y recevront de l'Inde, ou qu'ils y enverront, foit relativement au gouvernement civil & militaire de l'Inde, foit relativement aux poffeffions territoriales de la Grande-Bretagne dans l'Indoftan.

XI. Et dans l'efpace de quatorze jours, après avoir reçu ces copies de lettres, inftructions, &c. elles feront renvoyées avec l'approbation foufcrite par trois commiffaires, ou les raifons qui les empêchent de les approuver, avec des inftructions de la part defdits commiffaires aux directeurs. Après quoi les directeurs feront obligés d'envoyer ces lettres, ordres & inftructions ainfi approuvés ou corrigés, à leurs serviteurs dans l'Inde, sans aucun délai, à moins que sur les représentations des directeurs, le bureau n'ordonnât des changemens dans lesdites lettres, ordres & instructions : aucune lettre, ordre, &c. ne seront, sous aucun prétexte, envoyés dans l'Inde sans une communication préliminaire.

XII. Pour plus grande célérité, il est ordonné que, dans le cas où les directeurs négligeroient de transmettre dans l'espace de quatorze jours, après en avoir été requis, les dépêches qu'ils devoient envoyer dans l'Inde, alors lesdits commissaires pourroient expédier quels ordres il leur plairoit, pour les présidences de l'Inde concernant le gouvernement civil & militaire ; & lesdits directeurs seroient obligés de les transmettre, à moins que sur leurs représentations, les commissaires ne jugeassent à propos d'y faire des changemens.

XIII. En cas que le bureau envoyât des ordres que les directeurs ne trouvassent point relatifs au gouvernement civil & militaire de la compagnie, dans ce cas ils auront le droit de présenter une requête à sa majesté dans son conseil, qui décideroit cette question, & la susdite décision seroit finale.

XIV. Si le bureau des commissaires croyoit essentiel de garder le secret d'une opération, il lui seroit permis d'envoyer des ordres directs dans l'Inde, soit pour faire la paix ou la guerre, soit pour négocier & traiter avec aucun des Souverains de l'Inde ; alors & dans ce cas il sera légal que ledit bureau envoye ses ordres secrets & ses instructions au comité secret de la cour des directeurs, qui, sans le révéler aux autres directeurs, transmettroit lesdits avis dans l'Inde : les différens gouverneurs des présidences de l'Inde obéiront fidellement à ces ordres, & y répondront sous une enveloppe particulière, scellée de leur sceau, & adressée au comité secret, qui communiquera leurs réponses au bureau.

XV. Il est ordonné, en vertu de l'autorité royale & de celle des lords & communes assemblés en Parlement, que les directeurs auront le droit de choisir, parmi eux, certains directeurs n'excédant pas le nombre de trois, pour former un comité secret, — lequel comité secret, après avoir reçu les dépêches & instructions relatives à une déclaration de guerre, ou un traité de paix, communiquera ces dépêches au bureau des commissaires établis pour le gouvernement de l'Inde, & répondra aux diverses présidences qui seront tenues de se conformer à leurs ordres, comme s'ils procédoient immédiatement de l'assemblée générale des directeurs.

XVI. Il est expressément stipulé que ses pouvoirs ne s'étendent pas jusqu'à donner aux commissaires le droit de nommer aux emplois, ou révoquer les nominations faites par les directeurs de la compagnie.

XVII. Si, par mort, révocation ou résignation, aucune des places de conseiller du fort William, dans le Bengale, venoit à vaquer, excepté celle de commandant en chef, les directeurs n'y nommeront point, & le nombre desdits conseillers se trouvera réduit à trois, outre le gouverneur général, & le commandant en chef des forces de la compagnie, qui aura, par la suite, voix dans le conseil, après le gouverneur général.

XVIII. Le gouvernement du fort William, celui du fort S. George & celui de Bombay, consisteront, en vertu de cet acte, en un président & trois conseillers, dont le commandant en chef sera toujours un membre : il aura la préséance dans le conseil, comme dans la présidence du fort William dans le Bengale, à moins que le commandant en chef des forces de l'Inde, ne se trouvât dans cette présidence : auquel cas le commandant général sera un desdits conseillers, à la place du commandant particulier de cette présidence ; & pendant ce temps le commandant particulier aura droit de séance seulement, mais n'aura pas voix dans le conseil.

XIX. La cour des directeurs de la compagnie choisira, dans l'espace d'un mois, une personne en état de présider à l'établissement du fort S. George de Madrass, & deux autres personnes pour former le conseil de ladite présidence : ladite cour fera de même pour l'établissement du conseil de Bombay, sous les mêmes conditions que pour le fort S. George de Madras.

XX. Si les membres présens dans aucun des conseils, soit au fort William, soit à Bombay ou Madrass, étoient également divisés d'opinion ; alors le gouverneur général, ou président dudit conseil, auroit la voix prépondérante.

XXI. Il sera permis à sa majesté & à ses hoirs, par un écrit signé de sa main, & contresigné par le secrétaire d'état, chargé du département de l'Inde, ou à la cour des directeurs, en vertu d'un écrit signé par eux, de révoquer, rappeller, &c. le présent gouverneur du fort William dans le Bengale, du fort S. George de Madrass ou de Bombay, ou tous autres employés au service de la compagnie, pourvu toutefois que, quand cette révocation viendra de la part de S. M., un *duplicata*, signé de sa main, & contresigné par le secrétaire d'état, soit remis dans la huitaine à la cour des directeurs.

XXII. Quand il viendra à vaquer quelque emploi, par mort, démission, expulsion ou rappel, dans une des présidences ; dans ce cas, la cour des directeurs de la compagnie procédera à la nomination d'une personne propre à remplir cette place parmi ses serviteurs, excepté la place de gouverneur-général, celles de gouverneurs-particuliers des deux présidences, & celle de commandant en chef d'aucun des établissemens, pour lefquelles places les commiffaires pourront nommer qui ils jugeront à propos.

XXIII. Si après avoir envain cherché, pendant l'efpace de deux mois, à défigner à fa majefté des perfonnes propres & habiles à gouverner l'Inde, les directeurs de la compagnie échouoient dans leurs recherches, il feroit alors permis à S. M. de nommer & d'inveftir des pouvoirs de gouverneur ou de membres du confeil, les perfonnes qu'elle jugeroit à propos de choifir, qui alors ne feroient plus révocables par les directeurs.

XXIV. On n'acceptera aucune réfignation, foit de l'office du gouverneur-général, gouverneur ou commandant en chef des diverfes préfidences, à moins qu'elle ne foit donnée par écrit, qu'elle ne foit de la main de celui qui réfigne, fignée par lui, & fcellée de fes armes.

XXV. Aucun ordre de la cour générale des propriétaires de la compagnie, n'infirmera les ordres des directeurs, quand ils feront une fois revêtus de la fanction du nouveau bureau, donnée de la manière fpécifiée ci-deffus.

XXVI. L'acte paffé dans la vingt-unième année de S. M., qui enjoint aux directeurs de la compagnie des Indes de communiquer les dépêches, lettres & ordres relatifs au gouvernement civil & militaire de l'Inde, aux lords de la tréforerie, premier lord d'icelle, & à un des principaux fecrétaires d'état, & regle les pouvoirs des directeurs des propriétaires, eft annullé dans tout ce qui pourra être contraire au préfent acte, pendant qu'il fera en force.

XXVII. Le gouverneur-général, & le confeil du fort William auront le pouvoir & l'autorité d'ordonner, contrôler, & diriger en tout, les diverfes préfidences de l'Inde, dans ce qui aura rapport à la paix & à la guerre, au revenu & aux forces defdites préfidences, qui feront tenues d'obéir aux fufdits gouverneur-général & confeil; à moins qu'elles n'euffent reçu des ordres directs & récens des directeurs, contradictoires à ceux dudit gouverneur-général; dans lequel cas ces ordres avec leur date devroient être envoyés au confeil fiégeant au fort William, & au gouverneur-général, qui, à la vue defdits ordres, feront tenus de s'y conformer eux-mêmes, & de ne fe fervir de l'autorité qui leur eft déléguée, que pour les faire exécuter.

XXVIII. Le gouverneur-général & le confeil du Bengale & les gouverneurs particuliers & confeils de chaque préfidence, feront les maîtres, quand une propofition aura été faite & débattue en confeil, d'ajourner l'affemblée s'ils le jugent à propos, pourvu que cet ajournement ne foit pas de plus de 48 heures. On ne pourra s'ajourner deux fois fans le confentement de celui qui aura fait la propofition difcutée.

XXIX. Comme il répugne aux défirs, à l'honneur & à la politique de l'Angleterre, de porter l'efprit de conquête, & d'étendre fes poffeffions dans l'Inde, il eft défendu au gouverneur-général, & au confeil-fuprême, fiégeant audit fort William, de commencer la guerre avec aucune puiffance, fans en avoir reçu l'ordre exprès du bureau établi pour gouverner les affaires de l'Inde; ou des directeurs de la compagnie, avec la fanction du bureau; lefdits ordres étant fignés & fcellés par le fecrétaire d'état pour le département intérieur; à moins que les princes Indiens n'euffent commencé des hoftilités, formé quelque alliance hoftile aux intérêts de la G. B., ou n'euffent le projet de lui faire la guerre, ou aux princes & poffeffeurs de territoire, fous la protection ou garantie de la Grande-Bretagne; comme auffi de ne former aucun traité pour faire la guerre à aucun prince indien, à moins qu'il n'eût commencé des hoftilités lui-même, ou ne fe fût préparé à en commencer, ainfi qu'il a été dit: dans le cas où lefdits gouverneur-général, confeillers, préfidens, &c. fe détermineront à faire la guerre, ils feront obligés d'en donner avis, le plus promptement poffible, au bureau d'adminiftration, avec les plus amples informations fur l'état des affaires, les caufes de cette guerre, & les motifs qu'ils ont eu de la faire, &c.

XXX. Il ne fera pas permis aux gouverneurs-particuliers du fort S. George & de Bombay, de faire la guerre, non plus qu'à aucun des établiffemens fubalternes de la compagnie dans l'Inde. Ils ne pourront pas davantage faire la paix, ou négocier aucun traité d'alliance avec les princes indiens, excepté dans le cas où le danger leur paroîtroit imminent, en inférant toujours une claufe conditionnelle, que lefdits traités, négociations, &c. &c. feroient confirmés par le gouverneur-général, à qui les autres préfidences obéiront en tout; & en cas de refus, les gouverneurs-particuliers pourront être fufpendus. Chaque préfidence rendra un compte habituel & exact de tout ce qui fe paffera dans fon diftrict, & fera remettre le duplicata de fes minutes au greffier du confeil-fuprême de Bengale.

XXXI. Toute perfonne employée au fervice de S. M., tant dans le civil que dans le militaire, défobéiffant aux ordres qu'elle recevroit du gouvernement général, pourra être interdite de fes fonctions par ledit gouverneur-général & le confeil fouverain de Bengale. Chacun defdits employés eft requis, par les préfentes, de tranfmettre diligemment & fidèlement au fort William des copies vraies & exactes de tous ordres, réfolutions & actes du confeil de leurs préfidences & gouvernemens refpectifs, ainfi que de communiquer tout ce qu'ils pourront découvrir d'important au gouverneur-général & au confeil du fort William.

XXXII. Et comme il paroît qu'il eft dû des fommes confidérables par le Nabab d'Arcate, à des particuliers fujets de la Grande-Bretagne,

& qu'il eft à propos que l'affiftance de la compagnie foit accordée aux créanciers de ce prince pour la sûreté de leurs créances, en ménageant toutefois l'honneur & la dignité du Nabab ; il eft ordonné par le préfent acte que les directeurs de la compagnie des Indes entreront dans l'examen le plus attentif, de la nature & de la juftice de ces dettes, autant qu'il leur fera poffible de les vérifier par les documens, qu'ils ont en main ; donnant en outre pour fe mettre au fait de la vérité, des ordres précis à leurs diverfes préfidences pour completter les informations néceffaires, & pour établir, de concert avec le Nabab, des fonds pour acquitter les obligations qui leur paroîtront être juftement dues ; felon leur droit de préfidence refpective, & d'une maniere compatible avec les droits de la compagnie, la sûreté des créanciers du Nabab, ainfi que l'honneur & la dignité de ce prince.

XXXIII. Et pour ajufter & terminer fur une bafe permanente les droits indéterminés du Nabab d'Arcate & Rajah de Tanjaour, l'un envers l'autre—. Il eft ordonné que la cour des directeurs prendra immédiatement en confidération lefdits droits & prétentions, & cherchera les moyens les plus fimples & les plus propres pour juger de leurs différends, & les faire terminer felon les principes & les termes ftipulés & convenus entre lefdits Nabab & le Rajah dans le traité de 1762.

XXXIV. Comme il y a eu des plaintes portées, que divers Rajahs, Zemindars, Polygars, Talookdars & autres natifs, propriétaires des terres de l'Inde, ont été dépouillés injuftement de leurs domaines, droits, privilèges & jurifdictions ; que les tributs, loyers, &c. exigés & payés par eux à la compagnie des Indes font devenus très-oppreffifs ; & comme les principes de juftice & l'honneur du pays requierent que ces fujets de plaintes foient examinés, & s'ils fe trouvent fondés, que l'on y remédie inceffamment ; il eft ordonné par les préfentes, que la cour des directeurs de ladite compagnie prenne férieufement lefdites mefures en confidération, & adopte les moyens néceffaires pour connoître les caufes & la vérité de ces plaintes, & donner en conféquence des ordres & inftructions aux diverfes préfidences, pour réparer les injuftices faites auxdits Rajahs, Zemindars, &c. felon les loix de leurs pays : pour établir en outre fur des principes de modération & de juftice, d'après la conftitution de l'Inde, des règles permanentes par lefquelles ils feront déformais obligés de payer leurs tributs ; de louer, affermer, prendre à bail, &c. les terres dont ils font en poffeffion.

XXXV. Afin de mieux régler le gouvernement civil & militaire de l'Inde, pour l'avantage de la compagnie, il eft ordonné que les directeurs fe feront rendre compte immédiate-

ment de leurs établiffemens refpectifs, tant civils que militaires, dans les différentes préfidences & établiffemens de l'Inde, & donneront les ordres néceffaires pour que les retranchemens & réductions, qui pourront être praticables dans chacun d'eux, y foient introduits. Il eft également ordonné que les principaux employés dans lefdits établiffemens, feront tenus de donner des liftes exactes de tous les emplois de l'établiffement civil de ladite compagnie, ainfi que de toutes les forces militaires qui fe trouvent dans les diverfes poftes & comptoirs de la compagnie & à fa folde ; diftinguant les corps, les nations, ou le peuple dont elles font tirées, ainfi que la paye & les émolumens des officiers brevetés ou bas-officiers, comme auffi la méthode qui peut être adoptée pour introdoire un fyftème de plus grande économie. La cour des directeurs examinera auffi-tôt qu'elle pourra le faire, le nombre des places & emplois, tant civils que militaires, qui font néceffaires à la sûreté & au meilleur gouvernement de l'Inde ; les falaires & appointemens qui doivent leur être alloués, tant en temps de paix qu'en temps de guerre : & chaque année, dans l'efpace de quinze jours après la rentrée du Parlement, ces états feront préfentés à la chambre des communes par les directeurs.

XXXVI. Il eft défendu expreffément, en attendant que ces liftes foient fournies, que les directeurs envoyent aucun employé civil ou militaire dans l'Inde ; & quand elles l'auront été, qu'il foit jamais envoyé un plus grand nombre de perfonnes que celui qui fe trouvera néceffaire pour agir en qualité de furnuméraire, & remplir les places qui viendroient à vaquer, dont l'on donneroit avis de temps à autre à la cour des directeurs.

XXXVII. Il eft ordonné par cet acte, que du moment où il commencera d'être en force, les promotions & l'avancement des ferviteurs de la compagnie fe feront par rang d'ancienneté, tant dans le civil que dans le militaire, dans leurs fituations refpectives, à moins que les commandans des divers gouvernemens & préfidences n'aient des raifons valables & fuffifantes pour fe conduire autrement, en vertu d'une réfolution du confeil, & que tous les cas de cette nature foient fidèlement enregiftrés, & les minutes qu'ils en auront gardées, envoyées aux directeurs, en expliquant les raifons qu'ils ont pu avoir d'en agir ainfi : faute de quoi faire, lefdits appointemens, nominations, &c. feront déclarés vacans, & les mefures prifes par la préfidence annullées.

XXXVIII. Il eft défendu expreffément par les préfentes, qu'aucun cadet ou écrivain foit envoyé dans l'Inde au-deffous de 15 ans, & au-deffus de 22 ; lefdits cadets feront tenus de fournir un certificat de leur âge, figné du curé de leur paroiffe, & de prêter eux-mêmes ferment qu'ils se trouvent dans les termes spécifiés par l'acte, & n'ont que l'âge requis : lequel acte de prestation de serment ou affidavit, demeurera entre les mains du secrétaire de la compagnie, si elle le juge à propos.

Pourvu toutefois que cet acte ne change rien à l'usage reçu, & que tout officier breveté, dont l'âge n'excède pas 25 ans, puisse être reçu, à l'avenir, cadet dans la compagnie comme par le passé.

XXXIX. Toutes les oppressions, injures, injustices, offenses, crimes, &c. &c. qui auront été commis dans l'Inde par des sujets de S. M. ou des serviteurs de la compagnie des Indes, seront & sont déclarés, par les présentes, justiciables de toutes les cours de justice, tant en Angleterre que dans l'Inde, dont la jurisdiction peut s'étendre sur ces délits, qui seront punis de la même manière que s'ils avoient été commis dans aucun des endroits soumis immédiatement au gouvernement de la Grande-Bretagne.

XL. Il est expressément stipulé que toute personne qui demandera ou recevra aucune somme d'argent, ou aucun effet de prix, soit que ce soit pour lui, ou sous prétexte de la donner, la compagnie des Indes sera déclarée coupable d'extorsion, & sera poursuivie en conséquence : en outre de quoi, celui qui aura reçu un présent, sera exposé à la confiscation d'icelui, au profit de S. M.

XLI. La cour, pardevant laquelle de pareils délits & offenses seront jugés, pourra, selon les circonstances, ordonner que le présent soit rendu à celui qui l'aura fait, ou ordonner que le tout, ou partie d'icelui, ou telle amende à laquelle il plaira à ladite cour de condamner le coupable, soit destiné au délateur, ou à celui qui a intenté le procès, ainsi qu'il plaira à la cour d'en disposer.

XLII. Il est entendu que les clauses d'un acte passé dans la treizième année du règne de sa majesté, qui condamne toute personne recevant des présens à certaines amendes & confiscations, se trouvent révoquées ; & lesdites clauses sont annullées par le présent acte.

XLIII. Il doit être entendu toutefois que la clause qui précède, n'interdit pas à un avocat, médecin, chirurgien ou chapelain de recevoir des honoraires & émolumens, selon la forme usitée dans leurs professions.

XLIV. Il est ordonné que toutes désobéissances volontaires de la part des officiers de la compagnie, relativement aux instructions des directeurs, à moins que ce ne soit dans des cas absolument nécessaires (nécessité que seront obligés de démontrer ceux qui se seront rendus coupables de ces désobéissances) seront regardées comme des fautes graves (misdemeanours) & comme telles poursuivies extraordinairement en vertu du présent acte.

XLV. Il est déclaré, que toute personne au service de la compagnie, qui sera intéressée dans quelque marché ou contrat contraire aux intérêts de ladite compagnie, & sera accusée de corruption, sera également poursuivie pour ledit crime de misdemeanour, de la manière ci-dessus spécifiée.

XLVI. Il est expressément défendu, qu'après une sentence ou un jugement d'aucune cour compétente contre aucun des serviteurs civils ou militaires de la compagnie, pour extorsion, ou aucune autre faute, ladite compagnie, si les coupables sont condamnés à aucune amende, prenne sur elle de transiger, traiter, faire des remises, &c. &c. les emploie jamais à son service, dans quelle capacité que ce soit, après qu'ils en auront été renvoyés par le jugement d'un tribunal ayant droit de les juger.

XLVII. Pour rémédier aux abus qui ont prévalu jusqu'ici dans la perception des revenus de la compagnie des Indes, il est ordonné que tout homme, né sujet de la G. B., qui sera nommé pour faire cette recette, prêtera le serment, & souscrira la formule dont copie suit : lequel serment sera prêté pardevant le premier juge de la cour souveraine du Bengale, ou aucun des autres juges assistans de ladite cour, ou pardevant le maire, ou tout autre magistrat d'aucune autre présidence : ladite formule de serment sera enregistrée dans les minutes de la cour suprême du Bengale, ou dans celles desdites cours provinciales des présidences & établissemens particuliers.

» Je soussigné promets, sous serment, que je » remplirai fidèlement, autant que cela dépen- » dra de moi, l'office qui m'a été confié de » collecteur des revenus de la compagnie des » Indes, & que je ne demanderai ni ne recevrai » directement ou indirectement, aucun présent, » ni par moi, ni par les mains de qui que ce » soit, pour mon compte, ni de la part d'au- » cun Rajah, Zémindar, Polygard, Talookdar, » rentier ou autre personne payant des tributs, » redevances ou impôts à la compagnie, m'en- » gageant également à ne recevoir aucun effet » de valeur en forme de don, présent ou autre- » ment, au-dessus du tribut annuel, ou de la » rente ou impôt que je suis autorisé de perce- » voir pour le compte de ladite compagnie ; & » que je veux justement, & avec vérité, en » rendre compte à la susdite compagnie ». Ainsi que Dieu me soit en aide.

XLVIII. Il sera permis au gouverneur du fort William du Bengale, d'adresser un ordre signé de lui (warrant), à tous les officiers de justice, pour faire arrêter toute personne ou personnes soupçonnées, médiatement ou immédiatement, d'entretenir aucune correspondance illicite, qui pût être dangéreuse pour la paix ou la sûreté des établissemens & des possessions Britanniques dans l'Inde avec aucun des princes, Rajahs, ces, rajahs, zémindars ou autres personnes quelconques, ayant quelque influence dans l'Inde, ou avec les commandans, gouverneurs ou présidens d'aucunes factoreries établies dans les Indes par aucun pouvoir européen contre les règles & les usages de ladite compagnie : après l'examen affermenté, pris par écrit, des personnes ainsi arrêtées par ordre du gouverneur-général, ledit gouverneur est autorisé, par ces présentes, à les faire emprisonner, pourvu que dans l'espace de cinq jours après leur détention, il soit remis aux accusés une copie de l'accusation, à laquelle il leur sera permis de répondre par écrit, en donnant une liste des témoins qu'ils jugent à propos de faire examiner : si toutefois après l'examen de cette défense, il paroissoit encore au gouverneur & au conseil, qu'il y eût des raisons suffisantes pour justifier la détention des accusés, jusqu'à ce que leur procès fût fait dans l'Inde, ou qu'ils fussent envoyés en Angleterre à cet effet ; dans ce cas, copies des procédures devroient être envoyées aux directeurs par le gouverneur-général, ou ses représentans, qui profiteroient de la première occasion favorable de les faire partir pour l'Europe, à moins que la santé des accusés ne leur permit pas d'en faire le voyage.

XLIX. Il est ordonné par le présent acte, que les gouverneurs des diverses présidences de l'Inde seront revêtus des pouvoirs, dans leur présidence respective, qui sont conférés par les présentes au gouverneur-général du fort William du Bengale.

L. Pour mieux empêcher, ou faire plus aisément punir la mauvaise conduite des serviteurs de la compagnie des Indes, employés à faire les affaires de ladite compagnie, en leur faisant découvrir l'état de leur fortune, à leur retour en Angleterre, il est expressément ordonné par cet acte, que toute personne qui se trouve aujourd'hui, ou sera à l'avenir au service de la dite compagnie, remettra dans l'espace de deux mois, après son retour en Angleterre, un compte affermenté pardevant le premier baron de l'échiquier, ou deux autres barons de la même cour, (qui sont autorisés à recevoir ces états) ; le duplicata d'un état fidèle de ses possessions, tant en contrats, terres, billets, argent, que bijoux, meubles précieux, dettes actives, &c. spécifiant les objets de leur fortune, qui n'ont pas été acquis ou achetés en conséquence de leur résidence, & des gains qu'ils ont fait dans l'Inde. Comme aussi, s'ils ont disposé d'une partie de leurs possessions, de déclarer en faveur de qui, comment, pour quel prix, ou en raison de quoi ils ont fait ces dispositions.

LI. Le premier baron, ou les autres barons de la cour de l'échiquier, à qui on aura remis l'inventaire affermenté des possessions, effets, &c. appartenant aux personnes qui, en conformité au réglement prescrit par ce bill, l'auront déposé entre les mains desdits barons, auront soin, aussi-tôt qu'ils l'auront reçu, de remettre le duplicata dudit état au greffier de ladite cour de l'Echiquier, pour y être coté, liassé & conservé, comme un titre public ; l'autre duplicata sera remis à la cour des directeurs de la compagnie des Indes, pour y être déposé & gardé parmi les archives & papiers de ladite compagnie, pour l'inspection des membres & propriétaires ; & en cas que, dans l'espace de trois ans après la remise de cet inventaire, il soit fait des plaintes par les commissaires préposés pour diriger les affaires de l'Inde, ou par la cour des directeurs de la compagnie, ou par dix membres ou propriétaires de ladite compagnie, dont les intérêts, réunis dans ses fonds, se trouvent au moins portés au montant de 10,000 liv. sterl. ; & qu'il soit présenté une requête à la cour de l'échiquier, ou fait une motion par un avocat dans ladite cour, qui établisse que cet inventaire est faux, incertain, équivoque ou insuffisant, & qu'il ne donne pas un détail exact de la fortune de celui qui l'a remis ; ces plaintes paroissant fondées à la cour de l'échiquier, soit par l'inspection de cet inventaire, ou l'affidavit de quelques personnes faites pour être crues, démontrant que ledit inventaire ne donne pas un détail exact des possessions appartenant à la personne qui les aura remises, selon l'intention de cet acte : dans ce cas, il sera légal pour ladite cour de l'échiquier d'ordonner que l'accusé se rende pardevant son greffier, pour y être examiné sous serment sur tous les chefs sur lesquels il plaira au greffier de l'interroger ; & la cour aura, si elle le juge nécessaire, le droit de faire arrêter cette personne par le shérif, & de la faire emprisonner jusqu'à ce qu'elle ait répondu aux interrogatoires d'une manière satisfaisante.

LII. Il est ordonné en outre, que toute personne qui aura été requise de remettre l'état de sa fortune, & qui aura négligé de le faire dans le temps limité, ou qui se sera rendue coupable d'aucun faux volontaire, aura caché ou soustrait de son avoir, ou donné de faux comptes, au montant de 2000 liv. sterl. ses terres, maisons, héritages, argent, contrats, dettes actives, mobilier & effets précieux, de toute espèce & de toute nature, seront confisqués de droit ; la moitié de ladite confiscation sera au profit du roi, ses héritiers & successeurs, & l'autre moitié au profit de la compagnie des Indes ; lesdits effets, terres, &c. étant sujets aux déductions qui seront ci-après spécifiées en faveur de ceux qui ont découvert le faux. En outre desdites confiscations, le délinquant sera emprisonné pour le temps que la cour jugera à propos de l'ordonner.

LIII. Pourvu toutefois (& cela est expressément déclaré par les présentes) que ce qui est ordonné par la clause précédente, n'ait aucun effet fur les perfonnes qui arriveront en Angleterre avant le premier de janvier 1787.

LIV. Il eft fpécifié, que fi, par raifon de maladie, les perfonnes revenant de l'Inde, ne pouvoient pas, dans l'efpace de deux mois après leur arrivée en Angleterre, fournir l'inventaire de leurs effets; en ce cas, la cour des barons de l'échiquier pourroit leur accorder, de temps à autre, un delai, & le renouveller auffi fouvent qu'elle le jugeroit néceffaire.

LV. Et comme il peut arriver que des perfonnes faifant le commerce, & réfidant dans l'Inde, foient obligées par maladie d'en partir avant d'avoir pu mettre ordre à leurs affaires, & conféquemment ne puiffent pas donner un état de leur fortune deux mois après leur arrivée, il eft entendu par cet acte, que, fur la preuve qui en fera adminiftrée aux barons de l'échiquier, ils feront les maîtres d'accorder le temps qu'ils jugeront néceffaire pour fournir ledit inventaire, felon la nature des circonftances.

LVI. Il eft en outre ordonné par cet acte, que toute perfonne qui, dans l'efpace de trois ans après la remife de l'inventaire, dont il eft queftion dans les articles précédens, viendra volontairement pardevant les premiers barons de l'échiquier, ou aucun des autres barons de ladite cour, & prêtera ferment qu'une partie des effets de la perfonne qui a remis cet inventaire, a été fouftraite à la connoiffance de la cour, & a été découvert dans un examen fubféquent: dans le cas de conviction, il fera payé dix pour cent de la valeur defdits effets, (foit qu'ils foient en terres, maifons, contrats, bijoux, &c.) au dénonciateur, lefquels lui feront payés d'après l'eftimation des effets qu'il aura découverts & fait découvrir.

LVII. Il eft en outre ordonné que les terres, maifons, héritages, effets, contrats, &c. que l'on recouvreroit, & qui, en vertu de cet acte, pourroient être confifqués, foit par négligence, refus ou infidélité à remplir les conditions ci-deffus prefcrites, feront vendus par ordre & par autorité de ladite cour de l'échiquier, & que les fommes qui en proviendront, feront employées, fous l'autorité de ladite cour, pour l'ufage des perfonnes qui y auront droit, felon l'efprit & l'intention de cet acte.

LVIII. Il eft ordonné par cet acte, que toute perfonne qui auroit pu ci-devant être nommée à aucun emploi dans l'Inde, par le feul choix des directeurs de la compagnie, feroit inhabile à être nommée de nouveau à aucun emploi, de quelque nature qu'il foit, après s'être abfentée de l'Inde, & avoir réfidé en Europe pendant l'efpace de cinq ans : à moins qu'elle ne prouvât, à la fatisfaction des directeurs & des commiffaires prépofés pour gouverner conjointement avec eux, que cette réfidence en Europe a été occafionnée

par le mauvais état de fa fanté : dérogeant à cet égard à tous ufages & loix à ce contraires.

» Pourvu toutefois que la claufe qui précède, » ne s'étende pas fur les perfonnes qui auroient » été choifies par les directeurs, avec le » confentement de l'affemblée générale des pro- » priétaires ».

LIX. Comme il feroit effentiel, pour mieux gouverner l'Inde, ainfi que le territoire, les revenus & le commerce de la compagnie, de trouver un moyen plus fimple que ceux adoptés par la loi ordinaire, pour la punition des crimes, fautes, &c. &c. qui s'y commettent par les fujets de fa majefté britannique employés au fervice de la compagnie, il eft ordonné que fur la réquifitoire du procureur-général de la cour du *king's bench*, après une motion faite par quelque perfonne que ce foit, demandant un ordre d'inftruire le procès d'un délinquant, la cour autorifera ledit procureur-général, ou la cour des directeurs des Indes, au nom des propriétaires, d'informer contre lefdits délinquans pour toutes les offenfes commifes après le premier janvier 1785 ; & , en vertu de ladite information, la cour pourra ordonner, fi elle le juge à propos, que l'accufé foit conftitué prifonnier dans les prifons de la Tour, de Newgate ou de la Marshalfea, pour y être détenu jufqu'à ce que fon procès foit jugé, ou qu'il ait fourni fuffifante caution, qu'il comparoîtra & plaidera fur les chefs d'accufation exhibés : auffi-tôt que le défendant aura répondu pardevant la cour du *king's bench*, le lors grand-jufticier délivrera les minutes du procès au chancelier de la Grande-Bretagne, ou aux commiffaires prépofés à la garde des fceaux, qui en conféquence ordonneront qu'il foit nommé une commiffion de la manière qui fera ci-après indiquée.

LX. Il eft ordonné par les préfentes, que fi les perfonnes contre lefquelles une information auroit été commencée, négligeoient à comparoître dans les délais qui leur auroient été accordés à cet effet; dans ce cas, il feroit reconnu légal que le procureur-général comparût au nom de la partie défaillante, & plaidât en fon nom comme fi elle étoit préfente, autorifant la cour à procéder dans ce cas par contumace.

LXI. Il eft ordonné de plus, que dans l'efpace de trente jours après la rentrée du parlement, tant dans la prochaine feffion que dans chaque feffion future, les lords fpirituels & temporels procéderont à choifir, nommer & appointer vingt-fix membres, ou, s'ils le jugent à propos, un plus grand nombre d'entr'eux, lequel choix fe fera à la balotte, & la chambre des communes procédera de la même manière à choifir quarante membres, ou un plus grand nombre fi elle le veut.

Les préfidens de chacune des deux chambres auront foin de tranfmettre la lifte des perfonnes qui auront été choifies, fcellée refpectivement de leurs fceaux, au greffier de la cour de la chancellerie, ou à fon député ; & quand une commiffion fera inftituée en vertu de cet acte, lefdites liftes feront remifes aux trois juges défignés par la cour du banc du roi des plaids-communs & de l'échiquier, pour les recevoir ; & fi lefdites liftes renferment les noms de plus de 26 pairs, & de plus de 40 membres des communes, lefdits juges, trois jours après les avoir reçues, feront mettre les noms dans une boîte, & en feront tirer ceux de 26 pairs & de 40 membres des communes ; après quoi ils feront favoir la décifion du fort à ceux defdits pairs & membres des communes, dont les noms auront été tirés, ainfi qu'au procureur-général, ou à la partie pourfuivante, ainfi que le cas y échera ; il fixera en outre le temps & le lieu, dans l'efpace de vingt jours après la remife defdites liftes, pour procéder ultérieurement à l'exécution de cet acte. Les noms defdits membres de chaque chambre du parlement feront tranfmis au préfident de chacune defdites chambres, dans l'efpace de trois jours, fi le parlement fiège ; ou, s'il ne fiège pas, trois jours après celui de fa réunion : toute perfonne choifie ainfi pour commiffaire, en vertu de cet acte, qui ne paroîtroit pas, après avoir reçu l'information qu'il eft nommé pour l'inftruction du procès, paieroit une amende de 500 livres fterling, à moins que les membres défaillans ne puffent donner des raifons valides & fuffifantes pour s'excufer refpectivement envers leurs chambres.

LXII. Le plus ancien des trois juges préfens aux affemblées des commiffaires, nommés de la manière qui précède, fera préfident de l'affemblée defdits commiffaires, où tout fe décidera à la pluralité des voix ; &, dans le cas où elles fe trouveroient égales parmi lefdits commiffaires, le préfident aura la voix prépondérante.

LXIII. Il eft ordonné que les membres des communes, qui doivent être nommés pour commiffaires, feront choifis de la manière fuivante : dans l'efpace de trente jours après la réunion du prochain parlement & de chaque feffion future, il fera permis à la chambre, quel jour il lui plaira procéder à ce choix, d'ordonner que les portes foient fermées dès que le nombre de deux cents membres fera complet, que l'orateur aura pris fa place, & qu'il fera cinq heures de l'après-midi ; il fera alors préfenté différentes liftes, qui feront prifes en confidération par un comité, qui fera rapport à la chambre, du nombre qu'elle aura choifi ; & fi, après ce rapport, le nombre defdits membres fe trouvoit au-deffous de quarante, les autres membres préfens feroient requis de compléter ces liftes, & de répéter cette opération jufqu'à ce que le nombre fût complet, & auffi fouvent que le cas deviendroit néceffaire.

LXIV. Il eft entendu que fi quelqu'un des membres défignés paroiffoit au comité, pourvu d'aucune place qui le rendît dépendant de la cou-ronne, ou qu'il eût été membre du bureau établ pour gouverner l'Inde, ou directeur de la compagnie, tous ceux qui fe trouveroient dans ce cas, feroient effacés des liftes, & ne pourroient être élus par le comité.

LXV. Il eft ftatué & ordonné, en vertu de l'acte paffé, &c. que les noms de quels membres que ce foit des deux chambres qui formeront les liftes, feront remis dans une boîte pour en être tirés au hafard, en préfence du juge, ainfi que des parties ou de leurs avocats agens : alors lefdites parties, contre lefquelles fe fera l'information, auront la liberté de récufer treize pairs & vingt membres des communes, fur le nombre qui aura été refpectivement choifi par les deux chambres ; le procureur-général de fa majefté ou la partie pourfuivante, ainfi que le cas y échera auront également le droit de récufer de leur côté autant de membres défignés qu'ils le jugeront à propos, en expliquant aux juges les caufes de ces récufations ; ce qui étant fait, les quatre premiers noms des pairs, & les fix premiers noms des membres des communes, qui feront tirés fans être récufés, feront remis au chancelier qui aura foin de les inférer avec ceux des trois juges nommés dans la commiffion fpéciale, qui doit être expédiée en vertu de cet acte ; & les perfonnes dont le nom fera inféré dans ladite commiffion, comparoîtront, dans l'efpace de dix jours, pour prêter le ferment fuivant pardevant le chancelier ou le garde des fceaux, ou les commiffaires prépofés à la garde d'iceux, en cas qu'il n'y ait pas de chancelier, &c. &c.

« Je fouffigné N. certifie avec ferment que je
» jugerai & déterminerai, le mieux qu'il me fera
» poffible, l'objet qui eft à difcuter pardevant
» moi, & que je prononcerai d'après les témoi-
» gnages qui me feront fournis. Ainfi que Dieu
» me foit en aide ».

LXVI. Dans le cas où les récufations réduiroient les noms choifis à un nombre moindre que celui ci-deffus fpécifié, c'eft-à-dire, de quatre pairs & de fix membres des communes, lefdits trois juges en informeroient les deux chambres, qui procéderoient avec toute la célérité poffible à un nouveau choix, pour être tranfmis au greffier de la cour ou à fon député, & enfuite inféré dans une nouvelle commiffion, de la manière qu'il a été dit ci-deffus. Lefdits commiffaires auront le droit, le pouvoir & l'autorité d'entendre, de déterminer & de prononcer le jugement fur les objets de l'information portée pardevant eux, felon la loi commune du pays, tant contre l'extorfion, le péculat ; que contre tout crime de cette nature, ou autre commis dans l'Inde par les accufés ; comme auffi de déclarer la partie convaincue de l'avoir commis, incapable de fervir la compagnie des Indes dans aucun emploi. Lequel jugement prononcé par lefdits commiffaires, après une information de la manière ci-deffus expliquée, sortira son plein & entier effet, sans qu'aucun appel en vertu d'un *certiorari*, puisse être accordé par aucune autre cour, pour retirer la connoissance déléguée aux commissaires pour en déterminer l'objet ; & leur décision ne sera, à aucun égard, mise en question dans aucun procès subséquent, soit dans les tribunaux qui décident selon la loi du pays, ou ceux appellés *cours d'équité*.

LXVII. Il est ordonné en outre qu'il sera légal pour lesdits commissaires, ou pour sept d'entr'eux au moins, dont un des trois juges ci-dessus nommés en sera toujours un, d'entendre & de déterminer toute information, & de s'ajourner de temps à autre, ainsi qu'ils le jugeront à propos ; & en cas que le nombre des commissaires choisis vînt à diminuer par la mort de quelques-uns d'entr'eux, ou par des infirmités qui les rendissent incapables de procéder avant que l'objet de la commission fût rempli, & que les trois juges vinssent à mourir, ou à manquer par des accidens quelconques ; dans ce cas, ladite commission seroit dissoute de droit, & une nouvelle seroit instituée pour connoître de l'information portée pardevant la première ; & toutes les procédures recommenceroient de nouveau, excepté celles qui pourroient avoir rapport aux témoignages fournis pardevant ladite commission, qui seroient reçus & admis en preuve comme par la nouvelle.

LXVIII. Les commissaires choisis & préposés à l'instruction des délits ci-dessus spécifiés, auront droit de choisir telle personne qu'ils jugeront à propos, pour leur servir de greffier dans tout ce qui aura rapport à ladite commission ; & aussi tôt qu'elle aura terminé ses recherches & prononcé son jugement, l'information, les plaidoyers respectifs, les dépositions & les confrontations de témoins, le jugement qui s'en sera suivi ; & toutes les procédures y relatives seront remis par ledit greffier à celui de la cour du banc du roi, pour y être gardés & conservés.

LXIX. Il est ordonné en vertu de cet acte, que les assignations nécessaires pour faire venir les témoins qui doivent déposer pour ou contre les personnes poursuivies par la commission, pourront être expédiées au bureau, appellé *de la couronne*, du ressort de la cour du banc du roi ; & en cas qu'aucun des témoins à qui lesdites assignations auroient été signifiées, ne comparût pas en conséquence, ce défaut de comparoître seroit puni comme *misdemeanor*, & pourroit être suivi par *indictement* ; & dans le cas où lesdits témoins comparans refuseroient de répondre, il seroit au pouvoir des commissaires de les punir par amende ou emprisonnement, ainsi qu'ils le jugeroient à propos.

LXX. Il est ordonné en outre, que les commissaires, en vertu de cet acte, pourront envoyer chercher toutes les personnes dont ils auront besoin, ainsi que tous les papiers, registres, minu-

tes, &c., &c. ; qu'ils pourront en outre examiner les témoins qu'ils jugeront à propos d'interroger, en leur faisant prêter serment, prenant par écrit les déclarations desdits témoins souscrites respectivement par chacun d'eux. S'il arrivoit qu'aucun des témoins, amenés pardevant des commissaires, prévariquât dans sa déposition, ou se conduisit d'une manière qui ne fût convenable, lesdits commissaires pourront l'envoyer dans les prisons de Newgate ou celles de la Fleet, pour y demeurer tant qu'il leur plaira ; & si lesdits témoins étoient convaincus d'avoir fait un faux témoignage, ils seroient regardés comme parjures, & pourroient être poursuivis en conséquence.

LXXI. De plus, il est spécifié qu'en donnant caution aux commissaires, & se soumettant à hypothéquer ses terres, effets, dettes, contrats, &c. &c. lesdites terres & effets ainsi hypothéqués, seront bien & réellement saisis de droit, tant entre les mains de la personne contre laquelle sera dirigée l'information, qu'en celles de ses chargés de pouvoirs, employés, banquiers, agens, &c. qui ne pourront se dessaisir d'aucun effet à lui appartenant, avant la définition du procès qui auroit été intenté à l'accusé.

LXXII. Il est ordonné que si les parties contre lesquelles on a fait l'information ci-dessus spécifiée, sont démontrées capables du crime dont elles sont accusées, elles pourront être condamnées à payer une amende envers sa majesté ou ses successeurs. Il sera permis au procureur-général ou à ladite compagnie, de rédiger un interrogatoire, & de le présenter à la cour de l'échiquier, pour l'examen des personnes condamnées à payer cette amende, afin d'établir, si elles ont des effets suffisans pour payer les amendes encourues ; que si lesdites personnes refusoient de comparoître & de répondre auxdits interrogatoires, tout ce qui pourroit leur appartenir, tant en terres que meubles, effets précieux, &c. seroit confisqué au profit de sa majesté, ses héritiers ou ses successeurs : indépendamment de quoi, les coupables pourroient être envoyés à Newgate ou à la Tour de Londres, & garderoient prison aussi long-tems que ladite cour de l'échiquier le jugeroit à propos.

LXXIII. Comme les anciennes loix, relatives aux crimes commis dans l'Inde, ont été jusqu'ici sans efficacité, par la difficulté d'obtenir les preuves de délits, il est ordonné, par les présentes, que toutes les fois qu'une information aura été instruite de la manière dont on l'a établi par cet acte, il sera permis aux juges de la cour souveraine du Bengale, ou à ceux des différentes présidences, d'ouvrir leurs tribunaux, le plus promptement que faire se pourra, & d'examiner tous les témoins qui pourront leur aider à jetter du jour sur l'objet de l'information, en donnant publiquement connoissance de cette information, foit pour avertir les témoins ou les agens des parties intéreffées, s'ajournant de tems à autre, ainfi qu'ils le jugeront néceffaire, & recueillant en public les témoignages qui fe préfenteront, en adminiftrant la preftation du ferment, felon les formes de la religion des rémoins examinés, ainfi que ceux d'interprètes intelligens, en état de rendre les dépofitions fans ambiguité: après quoi, lefdites preuves feront envoyées fous le fceau de deux des juges de la cour qui aura procédé à cet examen, aux officiers de celle du *king's bench* à Londres, qui, de leur côté, prêteront ferment que l'information qui leur eft adreffée, s'eft faite dans l'Inde, & de quelle manière ils en ont reçu les preuves, fans qu'il y ait rien eu de changé depuis la réception d'icelle : au moyen de quoi, lefdites dépofitions feront regardées comme des témoignages fuffifans, lues pardevant les commiffaires, & reconnues valides, comme fi l'examen s'étoit fait de vive voix devant eux, malgré toutes les loix à ce contraires : toutes les parties concernées pourront en avoir copie à leurs frais, & le lord préfident de la cour du *king's bench*, ou un des juges de ladite cour, aura foin de remettre lefdites informations au lord chancelier, ou au garde des fceaux, ou aux commiffaires prépofés à fa place, qui, en conféquence, procéderont à nommer la commiffion inftituée par cet acte, ainfi que cela a été ci-deffus expliqué, & de la manière dont il a été ordonné qu'elle fera choifie.

LXXIV. Afin d'ajouter aux moyens par lefquels on peut obtenir juftice, en s'affurant des faits qui fe font paffés à une diftance auffi confidérable du pays, & en fe procurant l'efpèce de preuves que la nature des circonftances peût rendre praticables, il eft en outre ordonné que, dans toutes les procédures qui fe feront en vertu des informations fpécifiées ci-deffus, les dépofitions faites par ordre de la commiffion, ainfi que tous écrits, minutes, lettres, &c. &c. qui auront été envoyés dans l'Inde à la cour des directeurs, ou par un comité d'iceux aux officiers & ferviteurs de la compagnie, réfidant dans l'Inde, feront, pour tout ce qui aura rapport à l'information commencée, regardés comme preuves fuffifantes par les commiffaires, à moins qu'il ne réfultât des objections de la nature même de ces preuves, qui alors pourroient être mifes en queftion, & telles obfervations faites fur icelles que la nature des circonftances pût admettre, nonobftant toutes loix à ce contraires.

LXXV. La cour du banc du roi aura le droit, à la requête du procureur-général, ou du pourfuivant, ou de la perfonne contre laquelle l'information eft faite, d'ordonner un examen de l'état & de la fituation des témoins réfidans dans les royaumes de la Grande-Bretagne ou d'Irlande, & de les examiner fur des interrogatoires préparés à cet effet; les réponfes defdits témoins,

ainfi que leurs dépofitions, feront rendues publiques, fi cela eft néceffaire; & leurs témoignages feront lus pardevant les commiffaires, & feront regardés comme des preuves fuffifantes en loi, fauf les exceptions que l'on pourroit faire lorfqu'elles feroient lues, comme cela a été dit ci-deffus.

LXXVI. Il eft ordonné, par l'autorité qui conftitue celle de cet acte, qu'aucune pourfuite ne fera commencée en conféquence d'icelui, quand l'efpace de trois ans après le retour des parties pourfuivies en Angleterre, ou celui de trois ans après la remife de l'inventaire requis par cet acte, fera écoulé.

LXXVII. Pour éviter les doutes qui pourroient s'élever, « fi les places des commiffaires du bu-» reau pour gouverner l'Inde, & de fecrétaire » d'icelui, font cenfées faire partie de celles dé-» fignées dans un acte paffé dans la fixième année » du règne de la reine Anne, intitulé : *acte pour* » *la fécurité de la perfonne de fa majefté & de fon* » *gouvernement, & de la fucceffion de la couronne de* » *la Grande-Bretagne dans la ligne proteftante*, ou » fi la nomination defdits commiffaires ou fecré-» taires rend vacantes leurs places dans la cham-» bre des communes, s'ils en font membres ». Il eft ordonné par les préfentes, que lefdites places ne font pas du nombre de celles comprifes dans ledit acte de la reine Anne ; & que les membres du parlement, en les acceptant, ne font point obligés de fe faire élire de nouveau, malgré tout ce qui peut fe trouver de contraire dans le fufdit acte, ou dans tel autre acte que ce foit.

LXXVIII. Il eft entendu qu'aucune des claufes de ce bill ne doit être regardée comme affectant les droits du public ou de la compagnie, relativement aux revenus, acquifitions & droits territoriaux dans les Indes.

LXXIX. Cet acte entrera en force dans le royaume de la Grande-Bretagne, & aura également force de loi dans les différentes préfidences & établiffemens de l'Inde, ainfi que les terres & domaines qui en dépendent, à compter du premier janvier 1785.

LXXX. Il eft ordonné en outre, que cet acte fera regardé pour, & fera en effet un acte public.

———

Le miniftre, qui avoit fait paffer cet acte, propofa bientôt après, un bill correctif ou explicatif du précédent.

Ce bill correctif contient 7 articles principaux.

Le premier & le fecond font relatifs aux règles que doit obferver le confeil de l'Inde.

Le troifième a pour objet de déterminer fi le gouverneur-général du Bengale doit être membre du confeil.

La quatrième claufe du bill donne au gouverneur général un pouvoir fupérieur à celui du confeil dont il peut controler, fufpendre & révoquer toutes les déterminations, sans que les membres puissent, en aucune manière, s'opposer à l'exécution de ses volontés, n'ayant d'autre privilège que celui de protester contre les mesures adoptées par lui, & le droit de faire entrer leur protêt dans les registres du conseil.

Le cinquième chef porte sur la promotion des officiers, à tour de rôle, de sorte qu'il ne sera plus possible d'envoyer d'Angleterre des gens qui, à leur arrivée dans l'Inde, passent sur la tête d'officiers de mérite, qui ont servi avec honneur & fidélité.

La sixième clause altère considérablement les dispositions du premier bill, par lesquelles les officiers & employés de la compagnie, revenant de l'Inde, étoient obligés de déclarer le montant de leur fortune, & de spécifier les moyens par lesquels ils l'avoient annullée; on abolit à quelques égards le principe de la publicité de cet examen.

Septièmement & en dernier lieu, il change la balote pour procéder au choix des membres du parlement, qui doivent composer la cour suprême de l'Inde, tant de la chambre des pairs que de celle des communes.

Remarques sur l'acte qu'on vient de lire. 1°. Les six commissaires nommés par le roi, seront utiles; on ne peut en douter : ils dirigeront, ils surveilleront les directeurs, & ils porteront dans l'administration les vues politiques & le véritable esprit du gouvernement, qu'on ne pouvoit attendre de l'ancien régime.

2°. Ces six commissaires avanceront l'époque où la nation enlevera les possessions territoriales à la compagnie, & ils prépareront les esprits à cette révolution qui exciteroit des murmures, si elle avoit lieu tout de suite.

3°. L'article 29, qui annonce la modération de l'Angleterre avec une franchise si suspecte, paroît défendre au gouverneur général & au conseil de Calcutta de commencer la guerre avec aucune puissance de l'Inde, sans en avoir reçu l'ordre exprès de l'Europe; mais la fin de cet article rend cette défense bien illusoire, & le commencement paroît n'avoir été imaginé que pour séduire les autres nations de l'Europe, & tromper les peuples de l'Inde.

4°. L'acte emploie la même supercherie dans l'article 37. Pour exciter l'émulation parmi les employés de la compagnie, il paroît ordonner que les promotions se feront selon le rang d'ancienneté; mais cette disposition générale devient illusoire par les exceptions qu'on y met.

5°. Il est impossible de faire exécuter l'art. 40, qui défend de recevoir des présens.

6°. L'article 50, qui ordonne aux employés de la compagnie de déclarer par serment ce qu'ils rapportent de l'Inde, ne fera que des parjures.

7°. On ne peut refuser des éloges à l'acte qu'on vient de lire ; mais on doit le regarder plutôt comme un de ces réglemens usités dans les diverses administrations, qui, dans les réformes, se bornent à des détails, au lieu de réformer l'ensemble & le fond. Sans doute, l'Inde sera mieux gouvernée par le nouveau conseil que par les directeurs; mais l'acte n'a pas détruit les vices essentiels & inhérens au gouvernement de la compagnie, ainsi que nous allons le prouver.

Le système du gouvernement de la compagnie hollandoise est barbare & destructif : on sait que, pour s'approprier le commerce exclusif des épiceries, elle fait arracher les plants de celles des Moluques où elle n'a point d'établissemens; qu'elle se permet des cruautés & des violences pour arrêter la population de ces isles.

La compagnie angloise n'a pas encore eu le temps d'établir dans le Bengale un système aussi parfaitement destructif. Mais le plan de son gouvernement, malgré ce dernier acte, aura encore la même tendance. Le chef ou le premier commis d'une factorerie a souvent ordonné à un paysan de labourer un riche champ de pavots, & d'y semer du riz ou quelqu'autre grain. Le prétexte étoit de prévenir une disette ; mais la véritable raison étoit pour vendre plus cher une grande quantité d'opium qui lui restoit. Dans d'autres occasions, quand le maître facteur comptoit sur un profit extraordinaire par le débit de l'opium; il faisoit labourer un champ de riz ou d'autre grain, pour y mettre des pavots. Les serviteurs de la compagnie ont tenté plus d'une fois d'établir en leur faveur le monopole de quelques branches très-importantes; non-seulement du commerce étranger, mais du commerce intérieur du pays. Si on les eût laissé faire, il étoit impossible que dans un temps ou dans un autre, ils n'eussent entrepris de réduire la production dont ils auroient fait le monopole; je ne dis pas à la quantité qu'ils pouvoient en acheter, mais à celle qu'ils comptoient pouvoir vendre avec le profit qu'ils espéroient; & par ce moyen, dans le cours d'un siècle ou deux, la compagnie angloise seroit devenue aussi complettement destructive que la compagnie hollandoise.

Ce plan destructif est pourtant ce qu'il y a de plus contraire à l'intérêt de ces compagnies, envisagées comme souveraines des pays qu'elles ont conquis. Presque par-tout le revenu du souverain vient de celui du peuple; & plus le peuple a de revenu, plus le produit des terres & du travail est grand, plus il peut payer au souverain. Mais si tel est l'intérêt de chaque souverain, c'est particulièrement celui du souverain dont tout le revenu résulte presque entièrement de la rente des terres. Cette rente est toujours en proportion de la quantité & de la valeur du produit, & l'un & l'autre dépend de l'étendue du marché. La quantité répondra plus ou moins exactement à la consommation de ceux qui ont de quoi l'acheter, & le prix qu'ils en donneront fera toujours en proportion du nombre & de l'ardeur des concurrens qui veulent en avoir. En ce cas, il eſt donc de l'intérêt du fouverain d'ouvrir au produit de fon pays le marché le plus étendu, d'accorder la plus parfaite liberté au commerce, pour augmenter, autant qu'il eſt poſſible, le nombre & la concurrence des acheteurs, & par conféquent d'abolir tout monopole, & d'ôter toutes les entraves qui gênent le tranſport du produit domeſtique, d'une partie du pays à l'autre & fon exportation dans les pays étrangers, ou l'importation des marchandiſes de toute eſpèce contre leſquelles il peut être échangé. C'eſt ainſi qu'il doit naturellement augmenter la quantité & la valeur de ce produit, & conféquemment la part qui lui en revient, ou fon propre revenu.

Mais il paroît que des marchands ne font pas capables de fe regarder & d'agir comme fouverains, lors même qu'ils le font devenus. Ils regardent encore alors comme leur plus grande affaire le commerce ou le foin d'acheter pour revendre; &, par une étrange abfurdité, ils confidèrent le perſonnage ou le caractère de fouverain comme un ſimple acceſſoire à celui de marchand, comme quelque choſe qui doit lui être fubordonné, & qui doit fervir à leur faire acheter dans l'Inde à meilleur marché, & à vendre en Europe avec plus de profit. Ils tâchent, pour cet effet, d'écarter autant qu'ils peuvent tous les compétiteurs du marché des pays foumis à leur gouvernement, & de réduire ainſi au moins quelque partie du furabondant de ces mêmes pays à ce qu'il faut préciſément pour fournir ce qu'ils en demandent, ou ce qu'ils eſpèrent en vendre en Europe avec le profit qu'ils jugent raiſonnable. Leurs habitudes mercantiles les mènent ainſi preſque néceſſairement, quoique peut-être inſenſiblement, à préférer dans toutes les occaſions ordinaires le petit gain paſſager de monopoleur au grand & ſtable revenu de fouverain, & les conduiroient par degrés à traiter les pays ſujets à leur domination comme les Hollandois traitent les Moluques.

Mais ſi le génie de cette eſpèce de gouvernement eſt vicieux en ce qui concerne ſa direction, même en Europe, celui de ſon adminiſtration dans l'Inde l'eſt encore davantage. Cette adminiſtration eſt néceſſairement compoſée d'un conſeil de négocians, profeſſion ſans doute extrêmement reſpectable, mais qui ne porte avec elle dans aucun endroit du monde cette ſorte d'autorité qui en impoſe naturellement au peuple, & qui fait fe faire obéir ſans faire aucune violence. Un conſeil ainſi compoſé ne peut commander la ſoumiſſion que par la force qui l'accompagne, & ſon gouvernement eſt dès-lors militaire & deſpotique. Leur affaire propre eſt néanmoins d'agir en marchands, de vendre pour le compte de leurs

maîtres les marchandiſes d'Europe qui leur font confiées, & d'acheter en retour des marchandiſes de l'Inde pour être vendues en Europe; de vendre les unes le plus cher, & d'acheter les autres le meilleur marché poſſible, & d'exclure, autant qu'ils le peuvent, tous les rivaux du marché particulier où ils tiennent leur boutique. Le génie de l'adminiſtration, en ce qui concerne le commerce de la compagnie, eſt donc le même que celui de la direction. Il tend à faire ſervir le gouvernement à l'intérêt du monopole, & à réduire au moins certaines parties du furabondant du pays à ce qu'il faut pour ſatisfaire à la demande de la compagnie.

D'ailleurs tous les membres de l'adminiſtration commercent plus ou moins pour leur propre compte, & on leur défend en vain de le faire. Il n'eſt pas raiſonnable d'eſpérer que les commis d'un grand comptoir à trois ou quatre mille lieues de diſtance, & preſque hors de la vue de leurs commettans, aillent renoncer, ſur un ſimple ordre de leurs maîtres, à toute affaire pour leur propre compte, & à toute eſpérance d'une fortune dont les moyens font entre leurs mains, ni qu'ils fe contentent des appointemens modérés qu'on leur donne, & qui, tout modérés qu'ils font, ne peuvent guère les augmenter, parce qu'ils font auſſi forts que le permettent les profits réels de la compagnie. Leur interdire cette liberté, c'eſt porter une loi qui ne peut guère avoir d'autre effet que celui de fournir aux employés ſupérieurs un prétexte pour opprimer ceux de leurs inférieurs qui ont le malheur de leur déplaire. Ceux qui ſervent la compagnie tâchent naturellement d'établir en faveur de leur commerce particulier le même monopole qui exiſte pour le commerce de leurs commettans. Si on les laiſſoit faire à leur gré, ils l'établiroient ouvertement & directement, en défendant à tout le monde de faire le commerce des articles qu'ils ont choiſis pour le leur; & cette méthode franche ſeroit peut-être la meilleure & la moins oppreſſive. Mais s'ils reçoivent des ordres contraires de l'Europe, ils chercheront à l'établir ſecrettement & indirectement, c'eſt-à-dire, de la manière la plus ruineuſe pour le pays. Ils employeront l'autorité du gouvernement, & pervertiront l'adminiſtration de la juſtice, pour tourmenter & ruiner ceux qu'ils trouveront ſur leur chemin dans quelque branche de commerce qu'ils ſe feront approprié, & qu'ils feront par des agens cachés, ou du moins qui ne feront pas avoués. Or, le commerce particulier des commis s'étendra à une plus grande variété d'articles que le commerce public de la compagnie. Celui-ci n'embraſſe que le commerce avec l'Europe, & une partie du commerce étranger du pays; mais celui des commis s'étend à toutes les branches du commerce intérieur & extérieur. Le monopole de la compagnie peut tendre uniquement à empêcher la production de cette partie du furabondant qu'on exporteroit en Europe, si le commerce étoit libre; celui de ses agens, tend à mettre des bornes à la production naturelle de tous les objets dont ils trafiquent, de ce qui est destiné pour la consommation intérieure, aussi bien que de ce qui est destiné pour l'exportation; à dégrader la culture de tout le pays, & à le dépeupler : il tend à réduire la quantité de toutes sortes de produit, même celle des choses nécessaires à la vie; s'il plaît aux commis d'en faire commerce; il tend à la réduire à ce qu'ils peuvent en acheter, & à ce qu'ils comptent en vendre avec les bénéfices qu'ils veulent en tirer.

Par la nature de leur situation, les commis doivent être aussi plus disposés à soutenir, avec une sévérité rigoureuse, leur propre intérêt contre celui du pays qu'ils gouvernent, que leurs maîtres ne peuvent l'être à soutenir les leurs. Le pays appartient à leurs maîtres, & des maîtres ne peuvent guère s'empêcher d'avoir quelqu'égard à l'intérêt de ce qui leur appartient. Mais il n'appartient pas aux commis. L'intérêt réel de leurs maîtres, s'ils étoient capables de l'entendre, est le même que celui du pays, & c'est seulement par ignorance & par la bassesse des préjugés mercantiles qu'ils viennent à l'opprimer. Mais l'intérêt réel des commis n'est point du tout le même que celui du pays, & quand ils le seroient parfaitement instruits, ils n'en seroient pas moins oppresseurs. Aussi les réglemens d'Europe, quoique souvent foibles, ont été en général dictés par de bonnes intentions. Il a paru quelquefois plus d'intelligence, & peut-être moins de bonne volonté, dans ceux qu'ont établi les commis. C'est un gouvernement bien singulier que celui où il tarde à chaque membre de l'administration de quitter le pays, & de n'avoir plus rien à faire avec le gouvernement, & où chaque membre, du moment qu'il en est dehors avec toute sa fortune, devient aussi indifférent à tout ce qui s'y passe, que si le pays avoit été englouti par un tremblement de terre.

Nous blâmons ici le système du gouvernement, la situation des employés, & non leur caractère. Ils ont agi selon la direction naturelle de leur position, & ceux qui ont crié le plus haut n'auroient peut-être pas mieux fait qu'eux. Dans la guerre & les négociations, les conseils de *Madras* & de *Calcuta* se sont conduits en plusieurs occasions avec une fermeté & une sagesse qui auroient fait honneur au sénat de Rome dans les plus beaux temps de la république. Cependant les membres de ces conseils ont été élevés dans des professions bien différentes de celles de la guerre & de la politique. Leur position seule, sans éducation, sans expérience, ou même sans exemple, semble avoir formé tout-à-coup en eux les grandes qualités qu'elle exigeoit, & leur avoir inspiré les talens & les vertus, dont le germe leur étoit

caché à eux-mêmes. Si donc elle les a élevés, dans certaines occasions, à des actions de magnanimité qu'on ne pouvoit guère en attendre, il ne faut pas s'étonner que, dans d'autres, elle les ait poussés à des exploits d'une nature un peu différente.

Ces sortes de compagnies sont préjudiciables à tous égards. Elles nuisent plus ou moins aux pays où elles sont établies, & sont destructives pour ceux qui ont le malheur de tomber sous leur gouvernement.

La nation angloise s'appropriera tôt ou tard les possessions territoriales de la compagnie : il est sûr qu'alors les peuples de l'Inde seront mieux gouvernés, & que la Grande-Bretagne tirera plus de fruit de ses domaines asiatiques.

Si on examine, en effet, l'état actuel de la compagnie angloise, on sera étonné du peu de bénéfices de ses immenses domaines.

Les calculs sur la population de ces domaines varient, & nous n'avons pu nous former encore un résultat fixe. On l'évalue à 15 & 20 millions; & dans des pamphlets ou des discours prononcés au parlement, on l'a porté quelquefois à trente millions : cette dernière quantité est sans doute exagérée, lors même qu'on y comprendroit la population de la nababie d'Arcate, du pays de Tanjaour, de la nababie d'Oude, & de toutes les contrées de l'Inde où les anglois dominent par leurs troupes ou par leur influence. Son gouvernement est vexatoire & tyrannique : il a jusqu'ici imposé des tributs trop considérables, sans se souvenir qu'avec ce système on augmente le produit de l'année actuelle pour diminuer celui de l'année suivante : mais les guerres sont utiles aux employés & à l'administration qui se trouve dans l'Inde : il est de leur intérêt d'exciter des troubles, des révoltes, des révolutions & des détrônemens; & ces opérations funestes & odieuses à tant d'autres égards, sont funestes au trésor de la compagnie.

La compagnie des Indes fit remettre en 1786 l'état suivant sur le bureau de la chambre des communes.

L'état de la dette de la compagnie des Indes orientales, pour laquelle cette compagnie a pris des engagemens aux présidences respectives du fort William, du fort Saint-George & de Bombay. Le voici;

Au fort William, le 30 juin 1785.

Principal de la dette en roupies courantes . . .	16,150,025	
Intérêt d'icelui jusqu'à ce jour . . .	976,168	
Roupies courantes valant 2 s. 3 d	17,126,293	1,926,707

Au

De l'autre part....

Au fort Saint-George, le
30 décembre 1784.

Principal en pagodes...   1,377,960
Intérêt.............   76,742
La pagode valant environ
8 shellings.......... 1,454,702 font 581,882

A Bombay , le premier
novembre 1784.

Principal & intérêts en
roupies valant 2 f. 6 d. 21,211,158   2,651,395

TOTAL................   5,159,991

Nous ne dirons pas avec le parti de l'opposition que les revenus de la compagnie , loin d'excéder fa dépense, étoient insuffisans ; & qu'au
lieu d'avoir, ainfi qu'elle l'avoit fait efpérer , un
furplus d'un million fterling pour payer fa dette,
alors de 9,000,000 liv. fterling , il fe trouvoit
dans fa balance un déficit de plus d'un million.
M. Haftings affure que le revenu des poffeffions
territoriales de la compagnie. eft d'environ fix millions fterling.

M. Smith , l'un des directeurs de cette
compagnie , donna des détails très - circonftan-
ciés fur la fituation des affaires de la compagnie.
Il dit que le produit de fes ventes s'étoit élevé
en 1784 à 3,300,000 liv. fterling , & qu'il avoit
tout lieu de préfumer que le produit moyen de
plufieurs ventes confécutives ne tomberoit jamais
au-deffous de cette proportion , que la compagnie , loin de fe trouver dans une fituation défaftreufe en Angleterre , feroit non-feulement en
état d'acquitter , fans délai , les arrérages dus à la
douane depuis le mois de feptembre , & qui fe
montoient à 600,000 liv. , mais aufli d'acquitter
les arrérages précédens, évalués à 500,000 liv.

Il dit que la préfidence de Bombay avoit befoin alors d'un fecours annuel de 140,000 liv. ;
car il s'en falloit de cette fomme que fes revenus
fuffent proportionnés à fes dépenfes ; que fi de
plus on faifoit entrer en ligne. de compte l'intérêt de fes dettes & les arrérages dûs à l'armée
du fud , le déficit de fes revenus fe monteroit en
tout à 380,000 liv. Les revenus du fort Saint-
George , y comprife la fomme payée annuellement par le nabab d'Arcate , s'élevoient à un
million. Cette fomme fuffifoit à cet établiffement, non-feulement pour faire face à fes dépenfes, mais aufli pour payer l'intérêt d'une dette
de 400,000 liv. Cette préfidence n'avoit donc
befoin d'aucun fecours. Il peignit enfuite la fi-

tuation de la province de Bengale , d'après les
documens les plus authentiques.

Ses revenus s'élevoient à ... 5,450,000 liv.
Ses dépenfes annuelles à ... 4,300,000

Surplus   1,150,000

Mais il ajouta qu'il falloit fouftraire de cette
dernière fomme l'intérêt de la dette fondée du
Bengale & le montant des fecours pécuniaires que
cet établiffement fourniffoit tous les ans à celui
de Bombay. Ces deux objets réduifoient le furplus à environ 530,000 livres , lefquelles étoient
employées à l'achat des cargaifons de retour. Il
fit mention des diverfes économies projettées à
l'égard du Bengale. La cour des directeurs avoit
envoyé des ordres pofitifs , par l'effet defquelles
les dépenfes de l'adminiftration civile feroient diminuées de 27 lacques , & celles des autres départemens de 25 lacques de roupies. Ces dépenfes
de l'établiffement militaire devoient également fubir
une réduction évaluée à 90,000 liv. Tous ces
objets ajoutés au furplus énoncé ci-deffus, formoient un total de 1,300,000 liv.

Ainfi, felon les hommes les plus portés à exagérer la valeur des domaines de la compagnie,
l'établiffement de Bombay coûtoit quelque chofe
en 1785 ; celui de Madrafs ne rapportoit rien ,
& les revenus de celui du Bengale étoient affez
modiques.

M. Dundas a donné à la chambre des communes , au mois de mai 1787 , un état des dettes
& des revenus de la compagnie des Indes dans
le Bengale , qui annonce une fituation favorable ; mais quoique ce miniftre ait voté , ainfi que
M. Pitt , pour l'accufation de M. Haftings ; on
eft perfuadé qu'ils le trouvent peu coupable , &
que ne craignant pas de le voir condamné , ils
ont voulu effrayer par un grand exemple , &
fuivre ici l'oppofition : d'après ce ftratagême ,
il paroît qu'après s'être déclarés en apparence
contre l'ancien gouverneur du Bengale , ils ont
voulu le fervir d'une manière décifive ; & en
offrant au public la profpérité de la compagnie
au Bengale , montrer les importans fervices de
M. Haftings , & faire tomber fon procès à la
chambre des pairs. Il y a lieu de croire qu'on n'a
communiqué des dépêches du lord Cornwallis ,
que la partie favorable à ce plan , & qu'on ne
dit rien des dettes & des revenus des établiffemens de Bombay & de Madrafs , foumis au gouvernement de M. Haftings , & dont la pofition
n'eft pas aufli heureufe : quoi qu'il en foit ,
M. Dundas a dit au parlement , au mois de mai
1787 :

« Les dettes de la compagnie des Indes dans
» le Bengale , montent en tout à 9 millions fterl.
» fur lefquels fe trouve un million de déduc-

C c

» tions effectuées ou très-prochaines. Total de la
» dette effective dans l'Inde, 8 millions sterl. ».
« En prenant, ajouta M. Dundas, le terme moyen
» des comptes des années 1781, 82 & 83, les
» revenus annuels du Bengale sont de 5 millions
» sterlings. Mais les années 1784, 85 & 86,
» dont nous n'avons pas encore les états, ont
» été un peu plus foibles, au rapport du lord
» Cornwallis : ainsi je ne porte ce revenu annuel
» du Bengale qu'à 4 millions sterl. ».

M. Dundas détailla ensuite les dépenses générales & particulières du Bengale, de l'armée, de la marine, des frais de perception, de l'établissement civil, &c. &c. d'où il résulte que la recette excédoit la dépense de 185 lacks de roupies, ou d'un million huit cents cinquante mille livres sterlings (1). Bombay & Madrass exigent une remise annuelle qu'on peut évaluer à 35 lacks; ce qui réduit le revenu libre à 150 lack, soit . . . . 1,5000,000 l. st.

M. Dundas évaluant ensuite la dette de la compagnie en Angleterre, la porte à 8 millions sterl., y compris son fonds capital. Il estime les produits de ses ventes de 1787, 1788 & 1789, sur lesquels, en déduisant 2,102,100 liv. sterl. pour le fret, droits de douane, &c. il doit rester pour ces trois ans le montant de 5,451,900 liv. sterl.

Et résumant ces différents tableaux, il estime les bénéfices annuels & nets de la compagnie aux sommes suivantes :

Commerce des Indes	1,712,000 l. st.
Dit de la Chine	1,800,000
Surplus dans le revenu du Bengale, 150 lacks, soit	1,500,000
Total	**5,012,000**

« Ce commerce, quoiqu'avantageux, ajoutoit M. Dundas, peut le devenir bien davantage. Le surplus de 150 lacks de roupies que l'on aura dans le Bengale, procurera un commerce immense sur les lieux. La compagnie ne sera plus obligée de faire sortir de l'Angleterre, tous les ans, la somme de 300,000 liv. sterl. pour ce commerce. Cet avantage est inappréciable, & personne n'avoit auparavant le droit de s'y attendre ».

Il dit de plus « que la compagnie pouvoit s'ouvrir une nouvelle source de revenu, en améliorant le commerce de la côte, c'est-à-dire, en exportant des marchandises de l'Angleterre dans les parties occidentales de l'Inde. Le lord Corn-

wallis paroissoit douter que cette branche de commerce pût devenir d'une importance assez grande pour la nation, pour mériter d'être entamée. Quant à lui, il étoit d'autant plus convaincu des avantages qu'elle procureroit, que M. Scott, négociant respectable, qui avoit amassé une très-grande fortune, en commerçant sur la côte occidentale de l'Inde, lui avoit assuré que la première année on pouvoit faire un profit de 300 mille livres sterlings; la seconde de 500,000, & la troisième de 700,000; & pour prouver que ce projet n'étoit point chimérique, il avoit voulu s'engager à payer la somme de 500,000 liv. sterl. à la compagnie, si elle vouloit lui accorder le monopole de ce commerce. La compagnie avoit refusé d'accéder à cette offre, & en cela elle avoit agi sagement. Il étoit possible qu'elle réalisât par là 700,000 l. st. de plus annuellement, sans compter les profits qu'elle pourroit faire sur les cotons, &c. qu'elle importeroit. La côte occidentale de l'Inde deviendroit alors une mine précieuse pour la compagnie : M. Dundas laissa même entrevoir qu'on avoit signé des instructions pour mettre une partie de ce projet en exécution.

M. Dundas exposa diverses réductions sur les dépenses qui avoient été arrêtées, & il conclut que le revenu net du Bengale s'éleveroit à deux crores, ou deux millions sterlings. On pense bien que l'opposition contesta ces calculs; mais elle est si inexacte & si peu véridique : entraînée par l'esprit de parti, elle dit hardiment un si grand nombre de faussetés & de sottises, que, sans croire tout-à-fait à l'exposé de M. Dundas, nous ne pouvons le prendre pour garant.

Au reste, tout ce qui regarde les revenus territoriaux du Bengale, est encore bien incertain. Les revenus de la compagnie des Indes sont dit-on, de 5 à 6 millions sterlings, & cette évaluation mérite quelques remarques : on a assuré en Angleterre que le revenu territorial du Bengale n'a pas encore rendu un million : ce million dit un écrivain, se triple par le commerce, il est vrai; & comme c'est le Bengale qui est la source des avantages que retire la compagnie de ses échanges, on le regarde avec raison comme la source des richesses de la compagnie : le riz & les salines du Bengale fournissent un revenu qui augmente tous les jours : la côte de Coromandel est nourrie par les vaisseaux que ce gouvernement expédie; l'isle de Sumatra est dans le même cas, & prend en échange, de ses poivres, cafés, &c. non-seulement du riz, mais des toiles bleues que la compagnie tire du Coromandel pour les riz qu'elle y envoie. La plus grande

___

(1) Nous suivons ici l'estimation de M. Dundas, qui évalue le lack de roupies à 10,000 liv. sterl. Il vaut souvent davantage, suivant le change de la roupie. Cent lacks font un crore, ou un million sterling.

partie du poivre de Sumatra va & reste à la Chine, & sert à payer presque tous les thés, porcelaines & soies crues que rapportent les vaisseaux anglois. Il est probable, de cette manière, qu'y compris les pillages particuliers, les revenus du Bengale & les profits qu'ils occasionnent aux commerçans, approchent de cinq millions sterlings; mais c'est le produit du commerce, & non celui des possessions territoriales: nous rapportons ces critiques sans les adopter.

SECTION III.

Détails sur l'établissement de Madrass.

L'établissement de *Madrass* comprend plusieurs établissemens formés par les anglois sur la côte de Coromandel: il comprend aussi les pays, tels que le Tanjaour & la partie de la nababie d'Arcate, où, sans avoir d'établissemens proprement dits, ils ont des troupes & de l'influence.

Les détails dans lesquels nous allons entrer, ne peuvent être d'une exactitude rigoureuse. Les révolutions continuelles de ces gouvernemens de l'Inde se succedent d'un jour à l'autre: les sommes qu'y dépensent ou qu'en tirent les anglois, varient également, d'après des conventions ou des traités dont la mobilité est perpétuelle.

Dans un ouvrage de la nature de celui-ci, on ne peut demander que des principes fixes & invariables; quant aux faits, & sur-tout aux états de finances, toujours si suspects, nous croyons devoir les présenter tels que nous les recueillons; c'est aux administrateurs & aux politiques à calculer l'erreur plus ou moins grande qui s'y trouve: il est bon même de les rapporter différemment, selon les diverses époques, & selon les informations plus ou moins sûres de ceux qui les publient.

Si on examine les établissemens des anglois sur la côte de Coromandel, Divicoté se présente le premier. Ce fut le colonel Lawrence qui s'en empara en 1749. Des confédérations politiques déterminèrent le rajah de Tanjaour à céder ce qu'on lui avoit pris, & à y ajouter un territoire de trois milles de circonférence. La place passa en 1758 sous la domination françoise; mais pour rentrer bientôt après, sans fortifications, sous le joug des premiers conquérans. Ils se flattoient d'en faire un poste important. C'étoit une opinion assez généralement reçue que le Colram, qui baigne ses murs, pouvoit être mis en état de recevoir de grands vaisseaux. La côte de Coromandel n'auroit plus été sans port; & la puissance en possession de la seule rade qui s'y seroit trouvée, auroit eu un puissant moyen de guerre & de commerce dont auroient été privées les nations rivales. Il faut que des obstacles imprévus aient rendu le projet impraticable, puisque ce poste fut abandonné & remis, ces années dernières, à un fermier pour

une redevance de 45 à 50,000 liv. *Voyez* aussi l'article TANJAOUR.

Les anglois acheterent en 1686 Goudelour, avec un territoire de huit milles le long de la côte, & de quatre milles dans l'intérieur des terres. Cette acquisition, qu'ils avoient obtenue d'un prince indien pour la somme de 741,500 liv., leur fut assurée par les mogols, qui s'emparerent du Carnate peu de temps après. Faisant bientôt réflexion que la place qu'ils avoient trouvée toute établie, étoit à plus d'un mille de la mer, & qu'on pouvoit lui couper les secours qui lui seroient destinés, ils bâtirent à une portée de canon la forteresse de Saint-David, à l'entrée d'une rivière & sur le bord de l'Océan indien. Il s'éleva dans la suite trois aldées, qui avec la ville & la forteresse forment une population de soixante mille ames. Nous ignorons si le nombre des aldées a augmenté depuis. Leur occupation est de teindre en bleu, ou de peindre les toiles qui viennent de l'intérieur des terres, & de fabriquer pour quinze cents mille francs des plus beaux bassins de l'univers. Le ravage que les françois porterent en 1758 dans cet établissement, & la destruction de ses fortifications, ne lui firent qu'un mal passager. Son activité paroît même augmentée, quoiqu'on n'ait pas rebâti Saint-David; & qu'on se soit contenté de mettre Goudelour en état de faire une médiocre résistance. Un revenu de 144,000 liv. couvre, il n'y a pas long temps, tous les frais que pouvoit occasionner cette colonie. Mazulipatam présente des utilités d'un autre genre.

Cette ville, située à l'embouchure du Krisna, sert de port aux provinces qui formoient autrefois le royaume de Golconde; & à d'autres contrées avec qui elle entretient un commerce facile par de très-beaux chemins & par la rivière. C'étoit anciennement le marché le plus actif, le plus peuplé, le plus riche de l'Indostan. Les grands établissemens que formèrent successivement les européens sur la côte de Coromandel, lui firent beaucoup perdre de son importance. Il parut possible aux françois de lui redonner quelque chose de son premier éclat, & ils s'en rendirent les maîtres en 1750. Neuf ans après, elle passa de leurs mains dans celles de l'Angleterre, qui en est encore en possession.

Ces derniers souverains n'ont pas réussi & ne réussiront jamais à rendre Mazulipatam ce qu'il étoit très-anciennement; mais leurs efforts n'ont pas été tout-à-fait perdus. Comme les plantes qui servent à la teinture des toiles, sont plus abondantes & de meilleure qualité sur son territoire que par-tout ailleurs, on est parvenu à ressusciter quelques manufactures & à en étendre d'autres. Cependant cette acquisition sera toujours moins utile aux anglois par les marchandises qu'ils y acheteront, que par celles qu'ils y pourront vendre. De temps immémorial, les peuples de l'intérieur venoient en caravanes fe pourvoir de fel fur cette côte. Ils y accourent aujourd'hui de plus loin & en plus grand nombre que jamais, & emportent avec cette denrée d'abfolue néceffité, beaucoup de lainages, beaucoup d'autres ouvrages de l'induftrie européenne. Ce mouvement qui a procuré aux douanes une augmentation confidérable, croîtra néceffairement, à moins qu'il ne foit arrêté par quelqu'une de ces révolutions qui changent fi fouvent & fi cruellement la face de cette riche partie du globe.

Durant les négociations du traité de paix de 1783, on demandoit à l'Angleterre de céder Negapatnam à la Hollande : elle n'a pas voulu y confentir. Cette place, par fa pofition avantageufe, coupe toute communication entre les hollandois & les indiens, & met les employés de la compagnie à portée d'épier toutes les négociations & les mefures qui pourroient être contraires aux intérêts de la Grande-Bretagne. Negapatnam fait d'ailleurs un commerce intérieur très riche fur les deux rivières qui baignent fes murs, & cette place commande le pays de Tanjaour, ainfi que les poffeffions du nabab d'Arcate, qui doivent être furveillées de près, tant que l'Angleterre voudra avoir des poffeffions territoriales dans l'Inde.

La Grande-Bretagne poffède de plus fur la côte de Coromandel les provinces de Condavir, de Moutafanagar, d'Elour, de Ragimendri & de Chicakol, qui s'étendent fix cents milles fur la mer, & qui s'enfoncent depuis trente jufqu'à quatre-vingt dix milles dans les terres. Les françois qui fe les étoient fait céder durant leur courte profpérité, les perdirent à l'époque de leurs imprudences & de leurs malheurs. Elles redevinrent, mais pour peu de temps, une portion de la foubabie du Décan, dont on les avoit comme arrachées. En 1766, il fallut les céder aux anglois, dont l'infatiable ambition étoit foutenue par des intrigues adroitement conduites & par des forces redoutables. On refpeéta les colonies que les nations rivales avoient formées dans ce grand efpace : mais Wizagapatam & les autres comptoirs du peuple dominateur reçurent une activité nouvelle, & on en augmenta le nombre. Le pays fortit un peu de l'état d'anarchie où une foule de petits tyrans le tenoient plongé. Il donnoit, il n'y a pas long-temps, 9,000,000 de livres de revenu, dont on ne rendoit que deux millions 25,000 liv. au prince indien qui en a été dépouillé. Ses exportations avoient pris beaucoup d'accroiffemens.

La maffe du travail y augmente à mefure que les zémindars, qui n'étoient originairement que des fermiers, font dépouillés de l'autorité abfolue qu'ils avoient ufurpée durant les troubles de leur patrie ; à mefure qu'on les réduit à l'impoffibilité de fe faire mutuellement la guerre ; à mefure que les diftriéts foumis à leur jurifdiéction

fouffrent moins de leurs vexations. Les profpérités feroient plus rapides & plus éclatantes, fi le gouvernement anglois vouloit préferver des inondations du Krifna & du Guadaveri un territoire immenfe qu'ils couvrent fix mois de l'année, fi ces eaux étoient fagement diftribuées pour l'arrofement des campagnes, fi ces deux fleuves étoient joints par un canal de navigation. Les anciens indiens eurent l'idée de ces travaux. Peut-être même furent-ils commencés. Les gens éclairés les jugent au moins peu difpendieux & très-praticables.

Mais combien feroit vain l'efpoir de cette amélioration ! On ne craindra pas d'être accufé d'injuftice en foupçonnant que la compagnie s'occupe bien davantage de l'acquifition de l'Orixa, province qui s'étend fur les bords de la mer, depuis fes poffeffions de Golconde jufqu'aux rives du Gange, qui lui font également foumifes.

Avant 1736, cette contrée faifoit partie du Bengale. A cette époque, les marattes s'en emparèrent, & ils en font encore les maîtres. Ils refpeétèrent les comptoirs européens, & s'établirent dans l'intérieur des terres. C'eft Naagapour qui eft leur capitale. Quarante mille chevaux compofent leurs forces militaires. Leurs peuples s'occupent fpécialement à filer du coton qu'ils vont vendre fur la côte. Un fi grand démembrement du riche empire qu'ils ont conquis dans cette partie du globe, déplaît aux anglois, & leur ambition eft de l'y rejoindre.

Quoi qu'il en foit, les marchandifes achetées ou fabriquées dans les établiffemens formés par cette nation entre le cap Comorin & le Gange, furent réunis à *Madrafs*, Mais on fçait que la côte d'Orixa a été réunie derniérement à l'établiffement du Bengale.

Madrafs fût bâti, il y a plus d'un fiècle, par Guillaume Langhorne, dans le pays d'Arcate & fur le bord de la mer. Comme il la plaça dans un terrein fablonneux, tout-à-fait aride & entiérement privé d'eau potable, qu'il faut aller puifer à plus d'un mille, on chercha les raifons qui pouvoient l'avoir déterminé à ce mauvais choix. Ses amis prétendirent qu'il avoit efpéré, ce qui eft en effet arrivé, d'attirer à lui tout le commerce de Saint-Thomé ; & fes ennemis l'accuférent de n'avoir pas voulu s'éloigner d'une maîtreffe qu'il avoit dans cette colonie portugaife.

Madrafs eft divifé en ville blanche & en ville noire. La première, plus connue en Europe fous le nom de *fort Saint-George*, n'eft habitée que par les anglois. Elle n'eut pendant long-temps que peu & de mauvaifes fortifications : mais on y a ajouté depuis peu des ouvrages confidérables. La ville noire, autrefois entiérement ouverte, a été après 1767 entourée d'une bonne muraille & d'un large foffé rempli d'eau. Cette précaution & la ruine de Pondichéri y ont réuni trois cents mille hommes, juifs, arméniens, maures ou indiens.

A un mille de ce grand établissement est Chepauk, où la cour du nabab d'Arcate a été fixée depuis 1769.

Le territoire de *Madras* n'étoit rien anciennement. Il s'étend actuellement cinquante milles à l'ouest, cinquante milles au nord, & cinquante milles au sud. On voit sur ce vaste espace, des manufactures considérables qui augmentent chaque jour, des cultures assez variées qui deviennent de jour en jour plus florissantes. Ces travaux occupent cent mille ames.

Ces concessions furent le prix du plan que les anglois avoient formé de donner le Carnate à Mehmet-Ali-Kan, des combats qu'ils avoient livrés pour le maintenir dans le poste où ils l'avoient élevé, du bonheur qu'ils avoient eu de détruire la puissance françoise, toujours disposée à renverser leur ouvrage.

L'heureux nabab ne tarda pas à recueillir le fruit de sa reconnoissance. Pour leur intérêt & pour le sien, ses protecteurs entreprirent de reculer les bornes de son autorité & de ses états. Avant que le gouvernement mogol eût dégénéré en anarchie, plusieurs princes indiens, plusieurs princes maures devoient faire passer leurs tributs au Carnate, qui lui-même devoit les verser dans le trésor de l'empire. Depuis que tous les ressorts s'étoient relâchés, cette double obligation n'étoit plus remplie. Les anglois affermirent l'indépendance du pays qu'ils regardoient comme leur appanage: mais ils voulurent que les provinces qui lui avoient été subordonnées, rentrassent dans leurs premiers liens. Les plus foibles obéirent. D'autres plus puissantes oserent résister. Elles furent asservies.

Ces moyens réunis ont formé à Mehmet-Ali-Kan une domination très étendue & un revenu qu'on évaluoit les années dernieres à 31,500,000 l. Il ne cédoit de cette somme que 9,000,000 liv. aux anglois, chargés de la défense de ses forteresses & de ses états; de sorte qu'il lui restoit 22,500,000 l. pour ses dépenses personnelles & pour son gouvernement civil. Mais la derniere invasion d'Ayder-Aly a pu diminuer le revenu & augmenter la redevance aux anglois.

Après la paix de 1763, la compagnie angloise avoit sur la côte de Coromandel des possessions précieuses, dix-huit mille cipayes bien disciplinés & trois mille cinq cents hommes de troupes blanches. Elle disposoit librement de toutes les forces du Carnate. La seule nation européenne qui auroit pu lui donner de l'ombrage, étoit écrasée. La jouissance paisible de tant d'avantages lui paroissoit assurée, lorsqu'en 1767 elle se vit attaquée par Hyder-Ali-Kan, soldat de fortune, qui, après avoir appris de nous l'art militaire, avoit fait de grandes conquêtes, & s'étoit rendu maître du Maissour. Cet aventurier hardi

& actif, à la tête de la meilleure armée qu'eût jamais commandée un général indien, entra fiérement dans les contrées que la valeur britannique étoit chargée de défendre. La guerre se tourna en ruses, comme le vouloit ce génie artificieux. L'expérience lui ayant appris à redouter l'infanterie & l'artillerie destinées à le combattre, il se refusa le plus qu'il lui fut possible à des actions régulieres, & se contenta de rôder autour de son ennemi, de le harceler, d'enlever ses fourrageurs, de lui couper les vivres, tandis que sa cavalerie ravageoit les campagnes, pilloit les provinces, portoit la désolation jusqu'aux portes de *Madras*. Ces calamités firent desirer aux anglois un accommodement, & ils réussirent à l'obtenir après deux ans d'une guerre destructive & peu honorable. Nous en avons parlé à l'article ARCATE.

Depuis cette époque, la compagnie a eu pour principe d'empêcher qu'Hyder-Aly-Kan, les marates & le souba du Décan, les trois principales puissances de la péninsule, ne fissent des conquêtes ou ne formassent entr'elles une union étroite. Elle n'a pu empêcher Ayder-Aly d'augmenter ses possessions pendant la derniere guerre; mais Ayder-Aly est mort, & elle réussira peut-être mieux à contenir Tippo-Saïb, son fils & son successeur. Tant que cette politique lui réussira, elle conservera sa prépondérance sur la côte de Coromandel.

Voyez les articles ARCATE, TANJAOUR, MAISSOUR, BOMBAY, BENGALE, INDOSTAN, PONDICHERY, &c. &c.

MADURE, petit royaume ou petite contrée de l'Inde, qui dépendoit jadis de la nababie d'Arcate. *Voyez* l'article ARCATE & l'article MAISSOUR.

MAGDEBOURG, duché de l'Allemagne, appartenant au roi de Prusse, mais dans lequel la maison de Hesse-Hombourg possède deux bailliages. Ce duché est entouré de la marche de Brandebourg, des principautés de Lunebourg, de Wolfenbüttel, de Halberstadt & d'Anhalt, du comté de Mansfeld, & de l'électorat de Saxe. Les cercles de la Saale & de Luckenvalde, sont bornés par les pays circulaires de la haute Saxe, & entiérement séparés des autres cercles de ce duché.

Sol. La plus grande partie du territoire forme une plaine. Le district Holzkreis, qu'on nomme aussi Bœrde, & le cercle de la Saale sont extrêmement fertiles en grains, & l'on y élève une grande quantité de bestiaux. Tous les autres sont sabloneux ou marécageux, & chargés de bois.

Population. En 1703, on trouva dans ce duché 29 villes, 6 bourgs & 431 villages, non compris les lieux situés dans le comté de Mansfeld; d'après le dénombrement de 1765, il contient 238,000 habitans, 110,000 demeurant dans les villes.

En 1783, on y comptoit 863 villes, bourgs & villages, 45,145 feux, & une population de

249,595 ames. Le prince Ferdinand de Pruſſe y poſſède 33 villages qui renferment 6083 habitans, & les comtes de Schulembourg y ſont ſeigneurs de 31 villages, dont la population monte à 8205 perſonnes.

Sa ſurface eſt de 84 milles carrés, ce qui donne un peu plus de 2,971 perſonnes ſur un mille.

Etats. Les états ſont compoſés de prélats, parmi leſquels le grand chapitre tient le premier rang; de la nobleſſe & des villes. Leurs députés ſe diviſoient autrefois en petit & grand comités, qui s'aſſembloient ſouvent, de même que les états en général, lorſqu'il s'agiſſoit d'affaires importantes qui intéreſſoient tout le pays; mais l'aſſemblée des états a ceſſé depuis que ce pays a paſſé ſous la puiſſance de la maiſon électorale de Brandebourg, comme duché ſéculier. Ces états avoient la caiſſe des revenus publics, & ils ne l'ont plus.

Religion & régime eccléſiaſtique. Le duché de *Magdebourg* embraſſa la doctrine de Luther, au ſeizième ſiècle, ſur-tout après que l'archevêque Sigiſmond & le grand chapitre ſe ſeroient déterminés à la profeſſer. Il n'y eut que cinq couvents qui demeurèrent attachés à la religion catholique : celui d'Ammenſleben, celui d'Alten-Haldenſleben, celui de Mayendorf, celui de Marienſtahl, près d'Egeln, & celui de Sainte-Agnès, ſitué dans la nouvelle ville de *Magdebourg* : à l'exception des membres de ces couvents, on ne permit à qui que ce ſoit de profeſſer une religion différente de la luthérienne; mais vers le milieu du dix-ſeptième ſiècle, lorſque ce pays eut ſubi le joug de la maiſon électorale de Brandebourg, on y admit une multitude de réformés & de réfugiés françois & palatins; on y admit auſſi des catholiques romains, auxquels le roi Frédéric Guillaume permit l'exercice privé de leur religion. Il y a dans la vieille ville de Magdebourg, ſix égliſes paroiſſiales, dont les prédicateurs ſont ſoumis à l'inſpection d'un prépoſé, qu'on nomme *ſenior*. Les 300 autres paroiſſes de ce duché, dont quelques-unes ſont compoſées de deux, & même de trois égliſes, relevent du dioceſe de Wolfsbourg, & de 17 autres inſpections, qui toutes ſont ſubordonnées à un ſurintendant général. Les réformés allemands y poſſèdent ſept égliſes, dirigées par onze prédicateurs; les françois, de leur côté, forment ſix différentes communautés; cinq d'entre elles ont dix prédicateurs, & la ſixième, établie à Galbe, eſt deſſervie par celui qui préſide à l'égliſe des réformés de la langue allemande. Tous ces prédicateurs en général, n'ont ni caſuel, ni droits d'étoles. Les juifs, établis à Halle, y ont une ſynagogue.

Manufacture. Les fabriques & les manufactures, qui ont le plus de réputation dans ce duché, ſont celles de draps, d'étoffes de laine, de bas, de toiles, de cuir & de parchemin. On y fait une grande quantité d'empois qu'on exporte; il en ſort auſſi beaucoup de farines & d'autres denrées du pays.

L'archevêché qui y étoit anciennement, venoit d'un couvent de bénédictins, que l'empereur Otton fonda à Magdebourg en 937, & qu'il érigea en archevêché en 967. Ce dioceſe fut formé de cette portion du pays ſituée entre l'Elbe, la rivière d'Ohra & celle de Bode, que Hilvard, évêque de Halberſtadt, démembra du ſien: on y ajouta enſuite le canton nommé *Fridérichſtraſſe*, ainſi que toutes les cures ou paroiſſes qui ſe trouvent entre le lac de ſalé Mansfeld, les rivières de Saal, de l'Unſtrat, de Helme, & le foſſé que l'on voit près de Walhauſen : on lui donna pour ſuffragants l'évêque de Mersbourg, celui de Nambourg, ceux de Havelberg, de Brandebourg, de Cammin & de Lebas. Un des archevêques de *Magdebourg* fut revêtu de la dignité de *primas in germania magna*; il jouit en cette qualité de privilèges conſidérables; de ceux de porter le *pallium*, de ſiéger entre les évêques-cardinaux, d'attacher à ſon égliſe, à l'inſtar de celle de Rome, 12 cardinaux-prêtres, 7 diacres & 24 ſous-diacres, & enfin de faire porter la croix devant lui. Adelbert fut le premier archevêque; mais ayant été ſécularisé lors du traité de paix de Weſtphalie, la maiſon électorale de Brandebourg en obtint l'expectative pour en jouir à titre de fief perpétuel, après le décès du duc Auguſte de Saxe, qui pour lors en étoit l'adminiſtrateur; d'après cette ceſſion qui tient lieu d'indemnité de la Poméranie antérieure, que cette même maiſon avoit abandonnée, elle ſe fit rendre foi & hommage, mais éventuellement; elle parvint à la jouiſſance effective de ce nouveau duché en 1680, époque de la mort du duc Auguſte.

Privilèges du duché de Magdebourg. Le roi de Pruſſe, comme duc de Magdebourg, a droit de ſéance & de ſuffrage dans le collège des princes entre l'électeur de Baviere & l'électeur palatin, ſous le titre de palatin de Lautern. Le duc de *Magdebourg* eſt prince convoquant, & il a le directoire; il eſt auſſi le premier état de la baſſe Saxe. La taxe matriculaire de ce duché eſt de 1300 florins par mois romain, ou, il fournit 43 cavaliers, montés & équipés, & 196 fantaſſins. Sa contribution pour l'entretien de la chambre impériale eſt de 343 rixdales, 40 kreutzers.

Forme d'adminiſtration. Le duché eſt gouverné par une régence provinciale particulière, qui, établie d'abord dans la ville de Halla fut transférée en 1714, à *Magdebourg*, ville capitale de tout le pays. Le haut chapitre n'a aucune part à l'adminiſtration publique. La chambre des domaines & de la guerre, ſubſtituée en 1723 à la caiſſe ſupérieure du ſubſide & du commiſſariat des guerres, ſe mêle de tout ce qui intéreſſe la finance, le domaine, &c. quelques-uns des conſeillers de cette chambre, réſident à Halla, en qualité de conseillers de députation. La ville de *Magdebourg* est en même-temps le siége de la direction des péages & de l'accise provincial. Le consistoire est composé d'un président, de plusieurs conseillers de la régence de la province, du surintendant général, & de quelques conseillers consistoriaux ecclésiastiques. Son pouvoir ne s'étend que sur les communautés luthériennes ; car les allemands, qui professent la religion réformée, dépendent du directoire supérieur ecclésiastique de la même communion ; & les françois, du consistoire supérieur de cette langue, établie à Berlin. Les autres colléges de la province, sont celui des pupilles, le criminel, & celui des médecins. La colonie des palatins qui se trouve à Magdebourg, est gouvernée par une commission particulière.

: *Impôts, revenus.* Les deniers royaux se versent en partie dans la caisse des revenus domaniaux, & en partie dans celle de la guerre & des subsides. Ceux de la première espèce proviennent du prix du quart du muire, qui appartient au au roi, dans les salines de Halle, & de quelques biens qui dépendent de cette sorte de fabrique ; des subsides perçus sur le sel, des impôts, des mines, des dîmes, des amendes, des droits imposés sur la navigation, de ceux sur les écluses, sur les péages par terre & par eau, & autres de cette espèce. Le produit de ces diverses contributions paye les appointemens des emplois dans le duché, il sert à la construction ou réparation des bâtimens royaux, des chemins publics, & à d'autres dépenses de pareille nature ; l'excédant, s'il y en a, passe à la caisse royale & générale du domaine. Les impôts qui entrent dans la caisse des subsides & de la guerre, sont les contributions & les subsides du plat pays ; les deniers perçus sous la domination des fourages, ceux qu'on paye pour l'entretien de la cavalerie, l'accise sur les denrées de consommation établie dans les villes, celle sur les gens de campagne, & les autres impôts de ce genre, dont le produit est employé à l'entretien des régimens qui se trouvent dans le pays. Des receveurs établis dans chaque cercle, auxquels ceux des petites villes & des villages sont tenus de remettre à l'échéance de chaque mois les deniers qu'ils ont touchés, font la perception ; ils sont soumis à l'inspection de sept conseillers de province, non comprise celle du comté de Mansfeld, qui président chacun dans le cercle qui lui est confié. M. Busching a vu un état des contributions en général, qu'a reçu le souverain pendant plusieurs années ; la recette excédoit la dépense de 80,000 rixdales, année commune. La chambre des finances a touché en 1755, une somme de 74,700 rixdales.

: *Division.* Le duché est divisé en quatre cercles, dont chacun contient des villes, des bailliages royaux, des biens appartenans à des abbayes ou prélatures, à des nobles immédiats qui ont droit de justice, & ne dépendent immédiate-

ment que de la régence. Il y a aussi des francs-fiefs qui ne sont que médiats, & qui, sujets en partie aux subsides, n'ont ni villages qui en fassent partie, ni droit de justice. *Voyez* l'article BRANDEBOURG, PRUSSE, & les autres articles des pays soumis à la domination du roi de Prusse.

MAHÉ, établissement françois à la côte du Malabar. *Voyez* les articles MALABAR & PONDICHERY.

MAIN-MORTE, MAIN-MORTABLES. Voyez la définition de ces deux mots dans le dictionnaire de Jurisprudence, qui a fait un long article sur cette matière.

Nous nous bornerons ici à quelques remarques utiles, qui ne se trouvent pas dans l'article dont nous venons de parler.

La *main-morte* affecte encore plus du tiers des villages de la Franche-Comté ; & même elle en affecte la moitié, si l'on compte d'autres paroisses soumises à une *main-morte* un peu adoucie. On sait que le nombre des *main-mortables* est considérable dans les autres provinces.

La servitude est abolie dans les domaines du roi depuis 1779. L'édit engage les seigneurs à imiter un si noble exemple ; mais la voix de l'intérêt est, dans cette occasion, plus puissante qu'on ne l'auroit cru.

Le même édit abolit le droit de suite, dans tout le royaume ; mais on élude cette loi.

Quelle est l'origine de la *main-morte* ? quelle a été son étendue ? quel est son état actuel ? L'affranchissement des *main-mortables* nuiroit-il aux intérêts des seigneurs ?

Les *main-mortables* ne sont que des taillables dégénérés, & les anciens taillables n'étoient en général que des letes ou des colons assujettis à un service militaire & à un cens.

La *main-morte* a commencé sous le gouvernement féodal ; & si le clergé acquit alors, s'il conserve plus de *main-mortables* que les seigneurs laïcs, il est aisé de dire pourquoi.

Lorsqu'elle commença, le clergé avoit des priviléges sans nombre. Le tribunal des évêques étoit le tribunal universel ; il n'étoit pas permis d'en appeller ; les juges se trouvoient obligés de conformer leurs décisions au témoignage d'un évêque : les évêques avoient le droit de punir les autres juges, & de réformer leurs jugemens : aux fêtes de Pâques, de Noël & de la Pentecôte, ils étoient maîtres de vuider toutes les prisons ; ils n'étoient justiciables des laïcs ni au civil, ni au criminel ; le souverain lui-même n'avoit pas le droit d'instruire leur procès, & le magistrat qui osoit connoître de leurs différends, étoit excommunié : il falloit soixante & douze témoins pour condamner un évêque, dont le témoignage seul déterminoit l'arrêt des juges laïcs : il falloit quarante-quatre témoins pour condamner un prêtre, & trente-six pour condamner un diacre. Les loix du souverain étoient confirmées par le clergé, & revêtues de la sanction des évêques. Ils ne tardèrent pas à citer un de nos rois à leur tribunal : ils le condamnèrent solemnellement, & ils prononcèrent ensuite avec la même solemnité sa sentence d'absolution. L'édit de Charles le Chauve avoit permis comme une grace de se mettre dans la servitude : on vit des hommes libres se précipiter volontairement dans la servitude, & sur-tout dans celle du clergé. M. Perreciot, qui a compulsé plus de six mille chartres, cite ces formules curieuses, par lesquelles des esprits foibles se mettoient dans la servitude d'un couvent, relevoient avec emphase la générosité & la noblesse de cette servitude, & parloient de la liberté avec mépris. Ceux qui se croyoient redevables de quelque chose à la protection d'un saint, s'empressoient de se déclarer *letes*, censables ou main-mortables des ecclésiastiques qui le servoient. Une foule de nobles & une reine de Pologne suivirent ce bel exemple. Le saint qui eut le plus de succès fut S. Martin, & des villes entières se qualifièrent du titre honorable d'esclaves de S. Martin.

A la mort d'un serf, on lui coupoit la main droite, & on la présentoit à son seigneur, lorsque le serf ne laissoit rien qu'on pût lui offrir. Quelques auteurs tirent de là l'étymologie de la *main-morte* ; M. Perreciot qui a écrit sur cette matière, croit qu'ils se trompent, & il dit avec plus de raison que *main-morte* vient de *manus mortua*, main qui ne peut transférer.

Dans ces temps de désordre & d'anarchie, les seigneurs accordoient leur protection ; ils donnoient le droit d'asyle dans leurs châteaux, à condition qu'on seroit *main-mortable*.

La Gaule qui avoit été ravagée par les barbares, offroit de tous côtés des terres en friche : des étrangers, & en particulier des habitans des forêts de la Germanie, des espagnols chassés par les maures, vinrent s'y établir : on leur imposa diverses conditions, & M. Perreciot fait voir les diverses métamorphoses de ces redevances, dont plusieurs ont fini que la *main-morte*.

Il y a en France des forêts, & des montagnes qui ont été peuplées ou défrichées assez tard : un seigneur y appelloit des colons ; il leur livroit des instrumens de labourage, du bétail, & il imposoit à eux & à leur postérité les charges de la *main-morte*. Il paroit que *main-morte* s'est établie ainsi aux environs du Mont-Jura.

Les seigneurs perfectionnèrent alors la théorie de la servitude : ils créèrent cette maxime : *toutes choses que villain a, sont à son seigneur*, maxime que le despotisme oriental n'oseroit établir.

Ils imaginèrent celle-ci qui n'est pas moins curieuse : *entre toi, seigneur, & ton villain, il n'y a d'autre juge fors Dieu*.

Ils déclarèrent les villains *taillables & corvéables à merci & volonté du seigneur*.

On doutoit si, en lui donnant la liberté, les seigneurs pouvoient couper les racines qui attachoient le serf & le *main-mortable* à la glèbe. Une loi du souverain lui-même semble déclarer qu'ils ne pouvoient lui donner la liberté qu'en lui donnant la terre ; & il y a lieu de croire que peu de seigneurs s'avisoient de donner la terre.

Malgré ces beaux principes, les *main-mortes* couvroient autrefois la plus grande partie de la France : elles étoient si générales en Dauphiné, qu'elles y affectoient même la plus haute noblesse : on les trouvoit jusque dans la ville de Paris. Au douzième siècle, la plupart des françois, gentilshommes ou roturiers, étoient *main-mortables* ; cela est fâcheux pour les seigneurs actuels, mais il paroit que les possesseurs des fiefs furent soumis à la *main-morte* personnelle & réelle, au droit de poursuite, aux redevances, aux corvées ; que la prohibition d'aliéner fut commune, aux fiefs & aux *main-mortes* ; que les vassaux nobles furent souvent qualifiés de *servi* ; qu'ils furent vendus ou donnés par les suzerains, comme les létes par leurs seigneurs ; & qu'à parler exactement, les fiefs ne sont que des *main-mortes* nobles, & les *main-mories* que des fiefs roturiers.

Ce qu'il y a de singulier, la *taille arbitraire* exceptée, les *main-mortes* de la Franche-Comté étoient moins rigoureuses au treizième siècle qu'elles ne le sont aujourd'hui : les coutumes introduites au quatorzième & quinzième siècle en ont aggravé le joug.

Les loix de la *main-morte* y sont beaucoup plus dures qu'en Bourgogne : c'est une suite des ordonnances accordées au clergé & aux nobles, par la cour de Madrid, qui vouloit ménager les hommes puissans de cette province éloignée.

Au milieu d'un oubli si général des principes du droit naturel & du droit civil, plusieurs seigneurs reconnurent, dès le douzième & treizième siècle, l'injustice de la *main-morte* : sur le point de mourir, ils affranchirent leurs serfs ; ils firent des restitutions ; ils demandèrent pardon de leur attentat, & M. Perreciot que nous citions tout à l'heure, rapporte plusieurs de ces testamens.

Le roi ne pouvant affoiblir les seigneurs qu'en rendant aux communes une partie de leur liberté, Louis-le-Gros commença les affranchissemens ; Louis XI & Louis XII suivirent ce travail. Quelques seigneurs, entraînés par l'exemple du monarque, donnèrent de leur plein gré une multitude de chartes d'affranchissement ; la *main-morte* fut reléguée dans des cantons peu connus ; mais on se plaignit de la réforme : l'abbé de Nogent, & beaucoup d'autres, soutinrent que *cette nouveauté étoit préjudiciable à la nation*. La Franche-Comté n'étoit pas réunie à la couronne, & elle ne participa que foiblement & indirectement à la révolution générale.

L'administration s'est reposée, après avoir aboli les droits de la féodalité qui gênoient son pouvoir,

voir : mais ceux qui gênent l'induftrie & le bonheur des fujets fubfiftent. La foumiffion eft établie
par-tout. Les lumières fe montrent de toutes
parts : elles éclairent jufqu'aux hommes qui les
calomnient. On voit dans le préambule de l'édit
de 1779, qu'un jufte refpect pour les propriétés a circonfcrit les difpofitions du roi : mais n'eft-
il pas de l'intérêt des feigneurs eux-mêmes d'a-
bolir la main-morte ? L'agriculture, au lieu d'a-
voir fait des progrès en Franche-Comté, ainfi
que par-tout ailleurs, a dégénéré depuis deux
ou trois fiècles ; jamais les feigneurs ne furent
plus pauvres que lorfque tout fut mainmortable.
Mandure, qui au huitième fiècle étoit plus confidérable que Befançon, n'eft plus, fous le joug
de la main-morte, qu'un chetif village ; & dans un
village de la Franche-Comté, affranchi il y a quelques années, la valeur des biens a doublé & triplé
depuis l'affranchiffement ; l'expérience a juftifié les
calculs d'un archevêque de Befançon, qui en 1347
affranchit les terres de Gy & de Bucey : ce refpectable prélat voulant éclairer les autres feigneurs, fe donna la peine de prouver dans la
charte, qu'il eft de l'intérêt des feigneurs d'affranchir leurs ferfs ; que leurs villages fe peupleront
& s'enrichiront ; qu'il y aura des mutations ; que la
juftice & les menus droits vaudront mieux que les gros ;
& en effet, Gy eft devenue une ville importante,
& Bucey le plus gros village de la Franche-Comté ;
& les archevêques actuels recueillent les fruits de
cette opération de bienfaifance.

Les main-mortables de Franche-Comté ne peuvent rien aliéner, fans l'aveu du feigneur ; &
il faut acheter cet aveu. Le droit de mutation
eft du douzième, du fixième, du quart, du
tiers, & de la moitié de la fomme ; on fent que
les mutations doivent être rares.

Mais fi ces calculs n'étoient pas vrais par-tout,
la néceffité d'affranchir, en dédommageant les
feigneurs, ne refteroit-elle pas toujours ? Les charges actuelles de la main-morte font en général
les droits de pourfuite, de taille, de for-
mariage & d'échute, la défenfe d'aliéner & de tefter :
le droit de taille réfervé aux feigneurs, varie. Il eft
des cantons où les main-mortables doivent deux
corvées par femaine avec leurs voitures, & trois
avec leurs bras, ou il doivent deux cens : l'un eft
la douzième gerbe des récoltes, & l'autre arbitraire n'a de bornes que la générofité du feigneur. Il
eft impoffible, fans doute, que ces droits fe perçoivent à la rigueur. A l'époque où les ferfs ne
payoient d'impôts qu'à leurs feigneurs, ils étoient
furchargés ; aujourd'hui que le fouverain les affujettit à d'autres impôts très-confidérables, comment fupporteront-ils ce double fardeau ?
N'offre-t-il pas une contradiction ? N'apper-
çoit-on pas ici l'utilité des adminiftrations provinciales, qui dans la répartition de l'impôt,
pourroient du moins foulager les communautés
main-mortables ; & après la fuppreffion de la main-

morte, fi elle eft poffible, celles qui demeureroient
affujetties à des droits féodaux trop pénibles ?

MAIRES DU PALAIS. *Voyez* dictionnaire
de jurifprudence.

MAISSOUR, que les anglois écrivent *Myfore*,
pays de la prefqu'ifle de l'Inde, qui forme le
principal domaine de Typo-Saïb, fils du célèbre
Ayder-Aly-Khan : ce dernier prince ayant conquis les pays de Calicut, de Canara, de Scirré, &c.
nous croyons devoir entrer dans quelques détails
fur le petit empire qu'il a laiffé à fa mort. Il eft
fi difficile d'avoir des renfeignemens exacts &
précis fur des contrées fi éloignées, que nous réclai-
mons l'indulgence du lecteur.

Ces détails montreront du moins de quelle
manière s'eft formé l'état d'Ayder-Aly, comment
le fort des contrées de l'Inde dépend d'un
jour, d'un moment, d'une bataille, & ils éclai-
reront fur la politique l'adminiftration & le gouvernement des fouverains de l'Inde.

Le royaume de Maiffour eft borné à l'oueft
par le Canara, & au fud par le Maduré ; il
fe trouve dans l'intérieur de la prefqu'ifle.

Nous comptions beaucoup fur la defcription
hiftorique & géographique de l'Inde, & nous
efpérions y trouver l'étendue & la pofition exacte
des différentes fouverainetés de l'Inde, mais nos
efpérances font trompées. Cet ouvrage fe borne
à donner fur le Maiffour les deux lignes que nous
venons de tranfcrire ; on n'y trouve que ceci fur
le Carnate : » le Carnate fait partie de la côte
» orientale de la principauté de l'Inde ; il s'étend
» à 150 mille de longueur, fur 30 feulement de
» largeur. Il contient un grand nombre de bonnes
» fortereffes, & de mines de diamans ». Les livraifons qui ont paru ne difent rien de fatisfaifant
fur le royaume de Tanjaour, fur celui de Canara, non plus que fur le pays de Calicut.

Avant la conquête d'Ayder-Aly, les rois de
Maiffour étoient bramines, ils réuniffoient les
droits du fceptre & de l'encenfoir ; & pour être
plus vénérés de leurs peuples, ils affectoient de
ne fe faire voir que deux fois par an, dans les
jours où ils préfidoient aux cérémonies folemnelles
de la religion : afin de paroître uniquement occupés
des myftères facrés, ils abandonnoient le gouvernement au dayva ou régent, qui, jufqu'à Nand-
Raja, avoit toujours été un des plus proches parens
du roi. Mais un bramine, nommé Canero, favori
de ce prince, lui perfuada de gouverner lui-même,
d'abolir la dignité de dayva, & de deftituer fon
frère Nand-Raja : celui-ci qui n'avoit ni les talens ni l'application, ni la fermeté néceffaires pour
fe maintenir dans cette dignité, ne fit aucune réfif-
rance, & aima mieux être exilé fur la frontière,
que de fe permettre la moindre repréfentation.

Canero s'empara de l'efprit du roi ; il devint
fon miniftre, & il fut chargé de l'adminiftration

D d

du royaume. Ayder-Aly avoit à cette époque le commandement des armées, & il le garda. Il étoit général de dix mille chevaux, & il est bon de donner ici une idée précise de ce rang.

Dans les gouvernemens de l'Inde, le rang de général de dix mille chevaux, équivaut à-peu-près à celui de lieutenant-général en France. Dans la milice des mogols, les derniers grades se confèrent par des patentes qui donnent le pouvoir & la commission de lever dix mille hommes pour le service de l'Empire, avec la prérogative de nommer tous les emplois subalternes, & le droit de les tenir dans la discipline, & de leur rendre justice. Comme la cavalerie est le service le plus estimé, le grade de général de dix mille chevaux est le plus haut grade ; ce général peut faire porter devant lui de petites banderoles, sans nombre, & faire planter devant sa tente un grand pavillon quarré, symbole de sa jurisdiction ; lorsque la grande armée d'une soubabie est rassemblée, on arbore un grand pavillon à trois pointes à la tête du camp.

Les projets de Canero, qui vouloit attenter à la vie d'Ayder-Aly, furent découverts : le peuple s'attroupa & murmura hautement contre Canero ; on détermina le roi à livrer le favori à l'armée, & à déclarer Ayder régent du royaume, au lieu de Nand-Raja, qui s'attendoit à l'être, & qui croyoit qu'Ayder se contenteroit de la qualité de général en chef.

En acceptant la régence, Ayder fit à Nand-Raja toutes les soumissions qu'il crut propres à l'appaiser. Il lui donna un appanage considérable ; il lui fit promesse, sur la foi de son serment, que jamais il n'attenteroit, ni à sa vie, ni à sa liberté, ni à ses biens, & qu'il le regarderoit toujours comme son père.

Ayder fit ensuite assembler les docteurs bramines, ils jugèrent Canero, & ils le condamnèrent à la mort, pour avoir appellé dans le royaume les ennemis de l'état, & fait la guerre aux plus fidèles serviteurs du roi. Ayder, en qualité de régent, substitua à la peine de mort celle d'être enfermé dans une cage de fer qu'on suspendit au

milieu de la place publique de Benguelour, où on la voit encore, avec les ossemens de ce malheureux favori, qui a vécu environ deux ans exposé aux insultes d'une populace idolâtre d'Ayder.

Au moment où Ayder commença l'exercice de sa régence, il se fit rendre un compte exact de l'état du trésor, des joyaux de la couronne, & des revenus du royaume. Il trouva que la plupart des joyaux étoient en gage chez le banquier (1) de la cour, qui avoit prêté de l'argent, lorsque Salabetzing, souba du Decan, accompagné de M. de Bussi, étoient venus aux portes de Syringpatnam, & avoient forcé le roi de Maïssour, à lui payer des contributions.

Ayder, instruit que ce banquier avoit fait fortune au service du roi, fut indigné qu'il eût exigé des gages pour prêter à l'état. Il ordonna de retirer les joyaux ; mais en même temps il ordonna au banquier de rendre ses comptes : il fut jugé coupable d'avoir volé & rançonné l'état, & on le condamna à une prison perpétuelle : on confisqua ses biens. Le luxe de ce banquier passoit toute mesure ; on dit que ses enfans étoient sur des berceaux d'or suspendus au plafond par des chaines de même métal. Ayder fit exécuter l'arrêt, mais il accorda une pension alimentaire au banquier, & il prit soin de ses fils.

Après avoir mis l'ordre dans les finances, Ayder obligea les Palleagars qui s'étoient emparés de quelques forteresses, à les évacuer : il fut obligé d'employer la force contre quelques-uns. Il contraignit de même plusieurs raias, vassaux & tributaires du royaume de Maïssour, à payer exactement les tributs, & à reconnoître leur dépendance. Il contraignit aussi plusieurs princes voisins, tels que le roi de Canara, les marattes & les nababs patanes de Canour, de Carpet & Sanour, à restituer les terres qu'ils avoient usurpé sur le royaume de Maïssour ; mais il n'en vint à bout qu'en leur déclarant la guerre, en les combattant, & en remportant sur eux des victoires. Les patanes étant redoutables à tous les Indiens par leur valeur & leur perfidie, la bataille signalée qu'Ayder gagna sur les trois nababs, près de Sanour, & qu'il

(1) Il y a dans toutes les grandes villes de l'Indostan, & principalement dans les cours, de riches banquiers, nommés sancars ; ils sont tous guzerates ou originaires de ce pays. Ils prêtent & empruntent ; ils fournissent ou prennent des lettres-de-change sur tous les pays, même sur les lieux où ils n'ont pas de correspondans ; & pour faire les fonds des lettres qu'ils fournissent sur les pays où ils n'ont point de correspondans, ils employent des porteurs d'argent, auxquels on donne tant par lieue. Il faut que la fidélité des commissionnaires soit bien reconnue. On dit en effet qu'un d'eux ayant emporté une somme considérable à un banquier de Madrass, les gens de son état s'assemblèrent, remboursèrent au banquier, sans y être obligés, la somme qui lui avoit été volée, & que deux d'entr'eux allèrent à Goa où s'étoit réfugié le voleur ; qu'ils lui coupèrent la tête, la portèrent à Madrass, & la montrèrent de maison en maison à tous les banquiers & négocians. Les lettres-de-change sont beaucoup plus anciennes dans l'Inde qu'en Europe : mais on ne tire point à ordre ; ce qui forme une difficulté en cas de mort ou d'absence pour remédier à cet inconvénient, la lettre désigne plusieurs personnes qui ont le droit d'en demander le paiement. Elle dit : payez à Jean ; en son absence à Pierre ; en son absence à Jacques, &c.

Outre le commerce d'argent, ces banquiers ou sancars font le commerce de pierreries, de perles, de corail & de matières d'or & d'argent. Il y en a de très-riches, & ils forment des compagnies d'assurance qui ont un grand crédit à Surate, à Madrass & à Calcuta.

dûe à la bonne manœuvre d'un corps de cavalerie françoise, donna beaucoup d'éclat à sa réputation.

Cette victoire de Sanour détermina Bazaletzing,
roi d'Adonis, & frère de Nizam-Ali-Khan, souba
du Decan, à lui envoyer une ambassade.

Ces princes étoient en guerre avec les marattes
qui avoient perdu depuis peu sur les bords du
Krisna une bataille contre les armées réunies du
grand visir, de l'Empire & d'Abdalla, roi des
patanes, & où 60 mille marattes étoient restés
sur la place.

Bazaletzing avoit entrepris le siège de Scirra,
forte place située entre ses états & le royaume
de Maissour, il crut qu'en profitant de la défaite
des marattes, il s'empareroit aisément de Scirra,
qui lui donneroit le titre de Souba, & l'égale-
roit à son frère. Mais son armée trop foible
éprouva une résistance qui l'eût réduit à lever hon-
teusement le siège, si on ne lui avoit conseillé l'alliance d'Ayder, qui fut bien aise de se voir recherché par un prince de ce rang. Il y eut un traité
par lequel Ayder consentoit à se rendre devant
Scirra avec son armée, & une nombreuse artillerie :
il fut stipulé que Bazaletzing & lui feroient conjointement le siège jusqu'à ce que la place fût
prise ; qu'aussitôt qu'elle se rendroit, les deux
armées en prendroient possession, chacune du côté
de son attaque ; que l'artillerie, les armes, les
munitions, & en général tout ce qu'on pourroit
emporter, appartiendroit à Bazaletzing, & que
ce dernier resteroit maître de la place.

Ayder arriva devant Scirra avec une belle armée
& une nombreuse artillerie servie par des Européens : il l'attaqua sur un autre plan que Bazaletzing, & ayant employé la mine, il fit sauter
deux bastions & la courtine ; les assiégés se rendirent à discrétion, & Ayder augmenta la terreur qu'inspiroient ses armes.

En exécution de ce traité fait entre les deux
princes, Bazaletzing, que depuis cette époque
Ayder ne nomma plus que le *marchand*, aima mieux
recevoir en argent ce qui lui revenoit de la prise
de Scirra ; il promit de solliciter auprès de ses
frères le grand-visir & le souba du Decan, pour
qu'Ayder fût reconnu en qualité de souba de Scirra.
Le grand-visir (1) ne tarda pas à lui envoyer une
ambassade, & le pervana, qui le déclaroit soubah de Scira, avec tous les honneurs attachés à ce
titre ; ainsi, Ayder fut élevé au rang des plus grands
princes de l'Inde (2) : il étoit sujet du roi de
Maissour, en qualité de régent ; mais il devint

son supérieur, car le royaume de Maissour relève de l'Empire mogol, ayant été compris dans
la soubabie de Scirra. En recevant le titre &
les honneurs de souba de Scirra, Ayder s'engagea
à faire la guerre aux marattes.

Il leur fit en effet la guerre ; il s'empara
de Marckscira & Maggheri, place forte dans
le district de Scirra, de même que du royaume
de Bisnagar ou Bassapatnam ; mais les marattes
ayant rassemblé leurs forces contre lui, il reçut
un coup de sabre à la tête, dans une bataille,
dont le succès fut indécis. Peu de jours après,
il conclut une trève pour trois ans, & il garda
ses conquêtes, en payant une somme d'argent au
général de cette nation.

Cette guerre fut à peine terminée, que la fortune procura à Ayder une nouvelle occasion d'étendre sa gloire & sa puissance. Le fils de la reine
de Canara s'évada de Rana-Biddeluru, capitale
de ce royaume, & vint trouver Ayder à Bisnagar ; il implora son secours, il redemandoit à
sa mère le royaume de ses ancêtres, dont elle
avoit eu la régence à la mort de son mari, père
du jeune prince, & qu'elle retenoit, quoique son
fils eût l'âge prescrit par la loi pour gouverner
lui-même.

Comme le royaume de Canara dépendoit de
la soubabie de Scirra, le prince ne pouvoit s'adresser qu'à Ayder ; aussi celui-ci l'accueillit favorablement, & il ordonna à la mère de venir répondre aux accusations de son fils.

Cette femme, qui avoit un courage au-dessus
de son sexe, & que l'anarchie de l'Empire mogol
avoit habituée à méconnoître les ordres de l'empereur & de ses officiers, répondit à l'ambassadeur
d'Ayder, qu'elle étoit reine, & qu'elle ne connoissoit aucun supérieur. Ayder s'attendoit à cette
réponse : il déclara la guerre à la reine ; la
nature du pays où il falloit en porter le théâtre,
rendoit les hostilités très-difficiles.

Rana-Biddeluru, capitale du royaume de Canara, est une des plus grandes & des plus belles
villes de l'Inde ; on n'y compte pas moins de
150 mille ames, parmi lesquelles il y a environ
30 mille chrétiens, qui jouissent de grands privilèges. Cette population considérable est cependant peu proportionnée à l'étendue de la ville,
dont le circuit est de plus de six lieues.

Elle est située auprès d'une petite montagne, au
sommet de laquelle se trouve une forteresse considérable, dont Ayder augmenta les fortifications.
La montagne est dans une plaine d'environ cinq

---

(1) L'empire mogol étoit alors dans l'anarchie ; l'empereur n'étoit qu'un vain nom. Allumscha, un des
princes du sang mogol, étoit retiré à Ilha-Hadabad, où il prenoit le titre de grand-mogol ; mais Souja-
Daulla, grand-visir, reconnoissoit un autre prince qui étoit très-jeune. Ses oncles Nizam-Daulla, souba du
Décan, Bazaletzing, roi d'Adonis, & Ayder par complaisance pour Souja-Daulla, reconnoissoient le même
prince, mais de nom seulement.

(2) Les soubas sont aujourd'hui les plus grands souverains de l'Inde ; ils se regardent comme les représentans de l'empereur ; ils sont au-dessus des rois tributaires de l'empire.

à fix lieues de diamettre, entourée de montagnes
& de bois qui s'étendent de tous côtés à plus
de vingt lieues à la ronde, & qu'on ne peut paffer qu'à travers des défilés & des gorges défendus par des forts de diftance en diftance ; ainfi,
une armée qui veut s'approcher de Biddeluru, peut
être arrêté à chaque pas par une poignée d'hommes,
& elle eft réduite à camper le long d'un chemin
très-étroit & rempli de pierres, & expofée
aux attaques des gens du pays qui connoiffent
tous les paffages & les détours, & qui font les
maîtres de tendre des embûches capables de vous
faire périr de mille manières : les bois & les montagnes font remplis de tigres, d'ours, d'éléphans, & de toutes fortes de reptiles d'autant
plus dangéreux qu'ils font vénimeux.

Tant d'obftacles auroient arrêté Ayder, s'il
n'avoit eu avec lui le jeune prince, qui s'étoit
acquis l'amitié du peuple & des grands de fon
pays, depuis que la reine fa mère, dont ils dé-
teftoient la fierté, s'étoit remariée à un bramine,
la loi du pays interdifant *aux veuves de fecondes
noces.*

Ayder partit de Bifnagar, avec le prince de
Canara, environ fix mille hommes de fa meilleure
cavalerie, & quelques caléros, gens habitués à
courir les montagnes & les forêts. Il étoit fuivi
de bœufs chargés de riz ; &, fans autre
bagage, il marcha à grandes journées vers la ca-
pirale du Canara, arriva dans la plaine de Biddeluru, avant que la reine fût inftruite de l'invafion. Sa cavalerie jetta la terreur parmi les canarins. La bonne difcipline de fa troupe, & la vue
du prince légitime, le firent recevoir par-tout comme
un dieu tutélaire.

Une partie de fa cavalerie renverfa, fans peine,
l'armée de la reine qui voulut l'arrêter ; & cette
princeffe, réduite à prendre la fuite, fut pourfuivie, arrêtée, & conduite devant fon vainqueur.

Ayder ufa de fa victoire avec la plus grande
modération. Il accueillit la reine de la manière la
plus gracieufe, & la reconcilia avec fon fils, qui
lui accorda une penfion confidérable, en lui permettant de vivre avec fon mari. Pour fatisfaire le
peuple qui le défiroit ardemment, le jeune prince
fut proclamé roi, & il fit hommage de fon royaume
à l'Empire.

Sur ces entrefaites, l'armée d'Ayder s'avançoit
dans le pays, & fon infanterie s'emparoit, fans
réfiftance, de tous les poftes néceffaires pour
affurer fon retour, & le fuccès de ce qu'il voudroit entreprendre.

Avant de commencer cette guerre, il avoit
obtenu du jeune prince la ceffion du port de
Mangalor, & une lifière de terres, pour communiquer de ce port aux frontières de *Maiffour.*
Ayder, après avoir fait couronner le nouveau
roi, alla prendre poffeffion de Mangalor, &
laiffa jufqu'à fon retour une partie de fon armée,
campée aux portes de Rana-Biddeluru.

La reine de Canara, indignée de fa chûte,
méditoit des vengeances, & cherchoit l'occafion
de perdre Ayder ; elle s'efforça de gagner la confiance de fon fils, dont elle connoiffoit l'efprit
foible & pufillanime ; elle lui dit, avec une tendreffe
fimulée, que pour avoir voulu régner trop tôt,
il avoit livré inconfidérément fon royaume à des
barbares, ennemis de fa religion, qui ne lui laiffoient que le vain nom de roi, lui enlevoient la
partie la plus précieufe de fes états, & finiroient
peut-être par le détrôner. Elle parvint à lui donner
des regrets fur fon traité avec Ayder ; elle acquit
un tel empire fur l'efprit du jeune prince, qu'elle le
fit confentir à l'affaffinat d'Ayder ; affaffinat qu'elle
avoit bien concerté.

Pendant fon féjour à Rana-Biddeluru, Ayder
avoit habité le palais des rois de Canara, & il
devoit l'habiter de nouveau à fon retour de Mangalor. Des chemins fouterreins, connus de la reine
& de peu de monde, alloient du palais à une
fameufe pagode. La reine réfolut de ruiner le palais, & de faire fauter Ayder, au moment où
il feroit à table avec fes principaux officiers ;
elle efpéra qu'au milieu de cette cataftrophe, le
peuple & les foldats canarins, animés par fon
fils, maffacreroient aifément les troupes d'Ayder.

Il étoit facile d'exécuter ce projet, au moyen
du mari de la reine, chef des bramines, qui def-
fervoient la pagode. Ayder étoit de retour, &
le moment où devoient périr ce fouba, & fa fuite
approchoit, lorfqu'un autre chef des bramines
qui habitoient une pagode, éloignée de quelques
lieues de la ville, apprit la confpiration ;
foit horreur du crime, comme le prétendent les
bramines, foit haine pour la reine & pour fon
mari dont le mariage étoit défendu par la loi ;
ce bramine fe rendit en fecret à Rana-Biddeluru,
il fe préfenta devant Ayder pour le féliciter fur
fon heureux retour dans fes états du jeune prince ;
il l'avertit tout haut, en préfence du roi & de
la reine, de la confpiration ; avis qui pénétra
l'affemblée de frayeur, & parut ne faire aucune
impreffion fur Ayder ; il envifagea ceux qui l'environnoient, & il reconnut fans peine les coupables. Il ordonna de les arrêter. Les témoins en-
tendus, & la vérification faite fur le champ,
il condamna à la mort la reine, fon mari & tous
leurs complices, à l'exception du roi de Canara
qu'il envoya prifonnier à Maggerhi, près de Séirra,
& il confifqua fon royaume.

La découverte de cette confpiration valut à
Ayder un beau royaume ; le Canara produit d'immenfes quantités de riz, de poivre, canelle,
de cardamomum, du corail, du bois de fandal
& de l'ivoire ; on l'appelle le grenier de l'Inde :
fes montagnes offrent des mines d'or, de diamans,
de rubis & autres pierreries. Il y a dans la fortereffe même de Rana-Biddeluru, une riche mine
d'or. On y trouva, lorfqu'Ayder s'en empara,
un tréfor immenfe, en efpèces, en lingots, en

bijoux, en perles & en pierreries. Les françois qui étoient pour lors avec Ayder, difent que ce prince fit en leur préfence mefurer les perles & les pierreries avec la mefure du bazard; & qu'ayant fait faire deux tas de l'or & des bijoux, ils furpaffoient la hauteur d'un homme à cheval.

Ayder prit tout de fuite le titre de roi des canarins & des courgues, petit royaume fitué à l'extrémité du Canara, du côté du fud, & féparé de ce royaume de celui de *Maiffour*, & de la côte de Malabar, par des montagnes; il eft depuis long-temps fous la puiffance des rois de Canara.

Ayder parcourut fes nouveaux états. Tous les peuples le reconnurent pour fouverain, fans prefque aucune réfiftance : voulant réunir quelques cantons de ce royaume, dont les portugais s'étoient rendus maîtres, il ne trouva pas le vice-roi de Goa difpofé à lui faire cette reftitution; & comme il étoit très-fupérieur en force aux portugais, il les attaqua fur le champ; il s'empara d'abord, avec affez d'aifance, du pays de Carvar & de la fortereffe d'Opir (1.), fituée dans le pays de Sunda, qui a été démembré du royaume de Canara. Il fe préparoit à faire le fiège du fort de Rama, fortereffe fur la pointe du cap de ce nom, la feule barrière qui pût l'arrêter jufqu'à Goa; mais les françois qui étoient dans fon armée refusèrent de lui donner le moindre fecours; ils aimèrent mieux fe retirer dans le fort de Rama, que de fe battre contre les portugais.

Ayder ne pouvant s'emparer de ce fort avec fes feules troupes, n'héfita point à faire la paix avec les portugais, qui lui cédèrent le pays de Carvar. Il apprit enfin qu'il foutiendroit mal une guerre contre une nation européenne, & qu'il ne pouvoit compter fur les européens qui feroient à fon fervice qu'autant qu'ils feroient eux-mêmes en guerre avec fes ennemis.

Tous les peuples & tous les petits fouverains de l'Inde, redoutoient ce brave & terrible Ayder, qui étoit devenu fouba de Scirra, & roi de Canara : ils s'adreffoient à lui dans toutes leurs querelles, & fon ambition le déterminoit toujours à s'en mêler.

Les mapelets, efpèces de banquiers & d'ufuriers établis dans le Calicut, étoient en difpute avec les nayres ou les fouverains de ce pays; ils recoururent à Ayder qui les écouta.

Les mapelets paroiffent être des arabes de Mafcate & de Sahar, que le commerce a attirés dans l'Inde. Cette nation ne s'allie point avec les autres tribus; elle a confervé fon air national, & une phyfionomie particulière, très-reffemblante à celle des arabes de Mafcate.

Les habitans de la côte de Malabar ayant laiffé les mapelets s'emparer de tout le commerce de leur pays, par mer & par terre, cette nation étrangère eft devenue riche & nombreufe.

Les mapelets, fiers de la protection de ce guerrier, ceffèrent d'avoir pour les rajas & les autres nayres, la condefcendance qu'ils avoient eu jufqu'alors, & ils menacèrent de fe faire juftice par les armes, fi on ne tenoit pas les engagemens qu'on avoit pris & qu'on prendroit avec eux. Les nayres, obligés par leurs dépenfes de faire emprunter fans ceffe de l'argent des mapelets, fe trouvoient hors d'état de payer, même les intérêts des fommes qu'ils avoient reçus. Indignés de l'arrogance & des mauvais traitemens d'une tribu qu'ils étoient dans l'habitude de méprifer, ils réfolurent de rompre, à quelque prix que ce fût, toutes leurs liaifons avec eux; il y eut à Calicut, où réfide le famorin, chef de tous les princes nayres, efpèce de petit empereur, diverfes affemblées où il fut réfolu d'une commune voix, de faire, à certain jour, un maffacre général des mapelets dans tous les pays des nayres; plus de fix mille mapelets furent maffacrés, mais un plus grand nombre fe fauva. Leurs vaiffeaux répandus fur la côte favorisèrent leur fuite; ils fe réunirent & ils fe trouvèrent affez nombreux pour réfifter à leurs ennemis. La plupart fe réfugièrent à Cananor, où ils furent en fûreté par le voifinage des états d'Ayder, & par les deux petites fortereffes de Cananor, dont l'une appartenoit aux hollandois (2.), & l'autre à Ali-Raja; les mapelets, dans leur défaftre, s'empreffèrent d'envoyer des députés vers leur protecteur, pour l'inftruire de leurs malheurs, &

---

(1) Cette fortereffe d'Opir eft très-renommée pour fa force; Ayder en a fait augmenter les fortifications. Les portugais & les marattes qui l'ont affiégée, n'ont pu la prendre; elle défend le pays de Carvar du côté des portugais, & l'entrée de la rivière de Sangheri, nom d'une ville à trois lieues de fon embouchure, capitale du pays de Carvar & réfidence d'un évêque catholique.

(2) Les hollandois ont vendu depuis, leur fortereffe & leur territoire à Ali-Raja; ce qui a donné à Ayder occafion de faire un acte de juftice envers les chrétiens, habitans de Cananor, prefque tous portugais d'origine. Lorfque les hollandois eurent conquis Cananor fur les portugais, ils trouvèrent autour de cette fortereffe, des chrétiens, à qui ils permirent de demeurer dans le pays. Un grand nombre d'autres font venus dans la fuite habiter Cananor, où ils ont bâti des maifons, défriché du terrein, & cultivé des jardins & des terres. Les portugais & les hollandois avoient accordé ces terreins fans aucune formalité, & la poffeffion faifoit tous les titres de ces pauvres gens. Lorfque les hollandois vendirent la fortereffe & leur territoire à Ali-Raja, ils ne ftipulèrent rien pour les chrétiens. Ali-Raja leur ayant demandé les titres de leur propriété, voulut les forcer à acheter le territoire dont ils fe croyoient propriétaires. Les chrétiens de Cananor eurent recours à Ayder, qui condamna Ali-Raja fur ce paffage de l'alcoran, qui dit : tu n'ôteras pas à l'infidele fa maifon, fon champ, &c. parce que c'eft Dieu qui le lui a donné; tu te contenteras de lui faire payer un tribut, qu'Ayder fixa à une roupie ou cinquante fous de France par tête.

réclamer ses secours. Les mapelets sont des mahométans très-fanatiques, & leurs députés représentèrent à Ayder, dans leur harangue, que dieu & le prophète dont il étoit l'allié, ne lui avoient donné de pouvoir que pour le mettre en état de protéger les croyans, & que le crime des infidèles nayres lui donneroit l'occasion de faire de nouvelles conquêtes.

Ayder, qui n'avoit pas attendu ce moment pour s'instruire des forces des nayres, & des difficultés qui pourroient s'opposer à la conquête du Calicut, promit justice, & protection aux mapelets. Il rassembla une armée de douze mille hommes de ses meilleures troupes, dont quatre mille étoient de cavalerie, & huit mille d'infanterie, & il dirigea sa route par Mangalor & Cananor. Il n'avoit que douze pièces de canon, & il fit cingler sa flotte le long de la côte, pour en tirer tous les secours qu'elle seroit en état de lui fournir.

En arrivant à Cananor, il trouva plus de douze mille mapelets sous les armes, mal armés, il est vrai, de fusils, de lances & de sabres, mais supérieurs en courage aux nayres, & animés par le désir le plus ardent de se venger, & par l'espérance de se dédommager aux dépens de leurs ennemis, des pertes qu'ils avoient faites.

Ayder établit son camp sur le bord de la rivière de Cananor; il envoya à Calicut une ambassade composée des bramines les plus distingués de la cour, avec ordre de représenter au samorin & à tous les princes nayres, l'injustice des cruautés qu'ils s'étoient permises envers les mapelets, & de dire qu'il étoit venu en demander justice; mais qu'avant d'employer la force de ses armes, il leur offroit sa médiation, que si on vouloit punir les principaux coupables, & donner une satisfaction juste & raisonnable aux mapelets, son armée ne pénétreroit pas dans le pays, & qu'il rendroit à chacun la justice qui lui seroit due. Les princes nayres s'étoient promis une assistance mutuelle; & sur le bruit qu'Ayder venoit contre eux au secours des mapelets, ils avoient rassemblé plus de 100 mille hommes. Les députés d'Ayder ayant fini leur harangue, les nayres répondirent qu'ils étoient étonnés de la démarche d'Ayder, avec lequel ils n'avoient jamais rien eu de commun, & que si ses troupes faisoient autre chose que de boire de l'eau de la rivière de Cananor, si elles mettoient seulement le pied dans cette rivière, elles seroient punies de leur témérité. Sur cette réponse, les ambassadeurs d'Ayder retournèrent auprès de leur maître, & l'armée des nayres s'avança, dans la ferme résolution d'empêcher Ayder de passer la rivière.

L'arrivée d'Ayder & de son armée, à la côte Malabare, attira dans son camp des députés de toutes les nations européennes qui ont des établissemens & des factoreries sur cette côte.

On ne douta point qu'il ne fît la conquête de tout le pays. Les députés s'empressèrent de traiter avec lui pour la sûreté de leurs comptoirs & de leur commerce; ils croyoient trouver ce grand conquérant à la tête d'une nombreuse armée, & ils furent étonnés de lui voir si peu de troupes; plusieurs en témoignèrent leur surprise aux officiers européens de l'armée : ils la comparoient aux forces des princes nayres qu'ils évaluoient à plus de cent vingt mille hommes. Ces officiers leur répondirent qu'Ayder auroit pu former une armée beaucoup plus nombreuse; que s'il n'avoit amené que douze mille hommes, il croyoit en avoir assez pour battre ses ennemis; leur réponse fit peu d'impression sur des députés qui n'avoient aucune notion de l'art militaire, & encore moins de la tactique. Ils se hâtèrent de retourner dans leurs comptoirs, bien persuadés que la petite armée d'Ayder seroit écrasée par celle des nayres qui avoient une nombreuse artillerie dont ils avoient garni les bords de la rivière, & qui ne cessoient de tirailler. Ayder qui connoissoit parfaitement le génie de tous les peuples de l'Inde, se tenoit assuré de la victoire, & il fondoit son espérance sur sa cavalerie, corps de troupes absolument inconnu aux nayres; aucune armée étrangère n'ayant pénétré jusqu'ici sur la côte Malabare, on n'y avoit vu que quelques chevaux appartenans aux chefs des comptoirs qui les avoient achetés pour leur plaisir plutôt que pour leur usage; car ce pays, coupé de ruisseaux, de montagnes, de bois, & sujet à des pluies continuelles pendant sept mois de l'année, est peu propre aux chevaux.

Pour passer la rivière en dépit de cette nombreuse armée & son artillerie, Ayder fit entrer sa flotte dans la rivière; ses vaisseaux la remontèrent, autant qu'il fut possible; il rangea son infanterie en bataille sur une seule ligne, ses douze pièces de canons en avant, & il attendit le moment où l'eau seroit très-basse, & il s'avança alors au grand galop, à la tête de toute sa cavalerie qu'il avoit tenue cachée, hors de la vue de l'armée des nayres; il pénétra dans la rivière, précédé d'une compagnie de cinquante hussards, reste de la cavalerie venue de Pondicheri. La rapidité du courant étoit arrêtée par ses vaisseaux échoués qui tiroient à toute volée sur la terre; & il traversa sans peine la rivière dans une largeur de près d'une lieue, tantôt à gué & tantôt à la nage. Il gagna l'autre rive, où les nayres, occupés des moyens d'arrêter l'infanterie qui faisoit mine de vouloir passer la rivière; & effrayés par l'apparition subite de cette cavalerie, s'enfuirent à toutes jambes, sans regarder derrière eux. Ayder qui s'y attendoit, avoit ordonné de poursuivre les fuyards à toute bride, en sabrant tout ceux qu'on pourroit atteindre; il avoit défendu de s'amuser à faire des prisonniers, ou à butiner. Son ordre fut exécuté à la lettre, & sur un espace de plus de quatre lieues, parmi les chemins divers, on ne voyoit que des membres épars

& des hommes mutilés. La confternation fut générale dans tout le pays des nayres ; les cruautés des mapelets, qui à la fuite de la cavalerie maffacroient tout ce qui avoit échappé, fans épargner les femmes & les enfans, l'augmenterent encore. L'armée d'Ayder s'avançant fous la conduite de ces furieux, trouvoit les bourgs, les villages, les forterefles, les temples, & généralement tous les lieux habités, abandonnés & déferts. Ce ne fut guère qu'aux environs de Telicheri & Mahé, établiffement françois & anglois, qu'elle vit les fuyards réfugiés auprès de ces comptoirs.

L'armée ne manquoit de rien ; elle eut par-tout des vaches, des bœufs, des poules, du riz, & toutes les provifions qu'on peut défirer dans un pays fertile ; les fuyards ayant tout abandonné, n'auroient ofé fe charger de rien de ce qui pouvoit ralentir leur fuite.

Ayder fit féjourner fon armée auprès de ces comptoirs, & il envoya de là offrir la paix au famorin & aux autres princes. Le famorin, qui étoit vieux, demeura tranquille dans fon palais, & dit qu'il attendoit fon vainqueur, & fe remettoit à fa difcrétion.

Cette halte de l'armée, l'envoi de plufieurs bramines, & fur-tout la tranquillité du famorin, rafsurèrent les cultivateurs & les artifans, qui retournèrent pour la plupart dans leurs maifons ; les mapelets qui n'en vouloient qu'aux nayres, les y engagèrent : les nayres fe tenoient cachés dans les bois & fur les montagnes, d'où ils continuoient la petite guerre.

Ayder fe mit en marche pour Calicut ; il ne trouva fur fa route de réfiftance que dans une pagode fortifiée & élevée fur une montagne, où un prince, neveu du famorin, & fon héritier préfomptif, s'étoit réfugié, & d'où il eut l'adreffe de fe fauver, quoique la place fût bien invertie : les bramines en ouvrirent les portes après le départ du prince. Ayder continua fa route pour Calicut, où fa flotte l'avoit devancé ; il fe logea dans la factorie angloife. Il apprit que le famorin étoit tranquille dans fon palais, fans aucune garde, qu'il attendoit les ordres du vainqueur, & qu'il en efpéroit un bon traitement, parce qu'il s'étoit toujours oppofé à la réfolution de maffacret les mapelets, & qu'il avoit prédit à fes neveux les fuites de cet attentat.

Ayder fe rendit fur le champ au palais du famorin qu'il envoya prévenir de fa vifite ; il trouva ce prince qui venoit au-devant de lui, & qui, au moment qu'il le vit, fe proferna à fes pieds. Ayder s'empreffa de le relever : le famorin lui offrit deux baffins d'or, l'un plein de pierreries, & l'autre de pièces d'or, deux petits canons d'or avec leurs affuts de même métal. Les deux princes entrèrent au palais ; Ayder eut pour le famorin les plus grands égards, & il lui promit que, moyennant un tribut annuel, il lui rendroit fes états, auffitôt que tout le pays auroit mis bas

les armes, & qu'on auroit arrangé à l'amiable les intérêts des mapelets. Ces deux princes fe quittèrent enfuite, très fatisfaits l'un de l'autre en apparence. On fut très étonné le lendemain au point du jour de voir le palais du famorin en feu ; & quoique les fecours fuffent prompts, & qu'Ayder s'y tranfportât lui-même, comme l'édifice étoit prefque tout en bois, il fut impoffible de rien fauver, & le famorin périt au milieu des flammes avec fa famille, & à ce qu'on préfume, beaucoup de richeffes.

Le famorin avoit fait mettre le feu à fon palais, & il termina ainfi fa vie ; des lettres qu'il avoit reçues de fes neveux & des rois de Travancour & de Cochin qui lui faifoient les reproches les plus amers, & le chargeoient d'imprécations, le traitant de lâche, de traitre à fa patrie & à fa religion qu'il abandonnoit aux mahométans, lui infpirèrent cet acte de défefpoir : le bramine qui lui avoit apporté ces lettres, lui avoit fignifié qu'il étoit chaffé de fa cafte, & tous les nayres & les bramines avoient juré de ne plus communiquer avec lui. La fin tragique du famorin toucha beaucoup Ayder ; il fut fi irrité contre les neveux de ce prince, qu'il jura publiquement de ne point leur rendre leurs états.

Les princes de Calicut, fecourus par les rois de Travancour & de Cochin, avoient formé une armée affez confidérable fur la rivière de Paniani, à douze lieues de Calicut, où ils paroiffoient devoir faire plus de réfiftance que fur la rivière de Cananor : ils avoient même ramaffé quelque canoniers européens & portugais métifs ; mais Ayder alla les chercher, ils n'eurent pas le courage de l'attendre, & ils prirent la fuite avec leurs troupes. Ayder paffa la rivière & emporta Paniani, la meilleure & prefque la feule forterefle du pays, & pourfuivit toujours fes ennemis ; il arriva aux environs de Cochin, où, par la médiation des hollandais il donna la paix au roi de ce nom, qui s'engagea à lui payer tribut.

L'exemple du roi de Cochin entraîna tous les princes nayres, qui demandèrent la paix, rendirent hommage à Ayder, & s'engagèrent au même tribut ; chacun d'eux promit, d'ailleurs, de rendre juftice aux mapelets dans fon diftrict, & Ayder leur rendit leurs domaines. Les neveux du famorin furent les feuls princes qui ne furent point rétablis.

Ayder ayant mis garnifon à Calicut & à Paniani, donna le gouvernement de cet état au raja de Coilmontour, bramine & prince d'un petit pays dépendant de Maiffour, qui n'eft féparé de celui des nayres que par les montagnes. Il efpéroit que ce prince refpectable pour les nayres, en fa qualité de bramine, feroit d'autant plus propre à les maintenir dans la paix & dans le devoir, qu'il étoit plus au fait de leurs mœurs & de leurs coutumes.

Quelques années après, Ayder fentit que la

côte Malabare ne feroit jamais tranquille , tant que les princes nayres feroient fur les frontières & dans le pays de Travancour , & il réfolut de conquérir ce royaume ; il n'avoit d'autre prétexte que les fecours & l'afyle donnés à fes ennemis par le roi de cette contrée. Quoique ce royaume foit d'une petite étendue, il eft très-peuplé ; & Sam-Raja qui en étoit fouverain , avoit acquis une réputation de fageffe & de valeur qui devoit faire craindre beaucoup de, réfiftance.

Ayder favoit que fon ennemi travailloit depuis long-temps à difcipliner fon armée ; qu'il avoit un corps nombreux de cipayes, & une artillerie fervie par de bons canoniers fournis par les danois, les anglois & les hollandois. Il favoit auffi qu'on ne pouvoit pénétrer dans le Travancor que par des gorges & des montagnes où Ram-Raja avoit élevé des fortereffes & des retranchemens, & il n'ignoroit pas que les anglois, jaloux de fa puiffance, avoient raffemblé des troupes dans le Maduré & le Marava, pays de la dépendance de Méhémet-Ali-Khan & frontière de Travancor. Mais, habitué à furmonter les obftacles qui s'oppofoient à fes projets, Ayder étoit fermement déterminé à entreprendre la guerre de Travancor. Il fe fioit aux promeffes des députés anglois qui étoient venus le trouver fur la côte de Malabar, à qui même il avoit accordé la confirmation de tous leurs privilèges, & une permiffion d'établir une factorerie à Onor; il fe perfuadoit auffi que les troupes des anglois n'étoient raffemblées que pour garantir de toute infulte le pays de Méhémet-Ali, nabab d'Arcate.

Maffous-Khan étoit venu le voir de la part de Nizam-Ali-Khan qui lui avoit envoyé de magnifiques préfens ; il favoit que ce fouba du décan s'occupoit de petites guerres contre fes vaffaux, aidé d'un corps de troupes angloifes commandé par le général Schmidt, & il croyoit n'avoir rien à redouter de fa part.

Pour ne pas effuyer de diverfion durant la guerre qu'il avoit projettée, Ayder écrivit au gouverneur de Scirra, fon beau-frère, de renouveller avec les marattes la trève qui étoit fur le point d'expirer ; ce qui lui paroiffoit facile, au moyen de quelque argent donné à propos aux chefs de cette nation.

Le projet de la guerre de Travancour & la néceffité de garnir les pays conquis, obligèrent Ayder à faire des levées d'hommes confidérables ; & voulant mettre à profit le tems qui devoit s'écouler jufqu'au moment qu'il avoit fixé pour marcher contre Ram-Raja, il exerçoit fes troupes & fon artillerie par les officiers européens; il affiftoit tous les jours, avec fon fils & fes généraux, aux exercices & aux évolutions.

Dès que les anglois eurent appris les préparatifs d'Ayder, que la renommée avoit beaucoup groffi ; ils en conçurent de l'ombrage, ainfi que du long féjour de ce nabab à Coilmontour, ville

capitale d'un petit pays, frontière du Maduré.

Dans l'incertitude où ils étoient des intentions fecrettes d'Ayder, ils réfolurent de faire partir de Madrafs fon Ouaquil bramine, appellé Menagi-Baudec. Une lettre du gouverneur & du confeil lui annonçoit une ambaffade folemnelle, compofée du colonel Call ; ingénieur en chef, & du confeiller Bofchier, frère du gouverneur. Ayder croyant qu'on vouloit lui faire des propofitions relatives au Travancour & à la côte de Malabar, contraires à fes vues, éluda la propofition de cette ambaffade.

Les fuites ont peu de rapport à cet article : nous avons parlé ailleurs des guerres d'Ayder Aly depuis 1763. Nous ajouterons feulement que, peu après les événemens dont nous parlions toutà-l'heure, il conquit le royaume de Bifnagar & de Travancor ; & qu'ainfi fes états étoient compofés de la foubaïe de Scirra, du royaume de Maiffour, de celui de Canara, de celui de Calicut, & de ceux de Bifnagar & de Travancor: nous ignorons fi Tippo-Saïb eft aujourd'hui le maître de tous ces domaines.

Ayder regardant avec jufte raifon fon royaume de Canara comme le plus bel héritage qu'il pût laiffer à fes enfans, défigna Ayder-Nagar pour la capitale de tous fes états. Il y avoit fait venir toute fa famille, à la réferve de fa première femme, fœur de Moctum & mere de Tippo-Saïb fon fils aîné, qui defira demeurer à Benguélour. Ayder vouloit établir dans ce royaume un gouvernement propre à le faire aimer de fes peuples ; il y réuffit au-delà de fes efpérances. Il partagea entre fes proches le gouvernement de fes autres états.

Il laiffa le gouvernement de Benguelour & du pays qui en dépend à Ibrahim-Ali-Khan fon oncle, qui en jouiffoit depuis fi long-tems. Il donna à Moctum-Ali-Khan le gouvernement du royaume de Maiffour ; à Mirza, celui de Scirra & de tout fon diftrict ; & à un fils de fon oncle, nommé Amin-Saïb, le gouvernement du royaume de Bifnagar.

Ali-Raja ayant formé, dès le commencement de la belle faifon, une flottille, conquit les îfles Maldives, fous le prétexte de quelque injuftice qui avoit été faite à fa nation ; & après avoir fait prifonnier le roi de ces îfles, il eût la barbarie de lui crever les yeux. Cette conquête fut faite au nom d'Ayder, dont la flotte portoit les pavillons.

Ali-Raja ayant ramené fa flotte victorieufe à Mangalor, vint à Nagar faire hommage de fa conquête à Ayder ; il lui préfenta l'infortuné roi des Maldives. Ayder fut fi irrité de la cruauté d'Ali-Raja, qu'il lui ôta fur le champ le commandement de fa flotte : il le donna enfuite à un anglois, nommé Stanet. Pénétré de la barbarie d'Ali-Raja, il pria le roi des Maldives de lui pardonner les excès auxquels s'étoit porté fon amiral

amiral en le privant de la vue ; & après lui avoir témoigné combien il en étoit touché, & lui avoir dit tout ce qu'il crut pouvoir le consoler, il lui donna un de ses palais pour retraite, avec un revenu suffisant pour lui procurer l'aisance & les plaisirs que son état lui permettoit de goûter.

Les courtisans & les poëtes de la cour d'Ayder, peu au fait de la Géographie (1), ayant appris que leur roi étoit devenu maître de douze mille isles, ajoutèrent à tous ses titres celui des isles de la mer.

Ayder & les petits souverains de l'Inde ayant eu souvent des disputes avec les marattes, à l'occasion du chotaie, nous allons dire ici ce que c'est que le chotaie, & terminer l'article par quelques remarques sur la manière dont on fait la guerre dans l'Inde ; & par une évaluation imparfaite des domaines d'Ayder-Aly. Le chotaie est le septième du revenu de la soubabie du Décan & des pays qui en dépendent, que Aurengzeb accorda aux marattes : il ne se paye pas exactement ; les marattes lèvent des contributions plus ou moins fortes, suivant les circonstances & la foiblesse de celui qui les paye. Ayder possédoit beaucoup de pays, comme le *Maissour*, &c. qui devoient le chotaie ; il ne voulut point se soumettre à ce paiement ; il dit nettement que personne n'avoit le droit de forcer les peuples à à payer d'autres tributs ou impôts, que pour le bien-être de l'état, ou par le droit du plus fort ; que les marattes étant dans ce dernier cas, il ne leur devoit rien, parce que Dieu l'avoit fait assez puissant pour défendre ses sujets contre eux. Il ne faisoit jamais de paix avec les marattes, mais seulement des trèves de trois ans ; il leur payoit alors une somme, & quelquefois il ne payoit rien, suivant ses différens succès.

Ayder, pour défendre ses états attaqués par les marattes, par le soubah de Décan & par les anglois, a été réduit plusieurs fois à dévaster trente lieues de son pays ; il ordonnoit aux habitans d'emporter leurs denrées, leurs meubles, leur argent & leurs effets précieux, pour brûler les cabanes ; & cet ordre a toujours été exécuté à la rigueur ; les habitans se transportent gaiement aux lieux qu'on leur assigne.

On sera moins surpris que tout un peuple abandonne gaiement ses maisons, lorsqu'on saura que toutes les terres appartiennent au souverain ; que le cultivateur n'est autre chose qu'un fermier annuel, & que les indiens de ce pays, même les habitans des villes, n'ont d'autres meubles qu'un bois de lit, dont le fond est une sangle ; (les plus riches couchent sur un tapis piqué) quelques cof-

fres de carton peints & vernis, qui renferment leur linge, quelques nates & ustensiles de terre, sans tables ni chaises, dont l'usage leur est inconnu, de même que les trois quarts des meubles qui servent aux européens ; leurs maisons, bâties en terre ou brique, ont peu de boiserie, ensorte que le mal causé par l'ennemi le plus destructeur, est bientôt réparé.

L'empire d'Ayder comprenoit en 1767, lorsqu'il commença la guerre contre les anglois, le royaume de *Maissour*, le pays de Benguelour qui en faisoit autrefois partie, une portion du *Carnate* qu'on appelle aussi *pays de montagnes*, & qui comprend toutes les vallées & les montagnes, depuis Ambour jusqu'à Maduré, Travancor & les domaines des environs, la ville de Scirra, le pays de Ballapour, le petit royaume de Bisnagar, le royaume de Canara, qui se prolonge jusqu'au cap de Rama sur les bords de la mer, & jusqu'au Visapour dans les terres, & enfin une partie de la côte de Malabar & les isles Maldives. Tous ces états d'Ayder se trouvoient rassemblés, & défendus, du côté des anglois, par des montagnes & par des gorges. Ils contenoient, si l'on en croit le bruit populaire, plus de mille forteresses, grandes ou petites. L'auteur de la vie de ce prince atteste, après les avoir vu, que leur nombre en est considérable. Toutes les grandes forteresses sont défendues par des troupes de l'armée qu'on change de tems à autre, & par des troupes de garnison ou espèce de milices ; les petites forteresses n'ont que des soldats de milices pour garnison ; & lors d'une invasion de l'ennemi, les habitans des montagnes s'arment au moindre signal, se jettent dedans, & se défendent avec assez d'opiniâtreté pour exiger un siège. Ces forteresses, qui paroissent avoir été élevées pour se garantir des incursions des marattes, ont des fossés, des bastions ou des tours ; les fortifications de plusieurs sont revêtues de pierres ou de briques ; mais la plus grande partie des petites, sur-tout celles du plat pays, ont des remparts en terre rouge : cette terre rouge acquiert en peu de temps une consistance égale à celle des briques cuites au soleil.

Les états d'Ayder abondoient en riz & en toute sorte de denrées ; ils étoient remplis de bœufs, de moutons, de chèvres & d'éléphans ; la plupart des chevaux & des chameaux se tiroient de l'étranger ; mais ce prince qui connoissoit l'utilité de ces animaux à la guerre, avoit toujours en réserve, dans des villages, deux ou trois cents éléphans & quinze ou vingt mille chevaux.

---

(1) Les poëtes sont en grand nombre dans l'Indostan. Il y en a sur-tout beaucoup dans les cours. Ayder avoit un poëte de la cour en titre : il lui donnoit deux mille cinq cens livres par mois, ou mille roupies d'appointemens, & le rang de chef ou général de mille hommes. Il composoit un poëme à chaque événement glorieux pour le prince.

On évaluoit les forces d'Ayder - Ali - Khan à cent quatre - vingt ou deux cents mille hommes environ, dont vingt - cinq mille de cavalerie; mais comme il falloit garnir toutes les forteresses, & laisser quelques troupes sur les frontières, l'armée qu'il faisoit marcher contre les anglois, étoit de cinquante à cinquante-cinq mille hommes, dont dix-huit mille de cavalerie; il avoit dix mille hommes d'excellente cavalerie, & environ huit mille marattes, pandaris & autres, qu'on ne peut mieux comparer qu'aux cosaques qui suivent l'armée russe; car ils ne sont propres qu'à ravager le pays & à piller les bagages. Il avoit en infanterie vingt mille cipaies ou topas, armés de seize mille bons fusils; le reste de l'infanterie étoit des péadars, carnates ou caleros, armés de fusils à mèche & de lances.

Le nombre des européens montoit à environ sept cents cinquante, divisés en deux compagnies de dragons ou hussards, en deux cents cinquante canoniers, & en officiers & sergens dispersés dans les régimens de grenadiers & de topas.

Il avoit environ mille hommes, dont les armes sont inconnues ou hors d'usage en Europe : ceux-ci étoient montés deux à deux sur des chameaux de course ; ils portoient de longs mousquets à serpentins, du calibre d'une balle d'environ trois onces, qui ont une très-grande portée. Ces mousquets s'appuient sur une fourche de fer attachée au canon; ce corps, formé d'excellens tireurs, suivoit la cavalerie; il se jettoit sur les flancs dans les lieux fourrés.

Mille ou douze cents hommes portoient des fouguettes ou fusées de fer : ce sont des boëtes de tolle attachées à des baguettes & pleines d'artifice, qu'on peut jetter comme les fusées; il y en a qui contiennent plus d'une livre de poudre ou d'artifice, & qui ont une portée de cinq cens toises. Plusieurs de ces fusées éclatent, d'autres ont le bout du fer acéré, & produisent l'effet d'une arme perçante. D'autres ont le bout percé & mettent le feu; cette arme est dispendieuse & peu proportionnée à ses effets; mais elle met quelquefois le feu aux caissons de munitions. Ces fouguettes sont très-propres à incendier les villes & les villages où l'ennemi a des magasins. Une cavalerie qui n'y est point habituée, seroit bientôt mise en désordre; elles ont sur le fusil l'avantage de parcourir une ligne courbe, par conséquent de pouvoir être tirées par des gens qui sont derrière une ligne de combattans à pied ou à cheval; en tombant aux pieds des chevaux, elles y produisent une espèce de feu de forge qui les effraie; elles éclatent & blessent les chevaux aux jambes, & elles décrivent des zigzags qui les incommodent beaucoup. Les anglois se sont servis de cette arme contre la cavalerie d'Ayder.

Nous ne ferons point entrer au nombre des

forces d'Ayder, sa flottille qui n'étoit alors composée que d'un vieux vaisseau acheté des danois, percé pour soixante pièces de canon, & qui en portoit cinquante; de trois autres de vingt-quatre à trente-deux canons; de sept à huit prames, bâtimens à voiles & à rames de douze & quatorze canons, & d'une vingtaine de galvètes ou grandes galiotes, portant quatre-vingts hommes & deux canons. Nous voudrions pouvoir indiquer la population, les revenus, &c. des états d'Ayder-Aly; mais nous n'avons pu obtenir sur ce point des détails précis. Le lecteur trouvera quelques détails sur l'étendue, la population, les revenus & les forces des différentes souverainetés de l'Inde, dans l'Annual register, ouvrage précieux dont on publie un volume chaque année. Il verra, par exemple, dans celui de 1782, des détails de ce genre sur le pays des marattes : nous les donnerons à l'article MARATTES. Voyez les articles ARCATE, MADRASS, BENGALE, BOMBAY, COROMANDEL, MALABAR, MARATTES, INDOSTAN, TANJAOUR, &c.

MAJORAT. Voyez NOBLESSE.

MALABAR (côte de), dans l'Inde.

Le Malabar proprement dit n'est que le pays situé entre le cap Comorin & la rivière de Neliceram. Cependant, pour nous conformer aux idées généralement reçues en Europe, nous appellerons de ce nom tout l'espace qui s'étend depuis l'Indus jusqu'au cap Comorin. Nous y comprendrons même les isles voisines, en commençant par les maldives.

Les maldives forment une longue chaîne d'isles à l'ouest du cap Comorin, qui est la terre ferme la plus voisine. Elles sont partagées en treize provinces, qu'on nomme Atollons. Cette division est l'ouvrage de la nature, qui a entouré chaque Atollon d'un banc de pierre qui le défend mieux que les meilleures fortifications contre l'impétuosité des flots, ou les attaques de l'ennemi. Les naturels du pays font monter à douze mille le nombre de ces isles, dont les plus petites n'offrent que des monceaux de sables submergés dans les hautes marées, & les plus grandes n'ont qu'une très-petite circonférence. De tous les canaux qui les séparent, il n'y en a que quatre qui puissent recevoir des navires. Les autres sont si peu profonds, qu'on y trouve rarement plus de trois pieds d'eau. On conjecture avec fondement, que toutes ces différentes isles n'en faisoient autrefois qu'une, que l'effort des vagues & des courans, ou quelque grand accident de la nature, aura divisée en plusieurs portions.

Il est vraisemblable que cet archipel fut originairement peuplé par des hommes venus du Malabar. Dans la suite, les arabes y passèrent, en usupèrent la souveraineté, & y établirent leur religion. Les deux nations n'en faisoient plus qu'une, lorsque les portugais, peu de temps après leur arrivée aux Indes, la mirent fous le joug. Cette tyrannie dura peu. La garnifon qui en tenoit les chaînes fut exterminée, & les maldives recouvrèrent leur indépendance. Depuis cette époque, elles étoient foumifes à un defpote qui tenoit fa cour à Male, & qui avoit abandonné toute l'autorité aux prêtres. Il étoit le feul négociant de fes états. Nous avons dit à l'article MAYSSOUR, que l'un des généraux d'Ayder-Aly conquit les ifles maldives, & fit crever les yeux de leur roi. Nous ignorons fi les maldives ont recouvré leur iudépendance depuis cette époque.

Une pareille adminiftration, & la ftérilité du pays qui ne produit que des cocotiers, empêchoient le commerce d'y être confidérable. Les exportations fe réduifoient à des cauris, du poiffon & du kaire.

Le kaire eft l'écorce du cocotier, dont on fait des cables qui fervent à la navigation dans l'Inde. Nulle part il n'eft auffi bon, auffi abondant qu'aux maldives. On en porte une grande quantité avec des cauris, à Ceylan, où ces marchandifes font échangées contre les noix d'areque.

Achem recevoit tous les ans des cargaifons defpoiffons qu'il payoit avec de l'or & du benjoin. L'or reftoit dans les maldives, & le benjoin étoit envoyé à Moka, où il fervoit à acheter environ trois cents balles de cafés, néceffaires à la confommation de ces ifles.

Les cauris font des coquilles blanches & luifantes, qui fervent de monnoie. On en fait des paquets de douze mille. Ce qui ne reftoit pas dans la circulation du pays, ou n'étoit pas porté à Ceylan, paffoit fur les bords du Gange. Il fortoit tous les ans de ce fleuve un grand nombre de bârimens qui alloient vendre du fucre, du riz, des toiles, quelques autres objets moins confidérables aux maldives, & qui fe chargeoient en retour, de cauris pour fept ou huit cents mille livres. Une partie fe difperfoit dans le Bengale, où il fervoit de petite monnoie. Le refte étoit enlevé par les européens, qui l'employoient utilement dans leur commerce d'Afrique. Ils payoient la livre fix fols, la vendoient depuis douze jufqu'à dix-huit dans leurs métropoles, & elle vaut en Guinée jufqu'à trente-cinq.

Le royaume de Travancor, qui s'étend du cap Comorin aux frontières de Cochin, n'étoit autrefois guère plus opulent que les maldives. Il eft vraifemblable qu'il ne dut qu'à fa pauvreté la confervation de fon indépendance, lorfque les mogols s'emparèrent du Maduré. Un monarque qui monta fur le trône vers 1730, & qui l'occupa près de quarante ans, donna à cette couronne une dignité qu'elle n'avoit jamais eue. C'étoit un homme d'un fens exquis & profond. Il recevoit d'un de fes voifins deux ambaffadeurs, dont l'un avoit commencé une harangue prolixe que l'autre fe difpofoit à continuer. Ne foyez pas long, la vie eft courte, lui dit ce prince avec un vifage auftère. Son règne ne fut entaché que par une foi-

bleffe. Il étoit naïve, & fe trouvoit humilié de ne pas appartenir à la première de fes caftes. Dans la vue de s'y incorporer, autant qu'il étoit poffible, il fit fondre en 1752 un veau d'or, y entra par le muffle, & en fortit par la partie oppofée. Ses édits furent datés depuis du jour d'une fi glorieufe renaiffance; & au grand fcandale de tout l'Indoftan, il fut reconnu pour brame par ceux de fes fujets qui jouiffoient de cette grande prérogative.

Par les foins d'un françois nommé la Noye, ce monarque étoit parvenu à former l'armée la mieux difciplinée qu'on eût jamais vue dans ces contrées. Avec ces forces il comptoit, dit-on, conquérir le *Malabar* entier; & peut-être le fuccès auroit-il couronné fon ambition, fi les nations Européennes ne l'euffent traverfée. Malgré ces obftacles, il réuffit à reculer les frontières de fes états, & ce qui étoit infiniment plus difficile, à rendre fes ufurpations utiles à fes peuples. Au milieu du tumulte des armes, l'agriculture fut encouragée, & il s'éleva des manufactures groffières de coton. Il paroît qu'Ayder-Aly avoit conquis le Travancor; mais nous ignorons fi ce royaume fait partie de la fucceffion laiffée à Tippo-Saïb.

Il s'eft formé deux établiffemens européens dans le Travancor.

Celui que les Danois ont à Colefchey eft fans activité : il eft rare & très-rare que cette nation y faffe le plus petit achat ou la moindre vente.

Le comptoir anglois d'Anjinga eft placé fur une langue de terre, à l'embouchure d'une petite rivière obftruée par des fables durant la plus grande partie de l'année. La ville eft remplie de métiers, & fort peuplée. Quatre petits baftions fans foffé, & une garnifon de cent cinquante hommes la défendoient. Cette dépenfe a été jugée inutile. Un feul agent conduit aujourd'hui les affaires avec moins d'éclat & plus d'utilité.

Cochin étoit fort confidérable lorfque les portugais arrivèrent dans l'Inde. Ils s'emparèrent de cette place, dont ils furent chaffés depuis par les hollandois. Le fouverain en la perdant avoit confervé fes états, qui dans l'efpace de vingt-cinq ans ont été envahis fucceffivement par le Travancor. Avant l'invafion d'Ayder-Aly, fes malheurs l'avoient réduit à fe réfugier fous les murs de fon ancienne capitale, où il fubfiftoit d'environ 14,400 liv. qu'on s'étoit obligé, par d'anciennes capitulations, à lui donner fur le produit de fes douanes. On voyoit dans le même fauxbourg une colonie de juifs induftrieux & blancs, qui avoient la folle prétention de s'y être établis du temps de la captivité de Babylone, mais qui certainement y font depuis très-long-temps. Une ville entourée de campagnes très-fertile, bâtie fur une rivière qui reçoit des vaiffeaux de cinq cents tonneaux, & qui forme dans l'intérieur du pays plufieurs branches navigables devroit être naturellement floriffante. S'il n'en eft pas ainfi, l'on ne peut en accufer que le génie oppreffeur du gouvernement.

Ce mauvais efprit eft pour le moins auffi fenfible à Calicut. Avant la conquête d'Ayder-Aly, toutes les nations y étoient reçues, mais aucune n'y dominoit. Le fouverain qui lui donnoit des loix étoit brame ; tout le peuple étoit fous le gouvernement théocratique, qui devient avec le temps le plus mauvais des gouvernemens. Le trône de Calicut étoit prefque le feul de l'Inde occupé par cette première des caftes. On en voit régner ailleurs de moins diftinguées. Il y en a même de fi obfcures fur le trône, que leurs domeftiques feroient déshonorés & chaffés de leurs tribus, s'ils s'avilliffoient jufqu'à manger avec leurs monarques.

Tout le Calicut étoit mal adminiftré, & fa capitale plus mal encore. Elle n'avoit ni police ni fortifications. Son commerce, embarraffé d'une infinité de droits, étoit prefqu'entièrement dans les mains de quelques maures, les plus corrompus, les plus infidèles de l'Afie. Un de fes plus grands avantages étoit de recevoir par la rivière de Beypour, qui n'en eft éloignée que de deux lieues, le bois de teck, qui fe trouve en abondance dans les plaines & fur les montagnes vóifines. Nous avons dit à l'article MAYSSOUR, comment l'état de Calicut fut conquis par Ayder-Aly ; mais nous ne favons pas l'effet qu'a produit cette révolution fur le commerce.

Les poffeffions de la maifon de Colaftry, voifines de Calicut, ne font guère connues que par la colonie françoife de Mahé, & par la colonie angloife de Tallichery. Cette dernière qui avoit, il y a quelques années, une population de quinze à feize mille ames, étoit défendue par trois cents blancs & cinq cents noirs. L'Angleterre a acquis dans l'Inde un afcendant qui ne laiffe plus craindre de voir fes loges infultées, & il paroît qu'elle ne fe donne plus la peine de les garder toutes ; elle retiroit tous les ans, avec très-peu de frais de celle-là, quinze cents mille livres péfant de poivre, & quelques autres denrées de peu d'importance.

A la réferve de quelques principautés qui méritent à peine d'être nommées, les états dont on vient de parler, forment proprement tout le Malabar, contrée plus agréable que riche. On n'en exporte guère que des aromates, des épiceries. Les plus confidérables font le bois de fandal, le fafran d'Inde, le cardamome, le gingembre, la fauffe canelle & le poivre.

L'exportation du poivre, qui fut autrefois toute entière entre les mains des portugais, & que les hollandois, les anglois, les françois fe partagent actuellement, peut s'élever dans le Malabar à dix millions péfant. A dix fols la livre, c'eft un objet de cinq millions. Il fort du pays d'autres productions pour la moitié de cette fomme. Ces ventes le mettent en état de payer le riz qu'il tire du Gange & du Canara, les groffes toiles que

lui fourniffent le Mayffour & le Bengale, & diverfes marchandifes que l'Europe lui envoye. La folde en argent n'eft rien, ou peu de chofe.

Le Canara, contrée limitrophe du Malabar proprement dit, s'eft fucceffivement accru des provinces d'Onor, de Baticala, de Bandel & de Cananor, ce qui lui a donné une affez grande étendue. Il eft très-fertile, & fur-tout en riz. C'étoit autrefois l'état le plus floriffant de ces contrées ; mais il déclina, lorfque fon fouverain fe vit forcé de payer tous les ans un tribut aux marates fes voifins, pour garantir le royaume de leurs brigandages. Sa décadence a augmenté encore depuis que Hyder-Ali-kan en eft devenu le maître. Mangalor, qui lui fert de port, a déchu dans les mêmes proportions. Les navigateurs étrangers l'ont moins fréquenté, & parce que les denrées n'y étoient plus fi abondantes, & parce que la multiplicité des droits en augmentoit exceffivement le prix. Cependant les mœurs font reftées auffi corrompues qu'elles l'avoient été de temps immémorial. Voyez les articles COROMANDEL, BENGALE, MADRASS, PONDICHERY, ARCATE, MAYSSOUR, MARATTES, INDOSTAN.

MALDIVES. Voyez l'article précédent MALABAR.

MALACA, pays ou péninfule de l'Inde.

Le Malaca eft une langue de terre fort étroite, qui peut avoir cent lieues de long. Il ne tient au continent que par la côte du nord, où il confine à l'état de Siam, ou plutôt au royaume de Johor, qui en a été démembré. Tout le refte eft baigné par la mer, qui le fépare de l'ifle de Sumatra, par un canal connu fous le nom de détroit de Malaca. La population de ce pays eft bien ancienne, & fes habitans ont beaucoup influé fur la population du refte du globe ; car les derniers voyages de Cook ont révélé un fait bien extraordinaire. La langue, dans cette multitude d'ifles répandues fur la furface de la mer Pacifique, a beaucoup d'affinité avec la langue malaife.

La nature avoit pourvu au bonheur des malais. Un climat doux, fain & rafraîchi par les vents & les eaux fous le ciel de la zone torride ; une terre prodigue de fruits délicieux qui pourroient fuffire à l'homme fauvage, ouverte à la culture de toutes les productions néceffaires à la fociété ; des bois d'une verdure éternelle ; des fleurs qui naiffent à côté des fleurs mourantes ; un air parfumé des odeurs vives & fuaves qui s'exhalant de tous les végétaux d'une terre aromatique, allument le feu de la volupté dans les êtres qui refpirent la vie : la nature avoit tout fait pour le malais ; mais la fociété avoit tout fait contr'eux.

Le gouvernement le plus dur avoit formé le peuple le plus atroce dans le plus heureux pays du monde. Les loix féodales, nées parmi les rochers & les chênes du nord, avoient pouffé des racines jufques fous l'équateur, au mileu des forêts & des campagnes chéries du ciel, où tout invitoit à jouir en paix d'une vie voluptueufe. C'eſt là qu'un peuple eſclave obéiſſoit à un defpote que repréſentoient vingt tyrans. Le defpotiſme d'un ſultan ſembloit s'être appéſanti ſur la multitude, en ſe ſubdiviſant entre les mains des grands vaſſaux.

Cet état de guerre & d'oppreſſion avoit mis la férocité dans tous les cœurs. Les bienfaits de la terre & du ciel, verſés à *Malaca*, n'y avoient fait que des ingrats & des malheureux. Des maîtres vendoient leur ſervice, c'eſt-à-dire, celui de leurs eſclaves, à qui pouvoit l'acheter. Ils arrachoient leurs ſerfs à l'agriculture. Une vie errante & périlleuſe ſur mer & ſur terre leur convenoit mieux que le travail. Ce peuple avoit conquis un archipel immenſe, célèbre dans tout l'Orient ſous le nom *d'iſles malaiſes*. Il avoit porté dans ſes nombreuſes colonies, ſes loix, ſes mœurs, ſes uſages, &, ce qu'il y avoit de ſingulier, la langue la plus douce de l'Aſie.

Cependant *Malaca* étoit devenu, par ſa ſituation, le plus conſidérable marché de l'Inde. Son port étoit toujours rempli de vaiſſeaux : les uns y arrivoient du Japon, de la Chine, des Philippines, des Moluques, des côtes orientales moins éloignées : les autres s'y rendoient du Bengale, de Coromandel, du Malabar, de Perſe, d'Arabie & d'Afrique. Tous ces navigateurs y traitoient entr'eux, & avec les habitans, dans la plus grande ſécurité. L'attrait des malais pour le brigandage avoit enfin cédé à un intérêt plus ſûr que les ſuccès toujours vagues, toujours douteux, de la piraterie.

Les portugais voulurent prendre part à ce commerce de toute l'Aſie. Ils ſe montrèrent d'abord à *Malaca* comme ſimple négocians. Les uſurpations dans l'Inde avoient rendu leur pavillon ſi ſuſpect, & les arabes communiquèrent ſi rapidement leur animoſité contre ces conquérans, qu'on s'occupa du ſoin de les détruire. On leur tendit des pièges où ils tombèrent. Pluſieurs d'entr'eux furent maſſacrés, d'autres mis aux fers. Ce qui put échaper regagna les vaiſſeaux, qui ſe ſauvèrent au Malabar.

Albuquerque n'avoit pas attendu cette violence, pour ſonger à s'emparer de *Malaca*. Cependant elle dut lui être agréable, parce qu'elle donnoit à ſon entrepriſe un air de juſtice, propre à diminuer la haine qu'elle auroit naturellement attirer au nom portugais. Le temps auroit affoibli une impreſſion qu'il croyoit lui être avantageuſe ; il ne différa pas d'un inſtant ſa vengeance. Cette activité avoit été prévue ; & il trouva, en arrivant devant la place, au commencement de 1511, des diſpoſitions faites pour le recevoir.

Un obſtacle plus grand que cet appareil formidable enchaîna pendant quelques jours la valeur du général chrétien. Son ami Araújo étoit du nombre des priſonniers d'une première expédition.

On menaçoit de le faire périr au moment où commençoit le ſiège. Albuquerque étoit ſenſible, & il étoit arrêté par le danger de ſon ami, lorſqu'il en reçut ce billet : *ne penſez qu'à la gloire & à l'avantage du Portugal ; ſi je ne puis être un inſtrument de votre victoire, que je n'y ſois pas au moins un obſtacle.* La place fut attaquée & priſe, après bien des combats douteux, ſanglans & opiniâtres. On y trouva des tréſors immenſes, de grands magaſins, tout ce qui pouvoit rendre la vie délicieuſe, & l'on y conſtruiſit une citadelle pour garantir la ſtabilité de la conquête.

Comme les portugais ſe bornèrent à la poſſeſſion de la ville, ceux des habitans, tous ſectateurs d'un mahométiſme fort corrompu, qui ne voulurent pas ſubir le nouveau joug, s'enfoncèrent dans les terres, ou ſe répandirent ſur la côte. En perdant l'eſprit de commerce, ils ont repris toute la violence de leur caractère. Ce peuple ne marche jamais ſans un poignard, qu'il appelle *cri*. Il ſemble avoir épuiſé toute l'invention de ſon génie ſanguinaire à forger cette arme meurtrière. Rien de ſi dangereux que de tels hommes avec un tel inſtrument. Embarqués ſur un vaiſſeau, ils poignardent tout l'équipage au moment de la plus profonde ſécurité. Depuis qu'on a connu leur perfidie, tous les européens ont pris la précaution de ne pas ſe ſervir de malais pour matelots.

En 1641, les hollandois enlevèrent *Malaca* aux portugais ; mais le commerce y étoit tout-à-fait tombé, depuis que des exactions criminelles en avoient éloigné toutes les nations. La compagnie hollandoiſe ne l'y a pas fait revivre, ſoit qu'elle ait trouvé des difficultés inſurmontables, ſoit qu'elle ait manqué de modération, ſoit qu'elle ait craint de nuire à Batavia. Ses opérations ſe réduiſent à l'échange d'une petite quantité d'opium & de quelques toiles, avec un peu d'or, d'étain & d'ivoire.

Ses affaires ſeroient plus conſidérables, ſi les princes de cette région étoient plus fideles au traité excluſif qu'ils ont fait avec elle. Malheureuſement pour ſes intérêts, ils ont formé des liaiſons avec les anglois qui fourniſſent à leurs beſoins, à meilleur marché, & qui achètent plus cher leurs marchandiſes. Elle ſe dédommage un peu ſur ſes fermes & ſes douanes qui lui donnent 220,000 liv. par an. Cependant ces revenus, joints aux bénéfices du commerce, ne ſuffiſent pas pour l'entretien de la garniſon & des facteurs. Il en coûte annuellement 44,000 liv. à la compagnie.

Il fut un temps où ce ſacrifice auroit pu paroître léger. Avant que les européens euſſent doublé le cap de Bonne-Eſpérance, les arabes & tous les autres navigateurs ſe rendoient à *Malaca*, où ils trouvoient les navigateurs des Moluques, du Japon & de la Chine. Lorſque les portugais ſe furent emparés de cette place, ils n'attendirent pas qu'on y portât les marchandifes de l'eft de l'Afie ; ils les alloient chercher eux-mêmes, & faifoient leur retour par les ifles de la Sonde. Les hollandois, devenus poffeffeurs de *Malaca* & de Batavia, fe trouvèrent maîtres des deux feuls paffages connus, & en état d'intercepter les vaiffeaux de leurs ennemis dans des tems de trouble. On découvrit depuis, les détroits de Lombock & de Bali, & *Malaca* perdit alors l'unique avantage qui lui donnât de l'importance. Heureufement pour les hollandois, à cette époque, ils foumettoient Ceylan qui devoit leur donner de la canelle, comme les Moluques leur donnoient la mufcade & le girofle. *Voyez* les articles MOLUQUES & PROVINCES-UNIES.

MALOUINES ou ifles FALKLAND : les françois, les efpagnols & les anglois n'ont pas encore formé les établiffemens qu'on avoit projetté fur ces ifles : il eft même vraifemblable que la ftérilité du fol & la dureté du climat y feront renoncer, & nous nous contenterons de renvoyer au dictionnaire de Géographie.

MALMEDY & STABLO, abbayes princières d'Allemagne. Le territoire des abbayes de Stablo & de Malmedy, ou la principauté de ce nom, fe trouve fur les cartes de l'évêché de Liège. Il eft borné par cet évêché &' par les duchés de Luxembourg & de Limbourg.

S. Remacle fonda ces abbayes de bénédictins vers le milieu du feptième fiècle : elles ont un feul & même abbé qu'elles élifent en commun : cette élection, ainfi que la préféance, ont été depuis long-temps le fujet de beaucoup de difputes entre les deux abbayes ; celle de Stablo prétend non-feulement qu'elle eft la première, mais auffi que celle de *Malmedy* lui eft foumife comme une cellule l'eft à fon couvent : *Malmedy* foutient au contraire que Stablo n'a aucune fupériorité. On peut voir les écrits publiés fur cette matière par Edmond Martene & par Ignace Roderique. Quoi qu'il en foit, l'élection commune d'un nouvel abbé fe fait dans l'abbaye de Stablo ; & quand l'abbé reçoit l'inveftiture impériale des droits régaliens, on ne parle communément que de l'abbaye de Stablo ; d'ailleurs, dans la nomination de l'abbé, on omet ordinairement l'abbaye de Malmedy (ce qui peut-être ne fe fait que par abbréviation), & les moines de Malmedy prononcent leurs vœux dans l'abbaye de Stablo

L'abbé de Stablo eft prince de l'Empire & comte de Logue ; il reçoit l'inveftiture impériale des droits régaliens & de la fupériorité territoriale, tant pour la principauté de Stablo que pour le comté de Logue. A la diète de l'Empire, il fiège entre les abbés princiers de Brünn & de Corvey. Sa taxe matriculaire eft de deux cavaliers & 22 fantaffins, ou 112 florins par mois, & fa contribution pour l'entretien de la chambre impériale eft par chaque terme de 81 rixdales 14

& demi kr. Dans les affemblées du cercle de Weftphalie, il fuit l'abbé de Corvey. Ses revenus annuels font d'environ 24 mille florins. L'abbaye de Stablo eft du diocèfe de Liège, & celle de *Malmedy* de celui de Cologne. L'abbé eft confacré par l'évêque de Liège.

MALTHE, ifle de la Méditerranée, qui appartient à l'ordre de *Malthe* : elle eft fituée à environ 15 milles géographiques de la côte de Sicile. Elle porta autrefois le nom d'*Iperia*, enfuite celui d'*Ogygya*. Dans des tems poftérieurs, les grecs l'appellèrent *Mélite*, nom qui fut changé par les farrafins en celui de *Malta* ou *Malthe*. Les Actes des apôtres, chap. 28, en parlent. On lui donne 20,000 pas de longueur, 12,000 dans fa plus grande largeur, & on évalue toute la circonférence à 60,000 pas, ou à foixante milles italiens.

Productions. Elle eft pleine de rochers. Le bled qu'elle produit, ne peut nourrir fes habitans que fix mois. On y a tranfporté de Sicile une grande quantité de terre, pour recouvrir fon fol pierreux & le fertilifer ; mais comme il y pleut rarement, cette terre s'eft bientôt convertie en pouffiere. On n'y recueille pas affez de vin pour la confommation, & on y manque de bois. D'un autre côté, cette ifle produit des oranges, des figues, du coton, du miel, & elle a d'affez bons pâturages. On y fait du fel avec de l'eau de la mer, & on y pêche beaucoup de corail.

Revenus & population. Ses revenus annuels s'évaluent à la fomme de 76 mille écus. Le nombre de fes habitans eft d'environ 60 mille.

Précis de l'hiftoire politique de Malthe. Les phéaciens habitèrent autrefois cette ifle ; ils furent chaffés enfuite par les phéniciens qui firent place aux grecs. Il paroît qu'elle fut foumife aux carthaginois, auxquels elle fut enlevée par les romains. Lors de la décadence de l'Empire romain, elle paffa fous la domination des goths, & fut depuis conquife par les farrafins, qui en furent dépouillés en 1090 par les normands. Depuis cette époque, elle eut toujours les mêmes maîtres que la Sicile. Enfin Charles-Quint la donna aux chevaliers de Saint-Jean de Jérufalem.

Ces chevaliers tirent leur origine de la Terre-Sainte : plufieurs marchands d'Amalfi, ville du royaume de Naples, s'étoient, à la faveur de leur trafic, concilié les bonnes graces du prince farrafin, & ils en obtinrent la permiffion de bâtir une églife à Jérufalem. Elle fut terminée en 1048, & nommée *fainte Marie des latins*. D'après le traité conclu entre l'empereur grec, Conftantin le moine & les califes farrafins, le faint fépulchre fut vifité par un grand nombre de pélerins, fur-tout par des chrétiens des pays occidentaux, & ces marchands conftruifirent un hôpital avec un oratoire pour la commodité des pélerins. Ils le confacrèrent à S. Jean-Baptifte, & y établirent des frères pour le fervir. Ces moines prirent le nom de *frères hospitaliers* ; & , felon le titre de leur églife , celui de *frères de S. Jean*. D'abord on leur apporta d'Amalfi toutes les chofes néceffaires à leur fubfiftance ; mais Jérufalem & la Terre-Sainte ayant été conquifes par Godefroi de Bouillon , & les frères hospitaliers lui ayant rendu de grands fervices en cette occafion, il leur donna des domaines. Son fucceffeur Baudouin confia à leur garde, des fortereffes & des villes ; & dans un chapitre général, ils élurent pour leur grand-maître Raimond de Podio, qui en fit un ordre religieux, & les aftreignit aux vœux de chafteté, de pauvreté & d'obéiffance. Il leur fit porter la croix octogone & le manteau noir, & les divifa en trois claffes ; favoir, les chevaliers, les chapelains & les fervans d'armes. Leur inftitution eut lieu fur la fin de l'onzième fiècle, & fut confirmée par le pape. La valeur & les actions glorieufes des chevaliers attirèrent à l'ordre de grandes richeffes ; ils foutinrent deux cents ans les affauts continuels des turcs, & fe maintinrent dans la Syrie & dans la Terre-Sainte. Mais ayant perdu en 1191 Acre, leur dernière ville, ils fe tournèrent du côté de l'ifle de Chypre, & en 1309 fe rendirent maîtres de l'ifle de Rhodes & des ifles de Nicoria, Epifcopia, Jolli, Limonia & Sirana. Le pape Clément V leur en affura la poffeffion, & ils la confervèrent deux cents treize ans. A cette époque, ils commencèrent à prendre le nom de *chevaliers de Rhodes*. En 1522, après une longue & vigoureufe réfiftance, ils en furent dépoffédés par Soliman II; ils fe retirèrent d'abord dans l'ifle de Candie ; les uns paffèrent enfuite à Venife, le refte à Viterbe & en quelques autres endroits d'Italie, & principalement à Nice en Savoie. Charles-Quint, craignant que l'empereur Soliman ne fît une irruption en Italie, les appella à Syracufe ; mais ils y demeurèrent peu de temps ; car cet empereur, après différens traités, leur céda en 1529 les ifles de *Malthe* & de Gozo, & les chargea de la défenfe de Tripoli, dont il étoit alors en poffeffion. On les obligea à faire une guerre continuelle aux turcs & aux corfaires, & à promettre par ferment 1°. que jamais ils n'abuferoient de la ceffion de ces ifles au préjudice du royaume d'Efpagne : 2°. que le droit de patronage fur l'évêché de *Malthe* appartiendroit toujours au roi d'Efpagne, comme fouverain de la Sicile ; qu'il choifiroit pour évêque un des trois fujets qui lui feroient propofés par le grand-maître : 3°. que le capitaine des galères feroit un italien, & jamais un étranger fufpect à la cour d'Efpagne (cet article ne s'obferve plus) : 4°. que fi l'ordre rentroit quelque jour en poffeffion de Rhodes ou fixoit fon fiège ailleurs, les ifles cédées repafferoient fous la domination du roi d'Efpagne, comme fouverain de la Sicile ; & 5°. qu'en reconnoiffance du lien vaffalitique, l'ordre enverroit tous les ans un faucon au vice-

roi de Naples. Depuis cette époque, ils ont toujours porté le nom de *chevaliers de Malthe*. Nous remarquerons, fur le fecond de ces articles, qu'en 1753 l'évêque de Syracufe, par ordre du roi, effaya à deux reprifes de vifiter les églifes de *Malthe*, pour y exercer la jurifdiction temporelle auffi-bien que la fpirituelle, mais que le grand-maître s'y oppofa. Ce démêlé entre la cour de Naples & l'ordre de *Malthe* fut terminé au commencement de l'année 1755.

Remarques fur l'ordre de Malthe. L'ordre de *Malthe* eft compofé de huit langues ou nations, dont les plus confidérables font la françoife, l'italienne, l'efpagnole, l'angloife & l'allemande. Il y a trois langues en France ; celle d'Auvergne, celle de Provence, & celle de France proprement dite. L'Efpagne eft divifée en deux autres ; celle d'Arragon & celle de Caftille. Le prieuré de Danemarck, de Suède & de Hongrie étoit autrefois uni à la langue allemande. Ces pays ont beaucoup contribué aux progrès de l'ordre ; mais la France y a contribué particuliérement : il y a dans ce royaume trois cents commanderies; & fi l'on compte toutes celles que l'ordre poffède ailleurs, on en trouvera affés pour faire vivre 3000 chevaliers. Les domaines de l'ordre ont cependant beaucoup diminué, fur-tout à l'extinction du prieuré d'Angleterre, de Danemarck, de Suède & de Hongrie ; & la réformation & les guerres lui en ont enlevé un grand nombre en Allemagne & dans les Pays-Bas.

L'ordre de *Malthe* obferve la règle de faint Auguftin ; & comme les chevaliers font folemnellement les trois vœux, c'eft un ordre religieux fubordonné au pape. Les chevaliers, chapelains & fervants s'appellent *frères* indiftinctement, & le grand-maître lui-même ne rougit pas de ce titre. Celui-ci a des prérogatives confidérables. Les autres puiffances lui donnent le titre d'alteffe éminentiffime. Quoiqu'il ne foit jamais foumis à la jurifdiction d'aucune puiffance féculière, on a porté plufieurs fois des accufations contre l'ordre & contre lui-même au tribunal du pape. En ce qui regarde le corps dont il eft chef, le grand-maître eft foumis au confeil & au chapitre de l'ordre ; mais il eft maître abfolu en tout ce qui concerne les ifles & leurs habitans. Il eft ordinairement vêtu d'une longue robe noire d'une coupe particulière : les clefs d'or du faint fépulchre font fufpendues à fes côtés ; mais à la campagne il eft en habit féculier, & il porte l'épée. Ses fujets l'appellent *eminenza fereniffima*; mais les chevaliers & les étrangers lui donnent fimplement le titre d'*eminenza*.

Les principales charges de l'ordre font les baillifs conventuels, qui forment, pour ainfi dire, le confeil du grand-maître, & font comme les chefs des huit langues. Les voici par ordre: 1°. le grand commandeur qui eft choifi dans la nation provençale ; il eft le préfident du tréfor

& de la chambre : 2°. le maréchal qui est élu dans la langue d'Auvergne, a le commandement des troupes, & il peut à son gré disposer des prisonniers de guerre : 3°. l'amiral, appellé proprement le *général des galères* : on le choisit dans toutes les langues. Aucun chevalier ne s'avise de garder cette dignité plus de trois ou quatre ans, à cause des grandes dépenses qu'elle exige, elles excèdent 100,000 francs : on parvient par elle aux commanderies & prieurés les plus riches : 4°. le grand conservateur se tire de la langue arragonoise, & ses fonctions sont de signer les billets de la solde : 5°. le grand chancelier élu dans la langue castillane ; il a la surintendance des affaires de la chancellerie : 6°. le grand baillif qui est choisi dans la nation allemande, & qui a l'inspection sur les forteresses de Civita-Vecchia, & de l'isle de Gozo : 7°. le turcopelier qui étoit autrefois élu dans la nation angloise, présidoit à la cavalerie & aux gardes. C'est à présent le sénéchal qui en remplit les fonctions.

Viennent ensuite les prieurés, parmi lesquels le grand prieuré d'Allemagne tient la première place. Ce grand prieur fut déclaré prince de l'Empire en 1546 par Charles-Quint, qui lui donna voix & séance à la diète générale de l'Empire sur le banc des abbés-princes. Il réside à Heitersheim en Brisgau, *voyez* l'article HEITERSHEIM. Il est obligé d'envoyer tous les ans une certaine somme à titre de subside contre les turcs, & une autre au grand-maître de *Malthe*, dont il est, pour ainsi dire, le vicaire.

Suivent enfin les chevaliers, qui sont tous nobles & obligés de prouver un certain nombre de quartiers. Cette classe porte le nom de *chevaliers de justice*, pour les distinguer des chevaliers de grace, qui ne peuvent pas faire les preuves requises ; mais qui, d'après leur mérite personnel, sont déclarés chevaliers & peuvent avoir des commanderies. Les statuts défendent d'admettre dans l'ordre aucun enfant illégitime, (si ce n'est ceux des grands seigneurs), ni aucun sujet au-dessous de dix-huit ans ; mais le pape est le maître d'accorder à cet égard des dispenses, & d'ailleurs le grand-maître a le droit de faire des exceptions à cette règle en faveur de six personnes.

La principale loi de l'ordre, qui portoit que chaque chevalier devoit se trouver à trois expéditions au moins contre les turcs, ne s'observe plus exactement. La religion protestante a aussi adopté la charge de grand-maître de l'ordre de Saint-Jean, connue en Allemagne sous le nom d'*herren-Meisterthum*.

La petite isle de Comino, appellée anciennement *Hephæstia*, & qui dépend de *Malthe*, est située entre *Malthe* & *Gozo*. Elle a cinq mille pas de circonférence, & elle est fertile. Le fort qu'elle contient, domine le détroit qui sépare cette isle de celle de Malthe & fait face au fort Rosso.

L'isle de Gozo, anciennement *Gaulos*, est voisine de la précédente : elle a douze milles d'Italie de long sur six de large & trente de circonférence. Elle est très-fertile & contient 3000 habitans. Elle rapporte annuellement 25,000 écus, & a le titre de marquisat. On y trouve de bons ports, & trois forts servent à sa défense. L'un d'eux est au milieu de l'isle ; les deux autres sont sur la côte, & s'appellent, l'un *forte di Garsa*, & l'autre *le Forno*. On y voit d'ailleurs une citadelle plus moderne, composée de six bastions, & qu'on nomme *la forteresse de Chambray*. —

MAN, isle de la mer du nord, appartenant à l'Angleterre. Elle est si peu importante que nous renvoyons au dictionnaire de Géographie.

MANSFELD, comté d'Allemagne au cercle de la Haute-Saxe : il touche aux bailliages de Sangerhausen, de Sittichenbach & de Querfurt, de la Saxe électorale ; au bailliage d'Allstett, de la principauté d'Eisenach, à l'évêché de Mersebourg, au duché de Magdebourg, aux principautés d'Anhalt & de Halberstadt, & enfin au comté de Stolberg. Sa plus grande longueur est de sept mille, & sa largeur n'en excède pas quatre. Le pays est très-fertile, quoique montueux.

On tiroit autrefois chaque année 18 à 20,000 quintaux de cuivre, qui rendoient dix à douze onces d'argent par quintal ; mais les mines donnent aujourd'hui à peine 1500 quintaux de cuivre.

Population. Le comté de *Mansfeld* renferme sept villes, en ne comptant la vieille & la nouvelle ville d'Eisleben que pour une seule. On y professe la religion luthérienne, dont Albert VII, comte de *Mansfeld*, favorisa l'établissement. Le nombre des paroisses se monte à 58, & les prédicateurs de la campagne sont divisés en huit doyennés, non comprises les paroisses du bailliage d'Armstein ; elles sont séparées du comté pour la juridiction ecclésiastique, & elles dépendent du consistoire de Leipsic. Le surintendant général a l'inspection des huit doyennés, & des paroisses qui en relevent ; il fait en même-temps les fonctions de premier prédicateur de la ville d'Eisleben.

Précis de l'histoire politique de ce comté. Le plus ancien comte de *Mansfeld* que l'on connoisse, fut Riddag, Marggrave de Misnie ; il fonda le couvent de Gerbstedt, & mourut en 985. Charles, comte de *Mansfeld*, son fils, eut pour successeur Sigefroi son fils aîné ; Bruno son second fils, fut évêque de Minden ; & Adolphe, seigneur de Saudersleben son troisième fils, fut le premier comte de Schaumbourg. Sigefroi eut des descendans, & entr'autres le comte Hoïer, qui se rendit célèbre, & mourut à la bataille donnée près de Welphesholz en 1115. Un comte du même nom fonda un couvent à *Mansfeld* en 1158. Bourcard, le dernier comte de cette race, mourut en 1230 ;

après

après avoir partagé ce comté entre Bourcard de Querfurt & Hermann d'Osterfeld, Bourggrave de Navenbourg, ses deux gendres. Les successeurs de celui-ci vendirent en 1264 leur part à ceux de Bourcard, chef des comtes de *Mansfeld*, qui parurent ensuite. Bourcard II fut le premier comte de *Mansfeld*, de la branche de Querfurt. Bourcard III son fils aîné, garda ce comté lors du partage, & abandonna la seigneurie de Querfurt à ses frères ; il ajouta la seigneurie de Séebourg, qu'il acheta en 1287, à celle de Bornstedt, que Hermann II, petit-fils d'Ulric I, avoit détériorée. Bourcard IV, son fils, acquit la propriété du bailliage de Hedersleben, qu'il joignit pareillement au comté dont il s'agit ; & son fils Gerard II acheta, durant sa régence, le château & le bailliage de Schraplau, & le village d'Alberstedt. Il eut pour successeur Basso IV, son fils, père de Günther II, qui aliéna Atzgerode ; mais Henri d'Hohenstein lui engagea, en 1401, le château de Morungen, & il finit par le lui vendre en 1408. Wollrath II, son frère, recula les limites de ce comté, en y ajoutant Hetrstedt & Wippra qu'il avoit acquis. Günther II eut pour fils Gebhard V, qui acquitta les dettes pour lesquelles le château d'Arnstein étoit hypothéqué. Il eut pour successeur son fils Gebhard VI, qui aggrandit ce même comté, en y réunissant les seigneuries de Friedbourg & de Heldrungen, & qui mourut sans postérité. Günther II & Wollrath II eurent un frère nommé Albert VI, dont le fils Günther III hérita de ce comté, & y ajouta la seigneurie d'Arten. Il mourut en 1475, laissant deux fils, qui fondèrent deux branches principales, & prirent des noms d'après le partage qui avoit été fait du château de *Mansfeld* ; celle d'Albert V fut nommée la branche antérieure, & celle d'Ernest I, la branche postérieure.

Albert V laissa un fils, Ernest II, qui eut 24 enfans de deux mariages. Quelques-uns fondèrent des branches collatérales. Philippe II fut la souche de la branche de Bornstedt ; Jean-George I le fut de celle d'Eisleben, qui s'éteignit en 1710, par la mort de Jean George III ; Pierre Ernest fonda celle de Friedebourg ou Niederland, qui finit avec ses enfans ; Jean Albert celle d'Arnstein, que ses enfans terminèrent également ; Jean Hoïer II fut l'auteur de celle d'Artern, qui ne s'étendit point non plus au-delà de ses propres enfans ; & enfin Jean Ernest I fut la souche de celle de Heldrungen, qui s'éteignit pareillement à la mort de ses enfans. Quant à celle de Bornstedt, Philippe II eut pour fils Bruno II, & celui-ci Bruno III, qui perpétuèrent cette branche. Il faut dire un mot de François-Maximilien & Henri-François I, fils de ce dernier Bruno. Le second obtint en 1690, de Charles II, roi d'Espagne, la principauté de Fondi, située dans le royaume de Naples, & il fut décoré la même année du titre de prince d'Empire, qu'il

prit publiquement en 1711, après qu'il lui eut été confirmé en 1696 & 1709. Il mourut, ne laissant que deux filles. Il eut pour successeur Charles-François-Adam Antoine, fils de François-Maximilien, qui parvint en 1716 à faire lever le séquestre mis sur la partie du comté de *Mansfeld*, située sous la supériorité territoriale de Magdebourg. Le prince Henri François II son fils, lui succéda.

Gebhart VII & Albert VIII, fils d'Ernest I, souche de la branche ultérieure de *Mansfeld*, formèrent deux autres branches ; savoir, la moyenne & l'ultérieure. Christophe II, fils du premier, fixa sa demeure à Schraplau, & c'est pour cette raison que la branche moyenne fut appellée celle de Schraplau ; mais elle ne s'étendit point au-delà de ses enfans. Jean I, fils d'Albert VIII, Frédéric-Christophe son petit-fils, & Christian-Frédéric son arrière petit-fils, perpétuèrent la branche ultérieure jusqu'à l'année 1666, époque à laquelle elle s'éteignit.

Le comté de *Mansfeld* est en partie fief de Magdebourg, & en partie de la Saxe électorale. Les électeurs de Saxe n'ont investi les comtes jusqu'à 1573, que des domaines qu'ils avoient acquis à titre d'achat, c'est-à-dire, de Heldrungen, Arnstein, Morungen, Leinungen & leurs dépendances. Les mines relevoient de l'empereur, ainsi que le prouvent les lettres d'investitures des années 1215, 1323, 1364, 1416 & 1444 ; mais Ernest, électeur, & Albert, duc de Saxe, persuadèrent aux comtes de *Mansfeld*, en 1484, de les recevoir d'eux en fief ; l'empereur Frédéric III y consentit l'année suivante. L'électeur Auguste fit un échange en 1573, avec le grand chapitre de Halberstadt, & il entra en possession des parties de fiefs que les comtes de *Mansfeld* tenoient de cet évêché ; il donna au chapitre, en dédommagement, la seigneurie de Lora, ainsi que les villes d'Elrich & de Bleicherode ; les autres parties relevoient de l'archevêché de Magdebourg, & l'électeur de Saxe en obtint quelques-unes par le traité d'échange conclu à Eisleben en 1579. Les fiefs qui relèvent de l'électorat dont on vient de parler, forment depuis cette époque les trois cinquièmes du comté, & ceux qui relèvent du duché de Magdebourg, composent les deux derniers cinquièmes soumis à la supériorité territoriale des seigneurs suzerains. Les comtes de *Mansfeld*, de la branche principale antérieure, consentirent en 1570, que ces mêmes seigneurs séquestrassent les bailliages & les biens qui se trouvoient dans leur mouvance, pour acquitter les dettes dont ils pouvoient être chargés ; chacun de ces princes établit un séquestre particulier. Les bailliages & les biens séquestrés de cette manière, composoient les trois cinquièmes de tout le comté ; les trois quarts dépendoient de la supériorité territoriale de l'électorat de Saxe, & un quart de celle de Magdebourg ; mais les branches moyenne & ulté-

F f

rieure de la maifon de *Mansfeld* s'étant éteintes,
ces mêmes feigneurs fuzerains firent comprendre
dans le fequeftre les deux cinquièmes que ces deux
branches avoient poffédés. Le fequeftre, établi
par l'électeur de Brandebourg, fut levé en 1716;
mais celui de l'électeur de Saxe fubfifte encore.

Titres & privileges. Les princes de *Mansfeld*
prennent les titres de prince du Saint-Empire
romain, de *Mansfeld* & de Fohdi, feigneurs de
Heldrungen, de Séebourg & de Schraplau & des
feigneuries de Dobrzifch, de Neuhaus & d'Arnftein.

Il paroît que les princes de *Mansfeld* n'ont
pas actuellement voix & féance aux diètes de
l'Empire; mais ce qu'il y a de fûr, on les y
appelloit autrefois, & ils y ont envoyé des députés, comme le prouve leur fignature au recès
de la diète tenue à Ratisbonne en 1654. Dans
la matricule de l'Empire, le comté de *Mansfeld* eft
taxé par mois romain à dix cavaliers montés, & 45
fantaffins, ou à 300 florins; les princes de *Mansfeld*
payent de nos jours 120 florins, l'électorat de
Saxe 135, & le duché de Magdebourg 45. Le même
électorat de Saxe paye pour l'entretien de la chambre, par rapport à *Mansfeld*, 125 rixdales,
48 kr. & le duché de Magdebourg 83 rixdales,
62 kr. Les princes de *Mansfeld* ont voix &
féance aux affemblées circulaires de la Haute-
Saxe. *Voyez* l'article SAXE & l'article ALLE-
MAGNE.

MANTOUE, duché d'Italie, réuni aujour-
d'hui au Milanois.

Il eft environné des duchés de Milan & de
Modène, de l'état eccléfiaftique & des états de
la république de Venife. Il a 14 mille communs
d'Allemagne de long, & 10 de large.

Les rivières & les canaux qui l'arrofent, rendent
fon fol fertile en bled & en fruits. Il produit un
peu de vin.

En 1328, Louis de Gonzague triompha des
Buonacoffi, qui s'étoient rendus maîtres de *Mantoue*, & s'en fit capitaine. Il étoit d'origine allemande. Il prit enfuite le titre de vicaire de l'Empire à *Mantoue*, & il paroît qu'il en obtint la
permiffion de l'empereur Louis de Baviere; mais
le pape ne voulut pas le reconnoître. Sa poftérité lui fuccéda dans le gouvernement de *Mantoue*, & dans le vicariat de l'Empire. Jean François
obtint en 1432, de l'empereur Sigifmond, le titre
de marquis; & Frédéric II, déclaré duc en 1530
par Charles-Quint, acquit par un mariage le
Montferrrat, qui enfuite fut pareillement érigé
en duché. Louis fon frère acquit par fa femme les
duchés de Nevers & de Rhétel en France, &
un de fes defcendans nommé Charles, à l'extinction de la branche principale des ducs en
1627, devint duc de *Mantoue* & de Montferrat,
à la réferve toutefois de 75 domaines de ce dernier duché, qui furent donnés au duc de Savoie.
A la mort de Charles II, roi d'Efpagne, Philippe, duc d'Anjou, étant monté fur le trône,

le duc de *Mantoue* reçut 60,000 piftoles d'or, &
la promeffe d'une folde de 36,000 écus par mois,
qui devoient fervir à l'entretien d'une garnifon
françoife de 4000 hommes; mais il s'engagea à
recevoir les troupes françoifes dans fa réfidence.
La France lui promit en outre qu'elle interpofe-
roit fa méditation pour lui faire rendre les biens
que la maifon de Gonzague poffédoit autrefois en
Italie, & qu'elle tâcheroit de la dédommager des
pertes que lui cauferoit la guerre. Cette alliance
avec la France fut la caufe de fa difgrace; car
elle fut mife au ban de l'Empire: l'empereur donna
en 1703, au duc de Savoie cette partie du Montferrat, dont le duc de *Mantoue* avoit été invefti
pour lui; & en 1707 les troupes impériales s'em-
patèrent du duché de *Mantoue*. Le duc Charles IV mourut en 1708; il étoit encore au ban de
l'Empire. Depuis cette époque la maifon d'Autriche eft en poffeffion de ce duché, qui eft adminiftré par le gouverneur-général du Milanès.

L'empereur vient de changer la forme d'adminiftration du duché de *Mantoue*. Voici le diplome.

1°. A compter du commencement de l'année
1785, le duché de *Mantoue* fera incorporé entièrement aux provinces Milanoifes; ces pays ne
feront qu'un feul état, & porteront le nom de
Lombardie Autrichienne. Les impofitions feront
établies fur un pied égal, & verfées dans une caiffe
commune & générale.

2°. Les terres du duché de *Mantoue*, étant de
moindre valeur que celles du Milanois, les propriétaires des biens-fonds de ce duché feront
impofés un quart de moins que ceux du Milanois.

3°. La province de *Mantoue* aura un commiffaire & un fyndic particuliers au comité général
de Milan.

4°. Il n'y aura qu'un feul bureau de recette
pour les impofitions.

5°. Le gouvernement veillera à ce que les employés pour les impofitions rempliffent leur devoir avec exactitude.

6°. Les appointemens des employés pour les
impofitions, feront tirés de la caiffe générale des
impofitions du pays.

7°. La taxe des maifons à la campagne ceffera, & elle fera remplacée par une autre impofition.

8°. Il en fera de même de la taxe fur l'induftrie.

9°. Le gouvernement fera enforte que les
lieux & communes féparés jufqu'à préfent du Milanois y foient incorporés.

10°. Le gouvernement fera la même opération
fur plufieurs petites provinces ou diftricts du
pays, afin d'établir par-tout les mêmes principes d'égalité.

Voyez l'article MILANOIS.

MANUFACTURES: ce mot n'a pas befoin
de définition. Nous pourrions placer dans cet
article des détails que nous inférerons ailleurs;

nous nous bornerons à parler ici de l'effet des progrès de la société, sur le prix réel des *manufactures*, & nous traiterons ensuite de l'importance que le système mercantile a donné aux *manufactures*, & nous examinerons si cette importance est fondée.

L'effet naturel des progrès d'une société, est de diminuer graduellement le prix réel de presque toutes les *manufactures*. Celui de la main-d'œuvre diminue peut-être dans toutes, sans exception. De meilleures machines, une plus grande adresse, & une division & distribution plus convenable du travail, sont l'effet naturel des progrès de la société : il faut alors beaucoup moins de travail pour exécuter chaque morceau particulier de l'ouvrage ; & quoique l'accroissement du prix des salaires soit une suite de l'état florissant d'une nation, la grande diminution de la quantité nécessaire auparavant, fera plus que compenser ce qu'ils coûteront de plus.

Dans quelques *manufactures*, l'augmentation du prix réel des matières brutes excédera tous les avantages que les progrès de l'industrie ont apportés dans l'exécution du travail. Dans la charpenterie, la menuiserie & l'espece la plus grossière des ouvrages du tourneur, l'extension de l'agriculture accroît le prix des matières dans une proportion supérieure à tous les avantages qu'on peut tirer des meilleures machines, de la plus grande adresse, & de la division & distribution les plus convenables du travail.

Mais, dans tous les cas où le prix réel des matières brutes n'augmente pas ou augmente peu, celui des marchandises manufacturées baisse considérablement.

Il n'y a point de *manufactures* où cette diminution de prix ait été aussi remarquable, durant le cours de notre siècle & du précédent, que celles qui emploient les métaux grossiers. On auroit aujourd'hui en Angleterre pour vingt schel. un meilleur mouvement de montre qu'on ne l'auroit eu pour vingt livres sterlings vers le milieu du dernier siècle. Tous les ouvrages de coutellerie & de ferrurerie, toutes les marchandises connues sous le nom de *quincailleries de Birmingham & de Sheffield*, ont éprouvé durant le même période une grande réduction de prix. Quoique moindre que celle des ouvrages d'horlogerie, elle n'a pas laissé d'étonner les autres ouvriers de l'Europe, qui, dans plusieurs occasions, avouent qu'ils ne pourroient rien faire d'aussi bon pour le double ou même le triple du prix. De toutes les *manufactures*, celles qui emploient les métaux grossiers, sont peut-être celles où la division du travail peut être poussée plus loin, & où les machines employées sont plus susceptibles de variétés dans les moyens qui les perfectionnent.

Les *manufactures* de draps n'ont pas éprouvé une réduction si sensible durant le même intervalle.

On assure au contraire que, depuis trente-cinq à 40 ans, le prix du drap superfin est monté en Angleterre en proportion de sa qualité ; ce qui vient, dit-on, de ce que le prix des laines d'Espagne est fort rencheri. On ajoute que celui des draps d'Yorck-Shire, entièrement fabriqués avec de la laine angloise, n'a pas peu baissé dans le cours de notre siècle en proportion de sa qualité : mais la qualité est une chose si contestée, qu'on doit peu compter sur toutes les observations de ce genre. Dans les *manufactures* de draps, la division du travail est à-peu-près la même qu'elle étoit il y a cent ans, & les machines qu'on y emploie ne sont pas fort différentes. Quelques améliorations sur ces deux points peuvent cependant avoir occasionné une réduction du prix.

La réduction paroîtra beaucoup plus sensible & plus incontestable, si nous comparons le prix de cette *manufacture*, tel qu'il est de nos jours en Angleterre, avec ce qu'il étoit vers la fin du quinzième siècle, où le travail étoit probablement beaucoup moins subdivisé, & où les machines employées étoient beaucoup plus imparfaites.

En 1487, c'est-à-dire, la quatrième année du règne d'Henri VII, il fut statué que « quiconque » vendroit en détail une verge de la plus fine » écarlate grainée, croisée, ou d'autre drap croisé » de la plus belle fabrication au-delà de seize » schelings, paieroit une amende de 40 sche- » lings pour chaque verge qu'il auroit aussi ven- » due ». Ainsi on regardoit alors 16 schelings, qui en feroient environ vingt-quatre d'aujourd'hui, comme un prix raisonnable pour une verge du drap le plus fin ; & comme cette loi étoit somptuaire, il est probable que ces sortes de draps se vendoient un peu plus cher. Une guinée est le plus haut prix qu'ils coûtent à présent. En supposant donc la même qualité dans ces anciens draps & dans les modernes, qui vraisemblablement sont fort supérieurs aux anciens, le prix des draps fins ne laisseroit pas de paroître bien diminué depuis la fin du quinzième siècle : mais leur prix réel est encore plus réduit. Six schelings & huit pences furent réputés alors, & long tems après, le prix commun d'un quartier de bled-froment. Ainsi seize schelings étoient le prix de deux quartiers ou de plus de trois boisseaux. En évaluant aujourd'hui un quartier de froment à vingt-huit schelings, le prix réel d'une verge de fin drap doit avoir été pour le moins égal alors à trois livres schelings & six pences, monnoie d'Angleterre. Il falloit que l'homme qui en achetoit, renonçât à la disposition d'une quantité de subsistances & de travail égale à ce que cette somme en procureroit à présent.

Quoique la réduction dans le prix des *manufactures* grossières ait été considérable, elle l'a été moins que dans les autres.

En 1463, la troisième année du regne d'E-douard IV, il fut ordonné que « les domestiques » des fermes, les gens de peine & ceux au ser- » vice des artisans qui demeuroient hors des » villes ou bourgs, ne s'habilleroient point d'une » étoffe qui coutât plus de deux schel. la verge ». Deux schelings contenoient alors à-peu près la même quantité d'argent que quatre d'aujourd'hui. Mais le drap d'Yorck-Shire, qui se vend à présent quatre schelings la verge, est probablement fort supérieur à tous ceux qu'on faisoit dans ces temps-là pour l'usage des plus pauvres domestiques. Ainsi le drap que porte aujourd'hui cette classe d'hommes, peut être un peu moins cher en raison de sa qualité. Le prix réel en est certainement bien au-dessous; car le boisseau de froment valoit alors dix pences. C'étoit le prix raisonnable & modéré. Par conséquent, deux schel. étoient le prix de deux boisseaux & environ deux pecks, qui, à trois schelings & six pences le boisseau, vaudroient huit schelings & neuf pences. Pour avoir une verge de cette étoffe, il falloit donc que le pauvre domestique se privât de la faculté d'acheter une quantité de subsistance égale à celle que huit schelings neuf pences acheteroient aujourd'hui. D'ailleurs c'est une loi somptuaire faite pour arrêter le luxe & l'extravagance des pauvres. Ainsi communément il leur en coûtoit davantage pour s'habiller.

La même loi leur défend de porter des bas à plus de 14 pences la paire, c'est-à-dire, environ vingt-huit pences d'aujourd'hui. Mais 14 pences étoient alors le prix d'un boisseau & de deux pecks de froment, qui, au prix actuel de trois schelings six pences le boisseau, reviendroit à cinq schelings trois pences. Des bas à ce prix pour un domestique de la plus pauvre & la dernière classe, nous paroîtroient fort chers. Il falloit néanmoins qu'il les payât l'équivalent de ce prix-là.

L'art de tricoter les bas étoit probablement inconnu dans toute l'Europe au tems d'Edouard IV. Ils étoient de drap ordinaire, ce qui peut avoir été une des causes de leur cherté. On dit que c'est la reine Elisabeth qui, en Angleterre, porta la première des bas tricotés, dont l'ambassadeur d'Espagne lui avoit fait présent.

Les machines employées dans les *manufactures* de gros & de fin drap, étoient beaucoup plus imparfaites à ces époques éloignées qu'elles ne le font aujourd'hui. Elles ont été perfectionnées dans trois points essentiels, & vraisemblablement dans plusieurs autres moins capitaux, dont il ne seroit pas aisé de constater le nombre & l'importance. Les trois points essentiels font, 1°. le rouet substitué à la quenouille & au fuseau, ce qui produit le double d'ouvrage avec la même quantité de travail : 2°. l'usage de diverses machines ingénieuses, qui facilitent & abrégent encore davantage l'opération de devider les laines filées, ou l'arrangement convenable de la chaîne

& de la trame avant qu'elles soient mises au métier; opération qui, avant l'invention de ces machines, devoit être fort ennuyeuse & fort incommode : 3°. l'usage des moulins à foulon pour fouler le drap, au lieu de le fouler dans l'eau. Jusqu'au seizième siècle, on ne connut ni moulins à vent, ni moulins à eau en Angleterre, ni, que je sache, en aucune autre partie de l'Europe en-deçà des Alpes. Ils s'introduisirent en Italie quelque temps auparavant.

Ces détails peuvent expliquer en quelque manière pourquoi le prix réel des *manufactures* de gros & de fin drap étoit anciennement si supérieur à celui d'aujourd'hui. Comme il en coûtoit plus de travail pour fabriquer ces marchandises, il falloit qu'elles fussent vendues ou échangées à un prix plus considérable.

Les draps grossiers se fabriquoient dans ces anciens temps en Angleterre, comme ils se fabriquent toujours dans les pays où les arts & l'industrie font dans leur enfance. L'ouvrage se faisoit dans la maison aux heures perdues : tous les membres de la famille y concouroient; & ce n'étoit pas leur principale occupation, ni celle d'où ils attendoient la plus grande partie de leur subsistance. L'ouvrage qui se fait ainsi, n'est jamais si cher que celui sur lequel un ouvrier compte pour vivre. D'un autre côté, les belles fabriques n'étoient pas alors en Angleterre, mais dans le pays riche & commerçant de la Flandre, où elles étoient la principale ou presque la seule ressource de ceux qui y travailloient. D'ailleurs, en qualité de *manufactures* étrangères, elles devoient payer quelque droit au roi, ou à moins celui de tonnage & de pondage qui est fort ancien. Ce droit, à la vérité, étoit modique. La politique de l'Europe n'étoit pas alors de mettre des entraves à l'importation des marchandises étrangères; mais plutôt de l'encourager, afin que les grands pussent se procurer au meilleur marché possible les objets de luxe & de commodité dont ils avoient besoin, & qu'ils ne trouvoient pas dans l'industrie de leur propre pays.

— Nous dirons à l'article VILLES comment les *manufactures* obtinrent une sorte de prépondérance sur les travaux de la campagne, & l'effet que produisit cette révolution sur le commerce & les fabriques.

L'industrie appliquée aux manufactures, obtint une autre prépondérance, à l'époque où la découverte du cap de Bonne-Espérance conduisit les vaisseaux européens en Asie; & la découverte de l'Amérique & la fondation de nos colonies dans le nouveau-Monde ont donné lieu dans tous les états de l'Europe à une politique exagérée sur les avantages du commerce & des manufactures. A l'époque de ces découvertes, la supériorité de force du côté des européens étoit si grande, qu'ils pouvoient commettre impunément toutes sortes d'injustices dans ces contrées éloignées. Les naturels y deviendront peut-être plus forts dans la suite, où ceux de l'Europe plus foibles; & les habitans de toutes les parties du globe pourront arriver à cette égalité de force & de courage, qui, par la crainte mutuelle qu'elle inspire, est seule en état d'y contenir l'injustice des nations indépendantes dans une espèce de respect pour leurs droits réciproques: mais rien ne paroît plus propre à introduire une telle égalité que cette communication des connoissances & des améliorations de tout genre, que porte avec lui un commerce étendu entre toutes les parties du monde.

Un des principaux effets de ces découvertes, nous le répétons, a été d'élever le système mercantile à un degré de splendeur & de gloire, auquel il ne seroit jamais parvenu. L'objet de ce système est d'enrichir une grande nation, plutôt par le commerce & les manufactures que par le défrichement & la culture des terres, plutôt par l'industrie des villes que par celle de la campagne. D'après ces découvertes, les villes commerçantes de l'Europe, au lieu d'être manufacturières ou voiturières pour une petite partie du monde seulement (pour la partie de l'Europe que baigne l'Océan Atlantique, & les pays qui bordent la Baltique & la Méditerranée), sont devenues manufacturières pour les nombreux cultivateurs qui augmentent tous les jours en Amérique, & voiturières, & même aussi, à quelques égards, manufacturières de l'Asie & de l'Afrique. Deux nouveaux mondes se sont ouverts à leur industrie, chacun des deux beaucoup plus étendu que l'ancien, & l'un d'eux leur offrant un marché qui s'agrandit de jour en jour.

Les pays qui possèdent les colonies de l'Amérique, & qui commercent directement avec les Indes orientales, jouissent, à la vérité, de toute la pompe & de tout l'éclat de ce grand commerce; mais il y en a d'autres qui, malgré les moyens odieux dont on s'est servi pour les en exclure, sont souvent plus de part au bénéfice qu'il produit. Les colonies de l'Espagne & du Portugal, par exemple, donnent plus d'encouragement réel à l'industrie étrangère qu'à celle de leurs métropoles. La consommation de ces colonies pour le seul article des toiles, se monte, dit-on, à plus de trois millions sterlings par an. Et ce sont la France, la Flandre, la Hollande & l'Allemagne, qui les fournissent presqu'entièrement. Le capital qui procure aux colonies cette quantité de toiles, se distribue annuellement parmi les habitans de ces autres nations; il n'y a que les profits de ce capital qui restent à l'Espagne & au Portugal, où ils aident à soutenir la somptueuse profusion des marchands de Cadix & de Lisbonne.

Les réglemens même par lesquels chaque nation tâche de s'assurer le commerce exclusif de ses colonies, sont souvent plus préjudiciables aux pays en faveur desquels on les fait, qu'à ceux contre lesquels on les établit. L'injuste oppression des autres pays retombe, pour ainsi dire, sur la tête des oppresseurs, & écrase plus leur industrie que celle des étrangers. Avant la révolution des Etats-Unis, il falloit, par exemple, que le marchand de Hambourg envoyât la toile qu'il destinoit pour l'Amérique au marché de Londres, & qu'il en remportât du tabac qu'il destinoit pour le marché de l'Allemagne, parce qu'il ne pouvoit envoyer l'une directement en Amérique, ni en rapporter l'autre directement. Cette contrainte l'obligeoit probablement à vendre sa toile un peu meilleur marché & à payer le tabac un peu plus cher qu'il n'eût fait, & par-là elle diminuoit probablement un peu ses profits. Dans le commerce entre Hambourg & Londres, le capital du marchand de Hambourg lui rentroit cependant beaucoup plus vîte qu'il ne lui seroit rentré dans le commerce direct avec l'Amérique, en supposant même que les paiemens de l'Amérique eussent été aussi ponctuels que ceux de Londres; ce qui n'étoit pas. Ainsi, dans le commerce auquel il se trouvoit borné par ces réglemens, son capital pouvoit exercer constamment une plus grande quantité d'industrie allemande qu'il n'auroit fait dans celui d'où il étoit exclu. Son capital pouvoit donc être moins profitable pour lui de cette manière que de l'autre; mais certainement il ne pouvoit être moins avantageux à son pays. Il en étoit tout autrement du capital du négociant de Londres: l'emploi vers lequel le monopole attiroit ce capital, pouvoit bien être plus lucratif pour lui; mais, par la lenteur des retours, il ne paroissoit pas être plus avantageux à la nation.

Ainsi, après toutes les injustes tentatives faites par chaque pays de l'Europe pour s'emparer de tout le commerce de ses colonies, il n'y en a point qui ait été capable de s'approprier autre chose que la dépense de maintenir en temps de paix & de défendre en temps de guerre l'autorité oppressive qu'il s'attribue sur elles. Chacun d'eux s'est réservé à lui seul complettement les inconveniens qui résultent de la possession de ces colonies. A l'égard des avantages qui résultent de leur commerce, il a fallu, malgré lui, qu'il les partageât avec d'autres pays.

Au premier coup-d'œil, sans doute, le monopole du grand commerce de l'Amérique paroît une acquisition de la plus grande valeur; mais l'éclat éblouissant & la grandeur immense de ce commerce sont ce qui en rend le monopole préjudiciable au pays qui le fait. C'est précisément pour cela qu'un emploi, qui de sa nature est nécessairement moins avantageux, attire à soi une plus grande proportion du capital qu'il n'en auroit attiré.

Le fonds mercantille de chaque pays cherche naturellement, pour ainſi dire, l'emploi le plus avantageux pour ce pays. S'il va au commerce de tranſport, le pays auquel il appartient devient l'entrepôt des marchandiſes de toutes les autres contrées dont il fait le commerce. Mais le propriétaire de ce fonds ſouhaite de vendre le plus qu'il peut, de ces marchandiſes dans ſon pays même. Il s'épargne ainſi l'embarras, le riſque & la dépenſe de l'exportation, il ſera bien-aiſe de s'en défaire chez lui, non-ſeulement à bien plus bas prix, mais avec un peu moins de profit qu'il n'en auroit chez l'étranger. Il cherche donc à convertir, autant qu'il peut, ſon commerce de tranſport en commerce étranger de conſommation. Si ſon fonds eſt employé dans ce dernier commerce, il ſera bien-aiſe, par la même raiſon, de vendre chez lui, le plus qu'il pourra, des marchandiſes du pays qu'il amaſſe pour les exporter, & il s'efforcera de convertir ſon commerce étranger de conſommation en un commerce intérieur. Le fonds mercantille de chaque pays pourſuit ainſi l'emploi le plus proche & fuit le plus éloigné ; il pourſuit celui dont les retours ſont plus fréquens, & fuit celui où ils ſont plus tardifs ; il pourſuit celui qui peut mettre en mouvement une plus grande quantité de travail dans le pays auquel il appartient, & il fuit celui qui ne peut en mettre autant ; il pourſuit celui qui, dans les cas ordinaires, eſt le plus avantageux à ce pays, & il fuit celui qui l'eſt le moins.

Mais s'il arrive que, dans les emplois plus éloignés & moins avantageux au pays dans les cas ordinaires, le profit s'élève un peu au-deſſus de ce qui ſuffit pour balancer la préférence qu'on donne aux emplois plus prochains, cette ſupériorité de bénéfices enlevera des fonds aux emplois plus prochains, juſqu'à ce que les bénéfices de tous reprennent leur niveau. Cette ſupériorité de bénéfices eſt cependant une preuve que, dans les circonſtances actuelles où ſe trouve la ſociété, ces emplois éloignés emportent moins de fonds, en proportion des autres, & que les fonds n'y ſont pas diſtribués de la manière la plus convenable dans les divers uſages qu'on en a faits. C'eſt une preuve qu'on achète une choſe meilleur marché, ou qu'on la vend plus cher qu'elle ne devroit être vendue ou achetée, & que quelque claſſe de citoyens eſt plus ou moins foulée en payant plus ou en gagnant moins qu'il ne faudroit, pour qu'il y eût cette égalité qui doit s'établir & qui s'établit naturellement parmi leurs differentes claſſes. Quoique le même capital ne puiſſe jamais fournir la même quantité de travail productif, quand on l'emploie au loin que quand on l'emploie près de ſoi ; cependant il peut être auſſi néceſſaire pour le bien de la ſociété de l'employer loin que près, parce que les marchandiſes dont l'emploi éloigné fait le commerce, ſont peut-être néceſſaires elles-mêmes pour pluſieurs

des emplois plus prochains. Mais ſi les profits de ceux qui font le commerce de ces marchandiſes, ſont au-deſſus de leur niveau, elles ſeront vendues plus cher qu'elles ne doivent l'être, ou un peu au-deſſus de leur prix naturel ; & dès-lors tous ceux qui mettent leurs capitaux dans des emplois plus proches, ſeront plus ou moins léſés par ce haut prix. Leur intérêt exige donc, dès ce moment-là, qu'il ſoit retiré quelques fonds des emplois plus proches, & qu'ils entrent dans l'emploi éloigné, pour réduire ſes profits à leur niveau, & les marchandiſes qui ſont l'objet de ſon commerce, à leur taux naturel. Dans ce cas extraordinaire, l'intérêt public demande qu'il ſoit pris quelque choſe ſur les emplois ordinairement plus avantageux au public, pour le verſer dans ceux qui ordinairement le font moins, & pour lors les intérêts naturels & les inclinations des hommes s'accordent auſſi exactement avec l'intérêt public que dans tous les cas extraordinaires, & ils tendent à retirer des fonds de l'emploi le plus proche, pour les verſer dans le plus éloigné.

C'eſt ainſi que les intérêts particuliers & les paſſions des individus les diſpoſent à appliquer leurs fonds aux emplois qui, dans les cas ordinaires, ſont les plus avantageux au public. Mais s'ils y en appliquoient trop, la diminution de leurs bénéfices & ſon accroiſſement dans tous les autres emplois les porteroient bientôt à changer cette diſtribution défectueuſe. Ainſi, ſans que la loi intervienne, les intérêts & les paſſions des hommes les conduiſent naturellement à partager & à diſtribuer les fonds de chaque ſociété à tous les emplois qu'on en peut faire, de manière qu'ils approchent le plus près poſſible de la proportion qui convient à l'intérêt de la ſociété entière.

Les réglemens du ſyſtême mercantille dérangent néceſſairement plus ou moins cette répartition naturelle des fonds, qui eſt la plus avantageuſe. Mais elle eſt peut-être plus dérangée par ceux qui concernent le commerce de l'Amérique & des Indes orientales que par tous les autres, parce qu'il n'y a pas deux autres branches de commerce qui emportent une quantité auſſi conſidérable de fonds. *Voyez* les articles MONOPOLES & VILLES.

MARAIS. Moyens d'en rehauſſer certaines parties, avec les eaux mêmes qui les inondent.

Les terrains ſitués au milieu des montagnes voiſines, ſont aſſez ordinairement marécageux. Aux eaux qu'ils reçoivent naturellement des pluies, ſe réuniſſent encore toutes celles qui tombent ſur le penchant de ces montagnes. Quand leur ſurface eſt conſidérable, le volume d'eau qui en découle eſt immenſe ; en leur ſuppoſant moins d'étendue, ce qui en provient eſt toujours une ſurabondance qui rend le fol inférieur humide & mal fain (1).

Ce fol, il faut pourtant l'avouer, forme généralement un pâturage abondant. Si on y laiffe croître le foin, la récolte en eft ample, mais fa qualité médiocre; jamais il ne fera recherché.

Quant aux grains de première claffe, tels que le froment & le feigle, ils ne font qu'y languir. A-peine le laboureur eft-il rempli de fes avances & payé de fes fatigues.

Le plant qu'on y dépofe ne remplit pas l'attente du cultivateur, à moins qu'il lui confie uniquement des arbres aquatiques, des aunes, des faules, & quelques autres de ces efpèces dont il pourra tirer fon chaufage; mais il n'y coupera point un chêne, pas un de ces bois précieux dont la durée femble n'avoir point de terme.

Ces vérités font connues, & je ne les reproduirois point, fi le remède n'étoit pas au pouvoir de la plus grande partie des propriétaires de ces fonds; & qu'on ne penfe pas, par-tout où il fera applicable, qu'il faille l'acheter au poids de l'or. Une foible dépenfe fuffira: je ne parle que d'après l'expérience & le fuccès.

La terre de Sept-Fontaines, fituée près d'Ardres en Picardie, terre que j'habite une partie de l'année, à la moitié de fon manoir, dominée par deux petites montagnes en culture: l'une au levant, l'autre au couchant. Je dois ajouter que les labourés qui l'avoifinent au midi forment également une élévation relative, enforte que toutes les eaux qui tombent fur ces trois points, affluent dans le manoir. Leur abondance eft quelquefois confidérable, & telle qu'en temps d'orage il en étoit autrefois couvert; mais le côté du nord préfentant une inclinaifon légère, la fubmerfion n'étoit jamais que momentanée.

Auffi long-temps que ces débordemens n'ont fait que rouler dans fon enceinte, & l'abandonner auffi-tôt, le parti qu'on tiroit de plus de vingt arpens de terre étoit à-peu-près nul. Il y reftoit trop d'eau pour que le fol fe rafermît pleinement: il n'en reftoit point affez pour que d'utiles dépôts le rehauffaffent.

Que toutes ces eaux foient enchaînées à leur arrivée; qu'un cordon de terre bien taffée, bien compacte les retienne prifonnières; que cette barrière ne leur foit ouverte qu'après deux ou trois jours de captivité: la couche terreufe qu'elles laifferont fur toute l'étendue qu'elles auront occupée, dédommagera bientôt le propriétaire du travail peu coûteux de cette foible digue.

J'ofe affurer que certains coups d'eau peuvent exhauffer un tel terrain de dix-huit ou vingt lignes. Je m'en fuis convaincu différentes fois par des mefures exactes; mais ces progrès marquans n'avoient lieu qu'aux époques où mes petites montagnes avoient été nouvellement remuées par la charrue. La raifon en eft fimple: leur furface alors offre plus de prife, s'élève bien plus aifément, & l'eau m'amenoit toutes les parties qu'elle en avoit détachées.

Cette obfervation fait affez fentir que les basfonds ne s'enrichiroient pas ainfi de la dépouille des hauteurs, fi ces hauteurs étoient en pâturages; & revêtues d'un gazon ferré, les pluies couleroient fur cette verdure fans pouvoir l'entamer, & ce n'eft pas ce qu'il faut ici; mais il eft rare que les collines ne foient pas labourées; du moins le font-elles en grande partie dans la province que j'habite.

Quand les grains font levés, leur touffu qui n'eft point comparable à celui des herbes, forme même un obftacle à ce que l'eau parvienne à fon but, chargée de toute la terre qu'elle voiture après la récolte. Son arrivée n'eft cependant pas fans effet, mais cet effet eft alors plus foible. (2).

On m'objectera peut-être qu'un tel moyen de relever fon héritage, en fera pendant nombre d'années un féjour aquatique, un vafte étang qu'il fera impoffible de fréquenter: qu'on fe rappelle ce qui a été dit plus haut: il n'eft pas néceffaire, on doit même éviter que les eaux demeurent où elles ont été arrêtées. Auffi-tôt qu'elles font redevenues claires, on leur rend la liberté; la moindre ouverture à la digue favorifera leur fuite, & vous en aurez retiré le tribut que vous défiriez. Deux ou trois jours de fec confolideront tout ce qu'elles auront apporté, & le paffage rebouché, vous en attendrez de nouvelles.

On peut s'épargner l'embarras des ruptures & de ces réparations; que de diftance en diftance de la digue, dans les endroits les plus bas,

(1) Il n'eft que trop aifé de s'en convaincre, en portant la vue fur ces fonds, particuliérement au lever & avant le coucher du foleil. Une vapeur épaiffe s'élève alors de leur furface, & ne difparoît, fur-tout au matin, qu'après plufieurs heures. Si on en approche, fi on s'y plonge, l'odorat avertit de fon infalubrité. Que du même point on tourne les yeux fur les hauteurs, on ne découvre rien de ces émanations. Elles font douces, locales & dépendantes de l'humidité du fol.

(2) Pour obtenir, en chaque faifon, des réfultats affez précis fur la quantité de terre qui m'étoit fournie par les eaux, je me fuis procuré un vafe bien cylindrique & tranfparent, long d'environ trois pieds. Je le rempliffois de ces eaux, toutes troubles encore, mais feulement d'autant de pouces que ma digue en avoit elle-même en élévation. Je laiffois repofer cette eau jufqu'à ce qu'elle fût clarifiée parfaitement; en mefurant alors au fond du vafe l'épaiffeur du fédiment, je jugeois d'avance quel feroit pour mon local l'exhauffement de cette fois en particulier, & je n'étois jamais trompé. Par cette expérience bien fimple, chacun peut voir la reffource qu'il tirera de pareilles eaux pour un terrein qu'il voudroit relever par leur moyen.

on établiſſe, avec quelques piquets, & des branchages entrelacés, deux treillis de ſept à huit pieds de longueur, parallèles entr'eux & dans la direction de la digue; que ces treillis ſoient écartés l'un de l'autre de toute ſon épaiſſeur; & l'encaiſſement qu'ils formeront, rempli d'une douzaine de fagots bien preſſés, l'eau ne franchira cette entrave qu'après s'être dépouillée de la majeure partie de ſon limon; je me ſuis ſervi des deux méthodes; il eſt inconteſtable que la première avance, plutôt l'ouvrage, puiſque rien n'eſt perdu; mais les diſtractions de la vie, & les abſences de ſon domaine peuvent la rendre moins praticable. Dans ces circonſtances, on s'applaudira encore de la ſeconde.

La digue qu'il eſt queſtion de conſtruire, & à laquelle je reviens, eſt de la plus grande ſimplicité. Un foſſé d'environ ſix pieds de largeur ſur trois de profondeur, fournira tous les matériaux. Le foſſé ſera pris dans l'eſpace qu'on veut rehauſſer, & la terre rejetée du côté oppoſé. La fouille achevée, l'ouvrier, aidé de ſa bêche, étendra la terre qui en ſera ſortie, en allongeant les talus; ſur-tout celui de la partie où les eaux doivent ſéjourner; moins il aura de roideur, & moins les eaux le dégraderont; elles n'auront preſqu'aucune priſe ſur lui, s'il leur préſente un angle qui ſoit de 25 à 30 degrés : quant à l'élévation de la levée, on ne peut pas lui donner moins de deux pieds.

Tout ce travail n'exige qu'un poli groſſier : mais pour qu'il reçoive toute la perfection, & j'ajouterai toute la ſolidité dont il eſt ſuſceptible; il reſtera à le gazonner ſur la partie intérieure (1).

Or, cet ouvrage, même avec le gazonnement, eſt d'une dépenſe infiniment modique. Le malheureux que vous y employerez, vous donnera ſon temps, ſon induſtrie & ſes peines à raiſon de 18 ſols par jour en été, & de 15 en automne; tel eſt du moins le taux auquel on paye, dans mon canton, le journalier; & cette ſomme, ſur

laquelle il a pris le pain dont il s'eſt nourri, eſt la plus forte rétribution que jamais il remporte dans ſa chaumière.

Il creuſera cependant durant les longs jours, cinq toiſes du foſſé, dont j'indique ici les dimenſions. Si on préfère une entrepriſe, chaque verge ou chaque longueur de 20 pieds coûtera 12 ſols; quant au régalage & au gazonnement, on ſent qu'ils doivent être évalués à part.

J'ai conſeillé, en général pour la digue, une élévation de deux pieds : mais en ſouſentendant que le terrain à exhauſſer ſoit (dans la direction de la digue), d'une ſurface à-peu-près horiſontale; autrement, cette élévation ne pourroit pas être uniforme. On conçoit facilement que pour arrêter un fluide dont la nature eſt de chercher le niveau, il eſt indiſpenſable que l'obſtacle ſoit de niveau lui-même. Il pourra donc ſe trouver des parties où plus d'exhauſſement deviendra néceſſaire, & ce ſera dans les fonds; il pourra s'en rencontrer auſſi où la digue n'aura beſoin que d'un pied, & de moins encore, s'il ſe rencontre des monticules.

Au reſte, cette différence d'élévation n'aura guère lieu qu'une fois, lors du premier travail. A meſure que le terrain s'exhauſſera, les irrégularités diſparoîtront : il adoptera inſenſiblement le paralléliſme du haut de la ligne avec l'horiſon, & cet effet eſt tout ſimple. La colonne d'eau ſtagnante ſur les fonds a plus de longueur que la colonne qui repoſe ſur les éminences; elle contient donc plus de parties terreuſes; elle doit donc dépoſer davantage.

Si je me ſuis reſtreint à deux pieds pour l'élévation moyenne de la digue, c'eſt uniquement pour épargner la dépenſe. On ſent aſſez qu'un obſtacle de quatre pieds, en doublant le volume d'eau, accélèreroit bien plutôt la fin de l'ouvrage; mais il exigeroit une ſolidité toute différente.

Je n'inſiſterai pas ſur les rehauſſemens ſucceſſifs qu'il faudra faire à la digue à meſure que le ſol

---

(1) Il eſt un procédé auſſi facile qu'expéditif pour enlever d'un pré, des gazons tout prêts à être tranſportés & appliqués ailleurs. On prend un bâton de cinq à ſix pieds de longueur, & tel qu'on puiſſe l'empoigner aiſément. On attache ſolidement, vers ſon extrémité la plus groſſe, une lame de couteau aſſez forte, qui en traverſe le diamètre, & qui en ſorte de trois ou quatre pouces. Le coutre d'une charrue, la manière dont il eſt implanté donnent une idée de ce que je veux faire entendre.

Ce bâton ainſi garni, on le pouſſe en avant de ſoi, à-peu-près comme les jardiniers conduiſent une ratiſſoire. On a ſoin que le couteau ſe trouve dirigé vers le terrein, & qu'il s'y enfonce pleinement. Sa partie tranchante eſt placée pour marcher la première. Elle s'ouvre donc une trace qu'on prolonge auſſi loin qu'on le juge à propos. A ſept ou huit pouces de cette première trace, on en forme une ſeconde; & à pareilles diſtances, une troiſième, une quatrième, &c. toujours parallèles entr'elles. On croiſe toutes ces traces par d'autres qui les coupent à angle droit, & qu'on eſpace de même : par ce moyen, on aura des gazons de ſept à huit pouces quarrés & réguliers, ſi on n'oublie pas d'étendre un cordeau pour chaque ligne.

Mais le travail du couteau ne fait que circonſcrire. Il reſte à détacher les gazons de la terre, & c'eſt à l'aide d'un trouſſe-pas qu'on en rend l'opération très-prompte. Pourquoi ne connoîtroit-on pas cet inſtrument? il reſſemble beaucoup à la truelle des maçons : mais plus pointu, d'un bon acier, & bien tranchant ſur deux côtés, il porte un manche de trois pieds. Chaque gazon ſous lequel on l'inſère, eſt enlevé dans l'inſtant, ſur-tout ſi le couteau a fait ſa double tranchée nette & ſuffiſamment profonde.

On aura ſoin que le terrein qu'on dépouille ainſi de ſon gazon, ſoit auparavant fauché le plus près poſſible, ou même brouté par un troupeau. Il eſt clair que de longues herbes s'oppoſeroient à tout cet ouvrage.

gagnera

gagnera en élévation. Ce travail est d'une nécessité frappante ; & le lecteur qui n'en saisiroit point la raison, n'auroit pas compris ce qui précède.

C'est en accumulant ces dépôts qu'on est parvenu à rehausser de plus de cinq pieds le terrain dont il est ici fait mention, & que de mauvais, on l'a rendu l'un des meilleurs & des plus fertiles du canton.

Comme il est maintenant autant asséché qu'on pouvoit le désirer, un fossé d'une toise de largeur, sur moitié de profondeur, reçoit, à leur arrivée, les eaux qui s'y rendent encore, & les conduit au-delà du manoir, & cet égoût ne renfermant aucun obstacle, la partie terreuse ne s'y amasse point : il conserve tout son passage, & reste fossé. A l'aide de la moindre obstruction, on le combleroit dans une automne, jusqu'à en effacer la trace.

Sans doute que pour un terrain vaste, une pareille métamorphose ne s'opère pas aussi promptement. Ce grand changement ne peut être que le fruit de la persévérance & des années ; mais en admettant même que celui qui commencera l'ouvrage ne jouira point de son entière perfection, n'est-ce pas déjà pour un père de famille, pour un philosophe, concitoyen de tous les âges, une jouissance réelle de s'occuper de la génération qui va le remplacer ? Le vieillard de la fable ne se faisoit point illusion ; il savoit, en plantant, que le peu de jours qui lui restoit à vivre ne lui permettroit pas de couper le bois dont il ornoit son domaine. Ses soins n'en étoient pas moins actifs, ni son plaisir moins pur :

« Mes arrière-neveux me devront cet ombrage ! »

(*Article de M. de* SEPT-FONTAINES, *gentilhomme de l'Artésis*)

MARATTES (empire des *marattes*). Le siège de cet empire est à Poonah, au nord de Goa ; mais ses possessions en général se trouvent dans l'arrondissement de Guzeratte, Malwa, Chander, Berar & Orissa. Ils possèdent en outre des districts considérables dans les provinces d'Agimere, d'Agra, d'Allahabad & dans le Décan ; leur territoire renferme, dit-on, environ 28,000 quarrés d'Allemagne, & cette puissance est si peu connue que les lecteurs instruits auront peut-être quelque plaisir à trouver ici un précis de l'histoire politique de l'empire des *marattes*, des remarques sur la forme singulière de leur gouvernement actuel, sur leurs ressources & sur leurs dernières guerres avec la compagnie angloise. M. Sprengel a publié à Halle une histoire complette des *marattes*, depuis leur origine jusqu'à leur dernière paix avec l'Angleterre, le 17 mai 1782.

L'*Annual register* de 1782 donne d'autres détails sur les *marattes* : nous ajouterons aux remarques de ces auteurs, d'autres remarques qui nous ont été communiquées.

Les *marattes* sont un peuple originaire de l'Indostan ; ils descendent des rasbutes, dont la caste a été appellée celle des guerriers, & qui, avant la conquête de l'Indostan par les maures, ne connoissoient d'autre profession que celle des armes, précisément comme la noblesse d'Europe dans le moyen âge. Une partie de cette caste mène actuellement le genre de vie de ses ancêtres sur la côte de Malabar, où on leur donne le nom de *naïres* & de *chétries*. Les rasbutes habitèrent originairement les provinces d'Agimerre, de Guzaratte, de Malwa & d'Ullahabad. Ils étoient répartis en tribus, dont chacune avoit son rajah particulier. Celle des Rattor, dont les *marattes* descendent immédiatement, habitoit aux environs de Chilore & d'Udipur. Le nom de *marattes* ne paroît être connu que depuis 1673 ; il est composé des mots *maha* (grand) & *rejab* ou *rajah*. Ce nom ne plaît pas à cette nation, qui se donne celui d'habitans du Décan.

Les *marattes* se vantent d'une très-haute antiquité ; & leur langue qui est un dialecte particulier de l'idiome des indous, & qui est reconnu pour un des plus anciens de l'Inde, justifie assez leur prétention. C'est donc à tort qu'on les a regardé comme des bandits sans loix, & un ramas de brigands que le hasard a réuni dans des vues de pillage.

Cette nation guerrière est la seule de l'Inde qui ait toujours refusé de se soumettre au joug des mahométans. Les forces immenses & la supériorité des tartares musulmans les contraignirent à se réfugier dans des lieux inaccessibles de cette vaste chaîne de montagnes qui couvrent une si grande partie de l'Indostan.

La fondation de l'empire des *marattes* date de 1660 ; ils doivent leur grandeur à Sewagi, descendant des princes Rasbutes de Chitore, qui naquit en 1629 & mourut en 1680. M. Sprengel dit qu'avant ce prince les *marattes*, répartis en tribus innombrables, ne faisoient point un corps de nation ; que les uns vivoient de brigandages & de pirateries, & les autres servoient comme soldats sous leurs rajahs dans les armées du mogol & d'autres princes : mais les anglois qui connoissent mieux l'histoire des *marattes*, semblent contredire ces faits. Les ancêtres de Sewagi s'étant engagés au service du roi de Décan, ils y obtinrent des territoires. Sewagi prit possession, en 1646, du territoire de son père dans le Concan ; & s'étant attaché ensuite diverses tribus des provinces de Concan & de Guzaratte, il soumit ses voisins en 1660, & devint si puissant qu'il usurpa en 1674 plusieurs grands districts sur les terres du grand-mogol. Cette même année il prit à Rairi le titre de *Maha-Raga*, & se fit déclarer souverain indépendant. Il continua ses conquêtes jusqu'en 1680, époque de sa mort. Ce nouvel empire des *marattes* n'a duré que jusqu'en 1689, où le successeur de Sewagi, devenu prisonnier du mogol Aurengzeb, fut mis à mort par fes ordres. Mais, au commencement de ce fiècle, cette nation s'eſt relevée, ainſi qu'on va le voir.

La longue guerre qu'ils ont ſoutenue ſous les ordres de Sewagi, leur miniſtre-chef, contre Aurengzeb dont ils déjouèrent la puiſſance, les talens & la perfidie, offriroit en d'autres parties du monde un morceau d'hiſtoire très-brillant. Les pays de montagnes qu'ils occupoient, arrivés au dernier point de culture dont ils ſe trouvoient ſuſceptibles, n'auroient pu fournir à leur ſubſiſtance, & ils étoient abſolument dénués des reſſources néceſſaires pour la continuation de la guerre : mais la durée, l'opiniâtreté & l'inconſtance des ſuccès durant cette ſanglante querelle, firent tout à la fois mépriſer & négliger l'agriculture. Les riches contrées inférieures des environs, qui s'étoient ſoumiſes aux mogols, fournirent aux marattes chacune à leur tour, ſelon qu'elles étoient plus ou moins gardées, des ſubſiſtances & des moyens pour faire la guerre. Ils contractèrent auſſi l'habitude du pillage, dit l'auteur de l'*Annual regiſter*; & c'eſt de là que vient leur diſpoſition pour le brigandage & la maraude, qui, dans le cours ordinaire des choſes, ſe perpétue, quoique les cauſes qui l'ont produite, ne ſubſiſtent plus.

L'empire des *marattes* devint un des plus conſidérables de l'Inde, à l'époque de la décadence & de la chûte de celui du mogol. Leurs domaines étoient très étendus, leurs reſſources très-grandes, & leurs armées braves & nombreuſes. On évaluoit les revenus de leurs poſſeſſions à 17 millions ſterlings, & leur cavalerie à trois ou quatre cents mille hommes. Mais cette maſſe de puiſſance ſe trouvoit affoiblie & rendue inactive, parce qu'elle étoit morcelée. Une foule de princes en avoient une portion : ils reconnoiſſoient tous, il eſt vrai, la ſuzéraineté de Ram - Rajah, (que l'auteur de l'*Annual regiſter* ſuppoſe avoir été le ſucceſſeur immédiat de Sewagi) : mais il paroît que le temps & les circonſtances déterminoient le degré de leur ſoumiſſion. La ligue & la dépendance de ces divers princes reſſembloient au gouvernement féodal que nous avons vu en Europe. Quelques-uns des états devinrent puiſſans, & ils s'affranchirent des ſervices qui ne convenoient pas à leurs intérêts : d'autres qui n'étoient pas en état de ſe maintenir après cette eſpèce de révolte, ſuivirent néanmoins cet exemple.

Une révolution qui ſurvint dans la cour du Ram-Rajah, affoiblit la chaîne politique de ce gouvernement, & diminua le reſpect & la dépendance que les états avoient conſervé juſqu'alors pour leur ſouverain. La foibleſſe d'une minorité engagea un homme de talent, de la caſte des brames, Nana Row qui étoit premier miniſtre, à ſaiſir les rênes du gouvernement; & l'influence du corps puiſſant dont il étoit membre, contribua à établir ſon autorité. De pareilles

révolutions ont toujours été communes en orient, & elles excitent peu de ſurpriſe. Celle-ci, malgré l'uſage contraire de la plupart des ſiècles & des nations, ne fut point ſouillée par le ſang; mais il ne faut pas oublier qu'elle fut conduite par des brames. L'uſurpateur ſe contenta du pouvoir, & il ne prit point les emblèmes ou les titres de la royauté. L'enfant Ram-Rajah fut comme empriſonné dans ſa cour : on l'environna de l'appareil faſtueux des princes aſiatiques; mais on lui ôta toute eſpèce d'autorité, & on le tint dans une ignorance abſolue des affaires. On abandonna l'ancienne réſidence royale de Sitterah, & on transféra le ſiège du gouvernement à Poonah : Nana Row & ſes ſucceſſeurs paroiſſent avoir toujours agi en vertu de l'autorité du prince dépoſé; car ils n'ont pas pris d'autre titre ou d'autre caractère que celui de Paiſhwa ou de premier miniſtre : mais depuis cette époque, l'empire de Ram - Rajah n'a plus été appellé que le gouvernement du Paiſhwa ou de Poonah.

Ce ſingulier gouvernement de miniſtres devint héréditaire, & il ſe conduiſit d'abord avec tant d'habileté, que l'empire ne parut avoir rien perdu de ſa puiſſance & de ſa ſplendeur. Mais l'ambition ayant enfin pénétré dans la famille de ces miniſtres; & malgré la rigueur des principes religieux de leurs caſtes, y ayant produit ſes funeſtes effets, des diſcuſſions intérieures ont empêché le développement des forces & diminué la gloire de l'état. Elles ont été la cauſe de l'aggrandiſſement extraordinaire de Ayder Aly, qui étoit devenu la terreur de cette partie de l'Inde.

Nana Row fut remplacé par Madaï ſon fils aîné, qui mourut ſans enfans vers la fin de 1772. Le gouvernement paſſa à ſon frère cadet Narrain Row. Leur oncle Ragonaut Row, qu'on appella auſſi *Ragaboy*, avoit été en priſon quelques années, après divers complots pour s'emparer de l'adminiſtration. Madaï Row ſongeant à la jeuneſſe & à l'inexpérience de ſon frère, & redoutant les menées inſidieuſes & les intrigues que Ragonaut Row pouvoit former du fond de ſa priſon, penſa que la reconnoiſſance arrêteroit mieux que les murs d'un cachot les effets de cet eſprit turbulent & factieux; il avoit rendu la liberté à Ragonaut Row; il lui avoit donné des places honorables, & joignant au lit de la mort les mains de l'oncle & du neveu, il avoit conjuré le premier d'aider de ſes conſeils, de ſa protection & de ſes ſecours, la jeuneſſe du ſecond.

Ragonaut, loin de remplir ce devoir ſacré, fit un an après aſſaſſiner ſon neveu : en éteignant la ligne de ce frère, dont les talens avoient uſurpé le pouvoir, il eſpéroit aſſurer à ſa propre famille l'autorité de Paiſhwa. Il ne pût recueillir les fruits de ſon crime. Les forces de l'état qui étoient dans ſes mains; ſon influence perſonnelle, & le poids de la faction dont il étoit le chef, ſe trouvèrent trop foibles pour réfifter à l'indignation qu'un forfait fi odieux excita parmi les marattes: échappé avec peine à la vengeance publique, il abandonna fon pays, & il fe réfugia à Bombay: la protection criminelle que la compagnie angloife eut la baffeffe de lui accorder; les intrigues & les complots qu'elle ne craignit pas de former pour lui rendre de force le gouvernement d'un peuple nombreux, qui ne vouloit point de ce fcélérat, ont donné lieu à toutes les guerres qu'on a vu depuis entre les anglois & les *marattes*.

Quoique les diffenfions inteftines & les troubles domeftiques aient fait perdre beaucoup de domaines à cet état, les *marattes* de Poonah forment encore une nation puiffante: leurs domaines, y compris ceux des princes tributaires & féudataires, qui en dépendent immédiatement, font d'une vafte étendue, & ils peuvent mettre en campagne des armées nombreufes & puiffantes; mais étant prefqu'entièrement compofées de cavalerie, elles ont tous les défauts qu'a cette partie de la force militaire, lorfqu'on l'emploie feule; & étant formées fur les mêmes principes que les anciennes armées féodales de l'Europe, elles ont tous les défavantages de ce fyftême. Dès qu'ils font convoqués par leurs chefs refpectifs, ils marchent avec ardeur; & femblables à l'ouragan, ils balayent d'abord tout ce qu'ils rencontrent; mais ils font dans l'ufage de retourner chez eux avec du butin, dès qu'ils ont rempli le premier objet de l'expédition: il faut en excepter feulement quelques corps qui font fur-tout deftinés à fuivre la perfonne de leurs princes. Au refte, fi on les rappelle peu de jours après leur retour, ils s'affemblent de nouveau avec le même empreffement: il eft aifé de voir que la conftitution de leurs armées, & le défaut de leur infanterie offrent des avantages fans nombre aux efforts continuels des troupes régulières, mais que celles-ci doivent rarement efpérer de mettre des pays ouverts à l'abri des incurfions des *marattes*. Les guerres des anciens parthes acheveront d'éclairer le lecteur, fur les avantages & les défavantages de ces deux manières de combattre: mais l'ufage de l'artillerie incline fortement la balance du côté des troupes régulières.

Le Rajah de Berar eft un prince *maratte*; & après les *marattes* de Poonah, c'eft celui qui a le plus de forces, & les domaines les plus étendus. Il eft devenu à-peu-près indépendant, & il n'a plus pour la cour de Poonah que les égards que lui infpirent fes intérêts immédiats, & les reftes d'un ancien attachement. Comme il defcend de la ligne de Ram Rajah, il a fur la fucceffion du gouvernement de Poonah, des prétentions qui fortifient ces germes de haine.

Les deux princes Sindia & Holcar, qui paffent pour les defcendans de quelques rois indous très anciens, poffèdent auffi des domaines très-confidérables & très-précieux: ils ont embraffé depuis quelque tems le fyftême de la cour de Poonah: ils trouvent plus flatteur pour leur ambition, & plus utile pour leur sûreté & pour leurs intérêts, de participer à la grandeur générale de l'Empire, & de fe voir à la tête de cette ariftocratie, qui depuis l'affaffinat de Narrain Row, dirige tous les confeils, que de profiter de fa foibleffe paffagère, & de travailler à une indépendance précaire de leurs domaines très-circonfcrits.

Les *marattes* forment beaucoup d'autres états; mais nous avons déjà dit que ces états mefurent fur les tems & les circonftances, leur attachement ou leur dépendance à l'égard de la cour de Poonah; & tout confidéré, il ne paroît pas qu'il y ait aujourd'hui parmi les divers états *marattes*, aucun principe général d'union, fi ce n'eft celui de fe défendre chacun en particulier, & un danger commun à tous, pourroit feul diriger leurs forces réunies vers un même point. Il eft heureux pour les puiffances européennes & les puiffances mahométanes qui jouent un rôle dans l'Inde, que la force de la vafte nation des belliqueux *marattes* foit divifée.

Lorfque la côte de Coromandel, preffée par Aurengzeb, avertit les marattes de leurs forces en implorant leurs fecours, on les vit fortir de leurs rochers, fur des chevaux petits & mal faits, mais robuftes & accoutumés à une mauvaife nourriture, à des chemins inpraticables, à des fatigues exceffives. Un turban, une ceinture, un manteau, c'étoit tout l'équipage du cavalier *maratte*. Ses provifions fe réduifoient à un petit fac de riz, & à une bouteille de cuir remplie d'eau. Il n'avoit pour armes qu'un fabre d'une trempe excellente.

Malgré le fecours de ces barbares, les princes indiens furent forcés de fubir le joug d'Aurengzeb; mais ce conquérant laffé de lutter fans ceffe contre des troupes irrégulières, qui portoient continuellement la deftruction & le ravage dans les provinces nouvellement afferviés, fe détermina à un traité qui auroit été honteux, fi la néceffité, plus forte que les préjugés, les fermens & les loix, ne l'avoit dicté. Il céda à perpétuité aux *marattes* le droit de chotaye, ou la quatrième partie des revenus du Décan, foubah formée de toutes les ufurpations qu'il avoit faites dans la péninfule.

Cette efpèce de tribut fut régulièrement payé tant que vécut Aurengzeb. Après fa mort, ou le donna, on le refufa, fuivant qu'on étoit ou qu'on n'étoit pas en force. Le foin de le lever attira les *marattes* en corps d'armée jufque dans les lieux les plus éloignés de leurs montagnes. Leur audace s'eft accrue dans l'anarchie de l'Indoftan. Ils ont fait trembler l'empire; ils en ont dépofé les chefs; ils ont étendu leurs frontières; ils ont accordé leur appui aux rajas, aux nababs, qui cherchoient à fe rendre indépendans. Leur influence a été fans bornes.

Les *marattes*, maîtres de quelques poftes fur

les rives de la mer, les infeſtoient de leurs brigandages ſur la fin du dernier ſiècle. Cette piraterie offenſa vivement le Mogol, qui venoit d'aſſer-
vir les parties ſeptentrionales de la côte. Pour
protéger la navigation de ſes ſujets, il créa une
flotte principalement deſtinée à réprimer cet eſprit
de rapine. A cette époque les deux puiſſances ſe
heurtèrent dans ces combats journaliers & ſanglans. Le maratte Conagy Angria montra des talens ſi diſtingués, qu'on lui déféra la direction
des forces maritimes de ſa nation, & bientôt
après le gouvernement de l'importante fortereſſe
de Swerndroog, bâtie ſur une petite iſle, à peu
de diſtance du continent.

Cet homme exrraordinaire n'avoit vaincu que
pour lui. Il fit adopter ſon plan d'indépendance
par les compagnons de ſes victoires, & avec leur
ſecours s'empara des navires qu'il avoit ſi long-
temps & ſi heureuſement commandés. Les efforts
qu'on fit pour le faire rentrer dans la ſoumiſſion, furent impuiſſans. L'attrait du pillage & la
réputation de ſa généroſité attirèrent même un
ſi grand nombre d'intrépides aventuriers autour
de lui, qu'il lui fut facile de devenir conquérant.
Son empire s'étendit ſur la côte, depuis Tamana
juſqu'à Rajapour, ou quarante lieues, & dans
les terres vingt ou trente milles, ſelon la diſpoſition des lieux & la facilité de la défenſe. Cependant il dut ſes plus grands ſuccès & toute ſa
renommée à des opérations navales qui furent
continuées avec la même activité, la même bravoure & la même intelligence, par les héritiers
de ſon nom & de ſes états.

Ces corſaires n'attaquoient d'abord que les
navires indiens, maures ou arabes, qui n'avoient
pas acheté d'eux un paſſe-port. Avec le temps,
ils inſultèrent le pavillon des européens, qui ſe
virent réduits à ne plus naviguer que ſous convoi. Cette précaution étoit très-diſpendieuſe, &
ſe trouva inſuffiſante. Les vaiſſeaux d'eſcorte furent ſouvent aſſaillis eux-mêmes, & pluſieurs fois
enlevés à l'abordage.

Ces déprédations avoient duré cinquante ans,
lorſqu'en 1722 les anglois joignirent leurs
forces à celles des portugais contre ces pirates.
On réſolut de concert de détruire leur repaire.
L'expédition fut honteuſe & malheureuſe. Celle
qui deux ans après fut entrepriſe par les hollandois avec ſept vaiſſeaux de guerre & deux galiotes à bombes, ne réuſſit pas mieux. Enfin,
les marattes, à qui les angrias refuſoient un tribut qu'ils lui avoient long-temps payé, convinrent d'attaquer l'ennemi commun par terre,
tandis que les anglois l'attaqueroient par mer.
Cette combinaiſon eût un ſuccès complet. La
plupart des forts & des fortereſſes furent enlevés
dans la campagne de 1755. Geriah, capitale de
l'état, ſuccomba l'année ſuivante ; & dans ſon
tombeau fut enſeveli un empire dont la proſpérité n'avoit jamais eu pour baſe que les cala-

mités publiques. Malheureuſement, de ſes débris
s'augmenta la puiſſance des marattes, qui n'étoit
déja que trop redoutable.

Ce peuple eſt aujourd'hui célèbre à la côte
de Coromandel, vers Delhy, & ſur le Gange,
par ſes incurſions, par ſes brigandages. L'eſprit
de rapine qu'il porte dans les contrées qu'il ne
fait que parcourir, il le perd dans les provinces
qu'il a conquiſes. Déjà s'eſt amélioré le ſort des
lieux qui furent ſi long-temps écraſés par la tyrannie des portugais, & qui ont ſucceſſivement groſſi
ſon domaine. Sa conduite eſt bien différente ſur
les mers voiſines. Non-ſeulement il y pille les
bâtimens trop foibles pour lui réſiſter, mais il
accorde encore des aſyles aux pirates étrangers
qui conſentent à partager avec lui leurs priſes.

Surate fut long-temps le ſeul port par lequel
l'empire Mogol exportoit ſes manufactures, &
récevoit ce qui étoit néceſſaire à ſa conſommation. Pour le contenir & pour le défendre, on
imagina de conſtruire une citadelle, dont le commandant n'avoit aucune autorité ſur celui de la
ville : on avoit même l'attention de choiſir deux
gouverneurs qui ne fuſſent pas de caractère à
ſe réunir pour l'oppreſſion du commerce. Des
circonſtances fâcheuſes donnèrent naiſſance à un
troiſième pouvoir. Les mers des Indes étoient
infeſtées de pirates qui interceptoient la navigation, & qui empêchoient les dévots muſulmans
de faire le voyage de la Mecque. Le mogol crut
que le chef d'une colonie de Cafres, qui s'étoit
établie à Rajapour, ſeroit propre à arrêter le
cours de ces brigandages, & il le choiſit pour
ſon amiral. On lui aſſigna pour ſa ſolde annuelle,
trois laks de roupies, ou 720,000 liv. Cette ſomme
n'ayant pas été exactement payée, l'amiral s'empara du château, & de ce fort il opprimoit la
ville. Tout alors tomba dans la confuſion ; &
l'avarice des marattes, toujours inquiète, devint
plus vive que jamais. Depuis long-temps ces barbares, qui avoient étendu leurs uſupations juſqu'aux portes de la place, recevoient le tiers des
impoſitions, à condition qu'ils ne troubleroient
pas le commerce qui ſe faiſoit dans l'intérieur
des terres. Ils s'étoient contentés de cette contribution, tout le temps que la fortune ne leur
avoit pas préſenté des faveurs plus conſidérables.
Lorſqu'ils virent la fermentation des eſprits, ils
ne doutèrent pas que dans ſa fureur quelqu'un
des partis ne leur ouvrît les portes, & ils s'ap-
prochèrent en force des murailles. Des négocians
qui ſe voyoient tous les jours à la veille d'être
dépouillés de leur fortune, appellèrent les anglois à leur ſecours en 1759, & les aidèrent à
s'emparer de la citadelle. L'avantage de la tenir
ſous leur garde, ainſi que l'exercice de l'amirauté, furent aſſurés aux conquérans par la cour
de Delhy, avec le revenu attaché aux deux poſtes. Cette révolution rendit quelque calme à Surate
& à ſon Nabab, mais en les mettant dans une

dépendance abfolue de la force qu'on avoit in-
voquée.

Ce fuccès étendit l'ambition des agens de la
compagnie angloife. Ceux d'entr'eux qui conduifoient les affaires au Malabar, étoient rongés
d'un dépit fecret de n'avoir eu aucune part aux
fortunes immenfes qui s'étoient faites au Coromandel & dans le Bengale. Leurs avides regards,
qui depuis long-temps fe portoient de tous les
côtés, s'arrêtèrent enfin en 1771 fur Barokia,
grande ville fituée à trente-cinq milles de l'embouchure de la rivière de Nerbedals, qui fe jette
dans le golfe de Cambaie, & très-anciennement
célèbre par la richeffe de fon fol & par l'abondance de fes manufactures. Les navires, même
marchands, n'y peuvent monter qu'avec le fecours
de la marée, ni en defcendre qu'au temps du
reflux.

Cinq cents blancs & mille noirs partirent de
Bombay, pour s'emparer de la place, fous les
prétextes les plus frivoles. L'expédition échoua
par l'incapacité du chef qui en étoit chargé. Elle
fut reprife l'année fuivante. Les affiégés enhardis
par un premier fuccès, & peut-être encore plus
par une ancienne tradition qui leur promettoit que
leur ville ne feroit jamais prife, fe défendirent
affez long-temps; mais à la fin leurs murailles
furent emportées d'affaut.

Durant tout le fiège, la mer du Nabab n'avoit
pas quitté fon fils, bravant comme lui le ravage
du canon & des bombes. Ils fortirent enfemble
de la place, lorfqu'elle ne fut plus tenable. On
les pourfuivoit. *Allez*, dit cette héroïque femme
au compagnon de fa fuite, *allez chercher un afyle
& des fecours chez vos alliés; je retarderai la marche de nos ennemis & leur échapperai peut-être.* Se
voyant ferrée de trop près, on lui vit prendre
le parti fi ordinaire dans l'Indoftan aux perfonnes
de fon fexe qui ont confervé leur poignard : elle
fe perça le cœur pour éviter de porter des fers.
Son fils ne lui furvécut que peu.

Avant fon défaftre, ce prince étoit obligé de
donner aux *marattes* les fix dixièmes de fon revenu qui ne paffoit pas 1,680,000 liv. C'étoit
comme poffeffeurs d'Amed-Abad, capitale du
Guzurate, que ces barbares exigeoient un fi grand
tribut. Les anglois ne fe refusèrent pas feulement
à cette humiliation, ils voulurent auffi exercer
des droits fur la province entière. Des prétentions fi oppofées furent une femence de difcorde.
Tout fut pacifié en 1776, par un traité qui régla que les anciens ufurpateurs conferveroient leurs
conquêtes, mais que les nouveaux auroient la
jouiffance libre de Barokia, & qu'on ajouteroit
à fon territoire un territoire dont les impofitions
rendroient 720,000 liv.

Les *marattes* paroiffoient alors dans une fituation qui ne leur permettoit pas d'efpérer un arrangement fi favorable. L'union de ces brigands

n'avoit jamais été altérée. Cette concorde leur
avoit affuré une fupériorité décidée fur les autres
puiffances de l'Indoftan, perpétuellement agitées
par des troubles domeftiques. Leurs premières divifions éclatèrent en 1773. Le frère & le fils de
leur dernier chef fe difputèrent l'empire, & les
fujets divifés prirent tous parti fuivant leurs inclinations ou leurs intérêts.

Durant le cours de cette guerre civile, le fouba
du Décan fe remit en poffeffion des provinces
que le malheur des temps l'avoit forcé d'abandonner à ces barbares. Hyder-Ali-kan s'appropria la partie de leur territoire qui étoit le plus
à fa bienféance. Les anglois jugèrent la circonftance favorable pour s'emparer de Salfette, dont
les *marattes* avoient chaffé les portugais en 1740.

Ce n'eft pas ici le lieu d'entrer dans le détail
des guerres des *marattes* contre Ayder-Aly, fon
fils Tippo-Saïb & la compagnie angloife. Nous
dirons feulement qu'en 1770 une armée de *marattes*, forte de 200 mille hommes, commandée
par Madurao, battit complettement une grande armée d'Ayder-Aly, & lui fit mettre bas les armes; mais comme il n'eft pas dans l'ufage dans
l'Inde de faire prifonniers les fimples foldats &
même les officiers fubalternes, prefque toute fon
armée revint, la plus grande partie, il eft vrai,
fans armes & fans chevaux; Ayder rétablit en
peu de temps fon armée, en meilleur état qu'elle
n'étoit; & ce qu'on aura peine à croire, & ce
qu'il faut attribuer à la nature du gouvernement
des *marattes* qui eft purement féodal, Ayder ra-
cheta des *marattes* eux-mêmes la plus grande
partie de fes chevaux & de fes armes; chacun
des chefs pouvant faire l'emploi qu'il defire de la
part qu'il a retirée du butin.

Ayder, durant fon règne, n'a pas voulu reconnoître le droit de chotaye que réclamoient
les marattes : il leur donnoit de l'argent, quand
la néceffité de fes affaires ne lui permettoit pas
d'en refufer; mais il ne faifoit jamais avec eux
d'autre traité qu'une trève pour trois ans : les
marattes y confentoient, parce qu'ils aimoient
mieux cet arrangement que de faire la guerre ou
abandonner leur droit de chotaye.

La nation des *marattes* ne pardonnera jamais
aux anglois d'avoir accordé un afyle & leur protection à Ragoboy; mais la nation britannique
connoît trop bien les divifions de cet état, qu'elle
a foin d'entretenir, pour redouter la fuite de cette
haine; & ils la redoutent d'autant moins que, par un
dernier traité, ils fe font vus contraints d'abandonner ce fcélérat, ainfi que nous le dirons tout-
à-l'heure. Des intérêts particuliers déterminent
feuls les chefs du gouvernement de Poonah à
faire la guerre à la compagnie. Le dernier traité
qu'elle a conclu avec cette puiffance, eft de
1782. Le voici :

Traité de paix, conclu par la compagnie des Indes avec les marattes en 1782.

1°. Tous les pays, places, cités & forts, y compris Baffeen, &c. pris fur le Paishwa pendant la guerre qui s'eft allumée depuis le traité conclu par le colonel Upton, feront rendus aux *marattes* dans l'efpace de deux mois après la conclufion de ce traité. 2°. Salzette & les ifles d'Elephanta, Caranja & Hog refteront à perpétuité dans la poffeffion des anglois. Si pendant la guerre il en a été pris quelques autres, elles feront rendues au Paishwa. Le Paishwa & les chefs des états *marattes* cèdent pour jamais à la compagnie tous droits & titres fur la ville de Baroach. 4°. Les anglois renoncent au paiement de trois lacks de roupies, que le Paishwa étoit convenu de leur céder dans le traité du colonel Upton. 5°. Pour prévenir toute difpute fur le pays donné aux anglois par Secagée & Fully - Sing - Gwickwar, dont il eft fait mention dans l'article 7 du traité du colonel Upton, la compagnie le rendra au Gwickwar, s'il fait partie de fon territoire, & au Paishwa s'il fait partie du fien. 6°. Les anglois ayant accordé à Ragonaut Row un terme de quatre mois pour fixer le lieu de fa réfidence, après ce terme ne lui accorderont aucun appui, protection ou affiftance, & ne lui fourniront point d'argent; & le Paishwa promet que fi Ragonaut Row veut fe rendre volontairement près de Maha-Rajack-Madhoo-Row-Scindia, & réfider paifiblement avec lui, il lui fera payé tous les mois 25 mille roupies pour fon entretien, &c. Chaque partie fera la paix avec les alliés de l'autre, de la manière ci-après. 8°. Le territoire que Fully-Gwickwar poffédoit au commencement de la guerre, reftera en fa poffeffion fur le pied ordinaire; il paiera au Paishwa le tribut d'ufage avant la guerre. Le nabab Ayder - Aly - Cawn ayant conclu un traité avec le Paishwa, troublé & pris poffeffion de territoires appartenans aux anglois & à leurs alliés, le Paishwa s'engage à l'obliger à les reftituer. 9°. Les prifonniers faits de part & d'autre feront élargis, & l'on forcera Ayder-Aly-Cawn à évacuer ceux des territoires appartenans à la compagnie & à fes alliés, qu'il peut avoir pris depuis le 9 du mois de Ramzam, dans l'année 1180, date de fon traité avec le Paishwa; ils feront en conféquence rendus fix mois après le traité; & les anglois, auffi long-tems qu'Ayder-Aly - Cawn s'abftiendra d'hoftilités contr'eux & leurs alliés, & qu'il vivra en amitié avec le Paishwa, ne fe conduiront point hoftilement envers lui. 10° Le Paishwa promet, tant en fon nom qu'en celui de fes alliés, de maintenir la paix envers les anglois & leurs alliés, qui font la même promeffe. 11°. La navigation des navires refpectifs ne fera point troublée. 12°. Les anglois jouiront du privilège du commerce comme ci-devant dans les territoires des *marattes*. Les fujets du Paishwa jouiront de la réciprocité dans ceux des anglois. 13°. Le Paishwa promet de ne fouffrir qu'aucunes factoreries européennes s'établiffent fur fes territoires, ou fur ceux des chefs qui dépendent de lui, à la feule exception de celles qui font établies par les portugais; qu'il n'aura aucun commerce d'amitié avec aucune autre nation européenne, & les anglois promettent de ne donner d'affiftance à aucune nation du Décan & de l'Indoftan en inimitié avec le Paishwa. 14°. Les anglois & le Paishwa conviennent mutuellement de ne donner aucune efpèce d'affiftance aux ennemis refpectifs. 15°. Les fujets de part & d'autre n'agiront point d'une manière contraire à ce traité. 16° La compagnie & le Paishwa ayant la plus entière confiance dans Maha-Rajah-Subadar, Madoo-Row-Scindia Behader, l'ont requis d'être garant de ce traité; en conféquence, il s'eft chargé de la garantie mutuelle; &, dans le cas où l'une des parties en enfreindroit les conditions, il fe rangera du côté de l'autre partie. 17°. Tous territoires, forts ou cités du Guzzerate, cédés aux anglois par Ragonaut Row avant le traité du colonel Upton, & dont la reftitution a été ftipulée dans l'article 7 dudit traité, feront reftitués. — Ce traité confiftant en dix-fept articles, a été conclu à Salbey, dans le camp de Maha-Rajah-Subadar, Mahomed-Row-Scindia, le 4 du mois Jemmad & Saany, dans l'année 1187 de l'hégire, laquelle correfpond au 11 mai 1782 de l'ère chrétienne, par ledit Maha-Rajah & M. David Anderfon. *Voyez* les articles INDOSTAN, MALABAR, COROMANDEL, BENGALE, MADRASS, MAISSOUR, &c.

MARCHTAL, abbaye impériale d'Allemagne. L'abbaye de *Marchtal*, de l'ordre des Prémontrés & du diocèfe de Conftance, eft fitué fur un rocher près du Danube, & fon territoire fe prolonge jufqu'au Féderfée. C'étoit originairement un chapitre fondé, vers les années 1000 & 1006, par les deux ducs Hermann de Suabe, père & fils; il fut érigé en prieuré en 1171, & en abbaye en 1418. L'empereur Maximilien II lui accorda en 1575 l'exemption des tribunaux étrangers, que l'empereur Léopold en 1659, fauf les cas réfervés. L'abbé porte le titre de très-révérend prélat & feigneur de l'abbaye impériale de *Marchtal*. La taxe matriculaire de l'abbaye, anciennement de 44 florins, n'eft plus aujourd'hui que de 32 florins, outre 81 rixdales 14 & demi kr. qu'elle paye pour l'entretien de la chambre impériale. Elle tient de l'Empire, à titre de fief, la jurifdiction criminelle de *Marchtal*, village de fon voifinage.

MARÉCHAL DE CAMP.
MARÉCHAL DE FRANCE.
MARÉCHAL DES LOGIS DE L'ARMÉE.
Voyez le dictionnaire de l'Art militaire.

MARGUERITE (Sainte), Isle d'Amérique, l'une des Antilles. *Voyez* l'article ANTILLES & l'article TRINITÉ.

MARIANES , isles de la mer du sud , où les espagnols ont des établissemens.

Les espagnols ne se sont établis sur ces isles que pour fournir des rafraîchissemens aux galions qui vont du Mexique aux Philippines , & nous renvoyons à l'article PHILIPPINES les détails relatifs aux isles MARIANES.

MARIN (Saint), république d'Italie. Ce petit état est renfermé entre la Romagne & le duché d'Urbin. Il est sous la protection du pape, & se soutient depuis environ treize siècles & demi. Voici l'origine qu'on lui attribue. Un maçon s'étant retiré sur une montagne solitaire , y menoit la vie d'un hermite. Il acquit une grande réputation de sainteté , & il fut connu d'une dame appelée *Félicité*, laquelle lui céda le terrein de cette montagne qui lui appartenoit. Dans la suite , plusieurs personnes y fixèrent leur demeure : il s'y forma avec le temps un état indépendant qu'on nomma *Saint-Marin*, du nom de l'hermite. En 1160 , cette petite république acheta le château de Pennarofta , qui est dans son voisinage , & en 1170 celui de Casolo. Environ 290 ans après, elle donna des secours au pape Pie II contre Malatesta , seigneur de Rimini , & reçut en récompenses les quatre petits châteaux de Serravalle, Faetano, Montgiardino & Fiorentino , ainsi que le village de Piagge. Ce fut alors l'époque de sa plus grande splendeur : elle est à présent réduite à ses anciennes limites. En 1739, sur la demande de quelques-uns de ses sujets , le cardinal Alberoni , légat du saint-siège à Ravenne, la soumit au pape , d'après les plaintes [de] son sénat , le souverain pontife lui rendit sa première liberté. Mais les actes originaux , qui servent à prouver cette liberté , & qui avoient été enlevés par le cardinal Alberoni , furent déposés au Vatican ; il est vrai que depuis cette époque , une femme , sujette de la république , en a rapporté différentes parties dans ses archives.

Le gouvernement réside dans un conseil de quarante personnes. La moitié de ces places est occupée par les familles nobles , l'autre par les bourgeoises. Mais lorsqu'il s'agit d'affaires de grande importance , on assemble l'*arengo* ou grand conseil , auquel assiste un individu de chaque famille. Les principaux officiers de *Saint-Marin* sont deux capitaines qu'on change tous les six mois. Il y a aussi un commissaire , qui juge toutes les causes civiles & criminelles. Il faut qu'il soit étranger & docteur en droit , & qu'il passe pour versé dans la jurisprudence. Il ne remplit ses fonctions que trois ans. Enfin la république a un médecin qui doit aussi être étranger : il est trois ans en place , & il est chargé de soigner les malades & de s'occuper de l'apothicairerie.

La ville de *Saint-Marin* est sur une montagne élevée & escarpée , que Strabon appelle *Acer Mons* ou *Titanus* , & qui n'est accessible que d'un seul côté. On recueille de l'excellent vin sur le penchant de cette montagne. La ville contient environ cinq mille ames , cinq églises , trois couvens , dont l'un est hors de son enceinte , & trois petits châteaux. La montagne dont nous parlons , avec quelques collines qui l'environnent, forme tout le territoire de la république. Il a environ dix milles de circuit : sa longueur est de trois milles , & il contient à-peu-près sept mille ames.

MARK (la) , comté souverain d'Allemagne : il est borné au midi par le duché de Berg , au couchant par le même duché & celui de Clèves , (en considérant les abbayes immédiates de Werden & d'Essen , comme situées dans le comté de la *Mark*); vers le nord par le comté de Recklinghausen & l'évêché de Munster ; vers le levant par le duché de Westphalie. C'est le plus grand comté du cercle de Westphalie.

Son sol est fertile , & il produit du froment, du seigle , de l'orge , de l'avoine , &c.

Le comté de la *Mark* renferme dix-sept villes (outre la moitié de la ville de Lippstadt) & sept franchises & bourgs. Busching dit qu'un grand nombre des anciennes familles nobles de ce pays sont éteintes ; que beaucoup d'autres se sont retirées dans d'autres pays , comme en Courlande, en Livonie & en Prusse , mais qu'on y en compte encore plus de cent.

La plupart des habitans professent la religion luthérienne. Les juifs ont çà & là des synagogues. Tout le comté renferme 94 paroisses luthériennes , dont l'inspection est confiée à quelques subdélégués. Le synode provincial des réformés est divisé en quatre classes , qui sont celles de Hamm , qui a seize ministres ; celle de Cam , qui en a dix ; celle de Rhur , qui en a quatorze , & celle de Suder qui en a dix. Il se tient une fois l'année , à un jour indéterminé.

Le pays est rempli de fabriques qui fournissent le pays , & qui exportent : on travaille sur tout beaucoup en fer & en acier.

Précis de l'histoire politique. Les anciens comtes de la *Mark* tirent leur origine des comtes d'Altena , auxquels quelques auteurs donnent pour souche les comtes de Teisterbant & de Clèves. La généalogie des comtes d'Altena commence à Adolphe , qui , avec son frère Everard , fit construire le château d'Altena , & fut décoré par l'empereur Henri V du titre de *comte d'Altena & de Berg.* Ces deux frères partagèrent entre eux leurs possessions , de manière qu'Adolphe eut le château & le comté d'Altena , & Everard le château d'Aldembourg avec le comté de Berg. Adolphe III , comte d'Altena , mort en 1245, doit avoir le premier pris le nom & les armes de la *Mark* : on peut du moins juger , par des diplomes de 1203 , 1229 & 1221 , qu'à cette époque les comtes d'Altena prirent le nom de *comtes de la Mark*. Adolphe V, comte de la *Mark*, fut aussi comte de Clèves. Nous avons donné à l'article CLEVES, la suite de l'histoire du comté de la *Mark*, & indiqué de quelle manière il passa à la maison de Brandebourg. En 1757, il fut sous la domination françoise.

Sa taxe matriculaire est comprise dans celle de Clèves. Nous avons aussi rendu compte à l'article de ce duché, de ce qui concerne les tribunaux de justice de la *Mark*. Au commencement de 1767, il fut établi dans ce comté une chambre particulière pour la guerre & le domaine à Ham.

Le roi de Prusse Frédéric II établit en 1753, pour l'administration de la justice, six tribunaux provinciaux, lesquels ont leur siège à Hamm, Unna, Altena, Lüdenscheid, Haguen & Bockum; ils sont composés d'un juge provincial, d'assesseurs & d'un greffier. Les justices royales de Schwelm & de Plettenberg, ainsi que les jurisdictions nobles, ont conservé leur ancien régime. Pour ce qui regarde la police, on divisa aussi le comté en quatre cercles, qui sont ceux de Hamm, d'Altena, de Hærd & de Wotter, dont chacun est administré par un juge, un greffier & un huissier aux frais du cercle.

Le terrein du comté est divisé en deux parties; savoir, le pays méridional, ou, dans le langage du pays, le Saverland & le Hellweg. La première comprend tout ce qui est au sud de la Ruhr, & la seconde tout ce qui est au nord de cette rivière.

Voyez les articles CLEVES, BRANDEBOURG, PRUSSE.

MAROC, empire d'Afrique: il a été aussi souvent aussi cruellement bouleversé que le reste de l'Afrique septentrionale; mais il n'a pas subi le joug des turcs. Celles même de ses provinces qui en avoient été démembrées, sous le nom de *royaumes de Fez, de Suz & de Tafilet*, ont été successivement réunies au tronc de l'empire. Un seul despote gouverne aujourd'hui cette immense contrée, selon ses caprices presque toujours extravagans ou sanguinaires.

Un homme qui a passé quatorze ans à *Maroc*, revêtu d'un caractère public, dit que le despotisme du grand-seigneur n'est rien en comparaison de celui de l'empereur de *Maroc*; que ce dernier n'a d'autre règle que son caprice & sa fantaisie qui changent à chaque moment; que si on lui dit, votre majesté avoit ordonné cela hier, il répond: eh bien j'ai changé d'avis, j'ordonne cela aujourd'hui; & me prends-tu pour un chien de chrétien, en supposant que je dois être assujetti à un système suivi & à des règles fixes?

Ce despotisme est si terrible que l'empereur n'a point de ministres; il n'a que des secrétaires, dont il change à chaque moment. Aujourd'hui c'est un juif, demain un grec, & le lendemain un musulman.

La ville de *Maroc* qui pourroit contenir 300 mille habitans, est réduite à quinze mille. L'autorité destructive qu'on a laissé usurper à l'empereur, se perpétue sans d'autres troupes régulières qu'une foible garde de timides nègres. C'est avec ceux de ses esclaves qu'il lui plaît d'appeler dans l'occasion sous le drapeau, qu'il fait uniquement la guerre. Ses forces maritimes ne sont guère plus imposantes. Elles se réduisent à trois frégates, deux demi-galères, trois chebecks & quinze galiotes. La piraterie a été jusqu'ici leur occupation unique. On croiroit que ce brigandage va finir, s'il étoit raisonnable de compter sur la foi d'un tyran, ou d'espérer que ses successeurs prendront enfin quelques sentimens humains. Dans une région ruinée sans cesse par des vexations ou des massacres, le revenu public doit être peu de chose. Cependant les dépenses sont encore moindres. Ce qu'on peut épargner va grossir un trésor immense, très-anciennement formé des dépouilles de l'Espagne, & toujours accru par une longue suite de souverains plus ou moins cruels, qui comptoient l'or pour tout, & pour rien le bonheur des peuples.

Cette ardente soif des richesses est descendue du trône aux conditions privées. Il part tous les ans de la ville de *Maroc* avant que ses souverains lui eussent préféré Mekinez, une caravane qui va chercher de l'or dans la haute-Guinée. Avant d'y arriver, elle doit avoir parcouru un espace de cinq cents lieues: deux cents dans l'empire même, deux cents dans le désert de Sahara, & cent après en être sortie. Au milieu de ce désert, où il n'y a que des sables stériles & accumulés, où l'on ne peut faire route que la nuit, où la marche est nécessairement très-lente, où il faut se conduire par la boussole & par le cours des astres comme sur l'Océan, la nature a placé un canton moins sauvage, abondant en sources & en mines de sel. On charge les chameaux de ce fossile si nécessaire, & il est porté à Tombut, où l'on reçoit de l'or en échange.

Ce précieux métal, arrivé à *Maroc*, n'y circule que très-rarement. Il y est enterré, comme dans tous les gouvernemens où les fortunes ne sont pas assurées. C'est encore la destinée de l'argent que les européens introduisent dans l'empire par les neuf rades qui leur sont ouvertes.

La plus voisine de l'état d'Alger est Tétuan. Elle est sûre, à moins que les vents d'est ne soufflent avec violence, ce qui arrive rarement. La rivière de Bousfega qui s'y jette, sert d'asyle durant l'hiver à quelques corsaires. La garnison de Gibraltar y faisoit autrefois acheter les bestiaux, les fruits & les légumes nécessaires pour sa consommation: mais cette liaison est tombée, depuis que le souverain du pays a voulu que le consul de la Grande-Bretagne allât résider à Tanger.

Cette

Cette ville, conquife en 1471 par le Portugal, fut donnée en 1662 aux anglois, qui l'abandonnèrent après vingt-deux ans de poffeffion. En fe retirant, ils firent fauter un môle qu'ils avoient conftruit, & qui mettoit en fûreté les plus grands vaiffeaux. Les ruines de ce bel ouvrage ont rendu l'approche de la baie très-difficile. Auffi ne feroit-elle d'aucune importance, fi l'embouchure d'une rivière qu'on y voit au fond, ne fervoit de refuge à la plupart des galiotes de l'empire. Tanger a remplacé Tetuan pour l'approvifionnement de Gibraltar. La communication de ces deux villes maures eft interceptée par la fortereffe de Ceuta, qui n'eft féparée de l'Efpagne, à qui elle appartient, que par un détroit de cinq lieues.

L'Arrache eft le débouché naturel d'Afgar, une des plus grandes & des plus fertiles provinces de l'empire. Cet avantage, une pofition heureufe & la bonté de fon port doivent lui donner un peu plus tôt, un peu plus tard, quelque activité. Actuellement, elle n'eft habitée que par des foldats. Depuis l'expédition qu'y tentèrent les françois en 1765, on a rétabli les fortifications élevées par les efpagnols lorfqu'ils étoient les maîtres de la place.

Salé étoit, il n'y a pas long-temps, une république prefque indépendante, fous un chef qu'elle fe donnoit. Sa fituation, au milieu des pays foumis à Maroc, la mettoit à portée de raffembler beaucoup de denrées. Ses habitans étoient à la fois marchands & corfaires. Ils ont à-peu-près ceffé d'exercer l'une & l'autre de fes profeffions, après avoir été fubjugués & dépouillés de leurs richeffes par le monarque actuel, dans le temps que fon pére occupoit le trône. Un banc de fable, qui paroît augmenter continuellement, ne permet l'entrée de la rivière qu'aux bâtimens qui ne tirent pas au-delà de fix ou fept pieds d'eau : mais la rade eft fûre depuis la fin d'avril jufqu'à la fin de feptembre.

Muley-Muhammet vouloit élever une ville de commerce dans la prefqu'ifle de Fedale, & la plupart des édifices étoient commencés. Une rade qui eft fûre dans toutes les faifons, quoique la mer y foit conftamment agitée, lui avoit donné l'idée de cette création. Il y a renoncé, lorfqu'on lui a fait comprendre que ce feroit une dépenfe perdue fur une côte prefque par-tout acceffible.

En 1769, les portugais abandonnèrent Mazagan, après en avoir ruiné tous les ouvrages. La place eft prefque déferte depuis cette époque. Sa rade eft commode en été pour les petits bâtimens : mais les vaiffeaux de guerre, même dans cette faifon, font obligés de fe tenir au large.

Safy a une rade vafte & très-fûre une partie de l'année ; mais en hiver, trop expofée à la violence des vents du fud fud-oueft. Sa pofition, au milieu d'une province abondante, riche & peu-

plée, avoit rendu cette grande ville le marché prefque général des productions de l'empire. Elle s'eft vue naguère dépouillée de cet avantage par Mogador, bâti à la pointe la plus occidentale de l'Afrique.

Le port de ce nouvel entrepôt n'eft qu'un canal formé par une ifle éloignée de la terre de cinq cents toifes. On y entre, on en fort par tous les vents ; mais il n'eft pas affez profond pour recevoir de gros navires, & l'ancrage n'y eft pas fûr dans les mauvais temps. Les courans font fi rapides, qu'il eft impoffible aux vaiffeaux de guerre de mouiller fur la côte. Quoique le territoire qui environne cette place, foit peu fufceptible de culture, le caprice du defpote qui gouverne encore le pays, en a fait le marché le plus important de fes états, plus confidérable même que tous les autres enfemble.

Sainte-Croix, fituée dans le royaume de Sus, au trentième degré de latitude, eft la dernière place maritime de l'empire. Sa rade eft commode & très-fûre, même pour les vaiffeaux de ligne, mais durant l'été feulement. Ce fut autrefois un affez grand marché, où les navigateurs trouvoient réunies les productions d'une vafte contrée affez cultivée, & où tout l'or que Tarudant tire de Tombut étoit apporté. La ville fortit des mains des portugais, pour repaffer fous la domination des maures, fans perdre entièrement fon importance. Un tremblement de terre, qui en détruifit une partie en 1731, lui fut plus funefte que cette révolution. Elle fe feroit peut-être relevée de cette calamité, fi, dans un accès de colère, dont on ignore le principe, Muley-Muhammet n'en eût chaffé, quelques années après, les habitans, pour leur fubftituer une colonie de nègres.

Maroc ne reçoit que peu de bâtimens européens. Ses ports font fermés à plufieurs nations ; & l'Angleterre, la Hollande, la Tofcane, qui ont des traités avec cette puiffance, n'en profitent guère. Pour donner quelque vigueur à ce commerce, trop négligé peut-être, il fut formé en 1755, à Copenhague, un fonds de 1,323,958 l. 6 f. 8 d. divifé en cent actions de 2,647 liv. 18 f. 4 den. chacune. Cette affociation devoit continuer quarante ans ; mais, quelle qu'en foit la raifon, elle n'a pas rempli la moitié de fa carrière. Quoique les liaifons de la France avec cet empire ne remontent pas au-delà de 1767, les opérations de cette couronne font de beaucoup les plus importantes ; & cependant fes ventes annuelles ne paffent pas quatre cent mille francs, ni fes achats douze cents mille.

Tout ce qui entre dans les états de Maroc, tout ce qui en fort paye dix pour cent. Chaque navire doit livrer encore cinq cents livres de poudre & dix boulets du calibre de dix à douze, ou 577 liv. 10 fols en argent. Les monnoies d'Efpagne font celles dont l'ufage eft le plus général :

mais toutes les autres font reçues fuivant leur poids & leur titre.

Nous avons dit à l'article BARBARESQUES avec quelle facilité les puiffances européennes réprimeroient les odieufes pirateries des peuples de *Maroc*, d'Alger, de Tunis & de Tripoli, fi elles vouloient fe réunir, & combien il eft à regretter que des vues particulières d'intérêt les éloignent d'une ligue auffi jufte. *Voyez* l'article BARBARESQUES.

MARTIN (Saint-), ifle d'Amérique, l'une des Antilles : elle appartient à la Hollande & à la France.

L'ifle de *Saint-Martin* eft fituée entre l'ifle de l'Anguille & celle de Saint-Barthelemi : elle a dix-fept ou dix-huit lieues de circonférence, mais moins de terrein que cette dimenfion ne paroîtroit l'indiquer, parce que fes baies font multipliées & profondes. En pouffant des fables d'un cap à l'autre, l'océan a formé fur les côtes beaucoup d'étangs plus ou moins grands, la plupart très-poiffonneux. L'intérieur du pays eft rempli de hautes montagnes qui fe prolongent prefque par tout jufqu'à la mer. Elles étoient couvertes de bois précieux, avant qu'on les eût dépouillées de cet ornement pour y établir des cultures auxquelles elles fe trouvèrent plus propres que les plaines & les vallées. Le fol eft généralement léger, pierreux, trop expofé à de fréquentes féchereffes, & peu fertile ; mais le ciel eft pur & le climat d'une falubrité remarquable. Dans ces parages, on navigue fûrement, facilement ; & là multiplicité, l'excellence des mouillages qu'on y trouve empêchent de fentir bien vivement la privation des ports.

Les françois & les hollandois abordèrent, en 1638, à cette ifle déferte, les premiers au nord, & les feconds au fud. Ils y vivoient en paix & féparément, lorfque les efpagnols, qui étoient en guerre ouverte avec l'une & l'autre nation, les attaquèrent, les battirent, les firent prifonniers, & s'établirent à leur place. Le vainqueur ne tarda pas à fe dégoûter d'un établiffement dont la confervation lui coûtoit beaucoup, fans lui rapporter le moindre avantage ; & il l'abandonna en 1648, après avoir détruit tout ce qu'il ne lui étoit pas poffible d'emporter.

Ces dévaftations n'empêchèrent pas les deux puiffances qui avoient déjà fait occuper *Saint-Martin*, d'y envoyer quelques vagabonds, auffi-tôt qu'on le fut évacué. Ces colons fe jurèrent une foi mutuelle ; & leurs defcendans ont été fidèles à cet engagement, malgré les animofités qui ont fi fouvent divifé les deux métropoles. Seulement le partage, originairement trop inégal, du territoire s'eft peu-à-peu rapproché. De dix mille cent quatre-vingt quarrés de terres, chacun de deux mille neuf cents toifes quarrées, que contient l'ifle, les françois n'en poffèdent plus que cinq mille neuf cents quatre, & les hollan-

dois font parvenus à s'en approprier quatre mille cent foixante-feize.

La culture du tabac fut la première qu'entreprirent, à *Saint-Martin*, les fujets de la cour de Verfailles. Ils l'abandonnèrent pour l'indigo, qui fut remplacé par le coton, auquel on a ajouté le fucre, depuis qu'en 1769 il a été permis aux étrangers de s'établir dans cette partie de l'ifle. On y compte actuellement dix-neuf plantations qui donnent tous les ans un million péfant de fucre brut, d'un beau blanc, mais de peu de confiftance, & un plus grand nombre d'habitations qui produifent deux cents milliers de coton. Les travaux font dirigés par quatre-vingt familles, trente-deux françoifes, les autres angloifes, & dont la réunion forme une population blanche de trois cents cinquante-une perfonnes de tout âge & de tout fexe. Elles n'ont que douze cents efclaves. C'eft trop peu pour l'étendue des cultures ; mais les colons de la partie hollandoife, propriétaires des meilleurs terreins de la françoife, font dans l'ufage d'envoyer leurs noirs au nord, lorfque les travaux font finis au fud. Avant 1763, il n'y avoit point eu d'autorité régulière dans ce foible & miférable établiffement. A cette époque, on lui donna un chef qui n'a encore attiré aucun navigateur de la métropole. C'eft toujours chez leur voifin que les françois vont chercher ce qui leur eft néceffaire, c'eft à lui qu'ils livrent toujours leurs productions.

La colonie hollandoife eft habitée par fix cents trente-neuf blancs & trois mille cinq cents dix-huit noirs, occupés à exploiter trente-deux fucreries qui produifent ordinairement feize cents milliers de fucre, & à faire croître cent trente milliers de coton. Ce revenu trop modique eft groffi par celui que donne un étang falé, dans les années qui ne font pas exceffivement pluvieufes. Dès l'aurore, des efclaves s'embarquent fur des bateaux plats : ils ramaffent pendant la journée le fel qui eft fur la fuperficie de l'eau, & regagnent vers la nuit le rivage, pour y reprendre le lendemain une occupation qui ne peut être continuée que durant les mois de juin, de juillet & d'août. Les ifles voifines achètent quelques foibles parties de cette production, dont la valeur totale peut s'élever à cent mille écus : mais elle eft principalement livrée aux provinces de l'Amérique feptentrionale, qui enlèvent auffi le rum & le fucre de la colonie, tandis que le coton eft livré aux navigateurs de la Grande-Bretagne. Il ne refte rien ou prefque rien pour les négocians fi actifs de la république, & il faut en dire la raifon.

L'établiffement de *Saint-Martin*, quoiqu'Hollandois, n'eft pas habité par les Hollandois. A peine y voit-on cinq ou fix familles de cette nation, qui ont même une efpèce de honte d'en être. Tout le refte eft anglois : les hommes, la langue, les ufages. Le préjugé a été pouffé fi loin, que les femmes vont fouvent faire leurs couches à Anguille, iſle Britannique, qui n'eſt éloignée que de deux lieues, afin que leurs enfans ne ſoient pas privés d'une origine regardée dans le pays comme la ſeule illuſtre.

Saint Martin & *Saint-Barthelemi* dépendent de la Guadeloupe, quoiqu'elles en ſoient éloignées de 45 & 58 lieues. *Voyez* les articles GUADELOUPE & FRANCE.

MARTHE (Sainte-), province ou colonie de l'Amérique méridionale, appartenant à l'Eſpagne. Indépendamment des articles généraux, ESPAGNE, MEXIQUE & PEROU, nous avons cru devoir faire des articles particuliers ſur quelques-unes des provinces ou colonies de l'Amérique méridionale.

La province ou colonie de *Saint-Marthe*, qui a quatre-vingt lieues du levant au couchant, & cent trente du nord au midi, fut, comme les contrées de ſon voiſinage, découverte malheureuſement à l'époque déſaſtreuſe où les rois d'Eſpagne, uniquement occupés de leur agrandiſſement en Europe, ne demandoient à ceux de leurs ſujets qui paſſoient dans le nouveau-Monde, que le quint de l'or qu'ils ramaſſoient dans leurs pillages. A cette condition, des brigands que pouſſoient l'amour de la nouveauté, une paſſion déſordonnée pour des métaux, l'eſpoir même de mériter le ciel, étoient les arbitres & les ſeuls arbitres de leurs actions. Ils pouvoient, ſans qu'on les en punît ou qu'on les en blâmât, errer dans une région, ou dans une autre, conſerver une conquête ou l'abandonner, mettre une terre en-valeur ou la détruire, maſſacrer des peuples ou les traiter avec humanité. Tout convenoit à la cour de Madrid, pourvu qu'on lui envoyât beaucoup de richeſſes. La ſource lui en paroiſſoit toujours honnête & toujours pure.

Des ravages, des cruautés qu'on ne peut exprimer, furent la ſuite néceſſaire de ces principes abominables. La déſolation fut univerſelle. On en voit encore par-tout les funeſtes traces, mais plus particuliérement à *Sainte-Marthe*. Après que ces deſtructeurs eurent dépouillé les peuplades de l'or qu'elles avoient ramaſſé dans leurs rivières, des perles qu'elles avoient pêchées ſur leurs côtes, ils diſparurent. Le peu d'entr'eux qui s'y fixèrent, élevèrent une ou deux villes & quelques bourgades qui ſont reſtées ſans communication, juſqu'à ce qu'elle ait été ouverte par l'activité infatigable de quelques miſſionnaires Capucins, qui ſont parvenus, de nos jours, à réunir dans huit hameaux trois mille cent quatre-vingt-onze Motilones ou Euagiras, les plus féroces des ſauvages indépendans qui la traverſoient. Là, végète leur mépriſable poſtérité, nourrie & ſervie par quelques indiens ou par quelques nègres. Jamais la métropole n'a envoyé un navire dans cette contrée, & jamais elle n'en a reçu la moindre production. L'induſtrie & l'activité s'y réduiſent à livrer en fraude des beſtiaux, ſurtout des mulets aux hollandois & aux autres cultivateurs des iſles

voiſines, qui donnent en échange des vêtemens & quelques objets de peu de valeur. *Voyez* les articles indiqués au commencement de celui-ci.

MARTINIQUE, iſle d'Amérique, l'une des Antilles, appartenant à la France.

Cette iſle a ſeize lieues de longueur & quarante-cinq de circuit, ſans y comprendre les caps qui s'avancent quelquefois de deux & trois lieues dans la mer. Elle eſt extrêmement hachée, & par-tout entrecoupée de monticules qui ont le plus ſouvent la forme d'un cône. Trois montagnes dominent ſur ces petits ſommets. La plus élevée porte l'empreinte ineffaçable d'un ancien volcan. Les bois dont elle eſt couverte, y arrêtent ſans ceſſe les nuages, y entretiennent une humidité mal-ſaine, qui achève de la rendre affreuſe, inacceſſible, tandis que les deux autres ſont preſque entiérement cultivées. De ces montagnes, mais ſur-tout de la première, ſortent les nombreuſes ſources dont l'iſle eſt arroſée. Leurs eaux qui coulent en foibles ruiſſeaux, ſe changent en torrens au moindre orage. Elles tirent leur qualité du terrein qu'elles traverſent: excellentes en quelques endroits, & ſi mauvaiſes en d'autres qu'il faut leur ſubſtituer pour la boiſſon, celles qu'on ramaſſe dans les ſaiſons pluvieuſes.

Hiſtoire politique de cette colonie. Denambuc, qui avoit fait connoître la *Martinique*, partit en 1635 de Saint-Chriſtophe, pour y établir ſa nation. Ce ne fut pas de l'Europe qu'il voulut tirer ſa population. Il prévoyoit que des hommes fatigués par une longue navigation, périroient la plupart en arrivant, ou par la miſère qui ſuit preſque toutes les émigrations. Cent hommes qui habitoient depuis long-temps ſon gouvernement de Saint-Chriſtophe, braves, actifs, accoutumés au travail & à la fatigue, habiles à défricher la terre, à former des habitations, abondamment pourvus de plants de patates & de toutes les graines convenables, furent les ſeuls fondateurs de la nouvelle colonie.

Leur premier établiſſement ſe fit ſans trouble. Les naturels du pays, intimidés par les armes à feu, ou ſéduits par des proteſtations, abandonnèrent aux françois la partie de l'iſle qui regarde le couchant & le midi, pour ſe retirer dans l'autre. Cette tranquillité fut courte. Le caraïbe voyant ſe multiplier de jour en jour ces étrangers entreprenans, ſentit qu'il ne pouvoit éviter ſa ruine qu'en les exterminant eux-mêmes, & il aſſocia les ſauvages des iſles voiſines à ſa politique. Tous enſemble ils fondirent ſur un mauvais fort, qu'à tout événement on avoit conſtruit: mais ils furent reçus avec tant de vigueur, qu'ils ſe replièrent, en laiſſant ſept ou huit cents de leurs meilleurs guerriers ſur la place. Cet échec les fit diſparoître pour long-temps, & ils ne revinrent qu'avec des préſens & des diſcours pleins de repentir. On les accueillit amicalement, & la réconciliation fut confirmée par quelques pots d'eau-de-vie qu'on leur fit boire.

Les travaux avoient été difficiles jusqu'à cette époque. La crainte d'être surpris obligeoit les colons de trois habitations à se réunir toutes les nuits dans celle du milieu, qu'on tenoit toujours en état de défense. C'est-là qu'ils dormoient sans inquiétude, sous la garde de leurs chiens & d'une sentinelle. Durant le jour, aucun d'eux ne marchoit qu'avec son fusil & deux pistolets à sa ceinture. Ces précautions cessèrent, lorsque les deux nations se furent rapprochées; mais celle dont l'amitié & la bienveillance avoient été implorées, abusa si fort de sa supériorité pour étendre ses usurpations, qu'elle ne tarda pas à rallumer dans le cœur de l'autre une haine mal éteinte. Les sauvages, dont le genre de vie exige un territoire vaste, se trouvant chaque jour plus resserrés, eurent recours à la ruse, pour affoiblir un ennemi contre lequel ils n'osoient plus employer la force. Ils se partageoient en petites bandes; ils épioient les françois qui fréquentoient les bois; ils attendoient que le chasseur eût tiré son coup; &, sans lui donner le temps de recharger son fusil, ils fondoient sur lui brusquement & l'assommoient. Une vingtaine d'hommes avoient disparu avant qu'on eût su comment. Dès qu'on en fut instruit, on marcha contre les agresseurs; on les battit; on brûla leurs carbets; on massacra leurs femmes, leurs enfans; & ce qui avoit échappé à ce carnage, quitta la *Martinique* en 1658, pour n'y plus reparoître.

Progrès de ses cultures. Les françois, devenus par cette retraite seuls possesseurs de l'isle entière, occupèrent tranquillement les postes qui convenoient le mieux à leurs cultures. Ils formoient alors deux classes. La première étoit composée de ceux qui avoient payé leur passage en Amérique: on les appelloit *habitans*. Le gouvernement leur distribuoit des terres en toute propriété, sous la charge d'une redevance annuelle. Ils étoient obligés de faire la garde chacun à leur tour, & de contribuer, à proportion de leurs moyens, aux dépenses qu'exigeoient l'utilité & la sûreté communes. A leurs ordres étoient une foule de misérables qu'ils avoient amenés d'Europe à leurs frais, sous le nom d'*engagés*. C'étoit une espèce d'esclavage qui duroit trois ans. Ce terme expiré, les engagés devenoient, par le recouvrement de leur liberté, les égaux de ceux qu'ils avoient servis.

Les uns & les autres s'occupèrent d'abord uniquement du tabac & du coton. On y joignit bientôt le rocou & l'indigo. La culture du sucre ne commença que vers l'an 1650. Benjamin Dacosta, l'un de ces juifs qui puisent leur industrie dans l'oppression même où est tombée leur nation après l'avoir exercée, planta, dix ans après, des cacaotiers. Son exemple fut sans influence jusqu'en 1684, où le chocolat devint d'un usage

assez commun dans la métropole. Alors le cacao fut la ressource de la plupart des colons, qui n'avoient pas des fonds suffisans pour entreprendre la culture du sucre. Une de ces calamités que les saisons apportent & versent, tantôt sur les hommes & tantôt sur les plantes, fit périr en 1727 tous les cacaotiers. La désolation fut générale parmi les habitans de la *Martinique*. On leur présenta le cafier, comme une planche après le naufrage.

Le ministère de France avoit reçu des hollandois en présent deux pieds de cet arbre, qui étoient conservés avec soin dans le Jardin royal des plantes. On en tira deux rejettons. M. Declieux, chargé en 1726 de les porter à la *Martinique*, se trouva sur un vaisseau où l'eau devint rare. Il partagea avec ses arbustes le peu qu'il en recevoit pour sa boisson; &, par ce généreux sacrifice, il parvint à sauver la moitié du précieux dépôt qui lui avoit été confié. Sa magnanimité fut récompensée. Le café se multiplia avec une rapidité, un succès extraordinaires; & ce vertueux citoyen a joui jusqu'à la fin de 1774, avec une douce satisfaction, du bonheur rare d'avoir sauvé, pour ainsi dire, une colonie si importante, & de l'avoir enrichie d'une nouvelle branche d'industrie. Indépendamment de cette ressource, la *Martinique* avoit des avantages naturels, qui sembloient devoir l'élever en peu de temps à une fortune considérable.

Remarques générales sur cette colonie. De tous les établissemens françois, elle a la plus heureuse situation, par rapport aux vents qui règnent dans ces mers. Ses ports ont l'inestimable commodité d'offrir un asyle sûr contre les ouragans qui désolent ces parages. Sa position l'ayant rendue le siège du gouvernement, elle a reçu plus de faveurs & joui d'une administration plus éclairée & moins infidelle. L'ennemi a constamment respecté la valeur de ses habitans, & l'a rarement provoquée sans avoir lieu de s'en repentir. Sa paix intérieure n'a jamais été troublée, même lorsqu'en 1717, excitée par un mécontentement général, elle s'avisa de renvoyer en Europe le gouverneur & l'intendant de la colonie. Les colons surent maintenir en ce temps d'anarchie, l'ordre, la tranquillité & l'union.

Malgré tant de moyens de prospérité, la *Martinique*, quoique plus avancée que les autres colonies françoises, l'étoit cependant fort peu à la fin du dernier siècle. En 1700, elle n'avoit en tout que six mille cinq cents quatre-vingt-dix-sept blancs. Le nombre des sauvages, des mulâtres, des nègres libres, hommes, femmes, enfans, n'étoit que de cinq cents sept. On ne comptoit que quatorze mille cinq cents soixante-six esclaves. Tous ces objets réunis ne formoient qu'une population de vingt-un mille six cents quarante personnes. Les troupeaux se réduisoient à trois mille six cents soixante-huit chevaux ou mulets, & neuf mille deux cents dix-sept bêtes à cornes. On cultivoit un grand nombre de pieds de cacao, de tabac, de coton, & l'on exploitoit neuf indigoteries & cent quatre-vingt-trois foibles sucreries.

Lorsque les guerres longues & cruelles, qui portoient la désolation sur tous les continens & sur toutes les mers du monde, furent assoupies, & que la France eut abandonné des projets de conquête & des principes d'administration qui l'avoient long-temps égarée, la *Martinique* sortit de l'espèce de langueur où tous ces maux l'avoient laissée. Bientôt ses prospérités furent éclatantes : elle devint le marché général des établissement nationaux du vent. C'étoit dans ses ports que les isles voisines vendoient leurs productions ; c'étoit dans ses ports qu'elles achetoient les marchandises de la métropole. Les navigateurs françois ne déposoient, ne formoient leurs cargaisons que dans ses ports. L'Europe ne connoissoit que la *Martinique*. Elle mérita d'occuper les spéculateurs, comme agricole, comme agente des autres colonies, comme commerçante avec l'Amérique espagnole & septentrionale.

Comme agricole, elle occupoit, en 1736, soixante-douze mille esclaves sur un sol nouvellement défriché en grande partie, & qui donnoit par conséquent des récoltes très-abondantes.

Ses rapports avec les autres isles lui valoient la commission & les frais de transport, parce qu'elle seule avoit les voitures. Le gain qu'elle faisoit, pouvoit s'élever au dixième de leurs productions, qui devenoient de jour en jour plus considérables. Ce fonds de dette, rarement perçu, leur étoit laissé pour l'accroissement de leurs cultures. Il étoit augmenté par des avances en argent, en esclaves, en autres objets de premier besoin, qui, rendant de plus en plus la *Martinique* créancière des colonies, la tenoit toujours dans sa dépendance, sans que ce fût à leur préjudice. Elles s'enrichissoient toutes par son secours, & leur profit tournoit à son utilité.

Ses liaisons avec l'isle Royale, avec le Canada, avec la Louisiane, lui procuroient le débouché de son sucre commun, de son café inférieur, de ses sirops & taffias que la France rejettoit. On lui donnoit en échange, de la morue, des légumes secs, du bois de sapin & quelques farines.

Dans son commerce interlope aux côtes de l'Amérique espagnole, tout composé de marchandises de fabrique nationale, elle gagnoit le prix du risque auquel le marchand françois ne vouloit pas s'exposer. Ce trafic, moins utile que le premier dans son objet, étoit d'un bien plus grand rapport dans ses effets. Il lui rendoit un bénéfice de quatre-vingt ou quatre-vingt-dix pour cent, sur une valeur de trois à quatre millions qu'on portoit tous les ans à Caraque, ou dans les isles voisines.

Tant d'opérations heureuses avoient fait entrer dans la *Martinique* un argent immense. Douze millions y circuloient habituellement avec une extrême rapidité. C'est peut-être le seul pays de la terre où l'on ait vu le numéraire en telle proportion qu'il fût indifférent d'avoir des métaux ou des denrées.

L'étendue de ses affaires attiroit annuellement dans ses ports deux cents bâtimens de France, quatorze ou quinze expédiés par la métropole pour la Guinée, trente du Canada, dix ou douze de la Marguerite & de la Trinité, sans compter les navires anglois & hollandois qui s'y glissoient en fraude. La navigation particulière de l'isle aux colonies septentrionales, au continent espagnol, aux isles du vent, occupoit cent trente bateaux de vingt à soixante-dix tonneaux, montés par six cents matelots européens de toutes les nations, & par quinze cents esclaves formés de longue main à la marine.

Dans les premiers temps, les navigateurs qui fréquentoient la *Martinique*, abordoient dans les quartiers où se récoltoient les denrées. Cette pratique qui sembloit naturelle, étoit remplie de difficultés. Les vents du nord & du nord-est, qui règnent sur une partie des côtes, y tiennent habituellement la mer dans une agitation violente. Les bonnes rades, quoique multipliées, y sont assez éloignées, soit entr'elles, soit de la plupart des habitations. Les chaloupes, destinées à parcourir ces intervalles, étoient souvent retenues dans l'inaction par le gros tems, ou réduites à ne prendre que la moitié de ce qu'elles pouvoient porter. Ces contrariétés retardoient le déchargement du vaisseau, & prolongeoient le tems de son chargement. Il résultoit de ces lenteurs un grand dépérissement des équipages, & une augmentation de dépenses pour le vendeur & pour l'acheteur.

Le commerce, qui doit mettre au nombre de ses plus grands avantages celui d'accélérer ses opérations, perdoit de son activité par un nouvel inconvénient : c'étoit la nécessité où se trouvoit le marchand, même dans les parages les plus favorables, de vendre ses cargaisons par petites parties. Si quelque homme industrieux le déchargeoit de ces détails, son entreprise devenoit chère pour les colons. Le bénéfice du marchand se mesure sur la quantité des marchandises qu'il vend. Plus il vend, plus il peut s'écarter du bénéfice qu'un autre qui vend moins est obligé de faire.

Un inconvénient plus considérable encore, c'est que certaines marchandises d'Europe surabondoient en quelques endroits, tandis qu'elles manquoient en d'autres. L'armateur étoit lui-même dans l'impossibilité d'assortir convenablement ses cargaisons. La plupart des quartiers ne lui offroient pas toutes les denrées, ni toutes les fortes de la même denrée. Ce vuide l'obligeoit de faire plusieurs esclaves, ou d'emporter trop ou trop peu de productions convenables au port où il devoit faire son retour.

Les vaisseaux eux-mêmes éprouvoient de grands embarras. Plusieurs avoient besoin de se carener; la plus grande partie exigeoit au moins quelque réparation. Ces secours manquoient dans les rades peu fréquentées, où les ouvriers ne s'établissoient point, dans la crainte de n'y pas trouver assez d'occupation. Il falloit donc aller se radouber dans certains ports, & revenir prendre son chargement dans celui où l'on avoit fait sa vente. Toutes ces courses emportoient au moins trois ou quatre mois.

Ces inconvéniens, & beaucoup d'autres, firent desirer à quelques habitans & à tous les navigateurs, qu'il se formât un entrepôt où les objets d'échange entre la colonie & la métropole fussent réunis. La nature paroissoit avoir préparé le Fort-Royal pour cette destination. Son port étoit un des meilleurs des isles du vent, & sa sûreté si généralement connue, que lorsqu'il étoit ouvert aux bâtimens hollandois, la république ordonnoit qu'ils s'y retirassent dans les mois de juin, de juillet & d'août, pour se mettre à l'abri des ouragans si fréquens & si furieux dans ces parages. Les terres du Lamentin, qui n'en sont éloignées que d'une lieue, étoient les plus fertiles, les plus riches de la colonie. Les nombreuses rivières qui arrosoient ce pays fécond, portoient des canots chargés jusqu'à une certaine distance de leur embouchure. La protection des fortifications assuroit la jouissance paisible de tant d'avantages: mais ils étoient contrebalancés par un territoire marécageux & mal-sain. D'ailleurs cette capitale de la *Martinique* étoit l'asyle de la marine militaire, qui dédaignoit alors, qui même opprimoit la marine marchande. Ainsi le Fort-Royal ne pouvant devenir le centre des affaires, elles se portèrent à Saint-Pierre.

Ce bourg qui, malgré les incendies qui l'ont quatre fois réduit en cendres, contient encore dix-huit cents maisons, est situé sur la côte occidentale de l'isle, dans un anse ou enfoncement à-peu-près circulaire. Une partie est bâtie le long de la mer sur le rivage même; on l'appelle le *mouillage*: c'est-là où sont les vaisseaux & les magasins. L'autre partie du bourg est bâtie sur une petite colline peu élevée: on l'appelle le *fort*, parce que c'est-là qu'est placée une petite fortification, qui fut construite en 1665 pour réprimer les séditions des habitans contre le monopole, mais qui sert aujourd'hui à protéger la rade contre les ennemis étrangers. Ces deux parties du bourg sont séparées par un ruisseau, ou par une rivière guéable.

Le mouillage est adossé à un côteau assez élevé & coupé à pic. Enfermé, pour ainsi dire,

par cette colline qui lui intercepte les vents de l'est, les plus constans & les plus salutaires dans ces contrées; exposé sans aucun souffle rafraîchissant aux rayons du soleil qui lui sont réfléchis par le côteau, par la mer & par le sable noir du rivage, ce séjour est brûlant & toujours mal-sain. D'ailleurs il n'a point de port; & les bâtimens qui ne peuvent tenir sur ses côtes durant l'hivernage, sont forcés de se refugier au Fort-Royal. Mais ces désavantages sont compensés, soit par les facilités que présente la rade de Saint-Pierre pour le débarquement & l'embarquement des marchandises, soit par la liberté que donne sa position de partir par tous les vents, tous les jours & à toutes les heures.

Ce bourg fut le premier qu'on édifia dans l'isle, & le premier qui vit son territoire cultivé. Il dut moins cependant à son ancienneté qu'à ses commodités, l'avantage de devenir le point de communication entre la colonie & la métropole. Saint-Pierre reçut d'abord les denrées de certains cantons, dont les habitans situés sur des côtes orageuses & constamment impraticables, ne pouvoient faire commodément leurs achats & leurs ventes sans se déplacer. Les agens de ces colons n'étoient dans les premiers tems que des maîtres de bateau, qui, s'étant fait connoître par leur navigation continuelle autour de l'isle, furent déterminés par l'appas du gain à prendre une demeure fixe. La bonne-foi seule étoit l'ame de ces liaisons. La plupart de ces commissionnaires ne savoient point lire. Aucun d'eux n'avoit ni livres ni registres. Ils tenoient dans un coffre un sac pour chaque habitant, dont ils géroient les affaires. Ils y mettoient le produit des ventes; ils en tiroient l'argent nécessaire pour les achats. Quand le sac étoit épuisé, le commissionnaire ne fournissoit plus, & le compte se trouvoit rendu. Cette confiance, qui doit paroître une fable dans nos mœurs & dans nos jours de fraude & de corruption, étoit encore en usage au commencement du siècle. Il existe des hommes qui ont pratiqué ce commerce, où la fidélité n'avoit pour garant que son utilité même.

Ces hommes simples furent remplacés successivement par des gens plus éclairés qui arrivoient d'Europe. On en avoit vu passer quelques-uns dans la colonie, lorsqu'elle étoit sortie des mains des compagnies exclusives. Leur nombre s'accrut à mesure que les denrées se multiplioient; & ils contribuèrent eux-mêmes beaucoup à étendre la culture, par les avances qu'ils firent à l'habitant, dont les travaux avoient langui jusqu'alors faute de moyens. Cette conduite les rendit les agens nécessaires de leurs débiteurs dans la colonie, comme ils l'étoient déja de leurs commettans dans la métropole. Le colon même qui ne leur devoit rien, tomba, pour ainsi dire, dans leur dépendance, par le besoin qu'il pouvoit avoir de leur secours. Que le temps de la récolte soit retardé ; que le feu prenne à une pièce de cannes ; qu'un moulin soit démonté ; que des édifices croulent ; que la mortalité se mette dans les bestiaux ou parmi les esclaves ; que les sécheresses ou les pluies ruinent tout, où trouver les moyens de soutenir l'habitation pendant ces ravages, & de remédier à la perte qu'ils causent ? Ces moyens sont en vingt mains différentes. Qu'une seule refuse du secours, le cahos, loin de se débrouiller, augmente. Ces considérations déterminèrent ceux qui n'avoient pas encore demandé du crédit, à confier leurs intérêts aux commissionnaires de Saint-Pierre, pour être, en cas de malheur, assurés d'une ressource.

Le petit nombre d'habitans riches qui sembloient, par leur fortune, être à l'abri de ces besoins, furent comme forcés de s'adresser à ce comptoir. Les capitaines marchands trouvant un port où, sans sortir de leurs magasins & même de leurs vaisseaux, ils pouvoient terminer avantageusement leurs affaires, désertèrent le Fort-Royal, la Trinité, tous les autres lieux où le prix des productions leur étoit presque arbitrairement imposé, où les paiemens étoient incertains & lents. Par cette révolution, les colons fixés dans leurs atteliers, qui exigent une présence continuelle & des soins journaliers, ne pouvoient plus suivre leurs denrées. Ils furent donc obligés de les confier à des hommes intelligens, qui, s'étant établis dans le seul port fréquenté, se trouvoient à portée de saisir les occasions les plus favorables pour vendre & pour acheter : avantage inappréciable dans un pays où le commerce éprouve des vicissitudes continuelles. La Guadeloupe, la Grenade suivirent l'exemple de la *Martinique*. Les mêmes besoins les y déterminèrent.

La guerre de 1744 arrêta le cours de ces prospérités. Ce n'est pas que la *Martinique* se manquât à elle-même. Sa marine continuellement exercée, accoutumée aux actions de vigueur qu'exigeoit le maintien d'un commerce interlope, se trouva toute formée pour les combats. En moins de six mois, quarante corsaires armés à Saint-Pierre, se répandirent dans les parages des Antilles. Ils firent des exploits dignes des anciens flibustiers. Chaque jour on les voyoit rentrer en triomphe, chargés d'un butin immense. Cependant, au milieu de ces avantages, la colonie vit sa navigation, soit au Canada, soit aux côtes espagnoles, entièrement interrompue, & son propre cabotage journellement inquiété. Le peu de vaisseaux qui arrivoient de France, pour se dédommager des pertes dont ils couroient les risques, vendoient fort cher & achetoient à bas prix. Ainsi les productions tombèrent dans l'avilissement. Les terres furent mal cultivées. On négligea l'entretien des atteliers. Les esclaves périssoient faute de nourriture. Tout languissoit, tout s'écrouloit. Enfin la paix ramena, avec la liberté du commerce, l'espoir de recouvrer l'an-

cienne prospérité. Les événemens trompèrent les premiers efforts que l'on fit.

Il n'y avoit pas deux ans que les hostilités avoient cessé, lorsque la colonie perdit le commerce frauduleux qu'elle faisoit avec les américains espagnols. Cette révolution ne fut point l'effet de la vigilance des gardes-côtes. Comme on a toujours plus d'intérêt à les braver qu'eux à se défendre, on méprise des gens foiblement payés pour protéger des droits ou des prohibitions peu respectés. Ce fut la substitution des vaisseaux de registre aux flottes, qui mit des bornes très-étroites aux entreprises des interlopes. Dans le nouveau système, le nombre des bâtimens étoit indéterminé, & le tems de leur arrivée incertain ; ce qui jetta dans le prix des marchandises une variation qui n'y avoit pas été. Dèslors le contrebandier, qui n'étoit engagé dans son opération que par la certitude d'un gain fixe & constant, cessa de suivre une carrière qui ne lui assuroit plus le dédommagement du risque où il s'exposoit.

Mais cette perte fut moins sensible pour la colonie, que les traverses qui lui vinrent de sa métropole. Une administration peu éclairée embarrassa de tant de formalités la liaison réciproque & nécessaire des isles avec l'Amérique septentrionale, que la *Martinique* n'envoyoit plus en 1755 que quatre bateaux au Canada.

Cependant le commerce de France ne s'appercevoit pas de la décadence de la *Martinique*. Il trouvoit à la rade de Saint-Pierre des négocians qui lui achetoient bien ses cargaisons, qui lui renvoyoient avec célérité ses vaisseaux richement chargés ; & il ne s'informoit pas si c'étoit cette colonie ou les autres, qui consommoient & qui produisoient. Les nègres même qu'il y portoit, étoient vendus à un fort bon prix : mais il y en restoit peu. La plus grande partie passoit à la Grenade, à la Guadeloupe, même aux isles neutres, qui, malgré la liberté illimitée dont elles jouissoient, préféroient les esclaves de traite françoise, à ceux que les anglois leur offroient à des conditions en apparence plus favorables. On s'étoit convaincu, par une assez longue expérience, que les nègres choisis qui coûtoient le plus cher, enrichissoient les terres, tandis que les cultures dépérissoient dans les mains des nègres achetés à bas prix. Mais ces profits de la métropole étoient étrangers & presque nuisibles à la *Martinique*.

Elle n'avoit pas encore réparé ses pertes durant la paix, ni comblé le vuide des dettes qu'une suite de calamités l'avoit forcée à contracter, lorsqu'elle vit renaître le plus grand de tous les fléaux, la guerre. Ce fut pour la France une chaîne de malheurs, qui d'échec en échec, de perte en perte, fit tomber la *Martinique* sous le joug des anglois. Elle fut restituée au mois de juillet 1763, seize mois après avoir été conquise : mais on la rendit dépouillée de tous les moyens accessoires de prospérité qui lui avoient donné tant d'éclat. Depuis quelques années, elle avoit perdu la plus grande partie de son commerce interlope aux côtes espagnoles. La cession du Canada & de la Louisiane lui ôtoit tout espoir de rouvrir une communication qui n'avoit langui que par des erreurs passagères. Elle ne pouvoit plus voir arriver dans ses ports les productions de la Grenade, de Saint-Vincent, de la Dominique, qui étoient devenues des possessions britanniques. Un nouvel arrangement de la métropole, qui lui interdisoit toute liaison avec la Guadeloupe, ne lui permettoit plus d'en rien espérer.

La colonie réduite à elle-même, ne devoit donc compter que sur ses cultures. Malheureusement, à l'époque où ses habitans pouvoient commencer à s'en occuper utilement, parut dans son sein une espèce de fourmi inconnue en Amérique avant qu'elle eût ravagé la Barbade, au point d'y faire délibérer s'il ne convenoit pas d'abandonner une colonie autrefois si florissante. On ignore si ce fut du continent ou de cette isle que l'insecte passa à la *Martinique*. Ce qui est sûr, c'est qu'il causa des ravages inexprimables dans toutes les plantations de sucre où il se montra. Cette calamité, trop mollement combattue, duroit depuis onze ans, lorsque les colons assemblés arrêtèrent, le 9 mars 1775, une récompense de 666,000 liv. pour celui qui trouveroit un remède contre un fléau si destructeur.

Ce secret important avoit déja été imaginé & mis en pratique par un officier, nommé *Desvoeues*, sur un des terreins le plus infestés de fourmis. Cet excellent cultivateur avoit obtenu d'abondantes récoltes, en multipliant les labours, les engrais & les sarclages, en brûlant les pailles où cet insecte se refugie, en replantant les cannes à chaque récolte, & en les disposant de manière à faciliter la circulation de l'air. Cet exemple a été enfin suivi par les colons riches. Les autres l'imiteront, selon leurs moyens; & l'on peut espérer qu'avec le temps il ne restera que le souvenir de ce grand désastre.

Cette calamité étoit dans sa plus grande force, lorsque l'ouragan de 1766, le plus furieux de tous ceux qui ont ravagé la *Martinique*, vint y détruire les vivres, moissonner les récoltes, déraciner les arbres, renverser même les bâtimens. La destruction fut si générale, qu'à peine resta-t-il quelques habitans en état de consoler tant de malheureux, de soulager tant de misère.

Le haut prix où, depuis quelque temps, étoit monté le café, aidoit à supporter tant d'infortunes. Cette production trop multipliée tomba dans l'avilissement, & il ne resta à ses cultivateurs que le regret d'avoir consacré leurs terres à une denrée, dont la valeur ne suffisoit plus à leur subsistance.

Pour comble de malheur, la métropole laissoit manquer sa colonie des bras nécessaires à son exploitation; depuis 1764 jusqu'en 1774, le commerce de France n'introduisit à la *Martinique* que trois cents quarante-cinq esclaves année commune. Les habitans étoient réduits à repeupler leurs atteliers du rebut des cargaisons angloises, introduit en fraude.

Il falloit adoucir le sort d'un grand établissement, si cruellement affligé. Il n'en fut pas ainsi. De nouvelles charges prirent dans la colonie la place des secours qu'elle avoit droit d'attendre.

Dans les établissemens françois du Nouveau-Monde, & dans ceux des autres nations sans doute, les africains se corrompoient beaucoup; c'est qu'ils étoient assurés de l'impunité. Leurs maîtres, séduits par un intérêt aveugle, ne déféroient jamais les criminels à la justice. Pour faire cesser un si grand désordre, le code noir régla que le prix de tout esclave qui seroit condamné à mort, après avoir été dénoncé au magistrat par le propriétaire, seroit payé par la colonie.

Des caisses furent aussi-tôt formées pour cet objet utile : mais on ne tarda pas à y puiser pour des dépenses étrangères à leur institution. Celle de la *Martinique* étoit encore plus grevée que les autres de ces injustices, lorsqu'en 1771 elle se vit chargée des frais que faisoit la chambre d'agriculture de la colonie, des honoraires d'un député que son conseil entretient inutilement dans la métropole.

Les charges augmentèrent encore. Les droits que le gouvernement faisoit percevoir à la *Martinique* étoient originairement très-légers, & se payoient en denrées. Elles furent converties en métaux, lorsque ces agens universels du commerce se furent multipliés dans l'isle. Cependant l'imposition fut modérée jusqu'en 1763. Elle fut alors portée à 800,000 liv. Trois ans après, il fallut la réduire : mais cette diminution, arrachée par le malheur des circonstances, finit en 1772. Le tribut fut de nouveau réduit, en 1778, à la somme de 666,000 livres, formant un million des isles. Il est payé avec une capitation sur les blancs & sur les noirs, avec un droit de cinq pour cent sur le prix du loyer des maisons, avec le droit d'un pour cent sur toutes les marchandises de poids qui entrent dans la colonie, & un droit égal sur toutes les denrées qui en sortent, à l'exception du café qui doit trois pour cent.

Détails, d'après lesquels on peut calculer les cultures, la population & le commerce actuels. Au premier janvier 1778, la *Martinique* comptoit douze mille blancs de tout âge & de tout sexe; trois mille noirs ou mulâtres libres, plus de quatre-vingt mille esclaves, quoique ses dénombremens ne montassent qu'à soixante-douze mille.

Elle avoit pour ses troupeaux huit mille deux cents

cents mulets ou chevaux, neuf mille sept cents bêtes à cornes, treize mille cent porcs, moutons ou chèvres.

Ses sucreries étoient au nombre de deux cents cinquante-sept, qui occupoient dix mille trois cents quatre-vingt-dix-sept quarrés de terre. Elle cultivoit seize millions six cents deux mille huit cents soixante-dix pieds de café; un million quatre cents trente mille vingt pieds de cacao; un million six cents quarante-huit mille cinq cents cinquante pieds de coton.

• En 1775, les navigateurs françois chargèrent sur cent vingt-deux bâtimens, à la *Martinique*, deux cents quarante-quatre mille quatre cents trente-huit quintaux cinquante-huit livres de sucre terré ou brut, qui furent vendus dans la métropole 9,971,155 liv. 3 s. 7 d.; quatre-vingt-seize mille huit cents quatre-vingt-neuf quintaux soixante-huit livres de café, qui furent vendus 4,577,259 liv. 16 sols; onze cents quarante-sept quintaux huit livres d'indigo, qui furent vendus 975,108 liv.; huit mille six cents cinquante-six quintaux soixante-trois livres de cacao, qui furent vendus 605,964 liv. 12 sols; onze mille douze quintaux de coton, qui furent vendus 2,753,100 liv.; neuf cents dix-neuf cuirs, qui furent vendus 8,271 liv.; vingt-neuf quintaux dix livres de carret, qui furent vendus 29,100 l.; dix-neuf cents soixante-six quintaux trente-cinq livres de canefice, qui furent vendus 52,980 l. 10 s.; cent vingt-cinq quintaux de bois, qui furent vendus 3,125 l. Ce fut en tout 18,975,974 l. 1 s. 10 d. Mais la somme entière n'appartenoit pas à la colonie. Il en devoit revenir un peu plus du quart à Sainte-Lucie & à la Guadeloupe, qui y avoient versé une partie de leurs productions.

Tous ceux qui, par instinct ou par devoir, s'occupent des intérêts de leur patrie, desireroient de voir les productions se multiplier à la *Martinique*. On sait, il est vrai, que l'intérieur de cette isle, rempli de rochers affreux, n'est point propre à la culture du sucre, du café, du coton; qu'une trop grande humidité nuiroit à ces productions; & que, si elles y réussissoient, les frais de transport, au travers des montagnes & des précipices, rendroient inutile le succès des récoltes. Mais on pourroit former, dans ce grand espace, d'excellentes prairies; & le sol n'attend que la faveur du gouvernement pour fournir aux habitans ce genre de fécondité reproductive de bestiaux, si nécessaire à la culture & à la subsistance. L'isle a d'autres quartiers d'une nature ingrate: des terreins escarpés ou les torrens & les pluies ont dégradés; des terreins marécageux, qu'il est difficile & peut-être impossible de dessécher; des terreins pierreux, qui se refusent à tous les travaux. Cependant les observateurs qui connoissent le mieux la colonie, s'accordent tous à dire que ses cultures sont susceptibles d'augmentation, & que l'augmentation pourroit être de près d'un tiers. On arriveroit même, sans nouveaux défrichemens, à cette amélioration, par une culture meilleure & plus suivie. Mais, pour atteindre ce but, il faudroit un plus grand nombre d'esclaves. C'est beaucoup que les habitans aient pu jusqu'à nos jours maintenir leurs atteliers dans l'état où ils les avoient reçus de leurs pères. Nous ne croyons pas qu'il soit en leur pouvoir de les augmenter.

Division des propriétaires. A la *Martinique*, les propriétaires des terres peuvent être divisés en quatre classes. La première possède cent grandes sucreries, exploitées par douze mille noirs. La seconde, cent cinquante, exploitées par neuf mille noirs. La troisième, trente-six, exploitées par deux mille noirs. La quatrième, livrée à la culture du café, du coton, du cacao, du manioc, peut occuper vingt mille noirs. Ce que la colonie contient de plus en esclaves de deux sexes, employés pour le service domestique, pour la pêche, pour la navigation, est dans l'enfance ou dans un état de décrépitude.

La première classe, dit-on, est toute composée de gens riches. Leur culture est poussée aussi loin qu'elle puisse aller, & leurs facultés la maintiendront sans peine dans l'état florissant où ils l'ont portée. Les dépenses même qu'ils sont obligés de faire pour la reproduction, sont moins considérables que celles du colon moins opulent, parce que les esclaves qui naissent sur leurs habitations, doivent remplacer ceux que le tems & les travaux détruisent.

La seconde classe, qu'on peut appeller celle des gens aisés, n'a que la moitié des cultivateurs dont elle auroit besoin pour atteindre à la fortune des riches propriétaires. Eussent-ils les moyens d'acheter les esclaves qui leur manquent, ils en seroient détournés par une funeste expérience. Rien de si mal entendu que de placer un grand nombre de nègres à la fois sur une habitation. Les maladies que le changement de climat & de nourriture occasionne à ces malheureux, la peine de les former à un travail, dont ils n'ont ni l'habitude ni le goût, ne peuvent que rebuter un colon, par les soins fatigans & multipliés que demanderoit cette éducation des hommes pour la culture des terres. Le propriétaire le plus actif est celui qui peut augmenter son attelier d'un sixième d'esclaves tous les ans. Ainsi la seconde classe pourroit acquérir quinze cents noirs par an, si le produit net de sa culture le lui permettoit: mais elle ne doit pas compter sur des crédits. Les négocians de la métropole ne paroissent pas disposés à lui en accorder; & ceux qui faisoient travailler leurs fonds dans la colonie, ne les y ont pas plutôt vu oisifs ou hasardés, qu'ils les ont portés en Europe ou à Saint-Domingue.

La troisième classe, qui est à-peu-près indigente,

ne peut fortir de fa fituation par aucun moyen pris dans l'ordre naturel du commerce. C'eft beaucoup qu'elle puiffe fubfifter par elle-même. Il n'y a que la main bienfaifante du gouvernement qui puiffe lui donner une vie utile pour l'état, en lui prêtant fans intérêt l'argent néceffaire pour monter convenablement fes habitations, La recrue des noirs peut s'y éloigner fans inconvénient, des proportions que nous avons fixées pour la feconde claffe, parce que chaque colon ayant moins d'efclaves à furveiller, fera en état de s'occuper davantage de ceux dont il fera l'acquifition.

La quatrième claffe, livrée à des cultures moins importantes que les fucreries, n'a pas befoin de fecours auffi puiffans pour recouvrer l'état d'aifance, d'où la guerre, les ouragans & d'autres malheurs l'ont fait déchoir. Il fuffiroit à ces deux dernières claffes d'acquérir chaque année quinze cents efclaves, pour monter au niveau de la profpérité que la nature permet à leur induftrie.

Ainfi la *Martinique* pourroit efpérer de porter fes cultures languiffantes jufqu'où elles peuvent aller, fi, outre les remplacemens, elle recevoit chaque année une augmentation de deux ou trois mille nègres. Mais elle eft hors d'état de payer ces recrues, & les raifons de fon impuiffance font connues. On fait qu'elle doit à la métropole, comme dette de commerce, à-peu-près un million. Une fuite d'infortunes l'a réduite à en emprunter quatre aux négocians établis dans le bourg Saint-Pierre. Les engagemens qu'elle a contractés à l'occafion des partages de famille, ceux qu'elle a pris pour l'acquifition d'un grand nombre de plantations, l'ont rendue infolvable. Cette fituation défefpérée ne lui permet pas de remplir, du moins de long-temps, toute la carrière de fortune qui lui étoit ouverte. *Voyez* les articles FRANCE, SAINT-DOMINGUE, &c.

MARYLAND, l'une des treize républiques américaines, qui forment la confédération des Etats-Unis; elle eft fituée entre la Virginie, la Penfilvanie & la Delaware. Le lecteur trouvera à l'article ETATS-UNIS, un précis de l'hiftoire politique des Etats-Unis, jufqu'à l'époque de la révolution; des remarques générales fur les conftitutions des républiques américaines; des remarques fur l'acte de confédération, fur le congrès & fur les nouveaux pouvoirs qu'il eft à propos de lui confier; un état de la dette & des finances des Etats-Unis; des remarques fur l'état où fe trouvent aujourd'hui les nouvelles républiques américaines, & fur les abus qu'elles doivent éviter dans la rédaction de leurs codes: nous y parlons en outre de l'affociation des *cincinnati*, & des dangers de cette inftitution; de la marine; de l'armée; des nouveaux états qui fe formeront dans le territoire de l'oueft, & des diftricts qui demandent déjà à être admis à la confédération; des traités qu'ont fignés les

américains, avec quelques puiffances de l'Europe: cet article ETATS-UNIS offre enfin des obfervations politiques, & des détails fur les fauvages qui fe trouvent dans le voifinage ou dans l'enceinte des Etats-Unis. Nous nous bornerons ici, 1°. au précis de l'hiftoire politique de l'établiffement & des progrès de la colonie du *Maryland*, & de l'état de cette colonie, lorfqu'elle s'eft déclarée indépendante; 2°. nous donnerons la conftitution du *Maryland*; 3°. nous ferons des remarques fur cette conftitution; 4°. nous ferons d'autres remarques fur la conduite du *Maryland* pendant la guerre & depuis la paix; 5°. nous entrerons dans quelques détails fur fon commerce & fon état actuel.

SECTION PREMIÈRE.

Précis de l'hiftoire politique de l'établiffement & des progrès de la colonie du Maryland, & de l'état où fe trouvoit cette colonie lorfqu'elle s'eft déclarée indépendante.

(La plupart des détails de cette fection font tirés d'un auteur connu).

Loin d'avoir de l'éloignement pour les catholiques, comme fes prédéceffeurs, Charles Ier avoit trouvé des motifs de les chérir; dans le zèle que l'efpérance d'être tolérés par ce prince leur avoit infpiré pour fes intérêts. Mais, quand l'accufation de favorifer le papifme, eut aliéné les efprits contre ce roi foible, tout occupé du defpotifme, il fut obligé d'abandonner cette communion à toute la févérité des loix, où le fchifme de Henri VIII l'avoit condamnée. Ces rigueurs déterminèrent le lord Baltimore à chercher dans la Virginie un afyle à la liberté de confcience. Comme il n'y trouvoit pas de tolérance pour une religion exclufive elle-même, il forma le projet de s'établir dans la partie inhabitée de cette région, qui eft fituée entre la rivière de Potowmak & la Penfilvanie, & qu'on a depuis appellé le *Maryland*. Il fe difpofoit à peupler cette terre, en faveur des pouvoirs qu'il avoit obtenus, lorfque la mort termina fes jours.

Un fils digne de lui pourfuivit une entreprife fi confolante pour la religion de fa famille. Il partit en 1633 d'Angleterre avec deux cents catholiques, tous d'une naiffance honnête. L'éducation qu'ils avoient reçue, le culte pour lequel ils s'expatrioient, la fortune que leur promettoit leur guide; tous ces motifs prévinrent les défordres qui ne font que trop ordinaires dans les états naiffans. La nouvelle colonie vit les fauvages, gagnés par la douceur & par des bienfaits, s'empreffer de concourir à fa formation. Avec ce fecours inefpéré, ces heureux membres, unis par les mêmes principes, & dirigés par les confeils d'un chef vigilant, fe livrèrent de concert à des

travaux utiles. Le spectacle de la paix & du bonheur dont ils jouissoient, attira chez eux une
foule d'hommes qu'on persécutoit, ou pour la
même croyance, ou pour d'autres opinions. Les
catholiques du *Maryland*, désabusés enfin d'une
intolérance dont ils avoient été la victime, après
en avoir donné l'exemple, ouvrirent un asyle à
toutes les sectes indistinctement. Toutes jouirent
avec la même étendue des droits de cité. Le
gouvernement fut modelé sur celui de la métropole.

Un esprit si conforme aux vues de la société,
n'empêcha pas qu'après le renversement de la
monarchie, on ne dépouillât Baltimore des concessions dont il avoit fait le meilleur usage. Des-
titué par Cromwel, il fut rétabli dans ses droits
par Charles II, mais pour se les voir contester
encore. Quoiqu'au-dessus de tout reproche de malversation, quoiqu'extrêmement zélé pour les dogmes ultramontains, quoique fort attaché aux intérêts des Stuart, il eut le chagrin de voir attaquer sa charte sous le règne arbitraire de Jacques,
& d'avoir un procès en règle pour la jurisdiction d'une province que la couronne lui avoit
cédée, & qu'il avoit établie à ses dépens. Ce
prince, qui eut toujours le malheur de ne connoître ni ses amis, ni ses ennemis, & l'orgueil
de croire que l'autorité royale suffisoit pour justifier tous les actes de violence, alloit ôter une
seconde fois à Baltimore ce que les rois son père
& son frère lui avoient donné, lorsqu'il fut précipité lui-même du trône. Son successeur termina
d'une manière digne de son caractère politique,
une contestation excitée avant son élévation. Il
voulut que les Baltimore fussent privés de leur
autorité, mais qu'ils continuassent à jouir de leurs
revenus. Lorsque cette famille, plus indifférente
sur la religion, rentra dans le sein de l'église anglicane, elle fut réintégrée dans le gouvernement
héréditaire du *Maryland*; elle recommença à conduire la colonie avec un conseil & deux députés
élus par chaque district.

De tous les établissemens formés dans le continent septentrional, le *Maryland* fut heureusement pour lui une des colonies les moins fécondes en évènemens. Son histoire se réduit à deux
faits dignes d'être remarqués.

Berkley, follement zélé pour l'église anglicane, expulse de la Virginie ceux des habitans
qui ne professent pas son culte. Les dissidens cherchent un asyle dans la province qui nous occupe.
L'accueil qu'ils y reçoivent offense vivement les
virginiens. Dans le premier accès d'un ressentiment injuste, ils persuadent aux sauvages que leurs
nouveaux voisins sont espagnols. Ce nom odieux
change toutes les idées des indiens. Ils ravagent
sans délibérer, des champs qu'ils ont aidé à défricher; ils massacrent sans miséricorde des hommes
qu'ils viennent de recevoir fraternellement. Combien il fallut de temps, de patience, de sacri-

fices, pour détromper ces esprits prévenus, pour
ramener ces cœurs égarés!

Baltimore écoutant plutôt sa raison que les instructions de son enfance, avoit voulu que toutes
les communions chrétiennes eussent une égale part
au gouvernement. Les catholiques en furent exclus à l'époque mémorable où ce lord fut dépouillé de son autorité. Ou le ministère britannique ne voulut pas, ou il ne put pas arrêter
cet acte de fanatisme. Son influence se réduisit
à empêcher que les fondateurs de la colonie n'en
fussent chassés, & qu'on ne mît en vigueur
contr'eux des loix pénales qui étoient sans force en
Angleterre.

Le *Maryland* est très-arrosé. On y voit couler
de nombreuses sources, & cinq rivières navigables le traversent. L'air, qui est beaucoup trop
humide sur les côtes, devient pur, léger & subtil à mesure que le terrein s'élève. Le printems
& l'automne sont de la plus heureuse température: mais l'hiver a des jours d'un froid très-
vif, & l'été des jours de chaleur accablante.
Ce que le pays a cependant de moins supportable, c'est une grande quantité d'insectes dé-
goûtans. D'après ces circonstances & la petitesse
de cette province, tous ou presque tous les terreins y avoient été concédés, & dans la plaine,
& au milieu des montagnes avant le révolution.
Ils furent long-temps en friche ou mal exploités:
mais les travaux s'étoient fort accrus lorsque l'Angleterre a voulu subjuguer les colonies américaines
par la force. Quoique le plus grand nombre des
colons fussent catholiques & allemands, quoique leurs mœurs eussent plus de douceur que
d'énergie, ce qui pourroit venir de ce que les
femmes n'y sont pas exclues de la société, comme
dans la plupart des autres parties du continent;
ils ont montré, durant la guerre, beaucoup de
vigueur pour la cause commune. Les hommes
libres & peu riches, fixés dans les lieux élevés,
qui originairement ne coupoient de bois, n'élevoient de troupeaux, ne cultivoient de grains
que pour les besoins de la colonie, fournissoient
une grande quantité de ces objets aux Indes occidentales. Mais la prospérité de l'établissement
paroissoit être l'ouvrage des esclaves, occupés
à plus ou moins de distance de la mer, dans les
plantations de tabac.

Digression sur le tabac. Les Indes orientales &
l'Afrique cultivent du tabac pour leur usage. Elles
n'en vendent ni n'en achetent.

Dans le levant, Salonique est le grand marché du
tabac. La Syrie, la Morée ou le Péloponese,
l'Egypte y versent tout leur superflu. De ce port,
il est envoyé en Italie, où on le fume après
que la causticité qui lui est naturel en a été
adoucie par le mélange de ceux de Dalmatie &
de Croatie.

Les tabacs de ces deux provinces sont de très
bonne qualité, mais si forts qu'on ne peut les

prendre fans les tempérer par des tabacs plus doux.

Les tabacs de Hongrie feroient affez bons, s'ils n'avoient généralement une odeur de fumée qui en dégoûte.

L'Ukraine, la Livonie, la Pruffe, la Poméranie récoltent une affez grande quantité de cette production. Sa feuille, plus large que longue, eft mince, & n'a ni faveur ni confiftance. Dans la vue de l'améliorer, la cour de Ruffie a fait femer dans fes colonies de Sarratow, fur le Volga, des graines apportées de Virginie & d'Hameffort. L'expérience n'a eu aucun fuccès, ou n'en a eu que peu.

Le tabac du Palatinat eft très-médiocre en lui-même : mais il a la faculté de pouvoir s'amalgamer avec de meilleurs, & d'en prendre le goût.

La Hollande fournit auffi des tabacs. Celui que, dans la province d'Utrecht, produifent Hameffort, & quatre ou cinq diftricts voifins, eft d'une qualité fupérieure. Il a le rare avantage de communiquer fon délicieux parfum aux tabacs inférieurs. On en voit beaucoup de ces dernières claffes fur le territoire de la république. Cependant, l'efpèce qui croît en Gueldre eft la plus mauvaife de toutes.

La culture du tabac étoit autrefois établie en France, & avec plus de fuccès qu'ailleurs, près du Pont-de-l'Arche en Normandie, à Verton en Picardie, & à Montauban, à Tonneins, à Clérac, dans la Guienne. On l'y défendit en 1721, excepté fur quelques frontières, dont on refpeẛa les capitulations. Le Haynaut, l'Artois, la Franche-Comté profitèrent peu d'une liberté que la nature de leur fol repouffa opiniâtrement. Elle a été plus utile à la Flandre & à l'Alface, dont les tabacs, quoique très-foibles, peuvent être mêlés fans inconvéniens avec des tabacs fupérieurs.

Dans l'origine, les ifles du nouveau-Monde s'occupèrent du tabac. Des productions plus riches les remplacèrent fucceffivement dans toutes, excepté à Cuba, qui eft reftée en poffeffion de fournir tout le tabac que confomment les efpagnols des deux hémifphères. Son parfum eft exquis, mais trop fort. La même couronne tire du Caraque le tabac que fes fujets fument en Europe. On l'emploie auffi dans le nord & en Hollande, parce qu'il n'en exifte nulle part qui lui foit comparable pour cet ufage.

Le Bréfil adopta de bonne heure cette production, & ne l'a pas depuis dédaignée. Il a été encouragé par la faveur conftante dont fon tabac a joui fur les côtes occidentales de l'Afrique. Dans nos climats même, il eft affez recherché par les gens qui fument. A raifon de fon âcreté, il feroit imprenable en poudre, fans les préparations qu'on lui donne.

Mais les meilleurs tabacs du globe croiffent dans le nord de l'Amérique ; & dans cette par-

te du nouveau-Monde, il faut mettre au fecond rang ceux qu'on récolte dans le *Maryland*. Cependant ils n'ont pas le même degré de perfection dans toute l'étendue de la province. Les crûs de Chefter & de Chouptant approchent pour la qualité de tabacs de la Virginie, & font confommés en France. Les crûs de Patapfico & de Potuxant, très-propres à être fumés, trouvent leur débouché dans le nord & dans la Hollande. Sur les rives feptentrionales du Potowmak, les tabacs font excellens dans la partie haute, & médiocres dans la partie baffe.

En 1775, lorfque les hoftilités commencèrent entre les Etat-Unis & l'Angleterre, Sainte-Marie, autrefois la capitale de l'état, n'étoit rien ; & Annapolis, qui jouit maintenant de cette prérogative, n'étoit guère plus confidérable. C'eft à Baltimore, dont le port peut recevoir des navires tirant dix-fept pieds d'eau, que fe traitoient prefque toutes les affaires. Ces trois villes, les feules qu'on trouve dans la colonie, font fituées fur la baie de Chéfapeak, qui s'enfonce deux cent cinquante mille dans les terres, & dont la largeur commune eft de douze milles. Deux caps forment fon entrée. Au milieu eft un banc de fable. Le canal, voifin du cap Charles, n'ouvre un paffage qu'à de très légers bâtimens : mais celui qui longe le cap Henri, admet, dans tous les temps, les plus grands vaiffeaux.

Entre les apalaches & la mer, peu de terres font auffi bonnes que celles du *Maryland*. Cependant elle font trop généralement légères, fablonneufes & peu profondes, pour récompenfer les travaux & les avances du cultivateur, le même efpace de temps que dans nos climats. La fécondité, par-tout inféparable des défrichemens, étoit rapidement fuivie d'une diminution extraordinaire dans la quantité, & dans la qualité du bled : vraifemblablement, parce qu'on n'avoit pas le foin de la réparer avec des engrais. Le fol étoit encore plutôt ufé par le tabac. Lorfqu'on en demandoit, fans interruption, à un même lieu quelques récoltes, cette feuille perdoit beaucoup de fa force. Pour cette raifon, l'on créa, en 1733, des infpecteurs autorifés à faire brûler tout ce qui n'auroit pas le parfum convenable. Cette inftitution fut fage : mais elle femble annoncer qu'il faudra renoncer un jour à la plus importante production de la province, ou qu'infenfiblement elle fe réduira à peu de chofe. Nous avons dit à l'article ETATS-UNIS, que les colons de la Virginie fe dégoûtent de la culture du tabac : elle dégoûte auffi ceux du *Maryland* ; mais ils trouveront les uns & les autres des moyens de la remplacer d'une manière avantageufe.

Les mines de fer font très-abondantes dans la colonie. Ce moyen de profpérité n'avoit pas été pouffé au-delà de dix-fept ou dix-huit fourneaux. Une liberté nouvelle, de nouveaux befoins communiqueront plus de force aux bras, aux esprits plus de mouvement.

Le *Maryland* n'avoit presque aucune manufacture. Il tiroit de la Grande-Bretagne ce qui servoit aux usages les plus ordinaires de la vie. C'étoit une des raisons qui le faisoient gémir sous le poids accablant des dettes. M. Stirenwith a pris enfin le parti de faire fabriquer des bas, des étoffes de soie & de laine, des toiles de coton, toutes les espèces de quincailleries, jusqu'à des armes à feu. Ces branches d'industrie, réunies dans un même attelier avec de grands frais & une intelligence rare, se disperseront plus ou moins rapidement dans la province, & passant la Patowmak, iront se naturaliser aussi dans la Virginie.

SECTION SECONDE.

Constitution de la république du Maryland.

DÉCLARATION des droits arrêtée par les délégués du Maryland, *assemblés en pleine & libre convention.*

Le parlement de la Grande-Bretagne s'étant, par un acte déclaratoire, arrogé le droit de faire des loix obligatoires pour les colonies dans tous les cas quelconques ; ayant, pour assurer cette prétention, entrepris de subjuguer par la force des armes les colonies unies, & de les réduire à une soumission entière, & sans aucune restriction à son pouvoir & à sa volonté ; & les ayant mises enfin dans la nécessité de se déclarer elles-mêmes *états indépendans*, & de se gouverner sous l'autorité du peuple de chaque colonie ; en conséquence, nous, délégués du *Maryland*, assemblés en pleine & libre convention, prenant dans la plus sérieuse & la plus mûre considération les meilleurs moyens d'établir dans cet état une bonne constitution, qui en soit le solide fondement, & lui procure la sécurité la plus permanente, nous déclarons que :

I. Tout gouvernement tire son droit du peuple, est uniquement fondé sur un contrat & institué pour l'avantage commun.

II. Le peuple de cet état doit avoir seul le droit exclusif de régler son gouvernement & sa police intérieure.

III. Les habitans du *Maryland* ont droit au maintien de la loi commune d'Angleterre, & à la procédure par jurés, telle qu'elle est établie par cette loi ; ils ont droit au bénéfice de ceux des statuts anglois qui existoient au tems de leur première émigration, & qui, par expérience, se sont trouvés applicables à leurs circonstances locales ou autres, & au bénéfice de ceux des autres

statuts qui ont été faits depuis en Angleterre ou dans la Grande-Bretagne, & qui ont été introduits, usités & pratiqués par les cours de loi ou d'équité ; ils ont droit aussi au maintien de tous les actes de l'assemblée, qui étoient en vigueur le premier juin mil sept cent soixante-quatorze, à l'exception de ceux dont la durée a pu être limitée à des termes qui sont expirés depuis cette époque, & de ceux qui ont été ou qui pourront être dans la suite changés par des actes de la convention, ou par la présente déclaration des droits ; & en réservant toujours à la législature de cet état le droit de revoir ces loix, statuts & actes, de les changer & de les abroger : enfin les habitans du *Maryland* ont droit à toutes les propriétés à eux dévolues en conséquence & sous l'autorité de la charte accordée par sa majesté Charles premier à Cecil Calvert, baron de Baltimore.

IV. Toutes les personnes revêtues de la puissance législatrice ou de la puissance exécutrice du gouvernement, sont les mandataires du public, & comme tels responsables de leur conduite ; en conséquence, toutes les fois que le but du gouvernement n'est point, ou est mal rempli ; que la liberté publique est manifestement en danger, & que tous les autres moyens de redressement sont inefficaces, le peuple a le pouvoir & le droit de réformer l'ancien gouvernement, ou d'en établir un nouveau : la doctrine de non-résistance contre le pouvoir arbitraire & l'oppression est absurde, servile & destructive du bien & du bonheur du genre-humain.

V. La jouissance par le peuple du droit de participer activement à la législation, est le gage le plus assuré de la liberté, & le fondement de tout gouvernement libre : pour remplir ce but, les élections doivent être libres & fréquentes, & tout homme ayant une propriété dans la communauté, ayant un intérêt commun avec elle, & des motifs pour lui être attaché, y a droit de suffrage.

VI. La puissance législatrice, la puissance exécutrice & l'autorité judiciaire, doivent être toujours séparées & distinctes l'une de l'autre.

VII. Le pouvoir de suspendre les loix ou leur exécution, ne doit être exercé que par la législature, ou par une autorité émanée d'elle.

VIII. La liberté de parler, les débats ou délibérations dans la législature ne doivent être le fondement d'aucune accusation ou poursuite dans aucune autre cour ou tribunal quelconque.

IX. Il doit être fixé pour l'assemblée de la législature un lieu le plus commode à ses membres, & le plus convenable pour le dépôt des registres publics ; & la législature ne doit être convoquée & tenue dans aucun autre lieu, que dans le cas d'une nécessité évidente.

X. La législature doit être fréquemment assemblée, pour pourvoir au redressement des griefs, & pour corriger, fortifier & maintenir les loix.

XI. Tout homme a droit de s'adresser à la législature pour le redressement des griefs, pourvu que ce soit d'une manière paisible & conforme au bon ordre.

XII. Aucuns subside, charge, taxe, impôt, droit ou droits ne doivent être établis, fixés ou levés, sous aucun prétexte, sans le consentement de la législature.

XIII. La levée de taxes par nombre de têtes, est injuste & oppressive; elle doit être abolie : les pauvres ne doivent point être imposés pour le maintien du gouvernement; mais toutes autres personnes dans l'état doivent contribuer aux taxes publiques pour le maintien du gouvernement, chacune proportionnellement à sa richesse actuelle en propriétés réelles ou personnelles dans l'état: il peut être aussi convenablement & justement établi ou imposé des amendes, des douanes ou des taxes par des vues politiques pour le bon gouvernement & l'avantage de la communauté.

XIV. Il faut éviter les loix qui ordonnent l'effusion du sang, autant que la sûreté de l'état peut le permettre; & il ne doit être fait à l'avenir pour aucun cas, ni dans aucun tems, de loi pour infliger des peines ou amendes cruelles & inusitées.

XV. Des loix avec effet rétroactif, pour punir des crimes commis avant l'existence de ces loix, & qui n'ont été déclarés crimes que par elles, sont oppressives, injustes & incompatibles avec la liberté : ainsi il ne doit jamais être fait de loi *ex post facto*, après le cas arrivé.

XVI. Dans aucun cas ni dans aucun temps, il ne sera fait désormais aucun acte législatif pour déclarer qui que ce soit, coupable de trahison ou de félonie. (1).

XVII. Tout homme libre doit, pour toute injure ou tort qu'il peut recevoir dans sa personne ou dans ses biens, trouver un remède dans le recours aux loix du pays : il doit obtenir droit & justice, librement & sans être obligé de les acheter, complettement & sans aucun refus, promptement & sans délai, le tout conformément aux loix du pays.

XVIII. La vérification des faits dans les lieux où ils se sont passés, est une des plus grandes sûretés de la vie, de la liberté & de la propriété des citoyens.

XIX. Dans tous les procès criminels, tout homme a le droit d'être informé de l'accusation qui lui est intentée, d'avoir une copie de la plainte ou des charges dans un tems suffisant, lorsqu'il le requiert, pour préparer sa défense; d'obtenir un conseil, d'être confronté aux témoins qui déposent à sa charge, de faire entendre ceux qui sont à sa décharge, de faire examiner les uns & les autres sous le serment; & il a droit à une procédure prompte par un juré impartial, sans le consentement unanime duquel il ne peut pas être déclaré coupable.

XX. Aucun homme ne doit être forcé d'administrer des preuves contre lui-même dans les cours de loi commune, ni dans aucunes autres cours, excepté pour les cas où la chose a été pratiquée ordinairement dans cet état, & pour ceux où elle sera ordonnée à l'avenir par la législature (2).

XXI. Aucun homme libre ne doit être arrêté, emprisonné, dépouillé de ses propriétés, immunités ou privilèges, mis hors de la protection de la loi, exilé, maltraité en aucune manière, privé de sa vie, de sa liberté ou de ses biens que par un jugement de ses pairs, en vertu de la loi du pays.

XXII. Il ne doit être exigé par aucune cour de loi de cautionnemens excessifs, ni imposé de trop fortes amendes, ni infligé de peines cruelles ou inusitées.

XXIII. Tout warrant, pour faire des recherches dans les lieux suspects, pour arrêter quelqu'un ou saisir ses biens, est injuste & vexatoire, s'il n'est décerné sur une accusation revêtue d'un serment ou d'une affirmation solennelle; & tout général warrant, pour faire des recherches dans des lieux suspects, ou pour arrêter des personnes suspectes, sans que la personne ou le lieu y soient nommés & spécialement décrits, est illégal & ne doit point être accordé.

XXIV. Il ne doit y avoir confiscation d'aucune partie des biens d'un homme pour aucun crime, excepté pour meurtre ou pour trahison contre l'état; & alors seulement d'après conviction & jugement.

XXV. Une milice bien réglée est la défense convenable & naturelle d'un gouvernement libre.

XXVI. Des armées toujours sur pied sont dangereuses pour la liberté, & il ne doit en être ni levé ni entretenu sans le consentement de la législature.

XXVII. Dans tous les cas & dans tous les tems, le militaire doit être exactement subordonné à l'autorité civile, & gouverné par elle.

XXVIII. En tems de paix, il ne doit point être logé de soldat dans une maison sans le consente-

---

(1) Le but de cet article est d'empêcher la puissance législatrice de devenir dans aucun cas autorité judiciaire: abus sujet à beaucoup d'inconvéniens, & qui existe dans la constitution d'Angleterre.

(2) Dans les cours de chancellerie, selon la loi d'Angleterre, l'accusé est examiné sous le serment de dire la vérité : il est obligé de la dire, lors même que les réponses véridiques aux questions qui lui sont faites, formeroient preuve contre lui; & il peut être puni comme parjure, s'il fait des réponses fausses; ou comme contempteur de la justice, s'il refuse d'y répondre.

Il y a des cours de chancellerie dans le *Maryland*; mais il n'y en a point dans les quatre états de la nouvelle-Angleterre, ni en Pensylvanie.

ment du propriétaire ; & en temps de guerre, le logement ne doit être fait que de la manière ordonnée par la législature.

XXIX. Aucune personne, à l'exception de celles qui font partie des troupes de terre ou de mer, ou qui font dans la milice actuellement en service, ne peut, dans aucun cas, être assujettie à la loi martiale, ni soumise à des peines en vertu de cette loi.

XXX. L'indépendance & l'intégrité des juges font une chose essentielle pour l'administration impartiale de la justice, & forment un des grands fondemens de la sécurité des droits & de la liberté des citoyens ; c'est pourquoi le chancelier & tous les juges doivent conserver leurs charges tant qu'ils se conduiront bien ; & lesdits chancelier & juges doivent être destitués pour mauvaise conduite, après avoir été convaincus dans une cour de loi ; ils pourront être aussi destitués par le gouverneur sur la demande de l'assemblée générale, pourvu que les deux tiers de la totalité des membres de chaque chambre aient concouru à cette demande. Il doit être assigné au chancelier & aux juges des appointemens honnêtes, mais non pas trop considérables, pendant qu'ils exerceront leurs charges ; le tout de la manière & dans le temps ordonnés à l'avenir par la législature, d'après la considération des circonstances dans lesquelles cet état se trouvera. Aucuns chancelier ou juges ne doivent posséder aucun autre office civil ou militaire, ni recevoir de droits ou d'émolumens d'aucune espèce.

XXXI. Une longue stabilité dans les premiers départemens de la puissance exécutrice, ou dans les emplois de maniement, est dangereuse pour la liberté ; c'est pourquoi le changement périodique des membres de ces départemens, est un des meilleurs moyens d'assurer une liberté solide & durable.

XXXII. Aucune personne ne doit posséder à la fois plus d'un emploi lucratif, & aucune personne revêtue d'un emploi public ne doit recevoir de présens d'aucuns prince ou état étranger, ni des États-Unis, ni d'aucun d'eux, sans l'approbation de cet état.

XXXIII. Comme il est du devoir de tout homme d'adorer Dieu de la manière qu'il croit lui être la plus agréable, toutes personnes professant la religion chrétienne ont un droit égal à être protégées dans leur liberté religieuse : ainsi aucun homme ne doit être inquiété par aucune loi dans sa personne ou dans ses biens au sujet de sa croyance, de sa profession ou de sa pratique en fait de religion, à moins que, sous prétexte de religion, il ne troublât le bon ordre, la paix ou la sûreté de l'état, ou qu'il ne transgressât les loix de la morale, ou qu'il ne fît tort aux autres dans leurs droits naturels, civils ou religieux ; & aucun homme ne doit être forcé de fréquenter, d'entretenir ou de contribuer, à moins qu'il ne s'y

soit obligé par un contrat, à entretenir aucun lieu particulier de culte, ni aucun ministre de religion en particulier. Cependant la législature pourra établir à sa volonté une taxe égale & générale pour le maintien de la religion chrétienne, en laissant à chaque individu le pouvoir de destiner l'argent qu'on aura perçu de lui, à l'entretien d'un lieu de culte, ou d'un ministre de religion en particulier, ou au bénéfice des pauvres de sa secte, ou en général à celui des pauvres d'un comté particulier ; mais les églises, chapelles, terres & tous autres biens actuellement appartenans à l'église anglicane, doivent lui demeurer pour toujours. Tous les actes de l'assemblée ci-devant faits pour bâtir ou réparer les églises particulières & des chapelles succursales, demeureront en vigueur, & seront exécutés, à moins que la législature ne les suspende ou ne les révoque par de nouveaux actes ; mais aucune cour de comté ne devra imposer à l'avenir, ni une quantité de tabac, ni une somme d'argent sur la demande d'aucun sacristain ou marguillier ; & tout bénéficier de l'église anglicane, qui a demeuré & exercé ses fonctions dans sa paroisse, aura droit à toucher la provision & l'entretien établis par l'acte intitulé, *acte pour l'entretien du clergé & l'église anglicane dans cette province*, jusqu'à la session de la cour, qui doit se tenir au mois de novembre de la présente année dans le comté où sa paroisse est située, en tout ou en partie, ou pour le temps qu'il aura demeuré & exercé les fonctions dans sa paroisse.

XXXIV. Tous dons, ventes ou legs de terres à un ministre enseignant publiquement, ou prêchant l'évangile en sa qualité de ministre, ou à quelque secte, ordre ou communion religieuse que ce soit ; tous dons, ventes ou legs de terres à ou pour l'entretien, usage ou profit d'un ministre, pour lui être remis en tant que ministre, enseignant publiquement ou prêchant l'évangile, ou en faveur de quelque secte, ordre ou communion religieuse ; tous dons ou ventes de meubles & effets pour être recueillis éventuellement, ou pour avoir lieu après la mort du vendeur ou du donateur, à la destination de l'entretien, usage ou profit d'un ministre, en cette qualité de ministre enseignant publiquement ou prêchant l'évangile, ou de quelque secte, ordre ou communion, feront nuls, s'ils sont faits sans la permission de la législature, à l'exception toutefois des dons, ventes, baux & legs de terreins non excédant deux acres pour une église, lieu d'assemblée ou autre maison de culte, & aussi pour cimetière, lesquels terreins pourront être améliorés, possédés & employés uniquement à ces usages ; faute de quoi les dons, ventes, baux ou legs seront nuls.

XXXV. Il ne doit être exigé, pour être admis à quelque emploi, que ce soit de profit ou de maniement, d'autre épreuve ou qualité, qu'un ferment de maintenir cet état & de lui garder fidélité, & un ferment d'office, tels que la préfente convention ou la légiflature de cet état les auront ordonnés, & auffi une déclaration de croyance à la religion chrétienne.

XXXVI. La manière de faire prêter ferment à une perfonne doit être telle que ceux de la croyance, profeffion ou communion religieufe dont eft cette perfonne, la regardent en général comme la confirmation la plus forte de ce qu'on avance par le témoignage invoqué de l'Etre divin. Les hommes appellés *quakers*, ceux appellés *dunkers*, & ceux appellés *memnoniftes*, qui ne fe croient pas permis de faire de ferment dans aucune occafion, doivent être reçus à faire leur affirmation folemnelle de la même manière que les quakers ont été reçus jufqu'à préfent à affirmer; & leur affirmation doit être de même valeur que le ferment dans tous ces cas, ainfi que celle des quakers a été reçue & acceptée dans cet état pour tenir lieu du ferment. On pourra même, fur cette affirmation, décerner des warrants pour la recherche des effets volés, ou pour la capture & l'emprifonnement des délinquants, comme auffi obliger à donner caution de ne point caufer de dommage; & les quakers, dunkers ou memnoniftes devront auffi, fur leur affirmation folemnelle comme il a été dit ci-devant, être admis en témoignage dans toutes les procédures criminelles non capitales.

XXXVII. La cité d'Anapolis confervera tous fes droits, privilèges & avantages, conformément à fa charte & aux actes d'affemblée qui les ont confirmés & réglés, fous la réferve néanmoins des changemens que la préfente convention ou la légiflature pourront y faire à l'avenir.

XXXVIII. La liberté de la preffe doit être inviolablement confervée.

XXXIX. Les privilèges exclufifs font odieux, contraires à l'efprit d'un gouvernement libre & aux principes du commerce, & ne doivent point être foufferts.

XL. Il ne doit être accordé dans cet état, ni titres de nobleffe, ni honneurs héréditaires.

XLI. Les réfolutions actuellement fubfiftantes de la préfente & de toutes les autres conventions tenues pour cette colonie, doivent avoir force de loix, à moins qu'elles ne foient changées par la préfente convention, ou pour la légiflature de cet état.

XLII. La préfente déclaration des droits, ni la forme de gouvernement qui fera établie par la préfente convention, ni aucune partie de l'une des deux ne devront être corrigées, changées ou abrogées par la légiflature de cet état, que de la

manière que la préfente convention le prefcrira & l'ordonnera.

La préfente déclaration des droits a été confentie & arrêtée dans la convention des délégués des hommes libres du *Maryland*, commencée & tenue à Annapolis le quatorze d'août de l'an de grace mil fept cent foixante-feize.

Par ordre de la convention.

MATTHIEU TILGHMAN, préfident.

CONSTITUTION & forme de gouvernement, arrêtée par les délégués du Maryland, affemblés en pleine & libre convention.

Article premier. La légiflature fera compofée de deux corps diftincts, un fénat & une chambre des délégués, qui réunis s'appelleront l'*affemblée générale du Maryland.*

II. La chambre des délégués fera choifie de la manière fuivante: tous les hommes libres au-deffus de l'age de 21 ans, ayant une franchetenue de cinquante acres de terre dans le comté pour lequel ils prétendront voter, & y réfidant; & tous les hommes libres, ayant du bien dans cet état pour une valeur au-deffus de trente livres argent courant, & ayant réfidé dans le comté, pour lequel ils prétendront voter, une année entière immédiatement avant l'élection, auront droit de fuffrage dans l'élection des délégués pour ce comté; & tous les hommes libres, ayant ces qualités, s'affembleront le premier lundi d'octobre mil fept cent foixante-dix-fept, & à pareil jour à l'avenir chaque année, dans la maifon commune defdits comtés, ou dans tel autre lieu que la légiflature ordonnera; & lorfqu'ils feront affemblés, ils procéderont de vive voix à l'élection de quatre délégués pour leurs comtés refpectifs, parmi les plus fages, les plus fenfés & les plus prudens du peuple, ayant réfidé dans le comté pour lequel ils feront choifis, une année entière immédiatement avant l'élection, ayant plus de vingt-un ans, & poffédant dans l'état en biens immeubles ou mobiliers, une valeur au-deffus de cinq cents livres argent courant; & après que le compte définitif des voix fera terminé, les quatre perfonnes qui fe trouveront avoir le plus grand nombre de fuffrages légitimes, feront déclarées & dénommées dans le procèsverbal en forme, comme duement élues pour leurs comtés refpectifs (1).

III. Le fhérif de chaque comté, ou, en cas de maladie du fhérif, fon député (appellant deux

(1) En *Maryland*, les élections, hors celles au fcrutin, ne fe font point par le moyen des boules ou billets écrits; chaque électeur donne fon fuffrage de vive voix. Le greffier tient un état du nom des votans, & du nombre des voix pour chaque candidat; & la votation finie, on en fait le compte définitif.

jug

juges dudit comté , nécessaires pour veiller au maintien de la tranquillité) sera juge de l'élection, & pourra l'ajourner d'un jour à l'autre, s'il est nécessaire , jusqu'à ce qu'elle soit finie, de manière que toute l'élection soit terminée en quatre jours ; & il en remettra le procès-verbal, signé de sa main , au chancelier de cet état alors en charge.

IV. Toutes les personnes ayant qualité , par la charte de la cité d'Annapolis , pour élire des bourgeois représentans , s'assembleront de même le premier lundi d'octobre mil sept cent soixante-dix-sept, & à pareil jour à l'avenir chaque année , & éliront à la pluralité des suffrages donnés de vive voix, deux délégués ayant qualité, conformément à ladite charte. Le maire , l'assesseur & les aldermen (échevins) de ladite ville , tous ensemble, ou au moins trois d'entr'eux seront juges de l'élection, & désigneront le lieu de la ville où elle devra se faire ; ils pourront l'ajourner d'un jour à un autre, ainsi qu'il a été dit à l'article précédent, & en feront leur procès-verbal pareillement comme ci-dessus; mais les habitans de ladite cité n'auront pas droit de suffrage à l'élection des délégués pour le comté d'Anne Arundel, à moins qu'ils n'aient une franche-tenue de cinquante acres de terre dans le comté & hors de la ville.

V. Toutes les personnes habitant la ville de Baltimore, & ayant toutes les qualités exigées pour les électeurs dans les comtés, s'assembleront aussi le premier lundi d'octobre de l'année mil sept cent soixante-dix-sept, & à pareil jour à l'avenir chaque année , dans le lieu de ladite ville que les juges désigneront , & éliront , à la pluralité des suffrages donnés de vive voix, deux délégués ayant qualité, comme il est dit ci-dessus. Mais si le nombre des habitans de ladite ville diminuoit , au point que le nombre de personnes y ayant droit de suffrage, fût pendant l'espace de sept années consécutives moindre que la moitié du nombre des votans dans quelqu'un des comtés de cet état, à cette époque, cette ville cesseroit d'envoyer deux délégués ou représentans dans la chambre des délégués, jusqu'à ce que ladite ville se trouvât avoir un nombre de votans égal à la moitié de celui des votans de quelqu'un des comtés dudit état.

VI. Les commissaires de ladite ville , ou trois, ou un plus grand nombre d'entr'eux actuellement en charge, seront juges de ladite élection, pourront l'ajourner , & en feront leur procès-verbal, comme il a été dit ci-dessus; mais les habitans de ladite ville n'auront point titre pour élire ni pour être élus délégués pour le comté de Baltimore, & réciproquement les habitans du comté de Baltimore, hors les limites de ladite ville , n'auront point titre pour élire ni pour être élus délégués pour la ville de Baltimore.

VII. En cas de refus, mort, inaptitude, dé-

mission ou absence hors de l'état de quelque délégué , ainsi que dans le cas où il seroit fait gouverneur ou membre du conseil , l'orateur expédiera un ordre d'élire un autre délégué pour remplir la place vacante ; & il sera donné connoissance de cette nouvelle élection à faire , dix jours à l'avance , non compris le jour de l'avertissement , ni celui de l'élection.

VIII. Il faudra toujours la présence de la pluralité du nombre total des délégués avec leur orateur (qu'ils choisiront au scrutin), pour établir l'activité de la chambre, & la mettre en état de traiter quelque affaire que ce soit, excepté de s'ajourner.

IX. La chambre des délégués jugera de la validité des élections & des qualités des délégués.

X. La chambre des délégués pourra faire en première instance tous les bills de levée d'argent, proposer des bills au sénat, ou recevoir ceux qui lui seront envoyés par ce corps, y donner son consentement, les rejetter ou y proposer des corrections : elle pourra informer , d'après le serment des témoins , sur toutes les plaintes , griefs ou délits, & fera toutes les fonctions de grand enquêteur de cet état ; elle pourra faire conduire toutes personnes pour toute espèce de crimes dans les prisons publiques, où elles demeureront jusqu'à ce qu'elles aient été déchargées d'après une procédure régulière ; elle pourra expulser qui que ce soit de ses membres pour malversation grave , mais jamais une seconde fois pour la même cause ; elle pourra examiner & arrêter tous les comptes de l'état relatifs , soit à la perception, soit à la dépense des revenus, ou nommer des auditeurs pour les régler & les appurer ; elle pourra se faire représenter tous les papiers ou registres publics , ou des différens offices, & mander les personnes qu'elle jugera nécessaires dans le cours des recherches concernant les affaires relatives à l'intérêt public ; elle pourra, à l'égard de tous les engagemens contractés pour remplir un service public sous le défit de sommes payables au profit de l'état, faire poursuivre en justice pour le paiement ; ceux qui n'auront point rempli le devoir auquel ils se seront engagés.

XI. Afin que le sénat puisse être pleinement & parfaitement en liberté de suivre son propre jugement en passant les loix , & afin qu'il ne puisse pas être forcé par la chambre des délégués, soit à rejetter un bill de levée d'argent, que les circonstances rendroient nécessaire , soit à consentir quelqu'autre acte de législation , qu'il regarderoit dans sa conscience & suivant son jugement comme nuisible à l'intérêt public , la chambre des délégués ne devra, sous aucune occasion ni sous aucun prétexte, annexer à aucun bill de levée d'argent, ni mêler dans sa teneur aucune matière, clause ou autre chose quelcon-

K k

que qui ne foit pas immédiatement relative & néceffaire à l'impofition, affiette, levée ou def-tination des taxes ou fubfides qui doivent être levées pour le maintien du gouvernement, ou pour les dépenfes courantes de l'état. Et pour prévenir toutes altercations fur ces bills, il eft déclaré qu'aucuns bills qui impoferont des droits ou des douanes purement pour réglement de commerce, ou qui infligeront des amendes pour la réforme des mœurs, ou pour fortifier l'exécution des loix, quoiqu'il doive provenir de leurs difpofitions un revenu accidentel, ne feront cependant pas cenfés bills de levée d'argent; mais tous bills pour affeoir, lever ou deftiner des taxes pour le maintien du gouvernement, ou pour les dépenfes courantes de l'état, ou pour verfer des fommes dans le tréfor public, feront véritablement regardés comme bills de levée d'argent.

XII. La chambre des délégués pourra punir de la prifon toute perfonne qui fe fera rendue coupable de manque de refpect en fa préfence, par quelque action de défordre ou querelle, ou par des menaces, ou par de mauvais traitemens envers quelqu'un de fes membres, ou enfin en apportant obftacle à fes délibérations: elle pourra auffi punir de la même peine toute perfonne coupable d'infraction à fes privilèges, en faifant arrêter pour dettes (1), ou en attaquant quelqu'un de fes membres durant la feffion, ou dans fa route, foit pour s'y rendre, foit pour retourner chez lui; en attaquant quelqu'un de fes officiers, ou en le troublant dans l'exécution de quelque ordre, ou dans la pourfuite de quelque procédure; en attaquant ou troublant tout témoin ou toute autre perfonne mandée par la chambre, dans fa route, foit pour s'y rendre, foit pour s'en retourner, ou enfin en délivrant quelque perfonne arrêtée par ordre de la chambre: & le fénat aura les mêmes pouvoirs dans les cas femblables.

XIII. Les tréforiers (un pour la côte de l'oueft & un autre pour celle de l'eft) & les commiffaires de l'office du prêt public feront choifis par la chambre des délégués pour remplir ces emplois tant qu'elle le jugera à propos; & en cas de refus, mort, démiffion, défaut ou perte des qualités requifes, ou abfence hors de l'état de quelqu'un defdits commiffaires ou tréforiers, pendant la vacance de l'affemblée générale, le gouverneur, de l'avis du confeil, pourra nommer & bréveter une perfonne convenable & propre à l'emploi vacant, pour l'exercer jufqu'à la prochaine feffion de l'affemblée générale.

XIV. Le fénat fera choifi de la manière fui-

vante: toutes perfonnes ayant qualité, comme il a été dit ci-deffus, pour voter à l'élection des délégués dans les comtés, éliront le premier lundi de feptembre mil fept cent quatre-vingt-un, & à pareil jour à l'avenir tous les cinq ans, de vive voix & à la pluralité des fuffrages, deux perfonnes pour leurs comtés refpectifs, ayant qualité, comme il a été dit ci-deffus, pour être élues délégués dans les comtés; & ces perfonnes ainfi choifies feront électeurs du fénat. Le fhérif de chaque comté, ou en cas de maladie du fhérif, fon député (appellant deux juges du comté, néceffaires pour veiller au maintien de la tranquillité) préfidera ladite élection, en fera juge & en fera fon procès-verbal, comme il a été dit ci-deffus. Et toutes les perfonnes, ayant qualité pour voter à l'élection des délégués dans la cité d'Annapolis & dans la ville de Baltimore, le même premier lundi de feptembre mil fept cent quatre-vingt-un, & à pareil jour à l'avenir tous les cinq ans, éliront de vive voix, à la pluralité des fuffrages, un fujet pour chacune defdites cité & ville refpectivement, ayant qualité, comme il a été dit ci-deffus, pour être délégué defdites cité & ville refpectivement; ladite élection fe tiendra de la même manière que celle pour les délégués defdites cité & ville, & le droit de choifir ledit électeur demeurera à la ville de Baltimore auffi long-tems que le droit d'élire des délégués pour elle-même.

XV. Lefdits électeurs du fénat s'affembleront dans la cité d'Annapolis ou dans tel autre lieu qui fera défigné pour l'affemblée de la législature, le troifième lundi de feptembre mil fept cent quatre-vingt-fept, & à pareil jour à l'avenir tous les cinq ans; & eux tous, ou vingt-quatre d'entr'eux ainfi affemblés procéderont à élire au fcrutin, foit parmi eux, foit dans l'univerfalité du peuple, quinze fénateurs (dont neuf réfidans à la côte de l'oueft & fix à celle de l'eft), hommes les plus diftingués par leur fageffe, expérience & vertu, au-deffus de vingt-cinq ans, ayant réfidé dans l'état plus de trois années entières immédiatement avant l'élection, & y poffédant en biens meubles ou immeubles une valeur de plus de mille livres argent courant.

XVI. Les fénateurs feront ballotés dans un feul & même tour, & des fujets réfidans à la côte de l'oueft qui feront propofés pour fénateurs, les neuf qui, à l'ouverture des fcrutins, fe trouveront avoir le plus de fuffrages en leur faveur, feront en conféquence déclarés duement élus, & il en fera dreffé procès-verbal; & des fujets réfidans à la côte de l'eft, qui feront propofés pour fénateurs, les fix qui, à l'ouverture des fcrutins, fe trouveront avoir le plus grand

---

(1) Les membres de la législature ne peuvent pas être pourfuivis perfonnellement pour dettes, mais ils ne font point exempts de pourfuite pour matière criminelle.

nombre de suffrages en leur faveur, seront en conséquence déclarés duement élus, & il en sera dressé procès-verbal : si deux sujets, ou plus de la même côte, ont un égal nombre de suffrages, ce qui empêcheroit que le choix ne fût déterminé dans le premier ballotage, alors les électeurs feront, avant de se séparer, un nouveau tour dans lequel ils seront bornés aux personnes qui ont eu un nombre de suffrages égal ; & ceux qui en auront la plus grande quantité dans ce second ballotage, feront en conséquence déclarés duement élus, & il en sera dressé procès-verbal ; mais si le nombre total des sénateurs n'étoit pas fait de cette manière, parce que deux ou plus de deux sujets auroient encore en leur faveur une égale quantité de suffrages dans le second tour ; alors l'élection se décideroit par le fort entre ceux qui auroient eu cette égalité : il sera dressé un procès verbal certifié & signé par les électeurs, de la manière dont ils auront procédé, & dont toute l'élection se sera passée, pour être ce procès-verbal remis au chancelier en charge.

XVII. Les électeurs des sénateurs jugeront des qualités & de la validité des élections des membres de leur corps ; & s'il y a contestation pour une élection, ils admettront à siéger comme électeur, le sujet ayant les qualités requises, qui leur paroîtra avoir en sa faveur le plus grand nombre de suffrages légitimes.

XVIII. Les électeurs, au moment même où ils s'assembleront, & avant de procéder à l'élection des sénateurs, feront le serment de maintenir cet état, & de lui garder fidélité, tel qu'il sera ordonné par la présente convention ou par la législature ; & en outre un serment d'élire sans faveur, partialité ni prévention, pour sénateurs, les personnes qu'ils croiront, d'après leur jugement & leur conscience, les plus capables de cet office.

XIX. En cas de refus, mort, démission, défaut des qualités requises, ou absence hors de cet état de quelque sénateur, ou, s'il devient gouverneur ou membre du conseil, le sénat élira sur le champ ou à sa prochaine séance, par la voie du scrutin & de la même manière qu'il est ordonné aux électeurs pour le choix des sénateurs, une autre personne à la place vacante, pour le reste dudit terme de cinq ans.

XX. Il faudra toujours la présence de la pluralité du nombre des sénateurs, avec leur président (qui doit être élu par eux au scrutin) pour établir l'activité de la chambre, & la mettre en état de traiter quelque affaire que ce soit, excepté de s'ajourner.

XXI. Le sénat jugera des qualités & de la validité des élections des sénateurs.

XXII. Le sénat pourra faire en première instance toutes espèces de bills, excepté ceux de levée d'argent, qu'il devra consentir ou rejetter purement & simplement ; & il pourra recevoir

tous autres bills de la chambre des délégués, & les consentir ou rejetter, ou y proposer des corrections.

XXIII. L'Assemblée générale s'assemblera chaque année le premier lundi de novembre, & plus souvent s'il est nécessaire.

XXIV. Chacune des deux chambres nommera ses propres officiers, & établira ses réglemens & ses manières de procéder.

XXV. Le second lundi de novembre mil sept cent soixante-dix-sept, & à pareil jour à l'avenir chaque année, il sera choisi par le scrutin réuni des deux chambres une personne de sagesse, expérience & vertu reconnues, pour être gouverneur : le scrutin se prendra dans chaque chambre respectivement ; il sera déposé dans la salle de conférence, où les boîtes feront examinées par un comité réuni de chacune des deux chambres ; & il sera fait à chacune un rapport séparé du nombre des voix, afin que la nomination puisse y être enregistrée : cette manière de prendre le scrutin réuni des deux chambres sera adoptée pour tous les cas. Mais si deux ou plusieurs sujets ont un égal nombre de suffrages en leur faveur, & qu'ainsi l'élection ne puisse être décidée par le premier ballotage, on procédera à un second qui sera restreint aux sujets qui, dans le premier, auront eu un nombre égal de suffrages ; & si ce second ballotage produisoit encore une égalité entre deux ou plusieurs sujets, alors l'élection du gouverneur se décideroit par le sort entre ceux qui auroient eu cette égalité : si le gouverneur vient à mourir, s'il se démet, s'il s'absente de l'état, ou s'il refuse d'agir (durant la session de l'assemblée générale) le sénat & la chambre des délégués procéderont sur le champ à une nouvelle élection en la manière ci-devant prescrite.

XXVI. Le second lundi de novembre mil sept cent soixante-dix-sept, & à pareil jour à l'avenir chaque année, les sénateurs & délégués éliront par leurs scrutins réunis, & en la manière prescrite pour l'élection des sénateurs, cinq sujets les plus sages, les plus prudens & les plus expérimentés, ayant plus de vingt-cinq ans, résidans dans l'état depuis plus de trois ans immédiatement avant l'élection, & ayant une franche-tenue en terres & en biens-fonds d'une valeur de plus de mille livres argent courant ; ces cinq personnages feront le conseil du gouverneur. Tous les actes & délibérations de ce conseil feront couchés sur un registre, sur toutes parties duquel tout membre aura toujours le droit d'écrire son vœu contraire à celui qui aura passé ; & si le gouverneur ou quelqu'un des membres le requiert, les avis feront donnés par écrit, & signés respectivement par les membres qui les auront donnés. Le registre des délibérations du conseil sera représenté au sénat ou à la chambre des délégués, quand il sera demandé, soit par les deux chambres, soit par l'une des deux. Le conseil pourra nommer son

Kk 2

greffier ; qui devra prêter le ferment *de maintenir cet état & de lui garder fidélité*, tel qu'il fera ordonné par la préfente convention ou par la légiflature, & en outre le ferment du fecret dans les matières qu'il lui fera ordonné par le confeil de tenir cachées.

XXVII. Les délégués de cet état au congrès feront choifis annuellement, ou révoqués & remplacés dans l'intervalle, par le fcrutin réuni des deux chambres de l'affemblée, & il fera établi une rotation, de manière que tous les ans il y en ait au moins deux de changés fur la totalité ; perfonne ne pourra être délégué au congrès plus de trois années fur fix, & aucune perfonne revêtue de quelqu'emploi de profit à la nomination du congrès, ne fera éligible pour y être délégué : fi même un délégué eft nommé à quelqu'un de ces emplois, fa place au congrès vaquera par ce feul fait. Aucune perfonne ne fera éligible pour délégué au congrès, à moins d'avoir plus de vingt-un ans, d'avoir réfidé dans l'état plus de cinq années immédiatement avant l'élection, & de poffédé dans cet état, en biens réels ou perfonnels, une valeur de plus de mille liv. argent courant.

XXVIII. Les fénateurs & les délégués, en ouvrant leur feffion annuelle, & avant de procéder à aucune affaire, & toute perfonne élue dans la fuite fénateur ou délégué, avant d'exercer aucune fonction, prêteront le ferment de maintenir cet état & de lui garder fidélité, comme il a été dit ci-deffus ; & avant l'élection du gouverneur ou des membres du confeil, ils en prêteront un autre d'élire fans faveur, affection, ni motif de parti, pour gouverneur ou membre du confeil, la perfonne qu'ils croiront en confcience & dans leur jugement la plus capable de remplir ces emplois.

XXIX. Le fénat & la chambre des délégués pourront s'ajourner refpectivement eux - mêmes ; mais fi les deux chambres ne s'accordent pas pour le même tems, & s'ajournent à des jours différens, alors le gouverneur indiquera & notifiera l'un de ces jours ou un jour intermédiaire, & l'affemblée fe tiendra en conféquence de fa décifion : le gouverneur, dans les cas de néceffité, pourra, de l'avis du confeil, convoquer l'affemblée pour un terme plus prochain que celui auquel elle fe feroit ajournée de quelque manière que ce fût, en donnant avis de fa convocation au moins dix jours à l'avance ; mais le gouverneur n'ajournera pas l'affemblée autrement qu'il ne vient d'être dit, & il ne pourra dans aucun tems la proroger ni la diffoudre.

XXX. Perfonne ne fera éligible pour la charge de gouverneur, à moins d'avoir plus de vingt-cinq ans, d'avoir réfidé dans cet état plus de cinq années immédiatement avant l'élection, & de poffédér dans l'état, en biens meubles ou immeubles, une valeur de plus de cinq mille livres argent

courant, dont mille livres au moins en franche tenue.

XXXI. Le gouverneur ne pourra pas être continué dans fa charge plus de trois années conféctives, & il ne pourra être élu de nouveau comme gouverneur, qu'après quatre années révolues depuis fa fortie de cette charge.

XXXII. En cas de mort, de démiffion du gouverneur, ou en cas qu'il s'abfente hors de l'état, celui des membres compofant actuellement le confeil qui aura été nommé le premier, remplira les fonctions du gouverneur, après avoir prêté les fermens requis ; mais il convoquera fur-le-champ l'affemblée générale, en donnant avis de fa convocation quatorze jours au moins à l'avance ; & à cette feffion il fera nommé, en la manière ci-devant prefcrite, un gouverneur pour le refte de l'année.

XXXIII. Le gouverneur, avec & de l'avis & confentement du confeil, pourra affembler la milice ; & quand elle fera affemblée, il en aura feul la direction, & il aura auffi la direction de toutes les troupes réglées de terre & de mer, en fe conformant aux loix de l'état ; mais il ne commandera pas en perfonne, à moins d'y être autorifé par l'avis du confeil, & pas plus long-temps que le confeil ne l'approuvera ; il pourra faire feul tous les autres actes de la puiffance exécutrice du gouvernement, pour lefquels le concours du confeil n'eft pas requis, en fe conformant aux loix de l'état, & accorder répit ou grace pour quelque crime que ce foit, excepté dans les cas pour lefquels la loi en ordonnera autrement ; il pourra, dans la vacance de l'affemblée générale, mettre des embargo pour empêcher le départ de quelque navire, ou l'exportation de quelques denrées, pour un terme qui n'excédera pas trente jours dans une année, & à la charge de convoquer l'affemblée générale dans le temps de la durée de l'embargo ; il pourra auffi ordonner à un vaiffeau de faire quarantaine, & l'y contraindre, fi ce vaiffeau ou le port d'où il viendra font fufpects avec fondement d'être infectés de la pefte ; mais le gouverneur n'exercera, fous aucun prétexte, aucune autorité, & ne s'arrogera aucune prérogative, en vertu d'aucune loi, ftatut ou coutume de l'Angleterre ou de la Grande-Bretagne.

XXXIV. Les membres du confeil affemblés au nombre de trois ou davantage, formeront un bureau compétent pour traiter les affaires : le gouverneur en charge préfidera le confeil ; il aura droit de donner fa voix fur toutes les queftions où il y aura partage d'opinions dans le confeil ; & en l'abfence du gouverneur, le membre du confeil, premier nommé, préfidera, & en cette qualité votera dans tous les cas où les opinions des autres membres feront partagées.

XXXV. En cas de refus, mort, démiffion, défaut de qualités requifes, ou abfence hors de l'état de quelqu'une des personnes élues membres du conseil, les autres membres éliront sur-le-champ ou à leur prochaine séance, par la voie du scrutin, une autre personne ayant qualité, comme il a été prescrit ci-dessus, pour remplir la place vacante pendant le reste de l'année.

XXXVI. Le conseil aura le pouvoir d'ordonner le grand sceau de cet état, qui sera sous la garde du chancelier en charge, & apposé à toutes les loix, commissions, concessions & autres expéditions publiques, comme il a été pratiqué jusqu'à présent dans cet état.

XXXVII. Aucun sénateur, délégué de l'assemblée ou membre du conseil, s'il accepte & prête serment en cette qualité, ne possédera ni n'exercera aucun emploi lucratif, & ne recevra les profits d'aucun emploi exercé par toute autre personne, pendant le temps pour lequel il sera élu: aucun gouverneur, tant qu'il sera en charge, ne pourra posséder aucun emploi lucratif dans cet état; & aucune personne revêtue d'un emploi lucratif, ou en recevant une portion des profits, ou recevant en tout ou en partie les profits résultans de quelque commission, marché ou entreprise quelconque, pour l'habillement ou autres fournitures de l'armée de terre ou de la marine, ou revêtue de quelque emploi sous l'autorité, soit des Etats-Unis, soit de quelqu'un d'entr'eux, ni aucun ministre ou prédicateur de l'Evangile, de quelque secte que ce soit, ni aucune personne employée, soit dans les troupes réglées de terre, soit dans la marine de cet état ou des Etats-Unis, ne pourront siéger dans l'assemblée générale, ni dans le conseil de cet état.

XXXVIII. Tout gouverneur, sénateur, délégué au congrès ou à l'assemblée, & tout membre du conseil, avant de commencer l'exercice de leurs fonctions, prêteront serment de ne recevoir directement ni indirectement, ni dans aucun temps, aucune partie des profits d'aucun emploi possédé par quelqu'autre personne que ce soit, tant qu'ils exerceront les fonctions de leur office de gouverneur, sénateur, délégué au congrès ou à l'assemblée, ou de membre du conseil; & de ne recevoir, ni en tout ni en partie les profits résultans d'aucune commission, marché ou entreprise quelconque, pour l'habillement ou autres fournitures de l'armée de terre ou de la marine.

XXXIX. Si quelque sénateur, délégué au congrès ou à l'assemblée, ou membre du conseil possede ou exerce quelque emploi lucratif, ou touche, soit directement, soit indirectement, en tout ou en partie, les profits d'un emploi exercé par une autre personne, pendant le tems qu'il exercera les fonctions de sénateur, délégué au congrès ou à l'assemblée, ou de membre du conseil, il sera, d'après la conviction dans une cour de loi sur le serment de deux témoins dignes de foi, privé de sa place, puni comme coupable de corruption & de parjure volontaire, ou banni à perpétuité de cet état, ou déclaré à jamais incapable de posséder aucun emploi de profit ou de confiance, suivant que la cour en décidera.

XL. Le chancelier, tous les juges, le procureur-général, les greffiers de la cour générale, ceux des cours de comtés, les gardes des registres de concessions de terre, & ceux des registres des testamens, conserveront leurs charges tant qu'ils se conduiront bien, & ne seront révocables que pour mauvaise conduite, & après conviction dans une cour de loix.

XLI. Il sera nommé pour chaque comté un garde des registres des testamens, lequel recevra sa commission du gouverneur, sur la présentation réunie du sénat & de la chambre des délégués; & en cas de mort, démission, destitution ou absence hors du comté d'un garde des registres des testamens pendant la vacance de l'assemblée générale, le gouverneur, de l'avis du conseil, pourra nommer & bréveter une personne convenable & propre à l'emploi vacant, pour l'exercer jusqu'à la session de l'assemblée générale.

XLII. Les Shériffs seront élus tous les trois ans au scrutin, dans chaque comté, c'est-à-dire, qu'on élira pour l'office de shériff, deux sujets pour chaque comté; & celui des deux qui aura eu la pluralité des voix, ou si tous deux en ont eu un nombre égal, l'un des deux, à la volonté du gouverneur, recevra de lui la commission dudit office: après l'avoir rempli pendant trois ans, il ne pourra pas être élu de nouveau pendant les quatre années ensuivantes. Le sujet élu fournira, suivant l'usage, son obligation cautionnée de payer une somme fixée, s'il manque à remplir fidèlement son office, & nul ne pourra exercer les fonctions de shériff avant d'avoir fourni cette obligation. En cas de mort, refus, démission, défaut des qualités requises, ou absence hors du comté, avant l'expiration des trois années, le sujet second élu recevra du gouverneur une commission pour exercer ledit office pendant le reste desdites trois années, en fournissant son obligation cautionnée, ainsi qu'il a été prescrit plus haut; & en cas de mort, refus & démission de ce dernier, défaut des qualités requises, ou absence hors du comté avant l'expiration desdites trois années, le gouverneur, de l'avis du conseil, pourra nommer & bréveter une personne convenable & propre à cet office, pour l'exercer pendant le reste des trois ans, à la charge par elle de fournir, comme il a été dit ci-dessus, son obligation cautionnée. L'élection des shériffs se fera dans le même lieu, & au même temps indiqués pour celle des délégués, & les juges mandés pour veiller au maintien de la tranquillité, seront juges de cette élection & des qualités des candidats; ceux-ci nommeront un greffier pour recueillir les bulletins. Tout homme libre ayant plus de vingt-un ans, possédant une franche-tenue de cinquante acres de terre dans le comté pour lequel il prétendra voter, & y résidant, & tout homme libre au-dessus de vingt-un ans, ayant dans l'état une propriété valant plus de trente livres argent courant, & ayant résidé dans le comté pour lequel il prétendra voter, une année entière immédiatement avant l'élection, y auront droit de suffrage. Personne ne pourra être élu shérif pour un comté, à moins d'être habitant dudit comté, d'avoir plus de vingt-un ans, & de posséder dans l'état des biens meubles ou immeubles valant plus de mille livres argent courant. Les juges, dont il a déjà été parlé, examineront les bulletins, & les deux candidats ayant les qualités requises, qui auront dans chaque comté la pluralité de voix légales, seront déclarés duement élus pour l'office de shérif de ce comté, & il en sera fait rapport au gouverneur & au conseil, à qui il sera envoyé en même-temps un certificat du nombre des suffrages qu'aura eu chacun d'eux.

XLIII. Toute personne qui se présentera pour voter à l'élection, soit des délégués, soit des électeurs du sénat, soit des shérifs, devra (si trois personnes ayant droit de suffrage l'exigent) faire, avant d'être admise à voter, le serment ou l'affirmation de maintenir cet état & de lui garder fidélité, tels que la présente convention ou la législature l'auront ordonné.

XLIV. Un juge de paix pourra être élu sénateur, délégué ou membre du conseil, & continuer d'exercer son office de juge de paix.

XLV. Aucun officier supérieur dans la milice ne pourra être élu sénateur, délégué, ni membre du conseil.

XLVI. Tous les officiers civils qui seront nommés à l'avenir pour les différens comtés de cet état, devront avoir résidé dans le comté respectif pour lequel ils seront nommés, pendant les six mois qui auront immédiatement précédé leur nomination, & devront continuer d'y résider tant qu'ils seront en place.

XLVII. Les juges de la cour générale & ceux des cours des comtés pourront nommer les greffiers de leurs cours respectives; & en cas de refus, mort, démission, défaut des qualités requises ou absence, soit hors de l'état, soit hors de leurs cours respectives, des greffiers de la cour générale ou de quelqu'un d'entr'eux, ladite cour étant en vacance; & en cas de refus, mort, démission, défaut des qualités requises, ou absence hors du comté de quelqu'un desdits greffiers de comté, la cour à laquelle il est attaché étant en vacance, le gouverneur, de l'avis du conseil, pourra nommer une personne convenable & propre à l'emploi vacant respectivement, pour l'exercer jusqu'à la session de

la prochaine cour générale ou cour de comté; selon le cas.

XLVIII. Le gouverneur en charge, de l'avis & consentement du conseil, pourra nommer le chancelier & tous les juges de paix; le procureur général, les contrôleurs de port, les officiers des troupes réglées de terre & de mer, les commissaires-arpenteurs, & tous les autres officiers civils du gouvernement (à l'exception seulement des assesseurs, des connétables & des inspecteurs des chemins) : il pourra aussi interdire ou destituer tout officier civil, dont la commission ne portera pas qu'il conservera son emploi tant qu'il se conduira bien : il pourra interdire pour un mois tout officier de milice, & interdire ou destituer tout officier des troupes réglées de terre ou de mer; enfin le gouverneur pourra interdire ou destituer tout officier de milice, en exécution du jugement d'une cour martiale.

XLIX. Tous les officiers civils à la nomination du gouverneur & du conseil, dont la commission ne devra pas porter qu'ils conserveront leur emploi tant qu'ils se conduiront bien, seront nommés annuellement dans la troisième semaine de novembre; mais si quelqu'un d'eux est nommé une seconde fois, il pourra continuer ses fonctions sans avoir besoin, ni de recevoir une nouvelle commission, ni de prêter de nouveau le serment de règle; & tout officier, quoiqu'il n'ait pas été nommé de nouveau, continuera d'exercer, jusqu'à ce que la personne nommée à sa place & pourvue d'une commission, se soit mise en règle.

L. Le gouverneur, tout membre du conseil, & tout juge & juge de paix, avant d'exercer leurs fonctions, prêteront respectivement serment que jamais ils ne voteront, pour la nomination, à aucun emploi par faveur, affection, ni motif de parti; mais qu'ils donneront toujours leur suffrage à la personne que, dans leur conscience & d'après leur jugement, ils croiront la plus propre à l'emploi & la plus capable de le remplir; qu'ils n'ont point fait & ne feront aucune promesse; qu'ils n'ont point pris & ne prendront aucun engagement de donner leur voix, ou d'employer leur crédit en faveur de qui que ce soit.

LI. Il y aura deux gardes des registres des concessions de terres, l'un sur la côte de l'ouest, & l'autre sur celle de l'est; il sera fait, aux dépens du public, des brefs extraits des concessions, certificats de reconnoissance, & bornement des terreins sur les côtes de l'ouest & de l'est, respectivement dans des livres séparés; & ils seront déposés au greffe desdits gardes-registres, en la manière qui sera prescrite à l'avenir par l'assemblée générale.

LII. Tout chancelier, juge, garde des registres des testamens, commissaire de l'office du

prêt public, procureur-général, shérif, tréforier, contrôleur de port, garde des regiftres des
conceffions de terres, garde des regiftres de la
cour de chancellerie, & tout greffier des cours
de loi commune, commiffaire-arpenteur, auditeur des comptes publics, avant de commencer
l'exercice de fes fonctions, prêtera ferment qu'il
ne recevra directement ni indirectement aucuns
autres droits ni récompenfes pour remplir fon
emploi de . . . . . que ce qui lui eft ou fera
alloué par la loi; qu'il ne touchera directement
ni indirectement les profits, ni aucune partie des
profits d'aucun emploi poffédé par quelqu'autre
perfonne, & qu'il ne tient pas fon propre emploi pour le compte, ni comme mandataire de
perfonne.

LIII. Si quelque gouverneur, chancelier,
juge, garde des regiftres des teftamens, procureur général, garde des regiftres des conceffions de terres, commiffaire de l'office du prêt
public, garde des regiftres de la cour de chancellerie, ou fi quelque greffier des cours de loi
commune, tréforier, contrôleur de port, shérif, commiffaire-arpenteur ou auditeur des
comptes publics, touche directement ou indirectement, dans quelque temps que ce foit, les
profits ou partie des profits de quelque emploi
poffédé par une autre perfonne, pendant le tems
qu'il exercera l'emploi auquel il a été nommé,
fon élection, fa nomination & commiffion feront annullées d'après conviction dans une cour
de loi, fur le ferment de deux témoins dignes
de foi; & il fera puni comme coupable de corruption & de parjure volontaire, ou banni à
perpétuité de cet état, ou déclaré à jamais in
capable de poffèder aucun emploi de profit ou
de confiance, felon ce que la cour en décidera.

LIV. Si quelque perfonne donne quelque préfent, falaire ou récompenfe, ou quelque promeffe ou fûreté de payer ou délivrer de l'argent,
ou quelqu'autre chofe que ce foit, à l'effet d'obtenir ou de procurer à un autre un fuffrage pour
être élu gouverneur, fénateur, délégué au congrès ou à l'affemblée, membre du confeil ou
juge, ou d'être nommé à quelqu'un defdits offices, ou à quelque emploi de profit ou de confiance, actuellement créé ou qui fera créé par la
fuite dans cet état, la perfonne qui aura donné
& celle qui aura reçu, feront, d'après conviction
dans une cour de loi, déclarées à jamais incapables de poffèder aucun emploi, foit de profit,
foit de confiance dans cet état.

LV. V. Toute perfonne nommée à quelque
emploi de profit ou de confiance, avant d'entrer
en fonction, fera le ferment fuivant.

« Je N. jure que je ne me tiens point obli-
» gé à l'obéiffance envers le roi de la Grande-
» Bretagne; que je ferai fidele & garderai une
» véritable obéiffance à l'état du Maryland; &
» en outre fignera une déclaration qu'il croit à la
» religion chrétienne ».

LVI. Il y aura une cour des appels, compofée
de perfonnes intègres & verfées dans la connoiffance des loix, dont les jugemens feront définitifs & en dernier reffort dans tous les cas d'appels, foit de la cour générale, foit de la cour
de chancellerie, foit de celle de l'amirauté. Il
fera nommé pour chancelier une perfonne intègre
& verfée dans la connoiffance des loix. Enfin,
trois perfonnes intègres & verfées dans la connoiffance des loix, feront nommées juges de la
cour, maintenant appellée *cour provinciale*, &
qui fera nommée à l'avenir & connue fous le
nom de *cour générale* : cette cour tiendra fes feffions fur les côtes de l'oueft & de l'eft, pour
traiter & décider les affaires de chaque côte refpectivement, dans les temps & dans les lieux qui
feront fixés & défignés par la future légiflature
de cet état.

LVII. L'intitulé de toutes les loix fera la formule fuivante : *qu'il foit ftatué*, &c. *par l'affemblée générale du Maryland*. Toutes les commiffions
publiques & conceffions commenceront ainfi, l'é-
tat du Maryland, & feront fignées par le gouverneur, certifiées par le chancelier, & munies
du fceau de l'état, excepté les commiffions militaires qui ne feront ni certifiées par le chancelier,
ni munies du fceau de l'état. On fera le même
changement dans le ftyle de tous les actes publics
qui feront certifiés, fcellés & fignés fuivant l'u-
fage. Toutes les plaintes feront terminées par la
formule fuivante : *contre la paix, le gouvernement
& la dignité de l'état*.

LVIII. Toutes les amendes & confifcations
qui ont appartenu jufqu'à préfent au roi ou au
propriétaire, appartiendront dorénavant à l'état,
à l'exception de celles que l'affemblée générale
pourra abolir, ou bien auxquelles elle affignera
une autre deftination (1).

LIX. La préfente forme de gouvernement, ni
la déclaration des droits, ni aucune partie de l'une
& de l'autre ne pourront être altérées, changées ou abrogées, à moins que l'affemblée générale n'ait paffé un bill pour ces altérations,

____

(1) Le propriétaire étoit le lord Baltimore. La province avoit été concédée à l'un de fes ancêtres par
Charles premier. Certaines amendes & confifcations pour défobéiffance à certaines loix, devoient en vertu
de ces mêmes loix, être payées au propriétaire qui étoit gouverneur héréditaire de la province. Par le
changement de la conftitution, le lord Baltimore n'eft plus gouverneur, & ces amendes & confifcations
appartiendront dorénavant à l'état; mais on lui a confervé la jouiffance de fes propriétés & fonds de terres,
cens, rentes, &c.

changemens ou abrogations, que ce bill n'ait
été publié, au moins trois mois avant une nouvelle élection, & qu'il ne soit confirmé par l'af-
semblée générale après une nouvelle élection des
délégués, dans sa première session après ladite
nouvelle élection ; à la réserve que rien de ce
qui, dans la présente forme de gouvernement,
est relatif à la côte de l'est en particulier, ne
pourra être changé ni altéré en aucune manière,
que lorsque les deux tiers au moins de chacune des
chambres de l'assemblée générale auront consenti
au changement & à sa confirmation (1).

LX. Tout bill passé par l'assemblée générale
sera, après avoir été mis au net, présenté dans
le sénat par l'orateur de la chambre des délégués,
au gouverneur en charge, qui le signera & y
apposera le grand sceau en présence des membres
des deux chambres. Toutes les loix seront enregistrées au greffe de la cour générale de la côte
de l'ouest ; & dans un espace de temps convenable, elles seront imprimées, publiées, certifiées sous le grand sceau, & envoyées aux différentes cours de comté, comme il en a été usé
jusqu'à présent dans cet état.

LXI. La présente forme de gouvernement a
été consentie & passée dans la convention des
délégués des hommes libres du Maryland, commencée & tenue en la cité d'Annapolis, le quatorzième jour d'août de l'an de Notre-Seigneur
mil sept cent soixante-seize.

Par ordre de la convention.

Signé, MATTHIEU TILGHMAN, président.

SECTION TROISIEME.

Remarques sur la constitution du Maryland.

La constitution du Maryland est une des meilleures, & on doit la mettre sur la ligne de celles
du Nouvel-Hampshire & de Massachusett, auxquelles nous avons donné de grands éloges : elle
établit les principes sacrés du droit naturel, du
droit civil & du droit politique avec beaucoup
d'énergie : la déclaration des droits va même plus
loin dans ses détails que les deux dont nous venons de parler. Elle dit expressément : « que la
» doctrine de non résistance contre le pouvoir ar-
» bitraire & l'oppression, est absurde, servile &
» destructive du bien & du bonheur du genre
» humain ».

Afin d'éviter les répétitions, nous renvoyons
le lecteur à ce que nous avons dit des constitutions américaines aux articles ETATS-UNIS, NOU-

VEL-HAMPSHIRE, MASSACHUSETT, &c. Nous
nous bornerons à indiquer ici en bien ou en mal
les articles qui nous ont le plus frappé.

Les grands principes qui ont dirigé les citoyens
du Maryland ; cet enthousiasme de l'égalité parfaite & de la justice rigoureuse, qu'on éprouve
au moment où un peuple opprimé veut être libre
& indépendant, ont donné quelquefois de la sévérité à leurs maximes, & ils n'ont pas toujours
fait l'analyse exacte des préjugés funestes aux hommes. Ils disent, par exemple, que la levée des
taxes *par nombre de têtes est injuste & oppressive*.
Une capitation répartie d'une manière équitable,
ne seroit ni injuste ni oppressive : ce seroit peut-
être un impôt vicieux ; mais ce n'est point une
marque de servitude comme on l'a dit tant de
fois : ils ajoutent que *les pauvres ne doivent point
être imposés* : ce principe est noble & respectable ;
mais il falloit dire que les pauvres ne doivent être
imposés que selon leurs moyens, & même dans
une proportion beaucoup plus foible que les riches.

La forme de gouvernement adoptée par la constitution du Maryland, est la même que dans le
Nouvel-Hampshire, le Massachusett & la plupart des provinces américaines : mais on y trouve
quelques dispositions très-sages, oubliées ou sous-
entendues par les autres : par exemple, lorsqu'elle
fixe l'étendue de pouvoir de la chambre des représentans & celle du sénateur, elle indique avec
précision les bills qui ne seront pas censés *bills de
levée d'argent*.

On ne demande qu'une propriété de mille
livres sterl. en meubles ou immeubles, pour être
élu membre du sénat, & cette disposition paroît
fort sage. Les gouvernemens d'Amérique tendront
vers l'aristocratie : il est nécessaire d'y faire entrer quelque chose d'un régime aristocratique ;
mais comme les hommes députés au sénat ne
manqueront pas dans quelques années de se croire
une classe de patriciens, c'est un trait de prévoyance d'avoir établi un principe fondamental
qui rendra cette classe très-nombreuse & peu riche. Cet arrangement est utile d'une autre manière : les républiques d'Amérique, qui, d'après
la constitution d'Angleterre, ont composé de deux
chambres l'assemblée législative, ont voulu soumettre les loix nouvelles à une discussion plus réfléchie & plus sûre : une seconde chambre est très-
propre à remplir cet objet ; mais si la sagesse & la
maturité des membres du sénat est nécessaire, leur
plus ou moins de fortune est indifférente. C'est
un nouveau trait de sagesse d'avoir assujetti l'é-

---

(2) Cette clause en faveur de la côte de l'Est, paroît extraordinaire. Elle provient vraisemblablement de
ce que les habitans de cette côte, resserrée entre la grande mer & la baie de Chesapeak, & ne pouvant
par conséquent étendre ses établissemens, ni accroître sa population, ont craint que la côte de l'Ouest,
s'étendant & s'augmentant tous les jours, ne prît une trop grande influence dans le gouvernement ; qu'il
ne s'y fît peu-être par la suite quelque changement à leur désavantage, & ils ont obtenu cette clause pour
l'empêcher.

lection des membres du sénat à plus de formalités que celle des représentans.

L'article 17 & l'article 21 ne sont peut-être pas rédigés d'une manière assez claire : au reste, nous sommes tentés de croire que les expressions angloises sont peu équivoques pour les américains.

L'article 26 ordonne de changer tous les ans les cinq membres du conseil exécutif, & nous avons dit ailleurs que cette disposition paroît vicieuse. Le *Maryland* doit, à l'exemple de la Pensylvanie, établir parmi eux une rotation, & n'en déplacer qu'un ou deux chaque année. C'est le seul moyen d'établir dans l'administration le même esprit, les mêmes vues & les mêmes principes. Au reste, en proposant sur cet objet l'article 19 de la constitution de Pensylvanie, nous voudrions qu'on combinât la rotation d'une autre manière : car la Pensylvanie a favorisé quelques comtés ; elle a eu des raisons qui lui ont paru bonnes : mais on sent qu'elles ne devoient pas déterminer à un article invariable dans la constitution ; & il est assez singulier qu'après avoir adopté les principes les plus démocratiques, elle adopte cette inégalité, & qu'elle en fasse une règle générale pour l'avenir. *Voyez* l'article PENSYLVANIE.

Le *Maryland* a cru devoir établir la rotation parmi ses députés au congrès, & les mêmes vues devoient l'engager à l'établir aussi parmi les membres du conseil exécutif.

La constitution du *Maryland* accorde au gouverneur le droit de faire grace, & nous avons fait ailleurs des remarques sur ce point : on entrevoit les motifs qu'ont eus les républiques américaines, de revêtir leur gouverneur de ce droit : après avoir établi de la douceur dans les peines, elles semblent avoir voulu rendre les exécutions plus rares : elles ont cru vraisemblablement qu'avec de bonnes loix & un sage gouvernement, il suffiroit pour l'exemple de condamner les criminels, & qu'en sauvant la vie à quelques coupables, il n'en résulteroit pas de mal. Cette idée est intéressante, mais elle n'est peut-être pas juste. Les graces trop fréquentes, accordées par le roi d'Angleterre, ont multiplié les crimes dans la Grande-Bretagne : si le nombre des criminels est devenu effrayant, la corruption, le luxe, le haut prix des denrées, le poids des impôts, & la rigueur des loix contre les débiteurs n'en sont pas les seules causes. Ensuite la loi doit être inflexible & sacrée dans les gouvernemens libres : c'est un principe invariable ; il est dur de la suivre toujours : mais son infraction est peut-être la plus dangereuse de tous les abus pour les démocraties.

L'article 34 est obscur. S'il ôte au gouverneur le droit de donner sa voix dans le conseil exécutif, lorsque les opinions ne seront point partagées, cette disposition est-elle bien sage ? & s'il

ne lui ôte pas ce droit, ne devoit-on pas le dire plus clairement ?

La constitution du *Maryland* a oublié plusieurs points assez importans : elle ne désigne pas le nombre des représentans à la chambre basse, & elle ne fixe point la proportion qu'il doit y avoir entre les habitans de la république & les députés à cette chambre.

D'après un citoyen de la Virginie très-éclairé, & dont rien n'égale le zèle pour la prospérité de ses compatriotes, nous avons à l'article *Etats-Unis* reproché à la constitution de cette république, d'avoir oublié l'article de la tolérance dans la constitution, après l'avoir établie d'une manière formelle dans la déclaration des droits : le *Maryland* a fait la même faute, si c'en est une, & même elle est bien plus grave ; car chacun des 42 articles que contient sa déclaration des droits, est important. Ils donnent tous de quelque manière, de la sûreté & de l'étendue aux droits civils & politiques des citoyens, & on n'a pas cru devoir les répéter dans la constitution. Au reste, il est difficile de ne pas regarder comme des loix fondamentales les articles de la *déclaration des droits* ; & c'est pour prévenir les moindres abus & calmer les plus légères inquiétudes, que nous en avons fait la remarque.

SECTION QUATRIEME.

Remarques sur la conduite du Maryland pendant la guerre & depuis la paix.

Lorsque le congrès a proposé, durant la guerre & depuis la paix, des réglemens utiles à la confédération, le *Maryland* est au nombre des provinces qui ont montré le plus de zèle pour ces nouvelles dispositions. *Voyez* l'article ETATS-UNIS.

C'est aussi une des cinq provinces qui ont payé avec le plus de zèle une partie des contingens demandés par le congrès durant la guerre. *Voyez* le même article.

Nous avons dit dans le même article, avec quel zèle les assemblées législatives de la Virginie & du *Maryland* se sont prêtées au projet conçu par Mr Washington de perfectionner la navigation des rivières, Potawmack & James, & avec quel empressement elles ont assuré les fonds nécessaires à cette belle entreprise : elle sera infiniment utile au *Maryland* ; & si le congrès s'établit un jour à George-Town sur la Potawmack, comme on le croit, cette province, malgré sa petite étendue, fera des progrès rapides.

On travaille avec ardeur au canal du *Maryland*, qui doit faciliter la navigation de la Susquehannah, & apporter à Baltimore les productions que fournira un jour l'immense & fertile région qu'arrose cette rivière : il aura vingt-une lieues de longueur , & il y en a déja plus d'un cinquième d'achevé.

L'affemblée légiflative du *Maryland* ordonna en octobre 1780 , à ceux des citoyens qui devoient à des créanciers anglois , de verfer au tréfor de la république les fommes qu'ils voudroient payer. On fit le même fequeftre dans la Virginie : nous en avons expliqué les raifons à l'article ETATS-UNIS , & nous avons prouvé qu'il n'étoit pas injufte : le tréfor de ces deux républiques ne s'eft pas encore défaifi de ces fequeftres , parce que l'Angleterre n'a pas encore exécuté le traité , en livrant tous les poftes , & qu'elle refufe de payer de juftes dédommagemens qu'on lui demande. Lorfque M. Adams , miniftre des Etats-Unis en Angleterre , a réclamé , le 20 février 1786 , les poftes que garde la Grande-Bretagne fur le territoire cédé aux nouvelles républiques , milord Carmarthen a voulu juftifier officiellement cette rétention par une énumération des griefs des négocians & des fujets britanniques contre les états d'Amérique. Nous avons prouvé ailleurs que cette réponfe n'eft pas de bonne foi ; que le cabinet de Saint-James n'a pas mis de loyauté dans la dernière négociation fur cet objet ; qu'il a pour maxime d'exiger telle chofe , en difant enfuite qu'il verra ce qu'il doit faire ; qu'il eft difficile de fe foumettre à tant de fierté , & que dans les reftitutions & les ceffions de la politique , il eft raifonnable d'imiter deux particuliers qui fe défient l'un de l'autre , & demandent une ceffion fimultanée.

SECTION CINQUIEME.

Quelques détails fur le commerce & l'état actuel du Maryland.

La lifte préfentée au congrès en 1775 portoit la population du *Maryland* à 250 mille habitans, & celle de 1783 la réduifoit à 220,900 : mais , dans ces évaluations, cinq efclaves ne furent comptés que pour trois hommes libres , & il faut ajouter aux deux liftes l'excédant que donnera cette proportion : nous avons expliqué à l'article ETATS-UNIS combien ces évaluations , fur lefquelles le congrès a peu compté, étoient inexactes ; comment elles fe firent, & comment ceux qui les préfentèrent, étoient intéreffés à diminuer le nombre des habitans. *Voyez* l'art. ETATS-UNIS.

Nous avons remarqué avec douleur que , dans le *Maryland* & la Caroline feptentrionale , peu de perfonnes font difpofées à affranchir les nègres. Les citoyens du *Maryland* montreront plus de générofité , nous oferons le croire , s'ils diminuent leurs cultures du tabac : ils auront alors moins befoin du travail des noirs : la cupidité ne les aveuglera pas , & ils fe montreront plus dignes

de la liberté , en facilitant l'émancipation de leurs efclaves.

D'après la règle fuivie jufqu'à préfent pour la fixation des contingens des diverfes provinces , règle qu'on veut changer avec raifon, (voyez l'article ETATS - UNIS) le *Maryland* eft taxé à 94 pour une contribution de mille piaftres.

Il eft impoffible de donner un état fixe du commerce actuel du *Maryland* : cette province , ainfi que les autres , n'eft pas encore remife des déprédations de la guerre : elle manque de numéraire : fes liaifons avec l'Angleterre font encore interrompues. Elle ne peut encore faire ufage de fes reffources, & nous ne pouvons donner ici que les détails publiés par le *Voyageur américain* : on fait que le miniftère britannique envoya des émiffaires dans les différentes colonies peu avant la révolte ; & comme cet état comprend la Virginie & le *Maryland* , nous le renvoyons à l'article VIRGINIE. *Voyez* l'article ETATS-UNIS & les articles particuliers des douze autres provinces.

MASSA & CARRARA , petites principautés d'Italie : elles appartiennent au duc de Modene , & elles pafferont après fa mort à l'archiduc Ferdinand , gouverneur du Milanez , qui a époufé la fille de ce duc.

Elles ont fouvent changé de maîtres. Sans remonter aux époques anciennes, il fuffira de dire qu'elles ont été quelque tems fous la domination des génois ; qu'elles appartinrent enfuite plufieurs fiècles à la maifon Malafpina. En 1520 , elles pafferent à titre de fucceffion à Laurent , comte de Florentillo, d'une famille génoife , nommée *Cibo*. En 1568 Alberic , poffeffeur de ces deux feigneuries , fut déclaré prince de *Maffa* & marquis de Carrara par l'empereur Maximilien II. En 1664, l'empereur Léopold créa le prince Alberic Cibo II , duc de *Maffa* & prince de Carrara. Marie-Therefe - Françoife , fille & héritière du dernier duc de la maifon de Cibo , époufa en 1741 Hercule Raynald , prince héréditaire de Modene , qui poffède à préfent ces pays : ce font des fiefs de l'Empire , & ils font fitués fur la mer de Gênes , entre les états de Tofcane , de Gênes & de Lucques. Ils produifent beaucoup de limons , d'oranges & d'olives , & le beau marbre blanc connu fous le nom de *marbre de Carrare*.

MASSACHUSETT , l'un des Etats-Unis de l'Amérique , dont la pofition eft affez connue. On lui donne fouvent , & mal-à-propos , le nom de *Nouvelle-Angleterre* : la Nouvelle-Angleterre comprenoit , à l'époque de la révolution , quatre provinces différentes ; la colonie de *la baye de Maffachufett* , le *nouvel Hampshire* , *Connecticut* & *Rhode-Ifland* : ces quatre provinces forment aujourd'hui quatre états différens qui n'ont pas adopté la même conftitution. *Voyez* les articles CONNECTICUT , Nouvel - HAMPSHIRE & RHODE-ISLAND.

Le *diftrict du Maine* , qui fe trouve féparé par

le nouvel Hampshire du territoire actuel de l'état de *Maffachufett*, proprement dit, commence auffi à demander à former un état indépendant ; & nous avons dit à l'article ÉTATS-UNIS, que des circonftances locales détermineront tôt ou tard le congrès à accueillir fes prétentions : il eft en effet beaucoup plus étendu, quoique moins fertile & moins peuplé que le territoire de *Maffachufett* proprement dit.

L'article ÉTATS-UNIS contient un précis de l'hiftoire politique des États-Unis, jufqu'à l'époque de la révolution ; des remarques générales fur les conftitutions des treize États-Unis ; des remarques fur l'acte de confédération, fur le congrès & fur les nouveaux pouvoirs qu'il eft à propos de lui confier ; un état de la dette & des finances des États-Unis ; des remarques fur l'état où fe trouvent aujourd'hui les nouvelles républiques Américaines, fur les abus qu'elles doivent éviter dans la rédaction de leurs codes. Nous y traitons de l'affociation des cincinnati, & des dangers de cette inftitution, de la population, de la marine, des nouveaux états qui fe formeront dans le territoire de l'oueft, & qui demandent déjà à être admis à la confédération américaine ; des traités qu'ont formé les Américains avec quelques puiffances de l'Europe, & enfin des obfervations politiques, & des détails fur les fauvages, qui font dans le voifinage ou dans l'enceinte des États-Unis : nous nous bornerons à faire ici, 1°. un précis de l'hiftoire politique de cette colonie : 2°. nous donnerons la conftitution de la république actuelle de *Maffachufet* : 3°. nous ferons des remarques fur cette conftitution : 4°. nous parlerons de l'adminiftration de la Nouvelle-Angleterre, avant la révolution ; de fa culture, de fon commerce & de fes reffources ; & le lecteur pourra, d'après ces détails, juger des progrès que fera cet état : 5°. nous ajouterons d'autres remarques fur les contributions, la population & l'adminiftration actuelles de la république de *Maffachufet*.

SECTION PREMIERE.

Précis de l'hiftoire politique de l'état de Maffachufett.

« La Nouvelle-Angleterre s'eft fignalée, comme l'ancienne, par des fureurs fanglantes. La fille fe reffentit de l'efprit de vertige qui tourmentoit la mere. Elle dut fa naiffance à des temps orageux, & les convulfions les plus horribles affligèrent fon enfance. Découverte au commencement du fiècle dernier, fous le nom de *Virginie feptentrionale*, elle ne reçut des européens qu'en 1608. Cette première peuplade, foible & mal dirigée, fe perdit dans fes fondemens. On y vit enfuite arriver par intervalles quelques avanturiers qui, plantant des cabanes durant l'été, pour faire un commerce d'échange avec les fauvages, difparoiffoient comme ceux-ci le refte de l'année.

Le fanatifme, qui avoit dépeuplé l'Amérique au midi, devoit la repeupler au nord. Les presbytériens anglois que la perfécution avoit raffemblés en Hollande, ce port univerfel de la paix & de la liberté, laffés de n'être rien dans le monde, après avoir été martyrs dans leur patrie, réfolurent d'aller fonder une églife pour leur fecte dans un nouvel hémifphere. Ils achèterent donc, en 1621, les droits de la compagnie angloife de la Virginie feptentrionale : car ils n'étoient pas affez pauvres pour attendre leur profpérité de leur patience & de leurs vertus ».

« Le 6 feptembre 1621, ils s'embarquèrent à Plimouth, au nombre de cent vingt perfonnes, fous les drapeaux de l'enthoufiafme qui, fondé fur l'erreur ou fur la vérité, fait toujours de grandes chofes. Elles arrivèrent au commencement d'un hiver qui fut très-rigoureux. Le pays, entièrement couvert de bois, n'offroit aucune reffource à des hommes épuifés par la fatigue du voyage qu'ils venoient de faire. Il en périt près de la moitié de froid, de fcorbut & de mifere. Le refte fe foutint par cette vigueur de caractere que la perfécution religieufe excitoit dans des victimes échappées au glaive fpirituel de l'épifcopat. Mais ce courage commençoit à s'affoiblir, lorfque la vifite de foixante guerriers fauvages, qui vinrent au printems avec un chef à leur tête, ranima toutes les efpérances. La liberté s'applaudit d'avoir rapproché des extrémités du monde ces deux peuplades fi différentes. Elles fe lièrent par des promeffes folemnelles de fervice & d'amitié. Les anciens habitans cédèrent aux nouveaux, à perpétuité, toutes les terres voifines de l'établiffement que ceux-ci venoient de former fous le nom de Nouvelle-Plimouth. Un fauvage, qui favoit un peu la langue angloife, refta chez les européens, pour leur enfeigner la culture du mais, & la manière de pêcher fur la côte qu'ils habitoient ».

« Cette humanité mit les premiers colons en état d'attendre des compagnons, des animaux domeftiques, des graines, tous les fecours qui devoient leur venir d'Europe. Ces moyens d'établiffement arrivèrent d'abord lentement, puifqu'au commencement de 1629, on ne comptoit encore que trois cents perfonnes : mais la perfécution contre les puritains, hâta leur accroiffement en Amérique. L'année fuivante, il en arriva un fi grand nombre, que ce fut une néceffité de les difperfer. Les peuplades qu'ils établirent, formèrent la province de *Maffachufett*. Bientôt fortirent de fon fein les colonies du Nouvel-Hampshire, de Connecticut & de Rhode-Ifland, qui furent autant d'états féparés, & qui obtinrent chacune une charte particulière de la cour de Londres ».

« Le fang des martyrs fut, dans tous les lieux & dans tous les temps, une femence de profélytifme. On n'avoit vu d'abord paffer en Amérique que quelques eccléfiaftiques privés de leurs bénéfices pour leurs opinions, que des sectaires obscurs, que les dogmes nouveaux s'attachent en foule parmi le peuple. Les émigrations devinrent peu à peu communes dans d'autres classes de citoyens. Avec le temps, même les plus grands seigneurs, que l'ambition, l'humeur ou la conscience avoient entraînés dans le puritanisme, imaginèrent de se ménager d'avance un asyle, dans ces climats éloignés. Ils y firent bâtir des maisons, défricher des terres, avec le dessein de s'y retirer, s'ils échouoient dans le projet d'établir la liberté civile, sous l'abri de la réformation. Le fanatisme, qui répandoit l'anarchie dans la métropole, introduisoit la subordination dans la colonie; ou plutôt des mœurs austères tenoient lieu de loi dans un pays sauvage ».

« Les habitans de la Nouvelle-Angleterre vécurent quelque temps en paix, sans songer à donner une base solide à leur bonheur. Ce n'est pas que leur charte ne les autorisât à établir la forme de gouvernement qui leur conviendroit : mais ces enthousiastes ne s'en occupoient pas; & la métropole ne prenoit pas assez d'intérêt à leur destinée, pour les presser d'assurer leur tranquillité. Ce ne fut qu'en 1630, qu'ils sentirent la nécessité de donner une forme à leur colonie ».

« On convint, à cette époque, d'avoir tous les ans une assemblée, dont les députés seroient nommés par le peuple, où ne pourroient siéger que les membres de l'église établie, & qui seroit présidée par un chef sans autorité particulière. Il fut fait en même-temps deux réglemens remarquables. Le premier fixoit le prix du bled. Par le second, les sauvages devoient être dépouillés de toutes les terres qu'ils ne cultiveroient pas; & il étoit défendu à tous les européens, sous peine d'une forte amende, de leur vendre des liqueurs fortes ou des munitions de guerre ».

« Le conseil national étoit chargé de régler les affaires publiques. C'étoit encore une de ses obligations, de juger tous les procès, mais avec les seules lumieres de la raison, & sans le secours ou l'embarras d'aucun code ».

« On n'imagina pas non plus des loix criminelles : mais celles des juifs furent adoptées. Le sortilège, le blasphême, l'adultère, le faux témoignage furent punis de mort. Les enfans, assez dénaturés pour frapper ou pour maudire les auteurs de leurs jours, attiroient sur eux le même châtiment. Ceux qui seroient surpris en mensonge, dans l'ivresse ou à la danse, devoient être fouettés publiquement; & le plaisir étoit interdit comme le vice ou le crime. Le jurement & la violation du dimanche étoient expiés par une forte amende ».

« Cette conduite annonce un peuple très-superstitieux. Elle fut poussée si loin, qu'on changea le nom des jours & des mois, comme ayant une origine payenne. Le nom de SAINT fut également

ôté aux apôtres, à leurs successeurs, à tous les lieux connus sous cette dénomination, afin de n'avoir pas cette apparence de communauté avec l'église de Rome. D'autres innovations aussi bizarres sont encore attestées par les monumens les plus authentiques ».

« Il est également prouvé que le gouvernement défendit, sous peine de mort, aux puritains, le culte des images, comme autrefois Moïse avoit défendu aux hébreux le culte des dieux étrangers; que la même punition étoit décernée contre les prêtres catholiques qui reviendroient dans la colonie, après en avoir été bannis ».

Toute l'Europe fut étonnée d'une intolérance si révoltante. Nous avons dit à l'article Nouvelle-Hampshire, que nulle part on n'avoit vu l'intolérance établie en principe d'une manière aussi formelle & aussi terrible. Nous avons eu soin de remarquer que cent ans après, ces mêmes contrées établissent la tolérance en principe de la manière la plus explicite & la plus étendue, & que c'est une belle réponse à faire à ces détracteurs qui demandent l'effet du progrès des lumières.

Cent des infortunés habitans de la Nouvelle-Angleterre qui, moins furieux que leurs frères, osèrent dire que le magistrat n'avoit pas le droit de contrainte en matière de religion, furent regardés comme des blasphémateurs, par des théologiens qui avoient mieux aimé quitter leur patrie, que de montrer quelque déférence pour l'épiscopat. Par cette pente du cœur humain, qui marche de l'indépendance à la domination, ils avoient changé de maxime en changeant de climat, & sembloient ne s'être arrogé la liberté de penser, que pour l'interdire aux autres. Ce système d'intolérance fut appuyé du glaive de la loi, qui voulut trancher sur les opinions, en frappant les dissidens de peines capitales. Les hommes convaincus ou soupçonnés de tolérantisme, furent exposés à de si cruelles vexations, qu'ils se virent obligés d'abandonner leur nouvel asyle, pour en chercher un autre exposé à moins d'orages.

Cette maladie de religion étendit sa sévérité jusqu'aux objets les plus indifférens de leur nature. On en a pour garant une délibération publique, copiée sur les registres même de la colonie.

» C'est une chose universellement reconnue, » que l'usage de porter les cheveux longs à la ma- » nière des personnes sans mœurs, & des bar- » bares indiens, n'a pu s'introduire en Angle- » terre, qu'au mépris sacrilège de l'ordre exprès » de Dieu, qui dit qu'il est honteux à un homme » qui a quelque soin de son ame, de porter des » cheveux longs. Cette abomination excitant l'in- » dignation de tous les gens pieux; nous, ma- » gistrats, zélés pour la pureté de la foi, décla- » rons expressément & authentiquement que

» nous condamnons l'impie usage de laisser croître
» sa chevelure ; usage que nous regardons comme
» une chose évidemment indécente & mal-hon-
» nête, qui défigure horriblement les hommes,
» offense les ames sages & modestes, autant
» qu'elle corrompt les bonnes mœurs. Justement
» indignés contre ce scandaleux usage, nous prions,
» exhortons, invitons instamment tous les an-
» ciens de notre continent, de faire éclater leur
» zèle contre cette odieuse coutume, de la pros-
» crire par toutes sortes de moyens, & sur-tout
» d'avoir soin que les membres de leurs églises
» n'en soient point souillés ; afin que ceux qui,
» malgré ces sévères défenses & les voies de
» correction qui seront pratiquées à ce sujet, ne
» se hâteront pas de s'interdire cet usage, aient
» Dieu & les hommes en même temps contre
» eux ».

Ce rigorisme, qui rend l'homme dur à lui-
même, puis insociable, d'abord victime, ensuite
tyran, se déchaîna contre les quakers. Ils furent
emprisonnés, fouettés & bannis. La fière simplicité de ces nouveaux enthousiastes qui bénis-
soient le ciel & les hommes au milieu des tourmens & de l'ignominie, inspira de la vénération pour leurs personnes, fit aimer leurs sentimens, & multiplia leurs prosélytes. Ce succès
aigrit leurs persécuteurs, & les porta aux extrémités
les plus sanguinaires. Ils firent prendre cinq de
ces malheureux, qui étoient furtivement revenus de leur exil. On eût dit que les anglois
n'étoient allés en Amérique que pour exercer
sur leurs compatriotes toutes les cruautés que les
espagnols avoient exercées contre les indiens ;
soit que le changement de climat rendît les Européens plus féroces ; soit que la fureur de religion ne puisse trouver de terme que dans l'extinction de ses apôtres ou de ses martyrs. La persécution fut enfin arrêtée par la métropole même,
d'où elle avoit été portée.

Charles II, touché des supplices des quakers,
en interrompit le cours en Amérique, par
une ordonnance de 1661 : mais il ne put y étouffer
entièrement l'esprit persécuteur.

La colonie avoit mis à sa tête Henri Vane,
fils de ce Vane qui s'étoit fort signalé dans les
troubles de sa patrie. Ce jeune homme, enthou-
siaste, entêté, digne en tout de son père, ne
pouvant vivre en paix lui-même, ni y laisser les
autres, ressucita les disputes de la grace & du
libre arbitre. On se passionna pour ces questions.
Peut-être auroient-elles allumé une guerre civile,
si des nations sauvages, réunies entr'elles, tombant sur les plantations des Anglois, n'en eussent
massacré un grand nombre. Graces à leur querelles theologiques, les colons sentirent d'abord
foiblement une si rude perte. Mais enfin, le
danger universel devint si pressant, qu'on courut
aux armes. L'ennemi repoussé, la colonie ren-

tra dans son caractère de dissension. Cet esprit
de vertige éclata même en 1692, par des atrocités dont l'histoire offre peu d'exemples.

Le calme vint après la fièvre ardente, & ce
sombre accès d'enthousiasme ne reprit plus aux
puritains de la Nouvelle-Angleterre.

En renonçant à l'esprit de persécution qui a
marqué de sang toutes les sectes, les habitans de
cette colonie conservèrent encore de trop fortes
teintes du fanatisme & de la férocité, qui avoient
signalé les tristes jours de sa naissance.

La petite-vérole, qui est moins ordinaire,
mais plus meurtrière en Amérique qu'en Europe, causoit en 1721, des ravages inexprimables à Massachusett : cette calamité fait penser à
l'innoculation. Pour prouver l'efficacité de
cet heureux préservatif, un médecin habile &
courageux inocule sa femme, ses enfans & ses
domestiques ; il s'inocule lui-même. On l'insulte,
on le regarde comme un monstre vomi par l'enfer ; on le menace de l'assassiner. Ces fureurs
n'ayant pas empêché un jeune homme très-inté-
ressant de recourir à cette pratique salutaire, un
scélérat superstitieux monte à sa fenêtre durant la
nuit, & jette dans la chambre une grenade remplie de matières combustibles

Les citoyens les plus raisonnables ne sont pas
révoltés de tant d'atrocités ; & leur indignation
se porte sur les esprits hardis qui aiment mieux
recourir au savoir des hommes, que de s'en rapporter aux vûes de la providence. Le peuple est
affermi, par ces discours insensés, dans la résolution de ne pas souffrir une nouveauté qui doit
attirer sur l'état entier les infaillibles & terribles
effets du courroux céleste. Le magistrat, qui craint
une sédition, ordonne aux médecins de s'assembler. Par conviction, par foiblesse ou par politique, ils déclarent l'inoculation dangereuse. Un
bill la défend ; & ce bill est reçu avec un ap-
plaudissement dont il n'y avoit point d'exemple.

Peu d'années après, s'ouvre une nouvelle scène
encore plus atroce. Depuis long-temps on accordoit dans ces provinces une odieuse prime à ceux
des colons qui donnoient la mort à quelque
Indien. Cette récompense fut portée en 1724 à
2,250 livres. John Lovewel, encouragé par un
prix si considérable, forme une compagnie d'hommes féroces comme lui, pour aller à la chasse
des sauvages. Un jour il en découvrit dix, paisiblement endormis autour d'un grand feu. Il les
massacra, porta leur chevelure à Boston, & reçut
la récompense promise.

Des loix trop sévères subsistent toujours dans
ces contrées. On a pu juger de ce rigorisme par
le discours que tint, il n'y a pas long-temps,
devant les magistrats, une fille convaincue d'avoir
produit, pour la cinquième fois, un fruit illégitime.

La suite de l'histoire politique de Massachuset se trouve à l'article Etats-Unis : le lecteur y
verra que le parlement d'Angleterre ayant fermé

le port de Boston, le 13 mars 1774, toutes les autres colonies prirent le parti des Bostoniens, que la révolte commença, & qu'elle n'a été terminée que par l'indépendance des treize Etats-Unis, mais nous ajouterons ici que ce premier acte du parlement fut suivi d'un second, dicté par la même politique : il étoit intitulé *acte*, pour mieux régler le gouvernement de *Massachusett* ; il alteroit, dans les points les plus essentiels, la chartre de la province ; il ôtoit au peuple le gouvernement exécutif, & il en revêtissoit des officiers nommés par le roi ou par son gouverneur ; un troisième acte du parlement britannique déclara, bientôt après, qu'en certains cas le gouverneur pourroit envoyer dans une autre colonie ou en Angleterre, une personne accusée d'assassinat, ou de toute autre offense capitale. Ces deux actes contraires à la constitution britannique, & aux chartres des colonies, montrèrent aux Américains que la métropole ne leur ôtoit pas seulement le droit de consentir aux impôts qu'elle vouloit, mais qu'elle s'arrogeoit une suprématie illimitée ; ils sentirent tous, depuis le nouvel Hampshire, jusqu'à la Géorgie, que le cabinet de Saint James avoit adopté un nouveau système de gouvernement à leur égard, & que leur dépendance envers la métropole alloit être beaucoup plus grande. Nous avons cru devoir parler ici de ces deux actes, parce qu'ils ajoutèrent à l'indignation des Américains, & qu'ils déterminèrent une résistance que la chartre du port de Boston seule n'auroit peut-être pas déterminée.

SECTION IIe.

Constitution ou plan de gouvernement arrêtée par les délégués du peuple de l'état de la baye de Massachusett, dans leur assemblée tenue & commencée à Cambridge le premier septembre 1779, & continuée par ajournement jusqu'au 2 de mars 1780.

PRÉAMBULE.

Le but de l'institution, du maintien & de l'administration d'un gouvernement, est d'assurer l'existence du corps politique, de le protéger, & de procurer aux individus qui le composent, la faculté de jouir en sûreté, & avec tranquilité de leurs droits naturels, & d'une vie heureuse ; & toutes les fois que ces grands objets ne sont pas remplis, le peuple a droit de changer le gouvernement, & de prendre les mesures nécessaires à sa sûreté, à sa prospérité, & à son bonheur.

Le corps politique est formé par une association volontaire d'individus. C'est un contrat social par lequel le peuple entier convient avec chaque citoyen, & chaque citoyen avec le peuple entier, que tous seront gouvernés par certaines loix pour l'avantage commun. Le peuple doit donc, en formant une constitution de gouvernement, pourvoir à une manière équitable de faire les loix, ainsi qu'aux précautions nécessaires, pour que ces loix soient interprétées avec impartialité, & fidèlement exécutées, afin que tout homme puisse dans tous les temps jouir par elles de sa sûreté.

D'après ces principes, *Nous, peuple de Massachusett*, nous reconnoissons, & nos cœurs sont pénétrés du sentiment de la plus vive gratitude, nous reconnoissons la bonté signalée du législateur suprême de l'univers, qui, par une suite des décrets de sa providence, nous procure l'occasion & la faculté de faire entre nous tous, avec le temps d'une mûre délibération, avec tranquilité, & sans fraude, violence ni surprise, un pacte, original, explicite & solemnel, & de former une constitution nouvelle de gouvernement civil, pour nous & pour notre postérité.

Et après l'avoir ardemment supplié de nous diriger dans l'accomplissement d'un dessein aussi important, nous arrêtons, nous ordonnons & nous établissons *la déclaration de droits, & le plan de gouvernement* suivans, pour être la constitution de la république de *Massachusett*.

PREMIERE PARTIE

Déclaration des droits des habitans de la république de Massachusett,

ART. I. Tous les hommes sont nés libres & égaux, ont certains droits naturels, essentiels & inaliénables, parmi lesquels on doit compter d'abord le droit de jouir de la vie & de la liberté, & celui de les défendre ; ensuite le droit d'acquérir des propriétés, de les posséder & de les protéger ; enfin le droit de chercher & d'obtenir leur sûreté & leur bonheur.

II. C'est un droit aussi bien qu'un devoir pour tous les hommes vivans en société, de rendre à des temps marqués un culte public au grand créateur & conservateur de l'univers. Et aucun sujet ne doit être troublé, molesté ni contraint dans sa personne, dans sa liberté, ni dans ses biens pour le culte qu'il rend à Dieu de la manière & dans le temps les plus convenables à ce que lui dicte sa conscience, ni pour ses sentimens en matière de religion, ni pour la religion qu'il professe, pourvu qu'il ne trouble point la tranquillité publique, & qu'il n'apporte aucun empêchement au culte religieux des autres.

III. Comme le bonheur d'un peuple, le bon ordre & la conservation du gouvernement civil dépendent essentiellement de la piété, de la religion & des bonnes mœurs, qui ne peuvent se répandre parmi tout un peuple, que par l'institution d'un culte public de la Divinité, & par des instructions publiques sur la piété, la religion & la morale, le peuple de cette république a donc le droit, pour se procurer le bonheur & pour assurer le bon ordre & la conservation de son gouvernement, de donner à sa législature le pouvoir d'autoriser & de requérir; & la législature doit par la suite, lorsqu'il sera nécessaire, autoriser les différentes villes, paroisses, districts & autres corps politiques ou sociétés religieuses, à faire à leurs propres dépens les fonds convenables pour l'institution du culte public de la Divinité, & pour le soutien & l'entretien des ministres protestans chargés d'enseigner la religion & la morale, & même les en requérir dans tous les cas où ces fonds ne seroient pas faits volontairement.

Le peuple de cette république a aussi le droit de revêtir la législature de l'autorité nécessaire pour enjoindre à tous les sujets d'assister aux instructions des susdits instituteurs publics, dans certains tems & dans certaines saisons, s'il y a quelqu'une de ces instructions qu'ils puissent suivre commodément & en conscience.

Pourvu néanmoins que les différentes villes, paroisses, districts & autres corps politiques ou sociétés religieuses aient dans tous les tems, le droit exclusif de choisir leurs instituteurs publics, & de contracter avec eux pour leur entretien.

Tout l'argent payé par chacun des sujets pour le maintien du culte public & pour l'entretien des susdits instituteurs publics, devra, si le contribuable l'exige, être uniformément appliqué à l'entretien de l'instituteur, ou des instituteurs publics de la secte ou de sa communion, pourvu qu'il y en ait quelqu'un dont il suive les instructions, sinon cet argent devra être appliqué à l'entretien de l'instituteur ou des instituteurs de la paroisse ou du district dans lequel il aura été élevé.

Et tous chrétiens, de quelque communion qu'ils soient, qui se comporteront tranquillement, & comme bons sujets de la république, seront également sous la protection de la loi; & la loi n'établira jamais aucune subordination d'une secte ou d'une communion à une autre.

IV. Le peuple de cette république a seul & exclusivement le droit de se gouverner comme un état libre, souverain & indépendant; & dès-à-présent & à tout jamais il exerce & exercera tout pouvoir, toute jurisdiction, il jouit & jouira de tous les droits qu'il n'a pas expressément délégués, ou qu'il ne déléguera pas expressément par la suite aux Etats-Unis de l'Amérique assemblés en congrès.

V. Tout pouvoir résidant originairement dans le peuple, & étant émané de lui, les différens magistrats & officiers du gouvernement revêtus d'une autorité quelconque législatrice, exécutrice ou judiciaire, sont ses substituts, ses agens, & lui doivent compte dans tous les tems.

VI. Aucun homme, aucune corporation, aucune association d'hommes ne peuvent avoir, pour obtenir des avantages ou des privilèges particuliers & exclusifs distincts de ceux de la communauté, d'autres titres que ceux qui résultent de la considération de services rendus au public : or ces titres n'étant par leur nature ni héréditaires, ni transmissibles à des enfans, à des descendans ou à des parens, l'idée d'un homme né magistrat, législateur ou juge, est absurde & contre nature.

VII. Le gouvernement est institué pour le bien commun, pour la protection, la sûreté, la prospérité & le bonheur du peuple, & non pas pour le profit, l'honneur ou l'intérêt particulier d'un homme, d'une famille, d'une classe d'hommes. En conséquence, le peuple seul a le droit incontestable, inaliénable & imprescriptible d'instituer le gouvernement, & aussi de le réformer, le corriger ou le changer totalement, quand sa protection, sa sûreté, sa prospérité & son bonheur l'exigent.

VIII. Pour empêcher que ceux qui sont revêtus de l'autorité ne deviennent oppresseurs, le peuple a droit de faire rentrer ses officiers publics dans la vie privée, à certaines époques, & de la manière qui aura été établie par la forme de gouvernement, & de remplir les emplois vacans par des élections & des nominations régulières.

IX. Toutes les élections doivent être libres, & tous les habitans de cette république ayant les qualités qui seront requises par la forme de gouvernement, ont un droit égal à élire les officiers, & à être élus pour les emplois publics.

X. Chaque individu de la société a droit d'être protégé par elle dans la jouissance de sa vie, de sa liberté & de sa propriété, conformément aux loix établies. Il est en conséquence obligé de contribuer pour sa part aux frais de cette protection; de donner son service personnel ou un équivalent, lorsqu'il est nécessaire : mais aucune partie de la propriété d'un individu ne peut avec justice lui être enlevée, ou être appliquée à des usages publics, sans son consentement, ou sans celui du corps qui représente le peuple : enfin le peuple de cette république ne peut pas être soumis à d'autres loix qu'à celles auxquelles le corps constitutionnel qui le représente, a donné son consentement. Et toutes les fois que les besoins publics exigeront que la propriété d'un individu soit appliquée à des usages publics, il doit en recevoir une indemnité raisonnable.

XI. Tout sujet de la république doit trouver un remède certain dans le recours aux loix, pour tous les torts ou injures qu'il peut éprouver dans sa personne, dans sa propriété, dans sa réputation. Il doit obtenir droit & juftice gratuitement, & fans être obligé de les acheter ; complettement, & fans qu'on puiffe les lui refufer ; promptement & fans délai, & conformément aux loix.

XII. Aucun fujet ne peut être tenu de répondre pour une offenfe ou un crime quelconques, à moins qu'ils ne lui foient énoncés pleinement & clairement, fubftantiellement & formellement, & ne peut être contraint de s'accufer lui-même, ou de fournir des preuves contre lui-même. Tout fujet aura droit de produire toutes les preuves qui peuvent lui être favorables, d'être confronté face à face avec les témoins, & d'être entendu pleinement dans fa défenfe par lui-même ou par fon confeil, à fon choix ; & aucun fujet ne doit être arrêté, emprifonné, dépouillé ou privé de fa propriété, de fes immunités ou de fes privilèges, mis hors de la protection de la loi (1), exilé ou privé de la vie, de la liberté ou de fes biens, que par le jugement de fes pairs en vertu de la loi du pays.

Et la légiflature ne fera point de loi pour infliger une punition capitale ou infamante fans une procédure par jurés, excepté pour la difcipline de l'armée de terre ou de la marine.

XIII. Dans les pourfuites criminelles, la vérification des faits dans le voifinage du lieu où ils fe font paffés, eft de la plus grande importance

pour la fûreté de la vie, de la liberté & de la propriété des citoyens.

XIV. Tout fujet a droit d'être à l'abri de toutes recherches & de toutes faifies fans motifs raifonnables, de fa perfonne, de fes maifons, papiers & de toutes fes poffeffions. Tous warrants (2) font donc contraires à ce droit, fi la caufe ou le motif pour lefquels on les décerne, ne font pas au préalable certifiés par le ferment ou l'affirmation, ou fi l'ordre porté par le warrant à un officier civil, de faire des recherches dans tous les lieux fufpects, d'arrêter une ou plufieurs perfonnes fufpectes, ou de faifir leur propriété, n'eft pas accompagné d'une défignation fpéciale des perfonnes ou des objets que l'on doit chercher, arrêter ou faifir ; & l'on ne doit décerner de warrants que dans les cas & avec les formalités prefcrites par la loi.

XV. Dans toutes les difcuffions de propriété, & dans tous les procès entre deux ou plufieurs perfonnes, excepté pour les cas où il en a été ufé autrement jufqu'à préfent, les parties ont droit à une procédure par jurés (3) ; & cette efpèce de procédure fera regardée comme facrée, à moins que la légiflature ne trouve par la fuite, néceffaire de la changer dans les caufes réfultantes de faits qui fe font paffés en haute mer, ou dans celles qui concerneront les gages des matelots.

XVI. La liberté de la preffe eft effentielle

---

r (1) On déclare en Angleterre *outlawed*, hors de la protection de la loi, tout criminel qui refufe de comparoître : c'eft une forme imaginée pour l'y forcer, & fes effets font là mort civile & la confifcation des biens ; autrefois même un homme *outlawed* étoit tellement hors de la protection des loix, que fa vie n'étoit plus fous leur fauve-garde, & que fon meurtrier n'étoit point puni. Les anciennes loix angloifes appelloient la tête d'un homme *outlawed*, *caput lupinum*, tête de loup, & l'on pouvoit le tuer auffi impunément que l'on tue un loup. Mais depuis que les mœurs fe font adoucies, le meurtre dans ce cas eft puni comme dans tous les autres, excepté lorfqu'on tue l'homme *outlawed* en s'efforçant de l'arrêter. Cette prononciation a lieu pour les crimes pourfuivis par une partie civile, comme pour ceux pourfuivis par la partie publique ; elle doit être précédée de trois formalités, qui font le *capias*, *ordre d'arrêter*, le *exigi facias*, ou ordre de rechercher, & la *proclamation* ; lorfque ces décrets répétés plufieurs fois dans certains délais, n'ont pas produit la comparition du coupable, on le déclare *outlawed*. Quand c'eft à la pourfuite d'une partie civile, ou à celle de la partie publique pour crimes non capitaux, l'homme qui veut arrêter le criminel, doit être muni d'un *warrant de capias ut lagatum*, c'eft-à-dire, d'un ordre pour appréhender l'homme *outlawed* ; mais quand c'eft pour trahifon ou félonie, tout le monde a droit de lui courre fus, & de l'arrêter fur la fimple notoriété. L'homme mis hors de la protection de la loi, eft admis à purger fa contumace.

On appelle *félonie* dans la jurifprudence angloife tous les crimes qui font punis de mort, ou pour lefquels on prononce la confifcation des biens.

(2) Le *warrant* eft un ordre donné par les officiers de juftice, & même en Angleterre par les fecrétaires d'état, pour faire recherche de perfonnes ou de chofes, & les faifir. Il eft ainfi nommé, parce que celui qui les donne, en eft refponfable, *garant*. Il faut que la caufe pour laquelle le *warrant* eft donné, y foit exprimée, ainfi que la perfonne ou la chofe qui en font l'objet. Tout général *warrant*, c'eft-à-dire, tout *warrant* qui ordonneroit la recherche ou la faifie d'une perfonne ou d'une chofe quelconques, fans défignation expreffe, eft contre les loix.

Le *warrant* fe donne ordinairement à la requête d'une partie civile ou de la partie publique, qui doivent adminiftrer des preuves fuffifantes pour l'obtenir.

(3) La procédure par jurés tire fon origine de l'ancien droit d'être jugé par fes pairs. En Angleterre, il n'y a que les francs-ténanciers qui puiffent être jurés ; il en eft de même en Amérique. Le fhérif fait tous les ans une lifte des francs-ténanciers du comté ; & lorfque les juges ordonnent qu'il foit procédé par un juré, ils choififfent fur la lifte une certaine quantité de perfonnes enregiftrées, & toujours beaucoup plus qu'il n'en faut pour compofer le juré ; dans quelques provinces, comme dans celle de Maffachufett's-Bay, c'eft un enfant qui tire les noms d'une boëte où ils font enfermés. Les parties, en matière civile & criminelle, ont, outre les cas de récufation portés par la loi, le droit d'en récufer un grand nombre, fans articuler aucune raifon. Les jurés en matière civile font appellés pour prononcer fur les points de fait, & même quelquefois fur ceux de droit ; leur prononciation s'appelle *verdict* du mot latin *vere dictum*, dire véritable, & eft portée au juge qui décide d'après la loi.

pour affurer la liberté d'un état ; elle ne doit donc être gênée en aucune manière dans cette république.

XVII. Le peuple a droit d'avoir & de porter des armes pour la défenfe commune. Comme en tems de paix les armées font dangereufes pour la liberté, on ne doit pas en conferver fur pied fans le confentement de la législature ; & le pouvoir militaire doit toujours être tenu dans une fubordination exacte à l'autorité civile, & gouverné par elle.

XVIII. Un recours fréquent aux principes fondamentaux de la conftitution, & une adhéfion conftante à ceux de la piété, de la juftice, de la modération, de la tempérance, de l'induftrie & de la frugalité font abfolument néceffaires pour conferver les avantages de la liberté, & pour maintenir un gouvernement libre. Le peuple doit en conféquence faire une attention particulière à ces principes dans le choix de fes officiers & de fes repréfentans ; & il a droit d'exiger de fes légiflateurs & de fes magiftrats, qu'ils les obfervent exactement & conftamment, dans la confection & l'exécution de toutes les loix néceffaires pour la bonne adminiftration de la république.

XIX. Le peuple a droit de s'affembler d'une manière paifible & en bon ordre, pour confulter fur ce qui intéreffe le bien commun. Il a droit de donner des inftructions à fes repréfentans, & de requérir du corps légiflatif, par la voie d'adreffes, de pétitions ou de remontrances, le redreffement des torts qui lui ont été faits, & le foulagement des maux qu'il fouffre.

XX. Le pouvoir de fufpendre les loix, ou de furfeoir à leur exécution, ne doit jamais être exercé que par la législature, ou par une autorité émanée d'elle, dans les cas particuliers feulement, pour lefquels la législature l'aura expreffément prefcrit.

XXI. La liberté des délibérations, de la parole & des débats dans l'une & l'autre chambre de la législature, eft fi effentielle pour les droits du peuple, que l'ufage de cette liberté ne pourra jamais être le fondement d'aucune accufation ou pour-

fuite, d'aucune action ou plainte dans aucune autre cour ou lieu quelconques.

XXII. La législature doit s'affembler fréquemment, pour redreffer les torts, pour corriger, fortifier & confirmer les loix, & pour en faire de nouvelles, fuivant que le bien commun l'exigera.

XXIII. Il ne doit être établi, fixé, impofé ni levé aucuns fubfide, charge, taxe, impôt ou droit, fous quelque prétexte que ce foit, fans le confentement du peuple ou de fes repréfentans dans la législature.

XXIV. Des loix faites pour punir des actions antérieures à l'exiftence de ces loix, & qui n'ont point été déclarées criminelles par des loix précédentes, font injuftes, oppreffives & incompatibles avec les principes fondamentaux d'un gouvernement libre.

XXV. Aucun fujet ne doit, dans aucun cas ni dans aucun tems, être déclaré coupable de trahifon ou de félonie par la législature.

XXVI. Aucun magiftrat ni aucune cour de loi (1) ne doit demander des cautions ou des fûretés exceffives, ni impofer des amendes trop fortes, ni infliger des punitions cruelles ou inufitées.

XXVII. En temps de paix aucun foldat ne doit être logé dans aucune maifon fans le confentement du propriétaire ; & en tems de guerre, ces logemens ne doivent être faits que par le magiftrat civil, & en la manière prefcrite par la législature.

XXVIII. Aucune perfonne ne peut, dans aucun cas, être affujettie à la loi martiale (2), ou à aucunes peines pécuniaires ou corporelles en vertu de cette loi, que par l'autorité de la législature, excepté les perfonnes employées dans l'armée de terre ou dans la marine, & celles employées dans la milice, en fervice actuel.

XXIX. Il eft effentiel pour la confervation des droits de chaque individu, de fa vie, de fa liberté, de fa propriété & de fa réputation, qu'il y ait une interprétation des loix, & une adminiftration de la juftice impartiales. C'eft un droit appartenant à tous les citoyens, d'être jugé par des juges auffi libres, impartiaux & indépendans, que le fort

---

(1) En Amérique, ainfi qu'en Angleterre, on diftingue les cours de juftice en deux efpèces, *cours de loi* & *cours d'équité*. Les premières font obligées de juger précifément fuivant la lettre de la loi. Les autres en fuivent plutôt l'efprit, & jugent felon l'équité, dans le cas où l'exécution rigoureufe de la loi feroit une injuftice. La procédure y eft différente de celle des autres cours, & il s'y forme, d'après la fuite des décifions antérieures, une jurifprudence particulière qui répond à la jurifprudence des arrêts dans nos parlemens. Ces cours ne connoiffent que d'affaires civiles,

(2) La loi martiale eft, comme fon nom l'indique, la loi qui régit le militaire ; dans l'état ordinaire, les militaires feuls y font fujets, & ne le font même qu'en leur qualité militaire. Mais il y a des cas où la néceffité oblige pour le falut de l'état d'étendre l'activité de cette loi jufques fur les citoyens, & de fufpendre pour un temps l'autorité civile ; ces cas font ceux d'invafion & de rébellion. Cet établiffement momentané de la loi martiale a eu lieu plufieurs fois dans les colonies angloifes en temps de guerre, & même quelquefois auffi dans quelques parties de la Grande-Bretagne. Il faut en Angleterre le concours du parlement & du roi pour publier la loi martiale, & les américains ont auffi avec raifon réfervé ce droit à leurs législatures.

de l'humanité le permet. Il est donc non-seulement de la meilleure politique, mais il est nécessaire pour la sûreté des droits du peuple en général, & de chaque citoyen en particulier, que les juges de la cour suprême de judicature soient maintenus dans leurs offices aussi long-tems qu'ils s'y conduiront bien, & qu'ils aient un salaire honorable, assuré & fixé par des loix constantes.

XXX. Dans le gouvernement de cette république, le département législatif n'exercera jamais le pouvoir exécutif ou judiciaire, ni aucun des deux : le département exécutif n'exercera jamais le pouvoir législatif ou judiciaire, ni aucun des deux ; & le département judiciaire n'exercera jamais le pouvoir législatif ou exécutif, ni aucun des deux, afin que ce soit le gouvernement des loix, & non pas le gouvernement des hommes.

SECONDE PARTIE.

FORME DE GOUVERNEMENT.

Le peuple habitant le territoire, ci-devant appellé *la province de la baye de Massachusett*, convient ici solemnellement, & tous les individus qui le composent, conviennent mutuellement de se former en un corps politique ou état libre, souverain & indépendant, sous le nom de *république de Massachusett*.

CHAPITRE PREMIER.

De la puissance législatrice.

SECTION PREMIÈRE.

Cour générale.

ARTICLE PREMIER. Le département de la législation sera composé de deux chambres, un sénat & une chambre des représentans, dont chacune aura le droit négatif sur l'autre.

Le corps législatif s'assemblera chaque année le dernier mercredi du mois de mai, & dans tous les autres temps où il le jugera nécessaire ; &

il se dissoudra & sera dissous le mardi veille dudit dernier mercredi de mai, & s'intitulera *la cour générale de Massachusett*.

II. Aucuns bill ou résolution du sénat ou de la chambre des représentans, ne deviendront loi, & n'auront force de loi, qu'après avoir été présentés au gouverneur pour sa révision ; & si d'après cette révision le gouverneur les approuve, il fera connoître son approbation en les signant. S'il a quelque objection à faire contre la passation d'un bill ou d'une résolution, il les renverra, en y joignant ses objections par écrit, au sénat ou à la chambre des représentans ; c'est-à-dire, à celles de ces deux chambres de la législature où l'acte aura pris naissance, & la chambre enregistrera tout au long dans ses registres les objections envoyées par le gouverneur, & procédera à examiner de nouveau ledit bill ou ladite résolution. Mais si d'après ce nouvel examen, les deux tiers du sénat ou de la chambre des représentans sont d'avis, nonobstant les objections, de passer lesdits actes, ils seront envoyés avec les objections à l'autre chambre de la législature, pour y être aussi examinés de nouveau ; & s'ils y sont approuvés par les deux tiers des membres présens, ils auront force de loi. Dans tous ces cas la votation dans les deux chambres se fera *par oui & par non* (1) ; & les noms des votans pour ou contre lesdits bill ou résolution, seront couchés sur les registres publics de la république.

Et pour prévenir tous délais inutiles, si quelques bill ou résolution ne sont pas renvoyés par le gouverneur cinq jours après qu'ils lui auront été présentés, ils auront force de loi.

III. La cour générale aura dorénavant plein pouvoir & autorité d'ériger & d'établir des tribunaux & cours *qui auront des registres* (2), & d'autres qui n'en auront pas. Toutes ces cours agiront au nom de la république ; elles informeront, procéderont & jugeront sur toutes espèces de crimes, délits, discussions, procès, plaintes, actions, causes & choses quelconques qui s'éleveront ou arriveront dans la république, entre ou concernant des personnes habitant, résidant, ou amenées dans son territoire ; soit que ces causes soient civiles ou criminelles, que les-

---

(1) La manière de prendre les voix par oui & par non, pratiquée dans la chambre des communes de la Grande-Bretagne, & adoptée par les américains, consiste à réduire la proposition dans une forme qui puisse être décidée par une simple affirmation ou négation ; c'est l'orateur de la chambre qui est chargé de ce soin, & cela s'appelle *sum up the motion*, résumer la proposition. Lorsque la proposition est ainsi résumée & présentée, les membres font connoître leur vœu en criant tous ensemble, les uns *oui*, les autres *non* : l'orateur qui a l'oreille exercée, proclame l'avis de la pluralité, d'après le son qui lui a paru réunir le plus grand nombre de voix ; mais s'il est en doute, ou si quelqu'un réclame contre sa décision, il recueille les voix & les compte.

(2) On distingue en Angleterre les cours de justice en *courts of record*, cours à registres, & *courts of no records*, cours qui n'ont pas de registres. Les premières qui représentent les anciennes cours de la couronne, ont une juridiction supérieure & plus importante, & leurs décisions en conséquence sont conservées avec soin, & font autorité ; les autres qui représentent les cours des anciens vassaux de la couronne, n'ayant qu'une juridiction inférieure, leurs décisions sont de peu de conséquence, & on ne les conserve point.

dits crimes foient capitaux ou non capitaux, & foit que lefdites difcuffions foient réelles, perfonnelles ou mixtes ; & elles feront exécuter leurs décifions, & pourront donner à cet effet les ordres néceffaires.

Il leur eft auffi donné & accordé par la préfente conftitution pleins pouvoirs & autorité d'adminiftrer dans l'occafion le ferment ou l'affirmation, pour mieux découvrir la vérité dans toute matière en caufe & pendante devant eux.

IV. Et en outre il eft ici donné & accordé à ladite cour générale pleins pouvoirs & autorité d'ordonner & établir dans l'occafion toutes efpèces d'ordres, loix, ftatuts & ordonnances, directions & inftructions falutaires & raifonnables, & d'y attacher ou non des amendes, de manière pourtant que ces actes ne répugnent point, & ne foient point contraires à la préfente conftitution ; & de faire tous actes qu'elle jugera convenables pour le bien & l'avantage de cette république, pour le gouvernement & le bon ordre de la république & de fes fujets, & pour le foutien néceffaire & la défenfe de fon gouvernement. La cour générale aura auffi pleins pouvoirs & autorité de nommer & établir annuellement, ou de pourvoir par des loix fixes à la nomination & à l'établiffement de tous les officiers civils de la république, à l'élection & à l'inftitution defquels il n'aura pas été pourvu autrement ci-après dans la préfente forme de gouvernement ; de fixer les différens devoirs & pouvoirs, & leurs bornes pour les différens officiers civils & militaires de la république ; & de prefcrire la forme des fermens ou affirmations que ces différens officiers devront prêter pour entrer en fonctions de leurs offices ou emplois ; de manière que toutes ces chofes ne répugnent point & ne foient point contraires à la préfente conftitution. Ladite cour générale aura encore pleins pouvoirs & autorité d'impofer & lever des taxes proportionnelles & raifonnables fur tous les habitans, les gens réfidans, & fur les biens-fonds fitués dans le territoire de la république, & auffi d'impofer & lever des droits raifonnables fur toutes les productions, biens, denrées, marchandifes & effets quelconques importés, produits ou manufacturés, exiftant dans ledit territoire ; pour être le revenu provenant defdites taxes, droits, &c. diftribué & appliqué, en vertu d'ordonnances fignées par le gouverneur actuel de la république, de l'avis & du confentement du confeil, aux différens fervices publics, tant pour la défenfe néceffaire & le maintien du gouvernement de ladite république, que pour la protection & la confervation de fes fujets, conformément aux actes qui y font ou qui y feront en vigueur.

Et tant que les charges publiques du gouvernement feront en tout ou en partie impofées par têtes ou fur les biens-fonds, dans la manière pratiquée jufqu'à préfent, l'eftimation de tous les biens-fonds de la république fera renouvellée une fois au moins tous les dix ans, & plus fouvent fi la cour générale l'ordonne, afin que leur affiette puiffe être faite avec égalité.

SECTION IIᵉ.

Le fénat.

ARTICLE PREMIER. Il fera élu annuellement par les francs-tenanciers & les autres habitans de cette république, ayant les qualités prefcrites par la conftitution, quarante perfonnes pour être confeillers ou fénateurs pendant l'année qui fuivra leur élection ; ces quarante fujets feront choifis par les habitans des diftricts dans lefquels la république pourra être divifée à cet effet, felon les temps, par la cour générale. Et la cour générale, en affignant le nombre des membres du fénat que les diftricts devront refpectivement élire, fe réglera fur la proportion des taxes payées par les fufdits diftricts, & fera connoître à tems aux habitans de la république, les limites de chaque diftrict, & le nombre de confeillers & de fénateurs qui devront être choifis dans chacun ; mais le nombre des diftricts ne fera jamais au-deffous de treize, & aucun diftrict ne fera affez grand pour devoir élire plus de fix fénateurs.

Et jufqu'à ce que la cour générale juge à propos de changer la divifion actuellement exiftante, les différens comtés de cette république feront réputés diftricts pour le choix des confeillers & fénateurs, (excepté que les comtés du Duc & de Nantucket ne formeront à cet effet qu'un feul diftrict.) Et ils éliront le nombre fuivant de fujets pour confeillers & fénateurs ; favoir :

Suffolk	fix.
Effex	fix.
Middlefex	cinq.
Hampshire	quatre.
Plymouth	trois.
Barnftable	un.
Briftol	trois.
Yorck	deux.
Le comté du Duc & de Nantucket	un.
Worcefter	cinq.
Cumberland	un.
Lincoln	un.
Berkshire	deux.

II. Le fénat fera la première chambre de la légiflature, & les fénateurs feront choifis de la manière fuivante : il y aura toujours par la fuite, le premier lundi du mois d'avril de chaque année, une affemblée des habitans de chaque ville (1) dans les différens comtés de cette république : cette affemblée fera convoquée par les officiers municipaux (2) & annoncée felon les formes prefcrites, fept jours au moins avant le premier lundi d'avril, à l'effet d'élire les fujets pour être fénateurs ou confeillers. Et dans ces affemblées, tout habitant mâle, âgé de vingt-un ans & au-deffus, & poffédant un bien-fonds en franche-tenue dans cette république, de trois livres fterling de revenu, ou un bien quelconque de la valeur de foixante livres fterling, aura droit de donner fon fuffrage pour les fénateurs du diftrict dont il fera habitant. Et pour écarter toute efpèce de doute fur la fignification du mot *habitant* dans la préfente conftitution, tout homme fera réputé habitant, à l'effet d'élire ou d'être élu pour quelque office ou place de l'état, dans la ville, le diftrict ou la bourgade (3) où il demeurera, & où il aura fa maifon.

Les officiers municipaux des différentes villes préfideront à ces affemblées avec impartialité; ils recevront les fuffrages de tous les habitans de la ville préfens, & qui auront qualité pour l'élection des fénateurs; ils les trieront & les compteront en pleine affemblée, & en préfence du greffier de la ville, qui enrégiftrera exactement en pleine affemblée & en préfence des officiers municipaux le nom de chaque fujet pour lequel on aura voté, & le nombre des fuffrages qui auront rapport à chaque nom; il fera fait une expédition de ce regiftre, qui fera certifiée par les officiers municipaux & le greffier de la ville, fcellée & adreffée au fecrétaire de la république actuellement en charge, avec une fufcription qui indiquera les objets de fon contenu, & délivrée par le greffier de la ville au shérif (4) du comté dans lequel elle eft fituée, trente jours au moins avant le dernier mercredi du mois de mai de chaque année, ou bien elle fera délivrée dans le bureau du fecrétaire, dix-fept jours au moins avant le fufdit dernier mercredi de mai; & le shérif de chaque comté délivrera dans le bureau du fecrétaire les certificats qu'il aura reçus, dix-fept jours avant ce même dernier mercredi de mai.

Les habitans des bourgades qui n'ont pas encore de chartes d'incorporation, ayant les qualités re-

quifes par la loi, qui font ou feront autorifés à s'impofer des taxes pour le maintien du gouvernement, & fur qui l'on percevra ces taxes, auront le même droit de fuffrage pour l'élection des confeillers & fénateurs dans la bourgade où ils réfident, que les habitans des villes ont dans leurs villes refpectives. Les affemblées des bourgades pour cet objet fe tiendront annuellement le même premier lundi d'avril, dans le lieu indiqué pour chacune par les affeffeurs refpectifs; & ces affeffeurs auront pour convoquer les électeurs, pour recueillir les fuffrages & en rendre compte, la même autorité que les officiers municipaux & les greffiers des villes, en vertu de la préfente conftitution. Et toutes autres perfonnes qui ayant qualité, comme il eft dit ci-deffus, & vivant dans des habitations qui ne tiennent encore à aucune corporation, feront impofées pour le maintien du gouvernement par les affeffeurs d'une ville adjacente, auront le privilège de voter à l'élection des confeillers & fénateurs, dans la ville dans laquelle ils feront impofés, & feront en conféquence avertis à cet effet, du lieu de l'affemblée par les officiers municipaux de cette ville.

III. Afin qu'il puiffe y avoir une affemblée complette des fénateurs le dernier mercredi de mai de chaque année, le gouverneur & cinq membres du confeil actuellement en charge, examineront le plutôt poffible les expéditions des regiftres qui auront été envoyées; &, quatorze jours avant ledit dernier mercredi de mai, le gouverneur expédiera fes lettres de convocation à ceux qui paroîtront avoir été choifis par la pluralité des fuffrages, pour qu'ils fe rendent & prennent leurs féances ce jour-là; mais pour la première année, lefdites expéditions des regiftres feront examinées par le préfident & cinq membres du confeil de l'ancienne conftitution de gouvernement; & ledit préfident expédiera fes lettres de convocation aux fujets ainfi élus, pour qu'ils viennent prendre féance, comme il eft dit ci-deffus.

IV. Le fénat fera juge fouverain & en dernier reffort, des élections, des certificats & des qualités de fes membres, d'après les règles établies par la conftitution; & le fufdit dernier mercredi de mai de chaque année, il décidera & déclarera qui font les fujets élus pour fénateurs dans cha-

---

(1) Lorfque dans les conftitutions des Etats-Unis, il eft queftion des villes relativement à leurs affemblées & à leurs droits d'élection, &c. il faut toujours entendre *ville & banlieue*; les anglois rendent ces deux idées par le mot de *town*.

(2) On a rendu ici le mot anglois *feledmen*, hommes choifis, par *officiers municipaux*, parce qu'ils rempliffent à-peu-près les mêmes fonctions.

(3) On a cru pouvoir rendre par le mot *bourgade* le nom de *plantation*, donné par les anglois aux premiers établiffemens de leurs colons, qui n'ont pas encore pris une forme régulière de ville ou de village, & qui ne font encore que des habitations éparfes; ce nom même eft quelquefois refté à des établiffemens devenus confidérables, comme celui de Providence, qui eft toujours appellé dans les chartes angloifes *colonie de Rhode-Ifland*, & *plantation de Providence*.

(4) Le shérif eft le premier magiftrat du comté : ce mot vient de *shire*, qui fignifie en anglois *comté*. C'eft le shérif qui préfide aux affemblées du comté, qui fait la lifte des jurés; il eft à la fois officier d'adminiftration, & juge dans certains cas : c'eft un emploi très-important.

que diftrict à la pluralité des voix; & s'il arrive que, dans le nombre complet des fénateurs portés fur les expéditions des registres, il paroisse que quelques-uns n'auront pas été élus dans leur district à la pluralité des fuffrages, on suppléera au deficit de la manière fuivante, savoir : les membres de la chambre des représentans, & ceux des fénateurs qui auront été déclarés duement élus, prendront les noms des fujets qui, dans ce diftrict, auront réuni la plus grande quantité de fuffrages, fans avoir été élus, jusqu'à la concurrence du double des fénateurs manquans, s'il y a ce nombre de fujets qui aient reçu des fuffrages, & ils éliront au scrutin parmi ces fujets le nombre de fénateurs néceffaire pour remplir le vuide de ce diftrict : de cette manière, toutes les places vacantes dans tous les diftricts de la république se trouveront remplies; & l'on suppléera de la même manière, aussi promptement qu'il fera possible, à toutes les vacances des places de fénateurs, foit par mort, par éloignement de l'état, foit par toutes autres caufes.

V. Mais aucun fujet ne pourra être élu pour fénateur, s'il n'eft pas poffeffeur en fon propre & privé nom d'une franche-tenue dans le territoire de la république, valant au moins trois cens livres fterlings, ou d'un effet mobilier valant au moins fix cents livres fterlings, ou de deux montant ensemble à cette fomme; s'il n'a pas été habitant de cette république pendant les cinq années qui auront immédiatement précédé fon élection, & s'il n'eft pas, au temps de fon élection, habitant du diftrict pour lequel il aura été choifi.

VI. Le fénat aura le pouvoir de s'ajourner lui-même, pourvu que ce ne foit pas pour plus de deux jours à chaque fois.

VII. Le fénat choifira fon préfident, nommera fes officiers, & réglera fes formes de procéder.

VIII. Le fénat fera cour de juftice, avec pleine autorité pour entendre & décider toutes accufations de crimes d'état (1) intentées par la chambre des repréfentans contre tout ou tous officiers de la république, pour mauvaise conduite ou malverfation dans leurs offices. Mais, avant de procéder fur une accufation de crime d'état, les membres du fénat feront refpectivement tenus de prêter ferment, qu'ils procéderont & jugeront fur la charge en queftion, fincérement & impartialement d'après les preuves : leur jugement néanmoins ne pourra pas s'étendre plus loin qu'à la deftitution de l'office & à l'incapacité de poffé-der aucune place d'honneur, de confiance ou de profit au fervice de cette république; mais la partie ainfi convaincue fera néanmoins fujette à être pourfuivie en vertu d'une plainte (2) devant les tribunaux ordinaires, & foumife à la procédure & à la punition conformes à la loi du pays.

IX. Il ne faudra pas moins que feize membres du fénat pour former un *quorum* qui puiffe agir légitimement.

S E C T I O N IIIe.

Chambre des repréfentans.

ARTICLE PREMIER. Il y aura dans la legiflature de cette république, une repréfentation du peuple, élue annuellement & fondée fur le principe de l'égalité.

II. Et afin de pourvoir à une repréfentation des citoyens de cette république, fondée fur le principe de l'égalité, toute ville formant corporation qui contiendra cent cinquante têtes impofables (3), pourra élire un repréfentant : toute ville formant corporation, & contenant trois cens foixante-cinq habitans impofables, pourra élire deux repréfentans; toute ville formant corporation & contenant fix cents habitans impofables, pourra élire trois repréfentans; & en fuivant cette progreffion, deux cents vingt-cinq habitans impofables donneront le droit d'élire un repréfentant de plus.

---

(1) On a rendu le mot anglois *impeachment* par *accufation de crime d'état*. Ce terme s'applique à une procédure particulière aux procès pour malverfations dans les grands emplois : c'eft en Angleterre la chambre des communes qui fe rend accufatrice devant celle des pairs, à qui feule la connoiffance de ces caufes eft réfervée en fa qualité de cour fuprême de juftice. En Amérique, c'eft la chambre inférieure de la légiflature qui fera accufatrice, & la chambre fupérieure qui jugera, excepté en Penfylvanie où il n'y a qu'un feul corps de légiflation, nommé *affemblée générale*; c'eft elle qui pourfuit les *impeachments*, & le confeil d'état qui les juge.

(2) Le mot anglois *indictment*, qu'on a rendu ici par *plainte*, eft effectivement le premier acte de la procédure criminelle. Le bill d'*indictment* eft remis à un grand juré, c'eft-à-dire, à un juré compofé de quinze perfonnes au moins, qui met au dos du bill, *ignoramus*, s'il ne trouve pas de fondement à l'accufation, ou *billa vera*, s'il la trouve fondée; mais pour répondre de cette dernière manière & autorifer l'accufation, il faut les voix réunies de douze des membres du grand juré; dans ce dernier cas, la plainte eft reçue, & l'accufé eft *indicté*. On procède enfuite aux informations par un petit juré, compofé de douze perfonnes feulement. Lorfque l'examen de l'affaire eft fini, & que l'accufé a été entendu par lui & par fes confeils, le petit juré prononce *guilty*, il eft coupable, ou *not guilty*, il n'eft pas coupable; mais la première prononciation ne peut avoir lieu que par le fuffrage unanime de douze jurés : le juge enfuite ouvre la loi, & prononce la peine qu'elle prefcrit.

(3) Un homme n'eft impofable qu'à vingt-un ans, âge fixé par les loix pour la majorité.

　　　　　　　'M A S

Cependant toute ville formant actuellement corporation , quoiqu'elle n'ait pas cent cinquante habitans fufceptibles d'être taxés , pourra élire un repréfentant ; mais à l'avenir on ne donnera de charte de corporation, avec le privilège d'élire un repréfentant , à aucun lieu , à moins qu'il n'y ait cent cinquante habitans impofables.

La chambre des repréfentans pourra , fi le cas arrive , condamner à une amende les villes qui négligeront de choifir des repréfentans , & d'envoyer le procès-verbal de leur élection conformément à la préfente conftitution.

Les frais de voyage, pour fe rendre à l'affemblée & pour en revenir, feront payés une fois feulement dans chaque feffion , & jamais plus , par le gouvernement , des fonds du tréfor public , à chaque membre qui , au jugement de la chambre , fe fera rendu auffi exactement à temps qu'il l'aura pu , & qui ne fera pas parti fans la permiffion de la chambre.

III. Tout membre de la chambre des repréfentans fera choifi par des fuffrages écrits ; il devra avoir été habitant de la ville pour laquelle il aura été élu, pendant l'année au moins qui aura précédé immédiatement fon élection , & poff#éder dans fon territoire , en fon propre & privé nom , une franche tenue valant cent liv. fterl., ou un bien impofable quelconque valant deux cens liv. fterl.; & il ceffera de repréfenter ladite ville, auffi-tôt qu'il perdra quelqu'une des qualités ci-deffus.

IV. Tout habitant mâle, âgé de vingt-un ans , & réfidant depuis un an dans une ville de cette république , ayant dans le territoire de cette ville une franche-tenue de trois livres fterling de revenu, ou un bien quelconque valant foixante livres fterlings , aura droit de fuffrages à l'élection du repréfentant ou des repréfentans de cette ville.

V. Les membres de la chambre des repréfentans feront choifis chaque année dans le mois de mai , dix jours au moins avant le dernier mercredi de ce mois.

VI. La chambre des repréfentans fera la grande cour d'enquêtes (1) de cette république , & toutes les accufations de crimes d'état faites par elles, feront entendues & jugées par le fénat.

VII. Tous les bills d'argent prendront naiffance dans la chambre des repréfentans ; mais le fénat pourra y propofer des changemens , ou y concourir avec des changemens, comme fur les autres bills.

VIII. La chambre des repréfentans aura le pouvoir de s'ajourner elle-même , mais jamais pour plus de deux jours à chaque fois.

IX. Il ne faudra pas moins de foixante membres de la chambre des repréfentans , pour conftituer un *quorum* qui puiffe traiter des affaires.

X. La chambre des repréfentans fera juge des certificats, des élections & des qualités de fes membres, d'après les règles établies par la conftitution ; elle choifira fon orateur , nommera fes officiers & réglera fon ordre & fes formes de procéder. Elle aura l'autorité de punir de la prifon toute perfonne, même n'étant point de fes membres , qui fe rendra coupable de manque de refpect envers elle ; foit en caufant du défordre , foit en tenant des propos injurieux ou méprifans en fa préfence , ou qui , dans la ville ou fiégera la cour générale , & durant le temps de fes feffions , menacera quelqu'un de fes membres dans fa perfonne ou dans fes biens , pour une chofe dite ou faite dans la chambre , ou qui les attaquera pour pareil fujet , ou qui attaquera ou arrêtera quelque témoin ou toute autre perfonne mandée par la chambre , foit en s'y rendant , foit en s'en retournant , ou bien qui délivrera quelque perfonne arrêtée par ordre de la chambre.

Et aucun membre de la chambre des repréfentans ne pourra être arrêté, ni tenu de donner caution pour une action civile durant fon voyage pour fe rendre à la chambre , ou fon retour , ou pendant qu'il fiégera.

XI. Le fénat aura les mêmes pouvoirs dans les mêmes cas ; le gouverneur & le confeil auront auffi la même autorité pour punir en cas pareils , pourvu qu'aucun emprifonnement en vertu d'un warrant ou d'un ordre du gouverneur , du confeil , du fénat ou de la chambre des repréfentans pour quelqu'un des délits défignés ci-deffus , ne foit pas pour un terme au-delà de trente jours.

Le fénat & la chambre des repréfentans pourront examiner & décider par le miniftère de comités de leurs membres refpectifs , ou de toute autre manière qu'ils jugeront refpectivement convenable , tous les cas qui intéreffieront leurs droits & leurs privilèges , & tous ceux que , par la conftitution , ils ont le droit d'examiner & de décider.

C H A P I T R E I I.

Puiffance exécutrice.

S E C T I O N P R E M I E R E.

Gouverneur.

ARTICLE PREMIER. Il y aura un premier magiftrat chargé fupérieurement de la puiffance

---

(1) Le grand enquêteur (c'eft le nom d'un office de judicature en Angleterre) étoit chargé d'inftruire tous es crimes contre l'état , comme le grand juré d'inftruire tous les crimes contre les loix dans fon diftrict.

exécutrice, dont le nom fera *gouverneur de la république de Maffachufett*, & qui fera traité d'*excellence.*

II. Le gouverneur fera choifi tous les ans ; & aucun fujet ne fera éligible pour cet office, fi au temps de fon élection il n'a pas été habitant de cette république pendant les fept années immédiatement précédentes ; s'il n'eft pas au tems auffi de fon élection poffeffeur en fon propre & privé nom d'une franche - tenue dans le territoire de la république, valant mille livres fterlings, & s'il ne fe déclare pour être de la religion chrétienne.

III. Les perfonnes ayant qualité pour voter aux élections des fénateurs & des repréfentans dans les différentes villes de la république, donneront, dans une affemblée convoquée à cet effet le premier lundi du mois d'avril de chaque année, leur fuffrage pour un gouverneur, aux officiers municipaux qui préfideront à cette affemblée ; & le greffier de la ville, en préfence & affifté des officiers municipaux en pleine affemblée, triera & comptera les fuffrages, & formera une lifte des perfonnes pour qui l'on aura voté, avec le nombre de fuffrages pour chacune, accolé à fon nom ; il enrégiftrera cette lifte fur les regiftres de la ville, & en fera lecture à haute & intelligible voix dans l'affemblée ; il fcellera en préfence des habitans, des expéditions de cette lifte certifiées par lui & les officiers municipaux, & les enverra au shérif du comté, trente jours au moins avant le dernier mercredi de mai ; le shérif les enverra dans les bureaux du fecrétaire, dix-fept jours au moins avant le fufdit dernier mercredi de mai, ou bien les officiers municipaux pourront y faire parvenir de pareilles expéditions, dix-fept jours au moins de même avant ledit jour, & le fecrétaire les préfentera le dernier mercredi de mai au fénat & à la chambre des repréfentans, pour y être examinées. Dans le cas où l'un des fujets balottés aura la pluralité fur le nombre total des voix, le choix fera déclaré & proclamé par les deux chambres ; mais fi aucun n'a réuni cette pluralité en fa faveur, la chambre des repréfentans élira deux fujets parmi les quatre qui auront eu le plus grand nombre de fuffrages, s'il y en a ce nombre pour qui l'on ait voté, finon elle en élira deux parmi les balottés, & préfentera au fénat les deux fujets ainfi élus, parmi lefquels le fénat en élira un au fcrutin, qui fera déclaré gouverneur (1).

IV. Le gouverneur aura l'autorité, dans l'occafion & à fa volonté, d'affembler & convoquer

les confeillers de cette république actuellement en charge ; & le gouverneur avec ces confeillers, ou au moins cinq d'entr'eux, devra & pourra dans l'occafion tenir un confeil, pour ordonner & diriger les affaires de cette république, conformément à la conftitution & aux loix du pays.

V. Le gouverneur, avec l'avis du confeil, aura plein pouvoir & autorité, durant la feffion de la cour générale, de l'ajourner ou de la proroger pour le temps que les deux chambres defireront, & auffi de la diffoudre la veille du dernier mercredi de mai ; &, dans les vacances de ladite cour, de la proroger d'une époque à une autre, mais jamais pour plus de quatre-vingtdix jours dans une feule vacance ; & de la raffembler avant l'époque à laquelle elle aura pu être ajournée ou prorogée, fi le bien de la république l'exige ; & dans le cas où il fe déclareroit quelque maladie contagieufe dans le lieu où ladite cour devroit fe raffembler, ou pour toute autre caufe qui mettroit en danger la fanté ou la vie des membres de la cour, en faifant leur fervice, il pourra ordonner que la feffion fe tienne dans quelqu'autre lieu de l'état le plus commode & le plus convenable.

Le gouverneur diffoudra ladite cour générale la veille du dernier mercredi de mai.

VI. Dans le cas d'avis différent entre les deux chambres, relativement à la néceffité, la convenance ou le temps d'un ajournement ou d'une prorogation, le gouverneur, avec l'avis du confeil, aura droit d'ajourner ou de proroger la cour générale, mais jamais au-delà de quatre - vingtdix jours, felon qu'il trouvera que le bien public le demande.

VII. Le gouverneur de cette république, en exercice, fera le commandant en chef de l'armée, de la marine, & de toutes les forces militaires de l'état fur terre & fur mer ; il aura plein pouvoir par lui-même, ou par un commandant, ou par tel ou tels autres officiers, de difcipliner, inftruire, exercer & gouverner la milice & la marine ; & lorfque la défenfe fpéciale & la fûreté de la république l'exigeront, il aura pouvoir d'affembler les habitans, de les mettre fur le pied de guerre, de les commander & de les conduire ; & à leur tête, d'aller chercher, de repouffer, chaffer & pourfuivre par la force des armes, tant par mer que par terre, dans les limites de cette république & hors de ces limites, & auffi de tuer & détruire, s'il eft néceffaire, de vaincre & prendre par toutes voies, entreprifes & moyens

---

(1) Cet article demande une courte explication que voici. S'il y a, par exemple, cent électeurs, il faudra qu'un fujet ait au moins cinquante-une voix pour être proclamé gouverneur fans autre formalité ; mais fi aucun n'a réuni cinquante-une voix, & que fur fix fujets balotés, par exemple, quatre aient eu de quarante à cinquante voix, & les deux autres n'en aient eu que trente à quarante, la chambre des repréfentans élira deux fujets fur les quatre premiers, pour les préfenter au fénat.

convenables quelconques , toutes & telles perfonnes qui , par la fuite, pourroient tenter ou entreprendre d'une manière hoftile, de détruire , d'envahir , de troubler cette république , ou de lui nuire en quelque manière que ce foit : il pourra établir & exercer fur l'armée , fur la marine & fur la milice en fervice actuel, la loi martiale, en temps de guerre ou d'invafion , & auffi en temps de rebellion déclarée telle par la légiflature, lorfque le cas l'exigera néceffairement ; & il pourra prendre & furprendre par toutes voies & moyens quelconques, avec leurs vaiffeaux , armes, munitions & autres effets , toutes & telles perfonnes qui attaqueront ou tenteront d'attaquer , de conquérir cette république , ou de lui nuire ; & enfin le gouverneur fera revêtu de tous ces pouvoirs & de tous autres appartenans aux offices de capitaine général, commandant en chef & d'amiral, pour les exercer conformément aux règles & réglemens de la conftitution , & aux loix du pays, & non autrement.

Mais ledit gouverneur, dans aucun temps , ni en vertu d'aucun pouvoir à lui accordé par la préfente conftitution , ou qui pourroit dans la fuite lui être accordé par la légiflature, ne tranfportera aucun des habitans de cette république , ni ne les obligera de marcher hors de fes frontières ; fans leur libre & volontaire confentement, ou fans le confentement de la cour générale , excepté dans le cas où il feroit néceffaire de les faire marcher, ou de les tranfporter par terre ou par eau hors de ces frontières , pour la défenfe d'une partie de l'état à laquelle on ne pourroit pas parvenir autrement.

VIII. Le gouverneur , par & avec l'avis du confeil, aura le pouvoir de faire grace, excepté pour les crimes dont les coupables auront été convaincus devant le fénat pour une accufation de crime d'état intentée par la chambre. Mais aucunes lettres de grace accordées par le gouverneur avec l'avis du confeil , avant conviction, ne pourront avoir d'effet pour la perfonne qui en demandera l'exécution, nonobftant toutes expreffions générales ou particulières y contenues, fpécifiant le crime ou les crimes qu'il auroit entendu pardonner.

IX. Tous les officiers de juftice , le procureur général , le follicitor général (1) , tous les shérifs , coroners (2) & gardes-regiftres des vérifications , feront nommés & inftallés par le gouverneur, par & avec l'avis & le confentement du confeil , & toutes ces nominations feront faites par le gouverneur, & faites au moins fept jours avant l'inftallation.

X. Les capitaines & officiers fubalternes de la milice feront élus par les fuffrages écrits de la totalité de leurs compagnies refpectives (3) , & devront être âgés de vingt-un ans ou plus ; les officiers fupérieurs des régimens feront élus par les fuffrages écrits des capitaines & officiers fubalternes de leurs régimens refpectifs ; les brigadiers feront élus de la même manière par les officiers fupérieurs de leurs brigades refpectives ; & tous ces officiers ainfi élus , feront brevetés par le gouverneur qui réglera leur rang.

La légiflature réglera par des loix fixes le temps & la manière d'affembler les électeurs , de recueillir les fuffrages , & de préfenter & certifier au gouverneur l'élection des officiers.

Les majors-généraux feront nommés par le fénat & la chambre des repréfentans, qui auront le droit négatif réciproquement l'un fur l'autre, & ils feront brévetés par le gouverneur.

Si les électeurs des brigadiers , officiers fupérieurs, capitaines ou officiers fubalternes, négligent ou refufent de faire ces élections lorfqu'elles leur auront été duement notifiées, conformément aux loix alors en vigueur , le gouverneur, avec l'avis du confeil , nommera des perfonnes convenables pour remplir ces emplois.

Et aucun officier , duement brévété pour commander dans la milice, ne pourra être privé de fon emploi qu'en vertu d'une adreffe des deux chambres au gouverneur ; ou par une procédure dans une cour martiale, conformément aux loix de cette république alors en vigueur.

Les officiers commandant les régimens nommeront leurs adjudans & leurs quartiers maîtres, les brigadiers leurs majors de brigade , les majors-généraux, leurs aides, & le gouverneur nommera l'adjudant général.

Le gouverneur , avec avis du confeil , nom

---

(1) L'attorney (procureur) général , & le follicitor (avocat) général , font des officiers dont les fonctions correfpondent à celles de nos avocats & procureurs-généraux ; ils font à la fois officiers du fifc, & parties publiques.

(2) Le coroner eft un juge inférieur , qui fait les premières informations dans les cas de meurtre , ou de cadavres trouvés ; il connoît auffi en Angleterre des naufrages & des tréfors trouvés : mais ces droits barbares n'exiftant pas en Amérique, fon office eft reftreint aux premiers articles ; il fupplée auffi le shérif dans toutes fes fonctions, foit en cas d'abfence , foit en cas de récufation.

(3) Dans les états américains , tous les habitans depuis l'âge de feize ans jufqu'à celui de foixante , font enrôlés & compofent la milice; mais il y en a plufieurs qui , à raifon de leurs occupations ou de leurs emplois, font difpenfés de fuivre les exercices qui fe font à certains jours marqués ; & cette diftinction a donné lieu à établir deux contrôles différens ; l'un nommé train-band , bande prête à marcher , comprend feulement ceux qui font tenus à tous les exercices, & à marcher au premier coup de tambour : l'autre, nommé alarm-lift , lifte d'alarme ; comprend la totalité des habitans enrôlés , parce que dans le cas d'alarme , tout le monde doit marcher. La totalité de la compagnie adroit de fuffrage pour l'élection des officiers.

mera tous les officiers de l'armée continentale, qui, par la confédération des Etats-Unis, sont à la nomination de cette république, & il nommera aussi tous les officiers des forteresses & des garnisons.

La division de la milice en brigades, régimens & compagnies, faite en conséquence des loix de la milice actuellement en vigueur, sera réputée la vraie & convenable division de la milice, jusqu'à ce qu'elle soit changée en conséquence de quelque loi future.

XI. Il ne sera tiré aucun argent du trésor de la république, ni fait aucune disposition d'argent (à l'exception des sommes destinées pour le rachat des bills de crédit, ou des rescriptions du trésorier, ou pour le paiement des intérêts résultans de ces bills ou rescriptions), qu'en vertu d'un warrant (ordonnance), signé par le gouverneur actuellement en charge, avec l'avis & le consentement du conseil, pour la défense nécessaire & le maintien de cette république, & pour la protection & la conservation de ses habitans, conformément aux actes & résolutions de la cour générale.

XII. Tous les bureaux publics, le commissaire général, tous les officiers surintendans de magasins & approvisionnemens appartenans à cette république, & tous les officiers commandans dans les forteresses & garnisons de l'état, une fois tous les trois mois, d'office & sans réquisition, & aussi dans tout autre temps, quand ils en seront requis par le gouverneur, devront lui donner un état de toutes les denrées, effets, provisions, munitions, des canons mais aussi équipages, des petites armes avec tout ce qui en dépend, & de tout ce qui est confié à leurs soins respectifs, comme propriété publique, en distinguant les qualités, nombres, qualités & espèces de chaque chose avec autant de détail qu'il se pourra, & aussi l'état de situation des forteresses & garnisons. Et ledit officier commandant montrera au gouverneur, lorsqu'il en sera requis par lui, les plans exacts & véritables des forteresses, du pays & de la mer, du havre ou des havres adjacens.

Et lesdits bureaux & tous les officiers publics communiqueront au gouverneur, aussi-tôt qu'ils les auront reçues, toutes les lettres, dépêches & nouvelles intéressant le public, qui pourront leur être respectivement adressées.

XIII. Comme le bien public exige que le gouverneur ne puisse dépendre en aucune façon pour son état d'aucun membre de la cour générale, ni éprouver aucune influence de la part d'aucun d'eux; qu'il doit agir dans tous les cas avec liberté & impartialité pour l'avantage public; que son attention ne doit pas être détournée de cet objet pour se porter sur ses intérêts particuliers, & qu'il doit soutenir la dignité de la république dans son caractère de premier magistrat : il est nécessaire qu'il ait un traitement honorable, d'une valeur

fixe & permanente, qui suffise amplement aux besoins de son état, & qui soit établi par des loix constantes. Et ce sera un des premiers actes dont la cour générale devra s'occuper, après l'établissement de la présente constitution, que celui nécessaire pour établir ce traitement par une loi.

Il sera aussi établi par une loi, des traitemens honorables & permanens pour les juges de la cour suprême de justice.

Et s'il se trouve que quelques-uns des susdits traitemens ainsi établis soient insuffisans, ils seront dans l'occasion augmentés, comme la cour générale le jugera convenable.

SECTION IIe.

Lieutenant du gouverneur.

ART. I. On élira chaque année un lieutenant du gouverneur de la république de *Massachusett*, dont le titre sera, *votre honneur*, & de qui l'on exigera, pour la religion, les biens-fonds ou revenus, & la résidence, les mêmes qualités que du gouverneur. Le jour, la forme de son élection, & les qualités des électeurs seront les mêmes que pour l'élection du gouverneur. Le procès-verbal des suffrages pour cet officier, & la déclaration de son élection se feront aussi de la même manière. Et s'il ne se trouve, par le procès-verbal, aucun sujet qui réunisse la pluralité des suffrages, la vacance sera remplie par le sénat & la chambre des représentans, de la même manière que pour l'élection que ces deux corps doivent faire d'un gouverneur, lorsqu'aucun sujet n'a réuni la pluralité des suffrages du peuple pour cet office.

II. Le gouverneur, & en son absence, le lieutenant du gouverneur, sera le président du conseil, mais n'y aura pas de voix; & le lieutenant du gouverneur sera toujours membre du conseil, excepté lorsque la place de gouverneur sera vacante.

III. Toutes les fois que la place de gouverneur sera vacante, par mort, absence de l'état ou autrement, le lieutenant du gouverneur actuellement en charge, remplira, durant cette vacance, toutes les fonctions du gouverneur; & il aura & exercera tous les pouvoirs, & toute l'autorité dont le gouverneur est revêtu par cette constitution lorsqu'il est présent.

SECTION III.

Conseil & manière de régler les élections par la législature.

ART. I. Il y aura un conseil pour conseiller le gouverneur dans la partie exécutive du gouvernement; ce conseil sera composé de neuf personnes, outre le lieutenant du gouverneur; & le gouverneur, actuellement en charge, aura plein pouvoir & autorité de le convoquer & de l'assembler, dans l'occasion, & toutes les fois qu'il le voudra. Le gouverneur, assisté de ces conseillers, ou au moins de cinq d'entr'eux, pourra & devra, dans l'occasion, former & tenir conseil, pour ordonner & diriger les affaires de la république, conformément aux loix du pays.

II. Il sera choisi, le dernier mercredi du mois de mai de chaque année, par le scrutin réuni des sénateurs & des représentans assemblés dans une même chambre, neuf conseillers parmi les sujets qui auront été élus par les villes ou districts, pour conseillers ou sénateurs; & dans le cas où, par ce premier choix, on ne trouveroit pas le nombre complet de neuf sujets qui acceptassent la place dans le conseil, les susdits électeurs choisiront dans l'universalité du peuple le nombre de sujets nécessaire pour completter le conseil; & le nombre de sénateurs qui resteront après ce choix, composeront le sénat pour l'année. Les places des sujets ainsi choisis dans le sénat, & qui auront accepté la place dans le conseil, resteront vacantes dans le sénat.

III. Dans les cérémonies de cette république, les conseillers auront rang immédiatement après le lieutenant du gouverneur.

IV. Il ne sera pas choisi plus de deux conseillers dans un même district de cette république.

V. Les résolutions & avis du conseil seront portés sur un registre & signés par les membres présens; l'une & l'autre des deux chambres de la législature pourront se faire représenter ce registre toutes les fois qu'elles le jugeront à propos; & tout membre du conseil pourra y insérer son avis, lorsqu'il sera contraire à celui de la pluralité.

VI. Toutes les fois que les charges de gouverneur ou de lieutenant du gouverneur seront vacantes, par mort, absence ou autrement, le conseil ou la pluralité du conseil aura, pendant cette vacance, plein pouvoir & autorité de faire & d'exécuter tous & chacun des actes, ou choses que le gouverneur ou le lieutenant du gouverneur pourroient, en vertu de cette constitution, faire & exécuter, s'ils étoient l'un ou l'autre présens en personne.

VII. Et attendu que les élections indiquées dans la présente constitution, pour être faites le dernier mercredi de mai par les deux chambres de la législature, ne peuvent pas être complettement achevées ce jour-là, lesdites élections pourront être ajournées d'un jour à un autre, jusqu'à ce qu'elles soient terminées, & elles se feront dans l'ordre suivant: les places vacantes dans le sénat, s'il y en a, seront remplies en premier lieu; le gouverneur & le lieutenant du gouverneur seront élus ensuite; dans le cas où le choix n'auroit pas été fait par le peuple; & enfin les deux chambres procéderont à l'élection du conseil.

SECTION IVe.

Secrétaire, trésorier, commissaire, &c.

ART. I. Le secrétaire, le trésorier & receveur-général, le commissaire général, les notaires publics & les contrôleurs de port (1) seront choisis chaque année par le scrutin réuni des sénateurs & des représentans assemblés dans une même chambre. Et afin que les citoyens de cette république puissent être assurés de temps en temps que l'argent demeurant dans le trésor public, d'après la reddition & la liquidation des comptes publics, est leur propriété, aucun homme ne sera éligible pour trésorier & receveur-général plus de cinq années de suite.

II. Les registres de la république seront gardés dans les bureaux du secrétaire, qui pourra nommer ses commis, de la conduite desquels il sera responsable, & il se rendra aux ordres du gouverneur & du conseil, du sénat & de la chambre des représentans personnellement ou par ses commis, quand il en sera requis.

CHAPITRE III.

Pouvoir judiciaire.

ART. I. Les droits & fonctions qui seront attribués par la loi à chaque officier, & le tems qu'il devra rester en charge, seront exprimés dans leurs commissions respectives. Tous les officiers de justice duement nommés, pourvus de commissions, & qui auront prêté serment, conserveront leurs offices tant qu'ils s'y conduiront bien, excepté ceux pour lesquels il aura été fait une disposition différente dans cette constitution; mais le gouverneur, avec le consentement du conseil, pourra toutefois les destituer d'après une adresse des deux chambres de la législature.

II. L'une & l'autre des chambres de la législature, ainsi que le gouverneur & le conseil, auront le droit de demander l'avis des juges de la cour suprême de justice sur les questions de loi importantes, & dans les occasions solemnelles.

III. Afin que le peuple ne soit pas exposé à souffrir de la longue continuation en place d'un juge de paix qui ne rempliroit pas les importantes fonctions de sa charge avec habileté ou fidélité, toutes les commissions de juge de paix expireront & deviendront nulles dans le terme de sept

---

(a) Ce sont les officiers chargés de donner les certificats d'arrivée, de départ, de chargement, &c. pour assurer le paiement des droits.

ans de leurs dates respectives ; & lorsqu'une de ces commissions expirera, on la renouvellera si on le juge nécessaire, ou bien l'on nommera une autre personne, selon que cela conviendra mieux au bien de la république.

IV. Les juges pour la vérification des testamens, & pour accorder les lettres d'administration (1), tiendront leurs cours à des jours fixes, & dans le lieu ou les lieux les plus commodes au public. Et la législature désignera par la suite, dans l'occasion, ces temps & ces lieux ; mais jusques-là lesdites cours se tiendront aux temps & dans les lieux que les juges respectifs ordonneront.

V. Toutes les causes de mariages, de divorce & de provision alimentaire, & tous les appels des juges vérificateurs des testamens, seront entendues & décidées par les gouverneur & conseil, jusqu'à ce que la législature ait fait par une loi d'autres dispositions sur ces matières.

CHAPITRE IV.

Délégués au congrès.

Les délégués de cette république au congrès des Etats-Unis, seront élus dans le courant du mois de juin de chaque année, par le scrutin réuni du sénat & de la chambre des représentans assemblés dans une même chambre, pour servir dans le congrès pendant une année, à compter du premier lundi du mois de novembre suivant ; ils auront des commissions signées du gouverneur, & scellées du grand sceau de cette république ; mais ils pourront être revoqués dans quelque temps de l'année que ce soit, & il en pourra être choisi d'autres à leur place, de la même manière, & qui recevront de pareilles commissions.

CHAPITRE V.

Université de Cambridge, & encouragement des lettres, &c.

―――――――――――――

SECTION PREMIERE.

Université.

ART. I. Attendu que nos sages & pieux ancêtres, dès l'année mil six cent trente-six, ont jetté les fondemens du collège de Harvard, dans laquelle université beaucoup de personnages illustres & éminens ont été, par la bénédiction de Dieu, initiés aux arts & aux sciences, dont l'étude les a rendus propres aux emplois publics dans l'église & dans l'état ; & attendu que l'encouragement des arts & des sciences, & de tous les genres de bonne littérature, tend à la gloire de Dieu, à l'avantage de la religion chrétienne, & au bonheur de cet état & des autres Etats-Unis de l'Amérique, il est déclaré que le président & les membres du collège de Harvard, en tant que corps, & leurs successeurs dans la même qualité, leurs officiers & domestiques seront continués & maintenus dans l'exercice & la jouissance de tous les pouvoirs, autorité, droits, libertés, privilèges, immunités & franchises qu'ils ont actuellement, ou qu'ils ont droit d'avoir, de tenir, d'user, d'exercer, & dont ils jouissent & ont droit de jouir, & tous lesdits droits, pouvoirs, &c. sont ratifiés par la présente constitution, & confirmés pour toujours aux susdits président & membres du collège de Harvard, & à leurs officiers & domestiques respectivement.

II. Et attendu qu'il a été fait jusqu'à présent, par différentes personnes & en différens temps, des dons, concessions, legs de terres, de maisons, denrées, cheptels, des legs & transports de différentes espèces de biens, soit au collège de Harvard à Cambridge dans la Nouvelle Angleterre, soit aux président & membres du collège de Harvard, ou audit collège, sous quelqu'autre désignation, & ce successivement en vertu de différentes chartes ; il est déclaré que tous lesdits dons, legs, transports & concessions sont, par la présente constitution, confirmés aux président & membres du collège de Harvard & à leurs successeurs dans la susdite qualité, conformément au véritable dessein & aux véritables intentions du ou des donateurs, testateurs ou concédans.

III. Attendu que par un acte de la cour générale de la colonie de la baye de Massachuset, passé dans l'année mil six cent quarante-deux, le gouverneur & le député-gouverneur en exercice, & tous les magistrats de cette jurisdiction, étoient conjointement avec le président, & un nombre d'ecclésiastiques désignés dans ledit acte, établis inspecteurs du collège de Harvard ; & attendu qu'il est nécessaire de déterminer dans cette nouvelle constitution de gouvernement, qui

―――――――――――――

(1) Les lettres d'administration tirent leur origine du droit qu'avoient autrefois les rois d'Angleterre, droit transmis depuis par eux aux évêques, de s'emparer des successions ab intestat, & de disposer ainsi des biens dévolus. Le fond du droit n'existe plus ; mais la forme des lettres d'administration est restée nécessaire pour autoriser les héritiers à se mettre en possession, & les obliger au paiement des dettes, &c. On donne aussi des lettres d'administration, quoiqu'il existe un testament, s'il y a des mineurs. L'office créé par cet article remplira toutes ces fonctions dans les constitutions américaines.

feront les perfonnages réputés fucceffeurs, defdits
gouverneur, député, gouverneur & magiftrats,
il eſt déclaré que le gouverneur, le lieutenant
du gouverneur, le conſeil & le fénat de cette
république font le conſeil & feront réputés leurs fucceffeurs;
& que, conjointement avec le préſident du col-
lège de Harvard en exercice, & les miniſtres des
égliſes congrégationnelles (1) de Cambridge, Wa-
tertown, Charles-Town, Boſton, Roxbury &
Dorcheſter, mentionnés dans ledit acte, ils feront & font par la préſente conſtitution, revêtus
de tous les pouvoirs & autorité appartenants,
ou devant, en quelque manière que ce ſoit
appartenir aux inſpecteurs du collège de Harvard, pourvu que l'on ne puiſſe rien inſérer de
cette diſpoſition qui empêche la légiſlature de
cette république de faire, dans l'adminiſtration
de ladite univerſité, les changemens qui pourront tendre à ſon avantage, & à l'intérêt de la
république des lettres, avec la même pleine
autorité qu'ils auroient pu être faits par la légiſlature de la ci-devant province de la baye
de Maſſachuſett.

SECTION II.

Encouragement des lettres.

Comme il eſt néceſſaire que la ſageſſe & les
connoiſſances ſoient, ainſi que la vertu, généralement répandues parmi le peuple pour la
conſervation de ſes droits & de ſa liberté; &
comme il faut pour cela répandre les moyens
& les avantages de l'éducation dans les différentes parties du pays, & parmi les différents
ordres du peuple, il ſera du devoir de la légiſlature & des magiſtrats, dans tous les temps
futurs de cette république, de chérir les intérêts des lettres, des ſciences, & de toutes les
inſtitutions qui peuvent contribuer à leurs progrès, ſpécialement l'univerſité de Cambridge,
les écoles publiques & les écoles de Grammaire
des différentes villes; d'encourager les ſociétés
particulières & les inſtitutions publiques, les
récompenſes & les immunités pour les progrès
de l'agriculture, des arts & des ſciences, du
commerce, du négoce, des manufactures &
de l'hiſtoire naturelle du pays; de maintenir &
d'inculquer parmi le peuple les principes d'humanité & de bienveillance générales, de la
charité publique & particulière, de l'induſtrie &
de la frugalité, de l'honnêteté, & de l'exactitude dans les procédés, de la ſincérité, de toutes
les affections ſociales & de tous les ſentimens
généreux.

CHAPITRE VI.

*Sermens & ſignatures : incompatibilité & excluſion
des offices : fixation des propriétés pour avoir droit
à élire ou à être élu : commiſſions : actes : confirmation des loix : habeas corpus : ſtyle des
ordonnances : continuation des officiers : règlement proviſoire pour une réviſion future de la
conſtitution.*

ART. I. Tout homme choiſi pour gouverneur
ou lieutenant du gouverneur, conſeiller, ſéna-
teur ou repréſentant, & qui acceptera la place,
devra faire & ſigner la déclaration ſuivante,
avnt de commencer les fonctions de ſa charge ou
de ſon emploi.

« Je N. déclare que je crois à la religion chré-
» tienne, que je ſuis fermement perſuadé de ſa
» vérité, que je ſuis poſſeſſeur & jouiſſant en mon
» propre & privé nom de la propriété que la
» conſtitution requiert comme condition néceſ-
» faire pour la charge ou l'emploi pour laquelle
» ou pour lequel j'ai été élu ».

Le gouverneur, le lieutenant du gouverneur
& les conſeillers feront & ſigneront ladite déclaration en préſence des deux chambres de la
légiſlature : les premiers ſénateurs & repréſentans, élus ſous la préſente conſtitution, feront
& ſigneront la même déclaration devant le préſident & cinq conſeillers de l'ancienne conſtitution; & ceux qui le feront par la ſuite, rempliront cette formalité devant les gouverneur &
conſeil alors en charge.

Et toute perſonne choiſie pour quelqu'une des
charges ou quelqu'un des emplois ſuſdits, comme
auſſi toute perſonne nommée ou ayant commiſſion
pour un office de judicature, de puiſſance exécutrice, emploi militaire, ou autre place quelconque, ſous le gouvernement de ce pays, dé-
vra faire & ſigner la déclaration, & le ſerment
ou l'affirmation dont la teneur ſuit, avant d'entrer en exercice de ſa charge ou de ſon emploi.

« Je N. reconnois, profeſſe, témoigne & dé-
» clare, avec vérité & ſincérité, que la répu-
» blique de *Maſſachuſett* eſt & a droit d'être un
» état libre, ſouverain & indépendant; & je jure
» que je garderai véritable fidélité & obéiſſance
» à ladite république; que je la défendrai contre
» toutes conſpirations & trahiſons, & contre tou-
» tes tentatives hoſtiles quelconques; que je re-

---

* (1) Les anglois appellent *congregational* les égliſes qui ſont ſeules de leur eſpèce, & n'ont de communion
avec aucune autre. On a traduit littéralement ce mot pour éviter une périphraſe.

» nonce & abjure toute foumiſſion & obéiſſance
» au roi, à la reine ou au gouvernement de
» la Grande-Bretagne, quel qu'il ſoit, & à toute
» autre puiſſance étrangere quelconque ; & qu'au-
» cun prince, aucune perſonne, aucun prélat,
» état ou potentat étrangers n'ont & ne doivent
» avoir aucune juriſdiction, ſupériorité, pré-
» minence aucune autorité de diſpenſer, ni
» aucun autre pouvoir quelconque dans aucune
» matiere civile, eccléſiaſtique ou ſpirituelle dans
» cette république, excepté l'autorité & le pou-
» voir dont le congrès des Etats-Unis eſt ou ſera
» revêtu par ſes conſtituans. Et je témoigne &
» déclare en outre qu'aucun homme ni aucun
» corps d'hommes n'a ni ne peut avoir aucun droit
» de m'abſoudre ou de me décharger de l'obliga-
» tion de la préſente déclaration, ni des pré-
» ſens ſermens ou affirmation ; & que je fais
» cette reconnoiſſance, profeſſion & témoignage,
» cette déclaration, renonciation & abjuration de
» bon cœur & avec vérité, conformément à la
» ſignification & à l'acception commune des ter-
» mes ci-deſſus, ſans aucune équivoque, reſtric-
» tion mentale, ni réſerve ſecrette quelconque :
» Dieu me ſoit en aide ».

« Je N. jure & affirme ſolemnellement que
« j'exécuterai & remplirai fidelement & impar-
» tialement tous les devoirs qui me ſont impoſés
» en qualité de . . . autant que mes talens &
» mon intelligence me le permettront, confor-
» mément aux regles & réglemens de la conſti-
» tution & aux loix de la république : Dieu me
» ſoit en aide ».

Mais lorſqu'une perſonne choiſie ou nommée,
comme il a été dit ci-deſſus, ſera de la ſecte appellée quakers, & refuſera de faire ledit ſerment ;
elle fera ſon affirmation dans la forme précédente,
& la ſignera en omettant les mots « je jure » &
« j'abjure » ſerment « & » abjuration, dans le premier ſerment ; & dans le ſecond les mots « je
jure » & dans tous les deux, les mots : « Dieu
me ſoit en aide » au lieu deſquels elle ajoutera :
« je fais la préſente affirmation ſous les peines ou
amendes du parjure ».
Leſdits ſermens ou affirmations ſeront faits &
ſignés par le gouverneur, le lieutenant du gouverneur & les conſeillers, devant le préſident
du ſénat, en préſence des deux chambres de la
légiſlature, & par les ſénateurs & repréſentans,
les premiers élus ſous la préſente conſtitution,
devant le préſident & cinq conſeillers de la
conſtitution précédente ; par ceux qui ſeront élus

dans la ſuite, devant les gouverneur & conſeil
alors en charge ; & par le reſte des officiers ſuf-
mentionnés, devant les perſonnes & en la maniere qui ſeront preſcrites, ſelon les tems, par la
légiſlature.
II. Aucuns gouverneur, lieutenant du gouverneur ou juge de la cour ſuprême de juſtice ne
poſſéderont aucune autre charge ou emploi ſous
l'autorité de cette république, que ceux dont la
conſervation ou la jouiſſance leur ſont permiſes
par la préſente conſtitution, à l'exception de
l'office de juge de paix dans l'état, que les juges
de ladite cour ſuprême pourront poſſéder ; & aucuns des ſuſdits officiers ne pourront tenir ou
poſſéder aucune charge ou emploi, ni recevoir
aucune penſion ou ſalaire d'aucuns autres états,
gouvernemens ou puiſſances quelconques.
Perſonne ne pourra poſſéder ou exercer en
même-tems plus d'un des offices ſuivans dans cet
état : ſavoir, juge-vérificateur des teſtamens,
ſhérif, garde des regiſtres des teſtamens ou des
actes ; & jamais plus de deux des offices qui ſeront
à la nomination du gouverneur, ou des gouverneur & conſeil, ou du ſénat, ou de la chambre
des repréſentans, non plus que des offices élus
par l'univerſalité du peuple, ou par le peuple d'un
comté particulier, excepté les emplois militaires
& l'office de juge de paix, ne pourront être poſſédés par une même perſonne.
Aucunes perſonnes, pourvues d'un office de
juge de la cour ſuprême de juſtice, de ſecrétaire,
procureur-général, ſolliciteur-général, tréſorier
ou receveur-général, juge-vérificateur des teſtamens, commiſſaire-général ; aucuns préſident,
profeſſeur ou inſtituteur du collège de Harvard ;
ſhérif, greffier de la chambre des repréſentans,
garde des regiſtres des teſtamens ou des actes ;
greffier de la cour ſuprême de juſtice, greffier de
la cour inférieure des plaids communs (1), ou
officiers des douanes, y compris les contrôleurs
de port, ne pourront avoir en même temps une
place dans le ſénat ou dans la chambre des repréſentans ; mais lorſqu'ils auront été nommés ou
choiſis pour quelqu'un de ces offices, leur acceptation emportera la démiſſion de leur place dans
le ſénat ou dans la chambre des repréſentans, &
il ſera pourvu au remplacement de la place ainſi
vacante.
La même regle aura lieu dans le cas où quelque
juge de la cour ſuprême de juſtice, ou juge-vérificateur des teſtamens, acceptera une place dans
le conſeil, ou bien où quelque conſeiller acceptera quelqu'un des offices ſuſdits.
Et aucune perſonne qui, d'après un procès

_____

(1) La cour of common pleas en Angleterre, eſt une cour qui connoît de toutes les affaires civiles, ſoit
en premiere inſtance, ſoit par appel des tribunaux qui lui ſont encore inférieurs, mais elle l'eſt elle-
même à la cour du banc du roi, à laquelle on peut ſe pourvoir en réviſion des ſentences de la cour des
plaids communs.

duement fait, aura été convaincue d'avoir employé la corruption par présens ou de toute autre manière, pour obtenir une élection ou une nomination, ne pourra jamais être admise à une place dans la législature, ni à aucun office de confiance ou d'importance de cette république.

III. Dans tous les cas où il est parlé de sommes d'argent, dans la présente constitution, sa valeur sera supputée en argent, à six schelings & huit sols par once (1), & la législature aura le pouvoir d'augmenter dans la suite des tems, quant à la quotité de la propriété, les qualités exigées des personnes qui doivent être élues pour les différens offices, selon que les circonstances de la république le requerront.

IV. Toutes les commissions seront au nom de la république de *Massachusett*, signées par le gouverneur, & certifiées par le secrétaire ou son commis, & seront scellées du grand sceau de la république.

V. Tous les actes expédiés dans les greffes de quelqu'une des cours de loi, le seront au nom de la république de *Massachusett*; ils seront scellés du sceau de la cour de laquelle ils émaneront. Ils seront certifiés par le premier juge de la cour à laquelle ils seront adressés, & qui ne sera pas partie, & signés par le greffier de cette cour.

VI. Toutes les loix qui ont été jusqu'à présent adoptées, usitées & approuvées dans la province, colonie ou état de la baie de *Massachusett*, & communément pratiquées dans les cours de justice, demeureront en pleine vigueur, jusqu'à ce qu'elles aient été changées ou révoquées par la législature, à l'exception seulement des parties qui répugnent aux droits & aux libertés contenues dans la présente constitution.

VII. La jouissance du privilège & du bénéfice de la loi d'*habeas corpus*, sera maintenue dans cette république, de la manière la plus libre, la plus facile, la moins dispendieuse, la plus expéditive & la plus ample; & ne pourra pas être suspendue par la législature, excepté dans les occasions les plus urgentes & les plus pressantes, & pour un temps limité, qui ne pourra pas excéder douze mois.

VIII. Le style d'ordonnances en faisant & passant tous les actes, statuts & loix, sera: « il » est ordonné par le sénat & la chambre des re- » présentans, assemblés en cour générale, & par » leur autorité ».

IX. Afin que le cours de la justice ne soit pas interrompu, & que la république n'éprouve ni danger, ni dommage par le changement dans la forme du gouvernement, tous les officiers civils

& militaires pourvus de commissions sous l'autorité du gouvernement & du peuple de la baie de *Massachusett* dans la Nouvelle-Angleterre, & tous les autres officiers desdits gouvernement & peuple, au temps où la présente constitution commencera d'avoir son effet, conserveront l'exercice & la jouissance de tous les pouvoirs & de toute l'autorité qui leur ont été accordés ou confiés, jusqu'à ce qu'il ait été nommé d'autres personnes à leurs places; toutes les cours de justice continueront d'expédier les affaires dans leur département respectif; & tous les officiers ou corps revêtus d'une autorité quelconque pour exercer la puissance législatrice ou exécutrice, demeureront en pleine vigueur & en pleine jouissance & exercice de tous leurs emplois, & de l'autorité qui leur a été confiée, jusqu'à ce que la cour générale & les officiers chargés de la puissance exécutrice soient désignés & revêtus de leurs emplois & de leur autorité.

X. Pour adhérer d'une manière plus efficace aux principes de la constitution, & pour corriger les infractions qui peuvent y être faites par quelque moyen que ce soit, aussi-bien que pour y faire les changemens que l'expérience y fera trouver nécessaires, la cour générale qui se tiendra dans l'année de Notre-Seigneur mil sept cent quatre-vingt-quinze, expédiera des avertissemens aux officiers municipaux des différentes villes, & aux assesseurs des bourgades qui n'ont pas encore de chartes d'incorporation, avec ordre d'assembler tous les habitans ayant qualité pour voter dans leurs villes & habitations respectives, afin de recueillir leurs opinions sur la nécessité ou l'utilité de faire une révision de la constitution, à dessein d'y faire des corrections ou changemens.

Et s'il paroît, d'après les procès-verbaux qui seront dressés de ces assemblées, que les deux tiers des habitans de cet état ayant qualité pour voter, qui se seront assemblés, & auront donné leurs avis en conséquence des susdits avertissemens, soient pour la révision & correction, la cour générale expédiera ou donnera ordre qu'il soit expédié dans les bureaux du secrétaire des avertissemens aux différentes villes pour élire des délégués, qui s'assembleront & formeront une convention (2) pour vaquer à cette révision ou correction.

Lesdits délégués seront choisis de la même manière & dans la même proportion que leurs représentans dans la seconde chambre de la législature, doivent l'être par la présente constitution.

XI. La présente forme de gouvernement sera

---

(1) Une proclamation donnée sous le règne de la reine Anne en l'année 1709, a fixé le taux de l'argent des colonies à trente-trois un tiers pour cent plus haut que celui de la Grande-Bretagne; ainsi cent livres sterling d'Angleterre valent en Amérique cent trente-trois livres un tiers.
(2) *Voyez* une note de la constitution de New-Hampshire.

transcrite sur parchemin, & déposée dans les bureaux du secrétaire, & sera une partie des loix du pays ; & il en sera mis une copie imprimée à la tête du livre qui contient les loix de cette république, dans toutes les éditions desdites loix qui se feront à l'avenir.

JAMES BOWDOIN, président.

Certifié, SAMUEL BARRET, secrétaire.

SECTION IIIᵉ.

Remarques sur la constitution de Massachusett.

La constitution de *Massachusett* est une des plus belles que présentent les Etats-Unis. La déclaration des droits établit la liberté personnelle & la tolérance ; elle réserve aux citoyens le droit exclusif de choisir les instituteurs publics, & de contracter avec eux pour leur entretien : elle annonce que tous les magistrats de la république, revêtus de la puissance législative, exécutrice ou judiciaire, sont les agens du peuple ; qu'ils leur doivent rendre compte dans tous les temps, & que le peuple peut les déposer : elle fait, d'après le grand principe de Montesquieu, une division précise & fixe des trois pouvoirs : elle proscrit toutes les distinctions héréditaires, & toutes celles qui ne sont pas fondées sur des services rendus au public : elle défend d'assujettir le peuple à aucun impôt sans son aveu, ou sans celui de ses représentans : elle ordonne une administration gratuite de la justice ; elle adopte la jurisprudence criminelle de l'Angleterre, qu'elle perfectionne en plusieurs points : elle proscrit les warrants généraux ou indéfinis, & elle recommande la modération des peines : elle ne craint pas de dire que la liberté de la presse est essentielle pour assurer la liberté d'un état : elle subordonne le pouvoir militaire à l'autorité civile, & elle ne permet pas de tenir des armées sur pied en tems de paix : elle laisse au peuple le droit de s'assembler & de faire des pétitions ou des remontrances : enfin elle n'oublie rien de ce qui peut avoir rapport à la liberté politique & à la liberté civile : chacune de ces dispositions est précédée du principe qui les fonde ; & en travaillant à son bonheur, elle concourt ainsi à l'instruction de tous les peuples.

La plupart des remarques que nous avons faites sur la constitution du Nouvel-Hampshire, sont applicables à celles de *Massachusett*, & nous y renvoyons le lecteur. Nous le renvoyons aussi aux remarques générales que nous avons faites à l'article ETATS-UNIS, & à quelques observations particulières qu'on trouvera dans les articles des douze autres états. Nous indiquerons ici divers objets que la république de *Massachusett* a

réglés d'une manière digne d'éloges, & nous nous permettrons ensuite des réflexions sur des détails qui nous paroissent susceptibles d'inconvéniens.

Massachusett est de tous les Etats-Unis celui qui s'est rapproché le plus de la forme du gouvernement de l'Angleterre. M. l'abbé de Mably le félicite de ce qu'il a mis des bornes plus étroites à la démocratie, & qu'il prépare mieux le passage inévitable de la démocratie à l'aristocratie. [Sans adopter cette idée fausse, nous nous contenterons de dire que le gouvernement de Pensylvanie est plus démocratique, mais que ses troubles & ses divisions montrent bien la supériorité de celui de *Massachusett*.]

Massachusett, ainsi que la Nouvelle-Yorck, a soumis les bills passés dans les deux chambres à la révision du gouverneur : elle a eu soin d'ôter à ce gouverneur le droit de les arrêter, mais elle lui laisse le droit de remontrances ; & pour que les bills acquièrent force de loi après ces remontrances, il faut que les deux tiers du sénat & de la chambre des représentans soient d'avis de passer les actes, malgré les objections du gouverneur : cette institution paroît heureuse, du moins relativement à la position de l'état de *Massachusett* ; car on ne peut trop méditer les bills qui doivent devenir des loix : cet arrangement produira des lenteurs ; mais ce n'est pas un mal, & ceux qui connoissent d'ailleurs la marche simple & rapide des affaires en Amérique, le penseront ainsi.

La forme adoptée pour l'élection du gouverneur, est une des meilleures qu'aient établi les républiques américaines. Si l'un des candidats obtient la pluralité des voix de tout le peuple, il est proclamé ; si aucun d'eux ne l'obtient, l'élection passe à la chambre des représentans & ensuite au sénat, mais avec des modifications qui sont fort sages.

L'élection des officiers de milice ne l'est pas moins. Les capitaines & les officiers subalternes sont nommés par les suffrages écrits de la totalité de leurs compagnies respectives ; les officiers supérieurs le sont par les suffrages des capitaines & des officiers subalternes : les brigadiers le sont par les officiers supérieurs de leurs brigades respectives ; mais on a remis, avec raison, le choix des majors-généraux au sénat & à la chambre des représentans, & il seroit peut-être à désirer que les autres états eussent pris les mêmes précautions.

Massachusett ordonne de renouveller tous les dix ans l'estimation des biens-fonds, afin de pourvoir à une répartition plus égale de l'impôt : le Nouvel-Hampshire a cru devoir ordonner depuis, la même évaluation tous les cinq ans ; mais le terme fixé par *Massachusett* n'est pas trop long, & il est à désirer que les embarras de cette opération n'en fassent pas différer l'époque. La constitution de *Massachusett* qui a porté ses vues sur tous les points

essentiels, déclare que la présence de soixante députés à la chambre des repréfentans fera néces-
faire pour y prendre des réfolutions : c'est ce
qu'on appelle en Angleterre & en Amérique un
quorum : cette proportion est beaucoup plus fage
que celle qu'on fuit en Angleterre, où le nombre fixé pour le *quorum* paroît trop foible.

Nous remarquerons ici, après M. l'abbé de
Mably, que le renouvellement annuel du conseil
de *Maffachufett* aura des inconvéniens, & que l'adminiftration n'aura pas la ftabilité néceffaire à une
république, fi elle manque d'un corps qui en
maintienne l'efprit & les principes : on a eu raison
d'établir une élection annuelle ; mais il étoit facile d'adopter la rotation qu'ont adoptée quelques
provinces de l'union, c'eft-à-dire, de ne faire
fortir chaque année du conseil qu'un certain nombre de fes membres. Il y a lieu de croire que l'expérience déterminera à cette réforme. En effet,
nous avons étudié l'administration d'un affez grand
nombre d'états, où l'on avoit ordonné comme
ici, l'élection annuelle de tous les membres du
conseil, & l'on a fenti peu à peu la néceffité de
la rotation.

L'article 6 de la fection 2e, chap. Ier, établit le
fénat cour de juftice fur les accufations des crimes d'état : cette difpofition ne contredit-elle
pas le réglement qui fépare les trois pouvoirs avec
tant de foin? Le même reproche paroît applicable
à prefque toutes les républiques américaines ; car
dans la Penfylvanie, où il n'y a point de fénat,
l'affemblée générale pourfuit ces fortes d'accufations, & le conseil d'état les juge. Le fénat ou
le conseil ne réuniffent-ils pas alors la puiffance
légiflative, ou la puiffance exécutrice & la puiffance judiciaire ? Nous avons propofé à l'article
Nouvel-Hampshire un moyen de remédier à
cet inconvénient. On peut dire, il est vrai, qu'a-
lors le fénat de *Maffachufett* prononce fur une
affaire d'adminiftration, & non pas qu'il rend un
jugement : car il ne peut que deftituer de l'office
& déclarer incapable d'aucune place, & la partie
convaincue eft fujette à être pourfuivie devant les
tribunaux ordinaires, en vertu d'un *indiêment* ou
d'une plainte. Sans doute, il feroit difficile de
féparer les trois pouvoirs d'une manière très-exacte,
& ce grand principe de Montefquieu fi vrai en
général auroit befoin de quelques explications :
c'eft la difette de la langue, jufqu'ici peu formée
fur ces matières, qui fait qu'on emploie ainfi le mot
de juger. Mais, dans le point de détail que nous dif-
cutons, ne vaudroit-il pas mieux créer pour le
moment un tribunal particulier, qui prononceroit
fur les accufations en crimes d'état ?

La repréfentation est une chofe affez idéale en
Angleterre, puifque de miférables bourgs & des
hameaux de deux ou trois maifons ont des députés à la chambre des communes, tandis que
de grandes villes n'en ont pas. Les Etats-Unis
ont réformé ce vice de la conftitution angloife.

Ils varient dans le nombre des contribuables néceffaire pour avoir un député à l'affemblée générale. Le Nouvel-Hampshire déclare que les 150
premières têtes impofables pourront fournir un
député ; & après un certain nombre, il a établi
trois cents contribuables pour un député. La dernière proportion qu'ait fixée *Maffachufett*, eft celle
de 225 pour un député, & on ne fait pourquoi le Nouvel-Hampshire a cru devoir diminuer
cette proportion ; car elle n'eft pas trop forte,
& nous avons dit à l'article *Nouvel-Hampshire*,
combien il est effentiel de ne pas exiger trop de
contribuables pour un repréfentant, fur-tout lorfque les républiques commencent à fe former.

Il est bon d'ajouter ici d'autres objections faites par un homme éclairé à M. Adams, qui a eu
la plus grande part à la conftitution de *Maffachufett* : les unes & les autres jetteront du jour fur
les principes généraux de cette république & les
vues de fes légiflateurs.

« Je témoignai à M. Adams, dit M. le marquis de Châtellux, quelque inquiétude fur les
bafes qu'on avoit prifes en formant les nouvelles
conftitutions, & particuliérement celle de *Maffachufett*. Chaque citoyen, lui dis-je, chaque
homme qui paye les impofitions, a droit de voter
dans l'élection des repréfentans, lefquels forment
le corps légiflatif, & ce qu'on peut appeller le
fouverain. C'est très-bien pour le moment préfent, parce que chaque citoyen eft à-peu-près
également aifé, ou peut le devenir en peu de
temps ; mais le fuccès du commerce, & même
ceux de l'agriculture, introduiront parmi vous
les richeffes, & les richeffes amèneront l'inégalité des fortunes & des propriétés. Or, par-tout'
où cette inégalité exiftera, la véritable force fera
toujours du côté de la propriété ; de forte que
fi l'influence dans le gouvernement n'eft pas me-
furée fur cette propriété, il y aura toujours une
contradiction, un combat entre la forme du
gouvernement & fa tendance naturelle ; le droit
fera d'un côté, & la force de l'autre : alors la
balance ne pourra plus exifter qu'entre ces deux
points également dangereux, l'ariftocratie & l'a-
narchie. D'ailleurs la valeur idéale des hommes
n'eft jamais que comparative : un particulier fans
biens eft un citoyen mal-aifé, quand l'état eft
pauvre ; placez un riche auprès de lui, il devient
un *manant*. Que deviendra donc un jour le droit
d'élection dans cette claffe de citoyens? La fource
des troubles civils ou celle de la corruption,
peut-être même toutes les deux à la fois ». Voici
à-peu-près la réponfe de M. Adams : « je fens
très-bien la force de vos objections : nous ne
fommes pas ce que nous devons être ; ainfi nous
devons travailler plutôt pour l'avenir que pour le
moment actuel. Je fais bâtir une maifon de campagne, & j'ai des enfans en bas âge ; fans doute
je dois difpofer leurs logemens pour le tems où
ils feront grands, & où ils fe marieront : mais
nous

nous n'avons pas négligé cette précaution. Premièrement, je dois vous dire que cette nouvelle constitution a été proposée & acceptée de la manière la plus légale dont il y ait eu d'exemple depuis Lycurgue. Un comité choisi parmi les membres du corps législatif alors existant, & qu'on pouvoit regarder comme un gouvernement provisionnel, fut nommé pour travailler à la confection des nouvelles loix. Dès qu'il eut rédigé son plan, on demanda à chaque comté ou district de nommer un comité pour examiner ce plan; il leur étoit recommandé de le renvoyer au bout d'un certain temps avec leurs observations. Ces observations ayant été discutées par le comité, & les changemens jugés nécessaires ayant été faits, on renvoya le projet à chaque comité particulier. Lorsqu'ils l'eurent tous approuvé, ils reçurent ordre de le communiquer au peuple, & de lui demander son suffrage. Si les deux tiers des votans l'approuvoient, il devoit avoir force de loi, & être regardé comme l'ouvrage du peuple même. On compta jusqu'à vingt-deux mille suffrages, parmi lesquels une beaucoup plus grande proportion que les deux tiers fut en faveur de la nouvelle constitution. Or, voici sur quels principes elle a été établie: un état riche n'est libre que lorsque chaque citoyen n'est obligé par aucune loi quelconque, à moins qu'il ne l'ait approuvée, ou par lui-même, ou par ses représentans; mais pour représenter un autre homme, il faut avoir été élu par lui; donc tout citoyen doit avoir part aux élections. D'un autre côté, ce seroit inutilement que le peuple auroit le droit d'élire ses représentans, s'il étoit astreint à ne les choisir que dans une classe particulière. Il a donc fallu ne pas exiger une trop grande propriété, pour acquérir le droit d'être représentant du peuple. Ainsi la chambre des représentans, qui forme le corps législatif & le véritable souverain, est le peuple représenté par ses délégués. Jusqu'ici le gouvernement est purement démocratique; mais c'est la volonté du peuple permanente & éclairée qui doit faire loi, & non les passions, les saillies, auxquelles il n'est que trop sujet. Il est nécessaire de modérer ses premiers mouvemens, de le forcer à l'examen ou à la réflexion. C'est l'emploi important qui a été confié au gouverneur & à son conseil, lesquels représentent parmi nous le pouvoir négatif qui existe en Angleterre dans la chambre haute & dans la couronne même, à cette différence seulement que dans notre nouvelle constitution, le gouverneur & le conseil peuvent bien suspendre la publication d'une loi & en demander un nouvel examen; mais si ces formes sont remplies, si après ce nouvel examen le peuple persiste dans sa résolution, & qu'alors il n'y ait plus une simple majorité de suffrages, mais les deux tiers en faveur de la loi, le gouverneur & le conseil sont obligés de lui donner leur sanction. Ainsi ce pouvoir modère

l'autorité du peuple sans la détruire, & l'organisation de notre république est telle, qu'elle empêche les ressorts de se briser par un mouvement trop vif, sans jamais arrêter tout-à-fait ce mouvement. Or c'est ici que nous avons rendu à la propriété tous ses privilèges Il faut avoir un fonds de terre assez considérable, pour élire un membre du conseil; il faut en avoir un encore plus considérable pour être élu. Ainsi la démocratie est pure & entière dans l'assemblée qui représente le souverain; & l'aristocratie, ou si l'on veut, l'optimatie, ne se trouve que dans le pouvoir modérateur, où elle est d'autant plus nécessaire, qu'on ne veille jamais mieux sur l'état que lorsqu'on a de grands intérêts liés à sa destinée. Quant au pouvoir de commander les armées, il ne doit résider ni dans un grand nombre, ni même dans un petit nombre d'hommes: le gouverneur seul peut donc employer les forces de terre & de mer suivant le besoin; mais les forces de terre consisteront uniquement dans la milice; & comme elle est le peuple même, elle ne peut agir contre le peuple ».

SECTION IV.

De l'administration de la Nouvelle-Angleterre avant la révolution: détails sur sa culture, son commerce & ses ressources, d'après lesquels on pourra juger des progrès futurs de cet état.

Le pays qu'on appelloit la Nouvelle-Angleterre avant la révolution, n'avoit pas moins de trois cents milles sur les bords de la mer, & s'étendoit à plus de cinquante milles dans les terres. Les défrichemens ne s'y faisoient pas au hasard, comme dans les autres provinces. Dès les premiers temps, ils furent assujettis à des loix qui depuis ont été immuables. Un citoyen, quel qu'il fût, n'avoit pas la liberté de s'établir, même dans un terrein vague. Le gouvernement qui vouloit que tous ses membres fussent à l'abri des incursions des sauvages, qu'ils fussent à portée des secours d'une société bien ordonnée, régla que des villages entiers seroient formés dans le même temps. Dès que soixante familles offroient de bâtir une église, d'entretenir un pasteur, de payer un maître d'école, l'assemblée générale leur assignoit un emplacement, & leur donnoit le droit d'avoir des représentans dans le corps législatif de la colonie. Le district qu'on leur assignoit, étoit toujours limitrophe des terres déjà défrichées, & contenoit le plus ordinairement six mille quarrés d'Angleterre. Ce nouveau peuple choisissoit une assiette convenable à l'habitation, dont la forme étoit généralement quarrée. Le temple étoit au milieu. Les colons partageoient le terrein entr'eux, & chacun enfermoit sa propriété d'une haie vive. On réservoit quelques bois pour une commune. Ainsi s'aggrandit continuellement la Nouvelle-Angleterre, fans ceffer de faire un tout bien organifé.

Quoique placée au milieu de la zone tempérée, la colonie ne jouiffoit pas d'un climat auffi doux que celui des provinces de l'Europe qui font fous les mêmes parallèles. Elle a des hivers plus longs & plus froids, des étés plus courts & plus chauds. Le ciel y eft communément ferein, & les pluies y font plus abondantes que durables. L'air y eft devenu plus pur, à mefure qu'on a facilité fa circulation en abattant les bois. Perfonne ne fe plaint plus de ces vapeurs malignes qui, dans les premiers temps, emportèrent quelques habitans.

Le pays étoit partagé en quatre provinces qui, dans l'origine, n'avoient prefque rien de commun. La néceffité d'être en armes contre les fauvages, les décida à former en 1643 une confédération, où elles prirent le nom de *colonies unies*. En vertu de cette union, deux députés de chaque établiffement devoient fe trouver dans un lieu marqué, pour y décider les affaires de la Nouvelle-Angleterre, fuivant les inftructions de l'affemblée particulière qu'ils repréfentoient. Cette affociation ne bleffoit en rien le droit qu'avoit chacun de fes membres de fe conduire en tout à fa volonté.

Leur indépendance de la métropole n'étoit guères moins entière. En confentant à ces établiffemens, on avoit réglé que leur code ne contrarieroit en rien la légiflation de la mère patrie ; que le jugement de tous les grands crimes commis fur leur territoire, lui feroit réfervé ; que leur commerce viendroit tout entier aboutir à fes rades. Aucun de ces devoirs ne fut rempli. D'autres obligations moins importantes étoient également négligées. L'efprit républicain avoit déja fait de trop grands progrès, pour qu'on fe tînt lié par ces arrangemens. La foumiffion des colons fe bornoit à reconnoître vaguement le roi d'Angleterre pour leur fouverain.

Maffachufett, la plus floriffante des quatre provinces, fe permettoit encore plus de chofes que les autres, & fe les permettoit plus ouvertement. Une conduite fi fière attira fur elle le reffentiment de Charles II. Ce prince annulla, en 1684, la charte que fon père avoit accordée ; il établit une adminiftration prefqu'arbitraire, & ne craignit pas de faire lever des impôts pour fon propre ufage. Le defpotifme ne diminua pas fous fon fucceffeur. Auffi, à la première nouvelle de fa deftitution, fon lieutenant fut-il arrêté, mis aux fers, & renvoyé en Europe.

Guillaume III, quoique très-fatisfait de ce zèle ardent, ne rétablit pas *Maffachufett* dans fes anciennes prérogatives, comme elle le defiroit, comme elle l'avoit efpéré peut-être. Il lui rendit, à la vérité, un titre, mais un titre qui n'avoit prefque rien de commun avec le premier.

Par la nouvelle charte, le gouverneur nommé par la cour, devoit avoir le droit exclufif de convoquer, de proroger, de diffoudre l'affemblée nationale. Seul, il pouvoit donner la fanction aux loix portées, aux impôts décidés par ce corps. La nomination de tous les emplois militaires appartenoit à ce commandant. Avec le confeil, il avoit le choix des magiftrats. Les deux chambres n'avoient la difpofition des autres places moins importantes que de fon aveu. Le tréfor public ne s'ouvroit que par fon ordre, appuyé du fuffrage de fon confeil. Son autorité portoit encore fur quelques points qui gênoient beaucoup la liberté. Connecticut & Rhode-Ifland, qui avoient à-propos conjuré l'orage par leur foumiffion, reftoient en poffeffion de leur contrat primitif. Pour le Nouvel-Hampfhire, il avoit toujours été conduit fur des principes affez femblables à ceux qu'on adoptoit à Maffachufett. Un même chef régiffoit les quatre provinces, mais avec les maximes qui convenoient à la conftitution de chaque colonie.

A l'époque de la révolution, on comptoit plus de huit cents mille ames dans les quatre provinces de la Nouvelle-Angleterre.

Une fi grande multiplication d'hommes fembleroit annoncer un fol excellent. Il n'en eft pas ainfi. A l'exception de quelques cantons du Connecticut, les autres terres étoient originairement couvertes de pins, & par conféquent ftériles tout-à-fait ou très-peu fertiles. On dit qu'aucun des grains d'Europe n'y profpère, & que jamais leur produit n'a pu fuffire à la nourriture de fes habitans ; qu'on les a toujours vu réduits à vivre de maïs, ou à tirer d'ailleurs une portion de leur fubfiftance. Ces détails font très-exagérés ; mais quoique le pays foit affez généralement propre aux fruits, aux légumes, aux troupeaux, les campagnes ne font pas la partie la plus intéreffante de ces contrées. C'eft fur des côtes hériffées de rochers, mais favorables à la pêche, que s'eft portée la population, que l'activité s'eft accrue, que l'aifance eft devenue commune.

L'infuffifance des récoltes dut excéder plutôt & plus vivement l'induftrie dans la Nouvelle-Angleterre, que fur le refte de ce continent. On y conftruifit même pour les navigateurs étrangers beaucoup de navires, dont les matériaux, aujourd'hui chers & rares, furent long-temps communs & à bon marché. La facilité de fe procurer du poil de caftor, donna naiffance à une fabrique de chapeaux fort confidérable. Des toiles de lin & de chanvre fortirent des atteliers. Avec la toifon de fes moutons, la colonie fabriqua des étoffes d'un tiffu groffier, mais ferré.

A ces manufactures, qu'on pourroit appeller nationales, s'en joignit une autre, alimentée par des matières étrangères. Le fucre donne un réfidu, connu fous le nom de *firop* ou de *melaffe*.

Les nouveaux anglois l'allèrent chercher aux Indes occidentales, & le firent d'abord servir en nature à divers usages. L'idée leur vint de le distiller. Ils vendirent une quantité prodigieuse de cette eau-de-vie aux sauvages voisins, aux pêcheurs de morue, à toutes les provinces septentrionales ; ils la portèrent même aux côtes d'Afrique, où ils la livrèrent, avec un avantage marqué, aux anglois occupés de l'achat des esclaves.

Cette branche de commerce & d'autres circonstances, mirent les nouveaux anglois à portée de s'approprier une partie des denrées de l'Amérique, soit méridionale, soit septentrionale. Les échanges de ces deux régions si nécessaires l'une à l'autre, passèrent par leurs mains. Ils devinrent comme les courtiers, comme les hollandois du Nouveau-Monde.

Cependant la plus grande ressource de *Massachusett*, fut toujours la pêche. Sur ses côtes même, elle est très-considérable. Il n'y a point de rivière, de baie, de port, où l'on ne voie un nombre prodigieux de bateaux occupés à prendre le saumon, l'esturgeon, la morue, & d'autres poissons, qui trouvent tous un débouché avantageux.

La pêche du maquereau, faite principalement à l'embouchure du Pentagoet, qui se perd dans la baie de Fundi ou Françoise, à l'extrémité de la colonie, occupoit, durant le printemps & durant l'automne, quatorze ou quinze cents bateaux & deux mille cinq cents hommes.

La pêche de la morue étoit encore plus utile à la Nouvelle-Angleterre. De ses ports nombreux, sortoient tous les ans pour différens parages plus ou moins voisins, cinq cents bâtimens de cinquante tonneaux, avec quatre mille hommes d'équipage. Ils pêchoient au moins deux cents cinquante mille quintaux de morue.

La baleine occupoit aussi ces colonies. Avant 1763, la Nouvelle-Angleterre faisoit cette pêche en mars, avril & mai, dans le golfe de la Floride ; & en juin, juillet, août, à l'est du grand banc de Terre-Neuve. On n'y envoyoit alors que cent vingt chaloupes, de soixante-dix tonneaux chacune, & montées par seize cents hommes. En 1767, cette pêche occupa 7,290 matelots. Il faut dire les raisons d'une augmentation si considérable.

Le désir de partager la pêche de la baleine avec les hollandois, agita long-temps la Grande-Bretagne. Pour y réussir, on déchargea vers la fin du regne du Charles II, de tous les droits de douane, le produit que les habitans du royaume obtiendroient à cette pêche dans les mers du Nord : mais cette faveur ne s'étendit pas aux colonies, dont l'huile & les fanons de baleine devoient un droit de 56 liv. 5 sols par tonneau à leur entrée dans la métropole ; droit qui n'étoit réduit à la moitié

que lorsqu'ils y étoient importés par ses propres navires.

A cet impôt, déjà trop onéreux, on en ajouta un autre en 1699, de 5 sols 7 deniers par livre pesant de fanons, qui portoit également sur l'Amérique & sur l'Europe. Cette nouvelle taxe eut des suites si funestes, qu'il fallut la supprimer en 1725 : mais elle ne fut éteinte que pour les baleines prises dans le Groenland, au détroit de Davis ou dans les mers voisines. La pêche du continent septentrional resta toujours asservie au droit nouveau comme au droit ancien.

Le ministere s'appercevant que l'exemption d'impôt n'étoit pas suffisante pour réveiller l'émulation angloise, eut recours aux encouragemens. On accorda, en 1732, une gratification de 22 l. 10 sols, & seize ans après une de 45 liv. pour chaque tonneau des vaisseaux employés à une pêche si intéressante. Cette générosité du gouvernement produisit une partie du bien qu'on en attendoit. Cependant, loin de pouvoir entrer en concurrence dans les marchés étrangers avec ses rivaux, la Grande-Bretagne se vit encore obligée d'acheter d'eux tous les ans, pour trois à quatre cents mille livres d'huile ou de fanons de baleine.

Tel étoit l'état des choses, lorsque les mers françoises de l'Amérique septentrionale devinrent à la paix dernière une possession britannique. Aussitôt les nouveaux anglois y naviguèrent en foule pour prendre la baleine qui y est très-commune. Le parlement les déchargea des tributs sous lesquels ils avoient gémi, & leur activité redoubla encore. Il est vraisemblable que les Provinces-Unies perdront avec le temps cette importante branche de leur commerce.

La pêche de la baleine se fait dans le golfe St. Laurent & dans les parages qui le joignent ; sur des mers moins orageuses, moins embarrassées de glaces que le Groenland. Dès-lors elle commence plus tôt & finit plus tard. On y éprouve moins d'accidens fâcheux. Les navires qui y sont employés sont moins grands, moins chargés d'équipages. Ces raisons doivent donner au continent américain des avantages que l'économie hollandoise ne parviendra jamais à balancer. Les anglois d'Europe eux-mêmes se flattoient de partager avec leurs colons cette supériorité, parce qu'ils comptoient joindre au bénéfice de la pêche celui qu'ils devoient faire sur la vente de leurs cargaisons ; ressource refusée aux navigateurs qui fréquentent le détroit de Davis ou les mers du Groenland.

Les productions vénales de la Nouvelle-Angleterre sont la morue, l'huile de poisson, la baleine, le suif, le cidre, les viandes salées, le maïs, les porcs & les bœufs, la potasse, les légumes, les mâtures pour les navires marchands, & des bois de toutes les espèces. Les Açores, Madère, les Canaries, le Portugal, l'Espagne, l'Italie, la Grande-Bretagne, & principalement les Indes Occidentales ont confommé jufqu'ici ces denrées. En 1769, les exportations des quatre provinces réunies s'élevèrent à environ 13,844,000 liv. Mais cette colonie reçut habituellement plus qu'elle ne donna, puifqu'elle dut conftamment à fa metropole vingt quatre ou vingt-cinq millions de livres.

Il partoit quelques bâtimens de toutes les rades, extrêmement multipliées fur ces côtes. Cependant les principales expéditions du Connecticut fe faifoient à New-Hawen, celles de Rhode-Ifland à New-Port, celles de Hampshire à Portfmouth, & celles de Maffachufet à Bofton.

Section V^e.

Remarques fur l'état actuel, les contributions, la population, l'adminiftration & le commerce de la république de Maffachufet.

Maffachufet eft une des provinces qui a montré le plus de zèle & de fermeté dans fes principes, pendant la guerre & depuis la paix : elle s'eft empreffée de concourir aux réglemens utiles; & quoique les hoftilités des anglois aient nui beaucoup à fon commerce & à fa fortune, elle a montré affez de bonne volonté dans fes contributions. Nous avons cité à l'article ETATS-UNIS, les faits particuliers qui fondent ces remarques générales.

On n'a pas encore fini d'une manière invariable la règle d'après laquelle on établira le contingent des diverfes provinces : nous avons indiqué à l'article ETATS-UNIS, celle qu'on fuit à préfent. D'après cette règle, Maffachufet doit payer cent quarante-huit fur une contribution de mille piaftres, & il n'y a que la Virginie qui paye un contingent plus fort.

En 1784, la dette particulière de la province de Maffachufet étoit d'environ cinq millions de piaftres : il paroît qu'aujourd'hui elle eft encore à-peu-près la même. On a établi des impôts qui en affurent l'intérêt; la perception de ces impôts & le paiement des intérêts n'ont pas été jufqu'ici d'une grande exactitude : mais on touche au moment de voir dans cette partie des affaires, l'exactitude & la précision fans lefquelles on manque de crédit, & il y a lieu de croire qu'on ne tardera pas à amortir une partie du capital.

Quant aux dettes particulières des citoyens de Maffachufet, le paiement s'en fait avec lenteur : le cabinet de Saint-James, qui met trop fouvent de la fierté & de la morgue dans les négociations, fe fert de ce prétexte pour ne pas livrer les poftes qu'il occupe encore fur les frontieres des Etats-Unis : il fe refufe ainfi à l'exécution entière du traité; & comme il faut bien donner des raifons bonnes ou mauvaifes, milord Carmarthen a pré-

fenté au plénipotentiaire des Etats-Unis, une longue lifte de griefs, dont il veut obtenir le redreffement avant de livrer les poftes, dont nous venons de parler. Il reproche à la république de Maffachufet, l'acte paffé le 3 novembre 1784, qui fufpend le paiement de l'intérêt envers les créanciers anglois. Nous favons que les plénipotentiaires des Etats-Unis ont propofé fur cet objet des moyens très-admiffibles, mais que la cour de Londres, dont la politique ordinaire femble dire toujours aux autres puiffances : *faites d'abord ce que nous exigeons, & nous verrons enfuite à faire ce qui conviendra*, épie les petites divifions inévitables dans les gouvernemens républicains qui commencent à fe former; des vues qui pourront bien n'être que chimériques, la déterminent à traîner en longueur l'exécution du traité; & il paroît qu'on peut craindre qu'elle ne livre pas les poftes de fitôt.

D'après les évaluations imparfaites qu'on fe procura en 1775 & 1783, fur le nombre des habitans des diverfes républiques américaines, on comptoit 350,000 habitans noirs & blancs dans celle de Maffachufet. Mais il faut obferver que dans ces calculs on ne comptoit que les trois cinquièmes des efclaves. Nous avons indiqué à l'article ETATS-UNIS, les données & les motifs de ces évaluations; nous avons dit qu'ils doivent infpirer peu de confiance, & nous avons expliqué les caufes qui ont diminué le nombre total au lieu de l'enfler.

Maffachufet vient de s'oppofer à la création du papier-monnoie qu'on lui propofoit, ainfi qu'on le propofoit dans les autres républiques : elle a fenti que ce moyen de fuppléer à la rareté extrême des efpèces & de fe mettre en état de payer les impôts, étoit mauvais : nous avons obfervé à l'article ETATS-UNIS que l'anéantiffement du papier-monnoie pendant la guerre n'avoit pas produit le plus léger murmure : mais cet anéantiffement a toujours quelque chofe de bien facheux; &, ainfi que nous l'obferverons ailleurs, la création d'un nouveau papier eft l'opération la plus mal combinée & la plus dangereufe.

Cette création du papier-monnoie dans les colonies de l'Amérique feptentrionale, produite d'abord par la néceffité des circonftances, eft un mal bien invétéré. Il paroît que rien ne peut éclairer les citoyens fur cet objet; & il y a des faits qu'on ne croiroit pas, s'ils n'étoient bien atteftés.

Par exemple, la colonie de la baye de *Maffachufet* avançoit, dans des befoins extraordinaires, du papier-monnoie pour défrayer la dépenfe publique, & elle le rachetoit enfuite, quand c'étoit l'avantage de la colonie, au bas prix où il tomboit par degrés. En 1747 (1) cette colonie paya ainfi la plus grande partie de fes dettes publiques, avec la dixiéme partie de l'argent pour lequel elle avoit donné ses billets.

La répartition des impôts s'est faite pendant la guerre de la manière la plus abusive : M. le marquis de Châtellux cite une vexation criante, exercée contre les négocians de Boston. « Outre les droits d'*excise* & de *licence*, les commerçans étoient soumis à une espèce de taxe d'*aisés*, & cette taxe étoit imposée arbitrairement par douze assesseurs nommés, à la vérité, par les habitans de la ville ; mais comme le plus gros négociant n'avoit pas plus de voix que le plus petit marchand, on peut imaginer comment les intérêts des gens riches étoient menagés par ce comité. Ces douze assesseurs ayant donc un plein pouvoir d'imposer les gens suivant leur faculté, ils estimoient, à vue de pays, la quantité d'affaires qu'un négociant peut avoir & le produit qu'il en peut tirer ; par exemple, M. Brick étant agent de la marine françoise, & de plus intéressé dans plusieurs commerces, entr'autres dans celui des assurances, on calculoit combien il pourroit faire d'affaires, ce dont on jugeoit par les lettres de change qu'il endossoit & par ses souscriptions, & suivant des estimations où l'on ne tenoit compte ni des frais, ni des pertes, on supposoit qu'il gagnoit tant par jour, & en conséquence on le taxoit à tant par jour. Pendant l'année 1781, M. Brick a payé jusqu'à trois guinées & demie par jour. On sent qu'il n'y a que le patriotisme, & sur-tout l'espérance d'une prompte conclusion, qui pût faire supporter un impôt si odieux & si arbitraire ; mais en même-temps on ne peut trop louer la patience avec laquelle le commerce, & M. Brick en particulier, s'y sont soumis ».

De pareilles vexations ne seroient susceptibles d'aucune excuse, aujourd'hui que la guerre est terminée.

Nous parlerons ici d'un autre abus que les détracteurs des nouvelles républiques américaines ont cité avec complaisance ; mais qui ne prouve rien, sinon des désordres passagers inséparables des démocraties ; & la nécessité de travailler au maintien de la tranquillité publique, autant qu'on peut y travailler dans les gouvernemens populaires.

Au commencement de septembre 1786, cent hommes de la populace armés de fusils & de bâtons, & un égal nombre armé de bâtons, environnèrent à Worcester le lieu où la cour de justice tenoit ses séances : cette populace demandoit que le tribunal s'ajournât sans désigner l'époque où il reprendroit ses séances : le juge Ward montra le courage & l'intrépidité d'un romain ; il harangua plus de deux heures les séditieux, quoiqu'ils tinssent des bayonnettes sur sa poitrine, & que,

durant cet intervalle, il courût le plus grand danger d'être massacré. Dans une situation aussi terrible, il eut la noble constance de résister à toutes leurs prétentions. Les rebelles ne purent rien obtenir ce jour-là ; ils reparurent le lendemain, au nombre d'environ trois cents : M. Ward consentoit à ajourner la cour des plaids-communs, c'est-à-dire, le tribunal qui prononce dans les causes civiles ; mais il refusoit d'ajourner la cour des assises, celle où l'on juge les causes criminelles : les cours de justice ayant réclamé l'aide de plusieurs régimens, & voyant qu'elles ne pouvoient pas compter sur la milice, il fallut ajourner *sine die* la cour des assises (1).

On a vu à l'article Nouvel-Hampshire, qu'en pareille occasion la milice de cet état a montré plus de patriotisme, & que les loix & le gouvernement y ont triomphé d'une semblable sédition.

Pour terminer cet article par quelques détails sur le commerce de *Massachusett*, nous ajouterons qu'il y a telle année où la ville seule de Boston a fait sortir 1500 voiles, tant pour l'Europe que pour les isles & le cabotage. Les habitans de cette province ont construit une multitude de moulins à scie ; & avant la révolution, il y avoit à six lieues de la capitale un moulin qui perçoit à froid des canons de 18.

Le froment n'y croît qu'en certains cantons, & il n'est abondant qu'à l'ouest de la rivière de Connecticut. Toutes les terres qui se trouvent à l'est de cette même rivière jusqu'aux limites de la Nouvelle-Écosse, ne produisent que du seigle & du bled d'inde : on a fait des essais avec le bled de Chily, plus robuste & plus fort de tige, & on croit qu'il pourra s'y naturaliser. On dit que ce mal vient de la poudre de Bay-Berries, qui en empoisonne le germe, & empêche la formation du grain dans les épis ; mais le *Cultivateur américain* croit que ce défaut vient de l'humidité du sol.

Le même auteur nous apprend que *Massachusett* exporta en 1774 :

	liv. st.
10,000 tonneaux de morue	100,000
Mâts, planches & bois	45,000
70 navires construits pour l'étranger	49,000
800 barils de maquer. & d'aloses salés	8,000
7000 tonn. d'huile de baleine & autres	105,000
28 tonneaux de fanons de baleine	8,400
1500 barils de poix, thérèb. & goudr.	600
Chevaux & bétail	12,000
8000 bariques de potasse	20,000
9000 bar. de viande fumée & salaisons	13,500
Cire & autres articles	900
Total	362,400

---

(1) Cet acte de soulevement a eu des suites ; mais les rebelles ont été bientôt dissipés. Les détails, les causes & le peu d'importance de ce soulevement sont très-bien développés à la fin des *Recherches sur les Etats-Unis*. L'auteur a été envers nous d'une injustice révoltante & mal-honnête : nous n'imiterons point sa partialité ; mais nous ne prendrons pas la peine de relever ses grossières erreurs.

Mais jufqu'alors les importations avoient toujours été plus confidérables que les exportations,
& cette année 1774 *Maffachufett* importa pour
395,000 liv. fterling.

Dans le territoire du Maine & de Sagadahock,
qui, ainfi que nous l'avons obfervé plus haut,
dépend de *Maffachufett*, mais qui obtiendra un
jour l'indépendance, le terrein, quoique moins
fertile que celui du Nouvel-Hampshire, produit
de bonnes récoltes de feigle & de maïs. Les pâturages y font abondans, & on y trouve beaucoup de bétail: ce diftrict eft arrofé par les belles
rivières de Penobfcot & de Kennebuk, qui font
remplies de poiffons de toute efpèce, & fur-
tout de faumons. Les habitans exportent les plus
belles planches & les plus beaux mats de l'A-
mérique : ils exportent auffi des vergues & du
merrain : c'eft la Ruffie de l'Amérique. Le gouvernement anglois y avoit fait arpenter 600 mille
acres qui contenoient des pins blancs très-
beaux: on les abattoit fur la neige, & on les
embarquoit fur de longs navires faits pour
cela. La baie de Cafco, au fond de laquelle eft
la ville de Falmouth, la capitale, eft fûre, excellente & abordable dans toutes les faifons. Les
habitans de ce diftrict font recommandables par
leur fimplicité & leur hofpitalité.

L'ifle de Nantucket, dont le *Cultivateur américain* a fait une defcription fi intéreffante, dépend de la république de *Maffachufett*, & c'eft
un de fes comtés. Le fol y eft ftérile & d'une
étendue très-bornée ; la pofition eft incommode :
on n'y trouve point de matériaux pour la bâtiffe
des vaiffeaux, ni pour la conftruction des maifons : on n'y trouve ni pierre, ni carrière : cette
ifle femble n'avoir été créée que pour démontrer
ce que les hommes peuvent faire, quand ils jouiffent en paix de toute l'étendue de leurs reffources, & lorfqu'on les laiffe livrés à toute leur
induftrie. Le lecteur y verra avec admiration un
diftrict fablonneux qui contient à peine 23 milles
acres, qui poffède plus de deux cents navires,
& qui emploie, année commune, plus de 2500
matelots, dont les habitans vont au nord, fous
la ligne, fur les côtes de Guinée, du Brefil,
près du pôle auftral, conquérir cet énorme poiffon qui, par fa force & fa vîteffe, femble être
indomptable par l'homme : il y verra d'immenfes
troupeaux, de grandes richeffes, &, ce qui vaut
mieux, le bonheur & la tranquillité.

Les habitans de la Nouvelle-Angleterre ne vinrent s'établir dans le nouveau-Monde que pour
fe dérober au pouvoir arbitraire de leurs monarques qui, à la fois fouverains de l'état & chefs
de l'églife, exerçoient alors la double tyrannie du
defpotifme & de l'intolérance. Ce n'étoient pas
des aventuriers, c'étoient des hommes qui vouloient vivre en paix, & qui travailloient pour vivre. Leur doctrine enfeignoit l'égalité & recom-
mandoit le travail & l'induftrie. Comme la terre,

peu fertile par elle-même, ne fourniffoit que de
médiocres reffources, ils fe livroient à la pêche
& à la navigation ; &, au moment préfent, ils
font encore amis de l'induftrie & de l'égalité ;
ils font pêcheurs & navigateurs.

Voyez l'article ETATS-UNIS & les articles particuliers des douze autres provinces.

MATRICULE DE L'EMPIRE. C'eft le livre
où l'on écrit, fous l'autorité de l'empereur & de
l'empire, le nom des états, & ce que chacun
d'eux doit fournir pour les dépenfes communes.

Ce livre doit fon origine à l'empereur Sigifmond, qui, dénué d'argent & ayant perfuadé à
l'Empire qu'il étoit de l'intérêt du corps germanique d'exterminer les huffites de Boheme, obtint des cottifations pour cette guerre. De là naquit
la première *matricule* dont on ait connoiffance.
S'il y en a eu d'autres auparavant, comme le prétendent quelques docteurs, il n'en refte aucun
veftige.

La *matricule* de Sigifmond fut dreffée à Nuremberg en 1431. Elle fe trouve dans les actes de
Brunfwick, fous le titre d'*anfchlag auf gemeint
ftander des reichts, zu Nuremberg, zu hulfe wie-
der die Bœhmengemacht, unter dem rœmifchen keifer
Sigifmundo*. Godalft en fait mention dans fon traité
du royaume de Boheme. Cette *matricule* ne contient pas à beaucoup près tous les états de l'Empire.

En 1521, la diète affemblée à Worms travailla
à une *matricule* générale, où tous les états furent infcrits & taxés, chacun felon leurs forces.
Mais depuis cette époque, plufieurs états ayant
été exímés, & les uns ayant diminué & les autres
augmenté, plufieurs enfin ayant été affranchis par
les empereurs de toute contribution, on a tâché
de remédier à cet inconvénient en corrigeant &
modérant cette *matricule*: les changemens n'ont
pas fatisfait tout le monde. Lors de la révifion,
chacun demanda que la *matricule* fût modérée à
fon égard, & foutint que fa quote-part étoit au-
deffus de fes moyens.

Comme on n'a pu s'accorder fur ce fujet, on
a pris depuis long-temps le parti de taxer, non
tous les états de l'Empire en général, mais chaque cercle en particulier. Si, par exemple, l'empereur demande 300 mois romains, & fi la diète
les accorde, une partie de ce fecours doit être
fournie en nature, c'eft-à-dire en troupes, tant
d'infanterie que de cavalerie, & le refte en argent. Mais lorfque les circonftances exigent qu'on
double ou qu'on triple les fecours de troupes,
la taxe de la contribution pécuniaire eft de deux
florins par cavalier & de 40 kreutzers par fantaffin ; ce qui fait par femaine, monnoie de France,
cent fols pour chaque homme de cheval, & 37
pour chaque fantaffin. Les chofes furent ainfi réglées par le *placitum* de la diète en 1681. On divife ces contributions en autant de parties qu'il y

t· de cercles, & chaque cercle exige des états qui le
compofent, la portion qui lui eft affignée.

Cette même année 1681, l'Empire ayant réfolu
de former une armée de 40 mille hommes, la répartition en fut faite de la manière fuivante.

	cavaliers.	fantaf.
Cercle électoral du Rhin...	600	2707
Cercles de haute-Saxe....	1321	5507
D'Autriche..............	2521	5507
De Bourgogne..........	321	2707
De Franconie..........	980	1901
De Bavière............	800	1493
De Souabe............	1321	2707
Du haut-Rhin.........	491	2853
De Weftphalie.........	1321	2707
De Baffe-Saxe.........	1321	2707
Total.............	11997	27996

Dans la guerre pour la fucceffion d'Efpagne,
le contingent fut triplé & l'armée de l'Empire
fut portée à 120 mille hommes; mais ce nombre
ne fut jamais complet, & il fe trouva fouvent
réduit à la moitié: les uns ayant refufé de fournir leurs contingens, & les autres les ayant fait
marcher très-tard, les loix de l'Empire ont tâché de prévenir ces refus & ces lenteurs; mais
c'eft une affaire délicate que de procéder par
voie d'exécution contre les états de l'Empire un
peu confidérables. Le recès de la diète d'Augsbourg de 1555, dans l'article qui a pour titre
réglement d'exécution, & particuliérement aux pa-
ragraphes 82 & 97, veut qu'on procède contre
les états qui négligent de fournir leurs contingens
comme contre des réfractaires. Mais encore une
fois, l'exécution de ces fortes de décrets eft fujette à de grandes difficultés. Nous avons dit à
l'article ALLEMAGNE pourquoi l'armée de l'Empire eft fi peu redoutable.

Les états fourniffent leurs contingens de troupes, tout équipés, montés & armés. Ils pourvoient à leur nourriture, comme fi elles fervoient dans leur territoire, & continuent de les
entretenir fur ce pied-là pendant la durée de la
guerre.

Les contributions pécuniaires fe lèvent fur les
fujets des états & par manière de collecte. C'eft
de ces collectes qu'on forme la caiffe militaire
pour les dépenfes extraordinaires.

Enfin quelquefois les états accordent à l'empereur une efpèce de capitation dont ils font eux-
mêmes les avances, fauf à obtenir le rembourfement de leurs fujets, rembourfement qu'ils ont
foin de demander: mais enfuite il n'eft pas permis à l'empereur d'exiger des contributions, des

fujets des états, fous prétexte de mois romains.

Cette capitation s'appelle en allemand reichs-
ftener, capitation de l'Empire. L'empereur ne
peut l'exiger que de l'avis & du confentement
des électeurs, princes & autres états de l'Empire; mais on n'a pas décidé fi ce confentement
s'établiroit à la pluralité des voix, ou s'il faudroit
l'unanimité. A la diète même, les fentimens font
partagés à cet égard.

Dès que ces fommes font raffemblées, les receveurs généraux doivent les faire dépofer dans
des villes de commerce, comme Francfort, Léipfick, Nuremberg, appellées à caufe de ces dépôts, leg-ftædt.

L'empereur eft tenu de n'employer ces fommes
qu'à l'ufage pour lequel elles ont été accordées
par l'Empire. Divers états ont reproché aux empereurs d'avoir employé les fecours d'argent,
accordés pour faire la guerre aux ennemis du corps
germanique, à des ufages tout différens, & de les
avoir requis, ou dans la vue d'appauvrir l'Empire
& de l'affoiblir, ou pour payer des dettes &
fournir à des dépenfes abfolument étrangères. Les
états proteftans fe plaignirent qu'en 1605 l'empereur avoit livré aux efpagnols les fommes levées
dans l'Empire, fous le fpécieux prétexte d'éloigner les turcs des frontières de l'Empire.

Le corps germanique s'eft engagé à la défenfe
de la Hongrie, qu'il regarde comme le boulevard de l'Allemagne contre la puiffance des turcs;
& les empereurs de la maifon d'Autriche ont
fouvent profité de cet engagement pour tirer des
fommes fubfidiaires de l'Empire, dans des tems
où ils favoient bien qu'ils n'avoient rien à craindre
de la part des ottomans, & qu'ils étoient fûrs
de la paix.

Pour obtenir ces fommes, les empereurs avoient
la politique de s'adreffer aux diètes circulaires,
perfuadés qu'il étoit plus aifé de gagner chaque
cercle particulier que de les gagner tous réunis
dans une diète générale. Aujourd'hui cela n'arrive
plus: il faut que l'empereur s'adreffe à tous les
états de l'Empire affemblés en diète, pour demander des fubfides pécuniaires en tems de
guerre ou en temps de paix. L'article 5 de la
dernière capitulation l'ordonne: il paroît que cette
claufe a été mife dans la capitulation, pour obvier à l'inconvénient dont nous venons de parler.
Voyez les articles ALLEMAGNE & MOIS RO-
MAINS.

MAYENCE (électorat de): la plus grande
partie de cet électorat eft entre le Palatinat &
Trèves autour du Rhin: mais il poffède des domaines dans le Palatinat, dans la Franconie, la
Thuringe & la Heffe.

L'électeur de Mayence poffède dans le cercle
du Bas-Rhin plufieurs vidamies, quelques mairies
& vingt-deux bailliages; la ville d'Erfort avec
fon territoire, & l'Eifchsfeld, diftrict placé en-

tre-la Heffe, la Thuringe & les principautés de Grubenhagen & de Calenberg.

L'Eichsfeld, ou plutôt Eichsfeld ou Eisfeld, eft fitué entre la Heffe, la Thuringe, la principauté de Grubenhagen & celle de Calenberg. Il a près de huit milles d'Allemagne, du feptentrion au midi; & au-delà de cinq, de l'orient à l'occident. Les monts, appellés *Duhu*, le divifent en partie feptentrionale & méridionale : celle-ci fe nomme *le haut*, & celle-là *bas-Eichsfeld*; la première a plus d'étendue que la feconde, mais elle a moins de fertilité; fon air eft plus froid, & fon fol plus pierreux : mais la population eft confidérable dans toutes deux.

On y compte quatre villes, trois bourgs & 150 villages. Les villes font Heiligenftadt fa capitale, Duderftadt, Stat-Worbis & Treffurt. Il y a de plus des abbayes, des prieurés & des couvens de divers ordres. L'on y profeffe la religion catholique plus généralement que la proteftante, & on y parle le Thuringien dans la partie méridionale, & le bas-Saxon dans la feptentrionale. Les objets d'exportation que l'induftrie des habitans y met en œuvre, font des toiles & des étoffes de laine.

Les archevêques de *Mayence* qui font gouverner ce pays par un Statthalter, & qui en retirent annuellement 80 à 90,000 rixdalers, le poffèdent depuis long-temps à divers titres : Heiligenftadt leur appartenoit déja dans le onzième fiècle; vers la fin du treizième, ils achetèrent le haut-Eichsfeld, & dans le quatorzième le refte leur fut remis en hypothèque par un duc de Brunfwick, pour la fomme prêtée & jamais rendue, de 600 marcs d'argent. Le fiège de la régence eft à Heiligenftadt, auffi-bien que celui du tribunal fupérieur, & celui des chambres de finances & des forêts. Le collège eccléfiaftique eft à Duderftadt. Ainfi que la plupart des autres provinces de l'Empire, l'Eichsfeld a confervé fes états; les députés du clergé, de la nobleffe & des villes s'affemblent quand il s'agit de déterminer la contribution de chacun fur les taxes. D'après une règle établie depuis 1688, fur 1000 rixdalers le clergé en paye 100, la nobleffe 218, les villes de Heiligenftadt & de Duderftadt 182, & les bailliages du pays 500. Le ftatthalter & deux commiffaires de *Mayence* affiftent ordinairement à ces états, lefquels, fuivant un ancien ufage, à moins que les vents, la pluie ou la neige ne s'y oppofent, doivent fe tenir en plein air dans un endroit appellé *Jagebank*, à trois quarts de lieues de Heiligenftadt : fi le temps ne le permet pas, ils s'affemblent à l'hôtel-de-ville de cette capitale. L'armée de France & celle des alliés ont nui beaucoup à ce pays dans la dernière guerre d'Allemagne.

Nous avons parlé ailleurs des domaines de l'électeur de Trèves, dont quelques-uns ne méri-

tent pas une defcription particulière, & nous paffons à la defcription générale.

Productions. Les provinces de l'électorat de *Mayence* pourvoient à la fubfiftance de leurs habitans. L'archevêché proprement dit fournit du bled, de bons légumes, des vins exquis en abondance : on diftingue ceux du Rhin, qui fe font dans le canton dit *Rhingau*, & celui des environs de Klingenberg : on y trouve des pâturages qui nourriffent beaucoup de bétail; des falines à Orb, bailliage de Hauffen, dont le fel eft d'une qualité fupérieure; des bois, dont les plus confidérables font la portion que l'électeur poffède aux forêts de Speffart & d'Odenwald; des mines de fer, &c. La partie de la Bergftraffe, appartenant à cet électorat, abonde en noix, amandes & châtaignes. Les cantons inférieurs de l'Eichsfeld font affez pourvus de bled, & l'on y cultive beaucoup de lin & de tabac : fa partie fupérieure manque de grains, & eft obligée d'en tirer du voifinage.

Population. Les provinces que l'électeur de *Mayence* poffède dans le cercle du bas-Rhin, renferment 41 villes & 21 bourgs. Il n'y a d'états provinciaux que dans l'Eichsfeld, & les nobles de l'archevêché proprement dit ne relèvent point du prince; ils font tous membres du corps de la nobleffe immédiate de l'Empire.

Religion. La religion catholique a toujours été exclufive dans les terres que l'électeur poffède depuis la réformation, fur les bords du Rhin & du Mein. D'autres diftricts, tels que les bailliages de la Bergftraffe, engagés ci-devant à la cour palatine, avoient embraffé la réforme; mais les électeurs de *Mayence* y ont rétabli par-tout la communion romaine. Il refte un grand nombre de proteftans dans l'Eichsfeld, à Erfort, Cronenberg & autres lieux; mais Bœnighen eft le feul lieu où le culte luthérien fe foit maintenu. Les juifs font tolérés dans toutes les provinces de l'électorat, à l'exception de l'Eichsfeld & du territoire d'Erfort.

Régime eccléfiaftique. Les affaires fpirituelles de l'archevêché relèvent de différens dicaftères eccléfiaftiques, dont le plus éminent eft le vicariat général, préfidé par un grand-vicaire de l'électeur. Les confeillers de ces tribunaux font tous clercs, à la réferve des affeffeurs du vicariat général, qui font en partie laïcs. Il y a de plus trois commiffariats archiépifcopaux établis à Amœnebourg, à Afchaffenbourg & à Fritzlar.

Fabriques. Quoique les manufactures & fabriques n'y foient pas fort multipliées, il y en a de plufieurs efpèces : on y travaille la laine, le côton, &c. On en voit une de glaces à Lohr, une autre de porcelaine à Hœchft, dont les ouvrages font fort eftimés; & on fait beaucoup de ferges & de toiles dans la partie fupérieure de l'Eichsfeld. On a parlé du tabac & du lin qui fe cultivent avec fuccès dans fa partie inférieure.

Commerce.

Commerce. Le commerce de l'état de Mayence consiste sur-tout en vins. On exporte du district de la Bergstrasse des amandes, des châtaignes, des noix & du bois de noyer. Les habitans de l'Eischsfeld font un grand trafic de serges, de toiles & des productions de leur sol. Il se tient chaque année à *Mayence* deux foires privilégiées, établies par l'électeur de Saxe, Jean-Frédéric-Charles, dont les soins infatigables ont augmenté le commerce dans la capitale, & dans les diverses parties de ses états. Il joignit un bureau électoral de commerce à la chambre consulaire de Lohneck, qui connoît des matières de commerce, nommément de toutes les contestations relatives au change, au trafic des vins & à la navigation. La douane électorale a un président, quatre assesseurs & deux adjoints.

Election de l'archevêque & privilèges de l'électeur. Cet évêché fut élevé au rang de métropole dans le cours du huitième siècle. Sa constitution fut fixée en 751, & S. Boniface en fut le premier archevêque.

L'électeur de *Mayence* est nommé par le grand chapitre. On lui propose une capitulation qu'il s'oblige par serment d'observer. La bulle de confirmation qu'il doit obtenir de la cour de Rome, est très-coûteuse, ainsi que le *pallium*, dont la taxe est de 30 mille écus d'Empire. Pour subvenir à cette dépense, on lève une contribution extraordinaire de 70,000 écus, dont l'excédant est versé dans le trésor électoral. Les annates que le nouvel archevêque est tenu de payer au pape, se montent, dit-on, à 18,000 florins. Ce prélat est le premier métropolitain d'Allemagne, & la dignité électorale est affectée à son siège. Il tient même, en qualité d'électeur, le premier rang parmi ses collègues, tant ecclésiastiques que séculiers. Son titre est : N. N. par la grace de Dieu, archevêque du saint-siège de *Mayence*, archi-chancelier de Germanie & électeur du Saint-Empire. Sa taxe matriculaire pour Mayence, Reineck & Kœnigstein est pour le mois romain de 1927 flor. 5 & demi kr. & pour l'entretien de la chambre impériale de 900 rixdales par terme; il les paye avec beaucoup d'exactitude.

Officiers. Les landgraves de Hesse sont les grands maréchaux de l'archevêché de *Mayence*; les comtes palatins des Deux-Ponts en sont les grands maîtres : la dignité de maître-d'hôtel héréditaire appartient à la famille de Greifenklau de Vollraths; celle d'échanson héréditaire aux comtes de Schœnborn; les comtes de Stolberg ont la qualité de grands chambellans, & les comtes de Metternich de Winnenberg celle de chambellan héréditaire.

Ses fonctions à la diète, au couronnement de l'empereur, & aux assemblées du cercle du bas-Rhin. Les droits & prérogatives de l'électeur de *Mayence*, relativement à l'élection & au couronne-

ment de l'empereur, ont été détaillés à l'article ALLEMAGNE.

On varie sur l'époque à laquelle cet électeur a obtenu la dignité d'archi-chancelier de Germanie; mais elle a été confirmée dès l'an 1292 par l'empereur Adolphe, en 1298, par l'empereur Albert I, & en 1314 par l'empereur Louis IV.

L'électeur de *Mayence* nomme le vice-chancelier de l'Empire, & il a sa chancellerie particulière à la cour impériale. Dans les assemblées de l'empereur & de l'Empire, non-seulement il se présente comme premier état, il a rang immédiatement après l'empereur ou le roi des romains, mais il a de plus la direction exclusive de toutes les délibérations des états de l'Empire. *Voyez* l'article ALLEMAGNE. Il jouit d'ailleurs de grandes prérogatives à l'égard des tribunaux suprêmes de l'Empire. C'est à lui qu'appartient la nomination d'un vice-chancelier pour le conseil aulique, qui a rang immédiatement après le président de l'empereur; celle de tous les secrétaires; cette chancellerie aulique qu'il dirige, fait toutes les expéditions, perçoit les épices dont elle a le dépôt, ainsi que des actes, & elle a le droit d'inspecter le conseil aulique. Quand l'empereur nomme un juge à la chambre impériale, il en donne avis à l'électeur, qui notifie la nomination à ce tribunal, où ses assesseurs ont le pas sur tous les autres, & de la chancellerie duquel il a la direction, & nomme tous les officiers. Nous dirons à l'article RHIN (cercle du Bas-) quelles sont ses fonctions & ses prérogatives aux assemblées de ce cercle.

Métropole. La métropole de *Mayence*, comme tous les archevêchés & évêchés catholiques, est soumise au saint-siège. Sa province comprenoit autrefois la plus grande partie de l'Allemagne; mais elle a souffert des démembremens considérables, tels que les évêchés de Moravie, de Magdebourg, de Bamberg, de Prague, de Verden & d'Halberstadt. Il ne lui reste plus que ceux de Worms, de Spire, de Strasbourg, de Constance, d'Augsbourg, de Coire, de Wurzbourg, d'Eichstœdt, de Paderborn, de Hildesheim & de Fulde.

Administration. L'électeur de *Mayence* n'a point de conseil d'état proprement dit; les affaires politiques se traitent dans ce qu'on appelle la *conférence secrette.* La chancellerie privée est composée du chancelier de la cour, d'un secrétaire intime, de plusieurs secrétaires en second, de quelques archivaires, & d'un certain nombre de commis appellés *chancellistes privés.* Le conseil aulique ou la régence électorale a un président, un vice-président nommé *groshofmeister*, un chancelier, un directeur de chancellerie & plusieurs conseillers intimes & auliques, divisés en deux classes, l'une noble, l'autre roturière, &c. La chambre des révisions est composée d'un directeur & de plusieurs conseillers, tous roturiers,

& d'un fecrètaire. On y peut obtenir, dans le délai de trente jours, la révifion des jugemens du tribunal aulique, de celui des appellations, des commiffions & des décrets du directoire général des bâtimens. Les autres dicaftères font le tribunal aulique, qui prononce fes jugemens dans quatre affifes générales ; la chambre aulique, le bureau de la guerre, la chambre des finances & la cour municipale de *Mayence* ; la commiffion des pauvres & le directoire des bâtimens.

Revenus. Les revenus de l'électeur font évalués à environ 1,200,000 flor. Son état militaire confifte en une garde à cheval, un corps de dragons, trois régimens d'infanterie & trois de milice réglée, dont l'un a fes quartiers dans l'Eifchsfeld. *Voyez* les articles ALLEMAGNE & RHIN (Cercle du Bas-).

MECKLENBOURG-SCHWERIN & Mecklenbourg-Guftro (duchés de) principautés d'All.

Etendue. La partie feptentrionale de ces duchés touche à la mer Baltique. La Poméranie les borne au levant, la Marche de Brandebourg au midi ; ils font limitrophes vers le couchant des principautés de Lunebourg & de Lavenbourg, de celle de Ratzebourg & de l'évêché de Lubeck. Les géographes & les hiftoriens ne font point d'accord entr'eux fur leur étendue ; Becher, dans fon livre *de reb. Mecklenb.*, leur donne 15 milles d'Allemagne de longueur & 12 de largeur. Frank évalue la première à 18 & la feconde à neuf, non comprife la feigneurie de Stargard. Klüver, au contraire, leur donne en longueur de 24 à trente milles, & en largeur de 9 & 10 à 18 milles. Cette dernière évaluation paroît plus vraifemblable ; mais il n'eft guère poffible de déterminer leur furface, jufqu'à ce qu'on les ait arpentés exactement, & qu'on en ait fait une bonne carte. Ces deux duchés comprennent dans leur enceinte la principauté de Schwerin ; ils comprennent auffi la ville de Wifmar, qui, ainfi que fon diftrict, appartient à la couronne de Suède.

Précis de l'hiftoire politique de ces duchés. Lorfque, dans le cinquième fiècle, la majeure partie des vandales eut quitté ce pays, les venèdes s'emparèrent fucceffivement des habitations abandonnées, & vécurent parmi ceux des vandales qui s'y trouvoient encore. Les venèdes qui s'établirent dans ces deux duchés, formoient une peuplade confidérable ; ils prirent le nom d'*abotrites*, & ils eurent leur prince particulier. Ils s'attachèrent à l'Empire germanique fous le règne de l'empereur Charlemagne, jufqu'à peine Louis, fon petit-fils, fut-il mort, qu'ils en fecouèrent le joug. Henri, furnommé le *Lion*, duc de Saxe & de Bavière, fe rendit maître de leur pays en 1161 ; il le pofféda non comme une province dépendante du duché de Saxe, ni comme un fief relevant de l'Empire, mais comme une propriété qu'il avoit conquife par fes armes : il le perdit par la fuite, lorfqu'il fut mis au ban de l'Empire.

Il établit des comtes & des juges, tirés du corps de la nobleffe de fes états héréditaires ; il partagea le *Mecklenbourg* en quatre parties : le feul comté de Schwerin, créé alors, garda fa conftitution primitive. Henri rendit le furplus de la province des abotrites en 1165 à Pribiflas, prince des venèdes, dont il étoit le patrimoine : celui-ci promit, de fon côté, toute fidélité au duc ; il embraffa le chriftianifme. Henri Borwin, fon fils, avoit époufé Mathilde, fille du duc Henri & de Mathilde, comteffe de Luxembourg & de Blieffcaftel. C'eft à ce mariage que remonte l'établiffement de la maifon ducale de *Mecklenbourg*. Ils eurent pour fils Henri & Nikolot ; le premier fut le feul qui laiffa des héritiers. Deux de fes fils furent nommés Jean & Nikolot : le premier devint la fouche de la branche de *Mecklenbourg*, l'autre de celle des venèdes, qui s'éteignit en 1436. A cette époque, la principauté des venèdes fut réunie à celle de *Mecklenbourg*, dont la branche fut érigée en duché en 1348 par l'empereur Charles IV. Le duc Jean, mort en 1592, eut deux fils, Adolphe-Frédéric & Jean Albert II ; ils partagèrent les états de leur père en 1611 ; ils firent un autre partage où ils confirmèrent l'ancien en 1621 : Adolphe-Frédéric eut le duché de Schwerin, & fon cadet celui de Guftro ; ils convinrent entr'eux que la ville de Roftock & fon univerfité, l'hôpital de la ville & les biens des couvens feroient poffédés par indivis. La ville de Wifmar, les bailliages de Pœl & de Neucklofter échurent à la couronne de Suède, en vertu du traité de Weftphalie de l'année 1648. Les ducs furent contraints de lui abandonner ; mais ils obtinrent les évêchés de Schwerin & de Ratzebourg, à titre de principautés féculariſées. Pour les indemnifer plus complettement, on y ajouta les commanderies de Miro & Nemero, l'une & l'autre de S. Jean. La branche de Guftro s'éteignit en 1695. Le duc Frédéric-Guillaume, l'un des defcendans de la branche de Schwerin, prétendit qu'il devoit hériter feul de la principauté vacante ; mais le duc Adolphe-Frédéric de Strelitz, frère cadet de fon père, fit valoir fes droits. Ce différend fut terminé par une convention fignée à Hambourg en 1701 : on régla que le neveu joindroit à fa principauté de Schwerin celle de Guftro, & que le duc Adolphe-Frédéric de Strelitz auroit la principauté de Ratzebourg, la feigneurie de Stargard, les anciennes commanderies de Miro & de Nemero, & une penfion annuelle de 9000 écus, à prendre fur le péage de Boitzenbourg. On introduifit en même-tems dans cette maifon le droit de primogéniture, ainfi que la fucceffion linéale : cette convention fut enfuite approuvée à tous égards par l'empereur Léopold.

Ainfi, les ducs de Mecklenbourg forment encore deux branches ; celle de Schwerin, dont le duc Frédéric-Guillaume eft la fouche, & celle de Strelitz qui a eu le duc Adolphe-Frédéric II pour auteur Frédéric-Guillaume, le premier des deux, eut pour successeur le duc Charles-Léopold son frère, que l'empereur Charles VI priva de la régence en 1728, & qui fut remplacé par le duc Christian Louis, son cadet, dans l'administration du pays. La régence échut à ce dernier par la mort de son frère, arrivée en 1747; il la transmit en 1756 au duc Frédéric, son fils aîné, après avoir fait les années précédentes une convention fondamentale & perpétuelle avec la noblesse & les différens ordres de ses pays héréditaires.

Sol. Les habitans du *Mecklenbourg* ne sont pas plus d'accord sur la qualité que sur l'étendue du terrein : les uns disent qu'il est bon, & les autres prétendent qu'il est mauvais.

On est convaincu qu'avec une administration sage, ce pays deviendroit infiniment plus fertile qu'il ne l'est effectivement. La Marche de Brandebourg qui en est voisine, & avec laquelle il a beaucoup d'aralogie, prouve que des contrées incultes, celles même que les sables & les marais rendent, pour ainsi dire, impraticables, peuvent être fécondées par le travail. Les recherches que fit en 1730 M. de Luhe, gouverneur du pays, prouvent d'un autre côté, que la noblesse y a bonifié au double & même au triple, les biens qu'elle y possède, & que par sa vigilance elle a porté à 60 & même à 80,000 rixdales la valeur de certains domaines qui, au commencement du dix-huitième siècle, n'ont été payés que 12 à 20,000 rixdales. Les biens que possède cette noblesse, ayant été évalués, en 1632, à 10,329,317 florins, doivent valoir aujourd'hui, en observant cette proportion, 21 millions de rixdales.

Navigation, ports. On parla dans le dix-septième siecle de faire un canal navigable depuis Wismar jusqu'au lac de Schwerin, afin de communiquer par les rivieres de Star & d'Elde à la mer Baltique, & de-là à l'Elbe, & faciliter le commerce de la mer Baltique à celle du nord, sans passer le sound d'Ære; mais ce projet a été abandonné, ou du moins on ne lui a donné jusqu'ici aucune suite. Les deux duchés, dont il est ici question, n'ont qu'un seul port sur la mer Baltique; c'est celui de Rostock : il seroit possible d'en construire un second près de New-Bucko, & un troisième près de Riebnitz, qui l'un & l'autre seroient avantageux au pays.

Population. Ces deux duchés contiennent 45 villes, grandes ou petites, non compris celle de Rostock, trois couvens appartenant à la noblesse & aux états de la province, & 594 domaines nobles. Les paysans y sont serfs, ce qui nuit de plus d'une façon à l'amélioration du sol & à une population proportionnée aux besoins des terres. On dénombra en 1628 les censes des paysans dans les deux duchés : on en trouva 1001 appartenant au souverain, 727 à la noblesse, & 768 aux

couvens; ce qui forme un total de 2496; & suivant la déclaration faite par la noblesse, en 1669 & 1670, des haufens qui y étoient attachés, on en compta 12,545; le hufen estimé sur le pied de trente arpens.

Etats & privilèges de la noblesse & des villes. Les villes de Parchim, Gustro & nouveau-Brandebourg sont les capitales; savoir, Parchim du cercle de *Mecklenbourg*, Gustro de celui de Wenden, & nouveau-Brandebourg de celui de Stargard. Chacune de ces capitales convoque les villes situées dans son cercle; elle préside les assemblées par ses députés, & y négocie, au nom de toutes, les affaires qui y sont mises en délibération.

La noblesse forme un corps libre, & jouit de droits & de privilèges considérables. Une transaction du 18 avril 1755, signée entre le duc Christian Louis d'une part, la noblesse & la province de Rostock de l'autre, a déclaré que tous les biens de cette même noblesse, ceux des trois couvens provinciaux & du cercle de Rostock, comme aussi ceux des trésoreries des villes municipales & des économats, seroient arpentés & convertis en haufen, dont la moitié seroit affranchie à jamais d'impôts, à l'exception néanmoins des services d'hommes & de chevaux réservés par les titres féodaux & allodiaux; mais que la seconde moitié de ces biens seroit & demeureroit contribuable, ainsi qu'elle l'a été. Les états sont composés de la noblesse & des députés des villes. La noblesse & les villes des duchés de Schwerin & de Gustro formèrent en 1523 une union indissoluble, que les souverains ratifièrent par le traité de Hambourg, du 8 mars 1701, & par le pacte de famille conclu dans la ville de Rostock : c'est une alliance des provinces entr'elles, qui a lieu également entre les états réciproquement. Celle des provinces a pour objet d'assurer aux nobles & autres, domiciliés dans les deux duchés, de même qu'à ceux du cercle de Stargard, une égalité parfaite & inaltérable dans les droits & les privilèges attachés à leurs conditions : ces trois cercles sont régis par les mêmes loix, les mêmes statuts; & d'après cette égalité & cette association, elles n'ont que la même cour de justice & le même consistoire; elles n'ont que les mêmes intérêts aux diètes & dans l'administration des couvens de la province, conformément à la transaction de Hambourg; & enfin elles ont les mêmes droits, les mêmes immunités & franchises, & elles s'assistent de leurs conseils & de leurs forces dans toutes les affaires. L'alliance de la noblesse & des villes des deux provinces consiste dans la participation immuable aux droits & immunités accordés à chacun de ces ordres; elle comprend la ville de Rostock, ainsi que toutes les autres de ce cercle; elle leur donne les mêmes intérêts aux diètes, dans les petits comités & dans l'administration des couvens;

elle les engage à n'avoir auffi que la même cour fupérieure de juftice, fans qu'aucun membre de la nobleffe ou aucune des villes puiffe être privé de fes droits ou privilèges. Il fut convenu, lors de cette union, qu'aucun des deux ordres ne pourroit contrevenir à un droit commun, fans l'aveu de l'autre, à peine de nullité de tout ce qu'on pourroit faire au préjudice de cette ftipulation particulière. L'alliance dit encore qu'on ne pourra fe prévaloir de ce traité d'union, ni en juftice, ni autrement, & qu'il ne préjudiciera pas aux intérêts du fouverain : les détails dans lefquels nous venons d'entrer, rendent l'adminiftration affez difficile.

Le prince convoque chaque année les états, pour déterminer à l'amiable les impôts, ou pour régler les fubfides de ce cercle relativement à l'Empire, ainfi que les penfions annuelles des princeffes, ou pour délibérer fur les ordonnances générales qu'il eft néceffaire de promulguer, ou enfin pour terminer fous l'autorité du prince les affaires qui concernent la province, & prononcer fur les griefs publics. Les membres des trois cercles y font invités par des univerfaux, qui leur font adreffés au nom du fouverain. Ces états fe tiennent alternativement à Malchim, à l'hôtel-de-ville, & à Sternberg dans un endroit nommé Indenberg, fitué hors de la ville. Ils s'affemblent communément en automne ; il eft libre toutefois au fouverain de les indiquer en toute faifon, fi un preffant befoin femble l'exiger. On notifie un mois auparavant, par des lettres convocatoires, les objets principaux qui doivent y être traités. Les demandes du prince font rédigées par écrit & préfentées aux affemblées, munies d'un fceau de la chancellerie, qu'on appelle fceau des états ; elles font fignées par un commiffaire, auquel le fouverain en a accordé le pouvoir. La nobleffe & les autres membres des états donnent leur réponfe le troifième jour après cette notification. Le duché de Schwerin fournit quatre confeillers provinciaux ; & celui de Guftro, y compris le cercle de Stargard, en fournit un pareil nombre, enforte qu'il y en a toujours huit : pour parvenir à cette dignité, il faut être domicilié dans ces deux duchés & pourvu par le prince, de quelque emploi convenable à la nobleffe, ou relatif aux intérêts de la province. S'il s'agit de nommer à un de ces emplois, la nobleffe & le pays dans lequel cet emploi vaque, choififfent trois nobles nés ou naturalifés dans la province ; ils les préfentent au fouverain qui en nomme un : celui-ci prête ferment d'après un ancien formulaire. Quatre des huit confeillers provinciaux font les fonctions d'affeffeurs au tribunal fouverain de la juftice & à celui de la cour. Les avis & les remontrances qu'ils donnent, font fignés de chacun d'eux en particulier, & l'enveloppe qui les recouvre, eft munie du cachet de celui qui préfide ; ils ne forment tous qu'un feul & même collège. Chaque

cercle a un maréchal provincial héréditaire, qui porte la parole dans les affemblées générales & aux jours de députations. Les confeillers provinciaux ont rang avec les confeillers actuels & intimes du duc felon l'ordre de leur ancienneté, ce qui s'obferve auffi entre les maréchaux & les colonels.

Le petit comité de la nobleffe & de la province eft compofé d'un confeiller provincial de chacun des deux duchés, d'un député de la nobleffe de chacun des trois cercles, d'un autre de la ville de Roftock, & de trois des villes de Parchim, de Guftro & du nouveau-Brandebourg ; ce qui forme neuf perfonnes : la nobleffe & la province peuvent augmenter ce nombre, fi elles le jugent à propos ; mais l'augmentation eft à leurs frais. Ce comité jouit, en vertu de l'ordre du fouverain, du droit de repréfenter le collège provincial de la nobleffe & du pays.

Toutes les fois qu'il s'agit de faire des réglemens qui intéreffent la nobleffe & les villes, le fuffrage des cercles & des villes fe prend le premier : la nobleffe peut s'affembler auffi fouvent qu'elle le juge à propos, dans l'étendue du bailliage ; mais il n'en eft pas de même des affemblées générales de toute la province : fuffent-elles jugées néceffaires, elles ne peuvent en aucun cas avoir lieu fans que le prince en foit averti.

Religion, régime eccléfiaftique. Les habitans de l'un & de l'autre duché profeffent prefque généralement la religion évangélique luthérienne. Les églifes & les écoles font divifées en fix furintendances provinciales, auxquelles font fubordonnés les prévôts eccléfiaftiques. On y trouve auffi quelques communautés calviniftes, les catholiques qu'on y rencontre, n'ofent exercer le culte de leur religion qu'en particulier, & dans la ville de Schwerin.

Manufactures. Les manufactures de laine, les fabriques de tabac & autres y font peu nombreufes. Les deux duchés exportent des grains, du lin, du chanvre, du houblon, de la cire, du miel, du bétail, du beurre, du fromage, de la laine & des bois de toutes efpèces.

Titre des ducs. Les ducs de Mecklenbourg prennent le titre de princes de Venède, de Schwerin, feigneurs des pays de Roftock & de Stargard.

Les électeurs & margraves de Brandebourg prennent le titre & les armes du *Mecklenbourg*, parce que, fuivant une convention conclue à Wittftock en 1442, ils doivent fuccéder au dernier rejetton de la maifon de Mecklenbourg. Les états du *Mecklenbourg* ont déja prêté ferment de fidélité à celle de Brandebourg, qui a renoncé à fon droit de féodalité.

Privileges de ces duchés. Le duc de *Mecklenbourg* de la branche de Schwerin a deux fuffrages dans le collège des princes de l'Empire, & dans les affemblées circulaires de la baffe-Saxe ; l'un pour le duché de *Mecklenbourg*-Schwerin, l'autre pour celui de *Mecklenbourg*-Guſtro. Sa taxe matriculaire, à raiſon de ces duchés, eſt de 40 cavaliers montés & équipés & de 67 fantaſſins, ou de 748 florins par mois romain ; mais il convient de déduire, conformément au recès d'Empire du 6 mai 1696, la part qu'en doivent payer la ville de Wiſmar & les bailliages de Pœl & de Neukloſter, laquelle part eſt à la charge de la couronne de Suède. Ces deux duchés ſont impoſés pour l'entretien de la chambre à 243 rixd. 43 un quart kr. chacun.

Adminiſtration, tribunaux. Le collège du conſeil privé & celui de la régence forment les tribunaux ſuprêmes du duché de Schwerin. Les revenus du ſouverain ſont adminiſtrés par la chambre du domaine & par celle des finances. Le duc de *Mecklenbourg*-Strelitz a un conſeil privé, une chancellerie & une chambre des finances, qui lui ſont particulières. La régence & les diverſes chambres dont on vient de parler, ne connoiſſent point des affaires contentieuſes qui y ſont portées ; elles les renvoient aux tribunaux des provinces. L'appel des jugemens rendus aux juſtices de chancelleries établies à Schwerin, à Roſtock & à Strelitz, de même que ceux du conſiſtoire de Roſtock, ſont portés à la cour ſupérieure de la province ; il eſt des cas cependant où ces appels ſont en quelque façon rejettés ou inadmiſſibles. La cour tient ſes ſéances quatre fois par an, & s'aſſemble à Guſtro depuis 1701 ; elle eſt non-ſeulement commune aux ducs de *Mecklenbourg*, mais à la nobleſſe & à la province, qui l'une & l'autre y ont part. Les ducs nomment le préſident, le vice-préſident & quatre aſſeſſeurs ; la nobleſſe y députe quatre aſſeſſeurs extraordinaires & un ordinaire ; les trois autres aſſeſſeurs ne ſont pas tirés de l'ancien évêché & principauté actuelle de Schwerin, de l'univerſité & de la ville de Roſtock. On appelle ce tribunal à celui de l'Empire, lorſque le privilège accordé aux ducs *de non appellando* le permet. Le duc de *Mecklenbourg*-Strelitz a un conſiſtoire qui lui eſt propre. La nobleſſe, ainſi que la province, ſont maintenues dans leur droit de juriſdiction attaché aux terres, qu'elles tiennent à titre de fiefs. Il en eſt de même de celle que les magiſtrats exercent en première inſtance dans les villes.

Les revenus annuels que la branche ducale de Schwerin perçoit des bailliages domaniaux & des droits régaliens, ſont conſidérables. Buſching dit que le duc Frédéric-Guillaume a avoué publiquement qu'ils ſe montent par année à 300,000 rixdales. Mais voici ce qu'on trouve dans un journal politique imprimé en Allemagne : les revenus du duc de Mecklenbourg Schwerin montent environ à la ſomme de 608,000 rixdales. La ferme des poſtes lui rapporte à-peu-près 18,000 rixdales ; & les impoſitions, les ancres, 590,000. Ceux du duc de Mecklenbourg-Strelitz ſont

moins conſidérables, & ne forment actuellement qu'un objet de 350,000 rixdales. La principauté de Razebourg y contribue pour environ 92,000 ; la ſeigneurie de Stargard rapporte 50,000, & le péage de l'Elbe 9000 rixdales : le reſte eſt le produit de ſes nombreux domaines.

Dans la partie qui appartient au duc de Mecklenbourg-Schwerin, les impôts ſe perçoivent ſur la moitié des hufen (cantons de 30 arpens), qui, d'après le pacte de 1755, ont été meſurés avec l'exactitude la plus ſcrupuleuſe. Chaque hufen taillable eſt taxé à 9 rixdales, ſans qu'il ſoit au pouvoir du ſouverain d'augmenter cet impôt, ſous quelque prétexte que ce puiſſe être. On a fixé pareillement les ſubſides que doivent payer dans le diſtrict de Roſtock celles des perſonnes libres qui occupent des biens nobles, les hufen des couvens, ceux des villes & des villages, autres cependant que les hufen que le pacte dont nous parlions tout-à-l'heure, a affranchi de cette charge. Le ſouverain a de l'économie & de la bienfaiſance : ces impôts établis ſur la nobleſſe & ſur la province lui ſuffiſent pour les dépenſes qu'entraînent les garniſons, les fortifications & les légations, ainſi que celles qu'il eſt obligé de faire pour les députations aux diètes de l'Empire, aux aſſemblées circulaires, & pour l'entretien de la chambre impériale. Il ſoumet à ces impôts & traite, à l'inſtar des hufen des particuliers, ſes propres bailliages & ſes biens domaniaux ; il cherche ainſi à ſoulager ſes ſujets, & il faut donner à un ſi bel exemple l'éloge qu'il mérite. La répartition ſe fait à une époque fixe : le prince invite les états à cette répartition par des lettres circulaires. Leur produit ſe verſe dans la caiſſe générale de la province, & on le remet enſuite à la chambre générale des finances. Les ſommes qui viennent des bailliages domaniaux ou des villes, ne ſont point dépoſées dans cette caiſſe, mais portées directement à cette même chambre. Les impôts ſe paient à noël & au carnaval. On peut ſe former une idée de celui qui eſt établi ſur les hufen contribuables, d'après ce que nous avons dit plus haut. Le duc, en faiſant arpenter les duchés de Schwerin & de Guſtro, s'eſt borné à déclarer 4700 hufen taillables, y compris les 535 trois quarts de hufen trouvés dans le cercle de Stargard. Il fut convenu à cette occaſion, par le duc & par les parties intéreſſées, que les 40,000 rixdales payées alors proviſionnellement, continueroient d'être levées & payées annuellement pour cet objet. A l'exception de cet impôt, le ſouverain ne peut en ordonner d'autres ſur la nobleſſe, ſur ſes vaſſaux & ſur les villes, ſinon les ſubſides de l'Empire, ceux du cercle & les penſions des princeſſes, qui ſe répartiſſent ſur tout le monde ſans exception. Il indique les deux premiers aux aſſemblées générales, où il communique à la nobleſſe & aux députés de la province une copie de la réſolution prife à cet egard-dans les diètes de l'Empire & du cercle, & il ne peut demander une plus forte fomme que celle exigée par les diètes. La nobleffe ne contribue pas à ces fubfides, à moins que l'empereur n'exige plus de 200 mois romains par année ; les villes municipales, de leur côté, n'y contribuent pas non plus, à moins que ces mois romains ne foient portés à 300 auffi par année. Si le nombre des mois romains eft au-deffous de 200, ils font à la charge feule du fouverain ; s'ils l'excèdent, la nobleffe, les biens domaniaux du fouverain & les villes payent par tiers cet excédant. La penfion des princeffes eft fixée à 20,000 rixdales, monnoie courante ; les bailliages domaniaux, les biens nobles & ceux des villes y contribuent chacun pour un tiers. La fomme que fourniffent pour l'acquittement de ces fubfides & de ces penfions ceux qui ne font partie d'aucun des corps dont nous avons parlé, tels que les villages dépendans des couvens, la ville & le diftrict de Roftock, eft un bénéfice auquel participent les parties contribuables, chacune pour un tiers. Au refte, la penfion des princeffes n'eft payée que dans les années où il n'y a ni fubfides de l'Empire, ni des cercles à acquitter.

Les dons gratuits font accordés 1°. dans les affemblées de la nobleffe d'un bailliage, & dans les conférences des députés des villes municipales : 2°. dans les affemblées générales des députés de la nobleffe feule, ou réunis aux députés de toute la province : 3°. encore par les nobles entr'eux lors de la convocation des diètes, & par les nobles & la province conjointement. Le fouverain permet que les biens nobles incorporés à fes biens domaniaux contribuent à cet impôt, auquel font obligés de contribuer auffi les couvens, les biens fitués dans le diftrict de Roftock, les villages & biens de campagne appartenans aux villes, & finalement ceux des laboureurs qui cultivent des biens d'églife, avec cette différence toutefois que ces trois derniers n'y font pas affujettis, à moins qu'ils n'aient appartenu autrefois à la nobleffe. La ville de Roftock paye feule pour fa part la douzième partie de ce don gratuit, outre ce qu'elle eft tenue d'acquitter pour fes biens de campagne & fes villages.

Les frais communs, appellés *neceffarien*, font ou ordinaires, ou extraordinaires. Le prince a donné fa parole qu'il contribueroit aux premiers de 6000 rixdales pour fes biens domaniaux, & d'une pareille fomme pour fes villes municipales en général. Ce qui eft à la charge de la nobleffe, fe proportionne au nombre des hufen taillables qu'elle poffède ; la ville de Roftock paye de fon côté 2000 rixdales annuellement. L'on fait face aux frais communs extraordinaires par un impôt particulier, dont la levée eft ordonnée de concert par le prince, par la nobleffe & par la province ; la répartition en eft faite par tiers fur les biens

domaniaux, fur ceux de la nobleffe & fur les villes. S'il en eft au contraire qui aient été occafionnés pour l'avantage feul d'un de ces ordres, il les fupporte feul.

Nous avons donné plus haut l'évaluation des revenus de la branche ducale de Strelitz, telle qu'on la trouve dans un journal politique d'Allemagne, & M. Bufching ne les porte pas à une fomme fi confidérable : cette branche, dit-il, perçoit actuellement les mieux bailliages domaniaux & du cercle de Stargard, 70 à 80 mille rixdales. Ils ne furent portés qu'à 31 mille par le recès de Hambourg de l'année 1701 ; mais ils furent augmentés de 20,000 rixdales fous la régence du duc Adolphe-Frédéric. Cette branche tire en outre 46,000 rixdales de la principauté de Ratzebourg, y compris les 9000 qu'elle prélève du péage de Boitzenbourg, enforte qu'elle jouit d'un revenu annuel de 126,000 rixdales.

La nobleffe de la province, les couvens & les lieux dépendans du cercle de Roftock ne contribuent pas à l'entretien des troupes du fouverain : cette dépenfe eft à la charge feule du duc, au moyen des contributions & des impôts qu'on lui paye. La nobleffe, ainfi que fes vaffaux, font exempts auffi de logement & d'entretien de gens de guerre ; les villes municipales en revanche ne le font que du logement de la cavalerie. Une autre exemption dont jouiffent les gentilshommes & leurs fujets, de même que la province, eft celle de n'être point obligés à faire des livraifons dans les magafins, ni affujettis aux travaux de fortifications & de redoutes, ni tenus à voiturer des matériaux ou à fe rédimer de ces charges à prix d'argent, à moins qu'il ne fe préfente des cas preffans, tels que feroient la défenfe de l'Empire & celle du cercle. Les villes font tenues de loger l'infanterie, & de lui fournir le fel, le bois & la lumière, ou de lui payer tous ces objets en argent. Le lecteur jugera, d'après les détails précédens, que le Mecklenbourg eft un des pays de l'Allemagne les mieux gouvernés fur la partie des impôts, & il ne fe trompera pas.

Divifion. Les deux duchés forment trois cercles.

I°. Le cercle de Mecklenbourg : il eft compofé du duché de Mecklenbourg-Schwerin, & comprend l'ancien duché de Mecklenbourg, le comté de Schwerin, la partie occidentale de la principauté de Venède, & une petite partie de la feigneurie de Roftock.

II°. Le cercle de Venède : il eft compofé de la partie orientale & la plus étendue de la principauté de Venède, ainfi que de la feigneurie de Roftock ; il forme en même-temps la plus forte portion du duché de Mecklenbourg-Guftrow.

III°. Le cercle de Stargard : c'eft une partie du duché de Mecklenbourg Guftro, & il eft compofé de l'ancienne feigneurie de Stargard. Il contient neuf villes & plus de 150 villages. *Voyez* l'article ALLEMAGNE & SUEDE. *Voyez* aussi à l'article SCHWERIN ce qui regarde la petite principauté de Schwerin, qu'il ne faut pas confondre avec le duché de Mecklenbourg-Schwerin.

MÉDIATEUR, MÉDIATION. Lorsque des peuples font la guerre pour soutenir leurs prétentions réciproques, on donne le nom de *médiateur* à un souverain ou à un état neutre, qui offre ses bons offices pour terminer les différends des puissances belligérantes, pour régler à l'amiable leurs prétentions, & rapprocher des princes qui souvent trop aliénés par la fureur des combats, ne veulent ni écouter la raison, ni traiter de paix directement les uns avec les autres.

Le rôle de conciliateur est le plus beau qu'un souverain puisse jouer : aux yeux de l'homme sage, il est préférable à l'éclat odieux que donnent des victoires sanguinaires, toujours onéreuses à ceux mêmes qui les remportent, & qu'on achete toujours au prix du sang, des trésors & du repos des sujets.

La justice d'ailleurs de ce devoir est si sensible, que l'alcoran même le prescrit aux disciples de Mahomet : on y trouve que si deux nations ou deux provinces de musulmans font en guerre, il faut que toutes les autres s'unissent pour les accommoder, & pour obliger celle qui a tort à satisfaire l'autre partie. C'est donc pour les chrétiens une obligation indispensable de travailler avec ardeur à réconcilier les esprits & à terminer les mêmes différends. Mais, quoi qu'en disent les publicistes, il est rare que des vues de religion déterminent les puissances chrétiennes à rétablir la paix.

La *médiation* semble avoir pour principe un motif si louable, qu'on a bonne grace à l'offrir lors même qu'on a des relations particulières avec l'ennemi, ou que des motifs de vanité ou de grandeur conduisent au rôle de *médiateur*. Les parties belligérantes demeurent maitresses d'accepter ou de refuser les propositions. Au reste, les *médiations* ne sont plus guère désintéressées : on se charge de soin, pour ne pas être réduits à épouser la querelle de l'une ou de l'autre des parties. On sait que, dans l'état actuel de l'Europe, si une puissance est bien-aise de voir sa rivale hâter son épuisement par la guerre, d'autres calculs pourraient déranger cette satisfaction. Si la guerre s'allume ou dure trop long-temps, l'incendie se communique de proche en proche, & on est entraîné malgré soi dans cette guerre ; & il est souvent dangereux pour nous de voir miner ou affoiblir les deux puissances, ou l'une des deux seulement, qui se préparent aux hostilités, ou qui les ont commencées. Il faut alors pour notre conservation travailler sérieusement à étouffer de bonne heure le feu qui commence chez nos voisins.

La *médiation* qui n'est accompagnée d'aucune menace & qui est vraiment généreuse, doit être acceptée par les parties intéressées ; le *médiateur* doit être étranger à la guerre que l'on veut terminer ; il ne doit point favoriser une des puissances aux dépens de l'autre. En un mot, dans ses fonctions de médiateur, il doit se montrer équitable, impartial & ami de la paix.

La médiation peut s'exercer par plusieurs personnes ou puissances à la fois, bien entendu néanmoins qu'aucune d'elles ne se trouve déja engagée par quelque traité particulier à secourir l'une des parties, au cas que l'on en vienne aux mains ; car une promesse ne sauroit être ni annullée, ni restreinte par une convention postérieure avec un tiers. Après avoir bien examiné les prétentions respectives de part & d'autre, les *médiateurs* dressent séparément ou de concert, des articles de paix, selon ce qui paroît le plus juste & le plus raisonnable ; ils les proposent aux parties qui sont en guerre, & ils leur déclarent souvent que si l'une d'elles refuse de faire la paix à ces conditions, on prendra le parti de l'autre qui les aura acceptées. Par-là on ne se rend nullement arbitre des deux parties malgré elles, & l'on ne s'attribue pas le droit de décider leur différend avec autorité ; ce qui seroit contraire à l'indépendance des divers états. On ne leur fait pas non plus cette proposition de manière à prétendre qu'elles soient absolument tenues d'y acquiescer ; car à la rigueur elles n'y sont pas tenues. Mais, par le droit naturel, chacun peut joindre ses armes à celles d'un autre, à qui il croit que l'on fait du tort, sur-tout lorsqu'il craint qu'il ne lui en revienne du mal à lui même.

L'histoire des médiations depuis un siècle seroit assez curieuse : nous en avons examiné plusieurs, & nous avons vu les *médiateurs* réussir lorsque les parties belligérantes étoient lasses de la guerre ; ou plus communément la médiation traînée en longueur par la partie la plus forte, jusqu'à ce qu'elle eût obtenu les avantages qu'elle desiroit. Quand les parties belligérantes sont arrivées à l'un ou l'autre de ces deux points, elles ne se soucient plus des *médiateurs* & de la lenteur de leurs négociations ; elles s'arrangent elles-mêmes, & elles ne craignent pas de donner un petit déplaisir aux puissances qui ont travaillé pendant la guerre à hâter la paix. C'est ainsi que le dernier traité de paix entre l'Angleterre & la France a été conclu sans l'intervention des médiateurs. *Voyez* l'article GUERRE.

MELINDE, royaume d'Afrique sur la côte de Zanguebar, où les portugais ont un comptoir. *Voyez* l'article PORTUGAL.

MEMMINGEN, ville impériale d'Allemagne au cercle de Suabe : elle est située dans une contrée riante & fertile sur le ruisseau d'Aach, qui se jette dans l'Iler. Ses magistrats, au nombre de dix-neuf, tant patriciens que plébéiens, professent le luthéranisme, ainsi que la plus grande partie de la bourgeoisie. On a dit qu'elle appartenoit anciennement au comté d'Altorf; mais cela eſt encore douteux. On ſait toutefois que Guelphe VI, dont la famille poſſédoit ce comté, y réſida & y finit ſes jours. Dès le règne de Frédéric I, elle étoit ville libre & impériale; & après l'extinction de Guelphe d'Altorf, elle fut ſi bien affermir ſa liberté, que le roi Rodolphe la reconnut & la confirma par une charte datée de 1286. Les empereurs Charles IV & Wenceſlas lui aſſurèrent ſon immédiateté. Elle a le quatorzième ſuffrage à la diète de l'Empire ſur le banc des villes libres de Suabe, & l'onzième dans les aſſemblées du cercle. Sa taxe matriculaire, autrefois de 248 florins, fut fixée en 1683 à 150 florins & réduite à 75 en 1706, outre 281 rixdales, 32 & demi kr. qu'elle paye pour l'entretien de la chambre impériale. Elle paye au fiſc de la préfecture de Suabe une redevance annuelle de 15 liv. hellers pour l'office de ſa prévôté. Elle fait un commerce aſſez conſidérable dans ſes environs, auſſi-bien qu'en Suiſſe & en Italie, & les objets de ce trafic ſont du ſel de Bavière, de la toile de ſes fabriques, du houblon, des grains & d'autres marchandiſes & denrées. En 1645, les troupes impériales & bavaroiſes s'en emparèrent après un ſiège opiniâtre de neuf ſemaines.

Le territoire de la ville appartient à la république & à ſes hôpitaux, qui en poſſèdent la plus grande partie.

MENDRISIO, un des quatre bailliages que les Suiſſes poſſèdent en Italie. Il faiſoit partie du duché de Milan. On l'oublia dans le traité conclu entre François premier, roi de France, & les ſuiſſes en 1516, & cet oubli cauſa bientôt des difficultés. Les ſuiſſes terminèrent le différend en le prenant de force en 1521. Jacques de Wippingen, baillif de Lugano, reçut le ſerment de ceux de Mendris & de Balerna, ſous la réſerve de leurs droits, privilèges, us & coutumes. Les ſuiſſes la gouvernent par un bailli qu'on prend alternativement dans les douze cantons, & qui eſt deux ans en charge. L'excluſion du canton d'Appenzell, reçu en 1513 dans la confédération helvétique, prouve que les ſuiſſes fondoient leurs droits ſur la conquête qu'ils en firent en 1512.

Ce baillaige eſt le plus petit des quatre. Il a trois lieues de longueur ſur une de largeur. Le terroir eſt très-fertile en vins & en grains.

Le baillif décide ſeul de toutes les affaires civiles & criminelles, avec droit d'appel au ſyndicat. Lorſqu'il s'agit d'un crime capital, il doit conſulter ſon ſecrétaire bailliyal, ſon propre vicaire, le fiſcal & le chancelier; mais ils n'ont tous que voix conſultative. Le ſecrétaire bailliyal eſt élû au pays même; il n'en a que le nom, le chancelier fait les fonctions. Le ſyndicat établit le fiſcal & le chancelier, & le baillif ſon vice-baillif.

Le baillaige ſe partage en deux pièves; celle de Mendriſio & celle de Balerna. On lui a conſervé quelques privilèges; chaque piève a deux régens, & chaque commune un conſul. Ceux-ci dirigent les affaires du pays, la police, les dépenſes publiques, &c. & ils en rendent compte au baillif.

Les habitans ſont tous du diocèſe de Come. On croit que leur nombre eſt de 15 ou 16 mille. Voyez l'article CORPS HELVÉTIQUE.

MERSEBOURG, évêché d'Allemagne, qui fut autrefois ſouverain: il eſt borné par les baillaiges de Léipſick & de Pegau du cercle de Léipſick; par ceux de Weiſſenfels & de Fribourg du cercle de la Thuringe; par celui de Querfurt de la principauté de ce nom, par celui de Schraplau, dépendant du comté de Mansfeld, & par la partie du duché de Magdebourg que l'on nomme cercle de la Saale.

Il contient 7 villes, un bourg, 212, & ſelon Hempel 225 villages & 78 biens nobles.

L'empereur Otton le grand conçut, dès l'année 955, le deſſein de fonder un évêché dans ſa ville de Merſebourg; il obtint à cet effet une bulle du pape en 962, qui fut confirmée en 967: mais cette fondation n'eut lieu qu'en 968, & ce nouvel évêché fut mis ſous la dépendance de l'archevêché de Magdebourg. Il paroît que l'empereur céda pour toujours à l'évêque les droits ſeigneuriaux ſur la ville de Merſebourg; & vers l'année 974, l'évêque obtint les droits régaliens dans l'intérieur de la ville. On ignore le temps auquel les évêques entrèrent en poſſeſſion du château & du baillaige; mais ce ne fut point avant le treizième ſiècle. Giſiler ou Geiſſeler, deuxième évêque, parvenu enſuite à l'archevêché de Magdebourg, diviſa les biens de l'évêché, & le convertit en abbaye en 982; mais l'empereur Henri II le rétablit en 1004, & plaça ſur le ſiège Wigbert; il réunit une grande partie des biens qui en avoient été détachés. Les margraves de Miſnie ne ceſſèrent point de s'arroger la ſouveraineté de Merſebourg; & quoique le margrave Frédéric s'en ſoit départi en 1288, & que l'évêque Sigiſmond de Lindenau eût obtenu en 1541 un reſcrit de l'empereur Charles-Quint, portant que la qualité de prince lui ſeroit conſervée en tout temps, & qu'il ne ſeroit fait aucune innovation dans les immunités de l'Empire dont il jouiſſoit, ni dans la taxe matriculaire à laquelle il étoit impoſé, les évêques ne furent cependant envisagés que comme nobles immédiats, ſoit par les margraves, ſoit par les électeurs, & ils furent même obligés de ſe reconnoître pour membres des états électoraux: de nos jours, l'évêché fait encore partie de la première claſſe de ces états dans le collège des prélats. Cet évêché quitta, dans le ſeizième ſiècle, la religion catholique romaine, pour embraſſer la proteſtante; & depuis 1561 le
grand

grand chapitre a élu constamment un prince de la maison électorale. L'électeur Jean-George I, à qui le grand chapitre conféra cette dignité en 1592, & qui administra réellement cet évêché en 1603, le résigna en 1650 entre les mains du grand chapitre, pour en faire revêtir son troisième fils Christian qui, dès 1656, régit la majeure partie de cet évêché, & qui l'administra en entier après le décès de son père : il eut d'ailleurs, en vertu d'un testament de 1652, la basse-Lusace, les seigneuries de Dobrilug & de Finsterwalde, comme aussi les bailliages de Delitzsch, de Bitterfeld & de Zœrbig. Le prince Christian fut ainsi la souche de la branche collatérale de *Mersebourg*, qui s'éteignit en 1738 par la mort du duc Henri : à cette époque, le roi Auguste III se chargea de la direction de *Mersebourg*, qu'il attacha pour toujours à la maison électorale, en vertu d'une capitulation.

Sa taxe matriculaire consistoit anciennement en dix cavaliers montés & équipés & 30 fantassins, ou 240 florins en argent : mais la maison de Saxe l'a exempté depuis cette charge.

Le grand chapitre est composé de seize grands chanoines, parmi lesquels se trouvent six prélats, & de quatre chanoines inférieurs, tous de la religion luthérienne & d'ancienne noblesse.

L'évêché a une régence qui lui est propre ; il a aussi une chambre domaniale & un consistoire.

Les bailliages qui lui appartiennent, sont :
I. Le bailliage, dit Kuchenamt-Mersebourg, qui comprend quarante-cinq villages & dix-neuf biens nobles.

II. Le bailliage de Lutzen, composé de 73 villages & de 24 biens nobles. Le bailliage de Zwenkay fut incorporé en 1655.

III. Le bailliage de Schkenditz, composé de quarante-huit villages & de vingt-quatre biens nobles.

IV. Le bailliage de Lauchstœdt, composé de 29 villages & de 11 biens nobles. *Voyez* l'article SAXE.

MEURS, principauté d'Allemagne, au cercle de Westphalie.

Cette principauté a environ deux milles en longueur & en largeur ; elle est bornée par les duchés de Clèves & de Berg, par l'archevêché de Cologne & le duché de Gueldres.

Quoiqu'un grand nombre de ses districts soient marécageux, cette principauté est cependant fertile en bled, & nourrit beaucoup de bétail & de gibier. Tous les habitans, à l'exception de ceux de la seigneurie de Creyfeld, professent la religion réformée.

Précis de l'histoire politique. La principauté de *Meurs* est un ancien fief de Clèves, dont les comtes de *Meurs* ont reçu l'investiture dès 1287. Après la mort de Herman, dernier comte de *Meurs*, Guillaume, duc de Clèves, voulut se

mettre en possession de *Meurs*, comme d'un fief ouvert ; mais Waldpurge, sœur du dernier comte & femme d'Adolphe, comte de Nevenar, s'en empara, & en 1579 les parties transigèrent : il fut convenu qu'Adolphe de Nevenar recevroit l'investiture de *Meurs* des mains de Guillaume, duc de Clèves ; & qu'en cas de décès de la part de Waldpurge, sans laisser de postérité, le comté en question retourneroit aux ducs de Clèves. Waldpurge fit don du comté à Maurice, prince de Nassau-Orange ; & quoique le duc de Clèves s'en mît en possession en 1600 après la mort de la donatrice, Maurice le lui reprit. Les deux parties stipulèrent en 1606 que les bourgeois de *Meurs* seroient neutres, que le prince Maurice mettroit dans le château une garnison de deux cents six hommes, & qu'après sa mort le comté appartiendroit au duc. Mais Maurice étant mort en 1625, son successeur Frédéric-Henri s'empara de *Meurs*, & la maison d'Orange s'y maintint jusqu'à la mort de Guillaume III, roi de la Grande-Bretagne, après laquelle le roi de Prusse s'en saisit à titre d'héritier & à titre de seigneur direct. Après la mort du comte Herman, dont il a déjà été fait mention, la seigneurie de Frimœrsheim retourna à l'abbaye de Werden comme fief ouvert ; mais cette abbaye en investit de nouveau, en 1579, le duc Guillaume de Clèves ; cependant on en conserva la jouissance à la comtesse Waldpurge : après sa mort, le prince Maurice de Nassau la prit également, & en obtint l'investiture de l'abbaye. La maison électorale de Brandebourg réincorpora en 1648 au duché de Clèves cette seigneurie & les autres fiefs de Werden, & en fit renouveller l'hommage en 1668 & 1681. Le roi de Prusse fit ériger *Meurs* en principauté par l'empereur Joseph en 1707 ; mais il n'a pu encore obtenir voix & séance au collège des princes, quoique le résultat que les deux collèges supérieurs rédigèrent en 1708, lui fût favorable.

Le prince d'Orange obtint en 1661, par rapport à cette principauté, voix & séance aux assemblées du cercle de Westphalie, après avoir promis de fournir pour la taxe matriculaire 4 cavaliers & 12 fantassins. Sa place est immédiatement après Witten. *Meurs* ayant été érigé en principauté en 1708, on lui assigna un nouveau rang aux assemblées circulaires, & son souverain prit place après Ost-Frise. Cette principauté doit payer 40 rixdales 54 & demi kr. pour l'entretien de la chambre impériale.

La principauté de *Meurs* a une régence particulière, qui administre toutes les affaires ecclésiastiques, civiles & féodales. Les affaires économiques appartiennent à la députation de la chambre de guerre & des domaines, & celles de guerre & de police sont dirigées par le conseil des accises de *Meurs* & de Crefeld, sous la direction de ce dernier collège : ce même conseil remplit les fonctions de conseil provincial. *Voyez* les articles BRANDEBOURG & PRUSSE.

MEXIQUE, vaste contrée de l'Amérique que possèdent les espagnols : on lui donne aussi le nom de *Nouvelle-Espagne*. On trouve au nord du *Mexique* une autre contrée qui appartient aussi aux espagnols, & qu'on appelle le *Nouveau-Mexique*. Ce qui regarde le *Nouveau Mexique*, se trouvera ici ; nous n'avons pas cru devoir en faire un article à part.

Nous ferons dans celui-ci, 1°. un précis historique de la découverte, de la conquête & de l'établissement du *Mexique*, & des détails sur le gouvernement qu'y trouvèrent les espagnols : 2°. nous indiquerons le degré de prospérité auquel s'est élevé le *Mexique*, & nous parlerons des productions & du commerce de ce pays.

SECTION PREMIERE.

Précis historique de la découverte, de la conquête
& de l'établissement du Mexique & de la Nou-
velle-Espagne.

Velasquès, fondateur de l'établissement de Cuba, désiroit que sa colonie partageât, avec celle de Saint-Domingue, l'avantage de faire des découvertes dans le continent ; & il trouva très-disposés à seconder ses vues, la plupart de ceux qu'une avidité active & insatiable avoit conduits dans son isle. Cent dix s'embarquèrent, le 8 février 1517, sur trois petits bâtimens à Saint-Iago, cinglèrent à l'ouest, débarquèrent successivement à Yucatan, à Campêche, furent reçus en ennemis sur les deux côtes, périrent en grand nombre des coups qu'on leur porta, & regagnèrent dans le plus grand désordre le port d'où, quelques mois auparavant ils étoient partis avec de si flatteuses espérances. Leur retour fut marqué par la fin du chef de l'expédition, Cordova, qui mourut de ses blessures,

Jusqu'à cette époque, l'autre hémisphère n'avoit offert aux espagnols que des sauvages nuds, errans, sans industrie, sans gouvernement. Pour la première fois, on venoit de voir des peuples logés, vêtus, formés en corps de nations, assez avancés dans les arts pour convertir en vases des métaux précieux.

Cette découverte pouvoit faire craindre des dangers nouveaux ; mais elle présentoit aussi l'appas d'un butin plus riche, & deux cents quarante espagnols se précipitèrent dans quatre navires qu'armoit, à ses dépens, le chef de la colonie. Ils commencèrent par vérifier ce qu'avoient publié les aventuriers qui les avoient précédés, poussèrent ensuite leur navigation jusqu'à la rivière de Panuco, & crurent appercevoir par tout des traces encore plus décisives de civilisation. Souvent ils débarquèrent. Quelquefois on les attaqua très-vivement, & quelquefois on les reçut avec

un respect qui tenoit de l'adoration. Dans une ou deux occasions, ils purent échanger contre l'or du nouvel hémisphère quelques bagatelles de l'ancien. Les plus entreprenans d'entr'eux opinoient à former un établissement sur ces belles plages ; leur commandant, Grijalva, qui, quoiqu'actif, quoiqu'intrépide, n'avoit pas l'ame d'un héros, ne trouva pas ses forces suffisantes pour une entreprise de cette importance. Il reprit la route de Cuba, où il rendit un compte plus ou moins exagéré de tout ce qu'il avoit vu, de tout ce qu'il avoit pu apprendre de l'empire du *Mexique*.

La conquête de cette vaste & opulente région est aussi-tôt arrêtée par Velasquès. Le choix de l'instrument qu'il y employera, l'occupe plus long-temps. Il craint également de la confier à un homme qui manquera des qualités indispensables pour la faire réussir, ou qui aura trop d'ambition pour lui en rendre hommage. Ses confidens le décident enfin pour Fernand Cortès, celui de ses lieutenans que les talens appellent le plus impérieusement à l'exécution du projet, mais le moins propre à remplir ses vues personnelles. L'activité, l'élévation, l'audace que montre le nouveau chef dans les préparatifs d'une expédition dont il prévoit & veut écarter les difficultés, réveillent toutes les inquiétudes d'un gouverneur naturellement trop soupçonneux. On le voit occupé, d'abord en secret & publiquement ensuite du projet de retirer une commission importante qu'il se reproche d'avoir inconsidérément donnée. Repentir tardif. Avant que soient achevés les arrangemens imaginés pour retenir la flotte composée de onze petits bâtimens, elle a mis à la voile, le 10 février 1519, avec cent neuf matelots, cinq cents huit soldats, seize chevaux, treize mousquets, trente-deux arbalètes, un grand nombre d'épées & de piques, quatre fauconneaux & dix pièces de campagne.

Ces moyens d'invasion, tout insuffisans qu'ils pourront paroître, n'avoient pas même été fournis par la couronne, qui ne contribuoit alors que de son nom aux découvertes, aux établissemens. C'étoient les particuliers qui formoient des plans d'agrandissement, qui les dirigeoient par des combinaisons bien ou mal réfléchies, qui les exécutoient à leurs dépens. La soif de l'or & l'esprit de chevalerie qui régnoit encore, excitoient principalement la fermentation. Ces deux aiguillons faisoient à la fois courir dans le nouveau-Monde, des hommes de la première & de la dernière classe de la société ; des brigands qui ne respiroient que le pillage, & des esprits exaltés qui croyoient aller à la gloire. C'est pourquoi la trace de ces premiers conquérans fut marquée par tant de forfaits & tant d'actions extraordinaires ; c'est pourquoi leur cupidité fut si atroce, & leur bravoure si gigantesque.

La double passion des richesses & de la renommée paroît animer Cortès. En se rendant à sa deftination, il attaque les indiens de Tabafco, bat plufieurs fois leurs troupes, les réduit à demander la paix, reçoit leur hommage, & fe fait donner des vivres, quelques toiles de coton, & vingt femmes qui le fuivent avec joie.

Le *Mexique* obéiffoit à Montezuma, lorfque les efpagnols y abordèrent. Le fouverain ne tarda pas à être averti de l'arrivée de ces étrangers. Dans cette vafte domination, des couriers placés de diftance en diftance, inftruifoient rapidement la cour de tout ce qui arrivoit dans les provinces les plus reculées. Leurs dépêches confiftoient en des toiles de coton, où étoient repréfentées les différentes circonftances des affaires qui méritoient l'attention du gouvernement. Les figures étoient entremêlées de caractères hiéroglyphiques, qui fuppléoient à ce que l'art du peintre n'avoit pu exprimer.

On devoit s'attendre qu'un prince que fa valeur avoit élevé au trône, dont les conquêtes avoient étendu l'empire, qui avoit des armées nombreufes & aguerries, feroit attaquer ou attaqueroit lui-même une poignée d'aventuriers qui ofoient infefter fon domaine de leurs brigandages. Il n'en fut pas ainfi; & les efpagnols, toujours invinciblement pouffés vers le merveilleux, cherchèrent, dans un miracle, l'explication d'une conduite fi vifiblement oppofée au caractère du monarque, fi peu affortie aux circonftances où il fe trouvoit. Les écrivains de cette nation ne craignirent pas de publier à la face de l'univers, qu'un peu avant la découverte du nouveau-Monde, on avoit annoncé aux mexicains que bientôt il arriveroit du côté de l'orient un peuple invincible, qui vengeroit, d'une manière à jamais terrible, les dieux irrités par les plus horribles crimes, par celui en particulier que la nature repouffe avec plus de dégoût, & que cette prédiction fatale avoit feule enchaîné les talens de Montezuma. Ils crurent trouver dans cette impofture le double avantage de juftifier leurs ufurpations, & d'affocier le ciel à leurs cruautés. Une fable fi groffière trouva long-tems des partifans dans les deux hémifphères, & cet aveuglement n'eft pas auffi furprenant qu'on le pourroit croire.

Depuis que Montezuma étoit fur le trône, il ne montroit aucun des talens qui l'y avoient fait monter. Du fein de la molleffe, il méprifoit fes fujets, il opprimoit fes tributaires. L'arrivée des efpagnols ne rendit pas du reffort à cette ame avilie & corrompue. Il perdit en négociant, le tems qu'il falloit employer en combats, & voulut renvoyer avec des préfens, des ennemis qu'il falloit détruire. Cortès, à qui cet engourdiffement convenoit beaucoup, n'oublioit rien pour le perpétuer. Ses difcours étoient d'un ami. Sa miffion fe bornoit, difoit-il, à entretenir de la part du plus grand monarque de l'orient, le plus puiffant maître du *Mexique*. A toutes les

inftances qu'on faifoit pour preffer fon rembarquement, il répondoit toujours qu'on n'avoit jamais renvoyé un ambaffadeur fans lui donner audience. Cette obftination ayant réduit les envoyés de Montezuma à recourir, felon leurs inftructions, aux menaces & à vanter les tréfors & les forces de leur patrie : *voilà*, dit le général efpagnol en fe tournant vers fes foldats, *voilà ce que nous cherchons, de grands périls & de grandes richeffes.* Il avoit alors fini tous fes préparatifs, & acquis toutes les connoiffances qui lui étoient néceffaires. Réfolu à vaincre ou à périr, il brûla fes vaiffeaux, & marcha vers la capitale de l'empire.

Sur fa route fe trouvoit la république de Tlafcala, de tout tems ennemie des mexicains, qui vouloient la foumettre à leur domination. Cortès ne doutant pas qu'elle ne dût favorifer fes projets, lui fit demander paffage, & propofer une alliance. Des peuples qui s'étoient interdit prefque toute communication avec leurs voifins, & que ce principe infociable avoit accoutumés à une défiance univerfelle, ne devoient pas être favorablement difpofés pour des étrangers dont le ton étoit impérieux, & qui avoient fignalé leur arrivée par des infultes faites aux dieux du pays. Auffi repouffèrent-ils fans ménagement les deux ouvertures. Les merveilles qu'on racontoit des efpagnols, étonnoient les tlafcalteques, mais ne les effrayoient pas. Ils livrèrent quatre ou cinq combats. Une fois les efpagnols furent rompus. Cortès fe crut obligé de fe retrancher, & les indiens fe firent tuer fur les parapets. Que leur manquoit-il pour vaincre? des armes.

Un point d'honneur qui tient à l'humanité, un point d'honneur qu'on trouva chez les grecs au fiège de Troye, qui fe fit remarquer chez quelques peuples des Gaules, & qui paroît établi chez plufieurs nations, contribua beaucoup à la défaite des tlafcalteques. C'étoit la crainte & la honte d'abandonner à l'ennemi leurs bleffés & leurs morts. A chaque moment, le foin de les enlever, rompoit les rangs & ralentiffoit les attaques.

Une conftitution politique, qu'on ne fe feroit pas attendu à trouver dans le nouveau-Monde, s'étoit formée dans cette contrée. Le pays étoit partagé en plufieurs cantons, où régnoient des hommes qu'on appelloit *caciques*. Ils conduifoient leurs fujets à la guerre, levoient les impôts & rendoient la juftice : mais il falloit que leurs édits fuffent confirmés par le fénat de Tlafcala, qui étoit le véritable fouverain. Il étoit compofé de citoyens choifis dans chaque diftrict par les affemblées du peuple. M. Robertfon a décrit les mœurs & le gouvernement des tlafcalteques; & nous y renvoyons le lecteur.

Une des qualités que les efpagnols méprifoient le plus chez les tlafcalteques, c'étoit l'amour de la liberté. Ils ne trouvoient pas que ce peuple eût un gouvernement, parce qu'il n'avoit pas celui d'un feul, ni une police, parce qu'il n'avoit pas celle de Madrid ; ni des vertus, parce qu'il n'avoit pas leur culte ; ni de l'efprit, parce qu'il n'avoit pas leurs opinions.

Malgré cette manière de penfer fi hautaine & fi dédaigneufe, les efpagnols firent alliance avec les tlafcalteques, qui leur donnèrent fix mille foldats pour les conduire & les appuyer.

Avec ce fecours, Cortès s'avançoit vers Mexico, à travers un pays abondant, arrofé, couvert de bois, de champs cultivés, de villages & de jardins. La campagne étoit féconde en plantes inconnues à l'Europe. On y voyoit une foule d'oifeaux d'un plumage éclatant, des animaux d'efpèces nouvelles. La nature étoit différente d'ellemême, & n'en étoit que plus agréable & plus riche. Un air tempéré, des chaleurs continues, mais fupportables, entretenoient la parure & la fécondité de la terre. On voyoit, dans le même canton, des arbres couverts de fleurs, des arbres chargés de fruits. On femoit dans un champ le grain qu'on moiffonnoit dans l'autre.

Les efpagnols ne parurent point fenfibles à ce nouveau fpectacle. Tant de beautés ne les touchoient pas. Ils voyoient l'or fervir d'ornement dans les maifons & dans les temples, embellir les armes des mexicains, leurs meubles & leurs perfonnes ; ils ne voyoient que ce métal : femblables à ce Mammona dont parle Milton, qui dans le ciel oubliant la divinité même, avoit toujours les yeux fixés fur le parvis qui étoit d'or.

Montezuma que fes incertitudes, & peut-être la crainte de commettre fon ancienne gloire, avoient empêché d'attaquer les efpagnols à leur arrivée, de fe joindre depuis aux tlafcalteques plus hardis que lui, d'affaillir enfin des vainqueurs fatigués de leurs propres triomphes : Montezuma, dont les mouvemens s'étoient réduits à détourner Cortès de venir dans fa capitale, prit le parti de l'y introduire lui-même. Il commandoit à trente princes, dont plufieurs pouvoient mettre fur pied des armées. Ses richeffes étoient confidérables, & fon pouvoir abfolu. Il paroît que fes fujets avoient quelques connoiffances & de l'induftrie. Ce peuple étoit guerrier & rempli d'honneur.

L'empereur du *Mexique* oubliant ce qu'il fe devoit, ce qu'il devoit à fa couronne, ne montra pas le moindre courage, le moindre intelligence. Tandis qu'il pouvoit accabler les efpagnols de toute fa puiffance, malgré l'avantage de leur difcipline & de leurs armes, il voulut employer contre eux la perfidie.

Il les combloit à Mexico de préfens, d'égards, de careffes, & il faifoit attaquer la Vera-Crux, colonie que les efpagnols avoient fondée dans le lieu où ils avoient débarqué, pour s'affurer une retraite, où pour recevoir des fecours. *Il faut*, dit Cortès à fes compagnons, en leur apprenant

cette nouvelle, *il faut étonner ces barbares par une action d'éclat : j'ai réfolu d'arrêter l'empereur, & de me rendre maître de fa perfonne.* Ce deffein fut approuvé. Auffi-tôt, accompagné de fes officiers, il marche au palais de Montezuma, & lui déclare qu'il faut le fuivre, ou fe réfoudre à périr. Ce prince, par une baffeffe égale à la témérité de fes rivaux, fe met entre leurs mains. Il eft obligé de livrer au fupplice les généraux qui n'avoient agi que par fes ordres ; & il met le comble à fon aviliffement, en rendant hommage de fa couronne au roi d'Efpagne.

Au milieu de ces fuccès, on apprend que Narvaès vient d'arriver de Cuba avec huit cents fantaffins, avec quatre-vingts chevaux, avec douze pièces de canon, pour prendre le commandement de l'armée & pour exercer des vengeances. Ces forces étoient envoyées par Velafquès, mécontent que les aventuriers partis fous fes aufpices euffent renoncé à toute liaifon avec lui, qu'ils fe fuffent déclarés indépendans de fon autorité, & qu'ils euffent envoyés des députés en Europe, pour obtenir la confirmation des pouvoirs qu'ils s'étoient arrogés eux-mêmes. Quoique Cortès n'ait que deux cents cinquante hommes, il marche à fon rival ; il le combat, le fait prifonnier, oblige les vaincus à mettre bas les armes, puis les leur rend en leur propofant de le fuivre. Il gagne leur cœur par fa confiance & fa magnanimité. Ces foldats fe rangent fous fes drapeaux ; & avec eux il reprend, fans perdre un moment, la route de Mexico, où il n'avoit pu laiffer que cinquante efpagnols qui, avec les tlafcalteques, gardoient étroitement l'empereur.

Il y avoit des mouvemens dans la nobleffe mexicaine, qui étoit indignée de la captivité de fon prince ; & le zèle indifcret des efpagnols qui, dans une fête publique en l'honneur des dieux du pays, renverfèrent les autels & maffacrèrent les adorateurs & les prêtres, avoit fait prendre les armes au peuple.

Cortès, à fon retour à Mexico, trouva les fiens affiégés dans le quartier où il les avoit laiffés. C'étoit un efpace affez vafte pour contenir les efpagnols & leurs alliés, & entouré d'un mur épais, avec des tours placées de diftance en diftance. On y avoit difpofé l'artillerie le mieux qu'il avoit été poffible ; & le fervice s'y étoit toujours fait avec autant de régularité & de vigilance que dans une place affiégée ou dans le camp le plus expofé. Le général ne pénétra dans cette efpèce de fortereffe qu'après avoir furmonté beaucoup de difficultés ; & quand il y fut enfin parvenu, les dangers continuoient encore. L'acharnement des naturels du pays étoit tel qu'ils hafardoient de pénétrer par les embrafures du canon, dans l'afyle qu'ils vouloient forcer.

Pour fe tirer d'une fituation défefpérée, les efpagnols ont recours à des forties. Elles font heureufes, fans être décifives. Les mexicains montrent un courage extraordinaire. Ils se dévouent gaiement à une mort certaine. On les voit se précipiter nus & sans défense dans les rangs de leurs ennemis, pour rendre leurs armes inutiles ou pour les leur arracher. Tous veulent périr pour délivrer leur partie de ces étrangers qui prétendent y régner.

Le combat le plus sanglant se donne sur une élévation dont les américains s'étoient emparés, & d'où ils accabloient de traits plus ou moins meurtriers tout ce qui se présentoit. La troupe chargée de les déloger, est trois fois repoussée. Cortès s'indigne de cette résistance; & quoiqu'assez grièvement blessé, il veut se charger lui-même de l'attaque. A peine est-il en possession de ce poste important, que deux jeunes mexicains jettent leurs armes & viennent à lui comme déserteurs. Ils mettent un genou à terre, dans la posture de supplians, le saisissent & s'élancent avec une extrême vivacité dans l'espérance de le faire périr, en l'entraînant avec eux. Sa force ou son adresse le débarrassent de leurs mains, & ils meurent victimes d'une entreprise généreuse & inutile.

Cette action, mille autres d'une vigueur pareille, font desirer aux Espagnols qu'on puisse trouver des moyens de conciliation. Montezuma, toujours prisonnier, consent à devenir l'instrument de l'esclavage de son peuple, & il se montre avec tout l'appareil du trône sur la muraille, pour engager ses sujets à cesser les hostilités. Leur indignation lui apprend que son règne est fini; & les traits qu'ils lui lancent le percent d'un coup mortel.

Un nouvel ordre de choses suit de près cet événement tragique. Les mexicains voient à la fin que leur plan de défense, que leur plan d'attaque sont également mauvais; & ils se bornent à couper les vivres à un ennemi que la supériorité de sa discipline & de ses armes rend invincible. Cortès ne s'apperçoit pas plutôt de ce changement de système, qu'il pense à se retirer chez les tlascaltèques.

L'exécution de ce projet exigeoit une grande célérité, un secret impénétrable, des mesures bien combinées. On se met en marche vers le milieu de la nuit. L'armée défiloit en silence & en ordre sur une digue, lorsque son arrière-garde fut attaquée avec impétuosité par un corps nombreux, & ses flancs par des canots distribués aux deux côtés de la chaussée. Si les mexicains, qui avoient plus de forces, n'en pouvoient faire agir, eussent eu la précaution de jetter des troupes à l'extrémité des ponts qu'ils avoient sagement rompus, les espagnols & leurs alliés auroient tous péri dans cette action sanglante. Leur bonheur voulut que leur ennemi ne sût pas profiter de tous ses avantages; & ils arrivèrent enfin sur les bords du lac, après des dangers & des fatigues incroyables. Le désordre où ils étoient, les exposoit encore à une défaite entière. Une nouvelle faute vint à leur secours.

L'aurore permit à peine aux mexicains de découvrir le champ de bataille dont ils étoient restés les maîtres, qu'ils apperçurent parmi les morts un fils & deux filles de Montezuma, que les espagnols emmenoient avec quelques autres prisonniers. Ce spectacle glaça d'effroi. L'idée d'avoir massacré les enfans après avoir immolé le père, étoit trop forte pour que des ames foibles & énervées par l'habitude d'une obéissance aveugle, pussent la soutenir. Ils craignirent de joindre l'impiété au régicide; & ils donnèrent à de vaines cérémonies funebres un temps qu'ils devoient au salut de leur patrie.

Durant cet intervalle, l'armée battue qui avoit perdu son artillerie, ses munitions, ses bagages, son butin, cinq ou six cents espagnols, deux mille tlascalteques, & à laquelle il ne restoit presque pas un soldat qui ne fût blessé, se remettoit en marche. On ne tarda pas à la poursuivre, à la harceler, à l'envelopper enfin dans la vallée d'Otumba. Le feu du canon & de la mousqueterie, le fer des lances & des épées, n'empêchoient pas les Indiens, tous nus qu'ils étoient, d'approcher, & de se jetter sur leurs ennemis avec une grande animosité. La valeur alloit céder au nombre, lorsque Cortès décida de la fortune de cette journée. Il avoit entendu dire que, dans une partie du Nouvau-Monde, le sort des batailles dépendoit de l'étendard royal. Ce drapeau, dont la forme étoit remarquable, & qu'on ne mettoit en campagne que dans les occasions les plus importantes, étoit assez près de lui. Il s'élance avec ses plus braves compagnons pour le prendre. L'un d'eux le saisit & l'emporte dans le rang des espagnols. Les mexicains perdent courage; ils prennent la fuite en jettant leurs armes. Cortès poursuit sa marche, & arrive sans obstacles chez les tlascalteques.

XI. Il n'avoit perdu ni le dessein, ni l'espérance de soumettre l'empire du *Mexique*; mais il avoit fait un nouveau plan. Il vouloit se servir d'une partie des peuples, pour assujettir l'autre. La forme du gouvernement, la disposition des esprits, la situation de Mexico, favorisoient ce projet, & les moyens de l'exécuter.

L'empire étoit électif, & quelques rois ou caciques étoient les électeurs. Ils choisissoient d'ordinaire un d'entr'eux. On lui faisoit jurer que, tout le temps qu'il seroit sur le trône, les pluies tomberoient à propos, les rivières ne causeroient point de ravages, les campagnes n'éprouveroient point de stérilité, les hommes ne périroient point par les influences malignes d'un air contagieux. Cet usage pouvoit tenir au gouvernement théocratique, dont on trouve encore des traces dans presque toutes les nations de l'univers. Peut-être aussi le but de ce serment bizarre étoit-il de faire entendre au nouveau souverain, que les malheurs d'un état venant presque toujours des désordres de l'administration, il devoit régner avec tant de modération & de sagesse, qu'on ne pût jamais regarder les calamités publiques comme l'effet de son imprudence, ou comme une juste punition de ses déréglemens.

On avoit fait les plus belles loix pour obliger à ne donner la couronne qu'au mérite ; mais la superstition donnoit aux prêtres une grande influence dans les élections.

Dès que l'empereur étoit installé, il étoit obligé de faire la guerre, & d'amener des prisonniers aux dieux. Ce prince, quoiqu'électif, étoit fort absolu, parce qu'il n'y avoit point de loix écrites, & qu'il pouvoit changer les usages reçus.

Presque toutes les formes de la justice & les étiquettes de la cour étoient consacrées par la religion.

Les loix punissoient les crimes qui se punissent par-tout ; mais les prêtres sauvoient souvent les criminels.

Il y avoit deux loix propres à faire périr bien des innocens, & qui devoient appesantir sur les mexicains le double joug du despotisme & de la superstition. Elles condamnoient à mort ceux qui auroient blessé la sainteté de la religion, & ceux qui auroient blessé la majesté du prince. On voit combien des loix si peu précises facilitoient les vengeances particulières, ou les vues intéressées des prêtres & des courtisans.

On ne parvenoit à la noblesse, & les nobles ne parvenoient aux dignités que par des preuves de courage, de piété & de patience. On faisoit dans les temples un noviciat plus pénible que dans les armées ; & ensuite ces nobles, auxquels il en avoit tant coûté pour l'être, se dévouoient aux fonctions les plus viles dans le palais des empereurs.

Cortès pensa que, dans la multitude des vassaux du *Mexique*, il y en auroit qui secoueroient volontiers le joug, & s'associeroient aux espagnols.

Il avoit vu combien les mexicains étoient haïs des petites nations dépendantes de leur empire, & combien les empereurs faisoient sentir durement leur puissance.

Il s'étoit apperçu que la plupart des provinces détestoient la religion de la capitale, & que dans Mexico même les grands, les hommes riches, dans qui l'esprit de société diminuoit la férocité des préjugés & des mœurs du peuple, n'avoient plus que de l'indifférence pour cette religion. Plusieurs d'entre les nobles étoient révoltés d'exercer les emplois les plus humilians auprès de leurs maîtres.

Depuis six mois, Cortès mûrissoit en silence ses grands projets, lorsqu'on le vit sortir de sa retraite, suivi de cinq cents quatre-vingt-dix espagnols, de dix mille tlascalteques, de quelques autres Indiens, amenant quarante chevaux & traînant huit ou neuf pièces de campagne. Sa marche vers le centre des états mexicains, fut facile & rapide. Les petites nations, qui auroient pu le retarder ou l'embarrasser, furent toutes aisément subjuguées, ou se donnèrent librement à lui. Plusieurs des peuplades

qui occupoient les environs de la capitale de l'empire, furent aussi forcés de subir ses loix, ou s'y soumirent d'elles-mêmes.

Des succès propres à étonner même les plus présomptueux, auroient dû naturellement livrer tous les cœurs au chef intrépide & prévoyant dont ils étoient l'ouvrage. Il n'en fut pas ainsi. Parmi ses soldats espagnols, il s'en trouvoit un assez grand nombre qui avoient trop bien conservé le souvenir des dangers auxquels ils avoient si difficilement échappé. La crainte de ceux qu'il falloit courir encore, les rendit perfides. Ils convinrent entr'eux de massacrer leur général, & de faire passer le commandement à un officier qui, abandonnant des projets qui leur paroissoient extravagans, prendroit des mesures sages pour leur conservation. La trahison alloit s'exécuter, quand le remords conduisit un des conjurés aux pieds de Cortès. Aussitôt ce génie hardi, dont les événemens inattendus développoient de plus en plus les ressources, fait arrêter, juger & punir Villafagna, moteur principal d'un si noir complot ; mais après lui avoir arraché une liste exacte de tous ses complices. Il s'agissoit de dissiper les inquiétudes que cette découverte pouvoit causer. On y réussit, en publiant que le scélérat a déchiré un papier qui contenoit sans doute le plan de la conspiration, ou le nom des associés, & qu'il a emporté son secret au tombeau, malgré la rigueur des supplices employés pour le lui arracher.

Cependant, pour ne pas donner aux troupes le temps de trop réfléchir sur ce qui vient de se passer, le général se hâta d'attaquer Mexico, le grand objet de son ambition, & le terme des espérances de l'armée. Ce projet présentoit de grandes difficultés.

Tout étoit disposé de longue main pour une résistance opiniâtre. Les moyens de défense avoient été préparés par Quetlavaca, qui avoit remplacé Montezuma son frère : mais la petite vérole, portée dans ces contrées par un esclave de Narvaès, l'avoit fait périr ; & lorsque le siège commença, c'étoit Guatimosin qui tenoit les rênes de l'empire.

Les actions de ce jeune prince furent toutes héroïques & toutes prudentes. Le feu de ses regards, l'élévation de ses discours, l'éclat de son courage, faisoient sur ses peuples l'impression qu'il désiroit. Il disputa le terrein pied à pied ; & jamais il n'en abandonna un pouce qui ne fût jonché des cadavres de ses soldats & teint du sang de ses ennemis. Cinquante mille hommes accourus de toutes les parties de l'empire à la défense de leur maître & de leurs dieux, avoient péri par le fer ou par le feu ; la famine faisoit tous les jours des progrès inexprimables ; des maladies contagieuses s'étoient jointes à tant de calamités ; sans que son ame eût été un instant, un seul instant, ébranlée. Les assaillans, après cent combats meurtriers & de grandes pertes, étoient parvenus au centre de la place, qu'il ne fongeoit pas encore à céder. On le fit enfin confentir à s'éloigner des décombres qui ne pouvoient plus être défendus, pour aller continuer la guerre dans les provinces. Dans la vue de faciliter cette retraite, quelques ouvertures de paix furent faites à Cortès : mais cette noble rufe n'eut pas le fuccès qu'elle méritoit ; & un brigantin s'empara du canot où étoit le généreux & infortuné monarque. Un financier efpagnol imagina que Guatimofin avoit des tréfors cachés ; & pour le forcer à les déclarer, il le fit étendre fur des charbons ardens. Son favori, expofé à la même torture, lui adreffoit de triftes plaintes : *Et moi*, lui dit l'empereur, *fuis-je fur des rofes* ? Mot comparable à tous ceux que l'hiftoire a tranfmis à l'admiration des hommes. Les Mexicains le rediroient à leurs enfans, fi quelque jour ils pouvoient rendre aux efpagnols fupplice pour fupplice. Guatimofin fut tiré demi-mort du gril ardent, & trois ans après, il fut pendu publiquement, fous prétexte d'avoir confpiré contre fes tyrans & fes bourreaux.

Si l'on en croit les efpagnols, Mexico, dont après deux mois & demi d'une attaque vive & régulière ils s'étoient enfin emparés avec le fecours de foixante ou de cent mille Indiens alliés, & par la fupériorité de leur difcipline, de leurs armes & de leurs navires, ce Mexico étoit une ville fuperbe.

La fauffeté de leur defcription pompeufe, tracée dans des monumens de vanité par un vainqueur naturellement porté à l'exagération, eft trompé par la grande fupériorité qu'avoit un état régulièrement ordonné fur les contrées fauvages, dévaftées jufqu'alors dans l'autre hémifphère : cette fauffeté peut être mife aifément à la portée de tous les efprits.

Dépouillons le *Mexique* de tout ce que des récits fabuleux lui ont prêté, & nous trouverons que ce pays, fort fupérieur aux contrées fauvages que les efpagnols avoient jufqu'alors parcourues dans le Nouveau-Monde, n'étoit rien en comparaifon des pays civilifés de l'ancien continent.

Plufieurs des provinces qu'on pouvoit regarder comme faifant partie de cette vafte domination, fe gouvernoient par leurs premières loix & felon leurs maximes anciennes. Tributaires feulement de l'empire, elles continuoient à être régies par leurs caciques. Les obligations de ces grands vaffaux fe réduifoient à couvrir ou à reculer les frontières de l'état lorfqu'ils en recevoient l'ordre ; à contribuer fans ceffe aux charges publiques, originairement d'après un tarif réglé, & dans les derniers temps fuivant les befoins, l'avidité ou les caprices du defpote.

L'adminiftration des contrées plus immédiatement dépendantes du trône, étoit confiée à des grands qui, dans leurs fonctions, étoient foulagés par des nobles d'un rang inférieur. Ces officiers eurent d'abord de la dignité & de l'importance ; mais ils n'étoient plus que les inftrumens de la tyrannie, depuis que le pouvoir arbitraire s'étoit élevé fur les ruines d'un régime qu'on eût pu appeller féodal.

A chacune de ces places étoit attachée une portion de terre, plus ou moins étendue. Ceux qui dirigeoient les confeils, qui conduifoient les armées, que leurs poftes fixoient à la cour, jouiffoient du même avantage. On changeoit de domaine en changeant d'occupation, & on le perdoit dès qu'on rentroit dans la vie privée.

Il exiftoit des poffeffions plus entières, & qu'on pouvoit aliéner ou tranfmettre à fes defcendans. Elles étoient en petit nombre, & devoient être occupées par les citoyens des claffes les plus diftinguées.

Le peuple n'avoit que des communes. Leur étendue étoit réglée fur le nombre des habitans. Dans quelques-unes, les travaux fe faifoient en fociété, & les récoltes étoient dépofées dans des greniers publics, pour être diftribuées felon les befoins. Dans d'autres, les cultivateurs fe partageoient les champs & les exploitoient pour leur utilité particulière. Dans aucune il n'étoit permis de difpofer du territoire.

Plufieurs diftricts, plus ou moins étendus, étoient couverts d'efpèces de ferfs attachés à la glèbe, paffant d'un propriétaire à l'autre, & ne pouvant prétendre qu'à la fubfiftance la plus groffière & la plus étroite.

Des hommes plus avilis encore, c'étoient les efclaves domeftiques. Leur vie étoit cenfée fi méprifable, qu'au rapport d'Herrera, on pouvoit les en priver, fans craindre d'être jamais recherché par la loi.

Tous les ordres de l'état contribuoient au maintien du gouvernement. Dans les fociétés un peu avancées, les tributs fe paient avec des métaux. Cette mefure commune de toutes les valeurs étoit ignorée des mexicains, quoique l'or & l'argent fuffent fous leurs mains. Ils avoient, à la vérité, commencé à foupçonner l'utilité d'un moyen univerfel d'échange, & déjà ils employoient les grains de cacao dans quelques menus détails de commerce : mais leur emploi étoit très-borné & ne pouvoit s'étendre jufqu'à l'acquittement de l'impôt. Les redevances dues au fifc étoient donc toutes foldées en nature.

Comme tous les agens du fervice public recevoient leur falaire en denrées, on retenoit pour leur contribution une partie de ce qui leur étoit affigné.

Les terres attachées à des offices & celles qu'on poffédoit en toute propriété, donnoient à l'état une partie de leurs productions.

Outre l'obligation impofée à toutes les communautés de cultiver une certaine étendue de fol pour la couronne, elles lui devoient encore le tiers de leurs récoltes.

Les chaffeurs, les pêcheurs, les potiers, les peintres, tous les ouvriers fans diftinction rendoient chaque mois la même portion de leur industrie.

Les mendians même étoient taxés à des contributions fixes, que des travaux ou des aumônes devoient les mettre en état d'acquitter.

Au *Mexique*, l'agriculture étoit très-bornée, quoique le plus grand nombre de ses habitans en fissent leur occupation unique. Ses soins se bornoient au maïs & au cacao, & encore récoltoit-on fort peu de ces productions. S'il en eût été autrement, les premiers espagnols n'auroient pas manqué si souvent de subsistances. L'imperfection de ce premier des arts pouvoit avoir plusieurs causes. Ces peuples avoient un grand penchant à l'oisiveté. Les instrumens dont ils se servoient étoient défectueux. Ils n'avoient dompté aucun animal qui pût les soulager dans leurs travaux. Des peuples errans ou des bêtes sauvages ravageoient leurs champs. Le gouvernement les opprimoit sans relâche. Enfin leur constitution physique étoit singuliérement foible, ce qui venoit en partie d'une nourriture mauvaise & insuffisante.

On ignore jusqu'à l'époque de la fondation de l'empire du *Mexique*. A la vérité, les historiens castillans nous disent qu'avant le dixième siècle, ce vaste espace n'étoit habité que par des hordes errantes & tout-à-fait sauvages. Ils nous disent que vers cette époque, des tribus venues du nord & du nord-ouest occupèrent quelques parties du territoire, & y portèrent des mœurs plus douces. Ils nous disent que trois cents ans après, un peuple encore plus avancé dans la civilisation & sorti du voisinage de la Californie, s'établit sur les bords du lac & y bâtit Mexico. Ils nous disent que cette dernière nation, si supérieure aux autres, n'eut durant un assez long période, que des chefs plus ou moins habiles, qu'elle élevoit, qu'elle destituoit selon qu'elle le jugeoit convenable à ses intérêts. Ils nous disent que l'autorité, jusqu'alors partagée & révocable, fut concentrée dans une seule main, & devint inamovible, cent trente ou cent quatre-vingt-dix-sept ans avant l'arrivée des espagnols. Ils nous disent que les neuf monarques qui portèrent successivement la couronne, donnèrent au domaine de l'état une extension qu'il n'avoit pas eue sous l'ancien gouvernement. Mais quelle foi peut-on raisonnablement accorder à des annales confuses, contradictoires & remplies des plus absurdes fables qu'on ait jamais exposées à la crédulité humaine?

La population du *Mexique* étoit immense, ajoutent les conquérans. Des habitans couvroient les campagnes; les citoyens fourmilloient dans les villes; les armées étoient très-nombreuses: mais on a relevé l'exagération de tous ces détails.

Quelle que fût la population du *Mexique*, la prise de la capitale entraîna la soumission de l'état entier. Il n'étoit pas aussi étendu qu'on le croit communément. Sur la mer du Sud, l'empire ne commençoit qu'à Nicaragua & se terminoit à Aca-

pulco: encore une partie des côtes qui baignent cet océan n'avoit-elle jamais été subjuguée. Sur la mer du Nord, rien presque ne le coupoit depuis la rivière de Tabasco jusqu'à celle de Panuco: mais dans l'intérieur des terres, Tlascala, Tepeaca, Mechoacan, Chiapa, quelques autres districts moins considérables, avoient conservé leur indépendance. La liberté leur fut ravie, en moins d'une année, par le conquérant, auquel il suffisoit d'envoyer dix, quinze, vingt chevaux, pour n'éprouver aucune résistance; & avant la fin de 1522, les provinces qui avoient repoussé les loix des mexicains & rendu la communication de leurs possessions difficile ou impraticable, firent toutes partie de la domination espagnole. Avec le temps, elle reçut encore des accroissemens immenses du côté du nord. Ils auroient même été plus considérables, sur-tout plus utiles, sans les barbaries incroyables qui les accompagnoient ou qui les suivoient.

A peine les castillans se virent-ils maîtres du *Mexique*, qu'ils s'en partagèrent les meilleures terres, qu'ils réduisirent en servitude le peuple qui les avoit défrichées, qu'ils le condamnèrent à des travaux que sa constitution physique, que ses habitudes ne comportoient pas. Cette oppression générale excita de grands soulèvemens. Il n'y eut point de concert, il n'y eut point de chef, il n'y eut point de plan, & ce fut le désespoir seul qui produisit cette grande explosion. Le sort voulut qu'elle tournât contre les trop malheureux indiens. Un conquérant irrité, le fer & la flamme à la main, se porta avec la rapidité de l'éclair d'une extrémité de l'empire à l'autre, & laissa par-tout des traces d'une vengeance éclatante, dont les détails feroient frémir les ames les plus sanguinaires. Il y eut une barbare émulation entre l'officier & le soldat, à qui immoleroit le plus de victimes; & le général lui-même surpassa peut-être en férocité ses troupes & ses lieutenans.

Cependant Cortès ne recueillit pas de tant d'inhumanités le fruit qu'il pouvoit s'en promettre. Il commençoit à entrer dans la politique de la cour de Madrid, de ne pas laisser à ceux de ses sujets qui s'étoient signalés par quelqu'importante découverte, le temps de s'affermir dans leur domination, dans la crainte bien ou mal fondée qu'ils ne songeassent à se rendre indépendans de la couronne. Si le conquérant du *Mexique* ne donna pas lieu à ce système, du moins en fut-il une des premières victimes. On diminuoit chaque jour les pouvoirs illimités dont il avoit joui d'abord; & avec le tems on les réduisit à si peu de chose, qu'il crut devoir préférer une condition privée aux vaines apparences d'une autorité qu'accompagnoient les plus grands dégoûts.

Depuis que le *Mexique* eut subi le joug des castillans, cette vaste contrée ne fut plus exposée à l'invasion. Aucun ennemi voisin ou éloigné ne ravagea ses provinces. La paix dont elle jouissoit ne fut extérieuremunt troublée que par des
pirates,

pirates. Dans la mer du fud, les entreprifes de ces brigands fe bornèrent à la prife d'un petit nombre de vaiffeaux : mais au nord, ils pillèrent une fois Campêche, deux fois Vera-Crux, & fouvent ils portèrent la défolation fur des côtes moins connues, moins riches & moins défendues.

Pendant que la navigation & les rivages de cette opulente région font en proie aux corfaires & aux efcadres des nations révoltées de l'ambition de l'Efpagne, ou feulement jaloufes de fa fupériorité, les chichemecas troublent l'intérieur de l'empire. C'étoient, fi l'on en croit Herrera & Torquemada, les peuples qui occupoient les meilleures plaines de la contrée avant l'arrivée des efpagnols. Pour éviter les fers que leur préparoit le conquérant, ils fe réfugièrent dans des cavernes, & dans des montagnes, où s'accrut leur férocité naturelle, & où ils menoient une vie entiérement animale. La nouvelle révolution qui venoit de changer l'état de leur ancienne patrie, ne les difpofa pas à des mœurs plus douces; & ce qu'ils virent ou ce qu'ils apprirent du caractère efpagnol, leur infpira une haine implacable contre une nation fi fière & fi oppreffive. Cette paffion, toujours terrible dans des fauvages, fe manifefta par les ravages qu'ils portèrent dans tous les établiffemens qu'on formoit à leur voifinage, par les cruautés qu'ils exerçoient fur ceux qui entreprenoient d'y ouvrir des mines. Inutilement pour les contenir ou les réprimer, il fut établi des forts & des garnifons fur la frontière; leur rage ne difcontinua pas jufqu'en l'an 1592. A cette époque, le capitaine Caldena leur perfuada de mettre fin aux hoftilités. Dans la vue de rendre durables ces fentimens pacifiques, le gouvernement leur fit bâtir des habitations, les raffembla dans plufieurs bourgades, & envoya au milieu d'eux quatre cents familles tlafcaltèques, dont l'emploi devoit être de former à quelques arts, à quelques cultures, un peuple qui jufqu'alors n'avoit été couvert que de peaux, n'avoit vécu que de chaffe, ou des productions fpontanées de la nature. Ces mefures, quoique fages, ne réuffirent que tard. Les chichemecas fe refufèrent long-temps à l'inftruction qu'on avoit entrepris de leur donner, repouffèrent même toute liaifon avec des inftituteurs bienfaifans & américains. Ce ne fut qu'en 1608 que l'Efpagne fut déchargée du foin de les habiller & de les nourrir.

Dix-huit ans après, Mexico voit fe heurter avec le plus grand éclat la puiffance civile & la puiffance eccléfiaftique. Un homme convaincu de mille crimes, cherche au pied des autels l'impunité de tous fes forfaits. Le vice-roi Gelves l'en fait arracher. Cet acte de juftice néceffaire paffe pour un attentat contre la divinité même. La foudre de l'excommunication eft lancée. Le peuple fe foulève. Le clergé féculier & régulier

prend les armes. On brûle le palais du commandant; on enfonce le poignard dans le fein de fes gardes, de fes amis, de fes partifans. Lui-même eft mis aux fers, & embarqué pour l'Europe avec foixante-dix gentilshommes qui n'ont pas craint d'embraffer fes intérêts. L'auteur de tant de calamités, & dont la vengeance n'eft pas encore affouvie, fuit fa victime avec le defir & l'efpoir de l'immoler. Après avoir quelque tems balancé, la cour fe décide contre le gouverneur.

Une calamité d'un autre genre affligea peu après le nouveau *Mexique*, limitrophe & dépendant de l'ancien. Cette vafte contrée, fituée pour la plus grande partie dans la zone tempérée, fut affez long-temps inconnue aux dévaftateurs de l'Amérique. Le miffionnaire Ruys y pénétra le premier en 1580. Il fut bientôt fuivi par le capitaine Efpajo, & enfin par Jean d'Onate qui, par une fuite de travaux commencés en 1599 & terminés en 1611, parvint à ouvrir des mines, à multiplier les troupeaux & les fubfiftances, à établir folidement la domination efpagnole. Des troubles civils dérangent en 1652 l'ordre qu'il a établi. Dans le cours de ces animofités, le commandant Rofas eft affaffiné; & ceux de fes amis qui tentent de venger fa mort, périffent après lui. Les atrocités continuent jufqu'à l'arrivée tardive de Pagnaloffe. Ce chef intrépide & févère avoit prefque étouffé la rebellion, lorfque, dans l'accès d'une jufte indignation, il donne un foufflet à un moine turbulent, qui lui parloit avec infolence, qui ofoit même le menacer. Auffi-tôt les cordeliers, maîtres du pays, l'arrêtent. Il eft excommunié, livré à l'inquifition, & condamné à des amendes confidérables. Inutilement il preffe la cour de venger l'autorité royale, violée en fa perfonne; le crédit de fes ennemis l'emporte fur fes follicitations. Leur colère lui fit même craindre un fort plus funefte; & pour fe fouftraire à leurs intrigues, il fe refugie en Angleterre, abandonnant les rênes du gouvernement à qui voudra ou pourra s'en faifir. Cette retraite plonge encore la province dans de nouveaux malheurs; & ce n'eft qu'après dix ans d'anarchie & de carnage, que tout rentre enfin dans l'ordre & la foumiffion.

La foumiffion, l'ordre y furent de nouveau & plus généralement troublés en 1693, par une loi qui interdifoit aux indiens l'ufage des liqueurs fortes. La défenfe ne pouvoit pas avoir pour objet celles de l'Europe, d'un prix néceffairement trop haut, pour que ces infortunés en fiffent jamais ufage. C'étoit uniquement du pulque que le gouvernement cherchoit à les détacher.

C'eft vers les maifons où l'on diftribue le pulque que font continuellement tournés les regards de tous les indiens. Ils y paffent les jours, les femaines; ils y laiffent la fubfiftance de leur famille, très-fouvent le peu qu'ils ont de vêtemens.

Le ministère espagnol, averti de ces excès, en voulut arrêter le cours. Le remede fut mal choisi. Au lieu de ramener les hommes aux bonnes mœurs par des soins paternels, par le moyen si efficace de l'enseignement, on eut recours à la funeste voie des interdictions. Les esprits s'échauffèrent, les séditions se multiplièrent, les actes de violence se répéterent d'une extrêmité de l'empire à l'autre. Il fallut céder. Le gouvernement retira ces actes prohibitifs : mais il voulut que l'argent le dédommageât du sacrifice qu'il faisoit de son autorité. Le pulque fut assujetti à des impositions qui rendent annuellement au fisc onze ou douze cents mille livres.

Une nouvelle scène, d'un genre particulier, s'ouvrit vingt-cinq ou trente ans plus tard au *Mexique*. Dans cette importante possession, la police étoit négligée au point qu'une nombreuse bande de voleurs parvint à s'emparer de toutes les routes. Sans un passe-port d'un des chefs de ces bandits, aucun citoyen ne pouvoit sortir de son domicile. Soit indifférence, soit foiblesse, soit corruption, le magistrat ne prenoit aucune mesure pour faire cesser une si grande calamité. Enfin la cour de Madrid, réveillée par les cris de tout un peuple, chargea Velasquès du salut du public. Cet homme juste, ferme, sévère, indépendant des tribunaux & du vice-roi, réussit enfin à rétablir l'ordre & à lui donner des fondemens qui depuis n'ont pas été ébranlés.

Une guerre entreprise contre les peuples de Cinaloa, de Sonora, de la Nouvelle-Navarre, a été le dernier événement remarquable qui ait agité l'empire. Ces provinces, situées entre l'ancien & le nouveau *Mexique*, ne faisoient point partie des états de Montezuma. Ce ne fut qu'en 1540 que les dévastateurs du nouveau-Monde y pénétrerent, sous les ordres de Vasquès Coronado. Ils y trouvèrent de petites nations qui vivoient de pêche sur les bords de l'Océan, de chasse dans l'intérieur des terres, & qui, quand ces moyens de subsistance leur manquoient, n'avoient de ressource que les productions spontanées de la nature.

Ce pays, si pauvre en apparence, renfermoit des mines. Quelques espagnols entreprirent de les exploiter. Elles se trouvèrent abondantes, & cependant leurs avides propriétaires ne s'enrichissoient pas. Comme on étoit réduit à tirer de la Vera-Crux, à dos de mulet, par une route difficile & dangereuse de six à sept cents lieues, le vif-argent, les étoffes, la plupart des choses nécessaires pour la nourriture & pour les travaux, tous ces objets avoient à leur terme une valeur si considérable, que l'entreprise la plus heureuse rendoit à peine de quoi les payer.

Il falloit tout abandonner, ou faire d'autres arrangemens. On s'arrêta au dernier parti. Le Jésuite Ferdinand Consang fut chargé, en 1746, de reconnoître le golfe de la Californie, qui borde ces vastes contrées. Après cette navigation, conduite avec intelligence, la cour de Madrid connut les côtes de ce continent, les ports que la nature y a formés, les lieux sablonneux & arides qui ne sont pas susceptibles de culture, les rivières qui, par la fertilité qu'elles répandent sur leurs bords, invitent à y établir des peuplades. Rien, à l'avénir, ne devoit empêcher que les navires partis d'Acapulco n'entrassent dans la mer Vermeille, ne portassent facilement dans les provinces limitrophes, des missionnaires, des soldats, des mineurs, des vivres, des marchandises, tout ce qui est nécessaire aux colonies, & n'en revinssent chargés de métaux.

Cependant c'étoit un préliminaire indispensable de gagner les naturels du pays par des actes d'humanité, ou de les subjuguer par la force des armes. La guerre ne fut différée que par l'impossibilité où étoit le fisc d'en faire la dépense. On trouva enfin, en 1768, un crédit de douze cents mille livres, & les hostilités commencèrent. Quelques hordes de sauvages se soumirent après une légère résistance. Il n'en fut pas ainsi des apaches, la plus belliqueuse de ces nations, la plus passionnée pour l'indépendance. On les poursuivit sans relâche pendant trois ans, avec le projet de les exterminer.

L'éloignement où étoient les anciennes & les nouvelles conquêtes du centre de l'autorité, fit juger qu'elles languiroient jusqu'à ce qu'on leur eût accordé une administration indépendante. On leur donna donc un commandant particulier, qui, avec un titre moins imposant que celui de vice-roi de la Nouvelle-Espagne, jouit des mêmes prérogatives.

SECTION SECONDE.

Degré de prospérité, auquel s'est élevé le Mexique. Description, commerce & productions de ce pays.

La grande Cordeliere, après avoir traversé toute l'Amérique méridionale, s'abaisse & se retrécit dans l'isthme de Panama, suit dans la même forme les provinces de Costa-Ricca, de Nicaragua, de Guatimala, s'élargit, s'élève de nouveau dans le reste du *Mexique*, mais sans approcher jamais de la hauteur prodigieuse qu'elle a dans le Pérou. Ce changement est sur-tout remarquable vers la mer du sud. Les rives y sont très-profondes, & n'offrent un fond que fort près de terre, tandis que dans la mer du nord on le trouve à une très-grande distance du continent. Aussi les rades sont-elles aussi bonnes, aussi multipliées dans la première de ces mers, qu'elles sont rares & mauvaises dans l'autre.

Le climat d'une région située presqu'entiérement dans la zone torride, est alternativement humide & chaud. Ces variations sont plus sensibles & plus communes dans les contrées basses; marécageuses, remplies de forêts & incultes de l'est, que dans les parties de l'empire qu'une nature bienfaisante a traitées plus favorablement.

La qualité du sol est aussi très-différente. Il est quelquefois ingrat, quelquefois fertile, selon qu'il est montueux, uni ou submergé.

Les espagnols ne se virent pas plutôt les maîtres de cette riche & vaste région, qu'ils s'empressèrent d'y édifier des villes dans les lieux qui leur paroissoient le plus favorables au maintien de leur autorité, dans ceux qui leur promettoient de plus grands avantages de leur conquête. Ceux des européens qui vouloient s'y fixer, obtenoient une possession assez étendue : mais ils étoient réduits à chercher des cultivateurs que la loi ne leur donnoit pas.

Un autre ordre des choses s'observoit dans les campagnes. Elles étoient la plupart distribuées aux conquérans pour prix de leur sang ou de leurs services. L'étendue de ces domaines, qui n'étoient accordés que pour deux ou trois générations, étoit proportionnée au grade & à la faveur. On y attacha, comme serfs, un nombre plus ou moins grand de mexicains. Cortès en eut vingt-trois mille dans les provinces de Mexico, de Tlascala, de Mechoacan & de Oaxaca, avec cette distinction qu'ils devoient être l'apanage de sa famille à perpétuité. Il faut que l'oppression ait été moindre dans ces possessions héréditaires que dans le reste de l'empire, puisqu'en 1746 on y comptoit encore quinze mille neuf cents quarante indiens, dix-huit cents espagnols, métis ou mulâtres, & seize cents esclaves noirs.

Le pays n'avoit aucun des animaux nécessaires pour la subsistance de ses nouveaux habitans, pour le labourage & pour les autres besoins inséparables d'une société un peu compliquée. On les fit venir des isles déja soumises à la Castille, qui elles mêmes les avoient naguère reçus de notre hémisphère. Ils propagèrent avec une incroyable célérité. Tous dégénérerent. La dégénération la plus marquée fut celle qu'éprouva la brebis. Mendoza fit venir des béliers d'Espagne pour renouveller des races abâtardies ; & depuis cette époque, les toisons se trouvèrent de qualité suffisante pour servir d'alimens à plusieurs manufactures assez importantes.

La multiplication des troupeaux amena une grande augmentation dans les cultures. Au maïs qui avoit toujours fait la principale nourriture des mexicains, on associa les grains de nos contrées. Dans l'origine, ils ne réussirent pas. Leurs semences jettées au hasard dans des ronces, ne donnèrent d'abord que des herbes épaisses & stériles. Une végétation trop rapide & trop vigoureuse ne leur laissoit pas le temps de mûrir, ni même de se former : mais cette surabondance de sucs diminua peu à peu, & l'on vit enfin prospérer la plupart de nos grains, de nos légumes, & de nos fruits. Si la vigne & l'olivier ne furent pas

naturalisés dans cette partie du nouveau-Monde, ce fut le gouvernement qui l'empêcha, dans la vue de laisser des débouchés aux productions de la métropole. Peut-être le sol & le climat auroient-ils eux-mêmes repoussé ces précieuses plantes. Du moins est-on autorisé à le penser, quand on voit que les essais que vers 1706 il fut permis aux jésuites & aux héritiers de Cortès de tenter, ne furent pas heureux, & que les expériences qu'on a tentées depuis ne l'ont pas été beaucoup davantage.

Le coton, le tabac, le cacao, le sucre, quelques autres productions réussirent généralement : mais faute de bras ou d'activité, ces objets furent concentrés dans une circulation intérieure. Il n'y a que le jalap, la vanille, l'indigo & la cochenille qui entrent dans le commerce de la Nouvelle-Espagne avec les autres nations.

L'Europe consomme annuellement sept mille cinq cent quintaux de jalap, qu'elle paye 972 mille livres.

Il ne vient annuellement en Europe que cinquante quintaux de vanille, & elle n'y est pas vendue au-dessus de 431,568 liv.

Les blanchisseuses employent l'indigo pour donner une couleur bleuâtre au linge. Les peintres s'en servent dans leurs détrempes. Les teinturiers ne sauroient faire du beau bleu sans indigo. Les anciens le tiroient de l'Inde orientale. Il a été transplanté, dans les temps modernes, en Amérique. Sa culture, essayée successivement en différens endroits, paroît fixée à la Caroline, à la Géorgie, à la Floride, à la Louisiane, à Saint-Domingue & au *Mexique*. Ce dernier, le plus recherché de tous, est connu sous le nom de *Guatimala*, parce qu'il croît sur le territoire de cette cité fameuse.

Au *Mexique*, où chaque propriété a quinze ou vingt lieues d'étendue, une portion de ce vaste espace est employée tous les ans à la culture de l'indigo. Pour l'obtenir, les travaux se réduisent à brûler les arbustes qui couvrent les campagnes, à donner aux terres un seul labour fait avec négligence. Ces opérations ont lieu dans le mois de mars, saison où il ne pleut que très-rarement dans ce délicieux climat. Un homme à cheval jette ensuite la graine de cette plante de la même manière qu'on sème le bled en Europe. Personne ne s'occupe plus de cette riche production jusqu'à la récolte.

Il arrive de là que l'indigo leve dans un endroit & qu'il ne leve point dans d'autres ; que celui qui est levé, est souvent étouffé par les plantes parasites, dont des sarclages faits à propos l'auroient débarrassé. Aussi les espagnols recueillent-ils moins d'indigo sur trois ou quatre lieues de terrein que les nations rivales dans quelques arpens bien travaillés. Aussi leur indigo, quoique fort supérieur à tous les autres, n'a-t-il pas toute la perfection dont il seroit susceptible. L'Europe en reçoit annuellement six mille quintaux, qu'elle paie 7,626,960 livres.

Cette prospérité augmenteroit infailliblement, si la cour de Madrid mettoit les naturels du pays en état de cultiver l'indigo pour leur propre compte. Cet intérêt personnel, substitué à un intérêt étranger, les rendroit plus actifs, plus intelligens; & il est vraisemblable que l'abondance & la bonté de l'indigo du *Mexique* banniroient avec le temps celui des autres colonies, de tous les marchés.

La cochenille, à laquelle nous devons nos belles couleurs de pourpre & d'écarlate, n'a existé jusqu'ici qu'au *Mexique*.

Cette riche production réussiroit vraisemblablement dans différentes parties du *Mexique*: mais jusqu'à nos jours, il n'y a eu guère que la province d'Oaxaca qui s'en soit sérieusement occupée. Les récoltes ont été plus abondantes sur un terrein aride, où le nopal, arbre sur lequel vivent ces insectes, se plaît, que sur un sol naturellement fécond; elles ont éprouvé moins d'accidens dans les expositions agréablement tempérées, que dans celles où le froid & le chaud se faisoient sentir davantage. Les mexicains connoissoient la cochenille avant la destruction de leur empire. Ils s'en servoient pour peindre leurs maisons & pour teindre leur coton. On voit dans Herrera que, dès 1523, le ministère ordonnoit à Cortès de la multiplier. Les conquérans repoussèrent ce travail comme ils méprisoient tous les autres, & il resta tout entier aux indiens. Eux seuls s'y livrent encore, mais trop souvent avec les fonds avancés par les espagnols à des conditions plus ou moins usuraires. Le fruit de leur industrie est porté dans la capitale de la province, qui se nomme aussi *Oaxaca*.

Cette ville où l'on arrive par de beaux chemins, & où l'on jouit d'un printemps continuel, a quelques manufactures de soie & de coton. Les marchandises d'Asie & celles d'Europe y sont d'un usage général. Les voyageurs que les circonstances ont conduits à Oaxaca, assurent que de tous les établissemens formés par les espagnols dans le nouveau-Monde, c'est celui où l'esprit de société a fait le plus de progrès. Tant d'avantages paroissent une suite du commerce de la cochenille.

Indépendamment de ce que consomment l'Amérique & les Philippines, l'Europe reçoit tous les ans quatre mille quintaux de cochenille fine, deux cents quintaux de granille, cent quintaux de poussière de cochenille, & trois cent quintaux de cochenille sylvestre, qui, rendus dans ses ports, sont vendus 8,610,140 liv.

Cette production n'a crû jusqu'ici qu'au profit de l'Espagne. M. Thiery, botaniste françois, bravant plus de dangers qu'on n'en sauroit imaginer, l'a enlevée à Oaxaca même, & l'a transplantée à Saint-Domingue, où il la cultive avec

une persévérance digne de son premier courage. Ses premiers succès ont surpassé son attente, & tout porte à espérer que la suite répondra à de si heureux commencemens. Puisse ce genre de culture, puissent les autres s'étendre plus loin encore & occuper de nouvelles nations!

Aux grandes exportations dont on a parlé, il faut ajouter l'envoi que fait le *Mexique* de dix mille trois cents cinquante quintaux de bois de campêche, qui produisent 112,428 livres; de trois cents dix quintaux de brésillet, qui produisent 4,266 livres; de quarante-sept quintaux de carmin, qui produisent 81,000 livres; de six quintaux d'écaille, qui produisent 24,300 livres; de quarante sept quintaux de rocou, qui produisent 21,600 livres; de trente quintaux de salsepareille, qui produisent 4147 livres; de quarante quintaux de baume, qui produisent 45,920 livres; de cinq quintaux de sang de dragon, qui produisent 270 l.; de cent cuirs en poil, qui produisent 1,620 liv.

Mais, comme si la nature n'avoit pas fait assez pour l'Espagne, en lui accordant presque gratuitement tous les trésors de la terre que les autres nations ne doivent qu'aux travaux les plus rudes, elle lui a encore prodigué, sur-tout au *Mexique*, l'or & l'argent qui sont le véhicule ou le signe de toutes les productions.

Avant l'arrivée des castillans, les mexicains n'avoient d'or que ce que les torrens en détachoient des montagnes; ils avoient moins d'argent encore, parce que les hasards qui pouvoient en faire tomber dans leurs mains, étoient infiniment plus rares. Ces métaux n'étoient pas pour eux un moyen d'échange, mais de pur ornement & de simple curiosité. Ils y étoient peu attachés. Aussi prodiguèrent-ils d'abord le peu qu'ils en avoient, à une nation étrangère qui en faisoit son idole; aussi en jettoient-ils aux pieds de ses chevaux qui, en mâchant leurs mords, devoient paroître s'en nourrir. Mais, lorsque les hostilités entre les deux peuples eurent commencé, & à mesure que l'animosité augmentoit, ces perfides trésors furent jettés en partie dans les lacs & dans les rivières, pour en priver un ennemi implacable qui sembloit n'avoir passé tant de mers que pour en obtenir la possession. Ce fut sur-tout dans la capitale & à son voisinage qu'on prit ce parti. Après la soumission, le conquérant parcourut l'empire pour satisfaire sa passion dominante. Les temples, les palais, les maisons des particuliers, les moindres cabanes, tout fut visité, tout fut dépouillé. Cette source épuisée, il fallut recourir aux mines.

Celles qui pouvoient donner les plus grandes espérances, se trouvoient dans des contrées qui n'avoient jamais subi le joug mexicain. Nuno de Gusman fut chargé en 1530 de les asservir. Ce que ce capitaine devoit à un nom illustre, ne l'empêcha pas de surpasser en férocité tous les aventuriers qui juſqu'alors avoient inondé de ſang les infortunées campagnes du nouveau - Monde. Sûr des milliers de cadavres, il vint à bout, en moins de deux ans, d'établir une domination très-étendue, dont on forma l'audience de Guadalaxara. Ce fut toujours la partie de la Nouvelle-Eſpagne la plus abondante en métaux. Ces richeſſes ſont ſur-tout communes dans la Nouvelle - Galice, dans la Nouvelle - Biſcaye, & principalement dans le pays de Zacatecas. Du ſein de ces arides montagnes ſort la plus grande partie des 80,000,000 livres qu'on fabrique annuellement dans les monnoies du *Mexique*. La circulation intérieure, les Indes orientales, les iſles nationales & la contrebande abſorbent près de la moitié de ce numéraire. On a évalué à 44 millions ce qu'on porte dans la métropole, à quoi il faut ajouter cinq mille ſix cents trente-quatre quintaux de cuivre, qui ſont vendus en Europe 453,600 livres.

Dans les premières années qui ſuivirent la conquête, tous les paiemens ſe faiſoient avec des lingots d'argent, avec des morceaux d'or, dont le poids & la valeur avoient reçu la ſanction du gouvernement. Le beſoin d'une monnoie régulière ne tarda pas à ſe faire ſentir, & vers 1542 ces premiers métaux furent convertis en eſpèces de différentes grandeurs. On en fabriqua même de cuivre; mais les indiens les dédaignèrent. Forcés d'en recevoir, ils les jettoient avec mépris dans les lacs & dans les rivières. En moins d'un an il en diſparut pour plus d'un million, & ce fut une néceſſité de renoncer à un moyen d'échange, qui révoltoit des dernières claſſes du peuple.

L'abbé Raynal qui nous a fourni la plupart des détails de cet article, évalue les revenus des poſſeſſions eſpagnoles du nouveau Monde, une année dans l'autre, à 17,719,448 liv. de France. On dit qu'aujourd'hui les revenus ſont beaucoup augmentés, tant par les nouveaux droits, que par le recouvrement exact des anciens; & que les revenus du *Mexique* peuvent être évalués actuellement à 54,000,000 liv. tournois; ceux du Pérou, à 27,000,000, & ceux de Guatimala, de Chili & de Paraguay, à 9,100,000; ce qui fait en tout 90,100,000 liv. La dépenſe, dans ces provinces, forme en l'objet de 56,700,000 livres; il reſte donc net au tréſor la ſomme de 34,400,000 liv. à laquelle il faut ajouter 2,035,845,400 liv. pour les marchandiſes qui paſſent dans les colonies & qui en viennent. Ces ſommes n'entrent pas en entier dans les caiſſes royales de l'Eſpagne; une partie conſidérable eſt employée dans les iſles pour l'adminiſtration, pour la conſtruction des vaiſſeaux & pour l'achat du tabac. La nation eſpagnole commence à ſortir de ſon engourdiſſement, & ſes colonies d'Amérique profiteront des lumières & des vues ſaines d'adminiſtration qui commencent à s'y répandre.

Quoique l'éducation des troupeaux, les cultures & l'exploitation des mines ſoient reſtés au *Mexique*, fort loin du terme où une nation active n'eût pas manqué de les porter, les manufactures y ſont dans un plus grand déſordre encore. Celles de laine & de coton ſont aſſez généralement répandues; comme elles ſont entre les mains des indiens, des métis, des mulâtres, & qu'elles ne ſervent qu'aux vêtemens des gens peu riches, leur imperfection ſurpaſſe tout ce qu'on peut dire. Il ne s'en eſt formé de moins défectueuſes qu'à Quexetaco, où l'on fabrique d'aſſez beaux draps: mais c'eſt ſur-tout dans la province de Tlaſcala que les travaux ſont animés. Sa poſition entre Vera-Crux & Mexico, la douceur du climat, la beauté du pays, la fertilité des terres y ont fixé la plupart des ouvriers qui paſſoient de l'ancien dans le nouveau-Monde. On en a vu ſortir ſucceſſivement des étoffes de ſoie, des rubans, des galons, des dentelles, des chapeaux qu'ont conſommés ceux des métis, ceux des eſpagnols qui n'étoient pas en état de payer les marchandiſes apportées d'Europe. C'eſt los-Angeles, ville étendue, riche & peuplée, qui eſt le centre de cette induſtrie. Toute la faience, la plupart des verres & des cryſtaux qui ſe vendent dans l'empire, ſortent de ſes atteliers. Le gouvernement y fait même fabriquer des armes à feu.

L'indolence des peuples qui habitent la Nouvelle-Eſpagne, doit être une des principales cauſes qui ont retardé les proſpérités de cette région fameuſe; mais elle n'eſt pas la ſeule, & la difficulté des communications doit avoir beaucoup ajouté à cette inertie. La circulation eſt continuellement arrêtée par toutes les entraves qu'a pu imaginer une adminiſtration fiſcale. Il y a au plus deux rivières qui puiſſent porter de foibles canots, & chacune n'a pas même ce genre d'utilité dans toutes les ſaiſons. On ne voit quelques traces de chemin qu'auprès des grandes villes: partout ailleurs il faut voiturer les denrées ou les marchandiſes à dos de mulet, & ſur la tête des indiens tout ce qui eſt fragile. Dans la plupart des provinces, la police fixe au voyageur ce qu'il doit payer pour le logement, les chevaux, les guides, pour la nourriture; & cet uſage, tout barbare qu'on le trouvera, eſt encore préférable à ce qui ſe pratique dans des lieux où la liberté paroît plus reſpectée.

Ces obſtacles à la proſpérité publique ont été fortifiés par le joug rigoureux, ſous lequel des maîtres oppreſſeurs tenoient les indiens chargés de tous les travaux pénibles. Le mal eſt devenu plus grand par la diminution des bras employés au ſervice de la cupidité européenne.

Les premiers pas des caſtillans au *Mexique* furent ſanglans. Le carnage s'étendit durant le mémorable ſiège de Mexico, & il fut pouſſé au delà de tous les excès dans les expéditions entrepriſes pour remettre dans les fers des peuples défefpérés; qui avoient tenté de brifer leurs chaî-nes. L'introduction de la petite-vérole, accrut la dépopulation, qui fut encore bientôt après aug-mentée par les épidémies de 1545 & de 1576, dont la première coûta huit cents mille habitans à l'empire ; & la feconde deux millions, fi l'on veut adopter les calculs du crédule, de l'exagé-rateur Torquemada. Il eft même démontré que, fans aucune caufe accidentelle, le nombre des indigènes s'eft infenfiblement réduit à très - peu de chofe. Selon les regiftres de 1600 ; il y avoit cinq cents mille indiens tributaires dans le dio-cèfe de Mexico, & il n'y en reftoit plus que cent dix-neuf mille fix cents onze en 1741. Il y en avoit deux cents cinquante-cinq mille dans le diocèfe de los Angeles, & il n'en reftoit que quatre-vingt-huit mille deux cents quarante. Il y en avoit cent cinquante mille dans le diocèfe d'Oaxaca, & il n'en reftoit plus que quarante-quatre mille deux cents vingt-deux. Nous igno-rons les révolutions arrivées dans les 6 autres égli-fes : mais il eft vraifemblable qu'elles ont été par-tout les mêmes.

L'ufage où étoient, où font encore les efpa-gnols, les métis, les mulâtres, les nègres, de prendre fouvent leurs femmes parmi les indien-nes, tandis qu'aucune de ces races n'y a jamais ou prefque jamais choifi de maris, a contribué fans doute à l'affoiblissement de cette nation : mais cette influence a dû être affez bornée ; & fi nous ne nous trompons, une adminiftration trop rigoureufe a produit des effets beaucoup plus étendus.

On ne diffimulera pas qu'à mefure que le peu-ple indigène voyoit diminuer fa population, celle des races étrangères augmentoit dans une pro-greffion très - remarquable. En 1600, le diocèfe de Mexico ne comptoit que fept mille de ces fa-milles, & leur nombre s'éleva en 1741 à cent dix-neuf mille cinq cents onze. Le diocèfe de los-Angeles n'en comptoit que quatre mille, & il s'éleva à trente mille fix cents. Le diocèfe d'Oaxaca n'en comptoit que mille, & il s'éleva à fept mille deux cents quatre-vingt-feize. Ce-pendant les anciens habitans n'ont été qu'impar-faitement remplacés par les nouveaux. La culture des terres & l'exploitation des mines étoient l'oc-cupation ordinaire des indiens. Les efpagnols, les metis, les mulâtres, les noirs même ont dédai-gné, la plupart, ces grands objets. Plufieurs vi-vent dans l'oifiveté. Un plus grand nombre donne quelques momens aux arts & au commerce. Le refte eft employé au fervice des gens riches.

C'eft fur - tout dans la capitale de l'empire qu'on eft révolté de ce dernier fpectacle. Mexi-co, qui put quelque tems douter fi les caftillans étoient un effaim de brigands ou un peuple con-quérant, fe vit prefque totalement détruit par les cruelles guerres dont il fut le théâtre. Cortès

ne tarda pas à le rebatir d'une manière fort fupé-rieure à celle qu'il étoit avant fon défaftre.

La ville s'élève au milieu d'un grand lac, dont les rives offrent des fites heureux qui feroient char-mans, fi l'art y fecondoit un peu la nature. Sur le lac même, l'œil contemple avec furprife & fatisfaction des ifles flottantes. Ce font des ra-deaux formés avec des rofeaux entrelacés & af-fez folides pour porter de fortes couches de terre, & même des habitations légèrement conftruites. Quelques indiens font là leur demeure, & y cul-tivent une affez grande abondance de légumes. Ces jardins finguliers n'occupent pas toujours le même efpace. Ils changent de fituation, lorfque ce changement convient à leurs poffeffeurs.

Des levées fort larges & bâties fur pilotis con-duifent à la cité. Cinq ou fix canaux portent à fon centre & dans fes plus beaux quartiers toutes les productions de la campagne. Une eau falu-bre, qu'on tire d'une montagne éloignée feule-ment de cinq à fix mille toifes, eft diftribuée dans toutes les maifons, & même à leurs diffé-rens étages, par des aqueducs très - bien en-tendus.

L'air qu'on refpire dans cette ville, eft très-tempéré. On y peut porter toute l'année des vêtemens de laine. Les moindres précautions fuf-fifent pour n'avoir rien à fouffrir de la chaleur. Charles-Quint demandoit à un efpagnol qui ar-rivoit de Mexico, combien il y avoit de temps entre l'hiver & l'été : autant, répondit - il avec vérité & avec efprit, qu'il en faut pour paffer du foleil à l'ombre.

L'avantage qu'a cette cité d'être le chef-lieu de la Nouvelle-Efpagne, en a fuccefivement mul-tiplié les habitans. En 1777, le nombre des naif-fances s'y éleva à cinq mille neuf cents quinze, & celui des morts à cinq mille onze, d'où l'on peut conclure que fa population ne s'éloigne guè-res de deux cents mille ames. Tous les citoyens ne font pas opulens ; mais plufieurs le font plus peut-être qu'en aucun lieu du globe. Ces richeffes accumulées très - rapidement eurent bientôt une influence remarquable. La plupart des chofes qui font ailleurs de fer ou de cuivre, furent d'argent ou d'or. On fit fervir ces brillans métaux à l'or-nement des valets, des chevaux, des meubles les plus communs, aux plus vils offices. Les mœurs qui fuivent toujours le cours du luxe, fe mon-tèrent au ton de cette magnificence romanefque. Les femmes, dans leur intérieur, furent fervies par des milliers d'efclaves, & ne parurent en public qu'avec un cortège réfervé parmi nous à la majefté du trône. Les hommes ajoutoient à ces profufions, des profufions encore plus gran-des pour des négreffes qu'ils élevoient publique-ment au rang de leurs maîtreffes. Ce luxe fi ef-fréné dans les actions ordinaires de la vie, paffoit toutes les bornes à l'occafion de la moindre fête. L'orgueil général étoit alors en mouvement, &

chacun prodiguoit les millions pour juſtifier le ſien.

Tout prit l'empreinte d'une oſtentation inconnue juſqu'alors dans les deux hémiſphères. Les citoyens ne ſe contentèrent plus d'une habitation modeſte, placée ſur des rues larges & bien alignées. Il fallut, à la plupart, des hôtels qui eurent plus d'étendue que de commodités ou d'élégance. On multiplia les édifices publics, ſans que preſqu'aucun rappellât à l'eſprit les beaux jours de l'architecture, pas même les bons tems gothiques. Les places principales eurent toutes la même forme, la même régularité, une fontaine ſemblable avec des ornémens de mauvais goût. Des arbres mal choiſis & d'un vilain feuillage ôtèrent aux promenades ce que des allées bien diſtribuées & des eaux jailliſſantes auroient pu leur donner d'agrément. Dans les cinquante-cinq couvens que l'eſprit religieux avoit fondés, on en voyoit fort peu qui ne révoltaſſent par les vices de leurs conſtructions. Les innombrables temples où les tréſors du globe étoient entaſſés, manquoient généralement de majeſté, & n'inſpiroient pas à ceux qui les fréquentoient, des idées & des ſentimens dignes de l'Etre ſuprême qu'on y venoit adorer. Dans cette multitude d'immenſes conſtructions, il n'y a que deux monumens dignes de fixer l'attention d'un voyageur. L'un eſt le palais du vice-roi, où s'aſſemblent auſſi les tribunaux, où l'on fabrique la monnoie, où eſt le dépôt du vif-argent. Un peuple que la famine pouſſoit au déſeſpoir, le brûla en 1692. On l'a rebâti depuis ſur un meilleur plan. C'eſt un quarré qui a quatre tours & ſept cents cinquante pieds de long ſur ſix cents quatre-vingt-dix de large. La cathédrale, commencée en 1573 & finie en 1667, feroit également honneur aux meilleurs artiſtes. Sa longueur eſt de quatre cents pieds, ſa largeur de cent quatre-vingt-quinze, & elle a coûté 9,460,800 livres. Malheureuſement ces édifices n'ont pas la ſolidité qu'on leur déſireroit.

On a vu que Mexico eſt ſitué dans un lac conſidérable qu'une langue de terre fort étroite diviſe en deux parties, l'une remplie d'eaux douces, & l'autre d'eaux ſalées. Ces eaux paroiſſent également ſortir d'une haute montagne ſituée à peu de diſtance de la ville, avec cette différence que les dernières doivent traverſer des mines qui leur communiquent leur qualité. Mais indépendamment de ces ſources régulières, il exiſte un peu plus loin quatre petits lacs qui, dans le tems des orages, ſe déchargent quelquefois dans le grand avec une violence deſtructive.

Les anciens habitans avoient toujours été expoſés à des inondations qui leur faiſoient payer fort cher les avantages que leur procuroit l'emplacement qu'ils avoient choiſi pour en faire le centre de leur puiſſance. Aux calamités inſéparables de ces débordemens trop répétés ſe joignit

pour leur vaincueur le chagrin de voir ſes bâtimens plus peſans s'enfoncer, quoiqu'élevés ſur pilotis, en fort peu de temps, de quatre, de cinq, de ſix pieds dans un terrein qui n'avoit pas aſſez de ſolidité pour les porter.

On eſſaya à pluſieurs repriſes de détourner des torrens ſi terribles : mais les directeurs de ces grands ouvrages n'avoient pas des connoiſſances ſuffiſantes pour employer les méthodes les plus efficaces, ni les agens ſubalternes aſſez de zèle pour ſuppléer par leurs efforts à l'incapacité des chefs.

L'ingénieur Martinès eut en 1607 l'idée d'un grand canal, qui parut généralement préférable à tous les moyens mis en uſage juſqu'à cette époque. Pour fournir à cette dépenſe, on exigea le centième du prix des maiſons, des terres, des marchandiſes : impôt inconnu dans le Nouveau-Monde. Quatre cents ſoixante & onze mille cent cinquante-quatre indiens furent occupés pendant ſix mois à ce travail, & l'entrepriſe fut jugée enſuite impraticable.

La cour, fatiguée de la diverſité des opinions & des troubles qu'elle occaſionnoit, arrêta en 1631 que Mexico ſeroit abandonné, & qu'on conſtruiroit ailleurs une nouvelle capitale. L'avarice qui ne vouloit rien ſacrifier; la volupté qui craignoit d'interrompre ſes plaiſirs; la pareſſe qui redoutoit les ſoins : toutes les paſſions ſe réunirent pour faire changer les réſolutions du miniſtère, & leur eſpérance ne fut pas trompée.

Il ſe paſſa un ſiècle & plus, ſans que le gouvernement s'occupât de l'obligation de prévenir des malheurs dont les peuples avoient à gémir ſans ceſſe. A la fin, les eſprits ſe ſont réveillés. On s'eſt déterminé, en 1763, à couper une montagne où l'on s'étoit contenté juſqu'alors de faire quelques excavations; & depuis, les eaux ont eu tout l'écoulement que la ſûreté publique pouvoit exiger. C'eſt le commerce qui s'eſt chargé de ce grand ouvrage pour 4,320,000 liv. Lui-même il a voulu ſupporter tout ce que cette entrepriſe coûteroit de plus; & que ſi l'on faiſoit des économies, elles tournaſſent du côté du fiſc. Cette généroſité n'a pu être une vertu d'oſtentation. Il en a coûté 1,890,000 liv. aux négocians, pour avoir ſervi leur patrie.

On médite d'autres travaux. Le projet de deſſécher le grand lac qui entoure Mexico, paroît arrêté, & les gens de l'art demandent 8,100,000 l. pour conduire le nouveau plan à un heureux terme. C'eſt beaucoup. Mais qu'eſt-ce que l'argent, quand il s'agit de la ſalubrité de l'air, de la conſervation des hommes, de la multiplication des denrées.

Nous renvoyons à l'article PHILIPPINES ce qui regarde la communication & le commerce du *Mexique* avec les Philippines.

Voyez l'article ESPAGNE, où nous avons fait

des remarques fur le gouvernement & le produit des poffeffions de l'Efpagne hors de l'Europe : *voyez* auffi l'article PEROU.

MILANOIS ou DUCHÉ DE MILAN, pays d'Italie, appartenant à la maifon d'Autriche : il eft borné à l'oueft par le Piémont & le Montferrat ; au nord, par la Suiffe ; à l'orient, par le territoire de la république de Venife & les duchés de Mantoue, de Parme & de Plaifance ; enfin, au fud, par les états de la république de Gênes. Sa plus grande largeur du fud au nord eft d'environ vingt-cinq milles communs d'Allemagne, & fa plus grande longueur du couchant au levant d'environ 27 milles.

Précis de l'hiftoire politique du Milanois.

Dans le quatorzième fiècle, un gentilhomme milanois, nommé Matthieu Vifconti, s'en rendit maître, & fa fouveraineté fut confirmée par l'empereur Henri VII. Vers la fin du même fiècle, Jean Galeas obtint de l'empereur Vencelas le titre de duc, & Valentine, fa fille, époufa le duc d'Orléans, & les prétentions des rois de France fur ce duché ont été fondées fur ce mariage. A la mort du dernier duc de cette branche, François Sforce, qui avoit époufé fa fille naturelle, fe concilia tellement l'amour des Milanois, qu'ils le choifirent pour duc en 1450. Sous le règne de fes defcendans, la France chercha à leur enlever ce pays ; mais Charles - Quint le prit fous fa protection comme un fief impérial ; & bientôt après, il en donna l'invefliture à fon fils Philippe II, roi d'Efpagne. Les rois fes fucceffeurs en conferveverent la poffeffion jufqu'après la mort de Charles II. Dans la longue guerre que produifit la fucceffion de ce prince, tout le *Milanès* fut conquis en 1706 par l'armée impériale, & l'empereur en prit poffeffion comme d'un fief impérial. La paix de Bade de 1714, la quadruple alliance de 1718, & la paix d'Aix-Ja-Chapelle de 1748, ont confirmé la maifon d'Autriche dans la poffeffion de ce duché, à la réferve de la partie qu'elle-même a cédé à la maifon de Savoie, c'eft-à-dire, des provinces d'Alexandrie & de Valence, avec tout le diftrict compris entre le Pô & le Tenaro, ainfi que la province de Lomelline & le Val de Seffia & leurs dépendances, qui furent abandonnées en 1703 par l'empereur Léopold au duc de Savoie, le tout à titre de fiefs de l'empire, comme l'avoient poffédé les rois d'Efpagne : ces provinces furent ainfi féparées à perpétuité du duché de Milan, fauf le domaine direct de l'empire romain. En 1736, l'empereur céda encore au duc, le Tortonois & le Novarrois comme fiefs de l'empire, avec les quatre feigneuries de S. Fedèle, Torre di Forti, Gravedo & Campo Maggiore. En 1743, Marie-Thérèfe, reine de Bohême & de Hongrie, en vertu du traité de Worms, abandonna pour elle & fes hé-

ritiers, au roi de Sardaigne, le Vigevanafc & cette partie du Pavefan qui eft entre le Pô & le Tefin ; enforte que ce dernier fleuve, depuis l'endroit où il fort du lac majeur jufqu'à fa réunion avec le Pô, forme la limite entre les deux états ; elle fe réferva cependant les ifles formées par le canal vis-à-vis la ville de Pavie : au refte, le roi de Sardaigne obtint la liberté de la navigation fur le Tezin ; fes bateaux ne font foumis ni à la vifite, ni à aucun péage, & dans ce canton, le canal dont nous parlions tout-à-l'heure, n'eft point regardé comme marquant la frontière. Le roi de Sardaigne obtint en outre de la reine d'Hongrie cette partie du Pavefan qui eft fituée fur le bord méridional du Pô, avec le diftrict de Bobbio & la portion du duché de Plaifance qui eft au couchant de la Nura, à commencer de la fource de cette rivière jufqu'à fon embouchure dans le Pô : mais en 1748, lors de la paix d'Aix-la-Chapelle, le roi de Sardaigne rendit cette partie à l'infant Dom Philippe. Enfin le roi d'Efpagne obtint de plus la partie du comté d'Anghiera, qui eft fur le bord occidental du lac majeur ; de manière que la ligne de démarcation entre les états de la reine d'Hongrie & ceux du roi de Sardaigne, commence aux frontières de la Suiffe, traverfe le milieu du lac dans toute fa longueur, & fuivant le cours du Tefin, finit à l'endroit où cette rivière fe jette dans le Pô ; mais avec les modifications que nous venons d'indiquer relativement à ces limites : les fujets des deux puiffances ont la navigation libre fur ces deux fleuves ; & chacune peut fur fa rive faire les réparations qu'elle juge neceffaires, pourvu qu'elles ne tendent point à repouffer l'eau fur la rive oppofée, & que du côté du roi de Sardaigne on ne gêne point l'entrée de l'eau dans le canal qui conduit à Milan.

Sol, Productions.

Le *Milanès* eft un des meilleurs pays de l'Europe ; & il en eft peu qui foient d'un auffi grand rapport pour le fouverain.

Il eft arrofé de rivières, de ruiffeaux, & plein de canaux ; il produit prefque des grains de toutes les efpèces. Après la première récolte, on y fème communément du bled de Turquie. On y cultive auffi beaucoup de riz ; mais cette culture eft préjudiciable à la falubrité de l'air. Les pâturages y font excellens, fur-tout dans le diftrict de Lodi ; les beftiaux y font dans le meilleur état, & le fromage, qu'on nomme mal-à-propos parmefan, fe fait dans ce canton ; & l'Italie entière en confomme. Le *Milanès* produit auffi de bon vin & diverfes fortes de fruits. On y trouve une quantité confidérable de mûriers. Suivant le travail fait en 1774 par ordre de l'impératrice reine, le duché de Milan feul comprenoit 192 milles quarrés, & une population de 1,110,000 habitans ; c'eft environ 1150 par lieue quarrée.

Commerce,

Commerce.

Le commerce du *Milanès* n'est plus aussi considérable qu'il étoit ; il se fait principalement dans l'intérieur du pays, & ses habitans, dit M. Busching, tirent encore plus de marchandises de l'étranger qu'ils n'en exportent : mais ce fait est très-douteux, ou plutôt il n'est pas vrai. Ils fabriquent beaucoup de draps & de toiles de lin. Ils ont de la soie en grande quantité ; mais elle n'approche pas de la beauté de celle du Piémont. On la transporte au dehors crue, filée & travaillée. Les étoffes de laine qu'on y fabrique, restent pour la plupart dans le pays ; mais on exporte des bas, des gants & des mouchoirs de soie. Les galons d'or & d'argent, les broderies, les franges communes, les ouvrages de cuir, soit en blanc, soit en sumac, sont les principales productions des manufactures. On y travaille aussi l'acier, le crystal, les agathes, les aventurines & autres pierres.

M. Roland de la Platrière dit que l'entrepôt, les commissions & toute espèce de commerce en gros à Milan, sont un foible objet, vu la situation de cette ville ; que le pays est foulé, & qu'il offre une triste comparaison avec les bailliages suisses qui l'avoisinent ; qui en font partie, dont le sol est moins fertile, mais cultivé par un peuple libre.

Il ajoute que les arts y languissent, & que cette langueur pourroit bien venir des impôts qui enchérissent les matières premières & la main-d'œuvre ; qu'il ne se fait dans tout le *Milanès* que quelques draperies communes ; que la fabrique des camelots tombe, que toute la quincaillerie se tire du dehors, que le *Milanès* tire des toiles de Suisse & de Silésie, & beaucoup de soieries de Lyon, quoiqu'elles paient des droits énormes. Il relève les exagérations des autres voyageurs sur le commerce du *Milanès* avec la France ; mais il convient que l'article des soies & du riz emporte la balance, & même en paiement, & que toutes les années nous soldons cette balance avec notre numéraire.

Au reste, les exportations du *Milanès* & du Mantouan consistent en riz, soie, pour environ trois millions de florins par an, fromages, fruits secs & confits, huile d'olives, bétail, bled, laine & lin.

Le premier objet dont s'occupent les négocians milanois, ce sont les soies crues & organsinées. Cette branche de commerce exige des fonds considérables, & les plus riches maisons de Milan s'en sont emparées exclusivement aux autres, en formant entr'elles une société clandestine. Ce monopole n'est pas moins nuisible à l'acheteur qu'au vendeur, & fait un tort considérable au commerce général. La société, dit M. Grosley, qui a traité à fond cet article, fait acheter les soies du *Milanès* de cassine en cassine, ou de village en village, dans le temps de la récolte, & souvent avant la récolte ;

car elle ne se fait aucun scrupule d'accaparer. Lorsque les soies de Bergame, de Vérone & des autres villes de la Lombardie, sont rassemblées dans les magasins, la société écrit en France & en Angleterre que la récolte a manqué, ou qu'elle a été peu favorable, & fixe en conséquence le prix des soies. Ce prix n'est pas toujours suivi ni adopté par les autres marchands subalternes qui ne sont point de cette société. En conséquence, les facteurs de France & d'Angleterre arrêtent toutes les soies de ces marchands subalternes, tandis que la société est obligée de garder les siennes dans ses magasins. Mais que fait alors la société ? elle annonce en France & en Angleterre que la récolte donne les plus grandes espérances, & par cet appât empêche les facteurs de rien acheter ; ensorte que le prix des soies des marchands subalternes baisse tout-à-coup parce qu'il ne se présente plus d'acheteurs. C'est afin que les marchands subalternes se voient obligés de vendre à vil prix ces mêmes soies à la société, qui dans la suite les revend fort cher aux crédules étrangers ; car le temps de la récolte n'est pas sitôt arrivé, que la société écrit aux anglois que les françois, comme les plus voisins, les ont prévenus de vitesse ; qu'ils ont tout enlevé, & qu'il n'en reste plus à la société qu'une certaine quantité ; qu'elle sera obligée de leur vendre fort cher, &c. Elle donne aux françois le même avis & les trompe également. On voit par là que cette société exerce un monopole qui porte sur le cultivateur même, parce qu'en ne recevant de ses soies d'autre prix que celui qui est fixé par la société, on tourne vers d'autres objets une industrie que l'espoir seul du gain animoit & entretenoit ; & loin de faire de nouvelles plantations, il laisse les anciennes tomber en ruine. Dégoûté de ce monopole établi à Milan & à Venise, & ruiné par les droits de transit établis par le roi de Sardaigne & autres états adjacents, sur les soies qui ne font que passer sur leurs territoires, & par d'autres droits encore plus forts qu'il faut payer à Milan, il se voit, pour ainsi dire, forcé d'abandonner la culture des mûriers.

Le second objet de ce commerce consiste dans les galons, broderies d'or & d'argent, dentelles, gants, & autres marchandises semblables. Les manufactures de galons furent établies par les espagnols, sous Philippe II. Tant qu'ils répandirent dans le *Milanès* les pistoles du Pérou, les galons d'or & d'argent furent très à la mode. Mais depuis que le duché de Milan est retourné aux empereurs d'Allemagne, il ne s'en fait plus de consommation, que pour les ornemens d'église & les ameublemens de palais ; ensorte que ni les bourgeois ni les nobles, ne portent plus de galons fins.

Les armes à feu, fabriquées à Milan, étoient autrefois l'objet de l'admiration de toute l'Europe ; & il n'y avoit point de guerrier un peu célèbre qui ne voulût avoir des armes de Milan. On voit dans Brantome un long détail des obligations que la

France avoit à la ville de Milan pour la perfection des arquebufes & des moufquets, que le maréchal de Stozzi avoit fait connoître à la cour de Henri II. Ce commerce eſt à préſent tombé dans la plus grande décadence.

On a calculé, dit M. Groſley, qui mettoit peu d'exactitude dans ſes écrits, que les foies du Milanès rapportoient au pays 8 millions argent de France; l'exportation du bled produit, à ce qu'on prétend, 1,500,000 livres; les fromages 700,000; les vaches & les chevaux; le lin, le chanvre & les laines non cardées, peuvent encore produire cinq millions; ce qui forme un total de 15 millions argent de France, pour un pays où l'on ne compte qu'un million d'habitans.

Il ajoute que l'empereur, aujourd'hui maître du Milanès, levé un peu plus de ſept millions par an ſur ce duché. Mais on compte, dit M. de la Lande, qu'il n'en paſſe à Vienne tous les ans que 400,000 liv. tous frais faits, parce que le ſurplus de la ſomme eſt preſque entiérement employé au paiement des troupes & à l'acquit des charges de l'état. Il eſt vrai, ajoute-t-il, que les ſept millions en temps de guerre paſſent en entier en Allemagne. Il ſembleroit cependant qu'en temps de guerre, le Milanès devroit plutôt retirer de l'argent que d'en laiſſer ſortir. M. Groſley a vu cet objet de finance autrement que M. de la Lande, & nous allons citer ſes paroles : « La cour de Vienne, dit-il, tire
» chaque année huit à neuf millions de livres de
» France en eſpèces : exportation dangereuſe qui
» cauſera dans la ſuite un épuiſement total, dont
» les funeſtes effets ſe font déjà ſentir par la dimi-
» nution du commerce & des habitans.... Une
» maiſon à porte cochère, en 1758, au centre de
» la ville, & dans un des plus beaux quartiers de
» Milan, deux appartemens complets, avec ecu-
» ries, remiſes, caves & cuiſines, ne ſe louoit
» par an que 400 liv. argent de France ».

M. Roland de la Plâtrière, que nous citions tout-à-l'heure, obſerve que le Milanès eſt vigou-reuſement exercé en finances; que tout calcul fait, les biens-fonds y payent la moitié de leur revenu, & bien plus encore, ſi l'on déduit les frais de cul-ture; puiſque la taxe eſt le tiers du produit total, ſur l'eſtimation de la valeur en capital de la terre, ſans y comprendre les réparations & les non-va-leurs; que les taxes ſur les denrées ſont très-for-tes; qu'il y a des droits ſur la farine, la viande, l'huile & le vin, aliénés par le prince, pour des ſommes reçues & perçues ſans la participation du peuple & qu'enfin les financiers font beaucoup de mal en cette contrée.

Le gouvernement du Milanès eſt entre les mains de l'archiduc Ferdinand depuis l'année 1771; mais c'eſt le miniſtre plénipotentiaire de l'empereur qui dirige la plupart des affaires de l'adminiſtration. Le ſénat de Milan, compoſé d'un préſident & de dix ſénateurs, eſt le tribunal ſuprême & ſans appel dans toutes les cauſes civiles & criminelles. Les affai-

res qui concernent les finances, les monnoies & les impôts, &c. ſont ſoumiſes au conſeil ſuprême d'économie & de commerce. Le capitaine de juſtice veille à l'exécution des ſentences & à la ſûreté publique. Le vicaire de proviſion eſt le premier offi-cier de la bourgeoiſie. C'eſt à lui non-ſeulement à veiller à ce que les vivres ne manquent pas, mais à en fixer le prix. Les arts & métiers dépendent auſſi de lui. Le conſeil de guerre a l'inſpection des affaires qui regardent le bien de la ville de Milan. Les membres de ce corps ſont des nobles de Milan, & la dignité dont ils ſont revêtus paſſe du père au fils, non par la loi, mais par l'uſage. Le magiſtrat décide les affaires de juſtice. Le tribunal héraldique établi à Milan en 1770, reçoit les preuves de no-bleſſe, & veille à l'obſervation des loix qui regar-dent l'ordre des nobles. La juriſdiction civile, qui étoit autrefois exercée ſur les perſonnes ecclé-ſiaſtiques & ſur leurs biens par le pape & les évê-ques, a été conférée, en vertu d'un ordre émané du prince en 1767, à un magiſtrat établi à Milan. Dans le même temps, il fut ordonné à tous les ec-cléſiaſtiques de vendre tous les fonds dont ils avoient acquis le domaine depuis 1722, & on des aſſujettit aux mêmes impôts que les laïcs. Il fut auſſi défendu à tous les ſujets, eccléſiaſtiques ou laïcs, de de-mander quelque grace à la cour de Rome ſans la permiſſion du magiſtrat; on excepta ſeulement les brefs d'indulgence & les indults de la pénitencerie.

Telle a été juſqu'en 1786 la forme d'adminiſtra-tion établie dans le Milanès; mais l'empereur qui réforme toutes ſes provinces, n'a pas oublié le Milanès. Une ordonnance de ce prince, publiée au milieu de l'année 1786, déclara, qu'à compter du premier novembre, l'ancien ſyſtême d'admi-niſtration ceſſeroit dans la Lombardie, & que toutes les affaires de cette province ſeroient traitées, con-formément au régime établi dans les autres états de l'empereur : qu'il y auroit dans chacun des huit cercles une chambre ſupérieure qui, ſoumiſe im-médiatement au gouvernement, ſeroit chargée des affaires d'adminiſtration, de politique & d'écono-mie du cercle.

La ville de Milan ſe garde elle-même, & jouit du privilège de ne recevoir jamais de troupes. En temps de guerre ſeulement, la milice prend les armes. L'empereur ne peut avoir des troupes à Milan que dans la citadelle; auſſi a-t-il grand ſoin que la citadelle ſoit toujours bien garnie, afin de contenir des habitans fort jaloux de leur liberté.

Quant à la juſtice eccléſiaſtique, elle étoit ad-miniſtrée au civil & au criminel, par des clercs que choiſiſſoit l'archevêque; mais nous croyons que l'empereur a changé ce régime.

Le peuple de Milan ne jouit plus du droit qu'il avoit de nommer ſes archevêques, droit dont tous les peuples chrétiens jouiſſoient autrefois en Eu-rope, & qui depuis a été attribué aux rois, comme un apanage de la royauté.

Loix.

L'état de Milan a toujours été gouverné par les loix de son souverain. Charles-Quint fit rassembler dans un seul volume les décrets & les constitutions des précédens ducs, avec les droits & les coutumes des fiefs, par Philippe Saques, président du sénat de Milan, & par Lampugnanus & Gilles Bossius, sénateurs & jurisconsultes ; c'est cette collection qui renferme le droit du *Milanès*. On a recours, dans les occasions, au droit romain comme au droit commun.

Nous avons parlé du Mantouan à l'article MANTOUE : nous allons dire ici quelques mots.

Des principautés de Castiglione & de Solferino, qui dépendent aussi du *Milanès* : elles sont situées entre le duché de Mantoue & le Bressan, & sont des fiefs de l'Empire. Les princes de Castiglione, à qui elles appartenoient, descendent de Rodolphe de Gonzague, fils cadet de Louis, marquis de Castiglione & prince du S. Empire. Le marquis Rodolphe laissa deux fils, François, prince de Castiglione ; & Chrétien, comte de Solférino. Le fils de ce dernier réunit en 1675 Castiglione & Solférino. Il s'éleva une telle mésintelligence entre Ferdinand Gonzague son fils & ses sujets, que ce prince fut obligé d'abandonner son pays. Tant qu'il vécut, il ne put jamais y rentrer ; & sa famille n'a pu jusqu'ici recouvrer ses états, quoiqu'on ait fait ce sujet des instances très-vives non-seulement lors de la paix de Bade auprès de l'empereur, mais aussi auprès des couronnes de France & d'Espagne. *Voyez* les articles AUTRICHE, PAYS-BAS, HONGRIE, BOHÊME, & en général tous les articles sur les possessions de la maison d'Autriche.

MILICE, MILITAIRE. *Voyez* l'article TROUPES. *Voyez* aussi ces articles dans le dictionnaire de l'art militaire.

MILITSCH. *Voyez* SILÉSIE PRUSSIENNE.

MILLENDOK. *Voyez* MYLLENDOK.

MINDELHEIM & SCHWABECK. Seigneuries souveraines d'Allemagne au cercle de Suabe. La première est située dans l'Algau, entre la seigneurie de Schwabeck, l'abbaye d'Yrsée, le Marggraviat de Burgau, le territoire des comtes Fugger & quelques autres domaines. Son étendue est d'environ une milles en tous sens. Elle appartenoit autrefois aux ducs de Teck, qui la conservèrent après avoir perdu le reste de leurs terres. Lors de leur extinction, elle passa à la maison de Rechberg, qui la transmit à celle de Frendsberg. Lorsque celle-ci s'éteignit, les familles de Fugger & de Maxelrain s'en disputèrent la possession. Enfin, cette dernière céda son droit en 1612 au duc Maximilien de Bavière, qui s'empara de la seigneurie de Mindelheim, & la transmit à sa postérité. L'é-

lecteur de Bavière ayant été mis au ban de l'Empire en 1706, l'empereur érigea cette seigneurie en principauté, & en investit le duc de Marlborough, général anglois, qu'il venoit de créer prince de l'Empire. Il engagea même le corps germanique à lui accorder, à titre de cette terre, voix & séance à la diète de l'Empire & à celle du cercle de Suabe sur le banc des princes. Mais à la paix de Rastadt & de Bade en 1714, Mindelheim fut rendue sous le titre de seigneurie à l'électeur de Bavière, auquel elle donna voix & séance dans le collège des comtes & barons du cercle de Suabe ; il paroit qu'il ne jouit pas des mêmes droits à la diète de l'Empire. La taxe matriculaire de cette seigneurie est de trois cavaliers & de dix fantassins, évalués à 76 florins ; elle paye 92 rixdales 2 un quart kr. pour l'entretien de la chambre impériale.

La seigneurie de *Schwabeck*, située entre celle de Mindelheim & l'évêché d'Augsbourg, qui commença, dit-on, par s'en emparer en 1208, l'acheta dans la suite : cet évêché l'a toujours réclamé depuis ; & lorsque l'électeur de Bavière fut mis au ban de l'Empire en 1706, il en obtint la possession réelle ; mais il n'en jouit que jusqu'à la paix de Bade, époque où cette seigneurie fut rendue à l'électeur. *Voyez* l'article ALLEMAGNE & PALATINAT.

MINDEN, principauté d'Allemagne au cercle de Westphalie. Elle est bornée vers le couchant par l'évêché d'Osnabruck ; vers le nord par les comtés de Diepholz & de Hoya ; vers l'orient par le comté de Schaumbourg ; & vers le midi par le comté de Ravensberg. Son circuit est d'environ 24 milles. Ce pays offre en général de bonnes terres labourables ; & comme elles sont très bien cultivées, il peut fournir des grains, & surtout du froment & de l'orge aux provinces voisines. On cultive & exporte beaucoup de lin. Les prairies & les pâturages y rendent l'entretien du bétail très-utile. On y trouve en outre de très-bonnes salines, lesquelles fournissent de sel les provinces appartenantes au Brandebourg, ainsi que les provinces voisines. Le Weser traverse ce pays, & facilite son commerce.

Il y a dans cette principauté deux villes immédiates, deux médiates & un bourg ; le bourg & les deux villes médiates dépendent des bailliages où ils sont situés. On y trouve 121 villages & hameaux, 46 biens & siéges nobles & une commanderie. On y compta en 1783, une population de 57,117 ames, sans le militaire. La population dans les villes étoit de 7887 habitans, & celle de la campagne de 49230. Les états sont composés du grand chapitre de *Minden*, des prélats & de la noblesse des villes & des bourgs. Il y a ici, de même que dans les autres pays du cercle de Westphalie, des serfs qui, en cas de résistance & de désobéissance, peuvent être punis par leurs seigneurs.

Les catholiques n'ont l'exercice de leur religion

que dans la feule ville de *Minden* , & les réformés n'ont l'exercice de leur culte que tous les trois mois une fois au château de Petershagen ; le refte des églifes du pays appartient aux luthériens. La ville de *Minden* a fon miniftère eccléfiaftique particulier ; les autres perfonnes attachées au fervice de l'églife font foumifes à l'infpéction d'un furintendant , lequel a fon fiège à Petershagen ; elles font partagées en quatre cercles , qui font , 1°. Friedewald de 13 paroiffes ; 2°. Lahde de 9 paroiffes ; 3°. Ovenftedt de 5 paroiffes , & Raden de 7 paroiffes. Les juifs ont des fynagogues à *Minden* & à Liibbecke.

Les habitans s'occupent principalement du labourage , de l'entretien du bétail & de la filature : ils fabriquent des toiles , du treillis , & une étoffe moitié fil & moitié laine. On exporte beaucoup de fil ; les groffes toiles font enlevées par les anglois & par les efpagnols. On fait auffi de la bière & de l'eau-de-vie , & le commerce des grains , des chevaux & d'autres beftiaux eft affez confidérable. Il y a des rafineries de fucre & des favonneries.

Anciennement ce pays faifoit partie de l'Angrie. L'évêché de *Minden* fut fondé par l'empereur Charlemagne ; mais l'époque de cette fondation eft incertaine : parmi les diverfes opinions qu'on a à cet égard , la plus vraifemblable eft celle qui l'a fixée vers l'année 803. Le premier évêque s'appelloit Hérumbert ou Hercumbert. On compte 60 évêques jufqu'au traité de Weftphalie. L'évêque Landoward obtint les droits régaliens de l'empereur Otton I. en 961. Ses fucceffeurs les étendirent & les confolidèrent ainfi que les autres prélats de l'Empire. L'évêché ayant été féculariſé par le traité d'Ofnabruck en 1648 , & transféré à la maifon électorale de Brandebourg , à titre de principauté , en échange de la Poméranie qu'elle céda à la Suède , l'électeur Frédéric Guillaume prit poffeffion des châteaux du pays le 15 octobre 1649 , & reçut l'hommage des habitans le 12 février de l'année fuivante. L'armée françoife s'empara de cette principauté en 1757.

En vertu d'un décret impérial du 3 mai 1654 , la principauté de *Minden* doit avoir féance à la diète de l'Empire après Saxe Lavenbourg & avant Holftein ; elle prit en effet poffeffion de cette place ; cependant en 1663 , elle confentit à alterner avec Holftein-Gluckftadt. Elle eft taxée pour un mois romain à 10 cavaliers & 16 fantaffins , ou à 121 rixdales 16 gros : mais elle fe plaignoit dès 1662 de cette proportion : elle doit payer pour l'entretien de la chambre impériale 54 rixdales 3 gros par terme. Dans les affemblées du cercle de Weftphalie , elle prend féance après l'évêché d'Ofnabruck.

La principauté de *Minden* & le comté de Ravenfberg font adminiftrés par une régence commune , qui réunie aux deux furintendans & au prédica-

teur réformé de la cour à *Minden* , forme le confiftoire ; il y a auffi une chambre de guerre & des domaines. Ces deux collèges dirigent conjointement les affaires qui regardent la fupériorité territoriale ; mais la régence a en quelque forte l'adminiftration exclufive de la juftice : elle juge la nobleffe en première & les autres fujets en feconde inftance ; les appels des magiftrats des villes immédiates & des balliages font portés devant elle. Les affaires criminelles eccléfiaftiques , & les affaires de tutelle des fujets immédiats font auffi de fon reffort. Celles qui regardent la police , le commerce , les manufactures , la guerre & les finances , tant à l'égard des recettes royales , que des autres recettes publiques , font du reffort de la chambre de guerre & des domaines. Deux confeillers provinciaux fiègent dans cette chambre. Les deux collèges réunis établiffent un collège de fanté , lequel , en cas de maladies épidémiques , foit parmi les hommes ou parmi les troupeaux , eft chargé de prendre les foins néceffaires à cet égard. Il y a de plus un collège provincial de médecine , préfidé par un membre de la chambre de guerre & des domaines ; ce collège doit avoir attention que le pays foit pourvu d'habiles médecins , apothicaires , chirurgiens & fages-femmes. Dans les deux villes immédiates de *Minden* & Liibbecke , la juftice eft adminiftrée par les magiftrats , & dans le plat-pays par des baillis : mais le grand chapitre , le grand prévôt , l'abbaye de Ste. Marie , celle de Levern , les maifons nobles de Hollwinkel , de Beck , d'Uhlenbourg & d'Eisbergergen & la commanderie de Wietersheim l'exercent auffi à quelque égard.

La charge de maréchal héréditaire de la principauté de *Minden* , vacante par la mort de Frédéric-Guillaume , feigneur de Kanneberg , fut donnée par le roi en 1764 , aux petits-fils du défunt , ou aux deux frères Léopold-Guillaume Ferdinand , & Ernefte-Frédéric-Guillaume-Alexandre de Kahlden , pour eux & leur poftérité mâle avec tous les droits , prérogatives & émolumens y attachés ; l'aîné & fa poftérité mâle demeureront en poffeffion de cette charge , & en cas d'extinction de cette branche , elle fera dévolue à la branche cadette.

On eftime le produit annuel des biens domaniaux à un peu plus d'une tonne & demie d'or ; la caiffe militaire tire à-peu-près deux tonnes & demie d'or de cette principauté & des comtés de Ravensberg , de Tecklenbourg & de Lingen.

Voyez les articles BRANDEBOURG & PRUSSE.

MINES. Le dictionnaire des Finances a fait un affez long article fur cette matière. Nous y renvoyons le lecteur ; il y trouvera la définition de ce mot : nous nous bornerons ici à des obfervations générales fur les *mines* , fur leur propriété , & fur le régime qu'on fuit pour leur exploitation.

Principes de l'administration politique sur la propriété des mines & des carrières, & sur les règles de leur exploitation.

Deux points de vue doivent diriger l'administration dans l'établissement des loix qui règlent l'exploitation des *mines* & des carrières; savoir, par rapport à l'intérêt des particuliers, la considération du droit naturel; & par rapport à l'intérêt de l'état, le desir de procurer l'exploitation la plus abondante & la plus fructueuse de cette espèce de richesse.

De la jurisprudence des mines, *considérée relativement aux principes du droit naturel.*

Droit du propriétaire du sol, de creuser sur son terrein.

1°. Il est difficile de contester au propriétaire d'un champ le droit d'y fouiller. Avant l'établissement des propriétés foncières, il n'étoit pas moins libre au premier occupant de creuser la terre que d'en labourer une portion & de l'enclore, pour s'en assurer la possession exclusive : or, pourquoi un homme qui, en fermant un champ, en est devenu propriétaire, n'auroit-il pas sur cette terre une faculté qu'il partageoit auparavant avec tout le monde ? N'eût-il d'autre titre pour pouvoir y creuser que celui de premier occupant, il n'y a certainement pas renoncé.

Droit d'empêcher les autres d'y faire aucune ouverture.

2°. Si le droit de fouiller la terre dans son champ est une suite inséparable de la propriété, le droit d'empêcher les autres d'y fouiller, est une conséquence immédiate de cette propriété.

Liberté générale de pousser des galeries sous le terrein d'autrui.

3°. Il suit de là que si l'on ne peut parvenir aux matières souterreines sans ouvrir la superficie du terrein sous lequel elles se trouvent, la propriété de la surface entraîne nécessairement celle des matières qu'elle couvre. Mais lorsqu'un homme a fait un puits dans son terrein, ou bien a ouvert une carrière sur la croupe d'un côteau, rien ne l'empêche de continuer la fouille & l'extraction des pierres, en poussant des galeries en tous sens sous le terrein d'autrui. C'est ici qu'on peut commencer à douter, & demander si le propriétaire de la surface supérieure peut, en vertu de son droit de propriété, s'opposer au travail de ces galeries poussées sur son terrein : je ne le pense pas ; & à cet égard, je suis de l'avis du plus grand nombre des jurisconsultes.

Bornes de cette liberté.

4°. Cette faculté est cependant limitée par l'obligation de ne nuire en rien au propriétaire de la superficie ; car le droit de celui-ci s'étend incontestablement sur tout ce qui peut intéresser la conservation de son terrein, la solidité des ouvrages qu'il y a faits, la jouissance tranquille des fruits ; ainsi, un homme qui en ouvrant la terre dans son champ, creuseroit sous celui de son voisin, de façon à faire enfoncer le sol, à affoiblir les fondemens de sa maison, à faire écouler l'eau de son puits, donneroit certainement atteinte à sa propriété. Il n'est donc permis de fouiller sous le sol d'autrui qu'à deux conditions, l'une de ne fouiller qu'à une profondeur, telle qu'on ne puisse lui causer aucun dommage ; l'autre, de laisser d'espace en espace des soutiens suffisans, pour que son terrein & ses bâtimens ne puissent s'écrouler : la possession résultante de l'occupation des matières souterreines est donc assujettie à une servitude naturelle en faveur du propriétaire de la superficie.

Droit d'occupation sur les matières souterreines. Quoiqu'avant l'occupation elles ne soient encore à personne, il n'en résulte pas qu'elles doivent appartenir au souverain.

5°. Les matières souterreines n'appartiennent à personne jusqu'à ce que le terrein soit fouillé ; celui qui entreprend de les extraire, s'en empare à titre de travail, comme premier occupant, & le propriétaire du sol qui fouille dans son terrein n'a pas d'autre titre.

On a voulu en conclure que ces matières appartiennent à l'état, & font partie du domaine du souverain, de même que les terres vaines & vagues : mais il y a deux différences considérables. La première consiste en ce que pour s'approprier les terres vaines & vagues, il a suffi que le souverain en ait eu la volonté ; au lieu qu'il ne peut parvenir aux matières souterreines, sans passer par la superficie, ce qui ne peut se faire sans donner atteinte au droit de propriété. Une seconde différence consiste en ce que personne n'a aucune espèce de droit à réclamer les terres vaines & vagues ; mais quoique le propriétaire du sol n'ait qu'un droit exclusif sur les matières souterreines, on ne peut nier que le droit d'ouvrir la terre dans son champ, & de s'approprier par la voie de l'occupation des matières qu'il y trouve, ne soit un accessoire de son droit de propriété ; cette faculté n'exclut pas la concurrence de celui qui pourroit le prévenir dans cette espèce d'occupation, mais elle est incompatible avec la propriété absolue du prince, puisque celle-ci priveroit le propriétaire du sol d'une liberté qui fait partie de sa propriété primitive.

Le droit d'occupation sur les mines, *ne s'étend*

qu'à la propriété des ouvrages faits fous terre, & des matières déja extraites, fans droit de fuite fur les bancs ou filons découverts.

Je crois avoir prouvé que le droit de celui qui a ouvert une carrière ou une *mine*, eft le droit du premier occupant; pour fixer la nature & l'étendue de la propriété qu'il acquiert à ce titre, il ne faut que confidérer quelle eft principalement la chofe qu'il occupe.

Il n'eft pas douteux qu'en creufant des puits & des galeries, il ne fe mette véritablement en poffeffion de tout fon ouvrage : cette poffeffion lui en donne une véritable propriété. L'ouverture en eft faite dans fon terrein ou dans celui d'un propriétaire qui lui a cédé fon droit, le refte eft le fruit de fon travail, il a le droit d'en ufer ; il peut en exclure tout autre, au même titre que le premier cultivateur d'un champ a pu l'enclore.

Le mineur a encore pris poffeffion de la matière même qu'il a arrachée par fon travail, de la carrière ou de la *mine* ; mais à cet égard fa poffeffion, & par conféquent fa propriété, fe bornent à ce qu'il a effectivement arraché ; que cette matière ait formé un banc continu, comme dans certaines carrières, ou un filon prolongé comme dans la plupart des *mines* ; celui qui a pris la matière de ce filon fur dix toifes de longueur, n'a pas plus de droit fur la matière de ce filon jufqu'à cent & jufqu'à mille toifes plus loin que le propriétaire de la furface n'en avoit fur la totalité; il n'a que la faculté de s'en mettre en poffeffion en continuant fon travail ; mais il ne peut empêcher qu'un autre, en ouvrant la terre ailleurs, n'attaque ce banc ou cette veine par un autre côté ; fa poffeffion ne s'étend donc que fur ce qu'il a pris, & ne lui donne aucun droit de fuite fur ce qui refte à prendre. Ce principe eft important.

Par quels principes les conteftations entre les mineurs, dont les travaux fe rencontrent, peuvent être décidées.

7°. Chaque propriétaire ayant droit d'ouvrir la terre dans fon héritage, & de pouffer en tous fens fes galeries, il eft très-facile que deux mineurs fe rencontrent en avançant fous terre chacun de leur côté. Par le principe que je viens d'établir, chacun reftera le maître, 1°. de fes ouvrages foutérreins; 2°. de la matière qu'il en aura tirée jufque-là, & n'aura rien à demander à l'autre. S'ils veulent continuer de travailler, comme leur droit eft égal, il faut qu'ils s'arrangent enfemble, ou pour fe détourner chacun de fon côté, ou pour s'affocier dans un travail commun : fi l'un des deux fe refufoit à l'accord, le juge en décideroit ; mais il n'auroit befoin pour cela d'autre loi que des principes de l'équité naturelle.

La propriété d'une mine n'entraîne point le droit de forcer le propriétaire du fol à permettre les ouvertures néceffaires pour en continuer l'exploitation.

8°. Dans tout ceci, le propriétaire de la fuperficie n'a aucun intérêt ; mais il n'eft pas poffible de pouffer fort loin le travail des mines, ni même l'exploitation de certaines carrières, en fuivant des galeries qui n'auroient qu'une feule ouverture ; on eft obligé de les multiplier pour diminuer les frais de l'extraction des matières, pour procurer de l'écoulement aux eaux qui noieroient les ouvrages, enfin, pour donner aux travailleurs les moyens de refpirer, & pour diffiper par la circulation de l'air les exhalaifons nuifibles. Il y a des carrières qui, comme une grande partie de celles de plâtre & d'ardoife, exigent, pour être exploitées de la manière la plus avantageufe, que la fuperficie même du terrein foit détruite : dans tous ces cas, le mineur a befoin de recourir au propriétaire de la fuperficie, & de lui demander la permiffion de pratiquer des ouvertures dans fon terrein.

Celui-ci étant maître abfolu de fon héritage, eft libre par le droit naturel d'accorder ou de refufer fon confentement, & c'eft au mineur à lui propofer des avantages affez grands pour l'engager à le donner. S'il refufe obftinément, le mineur fera obligé d'interrompre fes travaux, c'eft un malheur ; mais il n'a point à s'en plaindre ; c'étoit à lui à prévoir le befoin qu'il auroit du propriétaire, & à s'affurer d'avance de fon confentement.

En vain prétendroit-on que le mineur étant obligé, par une fervitude naturelle, à prendre toutes les précautions néceffaires pour garantir au propriétaire du fol la confervation & la jouiffance tranquille de fa propriété, cette fervitude devroit être réciproque, & que le propriétaire de la fuperficie devroit être pareillement obligé à fe prêter, fauf un dédommagement convenable à tout ce qui eft néceffaire au mineur pour jouir de fa propriété fouterreine.

Cette réciprocité n'a aucun fondement. Il eft faux que le propriétaire du fol, en s'oppofant à l'ouverture dont le mineur a befoin, empêche celui-ci de jouir d'aucune propriété. Le mineur n'a d'autre propriété que celle des travaux déja faits, & des matières qu'il en a tirées. C'eft pour continuer fes travaux, c'eft pour extraire de nouvelles matières, c'eft pour acquérir une nouvelle propriété, & non pour conferver l'ancienne, qu'il a befoin d'une nouvelle ouverture : or, une propriété qu'il n'a pas, ne peut lui donner aucune fervitude. D'ailleurs, eut-il une vraie propriété, celle du poffeffeur de la fuperficie feroit antérieure, & c'eft de cette antériorité que réfulte la fervitude ; c'eft cette antériorité qui reftreint la faculté laiffée à celui qui n'eft pas propriétaire de creufer fous le fol ; c'eft elle qui met à cette liberté la condition de garantir le propriétaire de tout dommage. Mais celui-ci n'a fait de condition avec perfonne ; fa propriété étoit pleine & entière, & perfonne n'a pu la diminuer après coup, ni s'acquérir une fervitude fur lui fans fon confentement.

Réfultat des principes de l'équité naturelle, & des conféquences immédiates du droit de propriété, relativement à la jurifprudence des mines.

Il réfulte de cette analyfe, que le code des *mines*, à ne le fonder que fur les principes de l'équité naturelle, & fur les conféquences immédiates des droits de propriété foncière, fe réduit aux quatre articles fuivans :

1°. Chacun a le droit d'ouvrir la terre dans fon champ ;

2°. Perfonne n'a droit d'ouvrir la terre dans le champ d'autrui, fans fon confentement.

3°. Il eft libre à toute perfonne de pouffer des galeries fous le terrein d'autrui, pourvu qu'elles prennent toutes les précautions néceffaires pour garantir le propriétaire de tout dommage.

4°. Celui qui, en ufant de cette liberté, a creufé fous fon terrein ou fous celui d'autrui, eft devenu, à titre de premier occupant, propriétaire des ouvrages qu'il a faits fous terre, & des matières qu'il a en extraites, mais il n'a rien acquis de plus.

De la jurifprudence des mines, confidérée par rapport à l'avantage de l'état.

Cet intérêt a pu être & a été envifagé de deux façons, ou relativement à l'avantage du fifc par le profit qu'il peut retirer des mines ; ou relativement à l'intérêt qu'a l'état en général, d'encourager l'extraction des richeffes fouterreines, fi précieufes par leurs ufages multipliés & par leur valeur dans le commerce.

Examen des motifs tirés de l'intérêt du fifc, pour reftreindre la liberté naturelle d'exploiter les mines.

Examinons d'abord l'intérêt du fifc. Je conviens que les fouverains ne pouvant fe paffer de revenus pour fubvenir aux dépenfes de l'état, l'intérêt fifcal peut être, à quelques égards, confidéré comme une branche de l'intérêt public ; & je ne doute pas que l'idée de groffir le tréfor du prince d'une richeffe qui ne fembloit prife à perfonne, n'ait contribué plus que tout autre motif à faire établir par les jurifconfultes romains le principe que toutes les mines appartiennent à l'état ; mais les empereurs romains ne furent pas long-temps fans reconnoître combien cette idée eft chimérique. Un entrepreneur particulier qui emploie tout fon temps & fon induftrie à l'exploitation d'une *mine*, a fouvent peine à retirer quelque profit de fes avances, & en général le produit n'égale pas les frais, puifqu'on fe ruine même dans l'exploitation

des *mines* du Mexique & du Pérou. Comment une adminiftration furchargée d'affaires de tout genre pourroit-elle fuivre les détails d'un travail très-difficile avec cette économie fcrupuleufe, fans laquelle ces entreprifes ruinent toujours leurs auteurs ? Les tentatives que le gouvernement a faites de temps en temps en France pour faire valoir les *mines* au profit du roi, n'ont fervi qu'à en prouver l'impoffibilité par de nouvelles expériences : on voit par l'édit de 1601, que M. de Sully avoit fondé de grandes efpérances fur cette reffource ; mais il en fut bientôt défabufé.

S'il eft poffible de faire valoir les mines avec avantage au profit du fouverain.

Pour que l'exploitation d'une mine, au profit du fouverain, lui foit avantageufe, il faut deux conditions, l'une, que la *mine* foit exceffivement riche, l'autre, que l'état foit très-petit : d'un côté, les produits d'une mine riche font diminués, mais ne font pas abforbés en totalité par quelques négligences dans la régie ; de l'autre, les négligences font un peu moindres dans un petit état : l'objet eft plus fous les yeux ; il eft plus important, parce que la totalité des revenus eft moindre, & le gouvernement eft moins furchargé : c'eft par ces raifons que plufieurs princes d'Allemagne gagnent à faire travailler leurs *mines* pour leur compte ; mais un grand état y perdroit. C'eft fur le revenu territorial qu'il doit fonder les fiens, & non fur les produits d'entreprifes particulières dont l'adminiftration ne pourroit s'occuper, fans dérober fon attention à des objets qui doivent la fixer toute entière. En attribuant à l'état la propriété des *mines*, les jurifconfultes ne lui ont donc rien donné, puifque le fouverain ne peut par lui-même les mettre en valeur, & qu'il eft réduit à en céder l'ufage à des particuliers, qui feuls peuvent les exploiter avec avantage. Il auroit autant valu abandonner les *mines* au fort des autres biens, que de fe réferver un droit illufoire, dont le prince ne peut faire ufage qu'en le cédant.

Le droit de dixième ou de quint fur les mines, quand il feroit utile de le conferver, pourroit être levé à titre d'impôt, fans que la propriété des mines appartînt au domaine.

Il eft vrai que les empereurs romains, & plufieurs fouverains après eux, en permettant aux particuliers d'exploiter des *mines*, fe font réfervé le droit de prélever un dixième fur leur produit ; mais pour cela ils n'avoient nullement befoin de s'attribuer la propriété des *mines*. Ce dixième n'eft autre chofe qu'un impôt fur le produit des *mines*, & l'état lève des impôts auffi forts fur les autres efpèces de biens, fans y prétendre aucun droit de propriété particulier. Or, que les fouverains lèvent ce dixième à titre d'impôt ou à titre de droit domanial, la chofe eft fort indifférente. S'il eft avantageux à l'état qu'une partie des impofitions porte fur le produit des *mines*, (queftion très-fufceptible de doute, & que j'examinerai plus bas) le prince n'a befoin que de fon autorité pour établir cet impôt; fi au contraire l'état a plus d'intérêt à encourager l'exploitation des *mines* par une entière franchife, qu'à en tirer une branche de revenu, l'état fera très-fagement de remettre fon droit domanial; & c'eft ce que le roi de France a fait en plufieurs occafions, notamment par l'édit de février 1722, en faveur d'une compagnie établie pour exploiter les mines du royaume. Dans l'un & l'autre cas, la parité eft entière entre l'impôt & le droit domanial; & puifque l'expérience a démontré que l'état ne peut trouver aucun avantage à faire travailler les *mines* pour fon propre compte, il en réfulte évidemmment que le fifc n'a aucun intérêt direct au maintien du principe que la propriété des *mines* fait partie du domaine public; c'eft donc fans objet & fans intérêt que l'avidité fifcale a dérangé fur ce point l'ordre que la nature des chofes avoit établi.

Examen des motifs qu'on allégua pour reftreindre la liberté naturelle de l'exploitation des mines, & qu'on tire de l'intérêt qu'a l'état, à ce qu'elles foient exploitées de la manière la plus fructueufe.

Après avoir détruit le véritable motif qui a fait introduire la jurifprudence domaniale fur les *mines*, il me refte à difcuter les prétextes dont on a cherché à l'appuyer.

On part d'un principe inconteftable; c'eft l'intérêt qu'a l'état à ce que les *mines* foient mifes en valeur & exploitées de la manière la plus avantageufe, foit pour épargner l'achat des matières qu'on feroit obligé de tirer de l'étranger pour fournir aux différens befoins de la fociété, foit pour mettre dans le commerce de nouvelles valeurs qui en augmentent l'activité.

Or, on prétend que la liberté laiffée à tout propriétaire d'ouvrir fur fon terrein, à l'exclufion de tout autre, eft incompatible avec l'exploitation fructueufe des *mines*.

Première objection contre la liberté, fondée fur la néceffité de faire de groffes avances & de courir de très-gros rifques pour mettre une mine en valeur : d'où l'on conclut qu'il eft indifpenfable d'affurer à un feul entrepreneur le droit exclufif de faire travailler toutes les mines qui fe trouvent dans une certaine étendue de terrein.

Il n'eft pas poffible, dit-on, de mettre une *mine* en valeur, fans commencer par faire les plus grandes dépenfes; il faut creufer des puits, percer des galeries dans le roc, foutenir les uns & les autres par de forts étais, établir des machines pour l'épuifement des eaux, bâtir des fourneaux, payer une foule d'ouvriers, acheter du bois, extraire la *mine*, la fondre, avant d'en retirer un fou. De pareilles avances, effrayantes par leur immenfité, le font encore plus par l'incertitude du fuccès. On fait que les plus habiles artiftes ne peuvent former que des conjectures plus ou moins probables fur la richeffe d'une *mine*, ni même fur la vraie direction des filons, dont la marche irrégulière déconcerte fouvent les mineurs les plus expérimentés. Maintenant, quel eft l'homme qui voudra faire des avances auffi fortes & rifquer fa fortune; s'il n'eft pas affuré de recueillir, fans partage, le fruit de fes travaux? Si lorfque fes recherches lui auront enfin découvert une *mine* fuivie & abondante, les propriétaires de chacun des héritages fous lefquels elle paffe, ou ceux à qui ces propriétaires auroient cédé leurs droits, peuvent, en ouvrant la terre de leur côté, s'emparer des richeffes qu'elle renferme, & s'approprier fans rifque le fruit de tant de travaux & de dépenfes, fur quelle affurance l'entrepreneur d'une *mine* pourra-t-il engager des gens riches à s'affocier avec lui & à lui confier leur fonds?

Il eft donc néceffaire, pour qu'un homme puiffe entreprendre la recherche & l'exploitation d'une *mine*, que l'état lui en affure la poffeffion fans trouble; ce qui ne peut fe faire qu'en lui donnant la conceffion exclufivement à tout autre, de toutes les *mines* qui fe trouvent aux environs du lieu où il fe propofe de fouiller, dans une étendue affez grande, pour qu'il puiffe être indemnifé de fes frais, & trouver un profit fuffifant. Or, l'état ne peut faire cette conceffion, s'il n'a pas, à l'exclufion des propriétaires de la fuperficie, la propriété des matières fouterreines. La loi qui la lui donne eft néceffaire, parce que fans elle, les *mines* les plus riches demeureront à jamais des tréfors enfouis & perdus pour l'état. Cette loi n'a rien d'injufte; car elle n'ôte au propriétaire de la fuperficie qu'un droit inutile, & qui ne peut lui fervir qu'à empêcher un autre de mettre en valeur des richeffes, dont lui-même né profite pas.

Sacrifier à ces prétendus droits toutes les richeffes que le travail des *mines* peut procurer au royaume, ce feroit facrifier à un intérêt chimérique & de nulle valeur pour un particulier, un intérêt très-réel & très-confidérable pour l'état. Quand il s'agiroit même de la valeur du fonds où l'on doit creufer, c'eft-à-dire, de quelques arpens de terre, elle ne pourroit être comparée aux dépenfes immenfes de l'exploitation d'une *mine*, ni par conféquent aux produits qui, dans toute entreprife, doivent toujours faire rentrer les dépenfes avec un profit proportionné. On ne devroit pas même craindre d'obliger le propriétaire à céder fon fonds, s'il le falloit, en obligeant l'entrepreneur à lui en payer la valeur.

Seconde

Seconde objection contre la liberté. Nécessité d'obliger le propriétaire de la superficie de consentir, moyennant un dédommagement, aux ouvertures, dont les mineurs ont besoin pour continuer leur exploitation.

Ce seroit bien en vain que l'état donneroit à un entrepreneur de *mines* la concession de toutes celles qui se trouvent dans un certain arrondissement, si le propriétaire de la surface n'étoit pas forcé par une loi de permettre dans son terrain toutes les ouvertures nécessaires pour l'exploitation de ces *mines*. Il est indispensable de multiplier ces ouvertures pour chercher de nouvelles traces d'un filon interrompu, pour rendre l'extraction des matières moins dispendieuse, pour établir des pompes ou ménager des écoulemens aux eaux, enfin pour donner de l'air aux ouvriers. Or, si le propriétaire du terrain peut refuser son consentement à l'ouverture, il ne faudra qu'un homme de mauvaise humeur pour faire perdre le fruit d'une dépense immense, ruiner les entrepreneurs, & rendre impossible l'exploitation de la *mine* la plus riche & la plus avantageuse pour l'état. Quelqu'étendue qu'on puisse donner au droit du propriétaire du sol, il ne sauroit avoir celui de ruiner, sans intérêt, la fortune d'un autre citoyen. La loi doit les protéger tous également ; par conséquent elle doit ordonner au propriétaire de souffrir une ouverture dont le mineur ne peut se passer, & obliger le mineur à lui donner un dédommagement tel, qu'il demeure entièrement indemnisé. Le droit des particuliers a toujours cédé à l'intérêt public ; & pourvû que le particulier soit dédommagé, il n'a pas à se plaindre. Ce dédommagement peut être fixé par la loi même ; mais il paroit plus juste que le dédommagement soit plus ou moins fort, suivant le plus ou le moins de tort que souffre le propriétaire ; ce qui dépend de mille circonstances locales & variables. Il suffit donc que l'indemnité soit fixée à dire d'experts & par l'autorité du juge, lorsque les parties ne peuvent s'accorder.

Troisième objection contre la liberté, fondée sur le danger des petites exploitations irrégulières que chaque propriétaire pourroit faire sur son terrain.

Conséquences des trois objections ci-dessus, en faveur de l'utilité & de la nécessité des systêmes établis sur la jurisprudence & sur l'administration des mines.

En effet, des concessions accordées en connoissance de cause, sont l'unique moyen d'obvier aux petites exploitations irrégulières qui produisent peu pour le moment & nuisent pour l'avenir, en devenant un obstacle à des exploitations plus régulières. L'état, en donnant à ces concessions une certaine étendue, assure aux entrepreneurs, outre la rentrée de leurs frais, des profits suffisans pour les exciter à multiplier leurs entreprises, & à mettre en valeur toutes les richesses que le royaume possède en ce genre. En n'accordant ces concessions que pour un tems limité, & statuant que dans le cas où les concessionnaires négligeroient ou abandonneroient l'exploitation de la *mine* concédée, l'état y rentrera de plein droit, on n'a point à craindre qu'un privilège accordé à un concessionnaire qui n'en feroit point usage, devienne dans la suite un obstacle à ce qu'un autre entreprenne de mettre la même *mine* en valeur.

Tel est précisément le systême actuel de l'administration sur la police des *mines* dans une partie de l'Europe, & c'est le seul dans lequel elles puissent être exploitées de la manière la plus avantageuse pour l'état. Ce systême suppose que la propriété des matières souterraines soit distinguée de celle de la superficie, & qu'elle appartienne au prince : il est donc nécessaire que la loi lui donne irrévocablement cette propriété, non pour l'intérêt de son trésor, mais pour l'intérêt public.

On trouvera dans le dictionnaire de Robinet une réfutation des raisons qu'on allègue en faveur du systême établi sur l'administration des *mines* : nous les indiquerons seulement, & nous ajouterons quelques modifications qui rameneront au point de vérité, les assertions exagérées des deux partis sur cette matière.

Ces raisons ressemblent à celles qu'on allègue en faveur des monopoles de toute espèce.

Réponse à la première objection. Il n'est nullement nécessaire de donner aux entrepreneurs des mines *le droit exclusif de travailler toutes celles d'un certain canton.*

Réponse à la seconde objection. Il est inutile de forcer le propriétaire du sol à souffrir que les mineurs y fassent les ouvertures nécessaires pour continuer leur exploitation.

Réponse à la troisième objection, tirée du prétendu danger des exploitations irrégulières.

Exemples de plusieurs mines mises en valeur avec le plus grand succès, sans aucune concession exclusive.

Conclusion en faveur du systême, qui, en réservant au propriétaire de la surface, la faculté exclusive de pratiquer des ouvertures dans son héritage, attribue la propriété des matières souterraines au premier occupant.

L'administration sans doute a le droit d'ordonner les sacrifices & les dédommagemens qui sont très-utiles au bien général, & il ne reste plus qu'à examiner si l'utilité générale de cette exploitation est bien constatée.

Les richesses des *mines* qui produisent des métaux & non des combustibles, ou des matières propres aux arts, sont des richesses factices, & les productions de la superficie du sol sont des richesses réelles ; & il est rare qu'il convienne de sacrifier ces richesses réelles à des richesses factices.

Les entrepreneurs des *mines*, en général, sont des charlatans ou des hommes crédules : ils ne doutent de rien ; ils comptent s'enrichir, &, ce qu'il ne faut pas oublier, ils s'appauvrissent presque tous ; & pour en citer un bel exemple, aucun négociant bien accrédité ne voudroit qu'on crût qu'il est intéressé à l'exploitation des *mines* du Mexique & du Pérou.

Leurs sollicitations sont très-propres à égarer les administrateurs qui, en accordant un privilège exclusif, croient toujours y voir une opération importante pour le bien général.

Si une *mine* très-riche se trouve dans des montagnes, ou dans des districts en friche & mal cultivés ; si le gouvernement n'a pas le droit domanial de forcer les propriétaires à permettre l'ouverture de leur terrain, & à recevoir un dédommagement, il a le droit d'administration sur cet objet ; & lorsqu'il en use, personne n'a droit de s'en plaindre. Mais des enthousiastes, des charlatans ou des fous, sur de légers indices, demandent à ravager un sol fertile, pour y chercher des matières précieuses ; & l'administration alors ne peut être trop circonspecte ; elle doit se souvenir toujours du mauvais succès de ces sortes d'exploitations.

Ce seroit une histoire singulière que celle de l'exploitation des *mines* dans tous les pays du monde : j'ose dire que quatre-vingt-dix-neuf sur cent **ont** ruiné leurs entrepreneurs ; à commencer par celles du Mexique & du Pérou, qui ont inondé d'argent l'Espagne, l'Europe, l'Asie & l'Amérique.

Il est rare qu'aucun motif d'utilité générale ou particulière puisse engager la législation à donner la propriété des matières souterraines au propriétaire de la superficie, mais lorsque l'exploitation doit se faire sur des terrains fertiles, ou qui n'appartiennent pas au gouvernement ; il faut examiner avec attention s'il est avantageux d'ouvrir la *mine*.

Avantages du système de la liberté.

Cette législation, la plus simple & la plus juste, seroit en même-temps la plus propre à encourager l'exploitation des *mines* : sans donner aux propriétaires de la superficie plus que la justice n'exige, elle leur conserveroit tous leurs droits, & les mettroit à l'abri de toute contrainte : sans embarrasser l'administration du soin oiseux de donner des permissions ; sans exclure personne

du droit de travailler où il voudroit, elle assureroit aux entrepreneurs le fruit de leurs peines & de leurs avances, autant que la nature des choses le comporte : elle leur laisseroit un gage plus solide qu'ils ne peuvent l'avoir dans aucun autre système, & qui cependant ne nuiroit en rien aux nouvelles entreprises que d'autres pourroient former ; enfin elle donneroit à cette branche d'industrie toute l'activité que la concurrence générale & la liberté donnent à tous les genres de commerce. Si l'on veut faire entrer en considération l'intérêt fiscal du prince, il seroit privé du droit exclusif de faire exploiter les *mines* pour son compte sur les terres qui ne lui appartiennent pas ; c'est-à-dire, qu'il perdroit un droit dont il n'use jamais, & dont il est démontré que, du moins dans un grand état, il ne pourroit user qu'avec perte. Il ne leveroit plus le dixième du produit des *mines*, à titre de redevance domaniale ; mais il n'y perdroit encore rien, puisqu'il pourroit toujours percevoir le même droit à titre d'impôt, s'il le jugeoit plus avantageux que nuisible.

Du droit de dixième sur les mines. *Est-il de l'intérêt des souverains de le conserver ?*

Nous avons déja annoncé des doutes sur cette question : c'est la seule qui reste encore à discuter pour épuiser entièrement cette matière.

L'auteur qui nous a fourni la plupart des remarques de cet article, dit : « on peut mettre » en principe que tout impôt qui nuit à l'aug- » mentation de la richesse des sujets, est plus » nuisible qu'utile au prince, & doit être sup- » primé. Ce seroit une grande erreur de préten- » dre balancer l'intérêt pécuniaire du prince, » avec l'intérêt qu'il a d'enrichir ses sujets. L'in- » térêt pécuniaire du prince est toujours nul dans » ces sortes de questions : il ne s'agit pas de lui » donner plus ou moins d'argent ; (il aura tou- » jours ; ou par son autorité, ou par les con- » cessions de la nation, suivant la différente for- » me du gouvernement, tout celui qu'exigent » les besoins de l'état ;) il s'agit uniquement de » savoir dans quelle forme, & sur quelle espèce » de produit il lui est plus avantageux de lever l'ar- » gent dont il a besoin : or, il est bien évident » que son revenu ne pouvant être qu'une portion » déterminée du revenu de ses sujets, toute di- » minution sur celui-ci entraîne une diminution » proportionnée sur le sien. Il est donc démontré » que l'intérêt du prince est ici entièrement con- » fondu avec celui des sujets ; & que l'impôt le » plus utile, le seul qui ne soit pas nuisible au » souverain, est celui qui ne porte que sur un » produit entièrement disponible, dont le prince » peut prélever sa portion, sans rien déranger à » l'ordre des dépenses réproductives, sans inté- » resser les travaux de l'agriculture & de l'indus- » trie, sans entamer les profits du cultivateur ;

» du manufacturier, ou du commerçant. Le re-
» venu net des biens-fonds, ou ce qui revient
» au propriétaire après que le cultivateur a pré-
» levé les frais, les intérêts de ses avances &
» ses profits, présente seul ce produit entière-
» ment disponible, sur lequel l'impôt peut être
» assis sans danger, c'est-à-dire, sans diminuer
» les richesses de la nation, & par contre-coup
» celles du souverain. Il a été prouvé, dans plu-
» sieurs ouvrages modernes, que tout impôt sur
» l'exploitation des terres, sur les travaux de l'in-
» dustrie ou sur les profits du commerce, retom-
» be toujours sur les propriétaires des terres,
» qui le paient directement par la diminution du
» prix des baux, par l'augmentation des salaires,
» par la moindre consommation des fruits de la
» terre, d'où résulte la diminution de leur re-
» venu : on en a conclu avec raison, que l'in-
» dustrie devoit être entièrement affranchie de
» toute imposition. Sans entrer dans des discus-
» sions trop étendues, & qui seroient ici dépla-
» cées, il est aisé de sentir que toute imposi-
» tion sur l'industrie est une diminution de profit
» pour l'homme industrieux : or, toute diminu-
» tion de profit tend à diminuer les motifs du
» travail, & par conséquent le travail lui-même.
» Si donc le travail, envisagé dans toutes ses
» branches, est l'unique cause qui sollicite la
» production de toute richesse, il s'ensuit qu'un
» impôt qui entame les profits de celui qui tra-
» vaille, & qui ne tombe pas uniquement sur
» le produit net réservé au propriétaire, tend à
» la diminution des richesses.

» Appliquons cette théorie au produit des mines. D'après les principes que j'ai établis,
» l'entrepreneur n'a d'autre propriété que celle
» de ses ouvrages & des fruits de son travail ; il
» ne peut donc avoir, à proprement parler, de
» produit net : il est vrai que lorsque la mine est
» riche, il retire un profit au-delà du capital &
» de l'intérêt de ses avances ; mais ce profit n'est
» pas d'une autre nature que les profits de tous
» les autres genres d'industrie. Un commerçant
» en fait quelquefois d'aussi considérables sur un
» voyage heureux ; mais ce profit est toujours la
» récompense de son travail & du risque qu'il a
» couru de perdre ; il n'a rien de commun avec
» le revenu qu'un propriétaire retire de sa terre
» sans risque & sans travail.

» Si quelqu'un retiroit des mines un produit
» net, ce seroit le propriétaire de la surface qui
» vend à l'entrepreneur la permission de fouiller dans
» son héritage : mais le prix de cette permission
» est ordinairement un bien petit objet, & pres-
» que toujours il se réduit à l'indemnité des dé-
» gâts qu'entraînent ces sortes d'ouvertures.
» D'ailleurs ce foible profit accidentel, purement
» passager, ne peut jamais être considéré comme
» revenu.

» Quant à l'entrepreneur, ses profits sont dans

» la classe de tous les profits des autres genres
» d'industrie : quelque grands qu'ils soient, il
» s'en faut bien qu'on doive les lui envier ; il les
» achète par des risques au moins proportionnés.
» Obligé d'avancer des capitaux immenses lors-
» qu'il commence son exploitation, il n'est ja-
» mais certain de les retirer : il court le hasard
» de se ruiner ou de s'enrichir. Prélever une por-
» tion des profits qui lui reviendront si le succès
» est heureux, c'est dans le cas où la balance se-
» roit égale entre la crainte & l'espérance, la
» faire pencher du côté de la crainte ; c'est dimi-
» nuer un encouragement qu'il faut au contraire
» augmenter, si l'état a intérêt que les mines
» qu'il possède soient exploitées : or c'est ce dont
» personne ne doute. Les productions des mines
» sont certainement une richesse de plus pour la
» nation, & une dépense de moins, puisqu'il
» faudroit qu'elle achetât de l'étranger de quoi
» subvenir à tous ses besoins en ce genre. Il se-
» roit donc contraire aux vrais principes en ma-
» tière d'imposition, de charger l'exploitation des
» mines d'aucune taxe : l'intérêt de l'état, &
» par conséquent celui du roi, demande qu'elle
» en soit entièrement affranchie.

» J'ajouterai que, quand même on voudroit
» laisser subsister une imposition sur cet objet,
» celle du dixième du produit seroit très-inégale
» & souvent excessive. Les dépenses d'exploita-
» tion sont souvent si considérables, que le dixiè-
» me du produit emporteroit la totalité du profit :
» alors l'imposition équivaudroit à une défense
» d'exploiter la mine. En général, les dépenses
» d'exploitation sont si variables, si difficiles à
» prévoir, ont des proportions si différentes avec
» le produit réel des différentes mines, qu'une
» portion déterminée du produit, sans aucune
» déduction des dépenses, forme nécessairement
» une taxe très-inégale, & d'autant plus injuste
» qu'elle augmente à mesure que les profits dimi-
» nuent. Cette injustice existeroit déja, si ce
» dixième se prélevoit sur la mine brute, sans
» avoir égard aux dépenses de l'extraction ; mais
» elle est encore bien augmentée par la disposi-
» tion de quelques anciennes loix, qui règlent
» que ce dixième sera pris sur les matières fon-
» dues & affinées, & qui par conséquent char-
» gent encore l'entrepreneur de la dépense & des
» risques de la fonte. J'en ai peut-être trop dit
» sur cette dernière question ; car, autant que
» je puis en juger, les personnes qui sont en
» France à la tête de l'administration, sont assez
» convaincues que le roi a plus d'intérêt à en-
» courager l'extraction des mines, qu'à la char-
» ger d'un impôt ».

Il conclud : « tout ce que les loix positives
» ont à faire sur la matière de l'exploitation des
» mines, pour assurer le plus grand avantage pos-
» sible de l'état, se réduit à ne rien retrancher

» & à ne rien ajouter à ce qu'établit la feule
» équité naturelle.

» On ose prédire que, fur quelque matière
» que ce foit, l'étude approfondie des vrais principes de la légiflation & de l'intérêt public bien
» entendu, conduira au même réfultat ».

Mais l'auteur, pour avoir traité la queftion
d'une manière trop générale, a forcé tous les
principes, & a outrepaffé les bornes de la vérité. Sans doute la plupart des *mines* ne font pas
fufceptibles d'impôts, & l'adminiftration en France
a raifon de les en affranchir : mais des *mines*
d'une richeffe prodigieufe, telles que celles du
Potofe, du Bréfil & du Pérou, peuvent - elles
être taxées ? C'eft une autre queftion, & ce n'eft
pas avec un principe général qu'on peut la réfoudre ; & puifque toutes les nations ont adopté
les impôts indirects, puifqu'il eft difficile d'efpérer de les affujettir jamais à un impôt unique ; pour être utile, il faut modifier les principes
généraux qui font fi commodes, & raifonner
d'après un ordre des chofes néceffairement défectueux. Il paroît que l'Efpagne & le Portugal
peuvent affeoir un impôt ou un droit de douane
fur les productions des riches *mines* du Pérou &
du Bréfil : mais quel doit être le taux de cet impôt ? C'eft ce que les circonftances particulières
peuvent feules déterminer. Il eft clair que le quint
ou le dixième font trop forts ; & que les cabinets de Madrid & de Lisbonne, qui ont déja été
obligés à réduire ces droits, devroient les réduire
encore : car enfin, puifqu'on fe ruine dans l'exploitation ces *mines*, c'eft décourager que de
ne pas diminuer l'impôt. Indépendamment de cette
raifon, l'impôt doit diminuer avec l'épuifement
des *mines* ; & fi des vues faines ne déterminent
pas le Portugal & l'Efpagne à le diminuer, la
néceffité les y forcera, ainfi que nous l'avons dit
ailleurs. *Voyez* les articles EsPAGNE, IMPÔTS.

MINISTERE : ce mot a deux acceptions différentes dans le droit public. Il fignifie ou la geftion particulière d'un miniftre d'état, comme
lorfqu'on dit : le *miniftère* du cardinal de Richelieu ; ou les miniftres d'état collectivement, comme quand on dit : le *miniftère* qui étoit Wigh,
devint Torry dans les dernières années du règne
de la reine Anne, pour dire que les miniftres attachés à la première de ces factions, furent remplacés par d'autres miniftres du parti contraire.

MINISTRE D'ÉTAT. *Voyez* le dictionnaire
de Jurifprudence.

MINISTRE PUBLIC : c'eft une perfonne envoyée
de la part du fouverain dans une cour étrangère
pour quelque négociation.

Dans les états de l'Europe, qui fe formèrent
des débris de l'Empire romain, on ne connut
d'abord & pendant long-temps qu'une forte de

miniftres publics, qu'on appelloit *meffagers*, *procureurs*, *ambaffadeurs*, comme on le voit dans
plufieurs diplômes de ce temps-là. Aujourd'hui
toute l'Europe reconnoît trois claffes de *miniftres
publics*. Cette différence de qualité s'eft introduite
par des vues d'économie que les petits princes
ont confultées, & par des diftinctions que les
grands potentats ont voulu s'attribuer. Selon que
ces qualités ont été plus ou moins relevées, on
a déféré aux miniftres qui en étoient revêtus,
des honneurs plus ou moins confidérables. Les
fouverains s'envoient actuellement des *miniftres*,
qu'ils appellent *ambaffadeurs*, *bailes*, *nonces*, *internonces*, *légats*, *envoyés*, *plénipotentiaires*, *miniftres*, *réfidens*, *chargés d'affaires* & *autres*.

Le titre qu'ont les *miniftres publics*, la dignité
de l'état qui les envoie, & celle de l'état qui les
reçoit, mettent de la différence dans le traitement, fans en mettre dans le caractère. Le droit
eft un droit commun à tous les fouverains. Un
prince qui n'a pas le titre de *roi*, & une république qui ne jouit pas du traitement royal, donneront, s'ils veulent à leur miniftre la qualité
d'*ambaffadeur* ; mais pour favoir à quels honneurs
ce miniftre pourra prétendre, il faudra confulter
l'ufage obfervé dans de pareilles circonftances. Les
miniftres, foit du premier, foit du fecond, foit
du troifième ordre, font indiftinctement fous la
protection du droit des gens, parce qu'ils font
également *miniftres publics* ; que leur emploi eft
le même, & que toutes les diftinctions qu'on met
entr'eux pour le traitement, font fondées fur la
puiffance de leurs maîtres, & fur le plus ou le
moins d'éclat avec lequel ils paroiffent en public.
La dépenfe plus ou moins confidérable & la différence des titres ne peuvent changer les droits
effentiels d'un caractère qui leur eft commun.
Quelle que foit l'ambaffade ordinaire ou extraordinaire, quel que foit le nom qu'on donne aux
miniftres publics, quels que foient les honneurs
qu'on leur rend, ils font également confidérés
comme des perfonnes privilégiées, & comme
des hommes indépendans des cours où ils réfident.

Les turcs eux-mêmes, dont la capitale eft en
Europe, admettent la différence de qualités dans
les *miniftres publics*. Le mot *elchi* eft, à la vérité,
un mot générique, par lequel les ottomans défignent tout miniftre étranger, fans diftinction de
premier, de fecond, de troifième ordre : mais
la Porte, en traitant avec des miniftres chrétiens,
ne laiffe pas de proportionner les honneurs, &
aux titres dont ces miniftres font revêtus, & à
la puiffance du fouverain qu'ils repréfentent.

Il n'en eft pas de même en Orient. Les orientaux ne mettent point de différence entre un ambaffadeur & un envoyé, & ils ne connoiffent ni
ambaffadeurs ordinaires, ni envoyés ordinaires,
ni réfidens, parce qu'ils n'envoient perfonne pour
réfider dans une cour étrangère ; & que ceux

qu'ils y députent, en reviennent dès qu'ils ont terminé l'affaire qui a été l'objet de leur mission. Dans tout l'orient, un ambassadeur n'est qu'un messager du roi : il ne représente point son maître. On l'honore peu en comparaison des respects qu'on rend à la lettre de créance dont il est le porteur, & tout homme qui est le porteur d'une lettre de roi, est un ambassadeur, quoique ce ne soit pas lui qui ait été envoyé. Nous avons plusieurs preuves de ces usages des orientaux.

Louis XIV envoya au roi de Siam, sur la fin du dernier siècle, une ambassade dont l'objet étoit de convertir ce prince à la religion chrétienne, & d'établir un commerce entre la France & Siam. A l'audience qu'obtint notre ambassadeur, les mandarins se prosternèrent, les mains jointes sur le front, le visage contre terre, & saluèrent en cette posture la lettre du roi par trois fois.

Lorsque l'ambassadeur de Perse, que Chaumont, ambassadeur de France, trouva dans le royaume de Siam, mourut à Tenasserim, ses domestiques ayant choisi l'un d'entr'eux pour rendre la lettre du roi de Perse au roi de Siam, celui qui fut ainsi nommé, fut reçu comme l'eût été le véritable ambassadeur, & avec les mêmes honneurs que le roi de Perse avoit auparavant accordés à l'ambassadeur de Siam.

Tous les princes orientaux défraient les ambassadeurs, & se piquent d'en recevoir ou d'en envoyer le moins possible. C'est, à leur avis, une marque que les étrangers ne peuvent se passer d'eux, & qu'ils peuvent se passer des étrangers : ils regardent même les ambassades comme une espèce d'hommage ; & si la dépense ne les arrête pas, ils retiennent dans leurs cours les ministres étrangers, autant qu'ils peuvent, afin de jouir long-temps de l'honneur qu'ils reçoivent. Aussi le grand-mogol, l'empereur de la Chine & le roi du Japon n'envoient-ils jamais des ambassadeurs.

On dit que la différence des *ministres publics* n'est pas plus connue dans l'empire de Maroc qu'en orient. Un anglois, nommé *Jean Russel*, ayant été envoyé à Maroc, en qualité de consul général du roi de la Grande-Bretagne en Barbarie, les maures voulurent à toute force le traiter comme un ambassadeur, parce qu'il étoit porteur de lettres & de présens pour leur souverain ; & que, dans de pareilles rencontres, les maures ne connoissent que le caractère d'ambassadeur, sous lequel ils confondent toute autre qualification : mais il y a lieu de croire que les choses ont un peu changé, & que l'empereur de Maroc, par exemple, a pris quelque chose du cérémonial européen.

Des ministres du premier ordre.

L'ambassadeur est un *ministre public*, envoyé par un souverain, pour le représenter auprès d'un autre souverain, & pour exercer son ministère sous la foi du droit des gens, en vertu d'un écrit qui lui donne expressément le titre d'*ambassadeur*.

Je dis *en vertu d'un écrit* ; car nul n'est *ministre public*, s'il n'a un pouvoir, une procuration, un acte ou un écrit quelconque de son souverain, qui annonce sa mission au prince à qui il est envoyé, & si cet écrit n'est représenté & admis. Un écrit qui établit la qualité d'un *ministre public*, s'appelle, dans toutes les cours, *lettre de créance*. C'est cette lettre de créance qui fait le ministre, & c'est sa représentation & son admission qui l'établissent tel. *Voyez* l'article AMBASSADEUR.

Des souverains négocient quelquefois avec des personnes qui n'ont pas été autorisées par écrit ; mais c'est de la part de l'état qui les envoie, une circonspection nécessaire dans certaines conjectures ; & de la part de celui qui les reçoit, un acte volontaire qui ne peut tirer à conséquence, & qui ne peut jamais obliger un autre état à suivre cet exemple. Ces négociations obscures, qui se font sans aucun instrument qui marque la mission, ne mettent point sous la protection du droit des gens, les hommes qui en sont chargés.

Tout négociateur, publiquement autorisé par des lettres de créance, est *ministre public* ; mais tout *ministre public* n'est pas négociateur. Les ambassadeurs d'obédience, ceux qui vont assister à une élection ou à un couronnement, peuvent n'avoir rien à négocier ; ils ne laissent pas d'être ambassadeurs, & ils ont même spécifiquement le caractère représentatif.

De tous les titres par lesquels on désigne les *ministres publics*, celui d'ambassadeur est le plus distingué, & celui qui concilie plus de respect, parce que l'ambassadeur représente la personne du prince & la majesté du trône. L'ambassade seule constitue le premier ordre des ministres. Ce n'est pas que les ministres du second & du troisième ordre n'aient aussi un caractère représentatif ; mais ils ne l'ont pas au même degré que ceux qu'on appelle *ambassadeurs*. Un usage moderne a restreint à ceux-ci le caractère représentatif proprement dit.

L'ambassadeur ordinaire & l'extraordinaire ont le même caractère. Si l'ambassadeur extraordinaire reçoit dans certains pays quelques honneurs, & quelques distinctions dont l'ambassadeur ordinaire ne jouit pas, cela ne met aucune différence essentielle entr'eux.

Des ministres du second ordre.

Plusieurs raisons ont concouru à établir des *ministres publics* d'un ordre inférieur à celui des ambassadeurs.

De grandes puissances sont dans l'usage de ne point envoyer d'ambassadeurs à des puissances d'une moindre confidération, ou avec lefquelles elles ont peu d'intérêts à négocier.

Quelquefois les grands princes n'envoient point de miniſtres du premier ordre, pour éviter les difficultés du cérémonial & de l'étiquette.

Une raifon d'économie détermine auſſi à envoyer des miniſtres du fecond ou du troiſième ordre, dans des cours où il n'y a point de négociations à faire.

Les électeurs & les princes d'Allemagne donnent la main chez eux aux ambaſſadeurs de France, auſſi-bien qu'aux ambaſſadeurs de l'empereur; mais ils n'envoient en France que des miniſtres du ſecond ou du troiſième ordre. Ils fe font mis dans cet ufage, parce que le roi n'a pas voulu accorder à leurs ambaſſadeurs les honneurs qu'ils demandoient. Les capitulations des trois derniers empereurs d'Allemagne expliquent le traitement que les ambaſſadeurs des électeurs doivent recevoir à la cour impériale : « Et comme depuis » long-temps, dit un article de ces capitulations, » les ambaſſadeurs des puiſſances & républiques » étrangères, & ceux particulièrement de celles- » ci, fous prétexte que leurs républiques doivent » être regardées comme égales en dignité aux » têtes couronnées, prétendent la préſéance fur » les ambaſſadeurs des électeurs, à la cour & dans » les chapelles de l'empereur & du roi des ro- » mains, l'empereur ne doit ni ne veut plus ſouf- » frir telle choſe à l'avenir. Les ambaſſadeurs des » rois véritablement titrés, couronnés & régnans, » ou des reines douairières & des rois mineurs » étrangers, auxquels le gouvernement doit ap- » partenir dès qu'ils auront atteint l'âge compé- » tent, précéderont les ambaſſadeurs électoraux; » & ceux-ci les ambaſſadeurs de toutes les ré- » publiques, même les princes préſens en per- » ſonne. Quand un électeur aura pluſieurs am- » baſſadeurs du premier ordre, foit dans l'Em- » pire ou au-dehors, il ne ſera plus fait aucune » diſtinction entr'eux, & il fera rendu à tous & » à chacun d'eux le même honneur qu'aux am- » baſſadeurs des rois ». Mais quoique l'empereur d'Allemagne faſſe jouir dans ſa cour les électeurs d'un honneur qu'il leur a promis, le roi très-chrétien qui ne fe trouve pas dans les mêmes circonſtances que ce prince, a continué de traiter les ambaſſadeurs de Veniſe & d'Hollande, en ambaſſadeurs royaux, & de refuſer cet honneur à ceux des électeurs. Il traite les miniſtres de ceux-ci comme les princes d'Italie non rois.

Les ambaſſadeurs des princes d'Italie qui ne ſont pas couronnés, font reconnus dans toutes les cours de l'Europe; mais ils n'y ont pas le traitement d'ambaſſadeurs : auſſi n'y envoient ils en général que des miniſtres du fecond ou du troiſième ordre. Le marquis Vitelli, ambaſſadeur extraordinaire de Toſcane à Rome, fut reçu avec les cérémonies qui s'étoient obſervées fous le pontificat de Clément X, à la réception du mar-

quis Riccardi; mais le comte de Martinitz, ambaſſadeur de l'empereur d'Allemagne, le traita en ambaſſadeur de tête couronnée ; ce qu'on n'avoit jamais vu. Martinitz defcendit quatre marches de ſon eſcalier pour recevoir Vitelli ; il lui donna le titre d'excellence & la main : puis, au fortir, il l'accompagna juſqu'à ſon caroſſe, & ne fe retira que lorfque le caroſſe du florentin fut en mouvement; nouveauté que l'ambaſſadeur d'Allemagne ſouhaitoit d'introduire pour quelque conſidération particulière, mais à laquelle aucun autre ambaſſadeur de tête couronnée ne voulut fe conformer.

Les électeurs ont ceſſé d'envoyer des ambaſſadeurs à l'empereur : 1°. pour éviter les difficultés du cérémonial entre leurs ambaſſadeurs & ceux de Veniſe & de Hollande, & encore entre leurs ambaſſadeurs & les princes de l'Empire préſens : 2°. par la raiſon générale d'économie : 3°. par une raiſon particulière aux ambaſſadeurs des électeurs proteſtans, leſquels, ſelon l'étiquette de Vienne, feroient obligés de fe trouver aux chapelles que tient l'empereur; & ils ne veulent pas autoriſer, par leur préſence, les cérémonies de la religion catholique. La cour impériale elle-même a toujours fomenté avec ſoin la méſintelligence qui régnoit pour le cérémonial entre les électeurs & les princes du corps germanique, tant aux diètes générales de l'Empire qu'aux diètes particulières des cercles, pour avoir la facilité de rompre les délibérations, lorſqu'elles ne lui feroient pas agréables.

Les ambaſſadeurs doivent meſurer toutes leurs démarches, & ménager la dignité de leurs princes, auſſi-bien que leurs intérêts. L'éclat de leurs démarches nuit ſouvent au ſuccès de leurs négociations ; au lieu que les miniſtres du fecond ou du troiſième ordre, qui vont & qui viennent ſans appareil, ont ſouvent achevé une négociation, avant qu'on ſache qu'ils l'ont commencée.

Le ſecond ordre des miniſtres publics eſt compoſé de trois ou quatre fortes de miniſtres, dont nous parlerons ici.

Le titre d'envoyé eſt plus récent que celui de réſident. Les princes envoyoient, dans certaines occaſions, des gentilshommes de leurs maiſons pour faire des complimens, ou pour des affaires qui ne demandoient ni la préſence, ni les ſoins d'un ambaſſadeur. Ces gentilshommes n'eurent d'abord, dans les cours étrangères, d'autre qualité que celle qu'ils poſſédoient dans leur propre pays, c'eſt-à-dire, la qualité de gentilshommes d'un tel prince. Leur miſſion étoit connue : on diſoit, en parlant d'eux, c'eſt un gentilhomme envoyé par un tel ſouverain pour une telle affaire. On s'accoutuma inſenſiblement à joindre l'idée d'envoyé à celle de gentilhomme, & on les appella gentilshommes envoyés. On retrancha dans la ſuite le mot de gentilhomme, & ils furent ſimplement appellés envoyés.

Au mot d'*envoyé*, on joignit bientôt celui d'*extraordinaire*, pour défigner les envoyés dont la commission étoit bornée à quelques affaires, après l'expédition defquelles ils devoient retourner à leur cour, & les diftinguer de ceux dont la miffion étoit plus longue. Mais comme le titre d'*ambaffadeur extraordinaire* fembloit encore plus honorable que celui d'ambaffadeur ordinaire, & qu'on s'étoit mis dans l'ufage de qualifier ainfi les miniftres qui féjournoient long-tems dans les cours, on en eft venu auffi à donner le titre d'*envoyé extraordinaire* à des miniftres chargés des mêmes affaires que les envoyés ordinaires, & qui réfident comme eux. On a cru donner plus de relief par là à ces miniftres, & les envoyés extraordinaires ont en effet un traitement plus honorable que les ordinaires. A parler en général, le titre d'*envoyé extraordinaire* eft aujourd'hui le premier de tous, après celui d'ambaffadeur. Cela eft arbitraire, & dépend des ufages des cours, auxquels on doit toujours fe conformer.

Nous avons parlé ailleurs des internonces-miniftres du pape; il faut remarquer ici que la Pologne donne auffi ce nom à fon miniftre à la Porte. Cette république n'eft pas la feule puiffance temporelle de l'Europe, dont les miniftres foient ainfi qualifiés; mais c'eft là la feule qui appelle *nonces* les députés qui font envoyés à fes diètes. A Vienne, on donne ce titre par imitation à certains miniftres du grand-feigneur.

Le titre de *plénipotentiaire* donné fans celui d'ambaffadeur, même à un grand feigneur, ne conftitue qu'un miniftre du fecond ordre. Une naiffance illuftre & une dignité perfonnelle relevent le caractère du miniftre; mais c'eft au caractère feul & non à la naiffance, aux dignités, aux qualités perfonnelles, que les honneurs font rendus. Le plein pouvoir honore, parce qu'il marque la confiance du maître; mais il ne défigne qu'un procureur dont la procuration eft ample, & ne regarde que l'étendue des traités. La qualité repréfentative & les honneurs éclatans ne font attachés qu'au titre d'ambaffadeur; & nul ne l'eft, nous l'avons déja dit, fi, dans fa lettre de créance ou dans fes pouvoirs, il n'a nommément le titre d'*ambaffadeur*. Le plénipotentiaire ne doit pas prétendre aux honneurs réfervés aux ambaffadeurs, à caufe du droit de repréfentation qui eft attaché éminemment à ce feul titre d'ambaffadeur.

Le prince Cantimir vint en France avec la qualité de miniftre plénipotentiaire de la czarine. Il ne put d'abord avoir audience du roi, parce que le caractère de miniftre plénipotentiaire n'avoit pas encore donné droit dans la cour de France à cette audience immédiate; mais, fur les inftances de Cantimir, la cour changea fon étiquette, & il eut audience du roi. Cet exemple eft devenu une règle. Schmerling, miniftre plénipotentiaire de l'empereur Charles VI en France,

eut une audience de congé du roi, & il y fut conduit par l'introducteur. Du Theil, miniftre plénipotentiaire du roi à Vienne, avoit reçu le même honneur à la cour de cet empereur.

Les Provinces-Unies des Pays-Bas, qui avoient en France un ambaffadeur depuis plufieurs années, y envoyèrent dans le même tems deux miniftres extraordinaires & plénipotentiaires. Ils furent, chacun à fon arrivée, conduits par l'introducteur à l'audience particulière du roi.

Les envoyés & les autres miniftres du fecond ordre ne font point d'entrée comme les ambaffadeurs; mais ils ont des audiences du roi, fans que les gardes prennent les armes pour eux. Ils y font menés dans les caroffes du prince par l'introducteur des miniftres étrangers: au lieu que le réfident & les miniftres du troifième ordre n'ont point de traitement, ne vont point à l'audience du roi, & ne voient ordinairement que le fecrétaire d'état qui a le département des affaires étrangères. Le titre de *réfident* & tous les titres des miniftres, dont nous parlerons au paragraphe des miniftres du troifième ordre, font des titres inférieurs à ceux d'envoyés & de plénipotentiaires. Ces miniftres ne font pas de la même claffe que les envoyés & les plénipotentiaires, puifqu'ils ne reçoivent pas les mêmes honneurs. C'eft par fes lettres de créance, par fon admiffion & par les honneurs qu'il reçoit, qu'il faut juger du caractère d'un *miniftre public*.

Des miniftres du troifième ordre.

On appelle de différens noms les miniftres du troifième ordre; mais, fous des qualifications diverfes, leur état eft le même.

Du réfident.

Cette qualité n'étoit point connue lorfque toutes les ambaffades étoient extraordinaires. L'ufage, en introduifant des ambaffades ordinaires, introduifit auffi le nom de *réfident*. On donna alors aux ambaffadeurs ordinaires, pour les diftinguer des extraordinaires, dont la miffion n'étoit que paffagère. Ce même ufage, qui prononce fouverainement fur tout ce qui eft arbitraire, a, depuis environ cent foixante ans, laiffé le nom de *réfidens* aux miniftres qui n'ont aucun titre dans une cour, & qui font cenfés y devoir toujours réfider. La qualité de réfident commença à perdre de fon éclat, lorfqu'on vit la cour de France & la cour d'Autriche mettre de la différence entre les réfidens & les envoyés, & traiter ceux-ci avec plus de confidération que ceux-là. Prefque tous les miniftres qui portoient en France le nom de *réfidens*, le quittèrent alors & recurent de leurs maîtres la qualité d'*envoyés*. Ce titre de *réfident* fubfifte néanmoins encore à Rome, chez quelques princes & dans quelques républiques.

Commissaires.

Il faut mettre les commissaires qui ont un plein pouvoir, au même rang que les plénipotentiaires. Les souverains donnent ordinairement la qualité de commissaires à ceux de leurs sujets qui vont régler des limites, terminer des différends de jurisdiction, exécuter quelques articles d'un traité. Ces commissaires ne sont pas *ministres publics* sur les terres de leurs maîtres ; mais ils le deviennent, lorsqu'ils exercent leur commission dans les états du prince avec les commissaires duquel ils traitent ; & alors ils sont protégés par le droit des gens.

Le titre de *commissaire* caractérise aussi l'homme envoyé par le souverain à ses sujets. Si le prince qui envoie des commissaires, a la moindre prétention sur la souveraineté d'un état, le possesseur de cet autre état ne doit pas admettre cette qualité de *commissaire*, à moins qu'il ne veuille se reconnoître sujet, ou dans quelque dépendance. Le chef de la république germanique a ordinairement en Allemagne & en Italie des ministres, sous le titre de *commissaires* avec un plein pouvoir. Ces ministres sont, sans difficulté, sous la protection du droit des gens, dans les états de l'Empire & dans les états feudataires, où ils sont envoyés & reconnus.

A Hambourg, à Lubeck & en d'autres villes de commerce, il y a des marchands qui obtiennent & qui prennent le titre de *commissaires* de certains princes. Ce ne sont que des facteurs & des commissionnaires qui font des achats pour ces princes, qui reçoivent leurs lettres, & qui leur envoient de l'argent. Ils ne sont pas *ministres publics*.

Procureurs.

Ceux qui sont porteurs d'une procuration spéciale, & qui n'ont d'autre qualité que celle de procureur, sont aussi ministres du troisième ordre, lorsque la procuration a été donnée par un grand prince. On ne peut douter que du Perron & Dossat, procureurs de Henri le grand à Rome, pour réconcilier ce prince au S. siège, ne fussent des *ministres publics*, & par une conséquence nécessaire sous la protection du droit des gens.

Si l'on entend par le mot *député*, un homme envoyé, sans aucune qualité, d'une nation à une autre, à un congrès, à une assemblée de différentes nations, ce député est sous la protection du droit des gens ; il est *ministre public* sans aucun doute, pourvu que la souveraineté de celui qui l'envoie soit reconnue.

Les députés que les provinces, les villes, les corps envoient au souverain, lors de la tenue des états ou des diètes, ou qui sont membres de corps assemblés, sont de vrais sujets qui n'exer-

cent leur emploi que dans leur patrie, qui sont sous la protection du droit public du pays, & qui ne tirent aucun privilège du droit des gens.

Les députés aux États-Généraux, représentant les sept Provinces-Unies des Pays-Bas, & ceux des cantons suisses aux diètes générales & particulières du corps helvétique, ne sont pas non plus sous la protection du droit des gens. Il est vrai que ni le député hollandois, ni le député suisse ne sont soumis à la jurisdiction du lieu où ils sont envoyés, parce que chaque province, chaque canton a la jurisdiction sur ses propres sujets. Mais les sept provinces sont unies, & leur souveraineté est subordonnée aux articles de l'union : les treize cantons le sont aussi, & leurs députés ne sont envoyés qu'à une assemblée perpétuelle, en qualité de membres d'un même corps. Comme il seroit absurde de donner à ces députés le titre d'ambassadeurs, puisque les ambassadeurs ne s'envoient qu'à l'étranger, il le seroit aussi de les faire jouir des honneurs & des privilèges d'un emploi, dont eux-mêmes ne prennent pas le titre.

On dit que la qualité d'ambassadeur-député n'opère pas davantage que celle de député, & que la dernière qualification détruit la première. Quelques villes de la domination du pape ont conservé le droit d'envoyer à la cour de Rome des députés, avec le titre d'ambassadeurs : telles sont les villes d'Avignon, de Bologne & de Ferrare. Mais on ne doit pas regarder comme une chose bien sûre, que l'ambassadeur de Bologne à Rome se trouve hors de la protection du droit des gens. Il y en a aussi en Sicile ; les villes de Messine & de Catane, envoient des ambassadeurs à leur souverain & au parlement de Sicile, pendant que les autres villes de l'isle n'envoient que des députés. Avant le règne de Philippe V, quelques villes d'Espagne jouissoient du même droit à la cour du roi catholique ; mais ce prince les en priva. Ces titres d'ambassadeurs, vestiges des anciens privilèges, portent une image de la liberté, qui console les villes qui l'ont perdue ; mais en général ceux qui en sont revêtus, sont de vrais sujets, & ne peuvent par conséquent jouir des privilèges du droit des gens, qui n'appartiennent qu'aux vrais *ministres publics*.

Chargés des affaires.

Ceux à qui un souverain donne cette qualité, sont des ministres du troisième ordre.

Il faut dire ici un mot des cardinaux chargés des affaires des princes auprès du saint-siège. Sous ce titre, ils sont ministres du premier ordre, à cause de l'éminence de leur rang ; car cela est ainsi établi à Rome : ils sont de vrais ambassadeurs. Pourquoi prennent-ils donc simplement le titre de chargés des affaires du roi très-chrétien, du roi d'Espagne, de l'empereur d'Allemagne, &c. ?

Cette

Cette dernière qualité est-elle supérieure à l'autre, ou suppose-t-elle moins de dépendance ? Non, sans doute. Les siècles passés ont vu des cardinaux revêtus du titre d'ambassadeurs. Des hommes de maison souveraine & des cardinaux entrent tous les jours au service des couronnes ; quelques cardinaux n'ont pas dédaigné la qualité de ministres des électeurs d'Allemagne, & des papes même ont été ambassadeurs des rois. Mais les cardinaux prétendent avoir à Rome un rang supérieur à celui des ambassadeurs ; & ils n'ont pas jugé à propos de prendre, dans ces derniers tems, le titre d'ambassadeur, de crainte qu'à la faveur de l'égalité du titre, les autres ambassadeurs n'aspirassent à l'égalité du rang. Dès que l'archevêque de Bourges, ambassadeur de France à Rome, eut obtenu la pourpre, il déposa le titre d'ambassadeur, & prit celui de chargé des affaires du roi très-chrétien : mais ces petites idées n'ont pas fait fortune, & M. le cardinal de Bernis prend aujourd'hui le titre d'ambassadeur du roi de France.

Ministre sans caractère.

Un usage moderne a établi cette nouvelle espèce de *ministres publics*, qui n'ont aucun caractère particulier : on les appelle simplement *ministres*, pour marquer qu'ils sont revêtus de la qualité de mandataires d'un souverain, sans aucune attribution particulière de rang & de caractère, mais toujours sous la protection du droit des gens comme tous les autres *ministres publics*. C'est encore le pointilleux cérémonial qui a donné lieu à cette nouveauté. L'usage avoit établi des traitemens particuliers pour l'ambassadeur, pour l'envoyé & pour le résident ; il naissoit souvent des difficultés à ce sujet, & sur-tout pour le rang, entre les ministres des différens princes. Pour éviter un embarras en certaines occasions où on auroit lieu de le craindre, on s'est avisé d'envoyer des ministres, sans leur donner aucun de ces trois caractères connus. Dès-lors ils ne sont assujettis à aucun cérémonial réglé, & ils ne peuvent réclamer aucun traitement particulier. Le ministre représente son maître d'une manière vague & indéterminée, qui ne peut aller jusqu'au premier degré, & par conséquent il cède sans difficulté à l'ambassadeur. Il doit jouir en général de la considération que mérite une personne de confiance, à qui un souverain commet le soin de ses affaires, & il a tous les droits essentiels au caractère de *ministre public*. Cette qualité indéterminée est telle que le souverain peut la donner à celui de ses serviteurs, qu'il ne voudroit pas revêtir du caractère d'ambassadeur ; & que, d'un autre côté, elle peut être acceptée par un homme de condition, qui ne voudroit pas se contenter de l'état de résident, & du traitement destiné aujourd'hui à ce titre.

Secrétaire d'ambassade.

Le cérémonial de Rome met le secrétaire d'ambassade au nombre des *ministres publics*. « La même puissance qui constitue l'ambassadeur, » constitue le secrétaire d'ambassade, disent quel- » ques publicistes : celui-ci peut aussi être re- » gardé comme ministre du prince à sa manière » comme l'autre. S'il reçoit des ordres de l'am- » bassadeur, ce n'est pas que comme lui il ne soit » ministre du prince ; c'est parce qu'il l'est dans » un degré moins éminent, & que le prince lui » donne ses ordres, par lui ou son ambassadeur, » de la manière qu'il le juge à propos. Le se- » crétaire d'ambassade doit donc, de son chef, » jouir de la protection du droit des gens, soit » qu'il fasse ses fonctions dans une cour, auprès » d'un ou de plusieurs ambassadeurs, soit qu'il » serve auprès des plénipotentiaires dans un con- » grès, soit qu'il ait simplement le titre de se- » crétaire d'un tel prince ou d'une telle répub- » lique, soit enfin qu'il ait la qualité de conseiller » d'ambassade ou de cour ». Ces divers titres in- diquent le même emploi, attribuent les mêmes fonctions, & donnent les mêmes privilèges.

M. de Wicquefort va plus loin encore ; il place les secrétaires d'ambassade dans la classe des ministres du second ordre ; mais il est réfuté par quelques écrivains : ceux-ci disent qu'on ne peut soutenir l'opinion de M. de Wicquefort : 1°. parce qu'un pareil secrétaire n'a point de lettres de créance : 2°. parce qu'il n'agit pas en chef, mais sous la direction du ministre ; ils font même une troisième réponse, & ils soutiennent que le secrétaire d'ambassade ne jouit de la pré- rogative du droit des gens, que sur le pied des autres personnes de la suite du ministre du second ordre.

On voit que l'étendue des privilèges des secré- taires d'ambassade n'est pas bien avérée : il paroît qu'ils varient un peu selon le cérémonial des cours.

Au reste, tout le monde convient que le se- crétaire de l'ambassadeur n'est point *ministre pu- blic*, il n'est qu'attaché à l'ambassadeur. Le se- crétaire d'ambassade est payé par le prince ; le secrétaire de l'ambassadeur est payé par l'ambas- sadeur. Le prince nomme le secrétaire d'ambas- sade ; l'ambassadeur choisit son secrétaire. Le se- crétaire de l'ambassadeur n'écrit que ce que son maître lui ordonne ; mais le secrétaire d'ambas- sade avertit le prince de tout ce qu'il juge utile à son service, sans avoir besoin de l'ordre & de la permission de l'ambassadeur. Enfin l'ambassa- deur renvoie son secrétaire, quand il le juge à propos, & le prince seul peut rappeller le se- crétaire d'ambassade. Le secrétaire de l'ambassa- deur ne jouit donc du droit des gens, que com- me attaché à la maison de l'ambassadeur.

Il ne faut pas confondre le négociateur fans qualité ; avec le miniſtre fans caractère. Un négociateur qui feroit autorifé publiquement par fon prince, qui auroit des lettres de créance fans aucun des titres dont nous avons donné l'explication, & qui auroit été admis publiquement, feroit un vrai miniſtre fans caractère. On entend par négociateur fans qualité, un négociateur qui n'a point de lettres de créance, ou qui ne les préfente pas publiquement, dont le miniſtère eſt fecret, qui n'affiſte point aux chapelles, & qui ne jouit d'aucun des privilèges des *miniſtres publics*.

On ne connoiſſoit, il y a deux cents ans, d'autre *miniſtre public* après l'ambaſſadeur, que l'agent. Ce furent les italiens qui inventèrent ce titre. Les grands potentats donnèrent cette qualité aux *miniſtres publics* qu'ils députoient vers des princes, à qui ils dédaignoient d'envoyer des ambaſſadeurs. Cette qualité d'agent fût d'abord aſſez importante ; mais elle dégénéra à mefure que celle de réfident & celle d'envoyé s'établirent.

Les puiſſances qui ont quelque rang en Europe, n'ont à préfent des agens nulle part. Les électeurs & les princes de l'Empire ont des agens à la cour de l'empereur, pour fuivre les procès au confeil aulique ; ils les prennent ordinairement parmi les procureurs de ce tribunal. D'autres princes ont des agens chargés de leurs commiſſions particulières : ce ne font que des facteurs.

Un agent n'eſt pas aujourd'hui un *miniſtre public* ; ce n'eſt plus qu'un procureur fpécial, un faifeur d'affaires particulières, employé par des princes dont les miniſtres ne font pas reconnus, ou par des *miniſtres publics*. Lorſque Chanut, miniſtre de France, prit fon audience de congé de la reine Chriſtine de Suède, il dit à cette princeſſe qu'il laiſſoit à Stockholm Piquet, qui feroit les affaires, en attendant que le roi y envoyât un miniſtre. Et quand, dans la fuite, Piquet préfenta à cette princeſſe les lettres par lefquelles le roi très-chrétien lui donnoit la qualité de réfident, cette princeſſe lui dit qu'elle voyoit avec plaiſir que le roi vouloit bien entretenir un miniſtre auprès d'elle. L'agent n'eſt donc pas fous la protection du droit des gens, à moins qu'il n'ait des lettres de créance auſſi étendues que celles des miniſtres du fecond ou du troiſième ordre, auquel cas il doit jouir des mêmes privilèges; ou qu'il ne foit attaché à quelque *miniſtre public*, & alors il participe aux privilèges de fon maître.

Les puiſſances maritimes emploient des perfonnes pour le commerce en Afrique, en Afie, dans les échelles du levant, dans prefque toutes les grandes villes commerçantes de l'Europe, fituées fur les côtes de la mer ou fur les bords des fleuves. On les appelle *confuls*. Ce font des hommes chargés de la protection du commerce des fujets de leur prince, & ils jugent les différends qui furviennent entr'eux au fujet de ce commerce. Le droit des gens ne femble leur accorder aucun privilège, difent les publiciſtes ; mais cela paroît injuſte : leurs privilèges ne font pas réglés d'une manière bien fixe ; ils ne font pas envoyés pour repréfenter leur prince dans une cour ; ils ne réfident pas auprès du fouverain, & ils n'ont point d'affaires d'état à manier. Ils ne font donc pas *miniſtres publics* ; ils font les hommes d'affaires de leur nation pour le commerce, mais font-ils foumis à la juſtice civile & criminelle des lieux où ils exercent leur emploi ? c'eſt encore un point qui n'eſt pas bien éclairci, & qui, dans l'occaſion, fouffriroit des difficultés.

Au reſte, les conventions que les princes font avec les états où ils envoient ces confuls, peuvent leur communiquer les privilèges des *miniſtres publics* ; & en général, ces conventions ne vont pas fi loin. Tout ce que les Hollandois, à la naiſſance de leur république, purent obtenir du grand-feigneur, ce fut que leurs confuls qui réfideroient en Turquie, ne pourroient être arrêtés ; que leurs biens ne pourroient être faifis : il fut en même-tems réglé qu'ils auroient à répondre au tribunal du grand-feigneur. Cette convention que les Provinces-Unies ont faite avec la Porte, elles l'ont auſſi faite avec les algériens. Voilà fans doute un privilège & un grand privilège ; mais un privilège moins étendu que celui des *miniſtres publics*, puiſqu'il ne va pas à fouſtraire abfolument les confuls à la jurifdiction du fouverain du lieu. La Porte a changé en beaucoup de chofes, fes ufages au fujet des confuls. Ceux de la nation françoife, qui font plus favorifés que les confuls d'aucune autre nation, parce que les miniſtres de cette couronne l'ont toujours été davantage, font obligés de comparoître en juſtice par leurs drogmans ; s'ils en ont, lorſqu'ils font cités par les mahométans ; &, s'ils n'ont point de drogmans, ils font obligés de comparoître eux-mêmes.

Les confuls des nations ont droit fans doute à la jouiſſance paifible des droits que l'ufage ou les traités ont attribué à leurs emplois. Comme ils ont une commiſſion du prince qui les dévoue particuliérement au fervice de fa nation, le prince eſt offenfé lorſque le conful de fa nation eſſuie des outrages ou des injuſtices. Il peut fe plaindre, & marquer fon reſſentiment de l'inexécution des traités de deux peuples, où la nation offenfée devoit trouver la fûreté de fon commerce, & celle des perfonnes qu'elle emploie ; mais le droit des gens n'a pas été violé, parce que juſqu'ici les confuls des nations n'ont pas été regardés comme étant fous la protection fpéciale du droit des gens.

Rome payenne comptoit parmi fes citoyens, des protecteurs de particuliers, ou de villes & de nations; Rome chrétienne compte parmi ses cardinaux, des protecteurs des églises des nations catholiques. Les princes catholiques donnent dans Rome à des cardinaux le titre de protecteurs des églises de leurs royaumes; & ces cardinaux mettent sur la porte de leurs palais, les armes des couronnes qui leur ont conféré ce titre, pour marquer leur attachement aux intérêts de ces mêmes couronnes.

Ces cardinaux protecteurs n'ont point d'appointemens des princes, au service desquels cet emploi les met; mais ils en reçoivent des pensions & des bénéfices: ils n'ont pas le caractère représentatif, & leur rang ne permet pas qu'ils soient ministres du second ou du troisième ordre; ils ne sont pas par conséquent *ministres publics*. Leur attachement aux couronnes peut bien leur mériter, dans les occasions, l'intervention de ces mêmes couronnes auprès du pape; mais ils ne sont point sous la protection du droit des gens. Ils demeurent soumis à la jurisdiction du pape & du collège des cardinaux.

Tous les *ministres publics*, sur-tout ceux du premier & du second ordre, doivent être accompagnés d'un secrétaire d'ambassade ou de légation. C'est, après le ministre même, le premier personnage de l'ambassade; il est chargé de la plus grande partie du travail; il est dans le secret; il a le chifre, & il devient, pour ainsi dire, le conseiller du négociateur.

Plusieurs cours font accompagner leurs ministres par des secrétaires de légation ou gentilshommes, qui, se formant ainsi aux affaires sous d'habiles négociateurs, sont eux-mêmes employés dans la suite en qualité de ministres.

Les secrétaires d'ambassade qui accompagnent les légats du pape, sont nommés dataires, ou premiers officiers de la chancellerie. Ils ont sous eux des sous-dataires. Lorsque l'usage d'envoyer des légats *à latere* étoit plus fréquent à Rome, on donnoit l'emploi de dataire à des personnages considérables. En 1625, le pape envoya le cardinal Barberin comme légat en France, & ce prélat étoit accompagné par le dataire Pamfilio, qui fut depuis souverain pontife sous le nom d'*Innocent X*. Les secrétaires des nonces prennent aujourd'hui le titre de *dataires* ou plutôt de *sous-dataires*. Cette commission est utile à leur avancement dans l'église; mais ils ne jouissent d'aucune supériorité de prérogative sur les autres secrétaires de légation des couronnes, & ils n'ont pas d'autres fonctions que ceux-ci. Comme les intérêts de la cour de Rome varient dans les différens pays de l'Europe, & que les concordats des nations catholiques donnent à ses nonciatures divers degrés d'autorité & de privilèges, ces nonciatures ne sont pas établies par-tout sur le même pied, ni pourvues des mêmes espèces d'officiers. Celle de Lucerne, par exemple, qui s'étend sur tous les cantons catholiques de la Suisse,

est composée 1°. du nonce: 2°. de l'auditeur de la nonciature apostolique: 3°. du secrétaire de la nonciature: 4°. du chancelier, & 5°. du substitut de la chancellerie, &c.

Les résidens & autres ministres du troisième ordre n'ont point de secrétaires de légation; mais ils expédient eux-mêmes les affaires les plus importantes, & ils emploient pour les autres un secrétaire ou écrivain particulier. Les ambassadeurs, les plénipotentiaires, les envoyés extraordinaires, &c. ne peuvent en général confier à leurs secrétaires le chifre ni le secret.

Les ambassadeurs, & quelquefois aussi les ministres du second ordre, sont accompagnés par un ou plusieurs gentilshommes, qu'on nomme *cavaliers d'ambassade*. Le ministre les présente au souverain du lieu & à la cour, en prenant sa première audience; & dès ce moment, disent quelques publicistes, « ils jouissent des prérogatives » du droit des gens, non comme attachés au mi- » nistre, mais par leur propre qualité: cette qua- » lité est constatée par la présentation même, » & elle finit lorsqu'ils prennent congé comme » ils doivent le faire, soit qu'ils retournent dans » leur patrie pendant la durée de l'ambassade, » soit qu'ils demeurent jusqu'à la fin ». Mais ces points, ainsi que beaucoup d'autres relatifs à l'article qui nous occupe, ne paroissent pas bien avérés. On ajoute que si le ministre qui les a présentés, est rappelé à sa cour, ils perdent la qualité de cavaliers d'ambassade, & peuvent être arrêtés pour dettes ou autres raisons, à moins que le ministre qui succède au même poste, ne les présente de nouveau.

On donne aussi quelquefois aux ambassadeurs un ou plusieurs pages, &c. On en donne également aux ministres du second ordre, sur tout s'ils sont obligés de faire des entrées publiques: ces pages montent ordinairement à cheval alors, & précèdent ou environnent le carosse du ministre. Leur livrée doit être riche & distinguée de celle des laquais ou valets de pied, quoique des mêmes couleurs. Comme ce sont des jeunes gens de bonne maison, le ministre doit les traiter d'une manière convenable à leur naissance, & avoir de justes égards pour leur état.

Dans les grandes occasions, telles que les ambassades solemnelles à un congrès, à une élection d'empereur ou de roi, &c. le souverain donne au premier plénipotentiaire un maréchal d'ambassade ou un écuyer gentilhomme; le premier dirige toute sa maison & en fait les honneurs, & le second a l'intendance de l'écurie, des chevaux, des équipages, & il paroît aux entrées & autres cérémonies publiques. Quelques publicistes disent que ces officiers jouissent non seulement de la protection du droit des gens, mais que l'ambassadeur qui ne doit les envisager que comme des officiers de son souverain, est obligé de les présenter à la cour; mais la remarque que nous faifions tout-à-l'heure, eft encore applicable ici.

Comme tout *miniftre public* doit jouir, en vertu du droit des gens, du libre exercice de fa religion, tant pour lui que pour ceux qui font partie de fa fuite & de fa maifon, cette prérogative inconteftable fuppofe la néceffité d'un aumonier que le miniftre doit entretenir pour deffervir fa chapelle; & cet aumonier, difent quelques publiciftes, eft également fous la protection du droit des gens pris dans toute fon étendue ». En général, les publiciftes ont mal expliqué ce qu'ils entendent par la protection du droit des gens, & ils n'expliquent point du tout la nature & les bornes des priviléges qu'ils attribuent ou qu'ils refufent aux *miniftres publics*, ou aux officiers qui fe trouvent à la fuite des ambaffadeurs & des autres miniftres.

Voyez l'article AMBASSADEUR.

MINORITÉ. L'état de celui qui n'a pas encore atteint l'âge de majorité.

Nous ne parlerons ici que de la *minorité* & de la majorité des rois, & nous renverrons au dictionnaire de jurifprudence ce qui regarde la *minorité* des autres hommes.

Tous les états monarchiques héréditaires ont adopté cette maxime de la coutume de Paris : *le mort faifit le vif*. Il n'y a jamais de vacance. L'autorité ne meurt point, & la puiffance royale eft toujours la même. Si le roi eft mineur, il y a dans le royaume un régent dépofitaire de fon autorité, & des officiers pour remplir les diverfes fonctions de l'adminiftration publique.

C'eft toujours au nom du roi que le royaume eft gouverné dans fes différentes parties, parce que c'eft fa puiffance qui le régit alors; & ceux qui font chargés de l'adminiftration, ne font qu'exercer une autorité empruntée. Le parlement de Paris écrivoit à Charles IX : Sire, quand vous ne feriez âgé que d'un jour, vous feriez majeur quant à la juftice, comme fi vous aviez trente ans; parce qu'elle eft adminiftrée par la puiffance que Dieu vous en a donnée & en votre nom. En effet, les magiftrats qui fe trouvent en place à la mort du fouverain, ont reçu du roi mort un pouvoir qu'ils exercent au nom du roi qui lui a fuccédé. Il ne peut y avoir d'interruption dans cet exercice, parce qu'il ne doit pas y en avoir dans celui de la juftice, qui eft due aux peuples. Le roi a établi des corps de judicature, des magiftrats & des officiers, non comme homme, mais comme roi; & ce qu'il a fait, le prince qui lui fuccède eft préfumé le confirmer, jufqu'à ce qu'il ait expreffement déclaré fa volonté. « Ce que le parlement de Paris écrivoit à Charles IX, les gouverneurs & les commandans des villes & des provinces, & tous ceux qui ont quelqu'autorité dans l'état peuvent le dire dans le même fens.

Il n'y a point de *minorité* dans les rois à l'égard

de la puiffance & de l'autorité, point de foibleffe ni de déchéance, dit un grand chancelier. Cela eft fi vrai, que le roi mineur, dont l'autorité eft confiée à un régent, tient fon lit de juftice comme s'il étoit majeur, & que tout s'y décide par fon autorité; mais les officiers des parlemens du royaume n'ont-ils en fa préfence que voix confultative? C'eft une queftion fur laquelle nous ne prononçerons pas. Louis XIV étoit dans fa feptieme année lorfqu'il tint un premier lit de juftice. Il en tint d'autres encore avant fa majorité. Louis XV en tint plufieurs auffi.

Tous les états ont des loix qui fixent la majorité des citoyens à un certain âge, & qui chargent les parens de la tutele de leur perfonne & de leurs biens pendant leur *minorité*. Comme l'on a établi des règles fur la *minorité* des particuliers, on en a fait auffi dans les monarchies héréditaires & fucceffives pour la *minorité* des fouverains.

Les loix fur la *minorité* des princes font diverfes felon les différens états. Ces loix ont même fouvent varié dans le même état, parce que toutes les loix arbitraires varient. Il n'eft, à cet égard, qu'une feule règle qui ne varie point, c'eft que le légiflateur à qui il appartient de faire la loi, doit l'accommoder au bien & au repos de l'état, la proportionner aux lieux, & prévoir les diverfes fituations où la monarchie peut fe trouver. Ces circonftances particulières, qui font la règle du légiflateur, n'ont pas toujours été prévues, lorfque la loi a été faite. Delà les variations qu'on remarque dans une jurifprudence qui a pour objet l'un des plus grands intérêts de l'état.

Les germains (& perfonne n'ignore que les francs étoient originaires de la Germanie) ne faifoient aucune affaire publique ni particulière fans être armés. Ils donnoient leur avis par un figne qu'ils faifoient avec leurs armes. Dès qu'ils pouvoient les porter, on les préfentoit à l'affemblée, on leur mettoit dans les mains un javelot; ils fortoient alors de l'enfance; ils n'avoient été qu'une partie de la famille, & ils en devenoient une de la république.

Childebert II avoit quinze ans, lorfque Gontran, fon oncle, le déclara majeur & capable de gouverner par lui-même. « J'ai mis, lui dit-il, » javelot dans tes mains, comme un figne que je » t'ai donné tout mon royaume »; & fe tournant vers l'affemblée : « Vous voyez, ajouta-t-il, que » mon fils Childebert eft devenu un homme, » obéiffez-lui ».

Dans la loi des ripuaires, cet âge de quinze ans, la capacité de porter les armes, & la majorité marchent enfemble. Si un ripuaire eft mort ou a été tué, y eft-il dit, & qu'il ait laiffé un fils, il ne pourra pourfuivre ni être pourfuivi en jugement, s'il n'a pas quinze ans révolus, & pour lors il répondra lui-même, ou choifira un champion. Il falloit que l'efprit fût affez formé pour se défendre dans le jugement, & que le corps le fût assez pour se défendre dans le combat.

Chez les bourguignons qui avoient aussi l'usage du combat dans les actions judiciaires, la majorité étoit encore à quinze ans.

Les enfans de Clodomir, roi d'Orléans, & conquérant de la Bourgogne, ne furent point déclarés rois, parce que dans l'âge tendre où ils étoient, ils ne pouvoient pas être présentés à l'assemblée. Ils n'étoient pas rois encore, mais ils devoient l'être, lorsqu'ils seroient capables de porter les armes, & cependant Clotilde, leur aïeule, gouvernoit l'état.

La première race de nos rois, dont le gouvernement a été plein de discorde, & où la force & la violence ont souvent élevé leur voix au-dessus des loix, ne nous présente aucune règle à consulter. La seconde, qui s'est sentie des désordres de la première, ne nous en montre pas non plus. Mais la règle se fait voir avec évidence dans la troisième, où la justice & la puissance royale paroissent dans tout leur éclat.

Du Tillet a écrit que les régences sous Philippe I & sous Philippe II durèrent jusqu'à la quinzième année de leur âge, c'est-à-dire, que la minorité des rois finissoit à quinze ans; mais il ne rapporte aucune preuve de son sentiment & il contredit les monumens que l'histoire nous fournit. Elle nous apprend que Philippe Auguste, l'un des rois qu'il nomme, étoit encore mineur en 1148, & il avoit alors dix-neuf ou vingt ans. Il paroît que l'usage commun au royaume avoit, dans ce temps-là, fixé la majorité des rois à vingt-un ans, & que c'est à cet usage que Louis VIII se conforma, lorsqu'il ordonna que ses enfans fussent sous la tutelle de Blanche de Castille, leur mère, jusqu'à ce qu'ils eussent atteint vingt-un ans. Saint Louis, son fils aîné, n'avoit que douze ans quand il parvint à la couronne, & il ne sortit de *minorité* qu'à vingt-un ans.

Charles V est le premier de nos souverains qui ait fixé la majorité des rois à quatorze ans. Il fit cette déclaration, fondé sur les exemples de Joas & de Josias, & appuyé de l'autorité de David, de Salomon & de Jérémie, & il la fit d'une manière solemnelle; car ce fut en tenant son lit de justice au parlement de Paris, où il voulut que le recteur de l'université, le prévôt des marchands & les échevins assistassent. Il ordonna que les fils aînés des rois de France, présens & à venir, seroient âgés, & tenus pour âgés, dès qu'ils auroient atteint la quatorzième année de leur âge. Le chancelier de l'Hôpital expliqua depuis cette ordonnance, sous le règne de Charles IX; & il fut dit que l'esprit de la loi étoit, que les rois fussent majeurs à quatorze ans commencés & non pas accomplis, suivant la règle que dans les causes favorables l'année commencée étoit tenue pour révolue.

Ce prince étant mort au bout de six ans, Charles, dauphin de Viennois, son fils aîné, monta sur le trône sous le nom de Charles VI, & gouverna avant même l'âge de quatorze ans. Louis, duc d'Anjou & de Touraine, comte du Maine, régent du royaume, & les ducs de Berry, de Bourgogne & de Bourbon, tous oncles du nouveau roi, étant allés au parlement avec les prélats & les barons, le régent dit que: « Combien que le » roi nôtre sire, qui est à présent, fût mineur » par la coutume de France, & ne fût que de » l'âge de douze ans, néanmoins pour le bien de » la chose publique & pour le bon gouverne- » ment, & pour nourrir bonne paix & union » entre le roi nôtre sire & ses oncles dessus nom- » més, le dit monsieur le régent a voulu & con- » senti que le roi nôtre sire qui est à présent soit » sacré & couronné à Rheims en la manière ac- » coutumée; & ce fait, qu'il ait le gouvernement » & administration du royaume, soit gouverné » en son nom par le conseil & avis des dits on- » cles messeigneurs, en tant que chacun touche, » & pour ce, & à cette fin, monsieur le régent » l'a âgé, & pour tel réputé ».

Sous les rois successeurs de Charles V, l'édit de ce prince a été confirmé ou exécuté. Charles IX, dont la majorité fut déclarée au parlement de Rouen, renouvella cette loi de Charles V.

Sous la seconde race de nos rois, les actes de la souveraineté ne se faisoient pas au nom du roi pupille. En effet, les régens du royaume touchoient autrefois, sans en rendre compte, les revenus de la couronne, recevoient les foi & hommage, donnoient les charges & les emplois, faisoient la paix & la guerre, publioient des ordonnances pour l'administration de la justice, & disposoient absolument des affaires sous leur propre nom. Toutes les lettres étoient expédiées sous le sceau du régent, sans y employer ni le sceau ni le nom du roi. C'est pour cette raison sans doute qu'on rompoit le sceau du roi défunt, & qu'on le jettoit dans son sépulcre. Lorsqu'on l'inhumoit ainsi, l'on supposoit par fiction une espèce d'interrègne entre la mort du roi & l'avénement de son successeur. On donnoit même, sous la seconde race de nos rois, le titre de rois aux régens, pour les autoriser davantage, & pour faire, pendant la *minorité*, plus respecter leurs ordres à des seigneurs qui commençoient à se faire, de leurs gouvernemens, des souverainetés féodales. Eudes, fils de Robert-le-Fort, eut le titre de roi, quoiqu'il ne fût que le tuteur du véritable roi.

C'étoit un abus manifeste, & un abus dont les conséquences pouvoient être dangereuses. Charles V, qui en sentit les inconvéniens, voulut du moins en abréger le temps, & ce fut ce qui l'engagea à abréger la *minorité* des rois, comme nous l'avons vu. Il diminua par là le grand pouvoir des régens ; & Charles VI le fapa enfuite par les fon-demens.

L'ordonnance de Charles VI porte que, « lorf-» que le roi montera fur le trône, en quelque » *minorité* qu'il foit, il fera réputé pour roi, & » que le royaume fera gouverné par lui & en fon » nom, par les plus prochains de fon fang & par » les plus fages hommes de fon confeil ». L'ad-miniftration des affaires s'eft, depuis ce temps-là, faite exactement fous l'autorité des rois. Catherine de Médicis, Anne d'Autriche, & Philippe, duc d'Orléans, ont toujours fait expédier les lettres & les brevets fous le nom des rois pour qui ils gouvernoient, avec l'expreffion : « de l'avis de » la reine régente ou du duc régent ».

En Allemagne, on en ufe différemment. L'ad-miniftrateur (c'eft ainfi qu'on appelle le tuteur que la loi donne, par exemple, à un électeur mineur de dix-huit ans), a droit de faire, pendant la *minorité* de l'électeur, tout ce qu'un électeur majeur pourroit faire ; & il le fait non comme procureur de l'électeur ou comme le repréfentant, mais de fon chef & en vertu des loix de l'empire, lefquelles transfèrent à l'adminiftrateur toute l'au-torité & tous les droits que les électeurs mêmes poffèdent. C'eft fous le nom d'adminiftrateur qu'il eft invité aux élections, & il y paroît, non en habit ordinaire & après tous les électeurs préfens, comme font les plénipotentiaires des abfens, mais en habit électoral & à la même place que l'élec-teur lui-même occuperoit s'il étoit majeur. Ce que je dis des électorats, a lieu également pour les principautés du corps germanique. Les lettres mêmes doivent être adreffés à l'adminiftrateur de l'électorat ou de la principauté, & non pas à l'é-lecteur ou au prince mineur. C'eft un fait attefté par un miniftre à un fecrétaire d'état qui ne s'étoit pas conformé à ce cérémonial dans les dépêches de fon maître.

Suivant la règle inconteftablement établie en France, nos rois font majeurs à treize ans & un jour, parce qu'en droit, dans les chofes favora-bles, l'année commencée eft tenue pour complette, & qu'on a regardé le gouvernement de l'état comme un de ces cas favorables, ainfi que je l'ai remarqué. C'eft conformément à cet ufage que Louis-le-Jufte, Louis-le-Grand & Louis XV ont été reconnus majeurs dans les lits de juftice qu'ils tinrent dans leurs parlemens le lendemain de leur quatorzième année commencée. Je dis reconnus & non pas déclarés, parce que nos rois font majeurs de droit à cet âge, & que c'eft la loi de l'état qui les fait tels, indépendamment de toute déclara-tion. Ce n'eft pas même pour déclarer leur majorité qui ne peut être ignorée, que nos rois vont tenir leur lit de juftice ; mais ils prennent occafion de quelqu'édit qu'ils portent dans leur parlement, pour parler de leur majorité ou pour l'énoncer dans le préambule. Louis XIV, majeur le 7 de feptem-bre 1651, tint ce jour-là fon lit de juftice au par-lement de Paris, & fit publier plufieurs édits. L'avocat général lui parla ainfi : « Votre majefté » ayant acquis la majorité royale, telle qu'elle a » été établie par les loix de l'état, elle n'a pas be-» foin d'en faire une déclaration particulière, » parce que fes fujets étant bien informés du mo-» ment de la naiffance de leur prince, ne man-» quent jamais de favoir la plénitude de fon âge.... » La cérémonie en laquelle nous fommes employés » aujourd'hui, n'eft pas une déclaration de majo-» rité, mais plutôt une action publique faite par » un roi majeur ». On parla à-peu-près de la même manière à Louis XV, lorfqu'il alla au parlement tenir fon lit de juftice le premier jour de fa majorité.

Cette cérémonie, les rois la font où ils veu-lent ; Charles IX a donné un exemple : c'eft au parlement de Rouen qu'il fit la déclaration de fa majorité. Le parlement de Paris protefta, parce que les édits commencent toujours à être enregif-trés à ce tribunal.

Les loix anciennes de Suède fixoient la majorité des rois à quinze ans. Charles XI, par fon tefta-ment, retarda celle de fon fils (depuis Charles XII) jufqu'à dix-huit. Après la mort de Charles XI, les états de Suède reconnurent fon fils majeur, quoique ce prince n'eût alors que quinze ans. Après le règne de Charles XII, les fuédois ayant repris le droit d'élire leur roi, fixèrent à vingt-un ans la majorité des enfans du monarque, pour lef-quels feuls ils conferverent le droit héréditaire.

Les électeurs d'Allemagne & les autres princes de l'Empire ne font majeurs qu'à dix-huit ans commencés.

En Dannemarck, les rois ne font majeurs non plus qu'à dix-huit ans commencés, c'eft-à-dire, à dix-fept ans & un jour. Chriftiern II, roi de Dan-nemarck, ne fut reconnu majeur que dans le cin-quième mois de fa dix-huitième année.

Lorfque Don Carlos, infant d'Efpagne, de-puis roi d'Efpagne, parvint à la fucceffion des duchés de Parme & de Plaifance, réputés fiefs de l'empire d'Allemagne, ce prince fut émancipé par le roi fon père. L'empereur nomma pour fes tuteurs le grand duc de Tofcane & la première ducheffe douairière de Parme ; & il les chargea en fon nom de l'adminiftration de ces deux fiefs, jufqu'à ce que l'infant eût atteint l'âge de dix-huit ans, au-quel l'empereur d'Allemagne avoit fixé la majorité de ce prince. Cependant les circonftances le por-tèrent quelque temps après à fe déclarer majeur, lorfqu'il eut quatorze ans : mais il y a lieu de dou-ter que cette déclaration puiffe, dans aucun tems, être regardée à Parme comme une règle du droit public de ce duché. Le droit public ne fixe pas moins que le privé les temps de *minorité* & de majorité ; toute la différence qui s'y trouve, c'eft que, felon le droit privé, la majorité ne com-mence ordinairement qu'à vingt-cinq ans, au lieu que dans le droit public elle varie au gré des ufages établis pour chaque maison souveraine : mais quelle que soit le terme auquel la *minorité* finit, le mineur est censé, par la foiblesse de son âge, ne pouvoir juger lui-même s'il est en état de gouverner. Ne semble-t-il pas que c'étoit à l'empire d'Allemagne, comme seigneur suzerain de Parme, que l'infant auroit dû s'adresser pour obtenir une dispense d'âge : s'il l'avoit fait, l'empereur eût été le maître de l'accorder ou de la refuser ; mais on n'avoit garde de prendre cette voie, les cours de Vienne, de Madrid & de Parme étoient brouillées, elles s'offensoient réciproquement, & elles entrèrent en guerre fort peu de temps après.

En Turquie, la majorité des sultans commence à quinze ans. Ne pourroit-on pas regarder comme mineurs pendant toute leur vie des princes qui sont presque toujours oisifs, & qui laissent leur sceptre entre les mains d'un premier visir ?

Les loix d'Espagne & celles de Portugal fixent également la majorité du roi à treize ans & un jour.

Les rois de la Grande-Bretagne sont majeurs à douze ans. C'est la loi d'Angleterre, & c'étoit aussi celle d'Ecosse avant l'union de ces deux couronnes.

A douze ou à quatorze ans commencés, un prince n'est pas capable de gouverner ses états ; & les loix qui déclarent les rois majeurs à cet âge, en leur accordant l'exercice de la royauté, ne leur donnent point la maturité de jugement nécessaire aux fonctions de la royauté. Mais si les loix ont cet inconvénient, elles en préviennent d'autres qui ne sont pas moindres. Elles font cesser une *minorité* où la puissance royale n'est pas toujours respectée, un temps que des guerres civiles rendent souvent orageux, & une régence qui doit toujours faire craindre que l'autorité précaire du régent ne s'affermisse au préjudice de la puissance légitime du souverain ; & c'est ainsi que dans l'administration des états, on est réduit souvent à établir des règles qui sont mauvaises en elles-mêmes, & qu'on justifie en disant que de deux maux on choisit le moindre. Au reste, la Grande-Bretagne est la seule monarchie de l'Europe où la majorité des rois soit fixée à douze ans ; une pareille règle a moins d'inconvéniens dans ce pays-là où le gouvernement est partagé, qu'elle n'en auroit dans les gouvernemens purement monarchiques. *Voyez* les articles MONARCHIE, GOUVERNEMENT, &c.

MINORQUE. Isle de la Méditerranée, appartenante à l'Espagne.

Les bords de cette isle sont unis du côté du sud, & ils sont découpés vers le nord ; ce qui provient de la violence des vents du nord qui soufflent dans ces parages. La mer diminue près de cette isle, & forme aux environs des ports des espèces de petites isles où l'on cultive des jardins. Elle contient 236 milles quarrés d'Angleterre, & 151,040 arpens quarrés de terre.

La culture des vignes est considérable, & quel-ques-unes produisent un vin excellent, dont le rapport annuel est estimé à 27 mille livres sterling. Les habitans font une espèce de fromage qui se vend fort cher en Italie.

Busching dit que les exportations montent à environ 18 mille livres sterling par an ; mais qu'ils sont obligés de tirer de l'étranger la plus grande partie des choses dont ils ont besoin ; qu'ils en tirent un tiers du bled qu'ils consomment, toute leur huile, des bœufs, des brebis, de la volaille, du riz, du sucre, des épiceries, de l'eau-de-vie, du tabac, de la toile, des étoffes & beaucoup d'autres marchandises, des reliques, des agnus Dei, &c., & que tous ces objets leur coûtent par an environ 71,200 liv. sterl : si ce calcul étoit exact, les habitans n'auroient pu payer annuellement les 50 mille liv. sterl. de différence. Les habitans de *Minorque* manient la fronde avec beaucoup d'adresse, & ils s'en servent pour contenir leurs bestiaux. Ils ont peu de goût pour le travail, & ils négligent la culture de la terre : il y a peu d'industrie parmi eux. On compte dans cette isle 3089 maisons & environ 27 mille ames : la traduction françoise de Busching est inintelligible sur l'article des revenus ; elle dit que le roi d'Angleterre en retiroit ordinairement par an 27000 liv. ou 4050 l. sterling, dont 12000 étoient absorbées par des appointemens. C'est une faute d'impression ou une erreur bien grossière. Les anglois ont possédé *Minorque* depuis 1708 jusqu'en 1755, qu'elle fut conquise par la couronne de France, qui la céda en 1762 à l'Espagne pour trois millions de piastres. Le traité de paix de 1782 en assure la possession à cette puissance. Cette isle est partagée en quatre petites provinces, que l'on nomme *Terminos*. *Voyez* l'article ESPAGNE.

MICQUELON, isle d'Amérique. *Voyez* l'article TERRE-NEUVE.

MIROIR D'OR, (le) *ou les rois de Scheschian, roman politique & moral par M. Wieland.*

Cet ouvrage, écrit en allemand, & qui n'a point encore été traduit en françois, offre d'excellentes leçons aux princes, & des maximes de gouvernement propres à contribuer au bonheur des nations. L'auteur semble s'être proposé pour but principal, de faire sentir quel est sur le sort des peuples l'influence de l'administration politique, & du caractère & des principes des souverains.

Nous voyons d'abord les scheschianois ne former qu'une société mal constituée, se donner un roi pour mettre fin à leurs divisions éternelles ; mais ce roi, auquel obéissent mal des hommes peu accoutumés encore au gouvernement, ne parvient point, malgré de sages loix, à rendre ses sujets heureux. Ils sont tirés de cet état par un prince tartare nommé Ogul-Kan, qui fait la conquête du royaume, & profite des circonstances pour se rendre abſolu. Le bonheur des peuples dépend ici entiérement des talens & du caractère du ſouverain. Ogul-Kan n'étoit pas un mauvais prince. Il eut pluſieurs ſucceſſeurs dont l'hiſtoire ne parle point. Cette ſuite de rois ſans nom fut enfin interrompue par une maîtreſſe de l'un d'eux, la belle Lilly.

Lilly aimoit les arts & les protégeoit ; elle raſſembla d'habiles artiſtes de tous les pays ; les ſcheſchianois lui dûrent la connoiſſance des plaiſirs & des agrémens de la vie ; elle fit circuler les tréſors que les rois précédens avoient entaſſés ; tous les talens furent mis en activité. Le goût des belles choſes naquit ; on devint plus ſpirituel & plus aimable. En devint-on meilleur ?

Azor, fils de la belle Lilly, ſuccéda à ſon père ; c'étoit le plus beau prince de ſon temps, aimable, doux, cherchant à plaire à ceux qui l'entouroient ; les peuples attendoient tout de ſon gouvernement, & l'idolâtroient d'avance : ils eurent tort ; vingt ans après ils le déteſtèrent autant qu'ils l'avoient aimé ; & ils eurent tort encore. Azor tenoit de la nature toutes les diſpoſitions qui pouvoient faire de lui un homme excellent & le meilleur prince. Mais ſa mère crut que l'homme de tout l'Empire, qui faiſoit le plus joliment de petits vers, étoit auſſi le plus propre à former un prince. Elle lui donna un gouverneur qui l'éleva très-mal. Azor ſavoit déclamer des ſcènes de tragédie, donner en parlant aux choſes les plus communes, des tours ingénieux ; il danſoit, il peignoit bien ; en un mot, il poſſédoit toutes ces qualités qui ne ſont eſtimables qu'autant qu'elles ſervent d'ornement à des qualités plus eſſentielles. Azor qui ſavoit tout, hors l'art de gouverner, remit les rênes de l'empire à ſa mère ; celle-ci à ſon favori ; le favori à ſon ſecrétaire ; le ſecrétaire à ſa maîtreſſe ; & cette dernière à un bonze qui dirigeoit ſa conſcience. Ce ſyſtème changea très-ſouvent ; Azor donnoit ſa confiance à tous ceux qui le ſervoient dans ſes plaiſirs ; toujours entouré d'hommes auſſi heureux que lui, il ignoroit que ſes ſujets ne l'étoient point. Ils commencèrent à devenir très-malheureux : Alabanda, nouvelle maîtreſſe du ſultan, acheva de les plonger dans l'infortune par ſon luxe & ſes folies. On eut une guerre à ſoutenir : on renvoya un vieux guerrier expérimenté, pour donner le commandement à un jeune courtiſan qui ſavoit danſer & faire des vers. La guerre fut malheureuſe. Azor perdit une province, & s'apperçut à peine de cette perte. L'état fut épuiſé par les dépenſes exceſſives d'Alabanda, & le peuple chargé d'impôts. Des diſputes de religion vinrent accroître les malheurs du peuple : les deux partis abuſant de la ſuperſtition de la multitude, occaſionnèrent les plus grands maux. Dans ſa vieilleſſe, Azor devint ſuperſtitieux, & n'en valut pas mieux. Sa dernière maîtreſſe fut une danſeuſe qui gouverna l'état à ſa manière.

Isfandiar, fils d'Azor & d'Alabanda, parvint au trône : ſon père n'avoit été que foible, il fut méchant. Son enfance fut confiée aux plus habiles précepteurs. Il ſavoit les mathématiques, au point qu'il diſtinguoit très-ſcientifiquement un triangle d'un quarré ; excellent géographe, il récitoit de ſuite le nom de tous les fleuves, des lacs, des provinces & des villes de Scheſchian ; à treize ans il avoit donné des preuves de ſa ſagacité philoſophique, en démontrant qu'une choſe en tant qu'elle eſt ce qu'elle eſt, ne peut pas en même-tems être autre choſe que ce qu'elle eſt. Il avoit acquis une connoiſſance très-étendue des prérogatives de la ſouveraineté, & ſavoit tous les moyens imaginables de s'emparer des fortunes de ſes ſujets. On n'avoit eu garde de bleſſer ſes oreilles encore tendres du déſagréable mot de *devoirs*. On lui avoit peint en belles phraſes la juſtice & la bonté comme les vertus des rois ; Isfandiar en conclut que l'exercice de ces vertus dépendoit uriquement de ſon bon plaiſir. On lui avoit enſeigné l'hiſtoire, & on n'avoit pas manqué de lui repréſenter chaque conquérant comme un héros ; un prince qui donnoit beaucoup, comme un prince généreux ; un roi-foible, comme un roi plein de bonté. Isfandiar, dont le cœur étoit mauvais, n'acquit des connoiſſances que pour devenir plus mauvais encore ; il n'avoit point une ame ſenſible, & l'éducation n'avoit pas ſuppléé à ce défaut. Son favori Eblis acheva de le perdre. Eblis étoit un ſophiſte qui s'honoroit du nom de philoſophe qu'il aviliſſoit : il n'avoit garde de croire à la vertu ; il y avoit alors beaucoup de ſophiſtes de cette eſpèce. « Les vertus, diſoient ces habiles gens, ſont comme les pièces de monnoie, qui avec une certaine empreinte ont une valeur marquée dans le commerce ; la valeur réelle n'y fait rien : dans le fond, il n'y a pas plus de différence entre un coquin condamné à être pendu, le bourreau qui le pend & le juge qui le fait pendre, qu'il n'y en a entre l'européen civiliſé, le perſan orgueilleux, le dévot arménien, le chinois poli & le ſauvage kamtſchadale ; ils ne diffèrent que par l'empreinte ». Avec de tels principes, Eblis avoit toutes les qualités qui pouvoient le rendre ſéduiſant ; Isfandiar ſe livra entiérement à lui. Pendant les dernières années d'Azor, Isfandiar, impatient de régner, avoit témoigné publiquement combien peu il étoit ſatisfait du gouvernement, & le peuple eſpéra qu'il éviteroit toutes les fautes de ſon père. Il n'eut pas les mêmes défauts ; il en eut d'autres qui furent plus dangereux. Il ſe croyoit fort ſage de n'avoir point de maîtreſſe ; mais il nourriſſoit une quantité énorme de chevaux & de faucons : Eblis lui avoit peint le peuple, des couleurs les plus déſavantageuſes. Isfandiar regardoit tous ſes ſujets comme faits pour lui, & ne voyoit dans l'art du gouvernement que l'art de tirer le meilleur parti de

ceux

ceux que le hasard lui avoit soumis; ne songeant qu'à ses intérêts particuliers, qu'à ses plaisirs, il ne se croyoit roi que pour y faire servir les autres, & fouloit le peuple par les impôts les plus accablans. Il voulut ôter aux malheureux qu'il opprimoit, jusqu'au sentiment de leurs maux, en les mettant hors d'état de s'éclairer sur les droits de l'humanité & sur les principes des sociétés: toute autre morale que celle d'Eblis fut proscrite. La vertu déja découragée s'éteignit insensiblement dans les cœurs; les mœurs se corrompirent tellement que les schescianois ne sembloient plus être qu'une troupe de scélérats; les crimes les plus affreux devinrent communs, & Isfandiar trouva dans la scélératesse de ses sujets un nouveau moyen de s'emparer de leurs fortunes. On récompensoit les délateurs, ceux sur-tout qui dénonçoient le crime de lèse-majesté: on avoit eu l'art d'étendre l'idée de ce crime; tout passoit pour crime de lèse-majesté, & les biens des coupables entroient dans les trésors du souverain. Enfin le peuple, poussé à bout, se révolta. Isfandiar, abandonné de tout le monde, fut trahi & assassiné par Eblis lui-même, qui à son tour fut la victime des fureurs d'un peuple qu'il avoit rendu si malheureux.

Tifan, successeur d'Isfandiar, tira la nation de l'abîme où elle étoit plongée. Echappé dans son enfance à la cruauté de son oncle Isfandiar, qui avoit fait assassiner tous les princes de sa famille, il dut son salut au sage & vertueux Dschengis qui avoit livré son propre fils à la place de ce prince. Elevé loin de la cour par son libérateur, ignorant sa naissance, il se forma dans la retraite à toutes les vertus, & vécut obscur pendant trente ans. Dans la révolution qui ôta la couronne & la vie à Isfandiar, Titan à qui Dschengis découvrit le mystère de sa naissance, alla servir sa patrie. Plusieurs villes avoient réuni leurs forces contre les tyrans qui profitoient de l'anarchie & déchiroient le royaume: Tifan servit dans l'armée des villes alliées, & se distingua par sa sagesse & par sa valeur; il fut nommé général en chef & remporta des victoires. Lorsque le calme fut rétabli, on songea à élire un roi; les cœurs de la nation appelloient Tifan au trône; il y fut placé, & le peuple s'applaudit d'autant plus de son choix, que Tifan en étoit l'héritier légitime.

Le nouveau roi établit le gouvernement monarchique; il donna les plus sages loix; il fit plus, il donna des mœurs à ses sujets.

Nous croyons en avoir dit assez, & nous terminerons ici cet extrait.

MISNIE, margraviat d'Allemagne: l'étendue du margraviat de *Misnie* a varié plusieurs fois; il n'est pas nécessaire de la donner ici selon la succession des temps, & de rapporter tous les changemens qu'elle a éprouvés au dixième siècle: ce margraviat n'étoit composé que du châ-

teau & de la ville de ce nom, dont les limites ont été reculées successivement. Nous nous bornerons à faire voir ce qu'il est devenu depuis le quatorzième siècle, & ce qu'à cette époque on entendoit par margraviat de *Misnie*. En 1382, les margraves Frédéric, Balthasar & Guillaume, frères, divisèrent en trois portions leurs états héréditaires: l'un eut le pays de *Misnie*, l'autre l'Osterland, & le troisième la Thuringe. L'union d'hérédité que firent entr'eux en 1482 Uladislaus, roi de Bohème, Erneste, électeur, & Albert, duc de Saxe, indique en quoi consistoit alors, & même dans des temps postérieurs, le margraviat de *Misnie*: on y trouve Dresde, Pirna, Kœnigstein, Wehlen, Rathen, Hohenstein, Wildenstein, Stolpen, Liebenthal, Bischofswerda, Radeberg, Lavenstein, Bernstein, Freyberg, Wolkenstein, Scharfenstein, Schellenberg, Chemnitz, Œderen, Zschopau, Stolberg, Hayn, Ortrandt, Senftenberg, Finsterwalde, Skassa, Tharaudt, Mühlberg, Torgau, Dommitzsch, Schilda, Oschatz, Mügeln, Lomatzsch, Dœbeln, Mitweyda, Rochlitz, Grimma, Navenhof, Leisnig, Colditz, Wursen, Eilenbourg, Duben, Geithayn. Le margraviat de *Misnie* étoit ainsi borné vers le nord, le levant & le midi par le duché de Saxe ou cercle électoral, par la Lusace & la Bohème; vers le couchant, il s'étendoit non-seulement jusqu'à la Mulde, mais il la depassoit. Les autres terres que possédoient les margraves de *Misnie* jusqu'à la Saale, étoient appellées *Osterland*. Cette dénomination ne comprend point cependant un territoire aussi considérable que la Thuringe, malgré la synonymie du mot: l'Osterland étoit cette portion de pays qu'occupoient les vieux saxons, & qui fut nommé jusqu'au treizième siècle *Oriens*, *Pars orientalis*, *Plaga orientalis*, que les saxons avoient conquise sur les thuringiens; & elle contenoit encore les districts que les saxons orientaux avoient enlevés aux venèdes. Lorsque la contrée dont on vient de parler, eut perdu le nom d'*Osterland*, elle ne resta pas moins attachée au pays que les saxons avoient conquis au levant de la Saale; les princes même & les comtes qui y faisoient leur demeure, furent appellés *princes de l'Osterland*. A en juger par le style de la chancellerie des margraves de *Misnie*, on appelloit *Osterland* tous les pays qu'ils possédoient, outre le margraviat, du côté oriental de la Saale; & comme leurs possessions varioient, qu'elles avoient tantôt plus, tantôt moins d'étendue, le pourtour de l'Osterland varioit également. La Lusace fut regardée comme une partie de ce pays depuis 1157 jusqu'en 1382. Le district, nommé *Pleissnerland*, situé entre la Pleiss & l'Elster blanche, appartenoit aux empereurs jusqu'au milieu du treizième siècle; & lorsque les margraves de *Misnie* en obtinrent la propriété, il ne fut point confondu avec l'Osterland, mais regardé comme un pays particulier. Tout le temps que ces margraves poffédèrent le comté de Brême, il fut jugé partie de l'Ofterland : il en eft de même du landgraviat de Landsberg ; mais celui ci ayant été aliéné quelque temps, & étant rentré en 1347 fous la domination des margraves, il en refta féparé plufieurs années, & ces mêmes margraves ajoutèrent la qualité de comtes de Brême aux autres titres qu'ils prenoient. L'union d'hérédité, dont nous parlions tout-à-l'heure, indique auffi quelles étoient les limites de l'Ofterland en 1382, époque où cet état fut partagé : on y voit que la principauté d'Ofterland comprenoit Léipfick, Delitzsh, Zœrbig, Pegau, Luckau, Bofna, Groitzfch, Altenbourg, Schmœlln, Krymitzfchau, Werga, Rönnenberg : de plus, le Vogtland, les évêchés de Mifnie, de Naumbourg & de Merfebourg, toutes les abbayes & prélatures avec leurs châteaux, villages, bourgs, &c ; & quoique toutes les villes de cette principauté n'y foient point défignées, celles dont on vient de faire mention, annoncent qu'elles étoient les bornes entre l'Ofterland & la Mifnie. Ainfi le pays d'Ofterland ne s'étendoit pas tout-à-fait jufqu'à la Mulde ; mais il reftoit une longue étendue de terrein depuis le rivage occidental, d'environ un mille de largeur, qui faifoit encore partie du pays de Mifnie : (voyez le traité fur l'Ofterland de M. J. F. R., rapporté dans les additions de Kreifig à l'hiftoire des pays électoraux & des ducs de Saxe, tom. 3, pag. 69 & fuiv.) En fe rapprochant de nos jours, l'Ofterland ainfi fixé a été compris dans le margraviat de Mifnie ; & felon l'étendue qui lui fut affignée, il touche à la Luface, à la Bohème, à la Franconie, à la Thuringe, à la principauté d'Anhalt & au cercle électoral. La majeure partie de ce pays appartient aujourd'hui à l'électeur de Saxe ; le furplus appartient en partie à la branche Erneftine de Saxe, partie aux comtes de Reufs, & partie enfin aux margraves de Brandebourg-Culembach. (Voyez l'article SAXE.

Nous indiquerons au même art. le commerce des pays électoraux de Saxe, les marchandifes de toute efpèce qui s'y fabriquent, & les productions naturelles dont ils abondent : c'eft de la Mifnie principalement que nous parlerons ; car la plupart des manufactures & des fabriques des pays électoraux de la Saxe font établies dans la Mifnie.

Le plus ancien margrave de Mifnie que l'on connoiffe d'une manière certaine, eft Rigdad qui vécut fous le règne de l'empereur Otton II, vers l'an 980. Eckard lui fuccéda, & à celui-ci Goncelin fon frère, lequel fut remplacé par Hermann, fils d'Eckard, & celui-ci par Eckard II fon frère. A la mort de ce dernier, arrivée en 1046, l'empereur Henri donna ce margraviat au comte Dedo II, fils de Dedo I, comte de Wettin, lequel le tranfmit à fon fils Henri, auquel fuccéda Henri le jeune fon fils. Celui-ci étant mort en 1127

fans laiffer de poftérité, l'empereur Lothaire difpofa de nouveau du margraviat de Mifnie en faveur de Conrad, parent du défunt, auquel il donna en outre le margraviat de la baffe Luface. Otton fon fils aîné, furnommé le riche, fut fon fucceffeur au margraviat de Mifnie : ce fut fous fon règne qu'on découvrit les mines d'argent de Freyberg. Albert & Thierry, fes fils, parvinrent à le pofféder fucceffivement, & le dernier eut pour fon fucceffeur Henri, fon fils cadet, qui ajouta à fes états le landgraviat de la Thuringe. Il eut trois fils, nommés Albert, Thierry & Frédéric. Le premier eut le landgraviat ; la Mifnie tomba en partage au fecond, & le pays d'Ofterland échut au troifième. Thierry mourut fans enfans, & il remit le margraviat dont nous parlons, à Frédéric, fils aîné d'Albert, qui mourut en 1326, & auquel fuccéda le margrave Frédéric, dit le férieux, dont le fils, furnommé le févère, régna après lui. Frédéric, dit le belliqueux, remplaça fon père ; il parvint à la dignité d'électeur en 1422, ainfi que nous le dirons en décrivant les pays électoraux de Saxe.

Les électeurs ont réclamé le droit d'avoir des fuffrages particuliers dans les diètes pour le bourgraviat & pour le margraviat de Mifnie, mais ils n'ont pu l'obtenir jufqu'à préfent.

Le margraviat, en tant qu'il concerne la maifon électorale de Saxe, comprend le cercle de Mifnie, celui de Leipfick outre l'évêché de Wurzen, celui d'Erzgebürg, celui de Vogtland, & enfin celui de Neuftadt, auxquels il faut ajouter les évêchés de Merfebourg & de Naumbourg-Zeitz.

Le cercle de Mifnie touche au cercle électoral, à la Luface, à la Bohème, aux cercles de l'Erzebürg & de Léipfick ; il comprend auffi ce qui autrefois formoit l'évêché de Mifnie. Ce cercle contient 40 villes, 4 bourgs, 1393 villages, nombre que Hempel réduit à 1049, 283 nobles immédiats, 189 médiats & 20 châteaux électoraux. Les bailliages qui en dépendent, font :

1°. Les 4 bailliages de Mifnie. Il y avoit autrefois dans les villes, des fièges de juftice de quatre fortes, favoir : celui du margrave, qui occupoit la partie du milieu du château ; celui de l'évêque, qui demeuroit dans celle de derrière ; celui du bourgrave, qui habitoit dans la partie antérieure, & celui du prévôt de Sainte-Afra. De toutes ces juftices, font provenus les 4 bailliages de Mifnie dont quelques-uns ne font point confinés à de certains diftricts, & ne comprennent que des villages épars de côté & d'autre. Ces bailliages font :

1°. Le bailliage circulaire de Meiffen, qui contient 55 nobles immédiats, 25 nobles médiats & 324 villages.

2°. Le bailliage de recette de l'évêché contient 35 villages, dont le revenu eft affigné à l'entretien de la table de l'évêque. Le grand chapitre de Meiffen en retire quelque chofe : une partie eft employée pour faciliter la fubfiftance de quelques. étudians à Léipfick & à Wittemberg.

3°. Le bailliage de recette de la cathédrale de Meiffen eft compofé de 22 villages.

4°. Le bailliage de recette de l'école électorale contient 41 villages, qui appartenoient autrefois au couvent de Sainte-Afra : l'école électorale, fondée à Meiffen, jouit aujourd'hui de ces revenus.

II. Le grand bailliage de Drefde eft compofé de 181 villages. On y trouve 40 nobles immédiats & 19 nobles médiats.

III. Le bailliage de Dippoldifwalda contient 7 nobles immédiats, deux nobles médiats & 28 villages. La régence de la province eftime que ce bailliage fait partie du cercle de la Montagne.

IV. Le bailliage de Pirna eft compofé de 159 villages, & contient 27 nobles immédiats & 22 nobles médiats Il eft formé de la réunion des trois petits bailliages de Pirna, de Kœnigftein & de Rathen. La régence provinciale le regarde également comme faifant partie du cercle de la Montagne.

V. Le bailliage de Hohenftein & de Lohmen comprend 55 villages, 12 nobles immédiats & 11 nobles médiats. Il eft compofé des deux bailliages réunis, que le duc de Maurice a pris en échange des feigneurs de Penig & Zfchillen.

VI. Le bailliage de Stolpen contient dix-fept nobles immédiats, 30 nobles médiats & 80 villages.

VII. Le bailliage de Radeberg avec Laninitz, dans lequel il y a 8 nobles immédiats, un médiat & 23 villages.

VIII. Le bailliage de Moritzbourg, dans lequel font trois nobles immédiats, 2 médiats & 13 villages.

IX. Le bailliage de Groffenhayn contient 50 nobles immédiats, 11 nobles médiats & 173 villages.

X. Le bailliage de Seuftenberg contient trois nobles immédiats, trois médiats & 29 villages. Il faifoit partie autrefois de la baffe-Luface : les feigneurs de Polenz en avoient la propriété qu'ils transportèrent à l'électeur Frédéric, par une vente fignée en 1446 : ce bailliage fut réuni alors au margraviat de Mifnie.

XI. Le bailliage de Finfterwalda eft compofé de fept villages. Il eft fitué dans la baffe-Luface; mais, dès le quinzième fiècle, il a fait partie du margraviat de Mifnie, étant échu aux princes de Saxe, lors des partages fignés en 1436, 1445 & 1486. Les Minkwitz, & après eux les Dieftkan, l'ont poffédé quelque temps; mais ces derniers le revendirent, en 1625, à l'électeur Jean-George. Il forma enfuite l'appanage de la branche collatérale de Merfebourg; mais il retourna à la branche principale après fon extinction.

XII. Le bailliage de Mühlberg, qui comprend onze nobles immédiats, neuf médiats & 49 villages.

XIII. Le bailliage de Torgau, compofé de 12 nobles immédiats, 45 médiats & de 68 villages.

XIV. Le bailliage d'Ofchatz contient 32 nobles immédiats, 9 médiats & 98 villages.

Voyez les articles SAXE, BRANDEBOURG, PRUSSE & REUSS.

MODENE (duché de), ETATS DU DUC DE MODENE : ils font fitués en Italie.

Ils contiennent environ 90 milles géographiques quarrés.

Ce font 1°. *le duché de Modene*. Il eft entouré des duchés de Parme & de Mantoue, de l'état de l'églife, du grand-duché de Tofcane & de la république de Lucques. Du midi au nord, fa longueur eft de 14 milles communs d'Allemagne, & il en a 6 à 9 de l'orient à l'occident. Il eft très-fertile en vins, en bled, en fruits, &c.

Précis de l'hiftoire politique.

La maifon d'Eft aujourd'hui régnante, ainfi que la maifon de Brunfwick-Lunebourg, tire fon origine d'un feigneur puiffant, nommé Azo, qui étoit maître de Milan, de Gênes, & d'autres cantons de la Lombardie, mais qui ne prit point le titre de marquis d'Eft : ce titre n'eft connu que depuis le douzième fiècle. Un de fes defcendans, Oppizo III, marquis d'Eft & de Ferrare, obtint la fouveraineté de la ville de *Modene*. Son neveu Nicolas III acquit celle de Reggio, de Forti, & d'autres diftricts de la Romagne. Borfo, fils de ce dernier, fut déclaré en 1452 duc de *Modene* & de Reggio, par l'empereur Frédéric III; & en 1470, le pape Paul II le fit duc de Ferrare. Le duc Adolphe I eut entr'autres enfans, Alphonfe-Hercule II, 4e. duc de Ferrare & de *Modene*, & Alphonfe I, marquis d'Eft, fils naturel qu'il avoit eu d'une bourgeoife, fa troifième femme. Alphonfe II, cinquième duc de Ferrare & de *Modene*, fils d'Hercule II, mourut fans enfans, & l'empereur Rodolphe II donna l'inveftiture de *Modene*, de Reggio & de Carpi à Céfar, fils d'Alphonfe I; mais, fur ces entrefaites, le pape Clément VIII s'empara du duché de Ferrare, & le réunit à l'état de l'églife en qualité de fief du faint-fiège. Le duc François I, neveu de Céfar, obtint de l'empereur Ferdinand II l'inveftiture de la principauté de Correggio, comme d'un fief. François II, fon neveu, étant mort fans héritiers, Rinald, fils du

X x 2

quatrième lit de Ferdinand I, étoit cardinal ; il renonça à la pourpre, & il succéda, dans le gouvernement de ces états, au fils de son frère. Il fit en 1710 l'acquisition du duché de la Mirandole, & l'empereur lui en donna l'investiture. Son fils & successeur François-Marie, ayant pris parti pour l'Espagne dans la guerre qui s'éleva à la mort de l'empereur Charles VI, fut dépouillé de ses états ; mais il les recouvra en 1748 à la paix d'Aix-la-Chapelle. On lui promit aussi la restitution des biens féodaux qu'il avoit en Hongrie, & qui lui avoient été enlevés pendant la guerre, ou du moins on lui promit un équivalent. Quoique le duc soit un des vassaux de l'Empire romain, son pouvoir n'est point limité.

Les constitutions, émanées du duc en 1768, assujettissent tous les biens immeubles des ecclésiastiques, acquis depuis 1620, aux impôts ordinaires du pays. Elles supprimèrent en même-tems treize petits monastères.

Le duché est composé des provinces suivantes :
1°. Le duché de *Modene* proprement dit.
2°. La province de Frignano.
3°. La vallée & seigneurie de Carfagnana, qui étoit autrefois comprise dans le territoire de Bologne, & dont une partie appartient au grand-duc de Toscane, & l'autre à la république de Lucques.
4°. Le pays de Soraggio dans l'Apennin.
5°. Le duché de Reggio.
6°. La principauté de Correggio appartenoit à la maison Siro, en faveur de laquelle l'empereur Matthias érigea la ville de Correggio en principauté. Sous le gouvernement de l'empereur Ferdinand II, le nouveau prince Jean fut accusé de falsifier les monnoies ; les troupes impériales saccagèrent son palais dans la guerre de Mantoue, & on lui imposa en 1633 une amende de 300 mille florins, qui fut réduite en 1634 à 230,000. L'Espagne la paya & reçut la principauté à titre d'hypothèque. Le duc de Mantoue s'en empara de la même manière en 1635, & la cour impériale lui en donna l'investiture.
7. La principauté de Carpi. Elle a appartenu à la maison Pico depuis 1319 jusqu'en 1530. A cette dernière époque, Alphonse I donna une somme de 100,000 ducats, & l'empereur Charles V publia une sentence, en vertu de laquelle la principauté fut enlevée à la maison Pico & adjugée à Alphonse.
8. Le comté de Rivolo ou Rollo. C'est un fief qui dépend immédiatement de l'Empire, & qui tire son nom d'un bourg.

II. Le duché de la Mirandole. Ce n'étoit d'abord qu'un comté, qui fut érigé en duché en 1619. Il appartenoit à la maison Pico, qui a produit deux hommes de lettres fort connus, Jean Pic & Jean-François Pic : c'étoit un fief de l'Empire romain. Le dernier duc François-Marie passa en Espagne dans la guerre de la succession ; &

ayant été mis par l'empereur au ban de l'Empire, son duché, comme fief impérial, fut donné en 1711 au duc de *Modene* pour un million de florins, qui lui fut ensuite rendu en 1748 par la paix d'Aix-la-Chapelle.

III. La principauté de Novellara a appartenu quelque temps à une branche de la maison de Gonzague. Cette branche s'éteignit en 1728 ; le duc de Modene en fut investi par l'empereur en 1737. Elle est située entre le duché de Reggio & la principauté de Correggio.

Le duc de *Modene* possède aussi les principautés de Massa & Carara. *Voyez* l'article MASSA.

MŒURS. *Voyez* l'article MEURS.

MOIS ROMAINS. On appelle ainsi en Allemagne une taxe que les empereurs lèvent dans les nécessités pressantes, & qui est la suite d'un ancien usage d'après lesquels ils faisoient payer la dépense de leur voyage aux sujets de l'empire, lorsqu'ils alloient se faire couronner à Rome.

Un *mois romain* pour tous les cercles ensemble, monte en argent à la somme de quatre-vingt-trois mille neuf cents soixante-quatre florins d'Allemagne ; en troupes, à deux mille six cents quatre-vingt-un cavaliers, & à douze mille sept cents quatre-vingt-quinze fantassins.

Les états de l'Empire étoient autrefois obligés de lever & d'entretenir à leurs dépens vingt mille hommes de pied & quatre mille chevaux, pour accompagner l'empereur, quand il se rendoit à Rome pour s'y faire couronner : mais Ferdinand I n'ayant pas cru qu'il convînt à la dignité d'un chef de l'Empire d'aller mendier la confirmation du pape, abolit, l'an 1558, cette coutume inutile, onéreuse & odieuse à tout le corps germanique. La levée des milices continua toujours sous le nom de *mois romains* : & si quelqu'un d'entre les princes & états ne pouvoit fournir des troupes, il payoit une somme en argent. L'empereur Charles-Quint régla ce qui équivalent à douze florins par cavalier, & à quatre florins par fantassin, le florin au prix d'environ quarante sols monnoie de France : la valeur de chaque chose ayant augmenté depuis cette époque, l'entretien du cavalier a été fixé à soixante florins, & celui du fantassin à douze. Cependant pour ne point déroger à l'ancienne règle, on multiplie les mois jusqu'à ce qu'ils puissent atteindre à cette augmentation, ensorte qu'il faut maintenant cinq *mois romains* pour un cavalier & trois pour un fantassin.

Lorsque quelque province, état ou ville immédiate a souffert des pertes & dommages par la guerre, lorsqu'il lui est survenu d'autres événemens fâcheux, elle demande la modération de son contingent ; mais elle ne peut l'obtenir, que d'une diète.

Outre les *mois romains*, il y a une autre imposition destinée au paiement des gages des officiers de la chambre impériale, qui est ordinaire & annuelle, tandis que les *mois romains* ne s'imposent que dans les occasions où l'intérêt commun & la conservation de l'Empire l'exigent : la diète en règle le nombre proportionnellement au besoin, & on les a quelquefois vus centuplés.

Quand la taxe est fixée par les directeurs des cercles, les princes & états immédiats, dont ils sont composés, la répartissent sur leurs sujets. *Voyez* l'article ALLEMAGNE, &c.

MOLDAVIE. Contrée d'Europe, l'une des provinces de la Turquie européenne. Nous dirons à l'article VALACHIE, que l'on comprend aussi sous ce nom la *Moldavie*, appellée *Valachie* en-deçà des montagnes. Son nom de *Moldavie* lui vient de la petite rivière de Moldav qui coule dans la partie supérieure, & se mêle avec les eaux du Sereth. Anciennement, ce pays se nommoit la Bogdiane. Son étendue du couchant au levant ou de la rivière de Sereth jusqu'au Niester, est de trente à quarante milles, & du midi au septentrion, de 70 milles dans sa plus grande largeur.

Ce pays seroit très-fertile, mais une grande partie est inculte : on trouve plusieurs déserts à l'orient, & aussi plusieurs montagnes à l'occident.

Les habitans, que les polonois & hongrois nomment *wloch*, font, outre les moldaves proprement dits, grecs, albaniens, serviens, bulgares, polonois, cosaques, russes, hongrois, allemands, arméniens, juifs & zigennes : la plupart suivent le rit grec. Le tribut considérable qui se paie à la Porte ottomane, & les impôts que le prince est obligé en conséquence de lever sur ses sujets, produisent toutes les années une émigration considérable.

Peu avant la mort du roi Louis I, arrivée en 1382, une colonie de valaques partit du comté de Maramorosch en Hongrie, & vint s'établir dans la *Moldavie* que ses anciens habitans avoient abandonnée. Le prince Bogdan (Théodose) se soumit en 1529 à l'empereur Soliman I, & reconnut tenir la *Moldavie* à titre de fief de l'empire ottoman. Voilà pourquoi les turcs nomment ce pays Bogdan & ses habitans Bogdani. La puissance des rois de Hongrie ayant augmenté, ils attaquèrent une fois la *Moldavie*, & la rendirent tributaire dans le quatorzième siècle. Les turcs n'y portèrent la guerre qu'en 1280 pour la première fois.

La *Moldavie* a ses propres princes qu'on nomme *waywodes*, *hospodars*, despotes, & qui sont vassaux du turc, auquel ils paient à leur avénement à la régence une somme qui est quelquefois de 500,000 piastres turques, & quelquefois plus fortes : ils paient d'ailleurs un tribut annuel de 200,000 piastres, ou telle autre somme qu'exige la Porte. Son titre est : *Nous prince N. par la grâce de Dieu, hospodar de la principauté de Moldavie.* La Porte dépose ou fait étrangler assez légèrement

les hospodars de *Moldavie*, & ces révolutions ont été bien fréquentes dans ces derniers temps.

On divise la *Moldavie* en haute & basse.

1°. La basse *Moldavie*, appellée par les habitans *Tschara de Azios*, s'étend depuis Jassy jusqu'au Danube.

2°. La haute *Moldavie*, dite *Tschara de Sus*, par les habitans, est partagée en sept districts.

Commerce.

On sait que le miel & la cire sont un objet considérable du commerce de la *Moldavie*. Un Auteur très-estimé assure que la dixme des mouches à miel produit au prince environ 200,000 écus par an. Ce revenu ne paroît pas exagéré, s'il est vrai, comme on le dit, qu'il y a des boyars dans cette principauté qui ont jusqu'à 13,000 ruches.

Remarques sur la Moldavie & sur son gouvernement.

Régis depuis long-temps par leurs princes sur la foi des traités, les moldaves & les valaques ne devroient encore connoître le despotisme que par la mutation de leurs souverains, au gré de la Porte ottomane. La *Moldavie*, soumise dans l'origine à une très petite redevance, ainsi que la Valachie, jouissoit alors d'une ombre de liberté. Elle offroit dans la personne de ses princes, sinon des hommes de mérite, au moins des noms illustres, que le vainqueur considéroit, & dans ces mêmes princes la nation grecque aimoit à reconnoître encore ses anciens maîtres ; mais tout fut bientôt confondu. Les grecs assujettis ne se virent plus que comme des esclaves, ils n'admirent plus de distinction entre eux, leur mépris mutuel accrut leur avilissement, & sous cet aspect, le grand-seigneur lui-même ne distingua plus rien dans ce vil troupeau. Le marchand fut élevé à la principauté, & tout intriguant s'y crut des droits ; & ces malheureuses provinces, mises fréquemment à l'enchère, gémirent bientôt sous la vexation la plus cruelle.

Une taxe annuelle, devenue immodérée par ces enchères, des sommes énormes empruntées par l'inféodé pour acheter l'inféodation, des intérêts à vingt-cinq pour cent, d'autres sommes journellement employées pour écarter l'intrigue des prétendans, le faste de ces nouveaux parvenus, & l'empressement avide de ces êtres éphémères, sont autant de causes qui concourent à la dévastation des deux plus belles provinces de l'empire ottoman. Si l'on considère actuellement que la *Moldavie* & la Valachie sont plus surchargées d'impôts, & plus cruellement vexées, qu'elle ne l'étoient dans leur état le plus florissant, on pourra se faire une idée juste du sort déplorable de ces contrées. Il semble que le despote, uniquement occupé de la destruction, croie devoir exiger davantage à mesure que les hommes diminuent en nombre & les terres en fertilité. « J'ai vu, dit M. le baron de Tott, qui nous fournit ces remarques, pendant que je traverfois la *Moldavie*, percevoir fur le peuple la onzieme capitation de l'année, quoique nous ne fuffions encore qu'au mois d'octobre ».

Les boyards repréfentent avec beaucoup de morgue les grands du pays; mais ils ne font en effet que des propriétaires affez riches & des vexateurs très-cruels; rarement ils vivent dans une bonne intelligence avec leur prince, leurs intrigues fe tournent prefque toujours contre lui. Conftantinople eft le foyer de leurs manœuvres. C'eft là que chaque parti porte fes plaintes & fon argent, & le fultan Séraskier de Beffarabie eft toujours le réfuge des boyards que la Porte croit devoir facrifier à fa tranquillité. La fauve-garde du prince tartare affure l'impunité du boyard; fa protection le rétablit fouvent, mais il faut toujours que cette protection foit payée.

Ces différentes dépenfes, dont les boyards fe rembourfent par des vexations particulières, jointes aux taxes que le prince leur impofe pour acquitter la redevance annuelle & les autres objets de dépenfe dont on vient de parler, furchargent tellement la *Moldavie*, que la richeffe du fol peut à peine y fuffire. On peut auffi affurer que cette province, ainfi que la Valachie qui lui eft contiguë, en fe foumettant à Mahomet II, fous la claufe d'être l'une & l'autre gouvernée par des princes grecs, & de n'être affujetties qu'à un impôt modéré, n'ont pas fait un auffi bon marché que les auteurs de ce traité s'en étoient flattés; ils n'avoient pas prévu fans doute que la vanité des grecs mettroit le gouvernement de ces provinces à l'enchère: ils fe font auffi diffimulé les fuites funeftes de la caufe d'amovibilité réfervée pour le grand-feigneur.

Voyez les articles Ottoman (Empire) & Valachie.

MOLUQUES, ifles de l'Océan indien: les hollandois en poffèdent plufieurs; & ils exercent une forte d'empire fur les autres.

Ces ifles, fituées près du cercle équinoxial dans l'Océan indien, font, en y comprenant comme on le fait communément, celles de Banda, au nombre de dix. La plus grande n'a pas douze lieues de circuit, & les autres en ont beaucoup moins.

Cet archipel paroît avoir été vomi par la mer. On le croiroit avec fondement l'ouvrage de quelque feu fouterrein. Des monts orgueilleux, dont la cime fe perd dans les nues; des rochers énormes, entaffés les uns fur les autres; des cavernes hideufes & profondes; des torrens qui fe précipitent avec une violence extrême; des volcans annonçant fans ceffe une deftruction prochaine: un pareil chaos fait naître cette idée, ou lui prête de la force.

Précis de l'hiftoire politique de ces ifles & des établiffemens qu'y ont formé les européens.

On ignore comment ces ifles furent d'abord peuplées: mais il paroît prouvé que les javanois & les malais leur ont donné fucceffivement des loix. Les habitans étoient, au commencement du feizième fiècle, des efpèces de fauvages, dont les chefs, quoique décorés du nom de rois, n'avoient qu'une autorité bornée, & tout-à-fait dépendante des caprices de leurs fujets. Ils avoient ajouté depuis peu les fuperftitions du mahométifme à celles du paganifme, qu'ils avoient profeffé. Leur pareffe étoit exceffive. La chaffe & la pêche étoient leur occupation unique, & ils ne connoiffoient aucune efpèce de culture. Cette inaction étoit favorifée par les reffources que leur fourniffoient le cocotier & le fagou.

Un peuple fobre, indépendant, ennemi du travail, avoit vécu des fiècles avec la farine du fagou & l'eau du cocotier, quand les chinois, ayant abordé par hafard aux *Moluques* dans le moyen âge, y découvrirent le girofle & la mufcade, deux épiceries précieufes que les anciens n'avoient pas connues. Le goût en fut bientôt répandu aux Indes, d'où il paffa en Perfe & en Europe. Les arabes, qui tenoient alors dans leurs mains prefque tout le commerce de l'univers, n'en négligèrent pas une fi riche portion. Ils fe jettèrent en foule vers ces ifles devenues célèbres, & ils s'en étoient approprié les productions, lorfque les portugais qui les pourfuivoient par-tout, vinrent leur arracher cette branche de leur induftrie. Les intrigues imaginées pour faire échouer ces conquérans, n'empêchèrent pas qu'on ne confentît à leur laiffer bâtir un fort. Dès ce moment, la cour de Lisbonne mit les *Moluques* au nombre de fes provinces, & elles ne tardèrent pas, en effet, à le devenir.

Les portugais, après avoir été long tems poffeffeurs des *Moluques*, s'étoient vu réduits à en partager les avantages avec les efpagnols devenus leurs maîtres, & avec le temps, à leur céder ce commerce prefqu'entièrement. Les deux nations, toujours divifées, toujours en guerre, parce que le gouvernement n'avoit eu ni le temps, ni l'adreffe de détruire leur antipathie, fe réunirent pour combattre aux *Moluques* les fujets des Provinces-Unies. Ceux-ci foutenus des naturels du pays, qui n'avoient pas encore appris à les craindre & à les haïr, acquirent peu à peu la fupériorité. Les anciens conquérans furent chaffés vers l'an 1621, & remplacés par d'autres auffi avides, mais moins inquiets & plus éclairés.

Ce que les hollandois tirent des Moluques.

Auffi-tôt que les hollandois fe virent folidement établis aux *Moluques*, ils cherchèrent à s'approprier le commerce exclusif des épiceries : avantage que ceux qu'ils venoient de dépouiller, n'avoient jamais pu se procurer. Ils se servirent habilement des forts qu'ils avoient emportés l'épée à la main, & de ceux qu'on avoit eu l'imprudence de leur laisser bâtir, pour amener à leur plan les rois de Ternate & de Tidor, maîtres de cet archipel. Ces princes se virent réduits à consentir qu'on arrachât, des isles laissées sous leur domination, le muscadier & le giroflier. Le premier de ces esclaves couronnés reçoit, pour prix de ce grand sacrifice, une pension de 70,950 livres ; & le second, une d'environ 13,200 liv. Une garnison qui devroit être de sept cents hommes, est chargée d'assurer l'exécution du traité ; & tel est l'état d'anéantissement où les guerres, la tyrannie, la misere ont réduit des rois, que ces forces seroient plus que suffisantes pour les tenir dans cette dépendance, s'il ne falloit surveiller les Philippines, dont le voisinage cause toujours quelques inquiétudes. Quoique toute navigation soit interdite aux habitans, & qu'aucune nation étrangère ne soit reçue chez eux, les hollandois n'y font qu'un commerce languissant, parce qu'ils n'y trouvent point de moyens d'échange, ni d'autre argent que celui qu'ils y envoient pour payer les troupes, les commis & les pensions. Ce gouvernement, les petits produits déduits, coûte par an à la compagnie 154,000 liv.

Elle se dédommage bien de cette perte à Amboine, où elle a concentré la culture du giroflier.

La compagnie a partagé aux habitans d'Amboine quatre mille terreins, sur chacun desquels elle a d'abord permis & s'est vu forcée vers l'an 1720, d'ordonner qu'on plantât cent vingt-cinq arbres : ce qui forme un nombre de cinq cents mille girofliers. Chacun donne, année commune, au delà de deux livres de girofle, & par conséquent leur produit réuni s'élève au-dessus d'un million pesant.

Le cultivateur est payé avec de l'argent, qui revient toujours à la compagnie, & avec quelques toiles bleues ou écrues, tirées du Coromandel. Ce foible commerce auroit reçu quelque accroissement, si les habitans d'Amboine & des petites isles qui en dépendent, avoient voulu se livrer à la culture du poivre & de l'indigo, dont les essais ont été heureux. Tout misérables que sont ces insulaires, on n'a pas réussi à les tirer de leur indolence, parce qu'on ne les a pas tentés par une récompense proportionnée à leurs travaux.

L'administration est un peu différente dans les isles de Banda, situées à trente lieues d'Amboine. Ces isles sont au nombre de cinq. Deux sont incultes & presqu'inhabitées ; les trois autres jouissent de l'avantage de produire la muscade exclusivement à tout l'univers.

Les isles de Banda fournissent aussi cinq ou six

espèces de muscadiers sauvages que les hollandois ont négligé de détruire, parce que leur fruit ; peu aromatique & de nulle valeur dans le commerce, est simplement un objet de curiosité.

A l'exception de cette précieuse épicerie, les isles de Banda, comme toutes les *Moluques*, sont d'une stérilité affreuse. On n'y trouve le superflu qu'aux dépens du nécessaire. La nature s'y refuse à la culture de tous les grains. La moëlle du sagou y sert de pain aux naturels du pays.

Comme cette nourriture ne seroit pas suffisante pour les européens fixés dans les *Moluques*, on leur permet d'aller chercher des vivres à Java, à Macassar, ou dans l'isle extrêmement fertile de Bali. La compagnie porte elle-même à Banda quelques marchandises. *Voyez* l'article BANDA.

Pour s'assurer le produit exclusif des *Moluques*, qu'on appelle avec raison *les mines d'or* de la compagnie, les hollandois ont employé tous les moyens que pouvoit leur fournir une avarice éclairée. La nature est venue à leur secours.

Les tremblémens de terre, qui sont fréquens & terribles dans ces parages, en rendent la navigation périlleuse. Ils font disparoître tous les ans des bancs de sable dans ces mers ; tous les ans ils y en forment de nouveaux. Ces révolutions, dont la politique exagère encore le nombre & les effets, doivent écarter le navigateur étranger, qui manque des secours nécessaires pour se bien conduire.

Ce premier moyen d'un commerce exclusif est fortifié par un autre peut-être encore plus efficace. Durant une grande partie de l'année, les vaisseaux, repoussés par les vents & les courans contraires, ne peuvent aborder aux *Moluques*. Il faut donc attendre la mousson favorable qui suit ces temps orageux. Mais alors des gardes-côtes expérimentés & vigilans s'emparent de cet Océan devenu paisible, pour écarter ou pour saisir tous les bâtimens que l'appas du gain y auroit pu conduire.

Ce sont ces temps calmes que les gouverneurs d'Amboine & de Banda emploient à parcourir les isles, où, dès les premiers jours de sa puissance, la compagnie détruit les épiceries. Leur odieux ministère se réduit à lutter contre la libéralité de la nature, & à couper les arbres partout où ils repoussent. Tous les ans, ils sont obligés de recommencer leurs courses, parce que la terre, rebelle aux mains qui la dévastent, semble s'obstiner contre la méchanceté des hommes ; & que la muscade & le girofle, renaissant sous le fer qui les extirpent, trompent une avidité cruelle, ennemie de tout ce qui ne croît pas pour elle seule. Ces abominables expéditions commencent & finissent par des fêtes, dont les détails feroient frémir l'ame la moins sensible, si la plume ne se refusoit à les retracer.

Pour s'assurer de plus en plus le commerce exclufif des épiceries, les hollandois ont formé deux établiffemens à Timor & à Célebes.

La première de ces deux ifles a 60 lieues de long fur 15 ou 18 de large : elle eft partagée entre plufieurs fouverainetés. Les portugais y font en grand nombre. Ces conquérans qui, à leur arrivée dans les Indes, avoient pris un vol hardi & déméfuré ; qui avoient parcouru une carrière immenfe & remplie de précipices, avec une rapidité que rien n'arrêtoit ; qui s'étoient fi bien accoutumés aux actions héroïques, que les exploits les plus difficiles ne leur coûtoient plus d'efforts : ces conquérans attaqués par les hollandois, lorfque leur trop vafte empire, fatigué par fon propre poids, étoit prêt à crouler de toutes parts, ne montrèrent aucune des vertus qui avoient fondé leur puiffance. Forcés dans une citadelle, chaffés d'un royaume, difperfés par une défaite, ils auroient dû chercher un afyle auprès de leurs frères, & fe réunir fous des drapeaux jufqu'alors invincibles, pour arrêter les progrès de leur ennemi, ou pour recouvrer leurs établiffemens. Loin de prendre une réfolution fi généreufe, on leur vit mendier un emploi, ou quelque folde, auprès des mêmes princes indiens qu'ils avoient fi fouvent outragés. Ceux qui avoient le plus contracté l'habitude de la molleffe & de la lâcheté, fe réfugièrent à Timor, ifle pauvre & fans induftrie, où ils penfèrent qu'un ennemi occupé de conquêtes utiles ne les pourfuivroit pas. Ils fe trompèrent.

Ils furent chaffés en 1613 de la ville du Kupan par les hollandois, qui y trouvèrent une fortereffe qu'ils ont gardée depuis avec une garnifon de cinquante hommes. La compagnie y envoie tous les ans quelques groffes toiles, & elle en retire de la cire, du caret, du bois de fandal & du cadiang, petite fève dont on fe fert communément dans les vaiffeaux hollandois, pour varier la nourriture des équipages. Ces objets réunis occupent une ou deux chaloupes expédiées de Batavia. Il n'y a ni à gagner ni à perdre dans cet établiffement : la recette égale la dépenfe. Il y a longtemps que les hollandois auroient abandonné Timor, s'ils n'avoient craint de voir s'y fixer quelque nation active, qui de cette pofition favorable, troubleroit aifément le commerce des *Moluques*. Le même efprit de précaution les a attirés à Célebes. Nous avons fait un article CÉLEBES. *Voyez* cet article.

Nous parlerons à l'article PROVINCES-UNIES des projets que femblent former les anglois fur les *Moluques* : nous renvoyons à cet article ce qui regarde les vices de l'adminiftration de la compagnie hollandoife, touchant fes établiffemens d'Afie.

MONACO, petite principauté, fituée entre le comté de Nice & les états de Gênes, au bord de la mer : elle n'a pas plus de quatre à cinq milles de tour. Les princes de *Monaco* ont été deux cents ans fous la protection de l'Efpagne. Honoré II, croyant trouver plus d'avantages fous celle de la France, s'y mit en 1641, & reçut garnifon françoife dans la ville de *Monaco*. Mais cette démarche lui ayant caufé la perte des fiefs qu'il avoit en Efpagne, & qui lui rapportoient annuellement 25 mille écus, le roi de France, pour le dédommager, lui donna le duché de Valentinois & la baronie de Buis en Dauphiné, le marquifat de Beaux & la feigneurie de Saint-Remi en Provence, la baronie de Calvinet en Auvergne & le comté de Cardalez dans le gouvernement de Lyon, & de plus le créa duc & pair. La branche principale de Grimaldi, après avoir poffédé la principauté l'efpace de huit cens ans, s'éteignit en 1731 en la perfonne d'Antoine Grimaldi, dont la fille aînée avoit été depuis 1715 déclarée héritière de la principauté de *Monaco* & de toutes fes dépendances. Elle avoit époufé François Léonor, comte de Torrigny, fils du marquis de Matignon, maréchal de France, qui prit enfuite le nom de duc de Valentinois. De ce mariage naquit Honoré-Camille Léonor, qui prit le nom & les armes de Grimaldi. On dit que les revenus de cette principauté fe montent à quatre à cinq cents mille liv. tournois ; mais, fuivant Smolett, ils ne vont pas au-delà de 7000 liv. fterling. Le prince bat monnoie, & fon pouvoir n'eft pas limité.

MONARCHIE, gouvernement d'un feul, d'après quelques loix reconnues. Sans examiner quelle eft la meilleure forme de gouvernement, queftion trop générale qu'on ne réfoudra jamais avec précifion, nous indiquerons ici 1°. les principes que devroient fuivre les *monarchies*, & nous ferons 2°. des remarques générales fur la *monarchie*, fur les avantages & les inconvéniens de cette forme d'adminiftration, & fur la corruption de fes principes.

SECTION PREMIERE.

Des principes que devroient fuivre les monarchies.

Un état monarchique doit être d'une grandeur médiocre. S'il étoit petit, il tendroit vers le gouvernement républicain ; s'il étoit fort étendu, les principaux de l'état, grands par eux-mêmes, n'étant point fous les yeux du prince, ayant leur cour hors de fa cour, affurés d'ailleurs contre les exécutions promptes par les loix & par les mœurs, pourroient ceffer d'obéir ; ils ne craindroient point une punition trop lente & trop éloignée.

Auffi Charlemagne eut-il à peine fondé fon empire, qu'il fallut le divifer, foit que les gouverneurs des provinces n'obéiffent pas, foit que, pour

pour les faire obéir, il fût néceſſaire de partager l'empire en pluſieurs royaumes.

Après la mort d'Alexandre, ſon empire fut partagé. Comment ces grands de Grèce & de Macédoine, libres, ou du moins chefs des conquérans répandus dans cette vaſte conquête, auroient-ils pu obéir ?

Après la mort d'Attila, ſon empire fut diſſous : tant de rois qui n'étoient plus contenus, ne pouvoient point reprendre des chaînes.

Le prompt établiſſement du pouvoir ſans bornes eſt le remède qui, dans ces cas, peut prévenir la diſſolution ; nouveau malheur après celui de l'agrandiſſement !

Les fleuves courent ſe mêler dans la mer ; les *monarchies* vont ſe perdre dans le deſpotiſme.

La monarchie d'Eſpagne étoit dans un cas particulier.

Qu'on ne cite point l'exemple de l'Eſpagne ; elle prouve plutôt ce que je dis. Pour garder l'Amérique, elle fit ce que le deſpotiſme même ne fait pas ; elle en détruiſit les habitans : il fallut, pour conſerver ſa colonie, qu'elle la tînt dans la dépendance de ſa ſubſiſtance même.

Elle eſſaya le deſpotiſme dans les Pays Bas ; & ſi-tôt qu'elle l'eut abandonné, ſes embarras augmentèrent. D'un côté, les wallons ne vouloient pas être gouvernés par les eſpagnols ; & de l'autre, les ſoldats eſpagnols ne vouloient pas obéir aux officiers wallons (1).

Elle ne ſe maintint dans l'Italie qu'à force de l'enrichir & de ſe ruiner : car ceux qui auroient voulu ſe défaire du roi d'Eſpagne, n'étoient pas pour cela d'humeur à renoncer à ſon argent.

Pour qu'un état monarchique ſoit dans ſa force, il faut que ſa grandeur ſoit telle, qu'il y ait un rapport de la vîteſſe avec laquelle on peut exécuter contre lui quelqu'entreprize, & la promptitude qu'il peut apporter pour la rendre vaine. Comme celui qui attaque, peut d'abord paroître par-tout, il faut que celui qui défend puiſſe ſe montrer par-tout auſſi ; & par conſéquent que l'étendue de l'état ſoit médiocre, afin qu'elle ſoit proportionnée au degré de vîteſſe que la nature a donné aux hommes, pour ſe transporter d'un lieu à un autre.

La France & l'Eſpagne, non compriſes ſes poſſeſſions d'Amérique, ſont préciſément de la grandeur requiſe. Leurs forces ſe communiquent ſi bien, qu'elles ſe portent d'abord là où l'on veut ; les armées s'y joignent & paſſent rapidement d'une frontière à l'autre, & l'on n'y craint aucune des choſes qui ont beſoin d'un certain tems pour être exécutées.

En France, malgré tout ce qu'on a dit, c'eſt un bonheur que la capitale ſe trouve plus près

des différentes frontières juſtement à proportion de leur foibleſſe ; le prince y voit mieux chaque partie de ſon pays, à meſure qu'elle eſt plus expoſée.

Lorſqu'un vaſte état, tel que la Perſe, eſt attaqué, il faut pluſieurs mois pour que les troupes diſperſées puiſſent s'aſſembler ; & on ne force pas leur marche pendant tant de tems, comme on fait pendant quinze jours. Si l'armée qui eſt ſur la frontière eſt battue, elle eſt ſûrement diſperſée, parce que ſes retraites ne ſont pas prochaines. L'armée victorieuſe qui ne trouve pas de réſiſtance, s'avance à grandes journées, paroît devant la capitale & en forme le ſiège, lorſqu'à peine les gouverneurs des provinces peuvent être avertis d'envoyer du ſecours. Ceux qui jugent la révolution prochaine, la hâtent en n'obéiſſant pas : car des gens fidèles, uniquement parce que la punition eſt proche, ne le ſont plus dès qu'elle eſt éloignée ; ils travaillent à leurs intérêts particuliers. L'empire ſe diſſout, la capitale eſt priſe, & le conquérant diſpute les provinces avec les gouverneurs.

La vraie puiſſance d'un prince ne conſiſte pas tant dans la facilité qu'il y a à conquérir, que dans la difficulté qu'il y a à l'attaquer, &, ſi j'oſe parler ainſi, dans l'immutabilité de ſa condition. Mais l'agrandiſſement des *monarchies* leur fait montrer de nouveaux côtés par où on peut les prendre.

Ainſi, comme les monarques doivent avoir de la ſageſſe pour augmenter leur puiſſance, ils ne doivent pas avoir moins de prudence afin de la borner. En faiſant ceſſer les inconvéniens de la petiteſſe, il faut qu'ils aient toujours l'œil ſur les inconvéniens de la grandeur.

De la manière de gouverner dans la monarchie.

L'autorité royale eſt un grand reſſort, qui doit ſe mouvoir aiſément & ſans bruit. Les chinois vantent un de leurs empereurs qui gouverna, diſent-ils, comme le ciel, c'eſt-à-dire, par ſon exemple.

Il y a des cas où la puiſſance doit agir dans toute ſon étendue ; il y en a où elle doit agir par ſes limites. Le ſublime de l'adminiſtration eſt de bien connoître quelle eſt la partie du pouvoir que l'on doit employer dans les diverſes circonſtances.

Dans nos *monarchies*, toute la félicité conſiſte dans l'opinion que le peuple a de la douceur du gouvernement. Un miniſtre mal habile veut toujours vous avertir que vous êtes eſclaves ; mais ſi cela étoit, il devroit chercher à le faire ignorer. Il ne ſait vous dire ou vous écrire, ſi ce n'eſt que le prince eſt fâché, qu'il eſt ſurpris, qu'il mettra ordre. Il y a une certaine facilité dans le commandement : il faut que le prince encourage, & que ce ſoient les loix qui menacent (2).

_____

(1) *Voyez* l'hiſtoire des Provinces-Unies, par M. le Clerc.
(2) Nerva, dit Tacite, augmenta la félicité de l'empire.

Œcon. polit. & diplomatique. Tome III.　　　　　　　Y y

Les mœurs du prince contribuent autant à l'administration que les loix ; il peut, comme elles, faire des hommes des bêtes, & des bêtes faire des hommes. S'il aime les ames libres, il aura des sujets ; s'il aime les ames basses, il aura des esclaves. Veut-il savoir le grand art de régner ? qu'il approche de lui l'honneur & la vertu, qu'il appelle le mérite personnel. Il doit aussi jetter les yeux sur les talens. Qu'il ne craigne point ces rivaux qu'on appelle les hommes de mérite ; il est leur égal dès qu'il les aime. Qu'il gagne le cœur, mais qu'il ne captive point l'esprit. Qu'il se rende populaire. Il doit être flatté de l'amour du moindre de ses sujets : ce sont toujours des hommes. Le peuple demande si peu d'égards, qu'il est juste de les lui accorder : l'infinie distance qui est entre le souverain & lui, empêche bien qu'il ne le gêne. Qu'exorable à la prière, il soit ferme contre les demandes ; & qu'il sache que son peuple jouit de ses refus, & ses courtisans de ses graces.

Des égards que les monarques doivent à leurs sujets.

Il faut qu'ils soient extrêmement retenus sur la raillerie. Elle flatte lorsqu'elle est modérée, parce qu'elle donne les moyens d'entrer dans la familiarité ; mais une raillerie piquante leur est bien moins permise qu'au dernier de leurs sujets, parce qu'ils sont les seuls qui blessent toujours mortellement.

Encore moins doivent-ils faire à un de leurs sujets une insulte marquée : ils sont établis pour pardonner, pour punir, jamais pour insulter.

Lorsqu'ils insultent leurs sujets, ils les traitent bien plus cruellement que ne traite les siens le turc ou le moscovite. Quand ces derniers insultent, ils humilient & ne déshonorent point ; mais pour eux, ils humilient & déshonorent.

Tel est le préjugé des asiatiques qu'ils regardent un affront fait par le prince, comme l'effet d'une bonté paternelle ; & telle est notre manière de penser, que nous joignons au cruel sentiment de l'affront, le désespoir de ne pouvoir nous en laver jamais.

Ils doivent être charmés d'avoir des sujets à qui l'honneur est plus cher que la vie, & n'est pas moins un motif de fidélité que de courage.

On peut se souvenir des malheurs arrivés aux princes pour avoir insulté leurs sujets, des vengeances de Chéréas, de l'eunuque Narsès & du comte Julien ; enfin de la duchesse de Montpensier, qui, outrée contre Henri III qui avoit révélé quelqu'un de ses défauts secrets, le troubla pendant toute sa vie.

Comment les loix sont relatives à leur principe dans la monarchie.

Une sorte d'honneur étant plus ou moins le principe de ce gouvernement, les loix doivent s'y rapporter.

Il faut qu'elles y travaillent à soutenir cette noblesse, dont l'honneur est, pour ainsi dire, l'enfant & le père. Mais jusqu'à quel point doivent-elles la soutenir ? C'est ce qu'on n'a pas encore bien expliqué ; & c'est un point sur lequel le grand homme dont nous empruntons quelques maximes, a eu quelques préjugés : plusieurs de ses assertions sont contestées, & plusieurs sont fausses. « Il faut, dit-il, qu'elles rendent la noblesse héréditaire, non pas pour être le terme entre le pouvoir du prince & la foiblesse du peuple, mais le lien de tous les deux ».

« Les substitutions qui conservent les biens dans les familles, seront très-utiles dans ce gouvernement, quoiqu'elles ne conviennent pas dans les autres ».

« Le retrait lignager rendra aux familles nobles les terres que la prodigalité de leurs parens aura aliénées ».

« Les terres nobles auront des privilèges comme les personnes. On ne peut pas séparer la dignité du monarque de celle du royaume ; on ne peut guère séparer non plus la dignité du noble de celle de son fief ».

« Toutes ces prérogatives seront particulières à la noblesse, & ne passeront point au peuple, si l'on ne veut choquer le principe du gouvernement, si l'on ne veut diminuer la force de la noblesse & celle du peuple ».

« Les substitutions gênent le commerce ; le retrait lignager fait une infinité de procès nécessaires, & tous les fonds du royaume vendus sont au moins en quelque façon sans maître pendant un an. Des prérogatives attachées à des fiefs donnent un pouvoir très à charge à ceux qui les souffrent. Ce sont des inconvéniens particuliers de la noblesse, qui disparoissent devant l'utilité générale qu'elle procure. Mais quand on les communique au peuple, on choque inutilement tous les principes ».

« On peut, dans les monarchies, permettre de laisser la plus grande partie de ses biens à un seul de ses enfans ; cette permission n'est même bonne que là ». Nous croyons avoir établi des principes plus sains & plus exacts dans le cours de cet ouvrage, & nous y renvoyons les lecteurs.

Dans toutes les monarchies qui ne sont pas bien consolidées, il est de l'intérêt du monarque de favoriser, & de ne point avilir la noblesse ; car elle est toujours portée à la défendre.

La noblesse angloise s'ensevelit avec Charles Iᵉʳ sous les débris du trône ; & avant cela, lorsque Philippe second fit entendre aux oreilles des françois le mot de liberté, la couronne fut toujours soutenue par cette noblesse qui tient à honneur d'obéir à un roi, mais qui regarde comme la souveraine infamie de partager la puissance avec le peuple.

On a vu la maison d'Autriche, affez mal affermie, travailler fans relâche à opprimer la nobleffe hongroife. Elle ignoroit de quel prix elle lui feroit quèlque jour. Elle cherchoit chez ces peuples de l'argent qui n'y étoit pas ; elle ne voyoit pas des hommes qui y étoient. Lorfque tant de princes partageoient entr'eux fes états, toutes les pièces de fa *monarchie*, immobiles & fans action , tomboient, pour ainfi dire, les unes fur les autres. Il n'y avoit de vie que dans cette nobleffe qui s'indigna, oublia tout pour combattre, & crut qu'il étoit de fa gloire de périr & de pardonner : mais lorfque la foumiffion règne par-tout ; lorfque la *monarchie* a pris de la ftabilité, il n'eft plus fi néceffaire de ménager la nobleffe ; elle doit ceffer de jouir des privilèges onéreux au peuple, & on doit ne lui laiffer que des diftinctions honorifiques.

Il faut que dans la *monarchie*, les loix favorifent tout le commerce (1) que la conftitution de ce gouvernement peut donner ; afin que les fujets puiffent, fans périr, fatisfaire au befoin toujours renaiffant du prince & de fa cour.

Il faut qu'elles mettent de l'ordre dans la manière de lever les tributs, afin qu'elle ne foit pas plus pefante que les charges mêmes.

La pefanteur des charges produit d'abord le travail, le travail l'accablement, l'accablement, l'efprit de pareffe.

D'une monarchie *qui conquiert autour d'elle.*

Si une *monarchie* peut agir long-temps avant que l'agrandiffement l'ait affoiblie, elle deviendra redoutable, & fa force durera tout autant qu'elle fera preffée par les *monarchies* voifines.

Elle ne doit donc conquérir que pendant qu'elle refte dans les limites naturelles à fon gouvernement. La prudence veut qu'elle s'arrête, fitôt qu'elle paffe ces limites.

Dans cette forte de conquête, il faut d'abord laiffer les chofes comme on les a trouvées ; les mêmes tribunaux, les mêmes loix, les mêmes coutumes, les mêmes privilèges, rien ne doit être changé, que l'armée & le nom du fouverain.

Lorfque la *monarchie* a étendu fes limites par la conquête de quelques provinces voifines, il faut qu'elle les traite avec une grande douceur.

Dans une *monarchie* qui a travaillé long-temps à conquérir, les provinces de fon ancien domaine feront ordinairement très-foulées. Elles ont à fouffrir les nouveaux abus & les anciens; & fouvent une vafte capitale, qui engloutit tout, les a dépeuplées. Or, fi après avoir conquis autour de ce do-

maine, on traitoit les peuples vaincus comme ont fait fes anciens fujets, l'état feroit perdu ; ce que les provinces conquifes enverroient de tributs à la capitale, ne leur reviendroit plus ; les frontières feroient ruinées & par conféquent plus foibles ; les peuples en feroient mal affectionnés ; la fubfiftance des armées, qui doivent y refter & agir, feroit plus précaire.

Tel eft l'état néceffaire d'une *monarchie* conquérante ; une luxe affreux dans la capitale, la mifère dans les provinces qui s'en éloignent, l'abondance aux extrémités. Il en eft comme de notre planète ; le feu eft au centre, la verdure à la furface, une terre aride, froide & ftérile, entre les deux.

Des loix fomptuaires dans les monarchies.

« Les *fuions*, nation germanique, rendent honneur aux richeffes, dit Tacite (2) ; ce qui fait qu'ils vivent fous le gouvernement d'un feul ». Cela fignifie bien que le luxe eft finguliérement propre aux *monarchies* ; mais comporte-t-il des loix fomptuaires, & où doivent-elles s'arrêter ? C'eft une queftion qui n'eft pas encore réfolue.

Comme, par la conftitution des *monarchies*, les richeffes y font inégalement partagées, il faut bien qu'il y ait du luxe. Si les riches n'y dépenfent pas beaucoup, les pauvres mourront de faim. Il faut même que les riches y dépenfent à proportion de l'inégalité des fortunes, & que le luxe y augmente dans cette proportion. Les richeffes particulières n'ont augmenté, que parce qu'elles ont ôté à une partie des citoyens le néceffaire phyfique ; il faut donc qu'il leur foit rendu.

Ainfi, pour que l'état monarchique fe foutienne, une forte de luxe doit aller en croiffant, du laboureur à l'artifan, au négociant, aux nobles, aux magiftrats, aux grands feigneurs, aux traitans principaux, aux princes ; fans quoi tout feroit perdu.

Dans le fénat de Rome, compofé de graves magiftrats, de jurifconfultes & d'hommes pleins de l'idée des premiers tems, on propofa fous Augufte la correction des mœurs & du luxe des femmes. Il eft curieux de voir dans *Dion* (3), avec que art il éluda les demandes importunes de ces fénateurs. C'eft qu'il fondoit une *monarchie*, & diffolvoit une république.

Sous Tibère, les édits propofèrent dans le fénat le rétabliffement des anciennes loix fomptuaires (4). Ce prince s'y oppofa : » L'état ne » pourroit fubfifter, *difoit-il*, dans la fituation

---

(1) Elle ne le permet qu'au peuple. *Voyez* la loi troifième au code *de Comm. & Mercatoribus*, qui eft pleine de bon fens.
(2) *De Morib. german.*
(3) Dion Caffius , liv. LIV.
(4) Tacite ; ann. liv. III.

» où font les chofes.. Comment Rome pourroit-elle vivre? Comment pourroient vivre les provinces? Nous avions de la frugalité, lorfque nous étions citoyens d'une feule ville ; aujourd'hui, nous confommons les richeffes de tout l'univers ; on fait travailler pour nous les maîtres & les efclaves. Il croyoit qu'il ne falloit plus de loix fomptuaires ».

Lorfque, fous le même empereur, on propofa au fénat de défendre aux gouverneurs de mener leurs femmes dans les provinces, à caufe des déréglemens qu'elles y apportoient, cela fut rejetté. On dit, *que les exemples de la dureté des anciens avoient été changés en une façon de vivre plus agréable* (1). On fentit qu'il falloit d'autres mœurs.

Le luxe eft donc néceffaire dans les états monarchiques. Il l'eft encore dans les états defpotiques. Dans les premiers, c'eft un ufage que l'on fait de ce qu'on poffède de liberté : dans les autres, c'eft un abus qu'on fait des avantages de fa fervitude ; lorfqu'un efclave choifi par fon maître pour tyrannifer les autres efclaves, incertain pour le lendemain de la fortune de chaque jour, n'a d'autre félicité que celle d'affouvir l'orgueil, les défirs, & les voluptés de chaque jour.

Les républiques finiffent par le luxe ; les *monarchies* par la pauvreté (2) : mais malgré l'incertitude qui refte encore fur la queftion du luxe, on peut établir pour maxime, que même dans une *monarchie*, le luxe porté trop loin amollit les ames, corrompt l'efprit, & mène au defpotifme.

Dans quel cas les loix fomptuaires font utiles dans une monarchie.

Ce fut dans l'efprit de la république, ou dans quelques cas particuliers, qu'au milieu du treizième fiècle on fit en Aragon des loix fomptuaires. Jacques I ordonna que le roi ni aucun de fes fujets ne pourroient manger plus de deux fortes de viande à chaque repas, & que chacune ne feroit préparée que d'une feule manière, à moins que ce ne fût du gibier qu'on eût tué foi même (3).

On a fait auffi de nos jours, en Suède, des loix fomptuaires ; mais elles ont un objet différent de celles d'Aragon.

Un état peut faire des loix fomptuaires dans l'objet d'une frugalité abfolue ; c'eft l'efprit des loix fomptuaires des républiques ; & la nature de la chofe fait voir que ce fut l'objet de celles d'Aragon.

Les loix fomptuaires peuvent auffi avoir pour objet une frugalité relative ; lorfqu'un état, fentant que des marchandifes étrangères d'un trop haut prix demanderoient une telle exportation des fiennes, qu'il fe priveroit plus de fes befoins pour celles-ci qu'il n'en fatisferoit par celles-là, en défend abfolument l'entrée : & c'eft l'efprit des loix que l'on a faites de nos jours en Suède (4). Les loix fomptuaires conviennent déjà aux *monarchies*. Montefquieu dit qu'en général, plus un état eft pauvre, plus il eft ruiné par fon luxe relatif ; & plus par conféquent il lui faut de loix fomptuaires relatives ; que plus un état eft riche, plus fon luxe relatif l'enrichit ; & qu'il faut bien fe garder d'y faire de loix fomptuaires relatives : mais la queftion du luxe eft une de celles qui, par l'analyfe très-détaillée dont elles ont befoin, ne convenoient point à la marche brillante, & rapide de fon génie.

De la communication du pouvoir.

Dans le gouvernement defpotique, le *pouvoir* paffe tout entier dans les mains de celui à qui on le confie. Le vizir eft le defpote lui-même ; & chaque officier particulier eft le vizir. Dans le gouvernement monarchique, le pouvoir s'applique moins immédiatement ; le monarque, en le donnant, le tempère (5). Il fait une telle diftribution de fon autorité, qu'il n'en donne jamais une partie qu'il n'en retienne une plus grande.

Ainfi, dans les états monarchiques, les gouverneurs particuliers des villes ne relèvent pas tellement du gouverneur de la province, qu'ils ne relèvent du prince encore davantage ; & les officiers particuliers des corps militaires ne dépendent pas tellement du général, qu'ils ne dépendent du prince encore plus.

Montefquieu dit que dans la plupart des états monarchiques, il eft fagement établi, que ceux qui ont un commandement un peu étendu, ne foient attachés à aucun corps de milice ; de forte que n'ayant de commandement que par une volonté particulière du prince, pouvant être employés & ne l'être pas, ils font en quelque façon dans le fervice, & en quelque façon dehors. Ce fait n'eft pas exact : on fait qu'en Pruffe & dans les états de la maifon d'Autriche, des hommes qui ont des commandemens étendus font attachés à des corps de milice, & que les cabinets de Berlin & de Vienne connoiffent fort bien ce qui peut maintenir la *monarchie*.

C'eft une règle générale, que les grandes ré-

---

(1) *Multa duritiei veterum melius & lœtius mutata.* Tacite, ann. liv. III.
(2) *Opulentia paritura mox egeftatem.* Florus, liv. III.
(3) Conftitution de Jacques I. de l'an 1234, art. 6, dans *Marca hifpanica*, pag. 14-29.
(4) On y a défendu les vins exquis & autres marchandifes précieufes.
(5) *Ut effe Phœbi dulcius lumen folet*
Jam jam cadentis . . .

compenfes, dans une *monarchie* & dans une république, font un figne de leur décadence, parce
qu'elles prouvent que leurs principes font corrompus; que d'un côté, l'idée de l'honneur n'y a
plus tant de force; que de l'autre, la qualité de
citoyen s'eft affoiblie.

Les plus mauvais empereurs romains ont été
ceux qui ont le plus donné; par exemple, Cali-
gula, Claude, Néron, Othon, Vitellius, Commode, Héliogabale & Caracalla. Les meilleurs,
comme Augufte, Vefpafien, Antonin-Pie, Marc-
Aurèle & Pertinax, ont été économes. Sous les
bons empereurs, l'état reprenoit fes principes; le
tréfor de l'honneur fuppléoit aux autres tréfors.

Les loix doivent-elles forcer un citoyen à accepter
les emplois publics ?

Elles le doivent dans le gouvernement républicain, & non pas dans le monarchique. Dans le
premier, les magiftratures font des témoignages
de vertu, des dépôts que la patrie confie à un
citoyen, qui ne doit vivre, agir & penfer que
pour elle; il ne peut donc pas les refufer (1). Dans
le fecond, les magiftratures font des témoignages
d'honneur : or, telle eft la bizarrerie de l'honneur, qu'il fe plaît à n'en accepter aucun que quand
il veut & de la manière qu'il veut.

L'un des rois de Sardaigne (2) puniffoit ceux
qui refufoient les dignités & les emplois de fon
état; il fuivoit, fans le favoir, des idées républi-
caines. Sa manière de gouverner d'ailleurs, prouve
affez que ce n'étoit pas là fon intention.

Eſt-ce une bonne maxime, qu'un citoyen puiſſe être
obligé d'accepter dans l'armée une place inférieure
à celle qu'il a occupée ?

On voyoit fouvent chez les romains le capitaine
fervir l'année d'après fous fon lieutenant (3). C'eſt
que, dans les républiques, la vertu demande qu'on
faffe à l'état un facrifice continuel de foi-même &
de fes répugnances. Mais dans les *monarchies*,
l'honneur vrai ou faux ne peut fouffrir ce qu'il appelle fe dégrader.

Dans les gouvernemens defpotiques, où l'on
abufe également de l'honneur, des poftes & des

rangs, on fait indifféremment d'un prince un goujat, & d'un goujat un prince.

Mettra-t-on fur une même tête les emplois civils &
militaires ?

On peut quelquefois les unir dans les républiques; mais il faut en général les féparer dans la
monarchie. Dans les républiques, il feroit bien
dangereux de faire de la profeffion des armes un
état particulier, diftingué de celui qui a les
fonctions civiles; & dans les *monarchies*, il n'y
auroit pas moins de péril à donner les deux fonctions à la même perfonne.

On ne prend les armes dans la république qu'en
qualité de défenfeur des loix & de la patrie; c'eſt
parce que l'on eft citoyen que l'on fe fait pour un
temps foldat. S'il y avoit deux états diftingués,
on feroit fentir à celui qui, fous les armes, fe
croit citoyen, qu'il n'eft que foldat.

Dans les *monarchies*, les gens de guerre n'ont
pour objet que la gloire, ou du moins l'honneur
ou la fortune. On doit fe garder de donner les
emplois civils à des hommes pareils : il faut, au
contraire, qu'ils foient contenus par les magistrats
civils; & que les mêmes gens n'aient pas en
même-temps la confiance du peuple, & la force
pour en abufer (4).

Voyez dans une nation où la république fe
cache fous la forme de la *monarchie*, combien l'on
craint un état particulier de gens de guerre; &
comment le guerrier refte toujours citoyen, ou
même magiftrat, afin que ces qualités foient un
gage pour la patrie, & qu'on ne l'oublie jamais.

Cette divifion de magiftratures en civiles &
militaires, faites par les romains après la perte de
la république, ne fut pas une chofe arbitraire. Elle
fut une fuite du changement de la constitution de
Rome : elle étoit de la nature du gouvernement
monarchique; & ce qui ne fut que commencé fous
Augufte (5), les empereurs fuivans (6) furent
obligés de l'achever, pour tempérer le gouvernement militaire.

Ainfi Procope, concurrent de Valens à l'empire, n'y entendoit rien, lorfque donnant à Hor-
mifdas, prince du fang royal de Perfe, la dignité de proconful, (7) il rendit à cette magiftrature le commandement des armées qu'elle avoit

---

(1) Platon, dans fa République, liv. VIII, met ces refus au nombre des marques de la corruption de la
république. Dans fes Loix, liv. VI, il veut qu'on les puniffe par une amende. A Venife, on les punit par
l'exil.

(a) Victor Amédée.

(3) Quelques centurions ayant appellé au peuple pour demander l'emploi qu'ils avoient eu. *Il eſt juſte,*
mes compagnons, dit un centurion, *que vous regardiez comme honorables tous les poſtes où vous défendrez la*
république. Tite-Live, liv. XLII.

(4) *Ne imperium ad optimos nobilium transferretur, fenatum militiâ vetuit Gallienus, etiam adire exercitum.*
Aurelius Victor, de vir's illuftrib.

(5) Augufte ôta aux fénateurs, proconfuls & gouverneurs, le droit de porter les armes. Dion, liv. XXXIII.

(6) Conftantin. *Voyez* Zozime, liv. II.

(7) Ammien Marcellin, liv. XXVI. *More veterum & bella rectura.*

autrefois , à moins qu'il n'eût des raiſons particulières. Un homme qui aſpire à la ſouveraineté ,
cherche moins ce qui eſt utile à l'état que ce qui
l'eſt à ſa cauſe.

De la ſimplicité des loix civiles dans les aivers gouvernemens.

Le gouvernement monarchique ne comporte pas
des loix auſſi ſimples que le deſpotique ; il y faut
des tribunaux. Ces tribunaux donnent des déciſions , elles doivent être conſervées ; elles doivent
être appriſes , pour que l'on y juge aujourd'hui
comme l'on y jugea hier , & que la propriété &
la vie des citoyens y ſoient aſſurées & fixes comme la conſtitution même de l'état.

Dans une monarchie , l'adminiſtration d'une juſtice qui ne décide pas ſeulement de la vie & des
biens , mais auſſi de l'honneur , demande des recherches ſcrupuleuſes. La délicateſſe du juge augmente à meſure qu'il a un plus grand dépôt , &
qu'il prononce ſur de plus grands intérêts.

Il ne faut donc pas être étonné de trouver
dans les loix de ces états tant de règles , de
reſtrictions , d'extenſions , qui multiplient les cas
particuliers , & ſemblent faire un art de la raiſon
même.

La différence de rang , d'origine , de condition ,
qui eſt établie dans le gouvernement monarchique , entraîne ſouvent des diſtinctions dans la
nature des biens ; & des loix relatives à la conſtitution de cet état , peuvent augmenter le nombre de ces diſtinctions. Ainſi , parmi nous , les
biens ſont propres , acquêts ou conquêts ; do-
taux , paraphernaux , paternels & maternels ;
meubles de pluſieurs eſpèces , libres , ſubſtitués ;
du lignage ou non ; nobles , en franc-aleu ou roturiers ; rentes foncières ou conſtituées à prix
d'argent. Chaque ſorte de biens eſt ſoumiſe à
des règles particulières ; il faut les ſuivre pour
en diſpoſer : ce qui ôte encore de la ſimplicité.

Dans nos gouvernemens , les fiefs ſont devenus
héréditaires. On a voulu donner à la nobleſſe une
certaine conſiſtance , afin que le propriétaire du
fief fût en état de ſervir le prince. Cela a dû
produire bien des variétés : par exemple , il y a
des pays où l'on n'a pu partager les fiefs entre
les frères ; dans d'autres , les cadets ont pu avoir
leur ſubſiſtance avec plus d'étendue.

Le monarque , qui connoît chacune de ſes provinces , peut établir diverſes loix , ou ſouffrir diverſes coutumes. Mais le deſpote ne connoît rien ,
& ne peut avoir d'attention ſur rien ; il lui faut
une allure générale ; il gouverne par une volonté

rigide qui eſt par-tout la même ; tout s'applanit
ſous ſes pieds.

A meſure que les jugemens des tribunaux ſe
multiplient dans les monarchies , la juriſprudence
ſe charge de déciſions , qui quelquefois ſe con-
tredident ; ou parce que les juges qui ſe ſuccè-
dent , penſent différemment , ou parce que les
affaires ſont tantôt bien , tantôt mal défendues ,
ou enfin par une infinité d'abus qui ſe gliſſent
dans tout ce qui paſſe par la main des hommes.
C'eſt un mal inévitable que le légiſlateur doit
corriger de temps en temps , comme contraire
même à l'eſprit des gouvernemens modérés. Car ,
quand on eſt obligé de recourir aux tribunaux ,
il faut que cela vienne de la nature de la conſtitution , & non pas des contradictions & de l'incertitude des loix.

Dans les gouvernemens où il y a néceſſairement des diſtinctions dans les perſonnes , il faut
qu'il y ait des privilèges. Cela diminue encore la
ſimplicité , & fait mille exceptions.

Un des privilèges qui eſt devenu le plus commun ,
parce qu'il paroît le moins à charge à la ſociété ,
& ſur-tout à celui qui le donne , c'eſt de plaider
devant un tribunal plutôt que devant un autre.
Voilà de nouvelles affaires , c'eſt-à-dire , celles
où il s'agit de ſavoir devant quel tribunal il faut
plaider.

Dans les états deſpotiques , le prince peut juger lui-même. Il ne le peut dans les monarchies ;
la conſtitution ſeroit détruite ; les pouvoirs intermédiaires , dépendans , anéantis : on verroit
ceſſer toutes les formalités des jugemens ; la crainte
s'empareroit de tous les eſprits : on verroit la
pâleur ſur tous les viſages ; plus de confiance , plus
d'honneur , plus d'amour , plus de ſûreté , plus
de monarchie.

Dans les états monarchiques , le prince eſt la
partie qui pourſuit les accuſés , & les fait punir
ou abſoudre ; s'il jugeoit lui-même , il ſeroit le
juge & la partie.

Dans ces mêmes états , le prince a ſouvent les
confiſcations. S'il jugeoit les crimes , il ſeroit encore le juge & la partie.

De plus , il perdroit le plus bel attribut de ſa
ſouveraineté , qui eſt celui de faire grace (1) : il
ſeroit inſenſé qu'il fît & défît ſes jugemens : il
ne voudroit pas être en contradiction avec lui-
même.

Outre que cela confondroit toutes les idées ,
on ne ſauroit ſi un homme ſeroit abſous , ou s'il
recevroit ſa grace.

Lorſque Louis XIII voulut être juge dans le
procès du duc de la Valette (2) , & qu'il ap-

---

(1) Platon ne penſe pas que les rois qui ſont , dit-il , prêtres , puiſſent aſſiſter au jugement où l'on condamne à la mort , à l'exil , à la priſon.
(2) Voyez la relation du procès fait à M. le duc de la Valette. Elle eſt imprimée dans les Mémoires de
Montréſor , tom. 1 , pag. 61.

pella pour cela, dans son cabinet, quelques of-ficiers du parlement & quelques conseillers d'é-tat; le roi les ayant forcés d'opiner sur le décret de prise-de-corps, le président de Bellièvre dit : « qu'il voyoit dans cette affaire une chose étran-ge, un prince opiner au procès d'un de ses sujets; que les rois ne s'étoient réservé que les graces, & qu'ils renvoyoient les condamna-tions vers leurs officiers. Et votre majesté vou-droit-elle bien voir sur la sellette un homme devant elle, qui, par son jugement, iroit dans une heure à la mort! Que la face du prince, qui porte les graces, ne peut soutenir cela; que sa vue seule levoit les interdits des églises; qu'on ne devoit sortir que content de devant le prin-ce ». Lorsqu'on jugea le fond, le même prési-dent dit dans son avis : « cela est un jugement sans exemple, voire contre tous les exemples du passé jusqu'à huy, qu'un roi de France ait condamné en qualité de juge, par son avis, un gentilhomme à mort (1) ».

Les jugemens rendus par le prince, seroient une source intarissable d'injustice & d'abus; les courtisans extorqueroient, par leur importunité, ses jugemens. Quelques empereurs romains eurent la fureur de juger; nuls règnes n'étonnèrent plus l'univers par leurs injustices.

« Claude, dit Tacite (2), ayant attiré à lui le jugement des affaires & les fonctions des ma-gistrats, donna occasion à toutes sortes de ra-pines ». Aussi Néron parvenant à l'empire après Claude, voulant se concilier les esprits, décla-ra-t-il « qu'il se garderoit bien d'être le juge de toutes les affaires, pour que les accusateurs & les accusés, dans les murs d'un palais, ne fus-sent pas exposés à l'unique pouvoir de quelques affranchis (3) ».

« Sous le règne d'Arcadius, dit Zozime (4), la nation des calomniateurs se répandit, entoura la cour & l'infecta. Lorsqu'un homme étoit mort, on supposoit qu'il n'avoit point laissé d'enfans (5); on donnoit ses biens par un res-crit. Car comme le prince étoit étrangement stupide, & l'impératrice entreprenante à l'ex-cès, elle servoit l'insatiable avarice de ses do-mestiques & de ses confidentes; de sorte que, pour les gens modérés, il n'y avoit rien de plus désirable que la mort ».

« Il y avoit autrefois, dit Procope (6), fort peu de gens à la cour : mais sous Justinien, comme les juges n'avoient plus la liberté de rendre justice, leurs tribunaux étoient déserts,

tandis que le palais du prince retentissoit des clameurs des parties qui y sollicitoient leurs affaires ». Tout le monde sait comment on y vendoit les jugemens & même les loix.

Les loix sont les yeux du prince; il voit par elles ce qu'il ne pourroit pas voir sans elles. Veut-il faire la fonction des tribunaux? il travaille non pas pour lui, mais pour ses séducteurs contre lui.

Dans la monarchie, *les ministres ne doivent pas juger.*

C'est encore un grand inconvénient dans la mo-narchie, que les ministres du prince jugent eux-mêmes les affaires contentieuses. Nous voyons encore aujourd'hui des états où il y a des juges sans nombre pour décider les affaires fiscales, & où les ministres, qui le croiroit! veulent en-core les juger. Les réflexions viennent en foule; je ne ferai que celle-ci.

Il y a, par la nature des choses, une espèce de contradiction entre le conseil du monarque & de ses tribunaux. Le conseil des rois doit être composé de peu de personnes, & les tribunaux de judicature en demandent beaucoup. La raison en est que, dans le premier, on doit prendre les affaires avec une certaine passion & les suivre de même; ce qu'on ne peut guère espérer que de quatre ou cinq hommes qui en font leur affaire. Il faut, au contraire, des tribunaux de judicature de sang-froid, & à qui toutes les affaires soient en quelque façon indifférentes.

La chose du monde la plus inutile au prince, a souvent affoibli la liberté dans les *monarchies*; les commissaires nommés quelquefois pour juger un particulier.

Le prince tire si peu d'utilité des commissaires, qu'il ne vaut pas la peine qu'il change l'ordre des choses pour cela. Il est moralement sûr qu'il a plus l'esprit de probité & de justice que ses commissaires, qui se croient toujours assez justi-fiés par ses ordres, par un obscur intérêt de l'é-tat, par le choix qu'on a fait d'eux, & par leurs craintes mêmes.

Sous Henri VIII, lorsqu'on faisoit le procès à un pair, on le faisoit juger par des commissaires tirés de la chambre des pairs : avec cette métho-de, on fit mourir tous les pairs qu'on voulut.

Le prince ne doit point faire le commerce.

Théophile (7) voyant un vaisseau où il y avoit

---

(1) Cela fut changé dans la suite. *Voyez* la même relation.
(2) Annal. liv. XI.
(3) Ibid. liv. XIII.
(4) Hist. liv. V.
(5) Même désordre sous Théodose le jeune.
(6) Histoire secrète.
(7) Zonare.

des marchandises pour sa femme Théodora, le fit brûler. « Je suis empereur, lui dit-il, & vous me » faites patron de galere. En quoi les pauvres » gens pourront-ils gagner leur vie, si nous fai- » sons encore leur métier ». Il auroit pu ajouter: qui pourra nous réprimer, si nous faisons des monopoles ? Qui nous obligera de remplir nos engagemens ? Ce commerce que nous faisons, les courtisans voudront le faire ; ils seront plus avides & plus injustes que nous. Le peuple a de la confiance en notre justice ; il n'en a point de notre opulence : tant d'impôts qui font sa misere, sont des preuves certaines de la nôtre.

Lorsque les portugais & les castillans dominoient dans les Indes orientales, le commerce avoit des branches si riches, que leurs princes ne manquerent pas de s'en saisir. Cela ruina leurs établissemens dans ces parties-là.

Le vice-roi de Goa accordoit à des particuliers des priviléges exclusifs. On n'a point de confiance en de pareils gens ; le commerce est discontinué par le changement perpétuel de ceux à qui on le confie ; personne ne ménage ce commerce & ne se soucie de le laisser perdu à son successeur ; le profit reste dans des mains particulieres, & ne s'étend pas assez. Nous avons parlé à l'article MADRASS, des abus inséparables de l'administration angloise, qui exerce dans l'Inde un empire & un commerce exclusif.

Faut-il des espions dans la *monarchie* ? Ce n'est pas la pratique ordinaire des bons princes. Quand un homme est fidele aux loix, il a satisfait à ce qu'il doit au prince. Il faut au moins qu'il ait sa maison pour asyle, & le reste de sa conduite en sûreté. L'espionnage seroit peut-être tolérable, s'il pouvoit être exercé par d'honnêtes gens ; mais l'infamie nécessaire de la personne peut faire juger de l'infamie de la chose. Un prince doit agir envers ses sujets avec candeur, avec franchise, avec confiance. Celui qui a tant d'inquiétudes, de soupçons & de craintes, est un acteur qui est embarrassé à jouer son rôle. Quand il voit qu'en général les loix sont dans leur force, & qu'elles sont respectées, il peut se juger en sûreté. L'allure générale lui répond de celle de tous les particuliers. Qu'il n'ait aucune crainte, il ne sauroit croire combien on est porté à l'aimer. Eh ! comment ne l'aimeroit-on pas ? Il est la source de presque tout le bien qui se fait, & presque toutes les punitions sont sur le compte des loix. Il ne se montre jamais au peuple qu'avec un visage serein : sa gloire même se communique à nous, & sa puissance nous soutient. Une preuve qu'on l'aime, c'est que l'on a de la confiance en lui ; & que lorsqu'un ministre refuse, on s'imagine toujours que le prince auroit accordé. Même dans les calamités publiques, on n'accuse point sa per-

sonne ; on se plaint de ce qu'il ignore, ou de ce qu'il est obsédé par des gens corrompus : *si le prince savoit !* dit le peuple. Ces paroles sont une espece d'invocation, & une preuve de la confiance qu'on a en lui.

SECTION IIe.

Remarques générales sur la monarchie, *sur les avantages & les inconvéniens de cette forme d'administration, & sur la corruption de ses principes.*

Voici comment se forma le premier plan des *monarchies* que nous connoissons. Les nations germaniques qui conquirent l'Empire romain, étoient, comme l'on sait, très-libres. On n'a qu'à voir là-dessus Tacite sur les *Mœurs des germains*. Les conquérans se répandirent dans les pays ; ils habitoient les campagnes, & peu les villes. Quand ils étoient en Germanie, toute la nation pouvoit s'assembler. Lorsqu'ils furent dispersés dans la conquête, ils ne le purent plus. Il falloit pourtant que la nation délibérât sur ses affaires, comme elle avoit fait avant la conquête ; elle le fit par des représentans. Voilà l'origine du gouvernement gothique parmi nous. Il fut d'abord mêlé de l'aristocratie & de la *monarchie*. Il avoit cet inconvénient, que le bas peuple y étoit esclave : c'étoit un bon gouvernement, qui avoit en soi la capacité de devenir meilleur. La coutume vint d'accorder des lettres d'affranchissement ; & bientôt la liberté civile du peuple, les prérogatives de la noblesse & du clergé, la puissance des rois, dit Montesquieu, se trouverent dans un tel concert, que je ne crois pas qu'il y ait eu sur la terre de gouvernement si bien tempéré que le fut celui de chaque partie de l'Europe dans le temps qu'il y subsista ; & il est admirable que la corruption du gouvernement d'un peuple conquérant ait formé la meilleure espece de gouvernement que les hommes aient pu imaginer. Cette remarque est exagérée, & le lecteur verra de lui-même qu'elle manque d'exactitude.

L'embarras d'Aristote paroît visiblement, quand il parle de la *monarchie* (1). Il en établit cinq especes : il ne les distingue pas par la forme de la constitution ; mais par des choses d'accident, comme les vertus ou les vices du prince ; ou par des choses étrangeres, comme l'usurpation de la tyrannie, ou la succession à la tyrannie.

Aristote met au rang des *monarchies*, & l'empire des perses, & le royaume de Lacédémone. Mais qui ne voit que l'un étoit un état despotique, & l'autre une république ?

Les anciens, qui ne connoissoient pas la distribution des trois pouvoirs dans le gouvernement

---

(1) Politique, liv. III, chap. 14.

d'un

d'un feul, ne pouvoient fe faire une idée jufte de la *monarchie*.

Nous avons indiqué, dans le cours de cet ouvrage, à quelles méprifes a conduit la vieille divifion des gouvernemens en trois formes, & nous n'ajoûterons rien de plus.

De la promptitude de l'exécution dans la monarchie.

Le gouvernement monarchique a un grand avantage fur les républicains : les affaires étant menées par un feul, il y a plus de promptitude dans l'exécution. Mais comme cette promptitude pourroit dégénérer en rapidité, les loix y mettront une certaine lenteur. Elles ne doivent pas feulement favorifer la nature de chaque conftitution, mais encore remédier aux abus qui pourroient réfulter de cette même nature.

Le cardinal de Richelieu (1) veut que l'on évite, dans les *monarchies*, les épines des compagnies qui forment des difficultés fur tout. Quand cet homme n'auroit pas eu le defpotifme dans le cœur, il l'auroit eu dans la tête.

Les corps qui ont le dépôt des loix, n'obéiffent jamais mieux que quand ils vont à pas tardifs, & qu'ils apportent dans les affaires du prince cette réflexion qu'on ne peut guère attendre des lumières qu'a ordinairement la cour fur les loix de l'état; ni de là précipitation de fes confeils (2).

Que feroit devenue la plus-belle *monarchie* du monde, fi les magiftrats, par leurs lenteurs, par leurs plaintes, par leurs prières, n'avoient-arrêté le cours des vertus mêmes de fes rois, lorfque ces monarques, ne confultant que leur grande ame, auroient voulu récompenfer fans mefure des fervices rendus avec un courage & une fidélité auffi fans mefure ?

Qu'on n'aille point chercher de la magnanimité dans les états defpotiques; le prince n'y donneroit point une grandeur qu'il n'a pas lui-même : chez lui il n'y a pas de gloire.

C'eft dans les *monarchies* que l'on verra autour du prince les fujets recevoir fes rayons : c'eft là que chacun tenant, pour ainfi dire, un plus grand efpace, peut exercer ces vertus qui donnent à l'ame, non pas de l'indépendance, mais de la grandeur.

Des loix dans leur rapport avec la nature du gouvernement monarchique,

Les pouvoirs intermédiaires, fubordonnés & dépendans conftituent la nature du gouvernement monarchique, c'eft-à-dire, de celui où un feul gouverne par des loix fondamentales. J'ai dit les pouvoirs intermédiaires, fubordonnés & dépen-

dans : en effet, dans la *monarchie*, le prince eft la fource de tout pouvoir politique & civil. Ces loix fondamentales fuppofent néceffairement des canaux moyens par où coule la puiffance : car, s'il n'y a dans l'état que la volonté momentanée & capricieufe d'un feul, rien ne peut être fixe, & par conféquent aucune loi fondamentale.

Le pouvoir intermédiaire fubordonné le plus commun eft celui de la nobleffe. Elle paroît être de l'effence de la *monarchie*, dont la maxime fondamentale eft, *point de monarque, point de nobleffe; point de nobleffe, point de monarque*; mais on a un defpote.

M. de Montefquieu, en traitant ces fortes de queftions, a prefque toujours mêlé des erreurs à de grandes vérités. Il dit ici : « il y a des gens » qui avoient imaginé, dans quelques états en » Europe, d'abolir toutes les juftices des fei-» gneurs. Ils ne voyoient pas qu'ils vouloient faire » ce que le parlement d'Angleterre a fait. Abo-» liffez dans une *monarchie* les prérogatives des » feigneurs, du clergé, de la nobleffe & des » villes, vous aurez bientôt un état populaire, » ou bien un état defpotique. Les tribunaux d'un » grand état en Europe frappent fans ceffe, de-» puis plufieurs fiècles, fur la jurifdiction patri-» moniale des feigneurs & fur l'eccléfiaftique. » Nous ne voulons pas cenfurer des magiftrats fi » fages; mais nous laiffons à décider jufqu'à quel » point la conftitution en peut être changée ». On pourroit abolir les juftices des feigneurs; on pourroit ôter à la nobleffe & au clergé des privilèges onéreux au peuple, & lui laiffer des diftinctions honorifiques, fans que l'état devînt populaire ou defpotique. Ce paragraphe élude deux grandes queftions : les juftices des feigneurs peuvent-elles être éclairées? font-elles utiles? & dans la détreffe où fe trouve la nation, faut-il toujours accabler le peuple déja trop foulé, pour maintenir aux nobles & aux prêtres des exemptions trop onéreufes au refte des citoyens? On voit que ce génie admirable avoit encore des préjugés, & qu'il écrivit dans un temps où l'on ne connoiffoit pas bien les vrais principes de l'économie politique.

« Montefquieu dit avec la même inéxactitude : je ne fuis point entêté des privilèges eccléfiaftiques; mais je voudrois qu'on fixât bien une fois leur jurifdiction, Il n'eft point queftion de favoir fi on a eu raifon de l'établir : mais fi elle eft établie; fi elle fait une partie des loix du pays, & fi elle y eft par-tout relative; fi entre deux pouvoirs qu'on reconnoît indépendans, les conditions ne doivent pas être réciproques; & s'il n'eft pas-égal à un bon fujet de défendre la juf-

(1) Teftament politique.
(2) *Barbaris cunctatio fervilis, ftatim exequi regium ridetur.* Tacite, annal. liv. V.
Œcon. polit. & diplomatique. Tom. III.

tice du prince, où les limites qu'elle s'eft de tout temps prefcrites ».

« Autant que le pouvoir du clergé eft dangereux dans une république, autant eft-il convenable dans une *monarchie*, fur-tout dans celles qui vont au defpotifme ? Où en feroient l'Efpagne & le Portugal depuis la perte de leurs loix, fans ce pouvoir qui arrête feul la puiffance arbitraire ? Barrière toujours bonne lorfqu'il n'y en a point d'autre : car, comme le defpotifme caufe à la nature humaine des maux effroyables, le mal qui le limite eft un bien ».

« Comme la mer qui femble vouloir couvrir toute la terre, eft arrêtée par les herbes & les moindres graviers qui fe trouvent fur le rivage, ainfi les monarques, dont le pouvoir paroît fans bornes, s'arrêtent par les plus petits obftacles, & foumettent leur fierté naturelle à la plainte & à la prière ».

M. Law, par une ignorance égale de la conftitution républicaine & de la monarchique, fut un des plus grands promoteurs du defpotifme que l'on eût encore vû en Europe. Outre les changemens qu'il fit fi brufques, fi inufités, il vouloit ôter les rangs intermédiaires, & anéantir les corps politiques : il diffolvoit (1) la *monarchie* par fes chimériques rembourfemens, & fembloit vouloir racheter la conftitution même.

Il ne fuffit pas qu'il y ait dans une *monarchie* des rangs intermédiaires ; il faut encore un dépôt de loix. Ce dépôt ne peut être que dans les corps politiques, qui annoncent les loix lorfqu'elles font faites, & les rappellent lorfqu'on les oublie. L'ignorance naturelle à la nobleffe, fon inattention, fon mépris pour le gouvernement civil, exigent qu'il y ait un corps qui faffe fans ceffe fortir les loix de la pouffière où elles feroient enfévelies. Le confeil du prince n'eft pas un dépôt convenable. Il eft, par fa nature, le dépôt de la volonté momentanée du prince qui exécute, & non pas le dépôt des loix fondamentales. De plus, le confeil du monarque change fans ceffe ; il n'eft point permanent ; il ne fauroit être nombreux ; il n'a point à un affez haut degré la confiance du peuple ; il n'eft donc pas en état de l'éclairer dans les temps difficiles, ni de le ramener à l'obéiffance.

Dans les états defpotiques, où il n'y a point de loix fondamentales, il n'y a pas non plus de dépôt de loix. De-là vient que, dans ce pays, la religion a ordinairement tant de force ; c'eft qu'elle forme une efpèce de dépôt & de permanence : & fi ce n'eft pas la religion, ce font les coutumes qu'on y vénère au lieu des loix.

Que la vertu n'eft point le principe du gouvernement monarchique.

Dans les *monarchies*, la politique fait faire les grandes chofes avec le moins de vertu qu'elle peut ; comme, dans les plus belles machines, l'art emploie auffi peu de mouvemens, de forces & de roues qu'il eft poffible.

L'état fubfifte indépendamment de l'amour pour la patrie, du defir de la vraie gloire, du renoncement à foi-même, du facrifice de fes plus chers intérêts, & de toutes ces vertus héroïques que nous trouvons dans les anciens, & dont nous avons feulement entendu parler.

Les loix y tiennent la place de toutes ces vertus : une action qui fe fait fans bruit, y eft en quelque façon fans conféquence.

Quoique tous les crimes foient publics par leur nature, on diftingue pourtant les crimes véritablement publics, d'avec les crimes privés, ainfi appelés, parce qu'ils offenfent plus un particulier que la fociété entière.

Or, dans les républiques, les crimes privés font publics ; c'eft-à-dire, choquent plus la conftitution de l'état que les particuliers ; &, dans les *monarchies*, les crimes publics font plus privés, c'eft-à-dire, choquent plus les fortunes particulières que la conftitution de l'état même.

Je fupplie qu'on ne s'offenfe pas de ce que j'ai dit ; je parle après toutes les hiftoires. Je fais bien qu'il n'eft pas rare qu'il y ait des princes vertueux ; mais je dis que, dans une *monarchie*, il eft très-difficile que le peuple le foit (2).

Qu'on life ce que les hiftoriens de tous les tems ont dit fur la cour des monarques ; qu'on fe rappelle les converfations des hommes de tous les pays fur le miférable caractère des courtifans : ce ne font point des chofes de fpéculation, mais d'une trifte expérience.

L'ambition dans l'oifiveté, la baffeffe dans l'orgueil, le defir de s'enrichir fans travail, l'averfion pour la vérité, la flatterie, la trahifon, la perfidie, l'abandon de tous fes engagemens, le mépris des devoirs du citoyen, la crainte de la vertu du prince, l'efpérance de fes foibleffes, &, plus que tout cela, le ridicule perpétuel jetté fur la vertu, forment, je crois, le caractère du plus grand nombre des courtifans, marqué dans tous les lieux & dans tous les tems. Or, il eft très-mal-aifé que la plupart des principaux d'un état foient mal-honnêtes gens, & que les inférieurs foient gens de bien ; que ceux-là foient trom-

---

(1) Ferdinand, roi d'Arragon, fe fit grand-maître des ordres, & cela feul altéra la conftitution.
(2) Je parle ici de la vertu politique, qui eft la vertu morale dans le fens qu'elle fe dirige au bien général, fort peu des vertus morales particulières, & point du tout de cette vertu qui a du rapport aux vérités révélées.

peurs, & que ceux-ci confentent à n'être que dupes.

Que fi dans le peuple il fe trouve quelqu'auftere honnête homme (1), le Teftament politique du cardinal de Richelieu infinue qu'un monarque doit fe garder de s'en fervir (2). Tant il eft vrai que la vertu févere n'eft pas le reffort de ce gouvernement ! Certainement elle n'en eft point excluë; mais elle n'en eft pas le reffort.

Comment on fupplée à la vertu dans le gouvernement monarchique.

Je me hâte & je marche à grands pas, afin qu'on ne croie pas que je faffe une fatyre du gouvernement monarchique. Non : s'il manque d'un reffort, il en a un autre. L'honneur, c'eft-à-dire, le préjugé de chaque perfonne & de chaque condition, prend la place de la vertu politique dont j'ai parlé, & la repréfente par-tout.

Il y peut infpirer les plus belles actions; il peut, joint à la force des loix, conduire au but du gouvernement comme la vertu même.

Ainfi, dans les monarchies bien réglées, tout le monde fera à-peu-près bon citoyen, & on trouvera rarement quelqu'un qui foit homme de bien; car, pour être homme de bien (3), il faut avoir intention de l'être, & aimer l'état moins pour foi que pour lui-même.

Du principe de la monarchie.

Le gouvernement-monarchique fuppofe, comme nous avons dit, des prééminences, des rangs, & même une nobleffe d'origine. La nature de l'honneur eft de demander des préférences & des diftinctions; il eft donc, par la chofe même, placé dans ce gouvernement.

L'ambition eft pernicieufe dans une république. Elle a de bons effets dans la monarchie; elle donne la vie à ce gouvernement; & on y a cet avantage, qu'elle n'y eft pas dangereufe, parce qu'elle y peut être fans ceffe réprimée.

Vous diriez qu'il en eft comme du fyftême de l'univers, où il y a une force qui éloigne fans ceffe du centre tous les corps, & une force de pefanteur qui les y ramène. L'honneur fait mouvoir toutes les parties du corps politique; il les lie par fon action même, & il fe trouve que chacun va au bien commun, croyant aller à fes intérêts particuliers.

Il eft vrai que, philofophiquement parlant, c'eft un honneur faux qui conduit toutes les par-ties de l'état : mais cet honneur faux eft auffi utile au public, que le vrai le feroit aux particuliers qui pourroient l'avoir.

Et n'eft-ce pas beaucoup d'obliger les hommes à faire toutes les actions difficiles, & qui demandent de la force, fans autre récompenfe que le bruit de ces actions?

De la corruption du principe de la monarchie.

« Comme les démocraties fe perdent, dit Montefquieu, lorfque le peuple dépouille le fénat, » les magiftrats & les juges de leurs fonctions, les » monarchies fe corrompent lorfqu'on ôte peu-à-peu » les prérogatives des corps, ou les privilèges des » villes. Dans le premier cas, on va au defpo-» tifme de tous; dans l'autre, au defpotifme d'un » feul ». Cette affertion eft trop générale; car il faut diftinguer les prérogatives des corps, onéreufes au peuple, & les privilèges contraires à l'induftrie & au bien général.

« Ce qui perdit les dynafties de Tfin & de Soüi, » dit un auteur chinois, c'eft qu'au lieu de fe bor-» ner comme les anciens à une infpection géné-» rale, feule digne du fouverain, les princes vou-» lurent gouverner tout immédiatement par eux-» mêmes (4) ». L'auteur chinois nous donne ici la caufe de la corruption de prefque toutes les monarchies.

La monarchie fe perd, lorfqu'un prince croit qu'il montre plus fa puiffance, en changeant l'ordre des chofes qu'en le fuivant, lorfqu'il ôte les fonctions naturelles des uns, pour les donner arbitrairement à d'autres, & lorfqu'il eft plus amoureux de fes fantaifies que de fes volontés.

La monarchie fe perd, lorfque le prince rapportant tout uniquement à lui, appelle l'état à fa capitale, la capitale à fa cour, & la cour à fa feule perfonne.

Enfin elle fe perd, lorfqu'un prince méconnoît fon autorité, fa fituation, l'amour de fes peuples, & lorfqu'il ne fent pas bien qu'un monarque doit fe juger en fûreté comme un defpote doit fe croire en péril.

Le principe de la monarchie fe corrompt, lorfque les premières dignités font les marques de la première fervitude, lorfqu'on ôte aux grands le refpect des peuples, & qu'on les rend de vils inftrumens du pouvoir arbitraire.

Il fe corrompt encore plus, lorfque l'honneur a été mis en contradiction avec les honneurs, & que l'on peut être à la fois couvert d'infamie (5) & de dignités.

Il fe corrompt, lorfque le prince change fa

(1) Entendez ceci dans le fens de la note précédente.
(2) Il ne faut pas, y eft-il dit, fe fervir des gens de bas lieu; ils font trop auftères & trop difficiles.
(3) Ce mot, homme de bien, ne s'entend ici que dans un fens politique.
(4) Compilation d'ouvrages faits fous les Ming, rapportés par le père du Halde.
(5) Sous le règne de Tibère l'on éleva des ftatues, & l'on donna les ornemens triomphaux aux délateurs

justice en sévérité ; lorsqu'il met, comme les empereurs romains, une tête de Meduse sur sa poitrine (1) ; lorsqu'il prend cet air menaçant & terrible que Commode faisoit donner à ses statues (2).

Le principe de la *monarchie* se corrompt, lorsque des ames singulièrement lâches, tirent vanité de la grandeur que pourroit avoir leur servitude, & qu'elles croient que ce qui fait que l'on doit tout au prince, fait que l'on ne doit rien à sa patrie.

Mais s'il est vrai (ce que l'on a vu dans tous les temps) qu'à mesure que le pouvoir du monarque devient immense, sa sûreté diminue ; corrompre ce pouvoir, jusqu'à le faire changer de nature, n'est-ce pas un crime de *lèze-majesté* contre lui ?

Observations générales sur la monarchie.

La *monarchie* absolue est un poste trop éminent pour une créature humaine ; elle ne convient qu'à Dieu qui est immuable, non sujet à l'orage des passions, exempt d'erreur & à qui tout est présent. Il y a peu d'exemples de princes que l'autorité arbitraire n'ait pas corrompus : plusieurs, dont on concevoit de grandes espérances, se font perdus par là. Quand les hommes se sont mis au-dessus du châtiment, ils se mettent bientôt au-dessus de la honte. Leur esprit & leur vertu ont des bornes ; leurs passions, leur vanité n'en ont point. Ainsi, peu d'entre eux peuvent être parfaitement bons, & plusieurs deviennent extrêmement mauvais. Ils prennent une grande fortune pour un grand mérite, & élèvent l'idée qu'ils ont d'eux-mêmes aussi haut que la fortune les a élevés. Tout le monde croyoit Galba digne de l'Empire : cette opinion auroit duré, si l'expérience ne l'avoit démentie. Avant Vespasien, on n'avoit point eu d'exemple d'un empereur que la souveraine puissance eût changé en mieux. *Solusque omnium ante se principum in melius mutatus est.*

L'excès de la puissance est donc plus capable d'allarmer que de rassurer celui qui en jouit. Sur quoi donc le prince doit-il s'appuyer pour la sûreté de sa personne & le repos de son esprit ? Marc-Antonin, ce grand & bon prince, nous l'apprend dans le discours admirable qu'il

tint quelque temps avant sa mort, en présence de ses amis & de ceux de son conseil. « Il est » certain, dit-il, que ce ne font ni les grands » revenus, ni l'extrême puissance, ni la multi- » tude des gardes, qui font la grandeur d'un » prince, & lui assurent l'obéissance de ses su- » jets, si le zèle & l'affection des peuples ne » concourent avec l'obéissance qu'ils lui doivent. » Celui-là certainement peut régner long-temps » avec sûreté, qui excite dans les cœurs des » impressions d'amour & de bienveillance, & » non des sentimens de crainte & d'indignation. » Un prince, ajouta-t-il, n'a rien à craindre de » ses peuples tant que leur obéissance vient de » leur inclination, & non d'une contrainte ser- » vile ; ils obéiront gaiement, lorsqu'ils senti- » ront qu'en obéissant au prince, ils n'obéissent » qu'à la justice, à la loi (3). »

Un prince qui ne veut faire aucun mal, ne recherche point la puissance d'en faire ; celui qui la recherche sera toujours soupçonné de ne vouloir faire aucun bien. Le seul moyen d'éloigner ce soupçon, est d'agir par les règles connues de la loi. Celui qui gouverne par la loi, gouverne avec le consentement des peuples, & ainsi n'en sauroit être blâmé.

Quelque part que se trouve la puissance souveraine, elle est absolue, dans les états monarchiques, comme dans les états populaires. Nous l'avons dit à l'article ABSOLU, & nous y avons fait d'autres remarques qui ont beaucoup de rapport avec cet article. Il est vrai que dans les premiers, le pouvoir du monarque est plus ou moins limité ; la nation y a mis des tempéramens tels qu'elle l'a jugé convenable, & chaque nation doit être gouvernée selon ses loix fondamentales. Ainsi le monarque n'a de pouvoir que celui qui lui vient par le canal même par où il lui est parvenu. Il ne peut exercer que le droit qu'il a reçu, & la justice exige encore qu'il respecte les privilèges qu'une longue possession a consacrés, autant que les libertés primitives que les peuples se sont réservées. Mais ce qu'on appelle communément souverain dans les états monarchiques, n'est pas la souveraineté ; & le pouvoir plus ou moins grand du monarque n'est pas la puissance souveraine. Il y a même des *monarchies* où le prince n'a pas la puissance législative, qui est le principal attribut de la souveraineté. Il ne faut donc pas conclure de ce

---

ce qui avilit tellement ces honneurs, que ceux qui les avoient mérités les dédaignèrent. *Fragm. de Dion*, liv. LVIII, tiré de l'Extrait des vertus & des vices de Const. Porphirog. *Voyez* dans Tacite comment Néron, sur la découverte & la punition d'une prétendue conjuration, donna à Petronius-Turpilianus, à Nerva, à Tigellinus, les ornemens triomphaux. *Annal. liv. XIV. Voyez* aussi comment les généraux dédaignèrent de faire la guerre, parce qu'ils en méprisoient les honneurs, *pervulgatis triomphi insignibus*, Tacit. *Annal.* liv. XIII.

(1) Dans cet état, le prince savoit bien quel étoit le principe de son gouvernement.
(2) Herodien.
(3) *Voyez* Herodien, dans la vie de Marc-Antonin.

que le pouvoir de quelques souverains est limité, que cette limitation affecte la puissance souveraine. Celle-ci est absolue par sa nature : elle ne peut pas se limiter elle-même, & aucun autre pouvoir ne peut la limiter, puisqu'elle ne reconnoît point de pouvoir supérieur à elle.

Mais les partisans les plus zélés du pouvoir des rois, ne disconviennent pas qu'ils ne soient obligés d'observer les loix divines & les loix naturelles, les loix fondamentales de l'état, & même les loix civiles tant qu'elles subsistent.

Les loix divines, disent-ils, assujettissent également le monarque sur le trône, & le berger dans sa cabane. Les loix naturelles sont l'ouvrage de la providence divine; elles sont éternelles, immuables, imposées à tous les hommes sans exception, à toutes les nations & à leurs chefs : l'on est obligé de les observer en tout tems & en tout lieu. Le peuple n'a pas été fait pour le gouvernement, c'est le gouvernement qui a été fait pour le peuple. Si les hommes ordinaires doivent prendre la raison pour règle de leur conduite, les rois y sont plus fortement obligés que personne, à cause que leurs actions influent sur le sort des peuples. Plus le pouvoir d'un monarque est grand, plus il doit mettre de circonspection, de prudence & de sagesse dans sa conduite. La confiance de la nation en ses lumières, en la droiture de son cœur, ne lui impose-t-elle pas une nouvelle obligation de la gouverner selon la justice ?

Quelqu'auguste que soit le pouvoir des monarques, il n'est point au-dessus de la loi fondamentale de l'état. Leur élévation ne sauroit les affranchir de la loi primitive à laquelle ils sont redevables de leur couronne. Cette loi qui les a fait ce qu'ils sont, conserve toujours sur eux son autorité inviolable. Comme elle a précédé la grandeur du prince, elle le maintient sur le trône, & doit lui survivre pour y maintenir ses successeurs. Il y a des loix fondamentales, dans tous les états; il n'en est aucun où le droit de régner ne suppose l'obligation de gouverner justement. Cette obligation est exprimée dans les sermens que les rois, qui passent pour être les plus absolus, font à leur sacre, ou dans les cérémonies de leur couronnement. J'engage ma foi à mon souverain en vue de son équité, dans l'espérance qu'il me protégera, moi & tout ce qui m'appartient : c'est la condition expresse ou sous-entendue du serment de fidélité que je lui prête.

D'après ces principes, est-il une trahison plus criminelle & plus funeste à la patrie, que celle de ces instituteurs qui pervertissent les princes par leurs flatteries, ou qui négligent d'inspirer le goût de la vertu à des hommes, dont les volontés régleront un jour le sort des nations ? Est-il un forfait comparable à celui de ces empoisonneurs, qui, dès l'enfance, ne se-

ment dans les cœurs de leurs élèves que de l'orgueil, de la dureté, du mépris pour les hommes; dispositions cruelles dont les peuples recueilleront pendant des siècles les fruits abominables ? Quelle trahison plus infâme que de former à son pays un chef capable de le détruire ? N'est-ce pas empoisonner un peuple entier, que de flatter un prince qui deviendra l'arbitre de son sort ?

Etat malheureux & plein de dangers des princes qui exercent un pouvoir arbitraire.

Les empereurs romains, qui avoient sacrifié leur patrie à leur autorité suprême, n'en furent ni mieux ni plus en sûreté pour s'y être rendus monarques absolus. Depuis Jules-César, qui avoit éteint la liberté publique, & qui fut immolé aux manes de cette liberté, jusqu'à Charlemagne, trente empereurs périrent de mort violente, & quatre d'entre eux se donnèrent la mort : la soldatesque disposoit d'eux à sa fantaisie, & les faisoit mourir pour le moindre mécontentement. Si le prince étoit choisi par le sénat, l'armée, qui s'attribuoit le droit de disposer de l'empire, s'en défaisoit comme d'un intrus. Il n'étoit pas encore à l'abri de l'inconstance cruelle des cohortes prétoriennes, lors-même qu'elles l'avoient proclamé. Quelle fut la fin tragique de l'empereur Pertinax, qu'elles avoient forcé d'accepter l'empire ? Ces orgueilleux souverains, après avoir mis sous leurs pieds le sénat, le peuple & les loix, qui sont les meilleures colonnes d'un pouvoir légitime, tenoient leur sceptre & leur vie de la bonté des soldats qui s'étoient rendus leurs maîtres; & celui qui gouvernoit l'univers devenoit ainsi l'esclave de ceux qui étoient à sa solde.

Quoiqu'Auguste eût regné assez long-temps pour énerver ou pour éteindre toutes les maximes de la liberté, pour introduire & pour établir toutes celles de la monarchie absolue, Tibere qui lui succéda immédiatement, se croyoit si peu en sûreté, qu'il fut tout le reste de sa vie en proie à des frayeurs mortelles. En mettant tous les hommes dans les fers, il n'avoit pu se rendre libre, & l'or de ses chaînes faisoit la seule différence entre lui & les autres esclaves. Les princes qui ne se contentent pas de régner légitimement, & qui veulent se faire craindre de tous les hommes, sont réduits à les craindre tous. Ce fut le sort de Tibere : les fréquentes victimes qu'il immoloit à ses frayeurs, ne faisoient que les augmenter; ces sacrifices multipliant le nombre de ses ennemis, comme cela devoit nécessairement arriver.

Des devoirs du monarque.

Quelque distance qu'il y ait de ceux qui doivent obéir à celui qui doit commander ; croire que les princes ne doivent rien à leurs sujets, c'est une idée chimérique. Est-ce qu'il peut y avoir d'obligation entre eux qui ne soit réciproque, & que la lumière naturelle ne répugne pas à concevoir qu'un nombre infini d'hommes doive toutes choses à un seul homme, sans que cet homme leur en doive aucune ? Il y a un retour de devoirs du souverain aux sujets, & des sujets au souverain ; si les sujets doivent une entière obéissance à leurs princes ; s'ils sont obligés de prodiguer pour eux leur bien & leur sang, les princes doivent à leurs sujets, de l'amour, de la justice & des soins continuels pour leur défense.

Les rois croient, dit un ancien, que le privilège du sceptre c'est de faire comme légitime de leur part, ce qui est un crime de la part des autres. Telle est en effet la force de l'habitude dans quelques princes, que tout ce qu'on leur propose pour l'utilité des autres, leur est désagréable. Il est aussi difficile de leur persuader qu'ils ont des devoirs à remplir envers leurs peuples, qu'il est aisé d'empoisonner leurs cœurs par de lâches flatteries. Aussi Salomon conseille-t-il de ne pas chercher à paroître sages devant les rois de la terre. Un monarque à qui tout obéit, aime rarement qu'on veuille lui apprendre quelque chose. L'illusion que les princes se font, n'est pas néanmoins si générale ni si invincible, qu'on doive hésiter de leur présenter continuellement des vérités qui, si elles sont une fois reçues, doivent être salutaires à leurs peuples.

La domination n'est point la fin de l'établissement de la royauté ; c'est le soin, la défense, la protection du bien public. L'empereur Adrien, parlant au sénat romain, lui promit qu'il se gouverneroit en prince qui savoit que la chose publique n'étoit pas à lui ; & c'est en effet le salut commun des sujets, qui doit être l'objet de toutes les démarches du souverain : non plus qu'aucun art, aucune magistrature n'a sa fin en elle-même, c'est uniquement pour le bonheur des sociétés que toutes les supériorités ont été établies. C'est pour l'intérêt du justiciable que la jurisdiction a été accordée ; c'est pour l'intérêt du malade que le médecin a été établi. Le troupeau est-il fait pour le berger, ou le berger pour le troupeau ? La république n'est pas au souverain ; c'est le souverain qui est à la république. Quoi ! tous seroient pour eux ! Un ne seroit pas pour tous ? Les loix de Minos, disoit un illustre prélat à l'héritier présomptif d'une couronne, veulent qu'un homme serve, par sa sagesse & par sa modération, à la félicité de tant d'hommes ; & non pas que tant d'hommes servent, par leur misère & par leur servitude, à flatter la noblesse d'un seul homme.

D'où pourroit venir à un souverain le droit de rapporter tout à lui, & non à l'avantage de la société ? Seroit-ce sa qualité d'homme ? Elle lui est commune avec tous ses sujets : seroit-ce du

goût de les dominer ? Peu d'hommes lui céderoient en ce point. Seroit-ce de la possession même où il se trouve de l'autorité ? Qu'il voie à quelle condition on s'y est soumis !

Les différens rapports du prince avec ceux qui sont soumis à son empire, & les conditions diverses des puissances dont il est le maître, sont la juste mesure de ses devoirs à l'égard de ses peuples.

S'il faut de l'adresse pour gouverner les animaux de toute espèce, il en faut encore davantage pour gouverner l'homme qui, de tous les animaux, est le plus difficile à manier.

Combien doit être plus difficile le gouvernement de tout un royaume ! Quels talens n'exige pas la conduite des affaires de la paix & de la guerre ! Il ne semble pas qu'un homme seul puisse suffire à tous les soins du gouvernement, ni par la quantité des choses dont il faut être instruit, ni par celle des vues qu'il faut suivre, ni par l'application qu'il faut apporter, ni par la variété des conduites qu'il faut tenir & des caractères qu'il faut prendre. Défendre l'état contre l'étranger, & en prendre soin au-dedans avec l'attention que le possesseur de quelques arpens de terre a pour la conservation de son domaine ; maintenir les loix pour apprendre à ses sujets à les respecter ; obliger les citoyens à bien vivre entr'eux, faire subsister les uns, protéger les autres contre l'oppression des grands ; ménager la fortune des sujets, même dans les besoins publics ; être avare du sang des peuples ; punir le crime, pardonner ; pardonner aux hommes qui n'ont péché ni par l'intention, ni par le cœur ; être accessible à tout le monde & populaire, autant que peut le permettre la dignité bien entendue ; proscrire le mensonge & éloigner la flatterie ; ne point prendre de résolutions précipitées, & savoir revenir sur ses pas lorsqu'on s'apperçoit qu'on a été trop loin ; se choisir de bons ministres ; établir des magistrats intègres pour rendre la justice ; des prélats pieux & de bon exemple pour faire fleurir la religion ; placer dans les provinces des gouverneurs qui maintiennent les loix, les coutumes générales du royaume, & celles de la province sur laquelle ils sont établis ; faire servir au bien commun de l'état ce fond de férocité secrette qui se trouve en tous les hommes ; tourner au profit de l'utilité publique les passions des hommes, & fournir même des objets à celles qu'il convient de mettre en mouvement : voilà quels sont en général les devoirs d'un roi.

De toutes les affaires humaines, dit un ancien, la plus difficile & celle qui demande le plus de soin, est, sans contredit, le gouvernement d'un royaume. « Le chef d'œuvre de l'esprit, c'est le parfait gouvernement ; & ce ne » seroit peut-être pas une chose possible, dit un

» bel esprit de nos jours, si les peuples , par
» l'habitude où ils sont de la dépendance & de
» la soumission , ne faisoient la moitié de l'ou-
» vrage ».

Il est une instruction , celle que Gustave-Adol-
phe reçut de Charles, roi de Suède son père ,
qui est courte , qui contient autant d'excellentes
choses que de mots , & que , par ces deux raisons , je transcrirai ici, afin que ce soit un roi
qui parle à d'autres rois.

1. « Il faut premiérement savoir qu'une couronne est bien pesante , si les fideles serviteurs du
prince qui la porte & l'amour de ses peuples n'en
soutiennent une partie, & la vertu l'autre ».

2. « Qu'il ne fasse jamais faire par ses lieutenans ce qu'il pourra dignement faire par lui-
même ».

3. « Qu'il voie par-tout, qu'il écoute tout,
& que , par sa prudence & par sa bonté , il pour-
voie à tout ».

4. « Qu'il n'ait pour confidens que des hommes sages & désintéressés , & qu'il connoîtra gens
de bien ».

5. « Que d'habiles hommes fassent tous les ans
le tour de l'Europe , pour attirer à son service
les personnes les plus renommées en toutes sortes
de profession ».

6. « Qu'il apprenne diverses langues pour aimer plusieurs nations & se faire aimer d'elles ».

7. « Qu'il forme son jugement dans les sciences & connoissances nécessaires , pour mieux
faire la différence du juste avec l'injuste, du vrai
d'avec le faux, & de l'apparent d'avec le véritable ».

8. « Qu'il tâche , par sa douceur & par son
humanité de s'acquérir les cœurs de tout le
monde ».

9. « Qu'il ait le visage ouvert & le cœur fermé , & que son procédé paroisse , en toutes ses
actions , loyal & convenable à sa dignité ».

10. « Si le prédécesseur du prince ou lui-même
s'est relâché pour l'observation des loix de son
royaume, par la mauvaise conjoncture des tems,
qu'il ne balance point de les rétablir dans leur
premier lustre , aussi-tôt qu'il le pourra ; personne
ne pouvant avec justice trouver à redire qu'il as-
sujettisse les personnes & les choses aux loix de
son état ».

11. « Qu'il emploie toutes ses finesses & son
industrie à n'être ni trompé, ni trompeur ».

12. « Que , pour se rendre capable de dompter
& d'assujettir les tyrans , il commence à dompter
ses passions ».

13. « Qu'il ne se rebute point du travail & de
la peine dans les commencemens , & il s'y ac-
coutumera insensiblement ; & en partageant ses
heures pour l'administration des affaires de son
état, il aura du tems suffisamment pour y vaquer & prendre d'honnêtes divertissemens ».

14. « Que son royaume soit estimé le refuge

& l'asyle des princes opprimés , & que son épée
jointe à sa réputation ait l'avantage & la gloire
de les rétablir en leur grandeur ».

15. « Qu'il tende la main à la veuve ; qu'il
secoure l'orphelin, qui attendent de sa bonté
& de sa justice qu'il ne souffrira point qu'ils
soient opprimés dans leur malheureuse condition ».

16. « Que le prince non-seulement considère,
mais encore qu'il examine, lorsqu'on rend de
bons ou de mauvais offices à quelqu'un, si c'est
par principe de haine ou d'amitié , ou par attachement à son service , en l'avertissant pour qui
il doit avoir de l'estime ou de la défiance ; la
cour & ceux qui la fréquentent , étant remplis
d'ordinaire d'envies , de suppositions & d'artifices ».

17. « Qu'il sache que le sang innocent répandu & celui du méchant conservé crient également vengeance ».

18. « Qu'il abatte le sourcil de l'orgueilleux
& de l'impudent , & qu'il fasse du bien aux humbles & aux timides ».

19. « Qu'il se souvienne qu'il n'est pas moins
important de punir que de récompenser, pour
la conservation & le maintien de son état ».

20. « Que sa libéralité ne tende jamais à la
profusion , & que ses bienfaits soient toûjours dé-
partis avec choix & mesure ».

21. « Qu'il regarde avec autant d'aversion &
de mépris les flatteurs que les traitres. Qu'il
considère les fainéans & les oisifs comme morts,
& fasse aussi peu de cas des mutins & des men-
teurs ».

22. « Que la bienséance accompagnée d'une
certaine familiarité mesurée, n'imprime que de
l'amour & du respect ; & que sa colère, quand
il est contraint de la faire éclater, cause de la
frayeur & de l'amendement ».

23. « Qu'il ne paroisse jamais inquiet ni chagrin, si ce n'est lorsqu'un de ses bons serviteurs sera mort ou tombé dans quelque grande
faute ».

24. « Qu'il excuse & pardonne plutôt la faute
que la flatterie ».

25. « Qu'il soit accessible , affable , porté à la
clémence , sans ressentiment & sans fiel ».

26. « Que la vérité pénètre & soit reçue dans
les lieux les plus secrets & les plus retirés de son
palais , d'où la plupart des princes souffrent souvent qu'elle soit bannie ».

27. « Qu'en témoignant son déplaisir, il efface
avec dextérité les cicatrices des plaies causées
par les impôts dans le cœur de ses sujets , quoique donnés souvent au besoin de l'état & à la
nécessité publique ».

28. « Que , dans sa cour & dans ses armées ,
l'étranger ne soit point rebuté, mais qu'il y soit
considéré avec quelque sorte de différence des naturels sujets du prince ».

29. « Qu'une chaste couche soit l'adoucissement de l'amertume de sa vie ».

30. « Qu'il demande à Dieu des enfans vertueux, ou point ».

31. « Que, dans les provinces de nouvelle conquête, il mette des personnes qui aient les mains pures, & qui soient de facile accès ».

32. « Enfin, qu'en toutes ses actions il se conduise de telle sorte qu'il soit avoué de Dieu, en donnant à tout le monde des marques certaines de sa prud'hommie & de sa bonne conscience ». *Voyez* les articles Démocratie & Aristocratie, Absolu, Gouvernement, &c.

* MONNOIE, toute espèce fabriquée d'un métal quelconque. Nous renvoyons d'abord le lecteur au dictionnaire des finances, où l'on trouve un long article sur cette matière. Nous envisagerons ici les *monnoies* sous un autre rapport; & au lieu de revenir sur les principes du régime fiscal touchant les *monnoies*, nous nous bornerons à quelques principes d'économie politique, & au développement des faits qui leur servent de base; & nous examinerons ensuite si la nation angloise, qui paroît si éclairée sur ces matières, a raison de fabriquer ses *monnoies* aux frais du gouvernement.

Dans les premiers temps où la division du travail s'est introduite, les échanges ont dû rencontrer bien de l'embarras & de la difficulté. Un homme, je suppose, avoit plus d'une certaine marchandise qu'il ne lui en falloit pour son usage, un autre en avoit moins. Le premier désiroit de vendre cet excédent, & le second de l'acheter. Mais si celui-ci n'avoit rien dont l'autre eût besoin, l'échange ne pouvoit se faire entr'eux. Si le boucher, qui avoit plus de viande qu'il n'en pouvoit consommer, étoit déjà suffisamment pourvu de pain & de bierre; le boulanger & le brasseur, qui vouloient avoir de la viande, n'en pouvoient acheter de lui, parce qu'il n'avoit pas besoin des choses qu'ils pouvoient lui donner en retour. Ils ne pouvoient donc se rendre service les uns aux autres. Pour obvier à cet inconvénient, il a fallu que dans toutes les périodes qui ont suivi l'établissement de la division du travail, chaque particulier prudent ménageât ses affaires de manière à être toujours nanti de quelque marchandise qu'il estimoit convenir à tant de monde, & telle que vraisemblablement peu de gens la refuseroient en échange du produit de leur travail.

Il est probable qu'on a songé successivement à diverses denrées ou marchandises propres à cet usage, & qu'on les y a employé. On dit que dans les temps agrestes de la société, le bétail étoit l'instrument ordinaire du commerce; & quoiqu'il ait dû être fort incommode, nous ne laissons pas de voir les choses évaluées dans ces anciens temps par le nombre des pièces de bétail qu'on donnoit en échange. L'armure de Diomède, à ce que dit Homère, ne coûtoit que neuf bœufs, tandis que celle de Glaucus en coûtoit cent. On rapporte qu'en Abyssinie le sel est le moyen commun des échanges; qu'en certains endroits de la côte de l'Inde, c'est une espèce de coquillages; que c'est une sorte de poisson salé à Terre-Neuve; le tabac en Virginie, le sucre dans quelques unes de nos colonies des Indes occidentales, des peaux ou du cuir tanné dans quelques autres pays : & on assure qu'aujourd'hui même, il y a encore un village en Ecosse où il n'est pas rare qu'un ouvrier porte des clous en place d'argent chez le boulanger ou dans un cabaret à bierre.

Mais il semble que par-tout les hommes se sont décidés à la fin à donner pour cet usage la préférence aux métaux. Non-seulement on peut les garder avec aussi peu de déchet que toute autre chose, n'y ayant presque rien qui dépérisse moins, mais on peut les diviser sans perte, en autant de parties qu'on veut, & ces parties peuvent être aisément réunies de nouveau par la fonte, qualité que n'ont pas les autres marchandises, & qui les rend plus propres à être les instrumens du commerce & de la circulation. Si, par exemple, celui qui vouloit acheter du sel, n'avoit que du bétail à donner en échange, il falloit qu'il en achetât tout-à-la-fois pour la valeur d'un bœuf ou d'un mouton. Rarement pouvoit il en acheter moins, parce qu'il ne pouvoit diviser sans perte ce qu'il avoit à donner en retour. Il étoit obligé, par la même raison, d'en acheter le double ou le triple, c'est-à-dire, la valeur de deux ou trois bœufs, ou de deux ou trois moutons. Si au contraire, au lieu de moutons ou de bœufs, il avoit eu des métaux à donner pour du sel, il lui auroit été facile de proportionner la quantité de métal, à la quantité précise de sel dont il avoit besoin.

Divers métaux ont été employés à cet effet par différentes nations. Le fer étoit l'agent ordinaire du commerce parmi les anciens spartiates, le cuivre parmi les anciens romains, & l'or & l'argent parmi les nations riches & commerçantes.

Il semble qu'originairement les échanges aient été faits avec ces métaux en barres non travaillées, sans empreinte & sans coin. Pline rapporte, d'après Timæus, auteur ancien, que jusqu'à Servius Tullius, les romains ne frappèrent point de *monnoie*, mais qu'ils se servirent de barres de cuivre sans empreinte, pour acheter tout ce dont ils avoient besoin. Ces morceaux de cuivre faisoient donc alors la fonction de *monnoie*.

L'usage des métaux, dans cet état d'imperfection, étoit sujet à deux grands inconvéniens,

l'embarras

l'embarras de les pefer, & celui d'en faire l'effai. Il n'eft pas fort aifé de pefer des métaux précieux, où une petite différence dans le poids en fait une grande dans la valeur ; car il faut des poids très-exacts & des balances très-juftes. La pefée de l'or en particulier eft une opération affez délicate. La même précifion n'eft fans doute pas néceffaire à l'égard des métaux plus groffiers, où une erreur légère eft de peu de conféquence. Mais nous trouverions fort incommode, que chaque fois qu'un pauvre homme a befoin d'acheter une chofe qui vaut un fol, il fût obligé de pefer ce fol. L'opération de l'effai eft encore plus difficile & plus ennuyeufe, & à moins de fondre foigneufement au creufet une partie du métal avec les diffolvans convenables, on ne peut en porter qu'un jugement très-incertain. Cependant avant qu'on battît monnoie, à moins d'en venir à cette épreuve faftidieufe & difficile, on étoit toujours expofé aux fraudes & aux tromperies les plus groffières, & au lieu d'une livre d'argent ou de cuivre pur, on pouvoit recevoir pour fa marchandife une compofition qui renfermoit les matières les plus viles, &, qui, à l'extérieur, reffembloit à ces métaux. Pour prévenir de tels abus, faciliter les échanges & encourager par-là toutes les efpèces d'induftrie, on a jugé dans tous les pays policés à un certain point, qu'il étoit néceffaire d'imprimer une marque publique fur certaines quantités de ces métaux qui fervoient communément pour les achats. De-là l'origine de l'argent monnoyé, & des ces établiffemens qu'on appelle monnoies.

Il paroît que le premier ufage de ces marques publiques, imprimées fur les métaux qui avoient cours, a été, dans plufieurs pays, de conftater ce qui étoit le plus important & le plus difficile à connoître, la qualité ou la pureté du métal, & qu'elles reffembloient à la marque fterling qu'on met à préfent en Angleterre à la vaiffelle & aux lingots d'argent, ou à celle que les efpagnols mettent quelquefois aux lingots d'or, & qui n'étant imprimée que d'un côté de la pièce, fans en couvrir toute la furface, déclare le titre & non le poids du métal. Abraham pèfe à Ephrom quatre cents ficles d'argent qu'il étoit convenu de lui payer pour le champ de Machpelah. Ainfi, quoiqu'ils fuffent, la monnoie courante du marchand, on les recevoit au poids & non par compte, comme on reçoit à préfent les lingots d'or &. d'argent. On dit que les revenus des anciens rois faxons en Angleterre, étoient payés non en argent, mais en nature, c'eft-à-dire, en vivres & en provifions de toute efpèce. Guillaume le Conquérant établit la coutume de les recevoir en argent ; mais cet argent fut reçu long-temps au poids, non par compte, à l'échiquier.

L'incommodité & la difficulté de pefer exactement ces métaux, donna lieu à l'inftitution des

coins dont l'empreinte couvrant les deux furfaces, & quelquefois auffi les bords de la pièce, étoit fuppofée certifier le titre & le poids du métal. On reçut donc, comme aujourd'hui, les pièces par compte, & on fut débarraffé du foin de les pefer.

La dénomination des pièces de monnoie femble avoir exprimé originairement le poids ou la quantité du métal qu'elles contenoient. Au temps de Servius Tullius, qui le premier battit monnoie à Rome, l'as romain contenoit une livre romaine de bon cuivre. Elle étoit divifée, comme notre livre de Troies, en douze onces, donc chacune contenoit réellement une once de bon cuivre. La livre fterling angloife contenoit, au temps d'Edouard I, une livre d'argent poids de la tour, & d'un titre connu. La livre de la tour paroît avoir eu quelque chofe de plus que la livre romaine, & quelque chofe de moins que la livre de Troies. On ne fe fervit point de cette dernière à la monnoie d'Angleterre jufqu'à la dix-huitième année du règne d'Henri VIII. La livre de France contenoit, au temps de Charlemagne, une livre d'argent poids de Troies, & d'un titre connu. La foire de Troies en Champagne étoit alors fréquentée par toutes les nations de l'Europe, & les poids & les mefures d'un marché fi fameux étoient généralement connus & eftimés. La livre monétaire d'Ecoffe contenoit, depuis le temps d'Alexandre I jufqu'à celui de Robert Bruce, une livre d'argent des mêmes poids & titres que la livre fterling angloife. Les deniers anglois, françois & écoffois contenoient tous originairement un denier de poids en argent, c'eft-à-dire, la vingtième partie d'une once, & la deux cent quarantième d'une livre. Le fcheling femble avoir été auffi dans fon origine la dénomination d'un poids, témoin l'ancien ftatut d'Henri III : Lorfque le froment eft à douze fchelings, la mefure de huit boiffeaux, ce qu'on vendra au meilleur pain pour un liard, pèfera onze fchelings & quatre deniers. Cependant la proportion entre le fcheling & le denier d'un côté ou la livre de l'autre, ne paroît pas avoir été fi conftante & fi uniforme qu'entre le denier & la livre. En France, durant la première race, le fol ou fcheling françois paroît avoir contenu tantôt cinq, douze, vingt, tantôt quarante, & jufqu'à quarante-huit deniers. Il y eut un temps où il n'en contenoit que cinq parmi les anciens faxons ; & il n'eft pas hors de vraifemblance qu'il ait autant varié parmi eux que parmi les anciens francs leurs voifins. Depuis Charlemagne en France, & depuis Guillaume le Conquérant en Angleterre, la proportion entre la livre, le fcheling & le denier, femble avoir été toujours la même jufqu'à préfent ; quoique la valeur de chacun ait été fort différente. Car je crois que dans tous les pays du monde, la cupidité & l'injuftice des princes & des états fouverains, abu-

A a a

sant de la confiance de leurs sujets, ont diminué par degrés la quantité de métal qui étoit d'abord contenue dans leurs monnoies. L'as romain, dans les derniers temps de la république, fut réduit à la vingt-quatrième partie de sa valeur originaire ; & au lieu de peser une livre, il ne pesa plus qu'une demi-once. La livre & le denier anglois contiennent aujourd'hui environ la troisième partie, ceux d'Écosse environ la trentesixième, & ceux de France environ la soixantesixième partie de leur valeur originaire. Par le moyen de ces réductions, les souverains se sont mis en état de payer leurs dettes, & de remplir en apparence leurs engagemens avec une moindre quantité d'argent qu'il n'en auroit fallu sans cela ; mais ce n'étoit qu'en apparence ; car leurs créanciers, étoient véritablement frustrés d'une partie de ce qui leur étoit dû ; tous les autres créanciers dans l'état usoient du même privilège, & pouvoient payer avec la même somme nominale de la nouvelle monnoie corrompue, ce qu'ils avoient emprunté en anciennes espèces. Ces sortes d'opérations ont donc toujours été favorables au débiteur, & ruineuses pour le créancier, & quelquefois elles ont occasionné dans les fortunes des particuliers une révolution plus considérable & plus générale que n'eût fait une grande calamité publique. Les princes qui ont voulu falsifier les monnoies dans les derniers temps, l'ont bien senti ; & le dernier roi de Prusse qui fit de la fausse monnoie en Saxe, tandis qu'il occupoit ce pays avec son armée, n'eût garde de donner beaucoup d'étendue à ce plan dans ses propres états. En général, il se contenta chez lui de diminuer les titres & les poids, afin d'augmenter les bénéfices de la fabrication.

C'est ainsi que l'argent est devenu chez toutes les nations civilisées l'agent universel du commerce, pour toutes les ventes & les achats, & pour toutes sortes d'échanges.

La proportion entre les valeurs respectives de l'or & de l'argent a essuyé des variations, & il est d'autant plus à propos d'indiquer les variations, que la nouvelle refonte des espèces d'or, opérée en France, pour rétablir une forte de proportion entre ces deux métaux, a déterminé plusieurs états à suivre cet exemple.

Avant la découverte des mines de l'Amérique, la valeur de l'or pur, par rapport à l'argent pur, étoit réglée dans les différentes monnoies entre les proportions d'un à dix & d'un à douze, c'est-à-dire, qu'une once d'or étoit supposée valoir de dix à douze onces d'argent. Vers le milieu du dernier siècle, il fut réglé entre les proportions d'un à quatorze & d'un à quinze, c'est-à-dire, qu'une once d'or pur étoit supposée valoir entre quatorze & quinze onces d'argent. L'or augmenta dans sa valeur nominale ou dans la quantité d'argent qu'on donnoit en échange. Les deux métaux perdirent de leur valeur réelle ;

ils ne pouvoient plus acheter la même quantité de travail : mais l'argent en perdit plus que l'or. Quoique les mines d'or & d'argent de l'Amérique surpassassent en fertilité toutes celles qui avoient jamais été connues, la fécondité dans celles d'argent paroît avoir été encore plus grande en proportion que dans celles de l'or.

Les grandes quantités d'argent, transportées annuellement de l'Europe dans l'Inde, ont réduit par degrés dans quelques établissemens anglois, la valeur de ce métal, en proportion à celle de l'or. A la monnoie de Calcuta, une once d'or est supposée valoir quinze onces d'argent, comme en Europe. Peut-être est-elle estimée trop haut à la monnoie, par rapport à la valeur qu'elle a dans le marché du Bengale. A la Chine, la proportion de l'or à l'argent continue d'être sur le pied d'un à dix. On dit qu'au Japon elle est d'un à huit.

La proportion entre les quantités d'or & d'argent importées annuellement en Europe, est, selon le calcul de M. Meggens, à-peu-près comme un à vingt-deux, c'est-à-dire, que pour une once d'or on n'y apporte guere moins de vingt-deux onces d'argent. Il suppose que la quantité d'argent, qui passe annuellement dans les Indes orientales, réduit ce qui reste de ces métaux en Europe, à la proportion de leur valeur. Il paroît croire qu'il doit y avoir nécessairement la même proportion entre leurs valeurs qu'entre leurs quantités ; & qu'elle seroit par conséquent comme un à vingt-deux, sans cette exportation de l'argent dans l'Inde.

Mais la proportion ordinaire entre les valeurs respectives de deux marchandises, n'est pas nécessairement la même qu'entre les quantités qu'on en met en vente. Le prix d'un bœuf, estimé dix guinées, est environ soixante fois le prix d'un agneau estimé trois schelings six deniers sterlings. Cependant il seroit absurde d'inférer de là qu'il y a communément au marché soixante agneaux contre un bœuf ; & de ce qu'une once d'or vaudra quatorze ou quinze onces d'argent, il seroit tout aussi absurde d'en conclure, qu'il n'y a communément au marché que quatorze ou quinze onces d'argent contre une once d'or.

Il est probable que la quantité d'argent, qui est communément au marché, est beaucoup plus grande en proportion de celle de l'or, que ne l'est la valeur d'une certaine quantité d'or, en proportion de celle d'une égale quantité d'argent. La quantité totale d'une marchandise peu coûteuse qu'on met au marché, est en général non-seulement plus grande, mais d'une plus grande valeur que la quantité totale d'une autre qui est plus chère. On ne vend pas seulement par an plus de pain que de viande de boucherie : mais le total de ce qu'on vend de l'un a plus de valeur que le total de ce qu'on vend de l'autre. On en peut dire autant de la viande de boucherie par

rapport à la volaille, & de la volaille par rapport aux oiseaux sauvages. Le nombre des acheteurs d'une marchandise qui coûte peu, surpasse
tellement le nombre de ceux qui achètent une
marchandise chère, que non-seulement il se débite beaucoup plus de la première, mais qu'il
s'en débite pour une plus grande valeur. Lorsque
nous comparons les métaux précieux ensemble,
l'argent est une marchandise qui coûte peu en
comparaison de celle de l'or. Nous devons par
conséquent nous attendre qu'il y aura plus d'argent que d'or au marché, & qu'il y en aura pour
une plus grande valeur. Qu'un homme qui n'en manque pas en vaisselle ou meubles compare ce qu'il a
de l'un avec ce qu'il a de l'autre, il trouvera
probablement qu'il a non-seulement plus du premier, mais qu'il en a pour une bien plus grande
valeur. Bien des gens d'ailleurs ont de la vaisselle d'argent & n'en ont point d'or. On se
contente généralement d'une montre d'or, d'une
tabatière d'or, & d'autres bijoux en or, qui
rarement se montent à une grande somme. Il est
vrai que le total de la *monnoie* d'or en Angleterre l'emporte beaucoup en valeur sur le total
de la *monnoie* d'argent; mais il n'en est pas ainsi
dans tous les pays. Il y en a où la valeur de
ces deux métaux est à peu-près égale dans la
monnoie. En Ecosse, avant l'union, l'or n'étoit
prépondérant à l'argent que de fort peu, comme
il paroît par les états de la *monnoie*. L'argent
l'emporte dans la *monnoie* de plusieurs pays. En
France, les plus grosses sommes sont communément payées en argent, & on y trouve difficilement plus d'or qu'on n'en a besoin pour sa poche. L'excès qu'on voit par-tout de la vaisselle
d'argent sur la vaisselle d'or, fait, sans doute,
plus que compenser la prépondérance de l'or sur
l'argent qu'on voit dans certains pays.

Quoiqu'en un sens l'argent ait été & doive
être probablement toujours beaucoup moins cher
que l'or, peut-être peut-on dire dans un autre
sens, que dans l'état présent du marché de l'Europe, l'or est un peu moins coûteux que l'argent.
On peut dire qu'une marchandise est chère
ou n'est pas chère, non-seulement suivant la
grandeur & la petitesse absolue de son prix ordinaire, mais suivant que ce prix est plus ou
moins au-dessus du plus bas prix auquel il est
impossible de la vendre long-temps de suite. Ce
plus bas prix est celui qui ne fait que remplacer, avec un profit médiocre, le fonds qui a
dû être employé pour la mettre en état de vente.
C'est celui qui ne rapporte rien au propriétaire,
celui dont la rente ne fait point partie, & qui
se résout tout entier en salaire & en profit. Or
dans l'état présent du marché de l'Europe, l'or
approche certainement un peu plus de ce bas
prix que l'argent. La taxe du roi d'Espagne sur
l'or, n'est qu'un vingtième de ce métal au titre,
ou cinq pour cent; au lieu que sa taxe sur l'ar-

gent se monte à un cinquième ou à vingt pour
cent. Ajoutez que ces taxes font toute la rente
de la plupart des mines d'or & d'argent de
l'Amérique espagnole, & que celle qui est établie sur l'or est encore plus mal payée que l'autre. D'ailleurs, comme les entrepreneurs des mines d'or font plus rarement fortune que ceux
des mines d'argent, il faut, en général, que
leurs profits soient encore plus médiocres. Ainsi,
l'or de l'Espagne rapportant moins de rente &
de profits, il doit approcher davantage dans le
marché de l'Europe, du plus bas prix auquel il
peut y être importé. Véritablement la taxe du
roi de Portugal sur l'or du Brésil, est la même
que celle du roi d'Espagne sur l'argent du Mexique & du Pérou, c'est-à-dire, le cinquième de
l'or au titre. Néanmoins il peut être encore vrai
que l'or de l'Amérique revient au marché de
l'Europe à un prix qui s'éloigne moins que l'argent du plus bas prix, c'est-à-dire, du prix auquel il est possible de l'y mettre en vente. Toutes
les dépenses défalquées, il paroît qu'on y disposeroit plus avantageusement de toute la masse de
cet argent que de toute celle de l'or.

Peut-être que le prix des diamans & des pierres précieuses approche encore plus de ce bas
prix que celui de l'or.

Si le roi d'Espagne renonçoit à sa taxe sur
l'argent, le prix de ce métal pourroit bien ne
pas tomber tout de suite dans le marché de
l'Europe. Tant qu'on y en apporteroit la même
quantité, il continueroit d'y être vendu le même
prix. L'effet premier & immédiat de ce changement, seroit d'augmenter les profits de l'exploitation, & de faire gagner à l'entrepreneur de la
mine ce qui se payoit auparavant au roi. La grandeur des profits exciteroit bientôt un grand nombre d'hommes à entreprendre l'exploitation de
nouvelles mines; on en exploiteroit plusieurs qui
sont aujourd'hui abandonnées, parce qu'elles ne
peuvent fournir de quoi payer cette taxe; & il
viendroit probablement en peu d'années une si
grande quantité d'argent au marché, que son
prix baisseroit d'un cinquième environ au dessous
de ce qu'il est à présent. Cette diminution dans
la valeur réduiroit de nouveau les profits de l'exploitation au taux où ils sont aujourd'hui.

Il n'est nullement vraisemblable que le roi d'Espagne se relâche sur un impôt d'un revenu si
important, & qui porte sur les objets qu'il est
le plus raisonnable de taxer. Il le percevra sans
doute aussi long-temps qu'on pourra le payer;
mais l'impossibilité de le payer peut amener la
nécessité de le modérer, comme on a déjà
été forcé de diminuer la taxe sur l'or. Tous
ceux qui ont examiné l'état des mines d'argent de l'Amérique, conviennent que, de même
que toutes les autres, elles deviennent par degrés plus dispendieuses, parce qu'il faut les fouiller
à une plus grande profondeur, & qu'en consé-

quence, il en coûte davantage pour en tirer l'eau & y renouveller i'air. On fait d'ailleurs qu'aucun négociant bien accrédité n'ofe entreprendre une exploitation de mines, même au Mexique & au Pérou.

Ces caufes font équivalentes à une difette d'argent qui fe forme. Car on peut dire qu'une marchandife devient plus rare, quand il devient plus difficile & plus difpendieux d'en avoir une certaine quantité. Il doit arriver de là tôt ou tard, que l'augmentation de la dépenfe foit compenfée ou par une augmentation proportionnée dans le prix de ce métal, ou par une diminution proportionnée de la taxe établie fur lui, ou par ces deux moyens réunis. Ce dernier événement eft très-poffible. Comme le prix de l'or s'eft élevé en proportion de l'argent, malgré la grande diminution de la taxe fur l'or, de même le prix de l'argent peut s'élever par proportion au travail & aux marchandifes, quand il y auroit une égale diminution de la taxe fur l'argent.

Les faits & les raifons que j'ai allégués, me difpofent à croire que pendant le cours de notre fiècle, l'argent a commencé à hauffer un peu de valeur, dans le marché de l'Europe. Il eft vrai que ce furhauffement eft encore fi peu de chofe, qu'après tout ce que j'ai dit, bien des gens ne laifferont peut-être pas de douter non-feulement que fa valeur foit augmentée, mais qu'elle ne continue pas de baiffer en Europe.

Il nous refte d'autres obfervations importantes à faire fur les *monnoies*, & fur le fupplément qu'on a crû devoir y ajouter, par la création des banques & des papiers : mais nous les renvoyons à l'article PAPIER-MONNOIE.

Eft-il raifonnable de mettre un droit de feigneuriage fur la fabrication des monnoies ? *& la nation angloife a-t-elle tort de fabriquer les fiennes aux frais du gouvernement ?*

Dans tous pays, la plus grande partie des efpèces courantes eft toujours plus ou moins ufée, ou affoiblie d'une autre manière. Elles l'étoient beaucoup dans la Grande-Bretagne avant la dernière réforme, puifque l'or étoit plus de deux, & l'argent plus de huit pour cent au-deffous de l'étalonnage. Or, fi quarante-quatre guinées & demie, contenant exactement une livre d'or, pouvoient acheter guère moins d'une livre d'or non monnoyé, quarante-quatre guinées & demie qui n'avoient pas tout leur poids, ne pouvoient acheter une livre pefant, & il falloit ajouter quelque chofe pour compenfer le déficit. Le prix courant de l'or en lingot au marché, au lieu d'être le même que celui qu'on en donnoit à la *monnoie*, ou de 46 livres fterling 14 fols 6 deniers, étoit en conféquence de 47 livres 14 fols, & quelquefois de 48 livres, ou environ : mais tandis que les efpèces d'or étoient ainfi en

grande partie affoiblies, quarante-quatre guinées qui venoient d'être frappées n'achetoient pas plus de marchandifes au marché que des guinées plus vieilles, parce qu'allant dans les coffres du marchand, elles y étoient confondues avec d'autres dont on ne pouvoit les diftinguer enfuite fans prendre des peines qui excédoient la valeur de la différence. Comme les guinées plus vieilles, elles ne valoient dans le commerce que quarante-fix livres quatorze fols fix deniers. Cependant mifes au creufet, elles produifoient fans perte fenfible une livre d'or, qui en tout temps pouvoit être vendue 47 livres fterling 14 fols, & 48 livres en efpèces qui étoient reçues comme celles qu'on venoit de fondre. Il y avoit donc un profit clair à fondre la *monnoie* nouvellement frappée, & c'eft ce qu'on faifoit avec tant de diligence qu'aucune précaution du gouvernement ne pouvoit l'empêcher. Les opérations de la *monnoie* reffembloient à l'ouvrage de Pénélope, ce qu'elle faifoit le jour, étoit défait la nuit. Elle étoit moins occupée à faire des additions journalières à la quantité d'efpèces courantes, qu'à remplacer la partie qu'on fondoit tous les jours.

Dans les contrées où les particuliers qui portent leur or & leur argent à la *monnoie* payent eux-mêmes le monnoyage, cette dépenfe ajoute à la valeur de ces métaux, comme la façon ajoute à la valeur de la vaiffelle. L'or & l'argent monnoyés valent plus que ceux qui ne le font pas. Si le droit de feigneuriage n'eft pas exorbitant, il y ajoute la valeur de ce droit, parce que le gouvernement ayant par-tout le privilège excluf de battre *monnoie*, il n'en va point dans le commerce à moindre prix que celui auquel il juge à propos de le fournir. A la vérité, fi le droit eft exorbitant, c'eft-à-dire, s'il excède de beaucoup la valeur réelle du travail & de la dépenfe néceffaires au monnoyage, la grande différence entre la valeur de l'or en lingots & celle de l'or monnoyé, peut encourager les faux monnoyeurs, au-dedans & au-dehors, à répandre de la fauffe *monnoie* en fi grande quantité, qu'ils feront baiffer la valeur de la réelle.

Le feigneuriage en France hauffoit la valeur de la *monnoie* au-delà de la proportion convenable. Par l'édit de janvier 1726, le prix du marc d'or fin, à vingt-quatre karats, fut fixé à 740 livres 9 fols 1 denier un 11e. La *monnoie* d'or de France contenoit vingt-un karats & trois quarts d'or pur, & deux karats un quart d'alliage. Ainfi le marc d'or, conforme à l'étalonnage, ne valoit plus qu'environ 671 liv. 10 deniers. Mais en France, avec un marc d'or, on frappoit trente louis de 24 livres chacun, ce qui faifoit, 720 livres. Le monnoyage y augmentoit donc la valeur d'un marc d'or au titre en lingots, de la différence qu'il y a entre 671 liv. 10 deniers & 720 livres, c'eft à dire, de 48 liv. 19 fols 2 den. On a fait, en 1785, une refonte des *monnoies* d'or & une nouvelle loi fur la proportion de l'or & de l'argent. La refonte & la loi ont affoibli la valeur des louis qui font reftés à 24 livres, & nous renvoyons le lecteur à l'article MONNOIE du dictionnaire des Finances.

Un droit de feigneuriage anéantit, dans plufieurs cas, & diminue dans tous les cas le profit des fondeurs de la *monnoie*. Ce profit vient toujours de la différence entre la quantité d'or que doit contenir la *monnoie* courante, & celle qu'elle contient en effet. Si cette différence eft moindre que le feigneuriage, il y a de la perte à fondre. Si elle eft égale au feigneuriage, il n'y a ni perte ni bénéfice. Si elle eft plus grande que le feigneuriage, il y a bien quelque bénéfice, mais il eft moindre que s'il n'y avoit pas de feigneuriage. Si avant la dernière réforme de la monnoie d'or il y avoit eu en Angleterre, par exemple, un feigneuriage de cinq pour cent fur le monnoyage, il y auroit eu une perte de trois pour cent à fondre de nouvelles pièces d'or. S'il eût été de deux pour cent, il n'y auroit eu qu'un pour cent de profit. Par-tout où l'on reçoit la *monnoie* par compte & non au poids, un feigneuriage eft le plus fûr moyen de prévenir la fonte des pièces nouvelles, & par conféquent leur exportation. Ce font les meilleures pièces & les plus pefantes que l'on fond communément, ou que l'on exporte, parce que c'eft fur elles qu'il y a le plus de profit à faire.

La loi faite pour encourager le monnoyage, en l'exemptant de tout droit, fut d'abord paffée fous le règne de Charles II pour un temps limité; elle fut enfuite continuée à différentes reprifes jufqu'en 1769, où elle fut rendue perpétuelle. La banque d'Angleterre, pour remplir fes caiffes de *monnoie*, eft fouvent obligée de porter des lingots à la Monnoie. Probablement elle crut qu'il étoit de fon intérêt que le monnoyage fe fît aux frais du gouvernement plutôt qu'au fien, & il eft vraifemblable que le gouvernement confentit à rendre cette loi perpétuelle, par complaifance pour cette grande compagnie. Cependant fi la coutume de pefer l'or venoit à fe paffer, comme il y a grande apparence qu'elle fe paffera par rapport à fon incommodité; fi on recevoit la *monnoie* par compte, ainfi qu'elle étoit reçue avant la dernière réforme, cette grande compagnie pourroit s'appercevoir que, dans cette occafion comme dans quelques autres, elle ne s'eft pas peu trompée fur fes intérêts.

Avant la dernière réforme, lorfque les efpèces d'or courantes étoient de deux pour cent au-deffous du poids d'étalonnage, elles étoient de deux pour cent au-deffous de la valeur de la quantité d'or qu'elles devoient contenir. Ainfi, quand cette grande compagnie portoit des lingots d'or pour les faire monnoyer, elle étoit obligée de payer pour cela deux pour cent de plus qu'ils ne valoient après le monnoyage. Mais s'il y avoit eu fur le monnoyage un droit de feigneuriage de deux pour cent, les efpèces d'or courantes communes, quoique de deux pour cent au-deffous du poids d'étalonnage, auroient été néanmoins égales en valeur à la quantité d'or d'étalonnage qu'elles devoient contenir, la valeur de la façon compenfant dans ce cas la diminution du poids.

Si le feigneuriage avoit été de cinq pour cent, & les efpèces d'or courantes de deux pour cent au-deffous du poids d'étalonnage, la banque eût gagné, dans ce cas, trois pour cent fur le prix des lingots; mais, comme elle auroit eu à payer cinq pour cent de feigneuriage, fa perte, au bout du compte, feroit encore revenue exactement à deux pour cent.

Si le feigneuriage n'eût été que d'un pour cent, & les efpèces d'or courantes de deux pour cent au-deffous du poids d'étalonnage, dans ce cas, la banque n'auroit perdu qu'un pour cent fur le prix de fes lingots; mais comme elle auroit eu également à payer un pour cent de feigneuriage, fa perte, au bout du compte, auroit encore été exactement de deux pour cent, comme dans tous les autres cas.

S'il y avoit en Angleterre un droit de feigneuriage raifonnable, & que la *monnoie* contînt fon poids d'étalonnage, comme elle le contient à très-peu de chofe près depuis la dernière réforme, quelle que fût la perte de la banque fur le feigneuriage, elle feroit égale à ce qu'elle gagneroit fur le prix des lingots; & tout ce qu'elle gagneroit fur le prix des lingots, elle le perdroit par le feigneuriage. Ainfi, au bout du compte, elle ne gagneroit & ne perdroit rien, &, comme dans tous les cas précédens, elle fe trouveroit exactement dans la même fituation que s'il n'y avoit point de droit de feigneuriage.

Quand la taxe fur une marchandife eft fi modérée qu'elle n'encourage point la fraude, le marchand qui en fait trafic, avance la taxe; mais il ne la paye pas, à proprement parler, parce qu'il la rejette fur le prix de la marchandife. C'eft fur le dernier acheteur ou confommateur que retombe la taxe. Or, l'argent eft une marchandife dont chacun eft marchand; perfonne ne l'achète que pour le revendre; & on ne peut dire, dans les cas ordinaires, que quelqu'un en foit le dernier acheteur ou le dernier confommateur. Ainfi, quand la taxe fur le monnoyage eft fi modérée qu'elle n'encourage point la contrefaction, quoique chacun avance la taxe, perfonne ne la paye finalement.

Un feigneurifage modéré n'augmenteroit donc jamais la dépenfe de la banque, ni d'aucun particulier qui porteroit fes lingots à la Monnoie pour en faire des efpèces; & cette dépenfe n'eft jamais moindre, parce qu'il n'y a point de feigneuriage. Qu'il y en ait ou non, fi les efpèce,

courantes font au poids & au titre fixés, le monnoyage ne coûte rien à perſonne ; & ſi elles n'y
ſont pas, il coûte toujours la différence entre la
quantité qu'elles devroient contenir, & celle
qu'elles contiennent en effet.

Lors donc que le gouvernement ſe charge des
frais du monnoyage, non-ſeulement il fait une
petite dépenſe, mais il perd un petit revenu qu'il
pourroit gagner par un droit modéré, & ni la
banque ni les particuliers ne profitent en rien de
ce trait inutile de la générofité publique.

Toutefois les directeurs de la banque d'Angleterre auroient probablement de la peine à conſentir à l'impoſition d'un ſeigneuriage ; ils s'en
tiennent à une ſpéculation qui ne leur promet pas
un gain, mais qui paroit les garantir d'une perte.
Il n'y a certainement rien à gagner pour eux,
tant que la monnoie d'or ſera dans ſon état actuel, & tant qu'on continuera de la recevoir au
poids. Mais ſi l'on ceſſe de la peſer, comme il
y a grande apparence qu'on ceſſera de le faire ;
& ſi la monnoie d'or retombe jamais dans l'état
de dégradation où elle étoit avant la derniere réforme, il eſt probable que pour lors la banque
gagneroit, ou plutôt que ſes frais ſeroient conſidérablement diminués en conſéquence de l'impoſition d'un ſeigneuriage. La banque eſt la ſeule
compagnie qui envoie une grande quantité de
lingots à la Monnoie de Londres, & les frais du
monnoyage annuel tombent entierement ou preſqu'entierement ſur elle. Si ce monnoyage annuel
n'avoit qu'à réparer la déperdition ou l'altération
qui arrive néceſſairement à la monnoie par ſucceſſion de tems, il ne paſſeroit guere cinquante
ou au plus cent mille livres ſterling. Mais quand
les eſpeces ſont dégradées au-deſſous du poids
d'étalonnage, il faut que le monnoyage annuel
rempliſſe les grands vuides que font continuellement l'exportation & la fonte ou le creuſet. C'eſt
par cette raiſon que, durant les dix ou douze dernieres années qui ont précédé immédiatement la
derniere réforme des eſpeces d'or, le monnoyage
annuel s'eſt monté, année commune, à plus de
huit cents cinquante mille livres ſterling. Mais
s'il y avoit eu alors un ſeigneuriage de cinq pour
cent ſur la monnoie d'or, il auroit vraiſemblablement arrêté l'exportation & la fonte, dans l'état
même où étoient les choſes. La banque, au lieu
de perdre chaque année environ deux & demi
pour cent ſur les lingots, dont on tiroit plus de
huit cents cinquante mille livres en eſpeces, ou
au lieu d'eſſuyer une perte annuelle de plus de
vingt un mille deux cents cinquante liv. ſterl.
en auroit été quitte pour moins du dixieme de
cette perte.

La ſomme d'argent accordée par le parlement
pour défrayer la dépenſe du monnoyage, n'eſt
que de quatorze mille liv. ſterl. par an ; & ce
qu'il en coûte au gouvernement, ou les gages
des officiers de la Monnoie, n'excedent pas or-

dinairement, j'en ſuis ſûr, la moitié de cette
ſomme. On dira peut-être que l'épargne d'une
auſſi petite ſomme, ou même le gain d'une autre
qui ne pourroit être beaucoup plus grande, ſont
des objets trop minces pour mériter une attention ſérieuſe de la part du gouvernement. Mais
l'épargne de dix huit ou vingt mille liv. ſterl. par
an, dans un cas qui n'eſt pas improbable, qui
eſt ſouvent arrivé, & qui doit vraiſemblablement
arriver encore, eſt un objet qui mérite une ſérieuſe attention de la part même d'une compagnie
telle que la banque d'Angleterre.

MONOPOLE : ce terme vient de deux mots
grecs qui ſignifient *vendre ſeul* : on donne ce nom
à tous les commerces excluſifs.

La ſcience de l'économie politique a été cultivée fort tard : quelques fuſſent les lumieres d'une
nation ou d'un gouvernement, chaque état autoriſoit les *monopoles* entre les particuliers, ou
d'un peuple à l'autre : chaque état croyoit ſuivre
de cette maniere, un régime favorable à l'induſtrie & à la proſpérité générale. Les hommes qui
ont écrit ſur l'économie politique, ont éclairé les
adminiſtrateurs ; mais il reſte encore beaucoup de
préjugés ſur cette matiere : nous les avons com-
battus dans tout le cours de cet ouvrage ; & nous
allons établir ici des principes & des faits, d'a-
près leſquels on pourra juger combien les préjugés ſont dangereux.

Dans le commerce de l'Amérique, par exemple, chaque nation tâche de s'emparer, autant
qu'elle peut, du marché entier de ſes colonies,
en excluant les autres nations de tout commerce
direct avec elles. Durant la plus grande partie du
ſeizieme ſiecle, les portugais tâcherent de s'approprier de même tout le commerce aux Indes
orientales, en prétendant qu'ils avoient ſeuls le
droit de naviguer ſur la mer des Indes, par la
raiſon qu'ils en avoient les premiers trouvé la
route. Les hollandois continuent encore d'interdire aux peuples européens tout commerce direct
avec leurs iſles d'épiceries. Les *monopoles* de cette
eſpece ſont établis contre toutes les nations de
l'Europe, qui par-là ſont privées d'un commerce
où il pourroit leur être utile de placer une partie de leurs fonds, & obligées d'acheter certaines
marchandiſes plus cher que ſi elles les importoient
elles-mêmes du pays qui les produit.

Mais, depuis la chûte de la puiſſance du Portugal, il n'y a point de nation en Europe qui
ait prétendu au droit excluſif de faire voile ſur
la mer des Indes, dont les ports ſont actuellement ouverts à tous les vaiſſeaux européens. Cependant, excepté en Portugal & depuis quelques
années en France (1), le commerce aux Indes
orientales a été ſoumis dans toute l'Europe à une

(1) Ce morceau a été écrit avant l'établiſſement de
la nouvelle compagnie des Indes.

compagnie exclufive. Ces fortes de *monopoles* font proprement établis contre la nation même qui les autorife. La plupart des fujets de cette nation fe trouvent non-feulement exclus d'un commerce où il pourroit leur convenir de placer une partie de leurs fonds ; mais ils font forcés d'acheter les marchandifes, qui font l'objet de ce commerce, un peu plus cher que s'il étoit ouvert, & libre à tous leurs concitoyens. Par exemple, depuis l'établiffement de la compagnie angloife des Indes orientales, outre l'exclufion de ce commerce donnée aux autres habitans de l'Angleterre, il leur a fallu payer dans le prix des marchandifes de l'Inde qu'ils ont confommées, les profits extraordinaires que la compagnie a pu faire fur elles en conféquence de fon *monopole*, & le dégât & la perte qu'ont néceffairement occafionnés la fraude & les abus inféparables de l'adminiftration des affaires d'une fi grande compagnie. Auffi l'abfurdité de cette feconde efpèce de *monopole* frappe-t-elle beaucoup plus les yeux que celle de la première.

Ces deux fortes de *monopoles* dérangent plus ou moins la diftribution des fonds de la fociété ; mais ils ne les dérangent pas toujours de la même manière.

Les *monopoles* de la première efpèce attirent toujours dans le commerce où ils font établis, une plus grande proportion des fonds de la fociété, qu'il n'y en feroit entré naturellement.

Les *monopoles* de la feconde efpèce peuvent quelquefois attirer les fonds vers le commerce où ils font établis, & quelquefois les en repouffer, felon les circonftances. Dans les pays pauvres ils les attirent, & dans les pays riches ils les repouffent. Dans les uns il y va plus, & dans les autres moins de fonds qu'il n'en iroit autrement.

Des pays pauvres, tels, par exemple, que la Suède & le Danemarck, n'auroient probablement jamais envoyé un feul vaiffeau aux Indes orientales, fi le commerce n'y avoit pas été foumis à une pareille compagnie exclufive. L'établiffement d'une pareille compagnie encourage infailliblement les aventuriers, c'eft-à-dire, ceux qui veulent hafarder. Le *monopole* qu'ils exercent, les met à l'abri de tout compétiteur dans le marché intérieur ; & quant aux marchés du dehors, ils ont la même chance que les marchands des autres nations. Le *monopole* leur offre la certitude d'un grand profit fur une quantité confidérable de marchandifes qu'ils débitent chez eux, & la chance d'un autre profit fur ce qu'ils en vendront à l'étranger. Sans cet encouragement extraordinaire, de pauvres négocians d'un pays pauvre n'auroient vrai-femblablement jamais eu l'idée de rifquer leurs petits capitaux dans une entreprife auffi éloignée & auffi peu certaine que leur auroit paru le commerce aux Indes orientales.

Il paroît au contraire qu'un pays riche, tel que la Hollande, enverroit aux Indes orientales un plus grand nombre de vaiffeaux, fi le commerce étoit libre, qu'il n'en envoie actuellement. Les fonds limités de la compagnie hollandoife des Indes orientales repouffent vraifemblablement de ce commerce plufieurs grands capitaux mercantiles, qui ne manqueroient pas d'y aller d'eux-mêmes. Le capital mercantile de la Hollande entière eft fi grand, qu'il fe dégorge, pour ainfi dire, fans ceffe, tantôt dans les fonds publics des nations étrangères, tantôt en prêts à des marchands & à des aventuriers particuliers des autres nations, quelquefois dans le commerce étranger de confommation le plus détourné, & quelquefois dans celui de tranfport. Tous les emplois qui font près étant complettement remplis, le capital qu'on peut y mettre avec un profit paffable s'y trouvant déjà placé, l'excédant reflue dans les emplois éloignés. Si le commerce aux Indes orientales étoit libre, il recevroit, felon toute apparence, une plus grande portion de ce capital furabondant. Les Indes orientales offrent, tant aux manufactures de l'Europe, qu'à l'or & à l'argent & à diverfes autres productions de l'Amérique, un marché plus grand & plus étendu que l'Europe & l'Amérique prifes enfemble.

Tout changement dans la diftribution naturelle des capitaux, eft néceffairement préjudiciable à la fociété où il s'introduit, foit qu'il arrive dans un commerce particulier plus de fonds qu'il n'y en entreroit, foit qu'il repouffe ceux qu'on y mettroit. S'il eft vrai que le commerce de la Hollande feroit beaucoup plus étendu fans compagnie exclufive qu'il ne l'eft aujourd'hui, ce pays doit fouffrir une perte confidérable de ce qu'une partie de fon capital eft exclue de l'emploi qui lui conviendroit le mieux. De même, s'il eft vrai que le commerce de la Suède & du Danemarck feroit moindre, ou plutôt qu'il n'exifteroit pas fans compagnie, ces deux royaumes doivent également fouffrir de mettre une partie de leur capital à un ufage qui s'accommode plus ou moins mal avec leur fortune préfente. Ils fe trouveroient peut-être mieux d'acheter des autres nations les marchandifes de l'Inde, que de placer une fi grande partie de leur capital dans un commerce fi éloigné, où les retours font fi lents, où ce capital ne peut entretenir chez eux qu'une fi petite quantité de travail productif, tandis qu'on y a fi grand befoin de travail, & qu'il y a tant de chofes à y faire & fi peu de faites.

Quand même un pays particulier ne pourroit faire un commerce direct aux Indes orientales que par le moyen d'une compagnie, il ne s'enfuit donc pas qu'on doive y former une telle compagnie ; mais il en faut conclure que ce pays-là ne doit pas fe mêler de faire directement ce commerce, quoiqu'on puiffe le faire fans ces fortes de compagnies : nous en avons une bonne preuve dans les portugais, qui l'ont fait un siècle presque seuls sans compagnie exclusive.

Il n'y a point de négociant particulier, dit-on, dont le capital suffise pour avoir, en différents ports de l'Inde, des facteurs & des agens qui amassent des marchandises, & qui les tiennent prêtes pour les vaisseaux qu'il peut y envoyer dans l'occasion ; & à moins qu'il n'en ait, il peut arriver souvent que, par la difficulté de trouver une cargaison, le vaisseau manque la saison du retour, & que les frais d'un si long retard emportent non-seulement tout le profit du voyage, mais occasionnent encore une perte considérable. Si cet argument prouvoit quelque chose, il prouveroit qu'on ne peut faire une grande branche de commerce sans compagnie exclusive ; ce qui est contraire à l'expérience de toutes les nations. Il n'y a point de grande branche de commerce, dont le capital d'un seul négociant particulier puisse embrasser les branches subordonnées qui doivent aller pour faire marcher la branche principale. Mais quand une nation peut entreprendre une branche de commerce, quelques marchands tournent naturellement leurs capitaux vers la principale branche, & quelques autres tournent les leurs vers les branches subordonnées ; & quoique de cette manière il arrive que toutes les branches soient exploitées, il arrive très-rarement qu'elles le soient par le capital d'un négociant particulier. Si donc une nation est à temps de faire le commerce des Indes orientales, une certaine portion de son capital se partagera entre toutes ses différentes branches. Quelques-uns de ses marchands trouveront qu'il est de leur intérêt de résider dans l'Inde, & d'y employer leurs capitaux à faire des provisions de marchandises pour les vaisseaux qu'y doivent envoyer d'autres marchands résidens en Europe. Si les différens établissemens que les nations européennes ont obtenus dans l'Inde, n'étoient plus à des compagnies exclusives, & qu'ils fussent sous la protection immédiate du souverain, ils deviendroient une résidence sûre & commode, au moins pour les marchands des nations auxquelles ils appartiennent. Si, à une époque particulière, la portion du capital du pays, qui se porteroit d'elle-même à ce commerce, ne suffisoit pas pour toutes ses branches, ce seroit une preuve que le pays se presse trop de le faire, & qu'il lui seroit plus avantageux d'acheter quelque temps des autres nations européennes les marchandises de l'Inde dont il a besoin, même à plus haut prix, que de les importer lui-même directement de l'Inde. Rarement perdroit-il par le haut prix de ces marchandises, autant qu'il perd par la distraction d'une grande portion de son capital enlevé à des emplois plus nécessaires ou plus convenables aux circonstances où il se trouve.

Quoique les européens possèdent des établissemens considérables sur la côte d'Afrique & aux Indes orientales, ils n'y ont pourtant pas encore des colonies aussi nombreuses & aussi florissantes que celles des isles & du continent de l'Amérique. Cependant l'Afrique & divers pays, compris sous le nom général d'*Indes orientales*, sont habités par des nations barbares. Mais ces nations n'étoient pas si foibles, ni si faciles à vaincre que l'étoient les pauvres américains sans défense & sans ressources ; & d'ailleurs elles étoient plus peuplées, en proportion de la fertilité naturelle du sol qu'elles habitoient. Les nations les plus barbares des Indes orientales & de l'Afrique étoient des peuples pasteurs, sans en excepter même les hottentots ; mais les naturels de toute l'Amérique, excepté le Mexique & le Pérou, étoient tous chasseurs ; & il y a une grande différence entre le nombre de bergers, & le nombre de chasseurs que peut faire subsister un territoire également étendu & fertile. Il étoit donc plus difficile de déplacer les naturels de l'Afrique & des Indes orientales, & d'étendre les plantations européennes sur la plus grande partie des terres occupées par les indigènes. Ajoutez que le génie des compagnies exclusives est défavorable aux progrès des nouvelles colonies, & qu'il a été probablement la principale cause de ce qu'elles en ont fait si peu dans les Indes orientales. Les portugais ont fait le commerce d'Afrique & des Indes orientales sans compagnies exclusives ; & leurs établissemens à Congo, à Angola & Benguela sur la côte d'Afrique, & à Goa dans les Indes orientales, quoiqu'arrêtés par la superstition & par tous les genres de mauvaise administration, ne laissent pas d'avoir quelque légère ressemblance avec les colonies de l'Amérique, & sont en partie occupés par des portugais depuis plusieurs générations. Les établissemens des hollandois au cap de Bonne-Espérance & à Batavia sont aujourd'hui les deux plus fortes colonies européennes qu'il y ait en Afrique & dans l'Inde, & leur situation est singuliérement heureuse. Le cap de Bonne-Espérance étoit habité par des peuples aussi barbares & aussi parfaitement incapables de se défendre que les naturels de l'Amérique. Il est d'ailleurs comme un lieu de repos, à moitié chemin de l'Europe aux Indes orientales ; & presque tous les vaisseaux de l'Europe y faisant quelque séjour en allant & en revenant, la quantité de provisions fraîches de toute espèce, les fruits, & quelquefois le vin qu'ils y prennent en passant, en font un très-grand marché sur le surabondant du produit des colons. Batavia est pour les différentes contrées de l'Inde ce que le Cap de Bonne-Espérance est pour l'Inde & l'Europe. Il se trouve sur la route la plus fréquentée de l'Indostan à la Chine & au Japon, & presque à moitié chemin. Presque tous les vaisseaux d'Europe qui vont en Chine, touchent à Batavia, qui est encore le centre & la principale foire de tout ce qu'on appelle dans l'Inde le commerce du pays, non-seulement de celui qu'y font les européens, *mais*

mais auffi de celui qu'y font les naturels entr'eux ; & on voit fouvent, dans fon port, des vaiffeaux montés par des habitans de la Chine & du Japon, du Tunquin, de Malaca, de la Cochinchine & des ifles Célebes. Des fituations fi favorables ont mis ces deux colonies en état de furmonter tous les obftacles que le génie oppreffif des compagnies exclufives a pu oppofer à leur agrandiffement. Ces avantages ont fait triompher Batavia du climat même, qui eft peut-être le plus mal-fain qu'il y ait au monde.

Cette grande queftion de la liberté du commerce & de l'induftrie eft difcutée fouvent : les partifans de la liberté ont, malgré leur exagération, un avantage fur les partifans des *monopoles* & des privileges exclufifs : ils fe trompent quelquefois ; mais leurs erreurs ne feront jamais auffi préjudiciables à l'induftrie & à la profpérité générale, que les erreurs de leurs adverfaires.

Nous avons traité ce qui regarde les *monopoles* particuliers à l'article INDUSTRIE, & nous avons indiqué, dans les articles des pays qui ont adopté les *monopoles* généraux, les funeftes effets de ces *monopoles* généraux.

MONTBELLIARD, pays immédiat de l'Empire, fans faire partie d'aucun des cercles.

Le comté de *Montbelliard* eft fitué entre l'évêché de Bâle, la Franche-Comté, le duché de Lorraine & le Sundgau. Le cercle du Rhin & celui de la Suabe refufent également de le reconnoître pour co-état. Il eut, dans des temps reculés, des comtes particuliers ; la race s'en éteignit en 1395 par la mort du comte Henri. Henriette, fa fille, avoit époufé Everard le jeune, comte de Wurtemberg ; qui, hérita de ce pays du chef de fa femme, en devint le propriétaire, & le tranfmit à fa poftérité. Il forma par la fuite l'appanage de différens princes de cette maifon, qui furent les fouches d'autant de branches ; la derniere fe termina par la mort du duc Léopold-Frédéric, arrivée en 1631. Léopol-Frédéric & George, fes deux fils, lui fuccéderent tour-à-tour dans la régence de ce comté. Ce dernier le tranfmit à Léopold Everard, fon fils, qui mourut en 1723. Les débats que fit naître cette fucceffion, porterent le roi de France à le mettre en féqueftre. Les barons & les baronnes de l'Efpérance y formerent des prétentions comme iffus du fang de Léopold Everard, dernier prince décédé ; mais le confeil aulique de l'Empire les ayant déclarés, en 1723 & 1739, inhabiles à fuccéder, & à être revêtus de la qualité de prince ; le roi de France, de fon côté, les ayant reconnus pour illégitimes en 1747, incapables par conféquent de pofféder les feigneuries de ce comté, fituées fous fa domination, ils ne parvinrent qu'à obtenir une penfion alimentaire, & le comté fut abandonné au duc de Wurtemberg

en 1748. Ces jugemens furent fuivis, en 1748, d'une tranfaction rédigée par une commiffion aulique de l'Empire, entre Charles-Eugène, duc régnant de Wurtemberg, d'une part ; & les barons de l'Efpérance de l'autre : ces derniers renoncerent par ferment, tant au nom qu'aux armes de *Montbelliard*, fous la promeffe que fit le duc de leur payer annuellement une fomme de 14,000 florins.

On nomme communément ce pays *comté principier*, non parce qu'il a été érigé en principauté, mais parce que depuis plufieurs fiecles il n'a eu d'autres poffeffeurs que des ducs de Wurtemberg, qu'on appelloit ducs de *Montbelliard*, au lieu de ducs de Wurtemberg-*Montbelliard*, qui, au fond, eft leur véritable qualification. La maifon de Wurtemberg jouit, à titre de ce comté, d'un droit de fuffrage dans le college des princes, & en eft inveftie comme d'un fief relevant de la couronne.

Le duc de Wurtemberg aujourd'hui régnant a établi, dans ce pays, un gouverneur qui préfide à la régence. Ce pays comprend :

I. Le comté de *Montbeillard* proprement dit.

II. Et fept feigneuries attachées au comté de *Montbeillard*, qui font tenues en fief de la couronne de France. *Voyez* l'article WURTEMBERG.

MONTFORT (comtes de), fouverains d'Allemagne, à caufe des feigneuries de Tettuang & d'Argen, fituées dans le cercle de Suabe.

Les comtes de *Monfort* tirent leur nom du château démoli de *Montfort*, fitué fur une montagne du comté de Feldkirch. Rodolphe, comte de *Montfort*, qui vivoit au treizieme fiecle, eut trois fils, Hugues, Rodolphe & Ulric, lefquels fonderent trois branches : la premiere prit le nom de Tettuang ; la feconde celui de Feldkirch, & la troifieme celui de Bregenz. Cette derniere s'éteignit dès l'an 1338 ; & la feconde en 1390, par la mort du comte Rodolphe qui, dès 1365, avoit vendu le comté de Feldkirch ou de *Montfort* à la maifon d'Autriche. Il ne reftoit plus que la branche aînée de Tettuang, qui, dans les fils du comte Hugues, appellés *Guillaume & Henri*, fe foudivifa en deux rameaux diftingués par les noms de *Tettuang* & de *Bregenz*. Le premier ayant fini en 1474 à la mort du comte Ulric, l'empereur Maximilien s'empara des terres de *Montfort* par droit de dévolution, & les rendit l'année fuivante à l'archiduc Ferdinand d'Autriche : celui-ci occupa toute la feigneurie de Tettuang, & n'obtint dans la feigneurie d'Argen que la haute & baffe jurifdiction & quelques autres droits, tandis que le domaine utile de cette terre, ainfi que la feigneurie de Wafferbourg, furent abandonnés aux héritiers allodiaux. Cependant la branche de Bregenz ayant fourni des preuves incontestables de fa confanguinité & de fon droit

Bbb

de fucceffion, elle obtint à la fin la poffeffion de toutes ces feigneuries ; & elle aliéna dans la fuite le comté de Bregenz & la feigneurie de Wafferbourg.

Les feigneuries de Tettnang & d'Argen, arrofées par les rivières de Schufs & d'Arg, fe trouvent près du lac de Conftance, entre la préfecture d'Altorf, le territoire des villes de Wangen & de Lindau, & la feigneurie de Wafferbourg, aujourd'hui appartenante aux comtes de Fugger.

Leurs poffeffeurs prennent le titre de comtes réguants de *Montfort*, feigneurs de Bregenz, de Tettnang & d'Argen. Ce pays eft taxé fur la matricule de l'Empire à deux cavaliers & onze fantaffins, évalués à 68 florins par mois ; & fa contribution pour l'entretien de la chambre impériale eft de 61 rixdales 28 & demi kr. Le feigneur a voix & féance dans le collège des comtes de Suabe, aux diètes de l'Empire, & à celles du cercle.

MONTSERRAT. *Voyez* l'article NEVIS.

MORALE POLITIQUE. *Voyez* l'article POLITIQUE & le Dictionnaire de Morale.

MORAVIE, marquifat ou margraviat de *Moravie*.

La *Moravie* a pour bornes la Bohême au couchant, Glatz & la Siléfie au nord : cette même Siléfie & la Hongrie au levant, & l'Autriche au midi. Son étendue eft d'environ 360 milles quarrés. Il eft probable que le nom de *Moravie*, en allemand *Mahren*, lui vient de la rivière de Morava ou March.

Sol, productions.

Elle produit ordinairement plus de bled qu'il n'en faut pour nourrir fes habitans. Le refte paffe dans le pays de Glatz, de Siléfie, de Bohême & d'Autriche. Les cercles d'Olmutz & de Prerau donnent du lin & du chanvre en abondance.

La multitude de forêts dont ce pays eft rempli, eft très-avantageufe, & elle favorife l'éducation des abeilles.

Le terrein des champs & prairies fe divife en enclavés, appellés *lahnes*, qu'on partage en trois claffes, fuivant la différence du fol ; favoir, les bonnes, les moyennes & les qualités inférieures. Il faut pour chaque lahne de la première claffe cent boiffeaux de femaille ; celles de la feconde claffe en exigent 125, & celles de la troifième 150 ; mefure de la baffe-Autriche. Le clergé poffède en fiefs 4583 lahnes ; les autres fiefs fe montent à 456, & les majorats & feigneuries à 4994.

Population.

On exagère ordinairement le nombre des villes, bourgs & villages de la *Moravie*, ainfi qu'on a exagéré la population de la Bohême. Les Mémoires que j'ai fous les yeux, dit Bufching, indiquent 99 villes grandes ou petites, 159 bourgs & plus de 2478 villages. On y compte 87 mille 271 maifons.

Etats.

Les états de cette province font compofés du clergé, des feigneurs, des nobles & du tiersétat. L'ordre du clergé eft formé par l'évêque d'Olmutz & les chanoines capitulaires de fon églife. Il faut y ajouter les ordres de chevalerie, qui ont des commanderies dans le pays. Il y a dans la claffe des feigneurs, des princes, des marquis, des comtes & des barons : le refte des nobles forme la claffe de la nobleffe, & le tiersétat eft compofé des villes royales d'Olmutz, Brunn, Znaym, Iglaw, Ungarifch-Brod, Hradifch, Mahrifch-Neuftadt & de Gaya. Les diètes font convoquées par le fouverain, & fe tiennent à Brunn.

Religion & régime eccléfiaftique.

Dès le huitième fiècle, la doctrine chrétienne fut connue dans ce pays ; Charlemagne ayant forcé Samoflas, roi des moraves, de recevoir le baptême vers l'an 791.

La Moravie eft foumife à la jurifdiction eccléf. de l'évêque d'Olmutz, qui prend le titre de duc, prince du Saint-Empire, & comte de la chapelle royale de Bohême : il avoit autrefois voix & féance aux diètes d'Allemagne, & il fe trouve aujourd'hui fous la dépendance immédiate du faint-fiège.

Manufactures.

Parmi les manufactures du pays on diftingue celles de drap, établies à Iglau, Znaym, Fulneck, Trebifch, & principalement celle de Brunn, qui fournit un beau drap qui coûte de quatre à huit florins l'aune. Il y a auffi à Brunn une manufacture de velours & de velours fur coton ; Schœnberg, Langendorf & Brunn ont des fabriques de peluche. On trouve à Tülefchitfch une manufacture d'étoffes de laine : on fabrique des toiles à Lettowitz, & des chapeaux en plufieurs endroits. Les papeteries de Langendorf près de Schœnberg l'emportent fur toutes celles dont la province fourmille. On y rencontre auffi des forges & des verreries indépendamment de plufieurs autres fabriques, parmi lefquelles il y a des moulins de poudre à canon. On a créé à Brunn une chambre de commerce pareille à celle

de Prague, pour veiller aux progrès des manufactures & du commerce.

Commerce.

On exporte par an plusieurs milliers de pièces
de drap, qui parviennent à l'étranger par Trieste.
Elle exporte aussi des grains, de la toile, des
laineries, du chanvre, des cuirs, du safran, des
noix de gale, des fruits, des fromages, des porcs,
des chevaux, des bœufs, du salpêtre, du sel,
du plomb & de petites marchandises en fer.

Précis de l'histoire politique de la Moravie.

Les anciens habitans de la *Moravie* furent les
quades & les marcomans, qui chassèrent les slaves. Cette nation forma un royaume, qui s'é-
tendoit beaucoup plus loin que la *Moravie* moderne; car il embrassoit une partie de la Hongrie jusqu'à la rivière de Gran. Au neuvième siècle, les rois de ce pays étoient encore puissants
& absolus; Charlemagne soumit le roi Zamoslas,
& Louis le débonnaire, son fils & son successeur
força le roi Megomir à devenir son vassal. Louis
le germanique fit prisonnier un autre roi morave,
nommé *Ratschko, Radislaw* ou *Rastilz*; & Ar-
nould, roi de Germanie, secondé par les huns,
subjugua le roi Snatopluck, vers la fin du neuvième siècle. Ce fut sous son fils Snatobog qu'en
908 arriva la destruction de l'empire de *Moravie*,
qui devint la proie des allemands, des polonois
& des hongrois. La partie la plus voisine de la
Bohême se mit volontairement sous la protection
de Wratislas I, duc de Bohême, qui repoussa
les hongrois & conquit toute la partie orientale
jusqu'à la rivière de Morave. Les bornes de la
Moravie furent encore plus reculées par le duc
Ulric de Bohême, & sur-tout par son fils Brzetislas qui, en 1026, en enleva une grande portion
aux polonois. Peu après il traita les hongrois de
la même manière, & il donna dès lors à la Moravie à peu près l'étendue qu'elle a de nos jours.
Depuis cette époque, elle est demeurée réunie à
la Bohême, quoique les ducs & les rois de ce
pays l'aient souvent donnée à leurs fils, frères
ou parents, & qu'ils l'aient partagée en différentes occasions. Le duc Brzetislas introduisit cet
usage en abandonnant le district d'Olmutz à son
second fils Wratislas; celui de Brunn à son troisième, nommé *Otton*, & le territoire de Znaym à
Conrad son quatrième fils. Wratislas étant devenu duc de Bohême après la mort de Spiti-
gnœus son frère aîné, il céda Olmutz à son frère
Otton, & Brunn fut ajouté à l'héritage de Conrad. Le duc Wratislas secourut l'empereur Henri IV
contre les saxons, & ce prince en 1085 l'éleva
à la dignité royale dans une diète tenue à Mayence. En même-temps l'empereur donna le titre de
marquisat à la province de *Moravie* annexée à la

couronne de Bohême; & c'est de là que les rois
de Bohême prennent le titre de *margraves de Moravie*. Lors de l'investiture de ce marquisat, donnée par Charles IV à son frère Jean, & par
Sigismond à son gendre Albert, duc d'Autriche,
on en excepta l'évêché d'Olmutz & la principauté d'Oppau ou Troppau, qui appartenoit autrefois à la *Moravie*: ces princes déclarèrent que
l'une & l'autre de ces deux terres étoit immédiatement annexée & soumise à la couronne de Bohême. Depuis le règne du roi Matthias, la *Moravie* n'a plus eu de margraves particuliers, &
elle est toujours restée incorporée au royaume de
Bohême.

Les margraves particuliers que la *Moravie* a eus
à différentes époques, quoique toujours vassaux
de la Bohême, étoient princes & états de l'Empire. Ce marquisat garde encore sa constitution
particulière. Nous avons parlé plus haut de ses
états.

Grands officiers.

Le grand sénéchal, cinq capitaines de la milice, le grand chambellan, le grand juge provincial, le grand juge de la cour, le grand notaire, le sous chambellan, le vice-juge, le sous-
notaire, le châtelain. De ces six officiers provinciaux, les six derniers sont toujours tirés de
l'ordre des nobles, tandis que les premiers sont
choisis dans celui des seigneurs. Chacun d'eux
n'exerce ordinairement son office que pendant cinq
années.

Tribunaux.

Le premier tribunal du pays est appelé *guber-
nium*, & dépend de la chancellerie aulique de
Bohême & d'Autriche à Vienne. Il a remplacé
la représentation & la chambre des comtes qu'on
a abolies. Le tribunal de la sénéchaussée, auquel
le fisc royal est annexé, & le conseil provincial
divisé en grand & en petit, & qui se tient deux
fois par an, décident des affaires qui regardent la
justice. Le comité des états & le directoire de
la noblesse ont une sorte de jurisdiction. L'évêque
d'Olmutz a un tribunal vassalitique & une officialité.

Contributions.

La *Moravie* paye environ le tiers des contributions demandées à la Bohême. Elle verse annuellement dans la caisse militaire de l'Autriche
la somme de 1,856,490 florins.

Administration.

Tout le marquisat est divisé en cinq cercles,
dont chacun est gouverné par un capitaine, appelé *kreishauptmann*: c'est une espèce de commissaire ordonnateur, qui préside aux logemens.

paſſages &. entretien des gens de guerre. *Voyez*
les articles Bohème, Autriche, &c.

MORTALITÉ : le ſens que nous donnons ici
à ce mot, regarde le calcul des morts relativement aux naiſſances, d'où réſulte une appréciation de la population totale d'un état : cette queſtion d'arithmétique politique eſt intéreſſante, &
nous croyons devoir la traiter.

M. Meſſance, dans ſes *Recherches ſur la population*, imprimées à Paris en 1766, croit que,
dans les grandes villes, le nombre des enfans qui
naiſſent chaque année, eſt la 24ᵉ partie du
nombre total des habitans, & que dans les
provinces il eſt ſeulement la vingt-troiſième partie. Il trouve que les naiſſances ſont aux morts
comme 67 à 55 dans les provinces : ainſi il meurt,
ſuivant lui, la trentième partie des habitans d'une
province ; & il ſuffit de multiplier par 30 le nombre des ſépultures, pour avoir le nombre des
habitans des provinces, & par 35 pour les grandes villes.

La différence de *mortalité* eſt beaucoup plus
conſidérable entre les villes & les campagnes,
ſuivant M. Wargentin, qui pour avoir le nombre
des habitans, multiplie les morts par 20 dans les
villes, & par 35 dans les campagnes.

Dans les *Eſſais de calcul politique*, publiés à la
Haye en 1748 par M. Guillaume Kerſeboom, en
hollandois, on multiplie par 35 pour les villes de
Hollande. Suivant les calculs de Kerſeboom, il
y a dans la ville & le territoire de la Haye 41 mille
500 habitans, & on y compte chaque année
1170 morts & 1200 naiſſances : il y a à Harlem
50,500 habitans & 1450 naiſſances ; à Leyde,
63,000 habitans, 1800 naiſſances & 1920 morts ;
à Rotterdam, 56,000 habitans & 1600 naiſſances.
A Amſterdam, le nombre des naiſſances eſt de
7000, d'après un terme moyen pris ſur plus de
40 années, non compris les juifs qui peuvent augmenter de cinq à ſix cents le nombre des naiſſances ; Kerſeboom y compte 241,000 habitans,
43,000 mariages ſubſiſtans & 2300 mariages qui ſe
forment chaque année.

M. Maitland, dans les *Tranſactions philoſo-
phiques*, n°. 450, a écrit contre M. Kerſeboom ;
M. Simpſon, dans ſon *Traité ſur les annuités*, a
auſſi donné des calculs fort différens. Il reproche, par exemple, à M. Kerſeboom de ſup-
poſer qu'il y a plus d'habitans à Paris qu'à Londres ; mais c'eſt ce qui réſulte également de l'ouvrage du major Graunt, où il y a une comparaiſon de Londres & de Paris, qui donne le rapport de 25 à 32 entre ces deux villes. Le rapport
de la population de ces deux capitales eſt une
queſtion incidente ; & nous ne chercherons pas
ici à l'établir d'une manière plus précise.

M. Kerſeboom dit que, ſur cent enfans qui
naiſſent, il s'en trouve cinq de morts-nés ; & que,
ſur cent enfans nés vivans, il y en a environ vingt

qui meurent dans la première année ; mais M. Simpſon en compte trente deux, & le major Graunt
trente-ſix.

Dans l'*abrégé des Mémoires de l'Académie de
Stockholm*, qui forme le tome 11ᵉ de la *Collection académique*, on trouve des tables de *mortalité*, faites par M. Wargentin, d'après les états
des naiſſances & des morts, qu'on dreſſe tous
les ans. Les nombres varient d'une année à l'autre ; mais la même proportion ſe conſerve dans
chaque période. Il meurt annuellement un quart
ou un cinquième des enfans en bas âge. On retrouve tous les ans la même proportion dans les
deux ſexes, tant à Stockholm que dans toute la
Suède. Quoique les femmes n'aient pas autant de
force de corps que les hommes, elles vivent plus
long-temps. On avoit cru qu'il en mouroit moins,
parce qu'en général leur vie eſt plus réglée, &
qu'elles ſont aſſujetties à des travaux moins pénibles ; mais les tables de M. Wargentin atteſ-
tent que c'eſt une loi naturelle qui agit depuis
la plus tendre enfance juſqu'au terme de nôtre
vie ; & que, ſur un nombre égal d'hommes &
de femmes, il meurt en hommes un dixième ou
un onzième de plus.

La certitude de la vie augmente rapidement
dans les dix premières années ; elle eſt à ſon plus
haut point durant les dix années ſuivantes : elle
diminue après la vingtième, d'abord avec rapidité, enſuite lentement. Si on prend les individus, tant mâles que femelles, morts dans neuf
années, on trouve que, dans les années où il a
régné beaucoup de maladies, il en eſt mort un
ſur vingt-neuf ; dans les années ſaines, un ſur
39 ; & en adoptant un terme moyen, qu'il en
meurt un ſur trente-ſix. On voit auſſi conſtamment, dans les regiſtres de Suède, la population
& la *mortalité* croître ou décroître, ſuivant que
les années ſont abandantes ou ſtériles.

		mariag.	naiſſan.	morts.
Années ſtér.	{ 1757.	18,799	81,878	68,054
	1758.	19,484	83,299	74,370
Années abo.	{ 1759.	23,210	85,579	62,662
	1760.	23,383	96,635	60,083

Dans les années auſſi malheureuſes que l'ont été
1756, 1757, 1762 & 1763, la *mortalité* étoit
à Stockholm d'un ſur vingt, tandis que dans les
plus grandes villes, telles que Londres, Amſterdam, Rome, Berlin, il en meurt un ſur vingt-
quatre & vingt-ſix. Cette différence peut venir
en partie de ce que les regiſtres de Stockholm
ne comptent pas au nombre des vivans les étrangers & les voyageurs, quoique l'on porte au
nombre des morts ceux d'entr'eux qui meurent
dans cette ville.

Suivant l'opinion commune, l'homme eſt éga-

lement porté à la propagation dans toutes les faï-
fons, & quelques auteurs ont penfé que la conftance de fes defirs à cet égard eft l'effet de l'é-
galité d'abondance & de bonté de fa nourriture.
Mais les regiftres de toute la Suède préfentent
une grande différence dans le nombre des enfans
nés à différentes époques de l'année.

Le mois de feptembre y paroît le plus fertile;
celui de juin le plus ftérile ; la différence dans
ces deux mois eft de près d'un quart. Il eft né
en janvier, février & mars 308,284 enfans ; en
mai, juin & juillet 250,581 ; ces deux nombres
font entr'eux comme 6 à 5. Le nombre des naïf-
fances a été plus grand en feptembre, mars, février & janvier ; médiocre en décembre, octobre, avril & novembre ; foible en août, mai,
juillet & juin. Cet ordre a été conftant dans les
tréize années calculées par M. Wargentin, à
quelques légères différences près, & il n'eft pas
vraifemblable que ce foit l'effet du hafard. Si nous
remontons au temps de la conception, nous verrons que le mois le plus fécond eft celui de décembre, enfuite avril, mai, juin ; & que les plus
ftériles font août, feptembre & octobre.

Les années où l'on récolte le plus de fruits,
font auffi les plus fertiles en enfans ; mais il ne
paroît pas que cette richeffe contribue à l'époque
de leur naiffance. La claffe des payfans eft la plus
nombreufe : c'eft en automne qu'ils ont la meilleure & la plus abondante nourriture ; c'eft
alors qu'ils tuent des béftiaux, & donnent leurs
repas de fêtes & de noces. Vers le printemps
leurs celliers font vuides ; il y en a peu qui foient
affez aifés ou affez économes pour faire une dépenfe toujours égale ; cependant il y a beaucoup
plus d'enfans conçus au printemps qu'en automne. On pourroit croire que les travaux, plus ou
moins grands dans les différentes faifons, devroient
diminuer ou augmenter la fécondité ; mais les
travaux du printems font plus grands que ceux
de l'automne. Il paroît donc que le printems,
qui met en mouvement toute la nature, excite
auffi l'homme à fe reproduire ; & qu'en automn-
ne au contraire, où le mouvement de la nature
fe ralentit, la fécondité diminue ; la feule exception à cette loi eft la fertilité de décembre, caufée
peut-être par le repos & les longues nuits de ce
mois.

La mortalité des différens mois de l'année eft
repréfentée dans la table ci-deffous, tirée des regiftres de la Suède pour treize années, en prenant fur chaque mois le même nombre de jours.
Le mois d'avril eft le plus funefte, enfuite mai,
mars, février & juin. Il en périt moins en janvier, juillet, août, novembre, encore moins en
décembre, feptembre & octobre. Le nombre des
morts eft moindre d'un tiers en octobre qu'en
avril ; il eft auffi moindre d'un tiers dans les fix
derniers mois de l'année que dans les fix premiers ;
il augmente depuis le commencement de l'hiver

jufqu'à la fin de cette faifon, & diminue enfuite
jufqu'à la fin de l'automne ; les accroiffemens de
mortalité paroiffent venir des changemens fubits
de température, foit naturelle, foit artificielle.
L'air intérieur des maifons eft très-chaud, tandis que l'air extérieur eft froid depuis la fin de
mars jufqu'à celle de mai. On a des alternatives
continuelles de froid & de chaud, & les vapeurs dont l'air eft chargé lorfqu'il dégele, occafionnent beaucoup de maladies dans l'automne :
en été, la température eft plus égale. La même obfervation a donné en Angleterre le même
réfultat ; quant à Stockholm en particulier, on
y trouve quelque différence.

Avril	80,902.
Mai	78,417.
Mars	74,005.
Février	71,663.
Juin	68,417.
Janvier	66,646.
Juillet	61,839.
Août	58,877.
Novembre	57,073.
Décembre	56,650.
Septembre	56,355.
Octobre	54,886.

Le calcul des mortalités conduit à celui des probabilités de la vie ou de l'efpérance qui refte
pour chaque âge. Cette efpérance eft le nombre
d'années, après lequel on trouve morts plus de la
moitiédes hommes qui avoient le même âge.

L'hiftoire naturelle de M. le comte de Buffon
offre une table de calculs faits fur le relevé des
regiftres de douze paroiffes de la campagne, &
de trois de Paris. Cette table, à laquelle nous
renvoyons pour l'objet principal, eft fufceptible
d'applications particulières que nous allons faire ici.

Il réfulte de cette table qu'on peut efpérer raifonnablement, c'eft-à-dire, parier un contre un,
qu'un enfant qui vient de naître, ou qui a zéro
d'âge, vivra huit ans ; qu'un enfant qui a vécu
un an, vivra encore trente-trois ans ; qu'un enfant
de deux ans révolus vivra encore trente-huit ans;
qu'un homme de vingt ans révolus vivra encore
trente-trois ans cinq mois ; qu'un homme de trente
ans vivra encore vingt-huit ans, & ainfi de tous
les autres âges. L'âge auquel on peut efpérer une
plus longue durée de vie, eft l'âge de fept ans,
puifqu'on peut parier un contre un, qu'un enfant
de cet âge vivra encore 42 ans trois mois. A l'âge
de 12 ou 13 ans on a déjà vécu le quart de fa
vie, puifqu'on ne peut légitimement efpérer que
38 ou 39 ans de plus ; de même qu'à l'âge de 28
ou 29 ans, on a vécu la moitié de fa vie, puifqu'on n'a plus que 28 ans à vivre. Enfin, ayant

50 ans, on a vécu les trois quarts de sa vie, puisqu'on n'a plus que 16 à 17 ans à espérer. Mais ces vérités physiques si mortifiantes en elles-mêmes, dit M. de Buffon, peuvent se compenser par des considérations morales : un homme doit regarder comme nulles les quinze premieres années de sa vie ; tout ce qui lui est arrivé, tout ce qui s'est passé dans ce long intervalle de temps, est effacé de sa mémoire, ou du moins a si peu de rapport avec les objets & les choses qui l'ont occupé depuis, qu'il ne s'y intéresse en aucune façon : ce n'est pas le même souvenir d'idées, ni même la même vie ; nous ne commençons à vivre moralement que quand nous commençons à ordonner nos pensées, à les tourner vers un certain avenir, à prendre une certaine consistance, un état relatif à ce que nous devons être dans la suite. En considérant la durée de la vie sous ce point de vue, qui est le plus réel, nous trouverons dans la table qu'à l'âge de 25 ans on n'a vécu que le quart de sa vie ; qu'à l'âge de 38 ans on n'a vécu que la moitié, & que n'est qu'à l'âge de 56 ans qu'on a vécu les trois quarts de sa vie.

M. de Parcieux, dans son *Essai sur les probabilités de la vie humaine*, & dans le supplément qu'il a publié quelques années après, a donné des tables pareilles. Mais ses tables & celles de messieurs Kersoboom, Halley, Graunt, Simpson ne suffisent pas pour résoudre la question, parce qu'on n'a point encore eu de dénombrement bien complet, &, tête par tête, des habitans d'une province ou d'une ville, ni de registres où l'âge des morts soit marqué avec exactitude. Ce travail seroit digne de l'attention & du zèle des curés intelligens, qui ont la facilité & le loisir nécessaires pour de semblables opérations. Ce sont les seuls qui ne soient point suspects aux peuples en faisant un dénombrement ; tout autre calculateur l'inquiète, & on le trompe. Cependant ces tables de *mortalité* seroient bien utiles à la société, pour juger des progrès de l'espèce humaine, des influences du climat, des saisons, des alimens, enfin de tout ce qui est favorable ou nuisible à l'humanité.

On a reconnu en Angleterre, par des observations exactes, que de cent personnes nées le même jour ou la même semaine, il en meurt trente-six jusqu'à l'âge de six ans, & qu'ainsi il en reste seulement 64 à cette époque.

Des 64 jusqu'à 16 ans, il en meurt 24, & il n'en reste que 40.

Des 40 jusqu'à 26 ans, il en meurt 14, & il n'en reste que 26.

Des 26 jusqu'à 36 ans, il en meurt 10, & il n'en reste que 16.

Des 16 jusqu'à 46, il en meurt 6, & il n'en reste que dix.

Des dix jusqu'à 56 ans, il en meurt 4, & il n'en reste que 6.

Des 6 jusqu'à 66 ans, il en meurt 3, & il n'en reste que 3.

Des 3 jusqu'à 76 ans, il meurt 2, & il n'en reste qu'un.

Et cette seule personne ne passe guère 80 ou cent ans. *Voyez* l'article POPULATION.

MULHAUSEN, ville impériale d'Allemagne, au cercle de basse-Saxe : elle est située dans la Thuringe & arrosée par la rivière d'*Unstrut*.

On ignore l'époque de sa fondation : on ne la connoît, non plus que son territoire, que depuis l'onzième siècle. Henri le lion, duc de Saxe & de Bavière, la réduisit en cendres en 1180. Conrad, empereur d'Allemagne, lui accorda des privilèges en 1251, & lui promit de ne jamais l'aliéner. L'empereur Guillaume lui donna de pareilles assurances en 1255, & cependant l'empereur Rodolphe l'engagea en 1278 à Albert, margrave de Misnie, quoique la ville soutienne de son côté, que cette aliénation n'ait jamais eu son entière exécution. Quoi qu'il en soit, cette ville fut mise au ban en 1334 par le tribunal provincial de la Thuringe ; des incendies la dévastèrent en 1422 & 1487 ; elle souffrit beaucoup durant les brouilleries des empereurs avec les papes, & elle fut toujours fidelle aux empereurs. Ensuite elle se vit exposée à la tyrannie des landgraves, des avoués & des préfets d'Alsace. Enfin, craignant pour sa liberté, elle s'allia avec Berne & Soleure en 1466, & avec Bâle en 1506. En vertu de cette alliance avec le corps helvétique, elle a toujours joui de l'avantage de la neutralité & de la paix au milieu des guerres perpétuelles de l'Allemagne.

En 1733 l'empereur, mécontent de cette ville, envoya des troupes de l'électeur & du duc de Brunswick, qui y vécurent à discrétion. Ce fut de l'empereur Louis qu'elle acquit, en 1332 & 37, la charge de prévôt impérial, qu'elle fait exercer dans la ville & dans l'étendue de son territoire. Elle occupe la neuvième place aux diètes sur le banc du Rhin parmi les villes d'Empire, & la troisième aux assemblées du cercle de la basse-Saxe dans le même collège. Sa taxe matriculaire, pour un mois romain, est fixée à 160 florins ; & son contingent pour l'entretien de la chambre à 135 rixdales & 23 kr. Son territoire est de vingt villages.

MUNSTER, évêché souverain d'Allemagne, au cercle de Westphalie.

Il est borné au couchant par les Provinces-Unies, & notamment par le comté de Zutphen & les provinces d'Overyssel & Groningue, & par le comté de Benthem ; au septentrion, par la principauté d'Ost-Frise, le comté d'Oldenbourg & le bailliage de Wildeshausen, qui dépend de l'électorat de Hanovre ; au levant, par le comté de Diepholz, l'évêché d'Osnabruck, & les comtés de Teklenbourg, Lingen & Ravensberg; au midi, par une petite partie du duché de Weftphalie, le comté de la Marck, le comté de Recklinghaufen qui appartient à Cologne, & le duché de Clèves. C'eft le plus grand évêché compris dans le cercle de Weftphalie.

Sol.

Le pays eft généralement plat & uni, à l'exception de quelques hauteurs que l'on rencontre çà & là. On dit qu'il contient 200 milles, dont près des deux tiers font des landes : ces landes fervent aux pâturages. Il y a des diftricts très-fertiles.

Population.

Outre la capitale, cet évêché renferme douze villes, qui affiftent aux affemblées provinciales, douze autres villes & douze bourgs appellés, fuivant l'ancienne dénomination, *Weichbilde*, & dans le langage du pays, *Wigbolde*; ils n'ont point de jurifdiction mun cipale : on évalue la population à 350,000 ames. Les états provinciaux font compofés du clergé, de la nobleffe, & des douze villes dont nous parlions tout-à-l'heure. Les états fe tiennent ordinairement à Munfter.

Religion.

Le luthéranifme eut dans fes commencemens beaucoup de fectateurs en Weftphalie; mais cette communion y fut opprimée, & l'exercice public qui avoit été accordé dans le diftrict d'Embfland, fut aboli en 1613 & 1614. Plufieurs gentilshommes néanmoins fuivent aujourd'hui la religion luthérienne ou la prétendue réformée, & l'une & l'autre ont des églifes publiques à Weerdt. Du refte, tous les habitans profeffent la religion catholique romaine.

Précis de l'hiftoire politique.

Charlemagne nomma en 802 Ludgier, frifon, premier évêque de Minicgernford : ce nom fût dans la fuite changé en celui de *Munfter*. L'évêque Louis I affranchit cet évêché de l'avocatie des comtes de Tecklenbourg; Herman II qui régna dans le douzième fiècle, fut élevé à la dignité de prince de l'Empire par l'empereur Otton IV.

L'évêque Otton de la maifon de Bentheim paroît avoir été le premier évêque élu par fon chapitre, & du confentement de l'empereur Frédéric II. L'évêque Louis II, landgrave de Heffe, eft le premier qui ait été confirmé par le pape. Chriftophe-Bernard, baron de Galan, mort en 1678, fut remuant & guerrier. Clément Augufte, duc de Bavière & électeur de Cologne, fut le 62e évêque de *Munfter*; il eut pour fucceffeur

Maximilien Frédéric, né comte de Kœnigfeck-Rothenfels, élu en 1763.

Prérogatives de l'évêché.

L'évêque eft prince de l'Empire, & a voix & féance à la diète; il alterne avec l'évêque de Liège, de manière cependant que celui d'Ofnabruck eft toujours placé entre deux. Son contingent eft de 30 hommes d'infanterie & 118 de cavalerie, ou de 832 florins par mois, & fa taxe matriculaire pour l'entretien de la chambre impériale eft de 434 écus d'empire, 17 & demi kr. par terme. L'évêque eft prince convoquant & directeur du cercle. Il eft fuffragant de l'archevêché de Cologne. Le chapitre eft compofé de 40 chanoines qui doivent faire preuve d'ancienne nobleffe; & l'on promène tous les ans une fois, au fon du tambour, les armes du dernier chanoine, peintes fur une banière, afin que chacun puiffe les examiner.

Les domaines de l'évêché de *Munfter* font plus confidérables que ceux d'Ofnabruck.

Anciennement on divifoit l'évêché en méridional ou évêché haut, & feptentrional ou évêché bas. Aujourd'hui il eft partagé en quatre quartiers.

Revenus, dettes, troupes.

On dit que les revenus annuels montent à 360,000 rixdales; que les dettes du pays, pour lefquelles les états ont répondu, forment encore un objet de 2 millions. Le prince-évêque entretient actuellement quatre régimens d'infanterie, un de cavalerie, une garde à cheval & quelques compagnies d'artillerie.

MUNSTER - S. CORNELYS ou S. CORNELYS-MUNSTER, abbaye princière d'Allemagne.

Le territoire de l'abbaye de *S. Cornelys* ou *Cornelii-Munfter* eft entouré par les duchés de Berg & de Limbourg, & par le territoire de la ville d'Aix-la-Chapelle.

La fondation de cette abbaye remonte au tems des empereurs Carlovingiens. A la diète de l'Empire, la place de l'abbé eft fur le banc du Rhin entre les abbés de Saint-George & de Saint-Emmeran; & aux affemblées du cercle de Weftphalie, il fe trouve fur le banc des princes, & a voix & féance entre Werden & Effen. La taxe matriculaire de l'abbaye eft de 12 fantaffins ou 48 florins par mois, & il paye pour l'entretien de la chambre impériale 126 rixdales 21 kr. par terme. Le pape adjugea en 1758 à l'archevêque de Cologne la jurifdiction fpirituelle fur cette abbaye, laquelle d'ailleurs eft fous la protection des ducs de Juliers.

MUNSTER (traité de); il fe trouve à l'article TRAITÉ, & nous avons fait à l'article WESTPHALIE des obfervations générales fur ce traité.

MUNSTERBERG. *Voyez* l'article SILÉSIE PRUSSIENNE.

MUNZFELDEN, MINSFELDEN, ou MENSFELDEN, château & village immédiat d'Empire : il eſt ſitué entre Dietz & Kirchberg, & il appartient à l'électeur de Trèves pour deux tiers & au prince de Naſſau-Uſingue pour le reſte. La portion de l'électeur faiſoit ci-devant partie de la ſeigneurie de Schadeck, & dépendoit des comtes de Linange-Weſterbourg, qui, ſous la réſerve du retrait lignager & du bénéfice de la contribution, la cédèrent aux nobles de Waldecker, d'où elle eſt paſſée à l'électorat de Trèves, ſans que les comtes de Linangé - Weſterbourg en aient conſervé la contribution. Ce domaine rend ſes poſſeſſeurs membres du cercle du haut-Rhin, & les aſſujettit à une taxe de 54 kr. *Voyez* les articles TREVES & NASSAU.

MYLENDONK ou MILLENDONK, ſeigneurie princière d'Allemagne, au cercle de Weſtphalie : elle eſt voiſine des ſeigneuries de Schwanenberg & de Wickerad. Gertrude, fille & héritière du dernier ſeigneur de *Mylendonk* & Drachenfels, l'apporta en dot au ſeixième ſiècle à Jacques de Bronkhorſt & Batenbourg, baron

d'Anholt, dont le fils Jean-Jacques ne laiſſa pour héritière qu'une fille, qui la tranſmit au comte Philippe de Croy ſon mari, créé duc par l'empereur. Son ſucceſſeur la vendit en 1701 à la comteſſe douairière de Berlepſch, qui obtint la même année voix & ſéance aux états du cercle de Weſtphalie à la ſuite de Wickerad : elle ſe chargea alors d'une taxe de 4 cavaliers ou de 16 florins. Marie Caroline, ſa fille & héritière, l'apporta en mariage à Jean-François-Henri-Charles, comte d'Oſtein, dont la maiſon fut également aggrégée en 1766 au collège des comtes & à l'aſſemblée de l'Empire, d'après la recommandation de l'empereur à la diète de Ratisbonne, & après que Maximilien d'Oſtein eut promis de ſatisfaire aux charges accoutumées. En conſéquence, cette ſeigneurie fut inſérée en 1769 dans la matricule de l'Empire pour une taxe de 5 flor. 20 kr. qui lui fut remiſe au reſte pour les quinze premières années, & ſon contingent à l'entretien de la chambre impériale eſt de 4 rixdales. Elle renferme le château de *Mylendonk*, le gros village de Corſenbroich, & quelques maiſons iſolées.

MYSORE : c'eſt ainſi que les anglois écrivent le nom du pays, dont nous avons parlé à l'article MAISSOUR.

N

NABABS, NABABIES : on donne ce nom dans l'Inde, ou plutôt en Europe, à de petits princes & à de petits pays qui font devenus indépendans au milieu de l'anarchie de l'Empire mogol.

Parmi les titres de ces petits princes de l'Inde, on trouve souvent celui de *nabab-bahader* : l'auteur de la vie d'Ayder-Aly-Khan nous apprend que *nabab-bahader* signifie chevalier fans pareil, & que les bahaders font dans l'Inde ce qu'étoient en Europe les chevaliers : il ajoute « un grand fouverain ou un général chez les mogols, fait bahader après une bataille, un homme de diftinction, ou un des principaux officiers qui fe fera diftingué. S'il y a eu autrefois quelque cérémonie pour la réception d'un bahader, il n'en eft plus queftion aujourd'hui ; le général le loue publiquement de fes actions, & dans fon difcours il le nomme toujours bahader : cette qualité lui eft donnée enfuite en toute occafion par tout le monde indiftinctement. Un bahader a de grands privilèges ; il peut aller par-tout, armé de pied en cap, faire porter devant lui une maffe d'arme dorée, & paroître ainfi devant tous les fouverains. Lorfqu'un bahader arrive dans une cour, il fait demander une audience qui lui eft toujours accordée ; il fe préfente le cafque en tête, & chargé d'armes offenfives & défenfives de toute efpèce. Le fouverain en le voyant entrer, fe leve & lui donne l'accolade en l'embraffant des deux côtés, & fe fert, en lui parlant, du mot de *amaré-bay*, qui fignifie mon frère, parce que tous les fouverains s'honorent de la qualité de bahader. Ayder fut furnommé le *bahader* fans pareil, vraie fignification du mot de *nabab*, qui eft un titre d'honneur, non de dignité. Cependant, par l'ufage, *nabab* de Benguelour fe dit pour feigneur ou prince de Benguelour ; mais à la lettre il fignifie feulement le fans-pareil dans Benguelour ; ce titre eft exclufif. On ne peut, en aucun cas, le donner à un inférieur en préfence de fon fupérieur. Ayder, pour prouver que le titre de *bahader*, que nous difons fignifier *chevalier*, & qui à la lettre veut dire *grand guerrier*, eft au-deffus de tous les autres titres, au lieu de figner fon nom, ne fignoit que deux B. B. qui fignifient *bahader, bahader* ».

Voyez les articles ARCATE, CARNATE, MAISSOUR, INDOSTAN, MADRASS, BENGALE, &c.

NAMUR (comté de), l'une des provinces des Pays-Bas autrichiens.

Le comté de *Namur* eft environné de toutes parts par l'évêché de Liège & le duché de Brabant, fi l'on en excepte une pointe qui touche vers l'oueft au comté de Hainaut. Sa plus grande étendue du couchant au levant eft d'environ fix milles & demi, & du feptentrion au midi d'environ fix milles.

Il eft très-montueux & couvert de forêts. Sa principale richeffe confifte en fer, qu'on y travaille de plufieurs manieres : on y prépare auffi de l'acier.

Le comté de *Namur*, y comprife la partie qui appartient à la France, renferme cinq villes & 158 villages. La langue qu'on y parle le plus, eft un françois corrompu. Les états provinciaux font compofés du clergé, de la nobleffe & de la ville de *Namur* avec fon diftrict. La nobleffe repréfente tous les gentilshommes du pays, & le pays lui-même, à l'exception des deux autres ordres. Elle choifit tous les fix ans deux députés, qui s'affemblent dans l'ancien château de *Namur*. Le troifieme ordre ou claffe eft compofé de vingt-cinq tribus ou corporations de la ville, lefquelles repréfentent la ville, & du magiftrat qui repréfente fon diftrict : il contribue régulièrement pour un tiers aux fubfides accordés par les états.

Le comté de *Namur* actuel faifoit au dixième fiècle partie du comté de Lomme & du comté d'Arnau. Le premier comte de *Namur*, dont on ait une connoiffance certaine, fut Robert, fils de Berenger, comte de Lomme, qui eut pour fucceffeur fon fils Albert mort en 998. L'empereur Henri déclara margrave de l'Empire en 1189 Baudoin, comte de Hainaut, neveu & héritier de Henri, comte de *Namur*. Le comte Jean III n'ayant point d'héritiers légitimes, vendit le comté en 1421 à Philippe le Bon, duc de Bourgogne, pour la fomme de 132,000 écus : ce prince mourut en 1429.

La portion du comté de *Namur*, que le traité de Nimegue affura à la France, confifte dans la fortereffe de Charlemont & quelques villages.

Le gouverneur de la ville & comté de *Namur*, nommé par le prince, eft en même-tems capitaine général & bailli fouverain. Les tribunaux fupérieurs font : 1°. le confeil provincial, compofé d'un préfident, de fix confeillers & de différens officiers. Les ordres de la cour font ordinairement adreffés au gouverneur, préfident & membres du confeil : le gouverneur les ouvre & les renvoie au préfident, qui les fait remettre au bailliage fouverain pour la publication. 2°. Le bailliage fouverain qui connoît des affaires féodales, juge les caufes des nobles avec leurs do-

Ccc

meftiques, & publie les édits, déclarations, &c.
Voyez l'article PAYS-BAS AUTRICHIENS.

NANTES (édit de), édit que le roi Henri IV
figna à Nantes le 30 avril 1598, lorfqu'il étoit
allé en Bretagne pour foumettre cette province,
où le duc de Mercœur refufoit encore de reconnoître fon roi légitime.

Le but de cet *édit* étoit de fixer en France
l'état des proteftans ou réformés, qui ayant
abandonné la religion romaine, où ils appercevoient des abus dans le dogme ou le culte,
dans le gouvernement eccléfiaftique, dans la difcipline, dans les mœurs du clergé ou dans
la morale, fuivoient les opinions des réformateurs. Les réformés avoient fait des progrès
confidérables en Allemagne, en Angleterre & en
France, fous les règnes de Henri VIII roi d'Angleterre, de Charles-Quint empereur d'Allemagne, & de François Ier roi de France. Le clergé
les regardant comme des ennemis dangereux, mit
tout en œuvre pour les perdre; il les peignit aux
princes comme les ennemis des rois, & comme
des hommes qui déclaroient la guerre à Dieu.
Tous les princes qui fe laiffoient conduire par le
clergé romain, crurent ne pouvoir mieux faire
que d'employer leur puiffance contre la nouvelle
doctrine. François Ier, roi de France, ennemi
de Charles-Quint, foutenoit en Allemagne
les réformés à qui l'empereur faifoit la guerre;
mais la foibleffe du gouvernement françois, les
malheurs que le roi s'attira, ne permirent pas d'arrêter le progrès des réformés; le nombre de ceux
qui embraffoient leur fecte, devint très confidérable, malgré la févérité dont on ufoit à leur
égard. Ils demandèrent ouvertement la liberté de
profeffer leur religion; des feigneurs ambitieux &
remuans les excitèrent, & fe mirent à leur tête
pour réfifter à leurs perfécuteurs. Ce fut fous les
règnes de François II, de Charles IX, de Henri III
que commencèrent les troubles civils, dont la religion fut le prétexte.

Tandis que le peuple réformé combattoit pour
la liberté de confcience, les chefs avoient pour
la plupart des vues d'ambition & de politique;
& tandis que dans le parti oppofé, le peuple fuivoit la haine qu'on lui infpiroit contre les réformés, qu'on dénonçoit comme des hérétiques dignes de la haine de Dieu & des hommes, la cour
& les chefs catholiques cherchoient à augmenter
leur pouvoir. Ces guerres civiles furent tantôt
favorables, tantôt funeftes à chaque parti. On
favorifoit les réformés, bien on les traitoit à
la rigueur; s'ils avoient le deffus, on leur accordoit la paix; mais dès qu'on le pouvoit, on manquoit à la parole qu'on leur avoit donnée. En
1560 François II, dans un confeil tenu à Fontainebleau, promit fur une requête de l'amiral de
Coligni, de laiffer les calviniftes tranquilles.
Sous Charles IX, au nom de qui Catherine de

Médicis fa mère gouvernoit, la cour donna à
Saint-Germain un édit daté du mois de juillet
1561, qui ordonnoit aux deux partis de vivre
fans s'inquiéter réciproquement. Au mois de janvier de l'année fuivante, un édit royal accorda
pour la première fois aux réformés, d'une manière formelle, le libre exercice de leur religion.
On exigea feulement d'eux, quant au dogme,
qu'ils n'avanceroient rien de contraire au concile
de Nicée, au fymbole apoftolique & aux livres
de l'ancien & du nouveau Teftament. Les réformés jouiffoient ainfi de toutes les prérogatives de
citoyens, & ils auroient été contens; mais de
nouvelles violences, & en particulier le maffacre
qu'on fit de plufieurs d'entr'eux à Vaffi, où ils
étoient affemblés pour fervir Dieu felon leur religion, rallumèrent la guerre. Le parti catholique
fut encore obligé de faire la paix avec les réformés en 1563; ce qui valut à ceux-ci un nouvel
édit plus favorable, daté du 19 mars; mais l'année fuivante on dérogea à cet édit par un autre,
qui diminuoit les privilèges accordés aux réformés. En 1565 la guerre recommença, parce que
les réformés furent avertis qu'on tramoit leur
perte. En 1568 on fit la paix, & on rappella l'édit de 1563; mais elle fut de peu de durée. La
reine ayant voulu faire arrêter le prince de Condé
& l'amiral de Coligni, chef des réformés, donna
lieu à une nouvelle guerre qui dura affez longtemps. Ce fut l'année fuivante que Jeanne d'Albret, reine de Navarre, amena à l'armée des réformés fon fils Henri, prince de Béarn, connu
fous le nom de *Henri IV*. Il fut alors déclaré
chef du parti, & la guerre continua. La cour &
les chefs du parti catholique voyant que la force
ouverte ne réuffiroit pas, jugèrent à propos d'employer la rufe, & d'endormir les réformés dans
une fauffe fécurité. On leur accorda en 1570
une paix avantageufe, qui fut fignée au mois d'août
à Saint-Germain: cette paix tranquillifa les uns,
& donna aux autres de la défiance. On attira la
reine de Navarre à Paris par le mariage projetté
de fon fils le prince de Béarn avec Marguerite,
fœur de Charles IX. On y attira auffi l'amiral de
Coligni, fous le prétexte d'une guerre contre
l'Efpagne, dans laquelle on vouloit, difoit-on,
fe fervir de fes talens. On mit en œuvre la plus
profonde diffimulation, pour faire croire aux réformés que la paix étoit fincère & la réconciliation entière; mais le maffacre de la S. Barthelemi du 24 août 1572, leur fit voir combien peu
ils devoient compter fur tout ce que les catholiques leur promettoient. On leur avoit donné des
places de fûreté où ils étoient les maîtres; ils
refufèrent de les rendre & de défarmer: on
renouvella la guerre. Sous Henri III le fort des
réformés ne fut pas meilleur; on continua à les
attaquer, & ils continuèrent à fe défendre: en
1576, on fit avec eux une paix la plus avantageufe qu'ils euffent encore obtenue; elle fut con-

firmée par un édit de pacification enrégistré au parlement: c'est le cinquième édit formel que les calvinistes eussent obtenu: on leur accorda l'exercice libre & public de leur religion, qui y est nommée *religion prétendue réformée*. On leur accorda des chambres mi-parties, c'est-à-dire, composées d'autant de réformés que de catholiques, dans les huit parlemens du royaume: on cassa les arrêts prononcés contre ceux qui avoient été mis à mort à la S. Barthelemi; mais bientôt il se forma une ligue de catholiques contre l'exécution de cet édit; elle prit le titre de *ligue sainte*: on insulta ouvertement, dans plusieurs villes, les huguenots. L'édit fut révoqué, & la ligue fut signée par le roi lui même. Ainsi commença cette fameuse ligue qui a causé tant de maux à la France. En 1577 Henri III accorda une nouvelle paix aux calvinistes, moins favorable que la précédente, qui ne fut pas plus observée: on n'exécutoit de la part des catholiques rien de ce qui avoit été conclu & promis. Le prince de Béarn, devenu roi de Navarre, reprit les armes. En 1580 il y eut une nouvelle paix entre le roi & les huguenots; mais elle ne fit pas cesser la guerre qui duroit encore dans quelques provinces, & sur-tout en Guienne. La ligue devint si puissante que le roi Henri III n'avoit nulle autorité; il s'adressa au roi de Navarre pour le soutenir, en lui proposant de changer de religion, ce que le roi de Navarre refusa. Henri III manquant de fermeté, se vit sans appui, fit la paix avec les calvinistes, & fournit à la ligue les moyens de se fortifier; & comme elle vouloit sur-tout détruire les huguenots & fermer au roi de Navarre le chemin du trône, dont il étoit le plus proche héritier après le roi, les calvinistes reprirent les armes pour défendre les droits de leur chef. Enfin, en 1589, Henri III s'allia avec le roi de Navarre: il vint avec lui former le siège de Paris; mais ce roi foible y fut tué par le jacobin Jacques-Clément. Henri qui fut le quatrième roi de France de ce nom, quoique reconnu par la plus grande partie des seigneurs catholiques & protestans, ne fut véritablement roi que lorsqu'en 1594 il eut embrassé la religion romaine: il avoit renouvellé avant ce tems-là les édits de pacification en faveur des réformés, & dès-lors il les auroit maintenus dans la jouissance des privilèges qu'il leur accordoit, si son trône eût été bien affermi.

Enfin la Bretagne ayant été soumise en 1598, Henri IV signa à Nantes en faveur des protestans, le fameux édit qui porte le nom de cette ville. Le président de Thou & Calignon, chancelier de Navarre, dressèrent les mémoires d'après lesquels on le rédigea. Les réformés fournirent des écrits où ils exposoient leurs plaintes, leurs droits, leurs demandes; Daniel Chamier, habile ministre protestant, y travailla plus qu'un autre; le président Jeannin & M. de Schömberg furent associés à cet ouvrage. L'édit accordoit aux protestans le libre exercice public de leur religion, par-tout où il avoit été établi dans les années 1596 & 1597; chaque gentilhomme pouvoit l'exercer dans son château. Les réformés pouvoient être élevés aux emplois & parvenir à toutes les charges & à tous les honneurs du royaume, dans l'état civil ou dans l'état militaire; ils eurent des chambres mi parties, &c. Ainsi cet édit fut une confirmation des édits précédens, faits si souvent en faveur des huguenots & si souvent violés.

Le parlement refusa long-temps d'enrégistrer cet édit: une partie des membres de ce corps étoit encore attachée à la ligue, & s'opposoit à tout ce qui sembloit favorable aux réformés; cependant le roi leur parla avec tant de force & de sagesse, qu'enfin le 15 février 1599 l'édit fut enrégistré comme loi fondamentale du royaume & comme édit perpétuel & irrévocable.

Si le gouvernement françois avoit eu quelque vigueur, les deux partis auroient pu vivre en paix, & rendre ce royaume, l'état le plus florissant de l'Europe. Mais, d'un côté, cet édit déplaisoit & devoit déplaire à la cour de Rome, qui ne négligea rien pour le prévenir & en empêcher l'exécution. Les catholiques en général, & le clergé en particulier, voyoient avec dépit les huguenots marcher de pair avec les partisans de la religion dominante; & après la mort du roi Henri IV, on se permit contre cet édit une multitude d'infractions, pour lesquelles il fallut demander & donner bien des explications. D'un autre côté, les troubles du royaume sous Louis XIII, la foiblesse de l'administration, l'habitude qu'on contracta alors de se révolter, les mécontentemens des grands seigneurs catholiques, qui se joignirent souvent aux réformés, enhardirent ceux-ci à demander avec hauteur le redressement de leurs griefs, auxquels on donnoit lieu trop souvent. Ils poussèrent même leurs prétentions bien plus loin que sous Henri IV. Au-dedans & au-dehors on souffloit le feu de la discorde; les divers partis se rendirent coupables: on prit fréquemment les armes, & on posa sans pouvoir mis les choses sur un pied stable. Les réformés furent vaincus. Le cardinal de Richelieu leur porta, ainsi qu'aux grands du royaume, des coups qui les abattirent & rendirent le roi maître absolu dans ses états. Le cardinal, qui régnoit sous le nom de Louis XIII, ne voulut pas cependant ôter ouvertement aux réformés les privilèges qui leur avoient été accordés par le précédent roi; il laissa subsister l'édit de Nantes, qui fut confirmé par beaucoup d'édits subséquens, & toujours envisagé comme une loi fondamentale, à laquelle on avoit donné, par toutes les formalités requises, le caractère de loi irrévocable; mais il voulut que l'édit, par lequel il accordoit la paix aux calvinistes, fût un édit de grace. Il espéroit ramener les calvinistes à la religion de Rome, par la persuasion ; mais il n'en put venir à bout. Il craignit aussi d'exciter un parti puissant qui, réduit au désespoir, auroit pu causer de plus grands embarras ; il aima mieux sans doute chercher sourdement à l'affoiblir & à le ruiner : dès-lors on vit tous les jours des dérogations à cet édit, des difficultés suscitées aux calvinistes, des plaintes & des réclamations inutiles de la part de ces derniers. Les choses restèrent en cet état jusqu'à la mort de Louis XIII ; & sous le règne de Louis XIV, pendant l'administration du cardinal Mazarin, on cherchoit des querelles aux réformés, on leur disputoit des églises, des cimetières, des collèges, &c. Ils se plaignoient, ils faisoient des représentations, ils demandoient l'exécution de l'édit de Nantes que le roi avoit juré ; mais ils n'obtenoient rien ou peu de chose. Chaque jour on portoit des atteintes à leurs droits ; en 1669, au mois de janvier, on enfreignit l'édit d'une manière frappante : on supprima dans tous les parlemens les chambres mi-parties ; & dans celui de Paris, on ne laissa qu'un seul conseiller réformé. Dès-lors on ne garda plus avec les calvinistes aucune mesure. On anima contre eux Louis XIV. Le clergé en corps par ses remontrances, les jésuites par leurs insinuations, le chancelier le Tellier & Louvois son fils, par un esprit de dureté & en haine de Colbert qui employoit les réformés comme des sujets utiles, se déclarèrent leurs ennemis, & les représentoient au roi comme des sujets rebelles : on leur défendit d'épouser des filles catholiques ; on cherchoit à enlever leurs enfans, pour les faire élever dans la religion romaine ; on défendit à Colbert d'employer les réformés dans les fermes ; on les éloigna des emplois ; on les exclut des corps d'arts & métiers ; on ne permettoit pourtant pas de leur faire violence, mais cette défense ne fut qu'illusoire ; on en séduisit plusieurs avec de l'argent : on déclara en 1681 que les enfans seroient admis à changer de religion à l'âge de sept ans : on enleva de force les enfans & on logea chez leurs parens, des gens de guerre pour les vexer. Un nombre considérable de familles se refugièrent en pays étranger. Pour arrêter ces émigrations, on publia une déclaration qui confiscoit tous les immeubles que les calvinistes vendroient, si un an après la vente ils sortoient du royaume. A chaque contravention, on interdisoit quelque temple de réformés. Les maîtres d'école n'eurent plus la permission de tenir des pensionnaires pour les élever. Les protestans qui occupoient des charges, furent obligés de les vendre, & on n'admit plus aucun calviniste aux emplois de notaire, d'avocat ou de procureur. On persuada au roi qu'avec de la sévérité on soumettroit tous les protestans à l'église. Il envoya contr'eux en 1684 & 1685 les dragons, c'est-à-dire, celles de ses troupes les moins disciplinées ; ils

étoient conduits par des prêtres ou des moines qui, assemblant les réformés, les sommoient de changer de religion ; s'ils refusoient, on logeoit chez eux des dragons avec la permission de se livrer à toutes sortes de violences, excepté à celles qui seroient suivies d'un meurtre. Il est aisé de concevoir quelles furent, d'après un pareil arrangement, les suites des dragonades.

Tandis qu'on livroit au désespoir les calvinistes, la cour leur ôta toute ressource en revoquant l'édit de Nantes, par un autre édit du mois d'octobre 1685. La religion réformée fut proscrite ; & ses sectateurs dépouillés des droits de citoyens, s'ils ne l'abjuroient pas. Le vieux chancelier le Tellier en signant cet édit, s'écria plein de joie : *nunc dimittis servum tuum, Domine, quia viderunt oculi mei salutare tuum.* On bannit tous les ministres, qui pour la plupart sortirent du royaume, mais qui furent suivis par la plus grande partie de leur troupeau. Louvois crut empêcher l'émigration en faisant garder les frontières du royaume, & en remplissant les prisons de ceux des fugitifs qu'on saisissoit. Ces précautions n'empêchèrent pas une multitude immense de familles de sortir ; elles emportèrent avec elles leur argent, leur industrie & leurs arts. L'Allemagne, la Hollande, l'Angleterre, la Suisse se peuplèrent de françois industrieux, qui y établirent des fabriques & des manufactures, qui y portèrent des arts & du goût ; ce qu'ils gagnèrent en les recevant, la France le perdit. On croit qu'il sortit alors de France plus d'un million d'habitans. On remplit les prisons & les galeres de ceux qu'on arrêta dans leur fuite ; mais ces galériens & ces prisonniers malheureux étoient également perdus pour l'état. On en envoya une foule d'autres en Amérique, pour s'en débarrasser. Les catholiques persécutèrent ceux qui demeurèrent chez eux ; on les traita en plusieurs endroits comme des proscrits. Le désespoir fit prendre les armes dans la suite aux habitans des Cevennes. On renouvelloit & changeoit chaque jour contre eux les édits & les déclarations : les émigrations continuèrent pendant plusieurs années ; il sembloit que les calvinistes devoient être détruits complettement en France ; mais il en restoit, vers la fin du siècle dernier, plus de cinq cens mille dans le royaume, & on compte aujourd'hui qu'ils sont encore la douzième partie de ses habitans.

Les hommes éclairés, les cours souveraines & les ministres sentent aujourd'hui la nécessité de changer la déclaration qui a révoqué l'édit de Nantes : graces aux lumières de notre siècle, il est bien reconnu qu'il est indispensable de donner un état civil aux protestans, & le public attend avec impatience les suites des délibérations sur cette matière.

NAPLES, royaume d'Europe, situé dans la péninsule de l'Italie.

Il est borné vers le nord-ouest par l'état de

l'égide, & la Méditerranée & la mer Adriatique l'environnent de tous les autres côtés. Sa surface peut être évaluée à environ 1260 milles géographiques quarrés.

Nous ferons 1°. un précis de l'histoire politique du royaume & du gouvernement de *Naples* : 2°. nous parlerons du sol, de la population, de la division des propriétés, des productions, du commerce & des monts-de-piété de *Naples* : 3°. nous dirons quelques mots sur ses tribunaux & sur son administration, sur la marine & les troupes de terre : 4°. nous terminerons ce morceau par des remarques sur les avantages du royaume de *Naples* & sur les réformes dont il paroît susceptible.

SECTION PREMIERE.

Précis de l'histoire politique du royaume & du gouvernement de Naples.

Les provinces qui composent le royaume de *Naples*, étoient autrefois soumises à la république romaine, & elles obéirent ensuite aux empereurs. Au cinquième siècle, elles furent inondées, comme tout le reste de l'Italie, par les visigoths, les hérules & les ostrogoths ; mais Bélisaire, l'un des généraux de l'empereur d'Orient, Justinien, fit la conquête de la Sicile & des provinces qui forment actuellement le royaume de *Naples*. Ces provinces ou duchés furent bientôt divisés : une partie resta sous la domination de l'empereur grec, & l'autre tomba au pouvoir des lombards. Les sarrasins envahirent enfin la Sicile, & firent de fréquentes incursions dans la Terre-ferme, qu'ils ravagèrent. Quoique les francs eussent chassé les lombards de l'Italie supérieure, ils ne purent cependant se rendre maîtres de l'inférieure. Vers l'an 1016 les premiers normands y abordèrent & y bâtirent la ville d'Aversa, qui fut soumise à Rainolphe, sous le titre de comté. Les fils de Tancrede, comte de Hauteville, invités par celui-ci, se joignirent en 1035 à leurs compatriotes, & en peu de temps les normands subjuguèrent la Pouille ; & Guillaume, l'un d'eux, en prit possession en 1043, sous le nom de comté. Le pape Léon IX donna au comte Hunfred l'investiture de la Pouille, de la Calabre, & de tout ce que les normands pourroient conquérir en Sicile. Ils asservirent à leur domination la Calabre ; & un de leurs chefs, Robert Guiscard, fut le premier duc de Pouille ; ils s'emparèrent de la principauté de Capoue, du duché de Bari, de toute la Sicile & des principautés de Salerne, d'Amalfi & de Bénévent. Le pape Urbain II déclara en 1098 le comte Roger II & tous ses descendants, légats-nés du saint-siège en Sicile, & Roger posséda toutes les terres qui composent actuellement le royaume de *Naples* : en 1130 il prit le titre de roi de Sicile, de duc de Pouille,

de prince de Capoue, ou en général de roi des Deux-Siciles ; il érigea Palerme en ville capitale, & il y fit sa résidence. Après la mort de Guillaume III, Constance, femme de l'empereur Henri VI, né duc de Suabe, se trouva le dernier rejetton & héritier de la succession du roi Roger. Cette princesse, avant de mourir, institua pour héritier de son royaume Frédéric II son fils, empereur romain, & la couronne passa dans la maison de Suabe ou de Hohenstauffen. Conrad IV, fils de Frédéric, étant mort, Mainfroi, fils naturel du même Frédéric, s'en rendit maître ; le pape Urbain IV & ensuite Clément IV, irrités contre la maison de Suabe, offrirent à Charles d'Anjou le royaume de Sicile & de *Naples* ; & ils donnèrent en effet la couronne à ce prince. Mainfroi périt dans une bataille. Le gouvernement de Charles fut si rigoureux, que ses sujets indignés excitèrent le fils de Conrad IV, appellé *Conrad* par les allemands, & *Conradin* par les italiens, & l'unique héritier de ce royaume, à venir s'emparer de l'héritage de son père. Mais ce jeune prince n'essuya que des revers, & il mourut en 1268. Sa mort assura à Charles I la possession du royaume de *Naples* & de Sicile ; & Marie, fille du prince d'Antioche, lui ayant cédé tous ses droits sur celui de Jérusalem & d'Antioche, il prit en 1277 le titre de roi de Jérusalem ; il perdit la Sicile dans une révolte des siciliens conduits par un gentilhomme, nommé *Jean de Procida*. Tous les françois furent massacrés dans cette révolution arrivée le 3e jour de pâques de l'année 1282, au moment où la cloche sonnoit vêpres, & c'est ce qu'on appelle les *vêpres siciliennes*. Les bons siciliens élurent pour leur souverain Pierre, roi d'Arragon. Les descendans de Pierre regnèrent en Sicile, jusqu'à l'époque de la réunion de la Sicile au royaume de *Naples*. Charles I, roi de *Naples*, eut pour successeur Charles II, & ensuite Robert, fils de celui-ci, dont la célèbre reine Jeanne qui se maria quatre fois, fut la petite-fille. Elle déclara pour héritier de son royaume le duc Louis d'Anjou, frère de Charles V, roi de France ; ce qui n'empêcha pas le pape Urbain VI de donner la couronne à Charles de Durazzo, frère de Robert. Charles fit étouffer la reine Jeanne, & devint roi de Hongrie. Ladislas, son fils & successeur, laissa le royaume à sa sœur Jeanne II, qui déclara pour son héritier Alphonse, roi d'Arragon & de Sicile ; celui-ci se mit paisiblement en possession du royaume de *Naples*, & le réunit à celui de Sicile. Il eut pour successeurs immédiats au premier de ces deux royaumes, son fils naturel Ferdinand I & Alphonse II son fils légitime : Alphonse II céda la couronne de *Naples* à son fils Ferdinand II. A la mort de ce prince, Frédéric d'Arragon, frère de son père, dernier rejetton de la postérité d'Alphonse I, & dernier roi de *Naples* de la maison d'Arragon, se mit en possession de la couronne ; mais elle\ ui fut bien-tôt enlevée par le roi d'Espagne, Ferdinand le catholique, & Louis XII, roi de France, qui partagèrent ses états. Ce partage ne subsista pas long-temps. Ferdinand disoit que tout le royaume lui appartenoit, comme au fils & successeur de Jean II, roi d'Arragon & de Sicile, frère d'Alphonse I, & il l'envahit effectivement en entier. Depuis cette époque, le royaume fut administré par des gouverneurs espagnols, jusqu'à la mort de Charles II, roi d'Espagne, au commencement de ce siècle. Durant la guerre longue & sanglante de la succession, l'armée impériale, sous la conduite du comte de Daun, rangea en 1707 le royaume de *Naples* sous la puissance du roi Charles III, (depuis empereur, connu sous le nom de *Charles VI*,) qui en 1720 devint de plus maître de la Sicile. En 1734, les espagnols s'emparèrent de ces deux états pour l'infant dom Carlos. Deux ans après, l'empereur y renonça par un acte formel, en faveur de dom Carlos, de sa postérité mâle & femelle ; & à son défaut, en faveur de ses frères & sœurs à venir. Le roi Charles monta sur le trône d'Espagne en 1759 ; il déclara roi des Deux-Siciles Ferdinand son troisième fils, qui règne aujourd'hui, & il établit une loi de succession, en vertu de laquelle ces états ne doivent jamais être réunis à la monarchie d'Espagne.

Le roi prend le titre de roi des Deux-Siciles, de Jérusalem, &c. L'usage du premier de ces titres a été renouvellé par le roi Charles ; mais son origine remonte jusqu'au douzième siècle. Ce fut à cette époque que Roger II, comte de Sicile, fut fait aussi roi de *Naples*, & prit le premier ce double titre. Le fils aîné du roi s'appelle *duc de Calabre*. L'investiture que les rois de *Naples* reçoivent du pape, a commencé vers le milieu du onzième siècle. Le pape Léon IX investit alors le comte Hunfred & ses héritiers, de la Pouille, de la Calabre, & de tout ce que les normands conquerroient dans la Sicile. Quoique cette investiture ne fût autre chose qu'une bénédiction donnée par le souverain pontife aux armes des normands, & une cérémonie qui légitimoit leurs entreprises belliqueuses, & à laquelle ces dévots conquérans attachoient beaucoup de prix, elle est devenue le principe de cette véritable investiture introduite par les papes. Nicolas II lui donna en 1059 une forme encore plus régulière à Melfi, lorsqu'il y conféra au duc Robert Guiscard les duchés de Pouille, de Calabre & de Sicile. La même chose arriva à Richard, relativement à la principauté de Capoue. Les normands se soumirent à la cour de Rome en qualité de vassaux, pour se mettre en sûreté contre les empereurs d'orient & d'occident. Après la conquête des autres principautés qui composent aujourd'hui le royaume de *Naples*, les normands s'en firent aussi investir par les papes. Robert

abandonna en outre au saint-siège la ville de Bénévent ; & les papes, en donnant l'investiture du royaume, eurent soin de se réserver cette ville. Le roi se reconnoît vassal du pape, & il lui envoie chaque année une haquenée blanche avec une bourse de 6000 ducats.

SECTION SECONDE.

Du sol, de la population, de la division des propriétés, des productions, du commerce & des monts-de-piété de Naples.

L'Apennin s'étend dans toute la longueur du royaume, & aboutit au détroit de Sicile.

Si le royaume de *Naples* a des avantages sans nombre, il est sujet à des tremblemens de terre fréquens, & dont les ravages sont terribles. Ils sont sur-tout très-communs dans la partie inférieure, où l'on observe par-tout avec effroi les ruines d'un grand nombre de villes autrefois fameuses, & dont il est à peine resté le nom. Nous avons vu de nos jours une partie de la Calabre bouleversée par des accidens de cette espèce, & une si effroyable catastrophe a frappé de terreur l'Europe entière.

Ce royaume comprend 144 villes, & en 1760 on y comptoit 394,721 feux.

Des calculs faits en 1782 donnèrent le tableau suivant de la population du royaume de *Naples*. On y comptoit 2,187,086 hommes, 2,230,262 femmes, 850,203 garçons, 810,633 filles, 45,525 prêtres, 24,694 moines & 20,973 religieuses, non comprises les troupes.

Les juifs qui y furent reçus vers l'an 1200, & qui en furent chassés en 1540, obtinrent en 1740, dans ce royaume & dans celui de Sicile, des libertés & des privilèges plus considérables, qu'on ne leur en avoit accordé ailleurs depuis beaucoup de siècles. On leur permit d'y rester 50 ans, & on stipula qu'au bout de ce terme la permission, si on ne la révoquoit pas, seroit censée prolongée pour 50 autres années avec les mêmes privilèges, avantages, &c. : un grand nombre de familles juives s'y établirent ; mais quelques années après, ces privilèges furent révoqués. A présent un juif ne devroit y séjourner que trois jours ; mais un grand nombre d'entr'eux enfreignent la loi, sans que le gouvernement les inquiète. La noblesse du royaume de *Naples* est très-nombreuse ; car, selon quelques auteurs, on y compte 935 vassaux du roi ; savoir, 119 princes, 156 ducs, 173 marquis, 42 comtes & 445 barons, outre la noblesse ordinaire qui est fort considérable. Mais la terre à laquelle est attaché le titre de marquis, ne rapporte quelquefois pas plus de 200 livres par an.

Des personnes bien informées assurent que les deux tiers des biens sont entre les mains du clergé, sans que les laïcs puissent espérer d'en recouvrer la moindre partie, parce que l'aliénation de ces biens eft défendue par des loix formelles. Si l'on en croit Giannone, qui s'eft expliqué fans détour & même avec trop de franchife, fur les miniftres de la religion dans le royaume de *Naples*, c'eft l'opinion commune que, fi l'on partageoit le royaume en cinq portions, on trouveroit que les eccléfiaftiques en poffédent quatre, parce que près de la moitié des biens-fonds eft entre leurs mains, & que, par les legs & autres donations, ils obtiennent encore un cinquième & demi du refte : on ajoute qu'il ne meurt perfonne qui, fous un de ces titres, ne paye quelque tribut à une églife ou à un monaftère. Les laïcs ont follicité à plufieurs reprifes les fouverains de défendre aux eccléfiaftiques d'acquérir de nouveaux biens-fonds ; ils ont obfervé qu'il n'en refteroit bientôt plus pour eux-mêmes.

La fertilité du fol eft extrême : il produit en abondance différentes fortes de bleds, d'excellens fruits, des oranges & des légumes toute l'année, de l'huile, des vins qui pourroient être exquis, du riz & du lin. On recueille une quantité confidérable de manne dans la Calabre, & on y cultive, ainfi que dans bien des cantons, du fafran qui paffe pour être de la première qualité.

Le bétail y réuffit ; il y eft fort abondant, & les chevaux napolitains ont de la réputation. La laine des moutons eft fine & d'une bonne qualité, & on recueille affez de foie pour en exporter une très-grande quantité.

Ferdinand I d'Arragon eft le premier qui ait établi & encouragé dans ce royaume les arts & les manufactures, & en particulier celles de foie & de laine ; mais on verra tout-à-l'heure qu'elles font fufceptibles de bien des progrès. Marie-Amelle-Chriftine, princeffe royale & électorale de Cologne & de Saxe, employa des fommes confidérables à établir dans toutes les provinces de nouveaux hôpitaux, & à pourvoir ces hôpitaux de manufactures de laine, qui devoient fervir à habiller les troupes. Ces fabriques, jointes aux productions naturelles du pays, font les objets du commerce des napolitains.

On ne trouve nulle part autant de monts-de-piété ou de banques que dans le royaume & la ville de *Naples*. Tous les monts-de-piété de *Naples* contiennent des banques. « Ces banques, dit » un voyageur, ont en dépôt l'argent de tous les » particuliers, de quelque état qu'ils foient. Elles » le placent à intérêt, ou ne le placent pas, » mais elles n'en payent aucun à celui à qui il » appartient : ce n'eft pas un prêt, ce n'eft qu'un » dépôt ». Cet auteur pourroit bien fe tromper, & nous croyons nous fouvenir que quelques banques de *Naples* payent un intérêt fur ces dépôts. Le même voyageur ajoute : « ces banques délivrent un » récépiffé du dépôt, qu'on nomme *polizza*. Cette » police eft fur papier timbré, paraphé & diffi-» cile à contrefaire. Chaque banque a fon fceau,

» fes marques diftinctives ; & elle ne paye, & » l'on ne peut payer, fous peine d'être expofé » à payer deux fois, qu'avec ces polices. La loi » eft telle : une quittance, en quelque forme » qu'elle fût, n'en garantiroit pas. Si la fomme » à payer eft moindre, ou excède la valeur de » la police, on fait le décompte en argent comp-» tant, on le fpécifie au bas de la police, & l'on » enregiftre le tout à la banque.

» Si l'on a befoin d'une partie de la fomme » depofée, on vous la délivre en faifant note fur » les regiftres & fur la police qu'il faut repré-» fenter, de la quantité retranchée fur le dépôt » total.

» On prétend que cet établiffement, dont tou-» tes les fonctions s'exercent gratis, même à l'é-» gard du papier des polices qu'on fournit, eft » très-avantageux ; qu'il met à l'abri des vols, » des conteftations ; & qu'il eft fans inconvénient. » Je n'affirmerois pas qu'on pût regarder par-» tout ces fortes de dépôts comme fans inconvé-» nient pour perfonne. L'auteur d'une femblable » inftitution ne doit pas être regardé comme un » homme mal-adroit.

» L'avantage inappréciable de la banque eft de » placer à intérêt. Il eft vrai qu'on peut lui re-» demander fon argent d'un moment à l'autre ; » mais, comme on lui en porte tous les jours, & » qu'elle a d'ailleurs un très-grand crédit, elle » n'eft jamais embarraffée.

» Ces polices, quoique fingulièrement difficiles » à contrefaire, comme les papiers-monnoies des » banques de Londres, ont été cependant contre-» faites, & les banques elles-mêmes trompées » ont payé & perdu la fomme ».

En 1786, un incendie défaftreux a confumé le *monte-de-pegni*.

Les papiers publics dirent après cet accident, que les revenus annuels du *monte-de-pegni* étoient de 108,000 ducats, ou d'environ 470 mille liv. de France ; que ce lombard avoit un fonds de 720 mille ducats, deftiné aux gages de drap, de toile, de cryftal & verrerie, & d'or, qui ne paffent pas 10 ducats, & lefquels ne paient aucun intérêt, afin de fubvenir aux befoins de la portion indigente du peuple ; qu'une telle fomme, renouvellée quatre fois l'an, formoit une circulation de prefque trois millions de ducats, ou environ 13 millions de France ; qu'il avoit en outre un fonds de 280 mille ducats pour les gages qui paffent la valeur de dix ducats, & paient un intérêt de fix pour cent ; qu'une partie du revenu de ce lombard étoit employée au foutien de plufieurs familles indigentes, tant nobles que bourgeoifes, & le refte à défrayer les dépenfes de l'établiffement ; que ce n'eft pas une exagération de faire monter à un million deux cents mille ducats le dommage caufé par cet incendie : & , comme c'eft une règle que ce mont-de-piété ne donne que le quart de la valeur des effets engagés, il en résulte que le public fait une perte inestimable. On remarque que la populace napolitaine, quelque violentes & nombreuses qu'aient été les insurrections auxquelles elle s'est portée, a toujours respecté cet établissement comme un dépôt sacré.

SECTION TROISIEME.

Des tribunaux de l'administration, des forces de terre & de la marine du royaume de Naples.

La division du royaume en douze provinces, appellées *Giustizierati*, qui est encore usitée de nos jours, s'attribue ordinairement à l'empereur Frédéric II; mais elle ne vient pas de lui seul, puisque Charles I d'Anjou, Alphonse Iᵉʳ d'Arragon & Ferdinand le catholique y ont aussi eu part.

Il n'y a que deux classes d'habitans dans ce royaume; celle de la noblesse & celle du peuple. Le clergé n'en forme pas une particulière. On ne confère des charges publiques qu'à des membres de l'une des deux classes. Au parlement le clergé n'a pas de place distinguée; & lorsque quelquefois on y invite des prélats, ce n'est qu'à titre de feudataires.

Les assemblées générales ou parlemens sont convoqués tous les deux ans dans la capitale. Elles se tiennent dans le couvent des Franciscains près de l'église saint Laurent : on y délibère sur le don gratuit qu'on accorde au roi, & qui a plusieurs fois passé la somme d'un million 500 mille écus.

Les collèges royaux, chargés du gouvernement, sont le conseil d'état, composé de neuf conseillers & de quatre secrétaires; le conseil de guerre & de marine; le conseil de la Sicile; le tribunal royal de sainte Claire; le magistrat royal du commerce; le tribunal de la grande cour de justice de la vicairerie; le tribunal des affaires ecclésiastiques.

Ce qui regarde les tribunaux de judicature doit se trouver dans le dictionnaire de Géographie : nous remarquerons seulement qu'en 1754 le roi Charles établit dans tout le royaume un nouveau code de loix, qu'on appelle *codex Carolinus*.

Il faut observer que les napolitains se sont toujours opposés à l'établissement de l'inquisition, sur-tout sous le règne de Charles-Quint, de Philippe II, de Philippe IV, de Charles II & de Charles VI, & qu'aucun bref ou décret du pape ne peut s'y publier & n'y a de valeur, qu'après avoir obtenu l'exequatur du roi.

L'ordre de chevalerie de S. Janvier fut fondé en 1738 par le roi dom Carlos, & a pour marque l'image de ce saint, attachée à un ruban ondé couleur de chair, placé en forme de baudrier de droite à gauche. Les chevaliers portent d'ailleurs sur le côté gauche de la poitrine une plaque brodée en argent. Le roi est le grand-maître de l'ordre.

Les troupes de terre consistent, selon M. Grosley, en temps de paix en 40 à 50 mille hommes environ, & il y a plusieurs régimens suisses. On dit qu'avant l'administration de M. le chevalier Acton, la marine étoit composée de deux vaisseaux de guerre de 60 canons, de 4 chebecs de 18 & 20 canons & de galeres; mais ce ministre s'est occupé de cette partie avec tant de zèle, & a fait un si grand nombre de constructions, que la marine de *Naples* est aujourd'hui beaucoup plus considérable. Ne pouvant pas compter sur l'état que nous avons, nous ne le donnons pas au public.

Il y a dans le dictionnaire de Finances un long article sur les revenus & les impositions du royaume de *Naples*, & nous y renvoyons le lecteur.

SECTION QUATRIEME.

Remarques sur les avantages du royaume de Naples, *& sur les réformes dont il paroit susceptible.*

S'il est en Europe un état qui puisse fournir les choses nécessaires à la vie & au luxe, c'est le royaume de *Naples* : la nature y a rassemblé toutes les productions des trois règnes, dont elle a favorisé ce continent, dont les hommes se sont fait un besoin, ou à la possession desquelles ils attachent du plaisir : elle y est aussi variée à tous égards, qu'elle l'est ailleurs dans une longue suite de pays.

De leurs ports excellens & nombreux les habitans peuvent gagner en peu de jours les contrées du levant, toucher à l'Afrique, aborder en Espagne & en France; &, s'ils le vouloient entreprendre avec le même avantage que les autres nations, le commerce des deux Indes.

Aucun pays, dans le monde, n'est plus fertile en toutes sortes de grains. Il y a des vins en abondance, & qui pourroient être délicieux comme ils le furent jadis; il abonde en excellens chevaux, en gros bétail & même en moutons, principalement en toutes sortes de gibier & de volailles; par conséquent en viandes, en laitage, en cuirs, en peaux, en poil, en laines. Riche en soie, en huile & en toutes sortes de fruits; il récolte des chanvres, du lin, du coton, de la manne, de la réglisse, & toutes les espèces de légumes. On n'a qu'à ouvrir la terre pour y trouver des métaux. Ses bois, ses marbres, son soufre, son alun, sa pouzzolane, &c. & jusqu'à ses laves, sont des branches de commerce : il exporte du miel, de la cire, les mouches cantarides, des oranges & des limons en nature, des essences & diverses pâtes parfumées. Et, comme si la nature eût pris plaisir à enrichir ce pays de tous ses dons, il n'est pas de mers

plus

plus poiffonneufes que celle des Deux-Siciles, & l'on y peut faire du fel par-tout.

Le royaume de *Naples* devroit donc être un état-agricole, marin & commerçant; il pourroit être, fous ces trois afpects, un état des plus floriffans de l'Europe. Il veut être militaire, & il n'eft rien.

Le premier vice fans doute, dit M. Roland de la Plâtriere, eft l'arbitraire de l'impôt, qui de plus eft prefque par-tout mal-affis.

« Le plus ancien, le plus conftamment inégal, eft le refte de la contribution-des anciens feudataires du royaume. Affis fur les biens titrés, & prefque tous les biens-fonds le font, on l'appelle la taxe des barons, parce que les barons poffédoient tout, comme la nobleffe poffède encore prefque tout ».

M. Roland de la Plâtriere ajoute, felon un calcul qui s'éloigne peu de celui que nous avons donné plus haut : « le feul royaume de *Naples* contient environ 1000 terres titrées, plus de 100 principautés, plus de 150 duchés, près de 200 marquifats; une cinquantaine de comtés, & près de 500 baronnies, fans compter les titres que le roi crée, & beaucoup d'autres perfonnels qu'il donne, quand, comme & à qui il veut. Cet impôt féodal eft très-inégal dans fa répartition, qui a plutôt été faite d'après le crédit & l'autorité, que fur l'étendue, la valeur ou le produit des fonds ».

« Indépendamment de la taxe des barons, il en eft d'autres plus directement territoriales & établies fur les revenus des poffeffions, dont chacun doit faire une déclaration exacte, fous peine de confifcation : les moines mêmes qui, de tems immémorial, avoient joui de beaucoup d'exemptions, y ont été affujettis. Mais on fait des baux au-deffous de la valeur; on y fupplée par des contre-lettres : on montre le bail, & la taxe s'affied d'après cette fupercherie».

« On fe plaint auffi beaucoup de l'arbitraire dans la répartition. Sans doute on peut objecter aux plaintes contre cet arbitraire, même contre la nature des impôts, les confeils, les bureaux, les chambres établies à *Naples*, où l'on porte & difcute l'un & l'autre; mais je fais que quand le miniftre, fon fecrétaire ou fon intendant ont décidé, le confeil, le bureau, la chambre agitent bien ou en ont l'air, pour fe conferver celui de l'utilité & de la dignité; mais on tient à fa place, à fa dignité, à fa penfion, à fon crédit ».

« La commune fe répartit d'autres impofitions, dont le produit, fuivant l'inftitution, ne doit être difponible par l'adminiftration qu'en faveur des membres de cette commune ».

« On crie encore contre ces impofitions, mais bien moins contre elles proprement, m'a-t-on dit, que contre les voies détournées qu'on fait prendre à l'argent qui en provient; comme celui deftiné à la confection des chemins, dont la taxe

eft répartie fur les communautés, lorfque fouvent les chemins ne fe font pas; car ces dernières impofitions ne s'appellent pas royales, parce qu'elles ne font point cenfées entrer dans les coffres du roi. Les miniftres n'ont cependant pas befoin d'employer de grands moyens pour en changer la deftination ».

« C'eft la municipalité, fous la main du miniftère, qui fournit à la ville de *Naples* le bled & toute l'huile néceffaires à fa confommation. Quand ces denrées renchériffent, on en défend l'exportation : il faut bien qu'elles refluent à *Naples*; elles diminuent de prix, fouvent elles tombent au plus bas. L'adminiftration les vend toujours au même prix : maitreffe de fermer ou d'ouvrir la porte à fon gré, il en réfulte un moyen fûr de gagner beaucoup d'argent, & de décourager en même-temps beaucoup l'agriculture ».

« On ne peut rien extraire de ces objets qu'avec permiffion & en payant : on ne l'accorde que jufqu'à telle concurrence; c'eft au plus diligent, au mieux protégé, ou à celui qui finance davantage qu'appartient ce droit ».

« Si l'on n'excédoit pas de beaucoup ces permiffions, & qu'on ne fît pas la contrebande d'ailleurs, en trompant la vigilance, ou foudoyant la baffeffe des employés, ce pays que tant de gênes ont rendu miférable, le feroit bien davantage. On pouffe plus loin le fyftème des prohibitions, à l'égard des chevaux; & c'eft en outre plus encore au préjudice du fifc même. La Bafilicate, l'Abruzze, la terre de labour en produifent d'une encolure particulière & belle, & d'une vigueur rare, à laquelle celle des chevaux de peu de pays eft comparable. Il eft beaucoup de perfonnes fans doute qui tireroient leurs attelages de *Naples*, parce que ces chevaux font jolis; mais l'extraction en eft févérement défendue ». —

« La manne pourroit faire un objet de culture & de commerce confidérable pour la Calabre, fi le trafic étoit libre; mais le roi fe l'appropriant à un prix qu'il y met, tout moyen d'encouragement eft détruit; & fans l'efpoir d'en efcamoter quelques parties aux yeux de la maltôte, pour la faire paffer furtivement fur les bâtimens qui voguent fur fes côtes, on en récolteroit beaucoup moins encore. Il en eft de même de la foie, dont *Naples* accorde ou refufe à fon gré l'extraction; encore faut-il que ce foit toujours par *Naples* qu'elle fe faffe, lors même qu'on le permet : il faut donc que cette foie, embarquée quelquefois fur le golfe de Venife ou celui de Tarente, faffe le tour de la Calabre, arrive à Naples, y foit déchargée & rechargée après les droits acquittés, pour être portée enfuite à Livourne, à Gênes ou en France; il faut rifquer les avaries, les échouemens, faire doubles frais, & perdre du temps fort inutilement ».

« Les laines, dont il feroit facile de décupler la quantité, dont on pourroit avec quelque foin,

dans la Pouille fur-tout, finguliérement perfectionner la qualité, dont nous tirons beaucoup en
France, principalement pour alimenter nos fabriques de draperies ordinaires du Languedoc, &
qui paffent ainfi à Rouen pour celles de Darne-
tal & des environs : ces laines, dis-je, font affujetties à des droits de fortie, après que les animaux qui les donnent, ont été affujettis à un
droit particulier de pâcage. Les légumes ne peuvent pas toujours fortir : on a befoin de permiffions, & toujours on paye des droits ».

« Il y en a enfin fur tous les objets d'exportation,
excepté pour les confitures, le chocolat, les bon-
bons, dont le commerce fe fait en exemption
de droits, attendu ceux qu'ont payés à l'entrée
les matières premières, le fucre, le cacao, &c ».

« On a entrepris à *Naples* différens genres de
fabrique qui y avoient très-bien réuffi : des hollandois y en avoient monté une de draps, & ils
en faifoient de très-beaux ; mais loin de les favorifer, on fembloit les regarder de mauvais œil,
parce que, dirent les publicains, ces fortes d'établiffemens qui arrêtoient l'importation, faifoient
tort aux douanes du roi ».

« Il eft vrai qu'il n'y a ici, ni taxes d'induftrie
proprement dite, ni impofition fur les maifons,
ni capitation ; & c'eft un grand point de ne pas
fournir aux corps municipaux & de métier, les
moyens de vexer ceux de leurs concitoyens ou
de leurs confrères dont ils font jaloux, ou contre
lefquels ils ont quelque haine ou vengeance à
exercer ; mais les taxes fur les denrées, fur l'entrée & la fortie des marchandifes qui font autant
payer le pauvre que le riche, ont bien auffi leurs
inconvéniens ».

« Les maccharoni, les femolella, les vermi-
célli & autres pâtes, dont *Naples* fournit l'Italie en
grande partie, & dont la confommation ne peut
fe concevoir que par ceux qui y ont voyagé, font
dans le cas du bled : fouvent l'extraction en eft
prohibée, & l'on veille à ce que les bâtimens
n'en prennent que pour leur provifion. Il ne fort
guère de vin que par la voie de *Naples*, des environs & jufques par-delà Pouzzole. L'objet eft
de peu de valeur, parce que les droits font trop
forts ».

« Il y a des papeteries affez confidérables dans
les environs de Sorrento ; & quoiqu'on n'y faffe
que du papier ordinaire, il paye cependant des
droits pour entrer dans la ville, comme tous les
objets qui fe fabriquent dans la ville en paient,
pour refluer dans les provinces. De l'habitude de
tirer de l'étranger tous les papiers de qualité au-
deffus de l'ordinaire, & des droits trop forts fur
ceux du pays, il réfulte qu'on ne cherche point
à le perfectionner, non plus qu'à en étendre la
co.fommation. La France fournit à *Naples* la plus
grande partie du papier à lettres qui s'y confomme, non qu'on l'y juge meilleur que celui d'Hol-

lande, que les françois même préfèrent au leur
pour cet ufage, mais parce qu'il eft moins cher ».

« Les droits d'entrée à *Naples* fur la draperie
font fi confus, fi bizarres, fi difproportionnés
aux objets, par la manière de les percevoir & de
les payer, qu'il feroit difficile ou trop long de
les déterminer avec précifion. En rapprochant
leurs différences à l'égard des diverfes efpèces,
on prétend que le taux commun fe préfente de
20 à 24 pour cent ; mais qu'au moyen des factures fimulées, des bons aunages, &c. on en ef-
quive une partie, & qu'on les réduit de 12 à 15
pour cent ; mais on prétend auffi que les anglois
qui fournissent beaucoup de ces articles, par la
nature de ceux qu'ils fournissent, ne paient guère
que moitié des droits que nous payons. Ceci leur
facilite tellement ce commerce, dans les parties
fur-tout où leurs laines de bas prix & de bonne
qualité peuvent entrer, que les françois mêmes
établis à *Naples* leur donnent des commiffions,
fur lefquelles ces premiers gagnent encore autant que fur les marchandifes de leur propre
pays ».

« Il feroit important pour la nation françoife
de faire régler ces droits d'une manière plus uniforme, ainfi qu'on l'a demandé en nombre de
circonftances : s'il eft quelqu'avantage à procurer, quelque faveur à accorder, ce doit plutôt
être à l'égard de la famille qu'au profit des étrangers. Cette inégalité qui favorife aujourd'hui
l'Angleterre, équivaut à un impôt égal fur la
France ».

« Les napolitains ont bien des manufactures de
draperies ; ils fabriquent les draps d'uniforme pour
les foldats, ceux pour les gardes du roi qui n'en
diffèrent pas extraordinairement, & beaucoup de
ceux employés en livrées, qui font un objet immenfe. Ils y emploient des laines du cru, qui font
bonnes & à bas prix, ainfi que la main-d'œuvre, & rien ne femble manquer à ces établiffemens pour profpérer ; cependant, fans avoir atteint un haut degré de fplendeur, ils font déjà
déchus : une main étrangère les a élevés & foutenus. Abandonnés à l'induftrie nationale, ils dé-
périffent : ils font aujourd'hui dans le plus grand
état de pauvreté, & la multiplicité de leurs pratiques, fans concourir à en perfectionner les productions, ne fert qu'à les enrichir davantage. Ils
ne favent même pas dégraiffer les laines ; ils n'entendent rien ni au foulage, ni à l'apprêt des draps,
ni d'aucune étoffe ; & l'on vient de fe voir forcé
de donner des commiffions à un fabricant d'Elbe
f, qui eft ici, pour fournir à toute la livrée
du roi, dans les différentes qualités ».

« On eft neuf dans les opérations de la fabrique des étoffes de foie, à commencer par l'é-
cruage des foies, & fur-tout par les teintures
dans lefquelles on eft fort ignorant, jufqu'à l'exécution des deffeins, dont l'imitation refte groffière, & dont l'invention eft à naître ».

« Les droits d'entrée, de 20 à 25 pour cent sur les soieries étrangères, seroient bien forts, si la rufe ne venoit de temps en temps au fecours pour les diminuer fur quelques parties. Ceux fur les bas font de 4 & demi carlins par paire, & l'on ne fauroit s'habiller qu'avec des bas de France; mais il en entre plus de la moitié, peut-être les trois quarts en contrebande. On m'a affuré, avec le ton de la perfuafion, que si cette taxe étoit réduite à un carlin par paire, elle rapporteroit davantage au fifc ». On ne peut guères en douter, & l'accroiffement des revenus de l'Angleterre par la diminution des droits fur le thé, en eft une bonne preuve.

« Le peu de toile qui fe fait dans le royaume de *Naples*, eft commune & groffière. Prefque tout ce qu'on y confomme, fe tire de la Siléfie ou de la Suiffe, & toutes les toiles peintes de ce dernier pays, celles de France, en général, font trop chères pour les italiens ».

« Il fe fait quelque fer dans le royaume de *Naples*; mais la plus grande partie fe tire de la Suède & de la Ruffie. Il eft en ferme avec le fel & le tabac, comme ces deux derniers objets en France. Le fel coûte environ 2 fols 6 deniers la livre; & la culture du tabac eft défendue à toute autre perfonne qu'aux religieux, qui peuvent en avoir tant de plantes par individu pour leur confommation ».

Un auteur napolitain, M. Michel Torcia, a préfenté en 1784 à l'académie des fciences & belles-lettres, un *état de la navigation nationale fur toute la côte orientale de ce royaume*; & on trouve, dans cette differtation qui eft imprimée, des remarques curieufes.

La longue & fertile côte depuis Reggio jufqu'à Crotone, n'a pas un bâtiment marchand, pas même un bâteau pêcheur.

L'oppreffion féodale y emporte à elle feule, en bien des endroits, le quart fur le produit de la pêche, & trente pour cent fur l'article du pain.

Ce pays n'eft pas feulement foumis à l'oppreffion des barons, il l'eft à celle des abbés commendataires, des évêques & archevêques, des couvens de religieufes & de religieufes, des prieurés; bailliages & commanderies de Malthe, des villes & autres communautés qui jouiffent des droits baronaux fur leurs villages.

Si le cultivateur récolte plus de bleds qu'il n'en faut pour la fubfiftance de fa famille & de fes ouvriers, il ne peut vendre le fuperflu à l'étranger, avant que le feigneur du village ait vendu le fien. Il ne peut même les voiturer chez lui, avant que le feigneur ait achevé de fe fervir de fes voitures, &, en plufieurs endroits, fans rien payer.

Sous Charles III on avoit reprimé quelques abus de la tyrannie des barons; mais nous venons de les voir repulluler de nos jours par la défuétude,

& même le mépris où on a laiffé tomber fes fages loix.

Des barons du premier ordre viennent de s'emparer de diverfes forêts appartenant aux communautés; ils les ont coupées; ils en ont vendu les bois, & ils en ont converti le fol en terres labourables, en vignobles & châtaigneries pour leur unique profit.

Les mêmes caufes ont produit des effets auffi funeftes fur l'autre côte non moins longue & non moins fertile, qui fe trouve depuis Cortone jufqu'à Tarente.

On peut voir, dans l'ouvrage indiqué tout-à-l'heure, la multitude de ports du royaume de *Naples* qui fe font comblés; les caufes qui ont réduit à quelques rades les lieux où abordent les bâtimens; la mifère des campagnes & du commerce; les moyens de revivifier l'un & l'autre. Ce tableau eft affligeant.

On a fait fur l'adminiftration du royaume de *Naples* un très-bon livre, intitulé NAPLES: il eft à propos d'indiquer ce livre, & d'en donner un extrait.

L'auteur de cet écrit dit dans le 4e chapitre, en parlant de la nation napolitaine.

« Elle habiteroit un pays fertile, qui produiroit de tout, & ce feroit peut-être cette grande abondance qui feroit fon malheur; elle fe repoferoit trop fur la bonté de fon climat. Si elle eût occupé un terrein plus ingrat, fes befoins l'auroient avertie d'être plus induftrieufe; & fa ftérilité, en la forçant au travail, lui eût donné une activité que fa fécondité lui auroit refufée. Ainfi il arriveroit qu'avec tous les avantages d'une nation du midi, elle éprouveroit tous les inconvéniens de celles du nord ».

« Quoique les fujets fuffent pauvres, le roi feroit riche; & il le feroit bien davantage, fi fes prédéceffeurs n'avoient vendu l'état en détail, pour avoir de l'argent en gros. Ils auroient engagé les revenus de la couronne pour un temps, ou pour toujours, à des particuliers qui feroient aujourd'hui les fouverains en fecond; & le peuple, qui auroit par-là un roi & plufieurs petits monarques, n'en feroit que plus mal ».

Cet auteur traite des avantages du royaume de *Naples* fur les autres états de l'Europe; il prétend que tout manque à plufieurs, beaucoup de chofes à tous, & que ce royaume poffède, ou peut tout poffèder. La réforme du luxe, l'établiffement des pragmatiques; des loix fomptuaires, attendu que toutes les chofes du luxe fe tirent du dehors; des réglemens & des encouragemens, parce que la réforme du luxe ne fuffit pas, lui paroiffent néceffaires, ainfi que des chambres d'agriculture en faveur de cet art, dont il donne un état, & qu'il montre très-négligé. En parlant du bled, des laines, des foies, du fafran, des huiles, &c. il avance qu'on pourroit augmenter & perfectionner toutes ces chofes.

Ddd2

Le chapitre xxx offre l'hiftoire du commerce du levant. La Hollande en fut en poffeffion, l'Angleterre enfuite ; enfin il paffa à la France en plus grande partie. Que ne devroit pas faire l'Efpagne, puifqu'elle fournit les matières qui y font les plus propres ? Les fouverains, remarque-t-on ici, ne doivent rien faire pour leur compte, mais tout encourager.

L'auteur prétend que *Naples* pourroit établir ce commerce à quarante pour cent meilleur mar-ché que les états qui en font en poffeffion : mais cette affertion pourroit bien être exagérée.

Il eft queftion, dans le chapitre 31, d'abolir les banques établies à *Naples*, comme préjudi-ciables au commerce. « Dans cette ville, dit-il, perfonne ne répond des fonds. Si l'on en enleveroit de confidérables, ils feroient perdus pour les ac-tionnaires : l'état n'eft pas folidaire ; le roi n'eft pas débiteur ; les gouverneurs des banques n'en font que les agens ; les régiffeurs que les commis. Ces banques reçoivent l'argent pour rien & le prêtent à intérêt, moyen fûr de devenir les pro-priétaires de toutes les richeffes de la nation : il faut à la fin que l'intérêt abforbe le capital. El-les fe font déja appropriées une grande partie de la fomme publique. Cela peut fe démontrer par les fonds en argent qui leur appartiennent en pro-pre, les acquifitions qu'elles ont faites, & les revenus dont elles jouiffent. On peut prédire le temps où toutes les finances du royaume appar-tiendront à ces banques ».

« Outre l'intérêt des fommes dépofées, elles fe rendent encore les héritières d'un bon nombre de ceux qui leur confient leur argent. Si un ac-tionnaire meurt fubitement, & qu'il n'ait pas le temps de déclarer où il a mis les effets qui re-préfentent la fomme qu'il a placée à la banque, elle en profite au préjudice des plus proches pa-rens ».

« Cette feconde main-morte eft plus dange-reufe que celle de l'églife : du moins celle du clergé régulier & féculier fert à l'entretien des individus, & par-là rentre en partie dans la cir-culation générale, au lieu que la feconde laiffe croupir l'argent dans les caiffes ».

« Un autre inconvénient particulier à *Naples*, c'eft que les fommes prodigieufes de ces banques n'ont point de maître : elles appartiennent aux banques, c'eft-à-dire, à un *nom*. La facilité de ces dépôts fait qu'on ne s'induftrie point, qu'on ne fait rien de fes fonds, & qu'ils reftent morts ».

Dans les chapitres 32 & fuivants, jufques & compris le 42e, il propofe de détruire les em-prunts à nantiffement, qui ralentiffent l'induftrie relative au commerce ; d'établir une banque ro-yale, où les capitaines de vaiffeaux, & ceux qui font des fpéculations de mer, puiffent trouver de l'argent à la groffe ; de former une chambre royale d'affurance pour les rifques de mer.

Il fait enfuite des obfervations fur les finances de *Naples* : fans trop fe fouvenir qu'il a dit plus haut que le roi eft riche, il dit ici : « la mo-narchie eft obérée ; fes revenus de la couronne font engagés ; les provinces n'ont point d'ar-gent ; les villes fe trouvent fans numéraire ; la nobleffe eft endettée ; les feigneurs ne font pas riches ; le tiers-état eft pauvre, & la dernière claffe des citoyens demande l'aumône ».

Il ajoute qu'on devroit éloigner de la capitale les arts & les manufactures, pour étendre au loin la circulation des richeffes qui viennent s'englou-tir dans cette capitale, par les opulens qui l'i-nondent, & qu'il feroit bon de faire refluer dans les campagnes ; que la loterie de *beneficiata*, qui forme encore une circulation vicieufe, auroit be-foin d'être réformée ».

Nous avons fait un article particulier de la Si-cile, & nous y renvoyons le lecteur.

Le roi de *Naples* poffède auffi les *préfides*. Voyez l'article PRÉSIDES.

NASSAU (principauté de) & de la maifon de *Naffau* en général.

La principauté de *Naffau* eft fituée dans la Wetteravie. On l'évalue fa longueur à douze mil-les, & fa largeur à fept. Quoique le pays foit fort montueux & fort boifé, on y trouve ce-pendant des prairies & des terres labourables, & le Wefterwald offre de beaux pâturages qui rendent l'entretien du bétail très-utile.

Précis de l'hiftoire politique de la principauté de Naffau, & remarques générales fur la maifon de Naffau.

Eccard, Reinhard, Gebhardi & Scheidt ont prouvé que la maifon princière de *Naffau* defcend d'Otton, frère de l'empereur Conrad Ier, qui vivoit dans le dixième fiècle, & étoit feigneur de Laurenbourg. On voit encore dans le comté de Holzapfel, au bord de la Lahn, une tour qui eft un refte du château, d'où la maifon de Lau-renbourg a tiré fon origine. Walram ou Wal-rab I, fils d'Otton, continua cette branche. Son premier fils Otton devint comte de Gueldres & de Zutphen par fon mariage avec Adelaïde, fille de Wiehard, protecteur de Gueldres, & après la mort de celle-ci avec Sophie de Zutphen : fon premier fils, Walram II, époufa la fœur de Louis d'Arnftein, & les fils de ce dernier, Ru-pert I & Arnold, prirent fimplement le titre de comtes de Laurenbourg. Walram III, fils de Ru-pert, & Rupert II, fils d'Arnold, furent les premiers qui fe qualifièrent de comtes de *Naffau* : ce fut après la conftruction du château du même nom, qui fut bâti en 1101. Ce château paffa en 1158 à l'archevêché de Trèves par contrat d'é-change ; mais les deux poffeffeurs que nous ve-nons de nommer, l'obtinrent enfuite à titre de fief, fuivant l'opinion des hiftoriens. Henri I, fils de Walram III, eut pour fils Otton II, lequel, de fon côté, eft réputé père d'Henri II, furnommé *le riche*, qui mourut en 1253. Les fils de ce dernier, Walram & Otton, poffédèrent d'abord l'héritage paternel en commun ; mais ils firent en 1255 un partage, par lequel le château de *Naffau*, la juftice fituée dans le diftrict d'Einrich (appellée aujourd'hui *la juftice des quatre feigneurs*), & quelques autres terres demeurèrent indivifes ; mais le comte Walram eut pour fa part Weilbourg, Wisbaden & Idftein ; & Otton eut pour la fienne, Siegen, Dillenbourg, Herborn, Beilftein, Hadamar & Ems.

Adolphe, fils de Walram, fut élu roi des romains ; & le fils de celui-ci, Gerlach, acquit la ville & le château de Weilnau, avec une partie de la feigneurie du même nom. Il laiffa deux fils, Adolphe & Jean I. Adolphe poffêda Wisbaden & Idftein, & fa branche finit en 1605 par la mort de Jean-Louis. Jean I obtint par fa première femme Mehrenberg, Gleiberg & Huttenberg, & par la feconde le comté de Saarbrück ; il acquit auffi la moitié du bailliage de Kirberg. Son fils Philippe augmenta fes domaines par l'acquifition de Kirchheim, Stauff, Polanden & Reichelsheim. Il laiffa deux fils, Philippe II & Jean II. Le premier eut pour fa part Mehrenberg & Gleiberg, le fecond le comté de Saarbrück ; Kirchheim, Stauff, Polanden & quelques autres domaines demeurèrent en commun. Jean-Louis, fils de Jean II, obtint par mariage le comté de Saarwerden & la feigneurie de Lahr ; mais fa ligne s'éteignit à la mort de fon fils Jean IV. Philippe II continua la branche de Weilbourg ; fon arrière-petit-fils Philippe III eut deux fils, Albert & Philippe IV, lefquels héritèrent en 1574, après la mort de Jean IV dont il vient d'être parlé, des comtés de Saarbrück & de Saarwerden, & de la moitié de la feigneurie de Kirchheim. Philippe IV mourut fans poftérité ; mais Albert eut un fils, Louis II, qui fuccéda à Jean-Louis de la branche de Wisbaden. Louis laiffa trois fils ; favoir : Guillaume-Louis, Jean & Ernefte Cafimir. Le premier eut en partage Ottweiler, Saarbrück & Ufingen, le fecond Idftein, Wiesbaden & Lahr, (qui en 1721 après la mort de fon fils George - Augufte, paffèrent aux defcendans du frère aîné) ; le troifième, Weilbourg, la feigneurie de Kirchheim, la partie de Mehrenberg appartenante à la maifon de *Naffau*, un tiers du comté de Saarwerden & une partie de Hombourg. Guillaume - Louis de *Naffau* - Saarbrück laiffa trois fils, Jean-Louis d'Ottweiler, Guftave-Adolphe de Saarbrück & Walrat d'Ufingen. Les fils des deux premiers, Frédéric - Louis & Charles-Louis, moururent fans héritiers ; le premier en 1728, & le fecond en 1723. Le fils du troifième, Guillaume - Henri, prince de *Naffau*-Ufingen, laiffa deux fils, chefs de deux branches

qui fubfiftent encore ; favoir, celle de *Naffau*-Saarbrück-Ufingen, & celle de *Naffau*-Saarbrück. Ces deux branches firent, le 23 décembre 1735, un traité de partage, en vertu duquel tous les pays hérités & fitués au-delà du Rhin paffèrent à la branche ainée, & tous ceux qui fe trouvèrent en-deçà de ce fleuve, demeurèrent à la branche cadette : on convint en même-temps que ces deux portions ne pourroient plus être divifées entre les defcendans des deux branches, mais qu'elles demeureroient affujetties au droit de primogéniture, & que tous les héritages compofés de terres appartenantes à la maifon de *Naffau*, feroient partagés par portion égale entre les ainés des deux branches. La branche de Weilbourg, fondée par Ernefte Cafimir fubfifte encore.

Otton II, petit-fils du comte Otton I, eft le chef de la branche de *Naffau* - Dillenbourg, laquelle, depuis le comte Henri Guillaume, eft appellée *la branche de Naffau-Katzenelnbogen*, & fe divifa au commencement du dix-feptième fiècle, fous les fils de Jean IV, dans les branches de Siegen, Dillenbourg, Dietz & Hadamar. Jean, fils cadet de Jean le puîné de la branche de *Naffau*-Siegen, ayant embraffé la religion catholique, fonda la ligne catholique de Siegen, & fon frère Henri la ligne réformée : cette dernière s'éteignit en 1734, par la mort du prince Guillaume-Hyacinthe, qui avoit hérité de la ligne catholique : par ce double décès, tous les domaines poffédés par la branche de *Naffau*-Siegen paffèrent à *Naffau* - Dietz, en la perfonne du prince Guillaume-Charles-Henri-Frifo, prince d'Orange, ftathouder des Provinces-Unies, lefquels les tranfmit à fon fils unique Guillaume V. La branche de *Naffau* - Dillenbourg, qui avoit pour fouche George, fils du comte Jean IV, s'éteignit en 1739 par la mort du prince Chriftian, & toutes fes poffeffions paffèrent au prince d'Orange, & après lui à fon fils Guillaume V. La branche de Hadamar s'éteignit en 1711, en la perfonne du prince François Alexandre, & fes biens furent partagés entre les autres branches cadettes. On voit que la branche de *Naffau*-Orange-Dietz eft demeurée la feule de la feconde ligne, & qu'elle a réuni toutes fes poffeffions.

Quoique l'empereur Charles IV, en 1365, eût accordé à Jean I, de la ligne de Walram, le titre de comte princier, cependant fes fucceffeurs fe font bornés au titre de comtes. L'empereur Léopold ayant confirmé en 1688 à cette ligne la dignité de prince, Walrath de *Naffau*-Ufingen, George-Augufte de *Naffau*-Idftein, & enfin en 1737 Charles-Augufte de *Naffau*-Weilbourg, prirent ce titre, & ce dernier, ainfi que le premier, le tranfmirent à leur poftérité. Jean-Louis de *Naffau* - Hadamar, Louis - Henri de *Naffau*-Dillenbourg, Guillaume-Frédéric de *Naffau*-Dietz, & Jean-François & Guillaume-Maurice de *Naffau*-

Siegen furent les premiers qui fe qualifièrent de princes dans la ligne d'Otton.

Le titre des princes de la ligne ainée de Walram eft : N. N. princes de *Naſſau*, comtes de Saarbrück & de Saarwerden, feigneurs de Lahr; Wisbaden & Idftein.

La ligne Ottoniene ou la ligne cadette n'exifte plus qu'en la perfonne de Guillaume V, prince d'Orange, ftathouder-général des Provinces-Unies des Pays-Bas. Ses titres, comme prince de *Naſſau*, font : prince de *Naſſau*, comte de Katzenelnbogen, de Vianen & de Dietz, feigneur de Beilftein.

Les repréfentans de la branche de Walram n'ont pas encore féance au collège des princes; mais ils appartiennent au banc des comtes de Wetteravie, dont cependant ils fe font féparés. Leurs pays font compris dans le cercle du haut-Rhin. Les princes de la ligne Ottoniene furent admis au collège des princes en 1659, & obtinrent deux fuffrages, lefquels font exercés aujourd'hui par le ftathouder, dont les états, à l'exception de Beilftein, font partie du cercle de Weftphalie. Ce prince n'a que deux voix aux affemblées du cercle.

Nous allons parler d'abord des états de la branche Ottoniene appartenants au cercle de Weftphalie, & dont le produit annuel eft, felon Bufching, de 350,000 florins.

Du comté de Dietz.

Ce comté eft fitué au bord de la Loehn, & la bonté de fon terroir le faifoit appeller autrefois le *comté d'or*. Il avoit jadis fes comtes particuliers : le premier qu'on connoiffe, fut Embreko, qui a vécu au onzième fiècle. Leur race s'éteignit en 1388, en la perfonne du comte Gerard V, dont la fille ainée, Jutta, fe maria à Adolphe, comte de *Naſſau-Dillenbourg*, & lui tranfmit le comté de Dietz. Mais Adolphe étant mort en 1420 fans laiffer de fils, fa fille unique, nommée Jutta, fut mariée à Godefroi VI, feigneur d'Epftein, & ce dernier réclama le comté de Dietz, dont s'étoit déja emparé Engelbert, frère du dernier poffeffeur. Les parties tranfigèrent la même année; ils partagèrent le comté en deux portions égales, & ils en jouirent en commun. Ces deux propriétaires l'offrirent enfuite en fief à l'archevêché de Trèves. C'étoit auparavant un fief immédiat de l'Empire. Godefroi d'Epftein vendit en 1453 la moitié de fa portion au comte Philippe de Katzenelnbogen, & ne conferva que le quart de tout le comté, lequel quart paffa au mari de fa fille Agnès, le comte Everard d'Epftein-Kœnigftein; celui-ci le vendit à fon tour, en 1530, au comte Guillaume de *Naſſau-Dillenbourg*; mais ce contrat ne fut point confenti par l'archevêché de Trèves. La difpute qui s'étoit élevée par rap-

port à Katzenelnbogen, entre les maifons de Heffe & de *Naſſau*, ayant été terminée par une tranfaction en 1557, celle de *Naſſau* obtint le quart du comté de Dietz, qui, du comte d'Epftein, avoit paffé à celui de Katzenelnbogen. Mais, quoique de cette manière le comte Guillaume de *Naſſau* fe trouvât poffeffeur légitime des trois quarts du comté de Dietz, & que la difcuffion avec l'archevêché de Trèves ne regardât qu'un quart de ce comté, c'eft-à-dire, celui qu'avoit poffédé Everard, comte d'Epftein-Kœnigftein; par une tranfaction de 1564, il fut convenu que des douze grandes paroiffes qui compofent tout le comté, le comte Guillaume ne conferveroit que Dietz, Flacht, Hanftetten, Danborn, Dern, Rennerode & Rotzenhayn, ce qui fait à peine la moitié du comté; & l'archevêché obtint les paroiffes de Salz, Menth, Hundshaugen, Neuterfhaufen & Lindenholzhaufen, outre les deux villages de Dietkirchen & de Craich. La partie de *Naſſau* relève du même archevêché. Cette partie eft taxée dans la répartition de Lorraine de 1654, pour les contributions de l'Empire, à 63 fept quinzièmes de florins; elle paye pour l'entretien de la chambre impériale 41 rixdales 79 & demi kreutzers.

Les landgraves de Heffe prennent le titre de comtes de Dietz; cependant on difpute encore fur cette queftion : en poffédent-ils une partie? & Ems, Reichenberg, Nahftede, Hoenftein & d'autres endroits en dépendent-ils?

Ce comté eft compofé de fix bailliages.

II. De Naſſau-Siegen.

Cette partie des états de la maifon de *Naſſau* eft fituée dans le Wefterwald; elle a trois milles de longueur fur un mille de largeur. Le terrain y eft très-montueux & couvert de forêts; mais on y trouve cependant de bonnes terres labourables, & fur-tout de bons pâturages. Il eft rempli de fonderies de fer, où l'on coule des fourneaux & d'autres ouvrages : on prépare beaucoup d'acier à Freudenberg.

Cette partie renferme une ville, deux bourgs & jufqu'à 150 villages. En 1624, les réformés étoient en poffeffion, non-feulement de l'exercice de la religion réformée, mais auffi de toutes les églifes, écoles & revenus eccléfiaftiques; mais le comte Julien le jeune ayant embraffé la communion catholique en 1626, il chercha à introduire le même culte dans tout le pays. Cette innovation cependant n'eut pas fon entier effet.

La maifon de *Naſſau* a pour Hadamar & Siegen un fuffrage dans le collège des princes, ainfi qu'aux affemblées du cercle de Weftphalie : elle eft placée dans celles-ci après l'abbaye d'Herford. Suivant la répartition de Lorraine de 1654, *Naſſau-Siegen* eft taxé à 77 & demi florins. Sa contribution pour l'entretien de la chambre im-

périale eft de 50 rixdales 6 & demi kr. par terme.
Le revenu annuel de ce pays eft eftimé à cent
mille rixdales.

Il renferme fept bailliages.

III. Naffau - Dillenbourg.

Ce pays eft fitué dans le Wefterwald, & il
touche au précédent ; fa longueur eft de quatre
milles, & fa largeur de trois. On y trouve beaucoup de forges & de martinets : fon fol offre des
mines de cuivre, du plomb, quelque peu d'argent, du vitriol, des forêts d'un grand produit.
Les habitans tirent leur principale reffource de
leur commerce en fer ; car les terres labourables
ne fuffifent point à leur fubfiftance.

Il renferme cinq villes & deux bourgs ; les
habitans profeffent la religion réformée.

Naffau-Dillenbourg a un fuffrage dans le collège
des princes, ainfi qu'aux affemblées du cercle de
Weftphalie. Sa taxe pour les contributions de
l'Empire eft, fuivant la répartition de Lorraine
faite en 1654, de 102 florins pour chaque mois
romain, & de 50 rixdales 6 & demi kr. par terme
pour l'entretien de la chambre impériale.

Les revenus domaniaux ont été eftimés en 1733
à 130,000 florins ; cependant ils montoient en
1731 & 1732 à 161,000 florins.

IV. Naffau - Adhamar.

Cette partie des états de la maifon de Naffau
eft également fituée dans le Wefterward ; fa longueur & fa largeur font d'environ deux milles.
Elle ne renferme que le bailliage de Hadamar.

Des poffeffions de la maifon princière de Naffau dans le cercle du haut-Rhin.

Les deux branches de la ligne aînée de Walram n'ont point encore obtenu voix & féance au
confeil des princes, quoiqu'elles aient follicité ce
privilège avec inftance, dès les années 1653,
69, 72, 74, 1707, 13, 53 & 54, & qu'elles
foient féparées du collège des comtes de l'Empire en Wetteravie. Elles ont cinq voix de princes aux diètes du cercle du haut-Rhin ; favoir,
trois pour Weilbourg, Ufingue & Idftein, qui
font données par le prince régnant de Naffau-
Saarbrück Ufingue, & deux pour Saarbrück &
Ottweiler, exercées par le prince régnant de
Naffau Saarbrück Saarbrück. Quant aux contributions de l'Empire & du cercle, la maifon de
Naffau Weilbourg paye 24 florins 40 kr. par mois
romain ; celle de Naffau-Saarbrück-Ufingue 20 flor.
33 & demi kr. pour Idftein ; ce qui forme un total de 103 florins 13 & demi kr., & celle de
Naffau Saarbrück-Saarbrück 34 florins 33 & demi
kr. pour Saarbrück, & 27 florins 33 & demi kr.

pour Ottweiler, en tout 62 florins 6 deux tiers
kreutfers.

Les domaines de Naffau - Weilbourg.

Ils ne font ni contigus, ni également bons.
Bufching dit qu'ils ne rapportent pas au-delà de
5000 écus d'empire. Ils comprennent 1°. le comté
de Naffau-Weilbourg, arrofé par la Lœhn, &
qui renferme une mine d'argent & de cuivre :
on y trouve des mines de fer, de très-belles forêts : il eft divifé en plufieurs bailliages ; favoir :

1. Le bailliage de Weilbourg.
2. Le bailliage de Weilmünfter.
3. Le bailliage de Lœhnberg.
4. Le bailliage de Mehrenberg.
5. Le bailliage de Kleeberg, poffédé en commun par les maifons de Heffe-Darmftadt & de
Naffau-Weilbourg.
6. Le bailliage de Huttenberg, apporté en dot
au comte Jean I par fa première femme, & ci-
devant commun aux mêmes maifons que le précédent ; mais elles le partagèrent dès 1703 : celle
de Naffau-Weilbourg eut pour fa part les villages
de Lurzelinden, Hœrnsheim, Hochelum, Nie-
der-Kleen, Dornholzhaufen, Gros-Rechtenbach,
Dudenhofen avec ceux de Vollenkirchen & Klein-
Kechtenbach, qui n'en faifoient point partie.
7. Le bailliage de Gleiberg échut à Jean I de
la même manière que le précédent.

Le comte de Naffau-Weilbourg poffède d'autres domaines : nous n'indiquerons ici qu'une partie
des terres des deux, des trois & des quatre feigneurs, dont nous donnerons le détail en parlant des
états de Naffau-Ufingue.

Et la feigneurie de Kirchheim & Stauff, fituée
le long de la haute montagne de Donnersberg,
plantée de chênes, de hêtres & de châtaigniers,
entre les bailliages palatins d'Alzey & de Lautern, & les comtés de Linange & de Falkenftein.
Le comte Philippe I l'obtint en dot de fa première femme Anne, fille unique de Crafton,
comte de Hohenlohe, dont la mère Adélaïde
l'avoit hérité de Henri II, comte de Sponheim de
la branche Henricienne de Kirchheim fon
mari ; le père de Henri II, Philippe, comte de
Sponheim, furnommé de Bolanden, l'avoit acquife du chef de fa mère & de fon époufe. Elle
eft compofée de deux bailliages.

Le tiers du comté de Saarwerden & de la
mairie de Herbitzheim (il en fera parlé plus au
long ci-après) ; il échut au prince de Naffau-
Weilbourg, lors du partage de ces terres en 1745.
Il y a des fources falées très-abondantes ; mais
le prince Charles-Augufte eft convenu de ne les
point exploiter, moyennant une certaine fomme
annuelle que la France lui paye, & une quantité de fel fixée qu'elle lui fournit des falines voifines, & qu'il cède enfuite à fes fujets à un prix
convenu.

Le bailliage d'Alfeuz ci-devant partagé entre la maison de Grumbach & celle des Deux-Ponts, qui l'acheta tout entier au commencement de 1756, & le donna enfuite, à l'exception du village de Hoehftetten, à la maison de *Naffau-Weilbourg*, en échange du bailliage de Hombourg.

Les terres de Naffau-Saarbrück-Ufingue.

Elles font la plupart contiguës : Bufching dit que les revenus annuels font de 120 ou 130 mille florins ; leurs habitans fuivent en grande partie la confeffion d'Augsbourg, les autres la religion réformée ; les diftricts qui les compofent ; font :

1. Le comté de *Naffau*-Ufingue, dit auffi le bailliage d'Ufingue, où l'on trouve plufieurs forges & fonderies de fer.

2. La feigneurie ou grand bailliage d'Idftein. La branche des princes de *Naffau*-Idftein s'éteignit en 1721 à la mort de George-Augufte : cette feigneurie échut avec les autres terres de Saarbrück-Ufingue, dont il fera parlé tout-à-l'heure, au comte Louis de *Naffau*-Saarbrück & à Frédéric, qui les réunit toutes en 1723, & en jouit jufqu'en 1728 : il mourut cette année, & elles paffèrent avec la feigneurie & comté d'Ottweiler & de Saarbrück à Charles & Guillaume-Henri, prince de *Naffau*-Ufingue, qui, en 1736, convinrent d'un partage : le premier obtint la feigneurie d'Idftein avec toutes les autres terres de Naffau-Ufingue, fituées fur la rive droite du Rhin.

3. Le bailliage de Wehen.

4. Le bailliage de Bourg-Schwalbach.

5. Le bailliage de Kirchberg ou Kirberg, en commun avec la maison de *Naffau*-Dietz.

6. Le grand bailliage de Wisbad, fitué fur le Rhin, & fertile en vins.

7. Kettenback & Hauffen, petits villages, dont les barons de Gahlen font co-feigneurs.

8. La moitié du territoire des deux feigneurs, poffédé en commun par les princes de *Naffau*-Ufingue & de *Naffau*-Weilbourg.

9. Le territoire des trois feigneurs, dont la moitié appartient aux maisons de *Naffau* Ufingue & Weilbourg, l'autre à celle de *Naffau*-Orange, & dont le chef-lieu eft le franc bourg de *Naffau*.

10. Le territoire des quatre feigneurs, dont les maisons de *Naffau*-Ufingue & de *Naffau*-Weilbourg ont un quart, celle de *Naffau*-Orange un autre quart, & dont la moitié eft réunie au bas-comté de Katzenelnbogen.

11. Le grand bailliage de Lahr ou Lohr, fitué dans l'Ortenau & formé de la feigneurie de même nom : fon propriétaire Henri de Geroldfeck mourut fans poftérité mâle vers l'an 1426, & il la laiffa à fa fille Adélaïde, qui la tranfmit à Jean, comte de Moers & de Saarwerden, d'où elle paffa par Catherine, fille & héritière du dernier de cette maifon, à Jean-Louis, comte de *Naffau*,

malgré les prétentions de Gangolf & Gonthier de la feconde branche de Geroldfeck. Il en réfulta un procès, dès 1532, qui ne fut terminé qu'en 1625 par accommodement : il fut ftipulé alors que Louis de *Naffau* garderoit la feigneurie pour lui & fes fucceffeurs, à la charge de payer un capital de 24,000 florins au margrave de Bade & Hochberg, & un autre de 100,000 florins, outre quelques compenfations à Jacques Ernefte de Hohengeroldfeck & de Soulz ; il laiffa pour fûreté de l'engagement la moitié de la feigneurie en hypothèque. Mais la créance ayant paffé à Frédéric V, margrave de Bade & Hochberg, à titre de bénéficier teftamentaire de fon époufe, dernière héritière de Geroldfeck, & les intérêts ne fe payant pas dès 1654, ce prince obtint de l'empereur, en 1659, que cette feigneurie lui feroit cédée pour en jouir jufqu'à l'extinction des arrérages ; & fa maifon en garda effectivement la poffeffion jufqu'en 1726, que celle de *Naffau* la racheta, quoique Bade en prenne encore le titre. Elle échut en partage au comte Jean de *Naffau*-Ufingue, & en 1736 elle rentra dans la portion du prince de *Naffau*-Saarbrück-Ufingue.

Les terres de Naffau-Saarbrück-Saarbruck.

Elles renferment 1°. le comté de Saarbruck, fitué dans la Weftrie, & qui eft borné au midi & au couchant par la Lorraine ; à l'orient, par le grand bailliage de Deux-Ponts & les feigneuries de Bliefcaftel, d'Ilingen & d'Ottweiler ; au nord, par la jurifdiction de Lebach, le bailliage de Schavenbourg en Lorraine & d'autres petits territoires. Il eft arrofé par la Saar, & traverfé par le grand chemin d'Allemagne en France, & fa pofition eft ainfi très-favorable au commerce. La communion luthérienne y fut reçue par tout fur la fin du feizième fiècle, & elle y eft demeurée dominante jufqu'à ce jour, quoique le catholicifme fe foit rétabli en plufieurs endroits, lors de la réunion françoife. Il avoit autrefois fes comtes particuliers, qui s'éteignirent en 1380 : il paffa alors à Jean de *Naffau*, mari de Jeannette, héritière de Saarbrück ; & en 1722 & 1728, époque où finirent les branches de *Naffau*-Saarbrück & de *Naffau*-Ottweiler, il échut à celle de *Naffau*-Ufingue : le prince Guillaume-Henri en fut mis en poffeffion par le partage de 1735. C'eft un franc-aleu de l'Empire, dont la maifon de *Naffau* ne porte en fief que le droit de péage.

On y trouve la feigneurie d'Ottweiler, bornée au nord par les bailliages de S. Wendel, l'électorat de Trèves & le bailliage de Schavenbourg en Lorraine ; à l'oueft par le bailliage de Schavenbourg & le comté de Saarbrück ; au fud-oueft par la feigneurie de Bliefcaftel, & à l'eft par le territoire de Deux-Ponts.

Le luthéranifme s'y introduifit fur la fin du feizième fiècle, & il y eft encore la religion dominante ;

minante, quoique les françois y aient rétabli le culte catholique pendant la guerre de réunion. Elle est depuis un temps immémorial unie au comté de Saarbrück, avec lequel elle passa en 1380 aux comtes de *Nassau*, & dont elle a depuis toujours suivi le sort. C'est aujourd'hui un franc-aleu de l'Empire ; le droit de péage seulement est fief.

Le comté de Saarwerden, situé dans la Westrie, est borné au nord & à l'ouest par la Lorraine ; au sud par les seigneuries de Fenestranges & de la Petite-pierre ; à l'est par celles de Bitche & de Diemeringen. Son sol est entremêlé de belles forêts, & de quelques vignobles ; il est fertile d'ailleurs en grains, & est traversé dans son milieu par la Saar. Il avoit autrefois ses comtes particuliers qui s'éteignirent en 1527 : il passa alors par mariage à Jean-Louis, comte de *Nassau*-Saarbrück. Peu de temps après, l'évêque de Metz s'avisa d'en investir son cousin, le duc de Lorraine, qui, d'après cette investiture, intenta un procès à la maison de *Nassau* pardevant la chambre impériale ; la chambre impériale décida en 1629 que cette maison céderoit au duc de Lorraine les villes de Bockenheim & d'Alt Saarwerden comme fiefs de l'église de Metz, & qu'elle conserveroit tous les villages à titre de terres franches & allodiales. Mais la Lorraine s'empara bientôt du comté entier & de la prévôté de Herbitzheim, qu'elle conserva jusqu'en 1659 : à cette époque, un accommodement ménagé par la diète déclara que le tout, excepté les villes dont on vient de parler, seroient rendues à la maison de *Nassau*, dont la portion actuelle dans ce comté rapporte annuellement 27,000 florins, si l'on en croit Busching. Le partage fait en 1745 en assigna un tiers à la branche de Weilbourg, dont nous avons déjà donné la description, & les deux autres à celle de Saarbrück.

La prévôté de Herbitzheim, située sur les deux rives de la Saar, au-dessous du comté de Saarwerden, est composée d'un certain nombre de villages, dont les revenus appartenoient jadis partie aux religieuses de l'ancien couvent de Herbitzheim, partie aux comtes de *Nassau*-Saarbrück en qualité de vidames de ce couvent. Mais ceux-ci réunirent le tout au seizième siècle, & la branche de Saarbrück en possède les deux tiers.

Le bailliage de Hombourg, situé dans les Vosges, entre la seigneurie de Bliescastel & les terres de Deux-Ponts & du Palatinat. La maison de *Nassau*-Saarbrück-Saarbrück en possède cinq neuvièmes ; le reste appartient à l'électeur palatin, en vertu d'un échange conclu en 1756 avec la maison de Weilbourg.

La communauté de Woelstein ou Welstein indivise entre les maisons de *Nassau*-Saarbrück & *Nassau*-Weilbourg.

Le bailliage de Ingenheim.

L'économat de Rosenthal, situé dans la seigneurie de Kirchheim, & dont les revenus sont évalués à 3000 florins.

Au moment où nous écrivons cet article, on annonce que les maisons de *Nassau*, des branches de Walram & d'Otton ont fait un nouveau pacte de famille, qui termine les différends qui avoient subsisté jusqu'à présent entr'elles. Ce pacte, confirmé dit-on par l'empereur, a réglé en même-tems l'ordre de succession.

On prétend que les comtés de Weilbourg, d'Usingen & de Saarbrück sont érigés en principautés, & que les trois princes souverains, de ces comtés seront introduits au collège des princes à la diète de l'Empire. On assure aussi que le droit d'aînesse sera rétabli dans la maison de *Nassau*-Orange, dont les revenus annuels, dans ses états d'Allemagne, sont, dit on, 400,000 florins ; mais il ne nous est pas possible de vérifier cette nouvelle.

NAVARRE, royaume d'Europe situé entre la France & l'Espagne.

Ce royaume se divise en haute & basse *Navarre*. La première appartient à l'Espagne, & la seconde à la France ; & toutes les deux ensemble se divisent en plusieurs districts ou bailliages, qu'on appelle en Espagne *merindades*. La haute *Navarre* en comprend cinq, qui ont pour leurs capitales Pampelune, Estella, Tudele, Olete & Sanguesa. La basse *Navarre* ne contient qu'un de ces bailliages, & a pour seule ville saint Jean-pied-de-port.

La haute *Navarre* a au nord une partie des provinces de Guipuscoa & d'Alava, les Pyrénées, le Béarn & le pays de Labour, autrement dit le pays des basques ; à l'orient une partie du royaume d'Arragon, les Pyrénées, & les vallées qui se jettent au-dedans de l'Espagne par Roncevaux, par le val de Salazar & par celui de Roncal, jusqu'à Ysara. Ses rivières principales sont l'Ebre, l'Arragon, l'Alga, l'Elba, & ses principales vallées sont celles de Roncevaux, Salazar, Roncal, Thescoa & Bartan. Ce royaume avoit autrefois une étendue bien plus grande ; il ne comprend guère aujourd'hui que 28 lieues de long, 23 de large, & quinze à vingt mille familles.

L'air y est plus doux & plus tempéré que dans les provinces de l'Espagne voisines ; le sol est hérissé de montagnes ; & abonde en mines de fer.

La *Navarre* a eu le sort de tous ces petits états dont est formé aujourd'hui le royaume d'Espagne ; elle a eu divers maîtres, & a été, dans ces derniers siècles, tantôt sous la domination des mahométans, & tantôt sous celle des chrétiens. Pampelune, qui en est la capitale, se soumit à dom Pelage, presque immédiatement après l'invasion des sarrasins en Espagne. Les sarrasins la conquirent dans la fuite : elle retourna en 750 fous la domination des rois des Afturies, & retomba en 759 fous celle des barbares. Les françois-la leur enlevèrent en 778. Des infideles s'en remirent en poffeffion, & la perdirent pour toujours en 866. Cette place repaffa la même année fous la puiffance des françois, fes derniers maîtres chrétiens. En 831 une partie de la *Navarre* fecoua le joug ; mais une famille particulière y régna depuis le milieu du neuvième fiècle.

Ignigo-Arifta eft le premier qui ait régné dans la haute-*Navarre*, & fes defcendans occupèrent ce trône jufqu'en 1234. En 1316 Jeanne, en qualité de fille mineure de Louis Hutin, devint héritière de ce royaume qu'elle apporta à fon mari Philippe, comte d'Evreux. En 1512, Ferdinand l'enleva à Jean, Sire d'Albret, qui en étoit roi, du chef de Catherine de Foix fa femme, dernière héritière de Charles, comte d'Evreux. Le pape le feconda dans cette entreprife, & leur prétexte fut que ce prince étoit allié de Louis XII, fauteur du concile de Pife. Louis XII fecourut Jean d'Albret; mais l'activité du duc d'Albe rendit cette entreprife inutile, & força le roi de Navarre & la Paliffe à lever le fiège de Pampelune. Catherine de Foix difoit au roi fon mari, après la perte de ce royaume : « Dom Jean, fi nous fuffions nés, vous » Catherine, & moi Jean, nous n'aurions jamais » perdu la *Navarre* ».

La baffe-*Navarre* eft, comme nous l'avons dit, une des mérindades ou bailliages, dont le royaume entier de Navarre eft compofé. Elle eft féparée de la Navarre efpagnole par les Pyrénées. Ce pays fut occupé jadis par les vafcons ou gafcons, lorfqu'ils paffèrent les monts pour s'établir dans la Novempopulanie fur la fin du fixième fiècle : auffi tous les habitans font-ils bafques, & parlent ils la langue qu'eft la même que celle des bifcayens efpagnols.

Tout ce que Jean d'Albret & Catherine, reine de *Navarre* fa femme, purent recouvrer des états que Ferdinand, roi d'Arragon & de Caftille, leur enleva en 1512, fe réduifit à la baffe-*Navarre*, qui n'a que huit lieues de long fur cinq de large. On lui donne pourtant le nom de royaume, & les rois de France ajoutent ce titre au leur, d'après un ufage qui femble bien au deffous de leur grandeur. *Voyez* les articles ESPAGNE & FRANCE.

NAVIGATION : l'art ou l'action de naviguer, c'eft-à-dire, de conduire un navire d'un lieu à un autre par le chemin le plus fûr, le plus court & le plus commode. Nous n'envifagerons ici ce mot que fous fes rapports avec la politique; fes autres rapports appartiennent au dictionnaire de la Marine.

La *navigation* offre trois avantages politiques : 1°. l'occupation qu'elle donne aux gens de mer, dont elle eft la meilleure pepinière : 2°. la conf-truction des navires, qu'il faut confidérer comme une fabrique; & 3°. l'utilité qu'elle procure au commerce par le transport des denrées & des manufactures, tranfport qui, outre la commodité, devient lucratif au peuple qui le fait. Ces trois objets méritent d'être développés plus clairement.

Un pays bien peuplé, dont les provinces font fituées le long de la mer, qui a des côtes d'une grande étendue, où les habitans naiffent avec du goût pour la vie maritime, peut employer à la *navigation* un fort grand nombre d'hommes, qui tous gagnent beaucoup plus à ce métier qu'ils n'auroient fait en travaillant fur terre, ou en s'appliquant à une profeffion commune. Or, comme les gens de mer vivent prefque toujours à bord de leurs vaiffeaux, ou s'ils ne fauroient faire de grandes dépenfes, ils rapportent dans leur patrie, au fein de leur famille, l'épargne qu'ils ont pu faire fur leurs gages, ou le profit d'un petit trafic. Cet argent eft un bénéfice pour l'état, & il augmente la maffe de fes richeffes Il eft impoffible d'avoir une grande marine militaire, fans une grande marine marchande; & l'adminiftration angloife a bien fenti la vérité de ce principe : elle vient de s'occuper de la pêche du hareng, afin que la multiplication de fes navires marchands & de fes matelots ajoute à la force de fes efcadres; & la Ruffie, qui depuis le czar Pierre a entrepris tant de chofes fans avoir les moyens préliminaires, arme des vaiffeaux de guerre dans fes rades : mais elle n'aura jamais une marine redoutable; tant qu'elle n'aura pas une marine marchande plus étendue.

L'utilité que le commerce tire de la *navigation* par le transport des marchandifes, n'eft pas moins fenfible. Lorfqu'un état n'a pas une marine marchande, les négocians font dans la néceffité d'attendre l'arrivée des navires étrangers; dont on n'eft jamais le maître. Les marchandifes qu'on veut envoyer au dehors, & celles qu'on fait venir de l'étranger, reftent long-tems dans les magafins, s'y gâtent ou y reçoivent du dommage, confument des intérêts, & l'occafion, le moment du débit fe perd quelquefois fans reffource. Mais ce n'eft pas tout encore : la *navigation* eft utile fous un autre point de vue; car les frais de tranfport faifant toujours partie de la valeur d'une marchandife, il eft clair que les confommateurs étrangers de toutes les marchandifes exportées font obligés de payer les frais de la *navigation* qu'ont fait nos fujets. Enfuite la valeur des marchandifes importées fur nos propres vaiffeaux diminue, dans la balance générale du commerce, de tout ce qu'a coûté le fret. Dans un pays qui fait un grand commerce, il eft difficile de calculer ce double avantage.

De ces principes inconteftables eft réfulté une maxime politique : tout état qui eft à portée d'avoir une *navigation*, doit y encourager fes fujets par tous les moyens poffibles; car un peuple qui laisse faire par d'autres une *navigation* qu'il pourroit entreprendre lui-même, diminue ses forces réelles & relatives en faveur des nations rivales.

La *navigation* sur les fleuves & rivières embrasse les mêmes objets que la *navigation* maritime, & est aussi utile au commerce. Les nations qui entendent bien leurs intérêts, cherchent à encourager cette *navigation* sur les rivières qui traversent leur pays par toutes sortes de facilités, & par une liberté raisonnable; celles qui les entendent mal, croient parvenir au même but par la gêne & par de petites chicanes. Il est assez rare, dans notre continent, que les deux bords d'un fleuve, depuis sa source jusqu'à son embouchure, appartiennent au même état; au contraire, les plus grands de ces fleuves, comme le Rhin, l'Elbe, &c. traversent plusieurs pays, avant de porter leurs eaux à la mer. C'est ce qui a donné lieu à beaucoup de contestations entre les puissances pour les limites du domaine & de la propriété de ces fleuves, que chacune a tâché d'étendre à son avantage. Le droit universel des gens, fondé sur les principes les plus clairs du droit naturel, a décidé 1°. qu'une rivière, entant que rivière, appartient au peuple dont elle arrose les terres; 2°. que cette propriété s'étend aussi loin que les limites de chaque souverain dont elle traverse le pays; & 3°. que si les deux rives opposées ne sont pas sous la même domination, le milieu de la rivière de servira de limite, ensorte que le domaine de chaque moitié appartiendra au souverain qui est le maître du bord.

Cette disposition équitable du droit des gens, auquel tous les souverains ont acquiescé, a donné lieu à des établissemens sages & à diverses méprises. Chaque nation a tâché de rendre ses rivières navigables. On a fait des efforts pour les déblayer, pour enlever les bancs de sable; on a marqué les écueils, dressé des fanaux, & encouragé la construction des navires, bâteaux, &c. Mais on a cherché en même-tems à rendre cette *navigation* profitable aux souverains, qui tous ont voulu établir sur les bords des fleuves, des péages, où les bateliers sont obligés de payer de certains droits, tant pour leurs bâtimens que pour les marchandises qu'ils transportent. Cet usage est susceptible de bien des critiques. Premièrement, si on ne se laisse pas dominer par des systèmes trop généraux, on ne sauroit condamner indistinctement tous les péages. C'est une espèce de droit de douane ou de taxe que l'on impose sur les marchandises d'entrée, taxe qui peut diminuer les autres charges qu'on seroit obligé de mettre sur le peuple sans ce secours; mais qui porte aussi sur les marchandises de transit, lesquelles ne font que passer simplement par notre pays, où elles ne sont ni achetées ni vendues, & par conséquent c'est une contribution qui est payée par les étrangers, & qui diminue les charges de nos sujets en même-tems qu'elle augmente nos richesses. Mais on a beaucoup abusé de ce moyen : on a porté trop haut le tarif de ces péages, & on les a trop multipliés. L'accroissement de ces droits renchérit les marchandises d'entrée, & par conséquent les choses nécessaires à la subsistance des citoyens : il renchérit la main-d'œuvre & nuit au bon marché de nos manufactures. Il nuit encore au commerce de réexportation, parce que d'autres peuples ne tirent plus de nous des marchandises que nous avons si fort renchéries. Enfin il fait un tort irréparable au commerce d'entrepôt & de transit, parce que les négocians étrangers, qui asservissent tout au calcul, cherchent & trouvent bientôt d'autres routes pour l'envoi de leurs marchandises, dès que nous rendons la nôtre trop dispendieuse. On pourroit donner des exemples bien frappans de cette assertion, & faire voir que l'ignorance de quelques financiers sur cet objet a causé plus d'une, fois la perte du bénéfice que les navigateurs de leur pays auroient pu faire sur le transport des marchandises étrangères, & d'une branche fort lucrative de commerce. C'est donc une règle générale que si la détresse du fisc ne permet pas d'abolir les droits de péage, il faut se garder de les hausser sur les rivières, au point que le négociant étranger puisse faire voiturer au même prix, ou envoyer par mer, en faisant un grand détour : voici une autre règle constatée par l'expérience : la nation qui supprimeroit tous les péages, y gagneroit beaucoup après quelques années; & il est temps d'abolir tous ces péages particuliers, injustes ou mal fondés, qui appartiennent à des particuliers : ils gênent le commerce & l'industrie; & quand ils seroient justes, la prospérité générale exigeroit ce sacrifice ou l'échange de la propriété de quelques individus.

Secondement, si nous sommes les maîtres d'une rivière depuis sa source jusqu'à son embouchure, quelle est la nécessité de multiplier les péages, & d'en établir de distance en distance? Rien ne cause plus de gênes inutiles à la *navigation*, rien n'arrête si mal-à-propos le transport des marchandises, qui doit être très-prompt. Les bateliers sont mécontens & avec raison, lorsqu'ils sont obligés, à chaque moment, d'interrompre leur marche pour compter avec des douaniers, & faire visiter leurs navires. Pourquoi ne fait-on pas payer au premier péage, à un péage unique, à l'entrée du pays, tous les droits dont on veut charger la navigation? Pourquoi faut-il tant de fois revenir à la charge? Pourquoi les denrées & marchandises consommées par nos sujets domiciliés proche l'embouchure d'une rivière, doivent-elles payer moins que celles qui sont consommées par nos sujets qui demeurent près de la source, ou dans la capitale? Il faut que dix péages rendent annuellement la même somme que deux péages pourroient rendre,

Troifiémement, s'il fe trouve plufieurs fouverains dont les états aboutiffent à un même fleuve, & qui ont des péages fur fes bords, il eft encore plus dangereux & plus nuifible de hauffer le tarif de nos droits ; parce que les autres fouverains haufferont le leur dans la même proportion. L'équité naturelle ne permet pas alors de fe plaindre : nous ruinons notre *navigation*, nous renchériffons toutes les marchandifes qui circulent dans notre pays ; nous affoibliffons notre commerce, & nous perdons précifément ce que les princes voifins gagnent. Il faut conclure donc que fi l'établiffement des péages eft quelquefois avantageux, le moindre abus qu'on en fait, devient très-nuifible.

Les canaux qui réuniffent des mers, tels que le fameux canal du Languedoc, qui établit une communication entre la Méditerranée & l'Océan, par la Garonne, où ceux qui fervent à combiner la *navigation* de deux rivieres, comme le canal que l'électeur Frédéric Guillaume de Brandebourg à fait creufer pour joindre l'Oder à la Sprée, ou ceux enfin qui réuniffent des lacs & des fleuves, tels que le canal de Ladoga, qui conduit les eaux & la *navigation* du lac de ce nom vers la ville de Pétersbourg, tous ces canaux & beaucoup d'autres moins célèbres font des monumens de la grandeur & de la magnificence des monarques qui les ont fait conftruire. Le voyageur étonné en admire l'art, la ftructure, la dépenfe & la difficulté de l'entreprife ; l'homme d'état admire l'utilité du projet, la fageffe, la profonde politique, la bienfaifance des princes qui en ont conçu l'idée, & qui l'ont fait exécuter ; & la poftérité doit de la reconnoiffance aux rois, dont les travaux achèvent l'ouvrage de la nature en faveur du genre humain. Ce font-là de beaux exemples à fuivre. Chacun devroit les imiter, à proportion de fes forces & de l'avantage qu'une pareille entreprife peut procurer à fes fujets. Il n'y a pas de pays en Europe où nos ancêtres n'en ayent encore laiffé de pareils à fuivre ; & plus les nations fe poliront, plus elles tâcheront de faciliter, à l'exemple de la Hollande, les communications entre leurs villes & villages par l'entremife des canaux. Mais il faut avertir ici les miniftres de ne pas gâter, par une économie mal-entendue, tout ce qu'il y a de beau & de grand dans une pareille entreprife de la part de leurs maîtres, en établiffant fur de pareils canaux des péages exceffifs, qui abforbent le profit que le public & le commerce pourroient en retirer. C'eft convertir des remèdes falutaires en poifons. Il femble alors qu'un prince n'ait fait que par avarice ce qu'il auroit dû faire par magnanimité. C'eft un revenu de plus qu'il fe procure aux dépens des voituriers qui chargeoient ci-devant les marchandifes, & qui perdent par-là leur fubfiftance fans que les autres citoyens en profitent. Cet ouvrage

renferme un article *Canaux*, auquel nous renvoyons le lecteur.

Il n'eft guère de port ou de ville maritime, qui foit fitué précifément fur le rivage de la mer. La plupart font affifes fur le bord d'un fleuve, à quelque diftance de fon embouchure ; & il eft rare qu'une riviere ne foit pas embarraffée par des bancs & des fables vers les lieux où elle termine fon cours, ce qui incommode beaucoup la *navigation*, & réduit les gros navires qui tirent beaucoup d'eau, à ne pouvoir approcher du port que difficilement, ou par le moyen des allèges. Mais comme tous ces moyens font lents, embarraffans & difpendieux, & qu'il y a même des villes maritimes où les vaiffeaux ne peuvent pas aborder du tout, & qui ont été obligées d'établir leurs ports fouvent à quelques lieues au-deffous de la ville, on a eu recours à toutes fortes d'expédiens pour enlever ces bancs, ou du moins pour prévenir leurs progrès. Une des machines les plus ingénieufes, inventées à cet ufage, fe trouve à Brème fur la riviere de Wéfer. Le courant de l'eau, le vent & des chevaux attelés à un cabeftan concourent à la mouvoir ; & ces forces réunies font telles, qu'à chaque minute cinquante ou foixante pieds cubes de fable font enlevés du lit de la riviere & jettés dans un bâteau plat, lequel étant rempli fe détache de la machine pour être pouffé vers la rive où on le décharge. Toutes les puiffances qui font intéreffées à l'écurement des rivieres, devroient fe fervir de cette machine, & encourager par des récompenfes les méchaniciens qui parviendroient à la perfectionner.

La plupart des puiffances maritimes ont des pêches nationales, ou de certaines branches exclufives de commerce, qui leur fervent d'écoles & de pepinière pour la marine. Telles font la pêche du hareng proche des ifles Orcades, celle de la morue de Terre-Neuve, du grand banc, &c. celle du merlus, des merluches & barbues fur les côtes de Norwege, celle de la baleine au Groënland, ou des chiens de mer dans le détroit de Davis, & ainfi du refte. Le tranfport des charbons des mines d'Ecoffe en Angleterre & ailleurs, le cabotage ou la petite *navigation* le long des côtes, font très-propres à former des gens de mer ; & les nations qui en font en poffeffion, fentent bien le prix de cet avantage. Elles ont fait plus d'une fois la guerre pour les conferver ; & à n'envifager que les maximes politiques, elles n'ont pas eu tort.

Si un pays n'a point encore de marine formée, ou qu'elle foit, pour ainfi dire, au berceau, il faut encourager les principaux négocians par des franchifes, des gratifications & des privilèges, à mettre des vaiffeaux en mer ; mais ces privilèges ne doivent jamais être exclufifs : car la concurrence eft néceffaire ici comme dans les autres branches du commerce, & l'on n'encourage jamais bien une entreprise lorsque le public en général ne peut y participer. Le souverain même ne doit point s'en mêler directement. Il me semble que le czar Pierre premier n'a pas assez observé cette règle, lorsqu'il conçut l'idée de procurer à la monarchie russe une marine sur la mer Baltique. Il fit tout pour ses forces navales, & rien en faveur de sa *navigation*. S'il avoit employé le quart des sommes que lui coûtèrent ses galères, presque inutiles, & une flotte médiocre, à exciter la *navigation* des négocians dans les ports de Pétersbourg, de Riga, de Revel, &c. le commerce de Russie, d'importation & d'exportation, ne se feroit pas comme aujourd'hui par des navires étrangers : car on ne voit pas fréquemment des pavillons russes se déployer dans les mers & dans les autres ports de l'Europe; & les eloges des historiens & des panégyristes sur ce point, supposent l'ignorance des principes de la bonne politique.

NAUMBOURG - ZEITZ, évêché souverain d'Allemagne; appartenant à l'électorat de Saxe. Il est situé en partie sur la Saale & en partie sur l'Elster; le cercle de la Thuringe entoure la première division de toutes parts, & la seconde est bornée d'un côté par ce même cercle, & de l'autre par la principauté d'Altenbourg & la seigneurie de Gera, qui appartient aux comtés de Reuss.

Sol.

Le sol est fertile en grains & en vins.

Population.

Il y a dans toute l'étendue de l'évêché cinq villes & 140 bailliages, que Hempel réduit à 121 dans ses tables.

Précis de l'histoire politique.

L'empereur Otton I fonda cet évêché à Zeitz en 968. L'église cathédrale fut transférée à *Naumbourg* en 1029; mais tous les chanoines ne quittèrent point Zeitz : quelques-uns y restèrent, & s'attachèrent à l'église collégiale qui y demeura. Jules Pflug, fameux par son érudition & par sa rare prudence, mort en 1564, fut le dernier évêque de ce siège : l'administration en fut donnée postérieurement à Alexandre, duc de Saxe, qui mourut l'année d'après, & fut remplacé par l'électeur Auguste son père, lequel se chargea de cette même administration, qui a passé ensuite aux électeurs ses successeurs. L'électeur Jean-George I abdiqua en 1653 cette administration en faveur du duc Maurice son quatrième fils, mais sous certaines conditions qui ne furent point exécutées; le père qui mourut quelque temps après, donna par testament à ce même fils la

seigneurie de Tautenbourg, Fravenpriefsnitz, Nieder-Trebra, les bailliages de Voigtsberg, de Plaven, de Plausa, de Triplitz, d'Arnshaug, de Weyda & de Ziegenrück, avec la partie du comté princier de Henneberg, dont l'électeur étoit en droit de disposer : le même duc Maurice acheta de l'électeur Jean-George II, son frère, le bailliage de Pegau, & fut la souche de la branche collatérale de la maison de Saxe, nommée *Zeitz*. Il eut pour successeur, dans l'administration de l'évêché & dans tous ses autres pays héréditaires, le prince Maurice-Guillaume son fils, qui embrassa publiquement la religion catholique en 1715. Ce changement de religion le rendit inhabile à conserver l'évêché de *Naumbourg*, suivant le traité fait avec le chapitre protestant; il l'abandonna alors au roi & électeur Frédéric Auguste I, & il conserva ses pays héréditaires jusqu'à sa mort arrivée en 1718; il avoit auparavant abjuré la religion catholique pour retourner à la protestante. Ces mêmes pays héréditaires échurent pareillement à la maison électorale, parce que le frère & le neveu du défunt professoient la religion catholique, & qu'ils avoient embrassé l'état ecclésiastique. Une capitulation perpétuelle attacha l'évêché de *Naumbourg* & ceux de Misnie & de Mersebourg à la maison électorale de Saxe.

La taxe matriculaire de l'évêché de *Naumbourg* étoit autrefois de six cavaliers montés & équipés & vingt fantassins; mais la maison électorale de Saxe l'a exempté de cette charge.

L'évêché fait partie des états de la première classe des pays électoraux : il a une régence particulière, une chambre domaniale & un consistoire : les conseillers de la régence siègent dans ce dernier tribunal avec le surintendant de l'évêché. *Voyez* l'article SAXE.

NAYRES : on donne le nom de *nayres* à la noblesse de la côte Malabare : on peut dire que c'est la plus ancienne noblesse du monde, puisque les anciens en font mention, & qu'ils citent la loi qui permet aux dames *nayres* d'avoir plusieurs maris; chacune d'elles peut en prendre quatre : leurs maisons qui sont isolées, ont autant de portes que la dame a des maris. Lorsqu'un d'entr'eux vient la voir, il fait le tour de la maison, en frappant son sabre sur son bouclier. Il ouvre ensuite sa porte, où il laisse sous une espèce d'auvent un domestique qui garde ses armes, & qui avertit ses collègues. On dit qu'un jour de la semaine la dame ouvre les quatre portes, & que ses quatre maris viennent dîner chez elle & lui faire la cour. Chaque mari donne une dot en se mariant, & la femme a seule la charge des enfans. Les *nayres*, même le samorin & les autres princes, n'ont pas d'autres héritiers que les enfans de leurs sœurs. Cette loi a été établie afin que les *Nayres* n'ayant aucune famille, fusfent toujours prêts à marcher à l'ennemi. Lorf-que les neveux font en âge de porter les armes, ils fuivent leurs oncles; le nom de père eft inconnu à un enfant *nayre*. Il parle des maris de fa mère, de fes oncles, & jamais de fon père.

Les *nayres*, s'étant révoltés ces années dernières, Ayder-Aly-Khan les a foumis, & avant de quitter leur pays, il les a déclarés déchus de tous leurs privilèges : on dit que leur cafté, qui étoit la première après celle des bramines, eft devenue la dernière ; qu'Ayder-Aly les a obligés à faluer les parias & autres gens des plus baffes caftes, à fe ranger devant eux comme les autres malabares étoient obligés auparavant de le faire devant les *nayres*; qu'il a permis à toutes les caftes de porter les armes, & qu'il les a défendues aux *nayres*, lefquels feuls avoient eu jufqu'alors le droit d'en porter ; qu'il a permis & ordonné à tout le monde de tuer les *nayres* que l'on trouveroit armés. Par cette ordonnance, publiée dans un moment de colère, Ayder efpéroit rendre toutes les autres caftes ennemies des *nayres*, il croyoit qu'elles chercheroient à fe venger de l'oppreffion tyrannique que cette nobleffe avoit exercée contr'eux.

Elle rendoit impoffible la fucceffion des *nayres*, qui euffent trouvé la mort mille fois moins cruelle que cet aviliffement ; & Ayder en publia une nouvelle, qui rétabliffoit dans tous leurs droits & prééminences les *nayres*, lorfqu'ils embrafferoient la religion de Mahomet. Plufieurs de ces nobles prirent à cette occafion le turban ; mais la plus grande partie eft reftée errante ; elle a mieux aimé fe réfugier dans le royaume de Travancour que de fe foumettre à cette dernière loi.

Nous ignorons ce qui eft arrivé depuis la mort d'Ayder-Aly. *Voyez* les articles MAISSOUR, MALABAR, &c.

NÉGOCIATION, NÉGOCIATEURS, manière de traiter les affaires politiques ; & hommes qu'on y emploie.

Les *négociations* politiques font beaucoup plus difficiles qu'elles ne l'étoient autrefois. Anciennement, les ambaffades n'étoient que momentanées ; il fuffifoit à un miniftre de bien connoître un objet unique, qui étoit celui de fa miffion ; il expofoit fa demande, on lui faifoit une réponfe, & la *négociation* fe terminoit en peu de jours. Aujourd'hui que les miniftres publics réfident continuellement ; mille & mille objets doivent attirer leur attention. Les intérêts de tous les états, les vues de tous les princes, celles des autres miniftres publics, les changemens qui peuvent arriver dans chaque cour, les mouvemens qui peuvent agiter l'Europe ; un miniftre public s'occupe de tout.

Les divers états de l'Europe ont entr'eux un commerce & des rapports fi bien établis, qu'un changement dans l'un de ces états eft prefque toujours capable de troubler le repos des autres,

Les démêlés des moindres fouverains mettent de la divifion entre les principales puiffances, à caufe des divers intérêts qu'elles y prennent. Les diverfes puiffances ne devroient fe mêler que des chofes effentielles ; mais, par une foibleffe naturelle aux hommes, elles veulent fe mêler de tout, & ces rapports obligent prefque chaque fouverain d'entretenir continuellement des miniftres dans les cours étrangères. Un prince veut être inftruit de tout ce qui fe paffe hors de fon royaume, qui a quelque rapport à lui, à fes alliés, à fes ennemis, aux puiffances qui n'ont point encore pris de parti. Mais jufqu'à quel point ces inftructions lui font-elles néceffaires, & où commence la fimple curiofité ? C'eft ce que nous n'indiquerons pas ici. Quoi qu'il en foit, un miniftre habile peut découvrir dans une cour ce qu'on cache à fon maître dans une autre. La connoiffance de tout ce qui fe paffe eft importante ou utile au gouvernement ; elle ne le feroit pas, fi chaque état fe bornoit à favoir les faits vraiment intéreffans.

Un négociateur appliqué découvre & diffipe les projets qui fe forment contre les intérêts de fon prince, dans les pays où il négocie. Un fouverain habile, du fond de fon cabinet, fans faire de grandes dépenfes, fans mettre fur pied des armées nombreufes, parvient fouvent à affoiblir des états, dont la puiffance lui donne de l'ombrage. C'eft par ce moyen qu'un bon miniftre entretient quelquefois dans les états de fon maître une tranquillité profonde, pendant qu'il produit des révolutions ailleurs, & qu'il fait même agir des nations contre leurs propres intérêts. C'eft par-là enfin que l'on rompt les liaifons les plus étroites, & que l'on conclut les traités les plus utiles.

Il eft aifé de faire échouer les plus grandes entreprifes, lorfqu'on les découvre au moment où elles fe forment, parce qu'on a befoin de plufieurs refforts pour les faire mouvoir, & qu'il n'eft prefque pas poffible de les cacher à un *négociateur* habile qui fe trouve fur les lieux. En général, on s'y prend trop tard, quand on attend pour envoyer dans les pays voifins, qu'il y furvienne des affaires importantes. S'il s'agit, par exemple, d'empêcher la conclufion de quelque traité, foit avec une puiffance ennemie, ou avec une puiffance qui donne de la jaloufie, ou de détourner une déclaration de guerre, qui étant faite contre notre allié, nous rendroit inutile, en le mettant dans la néceffité de pourvoir à fa propre défenfe ; les *négociateurs* qu'on envoie dans les cours au moment même, n'ont pas le temps d'établir des liaifons & de prendre des mefures propres à faire changer les réfolutions prifes, à moins qu'ils ne portent avec eux de grands moyens, toujours à charge au prince qui les donne, & fouvent inutiles, parce qu'on s'en fert trop tard.

On peut donc aujourd'hui établir en maxime

qu'il est d'une importance extrême de négocier continuellement en public & en secret. On ne jouit pas toujours sur-le-champ du fruit de ces *négociations* ; mais quoique l'avantage en soit retardé, & que celui qu'on en peut espérer, ne soit pas apparent, il paroît qu'il y en a un réel à négocier sans cesse, ou du moins qu'il y auroit du désavantage à ne pas le faire. Les grandes *négociations* ne peuvent être que l'effet d'une suite de desseins enchaînés l'un à l'autre. Le succès trompe quelquefois les meilleures mesurés, & il est difficile dans ce genre de combat, aussi-bien que dans les combats ordinaires, de combattre souvent & d'être toujours vainqueur ; mais le mauvais événement ne doit jamais rébuter : l'homme qui négocie toujours, trouve enfin l'occasion de parvenir à son but. Quand on ne la trouveroit jamais, il est sûr qu'on gagne beaucoup, lors même qu'on ne gagne que du tems.

On a soin de négocier même avec l'ennemi à qui on fait la guerre. Les vénitiens ne font jamais plus de *négociations* pour la paix, que lorsqu'ils font la guerre avec plus de chaleur, & il paroît que les autres puissances les imitent aujourd'hui.

Si ces maximes conviennent à tous les états, on peut dire qu'elles regardent particuliérement ceux qui, supérieurs en forces, sont comme les premiers mobiles des états inférieurs. Si on ne peut avoir des ministres par-tout, il est aisé d'entretenir dans tous les lieux des correspondances ou publiques, ou secretes.

Le roi d'Angleterre Henri VII, qui avoit beaucoup de talent pour l'administration, envoyoit des ambassadeurs dans toutes les cours ; mais il ne leur donnoit presque rien à négocier, parce qu'il ne vouloit pas leur confier son secret. Il leur ordonnoit simplement de l'informer avec exactitude de tout ce que les ambassadeurs des autres princes traitoient dans les mêmes cours. Il croyoit apprendre les affaires & les intentions de ses voisins, amis ou ennemis, sans leur communiquer rien des siennes : mais cette politique raffinée auroit peu de succès maintenant, & on négocie aujourd'hui avec une sorte de franchise qui cache plus de ruse.

Les princes se glorifient d'avoir dans leur cour un grand nombre de ministres publics. Alexandre, averti que des ambassadeurs de tous les pays du monde l'attendoient à Babylone, se hâta d'y aller, quoique les astrologues chaldéens l'avertissent qu'il couroit grand risque de sa vie, s'il entroit dans la ville. Flatté de l'empressement des peuples à lui rendre leurs hommages, il ne voulut pas différer de donner audience à leurs ambassadeurs ; il se rendit à Babylone, pour y tenir comme les états-généraux de l'univers. Tamerlan, au faîte de l'empire, eut dans sa cour tous les princes asiatiques, ou par eux-mêmes, ou par leurs ambassadeurs. On ne voit point d'audiences

ni d'assemblées plus dépourvues d'ambassadeurs & d'étrangers que les vôtres, disoit Démosthene aux athéniens : il vouloit leur prouver qu'ils étoient déchus de la considération dont ils avoient joui.

Les audiences sont une des plus difficiles fonctions des souverains. Ce n'est pas assez que le prince parle aux ministres étrangers, en de certaines occasions, avec une fermeté nécessaire, il faut que dans toutes il écoute avec attention, & qu'il se souvienne de ce qu'il est, & de ce qu'est le prince au ministre duquel il donne audience. Il faut de plus qu'il se concilie l'affection de tous les ministres. Il a intérêt de les bien traiter.

Comines dit que Louis XI dépêchoit les ambassadeurs avec de si bonnes paroles & de si beaux présens, qu'ils s'en alloient toujours contens de lui, & dissimuloient à leurs maîtres ce qu'ils savoient, à cause du grand profit qu'ils en retiroient.

« J'ai lu, dit Amelot de la Houssaye, que » la première cause qui porta le sénat de cette » république (Venise) à reconnoître tout d'abord » pour roi de France Henri IV, fut la relation » que donna par écrit le sénateur Jean Mocéni- » go, qui résidoit en qualité d'ambassadeur au- » près de Henri III lorsqu'il fut tué ».

C'est une mauvaise politique, dans l'état actuel de l'Europe, de recevoir des ambassadeurs, & de n'en pas envoyer. C'est préférer une vaine gloire à de solides intérêts. Les princes qui n'entretiendroient pas des ministres chez les autres souverains, vivroient dans une ignorance qui leur deviendroit fatale. On peut éviter le danger dont on a été informé à tems ; mais comment se garantir de celui qu'on n'a pas prévu !

Plusieurs cours de l'Europe entretiennent des ministres à Constantinople, pour protéger le commerce de leur nation, & pour veiller aux intérêts de leurs états. Le grand-seigneur croit que c'est une espèce d'hommage qu'on lui rend, & il regarde les ministres publics comme des otages, auxquels il peut demander raison de l'infraction des traités que leurs maîtres font avec la Porte. Jaloux de cette chimérique dépendance des princes chrétiens, les turcs ne permettent pas à un ambassadeur de se retirer, à moins que son successeur ne soit arrivé, ou à moins qu'il ne promette qu'on lui en donnera un au premier jour ; & de leur part, ils ne font résider personne dans les autres cours de l'Europe. Ils envoient quelquefois des ambassadeurs extraordinaires en France ; mais ces occasions sont rares. Ils ont aussi envoyé des ambassadeurs extraordinaires aux cours de Vienne & de Pétersbourg ; mais ce n'a été que lorsque ces cours en envoyoient à Constantinople. Alors l'échange des ambassadeurs respectifs s'est fait sur les frontières, par des commissaires chrétiens & mahométans ; & le cérémonial a été aussi solemnel que s'il eût été question, ou d'une négociation faite par des généraux à la vue de deux armées ennemies, ou de l'échange de deux souverains. Les difficultés de cérémonial ne furent pas plus grandes dans la *négociation* des Pyrénées, entre la France & l'Espagne, que l'ont été celles de l'échange fait de nos jours sur les bords du Bog, de l'ambassadeur du grand-seigneur & de celui de la czarine.

Parce que les turcs reçoivent des ambassadeurs qui résident chez eux, & qu'ils n'en font pas résider chez les chrétiens, les princes chrétiens pénètrent les résolutions les plus secrettes de la Porte, tandis que le grand-seigneur est dans une profonde ignorance de ce qui se passe publiquement dans les cours chrétiennes. Le sultan, enfermé dans son serrail parmi ses femmes & ses eunuques, ne voit que par les yeux de son visir. Ce ministre aussi inaccessible que son maître, occupé des intrigues du serrail & sans correspondance au dehors, est ordinairement trompé, ou il trompe le sultan, qui le dépose & le fait étrangler à la première faute, pour en choisir un autre aussi ignorant ou aussi perfide, qui se conduit comme ses prédécesseurs, & qui tombe bientôt comme eux.

Les polonois, sans avoir les mêmes idées de supériorité que les turcs, n'entretiennent point de ministres dans les cours. Les polonois ont tort comme les turcs; ils ont d'autant plus de tort, qu'ils n'ont fait d'alliance que lorsqu'ils étoient sur le bord du précipice, où la guerre alloit les précipiter. Le seul danger les y forçoit, & les secours de leurs alliés coûtoient ce qu'il leur en eût coûté par le pillage des ennemis dont ils cherchoient à se défaire.

Nous ne dirons pas que la Pologne est tombée dans l'état déplorable où elle se trouve; qu'elle a vu de nos jours démembrer ses provinces, parce qu'elle n'entretenoit pas de ministres dans les cours étrangères; son avilissement & ses malheurs ont des causes plus immédiates, dont nous parlerons à l'article POLOGNE : mais il y a lieu de croire qu'en prenant plus de part aux opérations des autres cours de l'Europe, elle auroit prévenu quelques-uns des maux qui sont venus fondre sur elles.

Les princes catholiques se croyoient obligés jadis d'entretenir des négociateurs à Rome. C'étoit la cour de l'Europe où un prince devoit le plus chercher à établir son crédit. La puissance temporelle du pape en Italie, sa puissance spirituelle dans tous les états de la communion romaine, la religion des peuples qui influe sur les affaires temporelles, cette multitude d'ecclésiastiques & de religieux qu'on trouve dans chacun de ces états, donnent beaucoup d'importance à la cour de Rome. Il étoit comme impossible qu'un prince y eût du crédit, sans en avoir dans les autres cours de l'Europe. Les *négociateurs* qui

résidoient à Rome, jugeoient que les princes qui y dominoient, étoient en effet les plus puissans, & ils avoient raison d'en juger ainsi; car la puissance n'est dans aucune cour si respectée qu'à Rome. Deux ambassadeurs trouvoient deux visages différens au même pape dans un seul jour, selon que le courier du soir apportoit des nouvelles différentes de celles du matin.

Le meilleur moyen qu'un prince pût employer pour se rendre considérable à Rome, étoit de bien établir ses affaires, tant au dedans qu'au dehors de l'état. *Gagnez des batailles par delà, & vos affaires iront bien par-deçà*, écrivoit de Rome à son maître un grand *négociateur* qui a servi utilement la France.

Perez, ministre espagnol disgracié, qui avoit une connoissance profonde des mystères politiques, voulant expliquer à Henri IV, sous la protection duquel il s'étoit mis, ce qui pouvoit élever la France au-dessus de tous les autres, ne lui dit que ces trois mots en sa langue, *Rome, un conseil, la mer*. Il comptoit la faveur de Rome comme le premier des moyens qui devoient produire cet effet.

Si le prince qui ordonne une négociation, est en bonne intelligence avec la plupart de ses voisins, & s'il est allié des puissances les plus éloignées de ses états, ses propositions seront reçues favorablement dans les lieux où il négocie. Un prince qui offense l'un de ses voisins, est moins craint & moins honoré des autres. Il doit tâcher de bien vivre avec les princes & les républiques, qui, par leur voisinage, peuvent le servir ou lui nuire. Nous avons dit à l'article ALLIANCE qu'un état puissant par lui-même a encore besoin d'alliés pour résister aux forces des autres puissances ennemies ou jalouses de sa prospérité, lorsqu'elles s'unissent contre lui. La prudence veut qu'un état se fortifie du secours de ses voisins, de la même manière qu'on fortifie le dehors d'une place, afin que l'ennemi ne puisse approcher de ses murailles. Les esprits médiocres s'en tiennent là ; mais les esprits supérieurs n'oublient rien non plus pour se fortifier au loin.

Il est souvent de l'intérêt d'un grand prince d'intervenir dans les démêlés des autres puissances. Il se tire par-là de la nécessité de prendre un parti; il s'insinue dans la confiance des uns & des autres, & rien n'est plus propre à étendre sa réputation, à la faire respecter, & par conséquent à faire considérer ses propositions. Il y a pour la médiation quelques règles à observer; quoique nous en ayions déjà parlé à l'article MÉDIATION, nous en ferons ici le résumé.

Tout médiateur doit être exempt de passion, ou maître de celles qu'il a. Il doit marquer une grande modération.

Un prince ne doit jamais offrir sa médiation à des puissances qui ne sont pas contentes de lui, parce

parce que ses offres ne serviroient qu'à lui faire essuyer le désagrément d'un refus.

Il ne doit pas non-plus, dans les différends qu'il a lui-même, accepter légérement la médiation d'une autre puissance, s'il n'a lieu de croire qu'il aura sujet d'en être satisfait, parce qu'après avoir admis une médiation, on ne peut plus la rejetter sans offenser le *médiateur*.

Au reste, les *médiateurs* ne servent guère qu'à assembler les puissances qui doivent traiter. Les dispositions favorables que les conjonctures mettent dans les cœurs des princes, décident souvent sans que les *médiateurs* y aient aucune part.

Il est en général utile de faire toutes les négociations par des ministres. Les pourparlers entre les souverains sont sujets à de grands inconvéniens. Les comparaisons odieuses, l'émulation, les faux rapports, les soupçons qu'on prend de part & d'autre, le cérémonial dont on est rarement d'accord, tout devient un sujet de mécontentement. Il s'y mêle de l'animosité; & bien loin d'appaiser les querelles, une entrevue de princes ne fait souvent que les envenimer, & est moins propre à maintenir la bonne intelligence qu'à l'altérer. Philippe de Comines rapporte plusieurs de ces entrevues qui ont eu une issue peu favorable. On ne peut néanmoins donner sur cela de règle certaine ou générale; car l'histoire prouve que d'autres princes se sont abouchés, sans qu'aucune inimitié en ait été la suite. Ces entrevues sont devenues très-communes de nos jours, & toutes celles que nous avons vues se sont terminées d'une manière heureuse. Les suites des entrevues dépendent plutôt de l'état des affaires, de la conformité ou de la diversité des humeurs, & de la manière de vivre des princes & de leurs peuples, que de ces entrevues même. L'entrevue qui eut lieu à Paris en 1378, entre notre sage roi Charles V & l'empereur Charles IV, se passa avec une satisfaction réciproque. Un auteur récent l'a écrite dans un grand détail.

La prudence exige qu'avant d'en venir à des entrevues, on considère si rien ne peut exciter la jalousie, l'envie, le mépris.

On présume toujours que deux souverains s'abouchent pour traiter de grands intérêts, & les princes voisins prennent ombrage de ces entrevues. Ceux qui les font, en cachent ordinairement le sujet.

Le lieu de l'entrevue est digne d'attention, non-seulement pour la sûreté de ceux qui s'y rendent, mais encore pour l'honneur que reçoit celui qu'on va trouver.

Dans les guerres civiles, les négociations de paix ou de trève en présence de deux armées, sont dangereuses. Elles entraînent souvent les esprits timides & irrésolus dans le parti le plus fort, & quelquefois le parti le plus fort y devient, par une résolution subite, le plus foible.

On suit le parti vers lequel on penche, quand on peut le faire avec sûreté.

Le souverain envoie à son gré un ou plusieurs ministres. Il y a des occasions où il est avantageux & même nécessaire d'envoyer, dans un même lieu ou dans un même pays, plusieurs ministres.

1°. Dans les conférences pour la paix, soit que les princes y envoient comme intéressés ou comme *médiateurs*, il seroit difficile à un seul ministre de suffire à toutes les conférences, à tous les mémoires, à toutes les réponses de vive voix & par écrit, & à toutes les démarches qu'il faut faire en de pareilles occasions, pour arranger des intérêts si divers & lutter contre des passions si variées. Plusieurs ministres y partagent ordinairement le travail, & prennent de concert les mesures qui peuvent conduire les affaires au but.

Les ministres qui servent le même maître, dont le service doit être pour eux un objet commun & invariable, sont obligés d'agir de concert & de se communiquer leurs découvertes. Quoiqu'ils ne pensent pas toujours de la même manière, & que d'accord sur le but, ils soient souvent opposés dans le choix des moyens, ils ne doivent faire qu'une seule dépêche commune à tous, puisqu'ils ne composent qu'un seul corps d'ambassade. C'est le seul moyen de conserver de l'uniformité dans le récit des faits, qui pourroient être marqués différemment si chacun d'eux écrivoit à part; mais lorsque leurs opinions varient, ils peuvent l'énoncer dans leurs lettres.

2°. Il est aussi fort utile & souvent nécessaire d'employer plus d'un ministre dans les pays où le gouvernement est partagé entre plusieurs, & dans ceux qui sont agités de quelque guerre civile, & où l'on a des intérêts à ménager avec les divers partis.

3°. Il faut plus d'un *négociateur* dans un état électif, quand il s'agit d'y gagner des suffrages pour l'élection d'un nouveau prince.

Lorsqu'il n'y a qu'un seul *négociateur* dans un pays où l'autorité est divisée, il ne lui est pas possible de se transporter dans tous les lieux où sa présence est nécessaire, & de traiter avec tous ceux qui y sont en crédit.

Il arrive souvent qu'un même ministre ne réussit pas à plaire à tous ceux qui sont dans des intérêts opposés, & qu'il suffit qu'il soit ami du chef d'un des partis pour se rendre suspect aux autres. Un second ministre qui n'a pas les mêmes liaisons, prévient cet inconvénient. Il est bon, en ce cas, d'en choisir plusieurs pour le même pays, qui soient liés d'amitié ou qui puissent s'accorder, afin d'éviter les jalousies & les divisions qui nuiroient aux intérêts de leur maître.

La France n'avoit pourtant qu'un seul ambassadeur en Pologne, lorsqu'elle plaça par son crédit le roi Stanislas sur le trône des polonois; & elle n'en eut aussi qu'un en Allemagne, dans une occasion où il s'agissoit de donner un chef à l'Empire.

4°. Un grand miniftre ne fe contentoit pas d'employer plufieurs *négociateurs* pour une même affaire ; il partageoit fouvent entr'eux le fecret de fes deffeins, & il faifoit mouvoir divers refforts pour les faire réuffir. Outre les miniftres publics qu'il envoyoit dans chaque pays, il y entretenoit encore des agens fecrets & des penfionnaires du pays même, qui l'avertiffoient de tout ce qui s'y paffoit fans la participation des ambaffadeurs de fon maître, qui ignoroient fouvent les commif- fions de ces émiffaires. Rien n'échappoit à fa con- noiffance, & il étoit en état de redreffer les am- baffadeurs qui faifoient quelque faute, ou qui tomboient dans quelque erreur.

L'art de négocier avec les fouverains eft fi im- portant, que la fortune des plus grands états dépend quelquefois de la bonne ou mauvaife con- duite du *négociateur*. Il demande une grande éten- due de connoiffances, & un difcernement jufte & délicat.

La perfonne du *négociateur* doit être agréable au prince à qui il eft envoyé, fans quoi le fuccès de la négociation fera plus difficile.

Les gens dont l'efprit a été cultivé par les let- tres, n'ont pas toujours été de bons ambaffa- deurs, parce que le favoir feul ne fuffit pas pour foutenir le poids d'une ambaffade, & qu'il ne fupplée ni à ce qui manque du côté des qualités naturelles, ni à ce qui manque du côté de la ca- pacité & du génie des affaires; mais en général, un homme de lettres eft plus propre aux négo- ciations qu'un homme fans études & fans prin- cipes. L'art de négocier fuppofe la connoiffance de l'homme en général & des hommes en par- ticulier ; & toutes chofes d'ailleurs égales, celui qui les connoît le mieux, le philofophe moral qui a le plus réfléchi fur leurs caractères, doit être le plus habile *négociateur*.

Les voies qu'on peut prendre étant probléma- tiques, la plupart des hommes fe conduifent par les exemples ; & bien que la diverfité des tems, des lieux & des perfonnes mette fouvent de la différence dans la manière de négocier, il eft des règles pour tous ces cas, & les principes ne va- rient point. Or, un homme de lettres fait ré- pondre jufte fur tout ce qu'on lui dit, parle avec connoiffance des droits des fouverains, explique ceux de fon prince, les appuie par des faits & par des exemples qu'il rapporte à propos, & perfuade par des réflexions judicieufes. Au con- traire, un *négociateur* fans étude ne fait alléguer pour toute raifon que la volonté & la puiffance de fon maître, & il eft fujet à tomber dans plufieurs inconvéniens par l'obfcurité de fes difcours & de fes dépêches. C'eft pour faire entendre que les *négociateurs* doivent favoir bien parler & être élo- quens, que les romains leur donnoient le nom d'*orateurs*. L'homme de lettres rend l'homme du monde plus agréable, & l'homme public plus utile.

En général, les eccléfiaftiques ne doivent pas defirer les ambaffades ou les négociations. L'on méconnoît les miniftres de la religion dans la pompe des emplois publics. Il eft peu convenable qu'un eccléfiaftique mène une vie tumultueufe ab- folument contraire à celle de fon état.

La réfidence des pafteurs eft de droit divin, & il convient peu que les princes tirent un évêque du fein de fon églife, pour l'employer aux affai- res politiques.

Il eft des occafions où il faut plus de courage & de fermeté que n'en peuvent avoir les eccléfiaf- tiques ; ils font d'ailleurs moins dépendans des princes que les laïcs, & ils peuvent n'avoir pas le même zèle. C'eft pour cela que Numa Pompi- lius, ce roi religieux & politique, voulut que la députation, chargée de quelques fonctions rela- tives à la paix ou à la guerre, ne fût confiée qu'à des féciaux dont le père fût encore vivant, & qui fuffent eux-mêmes pères de plufieurs enfans. Le cardinal de Richelieu, à cet égard, eft un exemple de ce qu'il y auroit à craindre de l'union des titres qui impofent des obligations contradic- toires, fi celui qui les réunit étoit capable de fa- crifier les devoirs de l'un aux intérêts de l'autre.

Le chapeau de cardinal, donné à Mazarin, l'adoucit infiniment fur les mauvais traitemens qu'éprouva le maréchal d'Eftrées à Rome.

On a vu des évêques employés à la Porte, chofe plus étrange que de voir des miniftres pro- teftans réfider auprès du pape.

Pie II refufa de recevoir une ambaffade de l'empereur, parce qu'elle étoit obfcure. Ce n'eft pas ici le lieu d'examiner le contrafte de cette conduite du vicaire de Jefus-Chrift avec celle de Jefus-Chrift lui-même.

Maître Olivier, comme parlent les hiftoriens, valet-de-chambre-barbier de Louis XI, envoyé par ce prince en ambaffade auprès des gantois, après la mort de Charles, duc de Bourgogne, reçut mille affronts dans un pays où il avoit reçu le jour, & où par conféquent la baffeffe de fon extraction étoit connue. Il portoit en vain le titre de comte de Meulan. Son ambaffade fut fi défa- gréable aux gantois, que s'il ne fût forti de leur ville, on l'eût infailliblement jetté dans la ri- vière.

A parler en général, on eft par-tout moins difpofé à refpecter les hommes nouveaux que les perfonnes forties des familles qui font depuis long-temps en poffeffion des honneurs. La naif- fance donne de l'éclat aux autres qualités, & il eft de la grandeur de l'état de n'employer dans les ambaffades que des perfonnes d'un rang dif- tingué. Un prince qui en ufe autrement, avilit fa propre dignité, & marque peu d'égard à la cour où il envoie.

Comme il n'y a pas deux nations dans le monde, ni deux gouvernemens dont les caractères foient abfolument les mêmes, de même auffi chaque affaire est différente d'une autre : le même homme ne pouvant convenir ni à tout, ni par-tout, quoique doué d'excellentes qualités, ceux à qui il appartient de choisir les instrumens de leur politique, doivent appliquer chaque homme au genre d'affaires, auxquelles il peut être le plus propre.

S'il faut suivre une longue négociation, on prendra un homme patient & tranquille.

S'il faut brusquer une affaire, on cherchera un homme décidé.

S'il faut conseiller des partis hardis, on ne se servira pas d'un esprit timide.

S'il faut discuter une affaire contentieuse, on choisira un homme d'étude, un homme profond. Il seroit aussi peu convenable d'envoyer un homme d'épée discuter une affaire de droit, que d'envoyer un homme de robe traiter des moyens de faire la guerre.

S'il est question d'un arrangement, il faut un homme capable de suivre des détails.

S'il ne s'agit que de représentation, un homme magnifique, généreux, aimant le luxe & la dépense, y est seul propre.

Il faut enfin envoyer un audacieux, si l'on veut faire des reproches; un homme doux, si l'on veut persuader; un homme fin, si l'on veut découvrir des secrets.

Parmi les personnes dont le caractère est proportionné à la nature de l'affaire, on doit employer par préférence ceux qui ont déja réussi, parce qu'ils ont de l'expérience, & qu'ils feront tous leurs efforts pour soutenir leur réputation.

Il est bon, disent les publicistes, que le *négociateur* soit un homme de bonne mine : mais on sait que ce mérite extérieur se remplace avantageusement par le mérite personnel.

L'orateur Léon, ambassadeur de Byzance à Athènes, avoit une taille désagréable. Lorsqu'il parut à la tribune aux harangues, son ventre arrondi & ses jambes extrêmement courtes excitèrent de grands éclats de rire dans l'assemblée d'un peuple porté à saisir par-tout le ridicule. L'ambassadeur ne se déconcerta point : « Vous ririez bien da- » vantage, dit-il aux athéniens, si vous voyiez » ma femme; elle est une fois plus petite que » moi. Cependant, quand nous ne sommes pas » d'accord, la ville de Byzance ne peut pas nous » contenir ». Cette réponse fit cesser les éclats de rire, & concilia une attention favorable à l'ambassadeur.

L'empereur Valentinien I, qui étoit fort sujet à la colère, s'offensa de l'air bas & pauvre des ambassadeurs des quades; il leur parla avec tant de violence, qu'il se rompit une veine ou une artère dont il mourut.

Cet Horace qui sauva, dit-on, la république romaine, pour avoir lui seul défendu contre l'armée victorieuse de Porsenna, roi de Clusium, le passage du pont qui séparoit Rome du Janicule,

ce brave Horace fut l'admiration & les délices de sa patrie; il en reçut de grandes récompenses; mais il étoit borgne & boiteux, & cette difformité l'empêcha toujours de parvenir au consulat, tant on avoit soin alors que nulle perfection du corps & de l'esprit ne manquât à ceux qu'on mettoit à la tête de la république.

Nous lisons, dans l'histoire d'Espagne, que les ambassadeurs de l'un de nos rois étant allés à la cour d'Alphonse IX demander en mariage l'une de ses filles, choisirent la moins belle, qui s'appelloit *Blanche*, & laissèrent la plus belle, parce que son nom d'Urraca leur parut étrange.

Elisabeth, reine d'Angleterre, n'admettoit dans son conseil que des gens bien faits. Sans doute, cette délicatesse est celle d'une femme; & les auteurs qui concluent d'un pareil exemple, qu'il faut choisir les ministres qu'on envoie aux souverains étrangers, semblent égaler la petitesse de cette reine.

On ne sauroit traiter long-temps avec des négociateurs de mauvaise foi, parce qu'on ne sauroit le faire avec sûreté. Nous sommes ordinairement les dupes du premier essai qu'on fait contre nous; mais après cette épreuve, nous nous tenons sur nos gardes, parce que la mauvaise foi fait perdre aux politiques qui s'y sont une fois livrés, la confiance de ceux avec qui ils négocient.

Une grande réputation de probité dispose au contraire d'une manière favorable; elle fait écouter avec complaisance, & elle facilite le succès.

Il faut au *négociateur* un esprit attentif & appliqué, qui ne se laisse pas distraire par les plaisirs & par les amusemens frivoles; un sens droit qui conçoive nettement les choses telles qu'elles sont, & qui aille au but par les voies les plus courtes & les plus naturelles; de la pénétration pour découvrir ce qui se passe dans le cœur des hommes, & pour savoir profiter des moindres mouvemens de leurs visages & des autres effets de leurs passions; de l'habileté à profiter des fautes des autres & à réparer les siennes; de la dextérité à faire valoir les moindres choses, quand elles nous sont favorables, & à atténuer les plus grandes lorsqu'elles nous sont contraires; un esprit fécond en expédiens pour applanir les difficultés qui se rencontrent; de l'attention pour écouter, & pour ne jamais précipiter sa réponse; de la présence d'esprit pour répondre à propos sur les choses imprévues; & pour se tirer d'un mauvais pas par des réponses judicieuses; une humeur égale, un naturel tranquille & patient, toujours disposé à écouter sans distraction. Le *négociateur* doit être juste & modeste en toutes ses actions, respectueux envers les princes, complaisant avec ses égaux, caressant avec ses inférieurs, doux, civil & honnête avec tout le monde. Il doit, en un mot, employer tour-à-tour la fermeté, la fouplesse, la vivacité, le flegme, la franchise & la dissimulation.

L'âge ne doit pas être un obstacle au choix d'un *négociateur*, lorsque d'ailleurs le fujet est capable de foutenir avec dignité le poids de fa misfion. C'est une prérogative de la fagesse de difpenfer des loix de l'âge ; mais à parler en général, si les talens naturels ébauchent un ambassadeur, c'est à l'expérience à l'achever. Le fang coule trop impétueufement dans les veines d'un jeune homme.

Les hommes d'un âge trop avancé ont aussi leurs défauts. Un vieillard est d'ordinaire peu propre à s'insinuer dans les bonnes graces du prince & de fes ministres, & hors d'état d'agir par la lenteur & les incommodités de la vieilleffe.

Les jeunes gens font trop hardis, les vieillards trop timides ; les uns ont trop de confiance, les autres n'en ont pas affez ; d'où il résulte qu'à parler en général, l'intervalle de trente à foixante ans est le plus propre aux négociations, parce qu'il est également éloigné des emportemens de la jeuneffe & des foibleffes de la caducité, & qu'on y trouve avec l'expérience, la difcrétion & la modération qui manquent à la première jeuneffe, la vigueur, l'activité & l'agrément qui ont abandonné les vieillards.

On s'entend toujours mal quand ce n'est que par truchement ; & le *négociateur* doit favoir & même bien favoir la langue du pays où il négocie.

Il est fûr que plus un ministre public faura de langues, plus il tirera parti de fes liaifons avec les ministres étrangers, qu'il est obligé de voir par bienséance & par intérêt. Ces ministres s'ouvriront toujours plus franchement à ceux qui entendent & parlent leur propre langue. Il y a, en effet, dans la communication des idiomes, on ne fait quoi qui attire & lie les hommes les uns aux autres. C'est une vérité dont l'expérience nous convainc.

Le *négociateur* doit connoître le droit public, & il peut, difent quelques auteurs, parvenir à acquérir les connoiffances de fon état par quatre différentes voies.

« La première est celle des écoles publiques dans le pays où il y a des chaires de droit naturel, de droit public, de droit des gens ou de politique ».

« La feconde, est celle de la lecture des différens ouvrages compofés fur la fcience du gouvernement ».

« La troifième, est celle de la méditation & des converfations qu'on peut avoir avec des gens verfés dans la connoiffance de toutes les parties de cette fcience. La réflexion donne fur cela des ouvertures comme fur toute autre chofe, & fert à diriger & à étendre ce qu'on a appris. La converfation avec des gens habiles perfectionne ces connoiffances ».

« La quatrième, celle de la pratique. L'expé-

rience est une école infaillible, où les connoiffances acquifes par les trois autres voies reçoivent le fceau de la perfection ».

Mais nous obferverons que les écoles & la converfation apprennent peu de chofe, & que la lecture & les méditations font indifpenfables.

Ce n'est pas tout, les auteurs qui ont écrit fur les négociations n'ont rien oublié : ils parlent de la table du ministre, de fes habits, de fa livrée, ils entrent dans les plus grands détails fur fa maifon ; fur le ftyle des dépêches, fur la manière de parler aux princes ou aux ministres, fur fes études ; fur les honneurs qu'il doit avoir, fur les petits préfens qu'il doit exiger, fur les combinaifons de l'adreffe & de la rufe, fur la générofité avec laquelle il faut récompenfer les efpions, fur le choix des domeftiques ; fur l'art de plaire : mais la plupart de ces préceptes ou de ces confeils étant des leçons de civilité, ou des chofes fi connues dans les cours & ailleurs, on peut s'en rapporter là-deffus au bon fens & à l'amour-propre ; & nous ne nous aviferons pas de nous occuper de pareilles bagatelles.

Lorfqu'un ministre parle devant un fénat ou à une république, il lui est permis d'être plus oratoire & plus étendu ; mais s'il est trop long, on peut lui appliquer la réponfe que Cléomènes, Roi de Sparte, fit aux ambaffadeurs de l'isle de Samos : ceux-ci effayèrent par une belle & longue oraifon, de lui perfuader de faire la guerre au tyran Polycrate. J'ai oublié le commencement de votre harangue, je n'en ai pas écouté la fuite, & rien ne m'en a tant plu que la fin.

Le ministre public ne doit rien laiffer ignorer à fon maître de la nature du pays où il réfide, de fes limites, de fa fertilité ou de fa ftérilité, de l'induftrie du peuple, fon commerce, de fa difpofition pour les arts ; de la guerre ou de la paix, de fon affection plus ou moins grande pour le fouverain, des places fortes, des chefs nationaux ou étrangers, des forces fur lefquelles il peut compter, des rapports d'amitié ou de haine qui fe trouvent entre fes voifins, du revenu & de la dépenfe ordinaire de ce prince, de fes ministres, confeillers ou favoris, & enfin de l'humeur & du génie du prince, de fa capacité, de fes exercices, de fes inclinations, de fes vertus, de fes vices.

Il doit informer fa cour, non-feulement des avis qu'il tient pour véritables, mais encore de ceux qu'il regarde comme incertains, & qui pourroient être vrais.

Le ministre du plus grand prince qui ait donné des loix à la Tofcane, repris par fon maître de ce qu'il ne l'avoit pas informé d'un événement de la cour de Madrid, où ce ministre réfidoit, s'excufa fur ce que ce fait lui avoit paru peu important & étranger aux affaires de fon maître : « fot que vous êtes (lui répondit Cofme de

» Médicis), cette affaire qui vous paroît de peu
» de conféquence, jointe à d'autres dont je ne
» veux pas vous rendre compte, produit des
» effets qui furpaffent votre connoiffance ».

La maxime de Louis XI, qui difoit que pour
favoir règner il faut favoir diffimuler, eft néceffaire fur-tout dans les *négociations*. Lorfque la
nature des affaires & la néceffité des circonftances engagent à diffimuler, c'eft de la politique;
mais fi le goût du manège & le tour d'efprit y
déterminent, c'eft de la fourberie.

On ne doit pas oublier que la politique eft définie par quelques perfonnes, l'art de tromper
les hommes: on eft difpofé à croire que ce qui
s'appelle fraude & infidélité dans le commerce
de la vie civile, prend le beau nom de *politique*
dans le cabinet des princes, & il ne faut rien
faire qui puiffe donner du cours à cette idée dangereufe.

Les négociateurs femblent quelquefois remplis
de fi grandes idées, de fi profondes réflexions,
de fi fublimes objets, qu'ils préviennent tout le
monde contr'eux.

Comment aborder, recevoir, entretenir des
hommes qui paroiffent quitter le trépied.?

Les gens du monde regardent cet air myftérieux comme de la pedanterie, & ce dehors magiftral les bleffe.

Cet air myftérieux eft fur-tout préjudiciable de
miniftre à miniftre. Le commerce que les ambaffadeurs font obligés d'avoir entr'eux, ne peut
s'entretenir que par une communication de tout
ce qu'ils peuvent fe dire, fans nuire aux intérêts de leur cour. Ceux qui cachent tout, trouvent les autres toujours filencieux: on leur rend
myftère pour myftère, & ils ignorent ce qui fe
paffe.

Tout le monde le fait: on appelle un ambaffadeur, un honorable efpion, parce qu'une de fes
principales fonctions eft de découvrir le fecret des
cours. Il s'acquitte mal de fon emploi, s'il ne fait
pas faire les dépenfes convenables pour mettre en
mouvement ceux qui font capables de l'inftruire.

Lorfqu'on rappelle un miniftre, il feroit à fouhaiter qu'on envoyât d'avance fon fucceffeur fur
les lieux, afin qu'il fe formât par de bons exemples, qu'il vît lui-même le genre de conduite
qui réuffit le mieux, qu'il connût les amis que fon
prédéceffeur a formés & cultivés, qu'il acquît
leur confiance, & qu'il s'inftruisît exactement des
chofes & des perfonnes. Un miniftre, à fon retour donne en vain une bonne relation du pays
où il a réfidé; fon fucceffeur n'en faifit jamais fi
bien l'efprit que lorfqu'il fe trouve fur les lieux;
l'intervalle entre le départ de l'un & l'arrivée de
l'autre, fait quelquefois un grand vuide; la fcène
change, fans qu'on en foit témoin; des préventions s'établiffent, fans qu'on foit à portée de
les empêcher; des amis fe refroidiffent, parce
qu'on ne les a pas cultivés. Le temps que l'on

emploie à connoître le fucceffeur, s'il n'étoit
pas connu avant d'être employé, eft un temps
perdu pour les affaires; fouvent même le fucceffeur fe fait un principe de fuivre un fyftème oppofé à celui qu'a fuivi fon prédéceffeur.

Chaque fouverain devroit, ce femble, établir
l'ufage de Venife; les ambaffadeurs de la république font obligés, à leur retour, de préfenter au fénat une relation manufcrite de leurs ambaffades. Quoiqu'ils aient rendu compte en détail
de toutes leurs *négociations* particulières dans leurs
dépêches, le fénat croit qu'il importe au fervice public d'avoir un abrégé qui en contienne
la fubftance, parce que toutes les pièces étant
raffemblées, mifes en ordre & refondues par
celui même qui en étoit l'auteur, on y voit mieux
la fuite des affaires & la capacité du miniftre qui
les a dirigées: c'eft par ces relations toujours
exactes que le fénat connoît les forces des princes, l'état de leurs armées, de leurs provinces,
de leurs revenus & de leurs dépenfes; c'eft-là
que les nobles qui vont en ambaffade, puifent
les connoiffances qui leur font néceffaires, &
les leçons de politique qui doivent régler leur
conduite.

Les obfervations que nous venons de faire,
font plus ou moins utiles: les *négociations* ont
pris une forme plus fimple; elles réuffiffent quelquefois fans toutes les précautions que nous avons
indiquées: la politeffe, l'ufage du monde, la fineffe & l'aftuce que donne l'expérience, apprennent plus que tout ce que nous pourrions dire.
Mais on ne peut trop defirer que la diffimulation
ne foit employée que dans les momens néceffaires; qu'on y renonce lorfqu'on n'en a plus befoin; que cette révolution ait lieu dans tous les
cours, & qu'on ne regarde plus un ambaffadeur
ou un miniftre public comme un homme envoyé
au loin, afin de mentir pour le bien de la république.

En finiffant cet article, nous nous contenterons
de dire que le fecret eft l'ame de la négociation.
Voyez l'article CHIFRE.

NEGRES, malheureux africains qu'on retient
en efclavage, & qu'on emploie à la culture des
ifles d'Amérique & de quelques parties du continent de l'Amérique.

Nous avons parlé à l'article GUINÉE des divers établiffemens qu'ont formés les européens
fur les côtes d'Afrique, & nous avons donné
d'affez longs détails fur la traite des efclaves:
nous nous bornerons à indiquer ici l'affreufe condition des *nègres* en Amérique: nous parlerons
enfuite de l'efclavage en général, de l'efclavage
des *nègres* en particulier, & des avantages qu'il
y auroit à leur rendre la liberté.

On a traité de déclamations tout ce qu'on a
écrit contre l'efclavage des *nègres*, nous le favons: on répétera mille fois encore la même

réponse ; mais cette belle réponse ne changera rien à la vérité des faits : fi ces faits font exagérés , pourquoi la plupart des nouvelles républiques américaines montrent-elles tant de zèle pour l'affranchiffement de leurs *nègres* ? & pourquoi tous les honnêtes citoyens des Etats - Unis gémiffent-ils fur la cupidité des provinces du fud , qui mettent des obftacles à ces affranchiffement.

Nous ne craindrons pas de le redire encore , rien n'eft plus affreux que la condition du noir dans tout l'archipel américain. On commence par le flétrir du fceau ineffaçable de l'efclavage ; en imprimant avec un fer chaud fur fes bras ou fur fes mammelles le nom ou la marque de fon maître. Une cabane étroite , mal-faine , fans commodités , lui fert de demeure. Son lit eft une claie plus propre à brifer le corps qu'à le repofer. Quelques pots de terre , quelques plats de bois forment fon ameublement. La toile groffière qui cache une partie de fa nudité , ne le garantit , ni des chaleurs infupportables du jour , ni des fraîcheurs dangereufes de la nuit. Ce qu'on lui donne de manioc , de bœuf falé , de morue , de fruits & de racines , ne foutient qu'à peine fa miférable exiftence. Privé de tout , il eft condamné à un travail continuel , dans un climat brûlant , fous le fouet toujours agité de fes conducteurs.

L'Europe retentit depuis un fiècle des plus faines , des plus fublimes maximes de la morale. La fraternité de tous les hommes eft établie de la manière la plus touchante dans d immortels écrits. On s'indigne des cruautés civiles ou religieufes de nos féroces ancêtres , & l'on détourne les regards de ces fiècles d'horreur & de fang. Ceux de nos voifins que les barbarefques ont chargés de chaînes , obtiennent nos fecours & notre pitié. Des malheurs même imaginaires nous arrachent des larmes dans le filence du cabinet , & fur-tout au théatre. Il n'y a que la fatale deftinée des malheureux *nègres* qui ne nous intéreffe pas. On les tyrannife , on les mutile , on les brûle , on les poignarde , & nous l'entendons dire froidement & fans émotion. Les tourmens d'un peuple à qui nous devons nos délices , ne vont jamais jufqu'à notre cœur.

L'état de ces efclaves , quoique par tout déplorable , éprouve quelque variation dans les colonies. Celles qui jouiffent d'un fol étendu , leur donnent communément une portion de terre qui doit fournir à tous leurs befoins. Ils peuvent employer à fon exploitation une partie du dimanche , & le peu de momens qu'ils dérobent les autres jours au temps de leurs repas. Dans les ifles plus refferrées , le colon fournit lui-même la nourriture , dont la plus grande partie a paffé les mers. L'ignorance , l'avarice ou la pauvreté ont introduit dans quelques-unes un moyen de pourvoir à la fubfiftance des *nègres* , également deftructeur

pour les hommes & pour la culture. On leur accorde le famedi ou un autre jour pour gagner , foit en travaillant dans les habitations voifines , foit en les pillant , de quoi vivre pendant la femaine.

Outre ces différences tirées de la fituation locale des établiffemens dans les ifles de l'Amérique , chaque nation européenne a une manière de traiter fes efclaves , qui lui eft propre. L'efpagnol en fait les compagnons de fon indolence ; le portugais , les inftrumens de fes débauches ; le hollandois , les victimes de fon avarice. Aux yeux de l'anglois , ce font des êtres purement phyfiques , qu'il ne faut pas ufer ou détruire fans néceffité : mais jamais il ne fe familiarife avec eux , jamais il ne leur fourit , jamais il ne leur parle. On diroit qu'il craint de leur laiffer foupçonner que la nature ait pu mettre entr'eux & lui quelque trait de reffemblance. Auffi en eft-il haï. Le françois , moins fier , moins dédaigneux , accorde aux africains une forte de moralité ; & ces malheureux , touchés de l'honneur de fe voir traités comme des créatures prefque intelligentes , paroiffent oublier qu'un maître impatient de faire fortune ; outre prefque toujours la mefure de leurs travaux ; & les laiffe fouvent manquer de fubfiftances.

Les opinions même des européens influent fur le fort des *nègres* de l'Amérique. Les proteftans qui n'ont pas l'efprit de profélytifme , les laiffent vivre dans le mahométifme ou dans l'idolâtrie où ils font nés , fous prétexte qu'il feroit indigne de tenir fes frères en Chrift dans la fervitude. Les catholiques leur donnent quelques inftructions , les baptifent ; mais leur charité ne s'étend pas plus loin que les cérémonies d'un baptême , prefque toujours inutiles pour des hommes qui pour la plupart ne craignent pas les peines d'un enfer auquel ils font , difent-ils , accoutumés dès cette vie.

Tout les rend infenfibles à cette crainte , & les tourmens de leur fervitude , & les maladies auxquelles ils font fujets en Amérique. Deux leur font particulières , c'eft le pian & le mal d'eftomac.

Le pian , qui eft une maladie particulière aux *nègres* , & qui les fuit d'Afrique en Amérique , fe gagne par naiffance , & fe contracte par communication. Il eft commun aux deux fexes. On en eft atteint à tout âge , mais plus particuliérement dans l'enfance & dans la jeuneffe. Les vieillards ont rarement des forces fuffifantes pour réfifter aux longs & violens traitemens qu'il exige.

Tous les *nègres* venus de Guinée , ou nés aux ifles , hommes & femmes , ont le pian une fois en leur vie.

Il eft prouvé que quatorze ou quinze cens mille noirs , aujourd'hui épars dans les colonies européennes du nouveau-Monde , font les reftes infortunés de huit ou neuf millions d'efclaves qu'elles ont reçus. Cette deſtruction horrible ne peut pas être l'ouvrage du climat, qui ſe rapproche beaucoup de celui d'Afrique, & moins encore des maladies qui, de l'aveu de tous les obſervateurs, moiſſonnent peu de victimes. Sa ſource doit être dans le gouvernement des eſclaves. Ne pourroit-on pas le corriger?

Le premier pas dans cette réforme, ſeroit d'apprendre à connoître l'homme phyſique & moral. Ceux qui vont acheter des noirs ſur des côtes barbares, ceux qui les mènent en Amérique, ceux ſur-tout qui dirigent leur induſtrie, ſe croient obligés par état, ſouvent même pour leur propre ſûreté, d'opprimer ces malheureux. L'ame des conducteurs, fermée à tout ſentiment de compaſſion, ne connoît de reſſorts que ceux de la crainte ou de la violence, & elle les emploie avec toute la férocité d'une autorité précaire. Si les propriétaires des habitations, ceſſant de dédaigner le ſoin de leurs eſclaves, ſe livroient à une occupation dont tout leur fait un devoir, ils abjureroient bientôt leurs erreurs cruelles. L'hiſtoire de tous les peuples leur démontreroit que, pour rendre l'eſclavage utile, il faut du moins le rendre doux; que la force ne prévient point les révoltes de l'ame; qu'il eſt de l'intérêt du maître, que l'eſclave aime à vivre; & qu'il n'en faut plus rien attendre, dès qu'il ne craint plus de mourir.

Ce trait de lumière, puiſé dans le ſentiment, meneroit à beaucoup de réformes. On ſe retidroit à la néceſſité de loger, de vêtir, de nourrir convenablement des êtres condamnés à la plus pénible ſervitude qui ait exiſté depuis l'origine de l'eſclavage. On ſentiroit qu'il n'eſt pas dans la nature, que ceux qui ne recueillent aucun fruit de leurs ſueurs, qui n'agiſſent que par des impulſions étrangères, puiſſent avoir la même intelligence, la même économie, la même activité, la même force, que l'homme qui jouit du produit entier de ſes peines, qui ne ſuit d'autre direction que celle de ſa volonté. Par degrés, on arriveroit à cette modération politique, qui conſiſte à épargner les travaux, à mitiger les peines, à rendre à l'homme une partie de ſes droits, pour en retirer plus ſûrement le tribut des devoirs qu'on lui impoſe. Le réſultat de cette ſage économie ſeroit la conſervation d'un grand nombre d'eſclaves que les maladies, cauſées par le chagrin ou l'ennui, enlèvent aux colonies. Loin d'aggraver le joug qui les accable, on chercheroit à en adoucir, à en diſſiper même l'idée, en favoriſant un goût naturel, qui ſemble particulier aux nègres.

Leurs organes ſont ſingulièrement ſenſibles à la puiſſance de la muſique. Leur oreille eſt ſi juſte, que dans leurs danſes, la meſure d'une chanſon les fait ſauter & retomber cent à la fois, frappant la terre d'un ſeul coup. Suſpendus, pour ainſi dire, à la voix du chanteur, à la corde d'un inſtrument, une vibration de l'air eſt l'ame de tous ces corps; un ſon les agite, les enlève & les précipite. Dans leurs travaux, le mouvement de leurs bras ou de leurs pieds eſt toujours en cadence. Ils ne font rien qu'en chantant, rien ſans avoir l'air de danſer. La muſique chez eux anime le courage, éveille l'indolence. On voit ſur tous les muſcles de leurs corps toujours nuds l'expreſſion de cette extrême ſenſibilité pour l'harmonie. Poëtes & muſiciens, ils ſubordonnent toujours la parole au chant, par la liberté qu'ils ſe réſervent d'alonger ou d'abréger les mots pour les appliquer à un air qui leur plaît. Un objet, un événement frappe un nègre; il en fait auſſi-tôt le ſujet d'une chanſon.

Un penchant ſi vif pourroit devenir un grand mobile entre des mains habiles. On s'en ſerviroit pour établir des fêtes, des jeux, des prix. Ces amuſemens, économiſés avec intelligence, empêcheroient la ſtupidité ſi ordinaire dans les eſclaves, allégeroient leurs travaux, & les préſerveroient de ce chagrin dévorant qui les conſume & abrège leurs jours. Après avoir pourvu à la conſervation des noirs apportés d'Afrique, on s'occuperoit de ceux qui ſont nés dans les iſles même.

Ce ne ſont pas les nègres qui refuſent de ſe multiplier dans les chaînes de leur eſclavage. C'eſt la cruauté de leurs maîtres, qui a ſu rendre inutile le vœu de la nature. Nous exigeons des négreſſes, des travaux ſi durs avant & après leur groſſeſſe, que leur fruit n'arrive pas à terme, ou ſurvit peu à l'accouchement. Quelquefois même on voit des mères, déſeſpérées par les châtimens que la foibleſſe de leur état leur occaſionne, arracher leurs enfans du berceau pour les étouffer dans leurs bras, & les immoler avec une fureur mêlée de vengeance & de pitié, pour en priver des maîtres barbares. Cette atrocité ouvrira peut-être les yeux aux européens. Leur ſenſibilité ſera réveillée par des intérêts mieux raiſonnés. Ils connoîtront qu'ils perdent plus qu'ils ne gagnent à outrager perpétuellement l'humanité; & s'ils ne deviennent pas les bienfaiteurs de leurs eſclaves, du moins ceſſeront-ils d'en être les bourreaux.

On les verra peut-être ſe déterminer à rompre les fers des mères qui auront élevé un nombre conſidérable d'enfans juſqu'à l'âge de ſix ans. Rien n'égale l'appas de la liberté ſur le cœur de l'homme. Les négreſſes animées par l'eſpoir d'un ſi grand avantage, auquel toutes aſpireroient, & auquel peu parviendroient, feroient ſuccéder à la négligence & au crime, la vertueuſe émulation d'élever des enfans, dont le nombre & la conſervation leur aſſureroient un état tranquille.

Après avoir pris des meſures ſages pour ne pas priver leurs habitations des ſecours que leur offre une fécondité preſqu'incroyable, ils ſongeront à nourrir, à étendre la culture par la population,

& sans moyens étrangers. Tout les invite à établir ce systême, facile & naturel.

Il y a quelques puissances dont les établissemens des isles de l'Amérique acquièrent tous les jours de l'étendue, & il n'y en a aucune dont la masse de travail n'augmente continuellement. Ces terres exigent de jour en jour un plus grand nombre de bras pour leur exploitation. L'Afrique, où les européens vont recruter la population de leurs colonies, leur fournit graduellement moins d'hommes; & en les donnant plus foibles, elle les vend plus cher. Cette mine d'esclaves s'épuisera de plus en plus avec le tems. Mais cette révolution dans le commerce fût-elle aussi chimérique qu'elle paroît prochaine, il n'en reste pas moins démontré qu'un grand nombre d'esclaves tirés d'une région éloignée, périt dans la traversée ou dans un nouvel hémisphère; que rendus en Amérique, ils reviennent à un très-haut prix; qu'il y en a peu dont la vie ordinaire ne soit abrégée; & que la plupart de ceux qui parviennent à une vieillesse malheureuse, sont extrêmement bornés, accoutumés de l'enfance à l'oisiveté, souvent peu propres aux occupations qu'on leur destine, & continuellement désespérés d'être séparés pour toujours de leur patrie. Si le sentiment ne nous trompe pas, des cultivateurs nés dans les isles même de l'Amérique, respirant toujours leur premier air, élevés sans autre dépense qu'une nourriture peu chère, formés de bonne heure au travail par leurs propres pères, doués d'une intelligence ou d'une aptitude singulière pour tous les arts; ces cultivateurs devroient être préférables à des esclaves vendus, expatriés & toujours forcés.

Le moyen de substituer aux noirs étrangers ceux des colonies même, s'offre sans le chercher. Il se réduit à soigner les enfans noirs qui naissent dans les isles; à concentrer dans leurs atteliers cette foule d'esclaves qui promènent leur inutilité, leur libertinage, le luxe & l'insolence de leurs maîtres dans toutes les villes & les ports de l'Europe; sur-tout à exiger des navigateurs qui fréquentent les côtes d'Afrique, qu'ils forment leur cargaison d'un nombre égal d'hommes & de femmes, ou même de quelques femmes de plus, durant quelques années, pour faire cesser plutôt la disproportion qui se trouve entre les deux sexes.

Cette dernière précaution, en mettant les plaisirs de l'amour à la portée de tous les noirs, les consoleroit & les multiplieroit. Ces malheureux, oubliant le poids de leurs chaînes, se sentiront renaître. Ils sont la plupart fidèles jusqu'à la mort aux négresses que l'amour & l'esclavage leur ont données pour compagnes; ils les traitent avec cette compassion que les misérables puissent mutuellement les uns pour les autres dans la dureté même de leur sort; ils les soulagent sous le fardeau de leurs occupations; ils s'affligent du moins

avec elles, lorsque, par l'excès du travail ou par le défaut de nourriture, la mère ne peut offrir à son enfant qu'une mamelle tarie ou baignée de ses larmes. De leur côté, les femmes, quoiqu'on ne leur fasse pas une obligation d'être chastes, sont inébranlables dans leurs engagemens, à moins que la vanité d'être aimées des blancs ne les rende volages. Malheureusement c'est une tentation d'inconstance, à laquelle elles n'ont que trop souvent occasion de succomber.

L'esclavage est l'état d'un homme qui, par la force ou par des conventions, a perdu la propriété de sa personne, & dont un maître peut disposer comme de sa chose.

Cet odieux état fut inconnu dans les premiers âges. Les hommes étoient tous égaux: mais cette égalité naturelle ne dura pas long temps. Comme il n'y avoit pas encore de gouvernement régulier établi pour maintenir l'ordre social, comme il n'existoit alors aucune des professions lucratives que le progrès de la civilisation a introduites depuis parmi les nations, les plus forts ou les plus adroits s'emparèrent bientôt des meilleurs terreins, & les plus foibles ou les plus bornés furent réduits à se soumettre à ceux qui pouvoient les nourrir ou les défendre. Cette dépendance étoit tolérable. Dans la simplicité des anciennes mœurs, il y avoit peu de distinction entre un maître & ses serviteurs. Leur habillement, leur nourriture, leur logement n'étoient guère différens. Si quelquefois le supérieur impétueux & violent, comme le sont généralement les sauvages, s'abandonnoit à la férocité de son caractère, c'étoit un acte passager, qui ne changeoit pas l'état habituel des choses. Mais cet ordre ne tarda pas à s'altérer. Ceux qui commandoient, s'accoutumèrent aisément à se croire d'une nature supérieure à ceux qui leur obéissoient. Ils les éloignèrent d'eux & les avilirent. Ce mépris eut des suites funestes. On s'accoutuma à regarder ces malheureux comme des esclaves; & ils le devinrent. Chacun en disposa de la manière la plus favorable à ses intérêts ou à ses passions. Un maître qui n'avoit plus besoin de leur travail, les vendoit ou les échangeoit. Celui qui en vouloit augmenter le nombre, les encourageoit à se multiplier.

Lorsque les sociétés, devenues plus fortes & plus nombreuses, connurent les arts & le commerce, le foible trouva un appui dans le magistrat, & le pauvre des ressources dans les différentes branches d'industrie. L'un & l'autre sortirent, par degrés, de l'espèce de nécessité où ils s'étoient trouvés de prendre des fers pour obtenir des subsistances. L'usage de se mettre au pouvoir d'un autre devint de jour en jour plus rare, & la liberté fut enfin regardée comme un bien précieux & inaliénable.

Cependant les loix, encore imparfaites & cruelles, continuèrent quelque temps à imposer la
peine

péine de la fervitude. Comme, dans les temps d'une ignorance profonde, la fatisfaction de l'offenfé eft l'unique fin qu'une autorité mal conçue fe propofe, on livroit à l'accufateur ceux qui avoient bleffé à fon égard les principes de la juftice. Les tribunaux fe décidèrent dans la fuite par des vues d'une utilité plus étendue. Tout crime leur parut, avec raifon, un attentat contre la fociété; & le malfaiteur devint l'efclave de l'état, qui en difpofoit de la manière la plus avantageufe au bien public. Alors il n'y eut plus de captifs que ceux que donnoit la guerre.

Avant qu'il y eût une puiffance établie pour affurer l'ordre, les querelles entre les individus étoient fréquentes, & le vainqueur ne manquoit guère de réduire le vaincu en fervitude. Cette coutume continua long-temps dans les démêlés de nation à nation, parce que chaque combattant fe mettant en campagne à fes propres frais, il reftoit le maître des prifonniers qu'il avoit faits lui-même, ou de ceux qui, dans le partage du butin, lui étoient donnés pour prix de fes actions. Mais lorfque les armées furent devenues mercenaires, les gouvernemens qui faifoient toutes les dépenfes de la guerre, & qui couroient tous les hafards des événemens, s'approprièrent les dépouilles de l'ennemi, dont les prifonniers furent toujours la portion la plus importante. Il fallut alors acheter les efclaves de l'état, ou aux nations voifines & fauvages. Telle fut la pratique des grecs, des romains, de tous les peuples qui voulurent multiplier leurs jouiffances par cet ufage inhumain & barbare.

L'Europe retomba dans le cahos des premiers âges, lorfque les peuples du nord renverfèrent le coloffe qu'une république guerrière & politique avoit élevé avec tant de gloire. Ces barbares, qui avoient eu des efclaves dans leurs forêts, les multiplièrent prodigieufement dans les provinces qu'ils envahirent. On ne réduifoit pas feulement en fervitude ceux qui étoient pris les armes à la main; cet état humiliant fut le partage de beaucoup de citoyens qui cultivoient dans leurs tranquilles foyers les arts de la paix. Cependant le nombre des hommes libres fut le plus confidérable dans les contrées affujetties, tout le temps que les conquérans furent fidèles au gouvernement qu'ils avoient cru devoir établir pour contenir leurs nouveaux fujets, & pour les garantir des invafions étrangères. Mais auffi-tôt que cette inftitution fingulière qui, d'une nation ordinairement difperfée, ne faifoit qu'une armée toujours fur pied, eut perdu de fa force; dès que les heureux rapports qui uniffoient les moindres foldats de ce corps puiffant à leur roi ou à leur général, eurent ceffé d'exifter: alors fe forma le fyftème d'une oppreffion univerfelle. Il n'y eut plus de différence bien marquée entre ceux qui avoient confervé leur indépendance, & ceux qui depuis long-temps gémiffoient dans la fervitude.

Les hommes libres, foit qu'ils habitaffent les villes, foit qu'ils vécuffent à la campagne, fe trouvoient placés dans les domaines du roi, ou fur les terres de quelque baron. Tous les poffeffeurs de fiefs prétendirent, dans ces temps d'anarchie, qu'un roturier, quel qu'il fût, ne pouvoit avoir que des propriétés précaires, & qui venoient originairement de leur libéralité. Ce préjugé, le plus extravagant peut-être qui ait affligé l'efpèce humaine, fit croire à la nobleffe qu'elle ne pouvoit jamais être injufte, quelles que fuffent les obligations qu'elle impofoit à ces êtres vils.

D'après ces principes, on vouloit qu'il ne leur fût pas permis de s'éloigner, fans congé, du fol qui les avoit vu naître. Ils ne pouvoient difpofer de leurs biens, ni par teftament, ni par aucun acte paffé durant leur vie; & leur feigneur étoit leur héritier néceffaire, dès qu'ils ne laiffoient point de poftérité, ou que cette poftérité étoit domiciliée fur un autre territoire. La liberté de donner des tuteurs à leurs enfans leur étoit ôtée, & celle de fe marier n'étoit accordée qu'à ceux qui en pouvoient acheter la permiffion. On craignoit fi fort que les peuples s'éclairaffent fur leurs droits ou leurs intérêts, que la faveur d'apprendre à lire étoit une de celles qui s'accordoient le plus difficilement. On les obligea aux corvées les plus humiliantes. Les taxes qu'on leur impofoit étoient arbitraires, injuftes, oppreffives, ennemies de toute activité, de toute induftrie. Ils étoient obligés de défrayer leur tyran lorfqu'il arrivoit: leurs vivres, leurs meubles, leurs troupeaux, tout étoit alors au pillage. Un procès étoit-il commencé, on ne pouvoit pas le terminer par les voies de la conciliation, parce que cet accommodement auroit privé le feigneur des droits que devoit lui valoir fa fentence. Tout échange entre particuliers étoit défendu, à l'époque où le poffeffeur du fief vouloit vendre lui-même les denrées qu'ils avoient recueillies ou même achetées. Telle étoit l'oppreffion fous laquelle gémiffoit la claffe du peuple la moins maltraitée. Si quelques-unes des vexations dont on vient de voir le détail, étoient inconnues dans certains lieux, elles étoient toujours remplacées par d'autres fouvent plus intolérables.

Des villes d'Italie, que des hafards heureux avoient mifes en poffeffion de quelques branches de commerce, rougirent les premières des humiliations d'un pareil état, & elles trouvèrent dans leurs richeffes le moyen de fecouer le joug de leurs foibles defpotes. D'autres achetèrent leur liberté des empereurs qui, durant les démêlés fanglans & interminables qu'ils avoient avec les papes & avec leurs vaffaux, fe trouvoient trop heureux de vendre des privilèges que leur pofition ne leur permettoit pas de refufer. Il y eut même des princes affez fages pour facrifier la partie de leur autorité que la fermentation des efprits leur

G g g

fit prévoir qu'ils ne tarderoient pas à perdre. Plufieurs de ces villes reftèrent ifolées. Un plus
grand nombre unirent leurs intérêts. Toutes formèrent des fociétés politiques, gouvernées par
des loix que les citoyens eux-mêmes avoient dictées.

Le fuccès dont cette révolution dans le gouvernement fut fuivie, frappa les nations voifines.
Cependant, comme les rois & les barons qui les
opprimoient, n'étoient pas forcés par les circonftances de renoncer à leur fouveraineté, ils fe
contentèrent d'accorder aux villes de leur dépendance des immunités précieufes & confidérables.
Elles furent autorifées à s'entourer de murs, à
prendre les armes, à ne payer qu'un tribut régulier & modéré. La liberté étoit fi effentielle à
leur conftitution, qu'il les efchangeoit felon
venoit citoyen, s'il n'étoit pas réclamé dans l'année.
Ces communautés ou corps municipaux profpé-
rèrent en raifon de leur pofition, de leur population, de leur induftrie.

Tandis que la condition des hommes réputés
libres s'amélioroit fi heureufement, celle des efclaves reftoit toujours la même, c'eft-à-dire, la
plus déplorable qu'il fût poffible d'imaginer. Ces
malheureux appartenoient fi entièrement à leur
maître, qu'il les vendoit ou les échangeoit felon
fes defirs. Toute propriété leur étoit refufée,
même de ce qu'ils épargnoient lorfqu'on leur
affignoit une fomme fixe pour leur fubfiftance. On
les mettoit à la torture pour la moindre faute.
Ils pouvoient être punis de mort fans l'intervention du magiftrat. Le mariage leur fut long-tems
interdit : les liaifons entre les deux fexes étoient
illégales ; on les fouffroit, on les encourageoit
même : mais elles n'étoient pas honorées de la
bénédiction nuptiale. Les enfans n'avoient pas
d'autre condition que celle de leur père : ils naif-
foient, ils vivoient, ils mouroient dans la fervitude. Dans la plupart des cours de juftice, leur
témoignage n'étoit pas reçu contre un homme
libre. Ils étoient affervis à un habillement particulier ; & cette diftinction humiliante leur rap-
pelloit à chaque moment l'opprobre de leur exiftence. Pour comble d'infortune, l'efprit du fyftême féodal contrarioit l'affranchiffement de cette
efpèce d'hommes. Un maître généreux pouvoit,
à la vérité, quand il le vouloit, brifer les fers
de fes efclaves domeftiques : mais il falloit des
formalités fans nombre pour changer la condition
des ferfs attachés à la glebe. Suivant une maxime
généralement établie, un vaffal ne pouvoit pas
diminuer la valeur d'un fief qu'il avoit reçu ; &
c'étoit la diminuer que de lui ôter fes cultivateurs.
Cet obftacle devoit ralentir, mais ne pouvoit pas
empêcher entièrement la révolution ; & voici
pourquoi.

Les germains & les autres conquérans s'étoient
appropriés d'immenfes domaines, à l'époque de
leur invafion. La nature de ces biens ne permit

pas de les démembrer. Dès-lors le propriétair
ne pouvoit pas retenir fous fes yeux tous fes efclaves, & il fut forcé de les difperfer fur le fo
qu'ils devoient défricher. Leur éloignement empêchant de les furveiller, il fut jugé convenable
de les encourager par des récompenfes proportionnées à l'étendue & au fuccès de leur travail. Ainfi l'on ajouta à leur entretien ordinaire
des gratifications, qui étoient communément une
portion plus ou moins confidérable du produit des
terres.

Par cet arrangement, les villains formèrent une
efpèce d'affociation avec leurs maîtres. Les richeffes qu'ils acquièrent dans ce marché avantageux, les mirent en état d'offrir une rente fixe
des terres qu'on leur confioit, à condition que
le furplus leur appartiendroit. Comme les feigneurs
retiroient alors, fans rifque & fans inquiétude de
leurs poffeffions, autant ou plus de revenu qu'ils
n'en avoient anciennement obtenu, cette pratique
s'accrédita & devint peu à peu univerfelle. Le
propriétaire n'eut plus d'intérêt à s'occuper d'efclaves qui cultivoient à leurs propres frais, & qui
étoient exacts dans leurs paiemens. Ainfi finit la
fervitude perfonnelle.

Il arrivoit quelquefois qu'un entrepreneur hardi, qui avoit jetté des fonds confidérables dans
fa ferme, en étoit chaffé avant d'avoir recueilli
le fruit de fes avances. Cet inconvénient fit qu'on
exigea des baux de plufieurs années. Ils s'étendirent dans la fuite à la vie entière du cultivateur,
& fouvent ils furent affurés à fa poftérité la plus
reculée. Alors finit la fervitude réelle.

Ce grand changement qui fe faifoit, pour ainfi
dire, de lui-même, fut précipité par une caufe
qui mérite d'être remarquée. Tous les gouvernemens d'Europe étoient ariftocratiques. Le chef
de chaque république étoit perpétuellement en
guerre avec fes barons. Hors d'état, le plus fouvent, de leur réfifter par la force, il étoit obligé
d'appeler les rufes à fon fecours. Celle que les
fouverains employèrent le plus utilement, fut de
protéger les efclaves contre la tyrannie de leurs
maîtres, & de fapper le pouvoir des nobles, en
diminuant la dépendance de leurs fujets. Il n'eft
pas fans vraifemblance que quelques rois favorifè-
rent la liberté par le feul motif d'une utilité générale : mais la plupart furent vifiblement conduits à cette heureufe politique, plutôt par leur
intérêt perfonnel que par des principes d'humanité & de bienfaifance.

Quoi qu'il en foit, la révolution fut fi entière,
que la liberté devint plus générale, dans la plus
grande partie de l'Europe, qu'elle ne l'avoit été
fous aucun climat ni dans aucun fiècle. Dans tous
les gouvernemens anciens, dans ceux même qu'on
nous propofe toujours pour modèles, la plupart
des hommes furent condamnés à une fervitude
honteufe & cruelle. Plus les fociétés acquéroient
de lumières, de richeffes & de puiffance, plus

le nombre des esclaves s'y multiplioit, plus leur fort étoit déplorable. Athènes eut vingt serfs pour un citoyen. La disproportion fut encore plus grande à Rome, devenue la maîtresse de l'univers. Dans les deux républiques, l'esclavage fut porté aux derniers excès de la fatigue, de la misère & de l'opprobre. Depuis qu'il est aboli parmi nous, le peuple est cent fois plus heureux, même dans les empires les plus despotiques, qu'il ne le fut autrefois dans les démocraties les mieux ordonnées.

Mais à peine la liberté domestique venoit de renaître en Europe, qu'elle alla s'ensevelir en Amérique. L'espagnol, que les vagues vomirent le premier sur les rivages de ce nouveau-Monde, ne crut rien devoir à des peuples qui n'avoient ni sa couleur, ni ses usages, ni sa religion. Il ne vit en eux que des instrumens de son avarice, & il les chargea de fers. Ces hommes foibles & qui n'avoient pas l'habitude du travail, expirèrent bientôt dans les vapeurs des mines, ou dans d'autres occupations presqu'aussi meurtrières. Alors on demanda des esclaves à l'Afrique. Leur nombre s'est accru à mesure que les cultures se sont étendues. Les portugais, les hollandois, les anglois, les françois, les danois, toutes ces nations, libres ou asservies, ont cherché sans remords une augmentation de fortune dans les sueurs, dans le sang, dans le désespoir de ces malheureux.

La liberté est la propriété de soi. On distingue trois sortes de liberté. La liberté naturelle, la liberté civile, la liberté politique, c'est-à-dire, la liberté de l'homme, celle du citoyen & celle du peuple. La liberté naturelle est le droit que la nature a donné à tout homme de disposer de soi à sa volonté. La liberté civile est le droit que la société doit garantir à chaque citoyen de pouvoir faire tout ce qui n'est pas contraire aux loix. La liberté politique est l'état d'un peuple qui n'a point aliéné sa souveraineté, & qui fait ses propres loix, ou est associé en partie à sa législation.

La première de ces libertés est, après la raison, le caractère distinctif de l'homme. On enchaîne & on assujettit la brute, parce qu'elle n'a aucune notion du juste & de l'injuste, nulle idée de grandeur & de bassesse. Mais en moi la liberté est le principe de mes vices & de mes vertus. Il n'y a que l'homme libre qui puisse dire, je veux ou je ne veux pas, & qui puisse par conséquent être digne d'éloge ou de blâme.

Sans la liberté, ou la propriété de son corps & la jouissance de son esprit, on n'est ni époux, ni père, ni parent, ni ami. On n'a ni patrie, ni concitoyen, ni Dieu. Dans la main du méchant, l'esclave est au-dessous du chien que l'espagnol lâchoit contre l'américain : car la conscience qui manque au chien, reste à l'homme. Celui qui abdique sa liberté, se voue aux remords & à la plus grande misère qu'un être pensant & sensible puisse éprouver,

Mais, dit-on, dans toutes les régions & dans tous les siècles, l'esclavage s'est plus ou moins généralement établi.

Je le veux ; eh qu'importe ce que les autres peuples ont fait dans les autres âges ? Est-ce aux usages des temps ou à sa conscience qu'il en faut appeler ? Est-ce l'intérêt, l'aveuglement, la barbarie, ou la raison & la justice qu'il faut écouter ? Si l'universalité d'une pratique en prouvoit l'innocence, l'apologie des usurpations, des conquêtes, de toutes les sortes d'oppressions seroit achevée.

Mais les anciens peuples se croyoient, dit-on, maîtres de la vie de leurs esclaves ; & nous, devenus humains, nous ne disposons plus que de leur liberté, que de leur travail.

Il est vrai, le cours des lumières à éclairé sur ce point important les législateurs modernes. Tous les codes, sans exception, se sont armés pour la conservation de l'homme même qui languit dans la servitude. Ils ont voulu que son existence fût sous la protection du magistrat ; que les tribunaux seuls en pussent précipiter le terme. Mais cette loi, la plus sacrée des institutions sociales, a-t-elle jamais eu quelque force ? L'Amérique n'est-elle pas peuplée de colons qui, usurpant les droits souverains, font expier par le fer, ou dans la flamme, les infortunées victimes de leur avarice ? A la honte de l'Europe, cette sacrilège infraction ne reste-t-elle pas impunie ? Un seul de ces assassins a-t-il porté sa tête sur un échafaud ?

Supposons, je le veux bien, l'observation rigoureuse de ces réglemens. L'esclave sera-t-il beaucoup moins à plaindre ? Eh quoi ! le maître qui dispose de l'emploi de mes forces, ne dispose-t-il pas de mes jours, qui dépendent de l'usage volontaire & modéré de mes facultés ? Qu'est-ce que l'existence pour celui qui n'a pas la propriété ? Je ne puis tuer mon esclave : mais je puis faire couler son sang goutte à goutte sous le fouet d'un bourreau ; je puis l'accabler de douleurs, de travaux, de privations ; je peux attaquer de toutes parts & miner sourdement les principes & les ressorts de sa vie ; je puis étouffer par des supplices lents, le germe malheureux qu'une négresse porte dans son sein. On diroit que les loix ne protègent l'esclave contre une mort prompte, que pour laisser à ma cruauté le droit de le faire mourir tous les jours. Dans la vérité, le droit d'esclavage est celui de commettre toutes sortes de crimes, ceux qui attaquent la propriété ; vous ne laissez pas à votre esclave celle de sa personne : ceux qui détruisent la sûreté ; vous pouvez l'immoler à vos caprices : ceux qui font frémir la pudeur......

Mais les *nègres* sont une espèce d'hommes nés pour l'esclavage. Ils sont bornés, fourbes, méchans ; ils conviennent eux-mêmes de la supériorité de notre intelligence, & reconnoissent presque la justice de notre empire.

Les *nègres* font bornés , parce que l'efclavage brife tous les refforts de l'ame. Ils font méchans ; comment feroient-ils bons ? Ils font fourbes ; qui les a rendu diffimulés ? Ils reconnoiffent la fupériorité de notre efprit, parce que nous avons perpétué leur ignorance ; la juftice de notre empire, parce que nous avons abufé de leur foibleffe. Dans l'impoffibilité de maintenir notre fupériorité par la force, on s'eft rejetté fur la rufe.

Mais ces *nègres* étoient nés efclaves.

A qui fera-t-on croire qu'un homme peut être la propriété d'un fouverain ; un fils, la propriété d'un père ; une femme , la propriété d'un mari ; un domeftique , la propriété d'un maître ; un *nègre* , la propriété d'un colon ?

Mais c'eft le gouvernement lui-même qui vend les efclaves.

D'où vient à l'état ce droit ? Le magiftrat , quelqu'abfolu qu'il foit , eft-il propriétaire des fujets foumis à fon empire ? A-t-il d'autre autorité que celle qu'il tient du citoyen ? Et jamais un peuple a-t-il pu donner le privilège de difpofer de fa liberté ?

Mais l'efclave a voulu fe vendre. S'il appartient à lui même , il a le droit de difpofer de lui. S'il eft le maître de fa vie , pourquoi ne le feroit il pas de fa liberté ? C'eft à lui à fe bien apprécier. C'eft à lui à ftipuler ce qu'il croit valoir. Celui dont il aura reçu le prix convenu , l'aura légitimement acquis.

L'homme n'a pas le droit de fe vendre , parce qu'il n'a pas celui d'accéder à tout ce qu'un maître injufte , violent , dépravé pourroit exiger de lui. Il appartient à fon premier maître, Dieu, dont il n'eft jamais affranchi. Celui qui fe vend ; fait avec fon acquéreur un pacte illufoire : car il perd la valeur de lui-même. Au moment qu'il la touche , lui & fon argent rentrent dans la poffeffion de celui qui l'achète. Que poffède celui qui a renoncé à toute poffeffion ? Que peut avoir à foi celui qui s'eft foumis à ne rien avoir ? Pas même de la vertu, pas même de l'honnêteté , pas même une volonté. Celui qui s'eft réduit à la condition d'une arme meurtrière , eft un fou , & non pas un efclave. L'homme peut vendre fa vie , comme le foldat ; mais il n'en peut confentir l'abus comme l'efclave ; & c'eft la différence de ces deux états.

Mais ces efclaves avoient été pris à la guerre , & fans nous on les auroit égorgés.

Sans vous y auroit-il eu des combats ? Les diffenfions de ces peuples ne font-elles pas votre ouvrage ? Ne leur portez-vous pas des armes meurtrières ? Ne leur infpirez-vous pas l'aveugle defir d'en faire ufage ? Vos vaiffeaux abandonneront-ils ces déplorables plages , avant que la miférable race qui les occupe ait difparu du globe ? Et que ne laiffez-vous le vainqueur abufer comme il lui plaira de fa victoire ? Pourquoi vous rendre fon complice ?

Mais c'étoient des criminels dignes de mort ou des plus grands fupplices , & condamnés dans leur propre pays à l'efclavage.

Etes-vous donc les bourreaux des peuples de l'Afrique ? D'ailleurs qui les avoit jugés ? Ignorez-vous qu'on doit faire peu de cas des arrêts d'un état defpotique ?

Mais ils font plus heureux en Amérique qu'ils ne l'étoient en Afrique.

Pourquoi donc ces efclaves foupirent-ils fans ceffe après leur patrie ? Pourquoi reprennent-ils leur liberté dès qu'ils le peuvent ? Pourquoi préfèrent-ils des déferts & la fociété des bêtes féroces à un état qui vous paroît fi doux ? Pourquoi le défefpoir les porte-t-il à fe défaire ou à vous empoifonner ? Pourquoi les femmes fe font-elles fi fouvent avorter , afin que leurs enfans ne partagent pas leur deftinée ? Lorfque vous nous parlez de la félicité de vos efclaves , vous vous mentez à vous-même , ou vous nous trompez. C'eft le comble de l'extravagance de vouloir tranfformer en un acte d'humanité une fi étrange barbarie.

Le dernier argument qu'on ait employé pour juftifier l'efclavage , a été de dire que c'étoit le feul moyen qu'on eût pu trouver pour conduire les *nègres* à la béatitude éternelle par le grand bienfait du baptême. Et tous les hommes fenfés pourront y répondre. Sans doute , il faudroit pour être juftes brifer les chaînes de tant de victimes de notre cupidité , duffions nous renoncer à un commerce qui n'a que l'injuftice pour bafe , & que le luxe pour objet.

Mais non , il n'eft pas néceffaire de faire le facrifice de productions que l'habitude nous a rendu fi chères. Vous pourriez les tirer de l'Afrique même. Les plus importantes y croîffent naturellement , & il feroit facile d'y naturalifer les autres. Qui peut douter que des peuples qui vendent leurs enfans pour fatisfaire quelques fantaifies paffagères , ne fe déterminaffent à cultiver leurs terres pour jouir habituellement de tous les avantages d'une fociété vertueufe & bien ordonnée ?

Il ne feroit pas même peut-être impoffible d'obtenir ces productions de vos colonies , fans les peupler d'efclaves. Ces denrées pourroient être cueillies par des mains libres , & dès-lors confommées fans remords.

Pour atteindre à ce but , regardé fi généralement comme chimérique , il ne faudroit pas , felon les idées d'un homme éclairé , faire tomber les fers des malheureux qui font nés dans la fervitude , ou qui y ont vieilli. Ces hommes ftupides , qui n'auroient pas été préparés à un changement d'état, feroient incapables de fe conduire eux-mêmes. Leur vie ne feroit qu'une indolence habituelle , ou un tiffu de crimes. Le grand bienfait de la liberté doit être réfervé pour leur poftérité , & même avec quelques modifications. Jufqu'à leur vingtième année, ces enfans appar-

tiendront au maître, dont l'attelier leur aura servi
de berceau, afin qu'il puisse être payé des frais
qu'il aura été obligé de faire pour leur conservation. Les cinq années suivantes, ils seront
obligés de le servir encore, mais pour un salaire
fixé par la loi. Après ce terme, ils seront indépendans, pourvu que leur conduite n'ait pas mérité de reproches graves. S'ils s'étoient rendus
coupables d'un délit de quelque importance, le
magistrat les condamneroit aux travaux publics
pour un temps plus ou moins considérable. On
donneroit aux nouveaux citoyens une cabane avec
un terrein suffisant pour créer un petit jardin, &
ce seroit le fisc qui feroit la dépense de cet établissement. Aucun réglement ne priveroit ces hommes
devenus libres, de la faculté d'étendre la propriété qui leur auroit été gratuitement accordée.
Mettre ces entraves injurieuses à leur activité, à
leur intelligence, seroit vouloir perdre le fruit
d'une institution louable.

Cet arrangement produiroit, selon les apparences, les meilleurs effets. La population des
noirs actuellement arrêtée par le regret de ne
donner le jour qu'à des êtres voués à l'infortune
& à l'infamie, feroit des progrès rapides. Elle recevroit les soins les plus tendres de ces mêmes
mères qui trouvent souvent des délices inexprimables à l'étouffer ou à la voir périr. Ces hommes accoutumés à l'occupation dans l'attente
d'une liberté assurée, & qui n'auront pas une
possession assez vaste pour leur subsistance, ven-
dront leurs sueurs à qui voudra ou pourra les
payer. Ces journées seront plus chères que
celles des esclaves, mais elles seront aussi plus
fructueuses. Une plus grande masse de travail donnera une plus grande abondance de productions
aux colonies, que leurs richesses mettront en
état de demander plus de marchandises à la métropole.

Craindroit-on que la facilité de subsister, sans
agir, sur un sol naturellement fertile, de se passer
de vêtemens sous un ciel brûlant, plongeât les
hommes dans l'oisiveté ? Pourquoi donc les habitans de l'Europe ne se bornent ils pas aux travaux de première nécessité ? Pourquoi s'épuisent-
ils dans les occupations laborieuses, qui ne satis-
font que des fantaisies passagères ? Il est parmi
nous mille professions plus pénibles les unes que
les autres, qui sont l'ouvrage de nos institutions.
Les loix font éclore sur la terre un essaim de
besoins factices, qui n'auroient jamais existé sans
elles. En distribuant toutes les propriétés au gré
de leur caprice, elles ont assujetti une infinité
d'hommes à la volonté impérieuse de leurs semblables, au point de les faire chanter & danser
pour vivre. Vous avez parmi vous des êtres faits
comme vous, qui ont consenti à s'enterrer sous
des montagnes, pour vous fournir des métaux,
du cuivre qui vous empoisonne peut-être : pour-

quoi voulez-vous que des *nègres* soient moins
dupes, moins fous que les européens ?

Nous ne disons rien de la possibilité de cultiver nos colonies d'Amérique par les blancs. Les
observations publiées sur cette matière ont été
contestées ; mais elles méritent le plus sérieux
examen : il faudra bien qu'un jour la Géorgie &
la Caroline méridionale affranchissent leurs esclaves, & alors peut-être on n'aura plus rien à
répondre à ceux qui citeront la culture de ces
deux provinces où la chaleur approche de la chaleur des Antilles.

Voyez l'article GUINÉE & l'article ETATS-
UNIS, où nous avons fait plusieurs remarques sur
l'esclavage des *nègres*.

NEIPPERG, comtes souverains d'Allemagne :
ils sont issus d'une ancienne famille noble, mais
nouvellement élevée au rang de comtes ; ils ont
été reçus en 1766 dans une assemblée de comtes
& barons de la Suabe, tenue à Ulm, sur le banc
des comtes & barons de ce cercle. Ils ont assigné
au cercle certains biens-fonds situés à Bebenhau-
fen, & qui n'avoient été sujets ni à l'Empire,
ni au cercle. Ils se sont engagés à payer une contribution simple de 10 florins, & ils ont ajouté
à cette promesse une somme de 8000 florins, *in
supplementum fundi ulterioris realis*. Voyez l'article
SUABE (cercle de).

NÉRESHEIM, abbaye princière d'Allemagne, au cercle de Suabe.

C'est une abbaye d'hommes de l'ordre de saint
Benoît ; elle est située sur le mont Saint-Ulric
dans la prévôté impériale de Néresheim, à côté
de la ville de même nom, qui appartient aux
comtes d'Œttingen-Wallerstein. Elle fut fondée
en 1095 par Hartmann III, comte de Dillingen
& de Kybourg, dont la postérité s'éteignit en
1286 : elle passa alors sous la supériorité territoriale de la maison d'Œttingen, qui l'a conservé,
ainsi que le droit de protection & de vidamie,
malgré la bulle d'exemption que le pape a accordée à l'abbaye. Ce ne fut qu'en 1763 que les
comtes d'Œttingen-Wallerstein conclurent avec
elle une convention, par laquelle, renonçant à
toute autorité sur l'abbaye, ils lui cédèrent en
toute propriété & indépendance un district particulier avec haute, moyenne & basse jurisdiction,
ainsi que le droit de chasse, &c. L'abbaye s'engagea, de son côté, à céder différentes terres &
revenus aux comtes, à leur payer 40,000 florins,
& à leur donner quittance de 42,000 autres flor.
qui lui étoient dus du chef de leur père. Les
agnats des comtes d'Œttingen-Wallerstein pro-
testèrent formellement contre ce traité, sur-tout
le prince d'Œttingen-Spielberg, qui, en qualité
d'aîné de la maison & d'administrateur des fiefs
& des droits régaliens, porta ses plaintes au conseil aulique de l'Empire, & demanda que ce

traité fût annullé comme préjudiciable aux droits & prérogatives de sa maison. Cette dernière difficulté fut également applanie, & l'abbaye admise au collège des prélats de l'Empire & du cercle de Suabe. Un décret de la commission impériale la recommanda-même l'an 1768 à la diète générale, pour y avoir voix & séance. On remit à la maison d'Œttingen ce qu'elle avoit payé par rapport à cette abbaye, dont le contingent fut fixé à 8 fantassins, ou à 14 florins 6 kreutsers, & à neuf florins par quartier pour l'entretien de la chambre impériale. L'abbaye fournit au cercle de Suabe deux fantassins avec une taxe de 4 florins pour les contributions extraordinaires du cercle. *Voyez* les articles SUABE & ŒTTINGEN.

NEUBOURG & SOULZBACH, principautés d'Allemagne au cercle de Bavière : elles sont situées dans le haut-Palatinat, & voici leur origine. George, duc de Bavière, de la ligne de Landshut, étant mort en 1503 sans enfans mâles, & ayant institué son héritier Robert, comte palatin, époux de sa fille Elisabeth, & fils de l'électeur palatin Philippe le sincère, il s'éleva entre lui & le duc Albert de Bavière, de la dernière branche de Munich, une guerre qui réussit mal pour la maison palatine. En vertu de la transaction faite en 1507, les enfans du palatin Robert obtinrent néanmoins de l'héritage du duc George, la ville, le château & le baillage de Neubourg, Hoœchstætt, Lavingen, Gundelfingen, Mounheim, Hilpolstein, Heydeck, Weiden, Burkheim, Reichertshofen, Lober, Allersberg, Flos, Vohenstraufs, Endorf, Kornbrunn, Hainsberg, Graysbach & Burgstein; & des terres d'Albert, duc de Bavière : Soulzbach, Lengfeldt, Regenstaaf, Velburg, Veldorf, Kalmunz, Schweigendorf, Schmidmühl & Hombaver. Ces terres, appellées quelque tems le *petit-Palatinat*, demeurèrent dans la possession de la maison électorale palatine. Lorsque le partage s'en fit entre les palatins Wolfgang Guillaume & Auguste, fils de l'électeur Philippe, elles furent divisées en deux principautés, celle de Neubourg & celle de Soulzbach. Philippe-Guillaume, fils de Guillaume, fut élevé à la dignité électorale; mais après la mort de ses fils & successeurs Jean-Guillaume & Charles-Philippe, décédés sans héritiers mâles, l'électorat palatin échut avec Neubourg à la ligne de Soulzbach, dont le palatin auguste descendoit, de sorte que les deux principautés reconnoissent à présent le même maître. On a toujours appellé aux assemblées circulaires de Bavière la voix palatine de Neubourg. La maison de Bavière a disputé le rang à cette principauté, avant d'être revêtue de la dignité électorale; & lorsqu'elle obtint cette dignité en 1623, Neubourg lui céda volontairement le pas. En 1697, les palatins de Soulzbach furent intro-

duits par unanimité de suffrages, à l'exception de celui de Neubourg, à l'assemblée circulaire. La confirmation de l'empereur, en 1701, détermina Neubourg à s'en absenter quelque temps, & la maison de Leuchtenberg à refuser la préséance à celle de Soulzbach.

Lors de la diète, l'électeur palatin a voix & séance pour Neubourg au collège des princes. L'introduction à ce collège n'a pas encore été obtenue en faveur de Soulzbach, quoique la diète assemblée se soit déclarée favorablement à son égard en 1664 & en 1708, & lui ait donné l'espérance d'y être reçu, dès qu'il auroit été admis parmi les états du cercle.

Avant que ces terres eussent été érigées en principautés, leur mois romain étoit de 20 cavaliers & 100 fantassins, ou 640 florins. Chaque principauté fut ensuite comprise pour une taxe particulière. Les querelles qui en résultèrent, finirent par la réunion de ces pays sous un même maître. Neubourg fournit pour la seigneurie de Heydeck cinq cavaliers & sept fantassins ou 88 florins, & paye pour son propre compte à la chambre impériale un contingent de 340 rixdales 73 un huitième kr. ; celui de Soulzbach est de 48 rixdales 50 cinq huitièmes kr.

La principauté de Neubourg, en particulier, est administrée par une régence, un conseil ou une chambre des domaines, & par les états provinciaux. La religion catholique romaine domine dans le pays où se trouvent quelques sujets protestans. Les baillages relevant de la principauté sont dispersés.

La sénéchaussée de Neubourg, qui a son siège dans la capitale de ce nom, est régie (outre les officiers de la cour, de la chambre & des états) par un sénéchal, un greffier provincial, un châtelain & un inspecteur des bâtimens.

La principauté de Soulzbach est de même administrée par une régence & une chambre des domaines ou des finances particulière. Les sujets sont aujourd'hui partie luthériens, partie catholiques romains, & les églises servent également au culte de ces deux religions. Les affaires ecclésiastiques des protestans se traitent à la régence, où siègent deux conseillers qui professent la religion luthérienne ; les ministres luthériens sont divisés en trois diocèses, savoir : celui de Soulzbach, celui de Weyden & celui de Vuhenstraufs. Les deux derniers relèvent immédiatement de la régence, & le premier de l'inspection de Soulzbach. *Voyez* l'article PALATINAT.

NEVIS ou (NIEVES) & MONTFERRAT, petites isles des Antilles appartenantes aux anglois.

Le conseil d'Antigoa n'étend pas sa jurisdiction sur les isles voisines, qui ont toutes leurs assemblées particulières : mais son chef l'est aussi des autres, excepté de la Barbade qui, à cause de fa pofition & de fon importance, a mérité d'être diftinguée. Ce commandant général doit faire tous les ans l'infpection des lieux foumis à fon autorité; & c'eft par Montferrat qu'il commence ordinairement fa tournée.

Cette ifle, reconnue en 1493 par Colomb, & occupée en 1632 par les anglois, n'a que huit ou neuf lieues de circonférence. Les fauvages qui y vivoient paifiblement, en furent, felon l'ufage, chaffés par les ufurpateurs. Cette injuftice n'eut pas d'abord des fuites fort heureufes. La marche du nouvel établiffement fut long-temps fi lente, que cinquante-fix ans après fa fondation, on y comptoit à peine fept cents habitans. Ce ne fut que vers la fin du fiècle que la population en blancs & en noirs devint ce qu'elle pouvoit être dans une poffeffion fi refferrée. Des cannes furent alors fubftituées aux denrées de peu de valeur, qui avoient fait languir leurs cultivateurs dans la mifère. La guerre & les élémens renverfèrent à plufieurs reprifes les efpérances les mieux fondées, & forcèrent les colons à contracter des dettes qui ne font pas encore acquittées. A l'époque où nous écrivons, la vigilance de mille perfonnes libres & le travail de huit mille efclaves font naître 5 à 6 millions pefant de fucre brut fur de petites plaines ou dans des vallons que fertilifent les eaux tombées des montagnes. Un des défavantages de cette ifle, où la dépenfe publique ne paffe pas annuellement 49,887 liv., c'eft qu'elle n'a pas une feule rade où les chargemens ou les déchargemens foient faciles. Les navires même feroient en danger fur ces côtes, fi ceux qui les conduifent n'avoient l'attention, lorfqu'ils voient approcher les gros temps, de prendre le large ou de fe retirer dans les ports voifins. Nieves eft expofée au même inconvénient.

L'opinion la plus généralement reçue eft que cette ifle fut occupée en 1628 par les anglois. Ce n'eft proprement qu'une montagne très haute & d'une pente douce, couronnée par de grands arbres. Les plantations règnent tout autour; & commençant au bord de la mer, s'élèvent prefque jufqu'au fommet. Mais à mefure qu'elles s'éloignent de la plaine, leur fertilité diminue, parce que leur fol devient plus pierreux. Cette ifle eft arrofée de nombreux ruiffeaux. Ce feroient des fources d'abondance, fi, dans les tems d'orages, ils ne fe changeoient en torrens, n'entraînoient les terres, & ne détruifoient les tréfors qu'ils ont fait naître.

La colonie de Nieves fut un modèle de vertu, d'ordre & de piété. Elle dut fes mœurs exemplaires aux foins paternels de fon premier gouverneur. Cet homme unique excitoit, par fa propre conduite, tous les habitans à l'amour du travail, à une économie raifonnable, à des délaffemens honnêtes. Celui qui commandoit, ceux qui obéiffoient, tous n'avoient pour règle de

leurs actions que la plus rigide équité. Les progrès de ce fingulier établiffement furent fi confidérables, que quelques relations n'ont pas craint d'y compter jufqu'à dix mille blancs, jufqu'à vingt mille noirs. Le calcul d'une pareille population fur un terrein de deux lieues de long & d'une de large, fût-il très-exagéré, n'en fuppofe pas moins un effet extraordinaire, mais infaillible, de la profpérité qui fuit la vertu dans les fociétés bien policées.

Cependant la vertu même ne met ni l'homme ifolé, ni les peuples à l'abri des fléaux de la nature, ou des injures de la fortune. En 1689, une affreufe mortalité moiffonna la moitié de cette heureufe peuplade. Une efcadre françoife y porta le ravage en 1706, & lui ravit trois ou quatre mille efclaves. L'année fuivante, la ruine de cette ifle fut confommée par le plus furieux ouragan dont on ait confervé le fouvenir. Depuis cette fuite de défaftres, elle s'eft un peu relevée. On y voit fix cents hommes libres & cinq mille efclaves, dont les impofitions ne paffent pas 45,000 l. & qui envoient à l'Angleterre trois ou quatre millions pefant de fucre brut, que les navigateurs chargent en totalité fous les murs de la jolie ville de Charles Town. Peut-être ceux qui s'affligent le plus de la deftruction des américains & de la fervitude des africains, feroient-ils un peu confolés, fi les européens étoient par-tout auffi humains que les anglois l'ont été à Nieves; fi les ifles du Nouveau-Monde étoient auffi bien cultivées à proportion : mais la nature & la fociété voient peu de ces prodiges.

Voyez les articles ANTIGOA, BARBADE & SAINT CHRISTOPHE.

NEUTRALITÉ, état dans lequel une puiffance ne prend aucun parti entre celles qui font en guerre. On diftingue la *neutralité* générale & la *neutralité* particulière, ou celle qui réfulte d'une convention expreffe ou tacite, laquelle nous oblige particuliérement à demeurer neutres. Les fouverains font dans une parfaite *neutralité* les uns à l'égard des autres; mais des traités d'alliance, ou même la feule vue de leur intérêt préfent, les font pencher vers l'une des puiffances belligérantes. Les princes qui fe font la guerre, forcent auffi fouvent l'état voifin, moins puiffant qu'eux, à prendre parti; & s'ils lui permettent de demeurer neutre, ils empêchent qu'il ne foit armé, de crainte qu'il ne fe déclare dans les divers événemens de la guerre.

Il vaut mieux, felon la réflexion d'un grand hiftorien, être fpectateur tranquille des malheurs de nos voifins, que d'y prendre part fans des raifons très-importantes, parce que l'orage tombe quelquefois fur ceux qui ne font pas intéreffés à l'incendie, & qu'il épargne ceux qui en font les auteurs. En général, le prince qui garde une *neutralité* parfaite à l'égard de fes voifins en guerre, est respecté par chaque puissance ; on craint qu'il ne fasse pencher la balance du côté pour lequel il se déclarera.

Mais si la *neutralité* a ses avantages, elle a aussi ses inconvéniens. Il est dangereux de demeurer neutre entre deux ennemis ; & il y a des conjonctures où l'on doit se déclarer pour l'un ou pour l'autre. Le parti mitoyen est quelquefois le pire dans les grands dangers, parce qu'il attire l'inimitié de deux puissances belligérantes. On devient leur proie ; & on souffre tous les maux de la guerre, sans partager les fruits de la victoire. Le prince neutre indispose les combattans, toujours mal satisfaits d'un souverain qui les a abandonnés quand il peut les aider, & qui semble avoir épié les occasions de se déclarer avec avantage. Si la *neutralité* n'est bien ménagée, non-seulement elle ne fait point d'amis, mais elle n'ôte point d'ennemis, & elle expose de plus les souverains au mépris & à la haine des vainqueurs.

On peut dire des princes qui se conduisent ainsi, ce qu'un historien a dit autrefois de Marseille, que desirant la paix elle se précipitoit dans la guerre qu'elle appréhendoit. Le trop de prudence dégénère souvent en imprudence ; & assez souvent, dans les affaires du monde, rien ne mène au péril comme le grand soin de s'en éloigner.

Pour résoudre ce problème politique, on peut établir cette première maxime : un prince puissant est, par sa puissance même, en sûreté contre celui des deux partis qui voudroit l'attaquer. D'où il résulte que la *neutralité* peut convenir à un prince qui n'a rien à craindre de la victoire de l'un des combattans, qui est en état de se faire respecter par l'une & par l'autre des puissances belligérantes, qui, en se déclarant, peut faire tomber la balance, & qui, s'il le veut, peut se rendre l'arbitre de leurs différends. Le plus haut point de gloire qu'un souverain puisse desirer, c'est d'être l'arbitre des autres souverains.

Voici une seconde maxime : un prince foible ne pouvant se soutenir par lui-même, doit se déclarer pour l'un des deux partis. Si l'on demande pour lequel, je répondrai ce que Phocion disoit aux athéniens : « qu'il faut être le plus puissant, ou avoir le plus puissant pour ami » ; mais j'en excepterai les guerres entreprises par une puissance qui menace la liberté de toutes les autres ; car alors il faut embrasser la querelle du plus foible.

« Je crois, dit un auteur connu, pouvoir établir une troisième maxime, qui est à l'usage de tous les états, ou puissans ou foibles. Lorsqu'on voit deux grands peuples se faire une guerre longue & opiniâtre, c'est souvent une mauvaise politique de penser qu'on peut en être le spectateur tranquille ; car celui des deux peuples qui demeure vainqueur, entreprend d'abord de nouvelles guerres, & une nation de soldats va combattre contre une nation de ci-

toyens. Les romains eurent à peine dompté les carthaginois, qu'ils attaquèrent de nouveaux peuples, & parurent dans toute la terre pour tout envahir ». Mais tout le monde apperçoit le défaut de justesse de cette maxime ; on voit que les exemples tirés de Rome & de l'antiquité, ne sont plus applicables aujourd'hui. Toutes les guerres actuelles dérangent les finances de la nation qui les fait ; & l'on sait qu'après de longues hostilités, les nations les plus puissantes de l'Europe ne sont pas en état d'en recommencer de nouvelles.

On cherche peu à s'assurer de la *neutralité* d'une puissance foible, ou du moins on la met à bas prix, parce que si on l'avoit contre soi, on auroit peu à craindre ; parce que sa foiblesse l'exposant à être entraînée hors de son système de *neutralité*, on ne peut compter sur elle.

En général, il n'est de bonnes *neutralités* que celles qui sont armées, elles se font respecter pendant la guerre, & la terreur qu'elles peuvent inspirer à des puissances qui seroient capables d'abuser de leurs succès, hâte souvent le retour de la paix.

Il faut, par les raisons que nous avons dites en parlant des confédérations & des ligues, & qu'il ne sera pas difficile d'appliquer ici, compter beaucoup moins sur des *neutralités* composées, lors même qu'elles ont l'avantage d'être armées, parce que plus elles ont de parties, & plus il est à craindre qu'on ne parvienne à les dissoudre ; l'expérience montre en effet que leur dissolution a toujours été prompte.

Il est une autre espèce de *neutralité* perpétuelle ; elle ne consiste pas à n'aider personne, mais à se partager entre tout le monde. Telle est la constitution des suisses, qui, par l'utilité qu'on en retire, ont acquis le droit singulier de secourir tout le monde sans fâcher aucun de ceux contre lesquels ils fournissent des troupes, pourvu qu'elles n'excèdent pas les proportions anciennement établies. Le seul acte passif de *neutralité* qu'on leur demande, est de ne prêter leur territoire à personne ; & c'est un système qu'ils sont bien en état de soutenir, parce que c'est un pays facile à défendre, & que la nation est belliqueuse & toujours bien armée : mais c'est la seule nation de l'Europe, & peut-être du monde entier, qui puisse adopter ce système. Tout autre peuple, en partageant ainsi ses secours, indisposeroit chacune des puissances en guerre ; & s'il n'étoit pas défendu comme la suisse par des montagnes impénétrables, il ne tarderoit pas à en être puni.

Nul peuple n'a trouvé plus de facilités que le peuple romain sur l'article des *neutralités*, sur-tout dans ses guerres hors de l'Italie. C'étoit l'effet de sa grande puissance & de la terreur de son nom, qui faisoit craindre à chacun de devenir son ennemi. Mais l'état de l'Europe est si différent aujourd'hui jourd'hui, que, felon toute apparence, aucune nation n'y obtiendra les mêmes avantages.

Les anciens mettoient à un fi haut prix les *neutralités* auxquelles on s'engageoit avec eux, qu'ils les regardoient comme des engagemens, pour ainfi dire, facrés. Les grecs paffart chez les perfes neutres, payoient tout fcrupuleufement; & Plutarque nous apprend que Pompée voulant s'affurer que fes foldats en Sicile n'exerçoient aucune violence contraire à la foi de la *neutralité*, faifoit cacheter leurs épées. Les goths, les huns, les alains eux-mêmes n'étoient pas moins fcrupuleux en ce genre, du moins à en juger par ce qui nous refte des ordonnances militaires de Théodoric & d'Athalaric. On y remarque une attention fingulière pour la confervation des biens de la terre dans les pays qui étoient fous la fauve-garde des *neutralités*.

Nous allons ajouter quelques remarques fur les puiffances neutres & les pays neutres.

Il feroit doux de jouir des douceurs de la paix, au milieu des horreurs de la guerre. Mais les rapports réciproques des puiffances de l'Europe, difons même des deux mondes, les obligent trop fouvent à prendre part aux troubles qui s'élèvent dans leur voifinage. Elles ont rarement la volonté ou la liberté de demeurer neutres.

La puiffance neutre ne doit favorifer, en quoi que ce foit, l'une des puiffances belligérantes, au préjudice de l'autre; & c'eft par cette raifon que les loix des ports neutres ont établi que fi deux navires ennemis y font entrés, & que l'un en forte, l'autre ne doit avoir qu'au bout de vingt-quatre heures la permiffion d'en fortir, pour aller à fa pourfuite.

« Elle doit, dit un publicifte, tenir pour légitime tout ce que chacun des partis en guerre fait à l'égard de l'autre, & aucun exploit militaire ne doit paffer dans fon efprit pour injufte. Ceux qui ne font pas juges des parties, & qui n'ont pris aucune part à la guerre, ne font en droit ni de connoître, ni de décider de la juftice de leur caufe; ces parties n'ayant point de juges, ne peuvent être ni convaincues ni condamnées : il faut donc que tout ce que chacune d'elles a fait pendant la guerre, foit regardé de toutes les puiffances neutres comme fait avec droit ». Mais la remarque n'eft point exacte, & fon inexactitude eft fi fenfible qu'il n'eft pas néceffaire de l'analyfer.

Nous pourrions ajouter qu'une puiffance neutre eft obligée de pratiquer également, envers ceux qui fe font la guerre, les loix naturelles; que la puiffance neutre qui rend à l'un des ennemis quelque fervice, ne doit pas le refufer à l'autre, à moins qu'il n'y ait une raifon bien précife de faire pour l'un une chofe que l'autre n'a d'ailleurs aucun droit d'exiger; qu'elle n'eft pas tenue à rendre à l'un des deux partis les devoirs de l'humanité, lorfqu'elle s'expoferoit à de grands dangers, en les refufant à l'autre qui a un pareil droit de les exiger : mais il feroit inutile de recommander la loi naturelle dans ces fortes d'occafions; & la convenance, les liaifons fecrettes, les préventions favorables ou les reffentimens ne permettent guère cette juftice rigoureufe.

Une puiffance neutre ne doit fournir à aucun des deux partis, des foldats, des armes ou des munitions de guerre : mais quelle eft la borne précife de ce devoir? quels font précifément les articles qu'il faut regarder comme des munitions de guerre? Les diverfes nations ne font point encore d'accord fur cet objet : l'impératrice de Ruffie avoit établi, durant la guerre qui vient de fe terminer, une *neutralité* armée & des principes détaillés là-deffus. La Hollande, la Suède, le Danemarck, la Pruffe & l'Autriche y ont accédé d'une manière publique, & la France & l'Efpagne fecrètement : l'Angleterre feule a vu avec déplaifir ces principes. La *neutralité* armée dont nous parlons, n'a pas eu tout le fuccès & n'a pas produit tout l'effet qu'on en attendoit; mais elle a donné un bel exemple : fes manifeftes & fes déclarations fubfiftent, & l'intérêt public des diverfes nations les déterminera tôt ou tard à fe réunir fur un objet fi utile au commerce & à la navigation des puiffances qui font en paix.

Au refte, dans le fyftème de *neutralité*, la puiffance qui ouvre fes états pour le commerce à l'un des combattans, doit les ouvrir à l'autre. Si elle s'eft engagée en particulier à quelque chofe, il eft de fon devoir de l'exécuter pónctuellement; mais elle ne peut rien faire pour l'un des deux partis, qu'elle n'attribue à l'autre le droit d'exiger la même chofe. Par exemple, fi le peuple neutre donne ou laiffe prendre un paffage fur fes terres à l'une des puiffances belligérantes, il n'a aucun fujet de fe plaindre lorfque l'autre y entre, lorfqu'elle pourfuit fon ennemi par-tout où elle le trouve, lorfqu'elle s'affure l'avantage dont fon ennemi vouloit profiter. Les turcs en guerre avec la Ruffie, eurent raifon d'entrer dans le royaume de Pologne, qui jufqu'alors avoit été neutre; mais qui ne le fut plus, dès que la Ruffie eût violé le territoire des polonois. Quand le roi des Deux-Siciles, qui jufques-là avoit obfervé une *neutralité* de convention, eut permis l'entrée de fes états à l'armée efpagnole que l'armée autrichienne pourfuivoit, les autrichiens furent en droit d'entrer dans le royaume de Naples.

En 1743, dans la guerre des efpagnols & des anglois, une barque & quatorze chebecs partis des ports d'Efpagne, chargés d'artillerie & de poudre pour le fervice des efpagnols en Italie, furent pourfuivis par les anglois; mais ils échappèrent à la faveur du calme; ils entrèrent dans le port de Gênes, & y débarquèrent leur poudre. Le vice-amiral anglois, nommé *Mathews*, qui commandoit dans la Méditerranée les forces navales de fa nation, prétendit que Gênes, en permettant à cette barque & à ces chebecs d'entrer dans son port, en les y gardant après leur avoir permis de mettre à terre une partie de leur cargaison, avoit porté atteinte à la *neutralité* que la république s'étoit engagée à observer avec toutes les puissances en guerre. Il envoya un vaisseau de guerre demander aux génois leur sortie; & n'ayant rien pu obtenir, il alla lui-même avec une escadre se présenter devant Gênes, & menaça de bombarder cette ville. On négocia : les génois dirent que le convoi espagnol n'étoit entré dans le port de Gênes, que parce qu'il y avoit été jetté par le mauvais tems; & le vice-amiral anglois demanda que la barque & les chebecs fussent obligés de sortir du port avec l'artillerie & les munitions pour continuer leur route, ou que l'artillerie & les munitions fussent séquestrées. Une convention, entre Mathews & deux députés de Gênes, déclara que les canons & la poudre apportés d'Espagne, & se trouvant dans le port ou dans la ville de Gênes, seroient tirés de la barque & des chebecs, mis à bord des vaisseaux neutres, & transportés à Bonifacio dans l'isle de Corse; que le vice-amiral anglois donneroit un convoi pour la sûreté de ce transport; que l'artillerie & la poudre seroient déposées dans le château de Bonifacio, pour y rester entre les mains de la république jusqu'à ce que la guerre fût terminée par une paix définitive, & que la barque & les chebecs auroient une liberté entière de sortir du port de Gênes, dans le temps que les officiers espagnols jugeroient-à propos, & de se retirer où ils voudroient, sans qu'il fût permis aux vaisseaux anglois de les molester en aucune manière, ou de les suivre dans les vingt-quatre premières heures de leur sortie du port de Gênes. La république pouvoit répondre aux anglois : *nous n'avons rien fait pour les espagnols que nous ne soyons disposés à faire pour vous*; mais les anglois se trouvant les plus forts, n'étoient pas disposés à se contenter de cette réponse, & le sénat de Gênes intimidé fit un tort considérable à l'Espagne dont il rendoit les munitions inutiles. Le roi catholique se proposoit bien d'en tirer tôt ou tard une vengeance éclatante; mais peu de tems après & dans la suite de la même guerre, les génois réparèrent leur faute : après avoir mis leur ville à couvert du bombardement, ils se jettèrent dans les bras de la France & de l'Espagne, & servirent utilement ces deux couronnes contre les anglois & leurs alliés. Il n'est pas besoin de dire que l'artillerie & les munitions de guerre qui avoient été déposées à Bonifacio, furent rendues aux espagnols.

Si le pays neutre n'a donné aucun sujet de plainte aux puissances belligérantes, il est injuste, à parler en général, d'y soumettre au droit de la guerre des choses qui n'y sont pas sujettes par leur nature, ou qui appartiennent à un tiers, lequel n'a pris aucune part à la guerre. Aussi, en pareille

occasion, les princes ont-ils soin d'imaginer des prétextes spécieux, & d'alléguer des dommages, des torts, ou des injures : mais une nécessité absolue peut rendre juste ce qui, sans elle, ne le seroit point. Dès que cette nécessité existe, il n'y a ni droits, ni devoirs, ni obligations capables de retenir un peuple qui se voit sur le point de périr. *Voyez* l'article GUERRE.

NEYSSE, principauté d'Allemagne. *Voyez* SILÉSIE PRUSSIENNE.

NIEDER-MUNSTER, abbaye princière d'Allemagne : elle est à Ratisbonne. Judith, fille du duc Arnoul de Bavière, épouse de Henri I aussi duc de Bavière, & grand'mère de l'empereur Henri II fonda cette abbaye de femmes. L'époque de la construction du couvent est placée à l'année 900. Le titre de l'abbesse est : par la grace de Dieu, princesse du Saint-Empire romain, abbesse de la très-noble abbaye impériale & immédiate de *Nieder-Munster* à Ratisbonne. Elle occupe à la diète sur le banc du Rhin la treizième place parmi les prélats, & la septième sur le banc Ecclésiastique aux assemblées circulaires de Bavière. Sa taxe matriculaire a été fixée en 1683 à 10 florins. Elle paye un contingent à la chambre impériale de 50 rixdales 67 & demi kr. L'abbaye reconnoît pour son avoué & protecteur le duc de Bavière. Les religieuses peuvent se marier; leur manière de vivre n'est point sujette aux règles claustrales. *Voyez* l'article PALATINAT.

NIEVES. *Voyez* NEVIS.

NOBLE.

NOBLESSE.

NOBLESSE MILITAIRE. Le Dictionnaire de Jurisprudence a fait ces trois articles; & nous nous contenterons d'insérer ici quelques réflexions de M. d'Argenson, sur les majorats & sur la *noblesse*.

NOBLESSE, titre d'honneur qui distingue ceux qui en sont décorés, & les fait jouir de plusieurs privilèges.

Le Dictionnaire de Jurisprudence a fait un long article sur ce mot : nous nous bornerons aux observations suivantes.

On ne confond que trop tous les jours les intérêts de l'état avec ceux des particuliers. Il importoit beaucoup, par exemple, que la souveraineté ne se partageât plus dans la famille royale, comme sous la première & la seconde race; mais pour la conservation de nos grands fiefs si vantés, que fait à l'état leur démembrement ou leur plénitude? On ose cependant soutenir encore, dans notre droit, que la majesté de la couronne & la puissance de l'état en dépendent. On oublie que nous ne vivons plus fous le gouvernement féodal ; que ce ne font plus les grands vassaux qui groffiffent les armées : mais il y a plus, c'eft qu'on doit fe perfuader que le démembrement des grands fiefs eft un bien précieux à l'état. La fubdivifion de ces majorats en remet dans le commerce les différentes parties qui en font forties pour fatisfaire la vanité d'une feule famille, & fans qu'il en revienne aucun avantage à la fociété. La divifion des fiefs & des domaines donne vingt différens adminiftrateurs, qui font fuccéder l'abondance à la ftérilité ; l'intérêt public eft donc ici en oppofition avec celui d'une feule famille : que le légiflateur choififfe après cela.

Je ne demande que de mettre à part le plus ftupide préjugé, pour convenir que deux chofes feroient principalement à fouhaiter pour le bien de l'état ; l'une que tous les citoyens fuffent égaux entr'eux, afin que chacun travaillât fuivant fes talens, & non par le caprice des autres ; l'autre que chacun fût fils de fes œuvres & de fes mérites : toute juftice y feroit mieux accomplie, & l'état feroit mieux fervi.

Convenons que les nobles reffemblent beaucoup à ce que les frelons font aux riches.

La *nobleffe*, la fortune, & les richeffes qu'on reçoit par fa naiffance, jettent l'homme dans une indolence néceffaire, dès les premiers momens où l'émulation charme ordinairement le courage de la jeuneffe. Sa grandeur affurée eft le premier des dangereux myftères que pénètre un enfant, & alors toute éducation n'eft plus que charlatannerie. Par-là lui font retranchés tous les prix que l'état propofe aux fervices. On jouit injuftement de ce que d'autres ont mérité, & cette injuftice exclud ceux qui mériteroient par eux-mêmes.

La pratique de cet abus fe comprend par le fait & la violence ; mais comment en tolere-t-on le principe, quand la morale & la politique y font auffi groffièrement violées ?

La raifon devroit nous venger des paffions, ou au moins voir plus clair que les fens : cependant les préventions générales prouvent le contraire. On eft anciennement préoccupé qu'une fupériorité injufte fur les autres citoyens, & quelques bonnes actions émanées de cette fupériorité l'ont légitimée : tel eft ce qu'on penfe de la *nobleffe*.

Mais, dira-t-on, fi tous ces principes contre la *nobleffe* font vrais, quelle conféquence en tirera-t-on ? Faudroit-il abolir un ordre fi fameux ? Cherchera-t-on une égalité abfolue & platonicienne ? Non certainement. Je dis bien, à la vérité, qu'on doit chercher cette égalité, mais on n'y parviendra jamais.

Par ces efforts vers l'égalité, on multipliera moins le nombre des nobles, autant que l'on obviera l'excès des richeffes. On abolira fur-tout l'indigne entrée dans le corps des nobles, qui fe donne par finance. On ne fera paffer les charges des pères aux enfans que quand toute autre récompenfe fera épuifée pour les pères.

Quand nous avons des guerres juftes à foutenir, on ne difputera point à la *nobleffe* d'extraction une valeur par état plus fixe & plus folide que chez les autres nations.

Si on examinoit bien rigoureufement les caufes de la *nobleffe*, peut-être n'y trouveroit-on que celle par où un chacun excelle dans un métier qui exclud les autres profeffions. Cette caufe déplaît ; elle fuppofe que tout homme qui eût changé une profeffion ignoble pour un exercice relevé, y eût réuffi également, de quelque fang & de quelqu'ordre qu'il fût forti. Il eft vrai cependant que toute autre profeffion que celle des armes eft interdite à notre *nobleffe* ; que fon talent eft infpiré par les exemples de famille, fomenté par l'éducation, & forcé par une efpèce de néceffité de ne pas dégénérer.

Que la *nobleffe* françoife ne regrette point, dans l'exécution de ce fyftème, une ariftocratie qu'elle croit être favorable à notre nation ; il n'eft queftion que d'extirper une fatrapie roturière & odieufe, qui augmente chaque jour les maux, en pervertiffant nos mœurs.

NOERDLINGEN, ville libre & impériale d'Allemagne, au cercle de Weftphalie : elle eft fituée au canton de Riefs, fur la rivière d'Eger, dans une contrée fertile, fur-tout en pâturages. La majeure partie de la bourgeoifie y fuit la confeffion d'Augsbourg. Cette ville étoit autrefois foumife à l'évêché de Ratisbonne ; mais on trouve des preuves de fon immédiateté, dès le commencement du treizième fiècle ; & les empereurs Charles IV & Wenceflas promirent, en 1348 & 1387, de la lui conferver dans toute fon intégrité. Elle occupe à la diète de l'Empire le feptième rang parmi les villes impériales de Suabe, & le cinquième dans les affemblées du cercle. Sa taxe matriculaire, qui étoit autrefois de 260 florins, a été fixée à 150, lors de la réduction de 1683. Sa contribution pour l'entretien de la chambre impériale eft de 219 rixdales 72 kr. L'empereur Charles IV lui accorda le droit de préfidialité ; mais elle ne s'en eft jamais fervie. En 1634, les impériaux battoient les fuédois dans fes environs. En 1647, elle effuya un fiège de dix-fept femaines de la part des troupes de l'Empire, qui y produifirent un cruel incendie. En 1702, cinq cercles affemblés y conclurent une ligue fameufe, & on augmenta les fortifications de la ville, qui eft regardée comme un boulevard du cercle de Franconie contre la Baviere.

Les princes & comtes d'Œttingen fe font arrogés depuis long-temps la fupériorité territoriale fur les biens patrimoniaux de cette ville ; ce qui a donné lieu à plufieurs conteftations, & même à des voies de fait.

NONCE. *Voyez* l'article MINISTRES PU-BLICS, *voyez* auſſi l'article NONCE du diction-naire de Juriſprudence.

NORDHAUSEN, ville imperiale d'Allema-gne : elle eſt ſituée ſur la rivière de Zorge, en-tre le comté de Hohnſtein & la ſeigneurie de Klettenberg. Elle eſt d'une étendue aſſez conſi-dérable ; & partagée en vieille & nouvelle ville : on y trouve ſept égliſes luthériennes, auxquelles ſont attachés dix prédicateurs. La principale reſ-ſource des habitans eſt le commerce de grains, le harz ſupérieur, la fabrique de l'eau-de-vie & des ouvrages de toutes eſpèces de marbre & d'al-bâtre, qu'on tire de Stolberg & de Hohnſtein. Henri le Lion, duc de Saxe, brûla cette ville en 1180 ; elle fut encore plus ou moins incendiée en 1234, 1540, 1612, 1710 & 1712. Elle a été ville impériale dès ſon origine, & pourvue d'une charge de prévôt d'Empire, ainſi que de celle de préteur. Les anciens comtes de Hohnſtein étoient, dès le quinzième ſiècle, en poſſeſſion de la pre-mière, dont les fonctions s'étendent ſur toutes les matières criminelles. Lorſque cette famille s'étei-gnit, l'empereur Rodolphe II inveſtit, en 1600, de la prévôté, la maiſon électorale de Saxe, de laquelle elle paſſa en 1697 à celle de Brandebourg, qui la poſſéda héréditairement & en toute pro-priété. Quant à la charge de préteur, on croit que les landgraves de Thuringe en furent ancien-nement les propriétaires, & qu'elle parvint en-ſuite aux ducs & aux électeurs de Saxe. Cette maiſon y renonça en 1697 au profit de celle de Brandebourg, qui en 1715 abandonna l'une & l'autre, ainſi que tous les droits en dépendans, à la ville de *Nordhauſen* & à ſes magiſtrats pour une ſomme de 50,000 rixdales. Ce traité fut confirmé en 1716 par le conſeil aulique de l'Em-pire, qui ordonna aux magiſtrats en 1746 de faire exercer la charge de préteur par un homme verſé dans le droit, & il leur permit de le tirer de leur corps. Les députés de cette ville occupent aux diètes le dixième rang ſur le banc du Rhin dans le collège des villes impériales, & le qua-trième dans l'aſſemblée des cercles de la baſſe-Saxe. Sa taxe matriculaire eſt fixée à 80 florins, & ſon contingent pour l'entretien de la chambre à 94 rixdales 62 & demi kr. Les pruſſiens exi-gèrent de cette ville de fortes contributions en 1760.

NORWEGE, royaume de l'Europe, aujour-d'hui réuni au Danemarck. Ce royaume eſt ap-pellé par les danois les norwégiens, *Norge*, par les anciens *Norrike* ou *Norrige*. Il eſt borné vers le midi & le couchant, par la mer d'Alle-magne ; vers le ſeptentrion, par la grande mer du nord ; à l'orient il touche à la Laponie ruſſe & à la Suède, dont il eſt ſéparé par une longue chaîne de montagnes, parmi leſquelles les plus

hautes ſont appellées *Kolen*. En ſuivant le coude que la *Norwege* forme entre les deux mers, ſa longueur depuis Swünſund juſqu'au Cap-Nord, eſt à-peu-près de 350 milles de *Norwege* ; mais en prenant la ligne droite depuis Lindenas, où la hauteur du pôle eſt de 71 & demi degrés, cette longueur eſt de 200 & demi milles. Sa largeur eſt très-inégale ; car entre la Suède & les mon-tagnes de Statt, près de Sundmoër, elle eſt de 50 milles, tandis que dans d'autres elle n'eſt que de 40, de 30, & dans quelques-uns même que de ſix milles. En général, la *Norwege*, ſelon Buſching, peut avoir environ 5250 milles quarrés géographiques ; d'autres écrivains l'éva-luent à 7000.

Précis de l'hiſtoire politique de Norwege, & dé-tails ſur ſon adminiſtration.

Anciennement la *Norwege* étoit diviſée en plu-ſieurs petits états que le roi Harald Haarfager, du ſang royal de Suède, réunit & érigea en royaume vers l'année 875. Tandis que le Dane-marck ſe diſtinguoit par la conquête de l'An-gleterre & par d'autres entrepriſes hardies, la *Norwege* peuploit les Orcades, les iſles de Feroé & l'Iſlande. Ses actifs habitans, preſſés par cette inquiétude qui avoit toujours agité les ſcandinaves leurs ancêtres, s'établirent même dès le neuvième ſiècle dans le Groënland, qu'on a de fortes rai-ſons d'attacher au continent de l'Amérique. On croit même entrevoir, à travers les ténèbres hiſ-toriques répandues ſur les monumens du Nord, que ces hardis navigateurs pouſſèrent, dans le onzième ſiècle, leurs courſes juſqu'aux côtes de Labrador & de Terre-Neuve, & qu'ils y jettè-rent quelques foibles peuplades. Il eſt donc vrai-ſemblable que les norwégiens peuvent diſputer à Chriſtophe Colomb la gloire d'avoir décou-vert le Nouveau-Monde : Mais ils y étoient ſans le ſavoir.

Les guerres qu'eſſuya la *Norwege* juſqu'à ce qu'elle fût réunie au Danemarck, les obſtacles que le gouvernement oppoſa à ſa navigation, l'oubli & l'inaction où tomba cette nation entre-prenante, lui firent perdre avec ſes colonies du Groënland, les établiſſemens ou les relations qu'elle pouvoit avoir aux côtes de l'Amérique.

Les petits états de *Norwege* formoient un royau-me depuis peu de temps, lorſque ce nouveau royaume fut uni au Danemarck, dont il devint tributaire ſous le comte Hako ; mais il recouvra bientôt après ſa liberté. On tenta de la détruire de nouveau vers l'année 1000 ; Saint-Oluf la maintint : il fut chaſſé du trône en 1019, & Sueno, prince de Danemarck s'en empara : Magnus, fils de Saint-Oluf y remonta en 1034, & ſa poſtérité régna pendant pluſieurs ſiècles. En 1319 Magnus Smek, fils du malheureux duc Eric, devint roi de Suède & de *Norwege* ; & ſon néveu Oluf III, roi de Danemarck, acquit le royaume de *Norwege* en 1380, après la mort de Hagen son père. La véritable ligne royale s'éteignit en Suède & en *Norwege* par la mort d'Oluf ; comme il ne restoit personne de la ligne masculine en Danemarck, la reine Marguerite, fille de Waldemar III & mère de ce même Oluf, se trouva la plus proche héritière du trône, & y fut effectivement élevée par le choix des états. En 1388 Hagen-Jonsen, issu du sang royal, fut obligé de renoncer publiquement, en faveur de Marguerite, aux droits qu'il avoit à la couronne de *Norwege*, & elle engagea les états du royaume à reconnoître pour son successeur le duc Eric de Poméranie son neveu : elle réunit les trois royaumes du nord par la fameuse union de Calmar. La branche d'Oldenbourg étant montée sur le trône de Danemarck, les norwégiens sembloient vouloir se soustraire à sa domination, cependant ils se réunirent de nouveau aux danois. Ils secouèrent, à la vérité, le joug après la malheureuse guerre du roi Jean contre les dithmarsiens ; mais ayant été défaits en 1502 près d'Opslo, & la plus grande partie de la noblesse ayant péri dans les supplices, ils jurèrent de nouveau l'obéissance au roi de Danemarck & à ses successeurs. En 1537, Christian III assembla à Copenhague une diète, dans laquelle on dressa un recès dont le principal article porte : « que la *Norwege* sera désormais & pour toujours incorporée au royaume de Danemarck ; attendu que les états du royaume de *Norwege* se sont engagés, tant sous le règne de Christian I que sous le roi Frédéric, d'obéir au même roi que les sujets de Danemarck, & de reconnoître pour tel celui que les danois auront choisi ». Dès ce moment, la *Norwege* perdit son conseil d'état, fut regardée comme province du Danemarck, & administrée par des gouverneurs danois. L'inégalité qui subsistoit entre les deux royaumes, fut en quelque sorte levée par le roi Christian IV, qui accorda à la noblesse de *Norwege* les privilèges dont jouit la noblesse danoise. La souveraineté absolue ayant été introduite, les deux royaumes furent de nouveau regardés comme deux états unis sous le même souverain, & on rétablit le tribunal supérieur en *Norwege* : les choses demeurèrent dans cet état jusqu'à l'établissement du conseil aulique suprême qui subsiste encore. Christian III fit administrer la *Norwege* par des gouverneurs, & après eux par des vice-gouverneurs. Dans la suite, les fonctions de gouverneur furent confiées à un collège nommé *Sloislov* ou *Schlofrecht*, c'est-à-dire, droit du château. Frédéric IV le supprima & rétablit les gouverneurs. Aujourd'hui ce royaume est administré par un sous-gouverneur, qui est président du conseil suprême aulique de Christiania. Ce tribunal connoît par appel de toutes les sentences rendues aux sièges des évêchés ; & celui que l'on interjette

de ses jugemens, est porté au conseil suprême de Copenhague. Chacun des quatre diocèses de *Norwege* a son bailli diocésain & ses gens de justice ; les uns & les autres sont sur le même pied que ceux de Danemarck. Après les gens de justice viennent les greffiers & les prévôts. Ceux-ci exercent les mêmes fonctions que les receveurs des bailliages en Danemarck ; ils perçoivent les deniers royaux des seigneurs & des paysans, & les livrent au greffier ou caissier du diocèse ; ils sont en même-tems fiscaux, provinciaux, & ils exercent les fonctions du ministère public, en matière de justice & dans les causes fiscales. Les chefs des neuf tribunaux provinciaux sont appelés *laugmunner*, *landrichter* ou *provincial oberrichter* (juge provincial). Il y a d'ailleurs des *forenschreiber* ou *amtschreiber*, appelés *unterrichter*, c'est-à-dire sous-juges, qui prononcent les sentences dans les bailliages : chaque sous-juge a huit assesseurs. Dans une quatre villes principales, savoir, Christiania, Christiansund, Bergen & Drontheim, on trouve des présidens royaux, & un prévôt dans les autres villes. Enfin il y a en *Norwege* un conseil des mines établi à la fonderie de Kongsberg ; un autre pour les mines de Nordenfields ; des receveurs des péages ; des contrôleurs royaux pour la ferme des péages & des vivres. Le droit moderne de *Norwege*, établi par le roi Christian IV, est tiré pour la plupart du livre des loix danoises ; ce qui en diffère a été tiré des anciennes loix du pays.

Division.

La *Norwege* se divise en méridionale & septentrionale. Les montagnes, nommées *Dosfesoell*, forment la séparation. Dans la partie méridionale, il y a deux grands gouvernemens, celui de Bergen & celui d'Aggerhus ; & dans la septentrionale deux autres, qui sont Drontheim & Nordland. Il faut remarquer ici que la Suède a enlevé deux provinces de la *Norwege*, qu'elle possède encore aujourd'hui. La première est Bahus-Lehn dans la *Norwege* méridionale, dont elle est en possession depuis l'an 1660 ; & la seconde, Jemtland dans la septentrionale, qui lui a été accordée par le traité de Bremsebroo, conclu en 1645.

Population.

D'après un calcul moyen de dix ans, il naît en *Norwege* annuellement 23,100 enfans : en comptant la proportion des naissances à la population totale, dans le rapport de 1 à 31, la *Norwege* auroit 720,000 habitans. L'un dans l'autre, chaque mille contient donc 103 habitans ; mais dans la partie la plus cultivée du pays, & dans le voisinage des villes, il faut porter ce nombre à 153 ; il est réduit à 23 par mille dans les districts du nord. Bergen, la ville la plus confidérable du royaume, à feize mille habitans. On ne trouve dans le nord aucune ville, excepté la forterefse de Vardhus, gardée par 40 hommes.

Il n'y a que dix-huit villes dans toute la Norwege : fi l'on veut d'autres preuves que le nombre des habitans eft petit, eu égard à l'étendue de ce royaume, nous difons que depuis 1743 jufqu'en 1756, il y eft né 439,335 perfonnes, & il en eft mort 346,543 : l'année 1766, les naifsances ont été à 22,370, & les morts à 20,010 ; il réfulteroit de ce nouveau calcul que la Norwege renferme environ 700,000 ames.

Culture, productions, commerce.

La partie du fud eft afsez bien cultivée, celle du nord l'eft très-peu. La pofition de ce pays annonce qu'il ne fauroit être bien fertile. La partie fur-tout qui fe trouve au-delà du cercle polaire fous la zone glaciale, c'eft-à-dire, au-delà du foixante-fixieme degré, eft abfolument ftérile. Le froment y eft prefque inconnu, & il n'y croît pas même afsez d'autres grains pour fournir à la fubfiftance des habitans. Tout le pays eft entrecoupé de montagnes, & on fait fouvent une vingtaine de milles fans rencontrer d'habitations.

Outre que la Norwege eft fituée trop près du pôle, la plus grande partie de ce pays eft inégale, pierreufe & couverte de montagnes, de rochers, & renferme d'ailleurs beaucoup de terreins marécageux, des contrées fauvages & quelques déferts. Si ceux qui demeurent le long des côtes, ne trouvoient pas des refsources dans la pêche, comme ceux qui font dans l'intérieur du royaume, dans le bois de charpente & le charbon qu'ils fournifsent pour l'exploitation des mines, dans le bétail & la chafse, la moitié d'entr'eux périroit de faim. Ils éprouvent encore d'autres inconvéniens ; les denrées fe gâtent fouvent par les froids fubits & par la fecherefse qu'occafionne la grande chaleur concentrée entre les rochers, ou bien par la trop grande quantité d'eau qui tombe des rochers & des montagnes durant les étés pluvieux. Au refte, la Norwege n'eft pas aufsi bien cultivée qu'elle pourroit l'être, & elle offriroit plus de terres labourables & produiroit plus de grains, fi le terrein qui appartient à une feule ferme, étoit divifé en plufieurs, & s'il étoit mieux préparé par la culture, fur-tout par le defsechement des marais & des bourbiers.

Entre les femailles & la récolte, il n'y a ordinairement qu'un efpace de neuf femaines : cependant, vers l'intérieur du pays, les grains ne mûrifsent qu'au bout de douze femaines, & fouvent vers les côtes il leur en faut feize & même dix-huit.

On dit que l'importation du bled eft de 700,000 rixdales par année, d'un million même fi la récolte n'a pas été favorable.

Le pays fournit aux habitans contre les rigueurs du climat, beaucoup de bois ; & dans plufieurs endroits, des tourbes, des laines de moutons, des peaux de bêtes fauvages, des plumes : ceux qui habitent les vallées, font garantis des vents froids & rudes, par les hautes montagnes dont ils font entourés.

Le produit de la pêche eft évalué à 2,400,000 rixdales : il feroit quadruple, fi les nations étrangères pouvoient être entièrement exclues de ce commerce. Cependant la Norwege a des denrées qui lui font propres, & en telle abondance qu'outre la confomption du pays, elle en fournit aux deux tiers de l'Europe. Par exemple, fes forêts donnent une quantité immenfe de bois de charpente, de mats de navires, de planches, & en général de tous les bois qui font nécefsaires pour la conftruction des vaifseaux. La France, la Hollande, l'Angleterre, l'Efpagne & même le Portugal, en tirent tous les ans des quantités confidérables.

On dit que la Norwege vend ordinairement aux autres nations européennes, des mâts, des poutres, des planches, des lattes & autres bois de conftruction & de bâtiment, pour plus d'un million d'écus, & qu'un feul mât coûte fouvent cent & jufqu'à deux cens écus.

Il femble aufsi que la Norwege foit la forge de l'Europe pour le fer & le cuivre qui en fortent. Elle exporte de la morue, de la merluche, du faumon, & toutes fortes de poifsons fecs & falés.

Elle exporte des matières grafses, fur-tout du beurre & du fuif. Ainfi le commerce de la Norwege eft très-confidérable. La ville de Bergen qui eft le meilleur port de mer, eft fans cefse rempli de navires marchands, & il y a des chantiers où l'on bâtit des vaifseaux à très-bon marché, les matériaux étant à vil prix. Il ne faut pas oublier non plus les fourrures de toute efpece que cette contrée fournit en grande abondance.

La côte occidentale de la Norwege eft entourée d'une multitude de pêtites ifles & de rochers. Ces rochers forment plufieurs bons ports : en plufieurs endroits on voit des anneaux de fer placés dans le roc, & dont les navigateurs fe fervent pour fixer leurs vaifseaux, lorfqu'ils n'ont ni efpace, ni fond pour jetter l'ancre.

Mais la navigation eft très-dangereufe dans les diftricts ouverts, & elle coûte annuellement la vie à quantité de perfonnes que la fureur des vagues jette contre les côtes.

La mer forme beaucoup de golfes de diverfes grandeurs, qui avancent de fix, huit jufqu'à dix milles dans les terres.

Mines.

On commença sous Christian II, en 1516, à exploiter les mines. Christian III & Christian IV encouragèrent cette branche d'industrie. Quoique l'on ait trouvé de l'or très-fin, & qu'il y en ait dans la mine d'argent & de cuivre, cependant il y est en si petite quantité, qu'il ne dédommage pas des frais du départ. Le nombre des mines d'argent exploitées étoit autrefois plus grand qu'aujourd'hui : on n'en exploite plus qu'à Rongsberg & dans le comté de Jarlsberg. On trouve aussi de la mine de cuivre, qui contient quelque peu d'argent. Les principales mines de cuivre sont à Nordenfiels : elles sont à présent au nombre de six. Après le bois, le fer est une des plus utiles productions de la Norwege ; car l'exportation annuelle du fer en barre ou coulé est évaluée à 400,000 écus. On fait travailler actuellement quinze fonderies de fer. Le plomb du comté de Jarlsberg doit être plus dur & moins bon que celui de Ronsberg : on en fouille aussi dans la prévôté de Soloër.

Propriété des terres.

Les terres appellées odelsguter, c'est-à-dire, franc-alleu ou biens propres, reviennent à l'aîné de la famille ; & en cas de vente, ses descendans ont le droit de retrait, pourvu que tous les dix ans ils déclarent en justice qu'ils n'ont pas encore exercé ce droit, faute de moyens. La noblesse du pays, qui étoit très-puissante autrefois, n'est plus si nombreuse ; les anciennes familles sont éteintes pour la plupart, & un assez grand nombre d'entr'elles ont embrassé l'état de laboureur, en conservant leurs titres avec soin. D'un autre côté, des familles nobles du Danemarck, d'Allemagne, de France & d'Ecosse se sont établies en Norwege, & les rois ont accordé la noblesse à plusieurs individus. Il n'y a en Norwege que deux comtés féodaux ; savoir, Lanwig & Jarlsberg, & 28 biens nobles.

Manufactures.

Les manufactures y sont en trop petit nombre, & les habitans se font un tort considérable en ne travaillant pas eux-mêmes leurs matières premières. On porte à trois millions d'écus le produit des marchandises & denrées qu'ils exportent. Mais le mauvais état de l'agriculture & le petit nombre de manufactures sont cause que la partie méridionale de la Norwege, pour se procurer les denrées nécessaires, est obligée de joindre encore aux marchandises que les vaisseaux danois viennent chercher, une somme de trois à quatre cents mille argent comptant, tandis que la

partie septentrionale est obligée de donner aux étrangers la plus grande partie du produit de ses terres.

Religion.

Le luthéranisme est la religion dominante de Norwege, à l'exception de Finmarck où l'on trouve beaucoup de payens, mais à la conversion desquels on travaille avec succès.

Armée.

L'armée de Norwege est distincte de celle de Danemarck. D'après l'état de 1763, elle consiste en 29,038 hommes. Un colonel reçoit annuellement 800 rixdales, un capitaine 200, le simple soldat rien du tout. L'entretien de la cavalerie qui n'est habillée que tous les douze ans, coûte à-peu-près 30,000 rixdales, & celui de l'armée entière, 183,000 rixdales annuellement. Si l'on ajoute à cette armée 14,600 matelots qu'annonce l'état militaire, & 800 mineurs qu'on emploie en temps de guerre, on verra que la Norwege peut opposer près de 60,000 hommes à une invasion.

Une grande partie de l'armée n'étant point payée en argent, la défense du pays n'est nullement dispendieuse ; & les montagnes élevées, qui couvrent la Norwege du côté de la Suède, font des frontières autant de forteresses naturelles.

Revenus.

La couronne devroit percevoir sur la Norwege un revenu de 1,600,000 rixdales. Cette estimation est calculée sur le produit naturel de l'impôt sur les métairies, de la dixme du cuivre exploité, des mines de fer, du commerce des bois, des péages, des droits sur les consommations & des contributions ordinaires ; mais le revenu effectif est au-dessous de cette estimation, & ne passe pas 1,200,000 rixdales. *Voyez* l'article DANEMARCK.

NOTABLES (assemblée des), nom qu'on donne en France à des assemblées composées de citoyens des diverses parties du royaume, qui sont appellés par le prince dans des momens de détresse ; mais qui ne sont pas revêtus des pouvoirs de la nation, & dont les délibérations ne ressemblent ainsi en aucune manière à celles des états-généraux. Les détails, relatifs aux diverses assemblées des *notables* qu'on a vu dans la monarchie, ne peuvent trouver leur place ici ; ils formeroient une dissertation historique, & les dissertations historiques ne conviennent pas à notre plan. Il paroît que la première assemblée des *notables* eut lieu en 1558 sous Henri II. On ne connoît guère ensuite que celles de 1566, de 1596 & 1617, & enfin celle de 1626 sous le cardinal de Richelieu, qui affembla les *notables* pour mieux abaiffer les grands.

Nous n'indiquerons pas les motifs publics ou fecrets, qui déterminèrent à la convocation des autres affemblées de *notables* : l'adminiftration embarraffée employa ce moyen fans avoir un plan bien vafte. Lorfqu'en 1787 le roi s'eft décidé au même expédient, on avoit prefque oublié jufqu'au nom des affemblées nationales ; les deux règnes les plus longs de la monarchie en avoient, pour ainfi dire, effacé la trace ; mais, graces aux progrès des lumières, on ne pouvoit plus dévoiler l'état des finances & demander des fecours, fans offrir des dédommagemens à la nation, & jamais on ne propofa au peuple d'une monarchie un plan plus vafte & mieux calculé.

La poftérité feule pourra juger ce plan de régénération foumis à l'affemblée des *notables* de 1787 : les haines font aujourd'hui trop vives & les préjugés trop grands. Les dépenfes de la dernière guerre & une fuite de défordres anciens avoient caufé dans les finances un vuide effrayant : la dépenfe excédoit la recette de 115 millions par année. Ce qui eft bien extraordinaire, la partie de la France, qui devroit être la plus éclairée, n'a pas craint de dire & d'imprimer qu'une adminiftration de quatre années avoit diffipé le capital de ces 115 millions d'intérêt ; & ce qui n'a pas excité moins de furprife, on a toujours oublié, ou plutôt on n'a jamais rappellé la guerre d'Amérique, qui a coûté à la France 12 ou 15 cents millions.

La vérité triomphera un jour ; les ténèbres fe diffiperont, & les exagérations & les méprifes feront réduites à leur jufte valeur.

L'affemblée des *notables* de 1787 influera fur le fort de la monarchie. Elle a donné des adminiftrations municipales à tous les cantons de la France ; elle a fait fupprimer la corvée & établir la liberté du commerce des grains : on lui devra, dit-on, bientôt la fuppreffion des traites & de la gabelle ; & fi les circonftances ne permettent pas l'exécution du refte du plan, il faut fe fouvenir que M. Turgot fut renvoyé en 1776, parce qu'il vouloit abolir les corvées, que les réclamations prefque unanimes de 1787 ont enfin profcrites.

Nous nous contenterons d'indiquer ici les moyens qu'avoit imaginés M. de Calonne pour régénérer la nation, & tirer de cette régénération l'équilibre entre la recette & la dépenfe. Nous rapporterons enfuite fon apologie fur ce qu'il a dévoilé l'état des finances dans une affemblée de la nation.

C'eft M. de Calonne qui va parler : nous copierons cette *réponfe* où fes ennemis eux-mêmes ont admiré le talens de la difcuffion & la nobleffe & la grace du ftyle.

Ce miniftre préfenta au roi, fix mois avant l'affemblée des *notables*, le précis d'un plan d'adminiftration.

« Je vais d'abord, lui difoit-il, préfenter rapidement la divifion, c'eft-à-dire, l'ordre que j'ai fuivi dans ce travail immenfe ».

« Je reprendrai enfuite fommairement chaque partie, & j'en donnerai l'analyfe ».

Ordre & divifion.

« Pour rendre un compte exact & former un
» plan complet, j'ai dû confidérer
» Premiérement ——— ce qui eft,
» Secondement ——— ce qui eft à faire,
» Troifièmement ——— comment on peut le faire.

» Ainfi la première partie de mon travail préfentera ——— la fituation actuelle des finances,
» La feconde ——— le nouvel ordre à établir,
» La troifième ——— les moyens d'exécution ».

Situation actuelle.

« Quatre chapitres compofent cette première partie ».

PREMIERE PARTIE.

« 1°. Je mettrai fous les yeux de votre majefté un compte abrégé de trois années de mon adminiftration ; je retracerai l'état où j'ai trouvé les finances ; je dirai l'état où elles font aujourd'hui ».

« 2°. Je préfenterai le tableau de la recette & de la dépenfe, d'abord pour cette année, enfuite pour une année ordinaire ; je ferai voir l'infuffifance des états remis antérieurement à votre majefté, la difficulté très-réelle de les rendre exacts ; mais fur-tout la difficulté plus grande encore de former une balance bien jufte des revenus & dépenfes d'une feule année, nul extraordinaire compris ; j'expoferai comment j'y fuis parvenu, & quel en eft le réfultat ».

« 3°. Après avoir conftaté, & avoué fans aucune diffimulation, le déficit actuel, quelque effrayant qu'il puiffe être, j'en dévoilerai l'origine jufqu'à l'époque de l'avénement de votre majefté au trône ; j'en fuivrai les accroiffemens fucceffifs jufqu'au moment préfent ; j'en indiquerai les caufes ; j'expliquerai par quels palliatifs on s'efforce depuis long-temps de le couvrir chaque année, & je ne craindrai pas de montrer à votre majefté le danger imminent qu'il y auroit à en continuer l'ufage ».

« 4°. Je ferai reconnoître aifément qu'il eft impoffible d'impofer plus, ruineux d'emprunter toujours, non fuffifant de fe borner aux réformes économiques ;

économiques ; & que, dans l'état des choses, les routes ordinaires ne pouvant pas conduire au but, le seul remède efficace, le seul parti qu'il reste à prendre, le seul moyen de parvenir enfin à mettre de l'ordre dans les finances, doit consister à revivifier l'état entier par la refonte de tout ce qu'il y a de vicieux dans sa constitution : entreprise hardie, j'en conviens, mais qui ne l'est pas trop lorsqu'il est prouvé qu'elle est nécessaire ».

Nouvel ordre à établir.

« Cette seconde partie se divise en six chapitres ».

« Dans le premier, je ferai voir que la disparité, la discordance, l'incohérence des différentes parties du corps de la monarchie sont le principe des vices constitutionnels qui énervent ses forces & gênent toute son organisation ; qu'on ne peut en détruire aucun, sans les attaquer tous dans le principe qui les a produits & qui les perpétue ; que seul il influe sur tout ; qu'il nuit à tout ; qu'il s'oppose à tout bien ; qu'un royaume composé de pays d'états, de pays d'élections, de pays d'administrations provinciales, de pays d'administrations mixtes ; un royaume dont les provinces sont étrangères les unes aux autres ; où des barrières multipliées dans l'intérieur séparent & divisent les sujets du même souverain ; où certaines contrées sont affranchies totalement de charges dont les autres supportent tout le poids ; où la classe la plus riche est la moins contribuante ; où les privilèges rompent tout équilibre, & où il n'est possible d'avoir ni règle constante, ni vœu commun, est nécessairement un royaume très-imparfait, très-rempli d'abus, & tel qu'il est impossible de le bien gouverner. Qu'en effet il en résulte que l'administration générale est excessivement compliquée ; la contribution publique inégalement répartie, le commerce gêné par mille entraves, sa circulation obstruée dans toutes ses branches, l'agriculture écrasée par des fardeaux accablans, les finances de l'état appauvries par l'excès des frais de recouvremens, & par l'altération des produits : enfin je prouverai que tant d'abus, si visibles à tous les yeux & si justement censurés, n'ont résisté jusqu'à présent à l'opinion publique qui les condamne & aux efforts des administrateurs qui ont tenté d'y remédier, que parce qu'on n'a pas entrepris d'en extirper le germe, & de faire tarir la source de tous les obstacles, par l'établissement d'un régime plus uniforme ».

« Dans le second chapitre, je commencerai l'application de cette vue générale, en examinant d'abord ce qu'elle doit opérer par rapport aux contributions publiques, & principalement à l'égard de l'imposition territoriale, qui est & qui doit être la base de toutes les autres. Je ferai

voir que l'égalité proportionnelle dans sa répartition, SANS QU'IL PUISSE Y ÊTRE DÉROGÉ PAR AUCUN PRIVILEGE, PAR AUCUNE EXCEPTION NI EXEMPTION QUELCONQUE, est la première de toutes les loix, le plus sûr de tous les moyens d'augmenter le revenu public sans surcharger les peuples, & le seul secret qu'il y ait à chercher en finance. Je ne dissimulerai pas les réclamations qui peuvent s'élever : mais je prouverai que, quelque force qu'on veuille leur supposer, elles ne peuvent prévaloir sur ce qu'exigent également le devoir d'une stricte justice & le bien général de l'état ».

« Dans le troisième chapitre, je continuerai l'examen des effets que le même principe peut avoir par rapport à la répartition de toutes espèces de charges publiques, pour en bannir l'arbitraire & en faire l'assiette par les intéressés eux-mêmes ; ce qui me conduira à considérer l'objet des administrations provinciales établies par votre majesté en quelques généralités. Je discuterai leurs rapports & leurs différences avec les états provinciaux, leur utilité & leurs inconvéniens. Je tirerai de la constitution même du royaume l'idée d'un ordre graduel de délibérations, suivant lequel l'émanation du vœu national, en ce qui concerne les différentes charges publiques & leur répartition, pourroit se faire d'une manière qui concilieroit l'intérêt des peuples avec le maintien inaltérable de l'autorité souveraine, qui rendroit les contributions moins lourdes, en faisant distribuer leur poids par ceux même qui le supportent ; qui, loin d'affoiblir l'obéissance, la fortifieroient en l'éclairant ; qui enfin exciteroit de plus en plus l'amour de la patrie, feroit naître cet esprit public qui, bien dirigé, peut devenir une grande ressource pour le gouvernement ; & formeroit un nouveau lien entre un monarque chéri & des sujets reconnoissans. On verra, par le développement de cette partie essentielle du plan général, qu'elle conduit à régler, suivant un meilleur ordre, les fonctions des coopérateurs de l'administration ; & qu'elle peut servir à faciliter les moyens de procurer successivement aux peuples plusieurs espèces de soulagement qui leur seroient d'autant plus précieux, qu'ils les auroient eux-mêmes choisis & sollicités ».

« Dans le quatrième chapitre, je suivrai les conséquences du même principe par rapport à l'agriculture, & j'en ferai dériver les opérations les plus capables de la faire prospérer, comme de l'affranchir des corvées & de toute charge arbitraire, de lui procurer le sel à un prix modéré qui permette d'en donner aux bestiaux, de faire cesser les vexations des maîtrises & de parvenir à un partage équitable des communes ».

« Dans le cinquième, appliquant le même principe au commerce, je ferai voir qu'il entraîne & rend possible la suppression d'une infinité de droits préjudiciables à ſes progrès, l'abolition de tout impôt ſur l'induſtrie, l'établiſſement d'un tarif uniforme, combiné avec les vues politiques & l'intérêt des manufactures nationales ; enfin tous les moyens d'animer l'activité des fabricans, de faciliter le tranſport des marchandiſes ; de vivifier la circulation au dedans, & de l'étendre au-dehors. Les objets que j'aurai à traiter dans ce chapitre, amèneront des obſervations ſur le préjudice que la révocation de l'édit de Nantes a fait au commerce de la France ; & je haſarderai de tracer la marche qu'il me ſemble qu'on pourroit ſuivre pour tout réparer, ſans rien compromettre ».

« Dans le ſixième chapitre, après avoir fait voir l'état de dégradation & de dépériſſement où les domaines de la couronne ont été ſucceſſivement réduits, je propoſerai le moyen d'en tirer un bien plus grand avantage, & de les faire ſervir à l'extinction de la dette publique, ſans diminuer & même en améliorant les produits. Cet examen entraînera celui du régime des eaux & forêts ; & il ſuffira d'en rendre compte pour faire apercevoir la néceſſité & l'avantage, tant pour l'intérêt de votre majeſté que pour la tranquillité de ſes ſujets, d'établir une nouvelle forme d'adminiſtration dans cette partie ».

« Enfin, je rapporterai plus particuliérement aux finances de votre majeſté le réſultat des différentes vues qui doivent concourir au redreſſement des vices de la conſtitution. Je ferai voir juſqu'à quel point elles doivent les améliorer, en même-temps qu'alléger les charges du peuple ; & revenant à l'état actuel, je préſenterai en trois articles importans » :

« 1°. Ce qu'on peut obtenir d'augmentation de recette par ce plan, pour porter les revenus de votre majeſté au point où il eſt devenu indiſpenſable de les élever ».

« 2°. Ce qu'il ſera poſſible de retrancher ſur la dépenſe, pour qu'elle n'excède plus la recette ».

« 3°. Ce qui doit fonder en France un crédit national, capable de procurer au beſoin les plus fécondes reſſources ».

« Les opérations que ces trois grands points de vue exigent, réunies avec celle de la caiſſe d'amortiſſement établie par votre majeſté, & qui doit ſubſiſter invariablement, non-ſeulement aſſureront la libération des finances, mais même les mettront, dès le premier moment & ſans aucun retard, dans le meilleur ordre ».

Moyens d'exécution.

« Cette troiſième partie préſentera, par détails & ſéparément, le développement des moyens à employer pour l'exécution de chacune des opérations dont j'aurai indiqué précédemment le

principe & les avantages. Elle aura dix ſubdiviſions ».

« Dans la première, je propoſerai l'établiſſement d'une ſubvention générale, excluſive de tout privilège, & qui ayant pour baſe la perception d'une quotité proportionnelle de tous les produits, ſoit en nature pour ceux qui en ſont ſuſceptibles, ſoit en argent pour les autres, fera ceſſer, dès le premier moment, tous les vingtièmes, & conduira, par l'effet d'une juſte répartition, à l'extinction de toutes contributions inégales & onéreuſes au cultivateur. Cet objet me conduira à traiter celui du rembourſement de la dette du clergé ; & les moyens d'y parvenir ».

« Dans la ſeconde, j'expliquerai la compoſition & l'ordre graduel des aſſemblées paroiſſiales, des aſſemblées de diſtrict & des aſſemblées provinciales, deſtinées à faire connoître le vœu national, & à le tranſmettre, par l'enchaînement de leurs rapports, depuis les communautés de campagne juſqu'au trône ».

« Je traiterai dans la troiſième du commerce des grains & des moyens de le rendre abſolument libre ».

« Dans la quatrième, des moyens d'abolir la corvée en nature, en la convertiſſant en une preſtation pécuniaire, réglée de manière qu'elle ne puiſſe jamais être détournée de ſa deſtination, ni ſe confondre avec les impôts ».

« Dans la cinquième, de la ſuppreſſion des traites intérieures, du reculement des bureaux aux extrêmes frontières, de la formation d'un tarif uniforme, de l'abolition de pluſieurs droits onéreux, & d'un nouveau plan pour alléger le fardeau de la gabelle ».

« Dans la ſixième, de l'inféodation des domaines de la couronne, de l'emploi du prix en provenant, pour la libération des dettes de l'état ; de la ſuppreſſion des maîtriſes des eaux & forêts, & de la nouvelle adminiſtration à y ſubſtituer ».

« Dans la ſeptième, de toutes les réductions poſſibles & indiſpenſables dans les dépenſes annuelles des départemens ».

« Dans la huitième, de l'établiſſement, ou plutôt du redreſſement de la perception des droits de timbre, dont l'extenſion modérée qui ne tombera que ſur les perſonnes en état de ſupporter ces droits, ſera une charge peu ſenſible pour elles, en même-temps qu'elle ſera nulle pour les gens les moins aiſés ».

« Dans la neuvième, des opérations de direction intérieure qu'il faudra faire par rapport aux rembourſemens à époques, pour en rendre l'acquittement annuel moins onéreux, ſans néanmoins le retarder ni rien changer à l'ordre preſcrit par les amortiſſemens ; & de celles qui conduiront à rapprocher peu à peu les anticipations, & à en

diminuer la maffe jufqu'à la mefure convenâ-
ble ».

« Dans la dixième, du-très-important établiffement de la caiffe d'efcompte, & des moyens de
le rendre plus national, plus utile au public, au
commerce & à l'état, qu'il n'a été jufqu'à préfent ».

« Enfin, je propoferai à votre majefté ce qui
doit fervir de corollaire à tout le plan, ce qui
peut en applanir toutes les difficultés, ce qui en
procureroit fur le champ l'exécution & la con-
folideroit immuablement, ce que je fupplie même
votre majefté de regarder comme une condition
vraiment effentielle de l'entreprife, & comme le
fceau de fon fuccès, UNE ASSEMBLÉE DES NO-
TABLES DE SON ROYAUME qu'elle préfideroit
elle-même, & où toutes fes vues de réformation, tous les changemens qui ameneroient le
nouvel ordre qu'elle jugera à propos d'établir,
toutes les loix deftinées à conftituer le régime
amélioré de fon empire feroient annoncées avec
la plus importante folemnité, & difcutées librement en préfence de votre majefté, affiftée de
tous fes confeils réunis, des grands de fon royaume, des chefs de fes cours fouveraines, & des
membres choifis de tous les ordres de l'état, pour
être enfuite arrêtées définitivement dans cette
augufte affemblée, & promulguées dans tout le
royaume, fans qu'il puiffe y avoir lieu à aucune
réclamation; affemblée qui feroit paroître les excellentes qualités de votre majefté dans tout leur
jour, qui feroit briller fa juftice encore plus que
l'éclat de fa couronne, qui donneroit à la nation
une nouvelle vie, au patriotifme le plus puiffant
reffort, à l'Europe entière le fpectacle le plus
intéreffant, & qui feroit une époque à jamais mémorable dans la monarchie ».

M. de Calonne a fait tout ce qui dépendoit de
lui pour l'exécution de ce plan fi vafte & fi profondément calculé. Les notables fe font affemblés
à Verfailles au mois de février 1787.

Le précis qu'on vient de lire, fait connoître
l'efprit & les objets effentiels du plan développé
plus particuliérement dans vingt-quatre mémoires
différens, préfentés aux notables : feize de ces
mémoires ont formé la matière des trois premières divifions du travail de l'affemblée des notables; & ont été rendus publics par la voie de
l'impreffion.

Ces mémoires, malgré quelques erreurs, fer-
viront de fanal aux miniftres qui voudront réformer l'adminiftration, & en voici la lifte.

Le 1er traite des adminiftrations provinciales.
Le 2e de l'impofition territoriale.
Le 3e de la dette du clergé.
Le 4e de la taille & des moyens d'en alléger
le fardeau.

Le 5e de la liberté du commerce des grains.
Le 6e de l'abolition de la corvée.
Le 7e de la réformation des droits de traite,
de la fuppreffion des barrières intérieures & de
l'établiffement d'un tarif uniforme.
Le 8e des droits relatifs aux marchandifes co-
loniales.
Le 9e des privilèges relatifs au tabac.
Le 10e de la fuppreffion du droit de marque
des fers.
Le 11e De la fuppreffion de plufieurs droits
d'aide.
Le 12e de la fupreffion du droit des huiles &
favons.
Le 13e de la fuppreffion des droits d'ancrage,
& autres droits onéreux au commerce maritime
& à la pêche nationale.
Le 14e de la gabelle & des moyens de l'a-
doucir.
Le 15e de l'inféodation des domaines.
Le 16e des forêts domaniales.
Le 17e traitoit du droit de timbre.
Le 18e des retranchemens économiques.
Le 19e de l'amortiffement de la dette confti-
tuée, & des rembourfemens à époque.
Le 20e de la caiffe d'efcompte & du crédit
public.
Le 21e de l'agiotage.
Le 22e de la comptabilité.
Le 23e de la fituation des finances.
Le 24e contenoit une double récapitulation des
moyens qui devoient produire le niveau, ou des
foulagemens que le peuple recevroit.

« La France, dit ailleurs M. de Calonne,
n'a point à craindre de fe montrer telle qu'elle
eft. En avouant fes abus, elle fait appercevoir
fes reffources; & ce qu'il y a de plus capable
d'inquiéter fes rivaux, c'eft qu'on ne faffe plus
myftère de fa fituation; c'eft qu'en dévoilant ce
qui minoit fourdement fes forces, on ait pris le
vrai chemin de les rétablir; c'eft qu'en inftruifant
la nation de fes maux invétérés, on l'ait mife
dans le cas de s'occuper elle-même de le rendre
& de fe pénétrer de la néceffité de le rendre efficace ».

« Tel a été un des motifs de la convocation
d'une affemblée de notables, & il a été fort bien
fenti chez l'étranger. Mais ce motif n'a pas été
le feul; j'en ai envifagé plufieurs autres également
décififs. J'ai toujours penfé que le remède devoit être préfenté au même inftant que la plaie
feroit découverte; j'ai cru pareillement effentiel
que l'application s'en fît immédiatement & fans
délai. Or, une délibération folemnelle de notables, pris dans tous les ordres du royaume, m'a
paru non-feulement le meilleur, mais même le
feul moyen de remplir ce double objet; & je
crois que ceux qui ont pu penfer autrement,
vont en être convaincus, s'ils veulent bien me

Iii 2

suivre attentivement dans l'examen de ce qu'exigeoit chaque partie de mon plan ».

« 1°. J'avois à faire connoître le déficit existant, & je ne pouvois séparer cette connoissance de celle du déficit antérieur. Si je m'étois contenté d'annoncer l'un par la publication de mon compte, sans prouver l'autre par la discussion des comptes précédens, je n'aurois pas produit la conviction nécessaire. Il falloit que cette discussion fût authentique, pour détruire l'effet de ce qui l'avoit été ; il falloit qu'elle se fît devant une assemblée nationale, pour qu'elle servît à détromper la nation ».

« 2°. Ce que je proposois pour combler le déficit, consistoit principalement dans la réformation des abus, abus qui intéressoient les premiers ordres de l'état. J'avois à combattre une foule d'exemptions sans fondement, de tolérances sans motifs, d'abonnemens sans proportion : ces diverses infractions à la loi immuable, que la contribution territoriale doit être répartie sur toutes les terres, nulle exceptée, & dans l'exacte proportion de leurs produits, étoient appuyées, les unes sur une fausse application des privilèges du clergé ; d'autres sur des faveurs accordées, plutôt que dues, aux pays d'états ; d'autres enfin sur les rangs, sur les dignités, sur le crédit. Je n'avois à leur opposer que la justice réclamée par l'intérêt général : or cette réclamation où pouvoit-elle se faire entendre ailleurs avec plus de force & de prépondérance ? Où le bien public devoit-il remporter plus sûrement la victoire sur tous les intérêts particuliers, que dans cette auguste assemblée présidée par l'honneur, & composée des princes du sang royal, de personnages choisis dans l'église & dans la noblesse, de magistrats éclairés, de citoyens distingués de tous les états » ?

« 3°. Il s'agissoit en même tems, comme on le voit par le précis du plan, de corriger plusieurs vices constitutionnels ; de faire cesser des discordances nuisibles à l'harmonie de l'état ; de revoir quelques-uns des objets déja traités dans des assemblées nationales ; de déterminer les changemens que les accroissemens du royaume & la succession des temps ont rendus nécessaires ; de donner enfin à toute l'organisation de la monarchie, la consistance uniforme & régulière que le vœu des siècles antérieurs avoit vainement provoquée. Si la solemnité du mode doit être proportionnée à l'importance de l'objet, y eut-il jamais plus de raisons pour rassembler autour du trône *les représentans ou l'élite de l'empire* ? La grandeur même de l'entreprise ne sembloit-elle pas solliciter le retour à ces antiques institutions, si chères aux françois, & toujours employées dans les cas semblables ».

« 4°. Enfin, je ne pouvois espérer la promptitude d'exécution que je regardois comme une condition essentielle du succès de mon plan, qu'en

faisant précéder l'émission des loix par un examen tel qu'il pût obvier aux longueurs des délibérations subséquentes ; qu'il prévînt la diversité des opinions, qu'il rendît les débats inutiles, qu'il mît l'usage de la pleine puissance hors de tout soupçon de surprise. Or, rien ne conduisoit plus directement à ce but, que de faire concourir la volonté législative avec le vœu national, de préparer les actes du pouvoir souverain dans une assemblée où tous les ordres de l'état auroient des organes, & de mettre les chefs des cours dans le cas de reporter à leurs corps les fruits d'une discussion approfondie avec eux dans le plus majestueux des conseils, convoqué par la bienfaisance, éclairé par tous les genres de lumières, & dont les arrêts, dictés par le patriotisme, seroient, comme le chef de la justice les a qualifiés, *le résultat solemnel de l'opinion publique*.

« Ainsi tout annonçoit, tout motivoit la convocation d'une assemblée de *notables*, & rien n'en devoit faire appréhender les effets. Qu'un despote asiatique soit obligé de rendre ses desseins & sa personne invisibles pour les rendre plus redoutables ; que ses commandemens, lancés du fond d'un serrail impénétrable, soient toujours formés dans le mystère & exécutés dans le silence ; qu'il n'ait aucune communication avec un peuple esclave qui ne doit connoître que son autorité absolue ; je le conçois ; qui ne veut que se faire craindre, ne doit pas employer ce qui ne sert qu'à faire aimer. Mais le roi des françois peut-il perdre à se rapprocher d'eux ? Est-il jamais plus grand que quand il les rassemble autour de lui, pour les consulter sur le bien qu'il veut leur faire ? Ses loix, lorsqu'il daigne les concerter au milieu d'eux, en deviendroient-elles moins respectables ? Est-ce donc relâcher les nœuds de l'obéissance, que d'y ajouter ceux de la gratitude ? Et ce mouvement du souverain vers sa nation, qui fut trouvé si noble, si touchant, si propre à resserrer les liens qui les unissent, pourroit-il être aujourd'hui travesti en principe de désordre & de confusion ? Oh ! non : ce qui fortifie l'amour filial, ne sauroit affoiblir l'autorité paternelle ».

« Le résultat général du plan, dont le précis que j'ai produit fait connoître l'esprit, & indique toutes les parties essentielles, devoit être de mettre, dans l'espace d'un an, le niveau entre les revenus & les dépenses, sans aggraver les charges du peuple, & en leur procurant même plusieurs soulagemens. J'en avois remis au roi les calculs. Ils faisoient voir, d'un côté, que les opérations proposées produiroient par an cent quinze millions, ce qui suffisoit pour couvrir le déficit ; d'un autre côté, que les soulagemens qui en résulteroient pour le peuple, seroient de trente millions, non compris l'effet de la suppression du troisième vingtième ».

« Pour que ni l'un ni l'autre de ces réfultats ne puiffe paroître incroyable, je vais préfenter en un feul tableau, le réfumé des calculs fur lefquels je les établiffois ».

OPÉRATIONS

Qui devoient mettre la recette au niveau de la dépenfe.

SOULAGEMENS

Que le peuple devoit recevoir par l'effet du plan propofé.

« La converfion des vingtièmes en une fubvention territoriale , répartie exactement & fans exception quelconque , devoit produire , déduction faite des remifes qui auroient été accordées fur la taille & fur la capitation , une augmentation de revenu de...... 35,000,000

« Les reductions expliquées dans le mémoire imprimé fur la taille , & la remife d'un dixième fur fon principal foulageoient le peuple d'environ................ 10,000,000

» L'extenfion du droit de timbre, telle que je la propofois , auroit rendu...................... 20,000,000

» Les retranchemens économiques fur le département de la guerre & fur la maifon de fa majefté, étoient comptés fur le pied de.......... 20,000,000

» La remife des capitations audeffous de 3 liv. en faveur des gens de la campagne & des journaliers , procuroit à huit millions d'hommes un foulagement évalué à........ 5,000,000

» Les bonifications de plufieurs droits , par la diminution des frais de recouvremens.............. 5,000,000

» L'inféodation des domaines & l'emploi du prix à l'amortiffement des dettes les plus onéreufes; l'amélioration des revenus des forêts par le nouvel arrangement; la diminution des frais d'anticipations par l'établiffement d'un crédit national, & l'ordre projeté pour la comptabilité; enfemble.... 10,000,000

» La réformation des traites , la fuppreffion de plufieurs droits d'aides & les adouciffemens en faveur des pays de grande gabelle , devoient produire enfemble, fuivant la récapitulation annexée à la fuite du mémoire imprimé fur les traites, un foulagement de vingt millions : mais relativement aux obfervations faites en ce qui concerne la vente du fel, on ne compte ici que... 15,000,000

» L'opération qui , fans retarder les rembourfemens à époque, en faifoit porter l'acquittement fur vingt ans au lieu de dix, réduifoit à environ moitié ce que cet objet coûte annuellement, ci............. 25,000,000

TOTAL............. 115,000,000 TOTAL............. 30,000,000

« Dans ce calcul, j'avois compté le produit de la fubvention territoriale comme perçue en nature, pour tout ce qui en étoit fufceptible; l'apperçu que j'en avois fait en claffant les terres fuivant leurs diverfes qualités, & les taxant graduellement depuis un feul vingtième fur les meilleures terres jufqu'à un quarantième fur les plus mauvaifes, donnoit cinquante millions, réduits dans le tableau ci-deffus à trente-cinq, par la fouftraction des remifes de dix millions fur la taille & de cinq millions fur la capitation. Mais même en abandonnant cette forme de percevoir, dont peut être on a plus confidéré les difficultés que les avantages, & en fe bornant à rendre la répartition des deux vingtièmes, tels qu'ils exiftent actuellement, auffi exacte qu'on a droit de la faire & qu'il eft jufte qu'elle le foit, par le retranchement de toute exception , de tout abonnement, & en y affujettiffant également les terres du domaine, celles du clergé, & toutes les autres généralement quelconques, il eft prouvé qu'on auroit encore trente-huit & même quarante millions de bonifications fur le produit de cet impôt. Il n'y auroit donc eu que dix millions de différence fur le total ; & comme cette différence pouvoit être compenfée par une augmentation fur la fomme des retranchemens économiques, portés feulement à vingt millions, le niveau fe retrouvoit également ».

« Ainfi le déficit difparoiffoit, & le peuple étoit foulagé. Il ne l'étoit pas feulement par les remifes & fuppreffions dont je viens de donner le compte, il l'étoit encore par plufieurs autres effets du plan qui, pour n'être pas calculables en argent, n'auroient pas été moins réels ».

« Il l'étoit, en ce que l'affujettiffement des eccléfiaftiques & des grands propriétaires à l'impôt territorial, dans la proportion du produit de leurs terres, devoit néceffairement alléger le fardeau des autres contribuables, autant que les exemptions & les privilèges pécuniaires en aggravent le poids. Tout ce qui augmente le revenu public, fans furcharger le peuple, eft évidemment à fa décharge ».

« Il l'étoit, en ce que les affemblées paroiffiales & provinciales devoient auffi, en rectifiant la diftribution des charges publiques, les rendre moins pénibles & devenir pour la nation une fource d'adouciffemens fucceffifs en divers genres, en même-temps que le principe d'une conftitution permanente ».

« Il l'étoit, par la fuppreffion des maîtrifes des eaux & forêts, qui auroit épargné aux habitans des campagnes des frais énormes fur l'exploitation de leurs bois communaux, & fur-tout cette funefte multitude d'amendes, de pourfuites judiciaires, & de contraintes qui les accablent ».

« Il l'étoit, par la liberté du commerce des grains qui, en facilitant la vente des denrées, augmente la richeffe du colon & celle de tout le royaume ».

« Il l'étoit, par la fuppreffion de la corvée en nature ; les malheureux qui en fouffroient le plus ne devant être taxés pour la preftation pécuniaire fubftituée à ce terrible fardeau, qu'à raifon du fixième de leur taille ; ce qui ne fait pour la plupart que cinq à fix fols par an, au lieu de dix à douze jours de travail fans falaires qu'on exigeoit d'eux ».

« Il l'étoit enfin, par la fimplification de tous les tarifs, par l'abolition de toutes les gênes inquiétantes, par la fuppreffion de tout ce qui pouvoit donner lieu aux vexations de l'arbitraire ».

« Ce font ces foulagemens réunis à des moyens efficaces de faire ceffer le déficit & à l'amélioration du régime de la monarchie, qui avoient déterminé fa majefté en faveur de mon plan, & qui lui en avoit fait prendre à cœur l'exécution. Les difficultés que fon étendue pouvoit faire naître, n'avoient point échappé à fon attention ; mais en même-temps elle avoit obfervé qu'aucune des vues que cette étendue embraffoit, n'avoit le caractère de l'innovation ; qu'aucune

n'entraînoit la moindre décompofition dans la machine ; qu'aucune n'étoit de nature à caufer de violentes fecouffes ; que chacune d'elles au contraire tendoit au rétabliffement de l'ordre dans toutes les parties & à l'affermiffement de la conftitution, par le redreffement des défectuofités qui s'y étoient introduites ; enfin, que pour fatisfaire à l'indifpenfable néceffité de remplir un vuide de cent quinze millions, il n'étoit pas poffible d'employer un moyen plus doux, plus fage, plus conforme aux principes d'une bonne adminiftration, que celui qui confiftoit uniquement à faire percevoir avec plus d'exactitude & à répartir avec plus de juftice l'impofition principale ; à fupprimer toutes les exemptions illégitimes ; à faire fur les dépenfes tous les retranchemens dont elle feroit fufceptible ; à tirer un meilleur parti des domaines, & à donner à un droit déja exiftant une extenfion qui, fans être trop onéreufe aux gens aifés fur lefquels feuls elle tomboit, donnoit moyen d'adoucir le fort de la portion la plus fuffifante ».

NOUVELLE-ANGLETERRE. Voyez l'article MASSACHUSETT.

NOUVELLE-HAMPSHIRE. Voyez l'article HAMPSHIRE.

NOUVELLE-JERSEY. Voyez l'article JERSEY.

NOUVELLE-YORCK. Voyez YORCK.

NUMÉRAIRE. C'eft la dénomination générale des efpèces monnoyées qui circulent dans une nation. On a dit que l'or & l'argent font la partie la plus folide & la plus fubftantielle de la richeffe mobilière d'une nation, & qu'ainfi, la multiplication de ces métaux doit être le grand objet de l'économie politique.

D'autres écrivains conviennent que, fi une nation étoit féparée du refte du monde, il feroit indifférent qu'elle eût chez elle peu ou beaucoup d'argent. Les marchandifes de confommation qui circuleroient par le moyen de cet argent, s'échangeroient feulement contre un plus grand ou un plus petit nombre de pièces de monnoie : la richeffe ou la pauvreté réelle du pays dépendroit entièrement (ils l'avouent) de l'abondance ou de la rareté de ces marchandifes de confommation. Mais il en eft bien autrement, difent-ils, des pays qui ont des rapports avec des nations étrangères, & qui font obligées de faire la guerre au loin & d'y entretenir des flottes & des armées. Pour cela, il faut qu'un peuple envoie beaucoup d'argent au dehors, & il faut par conféquent qu'il en ait beaucoup. Toute nation qui peut fe trouver dans ces circonftances, doit donc tâcher, en temps de paix, d'amaffer de l'or & de l'argent pour l'occafion.

D'habiles auteurs, des hommes d'état d'un mérite distingué ont adopté plus ou moins ces deux principes, & ils ont eux mêmes jetté de l'obscurité sur la question : nous allons tâcher de l'éclaircir & de la résoudre. D'après les notions populaires dont nous venons de parler, toutes les nations de l'Europe ont cherché assez mal-à-propos tous les moyens possibles d'accumuler l'or & l'argent chez elles. L'Espagne & le Portugal, propriétaires des principales mines qui fournissent l'Europe de ces métaux, n'ont pas manqué d'en défendre l'exportation, sous des peines rigoureuses, ou de la soumettre à un droit considérable. Il paroît que cette prohibition entroit jadis dans la politique de la plupart des autres nations européennes. On la voit même où l'on devoit le moins s'attendre à la trouver, dans quelques anciens actes du parlement d'Ecosse qui défendent sous de grandes peines, de transporter l'or ou l'argent hors du royaume. Telle étoit anciennement la politique de la France & de l'Angleterre.

Lorsque ces pays devinrent commerçans, les négocians trouvèrent cette prohibition bien gênante. Souvent il leur étoit plus avantageux de donner de l'or & de l'argent que toute autre chose, pour les marchandises étrangères qu'ils vouloient importer chez eux ou transporter ailleurs : & ils firent des remontrances contre cette prohibition, en la représentant comme nuisible au commerce.

Ils assurèrent 1°. que l'exportation de l'or & de l'argent destinés à l'achat des marchandises étrangères, ne diminuoit pas toujours la quantité de ces métaux dans le royaume ; qu'au contraire elle pouvoit souvent l'augmenter, parce que si la consommation des marchandises étrangères n'en devenoit pas plus forte dans le pays, elles pouvoient être réexportées dans d'autres, où on les vendroit avec un gros bénéfice, & qu'elles pourroient rapporter ainsi dans le pays plus d'argent qu'il n'en étoit sorti d'abord pour les acheter. M. Mun compare cette opération du commerce étranger au temps de la sémence & de la récolte dans l'agriculture. « Si nous jugions, dit-il, un labou- » reur par ce que nous le voyons faire lorsqu'il » jette & disperse beaucoup de bon bled dans le » sein de la terre, nous le prendrions pour un » fol ; mais nous en portons un jugement tout con- » traire, à la moisson qui est le but & le fruit de » ses travaux ».

Ils observèrent 2°. que cette prohibition n'étoit pas capable d'empêcher l'exportation de l'or & de l'argent, qui à raison de la petitesse de leur volume & de leur valeur, pouvoient facilement passer en fraude chez l'étranger ; que le seul moyen de la prévenir étoit de donner l'attention qu'il falloit à ce qu'ils appelloient la balance du commerce ; que quand le pays exportoit pour une plus grande valeur qu'il n'importoit, il lui étoit dû par les nations étrangères une balance qu'il falloit lui payer en or & en argent, ce qui augmen-

toit la quantité de ces métaux dans le royaume ; mais que quand il importoit pour une plus grande valeur qu'il n'exportoit, c'étoit lui alors qui devoit aux nations étrangères une balance qu'il leur payoit nécessairement de la même manière, ce qui diminuoit la quantité d'or & d'argent dans le royaume ; que, dans ce cas, la défense d'exporter ces métaux ne pouvoit arrêter cette exportation ; mais qu'elle la rendoit plus dispendieuse, parce qu'elle la rendoit plus dangereuse ; que, par-là le change devenoit plus défavorable qu'il ne l'auroit été au pays qui devoit la balance ; que le négociant qui achetoit une lettre de change sur le pays étranger, étoit obligé de payer le banquier qui la vendoit, non-seulement pour le risque, la peine & les dépenses naturelles qu'exigeoit le transport de l'argent, mais pour le risque extraordinaire auquel exposoit la prohibition : que plus le change est contre un pays, plus la balance du commerce lui est aussi défavorable ; que si le change entre l'Angleterre & la Hollande, par exemple, étoit de cinq pour cent contre l'Angleterre, il faudroit cent cinq onces d'argent en Angleterre, pour acheter une lettre de change de cent onces en Hollande ; que, par conséquent, cent cinq onces d'argent en Angleterre ne vaudroient que cent onces d'argent en Hollande, & n'achèteroient qu'une quantité proportionnée de marchandises hollandoises ; tandis qu'au contraire cent onces d'argent en Hollande, en vaudroient cent cinq en Angleterre, & achèteroient une quantité proportionnée de marchandises angloises ; que les marchandises angloises se vendroient d'autant meilleur marché en Hollande, & les hollandoises d'autant plus cher en Angleterre, qu'en proportion de cette différence, il viendroit moins d'argent de Hollande en Angleterre, & qu'il en iroit davantage d'Angleterre en Hollande ; & qu'ainsi la balance du commerce seroit d'autant plus contre l'Angleterre, qu'il lui faudroit exporter en Hollande plus d'or & d'argent pour solder la balance.

Ces argumens étoient en partie exacts, & en partie sophistiques. Ils étoient exacts, en ce qu'ils assuroient que l'exportation de l'or & de l'argent, dans le commerce, pouvoit souvent être avantageuse ; ils étoient exacts, en ce qu'ils posoient pour principe, qu'aucune prohibition n'étoit capable d'empêcher leur exportation, toutes les fois que les particuliers trouvoient leur avantage à les exporter. Mais ils étoient sophistiques, en ce qu'ils supposoient que l'attention du gouvernement est plus nécessaire pour conserver ou augmenter la quantité de ces métaux, que pour conserver ou augmenter la quantité de toute autre marchandise utile, que la liberté du commerce ne manque jamais de procurer en assez grande proportion sans aucun soin du gouvernement. Ils sont peut-être encore sophistiques, en ce qu'ils annoncent que le haut prix du change augmente nécessairement ce qu'ils appellent la balance défavorable du commerce, ou qu'il occasionne l'exportation d'une plus grande quantité d'or & d'argent. Il est vrai que ce haut prix seroit extrêmement désavantageux aux négocians qui auroient de l'argent à payer dans les pays étrangers ; ils paieroient d'autant plus cher les lettres de change que leur donneroient leurs banquiers pour ces pays-là. Mais quoique le risque, provenant de la prohibition, puisse occasionner quelque dépense extraordinaire à ces banquiers, il ne s'ensuit pas qu'il fasse sortir plus d'argent du pays. Cette dépense seroit employée dans le pays même à en faire sortir l'argent en fraude ; mais il en sortiroit rarement un écu au-delà de la somme précise à payer. Ajoutez que le haut prix du change disposeroit naturellement les négocians à tâcher de faire en sorte que ce qu'ils exporteroient balançât le mieux possible ce qu'ils importeroient, puisqu'il seroit de leur intérêt de ne payer ce haut change que sur la plus petite somme possible ; ainsi le haut prix du change tendroit peut-être non pas à augmenter, mais à diminuer ce qu'ils appelloient la balance défavorable du commerce, conséquemment l'exportation de l'or & de l'argent. Le dernier argument que nous venons d'analyser, paroît très-juste au premier coup-d'œil ; & si l'on vouloit montrer qu'en traitant les questions de l'économie politique d'une manière vague & générale, on se trompe infailliblement, on pourroit ajouter cette preuve à tant d'autres.

Tout foibles que sont ces argumens, ils n'ont pas laissé de persuader ceux auxquels on les adressoit. Ils étoient faits par des marchands, aux parlemens, aux conseils des princes, à la noblesse, & aux propriétaires des terres dans les provinces ; c'est-à-dire, par des gens qu'on supposoit bien instruits du commerce, à des gens qui sentoient leur ignorance sur ces matières. Que le pays s'enrichit par le commerce étranger, l'expérience le démontroit à la noblesse & aux propriétaires des campagnes, aussi-bien qu'aux négocians ; mais comment ou de quelle manière s'opère cet accroissement de richesses, nul d'entr'eux n'auroit pu le dire. Les négocians savoient bien de quelle manière ils s'enrichissoient eux-mêmes. C'étoit leur affaire : mais de quelle manière s'enrichit un pays ; c'étoit une autre affaire étrangère pour eux. Jamais ils ne s'aviserent de prendre ce sujet en considération, que lorsqu'ils eurent à demander quelque changement dans les loix relatives au commerce étranger. Alors il fallut bien dire quelque chose des bons effets de ce commerce, & des obstacles que ces loix apportoient à ces effets. On disoit aux juges qui devoient prononcer, que le commerce étranger versoit de l'argent dans le pays, mais que les loix qu'on s'opposoient à ce qu'il en versât autant qu'il auroit fait sans elles ; ils se crurent bien instruits. Ces raisons

produisirent l'effet desiré. La prohibition d'exporter l'or & l'argent fut restreinte, en France & en Angleterre, à la monnoie de ces pays respectifs. L'exportation des monnoies étrangères, & de l'or & de l'argent en lingots, fut déclarée libre. En Hollande & en quelques autres endroits, la liberté s'étendit jusqu'à la monnoie du pays. L'attention du gouvernement se porta ensuite à veiller sur la balance du commerce, qu'il croyoit être la seule cause capable d'occasionner de l'augmentation ou de la diminution dans la quantité de ces métaux. D'un soin superflu, elle se jetta dans un autre soin beaucoup plus compliqué, beaucoup plus embarrassant, & tout aussi inutile. Le titre du livre de Mun, *le trésor de l'Angleterre dans le commerce étranger*, devint une maxime fondamentale de l'économie politique, non-seulement en Angleterre, mais chez toutes les nations commerçantes. Le commerce intérieur, qui est le plus important de tous, qui avec un capital égal rapporte le plus de revenu, & donne le plus d'emploi aux gens du pays, ne fut plus regardé que comme subsidiaire relativement au commerce étranger. Il ne fait, disoit-on, ni entrer ni sortir de l'argent. Il ne peut donc rendre le pays ni plus riche, ni plus pauvre, qu'autant que la prospérité ou sa décadence peuvent influer sur l'état du commerce étranger.

Un pays qui n'a point de mines, est sans doute obligé de tirer soit or & son argent des pays étrangers, comme celui qui n'a point de vignes est obligé d'en tirer ses vins. Il ne paroît cependant pas nécessaire que l'attention du gouvernement se tourne plutôt vers un de ces objets que vers l'autre. Si un pays a de quoi acheter du vin, il n'en manquera pas ; & si un pays a de quoi acheter de l'or & de l'argent, ces métaux ne lui manqueront jamais. Il faut les acheter un certain prix, ni plus ni moins que toute autre marchandise ; & comme ils sont le prix de toutes les autres marchandises, de même toutes les autres marchandises en sont le prix. Dans les pays où l'on manque de vin, en Angleterre, par exemple, la nation est persuadée que la liberté du commerce lui fournira toujours, sans que le gouvernement s'en mêle en aucune façon, le vin qu'il lui faut. Les anglois peuvent compter de même qu'elle leur procurera tout l'or & l'argent qu'ils seront dans le cas d'acheter ou d'employer.

La quantité de chaque marchandise que l'industrie humaine peut acheter ou produire, se regle naturellement, dans chaque pays, sur la demande effective, ou sur la demande qu'en font ceux qui sont disposés à payer tout l'intérêt, le salaire & les profits qui doivent être payés, pour que la marchandise soit préparée & mise en état de vente. Mais de toutes les marchandises, il n'y en a point qui se regle plus aisément & plus exactement sur cette demande effective, que l'or & l'argent, parce qu'à raison de la petitesse de leur volume

volume & de leur valeur, il n'y en a point qui se transportent plus aisément d'un endroit à l'autre, des endroits où ils sont bon marché, dans ceux où ils sont chers ; des endroits où il y en a trop, dans ceux où il n'y en a pas assez. S'il y avoit, par exemple, en Angleterre une demande effective pour une nouvelle quantité d'or, un paquebot pourroit y en apporter de Lisbonne ou de tout autre endroit cinquante tonneaux, dont on frapperoit plus de cinq millions de guinées ; mais s'il y avoit une demande effective de grains pour la même valeur, en l'évaluant à cinq guinées le tonneau, il faudroit un million de tonneaux d'embarquement, ou mille vaisseaux de mille tonneaux chacun, & la marine d'Angleterre n'y suffiroit pas.

Lorsque la quantité d'or & d'argent importée dans un pays, excède la demande effective, toute la vigilance du gouvernement ne sauroit en arrêter l'exportation. Malgré les loix sanguinaires de l'Espagne & du Portugal, l'or & l'argent n'y sont pas restés. L'importation continuelle du Pérou & du Brésil excède la demande effective de ces deux royaumes, & y baisse le prix de ces métaux au-dessous du prix où ils sont dans les pays voisins. Si, au contraire, la quantité qu'il y en a dans un pays se trouve tellement au-dessous de la demande effective, que leur prix y devienne plus haut que dans les pays voisins, le gouvernement n'a pas besoin de se mêler de leur importation ; s'il falloit l'empêcher, il ne le pourroit pas. Dès que les spartiates eurent de quoi en acheter, ces métaux rompirent toutes les barrières que les loix de Lycurgue avoient mises à leur entrée dans Lacédémone. Avant le bill de M. Pitt, les loix rigoureuses des douanes angloises n'étoient pas capables d'empêcher l'importation des thés des compagnies des Indes orientales de Hollande & de Gottembourg, parce qu'ils étoient un peu meilleur marché que ceux de la compagnie angloise. Cependant une livre de thé est cent fois plus volumineuse que seize schelings, qui sont communément le plus haut prix qu'on la paye, & le volume en est deux mille fois plus grand que celle de la même somme en or, différences qui marquent au juste celles qu'il y a dans la difficulté de les passer en fraude.

Si le prix de ces métaux n'éprouve pas les vicissitudes continuelles de la plupart des autres marchandises dont le volume ne permet pas de changer la situation, quand il arrive que le marché en est dégarni ou surchargé, la facilité du transport de l'or & de l'argent, des endroits où il y en a trop, dans ceux où il n'y en a pas assez, en est une cause partielle. Il est vrai que le prix de ces métaux n'est pas exempt de toute variation ; mais les changemens auxquels il est sujet sont lents, graduels & uniformes. On suppose, par exemple, qu'ils sont constamment déchus de leur va-

leur en Europe, pendant le cours de ce siècle & du précédent, à cause des importations continuelles qui s'en font des possessions espagnoles de l'Amérique. Mais cette diminution a été graduelle ; & pour qu'il arrive dans le prix de l'or & de l'argent un changement soudain, qui fasse monter tout-d'un-coup sensiblement & notablement le prix monétaire de toutes les autres marchandises, il ne faut pas une moindre révolution dans le commerce, que celle qui fut occasionnée par la découverte de l'Amérique.

Au reste, si l'or & l'argent viennent à manquer dans un pays qui a de quoi en acheter, on a plus d'expédiens pour y suppléer, que pour suppléer au défaut de presque toutes les autres marchandises. Si les matières manquent aux manufactures, l'industrie s'arrête ; si les vivres manquent, il faut que le peuple meure de faim. Mais si l'argent manque, les échanges peuvent prendre sa place avec beaucoup d'inconvéniens ; il est vrai ; mais ces inconvéniens seroient moindres, si on achetoit & vendoit sur crédit, & si les marchands compensoient une fois le mois, ou une fois l'an, leurs dettes & leurs créances respectives. Dans les pays susceptibles d'un papier-monnoie, un papier-monnoie bien-réglé tiendroit la place de l'or & de l'argent sans inconvénient, & même avec un grand avantage. Ainsi à tous égards, l'attention du gouvernement n'est jamais plus inutile qu'à veiller sur la conservation ou l'augmentation de la quantité du *numéraire*.

Il n'y a toutefois rien dont on se plaigne plus que de la disette d'argent. L'argent, comme le vin, doit être rare chez ceux qui n'ont ni valeur pour en acheter, ni crédit pour en emprunter. Ceux qui ont l'un ou l'autre, manqueront rarement de l'argent ou du vin dont ils auront besoin. Ces plaintes ne sont cependant pas toujours particulières aux dissipateurs qui vivent sans prévoyance. Elles sont quelquefois générales dans toute une ville de commerce, & dans les campagnes qui l'avoisinent. Il faut les attribuer à ce que les hommes ne savent pas borner leur commerce. Des gens économes, dont les projets ont été disproportionnés à leurs capitaux, ne doivent pas être plus en état d'acheter de l'argent, ni avoir plus de crédit pour emprunter, que ceux dont la dépense a été disproportionnée à leur revenu. Leurs fonds se dissipent avant que leurs projets puissent être réalisés ; & leur crédit s'évanouit avec leurs fonds. Ils courent par-tout pour emprunter de l'argent, & on leur dit toujours qu'on ne peut leur en prêter. Ces sortes de plaintes générales sur la disette d'argent ne prouvent pas même toujours qu'il circule moins de pièces d'or & d'argent dans le pays qu'à l'ordinaire : elles prouvent simplement qu'il y a des gens chez lesquels on n'en trouve point, parce qu'ils n'ont rien à donner en échange. Quand les

profits du commerce viennent à être plus confidérables qu'à l'ordinaire, les gros & les petits
marchands embrassent trop. Ils n'envoient pas
toujours au-dehors plus d'argent que de coutume ;
mais ils achètent à crédit, tant au dehors qu'au
dedans, une quantité extraordinaire de marchandises, qu'ils font passer au loin pour y être vendues, dans l'espérance que les retours arriveront
avant qu'on leur demande ce qu'ils doivent. La
demande des créanciers précède les retours, &
ils sont pris au dépourvu. Ils n'ont chez eux ni
de quoi acheter de l'argent, ni de quoi répondre
solidement pour celui qu'ils veulent emprunter.
Ces plaintes ne supposent donc pas la disette
d'argent, mais bien la difficulté que ces gens-là
trouvent à emprunter, & celle que leurs créanciers trouvent à se faire payer.

Il seroit ridicule aujourd'hui de prouver que
la richesse ne consiste pas dans les espèces, ou
dans l'or, & l'argent, mais dans ce que l'argent
achète ; & que le seul mérite de l'argent est de
faciliter les échanges. L'argent, sans doute, fait
toujours une partie du capital d'une nation. Mais
il n'en est généralement qu'une petite partie, &
toujours la moins profitable.

Ce n'est point parce que la richesse consiste
plus dans l'argent que dans les marchandises, que
le marchand trouve qu'il est plus aisé d'avoir des
marchandises avec de l'argent que de faire de l'argent avec des marchandises ; c'est parce que l'argent est l'instrument du commerce, & on donne
volontiers toute autre chose en échange pour lui,
quoiqu'on ne soit pas également disposé à le donner pour d'autres choses. D'ailleurs, la plûpart
des marchandises sont plus périssables que l'argent, & il y a souvent beaucoup plus de perte à
les garder. Ajoutez qu'en les gardant, le marchand est moins en état de payer les lettres de
change qu'on tire sur lui, que quand il en a le
prix dans ses coffres. De plus, son profit vient plus
directement de la vente que de l'achat ; & par
toutes ces considérations, il est en général plus
empressé d'échanger ses marchandises pour de
l'argent, que son argent pour des marchandises.
Mais quoiqu'un négociant dont les magasins sont
remplis, puisse quelquefois être ruiné, faute de
vendre ses marchandises à temps ; une nation n'est
pas sujette au même accident. Le capital d'un
marchand consiste souvent dans des marchandises
périssables, destinées à faire de l'argent. Mais il
n'y a qu'une très-petite partie du produit de la
terre & du travail qu'on puisse jamais destiner,
dans un pays, à se procurer de l'or & de l'argent des pays voisins. La très-grande partie de ce
produit circule & se consomme dans le pays
même, & la plus grande partie du surplus qui
en sort, est destinée à lui procurer d'autres marchandises étrangères. Ainsi, quand un pays ne
pourroit avoir de l'or & de l'argent en échange
des marchandises qu'il destineroit à en acheter,

la nation ne seroit point du tout ruinée. Elle
pourroit souffrir quelque perte & quelque incommodité, qui la forceroient de recourir à quelqu'un de ces expédiens qui suppléent aux espèces ; mais le produit annuel de ses terres & de
son travail seroit le même ou à-peu-près le même
qu'à l'ordinaire, parce qu'elle emploieroit le même
ou à-peu-près le même capital de choses de consommation à le maintenir ; & quoique les marchandises n'attirent pas toujours l'argent aussi vite
que celui-ci les attire, à la longue elles l'attirent
plus nécessairement & plus infailliblement. Elles
peuvent servir à beaucoup d'autres usages que
celui d'acheter de l'argent ; mais le seul usage de
l'argent est d'acheter des marchandises. L'argent
court donc après les marchandises ; & celles-ci
ne courent pas toujours après l'argent. L'homme
qui achète n'a pas toujours intention de réven-
dre, souvent il veut user & consommer, au-lieu
que celui qui vend a toujours envie d'acheter. Le
premier a souvent fait tout ce qu'il comptoit
faire, & le second n'en peut jamais avoir fait
que la moitié. Si on soupire après l'argent, ce
n'est pas pour l'amour de lui, c'est pour ce qu'on
peut acheter.

Les marchandises qui se consomment, sont,
dit-on, bientôt détruites, au lieu que l'or &
l'argent sont d'une nature plus durable ; &, sans
l'exportation qui s'en fait perpétuellement, ils
pourroient être accumulés pendant des siècles, &
porter la richesse d'un pays à un taux incroyable. Rien, ajoute-t-on, ne peut être plus désavantageux à un pays, que le commerce qui consiste dans l'échange de cette marchandise solide
pour d'autres marchandises périssables. Nous ne
regardons pourtant pas comme désavantageux le
commerce qui se fait par l'échange des quincailleries d'Angleterre contre les vins de France,
quoique la quincaillerie soit une marchandise fort
durable, & que, sans l'exportation continuelle
qui s'en fait, elle pourroit s'accumuler pendant
des siècles, & porter à un taux incroyable la
batterie de cuisine & la poterie du pays. Mais
chacun voit d'abord que le nombre de ces ustensiles est nécessairement borné, dans un pays
par le besoin qu'on en a ; qu'il seroit absurde
d'en avoir plus qu'il n'en faut pour cuire les vivres qu'on consomme ; & que, si la quantité
de vivres venoit à augmenter, le nombre de ces
ustensiles augmenteroit aussi, parce qu'une partie de ce surplus de vivres seroit employée à en
acheter ou à faire subsister un plus grand nombre
de quincailliers & de potiers. On devroit voir de
même que la quantité d'or & d'argent est bornée dans un pays par le besoin qu'il en a pour
son usage ; que cet usage, à les considérer comme
monnoie, se borne à faire circuler les marchandises ; & qu'à les considérer comme vaisselle, il
se borne à fournir des meubles ; que la quantité
de monnoie, dans chaque pays, est réglée par

la valeur des marchandifes qu'elle doit faire circuler ; que fi cette valeur augmente, il en fortira une partie qu'on enverra au-dehors pour acheter, où l'on pourra, la nouvelle quantité de monnoie néceffaire à la circulation ; que la quantité de vaiffelle eft réglée par le nombre & l'opulence des familles particulières, qui fe plaifent à cette forte de magnificence ; que fi le nombre & l'opulence de ces familles augmente, une partie de ce furcroît d'opulence fera employée à acquérir une nouvelle quantité d'argenterie ; qu'il eft auffi abfurde de vouloir augmenter la richeffe d'un pays en y faifant entrer ou refter une quantité inutile d'or & d'argent, qu'il feroit abfurde de vouloir augmenter la bonne chère dans les familles particulières, en les obligeant d'avoir une quantité inutile d'uftenfiles de cuifine. Comme la dépenfe pour acheter ces uftenfiles fuperflus, au lieu d'augmenter la quantité ou la qualité des mets fur la table des familles, ne manqueroit pas de les diminuer, de même la dépenfe, pour acheter une quantité fuperflue d'or & d'argent, doit néceffairement diminuer dans tout le pays la richeffe qui nourrit, habille & loge, qui fait fubfifter & travailler le peuple. L'or & l'argent, fous la forme de monnoie ou de vaiffelle, font purement des uftenfiles comme la batterie de cuifine, & c'eft ce qu'il ne faut jamais perdre de vue. La quantité en augmentera infailliblement, fi on en a plus de befoin, s'il y a plus de marchandifes de confommation à faire circuler, à foigner, à préparer par leur moyen ; mais fi vous tentez, par des moyens extraordinaires, d'augmenter la quantité des efpèces, il eft impoffible que vous n'en diminuiez pas l'ufage & même la quantité, qui ne peut jamais excéder ce qu'il en faut pour l'ufage. Si jamais elles s'accumuloient au-delà du befoin, leur transport eft fi facile, & ce qu'on perd en les gardant eft fi confidérable, qu'aucune loi ne pourroit arrêter leur exportation.

Il n'eft pas toujours néceffaire d'accumuler l'or & l'argent, pour mettre un pays en état de faire une guerre étrangère & d'entretenir des flottes & des armées au loin. On entretient les flottes & les armées, non avec de l'or & de l'argent, mais avec des chofes de confommation. La nation à qui le produit annuel de fon induftrie domeftique, le revenu annuel de fes terres & de fon travail, fournit de quoi acheter ces chofes de confommation dans des pays éloignés, peut y faire la guerre.

Il y a trois manières de fournir la folde & les vivres à une armée dans des pays étrangers. Une nation peut le faire, 1°. en y envoyant une partie de l'or & de l'argent qu'elle aura mis en réferve ; 2°. en envoyant au-dehors quelque partie du produit annuel de fes manufactures, & 3°. quelque partie de fon produit brut annuel.

On peut diftinguer en trois claffes l'or & l'ar-

gent qu'on peut regarder proprement comme accumulés ou amaffés dans un pays ; 1°. la monnoie circulante ; 2°. l'argenterie des familles particulières ; 3°. l'argent qui peut avoir été amaffé par plufieurs années d'épargnes, & mis dans le tréfor du prince.

Il n'arrivera guère qu'on épargne beaucoup fur la monnoie qui circule, parce qu'il eft rare qu'elle foit bien furabondante. La valeur des marchandifes achetées & vendues annuellement, exige une certaine quantité d'argent monnoyé, pour que leur union fe faffe parmi les confommateurs. Le canal de la circulation attire à foi une fomme fuffifante pour fe remplir, & il n'en admet pas davantage. En général cependant on en ôte quelque chofe, dans le cas d'une guerre étrangère. Comme il y a un grand nombre de gens à entretenir au-dehors, il y en a moins à faire fubfifter au-dedans. Il circule donc moins de marchandifes au-dedans, & il y faut moins d'argent pour cette circulation. Dans ces occafions, on multiplie ordinairement le papier-monnoie d'une efpèce ou d'une autre, comme les billets de l'échiquier, les billets de l'amirauté, ou les billets de banque, en Angleterre ; & en fuppléant à l'or & à l'argent circulans, on donne la facilité d'en exporter davantage hors du pays. Mais ce ne feroit qu'une pauvre reffource, pour une guerre étrangère d'une grande dépenfe & de plufieurs années de durée.

Une reffource encore plus miférable eft celle de fondre la vaiffelle des familles particulières. Les françois uferent de cet expédient au commencement de l'avant dernière guerre, & à peine compenferent-ils la perte de la main d'œuvre.

Les tréfors du prince ont fourni anciennement une reffource beaucoup plus grande & beaucoup plus durable. Aujourd'hui, fi l'on excepte le roi de Pruffe, il paroît que la politique des princes de l'Europe n'eft pas de théfaurifer.

L'exportation, foit de la monnoie circulante, foit de l'argenterie des particuliers, foit du tréfor du prince, femble avoir peu contribué aux fonds employés aux guerres étrangères de notre fiècle, les plus difpendieufes peut-être dont parle l'hiftoire. La guerre de 1756 a coûté à la Grande-Bretagne plus de 90 millions fterling, fi on y comprend les 75 millions de la nouvelle dette contractée, les deux nouveaux fchelings pour livre fur la taxe des terres ; & ce qui fut tiré chaque année du fonds d'amortiffement. On fit plus des deux tiers de cette dépenfe dans des pays éloignés, en Allemagne, en Portugal, en Amérique, dans les ports de la Méditerranée, dans les Indes orientales & occidentales. Les rois d'Angleterre n'avoient point amaffé de tréfors. Nous n'avons pas entendu dire qu'on y eût fondu de vaiffelle d'argent qu'à l'ordinaire. On a fuppofé que l'or & l'argent monnoyés du pays n'excédoient pas 18 millions fterling. On a cru cependant, depuis la dernière refonte de l'or, que cette estimation s'éloignoit assez de la vérité, non en plus, mais en moins. Suppofons donc, felon le calcul exagéré de M. Horfely, que l'or & l'argent monnoyés, pris enfemble, fe montoient à 30 millions fterling. Si les anglois avoient fait la guerre de 1756 avec leur monnoie, il faudroit, même en fuivant ce calcul, que toute leur monnoie fût fortie du royaume, & y fût rentrée pour le moins deux fois dans l'efpace de fix à fept ans. Mais cette fuppofition fournit l'argument le plus décifif, pour démontrer combien il eft inutile que le gouvernement veille à ce que la quantité d'argent ne diminue pas, puifque tout l'argent monnoyé feroit forti & rentré deux fois, en fi peu de temps, fans que perfonne s'en doutât. Durant cet intervalle cependant, le canal de la circulation n'a point paru plus vuide qu'à l'ordinaire. L'argent ne manquoit pas à ceux qui avoient des chofes à donner en échange. Véritablement les profits du commerce étranger furent plus grands que de coutume durant toute cette guerre, & fpécialement lorfqu'elle tendoit à fa fin. Ces profits extraordinaires occafionnèrent, comme il arrive toujours, un commerce outré. Le mal fut général dans tous les ports d'Angleterre, & ces folles entreprifes de commerce ne manquèrent pas d'occafionner à leur tour les plaintes accoutumées fur la difette d'argent. Elle régnoit véritablement parmi bien de gens qui n'avoient ni moyens pour en acheter, ni crédit pour en emprunter; & par la raifon que les débiteurs trouvoient de la difficulté à emprunter, les créanciers en trouvoient à être payés.

L'énorme dépenfe de cette guerre de 1756 a donc été défrayée principalement, non par l'exportation de l'or & de l'argent, mais par celle des marchandifes angloifes d'une efpèce ou d'une autre. Lorfque le gouvernement fe procuroit chez un négociant une traite dans le pays étranger, le négociant cherchoit à payer fon correfpondant étranger fur lequel il avoit donné une lettre de change à tirer, plutôt avec des marchandifes, qu'en envoyant de l'or & de l'argent. Si on n'avoit pas befoin des marchandifes de la Grande-Bretagne dans ce pays-là, il cherchoit à les envoyer dans quelqu'autre où il pût acheter une lettre de change fur celui-là. Le tranfport des marchandifes, quand elles vont à ceux qui les demandent, eft toujours fuivi d'un bénéfice confidérable, au lieu que celui de l'or & de l'argent n'eft prefque jamais utile. Lorfqu'on envoie ces métaux au dehors pour acheter des marchandifes étrangères, le profit du marchand vient non de l'achat, mais de la vente des retours. Mais quand on les fait paffer chez l'étranger pour payer une dette, il n'y a point de retour, & par conféquent de bénéfice pour le négociant. Ce négociant doit donc employer fon efprit & fon expérience, pour trouver le moyen de payer ce qu'il

doit à l'étranger plutôt par le tranfport des marchandifes, que par celui de l'or & de l'argent. Auffi l'auteur de l'état préfent de la nation Angloife indique-t-il la grande quantité de marchandifes angloifes tranfportées, durant la guerre de 1756, fans aucun retour.

Outre la monnoie circulante, l'argenterie des particuliers & les tréfors des princes, il y a dans tous les pays qui font un grand commerce, une affez grande quantité de lingots alternativement importés & exportés pour les befoins du commerce étranger. Ces lingots circulent parmi les nations commerçantes, de la même manière que la monnoie nationale circule dans chaque pays particulier, & par-là ils peuvent être confidérés comme la monnoie de la grande république de commerce. La monnoie nationale reçoit fon mouvement & fa direction des marchandifes qui circulent dans l'étendue de chaque pays particulier; la monnoie de cette république reçoit les fiens de celles qui circulent entre les différens peuples: toutes deux fervent à faciliter les échanges, l'une parmi les individus de la même nation, l'autre parmi ceux des nations diverfes. L'Angleterre a probablement employé une partie de cette monnoie de la grande république mercantile, à faire la guerre de 1756. Il eft naturel de fuppofer qu'au milieu d'une guerre générale, cette monnoie en lingots prend un autre mouvement & une autre direction que celle qu'elle fuit ordinairement dans une paix profonde; qu'elle doit circuler davantage autour du fiège de la guerre, & que c'eft là fur-tout, & dans les pays voifins, qu'on s'en fert pour la paye & les vivres des différentes armées. Mais quelque grande quantité de cette monnoie que la Grande-Bretagne puiffe avoir annuellement employé de cette manière, il faut qu'elle l'ait achetée chaque année avec des marchandifes angloifes, ou avec quelqu'autre chofe qu'elles avoient acheté; ce qui ramène encore au produit annuel de la terre & du travail du pays, comme étant en dernière analyfe la reffource qui a procuré aux Anglois le moyen de pouffer la guerre. En effet, il eft naturel de penfer qu'une fi forte dépenfe annuelle doit avoir été défrayée par un grand produit annuel. La dépenfe de 1761, par exemple, fut de plus de 19,000,000, & il n'y a point d'accumulation qui eût été capable d'y fuffire. Il n'y a pas même de produit annuel d'or & d'argent qui eût pu la fupporter. Nous avons donné à l'article ESPAGNE, des évaluations fur la quantité d'or & d'argent importés, tant en Efpagne qu'en Portugal; l'importation entière des métaux qui fe fait annuellement dans ces deux pays, auroit à peine payé quatre mois des dépenfes des Anglois dans certaines années de la guerre de 1756. Il paroît que les marchandifes les plus propres à être tranfportées au loin, pour y acquitter ou immédiatement la paye & les vivres d'une armée, ou mé-

diatement par le moyen de la monnoie de la grande
république commerçante, sont celles que fournissent les manufactures les plus belles & les plus
perfectionnées ; dont les ouvrages contiennent
une grande valeur sous un petit volume, & peuvent être exportés fort loin, à peu de frais. Avec
une grande surabondance annuelle de ces sortes
de productions de l'industrie, qu'on envoye ordinairement chez l'étranger, un pays est en état
de soutenir plusieurs années une guerre très-dispendieuse, sans exporter une grande quantité d'or
& d'argent, ou sans en avoir même beaucoup à
exporter. Il est vrai qu'une partie considérable
du surplus annuel de ses manufactures, sera,
dans ce cas, exportée, sans amener des retours ;
mais le tout ne sera pas exporté ainsi à part.
Les manufacturiers auront pour lors doubles fournitures à faire chez l'étranger. On leur demandera
de quoi y payer les lettres de change, pour le
payement & la subsistance de l'armée, & de
quoi acheter les retours de marchandises qui se
consomment ordinairement dans le pays. Ainsi
la plupart des manufactures peuvent souvent être
très-florissantes au milieu de la guerre étrangère la
plus destructive, & tomber, au contraire, au
retour de la paix. Elles peuvent fleurir au milieu
de la ruine de leur pays, & commencer à dé-
cheoir au retour de la prospérité. L'état de diverses branches des manufactures angloises pendant la guerre de 1756, & celui où elles se
trouvèrent quelque tems après la paix, montre
bien la justesse de cette assertion.

Une guerre étrangère, longue & coûteuse, ne
peut se soutenir commodément par l'exportation
du produit brut. Il faudroit trop de dépense pour
en envoyer une quantité proportionnelle à la
paye & aux vivres d'une armée. D'ailleurs, il y
a peu de pays dont le produit brut excède ce
qui suffit à la subsistance de ses sujets. En
faire passer beaucoup chez l'étranger ; ce seroit
ôter au peuple une partie nécessaire de sa subsistance. Il n'en est pas de même du produit manufacturé qu'on exporte. La subsistance des ouvriers des fabriques reste au dedans, & on n'exporte au dehors que le surabondant de leur ouvrage. M. Hume remarque plusieurs fois l'impuissance, où étoient les anciens rois d'Angleterre,
de continuer long-tems sans interruption une guerre
étrangère. Les Anglois n'avoient alors, pour acquitter la paye & les vivres de leurs armées chez
l'étranger, que le produit brut de leur sol, dont
on ne pouvoir pas épargner une quantité considérable sur la consommation intérieure, ou que peu
de manufactures grossières, dont le produit, ainsi
que le produit brut, coûtoit trop à transporter.
Cette impuissance ne venoit pas de ce qu'ils manquoient d'argent, mais de ce qu'ils n'avoient pas
de manufactures plus belles & plus perfectionnées.
Les achats & les ventes se faisoient alors en Angleterre, comme ils s'y font à présent, par le moyen

de l'argent. Il y avoit entre la quantité d'argent en
circulation, & le nombre & la valeur des achats
& des ventes, la même proportion qu'à présent ;
où plutôt il y en avoit une plus grande, parce
qu'alors on ne connoissoit pas le papier qui fait aujourd'hui en Angleterre une si grande partie des
fonctions de l'or & de l'argent. Chez les nations
qui ne connoissent guère le commerce & les manufactures, il est rare, que le souverain puisse
tirer de grands secours de ses sujets, dans les
occasions extraordinaires ; & les souverains de ces
contrées s'appliquent souvent à amasser un trésor,
qu'ils regardent comme la seule ressource dans les
cas pressans. Indépendamment de cette nécessité,
ils se trouvent dans une situation qui les dispose
à l'épargne qu'il faut pour accumuler. Dans cet
état simple, la dépense d'un souverain n'est pas
dirigée par la vanité, qui se plaît à la riche parure
d'une cour ; elle est réglée par la bonté envers
ses tenanciers, & l'hospitalité envers ceux de sa
suite ; mais la bonté & l'hospitalité mènent rarement à l'extravagance, & la vanité y mène presque toujours. Aussi voyons nous que chaque chef,
parmi les Tartares, a un trésor. On dit que celui
de Mazepa, chef des Cosaques dans l'Ukraine,
le fameux allié de Charles XII, étoit très-considérable. Les rois de France, de la race Méro-
vingienne, avoient tous des trésors. Ils en faisoient
le partage à leurs enfans, quand ils faisoient celui
de leurs royaumes. Les princes saxons & les premiers princes, depuis la conquête, paroissent également avoir accumulé des trésors. Le premier
exploit de chaque nouveau roi, étoit communément de s'emparer du trésor de son prédécesseur.
C'étoit la précaution la plus essentielle, pour s'assurer la succession. Les souverains des pays plus
civilisés & plus commerçans, n'ont pas les mêmes
raisons pour amasser des trésors, parce qu'en général ils peuvent tirer de leurs sujets des secours
extraordinaires dans les cas imprévus. D'ailleurs
ils ne sont pas disposés de même à thésauriser.
Ils suivent naturellement, & peut-être nécessairement le goût du siècle, & leur dépense est réglée
par la même vanité extravagante qui dirige celle
de tous les grands propriétaires dans leurs domaines. Le vain faste de leur cour prend de jour
en jour de nouveaux accroissemens, & ce qu'il
coûte les met hors d'état d'accumuler ; il entame
& dissipe des fonds destinés à des dépenses plus
utiles. Tout le monde sait aujourd'hui, à quel
point cette profusion est arrivée dans les royaumes
les plus florissans. On peut appliquer à divers
princes de l'Europe ce que Dercyllidas disoit de
la cour de Perse. J'y ai vu, disoit-il, beaucoup
d'éclat, peu de forces ; beaucoup de valets &
peu de soldats ; beaucoup de fortunes, & une
véritable pauvreté.

L'importation de l'or & de l'argent n'est pas le
principal, encore moins le seul bénéfice qu'une
nation tire de son commerce étranger. Quels que

foient les pays entre lefquels s'établit le commerce, tous en retirent deux avantages diftincts. Il en fait fortir cette partie furabondante du produit de leurs terres & de leur travail, qui ne leur eft plus néceffaire, & y fait entrer d'autres chofes dont ils ont befoin. Il donne une valeur à leurs fuperfluités, en les échangeant avec ce qui peut les fatisfaire & augmenter leurs jouiffances. Par fon entremife, les limites étroites du marché intérieur ne s'oppofent point à ce que la divifion du travail dans les branches particulieres des arts & des manufactures foit portée à la plus grande perfection. En ouvrant un marché plus étendu pour les parties du produit de leur travail qui ne fe confommeroient pas au dedans, il encourage à perfectionner les facultés productives de ce même travail, & à en augmenter le produit annuel autant qu'il eft poffible, d'où réfulte l'accroiffement du revenu réel & de la richeffe de la fociété. Tels font les grands & importans fervices que le commerce étranger rend à tous les pays qui le font entr'eux. Tous en retirent un grand bénéfice; mais le plus grand eft pour celui où réfide le commerçant, parce qu'en général il fonge plus à pourvoir aux befoins & à l'exportation des fuperfluités de fon propre pays que de tout autre. Il appartient, fans doute, au commerce étranger d'importer l'or & l'argent dont on peut avoir befoin dans les pays qui n'ont pas de mines. Mais c'eft la moindre de toutes fes fonctions. Un pays qui ne feroit le commerce étranger que pour cet objet, auroit à peine occafion de freter un vaiffeau dans un fiecle.

Ce n'eft point par l'importation de l'or & de l'argent, que la découverte de l'Amérique a enrichi l'Europe. L'abondance des mines de l'Amérique a diminué le prix de ces métaux. On peut acheter aujourd'hui un fervice de vaiffelle, pour environ le troifième partie du bled ou du travail qu'il auroit coûté dans le quinzième fiecle. Avec la même dépenfe annuelle de travail & de marchandifes, l'Europe peut acheter annuellement environ trois fois autant d'argenterie qu'elle en auroit acheté dans ce tems là. Mais quand une marchandife ne fe vend plus que le tiers de ce qu'elle a valu, non feulement ceux qui l'achetoient auparavant peuvent en acheter trois fois autant, mais elle fe met à la portée d'un beaucoup plus grand nombre d'acheteurs. Il y en aura peut-être dix, peut-être vingt fois plus qu'il n'y en avoit. Sur ce pied là, l'Europe peut avoir aujourd'hui, non feulement plus de trois fois, mais plus de vingt ou trente fois plus de vaiffelle d'argent qu'elle n'en auroit eu, même dans fon état actuel de progreffion, fi l'Amérique n'eût point été découverte. Il eft certain que par là l'Europe a gagné une commodité réelle, mais très-mince. Le bon marché de ces métaux les rend d'un autre côté moins propres à fervir en qualité de monnoie. Pour faire les mêmes achats, il faut fe

charger d'une plus grande quantité d'argent, & porter un écu dans fa poche, au lieu d'une pièce de douze fols. Il eft mal aifé de dire quel eft le plus futile de cet inconvénient ou de la commodité oppofée. Ni l'un ni l'autre ne pouvoient faire un changement effentiel dans l'état de l'Europe. Mais la découverte de l'Amérique a fait une révolution des plus effentielles. En ouvrant à toutes les marchandifes d'Europe un marché nouveau & inépuifable, elle a occafionné de nouvelles divifions de travail, & la perfection des arts, ce qui ne feroit point arrivé dans le cercle étroit de l'ancien commerce, faute d'un marché pour enlever la plus grande partie de leur produit. Les facultés productives du travail ayant beaucoup acquis, leur produit s'eft multiplié dans tous les pays de l'Europe, & avec lui les habitans ont vu augmenter leur revenu réel & leur richeffe. Les marchandifes de l'Europe étoient prefque toutes nouvelles pour l'Amérique, & la plupart de celles de l'Amérique l'étoient pour l'Europe. Il s'établit donc de nouveaux échanges auxquels on n'avoit jamais penfé, & qui devoient être auffi avantageux pour le nouveau continent qu'il l'a été pour l'ancien. Par l'injuftice barbare des Européens, un événement, qui devoit être falutaire à tous, devint ruineux & deftructif pour une grande partie du Nouveau-Monde.

La découverte d'un paffage aux Indes-Orientales par le cap de Bonne-Efpérance, faite à-peu-près dans le même tems, ouvrit peut-être au commerce un champ encore plus vafte, mais plus éloigné, que celui de l'Amérique. Il n'y avoit, dans le Nouveau-Monde, que deux nations fupérieures, à tous égards, aux Sauvages, & elles furent détruites prefqu'auffi-tôt que découvertes. Mais quoique les empires de la Chine, de l'Indoftan, du Japon, & plufieurs autres des Indes-Orientales, ne fuffent pas plus riches en mines d'or & d'argent, ils l'étoient beaucoup plus dans tout le refte; ils étoient mieux cultivés, & ils avoient fait plus de progrès dans les arts & les manufactures que le Mexique ou le Pérou, quand on en jugeroit même fur les rapports exagérés & peu dignes de foi que les écrivains efpagnols ont fait de l'ancien état de ces empires. Or les nations riches & civilifées peuvent toujours faire entr'elles des échanges d'une plus grande valeur que ceux qu'elles font avec les Sauvages & des Barbares. Cependant, jufqu'à préfent, l'Europe a tiré moins d'avantage de fon commerce avec les Indes-Orientales, que de fon commerce avec l'Amérique. Les Portugais s'emparèrent entièrement de celui des Indes-Orientales, & y firent le monopole pendant près d'un fiecle. C'étoit par leur canal feul que les autres nations pouvoient y envoyer ou en tirer des marchandifes. Lorfque les hollandois fe mirent à empiéter fur les portugais, au commencement du dernier fiecle, ils invertirent une compagnie excluíive de tout le commerce de l'Inde. Les anglois, les françois, les suédois & les danois ont tous suivi cet exemple; de manière qu'aucune des grandes nations de l'Europe n'a joui jusqu'à présent de l'avantage d'un commerce libre avec les Indes orientales. On ne peut assigner d'autre raison de ce qu'il n'a pas été si profitable que celui de l'Amérique, où les sujets de presque toutes les nations de l'Europe peuvent commercer librement avec leurs colonies respectives. Les privilèges exclusifs de ces compagnies des Indes orientales, leurs grandes richesses, la haute faveur & la protection que leur ont valu ces richesses de la part de leurs gouvernemens respectifs, ont attiré l'envie. Cette passion a souvent représenté leur commerce comme absolument pernicieux, à raison des grosses sommes d'argent qu'il exporte chaque année des pays d'où il se fait. Les parties intéressées ont répondu qu'à la vérité leur commerce pouvoit tendre à l'appauvrissement de l'Europe en général, par cette continuelle exportation d'argent; mais non à celui de leur pays en particulier, parce que s'il en sort une quantité quelconque de métal; il en rentre beaucoup plus par l'exportation d'une partie des marchandises de l'Inde qui viennent en retour, & qui sont vendües à d'autre pays de l'Europe. L'objection & la réponse sont également fondées sur la notion populaire que nous examinons ici. Il est donc inutile de s'y arrêter davantage. L'exportation d'argent, qui se fait annuellement aux Indes, a probablement un peu renchéri la vaisselle d'argent en Europe, & probablement elle est cause qu'on peut acheter plus de travail & de marchandises avec la même quantité d'argent monnoyé. Le premier de ces deux effets est une perte fort légère, & le second un avantage futile, & tous deux de si peu de conséquence, qu'ils ne méritent point l'attention du public. Le commerce des Indes orientales, en ouvrant un marché aux productions de l'Europe, ou, ce qui revient à-peu-près au même, à l'or & à l'argent qu'on achete avec ces marchandises, doit tendre à augmenter les productions annuelles de l'Europe, & par conséquent son revenu réel & sa richesse. S'il les a si peu augmentés jusqu'à ce jour, c'est probablement à cause des entraves qu'on y a mises par-tout.

Le lecteur peut juger maintenant si cette notion populaire, que la richesse consiste dans l'or & l'argent ou dans le numéraire, est bien fondée. Dans le langage ordinaire, l'argent signifie souvent la richesse. Cet usage nous a rendu si familier le préjugé dont nous nous occupons ici, que ceux même qui sont convaincus de son absurdité, sont fort sujets à oublier leurs principes, & à l'introduire dans leurs raisonnemens comme une vérité certaine & incontestable. Quelques-uns des meilleurs auteurs anglois qui ont écrit sur le commerce, débutent par observer que la richesse d'un pays consiste non-seulement

dans son or & son argent, mais dans ses terres, ses maisons & ses marchandises consommables de toute espece; &, dans le cours de leurs raisonnemens, ils semblent oublier les terres, les maisons & les choses de consommation. En continuant de traiter leur sujet, ils supposent souvent que toute la richesse consiste dans l'or & l'argent, & que le grand objet de l'industrie nationale & du commerce est la multiplication de ces métaux.

Dès qu'on eut admis les deux principes, que la richesse consiste dans l'or & l'argent, & qu'on ne peut en introduire dans un pays dépourvu de mines que par la balance du commerce, ou en exportant pour plus de valeur qu'on n'importe, le grand objet de l'économie politique devint nécessairement de diminuer, autant qu'il étoit possible, l'importation des marchandises étrangeres pour la consommation au-dedans, & d'augmenter, le plus qu'il étoit possible, l'exportation du produit de l'industrie domestique. Les deux grands moyens pour enrichir le pays, furent donc de mettre des entraves à l'importation & d'encourager l'exportation.

On mit des entraves à deux sortes d'importation.

1°. A l'importation des marchandises étrangeres, telles que le pays pouvoit les produire. On gêna la liberté de cette importation, de quelqu'endroit qu'elle se fît, dès qu'elle avoit pour objet la consommation du pays même.

2°. A l'importation de presque toutes les especes de marchandises venant des pays particuliers, avec lesquels on supposoit que la balance du commerce étoit défavorable.

Ces entraves ont été quelquefois de gros droits, & quelquefois des prohibitions absolues.

L'exportation fut encouragée quelquefois par des remises, quelquefois par des traités avantageux de commerce avec d'autres états, & quelquefois par l'établissement des colonies dans des pays lointains.

On accorda des remises en différentes occasions. Lorsque les manufactures du pays étoient soumises à quelque droit ou excise, on restituoit souvent le tout ou une partie sur leur exportation; ce qui se pratiqua de même par rapport aux marchandises étrangeres, sujettes à un droit lorsqu'on les importoit pour les réexporter.

On donna des gratifications, pour encourager des manufactures naissantes ou d'autres especes d'industrie qu'on croyoit dignes d'une faveur particulière.

Un peuple, par les traités avantageux de commerce, se procura, dans quelques états étrangers, des privilèges particuliers à ses marchands & à ses marchandises, c'est-à-dire, des facilités que les autres nations n'y trouvoient pas.

En établissant des colonies, on procura non-seulement des privilèges aux marchandises & aux marchands du pays, mais on leur affura le monopole avec les colonies établies.

Ces deux manières de gêner l'importation; & ces quatre encouragemens donnés à l'exportation, forment les six principaux moyens que propofe le fyftême du commerce pour augmenter la quantité d'or & d'argent dans un pays, en faifant tourner la balance du commerce en fa faveur. Nous les examinons ailleurs.

Voyez les articles IMPORTATION, MONOPOLES, INDUSTRIE & TRAITÉS DE COMMERCE.

NUREMBERG, ville impériale avec fon territoire.

Précis de l'hiftoire politique.

Les nurembergeois defcendent des Norici. Ceux-ci, en quittant leur pays, s'établirent dans le vieux Nordgau, & bâtirent ce qu'on appelle le *caftrum Noricum*. Lambert de Schaffnabourg eft celui des écrivains qui rend le témoignage le plus reculé de l'antiquité de cette ville, lorfqu'il dit dans un écrit de l'année 1072, *Clara & celebris valde his temporibus per Galliam erat memoria S. Sebaldi in Nurnberg.* Il eft vraifemblable que cette ville n'a fait partie, ni du duché de Franconie, ni de celui de Suabe, mais qu'elle a dépendu immédiatement des empereurs, & que l'empereur Lothaire a pu la donner en fief au duc Henri le Superbe, père du duc Henri le Lion. Elle a obtenu poftérieurement l'affurance des empereurs Charles IV & Wenceflas, qu'elle demeureroit attachée à l'Empire. Le rang qui lui eft affigné, & la voix qu'elle a aux diètes dans le collège des villes, eft le troifième fur le banc du cercle de Suabe, & le premier fur celui de Franconie. Sa taxe matriculaire étoit ci-devant de 1880 florins, ce qui faifoit à-peu-près la fe-tième partie de la fomme à laquelle étoit impofé tout le cercle de Franconie; mais cette taxe générale ayant été diminuée en 1678, celle de la ville de *Nuremberg* fut réduite d'un tiers, & elle n'a plus payé dès-lors que 986 flor. Cette taxe fut fixée en 1701 à 796 florins; mais elle fut augmentée en 1720 & portée à 828 florins, fomme qu'elle paya jufqu'en 1738, époque où elle refufa de payer au-delà du feptième de la taxe, à laquelle feroit impofée tout le cercle. Sa contribution pour l'entretien de la chambre impériale eft de 812 rixdales. Le territoire qui dépend de la ville, eft confidérable.

Adminiftration.

Le fénat ou confeil de *Nuremberg* eft compofé de 34 confeillers nobles, & de huit autres tirés du corps de la bourgeoifie, tous gens de métier. Du nombre des premiers, vingt-fix font nommés *bourg-maîtres*, les huit autres font appelles *anciens*,

Parmi les bourg-maîtres, il y en a treize qu'on nomme *les vieux*, & treize autres qu'on nomme *les jeunes*. Ils arrivent à la régence tour à tour, un vieux & un jeune à la fois, & leur régence ne dure que quatre femaines. Les treize vieux bourg-maîtres offrent de plus fept premiers confeillers, qui compofent le feptemvirat, & dont les deux premiers font nommés *duumviri*: ils fiègent fouvent feuls & décident les affaires les plus fecrettes & les plus importantes: les fix autres font juges d'appel; ils font revêtus du titre de confeiller impérial; le premier d'entr'eux eft prévôt de l'Empire. Il fait fa demeure dans le fort de Reichsvefte, & il eft par cette raifon nommé *châtelain*. Les autres bourg-maîtres, ainfi que les treize jeunes, occupent divers emplois, dont nous parlerons tout-à-l'heure: ceux qu'on appelle les *anciens*, font députés à différens tribunaux. Il eft dans l'année des temps fixés, auxquels les huit confeillers artifans tiennent leurs féances particulières. Ils font tirés des corps de métiers, des orfèvres, braffeurs, tanneurs, tailleurs, bouchers, drapiers, boulangers & pelletiers, qui enfemble forment ce qu'on appelle le *petit-confeil*. Le grand-confeil doit être compofé de deux cents perfonnes tirées des dernières claffes progreffivement, jufqu'aux premières, & il forme l'élite de toute la bourgeoifie. Il paroît qu'on l'a dépouillé de fes privilèges, & que l'autorité de ce corps eft à-peu-près nulle. Les tribunaux de la ville font le confeil fupérieur, auquel reffortiffent les appels; le confeil de ville, & celui qui connoît des affaires matrimoniales. Le tribunal, pardevant lequel fe portent les difcuffions qui furviennent entre les labqureurs ainfi que les affaires rurales; celui qui connoît des dettes de peu de valeur; celui des cinq qui décide des caufes d'injures; la juftice foreftale de la forêt de Sebald; celle de la forêt de Saint-Laurent; celle enfin où fe décident les conteftations entre ceux qui, dans la dernière de ces deux forêts, ont foin des mouches à miel. Les charges & emplois de la ville font: 1°. la prévôté; 2°. la recette des revenus de la ville & de fes arrérages; 3°. le bureau d'adminiftration des bailliages; 4°. celui de la guerre; 5°. l'adminiftration fupérieure des revenus des églifes; 6°. la jurifdiction fur les bâtimens; 7°. le bureau de la douane; 8°. celui des prêts d'argent; 9°. celui des droits fur les grains & les vins; 10°. la brafferie de bierre, de froment; 11°. celui qui décide du prix des bleds; 12°. la jurifdiction pardevant laquelle font portés les délits des artifans pour raifon de leurs métiers; 13°. l'infpection fur les fuifs; 14°. l'office de receveur des cens & rentes; 15°. celui d'échevins; 16°. le bureau qui connoît de la diftribution des aumônes de la ville; 17°. celui qui connoît des aumônes des gens de la campagne. 18°. la jurifdiction foreftale de la forêt de Sebald; 19°. celle de la forêt de Saint-Laurent;

Laurent ; 20°. le bureau de recette de l'hôpital du Saint-Esprit ; 21°. celui de la recette du couvent de Sainte-Claire & Pillureuth ; 22°. la recette de la fondation des douze frères de Mendel ; 23°. celle des douze frères de Landaver ; 24°. celle de l'hôpital de Sainte-Marthe pour les étrangers ; 25°. celle de l'arfenal ; 26°. le bureau des greniers publics ; 27°. celui de la Monnoie ; 28°. l'économat des orphelins & enfans-trouvés. Tous ces emplois & offices font occupés par des conseillers de ville, & par des avocats confultans, affesfeurs & adminiftrateurs. Ceux qui exercent les emplois des n°. 17, 22, 24 & 26, n'ont aucun objet d'adminiftration dans l'intérieur de la ville ; leur jurifdiction s'étend au-dehors fur le territoire qui en dépend. Il n'y a point de confiftoire particulier établi dans Nuremberg ; les magiftrats en exercent les fonctions à l'aide de fix prédicateurs, dont ils prennent les avis dans les affaires de quelque conféquence. La majeure partie des eccléfiaftiques de la ville plaide en première inftance dans une jurifdiction appellee Écolat, & devant les adminiftrateurs des églifes : ceux au contraire des eccléfiaftiques qui font attachées à l'hôpital, ont pour premier juge l'adminiftrateur de l'hôpital, c'eft à-dire, le prévôt de l'Empire, qui demeure dans le fort. Le plus grand nombre des cures du territoire de la ville eft donné par les adminiftrateurs. Le confeil de ville décide des affaires matrimoniales, & les jeunes eccléfiaftiques reçoivent la bénédiction facerdotale de la faculté de Théologie d'Altorf.

Le peu d'habitans qui profeffent la religion réformée, ont un prédicateur particulier : ils font le fervice divin dans une maifon fituée dans un jardin hors de la ville. L'exercice de la religion catholique eft toléré dans celle de l'ordre téutonique.

Remarques fur les patriciens du Nuremberg.

Chrift. Louis Scheidt foutient, dans fes Inftructions hiftoriques & diplomatiques fur la haute & moyenne nobleffe d'Allemagne (pag. 183) d'après Ludwig, que l'époque du patriciat de Nuremberg remonte à l'année 1198, temps auquel l'empereur Henri IV affifta à un tournois qui s'y tint, & ennoblit trente-huit familles bourgeoifes. Cette affertion eft combattue par un écrit imprimé à Schwabach en 1762, & ayant pour titre : Réfutation fondamentale de l'opinion que le patriciat de Nuremberg prit fon commencement en l'année 1197 : fuivant cet écrit, l'origine de la nobleffe de ces patriciens remonte à une époque bien plus ancienne que celle qu'on prétend lui donner : mais, quoi qu'il en foit, le patriciat de Nuremberg l'emporte fur celui de toutes les autres villes de l'Allemagne, par le foin exact qu'on a toujours eu d'en conferver la dignité.

Le fénat n'eft compofé régulièrement que de

Écon. polit. & diplomatique. Tom. III.

fujets qui defcendent de ces familles, parce qu'elles feules peuvent être revêtues de la dignité fénatoriale. Dans le cas où l'une d'entr'elles s'éteint, elle eft remplacée par l'une des trois familles nobles, qui font les Oelhafen de Schœllenbach, Thill & Pefsler.

Remarques fur le gouvernement de Nuremberg & fur les contributions aux dépenfes de l'Empire.

L'adminiftration de Nuremberg paroît être la plus défectueufe de toutes celles des villes impériales. A proprement parler, un petit nombre de familles gouvernent cet état : leur morgue indifpofe le refte des citoyens, qui font toujours mécontens, mais qui ofent rarement le dire à haute voix. La fermentation a été très-vive l'année dernière, & nous ignorons fi elle eft calmée.

Les contributions de cette ville au cercle de Franconie & fes dépenfes publiques ont été calculées à l'époque où, par l'induftrie de fes habitans & par fa pofition, Nuremberg étoit la première ville commerçante de l'Allemagne ; quoique la diminution du commerce ait diminué la recette, les dépenfes font reftées les mêmes, & on a contracté des dettes onéreufes. Pour en fupporter le poids, la régence s'eft avifée, au mois de février 1781, d'établir une nouvelle capitation : cet impôt a trouvé beaucoup de contradictions ; à peine la vingtième partie des habitans a-t-elle adhéré à l'ordonnance. Les négocians & les députés de la ville ont fait des repréfentations au magiftrat : celui-ci a offert d'abandonner l'impôt, moyennant une contribution volontaire ; mais cette queftion incidentelle en a amené une beaucoup plus importante. La bourgeoifie a réclamé fes anciens privilèges, d'après lefquels nulle loi importante & nulle taxe ne peuvent recevoir de fanction que du confentement de la bourgeoifie. Elle a demandé que la régence retirât fon réglement fifcal fans condition, & qu'elle confirmât tous les droits & privilèges des citoyens.

L'ariftocratie des patriciens de Nuremberg eft très-oppreffive. Dix-neuf familles regardent la ville & fon territoire comme une propriété ; dans ces dix-neuf familles on élit trente-quatre fénateurs qui gouvernent tout. L'influence des huit bourgeois tirés des métiers privilégiés, dont nous avons parlé plus haut, eft très-petite. Aucun autre bourgeois ne peut efpérer d'avoir part au gouvernement. Les patriciens font valoir un privilège de l'empereur Frédéric III, de 1476, felon lequel le magiftrat ne doit compte qu'à l'empereur en perfonne. Tous les emplois un peu lucratifs font occupés par des familles patriciennes. Les bourgeois ne font comptés pour rien. Un voyageur affure qu'étant à Nuremberg il revint à l'auberge avec un négociant diftingué, & que dans le fallon il n'avoit jamais pu décider ce négociant à s'affeoir, parce qu'un enfant de douze à treize ans, fils d'un pa-

L l l

tricien se trouvoit présent : c'est un trait curieux, puisque *Nuremberg* passe pour une ville libre. Les jeunes patriciens regardent les plus respectables de leurs concitoyens avec une hauteur insupportable.

Il y a deux cents ans qu'on portoit les habitans de *Nuremberg* à soixante-dix mille ames ; on en compte actuellement 30,000. Scaliger dit que, de son temps, la ville de *Nuremberg* avoit plus de revenus que l'électeur de Saxe. Cette ville contribua & contribue encore autant aux dépenses de l'Empire que le royaume de Bohême, & que les deux principautés réunies d'Anspach & de Bayreuth. En général, les villes libres furent imposées en 1521 plus que les autres états de l'Empire. Ces derniers ne furent taxés qu'en proportion de leurs domaines ; les villes le furent en proportion de leurs revenus. Les revenus de *Nuremberg* sont évalués à six millions de florins ; mais il est vraisemblable qu'ils ne passent pas deux millions. Comme les patriciens prétendent qu'ils ne doivent compte à personne qu'à l'empereur, on leur reproche de partager entr'eux le produit des impôts. Malgré ces revenus considérables, cette ville est chargée de beaucoup de dettes. On évalue l'avantage d'être né patricien à la somme de cent mille florins. Le magistrat de *Nuremberg* fait un grand secret de ses revenus. Les impôts de la ville sont exorbitans.

La ville a conservé jusqu'ici beaucoup de crédit, à cause de la régularité avec laquelle on paie les arrérages des dettes de l'état. Indépendamment des impôts, le citoyen est encore assujetti à une foule de dépenses dont il ne peut se dispenser, & qui sont très-onéreuses. Par exemple, l'enterrement d'un homme d'une fortune moyenne, coûte cinq à six cents florins ; une noce, 8 à 1200 florins ; un baptême, 100 florins. Il y a des gens préposés à ces cérémonies qu'il faut payer, même quand on ne s'en sert point. Les présens de la nouvelle année montent, pour une maison d'une fortune moyenne, de 75 à 100 florins. Il faut payer encore une taxe assez considérable, quand on fait un testament ou quelqu'autre disposition de ce genre. Si un particulier laisse 50,000 florins dont il a disposé en faveur de ses enfans, il y a, dit-on, près de 2000 florins de dépenses indispensables à faire, tels que 1000 florins pour l'enterrement & les habits de deuil, 250 florins pour la taxe du testament, 450 flor. pour l'inventaire, &c. &c. Il faut que l'esprit d'industrie & de commerce ait poussé des racines bien profondes dans cette ville, pour n'être pas entièrement détruit par une pareille administration. *Nuremberg* cependant fait encore des affaires très-étendues. L'industrie y fleurissoit déja, dès le treizième & le quatorzième siècle. On y trouve une industrie prodigieuse, & l'exactitude nurembergeoise est en réputation.

Nuremberg entretient huit compagnies d'infanterie, composées chacune de 100 hommes en temps de paix, & de 185 hommes en temps de guerre : deux compagnies de cuirassiers, de 85 hommes chacune, & deux autres compagnies de soldats vétérans, dont la totalité se monte à 226 hommes. La milice bourgeoise est rangée sous 25 drapeaux de 300 à 400 hommes chacun. La ville a en outre 200 canoniers, deux compagnies de cavalerie & deux compagnies de dragons, qui en temps de paix sont en garnison dans la forteresse de Lichtenau.

O

OBERMUNSTER, abbaye princière d'Allemagne, située dans la ville de Ratisbonne. Cette abbaye de femmes a été fondée par Hemma, épouse de Louis le Germanique, en 887. Le titre de l'abbesse est : par la grâce de Dieu, princesse du Saint-Empire-Romain, abbesse de la très-noble abbaye impériale & immédiate d'Obermunster à Ratisbonne. Elle occupe à la diète de l'Empire la quatorzième place sur le banc du Rhin, parmi les prélats, & la huitième ou dernière aux assemblées circulaires de Bavière. Sa taxe matriculaire fut fixée en 1684 à 10 fl. Elle paye à la chambre impériale un contingent de 50 rixdales, 67 & demie kr. L'électeur de Bavière est avoué & protecteur de l'abbaye, laquelle d'ailleurs est du diocèse de Ratisbonne. Les religieuses ne sont pas soumises aux règles claustrales, & elles peuvent se marier. L'abbesse tenta vainement d'obtenir en 1707, 1710 & 1711 la supériorité territoriale sur les terres suivantes, situées en Bavière, qui sont de son domaine, savoir : les prévôtés de Sallach, de Mettenbach & d'Ottmaring, & les territoires nobles d'Ottmaring, Ober-Traubling, Pisendorf & Ober-Pærbing.

OCHLOCRATIE. Abus du gouvernement démocratique, qui a lieu lorsque le bas peuple se rend maître des affaires.

L'ochlocratie doit être regardée comme la dégradation d'un gouvernement démocratique : mais il arrive quelquefois, que ce nom ne suppose pas tant un véritable défaut ou une maladie réelle de l'état, que quelques passions ou mécontentemens particuliers qui font cause qu'on se prévient contre le gouvernement actuel. Des esprits orgueilleux qui ne sauroient souffrir l'égalité d'un état populaire, voyant que chacun a droit de suffrage dans les assemblées où l'on traite des affaires de la république, & où cependant la populace y est en plus grand nombre, appellent à tort cet état une ochlocratie ; c'est-à-dire, un gouvernement où la canaille domine, & où les personnes d'un mérite distingué, tels qu'ils se croient eux-mêmes, n'ont aucun avantage sur les autres ; c'est oublier que telle est la constitution essentielle d'un gouvernement populaire, que tous les citoyens ont également leurs voix dans les affaires qui concernent le bien public. Mais, dit Cicéron, on auroit raison de traiter d'ochlocratie, une république où la populace feroit les ordonnances ; par exemple, celle des anciens Ephésiens, qui, en chassant le philosophe Hermodose, déclarèrent que personne chez eux ne devoit se distinguer

des autres par son mérite. Voyez les articles GOUVERNEMENT & DÉMOCRATIE.

OCHSENHAUSEN, abbaye princière d'Allemagne, au cercle de Suabe.

L'abbaye d'Ochsenhausen, ordre de saint-Benoit, est située entre les villes impériales de Memmingen & de Biberach : elle fut fondée en 1100 à titre de prieuré, dépendant de l'abbaye de saint-Blaise dans la forêt noire. Mais en 1391 elle fut affranchie de sa dépendance & érigée en abbaye particulière. En 1397 l'empereur Wenceslas l'exempta de la jurisdiction des présidiaux, & ce privilége lui fut confirmé en 1434 par l'empereur Sigismond, & en 1452 par l'empereur Frédéric III. En 1548 Ferdinand I. lui accorda sa protection spéciale & celle de l'Autriche, sous laquelle elle le trouve encore. L'empereur Joseph investit l'abbé en 1706 de la jurisdiction civile & criminelle sur tous les bourgs, villages & terres de son abbaye. Elle paye annuellement à la préfecture d'Altorf un droit de protection de 60 fl., & elle en paye 10. pour Umendorf. Le titre de l'abbé est : très-révérend prélat & seigneur du saint-Empire, abbé régnant de l'abbaye immédiate, libre & impériale d'Ochsenhausen, seigneur des baronies de Thanheimb, d'Umendorf, du haut & du bas Sulmintingen, d'Hornbach & de Fischbach. Il siège à la diète de l'Empire entre Weingarten & Yrsée, sur le banc des prélats de Suabe ; mais aux états du cercle, sa place est marquée entre Elchingen & Weingarten. Sa taxe matriculaire est de 100 florins, & son contingent, pour l'entretien de la chambre impériale, de 139 rixdalers 69 kr. Les appels des jugemens rendus dans les bailliages de l'abbaye vont au conseil de régence, composé d'assesseurs & d'officiaux ecclésiastiques & séculiers. Voyez l'article SUABE.

ODENHEIM, prieuré impérial ou souverain d'Allemagne, au cercle du haut rhin. On l'appelle aussi, le chapitre noble de Bruchsal.

Ce prieuré n'étoit d'abord qu'un couvent de bénédictins ; Brunon, électeur de Trèves, & son frère Pappon, tous deux comtes de Laufen, le fondèrent à Odenheim ou Wigolsberg en 1122, & ils se réservèrent le droit de patronage pour eux & pour leurs descendans : la fondation obtint l'agrément des papes Pascal, Célestin III, Honorius & de l'empereur Henri IV. Mais à l'extinction de la maison de Laufen, l'abbé Berniger, de l'avis de son couvent, offrit le droit de protection à l'empereur Frédéric II & à ses successeurs. Louis de Bavière transmit le droit de protection à l'évêque Gerard de Spire, aux successeurs duquel, Charles IV l'hypothéqua en 1369 pour la somme de 1000 florins, sous le règne de Maximilien. En 1494, le pape Alexandre VI permit que ce couvent fût converti en chapitre séculier & immédiat de l'Empire, & que son abbé, pour lors Christophe d'Augeloch, en fût le premier prévôt. Mais comme la maison étoit exposée aux insultes des voleurs, l'évêque Philippe de Spire, afin de l'en garantir, consentit en 1507 qu'elle fût transférée d'Odenheim à Bruchsal, où il lui affecta l'église de Notre-Dame. Elle a cependant conservé le nom d'Odenheim, qu'elle porte encore aujourd'hui.

Son chapitre a le droit d'élire ou de postuler le prévôt ; mais son choix tombe ordinairement sur l'évêque de Spire, dont elle relève en matières spirituelles. L'évêque de Spire a, en qualité de prévôt de Bruchsal, voix & séance aux assemblées du cercle du haut-Rhin, & aux diètes de l'Empire, où il a rang parmi les prélats du banc du Rhin, après l'abbé de Kaisersheim. Sa taxe matriculaire est d'un cavalier & de 7 fantassins, ou de 40 florins par mois, outre 80 rixdalers quatorze & demie kr., pour l'entretien de la chambre impériale.

D'après un ancien usage, le chapitre perçoit toutes les redevances des sujets, & veille à l'administration des finances, à l'exclusion du prévôt, qui n'en reçoit qu'une pension annuelle. Le prévôt, alors évêque de Spire, se plaignit en 1729 d'avoir payé de ses propres fonds les taxes dues par la prévôté à l'Empire, au cercle & à la chambre impériale, sans avoir jamais pu les recouvrer ; & il déclara, qu'il ne vouloit plus désormais acquitter les charges publiques de cette prévôté.

Les terres immédiates de ce petit état consistent : 1°. dans les domaines abandonnés par les premiers fondateurs, & sur lesquels le prince évêque de Spire, en qualité de vidame, prélève une rente annuelle en vins & en bleds : le chapitre y ajoute la somme d'un florin, 10 bazes 5 deniers.

2°. Dans les domaines & droits seigneuriaux, acquis par le chapitre depuis la fondation, & pour lesquels il refuse de reconnoître la vidamie de l'évêque.

OELS, principauté d'Allemagne. Voyez l'article SILÉSIE PRUSSIENNE.

OETTINGEN, comté d'Allemagne. Des princes & comtes d'Oettingen & de leurs états en général.

Le comté d'Oettingen est borné au nord par la principauté d'Onolzbach & la ville impériale de Dinkelsbühl ; à l'est par le duché ou le Palatinat de Neubourg, au sud par le même duché & les seigneuries d'Eglingen & de Heindenheim ; & à l'ouest par la prévôté d'Ellwangen & la commanderie de Kapfenbourg. Sa plus grande étendue du nord au sud est de 6 milles, & de l'est à l'ouest elle est de 4. Au sud-ouest elle touche le Danube, qui reçoit près de Donawert la Wemitz, sa principale rivière.

Précis de l'histoire politique des comtes d'Oettingen.

Nous commencerons l'abrégé de l'histoire des comtes d'Oettingen par le comte Otton, qui vécut au douzième siècle, & dont le fils, nommé Frédéric propagea la famille ; ses descendans acquirent au quatorzième siècle une partie de la basse-Alsace, & ajoutèrent à leur titre celui de landgrave d'Alsace, qu'ils ne portèrent pas long-tems : car en 1359 ils revendirent à l'évêché de Strasbourg les fiefs qu'ils en tenoient, & cédèrent les autres, dont l'Empire les avoit investis, à l'empereur Charles IV, aux seigneurs de Lichtenberg, leurs vassaux, à l'exception d'onze villages, pour lesquels les barons de Fleckenstein demeurèrent leurs feudataires. Frédéric IV possesseur de tout le comté, laissa trois fils, qui partagèrent l'héritage de manière que chacun en eut un tiers, ou quatre-douzièmes. Guillaume, l'aîné d'entr'eux, établit sa résidence à Oettingen ; Ulric fixa la sienne à Flochberg & Jean demeura à Wallerstein. La postérité des deux derniers s'éteignit peu de tems après, & leur succession échut à la branche de Guillaume, qui fut continuée par son fils Wolgang & par son petit-fils Louis l'aîné. Louis le jeune, fils aîné de ce dernier, fonda la branche d'Oettingen-Oettingen, qui étoit luthérienne, & Frédéric, troisième fils de Louis, celle d'Oettingen-Wallerstein, qui est catholique. Les deux fils de Louis divisèrent après la mort le comté en deux portions inégales. La première branche qui possédoit sept douzièmes du pays, fut élevée au rang de prince de l'Empire en 1674, & s'éteignit en 1731. La seconde, qui avoit les cinq douzièmes restans, fut continuée par le fils de Frédéric, appellé Guillaume l'aîné, dont les trois fils furent chefs d'autant de lignes particulières. Guillaume le jeune fonda celle de Spielberg ; François-Albert, l'un de ses rejettons, élevé en 1734 au rang de prince de l'Empire avec sa postérité, introduisit le droit de primogéniture dans sa maison ; son fils, Jean-Aloïse, eut par arrêt du conseil-aulique de l'Empire de l'an 1739 & par l'accommodement qui le suivit, un tiers des états d'Oettingen-Oettingen. Wolfgang fonda la seconde ligne, qui porte le nom de Wallerstein. Son petit-fils fut auteur de la tige des comtes d'Oettingen-Wallerstein, d'aujourd'hui, dont un descendant, appellé Antoine-Charles, fut institué par Albert-Ernest, dernier prince d'Oettingen, héritier de ses états, qu'il céda à son fils Jean-Frédéric : Philippe-Charles, frère de celui-ci, lui succéda, pour cet héritage ainsi que pour le comté de Wallerstein. La troisième branche porte le nom de Baldern, son fondateur. Ernest l'aîné laissa deux fils, qui donnèrent lieu à deux nonvelles lignes : l'aînée continua de porter le nom de Baldern jufqu'en 1687, époque où elle s'éteignit ; la cadette, qui avoit pris celui de Katzenſtein, hérita de ſa portion, à laquelle elle prétend joindre un tiers de la ſucceſſion d'*Oettingen-Oettingen*.

Par le traité de ſucceſſion, que la famille d'*Oettingen* fit en 1495 avec la ratification de l'empereur Maximilien, il fut permis à chaque comte de vendre l'uſufruit & même la propriété de ſes états, ſous la réſerve de la juriſdiction & des droits régaliens, qui demeureroient attachés à la maiſon d'*Oettingen*, qui les exerceroit par indivis, ainſi que les inveſtitures, la juſtice provinciale, le droit de battre monnoie, l'exploitation des mines, la perception des péages & du revenu appellé *friedſchatz*. Ce pacte de ſucceſſion fut renouvellé en 1522 & confirmé en 1663 par l'empereur Léopold. Mais Albert-Erneſt, de la ligne d'*Oettingen-Oettingen*, ayant été élevée en 1674 au rang de prince du ſaint-Empire, la branche de Wallerſtein s'y oppoſa ; il en réſulta différentes conteſtations, qui furent terminés en 1696 ; il fut ſtipulé alors, que la direction des droits communs reſteroit à l'aîné de la famille, & que les nouveaux princes ne nuiroient en rien à leurs agnats, les comtes de Wallerſtein, qui promirent de leur côté de ne plus mettre obſtacle aux ſuffrages des princes à la diéte, & de laiſſer la préſéance tant à leurs perſonnes qu'à leurs ſignatures dans les actes communs qu'ils paſſeroient enſemble. Enfin le traité de 1522 fut changé dans tous les points incompatibles avec la nouvelle dignité princière, nommément en ce qu'il excluoit de la tutelle des mineurs de cette maiſon tous princes ou ſeigneurs d'un rang ſupérieur à celui des comtes d'*Oettingen*. Cet accommodement fut confirmé la même année (1696) par l'empereur Léopold. Les barons de Fleckenſtein ſont depuis très-long-temps feudataires de la maiſon d'*Oettingen* pour onze villages ſitués en Alface le long du Rhin, dans le voiſinage du fort-Louis ; ces villages ſont : Roppenheim, Forſtferden, Kauffenheim, Giſenheim, Reſchawag, Seſſenheim, Runzenheim, Dengelsheim, Stattmatt, Dalhunden & Augenheim.

Depuis l'extinction de la branche d'*Oettingen-Oettingen*, & la réunion de la majeure partie de ſon territoire à celui de Wallerſtein, le prince regnant d'*Oettingen*-Spielberg, qui en poſſède un tiers, prend le titre de prince du ſaint-Empire & d'*Oettingen*, &c. Le comte régnant d'*Oettingen*-Wallerſtein prend celui de comte régnant d'*Oeitingen-Oettingen* & d'*Oettingen*-Wallerſtein.

Taxe matriculaire.

La taxe matriculaire de tout le comté d'*Oettingen* eſt de 8 cavaliers & 45 fantaſſins, ou de 276 florins par mois. Quant à l'entretien de la chambre impériale, la matricule uſuelle indique : *Oettingen*-

Oettingen 62 rixdalers & 20 kr., *Oettingen*-Wallerſtein 20 rixdalers 38 & demie kr., *Oettingen*-Katzenſtein & Hœn-Baldern 9 rixdalers 65 kr. & *Oettingen*-Spielberg 15 rixdalers 50 kr.

La branche éteinte des princes d'*Oettingen-Oettingen* & celle d'*Oettingen*-Spielberg, qui fleurit aujourd'hui, n'ont pu obtenir voix & ſéance dans le conſeil des princes aſſemblés en diéte, & toute cette maiſon eſt encore cenſée faire partie du collége des comtes de Suabe. Aux diétes particulières du cercle, les princes d'*Oettingen* obtinrent en 1675 le droit de ſéance ſur le banc des princes ſéculiers, après celui de Furſtenberg-Heiligenberg ; mais ce droit n'eſt plus exercé depuis quelque temps. Quant aux comtes d'*Oettingen*, leur rang eſt après la commanderie d'Aalſchauſen, ſur le banc des comtes & barons. Ils n'ont tous enſemble qu'une ſeule voix.

Religion.

La religion romaine & le luthéraniſme ſont également profeſſés dans ce pays.

Tribunaux.

Le prince d'*Oettingen* a dans ſa réſidence de même nom une cour de juſtice & une chambre des finances. Le comte regnant de Wallerſtein a une chambre particulière de juſtice & des finances, tant pour ſes états d'*Oettingen-Oettingen*, que pour ceux d'*Oettingen*-Wallerſtein ; le comte regnant d'*Oettingen*-Katzenſtein-Baldern a pour les ſiens auſſi & pour les trois branches de la maiſon d'*Oettingen* un conſeil de régence, un tribunal commun de la ſénéchauſſée & de la régie des péages, qui dépendent du bureau d'adminiſtration des droits régaliens & de la chancellerie du majorat. L'ancienne juſtice impériale d'*Oettingen*, ou plutôt du canton de Rieſſ, eſt depuis très-long-temps adminiſtrée par les comtes d'*Oettingen*, qui veulent en étendre la juriſdiction ſur tous les ſeigneurs établis dans ce diſtrict, & faire même paſſer tout le Rieſſ pour un comté, où ils s'arrogent, à titre de ſénéchaux, la ſupériorité territoriale ſur tous les princes & états établis dans cette enclave. Ils diſputent à la ville de Noerdlingen la juriſdiction hors de l'enceinte de ſes murs, ce qui a ſouvent occaſionné des diſputes, & quelquefois des voies de fait.

Le territoire de la maiſon d'*Oettingen* eſt compoſé des bailliages ſuivans :

I. Le grand bailliage d'*Oettingen* avec le bailliage de Schneidheim.

II. Le grand bailliage d'Aufkirch.

III. Le grand bailliage de Münchſroth.

IV. Le grand bailliage de Dürrwangen.

Les états des comtes d'*Oettingen*-Wallerſtein ſont en partie ſitués dans le diſtrict appelé Herſfeld ou Hartfeld, dont le ſol eſt ſablonneux &

ingrat. On les diftingue en deux claffes ; l'une comprend :

I. Les bailliages fubordonnés à la régence de Wallerftein, qui appartenoient à cette branche avant l'extinction de la maifon d'*Oettingen - Oettingen*.

II. Les bailliages qui de la fucceffion des princes d'*Oettingen-Oettingen* pafsèrent par accomodement avec la ligne d'*Oettingen*-Spielberg à la maifon de Wallerftein. Ils font fous une régence particulière.

La maifon des comtes d'*Oettingen*-Baldern poffède dans le comté d'*Oettingen* :

I. Le grand bailliage de Baldern.

II. Le bailliage de Ræting.

III. Le bailliage d'Aufhaufen.

IV. Le bailliage de Katzenftein.

OFFENBOURG, ville impériale d'Allemagne, au cercle de Suabe.

La petite ville d'*Offenbourg* eft fituée fur la Quinche, dans l'Ortenau. Elle profeffe la religion catholique. Libre dès fon origine, elle fut, dit-on, engagée à la maifon de Bade, qui en 1330 céda fon hypothèque à l'évêché de Strasbourg, lequel en rétrocéda la moitié à l'électeur palatin. Peu avant le commencement du feiziéme fiècle elle fe dégagea de l'autorité de l'évêque, & fut délivrée de celle de l'électeur, lorfqu'en 1504 il fut mis au ban de l'Empire. En 1635 fa qualité d'état de l'Empire & du cercle fut renouvellée & confirmée. Elle eft la vingt-feptième à la diète & la vingt-neuvième dans les affemblées du cercle fur le banc des villes impériales de Suabe. Sa taxe matriculaire, autrefois de 120 florins, fut réduite en 1683 à 34 florins & en 1728 à 33 florins. Elle paye par terme 22 rixdalers. 88 & demie kr. pour l'entretien de la chambre impériale. Elle eft fous la protection de la maifon d'Autriche, & le grand bailli archiducal dans l'Ortenau y réfide.

OLDENBOURG & DELMENHORST, comtés princièrs d'Allemagne, au cercle de Suabe : ils appartiennent au roi de Danemarck.

Ils font bornés au couchant par la principauté d'Oft-Frife & l'évêché de Münfter ; au levant, par le Wefer, qui les fépare du duché de Breme ; au midi, par les bailliages de Harfpftedt & de Wildeshaufen, dépendant de l'électorat de Brunfwik ; & au nord, par la feigneurie de Jever & la Jade.

Sol.

La longueur de ces comtés eft d'environ 10 lieues géographiques, fur 7 ou 8 de large, & le *fol* y eft très-inégal. Le Geeftland (pays de landes & de bruyères) eft fablonneux & aride, très-humide & rempli de tourbes. Le Marchfland (pays humide) eft gras, fertile & très-propre

à l'agriculture, & à l'entretien du bétail : mais le grain qu'on y recueille ne fuffit pas à la confommation des habitans, & ils font obligés d'en tirer de l'étranger.

Commerce.

Ces comtés exportent, fur-tout, du beurre, des fromages, d'excellens chevaux, du bétail engraiffé qu'on tire de la Marfch, du lin, du houblon, de la tourbe, de la toile & des meubles de bois que fournit la Geefte : ils importent du froment, du feigle, de l'orge, de la bierre, du vin, du fel & des marchandifes de toutes efpèces. Pour prévenir les inondations, on a formé divers étangs dans le pays. La proximité de la mer du Nord & du Vefer leur eft très-avantageufe.

Population.

Les deux comtés renferment vingt-huit bailliages & prévôtés, cinquante-une paroiffes où l'on compte cinquante-deux églifes, trois chapelles & environ 70,000 ames, deux villes, cinq bourgs, plus de 350 villages & hameaux, & 74 & demi terres nobles & franches ; douze de ces terres font fiefs, les autres allodiales & taxées enfemble à un nombre égal d'hommes armés, & elles reffortiffent à la régence d'*Oldenbourg*.

Religion.

Prefque tous les habitans des deux états profeffent la religion luthérienne. Elle fut introduite dans le comté d'*Oldenbourg* en 1525, & dans celui de Delmenhorst en 1543 feulement. On y trouve auffi quelques réformés, fur-tout dans la feigneurie de Varel où ils ont un miniftre. On fait à *Oldenbourg* un fervice catholique & un fervice réformé, pour la commodité de la garnifon.

Précis de l'hiftoire politique.

L'origine des anciens comtes d'*Oldenbourg*, incertaine pendant long-temps, eft aujourd'hui plus connue. M. C. L. Scheid, foutient dans fes *origines Guelficæ*, tom. 4, pag. 346, qu'elle remonte à Wittikind le grand ; & il prouve, d'abord, d'après des documens catholiques, que ce prince eut un fils, nommé *Wigbert*, père de Walberg, père de Regenbern, qui laiffa Wittikind fecond, fouche des comtes d'*Oldenbourg* & des rois actuels de Danemarck. L'ouvrage de Meginhart, intitulé *Hiftoria de transl. fancti Alex. Wildeshufani*, & publié pour la première fois par ce même favant dans fa bibliothèque de Gœttingue, éclaircit les doutes qu'on avoit fur cette généalogie, en démontrant que Wigbert étoit fils du grand Wittikind, & que Walberg étoit fon petit-fils. Il n'en eft pas moins avéré que les

OLD

OLD 455

anciens comtes de Ruftringen & d'Ammerland prirent dans la fuite le titre de *comtes d'Oldenbourg*, & qu'Egilmar ou Eilmar II, l'un d'eux, qui vivoit au commencement du douzième fiècle, eut entr'autres enfans le comte Chriftian I, le-quel en 1155 bâtit *Oldenbourg*, dont il prit le nom, & le tranfmit à Maurice fon fils, fou-che-directe de tous les comtes fes fuccefleurs. Thierry le fortuné, l'un d'entr'eux, réunit en 1435 le comté de Delmenhorft à celui d'*Oldenbourg*, & obtint l'expectative du duché de Slef-wig & du comté de Holftein du chef de Heilwig ou Hedwig fa feconde femme, en qualité de fœur & héritière d'Adolphe VIII qui en étoit le dernier prince. Chriftian, fon fils aîné, fut élu roi de Danemarck en 1449, & duc de Sleswig, comte de Holftein, peu de temps après. Gerard, fon fecond fils, qui continua la branche des comtes d'*Oldenbourg*, perdit Delmenhorft que l'é-vêque Henri de Munfter lui enleva; mais il ac-quit les terres de Varel & de Nevenbourg. Antoine I, fon petit-fils, recouvra le comté de Del-menhorft, qu'il tranfmit à Antoine II, l'un de fes fils: l'autre, nommé *Jean VI*, qui fut comte d'*Oldenbourg*, hérita en 1575 de la feigneurie de Jever, & acquit celle de Kniphaufen par adjudi-cation de 1592. En 1565 Frédéric II, roi de Da-nemarck, & le duc de Holftein demandèrent à l'empereur Maximilien II l'expectative des com-tés d'*Oldenbourg* & de Delmenhorft, au défaut d'héritiers d'Antoine Gonthier, fils de Jean VI. Ils l'obtinrent comme defcendans par les mâles de la maifon d'Oldenbourg. Cette conceffion donna lieu aux prétentions que le roi Chriftian V & le duc Chriftian Albert formèrent fur ces do-maines en 1667 à la mort du comte Antoine Gon-thier, qui ne laiffa qu'un fils naturel, nommé *An-toine*, né d'Elifabeth d'Ungnad, & qui, quoi-que légitimé & créé comte d'Aldenbourg, ne put hériter que de la feigneurie de Kniphaufen, que fon père lui affigna pour appanage. Le fils de fa fœur Magdeleine, femme de Rodolphe, prince d'Anhalt-Zerbft, également inhabile à lui fuc-céder, fut obligé de fe contenter de la feigneurie de Jever; de façon que ces comtés d'*Oldenbourg* & de Delmenhorft, comme fiefs mafculins de l'Empire, échurent à la maifon de Holftein, & nommément aux defcendans de Chriftian I, qui effuya à ce fujet de grandes conteftations. En 1648, le roi Frédéric III convint avec le duc Frédéric de Holftein-Gottorp du partage qu'ils feroient de la fucceffion, & ils pafferent en 1649 à Rendsbourg, avec le comte Antoine Gonthier, une tranfaction que l'empereur Ferdinand III confirma quatre ans après. Ce comte confentit même en 1644 à les mettre en poffeffion réelle de fes fiefs, & à les en déclarer héritiers peu de temps avant fa mort. Mais le duc Joachim Ernefte de Ploen leur intenta un procès; il récla-moit des droits à cette fucceffion, non-feulement

égaux, mais fupérieurs aux leurs, puifqu'il étoit parent de Chriftian premier au quatrième degré, tandis qu'ils ne l'étoient qu'au cinquième. Le roi Chriftian V, prévoyant que fes prétentions ne fe-roient pas accueillies par les tribunaux de l'Em-pire, tranfigea en 1671, & donna au duc de Ploen un équivalent pour fa part aux comtés. Le duc Chriftian Albert de Holftein ayant défap-prouvé l'accommodement & continué de plaider, celui de Ploen gagna fon procès, prit en 1675 poffeffion de l'héritage, & le céda fur-le-champ au roi, qui l'année fuivante reçut l'hommage de fes nouveaux fujets. Depuis cette époque, les rois de Danemarck ont été paifibles poffeffeurs des comtés d'*Oldenbourg* & de Delmenhorft. Ils ont paffé divers contrats de vente & d'échange avec les héritiers allodiaux, & le roi Frédéric IV engagea même en 1711 le comté de Delmenhorft avec quelques prévôtés à la maifon électorale de Brunfwick pour une fomme de 712,640 rixdales rembourfables dans vingt ans. Cet engagement fut dénoncé encore fous fon règne, & le roi Chriftian VI rentra en 1731 en poffeffion de tout ce qui en étoit l'objet.

Privilèges.

Ces comtés donnent au roi de Danemarck deux fuffrages aux diètes de l'Empire dans le col-lége des comtes & aux affemblées du cercle de Weftphalie, où il a rang après les comtes de Schavenbourg. Sa taxe pour *Oldenbourg* eft de 8 cavaliers & 30 fantaffins ou de 216 florins, & pour Delmenhorft de 2 cavaliers & 14 fantaffins ou de 80 florins. Sa contribution pour l'entre-tien de la chambre impériale eft de 113 écus 55 un quart kr. par terme.

Adminiftration.

Le gouvernement de ces comtés a beaucoup varié depuis leur réunion au Danemarck. Ils eurent d'abord un gouverneur pour le roi en la perfonne d'Antoine, comte d'*Oldenbourg*; mais après fa mort on lui fubftitua un grand droffard, en même-temps préfident de la chancellerie d'*Olden-bourg* & droffard particulier du comté de Del-menhorft, avec un droffard en fecond pour *Ol-denbourg*. Cette forme d'adminiftration a fubfifté jufqu'en 1752, que le roi Frédéric V fupprima les dignités de grand droffard & de droffard par-ticulier, pour rétablir celle de gouverneur des deux comtés, qu'il conféra au comte de Ly-nar, chevalier de fes ordres & confeiller des conférences: mais en 1766 cet office fut rem-placé par celui de grand droffard. Son titulaire eft chef de la régence & chancelier d'*Olden-bourg*, compofée d'ailleurs d'un directeur, de plufieurs confeillers, fécrétaires, archiviftes, commis, &c. Elle ftatue provifionnellement fur tout ce qui peut intéreffer les deux comtés, & repréfente la perfonne même du roi dans les cas généraux & urgens. Elle prononce de plus fur l'honneur, l'état & la vie de tous les jufticiables, tant de fon diftrict particulier que des tribunaux inférieurs, dont aucun n'a droit de glaive, finon les magiftrats municipaux d'*Oldenbourg* & la feigneurie de Varel. Enfin les appels de toutes les juftices fubalternes des deux comtés, comme des magiftrats de leurs capitales, des préfidiaux d'*Oldenbourg*, Ovelgœnn, Nevembourg & Delmenhorft; des juftices baillivales de Schwey, du pays de Wœhrden & de la terre de Varel vont à cette régence, dont on ne peut appeller aux tribunaux de l'Empire, que lorfque l'objet paffe 1000 flor. du Rhin. Les officiers fubalternes font chargés de la levée des deniers royaux, dont ils rendent compte, ainfi que du réglement & de la police des communautés, de la conftruction & réparation des digues, chauffées, &c. Ils prononcent quand il ne s'agit que de douze écus d'Empire; mais, dans les caufes plus importantes ou non liquidées, ils laiffent la connoiffance de l'affaire aux préfidiaux. Le confiftoire établi pour les deux comtés, & duquel celui de Varel dépend, eft compofé de tous les membres & fecrétaires de la régence, auxquels fe réuniffent comme affeffeurs le furintendant général, l'adminiftrateur des biens eccléfiaftiques, le miniftre principal d'*Oldenbourg*, & depuis peu le recteur du collège de la même ville. Les deux premiers doivent faire tous les trois ans la vifite générale des églifes, comme auffi vaquer à l'audition & appurement des comptes des fabriques & autres revenus eccléfiaftiques.

Contributions.

La contribution ordinaire de ces comtés, dont le rôle fert de bafe à la répartition des impôts, monte annuellement à 60,000 écus d'empire; mais la totalité des revenus qu'en tire le roi, eft beaucoup plus confidérable; car ils ont monté dans ces derniers temps, dit Bufching, à 227 mille écus d'empire, année commune, tandis que l'entretien de tous les officiers militaires & civils n'en a coûté que 52,000.

On créa pour ces comtés, en 1704, un régiment national d'infanterie, dont l'entretien fut réglé fur le cadaftre de chaque prévôté. Il étoit d'abord de 12000 hommes, non compris les officiers, mais il a été réduit à la moitié en 1755. *Voyez* l'article DANEMARCK.

OLIGARCHIE : c'eft ainfi qu'on nomme la puiffance, ufurpée d'un petit nombre de citoyens qui fe font emparés du pouvoir, lequel, felon la conftitution de l'état, devroit réfider dans le peuple, ou dans un confeil ou fénat. Il eft difficile qu'un peuple foit bien gouverné, lorfque fon fort eft entre les mains d'un petit nombre

d'hommes dont les intérêts diffèrent, & dont la puiffance eft fondée fur l'ufurpation. Chez les romains, le gouvernement a plufieurs fois dégénéré en *oligarchie* ; il étoit tel fous les décemvirs, lorfqu'ils parvinrent à fe rendre les feuls maîtres de la république. Cet odieux gouvernement fe fit fentir d'une manière plus cruelle fous les triumvirs, qui, après avoir tyrannifé leurs concitoyens, abattu leur courage & éteint l'amour pour la liberté, préparèrent la voie au defpotifme & à l'adminiftration arbitraire des empereurs.

OLLBRUCK, feigneurie d'Allemagne au cercle du haut-Rhin.

Cette feigneurie eft fituée dans la partie fupérieure de l'archevêché de Cologne, entre les bailliages d'Andernach & de Kœnigsfeld. Elle appartient aux barons de Waldbott-Baffenheim, qui réfident à *Ollbruck*-Bornheim, & font de la religion catholique. Comme ils ne font pas états de l'Empire, les autres membres du cercle du haut-Rhin leur difputent le droit de voix à leurs diètes. Mais la terre eft taxée dans la matricule à un cavalier & un fantaffin ou 16 florins par mois, outre 17 rixd. 45 kr. pour l'entretien de la chambre impériale.

OOST-FRISE. *Voyez* OST-FRISE.

OPINION : mot qui fignifie une créance fondée fur un motif probable, ou un jugement de l'efprit douteux & incertain. Le dictionnaire de Logique contiendra vraifemblablement un article fur l'*opinion* en général : nous n'envifagerons ici l'*opinion* que dans fes rapports avec la politique.

Les réfolutions politiques de chaque état font précédées d'une efpèce de calcul fur l'oppofition ou le concours de ce qui l'environne, & il faut même que cela foit ainfi; car aucune force particulière ne fe peut calculer & définir que par les degrés de proportion & de comparaifon.

Un gouvernement modéré, & pourtant fort dans fes principes, fe fait craindre; mais il infpire cette efpèce de crainte qui n'exclut ni l'amitié, ni la confiance, qui même établit l'une & l'autre.

Une adminiftration foible, même dans un gouvernement dont la conftitution eft forte par elle-même, met l'*opinion* contre lui.

Une adminiftration entreprenante & ambitieufe fe fait redouter proportionnellement au degré de pouvoir & de forces qu'elle développe : mais, comme il ne peut naître de là que des rapports forcés d'*opinion*, ils ne peuvent être ni folides, ni durables, ni heureux; & le genre de crainte qui en eft la fuite, devient un germe de divifion prefque éternelle.

Un état appauvri & épuifé perd fa confidération.

Un

Un état riche avec des reſſources bien ménagées, dicte des loix, s'il le veut, & n'en reçoit jamais : mais c'eſt pour lui qu'eſt faite cette maxime d'un des plus grands poëtes dramatiques :

Qui veut tout pouvoir, ne doit pas tout oſer.

Maxime précieuſe, dont l'obſervation feroit le bonheur des ſociétés publiques.

Un état tranquille intérieurement par la balance maintenue entre ſes divers corps publics, inſpire la circonſpection aux uns & la confiance aux autres.

L'état qui a l'*opinion* en ſa faveur, eſt toujours, même avec de l'infériorité & forces réelles, le plus fort dans l'ordre des rapports politiques, non peut-être pour entreprendre, car il faut que le calcul des forces ſoit mathématique, mais pour ne pas craindre d'être attaqué.

Le poids de l'*opinion* & de la réputation des états eſt tel, que les choſes qui la peuvent le moins du monde bleſſer ou compromettre, font partie des intérêts les plus eſſentiels, & ſuffiſent pour autoriſer les plus fortes réſolutions. Il eſt entre les gouvernemens, des offenſes ou des procédés qui ne leur ôtent pas un pouce de terrein, & pour la réparation deſquelles on ne ménage ni les hommes ni l'argent. C'eſt une tache qui laiſſeroit des impreſſions de mépris, capables d'influer ſur les intérêts même de la conſervation, parce qu'on attaque avec hardieſſe celui qu'on a pu offenſer impunément. Rien n'a mieux établi la grandeur de Rome & ne l'a portée à un plus haut degré, que ſon attention à venger les inſultes. Elle a entrepris autant de guerres pour de pareils ſujets, que pour aucun autre motif ou intérêt eſſentiel. Combien la gloire du ſénat & du peuple romain, & l'honneur des aigles romaines, n'ont-ils pas formé ou occupé de héros dont les noms vivent encore parmi nous ?

Il eſt, relativement aux avantages de l'*opinion*, une première maxime politique néceſſaire dans chaque état; c'eſt celle de pouvoir être utile à ſes amis, & redoutable à ſes ennemis naturels. De là la néceſſité d'une bonne adminiſtration intérieure, comme le ſeul moyen de préparer des reſſources actives. Une bonne adminiſtration eſt la proſpérité de tous les états.

Ainſi, qu'un état commerçant par ſa ſituation rende ſon commerce floriſſant; qu'un état militaire entretienne, par l'inſtruction & la diſcipline, l'eſprit militaire des ſujets; qu'une puiſſa ce maritime tienne ſa marine ſur un pied reſpectable, chacune aura ſaiſi le vrai moyen d'avoir en ſa faveur la balance de l'*opinion*, ou du moins d'être admis à ſon partage; car tous les pays du monde ont leurs avantages, & même des avantages forcés.

Qu'en ſuivant le même eſprit, un prince ait des miniſtres dénués de tout autre intérêt que

Œcon. polit. & diplomatique. Tom. III.

l'intérêt national, qui ne comptent pour rien leur conſidération perſonnelle, qui ſoient uniquement occupés de la gloire du ſouverain, la balance penchera toujours en faveur de cet état, s'il a d'ailleurs des forces ſuffiſantes; les uns le craindront, les autres le reſpecteront & le rechercheront. Par l'effet de l'*opinion*, un pareil état devra être l'arbitre de tous les autres. Combien de fois les romains n'ont-ils pas été appellés à cette glorieuſe fonction, qu'ils perdirent à meſure que, dans les vices de leur adminiſtration, on apperçut les principes de leur décadence.

Que le prince, par des faveurs & des diſtinctions répandues avec diſcernement, excite l'émulation; qu'il récompenſe l'amour de la patrie; qu'il paye les efforts qu'inſpire ce ſentiment ſi précieux & ſi noble, il formera de grands hommes, dont le nom ſeul & la réputation lui aſſureront la balance de l'*opinion*. On a vu des états attaqués, parce qu'on ne leur connoiſſoit pas des citoyens diſtingués pour leur défenſe. L'Allemagne auroit été plus timide, ſi elle n'avoit pas eu un Montecuculli à oppoſer à Turenne. Charles-Quint auroit été moins entreprenant, s'il n'avoit pas eu plus d'illuſtres capitaines que le ſiècle de François premier n'en avoit donné à la France. Quel ſuccès auroit eu la politique de l'Europe contre la France, ſi Louis XIII n'eût pas conſervé la balance de l'*opinion* par ſa confiance en Richelieu, qu'au fond il n'aimoit point, mais dont il connoiſſoit ces talens qui ont préparé l'Europe aux grandes choſes qui, ſous le règne de Louis XIV, nous procurèrent la ſupériorité totale de l'*opinion* !

Elle ne s'acquiert pas cette ſupériorité d'*opinion*, ſi les plans politiques de chaque état ne ſont point analogues aux intérêts qui réſultent de la religion, du caractère national, des différences de ſituation, de la conſtitution intérieure, de l'état des forces, des produits & des beſoins; ou de ceux des intérêts qui ſont les plus eſſentiels; car tous ne le ſont pas dans tous les pays, & ils ne ſe trouvent pas tous à la fois l'objet des reſſorts principaux, mais aucun ne doit être négligé ou ſacrifié.

Tout ce qui s'éloigne de cette règle, ne produit jamais que des ſyſtêmes forcés, & même à des fautes graves que ſouvent un ſiècle de travail ne répare pas, & dès lors on perd la balance de l'*opinion*.

Les ennemis naturels en profitent; les amis naturels en deviennent plus circonſpects & plus défians; & au lieu de chercher ſi loin pourquoi on eſt ſans amis & ſans alliés, on peut, en revenant ſur ſoi-même & ſur ſes propres fautes, en trouver chez ſoi la véritable cauſe. Il eſt néceſſaire alors de ſe mettre à portée de remédier aſſez tôt aux égaremens politiques, pour ne les pas laiſſer venir au point d'être ſans remède.

Les grands orages, en matière politique, ne se forment pas à propos de rien. Ils ont communément des causes graves, souvent préparées de loin, sur-tout dans les états constitués fortement, & dont l'ébranlement n'est & ne peut jamais être l'ouvrage d'un moment. Plusieurs siècles s'écoulèrent entre l'époque des principes de la chûte de la république romaine & sa décadence réelle. M. de Montesquieu a bien développé cette vérité dans ce qu'il a écrit sur les romains.

Ces causes sont presque toujours les événemens mal entendus, mal conçus, ou mal appliqués à l'intérêt particulier de chaque état : car il n'en est pas deux où le même événement doive faire la même sensation, & par conséquent où il puisse produire des effets pareils & des mouvements égaux.

De-là la nécessité pour l'homme public d'embrasser une multitude presque innombrable de rapports & de combinaisons, au milieu desquels il se méprendra, s'il n'a pas dans l'esprit des principes certains & invariables qui lui tiennent lieu du fil de Dédale dans le labyrinthe.

Il suffit de se tromper sur un seul de ces points de combinaison, pour porter & faire porter tous les autres états à faux ; & la politique est peut-être la seule science dont on puisse dire que les erreurs particulières sont nécessairement des erreurs générales. En effet, un état n'entre point dans de fausses routes, sans y entraîner les autres, soi par ses conseils ou ses suggestions : les autres états trompés par les apparences, & prenant des systêmes momentanés pour des systêmes permanens, se portent d'eux-mêmes à des engagemens & à des mesures précipitées qui renversent l'équilibre, & qui ôtent pour long-temps les moyens de se replacer sur son pivot.

Ainsi l'on forme des desirs qui sont chimériques, & des demandes qui ne peuvent être accordées ; on tente de suggérer des craintes ou des espérances de peu d'effet, on se détermine enfin à des entreprises sans des forces proportionnées. Il faut se persuader que chaque pays a ses calculateurs & son arithmétique particulière. En avoit-on bien suivi les routes parts les régles dans la fameuse ligue où Louis XII entraîna tant d'acteurs ? Il n'en falloit pas tant pour réussir, si le principe eût été bien calculé. Et, dans des temps plus rapprochés de nous, la médaille (1) ingénieuse, *quartà deficiente rotâ*, ne pouvoit-elle pas être une leçon de politique applicable à ce qui fait la matière de cet article ?

Travailler dans l'intérieur de l'état pour assurer le triomphe de l'*opinion*, c'est donc saisir le véritable esprit des maximes politiques ; c'est se préparer les moyens d'assurer à un état toute la considération dont il peut être susceptible.

OPPELN, principauté d'Allemagne. *Voyez* l'article SILÉSIE PRUSSIENNE.

OR : effets de l'abondance ou de la disette de l'or. *Voyez* l'article NUMÉRAIRE.

ORCADES. *Voyez* l'article ECOSSE.

ORENOQUE, établissement espagnol en Amérique, sur les bords du fleuve *Orenoque*.

Ce fut Colomb qui le premier découvrit, en 1498, l'*Orenoque*, dont les bords furent depuis appellés *Guyane espagnole*. Ce grand fleuve tire sa source des Cordelières, & ne se jette dans l'Océan, par quarante embouchures, qu'après avoir été grossi dans un cours immense par un nombre prodigieux de rivières plus ou moins considérables. Telle est son impétuosité, qu'il traverse les plus fortes marées, & conserve la douceur de ses eaux douze lieues après être sorti du vaste & profond canal qui l'enchaînoit. Cependant sa rapidité n'est pas toujours égale, par l'effet d'une singularité très-remarquable. L'*Orenoque*, commençant à croître en avril, monte continuellement pendant cinq mois, & reste le sixième dans son plus grand accroissement. En octobre, il commence à baisser graduellement jusqu'au mois de mars, qu'il passe tout entier dans l'état fixe de sa plus grande diminution. Cette alternative de variations est régulière, invariable même.

La tyrannie exercée contre les femmes sur les rives de l'*Orenoque*, encore plus que dans le reste du nouveau-Monde, doit être une des principales causes de la dépopulation de ces contrées si favorisées de la nature. Les mères y ont contracté l'habitude de faire périr les filles dont elles accouchent, en leur coupant de si près le cordon ombilical, que ces enfans meurent d'une hémorragie. Le christianisme même n'a pas réussi à déraciner cet usage abominable. On a pour garant le jésuite Gumilla qui, averti que l'une de ses néophites venoit de commettre un pareil assassinat, alla la trouver pour lui reprocher son crime dans les termes les plus énergiques. Cette femme écouta le missionnaire sans s'émouvoir. Quand il eut fini, elle lui demanda la permission de lui répondre, & elle lui répondit d'une manière touchante à laquelle il ne sut que repliquer.

Les espagnols qui ne pouvoient s'occuper de toutes les régions qu'ils découvroient, perdirent de vue l'*Orenoque*. Ce ne fut qu'en 1535 qu'ils entreprirent de le remonter. N'y ayant pas trouvé les mines qu'ils cherchoient, ils le méprisèrent. Cependant le peu d'européens qu'on y avoit jetté, se livrèrent à la culture du tabac avec tant d'ardeur, qu'ils en livroient tous les ans quelques cargaisons aux bâtimens étrangers qui se

---

(1) Médaille frappée en Hollande, à l'occasion de la quadruple alliance de 1718.

préfentoient pour l'acheter. Cette liaifon interlope fut profcrite par la métropole, & des corfaires entreprenans pillèrent deux fois cet établiffement fans force. Ces défaftres le firent oublier. On s'en reffouvint en 1753. Le chef d'efcadre Nicolas de Yturiaga y fut envoyé. Cet homme fage établit un gouvernement régulier dans la colonie qui s'étoit formée infenfiblement dans cette partie du nouveau-Monde.

En 1771, on voyoit fur les rives de l'*Orénoque* treize villages qui réuniffoient quatre mille deux cents dix-neuf efpagnols, métis, mulâtres ou nègres; quatre cents trente-une propriétés; douze mille huit cents cinquante-quatre bœufs, mulets ou chevaux.

A la même époque, les indiens qu'on avoit réuffi à détacher de la vie fauvage, étoient répartis dans quarante-neuf hameaux.

Les cinq qui avoient été fous la direction des jéfuites, comptoient quatorze cents vingt-fix habitans, trois cents quarante-quatre propriétés, douze mille trente têtes de bétail.

Les onze qui font fous la direction des cordeliers, comptoient dix-neuf cents trente-quatre habitans, trois cents cinq propriétés, neufs cents cinquante têtes de bétail.

Les onze qui font fous la direction des capucins aragonois, comptoient deux mille deux cens onze habitans, quatre cents foixante-dix propriétés, cinq cents fept têtes de bétail.

Les vingt-deux qui font fous la direction des capucins de Catalogne, comptoient fix mille huit cents trente habitans, quinze cents quatre-vingt-douze propriétés, quarante-fix mille têtes de bétail.

C'étoit en tout foixante-deux peuplades, feize mille fix cents vingt habitans, trois mille cent quarante-deux propriétés, foixante-douze mille trois cents quarante-une têtes de bétail.

Jufqu'à ces derniers temps, les hollandois de Curaçao trafiquoient feuls avec cet établiffement. Ils fourniffoient à fes befoins, & on les payoit avec du tabac, des cuirs & des troupeaux. C'étoit à Saint-Thomas, chef-lieu de la colonie, que fe concluoient tous les marchés. Les noirs & les européens faifoient leurs marchés eux-mêmes : mais c'étoient les miffionnaires feuls qui traitoient pour leurs néophytes. Le même ordre de chofes fubfifte encore, quoique depuis quelques années la concurrence des navires efpagnols ait commencé à écarter les navires interlopes.

Il eft doux d'efpérer que ces vaftes & fertiles contrées fortiront de l'obfcurité où elles font plongées, & que les femences qu'on y a jettées produiront, un peu plutôt, un peu plus tard, des fruits abondans. Entre la vie fauvage & l'état de fociété, c'eft un défert immenfe à traverfer; mais de l'enfance de la civilifation à la vigueur du commerce, il n'y a que des pas à faire. Le temps qui accroît les forces, abrège les diftan-ces. Le fruit qu'on retireroit du travail de ces peuplades nouvelles, en leur procurant des commodités, donneroit des richeffes à l'Efpagne. *Voyez* les articles particuliers des établiffemens que les efpagnols ont formés dans le continent du nouveau-Monde & l'article ESPAGNE.

ORGUEIL NATIONAL : c'eft l'opinion avantageufe qu'une nation a d'elle-même. L'*orgueil national* appliqué à des chofes graves, & étranger aux petiteffes & à la fottife, feroit utile dans chaque état. Mais jufqu'à préfent on n'a point vu l'*orgueil national* fe contenir dans de juftes bornes.

G. Patin appelloit les anglois des *loups voraces*; Adiffon, plus poli, fe contente d'infinuer, qu'on pourroit trouver aux françois de la reffemblance avec les *finges*.

Un maître à danfer demandoit s'il étoit vrai que Harlay fût grand tréforier; on lui dit que oui : cela m'étonne, répondit-il, quel mérite la reine a-t-elle donc trouvé dans ce Harlay? Pour moi j'ai eu cet homme deux ans, & jamais je n'en ai pu rien faire.

Un orateur anglois difoit à la fin du dernier fiècle en public : oui, milords, avant peu, vous verrez Louis XIV aux pieds du parlement, lui demander la paix.

Le canadien croit faire un grand éloge du françois, en difant : c'eft un homme comme moi. L'arabe, perfuadé que fon caiffe eft infaillible, rit de la fimplicité du bon tartare, qui s'imagine, que fon lama eft immortel. Sur les rives du Miffiffipi, au fond de la Louifiane, le fouverain fort dès le grand matin de fa cabane, & trace au foleil le chemin qu'il doit parcourir.

On amena devant un prince nègre de Guinée, quelques françois qui venoient d'aborder; affis fous un arbre, il avoit pour trône une groffe buche, pour gardes trois nègres, armés de piques de bois; ce ridicule monarque demanda : parle-t-on beaucoup de moi en France?

Les perfans regardent notre continent comme une petite ifle, où l'on manque du néceffaire. Pourquoi, difent-ils, les Européens viennent-ils acheter nos marchandifes? c'eft qu'ils ne trouvent rien chez eux : lorfque le Kan des tartares, qui ne poffède pas une maifon, qui vit de rapines, a achevé fon dîner, confiftant en laitage & en chair de cheval, il fait publier par un héraut, que tous les potentats, princes & grands de la terre peuvent fe mettre à table.

Un payfan efpagnol remet la charrue à des mains étrangères, il s'occupe à des exercices plus relevés, il joue de la guitare; ou fi fes mains daignent conduire le foc, fon chapeau eft couvert de plumes, il porte l'épée au côté, fe couvre de fon manteau & marche gravement. On fait qu'un gentilhomme caftillan fe croyoit plus noble que le roi Philippe V, parce que, difoit-il,

le roi eft françois, & j'ai l'honneur d'être caf-
illan.

La pitoyable milice du quartier de Tranftevère
prétend defcendre des anciens troyens ; les autres
quartiers de Rome ne font à fes yeux, qu'un vil
affemblage de populace, qui cependant fe croit
égal aux anciens romains. Les anglois ne croiroient
pas affez infulter un étranger, à qui ils donneroient
le nom de *chien*, s'ils n'ajoutoient *chien de françois*.... Rien de plus commun que d'entendre
dire à Londres, tu es un *mendiant écoffois*, tu
es un *impudent barboteur d'Irlande*.

Les habitans des ifles Mariannes, perfuadés
que leur langue eft la feule de l'univers, regardent comme muets tous les autres peuples de la
terre. Une petite nation de l'Amérique feptentrionale tient pour une marque de diftinction,
d'avoir les cheveux très-longs, & croit que
toutes celles qui les portent courts font efclaves.

Les turcs à qui l'on reproche de mettre à la
tête de leurs armées des directeurs de douanes,
répondent, qu'un turc eft bon à tout. C'étoit
le fentiment du fultan Ofman, lorfqu'il fit un
de fes jardiniers vice-roi, pour l'avoir vu planter
des choux fort adroitement. Quand on reprocha
au général Apraxin de s'être laiffé furprendre,
il répondit froidement, que les ruffes ne fe fervent point d'efpions. Les anglois avoient fait
faire en Irlande & dans l'ifle de Minorque des
chemins unis, larges & droits. Les irlandois &
les minorcains ne voulurent jamais paffer par ces
routes, quoique plus faciles & plus commodes
que les anciennes. On connoît le trait par lequel les abyffins voulurent faire connoître leur
bravoure au père Labat. Comme il faifoit fon com-
pliment au roi, 20 ou 30 bâtons lui tombèrent
fur fon dos ; il gagna la porte ; on lui fit mille
politeffes, en l'affurant qu'on traitoit de même
tous les étrangers, pour leur donner une idée
du courage de la nation.

Dans une prefqu'ifle de l'Inde, un chef de
quelques bourgades, affis tranquillement fur fa
natte, qu'il appelle fon trône, dit froidement
aux européens qui le vifitent, *pourquoi ne viens-
tu pas voir plus fouvent le roi du ciel*, & le roi
du ciel, c'eft lui. *De l'orgueil national, traduit
de l'allemand de Zimmerman*, I. vol. in 12 1769.

La vanité paroit être un auffi bon reffort pour
un gouvernement que l'orgueil en eft un dangereux. Il n'y a pour cela qu'à fe repréfenter,
d'un côté, les biens fans nombre qui réfultent de
la vanité ; de là le luxe, l'induftrie, les arts, les

modes, la politeffe, le goût ; & d'un autre côté les
maux infinis qui naiffent de l'orgueil de certaines
nations ; la pareffe, la pauvreté, l'abandon de
tout, la deftruction des nations que le hafard
a fait tomber entre leurs mains, & de la leur
même. La pareffe (1) eft l'effet de l'orgueil ; le
travail eft une fuite de la vanité : l'orgueil d'un
efpagnol le portera à ne pas travailler ; la vanité
d'un françois le portera à favoir mieux travailler
que les autres.

Toute nation pareffeufe eft grave ; car ceux
qui ne travaillent pas fe regardent comme fouverains de ceux qui travaillent.

Examinez toutes les nations ; & vous verrez
que, dans la plupart, la gravité, l'orgueil & la
pareffe marchent du même pas.

Les peuples (2) d'Achim font fiers & pareffeux : ceux qui n'ont point d'efclaves en louent
un, ne fût-ce que pour faire cent pas, & porter
deux pintes de ris ; ils fe croiroient déshonorés
s'ils les portoient eux-mêmes.

Il y a plufieurs endroits de la terre où l'on fe
laiffe croître les ongles, pour marquer qu'on ne
travaille point.

Les femmes des Indes (3) croient qu'il eft
honteux pour elles d'apprendre à lire, c'eft l'affaire, difent-elles, des efclaves qui chantent des
cantiques dans les pagodes. Dans une cafte, elles
ne filent point ; dans une autre, elles ne font
que des paniers & des nattes ; elles ne doivent
pas même piler le ris ; dans d'autres, il ne faut
pas qu'elles aillent quérir de l'eau. L'orgueil y
a établi fes règles, & il les fait fuivre. Il n'eft
pas néceffaire de dire que les qualités morales
ont des effets différens, felon qu'elles font unies
à d'autres : ainfi l'orgueil, joint à une vafte ambition, à la grandeur des idées, &c. produifit
chez les romains les effets que l'on fait.

ORIXA. *Voyez* BENGALE.

ORLÉANOIS, province de France : *voyez*
dans le dictionnaire de Géographie l'époque de
fa réunion à la couronne.

ORTENBOURG, petit comté d'Allemagne,
au cercle de Bavière.

Ce petit comté, fitué en baffe-Bavière, eft
borné par la feigneurie de Neubourg & par les
bailliages de Vilshoven & de Griesbach, qui
relèvent de la généralité de Landshut.

Le feigneur & les fujets profeffent la religion
luthérienne.

---

(1) Les peuples qui fuivent le kan de Malacamber, ceux de Carnataca & de Coromandel, font des peuples orgueilleux & pareffeux ; ils confomment peu, parce qu'ils font miférables : au lieu que les mogols
& les peuples de l'Indoftan s'occupent & jouiffent des commodités de [la vie comme les européens. *Recueil
des voyages qui ont fervi à l'établiffement de la compagnie des Indes*, tom. 1, *pag.* 54.
(2) *Voyez* Dampierre, tom. 3.
(3) Lettres édifiantes, douzième recueil, pag. 80.

La souche des comtes d'*Ortenbourg* (Ortenberg , Artenberg) dérive du comte Rapot , premier fils d'Engelberg III duc de Carinthie , né comte de Sponheim & d'*Ortenbourg* (en Carinthie). La maison électorale de Bavière a contesté long-temps auprès de la chambre impériale leur im-médiateté dans l'Empire ; elle les vouloit soumettre à sa supériorité territoriale , qu'ils reconnoissent effectivement pour la seigneurie de Mattigkofen , dépendante de la généralité de Bourghausen. A l'égard du comté d'*Ortenbourg* , la chambre im-périale leur adjugea en 1573 le droit de relever immédiatement de l'Empire ; & Maximilien , duc de Bavière fit à ce sujet une transaction avec les comtes Henri & George d'*Ortenbourg* l'an 1602. Ce comté exerce aujourd'hui tranquillement le droit de siéger parmi les états de l'Empire & du cercle ; & ses privilèges ne se trouvent limités que par l'investiture de ses fiefs , qui sont sous la mouvance de l'Empire. Albert duc de Bavière s'en fit accorder la survivance , par l'em-pereur Maximilien.

Le titre des comtes est : comtes du saint-Empire romain de la race ainée d'*Ortenbourg* , de Créange & de Putelängen. Ils siègent à la diète sur le banc des comtes de la Wetteravie , aux assemblées du cercle de Bavière , sur le banc séculier , entre Haag & Ehrenfels. Leur taxe matriculaire est de 2 cavaliers ou 24 florins , & leur contingent pour la chambre impériale de 16 rixdalers 23 kr. Les revenus annuels du comté sont d'environ 13,000 florins.

OSNABRUCK , évêché souverain d'Alle-magne.

L'évêché d'*Osnabrück* à pour limites , vers le nord , l'évêché de Munster ; vers le couchant , le même évêché & les comtés de Lingen & de Tecklenbourg ; vers le midi , une partie de l'é-vêché de Munster & le comté de Ravensberg ; vers le levant , le même comté , la principauté de Minden & le comté de Diepholz. Le bailliage de Rechenberg est isolé ; & cet évêché , non com-pris le bailliage , a 10 milles du midi au nord , & de 4 à 6 du levant au couchant.

Sol.

La moitié du territoire de cet évêché offre des landes , dont on tire plus de dix sortes de tourbes , & d'autres terres , dont on se sert pour l'engrais des districts labourables. Le meilleur district est aux environs de Quackenbrück ; on l'appelle l'Artland. Le pays produit assez de seigle pour fournir aux besoins des habitans & à la consommation de 500 chaudières d'eau-de-vie. On tire de la principauté de Minden & du comté de Schauenbourg une assez grande quantité de bled sarrazin , peu de froment , mais presque toute l'avoine & l'orge nécessaire aux habitans de l'évêché. L'entretien du bétail est médiocre. On

amène beaucoup de bestiaux de l'Ost-Frise du-rant l'automne. L'évêque Erneste , Auguste II , établit des salines à Bissen ; mais elles appartien-nent aujourd'hui à la maison électorale d'Hanovre.

Population.

On compte dans tout l'évêché quatre villes , trois bourgs , appellés *Weichbildes* ou *Wiegbolde* , & en général environ 20,000 feux , lesquels sont inscrits dans les registres des impositions ; un feu comprend souvent deux familles. Les nobles & les exempts ne sont point compris dans ce dénom-brement.

Etats.

Ce pays a des états qui sont composés du cha-pitre cathédral , lequel a une grande prépondé-rance , de la noblesse & des quatre villes.

L'évêque convoque les états , & ils se tiennent dans la ville d'*Osnabrück*. On compte 80 terres & châtellenies qui donnent entrée aux états ; mais il y a aussi des terres nobles qui ne sont point châtellenies , & qui par conséquent ne don-nent point le droit de siéger aux états. Pour avoir voix & séance au collège de la noblesse , il faut non-seulement posséder une terre qui donne l'entrée aux états , mais prouver en outre seize quartiers. Le juge héréditaire du pays prétend être exempt de cette preuve ; mais il est en procès à cet égard avec le corps de la noblesse. Les meilleures terres nobles donnant entrée aux états rapportent annuellement de 8 à 9 mille écus d'Empire.

Les habitans de l'évêché d'*Osnabrück* sont assidus & laborieux. Il passe annuellement en Hollande près de 6000 hommes de la campagne ; on les ap-pelle Hauerling ; ils vont y faucher , y labourer la terre , y préparer de la tourbe , & faire d'autres ou-vrages : ils habitent les petites maisons attenantes aux demeures des paysans. Le moindre d'entre eux rapporte chez lui 20 florins ; mais il en est qui en rapportent jusqu'à 70 : de manière qu'on fait monter à 200,000 florins par an la somme qu'ils impor-tent. Un auteur anonyme écrivoit en 1767 que ces gens nuisent à leur santé & à leur mé-nage , & même à tout le pays ; & que le prix de leurs travaux en Hollande , ne récompense pas ces avantages : Il y a dans l'évêché , comme dans la plupart des autres pays du cercle de Westphalie , beaucoup de serfs qui appartiennent au chapitre cathédral , à la noblesse , au clergé , à des bour-geois. L'évêque Erneste Auguste a publié une ordonnance particulière concernant les propriétés.

Religion.

Le pays est partie catholique & partie luthé-rien. Ni les évêques catholiques , ni les protes-tans n'ont le droit de réformer ; toutes choses de ce genre doivent demeurer dans l'état où elles se trouvoient au premier Janvier 1624. Les paroisses sont ou catholiques, ou protestantes, ou mi partie. Le petit nombre de réformés communie dans les états prussiens des environs. Les juifs ne sont point tolérés.

Fabriques.

L'occupation la plus étendue & la plus utile des habitans, consiste à filer & à faire une grosse toile, appellée *Lœwent*, que les hollandois, les anglois & les espagnols enlèvent pour la Guinée & l'Amérique, & dont le produit annuel excède un million de rixdalers. On trouve à *Osnabrück* des fabriques d'un certain drap, appellé *Wand*: on fabrique du gros drap à Bramsche. Le pays n'offre pas d'autres manufactures.

Précis de l'histoire politique, & remarques sur cet état.

Osnabrück est le premier & le plus ancien évêché de Westphalie; il fut fondé par Charlemagne. Les opinions varient sur l'année de sa fondation; car on nomme les années 772, 74, 75, 76, 77, 80, 81, 82, 88 & même 803. Le traité d'*Osnabrück* en 1648 déclare: que cet évêché doit être possédé alternativement par un catholique & par un protestant, & que le chapitre peut toujours choisir le premier, soit parmi ses membres, soit parmi des étrangers; mais que le dernier doit être élu parmi les princes de la maison de Brunswick-Lunebourg, & nommément parmi les descendants du duc George, & après leur entière extinction, parmi ceux du duc Auguste. Sous l'administration d'un évêque protestant, les censures ecclésiastiques, l'administration des sacremens, suivant les rites de l'église romaine, & toutes les choses qui appartiennent à l'ordinaire, sont réservées à l'archevêque de Cologne comme métropolitain; mais son pouvoir ne s'étend point sur les protestans. Tous les autres droits de la supériorité territoriale, au civil & au criminel, doivent, conformément à une capitulation perpétuelle dont la rédaction est ordonnée, passer sans restriction à l'évêque protestant; & l'évêque catholique ne doit se mêler en aucune manière des affaires relatives au service divin des protestans. La capitulation fut rédigée à Nuremberg en 1650. Le chapitre ayant élu en 1764 Frédéric, fils mineur de George III roi de la grande-Bretagne; il s'éleva deux questions: la première regardoit l'administration de l'évêché; le chapitre disoit qu'elle lui appartenoit de droit, & le roi la réclama comme père & tuteur naturel; il s'agissoit ensuite de savoir, qui donneroit le plein pouvoir à l'envoyé d'*Osnabrück* à la diète de l'Empire. La seconde question fut de savoir si, durant la minorité, le suffrage d'*Osnabrück* seroit considéré

comme catholique ou comme protestant. On convint en 1766, que l'exercice de ce suffrage demeureroit suspendu, jusqu'à ce que ce point fût fixé.

L'évêque est état de l'Empire, & siège à la diète entre les évêques de Munster & de Liége. Sa taxe matriculaire, pour l'entretien de l'armée de l'Empire, est de 6 cavaliers & de 36 fantassins, ou de 216 florins par mois, & pour l'entretien de la chambre impériale, de 81 écus d'Empire 14 & demi kr. par quartier. *Osnabrück* a le quatrième rang parmi les états de Westphalie. Le chapitre cathédral est composé de 25 chanoines, parmi lesquels trois sont protestans: le quatrième canonicat réclamé par les luthériens est encore en litige.

Administration, Tribunaux.

On trouve à *Osnabrück* 1°. le conseil privé, qui administre les revenus de l'évêque, & qui a l'inspection sur le pays. 2°. La chancellerie provinciale de justice, laquelle est composée de deux conseillers catholiques & de deux protestans, dont l'un fait en même-tems les fonctions de directeur; & d'un secrétaire de chacune des deux religions: on appelle des jugemens de cette chancellerie aux tribunaux suprêmes de l'Empire. 3°. L'officialité a dans les affaires civiles une jurisdiction concurrente avec la chancellerie de justice, & elle connoît des affaires ecclésiastiques catholiques concurremment avec les archidoyens, dont les jugemens sont portés, par appel, par devant l'official. Les affaires féodales & criminelles, ainsi que celles qui concernent les foires & la chasse n'appartiennent point à l'official. 4°. Le consistoire protestant, composé d'un président séculier, de deux conseillers ecclésiastiques, dont l'un est communément prédicateur en delà & l'autre en deçà d'*Osnabrück*; & d'un secrétaire. 5°. Le magistrat de la ville, dont nous parlerons plus bas.

L'évêché est divisé en bailliages, dont chacun a un juge noble, un receveur, lequel perçoit le revenu appartenant à la mense épiscopale, un juge ordinaire, un greffier & un fiscal.

Tous les officiers & employés doivent prêter serment de fidélité au seigneur territorial & au chapitre cathédral. Après la mort de l'évêque le chapitre se met en possession de tout, & remplit conjointement avec le magistrat d'*Osnabrück*, toutes les places de receveurs. Presque tous les employés, excepté les juges, perdent leurs places par la mort de l'évêque, jusqu'à ce que le chapitre juge à propos de les rétablir. Le nouvel évêque est encore le maître de faire des changemens à cet égard.

Revenus.

Les trois états accordent annuellement à l'évêque, de la caiſſe de l'évêché, un don gra-tuit, lequel a été depuis 1729 au moins de 60,000 écus d'Empire; il n'a jamais excédé 145,000 écus. La recette dans laquelle on puiſe cette ſomme, dit Buſching, eſt actuellement de 130,000 écus; mais on l'augmente ſouvent, & le produit net, déduction faite du quart, va au-delà. On lève d'ailleurs annuellement deux juſqu'à trois taxes extraordinaires ſur les chéminées; chaque taxe produit 14 juſqu'à 15,000 écus. La menſe épiſcopale rapporte, année commune, environ 40,000 écus. Les revenus du chapitre ſont de 90 à 100,000 écus. L'évêché n'entretient point de ſoldats.

OST-FRISE ou FRISE-ORIENTALE, pays de l'Europe, appartenant au roi de Pruſſe.

L'Oſt-Friſe, ainſi nommée relativement à la Friſe occidentale, eſt bornée, vers le nord, en partie par l'océan ſeptentrional & en partie par ce qu'on appelle le pays de Harlingen; vers l'orient, par la ſeigneurie de Jever & le comté d'Oldenbourg; vers le ſud, par l'évêché du Munſter; vers le couchant, par la province de Groningue & l'o-céan ſeptentrional. Cette principauté, priſe dans ſa plus grande étendue du ſud au nord, a ſix à ſept milles d'Oſt-Friſe, leſquels valent à peu près neuf milles & demie d'Allemagne, & du levant au couchant environ 9 milles d'Allemagne.

Précis de l'hiſtoire politique.

Dans le moyen âge l'Oſt-Friſe étoit diviſé en pluſieurs petites ſeigneuries. Les adminiſtrateurs de ces ſeigneurs, appellés heuptlinge, (chefs, capi-taines,) les tranſmirent à leurs héritiers mâles & femelles. Les capitaines de Grethſyhl, ſur-nommé Cyrkſena ou Sirkſena, ſe firent ſurtout remarquer; c'eſt d'eux qu'eſt iſſu Edzard, qui en 1430 fut reconnu par la plus grande partie de l'Oſt-Friſe pour ſon ſeigneur territorial. Edſard eut pour ſucceſſeur ſon frère Ulric I, qui fut élevé à la dignité de comte d'Empire avec toute ſa poſtérité, par l'empereur Frédéric III en 1454. L'empereur Ferdinand III accorda en 1654 au comte Enno Louis ou Enno IV le titre de prince de l'Empire : ce titre fut accordé auſſi à ſon frère & ſucceſſeur, George Chriſtian & à ſes deſcendans. La ligne des princes d'Oſt-Friſe s'é-teignit en 1744, à la mort de Charles Edzard, & le roi de Pruſſe, Frédéric II, ſe mit en poſ-ſeſſion de cette principauté, en vertu d'une ex-pectative accordée à la maiſon de Brandebourg en 1694 par l'empereur Léopold. La maiſon de Brunſwick-Lunebourg proteſta contre cette priſe de poſſeſſion, & la dénonça au conſeil aulique impérial; elle ſe fonda ſur un pacte de famille conclu entre elle & le prince Chriſtian Everard en 1691. Les françois & leurs alliés dévaſtérent

ce pays en 1757 & 1758, & y levèrent de for-tes contributions en 1761.

Le prince d'Oſt-Friſe fut admis au collège des princes en 1667 : il ſiège entre les princes d'A-veſperg & Purſtemberg, & aux aſſemblées du cercle de Weſtphalie, ſa place eſt entre Naſſau-Dillenbourg & Meurs. Au reſte, l'Oſt-Friſe n'eſt encore qu'un ſimple comté, & n'a pas encore pu être érigée en comté princier, ni en princi-pauté. Elle paye par chaque mois romain ſix hom-mes à cheval & trente fantaſſins ou 192 florins, & la contribution pour l'entretien de la chambre impériale eſt de 160 écus d'empire 86 & demi kr. par terme.

Sol.

Le terrein eſt par-tout bas & uni : des digues le défendent contre les flots de la mer. Ces di-gues, y compris celles qui bordent l'Ems juſqu'à Leer, ont 16 milles d'Oſt-Friſe de longueur : on ne compte point les petites digues qui ſe trouvent dans la partie ſupérieure de l'Ems & contre leſquelles la mer n'a que peu de forces. On trouve ſur les côtes une terre extrêmement fertile; mais elle a plus de prairies & de pâturages que de can-tons labourés. L'entretien du bétail y eſt conſi-dérable; on nourrit des bêtes à cornes, des che-vaux & beaucoup de moutons, qui ſont d'une grandeur particulière. Au printemps, une vache y fournit de vingt à vingt-quatre pots de lait par jour, & il arrive ſouvent qu'une des brebis porte quatre agneaux. On fait auſſi du beurre & du fromage très-gras. Le centre de l'Oſt-Friſe eſt ſa-blonneux & marécageux.

Etats.

Cette province a des états compoſés de la no-bleſſe, des villes & des payſans. Ces états ont fait ſucceſſivement avec la maiſon régnante, de-puis le comte Edzard II, diverſes tranſactions, leſquelles, jointes aux ordonnances impériales, ſervent de baſe & de loix pour l'adminiſtration du pays. L'Oſt-Friſe jouit encore de beaucoup de privilèges. Les états conſentent aux impôts & les lèvent; ils adminiſtrent les droits d'acciſes qui ont été fixés en 1750.

Religion.

Les réformés compoſent après les luthériens le plus grand nombre des habitans. Les catholiques ont l'exercice privé de leur religion à Embden, à Leer, à Goëdens & à Lutzbourg; les menno-nites à Embden, à Leer, à Norden & à Goë-dens, & il y a des frères moraves dans la ville de Norden. On y trouve auſſi des juifs.

Les habitans de l'Oſt-Friſe s'adonnent beau-coup au commerce & à la navigation. Ils expor-tent de grands chevaux (dont la plupart vont à

Rome & coûtent 300 écus la paire & au-delà), des bêtes à cornes, du beurre, des fromages, de l'orge d'hiver, de l'avoine, des fèves & de la toile fine, qu'on fabrique particuliérement à Leer & à Gœdens : on blanchit cette toile à Harlem, & on la vend ensuite comme toile d'Hollande. L'importation procure à ce pays tou-tes les choses qui lui manquent. Le roi de Prusse établit à Embden, en 1769, une compagnie pour la pêche des harengs à l'instar de celle de Hollande ; cette compagnie commença heureusement sa pêche l'année d'après avec six navires, & fournit des harengs qui ne le cédèrent point à ceux des hollandois.

Administration.

La régence provinciale siège à Aurich : elle est composée de deux sénats, & elle forme en même-temps avec le surintendant général & le prédica-teur de la ville le consistoire ecclésiastique : on trouve, dans la même ville, la chambre de guerre & des domaines ; le collège provincial des ad-ministrateurs, lequel perçoit, administre les im-pôts & en rend compte : on y trouve de plus un collège provincial de médecine.

L'Ost-Frise comprend aujourd'hui trois villes & neuf bailliages, qui étoient autrefois des seigneu-ries, mais qui, ainsi que les villes, appartiennent aujourd'hui au seigneur territorial, & six seigneu-ries nobles, dont les possesseurs sont ce qu'on ap-pelle landsasses, c'est-à-dire, sujets du seigneur territorial. Les bailliages sont administrés par des juges, des officiers de justice & des receveurs : on les divise en prévôtés, & les prévôtés en paroisses. Voyez les articles BRANDEBOURG & PRUSSE.

OSTRACISME, espèce d'exil en usage au-trefois chez les athéniens. L'ostracisme doit être examiné par les règles de la loi politique, & non par les règles de la loi civile ; & bien loin que cet usage puisse flétrir le gouvernement po-pulaire, il est au contraire très-propre à en prou-ver la douceur ; & nous aurions senti cela, si l'exil parmi nous étant toujours une peine, nous avions pu séparer l'idée de l'ostracisme d'avec celle de la punition.

Aristote (1) nous dit qu'il est convenu de tout le monde que cette pratique a quelque chose d'humain & de populaire. Si dans les temps & les lieux où l'on exerçoit ce jugement, on ne le trouvoit point odieux, est ce à nous qui voyons les choses de si loin, de penser autrement que les accusateurs, les juges & l'accusé même ?

Et si l'on fait attention que ce jugement du peuple combloit de gloire celui contre qui il étoit rendu ; que lorsqu'on en eut abusé à Athènes contre un homme sans mérite (2), on cessa dans ce moment (3) de l'employer ; l'on verra bien qu'on en a pris une fausse idée, & que c'étoit une loi admirable que celle qui prévenoit les mauvais effets que pouvoit produire la gloire d'un citoyen, en le comblant d'une nouvelle gloire.

OTTOBEUREN, abbaye d'Allemagne, qui est sous la dépendance immédiate de l'Empire. L'abbaye d'Ottobeuren ou Ottenbeuren, ordre de S. Benoît, jadis appellée Uttenbeuren ou Ittabeu-ren, est située à deux lieues de Memmingen. C'est le plus beau couvent que cet ordre possède en Suabe. On prétend qu'elle fut fondée en 764 par Sylach, comte d'Illergew, & par son épouse & ses fils. Charlemagne en confirma, dit on, la fondation en 769 : mais la charte de sa fonda-tion, aussi-bien que celle de sa confirmation, insérée en 1766 dans une histoire de cette ab-baye, n'étant point originales, sont peu authen-tiques. En 1350 le droit de protection sur cette abbaye, qui avoit été jusqu'alors dans les mains seculières, fut conservé par l'empereur Charles IV à l'évêque d'Augsbourg, dont les successeurs le conservèrent jusqu'à Rupert II. Les empereurs Rupert & Sigismond, en confirmant les anciens privilèges de cette abbaye, lui en accordèrent plusieurs nouveaux. En 1626, elle paya à l'évê-ché d'Augsbourg 100,000 florins, & elle fut af-franchie de toute supériorité territoriale & du droit de collecte, auquel il prétendoit la sou-mettre : cette convention fut confirmée par l'em-pereur. Le titre de l'abbé est : prélat & abbé régnant de l'abbaye immédiate & impériale d'Ot-tobeuren, conseiller actuel & chapelain héré-ditaire de sa majesté impériale. On voit, par ce qu'on vient de dire, que ce couvent est sous la dépendance immédiate de l'Empire, qui l'avoit même autrefois invité à ses diètes ; mais on ne l'y invite plus depuis long-temps. Il contribue toutefois aux impositions du cercle de Suabe.

OTTOMAN EMPIRE. On donne ce nom aux pays que le grand-seigneur possède en Europe & en Asie : on les divise en Turquie européenne & Turquie asiatique.

La Turquie européenne fait partie de l'ancien royaume d'Orient conquis par les chrétiens. Ses bornes actuelles sont à l'orient la mer d'Azof, la mer Noire & l'Archipel : au midi, la Médi-terranée : au couchant, la mer Adriatique & la Dalmatie ragusienne, vénitienne & hongroise ; Elle touche au nord, à la Croatie hongroise,

(1) République, liv. III, chap. 13.
(2) Hyperbolus, Voyez Plutarque, vie d'Aristide.
(3) Il se trouva opposé à l'esprit du législateur.

à

à l'Esclavonie, la Hongrie, la Transilvanie, la Pologne & la Russie. En y comprenant la Crimée qui en a fait partie jusqu'au moment où l'impératrice de Russie s'en est emparé, ces pays forment une étendue d'environ 10,544 milles géographiques quarrés.

La Turquie d'Europe ne renferme que cinq gouvernemens généraux; le grand-seigneur en possède dix-huit autres en Asie & un en Afrique; mais celui-ci est bien précaire. Ses domaines d'Asie s'étendent jusqu'à la Perse, l'Arabie & l'Egypte : l'empire *ottoman* paroît donc avoir 800 lieues du levant au couchant, & 700 du nord au midi.

Nous donnerons, 1°., un précis de l'histoire politique de l'empire *ottoman*. 2°. Nous ferons la description des diverses provinces européennes de l'empire *ottoman* & des remarques sur ces provinces. Il est impossible de se procurer des détails exacts & précis sur les provinces que possède le grand-seigneur en Asie; un voyageur qui fait admirer la sagacité de son esprit & la justesse de ses observations, M. Volney nous a fourni des détails précieux sur la Syrie : nous les renvoyons à l'article SYRIE. On pourra juger d'après cet exemple quel est l'état & l'administration des autres provinces de cette partie des domaines de l'empire *ottoman*. 3°. Nous parlerons du sol, des productions, de la population, des grecs, de la noblesse, de la religion de la Turquie d'Europe, & de quelques usages ou loix qui ont rapport au commerce, à la population & à l'industrie. 4°. Nous traiterons de l'armée, de la marine, & des revenus de l'empire *ottoman*. 5°. Nous traiterons du gouvernement; & nous ferons des remarques sur l'administration, les tribunaux & les loix. 6°. Nous traiterons enfin des rapports politiques, & nous ferons quelques remarques sur les prétentions & les vues de la cour de Russie & de celle de Vienne.

SECTION PREMIERE.

Précis de l'histoire politique de l'empire ottoman.

Nous pourrions commencer ce précis au moment où les turcs ont conquis les domaines qui forment l'empire *ottoman*; mais nous croyons devoir remonter plus haut.

Constantin divisa l'empire en deux départemens : celui d'Orient & celui d'Occident.

L'Orient comprenoit la Hongrie, la Transilvanie, la Valachie, la Moldavie, la Thrace, la Macédoine, la Grèce, le Pont, l'Asie & l'Egypte.

L'Occident contenoit l'Allemagne, une partie de la Dalmatie & de l'Esclavonie, l'Italie, les Gaules, l'Angleterre, l'Espagne & l'Afrique.

Les trois fils de Constantin partagèrent cet empire; mais cette division ne dura pas, & Julien

rassembla toutes les parties de l'empire, & fut le dernier de cette famille. L'un & l'autre département étoient encore entre les mains de Théodose-le-grand, qui les partagea entre ses deux fils Arcadius & Honorius. Le premier forma l'empire d'Orient, dont le siège étoit à Constantinople, & le second fut empereur d'Occident, & eut sa résidence à Rome. Nous parlerons de l'empire d'Occident à l'article ROME.

L'empire d'Orient commença donc sous Arcadius, qui régna après Théodose-le-grand, son père, mort l'an 395. Il a duré 1058 ans, sous soixante-seize empereurs, & il a fini, l'an 1453, avec le règne de Constantin Paléologue, qui périt, lors de la prise de Constantinople, par Mahomet II, &, depuis cette époque, cette ville, en cessant d'être la capitale de l'ancien empire grec, est devenue la capitale du nouvel empire des turcs.

La division de l'empire fut la principale cause de sa ruine. Les goths, les vandales, & d'autres peuples, venus du Nord, inondèrent l'empire d'Occident, où ils établirent diverses monarchies, & entamèrent l'empire d'Orient. Dès le règne d'Arcadius, les goths, aidés par Rufin, son premier ministre, s'avancèrent jusques dans le Péloponnèse, & l'Afrique fut envahie par divers tyrans. Sous Théodose II son fils, les vandales prirent Carthage, & commencèrent un nouveau royaume dans l'Afrique, qu'ils désolèrent, & où ils portèrent l'arianisme. Bélisaire, général de Justinien, détruisit ce royaume, conquit la Sicile, assiégea & prit Naples, se rendit maître de Rome, & battit, près de Ravennes, Witigès, Roi des goths, qu'il fit prisonnier, & mena à Constantinople. L'Italie, qui avoit autrefois été le principal pays de l'empire d'Occident, devint alors une province de l'empire d'Orient; mais les empereurs n'en jouirent pas fort paisiblement, à peine purent-ils conserver l'exarchat de Ravennes. Sous Héraclius, les sarrasins s'emparèrent de la terre-sainte, qu'ils ravagèrent. Les forces de ces barbares s'acrurent tellement, que, sous Constantin Pogonate, ils se trouvèrent en état d'attaquer la Sicile, & même d'aller mettre le siège devant Constantinople. Sous Philippe Bardanès, ils enlevèrent à ces empereurs les plus belles villes de la Cilicie, tandis que les bulgares mécontens pilloient la Thrace, & faisoient des prisonniers jusqu'aux portes de Constantinople. Durant un long intervalle il n'y eut sur le trône d'Orient que des scélérats qui se supplantoient les uns les autres, &, qui, n'ayant ni probité, ni religion, ni aucune espèce de mérite, donnèrent lieu, par leur propre exemple, aux révoltes qui leur enlevoient le sceptre. Des hommes qui avoient tout à craindre de ceux même qui les environnoient, n'étoient guères en état de conserver les frontières de leur empire contre les ennemis du dehors. Sous Alexis

Comnène, les turcs pillèrent les îles de Chio, de Lesbos, de Rhodès & de Samos. Ce fut vers ce temps-là que les françois commencèrent les fameuses croisades contre les turcs & les sarrasins. L'an 1204, Alexis Mirtylle ayant été déchiré par le peuple, après un règne de deux mois & demi, Baudouin, comte de Flandre, l'un des seigneurs de l'armée françoise, se rendit maître de Constantinople & de l'empire, lequel passa aux françois, qui le possédèrent jusqu'en 1260. Lorsque Baudouin faisoit cette conquête, Alexis Comnène tenoit la Colchide, ou la province de Trébisonde, à titre de principauté, sous les empereurs de Constantinople. Voyant Constantinople entre les mains des François, il se déclara souverain, sans néanmoins prendre le titre d'empereur; ce fut Jean Comnène qui prit le premier cette qualité d'empereur de Trébisonde. Dans le même tems, un troisième empire se formoit dans la Thrace; Théodore Lascaris prétendoit avoir un double droit à l'Empire : il avoit épousé Anne Comnène, fille d'Alexis Comnène, empereur, & veuve d'Isaac Comnène, qui, en renonçant à l'empire, s'étoit contenté du titre de sebastocrator, qu'il avoit inventé. Il prit donc le titre d'empereur, & résida à Andrinople; tandis que les empereurs françois avoient leur siège à Constantinople. Mais Jean & Théodore ses arrières-petits-fils, lui ayant succédé en bas âge, eurent pour tuteur Michel Paléologue, qui chassa Baudouin de Constantinople l'an 1259, fit mourir, l'année suivante, ses deux pupilles, & se déclarant lui-même empereur, réunit l'empire qu'ils avoient possédé à Andrinople, à celui de Constantinople, dont il s'étoit déja rendu maître. En 362, Amurat I, empereur des turcs, prit Andrinople, qui devint la capitale des ottomans, déja maîtres de l'Asie mineure, & surtout de la Bithynie. Il ne restoit à l'empire d'Orient que quelques provinces délabrées. L'an 1340, les Paléologues furent renversés du trône, par Jean Cantacusene, qui fût détrôné à son tour par Jean Paléologue. Ce fut sous l'empire de ce dernier que les turcs prirent Andrinople. Pour achever la destruction de ce malheureux état, Emmanuel Paléologue, après un règne de trente & un ans, laissa sept fils : Jean, qui lui succéda, & regna vingt-sept ans; Andronic, qui fut prince de Thessalonique : il la vendit aux vénitiens & mourut de la lépre; Théodore, qui alla chez un de ses oncles despote de la Morée : Démétrius, qui regna à Sparte; Thomas, qui eut Corinthe; Manuel, lequel se retira auprès de Mahomet II, qui le retint toujours prisonnier; & enfin constantin, qui succéda à Jean son frère. Ce fut sous Constantin, que Constantinople fut prise d'assaut le 28 mai 1453, & devint la capitale de l'empire turc, comme elle l'est encore à présent. Nous allons entrer dans quelques détails sur les turcs qui opérèrent cette grande révolution.

Les turcs, originaires de la Tartarie, ou de la Scythie, n'ont eu ce nom que dans le moyen-âge, & ils ne le regardent eux-mêmes que comme un titre d'honneur qu'ils partagent avec les tartares & les Mongoles. Le mot turc, adjectif, signifie éminent; & le même mot, substantif, signifie un chef; ainsi, le chef d'une horde, ou la horde même, peut se nommer turki, ki chez les tartares désigne une troupe ou horde. Les scythes ou tartates à qui on a donné le nom propre de turcs, habitoient jadis entre la mer noire & la mer caspienne, & ils ne se sont fait connoître que dans le septième siècle. Ils servirent, sous l'impereur d'orient, Héraclius à la conquête de la Perse : ensuite les califes arabes ou sarrasins en composèrent leur garde, & ils en employèrent un grand nombre dans leurs armées; les tartares s'emparèrent peu à peu de l'autorité, déposèrent & établirent à leur gré les califes, & même quelques gouverneurs de cette nation se rendirent indépendans, surtout dans le neuvième siècle. Les turcs ainsi liés aux sarrasins ou arabes se trouvèrent disposés à embrasser le mahométisme, ce qui les unit davantage; leurs conquêtes se firent en commun, & à la longue les turcs étant devenus les plus forts, les sarrasins disparurent, pour ainsi dire, & furent confondus avec eux. Quant à l'origine précise de l'Empire ottoman, la voici telle que l'histoire du prince Cantémir la rapporte. La horde oguzienne, conduite par Tschingis chan, passa de la grande tartarie aux bords de la mer caspienne, en Perse & dans l'Asie mineure, & y fit de grandes conquêtes. Le schach Soliman, prince de la ville de Nera au voisinage de la mer Caspienne & seigneur de Meruschahjan, espéra les mêmes succès; il se mit à la tête de 50000 hommes, l'an 1214, passa le Caucase, traversa l'Azerbejan ou la Médie, & pénétra jusqu'aux frontières de Syrie; il fût arrêté dans ses incursions par les tartares qui avoient suivi Tschingis Chan; mais il pénétra de nouveau en 1219 dans l'Asie mineure & jusqu'aux bords de l'Euphrate. Le bruit de ses exploits étant parvenu à la cour de Perse, on y donna à Solyman & à son peuple le nom de turc, qu'on donnoit communément aux peuples que Tschingis Chan avoit amenés de la Tartarie. Son petit-fils Osman s'empara de diverses provinces & places de l'Empire grec dans l'Asie mineure, & il prit en 1300, dans la ville de Carachisan, le nom d'empereur des osmans. Il établit sa résidence à Yenghischeri; & entr'autres conquêtes, il se rendit maître en 1326 de Prusa, ville de Bithynie, appellée aujourd'hui Bursa; son fils & son successeur Otchanes y fixa son séjour. Celui-ci qui eut pour femme Théodora, fille de l'empereur grec Cautacuzènes, avoit fait passer son fils Solyman & Amurat en Europe; le premier se rendit maître de la ville de Gallipolis, & l'autre de celle de Tyrilos. Amurat succéda à son père & conquit les villes d'Ancyre, d'Andrinople & de Philippopolis en 1360, créa les janissaires en 1362, s'empara de la Servie & fit une irruption dans la Macédoine & dans l'Albanie. Son fils Bajazet qui lui succéda, étendit ses conquêtes en Europe & en Asie, remporta une victoire sur les chrétiens à Nicopolis, & fut ensuite lui-même vaincu & fait prisonnier par Tamerlan. Ses fils se disputèrent l'Empire, Mahomet I en demeura le maître : son fils Amurat II, entr'autres expéditions, vainquit les hongrois près de Varna en 1444. Mahomet II, le plus célèbre des empereurs turcs, prit Constantinople en 1453, & réduisit tout l'Empire grec sous son obéissance. Les turcs disent qu'il le posséda par droit de succession, & ils en concluent que la soumission des grecs doit être plus entière Leurs prétentions sont fondées, sans doute, sur le mariage d'Orchanes avec Théodora, fille de l'empereur Cantacuzenes. Quoi qu'il en soit, Mahomet II pendant son règne conquît douze royaumes & 200 villes. Bajazet II & Selim reculèrent les bornes de leur empire en Europe, en Asie & en Afrique. Soliman I se distingua par plus d'une victoire remportée sur les hongrois, & par un code de loix qu'il publia. Les empereurs suivans ne furent pas fort heureux dans leurs expéditions. Mahomet IV s'empara, il est vrai, de l'isle de Candie en 1669, & assiégea Vienne en 1683 ; mais la guerre qu'il fit en Hongrie lui fut contraire. Sous Soliman II, Achmet II & Mustapha, les hongrois & les vénitiens remportèrent plusieurs avantages sur les turcs, ce qui engagea Mustapha II en 1699 à conclure la paix de Carlowitz ; Achmet III fit celle de Passarowitz en 1718 ; & Mahomet V, par la paix de Belgrade en 1739, a rendu à l'Empire une moitié de la Servie & une partie de la Valachie. Son frère Osman Ibrahim, qui lui succéda, eut pour successeur son fils Mustapha III.

C'est donc abusivement qu'on donne à l'empire des turcs le nom d'ottoman, au lieu de celui d'Osman, son premier fondateur.

SECTION II.

Description des diverses provinces européennes de l'Empire Ottoman, & remarques sur ces provinces.

Pays de l'Europe entièrement assujettis à l'Empire d'Osman, autrement dits Rumeli ou Rum, c'est-à-dire, pays des Romains.

Les géographes turcs donnent ce nom à l'Europe en général, & en particulier à la Grèce moderne, non compris la Morée.

-1°. L'Illyrie Turque.

Elle comprend : I. Une portion du royaume de Croatie, entre les rivières d'Unna & de Verbas. II. Une portion de la Dalmatie, qui s'étend depuis la Bosnie jusqu'à l'Albanie.

III. Le royaume de Bosnie, dit *Rama*, ainsi nommé des rivières de Bosna & de Rama, à moins qu'on ne veuille que le premier nom lui vienne du peuple des Bossènes.

Ce royaume est séparé de l'Esclavonie, par la Save au nord, de la Servie par le Drino (riv.) au levant, de la Dalmatie par des montagnes au midi, & de la Croatie, par la rivière de Verbas au couchant : il a 28 milles de longueur, & de 15 à 28 de largeur ; le sol y est favorable à l'agriculture & à l'entretien du bétail ; il produit du vin, & les montagnes renferment des mines d'argent. Les habitans descendent des esclavons & ils en parlent la langue. Ils professent la religion grecque, mais le mahométisme y a beaucoup de sectateurs. Plusieurs croates mécontens se sont retirés dans ce pays, que les turcs conquirent en 1463 & 1489. Avant qu'il passât sous leur domination, il étoit commandé par un Ban, allié des Hongrois : aujourd'hui c'est un pacha qui y commande, & on le divise en trois sangiacats ou comtés.

IV. Le royaume de Servie, qui tire son nom des serviens qui l'habitent, & que les hongrois nomment *Serkesch - Orszag*, & les turcs *Laswilageli* ou *province de Lazare : Lass* ou *Lazare*, en étoit le maître lorsqu'ils le conquirent en 1365. La partie orientale, appellée *Rascie* de la rivière Rasca qui y coule, est l'ancienne Dardanie. Les habitans se divisent en serviens & rasciens, & ils parlent l'esclavon : ils sont attachés à l'église grecque, quoiqu'il y ait aussi beaucoup de mahométans parmi eux. On y fabrique des toiles & des étoffes de coton. Lorsque la Servie étoit encore alliée des hongrois, un despote la gouvernoit. A la paix de Passarowitz, conclue en 1718, l'empereur des romains obtint la plus grande partie de ce royaume, qu'il fut obligé de rendre aux turcs en 1739 par la paix de Belgrade. Autrefois la Servie propre, distinguée de la Rascie, comprenoit le bannat de Mazovie : on la divise maintenant en quatre sangiacats ou comtés.

II° La Bulgarie.

La Bulgarie est bornée au nord par le Danube ; à l'orient par la mer Noire ; au midi par le mont Hémus, qui la sépare de la Romanie ; à l'occident par la Servie. Elle tire son nom des Bulgares ; & elle formoit autrefois la partie inférieure de la Moësie. Elle a 72 milles de longueur sur vingt de largeur au milieu, & 40 près de la mer Noire.

Le pays est en général fort montueux ; mais, dans les vallées & les plaines, le sol est extraordinairement fertile, & il produit en abondance du bled & du vin. Les montagnes ne sont pas non plus stériles, & elles fournissent sur tout de bons pâturages.

Les bulgares *bulgari*, *vulgari*, que les hongrois nomment *bulgarok*, sont célèbres dans l'histoire

N n n 2

ancienne. Ils furent d'abord établis près du Volga, & on voit encore les restes de leur capitale Bulgar, non loin de la rivière de Kamma. Ils se transportèrent ensuite près du Tanaïs; & sous le règne de l'empereur Zénon, ils se fixèrent près du Danube; ils passèrent plusieurs fois ce fleuve & tombèrent dans la Thrace & la Moësie. Une troupe de bulgares se répandit au septième siècle en Italie, & se fixa dans le duché de Bénévent. On ne fait pas précisément l'époque où ils établirent leur demeure dans la basse Moësie : les uns disent que ce fut avant Constantin III, d'autres que ce fut sous le règne de ce prince. Quoi qu'il en soit, c'est d'eux que la basse-Moësie a reçu le nom de *Bulgarie*. Ils eurent sous leurs propres rois les plus vives & les plus sanglantes guerres avec les empereurs romains d'Orient. Enfin l'empereur Basile les soumit en 1017. Ils se révoltèrent, à la vérité, en 1032; mais on les dompta de nouveau, & depuis ils rendirent à l'empereur des services importans contre les latins & les turcs. A la suite de ces services, ils obtinrent la permission de se choisir un roi qui se reconnoîtroit sujet de l'Empire. En 1275, Etienne, roi de Hongrie, vainquit Sea, prince de Bulgarie, & les bulgares furent obligés de reconnoître Etienne pour leur souverain : mais bientôt après ils secouèrent le joug de la Hongrie avec le secours de l'empereur grec. L'empereur turc Amurat I les vainquit, & en 1396 Bajazeth s'empara de leur pays & en fit une province de l'Empire turc. Les bulgares s'adonnent aujourd'hui à l'agriculture, au soin du bétail & au commerce. L'idiome esclavon qu'ils parlent diffère peu de la langue servienne, & seulement dans la prononciation. Ils sont en partie de la religion grecque, en partie de la mahométane. Leur église grecque a un patriarche (mais que les autres patriarches ne reconnoissent pas en cette qualité) & trois archevêques.

Le pays est gouverné par quatre sangiacs, & de-là vient qu'on le divise en quatre gouvernemens ou sangiacats.

III°. La Romanie.

Ce pays qui tire son nom des romains, ou de la nouvelle Rome (Constantinople), siège de l'Empire romain d'orient, est l'ancienne Thrace, & les historiens grecs & latins lui donnent souvent ce nom. Il a environ 45 milles de longueur & 30 de largeur; il est borné au nord par le mont Hémus; à l'orient par la mer Noire, l'Hellespont, la Propontide ou mer de Marmora; au midi par l'Archipel; à l'occident par la Macédoine & le fleuve Strymon.

Les districts situés entre les montagnes sont froids & stériles; mais ceux qui se trouvent vers les mers, sont agréables & fertiles : ils produisent toutes sortes de vins, & on y trouve d'ailleurs toutes les choses nécessaires à la vie. Le riz sur-tout est très-abondant.

Le pays étoit jadis divisé en royaumes indépendans les uns des autres. Il étoit habité par les dolomiens, les demeletes, les bessiens ou bissenes, les odomantes, les ciconés, les édoniens, les brygiens, les thyniens, les pieréens, les odrysiens, les satriens, les orobyziens, les moediens, les sapéens & les célètes. La Chersonèse de Thrace avoit aussi ses rois particuliers. Les habitans actuels sont des grecs qui descendent des anciens thraces, des grecs proprement dits & des turcs. Les anciens grecs étoient sur-tout redevables aux thraces des beaux arts qui fleurissoient parmi eux; mais aujourd'hui on ne cherchera point d'artistes en Romanie. Le pays est gouverné par trois sangiacs.

L'ancienne Grèce, nommée par les turcs Rumili. Les empereurs turcs ont gardé la division ancienne de la Grèce en cinq grands pays (sans les isles); ils ont donné à chacun un nom turc, & l'ont encore divisé en petits districts.

IV°. L'Arnawd.

Les turcs donnent ce nom à la Macédoine & à l'Albanie, gouvernées par un pacha. Lorsque l'empereur Amurat II eut pris l'Arnawd en 1447, il obligea presque tous les habitans à embrasser la religion mahométane. Mahomet II subjugua entièrement le pays en 1465. Les habitans sont des soldats très braves & très-courageux, & ils exercent la profession de boucher dans toute la Turquie.

La Macédoine a pour bornes au nord le Nessus ou Nestus; à l'orient l'Archipel; au midi la Thessalie & l'Epire; à l'occident l'Albanie. La forme topographique de ce pays est très-irrégulière, mais sa situation est admirable. L'air y est serein, vif & salubre par-tout le sol est presque par-tout fertile; ses côtes abondent en bled, en vin, en huile, & en tout ce qui peut servir aux besoins & aux commodités de la vie; mais on y trouve beaucoup de terreins incultes & inhabités. Ce pays a plusieurs mines qu'on exploitoit autrefois, & où l'on trouvoit presque toutes les espèces de métaux, principalement de l'or.

Ses golfes favorisent extrêmement le commerce. Les plus remarquables sont le golfe de Contessa, le golfe de Monte-Santo, le golfe de Salonique.

L'Albanie comprend l'ancienne Illyrie grecque & l'Epire, qui fut ajoutée à la Macédoine par le roi Philippe. Le nom d'Epire signifie Terreferme.

Cette province renferme les sangiacats de Scutari, d'Awlon & de Delfino.

Remarque. Butrinto, Larta, Voinitza & Prevere appartiennent à la république de Venise.

V°. La Theffalie, ou Janna.

La Theffalie, que les turcs nomment aujourd'hui *Janna*, tire son nom d'un de ses anciens rois; anciennement elle fut appellée *Aemonia* d'Aemon, père de Theffalus; Pelafgia de Pélasgus, grand-père d'Aemon; Pyrrhæa de Pyrrha, femme de Deucalion. Elle eft fituée entre la Macédoine, l'Archipel, la Grèce propre ou Livadie & l'Albanie. Elle fut d'abord unie à la Macédoine, enfuite elle en fut féparée, & elle y a été réunie.

La nature l'avoit tellement enrichie de fes dons, & le Pénée (qu'on prétend être la Salampria d'aujourd'hui), dont les eaux font les plus limpides, les plus calmes & les plus belles du monde, l'arrofoit d'une manière fi agréable, qu'elle paffoit pour le jardin des mufes. Cette province eft riante & fertile, & femble devoir être préférée à toutes les autres parties de la Grèce. Elle produit des oranges, des citrons, des limons, des grenades, des raifins extrêmement doux, d'excellentes figues, des melons admirables, des amandes, des olives, du coton, &c. Les châtaignes tirent leur nom de la ville de Caftanea en Magnefie, & c'eft de-là que les châtaigners ont été transplantés dans les pays froids de l'Europe. Anciennement les chevaux & les bœufs de Theffalie étoient célèbres: les theffaliens élevoient de fi beaux chevaux & s'en fervoient avec tant d'adreffe, que probablement la fable des centaures, moitié hommes & moitié chevaux, n'a point d'autre origine.

Cette province ne forme qu'un fangiacat.

VI°. La Livadie.

On comprend aujourd'hui fous ce nom l'ancienne Grèce propre, à laquelle ont appartenu les petits royaumes d'Acarnanie, d'Aetolie, d'Ozolœa, de Locris, de Phocis, de Doris, d'Epiknémidie, de Bœotie (aujourd'hui Stramulippa), de Mégare & d'Attique. Ce pays fe prolonge de la mer d'Ionie à l'Archipel. Il eft fort montueux.

VII°. La Morée.

La Morée eft une prefqu'ifle qui tient à la Terre-ferme ou à la Grèce proprement dite par une langue de terre, nommée l'*Ifthme de Corinthe*, & célèbre par les jeux Ifthmiques qu'on y donnoit en l'honneur de Neptune. Anciennement elle s'appelloit *Peloponnefe*, & dans des temps plus reculés *Aegialea* & *Apia*; elle contenoit les petits royaumes de Sicyone, d'Argos, de Micène, de Corinthe, l'Achaïe propre, l'Arcadie & la Laconie. On dit qu'elle tire fon nom de Morée du mûrier (*morus*), foit parce qu'elle

a la forme d'une feuille de cet arbre, ou parce qu'il y croît une grande quantité de mûriers.

A la paix de Carlowitz, les turcs cédèrent la Morée aux vénitiens, mais ils la leur reprirent en 1715. On la divife en quatre diftricts, favoir: 1°. La Saccanie (*Romania minor*), qui comprend les anciens diftricts de Corinthe, de Sicyone & d'Argos.

2°. Braccio di Mania ou Tzakonia comprend l'ancienne Arcadie & la Laconie.

3°. Le Belvedere comprend l'ancienne Elide & la Meffénie.

4°. Chiarenza, Clarenza, comprend l'Achaïe propre.

VIII°. Les ifles de la Grèce.

Ces ifles qui entourent la Grèce, peuvent être divifées en celles de l'Archipel, de la mer Méditerranée, des environs de Candie & de la mer dite anciennement d'*Ionie*.

Les ifles de l'Archipel, autrefois mer Egée, font les Cyclades & les Sporades. Ce font de grandes & de petites ifles, qui fe trouvent comme femées au milieu de cette étendue de mer qui fépare l'Europe de l'Afie, & qui baigne au nord & au couchant la Romanie, la Macédoine & la Grèce; & au levant l'Anatolie ou Afie mineure. Toutes ces ifles font foumifes à un feul beglerbey, à l'exception de celle de Candie qui a le fien propre, & dont le gouvernement s'étend aux ifles voifines. Chacune d'ailleurs, en général, felon qu'elle eft plus ou moins confidérable, a fon pacha, fangiac ou cadi particulier. Les anciens ont appellé Cyclades les ifles qui forment comme un cercle autour de celle de Delos, & Sporades celles qui, plus éloignées, font comme difperfées dans l'Archipel. Elles font au nombre d'environ 37, & on en trouve la defcription dans la géographie de Bufching.

Les ifles de la Méditerranée font fituées aux environs de Candie, ou dans la mer qui baigne cette ifle. Elles font au nombre de dix. Voyez Bufching.

Les ifles de la mer dite anciennement d'Ionie. On n'en compte que deux. Voyez encore Bufching.

Pays d'Europe fous la protection de l'Empire ottoman, dont ils font tributaires.

On diftingue d'abord les pays qui appartiennent à des princes chrétiens.

Ces pays font la Valachie, la Moldavie, dont nous ferons deux articles féparés. *Voyez* Moldavie & Valachie.

Outre la Moldavie & la Valachie, on compte parmi les tributaires de l'Empire *ottoman* une partie de la Tartarie: mais il ne faut plus compter aujourd'hui la Crimée & le Cuban qui ont paffé fous la domination de la Ruffie : *voyez* l'article CRIMÉE. On compte auffi parmi les pays tributaires de l'Empire *ottoman*, en Afie, la Mingrelie ou la Géorgie ; (mais on fait que le czar de l'une des parties de la Géorgie s'eft reconnu vaffal de la Ruffie, & qu'il ne paye plus de tributs à la Porte), le pays d'Imirette, la principauté de Guriel, une partie de l'Arabie petrée & une autre partie de l'Arabie déferte ; en Afrique, les régences d'Alger, de Tunis & de Tripoly, où l'autorité du grand-feigneur eft devenue prefque nulle.

Nous avons parlé à l'article EGYPTE de l'autorité qu'il conferve dans ce pays : il y a lieu de croire que le capitan-pacha, qui s'y trouve aujourd'hui avec une armée & une efcadre, ne pourra ramener ce royaume à l'obéiffance. La Porte a perdu, dans le cours de ce fiècle, fon influence & fon autorité en Egypte, dans les trois royaumes d'Alger, de Tunis & de Tripoly, en Crimée, dans une partie de la Géorgie; & il paroît que l'Imirette, la principauté de Guriel, l'Arabie petrée & l'Arabie déferte fe font à-peu-près affranchies de la vaffalité ; & ces pertes doivent indiquer au divan la grande cataftrophe qui menace l'Empire.

Après cette remarque générale fur les pays tributaires de l'Empire *ottoman*, nous allons donner quelques détails fur les tartares, qui femblent être encore fuzerains de la Porte.

Différens tartares & leurs diftricts.

Outre les tartares d'Obrutz établis dans la Bulgarie, & les tartares lipkes établis dans la haute Moldavie, on en trouve plufieurs autres depuis le bras feptentrional du Danube, qui fe jette dans la mer Noire jufqu'au Don, fur un terrein de plus de cent milles qui borde les mers Noire & d'Azof. Les géographes donnent communément à ce pays le nom de *Tartarie d'Europe* : mais cette dénomination n'eft point du tout jufte, puifqu'il y a en Europe d'autres tartares que ceux-ci. Les tartares fe font emparés, dans la première moitié du fiècle, de cette étendue confidérable de pays qui fait partie de l'ancienne Scythie européenne : *voyez* l'article CRIMÉE. Une partie de ces tartares va d'une endroit à l'autre par hordes, c'eft-à-dire, par troupes ou compagnies ; mais l'autre a des demeures fixes, des villes, des bourgs & des villages. Plufieurs dépendoient du khan de Crimée, qui lui-même étoit vaffal du grand-feigneur. Mais depuis que Catherine II s'eft emparée de la Crimée, & qu'il n'y a plus de khan, nous ignorons fi ces tartares font toujours fous une forte de dépendance de la Porte. Au-deffous d'eux, fur la côte de la mer Noire, on trouve un peuple payen qui n'a point de nom particulier, & dont la langue a du rapport avec l'allemande. Les goths ont anciennement habité

cette contrée : ce peuple en eft peut-être un refte, & il eft poffible que le flambeau de l'Evangile fe fût éteint chez lui.

Le pays des tartares qui ont paru jufqu'à préfent tributaires de la Porte, eft divifé en trois parties.

1°. La partie qui eft entre le bras du Danube le plus feptentrional & le Niefter, près de la mer Noire, eft la Beffarabie que les tartares nomment *Budfchack* : elle a appartenu autrefois à la baffe-Moldavie. Les habitans defcendent des anciens budins, ou du moins ils ont hérité de leur nom. On les appelle tartares budfchakes, bielgorodes & akermans, à caufe des villes de l'uziak & de Bielgorod ou Akerman. Hérodote donne aux akermans le nom d'*ariakes*, qui vient d'ak-fia, eau blanche, à caufe du Niefter qui y coule, & dont l'eau eft trouble & blanchâtre. Ils portent encore, ainfi qu'autréfois, le nom de *horde blanche*, & ils vont d'un endroit à l'autre en cotoyant le Niefter. Ils fe nourriffent ordinairement de la chair de leurs bœufs & de leurs chevaux, de fromage & de lait, fur-tout de lait de jument.

2°. La province d'Otfchokow, ou le pays entre le Niefter & le Nieper, n'étoit autrefois habité que fur les bords de ces deux fleuves & près de la mer ; le refte étoit défert, & de-là vient qu'on l'appelloit la *Plaine déferte*. Elle a de bons pâturages, mais point d'arbres ; & Charles XII, roi de Suède, la traverfa avec beaucoup de peine, en 1709, après la malheureufe bataille de Pultawa, pour gagner la Turquie. Une grande partie de ce canton appartient aux cofaques Saporog, qui font préfentement fous la domination ruffe, & qui regardent comme leur ancienne frontière la Sinucha, qui fe jette dans le Bog. La Ruffie y poffède d'ailleurs la nouvelle-Servie, près de l'Ingul & de l'Ingulez. (rivières).

3°. Le territoire du khan de Crimée, ou le pays qui eft entre le Nieper & l'embouchure du Don.

La portion du pays qu'on appelle *Terre-ferme*, & qui s'étend le long de la mer Noire & de celle d'Azof, eft habité par une peuplade des petits tartares nogayes, dont l'autre partie féjourne en Afie. Ils vont d'un endroit à l'autre, mettent trente lieues de diftance entre leurs hordes, & s'appliquent rarement à l'agriculture. Ils préfèrent, comme les tartares de Crimée, la chair de cheval à toute autre nourriture. Ils exercent une très-grande hofpitalité, & ne demandent rien aux étrangers pour leur nourriture & le fourage de leurs chevaux ; mais fi on leur en préfente de tabac ou d'autres chofes, ils le reçoivent avec reconnoiffance. Ils profeffent le mahométifme ; ils étoient gouvernés par des beys ou murfes

OTT

tirés de leur nation, ou par ceux d'entr'eux que le khan de Crimée établissoit. Pour ce qui est des limites de ce pays, depuis le Nieper jusqu'au Tanaïs, il a été réglé, par la paix de Belgrade de 1739, qu'on tireroit une ligne depuis la petite rivière de Saliwy-Konskich-Wod, (qui se jette dans le Nieper au-dessous de la Samara, environ à moitié chemin entre Kudak & Saporozkaja Sietscha ou Setscha des Saporogs), jusqu'à la petite rivière de Berda qui se jette dans la mer d'Azof. Le district qui est en-dedans de ce pays, ou au midi vers la Crimée, étoit soumis au khan des tartares, & nous ignorons s'il se trouve aujourd'hui soumis à Catherine II. Le district beaucoup plus considérable, qui est vers le nord, appartenoit déja, avant la cession de la Crimée, à l'empire de Russie. Les anciens patzinagues ont habité le premier district à l'embouchure du Nieper.

La presqu'isle de Crimée (*Chersonesus Taurica*) : nous en avons parlé à l'article CRIMÉE.

Nous aurions voulu décrire les provinces de l'Empire *ottoman* en Asie ; mais les détails que nous nous sommes procurés, sont trop confus & trop inexacts.

SECTION IIIe.

Du sol, des productions, de la population, des grecs, de la noblesse, de la religion de la Turquie d'Europe, & de quelques usages ou loix qui ont rapport au commerce, à la population & à l'industrie de cette partie des domaines de l'Empire ottoman.

Climat, sol.

L'air de la Turquie en Europe est sain, mais on y prend si peu de précautions contre la peste, qu'elle y fait toutes les années des ravages : en général elle vient d'Egypte, & elle enlève quelquefois à Constantinople jusqu'à la cinquième partie des habitans. Toutes les provinces ont un sol plus ou moins fertile, & l'agriculture & l'entretien du bétail y sont d'un bon rapport : chaque année on en exporte une infinité de productions du crû du pays. Cependant depuis le règne de Mahomet III l'agriculture accablée de trop d'impôts est tellement tombée, que la famine est à craindre si la récolte n'est pas favorable. Les turcs se livrent peu à ce genre d'industrie, & ce sont des chrétiens qui cultivent les terres. Les vins de Santorin & de Malvoisie passent pour les meilleurs de la Turquie d'Europe.

Population.

La population est peu considérable relativement à l'étendue & à la fertilité des terres. On ne doit pas même s'étonner qu'il y en ait un si grand nombre d'incultes, & que la population y diminue de jour en jour, si l'on songe à la peste, à la polygamie, aux guerres fréquentes, à la multiplicité des impôts & à l'oppression du peuple, & aussi à ces émigrations si communes depuis 1740, de grecs, d'arméniens & de valaques, qui se retirent en Russie, en Pologne, en Hongrie, sur le territoire de Venise & de Raguse, comme les turcs d'Asie se refugient dans les états voisins, en Perse & chez les tartares. Des cantons autrefois remplis de villages sont aujourd'hui presque déserts : cette dépopulation se remarque sur-tout dans la Valachie & la Moldavie : les provinces situées aux environs de Constantinople, en particulier la Romanie, sont mieux cultivées & mieux peuplées. La Turquie d'Europe est habitée par des turcs, des grecs, des arméniens, des serviens, des bosniens, des bulgares, des valaques & des tartares. On y trouve de plus un grand nombre de juifs, sur-tout à Constantinople & à Salonique.

Les grecs anciens surpassent les turcs en nombre presque par-tout, & en particulier dans le plat pays. On compte dans la seule ville de Constantinople jusqu'à 300,000 grecs, & dans les isles il n'y a point d'autres habitans. Ils sont accoutumés à la domination des turcs, qui les traitent avec une extrême dureté. Pour se garantir de leur intelligence avec les ennemis, ou de quelque projet de révolte, on les désarme lorsque la Porte ottomane est en guerre avec une puissance chrétienne. On leur fait payer tous les ans, à la fête du Beiram, une capitation qui est actuellement de cinq piastres turques, ou d'un ducat & demi par tête : les enfans n'en sont affranchis que jusqu'au moment où ils ne peuvent plus passer leur tête dans une certaine mesure, dont les collecteurs de la capitation sont toujours munis : un mendiant est même obligé de la payer, sinon il est retenu en prison jusqu'à ce qu'il se trouve des gens charitables qui paient pour lui : cette capitation est plus forte pour les ecclésiastiques ; un diacre, par exemple, est taxé à deux ducats, un archimandrite à quatre : les évêques, archevêques & patriarches paient de grosses sommes, fixées le plus souvent par l'avidité & le caprice du grand-visir & des bachas. Les impositions sur les marchands se règlent d'après le prix des marchandises qu'ils font venir du dehors. En général, les turcs recherchent toutes les occasions d'extorquer de l'argent aux grecs, & sur-tout aux gens d'église. Au moyen de cette contribution, les grecs jouissent de la protection de la Porte *ottomane*, & sont maintenus dans la tranquille possession de ce qui leur appartient. En général, un turc ose bien les outrager ; mais il n'ose pas entrer dans leurs maisons contre leur gré, ou leur prendre la moindre chose : ils obtiennent justice de la part des cadis.

Après les grecs, les arméniens font la nation la plus nombreuse, & à Constantinople sur-tout ils s'égalent presque en nombre. En général, ils font plus riches, plus habiles dans le commerce & plus économes.

Les chrétiens d'occident, qui vivent en Turquie sous la protection d'un envoyé, résident ou consul, & qu'on nomme *francs*, font exemptés de la capitation ; tous ceux qui font à leur service, fussent-ils sujets nés de l'empereur des turcs, jouissent de la même exemption ; l'art de leur extorquer de l'argent n'est pourtant pas ignoré des turcs : ils possèdent plusieurs immeubles ; mais la France a défendu à ses sujets d'en acquérir à l'avenir, afin d'éviter les plaintes à porter au divan, ou les griefs qui pourroient troubler la bonne harmonie & nuire au commerce. Chaque envoyé, résident ou consul d'une cour étrangère a son interprète turc, qui traite en son nom toutes les affaires avec le grand-visir, ou plutôt avec l'interprète du grand-seigneur.

La noblesse de Turquie comprend les principaux officiers de l'armée, juges & ministres de la religion. On dit que ceux qui se trouvent au service du sultan & dans les emplois, ou, comme on s'exprime en Turquie, qui mangent le pain de sa hautesse, font seuls exposés sans autre forme de justice aux arrêts redoutables de la Porte, qui condamnent à perdre la tête ou à périr par le fatal cordon. Mais on sait que le bas-peuple est fort opprimé, & qu'un mot du visir ou du chef de la police fait jetter dans le Bosphore des troupes de malheureux qui souvent ne font point coupables : si un maître a le plus léger prétexte, il peut impunément ôter la vie à ses domestiques, quoique de condition libre, & il le peut sans aucun sujet à l'égard de ses esclaves.

On donne au chef de la religion le nom de *mufti* ou interprète de la loi. Il jouit d'une grande considération : le sultan se lève pour le recevoir, & fait sept pas à sa rencontre ; il n'en fait que trois pour le grand-visir, & tandis que celui-ci s'incline profondément pour baiser le bas de la robe du grand-seigneur, le mufti seul a l'honneur de lui baiser l'épaule gauche. Il doit être consulté d'après la loi, dans tous les cas, & sur-tout dans ceux qui intéressent la paix ou la guerre : il est vrai que cette déférence n'est presque plus aujourd'hui qu'une formalité ; & s'il donne une explication de la loi, ou opine d'une manière qui contrarie les vues du grand seigneur, on travaille à le déposer, ce qui exige quelques précautions, & on met en sa place un homme qu'on suppose être plus complaisant. Autrefois lorsqu'on pouvoit le convaincre de trahison ou de quelque grand crime, il étoit pilé dans un mortier : cette barbare punition est abolie depuis long-temps ; mais pour en conserver la mémoire, on garde le mortier dans une des cours des sept Tours à Constantinople.

On connoît peu les loix civiles & les loix religieuses de l'Empire *ottoman*, & en général on a tiré de fausses inductions de quelques-unes de ces loix. Il est clair que la crainte de la révolte est le seul frein qui arrête le grand-seigneur & le grand-visir, & qu'on ne dit rien lorsqu'on cite telle loi qui demande un fetfa de muphti pour telle affaire, & qui met ainsi des barrières au gouvernement. Le sultan est toujours le maître de déposer, d'exiler, de faire tuer le muphti, les ulemahs ou les corps & les individus, auxquels les loix semblent accorder une forte de droit de résistance.

Ainsi quand on ajoute : « il suffiroit que les trois principaux religieux d'entre les bekrashis, les mevelevis, les kadris & les seyatis se présentassent pour dire que Dieu ne veut pas que l'empereur règne davantage, & il seroit obligé d'abandonner le trône » on ne dit rien non plus : le fameux comte de Bonneval a imaginé un expédient contre ce privilège : le sultan demande un délai, & il élève les trois religieux à de grands emplois civils ; il les traite ensuite en laïcs, qu'il peut bannir ou condamner à mort ; au défaut de cet expédient, un gouvernement despotique en inventeroit mille autres ; & s'il ne craignoit pas une révolte, il se moqueroit de la loi & des privilégiés.

Tout mahométan est tenu de faire au moins une fois en sa vie, en personne ou par procuration, le pélérinage de la Mecque. C'est ce que tout le monde répète : mais les pauvres n'en font-ils pas exempts ? & comment pourroient-ils le faire ? Il faut attendre sur ce point, comme sur beaucoup d'autres, le *Tableau de l'Empire ottoman* que M. de Mouradgea vient d'annoncer. Quoi qu'il en soit, toutes les années une caravane de pélérins & de marchands, qu'escorte un corps de troupes, ce qui fait une troupe de vingt mille hommes & au-delà, se rend à la Mecque. Le beiglerbey de Damas en est le chef, & il hérite de tous ceux qui meurent en chemin : ce droit est d'un produit considérable.

La polygamie est restreinte dans l'Alcoran à quatre femmes & concubines ; le prophète & ses successeurs avoient seuls le privilège de passer ce nombre : mais la coutume a prévalu, & un homme, outre quatre femmes légitimes, peut avoir autant de concubines qu'il veut & qu'il peut en entretenir. Parmi les gens du peuple, il en est peu sans doute qui soient en état de fournir à l'entretien de plus d'une femme. Le divorce y est permis ; mais le mari doit, selon sa fortune, contribuer à l'entretien journalier de sa femme, jusqu'à ce qu'elle soit remariée à un autre : il ne peut aussi la reprendre qu'elle n'ait eu un autre mari, & n'en ait été répudiée.

Le patriarche de Constantinople est chef de l'église

l'églife grecqué dans la Turquie européenne ; il
eft élu par les archevêques & métropolitains des
environs , & confirmé par le fultan ou fon grand-
vifir. Ce dernier a une telle influence fur l'élection
du patriarche , qu'elle ne fe fait pas fans fon aveu,
& que même ce n'eft, comme on le dit, qu'au
plus offrant qu'il accorde cette dignité ; celui qui
en eft revêtu , eft toujours en rifque de la perdre,
s'il fe trouve quelqu'un qui en offre une fomme
plus confidérable. D'ailleurs il jouit d'une grande
autorité , en qualité de premier de tous les patriarches grecs & de chef & de règle de l'églife
d'orient. Ses revenus, évalués jadis à 120 mille florins, font aujourd'hui beaucoup plus confidérables , quoiqu'on ait dit qu'il paye la moitié de
cette fomme en tributs, outre 6000 florins de
préfens à la fête du beiram. Il a pour fuffragans
70 archevêques & métropolitains , & un plus
grand nombre d'évêques.

Fabriques.

Les turcs ne manquent pas de manufactures,
& ils font de très-beaux ouvrages. Ils favent en
particulier préparer les cuirs , & ils font habiles
dans l'art de teindre la laine, les foies & les peaux :
ils fabriquent des tapis , des étoffes de foie, d'or
& d'argent, & autres chofes d'une grande beauté.
Leur commerce , au-dedans du pays & avec l'é-
tranger , eft fort confidérable ; mais il fe fait fur-
tout par les arméniens & les juifs. Les turcs ne
commercent guère que d'une province à l'autre,
en denrées & marchandifes du crû du pays ; s'ils
font quelques affaires avec les chrétiens du dehors,
ce n'eft qu'avec leurs proches voifins, comme
par exemple, à Vienne où il y a toujours des marchands turcs qui, après s'être défaits de leurs
marchandifes , en achètent d'autres qu'ils chargent fur le Danube pour Conftantinople. Les
hollandois, les anglois, les françois, les danois
& les autres nations commerçantes abordent en
foule dans les ports de la Turquie : auffi ont-
elles toutes des envoyés & réfidens à Conftantinople , ou des confuls en d'autres lieux. La Turquie exporte des foies, des tapis, des étoffes,
des toiles, des fophas ou couffins & matelats,
des peaux de lièvre & de lapin, des poils de
chèvre & de la laine, du poil de chameau & du
coton filé, des dimities (forte de futaine fine),
des bourdettes, des toiles cirées, des peaux cha-
grinées, des maroquins bleus, rouges & jaunes,
du café, de la rhubarbe, de la térébenthine, du
ftorax, différentes efpèces de gommes, de l'o-
pium, des noix de galle, du maftic, de l'émé-
ril, de la terre figillée, des écorces de grenades,
des éponges, des dattes, des amandes, des vins,

des huiles, des figues, des raifins fecs, de la nacre de perles, du buis, de la cire, du fafran,
des bois de conftruction, des chevaux, &c. &
la balance du commerce paroît lui être avantageufe. Auffi, pour favorifer ce commerce qui
lui eft avantageux, la Porte a-t-elle des traités
avec les puiffances chrétiennes ; elle leur accorde
toutes fortes de franchifes. Le trafic d'efclaves
des deux fexes eft confidérable en Turquie, outre celui des belles femmes circaffiennes, géor-
giennes & grecques que les juifs fur-tout achètent, & que leurs parens vendent d'autant plus
volontiers, qu'ils efpèrent qu'elles parviendront
à une grande fortune.

Dans les états mahométans (1), on eft non-
feulement maître de la vie & des biens des femmes efclaves, mais encore de ce qu'on appelle
leur vertu ou leur honneur. C'eft un des malheurs
de ces pays que la plus grande partie de la nation
n'y foit faite que pour fervir à la volupté de
l'autre. Cette fervitude eft récompenfée par la
pareffe dont on fait jouir de pareils efclaves :
ce qui eft encore pour l'état un nouveau malheur.

C'eft cette pareffe qui rend les ferrails d'o-
rient (2) des lieux de délices, pour ceux mêmes
contre qui ils font faits. Des gens qui ne craignent que le travail, peuvent trouver leur bonheur dans ces lieux tranquilles. Mais on voit que
par-là on choque même l'efprit de l'établiffement
de l'efclavage.

La raifon veut que le pouvoir du maître ne
s'étende point au-delà des chofes qui font de fon
fervice ; s'il doit y avoir des efclaves, il faut que
l'efclavage foit pour l'utilité, & non pour la volupté. Les loix de la pudicité font de droit naturel, & doivent être fenties par toutes les nations
du monde.

Les monnoies d'or & celles d'argent un peu
fortes des différens états ont cours en Turquie, &
y font même plus eftimées que celles qu'on y fabrique ; les juifs qui ont la direction de la monnoie, lui donnent une médiocre valeur intrinfèque. Au Caire & dans toutes les autres villes de
commerce d'Egypte, prefqu'aucune des monnoies
turques n'a cours, au lieu que l'argent d'Allemagne, les ducats d'argent vénitiens & les écus
d'Hollande au lion font les plus eftimés.

SECTION IVe.

*De l'armée, de la marine & des revenus de l'Empire
ottoman.*

L'armée de terre eft partagée chez les turcs
en Capiculy & en Serraculy pour l'infanterie.

(1) Voyez Chardin, voyage de Perfe.
(2) Voyez Chardin, tom. 2, dans fa defcription du marché d'Izagour.
Écon. polit. & diplomatique. Tome III.   O o o

Les premiers ne s'éloignent pas de la porte & de tout endroit où le fultan fait fa réfidence. Ils portent différens noms : nous ne parlerons que des janiffaires qui furent inftitués par le fultan Amurat ; il compofa ce corps d'enfans chrétiens prifonniers, qu'il forma aux exercices militaires. On dit que le nombre en eft fixé à 40,000, & qu'ils font diftribués à Conftantinople en 162 odas ou compagnies, qu'un autre porte à 196, favoir, 101 de jajabey, 61 de boluki & 34 de feymeny, tous enfemble au nombre de 54,222 hommes Ces foldats ont le rang fur tous les autres foldats ; ils ne font plus comme autrefois turbulens, toujours prêts à fe révolter & ne refpirant que la guerre ; auffi font-ils pour la plupart mariés.

Le corps des janiffaires, dit le baron de Tott, compofé dans fon origine d'efclaves enlevés à la guerre par les turcs fur les chrétiens, a été longtemps recruté par les enfans de tribut ; mais les privilèges accordés à cette nouvelle milice, déterminèrent les turcs à y faire infcrire leurs enfans. L'abus du privilège & le nombre des prétendans s'accrurent l'un par l'autre : on ne vit plus de fûreté que fous la protection de ce corps. Les grands s'y firent infcrire. Le grand-feigneur lui-même voulut lui appartenir, & perfonne ne s'apperçut que ménager fon infolence, c'étoit travailler à l'accroître. La règle établie foutint long-temps ce corps contre fes propres défordres ; mais ils ceffèrent enfin de fe maintenir dans l'indépendance individuelle. Chaque janiffaire devint propriétaire ; & rentrés aujourd'hui dans l'ordre général par l'intérêt particulier, ce corps a ceffé d'être redoutable à fes maîtres.

Leur folde eft par jour de trois afpres, deux pains & une certaine quantité de mouton, de riz & de beurre, qu'on leur fournit tout cuit & préparé. D'autres évaluent leur folde à fept afpres : ils comptent fans doute la valeur des chofes qu'on leur fournit en nature.

Les ferratculy font entretenus par les gouverneurs des provinces, & à leurs ordres ; ils font deftinés à renforcer les janiffaires. La cavalerie, partie de l'armée la plus nombreufe, (car l'Empire abonde en chevaux) eft compofée de capiculy ou fpahis, d'une autre efpèces de cavaliers que les pachas entretiennent, & des ferratculy employés à la garde des frontières : c'eft la cavalerie du meilleur ufage ; elle eft formée de celle que les pays tributaires, favoir, les tartares & les princes de la Moldavie & de la Valachie, font obligés de fournir.

La cavalerie turque, connue fous le nom de fpahis, eft compofée de fayms, de tymariothes & de fpahis proprement dits. Le corps des derniers eft de 12000 hommes ; leur paie prife du tréfor de l'empire va de 12 à 80 & même 100 afpres par jour. Leurs armes font un fabre large, des piftolets, des carabines. Les fayms & les tymariothes font armés de même ; un grand nombre cependant portent encore des lances, & d'autres, furtout ceux d'Afie, fe fervent de l'arc & de la fleche. Ils font feudataires militaires de l'Empire, & poffèdent des terres qui rapportent annuellement aux tymariothes de 6000 à 19,999 afpres, & aux fayms de 20,000 à 100,000 afpres ; mais pour cela ils font obligés de fe donner les chevaux & les armes & en outre de fournir, favoir : les fayms un cavalier tout armé pour chaque terre du produit de 5000 afpres, & les tymariothes un cavalier pour chaque terre de 3000 afpres de revenus. On peut évaluer le total de ce corps à 115, 254 hommes. (1). Il eft vrai que ce nombre devient plus confidérable lorfque ce corps fe met en marche ; mais ce font des volontaires, qui dans l'efpérance d'obtenir un fief militaire, font la campagne à leurs frais. Quelque-uns de ces fiefs font héréditaires, & on permet affez communément aux vieux vaffaux militaires de céder leurs fiefs à leurs enfans ou à leurs parens. Il eft d'ufage dans la Romelie que ces fiefs foient partagés entre les fils. Les dfchiebehdfchy font répartis en 60 odas, dont chacune doit être compofée de 500 hommes ; mais ce corps n'étant prefque jamais complet, on ne peut porter chaque oda qu'à 300 hommes. Les feghbahy ou thoprakly font fournis par les bachas. Ils combattent à cheval & à pied, font prefque toujours du corps de réferve & gardent les bagages. On peut les porter au nombre de 4000 hommes. Les fordengietshy font des volontaires, dont le nombre fe monte fouvent à 10000 hommes. Leur paie par jour eft de 12 afpres (2).

On publia en 1783 l'état fuivant de l'armée de l'Empire ottoman.

Infanterie : janiffaires 113,400 ; thoptfchiy 15,000 ; kumbardfchiy 2000 ; mehterfchiy 6000,

---

boftandfchiy 12000 ; ferradfche 6000 ; milice du Caire 3000 ; leventi 32,000 ; marine 18,000 : total 207,400. *Cavalerie* : fpahis 10,000 ; fayms & timat 132,054 ; dfchebehdfchiy 6000 ; volontaires 10,000 ; tartares 60,000 : total 240,054. L'infanterie & la cavalerie réunies forment donc ensemble 447,454 hommes. Tous cependant ne peuvent entrer en campagne : il en faut 5000 pour le fervice de mer, 20000 pour la garnifon de Conftantinople, 100,000 pour les autres garnifons des fortereffes & villes de l'Empire : ces trois nombres réunis forment un total de 170,000 hommes ; refte donc pour les armées de terre 277,454 hommes ; fi on en déduit les 6000 tartares, (la Crimée étant actuellement foumife à l'Empire Ruffe,) & encore 20000 hommes malades, maraudeurs ou morts en route, l'armée entière eft réduite à environ 170,000 hommes. Quand l'armée entre en campagne fous les ordres du grand Vifir, il eft fuivi de la chancellerie militaire, du miniftère, d'une partie de chaque corporation d'artifans de la capitale, d'une foule de marchands, de juifs, &c., qui en tout peuvent aller à 50000 perfonnes. Les turcs ont une artillerie nombreufe, ils excellent à fondre les canons. Le cuivre eft, en partie, tiré des mines d'Afie, & en partie acheté des anglois, des hollandois, des françois & des fuédois. Quant à l'étain qu'on y emploie la plus grande partie vient d'Angleterre. Leurs canons font de différens calibres : ils portent des boulets de 80, 100, 120 livres, & même plus ; mais la plupart font petits, de 6, 8, à 10 livres. Les turcs ont auffi des obus & des mortiers. On dit que de ces derniers, 32 font aux Dardanelles, dans le château fitué en Afie, & 28 dans celui d'Europe. L'armée étant en marche, les canons ne reftent pas fur leurs affuts. On emploie des chariots très folides, dont l'un eft chargé du canon même, & l'autre de l'affut : ce qui caufe des embarras infinis & force les ottomans, en fe retirant, à abandonner leur artillerie. M. de Tott nous a appris d'ailleurs jufqu'où va leur ignorance, & les inconcevables moyens qu'ils emploient pour remuer une pièce d'artillerie. Ils n'en font guère d'ufage en attaquant : éloignés encore de deux à trois mille pas de l'ennemi, les turcs s'y précipitent le fabre à la main, laiffant leur artillerie en arrière, dont ils ne fe fervent que dans les cas d'attaque. Le nombre des canons, dans toute l'armée, eft de 250 à 300. A la bataille de Belgrade, en 1717, les turcs perdirent 131 canons & 35 mortiers. Lorfque l'armée eft campée, chaque foir, durant la prière, on entend crier les mots *Allah ! Allah !* c'eft-à-dire, *Dieu ! Dieu !* Auffitôt après ils font une falve générale de tous les canons, mortiers & obus, mis en batterie dans les tranchées & partout ailleurs. Après quoi règne un filence profond. C'eft leur fignal de retraite, qui fe répète chaque foir. Cette décharge, auffi inutile que

difpendieufe, coute par jour trois quintaux de poudre. Dans les cas ordinaires, l'armée turque refte, chaque année, environ 180 jours campée. Chaque campagne, qui n'eft pas prolongée au-de-là de ce terme, leur fait donc confumer pour le feul fignal de retraite, 54000 livres de poudre. Qu'on juge de la quantité prodigieufe dont leurs magafins doivent être pourvus ! L'armée turque eft toujours embarraffée d'une quantité étonnante d'équipages : chaque officier fupérieur peut avoir à fa difpofition autant de chariots qu'il veut.

Les janiffaires devant marcher, font répartis par efcouades chacune compofée de dix hommes : un valet, qui fait en même-tems les fonctions de cuifinier, & un cheval de bât, deftiné à porter les manteaux & les menus équipages, font à la fuite de chaque efcouade. On accorde encore un chameau à deux efcouades, fur lequel on charge deux tentes, deux grandes couvertures, deux marmites, des caffetières & quelques outres remplies d'eau fraîche. L'armée eft pourvue de tentes ; celles des officiers de rang font magnifiques, doublées en dedans d'étoffes riches & brodées à fleurs d'or. La tente du grand-feigneur, perdue après la bataille de Zenta, valoit 40,000 florins de l'Empire. Une de leurs armées de cent mille hommes, eft ordinairement compofée de 60,000 cavaliers & de 40,000 fantaffins : fuivant leur manière de s'équiper, les derniers ont 10,000 chevaux d'équipage, & les premiers 20,000, fans compter ceux qui fervent aux officiers. A la tête d'une armée fi nombreufe, fe trouvent ordinairement 60 bachas, dont les principaux entretiennent plus de 300 chevaux. Pour donner une preuve de l'immenfité du train, qui embarraffe les ottomans en campagne ; en 1685, après la bataille de Vienne, on trouva dans leur camp 8000 chariots de munitions, 10,000 bœufs, 10,000 buffles, 5000 chameaux, 100,000 muids de fruits, &c. L'armée turque devant fe former en corps au commencement d'une guerre, les bachas & les fangiaks affemblent les troupes de leurs gouvernemens. La cavalerie & l'infanterie de chaque diftrict marchent féparément, chacune fous fon propre drapeau, au lieu de l'affemblée, qui eft Andrinople. Là, le grand vifir, en préfence du grand feigneur, paffe l'armée en revue & en fait le dénombrement. A peine cette revue eft achevée, qu'un grand nombre retourne à fes foyers ; dès-lors l'armée fe trouve déjà confidérablement diminuée. Lorfqu'on entre en campagne, les troupes font fuivies d'une quantité exceffive d'argent monnoyé. Il y a deux tréfors, celui de l'empire, & le tréfor particulier de fa hauteffe. Le premier de ces tréfors fous la direction du Tefterdar, ou tréforier-général, eft quelquefois évalué à 30 millions d'écus, & doit défrayer toutes les charges quelconques, occafionnées par l'entretien des troupes.

L'ardeur des foldats pour combattre eft proportionnée au plus ou au moins d'efpèces fonnantes

Ooo2

que le grand vifir fait porter à l'armée : d'où il arrive , que faute d'argent , les caiffes vuides ,
mais couvertes de riches tapis , fuivent fouvent
les troupes , & font de tems en tems expofées
à la vue des foldats , comme fi elles étoient remplies.

Machiavel qui a écrit les réfléxions fur Tite-
Live pour éclairer les peuples de l'Europe fur
les vices de leurs conftitutions & de leur difcipline
militaire , & les régénérer par les exemples des
romains , ne loue rien de ce qui fe paffoit alors
en Europe , fi ce n'eft Soliman & la valeur &
la difcipline des turcs. Mais les chofes font bien
changées.

L'armée ottomanne n'infpire plus aujourd'hui
aux puiffances voifines des états du grand feigneur la terreur qu'elle infpira jadis. Elle ignore
la tactique & né fait rien des difpofitions qu'il
faut prendre foit dans l'attaque foit dans la défenfe , pour que les divers corps puiffent fe foutenir efficacement. Si elle a le malheur d'être ré-
pouffée avec perte au premier choc , ce troupeau
d'efclaves ou de guerriers fe diffipe. On fait que
dans l'été de 1774 les troupes ottomanes , fur-
tout celles d'Afie , ont refufé de combattre les
ruffes. 40,000 hommes conduits par le Reis-Effendi contre les généraux Kamenskoy & Suwarow,
fe font débandés fans coup-férir , & ont abandonné le camp aux ruffes. Un des principaux
vices que l'on obferve à l'armée ottomane , c'eft
la trop grande quantité de bagages ; nous en
avons parlé plus haut. Les fpahis emmenent à
l'armée un grand nombre de chevaux de bât , &
c'eft pour cette raifon qu'ils n'aiment à entrer
en campagne que lorfqu'ils pourront avoir des
fourages verds.

Les troupes ottomanes entrent en campagne
aux mois d'avril ou de mai , & la finiffent dans
le mois d'octobre. Ce font fur-tout les troupes
d'Afie qui refufent de tenir plus long-temps. C'eft
pour cette raifon qu'en 1769 le grand-vifir fut
obligé d'abandonner Choczim ; dans l'hiver de
1773 à 1774 il avoit fait l'impoffible pour retenir
l'armée , mais un grand nombre le quitta. L'entretien de l'armée eft un grand objet de follici-
citude pour les chefs , puifque la moindre difette
de vivres occafionne des foulevemens. Les jani-
faires exigent tous les jours du riz , de la viande,
de l'huile & du beurre , & , ce qui eft fingulier,
du pain frais auffi long-temps qu'ils font fur le
territoire du grand-feigneur. Pour cette raifon
on prend toutes les précautions poffibles pour
approvifionner l'armée. La Crimée lui fourniffoit
la plupart des vivres lorfqu'elle étoit en guerre
avec la Ruffie ; mais cette grande reffource manque aujourd'hui à l'armée du grand-feigneur. Il
eft encore à remarquer , qu'on voit beaucoup de
chiens à l'armée. Ces animaux fortent du camp,
fe répandent dans la campagne , & infeftent les
environs.

Le fameux comte de Bonneval entreprit de
difcipliner les troupes de l'Empire ottoman , de
les mettre fur le pied autrichien & de changer
la manière de faire la guerre : mais il y trouva
des difficultés infurmontables , & à fa mort tout
ce qu'il avoit fait fut aboli : fon régiment , qu'il
avoit choifi dans toute l'armée , & exercé aux
manœuvres autrichiennes avec une peine incroyable , fut incorporé dans les autres corps qui
ne pouvoient le fouffrir. Dans les dernières années,
des officiers françois & anglois ont entrepris la
même réforme , mais avec auffi peu de fuccès.
Comme l'agriculture a beaucoup diminué en Turquie , on eftime que l'approvifionnement de grains
doit être préparé plufieurs années d'avance,
lorfque l'empereur projette une nouvelle guerre.
Le comte de Bonneval , dans une inftruction politique qu'il doit avoir laiffée fur la meilleure manière de gouverner l'Empire , engage la Porte à
ne pas fonger à de nouvelles conquêtes ; il con-
feille , dit-on , de s'abftenir de toute guerre avec
les puiffances voifines , & il fe borne à recommander la confervation des poffeffions actuelles,
en s'appliquant à en tirer un meilleur parti.

C'eft le fultan Mahomet II qui a jetté les premiers fondemens de la marine chez les turcs,
& Selim l'a mife fur un meilleur pied. Selon le
comte de Marfilli , elle eft compofée de bâtimens à voiles & à rames , & d'autres à voiles
feulement. Une partie des vaiffeaux de la première claffe eft conftruite & équipée pour le compte
du tréfor impérial , dans l'arfenal du fauxbourg de
Galata à Conftantinople : une autre partie eft fournie
par les beglerbeys , les beys, les faims & les timario-
tes qui commandent dans des provinces maritimes.
Selon le même comte Marfilli , il faut 16,400 hommes d'équipages y compris 11 500 rameurs pour une
flotte de 60 galères & de 6 galéaffes. Le capitan
pacha eft l'amiral , & comme d'ailleurs les turcs
n'entendent pas la marine & l'art des conftruc-
tions navales , leurs forces ne font pas confidérables fur mer.

Selon un état envoyé derniérement de Conftantinople la marine ottomane eft compofée de 13
vaiffeaux de ligne, 4 frégates, 3 barquettes longues,
3 corvettes , 7 galliotes & 17 avifos : il y en
avoit 9 à Conftantinople , 2 dans l'Archipel, 1
à Satalie , & 1 à Alexandrie. On conftruifoit à
Conftantinople 3 vaiffeaux, dont deux de 74 canons , & 4 à Metelino & à Butru.

Les vaiffeaux de ligne en état de fervice étoient
tout au plus au nombre de dix. Il eft vrai qu'en
tems de guerre les régences d'Alger , de Tunis
& de Tripoli , ainfi que le Caire , font obligés
de fournir au grand-feigneur plufieurs vaiffeaux
armés & équipés ; Alger doit en donner 4,
Tunis 3 & Tripoli 3 , depuis 40 jufqu'à 44 canons ,
& le Caire 24 de 50 canons , chacun de 600
hommes. Les frégates les galères & les galiotes;
ces dernières font des bâteaux, ne portent que quel-

ques canons, & ne font guère propres'qu'à la courfe. On comptoit autrefois trois efpèces de vaiffeaux
de guerre , favoir de 100 jufqu'à 160 canons ,
de 66, & de 36 à 48. L'équipage complet d'un
vaiffeau de 160 canons eft de 1300 leventi ou
foldats mariniers , & de 100 matelots grecs ; celui
d'un vaiffeau de 66 canons, de 850 hommes ,
& celui de 36 à 48 canons de 230. On ne conftruit
plus de vaiffeau de 160 canons à caufe de la difficulté de la manœuvre , & on donne actuellement
la préférence aux vaiffeaux de 70 canons.

Revenus.

Les revenus publics forment deux tréfors , felon
le prince Cantemir. Le tréfor de l'Empire eft fous
la garde du tefderdar - bacha , qui préfide à 12
chancelleries où fe portent tous les tributs , péages
& autres revenus de l'Empire , & d'où fe tire
la paye de l'armée. Le grand-tréforier jouit du 20e
d'une grande partie de ce qui entre dans le tréfor, &
fa place lui vaut par au plus de 800,000 liv. , dont
il cède le quart au kietchudabeg ou kiechaja , qui
eft le fubftitut du grand-vifir & au deffus du grand-
tréforier. L'argent de ce tréfor , appellé l'argent
public des mufulmans , ne peut être , dit - on ,
diverti par l'empereur que dans un preffant
befoin, beaucoup moins peut - il être employé
pour fes intérêts particuliers. C'eft le cas de répéter ici , que fi le fultan ne craint point de révolte , les réglemens ne peuvent point arrêter
fa volonté arbitraire. Il a fon propre tréfor , dont
il peut difpofer à fon gré , & qui eft fous la garde
du Hafnadar-bachi, le premier officier du palais
ou férail du fultan , après le kiflar - aga. Le prince
Cantemir affure que de fon tems il entroit tous les
ans dans ces deux tréfors vingt-fept mille bourfes,
ce qui fait treize millions & demi de rixdalers ,
& environ 60 millions de nos livres. Selon le
comte Marfilli , il y a quatre caiffes à Conftantinople pour les revenus de l'état. La première eft
le tréfor de l'Empire qui eft confié au grand-tréforier , & dont les revenus annuels étoient, à l'é-
poque où il a écrit, de 147,31 bourfes. La feconde,
deftinée aux dépenfes de la guerre ou du féjour
du fultan à Andrinople , étoit annuellement de 2139
bourfes & demi : la troifième eft celle de l'empereur & pour fes menus plaifirs : les tributs que
payent le Caire & la république de Ragufe , de
même que les princes de la Valachie & de la
Moldavie, dont le grand - vifir s'approprie une
bonne partie , & les biens des miniftres d'état
morts ou dépofés , forment cette caiffe évaluée
à 4963 bourfes & demie de revenus fixe. La quatrième reçoit tout ce qui eft confacré à l'entretien
de la ville de la Mecque, favoir , 821 bourfes.
Enfin le prince Cantemir évalue à 8137 bourfes &
demi ce que les pafchas , les beys , les zaims &
les timariothes recevoient. Il faut obferver que
depuis Mahomet V les revenus de l'Empire ont

confidérablement augmenté fous ce règne: Le marquis de Ville-neuve , ambaffadeur de France , donna
des idées au grand-vifir d'une adminiftration des finances plus avantageufe ; on augmenta les anciens impôts, & péages, on en a établi des nouveaux, particulièrement fur l'entrée & la fortie des marchandifes : on prit des mefures & on donna des ordres
févères pour empêcher la contrebande. Cette
opération , en multipliant les revenus de l'Empire
a contribué à le dépeupler ; parceque les impôts
mal affis , lévés & répartis arbitrairement arrêtent
toujours la population. Les monarques turcs mettent généralement leur gloire à laiffer après eux de
grands tréfors , & il y a lieu de croire qu'aucun
fouverain , le roi de Pruffe excepté peut-être ,
n'eft auffi riche qu'eux en argent comptant. Les
grecs , & fur-tout ceux de Conftantinople qu'on
évalue à 300,000 milles ames , font obligés de
payer par tête , à un certain âge , une capitation
qu'on appelle chavatfch de cinq piaftres. Ceux qui
ne la payent pas font emprifonnés jufqu'à ce que
le tribut foit acquitté. Les marchands payent
les taxes en proportion de l'étendue de leur commerce. Les arméniens, qui font plus nombreux
encore que les grecs , acquittent auffi des contributions confidérables. Les chrétiens qui font
fous la protection d'un ambaffadeur ou d'un conful., font exempts d'impofitions. On évalue aujourd'hui à 20 millions de rixdalers les revenus
de l'Empire ottoman , mais toutes ces évaluations
nous paroiffent bien imparfaites ; & lorfque nous
les avons rapportées dans le cours de cet ouvrage ,
c'eft moins parce que nous comptons fur leur
exactitude , que pour donner une idée des objets
fur lefquels on les a formés. Les droits de douane
paroiffent très - modérés en comparaifon de ceux
qu'on paye dans d'autres états. On ne paye communément que trois pour cent, d'après la déclaration du propriétaire ; mais nous ferons plus bas
une remarque qui achevera d'éclaircir ce point. Le
commerce eft actif dans prefque tous les ports
ottomans ; il eft permis d'y entrer avec prefque
toutes les marchandifes quelconques & de les y
débiter. Ceux qui trompent dans la déclaration
des droits de douane , payent le double des
droits.

SECTION Ve.

Du gouvernement , & remarques fur l'adminiftration,
les tribunaux & les loix de l'Empire ottoman.

Le grand-feigneur eft maître abfolu de fes états: on
a voulu dire le contraire & citer des loix , des réglemens & des ufages qui mettent des bornes à fon
pouvoir. Que les loix , les réglemens & l'ufage
arrêtent en général fon defpotifme, nous en con-
viendrons ; mais quoiqu'en difent les voyageurs
& les écrivains fuperficiels , il n'eft jamais contenu que par la crainte d'une révolte , & dans tous
les cas , il a mille expédiens pour arriver à fes

fins, pour dépouiller, pour opprimer, pour dévouer à la mort selon son caprice.

On a cité souvent cette vielle femme qui refusa son jardin & son champ, & dont le sultan n'osa s'emparer. On n'a pas voulu voir qu'un acte de despotisme en cette occasion eût pu révolter le peuple ; que les vexations de ce genre ont entraîné souvent des révoltes ; & que la crainte & non la loi, arrêta le grand-seigneur. Il faut croire qu'il y mettoit peu d'intérêt ; car le chef de la police, qui fait enlever la nuit & étrangler ou jetter dans le Bosphore ceux qui déplaisent, ceux qui paroissent dangereux ou qui troublent la tranquillité publique, se seroit débarrassé de la vielle femme, & l'héritier du champ auroit été plus traitable.

Nous ne ferons pas d'autres remarques sur la constitution de l'Empire *ottoman* : on n'est d'accord sur rien ; ni sur la valeur du mot despotisme ; ni sur l'administration de la Porte. On justifie tout, & les vexations & les spoliations sans forme de procès ; & il faut laisser à chacun son avis.

Le grand-seigneur prend, selon le ridicule usage des peuples de l'Orient, des titres emphatiques ; en voici un échantillon : » Nous serviteur & seigneur des très-vénérables & benites villes, des respectables maisons & saints lieux, devant lesquels tout se prosterne, de la Mecque que Dieu a comblé d'honneur, de Médine resplendissante de gloire, & de la sainte Jérusalem, empereur des trois villes monarchiques désirables de Constantinople, Andrinople & Bursa, empereur de Babylone, de Damas, du paradis odoriférant & actuellement incomparable Egypte, de toute l'Arabie, d'Alep, d'Antioche,... & autres lieux célèbres, sacrés & dignes d'être mentionnés : tant villes que fideles vassaux, empereur des empereurs, le très-gracieux & très-puissant sultan, &c. ». La cour de l'Empereur des turcs est appellée, selon une ancienne expression orientale, *la porte ou la sublime porte, la sublime porte du sultan, la porte de la justice, la porte de la majesté, la porte de la félicité*, expressions qu'employent les sultans lorsqu'ils écrivent à d'autres puissances.

Le mot *sultan* n'est qu'un titre de naissance, réservé aux princes *ottomans* nés sur le trône & à ceux de la famille Ginguisienne. Ce mot qui se prononce *soultan* est sans doute aussi la véritable étimologie de *soudan*, & ce titre pouvoit être en Egypte substitué à celui de roi ; mais en Turquie, ni en Tartarie, il n'entraîne aucune idée d'autorité souveraine. Le titre de *kam* est particulièrement affecté au souverain des tartares, il équivaut à celui de *chach* qui signifie roi chez les perses, & sert de racine à *pade chach*, grand roi dont l'orgueil de la maison *ottomane* s'est emparé pour le disputer ou l'accorder à des puissances qui n'ont peut-être pas apperçu qu'il y auroit eu plus d'adresse & de dignité à méconnoître ce titre qu'à y prétendre.

Celui de sultan rend habile à succéder, & l'ordre de succession établi chez les turcs, appelle toujours le plus âgé de la famille : il doit, comme on l'a déjà dit, être né sur le trône.

Lorsqu'il s'agit de successeur au trône, les turcs ne cherchent guère dans le choix d'un successeur qu'à proclamer un homme de la famille d'Osman. Les empereurs, depuis le commencement de ce siècle, ont renoncé à la politique cruelle de leurs prédécesseurs qui, à leur avénement au trône, faisoient mourir tous leurs frères ; mais pour prévenir les révoltes ils les tiennent en prison : & ce trait ajouté à mille autres, annonce assez ce que doit être un pareil gouvernement. Ils leur permettent une ou deux concubines, il faut cependant que les medecins de la cour en aient constaté & confirmé par serment la stérilité : on dit qu'en effet aucune d'elles n'est accouchée. On ne couronne point le nouveau grand-seigneur ; mais on lui ceint le cimeterre d'Osman, fondateur de l'Empire.

Le divan est le conseil d'état & s'assemble deux fois la semaine, les dimanchés & mardis, dans le palais de l'empereur. Le grand-visir le préside ; il a à sa droite le kadileskier ou kassijulæskier de Romélie ou d'Europe, & à sa gauche celui d'Anatolie ou d'Asie. Le musti y assiste lorsqu'il y est appellé. Tous les autres visirs y ont aussi séance, & après eux vient le testerdar ou grand-trésorier, le reis-effendi, le chancelier de l'Empire, les autres officiers du calemji (chambre des) comptes, sont debout de côté, mais ceux de l'armée, tels que l'aga des janissaires, le spahilar-aga, le filudar-aga siègent à la sublime Porte dans l'intérieur du divan. Le sultan écoute dans un appartement voisin & il peut voir à travers une jalousie ce qui s'y passe. Les membres de ce conseil ont un habit particulier pour y assister ; ils mettent cet habit les jours d'audience lorsqu'ils sont envoyés auprès des divers puissances chrétiennes. Si le grand-seigneur convoque un conseil général, tous les grands de l'Empire, le clergé, les ulemas, les officiers militaires & autres, & même les soldats les plus vieux & les plus aguerris y assistent ; & comme l'assemblée se tient de bout elle porte le nom d'*ajak divani*.

Le premier visir ou grand-visir est la première personne de l'état après l'empereur. On appelle visir tous les pachas à trois queues. Il ne faut donc pas confondre cette dignité avec celle de grand-visir. Celui-ci est distingué par le sceau de l'Empire, le cachet du grand-seigneur. Il possède le premier instrument du despotisme. On le nomme par cette raison *visir-asem*, le grand-visir. On évalue ses revenus à 600 mille rixdalers ou 2,400,000 liv., non compris les présens & ce qu'il peut extorquer. Plus il est élevé & plus il est exposé : en effet pour appaiser les murmures du peuple, l'empereur sacrifie le grand-visir, auquel il impute toutes les fautes de l'administration, il le re'ègne ordinairement dans quelque ifle; & quelquefois on l'étrangle. Le vicaire du grand-vifir eft le kaimakan, que le fultan choifit parmi les vifirs qu'on nomme à trois queues. Les prérogatives du kaimakan font prefque les mêmes que celles du grand-vifir dans le cas où le grand-feigneur eft à 8 lieues de Conftantinople ou d'Andrinople; & il n'a prefque aucune autorité lorfque l'empereur y fait fa réfidence. Si le grand-feigneur fe met en campagne, on nomme un kaimakan qui, en l'abfence du grand-vifir, prend connoiffance de toutes les affaires, donne fes ordres & fait les changemens qu'il juge convenables, mais ne peut s'oppofer aux ordres du grand-vifir, ni dépofer ou faire décapiter les anciens bachas. L'interprète impérial eft auffi un des officiers de la couronne le plus en crédit, car au nom du grand-vifir il eft chargé de toutes les négociations avec les envoyés des puiffances chrétiennes, qui par cette raifon lui marquent beaucoup d'égards: c'eft ordinairement un grec de naiffance qui eft revêtu de cet emploi.

Le tribunal fuprême, appellé divan chané, s'affemble dans une falle du palais du grand-vifir, qui en qualité de chef, eft tenu de s'y trouver le vendredi, famedi, lundi & mercredi pour rendre la juftice au peuple. Si d'importantes affaires l'en empêchoient, ce qui arrive rarement, il feroit remplacé dans le chiaoux-bafchi, ou maître des requêtes. Le vendredi le grand-vifir a pour affeffeurs les deux kadileskiers d'Afie & d'Europe, celui de Romélie à fa droite comme juge, & celui d'Anatolie à fa gauche comme fimple affeffeur écoutant. Le famedi c'eft le galata Mollafi, juge du fauxbourg de Galata, ou celui de Péra, qui affifte avec le vifir au divan; chaque lundi il a pour affeffeur l'éjub mollafi, juge du fauxbourg de faint-Job à Conftantinople, & l'iskinder mollafi, & enfin le mercredi l'iftambol effendi, juge de la ville de Conftantinople. Les requêtes des parties étant lues, les affeffeurs difent leur avis: fi le grand-vifir approuve leur fentence, elle s'écrit fur l'arzuhal ou requête, & il la figne: autrement il prononce lui-même la fentence & en fait expédier copie aux parties. La décifion des procès fe fait fur le champ, dès qu'une fois le cadi, juge d'une province ou de quelque lieu particulier, eft inftruit: & il eft aifé de voir que ce tribunal doit rendre de beaux arrêts.

Le gouvernement militaire & civil eft partagé en deux départemens, celui d'Europe, Rumili, & celui d'Afie.

Le grand-feigneur eft en même tems le fucceffeur au califat & le chef du gouvernement militaire; fon defpotifme, dit M. de Tott, eft établi fur le coran, & l'interprétation de ce livre eft exclufivement attribuée au corps des Ulemats; tout doit être foumis à la loi, tout doit obeir au fouverain. Ces deux pouvoirs ont la même fource; on apperçoit déjà le choc & les débats

qui doivent naître entre deux puiffances, dont le droit eft égal, & dont les intérêts font différens: on voit également que le pouvoir de fe nuire les réunit fouvent; & les contraint à des égards & des ménagemens réciproques.

En effet fi les Ulemats peuvent faire parler la loi à leur fantaifie & animer le peuple contre le fouverain, celui-ci peut d'un feul mot dépofer le mufti, l'exiler & même le perdre auffi bien que tous ceux de fon corps qui lui déplaifent. La loi & le defpote doivent également fe craindre & fe refpeéter; mais le defpote, s'il n'eft pas un imbecille, emporte néceffairement la balance, il difpofe de tous les tréfors, de tous les emplois & de la vie de tous fes fujets, il a d'horribles moyens pour fe faire obéir.

Examinons actuellement l'ufage du pouvoir, foit de la part du grand-feigneur, foit de la part des juges.

Plus le pouvoir du grand-feigneur eft étendu, moins il eft facile de limiter celui des officiers qui le repréfentent. Les pachas font dans toute l'étendue de l'Empire ottoman les gouverneurs & les fermiers de leurs pachaliks; ils y donnent à chaque diftrict des gouverneurs & des fermiers particuliers; ceux-ci diftribuent dans chaque canton d'autres fous-fermiers non moins defpotes, de manière que dans cette cruelle hierarchie, le fubalterne perçoit le double de ce dont il eft comptable.

Si le droit du fermier peut s'exercer d'une manière fi deftructive fur le revenu annuel de chaque territoire, le gouverneur de la province, armé d'un pouvoir plus vafte & plus redouté, détruit encore avec bien plus d'audace & de facilité. Il eft le maître de multiplier les vexations, les avanies & les déprédations de tout genre au gré de fes defirs avides. Le moindre prétexte fuffit pour citer à fon tribunal ceux qu'il lui plaît d'y citer, & l'homme riche au pied de l'homme infatiable, n'eft jamais innocent.

Cependant le fouverain, obfervateur tranquille en apparence, attend, pour punir le vexateur, que le produit des vexations foit fuffifant, pour mériter une place dans fon tréfor particulier: mais fi le grand-feigneur femble ne guetter que l'homme en place, envain un homme riche voudroit échapper au defpotifme en fe tenant dans l'obfcurité, il fera bientôt revêtu d'un emploi qui donnera tôt ou tard au prince le droit de compter avec lui. Cet homme n'a donc rien de mieux à faire que de commencer par compter les autres, & de fe réduire le fruit de fes rapines en argent comptant, pour le cacher plus facilement. Les gens de loi font les feuls qui puiffent jouir tranquillement de leur fortune; car je ne parlerai point des fujets chrétiens ou juifs. Ceux-ci méprifés, infultés même par le portefaix mufulman qui les fert, ne peuvent être confidérés par le gouvernement, que parce que leur induftrie accumule des richeffes que les avanies journalières font refluer par le canal des gens en place, dans le goufre où le souverain engloutit tout.

Il n'y a qne quelques mercenaires turcs, quelques chrétiens ou quelques juifs qui fourniffent des exemples de punition publique, en réparation des meurtres qu'ils peuvent commettre. Dans ce cas, le coupable, conduit à la porte, y reçoit sa fentence : aucun appareil n'accompagne son fupplice; & j'en ai rencontré, ajoute M. de Tott, qui traverfoient la foule qui fe trouve ordinairement dans les rues, en caufant avec celui qui devoit les exécuter. Les criminels avoient feulement les mains liées, & le bourreau les tenoit par la ceinture. Il me femble que rien au monde ne peint mieux que ce trait le defpotifme & fes effets. Tandis qu'on conduit ainfi le criminel, c'eft le moment de négocier avec les parens du mort & de travailler à l'accommodement dont je viens de parler. Des gens m'ont affuré, dit encore M. de Tott, qu'il y avoit eu des marchés de ce genre qui avoient manqué par la feule avarice du coupable. Ce fait paroît dénué de toute vraifemblance; mais s'il pouvoit être vrai, ce feroit fans doute parce que, fous le defpotifme, les richeffes font tout & la vie peu de chofe.

Pour que les voleurs de grands chemins foient punis, il faut qu'ils foient arrêtés en flagrant délit. Le légiflateur arabe devoit fans doute ce ménagement à une nation qui ne vivoit que de rapines. Auffi les états du grand-feigneur font-ils infeftés de ces brigands qu'on nomme *haidouts*; ils y commettent les plus grandes horreurs; & les efforts que le gouvernement fait rarement pour les réprimer, & qu'il fait toujours alors d'une manière mal-adroite, ne tendent jamais qu'à les difperfer & à les éloigner de la capitale. S'ils commettent quelques affaffinats dans un village, le cadi qui s'y tranfporte, en rançonne les habitans fans s'occuper de la recherche des coupables. C'eft auffi par cette raifon que le premier foin des habitans de la campagne eft toujours de chercher à fouftraire la connoiffance du crime aux juges, dont la préfence eft plus dangereufe que celle des voleurs. Ceux-ci font en Turquie, ce que font dans nos villes les ouvriers qui n'ont pas la maîtrife. On les punit quand on peut les furprendre au travail; ils quittent leur métier lorfqu'ils fe font enrichis, racontent leurs chefs-d'œuvres, acquièrent de la confidération, & parviennent à des emplois qui leur donnent le droit d'exercer leur induftrie.

Le dogme du Koran, qui enjoint de fe foumettre aux décrets de la providence, ne fembloit pas devoir être compris dans le code criminel; cependant un turc ayant tué un chrétien d'un violent coup de bâton fur le crâne, le juge, après s'être fait repréfenter l'inftrument du meurtrier & avoir bien & duement vérifié la qualité du bois dont étoit fait le bâton, prononça qu'elle étoit trop légère, pour que le chrétien fût mort du coup fans une volonté directe de la providence, à laquelle il n'appartenoit pas aux hommes de s'oppofer. On ne trouveroit pas aifément le chapitre du Koran d'où cette fentence a été tirée; mais il paroît indubitable que fi le chrétien eût commis l'affaffinat en queftion fur la perfonne d'un turc, le juge n'auroit jamais penfé qu'il fût l'exécuteur des ordres de Dieu.

Outre les procès qui fuivent les formes judiciaires d'informations, de vérifications de titres & d'appels aux tribunaux fupérieurs, toutes les querelles particulières & les accufations de premier mouvement font portées fur-le-champ au tribunal lorfqu'une partie le requiert, fans que l'autre puiffe fur-tout héfiter de s'y rendre, fi la querelle a eu lieu en préfence du peuple. Au feul mot de juftice, on veut toujours la multitude prendre fait & caufe contre celui qui s'y refufe; le nom de juftice eft facré chez toutes les nations, & il doit l'être fur-tout pour la populace dans un gouvernement defpotique; car, avec fon ignorance & fa vénération pour les dépofitaires de l'autorité, elle voit en eux le feul appui que lui ait laiffé le fort.

Chaque quartier a fon mekkmé (1), dans lequel un cadi efcorté de fon naïb (2), fiège à toute heure du jour, pour y écouter les plaintes & rendre la juftice d'autant plus prompte, que les frais ne manquent jamais de fuivre immédiatement la fentence. Cette inftitution feroit très-vicieufe dans un gouvernement bien ordonné; mais l'expérience en a fait fentir le befoin dans l'Empire *ottoman*, & nous croyons qu'on y verroit des émeutes & des maffacres fans cette précaution.

Dans les caufes compliquées, les parties ajoutent aux témoins la précaution de fe munir d'un fetfa du muphti; mais ces décifions n'étant données par le chef de la loi que fur l'expofé qu'on lui préfente, chaque partie en obtient facilement un qui lui eft favorable.

On n'a pas non plus terminé fon affaire par un jugement formel, qui donne gain de caufe. Il n'y a de certain que les frais qu'il faut payer. Si la partie adverfe fait naître un nouvel incident, il faut plaider encore & payer de nouveau les frais.

La loi civile chez les turcs donne le droit à chaque particulier de plaider lui-même fa caufe; mais que lui refte-t-il de cet avantage dans un pays où le jugement eft arbitraire? De-là vient

---

(1) Mekkmé, tribunal où fe rend la juftice.
(2) Naïb, premier clerc de juge.

que les juifs, les arméniens & les grecs ont conservé à leurs chefs une espèce de jurisdiction civile, à laquelle ils se soumettent quelquefois pour éviter que le fond du procès ne soit dévoré par le cadi qui le jugeroit ; mais, exceptés les juifs qui sont plus soumis à leur kakam que les chrétiens à leur patriarche, il est assez commun que la partie lésée évoque l'autre aux tribunaux turcs, qui finissent alors par s'enrichir de leurs dépouilles respectives.

La loi concernant les esclaves, les soumet à celui qui les achète, invite à les bien traiter ou à les vendre quand on n'en est pas content, & les esclaves ne peuvent être reçus en témoignage ni pour, ni contre leurs maîtres.

On pourroit encore croire, sur la foi des européens, que la douane est plus douce chez les turcs que chez les autres nations. Les francs n'y paient que trois pour cent. Je veux bien, dit M. de Tott, ne pas mettre en ligne de compte les avanies qu'ils essuient d'ailleurs dans tous les genres ; ce sont des étrangers : leur position n'entre point dans l'examen des mœurs & du gouvernement des indigènes. Ceux-ci sont assujettis à payer sept pour cent de douane, & dix sur beaucoup d'articles de consommation ; par une clémence que l'on affecte aussi de vanter, on perçoit ce droit en nature : mais qu'en résulte-t-il ? Que sur cent turbots qu'un pêcheur apporte, on lui prend les dix plus beaux, & qui valoient seuls ceux qu'on lui laisse.

Consultons présentement les livres de loi, & voyons comment on fait les interpréter dans les tribunaux. Tout doit être jugé sur la déposition des témoins. C'est la première loi du législateur des arabes. On ne peut se présenter en justice, sans que le demandeur & le défendeur en soient également pourvus : il n'y a donc point de procès sans faux témoins. L'art du juge consiste à deviner, par des interrogations captieuses, à laquelle des deux parties il doit adjuger le droit d'affirmer, & ce premier jugement décide le procès : si une partie nie, l'autre est admise à prouver, de sorte que, conduit en justice par un homme que je n'ai jamais vu, pour lui payer une somme que je ne lui ai jamais due, je serai contraint de la lui payer sur la déposition de deux témoins turcs qui affirmeront ma dette. Quel est le moyen de défense qui me reste ? Ce seroit de convenir que j'ai dû ; mais d'assurer que j'ai payé. Si le cadi n'est pas gagné, il m'adjugera les témoins ; j'en trouverai bientôt moi-même, & il ne m'en coûtera qu'une rétribution fort modique pour les gens qui auront pris la peine de se parjurer pour moi, & le droit de dix pour cent au juge qui m'a fait gagner ma cause.

Un ministre des affaires étrangères (M. d'Argenson) l'a dit : l'Empire turc est le comble de toutes les humeurs du despotisme & de la tyrannie.

Il faut aux objets un grand jour pour les connoître ; qu'on se convainque, en considérant l'état de la Turquie, de tous les maux que peut causer le gouvernement monarchique sans l'admission d'aucune démocratie.

Dans les autres états despotiques, il y a toujours un certain nombre de suffrages propres à représenter les intérêts de la chose publique ; si c'est la noblesse qui approche seule du trône, elle est en grand nombre, elle a ses intérêts, des terres en propriété, & elle se fait écouter : si la noblesse gouverne séparément, le peuple emprunte son organe ; si la noblesse concourt avec le peuple, c'est une disposition démocratique. Mais en Turquie, la volonté seule du monarque fait les loix & conduit tout, ou plutôt ne conduit rien.

Dans cet Empire barbare, ce n'est ni la cruauté des supplices, ni la procédure militaire de la justice criminelle, ou les chûtes subites des grands de la Porte, qui constituent la tyrannie de ce gouvernement ; peut-être trouveroit-on de grands traits de justice dans ces pratiques effrayantes : ce sont bien d'autres effets de servitude, qui causent la décadence de cet Empire.

On n'y voit point de grandeurs innées ; mais le mérite n'y gagne rien : les choix sont guidés par l'avarice, ou dictés par le caprice, & les officiers sont déposés par la même méthode.

Il n'y a pas plus de propriété dans les biens que dans les charges ; les dépossessions des biens viennent de la cupidité & de l'envie, mais rarement de la justice.

Tout ce qui a quelque autorité sur le public, est officier du souverain, ou plutôt en est l'esclave.

Ces officiers ne savent d'où ils viennent ni où ils vont ; ils sont tirés du nombre des enfans de tribu élevés dans le serrail, & leur race meurt avec eux, quoiqu'ils laissent beaucoup d'enfans ; mais leurs biens retournent à l'épargne du prince : par-là chacun n'est en ce monde que pour soi, & ne peut songer qu'au présent ; ce présent étant fort court, il le brusque par l'avarice & la débauche : de quel usage seroit le mérite ?

Le moindre officier représente, dans ce qui lui est confié, toute la rigueur du despotisme du souverain.

Les défauts du gouvernement turc attaquent plus la police que les autres parties du gouvernement, & c'est le défaut de tous ceux qui ont exclu la démocratie. On me demandera sans doute, ajoute M. d'Argenson, ce que c'est que la police dont je parle si souvent.

La police comprend tout ; c'est le véritable droit public qui règle les intérêts des citoyens respectivement avec la société ; c'est l'ordre dont la religion inspire l'amour : de l'observation des loix réfulte le bonheur des hommes , les mœurs tranquilles & la force de l'état.

Il faut convenir que les armées turques ont leur force par la valeur des janiffaires ; qu'il fe trouve quelques cadis qui aiment la juftice ; qu'on la rend avec une précifion qui l'emporte communément fur nos formalités dilatoires & déclinatoires , & que le fouverain y a beaucoup d'argent & de riches épargnes ; mais il ne faut pas s'en tenir à quelques traits vagues ou pris en gros dans l'examen du gouvernement , il faut fuivre quel a été le progrès des abus & prévoir où ils vont.

Je ne parle pas ici des vices de l'Empire même , qui rendent le grand-feigneur fi fujet à être détrôné par une armée ; trouvant fa crainte dans ce qui fait l'appui des autres monarques ; je traite des défauts qui tombent fur les fujets gouvernés.

L'Empire turc devient à rien ; il ne faut pas s'arrêter aux fuccès imprévus de quelques campagnes , par l'imprudence ambitieufe de fes voifins. Cet Empire s'énerve plutôt véritablement qu'il ne fe démembre ; il fe conferve encore extérieurement ; les jaloufies réciproques des princes chrétiens font peut-être aujourd'hui fon appui le plus folide.

Les turcs ne travaillent point ; ils ne fe poliffent point ; ils ne difciplinent point leurs armées , tandis que nous autres chrétiens avançons beaucoup dans les arts.

Les turcs ne peuplent point ; ils admettent chez eux des francs , qui bientôt trop nombreux leur feront la loi. Leurs villes prefque ruinées n'auront bientôt pas pierre fur pierre ; l'état en eft changé autant que les noms , ces noms autrefois fi doux & rappellent encore l'idée de la politeffe & du goût de l'ancienne Grèce.

Les différentes claffes du peuple turc ne peuvent fe connoître ni s'ameuter pour les intérêts communs , foit du commerce , foit de la police ou des mœurs. Quelles loix , quels réglemens , quel concert peuvent réfulter de fi grandes féparations de parties ? Ainfi tout y eft arbitraire & n'a pour unique objet que l'intérêt d'un fupérieur avide & barbare.

Prefque tous les arts nouveaux y font profcrits par la religion & par la loi : on ne veut recevoir des chrétiens que le produit de leurs arts ; mais non l'art même ; & c'eft juftement la maxime contraire qu'admettent les états bien gouvernés : la raifon même refte dans fon enfance, dès qu'on e refufe la communication avec ceux qui travaillent à la perfectionner par la philofophie.

On croit fauffement que c'eft la poligamie qui dépeuple la Turquie ; les chrétiens riches & libertins ont ici une poligamie qui fait bien plus de tort à la propagation.

Cette autorifation irrégulière chez les turcs fatisfait la fantaifie de quelques gens trop riches ,

qui fe donnent autant de femmes qu'ils en peuvent entretenir ; mais le bas peuple en trouve toujours affez.

C'eft véritablement la mifère qui dépeuple le pays : dans celui-là , c'eft la ftupidité & l'indolence qui fufpendent les fortunes , & qui retranchent les familles.

La propriété des pères fur leurs enfans engage ailleurs à l'amour du bien pour les avancer dans le monde , & l'amour du bien fait défirer d'avoir des héritiers ; il faut pour cela que les portes foient ouvertes à l'induftrie, à l'émulation , & même à quelque ambition.

SECTION VIe.

Des rapports politiques de l'Empire ottoman , & remarques fur les prétentions & les vues de la cour de Pétersbourg & de Vienne.

On ne parle plus en Europe que de la conquête de la Turquie européenne par l'impératrice de Ruffie : le public , toujours crédule & toujours livré aux exagérations , ne voit pas les difficultés de cette entreprife. Nous ne préfenterons ici qu'une petite difficulté ; à laquelle on ne fait point d'attention. Quand la czarine viendroit à bout, en quelques campagnes , de repouffer le grand-feigneur en Afie ; quand elle pourroit contenir la Moldavie & la Valachie habitée par des grecs , comment affujettiroit-elle des mufulmans à une domination chrétienne ? & en ajoutant ainfi de nouvelles provinces à fes états déja trop étendus , comment viendroit-elle à bout de les gouverner ? Il paroît que fi elle a conçu ce projet , elle commence à en voir le danger ; & ce fameux voyage qu'elle a fait en Tauride , a fini fans aucune hoftilité.

Ce n'eft pas ici le lieu d'en dire davantage. Nous nous bornerons à d'autres détails plus inftructifs.

La Ruffie après avoir obtenu de grands facrifices de la Porte , lors du traité de Kainardgi ; après avoir affuré la liberté de fa navigation de la mer Noire à la Méditerranée , & le paffage de fes navires devant les murs de Conftantinople , a voulu profiter de fes fuccès ; & elle a formé chaque jour de nouvelles prétentions. Elle en a réalifé quelques-unes ; elle a été mife en poffeffion , depuis cette époque , de la Crimée & du Cuban ; l'un des princes de la Géorgie eft devenu fon tributaire. *Voyez* les articles CRIMÉE & GÉORGIE. Mais cette multitude de facrifices & de pertes a enfin excité le reffentiment de la Porte , qui a déclaré la guerre à la Ruffie au mois d'août de cette année 1787.

Pour mettre le lecteur en état de juger , nous allons expofer les caufes qui ont donné lieu à cette déclaration. On y verra les prétentions formées d'abord par la Ruffie, & la réponfe de la Porte : nous inférons ici le mémoire que donna l'envoyé de la czarine au mois de juillet 1786, celui du miniftre du grand-feigneur, & enfin les points que demandoit la Porte au mois de juillet 1787.

Mémoire préfenté par M. l'envoyé de Ruffie à la fublime Porte.

Sa majefté l'impératrice de toutes les Ruffies, ma fouveraine, ayant été informée par les dépêches du fouffigné, que la fublime Porte n'a point fait de choix, ni pris aucune réfolution en conféquence du mémoire préfenté par le fouffigné, concernant l'affaire du pacha d'Ahiska ; fa majefté impériale ne pouvant regarder d'un œil d'indifférence un pareil filence & les délais de la fublime Porte fur fa jufte demande, ni différer davantage l'obtention d'une fatisfaction qui lui eft due, elle a chargé le fouffigné de notifier & de déclarer que fi la fublime Porte n'effectue point le châtiment & la dépofition du pacha fufdit pour fes menées & la conduite qu'il eft préfumé avoir adopté en affiftant les lesgies dans leurs ravages & empiétemens fur les frontières du kan de la Cartalinie, c'eft-à-dire, de Tiflis, qui eft fous fa dépendance, fa majefté impériale fait pofitivement qu'elle a le droit d'employer fes forces contre ledit pacha, perturbateur de la paix entre les deux cours, & elle emploiera fa force & attribuera l'obftination de la fublime Porte à fon defir de difcontinuer l'amitié & la bonne intelligence avec la cour de Ruffie.

GALATA, le 30 mai 1786.

(L. S.) (*Signé*) JACOB DE BULGAKOF.

Mémoire de la fublime Porte, remis au miniftre de Ruffie, en réponfe au mémoire ci-deffus.

Il eft évident & connu de tout le monde que, dans les traités conclus entre la fublime Porte & la cour de Ruffie, il n'exifte ni article, ni claufe quelconque relative au kan & au territoire de Tiflis, & que le kan de Tiflis étoit originairement dépendant de la fublime Porte, de laquelle il recevoit l'inveftiture avec les marques publiques d'honneur. Le très-eftimé miniftre de Ruffie, notre ami, outre le mémoire ci-devant préfenté, a, par ordre de fa cour, remis à fa conférence du lundi, 3e jour de Chaaban 1200, (le 30 mai 1786 de N. S.) un autre mémoire avec fa traduction, dans lequel il repréfente que le pacha de Gilder a donné affiftance aux lesgies, afin de molefter & empiéter fur le territoire du kan de Tiflis : que fi la fublime Porte ne veut dépofer & châtier ledit gouverneur, l'impératrice

de Ruffie employera la force contre lui ; que cette fouveraine attribuera la conduite de la fublime Porte à cet égard, à fon defir de difcontinuer l'amitié & la bonne intelligence avec la cour de Ruffie, & autres expreffions peu convenables : démontrant par-là les intentions de cette cour de fe prévaloir du moment de la dépofition dudit vifir, pacha à trois queues, pour développer & exécuter des vues ou deffeins particuliers, contraires aux ftipulations, ainfi qu'aux droits de voifins & d'amis finçères.

Il eft clair que la cour de Ruffie a féduit ledit kan, lequel, comme il a été dit ci-deffus, étoit d'ancien temps dépendant de la fublime Porte ; qu'elle a introduit des troupes dans le territoire de Tiflis ; qu'elle a envoyé fecrètement & publiquement des ambaffadeurs & des écrits en vue d'attirer, dans fa dépendance, les peuples du Daghestan & d'Afarbeigian ; & qu'inquiétant ainfi les frontières ottomanes, elle n'a point refpecté le premier article des capitulations, qui ftipule qu'aucun acte d'animofité & qu'aucune injure ne feront commis à l'avenir, fecrètement ou publiquement, de part ni d'autre. Il eft également évident qu'une pareille conduite eft abfolument contraire aux traités & à l'amitié exiftante entre les deux cours, & que, dans une pareille fituation des chofes, les inftances de la cour de Ruffie, afin que ledit gouverneur foit dépofé & châtié, fans prouver aucune action par lui commife à fon préjudice, excédent les bornes de la difcrétion & de la juftice.

Il eft certain que la fublime Porte, ftrictement attachée à fes engagemens, procéderoit fans délai à châtier ledit gouverneur, s'il avoit commis des infractions aux traités ; mais elle ne peut feulement penfer à le dépofer fans caufe, & fans que les torts à lui imputés par la cour de Ruffie, foient démontrés.

A tout événement, s'il arrive que la cour de Ruffie, abandonnant la difcrétion & la juftice, infulte les frontières ottomanes, ou commette des hoftilités en rompant les conventions & les traités, la fublime Porte procédera à faire réfiftance, en fe fervant de fes forces & de fes moyens : dans lequel cas il fera notoire & évident à toute la terre, qu'elle n'a point donné motif quelconque de plainte pour ce qui regarde les conventions ou les traités, la paix ou l'amitié, mais que la cour de Ruffie feule a donné occafion à l'infraction de la paix.

Et enfin qu'il foit auffi connu à l'honorable miniftre de Ruffie, notre ami, que ce mémoire lui a été donné amicalement & fans détour.

1200 Ramazan 9me (3me juillet 5786).

La Ruffie, peu fatisfaite de cette réponfe, a renouvellé, au mois de février 1787, les mêmes demandes, & y en a ajouté d'autres encore. Elle a demandé:

1°. Que la Porte reconnoisse comme dépendants & sujets de l'Empire russe les habitans de la Géorgie, dont le prince Héraclius est le chef.

2°. Que la Porte s'engage à faire cesser les hostilités des tartares Lesghis & Abazas.

3°. Que les différends qui se sont élevés touchant les mines de sel, entre le gouvernement d'Oczakow, près du Boristhene, & le gouvernement russe de Kinburn, situé à la pointe de la presqu'isle de la Crimée, soient applanis.

4°. Que le ministère ottoman ne s'oppose plus à l'établissement d'un consul russe à Warna, du côté de l'embouchure du Danube.

5°. Que la Porte s'explique sur les raisons des armemens considérables qu'elle fait, tant sur terre que sur mer.

6°. Que le ministère ottoman mette fin à l'oppression des provinces de Moldavie & de Valachie, à laquelle le changement continuel de leur prince donne lieu.

La Porte répondit le 15 février à ces demandes, article par article, comme il suit:

1°. Que les géorgiens ont été de tout temps considérés comme dépendans & tributaires de l'Empire ottoman, & qu'il n'a jamais été question de leur dépendance de la Russie; ce qui a été confirmé & démontré par l'article 23 du traité de Kainadgi, sans qu'on ait fait alors, de la part de la Russie, la moindre mention de cette prétendue dépendance.

2°. Que le ministère ottoman avoit déjà déclaré plus d'une fois l'indépendance des tartares Lesghis & Abazas; & que par conséquent le gouvernement n'avoit ni le pouvoir, ni le droit de se comporter au milieu de leurs mouvemens, différemment que comme neutre.

3°. Que les différends, survenus entre le gouvernement d'Oczakow & celui de Kinburn, n'étoient pas de nature à mériter une conférence ministérielle, & qu'ils pourroient facilement être applanis par un interprete russe & quelques ministres subalternes de la chancellerie turque.

4°. Que la Porte reconnoît en effet son obligation d'accorder l'établissement des consuls russes, par-tout où leur commerce l'exigera; mais que relativement à l'opposition de Warna, indépendamment de ce que cette échelle ne peut être d'aucune utilité quelconque au commerce de la Russie, de quelque nature qu'il puisse être, le gouvernement s'étoit déjà expliqué, il y a long-temps, sur les raisons qui occasionnent cette difficulté; qu'on devoit l'attribuer plutôt à la situation du lieu & au naturel de ses habitans, qui refusent absolument l'admission d'un consul, qu'à une résistance opiniâtre à cette demande; qu'on

avoit déja communiqué à la cour de Russie toutes ces raisons, & que le ministère ottoman l'avoit sollicitée, de la manière la plus amicale, de se désister de cette demande, & de choisir sur ces mêmes côtes, mais dans un autre endroit, un lieu propre à l'établissement d'un consul.

5°. Qu'il étoit très-naturel que la Porte se mît dans le même état de défense que ses voisins; que ces armemens ne devoient être jugés d'aucune conséquence, aussi long-temps que les mouvemens de ses voisins ne troubleroient pas son repos.

6°. Qu'à l'égard des vexations dans la Valachie & la Moldavie, la Porte avoit le plus grand intérêt qu'elles n'eussent pas lieu; qu'au contraire le bon ordre y fût maintenu, & qu'en conséquence elle ne négligeroit pas d'avoir soin des habitans de ces provinces.

Les négociations en étoient à ce point, lorsqu'on vit la Porte excitée par l'Angleterre, qui avoit le projet d'occuper l'impératrice & l'empereur, tandis que le roi de Prusse rétabliroit le stathouder dans les Provinces-Unies, & qui vouloit former une ligue offensive & défensive entre la Grande-Bretagne, la Prusse & la Hollande, pour contrebalancer les liaisons de la France, de la cour de Vienne & de celle de Russie; lorsque l'Angleterre, dis-je, a déterminé la Porte à déclarer la guerre à la czarine.

La cour de Russie raconte elle même dans son manifeste que:

« Le reis Effendy ayant appelé le ministre russe, le 15 juillet dernier, à une conférence, opposa à nos justes prétentions les contre-prétentions les plus injustes. Les voici: en déclaroit, 1°. que nous devions renoncer à toutes les liaisons avec le czar de Cartalinie, notre sujet, & nous abstenir de nous mêler des affaires Irufiniennes; 2°. que nous devions livrer Mauro-Cordato, hospodar de la Moldavie; 3°. que nous devions rappeler de Yassi notre vice-consul Selunski, que l'on accusoit calomnieusement d'avoir favorisé l'évasion du susdit hospodar, & d'avoir facilité l'émigration des sujets turcs dans la Russie; 4°. que nous devions rendre aux turcs 39 marais salans dans l'arrondissement de Kinburn, quoique des traités nous en eussent assuré la possession; 5°. que nous devions admettre des consuls turcs dans toute la Russie, & nommément dans la Crimée; 6°. que les bâtimens russes se soumettroient à la visite la plus rigoureuse, afin de constater s'il n'y avoit point à leur bord des matelots turcs, & si ces bâtimens n'exportoient point de café, d'huile ou riz, &c. objets sur lesquels le traité de commerce leur avoit assuré une liberté entière; 7°. que les négocians turcs ne paieroient en Russie que trois pour cent de droits de douane. A toutes ces prétentions, ce ministre ajouta l'insolence de fixer d'abord le 15, & ensuite le 20 août, pour terme d'une réponse cathégorique, terme qui n'étoit nullement proposable, vu l'éloignement de notre capitale de Constantinople. Le ministre turc jugea à propos de déclarer publiquement qu'il regardoit comme nulles & non avenues toutes les conventions conclues postérieurement au traité de Kainardgi. Ce ministère, non-seulement ne donna point de réponse à notre ministre, & lui proposa les prétentions les plus absurdes; savoir, que nous devions restituer la Crimée, & annuller les traités solemnels qui subsistoient entre nous & elle, & par conséquent renoncer à tous les avantages qui en résultoient pour notre Empire; ajoutant qu'elle renonçoit, de son côté, à ces obligations; & lorsqu'elle ne put point déterminer notre ministre à consentir à ces demandes absurdes, elle le fit arrêter sur-le-champ, & conduire au château des Sept-Tours ».

Jusqu'au moment de cette déclaration de guerre, l'empereur a profité de la détresse de la Porte, & il a fait valoir & accueillir quelques demandes relatives au commerce & à la navigation de ses sujets: au mois de février 1784, la Porte expédia la patente que voici.

Au nom de l'Etre suprême.

« La raison pour laquelle la présente patente est expédiée, est que l'internonce impérial, notre ami, a demandé, de la part de sa cour, dans un mémoire, dont le contenu est fondé sur l'article 8 du traité de Belgrade, divers arrangemens en faveur des négocians & sujets allemands dans les états de la domination *ottomane*. La sublime Porte, ayant examiné le contenu de ce mémoire, a trouvé que ledit article sert de base aux propositions de la cour impériale de Vienne. Pour cet effet, & ladite cour ayant donné, dans ledit mémoire, l'assurance positive que les bâtimens de commerce de la sublime Porte, qui, dans tous les états de la cour impériale, font la navigation & le commerce, tant dans les mers que dans les rivières de sa domination, jouiroient relativement au commerce, des privilèges des nations les plus favorisées, & même des plus considérables; la sublime Porte étant toujours disposée & prête à remplir les obligations qu'elle a contractées par les traités; & voulant donner à la cour impériale, son ancienne amie & voisine, des preuves non équivoques de la sincérité de ses sentimens & de son amitié constante, s'est engagée à observer & faire exécuter religieuse-

ment les points & articles suivans, lesquels non-seulement serviront à l'avenir de règles invariables, relativement au traitement de la nation allemande, mais auront aussi la même validité que le traité de Belgrade. 1°. Le traité de commerce, fait en 1132 à Passarowiz, & servant de base à l'article huit du traité de Belgrade, sera, ainsi qu'il convient, observé & exécuté par-tout dans la domination de l'Empire *ottoman* en faveur des sujets & négocians allemands, la sublime Porte s'engageant à ce qu'il n'y soit jamais porté la moindre atteinte. Quant au commerce de mer & dans les rivières, il en sera usé conformément aux stipulations de l'article 6 du présent sened. 2°. A l'égard des droits de douane que les sujets & les négocians impériaux auront à payer, la sublime Porte déclare de nouveau qu'ils ne paieront que trois pour cent pour toutes les marchandises, à l'exception cependant des marchandises prohibées, soit à l'entrée, soit au lieu de destination, les marchandises étant d'importation ou d'exportation, & cela de manière que le commerce des négocians allemands, détaillé ci-dessous spécifiquement, sera exempt, tant à l'entrée qu'à la sortie, de toutes les impositions, quelques déterminations qu'elles pussent avoir, & nommément des taxes de Masderic, Cassabie, Beydand, Besmilhondanie, Rest, Padsch, Fsakkoali, &c. L'internonce impérial ayant observé en outre que, par le laps de temps, il s'étoit glissé plusieurs abus dans les arrangemens mercantiles dans plusieurs provinces *ottomanes*, & notamment dans la Moldavie & dans la Valachie, il est convenu & ordonné par le présent que tous les arrangemens arrêtés au sujet du commerce réciproque, seront confirmés & exécutés à l'avenir de la manière la plus stricte dans tous les états de l'Empire *ottoman*. 3°. Pour prévenir tous les inconvéniens, relativement au commerce sur mer & dans les rivières, la sublime Porte déclare & fait connoître à ses commandans, magistrats & autres officiers, qu'en vertu des traités il est permis aux sujets & négocians de l'empereur, munis de passe-ports, de naviguer librement dans les mers & rivières de la domination ottomane, d'y faire le commerce, tant sur terre que sur mer, de conduire leurs bâtimens où ils jugeront à propos, de décharger leurs marchandises & de charger celles qui ne sont point prohibées, en acquittant toutefois les droits prescrits. 4°. La sublime Porte reconnoît que la cour impériale & royale, en vertu des traités de Belgrade & de Passarowiz, attendu la bonne intelligence qui règne entre les deux cours, est en droit d'exiger d'elle, en faveur de ses sujets & négocians, les mêmes privilèges & avantages de commerce, dont jouissent actuellement, ou pourront jouir par la suite d'autres nations, nommément les françois, les anglois, les hollandois, les russes, & d'autres nations plus favorisées encore. 5°. Les sujets, & négocians de l'empereur pourront, sans être tenus dorénavant à ce qui avoit été stipulé à cet égard dans le traité de Passarowitz, naviguer librement pour affaires de négoce sur mer & dans les rivières, en passant ou repassant, de l'une dans les autres, & *vice versâ* avec des bâtimens, pavillons & matelots allemands, sans qu'on puisse en exiger plus que lesdits droits d'exportation ou d'importation, qu'ils n'acquitteront qu'une seule fois. 6°. Quant au commerce de transit sur les côtes & par les détroits, & canaux dans la domination *ottomane*, & nommément par le canal de la mer Noire, les bâtimens des sujets & négocians impériaux venant sur mer ou dans les rivières des provinces allemandes, & sous pavillon impérial, & allant dans des ports étrangers, ou venant des ports étrangers & allant dans des provinces allemandes, pourront le faire sans aucun empêchement quelconque, & sans acquitter le moindre droit, & ils ne pourront pas non plus être forcés de débarquer leurs marchandises, bien entendu cependant qu'ils paieront pour les marchandises qu'ils débarqueront volontairement pour la vente, les droits ordinaires de douane, & qu'ils ne feront ce commerce que dans des bâtimens de ceux accordés aux sujets de la Russie. Il sera accordé & donné aux sujets & négocians de l'empereur, pendant leur séjour dans les provinces *ottomanes*, toute l'assistance dont ils pourroient avoir besoin, & ils seront traités comme il convient de traiter les sujets d'une cour qui vit avec la sublime Porte dans les liaisons de la plus étroite amitié. Au reste, comme les bâtimens, naviguant sur des rivières, ne pourront guère être employés sur mer, il sera permis à ces bâtimens, lorsqu'ils seront arrivés dans des endroits près de la mer, de décharger leurs marchandises dans des bâtimens propres à la navigation de la mer Noire, sans qu'on en puisse demander aucun droit. 7°. Dans le cas où il surviendroit des difficultés par rapport à l'exécution de l'un ou de l'autre article du présent sened, & particuliérement par rapport aux marchandises prohibées par les traités de Passarowitz & de Belgrade, la sublime Porte sera toujours prête à les lever par un accord réciproque, fondé sur l'équité; dans le cas où elles ne pourroient pas être arrangées de cette manière, la sublime Porte convient qu'elles seront accommodées amicalement, & au pied établi à cet égard dans le traité de commerce conclu l'année dernière avec la Russie, & cela d'une manière convenable au commerce allemand. Donné à Constantinople, le 2 du mois de rebynlahyr de l'an de l'hégyre 1198 (ce qui revient au 21 février 1784).

La maison d'Autriche a formé ensuite d'autres prétentions encore plus importantes : voici le précis de celles qu'elle a fait valoir derniérement;

mais il paroît que la Porte ne les a pas encore accueillies, & nous ignorons où en est cette négociation.

1°. La cour impériale exige que la forteresse de Wihacz soit comprise dans la cession de la Croatie qui est en-deçà de l'Unna, parce que cette forteresse lui est absolument nécessaire pour arrêter les brigandages, & empêcher la désertion. 2°. Si la Porte consent à lui céder la partie de la Valachie turque, qui s'étend jusqu'à la rivière d'Aluta, la cour impériale consent, de son côté, à renoncer à l'extension des limites au-delà de la Save, & à ce que les frontières du côté de la Bosnie & de l'Herzowine, restent *in statu quo*. 3°. La Porte sera tenue, toutes les fois qu'elle déposera un prince de Valachie, d'en déduire les raisons à la cour impériale, & de lui nommer le sujet qu'elle destine à cette dignité. Le hospodar de Valachie sera aussi tenu de remettre à l'empereur tous les déserteurs de ses troupes. 4°. La forteresse d'Orsowa sera remise à la cour impériale.

Aujourd'hui que la guerre est déclarée, l'empereur se dispose à soutenir l'impératrice de Russie, selon la teneur de son traité avec la cour de Russie; & il fournira, lors des négociations de la paix, des prétentions plus ou moins grandes, selon que les armes des russes & des autrichiens auront eu plus ou moins de succès.

Les rapports politiques de la Porte avec les autres puissances de l'Europe, n'intéressent pas aussi immédiatement sa sûreté: nous allons entrer dans quelques détails.

Le Portugal & l'Espagne n'ont presque aucune liaison avec la porte *ottomane*. Les anglois & les autres nations commerçantes font le métier de facteurs ou de voituriers de mer, entre ces peuples. Ils transportent, par exemple, les bleds d'Egypte, de l'Archipel & des côtes de Barbarie jusqu'en Portugal & en Espagne. Mais cette branche importante du commerce des anglois & des vénitiens pourroit bien leur manquer. On a parlé autrefois d'un arrangement entre les cours de Vienne & de Lisbonne, d'après lequel la maison d'Autriche auroit livré au Portugal tous les grains dont ce royaume peut avoir besoin : on disoit que ces grains devoient se tirer de Hongrie; on devoit les transporter à Fioume ou Trieste, où ils pourroient être embarqués & envoyés dans un des ports portugais. On assuroit que le Portugal s'étoit engagé à prendre pour deux millions de cruzades de ces grains, qui lui reviendroient à meilleur compte de huit pour cent que ceux que les anglois y ont apportés jusqu'ici.

La France est de toutes les puissances de l'Europe celle que la Porte considère & estime le plus. Il y a eu presque de tout tems des liaisons assez étroites entre les cours de Versailles & de Constantinople : ce systême s'est établi à l'époque où les turcs pouvoient faire de puissantes diversions, lorsque la maison d'Autriche ou la Russie vouloient montrer trop d'ambition. Alors les cours de Vienne & de Petersbourg, soutenues par l'Angleterre & la Hollande, tenoient, pour ainsi dire, en échec la France, l'Espagne, la Porte *ottomane*, la Suède, la Prusse & quelques princes d'Allemagne. Toutes ces forces mettoient la balance si fameuse de l'Europe dans une sorte d'équilibre; mais depuis que la France a un traité d'alliance avec l'Autriche & un traité de commerce avec la Russie, elle n'a plus d'autres intérêts à soutenir ses liaisons avec la Porte, que pour conserver son commerce du Levant & arrêter l'aggrandissement de la maison d'Autriche & de la Russie: elle entretient constamment un ambassadeur à Constantinople, qui y jouit d'une grande considération, & qui a beaucoup de crédit dans le serrail. On en a vu un exemple bien remarquable il y a peu de tems. Le grand-visir ayant été gagné par la Russie, & s'étant montré trop favorable à la cour de Petersbourg dans toutes les occasions, le ministre de France le fit déposer & reléguer à l'isle de Rhodes. Le commerce entre les provinces méridionales de la France & les états du grand-seigneur, situés sur la mer méditerranée, est important. La France entretient des consuls à Smyrne, au Caire, à Alexandrette & dans les principales villes du Levant.

L'Angleterre & la Hollande n'ont presque que des intérêts de commerce à régler avec la Porte. Comme le système politique de ces deux puissances n'est pas conforme aux vues de la cour de Constantinople, les ambassadeurs anglois & hollandois y négocient avec difficulté, & ils sont obligés de corrompre les principaux officiers du serrail, s'ils veulent réussir dans leurs affaires. D'ailleurs, le commerce entre ces nations étant plus à l'avantage des anglois & des hollandois que des turcs, les ministres *ottomans*, fiers de leur naturel, ne sont pas fort complaisans pour ces nations. Mais ils craignent la puissance formidable des anglois par mer; & c'est par cette raison qu'ils les ménagent.

Le commerce de l'Angleterre à Constantinople & dans la Turquie entière, se fait par un certain nombre de marchands anglois, dépendans de la compagnie de Londres, pour le commerce de la Turquie, qui lui font passer une seule fois par an la qualité & la quantité des marchandises qu'elle juge pouvoir vendre ou échanger facilement. Cette précaution empêche la perte que la trop grande abondance pourroit faire éprouver dans les prix des marchandises, & maintient la grande vogue qu'ont toujours eue les marchandises apportées d'Angleterre. Les principaux articles de ce commerce sont, le plomb, l'étain, les montres, toutes sortes d'ouvrages d'horlogerie, la quincaillerie, les étoffes de laine de différentes qualités, les épiceries & la verrerie. Il consiste principale-

ment en marchandises de grand prix, & dont la vente est assurée; raison pour laquelle toutes les maisons angloises établies en Turquie sont opulentes.

Les puissances maritimes ont des consuls dans la plupart des grandes villes de Turquie, qui y jouissent de tous les privilèges du droit des gens.

La république des Suisses n'a rien à démêler avec la Porte *ottomane*. L'Italie au contraire à beaucoup de liaisons avec elle. Le pape autrefois a trouvé le moyen de soulever tous les princes chrétiens pour la conquête de la Terre-Sainte. On n'a plus à craindre que la singulière manie des croisades séduise de nouveau l'esprit des princes dans un siècle aussi éclairé que le nôtre. Le pape, qui regarde les turcs comme les ennemis naturels de toute la chrétienté, & comme des infidèles, peut encore faire beaucoup de mal à l'empire *ottoman*, par le crédit qu'il a dans les cours des puissances catholiques, & par les ennemis qu'il peut susciter aux turcs; il permettoit autrefois aux princes chrétiens de lever le dixième sur tous les biens ecclésiastiques dès qu'ils avoient déclaré la guerre aux musulmans; mais les princes taxent aujourd'hui les biens ecclésiastiques sans l'aveu du pape. Le grand-duc de Toscane forme encore des prétentions sur la Palestine, & il réclame le titre de roi de Jérusalem, comme le roi de Sardaigne prend celui de roi de Chypre. Quoique ces titres ne soient au fond que des chimères, ils peuvent au besoin inquiéter les turcs. Quand tout est tranquille dans le monde, de pareilles choses ne signifient rien; mais lorsque tout est agité par l'esprit de la guerre, les plus petites étincelles causent des embrasemens. Une puissance qui excite plus l'attention de la Porte, c'est la république de Venise, qui a fait de si fréquentes guerres contre les turcs. La Porte a conquis beaucoup de domaines sur les vénitiens; & quoiqu'ils soient peu redoutables aujourd'hui, elle paroît toujours craindre leur ressentiment. Au reste, la république de Venise se tient maintenant sur la défensive, & ce système est plus que convenable; elle ne veut plus s'exposer à de nouvelles pertes, & elle cherche à maintenir son commerce avec le Levant, qui lui est très-avantageux. Le sénat de Venise témoigne beaucoup de ménagement & de complaisance pour la Porte. Il n'en est pas de même des chevaliers de Malthe, qui sont, par leur profession, dans un état de guerre continuelle avec les turcs. Mais comme le petit nombre de ces chevaliers & leur peu de forces ne leur permettent pas de tenter de grandes entreprises, & qu'ils se bornent à enlever quelques vaisseaux, ou à attaquer les pirates d'Afrique, la Porte ne s'en venge pas à présent: elle a songé plusieurs fois à les exterminer: mais elle connoit la situation formidable de l'isle de Malthe, ses fortifications toutes taillées dans le roc, l'activité constante des chevaliers, qui font fans ceffe fur leurs gardes; des fecours qu'ils tireroient des puiffances chrétiennes, chez lefquelles il y a partout quelques chevaliers; l'affiftance que leur procureroit le pape, l'avantage qui réfulte aux nations commerçantes d'avoir les chevaliers dans la mer méditerranée pour la purger des corfaires d'Alger, &c. Enfin la Porte n'a rien à craindre du roi des deux Siciles, dont les forces ne font pas affez confidérables pour tenter la moindre entreprife fur elle. Ce prince d'ailleurs a un traité de commerce avec la Turquie, qui eft avantageux aux deux nations.

La maifon d'Autriche qui eft en poffeffion de la Tranfylvanie & du royaume de Hongrie, devient par-là la puiffance que les turcs ont le plus à craindre. Perfonne n'ignore quels terribles coups l'empereur Léopold a porté à l'Empire *ottoman* fous la conduite du prince Eugène; & que, fans d'autres diverfions, Conftantinople même auroit peut-être été en danger. Les politiques ont remarqué que les peuples deviennent toujours plus redoutables à mefure qu'ils avancent vers l'Occident. Les chinois craignent le mogol, le mogol craint les perfans, les perfans font inquiétés par les turcs, & les turcs redoutent les forces autrichiennes. Cependant la dernière guerre que l'empereur Charles VI a foutenue contre eux, n'a pas été accompagnée d'un grand fuccès, & les turcs ont gagné beaucoup de terrein en Hongrie; mais il faut convenir que cette guerre, pendant trois campagnes, fut auffi mal conduite par les allemands, qu'il foit poffible de)l'imaginer, & que cependant, la paix n'auroit pas été fi fatale qu'elle le fut pour la maifon d'Autriche fi elle n'avoit pas été conclue par une efpèce de trahifon. La Porte a fans doute un œil attentif fur la maifon d'Autriche, qui, par fes propres forces, & par fes grandes alliances, peut tôt ou tard lui caufer les plus grands maux. Au refte, nous avons déja parlé au commencement de cette fection des rapports politiques de la Porte avec la maifon d'Autriche, & nous y avons indiqué à la fuite des dernières négociations de la Ruffie, celles de la maifon d'Autriche qui nous paroiffent avoir été dirigées de concert.

Tant que la Pologne gardera fa forme actuelle de gouvernement; qu'on y verra regner une efpèce d'anarchie; que fon armée ne fera ni plus nombreufe, ni mieux aguerrie, la Porte n'a rien à craindre de fon voifinage. La Pologne ne peut même que fe tenir fur la défenfive, fur-tout depuis la perte qu'elle a faite d'une grande partie de fes domaines. La feule fortereffe de Kaminieck qu'elle a contre les turcs, n'eft certainement pas capable de leur défendre l'entrée de la Pologne.

La Suède, quoique fort éloignée de la Turquie, a été regardée depuis long-tems comme une puiffance amie de la Porte, & cela, à caufe des diverfions qu'elle peut faire, lorfque les Ruffes

en viennent aux mains avec les turcs. On peut dire auffi que les turcs ont agi toujours fort généreufement avec les fuédois. Perfonne n'ignore quels fecours, furtout en argent, ils fournirent à Charles XII après la malheureufe journée de Pultawa. On dit que la Porte a difpenfé la Suède du remboursement, que les obligations ont été annullées, & que même l'infortuné colonel Sainclair fe trouvoit chargé de tous ces documens, lorfqu'il fut affaffiné dans une forêt de la Silefie.

Le roi de Pruffe, Frédéric II, a trouvé le moyen de porter fon nom & fa gloire jufqu'en Turquie. Pendant la guerre de 1745 le grand-vifir écrivit de fa propre main une lettre au comte de Podewils miniftre pruffien, dans laquelle il exhortoit les puiffances belligérantes à la paix; & la fublime Porte offroit fa médiation pour cet effet. Il paroît que la cour de Conftantinople n'entendoit pas fes intérêts, puifque la maifon d'Autriche avoit alors un défavantage manifefte, & que l'affoibliffement de cette maifon femble répondre tout-à-fait au but conftant de la Porte.

Le Danemarck n'a aucune relation avec la Turquie.

La Perfe n'eft pas à la vérité auffi puiffante que la Turquie, & la Porte eft en poffeffion de l'importante fortereffe de Bagdad, d'où elle peut à tout moment incommoder les Perfans. Mais nous avons vu ce que peut faire un homme de plus dans une nation, par l'exemple de Thamas-Koulikan, ou Schach-Nadir, qui, ayant ufurpé le trône de Perfe, a porté la terreur de fes armes jufqu'en Turquie. La guerre que ce conquérant a faite plufieurs années fur les frontières de l'Empire *ottoman*, a penfé devenir funefte aux turcs, qui y ont perdu une multitude de foldats, & une affez grande étendue de pays. Mais une révolution ayant ôté le trône & la vie à Schah-Nadir, cette guerre a ceffé d'elle-même, & dans l'état d'épuifement où fe trouve la Perfe, il n'eft pas à craindre que les hoftilités recommencent. Il importe à la cour de Conftantinople d'entretenir les troubles & les défunions en Perfe, de garder toujours fur pied une armée nombreufe & difciplinée; de fuivre le fyftême qu'elle a depuis quelque tems obfervé de garder la foi des traités, & de fe contenter des vaftes états qu'elle poffède, fans attaquer fes voifins.

Nous avons parlé auffi dans les articles des divers états de l'Europe, de leurs liaifons, ou de leurs rapports politiques avec les turcs, *Voyez* ces divers articles.

Le tableau de l'Empire *ottoman* qu'annonce M. de Mouradgea, achevera d'éclairer le public fur la foibleffe & l'inertie du gouvernement des turcs; il nous éclairera fur les dangers qui menacent la Porte; & fur le degré de réfiftance & de vigueur qu'elle peut y oppofer.

OVER-ISSEL,

OVER-ISSEL, l'une des sept provinces unies : elle est bornée, au couchant, par le Sudersée, au nord, par la Frise & le pays de Drente : elle touche, vers le levant, au comté de Bentheim & à l'évêché de Münster, & vers le midi, au comté de Zutphen & à la Veluwe. Le nom qu'elle porte indique qu'elle est située au-delà de l'Issel, relativement à la province de Hollande, à celle d'Utrecht & à une partie de la Gueldre proprement dite, qu'on appelle Veluwe, qui les unes & les autres se trouvent au couchant de ce fleuve.

Sol, productions, division.

La majeure partie du sol y est marécageuse & ne produit que de la tourbe. On n'y manque point de pâturages, mais ils sont d'une qualité inférieure à ceux des autres provinces, & appartiennent généralement à la commune des bourgs & villages voisins. Il n'en est pas de même des prairies qui de côté & d'autre bordent les rivières : elles appartiennent à des particuliers. C'est la faute du sol si cette province n'est ni aussi bien cultivée, ni aussi peuplée que les autres. On y trouve 11 villes à la vérité, mais on n'y compte que 80 villages. On la divise en trois quartiers : celui de Salland, celui de Twente & celui de Vollenhofen.

1°. Le quartier de Salland, en latin *Isalandia*, dans lequel on comprend le grand bailliage d'Yselmünder, forme la partie méridionale de la province ; il offre le meilleur air & le meilleur territoire.

2°. Le quartier du grand bailliage de Twente, comprend aussi le grand bailliage de Haarbergen. Le nom de Twente doit être rendu en latin, selon l'opinion de quelques uns, par le mot *Tubantia*, & dérive des *tubans*, qui anciennement habitoient cette contrée : d'autres au contraire croient que, par ce terme, on veut désigner la seconde partie de la province.

3°. Le quartier ou le grand bailliage de Vollenhoven comprend la partie septentrionale de la province qui s'étend le long de Sudersée.

Précis de l'histoire politique.

L'Over-Issel tomba au pouvoir des évêques d'Utrecht sur la fin du dixième siècle ; c'est pour cela qu'anciennement il fut qualifié d'évêché supérieur. Les évêques le gouvernoient dans les affaires civiles & ecclésiastiques conjointement avec les états. Les choses demeurèrent en cet état jusqu'en 1528, que l'évêque Henri de Bavière s'en désista, ainsi que de l'évêché inférieur au profit de l'empereur Charles V, auquel les habitans prêtèrent foi & hommage la même année, en sa qualité de duc de Brabant & comte de Hollande. C'est depuis cette époque,

notamment depuis 1536, temps auquel l'évêché inférieur, c'est-à-dire la province d'Utrecht, fut uni à la Hollande, que le supérieur en resta séparé ; il forma une province sous le titre de seigneurie, & n'eut plus qu'un seul & même gouverneur impérial avec le pays de Frise. Over-Issel entra dans la confédération d'Utrecht en 1580.

Constitution particulière de la province d'Over-Issel.

Cette province a presque autant de noblesse que la Gueldre sa voisine. Son gouvernement particulier n'est aussi guère moins aristocratique. Le peuple toutefois a une espèce de représentant visible & séparé du corps des nobles, mais le corps des nobles n'est pour cela ni moins puissant ni moins absolu. Les états, revêtus de l'autorité souveraine ont deux membres intégrants. Le premier membre, le plus nombreux & le plus puissant, est le corps des nobles. Ce corps est présidé par le prince d'Orange, ou pour mieux dire par son représentant. Toutes les familles nobles de la province y sont admises ; & ce qui ajoute à son pouvoir, non-seulement les chefs de famille sont membres de l'ordre équestre, mais leurs fils, leurs frères, &c. dès qu'ils ont atteint l'âge requis pour y voter en leur propre & privé nom. Il n'est pas rare de voir le père & deux, trois ou quatre de ses fils siéger & voter aux états d'Over-Issel, chacun pour leur compte particulier. Un jeune gentilhomme d'Over-Issel qui vouloit siéger aux états, avant les derniers troubles, n'avoit qu'à faire le voyage de la Haye, se présenter au Stahouder, premier noble de la province, lui demander sa protection & en obtenir une lettre de recommandation : cette lettre opéroit toujours son effet, & le gentilhomme étoit admis infailliblement dans le premier corps de l'état *transilvain* ; il y prenoit rang & séance comme patricien, & y donnoit son avis sur les affaires particulières de la province, & sur les affaires générales de l'union. On peut facilement croire que les jeunes nobles transilvains n'étoient pas les moins ardens à défendre contre les représentans du peuple, ce qu'ils appelloient droits, prérogatives, privilèges, &c. de la noblesse. L'abus si scandaleux & si fréquent du crédit du Stathouder a donné lieu aux troubles qui divisent aujourd'hui les Provinces-Unies. Ces troubles existent depuis cinq ou six ans, & nous ignorons si durant cet intervalle le Stathouder s'est avisé de recommander les jeunes gentilhommes de l'Over-Issel. On a remarqué, que les nobles gueldrois & overisselois prennent rarement leurs degrés en droit dans les académies de la république, où leurs parens les envoient pour pour s'instruire du droit & de la constitution de la république. Mais il y en a plusieurs qui étudient dans ces académies avec autant de fruit que de gloire. & l'on commence à s'appercevoir que ces jeunes gens, instruits & studieux, sont ceux qui ont le plus d'attachement pour la patrie. Moins

Q q q

entichés que les autres des droits vrais ou fuppofés de leur nobleffe, ils reconnoiffent auffi les
droits du fimple citoyen & ils les refpectent. Le
fecond membre des états eft compofé des villes
ayant voix délibérative ; elles ne font qu'au
nombre de trois, & cependant elles font cenfées
repréfenter le peuple d'*Over-Iffel*. Les magiftratures de cette province ne font pas remplies,
comme en Gueldre, par les nobles. Les délibérations générales font formées par quatre voix ; les
nobles en corps n'en ont qu'une, & les trois
villes ont chacune la leur. On croira que le
corps des nobles eft le plus mal partagé : on fe
trompera ; ce font eux qui ont la prépondérance,
& voici comment. Lorfque deux villes font d'un
avis, & que la troifième eft de l'avis de l'ordre
équeftre, l'ordre équeftre l'emporte ; fi les trois
villes font de même avis & fi l'ordre équeftre eft
d'avis différent, il y a partage & égalité de voix,
parce que dans ce cas la voix feule de l'ordre
équeftre a autant de valeur que les trois fuffrages
des villes réunies. Dans ce cas, le partage eft
vuidé par le ftathouder, foit en fa qualité de
ftadhouder, foit en fa qualité de premier noble
de la province. Rarement le ftathouder vuide le
partage en faveur des villes, & prefque toujours
le corps des nobles triomphe. Lorfque les trois
villes font du même avis & qu'elles ont pour
elles la voix d'un des nobles, elles prétendent que
leur avis doit prévaloir fur l'avis du corps des
nobles, dont un de leurs membres a paffé du côté
des villes ; les nobles prétendent au contraire,
que la voix d'un ou de deux de leurs membres,
réunie à la voix des trois villes, n'infirme pas le
partage des voix, & qu'il faut que le tiers des
membres de leur corps adopte le fentiment des
trois villes, pour que ces trois villes prévalent.
Cette conteftation a eu lieu de nos jours, & les
nobles d'*Over-Iffel* ont déféré le jugement de cette
querelle domeftique aux états de Hollande & de
Weft-Frife ; nous ignorons quelle a été la décifion des états de Hollande. On peut remarquer
qu'après la révolution faite en faveur de la liberté
nationale, les nobles d'*Over-Iffel* ne s'oublièrent
pas dans le partage de l'autorité fouveraine de la
province. Cette efquiffe montre combien la conftitution de l'*Over-Iffel* eft imparfaite ; elle laiffe
indécis les points les plus effentiels ; elle s'eft formée à la hâte & on ne l'a point corrigée ; &
elle eft calculée fur de mauvais principes : mais
nous renvoyons ces remarques générales à l'article PROVINCES-UNIES.

Pour qu'un gentilhomme foit en droit d'affifter
aux affemblées générales, il eft tenu de prouver,
non-feulement qu'il eft noble & qu'il profeffe la
religion réformée, mais auffi qu'il a 24 ans, &
qu'il poffède un bien fonds, que dans le pays on
nomme *havezaat* : il doit prouver encore qu'il
poffède en totalité des biens immeubles pour plus
de 25 mille florins. Mais il paroît que cette règle

n'eft pas bien reconnue ou qu'on l'élude fouvent.
On ajoute qu'un gentilhomme employé dans les
troupes, & jouiffant de tous les avantages qu'on
vient de détailler, peut être aggrégé à la régence,
mais qu'il doit avoir au moins rang de capitaine,
& fe défifter de fon fuffrage lorfqu'il s'agit d'affaires
qui concernent l'état militaire. Les villes qui ont
droit d'envoyer des députés aux affemblées géné-
tales, font, Deventer, Kampen & Zwol. C'eft auffi
dans ces trois villes que fe tiennent alternativement
les états. Le droffard de Salland y préfide, & celui
de Twente en fon abfence : fi l'un & l'autre ne
font point préfens, cet honneur eft déféré au droffard de Vollenhoven.

Les régences des villes d'*Over-Iffel* font compofées de feize confeillers, qui tous font bourgue-
maîtres. Ces feize bourgue-maîtres forment le
confeil de ville lorfqu'il s'agit des affaires générales de la province par rapport à la confédération.
Deux de ces bourgue-maîtres règnent pendant fix femaines feulement, ils font remplacés par deux autres,
& ainfi de fuite d'après un tour fixé fur ce point. Les
bourgue-maîtres font élus, ou du moins nommés
par le ftathouder. Lorfqu'il s'agit des affaires domeftiques de la ville & de fon territoire, le confeil
de ville eft compofé de feize bourgue-maîtres &
de quarante tribuns du peuple. Ces tribuns repréfentent les habitans de la ville & du diftrict. Les
bourgue-maîtres ne peuvent rien ordonner, rien
ftatuer fans appeller les tribuns, fans les confulter ;
ils ne peuvent rien déterminer contre leurs avis,
fi les tribuns ont la majorité des voix pour eux. Ces
tribuns s'élifent eux-mêmes & le peuple, ici comme dans d'autres provinces, eft privé du droit
le plus précieux, celui d'élire fes repréfentans.
C'eft du corps des tribuns qu'on tire les bourgue-
maîtres lorfqu'une de leurs charges vient à vaquer. Ces magiftrats du fecond ordre, ne font ni
fi puiffants, ni fi redoutables pour les petits fénats
des trois villes d'*Over-Iffel*, que le furent les tribuns du peuple romain pour le fénat de Rome ; ils
ont cependant le droit de repréfentation dans les
affaires qui regardent la généralité de la province, &
par conféquent l'union entière. Lorfqu'ils croient
avoir des propofitions utiles à faire aux bourgue-maîtres pour le bien général, ils les préfentent fous la forme d'une requête foumife &
refpectueufe ; les bourgue-maîtres font les maîtres
de la rejetter.

Le confeil d'état de cette province, qui eft
en même-tems celui des finances, eft compofé
de fix perfonnes, dont trois font à la nomination
de la nobleffe, & trois à celle des villes. On
y trouve encore une chambre des comptes &
une chancellerie. Les trois villes capitales ne reconnoiffent aucun fupérieur relativement à l'adminiftration de la juftice ; elles diffèrent en cela des
moindres villes, des bourgs & des villages, dont
les jugemens font fujets à l'appel. Le tribunal où

ces appels font portés, se nomme *Klaringe*; il est fixé à Deventer : ses membres font en partie nobles, & en partie de condition bourgeoise, mais pris conftamment dans les villes capitales. Le préfident y porte le nom de *dingwaerder*. Cette province envoie cinq députés à l'affemblée des états généraux, deux du corps de la nobleffe & un membre de la régence de chacune des villes capitales.

Le clergé de cette même province eft divifé en quatre claffes.

En 1783 le Baron-Van-der-Cappellen a fait abolir la fervitude féodale qui fubfiftoit encore dans la province d'*Over-Iffel* : mais il refte beaucoup de réformes à entreprendre dans les loix, & nous fouhaitons que l'*Over-Iffel* & les fix autres provinces actuelles perfectionnent, à la fin des troubles actuels, leur conftitution & leur jurifprudence (1).

Voyez l'article PROVINCES-UNIES & les articles des fix autres provinces de l'union.

(1) Malheureufement les troubles fe font terminés d'une manière abfolument contraire à la liberté du peuple. *Voyez* à l'article PROVINCES-UNIES les détails & les fuites de cette fatale révolution.

P

PADERBORN, évêché ou état souverain d'Allemagne au cercle de Westphalie : il confine vers le levant à la Hesse, & à l'abbaye de Corvey ; il est séparé par le Veser de la principauté de Calenberg ; vers le couchant, il touche au comté de Rietberg & de la Lippe, & au duché de Westphalie ; vers le sud, au même duché & au comté de Waldeck ; & vers le septentrion, au comté de la Lippe. Sa plus grande étendue du levant au couchant est d'environ onze milles, & du septentrion au midi d'à-peu-près neuf.

Sol.

La plus grande partie de son sol est très-fertile ; on y entretient sur-tout beaucoup de bétail.

Population actuelle.

Dans tout l'évêché on trouve vingt-trois villes & trois bourgs. Les états provinciaux sont composés des chanoines de la cathédrale, de la noblesse & des villes. Les trois abbés mitrés d'Abdinghof, Marienmünster & Haudelhausen, appartenoient autrefois avec celui de Holmershausen à la première classe, mais ils ont perdu depuis long-tems leur droit de séance & de suffrage.

Religion.

La religion dominante est la catholique ; mais on y trouve des terres nobles dont les habitans professent le luthéranisme, particulièrement vers les frontières des comtés de Waldeck & de la Lippe. Il y a en tout quatrevingt-quinze paroisses.

Précis de son histoire.

L'évêché de *Paderborn* fut fondé par Charlemagne vers la fin du huitième siècle, & l'église cathédrale fut consacrée par le pape Léon III en 799. Le premier évêque s'appelloit Hatumar, & son successeur Badurad. Tous les deux ont été canonisés.

Prérogatives & contributions.

L'évêque est prince de l'Empire & il siège à la diète entre les évêques de Hildesheim & de Freysingue. Sa taxe matriculaire est de 18 cavaliers & de 34 fantassins, où de 352 florins par mois. Il paye pour l'entretien de la chambre impériale 162 rixdalers 29 kr. par chaque terme. Il est suffragant de l'archevêque de Mayence. Il est le premier parmi les états du cercle de Westphalie. Le chapitre cathédral est composé de 24 chanoines capitulaires & domiciliaires. Il contient d'ailleurs 24 bénéficiers & 4 chantres.

Offices.

Les offices héréditaires de l'évêché sont exercés par les familles suivantes ; celui de maréchal, par les Spiegel & Peckelsheim, celui de sénéchal ou maître d'hôtel, par les Stapel ; celui d'échanson, par les Spiegel de Desenberg ; celui de chambellan, par les Schilder ; celui de grand-maître, par un comte de Haxthausen, & celui de maître de cuisine, par les Westphalen.

Collège d'administration.

Les collèges supérieurs sont le vicariat général, le conseil privé, la chancellerie de régence, la chambre des finances, l'officialité & le conseil aulique. La justice de la ville, ainsi que le gogericht dépendent également de l'évêque. Les bailliages sont administrés par des baillifs appelés droß ; & le bailliage de Dringinberg a cette prérogative, que son baillif est appelé baillif provincial.

Impôts.

La taille simple rapporte 5436 écus d'empire ; on la hausse & on la baisse : quelquefois on en exige jusqu'à douze.

Troupes.

En tems de paix on entretient neuf compagnies de troupes reglées, qui sont en garnison à *Paderborn*, sous les ordres communs de l'évêque & du chapitre.

Division.

L'évêché est divisé en deux parties, par de hautes montagnes qu'on appelle *Egge* : l'une de ces parties est nommée le *district de Vorvald*, & le second *Obervald*.

L'évêché & les comtes de la Lippe possèdent par indivis quelques bailliages. Ils sont administrés par une régence que nomment en commun les deux possesseurs ; elle tient ses séances au château de Schwalenberge. *Voyez* l'article WESTPHALIE.

PAIR DE FRANCE, *Voyez* le Dictionnaire de Jurisprudence.

PAIR D'ANGLETERRE, CHAMBRE DES PAIRS D'ANGLETERRE. *Voyez* l'article ANGLE-TERRE.

PAIX, c'est la tranquillité dont une société politique jouit, soit au dedans, par le bon ordre qui règne entre ses membres, soit au dehors, par la bonne intelligence dans laquelle elle vit avec les autres peuples.

Durant la paix chacun jouit tranquillement de ses droits; on les discute par la raison, s'ils sont contestés. Hobbes a osé dire que la guerre est l'état naturel de l'homme; mais l'état naturel de l'homme, étant celui auquel il est destiné & appellé par sa nature, il faut dire plutôt que la paix est son état naturel; car il est d'un être raisonnable de terminer ses différends par la voie de la raison: c'est le propre des bêtes de les vuider par la force: *nam cùm sint duo genera decertandi unum per disceptationem, alterum per vim; cùmque illud proprium sit hominis; hoc belluarum, confugiendum est ad posterius, si uti non licet superiore. Cicero de offic. lib. I. Cap. II.*

Ce que nous avons dit des effets de la guerre, voyez *guerre*, montre assez combien elle est funeste. Il est triste pour l'humanité, que la dépravation des hommes la rende si souvent inévitable.

L'obligation de cultiver la paix, est sacrée pour le souverain: il doit ce soin à son peuple, sur qui la guerre attire une foule de maux; & il le doit de la manière la plus étroite & la plus indispensable, puisque l'empire ne lui est confié que pour le salut & l'avantage de la nation.

Le souverain ne doit pas seulement s'abstenir de la troubler lui-même; il doit la procurer autant que cela dépend de lui, il doit engager les autres à ne pas la rompre sans nécessité, il doit leur inspirer l'amour de la justice, de l'équité, de la tranquillité publique: c'est l'un des plus salutaires offices qu'il puisse rendre aux nations & à l'univers entier. Quel beau rôle que celui de pacificateur! Si un grand prince en connoissoit bien les avantages; s'il se représentoit la gloire si pure & si éclatante dont ce précieux caractère peut le faire jouir, la reconnoissance, l'amour, la vénération, la confiance des peuples; s'il savoit combien il est doux de régner sur les cœurs, il voudroit être ainsi le bienfaiteur, l'ami & le pere du genre humain: il y trouveroit mille fois plus de charmes que dans les conquêtes les plus brillantes. Auguste fermant le temple de Janus, donnant la paix à l'univers, terminant les différends des rois & des peuples, paroît le plus grand des mortels: & si l'humanité, & non la politique lui eût inspiré ces œuvres, il seroit presqu'un Dieu sur la terre. Mais ces perturbateurs de la paix publique, ces fléaux de la terre, qui dévorés d'ambition, ou excités par un caractère orgueilleux & féroce prennent les armes sans justice & sans raison, se

jouent du repos des hommes & du sang de leurs sujets; ces héros, presque déifiés par la sotte admiration du vulgaire, sont les cruels ennemis du genre humain, & il devroient être traités comme tels. L'expérience apprend assez combien la guerre cause de maux, même aux peuples qui n'y sont point impliqués: elle trouble le commerce; elle détruit la subsistance des hommes; elle fait hausser le prix des choses les plus nécessaires; elle répand de justes allarmes, & oblige toutes les nations à se mettre sur leurs gardes, à se tenir armées. Quiconque rompt la paix sans sujet, nuit donc aux nations qui ne sont pas l'objet de ses armes, & il attaque essentiellement le bonheur & la sûreté de tous les peuples de la terre, par l'exemple pernicieux qu'il donne: il les autorise à se réunir pour le réprimer, pour le châtier & pour lui ôter une puissance dont il abuse. Quels maux ne fait-il pas à sa propre nation, dont il prodigue indignement le sang, pour assouvir ses passions déréglées, & qu'il expose sans nécessité au ressentiment d'une foule d'ennemis? Un ministre fameux du dernier siècle n'a mérité que l'indignation de sa nation qu'il entraînoit dans des guerres continuelles, sans justice ou sans nécessité. Si par ses talens, par son travail infatigable, il lui procura des succès brillans, il lui attira, au moins pour un tems, la haine de l'Europe entière. Durant la guerre on ne forme point d'établissemens utiles dans une nation, on ne réforme rien; & on se met par le désordre des finances dans l'impossibilité d'avoir une bonne administration. Un ministre célèbre a développé cette considération; & comme elle est tirée de l'intérêt personnel, elle produit toujours plus d'effets que les rémontrances tirées du droit naturel, ou du droit politique.

L'amour de la paix doit empêcher également & de commencer la guerre sans nécessité, & de la continuer lorsque cette nécessité ne subsiste plus.

Quand un souverain a été réduit à prendre les armes pour un sujet juste & important, il peut pousser les opérations de la guerre, jusqu'à ce qu'il en ait atteint le but légitime, qui est d'obtenir justice & sûreté.

Si la cause est douteuse, le juste but de la guerre ne peut être que d'amener l'ennemi à une transaction équitable; & par conséquent elle ne peut être continuée que jusques-là. Dès que l'ennemi offre ou accepte cette transaction, il faut poser les armes.

Mais si l'on a un ennemi perfide, il seroit imprudent de se fier à sa parole & à ses sermens. On peut très-justement, & la prudence le demande, profiter d'une guerre heureuse & pousser ses avantages, jusqu'à ce qu'on ait dompté une puissance excessive & dangereuse, ou réduit cet ennemi à donner des sûretés pour l'avenir.

Enfin ſi l'ennemi s'obſtine à rejetter des conditions équitables, il nous contraint lui-même à aller juſqu'à la victoire entière & définitive.

Lorſque l'un des partis eſt ſoumis, ou que tous les deux ſont las de la guerre, on penſe enfin à s'accommoder, & l'on convient des conditions. La paix vient mettre fin à la guerre.

Les effets généraux & néceſſaires de la paix, ſont de réconcilier les ennemis, & de faire ceſſer de part & d'autres toute hoſtilité : elle remet les deux nations dans leur état naturel. Les traités de paix, quoiqu'on les execute avec peu de ſcrupule, jouent un grand rôle dans la politique & nous allons en parler.

Des traités de paix.

Quand les puiſſances qui étoient en guerre ſont convenues de poſer les armes, le contrat où elles ſtipulent les conditions de la *paix*, & règlent la manière dont elle doit être rétablie & maintenue, s'appelle le traité de *paix*.

La puiſſance qui a le droit de faire la guerre, de la réſoudre, de la déclarer, & d'en diriger les opérations, a auſſi celui de faire la *paix* & d'en conclure le traité. Ces deux pouvoirs ſont liés, & le ſecond dérive du premier. Mais il ne comprend pas celui d'accorder ou d'accepter, en vue de la paix, toutes ſortes de conditions. Quoique l'état ait confié en général à la prudence de ſon chef le ſoin de réſoudre la guerre & la *paix*, il peut avoir borné ſon autorité par les loix fondamentales. Pour le prouver, on a cité François premier, roi de France, qui avoit, diſoit on, la diſpoſition abſolue de la guerre & de la *paix*; & l'aſſemblée de Cognac qui déclara qu'il ne pouvoit aliéner, par un traité, aucune partie du royaume. L'exemple eſt mal choiſi, car on connoît la cauſe de la déclaration de l'aſſemblée de Cognac; François premier excita lui-même ſes ſujets à revenir contre ſes engagemens. Mais il ſeroit facile de citer des exemples plus juſtes à l'appui de la maxime que nous venons d'établir.

La nation qui diſpoſe de ſes affaires domeſtiques, qui a conſervé ſes droits dans la forme de ſon gouvernement, peut confier à une perſonne, ou à une aſſemblée, le pouvoir de faire la *paix*, quoiqu'elle ne lui ait pas abandonné celui de déclarer la guerre. C'eſt ce qu'on a vu en Suède depuis la mort de Charles XII juſqu'à la révolution de 1772. Le roi ne pouvoit déclarer la guerre ſans le conſentement de la diète; il pouvoit faire la *paix* de concert avec le ſénat. Au reſte, il eſt moins dangereux à un peuple d'abandonner à ſes chefs ce dernier pouvoir que le premier : il a l'eſpérance bien fondée qu'on ne fera la *paix* que quand elle ſera convenable aux intérêts de l'état.

Une puiſſance limitée a le pouvoir de faire la *paix*, comme elle ne peut accorder d'elle-même toutes ſortes de conditions, ceux qui voudront

traiter avec elle, doivent exiger que le traité de *paix* ſoit approuvé par la nation, ou par la puiſſance qui peut en accomplir les conditions. Ainſi avant la révolution de 1772, quand on traitoit de la paix avec la Suède, & qu'on demandoit une alliance défenſive, une garantie, cette ſtipulation pour être ſolide, devoit être approuvée & acceptée par la diète, qui ſeule avoit le pouvoir de lui donner ſon plein effet. Les rois d'Angleterre ont le droit de conclure des traités de *paix* & d'alliance, mais ils ne peuvent aliéner, par ces traités, aucunes des poſſeſſions de la couronne, ſans l'aveu du parlement; ils ne peuvent non plus, ſans l'aveu du même corps, lever des tributs dans le royaume : c'eſt pourquoi, quand ils ſignent un traité de ſubſides, ou de commerce, ils ont ſoin de le faire paſſer au parlement; s'il n'y paſſoit pas, ils ne pourroient le remplir. Lors même que les droits du peuple ne ſont pas avoués ou ſtipulés d'une manière auſſi préciſe qu'en Angleterre, on ne doit pas négliger cette précaution; & dans le cas que nous avons cité plus haut, l'empereur Charles Quint voulant exiger de François premier ſon priſonnier, des conditions que ce roi ſembloit ne pouvoir accorder ſans l'aveu de ſa nation, devoit le retenir juſqu'à ce que le traité de Madrid eût été approuvé par les états-généraux de France, & que la Bourgogne s'y fût ſoumiſe; il n'eût pas perdu le fruit de ſa victoire par une négligence qui fait peu d'honneur à un prince ſi habile.

Dans une néceſſité preſſante, telle que l'impoſent les échecs d'une guerre malheureuſe, les aliénations que fait le prince pour ſauver le reſte de l'état, ſont cenſées approuvées & ratifiées par le ſilence de la nation, lorſqu'elle n'a point conſervé dans la forme du gouvernement, un moyen aiſé & ordinaire de donner ſon avis exprès, & lorſqu'elle paroît avoir abandonné au prince une puiſſance abſolue. Les états-généraux étoient tombés en France, par déſuetude & par une ſorte d'aveu tacite de la nation. Lors donc que ce royaume ſe trouvoit preſſé, c'étoit au roi ſeul de juger des ſacrifices qu'il pouvoit faire pour acheter la *paix*, & ſes ennemis traitoient ſolidement avec lui. En vain les peuples auroient dit qu'ils n'avoient ſouffert que par crainte l'abolition des états-généraux : ils l'avoient ſoufferte enfin; & ils avoient laiſſé paſſer entre les mains du roi tous les pouvoirs néceſſaires pour contracter au nom de la nation, avec les nations étrangères; car il faut qu'il ſe trouve dans l'état une puiſſance avec laquelle ces nations puiſſent traiter ſûrement.

Nous obſerverons enfin que dans cette queſtion : ſi le conſentement de la nation eſt requis pour l'aliénation de quelque partie de l'état, nous entendons parler des parties qui ſont encore ſous la puiſſance de la nation, & non pas de celles qui ſont tombées pendant la guerre au pouvoir de l'ennemi; car celles-ci n'étant plus poſſédées par la nation, c'eſt au ſouverain ſeul, s'il a l'adminiftration pleine & abfolue du gouvernement, le pouvoir de faire la guerre.& la *paix*, de juger s'il convient d'abandonner ces parties de l'état, ou de continuer la guerre pour les recouvrer.

La néceffité de faire la *paix* autorife le fouverain à difpofer dans le traité, des chofes même qui appartiennent aux particuliers, & le domaine éminent lui en donne le droit. Il peut même, jufqu'à un certain point, difpofer de leur perfonne, en vertu de la puiffance qu'il a fur fes fujets. Mais l'état doit dédommager les citoyens, qui fouffrent de ces difpofitions pour l'avantage commun.

Tout empêchement qui met le prince hors d'état d'adminiftrer les affaires, lui ôte fans doute le pouvoir de faire la *paix* : ainfi un roi en bas âge ou en démence, ne peut traiter de la *paix* : cela n'a pas befoin de preuve. Mais on demande fi un roi, prifonnier de guerre, peut faire la paix & conclure validement le traité ? Quelques auteurs célèbres diftinguent ici le roi dont le royaume eft patrimonial, & celui qui n'en a que l'ufufruit. Nous croyons avoir détruit cette idée fauffe & dangereufe de royaume patrimonial, *voyez* ETAT, & prouvé d'une manière évidente qu'elle doit fe réduire au feul pouvoir confié au fouverain, de défigner fon fucceffeur, de donner un autre prince à l'état, & d'en démembrer quelque partie, s'il le juge convenable, le tout pour le bien de la nation, & en vue de fon plus grand avantage. Un gouvernement légitime, quel qu'il puiffe être, eft établi pour le bien & le falut de l'état. Ce principe inconteftable une fois pofé, la paix n'eft plus l'affaire propre du roi, c'eft celle de la nation. Or, il paroît qu'un prince captif ne peut adminiftrer l'empire, vaquer aux affaires du gouvernement. Celui qui n'eft pas libre, commandera-t-il à une nation ?

Il fembleroit que le fouverain captif peut la négocier lui-même, & promettre ce qui dépend de lui perfonnellement ; mais que le traité ne devient obligatoire pour la nation que quand il eft ratifié par elle-même, ou par ceux qui font dépofitaires de l'autorité publique pendant la captivité du prince, ou enfin par lui-même après fa délivrance.

Si un injufte conquérant, ou tout autre ufurpateur, a envahi le royaume ; dès que les peuples fe font foumis à lui, & par un hommage volontaire l'ont reconnu pour leur fouverain, il eft en poffeffion de l'empire. Les autres nations, qui n'ont aucun droit de fe mêler des affaires domeftiques de celle-ci, doivent s'en tenir à fon jugement, & fuivre la poffeffion. Elles peuvent donc traiter de la paix avec l'ufurpateur, & la conclure avec lui. Par-là elles ne bleffent point le droit du fouverain légitime : ce n'eft point à elles à examiner ce droit & à le juger ; elles le laiffent pour ce qu'il eft, & s'attachent uniquement à la poffeffion, dans les négociations qu'elles

ont avec ce royaume, fuivant leur propre droit & celui de l'état, dont la fouveraineté eft difputée. Mais cette règle n'empêche pas qu'elles ne puiffent époufer la querelle du roi dépouillé, fi elles la trouvent jufte, & lui donner des fecours : alors elles fe déclarent ennemies de la nation qui a reconnu fon rival, comme elles ont la liberté, quand deux peuples différens font en guerre, d'affifter celui qui leur paroît le mieux fondé.

La partie principale, le fouverain au nom de qui la guerre s'eft faite, ne peut avec juftice figner la *paix*, fans y comprendre fes alliés : je parle de ceux qui lui ont donné des fecours, fans prendre part directement à la guerre. C'eft une précaution néceffaire pour les garantir du reffentiment de l'ennemi.

Mais le traité de la partie principale n'oblige fes alliés qu'autant qu'ils veulent l'accepter, à moins qu'ils ne lui aient donné le pouvoir de traiter pour eux. En les comprenant dans fon traité, elle acquiert feulement contre fon ennemi reconcilié le droit d'exiger qu'il n'attaque point fes alliés, à raifon des fecours qu'ils ont fournis ; qu'il ne les molefte point, & qu'il vive en paix avec eux.

Les fouverains qui fe font affociés pour la guerre, tous ceux qui y ont eu une part directe, doivent faire leur traité de paix, chacun pour foi. C'eft ainfi que cela s'eft pratiqué à Nimègue, à Rifwick, à Utrecht ; mais l'alliance les oblige à traiter de concert. En quel cas un affocié peut-il fe détacher de l'alliance, & faire fa *paix* particulière ? Nous avons examiné cette queftion, en traitant des fociétés de guerre & des alliances en général.

La médiation eft un devoir facré pour ceux qui ont les moyens d'y réuffir. Nous nous bornerons à cette feule réflexion, fur une matière que nous avons déja traitée. *Voyez* MÉDIATION, MÉDIATEUR.

Le traité de *paix* ne peut être qu'une tranfaction : fi l'on devoit y obferver les règles d'une juftice exacte & rigoureufe, enforte que chacun reçût paifiblement tout ce qui lui appartient, la *paix* deviendroit impoffible : ce n'eft pas tout encore : la juftice rigoureufe exigeroit de plus, que l'auteur d'une guerre injufte fût foumis à une peine proportionnée aux injures, dont il doit une fatisfaction, & capable de pourvoir à la fûreté future de celui qu'il a attaqué. Comment déterminer la nature de cette peine, & en marquer précifément le degré ? Enfin celui-là même de qui les armes font juftes, peut avoir paffé les bornes d'une jufte défenfe, porté à l'excès des hoftilités dont le but étoit légitime ; & ce font autant de torts, dont la juftice rigoureufe demanderoit la réparation. Il peut avoir fait des conquêtes & un butin, qui excèdent la valeur de ce qu'il avoit à prétendre : qui en fera le calcul exact ? la jufte

eſtimation. Puis donc qu'il ſeroit affreux de perpétuer la guerre, de la pouſſer juſqu'à la ruine
entière de l'un des partis, & que, dans la cauſe
la plus juſte, on doit penſer enfin à rétablir la
paix, & tendre ſans ceſſe à cette fin ſalutaire,
il ne reſte d'autre moyen que de tranſiger ſur toutes les prétentions, ſur tous les griefs de part &
d'autre, & d'anéantir les différends par une
convention la plus équitable qu'il ſoit poſſible.
On n'y prononce point ſur la cauſe même de la
guerre, ni ſur les controverſes que les divers
actes d'hoſtilité pourroient exciter : aucune des
parties n'y eſt condamnée comme injuſte ; il n'en
eſt guère qui voulût le ſouffrir : mais on y convient de ce que chacun doit avoir, pour renoncer à ſes prétentions. Auſſi voyons-nous que,
dans ces traités, on s'engage réciproquement à
une paix perpétuelle. La paix ſe rapporte à la
guerre qu'elle termine ; & cette paix eſt réellement perpétuelle, ſi elle ne permet pas de réveiller jamais la même guerre, en reprenant les
armes pour la cauſe qui l'avoit allumée. Ce mot
de perpétuel, inſéré dans les traités, les édits,
les loix & les actes publics, eſt devenu preſque
ridicule, & l'on ne doit pas exercer ici une critique bien ſévère.

L'amniſtie eſt un oubli parfait du paſſé ; &,
comme la paix doit anéantir tous les ſujets de
diſcorde, ce doit être le premier article du traité.
On n'y manque pas aujourd'hui. Mais, quand le
traité oublieroit l'amniſtie, elle y eſt néceſſairement compriſe, par la nature même de la paix.

Chacune des puiſſances qui ſe font la guerre,
ſe diſant fondée en juſtice, & perſonne ne pouvant juger de cette prétention, l'état où les choſes ſe trouvent au moment du traité, doit paſſer
pour légitime ; &, ſi on veut le changer, il
faut que le traité le diſe expreſſément. Par conſéquent toutes les choſes dont le traité ne dit rien,
doivent demeurer dans l'état où elles ſe trouvent
lors de la ſignature : c'eſt auſſi une ſuite de l'amniſtie promiſe. Tous les dommages cauſés pendant la guerre ſont pareillement oubliés, & l'on
n'a aucune action pour ceux dont la réparation
n'eſt pas ſtipulée dans le traité ; ils ſont regardés
comme non avenus.

Mais on ne peut étendre l'effet de la tranſaction ou de l'amniſtie, à des choſes qui n'ont aucun rapport à la guerre que termine le traité.
Ainſi des répétitions fondées ſur une dette, ou
ſur une injure antérieure à la guerre, mais qui
n'a eu aucune part aux raiſons qui l'ont faite entreprendre, demeurent en leur entier, & ne
ſont point abolies par le traité, à moins qu'il ne
comprenne d'une manière expreſſe, l'anéantiſſe-
ment de toute prétention quelconque. Il en eſt
de même des dettes contractées pendant la guerre
envers des ſujets qui n'y ont aucun rapport, ou
des injures faites auſſi pendant ſa durée, mais
ſans relation à l'état de la guerre.

Les dettes contractées envers les particuliers
de deux nations ennemies, ou les torts qu'ils
peuvent avoir reçus d'ailleurs, ſans rapport à la
guerre, ne ſont point abolis non plus par la tranſaction & par l'amniſtie, qui ſe rapportent uniquement à leur objet ; ſavoir, à la guerre, à ſes
cauſes, & à ſes effets. Ainſi deux ſujets de puiſſances ennemies contractant en pays neutre, ou
l'un y recevant un tort de l'autre, l'accompliſſement du contrat, ou la réparation de l'injure &
du dommage, pourra être demandée après la ſignature du traité de paix.

Enfin ſi le traité déclare que toutes choſes ſeront rétablies dans l'état où elles étoient avant
la guerre, cette clauſe ne s'entend que des immeubles, & elle ne peut regarder les choſes mobilières ou le butin, dont la propriété paſſe d'a-
bord à ceux qui s'en emparent, & qui ſont cenſés
abandonnés par l'ancien maître, à cauſe de la difficulté de les reconnoître, & du peu d'eſpérance
de les recouvrer.

Les traités anciens, rappellés & confirmés dans
le dernier, font partie de celui-ci ; comme s'ils
y étoient renfermés & tranſcrits mot à mot ; &,
dans les nouveaux articles qui ſe rapportent aux
anciennes conventions, l'interprétation doit ſe
faire ſuivant les règles données ci-deſſus.

Le traité de paix oblige les parties contractantes, du moment qu'il eſt conclu & qu'il a reçu
toute ſa forme, & elles doivent en procurer in-
ceſſamment l'exécution. Il faut que toutes les hoſtilités ceſſent dès lors, à moins que l'on n'ait
marqué le jour où la paix doit commencer : mais
ce traité n'oblige les ſujets que lorſqu'il leur eſt
notifié. Il en eſt ici comme de la trève. S'il arrive que des gens de guerre commettent dans leurs
fonctions, & en ſuivant les règles de leurs devoirs, des hoſtilités, avant que le traité de paix
ſoit parvenu officiellement à leur connoiſſance,
c'eſt un malheur dont ils ne peuvent être punis ;
mais le ſouverain, déja obligé à la paix, doit
faire reſtituer ce qui a été pris depuis qu'elle eſt
conclue ; il n'a aucun droit de le retenir.

Comme il eſt difficile qu'il ne ſe trouve pas
quelque ambiguité dans un traité, dreſſé même
avec tout le ſoin ou toute la bonne foi poſſible,
comme on a ſoin ordinairement de ménager des
paſſages obſcurs, dont on pourra profiter dans
l'occaſion ; comme il ſurvient des difficultés dans
l'application de ſes clauſes aux cas particuliers,
il faut ſouvent interpréter les articles. Bornons-
nous à un petit nombre de règles qui conviennent plus particuliérement aux traités de paix,
1°. En cas de doute, l'interprétation ſe fait contre celui qui a donné la loi dans le traité ; car
c'eſt lui, en quelque façon, qui l'a dicté ; c'eſt
ſa faute, s'il ne s'eſt pas énoncé plus clairement ;
& en étendant ou reſſerrant la ſignification des
termes, dans le ſens qui lui eſt le moins favorable, où on ne lui fait aucun tort, où on ne lui
fait

fait que celui auquel il a bien voulu s'expofer. Par une interprétation contraire, on rifqueroit de tourner des termes vagues & ambigus en piéges pour le contractant le plus foible.

2°. Le nom des pays cédés par le traité doit s'entendre, felon l'ufage reçu alors parmi les perfonnes habiles ; car on ne préfume point que des ignorans ou des fots foient chargés d'une chofe auffi importante que l'eft un traité de paix ; & les difpofitions d'un contrat doivent fe déterminer fur ce que les contractans ont eu vraifemblablement dans l'efprit, puifque c'eft fur ce qu'ils ont dans l'efprit qu'ils contractent.

3°. Le traité de paix ne fe rapporte de luimême qu'à la guerre à laquelle il met fin ; fes claufes vagues ne doivent entraîner que ce rapport : ainfi la ftipulation feule du rétabliffement des chofes dans leur état, ne fe rapporte point à des changemens qui n'ont pas été opérés par la guerre même. Cette claufe générale ne pourra donc obliger l'une des parties à remettre en liberté un peuple libre, qui fe fera donné volontairement à elle pendant la guerre, & comme un peuple abandonné par fon fouverain, devient libre & maître de pourvoir à fa confervation ; fi ce peuple, dans le cours de la guerre, s'eft donné & foumis volontairement à l'ennemi de fon ancien fouverain, fans y être contraint par la force des armes, la promeffe générale de rendre les conquêtes ne s'étendra pas jufqu'à lui.

On ne peut fe dégager d'un traité de paix, en difant qu'il a été extorqué par la crainte, ou arraché par la force. Premièrement, fi cette exception étoit admife, aucun traité de paix ne feroit folide : car il en eft peu contre lefquels on ne pût s'en fervir pour couvrir la mauvaife foi. Autorifer une pareille défaite, ce feroit attaquer la fûreté commune & le falut des nations : la maxime feroit exécrable, par les mêmes raifons qui rendent la foi des traités facrée dans l'univers ; d'ailleurs il feroit prefque toujours honteux & ridicule d'alléguer une pareille exception.

Rompre le traité de paix, c'eft en violer les engagemens, foit en faifant ce qu'il défend, foit en ne faifant pas ce qu'il prefcrit. Or, on peut manquer aux engagemens du traité de trois manières différentes, ou par une conduite contraire à la nature & à l'effence de tout traité de paix en général, ou par des procédés contraires à l'efprit du traité, ou enfin en violant expreffément un de fes articles exprès.

1°. On agit contre la nature & l'effence d'un traité de paix en général, contre la paix elle-même, quand on la trouble fans fujet, foit en prenant les armes & recommençant la guerre, quoiqu'on ne puiffe alléguer même un prétexte un peu plaufible, foit en offenfant de gaieté de cœur celui avec qui on a fait la paix, & en le traitant, lui ou fes fujets, d'une manière incompatible avec

l'état de paix, & qu'il ne peut fouffrir fans fe manquer à lui-même. C'eft encore agir contre la nature du traité de paix en général, que de reprendre les armes pour le fujet qui avoit allumé la guerre, ou par reffentiment d'une chofe qui s'eft paffée dans le cours des hoftilités.

Prendre les armes pour un fujet nouveau, ce n'eft pas rompre le traité de paix ; car, bien que l'on ait promis de vivre en paix, on n'a pas promis pour cela de fouffrir des torts ou des injuftices, plutôt que de s'en faire raifon par la voie des armes. La rupture vient de celui qui, par fon injuftice obftinée, rend ce moyen néceffaire.

Il eft important de bien diftinguer une guerre nouvelle & la rupture du traité de paix ; parce que les droits acquis par ce traité fubfiftent malgré la guerre nouvelle, au lieu qu'ils font éteints par la rupture du traité qui leur fervoit de fondement. Celui qui avoit accordé ces droits, en fufpend l'exercice pendant la guerre, autant qu'il eft en fon pouvoir, & peut même en dépouiller entièrement fon ennemi, par le droit de la guerre, comme il peut lui ôter fes autres biens.

La jufte défenfe de foi-même ne rompt point le traité de paix : c'eft un droit naturel, auquel on ne peut renoncer ; & en promettant de vivre en paix, on promet feulement de ne point attaquer fans fujet, de s'abftenir d'injure & de violence.

Mais on demande fi la violation d'un feul article du traité de paix peut en opérer la rupture entière ? Quelques auteurs diftinguent ici les articles qui font liés enfemble, connexi, & les articles divers, diverfi, & prononcent que fi le traité eft violé dans les articles divers, la paix fubfifte à l'égard des autres. Mais le fentiment de Grotius paroît fondé fur la nature & l'efprit des traités de paix. Il dit que « tous les articles d'un » feul & même traité font renfermés l'un dans » l'autre, en forme de condition, comme fi l'on » avoit dit, je ferai telle ou telle chofe, pourvu » que de votre côté, vous faffiez ceci ou cela ». Et il ajoute avec raifon, que « quand on veut » empêcher que l'engagement ne demeure par là » fans effet, on ajoute cette claufe expreffe : » qu'encore qu'on vienne à enfreindre quelqu'un » des articles du traité, les autres ne laifferont » pas de fubfifter dans toute leur force ». On peut fans doute ftipuler de cette manière ; on peut encore convenir que la violation d'un article ne pourra opérer que la nullité de ceux qui y répondent, & qui en font l'équivalent. Mais fi cette claufe ne fe trouve pas expreffément dans le traité de paix, un feul article violé paroît donner atteinte au traité entier. *Voyez* l'article TRAITÉS.

Il n'eft pas moins inutile de vouloir diftinguer ici les articles de grande importance, & ceux qui font moins graves. A la rigueur de droit, la

violation du moindre article difpenfe la partie lé-
fée de l'obfervation des autres, puifque tous,
comme nous venons de le voir, font liés en forme
de conditions.

Les actions des fujets peuvent être imputées
au fouverain & à la nation, & chaque peuple
eft en droit d'en demander vengeance.

Si les coupables font des fujets défobéiffans,
on ne peut rien demander à leur fouverain; mais
quiconque vient à les faifir, même en lieu libre,
en fait juftice lui-même. C'eft ainfi qu'on en ufe
à l'égard des pirates; & pour éviter toute difficulté, on eft convenu de traiter de même tous
particuliers qui fe permettent des actes d'hoftilité,
fans pouvoir montrer une commiffion de leur fouverain.

Les actions de nos alliés peuvent encore moins
nous être imputées. Les atteintes données au traité
de *paix* par les alliés, même par ceux qui y ont
été compris, ou qui y font entrés comme parties principales contractantes, ne peuvent donc
en opérer la rupture que par rapport à eux-mêmes, & point du tout en ce qui touche leur
allié qui, de fon côté, obferve fes engagemens.

Quand le traité de *paix* eft violé par l'un des
contractans, l'autre eft le maître de déclarer le
traité rompu, ou de le laiffer fubfifter; car il ne
peut être lié par un contrat qui ftipule des engagemens réciproques envers celui qui ne respecte
pas ce même contrat; mais s'il aime mieux ne
pas rompre, le traité demeure valide & obligatoire. Il feroit abfurde que celui qui l'a violé,
le prétendît annullé par fa propre infidélité;
moyen facile de fe débarraffer de fes engagemens, & qui réduiroit les traités à de vaines formules.

Nous avons traité, dans le cours de l'ouvrage,
d'autres queftions relatives à cette matière. *Voyez*
les articles ALLIANCES, ETATS, GUERRE,
GOUVERNEMENT, TRAITÉS, &c.

PAIX PERPÉTUELLE de l'abbé de Saint-
Pierre. *Voyez* l'article PROJETS CHIMÉRIQUES.

PALAIS, MAIRE, COMTE DU PA-
LAIS. *Voyez* le dictionnaire de Jurifprudence.

PALATIN, ELECTEUR PALATIN. *Voyez*
l'article ALLEMAGNE.

PALATINAT ou PALATINAT DU RHIN,
contrée d'Allemagne, qui forme un des fept électorats.

Ce *Palatinat*, qu'on nomme auffi *bas-Palati-
nat* pour le diftinguer du haut, qui fait partie du
cercle de Bavière, eft borné à l'eft par le comté
de Katzenelnbogen, l'archevêché de Mayence,
l'évêché de Worms, & une partie du territoire
de l'ordre teutonique en Franconie; au fud par

le duché de Wurtemberg & l'évêché de Spire;
à l'oueft par l'Alface, le duché des Deux-Ponts,
le comté de Sponheim, la principauté de Simmern & quelques diftricts de l'électorat de Mayence; au nord par une partie de ce même électorat & le comté de Katzenelnbogen. Sa plus
grande étendue, prife en droite ligne de Bacharach jufqu'au Necker près de Neckarfulm, eft
de 20 & quelques milles d'Allemagne.

Sol, productions.

Quoique montueux en plufieurs endroits, ce
pays eft très-fertile. Il produit du tabac; on en
trouve des plantations confidérables, nommément
entre Heidelberg & Manheim: il offre d'excellens pâturages qui fervent à l'entretien de beaucoup de bétail, & il y a au voifinage du Rhin
& du Necker des vignobles, où l'on recueille
de bons vins, entr'autres ceux du Bacharach,
de Nierftein, de Neuftadt près de la Hardt, &
ceux du diftrict de la Bergftraffe, &c. Cette
Bergftraffe ou chemin des montagnes eft une route
agréable, ménagée entre Heidelberg & Darmf-
tadt à travers des prairies charmantes & des
champs fertiles, parfemés d'amandiers & d'une
multitude de noyers, qui, joints à ceux de la
forêt d'Odenwald, font auffi utiles au pays par
leurs fruits que par leur bois.

Rivières.

Les principales rivières qui arrofent le bas-
Palatinat, font 1°. le Rhin, qui paffe fur fes
frontières & dans le centre du pays, & d'où fe
tire, près de Germersheim & de Selz, un très-
bon or, auquel les florins d'or du Rhin doivent
leur origine. Son arpaillage, qui forme un des
droits de régales de l'électeur, eft affermée à des
particuliers: 2°. le Necker, qui fe jette dans le
Rhin au-deffous de Manheim: 3°. la Nahe, qui
fe joint au même fleuve près de Bingen, &c.

Population.

Le *Palatinat* renferme 40 villes & plufieurs
bourgs.

Un écrivain politique porte à 10 millions de
florins les revenus de la Bavière, du haut *Palatinat*, de Neubourg, de Sulzbach, du *Palatinat*
du Rhin, de Juliers & de Berg; il évalue la population de ces pays à deux millions deux cents
mille ames, & eftime leur étendue à 1051 milles
quarrés.

Les ravages que les françois y commirent vers
la fin du dernier fiècle, & les gênes que l'intolérance y a mifes fucceffivement à la liberté de
confcience, fur-tout dans les comtés, évêchés &
feigneuries enclavés dans l'électorat, ont porté
plufieurs milliers de proteftans à le quit-

ter pour aller s'établir en d'autres pays, même dans la Ruffie afiatique & aux Indes occidentales : ce qui, joint aux émigrations qui continuoient encore il y a peu de temps, a beaucoup diminué la population de cette belle contrée.

Commerce.

Le commerce y eft peu floriffant ; mais le pays offre quelques articles importans, tels que le produit des fabriques nouvelles de Frankenthal, le vin, les grains, le tabac & la garence.

Régime eccléfiaftique.

L'état eccléfiaftique du *Palatinat* a effuyé des révolutions frappantes & inouies dans toute autre contrée. Plufieurs événemens y ayant préparé la réformation, la conférence que Luther tint à Heidelberg, en 1518, dans une affemblée de l'ordre de S. Auguftin, entraîna les peuples vers les nouvelles opinions, favorifées d'abord par les avis de l'électeur Louis. Frédéric II, fon frère & fucceffeur, héfita quelque temps d'embraffer la confeffion d'Augsbourg, de peur d'encourir le reffentiment de l'empereur ; mais d'après l'avis de Philippe Melanchton, qu'il confulta en 1545, il publia une ordonnance qui aboliffoit la meffe dans tous fes états, qui rétabliffoit les deux efpèces dans l'Euchariftie, & permettoit aux prêtres de fe marier. Otton Henri, qui parvint à la régence en 1556, la confirma & acheva d'introduire le lutheranifme dans le pays. Mais des théologiens françois & fuiffes y étant arrivés fous Frédéric III, il s'éleva entre les proteftans, fur l'article de la cène, une difpute vive, qui porta en 1560 l'électeur à fe déclarer pour le parti des réformés, & à donner, dès 1563, la première édition du fameux catéchifme de Heidelberg. C'étoit le premier prince de l'Empire qui eût introduit cette religion dans fes états. Louis VI, fon fils & fon fucceffeur, fit autant d'efforts pour rétablir le lutheranifme, que lui-même en avoit fait en faveur de fon parti. Il congédia en 1577 les miniftres & maîtres d'école calviniftes ; il mit à leur place des lutheriens, qui fubfiftèrent jufqu'à fa mort. Mais Jean Cafimir, tuteur de fon fils mineur Frédéric IV, renverfa toutes ces opérations en 1584 ; il rétablit avec tant de zèle le calvinifme, que les lutheriens ne confervèrent qu'un petit nombre d'églifes. Ce nouveau culte prit de nouvelles forces fous Frédéric IV & Frédéric V jufqu'à la bataille de Weiffenberg près Prague, dont la perte fut funefte à l'une & à l'autre communion proteftante dans le *Palatinat* : les armées de la ligue & de Bavière faifant la loi, rétablirent le culte romain en plufieurs endroits, & perfécutèrent vivement ceux qui n'en étoient pas. Enfin la paix de Weftphalie ayant remis la religion fur le

pied où elle étoit avant les troubles de Bohême, les réformés l'emportèrent fur les lutheriens ; mais leur avantage ne fubfifta que fous les électeurs Charles-Louis & Charles. Car lorfque la ligue de Simmern fe fut éteinte en 1685 par la mort de ce dernier, le traité de Halle en Suabe, conclu la même année pour affurer le culte réformé & lutherien, ne put empêcher que la religion romaine, qui s'introduifit infenfiblement après la fucceffion de la ligue catholique de Neubourg, ne fît perdre au proteftantifme la fupériorité dont il avoit joui. Les françois d'ailleurs, qui s'emparèrent du pays peu de temps après, s'efforcèrent fous l'électeur Jean-Guillaume de l'anéantir dans plufieurs endroits, ou du moins d'y établir la mi partie ; & ils arrêtèrent, par la paix de Ryfwick, que la religion catholique feroit maintenue aux lieux rendus par la France à l'électeur, dans le même état où elle s'étoit trouvée durant la guerre : ce qui nuifit beaucoup aux proteftans, & fut le germe des oppreffions qu'ils effuyèrent dans la fuite. Le même Jean-Guillaume publia en 1705, à Duffeldorp, une déclaration ou réglement pour la police des différens cultes dans toutes les provinces palatines : il accorda aux trois religions autorifées dans le faint-Empire entière liberté de confcience, & aux réformés, ainfi qu'aux lutheriens, plein exercice public & particulier avec les droits paroiffiaux & la jurifdiction eccléfiaftique ; il confirma de plus aux lutheriens leur confiftoire créé dès 1698, & le maintint dans fon indépendance du confeil eccléfiaftique réformé : il leur affura en outre la poffeffion exclufive de toutes les églifes qui leur avoient appartenu en 1624, ou qu'ils avoient bâties depuis, & de celles qu'ils bâtiroient à l'avenir avec l'adminiftration des biens-fonds eccléfiaftiques, presbytères, écoles, dixmes, rentes & revenus dont ils auroient joui en 1624 : il confirma aux réformés la poffeffion des églifes, presbytères & écoles, fur le même pied où ils en avoient joui en 1685 ; avec la claufe toutefois que, dans les villes où ils poffédoient plufieurs églifes & où les catholiques n'en auroient point, ils leur en céderoient une ; & que, dans les villes où il n'y auroit qu'une, ils leur en abandonneroient le chœur, ainfi que deux fur fept des églifes de campagne, & les deux feptièmes des rentes, dont ils conferveroient les cinq autres feptièmes : il ordonna du refte que les biens & revenus, provenant des ci-devant abbayes, prieurés, couvens, prélatures, &c. feroient régis par une adminiftration eccléfiaftique, compofée de quatre confeillers, dont deux catholiques & deux réformés, & des officiers néceffaires. En vertu de ce réglement, le confeil eccléfiaftique de la religion réformée devoit être protégé & maintenu dans fes fonctions, rang, privilèges, coutumes & émolumens, tels qu'ils avoient exifté jufqu'en 1685. On prononça définitivement

Rrr 2

ur la célébration des fêtes catholiques, les mariages, & d'autres objets qui avoient jusqu'alors été la source de beaucoup de contestations. Quelque avantageuses que ces dispositions fussent aux catholiques, qui forment le plus petit nombre des habitans du bas-*Palatinat*, & quelques raisons qu'on eût de croire qu'ils s'y conformeroient, ils sont parvenus dès-lors à y faire en leur faveur des changemens considérables, & à augmenter par-là les griefs des protestans. Les luthériens, estimés à 50,000 ames, ont dans tout le *Palatinat* 85 cures, mais la moitié de leurs ministres & maîtres d'école manque encore de pain. Le nombre des ecclésiastiques réformés est estimé à 500, & celui des catholiques à 400.

Nous nous sommes étendus sur cet objet, parce que les persécutions religieuses ont nui singulièrement à l'industrie & à la population du *Palatinat*, & que la Bavière & le *Palatinat* ont renouvellé de nos jours les scènes dangereuses, dont les autres souverains paroissent dégoûtés avec raison. L'intolérance s'est portée & se porte encore sur des objets peu dignes de l'attention du prince, & on nous permettra d'observer qu'il est temps d'adopter des maximes plus généreuses ou plus sages.

On persécutoit les francs-maçons & les illuminés avant que la Bavière fût réunie au *Palatinat*; & depuis cette réunion, on a vu des sociétés savantes tourmentées sur le même sujet: on a envoyé dernièrement à la régence électorale de Straubing une ordonnance, qui déclaroit: « que la société littéraire de cette ville, composée en grande partie de conseillers de régence & d'autres personnes en place, même d'ecclésiastiques, ne pouvoit être considérée que comme une loge déguisée, dans laquelle, sous prétexte de s'occuper d'objets de science, on s'amusoit à recueillir & à faire lecture de tous les écrits scandaleux qui paroissoient en si grand nombre contre la religion, d'où ils se propageoient dans le public, & y répandoient leur venin. Qu'en conséquence le gouvernement a résolu qu'il étoit de son devoir de détruire cette société suspecte, d'en défendre toute assemblée ultérieure, soit publique, soit privée. L'électeur exhortoit les ecclésiastiques, membres de cette société, à s'occuper de leur bréviaire; & les conseillers de régence de leurs fonctions, plutôt que de passer leur temps dans ces assemblées d'impiété & de scandale «.

Sans doute, il faut interdire toutes les assemblées contraires au bien de l'état; mais l'accusation étoit-elle bien prouvée ici? Et si une société de francs-maçons ou d'illuminés se livrent à quelques excès, n'est-il pas aisé de les contenir, sans les persécuter?

Précis de l'histoire politique.

L'origine des comtes palatins vient des palais, *palatia*, que les anciens rois de France & de Germanie avoient en différens endroits, & où ils établissoient des juges auliques, appellés *comtes palatins*. Ceux du Rhin jouissoient d'une grande autorité, quoiqu'il soit très-difficile de désigner avec certitude les lieux où ils résidoient, & que l'épithète du Rhin ou près du Rhin ne se trouve pour la première fois que dans un document du comte Palatin Henri du Lac, daté de 1093. La dignité palatine, après avoir passé d'une famille à l'autre, fut enfin fixée, dans celle des ducs de Bavière, par l'investiture donnée à Louis I, l'un d'entr'eux, par l'empereur Frédéric II dans une diète tenue à Ratisbonne en 1215, d'après le ban prononcé contre le comte palatin Henri. Louis ne put jamais s'en mettre en possession; mais son fils se l'assura par son mariage avec Agnès, fille du proscrit, & réunit le *Palatinat* du Rhin & la Bavière, qu'il transmit sans difficulté à son fils Louis, duquel descendent les comtes palatins & électeurs d'aujourd'hui par Rodolphe I, son fils aîné. En 1410, les fils de Rupert III partagèrent les terres palatines, ce qui donna lieu à quatre branches principales: l'électorale & celle de Simmern se sont soutenues le plus long-tems. La première s'éteignit en 1559, dans la personne d'Otton Henri, après la mort duquel l'électorat échut à Frédéric III de la branche de Simmern, dont la succession finit en 1685 avec l'électeur Charles. Sa dignité passa à Philippe-Guillaume de la branche de Neubourg (collatérale de celle de Simmern): son second fils Charles Philippe étant le dernier, transmit 1742 l'électorat à Charles-Philippe-Théodore, comte palatin de Soulzbach, qui règne encore aujourd'hui.

Du temps de Henri I & Otton I, rois de Germanie, la dignité d'archi-sénéchal de l'Empire fut conférée à Everard, comte palatin, & à ses successeurs. Si on la vit, sous Otton II, exercée par un duc de Bavière, ce ne fut alors que pour peu de temps; car elle retourna aux premiers dès l'an 1260, & leur fut confirmée par l'empereur Charles IV: mais, dans les tems postérieurs, Frédéric V ayant été mis au ban de l'Empire, Ferdinand III rendit cet office aux ducs de Bavière, qui l'ont possédé jusqu'à nos jours, quoiqu'en vertu du traité de Westphalie Charles-Louis, fils de Frédéric V, fût rentré en possession du bas-*Palatinat*. On créa pour ce pays la charge d'archi-trésorier de l'Empire, lui réservant expressément le droit de rentrer dans celle de sénéchal, si les mâles de la branche Wilhelmine de Bavière venoient à s'éteindre. La mort du dernier électeur de Bavière a changé les choses sur ce point comme sur beaucoup d'au-

tres. Il paroît que l'électeur palatin jouit des prérogatives, &, excepté la portion accordée à la
maison d'Autriche, des domaines dont jouissoit
l'électeur de Bavière.

C'est au *Palatinat* & à l'archi-office, dont on
vient de parler, qu'est attachée la dignité élécto-
rale. Le comte palatin étoit, par sa charge de
grand-trésorier, le cinquième en rang parmi les
électeurs séculiers, au lieu qu'il se trouvoit le second par l'office de grand-sénéchal, auquel étoit
aussi attaché le vicariat de l'Empire sur le Rhin,
en Suabe & en Franconie. Il paroît qu'à la mort
du dernier électeur de Bavière, l'électeur palatin
est rentré dans la charge de grand-sénéchal.

Le titre de ce prince, avant la mort du dernier électeur de Bavière, étoit : comte palatin
du Rhin, archi-trésorier & électeur du Saint-
Empire Romain, duc de Bavière, de Juliers, de
Clèves & de Berg, prince de Meurs, marquis
de Berg-op zoom, comte de Veldenz, de Sponheim, de la Marck & de Ravensberg, seigneur
de Ravenstein.

Depuis la cession du haut-*Palatinat* à la Bavière,
l'électeur Palatin n'a payé que la moitié d'une
taxe électorale, c'est-à-dire trente hommes à cheval seulement & cent trente-huit fantassins, ou
neuf cents quatorze florins par mois. Son contingent pour l'entretien de la chambre impériale,
étoit de quatre cents quatre-vingt-quatorze écus,
onze seizièmes kr. d'empire par quartier. Mais en
recueillant les domaines, à la mort du dernier électeur de Bavière, il a dû se soumettre aux charges.

Ordres.

Les ordres de chevalerie du *Palatinat* sont :
1°. celui de saint-Hubert, créé en 1444 par le duc
Gerard de Julien, en mémoire d'une bataille
gagnée le jour de saint-Hubert contre le duc de
Gueldres, & renouvellé en 1708 par l'électeur
Jean Guillaume. Il donne une croix tetragone attachée à un cordon rouge, & une plaque sur
l'habit. L'électeur en est grand-maître. Tous ses
chevaliers sont princes, excepté un nombre déterminé de treize comtes ou barons. 2°. L'ordre
de sainte-Elisabeth, institué pour les dames
en 1766 par l'électrice Elisabeth Auguste. 3°.
L'ordre du Lion, fondé le premier jour de l'an
1768 par l'électeur Charles-Théodore en mémoire des 25 années révolues de son règne. Il
donne un ruban blanc large de quatre doigts,
ondé & liséré de bleu, mis en écharpe de la
gauche à la droite, & au bout duquel pend une
croix d'or émaillée d'azur à flamme d'or, ayant
un lion d'or couronné & debout avec l'inscription
MERENTI. Au revers est le chiffre du fondateur
composé des lettres C. T. entrelassées, le chapeau électoral au-dessus, & la date de l'institution.
L'électeur en est le grand-maître ; & c'est du nom-

bre de ces chevaliers qu'on tire ceux de saint-
Hubert.

Administration, collège.

Les principaux dicasteres de cet electorat sont :
le conseil d'état, la chancellerie privée, le conseil aulique, la chambre des finances & le conseil
de l'administration ecclésiastique. Il n'y a point
d'états dans le bas-*Palatinat*

Chaque grand bailliage des terres palatines du
haut & bas-Rhin paye une taille fixe, dont le total
annuel est de 891,677 florins : l'ordonnance électorale de 1743 assigna douze pour cent de cette
somme à la caisse militaire.

Troupes.

Les troupes du bas-*Palatinat* consistoient avant
la mort du dernier électeur de Bavière en une garde
à cheval de 100 hommes, un régiment de cavalerie
du corps de 198 maîtres, cinq autres régimens de
cavalerie également composés de 198 hommes, un
escadron de 116 hommes pour le cercle du haut-
Rhin ; une garde de 100 suisses ; six régimens d'infanterie, dont un de 1000 hommes, un de 1400
& les autres de 1568 hommes ; un bataillon
provincial de 684 hommes, & enfin trois compagnies d'artillerie faisant ensemble 250 hommes :
ces troupes formoient une armée de 11,110, sans les
invalides au nombre de 600. Leur entretien annuel coûtoit 824,244 florins en argent, 240,210
rations de pain & 8100 rations de fourages.

Cet état militaire doit avoir éprouvé des changemens depuis que la Bavière est réunie au bas-
Palatinat.

Les états de l'électeur palatin étoient divisés,
avant la mort du dernier électeur de Bavière en
dix-neuf grands bailliages, dont dépendoient certain nombre de sous-bailliages & de prévôtés,
outre les villes capitales de Manheim, de Heidelberg & de Frankenthal, dont chacune avoit son magistrat dépendant immédiatement de la régence
électorale.

Remarques sur le haut Palatinat.

Ce qu'on appelle le haut-*Palatinat*, & qui fait
partie du duché de Bavière, contient 13 villes
& 28 bourgs.

Il est situé dans le district septentrional ou le
Nordgau ; il fut possédé au douzième siècle par
les ducs de Suabe. L'empereur Conrad IV, en sa
qualité de duc de Suabe, le donna en hypothèque
pour une somme de 128,000 florins à Otton,
duc de Bavière, premier palatin du Rhin, issu de
cette maison. Conradin, fils infortuné de l'empereur Conrad, le vendit à Louis le sévère, duc
& palatin du haut-Rhin, & lui donna en outre
plusieurs terres non-engagées. Louis IV en vertu
d'une transaction faite avec les fils de Rodolphe,
son frère, en 1327, leur abandonna cette pro-

vince, qui prit pour la première fois le nom de haut-
Palatinat, afin de la diſtinguer du *Palatinat* électoral ou du bas-*Palatinat*, & déſigner mieux les
terres de Bavière, qui feroient partie du *Palatinat*
même. Les châteaux, villes & bailliages ſuivans
du haut-*Palatinat*, ſavoir : Soulzbach, Roſenberg,
Neidſtein, Hertenſtein, Hoenſtein, Hipoltſtein,
Lichteneck, Turndorf - Dürrendorf, Frauken-
berg, Auerbach, Hersbruck, Lauffen, Welden,
Plech, Eſchenbach, Pegnitz, Hauffeck, Wer-
denſtein, Kirſchau, Neuſtadt, Steurenſtein &
Lichtenſtein, enſemble les châteaux de Pleyſtein,
de Reichenſtein, de Reicheneck, de Hauſeck,
de Strahlenfels, de Spies & de Ruprechtſtein, fiefs
de Bohème, furent acquis en 1354 par l'empereur
Charles IV, qui les paya trente-deux mille marcs
d'argent au palatin Robert l'aîné, & à ſon couſin
Robert le cadet. L'empereur incorpora toutes ces
terres en 1355 au royaume de Bohème, ainſi que
la petite ville de Bernaū, que lui vendirent les
moines de Waldſachen, & il en défendit l'aliénation ſous quelque prétexte que ce fût. Ayant acheté
en 1373 pour 200,000 ducats de Hongrie,
de ſon gendre Otton, duc de Bavière, & fils
de l'empereur Louis IV, la Marche de Brandebourg, tranſmiſe par ſa médiation, après la mort
de Jean IV, ſon dernier électeur, à la maiſon de
Bavière, & ne pouvant acquitter que la moitié
du prix d'achat, il engagea à ce duc en garantie
du reſte une partie des terres dont nous venons
de parler, & il l'en inveſtit ſous la réſerve du droit
de retrait perpétuel. Robert II & III électeurs &
palatins, firent une invaſion en Bohème, ſous le
règne de l'empereur Wenceſlas ; ils ramenèrent à
leur juriſdiction les terres du haut-*Palatinat*, qui
lui étoient incorporées ci-devant, ainſi que Bernau & Rothenberg, & ils en firent le partage
avec les ducs de Bavière, qui avoient favoriſé
leur entrepriſe. La portion palatine comprenant
Tenesberg, Hœenfels, Soulzberg, Roſenberg,
Hersbruck, Auerbach, Turndorf, Eſchenbach,
Hollenberg, Hertenſtein, Rothenberg, Hirſ-
chau & Bernau, fut donnée au palatin Jean, ſecond fils de Robert III, dont le fils, Otton le
cadet, fit en 1465 avec Georges, roi de Bohème,
une tranſaction en vertu de laquelle les terres enlevées à ce royaume furent confirmées en fiefs à
lui & à ſes ſucceſſeurs féodaux. Etant mort en 1499
ſans héritiers, ſon couſin Philippe, électeur palatin, s'empara de ces fiefs de Bohème, dont l'héritage fut transféré aux électeurs Louis & Frédéric II, ſes fils, & à ſon neveu Otton Henri. Lorſqu'en 1559 ils échurent avec l'électorat palatin
à la branche de Simmern, l'électeur Frédéric III
s'en mit en poſſeſſion, & il en reçut la même
année l'inveſtiture pour lui & ſes héritiers des
mains de l'empereur Ferdinand I, de manière qu'ils
parvinrent juſqu'à l'électeur palatin Frédéric V.
Mais celui-ci s'étant fait couronner roi de Bohème, Ferdinand II envahit ſes fiefs, qu'il déclara

forfaits. Il vendit en 1628, comme relevant de
l'empire, au nouvel électeur, Maximilien de
Bavière, à la branche Guillemine & à leurs
ſucceſſeurs féodaux, d'après le contenu de la
lettre d'achat, la principauté du haut *Palatinat*
en Bavière, dont la poſſeſſion lui échut avec la
juriſdiction territoriale, la préeminence & tous
autres droits régaliens. Les fiefs de Bohème au
contraire ſitués dans le haut-*Palatinat* ne furent
donnés en fiefs par le même empereur au même
électeur & à ſes héritiers féodaux qu'en 1631. Le
duché du haut-*Palatinat* conſiſte donc en fiefs
d'Empire & en fiefs de Bohème. Il faut rapporter
aux premiers ce qui a été ſtipulé par l'article 4
§. 9 du Traité de Weſtphalie, ſavoir : qu'après
l'entière extinction de la ligne Guillemine ou de la
branche de Bavière, la ligne palatine ſera non-ſeulement miſe en poſſeſſion du haut-*Palatinat*, mais
auſſi décorée de la dignité électorale, affectée
juſqu'ici à la maiſon de Bavière, & qu'elle en
recevra l'inveſtiture ſimultanée. Il paroît qu'on a
exécuté cet article à la mort du dernier électeur
de Bavière. Lorſque l'électeur de Bavière fut mis
au ban de l'Empire en 1706, l'empereur donna le
haut-*Palatinat* en fief à l'électeur palatin, qui ne
le garda que juſqu'à la paix de Bade. On n'appelle
point de voix pour ce duché, ni dans le collège
des princes, ni dans le cercle de Bavière. Il forme
les diſtricts de Soulzbach & de Vilſeck, bailliage relevant de Bamberg, le duché méridional &
ſeptentrional.

Depuis que l'électeur palatin poſſède le haut-
Palatinat & la Bavière, on a fait un grand changement dans le gouvernement du *Palatinat*-ſupé-
rieur. La régence de cette partie des états électoraux a été entièrement ſupprimée.

Les articles BAVIERE, BERG, JULIERS qui dépendent aujourd'hui de la maiſon électorale-pala-
tine ſont intimement liés à celui-ci ; nous avons
avons parlé à l'article PAYS-BAS, du projet d'é-
change de la Bavière, qu'à formé la cour de
Vienne contre les Pays-Bas

PAPE, *Voyez* l'article ÉGLISE (état de l').
Le Dictionnaire de Juriſprudence a fait un long
article ſur le mot PAPE. *Voyez* auſſi cet article.

PAPIER MONNOIE, papier qui tient lieu
de l'or & de l'argent monnoyé.

La ſubſtitution du papier à l'or & à l'argent
monnoyé, remplace un inſtrument de commerce
fort diſpendieux, par un autre qui coûte bien
moins, & qui eſt quelquefois tout auſſi bon. La
circulation ſe fait par une nouvelle roue qu'on
entretient à beaucoup moins de frais que l'ancienne. Mais, comme on ne voit pas tout de ſuite comment ſe fait cette opération, & comment elle tend
à augmenter le revenu en gros, ou le revenu net de
la ſociété, il ne ſera peut-être pas inutile de l'expliquer. Il y a différentes ſortes de *papier-monnoie*,
mais les billets des banques & des banquiers, en

font l'efpèce la plus connue & celle qui paroît la mieux adaptée à cet ufage.

Lorfque les habitans d'un pays ont une affez grande confiance dans la fortune, la probité & la prudence d'un banquier particulier, pour croire qu'il eft toujours en état de payer à la première réquifition ces fortes de billets quand on les lui préfente, ces billets ont le cours de l'or & de l'argent monnoyé.

Un banquier particulier prête pour cent mille livres ft. de billets. Comme ces billets fervent aux mêmes ufages que l'argent, fes débiteurs lui payent le même intérêt que s'il leur avoit prêté cette fomme en argent ; cet intérêt eft un bénéfice pour lui. Quoiqu'il lui revienne continuellement quelques-uns de ces billets à payer, il y en a une partie qui continue de circuler des mois & des années de fuite ; & tandis qu'il a en général pour cent mille livres de billets dans la circulation, il ne lui faut fouvent que vingt mille livres en argent pour acquitter tous ceux dont on lui demande le payement. Vingt mille livres font donc alors le fervice de cent mille. Ces billets opéreront les mêmes échanges, la même circulation, la même diftribution de marchandifes de confommation, qui fe feroit avec cent mille livres d'argent monnoyé. Quatre-vingt mille livres d'or & d'argent font donc épargnés, & fi la même opération fe fait en même-tems par plufieurs banques & banquiers, toute la circulation pourra fe faire avec la cinquième partie de l'or & de l'argent qu'il auroit fallu fans ce moyen.

Suppofons, par exemple, que tout l'argent en circulation dans un pays, foit d'un million fterling, & que cette fomme fuffife pour faire circuler le produit annuel de fes terres & de fon travail. Suppofons encore que quelque tems après, divers banques & banquiers délivrent des billets payables au porteur, jufqu'à la concurrence d'un million, & tiennent dans leurs caiffes deux cents mille livres pour faire face au courant, il reftera dans la circulation huit cents mille livres en or & en argent, & un million de billets de banque, ou dix huit cents mille livres, tant en papier qu'en argent: Mais le produit annuel des terres & du travail du pays, circuloit & fe diftribuoit aux confommateurs avec un feul million, avant ces opérations de banque ; comme elles ne peuvent augmenter tout de fuite ce produit annuel, un million fuffira également après pour le faire circuler. Le canal de la circulation, s'il m'eft permis d'ufer de cette expreffion, fera le même qu'auparavant. Tout ce qu'on y verfera, au-delà de cette fomme, ne pourra y tenir & en fortira. L'on y a verfé dix-huit cents mille livres, il en fortira donc huit cents mille qui font l'excédant de ce qui peut être employé dans la circulation du pays ; mais quoique cette fomme ne puiffe être employée au-dedans, elle eft trop importante pour la laiffer oifive. On l'enverra donc au dehors pour y chercher un utile emploi qu'elle ne peut trouver dans l'intérieur du pays. Ce n'eft pas le papier qu'on

enverra, parce qu'on ne le recevroit point en payement loin des banques qui le délivrent, & loin d'un pays où le payement eft exigible par la loi. Les huit cents mille livres qui fortiront, feront donc en or & en argent, & le canal de la circulation demeurera rempli d'un million en papier, au lieu d'un million en métal qui le rempliffoit auparavant.

Cette fomme ne paffera pas pour rien chez les étrangers, les propriétaires l'échangeront pour des marchandifes étrangères, afin de fournir à la confommation de quelqu'autre pays étranger, ou du leur.

Si avec cette fomme ils achètent des marchandifes dans un pays étranger pour fournir à la confommation d'un autre, ou s'ils la placent dans ce que nous appellons le commerce de tranfport, le profit qu'ils y feront fera une addition au revenu net de leur propre pays. Il fera comme un nouveau fonds créé pour faire un nouveau commerce ; les affaires domeftiques fe faifant pour lors en papier.

S'ils en achètent de quoi fournir à la confommation de leur propre pays, ils peuvent acheter, ou des marchandifes propres à la confommation des gens qui ne font rien & qui ne produifent rien, des vins étrangers, par exemple, des foies étrangères, &c. ou des marchandifes qui faffent un nouveau fonds de matières, d'outils & de vivres, pour faire fubfifter & employer un plus grand nombre de gens induftrieux qui reproduifent, avec un bénéfice, la valeur de ce qu'ils confomment annuellement.

Le premier emploi, pour les gens qui ne produifent rien, favorife la prodigalité, augmente la dépenfe de la confommation fans augmenter la production, ou fans établir aucun fonds permanent pour fupporter cette dépenfe, & il eft, à tous égards, préjudiciable à la fociété.

Le fecond favorife l'induftrie, &, quoiqu'il augmente la confommation de la fociété, il procure un fonds permanent pour la fupporter, ceux qui confomment reproduifent, avec un bénéfice, toute la valeur de leur confommation annuelle ; le revenu en gros de la fociété, le produit annuel de fes terres & de fon travail, s'accroît de toute la valeur que le travail de ces ouvriers ajoute aux matières fur lefquelles ils s'exercent, & fon revenu net augmente de ce qui refte de cette valeur, après en avoir déduit ce qui eft néceffaire pour l'entretien des outils & des inftrumens de leurs métiers.

Il eft non-feulement probable, mais prefque certain, que la plus grande partie de l'or & de l'argent qui fort ainfi par des opérations de banque, & dont on achète des marchandifes étrangères pour la confommation du dedans, fera placée en achats de la feconde efpèce, ou pour les gens utiles.

On vient de voir que, lorfque le papier tient la place de l'or & de l'argent monnoyé, la quantité de matières, d'outils & de fubfiftances, peut être augmentée de toute la valeur de l'or & de l'argent qu'on avoit coutume de mettre à les acheter. L'opération reſſemble, en quelque ſorte, à celle de l'entrepreneur d'un grand ouvrage, qui, d'après une nouvelle perfection dans la méchanique, ſupprime ſes anciennes machines, & ajoute la différence entre leur prix & celui des nouvelles à ſon capital, au fonds où il puiſe pour donner les matières & le ſalaire à ſes ouvriers.

Il eſt peut-être impoſſible de déterminer quelle eſt la proportion de l'argent qui circule dans un pays, à toute la valeur du produit annuel qu'il fait circuler. Les auteurs l'ont porté à un cinquième, à un dixième, à un vingtième, & à un trentième de cette valeur. Mais quelque petite que ſoit la proportion que l'argent en circulation peut avoir avec toute la valeur du produit annuel, comme il n'y a jamais qu'une partie, & ſouvent qu'une petite partie de ce produit, deſtinée à faire aller l'induſtrie, la proportion de l'argent avec cette partie doit toujours être fort conſidérable. Lors donc que par la ſubſtitution du papier, l'or & l'argent néceſſaire pour la circulation, ſont réduits, je ſuppoſe, à la cinquième partie de ce qu'il en falloit auparavant, ſi on ajoute ſeulement la plus grande partie des quatre autres cinquièmes au fonds deſtiné pour l'induſtrie, la quantité de cette induſtrie, & par conſéquent le produit annuel des terres & du travail, doivent augmenter de beaucoup.

On a fait en Ecoſſe, depuis vingt-cinq à trente ans, une opération de cette nature, par l'érection de pluſieurs banques dans les grandes villes, & même dans quelques villages. Les effets en ont été préciſément tels que je viens de les dépeindre. Les affaires du pays ſe font preſqu'entièrement par le moyen du papier de ces banques, qui ſert communément aux achats & aux payemens de toute eſpèce. L'argent ne paroît guère, ſi ce n'eſt dans le change d'un billet de banque de vingt ſchelings, & l'or paroît encore plus rarement. Mais quoique la conduite de ces banques n'ait pas été irréprochable, & qu'on ait été obligé de la régler par un acte du parlement, il eſt clair néanmoins que le pays a retiré un très-grand avantage de leur établiſſement. On dit que, depuis la première érection des banques à Glaſgow, le commerce de cette ville a doublé en quinze ans, & que le commerce d'Ecoſſe a plus que quadruplé depuis la première érection qui s'eſt faite à Edimbourg de deux banques publiques, dont l'une, appellée *banque d'Ecoſſe*, fut établie par acte du parlement en 1675, & l'autre, appellée *banque Royale*, le fut par une charte royale en 1727. Nous n'examinerons pas ſi le commerce d'Ecoſſe en général, ou celui de Glaſgow en particulier, ont réellement ſi fort augmenté dans un intervalle auſſi court. Si la choſe eſt vraie, cette ſeule cauſe, l'opération des banques, ne ſuffit pas pour rendre raiſon de l'effet; mais que le commerce & l'induſtrie ayent fait de grands progrès en Ecoſſe, & que les banques y ayent contribué, ce ſont des faits ſûrs.

La valeur de l'argent monnoyé qui circuloit en Ecoſſe avant l'union en 1707, & qui fut porté immédiatement après à la banque d'Ecoſſe, pour la refonte, ſe montoit à 411,117 l. 10 ſ. 9 d. ſterl. On n'a pas eu l'état de la monnoie d'or qui fut auſſi porté à la banque. Mais il paroît par les anciens états de l'hôtel de la monnoie d'Ecoſſe, que la valeur de l'or excédoit un peu celle de l'argent.(1) Il y eut un aſſez grand nombre de perſonnes qui, par méfiance, ne portèrent point leur argent, & il y avoit d'ailleurs quelque monnoie angloiſe qui n'étoit pas dans le cas de l'ordonnance. Toute la valeur de l'or & de l'argent qui circuloit en Ecoſſe, ne peut donc être eſtimée au deſſous d'un million ſterling. Cette ſomme paroît avoir fait preſque toute la circulation du pays; car, quoique la circulation de la banque d'Ecoſſe, qui alors n'avo't point de rivale, fût conſidérable, elle ſemble n'avoir été qu'une petite partie de la circulation totale. On peut eſtimer que celle-ci ne ſe monte pas aujourd'hui en Ecoſſe à moins de deux millions, dont il n'y a probablement pas un demi-million en or & en argent. Mais, quoique l'or & l'argent qui circulent en Ecoſſe aient ſouffert une ſi grande diminution durant cet intervalle, il ne paroît pas qu'elle ait rien perdu de ſa richeſſe réelle. & de ſa proſpérité; au contraire ſes manufactures, ſon commerce, le produit annuel de ſes terres & de ſon travail, ſont évidemment en meilleur état.

C'eſt ſur tout, en eſcomptant les lettres-de-change, ou en avançant la ſomme avant l'échéancé, que les banques & les banquiers mettent leurs billets dans le public. Ils commencent toujours par déduire ſur la ſomme avancée l'intérêt légal pour le temps à courir juſqu'à l'échéance. Quand elle arrive, le paiement de la lettre rend à la banque ce qu'elle avoit avancé, avec un bénéfice clair de l'intérêt. Le banquier qui avance au marchand, auquel il eſcompte une lettre de change, non de l'or & de l'argent, mais des billets, a l'avantage de pouvoir eſcompter pour une plus grande ſomme.

Le commerce d'Ecoſſe, qui n'eſt pas fort grand à préſent, étoit bien moindre lors du premier établiſſement des deux banques, & ces compagnies, n'auroient pas eu beaucoup d'affaires, ſi elles s'étoient bornées à eſcompter des lettres de change. Elles inventèrent donc une autre méthode pour mettre leurs billets dans le public. Elles accordèrent ce qu'elles appelloient des comptes de caiſſe, c'eſt-à-dire, qu'elles donnèrent crédit juſqu'à la concurrence d'une certaine ſomme (deux ou trois mille liv. ſterl. par exemple), à tout homme qui préſentoit pour ſes cautions deux perſonnes d'une réputation non équivoque, & poſſédant

(1) Voyez la préface de Rudiman ſur les diplomes, &c. d'Ecoſſe, par Anderſon.

des fonds de terre. Il paroît que les banques & les banquiers accordent communément de ces fortes de crédits, dans toutes les parties du monde. Mais la facilité que donnent les banques écoffoiffes pour le rembourfement, leur eft particulière, & c'eft peut-être la principale caufe du grand commerce qu'elles font & de l'avantage que le pays en a retiré.

Quiconque a un crédit de cette nature avec une de ces compagnies, peut rembourfer peu à peu la fomme qu'il emprunte. S'il emprunte, par exemple, mille livres fterlings, il rendra vingt ou trente livres à la fois, &, du jour où il rapportera cette petite fomme, il n'en paiera plus l'intérêt. De là vient que tous les marchands, & prefque tous les gens d'affaires, trouvent une grande commodité pour eux à tenir des comptes de caiffe, & qu'ils s'intéreffent à favorifer le commerce de ces compagnies, en recevant fans difficulté tous les billets qui viennent d'elles, & en engageant tous ceux qui ont affaire à eux à les recevoir également. Les banques, en général, avancent de l'argent par les billets qu'elles donnent. Ces billets, les marchands les donnent en paiement aux manufacturiers pour des marchandifes; ceux-ci les donnent aux fermiers pour des matières & des vivres; les fermiers en payent la rente de leurs propriétaires; les propriétaires les donnent aux marchands pour les objets de commodité & de luxe qu'ils achètent, & les marchands les reportent aux banques pour balancer leurs comptes de caiffe, ou pour rembourfer ce qu'ils ont emprunté d'elles; & de cette manière, ce font les billets de banque qui font toutes les fonctions de l'argent dans le pays.

D'après ces comptes de caiffe, chaque marchand peut, fans imprudence, faire un plus grand commerce qu'il ne le feroit fans eux. Si deux marchands, l'un à Londres & l'autre à Edimbourg, emploient des fonds égaux dans la même branche de commerce, le marchand d'Edimbourg peut, fans imprudence, plus étendre fon commerce, & employer plus de monde que le négociant de Londres. Il faut que ce dernier ait toujours pardevers lui une fomme d'argent confidérable, foit dans fa caiffe, foit dans celle de fon banquier qui ne lui en paye pas l'intérêt; car il doit répondre aux demandes qui lui viennent fans ceffe pour le paiement des marchandifes qu'il achète à crédit. Suppofons que cette fomme fe monte ordinairement à 500 liv. fterlings, il aura des marchandifes dans fon magafin pour 500 liv. de moins que s'il n'avoit pas été obligé de garder cette fomme fans l'employer.

On dira peut-être que la facilité d'efcompter les lettres de change, donne aux marchands anglois une commodité équivalente aux comptes de caiffe des marchands écoffois: mais il faut fe fouvenir que ces derniers ont également la reffource

de l'efcompte, & qu'ils ont, de plus que les premiers, leurs comptes de caiffe.

Le *papier-monnoie* de toute efpèce, qui peut circuler aifément dans un pays, ne peut jamais excéder la valeur de l'or & de l'argent dont il tient la place, ou qui circuleroit dans le pays (le commerce étant fuppofé le même), s'il n'y avoit point de *papier-monnoie*. Si des billets de vingt fchelings, par exemple, font le moindre *papier-monnoie* qui ait cours en Ecoffe, pour que le total de cette efpèce de papier courant y circule avec facilité, il ne peut excéder la fomme d'or & d'argent qui feroit néceffaire pour les échanges annuels de la valeur de vingt fchelings & au-deffus, qui fe font dans le pays. Si le papier qui circule excédoit une fois cette fomme, comme l'excédant ne pourroit fe répandre au dehors, ni être employé dans la circulation intérieure, il reviendroit tout de fuite aux banques, pour être échangé contre de l'or & de l'argent. Plufieurs perfonnes s'appercevroient fur-le-champ, qu'ils auroient plus de ce papier qu'il n'en faudroit pour leurs opérations au-dedans, & qu'ils ne pourroient s'en fervir au-dehors; que l'étranger n'en voudroit point tant qu'il feroit en nature, & qu'il leur feroit inutile, jufqu'à ce qu'il fût converti en or & en argent. Dès ce moment, l'on courroit aux banques pour cet échange, tant qu'il y auroit du papier fuperflu, & même quand il n'y en auroit plus, fi les banques alarmoient le public par la difficulté & la lenteur du paiement.

Outre les dépenfes communes à toute branche de commerce, telles que le loyer d'une maifon, les gages des domeftiques, des commis, &c. une banque en-a une de particulières : 1°. elle eft obligée d'avoir toujours en caiffe, pour faire honneur à fes billets, une grande fomme d'argent qui ne rapporte point d'intérêt : 2°. de faire la dépenfe néceffaire pour remplir fa caiffe, dès qu'elle eft vuide.

Si une banque délivre plus de papier qu'on ne peut en employer dans la circulation du pays, comme le trop lui revient continuellement à payer, elle doit augmenter la quantité d'or & d'argent qu'elle garde en caiffe, & il faut qu'elle l'augmente proportionnellement à l'excès de circulation de fes billets; & même au-delà de cette proportion, parce que la rapidité avec laquelle ils lui reviennent, eft plus grande en proportion de l'excès de leur quantité.

Suppofons que tout le papier d'une banque particulière que la circulation du pays peut facilement abforber & employer, fe monte à quarante mille livres fterlings, & que, pour les paiemens à faire dans l'occafion, elle foit obligée d'avoir toujours en caiffe dix mille livres en or & en argent; fi cette banque veut faire circuler quarante-quatre mille livres, les quatre mille livres qui font au-delà de ce que comporte la circulation, lui reviendront prefqu'auffi-tôt qu'elle les aura donnés. Pour fatisfaire aux demandes qui lui feront faites, cette banque doit avoir toujours dans fes coffres, non pas feulement onze mille, mais quatorze mille livres. Elle ne gagnera donc rien par l'intérêt des quatre mille liv. qui font de trop dans la circulation, & elle perdra tous les frais néceffaires, pour ramaffer continuellement quatre mille livres, qui fortiront toujours de fa caiffe auffi-tôt qu'ils y feront entrés.

Si chaque compagnie de banque avoit bien entendu fes intérêts, jamais la circulation n'eût été furchargée de *papier-monnoie*.

Pour avoir donné une trop grande quantité de papier, dont le trop revenoit continuellement pour être échangé contre de l'or & de l'argent, la banque d'Angleterre a été obligée, plufieurs années de fuite, de faire frapper de la monnoie d'or depuis huit cents mille livres, jufqu'à un million fterling par an, ou tout au moins jufqu'à huit cents cinquante mille livres. D'après les frais & la dégradation où la monnoie d'or eft tombée depuis quelque temps, la banque, pour faire ce monnoyage, a été fouvent obligée d'acheter de l'or en lingots à quatre liv. fterlings l'once, qui, monnoyé, ne valoit plus que trois livres dix-fept fols dix deniers & demi; elle perdoit ainfi deux & demi & trois pour cent fur le monnoyage d'une aune auffi grande fomme. Quoique la banque ne payât point de feigneuriage, quoique la nouvelle monnoie fût frappée aux frais du gouvernement, cette libéralité n'a pu lui épargner des dépenfes confidérables & inutiles.

Les banques d'Ecoffe, en conféquence d'une pareille profufion de papier, ont été reduites à avoir conftamment des agens à Londres pour leur procurer de l'argent, ordinairement à un & demi & deux pour cent de perte. Cet argent leur étoit envoyé fur des chariots, & le port étoit garanti par les voituriers : cet article coûtoit encore trois quarts, ou quinze fchelings par cent livres. Les agens n'étoient pas toujours capables de remplir les caiffes, dès qu'elles étoient vuides. En ce cas, la reffource des banques étoit de tirer fur leurs correfpondans à Londres, des lettres de change pour la fomme dont elles avoient befoin. Lorfque ces correfpondans tiroient enfuite fur elles pour le paiement de cette fomme, y compris l'intérêt & la commiffion, dans la détreffe où les avoit jettés leur circulation exceffive, elles n'avoient quelquefois d'autre moyen de fortir d'embarras qu'en tirant de nouveau ou fur les mêmes, ou fur d'autres correfpondans à Londres ; & la même fomme, ou plutôt les lettres de change pour la même fomme, faifoient fouvent ainfi plus de deux ou trois voyages, & la banque débitrice payoit toujours l'intérêt & la commiffion fur toute la fomme accumulée. Celles des banques même qui, en Ecoffe, ne fe font jamais diftinguées par une extrême imprudence,

ont été quelquefois obligées d'employer cette reffource ruineufe.

La monnoie d'or que donnoient la banque d'Angleterre ou les banques d'Ecoffe, en échange du papier qu'elles avoient mis de trop dans la circulation du pays, fe trouvant auffi de trop dans cette même circulation, quelquefois on l'envoyoit chez l'étranger fous la forme de monnoie, quelquefois on l'y envoyoit en lingots après l'avoir fondue, & quelquefois on la vendoit auffi en lingots à la banque d'Angleterre à quatre livres l'once. On choififfoit les pièces les plus nouvelles, les plus pefantes & les meilleures, pour les fondre ou pour les envoyer chez l'étranger. Dans le pays, & tandis qu'elles ne changeoient pas de forme, les pièces qui pefoient davantage, ne valoient pas plus que celles qui pefoient moins. Mais chez l'étranger & dans le pays même, quand elles étoient fondues, elles avoient une plus grande valeur. La banque d'Angleterre vit avec étonnement que, malgré la quantité confidérable de bonnes guinées qu'elle faifoit frapper tous les ans, elle éprouvoit la même difette chaque année, mais que la monnoie d'or fe détérioroit fenfiblement au lieu de s'améliorer. Elle étoit chaque année dans la néceffité de monnoyer à-peu-près la même quantité d'or ; & comme le prix de l'or en lingots montoit toujours, d'après la dégradation continuelle de la monnoie par le frai & par les rogneurs, la dépenfe de ce grand monnoyage annuel augmentoit tous les ans. Il faut obferver que la banque d'Angleterre, en fourniffant fes coffres d'argent monnoyé, eft obligée indirectement d'en fournir tout le royaume, où elle le verfe de toutes fortes de manières. Ainfi tout l'argent qui manquoit pour foutenir cette exceffive circulation du papier anglois & écoffois, tous les vuides que cette circulation occafionnoit dans l'argent néceffaire du royaume, il falloit que la banque d'Angleterre les remplît. Il n'eft pas douteux que les banques d'Ecoffe n'aient payé fort cher leur imprudence & leur inattention ; mais la banque d'Angleterre a payé cher pour fa propre imprudence, & pour celle de prefque toutes les banques écoffoifes, qui a été pouffée bien plus loin.

La hardieffe de quelques faifeurs de projets, qui n'ont pas fu fe borner dans leurs entreprifes, a été la caufe primitive de cette circulation exceffive de *papier-monnoie*.

Ce qu'une banque peut avancer à propos à un marchand ou un entrepreneur, de quelque efpèce qu'il foit, n'eft ni le capital entier avec lequel il fait fes affaires, ni même une partie confidérable de ce capital, mais feulement ce qu'il feroit obligé de garder fans l'employer, ou de garder en argent comptant pour payer, dans l'occafion, ceux dont il fe trouve le débiteur. Si le *papier-monnoie*, avancé par la banque, n'excède jamais cette valeur, il ne peut excéder la valeur de l'or & de l'argent, qui circuleroient dans le pays s'il n'y avoit point de ce papier, & jamais il n'iroit au-delà de la quantité que la circulation du pays peut aisément abforber & employer.

Lorfqu'une banque efcompte à un marchand une lettre de change réelle, tirée par un créancier réel fur un débiteur réel qui la paye réellement à fon échéance, elle lui avance feulement une partie de la valeur qu'il eût été obligé, fans cela, de garder fans emploi & en efpèces pour fatisfaire à fes engagemens. Le paiement de la lettre à fon échéance rend à la banque ce qu'elle a avancé avec l'intérêt de plus. La caiffe de la banque, tant que fes opérations fe bornent là, reffemble à un étang, d'où il fort continuellement un filet d'eau qui eft remplacé par un autre égal qui ne ceffe d'y entrer, de manière que l'étang refte toujours également ou à-peu-près plein, fans qu'il en coûte ni foin ni attention. Il ne faut que peu ou point de dépenfe, pour que la caiffe d'une telle banque foit toujours pleine.

Quoiqu'un négociant n'entreprenne rien au-deffus de fes forces, il peut fouvent avoir befoin d'une fomme en efpèces, lors même qu'il n'a point de lettres de change à efcompter. Si une banque, outre l'efcompte qu'elle lui fait, lui avance d'autres fommes en lui donnant les mêmes facilités pour le remboursement que donnent les banques d'Ecoffe, elle le difpenfe de garder par-devers lui aucune partie de fon fonds fans emploi, & avec fon compte de caiffe, de quoi répondre à tout. Mais la banque doit obferver avec attention fi la fomme des rembourfemens partiels qu'elle reçoit de fes créanciers dans un court efpace de temps (par exemple, en quatre, cinq, fix ou huit mois) eft ou n'eft pas égale aux avances qu'elle eft dans l'ufage de leur faire. Si, dans le cours de ces petits intervalles, la fomme des rembourfemens de la part de certains créanciers égale ordinairement celle des avances, elle peut leur continuer fon crédit. Quoique la caiffe puiffe verfer beaucoup, elle doit recevoir au moins autant qu'elle verfe, de manière que, fans autre foin ni attention, elle foit toujours également ou prefque également pleine, & qu'il ne faille prefque pas de dépenfe extraordinaire pour la remplir. Si au contraire la fomme des rembourfemens faits par certains créanciers, fe trouve communément bien au-deffous des avances, la banque ne peut en fûreté leur continuer fon crédit. Ce qui fort de fa caiffe étant beaucoup plus confiderable que ce qui y entre, il faut tous les jours de grands efforts de dépenfe pour empêcher qu'elle ne s'épuife.

Les banques écoffoiffes ont été fort long-tems attentives à exiger des rembourfemens fréquens & réguliers de tous leurs créanciers, & elles ne fe font pas fouciées de la commiffion des gens qui ne faifoient pas fouvent & régulièrement des opérations avec elles, quelque fortune & quelque crédit qu'ils euffent d'ailleurs. Outre qu'elles

épargnoient ainfi prefque toute dépenfe extraordinaire pour remplir leurs caiffes, elles y trouvoient deux autres avantages fort importans.

Premiérement, par cette attention, elles étoient en état de juger affez bien de la fituation de leurs débiteurs, fans autres informations que leurs livres, la plupart des hommes étant réguliers ou irréguliers dans leurs paiemens, felon que leurs affaires vont bien ou mal. Un particulier qui prête fon argent à une demi-douzaine ou une douzaine de perfonnes, peut par lui-même ou par autrui obferver & rechercher conftamment & exactement quelles font les facultés & la conduite de chacun d'eux; mais une banque qui peut-être prête à cinq cents perfonnes, & dont l'attention eft toujours appliquée à des objets d'une toute autre efpèce, ne peut être informée que par fes livres de la conduite & des moyens de la plupart de fes débiteurs. C'eft probablement cet avantage qu'avoient en vue les banques écoffoiffes, en exigeant des leurs des rembourfemens fréquens & réguliers.

Secondement, par cette attention, elles évitoient de tomber dans l'inconvénient de mettre plus de papier dans le public que la circulation du pays n'en pouvoit abforber & employer. Quand elles voyoient que, dans un intervalle de temps médiocre, les rembourfemens d'un de leurs créditeurs égaloient les avances qu'elles lui avoient faites, elles pouvoient être affurées que le *papier-monnoie* qu'elles lui avoient donné n'avoit jamais excédé la quantité d'or & d'argent qu'il auroit été obligé, fans cela, de garder-pardevers lui, & par conféquent que le *papier-monnoie*, qui avoit circulé par fon moyen, n'avoit jamais excédé la quantité d'or & d'argent qui auroit circulé dans le pays, s'il n'y avoit pas eu de *papier-monnoie*.

Lorfque, par l'efcompte & les comptes de caiffe, les honnêtes négocians d'un pays font affranchis de la néceffité de garder une partie de leurs fonds en efpèces pour fatisfaire aux demandes qui leur furviennent, ils ne peuvent raifonnablement attendre de fecours ultérieurs des banques & des banquiers, qui ne peuvent aller plus loin fans nuire à leur intérêt. Il eft contre l'intérêt d'une banque, d'avancer à un marchand la plus grande partie du capital circulant avec lequel il commerce. Quoique ce capital lui revienne fans ceffe fous la forme d'argent, & qu'il forte continuellement de fes mains fous la même forme, cependant la fomme des retours eft trop éloignée de la fomme des dépenfes, & la fomme de ces rembourfemens ne peut égaler, dans de médiocres intervalles de tems, tels qu'ils conviennent à la banque, la fomme des avances qu'il en a reçues. La banque eft encore moins en état de lui avancer une partie de fon capital fixe; par exemple, du capital qu'un entrepreneur de forge emploie à établir fa forge & fa fonderie, fes atteliers & fes magafins, les bâtimens où il loge fes ouvriers, &c; de celui de la perfonne qui entreprend d'exploiter une mine, de défricher une terre, & de la mettre en valeur, &c : les rentrées du capital fixe font prefque toujours beaucoup plus lentes que celles du capital circulant; & avec quelque prudence & quelque jugement que ces fortes de dépenfes foient faites, il eft rare qu'elles aient lieu avant un certain nombre d'années, intervalle de beaucoup trop long pour convenir à une banque. Sans doute, les négocians & les autres entrepreneurs peuvent très-bien recourir à des emprunts d'argent pour l'exécution d'une grande partie de leurs projets : mais, pour la fûreté de leurs créanciers, il faut que leur propre capital fuffife pour répondre de celui qu'on leur prête, ou que probablement le créancier ne perdroit rien, quand même le fuccès de l'entreprife ne feroit pas, à beaucoup près, fi heureux qu'on fe l'étoit promis. Mais, avec cette fûreté même, ce n'eft point à une banque qu'il faut emprunter un argent qui ne peut être rembourfé que plufieurs années après. Il faut l'emprunter, fur une obligation ou une hypothèque, à des particuliers qui veulent vivre de l'intérêt dé leur argent, fans prendre la peine de l'employer, & qui, par cette raifon, ne demandent pas mieux que de le prêter à des gens folvables, qui le garderont plufieurs années. Véritablement ce feroit un créancier fort commode pour les négocians & les entrepreneurs, qu'une banque qui prêteroit fon argent fans frais de papier timbré, ni de contrat, & avec les facilités que les banques écoffoifes donnent pour le rembourfement; mais ces négocians & entrepreneurs feroient les débiteurs les plus incommodes pour une telle banque.

Il y a environ trente-cinq ans que le *papier-monnoie*, forti des banques écoffoifes, égaloit ou plutôt furpaffoit de quelque chofe, ce que la circulation du pays peut aifément abforber & employer. Il eft donc vrai que, pendant cet intervalle, ces compagnies ont donné aux négocians & aux entrepreneurs d'Ecoffe, tous les fecours qu'elles pouvoient leur donner fans fe nuire à elles-mêmes; & comme elles ont été même un peu plus loin, elles ont fubi la perte, ou plutôt la diminution du bénéfice qu'elles ne manquent jamais d'effuyer pour peu qu'elles paffent la mefure. Ces marchands & entrepreneurs, qui avoient tiré tant de fecours des banques & des banquiers, ont voulu en tirer davantage. Ils imaginoient, ce femble, que les banques pouvoient étendre leurs crédits à toutes les fommes dont ils avoient befoin, fans être obligées de faire d'autre dépenfe que celle de quelques rames de papier. Ils fe plaignoient des vues étroites & de l'efprit timide des directeurs qui, difoient-ils, n'entendent pas les crédits qu'ils font en proportion de l'étendue du commerce du pays; ce qui vouloit dire fans

doute, que ces banques ne fe prêtoient point à leurs projets de commerce, qu'ils étendoient au-delà de ce qu'ils pouvoient faire avec leur propre capital, où avec celui qu'ils avoient le crédit d'emprunter des particuliers par la voie ordinaire de l'obligation & de l'hypothèque. Les banques, felon eux, étoient obligées de fuppléer à ce qu'ils ne trouvoient pas de cette manière : mais les banques n'étoient pas du même avis; & comme elles refufoient d'étendre leurs crédits, quelques-uns de ces négocians eurent recours à un expédient qui, pour un temps, les fervit auffi bien, quoiqu'à plus grands frais, qu'auroit pu le faire la plus grande extenfion de crédit de la part des banques : cet expédient n'étoit autre chofe que la reffource bien connue, de tirer réciproquement les uns fur les autres. Il y avoit long-tems qu'on la connoiffoit en Angleterre, & on dit que la pratique en a été pouffée fort loin durant la guerre de 1756, où les grands profits du commerce donnoient de violentes tentations de trop embraffer. D'Angleterre cette pratique a paffé en Ecoffe, où elle a été pouffée encore beaucoup plus loin, en proportion du commerce borné & du peu de capital du pays.

Cette pratique eft fi connue de tous les gens d'affaires, qu'il feroit inutile d'en donner ici l'explication.

Dans un pays où les profits ordinaires des capitaux, appliqués à la plupart des projets mercantiles, font fuppofés aller de fix à dix pour cent, ce devoit être une fpéculation heureufe que celle dont le produit pouvoit rembourfer les frais énormes que coûtoit l'argent ainfi emprunté pour la fuivre, & rapporter encore un furplus en bénéfice pour l'auteur; mais il y eut plufieurs projets vaftes & étendus, qui furent entrepris & fuivis pendant plufieurs années, fans autres capitaux que l'argent qu'on fe procuroit fi chérement. Les auteurs de ces projets, dans leurs beaux rêves, voyoient fans doute très diftinctement ce grand bénéfice. Quoi qu'il en foit, il paroît qu'ils ont eu rarement le bonheur de le trouver à leur réveil, c'eft-à-dire, lorfqu'ils font arrivés à la fin de leurs projets, ou lorfqu'ils ont ceffé d'être en état de les pouffer plus loin.

A. d'Edimbourg ne manquoit pas d'efcompter, régulièrement avec une banque ou un banquier d'Edimbourg, les lettres de change qu'il tiroit fur B. de Londres, avant qu'elles fuffent dues, & B. n'étoit pas moins exact à efcompter avant l'échéance celle qu'il tiroit fur A., foit avec la banque d'Angleterre, foit avec d'autres banquiers de Londres. Tout ce qui étoit avancé à Edimbourg fur ces lettres en circulation, l'étoit en papier des banques écoffoifes; & ce qui étoit avancé à Londres, quand la banque d'Angleterre les efcomptoit, l'étoit en papier de cette banque. Quoique les lettres fur lefquelles on avoit avancé ce papier fuffent toutes rembourfées à leur échéance, la valeur qui avoit été réellement avancée sur la première lettre, ne revenoit jamais aux banques qui l'avoient avancée, parce qu'avant l'échéance de chaque lettre on en tiroit toujours une autre, dont le montant étoit un peu plus haut que celui de la lettre qui alloit bientôt être payée, & que, pour le paiement de l'ancienne, il falloit nécessairement escompter la nouvelle. Ce paiement étoit donc fictif ; & ce qui étoit sorti des caisses des banques, par le moyen de ces lettres circulantes, n'y rentroit jamais.

Le papier donné sur ces lettres se montoit souvent à tous les capitaux destinés à conduire un projet vaste & étendu d'agriculture, de commerce ou de manufacture, & il ne se bornoit point à la partie du capital que l'entrepreneur auroit été obligé de garder pardevers lui, sans emploi & en espèces, pour faire honneur à ses affaires, s'il n'y avoit point eu de *papier - monnoie*. La plus grande partie de ce papier excédoit par conséquent la valeur de l'or & de l'argent qui auroit circulé dans le pays, supposé qu'il n'y eût pas eu de *papier - monnoie*. Il excédoit donc ce que la circulation du pays pouvoit aisément absorber & employer, & ainsi il revenoit tout de suite aux banques, pour être échangé contre de l'or & de l'argent qu'elles prenoient où elles pouvoient. C'étoit un capital que les faiseurs de projets avoient adroitement imaginé de tirer de ces banques, à leur insu & sans leur aveu, & peut-être encore sans qu'elles se doutassent qu'elles eussent réellement avancé ce capital.

Lorsque deux personnes qui tirent continuellement l'une sur l'autre, escomptent leurs billets avec le même banquier, il découvre sur-le-champ leur manœuvre, & il voit clairement qu'ils commercent, non avec leur propre capital, mais avec le sien. Mais cette découverte n'est pas si facile quand ils escomptent leurs lettres, tantôt chez un banquier, tantôt chez un autre, & quand les deux mêmes personnes ne tirent pas toujours réciproquement, mais qu'elles parcourent, quand l'occasion s'en présente, un grand cercle de faiseurs de projets, qui croient qu'il y va de leur intérêt de s'aider dans cette manière de faire de l'argent, & d'augmenter ainsi, le plus qu'il se peut, la difficulté de distinguer entre une lettre de change réelle & une fictive, entre une lettre tirée par un créancier réel sur un débiteur réel, & une lettre pour laquelle il n'y auroit proprement de créancier réel que la banque qui l'escompteroit, ni de débiteur réel que le faiseur de projets qui se serviroit de l'argent. Les difficultés que la banque d'Angleterre, plusieurs banquiers de Londres & les plus sages banques d'Ecosse, commencèrent à faire pour l'escompte, n'alarmèrent pas seulement les faiseurs de projets, elles les mirent en fureur. Ils parloient de leurs affaires, comme si elles avoient été celles de tout le pays ; & parce qu'ils se trouvoient fort gênés,

par la réserve prudente & nécessaire des banques, ils disoient que le malheur public venoit de l'ignorance, de la pusillanimité & de la mauvaise conduite des banques, qui secondoient mesquinement les entreprises patriotiques de ceux qui s'efforçoient d'embellir, d'améliorer & d'enrichir le pays. Selon eux, les banques devoient prêter autant, & pour aussi long-temps qu'ils pouvoient le desirer. Mais les banques, en refusant de donner plus de crédit à ceux auxquels elles n'en avoient déjà que trop donné, prirent le seul parti qui leur restoit pour sauver leur propre crédit & celui du public.

Au milieu de ces clameurs & de cette détresse, il s'éleva une nouvelle banque, établie expressément pour remédier au mal dont on se plaignoit. Le dessein étoit généreux ; mais l'exécution fut imprudente, & peut-être qu'on ne connoissoit pas bien la nature & les causes de la maladie. Cette banque accorda des comptes de caisses, & escompta les lettres de change avec plus de facilité qu'aucune autre. Il sembloit qu'elle ne fit aucune distinction entre les lettres réelles & les lettres de circulation ; elle les escomptoit toutes également. Elle avoit pour principe, d'avancer sur une caution raisonnable tout le capital qu'on devoit employer dans les améliorations, dont les retours sont les plus lents & les plus éloignés, telles que les améliorations des terres. On diroit même que le but principal de son institution étoit de les encourager. Sa libéralité, par rapport aux comptes de caisse & aux escomptes des lettres de change, mit dans le public une quantité considérable de ses billets. Mais la plus grande partie de ces billets étant de trop dans la circulation, qui ne pouvoit les absorber & les employer, lui revenoit sur-le-champ pour être échangée contre des espèces. Ses coffres ne furent jamais assez remplis : le capital qu'on fit à cette banque, à deux différentes souscriptions, se montoit à 160,000 liv. sterlings. La plupart des propriétaires, en faisant leur premier paiement, ouvrirent un compte de caisse avec la banque ; & les directeurs, se croyant obligés de les traiter aussi honnêtement que le public, leur permirent d'emprunter, sur ce compte de caisse, ce qu'ils fournirent de capital à tous les paiemens suivans : par ces sortes de paiemens, on ne faisoit donc que mettre dans une caisse ce qu'on venoit de prendre, le moment d'auparavant, dans une autre. Mais, quand les coffres de cette banque auroient été aussi pleins qu'on pouvoit le desirer, son excessive circulation les auroit vuidés bien plus vite qu'on n'auroit pu les remplir par tout autre expédient que le moyen ruineux de tirer sur Londres, & de payer à l'échéance, avec l'intérêt & la commission, par une autre traite sur la même place. Mais comme ses coffres étoient mal fournis, on dit qu'il ne fallut que quelques mois pour la réduire à cette mauvaise ressource. Les biens des propriétaires de cette

banque valoient plusieurs millions ; & par leur
souscription, à l'obligation primitive ou contrat
de banque ; ils les avoient réellement hypothéqués pour répondre à tous ses engagemens. Malgré sa trop grande facilité, elle se soutint plus de
deux ans, par le grand crédit que lui donnoit
un cautionnement de cette valeur. Lorsqu'elle fut
obligée de s'arrêter, elle avoit en circulation environ deux cents mille livres de billets. Pour soutenir la circulation de ces billets, qui lui revenoient aussi-tôt qu'ils étoient dans le commerce,
elle eut constamment recours à la pratique de
tirer sur Londres des lettres de change, dont
le nombre & la valeur alloient toujours en croissant, & qui à la fin se montoient à plus de six
cents mille livres sterlings. Cette banque, en un
peu plus de deux ans, avoit donc avancé à différentes personnes au-delà de huit cents mille
livres à cinq pour cent. Peut-être pourroit-on
regarder ces cinq pour cent, sur les deux cents
mille livres qui circuloient en billets, comme un
bénéfice clair, sans aucune déduction que les frais
d'administration. Mais sur les six cents mille liv.
pour lesquelles elle tiroit continuellement sur Londres, elle payoit en intérêt & en commission au-
delà de huit pour cent, & conséquemment elle
perdoit plus de trois pour cent sur les trois quarts
de toutes ses opérations.

Il paroît que ces opérations produisirent un
effet tout opposé à celui qu'avoient en vue ceux
qui eurent l'idée & la direction de la banque.
Il paroît qu'ils se proposoient de seconder les
entreprises patriotiques, ou supposées telles, qui
se faisoient dans différentes parties du royaume,
& en même-temps d'attirer toutes les affaires à
eux, pour supplanter les banques d'Ecosse,
particuliérement celles d'Edimbourg, dont la lenteur à escompter les lettres de change avoit déplu. Sans doute les spéculateurs tirèrent de cette
banque un soulagement passager, qui les mit en
état de pousser leurs entreprises deux ans de plus ;
mais ils ne firent par là que s'endetter davantage,
& consommer leur propre ruine & celle de leurs
créanciers. Ainsi, au lieu de guérir le mal qu'ils
avoient attiré sur eux & sur leur pays, ils l'ont
aggravé à la longue par l'usage d'un remède pernicieux. Il auroit mieux valu pour eux, pour leurs
créanciers & pour l'Ecosse, que la plupart d'entr'eux eussent été obligés de s'arrêter deux ans
plutôt. Le secours passager que cette banque leur
a donné, est devenu pour les autres banques un
bien réel & permanent. Tous ceux qui négocioient les lettres de change que ces autres banques escomptoient avec tant de peine, n'ont pas
manqué de s'adresser à la nouvelle, où ils étoient
reçus à bras ouverts. Elles ont pu sortir ainsi aisément de ce cercle fatal, d'où elles ne se seroient jamais dégagées autrement sans une perte
considérable, & peut-être même sans tomber jusqu'à un certain point dans le discrédit.

Ces opérations ont donc augmenté à la longue
le mal réel qu'elles prétendoient guérir, & ont servi
efficacement les banques rivales qu'on vouloit supplanter.

Lorsque cette banque s'établit, quelques personnes pensèrent qu'avec quelque rapidité que se
vuidât sa caisse, elle pourroit se remplir facilement par l'argent qu'on feroit sur les cautionnemens de ceux auxquels elle auroit avancé des
billets. Je crois que l'expérience ne tarda pas à
les convaincre que cette méthode de faire de
l'argent étoit beaucoup trop lente pour répondre
à leurs vues, & que la caisse, si mal remplie
dans l'origine & si prompte à se vuider, ne pouvoit se remplir par d'autre voie que l'expédient
ruineux de tirer sur Londres, & de payer à l'é-
chéance par d'autres traites sur la même place
avec l'intérêt & la commission accumulés. Mais
quoique cette ressource lui procurât de l'argent
aussi-tôt qu'elle en manquoit, au lieu d'y trouver
du bénéfice, elle perdoit nécessairement sur chaque opération, de manière qu'à la longue il falloit qu'elle se ruinât, comme compagnie commerçante, quoique peut-être moins promptement,
par la pratique dispendieuse de la traite réciproque : elle ne pouvoit pas mieux réussir par l'intérêt du papier, qui, excédant ce que la circulation
du pays pouvoit absorber & employer, lui
revenoit pour être échangé contre de l'or & de
l'argent, aussi-tôt qu'elle l'avoit délivré, & pour
le paiement duquel elle étoit continuellement
obligée d'emprunter des espèces. Au contraire,
toute la dépense des agens qui cherchoient des
personnes en état de prêter, les frais de négociation avec ces personnes, celle des obligations
avec elles retomboient nécessairement à sa charge, & étoient une perte évidente sur la balance
de ses comptes. On peut assimiler le projet de
remplir ses coffres par cette voie, à l'idée d'un
homme qui auroit un étang, d'où il se feroit
sans cesse un écoulement d'eau qui ne seroit réparé par aucune source constante, & qui préten-
droit le tenir toujours plein à l'aide d'une multitude de gens qui iroient prendre de l'eau dans un
puits, à quelques milles de distance, & qui seroient toujours occupés à en apporter pour remplacer celle qui sortiroit de l'étang.

Mais quand cette opération eût été praticable
& utile à la banque, envisagée comme compagnie commerçante, loin que le pays en pût tirer
aucun avantage, il devoit y perdre considérablement. Elle ne pouvoit augmenter la quantité d'argent à prêter. Tout ce qui en résultoit, c'est que
la banque devenoit un bureau général de prêt
pour tout le pays, & que ceux qui étoient dans
le cas d'emprunter, s'adressoient à elle plutôt
qu'à des particuliers. Mais il n'est pas probable
qu'une banque qui prête peut-être à cinq cents
personnes, dont la plupart sont peu connues des
directeurs, soit plus judicieuse dans le choix de

les débiteurs, que les particuliers qui prêtent à un petit nombre de gens, dans lesquels ils ont de bonnes raisons de mettre leur confiance. Les débiteurs d'une banque, telle que je viens de la crayonner, devoient être, pour la plupart, des faiseurs de projets chimériques, des gens qui tiroient les uns sur les autres des lettres de change de circulation, qui mettoient de l'argent à de folles entreprises, qui ne pouvoient jamais réussir avec tous les secours qu'on leur donnoit, & qui, quand elles auroient réussi, n'étoient pas capables de les indemniser de ce qu'elles leur avoient coûté réellement, ni de leur rapporter un capital assez considérable pour entretenir une quantité de travail égale à celle qu'ils y avoient employée. Il est naturel, au contraire, que les débiteurs sages emploient l'argent qu'ils empruntent, à des entreprises modestes, proportionnées à leurs capitaux ; qui n'aient rien de grand & de merveilleux, mais qui soient solides & profitables ; qui rendent ce qu'on y a mis, & qui le rendent avec usure, de manière qu'elles produisent un bénéfice capable d'entretenir une beaucoup plus grande quantité de travail que celle qu'il a fallu pour les amener à bien. Ainsi cette opération, qui ne pouvoit augmenter le capital du pays, servoit uniquement à en faire passer une grande partie de la caisse des gens propres à le faire valoir par leur sagesse & leur économie, dans celle d'autres qui se perdoient par des entreprises imprudentes & ruineuses.

Le fameux M. Law pensoit que l'industrie de l'Ecosse languissoit, faute d'argent pour la mettre en œuvre. Il paroît avoir imaginé qu'en établissant une banque d'une espèce particulière, qui donneroit du papier jusqu'à la valeur de toutes les terres du pays, il remédieroit à ce besoin d'argent. Le parlement d'Ecosse ne voulut pas adopter son projet. Le duc d'Orléans, alors régent de France, l'adopta ensuite avec quelques changemens. L'idée qu'on pouvoit multiplier le *papier-monnoie* presque à l'infini, étoit la véritable base de ce qu'on appelle le système du Mississipi, projet de banque & d'agiotage le plus extravagant qu'on ait peut-être jamais conçu. Les diverses opérations de ce système ont été expliquées si complettement, si clairement & si nettement par M. du Verney, dans son examen des réflexions politiques sur le commerce & les finances de M. du Tot, que je n'en dirai rien ici. Les principes sur lesquels il étoit fondé, ont été exposés par M. Law, dans un discours sur l'argent & le commerce, qu'il publia en Ecosse lorsqu'il en fit la première proposition. Les idées magnifiques, mais visionnaires, qu'il étale dans cet ouvrage & dans quelques autres, font encore impression aujourd'hui sur plusieurs personnes, & ont peut-être contribué en partie à cet excès dans les opérations de banque, dont on s'est plaint en Ecosse & ailleurs.

La banque d'Angleterre est la banque de circulation la plus considérable qu'il y ait en Europe. Elle fut établie par un acte du parlement & une charte du grand sceau, datée du 27 juillet 1694. Elle avança alors au gouvernement la somme d'un million deux cents mille livres sterlings, pour une annuité de cent mille livres, ou pour quatre-vingt-seize mille livres d'intérêt annuel, & quatre mille livres pour les frais d'administration. Le crédit du nouveau gouvernement, établi par la révolution, devoit être bien foible, puisqu'il étoit obligé d'emprunter à si gros intérêt.

En 1697, on permit à la banque d'augmenter son fonds d'un million mille cent soixante-onze livres sterl. pour soutenir, disoit-on, le crédit public. En 1696, les billets de l'échiquier s'escomptoient à quarante, cinquante & soixante pour cent de perte, & les billets de banque à vingt pour cent. Pendant la grande refonte de l'argent, à laquelle on procédoit alors, la banque avoit jugé à propos d'interrompre le paiement de ses billets ; ce qui les fit nécessairement tomber dans le discrédit.

D'après l'acte de la septième année de la reine Anne, chap. VII, la banque avança & paya à l'échiquier la somme de quatre cents mille livres sterlings : à cette époque, elle avoit avancé la somme d'un million six cents mille livres sur la même annuité originaire de quatre-vingt-seize mille livres d'intérêt, & quatre mille livres de frais d'administration ; d'où il suit qu'en 1708 le gouvernement avoit aussi bon crédit que les particuliers, puisqu'il pouvoit emprunter au taux de six pour cent, qui étoit l'intérêt ordinaire & légal de ce temps-là. En conséquence du même acte, la banque annulla pour un million sept cents soixante-seize mille vingt-sept liv. sterl. de billets de l'échiquier, à six pour cent d'intérêt, & il lui fut permis en même-temps de prendre des souscriptions pour doubler son capital. Ainsi, en 1708, le capital de la banque se montoit à quatre millions quatre cents deux mille trois cents quarante-trois livres sterlings ; & elle avoit avancé au gouvernement la somme de trois millions trois cents soixante-quinze mille vingt-sept livres.

Un appel de quinze pour cent en 1709 augmenta le fonds de six cents cinquante-six mille deux cents quatre livres un sol neuf deniers, & un second appel de dix pour cent en 1710 l'augmenta de cinq cents un mille quatre cents quarante-huit livres douze sols onze deniers. Le capital de la banque se trouva de cinq millions cinq cents cinquante-neuf mille neuf cents quatre-vingt quinze livres.

En vertu de l'acte de la huitième année de l'acte de George I, ch. XXI, la banque acheta de la compagnie de la mer du sud, un fonds qui se montoit à quatre millions de livres ; & en 1722, d'après des souscriptions qu'elle avoit par-

fes pour fe mettre en état de faire cette acquifition, fon capital fut augmenté de trois millions
quatre cents mille livres. A cette époque, la banque avoit donc avancé au public neuf millions
trois cents foixante-quinze mille vingt-fept livres
dix-fept fols dix deniers & demi, & fon capital
ne fe montoit qu'à huit millions neuf cents cinquante-neuf mille neuf cents quatre-vingt-quinze
livres quatorze fols huit deniers. Ce fut alors que
la fomme qu'elle avoit avancée au public, & dont
elle tiroit l'intérêt, commença à excéder fon
capital, c'eft-à-dire, la fomme pour laquelle elle
payoit un dividende aux propriétaires; ou, en
d'autres termes; ce fut en cette occafion qu'elle
eut pour la première fois un capital fans dividende,
outre celui dont elle partageoit le produit. Elle
a toujours continué depuis d'en avoir un. En 1746,
la banque avoit avancé au public onze millions fix
cents quatre-vingt-fix mille huit cents livres, & fon
capital en actions étoit monté, par divers appels &
foufcriptions, à dix millions fept cents quatre-vingt
mille livres: depuis cette époque, l'état de ces deux
fommes eft refté le même. D'après l'acte de la
quatrième année de George III, ch. XXV, la banque
confentit à payer au gouvernement, pour le renouvellement de fa charte, cent dix mille liv. fans
intérêt ni remboursement.

Le dividende de la banque a varié, fuivant les
variations du taux de l'intérêt qu'elle a reçu à
différentes époques pour l'argent avancé au public; & auffi à raifon de quelques circonftances particulières. Ce taux de l'intérêt a graduellement été
réduit de huit à trois pour cent. Nous avons vu,
les années dernières, le dividende de la banque
à cinq & demi pour cent.

La ftabilité de la banque d'Angleterre eft égale
à celle du gouvernement britannique. Il faut que
toutes les avances faites au public foient perdues,
avant que fes créanciers perdent rien. Une autre
banque ne peut s'établir en Angleterre par acte
du parlement, ni être compofée de plus de fix
affociés. Ce n'eft pas feulement une banque ordinaire, mais c'eft une grande machine d'état.
Elle reçoit & paye la plus grande partie des annuités, due aux créanciers du public. Elle fait
circuler les billets de l'échiquier, & avance au
gouvernement le montant des taxes annuelles fur
les terres & fur la drèche, taxes qui fouvent ne
font payées que plufieurs années après. Dans ces
diverfes opérations, fes engagemens envers le public l'ont obligée quelquefois à furcharger la circulation de papier-monnoie, fans qu'il y ait de la
faute des directeurs. Elle efcompte auffi les lettres
de change des négocians; &, en diverfes occafions, elle a foutenu le crédit des principales
maifons, non-feulement d'Angleterre, mais de
Hambourg & d'Hollande. On cite une femaine
où elle avança pour cela environ un million fix
cents mille livres fterlings; la plus grande partie

en lingots. Nous ne garantiffons ni la grandeur
de la fomme, ni la brièveté du temps. D'autres
fois cette grande compagnie s'eft trouvée réduite
à payer en pièces de fix pences.

Les opérations judicieufes de la banque peuvent donner plus d'activité à l'induftrie, non en
augmentant le capital d'un pays, mais en mettant
une plus grande partie de ce capital en action &
en valeur. Cette partie de fon capital, qu'un
commerçant eft obligé de garder en caiffe pour
répondre aux demandes qui furviennent, eft un
fonds mort qui ne produit rien pour lui, ni pour
fon pays. Les fages combinaifons d'une banque
le mettent en état de convertir ce fonds mort en
un fonds vivant & productif, en matières, en
inftrumens de travail & en fubfiftance pour les
ouvriers; en un mot, en un fonds qui produit
quelque chofe pour lui-même & pour fon pays;
la monnoie d'or & d'argent qui circule dans une
contrée, & par le moyen de laquelle le produit
de fes terres & de fon travail circule & fe diftribue aux confommateurs, n'eft pas moins un
fonds mort, que l'argent qu'un commerçant garde
pardevers lui. C'eft une partie précieufe du capital du pays, qui ne produit rien pour le pays:
La banque, en mettant du papier à la place d'une
grande partie de cet or & de cet argent, fait
qu'une grande partie d'un fonds qui feroit mort,
devient un fonds agiffant & productif. On peut
comparer juftement l'or & l'argent qui circulent
dans un pays, à un grand chemin qui fert à tranfporter & voiturer au marché tous les fourrages
& tout le bled du pays, mais qui ne produit pas
un feul brin, ni de l'un ni de l'autre. Une banque
fage, en établiffant (fi on me permet cette mé-
taphore) un chemin dans les airs, donne le
moyen de convertir, pour ainfi dire, une bonne
partie des grands chemins en pâturages & en terres à bled, & d'augmenter par-là le produit des
terres & du travail. Il faut cependant convenir
que, quoique le commerce & l'induftrie puiffent
être augmentés, ils ne peuvent être auffi parfaitement affurés, lorfqu'ils font ainfi portés fur les
ailes du papier-monnoie, que quand ils voyagent
fur le terrein folide de l'or & de l'argent. Outre les accidens auxquels ils font expofés par la
mal-adreffe des conducteurs de ce papier, il y en
a plufieurs autres dont la prudence & l'habileté
de ces guides ne peuvent les garantir.

S'il arrive, par exemple, une guerre malheureufe où l'ennemi s'empare du capital, & par
conféquent de ce tréfor qui foutenoit le crédit du
papier-monnoie, le défordre fera bien plus grand
dans le pays dont toute la circulation fe faifoit en
papier, que dans celui qui en faifoit la plus
grande partie en efpèces. L'inftrument ordinaire
du commerce ayant perdu fa valeur, les échanges
ne pourront plus s'y faire que par troc, ou fur
crédit. Toutes les taxes ayant été payées en papier, le prince n'aura pas de quoi payer fes troupes,

nij

ni de quoi fournir ſes magaſins ; & l'état du pays ſera beaucoup plus déſeſpéré que ſi la circulation s'étoit faite en or & en argent. Un prince, jaloux de voir ſes domaines toujours en état de défenſe, doit par conſéquent ſe tenir en garde, non-ſeulement contre la multiplication exceſſive du *papier-monnoie*, qui ruine les banques d'où il ſort, mais encore contre celle qui met ces banques dans le cas de faire aller la plus grande partie de la circulation par le moyen du papier.

On peut regarder la circulation de chaque pays comme diviſée en deux différentes branches ; ſavoir, la circulation des marchands entr'eux, & la circulation entre les marchands & les conſommateurs. Quoique les mêmes pièces de monnoie, ſoit en papier, ſoit en métal, puiſſent être employées, tantôt dans l'une & tantôt dans l'autre, toutes deux marchant dans le même tems, pour que chacune d'elles ait lieu, il faut un certain fonds de monnoie, d'une eſpèce ou d'une autre. La valeur des marchandiſes qui circulent entre les divers marchands, ne peut jamais excéder la valeur de celles qui circulent entre les marchands & les conſommateurs ; tout ce qu'achètent les premiers étant finalement deſtiné à être vendu aux ſeconds. La circulation qui ſe fait en gros entre les négocians, exige en général une grande ſomme pour chaque affaire qu'ils font enſemble. Il n'en faut, au contraire, que de petites pour celle qui eſt établie entre les marchands & les conſommateurs, parce qu'elle ſe fait en détail. Souvent il ne faut qu'un ſcheling ou même un demi-ſol ; mais les petites ſommes circulent beaucoup plus vite que les grandes. Un ſcheling change plus ſouvent de maîtres qu'une guinée, & un demi-ſol plus ſouvent qu'un ſcheling. Ainſi, quoique les achats annuels de tous les conſommateurs égalent, au moins en valeur, ceux de tous les marchands, ils peuvent ſe faire avec une bien moindre quantité de monnoie, les mêmes pièces ſervant, par une circulation plus rapide, à beaucoup plus d'achats d'une eſpèce que de l'autre.

Le *papier-monnoie* peut être réglé de manière qu'il ne ſerve guère qu'à la circulation entre les marchands, ou qu'il s'étende auſſi à une grande partie de celle qui ſe fait entr'eux & les conſommateurs. Si, comme à Londres, il n'y a point de billets de banque au-deſſous de dix liv. ſterl. dans la circulation, le *papier-monnoie* ſe concentre dans les mains des marchands Un conſommateur qui a dans les ſiennes un billet de banque de dix livres, eſt généralement obligé de le changer à la première boutique où il veut acheter pour cinq ſchelings de marchandiſes, de ſorte que le billet revient au marchand, avant que le conſommateur ait dépenſé la quarantième partie de l'argent. Si, comme en Ecoſſe, il y a dans la circulation, des billets de banque pour de petites ſommes, telles que vingt ſchelings, le *papier-mon-*

noie s'étend à une grande partie de la circulation entre les marchands & les conſommateurs. Avant l'acte du parlement, qui a ſupprimé les billets de banque de quinze ſchelings, cette circulation étoit encore plus chargée de *papier-monnoie.* On voyoit communément, dans l'Amérique ſeptentrionale, du papier de la valeur d'un ſeul ſcheling ; & dans l'Yorkshire, il y en avoit de ſix pences.

Lorſque l'uſage des billets de banque eſt permis, & commun pour d'auſſi petites ſommes, pluſieurs perſonnes du bas-peuple peuvent & oſent devenir banquiers. Celui qui ne pourroit faire accepter de perſonne ſes propres billets pour cinq livres ſterlings, ou même pour vingt ſchelings, trouvera des gens qui les recevront, & qui ſe feront ſcrupule de les refuſer, s'ils ne ſont que de ſix ſols. Mais les banqueroutes fréquentes, auxquelles ſont néceſſairement expoſés ces banquiers miſérables peuvent occaſionner beaucoup de dommage, & ſont quelquefois une véritable calamité pour le pauvre peuple qui a reçu leurs billets.

Il vaudroit peut-être mieux qu'il n'y eût aucune partie du royaume, où l'on délivrât des billets de banque de moins de cinq livres. ſterl. Le *papier-monnoie* ſe concentreroit alors par-tout chez les marchands, comme il fait aujourd'hui à Londres, où l'on n'en reçoit pas au-deſſous de la valeur de dix livres, quoiqu'avec cinq livres on n'ait peut-être, dans les autres parties du royaume, guère plus de la moitié des marchandiſes qu'on ſe procure à Londres avec dix livres, on y regarde autant à cinq livres qu'à dix livres à Londres, & il eſt auſſi rare d'y dépenſer cinq livres à la fois, qu'il eſt commun d'en dépenſer dix à Londres, au milieu de la profuſion qui règne dans cette capitale.

Il faut obſerver qu'il y a toujours abondance d'or & d'argent dans les endroits où le *papier-monnoie* ne circule guère qu'entre les marchands, comme on le voit à Londres. Si, comme en Ecoſſe ou comme avant la révolution de l'Amérique, il circule beaucoup entre les marchands & les conſommateurs, il bannit preſqu'entièrement l'argent du pays, preſque toutes les affaires du commerce intérieur s'y font avec du papier. L'argent eſt moins rare en Ecoſſe depuis la ſuppreſſion des billets de banque de quinze ſchelings, & il le ſeroit probablement encore moins, ſi on y ſupprimoit ceux de vingt ſchelings. On dit que l'or & l'argent ont été plus communs en Amérique depuis la ſuppreſſion de quelques-uns des papiers des colonies angloiſes, & qu'ils l'avoient été auſſi davantage avant l'établiſſement de ces papiers.

Quand le *papier-monnoie* ſe concentreroit preſqu'entièrement parmi les marchands, les banques & les banquiers ne laiſſeroient pas de donner à l'induſtrie & au commerce du pays à peu près les mêmes ſecours qu'ils lui donnoient avant que presque toute la circulation se fit en papier. Les espèces qu'un marchand est obligé de garder pour satisfaire aux demandes qui lui surviennent, n'a d'autre destination que la circulation entre lui & les autres marchands dont il achète des marchandises; il n'a pas besoin d'en garder pour la circulation entre lui & les consommateurs qu'il fournit, & qui lui apportent de l'argent, au lieu de lui en ôter. Ainsi, quand on ne permettroit, le papier-monnoie que pour des sommes qui se concentreroient en très-grande partie parmi les marchands, l'escompte des lettres de change réelles, & les emprunts sur les comptes de caisse, mettroient toujours les banques & les banquiers à même d'affranchir les marchands de la nécessité d'avoir chez eux une partie considérable de leurs fonds sans emploi. Ces marchands pourroient encore en tirer le secours que ces sortes d'établissemens peuvent raisonnablement prêter à des commerçans de toute espèce.

Empêcher les particuliers de recevoir en paiement les billets à vue d'un banquier, pour une somme grande ou petite, lorsqu'ils veulent bien s'en contenter, ou empêcher un banquier de donner de ces sortes de billets à ceux qui consentent à les accepter, c'est une violation manifeste de cette liberté naturelle que le but des loix est de protéger & non d'enfreindre. Mais les loix des gouvernemens les plus libres, aussi-bien que des plus despotiques, doivent réprimer l'exercice de la liberté naturelle dans quelques individus lorsque l'usage qu'ils en feroient peut mettre en danger la sûreté de la société entière. L'obligation d'élever des murs mitoyens pour prévenir la communication du feu, est une violation de la liberté naturelle, précisément du même genre que les réglemens qu'on propose ici pour le commerce des banques.

Un papier-monnoie, qui consiste en billets de banque donnés par des gens bien accrédités, payable à vue sans aucune condition, & en effet toujours payé dès qu'on le présente, est à tous égards d'une valeur égale à l'or & à l'argent, puisqu'en tout temps on peut le convertir en espèces. Tout ce qu'on achète on qu'on vend pour ce papier, doit nécessairement être acheté ou vendu aussi bon marché que si on le payoit avec de l'or & de l'argent.

On a dit que l'augmentation du papier-monnoie, en augmentant la quantité & en diminuant par conséquent la valeur de la monnoie en circulation, faisoit nécessairement monter le prix des marchandises en argent. Mais comme la quantité d'or & d'argent qu'on ôte de la circulation, est toujours égale à la quantité de papier qu'on y ajoute, le papier-monnoie n'augmente pas nécessairement la quantité de la monnoie en circulation. Depuis le commencement du dernier siècle, les vivres n'ont jamais été à meilleur marché en Ecosse qu'en 1759, quoique, par la

circulation des billets de banque de quinze schellings, il y eût alors dans le pays plus de papier-monnoie qu'aujourd'hui. La proportion entre le prix des vivres en Angleterre, & leur prix en Ecosse est actuellement la même qu'elle étoit avant la grande multiplication des banques écossoises. Le bled n'est souvent pas plus cher en Angleterre qu'en France, quoiqu'il y ait beaucoup de papier-monnoie en Angleterre & fort peu en France. En 1751 & 1752, lorsque M. Hume publia ses discours politiques, & aussi-tôt après la grande multiplication du papier-monnoie en Ecosse, le prix des vivres haussa sensiblement; ce qui venoit, selon toute apparence, des mauvaises années, & non de la multiplication du papier. Sans doute il n'en seroit pas de même d'un papier-monnoie consistant en billets, dont le paiement immédiat dépendroit à quelque égard, ou de la bonne volonté de celui qui les délivreroit, ou d'une condition que le porteur ne seroit pas toujours en état de remplir, ou dont le paiement ne seroit exigible qu'au bout d'un certain nombre d'années, & qui cependant ne porteroit point intérêt. Un tel papier-monnoie tomberoit nécessairement au-dessous de la valeur de l'or & de l'argent, selon que la difficulté ou l'incertitude d'en obtenir le paiement immédiat seroit supposée plus ou moins grande, ou selon que le temps auquel il seroit exigible seroit plus ou moins éloigné.

Il y a quelques années que les diverses banques écossoises étoient dans l'usage d'insérer dans leurs billets ce qu'ils appelloient une clause optionnelle, elles promettoient le paiement au porteur, ou aussi-tôt qu'il seroit présenté, ou au choix des directeurs, six mois après la présentation, en payant l'intérêt légal pour ces six mois. Les directeurs de quelques-unes de ces banques se prévalurent de cette clause, & ils le réclamoient, si ceux qui leur demandoient de l'or & de l'argent, en échange d'un grand nombre de leurs billets, ne vouloient pas se contenter d'une partie de ce qu'ils demandoient. Les billets de ces banques formoient alors la plus grande partie de la monnoie d'Ecosse, que cette incertitude du paiement dégradoit nécessairement au-dessous de la valeur de l'or & de l'argent. Tant que dura cet abus (c'est-à-dire, principalement en 1762, 1763 & 1764), le change, qui étoit au pair entre Londres & Carlisle, se trouvoit quelquefois à 4 pour cent de perte pour Dunfreis entre cette ville & Londres, quoique Dunfreis ne fût qu'à trente milles de Carlisle. C'est que les lettres de change se payoient en or & en argent à Carlisle, au lieu qu'à Dunfreis elles se payoient en billets des banques écossoises, & que ces billets perdoient quatre pour cent, par l'incertitude de pouvoir les échanger contre de l'or & de l'argent. Le même acte de parlement, qui supprima les billets de banque de quinze schelings, supprima aussi cette clause optionnelle, & remit ainsi le change entre l'Angleterre & l'Ecosse à son taux naturel, ou à ce qu'il pouvoit être naturellement par le cours du commerce & des remises.

Dans le *papier-monnoie* d'Yorkshire, le paiement d'un billet de 6 pences dépendoit quelquefois de la condition que le porteur du billet changerit une guinée, condition qu'il étoit souvent fort difficile de remplir, & qui devoit nécessairement rabaisser le cours du papier, au-dessous de l'or & de l'argent. Un acte du parlement déclara illégales toutes ces clauses, & supprima, comme en Ecosse, tous les billets au porteur au-dessous de la valeur de vingt schelings.

Le *papier-monnoie* de l'Amérique septentrionale ne consistoit pas en billets payables au porteur & à vue, mais en un papier d'état, dont le paiement n'étoit exigible que plusieurs années après la date; & quoique les gouvernemens ne payassent pas d'intérêt aux porteurs de ce papier, ils ne laissoient pas de le déclarer & de le rendre par le fait une offre légale de paiement pour la somme qu'il énonçoit. Mais en accordant toute la sûreté imaginable du côté de la colonie, cent livres sterlings, par exemple, qui ne sont payables qu'au bout de quinze ans, dans un pays où l'intérêt est à six pour cent, ne valent guères plus de soixante livres d'argent comptant. Ainsi, obliger un créancier à les recevoir comme parfait paiement d'une dette de cent livres, ce seroit une injustice si criante, qu'on en eût peut-être jamais vu une pareille de la part du gouvernement de tout autre pays, qui auroit la prétention d'être libre. Le docteur Douglas en attribue l'idée à des débiteurs de mauvaise foi, dont l'intention étoit de frustrer leurs créanciers. Mais cette opinion n'est peut-être pas trop juste, & il est possible que l'intérêt des colonies ait déterminé, dans le principe, les habitans à l'opération dont nous parlons ici. Voyez ce que nous avons dit sur cette matière à l'article ETATS-UNIS. En 1722, époque où le *papier-monnoie* s'introduisit en Pensylvanie, le gouvernement de cette province prétendit donner à ce papier une valeur égale à celle de l'or & de l'argent, en décernant des peines contre ceux qui mettroient une différence dans le prix de leurs marchandises quand ils les vendroient pour du papier de la colonie, & quand ils les vendroient pour l'or & de l'argent: ce règlement parut tyrannique, & il devoit avoir beaucoup moins d'effet que celui qu'on vouloit soutenir. Une loi positive peut faire qu'un scheling soit une offre de paiement légal pour une guinée, parce qu'elle peut amener les cours de justice à décharger le débiteur qui a fait cette offre. Mais il n'y a point de loi positive qui puisse obliger un marchand, qui est le maître de vendre ou de ne pas vendre, à recevoir un scheling comme l'équivalent d'une guinée dans le prix de ses mar-

chandises. Malgré tous les réglemens de cette nature, il a paru, par le cours du change avec la grande-Bretagne, que cent livres sterlings étoient regardées quelquefois, dans certaines colonies, comme l'équivalent de cent trente livres, & dans d'autres comme celui de onze cents livres; ce qui venoit de la différence dans la quantité de papier répandu en différentes colonies, & de celle de la distance & de la probabilité du terme où il devoit être finalement acquitté & retiré.

Par conséquent l'acte du parlement, dont on se plaint si mal-à-propos dans les colonies, & qui déclaroit nulle toute offre de paiement qui s'y feroit avec le papier qui s'y répandroit dorénavant, étoit juste.

La Pensylvanie a toujours été plus modérée que les autres, dans l'émission de son *papier-monnoie*. Aussi dit-on que son papier n'a jamais été au-dessous de la valeur de l'or & de l'argent. Avant l'introduction du *papier-monnoie*, la colonie avoit haussé la dénomination de la monnoie, en ordonnant, par une acte de l'assemblée, que 5 schelings passeroient dans la colonie pour six schelings & trois pences; & ensuite pour six schelings & huit pences. Ainsi une livre de cours dans la colonie, lors même que la monnoie étoit d'or & d'argent, se trouvoit de plus de trente pour cent au-dessous de la valeur d'une livre sterling.

Un prince, qui ordonneroit qu'une certaine proportion de ses taxes se payât en *papier-monnoie* d'une certaine espèce, pourroit donner par-là quelque valeur à ce *papier-monnoie*, quand même le terme où il devroit être finalement acquitté & retiré dépendroit absolument de sa volonté. Si la banque qui délivre ce papier, avoit soin d'en tenir la quantité toujours un peu au-dessous de ce qu'exigeroit le paiement des taxes, il pourroit être si recherché qu'il emporteroit une prime, c'est-à-dire, qu'il se vendroit sur la place pour quelque chose de plus que l'or & l'argent de cours. Quelques personnes expliquent ainsi ce qu'on appelle l'agio de la banque d'Amsterdam, ou la supériorité de l'argent de banque sur l'argent de cours, quoique cet argent de banque, à ce qu'elles prétendent, ne puisse être retiré de la banque à la volonté du propriétaire. Il faut que la plus grande partie des lettres de change étrangères soit payée en argent de banque, c'est-à-dire, par un transport dans les livres de la banque; & les directeurs de la banque, disent ces personnes, ont soin de tenir la quantité totale de l'argent de banque toujours au-dessous de ce que cet emploi peut exiger. C'est par cette raison, ajoutent-elles, que l'argent de banque porte une prime, ou qu'il se vend à quatre ou cinq pour cent de plus que la même somme nominale d'or & d'argent ayant cours dans le pays. J'ai cependant sujet de croire que cette explication de la banque d'Amsterdam est chimérique.

Un papier de cours, qui tombe au-deſſous de la valeur de l'or & de l'argent monnoyés, ne fait pas tomber la valeur de l'or & de l'argent, & ſa chûte ne ſera pas cauſe que d'égales quantités de ces métaux ſoient échangées pour une moindre quantité de marchandiſes de toute autre eſpèce. La proportion entre l'or & l'argent & les autres marchandiſes, dépend, dans tous les cas, non de la nature & de la quantité du *papier-monnoie* qui peut avoir cours dans un pays particulier, mais de la richeſſe ou de la pauvreté des mines qui fourniſſent de ces métaux le grand marché du monde commerçant. Elle dépend de la proportion, entre la quantité de travail qui eſt néceſſaire pour mettre en état de vente une certaine quantité d'or & d'argent, & celle qui eſt néceſſaire pour y mettre une certaine quantité de toute autre eſpèce de marchandiſes.

Nous voudrions examiner à quelles eſpèces de gouvernement convient le *papier-monnoie*; car il ne convient pas à toutes : mais c'eſt une matière trop délicate.

Nous voudrions indiquer aufli les, eſpèces de *papier-monnoie*, propres aux pays où le peuple a perdu ſa liberté, où la nation eſt ſans influence, où l'on eſt peu éclairé ſur les opérations du commerce, où l'adminiſtration n'agit qu'en ſecret & au haſard; mais c'eſt encore une matière trop délicate.

Nous voudrions indiquer de plus, les précautions néceſſaires pour contenir le *papier-monnoie*, & prévenir les banqueroutes nationales; mais il faudroit dénoncer tel & tel pays qui abuſe de la confiance publique; il faudroit paſſer en revue les divers états depuis la Ruſſie & la Suède, juſqu'à l'état de l'égliſe & au royaume de Naples, & le lecteur ſent bien qu'un ouvrage de la nature de celui-ci ne comporte pas de pareilles remarques.

Voyez l'article MONNOIE; & pour ce qui regarde la banque d'Amſterdam, l'article HOLLANDE.

PARAGUAY, vaſte contrée de l'Amérique méridionale, qui appartient à l'Eſpagne : nous parlerons ici des trois provinces de Chaco, du *Paraguay* & de Buenos-Aires, qui forment la même colonie.

Le *Paraguay* eſt borné au nord par le Pérou & le Bréſil; au midi, par les terres Magellaniques; au levant, par le Bréſil; au couchant, par le Chili & le Pérou.

Il doit ſon nom à un grand fleuve que tous les géographes croyoient ſe former dans le lac de Xarayes. Les commiſſaires eſpagnols & portugais, chargés en 1751 de régler les limites des deux empires, furent bien étonnés de ſe rencontrer à la ſource de cette rivière, ſans avoir apperçu cet amas d'eaux, qu'on diſoit immenſe. Ils vérifièrent que ce qu'on avoit pris juſqu'alors

pour un lac prodigieux, n'étoit qu'un terrain fort bas, couvert depuis le ſeizième juſqu'au dix-neuvième degré de latitude, dans la ſaiſon des pluies, par les inondations du fleuve. On ſçait depuis cette époque que le *Paraguay* prend ſa ſource dans le plateau, nommé *Campo de Paracis*, au treizième degré de latitude méridionale, & que vers le dix-huitième, il communique par quelques canaux très-étroits avec deux grands lacs du pays des Chiquites.

Précis de l'hiſtoire politique de cet établiſſement.

Avant l'arrivée des eſpagnols, cette région immenſe contenoit un grand nombre de nations; la plupart formées par un petit nombre de familles.

La chaſſe, la pêche, les fruits ſauvages, le miel qui étoit commun dans les forêts, quelques racines qui croiſſoient ſans culture, fourniſſoient à la nourriture de ces peuples. Pour trouver une plus grande abondance de ces productions, ils erroient perpétuellement d'une contrée à l'autre. Comme les indiens n'avoient à porter que quelques vaſes de terre, & qu'ils trouvoient par-tout des branches d'arbres pour former des cabanes, ces émigrations n'entraînoient que peu d'embarras. Quoiqu'ils vécuſſent tous dans une indépendance abſolue les uns des autres, la néceſſité de ſe défendre leur avoit appris à lier leurs intérêts. Quelques individus ſe réuniſſoient ſous la direction d'un conducteur de leur choix. Ces aſſociations, plus ou moins nombreuſes, ſelon la réputation & la qualité du chef, ſe diſſipoient avec la même facilité qu'elles s'étoient formées.

La découverte du fleuve *Paraguay* fut faite en 1515, par Diaz de Solis, grand pilote de Caſtille. Il fut maſſacré avec la plupart des ſiens par les ſauvages qui, pour éviter les fers qu'on leur préparoit, traitèrent quelques années après, de la même manière les portugais venus du Bréſil.

Les deux nations rivales, également effrayées par ces revers, perdirent le *Paraguay* de vue, & tournèrent leur avarice d'un autre côté. Le haſard y ramena les eſpagnols en 1526.

Sébaſtien Cabot, qui en 1496 avoit fait la découverte de Terre-Neuve pour l'Angleterre, la voyant trop occupée de ſes affaires domeſtiques pour ſonger à former des établiſſemens dans le Nouveau Monde, porta ſes talens en Caſtille, où ſa réputation le fit choiſir pour une expédition brillante.

La Victoire, ce vaiſſeau fameux pour avoir fait le premier, le tour du monde, & le ſeul de l'eſcadre de Magellan qui fût revenu en Europe, avoit rapporté des Indes orientales beaucoup d'épiceries. L'avantage qu'on retira de leur vente, fit décider un nouvel armement, qui fut confié aux ſoins de Cabot. En ſuivant la route qu'avoit été tenue dans le premier voyage, ce navigateur arriva à l'embouchure de la Plata. Soit qu'il mauquât des vivres pour pouffer plus loin, foit, comme il eft, plus vraifemblable, que fes équipages commençaffent à fe mutiner, il s'y arrêta. Il remonta même le fleuve, lui donna le nom de *la Plata*, parce que, dans les dépouilles d'un petit nombre d'indiens mis inhumainement à mort, fe trouvèrent quelques parures d'or & d'argent, & il bâtit une efpèce de fort à Rio-Tercero, qui fort des montagnes du Tucuman. La réfiftance qu'oppofoient les naturels du pays, lui fit juger que, pour s'établir folidement, il falloit d'autres moyens que ceux qu'il avoit ; & en 1530, il prit la route de l'Efpagne pour les aller folliciter. La plupart de fes compagnons qu'il avoit laiffés dans la colonie, furent maffacrés ; & le peu qui avoit échappé à des flèches ennemies, ne tarda pas à le fuivre.

Des forces plus confidérables, conduites par Mendoza, parurent fur le fleuve en 1535, & jettèrent les fondemens de Buenos-Aires. Bientôt on s'y vit réduit à mourir de faim dans des paliffades, ou à fe vouer à une mort certaine, fi l'on hafardoit d'en fortir pour fe procurer quelques fubfiftances. Le retour en Europe paroiffoit la feule voie pour fortir d'une fituation fi défefpérée ; mais les efpagnols s'étoient perfuadés que l'intérieur des terres regorgeoit de mines, & ce préjugé foutint leur conftance. Ils abandonnèrent un lieu où ils ne pouvoient plus refter, & allèrent fonder en 1536 l'Affomption, à trois cents lieues de la mer, toujours fur les bords du fleuve. C'étoit s'éloigner vifiblement des fecours de la métropole : mais, dans leurs idées, c'étoit s'approcher des richeffes, & leur avidité étoit encore plus grande que leur prévoyance.

Cependant il falloit fe réfoudre à périr, ou réuffir à diminuer l'extrême averfion des fauvages. Le mariage des efpagnols avec les indiennes parut propre à opérer ce grand changement, & l'on s'y détermina. De l'union de deux peuples fi étrangers l'un à l'autre, fortit la race des métis, qui avec le temps devint fi commune dans l'Amérique méridionale. Ainfi le fort des efpagnols, dans tous les pays du monde, eft d'être un fang mêlé. Celui des maures coule encore dans leurs veines en Europe, & celui des fauvages dans l'autre hémifphère. Peut-être même ne perdent-ils pas à ce mélange, s'il eft vrai que les hommes gagnent, comme les animaux, à croifer leurs races. Et plût au ciel qu'elles fe fuffent déja toutes fondues en une feule, qui ne confervât aucun de ces germes d'antipathie nationale qui éternifent les guerres & toutes les paffions deftructives ! Mais la difcorde femble naître d'elle-même entre des frères. Comment efpérer que le genre humain devienne jamais une famille dont les enfans, fuçant à peu près le même lait, ne refpirent plus la foif du fang ? Elle s'engendre, cette cruelle foif ; elle croît & fe perpétue avec la foif de l'or.

C'eft cette paffion honteufe qui continuoit à rendre l'efpagnol cruel, même après les liens qu'il avoit formés. Il fembloit punir les indiens de fa propre obftination à chercher des métaux où il n'y en avoit pas. Le naufrage de plufieurs navires qui périrent avec les troupes & les munitions dont ils étoient chargés, en voulant remonter trop haut dans le fleuve, ne put faire revenir d'une opiniâtreté funefte leur avarice fi long-temps trompée. Il fallut des ordres réitérés de la métropole pour les déterminer à rétablir Buenos-Aires.

Cette entreprife fi néceffaire étoit devenue facile. Les efpagnols, multipliés dans le *Paraguay*, étoient affez forts pour contenir ou pour détruire les peuples qui pouvoient la traverfer. Elle n'éprouva, comme on l'avoit prévu, que de légers obftacles. Jean Ortis de Zarate l'exécuta, en 1581, fur un fol abandonné depuis quarante ans. Quelques-unes des petites nations qui étoient dans le voifinage de la place, fubirent le joug. Celles qui tenoient davantage à leur liberté, s'éloignèrent pour s'éloigner encore à mefure que les établiffemens de leurs oppreffeurs acquéroient de l'accroiffement. La plupart finirent par fe réfugier au Chaço.

Ce pays, qui a deux cents cinquante lieues de long & cent cinquante de large, paffe pour un des meilleurs de l'Amérique, & on le croit peuplé de cent mille fauvages. Ils forment, comme dans les autres parties du Nouveau-Monde, un grand nombre de nations, dont quarante-fix ou quarante-fept font très-imparfaitement connues.

Plufieurs rivières traverfent cette contrée. La Pilcomayo, plus confidérable que toutes les autres, fort de la province de Charcas & fe divife en deux branches, foixante-dix lieues avant de fe perdre dans Rio de la Plata. Son cours paroiffoit la voie la plus convenable pour établir des liaifons fuivies entre le *Paraguay* & le Pérou. Ce ne fut cependant qu'en 1702, qu'on tenta de la remonter. Les peuples qui en occupoient les rives, comprirent fort bien que tôt ou tard ils feroient afservis, fi l'expédition étoit heureufe, & ils prévinrent ce malheur en maffacrant tous les efpagnols qui en étoient chargés.

Dix-neuf ans après, les jéfuites reprirent ce grand projet : mais, après avoir avancé trois cens cinquante lieues, ils furent forcés de rétrograder, parce que l'eau leur manqua pour continuer leur navigation. On les blâma d'avoir fait le voyage dans les mois de feptembre, d'octobre & de novembre, qui font dans ces régions le tems de la fechereffe ; & perfonne ne parut douter que cette entreprife n'eût eu une iffue favorable dans les autres faifons de l'année.

Il faut que cette route de communication ait paru moins avantageufe, ou ait offert de plus grandes difficultés qu'on ne l'avoit cru d'abord ;

puilqu'on n'a fait depuis aucun nouvel effort pour l'ouvrir. Cependant le gouvernement n'a pas tout-à-fait perdu de vue le plan anciennement formé de dompter ces peuples. Après des fatigues incroyables & long-temps inutiles, quelques missionnaires sont enfin parvenus à fixer trois mille de ces vagabonds dans quatorze bourgades, dont sept sont placées sur les frontières du Tucuman, quatre du côté de Sainte-Croix de la Sierra, deux vers Taixa, & une seulement au voisinage de l'Assomption.

Etablissemens espagnols.

Malgré les incursions fréquentes des habitans du Chaco, & la rage de quelques autres peuplades moins nombreuses, l'Espagne est parvenue à former dans cette région trois grandes provinces.

Celle qu'on nomme *Tucuman* est unie, arrosée & saine. On y cultive avec le plus grand succès le coton & le bled que le pays peut consommer; & quelques expériences ont démontré que l'indigo & les autres productions particulières au nouveau-Monde y réussiroient aussi heureusement que dans aucun des établissemens qu'elles enrichissent depuis si long-temps. Ses forêts sont toutes remplies de miel. Il n'y a peut-être pas sur le globe de meilleurs pâturages. La plupart de ses bois sont d'une qualité supérieure. Il est en particulier un arbre désigné par le nom de *quebracho*, qu'on prétend approcher de la dureté, de la pesanteur, de la durée du meilleur marbre, & qui, à cause de la difficulté des transports, est vendu au Potosi jusqu'à dix mille livres. La partie des Andes qui est de ce département, est abondante en or & en cuivre; on y a déja ouvert quelques mines.

Mais combien il faudroit de bras pour demander à ce vaste territoire les richesses qu'il renferme! Cependant ceux qui lui accordent le plus de population, ne la font pas monter à plus de cent mille habitans, espagnols, indiens & nègres. Ils sont réunis dans sept bourgades, dont Saint-Yago del Estero est la principale, ou distribués sur des domaines épars, dont quelques-uns ont plus de douze lieues d'étendue, & comptent jusqu'à quarante mille bêtes à cornes, jusqu'à six mille chevaux, sans compter d'autres troupeaux moins remarquables.

La province, appellée spécialement *Paraguay*, est beaucoup trop humide, à cause des forêts, des lacs, des rivières qui la couvrent. Aussi, abstraction faite des fameuses missions du même nom, qui sont de son ressort, n'y compte-t-on que cinquante-six mille habitans. Quatre cents seulement sont à l'Assomption, sa capitale. Deux autres bourgades, qui portent aussi le nom de ville, en ont moins encore. Quatorze peuplades, conduites sur le même plan que celles des Gua-

ranis, contiennent six mille indiens. Tout le reste vit dans les campagnes & y cultive du tabac, du coton, du sucre, qui sont envoyés avec l'herbe du *Paraguay* à Buenos-Aires, d'où l'on tire en échange quelques marchandises arrivées d'Europe.

Cette contrée fut toujours exposée aux incursions des portugais du côté de l'est, & à celles des sauvages au nord & à l'ouest. Il falloit trouver le moyen de repousser des ennemis le plus souvent implacables. On construisit des forts; des terres furent destinées pour leur entretien, & chaque citoyen s'obligea à les défendre huit jours chaque mois. Ces arrangemens faits anciennement subsistent encore. Cependant, s'il se trouve quelqu'un à qui ce service ne plaise pas, ou auquel ses occupations ne permettent pas de le faire, il peut s'en dispenser, en payant depuis soixante francs jusqu'à cent francs, selon sa fortune.

Ce qui constitue aujourd'hui la province de Buenos-Aires, faisoit originairement partie de celle du *Paraguay*. Ce ne fut qu'en 1621 qu'elle en fut détachée. La plus grande obscurité fut long-temps son partage. Un commerce interlope, qu'après la pacification d'Utrecht ouvrit avec elle l'établissement portugais du Saint-Sacrement, & qui la mit à portée de former des liaisons suivies avec le Chili & le Pérou, lui communiqua quelque mouvement. Les malheurs arrivés à l'escadre de Pizarre, chargée en 1740 de défendre la mer du sud contre les forces britanniques, augmentèrent sa population & son activité. L'une & l'autre reçurent un nouvel accroissement des hommes entreprenans qui se fixèrent dans cette contrée, lorsque les cours de Madrid & de Lisbonne entreprirent de fixer les limites trop long-temps incertaines de leur territoire. Enfin la guerre, qu'en 1776 se firent les deux puissances avec des troupes envoyées d'Europe, acheva de donner une grande consistance à la colonie.

Maintenant les deux rives du fleuve, depuis l'Océan jusqu'à Buenos-Aires, & depuis Buenos-Aires jusqu'à Santa-Fé, sont ou couvertes de nombreux troupeaux, ou assez bien cultivées. Le bled, le maïs, les fruits, les légumes, tout ce qui compose les besoins ordinaires de la vie, excepté le vin & le bois, y croît dans une grande abondance.

Buenos-Aires, chef-lieu de la province, réunit plusieurs avantages. La situation en est saine & agréable. On y respire un air tempéré; elle est régulièrement bâtie. Ses rues sont larges & formées par des maisons extrêmement basses, mais toutes embellies par un jardin plus ou moins étendu. Les édifices publics & particuliers, qui étoient tous de terre il y a cinquante ans, ont acquis de la solidité, des commodités même, depuis qu'on fait cuire de la brique & faire de la chaux. Le nombre des habitans s'élève à trente mille. Une forteresse, gardée par une garnison de six à sept cents hommes, défend un côté de la ville, & les eaux du fleuve environnent le reste de son enceinte. Deux mille neuf cents quarante-trois miliciens espagnols, indiens, nègres & mulâtres libres sont toujours en état de se joindre aux troupes régulières.

La place est à soixante lieues de la mer. Les vaisseaux y arrivent par un fleuve qui manque de profondeur, qui est semé d'isles, d'écueils, de rochers, & où les tempêtes sont beaucoup plus communes, beaucoup plus terribles que sur l'Océan. Ils sont obligés de mouiller tous les soirs à l'endroit où ils se trouvent; & dans les jours les plus calmes, des pilotes les précèdent, la sonde à la main, pour leur indiquer la route qu'ils doivent suivre. Après avoir surmonté ces difficultés, il faut qu'ils s'arrêtent à trois lieues de la ville, qu'ils y débarquent leurs marchandises dans des bâtimens légers, qu'ils aillent se radouber & attendre leur ca gaison à l'Incenada de Barragan, situé sept ou huit lieues plus bas.

C'est une espèce de village formé par quelques cabanes construites avec du jonc, couvertes de cuirs & dispersées sans ordre. On n'y trouve ni magasins, ni subsistances; & il n'est habité que par un petit nombre d'hommes indolens, dont on ne peut se promettre presqu'aucun service. L'embouchure d'une rivière, large de cinq à six mille toises, lui sert de port. Il n'y a que les navires qui ne tirent pas plus de douze pieds d'eau, qui puissent y entrer. Ceux qui ont besoin de plus de profondeur, sont réduits à se réfugier derrière une pointe voisine, où le mouillage est heureusement plus incommode que dangereux.

L'insuffisance de cet asyle fit bâtir en 1726, quarante lieues au-dessous de Buenos-Aires, la ville de Montevideo sur une baie qui a deux lieues de profondeur. Une citadelle bien entendue la défend du côté de terre, & des batteries judicieusement placées la protègent du côté du fleuve. Malheureusement on ne trouve que quatre ou cinq brasses d'eau, & l'on est réduit à s'échouer. Cette nécessité n'entraîne pas de grands inconvéniens pour les navires marchands : mais les vaisseaux de guerre dépérissent vîte sur cette vase, & s'y arquent très-facilement. Des navigateurs expérimentés, auxquels la nature a donné l'esprit d'observation, ont remarqué qu'avec peu de travail & de dépense on auroit pu faire au voisinage un des plus beaux ports du monde, dans la rivière de Sainte-Lucie. Pour y réussir, il ne falloit que creuser le banc de sable qui en rend l'entrée difficile. Il faudra bien que la cour de Madrid s'arrête, un peu plutôt, un peu plus tard, à ce parti, puisque Maldonado, qui faisoit tout son espoir, est maintenant reconnu pour un des plus mauvais havres qu'il y ait au monde.

Productions & commerce du Paraguay.

La plus riche production qui sorte des trois provinces, c'est l'herbe du *Paraguay*. L'Assomption donna d'abord de la célébrité à une production qui faisoit les délices des sauvages. L'exportation qu'elle en fit, lui procura des richesses considérables. Cette prospérité ne fut qu'un éclair. La ville perdit bientôt, dans le long trajet qu'il falloit faire, la plupart des indiens de son territoire. Elle ne vit autour d'elle qu'un désert, & il lui fallut renoncer à cette unique source de son opulence.

A ce premier entrepôt succéda celui de Villa-Rica, qui s'étoit approché à trente-six lieues de la production. Il se réduisit peu à peu à rien, par la même raison qui avoit fait tomber celui dont il avoit pris la place.

Enfin, au commencement du siècle, fut bâti Cunugnati, à cent lieues de l'Assomption & au pied des montagnes de Maracayu. C'est aujourd'hui le grand marché de l'herbe du *Paraguay* : mais il lui est survenu un concurrent qu'on ne devoit pas craindre.

Les guaranis, qui ne cueilloient d'abord de cette herbe que ce qu'il en falloit pour leur consommation, en ramassèrent avec le temps pour en vendre. Cette occupation & la longueur du voyage les tenoient éloignés de leurs peuplades une grande partie de l'année. Pendant ce temps ils manquoient tous d'instruction. Plusieurs périssoient par le changement de climat ou par la fatigue. Il y en avoit même qui, rebutés par ce travail, s'enfuyoient dans des déserts, où ils reprenoient leur premier genre de vie. D'ailleurs les missions, privées de leurs défenseurs, restoient exposées aux irruptions de l'ennemi. C'étoit beaucoup trop de maux. Pour y remédier, les jésuites tirèrent du Maracayu même des graines qu'ils semèrent dans la partie de leur territoire, qui approchoit le plus de celui dont elles tiroient leur origine. Elles se développèrent très-rapidement, & ne dégénérèrent pas au moins d'une manière sensible.

Le produit de ces plantations, joint à celui que le hasard donne seul ailleurs, est fort considérable. Une partie reste dans les trois provinces. Le Chili & le Pérou en consomment annuellement vingt-cinq mille quintaux, qui leur coûtent près de deux millions de livres.

Cette herbe, dans laquelle les espagnols & les autres habitans de l'Amérique méridionale trouvent tant d'agrément, & à laquelle ils attribuent un si grand nombre de vertus, est d'un usage général dans cette partie du nouveau-Monde. On la jette, séchée & presque en poussière, dans une coupe avec du sucre, du jus de citron & des pastilles d'une odeur fort douce. L'eau bouillante, qui est versée par-dessus, doit être bue fur-le-champ, pour ne pas donner à la liqueur le tems de noircir.

L'herbe du *Paraguay* eſt indifférente à l'Europe qui n'en conſomme point, & nous ne prenons pas plus d'intérêt au commerce que fait cette région de ſes excellentes mules dans les autres contrées du Nouveau-Monde.

Cet animal utile eſt très-multiplié ſur le territoire de Buenos-Aires. Les habitans du Tucuman y portent des bois de conſtruction & de la cire, qu'ils échangent chaque année contre 60 mille mulets de deux ans, qui chacun ne coûtoit pas autrefois trois livres, mais qu'il faut payer huit ou dix aujourd'hui. On les tient quatorze mois dans les pâturages de Cordoue, huit dans ceux de Salta; & par des routes de ſix cents, de ſept cents, de neuf cents lieues, ils ſont conduits en troupeaux de quinze cents ou de deux mille au Pérou, où on les vend près d'Oruro, de Cuſco, de Guanca-Velica, depuis ſoixante-dix juſqu'à cent livres, ſuivant le plus ou le moins d'éloignement.

Le Tucuman livre d'ailleurs au Potoſi ſeize ou dix-huit mille bœufs & quatre ou cinq mille chevaux nés & élevés ſur ſon propre territoire. Ce ſol fourniroit vingt fois davantage des uns & des autres, s'il étoit poſſible de leur trouver quelque débouché.

Une connoiſſance qui ſera peut-être moins indifférente pour nos négocians, c'eſt la route que prennent les cargaiſons qu'ils envoient dans cette partie de l'autre hémiſphère.

Il y a rarement quelque communication entre les bourgades ſemées de loin en loin ſur cette région. Outre qu'on ne l'entretiendroit pas ſans de grandes fatigues, ſans de grands dangers, elle ſeroit de peu d'utilité à des hommes qui n'ont rien, ou preſque rien à s'offrir, rien ou preſque rien à ſe demander. Buenos-Aires ſeule avoit un grand intérêt à trouver des débouchés pour les marchandiſes d'Europe qui lui arrivoient, tantôt ouvertement, tantôt en fraude, & elle parvint à ouvrir un commerce aſſez régulier avec le Chili & avec le Pérou. Originairement, les caravanes qui formoient ces liaiſons, employoient le ſecours de la bouſſole pour ſe conduire dans les vaſtes déſerts qu'il leur falloit traverſer: mais avec le temps on eſt parvenu à ſe paſſer de cet inſtrument ſi néceſſaire pour d'autres uſages bien plus importans.

Des chariots partent maintenant de Buenos-Aires pour leur deſtination reſpective. Pluſieurs ſe joignent pour être en état de réſiſter aux nations ſauvages, qui les attaquent ſouvent dans leur marche. Tous ſont traînés par quatre bœufs, portent cinquante quintaux & font ſept lieues par jour. Ceux qui prennent la route du Pérou, s'arrêtent à Juguy, après avoir parcouru quatre cents ſoixante-ſept lieues; & ceux qui ſont deſtinés pour le Chili, n'en ont que deux cents

ſoixante-quatre à faire pour gagner Mendoza. Les premiers reçoivent quatre piaſtres ou 21 livres, 8 ſols par quintal, & les ſeconds un prix proportionné à l'eſpace qu'ils ont parcouru. Un troupeau de bêtes à poil & à cornes ſuit toujours ces voitures. Les chevaux ſont montés par ceux des voyageurs que le chariot ennuie ou fatigue; les bœufs doivent ſervir pour la nourriture & pour le renouvellement des attelages.

L'an 1764 fut l'époque heureuſe d'une autre inſtitution utile. Le miniſtère avoit pris enfin le parti d'expédier tous les deux mois, de la Corogne, un paquebot pour Buenos-Aires. C'étoit un entrepôt, d'où il s'agiſſoit de faire arriver les lettres & les paſſagers dans toutes les poſſeſſions eſpagnoles de la mer du ſud. Le trajet étoit de neuf cents quarante-ſix lieues juſqu'à Lima, de trois cents ſoixante-quatre juſqu'à San-Yago, & des déſerts immenſes occupoient une grande partie de ce vaſte eſpace. Un homme actif & intelligent vint cependant à bout d'établir une poſte régulière de la capitale du Paraguay aux capitales du Pérou & du Chili, au grand avantage des trois colonies, & par conſéquent de la métropole.

Le *Paraguay* envoie à l'Eſpagne pluſieurs objets plus ou moins importans: mais ils y ont été tous apportés des contrées limitrophes. De ſes propres domaines, le pays ne fournit que des cuirs.

Lorſqu'en 1539 les eſpagnols abandonnèrent Buenos-Aires pour remonter le fleuve, ils laiſſèrent dans les campagnes voiſines quelques bêtes à cornes qu'ils avoient amenées de leur patrie. Elles ſe multiplièrent tellement, que perſonne ne daigna ſe les approprier, lorſqu'on rétablit la ville. Dans la ſuite, il parut utile de les aſſommer pour en vendre la peau à l'Europe. La manière dont on s'y prend, eſt remarquable.

Pluſieurs chaſſeurs ſe rendent à cheval dans les plaines, où ils ſavent qu'il y a le plus de bœufs ſauvages. Ils pourſuivent chacun le leur, & lui coupent le jarret avec un long bâton, armé d'un fer taillé en croiſſant & bien aiguiſé. Cet animal abattu, ſon vainqueur en pourſuit d'autres qu'il abat de même. Après quelques jours d'un exercice ſi violent, les chaſſeurs retournent ſur leurs pas, retrouvent les taureaux qu'ils ont terraſſés, les écorchent, en prennent la peau, quelquefois la langue ou le ſuif, & abandonnent le reſte à des chiens ſauvages, ou à des vautours.

Les cuirs étoient originairement à ſi bon marché, qu'ils ne coûtoient que deux livres, quoique les acheteurs rebutaſſent ceux qui avoient la plus légère imperfection, parce que ſe dévoient le même impôt que ceux qui étoient les mieux conditionnés. Avec le temps, le nombre en diminua tellement qu'il fallut donner 43 liv. 4 ſols pour les grands, 37 liv. 16 ſols pour les médiocres,

médiocres, & 32 liv. 8 fols pour les petits. Le gouvernement, qui voyoit avec regret fe réduire peu-à-peu à rien cette branche de commerce, défendit de tuer les jeunes taureaux. Quelques citoyens actifs réunirent un grand nombre de geniffes dans des parcs immenfes ; & depuis ces innovations, les cuirs qui font tous en poil & qui pèfent depuis vingt jufqu'à cinquante livres, ont baiffé d'environ un tiers. Tous doivent au fifc onze livres.

Depuis 1748 jufqu'en 1753, l'Efpagne reçut par an, de cette colonie 8,752,065 livres. L'or entra dans cette fomme pour 1,514,705 livres, l'argent pour 3,780,000 liv. & les productions pour 3,447,360 liv. Le dernier article fut formé par trois cents quintaux de laine de vigogne, qui produifirent 207,360 livres, & par cent cinquante mille cuirs qui rendirent 3,240,000 livres. Tout étoit pour le commerce, rien n'appartenoit au gouvernement.

La métropole ne doit pas tarder à voir couler de cette région, dans fon fein, des valeurs nouvelles ; & parce que la colonie du Saint-Sacrement, par où s'écouloient les richeffes, eft fortie des mains des portugais, & parce que le *Paraguay* a reçu une exiftence plus confidérable que celle dont il jouiffoit.

Remarques fur l'adminiftration du Paraguay *& l'autorité qu'y avoient acquife les jéfuites.*

L'empire immenfe que la Caftille avoit fondé dans l'Amérique méridionale fut long-tems fubordonnée à un chef unique. Les parties éloignées du centre de l'autorité étoient alors, néceffairement abandonnées aux caprices, à l'inexpérience, à la rapacité d'une foule de tyrans fubalternes. Aucun efpagnol, aucun indien n'avoit la folie de faire des milliers de lieues pour aller réclamer une juftice qu'il étoit prefque-fûr de ne pas obtenir. La force de l'habitude, qui étouffe fi fouvent le cri de la raifon, & qui gouverne encore plus abfolument les états que les individus, empêchoit qu'on n'ouvrît les yeux fur le principe certain de tant de calamités. La confufion devint, à la fin, fi générale, que ce qu'on appelle le nouveau royaume de Grenade fut détaché, en 1718, de cette gigantefque domination. Elle reftoit encore beaucoup trop étendue ; & le miniftère l'a de nouveau reftreinte, en 1776, en formant d'une partie du diocèfe de Cufco, de tout celui de la Paz, de l'archevêché de la Plata, des provinces de Santa-Cruz de la Sierra, de Cuyo, du Tucuman, du *Paraguay*, une autre vice-royauté, dont le fiège eft à Buenos-Aires. Le gouvernement ne tardera pas fans doute à régler le fort de ces fingulières miffions, que les louanges de fes panégyriftes, que les fatyres de fes détracteurs rendirent également célèbres. Un auteur très-connu, qui nous a fourni cet article,

parle des miffions des jéfuites au *Paraguay* : nous ne ferons qu'une remarque fur fes obfervations expofées avec tant d'intérêt : les ufages monaftiques peuvent-ils rendre heureufe une grande peuplade ? L'afferviffement continuel, quelque doux qu'il foit, peut-il convenir à des fauvages ? & les petites punitions conviennent-elles à des hommes ?

« On dévaftoit l'Amérique depuis un fiècle, dit-il, lorfque les jéfuites y portèrent cette infatigable activité qui les avoit fait fi fingulièrement remarquer dès leur origine. Ces hommes entreprenans ne pouvoient pas rappeler du tombeau les trop nombreufes victimes qu'une aveugle férocité y avoit malheureufement plongées ; ils ne pouvoient pas arracher aux entrailles de la terre les timides indiens que l'avarice des conquérans y faifoit tous les jours defcendre. Leur follicitude fe tourna vers les fauvages, que leur vie errante avoit jufqu'alors fouftraits au glaive, à la tyrannie. Le plan étoit de les tirer de leurs forêts & de les raffembler en corps de nation, mais loin des lieux habités par les oppreffeurs du nouvel hémifphere. Un fuccès, plus ou moins grand, couronna ces vues dans la Californie, chez les Moxos, parmi les Chiquites, fur l'Amazone & dans quelques autres contrées. Cependant aucune de ces inftitutions ne jetta un auffi grand éclat que celle qui fut formée dans le *Paraguay*, parce qu'on lui donna pour bafe les maximes que fuivoient les incas dans le gouvernement de leur empire & dans leurs conquêtes ».

« Les defcendans de Manco-Capac fe rendoient fur leurs frontières avec des armées qui favoient du moins obéir, combattre enfemble, fe retrancher, & qui avec des armes offenfives, meilleures que celles des fauvages, avoient des boucliers & des armes défenfives que leurs ennemis n'avoient pas. Ils propofoient à la nation qu'ils vouloient ajouter à leur domaine, d'adopter leur religion, leurs loix & leurs mœurs. Ces invitations étoient ordinairement rejettées. De nouveaux députés, plus preffans que les premiers, étoient envoyés. Quelquefois on les maffacroit, & on fondoit inopinément fur ceux qu'ils repréfentoient. Les troupes provoquées avoient affez généralement la fupériorité : mais elles s'arrêtoient au moment de la victoire, & traitoient leurs prifonniers avec tant de douceur, qu'ils faifoient aimer des fauvages leurs compagnons un vainqueur humain. Il n'arriva guère qu'une armée péruvienne attaquât la première ; & il arriva fouvent qu'après avoir vu fes foldats maffacrés, qu'après avoir éprouvé la perfidie des barbares, l'inca ne permettoit pas encore les hoftilités ».

« Les jéfuites, qui n'avoient point d'armées, fe bornèrent à la perfuafion. Ils s'enfonçoient dans les forêts pour chercher des fauvages, & ils les déterminèrent à renoncer à leurs habitudes, à leurs préjugés, pour embraffer une religion à

V v v

à quelle ces peuples ne comprenoient rien, & pour goûter les douceurs de la société, qu'ils ne connoissoient pas ».

« Les incas avoient encore un avantage sur les jésuites, c'est la nature de leur culte qui parloit aux sens. Il est plus aisé de faire adorer le soleil, qui semble révéler lui-même sa divinité aux mortels, que de leur persuader nos dogmes & nos mystères. Aussi les missionnaires eurent-ils la sagesse de civiliser, jusqu'à un certain point, les sauvages, avant de penser à les convertir. Ils n'essayèrent d'en faire des chrétiens, qu'après en avoir fait des hommes. A peine les eurent-ils assemblés, qu'ils les firent jouir de tous les biens qu'on leur avoit promis. Ils leur firent embrasser le christianisme, quand à force de les rendre heureux, ils les avoient rendu dociles ».

« La division des terres en trois parts pour les temples, pour le public & pour les particuliers ; le travail pour les orphelins, les vieillards & les soldats ; le prix accordé aux belles actions, l'inspection ou la censure des mœurs ; le ressort de la bienveillance ; les fêtes mêlées aux travaux ; les exercices militaires ; la subordination ; les précautions contre l'oisiveté ; le respect pour la religion & les vertus ; tout ce qu'on admiroit dans la religion des incas, se retrouva au *Paraguay*, ou y fut même perfectionné ».

« Les incas & les jésuites avoient également établi un ordre, qui prévenoit les crimes & dispensoit des punitions. Rien n'étoit au *Paraguay* que les délits. Les mœurs y étoient belles & pures par des moyens encore plus doux qu'au Pérou. Les loix avoient été sévères dans cet empire ; elles ne le furent pas chez les guaranis. On n'y craignoit pas les châtimens ; on n'y craignoit que sa conscience ».

« A l'exemple des incas, les jésuites avoient établi le gouvernement théocratique, mais avec un avantage particulier à la religion chrétienne : c'étoit la confession. Dans le *Paraguay*, elle conduisoit le coupable aux pieds du magistrat. C'est là que, loin de pallier ses crimes, le repentir les lui faisoit aggraver. Au lieu d'éluder sa peine, il venoit la demander à genoux. Plus elle étoit sévère & publique, plus elle rendoit le calme à sa conscience. Ainsi le châtiment, qui par tout ailleurs effraie les coupables, faisoit ici leur consolation, en étouffant les remords par l'expiation. Les peuples du *Paraguay* n'avoient point de loix civiles, parce qu'ils ne connoissoient point de propriété ; ils n'avoient point de loix criminelles, parce que chacun s'accusoit & se punissoit volontairement : toutes leurs loix étoient des préceptes de religion. Le meilleur de tous les gouvernemens, s'il étoit possible qu'il se maintînt dans sa pureté, seroit peut-être la théocratie ; mais il faudroit que la religion n'inspirât que les devoirs de la société, n'appellât crime que ce qui blesse les droits naturels de l'humanité, ne substituât pas, dans ses préceptes,

des prières aux travaux, de vaines cérémonies de culte à des œuvres de charité, des scrupules à des remords fondés. Il n'en étoit pas tout-à-fait ainsi au *Paraguay*. Les missionnaires espagnols y avoient beaucoup trop porté leurs idées, leurs usages monastiques. Cependant, peut-être ne fit-on jamais autant de bien aux hommes avec si peu de mal ».

« Il y eut plus d'arts & de commodités dans les républiques des jésuites qu'il n'y en avoit dans Cusco même, & il n'y eut pas plus de luxe. L'usage de la monnoie y étoit même ignoré. L'horloger, le tisserand, le serrurier, le tailleur déposoient leurs ouvrages dans des magasins publics. On leur donnoit tout ce qui leur étoit nécessaire : le laboureur avoit travaillé pour eux. Les religieux instituteurs veilloient sur les besoins de tous avec des magistrats élus par le peuple même ».

« Il n'y avoit point de distinction entre les états ; & c'est-là la seule société sur la terre, où les hommes aient joui de cette égalité qui est le second des biens : car la liberté est le premier ».

« Les incas & les jésuites ont fait également respecter la religion par la pompe & l'appareil imposant du culte public. Les temples du soleil étoient aussi bien construits, aussi-bien ornés que le permettoit l'imperfection des arts & des matériaux. Les églises du *Paraguay* sont réellement fort belles. Une musique qui alloit au cœur, des cantiques touchans, des peintures qui parloient aux yeux, la majesté des cérémonies, tout attiroit, tout retenoit les indiens dans ces lieux sacrés, où le plaisir se confondoit pour eux avec la piété ».

« Il semble que les hommes auroient dû se multiplier extrêmement sous un gouvernement où nul n'étoit ni oisif, ni excédé de travail ; où la nourriture étoit-saine, abondante, égale pour tous les citoyens sainement vêtus, logés commodément ; où les vieillards, les veuves, les orphelins, les malades avoient des secours inconnus sur le reste de la terre ; où tout le monde se marioit par choix, sans intérêt, & où la multitude des enfans étoit une consolation, sans pouvoir être une charge ; où la débauche inséparable de l'oisiveté, qui corrompt l'opulence & la misère, ne hâtoit jamais le terme de la vie humaine ; où rien n'irritoit les passions factices & ne contrarioit les passions réglées par la raison & par la nature ; où l'on jouissoit des avantages du commerce, sans être exposé à la contagion des vices du luxe ; où des magasins abondans, des secours gratuits entre les nations confédérées par la fraternité d'une même religion, étoient une ressource assurée contre la disette qu'amenoient l'inconstance & l'intempérie des saisons ; où la vengeance publique ne fut jamais dans la triste nécessité de condamner un seul criminel à la mort, à l'ignominie, à des peines de quelque durée ; où l'on ignoroit jufqu'au nom d'impôt & de procès, deux terribles fléaux qui travaillent par-tout l'efpèce humaine. Un tel pays devoit être, ce femble, le plus peuplé de la terre. Cependant il ne l'étoit pas ».

« Cette domination, commencée en 1610, s'étend depuis le Parana, qui fe jette dans le *Paraguay* fous le vingtième degré de latitude méridionale, jufqu'à l'Uruguay, qui fe perd dans le même fleuve vers le trente-quatrième degré de latitude. Sur les bords de ces deux grandes rivières, qui defcendent des montagnes voifines du Bréfil dans les plaines qui féparent ces rivières, les jéfuites avoient formé, dès l'an 1676, vingt-deux peuplades dont on ignore la population. En 1702 l'on y en comptoit vingt-neuf, compofées de vingt-deux mille fept cens foixante & une familles, qui avoient quatre-vingt-neuf mille quatre cens quatre-vingt-onze têtes. Aucun monument d'une foi certaine ne porta jamais le nombre des bourgades au-deffus de trente-deux, ni celui de leurs habitans au-deffus de cent vingt-un mille cent foixante-huit ».

« On foupçonna long-temps les religieux inftituteurs de diminuer la lifte de leurs fujets, pour priver l'Efpagne du tribut auquel ces peuples s'étoient librement foumis, & la cour de Madrid montra fur cela quelques inquiétudes. Des recherches exactes diffipèrent ce foupçon auffi injurieux que mal fondé. Etoit-il vraifemblable qu'une compagnie, dont la gloire fut toujours l'idole, facrifiât à un intérêt obfcur & bas un fentiment de grandeur proportionné à la majefté de l'édifice qu'elle élevoit avec tant de foins & de travaux ».

« Ceux qui connoiffoient affez le génie de la fociété pour ne la pas calomnier fi groffiérement, répandoient que les guaranis ne fe multiplioient pas, parce qu'on les faifoit périr dans les travaux des mines. Cette accufation, intentée il y a plus d'un fiècle, fe perpétua par une fuite de l'avarice, de l'envie, de la malignité qui l'avoient formée. Plus le miniftère efpagnol fit chercher cette fource de richeffes, plus il fe convainquit que c'étoit une chimère. Si les jéfuites avoient découvert de pareils tréfors, ils fe feroient bien gardés de faire ouvrir cette porte à tous les vices qui auroient bientôt défolé leur empire & ruiné leur puiffance ».

« L'oppreffion d'un gouvernement monacal dut, felon d'autres, arrêter la population des guaranis. Mais l'oppreffion n'eft que dans les travaux & dans les tributs forcés ; dans les levées arbitraires, foit d'hommes, foit d'argent, pour compofer des armées & des flottes deftinées à périr ; dans l'exécution violente des loix impofées fans le confentement des peuples & contre la réclamation des magiftrats ; dans la violation des privilèges publics & l'établiffement des privilèges particuliers ; dans l'incohérence des principes d'une autorité qui, fe difant établie de Dieu par l'épée, veut tout prendre avec l'une & tout ordonner au nom de l'autre, s'armer du glaive dans le fanctuaire, & de la religion dans les tribunaux : voilà l'oppreffion. Jamais elle n'eft dans une foumiffion volontaire des efprits, ni dans la pente & le vœu des cœurs, en qui la perfuafion opère & précède l'inclination, qui ne font que ce qu'ils aiment à faire & n'aiment que ce qu'ils font. C'eft-là ce doux empire de l'opinion, le feul peut être qu'il foit permis à des hommes d'exercer fur des hommes, parce qu'il rend heureux ceux qui s'y abandonnent. Tel fut fans doute celui des jéfuites au *Paraguay*, puifque des nations entières venoient d'elles-même s'incorporer à leur gouvernement, & qu'on ne vit pas une feule de leurs peuplades fecouer le joug. On n'oferoit dire que cinquante miffionnaires euffent pu forcer à l'efclavage cent mille indiens qui pouvoient, ou maffacrer leurs pafteurs, ou s'enfuir dans des déferts. Cet étrange paradoxe révolteroit également les efprits foibles & les efprits audacieux ».

« Quelques perfonnes foupçonnèrent que les Jéfuites avoient répandu dans leurs peuplades cet amour du célibat, auquel les fiècles de barbarie attachèrent parmi nous une forte de vénération. Rien n'étoit plus éloigné de la vérité. Ces miffionnaires n'infpirèrent jamais à leurs néophites une maxime à laquelle le climat apportoit des obftacles infurmontables, & qui auroit fuffi pour décrier & faire détefter les meilleures inftitutions ».

« Nos politiques crurent voir, dans le défaut de propriété, un obftacle infurmontable à la population des guaranis. On ne fauroit douter que la maxime qui nous fait regarder la propriété comme la fource de la multiplication des hommes & des fubfiftances, ne foit une vérité inconteftable. Mais telleft le fort des meilleures inftitutions, que nos erreurs parviennent prefque à les détruire. Sous la loi de la propriété, quand elle eft jointe à la cupidité, à l'ambition, au luxe, à une multitude de befoins factices, à mille autres défordres qui prennent naiffance dans les vices de nos gouvernemens ; les bornes de nos poffeffions, tantôt beaucoup trop refferrées, tantôt beaucoup trop étendues, arrêtent tout-à-la fois la fécondité de nos terres & celle de notre efpèce. Ces inconvéniens n'exiftoient point dans le *Paraguay*. Tous y avoient une fubfiftance affurée ; tous y jouiffoient par conféquent des grands avantages du droit de propriété, fans pourtant avoir proprement ce droit. Ce ne fut donc pas précifément parce qu'ils en étoient privés que la population ne fit pas chez eux de grands progrès ».

« Un écrivain mercenaire, ou aveuglé par fa haine, n'a pas craint de publier depuis peu, à la face de l'univers, que le terrein occupé par les guaranis ne pouvoit nourrir que le nombre d'hommes qui y exiſtoit ; & que, plutôt que de les rapprocher des eſpagnols, leurs miſſionnaires avoient eux-mêmes arrêté la population. Ils perſuadoient, nous dit-on, à leurs néophites de laiſſer périr leurs enfans, qui ſeroient autant de prédeſtinés & de protecteurs ».

« Aux chimères qui viennent d'être combattues, tâchons de ſubſtituer des cauſes vraies ou vraiſemblables ».

« D'abord, les portugais de Saint-Paul détruiſirent en 1631 les douze ou treize peuplades formées dans la province de Guayra, limitrophe du Bréſil. Ces brigands, qui n'étoient qu'au nombre de deux cents ſoixante-quinze, ne purent, il eſt vrai, emmener que neuf cents des vingt-deux mille guaranis qui compoſoient cet établiſſement naiſſant : mais la glaive & la miſère en détruiſirent beaucoup. Pluſieurs reprirent la vie ſauvage. A peine en arriva-t-il douze mille ſur les bords du Parana & de l'Uruguay, où l'on avoit réſolu de les fixer ».

« La paſſion qu'avoient les dévaſtateurs de faire des eſclaves, ne fut pas étouffée par cette émigration. Ils pourſuivirent leur timide proie dans ſon nouvel aſyle, & devoient avec le tems tout diſperſer, tout mettre aux fers, ou tout égorger, à moins qu'on ne donnât aux indiens des armes pareilles à celles de leurs agreſſeurs ».

« C'étoit une propoſition délicate à faire. L'Eſpagne avoit pour maxime de ne pas introduire l'uſage des armes à feu parmi les anciens habitans de cet autre hémiſphère, dans la crainte qu'ils ne ſe ſerviſſent un jour de ces foudres pour recouvrer leurs premiers droits. Les jéſuites applaudiſſoient à cette défiance néceſſaire avec des nations dont la ſoumiſſion étoit forcée : mais ils la jugeoient inutile avec des peuples librement attachés aux rois catholiques par des liens ſi doux, qu'ils ne pouvoient être jamais tentés de les dénouer. Les raiſons ou les inſtances de ces miſſionnaires triomphèrent des oppoſitions & des préjugés. En 1639, on accorda des fuſils aux guaranis ; & cette faveur les délivra pour toujours du plus grand des dangers qu'ils pouvoient courir ».

« D'autres cauſes plus obſcures de deſtruction remplacèrent celle-là. L'uſage s'établit d'envoyer annuellement à deux, à trois cents lieues de leurs frontières, une partie des bourgades cueillir l'herbe du Paraguay, pour laquelle on leur connoiſſoit une paſſion inſurmontable. Dans ces longues & pénibles courſes, pluſieurs périſſoient de faim & de fatigue. Quelquefois, durant leur abſence, des ſauvages errans dévaſtoient des plantations privées de la plupart de leurs défenſeurs. Ces vices étoient à peine corrigés qu'une nouvelle calamité affligea les miſſions ».

« Un malheureux haſard y porta la petite-vérole ; les poiſons furent encore plus meurtriers dans cette contrée que dans le reſte du nouveau Monde. Cette contagion ne diminua point, & continua à entaſſer victime ſur victime ſans interruption. Les jéſuites ignorèrent-ils les ſalutaires effets de l'inoculation ſur les bords de l'Amazone, ou ſe refuſèrent-ils par principes à une pratique dont les avantages ſont ſi bien prouvés ? »

« Après tout, ce fut le climat qui arrêta ſurtout la population des guaranis. Le pays qu'ils occupoient, principalement ſur le Parana, étoit chaud, humide, ſans ceſſe couvert de brouillards épais & immobiles. Ces vapeurs y verſoient dans chaque ſaiſon des maladies contagieuſes. Les inclinations des habitans aggravoient ces fléaux. Héritiers de la voracité que leurs pères avoient apportée du fond des forêts, ils ſe nourriſſoient de fruits verds ; ils mangeoient les viandes preſque crues, ſans que ni la raiſon, ni l'autorité, ni l'expérience puſſent déraciner ces habitudes invétérées. De cette manière, la maſſe du ſang, altérée par l'air & les alimens, ne pouvoit pas former des familles nombreuſes, ni des générations de quelque durée ».

« Pour aſſurer la félicité des guaranis, en quelque nombre qu'ils fuſſent ou qu'ils puſſent être, leurs inſtituteurs avoient originairement réglé avec la cour de Madrid, que ces peuples ne ſeroient jamais employés aux travaux des mines, ni aſſervis à aucune corvée. Bientôt cette première ſtipulation leur parut inſuffiſante au repos des nouvelles républiques. Ils firent décider que tous les eſpagnols en ſeroient exclus, ſous quelque dénomination qu'ils ſe préſentaſſent. On prévoyoit que, s'ils y étoient admis comme négocians ou même comme voyageurs, ils rempliroient de troubles ces lieux paiſibles, & y porteroient le germe de toutes les corruptions. Ces meſures bleſſèrent d'autant plus profondément des conquérans avides & deſtructeurs, qu'elles avoient l'approbation des ſages. Leur reſſentiment éclata par des imputations qui avoient un fondement apparent & peut-être réel ».

« Les miſſionnaires faiſoient le commerce pour la nation. Ils envoyoient à Buenos-Aires de la cire, du tabac, des cuirs, des cotons en nature & filés, principalement l'herbe du Paraguay. On recevoit en échange, des vaſes & des ornemens pour les temples ; du fer, des armes, des quincailleries, quelques marchandiſes d'Europe que la colonie ne fabriquoit pas ; les métaux deſtinés au paiement du tribut que devoient les indiens mâles, depuis vingt juſqu'à cinquante ans. Autant qu'il eſt poſſible d'en juger à travers les épais nuages qui ont continuellement enveloppé ces objets, les beſoins de l'état n'abſorboient pas le produit entier de ſes ventes. Ce qui reſtoit étoit détourné au profit des jéſuites. Auſſi furent-ils traduits au tribunal des quatre parties du monde, comme une ſociété de marchands qui, ſous le voile de la religion, n'étoient occupés que d'un intérêt sordide ».

« Ce reproche ne pouvoit pas tomber sur les premiers fondateurs du *Paraguay*. Les déserts qu'ils parcouroient ne produisoient ni or, ni denrées. Ils n'y trouvèrent que des forêts, des serpens, des marais, quelquefois la mort ou des tourmens horribles, & toujours des fatigues excessives. Ce qu'il leur en coûtoit de soins, de travaux, de patience, pour faire passer les sauvages d'une vie errante à l'état social, ne peut se comprendre. Jamais ils ne songèrent à s'approprier le produit d'une terre qui cependant, sans eux, n'auroit été habitée que par des bêtes féroces. Vraisemblablement leurs successeurs eurent des vues moins nobles & moins pures. Vraisemblablement, ils cherchèrent un accroissement de fortune & de puissance, où ils ne devoient voir que la gloire du christianisme, que le bien de l'humanité. Ce fut, sans doute, un grand crime de voler les peuples en Amérique, pour acheter du crédit en Europe, & pour augmenter sur tout le globe une influence déja trop dangereuse. Si quelque chose pouvoit diminuer l'horreur d'un si grand forfait, c'est que la félicité des indiens n'en fut pas altérée. Jamais ils ne parurent rien desirer au-delà des commodités dont on les faisoit jouir généralement ».

« Ceux qui n'accusèrent pas les jésuites d'avarice, censurèrent les établissemens du Paraguay comme l'ouvrage d'une superstition aveugle. Si nous avons une idée juste de la superstition, elle retarde les progrès de la population; elle consacre à des pratiques inutiles le temps destiné aux travaux de la société; elle dépouille l'homme laborieux, pour enrichir le solitaire oisif & dangereux; elle arme les citoyens les uns contre les autres, pour des sujets frivoles; elle donne au nom du ciel le signal de la révolte; elle soustrait ses ministres aux loix, aux devoirs de la société : en un mot, elle rend les peuples malheureux, & donne des armes au méchant contre le juste. Vit-on chez les guaranis aucune de ces calamités? S'ils durent leurs anciennes institutions à la superstition, ce sera la première fois qu'elle aura fait du bien aux hommes ».

« La politique, toujours inquiète, toujours soupçonneuse, paroissoit craindre que les républiques, fondées par les jésuites, ne se détachassent un peu plus tôt, un peu plus tard, de l'empire à l'ombre duquel elles s'étoient élevées. Leurs habitans étoient à ses yeux les soldats exercés du nouvel hémisphère. Elle les voyoit obéissans par principe de religion avec l'énergie des mœurs nouvelles, & combattant avec le fanatisme qui conduisit tant de martyrs sur l'échafaud, qui brisa tant de couronnes par les mains des disciples d'Odin & de Mahomet. Mais c'étoit sur-tout leur gouvernement qui causoit ses alarmes ».

« Dans les institutions anciennes, l'autorité civile & l'autorité religieuse, qui partent de la même source, & qui doivent tendre au même but, étoient réunies dans les mêmes mains, ou l'une tellement subordonnée à l'autre, que le peuple n'osoit l'en séparer dans ses idées & dans ses craintes. Le christianisme introduisit en Europe un autre esprit, & forma, dès son origine, une rivalité secrette entre les deux pouvoirs, celui des armes & celui de l'opinion ».

« Les jésuites du *Paraguay*, qui connoissoient cette source de division, profitèrent du mal que leur société avoit fait souvent en Europe, pour établir un bien solide en Amérique. Ils réunirent les deux pouvoirs en un seul; ce qui leur donna la disposition absolue des pensées, des affections, des forces de leurs néophites ».

« Un pareil système rendoit-il redoutables ces législateurs? Quelques personnes le pensoient dans le nouveau-Monde, & cette croyance étoit beaucoup plus répandue dans l'ancien : mais partout on manquoit des lumières nécessaires pour asseoir un jugement. La facilité, peut-être inattendue, avec laquelle les missionnaires ont évacué ce qu'on appelloit leur empire, a paru démontrer qu'ils étoient hors d'état de s'y soutenir. Ils y ont été même moins regrettés qu'on ne croyoit qu'ils le seroient. Ce n'est pas que les peuples eussent à se plaindre de la négligence ou de la dureté de leurs conducteurs. Une indifférence si extraordinaire venoit sans doute de l'ennui que ces américains, en apparence si heureux, devoient éprouver durant le cours d'une vie trop uniforme pour n'être pas languissante, & sous un régime qui, considéré dans son vrai point de vue, ressembloit plutôt à une communauté religieuse qu'à une institution politique ».

« Comment un peuple entier vivoit-il sans répugnance sous la contrainte d'une loi austère, qui n'assujettit pas un petit nombre d'hommes qui l'ont embrassée par enthousiasme & par les motifs les plus sublimes, sans leur inspirer de la mélancolie & sans aigrir leur humeur. Les guaranis étoient des espèces de moines, & il n'y a pas peut-être un moine qui n'ait quelquefois détesté son habit. Les devoirs étoient tyranniques. Aucune faute n'échappoit au châtiment. L'ordre commandoit au milieu des plaisirs. Le guaranis, inspecté jusques dans ses amusemens, ne pouvoit se livrer à aucune sorte d'excès. Le tumulte & la licence étoient bannis de ses tristes fêtes. Ses mœurs étoient trop austères. L'égalité à laquelle ils étoient réduits, & dont il leur étoit impossible de se tirer, éloignoit entr'eux toute sorte d'émulation. Un guaranis n'avoit aucun motif de surpasser un guaranis. Il avoit fait assez bien, si l'on ne pouvoit ni l'accuser, ni le punir d'avoir mal fait. La privation de toute propriété n'influoit-elle pas sur ses liaisons les plus douces? Ce n'est pas assez pour le bonheur de l'homme d'avoir ce qu'il lui suffit ; il lui faut encore de quoi donner. Un guaranis ne pouvoit être le bienfaiteur, ni de sa femme, ni de ses enfans, ni de ses parens, ni de ses amis, ni de ses comparriotes, & aucun de ceux-ci ne pouvoit être le sien. Son cœur ne sentoit aucun besoin. S'il étoit sans vice, il étoit aussi sans vertu. Il n'aimoit point, il n'étoit point aimé. Un guaranis passionné auroit été le plus malheureux ; & l'homme sans passion n'existe, ni dans le fond d'un bois, ni dans la société, ni dans une cellule. Je ne connois que l'amour, qui s'irrite & s'accroît, par la gêne, qui pût y gagner. Mais croira-t-on qu'il ne restât rien aux guaranis du sentiment de leur liberté sauvage ? Mais négligez tout ce qui précède, & ne pesez que le peu de lignes que je vais ajouter. Le guaranis n'eut jamais que des idées très-confuses de ce qu'il devoit aux soins de ses législateurs, & il en avoit vivement, continuellement senti le despotisme. Il se persuada sans peine, au moment de leur expulsion, qu'il seroit affranchi, & qu'il n'en seroit pas moins heureux. Toute autorité est plus ou moins odieuse, & c'est la raison pour laquelle tous les maîtres, sans exception, ne sont que des ingrats ».

Lorsqu'en 1768 les missions du *Paraguay* sortirent des mains des jésuites, elles étoient arrivées à un point de civilisation, le plus grand peut-être où l'on puisse conduire les nations nouvelles, & certainement fort supérieur à tout ce qui existoit dans le reste du nouvel hémisphère. On y observoit les loix. Il y régnoit une police exacte. Les mœurs y étoient pures. Une heureuse fraternité y unissoit les cœurs. Tous les arts de nécessité étoient perfectionnés, & l'on en connoissoit quelques-uns d'agréables. L'abondance y étoit universelle, & rien ne manquoit dans les dépôts publics. Le nombre des bêtes à cornes s'y élevoit à sept cents soixante-neuf mille trois cents cinquante-trois ; celui des mulets ou des chevaux, à quatre-vingt-quatorze mille neuf cents quatre-vingt-trois ; celui des moutons, à deux cents vingt-un mille cinq cents trente-sept, sans compter quelques-autres animaux domestiques.

Les pouvoirs, concentrés jusqu'alors dans les mêmes mains, furent partagés. Un chef, auquel on donna trois lieutenans, fut chargé de gouverner la contrée. On confia ce qui étoit du ressort de la religion à des moines de S. Dominique, de S. François & de la Merci.

C'est le seul changement qui ait été fait jusqu'ici aux dispositions anciennes. La cour de Madrid a voulu examiner, sans doute, si l'ordre établi devoit être maintenu ou réformé. On cherche à lui persuader de retirer les guaranis d'une région peu salubre & trop peu fertile, pour en peupler les bords inhabités de Rio-Plata, depuis Buenos-Aires jusqu'à l'Assomption. Si ce plan est adopté, & que les peuples refusent de quitter

les tombeaux de leurs pères, ils seront réduits à se disperser : s'ils se prêtent aux vues de l'Espagne, ils cesseront de former une nation. Quoi qu'il arrive, le plus bel édifice qui ait été élevé dans le nouveau-Monde, sera renversé.

PARLEMENT. *Voyez* le dictionnaire de Jurisprudence.

PARLEMENT d'Angleterre. *Voyez* l'article ANGLETERRE.

PARME. Duché de *Parme* & Plaisance ou états de l'Infant de *Parme*.

Ces états, qui comprennent environ 90 mille géographiques quarrés, furent cédés avec tous les droits & districts qui en dépendent, lors de la paix d'Aix-la-Chapelle en 1748, à l'infant d'Espagne, Dom Philippe, par la maison d'Autriche & le Roi de Sardaigne ; & il fut réglé dans ce traité que ces états lui serviroient d'établissement, & passeroient à ses descendans mâles légitimes ; que si l'infant mouroit sans fils, ou que lui-même ou quelqu'un de ses descendans montât sur le trône d'Espagne, ces états retourneroient sous la domination de ceux qui, jusqu'alors en avoient été maîtres ; c'est-à-dire de la maison d'Autriche & du Roi de Sardaigne. Ce Roi, en 1743, avoit obtenu de la maison d'Autriche, la partie du duché de Plaisance, qui est situé sur le bord occidental de la Nura, ainsi que nous l'avons remarqué à l'article MILANEZ.

Les duchés de *Parme* & de Plaisance n'ont jamais été séparés. Du côté du nord-ouest, ils touchent au Milanez ; vers le midi ils touchent à l'état de Gênes ; & vers l'orient à ceux de Modene. Leur longueur de l'orient à l'occident est de 14 milles communs d'Allemagne ; & leur largeur du midi au nord de 11 milles.

Sol.

Le sol est d'une fertilité extraordinaire, surtout en oliviers, en grosses patates, en pommes de terre & en chataignes. Les pâturages & les bestiaux y sont excellens, principalement dans les environs de Plaisance ; parce que les prairies peuvent y être inondées à la faveur de quelques ruisseaux qui entraînent avec eux une terre grasse. Mais le bon fromage, connu sous le nom de Parmesan, ne se fait plus dans ce pays, mais à Lodi, dans le Milanez, & dans les environs de Turin, de Bologne & dans quelques autres cantons. Il y a à Salso des salines fort importantes.

Régime ecclésiastique.

Depuis 1764 le prince a fait des réformes importantes dans les affaires ecclésiastiques. Il a défendu sous des peines graves d'établir en fondations, pieuses des legs qui paffent la vingtième partie des poffeffions du teftateur, ou qui excédent la valeur de 300 écus de *Parme*. On a enjoint à ceux qui veulent faire des vœux pour l'état monaftique, de renoncer à toute efpece de droit de fucceffion. Par une ordonnance du 13 Janvier 1765, tous les biens, qui des mains des laïcs avoient paffé en celles des eccléfiaftiques, ont été foumis aux mêmes impofitions qu'ils payoient lorfqu'ils étoient encore poffédés par des laïcs. Dans la même année on établit un tribunal, chargé de juger les conteftations qui pourroient s'élever à l'occafion de ces deux ordonnances: & on régla en même-tems, que les impofitions mifes fur ces biens, qui des laïcs avoient paffé aux eccléfiaftiques, fe payeroient depuis l'année 1561. En 1768, les jéfuites furent chaffés de deux duchés; en 1769, le tribunal de l'inquifition fut aboli; & le foin de veiller en chef à la confervation de la foi, confié aux évêques, auxquels on promit l'affiftance du bras féculier dans les cas où elle feroit néceffaire.

Précis de l'histoire politique.

Les villes de *Parme* & de Plaifance ont été quelque tems foumifes à l'Empire romain; mais à l'exemple des autres villes d'Italie, elles cherchèrent à fe mettre en liberté; & fe prêtant aux circonftances, elles embraffèrent le parti de l'empereur ou celui des papes. Plufieurs familles s'en difputerent la fouveraineté; & enfin les ducs de Milan en reftèrent maîtres. Au commencement du feizième fiécle, elles furent pour un moment fous la domination françoife. Mais les François ayant été en 1521 chaffés de toute l'Italie, les papes réunirent ces deux villes à l'état eccléfiaftique. Paul III, en 1545 inveftit fon fils naturel Pierre-Aloïfe Farnefe des duchés de *Parme* & de Plaifance, à titre de fiefs de l'églife; & par là l'ancienne maifon de Farnefe, originaire de la Tofcane, fut élevée à la dignité de prince. Le duc Odoard engagea en 1622 le duché de Caftro & le comté de Ronciglione au mont-de-piété de Rome. Ses fucceffeurs ne dégagèrent point l'hypothèque; & le pape voulant que les fiefs fuffent libérés de leurs dettes, il les paya, & en prit poffeffion; & depuis cette époque il appartient au faint-fiège. Le duc François maria la fille de fon frère Odoard à Philippe V, roi d'Espagne; de-là viennent les prétentions de l'Efpagne fur ces duchés. Il s'eft élevé dans ce fiécle diverfes conteftations au fujet de leur poffeffion. La quadruple alliance régla, en 1717, qu'au défaut des ducs de Tofcane & de *Parme*, ces pays feroient donnés à Dom Carlos, infant d'Efpagne; & qu'à l'avenir ces mêmes duchés pafferoient pour fiefs mafculins de l'Empire. Il eft vrai que non-feulement le pape, mais le duc de *Parme* voulurent que ces états fe regardaffent comme

fiefs du faint Siège. Le duc prétendit que l'empereur ni l'empire ne pouvoient y exercer les droits du domaine direct, tant que la maifon de Farnefe auroit des defcendans mâles; mais en 1723, la lettre d'inveftiture éventuelle qui fut expédiée par l'empereur en faveur de Dom Carlos; & après la mort d'Antoine, dernier duc de la maifon de Farnefe, arrivée en 1731, comme il n'y avoit point d'héritiers mâles, l'infant prit poffeffion des duchés. Cependant les chofes changèrent de face peu de tems après; car dans les préliminaires de 1735, il fut arrêté, que Dom Carlos monteroit fur le trône des deux Siciles; & que la fouveraineté des duchés de *Parme* & de Plaifance pafferoit à l'empereur. La maifon d'Autriche en refta en poffeffion jufqu'à l'année 1748: à cette époque, comme nous l'avons dit ci-deffus, ils furent cédés à l'infant Dom Philippe par la paix d'Aix-la-Chapelle; & ce prince eut pour fucceffeur en 1765 Ferdinand premier, fon fils unique, aujourd'hui régnant. Le pape Clément XIII, dans un bref donné en 1768, appella ces pays *fon duché*; mais on fait de quelle manière la maifon de Bourbon répondit à ce bref.

Les parties principales de cet état font:

1. Le duché de *Parme*.

2. Le duché de Plaifance.

3. Le Val di Taro, autrement l'état de Landi. Il eft fur les confins de l'état de Gênes, dans l'Appennin.

4. L'état de Pallavicin, au bord du Pô.

Le duché de Guaftalle appartient auffi à l'infant de *Parme*.

Les ducs de Guaftalle tiroient leur origine de la maifon de Mantoue. François II, marquis de Mantoue, donna la ville de Guaftalle & fon diftrict à fon fils cadet Ferdinand, dont le neveu Ferdinand II, fut le premier qui prit le nom de prince de Guaftalle. Ferdinand III mourut en 1678, fans héritiers mâles; il laiffa deux filles, dont l'aînée Anne-Ifabelle, époufa Charles IV, duc de Mantoue, & la plus jeune, Marie-Victoire, Vincent Gonzague, neveu de Ferdinand II. Celui-ci fit fes efforts pour fuccéder à Ferdinand III dans le duché de Guaftalle; il en obtint l'inveftiture de l'empereur; il s'en mit en poffeffion en 1692; il mourut en 1703. Son fils aîné & fucceffeur, Antoine-Ferdinand, obtint en 1708 pour héritage les principautés de Sabionetta & de Bozzolo. Son frère Jofeph-Marie lui fuccéda, & mourut en 1746. A cette époque, Marie-Therefe, reine de Hongrie & de Bohême, s'empara de ce duché, & le céda en 1748 à l'infant Dom Philippe. Le duché de Guaftalle a environ trois mille communs d'Allemagné en longueur, fur un & demi en largeur.

On évalue les revenus annuels du prince à 5 ou 600 mille écus ; mais les dépenses de la cour, & les frais d'aministration vont beaucoup plus haut ; & malgré les secours de la France & de l'Espagne les finances sont en désordre.

L'ordonnance que voici publiée à la fin de 1784 suffira pour indiquer la détresse du trésor.

» Ferdinand I, par la grace de Dieu, infant d'Espagne, duc de *Parme*, Plaisance & Guastalle, &c. &c.

» Après avoir réfléchi plusieurs fois sur la situation actuelle de nos finances royales, nous avons donné depuis quelque temps tous nos soins à l'établissement d'un nouveau système pour le réglement des Finances royales & politiques, dans la vue de rendre aux droits régaliens tombés en décadence, leur premiere vigueur, & de soulager pour un tems notre trésor des avances urgentes, qu'il a été obligé de faire. L'établissement d'une nouvelle ferme générale nous a paru quelquefois très-propre à remplir le double objet susdit ; mais notre cœur paternel ayant senti qu'il n'en pouvoit pas résulter beaucoup de conséquences heureuses pour la tranquillité des sujets, nous n'avons pu envisager un pareil projet qu'avec une sorte de répugnance. Néamoins sentant la nécessité urgente qui s'est manifestée de pourvoir promptement aux besoins de notre trésor royal, afin qu'il soit en état de satisfaire aux obligations qui sont dûes à la foi publique & au soutien indispensable de la principauté, nous nous étions déterminés à vaincre la répugnance que nous avions d'adopter un système qui ne nous plaisoit pas. Mais, puisque d'après la réflexion particuliere que nous faisons, que l'attente des versemens de fonds que nous avions invité de faire à plusieurs reprises avec la formalité des cédules publiques accoutumée, avoit été frustrée pendant plusieurs mois, nous nous voyons rendu au premier état de pouvoir librement prendre toute autre mesure plus convenable, sur-tout à cause de l'incertitude évidente où nous sommes du meilleur succès d'autres cédules invitatoires. En conséquence, comme il s'est présenté à nous une société composée de sujets habitans, avec un projet de contrat social entre la chambre royale & les prêteurs, nous avons jugé un pareil expédient assez conforme à la premiere idée qui nous avoit été suggérée pour concilier le meilleur avantage de nos finances avec la tranquillité de nos sujets, & nous nous sommes déterminés pour ces raisons, & pour d'autres que nous nous réservons, & aussi d'après l'exemple d'autres puissances, à approuver dans son entier, & à accepter par notre décret souverain du 23 novembre dernier, le contrat de société qui nous a été offert ; lequel, sous la dénomination de *ferme mixte*, durera pendant neuf années con-

sécutives, & devra avoir son effet le premier jour de l'année 1785, l'acte que nous avons demandé au magistrat de la chambre des comptes, étant déja dressé. »

» En attendant, l'autorité ordinaire du même tribunal sera chargée de prendre toutes les mesures qui seront nécessaires par la suite pour faire connoître généralement les dispositions que nous avons énoncées, & tout ce qui regardera leur exécution, attendant de l'obéissance de nos très-amés sujets, qu'ils se conformeront en tous points aux objets que nous avons eus en vue dans l'institution de ce contrat social. » Donné dans notre palais de Colorno le 17 décembre 1784. *Signé*, FERDINAND. *Prosperomascara.*

PASSAU (L'évêché de) principauté d'Allemagne.

L'évêché ou la principauté de *Passau*, est situé sur le Danube, entre la Baviere, la Bohême & l'Autriche. Il porte le nom de *Passau*, sa capitale, dans laquelle il fut fondé en 737, lorsque Vivilon, archevêque de Laureacum, (aujourd'hui Lorch ou Lorich, bourg d'Autriche, situé à l'embouchure de l'Ens, dans le Danube), & s'y retira après la destruction de cette ville, par les Huns. Otillon, duc de Baviere, lui donna l'église de saint Etienne. Les évêques de *Passau* ont pris souvent depuis le nom d'archevêque de Lorch & de *Passau*; & les auteurs les désignent tantôt sous la premiere, & tantôt sous la seconde de ces dénominations. Ils étoient autrefois suffragans des archevêques de Salzbourg; mais Joseph-Dominique, évêque & comte de Lamberg, obtint (1728) du pape Benoît XIII, l'exemption de son évêché; elle lui fut confirmée par Clément XII, en 1723. Depuis cette époque l'évêque de *Passau* est immédiatement soumis au saint-siège.

Le titre de l'évêque est : Par la grace de Dieu, évêque & prince du saint Empire romain, à *Passau.*

Il occupe dans le collège des princes la troisième place sur le banc ecclésiastique, entre les évêques de Ratisbonne & de Trente; il suit, aux assemblées du cercle de Baviere, où il-est le dernier-évêque, celui de Ratisbonne, & précede le prévôt de Berchtolsgaden. Sa taxe matriculaire est de 18 cavaliers & 78 fantassins, ou de 528 florins ; le contingent qu'il paie à la chambre impériale, est de 94 rixdales 62 & demie kreutzers.

Le chapitre est composé de 23 personnes ; savoir, de 15 capitulaires & de 8 domiciliaires. La neuvième place de domiciliaire demeure vacante, & ses revenus sont employés à l'entretien du pont construit sur le Danube. Le prince de Lamberg est

eſt maréchale héréditaire de l'évêché ; le comte d'Aham & de Neuháus en eſt chambellan ; le comte Weiſſenwolf, Echanſon ; & le baron de Benzenau, ſén' chal, héréditaires.

Ertel dit que les revenus de l'évêque montent à 80,000 écus d'or.

Son diocéſe comprend en Bavière, deux égliſes collégiales , treize abbayes & prévotés , dix doyennés ruraux , & 328 égliſes ; il avoit beau-coup d'étendue en Autriche. L'empereur s'eſt oppoſé à cette juriſdiction ; & il paroît que l'af-faire de l'évêché de *Paſſau*, avec la cour impé-riale a été arrangée de la manière ſuivante : l'évê-ché renonce à perpétuité à la juriſdiction eccléſiaſtique dans la haute & baſſe Autriche, & à celle dans le quartier de l'Inn, cédé à la maiſon d'Autriche par le traité de Teſchen, & s'engage à payer annuellement 25,000 florins au nouvel évêché de Linz ; cette ſomme ſera acquittée par-tie en argent comptant, & partie en bénéfices cédés pour cet objet. La cour Impériale, de ſon côté, reſtitue à l'évêché les diſtricts, dîmes, maiſons, &c. qu'elle avoit mis en ſéqueſtre. La haute Autriche, d'après cet arrangement, & le quartier de l'Inn, ſeront attribués au diocéſe de Linz, deux quarts de la baſſe Autriche à l'évê-que de Saint-Poltin, & le reſte à l'archevêque de Vienne.

PASSE-PORT. C'eſt une eſpèce de privilège, qui donne aux perſonnes qui en ſont munies, le droit d'aller & de venir en ſûreté, ou celui de tranſporter certaines choſes auſſi en ſû-reté.

Des paſſe-ports ou ſauf-conduits que l'on donne en temps de guerre aux miniſtres publics.

Ces *paſſe-ports* ſont inutiles en temps de paix, parce que c'eſt une maxime reconnue du droit des gens, que chaque ſouverain doit accorder un paſſage libre & ſûr par ſes états à tout voyageur, non ſuſpect de quelque crime, ſur-tout à des perſonnes employées au ſervice d'un autre prince ; & particulièrement à des miniſtres revêtus d'un caractère public. Mais pendant la guerre ce droit de ſûreté ceſſe ; & l'on voit par les déclarations de guerre elles-mêmes, qui ſe font toutes à peu près ſur le même modèle, ainſi que par la nature de la choſe ; qu'un pareil droit ne peut ſubſiſter entre deux nations belligérantes. Chaque ſouverain eſt autoriſé à prévenir tout le mal qu'il pourroit recevoir de ſon ennemi déclaré. Or, comme le miniſtère public, envoyé de la part d'une puiſſance ennemie, ne ſauroit avoir d'autre deſſein que de nuire à la partie adverſe ; il eſt évident que celui-ci peut & doit même l'arrêter, s'il paſſe par ſon territoire, & ſe ſaiſir

Œcon. polit. & diplomatique. Tom. III.

de ſes papiers. D'ailleurs, les princes, à qui les miniſtres publics ſont envoyés, ſe trouvent ſeuls obligés de les faire jouir de la protection du droit des gens, comme nous l'avons prouvé. Un en-voyé n'eſt pas accrédité dans toute l'Europe à-la-fois. Wicquefort rapporte : » que le Roi de Dane-marc, en écrivant à Schoneich, qui avoit ordre de l'empereur de conduire Commendon, nonce du pape, par l'Allemagne ; & de-là juſqu'aux deux royaumes du nord, marque dans ſa lettre, *que Scho-neich, comme miniſtre public, n'avoit plus beſoin de paſſe-port, ni de ſauf-conduit*, &c. » Mais ce rai-ſonnement du miniſtère danois, étoit mauvais ; & il y a mille exemples du contraire entr'autres ce-lui de M. le maréchal de Belle-Iſle, qui allant en qualité de miniſtre de France à la cour de Pruſſe, fut arrêté ſur ſa route à Elbingerode, par un bailli du roi d'Angleterre, électeur de Hanovre, & conduit à Windſor, ſans que la cour de Verſailles ait jamais prétendu que le droit des gens fût violé. Mais en ſe ſaiſiſſant d'un miniſtre ennemi & de ſes papiers, il eſt contre le droit des gens & contre l'humanité de faire la moindre violence à la perſonne même du miniſtre qui, au bout du compte, eſt un honnête-homme, un fidele ſerviteur, qui ſert ſon maître avec le zèle dont les princes veulent être ſervis par leurs miniſ-tres.

PATRIE. Ce mot vient du latin *pater*, qui indique un pere & des enfans ; & conſéquemment exprime le ſens que nous attachons à celui de *famille*, de *ſociété*, d'*état libre*, dont nous ſom-mes membres, & dont les loix aſſurent notre li-berté & notre bonheur. Il n'eſt point de patrie ſous le joug du deſpotiſme. Un auteur moderne a publié ſur ce mot une diſſertation, dans laquelle il a fixé avec eſprit la ſignification de ce terme, ſa nature, & l'idée qu'on doit s'en faire.

Les grecs & les romains ne connoiſſoient rien de ſi aimable & de ſi ſacré que la patrie ; ils diſoient qu'on ſe doit tout entier à elle ; qu'il n'eſt pas plus permis de s'en venger que de ſon pere ; qu'il ne faut avoir d'amis que les ſiens ; que de tous les augures, le meilleur eſt de combattre pour elle ; qu'il eſt beau, qu'il eſt doux de mou-rir pour la conſerver : que le ciel ne s'ouvre qu'à ceux qui l'ont ſervie. Ainſi parloient les magiſ-trats, les guerriers & le peuple. Quelle idée ſe formoient-ils donc de la patrie ?

La patrie, diſoient-ils, eſt une terre que tous les habitans ſont intéreſſés à conſerver, que per-ſonne ne veut quitter, parce qu'on n'abandonne pas ſon bonheur, & où les étrangers cherchent un aſyle. C'eſt une nourrice qui donne ſon lait avec autant de plaiſir qu'on le reçoit. C'eſt une mère qui chérit tous ſes enfans, qui ne les diſtin-gue qu'autant qu'ils ſe diſtinguent eux mêmes ; qui veut bien qu'il y ait de l'opulence & de la médiocrité, mais point de pauvres ; des grands

& des petits, mais perfonne d'opprimé ; qui même, dans ce partage inégal, conferve une forte d'égalité, en ouvrant à tous le chemin des premières places ; qui ne fouffre aucun mal dans fa famille que ceux qu'elle ne peut empêcher, la maladie & la mort ; qui croit n'avoir rien fait en donnant le jour à fes enfans, fi elle n'y ajoute le bien-être. C'eft une puiffance auffi ancienne que la fociété, fondée fur la nature & l'ordre ; une puiffance fupérieure à toutes les puiffances ; une puiffance qui foumet à fes loix ceux qui commandent en fon nom comme ceux qui obéiffent. C'eft une divinité qui n'accepte des offrandes que pour les répandre, qui demande plus d'attachement que de crainte, qui fourit en faifant du bien, & qui foupire en lançant la foudre.

Telle eft la *patrie* : l'amour qu'on lui porte conduit à la bonté des mœurs, & la bonté des mœurs conduit à l'amour de la *patrie* : cet amour eft l'amour des loix & du bonheur de l'état, amour finguliérement affecté aux démocraties : c'eft une vertu politique, par laquelle on renonce à foi-même, en préférant l'intérêt public au fien propre : c'eft un fentiment, & non une fuite de fes connoiffances ; le dernier homme de l'état peut avoir ce fentiment comme le chef de la république.

Le mot de *patrie* étoit un des premiers mots que les enfans bégayoient chez les grecs & chez les romains : c'étoit l'ame des converfations & le cri de guerre ; il embelliffoit la poëfie, il échauffoit les orateurs, il préfidoit au fénat. il retentiffoit au théatre & dans les affemblées du peuple, il étoit gravé fur les monumens. Ciceron trouvoit ce mot fi tendre, qu'il le préféroit à tout autre, quand il parloit des intérêts de Rome.

Chez les grecs & les romains, des ufages rappelloient fans ceffe l'idée de la *patrie* avec le mot ; les couronnes, les triomphes, les ftatues, les tombeaux, les oraifons funèbres étoient autant de refforts pour le patriotifme. On y trouvoit auffi des fpectacles vraiment publics, où tous les ordres fe délaffoient en commun ; des tribunes où la patrie, par la bouche de fes orateurs, confultoit fes enfans fur les moyens de les rendre heureux & glorieux. Mais entrons dans le récit des faits qui prouveront tout ce que nous venons de dire.

Lorfque les grecs vainquirent les perfes à Salamine, on entendoit d'un côté la voix d'un maître impérieux qui chaffoit des efclaves au combat, & de l'autre le mot de *patrie* qui animoit des hommes libres. Auffi les grecs n'avoient-ils rien de plus cher que l'amour de la *patrie* ; travailler pour elle étoit leur gloire & leur bonheur. Licurgue, Solon, Miltiade, Thémiftocle, Ariftide préféroient leur *patrie* à toutes les chofes du monde.

L'un, dans un confeil de guerre tenu par la république, voit la canne d'Euribiade levée fur lui ; il ne lui répond que ces trois mots : frappe, mais écoute. Ariftide, après avoir long-tems difpofé des forces & des finances d'Athènes, ne laiffa pas de quoi fe faire enterrer.

Les femmes fpartiates vouloient plaire, quoi qu'on en puiffe croire ; mais elles comptoient arriver plus fûrement à leur but, en mêlant le zèle de la *patrie* avec les graces. Va, mon fils, difoit l'une, arme-toi pour défendre ta *patrie*, & ne reviens qu'avec ton bouclier ou fur ton bouclier, c'eft-à-dire, vainqueur ou mort. Confole-toi, difoit une autre mère à un de fes fils, confole-toi de la jambe que tu as perdue, tu ne feras pas un pas qui ne te faffe fouvenir que tu as défendu la *patrie*. Après la bataille de Leuctres, toutes les mères de ceux qui avoient péri en combattant fe félicitoient, tandis que les autres pleuroient fur leurs fils qui revenoient vaincus ; elles fe vantoient de mettre des hommes au monde, parce que, dans le berceau même, elles leur montroient la *patrie* comme leur première mère.

Rome, qui avoit reçu des grecs l'idée qu'on devoit fe former de la *patrie*, la grava très-profondement dans le cœur de fes citoyens. Il y avoit même ceci de particulier chez les romains, qu'ils mêloient quelques fentimens religieux à l'amour qu'ils avoient pour la *patrie*. Cette ville fondée d'après les meilleurs aufpices, ce Romulus leur roi & leur dieu, ce capitole éternel comme la ville, & la ville éternelle comme fon fondateur, avoient fait fur les romains une impreffion extraordinaire.

Brutus, pour conferver fa *patrie*, fit couper la tête à fes fils, & cette action ne paroîtra dénaturée qu'aux ames foibles. Sans la mort des deux traitres, la *patrie* de Brutus expiroit au berceau. Valérius Publicola n'eut qu'à nommer le nom de *patrie* pour rendre le fénat plus populaire ; Menenius Agrippa, pour ramener le peuple du mont facré dans le fein de la république ; Véturie, car les femmes à Rome comme à Sparte, étoient citoyennes ; Véturie, pour défarmer Coriolan fon fils ; Manlius, Camille, Scipion, pour vaincre les ennemis du nom romain ; les deux Catons, pour conferver les loix & les anciennes mœurs ; Ciceron, pour effrayer Antoine & foudroyer Catilina.

On eût dit que ce mot *patrie* renfermoit une vertu fecrette, non-feulement pour rendre vaillans les plus timides, felon l'expreffion de Lucien, mais encore pour enfanter des héros dans tous les genres, pour opérer toutes fortes de prodiges. Difons mieux, il y avoit dans ces ames grecques & romaines, des vertus qui les rendoient fenfibles à la valeur du mot. Je ne parle pas de ces petites vertus qui nous attirent des louanges à peu de frais dans nos sociétés particulières ; j'entends ces qualités citoyennes, cette vigueur de l'ame qui nous fait faire & souffrir de grandes choses pour le bien public. Fabius est raillé, méprisé, insulté par son collègue & par son armée ; n'importe, il ne change rien dans son plan ; il temporise encore, & il vient à bout de vaincre Annibal. Régulus, pour conserver un avantage à Rome, dissuade l'échange des prisonniers, prisonnier lui-même, & il retourne à Carthage où les supplices l'attendent. Trois Décius signalent leur consulat, en se dévouant à une mort certaine. Tant que nous regarderons ces généreux citoyens comme d'illustres foux, & leurs actions comme des vertus de théâtre, le mot patrie sera mal connu de nous.

Jamais peut-être on n'entendit ce beau mot avec plus de respect, plus d'amour, plus de fruit qu'au temps de Fabricius. Chacun fait ce qu'il dit à Pyrrhus : « gardez votre or & vos honneurs » nous autres romains, nous sommes tous riches, » parce que la patrie, pour nous élever aux gran- » des places, ne nous demande que du mérite ». Mais chacun ne fait pas que mille autres romains l'auroient dit. Ce ton patriotique étoit le ton général dans une ville, où tous les ordres étoient vertueux. Voilà pourquoi Rome parut une famille à Cynéas, l'ambassadeur de Pyrrhus, & qu'il vit dans le sénat une assemblée de rois.

Les choses changèrent avec les mœurs. Vers la fin de la république, on ne connut plus le mot patrie que pour le profaner. Catilina & ses furieux complices destinoient à la mort quiconque le prononçoit encore romain Crassus & César ne s'en servoient que pour voiler leur ambition ; & lorsque dans la suite ce même César, en passant le Rubicon, dit à ses soldats qu'il alloit venger les injures de la patrie, il abusoit étrangement ses troupes. Ce n'étoit pas en soupant comme Crassus, en bâtissant comme Lucullus, en se prostituant à la débauche comme Clodius, en pillant les provinces comme Verrès, en formant des projets de tyrannie comme César, en flattant César comme Antoine, qu'on apprenoit à aimer la patrie.

Je sais pourtant qu'au milieu de ce désordre, dans le gouvernement & dans les mœurs, on vit encore quelques romains soupirer pour le bien de leur patrie. Titus Labienus en est un exemple bien remarquable. Supérieur aux vues d'ambition les plus séduisantes, l'ami de César, le compagnon & souvent l'instrument de ses victoires, il abandonna, sans hésiter, une cause que la fortune protégeoit ; & s'immolant pour l'amour de sa patrie, il embrassa le parti de Pompée où il avoit tout à risquer, & où même, en cas de succès, il ne pouvoit trouver qu'une considération très-médiocre.

Mais enfin Rome oublia sous Tibère tout amour de la patrie ; & comment l'auroit-elle conservé ? On voyoit le brigandage uni avec l'autorité, le manège & l'intrigue disposer des charges, toutes les richesses entre les mains d'un petit nombre, un luxe excessif insulter à l'extrême pauvreté, le laboureur ne regarder son champ que comme un prétexte à la vexation ; chaque citoyen réduit à laisser le bien général, pour ne s'occuper que du sien. Tous les principes du gouvernement étoient corrompus ; toutes les loix plioient au gré du souverain. Plus de force dans le sénat, plus de sûreté pour les particuliers : les sénateurs qui auroient voulu défendre la liberté publique, auroient risqué la leur. Ce n'étoit qu'une tyrannie sourde, exercée à l'ombre des loix, & malheur à qui s'en appercevoit ! représenter ses craintes, c'étoit les redoubler. Tibère, endormi dans son isle de Caprée, laissoit faire à Séjan ; & Séjan, ministre digne d'un tel maître, fit tout ce qu'il falloit pour étouffer chez les romains tout amour de leur patrie.

Rien n'est plus à la gloire de Trajan que d'en avoir ressuscité les débris. Six tyrans également cruels, presque tous furieux, souvent imbécilles, l'avoient précédé sur le trône. Les règnes de Titus & de Nerva furent trop courts pour établir l'amour de la patrie. Trajan projetta d'en venir à bout : voyons comment il s'y prit.

Il débuta par dire à Saburanus, préfet du prétoire, en lui donnant la marque de cette dignité, c'étoit une épée : « prends ce fer pour l'employer » à me défendre si je gouverne bien ma patrie, » ou contre moi si je me conduis mal ». Il refusa les sommes que les nouveaux empereurs recevoient des villes ; il diminua considérablement les impôts ; il vendit une partie des maisons impériales au profit de l'état ; il fit des largesses à tous les pauvres citoyens ; il empêcha les riches de s'enrichir à l'excès ; & ceux qu'il mit en charge, les questeurs, les préteurs, les proconsuls ne virent qu'un seul moyen de s'y maintenir, celui de s'occuper du bonheur des peuples. Il ramena l'abondance, l'ordre & la justice dans les provinces & dans Rome, où son palais étoit aussi ouvert au public que les temples, sur-tout à ceux qui venoient représenter les intérêts de la patrie.

Quand on vit le maître du monde se soumettre aux loix, rendre au sénat sa splendeur & son autorité, ne rien faire que de concert avec lui, regarder la dignité impériale que comme une simple magistrature comptable envers la patrie, enfin le bien présent prendre une consistance pour l'avenir, alors on ne se contint plus. Les femmes se félicitoient d'avoir donné des enfans à la patrie ; les jeunes gens ne parloient que de l'illustrer ; les vieillards reprenoient des forces pour la servir ; tous s'écrioient, heureuse patrie ! glorieux empereur ! Tous, par acclamation, donnèrent au meilleur des princes un titre qui renfermoit tous les titres ; père de la patrie. Mais quand de nou-

X x x 2

veaux monstres prirent sa place, le gouvernement retomba dans ses excès ; les soldats vendirent la *patrie*, & assassinèrent les empereurs pour en avoir un nouveau prix.

Après ces détails, je n'ai pas besoin de prouver qu'il ne peut point y avoir de *patrie* dans les états qui sont asservis. Ainsi ceux qui vivent sous le despotisme oriental, où l'on ne connoît d'autres loix que la volonté du souverain, d'autres maximes que l'adoration de ses caprices, d'autres principes de gouvernement que la terreur, où aucune fortune, aucune tête n'est en sûreté ; ceux-là, dis-je, n'ont point de *patrie*, & n'en connoissent pas même le mot.

Un lord, aussi connu dans la littérature que dans les négociations, a écrit quelque part, peut-être avec trop d'amertume, qu'en Angleterre l'hospitalité s'est changée en luxe, le plaisir en débauche, les seigneurs en courtisans, les bourgeois en petits maîtres. S'il en étoit ainsi, bientôt, & quel dommage ! l'amour de la *patrie* n'y régneroit plus. Des citoyens corrompus sont toujours prêts à déchirer leur pays, ou à exciter des troubles ou des factions si contraires au bien public.

Les plus grands prodiges de vertu ont été produits par l'amour de la *patrie* : ce sentiment doux & vif, qui joint la force de l'amour propre à toute la beauté de la vertu, lui donne une énergie qui, sans la défigurer, en fait la plus héroïque de toutes les passions. C'est lui qui produisit tant d'actions immortelles, dont l'éclat éblouit nos foibles yeux, & tant de grands hommes dont les antiques vertus passent pour des fables depuis que l'amour de la *patrie* est tourné en dérision. Ne nous étonnons pas, les transports des cœurs tendres paroissent autant de chimères à qui ne les a point sentis ; & l'amour de la *patrie*, plus vif & plus délicieux cent fois que celui d'une maîtresse, ne se conçoit de même qu'en l'éprouvant : mais il est aisé de remarquer, dans tous les cœurs qu'il échauffe, dans toutes les actions qu'il inspire, cette ardeur bouillante & sublime dont ne brille pas la plus pure vertu quand elle en est séparée. Osons opposer Socrate même à Caton : l'un étoit plus philosophe, & l'autre plus citoyen. Athènes étoit déja perdue, & Socrate n'avoit plus de *patrie* que le monde entier : Caton porte toujours la sienne au fond de son cœur ; il ne vivoit que pour elle & ne put lui survivre. La vertu de Socrate est celle du plus sage des hommes ; mais, entre César & Pompée, Caton semble un dieu parmi les mortels. L'un instruit quelques particuliers, combat les sophistes, & meurt pour la vérité : l'autre défend l'état, la liberté, les loix contre les conquérans du monde, & quitte enfin la terre quand il n'y voit plus de *patrie* à servir. Un digne élève de Socrate seroit le plus vertueux de ses contemporains : un digne émule de Caton en seroit le

plus grand. La vertu du premier feroit son bonheur ; le second chercheroit son bonheur dans celui de tous. Nous serions instruits par l'un & conduits par l'autre, & cela seul décideroit de la préférence : car on n'a jamais fait un peuple de sages ; mais il n'est pas impossible de rendre un peuple heureux.

Voulons-nous que les peuples soient vertueux ? Commençons donc par leur faire aimer la *patrie* : mais comment l'aimeront-ils, si la *patrie* n'est rien de plus pour eux que pour des étrangers, & si elle ne leur accorde que ce qu'elle ne peut refuser à personne ? Ce seroit bien pis, s'ils n'y jouissoient pas même de la sûreté civile, & que leurs biens, leur vie & leur liberté fussent à la discrétion des hommes puissans, sans qu'il fût permis ou possible d'oser réclamer les loix. Alors soumis aux devoirs de l'état civil, sans jouir même des droits de l'état de nature, & sans pouvoir employer leurs forces pour se défendre, ils seroient par conséquent dans la pire condition où se puissent trouver des hommes libres, & le mot de *patrie* ne pourroit avoir pour eux qu'un sens odieux ou ridicule.

Si tout homme est obligé d'aimer sincérement sa *patrie*, & d'en procurer le bonheur autant qu'il dépend de lui, c'est un crime honteux & détestable de nuire à cette même *patrie*. Celui qui s'en rend coupable, viole ses engagemens les plus sacrés, & tombe dans une lâche ingratitude : il se deshonore par la plus noire perfidie, puisqu'il abuse de la confiance de ses concitoyens, & traite en ennemis ceux qui étoient fondés à n'attendre de lui que des secours & des services. On ne voit de traitres à la *patrie* que parmi ces hommes uniquement sensibles à un grossier intérêt, qui ne cherchent qu'eux-mêmes immédiatement, & dont le cœur est incapable de tout sentiment d'affection pour les autres. Aussi sont-ils justement détestés de tout le monde comme les plus infames de tous les scélérats.

Au contraire, on comble d'honneurs & de louanges ces citoyens généreux qui, non contens de ne point manquer à la *patrie*, se portent en sa faveur à de nobles efforts, & sont capables de lui faire les plus grands sacrifices. Les noms de Brutus, de Curtius, des deux Décius vivront autant que celui de Rome. Les suisses n'oublieront jamais Arnold de Winkelried, ce héros dont l'action eût mérité d'être transmise à la postérité par un Tite-Live. Il se dévoua véritablement pour la *patrie* ; mais il se dévoua en capitaine, en soldat intrépide, & non pas en superstitieux. Ce gentilhomme du pays d'Underwald, voyant à la bataille de Sempach que ses compatriotes ne pouvoient enfoncer les autrichiens, parce que ceux-ci, armés de toutes pièces, ayant mis pied à terre & formant un bataillon serré, présentoient un front couvert de fer, hérissé de lances & de piques, forma le généreux dessein de fe facrifier pour fa *patrie*. « Mes amis, dit-il » aux fuiffes qui commençoient à fe rebuter , je » vais aujourd'hui donner ma vie pour vous pro- » curer la victoire ; je vous recommande feule- » ment ma famille : fuivez-moi , & agiffez en » conféquence de ce que vous me verrez faire ». A ces mots, il les range en cette forme que les romains appelloient *cuneus* : il occupe la pointe du triangle ; il marche au centre des ennemis , & embraffant le plus de piques qu'il put en faifir , il fe jette à terre, ouvrant-ainfi à ceux qui le fuivoient, un chemin pour pénétrer dans cet épais bataillon. Les autrichiens une fois entamés furent vaincus, la pefanteur de leurs armes leur devenant funefte, & les fuiffes remportèrent une victoire complète.

Mais fouvent des caufes malheureufes affoibliffent ou détruifent l'amour de la *patrie*. L'injuftice, la dureté du gouvernement l'effacent trop aifément du cœur des fujets : l'amour de foi-même attachera-t-il un particulier aux affaires d'un pays, où tout fe fait en vue d'un feul homme ? L'on voit, au contraire, toutes les nations libres paffionnées pour la gloire & le bonheur de la *patrie*:

L'amour & l'affection d'un homme pour la *patrie* dont il eft membre , eft une fuite néceffaire de l'amour éclairé & raifonnable qu'il fe doit à foi-même, puifque fon propre bonheur eft lié à celui de fa *patrie*. Ce fentiment doit réfulter auffi des engagemens qu'il a pris envers la fociété. Il a promis d'en procurer le falut & l'avantage, autant qu'il fera en fon pouvoir : comment le fervira-t-il avec zèle , avec fidélité, avec courage , s'il ne l'aime pas véritablement ?

PATRIMOINE , PATRIMONIAL, ETAT PATRIMONIAL. *Voyez* l'article ÉTAT.

PATURAGES. *Voyez* l'article GRAINS.

PAUVRES , fujets d'un état qui fe trouvent dans la mifère par leur faute , par celle du gouvernement , ou par des circonftances malheureufes.

Lorfqu'il y a trop de *pauvres* dans un état, ne faut-il pas en chercher la caufe dans le vice des loix, ou dans les fautes de l'adminiftration ?

A quel point l'inégalité des fortunes entraîne-t-elle néceffairement une multitude de *pauvres* ?

Quel eft fur cette matière le régime convenable aux grands & aux petits états ? Et quels font les moyens que peuvent employer les diverfes efpèces de gouvernement ?

Les dépôts & les atteliers de charité font utiles : mais quel eft le terme des effets de ces inftitutions? & pour en tirer l'avantage dont ils font fufceptibles , de quelles réformes devroient-ils être précédés ?

Ces queftions & beaucoup d'autres exigeroient des détails fi étendus , que nous ne pouvons les traiter ici. Le lecteur trouvera dans l'article MENDICITÉ qu'on nous a promis, quelques vues générales. Nous parlerons feulement de la taxe des *pauvres* établie en Angleterre, & du régime qu'on y obferve à l'égard de cette claffe de la nation. Cette taxe des *pauvres* paroît admirable au premier coup d'œil ; l'énormité des contributions que paient les riches pour un objet fi intéreffant;l'abondance des fecours qu'on y donne aux *pauvres* , féduit prefque tout le monde ; mais les hommes éclairés commencent à entrevoir les funeftes effets de ces réglemens, & nous allons rapporter des faits & des obfervations qui montreront combien il eft difficile , dans les grandes fociétés, de contenir ce funefte fléau, ou d'en arrêter les fuites.

Les obftacles que les loix des corporations mettent à la libre circulation du travail , font, je, penfe , dit M. Smith , communs à toutes les parties de l'Europe. Ceux qu'y mettent les loix concernant les *pauvres*, font , fi je ne me trompe, particuliers à l'Angleterre. Ils confiftent dans la difficulté que trouve un *pauvre* à obtenir la permiffion de s'établir , ou fimplement celle d'exercer fon induftrie, dans une paroiffe autre que la fienne. Il n'y a que le travail des artifans & des manufacturiers qui foit gêné par les loix des corporations. Celui des gens de peine eft gêné par les loix qui regardent les *pauvres*. Il eft bon d'entrer dans quelques détails fur la naiffance, les progrès , & l'état actuel de ce défordre , le plus grand peut-être de tous ceux qui règnent dans la police d'Angleterre.

La deftruction des monaftères ayant privé les *pauvres* des charités qu'ils en recevoient, on fit d'abord quelques tentatives infructueufes pour leur foulagement ; le quarante-troifième acte parlementaire d'Elifabeth, chap. 2 , ftatua que chaque paroiffe feroit tenue de nourrir fes *pauvres*, & qu'on nommeroit tous les ans des infpecteurs qui , avec les marguilliers , leveroient fur la paroiffe les fommes néceffaires à cet effet.

Ce ftatut ayant mis chaque paroiffe dans la néceffité indifpenfable d'entretenir fes *pauvres*, il devint affez important de favoir quels étoient ceux que chaque paroiffe regarderoit comme fiens. La queftion, après quelque variation, fut enfin décidée par le treizième & le quatorzième acte de Charles II : on déclara que quarante jours de réfidence non conteftée fur une paroiffe , fuffiroient pour appartenir à cette paroiffe ; mais que, fur la plainte faite par les marguilliers ou les infpecteurs des *pauvres*, deux juges de paix pourroient renvoyer dans cet intervalle un nouvel habitant fur la dernière paroiffe où il étoit établi, à moins qu'il ne tînt une ferme de dix livres de redevance annuelle , ou qu'il ne pût donner pour la décharge de la paroiffe où il arrivoit, la

sûreté que les juges de paix trouveroient suffi-
fante.

On dit qu'on abufa de ce ftatut pour commettre des fraudes ; que les officiers de paroiffe fu-
bornèrent leurs *pauvres*, pour qu'ils allaffent clan-
deftinement fur une autre paroiffe, & qu'ils s'y
tinffent cachés fix femaines ; féjour qui les y éta-
blifloit, à la décharge de celle à laquelle ils devoient appartenir. C'eft pour cela que le premier
acte parlementaire de Jacques II ftatua que les
premiers quarante jours ne fe compteroient déformais que du jour où le pauvre donneroit avis
par écrit, aux marguilliers ou aux infpecteurs, de
la paroiffe où il venoit, tant du lieu de fa demeure que du nombre des perfonnes dont fa famille étoit compofée.

Mais il femble que les officiers de paroiffe n'é-
toient pas plus honnêtes à l'égard de leurs propres
pauvres, qu'à l'égard de ceux des autres paroiffes, & qu'ils fe prêtoient à ces fupercheries en
recevant l'avis, fans faire enfuite les démarches
convenables. En conféquence, comme chaque
paroiffien avoit intérêt à ce que fa paroiffe ne
fût pas chargée de ces intrus, il fut ordonné,
par le troifième acte de Guillaume III, que les
fix femaines de réfidence ne feroient plus comp-
tées que du jour où l'avertiffement feroit publié ; publication qui fe feroit dans l'églife,
un dimanche, immédiatement après le fervice
divin.

« Au bout du compte, dit le docteur Burn,
» il eft rare qu'un *pauvre* gagne le droit d'appar-
» tenir à une nouvelle paroiffe, depuis qu'il faut
» quarante jours de réfidence, à dater de la pu-
» blication de l'avis qu'il a donné par écrit ; &
» le but de l'acte n'eft pas tant qu'il s'y établiffe,
» que d'empêcher qu'il ne le faffe clandeftine-
» ment : car celui qui donne fa déclaration par
» écrit, donne feulement à la paroiffe le moyen
» de le renvoyer. Mais s'il eft dans une fituation
» à faire qu'on puiffe le renvoyer actuellement,
» fa déclaration forcera la paroiffe, ou à l'y
» laiffer en ne le troublant point pendant les qua-
» rante jours de réfidence, ou à foutenir un pro-
» cès, fi elle veut s'en débarraffer ».

Le ftatut ôtoit donc prefqu'abfolument à un
pauvre la reffource de s'établir par une réfidence
de fix femaines. Mais, afin qu'il ne parût pas
interdite au bas-peuple toute émigration d'une
paroiffe à l'autre, le pauvre avoit quatre autres
manières de gagner l'établiffement, fans qu'il y
eût d'avertiffement donné ou publié. La première
étoit d'être taxé à la paroiffe, & de payer la
taxe ; la feconde, d'y être élu officier de la paroiffe, & d'en faire les fonctions pendant an ; la troifième, d'y fervir en qualité d'apprentif ; & la
quatrième, d'y entrer en condition pour un an,
& de continuer ce temps-là le même fervice domeftique.

Perfonne ne peut gagner l'établiffement par

les deux premières voies, que fous les yeux de
toute la paroiffe, qui eft trop attentive aux fuites
pour adopter un nouveau venu condamné à vivre
de fon travail, & elle n'a garde de le taxer ou
de le choifir pour un de fes officiers.

Les deux derniers moyens ne peuvent guères
convenir à un homme marié. Les apprentifs le
font rarement, & la loi dit expreffément qu'aucun domeftique marié ne gagnera l'établiffement
par un fervice d'un an. Quant aux domeftiques
non mariés, le principal effet du réglement qui
les met à la charge de la paroiffe où ils ont fervi
une année entière, a été d'abolir en grande
partie l'ancien ufage de les prendre pour un an ;
ufage qui s'étoit fi bien établi en Angleterre,
que, s'il n'y a point de terme convenu, la loi
entend encore aujourd'hui que c'eft pour un an ;
mais les maîtres ne font pas obligés de procurer
à leurs domeftiques un droit fur le fecours de
la paroiffe en les prenant pour un an, & les domeftiques ne fe foucient pas toujours de fe louer
ainfi, parce que le dernier établiffement d'un
homme dans une paroiffe annullant tous les établiffemens antérieurs, ils peuvent perdre par-là
celui qu'ils ont d'origine dans le lieu de leur
naiffance, au milieu de leurs parens & amis.

Il eft clair qu'aucun ouvrier indépendant, artifan ou autre, ne voudra gagner l'établiffement
par l'apprentiffage ou le fervice domeftique. Lors
donc qu'il porteroit fon induftrie dans une nouvelle
paroiffe, il s'expoferoit, avec la meilleure fanté &
les meilleures difpofitions pour le travail, à être
renvoyé par le caprice d'un marguillier ou d'un
infpecteur, à moins qu'il n'eût à ferme une propriété de dix livres fterlings de rente, chofe impoffible à un homme qui vit uniquement du travail de fes mains ; ou à moins qu'il ne fût en
état de donner pour la décharge de la paroiffe
une fûreté qui fatisfît deux juges de paix. Cette
fûreté eft laiffée entièrement à leur difcrétion ;
mais la moindre qu'ils puiffent demander, eft de
trente liv. fterlings, puifqu'il a été réglé que l'acquifition d'un franc-fief qui vaudroit moins de
trente livres, ne peut donner l'établiffement,
parce qu'elle ne fuffit pas pour la décharge de la
paroiffe. Or à peine trouvera-t-on parmi ceux qui
vivent de leur travail, un homme en état de fournir une pareille fûreté, & fouvent on en exige
une plus confidérable.

Pour rendre en quelque forte au travail fa libre circulation prefque totalement arrêtée par ces
ftatuts, on a imaginé les certificats. Le huitième
& le neuvième acte de Guillaume III déclarèrent
que fi quelqu'un, fortant d'une paroiffe où il
étoit légalement établi, en apportoit un certificat
figné des marguilliers & des infpecteurs, & approuvé de deux juges de paix, toute autre paroiffe feroit obligée de le recevoir ; qu'aucune ne
pourroit le renvoyer fous le prétexte du danger
qu'il ne tombât à fa charge, mais feulement dans

le cas où il y tomberoit réellement ; & que , dans ce cas , la paroisse qui avoit accordé le certificat , seroit tenue de payer les frais , tant de son entretien que de son changement de domicile. Et pour donner pleine sûreté à la paroisse où une personne munie d'un certificat viendroit résider , le même statut ordonne qu'elle ne pourra y gagner l'établissement que par une ferme de dix livres sterlings par an , ou par une charge ou office de la paroisse , qu'elle aura exercée pour son propre compte l'espace d'un an. Par conséquent elle ne peut plus le gagner , ni par une déclaration de son changement de domicile , ni par le service domestique , ni par l'apprentissage , ni en payant la taxe de la paroisse. Le douzième acte de la reine Anne exclut aussi de l'établissement les domestiques & les apprentifs de ceux qui résident dans une paroisse en vertu d'un certificat.

Une observation fort judicieuse du docteur Burn montre à quel point cette disposition a rétabli la libre circulation du travail , presque anéantie par les statuts antérieurs. « Il est aisé de voir , dit-» il , qu'il y a de bonnes raisons pour demander » des certificats aux personnes qui viennent s'é-» tablir dans un endroit ; savoir , pour qu'elles » ne puissent gagner l'établissement ni par l'ap-» prentissage , ni par le service domestique , ni » en donnant avis par écrit de leur change-» ment de domicile , ni en payant les taxes de » la paroisse ; pour qu'elles ne puissent établir ni » leurs apprentifs , ni leurs domestiques ; pour » que , si elles viennent à la charge de la pa-» roisse , on sache certainement où les renvoyer, » & que la paroisse soit remboursée des frais » qu'elle aura faits pour leur renvoi & leur en-» tretien ; & pour que s'ils tombent malades , & » qu'ils soient hors d'état d'être transportés , la » paroisse qui a délivré le certificat les entretien-» ne ; toutes choses qui n'auroient pas lieu sans » le certificat. Mais ces raisons doivent engager » les paroisses à n'en point accorder dans les cas » ordinaires : car il y a beaucoup à parier qu'à » la place de ceux qui les quitteroient , elles en » auroient d'autres également munis de certificats » & en plus mauvais état ». Il résulte de cette observation que les certificats doivent toujours être demandés par la paroisse où un homme *pauvre* vient résider , & qu'ils doivent s'accorder rare-ment par celle qu'il se propose de quitter.

Quoiqu'un certificat n'emporte pas une attes-tation de bonne conduite , & qu'il porte simple-ment qu'un homme appartient réellement à telle paroisse , il dépend des officiers de la paroisse de le donner ou de le refuser. On proposa autrefois, dit le docteur Burn , de contraindre par une or-donnance les marguilliers & les inspecteurs à le signer ; mais la proposition fut rejettée comme une entreprise fort étrange.

La grande inégalité du prix du travail , qu'on

trouve souvent en Angleterre dans des lieux qui ne sont pas fort éloignés l'un de l'autre , vient probablement des obstacles que les loix de do-micile opposent à un homme pauvre qui voudroit transporter son industrie d'une paroisse à l'autre sans certificat. On fermera bien les yeux sur un homme non marié , qui sera bien portant & la-borieux , & on souffrira qu'il réside sans certifi-cat ; mais il est sûr que la plupart des paroisses ne manqueront pas de renvoyer un bon ouvrier qui aura une femme & des enfans , & le garçon même qu'elles toleroient , s'il vient à se marier. De là il résulte que la disette de bras dans une paroisse ne peut être toujours corrigée par la surabondance qui règne dans une autre , comme elle l'est en Ecosse , & , à ce que je pense , dans les autres pays du monde , où l'on n'a pas établi les mêmes entraves. On peut voir par-tout le salaire du travail hausser dans le voisinage des grandes villes , ou dans les endroits qui ont be-soin d'une quantité de bras extraordinaire ; & on peut le voir baisser graduellement à proportion de la distance de ces lieux , jusqu'à ce qu'il trouve le niveau avec le taux ordinaire de la campagne : on n'apperçoit de différences brusques & étran-ges de salaire dans les lieux voisins qu'en Angle-terre , où il est souvent plus difficile à un homme *pauvre* de passer les limites d'une paroisse , que de passer un bras de mer ou de franchir de hautes montagnes , limites naturelles qui font quelquefois la séparation des différents prix du travail dans les autres pays.

Faire sortir un homme qui n'a fait aucun mal d'une paroisse où il veut résider , c'est une vio-lation manifeste de la justice & de la liberté na-turelle. Cependant le bas peuple d'Angleterre qui est si jaloux de sa liberté , mais qui n'entend pas mieux que celui des autres pays en quoi elle consiste , souffre depuis plus de cent ans cette oppression sans s'occuper du remède. Des gens sensés s'en sont plaints quelquefois comme d'un grief public ; mais le peuple ne s'est jamais récrié la-dessus , ainsi qu'il s'est récrié contre les warrants généraux ; pratique abusive , sans contredit , mais qui n'étoit pas de nature à occasionner une op-pression générale. Je ne craindrai pas de dire qu'à peine se trouve-t-il en Angleterre un seul homme *pauvre* âgé de quarante ans , qui , dans quelque partie de sa vie , n'ait ressenti la plus cruelle op-pression d'après ces loix si mal imaginées.

La taxe des *pauvres* paroît entretenir la fainéan-tise ; l'abondance des secours ajoute à la paresse ; & , ce qui fait de la peine , la législation britan-nique se verra peut-être bientôt forcée de mo-dérer ou d'anéantir ces secours de l'humanité.

Cette taxe des *pauvres* est pourtant bien inté-ressante : nous aurons peut-être occasion de re-marquer que , dans la Virginie , elle offre un spectacle vraiment digne d'amour & de respect ;

on nous a dit que les contributions payées par les citoyens de la Virginie, pour la taxe des *pauvres*, ont égalé quelquefois la somme des contributions, fournie par eux pour l'entretien du gouvernement. *Voyez* les articles VIRGINIE & MENDICITÉ.

PAYS-BAS AUTRICHIENS : on appelle ainsi la partie des duchés de Brabant, de Limbourg & de Luxembourg, la portion des comtés de Flandre, de Hainaut, de Namur & du quartier supérieur de Gueldre, & quelques autres domaines que possède la maison d'Autriche sur la frontière occidentale de notre continent, entre la France & les Provinces-Unies. On y compte environ 1,880,000 habitans.

Nous ferons 1.° la description de ces diverses provinces : 2°. nous donnerons un précis de leur histoire politique & de leurs privilèges : 3°. nous traiterons en détail des prétentions formées par l'empereur sur l'ouverture de l'Escaut, & de quelques autres prétentions à la charge des Provinces-Unies, & de la manière dont s'est terminé le différend ; enfin du projet d'échange de la Bavière contre les *Pays-Bas* : 4°. nous traiterons aussi en détail des troubles que vient d'occasionner l'empereur dans les *Pays-Bas*, en voulant changer la forme d'administration & les tribunaux de ces provinces, & y établir des réformes.

SECTION PREMIÈRE.

Description des diverses provinces des Pays-Bas.

Nous avons parlé à l'article LIMBOURG de la partie autrichienne du duché de Limbourg ; à l'article GUELDRES, de la partie autrichienne du duché de Gueldres ; à l'article FLANDRE, de la partie autrichienne du comté de Flandre ; à l'article HAINAUT, de la partie autrichienne du comté de Hainaut ; à l'article NAMUR, du comté de Namur, & nous renvoyons le lecteur à ces articles.

Nous avons même fait un article CERCLE DE BOURGOGNE & DE BRABANT ; mais, depuis cette époque, il y a eu tant de troubles dans ces contrées, qu'il est bon d'entrer ici dans de nouveaux détails.

Détails sur le cercle de Bourgogne.

Le cercle de Bourgogne a l'origine suivante : Philippe le hardi, fils cadet de Jean, roi de France & premier duc de Bourgogne de la branche cadette, épousa en 1369 Marguerite, veuve de Philippe, dernier duc de Bourgogne de la branche aînée, & fit ainsi passer dans sa maison les comtés de Bourgogne, de Flandres, d'Artois, de Malines & d'Anvers. Son second fils, Antoine, acquit les duchés de Brabant & de

Limbourg. Philippe le bon, petit-fils de Philippe le hardi, acheta Namur en 1428, hérita en 1430 des duchés de Brabant & de Limbourg de son parent Philippe, fils cadet d'Antoine ; & en 1436 Jacqueline, héritière unique de Guillaume VI, & mariée à Jean IV, duc de Brabant, lui laissa les comtés de Hainaut, Hollande, Séeland & la Frise ; il acheta Luxembourg en 1443. Tous ces domaines passèrent à son fils Charles le hardi, qui acquit les duchés de Gueldre, en assistant en 1472 le duc Arnoud de Gueldre contre son fils Adolphe : mais la Gueldre ne demeura point dans l'héritage de Charles. Ce prince étant mort en 1477, sans descendance mâle, Louis XI, roi de France, réunit le duché de Bourgogne à la couronne de France. Marie, fille & héritière de Charles, épousa l'archiduc Maximilien, & ses riches possessions passèrent à la maison d'Autriche, laquelle continua de prendre le titre de duc de Bourgogne. Maximilien, devenu empereur, déclara à la diète de Cologne, en 1512, qu'il formoit un nouveau cercle de la Bourgogne & de ses autres états : cette disposition fut confirmée à la diète de Worms en 1521, & par la paix publique de Nuremberg en 1522. L'empereur Charles-Quint, son petit-fils, acheta les droits que George, duc de Saxe avoit sur la Frise, acquit en 1528 de Henri, évêque d'Utrecht & d'Over-Issel, la supériorité sur ces deux provinces, obtint en 1536 le duché de Gueldre & le comté de Zutphen, soumit celui de Groeningen en 1536, & fixa & consolida à la diète d'Augsbourg, en 1548, les limites du cercle de Bourgogne. Suivant les termes du traité, Charles-Quint incorpore à l'Empire d'Allemagne les duchés de Lorraine, de Brabant, de Limbourg, de Luxembourg, de Gueldre ; les comtés de Flandre, d'Artois, de Bourgogne, de Hainaut, de Hollande, de Séeland, de Namur, de Zutphen, le marquisat du Saint-Empire, les seigneuries de Frise, d'Utrecht, d'Over-Issel, de Groeningue, de Valkenbourg, de Thalheim, de Salins, de Malines & de Maëstricht avec toutes les principautés, tant ecclésiastiques que séculières, prévôtés, comtés, &c. qui en dépendent, les met sous la protection de l'empereur & de l'Empire, & leur accorde tous les droits & privilèges dont jouissent les autres états & membres du Saint Empire, avec le droit de voix & séance aux diètes. Il fut en même-temps convenu que l'empereur paieroit, à raison de ce nouveau cercle, une double taxe-électorale, & même qu'il la tripleroit s'il falloit faire la guerre aux turcs ; &, en cas que les états & pays fussent négligens à acquitter les taxes, on stipula qu'ils pourroient y être contraints par la chambre impériale. Du reste, tous leurs droits, privilèges & immunités furent conservés en entier, & ils ne reconnurent ni la jurisdiction, ni les constitutions, ni les recès de l'Empire. On maintint seulement la
mouvance

mouvance des provinces; qui avoient jusques-là dépendu de l'Empire. Par l'article 3 du traité de Munster, le cercle de Bourgogne est conservé dans sa qualité de membre de l'Empire.

L'envoyé de Bourgogne a droit de séance à la diète dans le collège des princes, sur le banc ecclésiastique, après Autriche. Le cercle de Bourgogne peut nommer deux assesseurs pour la chambre Impériale; mais nous ignorons s'il en nomme aujourd'hui. Sa taxe pour l'entretien de la chambre est pour chaque terme de 405 rixdales 72 & demi kreutzers. Ce cercle est compris parmi les cercles catholiques.

Il a souffert des diminutions considérables. La France a successivement acquis le duché de Lorraine, une partie du duché de Luxembourg, une partie du comté de Flandre, les comtés d'Artois & de Bourgogne (ou Franche-Comté) & une partie des comtés de Hainaut & de Namur.

Les provinces de Gueldres, Hollande, Séelande ou Zélande, Utrecht, Frise, Overysel & Groningue, se sont rendues indépendantes, & ont même, après leur union, conquis une partie des duchés de Brabant, de Limbourg & de Luxembourg, & une partie des comtés de Flandre, de Hainaut, de Namur & du quartier supérieur de Gueldres. Ces provinces qui, ainsi que tous les Pays-Bas, passèrent, après la mort de Charle-Quint, à la branche espagnole de la maison d'Autriche, tombèrent en partage à branche allemande, après la mort de Charles II, en vertu des traités de Bade en 1714, & de Vienne en 1725. Elles furent assurées à l'héritière de l'empereur Charles VI par la paix d'Aix-la-Chapelle.

Comme tout ce qui reste du cercle de Bourgogne appartient à la maison d'Autriche, elle seule a droit de présider ce cercle; elle en est directeur & prince convoquant, ou plutôt ce cercle n'est point gouverné comme les autres : il paroît que rigoureusement il ne forme plus un cercle de l'Empire; & tout ce qui y est situé, est regardé comme étant sous la suzeraineté des archiducs.

Le gouverneur - général des Pays-Bas Autrichiens fait sa résidence à Bruxelles, où sont aussi tous les collèges de justice, à l'exception du tribunal supérieur, qui siège à Malines.

Détails sur le Brabant.

La partie autrichienne du Brabant touche vers le septentrion & le levant, à la partie qui appartient aux sept Provinces-Unies; vers le levant à l'évêché de Liege; vers le midi au Hainaut & à Namur; & vers le couchant à la Flandre & à la Zéelande. Le duché tenoit autrefois le premier rang entre les dix-sept Provinces-Unies. Sa plus grande largeur est estimée de 20 milles, & sa longueur de 22. La partie méridionale, limitrophe vers le nord des quartiers de Louvain & de

Bruxelles; vers le couchant de la forêt Soüienne & du Hainaut; vers le sud du comté de Namur; & vers le levant de l'évêché de Liege, est appellée le Brabant Vallon ou la Romagne. Elle est fort montueuse.

L'air y est bon, mais le sol n'a pas la même fertilité par - tout. La partie septentrionale n'offre guères que des landes sablonneuses, qui produisent, après un labour très-pénible, du seigle, de l'avoine, du bled sarrasin & beaucoup de lin, &c. Mais on y voit de belles forêts. Dans les districts méridionaux le terrein est gras & fertile, & il offre toutes sortes de productions. La rivière Demer parcourt une partie du duché; reçoit les eaux de la Ghete, de la Dyle, de la Senne & de la Nethe; après cette réunion elle porte le nom de Rupel, & se perd enfin dans l'Escaut. On a pratiqué près de Bruxelles un canal depuis la Senne jusqu'au village de Willebroeck, près duquel il communique à la Rupel; celle-ci se jette un peu au-dessous dans l'escaut, de manière qu'on peut naviguer depuis Bruxelles jusqu'à la mer du nord. Ce canal fut commencé en 1550, & fut achevé en 1561; on dit qu'il a coûté 800,000 florins. On commença en 1753 à creuser un autre canal de Louvain à la Rupel; celui-ci se divise en deux parties égales à la digue entre Louvain & Malines; ce canal est achevé. On fit en 1710 une route pavée entre Louvain & Bruxelles, & une autre en 1726, entre Louvain, Thiene & Liege. L'ancien projet de faire une chaussée, qui de Bruxelles iroit par les territoires de Liege, de Limbourg, d'Aix - la - Chapelle, de Juliers & de Cologne, jusqu'au Rhin, pourroit bien s'exécuter un jour; ce qui faciliteroit beaucoup le transport des marchandises d'Angleterre, par Ostende, en Allemagne, & diminueroit la navigation sur la Meuse.

Les administrations municipales ou populaires, ont un grand avantage sur celles qui sont plus absolues. Les Pays - Bas doivent leur prospérité au régime qu'elles ont suivi jusqu'ici, & aux priviléges des divers états de ces provinces. Les états de Brabant, par exemple, se sont occupés d'établissemens utiles, jusqu'à l'époque des derniers troubles.

On a ordonné dernièrement la construction de quatre nouveaux pavés. Le plus considérable est celui qui ira de Louvain à la ville de Wavre, & de là à Sombref, & il sera continué, par les états de Namur, jusqu'à Charleroi, ce qui augmentera le débit du charbon de terre qu'on extrait aux environs de ce dernier endroit; charbon qui paroît aussi bon que la houille d'Angleterre. La nouvelle chaussée facilitera la vente des grains du Brabant-Wallon, quartier qui, faute de débouchés, voyoit ses terres fertiles sans valeur; & l'on espère que l'on se décidera dans peu à la construction d'un chemin ferré qui menera à Jodogne, ville qui n'a aucun débouché; & qui cependant en auroit été facilement pourvue, fi la chauffée de Namur à Louvain avoit été bien dirigée.

Le commerce des grains qui fe fait dans cette ancienne capitale du Brabant, augmentera beaucoup par la conftruction de ces différentes routes. Il eft déja très-confidérable depuis l'établiffement de fon fuperbe canal, dont les vaiffeaux fe rendront en pleine mer par Gand, Bruges & Oftende. Le quai qui entoure le vafte baffin de ce canal, eft bordé de grandes maifons, & de magafins très-vaftes.

On dit qu'aujourd'hui des vaiffeaux fe rendent régulièrement tous les quinze jours de Louvain, en différentes villes de Hollande, & *vice verfa*, de même qu'à Oftende & à Bruges : ce qui a engagé les négocians liégeois à faire venir leurs marchandifes par la voie de Louvain. En conféquence, on a réglé depuis peu le tarif pour le tranfport des marchandifes venant de la Hollande.

Quelques villes du Brabant refufoient de donner leur confentement pour la conftruction de ces nouvelles chauffées ; ce confentement eft néceffaire, lorfqu'il s'agit de renouveller les charges : les ordres du clergé & de la nobleffe, qui font difpofés à procurer des avantages aux villes médiocres, comme aux grandes villes & aux provinces, ont trouvé un expédient qui a déconcerté deux des principales villes. Ils ont décidé de lever l'argent néceffaire, & de l'hypothéquer fur le produit des chauffées déja exiftantes, qui donne chaque année foixante mille florins, outre toutes les dépenfes pour les entretiens : ce produit augmentera encore par le paiement des drbits de barrières, que l'on percevra fur les nouvelles routes.

On compte dans le duché entier de Brabant 28 villes & 700 villages ; dans la partie Autrichienne 19 villes murées, & un grand nombre de bourgs, qui ont les privilèges des villes, & au-delà de 500 villages.

Les états de Brabant font divifés en trois claffes. La première comprend les abbés d'Affligem, de Saint-Bernard, de Vlierbeck, de Villers, de Grimberghe, de Heyliffem, d'Everbode, de Tongerloo, de Diligem & de Sainte-Gertrude. La feconde, comprend l'abbé & le comte de Gemblours, qui a le titre de premier gentilhomme, & tous les ducs, princes, comtés & barons de la province. La troifième eft compofée des bourg-maîtres, & des penfionnaires des villes de Louvain, de Bruxelles & d'Anvers. Ces états dont nous indiquerons les affemblées plus bas, élifent quatre députés ; favoir, deux eccléfiaftiques & deux nobles : ils s'affemblent à Bruxelles.

Tous les habitans profeffent la religion catholique. Le pape Paul IV créa en 1559 l'archevêché de Malines, & y attacha la primatie de la Gaule Belgique. Dans ce diocèfe fe trouvent les décanats de Malines, de Louvain, Dieft-fous-Leeuw ou Leenw u Saint-Léonard, Tiene,

Bruxelles, Leeuw-Saint-Pierre, Aelft, Goeffbergen, Ronfen & Oofdegem ; lefquels comprennent 14 églifes collégiales & 203 couvens. Les fuffragans de Malines font : les évêchés d'Anvers, Gand, Bois-le-Duc, Bruges, Ypres & Ruremonde. Le nombre des eccléfiaftiques y eft confidérable, & le clergé poffède de gros biens.

On fabrique dans le Brabant de bons draps, des bas, & autres marchandifes en laine, d'excellens camelots, des tapis & des dentelles. Ces manufactures & le commerce en général, ne font plus dans l'état floriffant où ils étoient autrefois ; mais il paroit que d'un autre côté la culture a fait des progrès.

Précis de l'hiftoire politique du duché de Brabant.

Le duché de Brabant dépendoit autrefois de la monarchie des Francs, & les ducs de Brabant en ont même occupé le trône. Dans la fuite ce duché fit partie de la Baffe-Lorraine, & devint un fief de l'Empire. Le dernier duc de Brabant, de la race de Charlemagne, fut Otton, après la mort duquel en 1005, le Brabant paffa à Lambert I, comte de Louvain, qui avoit époufé la fœur & l'héritière d'Otton. Ses defcendans n'ont pris, comme lui, pendant quelque tems, que le titre de comtes de Brabant. Le duc Jean I, devint auffi duc de Limbourg. Jeanne, fille & héritière du duc Jean III, tranfmit le Brabant à Antoine de Bourgogne, fils de Philippe-le-Hardi, duc de Bourgogne ; & petit-fils de Marguerite, fa fœur. Antoine eut pour fucceffeurs fes deux fils, Jean IV & Philippe I ; ce dernier étant mort fans enfant en 1430, le Brabant paffa au duc de Bourgogne, Philippe II, furnommé le Bon. Son fils, Charles-le-Hardi, eût pour héritière Marie, fa fille unique, laquelle fe maria à Maximilien, archiduc d'Autriche ; après lequel le duché de Brabant paffa à fon petit-fils, l'empereur Charles V ; & après celui-ci il paffa, ainfi que tous les *Pays-Bas*, à Philippe II, roi d'Efpagne. Les Provinces-Unies s'emparèrent au dix-feptième fiècle de la partie feptentrionale du duché de Brabant ; & elle leur fut affurée par la paix de Weftphalie. L'archiduc Charles, devenu enfuite empereur, fous le nom de Charles VI, fe rendit maitre en 1706, après la bataille de Ramillies, de la partie du Brabant, que la maifon d'Autriche poffède encore aujourd'hui.

La Chancellerie du Brabant fiège à Bruxelles, ainfi que le Confeil d'Etat, le Confeil privé, la Chambre des Domaines & des Finances, la Chambre des Comptes, & la Cour féodale du Brabant.

De la ville & du quartier d'Anvers.

La ville d'Anvers avec fon diftrict eft appellée le marquifat du faint Empire. L'origine de ce marquifat eft obfcure. Ce titre fut pris par Godefief de Bouillon. Le marquifat paffant au duc de Brabant, n'en fut pas moins regardé comme une des 17 Provinces-Unies. Il eft aujourd'hui réuni au duché de Brabant.

De la feigneurie de Malines.

Durant le règne des rois Francs, la feigneurie de Malines étoit adminiftrée par des comtes. Charles-le-Simple en fit don en 915 à l'églife de Liege ; laquelle dans la fuite en accorda l'avocatie à titre de fief à la famille de Berthold, feigneur de Grimberg. Mais ayant vendu en 1333 fes droits fur la ville & les villages qui en dépendent, à Louis, comte de Flandre ; celui-ci acquit l'avocatie, à titre d'achat de Rainald, comte de Gueldres, qui étoit marié à Sophie, de la famille de Berthold. En 1346 , Louis abandonna pour une fomme d'argent toute la feigneurie de Malines, à Jean III, duc de Brabant. Cette feigneurie paffa en 1369 , par ma-riage à Philippe-le-Hardi, duc de Bourgogne. Dans la fuite elle fut comprife parmi les 17 Provinces-Unies ; mais on la confidere aujourd'hui comme une partie du Brabant, dans le centre duquel elle eft fituée ; cependant elle a fes privileges particuliers.

On affure que les revenus publics des *Pays-Bas* Autrichiens ont été, en 1780, de 7,536,929 florins argent courant de Brabant, ce qui fait en-viron 5,652,696 florins net d'Allemagne ; & que tel fut le produit net du revenu, déduction faite des charges & frais. Mais comme depuis on a dû y comprendre le produit du bureau de Saint-Philippe, & celui de la pofte de Brabant ; comme d'ailleurs le bénéfice de la loterie s'eft accru confidérablement, on peut évaluer le re-venu net des *Pays-Bas*, à huit millions & quelque chofe de plus que cent mille florins, argent cou-rant de Brabant.

Cette évaluation paroît plus forte qu'on ne l'avoit fuppofé dans les manifeftes publiés par la Cour de Berlin.

SECTION II.

Remarques fur l'hiftoire politique, le Gouvernement, & les privileges des Pays-Bas autrichiens.

On vient de voir que les dix-fept provinces des *Pays-Bas* pafferent à la maifon d'Autriche, par le mariage de Marie, fille de Charles-le-Té-méraire, duc de Bourgogne, avec Maximilien, archiduc d'Autriche. A la mort de cette prin-ceffe, il s'éleva dans ces Provinces des troubles qui furent enfin appaifés fous Charles-Quint. Le mécontentement toutefois n'a jamais été entière-ment détruit. Les flamands étoient exceffivement jaloux de leurs anciennes libertés & franchifes ; un foulevement prefque général éclata fous Phi-lippe II, roi d'Espagne, qui perdit les fept Pro-

vinces-Unies, dont l'indépendance fut reconnue à la paix de Weftphalie par toutes les puiffances de l'Europe. Depuis cette époque les troubles intérieurs & extérieurs continuèrent prefque tou-jours dans les autres Provinces, qui reftèrent fous la domination autrichienne ; il y eut fouvent des conteftations très-vives entr'elles & le fouverain ; mais on parvint chaque fois à les applanir, en laiffant à ces Provinces la jouiffance de leurs an-ciens privileges.

Les Provinces belgiques ont chacune des états particuliers, dont les prérogatives font de donner leur confentement aux impofitions & aux fubfides demandés par le fouverain, & de veiller à l'adminiftration de la juftice, fans que cepen-dant ils puiffent s'arroger à ce fujet aucune autorité publique. Les états du Brabant font compofés de prélats, de nobles & de villes ; les premiers au nombre de 13. Autrefois toutes les villes & même des bourgs envoyoient des députés aux affemblées ; mais depuis long-tems cet ufage n'a plus lieu, & les feules villes de Louvain, de Bruxelles & d'Anvers ont confervé ce droit. Le choix des députés dépend des magiftrats de chaque ville. Les décrets des états de Brabant ne peuvent être faits que du confentement unanime des trois claffes. Les affemblées ordinaires fe tiennent aux mois de février ou mars, & aux mois de feptem-bre ou d'octobre ; les affemblées extraordinaires, chaque fois que le fervice du fouverain ou le bien public paroiffent l'exiger. Les états en général ne peuvent s'affembler dans aucun cas, fans la convocation préalable, faite par le fouverain. Ceux de Brabant entretiennent conftamment une députation à Bruxelles, qui eft compofée de deux prélats & d'autant de nobles, que l'on renou-velle tous les trois ans, du premier bourg-maî-tre & du penfionnaire de Louvain, de Bruxelles & d'Anvers. Les états de Limbourg, du Hai-nault & de Namur ont à-peu-près la même com-pofition que ceux de Brabant. Le clergé n'a au-cune part au corps des états de Gueldre, & la nobleffe eft exclue de ceux de Flandre & de Tour-nay. A Malines, le magiftrat forme le corps des états, & dans le diftrict de Malines, les états font compofés des notables des paroiffes & des villages.

Les principales libertés & prérogatives com-munes à toutes les Provinces belgiques, confif-tent en ce qu'aucune impofition ne peut être affife fans le confentement des états ; chacun doit être jugé par fon juge compétent, auquel appartient de tems immémorial l'adminiftration de la juftice ; perfonne ne peut être traduit devant un tribunal hors du pays ; les états prêtent au fouverain le ferment de fidélité, & le fouverain s'engage par un ferment à gouverner ces Provinces, comme il convient à un feigneur bon & jufte, & à les maintenir dans leurs privileges, ufages & coutumès. — Indépendamment de ces prérogatives générales & communes à toutes les Provinces, chacune d'elles jouit encore de privilèges particuliers, qui lui ont été assurés par des pactes. Les plus importans de ces contrats sont la *joyeuse entrée*, pour le Brabant & le Limbourg, & la *bulle d'or de Brabant*. La bulle d'or exempte ces Provinces de toute jurisdiction quelconque de l'Empire d'Allemagne, & la joyeuse entrée détermine & confirme les privilèges accordés successivement par les souverains. Ce dernier pacte, tel qu'il fut juré en 1744 au nom de *Marie-Thérèse*, consiste en cinq articles, dont voici le contenu principal : le souverain promet de s'abstenir de tout pouvoir arbitraire, & de gouverner les sujets selon le droit & les jugemens des juges compétens, de ne commencer aucune guerre, relativement aux Provinces de Brabant & de Limbourg, sans le consentement des états ; de ne faire aucune convention qui puisse être préjudiciable à leurs droits & intérêts ; de donner aux brabançons la plupart des places dans les tribunaux : de ne faire battre des espèces d'argent ou de les décrier sans le consentement des états ; de laisser à chaque membre, dans l'assemblée des états, la permission de dire son sentiment, sans risque d'encourir la disgrace du souverain ; de conférer les abbayes, les prélatures & autres dignités ecclésiastiques à des ecclésiastiques ; de ne point se soustraire à l'observation des droits, privilèges & usages, sous prétexte de ne les avoir pas confirmés nommément ; enfin, de permettre à ses sujets la cessation de leurs services envers leur souverain, dans le cas où il cesseroit lui-même d'observer leurs privilèges entièrement ou en partie.

Depuis l'année 1749, la dignité de gouverneur-général de *Pays-Bas* est entre les mains d'un prince ou d'une princesse du sang. Son pouvoir est très-étendu ; il a la direction de toutes les affaires civiles & ecclésiastiques, & il peut assembler à son gré les divers départemens des Provinces, le conseil d'état, le conseil privé & celui des finances. L'inspection de la justice, de la police, des finances, des troupes, & en général de toutes les affaires civiles & militaires, lui est confiée. Les loix sont promulguées par lui : il dispose, au nom du souverain, des places & des pensions vacantes ; il convoque les états : en un mot il représente la personne du souverain. La cour du gouverneur est brillante ; il a deux compagnies de gardes-du-corps : le roi de France & les états-généraux entretiennent auprès de lui des ministres plénipotentiaires, & le roi d'Angleterre un résident. La personne du gouverneur-général peut être représentée de son vivant par le ministre plénipotentiaire des *Pays-Bas* autrichiens ; mais le pouvoir de ce représentant est plus limité que celui du gouverneur-général. Le secrétaire-d'état & de guerre est chargé de la correspondance ministérielle du gouverneur-général, avec le souverain & ses ministres.

Section III.

Remarques touchant les prétentions formées dernièrement par l'empereur sur l'ouverture de l'Escaut, sur d'autres prétentions à la charge des Provinces-Unies, & sur la manière dont s'est terminé ce différend du projet d'échange de la Bavière contre les Pays-Bas.

Nous avons dit à l'article BAVIERE comment l'empereur parvenu au trône de ses domaines héréditaires, annulla le traité de la Barrière. Il ne tarda pas à former de nouvelles prétentions contre les Provinces-Unies (en 1783). Sa qualité d'héritier général de tous les droits, titres ou demandes qui avoient été, ou qui auroient pu être réclamés par la branche espagnole de la maison d'Autriche, & par sa ligne propre ; sa qualité de représentant du peuple des différens pays qu'il possédoit sous les dénominations diverses de duc, de comte ou de seigneur, lui fournirent des sujets de querelle d'autant plus inépuisables, que le temps & la présomption n'offroient pas des raisons capables d'arrêter un prince si puissant : il demanda jusqu'à la liquidation & au paiement des comptes de fourage, qui avoient été fournis par quelques districts dans la guerre de la succession : il demanda des contributions qui avoient été levées sur d'autres domaines à cette époque. Il paroît même que les guerres du siècle dernier formèrent le sujet de quelques réclamations : mais, de toutes les prétentions qu'il forma alors, celle sur la ville & le canton de Maëstricht, que nous expliquerons tout-à-l'heure, parut la mieux fondée.

Les Provinces-Unies sortoient d'une guerre où elles n'avoient recueilli que des humiliations ; des dissensions intestines leur ôtoient la moitié des forces qui leur restoient, & elles ne pouvoient résister seules à l'empereur ; elles cherchèrent un appui à la cour de France, qui avoit acquis de la prépondérance dans les sept provinces pendant la guerre ; & à la cour de Berlin, qui, par ses liaisons de famille & ses vues politiques, ne pouvoit pas permettre à l'empereur de se livrer ainsi à toutes ses vues ambitieuses.

Ce n'est pas ici le lieu de rendre compte de toutes les négociations qu'entraîna cette affaire. La cour de Vienne prit, dans toutes ses discussions avec les Provinces-Unies, la hauteur & la fierté qui étoient peu analogues à l'esprit d'une siècle où l'on connoît toute l'instabilité d'une puissance ; mais qui avoient caractérisé la maison d'Autriche, même à ces époques de détresse où cette fierté étoit de la grandeur.

Au milieu de la discussion, l'empereur forma

une prétention beaucoup plus grave que celle qui avoit tant allarmé les Provinces-Unies ; il demanda l'ouverture de l'Escaut ; & , sans attendre qu'on revînt sur les anciens traités , il y fit navi- gùer ses navires.

Les hostilités étoient déja commencées ; un dé- tachement d'infanterie avec quatre pièces de cam- pagne étoit entré sur le territoire de la république, & avoit pris possession du fort du vieux Lillo. Un détachement de dragons avoit pénétré à Har- tog-Eyk près de Heerle ; il y démolit les barrières ; il abattit le pavillon hollandois qui flottoit sur la douane , & il chargea , au nom de sa majesté impériale , le receveur de ce département de n'o- béir à aucun ordre des régens de Heerle , qui étoient ses maîtres légitimes , & de ne recevoir de qui que ce fût de l'argent , à titre de droit ou de péage , sinon qu'on l'enverroit pieds & poings liés à la première garnison autrichienne.

Au printemps de 1784 , la guerre paroissoit inévitable : les Pays-Bas étoient remplis de trou- pes prêtes à marcher ; & l'empereur , loin d'a- bandonner quelques-unes de ses prétentions , de- mandoit , outre l'entière & libre navigation de l'Escaut d'Anvers à la mer , qu'on démolit les forts de Frédéric Henri , de Liefenhock , Kruis- chans & Lillo , que les hollandois avoient élevé pour garder la navigation exclusive de l'Escaut , dont les traités les avoient mis en possession. Il demandoit , en troisième lieu , la navigation libre & un commerce non interrompu , aux Indes orien- tales & occidentales : c'étoit , dans le fait , de- mander la moitié de tous les bénéfices que les Provinces-Unies tiroient de leurs colonies du Nouveau-Monde , de leurs conquêtes & de leurs établissemens en Asie : c'étoit leur enlever le fruit de leurs entreprises périlleuses , des dangers qu'ils avoient courus , & des trésors qu'ils avoient répandus ; des guerres cruelles qu'ils avoient sup- portées ; & des traités & des négociations qui avoient eu lieu depuis deux siècles. L'empereur réclamoit encore la ville & le district de Maes- tricht , &c. &c.

Les hollandois répondirent que plusieurs des demandes de l'empereur contrevenoient directe- ment aux traités les plus solemnels ; que par ce- lui de Munster , signé le 30 janvier 1648 , Phi- lippe IV , roi d'Espagne , duc de Bourgogne , de Brabant & comte de Flandres , avoit reconnu l'indépendance des Provinces-Unies ; que non- seulement il avoit confirmé toutes les possessions qu'elles avoient alors , & les villes & forts de Barrières qu'on venoit de leur assigner , mais qu'il avoit renoncé à jamais , pour lui & ses succes- seurs , à toutes celles qu'elles pourroient acquérir ensuite , sans infraction au traité ; que , par le même traité , il avoit irrévocablement confirmé les chartres & les droits des compagnies hollan- doises , des Indes orientales & occidentales ; qu'il avoit rendu lui & ses successeurs garants perpé-

tuels de leur commerce dans ces deux parties du monde ; que le 6e article du même traité stipu- loit , en particulier , que les sujets de Philippe IV continueroient leur navigation aux Indes orien- tales , ainsi qu'ils l'avoient faite jusqu'alors , & que , dans aucun cas , il ne leur seroit permis de l'étendre au-delà de ces bornes.

Que le 14e article du même traité de Muns- ter déclaroit expressément que l'Escaut occidental ou inférieur (appellé le Hondt) , le canal de Saas , le Swin & les autres embouchures seroient tenus fermés.

Que plusieurs traités subséquens avoient re- connu & confirmé le traité de Munster , & for- tifié & étendu les droits des Provinces-Unies ; que par le traité de la Barrière , conclu en 1715 , entre l'empereur , le roi de la Grande Bretagne & les Provinces-Unies , le premier céda aux hol- landois certains territoires qui y sont désignés ; qu'il leur en céda la pleine & entière souverai- neté , pour la sûreté & l'exercice de leurs droits sur le bas-Escaut , & pour faciliter leurs com- munications entre le Brabant & la Flandre hol- landoise ; que la convention signée par ces trois puissances , en 1718 , avoit répété & confirmé cette cession d'une manière formelle , & que , dans les mêmes vues , elle avoit ajouté quelque chose au territoire cédé trois ans auparavant aux hollandois.

Que , relativement aux droits de commerce , le même empereur Charles VI ayant , contre un article du traité de Munster , formé le projet d'établir à Ostende une compagnie des Indes orientales , ce prince se vit forcé cependant de l'abandonner , & de dissoudre la compagnie quel- ques années après ; que par le traité de Vienne , conclu en 1731 entre l'empereur & le roi d'An- gleterre , & dont les Etats-Généraux devinrent parties , l'empereur fut obligé d'abolir à jamais ce commerce & la compagnie. Que , pour le commerce aux Indes occidentales , l'acte de con- currence déclare que « les hollandois se confor- » meront de bonne foi aux réglemens établis par » le traité de Munster , & tout ce qui s'y trouve » stipulé sur le commerce & la navigation des In- » des occidentales.

Les hollandois insistèrent fortement sur ce que leurs droits , & en particulier leur navigation ex- clusive de l'Escaut , avoient été confirmés & ga- rantis par tous les traités , qui assurent l'existence politique de l'Europe ; que 140 ans s'étoient écoulés depuis le traité de Munster ; que , du- rant ce long intervalle , ils avoient joui , sans difficulté , de la navigation exclusive de ce fleuve. Qu'à l'époque du traité de Munster , ce n'étoit pas même une nouvelle prétention ou l'exercice d'un nouveau droit , puisque l'Escaut avoit tou- jours été fermé depuis la prise d'Anvers , par le duc de Parme en 1585 ; que , quand même le traité de Munster ne contiendroit pas un article particulier la-deffus, cette omiffion dans une matière fi importante, & le confentement à une mefure, établie depuis fi long-temps & d'une manière fi notoire, devroit être regardée comme une reconnoiffance entière, & une confirmation du droit ; qu'il ne faut pas examiner fi ce droit exclufif avoit été compenfé de quelque manière ; que c'étoit une partie du prix que payoit l'Efpagne pour le maintien de ces mêmes *Pays-Bas* que poffede aujourd'hui l'empereur ; que, fans cela, les Etats-Généraux n'auroient jamais abandonné les prétentions qu'ils pouvoient y former ; qu'on fait qu'à cette époque & à une époque poftérieure, la confédération des fept provinces étoit bien en état ; qu'elle avoit alors, & qu'elle a eu depuis, des occafions favorables de faire valoir ces droits, fi elle n'y avoit pas renoncé pour la navigation exclufive de l'Efcaut.

Les hollandois ajoutèrent que l'affaire de l'Efcaut étoit loin d'intéreffer uniquement le commerce, ainfi qu'on le prétendoit ; que la queftion de l'ouverture de ce fleuve étoit plus politique que commerçante ; que, depuis les révolutions & les changemens furvenus dans les routes, du commerce, Anvers ne pouvoit devenir un objet de jaloufie ou d'envie ; mais qu'en aboliffant la clôture de l'Efcaut, on ouvriroit un grand chemin dans le centre de leurs domaines ; que ce feroit ouvrir & expofer les fources qui donnent la vie aux fept provinces, & qu'on comprometroit ainfi, non-feulement la fûreté immédiate, mais l'indépendance & l'exiftence de la république.

L'empereur répondoit que les *Provinces-Unies* s'étoient permis un fi grand nombre d'infractions au traité de Munfter, dans tous les points qui affuroient les droits des *Pays-Bas*, où leur étoient avantageux de quelque manière, qu'ils avoient perdu le droit de réclamer les ftipulations fouf-crites alors en leur faveur : que, d'après les principes de la raifon & de l'équité, il fe trouvoit complettement difpenfé de faire aucune attention aux articles fur lefquels ils infiftoient fi vivement. Qu'au refte, felon leur coutume, pour interpréter à leur avantage, ils forçoient le fens de l'article du traité de Munfter, qui a rapport à l'Efcaut ; que cet article n'énonce pas la fouveraineté & le droit exclufif : qu'en admettant tout ce qu'ils difoient, d'après cet article du traité, le joug honteux qu'on avoit impofé aux *Pays-Bas*, étoit trop contraire à la nature & trop humiliant pour le laiffer fubfifter, qu'on n'a jamais pu le fouffrir, qu'autant que l'abfolue néceffité, fuite de la malheureufe fituation des affaires publiques, rendoit cette foumiffion indifpenfable.

Le cabinet de Vienne ajoutoit que les hollandois avoient enfreint le traité de la Barrière & les autres traités poftérieurs, ainfi qu'ils avoient enfreint celui de Munfter ; que fi l'on vouloit négliger ou oublier toutes les occafions où ils

avoient violé la foi publique & les traités ; leur honteufe prévarication & l'injuftice de leurs procédés à l'égard de Maeftricht, fuffiroient feules pour annuller tous les devoirs & toutes les conditions envers un peuple qui n'avoit jamais exécuté ou refpecté les articles d'un traité ou d'une convention, qu'autant que cela convenoit à fes intérêts.

Au refte, de toutes les prétentions de l'empereur, celle qu'il formoit fur Maeftricht & fon territoire, paroiffoit la mieux fondée. En 1672, lorfque les Provinces-Unies étoient menacées de la deftruction, par l'invafion de Louis XIV, le comte de Monterei, gouverneur des Pays-Bas, n'attendit pas le tardif réfultat des délibérations de fa cour, qui étoit en paix avec celle de France ; il fentit qu'un délai feroit perdre l'occafion d'agir avec fuccès ; & il eut la fagacité politique & le courage de faifir les véritables intérêts de l'Efpagne, & d'agir de lui-même, fans fonger aux reproches qu'on pourroit lui faire. Il s'efforça d'arrêter la violence du torrent ; gardant toutefois l'apparence de la neutralité, il donna aux hollandois des fecours fecrets, & leur rendit d'importans fervices. Sa conduite ayant été approuvée par le cabinet de Madrid, il continua d'agir fur le même plan. Ses fervices devinrent fi effentiels, qu'ils jettèrent les fondemens d'un traité fecret entre la Hollande & l'Efpagne. La république, en confidération du paffé & pour obtenir de nouveaux fecours, s'engagea à céder à l'Efpagne la ville de Maeftricht, avec une portion du territoire défignée dans la convention : mais cette ceffion étoit foumife à la condition fpéciale, qu'on empêcheroit la France de garder aucune de fes conquêtes, ou de démembrer quelques-uns des domaines des Provinces-Unies.

Cette condition ayant été remplie par la tournure inattendue que prit la guerre, & qui obligea Louis XIV à abandonner fes conquêtes, lors du traité de paix conclu à Nimègue, Charles II, roi d'Efpagne, réclama Maeftricht ; les Etats-Généraux éludèrent la ceffion, en faifant valoir des hypothèques que le prince d'Orange avoit fur cette ville & fon territoire. Le roi d'Efpagne paya ces hypothèques, & cette confiance & cette générofité méritoient plus de bonne foi du côté des hollandois. Ils élevèrent alors de nouvelles difficultés ; ils mirent tant d'intérêt à ne pas fe défaifir de Maeftricht, que la ceffion fut toujours différée, & qu'elle fut un fujet de négociation jufqu'à la mort de ce prince.

La confufion générale, occafionnée par la mort & le teftament de ce monarque, les longs troubles & les guerres qu'excita fa fucceffion, parurent effacer toutes les traces de l'affaire de Maeftricht. Il n'en fut plus queftion dans aucun des traités ou des conventions poftérieures ; les chofes reftèrent en cet état jufqu'en 1738 : à cette époque, l'empereur Charles VI, se regardant comme l'héritier de tous les droits de l'Espagne sur les *Pays-Bas*, fit revivre la prétention sur Maëstricht, si long-temps oubliée. Des commissaires, nommés par les deux puissances, ouvrirent une négociation à Bruxelles, & ils paroissoient disposés à terminer cette affaire ; mais, comme si elle avoit dû toujours être différée ou interrompue par des scènes d'un grand désordre, & d'un grand malheur publics, la mort de Charles VI, les puissances nombreuses qui essayèrent d'envahir l'héritage de sa fille, la feue impératrice-reine, mirent bientôt fin aux négociations de Bruxelles, & jettèrent l'Europe dans l'état de confusion & de guerre, où elle s'étoit trouvée lorsqu'on se disputa la succession au trône d'Espagne. On publia donc encore la prétention sur Maëstricht, & elle n'a été reprise depuis que par l'empereur actuel.

Au reste, Maëstricht, malgré sa valeur réelle & l'importance que lui donne sa position, n'étoit pas le point le plus grave de cette dispute des hollandois avec l'empereur. L'ouverture de l'Escaut étoit l'article essentiel, le grand objet des desirs de la cour de Vienne, & des craintes & de la consternation des États-Généraux. Tous les autres pouvoient s'arranger.

On s'intéressoit à cette affaire dans presque tous les pays de l'Europe, & jamais l'opinion publique n'a été aussi divisée qu'elle le fut sur cette question si simple & si bornée, qu'elle regardoit seulement la navigation d'une rivière.

Les raisons que faisoit valoir l'empereur, avoient quelque chose de spécieux & de raisonnable ; il étoit facile de les présenter d'une manière plausible, & de les revêtir de couleurs intéressantes : elles étoient singulièrement propres à séduire le commun des hommes, qui examinent légèrement les affaires, & sont dominés par le sentiment & la justice naturelle, plus que par les calculs & les principes de la politique.

L'exposition seule du fait, le tableau d'un peuple ancien & respectable, qui célèbre de bonne heure dans le commerce, se trouve ruiné, parce qu'on l'a privé de son droit naturel à la navigation & aux avantages d'un fleuve qui traverse ses domaines, sembloit décider la question, & réunir tout le monde contre une injustice si criante. En suivant le même esprit, on regardoit comme un exploit glorieux & digne d'un héros, le projet d'affranchir une nation d'un pareil esclavage, & de lui rendre ses droits naturels & son ancienne prospérité. Pour émouvoir les passions, on ne manqua pas de rappeller la grandeur, l'éclat & l'opulence qu'eut autrefois Anvers, & on attribuoit sa décadence, avec beaucoup d'effet, mais avec peu de justice & de vérité, à cette odieuse clôture de l'Escaut, suite, disoit-on, de la jalousie & de la cupidité des hollandois, qui avoient voulu s'approprier le monopole de tout

le commerce, & élever Amsterdam sur les ruines d'Anvers. Afin d'exciter les passions, on représentoit avec encore moins de justice & de vérité, l'Escaut comme le plus beau fleuve de l'Europe : on eût dit que sa beauté devoit être comptée pour quelque chose, dans des questions de droit ou de nécessité politique. Il est aisé de voir que l'avidité bien reconnue des hollandois, l'esprit de monopole, la dureté & les principes arbitraires qu'ils ont toujours montrés dans les affaires de commerce, produisoit contr'eux une impression très désavantageuse.

Ils avoient cependant un grand nombre de raisons & de faits à opposer aux déclamations plausibles & artificieuses, ou même à l'opinion publique qui s'étoit établie si légérement. On ne peut, dans l'état actuel des choses, recourir *aux droits naturels*, pour annuller les conventions politiques entre les états, lesquelles sont le fondement & la sûreté de toutes les propriétés publiques & particulières. Quelle scène offriroit l'Europe, si toutes les puissances étoient obligées de recourir aux principes de l'équité & aux loix de la nature, & d'abandonner les domaines dont ils se sont mis en possession, par la fraude ou la violence, la guerre ou les traités, au milieu des révolutions d'une longue suite de siècles! On romproit les liens qui unissent les hommes ; on les replongeroit dans l'état de nature sauvage ; le monde politique retomberoit dans le cahos, & on n'y verroit plus que le désordre & la confusion.

Les hollandois soutenoient, que le passage d'un fleuve sur quelque portion du territoire d'un prince, ne formoit pas un droit naturel, lorsque son embouchure est en la possession d'un autre souverain ; & pour dissiper toutes les déclamations pathétiques des partisans du cabinet de Vienne, ils assurèrent de tout & que les deux branches de l'Escaut étoit entièrement artificiel ; que c'étoit l'ouvrage des hollandois ; que ses bords étoient l'effet de plusieurs siècles d'un travail continuel, & qu'on ne les maintenoit qu'avec beaucoup de soins & de dépenses ; que, sans ces monumens de l'industrie hollandoise, ces digues étonnantes qui excitent l'admiration des hommes, les eaux croupissantes de l'Escaut formeroient des lacs & des marais immenses, ou elles ne seroient jamais arrivées à la mer, dans la quantité nécessaire à la navigation ; que les hollandois ayant ainsi formé & maintenu l'Escaut inférieur, ainsi qu'ils ont formé, & qu'ils maintiennent les provinces de Hollande & de Frise, il étoit également leur propriété ; que les Provinces-Unies n'ayant pu destiner ces immenses travaux qu'à leur usage, les avantages qui en résultent, doivent être, indépendamment de tous les traités, regardés, d'après les principes du droit naturel, de la loi & de la justice, comme leur propriété exclusive.

Et sur la décadence & la chûte d'Anvers, qu'on attribuoit uniquement à l'avarice & au despotisme des hollandois, & en particulier sur la clôture de l'Escaut, ils observerent que diverses causes bien connues avoient déterminé le commerce étranger à abandonner cette ville ; que plusieurs de ces causes étoient antérieures à la clôture, & qu'aucune d'elles n'y avoit de rapport. La prospérité d'Anvers déclinoit, à pas précipités, un siècle avant le commencement des troubles & des guerres des *Pays-Bas*. Le commerce s'étoit porté dans d'autres canaux ; Amsterdam qui étoit considérable, long-tems avant cette époque ; ses avantages supérieurs & diverses causes de prospérité l'avoient rendu la première ville commerçante de l'Europe, au temps où on ferma l'Escaut. Anvers toutefois continua à être opulente ; &, malgré les pertes qui résultèrent du mémorable siège qu'elle essuya, elle auroit maintenu son importance, si les choses qui ont amené la décadence de Bruges & de toutes les grandes villes des *Pays-Bas*, n'avoient pas amené sa ruine. Le despotisme, la cruauté & les persécutions des espagnols obligèrent les négocians & les manufacturiers à abandonner ces villes, & à porter ailleurs le commerce & les arts. On remarqua, comme un fait curieux sur cette matière, que le roi d'Espagne, souverain d'Anvers, n'avoit pas été moins intéressé que la Hollande à la clôture de l'Escaut, parce que, comme le dit le célèbre Jean de Witt, dans ses mémoires, la grandeur & l'opulence de cette ville n'étoient pas compatibles avec les vues du despotisme espagnol. Au reste, les hollandois ne dirent pas toutes les frayeurs que leur causa la demande de l'ouverture de l'Escaut ; ils craignirent de montrer à un prince ambitieux le moyen d'opérer leur ruine avec plus de succès.

Les diverses branches de l'Escaut entrecoupent leurs domaines de telle manière, & communiquent si bien avec leurs canaux & leurs rivières, que leurs havres, leurs chantiers, leurs arsenaux, plusieurs de leurs principales villes & l'intérieur de leur pays se seroient trouvés exposés aux entreprises d'une puissance formidable, maitresse du fleuve dont nous parlons.

Tout annonçoit la guerre au printems de l'année 1785. L'impératrice de Russie avoit déclaré qu'elle soutiendroit l'empereur : le cabinet de Versailles qui, après le partage de la Pologne, ne pouvoit plus souffrir les vues ambitieuses de la cour de Vienne, laquelle, au milieu des discussions de l'Escaut, s'occupoit de l'échange de la Bavière contre les *Pays-Bas*, alloit se décider en faveur des hollandois, & la guerre paroissoit inévitable ; mais le comte de Vergennes négocia si heureusement que les articles préliminaires de la paix,

entre l'empereur & les Etats-Généraux, furent signés à Paris le 20 septembre 1785 ; & le 8 octobre de la même année, le traité définitif fut signé à Fontainebleau, sous la médiation & la garantie du roi de France.

Le traité de Munster servit de base à ce traité de 1785, qui en renouvella les articles dans tous les cas qui ne sont pas formellement exceptés par de nouvelles clauses. Voici ces clauses nouvelles : Les Etats-Généraux ont reconnu la souveraineté absolue & indépendante de l'empereur sur chaque partie de l'Escaut, depuis Anvers jusqu'aux limites du comté de Saftingen, conformément à une ligne tirée en 1604 : ils ont renoncé au droit de lever aucune taxe ou impôt sur cette partie du fleuve, & ils se sont engagés à ne pas y interrompre la navigation des sujets de l'empereur : le reste de la rivière, au-delà de ces limites jusqu'à la mer, ainsi que les canaux du Sas, le Swin, & les autres embouchures, sont restés sous la souveraineté des Etats-Généraux, conformément au traité de Munster : il a été stipulé de plus, que les hollandois évacueroient & démoliroient les forts de Kruischans & de Frédéric-Henri, & qu'ils en céderoient les territoires à sa majesté impériale ; que pour donner à l'empereur une nouvelle preuve de leur desir, d'établir la plus parfaite intelligence entre les deux pays, les Etats-Généraux évacueroient & soumettroient à sa discrétion les forts de Lillo & de Liefkenshock, avec les fortifications telles qu'elles se trouvoient ; ils se sont réservés seulement le droit d'en retirer l'artillerie & les munitions ; que l'empereur renonce à toutes les prétentions qu'il avoit formées ou qu'il peut former, en vertu du traité de 1673, sur Maëstricht & ses dépendances, & que les Etats-Généraux paieroient à sa majesté impériale la somme de 9 millions & demi de florins, monnoie de Hollande ; de plus un demi-million de florins, pour dédommager ses sujets des dommages causés par les inondations (1). Les autres articles contiennent diverses renonciations à des droits, ou à des prétentions des deux parties ; des cessions mutuelles de villages & districts ; des fixations de limites ; des dispositions locales, ou des réglemens intérieurs. On y déclare qu'à l'avenir on n'élevera pas de forts & de batteries à la portée du canon, des limites de l'un ou l'autre côté, & qu'on démolira ceux qui se trouvent construits. Toutes les dettes ou réclamations pécuniaires entre les deux états sont annullées ; & les parties contractantes renoncent, sans aucune réserve, à toutes les prétentions ultérieures qu'ils pourroient former l'une contre l'autre.

Si la tranquillité de l'Europe fut affermie sur les bords de l'Escaut, un autre projet de la cour de Vienne, mit en fermentation l'Allemagne en-

_____

(1) Les hollandois avoient ouvert les digues en quelques endroits.

tière.

lière. C'étoit encore pour cet héritage de la maison palatine de Bavière, déjà trois fois dans le dix-huitième siècle, attaqué, disputé ou envahi. Il ne s'agissoit ni d'une usurpation, ni d'une conquête ; c'étoit une échange à l'amiable, proposé aux membres de la maison palatine, des états de Bavière contre les provinces des *Pays-Bas* restées à la maison d'Autriche, à l'exception de Luxembourg & du comté de Namur. Depuis quelques mois, le secret de cet arrangement avoit transpiré dans le public ; on parloit d'ouvertures faites au duc de Deux-Ponts, & de la résistance de cet héritier-présomptif de l'électeur Palatin, du consentement de ce dernier prince, & de l'appui que la cour de Russie prêtoit à ce projet. Ces rumeurs acquirent un nouveau degré de créance, par les allarmes des sujets bavarois, par leurs représentations au souverain, qui menaçoit de les abandonner, & par un voyage de l'électeur à Dusseldorp, dans cet instant critique ; voyage qu'on s'obstinoit à regarder comme une évasion. Toutes ces incertitudes ne tardèrent pas à se dissiper ; le roi de Prusse se chargea d'éclairer l'Europe. Ce monarque, averti par le duc de Deux-Ponts, s'allarma d'un événement, contre lequel sa politique & ses armées avoient déja tenu l'Allemagne en garde. De nouveau il se présenta comme le défenseur de la liberté *germanique*, c'est-à-dire d'un équilibre de puissance dans l'Empire. Le grand âge de ce prince, & sa santé fréquemment ébranlée, étoient de foibles obstacles aux mesures difficiles qu'il alloit embrasser. On l'avoit vu parcourir lui-même ses états, visiter ses armées, passer en revue en Silésie quatre-vingt mille hommes dans un jour, & braver, à cheval, la fatigue, la pluie, & l'intemperie des saisons. Lorsque ses desseins furent mûris, il les communiqua aux diverses cours de l'Europe. Il annonça qu'uni aux électeurs de Saxe & de Hanovre, il s'opposeroit à une entreprise qu'il jugeoit contraire aux traités, au droit public de l'Empire, aux conventions les plus explicites, aux convenances les plus importantes. En même temps il invita les membres du corps *germanique*, à s'associer dans une ligue, dont leur repos devoit être & le seul but & le seul fruit.

La cour de Vienne s'irrita d'une pareille confédération, dirigée contre le chef de l'Empire, & produite par une défiance dont cette cour ne put s'empêcher de marquer son ressentiment. Elle fit combattre avec vivacité les imputations & les argumens de la cour de Berlin : il seroit inutile de récapituler ces longues discussions. Elles provoquèrent une réplique détaillée, dans laquelle le roi de Prusse confirma à l'Europe sa fermeté, ses intentions, & ses motifs.

Il est un point cependant sur lequel les deux cours parurent s'accorder, du moins en apparence ; c'est que les états bavarois ne peuvent changer de maître, sans le libre consentement du

prince qui doit les gouverner un jour. Or, jusqu'ici le duc des Deux-Ponts ayant été inébranlable à rejetter toute proposition d'*échange*, & le but de la ligue qui s'y oppose & le dessein de la cour de Vienne de le réaliser, semble tomber absolument. Mais le roi de Prusse a été plus loin dans ses déclarations ; il a soutenu que l'aveu même de l'héritier de la Bavière n'en rendroit pas l'aliénation plus valide. Dans tous les cas, ce monarque s'avance comme une barrière qu'il faudra forcer, avant de transporter à Bruxelles la couronne des ducs de Bavière.

Quelle que soit l'issue de ce différend, qui, malheureusement ne tardera pas à renaître & qui peut mettre en péril la tranquillité de l'Allemagne & de l'Europe ; il est intéressant de connoître la valeur de l'objet de l'échange médité. Selon les calculs présentés par le ministre de Prusse, les états de Bavière ont 784 milles d'Allemagne quarrés, 1,390,000 habitans, & donnent au souverain un revenu de sept millions de florins. La partie des *Pays-Bas* autrichiens offerte en retour, contient 290 milles quarrés, 1,200,000 habitans, & produisent un revenu de deux à trois millions de florins. Mais quoique l'empereur voulût se réserver une partie des *Pays-Bas*, nous croyons que les calculs de la cour de Berlin sont un peu trop foibles.

SECTION IVe.

Des troubles que vient d'occasionner l'empereur dans les Pays-Bas, en voulant changer la forme d'administration, & les tribunaux de ces provinces, & y établir des réformes.

Les diverses provinces des *Pays-Bas* avoient accueilli avec chaleur les prétentions de l'empereur sur l'ouverture de l'Escaut ; mais elles ne tardèrent pas à opposer une vive résistance aux changemens qu'il essaya de faire en 1786, dans l'administration intérieure de ces provinces. Il voulut les diviser en cercles, & y établir des intendans ; & les habitans bien instruits des réclamations qu'excitoient les intendans en France, & très-zélés pour le maintien de leurs privilèges, n'ont pas voulu y consentir. La cour de Vienne se proposoit, malgré la diversité des privilèges, des préjugés & des habitudes de ses divers états, d'établir un régime uniforme pour les collèges d'administration & les tribunaux de justice ; & les provinces des *Pays-Bas* ont paru disposées à défendre, les armes à la main, les anciens tribunaux : l'empereur, sur ces entrefaites, avoit supprimé beaucoup de couvents ; & il avoit fait d'autres innovations dans le régime ecclésiastique ; & cette opération qui blessoit les dévots, a réuni tous les ordres de citoyens : on les a vu s'armer contre le souverain, discuter chaque point de détail, au milieu d'un foulevement général, & arriver enfin à leur but, après une conteftation dangereufe & terrible, dont nous allons donner le précis. Nous ne nous permettrons pas de juger le fond de la querelle ; nous obferverons feulement que les *Pays-Bas* en réclamant leurs capitulations & leurs priviléges, n'ont pas voulu ou n'ont pas pu féparer les innovations, nuifibles à leur profpérité & à leur induftrie, de celles qui étoient analogues au progrès des lumières, & qui fe trouvoient favorables à la profpérité de ces mêmes provinces.

En 1786, le 14 octobre, l'empereur divifa les *Pays-Bas* en cercles, comme la Bohême & l'Autriche ; ils devoient être au nombre de 9, ayant chacun un capitaine ou intendant : voici la divifion de ces cercles ; 1°, le Brabant ; 2°. la province de Limbourg & le quartier de Ruremonde ; 3°. le marquifat d'Anvers & la feigneurie de Malines ; 4°. le Luxembourg ; 5°. la province de Namur ; 6°. Tournay, le Tournefis & la Flandre retrocédée ; 7°. les quartiers de Bruges & d'Oftende ; 8° Gand & le refte de la Flandre ; 9°. le Hainaut.

Les confeillers intendans de ces cercles devoient avoir rang de confeillers au confeil royal, & jouir de 4000 florins d'Allemagne d'appointemens. Ils devoient être rendus dans leurs départemens au premier novembre 1787.

Au mois de mars 1787 le gouvernement communiqua aux états, aux tribunaux fupérieurs & aux magiftrats municipaux, deux diplômes de S. M. I. ; le premier conftitutif d'un nouveau confeil d'adminiftration générale dans les *Pays-Bas* ; le fecond, d'un nouvel ordre de tribunaux judiciaires.

Le premier expofoit en détail, ce qui avoit rapport aux cercles & aux intendans ; & voici l'un & l'autre de ces réglemens.

Diplome de l'empereur, portant établiffement d'une nouvelle forme pour le gouvernement géné ral des Pays-Bas, du premier janvier 1787.

Jofeph, par la grace de Dieu, empereur des Romains, toujours augufte, roi d'Allemagne, de Jerufalem, de Hongrie, de Bohême, &c. &c. &c. Ayant réfolu de donner au gouvernement général de nos provinces belgiques, une forme nouvelle pour la direction & l'expédition la plus prompte & la plus régulière des affaires de fon reffort, nous ftatuons & ordonnons les points & articles fuivans.

I. Nous fupprimons les trois confeillers-collatéraux & la fecrétairerie d'état.

II. Au lieu de ces confeils & de la fecrétairerie d'état, nous établiffons un feul confeil, fous le nom de confeil du gouvernement-géné-

ral des *Pays-Bas*, où feront traitées toutes les affaires politiques & économiques du pays, d'après les régles & inftructions que nous avons prefcrites.

III. Notre miniftre plénipotentiaire aux *Pays-Bas*, fera par état le chef & le préfident de ce confeil & le garde de nos fceaux.

IV. Il y aura dans ce confeil un vice-préfident pour fuppléer aux fonctions du chef, dans tous les cas où il ne pourra pas les remplir en perfonne, & autant de confeillers que nous jugerons à propos d'y commettre.

V. Ce confeil fera pourvu du nombre de fecrétaires, de commis & d'officiaux, qui fera jugé néceffaire.

VI. Pour faciliter la direction des affaires du gouvernement-général, & lui procurer en tout temps des notions affurées fur tout ce qui peut intéreffer l'ordre public, & le bien des peuples confiés à nos foins, nous avons réfolu de divifer nos provinces des *Pays-Bas* en neuf cercles, & d'établir fous fes ordres dans chacun de ces cercles, un intendant & plufieurs commiffaires, fur le pied que le gouvernement fera connoître par une ordonnance à émaner de notre part, felon laquelle, ainfi que felon les inftructions & les ordres qu'ils recevront du gouvernement, ces intendans & commiffaires fe régleront dans l'exercice de leurs charges.

VII. Confidérant les frais énormes qu'entraîne, à la furcharge de nos peuples, la forme actuelle des adminiftrations provinciales, nous avons réfolu de les fimplifier de la manière fuivante.

VIII. Les collèges actuels des députés des états de toutes nos provinces Belgiques, viendront à ceffer avec le dernier du mois d'octobre de cette année & refteront fupprimés.

IX. Au lieu de ces collèges, les états de Brabant, de Flandres & du Hainaut choifiront parmi ceux de leurs membres qui feront préalablement reconnus capables par le gouvernement, un député pour chacune de ces provinces, qui fera agrégé au confeil du gouvernement, où il aura le titre, le rang, & les gages de confeiller, & où il rapportera immédiatement tous les objets des finances de fa province, & autres, que le préfident jugera à propos de lui confier.

X. Les adminiftrations des autres provinces n'étant ni fi étendues, ni fi confidérables, nous avons jugé que deux pareils députés pour toutes pouvoient fuffire ; en conféquence les états des provinces de Limbourg & de Luxembourg auront à s'entendre sur le choix d'un de leurs membres, ou de quelqu'autre sujet agréable au gouvernement, & les états de Namur & de Tournesis auront pareillement à s'entendre sur le choix d'un député commun, pour diriger respectivement leurs affaires au conseil sur le pied requis à l'article précédent; quant aux états de Gueldres & de Malines, ils auront à commettre le soin de leurs affaires aux députés du Brabant.

XI. Les états respectifs éliront de même cinq secrétaires qui seront également agrégés au conseil, avec les mêmes gages & émolumens dont jouissent les autres secrétaires de ce conseil.

XII. Ces cinq députés des états, & leurs secrétaires, serviront pendant un terme de trois ans, au bout duquel ils seront continués ou renouvellés pour même terme, au gré de leurs commettans respectifs, & dans tous les cas où le gouvernement trouvera bon de leur demander des avis, ou informations quelconques relatifs à l'intérêt général de la province, ainsi que pour signer les nouvelles lettres de rentes & autres actes que les états pourroient être dans le cas d'expédier.: ces cinq députés représenteront les états dans leurs différens ordres.

XIII. En simplifiant & réunissant ainsi l'administration des Finances provinciales, nous sommes très-éloignés de vouloir toucher, ni innover en rien, aux droits, ni à l'hypothèque de ceux qui ont placé leur argent sur le crédit de nos états Belgiques; nous entendons en conséquence que leurs caisses restent toujours séparées de celles de nos finances, & qu'il ne soit rien changé quant aux lieux stipulés pour le payement des rentes.

XIV. Tout ce que nous venons de prescrire par les articles précédens, relativement aux administrations des états, commencera à avoir lieu le premier novembre de l'année 1787.

XV. Ayant trouvé bon d'excepter de la surveillance & de l'activité du nouveau conseil du gouvernement, toutes les affaires qui ont trait à la justice & à son administration, nous avons résolu d'établir pour cet objet si essentiel, un département séparé, sous le nom de conseil souverain de justice des Pays-Bas, dans la forme que nous réglerons par un diplôme particulier.

XVI. Ce conseil chargé spécialement de tout ce qui concerne l'administration & la direction supérieure de la justice, sur le pied des instructions que nous lui ferons remettre, sera en même-temps l'unique tribunal de révision pour toutes nos provinces Belgiques.

Si donnons en mandement à tous nos conseils, officiers & sujets qu'il appartiendra, d'observer & de faire observer ponctuellement le contenu des présentes. Car ainsi nous plaît-il. En témoignage de quoi nous avons signé les présentes, & nous y avons fait mettre notre grand sceau. Donné à Vienne le premier janvier l'an de grace mil sept cent quatre-vingt-sept, & de nos regnes, de l'Empire romain le vingt-troisième, de Hongrie, de Bohême le septième. Paraphé K. / R. Vt. Signé JOSEPH. Contresigné, par l'empereur & roi, A. G. De Laderer, & muni du grand sceau de sa majesté.

DIPLOME de l'empereur, portant établissement des nouveaux tribunaux de justice aux Pays-Bas, du premier janvier 1787.

JOSEPH, par la grace de Dieu, empereur des romains, toujours auguste, roi d'Allemagne, de Jérusalem, de Hongrie, de Bohême, &c. &c. &c. Ayant résolu d'établir pour l'administration de la justice dans nos provinces Belgiques, le même ordre & la même gradation de tribunaux, qui subsistent dans les autres états & provinces de notre domination, nous avons ordonné & statué, ordonnons & statuons les points & articles suivans.

I. Il y aura pour toutes les parties plaidantes, de quelqu'état ou condition qu'elles soient, & pour toutes les causes, trois instances sans plus, savoir: la première instance, l'instance d'appel & l'instance de révision.

II. L'instance de révision n'aura cependant pas lieu, lorsque les sentences, rendues dans les deux premières instances, seront conformes.

III. Nous supprimons tous nos conseils actuels de justice aux Pays-Bas; & à leur place,

IV. Nous établissons en notre ville de Bruxelles un conseil souverain de justice, composé d'un président, qui, sous la dénomination de chef & président, sera à la tête de ce corps, & d'un nombre suffisant de conseillers.

V. Nous confions à notredit conseil souverain la suprême autorité sur le fait de la justice civile & criminelle, comme étant le centre unique du pouvoir judiciaire; & il exercera cette autorité en conformité de ses attributions & de l'édit que nous ferons émaner sur la réformation de la justice.

Il jugera, au surplus, en troisième instance, & en dernier ressort, toutes les causes qui seront susceptibles de révision sur le pied statué par le deuxième article du présent diplôme.

Zzzz

VI. Nous établissons, pour la seconde instance, deux conseils d'appel, dont l'un aura sa résidence en notre ville de Bruxelles pour les provinces de Brabant, de Limbourg, de Gueldre, de Flandre, de Hainaut, de Namur, de Tournay & Tournesis, & de Malines; & l'autre en notre ville de Luxembourg pour la province de ce nom.

VII. Ces deux conseils d'appel seront composés chacun d'un président & d'un nombre suffisant de conseillers. Ceux-ci doivent avoir, outre les autres qualités requises la connoissance des langues qui sont en usage dans les provinces de leur ressort respectif.

VIII. Nous supprimons également toutes les justices seigneuriales au plat-pays; voulant que la justice soit rendue désormais en première instance par des tribunaux fixes & permanens, dont l'établissement, le nombre, la composition & les attributions seront déterminés par un réglement ultérieur, que nous ferons rédiger & publier sur cet objet.

IX. Nous supprimons enfin, à l'exception des seules justices militaires, tous autres tribunaux, corps & cours de justices, qui subsistent actuellement dans nosdites provinces des *Pays - Bas*, ainsi que les tribunaux ecclésiastiques & ceux de notre université de Louvain, voulant que tous nos sujets sans distinction soient appellés devant les tribunaux ordinaires qui seront établis en conséquence du présent du diplôme.

X. Tous les juges sans exception prêteront serment à leur admission sur l'observation exacte du nouveau réglement de la procédure civile & des instructions y relatives.

Si donnons en mandement à tous nos conseillers, officiers & sujets qu'il appartiendra, d'observer & faire observer ponctuellement le contenu des présentes. *Car ainsi nous plaît-il.* En témoignage de quoi nous avons signé les présentes, & nous y avons fait mettre notre grand sceau. Donné à Vienne le premier janvier l'an de grace mil sept cent quatre-vingt-sept, & de nos règnes, de l'Empire romain le vingt - troisième, de Hongrié & de Bohême le septième. Etoit Paraphé K. R. Vt. *Signé* JOSEPH; contresigné, par l'empereur & roi, A. G. De Laderer; & muni du grand sceau de *sa majesté.*

Des innovations aussi importantes & aussi contraires aux capitulations, & aux privilèges des *Pays-Bas*, ne pouvoient manquer d'allarmer les esprits; & chacun doit convenir, qu'elles étoient bien précipitées.

Les états & les corps de presque toutes les provinces, présentèrent des requêtes & firent

des réclamations contre ces réglemens, & beaucoup d'autres qui les précédèrent; & les accompagnèrent: nous allons transcrire la requête des états de Flandre, qui réunit la décence & la fermeté; elle donnera une idée de celles des autres provinces, qui s'accordent à peu-près sur le fond, & qui ne varient que dans la forme.

Requête des états de Flandre.

Sire, que V. M. daigne permettre aux députés des états de Flandre, spécialement autorisés à cette fin par leurs principaux, représentans les états de la même province, d'exposer leurs profondes doléances au pied de son trône, & d'y réclamer avec tout le respect possible, l'observation précise & exacte du traité solemnellement juré au jour de l'auguste cérémonie de son inauguration, comme comte de Flandre.

Notre devoir, sire, ne nous permet pas de dissimuler à V. M. l'abattement, la consternation & l'effroi, où plongent tous ses fidèles sujets de la province de Flandre, les atteintes multipliées portées à leurs constitutions, les dispositions nouvelles & allarmantes qui ont été surprises à la religion de V. M. Le mécontentement & le murmure percent de toutes parts. Déjà l'on redoute pour la perte de sa liberté, de son honneur, de ses biens, de tous les objets les plus importans, sur lesquels ces constitutions inviolables nou rassuroient de la manière la plus positive.

Daignez vous rappeller, sire, que ce sont ces mêmes constitutions que V. M. nous a garanties par une lettre signée de sa propre main, écrite le lendemain de la mort de feue l'impératrice - reine de glorieuse mémoire, son auguste mère. Ce sont ces mêmes constitutions que le 31 juillet 1781, S. A. R. le duc Albert de Saxe Teschen nous a jurées solemnellement au nom de V. M. sur les saints évangiles, devant toute la nation assemblée, & en présence de votre sérénissime sœur S. A. R. l'archiduchesse Marie-Christine. C'est après avoir reçu la prestation de ce serment, que le clergé, les grands-vassaux, les villes, pays, châtellenies & mériers de la province de Flandre, vous jurèrent de leur côté, foi, fidélité & hommage, comme à leur légitime comte & souverain.

Ce pacte précieux, réciproque, inviolable, a de tous temps fait le bonheur de la Flandre; dans tous les tems il a été le même, avant & sous les ducs de Bourgogne, à chaque avénement d'un nouveau souverain, & spécialement à celui de V. M. Il a constamment & scrupuleusement été renouvellé de part & d'autre avec tout l'appareil qui convient à une aussi importante & aussi majestueuse cérémonie. C'est sur cette base sacrée & inébranlable qu'étoit fondée la sûreté de nos libertés, de nos vies, de nos propriétés, de tous nos droits, de toutes nos prérogatives. Ce pacte cimenté par la religion du serment, est mis à l'abri de toute instabilité par le plus saint & le plus indissoluble des nœuds, par lesquels on puisse lier les conventions humaines, & depuis que les provinces Belgiques ont passées sous l'auguste & heureuse domination de la maison d'Autriche, il a été garanti même par les puissances étrangères.

Mais rien ne nous rassure plus sur l'immutabilité de cette constitution que la parole sacrée de V. M., que le serment solemnel qu'elle a prêté à cet égard.

Qu'il soit permis, sire, d'en retracer ici les expressions, elles sont claires & nullement équivoques :

Que V. M. maintiendra cette province dans tous ses privilèges, coutumes & usages, tant ecclésiastiques que séculiers, & que S. M., comme comte de Flandre, ne souffrira point que rien soit altéré ou diminué, en l'un ou l'autre d'iceux.

Cependant, sire, les dispositions nouvelles émanées sous le nom de V. M. bouleversent, détruisent, anéantissent toute cette constitution que vous avez si solemnellement jurée. Elles portent la désolation & la perplexité dans le cœur des citoyens de tous les rangs. Mais nous sommes persuadés, sire, que votre religion aura été surprise, qu'on vous aura caché le véritable état des choses, qu'on aura négligé de vous représenter & les droits qui nous sont acquis, & les obligations que V. M a contractées ; nous avons la même conviction, sire, qu'il suffira d'instruire V. M. sur toutes les atteintes portées à ce pacte sacré & constitutionnel, pour obtenir de sa religion & de sa justice un redressement complet à tous les égards.

Le plus essentiel, le premier de nos droits, celui qui de tout temps a été gravé en caractères ineffaçables dans le cœur des flamands, qui nous est assuré par la nature, par une infinité de loix des souverains prédécesseurs de V. M., par le serment qu'ils ont tous prêté à leur inauguration, par celui que V. M. a prêté elle-même : » c'est qu'il ne peut être fait aucune force ni violence à aucun habitant du pays, que tant les ecclésiastiques que les séculiers, en corps & en biens doivent être traités par justice & sentence, devant leur juge naturel, sans pouvoir souffrir aucune atteinte dans leur droit de propriété. »

D'après ce principe fondé sur le droit naturel & sur les loix fondamentales de l'état, il n'est pas possible, sire (daignez permettre l'effusion de nos cœurs & de nos sentimens) qu'ayant juré de ne jamais exercer de pouvoir que conformément à ces loix, nous puissions nous persua-

der que votre équité ait pu se laisser induire à ne pas observer une aussi sainte promesse, si votre religion n'avoit été surprise. Cependant, sire, cette promesse étoit évidemment enfreinte par l'attribution d'un pouvoir arbitraire & illimité d'abord accordé aux intendans, & modéré depuis, à certains égards.

Sous le règne de V. M., dont l'œil vigilant est perpétuellement ouvert sur toutes les parties de l'administration, on pourroit peut-être n'éprouver que légèrement & en partie les funestes suites d'une telle attribution. Mais sous un prince moins actif ou distrait par d'autres occupations, quels malheurs n'auroit-on pas à redouter d'un semblable établissement ? Quelle ressource, quel asyle resteroit-il au citoyen pour se mettre à l'abri des rapines, des persécutions, des violences, que pourroit exercer une foule de gens, préposés & subalternes, armés d'un pouvoir absolu, dont il est si facile, & dont on est si tenté d'abuser, surtout lorsqu'on s'en trouve inopinément revêtu ?

La suppression des abbayes, chapitres & autres communautés religieuses, dont l'existence est également assurée par le pacte inaugural, porteroit aussi un coup mortel à cette constitution, & seroit une violation ouverte du droit de propriété si inviolablement respecté par toute la terre & chez toutes les nations, même celles qui gémissent sous le joug monstrueux du despotisme.

Sire, l'état ecclésiastique & religieux est approuvé dans les terres de votre domination aux *Pays Bas*. Vous en avez juré solemnellement la conservation ; d'où il suit qu'en l'embrassant, on acquiert un état légal qui ne doit pas être moins stable que celui de tout autre citoyen, & que par conséquent on ne peut en être dépouillé malgré soi, & lorsqu'on n'a pas commis de délit qui puisse mériter cette peine.

D'ailleurs, Sire, en tous temps les abbayes, chapitres & maisons religieuses ont procuré le bien-être de notre province ; plusieurs des villes peuplées & opulentes, dont sa surface est couverte, leur doivent leur existence ; la ville de Gand entr'autres, l'une des plus considérables de l'Europe, doit la sienne à deux abbayes, dont l'une a depuis été convertie en chapitre.

L'érection des nouveaux tribunaux que V. M. a trouvé à propos d'établir, cause aussi de tous côtés les plus violentes réclamations.

Par cette institution, les vasseaux de V. M. & ses autres sujets de la Flandre, sans qu'eux ni les représentans de la nation aient été entendus ni consultés en aucune manière, se trouvent privés tout d'un coup, les uns de leurs jurisdictions qui faisoient une partie de leur patrimoine, les autres des emplois (1) qu'ils administroient avec l'intel-

(1) Sans s'arrêter au préjudice fait au président & gens du conseil en Flandre, ai si qu'aux tribunaux des

ligence & l'intégrité requifes ; & prefque tous avoient acquis cette poffeffion à titre onéreux.

Au furplus, quoiqu'il foit vrai que la Flandre, la plus confidérable cependant des provinces belgiques, ne jouiffoit pas de l'avantage d'avoir, ainfi que le Brabant & le Hainaut, un tribunal fouverain jugeant par arrêt ; elle avoit cependant un confeil provincial, auquel reffortiffoient les autres cours fubalternes de la province, & qui étoit à cet égard un vrai tribunal d'appel, dont la confervation étoit d'autant plus précieufe, qu'il étoit fitué dans la ville capitale & au centre de la Flandre.

Tout eft encore innové à cet égard par les nouvelles difpofitions ; la province n'a plus même chez elle un tribunal de cette cathégorie ; le confeil d'appellation eft placé hors de la province, où les ufages & les coutumes de Flandre, que votre majefté a auffi juré de maintenir, font étrangers & peut être ignorés ou peu connus des juges. Des extrémités maritimes & occidentales de la province ; après que les caufes les plus importantes auront été jugées en première inftance ; quelquefois par un feul homme nommé juge royal ou préteur, l'on fera forcé de recourir à un tribunal d'appel, éloigné de trente lieues & davantage. Le confeil fouverain de Malines étoit, à la vérité, à une égale diftance, mais au moins le confeil d'appel étoit au milieu de la province.

L'abolition arbitraire de la députation des états, repréfentans perpétuels de la nation, eft encore une des infractions les plus graves & les plus effrayantes à notre conftitution. On y fubftitue l'ombre d'un député aggrégé à un confeil établi hors de la province. Quelle confiance un pareil repréfentant peut-il jamais infpirer au peuple ou à fes commettans ? Si ce fyftême anticonftitutionnel pouvoit avoir lieu, notre exiftence politique feroit fappée par fes fondemens ; il ne refteroit plus qu'un vain fimulacre de nos états, qui font la bafe & les gardiens nés de notre conftitution.

Ce n'eft pas, fire, que nous voulions maintenir les abus, s'il en exifte, dans quelque partie de l'adminiftration ; mais nous ne pouvons, fans manquer au ferment que nous avons prêté à votre majefté, coopérer à aucune innovation, ni la voir naître fans réclamation, dès qu'elle bleffe cette conftitution que nous avons, ainfi que votre majefté, juré de foutenir inviolablement. Les états de Flandre, dont les membres font nés & élevés au fein de la province, connoiffent mieux que tous autres, fon fol, fes productions, fes richeffes, fes forces, fes befoins & fes reffources. Ils donneront toujours volontiers les mains aux

améliorations que la fageffe de votre majefté & fon zèle pour le foulagement de fes peuples lui dicteront ; mais dès qu'il s'agit de chofes qui intéreffent ou peuvent intéreffer la conftitution, il eft manifefte qu'il faut à cet égard le confentement des deux parties qui ont intervenu au pacte inaugural, & fe font liées réciproquement par la religion du ferment.

Nous concourrons toujours avec empreffement aux vues de votre majefté pour le bien public ; & nous ne doutons nullement, fire, que les états n'acquiefcent aux changemens & améliorations que vous pourrez leur propofer, dès qu'ils feront compatibles avec le maintien de notre conftitution.

Nous fommes perfuadés que V. M. eft dans les mêmes fentimens, & que jamais elle n'eût pu fe réfoudre, avec connoiffance de caufe, à anéantir des droits auffi folemnellement jurés. Cette augufte & fainte cérémonie, par laquelle vous vous êtes lié envers votre peuple de Flandre, n'a pas été une formalité illufoire & de pure oftentation, elle a eu un objet déterminé, facré & inviolable.

Oui, fire, la religion de V. M. a été évidemment furprife. Nous vivons fous un fouverain jufte, éclairé, philofophe, ami des hommes, des loix & de la vérité. Il fuffira de la lui montrer pour qu'il la faififfe & qu'il revoque toutes les infractions qu'on a faites en fon nom aux conftitutions qu'il a jurées.

Qu'il nous foit permis encore de repréfenter à V. M. qu'en négligeant la voie fimple & auffi naturelle que légale du concours des états pour toutes les innovations qui peuvent toucher à la conftitution, les changemens qu'on veut effayer d'y faire, outre qu'ils ne peuvent acquérir aucune confiftance, font toujours précipités & peu analogues au bien du pays ; ils produifent quantité d'injuftices & d'irrégularités particulières. Les plus fideles fujets entrent en défiance ; l'on craint l'efclavage & toutes les fuites du pouvoir arbitraire. Les loix font méconnues, la jurifprudence & les adminiftrations en défordre, le commerce dépérit, le crédit national s'anéantit fans retour ; enfin tout fe bouleverfe, au détriment des citoyens, & fans aucun bien-être pour le prince.

Daignez jetter, fire, un regard favorable fur la trifte fituation des habitans d'une des plus fertiles & jadis des plus heureufes provinces de l'Europe, qui contribue plus qu'aucune autre province belgique dans les fubfides qui fe paient à votre majefté. Cette conftitution précieufe que l'on veut enfreindre, a fait pendant plufieurs fiècles fon luftre & fa profpérité. Sa population,

---

lieutenans-civils très-utilement inftitués à Gand & à Termonde par Charles-Quint, en 1540 & 1544, l'on compte en Flandre plus de 80,000 perfonnes léfées par l'introduction du nouveau règlement de la procédure civile, dont le défintéreffement, felon juftice & équité, doit paffer des millions de florins.

l'industrie de ses habitans, ses fabriques, son commerce, sa navigation, son agriculture, ses villes nombreuses & opulentes, la quantité de ses bourgs & villages où l'aisance & l'activité respirent par-tout, tout l'atteste ; mais la perte de cette même constitution entraîneroit bientôt celle de tous ces avantages, & produiroit un dérangement général dans tous les états.

Votre majesté a daigné faire éprouver ses bontés paternelles à ceux de ses sujets qui, dans ses pays héréditaires, languissoient encore sous l'oppression d'une servitude honteuse. Elle les a réintégrés dans la dignité d'hommes dont ils sembloient déchus ; c'est un garant pour nous qu'elle ne voudra pas replonger, dans un semblable état de dégradation, & d'anéantissement, un peuple qui en est sorti depuis long-temps, qui toujours s'est signalé par son dévouement envers ses princes, & pendant la guerre & pendant la paix. Un peuple qui, en fait de commerce & d'agriculture, a été, pour ainsi dire, l'instituteur des autres pays de l'Europe, qui a égalé ou surpassé dans les lettres & les arts les nations qui y ont le plus excellé. Les chefs - d'œuvres de nos maîtres sont recherchés par toute l'Europe. Partout ils ont établi la réputation & la gloire des flamands.

Daignez, sire, rétablir parmi nous le repos & la tranquillité, malheureusement altérés par l'anxiété qui trouble tous les individus ecclésiastiques & séculiers, tous également jaloux de la conservation de leurs propriétés & de leurs droits ; nous ne demandons, sire, que des choses justes, & qui nous sont dues & assurées par le serment prêté à votre inauguration.

A ces causes, nous venons avec les plus vives & les plus respectueuses instances nous prosterner au pied du trône, & vous supplier, sire, de nous maintenir dans la conservation de tous les avantages qui nous sont assurés par le serment inaugural de V. M.

De révoquer en conséquence les édits portant atteinte à notre constitution & à nos droits.

De rétablir en Flandre un conseil d'appellation, où les fidèles sujets de cette province puissent obtenir droit & justice par des juges instruits dans leurs loix & coutumes.

D'assurer la conservation des abbayes, chapitres & communautés ecclésiastiques & religieuses, de pourvoir d'abbés réguliers les maisons sans chef, ainsi qu'il a toujours été fait, & de ne pas en établir de commendataires.

De ne plus supprimer de maisons religieuses, & de confier aux états l'administration de celles qui ont subi ce sort en Flandre.

De conserver aux magistrats des villes & châtellenies respectives, l'administration de la police & des deniers publics.

D'ordonner que tout commissaire departi sera

soumis à la constitution du pays & à l'état, sans pouvoir empiéter en aucune manière sur les droits & privilèges appartenants aux magistrats.

De conserver à la jurisdiction ordinaire, comme de coutume, la tutelle des mineurs, & tout ce qui en dépend, par la seule raison que cette matière ne concerne point les tribunaux de justice, mais consiste notamment dans une surveillance confiée aux chefs-tuteurs des pupilles, selon les loix.

De conserver la députation des états & leurs assemblées dans la capitale de la province sur le pied actuel, en leur conservant aussi l'administration des deniers publics.

Nous supplions enfin, au cas que quelque innovation fût jugée nécessaire, de ne pas l'introduire sans le concours des états, qui, s'il en arrivoit autrement, ne pourroient s'abstenir, le pacte inaugural à la main, de réclamer & de protester contre toutes les infractions qui en résulteroient.

Nous sommes avec le plus profond respect, &c.

On voit que le différend, entre les provinces belgiques & leur souverain, portoit d'abord sur le pacte inaugural, qui assujettit l'empereur à ne rien innover dans les loix du pays, sans le consentement des états, & ensuite pour ces innovations même. Ce pacte est ce qu'on appelle en Brabant la *Joyeuse-Entrée*. Elle forme un recueil de 59 articles relatifs aux anciens privilèges, dont le souverain, à son inauguration, jure l'observation aux états de Brabant & de Limbourg seulement. Le texte original de cette charte est écrit en ancien flamand ; elle comprend encore 15 additions faites sous Philippe le Bon & sous Charles V. Plusieurs de ces clauses sont peut-être vagues ou minutieuses, & le comte de Neny, dans ses *Mémoires historiques* sur les Pays-Bas, dit (nous ignorons si c'est avec fondement) qu'il y règne des obscurités, qui souvent ont donné lieu aux états de former des prétentions aussi déplacées que peu soutenables. L'article 58 confirme très-explicitement « aux prélats, nobles, villes & à tous sujets du pays de Brabant & d'Outre-Meuse, » tous les droits, franchises, privilèges, char- » tres, coutumes & usages ».

L'université de Louvain se joignit aux états, & elle députa trois de ses membres aux états de Brabant, avec des plaintes amères sur la réforme qui regardoit cet établissement.

On dit que dans le duché de Limbourg au contraire, à Ath en Hainaut, les nouveaux tribunaux de justice furent reçus avec allégresse.

Mais leur foible suffrage ne pouvoit balancer la résistance des autres provinces beaucoup plus considérables. Des volontaires & des corps francs étoient en armes, & quelques états, ceux de

Brabant, par exemple, réfuférent les fubfides de l'armée.

Le gouvernement général des *Pays Bas*, le miniftre plénipotentiaire de l'empereur dans ces provinces, M. le prince de Kaunitz, en l'abfence de l'empereur qui étoit à Cherfon, fentirent que la révolte faifoit chaque jour des progrès ; qu'il falloit la calmer par des promeffes, par des fufpenfions ; mais les fufpenfions & les promeffes ne tranquillifoient pas les divers états.

Enfin ce qui fe paffa dans les derniers jours de juin à Bruxelles, entraîna le rétabliffement abfolu de l'ancien régime. La circonfpection du gouvernement, fes efforts pour tranquillifer les efprits, la fufpenfion provifoire des nouvelles inftitutions, accompagnée de refcrits qu'on croyoit propres à détruire les préventions, n'avoit fervi qu'à accroître la défiance & la fermentation. Elle fe manifefta d'abord par une requête très - énergique des corporations de Bruxelles aux états de Brabant, dans laquelle les requérans réclamoient entr'autres M. de Hondt, négociant de Bruxelles, enlevé d'autorité & transféré à Vienne. Les corporations alloient même jufqu'à fupplier les états d'exiger un ôtage du gouvernement, pour répondre de la fûreté de M. de Hondt, & les bourgeois déclarèrent qu'ils perdroient la vie, avant de laiffer confommer leur fervitude. Le même jour les états s'occupèrent de cette requête, & firent de nouvelles repréfentations pleines de véhémence à leurs alteffes royales. En voici le contenu.

MADAME ET MONSEIGNEUR,

Nous avons fupplié V. A. R. par tant de remontrances ; nous vous avons conjuré, féréniffimes gouverneurs généraux, par tous les droits, par tous les motifs les plus facrés, que V. A. R. daignaffent faire ceffer au plutôt jufqu'aux traces des infractions de nos privilèges, en rejettant tout confeil qui ne meneroit pas à l'unique objet de rétablir l'ordre conftitutionnel, juré fi folemnellement au nom du fouverain. Nous avons eu l'honneur de faire parvenir à V. A. R. nos doléances articulées ; les points que nous avons préfentés, font clairement, évidemment déterminés par le pacte inaugural. Cependant toute la nation voit avec une douleur qu'elle retient à peine, que nos réclamations non - feulement n'ont pas produit le redreffement jufte & indifpenfable de fes griefs, mais que par des moyens détournés on tâche de reculer & d'éluder la fatisfaction qu'elle a droit d'attendre fans délai. Elle eft convaincue avec raifon, qu'il eft hors du pouvoir du prince de faire des difpofitions contraires à des privilèges, fondés fur les plus faints engagemens.

Comment toute la nation n'entreroit - elle pas dans la plus grande défiance, en voyant fortir encore récemment la déclaration au nom de l'empereur & roi fous la date d'avant-hier, où l'on fuppofe que ce font de prétendues affertions & infinuations fur certains points ifolés, qui répandent l'inquiétude parmi les bons fujets, tandis qu'il eft d'une parfaite notoriété que cette véhémente inquiétude tire fa fource du fyftême pris, & qu'on tâche de foutenir, de bouleverfer tous les droits ; que, jufqu'au nom de la juftice, tout eft enveloppé dans l'illufion, dont on s'obftine de préfenter le preftige.

Que V. A. R. daignent attacher leurs regards fur la requête, que les corporations de Bruxelles, tant pour elles que comme conftituées par d'autres membres des villes, viennent de nous faire parvenir. Nous ne pouvons que nous joindre entiérement à la demande comme à tout l'objet de cette requête.

Il eft tems, féréniffimes gouverneurs-généraux, que V. A. R. entendent les cris d'un peuple outragé dans tous fes droits, outragé dans la manière, dont on continue d'équivoquer fur une fatisfaction qui n'a rien que de légitime, qui ne foit fondé fur un pacte, dont la force eft connue de l'univers entier. Que V. A. R. comme fe préfentans de l'empereur, faffent enfin attention à la continuité & à l'énergie de toutes nos remontrances, fur-tout à cette vérité plus que certaine, que le monarque eft dans l'heureufe impuiffance de contrevenir légalement à fes engagemens. Que V. A. R. daignent déclarer, pour rétablir le calme & la paix, « que toutes les enfreintes de la » Joyeufe-Entrée feront redreffées fans le moin- » dre délai ». Les prélats, nobles & députés des chefs - villes, repréfentant les trois états de ce pays & duché de Brabant.

Signé, DE COOK.

Par ordonnance de notre affemblée générale, tenue à Bruxelles le 26 mai 1787.

L'efferverfcence pouffée au comble, dans le public, détermina les gouverneurs à répondre aux états, le 28, dans les termes fuivans :

« Très-révérends, révérends Pères en Dieu, nobles, chers & bien amés. Ayant reçu & examiné les repréfentations que vous nous avez adreffées le 15 de ce mois, nous les avons portées avec empreffement à la fouveraine connoiffance de l'empereur, comme nous l'avons fait à l'égard de toutes celles qui les ont précédées & celles qui les ont fuivies : en propofant à S. M. les voies & les moyens les plus conformes à la conftitution & au vœu de la nation, bien certains que vous repofant fur nos foins & nos fentimens, comme fur ce que nous avons déclaré & vous déclarons encore par la préfente, vous attendrez avec autant de confiance que de tranquillité la réfolution que l'éloignement actuel de S. M. doit néceffairement retarder ».

» Et

« Et pour ne rien vous laisser à désirer en attendant, sur ce que vous devez vous promettre de notre sincérité comme de notre influence, nous vous répétons & confirmons ici, ce que nous avons déja déclaré par notre dépêche du 28 avril, relativement aux abbayes dont les chefs ont le droit de siéger dans votre assemblée, & que nous ne balançons pas de confirmer dès-à-présent la confiance où vous devez être que S. M. fera observer exactement sur cette partie de vos représentations, tout ce qui se trouve exprimé à cet égard, tant dans la Joyeuse-Entrée que dans le concordat de 1564 ».

« Nous nous promettons de recevoir dans peu une résolution favorable de l'empereur pour la nomination aux dignités d'abbés & d'abbesses des abbayes, qui sont actuellement vacantes ».

« S'il s'agissoit de changement à l'égard des chapitres, monastères, ou autres établissements pieux, on n'y procéderoit que d'une manière qui ne blesseroit en rien la constitution ».

« Les vues de S. M. sur l'emploi des biens des maisons religieuses supprimées, ainsi que des confrairies, portant sur un emploi également conforme à la justice & au plus grand bien de la religion & de l'humanité, nous sommes convaincus d'avance que vous étant connues & développées, comme elles le feront dans tous leurs détails, il ne vous restera aucun doute sur l'important usage auquel l'empereur les destine, & S. M. recevra certainement avec autant de plaisir que de confiance, ce que vous pourriez avoir à proposer de plus utile relativement au but dont elle s'occupe, d'après les règles de la constitution & des loix. vous prévenant que nous avons résolu de suspendre, en attendant, toute vente ultérieure des biens des maisons supprimées ».

« L'établissement des nouveaux tribunaux de justice est déja révoqué, dans le fait, par le rétablissement actuel des anciens tribunaux; & quant à ce qui regarde le nouveau réglement pour la procédure civile, nous avons résolu de le tenir en suspens, & de donner d'abord à cet effet les ordres nécessaires (1) ».

« Il ne sera fait de la part du gouvernement général, aucune interdiction dans l'administration de la justice, qui soit ou puisse être contraire à la Joyeuse-Entrée ».

« Le diplôme concernant la nouvelle organisation du gouvernement ayant été communiqué par ordre exprès de l'empereur, nous devons attendre, sur votre demande à cet égard, les intentions ultérieures de sa majesté, vous prévenant, au reste, qu'il n'opère & n'opérera en attendant que

relativement aux seuls points qui ne sont point contraires à la Joyeuse-Entrée : que l'article des sceaux ne porte que sur ceux qui étoient ci-devant sous la garde du chef & président de l'ancien conseil-privé, & que les expéditions pour la province de Brabant seront toujours signées par nous, & contre-signées par un secrétaire, ayant patentes pour signer en Brabant ».

« Nous avons résolu de faire cesser l'établissement des intendances, ainsi que les fonctions des intendans & de leurs commissaires, ce qui fera l'objet d'une déclaration qui sera portée d'abord (2) ».

« Nous porterons avec plaisir à la souveraine connoissance de l'empereur, les instances que vous réitérez pour la continuation de la députation ».

« Vous ne devez pas douter que l'intention de S. M. ne soit d'observer, à l'égard de la chambre des comptes & du pays de Limbourg & d'Outre-Meuse, ce que la Joyeuse-Entrée établit à l'égard de l'une & de l'autre ».

« Nous avons résolu de pourvoir d'abord d'une manière qui donnera plein appaisir sur ce que vous nous avez représenté à l'égard des corps de métiers : nous avons déja agréé, à cet effet, un nouvel édit qui paroîtra incessamment ».

« Nous avons pourvu de même à l'objet de vos représentations & à celles des corps de cette ville, concernant l'administration du canal, à l'égard duquel nous avons résolu de rétablir les choses sur l'ancien pied, comme vous en serez informés par les dispositions dont nous avons déja ordonné l'expédition, & qui seront dépêchés incessamment ».

« Quant à ce qui touche le négociant de Hondt, nous nous en remettons à la dépêche de ce jour que vous avez déja reçue, & dont nous vous confirmons encore le contenu ».

« Après ces diverses explications, après ces dispositions également conformes à vos instances, & à la Joyeuse-Entrée, après cet exposé sincère de nos principes & de nos sentimens, nous croyons avoir lieu d'attendre de la confiance de la nation, qu'appaisée sur ses doutes & sur ses inquiétudes, elle dirigera sa conduite, d'après les mouvemens de sa confiance dans l'équité & la justice de l'empereur, comme dans son amour pour ses fidèles sujets ».

« A quoi nous ajouterons que si, indépendamment des objets touchés ci-dessus, il en étoit d'autres à l'égard desquels il existeroit une infraction à la Joyeuse-Entrée, nous y disposerons d'après les principes de notre présente dépêche. A tant, très-révérends, révérends pères en Dieu,

---

(1) En effet, il fut publié le même jour une déclaration de l'empereur & roi, portant surséance au réglement de la procédure civile.

(2) Cette déclaration fut aussi portée le même jour sous ce titre : « déclaration de l'empereur & roi, portant suppression des intendances. Du 28 mai 1787 ».

nobles, chers & bien-amés, Dieu vous ait en
sa sainte garde. De Bruxelles, le 28 mai 1787.
Paraphé, *Bel.* Vt. signé, *Marie* & *Albert*. Plus
bas étoit par ordonnance de L. A. R. contresigné
de *Reul.*

Le lendemain le mécontentement général éclata
de toutes parts. On exigea de LL. AA. RR.
qu'elles se décidassent à une révocation absolue
& non provisoire des infractions à la Joyeuse-
Entrée. L'archiduchesse & son époux se rendirent
au conseil royal avec le ministre, comte de Bel-
giojoso, qui fut hué en sortant, & obligé d'accélérer le pas de ses chevaux. L'amman ou bourg-
maître, M. de Berg, fut environné de la multitude, pressé dans sa marche, & n'arriva chez
lui que deux heures après. Pendant que la populace ramassoit dix couronnes qu'il avoit jettées,
il se refugia dans son hôtel, dont on arracha la
sonnette avec des menaces de faire pis, & des
huées générales. LL. AA. RR. étoient présentes
à cette scène. Lorsque la foule arriva vers la
grand-garde, les soldats rentrèrent avec leurs armes, dans la crainte que le peuple ne s'en em-
parât. A cinq heures, les états, les conseillers,
&c. &c. &c. s'assemblèrent à la cour, & retournèrent ensuite à l'hôtel-de-ville; les gouverneurs
généraux ne voulurent pas aller plus loin qu'ils
ne l'avoient fait. Un seul membre des états resta
auprès d'eux, & leur donna une heure pour se
décider. L'un des seigneurs les plus considérables des états dit en pleine assemblée, que si
cette décision tardoit, on alloit arborer l'étendard
de la république. Toute la grande place étoit in-
vestie par la multitude, la cocarde au chapeau,
& le lion belgique sur l'estomach. 4 à 500 paysans, postés à l'une des portes de la ville, menaçoient d'incendier le château. Dans cette extrêmité, le gouvernement ne vit pas d'autre
parti que d'user des pleins pouvoirs de l'empereur,
de donner la sanction souveraine à la conservation
des anciennes formes, & de promettre le renvoi
des personnes suspectes aux états. Le baron de
Martini, commissaire impérial pour la réforme
des tribunaux de justice, quitta Bruxelles pendant la nuit, ainsi que M. de Reuss & M. de
Berg.

On avoit besoin alors de la ratification de l'empereur. Ce prince de retour à Vienne, avant de
ratifier ce que la nécessité des circonstances avoit
arraché à son cœur & à son ministre, exigea pour
l'honneur de sa couronne diverses conditions, &
entr'autres, que des députés des provinces belgiques iroient lui faire des excuses; que les états
ne refuseroient plus les subsides & feroient payer
les impôts; qu'on restitueroit les biens & les effets des confrairies, dont on avoit disposé contre
la teneur des édits impériaux.

Ces conditions excitèrent de nouveaux troubles
& une nouvelle fermentation; les gens éclairés

sentirent cependant qu'il falloit accorder quelque
chose à la dignité du prince; ils vinrent à bout
de persuader le peuple: les trois conditions furent remplies; & quelque temps après le retour
des députés, le gouverneur-général expédia la
déclaration suivante, au nom de l'empereur, &
par laquelle les *Pays-Bas* autrichiens sont rétablis
dans leurs anciens privilèges.

« La députation des états des provinces aux pieds
du trône, pour porter le témoignage public de
la fidélité & de l'attachement de la nation envers
l'auguste personne de sa majesté, le concours des
états, dans la dernière concentration des troupes
faisant une nouvelle preuve de la sincérité de ce
témoignage, les déclarations enfin des états sur
l'exécution des préalables prescrits par la royale
dépêche du 16 août courant, acte qui a été approuvé, ayant satisfait à la dignité du trône;
l'empereur a pu suivre les mouvemens de son
cœur paternel. Sa majesté, informée d'abord par
nos rapports de la manière satisfaisante dans laquelle les députés des états des différentes provinces s'expliquoient successivement, daigna, pour
abréger le terme des inquiétudes de ses sujets,
nous faire parvenir des ordres pour, dans le cas
que les déclarations des états fussent d'abord
présentées à l'égard de l'exécution des préalables,
donner en son nom royal sa déclaration que sa
dignité ne lui permettoit pas d'accorder auparavant ».

« Nous avons la satisfaction de nous trouver dans
le moment où nous pouvons faire usage de ces
ordres: en conséquence, nous déclarons par ces
présentes au nom de l'empereur & roi, & ensuite de ses ordres ».

« 1°. Que les constitutions, loix fondamentales,
privilèges & franchises, enfin la Joyeuse-Entrée,
sont & seront maintenus & conservés intacts en
conformité des actes & de l'inauguration de sa
majesté, tant pour le clergé que pour l'ordre
civil ».

« 2°. Que les nouveaux tribunaux de justice, les
intendances & les commissaires des mêmes intendances ne sont plus tenus en suspens, mais sont
& continueront d'être supprimés; les bontés paternelles de sa majesté & sa justice, l'ayant engagé
à se départir entièrement à l'égard de ces objets,
ainsi qu'à l'égard de ce qui avoit été réglé par
les deux diplomes en date du premier janvier dernier pour les administrations, pour les états des
provinces, & pour la députation au comité intermédiaire desdits états ».

« 3°. Les tribunaux, les jurisdictions, tant supérieures que subalternes des villes & du plat-
pays, enfin l'ordre & l'organisation de la justice,
les états & leur députation, ainsi que les diverses
administrations des villes & du plat pays, subsis-
teront à l'avenir sur l'ancien pied, si bien qu'il
ne sera plus question de la nouvelle forme qu'il
s'agissoit d'introduire dans ces différentes bran-

ches de l'administration publique, à l'égard desquelles les deux diplomes du premier janvier 1787 viennent entièrement à cesser : en conséquence, les charges de grands baillis & gouverneurs civils continueront à exister, & le maintien des états dans leur intégrité comprend également celui des abbayes dont les abbés sont membres desdits états; elles feront pourvues d'abbés selon la Joyeuse-Entrée & les constitutions ».

« A l'égard du redressement des objets contraires ou infractions à la Joyeuse-Entrée, il en sera traité avec les états, ainsi qu'ils l'ont demandé : on recevra en conséquence ce qu'ils proposeront à cet effet, & sa majesté y disposera d'après l'équité & la justice, & selon les loix fondamentales de la province. A tant, Messieurs, Dieu vous ait en sa sainte garde. De Bruxelles, le 21 septembre 1787. Paraphé *Cr. Vt.* Signé *Murray*, plus bas par ordonnance de son excellence, contresigné *de Reul*.

Au moment où nous écrivons (au commencement de 1788) ces malheureux troubles, terminés sur les points essentiels, continuent sur un autre bien moins important.

Après les grandes questions qui intéressent la constitution politique & la liberté civile des *Pays-Bas*; après la révocation des loix & des ordonnances qui changeoient le régime des tribunaux & ôtoient aux provinces une partie de leurs privilèges, l'Europe voit avec douleur que l'empereur est arrêté dans une réforme qui paroît utile, l'établissement du seminaire général de Louvain : les esprits sont encore très-échauffés; il y a des émeutes. La contestation actuelle entre le gouvernement & le clergé belgique, roule sur deux points. Le premier, touchant le seminaire général établi à Louvain par l'empereur, auquel le clergé prétend ne pouvoir absolument concourir comme étant en lui-même nuisible à la religion & destructif de l'autorité épiscopale; le second point est de savoir si l'université de Louvain est un corps *brabançon*, qui tient à la constitution nationale, ou un corps dans le Brabant, comme le dit la cour de Vienne. Nous formons des vœux pour que les soulevemens ne recommencent pas sur cette bagatelle.

Voyez les articles AUTRICHE, BOHEME, HONGRIE, ILLYRIE, TRANSYLVANIE, GALLICIE, LODOMERIE, MILANEZ, & en général les articles particuliers de chacun des états de la maison d'Autriche.

PÉAGES. *Voyez* cet article dans le dictionnaire de Jurisprudence. Nous voudrions traiter ici des effets des *péages* qui gênent l'industrie & la circulation; mais des circonstances particulières ne nous le permettent pas.

PEINE. On définit la peine, un mal dont

le souverain menace ceux de ses sujets qui seroient disposés à violer les loix, & qu'il leur inflige, lorsqu'ils les violent.

La morale politique doit être fondée sur les sentimens ineffaçables du cœur de l'homme.

Toute loi qui ne sera pas établie sur cette base, éprouvera de la résistance; & cette résistance, quoique petite, renversera enfin la loi, comme nous voyons en méchanique une petite force qui s'exerce à chaque instant, détruire dans un corps le mouvement qui paroît le plus fort. Consultons donc le cœur humain pour y trouver l'origine des peines, & les véritables fondemens du droit de punir.

Personne n'a fait gratuitement le sacrifice ou le don de sa liberté, dans la seule vue du bien public. Cette chimère n'existe que dans les romans. Chacun de nous voudroit, s'il étoit possible, que les conventions qui lient les autres ne le liassent pas lui-même. Chaque homme se fait le centre de toutes les combinaisons de l'univers.

Les loix furent les conditions sous lesquelles les hommes jusqu'alors indépendans & isolés se réunirent en société. Las d'un état de guerre continuelle, & d'une liberté, qui leur devenoit inutile, par l'incertitude de la maintenir, ils en sacrifièrent une partie pour jouir du reste avec plus de sûreté. La somme de toutes ces portions de liberté forma la souveraineté de la nation, qui fut mise en dépôt entre les mains du souverain, & confiée à son administration. Mais il ne suffisoit pas d'établir ce dépôt, il falloit le défendre des usurpations de chaque particulier, qui s'efforce de retirer de la masse commune, sa propre portion & celle des autres : il falloit des motifs sensibles & suffisans pour empêcher le despotisme de chaque particulier, de replonger la société dans son ancien cahos. Ces motifs furent des peines établies contre les infracteurs des loix. L'éloquence & les vérités les plus sublimes ne peuvent mettre un frein aux passions excitées par les impressions fortes des objets sensibles. On ne peut les combattre que par des impressions de même espèce, qui soient continuellement présentes à l'esprit, & qui contrebalancent les passions particulières ennemies du bien général. C'est donc la nécessité seule qui contraignit chaque homme à céder une portion de sa liberté, d'où il suit que chacun n'en a voulu mettre dans le dépôt commun que la plus petite portion possible, la seule partie dont le sacrifice étoit nécessaire pour engager ses associés à le maintenir dans la possession du reste. L'assemblage de toutes ces portions de liberté, les plus petites que chacun ait pu céder, est le fondement du droit de punir de la société. Tout exercice du pouvoir qui s'étend au-delà de cette base est abus, & non justice; est un fait & non un droit. Toute peine est injuste dès qu'elle n'est pas nécessaire à la conservation du dépôt de la liberté publique. Les peines feront d'autant plus juftes, que le fouverain confervera aux particuliers une liberté plus grande, & qu'en même tems la liberté publique demeurera plus inviolable & plus facrée.

La première conféquence de ces principes eft qu'il n'appartient qu'aux loix feules de décerner la peine des crimes ; & que le droit de faire les loix pénales ne peut réfider que dans le légiflateur qui repréfente la fociété unie par le contrat focial. Il fuit delà que le magiftrat n'étant qu'une partie de la fociété, ne peut avec juftice, infliger à un membre de la fociété une peine qui n'eft pas décernée par là loi, & comme l'accroiffement de févérité dans une peine quelconque déjà décernée par la loi au-delà du terme fixé, eft la peine fixée plus une autre peine ; il réfulte qu'aucun magiftrat, même fous prétexte de bien public, ne peut accroître la peine prononcée contre le crime d'un citoyen.

La deuxième conféquence eft que le fouverain qui repréfente la fociété même, ne peut que faire la loi pénale générale, à laquelle tous les membres de la fociété font foumis ; mais qu'il ne lui appartient pas de juger fi un particulier a encouru la peine portée par la loi. En effet, dans le cas d'un délit, il y a deux partis ; le fouverain qui affure que le contrat focial eft violé, & l'accufé lui-même qui nie la réalité de cette violation. Il eft donc néceffaire qu'il y ait un juge entre eux deux qui décide la conteftation ; c'eft-à-dire, un magiftrat dont les jugemens foient fans appel, & confiftent dans une fimple affirmation ou négation de faits particuliers.

La troifième conféquence eft, quand l'atrocité des peines ne feroit pas réprouvée par ces vertus bienfaifantes, qui font l'ouvrage de la raifon éclairée, & qui feront toujours préférer de commander plutôt à des hommes heureux & libres, qu'à un troupeau d'efclaves ; quand elle ne feroit pas directement oppofée au bien de la fociété, & à l'objet même auquel elle eft dirigée, qui eft d'empêcher les crimes ; c'eft affez qu'elle foit inutile pour devoir être regardée comme injufte, & comme contraire à la nature du contrat focial.

Douceur des peines.

La fin de l'établiffement des peines ne fauroit être de tourmenter un être fenfible, ni de défaire, (qu'on nous permette cette expreffion) un crime déja commis. Comment un corps politique, qui, loin d'agir par paffion, met un frein aux paffions particulières, peut-il adopter cette cruauté inutile, inftrument de la fureur & du fanatifme, ou de la foibleffe des tyrans ? les cris d'un malheureux dans les tourmens peuvent-ils rappeller du paffé qui ne revient plus le crime qu'il a commis.

Auffi convient-on que l'objet des peines eft d'empêcher le coupable de nuire déformais à la fociété, & de détourner fes concitoyens de commettre des crimes femblables. Parmi les peines, on doit donc employer celles qui étant proportionnées aux crimes, feront l'impreffion la plus efficace & la plus durable fur les efprits des hommes, & en même tems la moins cruelle fur le corps du criminel.

Qui ne friffonne d'horreur, en voyant dans l'hiftoire, tant de tourmens barbares & inutiles, inventés & employés froidement par des hommes qui fe donnoient le nom de *fages* ? qui ne fent frémir au-dedans de lui la partie la plus fenfible de lui-même au fpectacle de ces milliers de malheureux, tantôt forcés par le défefpoir de fe rejetter dans l'état de nature, pour fe dérober à des maux caufés ou tolérés par ees loix qui ont toujours outragé le plus grand nombre, & favorifé le plus petit ; tantôt accufés de crimes impoffibles ou fabriqués par l'ignorance & la fuperftition ; ou enfin coupables feulement d'avoir été fidèles à leurs propres principes ? qui peut, dis-je, les voir délivrés avec appareil & avec lenteur, par des hommes doués des mêmes fens & des mêmes paffions ; & une multitude fanatique repaiffant fes yeux de cet horrible fpectacle !

L'atrocité même de là peine fait qu'on ofe faire davantage pour s'y fouftraire, & qu'on commet plufieurs crimes pour éviter la punition due à un feul. Les pays & les temps où les fupplices les plus cruels ont été mis en ufage, font ceux où l'on a vu les crimes les plus atroces. Le même efprit de férocité qui conduifoit la main du légiflateur, guidoit celle de l'affaffin & du parricide. Sur le trône, il dictoit des loix de fang à des ames féroces & affervies, qui obéiffoient, tandis qu'il animoit le citoyen obfcur à immoler fes tyrans, pour en créer de nouveaux.

A mefure que les fupplices deviennent plus cruels, les ames fe mettent, pour-ainfi-dire au niveau de la férocité des loix, s'endurciffent ; & la force toujours vive des paffions fait qu'au bout de cent ans, la roue n'effraye pas plus qu'auparavant la prifon. Pour qu'une *peine* produife fon effet, il fuffit que le mal qu'elle caufe furpaffe le bien qui revient du crime, en faifant même entrer dans le calcul de l'excès du mal fur le bien, la certitude de la punition & la perte des avantages que le crime produiroit. Toute févérité qui paffe ces limites eft inutile, & par conféquent tyrannique.

Les hommes réglent leur conduite d'après l'action répétée des maux qu'ils connoiffent, & non d'après celle des maux qu'ils ignorent. Qu'on fuppofe deux nations, chez lefquelles, dans la progreffion des *peines* proportionnées à celle des crimes, la *peine* la plus grande foit dans l'une, l'efclavage perpétuel, & dans l'autre, la roue. Je dis que dans l'une & dans l'autre, ces deux *peines* inspireront une égale terreur ; & s'il y avoit une raison de transporter dans la première de ces nations le supplice rigoureux établi dans la seconde, la même raison conduiroit aussi à accroître dans celle-ci la cruauté du supplice, en passant de la roue à des tourmens plus lents & plus recherchés, & dernier raffinement de la science des tyrans.

Deux autres conséquences funestes suivent encore de la cruauté des *peines* contre la fin même de leur établissement, qui est de prévenir le crime. La première est qu'il n'est pas aussi facile d'établir la proportion qui est nécessaire entre le crime & la *peine*. L'autre conséquence est que l'impunité naît de la cruauté même du supplice. Je finis par une réflexion. La grandeur des *peines* doit être relative à l'état actuel & aux circonstances données, où se trouve une nation. Il faut des impressions plus fortes & plus sensibles sur les esprits d'un peuple à peine sorti de la barbarie. Il faut un coup de tonnerre pour abattre un lion féroce, que le coup de fusil ne fait qu'irriter ; mais à mesure que les ames s'amollissent dans l'état de société, la sensibilité de chaque individu augmente, & son accroissement demande qu'on diminue la rigueur des *peines*, si l'on veut conserver les mêmes rapports entre l'objet & la sensation. *Ouvrage du marquis de Beccaria.*

De la peine de mort.

L'auteur célèbre qui nous a formés les réflexions qu'on vient de lire, dit sur ce point : » Cette profusion inutile de supplices, qui n'a jamais rendu les hommes meilleurs, m'a poussé à examiner si la *peine* de mort est véritablement utile & juste dans un gouvernement bien organisé. Quel peut-être ce droit que les hommes se donnent, d'égorger leurs semblables ? ce n'est certainement pas celui sur lequel sont fondées la souveraineté & les loix. Les loix ne sont que la somme des portions de liberté de chaque particulier, les plus petites que chacun ait pu céder. Elles représentent la volonté générale, qui est l'assemblage de toutes les volontés particulières. Or, qui jamais a voulu donner aux autres hommes le droit de lui ôter la vie ? »

» La *peine* de mort n'est donc autorisée par aucun droit. Elle ne peut être qu'une guerre de la nation contre un citoyen, dont on regarde la destruction comme utile & nécessaire à la conservation de la société. Si donc je démontre que, dans l'état ordinaire de la société, la mort d'un citoyen n'est ni utile, ni nécessaire, j'aurai gagné la cause de l'humanité. »

» Je dis dans l'état ordinaire ; car la mort d'un citoyen peut être nécessaire en un cas ; & c'est lorsque privé de sa liberté, il a encore des relations & une puissance qui peuvent troubler la tranquillité de la nation, quand son existence peut

produire une révolution dans la forme du gouvernement établi. Ce cas ne peut avoir lieu que lorsqu'une nation perd ou recouvre sa liberté, ou dans les temps d'anarchie, lorsque les désordres même tiennent lieu de loix. Mais pendant le règne tranquille de la législation, & sous une forme de gouvernement approuvée par les vœux réunis de la nation ; dans un état défendu contre les ennemis du dehors, & soutenu au-dedans par la force & par l'opinion, plus efficace que la force même, où l'autorité est toute entière entre les mains du souverain ; où les richesses ne peuvent acheter que des plaisirs & non du pouvoir ; il ne peut y avoir aucune nécessité d'ôter la vie à un citoyen. »

» Ce n'est pas l'intensité de la *peine* qui fait le plus grand effet sur l'esprit humain, mais sa durée ; parce que notre sensibilité est plus facilement & plus durablement affectée par des impressions foibles, mais répétées, que par un mouvement violent, mais passager. »

» Ce retour fréquent du spectateur sur lui-même ; » *si je commettois un crime, je serois réduit toute ma vie à cette malheureuse condition,* » fait une bien plus forte impression que l'idée de la mort que les hommes voient toujours dans un lointain obscur. »

» La terreur que cause l'idée de la mort, a beau être forte, elle ne résiste pas à l'oubli si naturel à l'homme, même dans les choses les plus essentielles ; surtout lorsque cet oubli est appuyé par les passions. Règle générale. Les impressions violentes surprennent en frappant, mais leur effet ne dure pas : elles sont capables de produire ces révolutions, qui font tout-à-coup d'un homme vulgaire un lacédémonien, ou un romain ; mais dans un gouvernement tranquille & libre, elles doivent être plus fréquentes que fortes. »

» La *peine* de mort est encore un mal pour la société, par l'exemple d'atrocité qu'elle donne. Si les passions ou la nécessité de la guerre ont enseigné aux hommes à répandre le sang humain, au moins les loix, dont le but est d'inspirer la douceur & l'humanité, ne doivent pas multiplier les exemples de cette barbarie, exemples d'autant plus horribles, que la mort légale est donnée avec plus d'appareil & de formalité. »

» Si l'on m'oppose que presque tous les siècles & toutes les nations ont décerné la *peine* de mort contre certains crimes, je réponds que cet exemple n'a aucune force contre la vérité, à laquelle on ne peut opposer de prescription. L'histoire des hommes est une mer immense d'erreurs, où l'on voit surnager çà & là & à de grandes distances entre elles, un petit nombre de vérités mal connues. »

M. le marquis de Beccaria développe ces principes avec beaucoup de sagacité & de profondeur : entraîné par la pénétration de son esprit &

la fensibilité de fon cœur, il intéreffe, il féduit en faveur de fon fyftême ; & on eft bien tenté de conclure avec lui, que les *peines* de mort font inutiles : mais lorfqu'on examine enfuite la cor- ruption humaine ; & qu'on analyfe les leçons de l'expérience, on arrive à un réfultat moins con- folant, on profcrit, il eft vrai, les *peines* de mort pour la plupart des délits où on la décerne ; mais on juge qu'il eft des affaffinats d'un genre fi atroce, qu'ils méritent la mort ; qu'il eft des fcélérats fi dépravés & fi endurcis, qu'il y a du danger de leur laiffer la vie. On s'apperçoit en- core ici combien les maximes générales font dé- fectueufes dans la légiflation & l'économie poli- tique ; & avec quel foin le philofophe qui éta- blit des principes, devroit montrer les exceptions ou les règles particulières. Il paroît, que dans une petite république ou dans une petite nation, furveillée continuellement par l'œil du maître, & les regards de tous les fujets, il n'y auroit point d'inconvénient à abolir les *peines* capitales : on peut croire que le grand duc de Tofcane, qui vient de les abolir, ne fera point obligé de les rétablir ; mais il n'en eft pas de même dans les grandes nations corrompues par la vieilleffe, & par la faute des adminiftrateurs. L'empereur les avoit abolies dans fes états ; & les repréfenta- tions de tous les tribunaux, & fes remarques particulières l'ont déterminé à les rétablir contre une certain claffe de criminels.

Ah ! fans doute, fi le defpotifme, les mau- vaifes mœurs & les mauvaifes adminiftrations, n'avoient pas corrompu la morale & le carac- tère d'un peuple, la *peine* de mort ne feroit ja- mais néceffaire ; mais aujourd'hui que la plupart des nations ont un degré de corruption accumulée depuis des fiècles ; dans des contrées defpotiques, où les hommes font plus difpofés aux crimes ; il faut renoncer à des plans convenables, à des temps plus heureux : on a fouvent cité, on a beaucoup admiré cette impératrice de Ruffie, qui, entraînée par la douceur de fon ame, ne voulut pas permettre que les magiftrats puniffent de mort fous fon règne : mais ceux qui ont étu- dié les effets de ce réglement d'Elifabeth, ont vu avec effroi les effets qui en réfulteroient. Il paffe pour conftant, comme nous le dirons à l'ar- ticle RUSSIE, que le lieutenant de police de Pé- tersbourg & des autres grandes villes, condam- roit les coupables à la *peine* du knout, & qu'ils les faifoient expirer fous les fouets.

La punition doit être prompte, analogue au crime & publique.

Plus la *peine* fera prompte & voifine du dé- lit, plus elle fera jufte & utile. Elle fera plus jufte, parce qu'elle épargnera au criminel le tour- ment cruel & fuperflu de l'incértitude de fon fort, qui croît en raifon de la force de fon ima-

gination & du fentiment de fa foibleffe ; & parce que la perte de la liberté étant une *peine*, elle ne peut être infligée avant la condamnation qu'au- tant que la néceffité l'exige. La prifon n'étant que le moyen de s'affurer de la perfonne d'un citoyen accufé, jufqu'à ce qu'il foit donné pour coupa- ble, doit donc durer le moins, & être la plus douce qu'il eft poffible. La durée de la prifon doit être déterminée par le temps néceffaire à l'inftruction du procès ; & par le droit des plus anciens prifonniers à être jugés les pre- miers. La rigueur de la prifon ne peut être que celle qui eft néceffaire pour empêcher la fuite de l'accufé, ou pour découvrir les preuves du délit. Le procès même doit être fini dans le moindre temps poffible. Quel plus cruel contrafte que l'indolence d'un juge & les angoiffes d'un accufé ; les plaifirs & les commodités, dont jouit un magiftrat infenfible d'une part, & l'état hor- rible d'un prifonnier ! En général le poids de la peine & les effets fâcheux d'un crime, doivent être les plus efficaces qu'il eft poffible pour les autres, & les moins durs pour celui qui fouffre ; parce que les hommes, en fe réuniffant, n'ont voulu s'affujettir qu'aux plus petits maux poffi- bles, & qu'il n'y a point de fociété légitime là où ce principe n'eft pas regardé comme inconteftable.

Il eft donc de la plus grande importance de rendre la *peine* voifine du crime, fi l'on veut que dans l'efprit groffier du vulgaire, la peinture féduifante d'un crime avantageux réveille fur le champ l'idée de la *peine* qui le fuit. Le retarde- ment de la punition rendra l'union de ces deux idées moins étroite. Quelque impreffion que faffe la punition fur les efprits, elle en fait plus alors comme fpectacle, que comme châtiment ; parce qu'elle ne fe préfente aux fpectateurs que lorf- que l'horreur du crime, qui contribue à fortifier le fentiment de la *peine*, eft déjà affoiblie dans les efprits.

Un autre moyen fervira efficacement à refferrer de plus en plus la liaifon qu'il importe tant d'éta- blir entre l'idée du crime & celle de la *peine*; ce moyen eft que la *peine* foit, autant qu'il fe peut, analogue & relative à la nature du dé- lit ; c'eft-à-dire, qu'il faut que la *peine* conduife l'efprit à un but contraire à celui vers lequel il étoit porté par l'idée féduifante des avantages qu'il fe promettoit : ce qui facilitera merveilleufe- ment le contrafte de la réunion de la *peine* avec l'impulfion au crime.

Chez plufieurs nations on punit les crimes moins confidérables, ou par la prifon, ou par l'efclavage dans un pays éloigné ; c'eft-à-dire, dans ce dernier cas, qu'on envoie des criminels porter un exemple inutile à des fociétés qu'ils n'ont pas offenfées ; & que dans l'un & dans l'autre, l'exemple eft perdu pour la nation chez laquelle le crime a été commis. Ces deux ufages font mauvais, parce que la *peine* des grands crimés fert peu pour en détourner les hommes qui ne fe déterminent ordinairement à les commettre, qu'emportés par la paffion du moment. Le plus grand nombre la regarde comme étrangère & comme impoffible à encourir. Il faut donc faire fervir à l'inftruction la punition publique des légers délits, qui, plus voifine d'eux, fera fur leur ame une impreffion falutaire, & les éloignera très-fortement des grands crimes, en les détournant de ceux qui le font moins.

La punition doit être certaine & inévitable.

Le meilleur frein du crime n'eft pas la févérité de la peine, mais la certitude d'être puni. De là, dans le magiftrat, la néceffité de la vigilance & de cette inexorable févérité qui, pour être une vertu utile, doit être accompagnée d'une légiflation humaine & douce. La certitude d'un châtiment modéré fera toujours une plus forte impreffion que la crainte d'une *peine* plus févère jointe à l'efpérance de l'éviter. Les maux, quelque légers qu'ils foient, lorfqu'ils font certains, effrayent les hommes, au lieu que l'efpérance qui leur tient fouvent lieu de tout, éloigne de l'efprit du fcélérat l'idée des maux les plus grands, pour peu qu'elle foit fortifiée par les exemples d'impunité, que l'avarice ou la foibleffe accordent fouvent.

Quelquefois on s'abftient de punir un léger délit lorfque l'offenfé le pardonne; acte de bienfaifance, mais contraire au bien public. Un particulier peut bien ne pas exiger la réparation du dommage qu'on lui a fait; mais le pardon qu'il accorde, ne peut détruire la néceffité de l'exemple. Le droit de punir n'appartient à aucun citoyen en particulier, doit à tous & au fouverain. L'offenfé peut renoncer à fa portion de ce droit, mais non pas ôter aux autres la leur.

Proportion entre les peines & les délits.

L'intérêt commun des hommes eft non-feulement qu'il fe commette peu de crimes, mais que chaque efpèce de crime foit plus rare à proportion du mal qu'elle fait à la fociété. Les motifs que la légiflation établit pour en détourner les hommes, doivent donc être plus forts pour chaque efpèce de délit, à proportion qu'il eft plus contraire au bien public, & en raifon des motifs qui peuvent porter à le commettre. Il doit donc y avoir une proportion entre le crime & les *peines*.

Le plaifir & la douleur font les principes de toute action dans les êtres fenfibles. Parmi les motifs qui déterminent les hommes dans l'ordre même de la religion, le fuprême légiflateur a placé les *peines* & les récompenfes. Si deux crimes nuifant également à la fociété, reçoivent une punition égale, les hommes ne trouvant pas un

obftacle plus grand à commettre l'action la plus criminelle, s'y détermineront auffi facilement qu'à un crime moindre, & la diftribution inégale des *peines* produira cette étrange contradiction peu remarquée, quoique très-fréquente, que les loix auront à punir les crimes qu'elles auront fait naître.

Si on établit la même *peine* pour celui qui tue un cerf ou un faifan, que pour celui qui tue un homme, ou qui falfifie un écrit important, on ne fera bientôt plus aucune différence entre ces deux délits. C'eft ainfi qu'on détruit dans le cœur de l'homme les fentimens moraux; ouvrage de beaucoup de fiècles, cimenté par beaucoup de fang, établi fi lentement & fi difficilement, & qu'on n'a pas cru pouvoir élever fans le fecours des plus fublimes motifs, & l'appareil des plus graves formalités.

Il eft impoffible d'empêcher entièrement les défordres que peuvent caufer dans la fociété les paffions humaines. Ces défordres augmentent en raifon de la population, & du choc & du croifement continuel des intérêts particuliers. L'hiftoire nous les fait voir croiffant dans chaque état avec l'étendue de fa domination. On ne peut pas diriger géométriquement à l'utilité publique cette multitude infinie d'intérêts particuliers, combinés en mille manières. A l'exactitude mathématique, on eft forcé de fubftituer, dans l'arithmétique politique, le calcul des probabilités & de fimples approximations. Cette force qui nous porte fans ceffe vers notre propre bien-être, femblable à la pefanteur, ne s'arrête que par les obftacles qu'on lui oppofe: les effets de cette pefanteur morale font toute la férie des actions humaines. Les *peines* font les obftacles politiques que la légiflation oppofe à la tendance des actions de chaque homme: elles fervent à amortir le choc réciproque des intérêts particuliers, & à empêcher les funeftes effets, fans détruire dans l'homme la caufe du mouvement qui eft la fenfibilité. Le légiflateur eft un architecte habile, qui fait vaincre la force deftructive de la pefanteur, & employer toutes celles qui peuvent fervir au maintien de fon édifice.

En fuppofant la néceffité & les avantages de la réunion des hommes en fociété, en fuppofant des conventions entr'eux réfultantes de l'oppofition des intérêts particuliers, on peut imaginer une progreffion des crimes, dont le plus grand fera celui qui tend à la diffolution & à la deftruction immédiate de la fociété; & le plus léger, la plus petite offenfe que puiffe recevoir un particulier: entre ces deux extrêmes, feront comprifes toutes les actions oppofées au bien public, qui font appellées *criminelles*, felon une progreffion infenfible du premier terme au dernier.

Si les calculs mathématiques étoient applicables aux combinaifons infinies & obfcures des

actions humaines , on devroit chercher & déterminer une progression de *peines* correspondante à
la progression des crimes, depuis la plus grave
jusqu'à la plus légère. Si l'on pouvoit former &
exprimer exactement ces deux progressions , elles seroient la mesure commune des degrés de
liberté & de tyrannie, d'humanité ou de méchanceté de chaque nation. Mais il suffit à un
législateur éclairé , en conservant l'ordre des termes de ces deux progressions , de marquer dans
chacune , des divisions principales , & de ne
point assigner aux crimes du premier ordre la dernière classe de *peines*.

Enfin il est essentiel que les *peines* aient de
l'harmonie entr'elles , parce qu'il est essentiel
qu'on évite plutôt un grand crime qu'un moindre ; ce qui attaque plus la société, que ce qui
la choque moins [: & , sans indiquer trop les
points sur lesquels les législateurs modernes se
sont écartés de ces règles , nous nous contenterons de dire que c'est un grand mal de faire subir la même *peine* à celui qui vole sur un grand
chemin , & à celui qui vole & assassine. Il est
visible que , pour la sûreté publique , il faudroit
mettre quelque différence dans la *peine*.

Violation de la pudeur dans la punition des crimes.

Il y a des règles de pudeur observées chez
presque toutes les nations du monde : il seroit
absurde de les violer dans la punition des crimes ,
qui doit toujours avoir pour objet le rétablissement de l'ordre.

Les orientaux qui ont exposé des femmes à des
éléphans dressés pour un abominable genre de
supplice , ont-ils voulu faire violer la loi par la
loi ?

Un ancien usage des romains défendoit de faire
mourir les filles qui n'étoient pas nubiles. Tibère
trouva l'expédient de les faire violer par le bourreau , avant de les envoyer au supplice (1) : tyran subtil & cruel ! il détruisoit les mœurs pour
conserver les coutumes.

Lorsque la magistrature japonoise a fait exposer dans les places publiques les femmes nues , & les
a obligées de marcher à la manière des bêtes ,
elle a fait fremir la pudeur (2) : mais lorsqu'elle a
voulu contraindre une mère ... lorsqu'elle a voulu
contraindre un fils ... Je ne puis achever ; elle a
fait fremir la nature même (3).

De certaines accusations , qui ont particuliérement
besoin de modération & de prudence.

Maxime importante : il faut être très-circons-
pect dans la poursuite de la magie & de l'hérésie.
L'accusation de ces deux crimes peut extrêmement choquer la liberté , & être la source d'une
infinité de tyrannies , si le législateur ne sait la
borner. Car , comme elle ne porte pas directement sur les actions d'un citoyen, mais plutôt
sur l'idée que l'on s'est faite de son caractère,
elle devient dangereuse à proportion de l'ignorance du peuple ; & par lors un citoyen est toujours en danger , parce que la meilleure conduite du monde , la morale la plus pure , la pratique de tous les devoirs , ne sont pas des garants contre les soupçons de ces crimes.

Du crime contre nature.

« A Dieu ne plaise , dit Montesquieu , que
je veuille diminuer l'horreur que l'on a pour un
crime que la religion , la morale & & la politique condamnent tour à tour. Il faudroit le proscrire , quand il ne feroit que donner à un sexe
les foiblesses de l'autre , & préparer à une vieillesse infame par une jeunesse honteuse. Ce que
j'en dirai lui laissera toutes les flétrissures, & ne
portera que contre la tyrannie qui peut abuser de
l'horreur même que l'on en doit avoir ».

« Comme la nature de ce crime est d'être caché , il est souvent arrivé que des législateurs l'ont
puni sur la déposition d'un enfant. C'étoit ouvrir une porte bien large à la calomnie ». « Jus-
» tinien , dit Procope (4) , publia une loi contre
» ce crime ; il fit rechercher ceux qui en étoient
» coupables , non-seulement depuis la loi , mais
» avant. La déposition d'un témoin , quelquefois
» d'un enfant, quelquefoit d'un esclave , suffisoit
» sur-tout contre les riches , & contre ceux qui
» étoient de la faction des verds ».

« Il est singulier que parmi nous trois crimes ,
la magie , l'hérésie & le crime contre nature ,
dont on pourroit prouver du premier qu'il n'existe
pas ; du second , qu'il est susceptible d'une infi-
dité de distinctions, interprétations, limitations ;
du troisième , qu'il est très-souvent obscur, aient
été tous trois punis de la *peine* du feu ».

Que la liberté est favorisée par la nature des peines
& leur proportion.

« C'est le triomphe de la liberté , ajoute Montesquieu , lorsque les loix criminelles tirent chaque peine de la nature particulière du crime. Tout
l'arbitraire cesse ; la *peine* ne descend point du
caprice du législateur ; mais de la nature de la

---

(1) Suetonius in Tiberio.
(2) Recueil des voyages qui ont servi à l'établissement de la compagnie des Indes , tom. 5 , part. II.
(3) Ibid. pag. 496.
(4) Histoire secrette.

chose

chofe ; & ce n'eft point l'homme qui fait violence à l'homme ».

« Il y a quatre fortes de crimes. Ceux de la première efpèce choquent la religion ; ceux de la feconde, les mœurs ; ceux de la troifième, la tranquillité ; ceux de la quatrième, la fureté des citoyens. Les *peines* que l'on inflige, doivent dériver de la nature de chacune de ces efpèces ».

« Je ne mets, dans la claffe des crimes qui intéreffent la religion, que ceux qui l'attaquent directement, comme font tous les facrilèges fimples : car les crimes qui en troublent l'exercice, font de la nature de ceux qui choquent la tranquillité des citoyens ou leur fûreté, & doivent être renvoyés à ces claffes ».

« Pour que la *peine* des facrilèges fimples foit tirée de la nature (1) de la chofe, elle doit confifter dans la privation de tous les avantages que donne la religion ; l'expulfion hors des temples ; la privation de la fociété des fidèles, pour un temps ou pour toujours ; la fuite de leur préfence ; les exécrations, les déteftations, les conjurations ».

« Dans les chofes qui troublent la tranquillité ou la fûreté de l'état, les actions cachées font du reffort de la juftice humaine : mais dans celles qui bleffent la divinité, là où il n'y a point d'action publique, il n'y a point de matière de crime : tout s'y paffe entre l'homme & Dieu, qui fait la mefure & le temps de fes vengeances. Que fi, confondant les chofes, le magiftrat recherche auffi le facrilège caché, il porte une inquifition fur un genre d'action où elle n'eft point néceffaire : il détruit la liberté des citoyens, en armant contre eux le zèle des confciences timides, & celui des confciences hardies ».

« Le mal eft venu de cette idée, qu'il faut venger la divinité. Mais il faut honorer la divinité, & ne la venger jamais. En effet, fi l'on fe conduifoit par cette dernière idée, quelle feroit la fin des fupplices ? Si les loix des hommes ont à venger un être infini, elles fe régleront fur fon infinité ; & non pas fur fes foibleffes, fur fes ignorances, fur les caprices de la nature humaine ».

« Un hiftorien (2) de Provence rapporte un fait qui nous peint très-bien ce que peut produire, fur des efprits foibles, cette idée de venger la divinité. Un juif, accufé d'avoir blafphémé contre la fainte Vierge, fut condamné à être écorché. Des chevaliers mafqués, le couteau à la main, montèrent fur l'échafaud & en chafsèrent l'exécuteur, pour venger eux-mêmes l'honneur de la fainte Vierge... Je ne veux point prévenir les réflexions du lecteur ».

« La feconde claffe eft des crimes qui font contre les mœurs. Telles font la violation de la continence publique ou particulière, c'eft-à-dire, de la police fur la manière dont on doit jouir des plaifirs attachés à l'ufage des fens & à l'union des corps. Les *peines* de ces crimes doivent encore être tirées de la nature de la chofe : la privation des avantages que la fociété a attachés à la pureté des mœurs, les amendes, la honte, la contrainte de fe cacher, l'infamie publique, l'expulfion hors de la ville & de la fociété ; enfin toutes les *peines* qui font de la jurifdiction correctionnelle, fuffifent pour réprimer la témérité des deux fexes. En effet, ces chofes font moins fondées fur la méchanceté, que fur l'oubli ou le mépris de foi-même ».

« Il n'eft ici queftion que des crimes qui intéreffent uniquement les mœurs, non de ceux qui choquent auffi la fûreté publique, tels que l'enlevement & le viol, qui font de la quatrième efpèce ».

« Les crimes de la troifième claffe font ceux qui choquent la tranquillité des citoyens, & les *peines* en doivent être tirées de la nature de la chofe, & fe rapporter à cette tranquillité, comme la privation, l'exil, les corrections & autres *peines* qui ramènent les efprits inquiets, & les font rentrer dans l'ordre établi ».

« Je reftreins les crimes contre la tranquillité, aux chofes qui contiennent une fimple léfion de police : car celles qui, troublant la tranquillité, attaquent en même-temps la fûreté, doivent être mifes dans la quatrième claffe ».

« Les *peines* de ces derniers crimes font prefque par-tout ce qu'on appelle des *fupplices*. C'eft une efpèce de talion, qui fait que la fociété refufe la fûreté à un citoyen qui en a privé, ou qui a voulu en priver un autre ».

Mais quoique cette *peine* foit tirée de la nature de la chofe, les réflexions que nous avons inférées au commencement de cet article, prouvent du moins que, loin de multiplier les *peines* de mort, il faut les décerner avec une grande circonfpection.

De la puiffance des peines.

L'expérience a fait remarquer que, dans les pays où les *peines* font douces, l'efprit du citoyen en eft frappé, comme il l'eft ailleurs par les grandes.

Quelque inconvénient fe fait-il fentir dans un état ; un gouvernement violent veut foudain le corriger ; & au lieu de fonger à faire exécuter les anciennes loix, on établit une *peine* cruelle qui arrête le mal fur-le-champ. Mais on ufe le

---

(1) S. Louis fit des loix fi outrées contre ceux qui juroient, que le pape fe crut obligé de l'en avertir. Ce prince modéra fon zèle & adoucit fes loix. *Voyez* les ordonnances.

(2) Le père Bougerel.

Œcon. polit. & diplomatique. Tom. III.   Bbbb

reffort du gouvernement ; l'imagination se fait à cette grande *peine*, comme elle s'étoit faite à la moindre, & comme on diminue la crainte pour celle-ci, l'on eft bientôt forcé d'établir l'autre dans tous les cas. Les vols fur les grands chemins étoient communs dans quelques états : on voulut les arrêter : on inventa le fupplice de la roue, qui les fufpendit pendant quelque temps. Depuis ce temps, on a vólé comme auparavant fur les grands chemins.

De nos jours, la défertion fut très-fréquente on établit la *peine* de mort contre les déferteurs, & cette *peine* n'a pas diminué la défertion. La raifon en eft bien naturelle : un foldat, accoutumé tous les jours à expofer fa vie, en méprife ou fe flatte d'en méprifer le danger. Il eft tous les jours accoutumé à craindre la honte ; il falloit donc laiffer une *peine* qui faifoit porter une flétriffure pendant la vie : on a prétendu augmenter la *peine*, & on l'a réellement diminuée.

Il ne faut point mener les hommes par les voies extrêmes : on doit être ménager des moyens que la nature nous donne pour les conduire. Qu'on examine la caufe de tous les relâchemens, on verra qu'elle vient de l'impunité des crimes, & non pas de la modération des *peines*.

Suivons la nature, qui a donné aux hommes la honte comme leur fléau, & que la plus grande partie de la *peine* foit l'infamie de la fouffrir.

Que s'il fe trouve des pays où la honte ne foit pas une fuite du fupplice, cela vient de la tyrannie qui a infligé les mêmes *peines* aux fcélérats & aux gens de bien.

Et fi vous en voyez d'autres où les hommes ne font retenus que par des fupplices cruels, comptez encore que cela vient en grande partie de la violence du gouvernement, qui a employé ces fupplices pour des fautes légères.

Souvent un légiflateur qui veut corriger un mal, ne fonge qu'à cette correction ; fes yeux font ouverts fur cet objet, & fermés fur les inconvéniens. Lorfque le mal eft une fois corrigé, on ne voit plus que la dureté du légiflateur : mais il refte un vice dans l'état que cette dureté a produit ; les efprits font corrompus ; ils fe font accoutumés au defpotifme.

Lyfandre (1) ayant remporté la victoire fur les athéniens, on jugea les prifonniers : on accufa les athéniens d'avoir précipité tous les captifs de deux galères, & réfolu en pleine affemblée de couper le poing aux prifonniers qu'ils feroient. Ils furent tous égorgés, excepté Adymante qui s'étoit oppofé à ce décret: Lyfandre reprocha à Philoclès, avant de le faire mourir, qu'il avoit dépravé les efprits, & fait des leçons de cruauté à toute la Grèce.

« Les argiens, dit Plutarque (2), ayant fait
» mourir quinze cents de leurs citoyens, les
» athéniens firent apporter les facrifices d'expia-
» tion, afin qu'il plût aux dieux de détourner
» du cœur des athéniens une fi cruelle penfée ».

Il y a deux genres de corruption ; l'un, lorfque le peuple n'obferve point les loix ; l'autre, lorfqu'il eft corrompu par les loix : mal incurable, parce qu'il eft dans le remède même. *Voyez* l'article Loi, & en général tous les articles de Morale politique de ce dictionnaire.

PENSYLVANIE, l'un des Etats - Unis de l'Amérique : elle eft fituée entre la Nouvelle-Yorck, le Nouveau-Jerfey, la Delaware, le Maryland & les derrières de la Virginie : fon étendue du côté de l'occident, ou fa profondeur eft de 5 degrés de longitude.

L'article général Etats-Unis contient 1°. un précis de l'hift. polit. des Etats-Unis jufqu'à l'époque de la révolution : 2°. les caufes & l'hiftoire de la révolution ; 3°. l'acte d'indépendance : 4°. des remarques générales fur les conftitutions des treize Etats-Unis, & des remarques particulières fur les provinces qui doivent changer leur conftitution, ou les revêtir de formes plus légales & plus folemnelles : 5°. des remarques fur l'acte de confédération, & tout ce qui a rapport au congrès & aux nouveaux pouvoirs qu'il eft à propos de lui confier : 6°. un état de la dette & des finances des nouvelles républiques : 7°. des remarques fur l'état où fe trouvent aujourd'hui ces nouvelles républiques : 8°. des remarques fur les abus qu'elles doivent éviter dans la rédaction de leurs codes : 9°. des remarques fur l'affociation des cincinnati, & les dangers de cette inftitution : 10. fur la population : 11°. fur le commerce, la marine & l'armée : 12°. fur les nouveaux états, qui fe formeront dans le territoire de l'Oueft, & des diftricts qui demandent déja à être admis à la confédération américaine, ou qui ne tarderont pas à y être admis : 13°. fur les traités qu'ont formés les américains avec quelques puiffances de l'Europe, & enfin des obfervations politiques & des détails fur les fauvages qui fe trouvent dans le voifinage ou dans l'enceinte des Etats-Unis.

Nous nous bornerons ici à donner 1°. le précis de l'hiftoire politique de la colonie & de l'état de *Penfylvanie* : 2°. nous rapporterons la conftitution de cette république : 3°. nous ferons des remarques fur cette conftitution : 4°. nous parlerons du commerce & de l'état de la *Penfylvanie* à l'époque de la révolution : 5°. enfin nous dirons quelques mots de fon commerce & de fon état actuel, & nous ferons des remarques

---

(1) Xenophon, hift. liv. II.
(2) Œuvres morales de ceux qui manient les affaires d'état.

fut la conduite de la *Penfylvanie* depuis le com-mencement de la révolution.

SECTION PREMIERE.

Précis de l'hiftoire politique de la colonie & de l'état de Penfylvanie.

Le luthéranifme qui devoit changer la face de l'Europe, ou par lui-même, ou par l'exemple qu'il donnoit, avoit occafionné dans les efprits une fermentation extraordinaire, lorfqu'on vit fortir de fon fein orageux une religion nouvelle, qui paroiffoit bien plus une révolte conduite par le fanatifme, qu'une fecte réglée qui fe gouverne par des principes. La plupart des novateurs fui-vent un fyftême lié, des dogmes établis, & ne combattent d'abord que pour les défendre, lorf-que la perfécution les irrite & les révolte jufqu'à leur mettre les armes à la main. Les anabaptif-tes, comme s'ils n'avoient cherché dans la Bible qu'un cri de guerre, levèrent l'étendard de la rébellion, avant d'être convenus d'un corps de doctrine. Les principaux chefs de cette fecte avoient bien enfeigné qu'il étoit inutile & ridicule d'adminiftrer le baptême aux enfans, ainfi qu'on le penfoit, difoient-ils, dans la primitive églife : mais ils n'avoient pas encore une fois mis en pra-tique ce feul article de croyance, qui fervoit de prétexte à leur féparation. L'efprit de fédition fufpendoit chez eux les foins qu'ils devoient aux dogmes fchifmatiques, fur lefquels ils fondoient leur révolte. Secouer le joug tyrannique de l'é-glife & de l'état, c'étoit leur loi, c'étoit leur foi. S'enrôler dans les armées du feigneur, s'inf-crire parmi les fidèles qui devoient employer le glaive de Gédéon, c'étoit leur devife, leur but, leur point de ralliement.

Ce ne fut qu'après avoir porté le fer & le feu dans une grande partie de l'Allemagne, que les anabaptiftes fongèrent à donner quelque fonde-ment & quelque fuite à leur créance, à marquer leur confédération par un figne vifible qui l'unît & la cimentât. Liguées d'abord par infpiration pour former un corps d'armée, ils fe liguèrent en 1525 pour compofer un corps de religion.

Dans ce fymbole, mêlé d'intolérance & de douceur, l'églife anabaptifte étant la feule où l'on enfeigne la pure parole de Dieu, elle ne doit & ne peut communiquer avec une autre églife.

L'efprit du Seigneur foufflant où il lui plaît, le pouvoir de la prédication n'eft pas borné à un feul ordre de fidèles; mais il s'étend à tous, & tous peuvent prophétifer.

Toute fecte où l'on n'a pas gardé la commu-nauté des biens, qui faifoit l'ame & l'union des premiers chrétiens, eft une affemblée impure, une race dégénérée.

Les magiftrats font inutiles dans une fociété de

véritables fidèles : un chrétien n'en a pas befoin; un chrétien ne doit pas l'être.

Il n'eft pas permis à des chrétiens de prendre les armes pour fe défendre ; à plus forte raifon ne peuvent-ils pas s'enrôler au hafard pour la guerre.

Ainfi que les procès, les fermens en juftice font défendus à des difciples du Chrift, qui leur a dicté pour toute réponfe devant les juges, OUI, OUI, NON, NON.

Le baptême des enfans eft une invention du diable & des papes. La validité du baptême dé-pend du confentement volontaire des adultes, qui peuvent feuls le recevoir avec la connoiffance de l'engagement qu'ils prennent.

Tel fut, dans fon origine, le fyftême religieux des anabaptiftes. Il paroît fondé fur la charité & la douceur; il ne produifit que des brigan-dages & des crimes. La chimère de l'égalité eft la plus dangereufe de toutes dans une fociété policée. Prêcher ce fyftême au peuple, ce n'eft pas lui rappeller fes droits, c'eft l'inviter au meur-tre & au pillage; c'eft déchaîner des animaux domeftiques, & les changer en bêtes féroces. Il faut adoucir & éclairer, ou les maîtres qui les gouvernent, ou les loix qui les conduifent : mais il n'y a dans la nature qu'une égalité de droit, & jamais une égalité de fait. Les fauvages même ne font pas égaux, dès qu'ils font raffemblés en hordes. Ils ne le font que lorfqu'ils errent dans les bois ; & alors même celui qui fe laiffe prendre fa chaffe, n'eft pas l'égal de celui qui l'emporte. Voilà la première origine de toutes les fociétés.

Une doctrine qui avoit pour bafe la commu-nauté des biens & l'égalité des conditions, ne pouvoit guère trouver des partifans que dans le peuple. Les payfans l'adoptèrent avec d'autant plus d'enthoufiafme & de fureur, que le joug dont elle les délivroit étoit plus infupportable. Condamnés la plupart à l'efclavage, ils prirent de tous côtés les armes pour accréditer une doc-trine qui, de ferfs, les rendoit égaux aux fei-gneurs. La crainte de voir rompre un des pre-miers liens de la fociété, qui eft l'obéiffance au magiftrat, réunit contre eux toutes les autres fectes, qui ne pouvoient fubfifter fans fubordi-nation. Ils fuccombèrent fous tant d'ennemis, après avoir fait une réfiftance plus opiniâtre qu'on ne devoit l'attendre. Leur communion, quoique répandue dans tout l'empire & dans une partie du nord, ne fut nulle part dominante, parce qu'elle avoit été par-tout combattue & difperfée. A peine étoit-elle tolérée dans les contrées où l'on permettoit la plus grande liberté de créance. Dans aucun état, elle ne put former une églife autorifée par la légiflation civile. Ce fut ce qui l'affoiblit, & de l'obfcurité la fit tomber dans le mépris. Son unique gloire fut d'avoir contribué peut-être à la naiffance des quakers.

Cette fecte humaine & pacifique s'éleva en Angleterre parmi les troubles de la guerre fanglante, qui traîna un roi fur l'échafaud par la main de fes fujets. Elle eut pour fondateur George Fox, né dans une condition obfcure. Son caractère, qui le portoit à la contemplation religieufe, le dégoûta d'une profeffion méchanique, & lui fit quitter fon attelier. Pour fe détacher entiérement des affections de la terre, il rompit toute liaifon avec fa famille; & de peur de contracter de nouveaux liens, il ne voulut plus avoir de demeure fixe. Souvent il s'égaroit dans les bois, fans autre compagnie, fans autre amufement que fa bible. Avec le temps il parvint même à fe paffer de ce livre, quand il crut y avoir affez puifé l'infpiration des prophètes & des apôtres.

C'eft alors qu'il cherchà des profélytes. Il ne lui fut pas difficile d'en trouver dans un temps & dans un pays où les délires de la religion enthoufiafmoient toutes les têtes, troubloient tous les efprits. Bientôt il fe vit fuivi d'une foule de difciples qui, par la bizarrerie de leurs idées fur des objets incompréhenfibles, ne pouvoient qu'étonner & fafciner les ames fenfibles au merveilleux.

La fimplicité de leur vêtement fut ce qui frappa d'abord tous les yeux. Sans galons, fans broderies ni dentelles, ni manchettes, ils bannirent tout ce qu'ils appelloient ornement ou fuperfluité. Point de plis dans leurs habits, pas même un bouton au chapeau, parce qu'il n'eft pas toujours néceffaire. Ce mépris fingulier pour les modes les avertiffoit d'être plus vertueux que les autres hommes, dont ils fe diftinguoient par des dehors modeftes.

Toutes les déférences extérieures, que l'orgueil & la tyrannie impofent à la foibleffe, devinrent odieufes aux quakers, qui ne vouloient avoir ni maîtres, ni ferviteurs. Ils condamnoient les titres faftueux, comme orgueil dans ceux qui les ufurpoient, comme baffeffe dans ceux qui les déféroient. Ils ne reconnoiffoient nulle part, ni excellence, ni éminence, mais ils fe refufoient aux égards réciproques, qu'on appelle politeffe. Le nom d'ami, difoient-ils, ne devoit fe refufer à perfonne, entre des citoyens & des chrétiens. La révérence étoit une gêne ridicule & cérémonieufe. Se découvrir la tête en faluant, c'étoit manquer à foi pour honorer les autres. Le magiftrat même ne pouvoit leur arracher aucun figne extérieur de confidération. Revenus à l'ancienne majefté des langues, ils tutoyoient les hommes, même les rois; & ils juftifioient cette licence par l'ufage même de ceux qui s'en offenfoient, & qui tutoyoient leurs faints & leur Dieu.

L'auftérité de leur morale ennobliffoit la fingularité de leurs manières. Porter les armes, leur paroiffoit un crime: fi c'étoit pour attaquer, on

péchoit contre l'humanité; fi c'étoit pour fe défendre, on péchoit contre le chriftianifme. Leur évangile étoit la paix univerfelle. Donnoit-on un foufflet à un quaker, il préfentoit l'autre joue: lui demandoit-on fon habit, il offroit de plus fa vefte. Jamais ces hommes juftes n'exigeoient pour leur falaire que le prix légitime, dont ils ne vouloient point fe relâcher. Jurer devant un tribunal, même la vérité, leur fembloit une proftitution du nom de l'Etre faint, pour de miférables débats entre des êtres foibles & mortels.

Le mépris qu'ils avoient pour la politeffe dans la vie civile, fe changeoit en averfion pour les cérémonies du culte dans le rite eccléfiaftique. Ils ofoient dire que les temples ne font que des boutiques de charlatanerie; le repos du dimanche, qu'une oifiveté nuifible; la cene & le baptême, que des initiations ridicules. Auffi ne vouloient-ils point de clergé. Chaque fidèle recevoit immédiatement de l'Efprit-Saint une illumination, un caractère bien fupérieur au facerdoce. Quand ils étoient réunis, le premier qui fe fentoit éclairé du ciel, fe levoit & révéloit fes infpirations. Les femmes même étoient fouvent douées de ce don de la parole, qu'elles appelloient *don de prophétie*. Quelquefois plufieurs de ces frères en Dieu parloient en même-temps; mais plus fouvent régnoit un profond filence dans toute l'affemblée.

L'enthoufiafme qui naiffoit également & de ces méditations, & de ces difcours, irrita dans ces fectaires la fenfibilité du genre nerveux, au point de leur occafionner des convulfions. C'eft pour cela qu'on les appella *quakers*, qui fignifie en anglois *trembleurs*. C'étoit affez de ridiculifer leur manie, pour les en guérir à la longue: mais on la rendit contagieufe par la perfécution. Tandis que toutes les autres fectes nouvelles étoient encouragées, on pourfuivit, on tourmenta celle-ci par des peines de toute efpèce. L'hôpital des foux, la prifon, le fouet, le pilori furent décernés à des dévots, dont le crime & la folie étoient de vouloir être raifonnables & vertueux à l'excès. Leur magnanimité dans les fouffrances excita d'abord la pitié, puis l'admiration. Cromwel même, après avoir été l'un de leur plus ardens perfécuteurs, parce qu'ils fe gliffoient dans les camps pour dégoûter les foldats d'une profeffion fanguinaire & deftructive: Cromwel leur donna des marques publiques de fon eftime. Il eut la politique de vouloir les attirer dans fon parti, pour lui concilier plus de refpect & de confidération. Mais on éluda ou l'on rejeta fes invitations; & depuis il avoua que c'étoit l'unique religion dont il n'avoit pu rien obtenir avec des guinées.

« De tous ceux qui donnèrent de l'éclat à cette fecte, continue M. l'abbé Raynal, le feul qui mérita d'occuper la poftérité, fut Guillaume Penn. Il étoit fils d'un amiral de ce nom, affez heureux pour avoir obtenu la confiance du protecteur & des deux Stuart qui tinrent après lui mais d'une main moins affurée, les rênes du gouvernement. Ce marin, plus fouple & plus infinuant qu'on ne l'eft dans fa profeffion, avoit fait des avances confidérables dans différentes expéditions dont il avoit été chargé. Le malheur des temps n'avoit guère permis qu'on lui rembourfât durant fa vie. Après fa mort, l'état des affaires n'étant pas devenu meilleur, on fit à fon fils la propofition de lui donner, au lieu d'argent, un territoire immenfe dans le continent de l'Amérique. C'étoit un pays qui, quoiqu'entouré de colonies angloifes, & même anciennement découvert, avoit toujours été négligé. La paffion de l'humanité lui fit accepter avec joie cette forte de patrimoine, qu'on lui cédoit prefque en fouveraineté héréditaire. Il réfolut d'en faire l'afyle des malheureux, & le féjour de la vertu. Avec ce généreux deffein, il partit vers la fin de l'an 1681 pour fon domaine, qui fut appellé dès-lors *Penfilvanie*. Tous les quakers, que le clergé perfécutoit, parce qu'ils refufoient de payer la dîme & les autres taxes impofées par l'églife, demandoient à le fuivre : mais, par une prévoyance éclairée, il ne voulut en amener d'abord que deux mille. »

» Son arrivée au Nouveau - Monde fut fignalée par un acte d'équité, qui fit aimer fa perfonne & chérir fes principes. Peu fatisfait du droit que lui donnoit fur fon établiffement la ceffion du minîftère Britannique, il réfolut d'acheter des naturels du pays, le vafte territoire qu'il fe propofoit de peupler. On ne fait point le prix qu'y mirent les fauvages : mais quoiqu'on les accufe de ftupidité pour avoir vendu ce qu'ils ne devoient jamais aliéner, Penn n'en eut pas moins la gloire d'avoir donné en Amérique un exemple de juftice & de modération, que les Européens n'avoient pas même imaginé jufqu'alors. Il légitima fa poffeffion autant qu'il dépendoit de fes moyens. Enfin il ajouta, par l'ufage qu'il en fit, ce qui pouvoit manquer à la perfection du droit qu'il y acquéroit. Les américains prirent pour fa nouvelle colonie autant d'affection qu'ils avoient conçu d'éloignement pour toutes celles qu'on avoit fondées à leur voifinage, fans confulter leurs droits ni leur volonté. Dès - lors s'établit entre les deux peuples une confiance réciproque, dont rien n'altéra jamais la douceur, dont une bonne foi mutuelle refferra de plus en plus les heureux liens. »

» L'humanité de Penn ne pouvoit pas fe borner aux fauvages. Elle s'étendit fur tous ceux qui viendroient habiter fon empire. Comme le bonheur des hommes y devoit dépendre de la légiflation, il fonda la fienne fur les deux pivots de la fplendeur des états & de la félicité des citoyens : la propriété, la liberté. »

» Le vertueux légiflateur établit la tolérance pour fondement de la fociété. Il voulut que tout homme qui reconnoîtroit un Dieu, participât au droit de cité ; que tout homme qui l'adoreroit fous le nom de chrétien, participât à l'autorité. Mais, laiffant à chacun la liberté, d'invoquer cet être à fa manière, il n'admit point d'églife dominante en *Penfilvanie* ; point de contribution forcée pour la conftruction d'un temple, point de préfence aux exercices religieux, qui ne fût volontaire ».

« Penn, attaché à fon nom, voulut que la propriété de l'établiffement qu'il avoit formé reftât à perpétuité à fa famille : mais il lui ôta une influence décifive dans les réfolutions publiques, & voulut qu'elle ne pût faire aucun acte d'autorité fans le concours des députés du peuple. Tous les citoyens qui avoient intérêt à la loi, comme à la chofe que la loi régit ; devoient être électeurs, pouvoient être élus. Pour éloigner le plus qu'il étoit poffible toute corruption, il falloit que les repréfentans duffent leur élevation à des fuffrages fecrètement accordés. Il fuffifoit de la pluralité des voix pour faire une loi : mais il fut ftatué que les deux tiers feroient néceffaires pour établir un impôt. C'étoit dès - lors un don des citoyens, plutôt qu'une taxe du gouvernement. Pouvoit-on accorder moins de douceurs à des hommes qui venoient chercher la paix au - delà des mers ? »

« C'eft ainfi que penfoit le vrai philofophe Penn. Il céda pour 450 liv. mille acres de terre à ceux qui pouvoient les acheter à ce prix. Tout habitant qui n'en avoit pas la faculté, obtint pour lui, pour fa femme, pour chacun de fes enfans au-deffus de feize ans, pour chacun de fes ferviteurs, cinquante acres à la charge d'une rente perpétuelle, d'un fol dix deniers & demi par acre. Cinquante acres furent encore affurés à tous les citoyens qui, devenus majeurs, confentiroient à un tribut annuel de deux livres cinq fols. »

» Pour fixer à jamais l'état de ces propriétés, on établit des tribunaux qui gardent les loix confervatrices des biens. De peur qu'il n'y eût des gens intéreffés à provoquer, à prolonger les procès, il fut févèrement défendu à tous ceux qui devoient y prêter leur miniftère, d'exiger, d'accepter même aucun falaire, pour leurs bons offices. De plus, chaque canton fut obligé de nommer certains arbitres ou pacificateurs, qui devoient tâcher de concilier les différends à l'amiable, avant qu'on pût les porter devant une cour de juftice ».

« L'attention à prévenir les procès naiffoit d'un penchant à prévenir les crimes. Les loix, dans la crainte d'avoir des vices à punir, voulurent en fermer la fource, l'indigence & l'oifiveté. On ftatua que tout enfant au-deffous de douze ans, quelle que fût fa condition, feroit obligé d'apprendre une profeffion. Ce réglement affuroit la fubfiftance au pauvre, & préparoit une reffource au riche contre les revers de la fortune. En même temps elle mettoit entre les hommes plus d'égalité, en les rappellant à leur commune destination, qui est le travail, soit des mains ou de l'esprit ».

« Jamais peut-être la vertu n'avoit inspiré de législation plus propre à amener le bonheur. Les opinions, les sentimens, les mœurs corrigèrent ce qu'elle pouvoit avoir de défectueux, & suppléèrent à ce qu'elle laissoit d'imparfait. |Aussi la prospérité de la *Pensilvanie* fut-elle très-rapide. Cette république, sans guerres, sans conquêtes, sans efforts, sans aucune de ces révolutions qui frappent les yeux du vulgaire inquiet & passionné, devint un spectacle pour l'univers entier. Ses voisins, malgré leur barbarie, furent enchaînés par la douceur de ses mœurs; & les peuples éloignés, malgré leur corruption, rendirent hommage à ses vertus. Toutes les nations aimèrent à voir réaliser & renouveller les temps héroïques de l'antiquité, que les mœurs & les loix de l'Europe leur avoient fait prendre pour une fiction. »

Ce morceau contient un grand nombre d'erreurs, que l'auteur impoli des *recherches sur les Etats-Unis* a démontré : il reproche à Penn, & avec raison de la duplicité & de la perfidie, & il chargera vraisemblablement les idées qu'on a eu jusqu'ici de cet homme singulier. »

La *Pensilvanie* propre étoit partagée en onze comtés, Philadelphie, Bucks, Chester, Lancastre, Yorck, Cumberband., Berks, Northampton, Bedford, Northumberland, Westmoreland.

Dans la même contrée, les comtés de Newcastle, Kent & de Sussex formoient un autre gouvernement, mais conduit sur les mêmes principes.

Le ciel de la colonie étoit pur & serein. Le climat très-sain par lui-même, s'étoit encore amélioré par les défrichemens. Les eaux limpides & salubres y coulent toujours sur un fond de roc ou de sable. Les saisons y tempèrent l'année par une variété marquée. L'hiver, qui commence avec le mois de janvier, n'expire qu'à la fin de mars. Rarement accompagné de brouillards & de nuages, le froid y est constamment modéré; mais quelquefois assez vif pour glacer en une nuit les plus grandes rivières. Cette révolution aussi courte que subite est l'ouvrage du vent du nord-ouest, qui souffle des montagnes & des lacs du Canada. Le printemps s'annonce par de douces pluies, par une chaleur légère qui s'accroît par degres jusqu'à la fin de juin. Les ardeurs de la canicule seroient violentes, sans le vent du sud-ouest qui les rafraîchit. Ce secours est assez constant.

Quoique le pays soit inégal, il n'est pas stérile. Le sol est tantôt un sable jaune & noir,

tantôt du gravier, tantôt une cendre grisâtre sur un fond pierreux, & quelquefois aussi une terre grasse, sur-tout entre les ruisseaux qui, la coupant dans tous les sens, y versent encore plus de fécondité qui ne feroient des rivières navigables.

Quand les Européens abordèrent dans cette contrée, ils n'y virent d'abord que des bois de construction & des mines de fer à exploiter. En abattant, en défrichant, ils couvrirent peu à peu les terres qu'ils avoient remuées, de nombreux troupeaux, de fruits très-variés, de plantations de lin & de chanvre, de plusieurs sortes de légumes, de toute espèce de grains, mais singulièrement de froment & de maïs, qu'une heureuse expérience montra propre au climat. De tous côtés on poussa les défrichemens avec une vigueur & un succès qui étonnèrent toutes les nations.

D'où naquit cette surprenante prospérité ? De la liberté, de la tolérance, qui ont attiré dans ce pays, des suédois, des hollandois, des françois industrieux, & sur-tout de laborieux allemands. Elle est l'ouvrage des quakers, des anabatistes, des anglicans, des méthodistes, des presbytériens, des moraves, des luthériens & des catholiques.

Entre de si nombreuses sectes, on distingue celle des Dumplers. Son fondateur fut un allemand qui, dégoûté du tumulte du monde, se retira dans une solitude agréable, à cinquante milles de Philadelphie, pour se livrer à la contemplation. La curiosité attira sa retraite plusieurs de ses compatriotes. Le spectacle de ses mœurs simples, pieuses & tranquilles, les fixa près de lui. Tous ensemble ils formèrent une peuplade qu'ils appellèrent *Euphrate*, par allusion aux hébreux, qui psalmodioient sur les bords de ce fleuve.

Cette petite ville, formée en triangle, est entourée de pommiers & de mûriers, arbres utiles & agréables, plantés avec symmétrie. Au centre est un verger très-étendu. Entre ce verger & ses allées, sont des maisons de bois à trois étages, où chaque Dumpler isolé peut, sans être distrait, vaquer à ses méditations. Ces contemplatifs ne sont au plus que cinq cents. Leur territoire n'a pas plus de deux cents cinquante acres d'étendue. Une rivière, un étang, une montagne couverte d'arbres, marquent ses limites.

Les hommes & les femmes habitent des quartiers séparés. Ils ne se voient que dans les temples; ils ne s'assemblent ailleurs que pour les affaires publiques. Le travail, la prière & le sommeil partagent leur vie. Deux fois le jour & deux fois la nuit, le culte religieux les tire de leurs cellules. Comme les quakers & les méthodistes, ils ont tous le droit de prêcher, quand ils se croient inspirés. L'humilité, la tempérance, la chasteté, les autres vertus chrétiennes sont les sujets dont

P E N

ils aiment le plus à parler dans leurs assemblées. Jamais ils ne violent le repos du sabbat, si cher à tous les hommes, oisifs ou laborieux. Ils admettent l'enfer & le paradis, mais ils rejettent l'éternité des peines. La doctrine du péché originel est pour eux un blasphême impie qu'ils abhorrent. Tout dogme cruel à l'homme leur paroît injurieux à la divinité. Comme ils n'attachent de mérite qu'aux œuvres volontaires, ils n'administrent jamais le baptême qu'aux adultes. Ils le croient cependant si nécessaire au salut, qu'ils s'imaginent que, dans l'autre monde, les ames des chrétiens sont occupées à convertir celles des des hommes qui ne sont pas morts sous la loi de l'évangile.

Encore plus désintéressés que les quakers, ils ne se permettent jamais de procès. On peut les tromper, les maltraiter, sans craindre ni représailles, ni plaintes de leur part : tant ils sont, par religion, ce que les stoïciens étoient par philosophie, insensibles aux outrages.

Rien n'est plus simple que leur vêtement. En hiver, une longue robe blanche, où pend un capuchon pour tenir lieu de chapeau, couvre une chemise grossière, de larges culottes, & des souliers épais. En été, c'est le même habillement, si ce n'est que la toile remplace la laine. A la culotte près, les femmes sont vêtues comme les hommes.

On ne se nourrit là que de végétaux ; non que ce soit une loi, mais par une abstinence plus conforme à l'esprit du christianisme, ennemi du sang.

Chacun s'attache gaiement au genre d'occupation qui lui est assigné. Le produit de tous les travaux est mis en commun, pour subvenir aux besoins de tous. Cette communauté d'industrie a créé, non-seulement une culture, des manufactures, tous les arts nécessaires à la petite société, mais encore un superflu d'échanges proportionnés à sa population.

Quoique les deux sexes vivent séparément à Euphrate, les Dumplers ne renoncent pas au mariage. Ceux que la jeunesse & l'amour, si voisins de la dévotion, invitent à cette union, quittent la ville, & vont former un établissement à la campagne, aux dépens du trésor public, qu'ils grossissent de leurs travaux, tandis que leurs enfans sont élevés dans la métropole. Sans cette liberté sage & chrétienne, les Dumplers ne seroient que des moines qui deviendroient avec le temps féroces ou libertins.

Ce qu'il y a de plus édifiant & de plus singulier en même temps dans la conduite de toutes les sectes qui ont peuplé la Pensilvanie, c'est l'esprit de concorde qui règne entr'elles, malgré la différence de leurs opinions religieuses. Quoiqu'ils ne soient pas membres de la même église, ces sectaires s'aiment comme les enfans d'un seul & même père. Ils ont vécu toujours en frères, parce

qu'il avoient la liberté de penser en hommes. C'est à cette précieuse harmonie qu'on peut surtout attribuer les accroissemens rapides de la colonie.

Au commencement de 1714, cet établissement comptoit trois cents cinquante mille habitans suivant l'évaluation présentée au congrès général. On ne dissimulera pas que trente mille noirs faisoient partie de cette nombreuse population : on sait que la Pensilvanie a défendu depuis la révolution, toute importation de noirs, & qu'elle a pris des mesures efficaces pour l'émancipation future de tous les esclaves. Au reste, dans cette province l'esclavage n'avoit pas été un germe de corruption, comme il l'a toujours été, & comme il sera toujours dans des sociétés moins bien ordonnées. Les mœurs sont encore pures, austères même, en Pensylvanie. Cet avantage tient-il au climat, aux loix, à la religion, à l'émulation des sectes, à des usages particuliers ? On le demande aux lecteurs.

A l'époque de la révolution l'abondance y étoit constante, & l'aisance universelle. L'économie particulière aux pensilvains n'empêchoit pas que les deux sexes ne fussent bien vêtus. La nourriture étoit encore supérieure à l'habillement. Les familles les moins aisées avoient du pain, de la viande, du cidre, de la bière, de l'eau-de-vie, du sucre. Un grand nombre pouvoit user habituellement des vins de France & d'Espagne, du punch, & même de liqueurs plus chères. L'abus de ces boissons étoit plus rare qu'ailleurs, mais il n'étoit pas sans exemple.

Le délicieux spectacle de cette abondance n'étoit jamais troublé par l'image affligeante de la mendicité. La Pensilvanie n'avoit pas un seul pauvre. Ceux que la naissance ou la fortune avoient laissés sans ressources, étoient convenablement entretenus par le trésor public. La bienfaisance alloit plus loin ; elle s'étendoit jusqu'à l'hospitalité la plus prévenante. Un voyageur pouvoit s'arrêter par-tout, sans crainte de causer d'autre peine que le regret de son départ.

La tyrannie des impôts ne venoit pas flétrir, empoisonner la félicité de la colonie. En 1766, ils ne s'élevoient pas au-dessus de 280,140 liv. La plûpart même, destinés à fermer les plaies de la guerre de 1756, devoient cesser en 1772. Si à cette époque les peuples n'ont pas reçu ce soulagement, c'est que les irruptions des sauvages ont occasionné des dépenses extraordinaires.

Les pensilvains, tranquilles possesseurs, libres usufruitiers d'une terre qui récompensoit toujours leurs travaux, ne craignoient pas de produire leur espèce. A peine trouvoit-on un célibataire dans la province. Le mariage en étoit plus doux & plus sacré. Sa liberté comme sa sainteté dépendoit du choix des contractans : ils prenoient le juge ou le prêtre, plutôt pour témoin que pour miniſtre de leur engagement. Deux amans y trouvoient-ils quelqu'oppoſition dans leurs familles ? ils s'évadoient enſemble à cheval : le garçon montoit en croupe derrière ſa maîtreſſe, & dans cette ſituation, ils alloient ſe préſenter devant le magiſtrat. La fille déclaroit qu'elle avoit enlevé ſon amant, pour l'épouſer. On ne pouvoit, ni ſe refuſer à ce vœu ſi formel, ni la troubler enſuite dans la poſſeſſion de ce qu'elle aimoit. A d'autres égards, l'autorité paternelle étoit exceſſive. Un chef de famille, dont les affaires ſe trouvoient dérangées, avoit le droit d'engager ſes enfans à ſes créanciers : punition bien capable, ce ſemble, d'attacher un père tendre au ſoin de ſa fortune. L'homme fait acquittoit par un an de ſervice une dette de 112 liv. 10 ſols. L'enfant au-deſſous de douze ans étoit obligé de ſervir juſqu'à vingt & un ans pour la même ſomme. C'eſt une image des anciennes mœurs patriarchales de l'orient.

Quoiqu'il y ait des bourgs & même quelques villes dans la colonie, on peut dire que la plûpart des habitans vivoient iſolés dans leurs familles. Chaque propriétaire avoit ſa maiſon au centre d'une vaſte plantation, bien environnée de haies vives. Auſſi chaque paroiſſe de campagne ſe trouvoit-elle avoir douze ou quinze lieues de circonférence. A une ſi grande diſtance des égliſes, les cérémonies de religion ont peu d'influence. On ne préſentoit les enfans au baptême que pluſieurs mois, & quelquefois un ou deux ans après leur naiſſance. Sans dogmatiſer, ſans diſputer ſur le culte, dans un pays où chaque ſecte avoit le ſien, on honoroit l'être ſuprême par des vertus plus que par des prières. L'innocence & l'inſcience gardoient les mœurs plus ſûrement que des préceptes & des controverſes.

La *Penſylvanie* a pris part à la querelle des colonies américaines avec leur métropole ; en général les quakers & les autres habitans, trop pacifiques, ont développé moins d'énergie & de courage ; mais ils ont eu aſſez de fermeté pour ne pas abandonner la cauſe commune ; & le traité de paix, les a déclaré libres & indépendans comme les douze autres provinces.

SECTION IIᵉ.

Conſtitution de la république de Penſilvanie, telle qu'elle a été établie par la convention générale, élue à cet effet, & aſſemblée à Philadelphie, dans ſes ſéances, commencées le 15 juillet 1776, & continuées par des ajournemens ſucceſſifs, juſqu'au 28 ſeptembre ſuivant.

Les objets de l'inſtitution & du maintien de tout gouvernement doivent être d'aſſurer l'exiſtence du corps politique de l'état, de le protéger, & de donner aux individus qui le compoſent, la faculté de jouir de leurs droits naturels, & des autres biens que l'auteur de toute exiſtence a répandus ſur les hommes ; & toutes les fois que ces grands objets du gouvernement ne ſont pas remplis, le peuple a le droit de le changer par un acte de la volonté commune, & de prendre les meſures qui lui paroiſſent néceſſaires pour procurer ſa ſûreté & ſon bonheur.

Les habitans de cette république s'étant juſqu'à préſent reconnus ſujets du roi de la Grande-Bretagne, uniquement en conſidération de la protection qu'ils attendoient de lui ; & ledit roi ayant non-ſeulement retiré cette protection, mais ayant commencé & continuant encore, par un eſprit de vengeance inéxorable, à leur faire la guerre la plus cruelle & la plus injuſte, dans laquelle il emploie non-ſeulement les troupes de la Grande-Bretagne, mais encore des étrangers mercénaires, des ſauvages & des eſclaves, pour parvenir au but qu'il s'eſt propoſé & qu'il avoue, de les réduire à une entière & honteuſe ſoumiſſion à la domination deſpotique du parlement britannique ; ayant en outre exercé contre leſdits habitans pluſieurs autres actes de tyrannie (qui ont été pleinement développés dans la déclaration du congrès général), ce qui a rompu & anéanti tous les liens de ſujétion & de fidélité envers ledit roi & ſes ſucceſſeurs, & fait ceſſer dans ces colonies tous les pouvoirs & toutes les autorités émanés de lui.

Comme il eſt abſolument néceſſaire pour le bien être & la ſûreté des habitans deſdites colonies, qu'elles ſoient déſormais des états libres & indépendans, & qu'il exiſte dans chacune de leurs parties une forme de gouvernement juſte, permanente & convenable, dont l'autorité du peuple ſoit la ſource unique & l'unique fondement, conformément aux vues de l'honorable congrès américain.

Nous, les repréſentans des hommes libres de *Penſilvanie*, aſſemblés extraordinairement & expreſſément, à l'effet de tracer un gouvernement d'après les principes expoſés ci-deſſus : reconnoiſſant (la bonté du modérateur ſuprême de l'univers (lui qui ſeul ſait à quel degré de bonheur, ſur la terre, le genre humain peut parvenir, en perfectionnant l'art du gouvernement) reconnoiſſant la ſuprême bonté qu'il a de permettre que le peuple de cet état ſe faſſe, de ſon propre & commun conſentement, ſans violence, & après en avoir mûrement délibéré, les loix qu'il jugera les plus juſtes & les meilleurs pour gouverner ſa future ſociété : pleinement convaincus que c'eſt pour nous un devoir indiſpenſable d'établir les principes fondamentaux de gouvernement les plus propres à procurer le bonheur général du peuple de cet état & de ſa poſtérité, & à pourvoir aux améliorations futures, ſans partialité & ſans préjugé pour ou contre aucune claſſe,

claſſe, ſecte ou dénomination d'hommes particulières, quelles qu'elles ſoient : en vertu de l'autorité dont nos conſtituans nous ont revêtus, nous
ordonnons, déclarons & établiſſons la déclaration des droits & le plan de gouvernement ſuivans,
pour être la conſtitution de cette république, &
pour y demeurer en vigueur à jamais ſans altération, excepté dans les articles que l'expérience
démontrera par la ſuite exiger des améliorations,
& qui ſeront corrigés ou perfectionnés en vertu
de la ſuſdite autorité du peuple, par un corps de
délégués compoſé comme l'ordonne ce plan de
gouvernement, pour obtenir & aſſurer d'une
manière plus efficace, le grand objet & le véritable
but de tous gouvernemens, tels que nous les avons
expoſés ci-deſſus.

CHAPITRE PREMIER.

*Déclaration des droits des habitans de l'état de
Penſilvanie.*

ARTICLE Iᵉʳ.

Tous les hommes ſont nés également libres &
indépendans, & ils ont des droits certains, naturels, eſſentiels & inaliénables, parmi leſquels
on doit compter le droit de jouir de la vie &
de la liberté, & de les défendre : celui d'acquérir une propriété, de la poſſéder & de la
protéger ; enfin celui de chercher & d'obtenir
leur bonheur & la ſûreté.

II. Tous les hommes ont le droit naturel &
inaliénable d'adorer le Dieu tout - puiſſant, de
la manière qui leur eſt dictée par leur conſcience
& leurs lumières. Aucun homme ne doit, ni ne
peut être légitimement contraint à embraſſer une
forme particulière du culte religieux, à établir ou
entretenir un lieu particulier du culte, ni à ſou-
doyer des miniſtres de religion contre ſon gré,
ou ſans ſon propre- & libre conſentement : aucun
homme qui reconnoît l'exiſtence d'un Dieu, ne
peut être juſtement privé d'aucun droit civil
comme citoyen, ni attaqué en aucune manière, à
raiſon de ſes ſentimens, en matière de religion,
ou de la forme particulière de ſon culte : aucune
puiſſance dans l'état ne peut ni ne doit être revêtue, ni s'arroger l'exercice d'une autorité qui
puiſſe, dans aucun cas, lui permettre de troubler ou de gêner le droit de la conſcience dans
le libre exercice du culte religieux.

III. Le peuple de cet état a ſeul le droit eſſentiel & excluſif de ſe gouverner & de régler
ſon adminiſtration intérieure.

IV. Toute autorité réſidant originairement dans
le peuple, & étant par conſéquent émanée de
lui ; il s'enſuit que tous les officiers du gouver-

nement revêtus de l'autorité, ſoit légiſlatrice,
ſoit exécutrice, ſont ſes mandataires, ſes ſer-
viteurs, & lui ſont comptables dans tous les
temps.

V. Le gouvernement eſt, ou doit être inſti-
tué pour l'avantage commun, pour la protection & la ſûreté du peuple, de la nation
ou de la communauté ; & non pour le profit
ou l'intérêt particulier d'un ſeul homme, d'une
famille, ou d'un aſſemblage d'hommes qui ne
ſont qu'une partie de cette communauté. La communauté a le droit inconteſtable, inaliénable &
impreſcriptible de réformer, changer ou abolir
le gouvernement, de la manière qu'elle juge la
plus convenable, & la plus propre à procurer
le bonheur public.

VI. Afin d'empêcher ceux qui ſont revêtus de
l'autorité légiſlatrice ou exécutrice de devenir
oppreſſeurs, le peuple a le droit, aux époques
qu'il juge convenables, de faire rentrer les
officiers dans l'état privé, & de pourvoir aux
places vacantes par des élections certaines & régulières.

VII. Toutes les élections doivent être libres :
& tous les hommes libres ayant un intérêt ſuffiſant, évident & commun, & étant attachés à la
communauté par les mêmes liens ; tous doivent
avoir un droit égal à élire les officiers, & à être
élus pour les différens emplois.

VIII. Chaque membre de la ſociété a le droit
d'être protégé par elle dans la jouiſſance de ſa vie,
de ſa liberté & de ſa propriété : il eſt par conſéquent obligé de contribuer pour ſa part aux frais
de cette protection, de donner, lorſqu'il eſt néceſſaire, ſon ſervice perſonnel ou un équivalent ;
mais aucune partie de la propriété d'un homme
ne peut lui être enlevée avec juſtice, ni appliquée
aux uſages publics, ſans ſon propre conſentement,
ou celui de ſes repréſentans légitimes : aucun
homme qui ſe fait un ſcrupule de conſcience de
porter les armes ne peut y être forcé juſtement,
lorſqu'il paye un équivalent ; & enfin les hommes
libres de cet état ne peuvent être obligés d'o-
béir à d'autres loix qu'à celles qu'ils ont con-
ſenties pour le bien commun, par eux-mêmes
ou par leurs repréſentans légitimes.

IX. Dans toutes les pourſuites pour crime, un
homme a le droit d'être entendu par lui & par
ſon conſeil ; de demander la cauſe & la nature
de l'accuſation qui lui eſt intentée ; d'être confronté aux témoins ; d'adminiſtrer toutes les preuves qui peuvent lui être favorables ; de requérir
une inſtruction prompte & publique par un juré
impartial du pays, ſans l'avis unanime duquel il
ne ſauroit être déclaré coupable. Il ne peut pas

être forcé d'administrer des preuves contre lui-même, & aucun homme ne peut être privé justement de sa liberté que par un jugement de ses pairs, en vertu des loix du pays.

X. Tout homme a le droit d'être, pour sa personne, ses maisons, ses papiers & pour toutes ses possessions, à l'abri de toutes recherches & de toutes saisies; en conséquence, tout warrant est contraire à ce droit, si des sermens ou affirmations préliminaires n'en ont pas suffisamment établi le fondement, & si l'ordre ou la réquisition portés par le warrant à un officier ou messager d'état, de faire des recherches dans des lieux suspects, d'arrêter une ou plusieurs personnes, ou de saisir leur propriété, ne sont pas accompagnés d'une désignation & description spéciales, de la personne ou des objets à rechercher ou à saisir. Enfin il ne doit être décerné aucun warrant que dans les cas & avec les formalités prescrites.

XI. Dans les discussions relatives à la propriété & dans les procès entre deux ou plusieurs particuliers, les parties ont droit à l'instruction par juré, & cette forme de procéder doit être regardée comme sacrée.

XII. Le peuple a le droit & la liberté de parler, d'écrire & de publier ses sentimens; en conséquence la liberté de la presse ne doit jamais être gênée.

XIII. Le peuple a droit de porter les armes pour sa défense & pour celle de l'état; & comme, en tems de paix, des armées sur pied sont dangereuses pour la liberté, il ne doit point en être entretenu; & le militaire doit toujours être tenu dans une exacte subordination à l'autorité civile, & toujours gouverné par elle.

XIV. Un recours fréquent aux principes fondamentaux de la constitution, & une adhésion constante à ceux de la justice, de la modération, de la tempérance, de l'industrie & de la frugalité, sont absolument nécessaires pour conserver les avantages de la liberté, & maintenir un gouvernement libre. Le peuple doit en conséquence avoir une attention particulière à tous ces différens points dans le choix de ses officiers & représentans; & il a droit d'exiger de ses législateurs & de ses magistrats une observation exacte & constante de ces mêmes principes, dans la confection & l'exécution des loix nécessaires pour la bonne administration de l'état.

XV. Tous les hommes ont un droit naturel & essentiel à quitter l'état dans lequel ils vivent, pour s'établir dans un autre qui veut les recevoir, ou à former un état nouveau dans des pays vacans ou dans des pays qu'ils achètent, toutes

les fois qu'ils croient pouvoir par là se procurer le bonheur.

XVI. Le peuple a droit de s'assembler, de consulter pour le bien commun, de donner des instructions à ses représentans, & de demander à la législature, par la voie d'adresses, de petitions ou de remontrances, le redressement des torts qu'il croit lui être faits.

CHAPITRE SECOND.

Forme de gouvernement.

ART. Ier.

La république ou état de *Pensylvanie* sera désormais gouvernée par une assemblée des représentans des hommes libres de l'état, & par un président & un conseil, de la manière & dans la forme suivante.

II. La suprême puissance législatrice sera confiée à une chambre composée des représentans des hommes libres de l'état ou république de *Pensylvanie*.

III. La suprême puissance exécutrice sera confiée à un président & à un conseil.

IV. Il sera établi des cours de justice dans la ville de Philadelphie, & dans chacun des comtés qui composent cet état.

V. Les hommes libres de l'état, & leurs enfans mâles seront armés & disciplinés pour sa défense, sous tels réglemens, restrictions & exceptions que l'assemblée générale aura établis avec force de loi, conservant toujours au peuple le droit de choisir les colonels & autres officiers de grade inférieur ayant commission, de la manière & par des élections aussi fréquentes que les susdites loix le prescriront.

VI. Tout homme libre, de l'âge de vingt-un ans accomplis, qui aura résidé dans l'état une année entière immédiatement avant le jour où se fera l'élection des représentans, & qui aura payé les taxes pendant ce tems, jouira du droit de suffrage: mais les enfans des francs-tenanciers auront ce droit à l'âge de vingt-un ans accomplis, quoiqu'ils n'aient point payé de taxes.

VII. La chambre des représentans des hommes libres de cette république sera composée des personnes les plus recommandables par leur sagesse & par leur vertu, qui seront choisies respectivement par les hommes libres de chaque ville & comté de l'état. Personne ne pourra être élu à moins d'avoir résidé dans la ville ou dans le comté pour lesquels il seroit choisi, deux années entières immédiatement avant ladite élection ; & aucun membre de cette chambre, tant qu'il le sera, ne pourra posséder aucun autre emploi que dans la milice.

VIII. Personne ne pourra être élu membre de la chambre des représentans des hommes libres de cette république, plus de quatre années sur sept.

IX. Les membres de la chambre des représentans seront choisis annuellement au scrutin par les hommes libres de la république, le second mardi d'octobre, dans la suite, (hors la présente année), & s'assembleront le quatrième lundi du même mois ; ils s'intituleront, *l'assemblée générale des représentans des hommes libres de Pensylvanie*, & ils auront le droit de choisir leur orateur, le trésorier de l'état & leurs autres officiers : leurs séances seront indiquées & réglées par leurs propres ajournemens : ils prépareront les bills, & leur donneront force de loix : ils jugeront de la validité des élections & des qualités de leurs membres : ils pourront expulser un de leurs membres, mais jamais deux fois pour une même cause : ils pourront ordonner le serment ou l'affirmation d'après l'examen de témoins, faire droit sur les griefs qui leur seront présentés, intenter les accusations en crime d'état, accorder des chartes de corporations, constituer des villes, bourgs, cités & comtés, & ils auront tous les autres pouvoirs nécessaires au corps législatif d'un état libre ou république ; mais ils n'auront pas l'autorité de rien ajouter ni changer à aucune partie de la présente constitution, ni de l'abolir ou de l'enfreindre dans aucune de ses parties.

X. Les deux tiers du nombre entier des membres élus seront un *quorum* dans la chambre des représentans. Aussi-tôt qu'ils seront assemblés, & qu'ils auront choisi leur orateur, avant de s'occuper d'aucun affaire, chacun des membres fera & signera, outre le serment ou affirmation de fidélité & d'obéissance qui sera ordonné par un des articles suivans, un serment ou une affirmation conçus en ces termes :

« Je jure (ou affirme) que, comme membre de cette assemblée, je ne proposerai aucuns bill, vœu ou résolution, & que je ne donnerai mon consentement à aucuns qui me paroissent nuisibles au peuple ; que je ne ferai rien, ni ne consentirai à aucun acte, ni à aucune chose, quelle qu'elle soit, qui tende à affoiblir ou diminuer les droits & privilèges du peuple, tels qu'ils sont énoncés dans la constitution de cet état ; mais que je me conduirai en toutes choses comme un honnête & fidèle représentant & gardien du peuple, en suivant ce que mon jugement & mes lumières m'indiqueront de meilleur ».

Et chaque membre, avant de prendre sa séance, fera & signera la déclaration suivante :

« Je crois en un seul Dieu, créateur & gouverneur de cet univers, qui récompense les bons & punit les méchans. Et je reconnois que les écritures de l'ancien & nouveau Testament ont été données par inspiration divine ».

Et jamais il ne sera exigé de profession de foi autre ni plus étendue d'aucun officier civil ou magistrat dans cet état.

XI. Les délégués, pour représenter cet état au congrès, seront élus au scrutin par la future assemblée générale à sa première séance, & ainsi par la suite chaque année, tant que cette représentation sera nécessaire. Tout délégué pourra être déplacé, en quelque temps que ce soit, sans autre formalité que la nomination à sa place par l'assemblée générale. Personne ne pourra siéger en congrès plus de deux ans de suite, & ne pourra être réélu qu'après trois années d'interruption ; & aucune personne, pourvue d'un emploi à la nomination du congrès, ne pourra être dorénavant choisie pour y représenter cette république.

XII. S'il arrivoit qu'une ou plusieurs villes, qu'un ou plusieurs comtés négligeassent ou refusassent d'élire ou d'envoyer des représentans à l'assemblée générale, les deux tiers des membres des villes ou comtés qui auront élu & envoyé les leurs, auront tous les pouvoirs de l'assemblée générale, aussi pleinement & aussi amplement que si la totalité étoit présente, pourvu toutefois que lorsqu'ils s'assembleront, il se trouve des députés de la majorité des villes & comtés.

XIII. Les portes de la chambre dans laquelle les représentans des hommes libres de cet état tiendront l'assemblée générale, seront & demeureront ouvertes ; & l'entrée en sera libre à toutes personnes qui se comporteront décemment, à l'exception du seul cas où le bien de l'état exigera qu'elles soient fermées.

XIV. Le journal des séances de l'assemblée générale sera imprimé chaque semaine durant la session ; & lorsque deux membres seulement le demanderont, on imprimera les oui & les non sur chaque question, vœu ou résolution, excepté quand les voix auront été prises au scrutin ; & lors même qu'elles auront été prises de cette manière, chaque membre aura droit d'insérer dans le journal, s'il le juge à propos, les motifs de son avis.

XV. Afin que les loix puissent être plus mûrement examinées avant de recevoir leur dernier caractère, & afin de prévenir, autant qu'il est possible, l'inconvénient des déterminations pré-cipitées, tous les bills qui auront un objet public seront imprimés, pour être soumis à l'examen du peuple, avant la dernière lecture que doit en faire l'assemblée générale, pour les discuter & les corriger en dernière instance ; &, excepté dans les occasions où la célérité sera indispensablement nécessaire, ils ne seront passés en loi que dans la session suivante de l'assemblée générale ; & afin de satisfaire le public aussi parfaitement qu'il est possible, les raisons & les motifs qui auront déterminé à porter la loi, seront complettement & clairement développés dans le préambule.

XVI. Le style des loix de cette république sera : « qu'il soit statué ; & il est ici statué par » les représentans des hommes libres de la répu- » blique de *Pensylvanie*, siégeans en assemblée » générale, & par leur autorité ». Et l'assemblée générale apposera son sceau à chaque bill lors-qu'elle le passera en loi. Ce sceau sera gardé par l'assemblée : il sera appellé *le sceau des loix de Pensylvanie*, & ne servira à aucun autre usage.

XVII. La ville de Philadelphie & chaque comté de cette république respectivement, choisiront le premier mardi de novembre de la présente an-née, & le second mardi d'octobre, chacune des deux années suivantes mil sept cent soixante & dix-sept & mil sept cent soixante & dix-huit, six personnes pour les représenter dans l'assem-blée générale. Mais comme la représentation, en proportion du nombre des habitans payant taxe, est le seul principe qui puisse dans tous les tems assurer la liberté, & faire que la loi du pays soit l'expression véritable de la voix de la majo-rité du peuple, l'assemblée générale fera prendre des listes complettes des habitans payant taxe dans la ville & dans chaque comté de cette république, & ordonnera qu'elles lui soient envoyées au plus tard à l'époque de la dernière séance de l'assem-blée élue dans l'année mil sept cent soixante & dix-huit, qui fixera le nombre des représentans pour la ville & pour chaque comté, en propor-tion de celui des habitans payant taxes, portés dans chacune de ces listes. La représentation ainsi fixée subsistera sur le même pied pendant les sept années suivantes, au bout desquelles il sera fait un nouveau recensement des habitans payant taxes, & il sera établi par l'assemblée générale une nouvelle proportion de représentation en consé-quence : il en sera usé de même à l'avenir tous les sept ans. Les appointemens des représentans dans l'assemblée générale, & toutes les autres charges de l'état seront payées par le trésor d'état.

XVIII. Afin que les hommes libres de cette république puissent jouir aussi également qu'il est possible du bénéfice de l'élection, jusqu'à ce que la représentation, telle qu'elle est ordonnée

dans l'article précédent, puisse commencer, chaque comté pourra se diviser à son gré en autant de districts qu'il le voudra, tenir les élec-tions dans ces districts, & y élire les représen-tans dans le comté, & les autres officiers élec-tifs, ainsi qu'il sera réglé dans la suite par l'as-semblée de cet état. Et aucun habitant de cet état n'aura voix plus d'une fois chaque année à l'élection pour les représentans dans l'assemblée générale.

XIX. Le suprême conseil, chargé dans cet état de la puissance exécutrice, sera composé pour le présent de douze personnes choisies de la ma-nière suivante. Les hommes libres de la ville de Philadelphie & des comtés de Philadelphie, de Chester & de Bucks, dans le même tems & au même lieu où se fera l'élection des représentans pour l'assemblée générale, choisiront au scrutin res-pectivement une personne pour la ville, & une pour chacun des comtés susdits, & ces personnes ainsi élues devront servir dans le conseil trois ans, & pas davantage. Les hommes libres des comtés de Lancastre, d'Yorck, de Cumberland & de Berks éliront de la même manière une personne pour chacun de leurs comtés respectifs ; & cel-les ci serviront comme conseillers deux ans, & pas davantage. Et les comtés de Northampton, de Bedford, de Northumberland & de West-moreland éliront aussi de la même manière une personne pour chacun de leurs comtés ; mais ces dernières ne serviront au conseil qu'un an, & pas davantage.

A l'expiration du temps pour lequel chaque conseiller aura été élu, les hommes libres de la ville de Philadelphie & de chacun des comtés de cet état, choisiront respectivement une per-sonne pour être membre du conseil pendant l'espace de trois années, & non au-delà ; & il en sera usé de même par la suite tous les trois ans.

Au moyen d'élections ainsi combinées, & de cette rotation continuelle, il y aura plus d'hom-mes accoutumés à traiter les affaires publiques ; il se trouvera dans le conseil, chacune des an-nées suivantes, un certain nombre de personnes instruites de ce qui s'y sera fait l'année d'aupa-ravant ; & par-là les affaires seront conduites d'une manière plus suivie & plus uniforme : cette forme aura le plus grand avantage encore de prévenir efficacement tout danger d'établir dans l'état une aristocratie qui ne sauroit être que nuisible.

Toutes les places vacantes dans le conseil, par mort, résignation ou autrement, seront remplies à la première élection pour les représentans dans l'assemblée générale, à moins que le président & le conseil ne jugent à propos d'indiquer pour cet objet une élection particulière plus prochaine. Aucun membre de l'assemblée générale, ni aucun délégué au congrès ne pourront être élus membres du conseil.

Le président & le vice-président seront choisis annuellement au scrutin par l'assemblée générale & le conseil réunis ; mais ils seront toujours choisis parmi les membres du conseil. Toute personne qui aura servi pendant trois années successives comme conseiller, ne pourra être revêtue du même office qu'après une interruption de quatre ans. Tout membre du conseil, en vertu de son office, sera juge de paix (1) pour toute la république.

Dans le cas où il seroit érigé dans cet état un ou plusieurs nouveaux comtés, ce comté ou ces comtés ajoutés éliront un conseiller, & seront annexés aux comtés les plus voisins, pour prendre leur tour avec eux.

Le conseil s'assemblera chaque année dans le même tems & au même lieu que l'assemblée générale.

Le trésorier de l'état, les commissaires de l'office du prêt public, les controleurs des ports, les collecteurs des douanes & de l'accise, le juge de l'amirauté, les procureurs généraux, les shérifs & les prothonotaires ne peuvent être élus pour siéger, ni dans l'assemblée générale, ni dans le conseil, ni dans le congrès continental.

XX. Le président, & en son absence le vice-président avec le conseil dont cinq membres formeront un *quorum*, auront le pouvoir de nommer & de bréveter les juges, les controleurs des ports, le juge de l'amirauté, le procureur général & tous les autres officiers civils & militaires, à l'exception de ceux dont la nomination aura été réservée à l'assemblée générale & au peuple, par la présente forme de gouvernement & par les loix qui seront faites dans la suite. Ils pourront commettre à l'exercice de tout office, quel qu'il soit, qui vaquera par mort, résignation, interdiction ou destitution, jusqu'à ce qu'il puisse y être pourvu dans le tems & de la manière ordonnés par la loi, ou par la présente constitution.

Ils correspondront avec les autres états, feront toutes les affaires avec les officiers du gouvernement, civils & militaires, & prépareront celles qu'il leur paroîtra nécessaire de présenter à l'assemblée générale. Ils siégeront comme juges pour entendre & juger les accusations de crimes d'état, & se feront assister dans ces occasions par les juges de la cour suprême, mais seulement pour avoir leur avis. Ils auront le droit d'accorder grace & de remettre les amendes dans tous les cas, de quelque nature qu'ils soient, excepté pour les crimes d'état ; &, dans le cas de tra-

hison & de meurtre, ils auront droit d'accorder, non pas la grace, mais un répit jusqu'à la fin de la prochaine session de l'assemblée générale. Quant aux crimes d'état, le corps législatif aura seul & exclusivement le droit de remettre ou de mitiger la peine.

Le président & conseil veilleront aussi à ce que les loix soient fidelement exécutées ; ils seront chargés de l'exécution des mesures qui auront été prises par l'assemblée générale, & ils pourront tirer sur le trésor pour les sommes dont cette assemblée aura fait la destination. Ils pourront aussi mettre embargo sur toutes denrées ou marchandises, & en défendre l'exportation pour un tems qui n'excède pas trente jours ; mais cela seulement dans les tems de vacances de l'assemblée générale. Ils pourront accorder des permissions dans le cas où la loi aura jugé à propos d'astreindre l'usage de certaines choses à cette formalité ; & ils auront le pouvoir de convoquer, lorsqu'ils le jugeront nécessaire, l'assemblée générale pour un terme plus prochain que celui auquel elle se seroit ajournée. Le président sera commandant en chef des troupes de l'état ; mais il ne pourra commander en personne que lorsqu'il y sera autorisé par le conseil, & seulement aussi long-temps que le conseil l'approuvera.

Le président & conseil auront un secrétaire & tiendront un journal en règle de tout ce qui se fera en conseil, dans lequel journal chaque membre pourra insérer son avis contraire à l'avis qui aura emporté, avec ses raisons à l'appui.

XXI. Toutes les commissions seront données, *au nom & de l'autorité des hommes libres de la république de Pensylvanie* ; elles seront scellées avec le sceau de l'état, signées par le président ou le vice président, & certifiées par le secrétaire. Ce sceau sera gardé par le conseil.

XXII. Tout officier de l'état, soit de justice, soit d'administration, pourra être poursuivi par l'assemblée générale, pour malversation, soit pendant qu'il sera revêtu de son office, soit après qu'il l'aura quitté par démission, destitution ou à l'expiration de son terme. Toutes ces causes seront portées devant le président ou vice-président & conseil, qui les entendront & les jugeront.

XXIII. Les juges de la cour suprême de justice auront des appointemens fixes ; leurs commissions seront pour sept ans seulement : au bout de ce terme, ils pourront cependant être institués de nouveau ; mais ils seront amovibles dans tous les temps pour mauvaise conduite, par l'as-

(1) Les membres du conseil d'état de Pensylvanie ont par leur office l'autorité de juges de paix dans tout l'état, mais celle des juges de paix proprement dits, est circonscrite dans les limites de leur comté.

semblée générale. Ils ne pourront être élus membres du congrès continental, du conseil chargé de la puissance exécutrice, ni de l'assemblée générale. Ils ne pourront posséder aucun autre office civil & militaire, & il leur est expressément défendu de prendre ou recevoir aucuns honoraires ou droits d'aucune espèce.

XXIV. La cour suprême & les différentes cours de plaids-communs de cette république, auront, outre les pouvoirs qui leur sont ordairement attribués, les pouvoirs de cours de chancellerie pour tout ce qui aura rapport à la conservation des témoignages, à l'acquisition des preuves dans des lieux situés hors de l'état, & au soin des personnes & des biens de ceux que la loi déclare incapables de se gouverner eux-mêmes ; & elles auront tous les autres pouvoirs que les futures assemblées générales jugeront à propos de leur donner, & qui ne seront point incompatibles avec la présente constitution.

XXV. Les instructions se feront comme il a toujours été pratiqué jusques à présent, par jurés ; & il est recommandé au corps législatif de cet état de pourvoir par des loix contre toute corruption ou partialité dans la confection de la liste, dans le choix ou dans la nomination des jurés.

XXVI. Les cours de sessions, de plaids-communs, & les cours des orphelins seront tenus tous les trois mois dans chaque ville & comté ; & le corps législatif aura le pouvoir d'établir toutes & telles autres cours qu'il jugera à propos pour le bien des habitans de l'état. Toutes les cours seront ouvertes, & la justice sera administrée impartialement, sans corruption, & sans autre délai que ceux indispensablement nécessaires. Tous leurs officiers recevront les salaires proportionnés à leurs services, mais modiques ; & si quelque officier prenoit directement ou indirectement d'autres ou plus grands droits que ceux qui lui sont fixés par la loi, il deviendroit incapable de posséder à jamais aucun office dans cet état.

XXVII. Toutes les poursuites seront commencées, *au nom & de l'autorité des hommes libres de la république de Pensylvanie* ; & toutes les plaintes seront terminées par ces mots : contre la paix & la dignité des hommes libres de la république de *Pensylvanie*. L'intitulé de toutes les procédures dans cet état, sera la république de *Pensylvanie*.

XXVIII. Toutes les fois qu'il n'y aura pas une forte présomption de fraude, un débiteur ne sera pas retenu en prison, lorsqu'il aura fait de bonne foi cession à ses créanciers de tous ses biens

fonds & mobiliers, de la manière qui sera dans la suite réglée par les loix. Tous prisonniers seront élargis en donnant des cautions suffisantes, excepté pour les crimes capitaux, quand il y aura des preuves évidentes ou de très-fortes présomptions.

XXIX. On n'exigera point de cautionnemens excessifs dans les cas où la caution sera admise, & toutes les amendes seront modiques.

XXX. Il sera élu des juges de paix par les francs-tenanciers de chaque ville & comté respectivement ; c'est-à-dire, il sera choisi deux ou plusieurs personnes pour chaque quartier, banlieue ou district, de la manière que la loi l'ordonnera dans la suite ; & les noms de ces personnes seront présentés, en conseil, au président qui donnera des commissions à une ou plusieurs, pour le quartier, la banlieue ou le district qui les aura présentées. Ces commissions seront pour sept ans, & les pourvus seront amovibles pour mauvaise conduite par l'assemblée générale. Mais si quelque ville ou comté, quartier, banlieue ou district dans cette république, vouloit dans la suite changer quelque chose à la manière établie dans cet article, de nommer ses juges de paix, l'assemblée générale pourra faire des loix pour la régler, d'après le desir & la demande d'une majorité des francs-tenanciers de la ville, comté, quartier, banlieue ou district. Aucun juge de paix ne pourra devenir membre de l'assemblée générale, à moins de se démettre de cet office ; & il ne lui sera permis de prendre aucuns droits, salaires ou honoraires quelconques, que ceux qui seront fixés par le futur corps législatif.

XXXI. Les shériffs & les coroners seront élus annuellement dans chaque ville & comté par les hommes libres ; savoir, deux personnes pour chacun de ces offices, à l'une desquelles le président en conseil donnera la commission de l'office pour lequel elle aura été présentée. Aucune personne ne pourra être continuée plus de trois années consécutives dans l'office de shériff, & ne pourra être réélue qu'après une interruption de quatre ans. L'élection des shériffs & coroners se fera dans le temps & au lieu fixés pour l'élection des représentans. Et les commissaires, assesseurs & autres officiers choisis par le peuple, seront aussi élus de la manière & dans les lieux usités jusques à présent, à moins que le futur corps législatif de cet état ne juge à propos d'y apporter des changemens & d'en ordonner autrement.

XXXII. Toutes les élections, soit par le peuple, soit par l'assemblée-générale, se feront au scrutin, & seront libres & volontaires. Tout électeur qui recevroit quelque présent ou récompense pour son suffrage, soit en argent, soit en comestibles, en liqueurs ou de quelqu'autre manière que ce soit, perdra son droit de voter pour cette fois, & subira telle autre peine que les loix futures ordonneront. Et toute personne qui, pour être élue, promettroit ou donneroit quelque récompense directement ou indirectement, sera, par cela même, rendue incapable d'être employée l'année suivante.

XXXIII. Tous honoraires, permissions à prix d'argent, amendes & confiscations qui, jusqu'à présent étoient accordés ou payés au gouverneur ou à ses députés, pour les frais du gouvernement, seront dorénavant payés au trésor public, à moins que le futur corps législatif ne les abolisse, ou n'y fasse quelque changement.

XXXIV. Il sera établi dans chaque ville & comté un office pour la vérification des testamens & pour accorder des lettres d'administration, & un autre pour le dépôt des actes. Les officiers seront nommés par l'assemblée générale, amovibles à sa volonté, & recevront leurs commissions du président en conseil.

XXXV. La presse sera libre pour toutes les personnes qui voudront examiner les actes du corps législatif, ou telle autre branche de gouvernement que ce soit.

XXXVI. Comme, pour conserver son indépendance, tout homme libre (s'il n'a pas un bien suffisant) doit avoir quelque profession ou quelque métier, faire quelque commerce, ou tenir quelque ferme qui puissent le faire subsister honnêtement; il ne peut y avoir ni nécessité, ni utilité d'établir des emplois lucratifs, dont les effets ordinaires sont, dans ceux qui possèdent ou qui y aspirent, une dépendance & une servitude indignes d'hommes libres; & dans le peuple, des querelles, des factions, la corruption & le désordre. Mais si un homme est appellé au service du public, au préjudice de ses propres affaires, il a droit à un dédommagement raisonnable. Toutes les fois que, par l'augmentation de ses émolumens ou par quelqu'autre cause, un emploi deviendra assez lucratif pour émouvoir le désir & attirer la demande de plusieurs personnes, le corps législatif aura soin d'en diminuer les profits.

XXXVII. Le futur corps législatif de cet état réglera les substitutions, de manière à en empêcher la perpétuité.

XXXVIII. Les loix pénales suivies jusqu'à présent, seront réformées le plutôt possible, par le futur corps législatif de cet état; les punitions seront dans quelques cas rendues moins

sanguinaires, & en général plus proportionnées aux crimes.

XXXIX. Pour détourner plus efficacement de commettre des crimes par la vue des châtimens continus, de longue durée, & soumis à tous les yeux, & pour rendre moins nécessaires les châtimens sanguinaires, il sera établi des maisons de force, où tous coupables convaincus des crimes non capitaux seront punis par des travaux rudes; ils seront employés à travailler aux ouvrages publics, ou pour réparer le tort qu'ils auront fait à des particuliers. Toutes personnes auront à de certaines heures convenables la permission d'y entrer pour voir les prisonniers au travail.

XL. Tout officier, soit de justice, soit d'administration, soit de guerre, exerçant quelque portion d'autorité sous cette république, fera le serment ou affirmation de fidélité dont la teneur suit, & aussi le serment général des officiers, avant d'entrer en fonction.

Serment ou affirmation de fidélité.

» Je N. jure (ou affirme) que je serai sin-
» cérement attaché & fidèle à la république de
» *Pensylvanie*: & que ni directement, ni indi-
» rectement je ne ferai aucun acte, ni aucune
» chose préjudiciable ou nuisibles à la constitu-
» tion ni au gouvernement, tels qu'ils ont été
» établis par la convention ».

Serment ou affirmation des officiers.

» Je N. jure (ou affirme) que je remplirai
» fidèlement l'office de... pour le temps... de...
» que je ferai droit impartialement, & que je
» rendrai justice exacte à tout le monde, aussi
» bien que mon jugement & mes lumières me
» le suggéreront, suivant la loi ».

XLI. Il ne sera imposé sur le peuple de cet état, & il ne sera payé par lui aucunes taxes, douane ou contribution quelconques, qu'en vertu d'une loi à cet effet. Et avant qu'il soit fait de loi pour ordonner quelque levée, il faut qu'il apparoisse clairement au corps législatif, que l'objet pour lequel on imposera la taxe, sera plus utile à l'état que ne le feroit l'argent de la taxe à chaque particulier, si elle n'étoit pas levée. Cette règle toujours bien observée, jamais les taxes ne deviendront un fardeau.

XLII. Tout étranger, de bonnes mœurs, qui viendra s'établir dans cet état, aussi-tôt qu'il aura fait le serment ou l'affirmation de fidélité à l'état, pourra acheter ou acquérir par toutes autres voies justes, posséder & transmettre tous biens en terre au autres biens immeubles ; & après une année de réfidence, il en fera réputé véritable & libre citoyen, & participera à tous les droits des fujets naturels & natifs de cet état : excepté qu'il ne pourra être élu repréfentant qu'après une réfidence de deux ans.

XLIII. Les habitans de cet état auront la liberté de chaffer à toutes efpèces d'animaux, dans les faifons convenables, fur les terres qu'ils poffé-deront, & fur toutes autres terres qui ne feront point enclofes ; il leur fera permis auffi de pêcher dans toutes les rivières navigables, ou autres eaux qui ne feront pas la propriété particulière de quelqu'un.

XLIV. Il fera établi par le corps légiflatif une ou plufieurs écoles dans chaque comté, pour que les jeunes gens puiffent y être convenablement & commodément inftruits ; il fera fixé aux maîtres fur les fonds publics, des falaires qui les mettent en état de donner l'éducation à bas prix ; & toutes les connoiffances utiles feront duement encouragées & perfectionnées dans une ou plufieurs univerfités.

XLV. Il fera fait des loix pour l'encouragement de la vertu, & pour prévenir les vices & la dépravation des mœurs : ces loix feront conftamment maintenues en vigueur, & on prendra toutes les précautions néceffaires pour qu'elles foient ponctuellement exécutées. Toutes les fociétés religieu-fes, ou corps qui fe font jufqu'à préfent formés & réunis pour l'avancement de la religion & des connoiffances, ou pour d'autres objets pieux & charitables, feront encouragés & confervés dans la jouiffance des privilèges, immunités & biens dont ils jouiffoient, ou dont ils avoient droit de jouir fous les loix & l'ancienne conftitution de cet état.

XLVI. Il eft déclaré par le préfent article, que la *déclaration des droits* ci-deffus fait partie de la conftitution de cette république, & ne doit jamais être violée fous aucun prétexte que ce foit.

XLVII. Afin que la liberté de cette république puiffe être à jamais inviolablement confervée, le fecond mardi d'octobre dans l'année mil fept cent quatre-vingt-trois, & le fecond mardi d'octobre dans chaque feptième année après celle-là, il fera choifi par les hommes libres dans chaque ville & comté de cet état refpectivement, deux perfonnes pour chaque ville & comté. Ces diffé-rens membres formeront un corps, appellé le *confeil des cenfeurs*, qui s'affemblera le fecond lundi du mois de novembre qui fuivra leur élec-tion. La majorité des membres de ce confeil for-mera, dans tous les cas, un nombre fuffifant

pour décider, excepté s'il étoit queftion de con-voquer une convention ; pour ce cas feulement, il faudra que les deux tiers de la totalité des membres élus y confentent. Le devoir de ce con-feil fera d'examiner fi la conftitution a été con-fervée, dans toutes fes parties fans la moindre at-teinte, & fi les corps chargés de la puiffance légiflatrice & exécutrice ont rempli leurs fonc-tions comme gardiens du peuple, ou s'ils fe font arrogés & s'ils ont exercé d'autres ou plus grands droits que ceux qui leur font donnés par la conf-titution. Ils devront auffi examiner fi les taxes publiques ont été impofées & levées juftement dans toutes les parties de la république ; quel a été l'emploi des fonds publics, & fi les loix ont été bien & duement exécutées.

Pour remplir ce but, ils auront le pouvoir de faire comparoître toutes les perfonnes, & de fe faire repréfenter tous les papiers & regiftres qui feront néceffaires ; ils auront l'autorité de faire des cenfures publiques, d'ordonner la pourfuite des crimes d'état, & de recommander au corps légiflatif l'abrogation des loix qui leur paroîtront avoir été faites dans des principes oppofés à la conftitution. Ils auront ces pouvoirs pendant une année entière, à compter du jour de leur élec-tion, mais pas au-delà.

Le confeil des cenfeurs aura auffi le pouvoir de convoquer une convention qui devra s'affem-bler dans les deux années qui fuivront la feffion dudit confeil, s'il leur a paru qu'il y ait une néceffité abfolue de corriger quelque article dé-fectueux de la conftitution, d'en expliquer quel-qu'un qui ne feroit pas clairement exprimé, ou d'en ajouter qui fuffent néceffaires à la con-fervation des droits & du bonheur du peuple. Mais les articles qu'on propofera de corriger, & les corrections propofées, ainfi que les articles à ajouter ou ceux à abroger, feront authentique-ment publiés au moins fix mois avant le jour fixé pour l'élection de la convention, afin que le peu-ple ait le loifir de les examiner, & de donner fur ces objets des inftructions à fes délégués.

A Philadelphie, le 28 feptembre 1776.

Il a été ordonné par la convention, que la préfente conftitution feroit fignée par le docteur Benjamin Franklin qu'elle s'étoit choifi pour pré-fident, par le fieur Jean Morris, fecretaire, & par tous les membres actuels de la convention, préfens à cette dernière féance, à la fin de la-quelle elle s'eft diffoute.

SECTION IIIe.

Remarques fur la conftitution de la Penfylvanie.

Le rédacteur de la conftitution de la *Penfylva-nie* eft un des hommes les plus éclairés de l'A-mérique ;

mérique ; il avoit de la célébrité en Europe ; & il jouiſſoit, dans les colonies américaines, d'une grande réputation, lorſqu'elles ont ſecoué le joug de l'Angleterre. Formé à l'école de la nature & de la philoſophie, ſon eſprit juſte & profond a ſaiſi les vrais principes de toutes les ſciences, & il n'eſt pas beſoin de dire qu'il a rappellé, dans la conſtitution de la *Penſylvanie*, les vrais principes du droit naturel, du droit civil & du droit politique ; & que s'il a conçu une forme d'adminiſtration trop orageuſe pour une nation élevée ſous un autre gouvernement & dans un pays dont les citoyens ne renonceront jamais au commerce, il a imaginé du moins tout ce qui pouvoit lui donner de la conſiſtance & de la ſolidité.

La *déclaration des droits* eſt d'une énergie admirable. Si elle eſt inférieure à la déclaration des droits du Nouvel-Hampſhire, qui eſt plus détaillée encore, & plus énergique, il faut ſe ſouvenir des époques où l'un & l'autre ont paru. Celle du Nouvel-Hampſhire ayant été formée long-temps après les autres, & moins à la hâte, on devoit y retrouver tout ce qu'indiquoient les premières conſtitutions & de nouveaux articles, dont l'expérience montroit la néceſſité. Nous avons aſſez parlé de la manière dont les conſtitutions des républiques américaines aſſurent la liberté civile, la liberté politique, la tolérance, la liberté de la preſſe, la ſubordination de tous les officiers au corps du peuple, & de la puiſſance militaire à la puiſſance civile, le jugement par les pairs, dont elles proſcrivent les warrans généraux, & tout ce qui eſt contraire à la liberté : & celle de *Penſylvanie* énonce les droits ſacrés du peuple & de la nation avec une juſteſſe & des précautions particulières.

Nous allons nous permettre des remarques particulières, & comparer quelques articles de la conſtitution de la *Penſylvanie*, avec des articles des autres conſtitutions.

1°. Pour jouir de la protection & de la faveur des loix, la *déclaration des droits* ne demande aux citoyens que la croyance en Dieu, & l'article 10 de la *forme du gouvernement* exige que les repréſentans à l'aſſemblée générale reconnoiſſent l'exiſtence d'un Dieu rémunérateur & vengeur, & l'inſpiration de l'ancien & du nouveau Teſtament. La tolérance eſt ainſi beaucoup plus limitée que dans la Virginie, où l'on a paſſé un acte qui établit la liberté de religion d'une manière plus étendue : (*voyez* cet acte à l'article *Etats-Unis*), & nous laiſſons au lecteur le ſoin de juger laquelle de ces deux combinaiſons eſt la meilleure.

L'article 8 de la *forme du gouvernement* contient une diſpoſition qu'ont oubliée pluſieurs états, & elle eſt fort ſage.

L'article 17 établit à jamais la repréſentation en proportion du nombre des contribuables, &

il paroît que ceux des autres états qui ont oublié cette diſpoſition, devroient l'adopter ; car la liberté, fondée ſur la repréſentation, eſt toujours un peu idéale, comme nous l'avons remarqué pluſieurs fois ; & il faut du moins établir la repréſentation ſur des principes exacts.

Nous avons cité avec éloge la rotation ordonnée par l'article 19 pour le remplacement des membres du conſeil (*voyez* l'article MARYLAND) : mais il ſeroit peut-être à propos de combiner cette rotation d'une autre manière. Cet article 19 favoriſe quelques comtés : on a ſans doute eu des raiſons ; mais, nous le répéterons, elles ne devoient peut-être pas déterminer à un article invariable dans la conſtitution, puiſque les circonſtances où ſe trouvent ces divers comtés changeront néceſſairement : on a ſans doute compté ſur la réviſion des cenſeurs ; mais n'eût-il pas été convenable d'en prévenir ? & nous dirons tout-à-l'heure que les hommes d'Amérique les plus éclairés font peu de cas de cette inſtitution des cenſeurs. Nous l'avons obſervé également ; il eſt d'ailleurs aſſez ſingulier qu'après avoir adopté les principes les plus démocratiques, la *Penſylvanie* conſacre cette inégalité, & qu'elle en faſſe une règle générale.

L'article 19 exclut avec raiſon de l'aſſemblée générale, du conſeil & du congrès tous ceux qui, par leurs charges ou emplois, peuvent avoir une influence ou des intérêts contraires au bien de l'état : on a profité ainſi des réclamations que les patriotes anglois forment ſur ce point : d'autres provinces de la confédération ont exclu quelques officiers de l'état de l'aſſemblée générale ou du conſeil ; mais il n'en eſt aucune qui ſoit allée ſi loin.

L'article 20 établit le conſeil juge des crimes d'état, & il ordonne par-là de réunir, dans cette occaſion, la puiſſance exécutrice & la puiſſance judiciaire. La chambre des pairs, en Angleterre exerce également la puiſſance de juger dans le même cas. Mais, puiſqu'elle ne concourt que pour un tiers à la légiſlation, ſa puiſſance légiſlative n'eſt pas entière ; &, à proprement parler, lorſqu'elle juge les crimes d'état, on ne peut dire qu'elle réunit deux pouvoirs : ainſi cet exemple ne prouve rien : d'ailleurs il faut voir, dans Blackſtrone, quelles circonſtances particulières déterminent ici l'exception au principe général. Mais la puiſſance exécutrice du conſeil de *Penſylvanie* eſt ſi entière, que le pouvoir de faire grace, accordé au gouverneur dans quelques-unes des républiques américaines, lui eſt réſervé.

L'article 22 déclare que « tout officier de l'état » de juſtice ou d'adminiſtration pourra être pour- » ſuivi par l'aſſemblée générale pour malverſa- » tion, ſoit pendant qu'il ſera revêtu de ſon » office, ſoit après qu'il l'aura quitté ; & de » ſuite que toutes ces cauſes ſeront portées de- » vant les préſidens ou vice-préſidens ; & les

D d d d

» confeils qui les entendront & les jugeront ».
Il eft clair que les confeillers feront alors juges
& parties, fi l'accufé eft membre du confeil
ou s'il a agi par les ordres du confeil; & cette
difpofition paroît très-défectueufe. C'eft une fuite
du principe général qui établit la puiffance exécutrice, juge des crimes d'état, & c'eft une nouvelle preuve des dangers de ce principe.

L'article 32 défend de donner ou de recevoir
des préfens ou des récompenfes lors des élections : mais on fait qu'il eft prefque impoffible
dans les républiques d'arrêter ce mal, & c'eft
un point qu'il importe d'autant plus à la *Penfylvanie* de régler par des loix févères, que fa
conftitution eft plus démocratique.

La déclaration des droits, déclare que la
liberté de la preffe ne doit jamais être gênée,
& l'article 35 de la conftitution dit expreffément « que la preffe fera libre pour toutes les
» perfonnes qui voudront examiner les actes du
» corps légiflatif, ou telle autre branche de gou-
» vernement que ce foit ». Il paroît qu'aucune
autre république américaine n'a permis auffi clairement d'écrire contre l'adminiftration ou les
loix : il paroît de plus, que ce principe généreux
& loyal aura befoin d'une loi interprétative fur
la forme des écrits contre les loix ou l'adminiftration. Il eft difficile de calculer les avantages
ou les inconvéniens de cette loi générale : il faudroit favoir quel eft ou fera l'effet précis des
libelles dans la république de *Penfylvanie*; jufqu'où des fophifmes, de mauvaifes raifons ou
des calomnies peuvent égarer les citoyens ; & ce
n'eft pas en Europe qu'on peut faire ces fortes
de calculs. Si la conftitution de la *Penfylvanie*
n'eft pas la plus parfaite, elle annonce en quelques points, des vues de légiflation très-profondes & très-juftes, que les autres paroiffent avoir
oublié, ou dont les circonftances n'ont pas permis de faire ufage : c'eft, par exemple, une
très-grande vue que celle de l'article 36, qui
ordonne « au corps légiflatif de diminuer les pro-
» fits d'un emploi, dès qu'il deviendra affez lu-
» cratif pour émouvoir le defir, ou attirer la
» demande de plufieurs perfonnes ». Mais c'eft
une fi belle vue, qu'elle eft peut-être au-deffus
de la foibleffe humaine.

L'article 43 établit la liberté de la chaffe &
de la pêche dans les faifons convenables, « fur
» toutes les terres qui ne font point enclofes,
» ou dans toutes les rivières navigables, qui ne
» feront pas la propriété particulière de quel-
» qu'un »; & c'eft un principe dont perfonne ne
conteftera la fageffe, au moins pour l'Amérique.

Nous avons parlé à l'article ETATS-UNIS du
confeil des cenfeurs, établi par l'article 47 de la
conftitution de *Penfylvanie* : nous avons dit que
les citoyens d'Amérique les plus éclairés font peu
de cas de cette inftitution, à laquelle les ancien-

nes républiques mirent tant de prix. On croit
que les cenfeurs troubleront l'état & l'adminiftration; que s'ils furent utiles chez des peuples
de l'antiquité, les circonftances ne font plus les
mêmes, & que la liberté de la preffe eft la feule
cenfure qu'il foit convenable d'établir aujourd'hui
dans les républiques ; mais, nous le répéterons
ici; comme on ne peut affurer de trop de manières le maintien de la conftitution & l'exécution
des loix, il eft à defirer que les Etats-Unis examinent bien cette cenfure, lorfqu'ils rédigeront leurs
codes. Eft-elle compatible avec leur pofition ?
En l'adouciffant & en la combinant d'une autre
manière, n'auroit-elle pas quelques avantages ?
n'en auroit-elle pas du moins aujourd'hui que les
mœurs des citoyens ne font pas encore formées?
& ne pourroit-on pas l'effayer pour un tems, avant
de l'établir d'une manière formelle ?

La conftitution de la *Penfylvanie* eft la plus
démocratique de toutes celles des provinces de
l'union américaine ; elle n'a établi qu'une chambre
de légiflation ; elle n'a point de gouverneur, &
le préfident du confeil en fait les fonctions : en
redoutant l'ariftocratie, elle cherche toutefois à
introduire une portion du régime ariftocratique :
(*voyez* l'article dix-neuf). L'article cinq a
voulu fuppléer à la feconde chambre de légiflation, & il ordonne l'impreffion des bills qui auront un objet public : il ordonne de ne les paffer
en loi que dans la feffion fuivante, à moins que
la célérité ne foit indifpenfablement néceffaire ;
mais cette difpofition fuffit-elle & n'eft-elle pas
trop vague ? Nous avons montré à l'article ETATS-
UNIS combien une feconde chambre de légiflation eft avantageufe ; nous avons dit que les bills
fe difcutent mieux ; qu'il y a moins de danger
de voir triompher l'erreur ou la paffion. Nous le
répétons ici, nous formons des vœux bien fin-
cères, pour qu'une conftitution très-populaire
fe maintienne dans une province fi peuplée & fi
étendue ; mais nous n'ofons l'efpérer. Si les
mœurs des quakers & des autres habitans de cette
république ont la fimplicité & l'honnêteté qui
conviennent à une démocratie prefque abfolue,
elles n'ont pas l'énergie & la vigueur néceffaires
à une forme de gouvernement fi orageufe. En effet, on a vu des mouvemens factieux dans l'affemblée de *Penfylvanie* : ces mouvemens continuent, & il y a lieu de craindre qu'ils ne fubfiftent toujours, fi l'on ne change pas la conftitution.

La conftitution de *Penfylvanie* eft celle fur
laquelle M. l'abbé de Mably a fait le plus de
remarques critiques. Nous avons indiqué à l'article ETATS-UNIS les méprifes & les erreurs de
cet auteur fur les loix de l'union américaine : ce
qu'il dit du gouvernement & des loix fondamentales de la *Penfylvanie*, nous paroît plus exact ;
fes préventions l'ont trompé ici fur quelques points :

mais nous allons rapporter plusieurs de ses observations qui nous semblent justes.

« Je demande pourquoi le législateur ordonne que l'élection des représentans se fera au scrutin. Cette forme d'élection qu'on croit nécessaire, me fait conjecturer, ajoute-t-il, que la *Pensylvanie* est bien loin d'avoir l'esprit qui doit animer une démocratie. Je pense que d'une part, il y a déja des hommes assez puissans, dans leurs villes & leurs comtés, pour qu'on doive les ménager ; & que de l'autre, on auroit de la peine à y trouver des électeurs qui osassent dire ouvertement leur avis. Dans toutes les républiques bien gouvernées, je vois qu'on a voulu que les citoyens eussent le courage de prononcer à haute voix leur sentiment : c'est les accoutumer à n'en avoir que d'honnêtes. Les plus sages politiques de l'antiquité ont blâmé l'usage du scrutin, & on peut se rappeller ce que Ciceron en dit dans un temps où la république romaine étoit partagée par des partis qu'il étoit si dangereux d'offenser. Quand la vérité est obligée de se montrer en secret & sous un masque, le mensonge est bientôt prêt à se montrer effrontément. Si le scrutin annonce la décadence d'un état libre, on ne doit pas l'employer à sa naissance. S'il est nécessaire, concluez-en qu'il faut resserrer les droits de la démocratie ».

« Tous les États-Unis d'Amérique ont exigé une certaine fortune, soit dans les représentans, soit dans leurs électeurs : la *Pensylvanie* seule admet indifféremment à ces prérogatives tous les habitans qui, pendant un an, auront payé les charges de l'état. Il semble que, par cet arrangement, le législateur fasse plus d'attention au mérita qu'à la fortune, & rien au premier aspect ne paroît plus juste ; mais n'y a-t-il pas des circonstances où le plus grand bien n'étant qu'une chimère, on doit se contenter par sagesse d'un établissement moins parfait ? Si une république est assez heureuse pour ne connoître encore ni les richesses ni la pauvreté, on peut, on doit même y établir la loi de la *Pensylvanie*, parce qu'elle ne choquera point les mœurs publiques, & sera favorable à la démocratie. Mais si la fortune a déja mis entre les citoyens des différences qui ne permettent plus que les conditions soient confondues, au lieu d'aspirer à une pure démocratie, ne faudroit-il pas alors lui accorder que les privilèges & les droits nécessaires pour rendre l'aristocratie plus circonspecte, & l'empêcher de se livrer à l'ambition qui lui est naturelle ? Peut-être le parti le plus sage, dans ces circonstances, seroit-il d'imiter la politique de Solon qui, pour ne pas révolter les riches, exigea qu'on jouît d'un certain revenu, pour avoir droit de parvenir aux magistratures ».

« Il demande ailleurs si les américains croyent que les mœurs & les préjugés qu'ils ont contractés sous la domination angloise, leur permettent d'aspirer à une pure démocratie, gouvernement excellent avec de bonnes mœurs, mais détestable, avec les nôtres ». Il croit que l'Amérique est poussée à l'aristocratie par une force supérieure qui détruira les loix qui voudroient s'y opposer.

Le peuple, dit la loi de Pensylvanie, *a droit de s'assembler, de consulter pour le bien commun, de donner des instructions à ses représentans, & de demander à la législature, par la voie d'adresses, de pétitions ou de remontrances, le redressement des torts qu'il croit lui être faits.*

« J'avoue, dit encore M. l'abbé de Mably, que j'ai peine à comprendre la pensée de cette loi. Que le peuple ait droit de consulter sur ses intérêts, & de donner des instructions à ses représentans quand il est assemblé pour les nommer, rien n'est plus juste ni plus raisonnable, rien alors n'est séditieux. Mais je demande si le peuple a droit de s'assembler toutes les fois qu'il lui en prendra fantaisie, sans être astreint à aucune régle, à aucune police, & sans être sous les yeux d'un magistrat ? Si c'est-là l'esprit de la loi, il faut convenir qu'à force d'être populaire, elle est véritablement anarchique. Les loix ne peuvent rendre trop respectable la puissance législative ; & je vois ici qu'on l'expose aux caprices d'une assemblée tumultueuse que ramassera un brouillon, un mécontent qui aura assez d'éloquence pour entraîner les esprits. Ces adresses, ces pétitions, ces remontrances peuvent être utiles & même nécessaires en Angleterre, où les parlemens sont septennaires & trahissent quelquefois les intérêts de la nation, tandis que le roi & ses ministres ont une autorité trop prépondérante, dont il est à propos de se défier, & qu'il est sage d'intimider. Mais en *Pensylvanie*, elles ne sont bonnes à rien, parce que l'assemblée législatrice s'y renouvelle tous les ans, de même que les magistrats chargés de la puissance exécutrice. Si je ne me trompe, les loix en Angleterre doivent tenir le peuple attentif à ses intérêts, parce que sa liberté a de puissans ennemis : mais au contraire elles doivent apprendre au peuple de *Pensylvanie* à avoir un peu de patience, & sur-tout à ne jamais agir que sous la direction d'un magistrat, parce que l'anarchie ne lui peut être d'aucune utilité ».

Mais nous ne sommes pas de son avis, lorsqu'il dit que la constitution de *Pensylvanie*, au lieu de rendre la puissance législative aussi respectable, aussi grande, aussi complette qu'elle doit l'être, lui refuse la faculté de rien ajouter, ni de rien changer, à sa première constitution. « Voilà, observe-t-il, une étrange loi. Les législateurs, assemblés à Philadelphie pour jetter les fondemens d'une république naissante, pouvoient ils ignorer que rien ne peut borner la puissance législative ? Cette assemblée se croyoit-elle infaillible ? De nouvelles circonftances, de nouvelles affaires, de nouvelles mœurs, de nouveaux befoins n'exige-ront-ils pas de nouvelles loix, où qu'on apporte quelque modification aux anciennes? Quelle puif-fance fupérieure, ou même égale à l'affemblée légiflative, les premiers légiflateurs ont-ils ima-ginée pour contraindre celle-ci à obferver ponc-tuellement ce qu'ils ont ordonné? On ne doit jamais porter une loi qui peut être violée im-punément. Il me femble que c'eft un axiome re-connu fur toute la terre, que la puiffance légif-lative ne doit être bornée par rien, fi on ne veut pas la détruire ou rendre fon action inutile. A quoi fervira donc cette claufe dont je me plains ? A diminuer le refpect profond, dont tout ci-toyen doit être pénétré pour le corps légiflatif; à faire naître des conteftations & des querelles fur la nature des nouveaux réglemens, & auto-rifer les jurifconfultes, qui font tous naturellement fophiftes, à interpréter les loix à leur volonté, & à prouver que les nouvelles font nulles & fans force, parce qu'elles ne font pas conformes aux anciennes ».

Il ajoute avec plus de logique : « dans une république où les pères offriroient à leurs enfans l'exemple des mœurs fimples de la démocratie, je ne ferois point fâché que tout jeune homme de vingt-un ans, né dans l'état, & qui auroit prefque toujours vécu dans fa famille, eût droit de fuffrage dans l'élection des repréfentans de fa ville ou de fa comté. C'eft à cet âge qu'on aime le bien avec plus de courage, & il ne faut pas beaucoup de lumière pour favoir quels font les citoyens d'un canton qui jouiffent de la meil-leure réputation. Mais c'eft être, je crois, trop libéral que d'accorder ce privilège à tout aven-turier qui fera venu pendant un an payer les taxes de l'état. Il doit néceffairement réfulter de cette difpofition, qu'une foule de jeunes gens qui ne jouiffent pas dans les autres Etats-Unis du droit de citoyens, fe refugieront dans la Penfylvanie : ils ne porteront point les mœurs fimples que de-mande la démocratie. Les aventuriers fe ven-dront aux différens partis qui partageront les villes & les comtés, & l'on ne peut rien en ef-pérer de bon ».

« La loi veut que les enfans des francs-tenan-ciers, âgés de vingt-un ans, aient voix dans l'e-lection des repréfentans, quoiqu'ils n'aient point payé de taxes. J'y confens : mais je demande com-ment cette diftinction ariftocratique peut, fi je puis parler ainfi, s'amalgamer avec les principes tout démocratiques des penfylvaniens. La vanité qui eft dans le cœur de tous les hommes, eft de toutes les paffions la plus agiffante & la plus fubtile. Je gagerois que ces francs-tenanciers regarderont leur privilège comme une forte de dignité qui les fépare & doit les féparer des ci-toyens qui ne poffèdent pas des terres. Après les

avoir dédaignés, ils ne voudront pas fe confon-dre avec eux. Voilà deux ordres de famille. De ce que les unes jouiront d'une prérogative par-ticulière, elles concluront qu'elles doivent former un ordre à part. Je vois fe former une nobleffe héré-ditaire que les loix américaines profcrivent. Je vois des combats continuels entre l'ariftocratie que les paffions établirent, & la démocratie que les loix protégeront ; & pour que la république en forte avec avantage, ou du moins fans fe perdre, il faudroit que les citoyens euffent les vertus des beaux tems de Rome, c'eft-à-dire, cruffent qu'il y a quelque chofe de plus précieux que l'ar-gent ».

« J'oferois blâmer, & cela fans crainte de me tromper, que la formation du confeil exécutif ne foit pas l'ouvrage de l'affemblée générale. Pour-quoi confier à des électeurs de vingt-un ans, à une multitude toujours ignorante & portée na-turellement à aimer les magiftrats indulgens, le foin de choifir des hommes deftinés à veiller à l'obfervation des loix, & manier les intérêts les plus importans & les affaires les plus délicates de la république ? Qui peut être cenfé plus ca-pable de ce choix que les repréfentans fi intéreffés à ce que leurs loix foient confervées & obfervées avec la plus grande fidélité ? Je croirois d'ail-leurs que c'eft le moyen le plus favorable pour établir entre la puiffance légiflative & la puiffance exécutrice, naturellement jaloufes l'une de l'au-tre dans tout gouvernement libre & prefque tou-jours ennemies dans la démocratie, cet accord & cette harmonie qui font le bien de l'état. Il me femble que, fans bleffer leurs principes, les légiflateurs de Penfylvanie pouvoient accorder à l'affemblée générale la faculté de choifir les mem-bres du confeil exécutif parmi les repréfentans qui la compofent. Il en feroit réfulté plufieurs avantages. Le comté dont le repréfentant auroit été élu, feroit flatté de cet honneur ; car les hommes ne négligent rien de tout ce qui peut intéreffer leur amour-propre. — Il fe feroit formé une forte d'émulation entre les comtés ; ils au-roient été attentifs à n'envoyer à l'affemblée gé-nérale que des citoyens dignes de concourir pour les places du confeil. Le corps, dépofitaire des loix, auroit été compofé des hommes les plus eftimables ; & par cet intérêt commun de gloire & d'émulation, le caractère trop inconfidéré, & trop intrigant de la démocratie auroit du moins été tempéré ».

« Ce n'eft pas tout, je pourrois obferver qu'il eft très-difficile que ce nombre de douze con-feillers fuffife à toutes les affaires de l'adminif-tration ».

Tout ce morceau manque de jufteffe, & on reconnoît ici l'homme pénétré des maximes des anciennes républiques, & des vieux principes en législation. Sans doute, rien ne peut borner la puissance législative d'un peuple qui agit par lui-même; mais les puissances législatives des républiques américaines n'exercent qu'un droit délégué: le corps du peuple est le maître de fixer les bornes du pouvoir des assemblées générales annuelles, & il a eu raison de leur ôter le droit de changer la constitution. Ce droit lui appartient; son exercice étant fort délicat lorsqu'il veut l'exercer, il nomme avec plus de soin & d'attention une autre assemblée qu'il revêt de son pouvoir, sous le nom de *convention* & de *congrès*; & en conclure que la puissance législative, inhérente au corps du peuple, est bornée, c'est un sophisme bien grossier. Sans doute à Athènes, chaque assemblée générale pouvoit réformer ou changer la constitution, parce que les citoyens se réunissoient & délibéroient eux-mêmes; mais quel est en ce point le rapport d'Athènes avec les républiques d'Amérique? & n'est-il pas clair que les citoyens d'Amérique peuvent fixer les bornes de l'autorité de leurs représentans?

L'auteur des *Recherches sur les Etats-Unis* que nous avons déjà cité, a fait voir en détail toutes les méprises & toutes les erreurs de l'ouvrage de M. l'abbé de Mably: Mais nous avertirons le lecteur de se défier de cet écrivain. Sa critique est grossière; il relève d'un air triomphant de petites erreurs sur des pays éloignés: il devroit cependant avoir de l'indulgence; car ce qu'il dit de la France & de l'Angleterre, n'est pas plus exact; & après avoir reproché aux autres le ton dogmatique & tranchant, il le prend lui-même d'une manière assez comique. Nous ajouterons que le président du conseil remplace dans la *Pensylvanie* le gouverneur établi par les autres provinces, & que les vues démocratiques qui ont animé les auteurs de la constitution de *Pensylvanie*, se montrent de toutes parts. L'article 20 déclare que « le président sera commandant en » chef des troupes de l'état; mais qu'il ne pourra » commander en personne que lorsqu'il y sera » autorisé par le conseil, & seulement aussi long- » temps que le conseil l'approuvera ». Mais que fera-t-on dans un instant de crise ou de danger, si le conseil ne veut pas que le président commande les troupes, s'il est intéressé à ce qu'il ne les commande pas? La constitution ne semble point avoir prévu ce cas, & il étoit naturel d'y songer après la disposition de l'article 20.

» On a blâmé, dit M. le marquis de Châtellux, M. Franklin d'avoir donné à sa patrie un gouvernement trop démocratique; mais on n'a pas fait réflexion qu'il falloit, avant tout, la faire renoncer au gouvernement monarchique, & qu'il étoit nécessaire d'employer une sorte de séduction pour conduire à l'indépendance un peuple timide & avare, qui étoit d'ailleurs tellement partagé dans ses opinions, qu'à peine le parti de la liberté s'est-il trouvé le plus fort. Dans ces circonstances, il a fait comme So-

lon; il n'a pas donné à la *Pensylvanie* les meilleures loix possibles; mais les meilleures dont elle étoit susceptible. Le temps amenera la perfection: quand on plaide pour recouvrer son bien, on cherche d'abord à se remettre en possession, & ensuite on cherche à s'arranger ».

Il paroît que cette raison ne suffit pas. Il paroît aujourd'hui reconnu, même dans les républiques du nouveau-Monde, que la constitution de la *Pensylvanie* est trop démocratique. En effet, ainsi que nous l'avons observé à l'article *Etats-Unis*, il y a dans la *Pensylvanie* deux partis à-peu-près de force égale. L'un veut changer la constitution, & l'autre s'oppose à ce changement; ils sont d'accord tous les deux sur les principes fondamentaux; & ils diffèrent seulement sur quelques détails de la forme d'administration. Nous ne connoissons pas les raisons qu'allèguent l'un & l'autre de ces deux partis; & nous ne permettrons rien de plus sur cette matière.

SECTION IVᵉ.

Du commerce & de l'état de la Pensylvanie, à l'époque de la révolution: observations sur son commerce & son état actuel.

» La *Pensylvanie*, à l'époque de la révolution, fabriquoit avec le lin & le chanvre qu'elle recueilloit de son sol, avec les cotons qu'elle attiroit de l'Amérique méridionale, une grande quantité de toiles communes; avec les laines de ses brebis, elle manufacturoit beaucoup de draps grossiers. Ce que les diverses branches de son industrie ne lui donnoient pas, elle se le procuroit avec les produits de son territoire. Ses navigateurs portoient aux isles angloises, françoises, hollandoises & danoises, du biscuit, des farines, du beurre, du fromage, des suifs, des légumes, des fruits, des viandes salées, du cidre, de la bière, toutes sortes de bois de construction. Ils recevoient en échange, du coton, du sucre, du café, de l'eau-de-vie, de l'argent. Les Açores, les Canaries, l'Espagne, le Portugal offroient un débouché avantageux aux grains & aux bois de la *Pensylvanie*, qu'ils achetoient avec des vins & des piastres. La métropole recevoit du fer, du chanvre, des cuirs, des pelleteries, de la graine de lin, des mâtures, & fournissoit du fil, des draps fins, du thé, des toiles d'Irlande ou des Indes, de la quincaillerie, d'autres objets d'agrément ou de nécessité». Le Voyageur américain ajoute que les exportations de la province de *Pensylvanie* furent en 1771, de 631, 534 liv. sterl, en 1773, de 720, 135 liv, & en 1774, de 784, 254 liv.; mais il ne donne pas l'état des importations. Malgré l'état du voyageur américain que nous venons de rapporter, il paroît que dans les années, d'après lequel on l'a calculé, ainsi que dans toutes les autres, jusqu'à l'époque de la déclaration d'indépendance, c'eft-à-dire, jufqu'en 1775, le bilan de commerce avoit été au défavantage de la province ; & il ne faut ni l'en blâmer, ni l'en plaindre. De quelque manière qu'on s'y prenne, c'eft une néceffité que les nouveaux états contractent des engagemens ; & celui qui nous occupe doit refter endetté tout le temps que le progrès de fes défrichemens exigera des avances plus confidérables que leur produit. D'autres colonies, qui jouiffent de quelques branches de commerce prefqu'exclufives, telles que le riz, le tabac, l'indigo, pourront acquérir affez rapidement des richeffes. La *Penfylvanie*, qui fonde fa fortune fur la culture & fur la multiplication des troupeaux, ne doit arriver que lentement à la profpérité : mais cette profpérité aura des fondemens plus sûrs & plus durables.

« La manière irrégulière dont s'y formoient les plantations avoit retardé les progrès de la colonie. La famille Penn, propriétaire de toutes les terres, en accordoit indifféremment par-tout & autant qu'on en demandoit, pourvu qu'on lui payât 112 liv. 10 fols par chaque centaine d'acres, & qu'on s'engageât à une redevance annuelle de 22 fols 6 den. Ainfi la province manquoit de cet enfemble qui eft néceffaire en toutes chofes, & fes habitans épars étoient la victime du moindre ennemi qui ne craignoit pas de les attaquer ».

« Les habitations étoient défrichées de différentes manières dans la colonie. Souvent un chaffeur alloit fe fixer au milieu ou tout auprès d'un bois. Ses plus proches voifins l'aidoient à couper des arbres, & à les entaffer les uns fur les autres ; c'étoit une maifon. Aux environs, il cultivoit fans fecours un jardin & un champ fuffifans pour fa fubfiftance & pour celle de fa famille ».

« Quelques années après les premiers travaux, arrivoient de la métropole des hommes plus actifs que riches. Ils dédommageoient le chaffeur de fes peines ; ils achetoient des terres du propriétaire de la province ; ils bâtiffoient des demeures plus commodes, & étendoient les défrichemens ».

« Enfin, des allemands que le goût ou la perfécution avoient pouffés dans le Nouveau-Monde, mettoient la dernière main à ces établiffemens encore imparfaits. Les premiers & les feconds planteurs alloient porter ailleurs leur induftrie, avec des moyens de culture plus confidérables qu'ils n'en avoient d'abord ».

« Philadelphie, ou *la ville des Frères*, étoit & fe trouve encore le centre du commerce. Cette ville célèbre eft fituée à cent vingt milles de la mer, fept milles au-deffus du confluent de la Delaware & du Schuylkill. Penn qui la deftinoit à devenir la métropole d'un grand empire, vouloit qu'elle occupât un mille de large fur deux milles de long, entre les deux rivières. Sa population n'a pu encore remplir un fi grand

efpace. Jufqu'ici l'on n'a bâti que fur les bords de la Dalaware, mais fans renoncer aux idées du légiflateur, mais fans s'écarter du plan qu'il avoit tracé. Ces précautions font fages. Philadelphie doit devenir la cité la plus confidérable de l'Amérique, parce qu'il eft impoffible que cette province ne faffe pas très-grands progrès, & que fes productions ne pourront jamais gagner les mers que par le port de fa capitale ».

« Les rues de Philadelphie, toutes tirées au cordeau, ont depuis cinquante jufqu'à cent pieds de largeur. Des deux côtés règnent des trottoirs défendus par des poteaux placés de diftance en diftance ».

« Les maifons, dont chacune a fon jardin & fon verger, font conftruites de brique, & ont communément trois étages. Plus décorées aujourd'hui qu'autrefois, elles doivent leur principal ornement à des marbres de différentes couleurs, qui fe trouvent à un mille de la ville. On en fait des tables, des cheminées ou d'autres meubles, qui font devenus l'objet d'un commerce affez confidérable avec la plus grande partie de l'Amérique ».

Le voyageur américain a donné l'état fuivant des marchandifes exportées de la Grande-Bretagne pour Philadelphie, feul port de mer de la *Penfylvanie*.

Vers l'année 1766 ou 1768.

Fer, acier, cuivre, étain, plomb & ferblanc travaillés, mercerie & coutellerie de Birmingham & Sheffield ; cordages, toile à voile, bonneterie, chapeaux, molleton de Colchefter ; quincaillerie, étoffes, flanelles, ouvrages de Manchefter ; gands, toile d'Angleterre & étrangère ; foierie, galons d'or & d'argent, bijouterie, couleurs, agrès, fellerie, menuiferie, poterie, meules à aiguifer, filets pour la pêche, femences, viande fumée, fromage, bière forte, pipes, tabac, vins, liqueurs & drogues médicinales. Tous ces articles, au prix moyen de trois années, coûtent 611,000 liv. fterling.

Marchandifes exportées de Philadelphie pour la Grande-Bretagne & autres marchés,	
350,000 barils de farine & bifcuits à 20 fchel.............	350,000
100,000 quarters de froment à 20 f.	100,000
Fèves, pois, avoine, bled d'inde & autres grains,............	12,000
Bœuf, porc fumé, jambons & gibier,	45,000
20,000 l. cire à 1 fch.	1,000
Peaux de bêtes fauves & autres.....	50,000
Gros bétail & chevaux............	20,000
Semence de lin 15,000 mefures à 40 f.	30,000
Planches, mâts, poutres, folives & bois de charpente,...........	35,000

25 navires construits pour vente à 700
liv. 17,500
Cuivre, métal & fer en barre...... 35,500

Le tout au prix moyen de trois ans ... 705,500

« Philaldelphie est accessible à tous les besoins de l'humanité, à toutes les ressources de l'industrie. Ses quais, dont le principal a deux cents pieds de large, offrent une suite de magasins commodes & de formes ingénieusement pratiquées pour la construction. Les navires de cinq cents tonneaux y abordent sans difficulté, hors les temps de glace. On y charge les marchandises qui sont arrivées par la Delaware, par le Schuylkill, par des chemins plus beaux que ceux de la plupart des contrées de l'Europe. La police a déjà fait plus de progrès dans cette partie du Nouveau-Monde, que chez les vieux peuples de l'ancien ».

Plusieurs des remarques que nous venons de faire sur la Pensylvanie sont applicables au moment actuel. Ceux des lecteurs qui voudront se former une idée de l'état de cette province, depuis la révolution, doivent lire le Cultivateur américain. Ils seront étonnés de l'industrie, de la véritable richesse, & du bonheur de ses habitans. Si elle parvient à réformer les vices de sa constitution ; si les semences d'anarchie qu'on y trouve peuvent disparoître ; si les mœurs douces & patriarchales de ses citoyens, si les respectables principes, auxquels elle doit ses progrès, peuvent triompher des désordres, & de l'indifférence qu'a dû amener la révolution, sa prospérité & son abondance ne tarderont pas à nous étonner, & on la verra briller au milieu de toutes ces républiques du Nouveau-Monde, qui offrent à l'Europe & à l'Ancien-Monde, un si beau spectacle.

Nous avons dit à l'article États-Unis qu'aucune des nouvelles républiques américaines n'a pu s'occuper encore du dénombrement exact de ses citoyens ; & nous y avons expliqué comment se firent les évaluations présentées au congrès en 1775 & 1783 ; à cette dernière époque, on y comptoit environ 350 mille habitans blancs ou noirs ; mais si avant la révolution, cette province recevoit tous les ans dans son sein quatre ou cinq mille nouveaux colons, ainsi que l'observe le Cultivateur américain, il est aisé de voir que le nombre de ces nouveaux colons, doit être plus considérable aujourd'hui, que la Pensylvanie forme une république indépendante.

SECTION Ve.

Remarques sur la conduite de la Pensylvanie, depuis le commencement de la révolution.

Un voyageur l'a observé : la famille de Penn eut d'abord la vaine idée d'établir une espèce d'*utopie*, de gouvernement parfait, & ensuite de tirer le plus grand parti de son immense propriété, en attirant des étrangers de tous côtés. Il en est résulté que le peuple de la Pensylvanie n'a aucune identité ; qu'il est mêlé & confus, & plus attaché à la liberté individuelle qu'à la liberté publique, plus enclin à l'anarchie qu'à la démocratie ».

« Il ne faut donc pas s'étonner si la sagesse des conseils n'a pas toujours répondu aux avantages que la nature prodiguoit. L'état de Pensylvanie n'est pas à beaucoup près le mieux gouverné de ceux qui forment la confédération. Exposé plus qu'aucun autre aux convulsions du crédit & aux manœuvres de l'agiotage, l'instabilité des richesses publiques s'est fait sentir dans la législation même. On a voulu fixer la valeur du papier ; mais les denrées ont augmenté de prix, à mesure que l'argent perdoit du sien : alors on a résolu de fixer aussi le prix de ces denrées, & on a été près d'amener la famine. Une plus récente méprise de la part du gouvernement, c'est la loi qui défendoit l'exportation des grains. L'objet qu'on avoit en vue étoit, d'un côté, d'approvisionner l'armée à meilleur marché ; & de l'autre, d'empêcher la contrebande entre la Pensylvanie & la ville de New-Yorck : il en a résulté la ruine des fermiers & celle de l'état, qui ne pouvoit plus recouvrer les impositions ». Cette loi a été révoquée.

Nous avons parlé à l'article États-Unis, des troubles qui en 1783 déterminèrent le congrès à quitter Philadelphie, & des torts de la puissance exécutrice en cette occasion : nous n'ajouterons rien de plus.

Durant la guerre & depuis la paix, la Pensylvanie est une des provinces qui a montré le plus de zèle pour payer les taxes publiques & amener les nouveaux réglemens, dont l'expérience a fait sentir la nécessité. *Voyez* aussi l'article ÉTATS-UNIS.

L'assemblée générale de Pensylvanie passa en 1783 un acte, qui ordonne de lever un impôt de cinq pour cent sur toutes les marchandises importées dans cet état, & une taxe sur la propriété réelle & personnelle pour l'acquit des dettes des États-Unis ; & si leur perception éprouve encore des obstacles, c'est moins la faute de l'administration que des circonstances.

La Pensylvanie a eu avec le Connecticut des disputes sur des terreins que réclamoient les deux états ; mais une cour, nommée par le congrès, les a adjugés à la Pensylvanie, & on ne peut la blâmer sur ce point.

En attendant qu'on ait fixé d'une manière invariable la règle d'après laquelle on établira le contingent des diverses provinces, la Pensylvanie paye 136 piastres, d'après la proportion qu'on suit pour une contribution de 1000 piastres, &

elle paroît toujours difposée aux facrifices qu'exigent les dettes & les befoins de l'union & de fon état particulier.

Elle s'occupe des établiffemens qui peuvent lui être utiles ; & , foutenue par la générofité & le zèle de fes citoyens, elle ne craint pas les dépenfes. Elle vient de faire tracer un canal qui doit unir les eaux de la Sufquehannah, & les conduire dans la rivière Schuilkill ; lorfqu'il fera terminé, Philadelphie partagera avec Baltimore les riches productions qui defcendront, dans peu d'années, de toutes les branches de la Sufquehannah, de la Juniata &c.

Nous l'avons déja remarqué avec inquiétude, la *Penfylvanie*, la Caroline méridionale, la Nouvelle-Yorck & Rhode-Island ont créé du papier-monnoie depuis la révolution ; il fe trouve déjà au-deffous du pair dans quelques provinces, & c'eft dans la Caroline méridionale & dans la *Penfylvanie* qu'il fe foutient le mieux. Nous avons expliqué très en détail les avantages du papier-monnoie, lorfque le gouvernement, le crédit & la pofition d'un état permettent cette reffource: *voyez* l'article PAPIER-MONNOIE ; mais le gouvernement, le crédit & la pofition de la *Penfylvanie* permettoient-ils d'employer cet expédient ?

Nous avons dit à l'article ETATS-UNIS quel a été pendant la guerre le fort du papier-monnoie, du congrès & des diverfes provinces de l'union : cette leçon n'a donc pas été affez frappante! & la *Penfylvanie* eft retournée à fes anciennes habitudes.

Les gouvernemens des colonies trouvoient, avant la révolution, qu'il étoit de leur intérêt de fournir au peuple une quantité de papier qui fût pleinement fuffifante, & en général plus que fuffifante pour faire les affaires domeftiques. Quelques-uns de ces gouvernemens, celui de *Penfylvanie* en particulier, tiroient un revenu du papier de cours qu'ils prêtoient aux fujets à tant pour cent d'intérêt ; & l'affemblée de cette même province a jugé fans doute que fi les circonftances ne permettoient plus de tirer un intérêt de ce même papier, il feroit encore utile, malgré les inconvéniens qu'il fembloit offrir.

Mais examinons les fuites & les inconvéniens de ce papier-monnoie. Les européens inftruits l'ont blâmé d'une voix prefque unanime, & il a excité les plaintes & la cenfure des citoyens d'Amérique les plus éclairés. M. Payne, auteur célèbre du *Common fenfe* a écrit fur cette matière ; & avant de rapporter fes obfervations, où l'on verra avec quelle fimplicité profonde & quelle jufteffe admirable in difcute en Amérique les queftions relatives à l'adminiftration des états, nous avertirons que fes argumens ne défignent pas d'une manière affez particulière le papier-monnoie d'Amérique ; qu'il écrit avec le zèle d'un républicain qui connoît mieux fon pays que les autres états ; qu'il femble envelopper dans la prof-

cription générale les billets de banque reçus comme monnoie dans quelques états de l'Europe où la banque qui les délivre, offre des gages fûrs ou du moins qui doivent l'être, tandis que le papier-monnoie créé par les américains eft d'une toute autre nature ; il paroît que c'eft un papier à la charge de l'état, dont le rembourfement n'eft point fixé, dont l'hypothèque eft plus qu'incertaine, & dont les intrigans & les fripons peuvent abufer contre les honnêtes gens.

« Je me rappelle, dit M. Payne, une efpèce de fentence d'un fermier allemand, qui renferme en très-peu de mots tout ce qu'on peut dire fur le papier-monnoie : *l'argent eft de l'argent, & le papier du papier.* Toutes les inventions de l'homme ne peuvent rien changer à cela ; il faut que l'alchimifte abandonne fon laboratoire & renonce pour jamais à la recherche de la pierre philofophale, s'il eft poffible de métamorphofer le papier en or & en argent, ou de l'appliquer aux mêmes ufages dans tous les cas ».

« Le papier, confidéré comme matière propre à faire de l'argent, n'a aucune des qualités requifes pour cet objet ; il eft trop abondant, & d'une acquifition trop facile, puifqu'on peut fe le procurer par-tout, & prefque pour rien ».

« Le feul ufage convenable qu'on puiffe faire du papier pour tenir lieu d'argent, eft d'y écrire des billets & des obligations de paiement en efpèces. Un papier ainfi écrit & figné, vaut la fomme pour laquelle il eft donné, fi celui qui le donne eft en état de la payer, parce que, dans ce cas, la loi l'y obligera ; mais fi celui qui l'a foufcrit eft infolvable, fon papier ne vaut pas mieux que lui : en conféquence, la valeur d'un tel effet n'exifte point dans la matière, puifqu'il n'eft que du papier & une promeffe, mais dans la perfonne obligée de le racheter avec de l'or ou de l'argent ».

« Le papier, circulant de cette manière & pour cet objet, arrive fans ceffe à la place & à la perfonne où & de laquelle l'argent doit être tiré ; & revenant enfin à fa fource ; il ouvre la caiffe de fon maître, & non pas le porter ».

« Mais lorfqu'un état entreprend de faire une émiffion de papier comme argent, il renverfe de fond en comble l'édifice de la fûreté publique, & la propriété n'eft plus qu'un vain nom, puifque le propriétaire n'en conferve plus aucun gage certain. Il y a une grande différence entre des papiers donnés & pris de particulier à particulier comme promeffe de paiement, & des papiers mis en circulation par un état comme argent : cette dernière opération reffemble beaucoup à ces fantômes qu'enfantent la fuperftition & la crédulité ; de loin, c'eft quelque chofe, & de près ce n'eft rien ».

« Quant au bel axiome qu'un peuple vertueux n'a befoin ni d'or ni d'argent ; c'eft le propos d'un hypocrite ou d'un romancier ; l'expérience n'en n'en a que trop démontré la fausseté. Quelque penchant que puissent avoir les belles ames à voir les choses sous ce point de vue, il n'en est pas moins certain que les fripons ont toujours tenu ce langage ».

« On a prétendu justifier l'émission du papier-monnoie, en disant qu'elle étoit nécessitée par la rareté de l'or & de l'argent ; mais cette diserte, bien loin d'autoriser une telle mesure, devoit au contraire la proscrire ».

« L'or & l'argent n'étant pas des productions de l'Amérique septentrionale, sont par cette raison même des articles d'importation, & l'établissement d'une manufacture de papier-monnoie ou argent ne peut servir : s'il sert à quelque chose, c'est à repousser l'importation des espèces, ou à les faire ressortir de l'état aussi promptement qu'elles y seront entrées. On voit par-là que cette méthode ne tend qu'à nous dépouiller progressivement de tout l'or & l'argent monnoyé qui est entre nos mains, & par conséquent à empirer de plus en plus le mal au lieu de le guérir ».

« Quant au droit que peut s'arroger quelque état de donner au papier-monnoie, ou de toute autre dénomination quelconque, une obligation légale, ou, en d'autres termes, une force coactive de paiement, c'est une entreprise des plus audacieuses du pouvoir arbitraire. Un tel droit ne peut exister dans un gouvernement républicain. Une autorité de cette nature détruit toute liberté de propriété, de sûreté ; tout comité qui se chargera de faire un rapport tendant à cette fin ; tout député qui en fera ou secondera la motion, mérite qu'on lui fasse son procès, & doit tôt ou tard s'y attendre ».

« De toutes les différentes sortes de monnoies de bas aloi, le papier-monnoie est, sans contredit, la dernière & la plus vile. Parmi toutes celles qui peuvent remplacer l'or & l'argent, il n'en est point qui ait une moindre valeur intrinsèque. Celle d'un clou ou d'un morceau de fer quelconque lui est infiniment supérieure, & ces objets seroient infiniment plus susceptibles que le papier de la force coactive qu'on prétend donner à ce dernier ».

« Si quelque chose avoit ou pouvoit avoir une valeur égale à l'or & à l'argent, on n'auroit pas besoin de loi coactive pour lui donner cours, & par conséquent toutes les loix coactives sont tyranniques & injustes, puisqu'elles n'ont pour but que la fraude & l'oppression ».

« Les avocats de ces loix sont pour la plupart des débiteurs insolvables ou de mauvaise foi, qui veulent en profiter pour se débarrasser de leurs obligations, & voler impunément leurs créanciers. Mais comme aucune loi ne peut autoriser une action illégitime, le meilleur parti à prendre dans le cas où des loix aussi extravagantes auroient la sanction de quelques assemblées, seroit d'instruire le procès de ceux qui en auroient fait ou appuyé

la proposition, & de les punir de mort, en mettant le débiteur & le créancier dans la même situation où ils étoient respectivement avant l'enregistrement d'une loi contraire à tous les principes de l'équité naturelle & civile. Il n'est personne qui ne doive frémir à l'idée seule d'un tel excès d'audace & d'injustice. Tant qu'un projet de cette nature ne sera pas proscrit pour jamais des Etats-Unis sur la réprobation la plus générale, la plus authentique & la plus éclatante, c'est en vain qu'on parlera de rétablir le crédit national, ou qu'on se répandra en lamentations sur l'impossibilité d'emprunter de l'argent à un intérêt légal ».

« Quant au papier-monnoie, sous quelque point de vue qu'on puisse l'envisager, ce n'est tout au plus qu'une vaine chimère ; mais, en supposant qu'on le considère comme propriété, n'est-il pas déraisonnable de supposer que le souffle d'une assemblée, dont l'existence expire avec l'année, puisse donner au papier la valeur & la consistance de l'or ? Elle ne peut même garantir que l'assemblée prochaine ne le reçoive pour les taxes ; mais l'exemple (car l'autorité est nulle dans toutes ces opérations) ; l'exemple, dis-je, d'une création de papier-monnoie ordonnée par une assemblée, peut engager une autre assemblée à en faire autant ; & cette imitation successive portera les choses au point de ruiner sans retour la confiance & le crédit, à l'époque même où le décri général de ce papier fera sentir, mais trop tard, le danger de ce funeste expédient ».

La question n'est pas analysée dans le morceau que nous venons de transcrire : pour la réduire d'une manière plus exacte, nous demanderons si les républiques qui ont créé du papier-monnoie, n'ont pas donné un gage trop incertain de sa valeur ? si, dans l'état actuel des choses, sa dépréciation n'est pas inévitable ? s'il n'entraînera pas des pertes pour une multitude de citoyens qui auront plus de simplicité & de bonne foi que d'adresse ? s'il n'enrichira pas des intrigans & des calculateurs peu délicats ? si c'est un bon moyen de rétablir le crédit des provinces ? si la liquidation ou la déroute de ce papier-monnoie ne laissera pas une tache ? s'il convient de faire un arrangement peu équitable, pour des avantages de circulation momentanés ? si les échanges ne remplacent pas les achats & les ventes lorsqu'on manque de monnoie ? Si la circulation du papier-monnoie offre donc de si grands avantages ? & quels sont réellement ces avantages ? s'il ne faut pas toujours se soumettre à la nécessité, renoncer aux avantages que les circonstances ne nous permettent pas d'obtenir, & attendre des momens plus heureux ?

Nous avons parlé, en divers endroits de cet ouvrage, de la réponse officielle qu'a faite le lord Carmarthen aux remontrances de M. Adams, touchant les postes que retient l'Angleterre sur le territoire cédé aux Etats-Unis par le dernier traité de paix, & nous avons examiné ses mauvaises raisons. Il a exposé plusieurs griefs contre les diverses provinces de l'union américaine. Il reproche à la *Pensylvanie* la loi passée aussi-tôt après la paix, pour restreindre le recouvrement des anciennes dettes angloises: mais nous avons expliqué à l'article ETATS-UNIS comment la nécessité a fait une loi de cette restriction, & comment elle peut être avantageuse aux créanciers anglois, loin de leur être défavorable, ainsi qu'on est tenté de le croire au premier coup-d'œil. Nous avons fait voir également l'injustice & la hauteur des prétentions de l'Angleterre sur l'exécution du dernier traité de paix.

Voyez les articles particuliers des douze autres provinces de l'union américaine, & l'article général ETATS-UNIS.

PÉROU, contrée de l'Amérique, qui appartient à l'Espagne.

Précis de l'histoire politique de ce pays & de l'établissement de la colonie.

La première expédition au *Pérou*, commencée avec un vaisseau, cent douze hommes & quatre chevaux, vers le milieu de novembre 1524, ne fut pas heureuse. A peine Pizarre put-il aborder; & dans le peu d'endroits où il lui fut possible de prendre terre, il ne voyoit que des plaines inondées, que des forêts impénétrables, que quelques sauvages peu disposés à traiter avec lui. Almagro, qui lui menoit un renfort de soixante-dix hommes, n'eut pas un spectacle plus consolant, & il perdit même un œil dans un combat très-vif qu'il lui fallut soutenir contre les indiens. Plus de la moitié de ces intrépides espagnols avoient péri par la faim, par le fer ou par le climat, lorsque los Rios qui avoit succédé à Pedrarias, envoya ordre à ceux qui avoient échappé à tant de fléaux, de rentrer sans délai dans la colonie. Tous obéirent, tous à l'exception de treize qui, fidèles à leur chef, voulurent courir jusqu'à la fin sa fortune. Ils la trouvèrent d'abord plus contraire qu'elle ne l'avoit encore été, puisqu'ils se virent réduits à passer six mois entiers dans l'isle de la Gorgonne, le lieu le plus mal sain, le plus stérile & le plus affreux qui fût peut-être sur le globe: mais enfin le sort s'adoucit. Avec un très-petit navire que la pitié seule avoit déterminé à leur envoyer pour les tirer de ce séjour de désolation, ils continuèrent leur navigation & abordèrent à Tumbez, bourgade assez considérable de l'empire qu'ils se proposoient d'envahir un jour. De cette rade où tout portoit l'empreinte de la civilisation, Pizarre reprit la route de Panama, où il arriva dans les derniers jours de 1527 avec de la poudre d'or, avec des vases de ce précieux métal, avec des vigognes, avec trois

péruviens destinés à servir plutôt ou plus tard d'interprètes.

Loin d'être découragés par les revers qu'avoient éprouvés Pizarre, Almagro & Luques qui avoient réuni leurs petites fortunes pour la conquête de ce vaste pays, les trois associés furent enflammés d'une passion plus forte d'acquérir des trésors qui leur étoient mieux connus: mais il falloit des soldats, il falloit des subsistances, & on leur refusoit l'un & l'autre secours dans la colonie. Le ministère, dont Pizarre lui-même étoit venu réclamer l'appui en Europe, se montra plus facile. Il autorisa sans réserve la levée des hommes, l'achat des approvisionnemens, & il ajouta à cette liberté indéfinie toutes les faveurs qui ne coûtoient rien au fisc.

Cependant, en réunissant tous leurs moyens, les associés ne purent équiper que trois petits navires; ils ne purent rassembler que cent quarante-quatre fantassins & trente-six cavaliers. C'étoit bien peu pour les grandes vues qu'il falloit remplir: mais, dans le nouveau Monde, les espagnols attendoient tout de leurs armes ou de leur courage, & Pizarre ne balança pas à s'embarquer dans le mois de février de l'an 1541. La connoissance qu'il avoit acquise de ces mers, lui fit éviter les calamités qui avoient traversé sa première expédition, & il n'éprouva d'autre malheur que celui d'être forcé par les vents contraires de débarquer à cent lieues du port où il s'étoit proposé d'aborder.

Il fallut s'y rendre par terre. On suivit la côte qui étoit très-difficile, en forçant ses habitans à donner leurs vivres, en les dépouillant de l'or qu'ils avoient, en se livrant à cet esprit de rapine & de cruauté qui formoit les mœurs de ces temps barbares. L'isle de Puna qui défendoit la rade, fut forcée, & la troupe entra victorieuse à Tumbez, où des maladies de tous les genres l'arrêtèrent trois mois entiers. L'arrivée de deux renforts qui lui venoient de Nicaragua, la consolèrent un peu du chagrin que lui causoit ce séjour forcé. Ils n'étoient, à la vérité, que de trente hommes chacun: mais ils étoient conduits par Sébastien Benalcazar & par Fernand Soto, qui tous deux jouissoient d'une réputation brillante. Les espagnols ne furent pas inquiétés dans leur première conquête, & il en faut dire la raison.

Remarques sur le gouvernement des incas.

L'empire du *Pérou* qui, comme la plupart des autres dominations, n'avoit dans l'origine que peu d'étendue, s'étoit successivement agrandi. Il avoit, en particulier reçu un accroissement considérable du onzième empereur Huyana-Capac, qui s'étoit emparé par la force du vaste pays de Quito, &, qui, pour légitimer autant qu'il étoit possible son usurpation, avoit épousé l'unique héritière du roi détrôné. De cette union, que les loix & les préjugés réprouvoient également, étoit sorti Ataliba qui, après la mort de son père, prétendit à l'héritage de sa mère. Cette succession lui fut contestée par son frère aîné Huascar, qui étoit d'un autre lit, & dont la naissance n'avoit point de tache. De si grands intérêts mirent les armes à la main des deux concurrens. L'un avoit pour lui la faveur des peuples & l'usage immémorial de l'indivisibilité de l'empire : mais l'autre s'étoit assuré d'avance des meilleures troupes. Celui qui avoit pour lui les armées, fut vainqueur, jeta son rival dans les fers, & plus puissant qu'il ne l'avoit espéré, se trouva le maître de toutes les provinces.

Ces troubles qui, pour la première fois, venoient d'agiter le *Pérou*, n'étoient pas entièrement calmés lorsque les espagnols s'y montrèrent. Dans la confusion où étoit encore tout l'état, on ne songea pas à troubler leur marche, & ils arrivèrent sans obstacle à Caxamalca. Atabaliba, que des circonstances particulières avoient conduit au voisinage de cette maison impériale, leur envoya sur-le-champ des fruits, des grains, des émeraudes, plusieurs vases d'argent ou d'or. Cependant il ne dissimula pas à leur interprete qu'il desiroit de les voir sortir de son territoire, & il annonça qu'il iroit concerter le lendemain avec leur chef les mesures de cette retraite.

Se préparer au combat sans laisser appercevoir le moindre appareil de guerre, fut la seule disposition que fit Pizarre pour recevoir le prince. Il mit sa cavalerie dans les jardins du palais, où elle ne pouvoit être apperçue ; l'infanterie étoit dans la cour, & son artillerie fut tournée vers la porte où l'empereur devoit entrer.

Atabaliba vint avec confiance au rendez-vous. Douze à quinze mille hommes l'accompagnoient. Il étoit porté sur un trône d'or, & ce métal brilloit dans les armes de ses troupes. Il se tourna vers les principaux officiers, & il leur dit : *ces étrangers sont les envoyés des dieux, gardez-vous de les offenser.*

Mais à l'instant même sa troupe fut attaquée par les espagnols. Qu'on juge de l'impression que dûrent faire sur les péruviens la vue des chevaux qui les écrasoient, le bruit & l'effet du canon & de la mousqueterie qui les terrassoient comme la foudre. Ces malheureux prirent la fuite avec tant de précipitation, qu'ils tomboient les uns sur les autres. On en fit un carnage affreux. Pizarre lui-même s'avança vers l'empereur, fit tuer par son infanterie tout ce qui entouroit le trône, fit le monarque prisonnier, & poursuivit le reste de la journée ce qui avoit échappé au glaive de ses soldats. Une foule de princes, les ministres, la fleur de la noblesse, tout ce qui composoit la cour d'Atabaliba, fut égorgé. On ne fit point grace à la foule de femmes, de vieillards, d'enfans, qui étoient venus des environs pour voir leur maître.

Quoiqu'étroitement gardé, l'empereur ne tarda pas à démêler la passion extrême de ses ennemis pour l'or. Cette découverte le détermina à leur en offrir pour sa rançon autant que sa prison, longue de vingt-deux pieds & large de seize, en pourroit contenir jusqu'à la plus grande hauteur où le bras d'un homme pourroit atteindre. Sa proposition fut acceptée. Mais tandis que ceux de ses ministres qui avoient le plus sa confiance, étoient occupés à rassembler ce qu'il falloit pour remplir ses engagemens, il apprit que Huascar avoit promis trois fois plus à quelques espagnols qui avoient eu occasion de l'entretenir, s'ils consentoient à le rétablir sur le trône de ses pères. Ce commencement de négociation l'effraya ; &, dans ses craintes, il se décida à faire étrangler un rival qui lui paroissoit dangereux.

Pour dissiper les soupçons que cette action devoit donner à ses geoliers, Atabaliba pressa avec une vivacité nouvelle le recouvrement des métaux stipulés pour sa liberté. Il en arrivoit de tous les côtés, autant que l'éloignement des lieux, que la confusion des choses pouvoient le permettre. Dans peu, rien n'y auroit manqué : mais ces amas d'or, sans cesse exposés aux regards avides des conquérans, irritoient tellement leur cupidité, qu'il fut impossible d'en différer plus long-tems la distribution. On délivra aux agens du fisc le quint que le gouvernement s'étoit réservé. Cent mille piastres ou 540,000 liv. furent mises à part pour le corps de troupes qu'Almagro venoit de mener, & qui étoit encore sur les côtes. Chaque cavalier de Pizarre reçut 43,200 livres, chaque fantassin 21,600 liv. & le général, les officiers eurent une somme proportionnée à leurs grades dans la milice.

Ces fortunes, les plus extraordinaires dont l'histoire ait conservé le souvenir, n'adoucirent pas la barbarie des espagnols. Atabaliba avoit donné son or, on s'étoit servi de son nom pour subjuguer l'esprit des peuples : il étoit tems qu'il finît son rôle. Un dominicain, Vincent Valverde, disoit que c'étoit un prince endurci, qu'il falloit traiter comme Pharaon. L'interprète Philipillo, qui avoit un commerce criminel avec une de ses femmes, auroit pu être troublé dans ses plaisirs. Almagro craignoit que, tant qu'on le laisseroit vivre, l'armée de son associé ne voulût s'approprier tout le butin comme partie de sa rançon. Pizarre avoit été méprisé par lui, parce que, moins instruit que le dernier des soldats, il ne savoit pas lire. Ces causes, peut-être encore plus que des raisons politiques, firent décider la mort de l'empereur. On n'osa lui faire son procès dans les formes, & cette comédie atroce eut les suites horribles qu'elle devoit avoir.

Les meurtriers parcoururent le *Pérou* avec cette soif de sang & de rapine, qui dirigeoit toutes leurs actions. Vraisemblablement ils se feroient trouvés, sans tirer l'épée, les maîtres de ce vaste empire, s'ils avoient montré de la modération, de l'humanité. Une nation naturellement douce, depuis long-temps accoutumée à la plus aveugle soumission, constamment fidelle aux maîtres qu'il avoit plu au ciel de lui envoyer, étonnée du terrible spectacle qui venoit de frapper ses yeux : cette nation auroit subi le joug sans trop murmurer. L'expoliation de ses maisons & de ses temples ; les outrages faits à ses femmes & à ses filles ; des cruautés de tous les genres qui se succédoient sans interruption : tant d'infortunes disposèrent les peuples à la vengeance, & il se présenta des chefs pour conduire ce ressentiment.

Des armées nombreuses remportèrent d'abord quelques avantages sur un petit nombre de tyrans perdus dans des régions immenses : mais ces foibles succès même ne furent pas durables. Plusieurs de ces aventuriers, enrichis par la rançon d'Atabaliba, avoient quitté leurs drapeaux pour aller jouir plus paisiblement ailleurs d'un bien acquis si rapidement. Leur fortune échauffa les esprits dans l'ancien, dans le Nouveau-Monde, & de tous côtés on accourut au pays de l'or. Il arriva de-là que les espagnols se multiplièrent en moins de temps au *Pérou* que dans les autres colonies. Bientôt ils s'y trouvèrent au nombre de cinq ou six mille, & alors cessa toute résistance. Ceux des indiens qui étoient les plus attachés à leur liberté, à leur gouvernement, à leur religion, se refugièrent au loin dans des montagnes inaccessibles. La plupart se soumirent aux loix du vainqueur.

Une révolution si étrange a été un sujet d'étonnement pour toutes les nations. Le *Pérou* est un pays très difficile, où il faut continuellement gravir des montagnes, marcher sans cesse dans des gorges & des défilés. On y est réduit à passer, à repasser perpétuellement des torrens ou des rivières dont les bords sont toujours escarpés. Quatre ou cinq mille hommes, avec un peu de courage & d'intelligence, y feroient périr les armées les plus aguerries. Comment donc arriva-t-il qu'un grand peuple n'osa pas même disputer un terrein, dont la nature devoit lui être si connue, à une poignée de guerriers que l'Océan venoit de vomir sur ses rivages ?

C'est par la même raison que le voleur intrépide, le pistolet à la main, dépouille impunément une troupe d'hommes, ou qui reposent tranquillement dans leurs foyers, ou qui, renfermés dans une voiture publique, continuent leur voyage sans méfiance. Quoiqu'il soit seul & qu'il n'ait qu'un ou deux coups à tirer, il en impose à tous, parce que personne ne veut se sacrifier pour les autres.

Cet empire qui, selon les historiens espagnols, fleurissoit depuis quatre siècles, avoit été fondé par Manco-Capac & par sa femme MaMa-Ocello, qui furent appellés incas ou seigneurs du *Pérou*.

On a soupçonné que ces personnages pouvoient être les descendans de quelques navigateurs d'Europe ou des Canaries, jettés par la tempête sur les côtes du Brésil.

Les législateurs se dirent enfans du soleil, envoyés par leur père pour rendre les hommes bons & heureux. Ils pensèrent sans doute que ce préjugé enflammeroit l'ame des peuples qu'ils vouloient civiliser, éleveroit leur courage & leur inspireroit plus d'amour pour leur patrie, plus de soumission aux loix.

C'étoit à des êtres nuds, errans, sans culture, sans industrie, sans aucune de ces idées morales, qui sont les premiers liens de l'union sociale, que ces discours étoient adressés. Quelques-uns de ces barbares, que beaucoup d'autres imitèrent depuis, s'assemblèrent autour des législateurs dans le pays montueux de Cusco.

Manco apprit à ses nouveaux sujets à féconder la terre, à semer des grains & des légumes, à se vêtir, à se loger. Ocello montra aux indiennes à filer, à tisser le coton & la laine ; elle leur enseigna tous les exercices convenables à leur sexe, tous les arts de l'économie domestique.

L'astre du feu qui dissipe les ténèbres qui couvrent la terre, qui tire le rideau de la nuit & étale subitement aux regards de l'homme étonné la scène la plus vaste, la plus auguste & la plus riante; que la gaieté des animaux, le ramage des oiseaux, le cantique de l'être qui pense, saluent à son lever ; qui s'avance majestueusement au-dessus de leurs têtes; qui embrasse un espace immense dans sa marche à travers les espaces du ciel; dont le coucher replonge l'univers dans le silence & la tristesse; qui caractérise les saisons & les climats ; qui forme & dissipe les orages; qui allume la foudre & qui l'éteint; qui verse sur les campagnes les pluies qui les fécondent, sur les forêts les pluies qui les nourrissent; qui anime tout par sa chaleur, embellit tout par sa présence, & dont l'absence jette par-tout la langueur & la mort : le soleil fut le dieu des péruviens. On lui bâtit des temples, & on abolit les sacrifices humains. Les descendans des législateurs furent les seuls prêtres de la nation.

Les loix prononcèrent la peine de mort contre l'homicide, le vol & l'adultère. Cette sévérité ne s'étendit guère à d'autres crimes.

La polygamie étoit défendue. Il n'étoit permis qu'à l'empereur d'avoir des concubines, parce qu'on ne pouvoit trop multiplier la race du soleil. Il les choisissoit parmi les vierges consacrées au temple de Cusco, qui étoient toutes de son sang.

Une institution très-sage ordonnoit qu'un jeune homme qui commettroit une faute, seroit légérement puni, mais que son père en seroit responfable. C'eſt ainſi que la bonne éducation veilloit à la perpétuité des bonnes mœurs.

Il n'y avoit point d'indulgence pour l'oiſiveté, regardée avec raiſon comme la ſource de tous les déſordres. Ceux que l'âge ou les incommodités avoient mis hors d'état de travailler, étoient nourris par le public, mais avec l'obligation de préſerver du dégât des oiſeaux les terres enſemencées. Tous les citoyens étoient obligés de faire eux-mêmes leurs habits, d'élever leurs maiſons, de fabriquer leurs inſtrumens d'agriculture. Chaque famille ſavoit ſeule pourvoir à ſes beſoins.

Il étoit ordonné aux péruviens de s'aimer, & tout les y portoit. Ces travaux communs, toujours égayés par des chants agréables ; l'objet même de ces travaux, qui étoit d'aider quiconque avoit beſoin de ſecours ; ces vêtemens faits par les filles vouées au culte du ſoleil, & diſtribués par les officiers de l'empereur aux pauvres, aux vieillards, aux orphelins ; l'union qui devoit régner dans les décuries, où tout le monde s'inſpiroit mutuellement le reſpect des loix, l'amour de la vertu, parce que les châtimens pour les fautes d'un ſeul tomboient ſur toute la décurie ; cette habitude de ſe regarder comme membres d'une ſeule famille, qui étoit l'empire : tous ces uſages entretenoient parmi les péruviens, la concorde, la bienveillance, le patriotiſme, un certain eſprit de communauté, & ſubſtituoient, autant qu'il eſt poſſible, à l'intérêt perſonnel, à l'eſprit de propriété, aux reſſorts communs des autres légiſlations, les vertus les plus ſublimes & les plus aimables.

Elles étoient honorées, ces vertus, comme les ſervices rendus à la patrie. Ceux qui s'étoient diſtingués par une conduite exemplaire, ou par des actions d'éclat utiles au bien public, portoient pour marque de décoration, des habits travaillés par la famille des Incas. Il eſt fort vraiſemblable que ces ſtatues que les eſpagnols prétendoient avoir trouvées dans les temples du ſoleil, & qu'ils prirent pour des idoles, étoient les ſtatues des hommes qui, par la grandeur de leurs talens, ou par une vie remplie de belles actions, avoient mérité l'hommage ou l'amour de leurs concitoyens.

Ces grands hommes étoient encore les ſujets ordinaires des poëmes compoſés par la famille des Incas, pour l'inſtruction des peuples.

Il y avoit un autre genre de poëme utile aux mœurs. On repréſentoit à Cuſco, & peut-être ailleurs, des tragédies & des comédies. Les premières donnoient aux prêtres, aux guerriers, aux juges, aux hommes d'état, des leçons de leurs devoirs, & des modèles de vertus publiques. Les comédies ſervoient d'inſtruction aux conditions inférieures, & leur enſeignoient les vertus privées, & juſqu'à l'économie domeſtique.

L'état entier étoit diſtribué en décuries, avec un officier chargé de veiller ſur dix familles qui lui étoient confiées. Un officier ſupérieur avoit la même inſpection ſur cinquante familles ; d'autres enfin ſur cent, ſur cinq cens, ſur mille.

Les décurions & les autres inſpecteurs, en remontant juſqu'au millenaire, devoient rendre compte à celui-ci des bonnes & des mauvaiſes actions, ſolliciter le châtiment & la récompenſe, avertir ſi l'on manquoit de vivres, d'habits, de grains pour l'année. Le millenaire rendoit compte au miniſtre de l'Inca.

Rarement avoit-il à porter des plaintes contre la partie de la nation confiée à ſa vigilance. Lorſque ce malheur arrivoit, les coupables alloient eux-mêmes révéler leurs fautes les plus ſecrètes, & demander à les expier. Ces peuples diſoient aux eſpagnols, qu'il n'étoit jamais arrivé qu'un homme de la famille des Incas eût mérité d'être puni.

Les terres du royaume, ſuſceptibles de culture, étoient partagées en trois parts, celle du ſoleil, celle de l'Inca, & celle des peuples. Les premières ſe cultivoient en commun, ainſi que les terres des orphelins, des veuves, des vieillards, des infirmes, & des ſoldats qui étoient à l'armée. Celles-ci ſe cultivoient immédiatement après celles du ſoleil, & avant celles de l'empereur. Des fêtes annonçoient ce travail : on le commençoit & on le continuoit au ſon des inſtrumens, & en chantant des cantiques.

L'empereur ne levoit aucun tribut, & n'exigeoit de ſes ſujets que la culture de ſes terres, dont le produit, dépoſé par-tout dans des magaſins publics, ſuffiſoit à toutes les dépenſes de l'empire.

Les terres conſacrées au ſoleil fourniſſoient à l'entretien des prêtres & des temples, à tout ce qui concernoit le culte religieux. Elles étoient en partie labourées par des princes de la famille royale, revêtus de leurs plus riches habits.

A l'égard des terres qui étoient entre les mains des particuliers, elles n'étoient ni un héritage, ni même une propriété à vie. Leur partage varioit continuellement, & ſe régloit avec une équité rigoureuſe ſur le nombre de têtes qui compoſoient chaque famille. Les richeſſes ſe bornoient toujours au produit des champs, dont l'état avoit confié l'uſufruit paſſager.

Les Incas ne connoiſſant pas l'uſage des impôts, & n'ayant, pour ſubvenir aux beſoins du gouvernement, que des denrées en nature, dûrent chercher à les multiplier. Ils étoient ſecondés, dans l'exécution de ce projet, par leurs miniſtres ; par les adminiſtrateurs inférieurs, par les ſoldats même qui ne recevoient, pour ſubſiſter, pour ſoutenir leur rang, que des fruits de la terre. De là tant de ſoins pour les augmenter. Cette attention pouvoit avoir pour but principal de porter l'abondance dans les champs du ſouverain :

mais son patrimoine étoit si mêlé avec celui des sujets, qu'il n'étoit pas possible de fertiliser l'un sans fertiliser l'autre. Les peuples, encouragés par ces commodités qui laissoient peu de choses à faire à leur industrie, se livrèrent à des travaux que la nature de leur sol, de leur climat & de leurs consommations rendoit très-légers. Mais, malgré tous ces avantages, malgré la vigilance toujours active du magistrat, malgré la certitude de ne pas voir leurs moissons ravagées par un voisin inquiet, les péruviens ne s'élevèrent jamais au-dessus du plus étroit nécessaire. On peut assurer qu'ils auroient acquis les moyens de varier & d'étendre leurs jouissances, si des propriétés foncières, commerçables, héréditaires avoient aiguisé leur génie.

Les péruviens, à la source de l'or & de l'argent, ne connoissoient pas l'usage de la monnoie. Ils n'avoient pas proprement de commerce; & les arts de détail, qui tiennent aux premiers besoins de la vie sociale, étoient fort imparfaits chez eux. Toutes leurs sciences étoient dans la mémoire, & toute leur industrie dans l'exemple. Ils apprenoient leur religion & leur histoire par des cantiques, leurs devoirs & leurs professions par le travail & l'imitation.

Leur législation étoit sans doute imparfaite & très-bornée, puisqu'elle supposoit le prince toujours juste & infaillible, & les magistrats intègres comme le prince; puisque non-seulement le monarque, mais un décurion, un centenaire, un millenaire, tous ses préposés pouvoient changer à leur gré la destination des peines & des récompenses. Chez ce peuple, privé de l'avantage inappréciable de l'écriture, les loix les plus sages n'ayant aucun principe de stabilité, devoient s'altérer insensiblement, sans qu'il restât aucun moyen pour les ramener à leur caractère primitif.

Les contre-poids de ces dangers se trouvoient dans l'ignorance absolue des monnoies d'or & d'argent: ignorance qui rendoit impossible, dans un despote péruvien, la funeste manie de thésauriser. Ils se trouvoient dans la constitution de l'empire, qui avoit déterminé la quotité du revenu du souverain, en déterminant la portion des terres qui lui appartenoient. Ils se trouvoient dans des besoins peu étendus, toujours faciles à satisfaire, & qui rendoient le peuple heureux & attaché à son gouvernement. Ils se trouvoient dans la force des opinions religieuses, qui faisoient de l'observation des loix un principe de conscience. Le despotisme des Incas étoit ainsi fondé sur une confiance mutuelle entre le souverain & les peuples; confiance qui étoit le fruit des bienfaits du prince, de la protection constante qu'il accordoit à tous ses sujets, & de l'intérêt sensible qu'ils avoient à lui être soumis.

Un pyrrhonisme, quelquefois outré, qui a succédé à une crédulité aveugle, a voulu jetter des nuages sur ce qu'on vient de lire des loix, des mœurs, du bonheur de l'ancien *Pérou*.

Si l'imagination exaltée des espagnols a trop embelli le tableau, les recherches & l'austère sagesse de M. Robertson nous ont prouvé que les choses étoient à-peu-près ainsi.

Nous ne justifierons pas avec la même assurance les relations que les conquérans du *Pérou* publièrent sur la grandeur & la magnificence des monumens de tous les genres qu'ils avoient trouvés. Le désir de donner plus d'éclat à la gloire de leurs triomphes, les aveugla peut-être. Peut-être, sans être persuadés eux-mêmes, voulurent-ils en imposer à leur nation, aux nations étrangères. Les premiers témoignages, qui même se contrarioient, ont été infirmés par ceux qui les ont suivis, & enfin totalement détruits, lorsque des hommes éclairés ont porté leurs pas dans cette partie si célèbre du nouvel hémisphère.

Il faut réléguer au rang des fables ces majestueux palais destinés à loger les Incas dans le lieu de leur résidence & dans leurs voyages, ces places de guerre qui couvroient l'empire, ces aqueducs, ces réservoirs comparables à ce que l'antiquité nous a laissé en ce genre de plus magnifique.

Il faut réléguer au rang des fables, ces superbes voies qui rendoient les communications si faciles, & ces ponts si vantés; les merveilles attribuées à ces *quipos*, qui remplaçoient chez les péruviens l'art d'écrire qui leur étoit inconnu.

Les espagnols ne méritent pas davantage d'être crus, quand ils nous parlent de ces bains dont les cuves & les tuyaux étoient ou d'argent ou d'or; de ces jardins remplis d'arbres, dont les fleurs étoient d'argent & les fruits d'or, & où l'œil trompé prenoit l'art pour la nature; de ces champs de maïs, dont les tiges étoient d'argent & les épis d'or; de ces bas-reliefs, où l'on auroit été tenté de cueillir les herbes & les plantes; de ces habillemens couverts de grains d'or plus fins que la semence de perle, & dont les plus habiles orfèvres de l'Europe n'auroient pas égalé le travail.

En réduisant les choses à la vérité, nous trouverons que les péruviens étoient parvenus à fondre l'or & l'argent & à les mettre en œuvre. Avec ces métaux ils faisoient des ornemens, la plûpart très-minces, pour les bras, pour le cou, pour le nez, pour les oreilles; & des statues creuses, sans soudure, qui, sculptées ou fondues, n'avoient pas plus d'épaisseur. Rarement ces riches matières étoient-elles converties en vases. Leurs vases ordinaires étoient d'une argile très-fine, facilement travaillée, de la grandeur & de la forme convenable aux usages pour lesquels ils étoient destinés. Les poids n'étoient pas inconnus, & l'on découvre de temps en temps des balances, dont les bassins sont d'argent & ont la figure d'un cône renversé. Deux espèces de pierre, l'une molle & l'autre dure, l'une entiérement opaque & l'autre un peu transparente, l'une noire & l'autre couleur de plomb, servoient de miroir : on étoit parvenu à leur donner un poli suffisant pour réfléchir les objets. La laine, le coton, les écorces d'arbres recevoient des mains de ce peuple un tissu plus ou moins serré, plus ou moins grossier, dont on s'habilloit, dont on faisoit même quelques meubles. Ces étoffes, ces toiles étoient teintes en noir, en bleu & en rouge, par le moyen du rocou, de différentes herbes & d'une fève sauvage qui croît dans les montagnes. On donnoit aux émeraudes toutes les figures. Ce qu'on en tire assez souvent des tombeaux, la plupart fort élevés, où les citoyens distingués se faisoient enterrer avec ce qu'ils possédoient de plus rare, prouve que ces pierres précieuses avoient une perfection qu'on ne leur a pas retrouvée ailleurs. Des heureux hasards offrent quelquefois des ouvrages de couleur rouge, des ouvrages de cuivre jaune, & d'autres ouvrages qui participent de ces deux couleurs, d'où l'on a conclu que les péruviens connoissoient le mélange des métaux. Une chose plus importante, c'est que ce cuivre n'est jamais rouillé, qu'il ne s'y attache jamais de vert-de-gris; ce qui paroît prouver que ces indiens faisoient entrer dans sa préparation quelques matières qui les préservoient de ces inconvéniens funestes. Il faut regretter que l'art utile de le tremper ainsi ait été perdu, ou par le découragement des naturels du pays, ou par le mépris que les conquérans avoient pour tout ce qui n'avoit point de rapport avec leur passion pour les richesses.

Suite de l'histoire politique & de la fondation de la colonie du Pérou.

Quoi qu'il en soit des arts qu'offre le *Pérou*, les espagnols ne se virent pas plutôt les maîtres de ce vaste empire, qu'ils s'en disputèrent les dépouilles avec tout l'acharnement qu'annonçoient leurs premiers exploits. Les semences de cette division avoient été jettées par Pizarre lui-même qui, dans son voyage en Europe pour préparer une seconde expédition dans les mers du Sud, s'étoit fait donner par le ministère une grande supériorité sur Almagro. Le sacrifice de ce qu'il devoit à une faveur momentanée, l'avoit un peu réconcilié avec son associé justement offensé de cette perfidie : mais le partage de la rançon d'Atabaliba aigrit de nouveau ces deux brigands altiers & avides. Une dispute qui s'éleva sur les limites de leurs gouvernemens respectifs, mit le comble à leur haine, & cette extrême aversion eut les suites les plus déplorables.

Après quelques négociations de mauvaise foi, d'un côté au moins, & par conséquent inutiles, on eut recours au glaive pour savoir lequel des deux concurrens régiroit le *Pérou* entier. Le 6 avril 1538, dans les plaines de Salines, non loin

de Cusco, le sort se décida contre Almagro qui fut pris & décapité.

Ceux de ses partisans qui avoient échappé au carnage, se seroient volontiers réconciliés avec le parti vainqueur. Soit que Pizarre n'osât pas se fier aux soldats de son rival, soit qu'il ne pût surmonter une haine trop vive, il eut toujours pour eux un éloignement marqué. On ne les excluoit pas seulement des graces que l'acquisition d'un grand empire faisoit prodiguer, on les dépouilloit encore des récompenses anciennement accordées à leurs services; on les persécutoit, on les humilioit.

Ces traitemens en conduisent un grand nombre à Lima. Là, dans la maison du fils de leur général, ils concertent dans le silence la perte de leur oppresseur. Dix-neuf des plus intrépides en sortent, l'épée à la main, le 26 juin 1541, au milieu du jour, temps de repos dans les pays chauds. Ils pénètrent, sans résistance, dans le palais de Pizarre; & le conquérant de tant de vastes états est paisiblement massacré au milieu d'une ville qu'il a fondée, & dont tous les habitans sont ses créatures, ses serviteurs, ses parens, ses amis ou ses soldats.

Ceux qu'on croit les plus disposés à venger son sang, périssent après lui. La fureur s'étend. Tout ce qui ose se montrer dans les rues & dans les places, est regardé comme ennemi, & tombe sous le glaive. Bientôt les maisons & les temples sont comblés de carnage, & ne présentent que des cadavres défigurés.

Les jours qui suivent ces jours de destruction éclairent des forfaits d'un autre genre. L'ame du jeune Almagro, qu'on a revêtu de l'autorité, paroît faite pour la tyrannie. Tout ce qui a servi à l'ennemi de sa maison, est inhumainement proscrit. On dépose des anciens magistrats. Les troupes reçoivent de nouveaux chefs. Les trésors du prince & la fortune de ceux qui ont péri ou qui sont absens, deviennent la proie de l'usurpateur. Ses complices, liés à son sort par les crimes dont ils se sont souillés, sont forcés d'appuyer des entreprises dont ils ont horreur. Ceux d'entr'eux qui laissent percer leur chagrin, sont immolés en secret, ou périssent sur un échafaud. Dans la confusion où une révolution si peu attendue a plongé le *Pérou*, plusieurs provinces reçoivent les loix du monstre qui s'est fait proclamer gouverneur de la capitale; & il va, dans l'intérieur de l'empire, achever de réduire ce qui résiste ou balance.

Une foule de brigands se joignent à lui dans sa marche. Son armée ne respire que la vengeance ou le pillage. Tout plie devant elle. La guerre étoit finie, si les talens militaires du général eussent égalé l'ardeur des troupes. Malheureusement pour Almagro, il avoit perdu son guide, Jean d'Herrada. Son inexpérience le fait tomber dans les piéges qui lui sont tendus par Pedro Alvarès, qui s'eſt mis à la tête du parti oppoſé. Il perd, à débrouiller des ruſes, le tems qu'il auroit dû employer à combattre. Dans ces circonſtances, un événement que perſonne n'avoit pu prévoir, vient changer la face des affaires.

Le licencié Vaca de Caſtro, envoyé d'Europe pour juger les meurtiers du vieux Almagro, arrive au *Pérou*. Comme il devoit etre chargé du gouvernement, au cas que Pizarre ne fût plus, tous ceux qui n'étoient pas vendus au tyran, s'empreſſèrent de le reconnoître. L'incertitude & la jalouſie, qui les avoient tenus trop long-temps épars, ne furent plus un obſtacle à leur réunion. Caſtro, auſſi décidé que s'il eût vieilli ſous le caſque, ne fit pas languir leur impatience ; il les mena à l'ennemi. Les deux armées combattirent à Chupas, le 16 ſeptembre 1542, avec une opiniâtreté inexprimable. La victoire, après avoir long-temps balancé, ſe décida, ſur la fin du jour, pour le parti du trône. Les plus coupables des rebelles, qui craignoient de languir dans de honteux ſupplices, provoquoient les vainqueurs à le maſſacrer, & crioient en déſeſpérés : *c'eſt moi qui ai tué Pizarre.* Leur chef, fait priſonnier, périt ſur un échafaud.

Ces ſcènes déplorables venoient de finir, lorſque Blaſco Nunnez-Vela arriva en 1544 au *Pérou*, avec le nom & les pouvoirs de vice-roi. La cour avoit cru devoir revêtir ſon repréſentant d'un titre impoſant & d'une autorité très-étendue, pour que les décrets dont il étoit chargé trouvaſſent moins d'oppoſition. Ces ordonnances, imaginées pour diminuer l'oppreſſion ſous laquelle ſuccomboient les indiens, & plus particuliérement pour rendre utiles à la couronne d'immenſes conquêtes, étoient-elles judicieuſement conçues ? On en jugera.

Elles portoient que quelques péruviens ſeroient libres dans le moment, & les autres à la mort de leurs oppreſſeurs ; qu'à l'avenir on ne pourroit pas les forcer à s'enterrer dans des mines, ni exiger d'eux aucun travail ſans les payer ; que leurs corvées & leurs tributs ſeroient réglés ; que les eſpagnols qui parcouroient les provinces à pied, n'auroient pas plus de trois de ces malheureux pour porter leur bagage, ni de cinq s'ils étoient à cheval : que les caciques ſeroient déchargés de l'obligation de fournir la nourriture au voyageur & à ſon cortège.

Par les mêmes réglemens, étoient annexés au domaine de l'état tous les départemens ou commanderies des gouverneurs, des officiers de juſtice, des agens du fiſc, des évêques, des monaſtères, des hôpitaux, de tous ceux qui s'étoient trouvés mêlés dans les troubles publics. Le peu de terres qui pouvoient appartenir à d'autres maîtres, devoient ſubir la même loi, après que les poſſeſſeurs actuels auroient terminé une carrière plus ou moins longue, ſans que leurs héritiers,

leurs femmes, leurs enfans en puſſent réclamer la moindre partie.

Avant d'ordonner une ſi grande révolution, n'auroit il pas fallu adoucir des mœurs féroces, plier au joug des hommes qui avoient toujours vécu dans l'indépendance, ramener à des principes d'équité l'injuſtice même, lier à l'intérêt général ceux qui n'avoient connu que des intérêts privés, rendre citoyens des aventuriers qui avoient comme oublié le pays de leur origine, établir des propriétés où l'on n'avoit connu que la loi du plus fort, faire ſortir l'ordre du déſordre même, &, par un tableau frappant des maux que l'anarchie venoit de cauſer, rendre cher & reſpectable un gouvernement réguliérement ordonné ? Comment, ſans aucun de ces préliminaires, la cour de Madrid put-elle eſpérer de parvenir bruſquement au but qu'elle ſe proposoit ?

Nunnez, voulant faire exécuter les ordres qu'il avoit reçus dans l'ancien hémiſphère, fut auſſi-tôt dégradé, mis aux fers & relégué dans une iſle déſerte, d'où il ne devoit ſortir que pour être transféré dans la métropole.

Gonzale Pizarre revenoit alors d'une expédition difficile, qui l'avoit conduit juſqu'à la rivière des Amazones, & l'avoit occupé aſſez long-temps pour l'empêcher de jouer un rôle dans les révolutions qui s'étoient ſuccédées ſi rapidement. L'anarchie qu'il trouva établie, lui fit naître la penſée de ſe ſaiſir de l'autorité. Son nom & ſes forces ne permirent pas de la lui refuſer : mais ſon uſurpation fut ſcellée de tant d'atrocités, qu'on regretta Nunnez. Il fut tiré de ſon exil, & ne tarda pas à ſe voir aſſez de forces pour tenir la campagne. Les troubles civils recommencèrent. La fureur fut extrême dans les deux partis. Perſonne ne demandoit ni ne faiſoit quartier. Les indiens furent forcés de prendre part à cette guerre comme aux précédentes ; les uns ſous les étendards du vice-roi, les autres ſous ceux de Gonzale. Ils traînoient l'artillerie, ils applaniſſoient les chemins, ils portoient le bagage. Après des ſuccès long-temps variés, la fortune couronna la rébellion ſous les murs de Quito, dans le mois de janvier de l'an 1545. Nunnez & la plupart des ſiens furent maſſacrés dans cette journée. Gonzale reprit le chemin de Lima.

Avec du jugement & l'apparence de la modération, il lui eût été poſſible de ſe rendre indépendant. Les principaux de ſon parti le deſiroient. Le grand nombre auroit vu cet événement d'un œil indifférent, & les autres auroient été forcés d'y conſentir. Une cruauté aveugle, une avidité inſatiable, un orgueil ſans borne, changèrent ces diſpoſitions. Ceux même dont les intérêts étoient le plus liés avec ceux du tyran, ſoupiroient après un libérateur.

Il arriva d'Europe. Ce fut Pedro de la Gaſca, prêtre avancé en âge, mais prudent, déſintéreſſé,

sintéressé, ferme, & sur-tout très-délié. Il n'amenoit point de troupes, mais on lui avoit confié des pouvoirs illimités. Le premier usage qu'il se permit d'en faire, ce fut de publier un pardon universel, sans distinction de personnes ou de crime, & de révoquer les loix sévères qui avoient rendu l'administration précédente odieuse. Cette démarche seule lui donna la flotte & les provinces des montagnes. Si Gonzale, à qui l'amnistie avoit été offerte en particulier avec tous les témoignages d'une distinction marquée, eût consenti à l'accepter, comme les plus éclairés de ses partisans le lui conseilloient, le troubles se trouvoient finis. L'habitude du commandement ne lui permit pas de descendre à une condition privée; & il eut recours aux armes, dans l'espérance de perpétuer son rôle. Sans perdre un moment, il prit la route de Cusco, où la Gasca rassembloit ses forces. Le 9 d'avril 1548, le combat s'engagea à quatre lieues de cette place, dans les plaines de Saesahuana. Un des lieutenans du général rebelle le voyant abandonné, dès-la première charge, par ses meilleurs soldats, lui conseilla, mais en vain, de se précipiter dans les bataillons ennemis, & d'y périr en romain. Ce foible chef de parti aima mieux se rendre & porter sa tête sur un échafaud. On pendit autour de lui neuf ou dix de ses officiers. Une peine plus infamante fut prononcée contre Carvajal, un des hommes les plus étonnans dont l'histoire ait conservé le souvenir.

Telle fut la dernière scène d'une tragédie dont tous les actes avoient été sanglans. Les guerres civiles furent cruelles dans tous les pays & dans tous les siècles: mais au Pérou, elles devoient avoir un caractère particulier de férocité. Ceux qui les suscitoient, ceux qui s'y engageoient, étoient la plupart des aventuriers sans éducation & sans naissance. L'avarice qui les avoit poussés dans le Nouveau-Monde, se joignit aux autres passions qui rendent les dissensions domestiques si durables & si violentes. Tous, tous sans exception, ne voyoient dans le chef qu'ils avoient choisi qu'un compagnon de fortune, dont l'influence devoit se borner à diriger leurs traits. Aucun n'acceptoit de solde. Comme le pillage & la confiscation devoient être le fruit de la victoire, il n'y avoit jamais de quartier dans l'action. Après le combat, tout homme riche étoit exposé aux accusations; & il ne périssoit guère moins de citoyens par les mains du bourreau, que de soldats dans les batailles. La plus basse crapule, le luxe le plus extravagant avoient bientôt épuisé cet or acquis par tant de forfaits, & l'on se livroit de nouveau à tous les excès de la licence militaire qui n'a point de frein.

Heureusement pour cette opulente partie de l'autre hémisphère, les plus séditieux des conquérans & de ceux qui suivoient leurs traces, avoient misérablement péri dans les divers évé-

nemens qui l'avoient tant de fois bouleversée. Il n'avoit guère survécu aux troubles que ceux qui avoient constamment préféré des occupations paisibles au fracas & aux dangers des grandes révolutions. Ce qui pouvoit encore rester de commotion dans quelques esprits, s'appaisa peu à peu, comme l'agitation des vagues après une longue & furieuse tempête. Alors & alors seulement les rois catholiques purent se dire avec vérité les rois des espagnols fixés au Pérou. Mais il restoit un Inca.

Cet héritier légitime de tant de vastes états vivoit au milieu des montagnes dans l'indépendance. Des princesses de son sang, asservies aux conquérans, abusèrent de son inexpérience & de sa jeunesse pour l'engager à se rendre à Lima. Les usurpateurs de ses droits incontestables poussèrent l'insolence jusqu'à lui donner des lettres de grace, & ne lui assignèrent qu'un très-modique domaine pour sa subsistance. Il alla cacher sa honte & ses regrets dans la vallée d'Yucay, où une mort encore trop tardive termina trois ans après sa malheureuse carrière. Une fille unique, qui lui survécut, épousa Loyola, & de ce mariage sont sorties les maisons d'Oropesa & d'Alcannizas. Ainsi fut consommée la conquête du Pérou, vers l'an 1560.

Détails sur les divers établissemens que les espagnols ont formé au Pérou.

Lorsque les castillans s'étoient montrés pour la première fois dans cet empire, il avoit plus de quinze cents milles de côtes sur la mer du sud, & dans sa profondeur il n'étoit borné que par les plus hautes des Cordelières. En moins d'un demi-siècle, ces hommes turbulens poussèrent à l'est leurs conquêtes depuis Panama, jusqu'à la rivière de la Plata, & à l'ouest depuis le Chagre jusqu'à l'Orénoque. Quoique les nouvelles acquisitions fussent la plupart séparées du Pérou par des déserts affreux ou par des peuples qui défendoient opiniâtrement leur liberté, elles y furent toutes incorporées & en reçurent la loi jusques dans les derniers temps. Nous allons parcourir celles qui ont conservé ou acquis quelque importance. Nous avons déjà parlé du Darien, qui est une de ces nouvelles acquisitions. Voyez l'article DARIEN.

Province de Carthagène.

La province de Carthagène est bornée à l'ouest par la rivière de Darien, & à l'est par celle de la Madeleine. Elle a cinquante-trois lieues de côte, & quatre-vingt cinq dans l'intérieur des terres. Les montagnes arides & très-élevées qui occupent la plus grande partie de ce vaste espace, sont séparées par des vallées larges, arrosées & fertiles. L'humidité & la chaleur excessives &

F f f f

climat empêchent, à la vérité, que les grains, les huiles, les vins, que les fruits de l'Europe n'y puissent prospérer : mais le riz, le manioc, le maïs, le cacao, le sucre, toutes les productions particulières à l'Amérique y sont fort communes. On n'y cultive cependant pour l'exportation que le coton, & encore a-t-il la laine si longue, est-il si difficile à travailler, qu'il n'est acheté qu'au plus vil prix dans nos marchés, qu'il est rebuté par la plupart des manufactures.

Bastidas fut le premier européen qui, en 1502, se montra sur ces plages inconnues. La Cosa, Guerra, Ojeda, Vespuce, Oviedo y abordèrent après lui ; mais les peuples que ces brigands se proposoient d'asservir, leur opposèrent une telle résistance, qu'il leur fallut renoncer à tout projet d'établissement. Pedro de Heridia parut enfin, en 1527, avec des forces suffisantes pour donner la loi Il bâtit & peupla Carthagène.

Des corsaires françois pillèrent la nouvelle ville en 1544. Elle fut brûlée quarante & un ans après par le célèbre Drake. Pointis, un des amiraux de Louis XIV, la prit en 1697, mais en déshonorant, par une cruelle rapacité, des armes que son maître vouloit illustrer. Les anglois se virent réduits, en 1741, à la honte d'en lever le siège, quoiqu'ils l'eussent formé avec vingt-cinq vaisseaux de ligne, six brûlots, deux galiotes à bombes, & assez de troupes de débarquement pour conquérir une grande partie de l'Amérique. La mésintelligence de Vernon & de Wenthwort, les cabales qui divisoient le camp & la flotte, un défaut d'expérience dans la plupart des chefs & de soumission dans les subalternes, toutes ces causes se réunirent pour priver la nation de la gloire & des avantages qu'elle s'étoit promis d'un des plus brillans armemens qui fussent jamais sortis des rades britanniques.

Après tant de révolutions, Carthagène subsiste avec éclat dans une presqu'isle de sable qui ne tient au continent que par deux langues de terre, dont la plus large n'a pas plus de trente-cinq toises. Ses fortifications sont régulières. La nature a placé à peu de distance une colline de hauteur médiocre, sur laquelle on a construit la citadelle de Saint-Lazare. Une garnison plus ou moins nombreuse, selon les circonstances, défend tant d'ouvrages. La ville est une des mieux bâties, des mieux percées, des mieux disposées du Nouveau-Monde : elle peut contenir vingt-cinq mille ames. Les espagnols forment la sixième partie de cette population. Les indiens, les nègres, les races formées de mélanges variés à l'infini, composent le reste.

Cette bigarrure est plus commune à Carthagène que dans la plupart des autres colonies. On y voit arriver continuellement une foule de vagabonds, sans biens, sans emploi, sans recommandation. Dans un pays où n'étant connus de

personne, aucun citoyen n'ose prendre confiance en leurs services ; leur destinée est de vivre misérablement d'aumônes conventuelles, & de coucher au coin d'une place, ou sous le portique de quelqu'église. Si le chagrin d'un si triste état leur cause une maladie grave, ils sont communément secourus par des négresses libres, dont ils reconnoissent les soins & les bienfaits en les épousant. Ceux qui n'ont pas le bonheur d'être dans une situation assez désespérée pour intéresser la pitié des femmes, sont réduits à se réfugier dans les campagnes, & à s'y livrer à des travaux fatigans, qu'un certain orgueil national & d'anciennes habitudes leur rendent également insupportables. L'indolence est poussée si loin dans cette région, que les hommes & les femmes riches ne quittent leurs hamacs que rarement & pour peu de tems.

Le climat doit être un des grands principes de cette inaction. Les chaleurs sont excessives & presque continuelles à Carthagène. Les torrens d'eau qui tombent sans interruption depuis le mois de mai jusqu'à celui de novembre, ont cette singularité qu'ils ne rafraîchissent jamais l'air, quelquefois un peu tempéré par les vents du nord-est, dans la saison sèche. La nuit n'est pas moins étouffée que le jour. Une transpiration habituelle donne aux habitans la couleur pâle & livide des malades. Lors même qu'ils se portent bien, leurs mouvemens se ressentent de la mollesse de l'air qui relâche sensiblement leurs fibres. On s'en apperçoit jusques dans leurs paroles toujours trainantes & prononcées à voix basse. Ceux qui arrivent d'Europe, conservent leur santé & leur embonpoint trois ou quatre mois : mais ils perdent ensuite l'un & l'autre.

Ce dépérissement est l'avant-coureur d'un mal plus fâcheux encore, mais dont la nature est peu connue. On conjecture qu'il vient à quelques personnes pour n'avoir pas digéré ; à d'autres, parce qu'elles se sont refroidies. Il se déclare par des vomissemens accompagnés d'un délire si violent, qu'il faut lier le malade pour l'empêcher de se déchirer. Souvent il expire au milieu de ces transports, qui durent rarement plus de trois ou quatre jours.

Malgré les vices multipliés d'un climat incommode & dangereux, malgré beaucoup d'autres inconvéniens, l'Espagne a toujours montré une grande prédilection pour Carthagène, à cause de son port, un des meilleurs que l'on connoisse. Il a deux lieues d'étendue, un fond excellent & profond. On n'y éprouve pas plus d'agitation que sur la rivière la plus tranquille. Deux canaux y conduisent. Celui qu'on nomme *Boca-Grande*, large de sept à huit cents toises, avoit autrefois si peu de profondeur, que le plus léger canot y passoit difficilement. L'Océan l'a successivement creusé au point qu'on y trouve jusqu'à douze pieds d'eau en quelques endroits. Si la révolution des temps amenoit de plus grands changemens, la place seroit exposée. Aussi la cour de Madrid s'occupe-t-elle sérieusement des moyens de prévenir un si grand malheur.

Du temps que ces contrées étoient approvisionnées par la voie si connue des galions, les vaisseaux partis d'Espagne tous ensemble, passoient à Carthagène avant d'aller à Porto-Bello, & y repassoient avant de reprendre la route de l'Europe. Au premier voyage, ils y déposoient les marchandises nécessaires pour l'approvisionnement des provinces de l'intérieur, & ils en recevoient le prix au second. Lorsque les navires isolés furent substitués à ces armemens, la ville eut la même destination. Ce fut toujours le port de communication de l'ancien hémisphère avec une grande partie du nouveau. Depuis 1748 jusqu'en 1753, cet entrepôt ne vit arriver d'Espagne que 27 navires qui, en échange des marchandises qu'ils avoient portées, reçurent chaque année en or 9,357,806 livres, en argent 4,729,458 livres, en productions 851,765 liv.; en tout 14,939,069 livres.

Dans ces retours où il n'y eut rien pour le gouvernement, & où tout fut pour le commerce, le territoire de Carthagène n'entra que pour 93,241 livres.

Nous avons parlé de la province de Sainte-Marthe à l'article MARTHE (Sainte) : voyez cet article.

Nous parlerons de la province de Venezuela à l'article VENEZUELA.

Nous avons parlé de la province de Cumana à l'article CUMANA; de la province d'Oreno que à l'article ORENOQUE, & du nouveau royaume de Grenade à l'article GRENADE (Nouvelle).

Remarques sur le climat, la population, les productions, le Commerce & le Gouvernement actuel du Pérou.

Le climat offre des singularités très-remarquables dans le haut Pérou. On y éprouve le même jour, quelquefois à la même heure, & toujours dans un espace très-borné, la température des zones les plus opposées. Ceux qui s'y rendent des vallées, sont percés en arrivant, d'un froid rigoureux, dont ni le feu, ni l'action, ni les vêtemens ne peuvent le garantir; mais dont l'impression cesse d'être désagréable, après un séjour d'un mois ou de trois semaines. Les symptômes du mal de mer tourmentent les voyageurs qui y paroissent pour la première fois, avec plus ou moins de violence, selon qu'ils en auroient eu à souffrir sur l'océan. Cependant, quelle qu'en soit la raison, l'on n'est pas exposé à cet accident partout; & aucun des astronomes qui mesurèrent la figure de la terre sur les montagnes de Quito n'en fut attaqué.

Dans les vallées, on est autant ou plus étonné. Quoique très-près de l'équateur, ce pays jouit d'une délicieuse température. Les quatre saisons de l'année y sont sensibles, sans qu'aucune puisse passer pour incommode. Celle de l'hiver est la plus marquée.

Quelle que soit la raison d'un hiver si constant sous la zone torride, il est certain qu'il ne pleut jamais ou qu'il ne pleut que tous les deux ou trois ans dans le *Pérou*.

Il faudroit pourtant des pluies, & des pluies journalières, pour communiquer quelque fertilité aux côtes qui s'étendent depuis Tombés jusqu'à Lima, c'est-à-dire, dans un espace de deux cents soixante-quatre lieues. Les sables en sont si généralement arides, qu'on n'y voit pas même une herbe, excepté dans les parties qu'il est possible d'arroser; & cette facilité n'est pas ordinaire. Il n'y a pas une seule source dans le *Pérou*; les rivières n'y sont pas communes; & celles qu'on y voit n'ont la plupart de l'eau que six ou sept mois de l'année. Ce sont des torrens qui sortent des lacs, plus ou moins grands, formés dans les cordelières, qui ne parcourent qu'un court espace & qui tarissent durant l'été. Du temps des Incas, ces précieuses eaux étoient recueillies avec soin, & par le secours de divers canaux, répandues sur une assez grande superficie qu'elles fertilisoient. Les espagnols ont profité de ces travaux. Leurs bourgades & leurs villes ont remplacé les cabanes des indiens qui, peut-être par cette raison, sont en moindre nombre dans le bas *Pérou* que sur les montagnes.

Malgré les désordres de son organisation physique, la région qui nous occupe avoit vu se former dans son sein un empire florissant. On ne sauroit guère révoquer en doute sa population, quand on voit que ce peuple heureux avoit couvert de ses colonies toutes les provinces qu'il avoit conquises; quand on fait attention au nombre étonnant d'hommes employés au gouvernement, & tirant de l'état leur subsistance. Tant de leviers & de bras occupés à mouvoir la machine politique, ne supposent-ils pas une population considérable, pour nourrir des productions de la terre une classe nombreuse de ses habitans qui ne la cultivoient pas ?

Par quelle fatalité le *Pérou* se trouve-t-il donc aujourd'hui si désert ? En remontant à l'origine des choses, on trouve que les conquérans des côtes de la mer du Sud, brigands sans naissance, sans éducation & sans principes, commirent d'abord plus d'atrocités que ceux du Mexique. La métropole tarda plus long-temps à donner un frein à leur férocité, nourrie continuellement par les guerres civiles, longues & cruelles, qui suivirent la conquête. Il s'établit depuis un système d'oppression plus pesant & plus suivi que dans les autres contrées du Nouveau-Monde moins éloignées de l'Europe.

Ffff 2

Un découragement universel étoit la suite nécessaire de cette conduite. Aussi les naturels du
pays se dégoûtèrent-ils de l'état social & des fatigues qu'il entraîne. Ils persévèrent dans ces
dispositions fâcheuses, & ne se donneroient même
aucun soin pour faire naître des subsistances, s'ils
n'y étoient contraints par le gouvernement. Leur
conduite se ressent de cette violence. Les habitans d'une communauté, hommes, femmes, enfans, se réunissent tous pour labourer, pour ensemencer un champ. Ces travaux interrompus à
chaque moment par des danses & par des festins,
se font au son de divers instrumens. La même négligence, les mêmes plaisirs acompagnent la récolte du maïs & des autres grains. Ces peuples
ne montrent pas plus d'ardeur pour se procurer
des vêtemens. Inutilement on a tenté d'inspirer
un meilleur esprit, un esprit plus convenable au
bien de l'empire. L'autorité a été impuissante contre des usages qu'une mauvaise administration
réitere & qu'elle entretenoit.

Le vuide qui s'étoit fait dans la population du
Pérou, & l'inertie de ce qui y étoit resté d'hommes, déterminèrent les conquérans à l'introduction d'une race étrangère : mais ce supplément
fut plus nuisible à l'Afrique, qu'utile au pays des
incas. L'avarice ne retira pas de ces nouveaux esclaves tous les avantages qu'elle s'en étoit promis.
Le gouvernement fit un monopole de ce vil commerce. Il fallut recevoir les noirs d'une main rivale ou ennemie, les faire arriver à leur destination par des climats mal-sains & des mers immenses, soutenir la dépense de plusieurs entrepôts
fort chers. Cependant cette espèce d'hommes se
multiplia beaucoup plus au *Pérou* qu'au Mexique.
Les espagnols s'y trouvent aussi en bien plus grand
nombre : & voici pourquoi.

Au temps des premières conquêtes, lorsque les
émigrations étoient les plus fréquentes, le pays
des incas avoit une plus grande réputation de richesse que la Nouvelle-Espagne ; & il en sortit
en effet plus de trésors pendant un demi-siécle.
La passion de les partager devoit y attirer réellement un plus grand nombre de Castillans. Quoiqu'ils y fussent tous ou presque tous passés avec
l'espoir de venir jouir un jour dans leur patrie de
la fortune qu'ils auroient faite, ils se fixèrent la
plupart dans la colonie. La douceur du climat &
la bonté des denrées les y attachoient. Ils comptoient d'ailleurs sur une grande indépendance dans
une région si éloignée de la métropole.

Il faut voir à quel degré de prospérité s'est élevé
le *Pérou*, par les travaux réunis de tant de races
différentes.

La côte immense qui s'étend depuis Panama
jusqu'à Tombès, & qui en 1718 fut détachée du
Pérou pour être incorporée au nouveau royaume,
est une des plus misérables régions du globe. Des
marais vastes & nombreux en occupent une grande

partie. Ce qu'ils ne couvrent pas est inondé durant
plus de six mois chaque année par des pluies qui
tombent en torrens. Du sein de ces eaux croupissantes & mal-saines s'élèvent des forêts aussi
anciennes que le monde, & tellement embarrassées de lianes, que l'homme le plus fort ou le
plus intrépide ne sauroit y pénétrer. Des brouillards épais & fréquens jettent un voile obscur sur
ces hideuses campagnes. Aucune des productions
de l'ancien hémisphère ne sauroit croître dans ce
sol ingrat, & celles même du nouveau n'y prospèrent guère. Aussi n'y voit-on qu'un très-petit
nombre de sauvages la plupart errans, & si peu
d'espagnols, qu'on pourroit presque dire qu'il n'y
en a point. La côte est heureusement terminée
par le golfe de Guayaquil, où la nature est moins
dégradée.

Ce fleuve vit s'élever en 1533, la seconde ville
que les espagnols bâtirent dans le *Pérou*. Les indiens ne laissèrent pas subsister long-temps ce
monument érigé contre leur liberté : mais il fut
rétabli quatre ans après par Orellana. Ce ne fut
plus dans la baie de Charopte, qui avoit été
d'abord choisie, qu'on le plaça. La croupe d'une
montagne éloignée de la rivière de cinq à six
cents toises, fut préférée. Les besoins de commerce déterminèrent dans la suite les négocians
à former leurs habitations sur la rive même. L'espace qui les séparoit de leur première demeure a
été occupé successivement ; & aujourd'hui les deux
quartiers sont entièrement réunis.

Guayaquil étoit naguere un lieu absolument ouvert. Il est maintenant sous la protection de trois
forts, gardés seulement par ses habitans.

C'est une particularité aujourd'hui connue, que
sur la côte de Guayaquil, aussi bien que sur celle
de Guatimala, se trouvent les limaçons qui donnent cette pourpre si célébrée par les anciens, &
que les modernes ont cru perdus.

Guayaquil fournit aux provinces voisines, des
bœufs, des mulets, du sel, du poisson. Il fournit une grande abondance de cacao au Mexique
& à l'Europe. C'est le chantier universel de la
mer du Sud, & il pourroit le devenir en partie
de la métropole. On ne connoît point de contrée
sur la terre, qui soit plus riche en mâtures & en
bois de construction. Le chanvre & le goudron
qui lui manquent, lui viennent de Chili & de
Guatimala.

Cette ville est l'entrepôt nécessaire de tout le
commerce que le bas *Pérou*, Panama & le Mexique veulent faire avec le pays de Quito. Toutes
les marchandises que ces contrées échangent,
passent par les mains de ses négocians. Les plus
gros des navires s'arrêtent à l'isle du Puna ; à six
ou sept lieues de la place. Les autres peuvent remonter trente-cinq lieues dans le fleuve jusqu'à
Caracol.

Malgré tant de moyens de s'élever, Guayaquil,
dont la population est de vingt mille ames, n'a

que de l'aiſance. Les fortunes y ont été ſuccef-
ſivement renverſées par neuf incendies, & par des
corſairesqui ont deux fois ſaccagé la ville.Celles qui
ont été faites depuis ces funeſtes époques n'y ſont
pas reſtées. Un climat où les chaleurs ſont intolérables toute l'année, où les pluies ſont continuelles pendant ſix mois, où des inſectes dégoû-
tans & dangereux ne laiſſent pas un inſtant de
tranquillité, où paroiſſent réunies les maladies des
températures les plus oppoſées, où l'on vit dans la
crainte continuelle de perdre la vue : un tel climat
n'eſt guere propre à fixer ſes habitans. Auſſi n'y
voit-on que ceux qui n'ont pas acquis aſſez de
bien pour aller couler ailleurs des jours heureux
dans l'oiſiveté & dans la molleſſe.

En quittant le territoire de Guayaquil, on entre dans les vallées du *Pérou.* Elles occupent
quatre cents lieues d'une côte ſemée d'un grand
nombre de mauvaiſes rades, parmi leſquelles un
heureux haſard a placé un ou deux aſſez bons
ports. Dans tout ce vaſte eſpace, il n'y a pas la
trace d'un ſeul chemin ; & il faut le parcourir
ſur des mules pendant la nuit, parce que la ré-
verbération du ſoleil en rend les ſables impratî-
cables durant le jour. A des diſtances de trente
ou quarante lieues, on trouve les petites villes
de Piura, de Peyta, de Senta, de Piſco, de
Naſca, d'Ica, de Moquequa, d'Arica, & dans
l'intervalle un petit nombre de hameaux ou de
bourgades. Il n'y a dans toute cette étendue que
trois villes de ce nom : Truxillo qui a neuf mille
habitans, Arequipa qui en a quarante mille, &
Lima qui en a cinquante-quatre. Ces divers établiſſemens ont été formés par-tout où il y avoit
quelque veine de terre végétale, & par-tout où
les eaux pouvoient fertiliſer un limon naturellement aride.

Le pays offre les fruits propres à ce climat &
la plupart de ceux de l'Europe. La culture du
mais, du piment & du coton, qui s'y trouvoit
établie, ne fut pas abandonnée ; & on y porta
celle du froment, de l'orge, du manioc, des
pommes de terre, du ſucre, de l'olivier & de la
vigne. La chevre y a beaucoup réuſſi ; mais la
brebis a dégénéré, & ſa toiſon eſt extrèmement
groſſière. Dans toutes les vallées il n'y a qu'une
mine, & c'eſt celle de Hutantajaha.

Dans le haut *Pérou* à cent vingt lieues de la
mer, eſt Cuſco, bâtie par le premier des incas,
dans un terrein fort inégal & ſur le penchant de
pluſieurs collines. Ce ne fut d'abord qu'une foible bourgade, qui avec le temps devint une cité
conſidérable, qu'on diviſa en autant de quartiers
qu'il y avoit de nations incorporées à l'Empire.
Chaque peuple avoit la liberté de ſuivre ſes anciens uſages : mais tous devoient adorer l'aſtre
brillant qui féconde le globe.

Au nord de cette capitale étoit une eſpèce de
citadelle, élevée avec beaucoup de ſoin, de travail
& de dépenſe. Les eſpagnols parlèrent long-temps

de ce monument de l'induſtrie Péruvienne avec
une admiration qui ſubjugua l'Europe entière.
Des gens éclairés ont vu ces ruines, & le merveilleux a diſparu. On s'eſt enfin convaincu que
cette fortification n'avoit guère d'autre ſupériorité
ſur les autres ouvrages du même genre érigés dans
le pays, que d'avoir été conſtruite avec des pierres
plus conſidérables.

Cuſco compte ſous ſes nouveaux maîtres vingt-
ſix mille habitans.

Au milieu des montagnes ſe voient encore quelques autres villes : Chupuiſaca ou la Plata, qui
a treize mille ames ; Potoſi, vingt-cinq mille ;
Oropeſa, dix-ſept mille ; la Paz, vingt mille ;
Guancavelica, huit mille ; Huamanga, dix huit
mille cinq cents.

Mais, qu'on le remarque bien, aucune de ces
villes ne fut élevée dans les contrées qui offroient
un terroir fertile, des moiſſons abondantes, des
pâturages excellens, un climat doux & ſain, toutes
les commodités de la vie. Ces lieux, ſi bien cultivés juſqu'alors par des peuples nombreux &
floriſſans, n'attirèrent pas un ſeul regard. Bientôt ils ne préſentèrent que le tableau déplorable
d'un déſert affreux, & cette confuſion plus triſte
& plus hideuſe que ne devoit l'être l'aſpect ſauvage de la terre avant l'origine des ſociétés.

Cette ſoif inſatiable de l'or, qui n'avoit égard,
ni aux ſubſiſtances, ni à la ſûreté, ni à la politique, décida ſeule de tous les établiſſemens.
Quelques-uns ſe ſont ſoutenus ; pluſieurs ſont
tombés, & il s'en eſt formé d'autres. Tous ont
ſuivi la découverte, la progreſſion, la décadence des mines auxquelles ils étoient ſubordonnés.

On s'égara moins dans les moyens de ſe procurer des vivres. Les naturels du pays n'avoient
guère vécu juſqu'alors que de maïs, de fruits & de
légumes, où il n'entroit d'autre aſſaiſonnement
que du ſel & du piment. Leurs liqueurs compoſées de différentes racines, étoient plus variées.
La chica étoit la plus commune.

Les conquérans ne s'accommoderent, ni de la
nourriture, ni des boiſſons du peuple vaincu. Ils
naturaliſèrent librement & avec ſuccès tous les
grains, tous les fruits, tous les quadrupèdes de
l'ancien hémiſphère dans le nouveau. La métropole, qui s'étoit propoſée de fournir à ſa colonie, des huiles, des eaux-de-vie, voulut d'abord
interdire la culture de la vigne & de l'olivier :
mais on ne tarda pas à comprendre qu'il ſeroit
impoſſible de faire paſſer régulièrement au *Pérou*
des objets ſujets à tant d'accidens & d'un ſi gros
volume ; & il fut permis de les y multiplier autant que le climat & les beſoins le comporteroient.

Après avoir pourvu à une ſubſiſtance meilleure
& plus variée, les eſpagnols voulurent avoir un
habillement plus commode & plus agréable que
celui des péruviens. C'étoit pourtant le peuple

de l'Amérique le mieux vêtu. Il devoit cette supériorité à l'avantage qu'il avoit d'avoir des animaux domestiques qui lui servoient à cet usage, le lama & le paco.

Les toisons du lama & du paco étoient utilement employées au *Pérou*, avant que l'Empire eût subi un joug étranger. Cusco en fabriquoit, pour l'usage de la cour, des tapisseries ornées de fleurs, d'oiseaux, d'arbres assez bien imités. Elles servoient ailleurs à faire des mantes qui couvroient une chemise de coton.

La fierté & les habitudes des conquérans, qui leur rendoient généralement incommodes ou méprisables tous les usages établis dans les contrées qui servoient de théâtre à leur avarice ou à leur fureur, ne leur permirent pas d'adopter l'habillement des péruviens. Ils demandèrent à l'Europe tout ce qu'elle possédoit de plus fini, de plus magnifique en toiles & en étoffes. Avec le temps, les trésors qu'on avoit d'abord pillés s'épuisèrent; & il ne fut plus possible d'en obtenir de nouveaux qu'en faisant pas de grandes avances, & en se livrant à des travaux d'une utilité douteuse. Alors les profusions diminuèrent. Les anciennes fabriques de coton, que l'oppression avoit réduites à presque rien, reprirent quelque vigueur. Il s'en éleva d'un autre genre, & leur nombre a augmenté successivement.

Avec la laine de vigogne, on fabrique, dans plusieurs provinces, des bas, des mouchoirs, des écharpes. Cette laine, mêlée avec la laine extrêmement dégénérée des moutons venus d'Europe, sert à faire des tapis & des draps passables. Cette dernière seule est convertie en serges & en d'autres étoffes grossières.

Les manufactures de luxe sont établies à Arequipa, à Cusco & à Lima. De ces trois grandes villes partent tous les bijoux & tous les diamans, toute la vaisselle des particuliers & toute l'argenterie des églises. Ces ouvrages sont grossièrement travaillés & mêlés de beaucoup de cuivre. On ne retrouve guère plus de goût & de perfection dans les galons, dans les broderies, dans les dentelles qui sortent des mêmes ateliers.

D'autres mains s'exercent à dorer les cuirs, à faire avec du bois & de l'ivoire des morceaux de marqueterie & de sculpture, à tracer quelques figures sur des marbres trouvés depuis peu à Cuenca, ou sur des toiles de lin venues de l'ancien hémisphère. Ces productions d'un art imparfait servent à la décoration des maisons, des palais, des temples. Le dessin n'en est pas absolument mauvais; mais les couleurs manquent de vérité & ne sont pas durables. Cette industrie appartient presqu'exclusivement aux indiens fixés à Cusco, & moins opprimés, moins abrutis sur ce théâtre de leur première gloire que dans tout le reste.

Mines du Pérou.

On trouve dans le pays des incas, des mines de cuivre, d'étain, de soufre, de bitume, qui sont généralement négligées. L'extrême besoin a procuré quelque attention à celles de sel. On y taille ce fossile en pierres proportionnées à la force des lamas & des pacos destinés à les distribuer dans toutes les provinces de l'Empire éloignées de l'océan. Ce sel est de couleur violette & a des veines comme le jaspe. Il n'est vendu, ni au poids, ni à la mesure, mais en pierres, dont le volume est à-peu-près égal.

Une nouvelle matière a été découverte depuis peu dans ces régions : c'est la platine, ainsi appellée du mot espagnol *plata*, dont on a fait le diminutif *platina* ou petit argent.

Aujourd'hui que ceux qui gouvernent les nations ont des moyens faciles pour s'éclairer en consultant les académies, on ne peut douter que le gouvernement espagnol ne s'empresse de tirer parti de la platine, dont il paroît jusqu'ici qu'il est le seul possesseur, & dont il peut faire un usage utile pour sa nation & pour la société toute entière.

Hors une seule, la nature n'a point formé de mines d'or & d'argent dans ce qu'on appelle les vallées du *Pérou*. Les grosses masses de ces précieux métaux qui s'y rencontrent quelquefois, y ont été transportées par des embrasemens souterreins, des volcans, des tremblemens de terre; par des révolutions que l'Amérique a essuyées, essuie encore tous les jours. Ces masses détachées s'offrent aussi de temps en temps ailleurs. Vers l'an 1730, on trouva, non loin de la ville de la Paz, un morceau d'or qui pesoit quatre-vingt-dix marcs. Il étoit un composé de six différentes espèces de ce précieux métal, depuis dix-huit jusqu'à vingt-trois karats & demi. On ne voit que peu de mines, & de bas-aloi, dans les monticules voisins de la mer. C'est seulement dans les lieux très-froids & très-élevés qu'elles sont riches & multipliées.

Sans avoir des monnoies, les péruviens connoissoient l'emploi de l'or & de l'argent qu'ils réduisoient en bijoux, ou même en vases. Les torrens & les rivières leur fournissoient le premier de ces métaux : mais pour se procurer le second, il falloit plus de travail & plus d'industrie. Le plus souvent on ouvroit la terre, mais jamais si profondément que les travailleurs ne pussent jetter eux-mêmes le minerai sur les bords de la fosse qu'ils avoient creusée, ou du moins l'y faire arriver, en le transmettant de main en main. Quelquefois aussi l'on perçoit le flanc des montagnes, & l'on suivoit, dans un espace toujours très-peu étendu, les différentes veines que la fortune pouvoit offrir. C'étoit par le moyen du feu qu'étoient fondus les deux métaux, qu'ils étoient dégagés des matières étrangères qui s'y trouvoient mêlées. Des fourneaux, où un courant d'air rémplissoit la fonction du soufflet, entièrement inconnu dans ces régions, servoient à cette opération difficile.

Porco, peu éloignée du lieu où un des lieutenans de Pizarre fonda, en 1539, la ville de la Plata, Porco étoit, de toutes les mines que les incas faisoient travailler la plus abondante & la plus connue. Ce fut aussi la première que les espagnols exploitèrent après la conquête. Une infinité d'autres ne tardèrent pas à suivre.

Toutes, sans exception, toutes se trouvèrent d'une exploitation très-dispendieuse. La nature les a placées dans des contrées privées d'eau, de bois, de vivres, de tous les soutiens de la vie, qu'il faut faire arriver avec de grandes difficultés à travers des déserts immenses. Ces difficultés ont été surmontées, le sont encore, avec plus ou moins de succès.

Plusieurs mines qui eurent de la réputation ont été abandonnées successivement. Leur produit, quoiqu'égal à celui des premiers temps, ne suffisoit plus pour soutenir les dépenses qu'il falloit faire pour l'obtenir. Cette révolution est réservée à beaucoup d'autres.

On a été forcé de renoncer à des mines qui avoient donné de fausses espérances. De ce nombre a été celle d'Ucantaya, découverte en 1703, soixante lieues au sud-est de Cusco. Ce n'étoit qu'une croûte d'argent presque massif, qui rendit d'abord beaucoup, mais qui fut bientôt épuisée.

Des mines très-riches ont été négligées, parce que les eaux s'en étoient emparées. La disposition du terrein qui, du sommet des cordelières, va toujours en pente jusqu'à la mer Sud, a dû rendre ces événemens plus communs au Pérou qu'ailleurs. Le mal s'est trouvé quelquefois sans remède; d'autres fois on l'a réparé; le plus souvent il s'est perpétué, faute de moyens d'activité ou d'intelligence.

On s'attacha d'abord de préférence aux mines d'or. Les gens sages ne tardèrent pas à se décider pour celles d'argent, généralement plus suivies, plus égales, & par conséquent moins trompeuses. Plusieurs des premières sont cependant encore exploitées. Des succès assez suivis font regarder celles de Lutixaca, d'Araca, de Suches, de Curacaua, de Fipoani, de Cachacamba, comme les plus riches.

Entre celles d'argent qui, de nos jours, ont le plus de réputation, il faut placer celle de Huantajaha, exploitée depuis quarante à cinquante ans, à deux lieues de la mer, près de la rade d'Iqueyque. En creusant cinq ou six pieds dans la plaine, on trouve souvent des masses détachées qu'on ne prendroit d'abord que pour un mélange confus de gravier & de sable, & qui à l'épreuve rendent en argent les deux tiers de leur

pesanteur. Quelquefois il y en a de si condérables, qu'en 1749 on en envoya deux à la cour d'Espagne, l'une de cent soixante-quinze livres, & l'autre de trois cents soixante-quinze. Dans les montagnes, le métal est en filon & de deux espèces. Celle que dans la contrée on nomme barra, se coupe comme le roc, & prend la route de Lima, où elle est travaillée. Elle donne le plus souvent une, deux, trois, quatre & jusqu'à cinq parties d'argent pour une de pierre. L'autre est purifiée par le moyen du feu dans le pays même. Si cinq de ces quintaux ne produisent pas un marc d'argent, elle est jettée dans les décombres. Ce mépris vient de l'excessive cherté des vivres, de l'obligation de tirer l'eau potable de quatorze lieues, de la nécessité d'aller moudre le minerai à une distance très-considérable.

A trente lieues nord-est d'Arequipa, est Caylloma. Ses mines furent découvertes très-anciennement; on ne cessa jamais de les exploiter, & leur abondance est toujours la même.

Celles du Potosi furent trouvées en 1545. Un Indien, nommé Hualpa, qui poursuivoit des chevreuils, saisit, dit-on, pour escalader des rocs escarpés, un arbrisseau dont les racines se détachèrent & laissèrent appercevoir un lingot d'argent. Ce péruvien s'en servit pour ses usages, & ne manqua pas de retourner à son trésor toutes les fois que ses besoins ou ses désirs l'en sollicitoient. Le changement arrivé dans sa fortune fut remarqué par son concitoyen Guanca, auquel il avoua son secret. Les deux amis ne furent pas jouir de leur bonheur. Il se brouillèrent; & l'indiscret confident découvrit tout à son maître Villaroel, espagnol établi dans le voisinage.

Cette connoissance échauffa rapidement les esprits. Plusieurs mines furent aussi tôt ouvertes dans une montagne qui a la forme d'un cône, une lieue de circonférence, cinq à six cents toises d'élévation, & la couleur d'un rouge obscur. Avec le temps, une montagne moins considérable & qui sort de la première, fut également & aussi heureusement fouillée. Les trésors qu'on tiroit de l'une & de l'autre furent l'origine d'une des plus grandes & des plus opulentes cités du Nouveau-Monde.

Dans aucune contrée du globe, la nature n'offrit jamais à l'avidité humaine d'aussi riches mines que celles du Potosi. Indépendamment de ce qui ne fut pas enregistré & qui s'écoula en fraude, le quint du gouvernement, depuis 1545 jusqu'en 1564, monta à 36,450,000 liv. chaque année. Mais cette prodigieuse abondance de métaux ne tarda pas à diminuer. Depuis 1564 jusqu'en 1585, le quint annuel ne fut que de 15,187,489 liv. 4 s. Depuis 1585 jusqu'en 1624, de 12,149,994 liv. 12 s. Depuis 1624 jusqu'en 1633, de 6,074,997 liv. 6 s. Depuis cette dernière époque, le produit de ces mines a si sensiblement diminué, qu'en 1763 le quint du roi ne passa pas 1,364,682 liv. 12 s.

Dans les premiers temps, chaque quintal de minerai donnoit cinquante livres d'argent. Cinquante quintaux de minerai ne produisent plus que deux livres d'argent. C'est un, au lieu de douze cents cinquante.

Pour peu que cette dégradation augmente, on sera forcé de renoncer à cette source de richesses. Il est même vraisemblable que cet événement seroit déjà arrivé, si au Potosi la mine n'étoit si tendre, si les eaux n'étoient si favorablement disposées pour la moudre, que les dépenses y sont infiniment moindres que par-tout ailleurs.

Mais pendant que les mines du Potosi voyoient s'éclipser graduellement leur éclat, s'élevoient non loin d'elles à une grande réputation celles d'Oruro. Leur prospérité augmentoit même, lorsque les eaux s'emparèrent des plus abondantes. Il paroît qu'on n'a pas encore réussi à les saigner, & tant de trésors restent toujours submergés. Les mines de Popo, les plus importantes de celles qui ont échappé à ce grand désastre, ne sont éloignées que de douze lieues de la ville de San-Philippe de Austria de Gruro, bâtie dans ce canton autrefois si célèbre.

Nul accident ne troubla jamais les travaux d'aucun des mineurs établis à l'ouest de la Plata, dans le district de Carangas. Cependant ceux que le hasard avoit attirés à Cusco furent constamment les plus heureux, parce que cette montagne leur offrit toujours un minerai incorporé ou comme fondu dans la pierre, & par conséquent plus riche que tous les autres.

Dans le diocèse de la Paz, & assez près de la petite ville de Puno, Joseph Salcedo découvrit, vers l'an 1660, la mine de Layca-Cota. Elle étoit si abondante qu'on coupoit souvent l'argent au ciseau. La prospérité, qui rabaisse les petites ames, avoit tellement élevé celle du propriétaire de tant de richesses, qu'il permettoit à tous les espagnols qui venoient chercher fortune dans cette partie du Nouveau-Monde, de travailler quelques jours à leur profit, sans peser & sans mesurer le don qu'il leur faisoit. Cette générosité attira autour de lui une multitude d'aventuriers. Leur avidité leur mit les armes à la main. Ils se chargèrent; & leur bienfaiteur qui n'avoit rien négligé pour prévenir ou pour étouffer leurs divisions sanglantes, fut pendu comme en étant l'auteur. De pareils traits seroient capables d'affoiblir dans les ames le penchant à la bienfaisance, & mon cœur a répugné à rapporter celui-ci.

Pendant que Salcedo étoit en prison, l'eau gagna sa mine. La superstition fit imaginer que c'étoit en punition de l'attentat commis contre lui. On respecta long-temps cette idée de la vengeance céleste. Mais enfin, en 1740, Diego

de Baena & quelques autres hommes entreprenans s'associèrent, pour détourner les sources qui avoient noyé tant de trésors. L'ouvrage étoit assez avancé en 1754, pour qu'on en retirât déja quelque utilité. Nous ignorons ce qui est arrivé depuis cette époque.

Toutes les mines du Pérou étoient originairement exploitées par le moyen du feu. Dans la plupart, on lui substitua en 1751 le mercure.

La Hongrie, l'Esclavonie, la Bohême, la Carinthie, le Frioul & la Normandie fournissent à l'Europe le mercure qu'on emploie aujourd'hui pour séparer les métaux. Ce qu'il en faut à l'Espagne pour le Mexique, sort de sa mine d'Almaden, déja célèbre du temps des romains: mais le Pérou a trouvé dans son sein même, à Guanca-Velica, de quoi pourvoir à tous ses besoins.

Cette mine étoit, dit-on, connue des anciens péruviens, qui s'en servoient uniquement pour peindre leur visage. On l'oublia dans le chaos où la conquête plongea cette région infortunée. Elle fut retrouvée en 1556, selon quelques historiens, & en 1564 selon d'autres: mais Pedro-Fernandez Velasco fut le premier qui, en 1571, imagina de la faire servir à l'exploitation des autres mines. Le gouvernement s'en réserva la propriété. Dans la crainte même que les droits qu'il mettoit sur le mercure ne fussent fraudés, il défendit d'ouvrir, sous quelque prétexte que ce fût, d'autres mines du même genre.

La mine de Guanca-Velica a éprouvé plusieurs révolutions. Sa circonférence étoit, il y a peu d'années, de cent quatre-vingt vares, son diamètre de soixante, & sa profondeur de cinq cens treize. Elle a quatre ouvertures, toutes au sommet de la montagne, un petit nombre d'arcboutans destinés à soutenir les terres, & trois soupiraux qui donnent de l'air ou servent à l'écoulement des eaux. Elle est exploitée par quelques associés, la plupart sans fortune, auxquels le souverain fait les avances dont ils ont besoin, & qui lui livrent le mercure à un prix convenu. Les hommes employés à ces travaux, éprouvoient autrefois assez généralement des mouvemens convulsifs. Cette calamité est maintenant beaucoup moins commune, soit parce que le mercure que le minérai contenoit a diminué de plus de moitié, soit qu'on ait imaginé quelques précautions qui avoient été d'abord négligées. Ceux qui ont soin des fourneaux, sont presque les seuls exposés aujourd'hui à ce malheur, & encore leur guérison est-elle assez facile. Il n'y a qu'à le faire passer dans un climat chaud, qu'à les occuper à la culture des terres. Le mercure qui infectoit leurs membres, sort par la transpiration.

La stérilité de Guanca-Velica & des terres limitrophes est remarquable. Aucun arbre fruitier n'a pu y être naturalisé. De toutes les espèces de bled qu'on a semées, l'orge seul a germé,

germé, & encore n'est-il jamais parvenu à former du grain. Il n'y a que la pomme de terre qui ait prospéré.

L'air n'est pas plus salubre que le sol n'est fertile. Les enfans nouvellement nés périssent par le tétanos encore plus souvent que dans le reste du Nouveau-Monde. Ceux qui ont échappé à ce danger, sont attaqués à trois ou quatre mois d'une toux violente, & meurent la plupart dans des convulsions, à moins qu'on n'ait l'attention de les transporter sous un ciel plus doux. Cette précaution nécessaire pour les indiens, pour les métis, l'est beaucoup plus pour les espagnols qui sont moins robustes. La rigueur extrême du climat, les vapeurs sulfureuses qui couvrent l'horison, le tempérament généralement vicié des pères & des mères, doivent être les causes principales d'une si grande calamité.

Ce n'est pas à Guanca-Velica que le mercure est livré au public. Le gouvernement l'envoie dans les provinces où sont les mines. Les dépôts sont au nombre de douze. En 1763, Guanca-Velica en consomma lui-même cent quarante-deux quintaux; Tanja, deux cents quarante-sept; Pasco, sept cents vingt-neuf; Truxillo, cent trente-un; Cusco, treize; la Plata, trois cents soixante-neuf; la Paz, trente; Caylloma, trois cents soixante-quatorze; Carangas, cent cinquante; Oruro, douze cens soixante-quatre; Potosi, dix sept cens quatre-vingt-douze : en tout, cinq mille deux cens quarante-un quintaux.

Quoique la qualité du minerai décide de la plus grande ou de la moindre consommation du mercure, on pense généralement dans l'autre hémisphère, où la métallurgie est très-imparfaite, que dans l'ensemble la consommation du mercure est égale à la quantité d'argent qu'on tire des mines. Dans cette supposition, les douze dépôts qui, depuis 1759 jusqu'en 1763, livrèrent, année commune, cinq mille trois cents quatre quintaux dix-huit livres de mercure; devoient recevoir cinq mille trois cens quatre quintaux dix-huit livres d'argent. Cependant il ne leur en fut porté que deux mille deux cens cinquante-quatre quintaux dix-huit livres, qui furent détournés pour frauder les droits.

Lima a toujours vu couler dans son sein la plus grande partie de ces richesses, qu'elles aient ou n'aient pas échappé à la vigilance du fisc. Cette capitale, bâtie en 1535 par François Pizarre, & devenue depuis si célèbre, est située à deux lieues de la mer, dans une plaine délicieuse.

Des cannes à sucre, des oliviers sans nombre, quelques vignes, des prairies artificielles, des pâturages pleins de sel qui donne aux viandes un goût exquis, de menus grains destinés à la nourriture des volailles qui sont parfaites, des arbres fruitiers de toutes les espèces, quelques autres cultures couvrent ces environs. L'orge & le froment y prospérèrent long-temps : mais un

tremblement de terre y -t, il y a plus d'un siècle, une si grande révolution, que les semences pourrissoient sans germer. Ce ne fut qu'après quarante ans de stérilité que le sol redevint tout ce qu'il avoit été. Lima, ainsi que les autres villes des vallées, doit principalement ses subsistances aux sueurs des noirs. Ce n'est guère que dans l'intérieur du pays que les champs sont exploités par les indiens.

Avant l'arrivée des espagnols, toutes les constructions se faisoient au Pérou sans aucuns fondemens. Les murs des maisons particulières & des édifices publics étoient également jettés sur la superficie de la terre, avec quelques matériaux qu'ils fussent élevés. L'expérience avoit appris à ces peuples que, dans la région qu'ils habitoient, c'étoit l'unique manière de se loger solidement. Leurs conquérans, qui méprisoient souverainement ce qui s'écartoit de leurs usages, & qui portoient par-tout les pratiques de l'Europe, sans examiner si elles convenoient aux contrées qu'ils envahissoient, leurs conquérans s'éloignèrent en particulier à Lima de la manière de bâtir qu'ils trouvoient généralement établie. Aussi, lorsque les naturels du pays virent ouvrir les profondes tranchées & employer le ciment, dirent-ils que leurs tyrans creusoient des tombeaux pour s'enterrer; & c'étoit peut-être une consolation au malheur du vaincu, de prévoir que la terre elle-même les vengeroit un jour de ses dévastateurs.

La prédiction s'est accomplie. La capitale du Pérou, renversée en détail par onze tremblemens de terre, fut enfin détruite par le douzième. Le 28 octobre 1746, à dix heures & demie du soir, tous ou presque tous les édifices, grands & petits, s'écroulèrent en trois minutes. Sous ces décombres, furent écrasées treize cents personnes. Un nombre infiniment plus considérable furent mutilées, & la plupart périrent dans des tourmens horribles.

Callao, qui sert de port à Lima, fut également bouleversée, & ce fut le moindre de ses malheurs. La mer, qui avoit reculé d'horreur au moment de cette terrible catastrophe, revint bientôt assaillir de ses vagues impétueuses l'espace qu'elle avoit abandonné. Le peu de maisons & de fortifications qui avoient échappé, devinrent sa proie. De quatre mille habitans que comptoit cette rade célèbre, il n'y en eut que deux cens de sauvés. Elle avoit alors vingt-trois navires. Dix-neuf furent engloutis, & les autres jettés bien avant dans les terres par l'Océan irrité.

Le ravage s'étendit sur toute la côte. Le peu qu'il y avoit de bâtimens dans ses mauvais ports, furent fracassés. Les villes des vallées souffrirent généralement quelques dommages; plusieurs même furent totalement bouleversées. Dans les montagnes, quatre ou cinq volcans vomirent des

602 P E R

colonnes d'eau si prodigieuses, que le pays en fut inondé.

Les esprits, tombés depuis long-tems comme en léthargie, furent réveillés par cette funeste catastrophe; & ce fut Lima qui donna l'exemple de ce changement. Il falloit déblayer d'immenses décombres entassés les uns sur les autres : il falloit retirer les richesses immenses enterrées sous ces ruines. Il falloit aller chercher à Guayaquil, & plus loin encore, tout ce qui étoit nécessaire pour d'innombrables constructions. Il falloit, avec des matériaux rassemblés de tant de contrées, élever une cité supérieure à celle qui avoit été détruite. Ces prodiges, qu'on ne devoit pas attendre d'un peuple oisif & efféminé, s'exécutèrent très-rapidement. Le besoin donna de l'activité, de l'émulation, de l'industrie. Lima, quoique peut-être moins riche, est actuellement plus agréable que lorsqu'en 1682, ses murs offrirent à l'entrée du vice-roi, le duc de Palata, des rues pavées d'argent. Il est aussi plus solidement bâti.

Les citoyens les plus distingués trouvent dans les majorats ou substitutions perpétuelles que leur ont transmis les premiers conquérans leurs ancêtres, de quoi fournir au luxe & aux profusions, si connus des habitans de Lima : mais les biens-fonds n'ont pas suffi à un grand nombre de familles, même très-anciennes. La plupart ont cherché des ressources dans le commerce, & les loix les ont confirmés dans une manière de penser si utile & si raisonnable. Leurs fonds, joints aux remises qu'on fait sans cesse de l'intérieur de l'empire, ont rendu Lima le centre de toutes les affaires que font les provinces du *Pérou* entr'elles; des affaires qu'elles font avec le Mexique & le Chili; des affaires plus importantes qu'elles font avec la métropole.

Le détroit de Magellan paroissoit la seule voie ouverte pour cette dernière liaison. La longueur du trajet, la frayeur qu'inspiroient des mers orageuses & peu connues; la crainte d'exciter l'ambition des autres nations; l'impossibilité de trouver un asyle dans des événemens malheureux; d'autres considérations peut-être tournèrent toutes les vues vers Panama.

Cette ville, qui avoit été la porte par où l'on étoit entré au *Pérou*, s'étoit élevée à une grande prospérité, lorsqu'en 1670 elle fut pillée & brûlée par des pirates. On l'a rebâtie dans un lieu plus avantageux, à quatre ou cinq milles de sa première place, & à trois lieues du port de Périco, formé par un grand nombre d'îles & assez vaste pour contenir les plus nombreuses flottes. Elles donnent les loix aux provinces de Panama, de Veraguas & de Darien, régions sans habitans, sans culture, sans richesses, & qu'on décora du grand nom de royaume de Terre-ferme, à une époque où l'on espéroit beaucoup de leurs mines.

De son propre fonds, Panama n'a jamais offert au commerce que des perles.

La pêche s'en fait dans quarante-trois îles de son golfe. Cette branche de commerce contribua cependant beaucoup moins à donner de la célébrité à Panama, que l'avantage dont elle jouissoit d'être l'entrepôt de toutes les productions du pays des Incas, destinées pour notre hémisphère. Ces richesses, arrivées par une flottille, étoient voiturées, les unes à dos de mulet, & les autres par le Chagre à Porto-Belo, situé sur la côte septentrionale de l'Isthme qui sépare les deux mers.

Quoique la position de cette ville eût été reconnue & approuvée par Colomb en 1502, elle ne fut bâtie qu'en 1584, des débris de Nombre-de-Dios. Elle est disposée en forme de croissant, sur le penchant d'une montagne qui entoure le port. Ce port célèbre, autrefois très bien défendu par des fortifications que l'amiral Vernon détruisit en 1740, paroît offrir une entrée large de six cents toises : mais elle est tellement rétrécie par des rochers à fleur d'eau, qu'elle se trouve réduite à un canal étroit Les vaisseaux n'y arrivent qu'à la toue, parce qu'ils trouvent toujours des vents contraires, ou un grand calme. Ils y jouissent d'une sûreté entière.

L'intempérie de Porto-Belo est si connue, qu'on l'a surnommé *le tombeau des espagnols*. Ce fut plus d'une fois une nécessité d'y abandonner des navires dont les équipages avoient tous péri. Les habitans eux-mêmes n'y vivent pas long-tems, & ont généralement un tempérament vicié. Il est comme honteux d'y demeurer. On n'y voit que quelques nègres, quelques mulâtres, un petit nombre de blancs qui y sont fixés par les emplois du gouvernement. La garnison même, quoique composée seulement de cent cinquante hommes, n'y reste jamais plus de trois mois de suite. Jusqu'au commencement du siècle, aucune femme n'avoit osé y accoucher : elle auroit cru vouer ses enfans, se vouer elle-même à une mort certaine. Les plantes transplantées dans cette région funeste, où la chaleur, l'humidité, les vapeurs sont excessives & continuelles, n'ont jamais prospéré. Il est établi que les animaux domestiques de l'Europe, qui se sont prodigieusement multipliés dans toutes les parties du Nouveau-Monde, perdent leur fécondité en arrivant à Porto-Belo; &, à en juger par le peu qu'il y en a, malgré l'abondance des pâturages, on seroit porté à croire que cette opinion n'est pas mal fondée.

Les désordres du climat n'empêchèrent pas que Porto-Belo ne devînt d'abord le théâtre du plus grand commerce qui ait jamais existé. Tandis que les richesses du Nouveau-Monde y arrivoient pour être échangées contre l'industrie de l'ancien, les vaisseaux partis d'Espagne & connus sous le nom de *galions*, s'y rendoient de leur côté, chargés de tous les objets de nécessité, d'agrément ou de luxe qui pouvoient tenter les poffeffeurs des mines.

Les députés des deux commerces régloient, à bord de l'amiral, le prix des marchandifes fous les yeux du commandant de l'efcadre & du préfident de Panama. L'eftimation ne portoit pas fur la valeur intrinfèque de chaque chofe, mais fur fa rareté ou fon abondance. L'habileté des agens confiftoit à fi bien faire leurs combinaifons, que les cargaifons apportées d'Efpagne abforboient tous les tréfors venus du *Pérou*. On regardoit la foire comme mauvaife, lorfqu'il fe trouvoit des marchandifes qui étoient négligées faute d'argent, ou de l'argent fans emploi faute de marchandifes. Dans ce cas feulement, il étoit permis aux négocians européens d'aller achever leurs ventes dans la mer du fud, & aux négocians péruviens de faire des remifes à la métropole pour leurs achats.

Dès que les prix étoient réglés, les échanges commençoient. Ils n'étoient ni longs, ni difficiles. La franchife la plus noble en étoit la bafe. Tout fe paffoit avec tant de bonne foi, qu'on n'ouvroit pas les caiffes des piaftres, qu'on ne vérifioit pas le contenu des ballots. Jamais cette confiance réciproque ne fut trompée. Il fe trouva plus d'une fois des facs d'or mêlés parmi des facs d'argent, des articles qui n'étoient pas portés fur les factures. Les méprifes étoient réparées avant le départ des vaiffeaux, ou à leur retour. Seulement il arriva, en 1654, un événement qui auroit pu altérer cette confiance. On trouva en Europe que toutes les piaftres reçues à la dernière foire, avoient un cinquième d'alliage. La perte fut foufferte par les commerçans efpagnols : mais comme les monnoyeurs de Lima furent reconnus pour auteurs de cette malverfation, la réputation des marchands péruviens ne fouffrit aucune atteinte.

La foire, dont la mauvaife qualité de l'air avoit fait fixer la durée à quarante jours, fe tint d'abord affez régulièrement. On voit, par des actes de 1595, que les galions d'Efpagne devoient être expédiés d'Efpagne tous les ans, au plus tard tous les dix-huit mois; & les douze flottes parties depuis le 4 août 1628, jufqu'au 3 juin 1645, prouvent qu'on ne s'écartoit pas de cette règle. Elles revenoient, après un voyage de onze, de dix, quelquefois même de huit mois, chargées d'immenfes richeffes, en or, en argent & en marchandifes.

Cette profpérité continua fans interruption, jufqu'au milieu du dix-feptième fiècle. Avec la perte de la Jamaïque, commença une contrebande confidérable, qui jufqu'alors avoit été peu de chofe. Le fac de Panama en 1670, par le pirate anglois Jean Morgan, eut des fuites encore plus fâcheufes. Le *Pérou* qui envoyoit fes fonds d'avance dans cette ville, ne les y fit plus paffer qu'après l'arrivée des galions à Carthagène. Ce chan-

gement occafionna des retards, des incertitudes. Les foires diminuèrent, & le commerce interlope augmenta.

L'élévation d'un prince François fur le trône de Charles-Quint alluma une guerre générale ; &, dès les premières hoftilités, les galions furent brûlés dans le port de Vigo, où l'impoffibilité de gagner Cadix les avoit forcés de fe refugier. La communication de l'Efpagne avec Porto Belo fut alors tout-à-fait interrompue, & la mer du fud eut plus que jamais des liaifons directes & fuivies avec l'étranger.

La pacification d'Utrecht ne finit pas le défordre. Le malheur des circonftances voulut que la cour de Madrid ne pût pas fe difpenfer de donner exclufivement à une compagnie angloife le privilège de pourvoir le *Pérou* d'efclaves. Elle fe vit même forcée d'accorder à ce corps avide le droit d'envoyer à chaque foire un vaiffeau chargé des différentes marchandifes que le pays pouvoit confommer. Ce bâtiment, qui n'auroit dû être que cinq cents tonneaux, en portoit toûjours plus de mille. On ne lui donnoit ni eau, ni vivres. Quatre ou cinq navires qui le fuivoient, fourniffoient à fes befoins, & fuftituoient des effets nouveaux aux effets déja vendus. Les galions, écrafés par cette concurrence, l'étoient encore par les verfemens frauduleux dans tous les ports où l'on conduifoit les nègres. Enfin il fut impoffible, après l'expédition de 1737, de foutenir plus long-tems ce commerce; & l'on vit finir ces fameufes foires fi enviées des nations, quoiqu'elles duffent être regardées comme le tréfor commun de tous les peuples.

Depuis cette époque, Panama & Porto-Belo font infiniment déchus. Ces deux villes ne fervent plus qu'à quelques branches peu importantes d'un commerce languiffant. Les affaires plus confidérables ont pris une autre direction.

En 1616, des navigateurs hollandois ayant doublé le cap de Horn, ce fut dans la fuite le chemin que fuivirent les ennemis de l'Efpagne qui vouloient paffer dans la mer du fud. Il fut encore plus fréquenté par les vaiffeaux françois durant la guerre qui bouleverfa l'Europe au commencement du fiècle. L'impoffibilité où fe trouvoit Philippe V d'approvifionner lui-même fes colonies, enhardit les fujets de fon aïeul à aller au *Pérou*. Le befoin où l'on y étoit de toutes chofes fit recevoir ces alliés avec joie, & ils gagnèrent dans les premiers tems jufqu'à huit cents pour cent. Les négocians de Saint-Malo, qui s'étoient emparés de ce commerce n'acquirent pas des richeffes pour eux feuls. En 1709, ils les livrèrent à leur patrie, accablée par l'inclémence des faifons, par des défaites réitérées, par une adminiftration ignorante, arbitraire & fifcale. Une navigation qui permettoit de fi nobles facrifices, excita bientôt une émulation trop univerfelle. La concurrence devint fi confidérable, les marchandifes tombèrent dans un tel aviliffement, qu'il fut impoffible de les vendre, & que plufieurs armateurs les brûlèrent, pour n'être pas réduits à les remporter. L'équilibre ne tarda pas à fe rétablir; & ces étrangers faifoient des bénéfices affez confidérables, lorfque la cour de Madrid prit, en 1718, des mefures efficaces pour les éloigner de ces parages qu'on trouvoit qu'ils fréquentoient depuis trop long temps.

Cependant ce ne fut qu'en 1740 que les efpagnols commencèrent à doubler eux-mêmes le cap de Horn. Ils employèrent des bâtimens & des pilotes malouins dans leurs premiers voyages: mais une affez courte expérience les mit en état de fe paffer de fecours étrangers; & ces mers orageufes furent bientôt plus familières à leurs navigateurs qu'elles ne l'avoient jamais été à leurs maîtres dans cette carrière.

Jufqu'alors la haute opinion qu'on avoit toujours eue, & long-temps avec raifon, des richeffes du *Pérou*, s'étoit maintenue. La cour d'Efpagne accufoit le commerce interlope d'en avoir détourné la plus grande partie; elle fe flattoit que le nouveau fyftême les rameneroit dans fes ports en auffi grande abondance qu'aux époques les plus reculées: Une évidence, à laquelle il fut impoffible de fe refufer, réduifit les plus incrédules à voir que les mines de cette partie du Nouveau-Monde n'étoient plus ce qu'elles avoient été, & que ce qu'elles avoient laiffé de vuide, n'avoit pas été rempli par d'autres objets.

Depuis 1748 jufqu'en 1753, Lima ne reçut d'Efpagne pour tout le *Pérou* que dix navires qui remportèrent chaque année 30,764,617 liv. Cette fomme étoit formée par 4,594,192 liv. en or; par 20,673,657 liv. en argent; par 5,496,768 livres en productions diverfes.

Ces productions furent trente & un mille quintaux de cacao, qui furent vendus en Europe 3,240,000 livres. Six cents quintaux de quinquina, qui furent vendus 207,360 liv. Quatre cents foixante-dix quintaux de laine de vigogne, qui furent vendus 324,000 liv. Dix mille huit cents cinquante quintaux de cuivre, qui furent vendus 810,108 liv. Dix mille fix cents quintaux d'étain, qui furent vendus 915,300 liv.

Dans l'or & l'argent 1,620,000 liv. appartenoient au gouvernement, 19,422,571 livres au commerce, 4,225,178 liv. au clergé ou aux officiers civils & militaires.

Dans les marchandifes il y avoit 1,381,569 liv. pour la couronne, & 4,115,199 livres pour les négocians.

Le temps a un peu changé l'état des chofes: mais l'amélioration n'eft pas confidérable.

Nous avons dit à l'article ESPAGNE la quantité de métaux que l'Efpagne reçoit de fes poffeffions d'Amérique. *Voyez* cet article. *Voyez*

auffi les articles MEXIQUE, CHILI, PARAGUAY, &c.

PERSE, contrée de l'Afie, que nous envifagerons ici, dans fes rapports avec le commerce de l'Europe.

Cette vafte région, fi célèbre dans l'antiquité, paroît avoir été libre dans fa plus ancienne forme de gouvernement. Sur les ruines d'une république corrompue, s'éleva la monarchie. Les *Perfes* furent long-temps heureux fous cette forme d'adminiftration; les mœurs étoient fimples comme les loix. A la fin, l'efprit de conquête s'empara des fouverains. Alors les tréfors de l'Affyrie, les dépouilles de plufieurs nations commerçantes, les tributs d'un grand nombre de provinces, firent entrer des richeffes immenfes dans l'Empire, & ces richeffes ne tardèrent pas à tout changer. Le défordre fut pouffé fi loin, que le foin des amufemens publics parut attirer l'attention principale du gouvernement.

Un peuple qui ne vivoit que pour le plaifir, ne pouvoit tarder à être afservi. Il le fut fucceffivement par les Macédoniens, par les Parthes, par les Arabes, par les Tartares, & vers la fin du quinzième fiècle par les Sophis, qui prétendoient defcendre d'Aly, auteur de la fameufe réforme qui divifa le mahométifme en deux branches.

Nul prince de cette nouvelle race ne fe rendit auffi célèbre que Schah-Abbas, furnommé le Grand. Il conquit le Kandâhar, plufieurs places importantes fur la mer Noire, une partie de l'Arabie, & chaffa les turcs de la Géorgie, de l'Arménie, de la Méfopotamie, de tous les pays qu'ils avoient conquis au-delà de l'Euphrate.

Ces victoires produifirent des changemens remarquables dans l'intérieur de l'empire. Les grands avoient profité des troubles civils pour fe rendre indépendans: on les abaiffa; & les poftes importans furent tous confiés à des étrangers, qui ne vouloient ni ne pouvoient former des factions. La milice étoit en poffeffion de difpofer du trône fuivant fon caprice: on la contint par des troupes étrangères, qui avoient une religion & des habitudes différentes. L'anarchie avoit rendu les peuples enclins à la fédition: on plaça, dans les villes & dans les campagnes, des colonies choifies entre les nations les plus oppofées aux anciens habitans par les mœurs & le caractère. Il fortit de ces arrangemens le defpotifme le plus abfolu peut-être qu'ait jamais éprouvé aucune contrée.

Ce qui eft étonnant, c'eft que le grand Abbas ait fu allier à ce gouvernement, oppreffeur de fa nature, quelques vues d'utilité publique. Il appella tous les arts à lui, & les établit à la cour & dans les provinces. Tous ceux qui apportoient dans fes états un talent, quel qu'il fût, étoient fûrs d'être accueillis, d'être aidés, d'être récompenfés. Il difoit fouvent que les étranger

étoient le plus bel ornement d'un empire, & donnoient plus d'éclat au prince que les magnificen-
ces du luxe le plus recherché.

Pendant que la *Perse* sortoit de ses ruines par
les différentes branches d'industrie qui s'établissoient de toutes parts, une colonie d'arméniens,
transférée à Ispahan, portoit au centre de l'empire l'esprit de commerce. Bientôt ces négocians,
& ceux des naturels du pays qui savoient les imiter, furent répandus dans l'orient, en Hollande,
en Angleterre, dans la Méditerranée & dans la
Baltique, par-tout où les affaires étoient vives &
considérables. Le sophi s'associoit lui-même à
leurs entreprises, & leur avançoit des sommes
considérables, qu'ils faisoient valoir dans les marchés les plus renommés de l'univers. Ils étoient
obligés de lui remettre ses fonds aux termes convenus; & s'ils les avoient accrus par leur industrie, il leur accordoit quelque récompense.

Les portugais qui s'apperçurent qu'une partie
du commerce des Indes avec l'Asie & avec l'Europe alloit prendre sa direction par la *Perse*, y
mirent des entraves. Ils ne souffroient pas que le
persan achetât des marchandises ailleurs que dans
leurs magasins. Ils en fixoient le prix; &, s'ils
lui permettoient d'en tirer quelquefois du lieu de
la fabrication, c'étoit toujours sur leurs vaisseaux,
& en exigeant un fret & des droits énormes.
Cette tyrannie révolta le grand Abbas qui, instruit du ressentiment des anglois, leur proposa
de réunir leurs forces de mer à ses forces de
terre, pour assiéger Ormuz. Cette place fut attaquée par les armes combinées des deux nations, & prise en 1623, après deux ans de combats. Les conquérans s'en partagèrent le butin qui
fut immense, & la ruinèrent ensuite de fond en
comble.

A trois ou quatre lieues de là, s'offroit sur le
continent le port de Gombroon, qu'on a depuis
appellé *Bender-Abassi*. La nature ne paroissoit pas
l'avoir destiné à être habité. Il est situé au pied
de montagnes excessivement élevées. On y respire un air embrasé. Des vapeurs mortelles s'élèvent continuellement des entrailles de la terre.
Les campagnes sont noires & arides, comme
si le feu les avoit brûlées. Malgré ces inconvéniens, l'avantage qu'avoit Bender-Abassi d'être
placé à l'entrée du golfe, le fit choisir par le monarque persan, pour servir d'entrepôt au grand
commerce qu'il se proposoit de faire aux Indes.
Les anglois furent associés à ce projet. On leur
accorda une exemption perpétuelle de tous les
droits, & la moitié du produit des douanes, à
condition qu'ils entretiendroient au moins deux
vaisseaux de guerre dans le golfe. Cette précaution parut indispensable pour rendre vain le ressentiment des portugais, dont la haine étoit encore
redoutable.

Dès ce moment, Bender-Abassi qui n'avoit été
jusqu'alors qu'un vil hameau de pêcheurs, devint

une ville florissante. Les anglois y portoient les
épiceries, le poivre, le sucre des marchés de
l'orient; le fer, le plomb & les draps des ports
de l'Europe. Le bénéfice qu'ils faisoient sur ces
marchandises, étoit grossi par un fret excessivement cher que leur payoient les arméniens, qui
restoient encore en possession de la plus riche
branche du commerce des Indes.

Ces négocians avoient entrepris depuis long-
temps le trafic des toiles. Ils n'avoient été sup-
plantés, ni par les portugais qui n'étoient occupés que de pillage, ni par les hollandois, dont
les épiceries avoient fixé toute l'attention. On
pouvoit craindre d'ailleurs de ne pouvoir soutenir
la concurrence d'un peuple également riche, industrieux, actif, économe. Les arméniens faisoient alors ce qu'ils ont toujours fait depuis. Ils
passoient aux Indes; ils y achetoient du coton;
ils le distribuoient aux fileuses; ils faisoient fabriquer des toiles sous leurs yeux; ils les portoient
à Bender Abassi, d'où elles passoient à Ispahan.
De là elles se distribuoient dans les différentes
provinces de l'empire, dans les états du grand-
seigneur, & jusqu'en Europe où l'on contracta
l'habitude de les appeller *Perses*, quoiqu'il ne
s'en soit jamais fabriqué qu'à la côte de Coromandel. Telle est l'influence des noms sur les opinions, que l'erreur populaire qui attribue à la
Perse les toiles des Indes, passera peut-être,
avec le cours des siècles, pour une vérité incontestable dans l'esprit des savans à venir. Les difficultés insurmontables que ces sortes d'erreurs ont
jettées dans l'histoire de Pline & des autres anciens, doivent nous rendre infiniment précieux les
travaux des savans de nos jours, qui recueillent
les procédés de la nature & des arts, pour les
transmettre à la postérité.

En échange des marchandises qu'on portoit à
la *Perse*, elle donnoit les productions de son territoire, ou le fruit de son industrie.

La soie, qui étoit la première des marchandises. On en recueilloit, on en exportoit alors une
grande quantité.

La laine de Caramanie, qui ressemble beaucoup
à celle de Vigogne. Elle étoit employée avec succès dans les manufactures de chapeaux & dans
quelques étoffes. Les chèvres qui la donnent,
ont cela de particulier, que leur toison tombe
d'elle-même au mois de mai.

Les turquoises, qui étoient plus ou moins parfaites, suivant celle des trois mines dont on les
tiroit. Elles entroient autrefois dans la parure de
nos femmes.

Les brocards d'or, d'un prix supérieur à tout
ce qu'ont produit les plus célèbres manufactures.
Il y en avoit de simples, & d'autres à deux faces
sans envers. On en faisoit des rideaux de portières
& des carreaux magnifiques.

Les tapis qu'on a depuis si bien imités en Europe, & qui ont été long-tems un des plus riches meubles de nos appartemens.

Le marroquin qui avoit, ainſi que les autres cuirs, un degré de perfection qu'on ne ſavoit pas lui donner ailleurs.

Le chagrin, le poil de chèvre, l'eau - roſe, les racines pour la médecine, les gommes pour la teinture, les dattes, les chevaux, les armes, pluſieurs autres choſes, dont les unes ſe vendoient aux Indes, & les autres étoient portées en Europe.

Quoique les hollándois fuſſent parvenus à s'approprier tout le commerce de l'Inde orientale, ils ne virent pas ſans jalouſie ce qui ſe paſſoit en *Perſe*. Il leur parut que les privilèges dont leur rival jouiſſoit dans la rade de Bender-Abaſſi, pouvoient être compenſés par l'avantage qu'ils avoient de poſſéder une plus grande quantité d'épiceries, & ils entrèrent avec lui en concurrence.

Les troubles qui déſolent la *Perſe* depuis quelques années, ont nui beaucoup au commerce des européens avec ce pays. Il paroît que la tranquillité n'eſt pas ſur le point de ſe rétablir. Les dernières nouvelles reçues de la *Perſe*, annoncent que Mehmet Kan ſe préparant à aller attaquer à Chiras où il s'étoit retiré, Jaſſar-Kan, frère du régent mort, ce dernier eſt ſorti de cette ville, a marché au-devant de lui, l'a combattu & l'a vaincu dans deux batailles conſécutives. Mehmet s'eſt ſauvé à Tehram où il réſide actuellement, & Jaſſar eſt entré en vainqueur dans Iſpahan; il y a trouvé Baguer-Kan qui, après la mort du régent, en avoit pris le titre, & qui s'étoit retranché dans une forte citadelle, laquelle commande les fauxbourgs de cette capitale; il a fallu l'aſſiéger en règle; la citadelle a été priſe, & Baguer-Kan décapité. Tout paroiſſoit alors tranquille, & un grand nombre de caravanes raſſurées s'étoient miſes en route pour leurs deſtinations. Jaſſar-Kan avoit envoyé ſon parent Iſmaël-Kan, âgé de 23 ans, avec un corps de 3,000 cavaliers, pour réduire la ville d'Hamadan qui tenoit encore le parti de Mehmet; mais ce jeune homme, au lieu de remplir ſa miſſion, a arrêté & dépouillé toutes les caravanes, & après ce brigandage, il s'eſt réuni au commandant d'Hamadan contre Jaſſar-Kan ſon parent. On évalue à plus de quarante millions de France les déprédations commiſes par Iſmaël : il a diſtribué à ſes ſoldats les marchandiſes qu'il a enlevées, & s'eſt fait beaucoup de partiſans. Malgré les neiges & la rigueur de la ſaiſon, Jaſſar-Kan s'étoit mis en marche à la tête de 40,000 hommes, pour aller punir ce rebelle.

PÉTALISME, ainſi appellé d'un mot grec qui ſignifie *feuille*.

Le *pétaliſme* fut quelque temps en uſage à Syracuſe, ville de Sicile, habitée par les grecs :

c'étoit une loi qui autoriſoit les citoyens à ſe bannir les uns les autres, en ſe donnant une feuille d'olivier, ſur laquelle étoit écrit le nom de celui qu'on banniſſoit. L'amour exceſſif de la liberté avoit introduit une politique ſi étrange. Valere Maxime l'appelle une folie publique. Diodore de Sicile nous apprend que le *pétaliſme* éloigna de Syracuſe preſque toutes les perſonnes recommandables par leur naiſſance, leurs richeſſes ou leur mérite perſonnel; que pluſieurs s'exilèrent volontairement, dans la crainte qu'on ne leur préſentât la feuille d'olivier. Il faut convenir pourtant que cette coutume, malgré ſa bizarrerie & ſon injuſtice, préſervoit les ſyracuſains de l'orgueil d'une extraction illuſtre, du faſte inſolent de l'opulence, & des entrepriſes des grands talens.

Trop ſouvent les vertus, les ſervices & les belles actions ont été des degrés pour arriver à la tyrannie, comme les grands biens & l'éclat de la naiſſance. L'amour de la liberté, délicat & ombrageux à l'excès, peut s'allarmer des uns comme des autres : alors la vertu, ſi elle n'eſt pas modeſte, le mérite, s'il affecte de la ſupériorité, les ſervices, ſi l'on paroît diſpoſé à s'en prévaloir, ſont regardés comme une ſorte de crimes d'état : une république ſage ne proſcrit point la vertu, mais elle blâme la hauteur qu'un mérite ſupérieur inſpire : elle ne punit point les ſervices, mais elle craint que de grandes obligations ne deviennent des chaînes, & que celui qui ſert ſi bien la patrie, ne ſe croie lui-même, ou ne paroiſſe aux autres digne de lui commander. Elle ne fait point un crime d'un grand nom; mais elle hait les diſtinctions qu'il exige. Tel étoit l'eſprit du *pétaliſme*. Il pouvoit être utile, s'il eût été bien dirigé; il devoit maintenir l'égalité & le bon ordre chez un peuple juſte & honnête: il jetta le déſordre & la confuſion parmi les ſyracuſains envieux & ſoupçonneux : il fomentoit les ſoupçons injuſtes, ſervoit les haines particulières, banniſſoit de la ville les plus honnêtes gens, & éloignoit des emplois publics ceux qui étoient les plus capables de les remplir. L'excès des maux qu'il produiſoit, le fit abolir.

PETERSHAUSEN, abbaye princière d'Allemagne au cercle de Suabe.

L'abbaye de *Petershauſen*, ordre de S. Benoît, fondée l'an 980, ſe trouve dans le diocèſe de Conſtance & vis-à-vis de cette ville. Son abbé prend le titre de très-révérend prélat du Saint-Empire, ſeigneur des abbayes immédiates de S. Grégoire à *Petershauſen*, & de S. Cyrille & S. George à Stein ſur le Rhin, prieur de Klingenzell, ſeigneur du Moutier de Notre-Dame de la Prxxe à Meugen, ſeigneur de Stauffen, Hilzingen & Rietheim, &c. Sa place à la diète de l'Empire eſt entre les abbés d'Yrſée & d'Urſperg, dans le collège des prélats de Suabe & dans les assemblées du cercle entre l'abbé de Marchtal & le prieur de Wettenhausen. Cette abbaye est sous la protection de la maison d'Autriche. Sa matricule est aujourd'hui de 20 florins, & elle paye 40 rixdales 54 kr. pour l'entretien de la chambre impériale. La majeure partie des biens qu'elle possédoit autrefois, en est aujourd'hui détachée, nommément le fauxbourg ou village de *Petershausen*, dont la ville de Constance en 1581 acheta la jurisdiction pour trois mille florins. Les fortifications de cette ville, auxquelles on travailla en 1641, ont de même absorbé plusieurs biens-fonds de l'abbaye. Klingenzell est situé dans le Thourgau, & reconnoît la souveraineté du corps helvétique. *Voyez* les articles ALLEMAGNE & SUABE (cercle de).

PEUPLE. Ce mot est difficile à définir, parce qu'on s'en forme des idées variables selon les divers lieux, les divers tems & la nature des gouvernemens. Chez les grecs & les romains où le gouvernement étoit démocratique, le *peuple* donnoit sa voix dans les élections des premiers magistrats, des généraux, & les décrets des proscriptions ou des triomphes; dans les réglemens des impôts, dans les décisions de la paix ou de la guerre; en un mot, dans toutes les affaires qui concernoient les grands intérêts de la patrie : &, d'après tout ce que nous avons dit aux articles DÉMOCRATIE, GOUVERNEMENT, &c. il n'est pas besoin de donner la signification de ce mot, dans les pays où les citoyens ont conservé une grande partie de leur liberté : il faut donc examiner ce qu'est & ce que doit être le *peuple* dans les monarchies, ou dans les gouvernemens où il reste peu de liberté, & à quelle époque il convient d'instituer un *peuple*.

Autrefois on ne comptoit en France que deux classes de sujets; les grands ou les nobles, ou le peuple, c'est-à-dire, les laboureurs, les ouvriers, les artisans, les négocians, les financiers, les gens de lettres & les gens de loix. Mais un homme du talent le plus distingué pense que ce corps de la nation se borne actuellement aux ouvriers & aux laboureurs. Rapportons ses propres réflexions sur cette matière, d'autant mieux qu'elles sont pleines d'images & de tableaux qui servent à prouver son système.

Qui croiroit qu'on a osé avancer de nos jours cette maxime d'une politique infame, que de tels hommes ne doivent point être à leur aise, si l'on veut qu'ils soient industrieux & obéissans? Si ces prétendus politiques, ces beaux génies pleins d'humanité, voyageoient un peu, ils verroient que l'industrie n'est nulle part si active que dans les pays où le peuple est à son aise, & que nulle part chaque genre d'ouvrage ne reçoit plus de perfection. Ce n'est pas que des hommes engourdis sous le poids d'une misère habituelle ne pussent s'éloigner quelque temps du travail, si toutes les impositions cessoient sur-le-champ; mais outre la différence sensible entre le changement du *peuple* & l'excès de cette supposition, ce ne seroit point à l'aisance qu'il faudroit attribuer ce moment de paresse, ce seroit à la surcharge qui l'auroit précédée. Encore ces mêmes hommes, revenus de l'emportement d'une joie inespérée, sentiroient-ils bientôt la nécessité de travailler pour subsister, & le desir naturel d'une meilleure subsistance les rendroit fort actifs. Au contraire, on n'a jamais vu & on ne verra jamais des hommes employer toute leur force & toute leur industrie, s'ils sont accoutumés à voir les taxes engloutir le produit de nouveaux efforts qu'ils pourroient faire, & ils se borneroient au soutien d'une vie toujours abandonnée sans aucune espèce de regret.

A l'égard de l'obéissance, c'est une injustice de calomnier ainsi une multitude infinie d'innocens; car les souverains n'ont point de sujets plus fideles, &, si j'ose le dire, de meilleurs amis. Il y a plus d'amour public dans cet ordre peut-être que dans tous les autres; non point parce qu'il est pauvre, mais parce qu'il sait très-bien, malgré son ignorance, que l'autorité & la protection du prince sont l'unique gage de sa sûreté & de son bien-être; enfin, parce que avec le respect naturel des petits pour les grands, avec cet attachement particulier à notre nation pour la personne de ses souverains, ils n'ont point d'autres biens à espérer. L'histoire n'offre pas un seul trait qui prouve que l'aisance du *peuple* par le travail, a nui à son obéissance.

Mille nations ont brillé sur la terre, qui n'auroient jamais pu souffrir de bonnes loix; & celles même qui l'auroient pû, n'ont eu dans toute leur durée qu'un temps fort court pour cela. Les *peuples*, ainsi que les hommes, se trouvent, selon la nature des gouvernemens, indociles dans leur jeunesse, ou incorrigibles dans leur vieillesse; quand une fois les coutumes sont établies & les préjugés enracinés, leur réforme est souvent dangereuse & vaine; le peuple ne peut pas même souffrir qu'on touche à ses maux pour les détruire; semblables à ces malades stupides & sans courage, qui frémissent à l'aspect du médecin.

Il est pour les nations comme pour les hommes, un temps de mâturité qu'il faut attendre avant de les soumettre à des loix; mais la mâturité d'un *peuple* n'est pas toujours facile à connoître; & si on la prévient, l'ouvrage est manqué. Tel *peuple* est disciplinable en naissant, tel autre ne l'est pas au bout de dix siècles. Les russes ne seront jamais vraiment policés, parce qu'ils l'ont été trop tôt. Pierre avoit le génie imitatif; il n'avoit pas le vrai génie, celui qui crée & fait tout de rien. Quelques-unes des chofes qu'il fit étoient bien, la plûpart étoient déplacées. Il a vu que fon *peuple* étoit barbare, il n'a point vu qu'il n'étoit pas mûr pour la police; il l'a voulu civilifer quand il ne falloit que l'aguerrir. Il a d'abord voulu faire des allemands, des anglois, quand il falloit commencer par faire des ruffes; il a empêché fes fujets de jamais devenir ce qu'ils pourroient être, en leur perfuadant qu'ils étoient ce qu'ils ne font pas. C'eft ainfi qu'un précepteur françois forme fon élève pour briller un moment dans fon enfance, & puis n'être jamais rien.

Il y a dans tout corps politique un *maximum* de force qu'il ne fauroit paffer, & duquel fouvent il s'éloigne à force de s'agrandir. Plus le lien focial s'étend, plus il fe relâche, & en général un petit état eft proportionnellement plus fort qu'un grand.

Mille raifons démontrent cette maxime. Premièrement l'adminiftration devient plus pénible dans les grandes diftances, comme un poids devient plus lourd au bout d'un plus grand levier. Elle devient auffi plus onéreufe à mefure que les degrés fe multiplient; car chaque ville a d'abord la fienne que le *peuple* paye, chaque diftrict la fienne encore payée par le *peuple*, enfuite chaque province, puis les grands gouvernemens, les fatrapies, les vice-royautés qu'il faut toujours payer plus cher à mefure qu'on monte, & toujours aux dépens du malheureux *peuple*; enfin vient l'adminiftration fuprême qui écrafe tout. Tant de furcharges épuifent continuellement les fujets; loin d'être mieux gouvernés par tous ces différens ordres, ils le font moins bien que s'il n'y en avoit qu'un feul au-deffus d'eux. Cependant à peine refte-t-il des reffources pour les cas extraordinaires; & quand il y faut recourir, l'état eft toujours à la veille de fa ruine.

Ce n'eft pas tout; non-feulement le gouvernement à moins de vigueur & de célérité pour faire obferver les loix, empêcher les vexations, corriger les abus, prévenir les entreprifes féditieufes qui peuvent fe faire dans des lieux éloignés; mais le *peuple* a moins d'affection pour fes chefs qu'il ne voit jamais, pour la patrie qui eft à fes yeux comme le monde, & pour fes concitoyens dont la plûpart lui font étrangers. Les mêmes loix ne peuvent convenir à tant de provinces différentes, qui vivent fous des climats oppofés, & qui ne peuvent fouffrir la même forme de gouvernement. Des loix différentes n'engendrent que troubles & confufion parmi des *peuples* qui, vivant fous les mêmes chefs & dans une communication continuelle, paffent ou fe marient les uns chez les autres, &, foumis à d'autres coutumes, ne favent jamais fi leur patrimoine eft bien à eux. Les talens font enfouis,

les vertus ignorées, les vices impunis dans cette multitude d'hommes inconnus les uns aux autres, que le fiège de l'adminiftration fuprême raffemble dans un même lieu. Les chefs, accablés d'affaires, ne voient rien par eux-mêmes, des commis gouvernent l'état. Enfin les mefures qu'il faut prendre pour maintenir l'autorité générale, à laquelle tant d'officiers éloignés veulent fe fouftraire ou en impofer, abforbent tous les foins publics; il n'en refte plus pour le bonheur du *peuple*; à peine en refte-t-il pour fa défenfe au befoin, & c'eft ainfi qu'un corps trop grand pour fa conftitution, s'affaiffe & périt écrafé fous fon propre poids.

D'un autre côté, l'état doit fe donner une certaine bafe pour avoir de la folidité, pour réfifter aux fecouffes qu'il ne manquera pas d'éprouver, & aux efforts qu'il fera contraint de faire pour fe foutenir: car tous les *peuples* ont une efpèce de force centrifuge, par laquelle ils agiffent continuellement les uns contre les autres, & tendent à s'agrandir aux dépens de leurs voifins comme les tourbillons de Defcartes. Ainfi les foibles rifquent d'être bientôt engloutis, & nul ne peut guère fe conferver qu'en fe mettant avec tous dans une efpèce d'équilibre, qui rende la compreffion par-tout à peu-près égale.

On peut mefurer un corps politique de deux manières, favoir, par l'étendue du territoire & par le nombre du *peuple*, & il y a entre l'une & l'autre de ces mefures un rapport convenable pour donner à l'état fa véritable grandeur: ce font les hommes qui font l'état, & c'eft le terrein qui nourrit les hommes: ce rapport eft donc que la terre fuffife à l'entretien de fes habitans, & qu'il y ait autant d'habitans que la terre en peut nourrir. C'eft dans cette proportion que fe trouve le *maximum* de force d'un nombre donné de *peuple*; car s'il y a du terrein de trop, la garde en eft onéreufe, la culture infuffifante, le produit fuperflu; c'eft la caufe prochaine des guerres défenfives; s'il n'y en a pas affez, l'état fe trouve pour le fupplément à la difcrétion de fes voifins; c'eft la caufe prochaine des guerres offenfives. Tout le peuple qui n'a, par fa pofition, que l'alternative entre le commerce ou la guerre, eft foible en lui-même; il dépend de fes voifins; il dépend des événemens; il n'a jamais qu'une exiftence incertaine & courte. Il fubjugue & change de fituation, ou il eft fubjugué & n'eft rien. Il ne peut fe conferver libre qu'à force de petiteffe ou de grandeur.

On ne peut donner en calcul un rapport fixe entre l'étendue de terre & le nombre d'hommes qui fe fuffifent l'un à l'autre, tant à caufe des différences qui fe trouvent dans les qualités du terrein, dans fes degrés de fertilité, dans la nature de fes productions, dans l'influence des climats, que de celles qu'on remarque dans les tempéramens des hommes qui les habitent, dont
les

les uns confomment peu dans un pays fertile, les autres beaucoup fur un fol ingrat. Il faut encore avoir égard à la plus grande ou moindre fécondité des femmes, à ce que le pays peut avoir de plus ou moins favorable à la population, à la quantité dont le légiflateur peut concourir par fes établiffemens; de forte qu'il ne doit pas fonder fon jugement fur ce qu'il voit, mais fur ce qu'il prévoit, ni s'arrêter autant à l'état actuel de la population qu'à celui où elle doit naturéllement parvenir. Enfin il y a mille occafions où les accidens particuliers du lieu exigent ou permettent qu'on embraffe plus de terrein qu'il ne paroît néceffaire. Ainfi l'on s'étendra beaucoup dans un pays de montagnes, où les productions naturelles, favoir, les bois, les pâturages, demandent moins de travail, où l'expérience apprend que les femmes font plus fécondes que dans les plaines, & où un grand fol incliné ne donne qu'une petite bafe horifontale, la feule qu'il faut compter pour la végétation. Au contraire, on peut fe refferrer au bord de la mer, même dans des rochers & des fables prefque ftériles, parce que la pêche y peut fuppléer en grande partie aux productions de la terre; que les hommes doivent être plus raffemblés pour repouffer les pirates, & qu'on a d'ailleurs plus de facilité pour délivrer le pays par les colonies, des habitans dont il eft furchargé.

A ces conditions, pour inftituer un *peuple*, il en faut ajouter une qui ne peut fuppléer à nulle autre, mais fans laquelle elles font toutes inutiles; c'eft qu'on jouiffe de l'abondance de la paix: car le tems où s'ordonne un état, eft comme celui où fe forme un bataillon, à l'inftant où le corps eft le moins capable de réfiftance & le plus facile à détruire. On réfifteroit mieux dans un défordre abfolu que dans un moment de fermentation, où chacun s'occupe de fon rang & non du péril. Qu'une guerre, une famine, une fédition furvienne en ce tems de crife, l'état eft infailliblement renverfé.

Ce n'eft pas qu'il n'y ait beaucoup de gouvernemens établis durant des orages; mais, alors ce font des gouvernemens mêmes qui détruifent l'état. Les ufurpateurs amènent ou choififfent toujours ces temps de troubles pour faire paffer à la faveur de l'effroi public, des loix deftructives que le *peuple* n'adopteroit jamais de fang-froid. Le choix du moment de l'inftitution eft un des caractères les plus fûrs, par lefquels on peut diftinguer l'œuvre du légiflateur d'avec celle du tyran.

Quel *peuple* eft donc propre à la légiflation? Celui qui, fe trouvant déja lié par quelque union d'origine, d'intérêt ou de convention, n'a point encore porté le vrai joug des loix; celui qui n'a ni coutumes, ni fuperftitions bien enracinées; celui qui ne craint pas d'être accablé par une invafion fubite, qui, fans entrer dans les querelles

de fes voifins, peut réfifter feul à chacun d'eux, ou s'aider de l'un pour repouffer l'autre; celui dont chaque membre peut être connu de tous, & où l'on n'eft point forcé de charger un homme d'un plus grand fardeau qu'un homme ne peut porter; celui qui peut fe paffer des autres *peuples*, & dont tout autre *peuple* peut fe paffer; celui qui n'eft ni riche ni pauvre, & peut fe fuffire à lui-même; enfin celui qui réunit la confiftance d'un ancien *peuple* avec la docilité d'un *peuple* nouveau. Ce qui rend pénible l'ouvrage de la légiflation, eft moins ce qu'il faut établir que ce qu'il faut détruire; & ce qui rend le fuccès fi rare, c'eft l'impoffibilité de trouver la fimplicité de la nature jointe aux befoins de la fociété. Toutes ces conditions, il eft vrai, fe trouvent difficilement raffemblées. Auffi voit-on peu d'états bien conftitués.

PFULLENDORF, ville impériale d'Allemagne: elle eft fituée dans le Hegau, entre les comtés de Heiligenberg & de Sigmaringen. Quelques auteurs prétendent que l'ancienne ville de Bragodurum, dont parle Ptolomée, étoit fituée dans fon emplacement. Cette ville profeffe la religion catholique. On dit qu'elle avoit anciennement des comtes particuliers, dont le dernier nommé Rodolphe, mort en 1180, fans autre poftérité qu'une fille unique, fe laiffa perfuader de remettre fon comté à l'empereur Frédéric I. Les empereurs Charles IV & Wenceflas lui ont affuré fon immédiateté. Elle a la vingt-fixième voix à la diète & la vingt-quatrième dans les affemblées du cercle parmi les villes impériales. Sa taxe matriculaire étoit autrefois de 104 flor.; mais elle fut réduite en 1683 à 43, & portée en 1728 à 46. Sa contribution pour l'entretien de la chambre impériale eft de 33 rixdales 69 & demi kr. Elle paye encore une redevance annuelle de 5 liv. pfennings à la préfecture d'Altorf.

PHÉNICIE. Ancien état de Tyr & des Phéniciens, nous n'en dirons que quelques mots.

Les phéniciens n'étoient qu'une nation trèsbornée dans fon territoire & dans fa puiffance; & c'eft la première dans l'hiftoire des nations. Il n'en eft aucune qui ne parle de ce peuple. Il fut connu par-tout; il vit encore par fa renommée; c'eft qu'il étoit navigateur.

La nature qui l'avoit jetté fur une côte aride, entre la Méditerranée & la chaîne du Liban, fembloit l'avoir féparé, en quelque forte, de la terre, pour lui apprendre à régner fur les eaux. La pêche lui enfeigna l'art de la navigation. Le murex, fruit de la pêche, lui donna la pourpre. Le fable de fes rivages lui fit trouver le fecret du verre.

Il faut avouer qu'il étoit heureufement fitué pour faire le commerce de l'Univers. Placés auprès des limites qui séparent & joignent, pour-ainsi-dire, l'Afrique, l'Asie & l'Europe, les Phéniciens pouvoient, sinon lier entr'eux les habitans de la terre, du moins être les médiateurs de leurs échanges, & communiquer à chaque nation les jouissances de tous les climats. Mais l'antiquité, que nous avons souvent surpassée, quoiqu'elle nous ait beaucoup appris, n'avoit pas d'assez grands moyens pour un commerce universel. La *Phénicie* borna sa marine à des galères, son commerce au cabotage, & sa navigation à la méditerranée. Modele des peuples maritimes, on fait moins ce qu'il a fait que ce qu'il a pu faire : on conjecture sa population par ses colonies. On veut qu'il ait couvert de ses essaims les bords de la Méditerranée, & sur-tout les côtes d'Afrique. Tyr, ou Sidon, reine de la mer, enfanta Carthage. L'opulence de Tyr lui avoit forgé des fers & donné des tyrans.

PHILIPPINES, isles de la mer de l'Inde où l'Espagne, a des établissemens. Les *Philippines* & les Marianes forment à l'Espagne un état de 14 ou 15 cent mille sujets, & nous croyons devoir en parler avec beaucoup d'étendue.

Précis de la découverte, de la conquête & des établissemens qu'on y a formés.

Magellan fut le premier européen qui reconnut les *Philippines*. Mécontent du Portugal sa patrie, il étoit passé au service de Charles-Quint; & par le détroit qui depuis porta son nom, il arriva en 1521 aux Manilles, d'où, après sa mort, ses lieutenans se rendirent aux Moluques, découvertes dix ou onze ans auparavant par les Portugais. Ce voyage auroit eu vraisemblablement des suites remarquables, si elles n'avoient été arrêtées par la combinaison dont on va rendre compte.

Tandis qu'au quinzième siècle les portugais s'ouvrirent la route des Indes orientales & se rendoient les maîtres des épiceries & des manufactures qui avoient toujours fait les délices des nations policées, les espagnols s'assuroient, par la découverte de l'Amérique, plus de trésors que l'imagination des hommes n'en avoit jusqu'alors desiré. Quoique les deux nations suivissent leurs vues d'agrandissement dans des régions bien séparées, il parut possible que l'on se rencontrât. Leur antipathie auroit rendu cet événement dangereux. Pour le prévenir, le pape fixa en 1493, les prétentions respectives, par une suite de ce pouvoir universel que les pontifes de Rome s'étoient arrogé depuis plusieurs siècles, & que l'ignorance de deux peuples prolongeoit encore pour associer le ciel à leur avarice. Il donna à l'Espagne tout le pays qu'on découvriroit à l'ouest du méridien, pris à cent lieues des Açores, & au Portugal tout ce qu'il pourroit conquérir à l'est

de ce méridien. L'année suivante, les puissances intéressées convinrent d'elles-mêmes, à Tordésillas, de placer la ligne de démarcation à trois cents soixante-dix lieues des isles du cap Verd. C'étoit aux yeux les plus clairs-voyans, une précaution superflue. A cette époque, personne ne connoissoit assez la théorie de la terre pour prévoir que les navigateurs d'une couronne, poussant leurs découvertes du côté de l'ouest, & les navigateurs de l'autre du côté de l'est, arriveroient tôt ou tard au même terme. L'expédition de Magellan démontra cette vérité.

La cour de Lisbonne ne dissimula pas les inquiétudes que lui causoit cet événement. On la voyoit déterminée à tout hasarder plutôt qu'à souffrir qu'un rival, déjà trop favorisé par la fortune, vînt lui disputer l'empire des mers d'Asie. Toutefois, avant de se commettre avec le seul peuple dont les forces maritimes fussent alors redoutables, elle crut devoir tenter les voies de la conciliation. Ce moyen réussit plus facilement qu'il n'étoit naturel de l'espérer.

Charles-Quint, que des entreprises trop vastes & trop multipliées réduisoient à des besoins fréquens, abandonna irrévocablement, en 1529, pour 350,000 ducats ou pour 2,598,750 livres, toutes les prétentions qu'il pouvoit avoir sur les pays reconnus en son nom dans l'Océan Indien; il étendit même la ligne de la démarcation portugaise jusqu'aux isles des larrons. C'est du moins ce que disent les historiens portugais; car les écrivains castillans veulent que leur monarque se soit réservé la faculté de reprendre la discussion de ses droits, & de les faire valoir si la décision lui étoit favorable; mais seulement après avoir remboursé l'argent qu'il touchoit.

Le traité de Sarragosse eut le sort ordinaire aux conventions politiques.

Philippe II reprit, en 1560, le projet de soumettre les manilles. L'Espagne étoit trop affoiblie par ses conquêtes d'Amérique, pour imaginer de fonder à l'extrémité des Indes orientales un nouvel empire par la violence. Les voies douces de la persuasion entrèrent, pour la première fois, dans son plan d'agrandissement. Elle chargea quelques missionnaires de lui acquérir des sujets, & ils ne trompèrent pas entièrement son attente.

Les hommes, autrefois idolâtres ou mahométans, que la religion chrétienne soumit à l'Espagne, sur les côtes, n'étoient pas tout-à-fait sauvages, comme ceux de l'intérieur des terres. Ils avoient des chefs, des loix, des maisons, quelques arts imparfaits. Plusieurs connoissoient un peu de culture. La propriété des champs qu'ils avoient semés leur fut assurée; & le bonheur dont ils jouissoient, fit desirer des possessions à d'autres. Les moines, chargés d'en faire la distribution,

réservèrent pour eux les portions les plus étendues, les mieux situées, les plus fertiles de ce
sol immense ; & le gouvernement leur en fit une
ceffion formelle.

On se promettoit beaucoup de ces arrangemens, tout imparfaits qu'ils étoient. Plufieurs
caufes fe font réunies pour en empêcher le fuccès.

D'abord, la plupart des miffionnaires élevés
dans l'ignorance & l'oifiveté des cloîtres, n'ont
pas, comme il le falloit, excité au travail les indiens qu'ils avoient fous leur direction. On peut
même dire qu'ils les en ont détournés, pour les
occuper fans ceffe de cérémonies, d'affemblées,
de folemnités religieufes. Un fyftême auffi contraire à la faine politique, a laiffé dans le néant
les terres diftribuées aux peuples affujettis. Celles
mêmes de leurs conducteurs ont été peu & mal
cultivées, peut-être parce que le gouvernement
fait diftribuer tous les ans à ces religieux 525,000
livres.

La conduite des efpagnols a toujours encouragé
cette inaction funefte. Le penchant à l'oifiveté,
que ces hommes avoient apporté de leur patrie,
fut encore fortifié par la permiffion que leur accorda la cour d'envoyer tous les ans en Amérique un vaiffeau chargé des productions des manufactures de l'Afie. Les tréfors que rapportoit
cet immenfe bâtiment, leur fit envifager comme
honteufes & intolérables, même les occupations
les plus honnêtes & les moins pénibles. Jamais
leur molleffe ne connut d'autres reffources pour
vivre dans les délices. Auffi, dès que les malheurs de la guerre fufpendoient pour un an ou
deux l'expédition du galion, ces conquérans tom-
boient-ils la plupart dans une mifère affreufe. Ils
devenoient mendians, voleurs, ou affaffins. Et
les tribunaux étoient impuiffans contre tant de
crimes.

Les chinois s'offroient naturellement pour donner aux arts & à la culture l'activité que l'indolence des indiens & la fierté des efpagnols leur
refufoient. Les navigateurs de cette nation célèbre alloient, de temps immémorial, chercher
aux Manilles les productions naturelles à ces ifles.
Ils continuèrent à les fréquenter après qu'elles
eurent fubi un joug étranger. Leur nombre s'accrut encore, lorfque les richeffes du Mexique
& du Pérou, qui y circuloient, donnèrent lieu
à des fpéculations plus vaftes. Sur leurs navires
arrivèrent bientôt un grand nombre d'ouvriers,
un plus grand de cultivateurs, trop multipliés
dans cet empire floriffant. Ces hommes laborieux,
économes & intelligens vouloient défricher les
campagnes, établir des manufactures, créer tous
les genres d'induftrie, pourvu qu'on leur donnât
la propriété de quelques parties d'un immenfe
terrein qui n'avoit point de maître, pour vu que
les tributs qu'on exigeroit d'eux fuffent modérés.
C'étoit un moyen infaillible d'établir à l'extrémité

de l'Afie, fans perte d'hommes, fans facrifice
d'argent, une colonie floriffante. Le malheur des
Philippines a voulu qu'on n'ait pas affez fenti
cette vérité ; & cependant le peu de bien qui
s'eft fait dans ces ifles a été principalement l'ouvrage des chinois.

L'Efpagne a foumis à fa domination, dans cet
Archipel, quelques parties de neuf grandes ifles.
Celle de Luçon, qui eft la plus confidérable, a
cent vingt lieues de long, fur trente & quarante
de large. Les efpagnols y abordent par une grande
baie circulaire, formée par deux caps, à deux lieues
de diftance l'un de l'autre. Dans ce court efpace fe
trouve la petite ifle de Marivelles. Elle laiffe deux
paffages. Celui de l'eft eft le plus étroit & le plus
fûr.

Au fud-eft de la baie eft Cavite. Ce port,
défendu par un petit fort & une garnifon de trois
cents hommes, a la forme d'un fer-à-cheval.
Douze vaiffeaux y font en fûreté fur un fond de
vafe. C'eft là qu'on conftruit les bâtimens néceffaires pour le fervice de la colonie.

Dans la même baie, à trois lieues de Cavite
& près de l'embouchure d'un fleuve navigable,
s'élève la fameufe ville de Manille. L'Efpagne
qui l'enleva aux indiens en 1571, la jugea propre à devenir le centre de l'état qu'on vouloit
fonder, & y fixa le gouvernement & le commerce.
Gomez Perez de Las Marignas l'entoura de murs
en 1590, & y bâtit la citadelle de Saint-Jacques.
Elle s'eft depuis agrandie & embellie. La rivière
qui la traverfe, defcend d'un lac qui a vingt
lieues de tour. Il eft formé par quarante ruiffeaux,
fur chacun defquels eft établie une peuplade d'indiens cultivateurs. C'eft de là que la capitale de
l'empire reçoit fes fubfiftances. Son malheur eft
d'être fituée entre deux volcans qui fe communiquent, & dont les foyers, toujours en action,
femblent préparer fa ruine.

Dans tout l'Archipel on ne compte, fuivant le
dénombrement de 1752, qu'un million trois cents
cinquante mille indiens, qui aient fubi le joug
efpagnol. La plupart font chrétiens, & tous, depuis feize jufqu'à cinquante ans, paient une capitation de deux livres quatorze fols. On les a
partagés en vingt-deux provinces, dont la feule
ifle de Luçon en contient douze, quoiqu'elle ne
foit pas entièrement affujettie.

La Colonie a pour chef un gouverneur, dont
l'autorité fubordonnée au vice-roi du Mexique,
doit durer huit ans. Il a le commandement des
armées. Il préfide à tous les tribunaux. Il difpofe
de tous les emplois civils & militaires. Il peut
diftribuer des terres, les ériger même en fiefs.
Cette puiffance qui n'eft un peu balancée que
par l'influence du clergé, s'eft trouvée fi dangereufe, que pour en arrêter l'excès, on a imaginé
plufieurs expédiens. Le plus utile a été celui qui
regle qu'on pourfuivra la mémoire d'un gouverneur mort dans l'exercice de fa place, & que celui

Hhhh

qui y survivra, ne partira qu'après que son adminiſtration aura été recherchée. Tout particulier peut porter ſes plaintes. S'il a éprouvé quelque injuſtice, il doit être dédommagé aux dépens du prévaricateur, qui de plus eſt condamné à une amende envers le ſouverain qu'il a rendu odieux. Dans les premiers temps de cette ſage inſtitution, la ſévérité fut pouſſée ſi loin, que lorſque les accuſations étoient graves, le coupable étoit mis en priſon. Pluſieurs y moururent de frayeur, & d'autres n'en ſortirent que pour ſubir des peines rigoureuſes. Peu à peu cet appareil formidable s'eſt réduit à rien. Le chef de la Colonie donne à ſon ſucceſſeur de quoi payer ſa place ; mais il avoit reçu la même ſomme de ſon prédéceſſeur.

Cette colluſion paroît avoir des ſuites bien funeſtes. On a exigé arbitrairement des impôts. Le revenu public s'eſt perdu dans les mains deſtinées à le recueillir. Un droit d'entrée de ſept pour cent ſur toutes les marchandiſes, a fait dégénérer le commerce en contrebande. Le cultivateur s'eſt vu forcé de dépoſer ſes récoltes dans les magaſins du gouvernement. On a pouſſé l'induſtrie juſqu'à fixer la quantité de grains que ſes champs devoient produire, juſqu'à l'obliger de les fournir au fiſc, pour en être payé dans le temps & de la manière qu'il conviendroit à des maîtres oppreſſeurs. Les efforts que quelques adminiſtrateurs honnêtes ont faits dans l'eſpace de deux ſiécles pour arrêter le cours de tant d'abus ont été inutiles, parce que ces abus étoient trop invétérés pour céder à une autorité ſubordonnée & paſſagère. Il n'auroit pas moins fallu que le pouvoir ſuprême de la cour de Madrid, pour oppoſer une digue ſuffiſante au torrent de la cupidité univerſelle : mais ce moyen unique n'a jamais été employé. Auſſi les *Philippines* n'ont-elles fait nul progrès. A peine ſauroit-on leur nom, ſans les liaiſons qu'elles entretiennent avec le Mexique.

Ces liaiſons auſſi anciennes que l'établiſſement des eſpagnols en Aſie, ſe réduiſent à faire paſſer en Amérique, par la mer du Sud, les productions, les marchandiſes des Indes. Mais par l'établiſſement de la nouvelle compagnie des *Philippines*, ces iſles communiqueront directement avec le port de Cadix. Nul des objets qui forment juſqu'ici ces riches cargaiſons, n'eſt le produit du ſol ou de l'induſtrie de ces iſles. Elles tirent la canelle de Batavia. Les chinois leur portent des ſoieries, & les anglois ou les françois les toiles blanches, les toiles peintes de Bengale & du Coromandel. De quelque port qu'euſſent été expédiés ces objets, il falloit qu'ils arrivaſſent avant le départ du galion. Plus tard, ils ne ſeroient pas vendus ou ne l'auroient été qu'à perte à des négocians réduits à les oublier dans leurs magaſins. Les paiemens ſe faiſoient principalement avec de la cochenille & des piaſtres venues du Nouveau-Monde. Il y entroit auſſi quelques denrées du pays, & des cauris qui n'ont point de cours en Afrique, mais qui ſont d'un uſage univerſel ſur les bords du Gange.

On a obſervé qu'un établiſſement qui n'a pas une baſe plus ſolide, peut être aiſément renverſé. Que les *Philippines* échapperont un peu plus tôt, un peu plus tard, à ſes poſſeſſeurs. Il faut rappeller à l'Eſpagne les réflexions par leſquelles on a donné de la force à ces conjectures ; & eſſayer ainſi de prévénir la révolution.

Des navigateurs éclairés nous ont appris que les poſſeſſions eſpagnoles qui, dans ces contrées éloignées, avoient toujours été languiſſantes, le ſont devenues ſenſiblement davantage depuis1768, que les Jéſuites en ont été bannis. Outre que l'immenſe domaine de ces miſſionnaires eſt tout-à-fait déchu de la fertilité où il l'avoient porté, les terres des indiens qu'ils gouvernoient, les ſeules qui fuſſent paſſablement cultivées & où l'on trouvât quelques arts utiles, ſont retombées dans le néant d'où on les avoit tirées. Il eſt même arrivé que ces inſulaires, les moins pareſſeux de la Colonie, ont eu à ſouffrir de la haine bien ou mal fondée qui pourſuivoit leurs guides.

Une plus grande calamité fondit ſur cet Archipel l'année ſuivante. Tous les chinois, ſans exception, en furent chaſſés ; & cette proſcription forma une plaie qui vraiſemblablement ne guérira jamais. Ces hommes, dont la paſſion dominante eſt l'avarice, arrivoient tous les ans aux *Philippines* avec vingt-cinq ou trente petits bâtimens, & y encourageoient quelques travaux par le prix qu'eux ſeuls y pouvoient mettre. Ce n'étoit pas tout : un aſſez grand nombre de leurs compatriotes, fixés dans ces iſles, y donnoient habituellement l'exemple d'une vie toujours occupée. Pluſieurs même parcouroient les peuplades indiennes, &, par des avances bien ménagées, leur inſpiroient le deſir & leur donnoient la faculté de rendre leur ſituation meilleure. Il eſt fâcheux que ces moyens de proſpérité aient été anéantis par l'impoſſibilité où ſe trouvoient peut-être les eſpagnols de contenir un peuple ſi enclin aux ſoulévemens.

Antérieurement à ces événemens deſtructeurs, les peuples montroient un éloignement marqué pour l'abus du pouvoir. L'oppreſſion les avoit ſouvent fait ſortir des bornes de l'obéiſſance ; &, ſans l'intervention de leurs paſteurs, les efforts impuiſſans d'une milice dégénérée ne les auroient pas remis dans les fers. Depuis que l'expulſion des miſſionnaires, qui avoient le plus d'empire ſur les eſprits, a privé le gouvernement eſpagnol de ſa plus grande force, les indiens moins contenus doivent avoir la volonté de recouvrer leur indépendance, & peut-être aſſez d'énergie pour rentrer dans leurs premiers droits.

A ces dangers, qu'on peut appeler *domeſtiques*, ſe joignent des périls étrangers plus à craindre encore. Des barbares, ſortis des iſles Malaiſes, fondent habituellement fur les côtes des *Philippines*, y portent la deftruction, & en arrachent des milliers de chrétiens qu'ils réduifent en fervitude. Cette piraterie eft rarement punie, parce que les efpagnols partagés en quatre factions, connues fous le nom de *caftillans*, de *galiciens*, de *montagnards* & de *bifcayens*, uniquement occupés de la haine qui les tourmente, voient d'un œil indifférent tout ce qui eft étranger à leurs divifions. Un fi mauvais efprit a toujours de plus en plus enhardi les malais. Déja ils ont chaffé l'ennemi commun de plufieurs ifles. Tous les jours ils le refferrent davantage, & bientôt ils fe verront maitres de fa poffeffion, s'ils ne font pas prévenus par quelque nation européenne plus puiffante ou plus active que celle qu'ils combattent.

En 1762, les anglois s'emparèrent des *Philippines* avec une facilité qu'ils n'avoient pas efpérée. Si les traités leur arrachèrent leur proie, ce fut fans étouffer peut-être l'ambition de la reffaifir lorfque l'occafion s'en préfenteroit. D'autres peuples peuvent également afpirer à cette conquête, pour en faire le centre de leur empire dans les mers & fur le continent des Indes.

Si les efpagnols étoient chaffés des *Philippines*, feroit-ce un grand mal? A peine les *Philippines* eurent-elles ouvert leur communication avec l'Amérique, qu'on parla de les abandonner, comme nuifibles aux intérêts de la métropole. Philippe II & fes fucceffeurs ont conftamment rejetté cette propofition, qui a été renouvellée à plufieurs reprifes. La ville de Séville en 1731, & celle de Cadix en 1733, ont eu des idées plus raifonnables. Toutes deux ont imaginé, ce qu'il eft bien étonnant qu'on n'eût pas vu plutôt, qu'il feroit utile à l'Efpagne de prendre part directement au commerce de l'Afie, & que les poffeffions qu'elle a dans cette partie du monde, feroient le centre des opérations qu'elle y voudroit faire. Inutilement leur a-t-on oppofé que l'Inde fourniffant des étoffes de foie, des toiles de coton fupérieures à celles de l'Europe pour le fini, pour les couleurs, fur-tout pour le bas prix, les manufactures nationales n'en pourroient foutenir la concurrence, & feroient infailliblement ruinées. Cette objection, qui peut être de quelque poids chez certains peuples, leur a paru tout-à-fait frivole dans la pofition où étoit leur patrie.

En effet, les efpagnols s'habillent, fe meublent d'étoffes, de toiles étrangères. Ces befoins continuels augmentent néceffairement l'induftrie, les richeffes, la population, les forces de leurs voifins. Ceux-ci abufent de ces avantages, pour tenir dans la dépendance la nation qui les leur procure. Ne fe conduiroit-elle pas avec plus de fageffe & de dignité, fi elle adoptoit les manufactures des Indes? Outre l'économie & l'agrément qu'elle y trouveroit, elle parviendroit à diminuer

une prépondérance dont elle fera tôt ou tard la victime.

Les inconvéniens prefqu'inféparables des nouvelles entreprifes font levés d'avance. Les ifles que l'Efpagne poffède, font fituées entre le Japon, la Chine, la Cochinchine, Siam, Bornéo, Célebes, les Moluques, & à portée d'entrer en liaifon avec ces différens états. Leur éloignement du Malabar, du Coromandel & du Bengale ne les empêcheroit pas de protéger efficacement les comptoirs qu'on croiroit avantageux de former fur ces côtes induftrieufes. Elles feroient d'ailleurs garanties par de vaftes mers des ravages qui défolent fi fouvent le continent, & facilement préfervées de la tentation délicate de prendre part à fes divifions.

Cette diftance n'empêcheroit pas que la fubfiftance de l'Archipel ne fût affurée. Il n'y a pas dans l'Afie de contrée plus abondante en fruits, en fagou, en cocotiers, en plantes nourriffantes de toutes les efpèces.

Le riz que, dans la plus grande partie des Indes, il faut, à force de bras, arrofer deux fois par jour jufqu'à ce que le grain en foit bien formé, eft d'une culture plus facile aux *Philippines*. Semé fur le bord des rivières ou dans des plaines qu'on couvre d'eau lorfqu'on le veut, il donne par an deux récoltes abondantes, fans qu'on foit obligé de s'en occuper, jufqu'à ce que le moment de le cueillir foit arrivé.

Tous les grains de l'Europe réuffiffent dans ces ifles. Elles en fourniroient aux navigateurs, quelque multipliés qu'ils fuffent, fi la négligence du gouvernement n'avoit condamné la plupart des terres à une honteufe ftérilité.

Le nombre des troupeaux eft un fujet d'étonnement pour tous les voyageurs. Chaque communauté religieufe a des prairies de vingt-cinq à trente lieues, couvertes de quarante, de cinquante mille bœufs. Quoiqu'ils ne foient pas gardés, ils franchiffent rarement les rivières & les montagnes qui fervent de limites à ces poffeffions. Ceux qui s'égarent, font facilement reconnus à la marque des différens ordres, imprimée avec un fer chaud, & l'on ne manque jamais de les reftituer à leurs légitimes maîtres. Depuis l'invafion des anglois & les ravages qui en furent la fuite, les bêtes à cornes font moins communes; mais elles font toujours très-multipliées.

Avant 1744 les *Philippines* ne voyoient croître dans leur fein fécond aucun de nos légumes. A cette époque, Mahé de Villebague y en porta des graines. Toutes ces plantes utiles avoient profpéré, lorfqu'après huit mois le cultivateur, que les intérêts de fon commerce appelloient ailleurs, légua fon jardin à un autre françois fixé dans ces ifles. Les efpagnols, qui n'avoient pu voir fans jaloufie qu'un étranger leur montrât la route où ils auroient dû entrer depuis deux fiècles, s'élevèrent avec tant de violence contre l'héritier de fes foins, que, pour rétablir le calme, le miniftère public fe crut obligé de faire arracher ces racines falutaires. Heureufement les chinois, occupés fans relâche de ce qui peut contribuer à leur fortune, les avoient confervées à l'écart. Peu à peu on s'eft familiarifé avec une innovation fi avantageufe, & c'eft aujourd'hui une des meilleures reffources de la colonie.

Indépendamment de ce qui fert à la nourriture des naturels du pays & des conquérans, ces ifles offrent un grand nombre d'objets propres au commerce d'Inde en Inde : le tabac, le riz, le rottin, la cire, les huiles, les cauris, l'ébene, le poiffon feché, les réfines, les bois de fapan; mais plus particuliérement ces nids d'oifeau, ces nerfs de cerf defféchés, ces biches de mer que tous les peuples de l'Afie, fur-tout les chinois, recherchent fi avidement.

Jufqu'ici l'on n'a cultivé le fucre que pour la confommation de la colonie. La crainte de le voir un peu renchérir, en a fait défendre l'exportation fous des peines graves. Cet aveuglement ne fauroit durer. Bientôt il fera permis de fournir à la plus grande partie de l'Afie une production à laquelle le fol des Philippines eft très-favorable. On y joindra peut-être le fer.

Il eft abondant & d'une qualité fupérieure dans tout l'Archipel. Cependant on n'en avoit jamais ouvert aucune mine, lorfque, vers l'an 1768, Simon de Auda s'avifa heureufement d'établir des forges. Le fuccès en eût été plus affuré, fi ce gouverneur actif eût commencé moins d'ouvrages à la fois; s'il eût laiffé mûrir un peu plus fes projets; s'il eût employé, pour faire réuffir fes entreprifes, des moyens plus conformes à l'humanité & à la juftice.

L'excellent cuivre, répandu dans plufieurs des Philippines, ne mérite pas moins l'attention du gouvernement. Ce métal fert, dans les Indes, aux vafes du culte public, à des uftenfiles d'un ufage journalier, à des monnoies qu'il faut renouveller fans ceffe, parce que le peuple ne montre pas moins d'empreffement à les enterrer qu'en ont les hommes riches pour enfouir des tréfors plus précieux. Les hollandois tirent du Japon de quoi fournir à tous ces befoins. Ils perdront néceffairement cette branche de leur commerce, fi l'efpagnol, forti de fa léthargie, ofe entreprendre de lutter contr'eux.

Les Philippines ont, fur les autres colonies européennes, l'avantage de pofféder de l'or. Les indiens en trouvent quelques parties dans le fable, ou dans la vafe des rivières qui le charient. Ce qu'ils en amaffent peut monter à cinq ou fix cens mille livres par an. Ils le livrent en fecret aux navigateurs étrangers qui de leur côté, leur fourniffent quelques marchandifes. Autrefois on l'envoyoit en Amérique, puifque Cawendish en trouva pour 658,800 livres fur le galion qui voguoit vers le Mexique. Si l'Efpagne, abjurant fes anciennes maximes, encourageoit ce genre de travail, en laiffant à ceux qui s'y confacreroient, l'ufage entiérement libre des richeffes qu'il leur procureroit, ne fe ménageroit-elle pas un moyen de plus pour commercer avec utilité dans les mer des Indes?

Elle ne feroit pas réduite à defirer que les navigateurs étrangers vinffent chercher fes productions. Comme les Philippines fourniffent en abondance les matériaux d'une marine bien ordonnée, fes fujets pourroient fréquenter tous les marchés, & ajouter le bénéfice du fret à fes autres avantages.

Cette activité prépareroit les liaifons de la colonie avec fa métropole. Dans le cahos où font plongées les Philippines, il n'eft pas aifé de voir ce qu'elles pourroient fournir un jour à l'Efpagne. Actuellement elles lui offrent de l'alun, des peaux de buffle, de la caffe, des bois de teinture, du falpêtre, de l'écaille de tortue, de la nacre de perle que le chinois a achetée jufqu'ici pour la revendre, dans Canton, aux européens le triple de ce qu'elle lui coûtoit; du cacao qui, quoique venu du Mexique, n'a pas dégénéré; de l'indigo que la nature brute produit libéralement. Un homme éclairé voulut effayer, en 1750, de donner à cette riche plante tout ce qu'elle pouvoit recevoir de perfection par la culture. On s'éleva généralement & avec fureur contre cette nouveauté. Il fallut que le marquis d'Obando, alors gouverneur, prît ce citoyen fous fa fauvegarde & lui affignât un terrein fermé, où il pût continuer avec fûreté fes opérations. Les expériences furent toutes très-heureufes; & depuis cette époque, l'on s'occupe, mais avec trop peu de vivacité, d'une teinture fi précieufe.

L'Efpagne auroit pu, depuis deux fiecles, naturalifer fur fon territoire, fi voifin des Moluques, les épiceries. Peut-être elle auroit partagé avec les hollandois cette fource de richeffes. N'eft-il pas temps de fe réfoudre à une expérience dont le plus grand inconvénient eft d'être inutile?

Cette couronne pourroit être excitée par l'excellente qualité du coton qu'on cultive dans les Philippines, à y élever, avec le fecours des habitans du continent, de belles & nombreufes manufactures. En attendant le fuccès toujours lent des nouvelles entreprifes, même les mieux combinées, l'efpagnol acheteroit dans les marchés étrangers les foieries, les toiles, les autres productions de l'Afie convenables pour fa patrie, & il les obtiendroit à meilleur marché que fes concurrens. La colonie, dont les revenus montent à 2,728,000 livres, a coûté jufqu'ici annuellement à l'Efpagne 527,500 liv.

Il eft difficile de prévoir l'effet en bien ou en mal que produira fur les Philippines la nouvelle compagnie qui porte leur nom, & nous nous contenterons d'avertir le lecteur qu'il trouvera, à l'article ESPAGNE, des détails sur ce nouveau régime.

L'établissement formé aux isles Marianes ayant un rapport direct avec celui des *Philippines*, nous croyons devoir en parler ici.

Isles Marianes & de l'établissement que les espagnols y ont formé.

Lorsque la cour de Madrid, devenue ambitieuse par ses succès au Mexique & au Pérou, eut conçu le projet de former un grand établissement en Asie, elle s'occupa sérieusement des moyens de le faire réussir. Ce projet devoit rencontrer de grandes difficultés. Les richesses de l'Amérique attiroient si puissamment les espagnols qui consentoient à s'expatrier, qu'il ne paroissoit pas possible d'engager, même les plus misérables, à s'aller fixer aux *Philippines*, à moins qu'on ne consentît à leur faire partager ces trésors. On se détermina à ce sacrifice. La colonie naissante fut autorisée à envoyer tous les ans, dans le Nouveau-Monde, des marchandises de l'Inde, pour y être échangées contre les métaux.

Cette liberté illimitée eut des suites si considérables, qu'elle excita la jalousie de la métropole. On parvint à calmer un peu les esprits, en bornant un commerce qu'on croyoit & qui étoit en effet immense. Ce qu'il devoit être permis d'en faire dans la suite, fut partagé en douze mille actions égales. Chaque chef de famille en avoit une, & les gens en place un nombre proportionné à leur élévation. Les communautés religieuses furent comprises dans l'arrangement, suivant l'étendue de leur crédit ou l'opinion qu'on avoit de leur utilité.

Les vaisseaux qui partoient d'abord de l'isle de Cebu & ensuite de celle de Luçon, prirent dans les premiers temps la route du Pérou. La longueur de cette navigation étoit excessive. On découvrit des vents alisés qui ouvroient au Mexique un chemin plus court, & cette branche de commerce se porta sur ses côtes où il s'est fixé.

Avant la nouvelle compagnie des *Philippines*, dont nous avons parlé à l'article ESPAGNE, on expédioit tous les ans du port de Manille un vaisseau d'environ deux mille tonneaux. D'après des loix qui avoient souvent varié, ce bâtiment ne devoit porter que quatre mille balles de marchandises, & on le chargeoit au moins du double. Les frais de construction, d'armement, de navigation, toujours infiniment plus considérables qu'ils ne devoient l'être, étoient supportés par le gouvernement, qui ne recevoit pour tout dédommagement que 75,000 piastres ou 405,000 livres par navire.

Le départ étoit fixé au mois de juillet. Après s'être débarrassé d'une foule d'isles & de rochers, toujours incommodes, quelquefois dangereux, le galion faisoit route au nord jusqu'au trentième degré de latitude. Là commencent à régner des vents alisés qui le menoient à sa destination. On pense assez généralement que, s'il s'étoit avancé plus loin, il auroit trouvé des vents plus forts & plus reguliers qui eussent précipité sa marche : mais il étoit défendu, sous les peines les plus graves, à ceux qui le commandoient, de s'écarter de la ligne qu'on leur avoit tracée.

Telle est sans doute la raison qui, pendant deux siècles, a empêché les espagnols de faire la moindre découverte sur un océan qui auroit offert tant d'objets d'instruction & d'utilité à des nations plus éclairées ou moins circonspectes. Le voyage duroit six mois, parce que le vaisseau étoit surchargé d'équipages & de marchandises, & que ceux qui le montoient, navigateurs timides, faisoient toujours très-peu de voile pendant la nuit, & souvent, quoique sans nécessité, n'en faisoient point du tout.

Le port d'Acapulco où le vaisseau abordoit, a deux embouchures, dont une petite isle forme la séparation. On y entre de jour par un vent de mer, & l'on en sort de nuit par un vent de terre. Un mauvais fort, cinquante soldats, quarante-deux pièces de canon, & trente-deux hommes du corps d'artillerie le défendent. Il est également étendu, sûr & commode. Le bassin qui forme cette belle rade, est entouré de hautes montagnes si arides, qu'elles manquent même d'eau. Son air embrasé, lourd & mal-sain, est habituellement respiré par une foible & malheureuse population, grossie à l'arrivée du galion par les négocians de toutes les provinces du Mexique, qui viennent échanger leur argent & leur cochenille contre les épiceries, les mousselines, les porcelaines, les toiles peintes, les soieries, les aromates, & les ouvrages d'orfévrerie de l'Asie.

A ce marché étoit audacieusement consommée dans le Nouveau-Monde, la fraude audacieusement commencée dans l'ancien. Les statuts avoient borné la vente à 2,700,000 liv., & elle passoit 10,800,000 livres. Tout l'argent provenant de ces échanges devoit dix pour cent au gouvernement, & les fausses déclarations le privoient des trois quarts du revenu que devoient lui former ses douanes.

Après un séjour d'environ trois mois, le galion reprenoit la route des *Philippines* avec quelques compagnies d'infanterie destinées à recruter la garnison de Manille. Il fut intercepté trois fois par les anglois dans sa traversée. Ce fut Cawendish qui s'en empara en 1587, Rogers en 1709, & Anson en 1742. La moindre partie des richesses dont il est chargé, s'arrêtoit dans la colonie. Le reste étoit distribué aux nations qui avoient contribué à former sa cargaison. Voyez à l'article ESPAGNE les changemens que le nouveau régime doit introduire sur cette matière.

L'espace immense que les galions avoient à

parcourir, fit defirer un port où ils puffent fe radouber & fe rafraîchir. On le trouva fur la route d'Acapulco aux *Philippines*, dans un Archipel connu fous le nom d'*ifles Marianes*.

Ces ifles forment une chaîne qui s'étend depuis le treizième degré jufqu'au vingt-deuxième. Plufieurs ne font que des rochers : mais on en compte neuf qui ont de l'étendue. C'eft là que la nature riche & belle offre une verdure éternelle, des fleurs d'un parfum exquis, des eaux de cryftal tombant en cafcade, des arbres chargés de fleurs & de fruits en même-tems, des fituations pittorefques que l'art n'imitera jamais.

Dans cet Archipel, fitué fous la zone Torride, l'air eft pur, le ciel ferein, & le climat affez tempéré.

On y voyoit autrefois des peuples nombreux. Rien n'indique d'où ils étoient fortis. Sans doute qu'ils avoient été jettés par quelque tempête fur ces côtes ; mais depuis fi long-tems, ils avoient oublié leur origine, & ils fe croyoient les feuls habitans du monde.

Quelques habitudes, la plupart femblables à celles des autres fauvages de la mer du fud, leur tenoient lieu de culte, de loix, de gouvernement. Ils couloient leurs jours dans une indoléance perpétuelle ; & c'étoit aux bananes, aux noix de coco, fur-tout au rima ou à l'arbre-à-pain, qu'ils devoient ce malheur ou cet avantage.

L'ufage du feu étoit totalement ignoré aux Marianes. Aucun de ces volcans terribles, dont les veftiges deftructeurs font ineffaçablement gravés fur la furface du globe ; aucun de ces phénomènes céleftes qui allument fouvent des flammes dévorantes & inattendues dans tous les climats ; aucun de ces hafards heureux qui, par frottement ou par collifion, font fortir de brillantes étincelles de tant de corps : rien n'avoit donné aux paifibles habitans des Marianes la moindre idée d'un élément fi familier aux autres nations. Pour le leur faire connoître, il falloir que le reffentiment des premiers efpagnols, arrivés fur ces côtes fauvages, brûlât quelques centaines de cabanes.

Cet ufage du feu n'étoit guère propre à leur en donner une idée favorable, à leur faire defirer de le reproduire. Auffi le prirent-ils pour un animal qui s'attachoit au bois & qui s'en nourriffoit. Ceux que l'ignorance d'un objet fi nouveau avoit portés à en approcher, s'étant brûlés, leurs cris infpirèrent de la terreur aux autres, qui n'oferent plus le regarder que de très-loin. Ils appréhendèrent la morfure de cette bête féroce, qu'ils croyoient capable de les bleffer par la feule violence de fa refpiration. Cependant ils revinrent par degrés de la confternation dont ils avoient été frappés ; leur erreur fe diffipa peu à peu, & on les vit s'accoutumer enfin à un bien

précieux, dont tous les autres peuples connus étoient dans une poffeffion immémoriale.

Une feconde chofe remarquable dans les Marianes, c'étoit un *profs* ou canot, dont la forme fingulière a toujours fixé l'attention des navigateurs les plus éclairés.

Ces peuples occupoient des ifles féparées par des intervalles confidérables. Quoique fans moyens & fans defir d'échanges, ils vouloient communiquer entr'eux. Ils y réuffirent avec le fecours d'un bâtiment d'une fûreté entière, quoique très-petit ; propre à toutes les évolutions navales ; malgré la fimplicité de fa conftruction ; fi facile à manier ; que trois hommes fuffifoient pour toutes les manœuvres ; recevant le vent de tout côté, mérite abfolument néceffaire dans ces parages ; ayant l'avantage unique d'aller & de venir, fans jamais virer de bord & en changeant feulement la voile ; d'une telle marche qu'il faifoit douze ou quinze milles en moins d'une heure, & qu'il alloit quelquefois plus vîte que le vent. De l'aveu de tous les connoiffeurs, ce profs, appellé *volant* à caufe de fa légéreté, eft le plus parfait bateau qui ait jamais été imaginé ; & l'invention n'en fauroit être difputée aux habitans des Mariannes, puifqu'on n'en a trouvé le modèle dans aucune mer du monde.

Les ifles Mariannes furent découvertes, en 1521, par Magellan. Ce célèbre navigateur les nomma ifles des Larrons, parce que leurs fauvages habitans, qui n'avoient pas la moindre notion du droit de propriété, inconnu dans l'état de nature, enlevèrent fur fes vaiffeaux quelques bagatelles qui tentèrent leur curiofité. On négligea long-tems de s'établir dans cet Archipel, où il n'y avoit aucune de ces riches mines qui enflammoient alors les efpagnols. Ce fut en 1668 feulement que les vaiffeaux qui y relâchoient de temps en temps, en allant du Mexique aux Indes orientales, y dépoferent quelques miffionnaires. Dix ans après, la cour de Madrid jugea que les voies de la perfuafion ne lui donnoient pas affez de fujets, & elle appuya par des foldats les prédications de fes apôtres.

Des fauvages ifolés que guidoit un farouche inftinct, auxquels l'arc & la fleche étoient même inconnus, qui n'avoient pour toute défenfe que de gros bâtons : ces fauvages ne pouvoient pas réfifter aux armes & aux troupes de l'Europe. Cependant la plupart d'entr'eux fe firent maffacrer plutôt que de fe foumettre. Un grand nombre furent la victime des maladies honteufes que leurs inhumains vainqueurs leur avoient portées. Ceux qui avoient échappé à tous ces défaftres, prirent le parti défefpéré de faire avorter leurs femmes, pour ne pas laiffer après eux des enfans efclaves. La population diminua dans tout l'Archipel, au point qu'il fallut, il y a vingt-cinq ou trente ans, en réunir les foibles reftes dans la feule ifle de Guam.

Elle

Elle a quarante lieues de circonférence. Son port, situé dans la partie occidentale & défendu par une batterie de huit canons, est formé d'un côté par une langue de terre qui s'avance deux lieues dans la mer, & de l'autre par un récif de même étendue, qui l'embrasse presque circulairement. Quatre vaisseaux peuvent y mouiller à l'abri de tous les vents, excepté de celui d'ouest qui ne souffle jamais violemment dans ces parages.

A quatre lieues de la rade, sur les bords de la mer, dans une situation heureuse, s'élève l'agréable bourgade d'Agana. C'est dans ce chef-lieu de la colonie & dans vingt - un petits hameaux distribués autour de l'isle, que sont répartis quinze cents habitans, restes infortunés d'un peuple autrefois nombreux.

L'intérieur de Guam sert d'asyle & de pâture aux chèvres, aux porcs, aux bœufs, aux volailles, qu'au temps de la conquête y portèrent les espagnols, & qui depuis sont devenus sauvages. Ces animaux, qu'il faut tuer à coups de fusil ou prendre au piège, formoient la principale nourriture des indiens & de leurs oppresseurs, lorsque tout-à-coup les choses ont changé de face.

Un homme actif, humain, éclairé a compris enfin que la population ne se rétabliroit pas, qu'elle s'affoibliroit même encore, à moins qu'il ne réussit à rendre son isle agricole. Cette idée élevée l'a fait cultivateur lui-même. A son exemple, les naturels du pays ont défriché les terres dont il leur avoit assuré la propriété. Leurs champs se sont couverts de riz, de cacao, de maïs, de sucre, d'indigo, de coton, de fruits, de légumes, dont depuis un siècle ou deux, on leur laissoit ignorer l'usage. Le succès a augmenté leur docilité. Ces enfans d'une nature brute, dans qui la tyrannie & la superstition avoient achevé de dégrader l'homme, ont exercé dans ces atteliers quelques arts de nécessité première, & fréquenté, sans une répugnance trop marquée, les écoles ouvertes pour leur instruction. Leurs jouissances se sont multipliées avec leurs occupations, & ils ont été enfin heureux dans un des meilleurs pays du monde : tant il est vrai qu'il n'y a rien dont on ne vienne à bout avec de la douceur & par la bienfaisance, puisque ces vertus peuvent éteindre le ressentiment dans l'ame même du sauvage.

Cette révolution inespérée a été l'ouvrage de M. Tobias qui, en 1772, gouvernoit encore les Mariannes. Puisse ce vertueux & respectable espagnol obtenir un jour ce qui combleroit sa félicité, la consolation de voir diminuer la passion de ses enfans chéris pour le vin de cocotier, & de voir augmenter leur goût pour le travail !

Si, dès l'origine, les espagnols avoient eu les vues raisonnables du sage Tobias, les Mariannes auroient été civilisées & cultivées. Ce double

avantage auroit procuré à cet archipel une sûreté qu'il ne sauroit se promettre d'une garnison de cent cinquante hommes concentrés dans Guam.

Tranquilles pour leurs possessions, les conquérans se seroient livrés à l'amour des découvertes qui étoient alors le génie dominant de la nation. Secondés par le talent de leurs nouveaux sujets, par la navigation, leur activité auroit porté les arts utiles & l'esprit de société dans les nombreuses isles qui couvrent l'Océan pacifique & plus loin encore. L'univers eût été, pour ainsi dire, agrandi par de si glorieux travaux. Sans doute que toutes les nations commerçantes auroient tiré, avec le temps, quelqu'utilité des relations formées avec ces régions jusqu'alors inconnues, puisqu'il est impossible qu'un peuple s'enrichisse sans que les autres participent à ses prospérités : mais la cour de Madrid auroit toujours joui plutôt & plus constamment des productions de ses nouveaux établissemens. Si nous ne nous trompons, cet ordre de choses valoit mieux pour l'Espagne qu'une combinaison qui a réduit jusqu'ici les Mariannes à fournir des rafraîchissemens aux galions qui retournent du Mexique aux Philippines, comme la Californie à ceux qui vont des Philippines au Mexique.

PHYSIOCRATIE, ou constitution naturelle du gouvernement le plus avantageux au genre humain.

M. Dupont a publié en 1757 sous ce titre, un recueil de plusieurs petits traités politiques.

Physiocratie, signifie gouvernement de la nature, comme monarchie veut dire gouvernement d'un seul homme ; oligarchie le gouvernement d'un petit nombre ; démocratie le gouvernement de tout le peuple. La doctrine, dont les principes sont renfermés dans ce recueil, consiste à soutenir que c'est la nature, & non pas les hommes qui font le droit, l'ordre & les loix ; que le devoir & l'intérêt des hommes, est de connoître & de suivre le gouvernement naturel, unique, invariable, simple & le plus avantageux qu'il soit possible à nôtre espèce.

PIÉMONT, état de l'Europe, situé en Italie au pied des Alpes, qui appartient au roi de Sardaigne. Nous avons placé à l'article SAVOYE le précis de l'histoire politique de la maison qui regne aujourd'hui sur la Savoye, la Sardaigne & le Piémont : nous avons fait d'ailleurs un article Sardaigne, qui est assez étendu ; & nous nous bornerons ici ; 1°. a des remarques générales sur les possessions du roi de Sardaigne & sur leur population ; nous parlerons 2°. de l'agriculture & du commerce du Piémont ; 3°. de l'administration économique, de l'autorité du roi, &c. ; 4°. des finances du roi de Sardaigne, de la monnoie de fes états , de fes troupes & de fa marine ; 5°. de l'adminiftration politique, des loix & de l'adminif- tration de la juftice.

SECTION PREMIERE.

Remarques générales fur les poffeffions du roi de Sardaigne & leur population.

Les états du roi de Sardaigne comprennent le duché de Savoie, de *Piémont* & de Montferrat, quelques portions de celui de Milan, la princi- pauté d'Oneille , le marquifat de Saluces , les Langhes , & le royaume de Sardaigne , qui eft une ifle : ce prince a des prétentions fur une partie du plaifantin.

Voyez aux articles SAVOIE & SARDAIGNE ce qui regarde ces deux pays.

La principauté d'Oneille eft un fief impérial, enclavé dans les états de la république de Gênes.

Le duché de Montferrat eft borné à l'occident & au nord par le *Piémont* , à l'orient par le Mi- lanez , & au midi par la république de Gênes. Quoique ce pays foit montueux, il eft fertile ; il produit fur-tout des bleds , des vins excellens , parmi lefquels fon vin blanc tient le premier rang. Il contient environ 260 villes, bourgs & châteaux. L'hiftoire parle , dès 980, d'un marquis de Mont- ferrat, nommé *Guillaume*, lequel étoit fils d'A- laran , fils du duc de Saxe , & d'Altefie fon époufe , fille de l'empereur Otton II. Cet em- pereur lui donna le marquifat de Montferrat. Le marquis Jean étant mort en 1305 fans héritiers mâles, le Montferrat paffa à fa fœur Jolanthe , femme d'Andronic , empereur grec , fils de Théo- dore Commène Paléologue. En 1330, Jean II Paléologue maria fa fœur Jolanthe à Aimon , comte de Savoie , & lui donna fon marquifat , au cas que fa race s'éteignît par les mâles. Les Pa- léologues y regnèrent jufqu'en 1532 , que mourut Jean-George , dernier duc de cette maifon. Par une fentence de l'empereur Charles - Quint, la fucceffion du Montferrat fut accordée en 1536 à Frédéric Gonzague , duc de Mantoue , d'après les titres de fa femme Marguerite , qui étoit de la maifon des Paléologues , quoique la prétention des ducs de Savoie fût fondée fur un droit plus ancien. Maximilien II l'érigea en duché en 1573. En 1627 , la lignée mâle du duc Frédéric s'éteig- nit , & alors la maifon de Savoie en réclama la fucceffion ; mais les follicitations de la France auprès de l'empereur procurèrent les duchés de Mantoue & de Montferrat à Charles I , duc de Nevers & de Rhetel. En 1631 le duc de Sa- voie , au lieu du paiement annuel de 15,000 écus, qui lui étoit dû par le duc de Mantoue, reçut 75 bourgs ou villages , qui lui furent affignés dans le Montferrat; & en 1703 l'empereur céda auffi au duc de Savoie la partie de ce duché , dont

les ducs de Mantoue avoient reçu l'inveftiture , à la condition de la pofféder comme un fief de l'Empire , de même que l'avoient poffédé juf- qu'alors les ducs de Mantoue , & en 1708 il lui en donna l'inveftiture. On y remarque :

1°. Cette partie du Montferrat, qui paffa à la maifon de Savoie en vertu de l'accord de Che- rafque , conclu en 1631.

2°. La partie du Montferrat , qui paffa à la mai- fon de Savoie en vertu du traité figné à Turin en 1703.

La partie du duché de Milan qui appartient au roi de Sardaigne , contient les provinces fui- vantes , démembrées pour toujours du duché de Milan , & cédées à la maifon de Savoie , à la réferve toutefois du domaine direct du Saint- Empire romain , comme nous l'avons dit à l'ar- ticle MILANEZ.

Par le traité paffé à Turin en 1703 , la maifon de Savoie obtint les provinces d'Alexan- drie & de Valence , comprifes entre le Pô & le Tanaro, avec toutes leurs appartenances.

En vertu des préliminaires fignés à Vienne en 1735 , & leur exécution confommée en 1736 , la maifon de Savoie obtint , en qualité de fief de l'Empire , le Novarois.

Lorfque Don Carlos fuccéda en Efpagne à Ferdinand VI , le roi de Sardaigne , conformé- ment à l'article 7 du traité d'Aix-la-Chapelle , pouvoit rentrer dans la partie du Plaifantin qui lui avoit été abandonnée par le traité de Worms, & qu'il avoit cédé à Don Philippe. La convention fignée à Paris le 10 juin 1763 par les miniftres de France, d'Efpagne & de Sardaigne, termina cette affaire. Le roi de Sardaigne conferve fur le Plaifantin fon droit d'expectative qui lui eft expreffément garanti ; & en attendant que cette réverfion arrive , il reçoit de fa majefté très-chré- tienne une fomme équivalente au revenu annuel que lui rapporteroit la ville & la partie du Plai- fantin , qui fe trouve jufqu'à la Kara , à charge par lui de rendre cette même fomme , fi cette réverfion a lieu. La France remit en 1763 neuf millions à fa majefté farde fur cet objet.

Le marquifat de Saluces avoit autrefois fes marquis particuliers , qui étoient alliés aux mai- fons les plus illuftres de l'Europe. Le marquis Jean-Louis , retenu en France par la trahifon de fa mère , céda fes droits au roi François premier. Après fa mort, la France fe mit en poffeffion de ce marquifat. Mais Charles-Emmanuel , qui en avoit le domaine direct , s'en empara par force en 1588 , & Henri IV le lui reprit ; enfin la paix fe fit en 1601 , & la France céda le marquifat de Saluces à la maifon de Savoie.

Les Langhes font des fiefs de l'Empire , aux- quels des montagnes voifines donnent le nom. En vertu des préliminaires fignés en 1736 entre l'empereur & le roi de France, & d'après le confentement que l'empereur & l'empire donnèrent la même année, ces domaines furent cédés comme arrière-fiefs au roi de Sardaigne, qui en eut la fouveraineté immédiate, à condition qu'il reconnoîtroit les tenir en fief de l'empereur & de l'Empire. Les vaffaux & fujets de ce canton reçurent en conféquence un ordre émané de l'empereur, qui lui permettoit de ne plus prendre l'inveftiture de leurs fiefs immédiatement de l'empereur & de l'empire, mais de les recevoir du roi de Sardaigne, comme d'arrière-fiefs de l'empire, & de lui prêter hommage & obéiffance comme à leur fouverain. Il paroît que les domaines du roi de Sardaigne s'agrandiront à chaque guerre où il prendra part : toutes celles de ce fiècle dont il s'eft mêlé, lui ont procuré un pareil avantage : la cour de Turin voit qu'elle ne peut s'agrandir de vive force, mais que fa pofition, fon économie, fes reffources & fes moyens lui permettent de s'agrandir par adreffe, & il femble que l'objet de fa politique eft d'épier les momens favorables qui pourront lui donner de nouvelles poffeffions.

Les domaines réunis du roi de Sardaigne comprennent environ 1,224 milles géographiques quarres.

« Il y a des perfonnes, dit M. de Lalande, » qui comptent près de trois millions d'habitans » dans les états du roi de Sardaigne ; d'autres » n'en fuppofent que la moitié, & M. Schloezer » en compte deux millions ». On ne fait fur quelle autorité ce calcul eft établi. En 1772, on fit un dénombrement des fujets de S. M. S. en terre ferme, d'après les regiftres des diocèfes, des abbayes & des vicariats : ce tableau, dreffé avec la plus grande exactitude, préfenta 2,695,727 habitans, les eccléfiaftiques réguliers, la cour & le militaire non compris. Bufching donne un million de têtes à la Sardaigne. Il paroît que ce nombre eft un peu exagéré : mais on ne fe trompera fûrement pas en évaluant à trois millions & fix cens mille individus la population générale des états réunis du roi de Sardaigne.

SECTION IIe.

De l'agriculture & du commerce du Piémont.

Le *Piémont*, partie de l'ancienne Lombardie, eft borné au nord par la Savoie & le Valais, au couchant par la France, au midi par la Méditerranée & la république de Gênes, & au levant par le duché de Montferrat & le Milanez. Du midi au nord, il comprend l'efpace de 30 milles géographiques ; mais il eft du couchant au levant d'une bien moindre étendue.

Quoiqu'une partie du *Piémont* foit couverte de montagnes, c'eft en général un pays très-fertile. Ses plaines produifent de beaux bleds, dont une

grande partie fe tranfporte dans les pays voifins. Dans le canton du Montferrat & dans le Milanez, on cultive beaucoup une efpèce de gros bled de Turquie, appellé *meliga*, dont le peuple fait du pain, & que les bourgeois mêlent avec de la farine de feigle. Les pâturages font excellens, & le nourriffage des beftiaux y eft fi utile, qu'on affure qu'ils produifent par an un revenu de trois millions de livres. Les gentilshommes piémontois entretiennent dans leurs campagnes un grand nombre de vers à foie, qu'ils chargent les payfans de nourrir à certaines conditions. Ils leur fourniffent la femence avec les feuilles de mûrier, & leur laiffent pour leur peine la moitié de la foie.

Les derniers princes de la maifon de Savoie, au lieu d'attirer les nobles à la cour, les ont excités à vivre dans leurs châteaux ; il en eft réfulté beaucoup de bien pour l'agriculture ; la reftriction qu'ils ont mife aux droits feigneuriaux trop à charge aux gens de la campagne, la reftriction des fidéicommis au quatrième degré, & l'établiffement des confeils des communes ont contribué à la profpérité & au bonheur public.

La foie eft le principal objet de commerce du *Piémont* ; la récolte eft d'environ cent mille quintaux annuellement.

Un journal de commerce difoit, en 1785, que le commerce de la foierie procure au roi de Sardaigne un revenu annuel de 18 millions de livres de *Piémont*.

Quoique l'exportation des foies foit un objet d'à-peu-près 18 millions, la balance générale du commerce eft au défavantage du *Piémont*, excepté dans les temps où les récoltes font d'une abondance extrême.

Un compte en *Piémont* quinze ou vingt manufactures de foie, mais bien inférieures à celles de France ; 7 à 8 de draps & ratines, &c. Le *Piémont* vend auffi beaucoup de bœufs, vaches, porcs & moutons : on exporte année commune plus de 90,000 bœufs, beaucoup de chanvres, fils & cordages, & une médiocre quantité de vins, de châtaigners, de fromages & d'huiles. L'exportation des bleds eft rigoureufement défendue. On la permet quelquefois lorfqu'on a eu plufieurs années de fuite une excellente récolte.

Le commerce du *Piémont* feroit, au refte, bien plus confidérable, fi les droits n'étoient pas fi forts, & fi l'on n'étoit pas obligé de fe fervir de mulets pour tous les tranfports.

SECTION IIIe.

De l'adminiftration économique & de l'autorité du roi.

Victor-Amédée II fut le plus grand prince qu'ait eu la maifon de Savoie. Il parvint à fe faire reconnoître roi ; il agrandit fes domaines. Le fyftême économique qu'il a établi en *Piémont*, est d'une simplicité admirable, & il a peut-être plus contribué à l'accroissement de la puissance de la maison de Savoie, que ses acquisitions & celles de ses prédécesseurs. L'ordre qu'il a établi au trésor royal, est d'une simplicité qui devroit être suivie dans tous les états : il prévient tellement les fraudes ; il remet si bien sous les yeux les revenus & les dépenses, qu'on n'a point d'abus à craindre. Il a formé sa nation ; il a changé totalement le caractère des piémontois, & converti en qualités estimables plusieurs de leurs dispositions vicieuses.

C'est une chose admirable que l'ingénieuse économie établie en systême & en usage par Victor-Amédée II : ces détails de parcimonie s'ennoblissent, lorsqu'il s'agit d'un prince qui administre les contributions d'un peuple. Il faut étudier le systême établi par ce prince, pour voir tout ce qu'on peut faire dans un état avec un modique revenu.

Administration du Piémont.

La sûreté, la simplicité & l'harmonie de l'administration du *Piémont* ont paru dignes aux étrangers de leur examen & de leur éloge. Le ministère d'une grande nation a envoyé un observateur à Turin pour y acquérir des connoissances sur la manière dont on a cadastré les terres, & approfondir le systême économique qu'on suit dans les états du roi de Sardaigne.

La venalité des charges est abolie en *Piémont* depuis le règne de Victor-Amédée II, & les loix de l'état ou les opérations des souverains ont tellement affoibli l'inégalité des richesses, que le *Piémont* est peut-être le pays de l'Europe où il est le moins nécessaire d'être riche.

En 180 ans, depuis le règne d'Emmanuel-Philibert jusqu'à la fin de celle de Victor-Amédée II, les princes de la maison de Savoie ont plus que doublé leur puissance, triplé leurs revenus, établi les principes d'administration les plus utiles & les plus sages, introduit les arts dans un pays où ils étoient, pour ainsi dire, inconnus & recouvré l'amour de leurs sujets : c'est un bel exemple à citer aux administrateurs.

Quoique la famille royale de Savoie ait depuis long-temps le titre d'altesse royale, à cause de ses prétentions sur le royaume de Chypre, elle n'a eu jusqu'en 1713 que le caractère de duc de Savoie. Victor-Amédée étant devenu maître de la Sicile, en vertu de son traité de paix avec la France, il prit le titre de roi, & se fit couronner roi de Sicile à Palerme. Il en demeura tranquille possesseur jusqu'en 1718 ; alors il céda le royaume de Sicile à l'empereur Charles VI, qui lui donna en échange celui de Sardaigne, & le reconnut roi de cette isle. Il en prit possession en 1720. Voici le titre du roi de Sardaigne : N. N. par la grace de Dieu, roi de Sardaigne,

de Chypre & de Jérusalem, duc de Savoie, de Montferrat, de Chablais, d'Aoste & de Génévois, prince de *Piémont* & d'Oneille, marquis d'Italie, de Saluces, de Suse, d'Ivrée, de Ceva, de Maro, d'Oristau & de Sezane, comte de Maurienne, de Genève, de Nice, d'Aftie, d'Alexandrie, de Tende, de Goceau, & baron de Vaud & de Faucigny, seigneur de Verceil, de Pignerol, de Tarentaise, de Lomellino & Duval di Seria, prince & vicaire perpétuel du Saint-Empire romain.

L'autorité du roi est illimitée, & celle du pape est très bornée dans ses états. Aucune bulle ne peut s'y publier sans l'*exequatur* du roi, & l'inquisition de Turin ne peut inquiéter personne sans l'aveu du prince. Le roi nomme à tous les bénéfices ecclésiastiques, & a droit de les charger de pensions jusqu'au tiers de leurs revenus.

Les couvens ont conservé le domaine des biens qu'ils ont possédé avant l'année 1600, sans payer aucune imposition, parce que ce sont des fondations provenant des biens royaux ; mais pour le reste de leurs biens, meubles ou immeubles, ils sont soumis aux mêmes impôts que tous les autres sujets. Tous les contrats civils fussent-ils faits par des ecclésiastiques, sont du ressort des tribunaux civils ; & les procès dans lesquels les ecclésiastiques se trouvent impliqués, doivent se porter devant les magistrats civils ordinaires. Ces établissemens relatifs au clergé sont l'ouvrage du marquis d'Orméa.

L'ordre de l'Annonciade fut fondé en 1362 par Amédée VI. Ceux qui en sont décorés portent une chaîne d'or, qui fait le tour du cou & tombe sur la poitrine. Sur la chaîne sont gravées les quatre lettres F. E. R. T. ancienne devise de la maison de Savoie, qui signifie : *Fortitudo ejus Rhodum tenuit*. C'est dans l'histoire d'Amédée IV qu'il faut chercher l'origine de cette devise.

L'ordre de Saint-Maurice & de Saint-Lazare a été fondé par Amédée VIII. Cet ordre a quelque ressemblance avec celui de Malthe ; il a comme lui des commanderies, & il est obligé d'entretenir trois galères contre les turcs. Les chevaliers peuvent se marier, mais ils ne peuvent épouser des veuves, & il ne leur est pas permis de convoler en secondes noces ; il paroît qu'avec de l'argent on obtient dispense de ces deux loix. La marque de cet ordre est une croix verte d'émail bordée de blanc, attachée à un ruban verd qui tombe sur la poitrine, & qu'on place à la boutonnière de la veste.

SECTION IVe.

Des finances du roi de Sardaigne, de la monnoie de ses états, de ses troupes & de sa marine.

Les revenus du roi de Sardaigne étoient évalués de 24 à 25 millions, il y a dix ans, & répartis

comme en France, fur les fonds, fur les perfonnes & fur les confommations. La taille réelle,
la capitation & le *gioatico* (efpèce de tribut qui
fe paye par tous ceux qui ont des bœufs ou des
vaches) monte à plus de dix millions. La *graffina*
(c'eft un droit qui fe lève fur les auberges, les
boucheries, les cuirs & les chandelles) le papier timbré, les droits d'infinuation, la loterie
qu'on appelle *le jeu de feminaire*, le produit du
tabac, des cartes & des taros, enfin tous les
droits compris fous le nom de gabelles générales
& ceux de pontonage & de papeteries, appellés
gabelettes, le don gratuit du duché d'Aoft, les
émolumens des greffes, brevets ou patentes, la
poudre à tirer que le roi fournit au public, les
marbres de Valdieri, l'impôt fur les juifs & autres articles moins importans, concourent à former les revenus de ce prince

On évalue à un million les revenus actuels de
la Sardaigne, & à plus de 600,000 liv. les dépenfes de l'intérieur de l'ifle.

On n'évalue qu'à 40,000 liv. la dépenfe des
menus plaifirs du roi, à la même fomme celle
de la reine, & à 30,000 liv. celle de M. le prince
& de madame la princeffe de *Piémont*.

Il n'y a point de fouverain qui foit fervi moins
chèrement que le roi de Sardaigne, & qui dépenfe moins. Les fecrètaires d'état n'ont que
8000 liv. d'appointemens fixes, & leur place ne
leur rapporte pas plus de 13 à 14,000 liv. Cependant la dépenfe excédoit les revenus il y a dix
ans, & on a fans doute mis de nouveaux impôts
pour maintenir l'équilibre.

Le roi dépenfoit d'abord 2,200,000 liv. pour
les intérêts des dettes de la couronne, qui montoient il y a peu d'années à plus de 60 millions.
Les intérêts de la dette font à trois & demi pour
cent : elles furent réduites à ce taux en 1763 ;
mais on offrit le remboursement du capital.

Les frais d'adminiftration, les troupes, la marine, les divers établiffemens & les dépenfes néceffaires abforboient le revenu & même le furpaffoient, ainfi que nous venons de le dire.

Les impofitions font modérées en *Piémont*, &
on doit en trouver le détail dans le dictionnaire
des Finances.

Pour prévenir les gains exceffifs des partifans,
il y a une loi qu'on appelle *del fefto* (du fixième),
fuivant laquelle tout fermier du domaine ou des
revenus de la couronne, quoique adjudicataire à
l'enchère, peut être dépoffédé dans le cours même
de fon bail, s'il fe préfente quelqu'un qui offre
un fixième de plus.

Lorfque le roi eft obligé de faire un emprunt,
il aliène à la ville de Turin tel ou tel revenu, &
elle fe charge de trouver telles ou telles fommes,
& d'en payer les intérêts qui font réglés à 3 &

demi, à 4 & quelquefois à 5 pour cent, &
à l'acquittement defquels le gouvernement veille
avec la plus rigoureufe exactitude. Le fouverain
furcharge en même-temps quelques impôts, dont
l'augmentation, en compenfant la perte que l'emprunt occafionne, rapporte au moins ce que peuvent confommer les intérêts annuels. C'eft ainfi
que les différens tributs auxquels le peuple eft
affujetti, fuffifent ordinairement aux dépenfes de
la guerre, & à toutes celles qu'exige le bien public.

Les contribuables fupportent ce poids fans
murmurer : cette réfignation provient fur-tout de
ce que les privilèges & les exemptions y font
très-bornés, & ne font que le prix des fervices
rendus à l'état.

Si le lecteur veut juger dans quelles proportions
les diverfes provinces contribuent au paiement
des impôts, nous dirons que pour la répartition
d'une impofition extraordinaire, établie depuis
quelques années,

livres de Piémont.

Le *Piémont* paye................	1,526,236
La Savoie	335,600
Le Montferrat..................	134,113
Le comté de Nice..............	25,618
La principauté d'Oneille........	3,333
Les provinces d'Alexandrie & de Lomelline	234,053
Les provinces de Novara & de Tortona....................	164,818
Le Novarois, le Vigevanafe, le Pavefan au delà du Pô & les provinces de Sicco, Mario & de Bobbio	136,202
TOTAL.................	2,559,973

Il y a en *Piémont* pour 5 ou 6 millions de papier-monnoie, qui n'a jamais éprouvé de faveur ni de difcrédit, & dont la valeur eft égale
à celle de l'or & de l'argent : ce qui annonce
la confiance publique & la fageffe de l'adminiftration.

Le numéraire du *Piémont* n'excède pas 45 ou
50 millions, y compris même 12 à 15 millions,
en billets de crédit & en monnoie du billon.

Des écrivains politiques ont calculé que pour
le bien de l'agriculture & du commerce, on
doit trouver environ 30 liv. d'argent monnoyé par
tête d'habitant : la population du *Piémont* montant à près de 3 millions, il devroit avoir 90 millions de numéraire.

Le roi de Sardaigne entretient 9 régimens d'infanterie nationale & 5 étrangers, qui forment environ 18 mille hommes, 4 régimens de dragons & 4 régimens de cavalerie; ces huit régimens forment un peu plus de trois mille hommes : les troupes lui coûtent environ 10 millions, c'eſt à-dire, preſque la moitié de ſon revenu.

Il y a 12 régimens de troupes provinciales & une légion d'environ 1800 hommes, qu'on appelle la *légion des campemens*. Un corps de canoniers d'environ 1300 hommes : on projettoit, il y a dix ans, de lever d'autres corps qui, au complet, devoient former environ 30 mille hommes.

Il eſt inutile de parler de la marine qui, il y a peu d'années, conſiſtoit en une fregate, deux corvettes & une galliotte.

SECTION V^e.

De l'adminiſtration politique des loix, & de l'ad-miniſtration de juſtice dans le Piémont.

Toutes les affaires politiques ſont du reſſort de quatre miniſtres d'état & du ſecrétariat des affaires étrangères, de celui des affaires intérieures & de celui de la guerre. Les principaux tribunaux ſont le conſeil royal ſouverain de Sardaigne, qui a ſon ſiège à Turin, & eſt compoſé d'un préſident, de deux régens, d'un conſeiller, d'un procureur fiſcal & d'un greffier; l'audience royale de Cagliari, partagée entre les cauſes civiles & les cauſes criminelles : elle eſt compoſée d'un régent & de différens juges ſubalternes; la chancellerie royale apoſtolique, à laquelle appartiennent tous les procès qui s'élèvent au ſujet de la juriſdiction eccléſiaſtique en conflit avec la juriſdiction royale; l'intendance royale; le gouvernement royal de Saſſari; la grande chancellerie, compoſée du premier conſeil d'état & référendaire & d'un greffier; le conſeil royal de Savoie à Chambery, compoſé de deux claſſes, dont chacune a ſon préſident, ſes conſeillers & autres officiers; le conſeil royal de Turin, compoſé auſſi de deux claſſes, une pour le civil, l'autre pour le criminel, dont chacune a un préſident & pluſieurs conſeillers; la chambre royale des finances; le conſeil royal de Nice; l'office du vicariat, auſſi nommé *le tribunal de la police de Turin*, & l'intendance générale, de laquelle dépendent les intendances particulières de Savoie, de *Piémont*, de Montferrat & du Milanez.

L'état de Terre-ferme de ce prince eſt ſur-tout conſidérable, en ce qu'il peut ouvrir & fermer l'entrée de l'Italie aux françois. Les Alpes ſervent de rempart aux ducs de Savoie contre la France. Ces montagnes n'avoient jamais été inacceſſibles aux françois, ſur-tout depuis que, ſous le règne de Louis le Grand, ils eurent démoli les places de Savoie, & principalement Montmélian; mais le fort de la Brunette, qui eſt comme la cita-

delle de Suze, & qui fut conſtruit après le traité d'Utrecht, eſt redoutable. Le roi de Sardaigne a fait fortifier tous les paſſages, depuis ce même traité, ſur les frontières du Dauphiné & de Provence. Nice & Villefranche qui eſt défendue par un très-beau fort, nommé *Montalban*, aſſurent à ce prince la communication avec la Sardaigne, & le mettent à portée de recevoir des ſecours par mer; il y a pluſieurs bonnes places vers la Lombardie, & l'adminiſtration s'occupe beaucoup de ce moyen de puiſſance.

Les principaux états de ce prince ſont en Italie, & par conſéquent dans un pays d'obédience. Ils avoient toujours été dans une grande dépendance de la cour de Rome; mais le roi Victor y fit ſix changemens, qu'il crut propres à diminuer cette dépendance : 1°. il ôta les écoles aux jéſuites & à tous les religieux : 2°. il défendit à ſes ſujets de faire aucune donation ni aux égliſes, ni aux monaſtères : 3°. il ſoumit les fonds du clergé aux mêmes impôts que ceux des autres citoyens, avec les modifications que nous avons rapportées plus haut : 4°. il ſtatua que les égliſes ne ſerviroient plus d'aſyle aux ſcélérats; mais on verra tout-à-l'heure qu'on élude cette loi : 5°. il ordonna qu'un juge ſéculier aſſiſteroit aux ſéances de l'inquiſition, & que toute ſentence de ce tribunal, non revêtue du ſuffrage de ce juge ſéculier, ſeroit nulle : 6°. il ſe mit en poſſeſſion de quelques terres que le pape poſſédoit dans ſes états.

C'eſt une maxime à la cour de Turin, 1°. que la Savoie, le *Piémont* & tous les états que cette maiſon poſſède en-deçà de la mer, ſont héréditaires pour les mâles ſeulement, quoique cet état n'ait été formé que par des mariages : en effet la loi fondamentale de la monarchie françoiſe, connue ſous le nom de *loi ſalique* ou de *ſucceſſion françoiſe*, a été adoptée & obſervée en Savoie & en *Piémont* depuis que la maiſon qui y règne eſt ſur le trône : 2°. tout ce qui eſt uni à la couronne, ou par traités, ou par conquêtes, ou par quelqu'autre voie que ce ſoit, en eſt inſéparable, &, celui qui ne ſuccède pas à la couronne, eſt exclus de ſuccéder en particulier aux accroiſſemens qu'elle a reçus : 3°. le domaine de la couronne eſt inaliénable, même à titre onéreux.. La maiſon de Savoie a emprunté de celle de France ces trois maximes.

La province de Savoie eſt régie par le droit romain; mais elle a un droit coutumier non écrit pour les contrats de mariage, l'augment de dot, les joyaux, le douaire; & cette coutume laiſſe la liberté des ſtipulations dans un pays où l'on ne connoît pas, comme en France, la communauté des biens entre le mari & la femme.

Le *Piémont* & les autres pays au-delà des Alpes, ſoumis à la domination de la maiſon de Savoie, ſont régis par le droit romain, à l'exception du Val d'Aoſt & de la partie du Milanez que cette maison possède. Plusieurs villes & cantons ont des statuts qui leur servent de droit municipal pour les mariages, pour les successions & pour les retraits; & ces statuts font loi, pourvu que le souverain les ait confirmés. Le Val d'Aoste est régi par une coutume écrite & autorisée du souverain. C'est une sorte de pays d'états où les nobles, divisés en pairs & non pairs, s'assemblent comme dans une espèce de diète, & où l'évêque d'Aost préside en qualité de pair-né.

Le code du roi Victor a ôté tout crédit aux docteurs en droit; & l'avocat qui plaide ou qui fait un mémoire, ne peut se fonder que sur quatre autorités.

I. Sur le code Victorien.

II. Sur les coutumes & sur les statuts approuvés.

III. Sur les décisions des magistrats de *Piémont* & de Savoie.

IV. Sur le texte pur du droit civil, sans que la glose puisse servir d'autorité.

Dans les affaires ecclésiastiques, on observe le concordat fait en 1728, entre le pape Benoît XIII & le roi Victor. Ce concordat & le code émané du roi Victor, pendant le pontificat du même Benoît XIII, furent exposés à quelque contradiction sous le pontificat de Clément XII, qui lui succéda. Ce pape venoit d'être élu lorsqu'il établit une congrégation, pour examiner quelques dispositions de ce concordat & de ce code, qui concernent les églises, les biens & les personnes ecclésiastiques, dont le nouveau pontife prétendit que les immunités étoient blessées. La cour de Rome menaça d'excommunier les officiers du roi de Sardaigne; ce prince n'en fut pas ému, & le roi son fils ne l'a pas été non plus. La bonne intelligence entre les deux cours, qui avoit été troublée pendant dix ans, fut rétablie sous le pontificat de Benoît XIV.

La Sardaigne a ses statuts particuliers, & elle est, au surplus, régie comme le sont tous les états de la monarchie d'Espagne, dont cette isle a été démembrée.

Au droit romain qu'on suit uniquement, on a joint successivement plusieurs ordonnances particulières; telle est l'ordonnance de 1723, celle de 1729. La collection des loix & constitutions du *Piémont* a été publiée en 1770.

Il paroît que cette partie de l'administration des états du roi de Sardaigne est bien défectueuse; car on compte en *Piémont* environ 900 meurtres par année: les loix contre les assassins sont très-douces; jamais un assassin n'est condamné à mort avant l'âge de vingt ans, à moins que l'assassinat ne soit accompagné de circonstances atroces; & la peine de mort se commue en celles des galeres, des travaux forcés, toutes les fois qu'on

peut regarder l'assassinat comme la suite d'une rixe ou d'un premier mouvement, souvent même à une amende envers la famille de l'homme qui a été tué ou envers le roi, pour le dédommager sans doute du sujet qu'il a perdu. Trop souvent aussi on évite les recherches & les poursuites des coupables.

Le vol domestique est plus promptement & plus rigoureusement puni que l'homicide; & c'est encore un vice de la législation & un vice que, par une singularité bien affligeante, on retrouve à Malthe & dans plusieurs états de l'Italie.

L'asyle que les églises prêtent encore en *Piémont* à certains crimes, n'est pas moins nuisible à la sûreté des citoyens & à la police de l'état. Le roi Charles a obtenu de la cour de Rome la restriction de ces immunités, aux crimes de désertion, de banqueroutes non frauduleuses, & aux duels qui ne sont pas fréquens.

Il n'y a point de maréchaussées en *Piémont*; les communautés sont responsables des vols qui se font dans leur canton, & le gouvernement veille à ce qu'elles fassent faire des rondes chaque jour pour la tranquillité des chemins. *Voyez* les articles SAVOIE & SARDAIGNE.

Nous avons parlé à l'article ITALIE des intérêts généraux des diverses provinces d'Italie: *voyez* cet article. L'article MILANEZ a quelques rapports avec celui-ci, & voyez aussi cet article.

PIERRE (St.) isle d'Amérique. *Voyez* TERRE-NEUVE.

PLATON (république de). C'est le nom qu'on donne à l'un des dialogues de cet auteur, qui passe pour le premier des romans politiques. Nous allons faire quelques réflexions sur la véritable idée qu'on doit se former de la prétendue république de *Platon*.

Honoré dans sa patrie, estimé des magistrats, chéri de la nation, *Platon* eût pu couler dans le sein du repos, des jours tranquilles; mais les cris des syracusains pénétrèrent jusqu'à son cœur; & s'arrachant à ses amis, il alla, pour servir l'humanité, porter le trouble & les remords dans l'ame du farouche Denis, & parler, à la cour même du plus impitoyable des tyrans, le langage de la vérité. Ses représentations, son zèle, son courage, ses avis furent inutiles; Denis ne changea point: mais il n'osa étendre ses proscriptions sur la tête du philosophe, dont la présence & les discours ranimèrent le courage abattu des habitans de la ville de Syracuse, qui, dans la suite, après la destruction de la tyrannie, le prièrent de leur tracer le plan du gouvernement qu'il jugeroit le plus propre à rendre un peuple heureux. La réponse de *Platon* aux syracusains est presque généralement ignorée; cependant les conseils qu'il leur donna dans cette occasion, méritent d'autant plus d'être connus, qu'ils renferment le plan d'une monarchie parfaite ; plan d'après lequel on diroit que M. de Montesquieu a développé la nature & les principes du gouvernement monarchique. Denys fut à peine tombé sous les coups de ses assassins, que les syracusains se divisèrent en deux factions, également puissantes, également nombreuses : l'une demandoit hautement le rétablissement de la tyrannie, & l'autre ne vouloit recevoir que le gouvernement populaire : tous jettèrent les yeux sur le sage *Platon*, & remirent à sa décision le sort de leur patrie. Un état, leur dit-il, ne sauroit être heureux, ni sous le pouvoir arbitraire, ni dans la confusion d'une trop grande indépendance. L'état le plus heureux est celui où le peuple est soumis à des monarques qui sont eux-mêmes assujettis aux loix. Je vous conseille donc, ô syracusains, de reconnoître pour vos rois, & le fils de Dion votre libérateur, & celui du jeune Denis votre dernier souverain, & celui de l'ancien Denis son prédécesseur. Mais afin qu'ils ne puissent abuser de leur autorité, choisissez parmi vous un conseil composé de vieillards sages & éclairés, entre les mains desquels vous remettrez la puissance législative & le soin de l'administration de l'état ; ensorte néanmoins que les rois exercent tous les droits d'une souveraineté pleine, entière & illimitée, sur les choses saintes & le culte des dieux. Qu'ensuite le peuple assemblé crée un conseil de trente-cinq magistrats ; & que ceux-ci, dépositaires & conservateurs des loix publiées par les vieillards, tiennent perpétuellement une balance exacte entre les privilèges de la nation & l'autorité des princes : qu'ils décident aussi de la paix & de la guerre ; mais toujours en présence & de l'avis des conseils des vieillards & du peuple assemblé. Quant aux affaires criminelles, c'est encore à l'ordre conservateur des loix en qui réside essentiellement la puissance coactive, qu'il appartient de les juger, & non aux rois qui ne peuvent pas même assister à de tels jugemens, parce que, pères du peuple, protecteurs des citoyens & premiers prêtres de l'état, les condamnations à la mort & à l'exil, ou seulement à la prison, aviliroient la sainteté de leur caractère.

Quelques auteurs pensent que cette forme de gouvernement est due au génie de *Platon*, & ils assurent qu'avant lui personne n'avoit imaginé un plan de monarchie aussi heureux : mais on croit plus communément qu'il ne fit que donner aux syracusains l'idée des gouvernemens qu'il avoit trouvés établis dans l'Egypte & dans l'Inde.

La plupart de ses lecteurs, même les hommes instruits, ont pris pour des questions politiques, pour des assertions ou des projets formés & combinés par cet auteur, ses métaphores & ses allégories ; ensorte qu'on a méconnu jusqu'au sujet principal de ses dialogues. Ce fut ainsi que le philosophe le plus éclairé de son siècle, l'homme le plus savant, en un mot le vertueux. Plotin crut qu'il lui seroit possible de fonder un gouvernement semblable dans toutes ses parties à la république de *Platon*. Il ignoroit que cet excellent ouvrage n'est qu'une comparaison perpétuelle entre les qualités qui concourent à rendre l'homme juste, avec la parfaite harmonie des différents ressorts qui contribuent à former le meilleur des gouvernemens possibles. Mais Plotin, échauffé par l'éloquence de *Platon*, n'apperçut point le but de ce dialogue ; & y voyant toujours une forme de gouvernement, il crut que l'exécution, pour peu qu'elle fût bien conduite, en seroit fort aisée. Ce projet chimérique fut adopté par l'empereur Gallien qui, beaucoup moins éclairé que Plotin, & par cela même plus prompt à se laisser séduire, désigna au philosophe une ville d'Italie, persuadé qu'un homme qui avoit si bien saisi les idées de *Platon*, n'auroit aucune peine à établir cette nouvelle forme d'administration. Mais la suprême puissance de Gallien, secondée par le zèle & la prudence de Plotin, ne put parvenir à remplir les grandes vues qu'on avoit cru appercevoir dans cette prétendue république. Ce n'étoient que leurs propres idées, leurs chimères, leurs erreurs que Plotin & Gallien cherchoient à réaliser, & ils n'appercevoient pas que des difficultés invincibles en rendoient l'exécution impraticable. Car, à supposer même que *Platon* se fût proposé une nouvelle forme de gouvernement, l'empereur Gallien pensoit-il qu'en donnant une ville à Plotin, celui-ci y trouvât ou qu'il pût y former des hommes d'une autre espèce que ceux qui existoient ? Et Plotin ne savoit-il pas que, de son temps comme aujourd'hui, l'espèce humaine étoit infiniment dégénérée, & très-différente de la société que *Platon* rassemble dans les murs de sa république ? Pensoit-il à l'impossibilité physique où il seroit de trouver sur la terre un nombre assez considérable d'êtres aussi parfaits que ceux qu'il eût fallu pour peupler un tel état, même en supposant qu'on lui donneroit peu d'étendue ? Eh quel législateur oseroit se flatter de rassembler la plus petite société possible, dont chacun des membres seroit toujours vertueux, sans défaut, sans foiblesse ? Si le grand *Platon* avoit eu sérieusement cette idée, on ne le placeroit pas au nombre des sages de la Grèce ; & tout ce qu'on pourroit dire de plus favorable pour lui, ce seroit qu'il est bien différent d'imaginer & d'écrire des maximes sublimes, ou de croire & d'assurer qu'il est fort aisé de les suivre. *Platon* étoit très-éloigné de penser aussi follement, & de former des projets aussi peu raisonnables.

L'exemple de Plotin & l'inutilité des tentatives de Gallien ne semblent avoir détrompé personne, & l'on continue à ne voir dans ce dialogue qu'un plan de gouvernement. Les publicistes, les politiques & plusieurs philosophes même n'y trouvent que

que des principes fur l'administration publique, des projets de réforme, des leçons fur les devoirs de l'homme à l'égard de la société, des préceptes fur les obligations des fujets envers l'état, du prince envers le peuple, des magiftrats envers les citoyens.

On diroit que *Platon* a prévu cette erreur ; car il a foin, prefque à chaque page, d'indiquer, fous le nom de Socrate, le véritable objet de fes raifonnemens. Il explique & développe fi fouvent le fens de fon allégorie, qu'il eft difficile de comprendre par quelle bizarrerie on s'eft obftiné à ne voir dans cet écrit que le plan & l'idée d'un gouvernement parfait : c'eft bien méconnoître & l'efprit de Socrate & le génie de Platon ! Quand on feroit tenté de prendre cette fuite de réflexions morales & philofophiques fur la juftice pour un difcours politique, cette erreur ne devroit pas durer long-temps, fur-tout après la fage réflexion de Socrate, qui dit dans le cinquième livre : « Quelles ont été nos vues, » quand nous avons cherché à découvrir l'effence » de la juftice, & quel devroit être l'homme » véritablement jufte ? Je demande la même chofe » au fujet de l'injuftice & de l'homme injufte ; » quelles ont été nos vues ? Nous ne nous fom- » mes propofés que de trouver deux modèles » accomplis ; l'un de vertu, l'autre de vice. En- » fuite nous avons confidéré tour-à-tour l'un & » l'autre de ces modèles, afin d'être plus en » état de juger du bonheur ou du malheur de » leur condition, & de conclure, d'après nos » propres réflexions & notre jugement, que nous » ferons plus ou moins heureux, plus ou moins » malheureux, fuivant le degré de reffemblance » que nous aurons, ou avec l'un, ou avec l'au- » tre : car, au fond, je n'ai jamais penfé, & » mon deffein n'a pas été de prouver que ni » l'un ni l'autre de ces deux modèles exiftât fur » la terre ».

PLÉBISCITE : voyez le dictionnaire de Jurifprudence : nous en parlerons auffi à l'article ROME.

PLÉNIPOTENTIAIRE, celui qui a un plein pouvoir d'agir.

On le dit particuliérement des miniftres publics que les fouverains envoient pour entamer une négociation fur la paix, fur un mariage, ou fur d'autres affaires importantes.

Le titre de *plénipotentiaire* donné fans celui d'ambaffadeur, même à un grand feigneur, ne conftitue qu'un miniftre du fecond ordre. Une naiffance illuftre & une dignité perfonnelle relèvent le caractère du miniftre. Mais c'eft au caractère feul, & non à la naiffance, aux dignités & aux qualités perfonnelles, que les honneurs font dus. Le plein pouvoir honore, parce qu'il marque la confiance du maître ; mais il ne défi-

Œcon. polit. & diplomatique. Tom. III.

gne qu'un procureur dont la procuration eft ample, & ne regarde que l'effet des traités. La qualité repréfentative & les honneurs éclatans ne font attachés qu'au titre d'ambaffadeur ; & nul ne l'eft fi, dans fes lettres de créance ou dans fes pouvoirs, il n'a nommément le titre d'ambaffadeur. Le plénipotentiaire ne doit pas prétendre aux honneurs réfervés aux ambaffadeurs, parce que le droit de repréfentation eft attaché éminemment au feul titre d'ambaffadeur. *Voyez* les articles AMBASSADEURS & MINISTRES PUBLICS.

PLESSE, baronie d'Allemagne. *Voyez* l'article SILÉSIE PRUSSIENNE.

POLITIQUE : la *politique* en général eft cette fcience qui fournit des règles à ceux qui gouvernent les états, pour atteindre les différens buts qu'ils doivent fe propofer, ou c'eft la fcience de gouvernement, l'art de régner. Il paroît qu'aujourd'hui la valeur de ce mot eft moins étendue ; qu'on donne le nom d'économie politique ou de fcience de l'adminiftration aux règles fur le régime intérieur d'un état, & qu'il feroit convenable de reftreindre celui de politique à la fcience qui traite des combinaifons extérieures propres à un état. Nous avons traité en détail des diverfes parties de l'économie politique & de tous les points de l'adminiftration, & nous traiterons ici l'article POLITIQUE d'après l'acception générale.

Nous avons déja parlé de la *politique* à l'article AFFAIRES ETRANGERES : nous allons ajouter ici des remarques générales.

Chaque état, chaque nation, chaque corps politique a pour but fa confervation ou fa durée, & la félicité de tous ceux qui en font membres. La conftitution la plus parfaite eft fans doute celle qui peut prolonger fa durée, procurer à fes citoyens tous les biens dont ils font fufceptibles, & éloigner d'eux la plus grande fomme des maux qui les menacent.

Pour y parvenir, l'état doit fe propofer cinq objets fondamentaux : 1°. il faut perfectionner la nation qu'on doit gouverner : 2°. il faut introduire un bon ordre dans l'état, y entretenir la fociété, & y faire obferver les loix : 3°. il faut établir dans un état une bonne & exacte police ; 4°. il faut rendre l'état floriffant & riche, non de cette richeffe factice qui éblouit les peuples, mais de cette véritable richeffe qui leur donne de l'abondance & de la fatisfaction : 5°. il faut rendre l'état formidable en lui-même & refpectable à fes voifins. De ces cinq objets découlent toutes les règles de détail que la *politique* enfeigne, & dont la réunion forme la fcience du gouvernement.

Un corps ou peuple de barbares, quelque nombreux qu'il puiffe être, ne fut jamais heureux, jamais formidable long-temps ; il arrive avec la rapidité d'un torrent, & il difparoît de même

Toutes les nations fauvages qui n'ont ni mœurs ni police, ont été fubjuguées fans exception par les nations policées.

Des principes fondamentaux de la politique.

Il n'eft pas auffi difficile qu'on le croit de re-monter aux principes fondamentaux de la *politi-que*, & la route qui y conduit n'eft embarraffée ou épineufe qu'à caufe des préjugés & des erreurs que les vices & des vues intéreffées fe font trop conftamment occupés à y raffembler. Cette fcience exige, à la vérité, des connoiffances & des mé-ditations dégagées de toute prévention, fans lef-quelles, bien loin d'être utile aux états, la *po-litique* n'eft qu'une charlatanerie, également per-nicieufe à ceux qui s'en fervent & à ceux qu'on fe propofe, ou qu'on eft chargé de conduire. Pour les connoître ces principes, il fuffit de con-fulter la raifon, de ne confulter qu'elle, & de s'élever par fon fecours jufqu'à la connoiffance des vues générales de la nature fur nous; il fuffit auffi de favoir diftinguer les vrais befoins, de ceux que les hommes fe font fait eux-mêmes, & qui caufent tous leurs malheurs, en leur procu-rant par intervalles des plaifirs momentanés, dont ils finiffent prefque toujours par être les victimes.

Avant que de rétablir les refforts d'un gouver-nement énervé, il faut avoir le courage & le ta-lent d'aller jufqu'à la caufe des vices même qui obftruent le corps de l'état, ou qui en aigriffent on irritent les humeurs. Sans cette opération ef-fentielle, tous les remèdes qu'on imaginera ne feront que des palliatifs : or c'eft alors de la char-latanerie ou de l'ignorance, & non pas de la *po-litique* ; car il s'en faut bien que l'art de tromper les hommes foit celui de les rendre heureux. A la tête de l'adminiftration, le chef ou le miniftre ne faura s'occuper que du moment préfent, & ce moment lui échappera fans ceffe; fa *politique* incertaine & toujours agitée par des circonftances imprévues, verra fes efpérances trompées & fes projets s'évanouir : ce qui paroiffoit hier fixer le calme dans l'état, y excite aujourd'hui des ora-ges ; & ces variations ne peuvent être rapportées qu'à l'ignorance ou à l'oubli de ces principes lu-mineux, fixes & immuables que la nature nous a donnés pour chercher & affermir notre bon-heur. Il n'eft qu'un bonheur fur la terre, & la nature l'offre également à tous les hommes. Tout confifte à connoître & à favoir mettre en ufage les moyens à la faveur defquels on y peut parve-nir : car, pour peu qu'on s'en écarte, on s'égare, & plus on croit s'approcher de la félicité, plus on s'éloigne; enforte que, de fentier en fentier, on s'en trouve infenfiblement à la diftance la plus prodigieufe. Ce qu'il y a de plus fâcheux alors, eft que les efforts que l'on fait pour fe remettre fur la route qu'on a imprudemment abandonnée,

n'aboutiffent prefque toujours qu'à s'en écarter encore davantage. Telle eft l'erreur de la plupart des peuples, qu'ils cherchent paifiblement le bonheur où il n'eft pas : ils nomment politique l'inquiétude qui les agite dans leur courfe incer-taine & trompeufe.

Si la raifon n'étoit qu'un préjugé, la vertu ne feroit plus qu'un mot inutile & vuide de fens : la terre ne feroit plus qu'un féjour affreux & un vafte théatre où les paffions fans frein exerce-roient impunément leur tyrannique empire. Les tigres, dans un tel féjour, feroient moins dan-gereux pour l'homme que l'homme même. Qui ne voit en effet, & malheureufement auffi qui ne fent par expérience que c'eft le vice qui éloigne les uns des autres les citoyens, qu'il n'appartient qu'à la vertu de rapprocher & de tenir unis ? que c'eft le vice qui divife les peuples par les haines, les craintes & les foupçons? Qui ne voit que c'eft lui qui excite fans ceffe les paffions qu'accompagnent les guerres, les meurtres, les trahifons, les violences, les injuftices, les per-fidies & les lâchetés ; tandis que la raifon, feule en état de calmer leur efferveſcence, appelle autour d'elle la paix, la bonne foi & le bonheur, fuivis de toutes les vertus.

De ce que les paffions font dangereufes & nui-fibles, il ne faut pourtant point en conclure qu'il feroit avantageux ou néceffaire de les anéantir : car, à fuppofer même la poffibilité d'une telle entreprife, il y auroit de l'imprudence autant que de l'injuftice à la tenter : ce feroit vouloir déta-cher notre ame de tous les biens de nos fens ; ce feroit vouloir aller plus loin que l'auteur de la nature, dont elles font l'ouvrage, & qui nous ordonne de les tempérer, de les régler, de les diriger par les confeils de la raifon, attendu que ce n'eft que par là feulement qu'elles peuvent perdre leur venin & contribuer à notre bonheur. Mais il s'en faut bien que les hommes, & fur-tout que les chefs des états forment le projet d'enchaîner & de diriger les paffions, puifque c'eft au contraire fur elles & d'après elles qu'ils fondent l'édifice des loix, & qu'ils règlent le plan de leur adminiftration, c'eft-à-dire, qu'ils prennent la route la plus directement oppofée à celle qu'ils devroient tenir. Quels maux ont ré-fulté, & quels défaftres réfultent chaque jour de cette erreur univerfellement reconnue, & qu'au lieu d'extirper, il femble qu'on s'attache à per-pétuer. La *politique* attendra-t-elle de nouvelles révolutions dans les états, & de nouvelles dif-graces, de nouvelles décadences, pour fe con-vaincre enfin que le bonheur des grandes fo-ciétés veut un autre fondement que des paffions injuftes, aveugles, légères, inconftantes & ca-pricieufes ? Quel fpectacle la terre préfenteroit, fi tous fes habitans, femblables à Socrate, réu-niffoient en eux toutes les vertus ! S'il eft vrai que dans ce nouvel âge d'or, où les paffions feroient réprimées & dirigées par la raison, la félicité habiteroit parmi les hommes, n'est-il pas certain que la *politique* doit nous faire aimer la vertu, & que c'est-là le seul objet que doivent se proposer les législateurs, les loix & les magistrats.

Dans quel temps la terre fut-elle arrosée du sang & des larmes de ses habitans ? Ne fût-ce point lorsque nos pères, plus semblables à des bêtes farouches qu'à des hommes, vivoient sous l'empire des passions ? Dans quel temps commencèrent-ils à être moins malheureux ? Ne fut-ce pas quand des loix & des magistrats, se servant tour-à-tour des châtimens & des récompenses, commencèrent à réprimer quelques passions, & à mettre en honneur quelques vertus ? Ainsi, dans tous les siècles & dans tous les climats, les peuples ont été plus ou moins heureux, suivant que la *politique* plus ou moins habile a rendu les mœurs plus ou moins honnêtes. Les suites de l'histoire présentent d'âge en âge, des villes, des états, des empires déchirés par des divisions intestines ; mais pour peu que l'on remonte aux causes de ces dissensions, on voit constamment que quelque passion, enhardie par l'espérance du succès ou de l'impunité, a rompu le frein trop foible qui la retenoit : en un mot, on compte toujours les calamités d'une nation par le nombre de ses vices. Pourquoi un peuple qui s'est rendu célèbre pendant une longue suite de siècles, vient-il à décliner ? Pourquoi, de disgrace en disgrace, tombe-t-il dans le mépris ? Il y auroit de la folie à imputer les révolutions qu'il éprouve à une fortune aveugle, qui n'existe que dans l'imagination de ceux qui en parlent : ce n'est point au hasard, mais au changement qui s'est fait dans les mœurs de ce peuple, qu'il faut rapporter sa ruine. Eh ! comment eût-il évité sa chûte ? La soif de l'or qui dévoroit les citoyens, avoit étouffé en eux l'amour de la patrie : leur luxe refusoit tout aux devoirs de l'humanité. Les plaisirs, l'oisiveté, la mollesse, mille autres vices avoient avili les ames. Par quel moyen eût-il été possible de délivrer ce peuple de ces implacables tyrans ? Il eût fallu lui rendre sa première tempérance, sa candeur, sa justice ; & dès-lors on lui eût en même-temps rendu, avec son ancienne union, les forces qui conservoient sa liberté.

De l'objet principal de la politique.

La raison est l'organe par lequel l'auteur de la nature nous fait connoître ses volontés : c'est donc la raison seule qui peut nous conduire au bonheur. Il n'est point de bonheur sans l'honnêteté des mœurs, puisque la raison nous enseigne que l'auteur de la nature condamne & proscrit les mauvaises mœurs ; de ces réflexions, ou plutôt de ces principes, il résulte que la *politique* doit être le ministre & le coopérateur de la pro-

vidence parmi les hommes, parce qu'il n'appartient qu'à la morale, ou à la science des mœurs d'inspirer aux hommes une saine politique. Qu'y a-t-il donc de plus souverainement méprisable que cet art illusoire qui, empruntant le nom de *politique*, & n'ayant de règle que les préjugés vulgaires & les passions de la multitude, n'emploie que la ruse, l'injustice & la force ; & qui, se flattant de réussir par des voies contraires à l'ordre éternel des choses, voit s'évanouir entre ses mains le bonheur qu'elle croyoit posséder.

Comme le laboureur, pour recueillir d'abondantes moissons, doit étudier la culture qu'exige le sol, observer les saisons destinées à la production de chaque fruit, & ne jamais en changer l'ordre ; de même la *politique*, après avoir pénétré les secrets de la nature sur la destination de la société & les causes de son bonheur, doit suivre constamment les vues de la nature, & ne point s'écarter des causes du bonheur de la société, encore moins s'y opposer. La *politique* est donc saine & utile, lorsqu'elle fait sa principale étude de la morale, qui enseigne à distinguer les vertus véritables de celles qui n'en ont que le nom, & que les préjugés, l'ignorance & la mode ont imaginées. Le principal objet de la *politique* est, en donnant une attention particulière aux vertus les plus nécessaires à la société, de prendre les mesures les plus efficaces pour empêcher que les passions ne sortent victorieuses du combat qu'elles ont à soutenir perpétuellement contre la raison, & de les tenir courbées sous son joug.

Par la dégradation successive de la morale dans Athènes, & l'attoiblissement tout aussi marqué de sa puissance, on se convainc aisément qu'il n'y a point de petite vertu aux yeux de la *politique*, & qu'elle ne peut, sans péril, en négliger aucune. Le même exemple prouve que les loix les plus essentielles au bonheur & à la sûreté des états, sont celles qui regardent le détail des mœurs. C'étoit dans cette vue que Platon blâmant la monarchie absolue, l'aristocratie & le gouvernement populaire, comme laissant une carrière trop libre aux passions, vouloit d'abord que, par un mélange habile de ces trois gouvernemens, la puissance publique fût partagée en différentes parties, propres à s'imposer, se balancer & se tempérer réciproquement. Mais comme il ne pensoit pas qu'un état, quelle que fût sa nature, pût se soutenir sans le secours des mœurs domestiques, il vouloit que l'on y employât la plus grande vigilance à se rendre maître des passions, que l'on y soumît la vertu à une règle austère & invariable. Et en effet, quelque admirable que fût le gouvernement de Sparte, tel que Lycurgue l'avoit fondé, il n'évita les cabales, les factions, les troubles, les désordres, qu'autant que les chefs de l'état furent attentifs à maintenir dans toute leur vigueur les loix que Lycurgue avoit faites pour les mœurs. Auffi, lorfque Lyfander rapportant à Lacédèmone les tributs & les dépouilles des vaincus, y eut développé le germe de la cupidité, l'avarice s'introduifit avec les richeffes dans les maifons des fpartiates : ils rougirent bientôt de la fimplicité de leurs pères, & cette honte fut la fource d'une foule de vices; les vertus perdirent leur crédit à mefure que les richeffes acquirent de l'autorité : les citoyens ne tardèrent point à fe perfuader qu'elles pourroient tenir lieu de mérite, & cette folle opinion les engagea à confidérer les riches; la pauvreté fut méprifée, & les fpartiates, pour ne point être pauvres, ne s'occupèrent plus que des moyens de s'e richir, afin d'être confidérés, & ils donnèrent à ce foin toute l'attention qu'ils devoient aux intérêts de la patrie. Dès lors les paffions enhardies relâchèrent les refforts du gouvernement qui ne put plus les réprimer, par cela feul qu'il avoit eu l'imprudence de les laiffer naître. Tourmentés par la crainte qu'on ne les dépouillât de leurs richeffes, les citoyens opulens fe révoltèrent contre le partage de l'autorité, & voulurent avoir toute la puiffance pour être en état de défendre leur fortune. Tantôt rampant & tantôt infolent, le peuple n'eut plus que des éphores dignes de lui. Il n'y eut plus de mœurs à Sparte; & la même corruption qui y avoit éteint la morale, y détruifit la politique.

Ce qui, lorfqu'on ne réfléchit point, paroît contredire les principes que l'on vient d'expofer, & femble prouver qu'il n'y a point autant d'union qu'on l'a fuppofé entre la *politique* & la morale, eft qu'on a vu des empires élever leur fortune fur l'injuftice, & fleurir par des moyens que la morale réprouve. Car enfin il eft très-vrai que les perfes, quoique fans mœurs, dominèrent fur l'Afie entière; il eft également vrai que Philippe de Macédoine, à qui tout réuffiffoit, n'étoit cependant pas plus jufte ni plus vertueux que les grecs qui tomboient en décadence : il eft conftant auffi qu'une foule de tyrans & d'ufurpateurs, fcélérats, corrompus à l'excès, ont joui, fans remords & fans trouble, des fruits de leurs crimes & de leurs ufurpations, &c.

Ces objections qu'on ne ceffe de faire, ne prouvent autre chofe, fi ce n'eft que ceux qui les font, confondent le bonheur avec les dignités, l'éclat, les richeffes, le pouvoir, qui ne procurent, au lieu de bonheur, qu'un plaifir paffager, accompagné de plufieurs agitations, de troubles & d'inquiétudes. Ce n'eft qu'une apparente profpérité que celle du méchant, qui gémit en fecret fous le poids du vice auquel il ne peut renoncer. L'homme heureux étoit Socrate qui, buvant la ciguë, s'entretenoît auffi paifiblement avec fes amis, que s'il eût été fous le portique. Il goûtoit toutes les douceurs de la paix, parce qu'il fe rendoit un témoignage intérieur de fon intégrité. Il en eft de même de la profpérité apparente des états; elle n'eft que paffagère, lorfqu'elle n'eft fondée que fur l'injuftice, le vice & le mépris de la morale. De grandes provinces & de grandes richeffes ne contribuent en aucune manière au bonheur domeftique des citoyens, ni à la fûreté de l'état. Pour avoir conquis l'Afie entière, les perfes en étoient-ils plus libres? les tréfors accumulés du fouverain rendoient-ils fes fujets plus contens, plus heureux, plus tranquilles? L'opulence du prince & la leur empêchèrent-elles Agéfilas de porter la terreur jufqu'aux portes de Babylone?

Il eft vrai qu'un gouvernement où les vertus font négligées, où le vice eft honoré; où la *politique* eft auffi mauvaife que les mœurs font corrompues, peut cependant fe foutenir & fleurir pendant quelque temps : mais alors c'eft l'être protecteur de la vertu qui ne fait que fe fervir des vices d'un peuple pour en détruire un autre plus vicieux encore; celui-ci eft il puni? Le même être ne manque point de brifer l'inftrument de fa vengeance. Les récits de l'hiftoire offrent mille preuves de cette vérité : une telle révolution n'eft rien moins qu'un miracle; c'eft une fuite naturelle de l'ordre que Dieu a établi dans le gouvernement du monde. A fuppofer pour un inftant que la *politique* pût ne point avoir pour bafe la vertu, & qu'elle fût indépendante de la morale, voyons les grands effets qu'elle pourroit produire. Il faut convenir que la trahifon, la fourbe,ie, la rufe peuvent furprendre un état qui ne s'eft pas précautionné contre leurs pièges, & même obtenir quelque fuccès : mais c'eft ce fuccès même qui, infpirant une défiance & une haine générale, embarraffent ces vices mêmes dans les embuches qu'ils dreffoient, & finiffent par accabler l'état qui avoit employé de femblables moyens. Tôt ou tard la mauvaife foi eft elle-même intimidée par la crainte qu'elle a fait naître, & quelque foin qu'elle prenne de bien combiner fes projets, jamais elle ne peut prévoir tous les dangers dont elle eft menacée; chaque accident imprévu ou chimérique l'oblige à former un nouveau plan de conduite : enforte que, marchant fans règle fixe, elle ne peut que réuffir quelquefois par hafard, & néceffairement échouer dans la fuite. Si au lieu de la rufe & de la trahifon, un tel peuple met la force & la violence en ufage contre fes voifins, comment s'empêchera-t-il d'être agité lui-même par la crainte qu'il infpire? Il ne peut augmenter le nombre de fes ennemis, qu'en même temps il ne devienne fufpect à fes alliés; il penfe fe rendre puiffant, & il multiplie fes dangers en même-temps qu'il diminue fes forces. Peut-être il parviendra à furmonter les difficultés qui l'entourent; peut-être il obtiendra un fuccès éclatant : mais le moment de fon triomphe eft celui de fa perte. Sefoftris, peu content de régner fur l'Egypte, médite la conquête de l'Afie, & rien ne réfifte d'abord à ces égyptiens fobres, laborieux, tempérans, qu'il a armés pour fervir fon injufte ambition : à peine ils font vainqueurs, qu'ils prennent les mœurs des vaincus : amollis par les voluptés & les richeffes, ils rapportent dans leur patrie les dépouilles de l'orient : ils croient être parvenus au comble de la gloire & de la profpérité : ils ne s'apperçoivent pas que la vertu ébranlée dans tous les cœurs eft prête à les abandonner ; & au milieu des chants d'allégreffe & de triomphe, le châtiment de l'Egypte commence. Déja les refforts du gouvernement font relâchés, & les anciens établiffemens font détruits par les paffions. Les fucceffeurs de Séfoftris, enivrés de leur opulence, éblouis du fafte qui les environne, abufent du fuprême pouvoir, & deviennent des tyrans voluptueux d'autant plus terribles, qu'affoiblis par la ruine des loix, ils ne fe croient plus en fûreté contre les fujets que la molleffe, le fafte, la pauvreté & les rich..ffes ont rendus à la fois lâches & infolens. Agitée par des émeutes & des révoltes fans ceffe renaiffantes, l'Egypte eft deftinée à devenir la proie du premier vainqueur qui voudra s'en emparer. Leçon frappante & terrible pour le *politique* qui voudroit connoître fes devoirs, & s'affurer que la vertu eft l'unique fource & l'inébranlable fondement du bonheur des particuliers & de la félicité publique.

De la méthode que la politique doit employer pour rendre un peuple vertueux.

De même qu'il n'y a point de vice qui ne tende à corrompre le peuple, & par conféquent à altérer la félicité publique, de même auffi n'y a-t-il point de vertu qui ne foit utile à la fociété : mais quoique toute vertu mérite d'être cultivée, il s'en faut qu'elles demandent toutes les mêmes foins de la part du légiflateur & des magiftrats : car s'il en eft qui influent directement fur le bonheur des citoyens & fur la fûreté publique, il en eft quelques-unes auffi qui n'ont avec ces deux objets fi importans qu'un rapport médiat plus ou moins éloigné. Les premières en dignité, en excellence, & qui doivent être cultivées avec la plus grande affiduité, font la juftice, la prudence & le courage, defquelles découlent l'ordre, la paix, la fûreté, tous les biens, en un mot, que peuvent defirer les hommes. D'accord avec la morale, la *politique* doit s'occuper fans doute à nous rendre facile la pratique de ces trois vertus; mais pour y réuffir, elle doit commencer par écarter de notre cœur les vices qui nous empêchent d'être juftes, prudens & courageux. Or il ne fuffit point, pour extirper ces vices, de régler les droits de chaque citoyen, & de donner des bornes fixes à la juftice : il faut en même-temps contenir les paffions, qui bientôt dérangeroient ces bornes ; car, fans cela, les loix les

plus juftes & les plus fages réglemens ne pourroient empêcher l'injuftice, fecondée par la rufe & la chicane & enhardie par l'impunité, de devenir bientôt l'efprit général des citoyens. Ainfi donc le devoir le plus important d'un légiflateur eft non de publier des loix juftes, mais de commencer par préparer les hommes à aimer la juftice, & à s'attacher aux vertus effentielles qui fervent, pour ainfi dire, de bafe & d'appui à toutes les autres. Ces vertus, que l'on peut appeller mères ou auxiliaires, & qu'on doit regarder comme les premières dans l'ordre de la politique, font la tempérance, l'amour du travail, l'amour de la gloire & le refpect pour les dieux.

A fuppofer que, préparant le cœur à tous les vices, la volupté n'y étouffât cependant point les principes de la juftice & de la prudence, n'eft-ce point affez qu'elle énerve le corps, pour qu'un état ne puiffe plus attendre des citoyens les fatigues, les foins, les veilles, la patience, d'où dépend, en tant de circonftances, le falut du gouvernement. Lycurgue avoit une profonde connoiffance des vices & des vertus des hommes ; lui qui, fans s'égarer dans des détails inutiles, ne profcrivit un vice qu'après en avoir coupé la racine, & n'ordonna la pratique d'une vertu qu'après avoir ordonné celle qui devoit en être le principe ou l'appui. Ce fut ainfi que pour empêcher que les droits du mariage ne devinffent une fource de corruption & de molleffe, en abandonnant deux jeunes époux aux voluptés, il ne leur permit point de fe livrer inconfidérément à leurs tranfports : il craignit avec raifon que, trop tôt raffafiés de plaifirs légitimes, ils ne fiffent par en chercher de défendus. Il devina que la fource des plus grands défordres dans un état, eft d'y négliger les mœurs des femmes, & que les hommes contracteroient les vices des femmes, fi l'on ne donnoit à celles-ci les vertus des hommes ; il leur infpira un généreux mépris pour les befoins auxquels la nature ne les a point affujetties ; il les endurcit au travail, à la peine, à la fatigue, en un mot, il en fit des hommes. Lycurgue en même-temps établit des repas publics, dont le brouet noir faifoit les uniques délices. Sans ces deux inftitutions, dictées par la tempérance, vainement le légiflateur de Sparte eût profcrit l'ufage de l'argent & les arts inutiles ; jamais l'exercice des vertus les plus difficiles, & dans le degré le plus héroïque, ne fût devenu familier aux fpartiates. Mais la tempérance infpire le mépris des richeffes, & ce mépris eft toujours accompagné de l'amour de l'ordre & de la juftice.

Des ménagemens dont la politique doit ufer dans la réformation des mœurs corrompues.

Lorfqu'un état eft corrompu, lorfque fes refforts font ufés, lorfque les vices ; la licence, fecondés par une mauvaife *politique*, ont achevé de pervertir les mœurs, & jetté le défordre & la confufion dans toutes les parties de l'adminiftration, a-t-il encore des reffources capables de le faire fortir d'une aufli déplorable fituation ? Il lui en refte fans doute ; mais il faut la plus haute fageffe, la plus rare prudence, pour les mettre en ufage & les faire goûter. Il n'appartient qu'à bien peu d'hommes de prendre alors les rênes de l'état. Et en effet fi, d'un côté, la plus légère indulgence achève de tout perdre ; de l'autre, une févérité trop inflexible aliène & révolte les citoyens qui, trop accoutumés à ne reconnoître pour loix que leurs paffions, fe fouleveront inévitablement contre quiconque entreprendra de gêner leurs plaifirs, ou de contrarier leurs vicieux penchans. Ce feroit donc la plus inexcufable imprudence que de tenter une fubverfion totale, & de vouloir ramener tout d'un coup les citoyens, du fein de la dépravation, à l'amour de l'ordre, à la tempérance, à la juftice & au patriotifme. Ce n'eft que peu à peu qu'un tel changement doit s'opérer. Il faut, fans contredit, faire de nouvelles loix, ou bien rétablir les anciennes, à fuppofer qu'elles foient bonnes ; mais fucceffivement, & à mefure que l'expérience en démontrant l'utilité, le peuple s'y attache. Ainfi, lorfque l'homme d'état voit que le décret qu'il propofe au peuple eft propre, ou à lui faire aimer quelque vertu, ou à le détacher de quelque vice, il doit favorifer cette loi de toutes fes forces, & avec d'autant plus de zèle qu'il eft fûr de fervir, par ce moyen, très-utilement fa patrie.

Afin de difcerner quelles fortes de loix font les meilleures dans ces circonftances critiques, il faut fe fouvenir que celles qui font les plus propres à tempérer les paffions, & régler les mœurs publiques, font aufli les plus néceffaires, & doivent être les plus facrées : les négliger, c'eft expofer l'état ; fouffrir qu'on les altère, c'eft protéger & favorifer la dépravation des mœurs. Dans une république bien réglée, & où la vertu eft refpectée, on doit être plus effrayé de voir les femmes prendre de nouvelles parures & affecter de nouvelles graces, qu'on ne devroit l'être de quelque commotion dans la place publique, ou de l'ambition d'un magiftrat qui voudroit s'élever au-deffus de fes collègues : car, tant que les loix des mœurs fubfiftent, toutes les autres font en fûreté ; mais c'eft leur décadence qui entraîne inévitablement la ruine de l'état.

Il eft vrai qu'en général tout vice eft par lui-même très-dangereux, comme il n'eft point de vertu qui ne foit très-utile. Et c'eft à démêler l'utilité de celle-ci & le danger des autres qu'il importe d'attacher tous fes foins ; & fur-tout dans la réformation que l'on veut faire des uns, & d'encouragement qu'on fe propofe de donner aux autres, on ne fauroit trop fe garder de la précipitation d'un zèle aveugle. Il eft des vertus fi fécondes, qu'elles fe fortifient les unes par les autres, en fe prêtant un fecours mutuel ; & ce font celles-là que la *politique* éclairée ne fauroit rendre trop floriffantes dans une république où elles font cultivées encore. Il eft aufli des vices malheureufement fi féconds, qu'ils fervent, pour ainfi dire, de foyer toujours actif, toujours ardent à la corruption. Ce font précifément ces vices qu'il faut commencer par profcrire dans une fociété corrompue. Le plus pernicieux de tous eft celui qu'on peut mieux indiquer que nommer, & qui, compofé d'avarice & de prodigalité, ne fe laffe jamais ni d'acquérir, ni de diffiper ; que rien ne fatisfait, & qui, pour affouvir fa dévorante ardeur, ne fe refufe à aucune injuftice. Né du luxe & de l'infatiable avidité, on le voit fans ceffe occupé à ravir & à prodiguer. Il n'eft pas impoffible de l'étouffer lorfqu'ofant à peine fe montrer, il ne fait qu'effayer fes forces : c'eft alors qu'il importe de le pourfuivre avec la plus grande févérité ; mais fur-tout de ne rien tolérer qui paroiffe légitimer fes premières tentatives ; car il n'y a ni raifon, ni équité à profcrire le luxe dans le public & à le tolérer dans les familles : c'eft une contradiction manifefte d'inviter, par des loix fomptuaires, les citoyens à la modeftie des mœurs, & de contrarier cette modeftie par la pompe des fêtes publiques. Dans le cas trop ordinaire où ce vice, après avoir corrompu tous les citoyens, règne avec autant d'effronterie que d'empire, il feroit aufli dangereux qu'inutile de l'attaquer de front ; ce feroit l'irriter vainement, & ne faire qu'accroître fa puiffance. Il faut ceffer alors : ce vice en engendre mille autres ; c'eft fur eux que l'on doit frapper. Le luxe opère la molleffe, la prodigalité : c'eft la prodigalité, la molleffe qu'il faut noter d'une flétriffure accablante ; il produit aufli l'avarice : il faut réprimer l'avarice, &, en contenant l'induftrie dans de juftes bornes, faire difparoître l'inégalité monftrueufe dans la fortune des citoyens.

Il y a des temps où il eft du plus grand intérêt d'encourager, non pas la vertu la plus importante par elle-même, mais celle dont le peuple paroît le plus éloigné. Il étoit, par exemple, à Athènes une loi qui appliquoit aux repréfentations de comédie, les fonds qui avoient été autrefois deftinés aux frais de la guerre ; &, quoique cette nouvelle loi fût très-injufte, il étoit défendu néanmoins, fous peine de mort, d'en demander la révocation.

Les fuites d'un aufli mauvais réglement furent affreufes, & telles cependant qu'on eût dû les prévoir : les décorations de théatre, les hiftrions, les joueurs de flûte, les femmes défœuvrées, les courtifannes, un tas de gens fans mœurs étoient feuls honorés, confidérés, récompenfés : il ne reſtoit plus nulle trace de vertu, de décence, de retenue. Dans de ſemblables circonſtances, c'eût été fort mal prendre ſon temps que de demander à l'aſſemblée du peuple, ou l'abrogation de la loi dont on vient de parler, ou de propoſer de ramener les citoyens à la ſimplicité des premiers habitans de la république; entre ces tems d'intégrité & ceux de cette corruption générale, la diſtance étoit trop immenſe. Tout ce qu'on eût pu faire, eût été d'eſſayer, avec les plus grands ménagemens & à différentes repriſes, le peu de diſpoſitions qu'un petit nombre de citoyens pouvoient avoir encore à la tempérance, à l'amour de la patrie, à la juſtice, à la prudence; & ſi cet eſſai eût réuſſi, d'en tenter un ſecond, & de tâcher enfin de réveiller dans les cœurs quelque étincelle de patriotiſme : car c'eſt de toutes les vertus la ſeule qui peut encore, par le ſecours de la vanité, ſe montrer au milieu d'une exceſſive corruption. Si nul de ces moyens ne réuſſit, il n'y a plus qu'une reſſource; c'eſt de ſe ſervir des paſſions mêmes, pour affoiblir peu à peu & ruiner leur empire. Platon ſentoit auſſi toute l'efficacité de ce moyen, lui qui, dans ce qu'on appelle ſa république, ne dédaigna point de regarder les plaiſirs de l'amour comme un reſſort dont la politique doit ſe ſervir pour animer le courage, & le porter aux actions héroïques. Mais ce n'eſt point là, il s'en faut bien, ce qu'il y a de plus eſtimable dans la légiſlation de Platon : cette communauté des femmes eſt au contraire une tache ineffaçable que l'honnêteté reprochera toujours au diſciple de Socrate. C'eſt connoître bien peu les effets de la volupté, qui amollit le cœur & énerve le corps, que de vouloir en faire le principe de la prudence & de la magnanimité. Il eſt vrai que l'eſpérance des voluptés a pu quelquefois produire de grandes choſes : on n'ignore pas que ce fut pour avoir des palais ſomptueux, des liqueurs délicieuſes & des femmes parfumées que les ſcythes autrefois conquirent l'Aſſyrie; mais on ſait auſſi que, du moment que ces paſſions commencèrent à jouir du fruit de leurs victoires, les ſcythes courageux devinrent auſſi mols, auſſi lâches que les peuples qu'ils avoient vaincus, & que ces paſſions ne leur donnèrent aucune des vertus qui font le citoyen. Il en arriva de même à Cyrus qui, en ſoumettant l'Aſie, fut ſoumis par les vices des peuples qu'il avoit ſubjugués, & ne fut, contre ſon attente, que le corrupteur des perſes.

Ce n'eſt donc point le goût effréné des ſens que l'on doit favoriſer : ce ſont les paſſions de l'ame, dont la politique peut ſe ſervir, parce que naiſſant avec nous, ne mourant qu'avec nous & ne ſe laſſant point, on peut en quelque ſorte leur donner la teinture de la vertu. L'envie, la jalouſie, l'ambition, l'orgueil, la vanité ſont, ſans contredit, des paſſions hideuſes, & qui, abandonnées à elles-mêmes, ſe portent aux excès les

plus odieux. Toutefois ces mêmes paſſions, adroitement employées par la politique, peuvent ſe changer en émulation, amour de la gloire, prudence, fermeté, héroïſme.

Mais le plus grand malheur eſt lorſque la corruption eſt tellement enracinée, que les citoyens égarés la regardent comme un bien, & lui ſuppoſent plus de force qu'à la vertu, & des effets qu'ils ne croyoient pas même l'intégrité capable d'opérer; quand ils ſe ſont familiariſés avec la honte, & que tranquillement couverts d'ignominie, la gloire ne leur paroît plus qu'une vaine chimère. Alors il n'y a plus d'eſpérance, & le danger eſt d'autant plus effrayant, que ſi la république n'eſt plus agitée par ces commotions violentes, ce calme apparent n'eſt rien moins que de la tranquillité : c'eſt une vraie léthargie, un engourdiſſement apoplectique, qui prouve que les citoyens n'ont pas même de ces vices qui annoncent une ſorte de force & d'élevation dans l'ame. Ils ne ſont animés que par un vil intérêt; règle unique de leurs actions, ame de leurs penſées. Alors on voit les magiſtrats ſe tendre mutuellement des pièges; l'ambitieux recourir aux moyens les plus lâches, décrier par des calomnies, de ſourdes délations, les concurrens contre leſquels il n'oſe lutter ouvertement, & n'oppoſer à ſes rivaux, qu'il ſent bien ne pouvoir égaler en mérite que la trahiſon, la perfidie, les plus déteſtables noirceurs. Quand la licence & la corruption ſont parvenues à ce comble, quelle main aſſez puiſſante retiendroit la république ſur le penchant du précipice qui eſt ouvert ſous ſes pas? Ce ſeroit ſe flatter d'une eſpérance vaine que d'attendre une heureuſe révolution : quand même un tyran s'éleveroit parmi les citoyens, & voudroit, en les foulant aux pieds, qu'il n'y eût d'or, d'argent, de luxe & de voluptés que pour lui, les ames de ces républicains, mollement effarouchées par la perte même de leurs plaiſirs, ne réprendroient point aſſez de vigueur pour ſortir de leur léthargie. Les faſtes de l'hiſtoire n'offrent qu'un ſeul exemple d'un état parvenu au dernier degré de la dépravation, & rendu tout-à-coup à la vertu. Ce fut Lacédèmone plongée dans le luxe, profondément engourdie dans la molleſſe, enivrée de voluptés, avilie par la débauche, & ramenée à la tempérance, à l'intégrité des mœurs par l'heureuſe violence que lui fit Lycurgue, qui, n'étant point choiſi par les ſpartiates pour leur donner des loix, comme Solon par les athéniens, médita ſon projet de réforme avec trente citoyens ſeulement qui lui promirent de le ſeconder : vingt-huit lui reſtèrent fidèles; il leur ordonna de ſe rendre armés ſur la place publique; il y publia ſes loix, & intimida ceux qui profitoient des déſordres publics.

Des obſervations qui ont été faites juſqu'à préſent, voici les conſéquences que l'on en doit tirer, & ces conſéquences ſont autant de prin-

POL

cipes qui démontrent combien est étroite l'union de la politique avec la morale : il faut en conclure 1°. que sans les mœurs, les loix sont inutiles, & qu'on n'y obéira point ; 2°. que ce sont les mœurs domestiques qui font les mœurs publiques ; 3°. que la vertu seule peut rendre un état constamment heureux & florissant : 4°. que l'ambition, l'injustice, l'intrigue, l'artifice, les richesses, la force, la violence peuvent procurer quelque succès ; mais que ce succès est passager, & n'a que des suites funestes ; 5°. que la politique n'est une science sûre & facile, qu'autant qu'elle est fondée sur ces principes : 6°. que celle qui s'occupe au-dedans à combattre tantôt un vice, tantôt un autre, à tromper le citoyen, ou à le gouverner par la crainte, ne sauroit, quelque activité qu'on lui donne, suffire aux besoins de la société : 7°. que quand les citoyens d'une république sont parvenus à aimer leurs devoirs, il faut tâcher de les leur faire aimer davantage ; ne point se reposer, parce que les passions qu'on a à combattre ne se reposent jamais : 8°. que comme on n'est jamais assez vertueux, attendu qu'on n'est jamais trop heureux, qui s'arrête dans le chemin de la vertu, a déjà reculé sans s'en appercevoir : que toute maladie d'état s'annonçant par quelque symptôme, il ne faut pas attendre qu'elle soit formée pour y apporter du remède, pouvant y en avoir qui seront incurables en naissant : 10°. que les plus grands ennemis des hommes étant leurs passions, il faut en connoître la marche sourde & tortueuse, afin de ne pas être surpris dans ses aspirations, comme un général qui négligeroit de s'instruire des mouvemens de son ennemi ; 11°. que l'homme d'état qui dirige une république, ne doit compter sur ses alliés qu'autant qu'elle lui fait du bien, & qu'ils peuvent se confier à sa justice & à son courage : 12°. enfin que c'est aimer sa patrie & la servir utilement, qu'aimer tous les hommes & leur faire du bien.

POLOGNE, contrée de l'Europe : avant le dernier partage, cet état, en y comprenant les provinces incorporées, étoit borné au nord & à l'est par l'empire de Russie & la Prusse ; au sud, par la Turquie, la Transylvanie, la Hongrie ; à l'ouest, par l'Allemagne : il touchoit vers le nord & l'ouest à la mer Baltique : on évaluoit sa surface à environ 13,400 milles quarrés géométriques : nous indiquerons plus bas d'une manière précise les portions qu'en ont détachées, la Russie, la Prusse & la maison d'Autriche.

Nous avons fait un article particulier sur le grand duché de Lithuanie, & nous nous bornerons ici 1°. à des recherches sur l'origine & les révolutions du gouvernement de la Pologne ; 2°. nous ferons des remarques sur la dernière guerre civile, sur le partage de la Pologne, & sur les

changemens faits à la constitution de ce pays : 3°. nous parlerons des portions échues à chacune des trois puissances : 4°. nous traiterons du gouvernement actuel de la Pologne, & nous ferons des remarques sur ce gouvernement : 5°. nous parlerons des finances, du commerce & de l'état de l'armée : 6°. du triste état de la Pologne, des diverses classes d'habitans, de la servitude & de ses fâcheux effets, de la population, &c.

SECTION PREMIERE.

Recherches sur l'origine & les révolutions du gouvernement de la Pologne. Des causes de l'affoiblissement du pouvoir de ses rois, & de l'établissement d'une monarchie entièrement élective.

L'histoire de la Pologne ne commence à acquérir quelque clarté & quelque certitude que sous la seconde race de ses rois : car ce qu'on raconte de la première ou de la race de Lesko, & même de la seconde ou de celle de Piast, n'est guère qu'un tissu de fables. Les polonois étoient encore payens, barbares, & sans aucune connoissance des lettres. Ce ne fut que vers la fin du dixième siècle, sous Miciflas II, qu'ils commencèrent à être connus des nations voisines, dont les historiens entrent dès-lors dans quelques détails sur ce qui les concerne.

On a disputé sur la forme du gouvernement adopté en Pologne sous cette seconde race de ses rois. Les uns ont cru qu'ils étoient électifs, & que leur autorité étoit très-limitée ; d'autres pensent au contraire qu'ils étoient héréditaires, & que leur pouvoir étoit presque absolu. On peut concilier ces deux opinions, si l'on observe que la couronne pouvoit être jugée héréditaire, parce qu'elle se perpétuoit dans la même famille. Elle paroissoit élective, parce qu'à la mort du monarque, son successeur étoit reconnu & proclamé dans l'assemblée des états de la nation. A l'égard du degré d'autorité dont il jouissoit, il varioit beaucoup sans doute, & dépendoit des circonstances, & sur-tout du bonheur & de la capacité du prince.

Vers la fin de cette seconde race, Casimir le grand vint à bout de réduire dans de justes bornes l'autorité turbulente & oppressive des grands de son royaume, & il accorda divers privilèges à la noblesse du second ordre. Mais Louis de Hongrie, son neveu & son successeur, étoit étranger, & il ne put obtenir la couronne qu'en souscrivant à une diminution de pouvoir, qui détruisit bientôt l'ouvrage de Casimir. Ce prince ne laissa point de fils. Les polonois ne voulant point l'empereur Sigismond son gendre pour roi, appellèrent au trône Ladislas Jagellon, duc de Lithuanie, qui en acceptant ce bienfait, ne pouvoit refuser de souscrire, comme son prédécesseur, aux conditions qu'on y attachoit, &

en

en particulier à celle de ne point impofer de taxes à la nation fans fon confentement. Ses fucceffeurs cédèrent la plupart des droits de la prérogative royale, pour obtenir des fubfides de la nobleffe. Enfin, fous l'un de ces princes de la maifon de Jagellon, les grands qui afpiroient depuis long-temps au droit de choifir un roi à leur gré, obligèrent Sigifmond-Augufte en 1550 à foufcrire la loi qui donnoit à la nation le droit illimité d'élection à chaque vacance du trône; & ce prince n'ayant point d'héritier mâle, cette loi qui eût pu être éludée par un proche parent, eut fon entière exécution.

C'eft ainfi que la coûronne de *Pologne* devint élective fans aucune réserve, & que cette nouvelle forme de gouvernement fut établie fur les bafes les plus folides. En effet, on dreffa vers la même époque, dans une diète générale, une efpèce de charte ou de capitulation, contenant tous les droits que la nation fe réfervoit, & que les candidats au trône devoient reconnoître avant leur élection. Cette charte, connue en *Pologne* fous le nom de *pacta conventa*, renfermoit toutes les conceffions faites par Louis & fes fucceffeurs; avec les additions fuivantes : 1°. que la couronne feroit élective, & que le roi ne fe donneroit jamais un fucceffeur pendant fa vie : 2°. que les diètes générales feroient affemblées tous les deux ans : 3°. que tout noble fujet du royaume auroit droit de fuffrage dans la diète d'élection : 4°. que fi le roi portoit quelque atteinte aux loix & aux privilèges de la nation, les fujets feroient déliés de leur ferment de fidélité. Ces *pacta conventa* ont été étendus encore dans certaines occafions, & tous les rois élus dès-lors les ont confirmés à leur couronnement.

Il étoit naturel qu'en recevant le don d'une couronne, fur laquelle ils n'avoient aucun droit, ces princes ne fe montraffent pas difficiles, & ne s'expofaffent point à fe voir préférer des concurrens qui l'auroient été moins qu'eux. Après l'avoir reçue, il étoit encore fort fimple qu'ils aimaffent mieux en perdre quelque fleuron que de la perdre toute entière. C'étoit un effet de la loi, qui donnoit à la nation le droit de la leur ôter. Auffi voyons-nous fous les rois élus, l'ariftocratie faire de nouveaux & de rapides progrès. Henri de Valois, le premier qui le fut felon les nouvelles conftitutions, prodigua l'or & les promeffes pour s'affurer la pluralité des fuffrages. Cette méthode fut néceffairement adoptée par fes fucceffeurs, & elle rendit le droit électif encore plus cher aux polonois. Sous Etienne Batori, on foumit le roi à l'infpection de feize fénateurs choifis par la diète, fans l'aveu defquels il ne pouvoit prendre aucune réfolution importante. On lui ôta en 1578 le droit de juger en dernier reffort les caufes de la nobleffe, à moins que le fait qui y donnoit lieu ne fe fût paffé à une très-petite diftance du lieu où il réfidoit. On établit

des cours fouveraines de juftice, dont les membres font élus par les nobles de chaque palatinac ou province. Sous le règne turbulent de Jean Cafimir, on introduifit le *liberum veto*, ou le droit dont jouit chaque député, de s'oppofer par fa feule négative à toute réfolution qui fe prend dans une diète contre fon gré, & de rompre & diffoudre même la diète par ce feul acte, privilège refufé au fouverain, & qui fuffifoit pour rompre tout équilibre de pouvoir, & plonger l'état dans l'anarchie.

Il reftoit cependant au roi de *Pologne* une prérogative précieufe, qui pouvoit lui conferver beaucoup d'influence dans les confeils de la nation : c'étoit lui qui étoit la fource des honneurs & des graces; il conféroit feul les ftarofties & les principales dignités de la république; mais on a encore privé le roi régnant de cette prérogative, par l'établiffement du confeil permanent.

On voit, par cette efquiffe des révolutions du gouvernement de *Pologne*, que depuis la fin du quatorzième fiècle jufqu'à notre tems, les grands & la nobleffe n'ont pas ceffé de travailler avec fuccès à élever leur autorité fur les ruines de celle du roi; qu'en laiffant fubfifter ce nom & une image du gouvernement monarchique, ils ont établi dans le fait l'ariftocratie la plus abfolue; enforte que cette liberté dont quelques polonois fe glorifient, n'eft que le pouvoir du petit nombre & l'oppreffion du plus grand, un partage inégal qui place les grands au-deffus des loix, & refufe au refte de la nation tout moyen d'en être protégée. On pourroit croire que fi les polonois font libres, c'eft fur-tout lors de l'élection de leur roi, celui de tous leurs privilèges dont ils fe glorifient le plus. Cependant un de leurs meilleurs politiques, Sarniski, s'adreffant à eux, leur difoit fort bien : *parcourez vos annales, & vous y trouverez à peine un feul exemple d'une élection libre.* Un autre hiftorien polonois très-eftimé, le célèbre Staniflas Lubicnsky, évêque de Plotsko, foutient avec raifon que les polonois fi fiers de leur liberté prétendue, font en effet de vrais efclaves, & que c'eft-là l'effet de leur paffion inconfidérée pour la liberté. Leur hiftoire prouve, fans réplique, qu'ils étoient plus libres chez eux, plus indépendans, plus refpectés au-dehors, lorfque leur fouverain jouiffoit d'une plus grande autorité; lorfque les nobles affiftoient aux diètes fans avoir le droit de les diffoudre; lorfqu'ils étoient foumis, eux & leurs ferfs, à la jurifdiction du roi. On voyoit, fous les rois Jagellons, des villes floriffantes qui font aujourd'hui dans l'état le plus miférable. Leurs citoyens ont perdu le droit de fe faire repréfenter dans les diètes. La mifère des payfans s'eft accrue avec le pouvoir des nobles. Le roi n'a plus été en état de les protéger. Une confufion générale s'eft introduite dans l'adminiftration des affaires publiques; les mefures les plus néceffaires, les plus preffantes ont été négligées. Perfonne n'a pris foin de la chofe publique, & l'état a été plongé dans une véritable anarchie.

Enfin la *Pologne*, autrefois redoutable à fes voifins, a perdu depuis cette époque plufieurs de fes provinces, & derniérement elle a effuyé une perte immenfe par le fameux partage. Un royaume qui comptoit douze millions d'habitans, n'eût jamais été expofé, fous un bon gouvernement, à un fi grand revers, & il eft moins que jamais à l'abri d'en éprouver de nouveaux. Sa fituation eft telle qu'il fera encore obligé de fubir la loi la plus dure, toutes les fois que fes voifins voudront fe réunir pour la lui dicter.

Le roi Staniflas Letzinski & l'abbé Konarski font les écrivains polonois qui ont expofé avec le plus de force, tous les abus du gouvernement. Mais que peuvent les repréfentations de quelques fages contre la fureur des factions, les préjugés & l'intérêt d'une nobleffe tumultueufe, les cabales & les intrigues des puiffances voifines? La *Pologne*, fans armée, fans argent, fans fortereffes, avec fon mauvais gouvernement, fource de tous fes autres maux, ne fe relevera jamais. Ses infortunes, loin de ceffer, s'accroîtront vraifemblablement, à moins que, par quelque caufe imprévue, elle ne devienne une monarchie héréditaire, ou une république bien ordonnée; ou, ce qui eft bien plus probable, qu'elle ne foit conquife par fes puiffans voifins.

S E C T I O N I I e.

Remarque fur le dernière guerre civile, fur le partage de la Pologne & les changemens faits à la conftitution de Pologne.

« A la mort d'Augufte II, dit M. Coxe, Staniflas Augufte, fils du comte Poniatowski, l'ami & le compagnon de Charles XII, fecondé par l'impératrice de Ruffie, par le roi de Pruffe, par une partie de nobles, & recommandé par fes qualités perfonnelles, fut élevé au trône de *Pologne*. Cinq mille Ruffes campoient à peu de diftance de la plaine de Vola, où s'affemble la diète d'élection, d'où ils maintenoient l'ordre, & réprimoient la violence du parti oppofé. Depuis un fiècle on avoit vu plus d'un exemple femblable; & cette manière de procéder, quelque déplaifir qu'elle caufât à une nobleffe factieufe & violente, étoit juftifiée par la néceffité de prévenir l'effufion de fang qui avoit fouvent inondé ces tumultueufes affemblées ».

« Staniflas étoit alors âgé de 32 ans. C'étoit l'année 1764. Ses vertus & fon habileté étoient fans doute bien propres à rétablir & à fauver la *Pologne* fi la conftitution même de ce royaume ne les eût enchaînées, fi je puis ainfi parler. On fe promettoit déja les plus grands avantages de fon

gouvernement, quand les factions d'un peuple turbulent, animées par les intrigues des puiffances voifines, firent évanouir ces efpérances. Elles prirent de l'ombrage des mefures que ce prince avoit adoptées pour rétablir l'ordre dans fon royaume, & l'affranchir de la dépendance où il étoit des étrangers. Une partie des polonois eux-mêmes s'y oppofa auffi; & pour furcroît de maux, des querelles de religion fe joignant aux diffentions politiques, allumèrent les feux d'une des plus cruelles guerres civiles qui aient jamais défolé la *Pologne*. L'ordre de ceux qu'on appelle dans ce royaume diffidens, ayant été le prétexte ou le fujet de ces malheureux différends, il n'eft pas inutile d'expliquer ici leur origine, leurs droits & leurs prétentions ».

« La doctrine des proteftans pénétra en *Pologne* fous Sigifmond I, qui perfécuta ceux qui l'embrafsèrent. Leur nombre ne laiffant pas que de s'accroître, fon fils Sigifmond Augufte leur accorda la liberté entière du culte, & même les admit, ainfi que les grecs & les autres fectes, qui étoient alors tolérées en *Pologne*, au droit de fuffrage dans les diètes, & à tous les honneurs & privilèges réfervés pour les feuls Catholiques. La nation approuva cette tolérance; elle confentit à ce que la différence d'opinion en matière de religion n'en produifît aucune dans les droits civils & politiques; & dans les pacta conventa, prefcrits aux fucceffeurs de Sigifmond, on inféra cet article dont le roi juroit l'obfervation comme des autres. *Je maintiendrai la paix entre les diffidens*, car ce nom défignoit tous les fujets indifféremment, confidérés comme étant partagés en différentes fectes. Henri de Valois tenta inutilement d'éviter de foufcrire cet article. On le menaça de lui ôter la couronne, & il fe foumit ».

« Mais les catholiques ayant repris fous fes fucceffeurs plus de crédit & d'afcendant, reprirent auffi le projet de faire dominer exclufivement leur églife. Ils commencèrent par interdire & chaffer même de la *Pologne* la fecte des ariens qui y étoit nombreufe, & les proteftans & les grecs fe joignirent fur cet objet aux catholiques. Les catholiques, devenus plus puiffans, attaquèrent leurs droits & leurs privilèges l'un après l'autre, & parvinrent enfin en 1733 à les faire exclure des diètes ».

« Ces perfécutions diminuèrent le nombre des diffidens, & par cela même leurs remontrances furent méprifées. Les catholiques encouragés par le fuccès, allèrent jufqu'à faire déclarer coupables de haute trahifon, les diffidens qui tenteroient d'obtenir le rétabliffement des anciennes loix de tolérance par l'interceffion des puiffances étrangères, quoique plufieurs de ces puiffances euffent été garantes du traité d'Oliva, qui avoit affuré aux diffidens les privilèges dont on les dépouilloit ».

« Tel étoit l'état des affaires en *Pologne* lors de

l'avénement du roi régnant. Ami de la tolérance, il étoit obligé cependant de céder aux volontés de la diète, & d'exécuter ses décrets contre les dissidens. Alors ceux-ci s'adressèrent aux cours de Londres, de Pétersbourg, de Berlin, de Copenhague, garantes du traité d'Oliva. Ils en obtinrent des réponses favorables. Il paroît qu'on excita les dissidens à réclamer ces secours; car à l'époque (en 1764) où ils firent leurs dernières réclamations, les protestans avoient deux cents temples en *Pologne;* ils exerçoient par-tout librement leur culte dans leurs maisons; ils jouissoient d'une sûreté parfaite dans leurs propriétés; ils possédoient des starosties, des régimens, un grand nombre de compagnies & de grades militaires. S'ils étoient opprimés, ce n'étoit donc point par des violences ni par la privation des droits civils; mais simplement par l'exclusion des charges & des dignités.

Leurs confédérations à Sluck & à Thorn ne comptèrent que 573 signatures; c'étoit à peine un quinze millième de la nation. Une pareille disparité exclut toute idée d'une guerre civile; & s'il existe dans l'histoire un fait authentique, c'est que, livrés à leur propre mouvement, ces dissidens qui appellerent leur patrie des armes étrangères, n'eussent jamais imaginé d'obtenir par la violence, & malgré la république, d'être associés à sa législation.

La Russie qui les encouragea, après avoir appelé leurs chefs, le staroste & le général Grabowski, pour recevoir leurs plaintes, n'étoit point garante du traité d'Oliva, comme l'a dit M. Coxe à qui nous devons les détails, elle n'y avoit même pas accédé, elle n'y étoit pas intervenu. Il est encore plus que douteux que ce traité autorisât le moins du monde les prétentions des dissidens.]

Il ne faut pas juger les actes de ce genre par les maximes ou par les théories exposées dans des livres; il est sur-tout équitable de les comparer à ce qui se fait ailleurs. M. Coxe, en se rappelant l'exemple de tous les états catholiques ou protestans, auroit dû voir, avec sa pénétration ordinaire, les inconvéniens politiques d'une tolérance plus étendue, dans une république déchirée, en proie à une influence étrangère. Ouvrir l'entrée à quatre religions différentes dans le conseil législatif d'un état anarchique, où la voix d'un seul peut arrêter l'activité de tous, étoit une opération qui exigeoit du temps, de la prudence, & que la présence d'une armée protectrice des dissidens, devoit faire regarder comme bien redoutable à l'indépendance de la république.

Quoiqu'il en soit les cours étrangères firent demander à la diète le rétablissement de tous les privilèges des dissidens; mais ils trouvèrent dans la diète de 1766 des dispositions bien différentes.

Les catholiques déclarèrent que les dissidens n'avoient aucun droit de réclamer des privilèges anéantis par plusieurs diètes. Ils proposèrent de passer des loix sévères contre tous ceux qui les favoriseroient. Il s'éleva de violentes altercations à la lecture des mémoires des cours de Prusse & de Russie. On craignit des scènes violentes. Le roi se retira. Les séances suivantes ne furent pas moins orageuses; enfin, les plus modérés étant les plus foibles, la diète confirma en entier les loix qui fermoient aux dissidens l'entrée de ces assemblées. On se contenta, par égard pour les puissances, de leur accorder un plus libre exercice de leur culte; mais ces concessions ne parurent point suffisantes à l'impératrice de Russie. Elle s'en plaignit à la diète, & les dissidens ainsi encouragés & séduits d'ailleurs, formèrent des confédérations dans diverses provinces. Plusieurs catholiques mécontens se joignirent à eux. Un corps considérable de Russes les joignit, & occupa la ville de Thorn, où s'étoit formée la première confédération; & les cours de Londres, de Copenhague, de Stockholm & de Berlin, firent connoître publiquement l'approbation qu'elles donnoient à ces mesures.

Les disputes embrassèrent bientôt de nouveaux objets. On mit en avant des griefs politiques. Des nobles catholiques formèrent des confédérations, & affectèrent de paroître amis des Dissidens. Le prince Radziwill qui s'étoit signalé par son opposition à l'élection du roi, fut élu maréchal de toutes les confédérations catholiques qui se réunirent pour former une puissante association sous le nom de *mécontens*; & peu de temps après, cette ligue s'unit de nouveau avec celle des dissidens, dans le palais du prince de Radziwill, à Varsovie. Cependant le roi convoquoit une diète extraordinaire, dans le dessein de prévenir une guerre civile, & d'appaiser l'impératrice de Russie dont les troupes étoient déja à la porte de Varsovie. Cette diète fut très orageuse. L'évêque de Cracovie & ses partisans ayant déplu à la cour de Pétersbourg, elle fit arrêter ce prélat de nuit avec l'évêque de Kiof, & un petit nombre d'autres personnes. On les envoya en Russie sans autre examen, & ils y furent long-temps détenus (1). La diète fut intimidée; & enfin, après bien des débats, elle se sépara en nommant un comité qu'elle chargea de régler les affaires des dissidens, de concert avec les ministres des cours. Dès-lors la présence des troupes Russes donna un autre tour aux délibérations de ce comité, & de la diète à laquelle il fit son rapport. Les dissidens y obtinrent tout ce qu'ils demandoient.

Personne ne s'opposa au rétablissement des loix

---

(1). L'évêque & ses associés furent arrêtés le 13 octobre 1766, & relâchés seulement au commencement de 1773.

qui leur étoient les plus favorables, ni aux autres réglemens que la Ruffie voulut faire passer dans cette diète, & qui étoient visiblement destinés à perpétuer l'état de foiblesse & d'anarchie de la Pologne, & à lui ôter tout moyen de résister aux projets ambitieux de ses voisins.

Les Polonois mécontens avoient certainement bien des sujets de l'être. Les loix passées à la dernière diète, ressembloient plutôt aux décrets d'un vice-roi absolu établi par la Ruffie, qu'aux résolutions d'un peuple libre. Le traitement qu'avoient essuyé l'évêque de Cracovie & ses partisans, ne laissoit plus de liberté dans les délibérations; & les cours de Pétersbourg & de Berlin annonçoient aux Polonois, en entrant dans toutes leurs affaires, qu'elles ne vouloient plus leur laisser qu'une ombre de liberté. Les mécontens trouvoient dans tous ces malheurs autant de prétextes pour s'élever & se liguer contre le roi. A peine la diète eut-elle été dissoute, que les catholiques renouvellèrent leurs plaintes au sujet des privilèges accordés aux dissidens, & formèrent des confédérations vers les frontières de la Turquie. Il paroît que par une de ces supercheries ordinaires aux hommes qui veulent mener les peuples, ils parlèrent beaucoup des dangers que couroit la *foi catholique*, mais qu'ils étoient animés par d'autres motifs, & peut être séduits, sans le savoir, par les cours étrangères. Ils s'emparèrent de la forteresse de Bar en Podolie, & de la ville de Cracovie. Les troupes que le roi envoya pour s'opposer à leurs progrès, furent défaites ou séduites, & une partie se joignit aux confédérés. Devenus plus redoutables de jour en jour, les Russes seuls pouvoient les contenir. Aussi le sénat fit-il prier l'ambassadeur de Ruffie de ne pas renvoyer ces troupes; & cette demande fut aisément accordée. Ainsi la guerre fut allumée dans presque toutes les parties de la Pologne qui devinrent un théâtre de carnage & de dévastations. Dans les divers combats qui se donnèrent, la bonne discipline des Russes leur assura le plus souvent la supériorité. Les confédérés soutinrent cependant leurs efforts pendant près de cinq ans, de 1768 à 1773. Ils furent d'abord encouragés secrètement par la maison d'Autriche, ensuite secourus par les turcs, & les françois leur fournirent de l'argent & des officiers.

Le projet de partager & démembrer la *Pologne* fut formé dans un si profond secret, qu'à peine en eut-on quelque soupçon lorsqu'on le mettoit déja en exécution. La sûreté de la *Pologne* étoit due principalement à sa situation. Placée entre trois grandes Puissances jalouses les unes, des autres, il sembloit que leur union fût impossible, & il ne l'étoit pas moins, à ce qu'on croyoit, que si cette union avoit lieu, les autres princes pussent voir tranquillement qu'en s'aggrandissant aux dépens de ce royaume, ses voisins rompissent aussi essentiellement l'équilibre de l'Europe.

D'un autre côté, on avoit garanti à la *Pologne*, par des traités multipliés, toutes ses possessions, & ces mêmes puissances qui les démembrèrent ensuite, avoient renoncé solemnellement, à l'occasion de l'élection du roi régnant, à toute prétention sur quelque partie que ce pût être de ce royaume. Mais les traités n'ont guère de force qu'autant qu'on n'a point d'intérêt à les enfreindre, & une nation qui fonde sa sûreté sur un pareil appui ne tarde pas à reconnoître combien elle est précaire, si celui de la force, de l'union, du courage n'y est joint. La *Pologne* avoit dans son sein des forces suffisantes pour se défendre contre l'ambition de ses voisins; & cette garantie eût mieux valu pour elle, si elle eût su en user, que les traités, la jalousie subsistante entre ses voisins, & l'attachement des autres puissances au système de l'équilibre. C'est une chose bien remarquable dans cette circonstance, que l'affoiblissement de cette nation rélativement aux puissances qui la dépouilloient. La Prusse étoit encore au siècle dernier un fief relevant de la couronne de *Pologne*. Les polonois avoient été maîtres de Moscow, & s'étoient fait redouter des ruffes. Il n'y avoit pas un siècle que l'archiduc d'Autriche avoit dû la délivrance de sa capitale, & peut-être son existence, comme souverain, au roi de *Pologne* Jean Sobieski. C'étoit après avoir ainsi donné la loi à ses voisins, que la *Pologne* la recevoit d'eux à son tour. Mais que ne peut opérer pour la ruine ou la grandeur d'un peuple un bon ou un mauvais gouvernement! Tandis que tous ceux des autres nations se perfectionnoient, celui de *Pologne* se dégradoit de jour en jour, & n'offroit plus qu'une proie facile à d'ambitieux conquérans.

On assure que le partage de la *Pologne* fut d'abord projeté par le roi de Prusse. La Prusse-polonoise étoit depuis long-temps l'objet de son ambition. Sans parler de sa fertilité, de son commerce, de sa population, elle étoit extrêmement à sa bienséance à cause de sa situation. Cette province séparoit ses provinces d'Allemagne, de la Prusse orientale qui lui appartient, & coupoit ainsi la communication entre ces deux parties de ses états. Il avoit éprouvé dans la dernière guerre tous les inconvéniens de cette position. En acquérant la Prusse polonoise, il pouvoit faire marcher des troupes de Berlin à Koenigsberg sur ses terres; ses états arrondis formoient un corps capable de plus de résistance. La circonstance favorisoit ses désirs & son projet. Il travailla à l'exécuter avec toute la circonspection d'un habile politique. Indifférent en apparence aux troubles de *Pologne* dans leurs commencemens, quoiqu'il eût secondé l'élection du roi, il ne lui donna aucun secours contre les confédérés. Ensuite, quand la *Pologne* entière fut en proie aux troubles civils, & désolée par la peste en 1769, il prit le prétexte de ce dernier fléau pour faire marcher des troupes fur les frontières, & pour occuper toute la Pruſſe-polonoiſe.

Mais ce n'en étoit pas aſſez pour s'aſſurer de cette province. Il falloit le conſentement de la Ruſſie & de l'Autriche. De-là naquit l'idée d'un partage entre ces trois puiſſances. On eſt perſuadé qu'il la communiqua à l'empereur, ou dans ſon entrevue avec ce prince à Neiſſ en Siléſie en 1769, ou dans celle de l'année ſuivante à Neuſtadt en Autriche. Cette ouverture fut très-bien reçue. Joſeph qui avoit juſqu'alors encouragé ſecrètement les confédérés, & même entamé une négociation avec la Porte contre la Ruſſie, changea ſubitement de meſures, & fit marcher de nouvelles troupes vers les frontières de la *Pologne*. La peſte qui affligeoit ces contrées lui fournit, comme au roi de Pruſſe, un prétexte ſpécieux pour occuper les provinces de la république voiſines de ſes états. Il étendit ſes lignes ſucceſſivement; & en 1772, il avoit déja pris poſſeſſion de tout ce qui lui échut enſuite par le traité de partage. Ses vues reſtèrent ſi ſecrètes, ou du moins les confédérés prirent tellement le change, qu'ils ne doutoient pas que cette armée Autrichienne ne vînt à leur ſecours, perſuadés de l'impoſſibilité d'un concert entre les cours de Vienne & de Berlin.

Il ne manquoit plus que l'acceſſion de l'impératrice de Ruſſie. On ajoute que cette habile princeſſe ne pouvoit voir ſans jalouſie des puiſſances étrangères prendre pied en *Pologne*. Elle ſentoit que l'aſcendant tout puiſſant dont elle jouiſſoit dans ce royaume, valoit mieux que l'acquiſition de quelqu'une de ſes provinces. Auſſi le roi de Pruſſe attendit-il qu'elle fût engagée dans une guerre avec les turcs pour entamer avec une princeſſe qu'il connoiſſoit ſi éclairée, une négociation ſur le partage projeté. Alors il lui envoya ſon frère le prince Henri qui lui fit entendre que la cour de Vienne étant ſur le point de ſe lier avec la Porte, & le danger qui en réſulteroit pour elle étant évident, elle devoit le prévenir & regagner l'amitié de la cour de Vienne, en conſentant au partage; à cette condition, ajoutoit-il, cette cour renonceroit à toute alliance avec les turcs, & laiſſeroit la Ruſſie maîtreſſe de pourſuivre la guerre contr'eux.

Il paroît que Cathérine déſirant de pourſuivre ſes conquêtes de ce côté-là, craignant que l'empereur ne ſecourût les turcs, comprenant enfin que dans ſa ſituation actuelle, elle ne pourroit empêcher l'empereur & le roi de Pruſſe de partager la *Pologne*, s'ils y étoient réſolus, ſe détermina à la partager avec eux, & prit pour ſa part une partie conſidérable de ce royaume. Le traité entre ces puiſſances fut donc ſigné à Péterſbourg, en février 1772.

Leurs troupes occupant déja la plus grande partie de la *Pologne*, les confédérés preſſés de toutes parts furent bientôt diſperſés & ſoumis.

L'Europe attendoit avec inquiétude quelle ſeroit l'iſſue de tant de négociations, & ſurtout de ce concert imprévu entre les trois puiſſances. Mais le ſecret fut ſi bien gardé ſur le partage, que le traité avoit été ratifié ſans qu'on ſût autrement que par de vagues conjectures quel en étoit l'objet. La première fois qu'on en donna une connoiſſance authentique au public, ce fut en ſeptembre 1772. Alors l'ambaſſadeur de l'empereur fut chargé de la notification du traité auprès du roi & du ſénat de *Pologne*. Les cours de Ruſſie & de Pruſſe leur remirent de même des mémoires contenant l'expoſé de leurs prétentions. Il ſeroit trop faſtidieux de rendre compte ici de ces prétentions, des raiſons ſur leſquelles les cours les fondoient, & de celles que les polonois alléguèrent pour leur défenſe. Leur appel à la garantie que d'autres cours leur avoient donnée de toutes leurs poſſeſſions, des repréſentations de ces cours en leur faveur, des remontrances & des plaintes ſans aucun effet, tout cela eſt connu, & peut même ſe deviner au beſoin. Il ſuffit de dire que malgré leurs cris & leurs ſollicitations, les polonois furent obligés de ſe ſoumettre au démembrement de leur pays, & de reconnoître que cette cruelle néceſſité étoit l'effet de leurs factions, de leurs diſſentions, de l'anarchie en un mot dans laquelle ils étoient plongés.

On exigea d'eux qu'une diète ratifiât la ceſſion des provinces dont on les dépouilloit. Après quelques délais, le roi fit expédier l'ordre pour la convocation de cette diète. Il étoit conçu en ces termes «. Puiſqu'il ne nous reſte plus aucune eſpérance d'être ſecourus, & que de plus longs » délais ne ſerviroient qu'à attirer les plus gran-» des calamités ſur ce qui reſte de la république, » la diète eſt convoquée pour le 19 Avril 1773, » conformément à la volonté des trois cours. Cependant, pour éviter tout reproche, je ſuis » de l'avis du ſénat, en appelle encore aux puiſ-» ſances garantes du traité d'Oliva ».

La diète ſe forma au temps fixé, & malgré la déplorable ſituation de leurs affaires, malgré les menaces & les préſens, les députés eurent aſſez de courage pour faire encore une longue réſiſtance. Pendant quelque temps la pluralité des députés, s'oppoſa au démembrement, & le roi perſiſta avec fermeté dans cet avis. Les ambaſſadeurs voyant cette oppoſition joignirent à leurs demandes les plus terribles menaces. On annonça au roi qu'il ſeroit arrêté & dépoſé. Ils firent entendre par leurs émiſſaires que Varſovie ſeroit livrée au pillage; & cette menace fit une grande impreſſion ſur les habitans de cette capitale. On gagna le maréchal de la diète, qui ne marchoit qu'eſcorté par une garde ruſſe. Par toutes ces manœuvres on extorqua enfin à la diète une ſorte de conſentement. Dans le ſénat il n'y eut qu'une pluralité de ſix voix pour approuver le démembrement; & dans l'aſſemblée des nonces

ou députés des provinces ; ce ne fut que d'une
feule voix que cet avis paffa (1). En même temps
on rendit un décret qui limitoit les féances de
la diète à un petit nombre de jours , & l'on
nomma des commiffaires munis de plein-pouvoirs
pour convenir avec les ambaffadeurs de toutes
les conditions du traité de partage. La diète finit
au mois de mai, & déja au mois de feptembre
fuivant on figna de part & d'autre le traité tel
que les cours l'avoient dicté. Quelques nobles ,
dans diverfes provinces , défefpérés de fe voir réduits à la condition de fujets , après avoir été fi
long-temps maîtres & fouverains, répandirent
encore des manifeftes, & des remontrances. Mais
les cours firent à peine quelque attention à ces
dernières convulfions d'une nation qui expiroit.

La Ruffie acquit par ce traité la plus grande
portion en étendue, l'Autriche la plus peuplée ,
la Pruffe la plus commerçante. La population de
ces trois portions réunies, fe monte à près de
cinq millions d'ames. Celle de Ruffie en contient
un million & demi ; celle de l'Autriche deux millions & demi ; celle de la Pruffe huit cent foixante
mille. La perte de la Pruffe polonoife a été
furtout fenfible aux polonois. Ils ont perdu avec
cette province la navigation de la Viftule, dont
le roi de Pruffe eft aujourd'hui le maître. Ainfi
le commerce de la *Pologne* eft devenu abfolument
précaire, & ce prince ayant affujetti à de grands
droits les marchandifes qui paffent par Dantzig ;
il a diminué confidérablement le commerce de
cette ville , & l'a transporté en grande partie dans
fes villes de Memel & de Kœnigsberg.

Mais ce n'eft pas là tout le mal que les trois
puiffances ont fait à la *Pologne*. Elles lui ont porté
un coup plus funefte encore en y établiffant une
forme de gouvernement qui ne peut qu'y perpétuer l'anarchie & la confufion, & hâter le moment de fon entière décadence. Sous prétexte de
corriger les défauts de fa conftitution politique,
on les a rendus plus grands & plus incurables ,
de peur qu'elle ne pût un jour reprendre quelque vigueur, & tenter de fortir du miférable état
auquel elle eft réduite.

Ces commiffaires qui ratifièrent le traité de
partage, reçurent auffi de la diète des pouvoirs
pour travailler avec les miniftres des trois cours
aux changemens que pourroit demander la conftitution politique du royaume. Munis de ces pleins-
pouvoirs, ils continuèrent leurs conférences, depuis le mois de mai 1773 jufqu'en mars 1775,
& on différa la tenue d'une diète jufqu'à ce que
les commiffaires fuffent d'accord fur toutes les
nouveautés propofées par les ambaffadeurs des
cours. Malgré la malheureufe pofition où étoient
les polonois, & la force prépondérante des cours,

le roi & la pluralité des députés refuférent d'a-
bord leur confentement à ces innovations ; &
lorfque la diète fut appelée à en délibérer, on
déclama avec une grande violence contre cette
prétendue réforme. Lorfqu'enfuite les trois ambaffadeurs fe préfentèrent à l'affemblée pour y
faire leurs propofitions, un morne filence fuccéda à ces déclamations ; mais à la lecture du
projet que fit le fecrétaire de l'ambaffade ruffe,
un murmure général s'éleva dans l'affemblée, &
le mécontentement croiffant à mefure que ce projet
fe développoit, la lecture en fut fouvent interrompue par des cris, & le fecrétaire obtint avec
peine la permiffion de la finir. Alors les députés
foutinrent à grands cris qu'il ne devoit être queftion
que du traité de partage & d'alliance ; que la propofition d'un changement de gouvernement n'é-
toit pas de faifon ; qu'une affaire de cette importance devoit être examinée avec foin, &
qu'en la précipitant, comme on vouloit le faire,
on oublioit combien la nation y étoit intéreffée.
Un des députés s'exprima fur ce fujet avec une
hardieffe qui étonna l'affemblée, & il en obtint
les applaudiffemens les moins équivoques. Les
ambaffadeurs en conclurent que le moment n'é-
toit pas favorable pour eux : ils lèvèrent la féance, & renvoyèrent l'affaire à un temps plus convenable. Mais le patriotifme & le courage de la
plûpart des députés fe foutenoient toujours. Il
fallut plus d'un an aux ambaffadeurs pour obtenir une pluralité à force de préfens, de promeffes & de menaces. Tous ces moyens réunis
produifirent enfin leur effet. Les changemens propofés furent agréés, la commiffion devenue inutile fut congédiée en avril 1775 ; & la diète générale confirma tous les articles de la nouvelle
forme de gouvernement.

Le mémoire remis par les trois ambaffadeurs
aux commiffaires polonois le 13 feptembre 1773,
peut mieux que tout ce qu'on pourroit dire, donner une idée générale des changemens faits à la
conftitution. C'eft ce qui m'engage à l'inférer ici.

« Les cours font fi fort intéreffées à la pacifi-
» cation de la *Pologne*, que pendant qu'on s'oc-
» cupe à mettre les traités en état d'être fignés
» & ratifiés, leurs miniftres ne croient pas de-
» voir perdre un inftant de cet intervalle pré-
» cieux pour rétablir l'ordre & la tranquillité
» dans ce royaume. Nous allons donc commu-
» niquer à la commiffion une partie de ces loix
» fondamentales, à l'acceptation defquelles nos
» cours ne permettront pas qu'on apporte aucun
» obftacle ni retardement.

» 1°. La couronne de *Pologne* fera élective à
» perpétuité, & tout ordre de fucceffion reftera
» prohibé. Toute perfonne qui tenteroit d'en-

» freindre cette loi fera déclarée ennemie de la
» patrie & pourfuivie en conféquence.

» 2o. Les étrangers qui afpirent au trône oc-
» cafionnant le plus fouvent des divifions & des
» troubles, en feront déformais exclus, & il fera
» paffé en loi qu'à l'avenir il n'y aura qu'un po-
» lonois de race, né gentilhomme, & poffédant
» des terres dans le royaume qui puiffe être élu
» roi de *Pologne* & grand-duc de Lithuanie. Le
» fils ou petit-fils d'un roi ne pourra être élu
» immédiatement après la mort de fon père ou
» de fon aïeul, & il ne pourra l'être qu'après
» l'intervalle de deux règnes.

» 3°. Le gouvernement de *Pologne* fera & de-
» meurera à perpétuité un gouvernement libre,
» indépendant & de forme républicaine.

» 4°. Les vrais principes de ce gouvernement
» confiftant dans une exacte obfervation des loix
» & dans l'équilibre des trois ordres, favoir,
» le roi, le fénat & la nobleffe, il fera établi
» un confeil permanent, auquel le pouvoir exé-
» cutif fera attribué. On admettra dans ce con-
» feil des perfonnes de l'ordre de la nobleffe
» qui avoient été exclues jufqu'ici de l'adminif-
» tration des affaires dans l'intervalle des diè-
» tes, &c ».

On voit que par le premier article de cette
nouvelle loi la maifon de Saxe & tous les princes étrangers qui par leur puiffance propre auroient pu acquérir une certaine autorité en *Pologne*, font déclarés incapables d'en occuper le
trône. Par le fecond qui en exclut le fils & le
petit-fils d'un roi, excepté après l'intervalle de
deux règnes, toute perfpective d'une fouveraineté héréditaire devient chimérique, & le royaume
refte à jamais expofé à tous les malheurs attachés
à la plus déteftable forme de gouvernement qui
exifte, celle de la monarchie élective. Par le
troifième article, le *liberum veto*, & tous les privilèges exceffifs de l'ordre de la nobleffe lui font
affurés dans leur plus grande étendue; & par le
dernier article les prérogatives de la couronne
déja trop reftreintes le font encore davantage.

On prononça enfin fur les prétentions des diffidens dans la dernière affemblée de la commiffion,
avec le concours des miniftres des trois puiffances. Le parti catholique s'oppofa avec tant de
violence au rétabliffement de leurs anciens privilèges qu'ils reftèrent exclus des diètes, du fénat
& du confeil permanent. Pour les dédommager, on
leur accorda le libre exercice de leur religion.
Ils peuvent avoir des églifes, (mais non des
cloches), des écoles, des féminaires: ils ont
féance dans les cours de juftice inférieures, &
trois diffidens font admis comme affeffeurs dans
les tribunaux auxquels on porte, par voie d'appel, les caufes qui intéreffent la religion. Les diffidens fe font prévalus déja de cette tolérance en
divers endroits du royaume. Les luthériens, en

particulier, ont bâti un temple à Varfovie en
1777.

SECTION IIIe.

Des portions de la Pologne échues à la Ruffie, à la maifon d'Autriche & à la Pruffe.

On a vu, dans la fection précédente, que le
roi de Pruffe obtint la Pruffe polonoife, contenant environ 860,000 habitans; que c'eft des
trois portions la moins étendue & la moins peuplée, mais que c'eft la plus commerçante. Nous
y avons indiqué les avantages que la cour de Berlin retirera de cette acquifition: nous y avons
dit auffi que la portion échue à la Ruffie contient
un million & demi d'habitans, & qu'on évalue à
deux millions & demi les domaines qu'a obtenus la
maifon d'Autriche. Nous allons ajouter ici d'autres détails.

Le pays que la maifon d'Autriche s'eft approprié, tel que l'impératrice Marie-Therefe le défigna dans le manifefte où elle le réclamoit, renfermoit tout ce qui eft fur la rive droite de la
Viftule, depuis la Siléfie, au-deffus de Sando-
mir, jufqu'à l'embouchure de la San; & de-là
par Franepole, Zamoifc & Rubieffow jufqu'au
Bog. De ce fleuve on fuit les frontières de la
Ruffie rouge à Zabras, entre la Volhynie & la
Podolie; & de Zabras en droite ligne au Dnieper, qui reçoit en cet endroit le ruiffeau nommé
Podhortz, & enfin les limites qui féparent la
Podolie de la Moldavie.

Ces limites étoient tracées fur une carte de
Pologne de Zannoni, où la rivière de Podhortz
borne au levant la portion démembrée de la *Pologne* en faveur de l'Autriche: mais quand les
commiffaires vinrent fur les lieux, & voulurent
pofer des limites dans l'endroit où le Podhortz
fe joint au Dnieper, ils ne trouvèrent point de
Podhortz, ni aucun habitant qui connût le nom
de cette rivière. Ils allèrent donc plus loin, &
fe fervant du Sbrytz à la place de la rivière qui
leur manquoit, ils lui en donnèrent le nom &
la firent fervir de limite. Toutes les provinces
cédées ont auffi changé de nom, & elles ont été
incorporées aux états d'Autriche fous ceux de
royaumes de Gallicie & de Lodomerie; dont il
eft fait mention dans quelques anciennes chartes, comme d'états fitués en *Pologne*; & relevant de la couronne de Hongrie, à laquelle on
prétendit qu'ils avoient dû retourner. La meilleure
preuve alléguée pour foutenir cette prétention,
étoit la fupériorité des forces autrichiennes, auxquelles les polonois n'avoient rien à oppofer.

On peut juger de l'importance de l'acquifition
que fit la cour de Vienne par le nombre des habitans qu'elle contenoit. Par le dénombrement
fait en 1776, il montoit à 2,580,796.

La partie montueufe de ces provinces produit

de beaux pâturages ; les plaines font en général fablonneufes, mais on y recueille du bled, & les forêts y abondent. On y fait un grand commerce de bétail, de cuirs, de cire, de miel. On y trouve des mines de cuivre, de plomb, de fer, & celles de fel en particulier y font d'un grand rapport.

On dit que la Gallicie & la Lodomerie exportent du fel gemme ou minéral environ pour un million de florins par an ; elles exportent auffi des grains, des bœufs, des moutons, de la laine, du miel, de la cire, du bois, du lin, du chanvre, du cuir & des peaux tannées.

Les fameufes mines de fel de Wielitska fe trouvent dans la partie de la *Pologne*, qui appartient aujourd'hui à la maifon d'Autriche.

Il y a plus de 600 ans qu'on les exploite, puifqu'il en eft déjà fait mention dans les annales de Pologne en 1237, comme d'une découverte qui n'étoit pas récente. Il n'eft pas aifé d'en deviner l'époque ; les produits en ont été long-tems affectés aux revenus particuliers du roi. Avant le partage de la *Pologne*, cet objet formoit une partie confidérable du revenu du roi, puifqu'on l'eftimoit d'environ 3,500.000 florins de *Pologne*, ou 97,222 livres fterlings. Mais à l'époque où M. Coxe l'a vifitée, ce revenu avoit beaucoup diminué ; les commiffaires autrichiens ayant imprudemment hauffé le prix du fel, perfuadés que les polonois feroient également obligés de l'acheter d'eux, le roi de Pruffe profita habilement de cette circonftance pour faire venir une grande quantité de fel, particuliérement d'Efpagne, par les ports de Dantzick, de Memel & de Kœnigsberg, d'où il le fit transporter fur des barques, en remontant la Viftule jufques dans l'intérieur de la *Pologne*. Par ce moyen, il fournit de fel une grande partie de ce royaume à un prix inférieur à celui du fel d'Autriche ; auffi en 1778 le fel de Wielitska ne fe vendoit qu'aux habitans des diftricts qui touchent aux frontières de la Pologne autrichienne.

Par une ordonnance du 27 novembre 1786, l'empereur a déclaré de droit régalien toutes les falines de la Gallicie & Lodomerie, & il s'en eft réfervé exclufivement la propriété ainfi que l'exploitation. Les falines des particuliers feront réunies à l'adminiftration de la chambre impériale. Un feigneur foncier, qui ne révélera pas les fources de fel qui peuvent exifter dans fes domaines, paiera 100 ducats d'amende. On condamnera à la chaîne & aux travaux publics, pour une ou fix femaines, felon la gravité du cas, les particuliers ou chefs de communautés qui cacheroient ces fources au feigneur terrien. Cette ordonnance feroit fufceptible de remarques ; mais nous ne nous permettrons pas d'en faire.

Voici l'adminiftration que l'empereur a établie dans les provinces de Gallicie & de Lodomerie. Ces provinces font réparties en dix-huit cercles, dont chacun a un tribunal particulier. Le confeil du gouvernement eft le dicaftre fuprême pour toutes les affaires d'adminiftration. Le chef du confeil a le titre de commiffaire, & il eft ordinairement confeiller privé de l'empereur : on trouve après lui un confeiller de la cour, & enfuite les confeillers du gouvernement. Le tribunal fuprême de juftice a deux préfidens avec le titre de confeillers-privés actuels ; les autres confeillers ont le titre de confeillers actuels de cour. Le confeil d'appellation eft compofé d'un préfident, d'un vice préfident & de confeillers. Les falines de Wielitska & de Bochmi font fous la direction d'un confeiller actuel de cour. — Les domaines, les gabelles, le tabac & les douanes font adminiftrés par des chambres & des bureaux particuliers. — Le commandement général des troupes eft confié à un lieutenant-général. — Les grandes dignités de ces provinces font au nombre de dix ; favoir, un grand-maître, un grand-maréchal, un grand-chambellan, un grand maître-d'hôtel, un grand-veneur, un grand-écuyer, un grand-fauconnier, un grand-échanfon, un grand-argentier & un écuyer-tranchant.

Depuis que la maifon d'Autriche eft en poffeffion de la Gallicie, on évalue à 32,000 les allemands qui font allés s'y établir.

L'empereur a aboli la fervitude dans la partie de la *Pologne* qu'il a obtenue, lors du démembrement.

Les provinces de la *Pologne*, cédées à la Ruffie par le dernier traité de partage, font la Livonie polonoife, la partie du palatinat de Polotsk qui eft au levant de la rivière de Duna, les palatinats de Witepsk, Micislaw, & de petites portions au nord-eft & au fud-eft du palatinat de Minsk. Tout ce pays, excepté la Livonie polonoife, eft fitué dans la Ruffie Blanche, & forme au moins le tiers du duché de Lithuanie.

Les limites qui féparent cette nouvelle province ruffe du refte de la *Pologne*, font la Duna depuis fon embouchure jufqu'au-deffus de Witepsk ; de-là une ligne droite qui va au fud jufqu'à la fource du Drug près de Tolitzin ; enfuite le Drug jufqu'à fa jonction avec le Dnieper, & enfin le Dnieper jufqu'à l'endroit où il reçoit le Sotz.

Ce vafte territoire eft à préfent divifé en deux gouvernemens, celui de Polotsk & celui de Mohilef. Sa population eft d'environ 1,600,000 ames ; il produit abondamment du grain, du chanvre, du lin & des pâturages ; fes forêts fourniffent une quantité confidérable de mâts, de planches, de bois de chêne pour la conftruction des vaiffeaux, de la poix, du goudron, &c. dont on envoie la plus grande partie à Riga par la Duna.

Les places de magiftratures continuent à être occupées par des nationaux, & les loix de la *Pologne* font toujours en vigueur dans cette province. La nobleffe, le clergé & les femmes ne paient aucune

aucune contribution ; les commerçans paient par an cinq pour cent d'impôts ; les bourgeois & les autres sujets acquittent la capitation d'une rouble. Les jésuites ont à Mohilof un séminaire composé de cent cinquante individus : on porte à trois mille tous les membres de cette société. Le projet d'établir un noviciat a été infructueux jusqu'à présent.

SECTION IVe.

Du gouvernement actuel de la Pologne & remarques sur ce gouvernement.

On donne à la *Pologne* le nom de *république*. Nous n'examinerons pas si cette dénomination est juste : nous dirons seulement que l'autorité royale y est limitée ; que le roi est plutôt le chef ou le premier magistrat d'une république que le souverain d'une puissante monarchie.

L'autorité législative de cette singulière république réside dans les trois ordres du royaume, le roi, le sénat, la noblesse formant une diète générale. Le pouvoir exécutif, autrefois confié au roi & au sénat, est, dans la nouvelle forme de gouvernement, attribué exclusivement au conseil permanent.

Ce conseil établi par la diète de 1775, comme on l'a vu dans la section précédente, porte le titre de *suprême conseil permanent*. Il subsiste sans autre interruption que celle qu'un interrègne ou l'absence du roi peut exiger. Le roi en est toujours membre nécessaire ; mais les membres choisis dans les autres ordres doivent être élus tous les deux ans dans les diètes ordinaires, à la pluralité des voix. Tous les sénateurs & ministres sont toujours censés être sur les rangs pour être présentés. Les simples gentilshommes vont se présenter eux-mêmes au maréchal de la diète. On donne à chaque membre de la diète une liste imprimée de tous les candidats, sur laquelle il fait son élection en soulignant les noms de ceux qu'il veut élire. Il faut qu'il y en ait toujours un tiers qui soit pris entre les membres du dernier conseil permanent : savoir, six du sénat & six de la noblesse ; le conseil est composé des personnes suivantes.

1°. Le roi, chef & président.

2°. Trois évêques, dont le primat est le premier par le droit inhérent à cette dignité. Il en jouit pendant deux ans ; les deux autres années il n'a pas droit de séance.

3°. Neuf sénateurs laics.

4°. Quatre ministres de la république ; savoir, un de chaque département.

5°. Le maréchal de la diète.

6°. Dix-huit membres de l'ordre de la noblesse, le maréchal compris.

Le roi, comme le chef de la nation, représente la majesté de la république ; il convoque,

selon l'usage, par des lettres circulaires & au temps fixé par les loix, les diètes ordinaires. Il doit prendre l'avis du conseil permanent sur les matières qui seront portées dans ces assemblées, comme auparavant il prenoit l'avis du sénat qui ne s'assemble plus. Le roi doit convoquer de la même manière les diètes extraordinaires quand il le juge à propos, ou quand le conseil permanent le demande à la pluralité des voix.

Tous les décrets de la diète continuent à être rendus & publiés au nom du roi. Il signe toutes les dépêches expédiées par ordre du conseil permanent, & il ne peut s'y refuser si le conseil le demande à la pluralité des voix. Il donne audience aux ambassadeurs & ministres étrangers & confère avec eux ; mais il ne peut rien conclure sans l'approbation du conseil.

Le roi disposoit autrefois seul & à son gré des dignités d'évêques, de palatins, castellans & ministres. Aujourd'hui le conseil permanent lui présente trois candidats, entre lesquels il choisit. Le roi dispose des autres offices ecclésiastiques & civils, à la réserve de ceux de membres de la commission de guerre, de celle du trésor, de ceux du département du maréchal & de l'assessoire du royaume. Tous ces offices sont conférés par le roi sur une présentation de trois candidats élus par le conseil permanent.

A l'égard des offices & grades militaires, le roi pourvoit aux places vacantes de capitaines dans les compagnies polonoises, & qui sont sur le pied des polonois. Dans les autres promotions, on suit l'ordre de l'ancienneté. On admet cependant, avec certaines précautions, la recommandation du roi & celle du grand général.

Le roi a été dépouillé du beau privilège de disposer des domaines de la couronne & des staroshies. On stipula en même-temps que ceux qui les possédoient, en jouiroient toute leur vie, & qu'à leur mort ils ne seroient plus donnés, mais que le revenu en seroit appliqué à des objets d'utilité publique.

On a assigné au roi un revenu particulier, suffisant pour l'entretien de deux mille hommes qui dépendent uniquement de lui. Cette somme est indépendante des nouveaux revenus attribués au roi, en compensation de ce qu'il a perdu par le démembrement d'une partie de son royaume.

Le primat a séance deux ans de suite dans le conseil permanent, & il y entre après deux ans d'exclusion. Pendant qu'il y a séance il doit y assister au moins six mois. Il continue à jouir de toutes les prérogatives que les loix lui ont données pendant l'interrègne.

Le primat, durant les deux années de ses fonctions, signe tous les actes du conseil permanent ; &, dans l'absence du roi ou pendant un interrègne, il a deux suffrages pour décider en cas d'égalité. Pendant l'absence du primat, le premier sénateur remplit sa place.

Du maréchal de la noblesse.

L'ordre de la noblesse doit avoir toujours son maréchal dans le conseil permanent; il est élu tous les deux ans dans les diètes ordinaires, & ne peut être réélu en qualité de membre du conseil permanent qu'après un intervalle de quatre ans : son office lui donne le droit de faire des remontrances contre l'inexécution des loix; il peut porter au conseil les matières dont il a connoissance; il doit veiller au maintien des prérogatives des trois ordres; il signe les actes du conseil après le roi & le primat; s'il abuse de son pouvoir, le conseil peut le citer devant le tribunal de la diète, conformément aux formes prescrites par la loi.

Le conseil permanent est divisé en cinq départemens.

1°. Celui des affaires étrangères.

2°. Celui de la police.

3°. Celui de la guerre.

4°. Celui de la justice.

5°. Celui des finances.

Le département des affaires étrangères n'est composé que de quatre membres; il y en a huit dans chacun des autres. Ils sont élus dans le conseil permanent composé de tous ses membres, à l'unanimité ou à la pluralité des suffrages.

Le conseil s'assemble en entier aussi souvent que la nécessité le demande, & en présence du roi, s'il plaît à sa majesté d'y venir présider. Le roi, ou en son absence le primat, & en l'absence du primat le premier sénateur fait les propositions qu'il juge convenables. Chaque membre du conseil a aussi le droit de proposer suivant son rang. Le roi qui jouit de deux suffrages, peut les donner par écrit s'il est absent. Ils sont admis comme s'il étoit présent; en cas d'égalité de suffrages, celui qui préside le conseil a la voix décisive.

Lorsque la diète est assemblée, le conseil permanent occupe une place particulière dans la salle du sénat; là il est obligé de répondre à toutes les plaintes qui peuvent être portées contre lui; & il y reçoit un témoignage public, ou que la diète n'a point reçu de plaintes de sa conduite, ou qu'ayant reçu des plaintes elles ont été trouvées mal fondées, ou qu'enfin on a fait justice sur ces plaintes après les avoir examinées. Aucun membre du conseil n'a le droit de s'opposer à la signature des actes approuvés par la pluralité des suffrages; & si le roi, le plus ancien sénateur, ou le maréchal refusoient de signer, la si-

gnature des autres membres, s'ils forment la pluralité, suffit pour rendre l'acte valide.

Le conseil permanent n'a aucune part, ni à la législation, ni à l'administration de la justice. Ses fonctions se bornent à l'exécution des loix; il dispose de certaines sommes réservées pour des cas imprévus; il reçoit tous les projets qui lui sont adressés, & juge s'ils sont conformes aux loix & avantageux à l'état : c'est lui qui forme des projets pour la réforme des loix, & qui les présente ensuite à la diète; il donne aux ambassadeurs & ministres, qui sont envoyés dans les cours étrangères, les instructions nécessaires, excepté dans les cas que la diète s'est réservés; il distribue les charges de la manière qui a été indiquée ci-dessus, au moyen de la nomination de trois candidats pour chaque charge, dont la collation n'est pas réservée au roi ou à la noblesse dans chaque palatinat. Il doit éviter soigneusement de porter aucune atteinte aux droits de la diète générale, & de s'immiscer dans les affaires dont elle s'est réservée la décision. Dans les cas où le conseil auroit excédé ses pouvoirs, les membres qui seront jugés coupables par la diète, encourront la peine de haute trahison conformément aux anciennes loix. La diète générale de *Pologne* conserve (comme on l'a déja observé) l'autorité souveraine. Elle déclare la guerre, fait la paix, ordonne les levées de troupes; conclut des alliances, ordonne des impôts, fait les loix, & exerce, en un mot, tous les droits de la souveraineté.

Des diètes.

L'époque de la plus ancienne diète est incertaine, ainsi que sa forme primitive; ce n'a été que sous Cazimir III qu'elle a reçu son régime actuel.

Les rois convoquoient autrefois la diète dans le lieu qui leur plaisoit, & Louis la convoqua même une fois en Hongrie; mais en 1569, lorsque la Lithuanie fut réunie à la Pologne, on choisit Varsovie pour le lieu de cette assemblée. Ensuite, en 1673, il fut réglé que de trois diètes successives, il s'en tiendroit deux à Varsovie & une à Grodno en Lithuanie. Cette règle a été généralement suivie jusqu'au règne actuel, sous lequel les diètes ont toujours été assemblées à Varsovie.

Il y a des diètes ordinaires & extraordinaires : les premières se tiennent tous les deux ans; les autres quand le besoin le demande. Le roi convoque la diète avec l'approbation du conseil permanent par le moyen des lettres qu'il adresse aux palatins des diverses provinces. Ces lettres sont expédiées six semaines au moins avant le tems fixé pour l'assemblée; elles contiennent une courte indication des matières qui doivent y être traitées. La diète est composée du roi, du sénat &

de la noblesse représentée par ses nonces ou députés.

1°. Le roi. Il est président & comme chef de la diète. Il signe tous les actes & décrets qu'elle a passés ; ils sont tous publiés en son nom & au nom de la république, mais il n'a le droit de s'opposer à rien de ce qu'elle résout ; il n'a même aucun droit de suffrage, & il peut seulement opiner sur les questions qui lui sont proposées. Quand le roi se dispose à parler, il se lève de son siège, fait quelques pas & appelle à lui les ministres d'état. Alors les grands officiers de la couronne, qui occupent les dernières places du sénat, s'avancent auprès de la personne du roi ; les quatre grands maréchaux frappent en même-temps la terre avec leurs bâtons d'office, & le premier en rang annonce que le roi va parler.

2°. Le second ordre de la diète est le sénat qui est composé d'ecclésiastiques & de laïcs ; les premiers sont les évêques, & l'archevêque de Gnesne qui est primat du royaume, chef du sénat & vice roi dans les interrègnes. Les sénateurs laïcs sont les palatins, les castellans & les grands officiers d'état ; les palatins sont les gouverneurs des provinces : leur office est à vie ; en temps de guerre ils commandent les troupes de leurs palatinats ; en temps de paix ils en convoquent les assemblées & président dans les cours de justice. Les castellans, grands ou petits, n'ont d'office qu'en temps de guerre ; alors ils sont les lieutenans des palatins, sous les ordres desquels ils commandent les troupes des grands palatinats. Les grands officiers de la république, qui ont séance dans le sénat, sont au nombre de dix : savoir, les deux grands maréchaux de *Pologne* & de Lithuanie, les deux grands chanceliers, les deux vice-chanceliers, les deux grands trésoriers & les deux vice-amiraux.

3°. Le troisième ordre est formé par les nonces ou représentans de la noblesse. Ces nonces sont choisis dans les diètines de chaque palatinat, dans lesquelles tout gentilhomme âgé de dix-huit ans, a le droit de suffrage & peut être élu. Il faut pour cela seulement qu'il soit d'extraction noble, qu'il n'exerce ni profession, ni commerce, qu'il possède des terres, ou soit d'une famille qui en a possédé. Busching évalue à 250,360 le nombre des gentilshommes qui se trouvoient en *Pologne* & en Lithuanie avant le partage.

Les sénateurs & les nonces ont chacun leur salle particulière. Ces derniers choisissent leur maréchal ou président avant que de procéder à aucune affaire. Cette élection faite, les deux chambres se réunissent, les nonces baisent la main du roi, & les membres de la diète prennent leur place. Le roi est sur un trône élevé à un des bouts

de la salle ; à l'extrémité opposée les dix officiers d'état sont assis dans des fauteuils à bras ; les évêques, les palatins & les castellans sont rangés sur trois lignes des deux côtés du trône, & assis dans des fauteuils : derrière eux sont placés les nonces sur des bancs couverts de drap rouge. Les sénateurs ont le privilège de se couvrir ; les nonces restent découverts.

Tous les membres étant placés, on fait la lecture des *pacta conventa*, on examine s'ils n'ont souffert aucune atteinte, on élit aussi les membres du conseil permanent ; & ces opérations préliminaires étant finies, les deux chambres rentrent dans leurs salles respectives, & toutes les affaires y sont discutées séparément. Celles qui sont relatives aux finances se décident à la pluralité des voix ; mais, dans les autres matières de haute importance, aucune résolution n'est valide qu'autant que la diète l'a approuvée unanimement, chaque nonce a le pouvoir de suspendre toutes les opérations de la diète, par l'exercice du droit de *liberum veto*. La diète ne doit siéger que six semaines ; c'est pourquoi le premier jour de la sixième semaine, le sénat & les nonces s'assemblent de nouveau dans la salle du sénat. Si les loix proposées ont été approuvées unanimement par les nonces, (chose qui arrive rarement dans une diète libre) elles ont force de loi ; si cette unanimité leur manque, elles sont rejettées. A la fin de la sixième semaine, les loix approuvées sont signées par le maréchal & par les nonces, & dès ce moment la diète est finie.

Les diètes ordinaires sont sujettes aux mêmes règles ; mais elles ne doivent durer que deux semaines. C'est une chose bien remarquable & particulière au gouvernement polonois, que ce droit du *liberum veto* donné à chaque nonce dans la diète. Non-seulement, comme les tribuns de l'ancienne Rome, ils peuvent rejetter toute loi qu'on leur propose, mais ils ont encore le pouvoir de dissoudre l'assemblée.

Il semble presque incroyable qu'un pareil privilège ait pu être accordé aux membres d'une assemblée nombreuse, qui traite des intérêts les plus essentiels d'un état ; il n'est peut-être pas indifférent d'indiquer, en peu de mots, les causes & les effets de ce phénomène politique.

Ce fut en 1652, sous le règne de Jean Casimir, qu'un nonce de Lithuanie, nommé *Sicinski*, prononça le premier *que toute délibération soit arrêtée*. Après avoir prononcé ces mots, il sortit de l'assemblée & alla faire sa protestation entre les mains du chancelier. Elle portoit qu'il regarderoit comme autant d'atteintes aux loix tous les actes que la diète pourroit faire, si elle continuoit à siéger. Une protestation de ce genre, inconnue jusqu'alors, frappa l'assemblée comme d'un coup de foudre : on débattit avec une grande chaleur la question, si l'on devoit continuer ou dissoudre la diète. Enfin le parti mécontent ayant appuyé la proteftation, la pluralité des voix l'approuva, & l'affemblée fe fépara dans la plus grande confufion.

Cet événement changea entiérement la conftitution de la *Pologne* ; & ce royaume fut dès-lors plus que jamais en proie aux défordres & aux factions ; mais, malgré la grandeur des abus, cette innovation favorifée par des intérêts particuliers, n'en fut pas moins confirmée. Les grands officiers de la couronne, à qui leurs offices étoient affurés pour leur vie, & qui jouiffoient d'une grande autorité dans l'intervalle des diètes, virent avec plaifir la durée de ces affemblées abrégée, & leur autorité affoiblie par le *liberum veto*. Une partie de la nobleffe penfoit de même par une autre raifon : un gentilhomme accufé d'un crime capital ne pouvant être jugé, fuivant les loix de la *Pologne*, que par la diète générale, c'étoit acquérir en quelque forte le droit d'impunité que de faire dépendre l'exiftence de ce tribunal, du caprice d'un feul de fes membres. D'autres redoutoient, dans la diète, le pouvoir qu'elle a de lever de nouveaux fubfides ; mais ce qui contribua plus que tout le refte à perpétuer cette loi funefte, ce fut l'influence des puiffances voifines, intéreffées à entretenir en *Pologne* le défordre & l'anarchie. Il leur fuffifoit, depuis ce nouvel établiffement, d'avoir acheté le fuffrage d'un feul nonce, pour s'affurer que la diète ne pourroit prendre aucune réfolution contraire à leurs intérêts.

Dès-lors auffi la décadence de la *Pologne* a été toûjours plus fenfible ; les affaires publiques, ont été négligées ; les mefures les plus néceffaires fans ceffe contrariées, & on remarque que, dans l'efpace de cent & douze ans, quarante-huit diètes ont été rendues inutiles par l'exercice du *veto*. Il y en eut fept de diffoutes fous le règne de Jean Cafimir, quatre fous Michel Wiénowiecki, fept fous Jean Sobieski, & trente fous les deux Auguftes. Dans ces intervalles, la juftice & les loix font reftées fans force ; & fi l'on excepte le règne de Sobieski, la guerre même a été conduite fans vigueur & fans fuccès. Convaincus de ces abus par une fatale expérience, les polonois auroient enfin aboli fans doute le *liberum veto* ; mais les puiffances co-partageantes, dirigées par d'autres motifs, ont confacré cette loi, & elle eft encore aujourd'hui en pleine force. Il eft effentiel d'obferver que ni le roi ni les fénateurs ne peuvent exercer ce droit, & qu'il appartient exclufivement aux nonces ou députés de la nobleffe. Pour prévenir les maux d'une anarchie totale, les polonois ont enfin imaginé de chercher un remède au *liberum veto* dans une nouvelle efpèce de diète qui, confervant la forme ordinaire des diètes, en diffère cependant en ce point effentiel, que les affaires s'y traitent à la pluralité des voix. Alors elle s'affemble fous l'autorité d'une confédération que les loix permet-

tent lorfqu'il s'agit de défendre la perfonne du roi, dans le cas d'une invafion de l'ennemi, ou pendant un interrègne.

Mais ces diètes n'exercent pas le pouvoir légiflatif, & elles ne peuvent ni faire ni abroger les loix.

De la diète d'élection.

Le lieu fixé par les loix pour l'élection du roi eft la plaine de Vola, à environ trois milles de Varfovie. Au milieu de cette plaine il y a deux enceintes réfervées l'une au fénat, l'autre aux nonces. La première qui eft de forme ovale eft environnée d'un foffé & d'une efpèce de rempart ; c'eft au milieu de cette enceinte qu'on élève dans les temps d'élection un bâtiment de bois appelé *Szopa*, ouvert de tous les côtés ; près de là eft l'autre enceinte deftinée aux nonces, où il n'y a aucun bâtiment ; les nonces s'affemblent en plein air, enfuite les deux ordres fe réuniffent dans l'enceinte des nonces, en obfervant le même ordre que dans les diètes ordinaires : le fiège du primat eft placé dans le milieu, c'eft lui qui exerce tous les droits de la royauté pendant l'interrègne ; il notifie aux états la mort du roi, & affemble les diètines & la diète de convocation qui précède celle de l'élection, & fe tient toujours à Varfovie : cette diète de convocation exerce à fon gré le pouvoir légiflatif, & détermine en particulier les articles des *pacta conventa* qui feront préfcrits au nouveau roi : elle fixe auffi le temps de la diète de l'élection ; l'intervalle entre la mort du dernier roi & la nomination de fon fucceffeur n'eft point déterminé ; la durée en dépend des intrigues des candidats, ou du bon plaifir des puiffances étrangères qui donnent la loi à la *Pologne*. C'eft toujours un temps de troubles & de défordres ; le royaume eft divifé en une multitude de partis & de factions, l'exercice de la juftice y eft fufpendu, & les nobles y jouiffent d'une pleine impunité. Au jour fixé pour la diète de l'élection s'affemble, & auffi long-temps qu'elle dure, Varfovie & fes environs font un théâtre de troubles, de violences & fouvent de fcènes fanglantes : les principaux feigneurs ont de grands corps de troupes à leurs ordres, & ne paroiffent à la diète qu'accompagnés d'une fuite nombreufe de vaffaux & de domeftiques ; le gentilhomme qui en a le moyen, tâche de les imiter en paroiffant auffi efcorté de fes ferviteurs & de fes efclaves. Lorfque la diète de l'élection eft affemblée, les deux ordres féparément s'occupent des divers réglemens que la circonftance exige ; ils en confèrent enfuite enfemble ; les *pacta conventa* font lus & approuvés, le jour de l'élection eft fixé, & l'on donne audience aux miniftres étrangers. Toutes ces affaires l'occupent plufieurs jours de fuite, & elles ne feroient peut-être jamais terminées fans la crainte des puiffances étrangères qui ont toujours des troupes cantonnées dans le voisinage de la plaine de l'élection. Au jour fixé pour l'élection, le sénat & les nonces se réunissent de nouveau, & la noblesse formant différens corps, selon l'ordre des provinces, se tient à l'entour avec ses bannières déployées devant elle, & les principaux officiers de chaque district à cheval.

Le primat ayant prononcé les noms des candidats, se met à genoux & chante une hymne; ensuite il fait le tour de la plaine, s'adressant à chacun des corps de la noblesse, suivant l'ordre des palatinats, & ayant ainsi recueilli les suffrages, il ne lui reste plus qu'à proclamer le candidat élu. Chaque noble ne donne pas son suffrage séparément; cela exigeroit un temps infini; mais la noblesse de chaque palatinat fait connoître son choix au primat lorsqu'il fait sa tournée. La cérémonie étant ainsi terminée, l'assemblée se sépare le jour même.

Le jour suivant, le sénat & les nonces retournent à la plaine, le candidat élu est proclamé de nouveau, & on lui envoie un député pour l'informer de son élection, car aucun candidat ne peut être présent. La proclamation faite, la noblesse se retire & la diète est dissoute, après en avoir ordonné une autre pour la cérémonie du couronnement.

Toutes les élections sont contestées; mais depuis quelque temps la crainte d'une armée étrangère les rend unanimes pour le moment; s'il y a une opposition, le parti qui n'approuve pas l'élection se retire; s'il est foible il s'en tient à des protestations; s'il a une certaine force, on ne tarde pas à voir éclater une guerre civile. Sans la crainte des troupes étrangères chaque élection seroit suivie encore, comme autrefois, de désordres & de scènes sanglantes. Ainsi les polonois tirent quelques avantages d'un mal qui est dans le fait un sujet d'opprobre pour la nation & de scandale pour les étrangers. Nous parlerons des confédérations dans la section suivante.

Les diètes tenues depuis le traité de partage, & les changemens qu'on a faits à la constitution ont été fort paisibles: les séances de celle de 1784, furent remarquables par l'esprit de conciliation qui les accompagna: divers projets utiles & furent proposés avec un zèle désintéressé, discutés avec décence, approuvés sans nulle opposition. La confiance au roi a été si marquée, qu'à l'unanimité on lui accorda pour 10 ans, du trésor de la république, une somme annuelle de 700,000 florins.

Cette diète accorda une indemnisation au prince Radziwil, Palatin de Wilna, de 300,000 flor. annuels pendant 10 ans, pour l'amortissement de ses prétentions sur la république. Ce prince avoit été à-peu-près ruiné par les derniers troubles. — Le trésorier de Lithuanie fut absous de sa gestion. — Le projet de ratification de l'accord fait entre la cour de Pétersbourg & le duc de Courlande; agréé. — La vente des places militaires, permise en faveur des officiers qui auront servi 14 ans, mais seulement à la valeur de 4 années d'appointement.

Le nouveau conseil permanent fut autorisé à entamer des négociations de commerce avec la cour de Berlin.

On y régla beaucoup d'autres objets, dont nous ne parlerons pas ici.

La diète de 1786, n'a pas été moins tranquille. On y régla divers objets qui sont la suite de la guerre civile & du démembrement. Pour donner aux lecteurs une idée des points que discute aujourd'hui la diète, voici les propositions sur lesquelles le roi demande la délibération des états.

I. Lorsque l'empereur a aboli en Galicie un grand nombre de communautés ecclésiastiques, dont les revenus avoient leur fondation en Pologne, le versement des revenus susdits de Pologne en Galicie a dû cesser d'autant plus naturellement, que la même souverain a ordonné que les revenus originairement fondés en Galicie pour les ecclésiastiques existans en Pologne, ne doivent plus être versés en Pologne. Or, comme certaines conventions ont été passées à cet égard avec la cour impériale & royale, la nature de la chose exige que les conventions reçoivent leur immutabilité par l'autorité des états de la république.

II. Comme, selon la convention du mois de novembre dernier, la démarcation qui a eu lieu entre les possessions de certains habitans de Pologne & de Silésie, doit être ratifiée par les états respectifs à la diète présente, la convenance du projet de ratification qui sera présenté aux états à cet effet, est évidente. Or, comme les circonstances qui seront exposées plus amplement aux états, ont exigé que messeigneurs Mycielski, Zakrzewski, Krzycki, Rogalinski, & Bronikowski, fissent du succès de cette convention les sacrifices volontaires & vraiment patriotiques d'une partie considérable de leurs propriétés; la justice même parle & intercède pour eux auprès des états de la république, pour qu'il soit pourvu à leur dédommagement, & que le projet qui sera présenté à cette fin aux états de la république soit agréé.

III. Puisque les nouveaux réglemens monétaires, publiés dans les différens états de l'Europe, ont changé considérablement la proportion réciproque entre l'or & l'argent, ce dont les suites affectent sensiblement aussi notre pays; le roi regarde comme nécessaire, que la diète présente ordonne que, sans changer aucunement la forme, le poids, ni la valeur interne de notre monnoie d'argent polonoise, courante depuis vingt ans, il soit seulement statué, qu'au lieu que le ducat équivaloit jufqu'ici à 16 francs & trois-quarts, il équivaudra deſormais à 18 francs, à l'effet de quoi il ſera remis au maréchal de la diète copie du projet avec une addition concernant la monnoie de cuivre & le directeur de la monnoie.

IV. Comme le projet pour la levée des recrues que le département de guerre a dreſſé aux Palatinats, & diſtricts reſpectifs, eſt déja connu du public, le roi en recommande la conſidération & l'accompliſſement aux états aſſemblés.

V. La formation des magaſins à blé par la commiſſion du tréſor de la couronne ayant donné des preuves de l'attention efficace du gouvernement à ce qui fait le bien public, le roi ſe perſuade que cette meſure de prévoyance non-ſeulement ſera agréé pour cette fois, mais que le maintien à perpétuité de tels magaſins ſera reconnu par les états pour choſe néceſſaire.

VI. Le roi conſeille & recommande aux états d'imiter l'exemple déja donné par la province de Lithuanie, qui a permis à gens de tout état, nationaux & étrangers, d'acquérir chez elle des fonds de terre nobles, ſans que cette acquiſition ſoit attachée à celle de l'anobliſſement ou indigénat, & des prérogatives y attachées ; cette meſure pouvant ſervir le plus efficacement à introduire & fixer dans notre pays des capitaux étrangers, & améliorer chez nous la population & la culture des terres.

VII. Les ſoins louables de la commiſſion du tréſor de la couronne ayant déja effectué la navigation vraiment utile de la rivière Pilica, le roi eſpère que cet exemple encouragera les états à autoriſer cette même commiſſion de la couronne aux dépenſes qu'exigera le nettoyement des rivières obra & grande *Pologne*, & à ce qu'elle puiſſe écarter tous les obſtacles qui s'oppoſent à la navigation deſdites rivières, d'autant plus que nous éprouvons avec joie, dans ce même genre de travaux publics au canal qui joint la Muchawice à la Pina, effectués par la commiſſion du tréſor de Lithuanie, combien l'aſſiduité & la perſévérance d'un patriotiſme véritable peut opérer, même avec des moyens tres-bornés.

VIII. Le roi tenant à devoir de repréſenter conſtamment aux états ce qu'il connoît être le bien général, recommande particuliérement encore à la diète préſente l'augmentation de la penſion des maréchaux du tribunal, & la recherche des moyens de diminuer les dépenſes des députés, tant dans les états de la couronne qu'en Lithuanie, de même qu'un meilleur arrangement pour les heures des ſéances judiciaires.

IX. Le roi ne rappelle pas moins aux états,

que le temps approche journellement ; auquel les ſtaroſtes de juriſdiction n'auront plus aucun revenu en *Pologne* & en Lithuanie, & qu'il devient d'autant plus preſſant de pourvoir de bonne heure au maintien des gardes de Grods, des Grods mêmes, de leurs archives, des priſons publiques, des priſonniers & de leurs gardes, avec cette addition que, lorſque les exécutions judiciaires ſeront confiées aux gardes des Grods, les troupes de la république, tant en *Pologne* qu'en Lithuanie, puiſſent être employées d'autant mieux à leur véritable deſtination.

X. Enfin, comme l'exemple de tant de nations démontre l'utilité des banques, des lombards, des caiſſes d'aſſurance & autres établiſſemens ſemblables, le roi deſire de nommer, de l'aveu des états, quelques perſonnes, dont l'obligation devra être de recevoir & de diſcuter tout projet tendant à cette fin, & d'en former un de tous ceux-là, le plus adapté à la ſituation & aux avantages de notre pays, & qui puiſſe, à la diète future ordinaire, mériter approbation & exécution.

SECTION Ve.

Des finances de la Pologne — De ſon commerce — de l'état de l'armée, &c.

La *Pologne* a perdu près de la moitié de ſes revenus par le dernier démembrement de ſes provinces & en particulier ceux des ſtaroſties qui ſe trouvent dans les provinces démembrées, ceux des droits levés ſur les marchandiſes qui deſcendoient par la Viſtule juſqu'à Dantzic, & le revenu des mines de ſel qui ſont reſtées affectées à la *Pologne*-Autrichienne. Les ſeules ſalines de Vielitſka formoient près du quart des revenus du gouvernement. Pour ſuppléer à ce vuide il a fallu augmenter & multiplier les impôts ; & la diète de 1775 en aboliſſant quelques anciennes taxes en a établi d'autres ou augmenté celles qui ont été conſervées, de manière que le revenu de l'état eſt reſté auſſi conſidérable qu'il l'étoit avant le démembrement. Les principales taxes ſont celles des juifs ; ils paient aujourd'hui trois florins polonois par tête, ſoit mâles, ſoit femelles, enfans ou adultes ; le quart du revenu des ſtaroſties ou des grands fiefs de la couronne ; un droit ſur la bière, l'hydromel, les liqueurs diſtillées de grains ; les monopoles du tabac ; différens droits ſur l'importation & l'exportation de pluſieurs marchandiſes ; un impôt ſur les cheminées. Il n'étoit d'abord établi qu'en Lithuanie ; en 1775 on l'a rendu général & très-conſidérable. C'eſt le plus productif de tous, mais c'eſt auſſi celui qui eſt le plus à charge au peuple & aux payſans.

On eſtime que le produit de tous ces impôts ſe monte à 11,628,461 florins polonois, ou 323,012 livres ſterlings.

Il fallut auffi dédommager le roi dont les revenus étoient confidérablement diminués par une fuite du démembrement ; on lui affigna fur le tréfor public un revenu de 2,666,666 florins polonois, ou 74,074 liv. fterlings, ce qui ajouté aux domaines royaux qu'il n'a pas perdus , & à quelques ftarofties qui lui ont été accordées , lui font un revenu auffi confidérable que celui dont il jouiffoit avant le démembrement, & qu'on peut évaluer à 7,000,000 de florins polonois , ou 194,505 liv. fterlings.

Il ne paie fur ce revenu que fes propres domeftiques & les dépenfes de fa maifon ; les autres dépenfes générales & les appointemens des grands officiers d'état, font pris fur les revenus publics. Ceux-ci en y comprenant les domaines royaux & les ftarofties accordées au roi, fe montent à 15,961,795 florins polonois, ou 443,938 liv. fterl. D'où en déduifant les 7,000,000 accordés au roi, il ne refte pour l'entretien de l'armée & toutes les autres dépenfes générales que 8,961,795 florins , ou 248,938 liv. fterl. fomme fi peu confidérable qu'elle femble n'avoir aucune proportion avec l'objet auquel elle eft affignée. Cependant elle balance à-peu-près la dépenfe courante. Les troupes réglées font très-peu nombreufes ; les grands officiers ne reçoivent prefque rien du tréfor public, & les fiefs de la couronne les dédommagent amplement.

Chaque Palatinat paie fes propres officiers de fa caiffe particulière, & les différens juges & officiers civils s'enrichiffent auffi au moyen des extorfions qu'ils exercent ordinairement.

Du commerce de la Pologne.

La Pologne à plufieurs rivières navigables , au moyen defquelles elle peut aifément tranfporter fes productions dans les ports de la mer Baltique. La nature a réuni dans peu de contrées autant de facilités pour l'établiffement des canaux de communication. Sans compter un grand nombre de moyennes rivières , déja navigables , ou qui pourroient le devenir, ce pays eft arrofé par fept à huit fleuves, qui correfpondent à la Baltique ou à la mer Noire. La Warta, la Viftule, le Bug fervent à la Grande-Pologne : le Nœmen & la Duïna, font communiquer le grand-duché de Lithuanie avec la Baltique ; enfin le Niefter, l'Hypanis, appelé le Bog , le Borifthene & le Pripetz qui s'y jettent, rapprochent une partie de cette même Lithuanie, ainfi que la petite-Pologne, de la Beffarabie & du pont-Euxin.

Pour joindre cette dernière mer à la Baltique , la république avoit projetté un canal entre la rivière de Pina, qui fe jete dans le Pripetz , & celle de Mouchawetz qui tombe dans le Bug ; cette dernière fe réunit à la Viftule, & le Pripetz au Borifthene, après un cours de 60 lieues.

En 1767, on s'occupa de cette jonction , mais

fur un autre plan. Le feu comte Oginski , grand-général de Lithuanie fut chargé de l'entreprife : il établiffoit le canal entre le Pripetz & le Nœmen : c'étoit ouvrir fur une étendue immenfe , une communication non interrompue entre la Baltique & la mer Noire. La funefte révolution de Pologne & les malheurs du comte Oginski, retardèrent les travaux. On affure aujourd'hui , que non - feulement ils font achevés, mais qu'un bâtiment venu de Cherfon à Pinsk, par le Borifthene, eft entré dans le canal Oginski, & a continué fa route par eau , jufqu'à Konisberg, lieu de fa deftination.

Les difficultés de cette navigation-paroiffent néanmoins en balancer les avantages : Les cataractes du Borifthene & les pirateries des Haydamaques voifins du fleuve font les principales : mais le defféchement d'un grand nombre de marais qu'on a fait écouler dans le nouveau canal , l'auront cependant rendu très-utile à l'agriculture des provinces qu'il arrofe. La Pologne produit en abondance toute forte de grains, du chanvre , du lin, du bétail, des bois de conftruction , de la poix , du goudron, du miel, de la cire, du fuif, de la potaffe & des cuirs. Elle reçoit des étrangers des vins, des draps, toutes fortes d'étoffes de laine, de foie & de coton, des métaux, des verreries, des fourrures, &c. Son commerce pourroit fans doute être très-confidérable fi les nobles n'étoient pas dégradés lorfqu'ils fe mêlent de quelque efpèce de trafic que ce foit ; fi les bourgeois des grandes villes n'étoient trop pauvres pour établir des manufactures ; fi la crainte des extorfions de la nobleffe ne leur faifoit préférer d'abandonner aux juifs tout commerce de détail ; fi les payfans n'étoient pas efclaves & attachés à la terre de leur feigneur.

De-là il réfulte que les polonois achètent beaucoup plus de l'étranger qu'ils ne lui vendent ; & cette différence eft eftimée de plus de 20,000,000 de florins polonois.

La Pologne a été appelée autrefois le grenier du nord , & c'eft plutôt fon ancienne fertilité qui lui a mérité cet éloge que celle qu'on y obferve aujourd'hui ; car l'efclavage des payfans & la diftribution trop inégale des terres s'oppofant à leur bonne culture, on n'en exporte pas à beaucoup près autant de grains que la nature du fol & l'étendue du royaume pourroient le permettre. Et en effet, s'il étoit bien cultivé , il feroit en état de fournir la motié des grains que l'Europe peut confommer. Plufieurs palatinats , & particuliérement la Podolie & la Kiovie , font fi favorables à cette production que , quoique plufieurs parties de ces provinces reftent incultes , on y recueille plus de grains que les habitans n'en peuvent confommer. Une partie eft employée à diftiller des liqueurs fpiritueufes ; mais fi l'on peut réuffir, comme on s'en flatte, à ouvrir une communication entre fes provinces & les ports de la mer Noire, il eft vraifemblable que ces provinces trouveront un nouveau débouché très-avantageux pour leurs grains.

Etabliffemens militaires.

Le roi entretient à fes frais un corps de deux mille hommes, qui ne dépend que de lui feul : cette troupe eft compofée principalement de hulans ou cavalerie légère, de laquelle on tire l'ef. corte qui accompagne fa majefté.

Les hulans font la plupart tartares & mahométans, & l'on peut compter fur leur fidélité; leur corps eft compofé de gentilshommes & de vaffaux qui marchent tous enfemble, mais font armés différemment : les gentilshommes ont feuls le droit de fe fervir de lances qui ont près de dix pieds de longueur; les autres font armés de carabines. Leur habillement confifte dans un long bonnet fourré, une vefte verte & rouge, des pantalons de même couleur, qui couvrent les bottes jufqu'à la cheville du pied, & une jupe de drap blanc qui defcend jufqu'aux genoux. Ils ont la tête rafée felon l'ufage des polonois; leurs lances, à l'extrémité defquelles eft attaché un morceau de drap noir & rouge, taillé en queue d'hirondelle, font plus courtes & plus foibles que celles des croates autrichiens; mais ils s'en fervent de la même manière & avec non moins de dextérité. Leurs chevaux font pleins de feu & paffent pour très-vigoureux; auffi le feu roi de Pruffe tiroit-il les chevaux de fa cavalerie légère de ce pays : cette race cependant a été prefque ruinée par les dernières guerres civiles; & la nobleffe fe pourvoit aujourd'hui principalement de chevaux tartares.

Les armées de *Pologne* & de Lithuanie font indépendantes l'une de l'autre & commandées féparément par leurs grands généraux refpectifs; en temps de guerre, c'eft le roi en perfonne qui commande les armées de la république; autrefois les grands généraux n'en rendoient compte qu'à la diète.

Mais cette énorme autorité fut limitée en 1768 par l'établiffement de la commiffion de guerre, dont ils font les préfidens perpétuels, & elle l'a été bien plus encore par la formation d'un département militaire dans le confeil permanent. En 1778 l'armée de *Pologne* étoit compofée d'environ douze mille hommes; celle de Lithuanie fe montoit à environ fept mille, enforte que les forces du royaume étoient d'un peu plus de dix-huit mille hommes. Une armée auffi peu confidérable ne peut fuffire pour défendre le pays en cas d'invafion; auffi ce foin eft-il laiffé à la nobleffe que le roi peut faire affembler avec le confentement de la diète. Les palatinats font divifés en diftricts, fur chacun defquels il y a des officiers prépofés; & toute perfonne qui poffède une

terre libre & noble, eft obligée à un fervice militaire, ou feule, ou à la tête d'un certain nombre d'hommes armés fuivant l'étendue & la nature de fes poffeffions. Ces troupes étant ainfi affemblées ne font obligées de fervir que pendant un temps fixé, & on ne peut les obliger à paffer les frontières du royaume.

La manière de lever & d'entretenir cette armée eft exactement la même qui s'obfervoit fous le régime féodal. A préfent, quoiqu'elle foit peu propre à repouffer une invafion étrangère, une pareille armée eft un inftrument bien dangereux dans les mains d'une faction domeftique; car la promptitude avec laquelle on peut la mettre fur pied, facilite la formation de ces confédérations fi fatales à la *Pologne*, qui éclatent dès que l'élection du prince eft conteftée, ou que les nobles font divifés entr'eux.

Il y a deux fortes de confédérations; les premières font celles qui font formées avec le confentement du roi, du fénat & de la nobleffe, affemblés dans une diète; par leur moyen, la nation entière fe réunit pour le bien de la patrie. Les fecondes font des confédérations de divers palatinats qui fe liguent pour obtenir le redreffement de quelque grief, ou pour s'oppofer aux accroiffemens du pouvoir royal : elles peuvent être particulières ou générales; elles font ordinairement les avant-coureurs d'une guerre civile : la confédération générale dont l'objet eft toujours de s'oppofer au roi, eft appellée *rokoz*, & el' eft formée par la réunion des confédérations particulières.

Chaque gentilhomme pouvant entretenir autant de troupes que bon lui femble, on comprend aifément combien un droit auffi dangereux fournit d'occafions de querelles entre les principaux nobles & entre leurs vaffaux eux-mêmes. Dans une femblable anarchie, il eft fans doute bien étonnant que chaque palatinat & le royaume entier ne foient pas plongés dans des troubles continuels & fanglans. C'eft une chofe qui fait honneur au caractère des polonois qu'avec tant d'occafions & de moyens de fe livrer au goût de la licence, il règne parmi eux une tranquillité qu'on n'auroit pas crû poffible dans une femblable fituation.

Rouffeau fait fur les confédérations quelques remarques où il y a des détails vrais à travers bien des erreurs : « on ne voit, dit-il, que le mal qu'elles font; il faudroit voir auffi celui qu'elles empêchent. Sans contredit, la confédération eft un état violent dans la république; mais il eft des maux extrêmes qui rendent les remèdes violens néceffaires, & dont il faut tâcher de guérir à tout prix. La confédération eft en Pologne ce qu'étoit la dictature chez les romains. L'une & l'autre font taire les loix dans un péril preffant; mais avec cette grande différence que la dictature, directement contraire à la légiflation romaine & à l'efprit du gouvernement,

ment, a fini par le détruire, & que les confédérations au contraire n'étant qu'un moyen de raffermir & rétablir la conftitution ébranlée par de grands efforts, peuvent tendre & renforcer le reffort relâché de l'état fans pouvoir jamais le brifer. Cette forme fédérative qui, peut-être dans fon origine, eut une caufe fortuite, me paroît être un chef d'œuvre de politique. Par-tout où la liberté règne, elle eft inceffamment attaquée & très-fouvent en péril. Tout état libre, où les grandes crifes n'ont pas été prévues, eft à chaque ôtage en danger de périr. Il n'y a que les polonois qui, de ces crifes même, aient fu tirer un nouveau moyen de maintenir la conftitution. Sans les confédérations, il y a long-temps que la république de *Pologne* ne feroit plus; & j'ai grande peur qu'elle ne dure pas long tems après elles, fi l'on prend le parti de les abolir. Jettez les yeux fur ce qui vient de fe paffer. Sans les confédérations, l'état étoit fubjugué; la liberté étoit pour jamais anéantie. Voulez-vous ôter à la république la reffource qui vient de la fauver »?

«Et qu'on ne penfe pas que quand le *liberum veto* fera aboli & la pluralité rétablie, les confédérations deviendront inutiles, comme fi tout leur avantage confiftoit dans cette pluralité. Ce n'eft pas la même chofe. La puiffance exécutive attachée aux confédérations leur donnera toujours dans les befoins extrêmes une vigueur, une activité, une célérité que ne peut avoir la diète, forcée à marcher à pas plus lents avec plus de formalités, & qui ne peut faire un feul mouvement irrégulier fans renverfer la conftitution ».

« Non, les confédérations font le bouclier, l'afyle, le fanctuaire de cette conftitution. Tant qu'elles fubfifteront, il me paroît impoffible qu'elle fe détruife. Il faut les laiffer, mais il faut les régler. Si tous les abus étoient ôtés, les confédérations deviendroient prefque inutiles. La réforme du gouvernement polonois doit opérer cet effet. Il n'y aura plus que les entreprifes violentes qui mettent dans la néceffité d'y recourir; mais ces entreprifes font dans l'ordre des chofes qu'il faut prevoir. Au lieu donc d'abolir les confédérations, déterminez les cas où elles peuvent légitimement avoir lieu, & puis réglez-en bien la forme & l'effet, pour leur donner une fanction légale autant qu'il eft poffible, fans gêner leur formation ni leur activité. Il y a même de ces cas où par le feul fait la *Pologne* doit être à l'inftant confédérée; comme par exemple, au moment où, fous quelque prétexte que ce foit, & hors le cas d'une guerre ouverte, des troupes étrangères mettent le pied dans l'état; parce qu'enfin, quel que foit le fujet de cette entrée & le gouvernement même y eût-il confenti, confédération chez foi n'eft pas hoftilité chez les autres; lorfque, par quelque obftacle que ce puiffe être, la diète eft empêchée de s'affembler au temps marqué par la

loi; lorfqu'à l'inftigation de qui que ce foit, on fait trouver des gens de guerre au temps & au lieu de fon affemblée, ou que fa forme eft altérée, ou que fon activité eft fufpendue, ou que fa liberté eft gênée en quelque façon que ce foit. Dans tous ces cas, la confédération générale doit exifter à l'inftant; les affemblées & fignatures particulières n'en font que des branches, & tous les maréchaux en doivent être fubordonnés à celui qui aura été nommé le premier ».

Les troupes ruffes ont féjourné fi long-temps en *Pologne*, qu'elles peuvent prefque être regardées comme une partie de l'armée nationale. Le royaume eft fous leur protection, ou, en d'autres termes, fous la main de la Ruffie qui la gouverne comme une de fes provinces. Le roi n'en eft, dans le fond, que le vice-roi, & c'eft l'ambaffadeur de l'impératrice qui décide de toutes les affaires felon les inftructions qu'il reçoit de fa fouveraine. Elle tient en *Pologne* environ dix mille hommes, & dans chaque garnifon il y a un certain nombre de ruffes joint aux troupes nationales. On en compte un millier autour de Varfovie, & à chaque porte de la ville on voit une fentinelle ruffe & une polonoife. En un mot, les troupes ruffes contiennent les grands & la nobleffe dans la foumiffion; elles répriment leur licence & préviennent les troubles toujours prêts à renaître. Mais quand la *Pologne* fera laiffée à elle-même, fi pourtant cela arrive jamais, on les verra éclater avec la même fureur; les partis fubfiftent toujours, quoique réduits au filence; leur inimitié plus envenimée que jamais agitera ce malheureux royaume qui a été fi long-temps en proie à leurs excès. Quel malheur ne doit pas attendre un pays dont la tranquillité dépend de la préfence d'une armée étrangère!

Section VIᵉ.

Trifte état de la Pologne. — Des divers ordres d'habitans, la nobleffe, le clergé, les bourgeois, les payfans. — De la fervitude & de fes dangereux effets. — De la population de la Pologne.

Les polonois eux-mêmes n'effaient plus de nier ou de pallier leur trifte état. « Un jour, dit » M. Coxe, que, témoin d'un abus de liberté, » j'en marquois ma furprife à un homme verfé » dans l'étude des loix de fon pays, je reçus » cette réponfe: fi vous connoiffiez la confufion » & l'anarchie dans laquelle nous vivons, vous » ne feriez furpris de rien. Il règne bien des abus » dans les états les mieux réglés, combien ne » doit-il pas y en avoir chez nous qui vivons fous » le plus déteftable de tous les gouvernemens ». Un autre polonois, déplorant l'effroyable fituation de fon pays, me difoit: « le nom de *Po-*

» *logne* subsiste encore, mais nous ne sommes » plus une nation. La corruption & la vénalité » ont gagné toutes les classes. Plusieurs des pre- » miers seigneurs ne rougissent point de recevoir » des pensions des cours étrangères. L'un fait » une profession publique d'être autrichien, le » second d'être prussien, un troisième françois, » un quatrième russe ».

Tel est ce peuple qui donnoit autrefois la loi à tout le nord : sans aucune influence au-dehors ; pauvre & opprimé au-dedans, il ne lui reste de sa grandeur passée qu'un triste droit à la compassion de ses voisins.

La nation a peu de manufactures & presque aucun commerce ; un roi sans autorité ; des nobles dont rien ne peut réprimer le pouvoir & les excès ; des paysans qui gémissent sous le joug du despotisme féodal, beaucoup pire que la tyrannie d'un monarque absolu : on n'a vu nulle part un partage si inégal des fortunes. De quelque côté qu'on jette les yeux, des richesses immenses ou une extrême pauvreté ; la magnificence & la misère sont à côté l'une de l'autre ; en un mot, cette liberté si vantée par quelques polonois est réservée uniquement aux nobles, & la généralité du peuple n'y a aucune part. Les détails suivans confirmeront la vérité de cette remarque. On peut diviser les habitans de la *Pologne* en quatre classes, les nobles, les ecclésiastiques, les bourgeois & les paysans. Par les loix de *Pologne*, un noble est une personne qui possède une terre libre, ou qui peut prouver qu'il descend de parens qui en ont possédé une ; qu'il n'est attaché à aucune profession, à aucun commerce, ni à aucune demeure particulière. Tous ces nobles, selon la lettre de la loi, sont égaux par la naissance, ensorte que tous les honneurs & les titres qu'ils peuvent acquérir, n'ajoutent rien à leur dignité réelle, & ne donnent en particulier aucun droit de préférence. Par le moyen de leurs représentans dans les diètes, ils ont une part à l'autorité législative ; & dans quelques occasions, comme aux élections des rois, ils s'assemblent en personnes, chaque gentilhomme ayant la capacité d'être élu nonce ou sénateur & même de se présenter lui-même comme candidat pour le trône. Aucun gentilhomme ne peut être arrêté sans avoir été auparavant jugé & convaincu, excepté dans le cas de haute trahison, de meurtre ou de vol sur les grands chemins, & même alors il faut qu'il soit pris sur le fait : enfin il ne peut être puni capitalement que par un ordre de la diète.

On peut voir, par ce qu'on vient de lire, que la noblesse polonoise doit être extrêmement nombreuse (1), puisque l'on comprend dans cet ordre toute personne issue de parens ou d'ancêtres qui, à quelque époque que ce soit, ont possédé des terres nobles ; il suit aussi de-là qu'une partie en doit être réduite à la plus grande indigence ; & puisque, selon les loix de *Pologne*, le commerce & les métiers sont interdits aux nobles sous peine d'être dégradés, la plupart d'entr'eux n'ont d'autre ressource que de s'attacher au service de quelque riche seigneur, qui, comme les barons de l'ancien régime féodal, sont toujours accompagnés d'un grand nombre de vassaux. La multitude de ces gentilshommes indigens est une des sources des malheurs de la *Pologne* ; aussi le roi qui est plein de considération pour la constitution angloise, souhaitoit-il qu'on insérât dans le nouveau code une loi semblable à celle qui règle en Angleterre les élections des comtés, & qui défendît à toute personne qui ne posséderoit pas un certain revenu en terres, de voter dans l'élection des nonces. Mais cette proposition a été si mal reçue, qu'il n'est pas probable que jamais une pareille loi soit admise.

2°. *Le clergé.* Les premiers rois chrétiens de la *Pologne* accordèrent au clergé des biens & des immunités considérables ; les plus riches seigneurs suivirent cet exemple, & les richesses de cet ordre s'accrurent si rapidement, qu'enfin la diète, & en particulier celle de 1669, craignant que la plus grande partie du royaume ne passât dans ses mains, défendit toute nouvelle aliénation en faveur du clergé, & sous le règne actuel on a confisqué plusieurs terres qui lui avoient été données au mépris de cette loi.

Dès le temps où la religion chrétienne a été reçue en *Pologne*, les évêques sont entrés dans le sénat comme conseillers du roi ; ils étoient précédemment nommés par le roi & confirmés par le pape ; mais depuis l'établissement du conseil permanent, le roi est obligé de choisir sur trois candidats que lui présente le conseil. Il est fait sénateur en même-temps qu'évêque, & jouit aussi-tôt des droits attachés à cette première dignité. L'archevêque de Gnesne est primat, premier sénateur & vice-roi pendant l'interrègne.

Les ecclésiastiques sont tous hommes libres ; ils ont même des cours de justice où l'on juge certaines affaires selon le droit canon. Le nonce du pape en a aussi une, qui est la cour suprême ecclésiastique du royaume, devant laquelle on porte l'appel des cours du primat & des évêques. Dans le cas de divorces, de dispenses pour des mariages & d'autres affaires de ce genre, on s'adresse à la cour de Rome qui tire, par ce moyen, des sommes considérables de la *Pologne*. Lorsque cette cour adresse une bulle au clergé polonois, il la fait publier & exécuter, sans

_____

(1) Nous avons dit plus haut à combien on évaluoit le nombre des nobles avant le partage de la *Pologne*.

qu'il foit befoin de la confirmation du pouvoir civil.

3°. La troifième claffe de la nation eft compofée des bourgeois ou des habitans des villes, dont les privilèges étoient autrefois beaucoup plus étendus qu'aujourd'hui. L'hiftoire de *Pologne* nous apprend que, dès le milieu du treizième fiècle, Boleflas le chafte, roi de *Pologne*, accorda à Cracovie & à plufieurs autres villes les droits municipaux qui comprenoient une jurifdiction, & la permiffion aux bourgeois de former un corps & de jouir de certaines immunités. Cet établiffement fut très-favorable à la *Pologne*; plufieurs villes devinrent fi floriffantes qu'elles envoyoient des députés aux diètes nationales, & y participoient aux réfolutions les plus importantes. Un noble pouvoit devenir bourgeois fans fe dégrader, & on voyoit des bourgeois devenir officiers de la couronne; mais depuis que la couronne devint abfolument élective, les bourgeois virent diminuer leurs privilèges à chaque élection; ils ne purent plus envoyer des députés à la diète, & perdirent ainfi toute influence fur la légiflation. Une nobleffe toute guerrière affecta de méprifer un ordre d'habitans qui, par la nature de fes poffeffions, n'étoit pas tenu à porter les armes, mais feulement à en fournir à ceux qui alloient à la guerre; ils ont enfin été réduits aux privilèges fuivans qui leur affurent une efpèce de liberté.

Ils élifent leur bourgue maître & leurs confeillers; ils font des réglemens pour leur police intérieure; ils ont leurs tribunaux pour les affaires criminelles qui s'y décident fans appel. Quand un bourgeois attaque un noble en juftice, l'affaire fe porte aux tribunaux des nobles qui prononcent fouverainement; fi c'eft le bourgeois qui eft pourfuivi par le noble, le premier doit être cité devant le magiftrat de la ville à laquelle il appartient, & il n'y a d'autre appel de cette fentence que devant le roi. Cette exemption de la jurifdiction de la nobleffe, quoiqu'elle n'ait lieu que dans les caufes criminelles, a valu à la bourgeoifie un degré d'indépendance bien précieux, puifque fans cela il y auroit long-temps fans doute qu'elle feroit réduite à la fervitude comme l'ordre des payfans.

4°. Tel eft en effet l'état des payfans en *Pologne*, comme fous tous les gouvernemens où le régime féodal eft refté dans fa force. La valeur d'une terre s'eftime moins fur fon étendue que fur le nombre des payfans qu'elle contient & qui y font attachés, & peuvent être vendus comme du bétail à un autre maître.

Il y a cependant en *Pologne* des payfans allemands d'origine, qui jouiffent de quelques privilèges refufés aux payfans polonois. Leur condition eft meilleure, leurs villages font mieux bâtis, leurs champs mieux cultivés, leurs troupeaux plus nombreux; &, comparés aux autres, ils font propres & bien vêtus.

La fervitude des payfans polonois eft d'ancienne date & a toujours été très-rigoureufe. Jufqu'au temps de Cafimir le grand, un feigneur pouvoit tuer fon payfan avec une entière impunité, & il fe portoit pour héritier de celui qui mouroit fans enfans. En 1347, Cafimir établit que celui qui tueroit un payfan paieroit une amende, & qu'à la mort de celui qui mourroit fans enfans fes biens pafferoient à fon plus proche parent. Il donna au payfan le droit de porter les armes, & voulut qu'à ce titre il fût regardé comme un homme libre. Mais les fages mefures de ce bon & grand prince ne purent fouftraire long-temps le malheureux vaffal à la tyrannie de fon feigneur: fes loix furent éludées ou abrogées. La maxime reçue de tout temps en *Pologne* qu'*un efclave ne peut intenter un procès à fon feigneur*, empêche l'effet de la loi qui affure au plus proche parent l'héritage du payfan décédé fans enfans. L'amende pour le meurtre d'un payfan ne peut être exigée que quand un noble eft convaincu de ce crime, chofe extrêmement difficile. Au contraire les loix qui tendent à affurer & à aggraver la fervitude des payfans, ont été expreffément & fouvent confirmées. Il y en a entr'autres qui ordonnent des peines très-févères contre ceux qui abandonnent fans congé leur domicile. On les prononce contre eux, fans appel, dans des tribunaux établis à cet effet, où ils font jugés fommairement. Tel eft en effet le malheureux état de cette claffe d'hommes qu'ils ne peuvent être retenus que par la terreur des peines dans les lieux de leur naiffance.

Il y a des payfans appartenans à la couronne, & d'autres qui appartiennent à des particuliers. Les premiers, établis dans les fiefs de la couronne ou dans les domaines royaux, peuvent appeller des jugemens des ftarotes aux cours royales de juftice; &, malgré la partialité qui règne dans ces tribunaux au préjudice du foible & du pauvre, la feule poffibilité de cet appel contient l'injuftice & foutient le payfan jufqu'à un certain point.

Ceux qui appartiennent à des particuliers, font abfolument à la difcrétion de leurs maîtres; ils n'ont aucune fûreté réelle pour leur propriété ou même pour leur vie. Il eft vrai qu'en 1768 on paffa un décret qui ordonne la peine de mort contre le meurtrier d'un payfan; mais cette fûreté n'eft qu'apparente, & fe réduit en effet à bien peu de chofe; car, felon les loix, il faut pour condamner le meurtrier, qu'il foit pris fur le fait, & que le meurtre foit prouvé par le témoignage de deux gentilshommes & de quatre payfans. Si l'on ne trouve pas ce nombre complet de témoins, l'accufé en eft quitte pour une amende.

Les polonois ne font pas en général difpofés

à améliorer la condition des payfans, qu'ils regardent à peine comme des créatures nées pour réclamer les droits de l'humanité. Quelques nobles cependant, d'un caractère plus humain, & d'un efprit plus éclairé ont fait voir qu'ils avoient adopté d'autres principes.

Ils ont effayé de donner la liberté à leurs ferfs, & l'événement a prouvé que ce parti étoit auffi judicieux qu'il étoit humain, & que leur propre intérêt s'y trouvoit autant que l'avantage de leurs payfans. Dans les cantons où cet arrangement a eu lieu, la population a confidérablement augmenté, & le revenu des terres s'eft accru du triple.

Le premier noble qui a fait à ces payfans ce beau don de la liberté, eft Zamoyski, ci-devant grand chancelier, qui en 1760 affranchit fix villages dans le palatinat de Mazovie.

Il paroît, par les regiftres des paroiffes, que le nombre des naiffances, pendant les dix années qui ont précédé immédiatement l'affranchiffement de ces villages, étoit de 434. Dans les dix années qui ont fuivi cette époque, c'eft à-dire, de 1760 à 1770, il y a eu 620 naiffances, & de 1770 à 1777, 585. Voilà donc trois périodes aifées à comparer. Durant la première il y avoit par an .... 43 naiffances

Dans la feconde il y en a eu 62.

Dans la troifième .... 77.

Si une augmentation auffi rapide avoit lieu dans tout le royaume, quelle ne feroit pas en peu d'années fa population & fa profpérité ?

Le revenu de ces fix villages s'eft accru dans une proportion plus confidérable encore. Pendant que les payfans de Zamoyski étoient efclaves, il étoit obligé, felon la coutume de Pologne, de leur bâtir des huttes & des granges à fes frais, de les fournir de grains pour femer, de chevaux, de charrues, de tous les outils néceffaires à la culture. Depuis qu'ils jouiffent de la liberté, l'aifance où ils fe trouvent leur permet de fe pourvoir de tout cela à leurs propres frais; au lieu de corvées, ils lui payent avec plaifir une rente annuelle, & par là le revenu de fa terre a prefque triplé.

Ainfi les faits les plus pofitifs détruifent abfolument ce raifonnement fouvent employé par les nobles polonois, que leurs ferfs font trop déréglés & trop indociles pour ne pas abufer de la liberté qu'on leur donneroit. Zamoyski, encouragé par les accroiffemens de la profpérité de fes fix villages, a affranchi de même les payfans de fes autres terres.

Son exemple a été fuivi par Chreptowitz, vice-chancelier de Lithuanie, & l'abbé Bryfotoski avec un égal fuccès. Le prince Staniflas, neveu du roi, a foutenu avec chaleur le projet de l'affranchiffement. Il a affranchi quatre villages près

de Varfovie. Il pouffe même la bonté jufqu'à diriger les affaires de ceux qu'il a rendus libres.

Malheureufement ce beau préfent de la liberté ne leur eft encore affuré que pendant la vie de celui qui le leur a fait; fon fucceffeur peut les faire rentrer dans leur ancienne fervitude. On s'occupe, à la vérité, du projet d'affurer la liberté à ceux qui l'ont une fois obtenue; mais ce projet eft d'une nature fi délicate, qu'il ne pourra être propofé qu'avec beaucoup de précaution, & confolidé que par le temps. Mais il eft prouvé que l'affranchiffement des ferfs eft utile aux feigneurs polonois, & qu'il le feroit prefque par-tout; & c'eft une grande vérité qu'il eft bon d'établir de toutes les manières.

Le nombre des juifs eft confidérable en Pologne. Ils y font entrés du temps de Cafimir-le-grand, & y jouiffent des privilèges qui ne leur ont été accordés nulle part, excepté en Angleterre & en Hollande. De-là vient qu'ils s'y font prodigieufement multipliés.

Lengnich, qui a écrit plufieurs ouvrages eftimés fur la Pologne, dit « que les juifs font un mono- » pole de toutes les branches du commerce de » ce royaume; qu'ils tiennent les auberges & les » cabarets; qu'ils font les maîtres-d'hôtel des » grands feigneurs, & qu'enfin ils y ont acquis » un tel crédit, qu'on n'y vend & qu'on n'y » achète rien que par le moyen d'un juif ». Sobieski leur accorda une fi grande confiance, que la nobleffe en témoigna le plus grand mécontentement. A fa mort, on fit revivre une ancienne loi qui fut inférée dans les pacta conventa qu'on fit figner à Augufte, par laquelle on interdifoit à ce prince d'affermer à un juif ou à toute perfonne de baffe naiffance les revenus de la couronne.

Ils peuvent s'établir à demeure dans certaines villes, comme à Cafimir, Pofnanie, &c. Dans d'autres, feulement pendant les foires ou les diétines; mais ces reftrictions font mal obfervées. Il eft difficile de favoir leur nombre avec exactitude. Ils paient, à la vérité, une capitation en Pologne; mais par cela même ils cachent leur nombre, & fur-tout celui de leurs enfans, avec tout le foin poffible. Voici une eftimation qui peut approcher du vrai. Sur 2,580,796 habitans que contenoit la Pologne autrichienne lors du démembrement, on compta 144,200 juifs. C'eft environ un dix-huitième. Le dix-huitième des habitans actuels de la Pologne feroit 500,000. Si l'on ajoute à ce nombre tous ceux qui ont paffé en Pologne des provinces démembrées par la Ruffie, on ne pourra guère fe tromper en eftimant leur nombre total à 600,000.

Avant le démembrement, la Pologne contenoit environ 14,000,000 d'habitans. M. Coxe, d'après ce qu'il a pu recueillir dans diverfes converfations avec des polonois inftruits, évalue fa population actuelle à 9 millions.

En étudiant l'hiftoire & la conftitution politique de ce royaume, on voit que les loix féodales autrefois univerfellement reçues en Europe, où il en fubfifte encore çà & là plus ou moins de veftiges, ont été fucceffivement abolies chez la plupart des autres nations pour faire place à une adminiftration plus jufte & plus régulière, tandis qu'en Pologne l.s circonftances fe font oppofées à l'abrogation de ces mêmes loix ; elles ont maintenu ce mélange de liberté & d'oppreffion, d'ordre & d'anarchie, qui forme le caractère le plus marqué du gouvernement féodal. La conftitution actuelle de la Pologne préfente encore les traits les plus frappans de cet ancien régime ; une monarchie éléctive avec un pouvoir très-reftreint, les grands officiers d'état poffédant leurs charges à vie & indépendans du roi, des fiefs relevant de la couronne, des feigneurs tout puiffans ; une nobleffe libre, & le feul ordre libre du royaume, poffédant fans nulle dépendance fes terres, fes fiefs, fa jurifdiction territoriale, tenue feulement à un fervice militaire ; un commerce avili & languiffant, des bourgeois opprimés, des payfans efclaves. Tel eft l'état de la Pologne, & telles font les caufes de fa décadence. De-là vient qu'elle n'a pu adopter les loix qui lui auroient affuré un état ftable & tranquille, un bon gouvernement, un commerce floriffant, une nombreufe population.

Voyez l'article LITHUANIE & les articles PRUSSE, RUSSIE & AUTRICHE.

POLYGAMIE : mariage d'un feul homme avec plufieurs femmes. Nous ne parlerons ici de la Polygamie, que dans fes rapports politiques.

Les femmes font nubiles (1) dans les climats chauds, à huit, neuf & dix ans : ainfi l'enfance & le mariage y vont prefque toujours enfemble. Elles font vieilles à vingt : la raifon ne fe trouve donc jamais chez elles avec la beauté. Quand la beauté demande l'empire, la raifon le fait refufer ; quand la raifon pourroit l'obtenir, la beauté n'eft plus. Les femmes doivent être dans la dépendance : car la raifon ne peut leur procurer dans leur vieilleffe un empire que la beauté ne leur avoit pas donné dans la jeuneffe même. Il eft donc très-fimple qu'un homme, lorfque la religion ne s'y oppofe pas, quitte fa femme pour en prendre une autre, & que la Polygamie s'introduife.

Dans les pays tempérés, où les agrémens des femmes fe confervent mieux, où elles font plus tard nubiles, & où elles ont des enfans dans un âge plus avancé, la vieilleffe de leur mari fuit en quelque façon la leur : & comme elles y ont plus de raifon & de connoiffances quand elles fe marient, ne fût-ce que parce qu'elles ont plus long-temps vécu, il a dû naturellement s'introduire une efpèce d'égalité dans les deux fexes, & par conféquent la loi d'une feule femme.

Dans les pays froids, l'ufage prefque néceffaire des boiffons fortes établit l'intempérance chez les hommes. Les femmes, qui ont à cet égard une retenue naturelle, parce qu'elles ont toujours à fe défendre, ont donc encore l'avantage de la raifon fur eux.

La nature qui a diftingué les hommes par la force & par la raifon, n'a mis à leur pouvoir de terme que celui de cette force & de cette raifon. Elle a donné aux femmes les agrémens, & a voulu que leur afcendant finît avec ces agrémens : mais, dans les pays chauds, ils ne fe trouvent que dans les commencemens, & jamais dans le cours de leur vie.

Ainfi la loi qui ne permet qu'une femme, fe rapporte plus au phyfique du climat de l'Europe, qu'au phyfique du climat de l'Afie. C'eft une des raifons qui a fait que le mahométifme a trouvé tant de facilité à s'établir en Afie, & tant de difficulté à s'étendre en Europe ; que le chriftianifme s'eft maintenu en Europe, & a été détruit en Afie ; & qu'enfin les mahométans font tant de progrès à la Chine, & les chrétiens fi peu. Les raifons humaines font toujours fubordonnées à cette caufe fuprême, qui fait tout ce qu'elle veut, & fe fert de tout ce qu'elle veut.

Quelques raifons particulières à Valentinien (2), lui firent permettre la polygamie dans l'empire. Cette loi, violente pour nos climats, fut ôtée (3), par Théodore, Arcadius & Honorius.

Quoique, dans les pays où la polygamie eft une fois établie, le grand nombre des femmes dépende beaucoup des richeffes du mari ; cependant on ne peut pas dire, que ce foient les richeffes qui faffent établir dans un état la Polygamie : la pauvreté peut faire le même effet, ainfi qu'on le voit chez les fauvages.

La Polygamie eft moins un luxe, que l'occafion d'un grand luxe chez des nations puiffantes. Dans les climats chauds, ou à moins de befoins (3) : il en coûte moins pour entretenir une

---

(1) Mahomet époufa Cadisja à cinq ans, coucha avec elle à huit. Dans les pays chauds d'Arabie & des Indes, les filles y font nubiles à huit ans, & accouchent l'année d'après. Prideaux, vie de Mahomet. On voit des femmes dans le royaume d'Alger enfanter à neuf, dix & onze ans Laugier de Taffy, hiftoire du royaume d'Alger, pag. 6.

(2) Voyez Jornandès, de regno & tempor. fuccef. & les hiftoriens eccléfiaftiques.
(3) Voyez la loi VII, au code de judæis & cœlicolis ; & la novelle 18, chap. 5.
(4) A Ceylan un homme y vivoit jadis pour dix fous par mois : on n'y mangeoit que du riz & du poiffon. Recueil des voyages qui ont fervi à l'établiffement de la compagnie des Indes, tom. 2, part. première.

femme & des enfans. On y peut donc avoir un plus grand nombre de femmes.

A regarder la *Polygamie* en général, indépendamment des circonstances qui ont pu la faire tolérer dans quelques pays, elle n'est point utile au genre humain, ni a aucun des deux sexes, soit à celui qui abuse, soit à celui dont on abuse. Elle n'est pas non plus utile aux enfans ; & un de ses grands inconvéniens, est que le père & la mère ne peuvent avoir la même affection pour leurs enfans ; un père ne peut pas aimer vingt enfans, comme une mère en aime deux. C'est bien pis, quand une femme a plusieurs maris ; car, pour lors, l'amour paternel ne tient plus qu'à cette opinion, qu'un père peut croire, s'il veut, ou que les autres peuvent croire, que de certains enfans lui appartiennent.

On dit que le roi de Maroc à dans son sérail des femmes blanches, des femmes noires, des femmes jaunes. Le malheureux ! à peine a-t-il besoin d'une couleur.

La possession de beaucoup de femmes ne prévient pas toujours les desirs (1) pour celle d'un autre ; ce il en est de la luxure comme de l'avarice, elle augmente sa soif par l'acquisition des trésors.

Du temps de Justinien, plusieurs philosophes gênés par le christianisme, se retirèrent en Perse auprès de Cosroës. Ce qui les frappa le plus, dit *Agathias* (2), ce fut que la *Polygamie* étoit permise à des gens qui ne s'abstenoient pas même de l'adultère.

La pluralité des femmes, qui le diroit ! mene à cet amour que la nature défavoue : c'est qu'une dissolution en entraine toujours une autre. A la révolution qui arriva à Constantinople, lorsqu'on déposa le sultan Achmet, les relations disent que le peuple ayant pillé la maison du Chiaya, on n'y avoit pas trouvé une seule femme. Laugier de Tassy dit, qu'à Alger (3) on est parvenu à ce point qu'on n'en a pas dans la plupart des ferrails.

POMÉRANIE, (duché de) en Allemagne. La *Poméranie* est bornée vers le levant par la Pomérelie, qui est une partie du duché de Prusse; vers le midi par la Pologne, la nouvelle-Marche & la Marche Uckérane; vers le couchant, par le duché de Mecklenbourg, & vers le nord, par la mer Baltique. Sa longueur, prise le long des côtes de la mer, est de 60, & sa largeur de 8 jusqu'à 13 milles géographiques. Son étendue étoit bien plus considérable autrefois ; elle alloit vers le levant jusqu'à la Vistule ; ensorte que du côté-là elle comprenoit la Pomérelie, & entroit en-

core bien avant dans la grande Pologne : une partie de la nouvelle Marche & de la Marche Uckérane en dépendoit vers le midi, & elle renfermoit vers le couchant le pays de Stargard, & une partie de celui de Mecklenbourg.

Précis de l'histoire politique ; prérogatives de ce duché, & remarques sur l'administration.

Les sueves & les vandales occupoient autrefois cette contrée, & sous le nom de *sueves* & de *vandales* nous comprenons les goths, les rugiens, les lemoviens & encore d'autres peuples. Les premiers s'éteignirent vers le milieu du sixième siècle, & furent remplacés par les slaves ou venedes, qui reçus dans le pays, s'y maintinrent, & s'y étendirent successivement ; mais ce qui est digne de remarque, les noms des peuples, qui demeurèrent entre l'Oder & la Vistule, celui du pays même, ont été inconnus jusqu'au onzième siècle. Adam de Bremen est le premier qui, dans son histoire ecclésiastique, ait nommé poméraniens les slaves, qui occupèrent cette partie de la province ; Helmold l'imita ; mais ni l'un ni l'autre n'appella ce pays *Poméranie* ; ce nom se trouve pour la première fois, dans la bulle de confirmation que donna le pape innocent, au sujet de l'érection de l'évêché de *Poméranie*, & dont la date remonte à 1140. Il paroît qu'il vient de la langue slavone, & qu'il est composé de *Pomarski*, qui signifie situé sur le bord de la mer. Entre l'Oder & la Warnow, on trouvoit les vilses, qu'on appelle aussi welatabres & lutices. Ces peuples se divisèrent en rhèteriens, ainsi nommés de Rhétère, leur ville capitale, en tollensiens de la rivière de Tollense ; en circipéniens de celle de Peene, & en kissiniens, nom qu'ils avoient pris de la ville de Kissin. Les rugiens habitèrent l'île de Rugen, dans la mer Baltique.

Le prince Suantibor I, fut la souche des ducs de *Poméranie*. Il mourut en 1107, & ses quatre fils partagèrent ses domaines : Wartislas & Ratibor, I eurent la *Poméranie* antérieure ; c'est-à-dire, le district situé entre la Warnow près de Rostock & la Persante, ainsi que celui qui forme aujourd'hui la nouvelle Marche ; Bogislas & Suantipolk eurent la Poméranie ultérieure qui comprenoit le district qui se trouve entre la Persante, la Brache & la Vistule, ainsi qu'une partie des cantons polonois dépendans de Posen & de Kalisch, & qui s'étendent jusqu'à la Netze & la Warte : ils transmirent ces héritages à leur postérité, à l'exception néanmoins de ce que les polonois conquirent par la suite sur les deux der-

---

(1) C'est ce qui fait que l'on cache avec tant de soin les femmes en orient.
(2) De la vie & des actions de Justinien, page 403.
(3) Histoire d'Alger.

niers de ces quatre princes, & de ce que les marggraves de Brandebourg enlevèrent aux deux premiers par la force des armes. Les limites furent un sujet presque continuel de dispute entre les deux maisons : la Châtellenie de Belgard fut la partie cependant qui occasionna le plus de contestations : les princes de la *Poméranie* antérieure ne cessèrent point de la réclamer ; les autres au contraire soutinrent constamment que la Persante formoit la borne naturelle de leurs possessions d'un bout à l'autre. La branche de la *Poméranie* ultérieure s'éteignit en 1295, par la mort du duc Mestovin II, époque à laquelle elle avoit déja perdu toute la partie qu'on nomme la *Pomérelie*. Ce dernier duc avoit institué le royaume de Pologne pour héritier de ses états, afin de plaire à ses sujets, qui le désiroient ; mais la branche de la *Poméranie* antérieure en prit la plus grande portion.

Casimir & Bogislas, frères & ducs de la même *Poméranie* antérieure, offrirent ce duché à l'empereur & à l'Empire d'Allemagne, & ils demandèrent de les tenir en nature de fief ; ils furent nommés l'un & l'autre princes de l'Empire en 1181, par l'empereur Frédéric I & par la suite, des temps toute la *Poméranie* devint fief de l'Empire. Le duc Barnim I se rendit maître de la *Poméranie* ultérieure, à l'exception de la seule ville de Stolpe. Bogislas IV & Otton I, ses deux fils, partagèrent entre eux ses états ; le premier fut la souche de la branche de Wolgast, & le second de celle de Stettin, qui s'éteignit en 1464, par la mort d'Otton III. Les domaines de cette branche échurent à la première : l'électeur de Brandebourg forma des prétentions sur ces domaines, d'après un pacte de famille conclu avec le duc Barnim le grand ; il fut obligé d'y renoncer, mais il obtint l'investiture éventuelle de la branche de Wolgast, pour le cas où elle viendroit à s'éteindre. Cette même branche hérita sous le règne de Wartislas IV, de l'isle de Rugen, qui jusqu'alors étoit gouvernée par ses princes particuliers ; elle hérita aussi d'une partie de la Pomeranie ultérieure, savoir du duché de Vandalie, & en prenant possession de l'isle de Rugen, elle eut en même-temps l'office de grand veneur de l'Empire. Barnim IV & Bogislas V, partagèrent entr'eux les états de Wartislas leur père ; Wolgast échut au premier, & la Vandalie au second, dont les petits fils terminèrent la lignée ; celle du premier ne s'éteignit qu'en 1637, par la mort de duc Bogislas XIV, qui fut le dernier de tous les ducs de *Poméranie*. Cette province devoit dès-lors appartenir en entier à l'électeur de Brandebourg, en vertu de l'expectative dont on vient de parler ; mais le traité de paix de Westphalie, prononça d'une autre manière sur la *Poméranie* antérieure & la principauté de Rügen. Les villes de Stettin, de Garz, de Dam, de Golnau, qui dépendoient de la *Poméranie*

ultérieure, & l'isle de Wollin furent cédées à la couronne de Suède, ainsi que l'Oder & le Lac nommé Frische-Haff avec ses trois embouchures. L'électeur de Brandebourg fut obligé de se contenter du surplus de la Poméranie ultérieure, à laquelle on ajouta l'évêché de Cammin, que l'on convertit en une principauté séculière ; on accorda de plus à la couronne de Suède l'expectative sur la partie de la *Poméranie*, que l'électeur de Brandebourg venoit d'obtenir, si tous les mâles de cette maison venoient à s'éteindre.

Les suédois ne manquèrent pas de faire valoir le sacrifice qu'ils faisoient à l'électeur de Brandebourg, & l'électeur, celui qu'il faisoit aux suédois. Celui-là demanda un dédommagement, & ceux-ci voulurent être indemnisés. Le dédommagement fut pris sur le clergé romain. Les suédois eurent les évêchés de Breme & de Vehrden, & l'électeur eut ceux de Halberstadt, de Minden, de Cammin & l'expectative sur l'archevêché de Magdebourg. Ces acquisitions valoient sans doute mieux que tout ce que l'électeur perdoit en *Poméranie* : cependant il ne laissa pas d'en paroître mécontent ; & dans la suite il porta la guerre en *Poméranie*, & obtint à la paix de Nimègue, en 1679, tout ce que la Suède possédoit en-delà de l'Oder, excepté Dam. Il fit tout son possible pour avoir aussi Stettin ; mais il n'y put réussir. Son petit fils, Frédéric Guillaume II, roi de Prusse, prit mieux ses mesures & s'empara de Stettin, qui est resté dans sa maison par le traité de Stockholm, en 1720, où il est dit, que la reine de Suède cède au roi de Prusse, à sa maison & à ses successeurs, sans exception & à perpétuité, tant pour elle que pour ses héritiers & successeurs, la ville de Stettin, le district entre l'Oder & la Péne, avec les isles de Wollin & d'Usedom ; de la même manière que le tout a été cédé par l'empereur à la Suède, par l'article Xe du traité de Westphalie. Quant au droit de séance & de suffrage pour le duché de *Poméranie*, tant à la diète de l'empire qu'à celle du cercle, avec les autres droits cédés à la couronne de Suède, les choses sont restées dans l'état réglé par la paix de Westphalie. Aujourd'hui la Péne fait les limites entre la *Poméranie* suédoise & la *Poméranie* brandebourgeoise. La première est resserrée vers la mer ; l'autre s'étend du nord au midi, en deçà & en delà de l'Oder & comprend le pays appelé *Cassubie*, qui n'est pas de grande importance. La couronne de Suède n'a pu parvenir qu'en 1754, à obtenir l'investiture impériale pour la *Poméranie*.

Le roi de Suède & celui de Prusse, ont chacun une voix aux diètes de l'empire & aux assemblées circulaires de la haute Saxe ; l'un en qualité de duc de la *Poméranie* antérieure, & l'autre comme duc de la *Poméranie* ultérieure. Le premier s'est chargé de payer 123 rixdales, 12 & deux tiers de kr. pour l'entretien de la chambre, & l'autre 270 rixdales 49 & demie kr.

L'une & l'autre de ces deux princes sont en droit, selon le traité de paix de Westphalie, de prendre le titre & les armes de toute la Poméranie en général, mais non point de la principauté de Rugen; ce droit est réservé au seul roi de Suède; celui - ci est qualifié dans les diètes de duc de Poméranie & de prince de Rugen, mais il ne prend ni le titre ni les armes de la Poméranie. Le roi de Prusse prend la qualité de duc de Stettin, de Poméranie, des cassubes & des venedes, ainsi que nous l'avons dit ailleurs. Les anciens ducs de Poméranie furent grands veneurs du saint empire romain, en vertu de la principauté de Rugen, située du côté du détroit; d'autres princes furent revêtus de la même dignité de grand veneur, mais dans des districts limités de l'Empire.

Le roi de Suède établit un gouverneur général dans la partie qui lui appartient, dans la Poméranie antérieure; & c'est à Stralsund qu'est fixée sa résidence; c'est aussi le siège d'une régence royale & d'une autre tribunal, devant lequel sont portées les affaires qui intéressent l'état militaire. Il se trouve à Greifswalde une cour royale de justice & un consistoire provincial, & le tribunal suprême, auquel sont portés tous les appels des jugemens qui se rendent dans la Poméranie suédoise, siège à Wismar.

La régence royale prussienne de la Poméranie antérieure & de l'ultérieure, est établie à vieux Stettin, où se trouvent aussi le trésor de la guerre & du domaine; la cour de justice de la Poméranie antérieure, le conseil criminel de l'échevinage, de Poméranie, qui y est joint, & enfin le consistoire, dont l'inspection n'est confiée qu'au président de la régence. La Poméranie ultérieure relève d'une autre cour royale de justice & d'un autre consistoire, établis à Coeslin, mais le premier de ces tribunaux n'est regardé que comme un collège subordonné à la régence de Stettin, dans les affaires qui intéressent soit le public, soit la province entière.

Division de la Poméranie.

La division en Poméranie antérieure & ultérieure, n'a point toujours été la même. On appelloit dans le douzième siècle Poméranie antérieure, le pays qui se trouve entre la Warnow dans le duché actuel de Mecklenbourg & la Persante; & on nommoit Poméranie ultérieure celui qu'environnent la Persante, la Brache & la Vistule. La Poméranie antérieure ne s'étendoit point de la Reckenitz à l'Oder, au 17e. siècle; car lorsqu'il s'agit de céder cette province à la couronne de Suède, d'après le traité de paix de Westphalie, on envisagea les villes de Stettin & de

Garz, situées au couchant de l'Oder, comme faisant partie de la Poméranie ultérieure. On nomme aujourd'hui Poméranie antérieure, le pays situé entre la Reckenitz & l'Oder, & Poméranie ultérieure, celui qui se trouve entre l'Oder & la Pomérelie, enforte que l'Oder doit être regardée comme la limite de ces deux provinces. Les cartes géographiques sont encore défectueuses sur ces points, puisqu'elles comprennent dans la Poméranie antérieure, la partie du duché de Stettin, qui est située entre l'Oder & l'Ihna. Le duché de Poméranie renferme donc, à proprement parler, le pays situé entre l'Ihna & la Lebe, lequel est aussi divisé en antérieur & ultérieur; celui situé entre l'Ihna & la Wippen, qui contient le duché de Cassubie, & ne forme plus une province particulière, a pris cette même dénomination: enfin elle s'est même étendue aussi sur la principauté de Cammin, dont les limites sont incertaines, & de laquelle on estime que le pays qui se trouve entre la Wipper & la Lebe, & par conséquent le duché de Vandalie, font partie.

Sol, productions.

Le sol est sablonneux dans quelques cantons; mais il est gras & de bonne qualité, dans la majeure partie de ce duché; & les habitans exportent une quantité considérable de bleds de toute espèce.

Navigation, commerce & manufacture.

La navigation & le commerce de cette province tirent des avantages infinis de la mer Baltique; mais il est très-dangereux d'en suivre les bords du côté de la Poméranie; sur-tout vers l'embouchure de l'Oder; elle offre deux ports, celui de Swine & celui de Colberg, où il faut entrer avec précaution: un grand nombre de bateaux font naufrage chaque année sur les côtes de la Poméranie. Le droit de varech, établi autrefois sur cette côte, fut aboli par Bogislas X; il fut pareillement aboli dans la Poméranie prussienne en 1743, enforte que tous les effets naufragés font rendus à leurs propriétaires qui payent une certaine somme pour les frais. La mer Baltique rejette de côté & d'autre de l'ambre jaune de son sein sur le rivage de la Poméranie ultérieure, mais en moindre quantité cependant qu'elle ne le fait en Prusse.

Plusieurs villes & notamment celles de Stettin, de Stargard, de Colberg, de Coslin, contiennent des manufactures & des fabriques de plusieurs espèces. Il y a sur les terres de Massow, près de Rummelsbourg une manufacture de futaine, & on fait une quantité considérable de toile dans le district de Rügenwalde, où le lin croît en abondance. Les villes situées le long des fleuves navigables & vers le rivage de la mer Baltique, entretiennent trétiennent un commerce très-étendu, mais principalement celles de Stettin & de Stralfunde; on peut juger de celui de la première de ces deux villes par l'énumération des marchandises; qui y ont été fabriquées en 1756, & dont l'exportation se fit la même année en Hollande, en Angleterre, en France, en Espagne, en Danemarck, dans la Norwege, la Suède, la Ruffie, la Prusse, les villes de Dantzick, de Mecklenbourg, Lubeck & Hambourg : savoir, 10,089 livres d'amidon, (cet amidon n'avoit point été fabriqué dans le pays), 72,200 livres d'antimoine, 1171 quintaux d'arsénic, 106 quintaux de fer blanc, 106 pièces d'étamines, 251 pièces de flanelle, 107 tonnes de calamine, 6,649 caisses de verres, pour la valeur de 17,608 rixdales de verres d'Hollande, plusieurs espèces de bois, savoir, 33,186 toises de bois de chauffage, pour la valeur de 130,960 rixdales de bois de construction, 1401 schocks, mesure du pays, de bois de gayac, 2598 schocks de bois dit klappholz, 30 mâts, 5,179 planches, pour la valeur de 8,916 rixdales de bois propre à la construction des bateaux, pour celle de 22,526 rixdales de mercerie, 24 caisses de marchandises de lin, 436,960 briques, 639 quintaux de laiton, 147 tonnes de potasse, 408 quintaux de garance, 233 tonnes de savon, 1830 quintaux de faux, 5,812 quintaux de tabac, 3,448 pièces de draps, 775 quintaux de laine de Pologne; l'exportation de ces articles occupa 1671 bâtimens, & 97 autres sortirent de ce port chargés de lest.

Population & remarques générales.

Tout le duché de *Poméranie* contient 68 villes, divisées en immédiates & en médiates, les premières dépendent du siège de justice supérieur de la province; elles élisent elles-mêmes leurs magistrats, & ceux des trois villes qui ont le droit de préféance aux états, où ils ont coutume d'être convoqués. Les villes médiates sont du ressort des bailliages royaux, ou des seigneuriaux; elles prêtent serment de fidélité à leurs seigneurs & patrons; elle se pourvoient en seconde instance au siège de justice du bailliage ou du château. Les préposés de ces villes sont à la nomination des seigneurs, & doivent être confirmés par la régence provinciale. Les deniers que les villes immédiates sont tenues de payer à leur souverain pour le droit de jurisdiction, sont nommés *Ohrbor* ou *Orbeede*; plusieurs villes médiates n'en étoient pas affranchies autrefois : elles étoient obligées d'acquitter le même droit aux seigneurs qui habitoient les châteaux, témoin la ville de Rummelsbourg qui le paya à la famille de Massow, sous le nom de *l'écu du gentilhomme*.

Le nombre des morts s'est monté, dans les derniers temps, à 12,000 personnes par an lorsqu'il n'y a point eu d'épidémie; d'où l'on peut conclure que toute la *Poméranie* contient environ 460,000 ames. Cette province est sur-tout peuplée d'allemands & de venèdes d'origine. Il paroît, par un diplôme du duc Bogislas I, que des moines allemands du couvent de Colbatz amenèrent, dès le douzième siècle, des laboureurs de leur nation dans cette province; & par d'autres titres de 1240, que les nobles s'y établirent. A peu près à cette époque, les couvens y attirèrent un grand nombre d'allemands; les ducs firent construire des villes & des villages qu'ils leur abandonnèrent pour s'y établir; ils y ajoutèrent même de grands privilèges qui excitèrent la jalousie. La majeure partie de ces émigrans venoit des pays de Brunswick; ils n'y furent d'abord que tolérés, mais ils détruisirent peu à peu les anciens habitans, en leur refusant tout droit de bourgeoisie dans leurs nouvelles villes & tout accès dans leurs corps de métiers, & en s'établissant de force dans celles des venèdes; ce qui ne contribua pas peu à l'entière oppression des venèdes, fut le violent tribut auquel ils furent imposés; & à peine l'idiome allemand eut-il été adopté par la cour, que celui des venèdes tomba en défuétude. On trouve encore des cassubiens mêlés avec les allemands, dans le cercle de Stolpe & dans les seigneuries de Lavenbourg & de Butow; leur langage a à-peu-près avec le bon langage polonois le rapport qu'à le mauvais allemand avec le bon : voilà pourquoi les cassubiens comprennent aisément les sermons qu'on leur fait dans l'idiome épuré de la Pologne. Le roi de Prusse a augmenté la population de la *Poméranie* prussienne, comme il a augmenté celle de ses autres états (voyez l'article PRUSSE); car depuis 1746 on y a élevé 59 nouveaux villages & nouvelles censes. Frédéric II y a placé 876 familles étrangères, & il en a transplanté 280 anciennes dans d'autres villages qu'il a fait aggrandir.

Noblesse.

La noblesse est nombreuse en *Poméranie*, & elle y est en grande considération depuis un temps assez considérable. Les sujets des seigneurs sont leurs serfs, tenus à des corvées personnelles & à des corvées de chariots; & en cas d'évasion, ils doivent leur être rendus, s'ils peuvent être découverts; si on ne les resaisit point, le seigneur dispose en faveur d'un autre de la cour ou de la métairie du fugitif, & il lui fournit les chevaux, les vaches, les porcs, les moutons & les bleds dont il peut avoir besoin pour son établissement & pour sa subsistance; s'il en est ensuite mécontent, il peut le chasser avec sa femme & ses enfans. Les laboureurs établis à Rugen, à Barth & le long du Tollensée, ceux qui sont domiciliés auprès de Pyritz & de Rugenwald, & la plupart de ceux qui dépendent des villes sont mieux traités ; ils font tenus à des corvées moins onéreufes , & leurs métairies font héréditaires ; ils peuvent même acquérir celles des autres avec le confentement des feigneurs ; le vendeur paye alors le dixième du prix de la vente , & l'acquéreur paye une autre redevance en argent.

Etats.

Cette province a confervé fes états , & Frédéric II. lui - même n'a pas ofé les abolir. Ils font compofés des prélats , de la nobleffe & des villes. Les prélats de la *Poméranie* pruffienne font le grand chapitre de Camin, l'abbaye de Sainte-Marie de Colberg & les deux abbayes établies à Stettin. La famille de Somnitz poffède la charge de chambellan héréditaire du duché de *Poméranie* & de la principauté de Camin.

Religion.

La majeure partie des habitans profeffent la religion luthérienne depuis 1534 & 1535. On trouve néanmoins çà & là des calviniftes & des catholiques. Les communautés luthériennes font foumifes à l'infpection des prévôtés, qui elles mêmes dépendent des furintendances générales.

Revenus.

On dit que la *Poméranie* pruffienne rapporte annuellement près de 800,000 rixdales. Ces revenus proviennent : 1°. des bailliages domaniaux : 2°. des droits qui fe perçoivent fur les terres labourables ; toutes celles des gens de qualité & des villes furent converties en cantons de trente arpens ; appellés en allemand *hufen* : ces cantons font divifés en trois claffes, felon la qualité des terres ; que l'année foit bonne ou mauvaife , chacun de ces *hufen* ne paye qu'une rixdale par mois : 3°. de l'accife établie dans les villes : 4°. des droits impofés fur les pignons : 5°. des poftes : 6°. de l'uftenfile que paient les villes : 7°. du droit de protection que les juifs font tenus d'acquitter : 8°. des péages fur les fleuves & rivières , lequel droit eft d'un produit confidérable à Swinemunde : 9°. les forêts : 10°. des droits féodaux à payer par les nobles ; on paye dix-huit rixdales pour la contribution d'un cheval : 11°. de la vente du fel de halle, dont chaque ménage eft obligé de prendre annuellement une quantité déterminée : 12°. du papier timbré : 13°. des fourages ou de l'impôt établi fur le pays plat pour l'entretien de la cavalerie (les cours nobles en font exempts). Ce qu'un laboureur eft obligé de payer par an pour cet objet , fe monte à environ 2 rixdales 16 gros. Les biens nobles qui n'ont pas ceffé de l'être depuis leur origine , ne paient point de contributions. On ajoute que les revenus du roi de Suède

dans la *Poméranie* antérieure, en 1753, fe montèrent à 124,000 rixdales. Les biens domaniaux étoient chargés de 514,079 rixdales de dettes , dont les intérêts furent payés à cinq pour cent. Les canons des biens engagés furent de 53,952 rixdales , & ceux des autres biens non engagés de 42,754 rixdales. Les états de Suède fupplièrent le roi, en 1766, de faire vendre au plus offrant & dernier enchériffeur les biens domaniaux ; lorfque le temps de la ferme & celui des engagemens feroient écoulés.

A cette époque, les revenus de la *Poméranie* fuédoife ne fuffiforent pas pour faire face aux dépenfes qu'exigeoit l'entretien de l'état ; il falloit y fuppléer annuellement par des fonds tirés de la Suède , ou par des emprunts & des engagemens des domaines. On regardoit avec raifon ce pays comme onéreux à la couronne de Suède ; mais la fage adminiftration du prince de Heffenftein qui en eft gouverneur, a prouvé qu'il ne l'eft pas. Ce prince , guidé par de bons principes, a trouvé le moyen, non-feulement de pourvoir aux dépenfes de l'état par les revenus de la province, mais de faire encore tous les ans des épargnes confidérables , qui font employées aux améliorations du pays & à divers bons établiffemens.

Année commune, le revenu depuis 1771 a été de 230,000 rixdalers. Depuis 1777, la recette a conftamment excédé la dépenfe. Le total de l'épargne depuis cette époque jufqu'en 1782, monte à la fomme de 150,109 rixdalers.

La population de cette province fuédoife s'eft accrue confidérablement. En 1766, on y comptoit 88,957 ames, & en 1782, 101,584. Ainfi , dans l'efpace de feize ans , la population eft augmentée de 12,627 perfonnes. Nous avons évalué la population de la *Poméranie* entière à 460,000 ames , & l'on voit que le diftrict de la Pruffe eft au moins trois fois plus peuplé que celui de la Suède. En 1782, les trois dixièmes du total de la population de la *Poméranie* fuédoife demeuroient dans les villes , & fept dixièmes à la campagne. Le rapport des naiffances à la population totale étoit , dans la même année , comme un à trente, fept huitièmes ; les enfans illégitimes aux enfans légitimes, comme un à quatorze trois tiers, & les morts aux vivans, comme un à trente-trois, trois cinquièmes. —— L'exportation de la *Poméranie* fuédoife fut évaluée, dans l'année 1782, à 739,693 rixdalers , & l'importation à 569,638 rixdalers ; ce qui produifit dans le commerce un bénéfice de 179,055 rixdalers.

APPENDICE A LA POMÉRANIE.

Des feigneuries de Lavenbourg & de Buttow.

Ces feigneuries appartenoient autrefois à la couronne de Pologne. Le roi Cafimir les abandonna en 1455 à Eric , duc de *Poméranie* , fans aucune preſtation de devoirs féodaux ; depuis 1460, les ducs de *Poméranie* les poſſédèrent comme francs-fiefs de la couronne de Pologne. Cette dernière tenta enſuite de les obliger à des preſtations féodales : on convint en 1526 que les ducs de *Poméranie* conſerveroient ces ſeigneuries ſur le pied d'un fief héréditaire, ſans payer aucun droit, avec la réſerve cependant qu'à chaque règne ils ſeroient tenus d'obtenir en Pologne de nouvelles inveſtitures qu'on leur donneroit gratuitement. Bogiſlas XIV étant mort, la couronne de Pologne ſe les appropria comme des fiefs vacans ; elle obligea même les ſujets à lui prêter ſerment de fidélité ; mais par le traité de Welau, ſigné en 1657 & confirmé à Bromberg ou Ridgoſt, ces deux ſeigneuries furent cédées à la maiſon électorale de Brandebourg, avec la clauſe expreſſe que cette maiſon les poſſéderoit ſur le pied d'un franc-fief, & tel que les avoient poſſédés les ducs de *Poméranie* ; qu'elle en ſeroit inveſtie, ſans qu'elle prêtât ſerment de fidélité. Si nous parlons ici de ces deux ſeigneuries, par la raiſon qu'elles ſont poſſédées par la maiſon électorale de Brandebourg, il ne s'enſuit pas qu'elles faſſent partie du duché de *Poméranie*. Elles ont au contraire leurs cours de juſtice particulières, qui toutes ſont établies à Lavenbourg ; l'une, nommée *grande cour de juſtice*, forme la première inſtance, dont les appels ſe portent au tribunal ſupérieur, & de là à Berlin. Ces deux ſeigneuries ne dépendent pas non plus des conſiſtoires de *Poméranie* ; mais elles ſont ſoumiſes aux ſeules déciſions du ſynode, qui de temps à autre tient ſes aſſemblées à Lavenbourg. Elles ne païent point les mêmes impôts que la *Poméranie*, & elles jouiſſent de quelques privilèges qui leur ſont particuliers. On y trouve encore des caſſubiens, & c'eſt pour cela qu'on prêche dans les égliſes, tant en allemand qu'en langue polonoiſe. Elles ſont compoſées de deux bailliages.

1°. La ſeigneurie ou le bailliage de Lavenbourg, dont l'étendue en longueur eſt de 8 milles & de 6 en largeur.

2°. La ſeigneurie ou le bailliage de Buttow environ de ſix milles quàrrés.

Voyez les articles PRUSSE & SUEDE.

PONDICHERY, établiſſement des françois ſur la côte de Coromandel.

Nous avons parlé à l'article INDOSTAN des conquêtes des françois ſous M. Dupleix & M. de Buſſy, dans la péninſule de l'Inde : nous nous bornerons ici, 1°. à un précis de la décadence & de la chûte de notre ancienne compagnie des-Indes, & à quelques remarques ſur la nouvelle : 2°. à des détails particuliers ſur les établiſſemens ou les comptoirs que les françois ont dans l'Inde ; mais comme nous avons parlé à l'article Chandernagor, de cet établiſſement qui a

été rendu aux françois par le traité de paix de 1783 : nous y renverrons le lecteur.

SECTION PREMIERE.

Précis de la décadence & de la chûte de notre ancienne compagnie des Indes, & quelques remarques ſur la nouvelle.

Les diſgraces qu'éprouvèrent les françois en Aſie durant la guerre de 1755, avoient été prévues par tous les obſervateurs qui réfléchiſſoient. Leurs mœurs avoient ſur-tout dégénéré dans le climat voluptueux des Indes. Les guerres que Dupleix avoit faites dans l'intérieur des terres, avoient commencé un aſſez grand nombre de fortunes. Les dons que Salabetzingue prodigua à ceux qui le conduiſirent triomphant dans ſa capitale & l'affermirent ſur le trône, les multiplièrent & les augmentèrent. Les officiers qui n'avoient pas partagé le péril, la gloire, les avantages de ces expéditions brillantes, cherchèrent à ſe conſoler de leur malheur, en réduiſant à la moitié le nombre des cipayes qu'ils devoient avoir, & dont ils pouvoient facilement détourner la ſolde, parce qu'on leur en laiſſoit la manutention. Les commis à qui ces reſſources étoient interdites, débitant les marchandiſes envoyées d'Europe, ne rendoient à la compagnie que la moindre partie d'un bénéfice qu'elle auroit dû avoir en entier, & lui revendoient fort cher celles de l'Inde qu'elle auroit dû recevoir de la première main. Ceux qui étoient chargés de l'adminiſtration de quelque poſſeſſion, l'affermoient eux-mêmes ſous des noms indiens, ou la donnoient à vil prix, parce qu'ils avoient reçu d'avance une gratification conſidérable ; ſouvent même ils retenoient tout le revenu de ces poſſeſſions, en ſuppoſant des violences & des ravages qui avoient rendu impoſſible le recouvrement. Toutes les entrepriſes, de quelque nature qu'elles fuſſent, s'accordoient clandeſtinement : elles étoient la proie des employés qui avoient ſu ſe rendre redoutables, ou de ceux qui jouiſſoient de plus de faveur & de fortune. L'abus ſolemnel aux-Indes de faire & de recevoir des préſens à chaque traité, avoit multiplié les engagemens ſans néceſſité. Les navigateurs qui abordoient dans ces climats, éblouis des fortunes qu'ils voyoient quadrupler d'un voyage à l'autre, ne voulurent plus regarder les vaiſſeaux dont on leur confioit le commandement, que comme une voie de trafic & de richeſſe qui leur étoit ouverte. La corruption fut portée à ſon comble par les gens de qualité avilis & ruinés, qui, ſur ce qu'ils voyoient, ſur ce qu'ils entendoient dire, voulurent paſſer en Aſie, dans l'eſpérance d'y rétablir leurs affaires, ou d'y continuer avec impunité leurs dérèglemens. La conduite perſonnelle des directeurs les mettoit dans la néceſſité de fermer les yeux ſur tous ces défordres. On leur reprochoit de ne voir dans leur place que le crédit, l'argent, le pouvoir qu'elle leur donnoit. On leur reprochoit de livrer les postes les plus importans à des parens sans mœurs, sans application, sans capacité. On leur reprochoit de multiplier sans cesse & sans mesure le nombre des facteurs, pour se ménager des protecteurs à la ville & à la cour. Enfin on leur reprochoit de fournir eux mêmes ce qu'on auroit obtenu ailleurs à un prix plus modique & de meilleure qualité. Soit que le gouvernement ignorât ces excès, soit qu'il n'eût pas le courage de les réprimer, il fut, par son aveuglement ou par sa foiblesse, complice en quelque sorte de la ruine des affaires de la nation dans l'Inde. On pourroit même, sans injustice, l'accuser d'en avoir été la cause principale, par les instrumens foibles ou infidèles qu'il employa pour diriger, pour défendre une colonie importante, qui n'avoit pas moins à craindre de sa corruption que des flottes & des armées angloises.

Le poids des malheurs qui accabloient la compagnie dans l'orient, étoit augmenté par la situation non moins fâcheuse où elle se trouvoit en Europe. Il fallut tracer ce double tableau aux actionnaires. Cette vérité amena le désespoir qui enfanta cent systêmes, la plupart absurdes. On passoit rapidement de l'un à l'autre, sans qu'aucun pût fixer des esprits pleins d'incertitude & de défiance. Des momens précieux se passoient en reproches & en invectives. L'aigreur nuisoit aux délibérations. Personne ne pouvoit prévoir où tant de convulsions aboutiroient. Les orages se calment enfin, les cœurs s'ouvrent à l'espérance. La compagnie, que les ennemis de tout privilège exclusif desiroient de voir abolie, & dont tant d'intérêts particuliers avoient juré la ruine est maintenue, &, ce qui étoit indispensable, on la réforme.

Parmi les causes qui avoient précipité la compagnie dans l'abyme où elle se trouvoit, il y en avoit une regardée depuis long-temps comme la source de toutes les autres : c'étoit la dépendance ou plutôt la servitude où le gouvernement tenoit ce grand corps depuis près d'un demi-siècle. Dès 1723, la cour avoit elle-même choisi les directeurs. En 1730, un commissaire du roi fut introduit dans l'administration de la compagnie. Dès-lors, plus de liberté dans les délibérations, plus de relation entre les administrateurs & les propriétaires, aucun rapport immédiat entre les administrateurs & le gouvernement. Tout se dirigea par l'influence & suivant les vues de l'homme de la cour. Le mystère, ce voile dangereux d'une administration arbitraire, couvrit toutes les opérations, & ce ne fut qu'en 1744 qu'on assembla les actionnaires. Ils furent autorisés à nommer des syndics, & à faire tous les ans une assemblée générale : mais ils n'en furent pas mieux instruits

de leurs affaires, ni plus maîtres de les diriger. Le prince continua à nommer les directeurs; & au lieu d'un commissaire qu'il avoit eu jusqu'alors dans la compagnie, il voulut en avoir deux.

Dès ce moment, il y eut deux partis. Chacun des commissaires forma des projets différens, adopta des protégés, chercha à faire prévaloir ses vues. De là les divisions, les intrigues, les délations, les haines dont le foyer étoit à Paris, mais qui s'étendirent jusqu'aux Indes, & qui y éclatèrent d'une manière si funeste pour la nation.

Le ministère, frappé de tant d'abus & fatigué de ces guerres interminables, y chercha un remède. Il crut l'avoir trouvé en nommant un troisième commissaire. Cet expédient ne fit qu'augmenter le mal. Le despotisme avoit régné lorsqu'il n'y en avoit qu'un, la division lorsqu'il y en eut deux : mais, dès l'instant qu'il y en eut trois, tout tomba dans l'anarchie. On revint à n'en avoir que deux, qu'on tâcha de concilier le mieux qu'on put; & il n'y en avoit même qu'un en 1764, lorsque les actionnaires demandèrent qu'on rappellât la compagnie à son essence, en lui rendant sa liberté.

Ils osèrent dire au gouvernement que c'étoit à lui à s'imputer les malheurs & les fautes de la compagnie, puisque les actionnaires n'avoient pris aucune part à la conduite de leurs affaires: qu'elles ne pouvoient être dirigées vers le but le plus utile pour eux & pour l'état, qu'autant qu'elles le seroient librement, & qu'on établiroit des relations immédiates entre les propriétaires & les administrateurs, entre les administrateurs & le ministère; que toutes les fois qu'il y auroit un intermédiaire, les ordres donnés d'une part, & les représentations faites de l'autre, recevroient nécessairement, en passant par ses mains, l'impression de ses vues particulières & de sa volonté personnelle; ensorte qu'il seroit toujours le véritable & l'unique administrateur de la compagnie; qu'un administrateur de cette nature, toujours sans intérêt, souvent sans lumières, sacrifieroit perpétuellement à l'éclat passager de son administration & à la faveur des gens en place, le bien & l'avantage réel du commerce : qu'on devoit tout attendre au contraire d'une administration libre, choisie par les propriétaires, éclairée par eux, agissant avec eux, & loin de laquelle on écarteroit constamment toute idée de gêne & de contrainte.

Ces raisons furent senties par le gouvernement. Il assura à la compagnie sa liberté par un édit solemnel, & l'on fit quelques réglemens pour donner une nouvelle forme à son administration.

Le but de ces institutions étoit que la compagnie ne fût plus conduite par des hommes qui souvent n'étoient pas dignes d'en être les facteurs: que le gouvernement ne s'en mêlât que pour la protéger : qu'elle fût également préservée & de la fervitude fous laquelle elle avoit conftamment gémi , & de l'efprit de myftere qui avoit perpé-tué la corruption : qu'il y eût des relations continuelles entre les adminiftrateurs & les actionnaires : que Paris , privé de l'avantage dont jouiffent les capitales des autres nations commerçantes, celui d'être un port de mer, pût s'inftruire du commerce dans les affemblées libres & paifibles : que le citoyen s'y formât enfin des idées juftes de ce lien puiffant de toutes les nations , & qu'il apprît , en s'éclairant fur les fources de la profpérité publique , à refpecter les négocians dont les opérations y contribuent , ainfi qu'à méprifer les profeffions qui la détruifent.

Les événemens qui fuivirent ces fages inftitutions, eurent quelqu'éclat. On remarqua de tous côtés une grande activité. Durant les cinq années que dura la nouvelle adminiftration , les ventes s'élevèrent annuellement à près de 18,000,000 l. Elles n'avoient pas été fi confidérables dans les tems qu'on avoit regardés comme les plus brillans, puifque depuis 1726 jufques & compris 1756 , elles n'étoient montées qu'à 437,376,284 liv. : ce qui faifoit, année commune , paix & guerre, 14,108,912 liv.

Cependant cette apparente profpérité couvroit des abymes. Lorfqu'on en foupçonna l'exiftence, & qu'on voulut les approfondir , il fe trouva que la compagnie, à la reprife de fon commerce , étoit plus endettée qu'on ne l'avoit cru. C'eft un événement ordinaire à tous les corps marchands qui ont des affaires compliquées, étendues, éloignées. Prefque jamais ils n'ont une idée jufte de leur fituation. On attribuera, fi l'on veut, ce vice, à l'infidélité, à la négligence , à l'incapacité de fes agens : toujours fera-t-il vrai qu'il exifte prefque généralement. Le malheur des guerres augmente encore la confufion. Celle que les françois venoient de foutenir dans l'Inde, avoit été longue & malheureufe. Les dépenfes & les déprédations n'en étoient qu'imparfaitement connues, & là compagnie recommença fes opérations en comptant fur un plus grand capital qu'elle ne l'avoit.

Cette erreur , ruineufe en elle-même , fut fuivie d'autres erreurs funeftes, où l'on tomba peut-être pour n'avoir pas affez réfléchi fur les révolutions arrivées depuis peu dans l'Inde. On efpéra que les ventes de la compagnie s'éleveroient à 25,000,000 livres , & elles reftèrent au-deffous de 18,000,000 liv. On efpéra que les marchandifes d'Europe feroient vendues cinquante pour cent de plus qu'elles n'avoient coûté, & à peine rendirent-elles leur prix originaire. On efpéra un bénéfice de cent pour cent fur les productions qu'on rapportoit dans nos climats , & il ne fut pas de foixante & douze.

Tous ces mécomptes avoient leur fource dans la ruine de la confidération françoife dans l'Inde, & dans le pouvoir exorbitant de la nation conquérante , qui venoit d'affervir ces régions éloignées : dans la néceffité où l'on étoit réduit de recevoir fouvent à crédit de mauvaifes marchandifes des négocians anglois , qui cherchoient à faire paffer en Europe les fortunes immenfes qu'ils avoient faites en Afie : dans l'impoffibilité de fe procurer les fonds néceffaires au commerce, fans en donner un intérêt exorbitant : dans l'obligation d'approvifionner les ifles de France & de Bourbon, avances dont la compagnie fut tard & mal payée par le gouvernement , ainfi que de la gratification qu'on lui avoit accordée pour fes exportations & fes importations.

Enfin , dans le plan des adminiftrateurs , les dépenfes néceffaires pour l'exploitation du commerce & celles de fouveraineté , ne devoient pas excéder , chaque année , 4,000,000 liv., & elles en coûtèrent plus de huit. Les dernières même pouvoient aller plus loin dans la fuite , étant fufceptibles par leur nature de s'étendre & de s'accroître fuivant les vues politiques du monarque , unique juge de leur importance & de leur néceffité.

Il étoit impoffible que , dans cet état des chofes , la compagnie ne dérangeât de plus en plus fes affaires. Sa ruine & celle de fes créanciers alloient être confommées, lorfque le gouvernement , averti par des emprunts qui fe renouvelloient fans ceffe , voulut être inftruit de fa fituation. Il ne l'eut pas plutôt connue , qu'il jugea devoir fufpendre le privilège exclufif du commerce des Indes. Il faut voir quel étoit alors l'état de la compagnie.

Avant 1764 , il exiftoit cinquante mille deux cents foixante-huit actions. A cette époque , le miniftère qui , en 1746 , 1747 & 1748 , avoit abandonné aux actionnaires le produit des actions & des billets d'emprunt qui lui appartenoient, leur facrifia les billets & les actions même , les uns & les autres au nombre de onze mille huit cents trente-cinq , pour les indemnifer des dépenfes qu'ils avoient faites durant la dernière guerre. Ces actions ayant été annullées, il n'en refta que trente-huit mille quatre cents trente-deux.

Les befoins de la compagnie firent décider dans la fuite un appel de 400 livres par action. Plus de trente-quatre mille actions remplirent cette obligation. Les quatre mille qui s'en étoient difpenfées ayant été réduites , aux termes de l'édit qui avoit autorifé l'appel , à cinq huitièmes de la valeur de celles qui y avoient fatisfait , le nombre total fe trouva réduit , par l'effet de cette opération , à trente-fix mille neuf cents vingt actions entières & fix huitièmes.

Le dividende des actions de la compagnie de France a varié, comme celui des autres compagnies, fuivant les circonftances. Il fut de 100 l. en 1722. Depuis 1723 jufqu'en 1745 , de 150 l. Depuis 1746 jufqu'en 1749 , de 70 liv. Depuis 1750 jufqu'en 1758 , de 80 liv. Depuis 1759 jufqu'en 1763, de 40 liv. Il ne fut que de 20 liv. en 1764. Ces détails démontrent que le dividende & la valeur de l'action qui s'y proportionnoit toujours, étoient nécessairement assujettis au hasard du commerce & au flux & reflux de l'opinion publique. De là ces écarts prodigieux, qui tantôt élevoient, tantôt abaissoient le prix de l'action, qui de deux cents pistoles la réduisoient à cent dans la même année, qui la reportoient ensuite à 1800 liv. pour la faire retomber à 700 l. quelque temps après. Cependant, au milieu de ces révolutions, les capitaux de la compagnie étoient presque toujours les mêmes. Mais c'est un calcul que le public ne fait jamais. La circonstance du moment le détermine, &, dans sa confiance comme dans ses craintes, il va toujours au-delà du but.

Les actionnaires, perpétuellement exposés à voir leur fortune diminuer de moitié en un jour, ne voulurent plus courir les hasards d'une pareille situation. En faisant de nouveaux fonds pour la reprise du commerce, ils demandèrent à mettre à couvert tout ce qui restoit de leur bien; de manière que dans tous les temps l'action eût un capital fixe & une rente assurée. Le gouvernement consacra cet arrangement par son édit du mois d'août 1764. L'article XIII porte expressément que, pour assurer aux actionnaires un sort fixe, stable & indépendant de tout événement futur du commerce, il sera détaché de la portion du contrat qui se trouvoit libre alors, le fonds nécessaire pour former chaque action un capital de 1600 liv. & un intérêt de 80 liv., *sans que cet intérêt & ce capital soient tenus de répondre, en aucun cas & pour quelque cause que ce soit, des engagemens que la compagnie pourroit contracter postérieurement à cet édit.*

La compagnie devoit donc pour trente-six mille neuf cents vingt actions & six huitièmes, sur le pied de 80 liv. par action, un intérêt de 2,953,660 liv. Elle payoit pour ses différens contrats 2,727,506 livres; ce qui faisoit en tout 5,681,166 livres de rentes perpétuelles. Les rentes viagères montoient à 3,074,899 livres. Ainsi la totalité des rentes viagères & perpétuelles formoit une somme de 8,756,065 livres. On va voir maintenant quels étoient les moyens de la compagnie, pour faire face à des engagemens si considérables.

Ce grand corps, beaucoup trop mêlé dans les opérations de Law, avoit prêté au fisc 90,000,000 de livres. A la chûte du système, on lui abandonna pour son paiement la vente exclusive du tabac, qui rendoit alors 3,000,000 livres par an; mais il ne lui restoit aucun fonds pour son commerce. Aussi son inaction dura-t-elle jusqu'en 1726, que le gouvernement vint à son secours. La célérité de ses progrès étonna toutes les nations. L'essor qu'il prenoit, sembloit devoir l'élever au-

dessus des compagnies les plus florissantes. Cette opinion, qui étoit générale, enhardissoit les actionnaires à se plaindre de ce qu'on ne doubloit pas, qu'on ne triploit pas les répartitions. Ils croyoient, & le public croyoit avec eux, que le trésor du prince s'enrichissoit de leurs dépouilles. Le profond mystère sous lequel on ensevelissoit le secret des opérations, donnoit beaucoup de force à ces conjectures.

Le commencement des hostilités entre la France & l'Angleterre, en 1744, rompit le charme. Le ministère, trop gêné dans ses affaires pour faire des sacrifices à la compagnie, l'abandonna à elle-même. On fut alors bien surpris de voir tout prêt à s'écrouler, ce colosse qui n'avoit point éprouvé de secousses, & dont tous les malheurs se réduisoient à la perte de deux vaisseaux d'une valeur médiocre. C'en étoit fait de son sort, si en 1747 le gouvernement ne se fût reconnu débiteur envers la compagnie de 180,000,000 de livres, dont il s'obligeoit de lui payer à perpétuité l'intérêt au denier vingt. Cet engagement qui devoit lui tenir lieu de la vente exclusive du tabac, est un point si important dans son histoire, qu'on ne le trouveroit pas assez éclairci, si nous ne reprenions les choses de plus haut.

L'usage du tabac, introduit en Europe après la découverte de l'Amérique, ne fit pas en France des progrès rapides. La consommation en étoit si bornée, que le premier bail, qui commença le premier décembre 1674 & finit le premier octobre 1680, ne rendit au gouvernement que 500,000 liv. les deux premières années, & 600,000 livres les quatre dernières, quoiqu'on eût joint à ce privilège le droit de marque sur l'étain. Cette ferme fut confondue dans les fermes générales jusqu'en 1691, qu'elle y resta encore unie; mais elle y fut comprise pour 1,500,000 livres par an. En 1697, elle redevint une ferme particulière aux mêmes conditions, jusqu'en 1709, où elle reçut une augmentation de 100,000 livres jusqu'en 1715. Elle ne fut alors renouvellée que pour trois années, dont les deux premières devoient rendre 2,000,000 de livres, & la dernière 200,000 livres de plus. A cette époque, elle fut élevée à 4,020,000 livres par an; mais cet arrangement ne dura que du premier octobre 1718, au premier juin 1720. Le tabac devint marchand dans toute l'étendue du royaume, & resta sur ce pied jusqu'au premier septembre 1721. Les particuliers en firent dans ce court intervalle de si grandes provisions, que lorsqu'on voulut rétablir cette ferme, on ne put la porter qu'à un prix modique. Ce bail, qui étoit le onzième, devoit durer neuf ans, à commencer du premier novembre 1721, au premier octobre 1730. Les fermiers donnoient pour les treize premiers mois, 1,300,000 livres; 1,800,000 livres, pour la seconde année; 2,560,000 livres pour la troisième année; &

3,000,000 de livres pour chacune des six dernières. Cet arrangement n'eut pas lieu, parce que la compagnie des Indes, à qui le gouvernement devoit 90,000,000 de livres portées au trésor royal en 1717, demanda la ferme du tabac, qui lui avoit été alors aliénée à perpétuité, & dont des événemens particuliers l'avoient empêchée de jouir. Sa requête fut trouvée juste, & on lui adjugea ce qu'elle sollicitoit avec la plus grande vivacité.

Elle régit par elle-même cette ferme depuis le premier octobre 1723 jusqu'au dernier septembre 1730. Le produit durant cet espace fut de 50,083,967 liv. 11 s. 9 den. ce qui faisoit par an 7,154,852 liv. 10 s. 3 den. sur quoi il falloit déduire chaque année, pour les frais d'exploitation, 3,042,963 livres 19 sols 6 deniers.

Ces frais énormes firent juger qu'une affaire qui devenoit tous les jours plus considérable, seroit mieux entre les mains des fermiers-généraux, qui la conduiroient avec moins de dépense, par le moyen des commis qu'ils avoient pour d'autres usages. La compagnie leur en fit un bail pour huit années. Ils s'engagerent à lui payer 7,500,000 livres pour chacune des quatre premières années, & 8,000,000 de liv. pour chacune des quatre dernières. Ce bail fut continué sur le même pied jusqu'au mois de juin 1747, & le roi promit de tenir compte à la compagnie de l'augmentation de produit, lorsqu'elle seroit connue & constatée.

A cette époque, le roi réunit la ferme du tabac à ses autres droits, en créant & aliénant au profit de la compagnie 9,000,000 de liv. de rente perpétuelle, au principal de 180,000,000 de liv. On crut lui devoir ce grand dédommagement pour l'ancienne dette de 90,000,000 de livres; pour l'excédant du produit de la ferme du tabac depuis 1738 jusqu'en 1747, & pour l'indemniser des dépenses faites pour la traite des nègres, des pertes soufferentes pendant la guerre, de la rétrocession du privilège exclusif du commerce de saint-Domingue, de la non-jouissance du droit de tonneau, dont le paiement avoient été suspendu depuis 1731. Ce traitement a paru cependant insuffisant à quelques actionnaires qui sont parvenus à découvrir que depuis 1758, il s'est vendu annuellement dans le royaume onze millions sept cents mille livres de tabac à un écu la livre, quoiqu'il n'eût coûté d'achat que 27 livres le cent pesant.

La nation pensa bien différemment. Elle accusa les administrateurs, qui déterminerent le gouvernement à se reconnoître débiteur d'une somme si considérable, d'avoir immolé la fortune publique aux intérêts d'une société particulière. Un écrivain qui examineroit de nos jours si ce reproche étoit ou n'étoit pas fondé, passeroit pour un homme oisif. Cette discussion est devenue très-

inutile depuis que les vraies lumières se sont répandues. Il suffira de remarquer que c'est avec les 9,000,000 de liv. de rente mal à-propos sacrifiées par l'état, que la compagnie faisoit face aux 8,756,065 livres, dont elle étoit chargée; de manière qu'il lui restoit encore environ 244,000 livres de revenu libre.

Il est vrai qu'elle devoit, en dettes chirographaires, 74,505,000 livres; mais elle avoit dans son commerce, dans sa caisse ou dans ses recouvremens à faire, 70,733,000 livres. On conviendra qu'indépendamment de la différence dans les valeurs, il y en avoit dans les sûretés. En effet, le gouvernement devoit s'attendre à remplir tous les engagemens de la compagnie. Cependant il a sauvé 10,000,000 de liv. dont les titres de créance ou les créanciers ont malheureusement péri dans les révolutions si multipliées de l'Asie. Les pertes qu'on a faites sur ce qui étoit dû à la compagnie en Europe, en Amérique & dans les Indes, n'ont pas été beaucoup plus considérables; & si les isles de France & de Bourbon étoient jamais en état de payer les 7,106,000 livres qu'elles doivent, la lésion sur ce point n'auroit pas été fort considérable.

L'unique fortune de la compagnie consistoit donc en effets mobiliers ou immobiliers, pour environ 20,000,000 de liv. & dans l'espérance de l'extinction des rentes viagères, qui avec le temps devoit lui donner 3,000,000 de liv. de revenu, dont la valeur actuelle pouvoit être assimilée à un capital libre de 30,000,000 de livres.

Indépendamment de ces propriétés, la compagnie jouissoit de quelques droits qui lui étoient extrêmement utiles. On lui avoit accordé le commerce exclusif du café. Le bien général exigea que celui qui venoit des isles de l'Amérique sortît de son privilège en 1736 : mais il lui fut accordé en dédommagement une somme annuelle de 50,000 livres, qui lui fut toujours payée. Le privilège même du café de Moka fut détruit en 1767, le gouvernement ayant permis l'introduction de celui qui étoit tiré du Levant. La compagnie n'obtint à ce sujet aucune indemnité.

Elle avoit éprouvé l'année précédente une privation plus sensible. On lui avoit accordé en 1720 le droit de porter seule des esclaves dans les colonies d'Amérique. Le vice de ce système ne tarda pas à se faire sentir; & il fut décidé que tous les négocians du royaume pourroient prendre part à ce trafic, à condition qu'ils ajouteroient une pistole par tête aux 13 livres qu'avoit accordées le trésor royal. En supposant que les isles françoises recevoient quinze mille noirs par an, il en résultoit un revenu de 345,000 livres pour la compagnie. Cet encouragement, qui lui étoit donné pour un commerce qu'elle ne faisoit pas, fut supprimé en 1767, mais remplacé par un équivalent moins déraisonnable.

La compagnie, au temps de sa formation, avoit

obtenu une gratification de 50 livres pour chaque tonneau de marchandifes qu'elle importeroit. Le miniftère, en lui ôtant ce qu'elle tiroit des nègres, porta la gratification de chaque tonneau d'exportation à 75 liv. & à 80 liv. celle de chaque tonneau d'importation. Qu'on les évalue annuellement à fix mille tonneaux, & l'on trouvera pour la compagnie un produit de plus de 1,000,000 de liv. en y comprenant les 50,000 livres qu'elle recevoit pour les cafés.

En confervant fes revenus, la compagnie avoit vu diminuer fes dépenfes. L'édit de 1764 avoit fait paffer la propriété des ifles de France & de Bourbon dans les mains du gouvernement, qui s'étoit impofé l'obligation de les fortifier & de les défendre. Par cet arrangement, la compagnie s'étoit trouvée affranchie d'une dépenfe annuelle de 2,000,000 de livres, fans que le commerce exclufif dont elle jouiffoit dans ces deux colonies eût reçu la moindre atteinte.

Avec tant de moyens apparens de profpérité, la compagnie s'endettoit tous les jours. Elle n'auroit pu fe foutenir que par le fecours du gouvernement.... Mais depuis quelque temps le confeil de Louis XV paroiffoit envifager avec indifférence l'exiftence de ce grand corps. Il parut enfin un arrêt du confeil, en date du 13 août 1769, par lequel le roi fufpendoit le privilège exclufif de la compagnie des Indes, & accordoit à tous fes fujets la liberté de naviguer & de commercer au-delà du cap de Bonne Efpérance. Cependant, en donnant cette liberté inattendue, le gouvernement crut devoir y appofer quelques conditions. L'arrêt qui ouvrit cette nouvelle carrière aux armateurs particuliers, les affujettit à fe munir de paffeports qui devoient leur être délivrés gratuitement par les adminiftrateurs de la compagnie des Indes; il les obliga à faire leur retour dans le port de l'Orient, exclufivement à tout autre; il établit un droit d'indult fur toutes les marchandifes provenant des Indes; droit qui par un fecond arrêt du confeil, rendu le 6 feptembre fuivant, fut fixé à cinq pour cent fur toutes les marchandifes des Indes & de la Chine, & à trois pour cent fur toutes celles du crû des ifles de France & de Bourbon.

L'arrêt du 13 août, en fe bornant à fufpendre le privilège de la compagnie, fembloit conferver aux actionnaires la faculté d'en reprendre l'exercice : mais ils n'en prévirent pas la poffibilité, & ils fe déterminerent fagement à une liquidation qui pût affurer le fort de leurs créanciers, & les débris de leur fortune.

Ils offrirent au roi de lui céder tous les vaiffeaux de la compagnie, au nombre de trente, tous les magafins & les édifices qui lui appartenoient au port de l'Orient & aux Indes, la propriété de fes comptoirs & des aldées qui en dépendoient, tous fes effets de marine & de guerre, enfin deux mille quatre cents cinquante efclaves

qu'elle avoit aux ifles. Ces objets furent évalués 30,000,000 de livres par les actionnaires, qui demanderent en même temps le paiement de 16,500,000 livres qui leur étoient dues par le gouvernement.

Le roi, en agréant la ceffion propofée, crut devoir en diminuer le prix : non pas que les chofes qui en faifoient l'objet n'euffent une valeur plus confidérable encore dans les mains de la compagnie; mais parce qu'en paffant dans celles du gouvernement, elles devenoient pour lui une charge nouvelle. Ainfi, au lieu de 46,500,000 livres demandées par les actionnaires, le prince, pour s'acquitter en totalité avec eux, créa à leur profit, par fon édit du mois de janvier 1770, 1,200,000 livres de rentes perpétuelles, au principal de 30,000,000 de livres.

Ce nouveau contrat fervit d'hypothèque à un emprunt de 12,000,000 de livres en rentes viagères à dix pour cent, & par voie de loterie, que la compagnie fit dans le mois de février fuivant. L'objet de cet emprunt étoit de faire face aux engagemens pris pour former les dernières expéditions : mais il ne fuffifoit pas encore; & dans l'impoffibilité de fe procurer des fonds par la voie du crédit, les actionnaires remirent au roi, dans leur affemblée du 7 avril 1770, toutes leurs propriétés, à l'exception du capital hypothéqué à leurs actions.

Les principaux objets compris dans cette nouvelle ceffion, confiftoient dans l'extinction de 4,200,000 livres de rentes viagères; dans la partie du contrat de 9,000,000, qui excédoit le capital des actions; dans l'hôtel de Paris; dans les marchandifes des Indes attendues en 1770 & 1771, préfumées devoir s'élever à 26,000,000 de livres; enfin, dans les créances à exercer fur des débiteurs folvables ou infolvables, aux Indes, aux Ifles de France & de Bourbon, à Saint-Domingue. Les actionnaires s'engageoient en même temps à fournir au roi une fomme de 15,768,000 livres, par la voie d'un appel qui fut fixé à 400 livres par action. Le miniftère, en acceptant ces divers arrangemens, s'engagea de fon côté à payer toutes les rentes perpétuelles & viagères conftituées par la compagnie; tous les autres engagemens qui montoient à environ 45,000,000 de livres; toutes les penfions & demi-foldes qu'elle avoit accordées, & qui formoient un objet annuel de 80,000 livres; enfin, à fupporter tous les frais & tous les rifques d'une liquidation qui néceffairement devoit durer plufieurs années.

Le roi en même temps porta à 2,500 livres produifant 125 livres de rente, le capital de l'action, qui par l'édit du mois d'août 1764 avoit été fixé à 1600 livres de principal, produifant une rente de 80 livres. La nouvelle rente de 125 livres fut affujettie à la retenue du dixième; & il fut décidé que le produit de ce dixième

feroit

feroit employé annuellement au remboursement des actions par la voie du sort, sur le pied de leur capital de 2,500 livres de manière que la rente des actions remboursées accroîtroit le fonds d'amortissement jusqu'au parfait remboursement de la totalité des actions.

Ces conditions respectives se trouvent consignées dans un arrêt du conseil, du 8 avril 1770, portant homologation de la délibération prise la veille dans l'assemblée générale des actionnaires, & revêtu de lettres-patentes en date du 22 du même mois. Au moyen de ces arrangemens, l'appel a été fourni, le tirage pour le remboursement des actions, au nombre de deux cents vingt, a été fait chaque année, & les dettes chirographaires de la compagnie ont été fidèlement acquittées à leur échéance.

Après ces opérations, la compagnie se trouve sans possession, sans mouvement, sans objet, elle ne peut pourtant pas être regardée comme absolument détruite puisque les actionnaires s'étoient réservé en commun le capital hypothéqué de leurs actions, & qu'ils avoient une caisse particulière & des députés pour veiller à leurs intérêts. D'un autre côté, son privilège a été suspendu; mais il n'a été que suspendu, & il n'étoit point compris au nombre des objets cédés au roi par la compagnie. La loi qui l'a établie subsistoit encore; les vaisseaux qui partoient pour les mers des Indes ne pouvoient s'expédier qu'à la faveur d'une permission délivrée au nom de la compagnie. Ainsi la liberté accordée n'étoit qu'une liberté précaire; & si les actionnaires eussent demandé à reprendre leur commerce, en offrant des fonds suffisans pour en assurer l'exploitation, ils en auroient eu incontestablement le droit, sans qu'il fût besoin d'une loi nouvelle. Mais à l'exception de ce droit apparent qui, dans le fait, est comme non existant, par l'impuissance où font les actionnaires de l'exercer, tous leurs autres droits, toutes leurs propriétés, tous leurs comptoirs avoient passé dans les mains du gouvernement.

La navigation de l'Inde a été suivie depuis la suspension, quoique la politique n'eût pas préparé d'avance l'action du commerce libre qui devoit remplacer le privilège exclusif. Dans les bons principes, avant d'essayer du nouveau régime, il auroit fallu substituer insensiblement & par degrés les négocians particuliers à la compagnie. Il auroit fallu le mettre à portée d'acquérir des connoissances positives sur les différentes branches d'un commerce jusqu'alors inconnu pour eux. Il auroit fallu leur laisser le tems de former des liaisons dans les comptoirs. Il auroit fallu les favoriser, & , pour ainsi dire, les conduire dans les premières expéditions.

Ce défaut de prévoyance doit être une des principales causes qui ont retardé les progrès du

commerce libre, & qui peut-être l'ont empêché d'être lucratif lorsqu'il est devenu plus étendu.

Dans cet ordre des choses, on a proposé à l'administration le plan d'une compagnie, dont les fonds sont très-peu considérables : ce plan a été agréé : un arrêt du conseil a établi une nouvelle compagnie qui a obtenu le commerce exclusif de l'Inde, & le roi s'est chargé des dépenses & des frais de l'administration dans l'Inde : un mémoire célèbre a très-bien discuté le plan, les moyens & les privilèges de la nouvelle compagnie, & nous y renvoyons les lecteurs. On ne connoît jusqu'ici de cette compagnie que les manœuvres d'un coupable agiotage, pour exagérer la valeur de ses actions, & nous n'ajouterons rien de plus.

SECTION SECONDE.

Détails particuliers sur les établissemens ou les comptoirs que les françois ont dans l'Inde.

Les françois furent appellés en 1722 sur la côte de Malabar, dans la province de Cartenate. On avoit en vue de s'en servir contre les anglois : mais un accommodement ayant rendu leur secours inutile, ils se virent forcés d'abandonner un poste qui leur donnoit quelques espérances. Le ressentiment & l'ambition les ramenèrent en plus grand nombre en 1725, & ils s'établirent, l'épée à la main, sur l'embouchure de la rivière de Mahé. Cet acte de violence n'empêcha pas qu'ils n'obtinssent du seul prince qui régissoit ce canton, le commerce exclusif du poivre. Une faveur si utile donna naissance à une colonie composée de six mille indiens. Ils cultivoient six mille trois cens cinquante-sept cocotiers, trois mille neuf cents soixante-sept arequiers, & sept mille sept cents soixante-deux poivriers. Tel étoit cet établissement, lorsque les anglois s'en rendirent les maîtres en 1760.

L'esprit de destruction qu'ils avoient porté dans leurs autres conquêtes, les suivit à Mahé. Leur projet étoit de démolir les maisons, & de disperser les habitans. Le souverain du pays réussit à les faire changer de résolution. Tout fut sauvé, excepté les fortifications. En rentrant dans leur comptoir, les françois trouvèrent les choses telles à-peu-près qu'ils les avoient laissées.

Mahé est dominé par des hauteurs, sur lesquelles on avoit élevé cinq forts qui n'existent plus. C'étoit beaucoup trop d'ouvrages : mais il est indispensable de prendre quelques précautions. On ne doit pas rester perpétuellement exposé à l'inquiétude des naïrs, qui ont été autrefois tentés de piller, de détruire la colonie, & qui pourroient bien encore avoir la même intention, pour se jetter dans les bras des anglois de Tallichery, qui ne sont éloignés que de trois milles.

Indépendamment des postes que la sûreté de

l'intérieur exige, il eſt néceſſaire de fortifier l'entrée de la rivière. Depuis que les marattes ont
acquis des ports, des corſaires auxquels ils ont
donné aſyle, infeſtent la mer Malabare par leurs
pirateries. Ces brigands tentent même des deſ-
centes par-tout où ils comptent faire du butin.
Mahé ne ſeroit pas à l'abri de leurs entrepriſes,
s'il y avoit de l'argent ou des marchandiſes ſans
défenſe, qui puſſent exciter leur cupidité.

Les françois ſe dédommageroient aiſément des
dépenſes qui auroient été faites, s'ils conduiſoient
leur commerce avec activité & intelligence. Leur
comptoir eſt le mieux placé de tous pour l'achat
du poivre. Le pays leur en fourniroit deux millions
cinq cents mille livres peſant. Ce que l'Europe ne
conſommeroit pas, ils le porteroient à la Chine,
dans la mer Rouge & dans le Bengale. La livre
de poivre ne leur reviendroit qu'à 12 ſ., & ils
nous la vendroient 25 ou 30 ſ.

Ce bénéfice, conſidérable par lui-même, ſeroit groſſi par celui qu'on pourroit faire ſur les
marchandiſes d'Europe que l'on porteroit à Mahé.
Les ſpéculateurs auxquels ce comptoir eſt le mieux
connu, jugent qu'il ſera aiſé d'y débiter annuellement quatre cents milliers de fer, deux cents
milliers de plomb, vingt-cinq milliers de cuivre,
deux mille fuſils, vingt mille livres de poudre,
cinquante ancres ou grappins, cinquante balles
de drap, cinquante mille aunes de toile à voile,
une aſſez grande quantité de vif-argent, & environ deux cents barriques de vin ou d'eaü-de-
vie pour les françois établis dans la colonie, ou
pour les anglois qui ſont au voiſinage. Ces objets réunis produiroient au moins 384,000 liv.,
dont 153,600 liv. ſeroient gain, en ſuppoſant un
bénéfice de quarante pour cent. Un autre avantage de cette circulation, c'eſt qu'elle entretiendroit toujours, dans ce comptoir, des fonds qui
le mettroient en état de ſe procurer les productions du pays dans les ſaiſons de l'année où elles
ſont à meilleur marché.

Le plus grand obſtacle que le commerce peut
trouver, c'eſt la douane établie dans la colonie.
Cet impôt gênant appartient au ſouverain du pays,
& a toujours été un principe de diſſenſion. Les
anglois de Tallichery, qui éprouvoient le même
dégoût, ont réuſſi à ſe procurer de la tranquillité. On pourroit, comme eux, ſe rédimer de
cette contrainte par une rente fixe & équivalente.
Mais, pour y déterminer le prince, il faudroit
commencer par lui payer les 46,353 roupies, ou
111,247 livres 4 ſols qu'il a prêtées, & ne lui
plus refuſer le tribut auquel on s'eſt engagé pour
vivre paiſiblement ſur ſes poſſeſſions.

Au nord de l'immenſe côte de Coromandel,
la France occupe Yanon, dans la province de
Ragimendry. Ce comptoir ſans territoire, ſitué
à neuf milles de l'embouchure de la rivière d'In-
gérom, fut autrefois floriſſant. De fauſſes vues
le firent négliger vers l'an 1748. Cependant on

y pourroit acheter pour 4 à 500,000 livres de
marchandiſes, parce que la fabrication des bonnes & belles toiles eſt conſidérable dans le voiſinage. Quelques expériences heureuſes prouvent
qu'on peut y trouver un débouché avantageux
pour les draps de l'Europe. Le commerce y ſeroit plus lucratif, ſi l'on n'étoit obligé d'en partager le bénéfice avec les anglois, qui ont un
petit établiſſement à deux milles ſeulement de celui des françois.

Cette concurrence eſt bien plus funeſte encore
à Mazulipatnam. La France, réduite, dans cette
ville qui reçut autrefois ſes loix, à la loge qu'elle
y occupoit avant 1749, ne peut pas ſoutenir l'é-
galité contre la Grande-Bretagne, à laquelle il
faut payer des droits d'entrée & de ſortie, &
qui obtient d'ailleurs dans le commerce toute la
faveur qu'entraîne la ſouveraineté. Auſſi toutes
les ſpéculations des françois ſe bornent-elles à
l'achat de quelques mouchoirs fins, de quelques
autres toiles, pour la valeur de 150,000 livres. Il
faut ſe former une autre idée de Karical.

Cette ville ſituée dans le royaume de Tanjaour,
ſur une des branches du Colram, qui peut recevoir des bâtimens de cent cinquante tonneaux,
fut cédée en 1738 à la compagnie, par un roi
détrôné qui cherchoit de l'appui par-tout. Ses
affaires s'étant rétablies avant que ſes engagemens
euſſent été remplis, il rétracta le don qu'il avoit
fait. Un nabab attaqua la place avec ſon armée,
& la remit en 1739 aux françois, dont il étoit
ami. Dans ces circonſtances, le prince ingrat &
perfide fut étranglé par les intrigues de ſes oncles; & ſon ſucceſſeur, qui avoit hérité de ſes
ennemis comme de ſon trône, voulut ſe concilier une nation puiſſante en la confirmant dans
ſa poſſeſſion. Les anglois s'étant rendus maîtres
de la place en 1760, en firent ſauter les fortifications. Elle fut depuis reſtituée aux françois,
qui y rentrèrent en 1765.

Dans l'état actuel, Karical eſt un lieu ouvert,
qui peut avoir quinze mille habitans, la plupart
occupés à fabriquer des mouchoirs communs, &
des toiles propres à l'uſage des naturels du pays.
Son territoire, conſidérablement augmenté par
les conceſſions qu'avoit faites en 1749 le roi de
Tanjaour, eſt redevenu ce qu'il étoit dans les
premiers tems, de deux lieues de long ſur une
dans ſa plus grande largeur. De quinze aldées
qui le couvrent, la ſeule digne d'attention ſe
nomme Tiranoulé-Rayenpatnam: elle n'a pas
moins de vingt-cinq mille ames. On y fabrique,
on y peint des perſes médiocrement fines, mais
convenables pour Batavia & les Philippines. Les
choulians, mahométans, ont de petits bâtimens,
avec leſquels ils font le commerce de Ceylan &
le cabotage.

La France peut tirer tous les ans de cette
poſſeſſion deux cents balles de toiles ou de mouchoirs propres pour l'Europe, & beaucoup de

fiz pour l'approvifionnement de fes autres colonies.

Toutes les marchandifes achetées à Karical, à Yaᵗaon, à Mazulipatnam, font portées à *Pondichery*, chef-lieu de tous les établiffemens françois dans l'Inde.

Cette ville, dont les commencemens furent fi foibles, acquit avec le temps, de la grandeur, de la puiffance, & un nom fameux. Ses rues, la plupart fort larges & toutes tirées au cordeau, étoient bordées de deux rangs d'arbres qui donnoient de la fraîcheur même au milieu du jour. Une mofquée, deux pagodes, deux églifes, & le gouvernement regardé comme le plus magnifique édifice de l'orient, étoient des monumens publics, dignes d'attention. On avoit conftruit en 1740 une petite citadelle, qui étoit devenue inutile depuis qu'il avoit été permis de bâtir des maifons tout autour. Pour remplacer ce moyen de défenfe, trois côtés de la place avoient été fortifiés par un rempart, un foffé, des baftions, & un glacis imparfait dans quelques endroits. La rade étoit défendue par des batteries judicieufement placées.

La ville, dans une circonférence d'une grande lieue, contenoit foixante-dix mille habitans. Quatre mille étoient européens, métis ou topaffes. Il y avoit au plus dix mille mahométans. Le refte étoit des indiens, dont quinze mille étoient chrétiens; & les autres de dix-fept ou dix-huit caftes différentes. Trois aldées, dépendantes de la place, pouvoient avoir dix mille ames.

Tel étoit l'état de la colonie, lorfque les anglois s'en rendirent les maîtres dans les premiers jours de 1761, la détruifirent de fond en comble, & en chafferent tous les habitans. D'autres examineront peut-être fi le droit barbare de la guerre pouvoit juftifier toutes ces horreurs. La France prit en 1763 la réfolution de rétablir *Pondichery* que le traité de paix venoit de lui rendre, & d'en faire de nouveau le centre de fon commerce.

La ville privée de port, comme toutes celles qui ont été bâties fur la côte de Coromandel, a fur les autres l'avantage d'une rade beaucoup plus commode. Les vaiffeaux peuvent mouiller près du rivage, fous la protection du canon des fortifications. Son territoire, qui a trois lieues de long fur une de large, n'eft qu'un fable ftérile fur le bord de la mer: mais, dans fa plus grande partie, il eft propre à la culture du riz, des légumes, & d'une racine nommée chayaver, qui fert aux couleurs. Deux foibles rivières qui traverfent le pays, inutiles à la navigation, ont des eaux excellentes pour les teintures, pour le bleu fingulièrement. A trois milles de la place s'élève, cent toifes au-deffus de la mer, un côteau qui fert de guide aux navigateurs à fept ou huit lieues de diftance; avantage ineftimable fur une côte généralement trop baffe. A l'extrémité de cette

hauteur, eft un vafte étang creufé depuis plufieurs fiecles, & qui, après avoir rafraîchi & fertilifé un grand territoire, vient arrofer les environs de *Pondichery*. Enfin la colonie eft favorablement fituée pour recevoir les vivres & les marchandifes du Carnate, du Mayffour & du Tanjaour.

Tels font les puiffans motifs qui déterminèrent la France à la réédification de *Pondichery*. Auffitôt que fes agens parurent, le 11 avril 1765, on vit accourir les infortunés indiens que la guerre, la dévaftation & la politique avoient difperfés. Au commencement de 1770, il s'en trouvoit vingt-fept mille qui avoient relevé les ruines de leurs anciennes habitations. Le préjugé où ils font élevés, qu'on ne peut être heureux qu'en mourant dans le lieu où l'on a reçu le jour, ce préjugé fi doux à conferver, fi utile à nourrir, ne permet pas de douter qu'ils ne revinffent tous, auffi-tôt que la ville feroit fermée.

Le projet en fut conçu quelques années après la reprife de poffeffion. On n'avoit alors d'autre idée fur la conftruction dans un terrein fablonneux, & où les fondations doivent être néceffairement dans l'eau, que l'établiffement fur puits, ouvrage très-difpendieux &, pour ainfi dire, interminable. M. Bourcet préféra un établiffement fur bermes, avec un revêtement fans épaiffeur, taluant de deux cinquièmes, & appuyant fur un rempart de terres mouillées, battues & comprimées. Ces bermes avoient été mifes en ufage dans la conftruction de l'ancienne enceinte de la place; mais les murs qui les foutenoient, étoient fondés affez bas pour empêcher les affaiffemens qu'auroit produits l'écoulement des fables qui auroient pu s'échapper de deffous les fondations; avantage dont la nouvelle méthode étoit bien éloignée. C'eft dans ce mauvais fyftême que furent élevées mille toifes de revêtement.

On ne fut pas plutôt inftruit en Europe du vice de ces travaux, que le miniftère fit partir M. Defclaifons, diftingué dans le corps du génie par fa probité & par fes talens. Cet habile homme n'adopta ni l'établiffement fur puits, ni l'établiffement fur bermes avec des revêtemens inclinés aux deux cinquièmes de talus fur la hauteur. Il commença à travailler en février 1770, & fit en fept mois un développement de fix cents trente-fix toifes, avec dix pieds réduits de nette maçonnerie au-deffus de la fondation, portée au point le plus bas où l'on eût pu épuifer les eaux. Sa maçonnerie étoit folide, & fon revêtement conftruit fuivant la pratique des plus grands maîtres.

M. Defclaifons, rappellé par une intrigue, fut remplacé par le même ingénieur dont le travail avoit été fi juftement blâmé. Celui-ci reprit fa méthode, quoique ce qu'il avoit fait fût déja lézardé, & il exécuta un nouveau développement de huit cents toises, qui essuya le même dépérissement.

La raison qui se fait quelquefois entendre, fit encore recourir à M. Desclaisons en 1775. On desira qu'il se chargeât d'achever l'enveloppe de *Pondichery*, mais en conservant les fortifications qui étoient sur pied. Cet arrangement s'éloignoit trop des bons principes, pour qu'il s'y prêtât. Le sacrifice de tout ce qui avoit été entrepris contre les règles de l'art, lui parut indispensable. Il démontra que le travail sur bermes étoit insoutenable, & pour la défense & pour la durée; que les revêtemens inclinés ne pouvoient manquer de se briser, ou horisontalement, ou verticalement; qu'un mur au-devant des bermes devoit les faire périr, & pouvoit entraîner l'affaissement & la ruine des revêtemens eux-mêmes. Son opinion étoit qu'il convenoit de fermer *Pondichery*, suivant les méthodes usitées en Europe, & qu'une enceinte à bastionnement simple, avec quelques dehors, étoit suffisante. Cette dépense devoit s'élever à 5,000,000 de liv. Sans contredire ces raisonnemens, on ne s'y rendit pas, & la place resta sans défense, ou dans un état de foiblesse qui augmente tous les jours. Ces fortifications n'étoient pas achevées, lorsque les anglois s'emparèrent de *Pondichery* une seconde fois; mais cette ville a été rendue à la France par le traité de paix de 1783: nous ignorons quel est l'état de *Pondichery* depuis cette époque.

Dans la situation actuelle, les comptoirs françois dans l'Inde ne rendent pas au-delà de 10,000 l. & coûtent plus de 2,000,000 de liv. chaque année. C'est beaucoup, & c'est moins encore qu'il ne faut sacrifier à la conservation des isles de France & de Bourbon, qui ne sont pas arrivées au degré de prospérité qu'on s'en étoit promis.

Voyez les articles BOURBON, FRANCE ISLE, INDOSTAN, COROMANDEL, MALABAR, CHANDERNAGOR & MADRASS.

PONT, ancien royaume de *Pont*. Sa position est assez connue. Dès les premiers temps, les grecs envoyèrent des colonies sur la Propontide & le Pont-Euxin: elles conservèrent, sous les perses, leurs loix & leur liberté. Alexandre, qui n'étoit parti que contre les barbares, ne les attaqua pas (1). Il ne paroît pas même que les

rois de *Pont*, qui en occupèrent plusieurs, leur eussent ôté leur gouvernement politique (2).

La puissance (3) de ces rois augmenta, si-tôt qu'ils les eurent soumises. Mithridate se trouva bientôt en état d'acheter par-tout des troupes; de réparer (4) continuellement ses pertes; d'avoir des ouvriers, des vaisseaux, des machines de guerre, de se procurer des alliés; de corrompre ceux des romains, & les romains mêmes; de soudoyer (5) les barbares de l'Asie & de l'Europe; de faire la guerre long-temps, & par conséquent de discipliner ses troupes: il put les armer & les instruire dans l'art militaire (6) des romains, & former des corps considérables de leurs transfuges; enfin il put faire de grandes pertes & souffrir de grands échecs, sans périr; & il n'auroit point péri, si, dans les prospérités, le roi voluptueux & barbare n'avoit pas détruit ce que, dans la mauvaise fortune, avoit fait le grand prince.

POPULATION: nous entendons ici par ce mot le rapport des hommes au terrein qu'ils occupent.

Nous envisagerons ici la *population* comme une question d'arithmétique politique, & dans ses rapports avec l'économie politique, après avoir parlé de la *population* des anciens comparée avec celle des modernes.

Parallèle de la population chez les anciens & chez les modernes.

M. Hume a conjecturé que les nations anciennes n'avoient pas été plus peuplées que les modernes. Nulle recherche n'a été épargnée de sa part pour mettre le lecteur en état de décider. Il avoit eu connoissance de la dissertation de M. Wallace, qui établit une opinion directement opposée à la sienne. Il invita l'auteur à la rendre publique. M. Wallace l'a imprimée avec une réponse à M. Hume: on trouve, dans cette réponse, de l'érudition & de la dialectique, mais de la prévention, des sophismes & de la dureté.

Des progrès de la population chez les nations modernes.

La *population* a-t-elle augmenté ou diminué de-

---

(1) Il confirma la liberté de la ville d'Ancise, colonie athénienne, qui avoit joui de l'état populaire, même sous les rois de Perse. Lucullus, qui prit Synope & Ancise, leur rendit la liberté, & rappella les habitans qui s'étoient enfuis sur leurs vaisseaux.
(2) Voyez ce qu'écrit Appien sur les phanagoréens, les ancisens, les synopiens, dans son livre de la guerre contre Mithridate.
(3) Voyez Appien sur les trésors immenses que Mithridate employa dans ses guerres, ceux qu'il avoit cachés, ceux qu'il perdit si souvent par la trahison des siens, ceux qu'on trouva après sa mort.
(4) Il perdit une fois 170,000 hommes, & de nouvelles armées reparurent d'abord.
(5) Voyez Appien, de la guerre contre Mithridate.
(6) Idem.

puis quelques siècles ? Est - elle parmi nous sur-
tout dans un état d'accroissement ou de dépérissement ? Cette question, qui depuis long-tems
auroit dû être décidée par des dénombremens,
n'a guère été jugée que par l'humeur & la flatterie. En effet, selon qu'on a voulu louer ou
blâmer le gouvernement, abroger d'anciennes
loix ou vanter de nouvelles ordonnances, on a
dit : la diminution sensible dans la *population* ;
l'augmentation marquée dans la *population* prouvent, &c. Et comme la satyre & l'éloge ne sont
guère plus exacts l'un que l'autre, il y a eu de
l'exagération des deux côtés.

L'Europe renferme du moins quelques nations
auxquelles personne ne refuse une *population* nombreuse ; parce que les faits se trouvant conformes aux principes les plus avoués, on n'a eu
aucun intérêt à les nier. Telles sont la Suisse &
la Hollande. Il est sûr que, depuis les deux révolutions qui ont établi leur indépendance & leur
liberté, leur *population* & leur prospérité se sont
accrues. L'Allemagne où les femmes sont si fécondes, doit profiter de plus en plus de cet avantage particulier, parce que les guerres y deviennent plus rares, & que l'intérêt des souverains
a été jusqu'ici conforme à celui des paysans, qui
commencent à sortir de l'oppression dans laquelle
leurs seigneurs les tenoient. Le Danemarck, affranchi de la tyrannie des grands, paroît être
plus heureux, quoiqu'il ait choisi un gouvernement
absolu ; il a vu fleurir dans le sein de la paix son
commerce & sa navigation ; il est plus riche, plus
tranquille ; il est donc plus peuplé. Il n'en est
pas de même de la Suède, qui ne s'est pas encore relevée des pertes qu'elle a essuyées sous
Charles XII. Les troubles de son administration
sont une autre cause de dépopulation. Cette succession de démocratie dans les diètes, d'aristocratie dans le gouvernement intermédiaire du sénat,
de monarchie dans la médiation royale, a plûtôt
altéré que compensé les efforts : on a vu jusqu'à
la révolution de 1772 cette nation noble & cou-
rageuse ne s'assembler que pour faire des loix
absurdes sur le change & sur le commerce ; comme
si les héros du nord & les libérateurs de l'Allemagne, transformés en agioteurs & en banquiers,
avoient pris pour modèles les Law au lieu des
Gustave.

On a exagéré la *population* de la Russie ; mais
quoique les travaux de Pierre le grand ne se laissent plus appercevoir qu'à Petersbourg & à Crons-
tadt, il y a lieu de croire que ce vaste empire est
plus peuplé qu'il ne l'étoit sous ses premiers ducs.
La Pologne, malgré ses désastres, malgré les
humiliations & les pertes qu'elle vient d'essuyer,
est dans le même cas que la Russie, plus
riche, plus peuplée qu'elle ne l'étoit sous les jagellons.

Le beau climat de l'Italie, la fécondité de
son sol & la variété de ses productions sont de

si puissans attraits pour les hommes, qu'elle ne
paroîtra jamais aussi peuplée qu'elle devroit l'être.
Cependant c'est encore de toutes les contrées de
l'Europe celle où la *population* est la plus nombreuse. Le Milanez contient 1200 habitans par
lieue quarrée. La plus grande partie de la Lombardie, les côtes de la mer Adriatique, la campagne ou les environs de Naples, ne le cèdent
pas au Milanez ; & si nous continuons à parcourir le midi, nous trouverons que l'Espagne
même, malgré l'expulsion des maures, la destruction des juifs, l'intolérance, la superstition,
la multiplication des moines & du clergé, contient encore dix millions d'habitans, quoiqu'il
ait plu à la plupart des écrivains politiques de ne
lui en donner que sept.

On sait qu'à la paix de Riswyck, la *population*
de la France se trouva sensiblement diminuée : cependant les calculs de M. de Vauban la faisoient
monter à 19 millions, quoique la Lorraine ne fût
pas encore annexée à la monarchie. Ceux des
intendans, ordonnés par M. le duc de Bourgogne, n'étoient pas tout-à-fait si favorables. La
guerre de la succession fut plus funeste que celles
qui l'avoient précédée. Depuis cette époque, la
longue paix qui a suivi le traité d'Utrecht ; le
progrès du commerce & la tranquillité intérieure,
avoient dû augmenter le nombre des habitans ;
mais le cri de dépopulation étoit devenu à la mode.
On assura gratuitement, & sans alléguer aucune
preuve, que la France n'avoit pas même seize
millions d'habitans. Cette exagération tenoit à un
système très-exagéré lui-même. Enfin il est arrivé,
selon notre usage, que des particuliers, animés
par le zèle du bien public, ont commencé des
recherches plus sérieuses. Les magistrats respectables ont profité des diverses administrations,
dont ils avoient été chargés pour constater au
moins quelques élémens propres à servir de base,
à des calculs ultérieurs. Tel est le travail de M. de
la Michodière, rédigé & publié par M. Messence, l'un des ouvrages les mieux conçus & les
plus simples qu'on ait fait dans ce genre.

M. l'abbé Expilly a profité de ces documens,
& s'en est procuré d'autres. On a rassemblé des
dénombremens exacts ; on a recueilli des apper-
çus ; on a comparé les époques, &c. Il résulte
de ce travail que la *population* de la France est
augmentée, depuis cinquante ans, d'environ un
douzième.

Le gouvernement, déterminé par l'impulsion
générale, a porté son attention sur cet objet intéressant ; & profitant des élémens déja reconnus,
on a calculé la population du royaume, d'après
les naissances, les morts & les mariages. Voici
le résultat des dénombremens ordonnés dans les
années 1770, 1771 & 1772, dont on a fait une
année commune. Les naissances multipliées par
25 un quart ont donné 23, 205, 122 habitans.
Les mariages multipliés par 124, 22, 487, 255 ;

les morts multipliés par un terme moyen des trois élémens différens, 23,811,259.

On trouve aussi en Angleterre des gens qui assurent que la *population* de ce royaume a beaucoup diminué depuis la reine Elisabeth. D'autres établissent par des raisons beaucoup plus plausibles, à la vérité, qu'elle est fort augmentée. En 1682, sir William Petty y comptoit 7,400,000 habitans. En 1692, Davensnt n'en comptoit que 7,000,000. Wallace & Templeman en supposent 8,000,000 : d'autres, tels que le docteur Price & M. Smith, ne lui en donnent que de 5 à 6,000,000. Malheureusement les anglois n'ont d'autres élémens pour leurs calculs que le nombre des maisons. On le faisoit monter à 1,300,000 à peu près à la fin du dernier siècle. Quelques auteurs prétendent qu'il est diminué de près d'un quart; mais comme on ne peut consulter que les registres de ceux qui lèvent la taxe sur les fenêtres, il est difficile de former un résultat, parce qu'ils négligent d'inférer toutes les maisons ou cabanes des pauvres gens qui ne paient pas la taxe. D'ailleurs, quand on connoîtroit le nombre des maisons, il faudroit encore arbitrer celui des personnes qui habitent chaque maison. Nous nous bornerons donc à dire que la nation angloise ayant toujours prospéré depuis un siècle, le commerce s'étant multiplié, la culture ayant augmenté, ainsi que le prix des terres & celui des salaires, il y a lieu de croire que la *population* a augmenté dans la même proportion; & que lorsqu'on fera des dénombremens exacts, les frondeurs qui crient à la dépopulation, se trouveront aussi loin de leur compte qu'en France & en beaucoup d'autres pays.

La population est-elle un indice certain de la force d'un état?

Il est généralement vrai que la *population* est la preuve de la prospérité & de la force d'une nation, parce qu'il est généralement vrai que l'agriculture, le commerce & la bonne législation multiplient le nombre des hommes. Mais la *population* est soumise à des causes physiques, qui peuvent prévaloir sur les causes morales. Il existe des pays plus favorables à la propagation de l'espèce, & la proportion du nombre des hommes à la félicité dont ils jouissent, n'est point exacte. Sans citer la Chine, dont on parle avec tant d'exagération, est-on bien heureux sur les côtes de l'Afrique, dans l'Empire ottoman & dans l'Inde, où l'on trouve une *population* si nombreuse? Et, pour ne pas aller chercher dès preuves si loin, citons de petit états d'Allemagne sans commerce & sans industrie, gouvernés assez tyranniquement, & toujours opprimés par la présence d'un souverain, qui le plus souvent ne devant son domaine qu'à une dignité ecclésiastique, se hâte de dévorer un propriété précaire qu'il ne peut faire passer

à ses descendans. Eh bien! dans ces petits états, les peuples se multiplient; les mariages ne sont pas heureux, mais ils sont communs : les ménages ne sont pas riches, mais ils sont féconds, & l'espèce humaine se soutient toujours.

Conjectures sur la population des diverses parties du monde.

Il est difficile de donner des calculs exacts sur la *population* des diverses parties du monde, mais on sera bien aise de trouver ici les opinions les plus vraisemblables & les plus accréditées sur cette *population*. M. le baron de Bielfeld dans ses *Institutions politiques* (1760 page 508), estime que l'Asie contient 500 millions d'habitans, les trois autres parties du monde chacune 150, ce qui fait pour toute la surface de la terre 950 millions d'habitans. Il en compte 8 millions dans la Grande-Bretagne, 20 en France, 10 dans le Portugal & l'Espagne, 8 en Italie, 30 dans l'Allemagne, la Suisse & les Pays-Bas, 6 dans le Danemarck, la Suède & la Norwege, 18 en Russie & 50 dans la Turquie d'Europe; le total fait 150. D'autres auteurs donnent à l'Italie 20 millions; mais suivant des personnes très instruites que j'ai consultées à ce sujet, il y en a de 13 à 14 millions. On en donne à la France 22, à la Russie 17, à la Suède 2 & demi, au Danemarck 2 & demi, à l'Espagne 6 & un tiers, au Portugal 2 & un cinq. à la Hollande 1600 mille, à la Chine seule 60 millions : sur la *population* de l'Allemagne on peut voir le livre de M. Sussmilch, imprimé à Berlin & intitulé *Gottliche Ordnang*, &c., c'est-à-dire, l'ordre de la vie dans les changemens du genre humain.

On connoît par les registres publics le nombre des naissances, année commune; on pourroit en conclure le nombre des habitans, si l'on connoissoit bien le rapport entre ces deux nombres. M. Halley pensoit qu'il falloit multiplier les naissances par 42, M. Kerseboom par 35, M. Messence par 28 dans les grandes villes, & par 24 dans les provinces, M. Simpson par 26. Ce nombre varie, sans doute, d'un pays à l'autre & même dans un seul pays; c'est ce qu'il importeroit de savoir, pour juger de ce qui est favorable ou contraire à la *population*. On auroit donc besoin de dénombremens tête par tête de tous les habitans d'une paroisse; mais les inquiétudes du peuple sur la moindre opération du gouvernement, rend ces dénombremens suspects, & dès-lors impossibles; les curés sont peut-être les seuls qui puissent exécuter avec exactitude de pareilles opérations; mais ils partagent eux-mêmes les inquiétudes de leurs paroissiens, ne connoissant pas l'utilité réelle de ces calculs pour le bien de l'humanité.

On peut voir sur la *population* & la mortalité, Kerseboom, *essai de calcul politique*, en hollandois, à la Haye, 1748. Les recherches de M.

Meffence fur la *Population* de quelques villes de France, Paris 1766. Le dictionnaire de M. l'abbé Expilly, pour ce qui concerne la France. M. Halley dans les transactions philofophiques ; les *Miscellanea curiosa* ; l'ouvrage intitulé : *Essai to estimate the chances of the duration of lives*. Le fecond volume du recueil de différens traités de phyfique par M. Deflandes, Paris 1740 ; l'ana-lyfe des jeux de hafard par M. de Montmont, édition de 1714 ; l'arithmétique politique du che-valier Petty ; le volume de la collection acadé-mique, où font les mémoires de Stockholm ; l'ouvrage du major Gruunt ; l'effai fur les pro-babilités de la vie humaine par M. Deparcieux ; M. Simpfon dans fon traité anglois fur les annui-tés ; M. Maitland dans les *transactions philofo-phiques de* 1738, & l'*histoire naturelle* de M. de Buffon, où il y a une table de la durée de la vie humaine, ou l'efpérance de vivre qui refte à chaque âge.

Des moyens d'entretenir & d'augmenter la popula-tion dans un état.

Tous les adminiftrateurs cherchent à augmen-ter & à conferver le nombre de ceux qui la compofent. La vraie force de l'état confifte dans la multitude des habitans, & la politique indi-que les moyens de parvenir à ce but. Le pre-mier & le plus naturel, eft l'encouragement des mariages. Mahomet, à l'imitation de quelques lé-giflateurs anciens, fut abfurde, en introduifant la polygamie, dans le deffein d'accroître la *po-pulation* de fes états. Mille raifons devoient le convaincre de l'erreur de cette opinion. Il ne réfléchiffoit pas que l'expérience de tous les fiècles confirme qu'il naît, année commune, dans tous les pays du monde, un nombre prefque égal d'enfans mâles & femelles, & que prétendoit-il avec fa polygamie ? En donnant trois, quatre, dix femmes à un homme, il ne prévoyoit pas qu'il laiffoit trois, quatre, dix hommes fans fem-mes ? L'expérience a fait connoître que les habi-tans ne fe multiplient nulle part davantage que dans les pays où la religion chrétienne a intro-duit le mariage d'un homme & d'une feule femme.

Que le mariage foit réputé facrement, comme dans la religion catholique, ou contrat civil, autorifé de Dieu & confirmé par l'églife, comme chez les proteftans, peu importe à la politique ; mais elle demande que ce lien foit indiffoluble pour des caufes frivoles. On craint que le divorce ne devienne un mal pour le corps politique de l'é-tat, qu'il nuife à la *population* dans aucun pays de l'Europe. Les confiftoires ou les tribunaux de juftice, refufent la féparation de deux époux qui n'ont qu'un caprice paffager, quelque altercation ou leur légereté à alléguer pour motif d'une démarche auffi férieufe & auffi importante.

Mais, lorfqu'il fe trouve dans ces époux une incompatibilité parfaite & conftante d'humeurs, d'inclinations & de mœurs ; une antipathie, une averfion décidée ; une infidélité prouvée, une impuiffance vifible dans un des conjoints à con-courir au premier but de l'hymen, il y a plufieurs pays où l'on ne croit pas que le lien du mariage doive être plus fort que celui de la nature. *Voyez* l'ar-ticle DIVORCE.

On ne parlera pas de la licence effrénée pour la débauche & la luxure, que quelques légifla-teurs ont regardée comme un moyen propre à la *population*. Ce défordre fcandaleux feroit funefte à la fociété ; il mettroit la plus grande confufion dans les fucceffions & dans la propriété des biens & des noms, il abîmeroit le peuple par des ma-ladies honteufes, il peupleroit l'état de mauvais fujets, fans éducation, fans mœurs & fans fanté. Et s'il importe à l'état d'avoir un grand nombre de fujets, il lui importe encore plus, de n'avoir pas une multitude défordonnée à contenir ou à punir.

La maxime d'attirer les émigrans fert encore à peupler l'état. La terre a toujours quelques fouverains imprudens, qui, pour caufe de reli-gion, ou par les vices de leur gouvernement, déterminent les fujets à quitter leurs états. L'ha-bile politique profite de cette faute, & tâche d'enrichir fon pays aux dépens des adminiftra-teurs, qui fe conduifent de cette manière. Quand ces gens-là ne feroient pas riches, peu importe, pourvu que ce ne foit pas des vagabonds fans aveu & fans induftrie. Mais lorfqu'on reçoit ces nouvelles familles, il faut avoir foin de fournir d'abord les moyens d'exercer leur induftrie, & de ne pas les expofer à devenir fainéants & cri-minels par néceffité.

Le même principe politique, qui engage à attirer les émigrans dans l'état, défend de fe dé-barraffer par des colonies, d'une partie de fa *po-pulation*, à moins que le refte des habitans ne fuffife aux befoins de la métropole. L'Efpagne a commis à cet égard des fautes infignes, dont elle fe reffentira long-temps. Elle commença par expulfer les maures dont les defcendans feroient devenus efpagnols après trois générations, fi le gou-vernement avoit eu l'art de s'occuper de ce foin. Cette perte de plufieurs millions de fujets fut le premier échec que reçut fa *Population*. La dé-couverte de l'Amérique lui porta un fecond coup. L'avidité de l'or & de l'argent fit fortir des ports d'Efpagne, une multitude innombrable de citoyens qui formoient pour la métropole de bien plus grands tréfors que les métaux qu'ils alloient chercher fi loin. D'autres caufes ont con-tribué à la dépopulation de l'Efpagne, mais nous avons parlé à l'article ESPAGNE, de ces anciennes erreurs du cabinet de Madrid, & nous n'ajouterons rien de plus : fi vous examinez l'imprudence, le faux zèle pour la religion, la tolérance du gouvernement d'Espagne pour un nombre exceſſif de monaſtères & de couvens de l'un & de l'autre ſexe, ſa complaiſance pour les décrets de l'inquiſition, la mauvaiſe adminiſtration de la juſtice civile & criminelle, la forme vicieuſe des procédures, les iniquités & les violences que commettent les magiſtrats, vous ne ſerez plus étonnés de voir ce beau pays dénué d'habitans, foible au ſein des richeſſes, & poſſéder les Indes pour d'autres nations.

Les moyens contraires augmenteroient le nombre des citoyens & les conſerveroient. Mais comme les plus claires vérités trouvent des contradicteurs, il y a des politiques qui ſoutiennent qu'un état peut être trop peuplé, que la terre manqueroit de grains, ſi tous les pays fourmilloient d'habitans; que les hommes n'auroient plus les moyens de ſe procurer leur ſubſiſtance, ou de s'élever par leur induſtrie, ſi les guerres, les peſtes & les autres fléaux n'enlevoient au genre humain le ſurplus qui lui devient à charge; qu'on ne voit que trop en Suiſſe qu'un pays peut avoir trop d'habitans. Tous ces raiſonnemens appuyés ſur des faits inexacts, ne méritent pas de réponſe.

PORTO-RICO, iſle d'Amérique, l'une des Antilles. Nous indiquerons ſa poſition plus bas.

Précis de l'hiſtoire de la conquête & de l'établiſſement de cette iſle.

Quoique *Porto Rico* eût été découvert & reconnue en 1493 par Colomb, elle n'attira l'attention des eſpagnols qu'en 1509; & ce fut l'appât de l'or qui les y fit paſſer de Saint-Domingue, ſous les ordres de Ponce de Léon. Cette nouvelle conquête devoit leur coûter.

De tous les lieux où ſe trouve l'arbre funeſte, du mancenillier, *Porto-Rico* eſt celui où il ſe plaît le plus, où il eſt le plus multiplié. Pourquoi les premiers conquérans de l'Amérique n'ont-ils pas tous fait naufrage à cette iſle? Mais le malheur des deux mondes a voulu qu'ils l'aient trop tard connu, & qu'ils n'y aient pas trouvé la mort due à leur avarice.

Le mancenillier ſemble n'avoir été funeſte qu'aux américains. Les habitans de l'iſle qui le produit s'en ſervoient pour repouſſer le caraïbe accoutumée à faire des incurſions ſur leurs côtes. Ils pouvoient employer les mêmes armes contre les européens. L'eſpagnol, qui ignoroit que le ſel appliqué ſur la bleſſure au moment du coup, en eſt le remède infaillible, auroit ſuccombé peut-être aux premières atteintes de ce poiſon. Mais il n'éprouva pas la moindre réſiſtance de la part de ces ſauvages inſulaires. Inſtruits de ce qui s'étoit paſſé dans la conquête des iſles voiſines, ils regardoient ces étrangers comme des êtres ſupérieurs à l'humanité. Ils ſe jettèrent d'eux-

mêmes dans les fers. Cependant ils ne tardèrent pas à ſouhaiter de briſer le joug inſupportable qu'on leur avoit impoſé. Seulement, avant de le tenter, ils voulurent ſavoir ſi leurs tyrans étoient ou n'étoient pas immortels. La commiſſion en fut donnée à un cacique nommé Broyoan.

Un haſard favorable à ſes deſſeins ayant conduit chez lui Salzedo, jeune eſpagnol qui voyageoit, il le reçut avec de grandes marques de conſidération, & lui donna à ſon départ quelques Indiens pour le ſoulager dans ſa marche, & pour lui ſervir de guides. Un de ſes ſauvages ſe mit ſur ſes épaules pour traverſer une rivière, le jeta dans l'eau, & l'y retint avec le ſecours de ſes compagnons, juſqu'à ce qu'il ne remuât plus. On tira enſuite le corps ſur le rivage. Dans le doute s'il étoit mort ou s'il vivoit encore, on lui demanda mille fois pardon du malheur qui étoit arrivé. Cette comédie dura trois jours. Enfin la puanteur du cadavre ayant convaincu les Indiens que les eſpagnols pouvoient mourir, on tomba de tous côtés ſur les oppreſſeurs. Cent furent maſſacrés.

Ponce de Léon raſſemble auſſi-tôt tous les caſtillans qui ont échappé à la conſpiration. Sans perdre de temps, il fond ſur les ſauvages déconcertés par cette bruſque attaque. Leur terreur augmente à meſure que leurs ennemis ſe multiplient. Ce peuple a la ſimplicité de croire que les nouveaux Eſpagnols qui arrivent de Saint-Domingue, ſont ceux-là même qui ont été tués & qui reſſuſcitent pour combattre. Dans cette folle perſuaſion, découragé de continuer la guerre contre des hommes qui renaiſſent de leurs cendres, il ſe remet ſous le joug. On le condamne aux mines, où il périt en peu de temps dans les travaux de l'eſclavage.

Porto-Rico a trente-ſix lieues de long, dix-huit de largeur & cent de circonférence. Nous pouvons aſſurer que c'eſt une des meilleures iſles, & peut-être, dans la proportion de ſon étendue, la meilleure iſle du Nouveau-Monde. L'air y eſt ſain & aſſez tempéré. Un grand nombre de petites rivières l'arroſent de leurs eaux pures. Ses montagnes ſont couvertes de bois utiles ou précieux, & ſes vallées d'une fertilité qu'on retrouve rarement ailleurs. Toutes les productions propres à l'Amérique proſpèrent ſur ce ſol profond: elle joint un port ſûr, des rades commodes, des côtes faciles à tant d'avantages.

Sur cette terre, privée de ſes ſauvages habitans par les violences que trois ſiècles n'ont pas fait oublier, ſe forma ſucceſſivement une population de quarante-quatre mille huit cents quatre-vingt-trois hommes, ou blancs, ou de races mêlées. La plupart étoient nus. Leurs maiſons étoient des cabanes. La nature ſeule ou preſque ſeule fourniſſoit à leur ſubſiſtance. C'étoit avec du tabac, avec des beſtiaux, avec ce que le gouvernement envoyoit d'argent pour l'entretien d'un

état

état civil, religieux & militaire, que la colonie payoit les toiles & quelques autres objets de peu de valeur, que les isles voisines & étrangères lui fournissoient clandestinement. Elle ne voyoit annuellement arriver de sa métropole qu'un petit bâtiment dont la cargaison ne passoit pas dix mille écus, & qui reprenoit la route de l'Europe chargé de cuirs.

Telle étoit *Porto-Rico*, lorsqu'en 1765, la cour de Madrid porta son attention sur Saint-Jean, port excellent même pour les flottes royales, & auquel on ne desireroit que plus d'étendue. On entoura de fortifications la ville qui le domine. Les ouvrages furent sur-tout multipliés vers une langue étroite & marécageuse, le seul endroit par où la place puisse être attaquée du côté de terre. Deux bataillons & une compagnie de canonniers passèrent la mer pour les aller défendre.

A cette époque, une possession qui n'avoit annuellement reçu du fisc que 378,000 livres lui en coûta 2,634,433 qui arrivèrent régulièrement du Mexique. Ce numéraire excita à quelques travaux. Dans le même temps, l'isle, qui avoit été jusqu'alors dans les liens du monopole, put recevoir tous les navigateurs espagnols. Les deux moyens réunis donnèrent un commencement de vie à un établissement dont le néant étonnoit toutes les nations. Sa dîme, qui avant 1765 ne rendoit que 81,000 livres, s'est élevée à 230,418 livres.

État de cette isle, son commerce.

Au premier janvier 1778, *Porto-Rico* comptoit quatre-vingt mille six cents soixante habitans, dont six mille cinq cents trente seulement étoient esclaves. Il comptoit soixante-dix-sept mille trois cents quatre-vingt-quatre bêtes à cornes, vingt-trois mille cent quatre vingt quinze chevaux, quinze cents quinze mulets, quarante-neuf mille cinquante-huit têtes de menu bétail.

On y récoltoit deux mille sept cents trente sept quintaux de sucre, onze cents quatorze quintaux de coton, onze mille cent soixante-trois quintaux de café, dix neuf mille cinq cents cinquante-six quintaux de riz, quinze mille deux cents seize quintaux de mais, sept mille quatre cents cinquante-huit quintaux de tabac, neuf mille huit cents soixante quintaux de melasse.

Dans les pâturages, dont on comptoit deux cents trente-quatre, la reproduction annuelle étoit de onze mille trois cents soixante quatre boeufs, de quatre mille trois cents quatre-vingt chevaux, de neuf cents cinquante-deux mulets, de trente-un mille deux cents cinquante-quatre têtes de menu bétail.

Remarques sur cette colonie.

Tout cela est bien peu de chose: mais on es-

père beaucoup d'un arrangement depuis peu fait. Aucun citoyen de *Porto-Rico* n'étoit véritablement le maître du sol qu'il occupoit. Les commandans, qui s'étoient succédés, n'en avoient jamais accordé que l'usufruit. Ce désordre inconcevable a cessé enfin. Une loi du 14 janvier 1778, assure aux possesseurs la propriété de ce qui se trouvera dans leurs mains, sous la condition d'une redevance annuelle de seize sols six deniers & demi pour chaque portion de terre de vingt-cinq mille sept cents huit toises qu'on mettra en culture, & de dix sols un denier & demi pour celle qui restera en pâture. Ce léger tribut doit servir à l'habillement des milices, composées de dix-neuf cents hommes d'infanterie & de deux cent cinquante chevaux. Sous les mêmes clauses, le reste de l'isle sera distribué à ceux qui ont peu ou qui même n'ont rien. Ces derniers, désignés par le nom d'agrégés, sont au nombre de sept mille huit cents trente-cinq.

Ce plan n'opérera pas la révolution que le conseil d'Espagne en attend, quoique, contre la disposition formelle des loix, tout colon qui voudra établir des sucreries soit autorisé à appeller les étrangers qui pourront se former à cette culture. Il faudroit autoriser ces colons à vendre librement aux françois, aux hollandois, aux anglois, aux danois, les bestiaux qui ne leur ont été livrés jusqu'ici qu'en fraude.

Un écrivain, qui le premier nous a éclairés sur ces matières, desire que l'Espagne déclare *Porto-Rico* une isle neutre, & que cette neutralité soit reconnue par toutes les puissances qui ont des possessions en Amérique: que les terreins qui ne sont pas encore en valeur y soient accordés aux hommes entreprenans de toutes les nations, qui auront des fonds suffisans pour y établir des cultures: que pendant cinquante ans, ou plus, les personnes, les terres, les productions soient exemptes de toute imposition: que les rades soient indifféremment ouvertes à tous les navigateurs, sans douanes, sans gênes, sans formalités: qu'il n'y ait que les troupes nécessaires pour la police, & que ces troupes soient étrangères: qu'on trace un code de loix très-simples, convenables à un état agricole ou commerçant: que ce soient les citoyens eux-mêmes qui soient magistrats ou qui les choisissent: que la propriété, cette première & grande base de toute société politique, soit établie sur des fondemens inébranlables; & il prédit qu'avant un demi-siècle, *Porto-Rico* sera très-certainement une des plus florissantes colonies du Nouveau-Monde; qu'alors elle pourra redevenir, sans inconvénient, une possession vraiment nationale; que ses abondantes productions, qui n'auront coûté ni soins, ni dépenses, ni inquiétude, ni guerre à l'Espagne, grossiront la masse de ses richesses nationales & le revenu public. Nous laissons aux lecteurs le soin de prononcer fur la juftefle de ces vues qui ne feront pas remplies.

PORTUGAL: c'eft le royaume le plus occidental de l'Europe ; il eft borné au couchant & au midi par l'océan Atlantique , au levant & au feptentrion par l'Efpagne , & fon étendue eft d'environ 1845 milles quarrés.

Nous donnerons 1°. un précis de l'hiftoire politique du Portugal : 2°. nous parlerons des productions , de la culture , de la population, & du régime eccléfiaftique de ce pays : 3°. de fes manufactures & de fon commerce : 4°. nous ferons des remarques fur les établiffemens que les portugais ont confervé en Afie, en Afrique & en Amérique : 5°. nous ferons d'autres remarques fur l'autorité du roi , les différens ordres de chevalerie , les collèges d'adminiftration, & les tribunaux , fur l'armée & fur la marine : 6°. nous enterrons dans des détails fur l'adminiftration économique & l'état actuel du Portugal : 7°. enfin , nous traiterons de fes intérêts politiques.

Section première.

Précis de l'hiftoire politique du Portugal.

Le Portugal ou l'ancienne Lufitanie paffa de la domination des phéniciens & des carthaginois fous celle des romains , & l'empereur Augufte la réduifit en province romaine. Au commencement du cinquième fiècle , les alains s'en rendirent maîtres ; les fuèves vers l'an 440 , & les vifigoths vers l'an 582. Dans le huitième fiècle , les maures ou farrafins y firent une invafion , & ils en furent chaffés par les chrétiens. Henri , de la maifon des ducs de Bourgogne , fervit fi utilement Alphonfe VI , roi de Caftille , contre les maures , que celui-ci lui donna fa fille Thérefe en mariage , & le déclara en 1093 , comte de Portugal : il prit poffeffion de ce pays l'an 1110, en vertu du teftament de fon beau-père. Son fils & fon fucceffeur , Alphonfe Henriquès , remporta en 1139 une victoire fignalée fur les maures à Ourique , prit le titre de *roi* , inftitua en 1147 l'ordre d'Avis ; & après que le pape Alexandre III l'eut reconnu pour roi en 1179 , il convoqua une diète à Lamego l'an 1181 , où la fucceffion au trône fut confirmée dans fa famille. Alphonfe III réunit l'Algarve à la couronne de Portugal , & l'ordre de Chrift fut établi fous le roi Denis. A la mort de Ferdinand , arrivée en 1383 , la ligne mafculine de cette maifon s'éteignit : Jean I , fils naturel du père du précédent roi , fut élu en 1385 , & fous fon règne les portugais formèrent des établiffemens en Afrique & découvrirent les Açores. Son petit-fils Jean II recueillit les juifs dans fes états, & s'occupa à perfectionner la navigation & à faire de nouvelles découvertes. Ces découvertes amenèrent un premier traité avec le

roi d'Efpagne , Ferdinand le catholique , en 1492 , & un fecond en 1494 , par lefquels le monarque portugais cédoit à Ferdinand toutes les terres fituées à l'oueft du Cap-Verd & des Açores , à la diftance de 370 milles ; il fe réferva tous les pays qu'on découvriroit vers l'orient. Ce fut fous le roi Emmanuel que la gloire & la fortune des portugais parvinrent à leur plus haut période ; Vafco de Gama découvrit en 1498 la route des Indes orientales : Americ Vefpufe prit poffeffion du Brefil en 1501 : la première forterefle portugaife fut conftruite en 1504 dans le royaume de Cochin , & la guerre contre les maures pouffée avec vigueur en Afrique. Sous le règne de Jean III la forterefle de Diu en Afie fut bâtie. A la mort du cardinal Henri , il ne refta aucun héritier mâle de cette maifon , & la couronne paffa aux rois d'Efpagne , fous lefquels les portugais perdirent la plupart de leurs conquêtes. Les perfans s'emparèrent de l'ifle d'Ormus en 1622 : les hollandois acquitent la fupériorité dans les Indes orientales , conquirent les ifles Moluques , en 1636 une moitié du Brefil , & fe rendirent maîtres en 1637 de Saint George del Mina en Afrique : le commerce du Japon en 1639 , & leur principal établiffement à Malacca fut perdu pour les portugais. Les portugais fecouèrent le joug efpagnol en 1640 , & élurent pour roi Jean , duc de Bragance : il prit le nom de Jean IV, chaffa les hollandois du Brefil en 1654, mais il perdit l'ifle de Ceylan en 1656. Alphonfe VI fut privé de la couronne que lui enleva fon frère ; Pierre II conclut en 1668 avec l'Efpagne une paix qui reconnut le Portugal pour un royaume indépendant , & le rétablit dans fon ancienne étendue , fi l'on excepte la ville de Ceuta en Afrique , qui demeura aux efpagnols.

Section IIe.

Des productions , de la culture , de la population , & du régime eccléfiaftique du Portugal.

Le nom de Portugal , qui dérive , felon quelques-uns , de *portus gallus* ou *gallorum* (port françois), lui a été donné , parce que les françois fe portèrent en foule aux environs du Douro , près de la ville de Porto , afin de fecourir les chrétiens de Lufitanie contre les maures : mais il eft plus vraifemblable , felon d'autres , que ce nom vient d'un bourg au bord du Douro , appellé par les anciens *Cale* , & par les modernes *Gaya*. On dit que , vis-à-vis de ce bourg , on en conftruifit un autre avec un port , & qu'on le nomma *Portucale* (port de cale) : que ce lieu étant devenu la ville confidérable de Porto , a donné fon nom à tout le pays : il a quitté fon ancien nom de Lufitanie fous le règne de Ferdinand-le-Grand , roi de Caftille & de Léon , lequel donna la Lufitanie & la Galice à fon troifième fils Garcia. La plus ancienne charte, qui désigne tout le royaume sous le nom de *Portugal*, est de 1609, & elle se conserve dans le cloître d'Arouca.

Le *Portugal* est beaucoup plus tempéré que l'Espagne; mais le climat n'est pas le même dans les diverses provinces. Celles du nord sont plus froides: c'est l'effet des pluies plus abondantes en hiver, & celles du midi sont plus chaudes; cependant l'été y est très-supportable, parce que les vents de l'ouest rafraîchissent l'air.

Le sol est fertile; mais plus de la moitié du pays demeurant en friche, on est obligé de tirer du dehors le bled nécessaire à la consommation, & c'est l'Angleterre sur-tout qui le fournit. La province d'Estremadure est réputée la meilleure: celle d'Alentejo produit le plus d'huile; les oliviers réussissent par-tout, ainsi que le vin & les raisins. Une ordonnance de 1765 enjoignit, sous peine de confiscation des terres, d'arracher les vignes des environs du Tage, du Moudega, de la Vecga & de les ensemencer: elle n'excepta que les vignobles près de Lisbonne, Ocyras, Carcavellos, Lavadrio, Torres, Vedras, Alenquer, Anadia & Mogofores. Nous ferons dans la section sixième des remarques sur cette ordonnance.

L'intendant général de police de la cour & du royaume a publié dernièrement l'ordonnance que voici; elle est assez singulière, & elle fera connoître, à quelques égards, la position du *Portugal*: « Savoir faisons qu'ayant remarqué que depuis plusieurs années, la disette d'hommes se fait sentir dans les campagnes de ce royaume, laquelle provient de ce qu'un grand nombre de ceux qui s'occupoient du labourage ont abandonné leurs provinces pour venir dans la capitale, où les uns, attirés par la facilité qu'on y trouve à vivre des aumônes journalières des couvens religieux qui sont en grand nombre, se livrent à l'état de mendiant; les autres s'emparent des ouvrages qui doivent être réservés au sexe féminin; ceux-ci se destinant au service, faute de place, s'abandonnent à commettre des vols par la nécessité de se soutenir, & ceux-là enfin vivent aux dépens de femmes malheureuses; il est de notre devoir d'extirper l'oisiveté, pour empêcher les vices auxquels elle donne lieu, & de rendre utiles à l'état tous les membres ou sujets qui lui sont à charge, en faisant exécuter avec rigueur les loix qui ont été promulguées à cette fin. Ordonnons en conséquence à tous les mendians des deux sexes de se retirer dans leur pays natal, dans le terme péremptoire de vingt jours, à compter de la date de ce placard, sous peine à ceux qui seront rencontrés dans cette ville à l'expiration de ce délai, d'encourir les châtimens prononcés par les loix susdites. Ordonnons à ceux qui seront nés dans cette capitale, ou à ceux qui se trou-

veront dans les circonstances indiquées par les ordonnances, de se présenter devant nous avec un certificat du curé de leur paroisse, où l'on stipulera l'endroit où ils ont été baptisés, & s'ils ont rempli leur devoir pascal l'année précédente, afin de leur prescrire ce à quoi ils devront s'employer. Déclarons en outre, en conséquence des dispositions mentionnées ci-dessus, qu'à compter de la date des présentes, il ne sera plus permis désormais à aucun homme, de quelque âge qu'il soit, de vendre des beignets, du sirop, des fruits, du jardinage (à moins que les vendeurs de ce dernier article ne soient aux gages des jardiniers), ni du fromage, du lait, du poisson de rivière & de mer, des pommades, de la poudre, des oublis, des allumettes, des épingles, des habits & des meubles vieux ou usés; tous ces objets étant de nature à convenir à la foiblesse du sexe féminin. Les hommes s'emploieront uniquement aux travaux des champs, à ceux des arts & manufactures, à la construction des édifices & des maisons, au service du roi dans les armées de terre & de mer, sous les peines énoncées dans les loix, &c. » Le *Portugal* produit beaucoup de miel, de citrons, d'oranges douces & amères, de figues, d'amandes, de châtaignes, quelques dattes & d'autres bons fruits, des poissons de mer & de rivière, de diverses sortes: on y recueille une quantité considérable de sel marin, & on y élève des vers à soie.

Les montagnes offrent des minéraux en abondance, de l'argent, du cuivre, de l'étain, du plomb & du fer. Mais comme les portugais tirent des métaux de leurs possessions dans les autres parties du monde, & particulièrement de l'or du Brésil, ils n'exploitent point de mines dans le *Portugal*, dont les montagnes renferment aussi des pierres précieuses, telles que des turquoises, des hyacinthes, &c.

Le *Portugal* a d'excellens pâturages, sur-tout aux environs de la montagne d'Estrella & près d'Ourique. L'éducation du bétail y est avantageuse; mais, en général, le pays n'est pas favorable à l'engrais des bestiaux; on en tire la plus grande partie de l'Espagne. La qualité de la laine n'y est guère inférieure à celle de ce dernier royaume, d'où on tire secrètement la plupart des chevaux: ceux du *Portugal* ne sont pas d'une haute taille, mais ils sont légers à la course: tout ce qui a rapport à la culture est fort négligé, ainsi que nous le dirons tout-à-l'heure.

Le *Portugal* renferme dix-neuf cités ou grandes villes, quinze cents vingt-sept bourgs. Quant au nombre des habitans on peut l'estimer, d'après la notice qu'en a fournie à Luiz Caetano do Lima en 1732, le marquis d'Abrantes, censeur & directeur de l'académie royale d'histoire du *Portugal*, qui la croyoit fort exacte.

	Paroiffes.	Feux.	Ames.
On comptoit à cette époque dans la province d'entre Douro & Minho.............................	963.	92,547.	430,372.
De Traz-os-Montes...................................	551.	44,508.	135,808.
De Beira..	1091.	153,691.	550,856.
D'Eftremadura...	316.	80,959.	296,860.
D'Alentejo...	355.	69,223.	265,223.
D'Algarve..	67.	18,873.	63,688.
TOTAL...............................	3343.	459,801.	1,742,807.

Il paroît que ce dénombrement n'eft pas complet, fur-tout par rapport aux feux & aux perfonnes, & que le clergé, les moines & les religieufes n'y font pas compris. En évaluant le nombre des gens d'églife à 300,000, le total des habitans du *Portugal* devroit être d'environ deux millions, & il y a lieu de croire que la population n'a pas augmenté depuis ce temps. Les navigations fréquentes, les diverfes colonies & la multitude des couvents ont diminué le nombre des habitans.

La nobleffe eft très-nombreufe, & en grande partie du fang royal par les fils naturels de la maifon des rois de *Portugal*. Autrefois elle étoit plus confidérable qu'aujourd'hui, quoique, felon l'ancienne coutume de fournir à l'entretien de la nobleffe fur le tréfor royal, il fubfifte encore un fonds fur lequel le prince affigne des penfions aux nobles pour foutenir leur rang.

On diftingue la haute nobleffe & la nobleffe inférieure. La haute, qui eft titrée, eft compofée des ducs, marquis, comtes, vicomtes & barons, qui font tous grands du pays, & divifés comme ceux d'Efpagne en trois claffes. Les fils des ducs font auffi qualifiés de grands, & les filles ont le rang de marquifes. Le prieur de Crato s'affied & fe couvre comme les comtes. Les gentilshommes de naiffance font plus confidérés que ceux d'entre les roturiers qui obtiennent le titre de cavallero fidalgo, fans être ennoblis.

La religion catholique romaine eft la feule tolérée en *Portugal* : on connoît la févérité de l'inquifition qui fut établie par le roi Jean III, & qui s'exerce dans tous les pays de la domination portugaife, à l'exception du Brefil. Elle a quatre grands tribunaux; favoir, à Lisbonne, à Coimbre, à Evora & à Goa dans les Indes orientales; ils font tous indépendans, mais à quelques égards fubordonnés au confeil fuprême de l'inquifition à Lisbonne. Le roi Jean V a reftreint le pouvoir de l'inquifition, en foumettant fes arrêts à la revifion du parlement, & en permettant aux accufés de prendre un avocat pour leur défenfe. Elle ne doit plus connoître que des blaf-

phêmes, de la pédéraftie, de la polygamie, des héréfies, de la magie, des actes de fuperftition païenne, & de ce qui concerne la converfion des juifs. Le roi Jofeph I a publié en 1751 une ordonnance encore plus falutaire. Depuis cette époque, perfonne ne peut être détenu plus de quatre jours dans les prifons de l'inquifition; fi ce n'eft de l'aveu du grand confeil royal, & après la déclaration du crime : il eft auffi interdit au faint-office, fous quelque prétexte que ce foit, de condamner perfonne à mort pour caufe d'héréfie & de judaïfme, à moins que le procès criminel n'ait été inftruit devant le grand confeil royal; que les preuves les plus authentiques n'aient été produites, & la fentence de mort fignée de la main du roi. Les derniers auto-da-fé fe font bornés en effet à des peines afflictives, & il n'y a eu perfonne de condamné au feu.

On évalue à 900 le nombre des couvens : mais les legs & fondations pieufes ont été reftreints par plufieurs ordonnances, & fur-tout par celle de 1766.

Les évêchés font à la nomination du roi qui tire un quart des revenus, employé pour l'ordinaire en penfions. Le pape confirme les évêques, & il faifoit, même dans ces derniers temps, publier fes bulles par-tout le royaume fans la participation du roi; il exerçoit par fes légats une jurifdiction fur le clergé, à qui il impofe auffi des taxes, & il nommoit à plufieurs petites prébendes : mais le cabinet de Lisbonne paroît s'occuper du foin de diminuer l'autorité du faint-fiège.

SECTION IIIe.

Des manufactures & du commerce du Portugal.

Le pays produit d'excellentes matières premières; mais la plus grande partie fe vend à l'étranger, dont on rachète bien cher les mêmes articles manufacturés. Ce que les portugais font en toile, en ouvrages de paille, en fruits confits, fur-tout en écorces d'oranges, en groffes étoffes de laine & de foie, eft bien peu de chofe relativement aux befoins de la nation. Il eft de l'intérêt des étrangers, & particulièrement des anglois, qu'il s'établisse peu de manufactures en *Portugal* : voyez de plus grands détails sur cette matière dans la section sixième.

Les portugais n'envoient point de vaisseaux dans les ports de l'Europe ni au levant, mais ils vont aux côtes d'Afrique, & sur-tout à la côte de Guinée. Ils y embarquent des nègres qu'ils conduisent au Brésil, & ils prennent un peu d'or & d'ivoire; ils passent aussi aux Indes orientales où ils ont des colonies à Goa, Diu & Macao : mais ce commerce, autrefois très-important, est bien tombé, & c'est le Brésil qui est leur vrai trésor : le commerce y est interdit aux étrangers; les portugais y font la contrebande avec les espagnols; ils y échangent de l'or contre l'argent, ce qui prive les deux rois du quint qui leur revient sur cet objet. Nous avons donné ailleurs une évaluation sur la quantité d'or qui se transporte du Brésil à Lisbonne. La flotte qui fait ce trajet chaque année, y emploie sept ou huit mois, & elle est escortée par quelques vaisseaux de guerre qui vont à sa rencontre; les vaisseaux marchands qui reviennent des Indes orientales & des côtes d'Afrique se joignent à cette flotte.

S E C T I O N I V^e.

Remarques sur les établissemens que les portugais ont conservé en Asie, en Afrique & en Amérique.

Avant de dire quels établissemens les portugais ont conservés en Asie, nous allons faire quelques remarques générales.

Lorsque les Portugais eurent établi en Asie, une puissance qui éclaira & étonna l'Europe, ils ne tardèrent pas à se faire détester, & ils virent se former une confédération pour les chasser de l'Orient. Toutes les grandes puissances de l'Inde entrèrent dans cette ligue, & pendant trois ou quatre ans firent, en secret, des préparatifs. La cour de Lisbonne en fut informée. Le roi Sébastien fit partir pour l'Inde Ataïde, & tous les portugais qui s'étoient distingués dans les guerres de l'Europe.

A leur arrivée, l'opinion générale étoit qu'il falloit abandonner les possessions éloignées, & rassembler ses forces dans le Malabar & aux environs de Goa. Quoique Ataïde pensât qu'on avoit fait trop d'établissemens, il ne consentit pas à les sacrifier. *Compagnons*, dit-il, *je veux tout conserver; & tant que je vivrai, les ennemis ne gagneront pas un pouce de terrein.* Aussi-tôt il expédia des secours pour toutes les places menacées, & fit les dispositions nécessaires à la défense de Goa.

Le Zamorin attaqua Mangalor, Cochin, Cananor. Le roi de Cambaie attaqua Chaul, Da-

man, Bançaïm. Le roi d'Achem fit le siège de Malaca. Le roi de Ternate fit la guerre dans les Moluques. Agalachem, tributaire du Mogol, fit arrêter tous les portugais qui négocioient à Surate. La reine de Garcopa tenta de les chasser d'Onor.

Ataïde, au milieu des soins & des embarras du siège de Goa, envoya cinq vaisseaux à Surate : ils firent relâcher les portugais détenus par Agalachem. Treize bâtimens partirent pour Malaca : le roi d'Achem & ses alliés levèrent le siège de cette place. Ataïde voulut même faire appareiller les navires qui portoient tous les ans à Lisbonne quelques tributs ou des marchandises. On lui représenta, qu'au lieu de se priver du secours des hommes qui monteroient cette flotte, il falloit les garder pour la défense de l'Inde. *Nous y suffirons*, dit Ataïde; *l'état est dans le besoin, & il ne faut pas tromper son espérance.* Cette réponse étonna, & la flotte partit. Dans le temps que la capitale se voyoit le plus vivement pressée par Idalcan, Ataïde envoya des troupes au secours de Cochin, & des vaisseaux à Ceylan. L'archevêque, dont l'autorité étoit sans bornes, voulut s'y opposer. *Monsieur*, lui dit Ataïde, *vous n'entendez rien à nos affaires, bornez-vous à les recommander à Dieu.* Les portugais, arrivés d'Europe, firent au siège de Goa des prodiges de valeur. Ataïde eut souvent de la peine à les empêcher de prodiguer inutilement leur vie. Plusieurs, malgré ses défenses, sortoient en secret la nuit, pour aller attaquer les assiégeans dans leurs lignes.

Le vice-roi ne comptoit pas si absolument sur la force de ses armes, qu'il ne crût devoir employer la politique. Il fut instruit qu'Idalcan étoit gouverné par une de ses maîtresses, qu'il avoit amenée à son camp. Cette femme se laissa corrompre, & lui vendit les secrets de son amant. Idalcan s'apperçut de la trahison, mais il ne put découvrir le traître. Enfin, après dix mois de combats & de travaux, ce prince, qui voyoit ses tentes ruinées, ses troupes diminuées, ses éléphans tués, sa cavalerie hors d'état de servir, vaincu par le génie d'Ataïde, leva le siège, & se retira la honte & le désespoir dans le cœur.

Ataïde vola sur-le-champ au secours de Chaul, assiégée par Nizamaluc, roi de Cambaie, qui avoit plus de cent mille hommes. La défense de Chaul avoit été aussi intrépide que celle de Goa. Elle fut suivie d'une grande victoire, qu'Ataïde, à la tête d'une poignée de portugais, remporta sur une armée nombreuse & aguerrie par un long siège.

Telle fut la fin désastreuse d'une conspiration ourdie avec beaucoup de concert, d'art & de secret contre les portugais.

Les portugais redevenoient dans tout l'Orient ce qu'ils étoient auprès d'Ataïde. Un seul vaisseau, commandé par Lopés-Carasco, se battit pendant trois jours contre la flotte entière du roi d'Achem. Au milieu du combat, on vint dire au fils de Lopés que son père avoit été tué : *C'est*, dit-il, *un brave homme de moins; il faut vaincre, ou mériter de mourir comme lui.* Il prit le commandement du vaisseau, & traversant en vainqueur la flotte ennemie, se rendit devant Malaca.

On retrouvoit alors dans les portugais ces autres vertus qui suivent le courage, tant est puissant sur les nations, même les plus corrompues, l'ascendant d'un grand homme.

Ataïde mit la réforme dans la régie des deniers publics, & réprima l'abus le plus nuisible aux états, l'abus le plus difficile à réprimer. Mais ce bon ordre, cet héroïsme renaissant, ce beau moment n'eut de durée que celle de son administration.

Un gouvernement est toujours une machine très-compliquée, qui a son commencement, ses progrès & son moment de perfection, lorsqu'il est bien conçu; son commencement, ses progrès & son moment d'extrême corruption, lorsqu'il est vicieux à son origine. Dans l'un & l'autre cas, il embrasse un si grand nombre d'objets, tant au-dedans qu'au-dehors, que sa dissolution amenée, soit par l'imbécillité du chef, soit par l'impatience des sujets, ne peut avoir que les suites les plus effrayantes. Si l'impatience des sujets vient à briser un joug sous lequel ils sont las de gémir, une nation s'avance plus ou moins rapidement à l'anarchie, à travers des flots de sang. Si elle arrive insensiblement à ce terme fatal, par l'indolence ou la foiblesse du souverain, incapable de tenir les rênes de l'empire, le sang est épargné, mais la nation tombe dans un état de mort. Les nations adjacentes s'emparent sans effort d'une contrée sans défense. Alors les peuples passent sous un état pire qu'au sortir de la barbarie. Les loix du conquérant luttent contre les loix du peuple conquis; les usages de l'un, contre les usages de l'autre; ses mœurs, contre ses mœurs; sa religion, contre sa religion; sa langue se confond avec un idiome étranger. C'est un chaos dont il est difficile de présager la fin; un chaos qui ne se débrouille qu'après le laps de plusieurs siècles, & dont il reste des traces que les événemens les plus heureux n'effacent jamais entièrement.

Telle est l'image du *Portugal* à la mort du roi Sébastien, jusqu'à ce que ce royaume passât peu-à-peu sous la domination de Philippe II. Alors les portugais de l'Inde ne crurent plus avoir une patrie. Quelques-uns se rendirent indépendans, d'autres se firent corsaires, & ne respectèrent aucun pavillon. Plusieurs se mirent au service des princes du pays, & ceux-là devinrent presque tous ministres ou généraux : tant leur nation avoit encore d'avantages sur celles de l'Inde. Chaque portugais ne travailloit plus qu'à sa fortune; ils agissoient sans zèle & sans concert pour l'intérêt commun. Leurs conquêtes dans l'Inde étoient partagées en trois gouvernemens qui ne se prêtoient aucun secours, & dont les projets & les intérêts devinrent différens. Les soldats & les officiers étoient sans discipline, sans subordination, sans amour de la gloire. Les vaisseaux de guerre ne sortoient plus des ports, ou n'en sortoient que mal armés. Les mœurs se dépravèrent plus que jamais. Aucun chef ne pouvoit réprimer les vices, & la plupart de ces chefs étoient des hommes corrompus. Les portugais perdirent enfin leur grandeur, lorsqu'une nation libre, éclairée & tolérante, se montra dans l'Inde & leur en disputa l'empire.

On peut dire que dans le temps des découvertes que fit le *Portugal*, les principes politiques sur le commerce, sur la puissance réelle des états, sur les avantages des conquêtes, sur la manière d'établir & de conserver des colonies, & sur l'utilité qu'en peut tirer la métropole, n'étoient point encore connus.

Le projet de trouver un chemin autour de l'Afrique, pour se rendre aux Indes & en rapporter des marchandises, étoit sage. Les bénéfices que faisoient les vénitiens par des voies plus détournées, avoient excité une juste émulation dans les portugais; mais une si louable ambition devoit avoir des bornes.

Cette petite nation, se trouvant tout-à-coup maîtresse du commerce le plus riche & le plus étendu de la terre, ne fut bientôt composée que de marchands, de facteurs & de matelots, que détruisoient de longues navigations. Elle perdit aussi le fondement de toute puissance réelle, l'agriculture, l'industrie nationale & la population. Il n'y eut pas de proportion entre son commerce & les moyens de le continuer.

Elle fit plus mal encore : elle voulut être conquérante, & embrassa une étendue de terrein qu'aucune nation de l'Europe ne pourroit conserver sans s'affoiblir.

Ce petit pays, médiocrement peuplé, s'épuisoit sans cesse en soldats, en matelots, en colons. Son intolérance religieuse ne lui permit pas d'admettre au rang de ses citoyens les peuples de l'Orient & de l'Afrique; & il lui falloit partout, & à tout moment, combattre ses nouveaux sujets.

Comme le gouvernement changea bientôt ses projets de commerce en projets de conquêtes, la nation qui n'avoit jamais eu l'esprit de commerce, prit celui du brigandage.

L'horlogerie, les armes à feu, les fins draps, & quelques autres marchandises qu'on a depuis portées aux Indes, n'étant pas à ce degré de perfection où elles sont parvenues, les portugais n'y pouvoient porter que de l'argent. Bientôt ils s'en lassèrent, & ils ravirent de force aux Indiens ce qu'ils avoient commencé par acheter de ces peuples.

C'est alors qu'on vit en *Portugal*, à côté de la

plus exceſſive richeſſe, la plus exceſſive pauvreté. Il n'y eut de riches, que ceux qui avoient
poſſédé quelqu'emploi dans les Indes ; & le laboureur, qui ne trouvoit pas des bras pour l'aider dans ſon travail, les artiſans qui manquoient
d'ouvriers, abandonnant bientôt leurs métiers,
furent réduits à la plus extrême miſère.

Toutes ces calamités avoient été prévues. Lorſque la cour de Lisbonne s'étoit occupée de la
découverte des Indes, elle s'étoit flattée qu'il n'y
auroit qu'à ſe montrer dans ce doux climat, pour
y dominer ; que le commerce de ces contrées ſeroit une ſource inépuiſable de richeſſes pour la nation, comme il l'avoit été pour les peuples qui
juſqu'alors en avoient été les maîtres ; que les
tréſors qu'on y puiſeroit éleveroient l'état, malgré les étroites limites de ſon territoire, à la
force, à la ſplendeur des puiſſances les plus redoutables. Ces ſéduiſantes eſpérances ne ſubju-
guèrent pas tous les eſprits. Les plus éclairés,
les plus modérés des miniſtres oſèrent dire que,
pour courir après des métaux, après des objets
brillans, on négligeroit les biens réels, l'exploitation des terres, des manufactures ; que les guerres, les naufrages, les épidémies, les accidens
de tous les genres, énerveroient pour jamais le
royaume entier ; que le gouvernement, entraîné
loin de ſon centre par une ambition démeſurée,
attireroit, par violence ou par ſéduction, les citoyens aux extrémités de l'Aſie ; que le ſuccès
même de l'entrepriſe ſuſciteroit à la couronne
des ennemis puiſſans, qu'il lui ſeroit impoſſible de
repouſſer. Inutilement on entreprit, quelque temps
après, de détromper des hommes ſages, en leur
montrant les indiens ſoumis, les maures répri-
més, les turcs humiliés, l'or & l'argent répandus
abondamment dans le *Portugal*. Leurs principes
& leur expérience les ſoutinrent contre l'éclat
impoſant des proſpérités. Ils ne demandèrent que
peu d'années encore pour voir la corruption, la
dévaſtation, la confuſion de toutes choſes, pouſ-
ſées au dernier période. Le temps, ce juge ſuprême de la politique, ne tarda pas à juſtifier
leurs prédictions.

De toutes les conquêtes que les portugais avoient
faites dans les mers d'Aſie, il ne leur reſte que
Macao, une partie de l'iſle de Timor, Daman,
Diu & Goa. Les liaiſons que ces miſérables établiſſemens entretenoient entre eux, celles qu'ils
avoient avec le reſte de l'Inde & avec le *Portugal*,
étoient très-languiſſantes. Elle ſe ſont encore
reſſerrées depuis qu'on a établi à Goa une compagnie excluſive pour la Chine & pour le Mozambique.

Actuellement Macao envoie à Timor, à Siam,
à la Cochinchine, quelques foibles bâtimens de
peu de valeur. Il en envoie cinq ou ſix à Goa,
chargés de marchandiſes rebutées à Canton ; &
qui la plupart appartiennent à des négocians
chinois. Ces derniers navires ſe chargent en re-

tour du bois de ſandal, du ſafran d'Inde, du
gingembre, du poivre, des toiles, de tous les
objets que Goa a pu traiter ſur la côte de Malabar, ou à Surate, avec ſon vaiſſeau de ſoixante
canons, avec ſes deux frégates & avec ſes ſix chaloupes armées en guerre.

Il réſulte de cette inaction, que la colonie ne
peut fournir annuellement pour l'Europe que trois
ou quatre cargaiſons, dont la valeur ne paſſe pas
3,175,000 livres ; même depuis 1752, que ce
commerce a ceſſé d'être ſous le joug du monopole, ſi l'on en excepte le ſucre, le tabac en
poudre, le poivre, le ſalpêtre, les perles, les
bois de ſandal & d'aigle, que la couronne continue à acheter & à vendre excluſivement. Les
bâtimens qui les portoient, relâchoient autrefois
au Bréſil ou en Afrique ; & y vendoient une partie de leurs marchandiſes ; mais depuis quelque
temps ils ſont obligés de faire directement leur
retour dans la métropole.

Tel eſt l'état de dégradation où ſont tombés
dans l'Inde les hardis navigateurs qui la découvrirent, les intrépides guerriers qui la ſubjuguè-
rent. Le théâtre de leur gloire, de leur opulence, eſt devenu celui de leur ruine & de leur opprobre.

Les poſſeſſions des Portugais en Afrique ſont :
1°. la province de Bamba, qui fait partie du
royaume de Congo ; elle fournit du bois de teinture & de conſtruction, & beaucoup de dents
d'éléphans : 2°. le royaume d'Angola, qui fait
auſſi partie de Congo ; Saint-Paul de Loanda,
dans la Baſſe-Guinée, eſt la capitale de ce royaume, dont les productions ſont du millet, des fèves, citrons, oranges, dattes, &c. : 3°. la province
de Benguela, ſituée à peu de diſtance de ce royaume ; à 12 milles au-delà eſt un autre établiſſement portugais, où l'on s'occupe ſur-tout de
l'éducation du bétail ; on y fait auſſi les provi-
ſions de ſel néceſſaires à la conſommation des
peuples ſoumis à la couronne de *Portugal*. Le
principal avantage de ces établiſſemens conſiſte
dans la traite des nègres que les portugais peuvent ſe procurer en grand nombre & à meilleur
marché que les autres nations de l'Europe : 4°. la
ville de Sofala ; le royaume de ce nom eſt remarquable pour ſes mines d'or ; on aſſure qu'elles
rapportent aux portugais une ſomme conſidérable.
Les habitans de Moſambique, de Quilloa, de
Mombaze & de Melinde apportent à Sofala des
toiles teintes, & les échangent pour de l'or, du
fer, de la cire, de l'ivoire & de l'ambre gris ;
ces toiles paſſent enſuite au Monomotapa, & y ſont
vendues pour de l'or : 5°. Moſambique, Iſle ſituée
vis-à-vis de Madagaſcar, eſt le centre des poſſeſſions portugaiſes dans cette partie du monde ;
le commerce principal de cette Iſle conſiſte en
dents d'éléphans & en pouſſière d'or. — Les autres poſſeſſions des portugais ſont les iſles Terceres, Saint-Miguel, Sancta-Maria, Saint-George,

Gratiofa, Pico, Flores & Corvo. Terceres. eft la plus confidérable de ces ifles ; le bled, les fruits, les bêtes à corne & à laine y font en abondance ; on y cultive aufli de l'indigo. Angra eft la capitale de cette ifle & en même temps la réfidence du gouverneur-général & d'un évêque. L'inquifition y a établi un tribunal. Voyez les articles, AFRIQUE, GUINÉS, &c.

Les portugais ont quelques petits établiffemens fur les côtes des barbarefques ; ils poffédent en Amérique le Brefil, une partie de la Guyane & du Paraguay ; nous avons parlé du Brefil à l'article BRESIL. Voyez aufli les articles GUYANE & PARAGUAY.

SECTION Ve.

Remarques fur l'autorité du roi, les différens ordres de chevalerie, les collèges d'adminiftration & les tribunaux : de l'armée & de la marine.

Le gouvernement de *Portugal* eft monarchique & abfolu ; mais pour ce qui concerne les nouvelles impofitions & l'ordre de la fucceffion au trône, il faut le confentement des états, compofés du clergé, de la haute nobleffe & du tiers-état. Le clergé eft repréfenté par les archevêques & les évêques. La haute nobleffe eft compofée des ducs, marquis, comtes, vicomtes & barons. Le tiers-état, qui comprend la bourgeoifie, la nobleffe inférieure & les maîtrifes des ordres de chevalerie, eft repréfenté par les députés des villes & des bourgs. Ces états ne s'affemblent que lorfque le roi convoque les états (Cortes) ; il ne les a pas convoqués depuis 1697. Quoique ce royaume foit héréditaire, les enfans des frères du roi ne peuvent fuccéder fans l'aveu des états : les princeffes font habiles à fuccéder ; mais elles perdent leur droit, fi elles fe marient hors du pays. Le droit de repréfentation fur la fucceffion au trône a été confirmé par le manifefte des états en 1641 ; mais il ne s'étend qu'aux frères & à leurs enfans, au défaut defquels la fucceffion paffe au plus proche parent. La conftitution de Lamego fur la fucceffion au trône eft une loi fondamentale du royaume, à laquelle le manifefte des états de 1641 fert de fupplément.

Le dictionnaire des finances parle des impofitions, des revenus & des dépenfes du *Portugal.*

L'héritier préfomptif de la couronne porte le titre de *prince du Brefil* depuis le règne de Jean IV, & les autres princes, fils & frères du roi fe nomment *infans*. Le roi Jean V déclara fon petit-fils & fils du prince de Brefil, prince de Beira. Le roi de *Portugal* fe qualifie de roi de *Portugal* & des Algarves en-deçà & au-delà de la mer ; en Afrique, feigneur de Guinée, des conquêtes de la navigation & du commerce en Éthiopie,

Arabie, Perfes & Indes, &c. Par une bulle de 1749, le pape Benoît XIV donna au roi la dénomination de très fidèle, laquelle fut aufli-tôt inférée dans toutes les ordonnances royales & reconnue des puiffances étrangères.

Le principal ordre de chevalerie en *Portugal* eft l'ordre de Chrift que le roi Denis (Diniz) inftitua peu après l'abolition de celui des templiers : le pape Jean XII le confirma en 1319. Le roi Emmanuel ajouta de nouveaux ftatuts qui fervent aujourd'hui de règle, & que le pape Jules II confirma en 1505. Les chevaliers portent fur la poitrine une croix chargée d'une autre croix d'argent : le chef-lieu de l'ordre eft à Saint-Thomas, & cet ordre a quatre cents cinquante quatre commanderies.

Les hiftoriens ne font pas d'accord fur l'origine de l'ordre de Saint Jacques : on prétend qu'il fe forma en 1030, & que le pape Alexandre III le confirma en 1175. Le grand-maître de l'ordre de Caftille en fut d'abord le chef ; mais fous le règne de Denis, il fe fit une féparation que le pape Nicolas IV autorifa, mais qui ne devint bien complette qu'en 1290, lorfque les chevaliers portugais élurent un grand-maître de leur ordre, ce que celui de Caftille s'efforça de faire annuller enfuite par les papes. C'eft le grand-prieur de Palmella qui occupe le fecond rang après le grand-maître ; il exerce une jurifdiction épifcopale, de laquelle reffortit le couvent de cette ville. L'ordre poffède 47 bourgs & villages & 150 commanderies : il a hors de Lisbonne le célèbre monaftère de Santos-Onovo.

L'ordre d'Avis, dont on fait remonter l'inftitution à 1147 fous le règne d'Alphonfe Henriquez, & la première confirmation à l'an 1162 ; fut confirmé pour la feconde fois en 1201. De Coïmbre il a été transféré à Evora, & enfuite à Avis, ville qu'Alphonfe II donna en 1211 à l'ordre. A l'époque où fon fiège étoit encore à Evora, il fe réunit à l'ordre de Calatrava ; mais cette union ne dura que jufqu'au règne de Jean I. Le grand-prieur d'Avis, qui a la jurifdiction temporelle & fpirituelle fur l'ordre, & qui exerce la fpirituelle dans fon couvent, eft le fecond en rang après le grand-maître. Cet ordre poffède 49 commanderies.

Ces trois ordres font religieux ; mais les chevaliers peuvent fe marier. Un bref du pape Jules III, de 1551, déclara les rois de *Portugal* grands-maîtres perpétuels de ces ordres.

Le confeil d'état eft la première cour fouveraine : les plus importantes affaires du royaume s'y traitent ; toutes les charges & offices civils & eccléfiaftiques qui reffortiffent d'un autre tribunal, en relèvent ou immédiatement ou par appel. La préfentation fur-tout des archevêques, des évêques, des vice-rois, des capitaines-généraux, des gouverneurs des provinces & autres dépendances de la couronne ; toutes les délibérations

rations pour la paix ou la guerre, les ambaffades, les alliances, &c. font du reffort de ce confeil d'état. Il paroît qu'il fut établi par la reine Catherine pendant la minorité du roi Sébaftien : le nombre des miniftres d'état eccléfiaftiques ou féculiers qui le compofent, varie. Le fecrétaire d'état en eft proprement le fecrétaire, & eft affifté par l'official mayor & quelques autres officiers.

La fecrètairerie d'état, dite auffi *fecretaria das merces e expediente*, fut rétabli dans fon ancienne forme, le 29 novembre 1643, par le roi Jean IV, qui la diftingua en deux départemens, celui des graces (*merces*) & celui des expéditions. On y délibère fur la nomination à tous les emplois civils, à l'exception des places de miniftres & de fecrétaires, qui font nommés par le confeil d'état : les officiers militaires, depuis le capitaine jufqu'au lieutenant-colonel inclufivement, reffortiffent auffi de ce département, de même que les difpenfes, la collation des commanderies des ordres de chevalerie, les revenus & dépenfes de l'état, la nomination aux offices de judicature, les fentences du grand-maréchal, &c. toutes les graces que le roi accorde en titres de chevalerie, penfions, legs pieux, biens en déshérence ou confifqués, commanderies, *alcaidarias mores* & feigneuries : elle expédie les paffe-ports pour les vaiffeaux étrangers & les négocians portugais.

Le fecrètaire de fignatures préfente au roi les patentes, les provifions, arrêts, brevets que les tribunaux adreffent à fa majefté pour les figner, à l'exception des pièces que le fecrétaire d'état & celui des graces expédient.

Ces trois fecrétariats fe trouvent quelquefois réunis en une feule perfonne.

Le confeil de guerre, dont l'inftitution eft du 11 décembre 1640, fous le roi Jean IV, & qui reçut fes ftatuts en 29 articles trois ans après, s'occupe de tout ce qui a rapport à la guerre : il prend connoiffance des emplois militaires, depuis le capitaine jufqu'aux commandans des provinces & capitaines généraux des troupes, & les ordres leur font expédiés par la fecrètairerie de guerre. Le juge-affeffeur, le promoteur fifcal du confeil de guerre, les adminiftrateurs & auditeurs généraux de toutes les provinces font auffi de fon reffort : il a l'infpection fur les fortereffes, les arfenaux, le logement des gens de guerre, les hôpitaux, l'artillerie; &c. il y a des cas où il confère avec le confeil d'état.

Le confeil du palais, le premier des tribunaux du royaume, duquel reffortiffent les autres, pourvoit à toutes les places de judicature, décide les différends de jurifdiction entre les corps de juftice civile & eccléfiaftique, examine les brefs des légats du faint-fiège, dreffe des ftatuts, ordonnances, confirmations, privilèges, conceffions, & s'occupe de plufieurs autres objets. Il

eft compofé d'un préfident, d'un nombre indéterminé de confeillers, de cinq fecrétaires de la chambre dont chacun a fon département, d'un tréforier, d'un diftributeur & d'autres officiers fubalternes. De ce tribunal dépend la chancellerie de la cour & du royaume, qui a fon chancelier, un veador, quelques fecrétaires, un tréforier, un huiffier & d'autres officiers.

La chambre des appels qui fiège à Lisbonne, eft la cour fuprême de juftice pour le civil & le criminel. Sa jurifdiction ordinaire s'étend fur les provinces d'Eftremadure, Alentejo & Algarve, ainfi que fur le diftrict de Caftello branco dans la province de Beira. On y compte jufqu'à 42 officiers plus ou moins; favoir, un chancelier, 10 defembargadores de agravos e appellacœns, 2 corrégidors pour le criminel, deux autres pour le civil, 2 juges dos feitos da coroa e fazenda, 2 ouvidores des appels en matière criminelle, un procurador dos feitos da coroa, un autre da fazenda, un juge de chancellerie, un promoteur de juftice & 18 confeillers furnuméraires.

La chambre (*cafa do civil e relaçao*) do porto eft la feconde cour de juftice ou fecond tribuna des appels du royaume, & elle fiège à Porto. Elle a fous fa jurifdiction les provinces d'entre Douro e Minho, Traz-os-montes & Beira, à l'exception du diftrict de Caftelbranco, qui reffortit de celle de Lisbonne. Par une ordonnance de 1696, Pierre II attribua à cette cour toutes les caufes qui n'excèdent pas la fomme de 250,000 reis en immeubles & de 300,000 en meubles : au-deffus de cette fomme, on peut appeller à la chambre de Lisbonne. Celle de Porto eft compofée de 23 membres, qui font un chancelier, 8 defembargadores de agravos, 2 corrégidors en matière criminelle, un en matière civile, un juge pour les affaires de la couronne & de la chambre des comptes, 3 ouvidores de crime, dont l'un eft auffi juge de chancellerie, un promoteur de juftice, cinq confeillers furnuméraires & un procureur du roi.

Le confeil des finances a été établi fur le pied où il fe trouve actuellement, par le roi Jean IV. Il a trois départemens, auxquels préfide un vedor da fazenda : le premier s'occupe des finances du royaume; le fecond de l'Afrique, des comptes & penfions; le troifième des Indes, des magafins & des armadilles. Outre ces trois préfidens, le confeil eft compofé de miniftros, de letras, des embargadores & autres confeillers de cape & d'épée, dont le nombre n'eft pas fixe : il a en outre un procureur des finances, quatre fecrétaires ordinaires, quelques autres fecrétaires & officiers fubalternes. A ce confeil font fubordonnés la chambre des comptes, la douane, la chambre des Indes & des mines, le tribunal des arfénaux ou amirauté, la cour & l'hôtel des monnoies, &c.

Enfin la junte du commerce a été réunie en 1720 au conseil des finances.

Quant aux tribunaux inférieurs, les six provinces du royaume font partagées en jurisdictions, appellées *comarcas*, & en jurisdictions subalternes sous le nom de *concelhos*, *contos*, *julgaldos* & *houras*. Toutes les jurisdictions font des corrégidories ou des vigueries : les premieres relèvent du roi, & les autres de personnes eccléfiastiques ou féculières qu'on appelle *donataires*. Le juge établi par la cour, dans un district, est un corrégidor, & celui des donataires un viguier.

L'armée de terre étoit en 1760 de 24 régimens d'infanterie, dont trois de 1208, 20 de 608, & le corps d'artillerie de 383 hommes,

en tout . . . . 16,767 hommes.

Elle avoit six régimens de
cuirassiers, deux de 403, &
quatre de 253 hommes. . . . 1,818

Quatre régimens de dragons,
dont trois de 303, & un de
403 hommes. 1,312

TOTAL. . . . . 19,897 hommes.

La marine consistoit alors en quinze vaisseaux de guerre; savoir, deux de 70 canons, deux de 60; six de 50, deux de 40, un de 30, & un autre de 24. Ils étoient montés par 2416 foldats de marine & 300 d'artillerie. Il paroît que la marine est aujourd'hui composée d'environ vingt vaisseaux de ligne.

SECTION VIᵉ.

De l'administration économique & de l'état actuel
du Portugal.

Les premières conquêtes des portugais en Afrique & en Afie n'étouffèrent pas les racines de leur industrie. Quoique Lisbonne fût devenu le magasin général des marchandises des Indes, ses manufactures de foie & de laine se foutinrent : elles suffisoient à la consommation de la métropole & du Brésil. L'activité nationale s'étendoit à tout, & couvroit en quelque manière un vide de population, qui augmentoit tous les jours. Parmi la foule de calamités que le gouvernement espagnol versa fur le royaume, on n'eut pas à déplorer la cessation du travail intérieur. Le nombre de métiers n'avoit guère diminué, lorsque le Portugal recouvra sa liberté.

L'heureuse révolution qui plaça le duc de Bragance sur le trône, fut l'époque de cette décadence. L'enthousiasme saisit les peuples. Une partie passa les mers pour aller défendre les possessions éloignées, contre un ennemi qu'on croyoit plus redoutable qu'il ne l'étoit. Le reste s'arma

pour couvrir les frontières. L'intérêt général fit taire les intérêts particuliers, & tout citoyen s'occupa uniquement de la patrie. Il devoit arriver naturellement que, lorsque le premier feu feroit passé, chacun reprendroit ses occupations. Malheureusement la guerre qui suivit ce grand événement, fut accompagnée de tant de ravages dans un pays ouvert de tous côtés, qu'on aima mieux ne pas travailler, que de s'exposer à voir continuellement le fruit de ses travaux anéanti. Le ministère favorisa cette inaction par des mesures, dont on ne peut le blâmer trop sévèrement.

Sa position le mettoit dans la nécessité de former des alliances. La politique seule lui assuroit celle de tous les ennemis de l'Espagne. Les avantages qu'ils devoient retirer de la diversion du *Portugal*, ne pouvoient manquer de les attacher à ses intérêts. Si la nouvelle cour avoit eu des vues aussi étendues que son entreprise le faisoit préfumer, elle auroit senti qu'il étoit inutile de faire des sacrifices pour acquérir des amis. Une précipitation funeste ruina ses affaires. Elle livra son commerce à des puissances presque aussi intéressées qu'elle-même à sa conservation. Cet aveuglement leur fit croire qu'elles pouvoient tout hasarder, & leur avidité osa franchir encore les privilèges qu'on leur avoit si mal-à-propos prodigués. L'industrie portugaise fut entièrement écrasée par cette concurrence. Une faute du ministère de France la releva un peu.

Cette couronne possédoit depuis assez long-temps quelques isles en Amérique. Les entraves dont on les avoit enveloppées, avoient étouffé jusqu'alors leur fertilité. Une liberté bien dirigée y auroit infailliblement & rapidement animé les cultures. On préféra d'assurer au monopole qui les tenoit asservies, l'approvisionnement exclusif du royaume, & les sucres, les tabacs du Brésil y furent sévèrement interdits en 1664. La cour de Lisbonne, aigrie comme elle devoit l'être par cette prohibition, défendit, de son côté, l'entrée des manufactures françoises, les feules qui eussent, à cette époque, de la faveur dans le *Portugal*. Gênes s'empara aussi-tôt de la fourniture des foieries, qu'elle a depuis toujours conservée ; l'Angleterre s'appropria celle des étoffes de laine, mais avec un succès moins foutenu. Les portugais, dirigés par des ouvriers appellés de toutes parts, commencèrent en 1681 à mettre eux-mêmes en œuvre les toifons de leurs troupeaux. Les progrès de cette industrie furent assez rapides, pour qu'en 1624 on pût proscrire plufieurs espèces de draps étrangers, & bientôt ceux de toute espèce.

La Grande-Bretagne vit avec chagrin ces arrangemens. Elle s'occupa long-temps & vivement du projet de se rouvrir la communication qui lui avoit été fermée. Ses soins lui promettoient quelquefois une issue favorable ; mais l'instant d'après il falloit renoncer à des espérances qu'on

auroit dû croire les mieux fondées. On ne pouvoit prévoir où tant de mouvemens aboutiroient
lorsqu'il se fit, dans le système politique de
l'Europe, un changement qui bouleversa toutes
les idées.

Un petit-fils de Louis XIV fut appellé au
trône d'Espagne. Toutes les nations furent effrayées de l'agrandissement d'une maison qu'on
trouvoit déja trop ambitieuse & trop redoutable.
Le *Portugal*, en particulier, qui n'avoit vu jusqu'alors dans la France qu'un appui solide, n'y
voulut plus voir qu'un ennemi qui desireroit nécessairement, qui procureroit peut-être son oppression. Cette inquiétude le précipita dans les
bras de l'Angleterre qui, accoutumée à tourner
tous les événemens à l'avantage de son commerce,
ne pouvoit manquer de saisir avec chaleur une
occasion si favorable à ses intérêts. Son ambassadeur Methuen, négociateur profond & délié,
signa, le 27 décembre 1703, un traité par lequel
la cour de Lisbonne s'engageoit à permettre l'entrée de toutes les étoffes de laine de la Grande-
Bretagne, sur le même pied qu'avant leur prohibition, à condition que les vins de *Portugal*
paieroient un tiers de moins que ceux de France
aux douanes d'Angleterre. Nous rapporterons ce
traité à l'article TRAITÉ DE COMMERCE.

Les avantages de cette stipulation, bien réels
pour l'une des deux parties contractantes, n'é-
toient qu'apparens pour l'autre. L'Angleterre,
qui obtenoit un privilège exclusif pour ses manufactures, puisqu'on laissoit subsister l'interdiction
pour celles des autres nations, n'accordoit rien
de son côté, ayant déja établi pour son intérêt
particulier, ce qu'elle montroit à son allié sous
l'aspect d'un fait tout-à-fait signalé. Depuis
que la France ne tiroit plus de draps de la Grande-
Bretagne, on s'étoit apperçu que la cherté de
ses vins nuisoit trop à la balance, & l'on avoit
cherché à en diminuer la consommation, par
l'augmentation des droits. Cette rigueur a été
poussée plus loin par les mêmes motifs, sans qu'on
ait cessé de la faire envisager à la cour de Lisbonne comme une preuve de l'attachement qu'on
avoit pour elle.

Les manufactures portugaises ne purent soutenir la concurrence angloise : elles disparurent. La
Grande-Bretagne habilla son nouvel allié; &,
comme ce qu'elle achetoit de vin, d'huile, de
sel, de fruits, n'étoit presque rien en comparaison de ce qu'elle vendoit, il fallut lui livrer l'or
du Brésil. La balance pencha de plus en plus de
son côté, & il n'étoit guère possible que cela fût
autrement.

Tous ceux qui se sont élevés à la théorie du
commerce, ou qui en ont suivi les révolutions,
savent qu'un peuple actif, riche, intelligent,
qui est parvenu à s'approprier une branche
principale, ne tarde pas à s'emparer des autres
branches moins considérables. Il a de si grands

avantages sur ses concurrens, qu'il les dégoûte,
& se rend le maître des contrées qui servent de
théâtre à son industrie. C'est ainsi que la Grande-
Bretagne parvint à envahir tous les produits du
Portugal & de ses colonies.

Elle lui fournissoit son vêtement, sa nourriture,
sa quincaillerie, les matériaux de ses édifices, tous
les objets de son luxe ; elle lui renvoyoit ses propres matières manufacturées. Un million d'anglois,
artisans ou cultivateurs, étoient occupés de ces
travaux utiles.

Elle lui vendoit des vaisseaux, des munitions
navales, des munitions de guerre pour ses établissemens du Nouveau-Monde, & faisoit toute
sa navigation dans l'ancien.

Elle avoit mis dans ses mains tout le commerce
d'argent du *Portugal*. On en empruntoit à trois
ou trois & demi pour cent à Londres, & on le
négocioit à Lisbonne, où il en valoit dix. Au
bout de dix ans, le capital étoit payé par les intérêts, & il se trouvoit encore dû.

Elle lui enlevoit tout le commerce intérieur.
Des maisons angloises, établies à Lisbonne, recevoient les marchandises de leur patrie, & les
distribuoient à des marchands répandus dans les
provinces, qui les vendoient le plus souvent pour
le compte de leurs commettans. Un modique salaire étoit le fruit de cette industrie, avilissante
pour une nation qui travailloit chez elle-même
au profit d'une autre.

Elle lui ravissoit jusqu'à la commission. Les
flottes destinées pour le Brésil appartenoient en
entier aux anglois. Les richesses qu'elles rapportoient, devoient leur revenir. Ils ne souffroient
pas seulement que ces produits passassent par les
mains des portugais, dont ils n'empruntoient &
n'achetoient que le nom, parce qu'ils ne pouvoient s'en passer. Ces étrangers disparoissoient
aussi-tôt qu'ils étoient parvenus au degré de fortune qu'ils s'étoient proposé, & tenoient l'état,
aux dépens duquel ils s'enrichissoient, dans un
épuisement continuel. Il est prouvé, par les registres des flottes, que, dans l'espace de soixante
ans, c'est-à-dire, depuis la découverte des mines jusqu'en 1756, il étoit sorti du Brésil, en
or, deux milliards quatre cents millions de livres.
Cependant tout le numéraire du *Portugal* se réduisoit, à cette dernière époque, à quinze ou
vingt millions, & cet état en devoit cent ou
davantage.

Mais ce que Lisbonne perdoit, Londres le gagnoit. L'Angleterre n'étoit appellée, par ses avantages naturels, qu'à être une puissance du second
ordre. Quoique les changemens arrivés successivement dans sa religion, dans son gouvernement,
dans son industrie, eussent amélioré sa situation,
augmenté ses forces, développé son génie, il ne
lui étoit pas possible de parvenir à un premier
rôle. Elle avoit éprouvé que ces moyens qui,
dans les gouvernemens anciens, pouvoient élever

Rrrr 2

un peuple à tout, lorſque, ſans liaiſons avec ſes voiſins, il ſortoit pour ainſi dire, ſeul de ſon néant, n'étoient pas ſuffiſans dans les temps mödernes, où la communication des peuples, rendant les avantages de chacun communs à tous, laiſſoit au nombre & à la force leur ſupériorité naturelle. Mais l'Angleterre avoit appris que la grandeur d'un état dépendoit de ſes richeſſes, & que ſa puiſſance politique ſe meſuroit ſur la quantité de ſes millions. Cette vérité, qui avoit dû ſans doute affliger ſon ambition, lui devint favorable auſſi-tôt qu'elle eut déterminé le Portugal à recevoir d'elle ſes premiers beſoins, & qu'elle l'eut lié, par des traités, à la néceſſité de les recevoir toujours. Dès-lors ce royaume ſe trouva dans la dépendance de ſes faux amis, pour la nourriture & le vêtement. C'étoit, ſelon l'expreſſion d'un politique, comme deux ancres que les bretons avoient jettées dans cet empire. Ils allèrent plus loin, ils lui firent perdre toute conſidération, tout poids, tout mouvement dans la combinaiſon des affaires généra'es, en lui perſuadant de n'avoir ni forces, ni alliances. Repoſez-vous ſur nous de votre ſûreté, lui diſoient les anglois : nous négocierons, nous combattrons pour vous. C'eſt ainſi que, ſans avoir prodigué ni ſang, ni travaux, ſans avoir éprouvé aucun des maux qu'entraînent les conquêtes, ils ſe rendirent bien plus les maîtres du Portugal, que celui-ci ne l'étoit des mines du Bréſil.

Tout ſe tient dans la nature & dans la politique. Il eſt difficile, impoſſible peut-être, qu'une nation perde ſon agriculture, ſon induſtrie, ſans voir tomber chez elle les arts libéraux, les lettres, les ſciences, tous les bons principes de police & d'adminiſtration. Le Portugal eſt une triſte preuve de cette vérité. Auſſi-tôt que la Grande-Bretagne l'eut condamné à l'inaction, ſa décadence fut rapide. La lumière, qui brilloit dans l'Europe entière, n'arriva pas juſqu'à ſes portes. On vit même cette nation rétrograder, & s'attirer le dédain des peuples, dont elle avoit excité l'émulation & provoqué la jalouſie. L'avantage qu'eut cet état d'avoir des loix ſupportables, tandis que les autres états gémiſſoient dans une confuſion horrible, cet avantage ineſtimable ne lui a ſervi de rien ; il a perdu le fil de ſon génie dans l'oubli des principes de la raiſon, de la morale, de la politique. Le cabinet de Lisbonne paroît le ſentir ; car il n'a pas craint, depuis quelques années, de mécontenter l'Angleterre, & de s'affranchir de quelques - unes des entraves qu'elle lui avoit impoſées.

La nation angloiſe a crié à l'injuſtice & à l'ingratitude ; le Portugal ſachant bien qu'il n'étoit ni injuſte ni ingrat, l'a laiſſé former ces ridicules plaintes. Le cabinet de Saint-James, après avoir menacé, eſt devenu plus modéré ; il a ſollicité un nouveau traité, ſur-tout après avoir diminué, par le traité de commerce avec la France, les droits que payoient les vins de cette dernière nation : il a propoſé au cabinet de Lisbonne de diminuer les droits ſur les vins de Portugal, dans la proportion établie par le traité de 1703. Son nouveau traité de commerce avec le Portugal eſt ſigné ; mais nous n'en connoiſſons pas aſſez les détails pour indiquer ſes effets. Il y a lieu de croire que l'Angleterre a renoncé à quelques-uns des avantages qu'elle avoit uſurpés ; mais juſqu'à quel point y a-t-elle renoncé ? quelles ſont les ſtipulations adroites dont elle ſaura tirer avantage ? C'eſt ce que nous ignorons. Le marquis de Pombal, dont l'adminiſtration violente a excité des reproches ſi vifs & ſi juſtes, s'étoit efforcé du moins de ſecouer le joug de l'Angleterre, de rétablir les manufactures & l'induſtrie des portugais ; il a commencé le grand ouvrage de la réforme qui leur eſt devenue ſi néceſſaire : mais on nous permettra de le dire, cet ouvrage eſt peu avancé, & nous ferons ici quelques réflexions qui pourront être utiles au Portugal.

Si ce royaume s'eſt remis à bien des égards ſous le joug de l'Angleterre, par le nouveau traité, il lui faudra du temps pour réparer cette nouvelle faute.

Dans ſa ſituation actuelle, il ne ſauroit ſe paſſer des marchandiſes étrangères. Il eſt donc de ſon intérêt d'établir la plus grande concurrence de vendeurs poſſible, afin de diminuer la valeur de ce qu'il eſt obligé d'acheter. Comme il n'a pas moins d'intérêt à ſe défaire du ſuperflu de ſon ſol & de celui de ſes colonies, il doit, par la même raiſon, attirer dans ſes ports, le plus qu'il pourra d'acheteurs, pour augmenter la maſſe & le prix de ſes exportations.

Le traité de 1703 n'obligeoit le Portugal qu'à recevoir les étoffes de laine d'Angleterre, aux conditions ſtipulées avant l'interdiction. Ainſi, même en ſuivant l'eſprit de ce traité, il pourroit faire jouir du même avantage les autres nations, ſans s'expoſer au reproche d'avoir manqué à aucun engagement. Une liberté donnée à un peuple ne fut jamais un privilège excluſif & perpétuel, qui pût ôter au prince de qui il émanoit, le droit de le communiquer à d'autres peuples. Il reſte toujours néceſſairement le juge de ce qui convient à ſon état.

On peut juger de l'effet que produiroit une conduite ſi ſage, par les événemens arrivés indépendamment de cette réſolution. Il eſt prouvé, par les regiſtres des douanes angloiſes, que la Grande-Bretagne, qui naguere faiſoit preſque tout le commerce du Portugal, n'y a envoyé, dans l'eſpace de cinq ans, ou depuis 1762 juſqu'en 1766 incluſivement, que pour 95,613,547 livres 10 ſols de marchandiſes ; qu'elle a reçu pour 37,761,075 liv. en denrées ; & que la ſolde en argent n'a été que de 57,692,475 livres.

Ce qui trompe l'Europe entière ſur l'étendue du commerce anglois, c'eſt que l'or du Bréſil prend la route de la Tamife. Cet écoulement paroît une fuite naturelle & néceffaire des affaires de cette nation. On ignore que les métaux ne peuvent fortir librement du *Portugal* ; qu'il n'eft pas poffible de les en extraire que par des vaiffeaux de guerre qui ne font pas vifités ; que la Grande-Bretagne en a jufqu'ici expédié deux toutes les femaines ; auffi réguliérement que la mer le permettoit.

Après avoir diminué les défavantages de fon commerce purement paffif, la cour de Lisbonne doit travailler à lui donner de l'activité. Ses adminiftrateurs, fubjugués par le goût dominant du fiècle, ont déja établi quelques manufactures de foie, de laine & d'acier. Nous penfons qu'il auroit fallu commencer par renouveller les cultures anéanties, par ranimer les cultures languiffantes.

Le climat du *Portugal* eft favorable à la production des foies ; elles y furent autrefois très-abondantes. C'étoient des juifs baptifés qui les cultivoient & les travailloient. L'inquifition plus févère & plus puiffante fous la maifon de Bragance qu'elle ne l'avoit été au temps de la domination efpagnole, les perfécuta. La plûpart des fabriquans fe réfugièrent dans le royaume de Valence ; & ceux qui vendoient leur induftrie, portèrent leurs capitaux en Angleterre & en Hollande, dont ils augmentèrent l'activité. Cette difperfion ruina fucceffivement la culture de la foie, de forte qu'il n'en refte point de trace. On peut la reprendre.

Il faut y joindre celle des oliviers : elle exifte. Elle fournit conftamment aux befoins de l'état. Il n'y a pas même d'année où l'on n'exporte quelques huiles : ce n'eft pas affez. Il eft facile au *Portugal* d'entrer d'une manière plus marquée en concurrence avec les nations qui tirent le plus d'avantage de cette production, réfervée aux provinces méridionales de l'Europe.

Les laines font également fufceptibles d'augmentation. Quoiqu'elles foient inférieures à celles d'Efpagne, les françois, les hollandois, les anglois même ne laiffent pas d'en emporter annuellement douze à treize mille quintaux ; & ils en acheteroient une plus grande quantité encore, s'il s'en trouvoit dans les marchés. Tous ceux qui ont parcouru le *Portugal* avec cet efprit d'obfervation qui fait juger fainement des chofes, penfent que la quantité en pourroit être doublée fans faire aucun tort aux autres branches d'induftrie, peut-être même en les encourageant.

Celle du fel paroît avoir été pouffée avec plus de vivacité. Le nord en tire annuellement cent cinquante mille muids, qui peuvent coûter un million 500,000 livres. Il eft corrofif, il diminue le poids & le goût des alimens ; mais il a l'avantage de conferver plus long-temps le poiffon & la viande que celui de la France. Cette pro-

priété le fera plus rechercher à mefure que la navigation fera plus étendue.

Ses vins avoient trouvé plus de débouchés que leur goût & leur qualité ne permettoient de l'efpérer. Des circonftances particulières les avoient rendus la boiffon la plus ordinaire du nord de l'Europe & de l'Amérique. Il étoit impoffible de prévoir que ce feroit la cour de Lisbonne elle-même qui en arrêteroit le cours. L'ordre d'arracher les vignes en *Portugal* ne peut avoir été dicté que par des intérêts particuliers. Le prétexte dont on s'eft fervi pour juftifier une loi fi extraordinaire, eft-il plaufible ? Le terrein que couvroient les ceps, peut-il jamais être utilement employé en grains ?

Le *Portugal* a-t-il employé de bons moyens pour ranimer la culture du bled ? Elle eft fi languiffante que le royaume achète les trois quarts des grains qu'il confomme. Peut-être ne devra-t-il jamais à un fol trop peu arrofé fa fubfiftance entière : mais il lui convient de diminuer, le plus qu'il lui fera poffible, le befoin qu'il a de fecours étrangers. Sa population eft fuffifante pour pouffer vivement ces travaux.

La cour de Lisbonne tomberoit dans une erreur bien dangereufe, fi elle penfoit que le temps feul amenera cette grande révolution. Il lui convient de la préparer par une réforme entière dans les impôts, qui paroiffent n'avoir jamais été bien réglés depuis la fondation de la monarchie, & dont la confufion femble augmenter d'une année à l'autre. Lorfqu'on aura levé les obftacles, il faudra prodiguer les encouragemens. Un des préjugés les plus funeftes au bonheur des hommes, à la profpérité des empires, eft celui qui veut qu'il ne faille que des bras pour la culture. L'expérience de tous les âges prouve qu'on ne peut beaucoup demander à la terre, qu'après lui avoir beaucoup donné. Il n'y a dans le *Portugal* que très-peu de cultivateurs en état de faire les avances néceffaires. Le gouvernement ne peut-il pas venir à leur fecours ? Un revenu d'environ 47 millions bien adminiftré ne facilitera-t-il pas ces libéralités, fouvent plus économiques que l'avarice la plus fordide.

Un premier changement en affurera d'autres. Les arts néceffaires à la culture naîtront infailliblement, & s'élèveront avec elle. De proche en proche, l'induftrie étendra, pouffera toutes fes branches, & le *Portugal* figurera avec ... oire. La nation débarraffée de fes entraves, ... ue à fon activité naturelle, prendra un effor ... ne de fes premiers exploits.

Le *Portugal* fe rappellera qu'il dut fon opulence, fa gloire & fa force, à fa marine, & il s'occupera des moyens de la rétablir. Il ne la verra plus réduite à dix-fept vaiffeaux de ligne, à vingt-cinq bâtimens de guerre d'un ordre inférieur, à une centaine de navires marchands, tous mal conftruits & mal équipés. Sa population, réduite à

environ deux millions d'ames, renaîtra pour couvrir ses ports & ses rades de flottes agissantes.
Cette création sera difficile, sans doute, pour une
puissance dont le pavillon n'est connu, sur aucune
mer d'Europe, & qui, depuis un siècle, a abandonné sa navigation à qui a voulu s'en saisir;
mais un gouvernement devenu sage surmontera
tous les obstacles. Une fois parvenu à faire toute
la navigation qui lui est propre, il retiendra dans
l'état, des sommes considérables que le fret en
fait sortir continuellement.

Ce changement influera sur le sort des isles
soumises à la couronne. Madère, dont les exportations annuelles s'élèvent à 4,658,800 livres,
verra augmenter ses travaux, ses prospérités, &
ses richesses. L'amélioration des Açores sera plus
grande encore. On sait que cet archipel composé
de neuf isles, dont Tercere est la principale, n'a
que cent quarante-deux mille habitans, & ne
vend actuellement à sa métropole, au Bresil &
à l'Amérique septentrionale, de ses vins, de ses
toiles, de ses grains & de ses bestiaux, que pour
2,440,000 liv. Les isles même du Cap-Verd,
malgré les fréquentes sécheresses qu'elles éprouvent, pourront multiplier leurs mulets & plus
particulièrement l'orseille, cette espèce d'herbe
couleur de mousse, que le nord de l'Europe emploie si utilement dans ses teintures. Le gouvernement ne se bornera pas à encourager, dans ses
possessions, les cultures qui y sont connues. Ses
soins y en introduiront de nouvelles, que la fertilité du sol, que la température & la variété du
climat ne cessent d'appeller.

Ce nouvel esprit se fera sentir principalement
dans le Bresil, cette grande colonie qui ne fut
jamais ce qu'elle devoit être.

Avant 1525, elle ne reçut que quelques proscrits, sans mœurs ou sans fortune.

Les grands qui, à cette époque, y obtinrent
des provinces, en firent un théatre de carnage
& de destruction. Ce fut une lutte de soixante
ans entre les portugais qui vouloient tout asservir,
& les indiens qui se refusoient aux chaînes qu'on
leur présentoit, ou qui les brisoient après les avoir
portées.

Les travaux même du peu de bresiliens que
la vigilance de l'administration parvenoit à retenir sous le joug, étoient peu de chose. Ceux
des européens n'étoient rien, parce qu'ils se seroient cru dégradés par les occupations de l'esclavage. On ne pouvoit attendre quelque succès
que des noirs : mais ils ne commencèrent à se
multiplier que vers 1570.

Dix ans après, le Portugal fut asservi; & l'on
croira sans peine que le gouvernement espagnol,
qui laissoit tomber dans le chaos ses anciennes
possessions de l'autre hémisphère, ne travailla
pas à donner une meilleure direction aux colonies d'une nation qui, quoique soumise, lui étoit
suspecte.

Les longues & sanglantes guerres que le Bresil eut à soutenir contre les hollandois, retardèrent de toutes les manières son amélioration.

Il vit encore ses progrès arrêtés par la révolution qui délivra le Portugal de l'Espagne, mais en
tenant pendant dix-huit ans les deux peuples sous
les armes.

Pendant ces démêlés, les nations de l'Europe
qui avoient formé des établissemens en Amérique, commencèrent à y cultiver des productions
qui jusqu'alors avoient été propres au Bresil. La
concurrence en fit baisser le prix, & la colonie
découragée n'en exporta plus que la moitié de ce
qu'elle vendoit auparavant.

Un si grand malheur avertissoit le ministère de
la nécessité de décharger ces denrées des taxes
qui les accabloient à leur arrivée dans la métropole. La découverte des mines fit négliger des
objets qui parurent dès-lors moins intéressans qu'ils
ne l'étoient.

L'or & les diamans, ces trésors de convention,
nuisirent eux-mêmes aux cultures qu'ils auroient
pu encourager. L'espoir de faire une fortune en
ramassant ces richesses fugitives & précaires, détermina un grand nombre de propriétaires à abandonner leurs plantations.

Cette illusion funeste commençoit à se dissiper, lorsque les monopoles arrêtèrent le penchant
qu'on montroit généralement pour rentrer dans
une carrière plus sûre & même plus lucrative que
celle qui avoit d'abord enflammé tant d'imagi-
nations.

Enfin les derniers démêlés avec l'Espagne furent une nouvelle source de désolation pour la
colonie. On arracha violemment les citoyens à
leurs travaux. On en exigea, sans intérêt, des
prêts dont ils ne sont pas encore remboursés.

Maintenant que ces obstacles à tout bien sont
la plupart levés, il ne faut plus repousser les richesses qu'offre inutilement le Bresil depuis trois
siècles. Le climat est sain dans cette partie du
Nouveau-Monde. Les ports y sont multipliés. Ses
côtes, d'un accès facile, sont généralement fertiles. L'intérieur du pays, encore plus productif
& coupé par un grand nombre de fleuves navigables, peut être cultivé pour les besoins ou les
délices de l'Europe. Les productions particulières
à l'Amérique y prospèrent toutes, malgré les
dégâts des fourmis, sans qu'il faille craindre de
les voir détruites par ces terribles ouragans, par
ces sécheresses dévorantes qui désolent si souvent
les meilleures isles de cet hémisphère. On y est
encouragé au travail par l'abondance & le bon
marché des subsistances, des bestiaux, des esclaves. Rien n'y manque pour en faire un des plus
beaux établissemens du globe.

Il le deviendra, lorsqu'on l'aura déchargé de
cette multitude d'impôts, de cette foule de traitans qui l'humilient & qui l'oppriment; lorsque
d'innombrables monopoles n'enchaîneront plus

son activité ; lorfque le prix des marchandifes qu'on lui porte, ne fera pas doublé par les taxes dont on les accable ; lorfque fes productions ne paieront plus de droits, ou n'en paieront pas de plus confidérables que celles de fes concurrens ; lorfque fa communication avec les autres poffeffions nationales aura été débarraffée des entraves qui la gênent ; lorfqu'on lui aura ouvert les Indes orientales, & permis de tirer de fon propre fein l'argent qu'exigeroit cette liaifon nouvelle.

La colonie a des bras fuffifans pour multiplier, pour étendre fes travaux. Au temps où nous écrivons, elle compte cent foixante-feize mille vingt-huit blancs, trois cents quarante-fept mille huit cents cinquante-huit efclaves, deux cents foixante dix-huit mille trois cents quarante-neuf indiens : ce qui lui forme une population de huit cents deux mille deux cents trente-cinq perfonnes. On fait monter à deux cents mille le nombre des fauvages encore errans dans le Bréfil. Peut-être ne feroit-il pas impoffible de leur faire reconnoître l'autorité de la cour de Lisbonne : mais ce feroit fans beaucoup d'utilité, à moins que des adminiftrateurs plus éclairés que ceux qui les ont précédés, n'imaginaffent des méthodes qui ont échappé à trois fiècles de méditation.

Un moyen plus fûr d'augmenter la maffe des productions feroit de recevoir au Bréfil tous fes étrangers qui voudroient en entreprendre la culture. Une infinité d'américains, anglois, françois, hollandois, dont les plantations font épuifées, beaucoup d'européens qui ont la manie devenue fi commune de faire promptement fortune, y porteroient leur activité, leur induftrie & leurs capitaux. Ces hommes entreprenans introduiroient un meilleur efprit dans la colonie, & redonneroient à la race dégénérée des portugais créoles un reffort qu'ils ont perdu depuis trop long-temps.

Cet ordre de chofes s'établiroit fans bleffer aucun intérêt. Les deux tiers des bords des grandes rivières font en friche. Ces terres vierges appartiennent à la couronne, dont le fyftême a toujours été d'accorder gratuitement une lieue de fol, fous la condition formelle de le mettre en valeur dans le temps prefcrit. En diftribuant ces domaines à fes nouveaux fujets, elle ne dépouilleroit pas les anciens, & elle augmenteroit fes cultures, ainfi que le nombre de fes défenfeurs.

L'opinion établie à la cour de Lisbonne, que l'état ne fauroit ni exifter, ni devenir floriffant que par les anglois, a retardé jufqu'ici les progrès du *Portugal*. On oublie que la monarchie portugaife fe forma fans le fecours des autres nations ; que, durant tout le temps de fes démêlés avec les maures, elle n'eut aucun appui étranger ; qu'elle s'étoit agrandie pendant trois fiècles d'elle-même, lorfqu'elle établit fa domination fur l'Afrique & dans les deux Indes, avec

fes propres forces. Toutes ces grandes chofes furent opérées par les feuls portugais. Il falloit donc que ce peuple découvrît un grand tréfor, eût la propriété des mines les plus abondantes, pour qu'on imaginât qu'il ne pouvoit fe foutenir par lui-même : femblable à ces nouveaux parvenus, que l'embarras des richeffes jette dans la pufillanimité.

Nul état ne doit fe laiffer protéger. S'il eft fage, il doit avoir des forces relativement à fa fituation, & il n'a jamais plus d'ennemis que de moyens. A moins que fon ambition ne foit démefurée, il a des alliés qui, pour leur propre fûreté, foutiennent fes intérêts avec autant de chaleur que de bonne foi. C'eft une vérité générale, applicable fur-tout aux états qui poffèdent les mines. Tous les peuples ont intérêt à leur plaire, & fe réuniront, quand il le faudra, pour leur confervation. Que le *Portugal* tienne la balance égale entre toutes les nations de l'Europe, & elles formeront autour de lui une barrière impénétrable. L'Angleterre elle-même, quoique privée des préférences dont elle a trop long-temps joui, foutiendra toujours un état dont l'indépendance eft effentielle à l'équilibre de toutes les autres puiffances. Leur concert feroit fur-tout unanime & bientôt formé, fi l'Efpagne, fe livrant à la manie des conquêtes, formoit contre lui quelques entreprifes. Jamais la politique foupçonneufe, inquiète, & prévoyante de notre fiècle, ne fouffriroit que tous les tréfors du Nouveau-Monde fuffent dans la même main, ni qu'une feule maifon venant à dominer en Amérique, menaçât la liberté de l'Europe.

Cette fécurité ne devroit pas pourtant engager la cour de Lisbonne à pouffer la négligence auffi loin qu'elle le faifoit, lorfqu'elle fe repofoit de fa défenfe fur les armes britanniques, ou que fon indolence s'endormoit fur celles de fes voifins. Comme elle n'avoit ni forces de terre, ni forces de mer, elle étoit comptée pour rien dans le fyftême politique ; ce qui eft le dernier des opprobres pour un empire. Veut-elle regagner de la confidération ? il faudra qu'elle fe mette en état de ne pas craindre la guerre ; qu'elle la faffe même, fi fes droits ou fa fûreté l'exigent. Ce n'eft pas toujours un avantage pour une nation de demeurer en paix lorfque tous les peuples font en armes. Dans le monde politique, comme dans le monde phyfique, un grand événement a des effets très-étendus. L'élévation ou la ruine d'une puiffance intéreffent toutes les autres. Celles même qui font les plus éloignées des champs de carnage, font fouvent les victimes de leur modération ou de leur foibleffe.

Comparaifon du gouvernement d'Efpagne & de celui du Portugal.

Le *Portugal* démembré de l'Efpagne en a a-peu près les mœurs en quelques points. L'art ajoute encore à la nature ; le gouvernement & la cour de Lisbonne se modèlent sur ceux de Madrid.

Le *Portugal* a aussi son Pérou : l'usage qu'il fait de l'or n'est pas de faire des conquêtes en Europe ; mais on ne voit pas qu'il l'ait encore appliqué à se fortifier, ni à se rendre heureux : satisfaire le luxe ou quelque caprice, voilà les défauts de la royauté : ces défauts deviendroient des vices chez un conquérant.

En comparant les abus du gouvernement portugais avec ceux de l'espagnol, on y trouvera un principe qui n'est pas indifférent en politique ; c'est que plus un état est petit, mieux il se gouverne par proportion avec un plus grand de la même espèce : que de conséquences à tirer de cette preuve ! Il est donc utile de diviser les soins, & les districts, & chaque sphère d'intérêts ; plus leur objet est ménagé, plus les ressorts en sont vifs & soutenus ; mais de savoir jusqu'où doit se porter cette réduction des objets, ce seroit peut-être une des premières & des plus essentielles parties de la science pratique du gouvernement.

On trouvera donc en *Portugal* le bon & le mauvais, étant de même espèce qu'en Espagne ; le bon est meilleur, & le mauvais est moindre.

Les colonies portugaises sont mieux gouvernées que celles d'Espagne ; elles rendent davantage à proportion : on y fraude moins, les monopoleurs y sont plus rares & mieux punis ; mais tout cela est encore mieux gouverné dans les colonies hollandoises qui dépendent d'une république.

Le dedans du *Portugal* est moins misérable & mieux administré qu'en Espagne, les provinces plus peuplées.

Les portugais n'ont point eu toutes les sources de dépérissement : nous en avons parlé à l'article ESPAGNE ; mais ils y ont participé.

SECTION VII.

Des intérêts politiques du Portugal.

Le royaume de *Portugal* ayant été rétabli dans ses anciennes limites par le traité de 1668 ; & la maison de Bragance ne pouvant avoir de prétention à la charge d'aucun souverain, il n'est guère possible que cette cour puisse former des projets d'agrandissement en Europe ; car ni l'état, de la nation, ni celui de l'armée & des flottes portugaises, ne peuvent donner des moyens de conquêtes. Mais si cette puissance n'est pas fort redoutable aux autres, il paroît, que sa situation locale l'empêche de rien craindre de leur part : d'ailleurs, les puissances qui pourroient y envoyer des troupes capables de faire des descentes sur les côtes, sont toutes intéressées à la conservation du *Portugal* par des intérêts de commerce.

Mais, comme cet état a eu autrefois les possessions les plus considérables dans les autres parties du monde, & qu'il en a encore de fort importantes, il doit veiller à la garde de ses provinces éloignées ; & s'il n'a plus lieu d'espérer une occasion favorable pour se rétablir dans celles qu'il a perdues, protéger & encourager son commerce & sa navigation par tous les moyens possibles. Cet objet occupera toutes ses forces, car il manque presque de tout ce qui sert à la guerre, & il est obligé de tirer ses munitions des autres peuples.

Il n'a de voisins que l'Espagne, qu'il redoute, tant à cause de ses anciennes prétentions qu'à cause de la supériorité de ses forces. Mais diverses raisons peuvent rassurer la cour de Lisbonne. 1°. Les prétentions de l'Espagne semblent avoir été éteintes dès le douzième siècle, lorsque le pape Alexandre III, érigea le *Portugal* en royaume particulier par une bulle qu'il donna à cet effet, le 10. juin de 1179. 2°. Ce royaume a été déclaré indépendant par le traité de Saint-Ildefonse, en 1668 ; & ce traité fut confirmé dans toutes ses clauses, & étendu non-seulement par la paix d'Utrecht, mais par divers traités particuliers que les deux couronnes ont fait entre elles. 3°. Il y a entre les deux couronnes une alliance cimentée par plusieurs mariages. 4°. L'Espagne a peu de moyens de faire subsister une nombreuse armée ; & les portugais sont en état d'opposer des forces égales. L'indolence des espagnols & la nature de leurs provinces limitrophes les empêcheroient d'établir de gros magasins, ou de faire suivre les provisions par charroi ; & chacun connoît les avantages d'un pays, qui défend son territoire, sur-tout si ses habitans ont de l'antipathie & de la haine pour ceux qui prennent part à l'invasion. 5°. Les puissances maritimes & sur-tout l'Angleterre iroient au secours du *Portugal*, si ce royaume étoit menacé de quelque invasion. Ils y enverroient promptement des escadres chargées de troupes, & pourvues de toutes les munitions de guerre : ces secours ont fait échouer plus d'une fois les entreprises des espagnols.

La France ne pensera vraisemblablement point à attaquer le *Portugal* dans ses possessions en Europe, elle en est séparée par l'Espagne ; & le succès d'un armement naval seroit douteux : elle n'a point de prétentions sur ce royaume qui n'est point à sa bienséance. La france ne peut guère songer à envahir les possessions du *Portugal* en Amérique. 1°. Parce que leurs possessions ne sont pas limitrophes. 2°. Parce que les portugais y sont établis de longue-main, ce qui est important pour les pays éloignés ; 3°. parce qu'ils y ont des ports dont on ne pourroit se rendre maître qu'en y envoyant des escadres considérables. 4°. Parce que l'Angleterre accourroit au secours du *Portugal*. 5°. Parce qu'il est de l'intérêt de la France que

que ce royaume se maintienne avec ses possessions contre l'Espagne, & même contre la Hollande, qui autrefois pensoit à s'agrandir & à
faire des conquêtes en Amérique aux dépens du
Portugal. Le *Portugal* cherche donc à se faire un
allié utile de la France, qui profite à son tour
d'une partie de son commerce, duquel les conditions de ce commerce ont été réglées par le
traité d'Utrecht entre la France & le *Portugal*,
conclu en 1713.

De toutes les puissances de l'Europe, l'Angleterre est celle dont le *Portugal*, a le plus ménagé l'amitié ; d'abord à raison des grands intérêts de commerce, & ensuite à cause des secours
prompts & efficaces que le *Portugal* peut toujours espérer de la Grande-Bretagne. Il paroit par
les listes annuelles des vaisseaux marchands qui
arrivent dans les différens ports du *Portugal*, que
ce royaume fait plus de commerce avec l'Angleterre seule, qu'avec tout le reste de l'Europe
ensemble ; & il y a telle & telle branche de
commerce qu'il ne peut faire qu'avec les Anglois ; (l'exportation des vins de Porto, par exemple), il n'y a point de nation qui aime ces vins
forts autant que les Anglois, ni qui en fasse une
aussi grande consommation. Les manufactures
angloises, sur-tout celles de laine, semblent être
les plus convenables au *Portugal* & à ses possessions d'Amérique ; aussi l'Angleterre & le *Portugal* conclurent-ils à Londres, dès 1642, c'est-à-
dire, peu de temps après la grande révolution
arrivée en 1640, un traité d'amitié & de commerce, qui est fort favorable. Ce traité fut
confirmé en 1713, par celui d'Utrecht ; & par
des conventions particulières faites entre les
cours de Londres & de Lisbonne, à différentes
époques. Enfin l'intérêt mutuel a resserré les
liens entre les deux nations ; & toutes les fois
que le *Portugal* a été menacé, les flottes angloises
ont volé à son secours. On en a vu de fréquens
exemples, & entre autres en 1728. Le *Portugal*
ayant été menacé par l'Espagne, l'amiral Norris
parut souda ement dans le Tage avec une escadre
formidable, & sa seule présence fit avorter tous
les desseins de la cour de Madrid. Ces secours ont
été bien payés par le *Portugal*; mais à ces petites
convenances nous avons opposé dans la section
sixième, des raisons en faveur d'un nouveau système, & nous avons expliqué combien il est nécessaire aux portugais de s'affranchir du joug de
l'Angleterre.

Le commerce & la navigation dans les Indes,
ont produit long-temps une rivalité extrême entre
les portugais & les hollandois, ces derniers s'é-
tant emparés du Bresil & des Indes orientales,
tandis que le *Portugal* étoit sous la domination
des espagnols, cette rivalité étoit comme *dégénéré*
en une guerre ouverte. Après avoir recouvré son
indépendance, il rechercha l'amitié des provinces-unies, qui, malgré les traités, continuèrent

à lui faire une guerre sourde. La cour de Lisbonne
songea sérieusement à sa défense, & réussit, en
1658, à chasser les hollandois des établissemens qu'ils avoient formés au Bresil (voyez
l'article BRESIL). Cette guerre fut terminée par un
traité de paix & d'alliance entre le *Portugal* & les
provinces-unies, conclu à la Haye le 6 août 1661.
Les contractans demeurèrent en possession des villes, châteaux, places, &c. qu'ils avoient saisis,
soit aux Indes orientales, soit ailleurs : chacun
d'eux renonça aux prétentions qu'il pouvoit former. Les provinces-unies renoncèrent à toutes
leurs prétentions sur le Bresil, à condition qu'il
leur seroit permis d'y faire toute espèce de commerce, à l'exception de celui du bois de Bresil ;
elles se réservèrent la même permission dans tous
les ports, rades, havres & autres places que les
portugais avoient sur les côtes d'Afrique. On déclara que, si le roi de *Portugal* violoit quelqu'une
des conditions de cette paix, les provinces-unies
rentreroient dans tous les droits, auxquels elles
renonçoient ; & que ceux de sa majesté portugaise revivroient également dans le cas ou les
états-généraux viendroient à enfreindre quelque
article du traité. La teneur & les conditions de ce
traité ayant été confirmées par celui d'Utrecht, &
par plusieurs conventions particulières, mettent le
Portugal en sûreté contre les attaques des hollandois ; la position actuelle de la république, & la
forme de son gouvernement, ne peuvent lui inspirer des projets de conquêtes ; sa maxime est de
se contenter de ce qu'elle possède & de ne se
servir de ses escadres que pour protéger son commerce ; elle a éprouvé au Bresil ce que peuvent
les forces du *Portugal*, lorsqu'il veut faire des efforts ; & enfin l'Angleterre ou un autre pays ne lais-
seroient jamais ce royaume sans secours ; ces puissances sont jalouses des progrès que la Hollande
a faits dans les Indes. D'un autre côté, les *portugais* ne sont pas en état d'attaquer les établissemens de la Hollande, qui a en Europe & en Asie
des armées & une marine infiniment supérieures
à la leur.

D'après ce qu'on a dit plus haut, le lecteur
voit assez qu'excepté l'Espagne, le *Portugal* ne
sauroit guère avoir de relations qu'avec les nations commerçantes, & qu'ainsi la république
helvétique, la plupart des états d'Italie, des
princes d'Allemagne, la Pologne & la Russie,
entrent pour peu de chose dans son système politique. Car le roi de *Portugal* n'entretient point
de troupes suisses ; ses sujets ne font point de
commerce direct avec l'Italie, ni avec l'Allemagne, si ce n'est avec les villes Anséatiques ;
les portugais & les polonois ne doivent jamais
se rencontrer : au reste, la Russie & le *Portugal*
viennent de signer un traité de commerce : elles
n'avoient pas eu jusqu'ici de liaisons directes.
Les liaisons de parenté, qui subsistent entre la mai-

fon de *Portugal* & celle d'Autriche, des fecours en argent que cette dernière à demandés & obtenus, des projets politiques fort éloignés, &c. ont accafionné l'envoi d'un miniftre de Vienne à Lisbonne, & de Lisbonne à Vienne; mais ces exemples font rares. La Pruffe entretient un conful à Lisbonne; & comme cet état cherche à devenir commerçant, qu'il n'a pas renoncé au commerce des Indes, qu'il a un port admirable à Embden fur la mer du nord, plufieurs bons ports dans la Baltique, d'où l'on peut tranfporter en *Portugal*, des mâts, planches, futailles & autres bois, des toiles de Siléfie & d'autres ouvrages de fes manufactures qui y font fort recherchés, les intérêts de commerce formeront peut-être des liaifons politiques entre les cours de Berlin & de Lisbonne.

Il ne paroît pas que le Danemarck & la Suède puiffent former des projets contre le *Portugal*; car ces deux royaumes ne font pas en état d'envoyer des efcadres & des tranfports de troupes affez confidérables, pour enlever aux portugais la moindre de leurs poffeffions en Europe, ni les inquiéter dans les Indes : ces nations du nord font au contraire intéreffées à entretenir une bonne intelligence avec le cabinet de Lisbonne, & à mettre leur commerce réciproque fur un bon pied; car le *Portugal* a befoin de bois, chanvre, lin, poix, goudron, métaux, & de beaucoup d'autres denrées que produit le nord; tandis qu'il fournit en échange fon or & fon argent, fes vins, fes fruits, fes fels &c. qui font la matière d'un commerce mutuellement avantageux. Le *Portugal* doit d'autant plus cultiver l'amitié des nations du nord, qu'il peut au befoin, trouver chez elles des munitions de guerre & de bouche, & même des vaiffeaux tout prêts.

Le *Portugal* n'a d'autres relations avec la porte Ottomane, que celles qui naiffent de fon commerce fur la mer Rouge, & de la protection que le grand feigneur accorde aux habitans de la côte de Barbarie. Il eft en guerre perpétuelle avec les pirates d'Alger, de Tunis, de Tripoli & de Sallé, voyez l'article BRESIL.

PRAGMATIQUE-SANCTION,

c'eft le nom qu'on donne quelquefois à la loi fondamentale ou capitale d'un état. On a donné particulièrement ce nom en France à l'ordonnance de Louis IX, de 1268, & à celle de Charles VII, de 1438, fur la collation des bénéfices, en vertu defquelles le roi, de fa propre autorité, nomme à tous les emplois eccléfiaftiques, fans que le pape puiffe faire autre chofe que confirmer la nomination.

On appelle auffi dans l'empire, *Pragmatique-Sanction* la bulle d'or dreffée fous l'empereur Charles IV, la convention de Paffau en 1552, la paix d'Augsbourg en 1555, le traité de Weftpha-

lie fous l'empereur Ferdinand III, & les capitulations de chaque empereur romain.

Mais la *Pragmatique-Sanction* qui a fait le plus de bruit dans le monde politique, eft l'arrangement pris au commencement de ce fiècle au fujet de la fucceffion des états de la maifon d'Autriche. Elle fut publiée en 1713, par l'empereur Charles VI. Les états de l'empire & plufieurs potentats la garantirent. Elle déclara que, fi les mâles venoient à manquer dans la poftérité de fa majefté impériale, les femmes qui en defcendroient, feroient fubftituées à leur place pour fuccéder à tous les pays & droits appartenans à la maifon d'Autriche, felon la loi de primogéniture. Elle eft intitulée — *Sanction-Pragmatique, & loi perpétuelle à l'égard de la règle & ordre de fucceffion, & union indivifible de tous les royaumes, provinces & états héréditaires de fa majefté impériale & catholique, à Vienne le 6 décembre 1724.*

PRÉGADI. *Voyez* l'article VENISE.

PREGELL, un des hochgerichts de la Maifon-Dieu, (Grifons) : il eft montueux & ftérile; Henri II, reçut les habitans en 1024 fous la protection de l'empire; & il paroît qu'ils font toujours reftés libres. Ils font de la religion réformée. Ce hochgericht fe partage en deux jurifdictions, *fopra porta & infra porta.* Les droits de chacune font reglés par des traités.

Cafaetfch eft un grand dépôt de marchandifes pour l'Italie; & a fouffert beaucoup par une chûte de montagnes, arrivée en 1673.

Voyez l'article GRISONS.

PRÉSIDES, (*état des*) en Italie. Ce petit état, qui ne comprend que des cantons voifins de la mer, faifoit autrefois partie du Siennois. Philippe II, roi d'Efpagne, en cédant le Siennois à Côme I, fe réferva la poffeffion des *Préfides*, qui demeurèrent unis à la couronne d'Efpagne jufqu'en 1707; à cette époque les impériaux en occupèrent la plus grande partie en même temps que le royaume de Naples. Dans les préliminaires, fignés en 1735, confirmés & mis en exécution l'année fuivante, cet état fut accordé à don Carlos, roi de Naples & de Sicile; & fon fils Ferdinand IV, les poffède encore. *Voyez* les articles NAPLES & SICILE.

PRÊT A INTÉRÊT. *Voyez* l'article USURE.

PRÊTRES INVALIDES; c'eft le nom que nous donnons ici aux établiffemens formés en faveur des *prêtres* qui fe trouvent fur la fin de leur carrière : *il eft bien jufte*, difoit Louis XIV au cardinal de Noailles, *que mes foldats ayant une retraite, ceux de Jefus-Chrift n'en manquent pas.* Le cardinal lui demandoit des lettres-patentes, pour un établiffement formé en faveur des *prêtres* âgés ou infirmes, qui auront travaillé dans le faint-miniftère. Elles furent expédiées en 1700.

On ne peut révoquer en doute la nécessité de pourvoir aux besoins des *prêtres*, qui ont vieilli & sont devenus infirmes dans l'exercice du ministère de l'Evangile. Et il résulteroit d'une spéculation bien approfondie & bien exécutée sur cet objet, un avantage distingué pour la consolation & l'émulation de ceux qui entrent dans cette carrière. Elle ne feroit pas simplement utile aux *prêtres* qui ont travaillé sans récompense, & qu'un long exercice de leur état n'a pas mis à même d'être nommés à des bénéfices. Mais elle offriroit encore un heureux dédommagement pour les curés que leurs infirmités & leur grand âge rendent incapables de remplir leurs fonctions, qui ne peuvent quitter leurs bénéfices sans s'exposer à la plus déplorable misère, & se voient ainsi dans la nécessité d'écraser de leur néant les paroisses qu'ils ont vivifiées dans les beaux jours de leur vie, ou de fatiguer par des pensions qu'ils retiennent, les revenus déja trop modiques de leurs successeurs & des pauvres.

Il paroît que dans les premiers siècles de l'église, on avoit pourvu aux nécessités des vieux ministres de la religion, jugés incapables de satisfaire à des fonctions qui demandent de l'activité, de la précision & souvent des forces extraordinaires; on les regardoit comme pouvant encore être utiles à l'église par leurs lumières & par leur expérience. Ces *prêtres* vénérables se rendoient auprès de leur évêque dont ils devenoient le conseil. On ne craint pas de dire que cette espèce de sénat en imposoit plus, inspiroit plus de confiance, attiroit plus de respect à l'évêque qu'il dirigeoit, que ne font les conseils actuels des évêques, composés en général de jeunes gens & d'hommes qui n'ont aucune connoissance des fonctions dont ils doivent juger les ministres. Nous ne craindrons pas d'ajouter que cette assemblée de vieillards, consumés de travaux, étoit mieux conçue que ne le font nos chapitres de cathédrales qui l'ont remplacée. Pourquoi n'espérerions-nous pas qu'à tant d'abus succédera enfin l'ancien état de la discipline ecclésiastique! Alors les *prêtres* quittoient le *presbiterium* général pour se rendre dans les campagnes, & rentroient dans leur ancienne demeure lorsqu'ils ne pouvoient plus vaquer aux travaux actifs de l'Evangile.

Les évêques de France s'occupent, depuis un siècle, de l'idée de préparer des retraites à leurs coopérateurs. Il y a une multitude d'établissemens modernes de ce genre, dont à la vérité très-peu ont réussi.

Il est difficile de jetter les yeux sur l'état actuel du clergé, sans être attendri de tous les genres de misère qui le pressent, sans être étonné

qu'il y ait des personnes qui veuillent se consacrer à cet état, sans être plus surpris encore qu'elles aient conservé quelque considération au milieu de la nation. Leur misère a peut-être autant contribué que le développement général & raisonné des lumières, à produire cet intérêt qui s'élève de toute part en faveur de ceux qui portent le poids du jour, cette opinion bienfaisante qui tend à repousser de tous les ordres de levites les richesses excessives & l'oisiveté.

L'accroissement du commerce, des arts & de la civilisation, lequel a créé une multitude de places, ouvert un grand nombre de débouchés; les troubles de l'église qui pendant long-tems ne laissoient entrevoir que des interdits ou des décrets; l'affoiblissement de tous les principes, & particuliérement de ceux de la religion, produit par des causes qu'il est inutile, qu'il seroit trop douloureux de révéler ici, l'espèce de servitude, la persécution & osons le dire, le mépris scandaleux auquel un certain nombre de supérieurs ecclésiastiques par la conjuration la plus indécente & la plus inepte ont condamné le travail, les mœurs & la piété; voilà les raisons qui ont insensiblement tari les sources qui autrefois donnoient des ministres ouvriers au clergé, qui ne s'occupe que de ses plaisirs & de ses ridicules honneurs. Nous voyons se retirer presqu'entiérement de cette classe les hommes nés dans les états honnêtes & aisés de la société, qui n'avoient point à demander à l'église ses richesses & ses distinctions, mais y portoient les fruits d'une éducation soignée, un désintéressement estimable, des lumières & du courage.

Dès-lors, presque toutes les places essentielles du clergé du second ordre ont été envahies par des hommes nés dans l'obscurité & dans la misère: ce sont des enfans d'artisans dans les villes, de domestiques, ou des plus pauvres habitans des campagnes. Aussi depuis près d'un siècle les évêques ont senti la nécessité de préparer une éducation gratuite (1) dans leurs séminaires, à cette nouvelle génération ecclésiastique. Il résulte que presque tous ceux qui travaillent véritablement à la vigne du seigneur, sont sans patrimoine comme sans famille, qui puissent promettre des secours suffisans à leur vieillesse, à leurs infirmités.

Les places qu'ils vont occuper au sortir des séminaires, leur donneront-elles les moyens d'établir des économies qui les rassurent contre l'indigence de leurs dernières années. Mais il n'y a pas d'exemple d'un état aussi ingrat dans les moyens & dans les ressources. Quel est l'évêque, le chanoine, le moine dont le domestique n'ait un sort plus avantageux que celui qui remplit,

____

(1) Nous comptons examiner en détail, dans un autre article, cette éducation. Nous la considérerons dans ce qu'elle est, & dans ses rapports avec la religion, le bien public, & l'état pastoral tel qu'il doit être.

dans les campagnes & même dans les villes, les augustes fonctions du sacerdoce.

C'est cependant dans cet état qu'un *prêtre* est d'abord obligé de souffrir pendant un grand nombre d'années. Mal logé, mal vêtu, mal nourri, il lutte contre les maux qui l'assiègent, & il s'effraie de ceux qui peuvent venir l'attaquer. Comment résistera-t-il aux maladies, aux infirmités ? Il n'y a d'égal à cette affligeante situation que l'excès des travaux qu'il est obligé de faire, les mortifications qui accompagnent la perception de ses modiques revenus, qui, pour la plupart, sont arbitraires, & consistent en quêtes & en casuel, dépendent ou de sa facilité à donner les sacremens ou du caprice du payeur ; & le mépris dont le couvrent ordinairement, ceux auxquels il est chargé d'annoncer l'Evangile, ou même celui que lui prodigue le secrétaire de son évêque. Ajoutez à ce tableau l'incertitude même de rester dans son état, de continuer à en faire les fonctions & l'impossibilité d'en prendre un autre.

Si son évêque daigne enfin jetter un regard sur lui & l'appeller à une cure, ou elle est suffisamment dotée, ou elle est à simple portion congrue. Je ne me hasarderai pas à renouveller ici les plaintes si anciennes & si bien fondées sur la nature des congrues. Il n'est point de mon objet de prouver le tort énorme que la misère des curés fait au ministère, à l'église, aux paroisses & aux pauvres qui les composent dans la plus grande partie. Il n'est pas non plus de mon objet de prouver combien les revenus consacrés à l'exercice du ministère, sont éloignés de leur destination ; que les dîmes, originairement le patrimoine des *prêtres* travaillans dans les paroisses, des pauvres de ces mêmes paroisses, sont aujourd'hui pour la plupart hors des mains de leurs propriétaires imprescriptibles ; que les curés ne sont devenus ainsi, au détriment du peuple & du peuple chrétien, que des hommes aux gages des bénéficiers sans fonction, ou dont les fonctions n'ont pas, à beaucoup près, la même importance ; qu'il seroit juste, plus facile qu'on ne pense, infiniment utile, qu'il va peut-être arriver le temps de rétablir les choses dans leur état primitif, avec les modifications qui ont été rendues indispensables. Ces idées sont travaillées depuis plus d'un siècle par les têtes les mieux organisées. La révolution est faite dans les esprits. On sent généralement que dans un état austère, humble, saint & exemplaire, ses trop grandes richesses, & l'oisiveté sont dangereuses & ridicules ; que tous les fonds doivent être consacrés au travail, au travail le plus indispensable, & qu'il est facheux que malgré les biens immenses du clergé, le pauvre ne puisse recevoir certains sacremens qu'il ne les paye.

Nous devons aux évêques de ces derniers temps la justice de dire ; que ces principes leur deviennent très familiers, que la misère profonde de leurs coopérateurs commence à les attendrir &

à les faire réfléchir ; que plusieurs cherchent à les consoler. Le clergé même, après une délibération lente, mûre & prorogée pendant plusieurs de ses assemblées, s'est déterminé à faire une espèce de sacrifice. Mais il y a lieu d'espérer qu'éclairé de toutes parts par les lumières impérieuses de nos ennemis, par les représentations humbles, & cependant quelquefois publiques & dès-lors victorieuses que font les congruistes, par l'intérêt commun de déraciner toute cause de trouble, de soutenir l'état ecclésiastique sur le penchant de sa ruine, on prendra enfin le parti de rappeller les revenus de l'église à leur destination, de féconder les paroisses en leur rendant une plus grande partie de ceux qui leur appartiennent si légitimement. Nous pressentons tout ce qu'opérera la délicatesse du haut clergé dans une affaire où il est question de faire des sacrifices pécuniaires.

Il est donc évident que les curés à portion congrue ne sont point dans le cas de faire aucune réserve pour le temps des infirmités & de la vieillesse.

Mais pourquoi seroit-il question de réserves faites par un curé ? Quelque pauvre ou quelque riche que soit son bénéfice, il doit le consacrer à sa paroisse. Le systême des réserves de ce genre est foudroyé par tous les réglemens de discipline ecclésiastique. La moindre flexibilité sur cet article ouvriroit la porte aux abus les plus nuisibles, & donneroit une espèce de sanction au penchant qu'on reproche à quelques ecclésiastiques d'aimer à amasser. Rendons hommage à la dignité des loix que l'église nous impose, à l'honneur des fonctions qui nous sont confiées. Pouvons-nous penser légitimement à faire des réserves au milieu des pauvres qui sont recommandés à notre charité. O mon frère ! vous êtes appellé par une famille nombreuse qui vous appelle son père. Les auteurs de cette génération sont attaqués d'une maladie qui fait craindre pour leurs jours. Les enfans leur demandent du pain, qu'ils ne peuvent plus leur donner par leurs sueurs. Il n'y a dans cette malheureuse habitation ni lit, ni linge, ni remèdes, ni bouillon, ni pain. O mon frère ! cet affreux spectacle est souvent sous vos yeux, & vous pourriez lui résister, faire des réserves pour vos vieux jours ! ah ! si le torrent des misères qui coulent sous vos yeux, vous permet de faire des réserves, c'est pour le temps où il se débordera, où tous les fléaux viendront accabler votre malheureux peuple. Pour vous, tenez à honneur que la religion & la société vous aient choisi pour être sa victime. Vous vous enrichissez véritablement, en vous appauvrissant & en prodiguant votre vie & tout ce que vous avez de plus précieux pour le soulagement des malheureux.

Il est donc encore évident qu'à l'époque où les infirmités & l'âge viennent accabler un ecclésiastique ministériel, il est dépourvu de tout moyen d'exister & de fournir à la multitude de ses besoins qui augmentent. A la vérité, les curés sont moins malheureux, parce que leur bénéfice est une ressource. Où ils le conservent, ou ils le résignent avec pension, car peut-on demander que n'ayant aucun revenu, & personne ne venant à leur secours, ils se demettent purement & simplement?

S'ils conservent leur cure, & ils y sont souvent obligés, parce qu'elle est trop modique pour qu'ils puissent, en la quittant, la grever d'une pension. Quel inconvénient pour le peuple qui leur est confié! L'anarchie la plus confuse s'établit & ravage tout sous le debile empire d'un pasteur invalide. Alors cessent toute instruction, toute vigilance sur les ouailles. Le ministère de la pénitence est absolument déserté. Tous les devoirs pastoraux qui demandent de l'activité & des forces, sont négligés; & le bien que cet homme de Dieu avoit fait pendant le cours d'un long ministère, se détruit rapidement dans les dernières années de sa vie. Souvent même la cure n'est pas assez forte pour l'entretien d'un vicaire qui lui seroit nécessaire; &, quel qu'il soit, il n'a jamais l'autorité suffisante pour s'opposer au progrès des vices & des abus qui veulent s'établir pendant la vieillesse du pasteur.

La résignation avec pension paroît, quand elle est possible, le seul moyen de remédier à ce torrent de maux qui va affliger une paroisse; mais ce moyen a deux inconvéniens: il ne prépare plus une subsistance honnête au vieillard qui résigne, & il grève le successeur auquel il est si important de ne pas ôter la facilité de faire bien. Il suffit en effet d'avoir une connoissance légère de l'état ecclésiastique, pour juger combien ces pensions écrasent les successeurs, & par-là retombent de tout leur poids sur les paroisses.

Le bien public, la justice due aux travaux des ministres âgés ou infirmes de la religion, réclament donc des secours certains & suffisans pour le temps auquel ils ne peuvent plus remplir leurs fonctions. Il est certain aussi que cette perspective les soutiendra dans leurs fatigues, leur fera moins redouter les sacrifices si souvent nécessaires de leurs intérêts, & les rendra moins distraits par l'incertitude de l'avenir & la crainte de la misère.

Mais est-ce des asyles, c'est-à-dire, des maisons de retraite, qui doivent présenter ces secours à l'infirmité, à la vieillesse des *prêtres*?

Telle a d'abord été l'idée des évêques qui se sont attendris sur le sort de leurs coopérateurs. Il a été établi de ces maisons de retraite dans plusieurs diocèses; mais aucune n'a réussi, malgré les avantages qu'on s'étoit efforcé d'y rassembler. Nous n'en connoissons même aucune qui subsiste aujourd'hui en France, si ce n'est celle de saint François-de-Sales auprès de Paris. Eh encore! combien ce dernier établissement est-il frappant

par sa mesquinerie, par l'insuffisance de ses moyens, par la disproportion du nombre des places avec le grand nombre des *prêtres* nécessaires à ce diocèse, par les réglemens qui gouvernent la maison! Nous n'entreprendrons pas d'en tracer ici le tableau; il révolteroit nos lecteurs.

Quoi qu'il en soit, il nous semble que des hommes accoutumés à la liberté, vivant depuis un grand nombre d'années dans leur ménage, n'ayant à prendre l'heure de personne pour leur lever, leur coucher, leurs repas, & tous les exercices de la vie, ne se plient pas aisément sur leurs vieux jours à l'empire d'une règle qui enferme, dans son cercle journalier, toutes les heures. Jusqu'alors ils n'avoient eu de supérieur que leur évêque, auquel la foi, la discipline de l'église leur apprennent à obéir, dont le gouvernement est généralement paternel, dont les ordres tombent plutôt sur les devoirs de religion que sur les personnes, & qui, par l'importance & l'esprit de sa place, est plutôt un appui, un protecteur qu'un maître. Dans ces maisons de retraite, ils ont à leur tête un supérieur pris souvent dans une classe inférieure à la leur, & qui n'ayant, par ses lumières & ses services, aucune importance à leurs yeux, leur rend nécessairement le joug plus insupportable. Quelque douce que soit la règle & la vie commune, on ne s'y façonne pas dans un âge avancé. D'où partent les réclamations contre l'édit qui recule l'époque des vœux religieux, si ce n'est qu'on ne peut trop tôt se former à une règle sous laquelle on mourra? Quelle idée se faire d'une communauté où la sympathie des caractères, des humeurs n'est pas la première condition de l'entrée de ses membres, mais où les seuls titres, pour y être reçu, sont l'âge, les infirmités & la pauvreté. Cette communauté n'est, dans la réalité, qu'un hôpital. C'est encore une observation bien constatée que les personnes qui ont vécu toute leur vie dans une communauté, commencent à y être malheureuses & très-malheureuses, lorsqu'elles deviennent infirmes & vieilles. Quel est l'homme qui n'a pas été attendri & révolté à la vue du mépris, du délaissement qu'elles éprouvent dans les cloîtres? La vieillesse est-elle donc le temps de les y faire entrer? ou voudroit-on assimiler le sort des ministres invalides de Jesus-Christ à celui de la classe la plus misérable de la société, trop heureuse d'aller trouver un asyle dans un tombeau, c'est-à-dire, dans un hôpital? D'ailleurs, si on veut consacrer aux anciens *prêtres* tout le revenu qu'on peut leur destiner, l'érection, l'entretien des bâtimens, les frais inséparables des communautés ne sont-ils pas autant de larcins (s'il est permis de parler ainsi) qu'on leur fait? Ce n'est donc pas dans de semblables maisons que le sacerdoce infirme doit languir. Les *prêtres* qui voudront finir leur carrière dans une maison de retraite, en trouveront assez. Il n'eſt pas néceſſaire d'en établir de nouvelles : celles dans leſquelles ils entreront, feront au moins de leur choix, & ils pourront en fortir quand ils voudront.

C'eſt au milieu de leurs familles, c'eſt auprès des lieux où une longue réſidence, des fervices non interrompus leur ont fait des amis ; c'eſt encore dans les grandes villes où des reſſources de tout genre fe préſentent à la vieilleſſe qui les réclame preſque toutes ; c'eſt-là que les *prêtres*, dès l'entrée de leur carrière, fe propoſent d'aller un jour terminer leur vie.

Qu'il me foit permis de me fervir ici des lumières d'un prélat auſſi diſtingué par fa bonté franche que par fes grands talens, & qui a réuni toutes les qualités de fon cœur & de fon eſprit dans les actes du fynode, tenu à Toulouſe au mois de novembre 1782, ouvrage qu'on feroit tenté de prendre pour l'un des plus beaux monumens de l'antiquité eccléſiaſtique. Je vais prendre le dioceſe de Paris pour objet auquel peuvent fe rapporter nos réſultats. Cette manière de procéder par application à un fujet déterminé m'a paru la plus fimple.

Le gouvernement de l'égliſe de Paris peut venir efficacement au fecours des vieux eccléſiaſtiques du dioceſe, foit en leur accordant des penſions, foit en leur deſtinant des prébendes dans des chapitres.

Le feul clergé régulier & féculier de la ville de Paris, fans y comprendre celui des paroiſſes qui n'a point de revenus fixes, & ne vit que des facremens qu'il adminiſtre & des meſſes qu'il dit, jouit de près de vingt millions de rente. Joignez-y les biens du clergé répandu dans les campagnes & dans les petites villes du dioceſe. Pourquoi n'aſſocieroit-on pas fur cette énorme maſſe une impoſition au profit des vieux eccléſiaſtiques, comme on impoſe un droit pour les féminaires qui n'en ont pas befoin ?

Depuis pluſieurs années, nous avons vu tomber un grand nombre de maiſons religieuſes, qui font abandonnées ou vont l'être. Pourquoi n'affecteroit-on pas les biens de ces maiſons aux *prêtres* invalides ? pourquoi ne pratiqueroit-on pas la voie des unions, comme elle a été employée pour l'évêché, pour un grand nombre de féminaires, & d'autres établiſſemens moins importans que celui que nous propoſons ?

Ces fonds ferviroient à faire des penſions. Le tableau des *prêtres* dont on a befoin dans le dioceſe, étant arrêté, on peut compter qu'il n'y auroit que le feizième de ce nombre, fuſceptible de le recevoir ; car on pourroit fixer, comme à Toulouſe, le temps de vingt-cinq ans de fervice pour les curés, & celui de trente-cinq pour les vicaires & autres *prêtres* travaillans dans le miniſtère. Ce terme du travail conduit au moins à l'âge de foixante ans, époque où commence ordinairement la vieilleſſe. Ajoutez au nombre

des *prêtres* qui feront parvenus à cet âge, celui des *prêtres* infirmes, & les *prêtres* qui auront befoin des penſions, formeront au plus le feizième de ceux qui travaillent dans le dioceſe.

Il paroîtroit fage de déterminer qu'à moins d'infirmités extraordinaires, ces penſions ne pourront excéder douze cents livres ; & qu'elles feroient même moindres, fi ceux qui feront amenés le cas de les obtenir poſſédoient un bénéfice, s'ils s'étoient réfervé une penſion, ou s'ils jouiſſoient de quelqu'autre revenu ; les penſions devant être proportionnées aux befoins, & n'étant pas juſte que ceux qui peuvent s'en paſſer, abforbent des reſſources, au défaut deſquelles d'autres pourroient manquer du néceſſaire.

Ces penſions émérites feroient arrêtées dans un bureau préſidé par M. l'archevêque, & compoſé de quatre curés de Paris & d'un curé de chacun des doyennés du dioceſe.

Le fecond moyen de fubvenir aux befoins des anciens eccléſiaſtiques feroit de leur affecter des prébendes. Il feroit le plus utile, le plus fimple & le plus honorable pour tout le clergé de ce dioceſe, & contribueroit à alléger le poids des penſions.

On compte d'abord dans Paris neuf chapitres, fans y comprendre celui de la cathédrale. Quel inconvénient y auroit-il à deſtiner le quart de ces prébendes aux anciens eccléſiaſtiques du dioceſe ? Cette réſerve feroit-elle plus onéreuſe & moins juſte que l'expectative des grades, du droit de feptennaire & des indultes ? Le roi, l'archevêque ou le chapitre de la métropole, confèrent ces bénéfices. C'eſt fûrement deviner le fecret de leurs cœurs que de leur préſenter le moyen de faire un très-grand bien devenu indiſpenſable. Quelles heureuſes eſpérances ne doit pas nous faire concevoir ici le zèle avec lequel différens collateurs du dioceſe de Toulouſe fe font empreſſés de facrifier au bien général le droit de collation !

On parle, depuis pluſieurs années, du projet de réunir en un feul corps les différens chapitres annexés aux paroiſſes de Paris. Outre l'économie, & par conféquent l'augmentation de revenus que cette réunion produiroit, il y auroit des raiſons très-fortes pour accélérer cette diſtraction des chapitres d'avec les paroiſſes qui, en général, ne peuvent qu'en être troublées. L'intérêt des paroiſſes eſt fi preſſant fur cet objet, qu'elles ne font pas diſpoſées à réclamer les revenus de ces chapitres, qui cependant n'ont été établis que pour leur fervice, & qui, par la pente naturelle des établiſſemens vers leur détérioration, ont fini par s'iſoler, & ont réduit tout leur devoir à la récitation de l'office qui ne s'accorde pas même avec les heures commodes au peuple ; mais fi un projet auſſi-bien conçu s'exécute, ne pourroit-on pas profiter de ce nouvel arrangement en faveur de la vieilleſſe des miniſtres du Seigneur ?

Et croit-on qu'un grand chapitre, composé d'anciens curés & d'anciens vicaires, ne contribueroit pas à l'ornement de cette ville, à donner de nouvelles facilités pour le miniſtère de la pénitence auquel les chapitres actuels ſont ſi étrangers ?

Le diocèſe de Paris contient, hors de la capitale, ſept collégiales répandues dans chacun des ſept doyennés du diocèſe ; ils ſont encore à la nomination du roi, & ſur-tout de l'archevêque. Quels avantages ils offriroient aux anciens eccléſiaſtiques, ſi, en totalité ou en partie, ils leur ſervoient de retraite !

La manière la plus ſimple & la plus propre à ſervir de point d'appui au clergé ouvrier, ſeroit de lui affecter ces bénéfices de la même manière qu'ils ſont acceſſibles à l'expectative des grades, c'eſt à-dire, que le plus ancien curé auroit le droit de requérir, & de l'emporter ſur tous ſes concurrens ; ou, ſi l'on aime mieux, & cette diſpoſition ſembleroit conſerver davantage les droits des collateurs ſur les intentions bienfaiſantes deſquels on a tant de raiſons de ſe repoſer, ils s'obligeroient à choiſir parmi les curés qui auroient au moins douze ans de ſervice dans le diocèſe, ou parmi les autres eccléſiaſtiques qui exerceroient le ſaint miniſtère depuis au moins vingt ans.

Il eſt inutile d'obſerver ici qu'on devroit ſinguliérement adoucir, en faveur de ces vieux prêtres, l'exercice ſi monotone, & même, quoi qu'on en diſe, ſi gênant de la vie canoniale ; que, par exemple, il ne faudroit les aſſujettir qu'à un office par jour, dont même ils pourroient facilement ſe diſpenſer ; qu'il ſuffiroit peut-être de les obliger à l'office public des dimanches & fêtes ; qu'il ſeroit convenable de leur permettre des vacances aſſez longues, &c.

Ainſi ſe rétabliroit d'une manière ſolide, dans le clergé du diocèſe, l'attachement aux fonctions pénibles du miniſtère : ainſi ſe diſſiperoient les craintes pénibles & humiliantes, qui enveloppent les eccléſiaſtiques dès leur entrée dans cette carrière : ainſi on épargneroit à la religion la douleur de voir ſes anciens miniſtres, affoiblis par l'âge & la douleur, ſans aſyle & ſans reſſource. Ainſi, les diocéſains commenceroient à reprendre leur pente vers l'état eccléſiaſtique qu'ils paroiſſent abandonner, & qui rebute tant de ci toyens honnêtes par l'affreuſe perspective de manquer un jour, je ne dis pas de récompenſe, mais de pain : ainſi on diminueroit peut-être cette révoltante & dangereuſe émigration des prêtres de tous les diocèſes dans celui de Paris, concours favoriſé par les deux derniers archevêques, qui ont amené à leur ſuite une multitude d'eccléſiaſtiques d'outre Loire qui effraient, par leur

empreſſement à tout envahir, les paiſibles habitans des bords de la Seine.

(Cet article eſt de M. DES BOIS DE ROCHEFORT, docteur de la maiſon & ſociété de Sorbonne, vicaire général de la Rochelle, curé de S. André-des-Arcs, &c.)

PRETTIGEU, une des contrées de la république des griſons : elle comprend les hocgerichts Kloſter, Caſtels & Schiers. C'eſt une vallée de huit lieues de longueur ſur quatre de largeur ; elle eſt très-peuplée : on croit que c'étoit le ſiège des rucantii. Les habitans ſont de la religion réformée, & très-jaloux de leur liberté. Le terrein eſt fertile, ſur-tout en pâturages. Cette ſeigneurie a changé ſouvent de maitre. La maiſon d'Autriche a renoncé à tous ſes droits en 1469 : Ferdinand III a confirmé cette ceſſion. Voyez l'article GRISONS.

PRIMOGÉNITURE (droit de). Voyez l'article DECADENCE DES ÉTATS.

PRISONNIER DE GUERRE. Voyez le dictionnaire de l'Art militaire.

PRIVILEGE EXCLUSIF. On appelle ainſi le droit que le prince accorde à une compagnie ou à un particulier, de faire un certain commerce, ou de fabriquer & de débiter une certaine ſorte de marchandiſes à l'excluſion de tout autre. Un ſage gouvernement doit-il accorder des privilèges excluſifs ?

Cette intéreſſante queſtion demande beaucoup de détails. On ſe trouve obligé d'examiner avec attention quel eſt l'ordre le plus évidemment avatageux à la choſe publique, & on ſent combien il eſt néceſſaire d'établir les principes de cette étude qui doit occuper les hommes éclairés & bienfaiſans, chargés de la glorieuſe & pénible fonction de travailler au plus grand bonheur poſſible de leurs ſemblables ?

On peut réduire à un très-petit nombre les principes qu'on doit regarder comme immuables entre les hommes réunis, par le deſir & l'eſpérance d'augmenter leur bonheur & leur ſûreté. Peut-être ſe convaincroit-on, par l'obſervation & la méditation, que les maximes les plus avantageuſes aux ſociétés ſe réduiſent au trois principes ſuivans, ou qu'ils en découlent : 1°. les droits de la propriété doivent être inviolables, excepté dans le cas unique où l'intérêt de tous exige le ſacrifice des intérêts particuliers : 2°. les privilèges excluſifs, ſur-tout en fait de culture & de commerce, ne peuvent preſque jamais appartenir à aucun particulier, à aucun corps, parce qu'ils attaquent les droits conſtitutifs de la ſociété &

de la propriété : 3°. les richesses nationales dépendant du commerce intérieur & extérieur de ce qui est dans l'état, l'intérêt général demande que le commerce acquière toute l'étendue dont il est susceptible, par des facilités accordées à la circulation & à l'exportation : mais nous avons traité cette question avec beaucoup d'étendue aux articles INDUSTRIE & MONOPOLES. *Voyez* ces articles.

PRIX ou VALEUR. La question d'économie politique qu'on peut traiter sous ces mots est intéressante; & nous allons l'analyser en ce détail.

Du prix réel & nominal des marchandises, ou de leur prix en travail & en argent.

Chaque homme est riche ou pauvre selon qu'il est plus ou moins en état de se procurer les nécessités, les commodités & les amusemens de la vie. Mais, il ne peut s'en procurer que fort peu par son propre travail dans une société dont les membres se livrent à des occupations différentes, & il faut qu'il en tire la plus grande partie du travail d'autrui. Par conséquent il sera riche ou pauvre selon la quantité du travail d'autrui dont il pourra disposer ou qu'il aura le moyen d'acheter. Le travail est donc la mesure de la valeur relative & échangeable de toutes les marchandises.

Le prix réel de chaque chose, ce qu'elle coûte réellement à celui qui veut l'avoir, est la peine & l'embarras de l'acquérir. Ce qu'une chose vaut pour vous qui l'avez acquise, & qui avez besoin de l'échanger contre quelqu'autre chose, est la peine, & l'embarras qu'elle vous épargne, & qu'elle peut coûter à d'autres. Ce qu'on achete avec de l'argent ou des marchandises, n'est pas moins acheté par le travail, que ce qu'on acquiert par la peine & la fatigue de son propre corps. Il est vrai que cet argent & ces marchandises nous épargnent cette peine : ils contiennent la valeur d'une certaine quantité de travail que nous échangeons pour ce qu'on suppose en contenir, en même-temps, la valeur d'une égale quantité. Le travail a été le premier prix qu'on a payé par-tout ; c'est à lui, & non pas à l'or & à l'argent que le monde est redevable de toutes ses richesses.

Mais quoique le travail soit la véritable mesure de la valeur échangeable de toutes les marchandises, ce n'est point par le travail qu'on estime communément ce qu'elles valent. Il est difficile de s'assurer de la proportion entre deux quantités de travail. Le temps qu'on met à deux sortes d'ouvrages, ne suffit pas toujours pour déterminer cette proportion. Il faut calculer les différens degrés de peine & de talent. Il peut y avoir plus de travail dans l'ouvrage d'une heure, qui est difficile, que dans un ouvrage de deux

heures qui est aisé; ou en une heure d'application dans un métier qui a coûté dix ans d'apprentissage, qu'en un mois d'industrie donné à une occupation triviale dont tout le monde est capable. Mais il est mal aisé de trouver une mesure exacte de la peine & du talent. Aussi ne les apprécie-t-on point à la rigueur quand on échange les productions des divers travaux. On se règle alors, non sur une mesure exacte, mais sur les offres & les propositions du marché faites d'après cette sorte d'égalité imparfaite, qui, sans avoir de précision, ne laisse pas de suffire pour les affaires de la vie commune.

Les marchandises d'ailleurs sont plus souvent échangées entr'elles, & par-là même, plus souvent comparées les-unes avec les autres, qu'avec le travail. Il est donc plus naturel d'estimer leur valeur respective ou échangeable par la quantité d'autres marchandises, que par celle du travail qu'elles peuvent servir à acheter.

Lorsque les échanges n'ont plus lieu, & que l'argent est devenu le moyen ou l'instrument commun du commerce, chaque marchandise particulière est plus souvent échangée pour de l'argent que pour toute autre marchandise. Le boucher porte rarement son bœuf ou son mouton au boulanger ou au brasseur, pour avoir du pain ou de la bierre ; il les porte au marché où il les échange contre de l'argent, & ensuite il échange cet argent, contre du pain & de la bière. La quantité d'argent qu'il rapporte du marché règle ainsi la quantité de pain & de bière qu'il peut acheter ensuite.

Mais la valeur de l'or & de l'argent varie comme celle de toute autre marchandise. Ils sont quelquefois plus chers, quelquefois à meilleur marché, & il y a tel temps où il est plus aisé, & tel autre temps où il est plus difficile d'en acheter. La quantité de travail qu'une quantité donnée de ces métaux peut acheter ou mettre à notre disposition, & la quantité d'autres marchandises que nous pouvons nous procurer en échange, dépendent toujours de la fécondité ou de la stérilité des mines, qui se trouvent connues vers le temps où se font ces échanges. La découverte des mines abondantes de l'Amérique a réduit l'or & l'argent en Europe environ au tiers de ce qu'ils valoient auparavant. Moins il falloit de travail pour qu'ils vinssent de la mine au marché, moins ils en pouvoient commander ou acheter quand ils y étoient arrivés; & cette révolution dans leur valeur, quoique peut-être la plus grande, n'est point du tout la seule dont parle l'histoire. Mais comme une mesure de quantité telle que le pied naturel, la poignée, qui varient continuellement, ne peut jamais être une mesure exacte de la quantité des autres choses; de même une marchandise dont la valeur n'est jamais fixe, ne peut être une mesure exacte de la valeur des autres marchandises. Il n'en est pas ainsi des quantités

quantités du travail qui, en tout temps & en tout lieu, est nécessairement d'une valeur égale pour celui qui travaille. Il faut qu'il sacrifie toujours la même portion de ses aises, de sa liberté & de son bonheur. Le prix qu'il paie est toujours le même, quelle que soit la quantité de marchandises qu'il reçoit en échange. Il peut en recevoir tantôt plus, tantôt moins ; mais c'est leur valeur qui change ; & non le travail qui les achète. En tout temps & en tout lieu ce qu'il est difficile de se procurer, ou ce qui coûte beaucoup de peine à acquérir, est cher, & ce qu'on peut avoir aisément ou ce dont l'acquisition ne coûte guère de peine, est à bon marché. Le travail seul ne variant jamais dans sa valeur, est donc l'unique, la dernière & la véritable mesure par laquelle on peut estimer & comparer en tout temps & en tout lieu la valeur de toutes les marchandises. Il est leur prix réel, l'argent n'est que leur prix nominal.

Mais quoique des quantités égales de travail soient toujours d'une valeur égale pour l'ouvrier, la personne qui l'emploie n'en juge pas toujours de même. Comme elle l'achète quelquefois avec plus, quelquefois avec moins de marchandises, elle imagine que la valeur du travail est aussi véritable que celle de toutes les autres choses. Elle le trouve cher dans un cas, & bon marché dans d'autres. Cependant ce sont les marchandises qui sont tantôt chères & tantôt à bon marché.

Dans ce sens populaire on peut donc dire que le travail a un prix réel & un prix nominal, ainsi que les marchandises. Son prix réel consistera dans la quantité de choses nécessaires & commodes qu'on donne en retour ; le prix nominal sera en argent. Celui qui travaille est riche ou pauvre, bien ou mal récompensé, à proportion du prix réel & non du prix nominal de son travail.

La distinction entre le prix réel & le prix nominal n'est pas une matière de pure spéculation : elle peut être quelquefois d'un grand usage dans la pratique. Le même prix réel est toujours de la même valeur ; mais, à cause de la variation dans la valeur de l'or & de l'argent, la valeur du même prix nominal n'est pas toujours la même. Ainsi quand on vend une terre avec la réserve d'une rente perpétuelle, si on veut que cette rente soit toujours de la même valeur, il est important pour la famille en faveur de laquelle on l'établit, qu'elle ne consiste pas, dans une somme d'argent particulière. Sa valeur en ce cas seroit sujette à des variations de deux espèces ; 1°. à celles qui naissent de ce que les quantités d'or & d'argent contenues dans la monnoie d'une même dénomination ne sont pas toujours égales ; 2°. à celles qui viennent de ce que des quantités égales d'or & d'argent n'ont pas en tout temps la même valeur.

Les princes & les états souverains ont souvent

imaginé qu'il étoit de leur intérêt de diminuer la quantité de métal pur contenue dans leurs monnoies ; mais il ne leur est guère venu dans l'esprit qu'ils eussent un intérêt à l'augmenter. Aussi je pense que chez toutes les nations elle a toujours été en diminuant. Ces sortes de variations tendent donc presque toujours à diminuer les rentes en argent.

La découverte de l'Amérique a fait baisser en Europe la valeur de l'or & de l'argent. La valeur des rentes doit plutôt diminuer qu'augmenter, quand même elles seroient payables, non en argent monnoyé de telle quantité & de telle dénomination (en tant de livres sterl. par exemple), mais en tant d'onces d'argent pur ou à tel titre.

Les rentes stipulées en bled ont beaucoup mieux conservé leur valeur que celles stipulées en argent, lors même que la monnoie n'a point été altérée. Un acte parlementaire de la dix-huitième année du règne d'Elisabeth, a statué que les fermiers des collèges paieroient le tiers de leur redevance en bled, en nature, & au prix courant du marché le plus proche. Selon le docteur Blackstone, l'argent provenant de cette rente en bled & qui n'étoit originairement que le tiers de la redevance en total, se monte aujourd'hui à-peu-près au double de celui que rapportent les deux autres tiers. Ainsi les anciennes rentes des collèges en argent sont presque réduites à la quatrième partie de leur valeur, ou ne valent guère mieux que la quatrième partie du bled qu'elles valoient anciennement. Mais depuis le règne de Philippe & de Marie la dénomination de la monnoie n'a souffert en Angleterre que peu ou point d'altération, & le même nombre de livres, de schelings & de deniers, a contenu à peu-près la même quantité d'argent pur. La dégradation dans la valeur de ces rentes pécuniaires vient donc de la dégradation dans la valeur de l'argent.

La perte est encore plus grande, quand, à la dégradation dans la valeur de l'argent, il se joint une diminution dans la quantité qu'en contient la monnoie dont la dénomination ne change pas. En Ecosse où ces sortes d'altérations ont été plus considérables qu'en Angleterre ; en France où elles ont encore été plus grandes qu'en Ecosse, d'anciennes rentes qui, dans leur origine avoient une valeur considérable, ont été ainsi réduites presqu'à rien.

Des quantités égales de bled, denrée qui fait la subsistance de l'ouvrier, approchent plus, au bout d'un long terme, des quantités égales de travail, que n'en peuvent approcher des quantités égales d'or & d'argent, peut-être même de toute autre marchandise. Ainsi des quantités égales de bled, dans un long espace de temps, approcheront plus de la même valeur réelle, ou, ce qui revient au même, celui qui en sera le possesseur, sera plus près de pouvoir acheter ou mettre à sa disposition la même quantité du travail d'autrui. Au reste le bled n'y atteindra pas lui-même exactement. La subsistance de l'ouvrier, ou le prix réel du travail, n'est pas la même dans tous les cas. Elle est plus abondante dans une société qui fait des progrès, que dans une autre qui n'avance ni ne recule, & plus dans celle ci que dans une qui décline. Cependant toute autre denrée ou marchandise achetera, en quelque temps particulier que ce soit, une plus grande ou une plus petite quantité de travail en proportion de la quantité de subsistance que ce travail pourra procurer dans le même temps.

Il faut observer que si la valeur réelle d'une rente en bled varie beaucoup moins d'un siècle à l'autre, que celle d'une rente en argent, elle varie beaucoup plus d'une année à l'autre. Le prix du travail en argent, ne change pas d'une année à l'autre, comme le prix du bled en argent, & il paroît suivre par-tout, non le prix passager & accidentel, mais le prix moyen ou ordinaire de cette denrée nécessaire à la vie. Le prix moyen ou ordinaire du bled, est réglé à à son tour par la valeur de l'argent, par la quantité de travail qu'il faut employer, & conséquemment du bled qu'il faut consommer pour que telle quantité déterminée de ce métal vienne de la mine au marché. Mais quoique la valeur de l'argent varie quelquefois beaucoup d'un siècle à l'autre, elle ne varie guère d'une année à l'autre, & souvent elle reste la même, ou à-peu-près la même, l'espace d'un demi-siècle ou d'un siècle de suite. Le prix moyen ou ordinaire du bled en argent peut donc être le même ou à-peu-près durant cette longue période, & le prix du travail en argent aussi, si la société reste à d'autres égards dans le même état ou à-peu-près. Cependant le prix passager & accidentel du bled peut souvent être une année le double de ce qu'il étoit l'année d'auparavant. Il peut aller, par exemple, de vingt-cinq à cinquante schelings la mesure de huit boisseaux; mais, quand il est à ce dernier prix, non-seulement la valeur nominale d'une rente en bled, mais sa valeur réelle est double de ce qu'elle étoit à vingt cinq schelings, & avec la même quantité de bled on achetera, ou l'on aura à sa disposition le double de travail qu'on pourroit acheter avec la plupart des autres marchandises, le prix du travail en argent & celui de la plupart des autres choses demeurant le même pendant toutes ces variations.

Il paroît donc que le travail est la seule mesure universelle & exacte, la seule règle par laquelle nous pouvons comparer en tout temps & en tout lieu les valeurs des différentes marchandises. On convient que nous ne pouvons estimer leur valeur réelle d'un siècle à l'autre par les quantités d'argent données pour elles. Nous ne pouvons pas non plus l'estimer d'une année à l'autre par les quantités de bled; mais nous pouvons le faire avec la plus grande exactitude, & de siècle en siècle, & d'année en année, par les quantités du travail. D'un siècle à l'autre le bled est une meilleure mesure que l'argent, parce qu'à cette distance, il approche plus près du point où l'on peut disposer de la même quantité de travail. D'une année à l'autre, c'est tout le contraire, parce qu'il en approche moins.

Quoique la distinction du prix réel & nominal puisse être utile dans l'établissement d'une rente perpétuelle ou dans celui des redevances stipulées par un long bail, elle n'est d'aucun usage pour vendre ou acheter dans le cours ordinaire de la vie.

Dans un temps & un lieu donnés le prix réel & le prix nominal de toutes les marchandises sont en proportion l'un avec l'autre. Par exemple, selon que vous aurez plus ou moins d'argent d'une marchandise au marché de Londres, vous pourrez y acheter ou avoir à votre disposition plus ou moins du travail d'autrui. Ainsi au même temps & au même endroit donnés, l'argent est la mesure exacte de la valeur échangeable de toutes les marchandises; mais il ne l'est pas autrement.

Quoiqu'à des endroits éloignés de l'un de l'autre il n'y ait pas de proportion régulière entre le prix réel des marchandises & leur prix en argent, le marchand qui transporte ses marchandises d'un endroit à l'autre, n'a rien à considérer que les prix en argent, ou la différence entre la quantité d'argent qu'elles lui coûtent & celle qu'il les vendra. Il peut se faire qu'avec une demi-once d'argent, on se procure à Canton le double du travail & le double des besoins & des commodités de la vie qu'on se procureroit à Londres avec une once. Une marchandise qui se vendroit une demi-once d'argent à Canton, pourroit y être ainsi réellement plus chère & d'une importance plus réelle pour le possesseur que celle qui se vendroit une once d'argent à Londres ne le seroit pour celui qui la posséderoit. Si cependant un marchand de Londres peut acheter à Canton pour une demi-once d'argent une marchandise qu'il revende ensuite une once d'argent à Londres, il gagne à ce marché cent pour cent, tout comme si une once d'argent avoit précisément la même valeur à Londres qu'à Canton. Il lui est égal qu'une demi-once d'argent lui eût procuré plus du travail d'autrui, & plus grande quantité des besoins & commodités de la vie à Canton, qu'une once à Londres; avec une once il aura toujours à Londres le double de ce qu'il aura avec une demi-once; & voilà ce qu'il lui faut.

C'est donc le prix nominal des marchandises, ou leur prix en argent, qui décide en dernier ressort de la prudence ou de l'imprudence de tous les achats & de toutes les ventes, & qui par-là règle toutes les affaires de la vie commune, où il est question de la valeur; & il ne faut pas s'étonnet fi on y a fait beaucoup plus d'attention qu'au prix réel.

Il peut être utile de comparer les différentes valeurs réelles d'une marchandife particulière dans des temps & des lieux différens, ou de voir les divers degrés de puiffance qu'elles ont donné en diverfes occafions à leurs poffeffeurs fur le travail d'autrui. Les quantités d'argent données communément pour la marchandife, font moins à confidérer en ce cas que les quantités de travail qui pouvoient être achetées avec ces quantités d'argent. Mais à peine peut on connoître avec quelqu'exactitude les prix courans du travail à des temps & à des lieux éloignés. Quoiqu'on n'ai pas tenu regiftre de ceux du bled en beaucoup d'endroits, ils ne laiffent pas d'être généralement mieux connus, parce que les hiftoriens & d'autres écrivains en ont fait mention plus fouvent. En général il faut donc nous en contenter, non qu'ils foient toujours exactement dans la même proportion que les prix du travail, mais parce que communément on n'a pas de meilleure approximation.

Dans les progrès de l'induftrie les nations commerçantes ont trouvé qu'il étoit de leur intérêt de faire de la monnoie de différens métaux. Elles ont fait frapper des pièces de monnoie d'or pour de gros paiemens, d'autres d'argent pour les achats de médiocre valeur, & d'autres de cuivre ou de quelqu'autre métal commun pour ceux d'une valeur inférieure. Cependant elles ont regardé un de ces métaux comme étant plus particuliérement la mefure de valeur; & il paroît qu'elles ont généralement donné cette préférence au métal qui leur a fervi d'abord d'inftrument de commerce. Elles ont continué par habitude l'ufage qu'elles en avoient fait par néceffité.

On dit que les romains n'avoient encore que de la monnoie de cuivre cinq ans avant la dernière guerre punique, temps auquel ils firent frapper de la monnoie d'argent. Auffi le cuivre paroît-il avoir toujours confervé dans cette république la qualité de mefure de valeur. On y faifoit tous les comptes, & on y calculoit la valeur de tous les biens en as & en *fefterces*. L'*as* y fut toujours la dénomination d'une monnoie de cuivre : le mot *fefterce* fignifie deux as & demi. Ainfi, quoique le fefterce fût toujours une monnoie d'argent, fa valeur étoit eftimée en cuivre. On difoit à Rome de celui qui devoit de groffes fommes, qu'il avoit beaucoup de cuivre à autrui.

Il femble que les nations du Nord, qui fe font établies fur les ruines de l'empire romain aient eu, dès les commencemens de leur établiffement, de la monnoie d'argent, & qu'elles ne connurent ni celle de l'or, ni celle de cuivre que plufieurs fiècles après. Il y eut des monnoies d'argent en Angleterre du temps des faxons; mais il n'y en eut guère en or jufqu'au temps d'Edouard III, & point en cuivre jufqu'à celui

de Jacques I. C'eft par cette raifon qu'en Angleterre, &, à ce que je crois, chez toutes les nations modernes de l'Europe, les comptes font tenus, & la valeur des marchandifes & des biens énoncée en argent. En Angleterre, quand on veut exprimer à quoi fe monte la fortune de quelqu'un, on ne parle guère du nombre de guinées, mais du nombre de livres qu'on en donneroit.

Dans tous les pays, on n'a pu faire originairement des offres réelles que dans les efpèces du feul métal qui étoit confidéré comme mefure de valeur. On a frappé des monnoies d'or en Angleterre, long-temps avant que l'or y fût regardé comme paiement légal. La proportion entre les valeurs des monnoies d'or & d'argent n'étoit fixée par aucune loi ou proclamation publique : on laiffoit au marché à l'établir. Si un débiteur offroit de payer en or, le créancier pouvoit ou rejetter le paiement, ou l'accepter à telle évaluation de l'or dont ils convenoient entr'eux. Aujourd'hui le cuivre n'eft point une offre légale de paiement, fi ce n'eft dans le change des petites pièces d'argent. Dans cet état de chofes, la diftinction entre le métal, mefure de valeur, & celui qui ne l'étoit pas, étoit quelque chofe de plus qu'une diftinction nominale.

Par la fuite, le peuple s'étant familiarifé avec l'ufage des différens métaux monnoyés, & connoiffant mieux leurs valeurs refpectives, on a jugé, dans la plupart des pays, qu'il falloit conftater cette proportion, & déclarer, par une loi, qu'une guinée, par exemple, de tel titre & de tel poids vaudroit vingt-un fchelings, & feroit un paiement légal pour une dette de pareille fomme. Dans cet état de chofes & tant que fubfifte une proportion réglée de cette nature, la diftinction entre le métal, mefure de valeur, & celui qui ne l'eft pas, n'eft guère qu'une diftinction nominale.

Mais, dès qu'il arrive quelque changement dans cette proportion réglée, cette diftinction redevient, ou femble au moins redevenir quelque chofe de plus qu'une diftinction nominale. Si, par exemple, la valeur fixée ou réglée d'une guinée venoit à être réduite à vingt fchelings, ou à monter à vingt-deux, tous les comptes & prefque toutes les obligations pour dette étant articulées en argent, la plus grande partie des paiemens pourroit fe faire, comme auparavant, avec la même quantité d'argent, mais non avec la même quantité d'or. Il faudroit plus d'or dans un cas, & moins dans l'autre; l'argent paroîtroit plus invariable que l'or dans fa valeur; il fembleroit que la valeur du premier de ces métaux mefureroit la valeur du fecond, & non le fecond la valeur du premier. La valeur de l'or paroîtroit dépendante de la quantité d'argent qu'on auroit en échange, & celle de l'argent indépendante de la quantité d'or qu'on donneroit pour elle. Cette différence ne viendroit pourtant que de la coutume de tenir les comptes, & d'exprimer le montant des grandes & des petites fommes plutôt en argent qu'en or. Si la coutume de tenir-les comptes & d'exprimer les billets & autres obligations en monnoie d'or, devenoit générale, on regarderoit l'or & non l'argent comme étant la mefure particulière de valeur.

Tant qu'il y a quelque proportion réglée entre les valeurs refpectives des monnoies de différens métaux, c'eft la valeur du métal le plus précieux qui règle celle de toute la monnoie. Douze pences ou deniers de cuivre contiennent une demi-livre ou huit onces de cuivre, qui n'eft pas de la meilleure qualité, & qui, avant d'être frappé, vaut rarement fept pences en argent. Mais comme, par le réglement des monnoies d'Angleterre, douze de ces pences valent un fcheling, on les prend au marché pour l'équivalent d'un fcheling, & en tout temps on peut avoir un fcheling à leur place. Avant même qu'on fît la dernière réforme de la monnoie d'or de la Grande-Bretagne, l'or, au moins celui qui circuloit à Londres & dans les environs, étoit en général moins dégradé par le frai que la plus grande partie de l'argent. Cependant vingt-un fchelings, ufés & effacés, étoient confidérés comme l'équivalent d'une guinée qui étoit ufée & peut-être effacée de fon côté, mais qui en général ne l'étoit pas autant. Peut-être eft-il impoffible de porter la monnoie courante d'aucune nation plus près du poids qu'elle doit avoir, qu'on ne l'a fait à l'égard de la monnoie d'or d'Angleterre, par les derniers réglemens; & l'ordre de ne recevoir l'or qu'au poids dans toutes les caiffes publiques, lui confervera vraifemblablement cette intégrité tant qu'on y tiendra la main. Depuis cette réforme, la dégradation & le frai dans la monnoie d'argent font reftés les mêmes qu'auparavant, ce qui n'empêche pas que vingt-un fchelings de cet argent dégradé ne foient encore confidérés dans le commerce comme valant une guinée de cette excellente monnoie d'or.

Il eft clair que la réforme de la monnoie d'or a hauffé la valeur de la monnoie d'argent qu'on donne en échange.

A la monnoie d'Angleterre, on fait avec une livre d'or quarante-quatre guinées & demie; ce qui, à vingt-un fchelings la guinée, eft égal à quarante fix livres quatorze fchelings & fix den. Une once de cette monnoie d'or vaut donc trois livres dix-fept fchelings dix deniers & demi en argent. Il n'y a point de droit ou de feigneuriage en Angleterre fur la fabrication des monnoies; & celui qui porte à la monnoie une livre ou une once d'or au titre, en lingots, y reçoit une livre ou une once d'or monnoyé fans aucune déduction. C'eft pourquoi l'on dit que le prix de l'or à la monnoie d'Angleterre eft de trois livres dix-fept fchelings & dix deniers & demi l'once.

Avant la réforme de la monnoie d'or, le *prix* du marché pour l'or au titre, en lingots, avoit excédé, pendant plufieurs années, trois livres dix-neuf fchelings, & fort fouvent quatre livres l'once; & il eft probable que, dans l'état de dégradation & de frai où étoit la monnoie d'or, cette fomme contenoit rarement plus d'une once d'or au titre. Depuis cette réforme, le *prix* du marché de l'or au titre, en lingots, excède rarement trois livres dix-fept fchelings fept deniers l'once. Auparavant-le *prix* du marché fe trouvoit toujours plus ou moins fupérieur à celui qu'on donnoit à la monnoie; depuis il a été conftamment au-deffous. La dernière réforme de la monnoie d'or n'a donc pas feulement hauffé la valeur de cette monnoie, elle a augmenté celle de la monnoie d'argent proportionnellement à l'or en lingots, & vraifemblablement auffi en proportion de toutes les autres marchandifes, quoique le *prix* de la plupart des autres marchandifes fe trouvant déterminé par tant de caufes, le hauffement de la valeur des monnoies d'or ou d'argent proportionnellement à elles, ne puiffe être auffi clair & auffi fenfible.

A la monnoie d'Angleterre, avec une livre d'argent au titre, en lingots, on frappe foixante-deux fchelings contenant de même une livre d'argent au titre. En conféquence, on dit que le *prix* de l'argent à la monnoie d'Angleterre eft de cinq fchelings deux deniers l'once, ou qu'on y donne cette quantité d'argent monnoyé pour une once d'argent au titre en lingots. Avant la réforme de la monnoie d'or, l'once d'argent au titre, en lingots, valoit au *prix* du marché cinq fchelings, cinq, fix, fept, & quelquefois huit deniers; mais, à ce qu'il paroît, le plus communément fept. Depuis cette réforme, ce *prix* du marché eft tombé à cinq fchelings, trois, quatre & cinq deniers l'once, & il n'a jamais excédé cette dernière fomme : ainfi, quoique le *prix* du marché de l'argent en lingots ait baiffé confidérablement depuis la réforme de la monnoie d'or, il a moins baiffé que celui qu'on en donnoit à la monnoie.

Comme le cuivre eft eftimé bien au-deffus de fa valeur réelle dans les différens taux des monnoies angloifes, l'argent eft eftimé un peu au-deffous de la fienne. En Europe, avant la dernière opération des monnoies de France fur les louis, opération qui a déterminé quelques autres états à changer la proportion de l'or à l'argent, avec une once d'or pur, monnoie de France ou de Hollande, on avoit environ quatorze onces d'argent pur. En Angleterre, on en a quinze. C'eft plus qu'elle n'en vaut, fuivant l'eftimation commune de l'Europe. Mais, comme le *prix* du cuivre en barres ne hauffe point en Angleterre par le haut *prix* du cuivre monnoyé, de même le *prix* de l'argent en lingots n'y baiffe point par le bas *prix* de l'argent monnoyé. L'argent en lingots y conferve fa proportion réelle avec l'or, par la même raifon que le cuivre en barres conferve la fienne avec l'argent.

Lors de la réforme de la monnoie d'argent fous Guillaume III, le *prix* de l'argent en lingots continua d'être encore quelque temps un peu au-deffus de celui qu'on en donnoit à la monnoie. M. Locke attribuoit ce haut prix à la permiffion d'exporter l'argent en lingots, & à la défenfe d'exporter l'argent monnoyé. Cette permiffion d'exporter, difoit-il, fait qu'on demande plus d'argent en lingots que monnoyé; mais le nombre des gens qui ont befoin de monnoie d'argent pour les ventes & les achats qui fe font dans l'intérieur du royaume, eft certainement beaucoup plus confidérable que le nombre de ceux qui ont befoin d'argent en lingots, foit pour l'exportation, foit pour tout autre ufage. La même permiffion & la même défenfe fubfiftent à préfent par rapport à l'or en lingots & à l'or monnoyé, & cependant le *prix* de l'or en lingots eft devenu inférieur à celui qu'on en donne à la monnoie.

Si la monnoie d'argent d'Angleterre pouvoit être ramenée auffi près de fon véritable poids que celle d'or, il eft probable que, felon la proportion actuelle, on auroit avec une guinée plus d'argent monnoyé qu'en lingots. La monnoie d'argent contenant tout le poids qu'elle doit avoir, il y auroit un profit à la fondre, afin de la vendre d'abord en lingots pour de la monnoie d'or, & à changer enfuite cette monnoie d'or contre de la monnoie d'argent, qu'on refondroit encore. Un changement, dans la proportion actuelle, femble être le feul moyen de parer à cet inconvénient; & ce qui s'eft paffé en France & en d'autres pays, le prouve affez.

Il vaudroit peut-être mieux pour l'Angleterre que la monnoie d'argent fût eftimée autant au-deffus de fa véritable valeur, qu'elle l'eft au-deffous; mais il faudroit ordonner en même-temps que tout paiement légal en argent n'excédât pas une guinée, comme le paiement légal en cuivre ne doit pas excéder un fcheling. D'après ce réglement, aucun créancier ne pourroit être trompé en conféquence de la haute évaluation de l'argent monnoyé, comme aucun ne peut l'être à préfent en conféquence de la haute évaluation du cuivre. Les banquiers feuls en fouffriroient. Quand tout le monde fond chez eux pour retirer fon argent, ils s'efforcent quelquefois de gagner du temps en payant en pièces de fix deniers ou pences, & un tel réglement leur ôteroit cette miférable reffource dont ils fe fervent pour éluder le paiement immédiat. Ils feroient obligés d'avoir, en tout temps de plus gros fonds dans leurs caiffes qu'ils n'en ont à préfent; &, quoique ce fût fans doute un grand inconvénient pour eux, ce feroit en même-temps une grande fûreté pour leurs créanciers.

Trois livres dix-fept fchelings dix deniers & demi (*prix* de l'or à la monnoie) ne contiennent certainement pas plus d'une once d'or au titre, même dans la monnoie d'or actuelle, toute excellente qu'elle eft, & on peut croire là-deffus qu'avec pareille fomme on n'auroit pas plus d'une once d'or au titre en lingots. Mais l'or monnoyé eft plus commode que l'or en lingots; &, quoique la fabrication des monnoies foit libre d'impôts en Angleterre, cependant l'or qu'on porte en lingots à la monnoie, peut rarement revenir monnoyé à fon propriétaire avant qu'il fe paffe plufieurs femaines; &, dans l'embarras où on eft aujourd'hui à la monnoie, il faut même un délai de plufieurs mois. Or, ce délai équivaut à un petit droit ou impôt, & donne à l'or monnoyé un peu plus de valeur qu'à l'autre. Si, dans les monnoies angloifes, l'argent étoit eftimé au prorata de la valeur qu'il doit avoir en proportion avec l'or, le prix de l'argent en lingots tomberoit au-deffous du prix qu'on en donne à la monnoie, fans qu'il fût befoin d'aucune réforme dans les pièces d'argent, leur valeur, dans l'état même de dégradation où elles font, étant réglée par la valeur de l'excellente monnoie d'or qu'on peut avoir en échange.

Un petit feigneuriage ou droit fur la fabrication des monnoies d'or & d'argent augmenteroit probablement encore la fupériorité de ces deux métaux monnoyés fur une pareille quantité de l'un & de l'autre en lingots. Dans ce cas, la fabrication accroîtroit la valeur du métal frappé en proportion de l'étendue de ce petit droit, par la même raifon que la façon donne un accroiffement de valeur à la vaiffelle d'argent en proportion du prix de cette façon. La fupériorité de la monnoie fur les lingots empêcheroit de la fondre, & en décourageroit l'exportation. Si, dans quelque néceffité publique, il falloit exporter de la monnoie, la plus grande partie de ce qui fortiroit, rentreroit de foi-même. On ne pourroit la vendre chez l'étranger que pour fon poids en lingots; il y auroit par conféquent un profit à la rapporter dans le pays.

Les variations accidentelles de l'or & de l'argent en lingots, dans le prix du marché, viennent des caufes qui produifent celles du *prix* de toutes les autres marchandifes. Dans les pays qui n'ont point de mines, il faut une importation continuelle pour réparer la perte qui s'en fait par divers accidens fur terre & fur mer, par ce qui s'en confomme en dorure, en vaiffelle, en galons & en broderie, & par le frai de la monnoie & de la vaiffelle qui s'ufent. On peut croire que les importateurs tâchent, comme tous les autres négocians, de régler leurs importations, dans l'occafion, fur le befoin qu'ils jugent qu'on en peut avoir dans le moment. Malgré toute leur attention, ils en importent quelquefois plus, quelquefois moins, en lingots, qu'on n'en demande. Dans le premier cas, plutôt que de se mettre dans le risque & dans l'embarras d'une nouvelle exportation, ils aiment mieux en vendre une partie moins cher que le prix moyen ou ordinaire. Dans le second, ils gagnent quelquefois au-delà de ce *prix*. Mais quand, avec toutes ces variations accidentelles, le *prix* du marché de l'or ou de l'argent en lingots reste plusieurs années de suite, plus ou moins au-dessus ou plus ou moins au-dessous du *prix* qu'on en donne à la monnoie, nous pouvons être sûrs que cette constante supériorité ou infériorité du *prix* est l'effet de quelque chose dans l'état de la monnoie, qui la met au-dessus ou au-dessous de la valeur de la quantité précise de métal qu'elle doit contenir. La durée & la constance de l'effet suppose une durée & une constance proportionnée dans la cause.

L'argent d'un pays, dans un temps & dans un lieu donnés, est une mesure de valeur plus ou moins exacte, selon que la monnoie qui a cours dans ce pays, est plus ou moins exactement conforme à son titre, & selon qu'elle contient, plus ou moins exactement, la quantité précise d'or ou d'argent purs qu'elle doit contenir. Par exemple, si en Angleterre quarante-quatre guinées & demie contenoient exactement le poids d'une livre d'or au titre, ou bien onze onces d'or pur & une once d'alliage, la monnoie d'or d'Angleterre seroit, en un temps & en un lieu particuliers quelconques, une mesure de la valeur des marchandises aussi exacte que le comporteroit la nature des choses. Mais si, par les frottemens & le frai, quarante-quatre guinées & demie contiennent généralement moins d'une livre pesant d'or au titre, la diminution étant plus grande en certaines pièces que dans d'autres, là mesure de valeur devient sujette à la même espèce d'incertitude à laquelle sont exposés les autres poids & mesures. Comme il n'arrive guère que ceux-ci soient parfaitement conformes à leur étalon, le marchand règle autant qu'il peut le *prix* de ses marchandises, non sur ce que doivent être ces poids & mesures, mais sur ce que l'estimation moyenne & l'expérience lui montrent qu'ils sont. En conséquence d'un pareil désordre dans la monnoie, le *prix* des marchandises vient de même à se régler, non sur la quantité d'or ou d'argent pur que doit contenir la monnoie, mais sur ce qu'on juge d'après une estimation moyenne, & d'après l'expérience qu'elle en contient actuellement. *Voyez* les articles NUMÉRAIRE, MONNOIE, &c.

PROJETS CHIMÉRIQUES : nous voulons désigner ici des plans d'administration ou de politique, impraticables par la perversité des hommes, ou par les mauvais calculs de ceux qui les ont formés. Nous n'indiquerons pas tous ceux qu'on a publiés ; mais le *projet* de paix perpétuelle

de l'abbé de Saint-Pierre, & d'autres *projets* du même auteur, qu'on a appellés *les rêveries d'un homme de bien*, nous ont paru devoir mériter quelques détails. Nous donnons, dans cet ouvrage, l'analyse des meilleurs romans politiques qu'on a imprimés ; &, pour ne rien oublier de ce qui peut instruire les hommes d'état & les citoyens, il nous a semblé convenable de faire aussi un article *projets chimériques*.

L'abbé de Saint-Pierre a publié :

1°. *Discours sur la polisynodie, où l'on démontre que la polisynodie, ou pluralité des conseils, est la forme du ministère la plus avantageuse pour un roi & son royaume.*

L'auteur composa cet ouvrage sous la régence de Philippe, duc d'Orléans. Il essaya de prouver que le grand nombre de conseils, qui furent établis dans le commencement de cette régence, sur un plan attribué au duc de Bourgogne, père de Louis XV, devoit être infiniment utile à la nation. L'événement ne favorisa pas son système. On fut obligé de supprimer ces conseils bientôt après leur établissement. Des réflexions hardies, répandues dans ce livre sur le règne de Louis XV, ou plutôt des cabales méprisables, déterminèrent l'Académie françoise à exclure de ses assemblées l'abbé de Saint-Pierre : elle voulut même nommer à sa place ; mais le duc d'Orléans ne le jugea pas à propos, & on n'y nomma qu'à la mort de l'abbé de Saint-Pierre, qui avoit cessé de paroître aux assemblées de cette compagnie, sans cesser de prendre la qualité d'académicien.

II. *Projet de taille tarifée, pour faire cesser les maux que causent en France les disproportions ruineuses dans les répartitions de la taille arbitraire.*

Personne n'ignore que la répartition & la perception de la taille sont abandonnées, dans les bourgs & villages, à l'impéritie des collecteurs souvent passionnés, & que les abus, dans la répartition & la perception de cet impôt, ont fait imaginer les assemblées provinciales. Touché de ces abus, l'abbé de Saint-Pierre chercha les remèdes qui pouvoient en arrêter le cours. Une taille, imposée d'après les tarifs des biens de différente nature, lui parut très-propre à établir cette exacte proportion qu'exige la justice. Il vouloit pour cela que chaque particulier donnât une déclaration fidèle de ses revenus, & du gain qu'il peut faire par son commerce & par son industrie. Ce projet n'a pas été suivi, quoiqu'on en ait fait quelques épreuves dans les généralités d'Amiens & de Limoges.

III. *La méthode du scrutin.*

L'auteur pense que les écrivains font un mauvais choix, quand ils se livrent à des sujets de pure spéculation, au - lieu de s'appliquer à des études utiles; il veut que les grands génies se tournent vers la science du gouvernement, & que tous les citoyens cherchent à être utiles à l'état. Tout cela est raisonnable; mais ce qui ne le paroît guère, c'est l'établissement, dans ce royaume d'une académie & de bureaux, d'où seroient tirés au scrutin les ministres, les généraux & les magistrats. Nous nous contenterons d'observer que jamais on ne persuadera à un roi de France de remettre une grande partie de sa puissance à une académie ou à un bureau. La plupart des *projets* de l'auteur dépendent de cette méthode du scrutin, qu'il suppose devoir être établie, & cette seule circonstance les rend inutiles, indépendamment de beaucoup d'autres défauts.

IV. *Projet pour rendre la paix perpétuelle en Europe.*

Ce *projet* est si important qu'on ne sauroit trop l'approfondir.

Emeri de la Croix est le premier écrivain qui ait imaginé le *projet* d'une paix perpétuelle entre tous les princes du monde : *projet* peu raisonnable, s'il est bien sérieux.

Le landgrave de Hesse - Rhinfels, prince savant & guerrier, composa, après la paix de Westphalie, un livre allemand qui avoit pour titre : *le Catholique discret*, où, parmi des controverses théologiques, on trouve un *projet* analogue à celui que l'abbé de Saint-Pierre a attribué à Henri IV. Il proposoit d'établir à Lucerne le tribunal de la société des souverains; l'abbé de Saint-Pierre ne connoissoit pas cet ouvrage du prince allemand lorsqu'il composa le sien; mais Léibnitz le lui fit connoître dans la suite.

Cent passages des économies royales rappellent ce prétendu *projet* de Henri IV, qui étoit une république à quinze états; & c'est uniquement d'après ce livre que Péréfixe, le continuateur de Thou, Bassompierre & d'autres historiens, ont supposé que ce grand prince avoit réellement conçu un pareil *projet*; ce qui réduit leur témoignage au témoignage unique des économies royales. L'abbé de Saint - Pierre a adopté le *projet* dans toute son étendue, &, si on peut le dire, dans toute sa chimère. Il y a mis les modifications que l'état de l'Europe lui parurent demander; il se fit des objections, & il prétendit les réfuter. Ce *projet*, s'il étoit exécuté, seroit sans doute le chef-d'œuvre de la politique, & il offriroit la révolution la plus glorieuse & la plus utile au genre humain. Développons le système de l'abbé de Saint-Pierre.

Henri IV, eut à combattre toutes les forces de la ligue, celles d'Espagne, & celles de Rome. Après s'être trouvé dans toutes les positions où un souverain peut voir de près le malheur des hommes, où un prince peut essuyer les outrages de la fortune, il demeura tranquille possesseur de la couronne à laquelle sa naissance lui donnoit un droit incontestable, dont la religion mal entendue l'éloignoit, & qu'il fût obligé de conquérir l'épée à la main, comme s'il l'avoit usurpée. A peine avoit il fait la paix avec l'Espagne, qu'il employa les premiers momens de sa tranquillité à réparer les maux que la guerre avoit faits à son royaume. Bien différent de ces princes dont la politique cruelle est barbare se nourrit des larmes du genre humain, il conçut, selon l'abbé S. Pierre, le noble projet de fixer d'une manière invariable les prétentions de tous les souverains de l'Europe, d'établir entre eux une garantie perpétuelle qui mît le plus foible à couvert des entreprises des plus puissans, & de rendre la paix générale & éternelle, entre toutes les nations chrétiennes par l'établissement d'un tribunal qui seroit composé de députés de toutes les puissances de l'Europe, qui jugeroit leurs différens, & qui écarteroit le ravage des guerres, sans rien changer au gouvernement de chaque pays. Il offroit aux princes chrétiens de mettre en usage pour que cette république chrétienne fît sur les turcs des conquêtes qui seroient partagées entre les autres souverains, sans qu'il en réclamât aucune part. Il proposoit une confédération générale de toutes les puissances de l'Europe qui auroient formé quinze dominations, & l'établissement d'un conseil général composé de soixante députés, savoir quatre de chaque domination, à Metz, à Nancy, à Cologne, ou dans quelqu'autre ville au milieu de l'Europe, & l'établissement de trois autres conseils en trois différens endroits, chacun de vingt députés qui auroient été subordonnés au conseil général, lequel eut été le sénat de la république chrétienne. Henri IV, s'il faut en croire l'abbé de Saint-Pierre, communiqua son plan à la plupart des souverains de l'Europe. Le pape, les vénitiens, le duc de Savoie, le duc de Bavière, les électeurs Palatins, de Brandebourg, de Cologne & de Mayence, avoient (dit-il), approuvé le dessein du roi de France, & y consentoient, lorsqu'une main meurtrière enlèva Henri IV à ses sujets & à tous les princes de l'Europe, dont il vouloit être le bienfaiteur. L'abbé de Saint-Pierre dit que les conseils des amphyctions, ou le gouvernement du corps germanique, ou l'union des provinces de Hollande, ou la confédération des cantons Suisses, put inspirer cette idée à Henri IV. Selon cet auteur, le conseil suprême de la Grèce maintint toujours les états grecs dans l'indépendance au-dehors, & dans l'union au-dedans; le corps germanique composé d'un si grand nombre de souverainetés, n'a pas reçu la moindre atteinte de

puis fa fondation. Les fept provinces unies fubfiftent dans l'harmonie la plus parfaite, & depuis
leur union, jamais cette harmonie n'a été troublée par aucune guerre civile; on diroit que ce
n'eft que le gouvernement d'une feule famille :
les treize cantons Suiffes ont confervé leur
liberté depuis leur établiffement; & quoique leur
union ne foit pas à beaucoup près fi grande que
celle des Hollandois, la Suiffe a vu la révolution
de tous les autres états, fans avoir effuyé aucun
changement. Il n'eft pas befoin de montrer combien ces remarques font denuées de juftefse, & ce
qui fe paffe dans les Provinces-Unies au moment
où nous écrivons, achève de montrer la bonho-
mie de l'abbé de Saint-Pierre. Quoiqu'il en foit, il
ajoûte que Henri IV a pu croire que ce que
les allemands, les hollandois, les fuiffes ont faire, tous les fouverains de l'Europe le pouvoient faire, en prenant pour modèle ce qu'il peut y avoir
de bon dans l'union de l'Allemagne, de la Hollande & de la Suiffe, & en évitant tout ce qui
pourroit être contraire à l'objet d'un établiffement fi falutaire; que l'exemple de l'union belgique & celui de l'union helvétique qui fubfiftent fans chefs perpétuels, prouvent qu'une fociété de fouverains peut fe paffer de chef, &
que l'exemple de l'union germanique qui fubfifte
fous un chef depuis tant de fiècles, fait voir que
des fouverains héréditaires, très-puiffans, peuvent trouver de l'avantage à former une fociété
permanente avec des princes beaucoup moins puiffans, héréditaires ou fucceffifs, & avec des républiques & des états de religion différente.

Sans examiner fi ces divers exemples font bien
choifis, fi les faits que l'auteur pofe font bien
exacts, & fi les gouvernemens compofés dont
il parle font plus propres que les gouvernemens
fimples à rendre les peuples heureux au-dedans,
& à les mettre en fûreté contre les entreprifes du
dehors, ce qui doit être l'objet de tout fage légiflateur; il eft clair qu'un établiffement utile &
praticable en petit ne l'eft pas toujours en grand.

Les économies royales ont donné lieu à tout
ce qu'on a écrit fur ce prétendu projet de Henri IV;
& il ne paroît pas qu'on puiffe compter ici fur
les économies royales. Les compilateurs de ces
mémoires déclarent d'abord qu'ils n'ont pu rien
apprendre de certain de M. de Rofny que lorfqu'ils l'avoient queftionné fur cet article; il s'é-
toit toujours contenté de répondre que « c'é-
toient lettres clofes & non patentes, mais qu'ils
avoient cru en reconnoître quelque partie en général, feulement par l'affemblage de quelques papiers jettés comme inutiles, non fignés, déchirés
à demi, & où il fe trouvoit peu de fuite & de
liaifon. Oubliant enfuite qu'ils ont fait cet aveu,
ils difent, quelques pages après, que Rofny,
alors ambaffadeur en Angleterre, jugea l'époque
de fa troifième audience propre à développer au

roi d'Angleterre le grand deffein de Henri IV,
& ils rapportent une lettre fort longue que Rofny
écrivit le lendemain à Henri IV, où il en fait
un détail circonftancié. Puifque les fecrétaires de
Rofny, avoient cette lettre en main, comment
ont-ils avancé qu'ils ne favoient rien de pofitif
fur les projets de la république chrétienne; qu'ils
n'avoient pu tirer aucun ecclairciffement certain
ni des papiers, ni des difcours de leur maître?
Si Rofny ne leur a pas communiqué fa lettre,
où l'ont-ils prife? Et pourquoi ne marquent-ils
pas où ils ont vu l'original de la lettre dont ils
donnent la copie?

Ils ajoutent que tous ceux dont le roi fe fervoit pour traiter cette importante affaire auprès
des puiffances étrangères, rendoient compte de
leur négociation au prince immédiatement, &
non à fes miniftres, afin que le fecret fût mieux
gardé; mais parmi tant de négociateurs qui avoient
traité la même affaire dans les diverfes cours de
l'Europe, comment ne s'en eft-il pas trouvé un
feul qui ait laiffé à la poftérité des traces de la
plus importante négociation qu'on ait jamais entamé? Comment les princes étrangers ou leurs
miniftres, ont-ils gardé un fi profond filence?
Pourquoi le nom des négociateurs eft-il enfeveli
dans l'oubli auffi bien que leurs négociations, &
comment ce myftère dont on a inftruit toute
l'Europe, n'a-t-il été révélé que par les compilateurs des mémoires de Sully?

Henri IV, lorfqu'il fut affaffiné, venoit de
conclure un traité avec le duc de Savoie, il avoit
promis les fecours dont ce prince avoit befoin
pour la conquête du Milanès. Il venoit auffi de
traiter avec l'affemblée de Hall, & de promettre aux héritiers du duc de Juliers, un fecours de
troupes qui les mettroit en poffeffion de fes états.
Ces deux engagemens de faire la guerre en Italie & en Allemagne, & les conditions de ces
deux traités, directement contraires aux articles
du prétendu projet de paix perpétuelle, montrent
affez que ce projet n'a jamais eu de réalité que
dans l'imagination des compilateurs des économies royales, ou que fi Henri IV, l'a eu, il n'y
jamais fongé férieufement. Voici les articles de
paix perpétuelle que l'abbé de Saint-Pierre a
propofés dans ces derniers temps à tous les potentats de l'Europe.

I. Confédération entre tous les princes chrétiens pour le maintien de la paix, des formes de
gouvernement établies, & du commerce tant en
Europe qu'en Amérique fur le pied qui feroit
réglé.

II. L'établiffement d'un fénat dans une ville
libre de l'Europe, d'un confeil dans les Indes,
& de plufieurs chambres de commerce dans différentes villes de l'Europe, qui feroient compofées des députés des fouverains.

III.

III. L'union n° se mêleroit point du gouvernement intérieur des états. Elle conserveroit à tous les gouvernemens leur forme, & donneroit secours aux princes & aux régences contre les séditieux qui en troubleroient la tranquillité.

IV. Chaque souverain se contenteroit des états qu'il possède ou qu'il devroit posséder, selon la règle qui seroit établie par le traité d'union.

V. Un souverain ne pourroit posséder deux souverainetés.

VI. Le sénat régleroit les différens des princes, & les forces de l'union seroient employées contre les réfractaires.

VII. Les députés du sénat seroient nommés par chacune des puissances ci-après, qui seroient les seules revêtues du droit de suffrage. I. La France. II. L'Espagne. III. L'Angleterre. IV. La Hollande. V. La Sardaigne, le Piémont & la Savoie. VI. Le Portugal. VII. Bavière & associés. VIII. Vénise. IX. Gênes & associés. X. Florence. XI. Suisses & associés. XII. Lorraine & associés. XIII. Suède. XIV. Danemarck. XV. Pologne, Courlande & Dantzick. XVI. Le Pape. XVII. La Moscovie. XVIII. L'Autriche & dépendances. XIX. Prusse. XX. Saxe. XXI. Palatin & associés. XXII. Hanovre & associés. XXIII. Electeurs ecclésiastiques & associés.

L'auteur ajoute beaucoup d'autres articles, & il pense qu'il suffiroit d'inviter d'abord les plus puissans souverains de l'Europe à signer cette police générale & permanente, pour la rendre indissoluble & inattaquable, sauf à faire entrer dans la suite les autres souverains dans la ligue générale.

Il n'est pas besoin de réfuter longuement ce projet.

Sans doute le traité de paix perpétuelle seroit avantageux à toute l'Europe, mais peut-on en espèrer la conclusion ? Les princes sont hommes, & les hommes ont des passions. Parmi ce grand nombre de princes, les vues particulières de quelques-uns leur donneront toujours un mouvement contraire à celui de l'intérêt général, & le défaut d'uniformité dans l'intention rendra nécessairement l'exécution de ce projet impraticable.

Viendroit-on à bout de concilier tant d'intérêts qui partagent les souverains ! Plusieurs états d'Italie relèvent de l'empire d'Allemagne. Comment imaginer que le corps germanique veuille qu'on les en détache, pour en faire des membres de l'union chrétienne ? Il est peu de princes en Europe qui n'aient des prétentions les uns contre les autres. De ces prétentions naissent différens intérêts; & de cette diversité d'intérêts, différentes vues. Que de sujets de querelle dans toutes les régions de l'Europe !

Œcon. & polit. diplomatique. Tome III.

Les grandes puissances ne se porteront pas à accepter un *projet* dont l'exécution les dégraderoit. Le tribunal dont on propose l'érection seroit supérieur aux plus grands potentats. Or, quel est le souverain qui voudroit s'y soumettre, & perdre la prérogative de ne dépendre que de Dieu seul, pour n'être dans l'union que ce qu'est un prince d'Allemagne dans le corps germanique.

Pour s'assurer de l'intégrité du tribunal, il faut commencer par supposer que tous les membres de ce tribunal seront des hommes d'une vertu incorruptible, que des motifs humains n'ébranleront jamais des hommes tout à la fois infiniment vertueux & infiniment éclairés.

En supposant l'intégrité du tribunal, un prince qui n'auroit pas assez de modération pour se rendre justice lui même, voudroit-il se soumettre au jugement de quelques particuliers ? Seroit-il bien difficile à un monarque puissant de détacher de l'union une ou plusieurs autres puissances que des vues contraires attireroient dans les intérêts du prince condamné ? Le tribunal des Amphyctions empêcha-t-il les troubles de la Grèce ? Les pays confédérés sont plus exposés que les autres aux guerres intestines, quoi qu'en dise l'abbé de S. Pierre.

Si un prince réfuse de signer l'union, ou se détache de l'union après l'avoir signée, on n'opposera que les forces d'une ligue chancelante & foible de sa nature à un ennemi qui exercera un pouvoir indépendant & réuni.

Quand même plusieurs puissances auroient signé le traité de paix perpétuelle, celles qui auroient refusé d'y souscrire, n'auroient-elles pas lieu d'espérer qu'il seroit bientôt rompu ? Telle est la nature des ligues ordinaires, qu'on peut compter qu'elles ne seront pas durables. Que pourroit-on espérer d'une confédération de toute l'Europe ?

Le seul intérêt de la cour de Rome, la seule différence des religions ne devoient-ils pas éclairer l'abbé de Saint-Pierre sur les combinaisons chimériques de ce *projet* ! Il se flattoit donc que le pape & les princes protestans pourroient s'accorder.

L'abbé de Saint-Pierre alla à Utrecht, à Radstadt, à Bade, à Cambrai, à Soissons, dans tous les lieux où il y eut des négociations de paix, solliciter les plénipotentiaires qui y étoient assemblés. Il répandit son livre par-tout; il parla aux ministres. Persuada-t-il une seule cour ? La guerre est un mal sans remède, & il est des circonstances où on ne peut non plus l'éviter que les autres maux qui affligent le genre humain. L'idée du marchand hollandois qui, ayant mis pour enseigne *à la paix perpétuelle,* fit peindre un cimetière dans le tableau, n'est malheureusement que trop juste.

Enfin nous répéterons que les *projets* de l'abbé

V v v v

de Saint-Pierre font les chimères d'un bon citoyen, les rêves d'un homme de bien, & nous lui appliquerons la réflexion que Cicéron fit contre les avis de Caton : *Non sumus in republica Platonis, sed in fæce Romuli.*

PROTECTION : nous n'entendons ici par ce mot qu'une espèce de sauve-garde accordée par un état puissant à un état foible. L'usage des *protections* a été fréquent ; mais l'expérience a montré leur danger. Rome acquit une autorité infinie à l'ombre de ces *protections* : les principaux d'entre les sénateurs prirent même des villes sous leur *protection*. L'antiquité ne fournit nulle part de pareils exemples ; &, s'il est permis d'assurer l'avenir sur les conjectures que peut fournir le présent, la postérité n'en verra jamais de semblables. C'est par ce moyen que Rome se rendit maîtresse de la plus grande partie de la Grèce. L'éclat de ces républiques disparut à mesure que des puissances supérieures les environnèrent de plus près. Pressées par les rois de Macédoine, de Pont & d'Egypte, elles regardèrent les romains comme les protecteurs de la liberté ; elles leur livrèrent leurs citadelles comme à des amis pour la défendre. La Grèce introduisit chez elle son plus dangereux ennemi.

Cette *protection* n'est pas rare aujourd'hui. Hambourg, ville souveraine, est sous la *protection* des ducs de Holstein. Aix-la-Chapelle, Ratisbonne, Lubeck, & les autres villes que l'on nomme *impériales*, sont sous la *protection* de l'empereur qui est leur protecteur né ; mais, d'un autre côté, elles contribuent aux charges publiques de l'Empire germanique. Elles y ont un crédit si médiocre, leurs voix sont si peu écoutées dans les diètes, qu'elles ne doivent être considérées que comme des villes protégées par l'Empire, en fournissant le prix de la *protection*. La *protection*, accordée jusqu'ici par la Pologne à la ville de Dantzick, a été bien inutile dans les derniers démêlés de cette ville avec le roi de Prusse. Les rois de Pologne ont été cependant dans l'usage de la lui faire payer assez chèrement.

La *protection* peut être regardée ou comme privée, ou comme publique. La *protection* privée n'a ni loix ni réglemens : elle est clandestine, elle n'ose s'avouer. Que pourroit on en dire de particulier ? On peut assurer en général que, de tous les maux qui affligent une république, il n'en est point de plus considérable : elle fait céder le mérite à la faveur ; elle pose une barrière entre la vertu & les dignités. C'est par elle que le vice est en honneur, & que le crime s'assure l'impunité : c'est la boëte de Pandore. Les hommes peuvent faire des réglemens pour la défendre ; mais comment peuvent-ils les faire exécuter ? Il n'y a que les personnes accréditées qui puissent être ses instrumens.

Lorsqu'une nation n'est pas capable de se garantir elle-même d'insulte & d'oppression, elle peut se ménager la *protection* d'un état plus puissant. Si elle l'obtient en s'engageant à certaines choses, même à payer un tribut en reconnoissance de la sûreté qu'on lui procure, à fournir des troupes à son protecteur, & à faire cause commune avec lui dans toutes ses guerres, mais en se réservant le droit de se gouverner à son gré : c'est un simple traité de *protection*, qui ne déroge point à la souveraineté, & qui ne s'éloigne des traités d'alliance ordinaires que par la différence qu'il met dans la dignité des parties contractantes.

Quand une nation s'est mise sous la *protection* d'une autre plus puissante, ou même s'est assujettie à elle, dans la vue d'en être protégée ; si celle-ci ne la protège pas dans l'occasion, il est manifeste que, manquant à ses engagemens, elle perd tous les droits que la convention lui avoit acquis, & que l'autre, dégagée de l'obligation qu'elle avoit contractée, rentre dans les siens, & recouvre son indépendance ou sa liberté. Il faut remarquer que cela a lieu même dans le cas où le protecteur ne manque point à ses engagemens par mauvaise foi, mais par impuissance : car la nation plus foible ne s'étant soumise que pour être protégée, si l'autre ne se trouve point en état de remplir cette condition essentielle, le pacte est anéanti, & la plus foible peut, si elle juge à propos, recourir à une *protection* plus efficace. C'est ainsi que les ducs d'Autriche, qui avoient acquis un droit de *protection*, & en quelque sorte de souveraineté, sur la ville de Lucerne, ne voulant ou ne pouvant pas la protéger, cette ville s'allia avec les trois premiers cantons ; & les ducs ayant porté leurs plaintes à l'empereur, les lucernois répondirent : « qu'ils » avoient usé du droit naturel & commun à tous » les hommes, qui permet à chacun de cher- » cher sa propre sûreté, quand il est abandonné » de ceux qui sont obligés de le secourir ». *Voyez* l'article SOUVERAIN.

PROVEDITEURS. *Voyez* l'article VENISE.

PROVENCE. *Voyez*, dans le Dictionnaire géographique, l'époque de sa réunion à la couronne.

PROVINCES-UNIES : c'est le nom qu'on donne à la confédération des sept républiques que forme la nation hollandoise.

Nous avons fait des articles particuliers sur chacune des sept républiques : on y trouve un précis de l'histoire politique de ces diverses provinces, des détails & des remarques sur la forme de leur gouvernement, sur leurs productions, leur commerce, leur population, leur régime intérieur, & sur beaucoup d'autres objets.

Celui-ci contiendra des vues & des observations

plus générales. Nous donnerons 1°. un précis de l'histoire politique des *Provinces-Unies* : 2°. nous ferons la description de ces sept provinces : nous parlerons de leur population, de leur culture & de leur pêche : 3°. nous indiquerons les pays qui appartiennent aux sept *Provinces - Unies* en général, & nous ajouterons quelques mots sur le *traité de Bavière* : 4°. nous traiterons des manufactures & du commerce des *Provinces . Unies* : nous ferons des réflexions politiques sur le commerce, sur la richesse des *Provinces-Unies* & les effets de cette richesse : 5°. nous parlerons de ses revenus, de ses impôts, de ses troupes & de sa marine : 6°. du régime ecclésiastique & de la tolérance, envisagée dans ses effets politiques par rapport aux *Provinces- Unies* : 7°. nous traiterons de la constitution fédérale des *Provinces. Unies*, de l'union d'Utrecht : nous entrerons dans des détails sur les Etats-Généraux, sur l'administration de ces républiques confédérées, & sur les officiers de la confédération : 8°. nous traiterons du stathouderat ; des troubles qui viennent d'arriver, & de la révolution qui vient de s'opérer dans les *Provinces-Unies* par les troupes du roi de Prusse : 9°. nous parlerons des possessions hollandoises dans l'Inde, en Afrique & en Amérique, de la compagnie hollandoise, & nous terminerons cette section par des remarques sur l'état actuel des *Provinces - Unies* : 10. la dernière section indiquera les rapports politiques des *Provinces-Unies* avec les autres états de l'Europe, & nous rapporterons le dernier traité de ces républiques avec la France.

SECTION PREMIERE.

Précis de l'histoire politique des Provinces-Unies.

Les dix-sept provinces, appellées les Pays-Bas, faisoient autrefois partie de l'empire d'Allemagne. Elles étoient gouvernées par des ducs, des comtes & des seigneurs. Philippe-le-Hardi, premier duc de Bourgogne de la branche cadette, se trouva maître du comté de Flandre, de celui d'Artois, des villes de Malines & d'Anvers, par son mariage avec Marguerite veuve de Philippe, dernier duc de Bourgogne de la branche aînée. Charles-Quint, qui devint ensuite empereur d'Allemagne, hérita de ces domaines après la mort du duc Charles-le-Hardi, son bisaïeul, & il y réunit les autres provinces ; ensorte que dans le seizième siècle, tous les Pays-Bas se trouvèrent sous la domination de la maison d'Autriche. Charles-Quint mit tout en usage pour y exercer un empire absolu ; & cette prétention, jointe à l'amour de la liberté & au desir de maintenir une religion qu'on opprimoit, inspira aux habitans des Pays-Bas le desir de secouer le joug de de la maison d'Autriche. Leur mécontentement augmenta, lorsque Charles V céda la régence

de ces provinces à Philippe son fils, qui ne voulut pas souffrir d'autre religion que la catholique romaine. Tout le monde connoît la persécution sanglante de Philippe II ; il appesantit le joug par des impôts exorbitans. Cette oppression, déjà très-cruelle, ne connut plus de bornes sous l'administration de Ferdinand de Tolede, duc d'Albe, à qui Philippe avoit donné le commandement des Pays-Bas : les dix-sept provinces se révoltèrent ; elles furent soutenues par Guillaume, prince d'Orange, gouverneur pour le roi des comtés de Hollande, de Zéelande & d'Utrecht, ainsi que par le comte Louis de Nassau, son frère. Les états de Hollande ne tardèrent pas à conférer au premier le gouvernement de leur province, & ils furent imités par plusieurs autres villes. Guillaume eut soin de réunir entre-elles les diverses provinces, elles signerent en effet, en 1576, un acte qui porte le nom de pacification de Gand. Il ne négligea rien pour en assurer l'exécution ; mais il ne put empêcher son abolition qui eut lieu peu de temps après. Il chercha dès-lors les moyens d'établir une confédération stable, & ses efforts eurent du succès ; les provinces conclurent, en 1579, cette fameuse union d'Utrecht, qui lia les *Provinces-Unies* & qui fait aujourd'hui la base de leur confédération. Le prince ne vécut pas assez pour jouir de ses succès. L'on étoit à-peu-près convenu de le revêtir de la souveraineté de ces provinces, lorsqu'en 1584 il fut assassiné. Sa mort affligea les *Provinces-Unies* mais elle ne les découragea point : elles défendirent leur liberté à main armée contre l'Espagne. Elisabeth, qui occupoit le trône d'Angleterre, les prit sous sa protection. Le sort de la guerre se déclaroit en leur faveur, & leur commerce faisoit des progrès si rapides, qu'elles établirent en 1602 cette compagnie des Indes orientales, qui depuis a étonné l'univers. La guerre avoit épuisé les forces & les ressources de l'Espagne : cette puissance se vit réduite à demander une suspension d'armes, & à reconnoître dans le premier article du traité, les *Provinces-Unies* des Pays-Bas pour libres & indépendantés. Les nouvelles républiques portèrent leur puissance durant cet armistice à un tel point d'élévation, qu'elles ne l'ont point surpassé depuis. A peine les douze années étoient elles révolues que la guerre recommença avec fureur. Frédéric Henri, prince d'Orange, revêtu alors de la dignité de stathouderd, montra de la valeur & de la prudence au milieu des hostilités. Elles se terminèrent enfin en 1648, époque du traité de Munster. Philippe IV, roi d'Espagne renonça à tous ses droits sur les *Provinces-Unies*, il les déclara libres & indépendantes : il promit de faire reconnoître cette indépendance par les états de l'empire ; il tint mal sa parole, ou il rencontra des obstacles, car l'indépendance des *Provinces - Unies* ne fut reconnue que par l'empereur seul ; au reste l'empire ne tarda pas à traiter avec ces *Provinces-Unies*, comme avec des états indépendans. Le repos que venoient d'acquérir les nouvelles républiques, ne fut point d'une longue durée ; la guerre entre elles & l'Angleterre commença en 1652, & finit en 1654 ; elle recommença en 1665, & fut terminée par le traité de Breda en 1667 ; par le premier de ces traités les états de Hollande furent contraints de promettre que les princes d'Orange feroient à l'avenir entiérement exclus du Stathoudérat de leur province. Ce fut en exécution de ce traité, qu'ils supprimèrent le stathoudérat par un édit perpétuel. Les sept provinces formèrent une alliance avec l'Angleterre & la Suède, afin de s'opposer à Louis XIV, qui vouloit se rendre maître des Pays-Bas espagnols. Les efforts de ce prince échouèrent ; il fut obligé de signer un traité de paix désavantageux, à Aix-la-Chapelle. La vengeance que Louis XIV en tira fut éclatante ; non-seulement il détacha l'Angleterre de ses premiers alliés, il contracta même une alliance avec la nation britannique, & il entra à main armée dans les *Provinces-Unies*. Le danger étoit imminent ; ses troupes s'emparoient presque chaque jour de quelques villes. Dans cette perplexité la république eut recours à Guillaume III, prince d'Orange, elle le nomma capitaine & amiral général. Les circonstances étoient trop critiques, pour que les états de Hollande pussent garder la neutralité ; le peuple les obligea de révoquer l'édit perpétuel & à conférer, à l'exemple des autres provinces, le stathoudérat au prince d'Orange. Le besoin qu'on eut d'un chef, détermina même la république, à rendre cette dignité héréditaire dans sa maison. La paix fut conclue à Nimégue avec la France en 1678 ; mais elle fut de courte durée. Guillaume III, aspirant au trône d'Angleterre, fut soutenu par une escadre de *Provinces-Unies*, & cette démarche les engagea dans une nouvelle guerre avec la France, qui ne se termina que par le traité de Ryswic en 1697. La mésintelligence que produisit bientôt après la succession au trône d'Espagne, les entraîna dans une autre guerre non moins sanglante ; elles y dépensèrent des sommes immenses, sans aucune indemnité ; seulement elles obtinrent en 1715 une certaine quantité de places ; les unes en toute propriété, les autres à titre de places de garnison. Elles firent ensuite une nouvelle guerre après la mort de l'empereur Charles VI ; elles fournirent à la reine de Hongrie & de Bohême des troupes auxiliaires contre la France, qui porta ses armes dans la Flandre Hollandoise. A cette époque le stathoudérat fut rétabli & elles nommèrent unanimement le prince d'Orange stathouder héréditaire, capitaine général des troupes & amiral des flottes.

Nous parlerons du stathoudérat, de la conduite de tous les stathouders & des troubles dans la section huitième.

SECTION IIe.

Description des sept Provinces-Unies, de leur population, de leur culture, & de leur pêche.

Il paroît que le nom de Pays-Bas, *Niederland*, équivaut à celui de Basse-Allemagne, qu'on l'a employé par abréviation & qu'il signifie Pays-Bas de l'Allemagne. Les Pays-Bas, qui composent dix-sept provinces, & qui comprennent les Pays-Bas Autrichiens, & les sept *Provinces-Unies*, sont situés entre l'Allemagne, la France & la mer du Nord. Leur plus grande longueur, prise du sud-ouest au nord-est, est de 90 lieues, & leur largeur méridionale la plus étendue de 60 ; elle n'est que de 20 à 30 vers le nord. Il s'agit ici de lieues communes de Hollande ; elles sont de 1500 perches, la perche a douze pieds : on trouve ainsi 18,000 pieds dans une lieue dont 19 & deux tiers forment un degré. La surface de ces dix-sept provinces offre 1300 milles quarrés géographiques.

Les *Provinces-Unies* forment la partie septentrionale des Pays-Bas en général. Si l'on y ajoute les terres & seigneuries conquises, connues sous le nom de *Generalitæts-Lande*, elles touchent vers le midi à la Flandre autrichienne & au Brabant ; elles sont bornées au levant par le quartier supérieur du duché de Gueldre, par le duché de Clèves, par l'évêché de Munster, par le comté de Bentheim & par la Frise orientale ; vers le nord & le couchant, elles aboutissent enfin à la mer septentrionale, appellée aussi *mer d'Allemagne*. Leur surface est d'environ 625 milles quarrés géographiques.

Quoique le sol y soit très marécageux, les habitans savent en tirer parti. Ces marais immenses, qui couvrent une partie des pays de Groningue, d'Over-Issel & de Drente, sont d'ailleurs utiles, en ce qu'ils défendent la république des incursions qu'on pourroit y faire du côté de l'Allemagne : c'est pour cela qu'on a défendu de les labourer & de les dessécher ; mais on s'est permis plusieurs infractions à ce réglement.

La majeure partie de ces provinces offre une plaine, dont plusieurs districts sont moins élevés que les eaux de la mer. Une situation aussi périlleuse, & le danger toujours imminent de voir les terres inondées ou englouties, ont donné lieu à de belles digues qui contiennent les flots de l'Océan, & ce pays est ainsi un miracle de l'industrie humaine. Les flots surmontent souvent les digues : cet accident n'inspire plus d'effroi ; le hollandois accourt, & il fait rentrer la mer dans les barrières que son courage lui a fixé. S'il est menacé d'une invasion, il perce les digues, il met le pays sous les eaux, & il arrête les plus terribles conquérans. Si les sept provinces avoient été d'accord dans les derniers troubles ; elles auroient employé ce moyen, & le roi de Prusse & le stathouder n'y auroient pas opéré si aisément une révolution.

Les divers cantons des *Provinces-Unies*, ceux sur-tout qui sont pleins de marais, sont entre-coupés de fossés sans nombre, à travers lesquels les eaux souterraines se rendent dans des canaux par le secours des moulins à vent, & de là dans les rivières par le moyen des écluses. Ces diverses constructions sont très-variées & très-agréables à la vue. La récolte des grains y est ordinairement si modique, que leur importation fait une branche de commerce : on y en amène une quantité si considérable, qu'on trouve le moyen de brasser de la bière & de faire de l'eau-de-vie, qui l'une & l'autre se vendent à l'étranger. Mais si le sol est peu propre à la culture, les habitans sont dédommagés par les beaux pâturages dont le pays est semé. Ils nourrissent de nombreux troupeaux qui donnent du lait, du beurre & du fromage en si grande abondance, qu'outre la consommation des sujets, cette branche d'exportation rapporte de très-fortes sommes. Quelque nombreux que soient les troupeaux de moutons, ils pourroient l'être davantage : on croit que les sept provinces pourroient en nourrir un million. L'attention publique devroit se porter sur cet accroissement; car la laine est mise au rang des meilleures & des plus fines de toute l'Europe. Plusieurs districts produisent du tabac; la garance qu'on récolte en Zéelande, a beaucoup de réputation.

Les provinces de Zéelande, de Hollande, de Frise & de Groningue touchent la mer du nord. Les trois autres, c'est-à-dire, celles d'Utrecht, de Gueldre & d'Over-Issel ne communiquent à cette mer que par le moyen du bras de l'Océan, appellé en hollandois *Zuyder-zée*.

Les fleuves les plus remarquables de ces provinces sont le Rhin, la Meuse & l'Escaut.

La pêche des rivières, celle des fleuves & de la mer limitrophe est considérable, mais elle n'excède pas la consommation du pays. Celle de la mer du nord est plus importante. On la divise en grande & petite pêche : on appelle petite pêche celle qui se fait sur les côtes, & principalement dans le voisinage de Doggersand ou Doggerbank, situé entre le Jutland & l'Angleterre. On y prend du cabéliau, de la merluche, de la sole, de la limande, de la plie, &c. Le cabéliau frais se vend sous le nom de *morue* dans les villes des Pays-Bas les plus voisines; le cabéliau salé va chez l'étranger. La grande pêche est celle du hareng. On l'a appellée ainsi à cause de son produit; quoique les bénéfices ne soient plus aussi considérables qu'autrefois, elle procure de l'aisance à plus de vingt mille familles. Elle se fait dans la mer du nord sur les côtes d'Angleterre & d'Ecosse; mais le parlement britannique vient de s'occuper de cet objet important qu'il avoit

trop négligé, & ses derniers arrangemens nuiront beaucoup aux hollandois; le temps le plus favorable est depuis le 24 juin jusqu'au 25 novembre. Il y a eu des années où il sortoit des différens ports des *Provinces-Unies* quinze cents bâtimens pour cette pêche : ce nombre est aujourd'hui réduit à environ deux cents, année commune; il n'y en eut même que cent cinquante en 1764, & ce nombre diminuera d'une année à l'autre, d'après les arrangemens de l'Angleterre dont nous venons de parler.

On n'est point d'accord sur ses bénéfices : on croit qu'ils sont d'au moins deux millions de florins de Hollande, déduction faite de tous les frais.

Les sept provinces envoient deux cents cinquante vaisseaux à la pêche des baleines, qui se fait dans les mers de Groënland, du Spitzberg, de la Norwege, de la Nouvelle Zemble, &c.

Les *Provinces-Unies* offrent à-peu-près toutes les cultures dont elles sont susceptibles, & elles sont très-peuplées. Si l'on y comprend la contrée de Drenthe, le nombre des villes est de cent treize, celui des bourgs & villages de quatorze cents, & celui des habitans de deux millions. Il n'y a point de canton de l'Europe qui soit aussi peuplé. Les pays conquis contiennent vingt-cinq villes. Celle de ces provinces qui a le plus d'avantages sur les autres, soit pour la population, soit pour la qualité du sol, est, sans contredit, la Hollande. *Voyez* les articles particuliers des sept provinces.

SECTION IIIe.

Des pays qui appartiennent aux sept Provinces-Unies en général, & du traité de Barrière.

Avant de parler des pays des Etats-Généraux, ou de ce qu'on appelle proprement *generalitaetslande*, il faut dire quelques mots de la contrée de Drenthe qui n'en fait pas partie.

La contrée de Drenthe touche à la province de Groningue vers le nord, à cette même province & à l'évêché de Munster vers le levant, au comté de Bentheim & à la province d'Over-Issel du côté du midi, & à la Frise vers le couchant.

Son terrein est plus élevé que n'est celui des provinces de Frise & de Groningue : le sol d'Over-Issel est celui de tous avec lequel il a le plus d'analogie. Les parties les plus hautes offrent un grand nombre de forêts; celles qui avoisinent les rivières, donnent des pâturages d'assez bonne qualité. Quelques cantons seulement produisent des grains, & principalement du seigle.

On ne trouve aucune ville dans le pays de Drenthe : on n'y compte que deux bourgs, une forteresse, quelques forts & trente-sept villages. Ce petit pays a ses états particuliers, composés de nobles & de propriétaires de biens fonds, *eigen-erben.* Un gentilhomme, pour y être admis, doit posséder un bien de campagne, *havezaat*, auquel est attaché le droit de séance & de suffrage. Le nombre de ces domaines n'est que de dix-huit : ainsi il n'y a que dix-huit nobles qui puissent assister aux assemblées. La seconde classe fournit trente-six membres, qui chaque année sont élus par les bourgades ayant droit de suffrage. Les assemblées ordinaires des états sont appellées diètes, *landtage*; elles se tiennent annuellement à Assen au mois de mars. La présidence est réservée au grand baillif de la contrée, qui est à la nomination du stathouder héréditaire.

Drenthe fut jadis un comté dépendant de l'empire d'Allemagne. Otton I, Henri II & Conrad II, tous trois empereurs, donnèrent aux évêques d'Utrecht le droit de chasse dans ce comté. Henri III, leur successeur, accorda le 24 mai 1046 à l'évêque Bernold des lettres de donation du comté même, pour en jouir lui & ses successeurs à perpétuité, après la mort du duc Gocelin qui en avoit l'usufruit. Les évêques exercèrent dès-lors leur domination sur la contrée de Drenthe, & l'étendirent particulièrement sur Groningue, qui en faisoit partie. Charles, duc de Gueldre, s'en empara en 1522, & fut contraint de l'abandonner en 1536 au profit de l'empereur Charles-Quint. Philippe II, son fils & son successeur à la couronne d'Espagne, ne put la retenir sous sa domination; elle secoua le joug, & s'érigea en état libre & indépendant. C'est sans doute à cause de son peu d'étendue qu'elle n'a pu être admise à la confédération des sept provinces, ni même obtenir voix & séance dans l'assemblée des Etats-Généraux : mais elle est sous la protection des *Provinces-Unies*, & elle ne paie qu'un florin lorsque ces mêmes provinces en paient cent. C'est mal-à-propos que des géographes ont envisagé cette contrée comme faisant partie de la province d'Over-Issel.

Outre l'assemblée des états, il y a dans le pays de Drenthe un conseil exécutif, composé du grand baillif ou drossard provincial, & de quatre députés des états, pris en nombre égal dans chacune des deux classes. Ce corps, qui a d'ailleurs un conseiller noble, un roturier & deux autres employés d'un moindre grade, s'assemble huit fois par année pour exécuter les résolutions prises par les états. La cour souveraine de justice y porte le nom d'*Esthul* : elle est composée d'un assesseur & de vingt-quatre conseillers, appellés *etten*, qui sont présidés par le même grand baillif.

On y compte trois classes ecclésiastiques, celle d'Emmen, celle de Meppel & celle de Rolde. Elles sont composées de quarante prédicateurs, chacune en députe un certain nombre avec quelques anciens, au synode qui se tient annuellement à Assen dans le mois de novembre. Ce synode n'a rien de commun avec ceux des sept provinces.

Pays des Etats-Généraux, appellés Generalitœts-Lande.

On désigne sous le terme de *pays des Etats-Généraux* la partie des Pays-Bas que les sept provinces ont conquise avec leurs troupes & leurs forces réunies, & dont plusieurs traités leur assurent la possession. On a imaginé cette dénomination, parce qu'elles appartiennent en commun aux *Provinces-Unies* ou aux Etats-Généraux, *Generalitœt.* La noblesse & les villes de ces pays, celle du Brabant sur tout, ont fait autrefois des efforts pour devenir membres de l'union, & avoir en cette qualité droit de suffrage dans l'assemblée des Etats-Généraux : elles se sont bornées ensuite à demander au moins les prérogatives dont jouit la contrée de Drenthe; mais l'une & l'autre de ces pétitions ont été rejettées, parce que leur pays a été subjugué par la voie des armes. Au reste, la noblesse & les villes ont les droits & les immunités qu'elles avoient sous leurs anciens maîtres. Le stathouder héréditaire est aussi gouverneur général de ces pays. Il n'y en a point d'autres dans ces contrées particulières; les Etats-Généraux refusent d'en nommer sans doute par principe d'économie; & s'il s'en trouve dans les forteresses, ou villes fortifiées, leur pouvoir se réduit au service militaire. Les Etats-Généraux & le conseil d'état députent annuellement quelques membres de leur corps pour terminer, dans ces pays conquis, les affaires les plus importantes ou en faire le rapport. Les affaires contentieuses sont du ressort de diverses cours de justice : 1°. de celle de Brabant, dont la jurisdiction s'étend sur le pays situé par-delà la Meuse, & dont le siège est à la Haye : 2°. du conseil de la Flandre, qui s'assemble à Middelbourg : 3°. de la cour du quartier supérieur de Gueldre, qui tient ses séances à Venlo. La religion dominante dans ces pays conquis est la réformée; mais comme les catholiques y sont en grand nombre, & surpassent même celui des premiers, il leur est permis d'exercer librement leur culte : seulement on leur a défendu les processions & les autres cérémonies solemnelles.

Les pays conquis dont il s'agit ici, sont :

1°. Une partie du Brabant, qui comprend le quartier de Bois-le-Duc, & une portion de celui d'Anvers. Elle touche vers le nord aux provinces de Gueldre & de Hollande; au duché de Clèves & au quartier supérieur de Gueldre vers le levant; à l'évêché de Liège & au Brabant autrichien vers le midi, & à la Flandre hollandoise & à la province de Zéelande vers le couchant. Le conseil du Brabant fut établi en 1586, & confirmé par les Etats-Généraux en 1591. Il est composé d'un président, de huit conseillers, &

de quelques autres officiers d'un caractère inférieur. Son pouvoir est illimité dans les affaires qui concernent les veuves, les orphelins, &c. Il accorde des lettres-patentes, d'octroi & de rémission. C'est à lui que les sujets rendent foi & hommage en matières féodales, sur lesquelles il prononce souverainement. Il a le pouvoir aussi d'émanciper, de légitimer, de naturaliser & de révoquer des fidéicommis, &c.

Les Etats-Généraux possèdent dans le duché de Brabant :

1°. Tout le quartier de Bois-le-Duc, les quartiers d'Osterwik, de Kempenland, de Poëlland, & celui de Maasland.

La contrée ou la baronie de Kuik avec la ville de Grave, située sur la Meuse : elle produit en abondance des grains de toute espèce, le froment seul excepté. Le voisinage du fleuve offre de très-beaux pâturages ; mais on y trouve des cantons tourbeux & des landes. Presque tous les habitans de cette baronie professent la religion catholique romaine : elle jouissoit anciennement du titre de comté. Le premier seigneur qui le prit, fut Guillaume de Kuik mort en 1034. Herman II la possédoit lorsque l'empereur Lothaire le priva & toute sa postérité du titre de comte, & lui substitua celui de baron ; mais ses successeurs continuèrent à le prendre durant un grand nombre d'années. Ce district étoit jadis un fief immédiat de l'Empire ; Jean III, l'un de ses possesseurs, fut obligé de le recevoir en fief du duc de Brabant dans le quatorzième siècle. Sa lignée s'éteignit à la mort de Jean V, arrivée en 1394. Cette baronie échut sans doute à Jeanne sa sœur, puisque celle-ci la transmit par testament à Guillaume, duc de Juliers & de Gueldre son neveu, qui eut Renaud son frère pour successeur. Après la mort de celui-ci, elle passa à Arnaud d'Egmond, à titre d'hérédité, qui la vendit en 1472 à Charles-le-Téméraire, duc de Bourgogne ; lequel il la fit passer dans la maison d'Autriche, par le mariage que Marie sa fille contracta avec Maximilien. Philippe II, roi d'Espagne en investit en 1559 Guillaume, prince d'Orange : transmise postérieurement à Guillaume III, roi de la Grande-Bretagne, elle parvint à la maison du stathouder héréditaire, qui la possède encore. Que la souveraineté appartienne aux Etats-Généraux, ou que le conseil de Brabant représente la suzeraineté, le stathouder y jouit d'avantages très-considérables, & il en tire annuellement un revenu de près de 80,000 florins.

La portion du Brabant que possèdent les Provinces-Unies, comprend aussi la seigneurie de Ravenstein, qui est arrosée par la Meuse. Elle eut jadis des seigneurs particuliers de la maison de Falkenbourg : le dernier, nommé Renaud, la prit en fief de Wenceslas, duc de Brabant. Renaud mourut sans postérité ; mais son testament de 1396 institua héritiers de cette terre Simon & Jean de

Salms, ses neveux l'un & l'autre, & fils de Philippine sa sœur. Jean, devenu l'année suivante prisonnier d'Adolphe, comte de Clèves, sacrifia sa seigneurie pour recouvrer la liberté. Adolphe la donna à un de ses frères cadets, dont la lignée s'éteignit en 1709 : elle échut de nouveau à Jean-Guillaume, duc de Clèves & de Juliers : celui-ci ne laissa point d'enfans. Sa succession donna lieu à une guerre, durant laquelle les Etats-Généraux se mirent en possession de la ville & du château de Ravenstein. Cette seigneurie échut en 1624 au duc Palatin-Neubourg, en vertu d'une convention faite avec l'électeur de Brandebourg, qui en 1671 céda toutes ses prétentions à Philippe-Guillaume, comte palatin, pour une somme de 50,000 rixdalers ; il se réserva toutefois son droit de succession, en cas que la branche palatine de Neubourg vînt à s'éteindre, comme aussi la faculté d'en porter le titre & les armes. L'extinction de cette branche eut lieu par la suite ; mais la seigneurie de Ravenstein tomba en partage à la maison électorale palatine, qui règne aujourd'hui. Quoiqu'on soutienne qu'elle est un fief de l'Empire, elle relève des Etats-Généraux qui se sont réservés le droit de pouvoir établir garnison dans la ville en temps de guerre. C'est à quoi se réduit tout leur pouvoir sur cette seigneurie, où ils ne perçoivent pas le moindre revenu. Celui que touche annuellement l'électeur palatin est estimé de 40 à 50,000 rixdales.

Le comté de Megen, auquel les cartes donnent la qualification de royaume de Megen, est situé sur la Meuse entre le district de Maasland & la seigneurie de Ravenstein ; il ne fait point partie des terres appartenantes aux Etats-Généraux. Il a un seigneur particulier, qui en est investi par la cour féodale du Brabant, établie à Bruxelles. Il appartenoit autrefois à la maison de Brimeu, & c'est une des possessions de la maison princière de Croy.

Une partie du quartier d'Anvers.

On y trouve la baronie de Breda, dont le sol est entremêlé de bonnes terres labourables, de pâturages, de bruyères & de marais. La principale rivière qui la parcourt, est la Merk ou Mark ; elle y arrive de la mairie de Bois-le-Duc & du duché de Hoogstraaten. Elle y reçoit différentes rivières ; puis ayant pris le nom de *Dintel*, elle va se perdre dans le Volkerak, à peu de distance du village de Dinteloort. Cette baronie faisoit partie anciennement du comté de Stryen : elle en fut séparée vers l'année 1100, époque où le duc de Brabant s'étoit emparé de force de la majeure partie. Elle n'a pas aujourd'hui l'étendue qu'elle avoit alors : le margraviat de Bergen-op-zoom, l'ancien comté & duché actuel de Hoogstraaten, & les villes de Gertruidenberg & de Zevenbergen en furent des dépendances. Voici les diverses révolutions qu'elle a fubies depuis quelques fiécles. Godefroi de Berg la poffédoit en 1212, comme fief du Brabant. Jean I, duc de Brabant, en donna l'inveftiture à Rafo de Gavre, qui en 1326 la vendit à Jean III, propriétaire alors du même duché. Ce dernier la céda en 1351 à Jeanne de Polannen, qui la tranfmit, à titre de fucceffion, à Jeanne fa petite-fille : celle-ci la porta en mariage à Enguerand de Naffau, en 1404, dans la maifon duquel elle eft reftée depuis ce temps : c'eft auffi par héritage qu'elle eft parvenue au ftathouder actuel, qui la poffède. Mais il n'en a pas aujourd'hui la fouveraineté : elle appartient aux Etats-Généraux, qui, ainfi que dans les autres pays conquis, y lèvent des fubfides & des impofitions. Ces mêmes états font auffi feigneurs fuzérains de cette baronie, & la qualité de ftathouder n'exempte pas le prince de la preftation de foi & hommage au confeil du Brabant établi à la Haye : il rend foi & hommage à l'inftar de tous les autres poffeffeurs de fiefs dans la partie qui leur appartient dans ce duché. On compte vingt-cinq paroiffes réformées dans cette baronie, qui, avec leurs prédicateurs & ceux du diftrict, dit *Prinfenland*, compofent une claffe du fynode de la Hollande méridionale.

La feigneurie de Willemftadt, ne comprend que la petite ville de Willemftadt. La feigneurie de Prinfenland, ou Princeland, eft fituée au midi de celle de Willemftadt. La rivière de Dintel l'arrofe d'un côté, & celle de Vliet de l'autre; elle appartient au ftadhouder héréditaire des *Provinces Unies*, auquel elle eft échue par fucceffion du roi Guillaume III. Elle eft compofée de divers cantons deffechés, Polder, dont les principaux font : Alt Prinfenland, Wilhelm-Polder, Marien-Polder, Koningfoord & Dinter-Polder. On n'y trouve que les villages de Dinteloord, fitué dans le dernier de ces cantons.

L'embouchure de la rivière de Dintel offre une île appellée Ruigen-Plant, qui eft foumife à la jurifdiction de cette feigneurie.

La feigneurie de Steenbergen eft du côté méridional de la rivière de Vliet; elle appartient au ftadhouder à titre d'héritier de Guillaume III, roi de la Grande-Bretagne. Lorfqu'elle faifoit partie de l'ancien comté de Stryen, elle étoit régie en commun par les feigneurs de Berg-op-zoom & de Breda; mais à l'époque du partage que firent ces feigneurs, elle échut, ainfi que les cantons deffechés, appellés Kruifland, Cromwel & Weftland, au baron de Breda, avec la réferve toutefois que fit le Marggrave de Berg-op-zoom, du droit d'inveftiture fur les trois cantons dont on vient de parler.

Le marquifat de Berg-op-zoom eft féparé de la province de Zéelande par le bras oriental de l'Efcaut, & par la rivière d'Eendragt. Jean I, duc de Brabant, le détacha de la baronie de Breda en 1287 : il donna celle-ci à Rofo de Lie de Kerke, & la contrée de Berg-op-zoom à Girard de Wefemale, qui l'un & l'autre avoient époufé une de fes filles. Par l'extinction de la maifon de Wefemale & par une autre caufe, cette contrée paffa enfuite, à titre de fucceffion, à la maifon de Bauterfem. Jeanne de Bauterfem ayant époufé en 1418 Jean de Brabant ou de Glimes, la porta en dot. Parvenue à Antoine de Glimes, un de leurs defcendans, l'empereur Charles V, l'érigea en marquifat, en confidération des fecours pécuniaires qu'il en avoit reçus. Il ne refta plus, en 1567 aucun héritier mâle de cette maifon. Mancia, fœur du dernier mort, avoit époufé en 1558 Jean, baron de Mérode, lorfque le marquifat de Berg-op-zoom lui tomba en partage; ils n'eurent qu'une fille, nommée Marguerite, qui époufa en 1577 Jean de Witten. L'aînée de leurs filles, Mancia, époufa Hermann comte de S'heerenberg. Ils n'eurent également qu'une fille Elifabeth, de S'heerenberg, qui époufa Frédéric, prince de Hohenzollern, auquel elle porta ce marquifat en dot. Henriette Françoife, leur unique héritière, le porta en mariage à Frédéric Maurice de Tour, comte d'Auvergne, qui en 1707 le laiffa à François Egon fon fils; celui-ci le fit paffer à fa fille Marie Henriette, qui en 1722 époufa Jean-Chriftjan, comte Palatin de Soulzbach; elle fut tranfmife à Charles-Théodore Electeur Palatin, qui en eft le poffeffeur actuel. D'après une convention faite à l'égard de cette terre, fi la branche de Soulzbach s'éteignoit un jour, faute d'héritier mâle, la maifon d'Auvergne rentreroit dans la jouiffance de ce marquifat; car on lui en a accordé l'expectative; mais quels que puiffent être fes maîtres, les Etats-Généraux y exercent tous les droits de fouveraineté, & le pourvu de ce fief eft tenu à la preftation de foi & hommage au confeil du Brabant. Les revenus qu'on y a perçus depuis 1701 jufqu'en 1714, fe font montés annuellement à 74,304 florins, & depuis cette dernière époque jufqu'en 1724 à 97,354 florins. Il feroit poffible de les porter plus haut, fi l'on s'occupoit mieux de l'adminiftration de ce marquifat. Entre la feigneurie de Santvliet & la contrée de Ryen, qui l'une & l'autre font comprifes dans le quartier d'Anvers, on trouve un diftrict d'une lieue de longueur fur une de largeur, de même étendue, qui appartient aux états généraux, & dans lequel font conftruits les forts de Lillo, de Kruiffchand & de Frédéric Henri : Mais la dernière convention avec l'empereur a changé les chofes fur ce point.

La ville de Maeftricht & le comté de Vroenhove, font incorporés l'un & l'autre dans la partie du Brabant qui appartient aux Etats-Généraux; les affaires contentieufes ne font plus portées à la cour du Brabant établie à la Haye,

Une

Une partie du duché de Limbourg, ou le pays par-delà la Meuse.

Les Etats-Généraux obtinrent par le traité de Westphalie de 1648, une partie du duché de Limbourg, que relativement au pays du Brabant, situé en déçà de la Meuse, on appelle le pays par delà le fleuve (*het land Van-over Maas*). Il s'étoit glissé des erreurs dans la fixation des limites, elles furent rectifiées par une convention faite à la Haye en 1661. Les paroisses de la religion réformée, qui se trouvent dans ce district ne sont pas si nombreuses, à beaucoup près, que les catholiques. Les unes & les autres se servent des mêmes églises pour leur culte. Ce pays est composé.

I°. *D'un district du comté de Valkenbourg.*

Ce comté est une seigneurie, qui anciennement eut des seigneurs particuliers. Jean de Falkenbourg étant mort en 1352, sans laisser d'enfans, cette terre échut à Philippintie, sa sœur, qui la vendit à Renaud, seigneur de Schoonvoorst. Charles IV empereur d'Allemagne, lui en donna l'investiture en 1354, & l'érigea en comté en 1357. Valerien de Falkenbourg, seigneur de Borne, y forma des prétentions d'autant mieux fondées, qu'elles déterminèrent ce même empereur en 1362, à lui adjuger le terre, mais à la charge de payer à Philippintie une certaine somme d'argent, il négligea de remplir cette condition, & Philippintie céda le comté à Wenceslas & à Jeanne, duc & duchesse de Brabant, dont les successeurs sont demeurés en possession : ils l'ajoutèrent depuis au duché de Limbourg.

Ce qui en appartient aux Etats-Généraux est administré par un prévôt & un drossart.

II°. *D'un district du comté de Dalem.*

Les comtes de Hochstade le possédèrent pendant long-temps, ils le tenoient en fief des ducs de Brabant & de Juliers. Le comte Thierri le vendit en 1243 à Henri II, duc de Brabant. La partie qui appartient aux Etats-Généraux est composée de la petite ville de Dalem ou Daalhem, & de six jurisdictions.

III°. *D'une partie de la contrée de Hertogenrade.*

Cette contrée formoit anciennement une seigneurie particulière, que Henri duc de Limbourg, réunit à son duché. Les Etats-Généraux possèdent quelques villages.

Une partie du quartier supérieur de la Gueldre.

Les Etats-Généraux possèdent une partie du quartier supérieur de Gueldre, en vertu du traité des barrières de 1715. Ce qu'ils obtinrent, com-

prend toute supériorité territoriale ; mais il fut stipulé que les catholiques romains y conserveroient toujours le libre exercice de religion, tel qu'ils en avoient joui jusqu'alors. *Voyez* l'article GUELDRE.

Une partie de la Flandre.

Ce qu'y possèdent les Etats-Généraux, forme le district septentrional de cette province : il est situé entre la mer du Nord, la rivière *der-Houd*, l'Escaut & la Flandre Autrichienne. Les espagnols l'abandonnèrent aux Etats-Généraux après le traité de paix, conclu à Munster en 1648, & par celui des barrières de 1715. Ce domaine leur fut confirmé par l'empereur, le conseil de Flandre, établi à Middelbourg en Zéelande, connoît par appellation, ou en première instance, de toutes les affaires qui naissent dans cette partie. Il décide aussi celles qui intéressent la souveraineté & les droits domaniaux. Cette partie de la Flandre comprend :

1°. La contrée franche de Sluis, en françois l'Ecluse, en hollandois, *het vrye van Sluis*, qui faisoit anciennement partie du district de Bruges. Son tribunal est établi dans la ville de l'Ecluse, & est composé d'un grand bailli, d'un bourgmestre & de huit échevins. Il faut observer que les trois villes de Sluis, de Aardenborg, & de Oostborg, ne dépendent point des cours supérieures de justice, dont on a parlé plus haut ; chacune d'elle a sa jurisdiction particulière.

La portion de la Flandre que possèdent les Etats-Généraux, comprend aussi le grand bailliage de Stulst qui en contient quatre petits.

On distingue les anciennes & les nouvelles barrières : nous en avons parlé à l'article BARRIÈRES : nous ajouterons ici :

Que par le traité de barrière, signé en 1715, entre l'empereur & les Etats-Généraux, ce monarque consentit que les hollandois entretinssent seuls une garnison dans les villes de Namur, Tournay, Meenen, Ypres, Furnes, Varneton, ainsi que dans le fort de la Kenoque ; mais que cette garnison ne seroit composée que de troupes hollandoises, ou d'autres qui ne lui seroient point suspectes, & avec les souverains desquelles il ne seroit point en guerre. Il fut convenu de plus que la garnison de Dendremonde & Ruremonde seroit impériale & Hollandoise, mais que l'empereur auroit seul le droit d'en nommer les gouverneurs, qui cependant, ainsi que les soldats, prêteroient serment de fidélité aux Etats-Généraux. Cette convention souffrit ensuite une restriction ; un traité particulier déclara que la garnison de Ruremonde seroit entièrement impériale. Il fut stipulé aussi en 1715, que l'empereur & les Etats-Généraux entretiendroient, chacun à ses frais, un corps de 30 à 35 mille hommes pour la sûreté des Pays-Bas Autrichiens, &

que la répartition de cette dépense feroit à raifon de trois cinquièmes pour le premier, & de deux cinquièmes pour les feconds : que fi l'empereur diminuoit fon contingent, les Etats-Généraux diminueroient le leur dans la même proportion: qu'à la veille d'une guerre ce corps feroit porté à 40 mille hommes, & que fi les hoftilités avoient déjà éclatées, il feroit renforcé felon le befoin: que la formation ou divifion des garnifons ordinaires dans les places, feroit à la difpofition des Etats-Généraux, mais qu'on ne pourroit les augmenter que du confentement des deux parties contractantes : que les gouverneurs, les commandans & états-majors, feroient à leur choix, mais que ces poftes ne feroient point confiés à des perfonnes défagréables à l'empereur, ou dont il auroit lieu de fufpecter la fidélité; qu'au furplus ces officiers étant logés, & percevant les émolumens des ouvrages de fortifications, ils ne pourroient point tomber à fa charge non plus qu'à celle des Etats-Généraux : que ces officiers majours, foit pour la garde des places, foit relativement aux fervices militaires, feroient fubordonnés aux Etats-Généraux en prêtant ferment à l'empereur, qu'ils conferveroient & défendroient ces places pour le compte de la maifon d'Autriche : que les troupes des Etats Généraux y auroient pleine & entière liberté de religion, & que cette puiffance pourroit les faire changer de garnifon quand elle le jugeroit à propos; qu'il lui feroit permis, même en temps de guerre, d'augmenter les fortifications, mais que pour y conftruire de nouveaux ouvrages il faudroit en avertir le gouverneur-général des Pays-Bas Autrichiens, & obtenir fon aveu. Il fut convenu de plus qu'outre les revenus perçus par les Etats-Généraux, dans la partie du quartier fupérieur de Gueldre, à eux cédée, l'empereur leur paieroit annuellement 500,000 rixd. ou 1,250,000 florins de Hollande pour l'entretien des garnifons, celui des places, & pour leur approvifionnement en munitions de guerre & de bouche : pour l'exécution de cet article, on établit un comptoir de barrière dans la ville d'Ypres, &c.

Nous avons dit, à l'article BARRIÈRES, que l'empereur ne voulant plus avoir de garnifons hollandoifes dans les villes de fes domaines, ni payer à la Hollande, ce qu'il avoit promis, les hollandois en ont effectivement retiré leurs troupes, & que cette affaire qui, à une autre époque, auroit peut être attiré une guerre, n'a point eu de fuites fâcheufes.

SECTION IVᵉ.

Des manufactures & du commerce des Provinces-Unies : *réflexions politiques fur ce commerce, fur la richeffe des* Provinces-Unies *& les effets de cette richeffe.*

C'eft au commerce, aux manufactures & aux fabriques que les *Provinces-Unies* doivent principalement leur grande population & la multitude de leurs villes. Le nombre de briqueteries qu'entretiennent la Hollande méridionale & la province d'Utrecht, eft immenfe; elles fourniffent des pierres cuites à la confommation du pays. & à l'étranger : il en eft ainfi également des pipes & de la poterie, parmi lefquelles celles de Gouda tiennent le premier rang. La faïence ou fauffe porcelaine de Delft eft de la meilleure qualité; fouvent elle égale en beauté celle qui nous vient de la Chine.

Au refte, cette fabrique de porcelaine de Delft eft bien tombée aujourd'hui.

La garence de Zéelande & de quelques autres cantons des *Provinces-Unies* eft un des articles de commerce le plus avantageux, &, excepté le peu qu'on a cultivé derniérement en Angleterre, la Hollande en fournit tous les pays étrangers au prix qu'elle veut y mettre : les fermiers & les propriétaires favent tirer parti de cette fource de richeffes. On tire de la Hollande du borax & une quantité confidérable d'empois bleu & blanc. Les fils cruds ou blanchis qui y arrivent de l'Allemagne, y reçoivent une nouvelle préparation, & on les convertit en toiles de toutes efpèces : on les retord, & on en fait des dentelles qui ne le cèdent à celles d'aucun autre pays. L'Europe entière ne fournit point de toiles de table auffi fines que celles de la province de Frife. Les damaffées, qui nous viennent de la Hollande, font recherchées par-tout. Les habitans des *Provinces-Unies* ont, au fuprême degré, le talent de fabriquer les toiles & de les blanchir ; les toiles de Clèves & de Juliers qu'on blanchit à Harlem, & que l'on vend pour des toiles de Hollande, forment une branche importante, & elle l'étoit encore d'avantage avant que les fabriques de toiles d'Irlande & d'Ecoffe euffent la perfection qu'elles ont maintenant.

Les habitans des *Provinces-Unies* n'excellent pas moins dans la fabrique des papiers. Toutes les provinces font pleines de moulins à fcie. On y prépare des bois qui viennent de la Norwège & de la mer Baltique. Lorfqu'ils font en état d'être employés dans la conftruction des maifons ou des navires, on les conduit en Efpagne, en Portugal & en d'autres pays étrangers, & c'eft un grand objet de commerce. Les raffineries de fucre font auffi très-nombreufes.

Ce pays n'a jamais été célèbre par fes manufactures ; les *Provinces-Unies* ne fabriquent pas un tiers des marchandifes néceffaires à leur confommation. Les draps fins de Leyde & d'Utrecht ont eu de la renommée ; mais, dans ces derniers temps, le prix de la main-d'œuvre a fort augmenté, & ces draps font devenus plus chers en proportion de leur largeur, que les draps d'Angleterre fuperfins. La plus grande partie de ceux qui s'y fabriquent encore, font exportés chez

PRO 715

l'étranger, tandis que le peuple & les troupes font habillés de draps de Yorkshire, d'Aix-la-Chapelle & de Verviers.

Ainsi, les manufactures de coton, de laine & de soie déclinent sensiblement, & il faut attribuer cette décadence à la suppression de quelques privilèges & à la multiplicité des impôts qui haussent le prix de la main-d'œuvre. Les pays étrangers ont offert & offrent tous les jours plus d'avantages aux manufacturiers, & on ne doit pas s'étonner que ces arts désertent les *Provinces-Unies*. Les législateurs & les administrateurs de ces provinces le voient sans douleur. Ils ont imaginé les loix & déterminé les usages les plus favorables au commerce de leur pays : leur plan d'avantages au commerce de leur pays : leur plan est d'une profondeur & d'une sagesse admirable ; mais ils semblent avoir calculé qu'il leur convient mieux de faire le commerce des marchandises qui sortent des fabriques de tous les pays, que d'avoir des fabriques propres : s'ils ont conservé celles des toiles, c'est qu'ils ont des eaux & des prairies en abondance, & que leur position offre sur ce point des avantages qu'ils n'ont pas voulu perdre. Au reste, il y a encore quelques manufactures de laine, de coton & de soie à Harlem, à Leyde, à Amsterdam, à Utrecht, dans la mairie de Bois-le-Duc, & le pays situé au-delà de la Meuse.

Mais quoique les *Provinces-Unies* soient très-peuplées, le haut prix des denrées & de toutes les choses nécessaires à la vie y empêchera toujours le progrès des manufactures ; dans une étendue de terrein aussi petite, où on compte deux millions d'ames, le pays ne produit pas des subsistances pour le quart de la population, & par conséquent il faut tirer le reste, quelquefois à grands frais, des autres états : d'ailleurs, il y a des droits considérables sur toutes les denrées ; le consommateur paye de cinquante à soixante pour cent au-delà du prix d'achat du grain qui s'importe en Hollande, & le bœuf & le mouton paient environ trois sols & demi tournois de droits d'accise : tout le reste est taxé en proportion. Les pommes de terre étant la seule denrée à bon marché, les magistrats d'Amsterdam résolurent, il y a quelques années, de mettre un droit considérable sur celles qu'on importeroit à Amsterdam pour y être consommées ; mais on leur représenta que les pommes de terre font la nourriture des pauvres ; qu'il y a à Amsterdam trente mille personnes, qui ne peuvent pas gagner plus de trois sols par jour ; qu'un pareil impôt feroit mourir de faim ces malheureux, & les magistrats renoncèrent à leur projet.

Les anciens réglemens & les anciens usages des différentes corporations des sept provinces, & les entraves qu'on a mises aux artisans & aux manufacturiers empêchent les ouvriers étrangers qui ont du talent, de venir s'y établir : tout retarde le progrès des arts & des fabriques ; &,

quoique le commerce de la Hollande soit si étendu, elle est beaucoup moins avancée sur ces deux articles que les autres états.

On tire des *Provinces-Unies* de très-bons cuirs, & on y trouve des blanchisseries de cire, qui ont de la réputation.

Tout le monde connoît l'importance du commerce des *Provinces-Unies*, qui sont devenues les facteurs & les commissionnaires du monde entier ; le voisinage de la mer du nord, la proximité du Zuyderzée, les fleuves & les canaux navigables, la liberté civile & de conscience, l'industrie, les richesses, l'économie & le crédit de la nation chez l'étranger ; la grande population, la pêche, la multitude innombrable de navires marchands, la banque & la compagnie des Indes, tout excite les citoyens au commerce. Si elles sont parvenues à maintenir leur liberté, & à soutenir les guerres les plus dispendieuses, elles ne le doivent qu'à leur commerce & à leur navigation. Leur commerce a été de tout temps le thermomètre de leur puissance. Il paroît décliner journellement. On attribue cette décadence à celui de l'industrie, & à ce que les hollandois sont aujourd'hui moins économes. Les manufactures qu'ont établies les peuples voisins, leur navigation qui a fait des progrès, nuisent d'ailleurs aux républiques hollandoises. Pour rendre a ce commerce toute son activité, on avoit conçu le dessein d'établir un port libre, & de diminuer les énormes péages que diverses puissances font percevoir sur les fleuves, notamment sur la Meuse. Aucun de ces expédiens n'a été mis à exécution ; &, quand on se seroit servi de ces moyens, jamais les *Provinces-Unies* n'auroient rendu à leur commerce l'activité qu'il avoit autrefois. Il diminuera bien davantage après les arrangemens de la dernière révolution.

Nous reviendrons, dans la section neuvième, sur cette diminution du commerce des *Provinces-Unies*.

Dans son état actuel, il excite encore l'admiration de tous les hommes éclairés, & on ne l'a vu nulle part produire autant de merveilles. Nous allons dire par quelles adroites combinaisons les premiers législateurs ont ouvert la source de ces richesses, & avec quelle constance on a suivi ou perfectionné ces premières vues.

Les persécutions du cabinet de Madrid & de l'inquisition obligèrent un grand nombre de négocians protestans de Bruges, de Gand, d'Anvers & de plusieurs autres villes des Pays-Bas, de se refugier dans les marais de la Hollande & de la Zéelande ; contraints de travailler à leur subsistance, ils y formèrent les premiers établissemens de commerce, & ils commencèrent à diminuer celui des grandes villes du Brabant & de la Flandre.

Le duc d'Albe employoit tous les moyens pour opprimer les juifs, qui étoient alors les négocians les plus confidérables de la célèbre ville d'Anvers; mais fa tyrannie fe trouvant laffée par leur patience, il leur ordonna de quitter, dans vingt-quatre heures, cette ville où étoient prefque tous leurs effets & leurs biens; Amfterdam & Rotterdam, qui ne faifoient alors que commencer à fe peupler, les reçurent avec joie; & comme ces deux places les méttoient à l'abri de la perfécution, & que la nature en défendoit l'approche aux forces de leurs ennemis, ils y établirent leurs demeures; & à l'aide des lettres-de change, inconnues jufqu'alors, ils emportèrent leurs biens, & firent manquer le projet du gouverneur qui vouloit les dépouiller de leur richeffe. Leur exemple fut bientôt fuivi par tous ceux que perfécutoit cet exécrable gouverneur; Amfterdam & Rotterdam devinrent bientôt floriffantes, & établirent un grand commerce fur les ruines de celui d'Anvers, & des autres villes du Brabant & de la Flandre.

Les malheureux que chaffoit la tyrannie, formèrent entr'eux un gouvernement républicain, & ils étendirent & fortifièrent leurs villes, en même-temps qu'ils étendoient leur commerce: tous les négocians, opprimés dans les dix-fept provinces, ne tardèrent pas à voir que leur propriété feroit en fûreté à Amfterdam & à Rotterdam, & que ces villes étoient commodes pour le commerce du nord & du midi, & en remontant le Rhin & la Meufe, pour le commerce de l'intérieur de l'Allemagne: ils s'y retirèrent, &, animés de l'amour de la liberté, ils réfolurent de braver tous les dangers pour fe défendre, & ils apprirent bientôt à l'univers que l'induftrie & l'économie font les voies les plus fûres de parvenir à la richeffe & à la puiffance.

Toute l'Europe avoit les yeux fur ces miférables pêcheurs & les malheureux fugitifs que chaffoit la tyrannie du duc d'Albe; les nations étonnées les virent bientôt commercer avec les différentes parties du monde, étendre & embellir leurs villes, couvrir prefque tout l'Océan de leurs vaiffeaux & de leurs barques, & acquérir par-là une heureufe aifance.

Dès que ces braves républicains furent tranquilles, leur premier objet, après avoir établi de nouvelles loix en faveur de leurs libertés, fût d'étendre leur commerce dans les pays éloignés, d'encourager l'induftrie autant qu'il feroit poffible, & fur tout le genre d'induftrie qui leur convenoit. Les Etats confidérant que ces provinces ne produifoient pas des denrées de confommation en affez grande quantité pour la fubfiftance des habitans, que la liberté & l'équité de leur nouvelle forme de gouvernement y amenoient fans ceffe de France, d'Allemagne & d'Angleterre, mais qu'il falloit en tirer une grande

partie de l'étranger, prirent fur-le-champ des mefures favorables à cette importation, en exigeant de très-petits droits à l'entrée & à la fortie des marchandifes: voulant même placer tous les citoyens dans l'impoffibilité de vivre en Hollande, à moins qu'ils ne fuffent riches, ou qu'ils ne fe diftinguaffent par leur induftrie & leurs travaux, ils chargèrent les denrées de première néceffité de droits confidérables; &, en même-temps, comme des fommes prodigieufes entroient fans ceffe dans la république par le commerce, ils diminuèrent de beaucoup l'intérêt de l'argent; de forte que la néceffité obligea les gens d'une petite fortune à la frugalité & au travail. Quoique les hollandois fiffent alors la plus grande partie du commerce de l'Europe, & que par conféquent ils puffent mettre le prix qu'ils vouloient à beaucoup d'articles, ils craignirent de donner l'alarme aux autres Etats; ils fe contentèrent quelquefois de fi petits profits, que les étrangers s'étonnèrent comment les habitans des *Provinces-Unies* pouvoient vendre à fi bon marché. Leur politique étoit très-fage. En effet, on vit bientôt que, pour parvenir au commerce univerfel, ils avoient befoin des marchandifes d'un pays pour acheter celles d'un autre, & qu'ils devoient vendre fouvent avec peu de bénéfice d'un côté, lorfqu'ils avoient l'efpérance de gagner davantage de l'autre.

M. de Montefquieu a expliqué ce fait avec fa fagacité ordinaire; mais il n'a pas vu qu'il entroit dans le plan des légiflateurs. « Il arrive quelquefois, dit il, qu'une nation qui fait le commerce d'économie, ayant befoin d'une marchandife d'un pays, qui lui ferve de fonds pour fe procurer les marchandifes d'un autre, fe contente de gagner très-peu, & quelquefois rien, fur les unes, dans l'efpérance ou la certitude de gagner beaucoup fur les autres. Ainfi, lorfque la Hollande faifoit prefque feule le commerce du midi au nord de l'Europe, les vins de France qu'elle portoit au nord, ne lui fervoient en quelque manière que de fonds pour faire fon commerce dans le nord ».

« On fait que fouvent, en Hollande, de certains genres de marchandife, venue de loin, ne s'y vendent pas plus chers qu'ils n'ont coûté fur les lieux mêmes. Voici la raifon qu'on en donne: un capitaine qui a befoin de lefter fon vaiffeau, prendra du marbre; il a befoin du bois pour l'arrimage, il en achetera; & pourvu qu'il n'y perde rien, il croira avoir beaucoup fait. C'eft ainfi que la Hollande a auffi fes carrières & fes forêts ».

« Non-feulement un commerce qui ne donne rien peut être utile, un commerce même défavantageux peut l'être. J'ai ouï dire en Hollande que la pêche de la baleine, en général, ne rend presque jamais ce qu'elle coûte (1) : mais ceux qui ont été employés à la construction du vaisseau, ceux qui en ont fourni les agrès, les apparaux, les vivres, sont aussi ceux qui prennent le principal intérêt à cette pêche. Perdissent-ils sur la pêche, ils ont gagné sur les fournitures. Ce commerce est une espèce de loterie, & chacun est séduit par l'espérance d'un billet noir. Tout le monde aime à jouer; & les gens les plus sages jouent volontiers, lorsqu'ils ne voient point les apparences du jeu, ses égaremens, ses violences, ses dissipations, la perte du temps & même de toute la vie ».

Pour continuer nos observations, la Hollande mit sur-tout en usage cette politique de se contenter de petits bénéfices, quand elle faisoit tout le commerce de la Baltique ; elle échangeoit alors, avec très-peu de bénéfice, les productions & les manufactures d'Angleterre, & les vins & les fruits de France & d'Espagne, contre les productions du nord. Les négocians entendoient si bien les intérêts de leur commerce & l'art de s'en approprier les avantages, que, pour mieux entretenir l'éloignement des peuples pour ce trafic, & leur faire croire que ces profits étoient peu considérables, ils se déterminèrent à vendre à aussi bon marché que dans les pays de fabrique plusieurs sortes de marchandises qui venoient des pays éloignés. Le capitaine, qui prenoit un chargement de chanvre & de lin à Pétersbourg, avoit besoin d'une certaine quantité de matière pesante pour mettre son vaisseau en estive ; & , s'il n'achetoit pas pour cela du fer, il devoit prendre des pierres ou du gravier; si, à son retour, il donnoit son fer pour le prix d'achat & pour le prix du fret, il gagnoit le montant du fret : on peut faire la même observation, s'il prenoit un chargement de fer, & qu'il eût besoin de bois pour remplir son bâtiment : c'est ainsi que les négocians faisoient leurs grands bénéfices sur la partie principale de la cargaison, & qu'ils montrèrent quelquefois du désintéressement, en vendant certains articles à très-bas prix.

On imagina ensuite la banque d'Amsterdam, dont nous avons parlé en détail à l'article HOLLANDE, & personne ne peut calculer l'influence qu'a eu cet établissement sur le commerce des *Provinces-Unies*.

Nous ajouterons ici que la banque a étendu, d'une manière particulière, le commerce d'Amsterdam. Les négocians ne peuvent s'éloigner des lieux où est déposé leur trésor, & où ils ont un si grand crédit. Ils ne vont guère habiter un endroit où ce crédit n'est pas aussi reconnu, & où ils ne pourroient l'exercer qu'avec beaucoup de peine.

Le commerce est peu délicat, ainsi que tout le monde le sait, & il paroît que les législateurs & les administrateurs des *Provinces-Unies* ont attenté volontairement aux loix naturelles & à l'équité, pour accroître la richesse de leur pays & celle de ses citoyens. Nous le dirons bientôt, & on le verra sur-tout dans la section neuvième, lorsque nous ferons l'analyse de ses réglemens & de ses loix, sur les isles qui fournissent les épiceries. Nous nous contenterons d'observer ici que la plus grande partie des loix civiles & la politique intérieure des *Provinces-Unies*, relativement au commerce, sont très-imparfaites ; que peut-être elles se sont méprises sur les avantages qu'elles espéroient de ces mauvaises loix ; que peut-être, loin de servir au commerce, elles lui ont été nuisibles : nous ne citerons que les réglemens sur les banqueroutes, qui ne garantissent pas assez le négociant de bonne foi, de la fraude & de l'injustice des banqueroutiers : on lui a ôté les moyens de recouvrer sa propriété. Ce qui est encore plus étonnant, lorsque les cours de judicature trouvent leurs loix incomplettes, ils ont recours aux décisions des loix romaines en pareil cas, sans voir que ces loix furent faites pour un gouvernement qui est précisément le contraire de celui des *Provinces-Unies*. La justice s'y administre pourtant sans partialité & d'une manière équitable, vu l'extrême imperfection des loix.

Plusieurs négocians profitent de l'indulgence des loix pour commettre toutes sortes de friponneries ; dans le commerce, on est souvent obligé de confier à la bonne foi de grandes sommes, de placer & déplacer son argent. Si le débiteur ne peut être contraint par corps de remplir ses engagemens, il est tenté de tromper ses créanciers. C'est être injuste envers eux que leur faire attendre les décisions lentes d'une cour de justice, pour qu'ils puissent recouvrer leur propriété lorsque l'emprisonnement du débiteur produiroit le même effet, & quand peut-être le créancier, privé de cette ressource, est obligé de manquer lui-même.

Mais, parce que les loix des *Provinces-Unies* sont ainsi favorables aux débiteurs, les villes de commerce sont devenues l'asyle d'un grand nombre de négocians, à moitié ruinés, des autres états de l'Europe ; en acquérant les privilèges de la bourgeoisie, ils ont gagné du temps pour rétablir leurs affaires, & des travaux plus heureux leur ont mérité de nouveau la confiance du public.

La liberté de conscience sur les matières religieuses, accordée à tous les étrangers qui viennent s'établir dans les *Provinces-Unies*, y attire un grand nombre de commerçans ; dès qu'un

(1) Soit qu'on ait perfectionné cette pêche, soit qu'on ait trompé M. de Montesquieu, il paroît que l'armement des navires qu'on y emploie, est toujours utile aujourd'hui.

étranger eſt devenu bourgeois de l'une de leurs grandes villes, ſa perſonne & ſes biens ne peuvent être ſaiſis avant qu'il ſoit condamné d'après le cours ordinaire de la loi, & il a, comme les plus anciens bourgeois, le droit de participer au gouvernement. Voilà pourquoi un tiers de la province de Hollande eſt étranger, ou deſcend de familles étrangères ; pluſieurs de ces étrangers y exercent les premières places de confiance : c'eſt la propriété qui donne ici du pouvoir ; & quand un marchand, d'un caractère honnête, s'eſt enrichi par le commerce, il ne tarde pas à parvenir aux charges publiques.

Le commerce excluſif des épiceries que fait la Hollande, eſt une autre ſource de richeſſes : je vais expoſer, avec quelques détails, les progrès qu'elle a faits ſur cet objet dans l'Inde & en Europe.

Dès que les hollandois eurent chaſſé les portugais de leurs établiſſemens, & que, par une ſuite de victoires, ils eurent forcé les naturels du pays à faire avec les Provinces-Unies des traités de commerce qui écartoient toutes les autres nations, & à permettre la conſtruction de différens forts dans les lieux qui commandent les places de commerce, ils cherchèrent à s'approprier le monopole de toutes les épiceries, & penſèrent à ſe mettre en état de réſiſter aux attaques de toutes les puiſſances du monde. Ils ont envoyé dans l'Inde, chaque année, un ſi grand nombre d'hommes ; la multitude des citoyens qui ont péri dans ces climats, faute d'avoir pris la manière d'y vivre, les ont ſi peu découragés que la compagnie des Indes a fondé ſur ces régions un nouvel empire gouverné, à la vérité, par des officiers que nomme la compagnie, mais qui paroît, aux yeux des petites nations du voiſinage, avec toute la dignité & l'indépendance d'un état ſouverain, qui fait la paix & la guerre avec les rois, qui peut armer vingt ou trente vaiſſeaux de guerre, & mettre vingt mille hommes en campagne. Les princes du pays ſont par-tout ſoumis à la compagnie.

Une longue expérience de ce commerce inſtruiſant les hollandois, d'une manière aſſez exacte, de la quantité de chaque eſpèce d'épiceries néceſſaires à la conſommation des différens pays de l'Europe, la compagnie donne des ordres pour qu'on n'en exporte jamais plus qu'il n'en faut ; elle brûle enſuite ce qui reſte des ventes ; elle entretient ainſi le prix des épiceries au point qu'elle veut, & aucune autre puiſſance ne peut entrer en concurrence avec celle ci dans cette branche de commerce, non plus que dans le commerce du Japon, pour lequel cette compagnie a un traité excluſif avec l'empereur.

Outre le bénéfice immédiat des épiceries & du hareng, qui ſe vendent en Angleterre, en France, en Eſpagne, en Italie, en Portugal & en Allemagne, la Hollande a acquis par là une

grande influence dans le commerce des parties ſeptentrionales de l'Europe, telles que la Ruſſie, la Suède, le Danemarck, la Pologne, le territoire de Dantzick, la Poméranie & toute la côte de la mer Baltique, où les épiceries en particulier ſont très-recherchées & s'échangent contre ce qu'il y a de plus précieux dans le pays, tels que du grain, du chanvre, du lin, du fer, de la poix, du goudron, des mâtures, des bois de conſtruction, &c. Voyez la ſection neuvième.

Comme les hollandois n'ont pas d'établiſſemens conſidérables dans les îſles d'Amérique, ils permettent ſagement l'entrée des ports de leurs colonies à tous les peuples ; elles deviennent ainſi des dépôts de contrebande, d'où l'on fait paſſer toutes ſortes de marchandiſes dans les établiſſemens anglois, françois ou eſpagnols, & d'où l'on tire pour l'Europe, du café, du ſucre, de l'indigo, du cacao, du coton, &c. qu'on vend enſuite comme ſi ces productions venoient des îſles appartenantes aux hollandois. Elles entrent avec celles de Surinam, à Amſterdam & à Rotterdam : on les envoie de là en Weſtphalie, & dans toutes les parties occidentales de l'Allemagne.

Le commerce, en Turquie & au Levant, ſemble d'abord déſavantageux aux hollandois ; mais comme ils y portent une quantité conſidérable de draps fins de Leyde, & qu'ils en tirent des matières crues qu'ils vendent enſuite aux différentes manufactures de l'Europe, ſans les conſommer chez eux, ils y gagnent réellement.

Ils ont toujours fait un commerce étendu avec l'Angleterre ; &, comme la balance n'a pas ceſſé d'être contre eux, on juge, au premier coup-d'œil, qu'ils perdent conſidérablement. En 1700, les importations d'Angleterre en Hollande furent d'un million neuf cents ſoixante-cinq mille neuf cents cinquante-une livres ſterl., & les exportations ſeulement de cinq cents vingt-ſept mille ſoixante-douze liv. ſterl. Ainſi, l'avantage en faveur de la Grande-Bretagne étoit déjà immenſe alors. En 1722, les importations montèrent à deux millions cent trente mille trois cents quatre-vingt-ſeize liv. ſterl., tandis que les exportations furent ſeulement de cinq cents ſoixante-un mille ſix cents douze liv. ſterl.

En 1765, les importations furent de deux millions vingt-ſix mille ſept cents ſoixante douze liv. ſterl., & les exportations de quatre cents vingt mille deux cents ſoixante-treize livres ſterl. La Hollande paie ainſi une balance immenſe ; mais c'eſt avec l'argent des autres pays, où elle va vendre les productions & les marchandiſes de la Grande-Bretagne, & cette eſpèce de courtage lui eſt très-lucratif.

Nous venons d'indiquer la proſpérité des Provinces-Unies ; & ſi le lecteur veut étudier quelques principes du gouvernement de Hollande, nous en trouverons des traces, sans sortir de chez nous, dans la portion des Pays-Bas que nous avons acquise, & qui forme une de nos frontières. Ces peuples s'y gouvernent encore par des magistrats municipaux : les flamands doivent être nés avec un esprit de justesse & d'économie plus propre à l'administration que les autres peuples.

Ce qu'on y a laissé subsister de leur méthode pour lever les impositions, est utile à l'agriculture & au commerce : c'est ce même esprit d'économie & cette liberté dans l'action du gouvernement intérieur, qui avoient rendu les derniers ducs de Bourgogne si riches en argent comptant, & plus puissans que nos rois.

Dans ces mêmes provinces, on voit les villes les unes sur les autres, les bourgades florissantes, les campagnes bien cultivées ; tout est abondant, tout est soigné : les loix sont observées ; les nobles n'y sont pas faits pour dominer, ni l'esprit flamand pour s'élever au-dessus des détails ordinaires de la vie.

SECTION V^e.

Des revenus, des impôts, des troupes & de la marine des Provinces-Unies.

Les revenus ordinaires de la confédération proviennent des contributions que fournissent chaque année les sept provinces, d'après la demande du conseil d'état & le calcul des dépenses, tel qu'il est donné par les Etats-Généraux ; il faut y ajouter les impôts qu'on lève dans les villes conquises & les pays du Brabant, de la Flandre & sur le Rhin.

Les différentes accises, les douanes & la taxe des terres sont les principales sources de ce revenu ; les accises sont les plus considérables & plus étendues que dans aucun autre pays de l'Europe. A peine y a-t-il en Hollande une seule chose nécessaire à la vie, qui n'y soit soumise. Les droits de douane, d'après une vue politique favorable au commerce, ne sont pas forts, & cette partie du revenu public est appliquée sur-tout à l'amirauté ; la taxe des terres est modérée aussi, à cause des grandes dépenses qu'entraînent les digues, les moulins à vent & le desséchement des campagnes. On trouvera dans le *dictionnaire des Finances*, article HOLLANDE, de grands détails sur les divers impôts établis dans les *Provinces-Unies*.

Ce revenu paye toutes les forces de terre & de mer, les officiers publics de l'état, les ambassadeurs & les ministres dans les pays étrangers, l'intérêt des dettes publiques des Etats Généraux, qui, à la fin de la guerre de 1748, étoient très-considérables ; elles se trouvoient diminuées en 1778, au moment où les *Provinces-Unies* sont entrées en guerre contre l'Angleterre, & nous ignorons quelle est leur quotité actuelle : outre la

dette de la confédération, chaque province a une dette publique, dont l'intérêt se prend sur le revenu de la province. Celle de Hollande, lors du traité de paix d'Aix-la-Chapelle, étoit de plus de cent quarante millions de florins, dont elle payoit un intérêt de trois pour cent. Cette dette se trouvoit beaucoup diminuée à l'époque de 1718, & l'intérêt de ce qui en restoit n'étoit plus que de deux & demi : cet intérêt se paie avec une extrême exactitude ; lorsque l'état rembourse une partie du principal, les créanciers en sont fâchés, parce qu'ils ne savent où placer leurs capitaux d'une manière aussi commode & aussi sûre : nous avons developpé ces observations aux articles particuliers des diverses provinces.

Les magistrats des divers cantons perçoivent les droits d'accise, & les impôts établis sur les terres & sur les immeubles ; ils en font passer la somme aux receveurs. Le produit de cette partie de l'administration étant aisément connu, les collecteurs n'ont pas beaucoup de peine.

La perception, la recette & le déboursement de l'argent de l'état ne donnent point de bénéfices aux collecteurs : ils ont des appointemens fixes, & ils n'osent pas les augmenter par des exactions secrètes. Un billet au porteur ou à ordre sur le trésor public, a autant de valeur qu'un billet de banque ou un billet de change.

Dans les occasions urgentes ou en temps de guerre, ou lorsque l'état est menacé, les Etats-Généraux ordonnent la levée de quelques contributions, quelquefois le centième des biens de tous les habitans, d'une capitation ou d'autres subsides, suivant la résolution des provinces, & suivant que la conjoncture est plus ou moins pressante.

Autrefois, quand les Etats-Généraux exigeoient un droit de tous ceux qui voyageoient en Hollande dans les barques, en voiture, en charriot, ou à cheval, chacun se récrioit contre cet impôt désagréable & tyrannique ; mais cet impôt est devenu perpétuel, & il fait partie du revenu de la province. En général, les taxes sont si multipliées & si fortes, qu'il est presque impossible d'augmenter de cette manière le revenu public, sans avoir à redouter un soulèvement ; & les revenus extraordinaires ne peuvent plus provenir, dans l'état actuel des choses, que des contributions des principaux habitans : cette ressource est d'autant plus facile, qu'il n'y a point de pays d'une égale étendue, où il y ait une masse aussi prodigieuse de richesses, & où la plûpart des citoyens soit plus en état de faire de ces sortes de largesses.

On comptoit il y a quelques années, que les hollandois avoient environ trente millions sterling dans les fonds d'Angleterre ; leurs capitaux dans les fonds publics de la France, n'étoient évalués qu'à vingt-huit millions sterling. Mais ils ont placé des fommes affez confidérables dans les emprunts qu'a fait la France depuis 1777. Ils avoient environ quinze millions fterling dans ceux de l'empereur & chez les princes d'Allemagne, en Danemarck, en Suède & en Ruffie ; & fi nous y ajoutons au moins quarante millions fterling que l'état devoit aux citoyens, on verra que la propriété des habitans des *Provinces-Unies*, montoit à cette époque à plus de cent treize millions fterling, fans parler des fonds de leur commerce, de l'argent qui étoit en circulation, de la banque, de l'or & de l'argent monnoyé, &c. richeffe étonnante pour un pays où la population n'a jamais excédé deux millions d'habitans.

Les *Provinces-Unies* font obligées d'entretenir des forces militaires confidérables ; mais ces forces ne font pas auffi redoutables qu'elles devroient l'être. Chaque province entretient autant de régimens qu'elle peut en payer. Les régimens fuiffes font les feuls qui foient à la folde des Etats-Généraux. Il eft rare que l'état militaire de la république excède 40,000 hommes en temps de paix ; fes forces font ordinairement moindres. Elles n'étoient que de 29,315 hommes après le traité de Weftphalie de 1648 ; de 40,000 après celui de 1713 & de 32,064 après celui de 1717. Elles diminuèrent fucceffivement après le traité d'Aix-la-Chapelle de 1748 ; l'on renvoya d'abord les troupes mercénaires ; les régimens nouveaux, ainfi que les foldats faits prifonniers dans les villes conquifes, furent réformés enfuite ; feulement quelques-uns de ces derniers furent incorporés dans les régimens qu'on jugea à propos de conferver. Les compagnies nationales écoffoifes, ainfi que les régimens fuiffes, fouffrirent même une diminution notable en 1752 : on réforma encore trois compagnies de chaque régiment d'infanterie & de cavalerie ; on incorpora deux régimens en un feul, en forte qu'un régiment de cavalerie ne fut plus compofé que de deux efcadrons, de trois compagnies chacun, & ceux d'infanterie de deux bataillons de fept compagnies : chacun après cette réforme, l'état militaire n'étoit en 1759 que de 35,497 hommes, on y trouvoit fept régimens de cavalerie & trois régimens de dragons, formant enfemble, les premiers 2274, & les feconds 1008 hommes, 38 régimens d'infanterie, qui ne contenoient que 33,150 hommes. Le refte étoit compofé des artilleurs, des mineurs & des ingénieurs. Il y avoit dans le nombre deux régimens écoffois de 1000 hommes chacun, & fix régimens fuiffes, qui faifoient un fonds de 7120 hommes. Cet état militaire varia par la fuite : en 1770, on compta dans les *Provinces-Unies* 26 efcadrons de cavalerie, 3 régimens de dragons, 80 bataillons d'infanterie, dont 11 de troupes fuiffes, 6 d'allemands du pays de Gotha & de celui de Waldeck, 2 bataillons de wallons, 4 d'écoffois, 57 de troupes nationales,

15 compagnies d'artillerie divifées en 3 bataillons & 4 compagnies de mineurs.

Voici l'état de troupes des Provinces-Unies, en 1784.

Cavalerie 27 efcadrons de 84 hommes chacun....................................	2268
Dragons 12 efcadrons de 84 hommes chacun.............................	1008
Infanterie gardes hollandoifes 2 bataillons de 658 hommes chacun.............	1316
Gardes à la répartition de la province de Frife, une compagnie..............	202
Gardes à la répartition de la province de Groningue, une compagnie.........	75
Soixante bataillons d'autres troupes, qu'on appelle *nationales* ; mais qui ne le font point, 363 hommes par bataillon....	19780
Wallons, 3 bataillons................	1089
Ecoffois, 6 bataillons...............	2178
Gardes fuiffes, 2 bataillons...........	800
Suiffes ordinaires, 10 bataillons de 600 chacun............................	6000
Artillerie, 3 bataillons de 600 hommes chacun.............................	1800
Mineurs, 4 compagnies de 52 hommes	208
Ainfi les forces militaires de la république étoient en réfultat, cavalerie & dragons............................	3276
Infanterie........................	31440
Artillerie & mineurs................	2008
TOTAL............	36724

Le ftadhouder demandoit qu'on les portât à 50 ou 60 mille hommes.

En général, l'armée des *Provinces-Unies* eft compofée de mercenaires ; elles prennent à leur folde des troupes de plufieurs petits princes d'Allemagne, des écoffois, des fuiffes, des wallons, & des déferteurs de prefque tous les états de l'Europe : excepté les officiers, il y a fous les drapeaux très-peu de natifs des fept provinces. Ces troupes font payées différemment, fuivant les traités paffés avec les princes qui les ont fournies.

Les républiques de Venife & des *Provinces-Unies*, qui ont une petite étendue de terrein, font environnées de voifins puiffans & guerriers ; leurs fujets, en petit nombre, font plus difpofés au commerce qu'à la guerre, & au fervice de mer qu'à celui de terre. Dès que ces deux états eurent fait un commerce étendu, & acquis des richeffes immenfes, ils cherchèrent à contrebalancer avec des troupes mercenaires, les armées de leurs voifins, compofées de fujets du pays ; à défendre leurs frontières avec des citadelles &

des

des places fortes , & à trainer ainfi la guerre en longueur , quand ils n'ofoient pas rifquer une bataille ; ils firent dépendre leur deftinée de la puiffance de l'argent plutôt que de la force des armes.

Ce n'eft pas la population ou le caractère plus ou moins guerrier des hollandois qui font la force des *Provinces-Unies* , mais leurs vaiffeaux de guerre , & les troupes mercenaires qu'ils entretiennent , même en temps de paix ; mais la multitude de leurs forchereffes , & les revenus de l'état , qui au befoin font capables de payer encore de plus grandes dépenfes.

La qualité de capitaine général , dont eft revêtu le ftathouder , lui donne le commandement fuprême de toute l'armée ; mais dans la conduite des affaires militaires , & en temps de guerre furtout , ce commandement eft délégué au feld-maréchal-général de la république. Les forchereffes , des *Provinces-Unies* , fituées avantageufement pour la plupart , font bien entretenues. Il en eft plufieurs dont les environs peuvent être inondés en très-peu de temps , & dont l'approche peut être rendue par-là fort difficile.

Bufching dit que les dépenfes des *Provinces-Unies* fe montoient :

	florins.
En 1755 à	9,844,437
En 1756 à	9,765,004
En 1765 à	11,240,059
En 1766 à	11,316,123

Il n'y a dans les forcheffes des fept provinces que de fimples commandans ; ce font les bourguemeftres régens de ces villes qui exercent les fonctions de gouverneurs. Il n'en eft point de même dans les pays conquis ; les forcheffes ont des commandans & des gouverneurs que nomme le ftathouder.

La puiffance maritime des *Provinces-Unies* étoit formidable autrefois ; elle mettoit aifément 100 vaiffeaux de guerre en mer dans des temps d'hoftilités ; mais elle n'en entretient aujourd'hui , en temps de paix , que trente ou quarante , dont une partie eft en commiffion : fes efcadres confiftoient en 1762 , en 5 vaiffeaux de haut bord , portant 60 canons, en 10 de 50 , ou 5 frégates de 40 , 5 de 36 & 50 de 20. Elles portoient 7900 hommes & coûtoient 284 , 400 florins chaque mois.

Voici un tableau exact de l'état de la marine des *Provinces-Unies* en 1781 : il fut donné par le ftathouder lui-même , dans fon mémoire juftificatif , préfenté aux Etats-Généraux le 7 octobre 1782.

ETAT *des forces navales de la république en décembre* 1781.

4 vaiffeaux de 70 canons , dont trois en commiffion.	....	3
9 de	60	....	5
15 de	50	....	12
7 de	40	....	6
15 de	36	....	13
17 de	24	....	12
2 de	12	....	0

69 vaiffeaux. 2822 canons. 45 vaif. en com.

On affure qu'avec le fecours des provinces particulières , les collèges de l'amirauté font en état d'équiper , en très-peu de temps, 40 à 50 vaiffeaux de guerre. Ceux qui font en commiffion , fervent principalement à convoyer les vaiffeaux marchands fur la Méditerranée & à les défendre des corfaires , ou à protéger ceux qui arrivent des Indes orientales.

Les collèges de l'amirauté , dont les dépenfes font regardées comme une charge pour l'état , veillent à la fûreté de la navigation fur la mer & fur les fleuves , & à celle des ports ; ces collèges font au nombre de cinq , qui tiennent entr'eux le rang que voici ; 1°. celui de Rotterdam , chargé de l'infpection de la-Meufe ; 2°. celui d'Amfterdam ; 3°. celui de Zéelande , établi à Middelbourg ; 4°. celui de la Weft-Frife , ou de la Hollande feptentrionale , qui réfide alternativement à Hoorn & à Enckhuyfen ; 5°. celui de la Frife , qui fiège à Harlingue. Chaque collège veille fur la partie de la flotte qui lui eft confiée. Les frais de leur entretien fe prennent principalement fur les impôts , auxquels font fujets les bâtimens fur mer & la plupart des marchandifes importées , impôt dont ces collèges font eux-mêmes la perception. Comme leur produit ne fuffit pas , lorfqu'en temps de guerre il faut augmenter les forces navales & armer un plus grand nombre de vaiffeaux , quelques provinces font tenues de fournir de groffes contributions fur cet objet ; on augmente les droits dont nous venons de parler , & on les perçoit fur les bâtimens marchands qui arrivent , & fur ceux qui fortent. Le ftathouder eft revêtu de la dignité d'amiral en chef de toutes les flottes de la république ; il a , en cette qualité , la préféance dans tous les collèges de l'amirauté. Les ordres qu'il y donne de temps à d'autre , doivent être exécutés. Dès qu'il fe trouve une efcadre en mer , l'amiral en chef , fon lieutenant , ou celui qui la commande , la divife en trois parties ; la pre-

Y y y y

mière fait l'avant-garde, la feconde forme le corps d'armée, & la troifième veille fur les derrières.

On dit que la dépenfe des amirautés pour la flotte & la conftruction des vaiffeaux, eft d'environ cinq cents cinquante mille livres fterlings. On fuppofe qu'un million de florins, équivaut à quatre-vingt dix mille livres fterling.

Jadis les hollandois foudoyoient en temps de guerre foixante mille foldats de terre, avec une efcadre de plus de cent vaiffeaux de guerre, ainfi que nous l'avons déjà dit.

Les *Provinces-Unies*, malgré la diminution de leur fervice, font en état de faire avec fuccès la guerre fur mer contre chacune des puiffances de l'Europe, excepté l'Angleterre & la France. Mais leur armée de terre & les forterffes qui défendent leurs frontières, ne les défendroient pas contre quarante mille hommes bien difciplinés, & bien commandés; ils feroient obligés d'appeller des alliés à leur fecours : leurs troupes ont un air guerrier à la parade, à l'exercice, &c. mais lors de la dernière guerre contre la France, on s'apperçut que les exercices & les revues ne fuffirent pas pour infpirer de la bravoure à des mercénaires.

Si les *Provinces-Unies* font deftinées à porter le joug d'un maître, l'ufurpateur ne poffédera pas la grandeur & la puiffance dont jouit maintenant l'état; ces provinces redeviendront en peu de temps un pays pauvre & fans crédit parmi les puiffances de l'Europe; le commerce y quittera fon afyle; la contrée tombera peu à peu dans le dépériffement; & enfin les fatellites foudoyés par le defpote ravageront tout.

Jamais une puiffance étrangère n'attentera à la liberté de la Hollande fans une fédition générale dans toutes les villes, & fans un boulverfement dans tous les ordres de l'état, qui mettroit en danger les propriétés des particuliers & ébranleroit le crédit du gouvernement; alors les riches négocians fe réfugieront chez les nations voifines, auxquelles ils porteront leurs richeffes; les banques s'anéantiront; le commerce tombera tellement dans la langueur, que probablement les peuples ne feront plus en état d'entretenir leurs digues; la mer & les fleuves fe précipiteront fur le terrein de ce pays, & changeront les principales cités en-bourgades de pêcheurs, ainfi qu'elles l'étoient autrefois.

SECTION VIe.

Du régime eccléfiaftique & de la tolérance, envifagée dans fes effets politiques par rapport aux Provinces-Unies.

Les habitans des *Provinces-Unies* adoptèrent d'abord les dogmes ou la communion luthérienne & la confeffion d'Augsbourg. Mais en 1562, ils y fubftituèrent une croyance, qui s'accordoit avec celle qu'on avoit adoptée à Génêve. Les états conclurent, en 1579, un traité d'union à Utrecht : on y déclara purement & fimplement, que cette croyance feroit maintenue à l'avenir. La province de Hollande alla plus loin; elle demanda en 1583, que la religion réformée fût la feule dominante dans les *Provinces-Unies*, & qu'aucune autre ne pût avoir un culte public. Cette dernière propofition n'eut point l'approbation générale; mais les fynodes tenus à Dordrecht en 1618 & 1619, déclarèrent que la religion adoptée feroit enfeignée publiquement dans les églifes, ainfi & de même qu'elle eft rapportée dans le catéchifme de Heidelberg, & dans la profeffion de foi des églifes des Pays-Bas, convenus à Embden en 1571; & ils condamnèrent toute autre doctrine, & notamment les maximes & les dogmes, que les remontrans s'étoient efforcées jufqu'alors d'établir. Cette décifion fut confirmée en 1651, par les états particuliers des provinces; mais il faut que cette décifion ait été révoquée, ou qu'on la dédaigne beaucoup, car, depuis cette époque, toutes les communions, même celle des Juifs, y font tolérées; ceux qui les fuivent, font fûrs de n'être jamais troublés dans leurs cultes, auffi long-temps qu'ils ne contreviendront point au bien public, ou qu'ils n'enfeigneront rien qui puiffe induire les fujets naturels à fe foulever contre leurs fupérieurs. Il en réfulte cependant que les loix des *Provinces-Unies* fur la tolérance, ne font ni claires ni précifes, & quelles font défectueufes, ainfi que l'acte d'union & la conftitution de chaque province : au refte les Etats-Généraux & les divers gouvernemens ne fe font jamais écartés du principe de la tolérance. Les places éminentes, dont les fonctions intéreffent le gouvernement de la république, ne peuvent être remplies que par des citoyens qui profeffent la religion réformée; il en eft de même des emplois diftingués. Il y a trois fortes d'affemblées eccléfiaftiques, le confiftoire, la claffe & le fynode.

Les catholiques romains ont environ trois cens cinquante églifes dans les *Provinces-Unies*; elles font defervies par environ quatre cens prêtres. Nous n'y comprenons pas les églifes dans les pays conquis, dont le nombre eft confidérable.

Les Luthériens jouiffent du libre exercice de leur religion dans les villes; il leur eft même permis d'y avoir des édifices qui reffemblent à des églifes. Ils en ont quelques-unes à la campagne, malgré l'ordonnance rendue à cet égard en 1655. Ainfi que les catholiques ils font incapables de pofféder aucune charge publique; ils forment quarante une communautés dans les *Provinces-Unies* & dans les états du Brabant.

Ainfi le Calvinifme eft la religion dominante de ce pays; prefque tout le peuple eft de cette fecte; le gouvernement ne paye que les miniftres ou les pasteurs qui la professent. Ces ministres n'ont ni propriétés en terres, ni dîmes, & ils ne peuvent mettre aucune contribution sur le peuple : l'état leur donne une somme qui varie de six à sept cens jusqu'à deux mille florins par an. Dans quelques provinces, s'ils se marient, & s'ils ont des enfans, on leur accorde cent florins de plus par enfant; mais c'est de l'état que dépend tout leur revenu. Dans toutes les grandes villes le service divin se fait en hollandois, en anglois, en françois & en allemand.

Lors de l'institution de ce gouvernement, la religion catholique fut exclue de la protection des loix; on imagina que cette croyance, par sa soumission au pape, fait de mauvais sujets : ceux qui la professoient sembloient desirer alors le rétablissement de l'autorité espagnole; mais les états ont une si grande envie de laisser aux hommes toute la liberté possible sur cette matière, que les officiers, encore plus indulgens que la loi, souffrent que la religion catholique soit exercée publiquement dans leurs districts : ceux qui la professent n'ont jamais troublé la tranquillité publique, ni témoigné de l'inclination à changer la constitution. Le grand soin des états a toujours été de réprimer les inquisitions sur la foi ou les principes religieux d'un homme qui vit paisiblement sous la garde des loix, & de ne pas souffrir qu'on tyrannise la conscience d'un citoyen, quand ses idées ou ses actions sont indifférentes au repos public : ils se souviennent qu'ils ne se sont formés en république, que pour avoir plus de liberté sur cette matière, & malgré l'obscurité ou l'inexactitude de leurs loix, ils croient qu'il est injuste & déraisonnable de suivre un autre plan.

Dans les autres pays de l'Europe, la différence de religion a produit les vexations & les persécutions les plus odieuses, pendant les deux siècles derniers. Depuis la réunion des sept provinces, l'esprit de persécution semble ralenti, & même détruit en Hollande. Ailleurs des hommes factieux & dévorés d'ambition, ont couvert leur projet du voile de la religion; mais ici personne n'ayant lieu de se plaindre de ce qu'on attente à sa liberté sur cette matière, les habitans sont devenus indifférens à toutes les sectes; ils vivent ensemble en citoyens du monde : la diversité de leurs opinions religieuses n'influe pas sur leur attachement; ils sont réunis par les liens de l'humanité & de la paix. Les loix de l'état protégent tous les individus, sans s'embarasser de ce qu'ils croient, & on encourage également les arts & l'industrie, ainsi que la liberté de discussion sur tous les objets.

Le clergé calviniste est, en général, partisan très-zélé de la maison du prince d'Orange; & même, dans les intervalles où l'autorité du stathouder fut suspendue, il prit toutes les précautions possibles pour témoigner son dévouement

aux princes de cette maison, sans offenser les droits & prérogatives des états; il s'est toujours déclaré l'ennemi des anti-stathoudériens, même dès l'origine de la république; il croit que leurs principes tendent à favoriser l'oppression & la religion catholique.

SECTION VIIe.

De la constitution fédérale des Provinces-Unies, de l'union d'Utrecht; détails sur les Etats-Généraux, sur l'administration de ces républiques confédérées & sur les officiers de la confédération.

Afin d'analyser plus clairement ce qui regarde la constitution fédérale des *Provinces-Unies*, nous rapporterons d'abord l'acte de l'union d'Utrecht, & nous indiquerons ensuite les règlemens & les usages relatifs à la puissance législative; ceux qui ont rapport à la puissance exécutrice & à la puissance judiciaire.

Acte de l'union d'Utrecht ou acte fondamental, sur la confédération des sept Provinces-Unies.

L'acte de l'union d'Utrecht contient un préambule & vingt-six articles. Les confédérés déclarent leur intention de fortifier par ce traité l'union générale, de prévenir les divisions & de se mieux défendre contre l'ennemi commun. Quant aux articles qui doivent servir à cimenter la confédération, en voici le précis.

L'article premier comprend la forme & les conditions de l'union. On y dit que les sept provinces s'unissent par ce traité à perpétuité, de la même manière que si elles ne formoient qu'une seule province; sans préjudice cependant des privilèges, des immunités, des usages & des droits de chaque province & des villes qui la composent; lesquels privilèges les confédérés s'obligent à maintenir aux dépens de leurs biens & de leurs vies. On y déclare en outre que les différens qui pourroient survenir entre les provinces, villes ou membres de l'union, sur les susdits droits, &c. privilèges, seront décidés ou par les juges ordinaires, ou par des arbitres, ou par un arrangement à l'amiable, sans que les autres provinces ou villes puissent s'en mêler autrement que par voie d'accommodement.

L'article II engage « les confédérés à se secourir mutuellement contre tout acte de vio- » lence que le roi d'Espagne ou ses adhérens » pourroient faire, soit au sujet de la pacifica- » tion de Gand, soit à celui de la réception de » l'archiduc Matthias, soit pour introduire & » rétablir la religion catholique, ou pour se ven- » ger, en un mot, de ce qui se seroit fait par » les confédérés, ou par quelqu'un d'entre eux » depuis l'année 1558. »

L'article III oblige les confédérés à se secourir pareillement contre toute attaque de princes ou états étrangers, & laisse à la généralité ou au corps de l'union à déterminer les secours que chacune fournira dans une telle occasion.

Les articles IV & V, jusqu'au VIIIe. inclusivement, regardent les moyens de contribuer à la défense commune des confédérés, la construction & l'entretien des forteresses, la manière de fournir par des taxes & des impôts aux frais qu'exige le maintien de l'union, l'érection des milices, &c.

Il est stipulé par le neuvième article, qui, avec le suivant, renferme les principes essentiels, de l'union, qu'on ne conclura ni paix ni trève; qu'on n'entreprendra pas de guerre, qu'on n'établira ni impôts ni contributions, qui intéressent le corps général de la confédération que du consentement unanime des provinces: dans toutes les affaires qui concernent d'ailleurs l'union, on s'en tiendra à ce qui sera résolu à la pluralité des voix des provinces; réglement qui s'observera jusqu'à ce qu'il soit autrement ordonné par la totalité des confédérés. Il est encore arrêté, par le neuvième article, que les différends qui pourront survenir entre les provinces, sur la paix, la guerre, la trève ou les impôts, seront décidés provisoirement par les stathouders actuels des provinces, & que ceux-ci, lorsque leurs avis seront partagés, prendront des assesseurs impartiaux pour venir à une décision, à laquelle les parties seront obligées de se conformer.

Il est expressément déclaré, dans le dixième article, qu'aucune province ou ville ne pourra conclure de confédération ou d'alliance avec aucun seigneur ou pays voisin, sans le consentement des confédérés.

L'article XI regarde l'admission des états étrangers dans la confédération, moyennant le consentement unanime des provinces.

Le douzième renferme les réglemens qu'il faut suivre par rapport à la monnoie.

Le treizième, qui concerne les affaires de la religion, porte « que la Hollande & la Zéelande » se conduiront, à cet égard, comme elles trou- » veront à propos; que les autres provinces se- » ront tenues de se conformer à la paix de » religion projettée par l'archiduc Matthias & » son conseil, de l'avis des Etats-Généraux, ou » qu'elles se conduiront de la manière qu'elles » jugeront la plus propre à maintenir la tranquil- » lité & le bien-être de chaque province ou ville, » & à mettre en sûreté les droits; tant des ec- » cléfiastiques que des laïcs, sans qu'ils puissent » être empêchés par aucune autre province ; » bien entendu toujours que chacune conservera » la liberté de conscience, & qu'on ne recher- » chera ni ne poursuivra personne pour cause de » religion, conformément à ce qui a été déjà » statué par la pacification de Gand ».

Comme cet article fit naître des difficultés, &

fit croire à plusieurs qu'on ne vouloit admettre dans la confédération que ceux qui souscriroient à la paix de religion, ou qui accorderoient une tolérance aux deux religions, la catholique & la réformée, on y ajouta, par voie d'interprétation, « qu'on n'avoit point intention d'exclure de la confédération les provinces qui ne voudroient admettre que la religion catholique, & dans lesquelles les réformés n'avoient pas le nombre qui, par la paix de religion, autorisoit l'exercice de leur culte; mais qu'au contraire on étoit prêt à les y recevoir, pourvu qu'elles se conformassent aux articles de l'union, & qu'elles montrassent des sentimens patriotiques, l'intention des confédérés n'étant pas qu'une province se mêlât de la conduite des autres dans l'affaire de religion ». Cet article subit un changement considérable dans l'assemblée des Etats-Généraux, convoquée à Middelbourg en 1583, lorsque la religion réformée fut reçue dans toutes les *Provinces-Unies*. Il y fut arrêté « que cette religion seroit maintenue, & que l'exercice d'aucun autre culte ne seroit permis dans ces provinces; bien entendu cependant que les villes ou pays, qui accéderoient à l'avenir au traité de l'union, conserveroient la liberté de se conduire, sur l'article de la religion, comme ils le jugeroient à propos ».

Les articles XIV & XV contiennent les réglemens relatifs aux biens des ecclésiastiques & des religieux, & à l'entretien de ceux qui auroient quitté leurs couvens pour cause de religion.

Le seizième article roule sur un objet de la dernière importance; savoir, les différends qui pourroient s'élever entre les provinces. Il porte « que lorsque ces différends regarderont quel- » ques provinces en particulier, ils seront déci- » dés par les autres provinces ou par leurs dé- » putés; que si toutes les provinces sont inté- » ressées dans ces différends, on s'en rapportera » aux stathouders, ainsi qu'il est dit dans le » neuvième article, dont la décision sera pronon- » cée dans le terme d'un mois, & au jugement » desquels les parties seront obligées de se sou- » mettre, sans avoir recours à aucune autre voie » de droit ».

Le dix-septième article engage les confédérés à éviter avec soin de s'attirer la guerre de la part des puissances étrangères.

Le dix-huitième défend à toute province ou ville d'établir des impôts au préjudice d'un autre, sans le consentement de la généralité, ou de charger les voisins plus que ses propres sujets.

Les articles XIX & XX ont rapport aux formalités qui doivent être observées dans la convocation & dans les délibérations de l'assemblée des confédérés.

Par l'article XXI, il est arrêté que « l'interpré- » tation de ce qui pourra paroître ambigu ou » obscur dans ce traité, sera laissée aux confé-

» dérés ; & , au cas qu'ils ne s'accordent pas
» là-deſſus, on aura recours aux ſtathouders , de
» la manière expliquée ci-deſſus ».

L'article XXII déclare « qu'on ne pourra aug-
» menter ni changer aucun des articles de l'union,
» ou y ajouter de nouveaux , ſans convoquer
» pour cet effet une aſſemblée générale de tous
» les confédérés , & ſans que le changement
» propoſé ſoit confirmé par leur conſentement
» unanime ».

Par l'article XXIII, les provinces s'engagent
à maintenir les ſuſdits articles, déclarant comme
nul & non avenu tout ce qui pourroit être fait
au contraire , y ſoumettant leurs biens , leurs
tribunaux, leurs magiſtrats & leurs habitans ,
renonçant à toute voie de droit pour ſe ſouſtraire
à leur obſervation.

Les articles XXIV, V & VI roulent ſur des
formalités. Il y eſt queſtion , entr'autres , de
l'obligation impoſée aux ſtathouders , tant préſens que futurs , aux magiſtrats & aux officiers
civils des provinces particulières , des villes , &c.
de prêter ſerment ſur les articles de l'union.

Remarques générales ſur l'acte de l'union d'Utrecht.

Comment a-t-on pu déclarer dans le premier
article « que les différends qui pourront ſurvenir
» entre les provinces , villes ou membres de l'u-
» nion , ſur leurs droits , privilèges , &c. ſeront
» décidés ou PAR LES JUGES ORDINAIRES , ou
» PAR DES ARBITRES , ou par un arrangement
» à l'amiable, ſans que les autres provinces ou
» villes puiſſent s'en mêler d'une autre manière
» que par l'accommodement » ? Les derniers
troubles montrent aſſez les funeſtes effets de cette
négligence ſur un point fondamental. Enſuite cet
article premier eſt en contradiction avec l'article
ſeize : cet article XVI eſt curieux ; il attribue
au ſtathouder le droit de *prononcer ſur les différends qui regarderont quelques provinces en particulier* : il eſt clair qu'on revêtoit le ſtathouder d'une
ſorte de dictature paſſagère ; mais nous le demanderons toujours : comment a-t-on pu ne pas corriger depuis cette époque un acte fondamental
de l'union des ſept républiques , qui ſe croient
indépendantes & libres , & qui regardent le ſtathouder comme leur premier magiſtrat ?

L'article II ſe borne à *engager les confédérés à
ſe ſecourir mutuellement* , & eſt - ce ainſi qu'on
donne de l'énergie à l'union fédérale ?

Les articles qui règlent la défenſe de l'état,
ne déterminent pas à qui ſeront ſubordonnées les
troupes dans les temps de paix ou de diſcorde,
& comment a-t-on pu oublier ce point ſi eſſentiel ?

La déciſion proviſionnelle que l'article IX accorde aux ſtathouders des province , a été ima-
ginée à une époque où la nation avoit une entière
confiance dans les princes de la maiſon d'Orange;

& comment a-t-on pu accorder à tous les ſtathouders une autorité qui étoit le prix des qualités perſonnelles ? & quoiqu'on ait modifié ou
anéanti cette diſpoſition par des loix poſtérieures,
comment n'a-t-on pas vu que ce point ſeul montroit la néceſſité de la réforme du pacte fédéral ?

L'article XXI renvoie encore aux ſtathouders
*l'interprétation de ce qui pourra paroître obſcur ou
ambigu dans le traité de l'union* , & il étoit clair
qu'ils l'interpréteroient toujours d'une manière
favorable à leurs intérêts. Sans doute , il ne faut
pas aller chercher dans l'union d'Utrecht , l'é-
tendue & les bornes du pouvoir des ſtathouders
actuels : on ne doit plus conſulter que les loix
poſtérieures , & en particulier la loi qu'on fit
lors du rétabliſſement du ſtathoudérat en 1748 :
(*voyez* la ſection ſuivante) : mais enfin tant d'articles contradictoires ou vagues , tant de diſpoſitions tombées en déſuétude , & tant d'omiſſions
eſſentielles montrent aſſez qu'il faudroit aujour-
d'hui refaire en entier l'acte de l'union fédérale :
entr'autres omiſſions , eſt-il croyable que les pouvoirs des Etats-Généraux aient été déterminés &
fixés d'une manière auſſi vague & auſſi imparfaite ? qu'on n'ait pas prévu les cas les plus ſimples , & qu'on ne ſe ſoit pas occupé des premières choſes qui doivent frapper , lorſqu'on
médite le plan d'une confédération ?

L'article XXIII achève de montrer de plus en
plus la néceſſité d'abolir les vieux articles de l'u-
nion d'Utrecht, & d'y en ſubſtituer des nouveaux ; il déclare *nul & non avenu tout ce qui
pourroit être fait au contraire* : l'abolition du ſtathoudérat étoit donc nulle , d'après le pacte fédéral.

Enfin , ce qu'il faut remarquer, l'union d'U-
trecht ne donne plus une idée exacte de la confédération des *Provinces - Unies* , & on ne la
connoîtroit preſque d'aucune manière , ſi on
vouloit la juger d'après cet acte , & qu'eſt-ce que
l'acte fondamental d'une république fédérative ,
qui n'indique plus le régime de la confédération ?

Nous ferons plus bas beaucoup d'autres remarques ſur l'acte de l'union d'Utrecht.

« Le remède aux choſes vagues & imparfaite-
» ment définies qu'on pourroit trouver dans ce
» traité , dit un écrivain, qui n'a pas fait atten-
» tion aux nouvelleslois ſur le ſtathoudérat , eſt le
» recours aux provinces , & à leur défaut aux
» ſtathouders , comme arbitres de tout différend
» qui ne pourra pas ſe terminer à l'amiable, ou
» par les voies ordinaires. Ce recours au ſtathou-
» dérat n'eſt pas ſeulement marqué expreſſément
» dans l'acte d'union , mais on y revient même juſ-
» qu'à trois fois dans les IX, XVI & XXI articl. de
» cet acte. C'eſt , ſi nous ne nous trompons pas ,
» déclarer formellement que le traité de l'union
» ne ſauroit s'exécuter, ni même ſubſiſter en
» ſa vigueur ſans le ſtathoudérat , & les préro-

» gatives qui y font attachées : car enfin, s'il
» n'y a d'autre manière de décider les différends
» en dernier reffort, & d'empêcher que l'union
» ne foit ébranlée par chaque conteftation qui
» pourroit s'élever parmi les provinces, la con-
» clufion paroît toute fimple, que, fans le fta-
» thoudérat, la pierre angulaire manque à l'édifice
» politique. On doit donc attendre du gouver-
» nement fthathoudérien cette forme d'affociation
» dans les *Provinces-Unies*, qui leur donne au-
» dehors la vigueur d'une monarchie, fans leur
» faire perdre au dedans la liberté d'une républi-
» que ». Si cela étoit ainfi, le fthathouder ne feroit plus un magiftrat revêtu uniquement de trois
charges, d'amiral général, de capitaine général
& de fthathouder, ce feroit une efpèce de fouverain ; & les loix poftérieures, & les réglemens
depuis 1748, & les actes paffés lors de l'inauguration du fthathouder actuel prouvent affez que
ce n'eft pas une efpèce de fouverain. On a fait
des efforts inutiles, en 1584, 1651, 1716 &
1717, pour corriger les imperfections du traité,
& il paroît qu'à ces époques les intrigues du ftathouder furent la principale caufe du peu de fuccès de ces négociations.

*Des réglemens & des ufages relatifs à la puiffance
légiflative, à la puiffance exécutrice & à la puiffance judiciaire.*

Chacune des fept provinces de Hollande, de
Frife, de Zélande, d'Utrecht, de Groningue,
d'Over-Iffel & de Gueldre a confervé des états
lefquels repréfentent tout le corps de la nation qui
leur eft fubordonnée, & font revêtus par là du
pouvoir fuprême : nous avons expliqué la compofition de ces états dans des articles particuliers.
On leur donne le titre de *nobles & puiffans feigneurs*, & ceux de la province de Hollande font
appellés *nobles & très-puiffans*. A les confidérer
dans leur ordre naturel, voici leur rang d'ancienneté : Gueldre, Hollande, Zélande, Utrecht,
Frife, Over-Iffel, & la ville de Groningue avec
fes dépendances. La province de Drenthe ne
forme point de république particulière, ainfi
que nous l'avons dit plus haut ; elle eft fous la
protection de celle de Groningue. Mais chacune
de ces provinces qui ont confervé leur indépendance, & dont la fouveraineté eft bien diftincte,
fe font confédérées ; & pour repréfenter la confédération, on a créé le corps des Etats-Généraux, qui eft compofé des plénipotentiaires des
diverfes provinces.

*De la puiffance légiflative & exécutrice, attribuée
aux Etats-Généraux par les confédérés.*

Ces plénipotentiaires ont le droit de décider
les affaires journalières importantes, celles même
qui ne fouffrent aucun retard. En toute autre ma-

tière, ils font obligés de fe faire autorifer expreffément par les républiques, dont ils font les
délégués ; &, s'ils paffent leurs pouvoirs, ils
font foumis aux peines que leurs états refpectifs
jugent à propos de décerner.

Ils ne peuvent faire ni la paix ni la guerre,
ni lever aucunes troupes, ni établir aucun impôt, ni faire aucune alliance fans l'aveu de leurs
commettans & fans le confentement unanime des
plénipotentiaires de toutes les provinces ; ils
peuvent, à la vérité, promulguer des réglemens
provifoires pour l'avantage de la république ; mais
ces réglemens n'acquièrent de force, & ne font confidérés comme des loix qu'autant qu'ils font
agréées, foit dans toutes, foit à la pluralité des
provinces. Il n'eft point au pouvoir des Etats-
Généraux de fupprimer ou de contrevenir à une
loi ou ordonnance publiée, d'un commun accord,
par les plénipotentiaires. C'eft au nom des Etats-
Généraux, collectivement pris, que fe font la
guerre & les traités de paix ; c'eft eux auffi qui
envoient les ambaffadeurs, & qui donnent audience à ceux des puiffances étrangères. Le général d'armée & les autres employés en temps
de guerre, font tenus de leur prêter le ferment
de fidélité. S'agit-il d'entrer en campagne, il fe
trouve toujours dans l'armée quelques membres
de leur corps ou du confeil d'état, dont nous
parlerons tout-à-l'heure, comme députés. Leur
pouvoir paroît fi étendu qu'ils peuvent, au befoin, créer un maréchal. Ce font eux qui délivrent les lettres de franchife, les fauve-gardes,
qui impofent des droits fur les marchandifes qui
arrivent ou qui partent de l'armée, & qui enfin,
lorfqu'ils le jugent à propos, accordent le pardon aux déferteurs. On verra plus bas l'efpèce
d'autorité qu'ils ont fur les monnoies ; mais,
ainfi que nous l'avons obfervé, l'acte de l'union
eft fi imparfait qu'il ne défigne pas, d'une manière précife, l'efpèce d'autorité dont on a revêtu les Etats-Généraux fur chacun de ces articles, & qu'il n'indique point les cas où il eft
abfolument néceffaire d'obtenir l'aveu des états
de chaque province. Le pouvoir des Etats Généraux eft fort étendu dans les pays conquis dans
ces derniers temps ou anciennement : mais la mefure de ce pouvoir n'eft pas non plus déterminée, & les confédérés ont accordé aux Etats-
Généraux l'exercice de leur fouveraineté commune
fur les pays conquis, qu'on appelle ordinairement
pays de la généralité : cette conceffion n'eft pourtant pas abfolue au point que les Etats-Généraux
puiffent gouverner ces pays à leur gré. Ils paroiffent, à cet égard, toujours refponfables de
leur conduite aux fouverains confédérés, quoique, dans les cas ordinaires, ils puiffent agir
fans confulter leurs hauts commettans. Ce n'eft
que dans un fens très-général qu'on dit que les
Etats-Généraux font fouverains des pays de la
généralité. Ce qui s'eft paffé, il y a peu d'années,

le prouve bien. Lors de la méfintelligence entre le gouvernement général des Pays-Bas autrichiens & les *Provinces-Unies*, la province de Hollande voulut, en son particulier, être informée de l'état des frontières de Brabant & de Flandre, & elle nomma des commiffaires pour examiner cette affaire en fon nom. Le conseil d'état lui difputa le droit d'en connoître, & il eut la témérité de défendre aux ingénieurs en chef de la république de donner aux commiffaires de la Hollande les éclairciffemens qui pourroient leur être demandés ; il les menaça de fa haute indignation, s'ils n'obéiffoient pas. La province de Hollande & de Weft-Frife, peu intimidée de l'entreprife hardie du confeil d'état, ordonna de la manière la plus férieufe, aux ingénieurs d'obéir en tout à la commiffion nommée pour l'examen de l'état des frontières. Le confeil d'état ayant à fa tête le ftathouder, capitaine & amiral-général héréditaire, s'adreffa aux Etats-Généraux pour demander juftice contre la province de Hollande ; il prétendoit que cette province empiétoit fur les droits du confeil d'état ; mais leur démarche fut infructueufe : il a fallu retirer la plainte, & les Etats-Généraux femblent avoir adopté fur cet objet l'opinion de la province de Hollande. La commiffion, nommée par elle, a eu fon plein effet : ces chofes fe font paffées au commencement des troubles, il eft vrai ; l'influence de la province de Hollande a pu déterminer les Etats-Généraux ; mais il eft clair que le point dont nous parlons ici, n'eft pas bien avéré.

Les Etats-Généraux établiffent des magiftrats dans les villes, des commandans dans les forterefles, & confèrent même les emplois les plus importans, &c. La qualité qu'on leur donne, eft celle de *très-puiffans feigneurs, noffeigneurs les Etats-Généraux des Provinces-Unies.* Leurs armes font champ de gueule au lion d'or, qui tient un glaive & un faifceau de fept dards ; l'écu eft furmonté d'une couronne oblongue, & au bas de l'écu eft la devife : *Concordiâ res parva crefcunt.*

Le confeil d'état dépend, à quelques égards, des Etats-Généraux. Il eft compofé de douze députés des états des diverfes provinces. La plupart de ces députés n'y fiègent que trois années ; les états refpectifs font toujours maîtres de les rappeller : les députés de la Hollande y ont eu de la prépondérance jufqu'à la dernière révolution, parce qu'ils y ont trois voix, tandis que les autres n'y en ont qu'une ou deux. Ces députés préfident tour à tour de femaine en femaine ; leurs affemblées fe tiennent chaque jour au château de la Haye. Ils s'occupent principa-

lement des affaires militaires & des revenus de la république. Ce confeil pourvoit, conjointement avec les députés des Etats-Généraux, à tout ce qui peut intéreffer la fûreté publique, foit en temps de paix, foit en temps de guerre. Ceux des revenus, dont il a l'infpection, confiftent dans les fommes que les fept provinces & la contrée de Drenthe font obligées de fournir annuellement à la caiffe militaire, & celles que les pays conquis paient à la caiffe générale, où font auffi verfées les contributions levées en temps de guerre, les confifcations, &c. Il y a des occafions où tout le confeil d'état eft obligé de comparoître devant les Etats-Généraux ; mais lorfque ceux-ci defirent de conférer avec lui fur une affaire particulière, le confeil d'état députe deux ou trois membres de fon corps vers le collège des plénipotentiaires. On qualifie le confeil d'état de *nobles & puiffans feigneurs.*

Outre les douze membres du confeil d'état, on y trouve un greffier & un tréforier. Ces deux miniftres n'ont qu'une voix confultative, & non délibérative. Les réfolutions s'y prennent par tête, & non par province. Ce confeil eft préfidé par le ftathouder. Les députés à ce confeil doivent prêter ferment aux Etats-Généraux, & reçoivent leurs inftructions des Etats-Généraux. Des écrivains hollandois difent que, quoiqu'il foit entièrement fubordonné aux Etats-Généraux, il eft refponfable envers chaque province particulière de la confédération, & ils citent le fixième article de fes inftructions (1) : mais la citation ne le prouve pas, & c'eft un nouvel objet qu'il feroit temps de régler d'une manière plus précife.

La chambre des comptes a été établie afin de foulager le confeil d'état, qui avoit trop d'occupations pour fe mêler de tous les objets des finances en détail. Elle eft compofée de quatorze membres, deux députés de chaque province. Le receveur général eft obligé de rendre fes comptes à cette chambre, qui figne toutes les ordonnances données par le confeil d'état & le receveur général.

Il y a de plus une chambre des finances & une chambre de monnoie. Les membres de ces deux chambres font nommés & choifis par les Etats-Généraux. Quoique chaque province fe foit réfervée le droit fouverain de faire battre monnoie, elles font convenues entr'elles que cette monnoie feroit du même alloi dans toutes les provinces ; &, d'après cet arrangement, elles ont inftitué une chambre de monnoie commune à la confédération.

Toutes les affaires de la marine nationale fe traitent dans cinq amirautés différentes, qu'on

---

(1) Le confeil d'état ne peut rien entreprendre contre les priviléges, les libertés & les loix des provinces particulières, ni même des villes, art. 6 des inftruct. grand livre des placards, tom. 4, pag. 124.

nomme *amirautés*, dont nous avons déjà parlé (1). Les Etats-Généraux avoient, en 1589, établi un collège supérieur d'amirauté, dont les autres ressortissoient, & auquel ils étoient subordonnés : mais ce collège supérieur fut aboli, & on créa les cinq qui existent actuellement : on leur a assigné des départemens fixes & indépendans les uns des autres : on dit que ces collèges sont comptables aux Etats-Généraux, & qu'ils n'en sont pas moins responsables aux provinces de l'union, qui ont droit d'y nommer les conseillers : que la province de Hollande, par une résolution du 22 février 1667 (2), obligea les conseillers des amirautés, établies dans son territoire, de suivre & d'exécuter les ordres qu'ils recevroient de sa part. Ainsi, les provinces réclament une souveraineté parfaite & indépendante; &, quoiqu'il y ait de la contradiction à subordonner un collège aux Etats-Généraux & à chaque province en particulier, on a laissé subsister ce vice, ainsi que tant d'autres.

Les Etats-Généraux, suivant leur institution primitive, n'étoient convoqués que dans les occasions extraordinaires par le conseil d'état : ils s'assembloient rarement alors, & on y comptoit plus de huit cents personnes, ce qui rendoit les délibérations longues & confuses; & si les affaires étoient pressées, la résolution ne passoit jamais à temps.

Quand ils n'étoient pas assemblés, le conseil d'état les représentoit, exécutoit leurs résolutions, & jugeoit des occasions où il falloit les convoquer : cette forme d'administration subsista jusqu'à la fin du gouvernement du comte de Leicester, au temps de la reine Elisabeth; les provinces demandèrent alors aux Etats-Généraux d'entretenir constamment à la Haye des députés qui formeroient, sans interruption, l'assemblée des Etats-Généraux, & jouiroient de la portion d'autorité que les *Provinces-Unies* leur délégueroient : on adopta ce projet, & on établit tout de suite le conseil ordinaire, appellé les *Etats-Généraux* : il est toujours séant à la Haye; il exerce une sorte de souveraineté dans les cas que nous avons indiqué plus haut. Dans le fait, il n'est que le représentant des Etats-Généraux, dont les assemblées sont souvent interrompues.

Il est indifférent de savoir si l'assemblée des Etats-Généraux peut être appellée *assemblée nationale*; car, dans les derniers troubles qui ont désolé la Hollande, on a disputé sur tout. Elle est fixée à la Haye depuis environ cent quatre-vingts ans : en 1599, cette assemblée se tint à Gornichem. Les états de Hollande lui concédèrent un territoire, & lui accordèrent le pas & le rang sur l'assemblée de leurs propres états, sans entendre pour cela se départir en rien de l'honneur & des

droits de la souveraineté qui n'appartient, dans leur province, qu'à eux seuls par exclusion à tout autre.

Le nombre des députés aux Etats-Généraux n'est pas fixe; chaque province peut y en envoyer autant qu'elle voudra, à la charge de les payer. Ceux de la province de Hollande reçoivent quatre florins par jour, & ceux des autres, six florins : mais, quel que soit le nombre des députés d'une province, ils ne forment qu'une seule voix. Il n'est point rare de voir aux Etats-Généraux quarante à cinquante députés; mais ils n'observent point les rangs que les états ont entr'eux. Les séances sont continuelles, chacun y préside à son tour durant une semaine. Le stathouder peut s'y présenter toutes les fois qu'il veut y faire des propositions relatives au bien commun; mais il n'y a pas droit de séance, ni de place assignée. Lorsqu'il fait ces propositions, on lui demande son avis; &, quand il l'a donné, il doit se retirer. Guillaume III, devenu roi d'Angleterre & conservant le stathoudérat de quelques provinces, s'y étoit fait préparer un fauteuil distingué, dans lequel il s'asseyoit lorsqu'il venoit à l'assemblée; mais après sa mort, cette innovation, contraire à l'honneur des souverains confédérés, fut abolie, & le fauteuil fut enlevé. Le siège du stathouder actuel est une chaise ordinaire.

Quelques écrivains hollandois demandent pourquoi le stathouder a entrée aux Etats-Généraux. N'étant pas stathouder de la confédération, mais seulement de chaque confédéré en particulier, il suffiroit qu'il eût entrée, comme il l'a effectivement aux états respectifs dont il est stathouder, sur le même pied, par exemple, que les stathouders de Frise, de Gueldre, &c. l'avoient dans les états de ces provinces. Les Etats-Généraux prennent toujours son avis, & il le donne de bouche ou par écrit; ces égards donnent au stathouder un air de participation directe à la souveraineté, qui induit en erreur les étrangers, & qui fait répéter à des hommes peu instruits que le stathouder est le chef éminent, le premier membre intégrant de la souveraineté. Il paroît que cette prérogative du stathoudérat vient de la confédération, de l'amour & de la confiance que Guillaume I s'étoit acquis dans la république. Les confédérés ne voyoient & n'agissoient que par lui : Guillaume I étoit consulté en tout, régloit & dirigeoit tout; il n'est pas surprenant qu'il eût entrée aux assemblées générales particulières. Maurice, son fils & son successeur au stathoudérat, envisagea les égards bien mérités qu'on avoit eus pour son père, comme des droits réels attachés au stathoudérat; Maurice avoit assez de crédit pour faire passer son opinion en

---

(1) Voyez la section cinquième.
(2) Adm. Plak. I. Deel. pag. 49.

loi ; il en donna plus d'un exemple mémorable. Les successeurs de Maurice trouvèrent le plan tracé ; ils eurent soin de le suivre, & c'est ainsi que les démocraties perdent une partie de leur liberté.

L'ordre équestre de chaque province, où la noblesse forme un corps, y députe toujours un de ses membres, & les villes députent les autres. Les députés de six provinces ne sont pas à vie ; les uns sont députés trois ans, tels sont ceux de Hollande ; les autres le sont pour six ans, &c. Les députés seuls de Zélande y sont à vie ; mais tous, sous la réserve de pouvoir être rappellés par leurs hauts commettans, dans le cas de malversation & d'infidélité à leurs instructions générales, & à celles qu'on leur envoie de temps en temps.

Dans les affaires ordinaires, la majorité des voix forme la résolution & la rend légale ; dans les grandes affaires, l'acte d'union exige l'unanimité des voix ; mais cette unanimité étant moralement impossible, on s'écarte presque toujours de cet article fondamental de l'acte de confédération, & les résolutions se prennent à la pluralité des suffrages : les députés des provinces, qui sont d'un avis différent, peuvent protester & faire enrégistrer leur protestation ; tout cela n'est que de forme & de style, & cette satisfaction qu'elles se donnent ne les empêche jamais de se conformer à la résolution de la majorité. Il en résulte, à la vérité, des querelles vives, des reproches amers, &c. mais le lien sacré de la confédération demeure en son entier. C'est un abus qu'il seroit temps de réformer : les provinces de l'union belgique devroient, à l'exemple des Etats-Unis, désigner d'une manière précise, dans quels cas les résolutions auront besoin de l'unanimité ou de la pluralité des voix, & exécuter ensuite à la lettre cet article de la constitution fédérale. Le grand-pensionnaire de la province de Hollande & de West-Frise siège aux Etats-Généraux, & il est toujours l'un des députés de cette province. Ce ministre, qui est en même-temps garde des sceaux de l'état, y fait, au nom de la province de Hollande, toutes les propositions relatives à l'intérêt de la confédération : il a beaucoup d'influence dans le régime général de la république. Son poste, le plus honorable de tous après celui du stathouder, est aussi le plus critique & le plus pénible ; cette grande dignité est conférée par les états de Hollande & de West-Frise pour cinq ans ; mais il arrive presque toujours qu'elle est de nouveau accordée au même sujet lorsqu'il en est digne.

Le grand-pensionnaire de Hollande, sur lequel nous avons donné des détails neufs & exacts à l'article HOLLANDE, n'étant, à proprement parler, que le premier ministre de la Hollande (quoique, dans la réalité, il le soit de toute la république), ce seroit le greffier des Etats-Généraux

qu'on pourroit regarder comme le premier ministre de la confédération : le mot de greffier équivaut à celui de secrétaire, & celui qui porte ce nom est, dans la rigueur du terme, le seul secrétaire d'état de la république. C'est la première & la plus lucrative de toutes les charges de l'union : les trois autres charges principales sont celles de trésorier général, de secrétaire du conseil d'état, & de receveur général des sept Provinces-Unies. Le greffier assiste régulièrement à l'assemblée des Etats-Généraux, dont il tient ou fait tenir les registres. Il met par écrit les résolutions qu'on y prend, &, en qualité de ministre permanent de l'assemblée, il en devient, pour ainsi dire, l'ame & le directeur à plusieurs égards. Il règle la correspondance ordinaire avec les ministres de la république hors du pays, & il reçoit les visites de ceux des puissances étrangères pour les affaires courantes, en concurrence avec le grand-pensionnaire, dont il est, pour me servir de ce mot, l'associé dans le gouvernement. L'on n'exagère point, je crois, quand on porte les revenus de sa place à 70 mille florins, ou environ 150 mille liv. de France par an. Outre ses appointemens ordinaires & les émolumens de ses expéditions, il est payé pour toutes les écritures qui se font par environ cinquante commis qui se trouvent dans ses bureaux.

Le président des Etats-Généraux qui se trouve en exercice, se place dans un grand fauteuil au milieu d'une longue table ; le greffier ou le secrétaire d'état siège au bas de la table ; &, quand on donne audience à un ministre étranger, il s'assied vis-à-vis le président au milieu de la table.

Le président propose toutes les matières qu'on doit discuter ; il ordonne au secrétaire de lire les pièces qui doivent entrer en délibération ; il rassemble les voix des provinces, & il publie la résolution. On suit ce plan dans toutes les affaires ordinaires : lorsqu'il est question de la paix ou de la guerre, des alliances avec les pays étrangers, de quelques impôts extraordinaires, des monnoies, des privilèges d'une des provinces ou d'un de leurs représentans, de l'union, &c. toutes les provinces devroient être d'un accord unanime, ainsi que nous l'avons dit : mais on enfreint souvent cet article, & nous en donnerons de nouvelles preuves tout-à-l'heure : on consulte d'abord les états de chaque province, & l'on voit que les négociations avec les Provinces-Unies doivent être d'une lenteur extrême.

Le conseil d'état exécute les résolutions des Etats-Généraux, & prépare les sujets importans qui doivent y être discutés ; il leur propose les moyens les plus avantageux de lever des troupes & des impôts, ainsi que le contingent qu'on doit assigner à chaque province. Il a d'autres fonctions que nous avons déjà indiquées.

Au mois d'octobre ou de novembre de chaque

Zzzz

année, le confeil fait l'eftimation des dépenfes qui lui paroiffent néceffaires pour le fervice de l'année fuivante ; il la préfente aux Etats-Généraux, qui impofent enfuite les provinces d'après la proportion fuivante, établie en 1612.

	flor.	f.	d.
Celle de Gueldre paie......	5	12	3
Hollande.........	58	6	4¼
Zélande..........	9	3	8
Utrecht..........	5	16	7½
Frife.............	11	13	2¼
Over-Iffel........	3	11	5
Stad & Lande	5	16	7½
	100	—	—
Drenthe..........	1	— en fus
TOTAL.....	101	—	—

La province de Frife a demandé derniérement une diminution dans fon contingent. Les Etats-Généraux lui avoient adreffé une lettre, dans le mois de juin, pour l'inviter à revenir fur la réfolution de diminuer elle-même ce contingent ; ils lui repréfentèrent les conféquences qui pourroient en réfulter ; ils l'avertirent que cette démarche pourroit diffoudre les liens de l'union.

Utrecht & Groningue fe trouvent auffi trop chargées, & demandent également une diminution ; la première prétend ne pouvoir fournir que 4 florins 16 fols 6 deniers & demi par cent.

Il paroît que l'accroiffement des troubles & des affaires plus importantes ont fait négliger celle - ci, & que les chofes font encore fur le même pied.

La demande des impôts fe fait aux Etats-Généraux, au nom du ftathouder & du confeil d'état : c'eft une formalité telle qu'on l'employoit au temps de leurs anciens fouverains, & qu'obfervent encore le gouverneur & le confeil d'état des Pays-Bas autrichiens : mais fi le parti démocratique étoit forti triomphant des troubles fanguinaires qui viennent de boulverfer les *Provinces-Unies*, on auroit fait des réformes fur ce point, ainfi que fur tant d'autres.

Les Etats-Généraux ont un agent, qui eft ordinairement chargé de porter aux ambaffadeurs étrangers & aux envoyés, ou autres miniftres des puiffances étrangères près des Etats - Généraux, les réponfes faites par cette affemblée aux mémoires, notes, &c. que ces miniftres préfentent. En général, les miniftres étrangers s'adref-

fent directement, ou au préfident de femaine, ou au greffier, ou au penfionnaire de Hollande, dans tous les cas qui ne demandent pas de l'éclat & de la publicité ; les ambaffadeurs ne demandent guère audience aux Etats-Généraux ; ils fe bornent à conférer avec les miniftres de cette affemblée. Les ambaffadeurs, envoyés, chargés d'affaires, agens, confuls, &c. de la république, dans les cours étrangères, font choifis & nommés par les Etats-Généraux : c'eft des Etats Généraux qu'ils reçoivent leurs inftructions ; c'eft aux Etats-Généraux qu'ils adreffent leurs dépêches ; c'eft aux Etats-Généraux qu'ils prêtent ferment, &c. &c. Les officiers généraux de l'armée de terre & de mer prêtent auffi leur ferment aux Etats-Généraux, & font nommés par eux, comme nous l'avons déja dit : les membres des diverfes commiffions, établies pour connoître de certaines affaires imprévues, prêtent leur ferment aux Etats-Généraux. En un mot, dans toutes les affaires quelconques qui font d'un intérêt commun aux fept provinces confédérées, les miniftres, commiffaires ou employés pour difcuter, régler & juger de ces affaires, reçoivent leur nomination, leurs inftructions & leurs ordres des Etats-Généraux, & font refponfables envers eux de leur conduite relativement aux emplois dont ils font revêtus. Ces actes ne caractérifent pas une fouveraineté parfaite. Les Etats-Généraux ne font qu'un congrès compofé de plufieurs plénipotentiaires envoyés par fept fouverains alliés. Ces plénipotentiaires repréfentent leurs maîtres en leur nom, & ménagent les intérêts communs de la feptuple alliance dans toutes les affaires qui ont un rapport immédiat avec cette alliance.

La conftitution fédérale des *Provinces-Unies* eft fondée fur le fameux acte de l'union d'Utrecht que nous avons rapporté plus haut : il fut arrêté en janvier 1579, entre les provinces de Gueldre, Hollande, Zélande, Utrecht, Groningue & les Omelandes. Les villes & les griétines de la province de Frife n'accédèrent à la confédération que le 13 mars & le 1er juin, & la province d'Over-Iffel n'y accéda que le 11 juin de la même année. Mais, nous le répétons, cet acte feul feroit connoître la conftitution d'une manière bien imparfaite. Il fut à peine rédigé & accepté par les fept provinces, qu'il fallut s'en écarter dans les articles les plus fondamentaux. On fentit la même néceffité par la fuite, & on s'en écarte journellement. Une des difpofitions les plus effentielles eft fans doute celle qui défend de décider de la guerre, de la paix, des alliances & des impôts généraux autrement qu'à l'unanimité des voix des 7 provinces (1). On a prefque toujours enfreint cette difpofition. Qu'on ouvre l'hiftoire moderne de l'union belgique, & l'on s'en convaincra par

_____

(1) Art. III & IX de l'acte d'union.

plus d'un exemple. Les confédérés ont toujours interprété cet article selon leur intérêt, ou peut-être selon leur goût particulier ; la majorité des provinces a toujours entraîné la minorité. Les réclamations les plus vives, les protestations les plus solemnelles n'ont servi qu'à montrer de plus en plus le peu de force de l'acte d'Utrecht. Il n'est donc pas étonnant que des ministres de la république, des stathouders, des officiers même aient osé rendre nulles & sans effet, des décisions prises dans les Etats-Généraux à l'unanimité des voix des provinces respectives. Les mauvais exemples sont contagieux, surtout quand ils sont donnés par ceux mêmes qui sont établis pour faire respecter la constitution de l'état.

L'acte d'Utrecht ne paroît pas avoir été pris pour la règle unique & perpétuelle de la constitution d'un peuple libre. En l'examinant avec attention, on voit qu'il fut rédigé à la hâte par des hommes qui connoissoient mal les principes des ligues fédératives ; qu'il ne fut adopté que par nécessité, & seulement jusqu'à l'époque où les confédérés, sortis de détresse & reconnus indépendans par les puissances de l'Europe, pussent travailler à loisir un acte d'union mieux calculé. Il fut l'ouvrage des circonstances & d'un moment de crise, & il en porte tous les caractères. Les rédacteurs semblent n'avoir pensé qu'à liguer les sept provinces contre le tyran qui cherchoit à appesantir le joug humiliant du despotisme. Ces respectables magistrats, plus occupés de la souveraineté de chaque province confédérée que de toute autre chose, oublièrent de déterminer les bornes du pouvoir, dont on revêtoit le corps représentant de la confédération ; ils oublièrent trop la liberté des peuples. Ils imaginèrent sans doute que, dans des temps moins orageux, on suppléeroit aux imperfections de l'acte d'union, & à ce qu'ils avoient omis pour la sûreté des citoyens. On insulteroit aux vertus & au patriotisme de ces bons régens, si l'on supposoit le dessein de délivrer la nation du joug d'un despote, pour la faire passer sous le joug d'une aristocratie, ou sous celui des stathouders. Ils voulurent donc jetter les bases d'un gouvernement populaire, sauf à les retravailler & à les consolider, lorsque les confédérés seroient en état d'y mettre tous leurs soins, & d'y donner toute leur attention. Nous observerons avec douleur que les seules provinces de Frise & de Groningue ont fait cette révision, & qu'elles seules ont pensé sérieusement à établir leur constitution particulière sur le pied de l'égalité entre le peuple & ses représentans, c'est-à-dire, entre les états provinciaux, organe du souverain, & le corps du peuple, mais que les sept *Provinces-Unies* ont montré une négligence inexcusable, en ne corrigeant pas les défauts de l'acte de l'union fédérative. Sans doute, il faut toucher avec précaution aux constitutions des ligues comme à celles des

états particuliers ; mais lorsque la loi fondamentale de la ligue est si imparfaite & si vicieuse, on doit à tout prix la réformer. Qu'on ne s'en soit pas occupé immédiatement après la paix qui rendit le repos & l'indépendance aux *Provinces-Unies*, on le conçoit. Mais que, malgré les tentatives infructueuses dont nous avons parlé, on ne soit pas revenu sur cet objet jusqu'à ce qu'on ait eu du succès, on sera toujours surpris que deux siècles d'expérience n'aient pas fait sentir cette nécessité, & que le stathouder, les Etats-Généraux, les états particuliers & les régens se soient permis des infractions journalières à l'acte d'union. Les époques où l'on a aboli & recréé le stathoudérat, furent des momens de crise ; les résolutions se prirent à la hâte & comme par un tour d'adresse : mais lorsque ces momens de crise furent passés, comment ne s'apperçut-on pas qu'entre ces grands changemens, il y en avoit d'autres plus grands encore à faire ? Les troubles opiniâtres & sanglans, dont nous parlerons tout-à-l'heure, sont une suite de cette négligence : on espéroit qu'une guerre civile ouvriroit enfin les yeux des hollandois sur ce point ; mais elle n'a produit jusqu'ici que leur asservissement ; & quoique la dernière révolution ne doive pas, selon toute apparence, être stable, on ne pourroit en détruire les funestes effets que par une nouvelle guerre civile : ce moyen est effrayant, & les hollandois sont aujourd'hui si dégénérés qu'il est peu sûr.

Ainsi, l'acte d'union d'Utrecht, qui semble devoir offrir d'une manière précise & nette la constitution générale de la confédération, les bornes du pouvoir des Etats-Généraux & des conseils chargés de la puissance exécutive ou judiciaire sur les objets relatifs aux intérêts communs des confédérés, ne désigne que d'une manière très-imparfaite la forme de l'administration générale des grandes affaires de l'union, & il n'est pas la mesure de la liberté civile des peuples confédérés ; il n'établit nettement que l'indépendance respective des sept provinces.

Cependant il est d'autant plus nécessaire d'établir un acte d'union, clair, net, précis & détaillé, que les sept constitutions particulières des provinces diffèrent dans des points assez capitaux, ainsi qu'on peut le voir dans leurs articles respectifs ; car cette diversité embarrassera toujours la constitution générale, & mettra des entraves à son activité. La confédération auroit plus de force & de vigueur, si les sept provinces avoient adopté un gouvernement uniforme ou du moins à peu près semblable : mais on sait assez que les unes sont plus populaires, & les autres plus aristocratiques ; que le régime des aristocratiques n'est pas le même ; que l'influence du stathouder varie dans toutes ; que ses droits héréditaires y varient également ; qu'il en résulte une multitude de chocs, d'intérêts & de passions, dont il est nécessaire de contenir l'effet dangereux, & que l'acte de confédération bien calculé & l'exécution précise de cet acte peuvent seuls le contenir.

Les américains, en déclarant leur indépendance de l'Angleterre, ont d'abord imité les hollandois; ils rédigèrent à la hâte une constitution fédérative pour leur servir de règle pendant la guerre. Cette constitution n'étoit, à proprement parler, qu'une instruction détaillée, donnée au congrès en attendant qu'on pût travailler, avec plus de tranquillité & de loisir, à une constitution fédérative. Mais ces américains n'ont pas même attendu la fin de la guerre : c'est en 1778 qu'ils ont rédigé leur constitution fédérative d'une manière solemnelle ; & les sept *Provinces-Unies*, qui vieillissent déjà, n'ont encore qu'ébauché leur pacte fédéral, ou, pour parler plus exactement, elles n'en ont pas encore, puisqu'à chaque instant, pour ainsi dire, elles se voient contraintes de s'écarter de l'acte d'union d'Utrecht.

Nous avons rapporté à l'article ETATS-UNIS l'acte de confédération de ces nouvelles républiques ; nous y avons indiqué diverses réformes dont il paroît susceptible : nous donnerons à l'article VIRGINIE le nouvel acte de confédération que propose aux divers états la convention de Philadelphie : nous avons montré combien il est supérieur à celui du corps helvétique : qu'on rapproche de cet acte de confédération l'union d'Utrecht & les dispositions nouvelles qu'on a ajoutées depuis à cet acte, & on verra quelle est la grossière imperfection de la ligue des *Provinces-Unies*. Celle-ci manque d'énergie & de force ; elle expose les hollandois à des dangers & à des troubles continuels; elle entraîne des lenteurs d'un danger extrême, puisque, dans les affaires importantes, les députés aux Etats-Généraux sont obligés de consulter les états leurs commettans, & que ces états sont obligés eux-mêmes de consulter souvent chacune des villes qui forment des espèces de républiques particulières ; elle produit, durant la guerre & durant la paix, des retards & des trahisons funestes à la gloire & à la fortune des sept provinces : le droit conservé par chaque province de décider, dans ses assemblées particulières, tous les points qui ont rapport à l'intérêt général, & qui ont besoin d'une marche rapide, n'est presque jamais sans inconvéniens. Que les *Provinces-Unies* étudient bien l'acte de confédération des républiques du Nouveau-Monde; qu'elles étudient celui que propose aujourd'hui la convention de Philadelphie, pour remédier aux abus & aux inconvéniens laissés dans l'acte de 1778, & qu'elles ne rougissent

pas de s'instruire à cette école ; qu'elles daignent examiner les changemens & les réformes que nous avons indiqués sur l'acte fédératif des américains : le bon sens & la raison de l'Amérique doivent frapper tous les états de l'Europe ; les vieilles nations de l'ancien Monde sont corrompues, &, malgré toutes leurs lumières, elles paroissent abâtardies & aveuglées.

Plusieurs écrivains hollandois ont défini les Etats-Généraux « une assemblée composée d'envoyés plénipotentiaires, choisis dans chacune des sept *Provinces-Unies* par les états respectifs de ces provinces, souveraines chacune en particulier, & indépendantes les unes des autres, pour traiter des intérêts généraux de la confédération, & travailler à sa prospérité & à sa gloire ». L'un d'entr'eux dit, d'après cette définition : « les Etats-Généraux ne sont nullement souverains de la confédération, c'est-à-dire, souverain des peuples confédérés, ou, pour mieux s'exprimer en d'autres termes, il est évident que la souveraineté ne réside nullement & dans aucun sens dans l'assemblée des Etats-Généraux. Cependant tous les étrangers l'ont cru, & la plupart le croient encore. Quelques auteurs nationaux l'ont cru aussi, & ont l'imprudence de l'écrire : Grotius semble avoir donné une espèce d'autorité à cette erreur, parce que sans doute on n'a pas assez approfondi le sens de la définition qu'il donne de l'assemblée des Etats-Généraux, & il faut même avouer que sa définition n'est pas exacte à la rigueur (1) ; car il fait entendre que les députés à cette assemblée ont reçu un pouvoir illimité ; ce qui est absolument faux, puisqu'ils sont toujours, & dans tous les cas possibles, obligés à suivre les instructions de leurs hauts commettans respectifs, qu'ils sont comptables dans tous les temps à ces mêmes commettans, de leur conduite ministérielle, & qu'enfin ils sont sujets à être rappellés avant l'expiration du terme de leur commission, à être punis suivant l'exigence du cas, lorsqu'ils s'écartent de leurs instructions & qu'ils votent contre le vœu des états souverains provinciaux, dont ils sont les députés aux Etats-Généraux. D'un autre côté, il est évident que Grotius, par sa définition même, ne leur donne un pouvoir illimité que dans les affaires de la plus grande conséquence, que lorsque la décision ne peut pas souffrir de retard sans porter un préjudice notable à la chose publique ; car alors *nécessité n'a point de loi*. Quoi qu'il en soit de la définition de Grotius, il est certain qu'on ne peut en conclure que les Etats-Généraux sont revêtus de la souveraineté, puisqu'il dit expressément que, *dans les affaires plus graves, & dont la*

---

(1) Sed quia res majores antiquitùs nisi gentium singularum consensu non expediebantur, mole negotiorum & periculo cunctationis repertum est, legatos mittere cum liberis mandatis qui supremæ curæ imminerent, & ubi quid dignum, se quisque patriæ ordines consulerent. *Annal. lib. V, p. 550.*

décision peut être retardée sans danger, les députés aux Etats-Généraux doivent tous consulter les états souverains de leurs provinces respectives ».

« Pour prouver directement que la souveraineté de notre république ne réside ni en entier, ni même en partie dans les Etats-Généraux ; il n'y a qu'à faire ce raisonnement ».

« Toute assemblée, dont les membres ne peuvent voter que suivant leurs instructions, & qu'après avoir consulté leurs hauts commettans dans les affaires de la plus grande conséquence, n'est certainement pas une assemblée souveraine de sa nature ».

Ces remarques & ces raisonnemens manquent de justesse, & ils supposent de mauvais principes sur la théorie des ligues fédératives : si les Etats-Généraux exerçoient une autorité souveraine, la souveraineté particulière des états respectifs, dans leurs provinces, demeureroit intacte. Ces écrivains dont nous parlons, semblent croire que, dans les ligues fédératives, les états ne doivent pas revêtir le corps de l'union d'une autorité souveraine, & alors quelle sera l'énergie & la force de la ligue ? comment préviendra-t-on les troubles & les divisions ? On peut mettre à l'exercice de ce pouvoir du corps représentatif de l'union les restrictions convenables ; on peut établir les préliminaires qu'on voudra ; mais lorsqu'il aura prononcé, il paroît indispensable que son décret devienne souverain. Il est indifférent d'examiner si les décrets des Etats-Généraux sont souverains en quelque cas : c'est une question de métaphysique, ou plutôt c'est une question de mots ; le point important est de savoir si la confédération des *Provinces-Unies* est bien calculée, & établie sur les bons principes.

Le code national, qui renferme la constitution des diverses provinces, n'est pas moins imparfait que l'acte d'union d'Utrecht. Pour bien connoître ces constitutions, il faut suivre les faits qui se présentent tous les jours dans les différens états, les approfondir, en étudier la discussion & en voir l'issue. Les loix & les réglemens ne sont jamais assez précis ni assez développés pour donner une solution claire & satisfaisante de toutes les grandes difficultés qui se présentent à chaque pas. Ces difficultés se sont multipliées lorsque la querelle, entre la Grande-Bretagne & ses colonies d'Amérique, est devenue sérieuse, & surtout depuis que la plus orgueilleuse des puissances de l'Europe a voulu forcer les hollandois à faire cause commune avec elle contre des sujets qu'elle opprimoit depuis long-temps ; ces difficultés se sont encore accrues à un point allarmant, depuis que deux partis ont divisé la république, & l'ont tenue dans l'inaction la plus honteuse & la plus funeste ; mais ces difficultés ont donné lieu à des recherches & à des réclamations très-énergiques ; elles ont ranimé le courage des bataves qui étoit endormi ; il en est malheureusement résulté une

guerre civile : cette guerre civile répandra la lumière sur l'imperfection des loix fondamentales des *Provinces-Unies* ; elle devoit fixer les points les plus essentiels, de manière à n'admettre plus de doute raisonnable à l'avenir. L'acte de confédération & les constitutions particulières des diverses provinces devoient être éclaircis, débrouillés, épurés & fixés irrévocablement ; elle devoit marquer avec précision les droits généraux de la souveraineté de la confédération, ceux de la souveraineté des sept provinces particulières, ceux des villes respectives & de leurs citoyens, car ils en ont, & même de très-importans, ceux du stathouder héréditaire des sept provinces, & ceux du capitaine & amiral général de l'union : mais la révolution, opérée par les soldats prussiens, a replongé le tout dans le chaos, ou plutôt il n'en est résulté que l'accroissement de l'autorité du stathouder.

On s'attendoit à voir fixer les bornes du régime aristocratique & celles du régime démocratique : les aristocrates ont étendu leur influence & leur pouvoir depuis quarante ans ; ils ont pris sur la démocratie un ascendant marqué, & qu'ils n'auroient jamais dû avoir. Les trois grandes charges de la république, rendues héréditaires en 1748, ont beaucoup contribué à ces abus : le stathouderat s'est permis des usurpations sans nombre. Les trois grandes charges ont donné une influence trop grande à Guillaume IV qui en a joui le premier, & à Guillaume V qui en jouit actuellement. Les autres ministres de la république, les régens des villes des sept provinces, les nobles sur-tout, les officiers de terre & de mer se sont vus comme forcés, ou du moins presqu'autorisés à devenir courtisans ; il n'est pas nécessaire de dire pourquoi. Le besoin & l'habitude de faire leur cour assiduement, a énervé leur vertu ; ils ont vu un maître, un puissant protecteur du moins dans la personne de celui qui, en qualité de ministre, d'officier & de citoyen, n'est véritablement que leur égal : il est résulté de cette corruption de mœurs & de l'inévitable ambition des hommes en place, que le stathouderat s'est mêlé de tout, a influé sur tout ; qu'on a oublié les anciennes loix ; que si on a daigné quelquefois les interpréter, on l'a fait d'une manière ridicule ; que la dernière guerre a été honteuse pour la Hollande ; que des trahisons sinon prouvées, du moins très-vraisemblables, ont montré que la gloire & la liberté des provinces déclinoient très-sensiblement, & l'Europe calcule avec douleur les suites de la dernière révolution sur ces divers objets.

Le stathouderat influe tellement sur le régime fédéral de l'union & sur le régime particulier des diverses provinces ; il a eu une part si directe aux troubles & à la guerre civile que nous venons de voir parmi les hollandois ; il jouera désormais un plus grand rôle encore, & tout se passera dans les *Provinces-Unies* à peu près selon la volonté des stathouders, à moins qu'une révolution en sens contraire ne rende au peuple une partie des droits dont on vient de le dépouiller : il est donc à propos d'entrer dans des détails sur cette matière.

SECTION VIIIe.

Du stathoudérat, des derniers troubles des Provinces-Unies, & de la révolution opérée par les soldats prussiens.

Les *Provinces-Unies* avoient à peine secoué le joug de l'Espagne, qu'elles sentirent le besoin d'un chef qui les maintînt dans la liberté qu'elles venoient d'obtenir. Elles jettèrent les yeux sur Guillaume I, comte de Nassau & prince d'Orange, gouverneur alors pour le roi des comtés de Hollande, de Zélande & d'Utrecht. Ce prince répondit à leur confiance. Cinq provinces le chargèrent d'abord de leur gouvernement ; elles le créèrent même leur amiral & capitaine général : son pouvoir sur les comtés de Hollande & de Zélande fut fort étendu.

Avant d'entrer dans les détails & la conduite des différens stathouders, qu'il y a eu en Hollande depuis Guillaume I, & des usurpations successives qui ont amené la dernière révolution, nous ferons quelques observations préliminaires.

1°. L'autorité & les droits de stathoudérat, sont décrits avec l'imperfection de toutes les loix fondamentales des *Provinces-Unies* : dans les patentes qu'accordèrent au prince Guillaume V, le 8 mars 1766, les états de Hollande & de West-Frise, & qu'accordèrent aussi bientôt les autres provinces « Ils le créèrent, l'établirent & le nommèrent » stathouder & gouverneur héréditaire, comme » aussi capitaine-général & amiral également hé-» réditaire, pour étendre les limites, les droits » & les privilèges de la république ; protéger & » défendre tous & chacun endroit les habi-» tans qui s'y trouvent, maintenir l'exercice de » la religion réformée, en empêcher tous trou-» bles, oppression & dommage, qu'on pourroit » y apporter, & en soutenir les droits & immu-» nités ; comme aussi de donner tout secours, » qui pourroit lui être demandé en affaires justes » & conformes aux loix du pays. Ils lui concé-» dèrent de plus le droit de pouvoir accorder » des lettres de graces & de pardon, mais du » consentement seulement du président & de la » cour supérieure de la province, & en les pré-» venant, à charge toutefois que ces lettres soient » enregistrées en bonne & due forme, & qu'elles » ne pourront être accordées pour assassinats » & autres grands crimes commis de dessein pré-» médité. Qu'en affaires militaires & de police » il auroit le droit de changer les bourguemes-» tres, les échevins & les statuts, en se confor-» mant toujours aux privilèges & aux droits lo-» caux, en suivant les instructions que les Etats-» Généraux pourroient lui donner, & encore en » prévenant les conseils ; que ceux-ci auroient » commis ; qu'il veilleroit enfin exactement sur » les forteresses tant de terre ferme, que sur » celles qui se trouvent construites dans les îles ; » & l'autorise à faire soit en matière privée, soit » en affaires d'états, tout ce que sa dignité semble-» roit exiger, à quoi il s'oblige en prêtant ser-» ment ». Le prince créé stathouder étoit alors âgé de 18 ans ; il fut déclaré majeur, & commença tout de suite l'exercice des fonctions qui venoient de lui être confiées.

Les *Provinces-Unies* furent alors bien indiscrètes, & les derniers troubles les ont punis cruellement de leur indiscrétion. Pourquoi donner au stathouder le droit de faire grace ; pourquoi le revêtir d'une si grande autorité ; pourquoi réserver d'une manière si vague, les droits & les privilèges locaux des peuples & des provinces ? ignoroient-elles la marche de l'ambition, ne savoient-elles pas que le cœur de l'homme desire toujours d'augmenter son crédit & son pouvoir, & selon les circonstances qu'il met tout en usage, pour arriver à son but ; qu'un magistrat environné d'un faste & d'un appareil qui approche de celui des souverains, issu d'une famille qui a rendu de grands services aux *Provinces-Unies*, qui est souverain de plusieurs districts du pays, doit inspirer de l'effroi dans des provinces qui veulent maintenir leur liberté ?

2°. Dès les premiers temps du stathoudérat, on essaya de subordonner le stathouder aux loix, aux usages & à la puissance souveraine de l'état : mais prit on sur cela de bonnes précautions ?

3°. Les Etats-Généraux se sont réservé expressément le pouvoir de faire la paix ou la guerre, de contracter des alliances avec les pays étrangers, de lever des impôts, & de battre monnoie. Mais si le stathouder par son influence peut arrêter les opérations de la guerre, ou les négociations de paix ou d'alliance, que signifie cette réserve ?

4°. Le stathouder a le commandement de toutes les forces de terre & de mer : il est capitaine-général & grand-amiral. Avant les dernières troubles, il disposoit de tous les emplois militaires, des gouvernemens des villes, &c. il choisissoit les magistrats sur la présentation des sénats des différentes villes : on lui donnoit communément la liste de trois sujets, & il en élisoit un. Les provinces lui ont reproché au milieu des troubles d'avoir étendu des privilèges qui ne lui appartiennent pas ; & cette grande discussion ne s'éclaircira plus guères par les actes & les loix : les provinces avoient trop accordé, le stathouder avoit trop usurpé, les provinces vouloient réduire des concessions indiscrètes, arrêter les usurpations, en prévenir de nouvelles, & elles en avoient le droit ; mas il ne s'agit plus de droits depuis la dernière révolution.

Le stathouder avoit jadis beaucoup d'influence aux Etats-Généraux, qui ne se convoquoient que dans les occasions extraordinaires, comme on l'a déjà dit ; & même depuis que les états sont permanens, ils n'ont jamais pris une résolution importante sans son approbation.

5°. Il est très-difficile de connoître les usages & les loix politiques des *Provinces-Unies* : ce qui regarde les privilèges & les bornes du pouvoir du stathoudérat est sur-tout fort obscur : il faut espérer qu'après les derniers troubles, & la malheureuse révolution, qui en a été la suite, un hollandois bien instruit dissipera les ténèbres : nous dirons en attendant qu'il faut chercher les privilèges & les bornes du pouvoir des stathouders dans sept actes différens, qu'ensuite le stathouder a des droits & des prérogatives plus ou moins étendus dans chacune des provinces particulières, quoiqu'en général ses devoirs en qualité de stathouder, soient, au fond, les mêmes relativement à chaque province : ainsi il peut arriver que la province de Gueldre, par exemple, n'ait aucun reproche à lui faire sur son administration stathoudériene, lorsque la province d'Utrecht, ou une autre, lui en fait de très-graves sur cet objet. Il peut arriver, que le stathouder ait suivi ses instructions particulières relativement à la Gueldre, & que par rapport à cette province, il n'ait pas étendu ses droits & ses privilèges au-delà des bornes que la constitution de Gueldre lui a prescrites, ou même que, dans le cas d'un excès de sa part, la Gueldre veuille bien fermer les yeux & ne pas se plaindre ; tandis qu'ayant dépassé ses droits stathoudériens, par rapport à Utrecht, cette province plus jalouse de sa souveraineté, ne veut, ni fermer les yeux sur l'atteinte portée à sa constitution, ni étouffer ses justes plaintes : si donc le stathouder satisfait à ses engagemens vis-à-vis d'une province, & s'il y manque vis-à-vis d'une autre, quel sera le juge compétent ? Les Etats-Généraux, peut-être, cela devroit être ; mais l'acte fédératif, ne leur attribue pas ce pouvoir ; les Etats-Généraux ne sont pas les souverains des provinces particulières ni de leur stathouder : par l'acte d'union d'Utrecht, chaque province s'est réservé la souveraineté pleine & entière dans son territoire, & par conséquent sur tous les sujets & ministres de la province. Les états de la province pourroient être les seuls juges compétens du stathouder ; ils peuvent l'appeler en jugement ; ils peuvent décider si tel ou tel droit, telle ou telle prérogative sont attachés à sa charge de stathouder, lorsque un membre intégrant de la souveraineté particulière de la province se plaint d'une infraction, ou d'une entreprise inconstitu-

tionnelle faite par le stathouder ; au reste, si le stathouder étoit, en sa qualité de stathouder, chef éminent des provinces confédérées ; le corps représentatif de l'union seroit son juge naturel ; mais il paroît que dans ces derniers temps, les hommes qui lui sont dévoués, ne vouloient pas convenir de ces deux propositions.

6°. La stabilité & la tranquillité de la république générale des *Provinces-Unies*, se trouvent toujours compromises par l'imperfection des loix fondamentales, & sur-tout par le stathoudérat, dont on a fixé les droits avec tant de négligence : elles dépendent de l'accord des différens ordres, de la modération, & de la droiture du stathouder, & du choix des officiers qui exercent les charges de confiance aux Etats-Généraux, dans les provinces & dans les viles. Le phlegme & la réserve naturelle du peuple est nécessaire au maintien de ce gouvernement ; car ne lui permettant pas d'avoir la moindre part à l'administration, pas même au choix des députés, la multiplicité des impôts que supportent toutes les provinces, & qui sont trois fois aussi considérables que dans les gouvernemens les plus arbitraires de l'Europe ; le despotisme des sénats de chaque ville & des états de chaque province, seroient insupportables à des hommes moins tranquilles que les hollandois. Mais aussi le stathouder, les nobles, les états, & les régens peuvent, selon les diverses occasions, séduire & gagner facilement le peuple.

Ceux qui sont en place ont occasion de développer leurs talens dans les débats des sénats & des assemblées provinciales, & ils augmentent ou diminuent par-là leur influence sur l'esprit de la nation. Les sénats pour ne pas exciter la jalousie & le mécontentement, choisissent ordinairement des magistrats & des députés qui sont au gré du peuple. Mais souvent aussi on dédaigne de consulter ses goûts.

Rien ne paroît plus désagréable aux hollandois, que ce que l'on appelle un homme turbulent ; ils ne supportent pas mieux celui qui, ayant beaucoup d'esprit, aspire à savoir quelque chose de plus que ses concitoyens : quiconque veut obtenir des emplois dans cet état, doit se conduire avec beaucoup de calme & d'adresse, & ne montrer ses talens que peu-à-peu ; & cette disposition donne lieu à de sourdes intrigues, toujours dangereuses dans les républiques.

7°. Les hollandois ne voulurent supporter ni impôts, ni opérations arbitraires, ni même la vue des troupes étrangères, sous le gouvernement espagnol : depuis la révolution, ils sont devenus plus traitables, parce qu'ils se sont crus libres, & que sous cette apparence de liberté, ils sont devenus riches ; des loix violentes ont réprimé leur caractère ; on leur a mis des taxes plus considérables peut-être que dans aucun autre gouvernement ; on les a épouvantés par des exécutions publiques ; & pour les contenir, on les a entourés de troupes étrangères ; mais si le trésor public n'est employé que pour la grandeur & la sureté de l'état, si les magistrats eux-mêmes se soumettent, comme par le passé aux charges les plus dures ; si les particuliers ne s'enrichissent pas aux dépens des revenus publics, ou si les contributions des citoyens ne servent pas d'aliment à l'extravagance & au luxe ; si personne ne peut se soustraire aux loix, & si pour parvenir à l'autorité & aux places, il faut du moins avoir l'apparence de l'honnêteté & des lumières ; le peuple ne se plaindra pas de tout ce qu'il est obligé de payer & de souffrir : en effet ce n'est pas le poids des impôts & des charges publiques, qui a occasionné les derniers troubles ; ils ont été occasionnés par la prétention du stathouder & celles des nobles.

8°. Ces nobles ou ces aristocrates, dont nous dévoilerons tout à l'heure les manœuvres, & qui dans la derniere guerre civile, sont devenus à la fin les plus grands ennemis des défenseurs de la liberté, descendent des anciennes familles annoblies par leurs premiers souverains ; il y en a très peu dans les provinces de Hollande & de Zélande ; ils sont presque tous péri dans les guerres contre l'Espagne ; mais dans les autres leur nombre n'est que trop considérable relativement à l'étendue du pays. Ici, comme en Allemagne, tous les enfans prennent le titre de leurs peres, sur-tout parmi les comtes & les barons : quoique le commerce ait fait la fortune des Provinces-Unies, quoique aucun gouvernement n'ait mis autant de moyens en usage pour l'encourager, ces comtes ou barons se croiroient déshonorés, s'ils s'adonnoient au commerce, ou s'ils se livroient à une profession libérale, ou s'ils épousoient une femme qui n'est pas de leur rang, lors même que, se trouvant dans la plus grande pauvreté, ce mariage rétabliroit leur fortune ; ils parviennent communément aux charges civiles ou militaires de leur province ou de la confédération. Ils mettent plus de prix à leur noblesse, qu'on n'en met ordinairement dans les pays où elle est plus commune, & ils conservent encore la fierté & la morgue des espagnols, leurs anciens maîtres : ces aristocrates ont cherché jusqu'ici à diminuer la liberté du peuple : ils ont favorisé les vues du stathouder, lorsqu'ils les ont crues favorables à celles de leur grandeur, & ils reconnoîtront peut-être qu'il eût été plus sage de se réunir au peuple, & que la derniere révolution ne leur a pas été moins funeste qu'au corps de la nation.

De la conduite des stathouders depuis Guillaume I, & de leurs usurpations qui ont amené la derniere révolution.

(Les détails qu'on va lire, sont tirés d'un très-bon écrit intitulé : *Précis historique de la révolution qui vient de s'opérer en Hollande.*)

L'histoire de la république hollandoise atteste que le peuple y a toujours été le jouet & l'esclave ou des stathouders ou des aristocrates, & plus souvent encore du despotisme stathoudérien combiné avec l'aristocratie la plus effrénée dans un sens & la plus rampante dans l'autre. Guillaume I, gouverna la république en souverain, les états furent obligés de lui donner une autorité presque illimitée ; il avoit besoin de n'être pas trop gêné dans l'exercice de ses charges, sur-tout dans celle de généralissime de l'armée de la république, dont il payoit à ses frais une partie des troupes qu'il avoit levées en Allemagne. Guillaume I, mérita la confiance des états & celle de la nation jusqu'au moment où il manifesta ses vues d'ambition ; on reconnut alors que ce prince n'avoit arraché le sceptre des *Provinces-Unies* à Philippe II, que pour le porter lui même, & ce projet secret étoit au moment de s'exécuter, lorsque Guillaume I, fut assassiné à Delft. Le peuple qui avoit combattu pour la liberté, sous la conduite de ce prince, n'en goûta pas les douceurs. Cette liberté étoit encore très-précaire, la nation ne pouvoit se consoler des maux qu'elle enduroit que par l'espoir d'un avenir plus heureux. Guillaume I, en mourant, laissa la nation luttant contre le tyran Philippe, & très-incertaine encore de pouvoir se soustraire à sa domination, quoiqu'elle se fût déclarée libre & indépendante. On ne peut dire cependant que Guillaume fut réellement l'oppresseur du peuple, mais s'il eût vécu encore quelques mois, il seroit mort souverain des *Provinces-Unies*, & on a bien tort de le regarder comme le martyr de la liberté. Le peuple, toujours outré dans son amour comme dans sa haine, avoit donné à ce prince le surnom de *pere*, & c'est encore ainsi que le distinguent les aveugles partisans de la maison d'Orange, en le nommant *Vader Willem*, (pere Guillaume).

A Guillaume I, succéda Maurice son fils, âgé de 18 ans. Les états lui déférèrent presque toute l'autorité que son pere s'étoit arrogée. Il répondit d'abord aux grandes espérances qu'on avoit conçues de lui. Initié dans la politique, par le fameux Barneveldt, son ami, & pour ainsi dire, son protecteur dans l'état, Maurice rendit des services éclatans à la nation. Il battit & déconcerta les généraux espagnols, & donna la premiere consistance à la liberté nationale que Guillaume avoit laissée très-chancelante. Maurice ne fut pas moins ambitieux que son pere ; comme lui, il aspira à la souveraineté. Dès que Barneveldt eut déméêlé ses desseins, il mit tout en œuvre pour lui faire abandonner, & ne pouvant y réussir, ce grand homme les croisa, & les fit échouer. Maurice s'en vengea cruellement : Barneveldt neveld perdit la tête sur un échaffaud. Ce respectable vieillard fut le premier martyr de la liberté républicaine, immolé à l'ambition des stathouders. Maurice ne profita pas de son crime ; la mort le surprit lui-même peu de temps après. Ce prince ambitieux, vindicatif & hypocrite, ne laissa point d'enfans légitimes, n'ayant point été marié.

Frédéric Henri, son frère puîné, fils de Louise de Coligni, lui succéda dans toutes ses charges & dignités. C'est le seul des stathouders qui ait véritablement aimé sa patrie, & qui n'ait pas cherché à l'asservir. On ne peut lui reprocher aucun acte de despotisme ; il eut la gloire de terminer la guerre avec l'Espagne, & de voir enfin la république reconnue pour état libre & indépendant, par la maison d'Autriche elle-même. Frédéric Henri n'étoit pas sans défaut, mais ses défauts étoient compensés par des vertus civiles, & par un amour désintéressé pour la patrie. Heureuse la république, si ses successeurs de ce prince eussent été aussi bien intentionnés ! Quelques-uns l'accusent d'avoir aspiré à la souveraineté de certaines provinces restées fidèles à l'Espagne, & d'avoir fait un accord secret avec la France pour partager avec cette puissance les Pays-Bas autrichiens. Si ce fait est réel, il laisse une tache à la mémoire de ce prince, car l'exécution auroit entraîné infailliblement la ruine de la république. S'il ne l'eût pas asservie lui-même, quelqu'un de ses successeurs s'en seroit rendu facilement le maître : mais ce reproche n'est pas assez prouvé pour le croire bien fondé.

Guillaume II, son fils, lui succéda & fut élevé à toutes les dignités de son père. Ce prince ressembloit plus à Maurice son oncle, qu'à Frédéric-Henri. Il étoit plein d'ambition ; quoique fort jeune, il vouloit commander par lui-même, & n'écoutoit guères les états ses maîtres. Il entreprit le siège d'Amsterdam, qu'il voulut surprendre pour y changer quelques les plus opposés à son despotisme. Il manqua son coup, parce qu'il fut découvert à temps ; mais il fit capituler cette ville, il y entra, & quoique sans suite militaire, il déposa en personne, à la maison de ville, plusieurs dignes magistrats, avec la même autorité que s'il eût été souverain. Il revint à la Haye, & les états eurent la lâcheté de le complimenter sur son retour, quoiqu'il vînt de faire un acte qui avilissoit leur souveraineté. Il mourut bientôt après en Gueldre, de la petite vérole, à l'âge de vingt cinq ans. Par sa mort prématurée, la république échappa au danger imminent d'être asservie, car ce prince en avoit formé le projet, & il avoit toutes les qualités propres à exécuter son plan. On ne se trompe probablement pas en attribuant à celui-ci un accord avec la France pour conquérir & partager les provinces que la maison d'Autriche avoit conservées dans les Pays-Bas.

Il faut remarquer que ces quatre stathouders exercèrent les trois grandes charges de l'état, sans aucune instruction fixe, relative à l'exercice de ces hautes & dangereuses dignités. Les états en avoient dressé une pour Maurice, mais ce prince ne voulut pas l'accepter ; il reçut seulement un conseil avec lequel il devoit s'entendre pour les opérations militaires & autres, relatives à ses charges. Il lui fut facile de corrompre les membres de ce conseil ; il les maîtrisa constamment, & ne suivit jamais que son propre avis ; il agit, plus d'une fois, directement contre les ordres des états.

Guillaume II, ne laissa qu'un fils posthume ; c'est le fameux Guillaume III, qui monta ensuite sur le trône d'Angleterre, après en avoir fait descendre son beau-père.

Les états, impatiens de gouverner seuls, fatigués des maîtres qu'ils s'étoient donnés, en se donnant des stathouders, saisirent l'occasion d'abolir cette dignité, ou du moins d'en priver à jamais les princes de la maison d'Orange. Guillaume III, étoit au berceau ; le stathoudérat n'avoit pas été rendu héréditaire, non plus que les deux autres grandes charges de l'état ; on résolut d'en priver pour toujours le prince enfant ; cinq provinces, savoir : la Gueldre, la Hollande, la Zélande, Utrecht & Over-Issel, se déterminèrent à ne plus avoir de stathouder-Prince. Quant aux provinces de Frise & de Groningue, elles avoient le leur particulier, les descendans de Jean de Nassau, frère de Guillaume I, y remplissoient cette dignité. La Hollande alla même plus loin que les quatre autres ; les états de cette province publièrent l'acte d'exclusion contre Guillaume III, en 1654, & l'édit perpétuel en 1667.

Cependant Guillaume III, avoit un parti assez considérable dans l'état, & l'aristocratie, qui se faisoit sentir avec toute sa rigueur & sa morgue, avoit de grands ennemis. Le parti du prince cabala si bien, & le prince lui-même intrigua avec tant d'habileté, que la révolte de la populace en sa faveur éclata de toutes parts en Hollande, & en Zélande. Libelles, écrits séditieux, sermons fanatiques, menées secrètes, trahisons, corruption, tous ces moyens honteux furent mis en œuvre en faveur de Guillaume III, & mieux encore, la guerre que la France & l'Angleterre déclarèrent à la république, en 1672, tout réussit au gré du prince ; le stathoudérat fut rétabli, & le fameux édit perpétuel aboli. Guillaume III, entra dans la possession des trois grandes charges ; les états furent contraints de lui céder le gouvernement suprême, ne conservant que l'ombre de l'autorité. Ils eurent même la foiblesse de ne donner à ce prince que des commissions vagues pour l'exercice de ses importantes fonctions, sans penser même à lui donner des instructions limitées. A cette faute, ils

A a a a a

en ajoutèrent une seconde plus capitale encore quelques années après, en rendant héréditaires ces trois dignités en faveur de la postérité de ce prince; mais il mourut sans enfans : il est plus que probable que la république seroit devenue une province Angloise, si Guillaume III, eût laissé un fils qui lui eût succédé au trône de la Grande-Bretagne. Il y a plus : si Guillaume III, n'eut pas perdu tout espoir de postérité quelques années avant sa mort, il n'eût pas sans doute laissé à son successeur le soin d'asservir la république, & d'en faire une possession directe de l'Angleterre ; il auroit commis lui-même ce crime contre sa patrie. Ce qui porte à le croire, c'est qu'il ne cessa jamais de préférer les intérêts de ses sujets anglois, à ceux des hollandois, ses concitoyens ; il sacrifia toujours la république à l'Angleterre. Si ce prince avoit aimé véritablement sa patrie, il auroit fait annuller le fameux acte de navigation, si préjudiciable au commerce de la Hollande, que Cromwel avoit fait passer par force, & qu'il avoit extorqué dans un temps de détresse. Cet instrument du despotisme anglois sur la république a subsisté jusqu'à la dernière paix, & n'a été aboli indirectement que par l'alliance faite avec la France. La république est à la veille de lui voir reprendre toute sa force contre-elle-même, si la nouvelle alliance projettée avec l'Angleterre se conclut, comme on en est généralement persuadé.

Le célèbre pensionnaire de Witt, qui, d'accord avec Cromwel, avoit fait rendre l'édit perpétuel à la province de Hollande, contre Guillaume III & sa postérité, paya cher son patriotisme. Il fut massacré à la Haye avec son frère, Ruard de Putten, par la canaille du parti Orange. Le prince, sans paroître agir dans cet horrible assassinat, n'est pas exempt du soupçon bien fondé d'avoir fait préparer cette conjuration; la pension qu'il fit au principal auteur, instigateur & fauteur de ce crime public, autorise à penser que Guillaume III, fut son premier complice.

Nous observerons en passant, que de Witt, fit, malgré ses talens, une faute impardonnable à un grand homme d'état : mais de Witt étoit vraiment aristocrate; s'il eût fait rendre l'Edit perpétuel au nom du peuple, s'il eût travaillé à établir une constitution vraiment républicaine où le peuple eût été compté pour quelque chose, si, en un mot, il eût fait accorder aux bourgeoisies une influence raisonnable dans les administrations municipales, jamais l'édit perpétuel n'eût été révoqué, & la maison d'Orange eût été à jamais exclue des trois grandes charges de l'état. Directement intéressées au maintien de la constitution, les bourgeoisies se seroient montrées contre la canaille, & n'auroient du moins pas souffert que Guillaume III, en entrant dans l'exercice des trois grandes charges, leur arrachât leurs libertés, leurs privilèges & leur constitution ; mais

n'ayant rien à perdre dans le changement, espérant au contraire de gagner sous un nouveau gouvernement, les citoyens virent au moins, avec indifférence, l'aristocratie mortifiée, & les magistrats obligés de ramper sous le stathouder. Guillaume III, employa la ruse & l'adresse, étant hors d'état de se faire reconnoître par la force ; il ne pouvoit pas compter alors, comme Guillaume V, sur l'appui d'une puissance étrangère : après sa mort, l'aristocratie rentrant dans toute son autorité, les chefs de la république commirent la même faute, & c'est à cette faute capitale que Guillaume IV dut son élévation.

Quarante-cinq ans après la mort de ce stathouder roi, Guillaume IV, son cousin & son héritier principal, stathouder de Frise & de Groningue, fut appellé (on sait par quels moyens) pour occuper les trois grandes charges de l'état. Les partisans de ce prince, tant en Hollande que dans les autres provinces, profitèrent du prétexte des malheureux succès de la guerre contre la France. L'attaque des places frontières par les françois servit merveilleusement l'ambition de Guillaume IV ; les malheurs que cette attaque présageoit donnèrent plus de force aux clameurs de la cabale, payée pour faire réussir la révolution. On exagéra la nécessité d'avoir un chef pour l'opposer aux progrès des françois. Guillaume IV étoit bon politique, mais il n'avoit donné aucune preuve de son habileté dans le métier de la guerre ; il n'avoit jamais eu occasion de la faire. Les françois prirent Berg-op-zoom, Guillaume IV, ne sortit pas de la Haye, où il étoit arrivé le 12 mai 1747 pour y prendre possession de ses charges. La paix se fit l'année suivante, sans que le nouveau capitaine-général eût paru à la tête de l'armée de l'état. Cependant cette même année toutes les grandes charges, dont il avoit été revêtu l'année précédente, furent déclarées héréditaires en faveur de sa postérité, en y admettant même les filles au défaut des enfans mâles.

Cette révolution est encore marquée au même coin que celle qui avoit élevé Guillaume III, aux dignités de la république. La maison d'Orange se servit des mêmes moyens, employa les mêmes agens, fit agir les mêmes ressorts. Partout la populace se souleva, par tout elle fit la loi aux régens, par-tout enfin elle commit des excès. Cette populace fur-tout en Hollande & en Zélande, conduisit Guillaume IV, au faîte des honneurs, en lui frayant le chemin par la révolte & la sédition. L'aristocratie orgueilleuse & tyrannique des magistrats dans la plus grande partie des villes de la république, faisoit désirer ardemment, même aux bons citoyens, que Guillaume IV vînt détrôner cette foule de petits tyrans qui vexoient le peuple & s'engraissoient de sa subsistance, mais dans l'espoir que le prince n'en abuseroit pas lui-même. Jamais le défordre n'avoit été tel ; les impôts avoient été mis en ferme , & les fermiers qui avoient pour croupiers des bourgmestres , levoient les impôts avec tant de rigueur que les frais de perception qu'ils faisoient supporter aux malheureux , en retard dans leurs paiemens , surpassoient de beaucoup l'impôt même. Le monopole des magistrats étoit énorme & cruel. La populace commença par piller les maisons de ces fermiers ; ils furent abolis , & la perception des impôts fut rendue à des commis de l'état.

Pendant cet interrègne, comme dans l'intervalle de celui de Guillaume II à Guillaume III, le peuple fut esclave de l'aristocratie ; quelques braves citoyens en gémissoient ; quelques fidèles régens auroient voulu qu'on eût travaillé à une constitution dans laquelle le peuple auroit eu quelqu'influence ; mais le grand nombre de régens aristocrates étouffa constamment la voix de ceux qui penchoient pour ce parti raisonnable. Les partisans de Guillaume IV profitoient en secret de cette corruption aristocratique , & préparoient de loin leurs moyens. Lorsqu'ils crurent le moment favorable arrivé , ils mirent tout-à-coup en jeu leurs ressorts. Quelques bourgeois de Terveere en Zélande, montant la garde ordinaire la nuit du 24 au 25 avril 1747, formèrent le hardi projet de demander , dès que le jour seroit venu, le rétablissement du stathoudérat ; la majorité de la régence de cette ville , d'intelligence sans doute avec ces bourgeois, ne se fit pas faire violence ; & s'étant assemblée à l'heure ordinaire, le matin du 25 avril, elle accorda , sur le champ & sans difficulté , la demande insensée de cette poignée de bourgeois. Dans peu d'heures , cette nouvelle fut portée dans les principales villes de Zélande, ainsi que dans les villages ; & trois jours après , le soulèvement fut si général dans cette province , que les états se virent forcés d'appeller enfin Guillaume IV, & de le proclamer stathouder de Zélande : La ville de Ziriczée, qui avoit fait des difficultés pour retarder cette élection précipitée, en fut punie par la populace ; de la manière la plus cruelle ; elle fut saccagée : c'est cette même ville qui vient encore d'être réduite en un monceau de ruines, pour avoir embrassé la cause du patriotisme. L'incendie se communiqua rapidement dans les provinces de Hollande , d'Utrecht & d'Over-Issel ; par-tout il fallut le soumettre, & imiter l'exemple de la Zélande , pour éviter une ruine universelle. Les Etats-Généraux ne tardèrent pas à déclarer Guillaume IV, capitaine & amiral général de la république ; les différentes commissions de ces charges furent dressées dans les termes les plus indéfinis : il y est dit que Guillaume IV , exercera ces charges sur le même pied que les princes ses prédécesseurs. On ne pensa pas plus à lui donner des instructions , qu'on n'y avoit pensé pour les autres , & cependant l'abus que ses prédécesseurs avoient

fait de l'autorité qui leur étoit confiée , auroit dû ouvrir les yeux de la nation. Guillaume IV en porta l'abus bien plus loin encore que les autres ; quoiqu'il ait eu la politique de ne faire jamais aucun excès éclatant d'autorité , il eût été dangereux pour les régens qui en gémissoient , plus pour eux-mêmes encore que pour le peuple , de chercher à mettre un frein à l'ambition de ce prince ; ils en auroient bientôt été punis par la perte de leurs emplois.

Outre les honneurs excessifs qu'on rendit à Guillaume IV , à son arrivée à la Haye , & par-tout où il se montra après son exaltation , on lui prodigua les titres, les récompenses & les bienfaits : on n'auroit pu faire davantage , s'il eût été souverain , & il l'étoit de fait. Cependant, quel bien ce prince fit-il à l'état ? ou plutôt quel mal ne lui fit-il pas ? Ses créatures avides d'honneurs & d'argent, régnèrent avec lui , & foulèrent impunément les malheureux citoyens qui étoient sous leur administration. Les régens les moins portés en sa faveur, furent déposés par lui-même dans toutes les villes.

Guillaume IV mourut en 1751 ; il laissa l'état dans une situation déplorable. La marine & les places frontières restèrent dans le plus grand délabrement ; & telles que ce prince les avoit trouvé à son avénement , de nouveaux abus augmentèrent le nombre de ceux qui existoient déjà : comme si Guillaume n'avoit pas eu assez de moyens de corruption , en nommant à tous les emplois , à toutes les charges civiles & militaires de l'état , sous prétexte que la nomination à ces emplois , étoit une prérogative inhérente à ses dignités, sans qu'il pût en produire d'autre titre que l'abus même de ses prédécesseurs : comme si, dis-je, ce prince n'eût pas eu assez de moyens , de faire des créatures , & de se les attacher, on accumula sur sa tête de nouveaux titres & de nouvelles dignités ; on lui accorda d'abord la trente troisième partie de tous les dividendes de la compagnie des grandes Indes , & peu après il fut nommé gouverneur & directeur - général de cette compagnie. En cette qualité, il eut le droit de nomination à toutes les places de directeur ordinaire de ladite compagnie, & des offices lucratifs attachés à cette immense direction. La compagnie des Indes occidentales lui accorda quatre pour cent de tous les dividendes , & le choisit, comme celle des Indes orientales, pour son gouverneur & directeur général. Il a transmis à son successeur ces nouvelles dignités, ses émolumens, & toutes ses autres charges & titres héréditaires.

Guillaume IV laissa un fils & une fille en minorité ; la princesse d'Angleterre son épouse, fut déclarée gouvernante jusqu'à la majorité de Guillaume V. Le duc Louis de Brunswick, appellé par Guillaume IV du fond de l'Allemagne pour être gouverneur de son fils, fut revêtu du commandement général des troupes. L'histoire de la minorité & de l'éducation de Guillaume V forme un tableau particulier de calamité pour la nation, que je n'entreprendrai même pas d'ébaucher. Je me contenterai de dire que la princesse angloise, plus attachée à son ancienne patrie qu'à la république, gouverna avec une hauteur & une dureté qui auroient mieux convenu à une impératrice asiatique, qu'à une sujette d'une république libre. Quant au duc de Brunswick, il suffit de dire qu'il négligea absolument l'éducation de son pupille, ou que le peu de soin qu'il se donna pour l'élever, tendit à lui inspirer les sentimens qu'il a manifestés envers la république depuis 1781. Ce prince ne les a pas manifestés plutôt, & avant la guerre américaine, Guillaume V étoit l'idole de la nation; on l'aimoit, on le respectoit.

L'institution héréditaire des trois grandes charges de l'état, porta le coup mortel à la souveraineté & à l'indépendance de la république; elle coupa toutes les sources de sa prospérité & de sa gloire; enfin, elle ensevelit dans le plus profond abîme la liberté civile des hollandois. La gouvernante, par son dévouement à l'Angleterre, ruina le commerce de la république pendant la guerre de 1756, pour se venger de ce que les états des trois provinces maritimes, & sur-tout ceux de Frise, avoient refusé le secours de six mille hommes que les anglois sollicitoient contre la France. Il est vrai qu'un mémoire présenté par l'ambassadeur de cette dernière puissance, intimida tellement les Etats-Généraux, que quoique la majorité des quatre provinces territoriales penchât pour la gouvernante & pour les anglois, les Etats-Généraux n'osèrent passer outre.

L'obstination de la princesse à ne pas vouloir accorder de protection armée au commerce de la république, coûta vingt millions de florins à ce commerce; les anglois le ruinèrent sans aucun empêchement, & firent des prises très-riches sur les hollandois, sans être en guerre avec eux.

Guillaume V, élevé dans les principes de sa mère, s'est comporté comme elle dans la dernière guerre, avant la déclaration que l'Angleterre en fit à la république. Il est à remarquer qu'outre ses motifs d'attachement pour l'Angleterre, le stathouder actuel a voulu se venger contre sa propre patrie, du refus fait par les Etats-Généraux, de rendre à l'Angleterre la brigade écossoise qui étoit à la solde de la république. L'Angleterre vouloit employer ces troupes contre les américains qui travailloient à secouer le joug de la Grande-Bretagne. Le chevalier Yorck, envoyé-extraordinaire du roi d'Angleterre à la Haye, avoit demandé, sous la gouvernante, les

six mille hommes, & sous le stathouder actuel, les régimens écossois; le duc de Brunswick, ennemi de la France, & le plus puissant patron des anglois en hollande, avoit également appuyé de tout son crédit les deux demandes du chevalier Yorck; il n'est donc pas surprenant que ces deux personnages eussent mis Guillaume V dans leurs intérêts, eux qui le gouvernoient comme ils vouloient.

Le duc de Brunswick avoit préparé de loin la révolution qu'il méditoit contre la liberté civile. Devenu représentant du capitaine général pendant la tutelle & la minorité de Guillaume V, il remplit l'armée de l'état d'une multitude d'étrangers, & sur-tout d'allemands; il fit des passe-droits aux officiers nationaux: quelques injustes qu'ils fussent, on eut la lâcheté de les souffrir. Il introduisit dans le service des maximes nouvelles & dangereuses, des usages inouïs, & des abus crians; il étendit de beaucoup l'autorité du haut conseil de guerre que Guillaume IV avoit établi à la Haye: en un mot, il mit l'armée de l'état dans l'impossibilité de servir avec fruit pour les vrais intérêts de la patrie. Le duc, pendant la minorité, & pendant la majorité jusqu'à son expulsion de la république, régna en souverain, parce que, étant le seul distributeur des graces, il récompensoit, aux dépens de l'état, ceux qui le servoient; & qu'étant aussi l'arbitre suprême des officiers de l'armée, il punissoit avec la dernière rigueur ceux qui avoient le malheur de lui déplaire. L'autorité usurpée de ce Mentor du prince, s'étendit même dans le civil; & après la majorité, il trouva le moyen de composer les régences des villes de lâches adulateurs qui n'eurent jamais d'autre volonté que celle du stathouder dans les affaires de l'administration générale, & que la leur propre, dans les affaires municipales.

Finissons par un exposé succinct des derniers abus d'autorité de Guillaume V, depuis la guerre avec l'Angleterre jusqu'au moment même où j'écris. Ces abus sont enracinés sur ceux que je vous ai détaillés sur les stathoudérats précédens. Ils en découlent comme une source féconde, & qui s'est grossie pendant deux cents années.

Les anglois, pour accélérer la détermination des Etats-Généraux à leur céder les régimens écossois, commencèrent par s'emparer, sous divers prétextes de plus de cinq cents navires marchands hollandois, qui naviguoient sur la foi des traités: ils firent plus; ils insultèrent le pavillon de la république, jusqu'à forcer, du moins en apparence, le fameux contre-amiral Byland de le baisser devant leur flotte & d'amener à Portsmouth cinq vaisseaux de la république, qui servoient d'escorte à un grand convoi hollandois sorti du Texel pour différentes destinations. Le chevalier Yorck étoit encore à la Haye, lorsque les anglois commirent cet attentat envers la république ; attentat qui leur a toujours été familier, même envers les autres nations. Ils avoient, quelque temps auparavant, attaqué à différentes fois trois vaisseaux de la république, dont deux ne leur avoient échappé que par la bravoure des capitaines qui les montoient, & le troisième avoit été contraint d'aller mouiller aux Dunes. Ces vaisseaux furent relâchés ; mais les quatorze navires du convoi dont ils s'étoient emparé, furent déclarés de bonne prise par l'amirauté d'Angleterre. Ce coup hardi n'ayant pas réussi au gré des anglois, ils se déterminèrent quelque temps après à déclarer la guerre à la république, au moment où elle alloit entrer dans la neutralité, proposée par la Russie. Il est vrai que les Etats-Généraux auroient pu, avant cette époque, entrer dans cette neutralité, mais l'influence stathoudérienne, par le moyen de la cabale angloise, conduite par le duc de Brunswick, & par le chevalier Yorck, avoit empêché la république de prendre ce sage parti, le seul qui lui convînt alors, vu sa position, & le délabrement tant de sa marine que de ses finances. Il n'y avoit cependant plus moyen de reculer, & il falloit se préparer tout de bon à la guerre contre un voisin puissant & un injuste aggresseur ; après bien des difficultés, des lenteurs affectées & des obstacles préparés par le parti-anglomane, on parvint à armer une escadre ; elle sortit du Texel sous les ordres du contre-amiral Zoutman ; elle rencontra l'escadre angloise sous les ordres de sir Parker ; elle le battit, ou du moins elle ne fut pas battue, puisqu'elle conserva le champ de bataille, & que l'escadre angloise, fort maltraitée, fut obligée de se retirer dans ses ports. Les hollandois firent en cette occasion preuve de leur valeur : cette victoire du 5 août fit voir à toute l'Europe que les marins bataves conservoient encore ce courage réfléchi qui a illustré les Ruiter, les Tromp, & tant d'autres capitaines de la marine hollandoise. Il n'étoit donc question que de donner l'essor à la bravoure des hollandois, & de leur fournir des vaisseaux en état de combattre les anglois ; c'est ce qu'on ne fit pas, & M. l'amiral général, de concert avec les membres des amirautés, voués à ses désirs, trouva le moyen de ne faire armer qu'avec lenteur, de laisser le champ libre aux anglois ; en un mot, de ne plus faire trouver en présence les escadres angloises & hollandoises. Le stathouder, qui ne s'attendoit pas à la rencontre du Dogersbanck, ne put s'empêcher de montrer une surprise mêlée de chagrin, à l'officier qui lui en rapporta la nouvelle ; il lui échappa même de dire : *au moins, monsieur, les anglois ne sont pas battus ?*

La mauvaise intention de l'amiral-général & de sa cabale, se manifesta toute entière dans la non-expédition de Brest. Les états de Hollande & ceux de Frise sur-tout, voulurent absolument approfondir cette affaire, & parvinrent après bien

des délais à faire nommer une commission par les Etats-Généraux, pour préparer l'enquête criminelle à faire contre les délinquans. La commission n'agit que mollement, & ne finit son travail qu'après des lenteurs & des obstacles qui se multiplioient de jour en jour.

Alors la nation qui déjà commençoit à s'appercevoir qu'elle étoit le jouet des caprices du stathouder & de sa cabale, voulut voir clair dans ses intérêts ; des écrivains périodiques & autres lui rappellèrent ses droits, les débrouillèrent & les lui firent enfin aimer. Bientôt les bourgeoisies, véritablement éclairées sur les droits de la souveraineté de la république, s'apprêtèrent à la venger, & à la faire respecter par le premier ministre de l'état, qui paroissoit effectivement n'en tenir aucun compte ; les régens eux-mêmes alarmés à leur tour de l'exercice abusif que le stathouder faisoit de l'autorité qui lui avoit été confiée, sur-tout en Hollande, semblèrent devenir plus populaires ; ils engagèrent les citoyens à soutenir l'autorité des magistratures, & par conséquent celle des états ; ces régens cependant, du moins pour la plupart, ne songeoient qu'à leur propre intérêt, en cherchant à restreindre l'autorité stathoudérienne ; la nation ne s'en apperçut pas d'abord, & les premières associations patriotiques déclarèrent que leur unique motif étoit de défendre les bons régens contre les entreprises du stathouder. Le peuple n'observoit pas encore tout ce qu'il avoit à redouter de l'aristocratie elle-même ; mais cet aveuglement ne dura pas long-temps. Ce furent donc les régens qui mirent véritablement les armes à la main des patriotes, pour s'en faire un rempart contre le despotisme stathoudérien. Le parti Orange méprisa d'abord ces petits corps armés ; il ne crut jamais les voir se multiplier & se perfectionner au point où ils le furent ; mais lorsqu'il vit de toutes parts l'élite des citoyens s'exercer au maniement des armes, & les corps francs prendre une consistance imposante, ce parti comprit qu'il étoit temps de mettre en œuvre tous ses moyens pour abattre cet enthousiasme de liberté. Des écrivains furent gagés pour répandre dans le public des horreurs contre le patriotisme. Des prédicans se mirent de la partie, & affectant de dire dans la chaire de vérité, que la religion étoit en danger, ils échauffèrent le zèle des fanatiques. La canaille soudoyée, excitée sous main par des libelles distribués gratis & écrits pour elle, se montra bientôt disposée à la sédition ; il ne s'agissoit plus que de la mettre en action ; & les occasions se présentèrent bientôt.

Le patriotisme réveillé par les séditions de la canaille, comprit que le stathouder n'en resteroit pas-là : effectivement quelques émeutes s'élevèrent de loin en loin, mais on parvint à les étouffer. Quelques régimens donnèrent eux-mêmes des signes de sédition, entr'autres celui des gardes-dragons, en garnifon à Leyde. Il leva le maf-que, au point que la régence de cette ville fut obligée de demander qu'on retirât de fes murs cette troupe féditieufe. On rappella les dragons à la Haye, & la plupart d'entr'eux, arborant la cocarde Orange au fortir de Leyde, mar-choient eu répétant ce cri de tumulte, *Oranje boven*, figne ordinaire de la révolte. Cette troupe porta à la Haye l'efprit d'infubordination parmi le refte de la garnifon déjà mal difpofée, & bien-tôt on découvrit le peu de fond qu'il falloit faire fur les troupes qui étoient à la folde de la pro-vince, & fur celles mêmes qui fervoient de garde aux états fouverains.

Arrêtons-nous un moment fur cet abus, gliffé depuis long-temps dans la difcipline des troupes de la république, & remontons à fa fource; elle ne fera pas difficile à trouver.

Les états, en revêtant le prince de la charge de capitaine général, lui accordèrent la nomina-tion de tous les officiers de l'armée, jufqu'au grade de général-major exclufivement. Ce grade répond à celui de maréchal-de-camp en France, & l'on monte par rang d'ancienneté de ce grade aux autres fupérieurs, chacun dans fon régi-ment refpectif, jufqu'au grade de lieutenant-gé-néral. Les États-généraux nomment à celui-ci fur la préfentation ou recommandation du prince. Les officiers prêtent ferment au capitaine général, & les officiers-généraux aux états confédérés. Les régimens reçoivent les patentes, c'eft-à-dire, les ordres généraux du prince, qui, à la vérité, les expédie fur l'ordre qu'il en reçoit lui même des états refpectifs fur le territoire def-quels le régiment fe trouve cantonné. Au refte, le mot d'ordre ici eft de trop, car ni les Etats-Généraux, ni ceux des provinces, ne donnent d'ordre à M. le capitaine-général, ils prient feulement fon alteffe de donner tels ou tels or-dres; & cet abus ne fert pas peu à induire l'ar-mée en erreur fur l'obéiffance qu'elle doit aux états. On ne parle jamais aux foldats & bas offi-ciers qu'au nom du prince; les fentences des confeils de guerre fe rendent au nom du capi-taine-général; il les caffe, les modifie, en com-mue les peines à fon gré. Ses armes étoient fur tous les drapeaux, fur les hauffe-cols; en un mot, les écharpes des officiers étoient & font encore à la couleur du prince; il reçoit les hon-neurs militaires à l'inftar des fouverains du refte de l'Europe, & même avant qu'il eût quitté la Haye, en 1785, aucun des membres de l'af-femblée fouveraine, pas même le préfident, ne recevoient le falut, quoique la grande garde foit placée en face de l'efcalier & devant les fenêtres de la falle d'affemblée: tous les honneurs étoient réfervés à la famille ftathoudérienne; eft-il fur-prenant d'après cela que les troupes ne regardent que le feul prince comme leur chef, leur maî-tre, leur fouverain? Le foldat fur-tout peut-il

en imaginer un autre? Ajoutons que ce prince a une compagnie de gardes-du-corps, & une de-cent fufiles que les états paient.

Les régimens allemands au fervice de la répu-blique, commandés par de petits princes fou-verains de l'Allemagne, ne doivent-ils pas pen-fer, que ne rendant les honneurs militaires dans toute la république qu'au feul prince d'Orange, ce prince en eft le vrai fouverain, comme leurs princes, comtes ou barons le font de leurs petits états? Il eft même probable que dans les der-niers troubles une grande quantité de bas-offi-ciers ont défobéi au véritable fouverain, fans croire commettre le moindre mal, perfuadés qu'ils ne devoient obéir qu'aux ordres émanés du ftat-houder. Quant au ferment prêté au prince, & aux brevets fignés par lui, il n'eft peut-être pas d'abus plus funefte & plus dangereux. L'expé-rience ne l'a que trop prouvé récemment. La plupart des officiers n'ont recufé les ordres des états de Hollande que parce qu'ils fe trouvoient liés par un ferment tant aux Etats-Généraux qu'au prince, & qu'ils ne vouloient en conféquence obéir qu'aux patentes du prince. Un tel abus eft-il indifférent en lui-même? Au moyen de cet abus, le prince d'Orange ne peut-il pas, quand bon lui femblera, tourner les forces de l'état contre l'état même, & l'afervir avec fa propre armée? Ajou-tez à cela que le ftathouder s'arrogeant le droit de donner à la Haye le mot de l'ordre fans par-ticipation du fouverain, qui cependant y eft tou-jours repréfenté par le collège des confeillers-députés, il peut en employer à fon gré la nom-breufe garnifon, & s'en fervir même pour arrê-ter & détenir les membres des états, ainfi que Guillaume II l'a fait, puifque cette garnifon ne reconnoît que fes feuls ordres. Je ne fais qu'in-diquer ce point capital, pour faire voir que les patriotes, en exigeant la réforme de cet abus, ne demandoient rien que de jufte & d'indifpen-fable; l'ufage contraire étant évidemment incom-patible avec la dignité & la fûreté du fouverain & des vrais repréfentans de la nation.

La claffe commune des citoyens de la répu-blique pouvoit être induite auffi facilement en erreur fur la nature de l'autorité ftathoudérien-ne. Tous les placards, émanés de la chancelle-rie du prince, commencent par ces mots: *Nous Guillaume, &c. Ordonnons, &c* Ce début eft ce-lui d'un fouverain. Ses armes font peintes par-tout fur les voitures publiques, chariots de pof-tes, avec cette légende, *fauvegarde*; on prie pour lui & pour fa famille dans les exercices publics de religion, comme on prie pour le fou-verain; il y a même une formule expreffe dans le rituel de l'églife réformée, à ce fujet. Le jour anniverfaire de fa naiffance eft fignalé dans toute la république par des réjouiffances bruyantes de la populace & même de tous les ordres des ha-bitans. Dans les dernières années fur-tout, cette époque n'étoit attendue qu'avec frayeur par les citoyens paisibles, étant ordinairement celle de quelque tumulte séditieux.

Le prince, quoiqu'il y ait en Hollande un grand-maître des eaux & forêts, est le seul qui donne & vend la permission de chasser dans le temps non prohibé : les amendes contre les délinquans sont à son profit, & l'instruction contre eux faite en son nom. Enfin, le croiroit-on ? Le président des Etats-Généraux étoit ci-devant, & est probablement revenu aujourd'hui, dans l'usage de se rendre tous les matins chez le prince, avant d'entrer à l'assemblée, pour lui rendre compte des affaires qui devoient être portées à la délibération des confédérés. Le grand pensionnaire de Hollande suivoit la même étiquette avant d'aller présider l'assemblée des états de la province ; & ce qu'il y a de plus ignominieux pour les représentans de la souveraineté, c'est qu'ils devoient se faire annoncer, & attendre dans l'anti-chambre, avec les officiers de la maison du prince, que son altesse eut le temps de leur donner audience. Ne sont-ce pas là autant de marques ostensibles & peu équivoques, pour le peuple ignorant, d'une souveraineté parfaite ? N'est-ce pas là un abus de la plus grande conséquence, puisque cet abus est évidemment la source, peut-être unique, de toutes les révoltes de la populace contre le souverain ? A quelles autres marques en effet reconnoît-on le maître dans les monarchies ?

Le commandement de la Haye, que les états de Hollande ont ôté au stathouder dans le cours des troubles, ainsi que nous le dirons tout-à-l'heure, n'a jamais été attaché irrévocablement à la charge de capitaine général. Le stathouder d'ailleurs eût-il eu un droit réel à ce commandement ; il devoit le perdre par le fait même, puisqu'il avoit si mal rempli un de ses plus sacrés devoirs, celui de maintenir l'ordre & la tranquillité publique dans la résidence du souverain.

Cependant c'est cette privation du commandement de la Haye qui servit de prétexte au stathouder pour quitter entiérement cette résidence, après s'y être fait voir en habit de particulier comme pour inviter le petit peuple à compatir à son sort. Le dépit l'en chassa : ayant fait d'inutiles efforts pour se justifier auprès des états de Hollande, il partit pour Breda ; de là il se rend en Zélande où il a toujours eu de grands partisans ; il passa en Frise toujours accompagné de sa famille ; il regagna l'ascendant chez la plupart des membres des états de Leuvarde, qui, pendant la guerre angloise, avoient si fort tonné contre lui. Enfin il se rendit en Gueldre, où les barons lui ont toujours été dévoués ; & c'est de là qu'il a tramé la révolution.

Mais, avant d'indiquer la suite des troubles & les causes & les effets de la révolution, il est à propos d'indiquer ici quel étoit le but & le plan des patriotes hollandois qui se sont armés pour la défense de leur liberté civile.

Quels étoient le but & le plan des patriotes qui se sont armés dans les derniers troubles pour la défense de leur liberté.

(L'auteur du précis historique, cité tout-à-l'heure nous a encore fourni les détails de ce paragraphe).

Les patriotes n'ont jamais eu l'idée de renverser la constitution ; ils ont voulu seulement la fixer une fois pour toute sur une base solide ; ils ont voulu constamment la purger de tous les abus qui l'ont défigurée à bien des égards, & qui l'ont rendue semblable à une constitution purement monarchique, pour ne pas dire despotique. Mais, pour ne pas tomber dans un inconvénient encore plus dangereux, ils ont voulu limiter l'aristocratie des régens, & donner de justes bornes à la puissance représentative de la souveraineté. On a accusé publiquement les patriotes de vouloir introduire le gouvernement purement démocratique : cette accusation n'est qu'une calomnie inventée & répandue avec affectation pour décrier le patriotisme des défenseurs de la liberté, pour les vouer à l'indignation de l'Europe, & sur-tout pour leur ôter un protecteur puissant. Voici l'exposé succinct de leur système, de leur plan & de but qu'ils se sont constamment proposé, & pour lequel ils s'étoient armés.

Les sept provinces belgiques, qui secouèrent le joug de l'Espagne, formèrent entr'elles une union fédérative, & substituèrent, ou du moins voulurent certainement substituer le gouvernement populaire au gouvernement monarchique, dont elles avoient éprouvé toute la rigueur. Elles s'érigèrent en république ; elles convinrent de ne plus former à l'avenir qu'un état fédératif ; elles se réunirent enfin pour se soutenir, s'aider & se défendre mutuellement contre quiconque chercheroit à les subjuguer en total ou en partie. Les vingt-six articles de l'union d'Utrecht furent dressés à cette unique & seule fin. Cet acte fondamental de l'union, très-insuffisant & très-imparfait, conserve néanmoins à chacune des sept *Provinces-Unies* son indépendance & sa souveraineté particulières. Les sept provinces, en s'unissant, entendirent ne rien céder de leur souveraineté territoriale, & se réservèrent le plein droit de se gouverner, chacune en particulier, selon leurs loix, usages & coutumes, & autres principes de gouvernement populaire qu'il leur plairoit d'adopter. Cette réserve d'indépendance & de souveraineté est formellement stipulée dans les articles de l'union.

Les prérogatives & les privilèges des stathouders sont énoncés généralement dans trois différens articles de l'acte d'Utrecht ; & ces prérogatives & privilèges fe bornent à indiquer que les ftathouders des provinces refpectives, dans le cas de méfintelligence entr'elles, en feront les modérateurs, les arbitres & les juges de paix. Guillaume I ne parut pas content du pouvoir & de l'autorité que les confédérés lui accordoient ; le ftathouder de Frife, fon coufin, en avoit autant que lui ; auffi ce prince n'accéda-t-il que tard, & de mauvaife grace, à l'acte de confédération ; mais, comme il cherchoit à fe faire déclarer fouverain des fept provinces, il diffimula fon dépit : s'il n'avoit été affaffiné, il auroit mis la couronne fur fa tête, & l'auroit tranfmife à fa poftérité. Si l'on jugeoit donc le ftathouder actuel fur la conftitution primitive, & à la lettre des articles qui regardent le ftathoudérat, il feroit facile de démontrer que toute l'autorité que fes prédéceffeurs & lui fe font attribuée, eft une autorité ufurpée. Le ftathouder ne peut donc pas dire de bonne foi que les patriotes ont voulu rènverfer la conftitution par rapport à lui ; il eft encore moins fondé à dire que les patriotes ont cherché à renverfer la conftitution par rapport à la généralité de la confédération, puifqu'il eft abfolument faux que les patriotes aient jamais rien fait qui tendît à diffoudre l'union fédérative des provinces. Or, la conftitution proprement dite, c'eft-à-dire, l'acte d'union d'Utrecht, ne regarde uniquement & directement que la confédération des fept provinces : cet acte d'union ne contient que les obligations mutuelles des provinces, & les conditions auxquelles elles s'uniffent, ainfi que les principes généraux fur lefquels elles fondent la bafe du gouvernement fédératif qu'elles adoptent pour diriger les affaires de la république au dedans & au dehors ; affurer fon indépendance, fa gloire & fa profpérité. Que vouloient donc les patriotes ? Ils vouloient qu'après que le régime de chacune des fept provinces auroit été fixé, arrêté & adopté, les Etats-Généraux euffent corrigé l'acte primordial de leur conftitution fédérative, & l'euffent purgé de tous les articles incohérens qu'il renferme, & qui n'étoient bons que pour le temps où ils furent dreffés. Les patriotes favent très-bien que cette falutaire réforme de l'acte d'union d'Utrecht ne peut avoir lieu qu'après la fixation & la reconnoiffance folemnelle des droits du peuple dans les adminiftrations municipales ; c'eft-à-dire, qu'avant de réformer, & non de renverfer la conftitution fédérative, les patriotes vouloient qu'on fixât la conftitution particulière de chaque provincé ; qu'on donnât à chacune d'elles un gouvernement calqué fur les principes généraux de leur ancienne conftitution fous les comtes ; enfin, qu'on commençât par régler l'adminiftration municipale des villes & du plat-pays, parce que cette importante opération devoit fervir de bafe aux deux autres, & en affurer le fuccès.

Les provinces particulières de l'union n'ont pas

une conftitution fixe, & l'adminiftration municipale des villes n'a pas de principes déterminés, ainfi que nous l'avons dit plus haut. Tous les étrangers & les deux tiers des habitans des *Provinces-Unies* ignoroient plus ou moins cette vérité, & la grande partie des régens qui ne l'ignoroient pas, fe gardoit bien de la révéler. Ils trouvoient trop compte à laiffer le peuple dans l'ignorance, pour chercher à le détromper. Les écrivains du parti patriotique ont eu le courage de faire luire le flambeau de la vérité aux yeux de cette nation affervie par le defpotifme combiné avec l'ariftocratie la plus arbitraire ; le peuple inftruit a ofé mefurer la profondeur de l'abime, dans lequel il étoit enfeveli depuis la grande révolution qui fépara les fept provinces des dix autres qui reftèrent foumifes à la maifon d'Autriche. Ce peuple a vu qu'il étoit plus efclave fous le gouvernement républicain, qu'il ne l'avoit jamais été fous fes anciens fouverains ; il a vu qu'on l'opprimoit impunément, qu'on le preffuroit, qu'on le mettoit à contribution pour augmenter les revenus des princes ftathouders, pour faire des préfens magnifiques à tous les individus de cette famille, pour payer & entretenir toute fa maifon ; enfin pour enrichir des familles patriciennes qui vendoient, pour des emplois lucratifs, les plus chers intérêts de la république aux vues du ftathouder ; il a vu que, loin d'être libre, il n'étoit que le vil efclave de fes régens, & que ceux-ci, à leur tour, n'étoient que les inftrumens du defpotifme ftathoudérien. La vertu nationale s'eft enfin éveillée après un affoupiffement de deux fiècles ; le cri de la patrie trahie & vendue aux anglois, par le miniftère du ftathouder & de la cabale, s'eft fait entendre au fond du cœur des braves citoyens, & le recouvrement de la liberté a fait le plus cher objet de leurs vœux.

Il eft incroyable, fans doute, que les provinces de l'union foient reftées fans conftitution provinciale depuis la grande révolution jufqu'à ce jour, & que les adminiftrations municipales n'aient jamais été fixées fur des règles fûres & propres à opérer le bien général & affurer la liberté des citoyens ! Cela eft incroyable, mais cela n'en eft pas moins vrai. Quelques provinces, comme celles d'Utrecht, de Gueldre & d'Over-Iffel, reçurent un réglement provincial des mains de Guillaume I, après l'évacuation des françois qui avoient conquis ces provinces fous Louis XIV ; mais ces réglemens, que Guillaume IV remit en vigueur d'abord après fa promotion aux trois grandes charges de l'état, refpirent le defpotifme le plus honteux fur un peuple libre. Ce ftathouder-roi voulut punir ces provinces, abandonnées à leur propre défenfe par les autres confédérés, d'avoir fubi la loi du monarque conquérant. C'eft là du moins le prétexte groffier, dont les Etats-Généraux, à l'inftigation du ftathouder, fe fer-

virent

virent pour exclure les députés de ces trois provinces de l'assemblée générale de la confédération. Ce prince, qui gouverna arbitrairement la république, vouloit formellement exclure ces trois provinces de l'union; & sous prétexte de les asservir à la confédération, il vouloit s'en rendre le maître absolu; il avoit formé le dessein de s'en faire une souveraineté particulière. Ces réglemens de Guillaume III ne peuvent pas être pris pour des réglemens constitutionnels de ces provinces, puisque le peuple ni ses représentans n'eurent aucune part directe ou indirecte à leur formation, & puisque ces réglemens, également oppressifs pour les régens & pour les citoyens, ne furent adoptés des uns & des autres que par force & violence.

Aussi, immédiatement après la mort de Guillaume III, ces provinces à réglement revinrent-elles à leur ancienne forme d'administration provinciale. Les villes qui avoient été contraintes de recevoir, de la main du même prince, des réglemens municipaux, les abandonnèrent aussi-tôt que le despote stathouder ne fut plus. Il s'écoula quarante-cinq ans entre leur abolition & leur rétablissement par Guillaume IV: c'est précisément l'interrègne de Guillaume III à Guillaume IV. Ce dernier extorqua, des états de Gueldre, le rétablissement du réglement provincial; il menaça de ne pas accepter le stathoudérat de leur province, s'ils refusoient de se soumettre de nouveau à ce réglement; & c'étoit menacer les membres des états, contraires aux volontés de ce prince, d'être égorgés par la canaille de son parti.

Il est si vrai que les sept provinces n'ont jamais eu de constitution républicaine, fixe & déterminée; il est si vrai encore que la constitution fédérative des sept *Provinces-Unies* est insuffisante aujourd'hui, & l'a été presque du moment où elle fut formée, que les bons régens, les régens vraiment citoyens, les régens en un mot véritablement amis de leur patrie, ont senti dans tous les temps la nécessité de réformer la constitution générale, & de donner en même-temps aux provinces une constitution particulière.

» Selon un mémoire manuscrit, composé en
» 1740, par un homme très-instruit, & dont
» j'ai un extrait sous les yeux (*j'emprunte ici les*
» *expressions de l'auteur de l'esquisse d'un grand ta-*
» *bleau, discours préliminaire, page 17*). Le re-
» mède que ces dignes régens désiroient de-
» voir employer pour sauver l'état, devoit con-
» sister dans la réforme de ce que la constitution
» générale & les constitutions particulières peu-
» vent avoir de défectueux, & dans l'abolition
» des abus qui s'y sont introduits. Les villes
» pouvoient d'abord commencer chez elles cette
» opération; chaque province auroit ensuite fait
» la même chose, & une assemblée générale des
» députés de toutes les provinces auroit réglé
» ce qui concernoit l'union. Si l'on venoit à faire

» une telle réforme, continue le même mémoi-
» re, l'on verroit la nation rétablie dans ses
» droits & libertés; les nominations des régens
» faites universellement par le peuple, & les
» charges, emplois & commissions justement ré-
» parties & dignement administrées ».

Voilà précisément ce que les patriotes, d'accord avec les bons régens, vouloient exécuter aujourd'hui, voilà ce qu'avoit exécuté heureusement la bourgeoisie d'Utrecht & celle de Wyck. Voilà ce à quoi on avoit commencé de travailler dans quelques villes de la Hollande. Voilà ce qu'avoit déjà fini celle de Harlem, en adoptant solemnellement un réglement municipal; & voilà quel étoit le but des états de Hollande en nommant une commission chargée de travailler à un réglement provincial dans lequel la nécessité de l'influence du peuple fût reconnue, adoptée, reglée & fixée irrévocablement. La ville de Harlem en avoit fait faire la proposition par ses députés aux états de Hollande. Cette proposition passa à la majorité, & les membres de cette commission étoient déjà nommés pour travailler à cet important ouvrage. Ce sont autant de faits publics & connus aujourd'hui de toute l'Europe. La province d'Overyssel avoit aussi entamé cette réforme salutaire; déjà le réglement pour les emplois provinciaux & les commissions provinciales avoit passé aux états, déjà on travailloit au plan d'un réglement provincial, & déjà les villes avoient dressé leurs réglemens municipaux; mais les aristocrates de cette province, après avoir retranché les abus du stathoudérat, traînèrent en longueur le réglement réformatoire des villes, parce qu'ils vouloient être presque indépendans du peuple, & qu'en secouant le joug stathoudérien, ils vouloient aggraver celui des bourgeoisies dont ils n'étoient que les représentans.

Pour juger des patriotes armés & non armés, il faut examiner les requêtes qu'ils ont présentées en divers temps aux états respectifs de leurs provinces, & les adresses qu'ils ont faites à leurs régences. Tous ces documens déposent en leur faveur; & attestent la pureté de leurs intentions. Ils n'ont jamais insisté que sur le redressement des abus énormes, & sur une influence modérée du peuple dans les administrations municipales. Ils ont voulu avoir de véritables représentans, nommés par eux, & qui ne pussent s'écarter par basse adulation pour le prince, ou par intérêt particulier & personnel, de la volonté connue & raisonnable du peuple. Ils ont voulu que les magistratures ne fussent pas héréditaires dans les familles; ils ont voulu que les régences des villes ne fussent plus composées uniquement des créatures du prince; ils ont voulu que les charges & emplois lucratifs ne fussent plus remplis que par des citoyens de mérite & recommandables à l'état, soit par leurs vertus, soit par des services rendus à la patrie. Ils ont

voulu que les régences rendiſſent compte, lorſqu'on le demanderoit, de l'emploi des finances;
ils ont voulu que les deniers publics, le fruit
de leurs travaux & de leur induſtrie, & ſouvent
le retranchement des plus preſſans beſoins du
citoyen de la moyenne claſſe, fuſſent employés
aux beſoins de l'état, à l'entretien de la Marine
qui en fait la principale force, à celui des digues
& fortifications; ils ont voulu que, par une juſte
perception des impôts, le tréſor de l'état fût toujours rempli & pût faire face à une guerre, ſi
quelque puiſſance étrangère la déclaroit à la république; ils ont voulu que les états des provinces & les collèges de la ſouveraineté fuſſent
abſolument indépendans du ſtathouder, qui n'eſt
que le premier miniſtre de la république, & que
les aſſemblées des membres de la puiſſance exécutrice puſſent prendre librement des réſolutions
propres à aſſurer la dignité de la confédération,
ſa proſpérité, ſa force, ſa gloire & ſa conſidération chez l'étranger. Voilà en ſubſtance ce que
les patriotes en général ont conſtamment voulu,
& voilà auſſi ce que les patriotes armés ont conſtamment demandé. C'étoit, je le ſais, diminuer
l'influence du ſtathouder & donner un frein aux
ariſtocrates qui prétendoient gouverner ſeuls &
à leur fantaiſie; mais ce n'étoit pas détruire le
ſtathoudérat, ni introduire la pure démocratie;
c'étoit uniquement jeter la baſe d'un gouvernement républicain calculé ſur de meilleurs principes. Les ariſtocrates gueldrois le ſentirent; &
pour ſe dérober tout d'un coup aux ſollicitations
preſſantes des patriotes de leur province, ils prirent une réſolution qui a de quoi étonner le ſujet
même ſoumis au gouvernement le plus deſpotique: ces états de Gueldre défendirent, ſous peine
de pourſuite criminelle, qu'on leur préſentât aucune adreſſe ni requête quelconque ſur des abus
à réformer, ou ſur des vexations eſſuyées par
les concitoyens de la part des tyrans leurs régens. Les villes d'Elbourg & de Hattem furent
punies de la manière la plus cruelle pour avoir
voulu uſer du droit de leur liberté civile, comme
nous le dirons plus bas. Tout le monde ſait
l'hiſtoire du ſaccagement de ces deux villes infortunées. Les états de Gueldre & le prince
ſtathouder, s'aidèrent mutuellement en cela pour
aſſouvir leur reſſentiment particulier. Les ariſtocrates des autres provinces goûtèrent peu-à-peu
ce ſyſtême d'oppreſſion, & les ſoi-diſant états
d'Utrecht, aſſemblés à Amersfort, l'embraſſè-
rent ſans réſerve. Les Ariſtocrates des autres
provinces ne défendirent pas à la vérité qu'on
leur préſentât des requêtes, mais ils finirent par
les recevoir ſans les lire, ou du moins ſans y répondre. Et c'eſt-là une des grandes cauſes de
la malheureuſe iſſue de la révolution actuelle.
Le ſtathouder & ſa cabale ont profité de cette
inertie des ariſtocrates; ils ont préparé leurs
meſures de loin; ils ont lié leur partie avec la

Pruſſe & avec l'Angleterre, & ſont venus à
bout d'envahir la république & de faire ainſi la
loi, tant aux ariſtocrates qu'aux patriotes. Je
ne ſuis aucunement ſurpris que l'ariſtocratie ait
été aſſez orgueilleuſe & aſſez imprudente pour
défendre aux bourgeoiſies la préſentation des requêtes, ou pour n'y avoir eu nul égard dans les
derniers ſix mois de la révolution; mais je ſuis
ſurpris que cette ariſtocratie ait trouvé des avocats & des inſtigateurs ſur cet article capital.

Les abus d'autorité dans la république par rapport au peuple, avoient été de tout temps de
deux ſortes: abus d'autorité de la part des ſtathouders, abus d'autorité de la part des régens;
c'eſt-à-dire, que le peuple des ſept provinces
auquel on diſoit continuellement qu'il étoit libre,
en ne le comptant véritablement pour rien, étoit
vexé alternativement par les ſtathouders & par
les régens. Ce fut cette vexation des régens qui
amena la révolution de 1747 & 1748, en faveur de Guillaume IV. Les citoyens, opprimés
par leurs magiſtratures, virent avec plaiſir la canaille des campagnes & des villes forcer les
états des provinces à rétablir le ſtathoudérat dans
les cinq provinces qui ſe gouvernoient ſans ſtathouder depuis la mort de Guillaume III.
Les bourgeoiſies crurent être délivrées, par le
ſtathouder, de l'oppreſſion des Régens, mais
elles furent trompées dans leur attente. La majeure partie des régens ſe raccommoda avec Guillaume IV; ils rampèrent à ſes pieds, &, à l'a-
bri de ſon autorité, ils reprirent bientôt celle
qu'ils avoient ſur le peuple. Il eſt vrai qu'ils
eurent la lâcheté de recevoir cette autorité des
mains du ſtathouder, & qu'ils ne devinrent par-
là que ſes mandataires, ou plutôt les eſclaves du
premier miniſtre de l'état.

C'étoit pour ne pas retomber dans cette grande
faute & dans cet état malheureux, que les patriotes ſe ſont armés dès l'année 1783. C'étoit
pour être à même de contenir la populace ſou-
doyée par la maiſon d'Orange, & de ſoutenir
les bons régens dans les réformes à faire, que ſe
ſont formés ces nombreux corps armés dans
toute la république. Leur prêter d'autres vues &
d'autres deſſeins, c'eſt les calomnier. Les autres aſſociations patriotiques non armées n'ont
pas eu d'autre but, & chacune en particulier
n'a jamais eu d'autres vues que de fixer d'une
manière ſtable & permanente les droits du peuple, & de les faire enfin reconnoître convenablement par le ſtathouder, par les états provinciaux, & par les magiſtratures municipales. Or,
pour y parvenir, voici à quoi ſe réduiſoient les
prétentions de ces patriotes ſi injuſtement ca-
lomniés:

1°. A avoir dans chacune des villes & villages
un collège de conſtitués, choiſis par les citoyens,
ayant droit d'élection & reſponſables de leur

gestion au corps des constituans, qui auroit pu les déposer en cas d'infraction formelle aux instructions qu'ils auroient reçues :

2°. A ce que ces collèges de constitués eussent, au nom des bourgeoisies, une influence réelle dans la nomination & l'élection des conseillers de ville qui forment les représentans, proprement dits, du peuple dans les états provinciaux. Cette influence devoit être réglée par une convention ou réglement dressé d'accord avec les régens en place, proposé ensuite aux bourgeoisies, examiné par elles, & enfin arrêté & juré, tant par les citoyens que par les magistrats, en excluant, comme de raison, de l'honneur de la représentation populaire, ceux des régens qui n'auroient pas voulu s'y soumettre. C'est ce qui avoit été heureusement exécuté à Harlem, peu de semaines avant la révolution : aussi le stathouder, pour punir les magistrats & le peuple de cette ville patriotique vient-il d'y former une nouvelle régence. Tous les anciens magistrats ont été déposés, & on leur a substitué trente-quatre citoyens qui n'ont, la plupart, ni l'âge, ni les qualités requises ; mais ils forment un corps titré d'esclaves, & c'est tout ce qu'on cherche dans ce qu'on appelle *le rétablissement de la vraie constitution.*

3°. A faire reviser chaque année les comptes publics par les collèges des constitués, afin de connoître l'emploi des deniers de la nation.

4°. A rendre habile tout honnête & paisible citoyen, quel que fût son culte religieux, pourvu qu'il fût chrétien, à posséder & exercer toutes sortes d'emplois, excepté ceux affectés à la magistrature, & par conséquent empêcher que les emplois secondaires, tous jusqu'ici à la nomination des bourgue-maîtres, ne fussent donnés à leurs cochers, laquais ou cuisiniers, de préférence aux honnêtes citoyens nationaux ; car on doit remarquer que la plupart des domestiques des maisons des magistrats sont des étrangers, & que la perspective de ces emplois leur sert le plus souvent de gages. Les abus sur cet article sont innombrables, & de la plus grande conséquence pour la moyenne bourgeoisie. Il n'y a peut-être pas d'état en Europe où il y ait plus d'emplois, proportion gardée, & plus lucratifs que dans la province de Hollande.

5°. Les patriotes vouloient qu'après la réforme des abus dans le gouvernement municipal, on procédât à celle des abus dans l'administration provinciale : de la première découloit nécessairement la seconde ; & une fois que les régences auroient été remplies, & d'après l'influence raisonnable du peuple dans le choix de ses magistrats, la seconde réforme n'eût pas été difficile. Cette

dernière auroit entraîné celle des abus non moins grands, glissés dans le gouvernement général de la confédération ; les états de chaque province l'auroient opérée, non sous l'intervention directe du peuple, mais en son nom ; & chaque pouvoir respectif une fois reconnu, limité & arrêté, le bon ordre permanent en eût été la conséquence naturelle.

Par ce moyen, les trois grandes charges héréditaires, réunies sur la tête du prince, auroient également été réglées d'une manière légale & fixe ; les privilèges & prérogatives y attachés auroient été fixés invariablement, & le stathouder héréditaire, lié par la constitution, auroit été dans l'heureuse nécessité de servir la république en bon & fidèle ministre ; il auroit été dans l'impuissance d'en trahir les intérêts. D'un autre côté, l'aristocratie auroit été assujettie à des règles immuables, & n'auroit jamais pu se permettre impunément des écarts graves contre la constitution. En un mot, les villes auroient eu une constitution municipale, les états provinciaux en auroient eu une provinciale, & la confédération en auroit eu une fédérative ; elles auroient été toutes trois stables, déterminées & permanentes ; tout auroit été dans l'ordre : chaque citoyen, depuis le ministre d'état jusqu'à l'habitant du dernier rang, auroit été à même de consulter le code, où ses loix, ses privilèges & ses devoirs auroient été écrits.

Voilà en substance ce que les patriotes vouloient : voilà quel étoit leur unique but. Leur plan n'a pas réussi ; mais, je ne crains pas de le dire, jamais la famille d'Orange ne pourra faire maintenant aucun bien dans l'état ; une irréconciliable inimitié de part & d'autre vient de tirer la ligne de démarcation entre les cœurs vraiment hollandois & les tyrans qui viennent de les opprimer. Ayant perdu irrévocablement & pour toujours l'amour & la confiance de la nation, les princes de cette maison & le corps entier du peuple seront dans une méfiance réciproque & continuelle ; les princes chercheront à subjuguer la nation, & la nation épiera continuellement le moment de secouer absolument le joug honteux qu'on vient de lui imposer. Une catastrophe funeste est inévitable. La nation hollandoise finira par être subjuguée totalement par la maison stathoudérienne, ou cette maison sera extirpée elle-même par la nation. Tout tend à une révolution qui mettra fin à l'esclavage de la république, ou qui lui donnera des fers dont elle ne pourra plus se dégager.

Les abus du stathoudérat, dont les patriotes demandoient le redressement, étoient assez crians & assez intolérables pour autoriser un peuple libre à s'armer, afin d'abattre une autorité monstrueuse qui tendoit si directement au détriment de la liberté civile & à l'asservissement de la république. Les abus de l'aristocratie effrénée n'étoient guère moins dangereux pour les citoyens : ce n'étoit donc pas affez de circonfcrire l'autorité ftathouderienne dans de juftes bornes, il falloit encore circonfcrire & régler celle des ariftocrates, tyrans de leurs concitoyens. Les patriotes y travaillèrent de leur mieux, dès qu'ils s'apperçurent que le grand nombre des régens qui les avoient excités & encouragés à s'armer contre le ftathouder, n'avoient pris le mafque du patriotifme le plus épuré, que pour abattre l'autorité ftathouderienne, & s'en faifir. Dès que les ariftocrates penfèrent avoir dompté le ftathouder, ils laiffèrent tomber le mafque : on les connût alors tels qu'ils étoient : on les apprécia à leur jufte valeur, & les patriotes s'apprêtèrent à réprimer leur audace, & à leur difputer le terrein pied à pied ; ils demandèrent à jouir de leurs droits & privilèges : attachés au petit nombre de régens dont les intentions étoient pures, & à ceux qui n'avoient pas jugé à propos de fe démafquer encore, les patriotes purgèrent dans la province de Hollande la plupart des régences de tous les membres ftathouderiens ou ariftocrates, connus pour tels. La bourgeoifie d'Utrecht avoit donné l'exemple à celle de Hollande. Cependant, quelque précaution que l'on prît, il refta toujours beaucoup de mauvaifes plantes parmi le bon grain. Ce font ces régens, foi-difant patriotes, qui ont fait le plus de tort à la caufe patriotique : ce font eux qui ont réellement plongé la république dans l'efclavage honteux où elle eft dans ce moment. Ce font eux qui ont empêché de tout leur pouvoir le triomphe des patriotes, en le retardant par des réfolutions tout-à-fait oppofées au bien de l'état, en fe fervant de prétextes & de détours pour éluder les juftes demandes des patriotes, en remettant à des temps indéfinis des réfolutions vigoureufes qui auroient dû être prifes fur le champ, & en croifant même fous main des démarches qui étoient décifives pour le triomphe de la liberté civile. Enfin ce font les ariftocrates, déclarés & cachés, qui font devenus à la fin les plus grands ennemis des défenfeurs de la liberté.

Le ftathouder des *Provinces-Unies* eft fouverain dans plufieurs parties de l'Allemagne, & il a en cette qualité plufieurs voix à la diète de l'Empire. Nous avons parlé à l'article NASSAU de ces diverfes poffeffions qui achèvent de le rendre un grand perfonnage, & qui lui donnent de nouvelles facilités pour affervir les *Provinces-Unies*. *Voyez* l'article NASSAU.

Des derniers troubles des Provinces-Unies & de la révolution opérée par les foldats du roi de Pruffe.

Nous traitons avec beaucoup d'étendue ce qui a rapport à la dernière révolution des *Provinces-Unies* : c'eft une fi grande leçon pour les peu-

ples libres ! & il ne s'agit pas moins que de la décadence & de l'anéantiffement d'une nation qui faifoit l'admiration de l'univers.

Nous n'effayerons pas de tracer en détail l'hiftorique des *Provinces-Unies*. Les réfolutions des états des diverfes provinces ont été fi multipliées & fi contradictoires ; elles ont embraffé tant d'objets différens : les opérations des Etats-Généraux & celles du ftathouder ont été de même fi variées & fi nombreufes, qu'il faut laiffer ce foin à un hollandois qui aura fuivi les progrès de la guerre civile, & qui, malgré fes connoiffances locales, aura encore beaucoup de peine à débrouiller ce cahos. Nous n'indiquerons ici que les points principaux.

Le cabinet de Saint-James ayant réclamé dans la dernière guerre le fecours des *Provinces-Unies*, dont il étoit allié, la province de Hollande entraîna les Etats-Généraux qui fe refufèrent à cette prétention mal fondée. L'Angleterre déclara la guerre aux hollandois. Le cabinet de Verfailles fit avec les hollandois un traité d'alliance, qui leur a été bien utile, puifqu'il a fauvé leurs établiffemens du cap de Bonne Efpérance & de Ceylan, & que leur commerce & leur marine n'ont pas effuyé en Europe les pertes qu'ils auroient effuyées fans cette alliance. Tout le monde fait avec quelle foibleffe les *Provinces-Unies* ont fait la guerre aux anglois ; chacun l'attribuoit à la mauvaife volonté du ftathouder que des liens de parenté & d'autres motifs attachoient à la Grande-Bretagne.

La province de Hollande, plus riche que les autres, fentit davantage cette humiliation, & montra plus de reffentiment.

Le prince d'Orange s'étoit rendu odieux aux états de Hollande & aux provinces qui forment le parti patriotique, par le refus qu'il fit de donner ordre à la flotte hollandoife d'aller joindre celle de France à Breft. Le comte de Bylan fut privé de fon rang & de fon commandement militaire, pour n'avoir point formé cette jonction felon les ordres des Etats-Généraux. Le duc de Brunfwick fut enfuite forcé de donner la démiffion de tous fes emplois au fervice de la république, pour avoir empêché l'amiral Bylan d'effectuer cette jonction. La dépofition de l'amiral & le renvoi du prince irritèrent le ftathouder : la méfintelligence ne fit que s'accroître, & la guerre civile commença.

La plupart des provinces étoient révoltées de la manière dont on avoit fait la guerre ; les ariftocrates & le peuple fe plaignoient d'ailleurs des ufurpations du ftathouder, & ils alléguoient contre lui mille griefs. Ces griefs n'étoient que trop fondés. On peut en juger.

Le ferment que le ftathouder prête à fon avénement à cette place, eft conçu en ces termes :

« Je jure & promets aux états confédérés des

Pays-Bas, nommément à la haute & moyenne noblesse, & aux magistrats des villes de Hollande & de West-Frise qui représentent les états de ces provinces, de leur garder obéissance & fidélité; comme aussi de tenir la main à ce que les officiers de l'armée, qui sont sous mes ordres, obéissent aux loix & aux ordonnances établies par les états confédérés, & particuliérement par ceux de Hollande ».

Les soldats prêtent un serment à-peu-près semblable aux états, & ne doivent obéir au stathouder que dans ce qui a rapport à la guerre; le stathouder, d'un autre côté, n'a point le pouvoir de lever ni de licencier les troupes; ce privilège appartient exclusivement aux États-Généraux, qui consultent le capitaine-général, mais ne sont pas obligés de suivre son avis; il n'a non plus aucun pouvoir concernant la solde, les récompenses, &c. Les états se réservent aussi le droit de nommer les gouverneurs des villes frontières; le stathouder choisit les autres officiers d'après une double nomination des seigneurs-états; mais, pendant le cours d'une campagne, il nomme aux postes qui viennent à vaquer. Il ne peut entrer en campagne, asseoir un camp, assiéger une ville, faire une incursion sur le pays ennemi; en un mot, rien entreprendre d'important sans le consentement & les ordres exprès des États-Généraux. Quand il a quelques desseins que la publicité rendroit impraticables, en ce cas, il dit seulement aux états qu'il est occupé d'un projet pour le bien du pays; mais il est obligé de démontrer quelques-uns des avantages qui en peuvent résulter, & de fixer en gros la dépense qu'il pourra exiger, demandant en même-temps à l'assemblée des états, qu'il soit nommé deux ou trois de ses membres avec lesquels il puisse s'ouvrir sur les particularités de son entreprise; ces députés nommés, il leur fait part de ses intentions, ils en instruisent les états sans entrer dans aucun détail; quand les états ont donné leur consentement, le général se prépare à partir, & leur laisse le soin de pourvoir à tout ce qu'exige l'entreprise. Lorsqu'il prend congé, on lui assigne trois ou quatre députés pour représenter les états, & être son conseil à l'armée ».

Le stathouder n'ayant point commandé la marine dans la dernière guerre, il n'avoit pas même de prétexte pour la défense des droits qu'il usurpoit.

L'acte de l'union d'Utrecht mal interprété; des usurpations qui sembloient confirmées par l'usage; la négligence inconcevable avec laquelle tous les actes relatifs au stathouder se trouvoient rédigés; les privilèges qu'il réclamoit en qualité de souverain d'une multitude de cantons des *Provinces-Unies*, & en vertu de beaucoup d'autres titres équivoques; l'influence du stathoudérat qui depuis 1747 s'exerçoit avec succès; la populace des villes & des provinces mécontente des aristocrates, & toujours disposée à favoriser les vues d'un

seul maître; l'espoir des charges & de l'avancement qu'espéroient les nobles & les bourgeois; la méprise de quelques aristocrates qui se croyoient intéressés personnellement à faire cause commune avec le stathouder contre le peuple; l'appareil de souveraineté qui l'environne; les services de la maison d'Orange; le mariage de Guillaume V avec une princesse de Prusse, qui en imposoit à tout le monde; une foule d'autres causes secrètes donnèrent des partisans aux stathouders, & la division ne tarda pas à s'introduire parmi les provinces qui sembloient disposées d'abord à soutenir la province de Hollande.

Celle-ci croyant entraîner la pluralité des six autres, ou persuadée que, par sa puissance & sa richesse, elle dicteroit elle seule la loi aux états confédérés dans une cause si juste, ne ménagea rien: elle ôta au stathouder le commandement de la garnison de la Haye: (nous avons dit plus haut que le commandement de la Haye n'avoit jamais été attaché irrévocablement à la charge de capitaine général): elle le suspendit bientôt de ses charges. Le prince, qui ne pouvoit décemment rester à la Haye, quitta la province de Hollande, & il mit en usage tous les moyens qui dépendoient de lui pour sortir triomphant d'une querelle aussi vive. L'affaire des deux villes de la Gueldre, Hattem & Elbourg, qui fermèrent leurs portes, & s'armèrent courageusement contre les usurpations des nobles de cette province, commença les hostilités. Nous avons expliqué à l'article GUELDRE comment les villes & le plat pays ne jouent aucun rôle dans les états de cette province, & comment les nobles, dévoués au stathouder, dominent à l'assemblée souveraine de cette république.

Le 31 août 1786 les états de la Gueldre, c'est-à-dire les nobles de cette province, résolurent de charger immédiatement S. A. S. comme capitaine général, d'y envoyer un nombre suffisant de troupes, sous le commandement d'un officier expérimenté, avec injonction d'y rester jusqu'à nouvel ordre; que si les habitans faisoient résistance, il fût enjoint au susdit officier commandant d'établir garnison dans les deux villes, malgré tous les obstacles, & d'user de violence & de force pour le maintien de l'autorité souveraine.

On apprit bientôt l'évacuation des deux villes d'Elbourg & de Hattem, qui furent abandonnées par les garnisons bourgeoises qui s'y étoient jettées, & par la plupart des habitans. La première de ces villes, qui n'a que quelques fortifications, n'étoit capable de résister qu'à l'artillerie d'un petit calibre; elle ne pouvoit soutenir, même durant peu de temps, la grosse artillerie. Hattem étoit absolument hors d'état de se défendre avec le moindre espoir de succès, & les régens eurent raison d'engager les milices bourgeoises & les habitans à ne pas se sacrifier inutilement.

Les troupes stathoudériennes entrèrent dans la ville d'Elburg, où il n'étoit pas resté une seule personne. Il n'en fut malheureusement pas de même de l'attaque de la ville de Hattem ; elle fut canonnée ; les habitans armés & les bourgeois des villes des autres provinces, qui s'y étoient jettés pour la défendre, firent de la résistance & canonnèrent à leur tour les assaillans. Les troupes du capitaine général perdirent beaucoup de monde ; mais les bourgeois l'évacuèrent, lorsqu'ils virent qu'ils ne pouvoient plus tenir. On sait que dans les guerres civiles on ne termine plus les massacres, dès qu'une fois on a répandu du sang.

La province de Hollande envoya aux officiers commandans des gardes, infanterie & cavalerie de la Gueldre une lettre de la teneur suivante.

« Conformément à notre résolution d'aujourd'hui (6 du présent), nous vous dispensons ; de même que les autres officiers de vos régimens, par celle-ci, de la partie du serment provincial qui a rapport à l'obéissance aux ordres du capitaine général : nous vous chargeons d'en donner connoissance aux officiers absens pour avoir à vous y conformer tous »,

Toutes les autres troupes à la répartition de la province, reçurent les mêmes ordres.

Les états de Hollande, journellement assemblés, ne cessoient de prendre des mesures efficaces pour mettre leur autorité à l'abri de toute atteinte, & pour garantir la province de toute invasion subite : pour n'avoir rien à craindre de la milice de l'état, peu disposée en général à seconder les vues du souverain, relativement au maintien du repos & de la tranquillité publique, ils rendirent une nouvelle ordonnance qui ne regardoit que les troupes de leur province. Peu portées à se soumettre aux placards rendus contre les séditions, ces troupes les éludèrent & même les transgressèrent sans respect pour le souverain ; il fallut mettre directement un frein aux violations multipliées qu'elles s'étoient permises, & chercher à les contenir dans le devoir & l'ordre, par des moyens capables de les intimider.

Voici cette ordonnance.

« Les états de Hollande & de West-Frise, &c. Salut, ayant appris avec la plus grande indignation que, sans égard à nos ordonnances rigoureuses du 16 juin 1784, 23 février 1785 & 23 février 1786, plusieurs militaires se sont permis de temps à autres, en marchant dans cette province, des excès punissables, en portant des marques de sédition, défendues si strictement, & des signes de parti, en criant même *Hoezée Orange par-dessus tout*, & autres cris de révolte de cette nature ; qu'ainsi ils se moquoient de notre auto-

rité souveraine en troublant le repos public, & en engageant même d'autres habitans à le troubler, soit par leur exemple, soit par d'autres moyens ».

« A ces causes, nous avons trouvé bon, en renouvellant & ampliant les placards précédens, d'avertir très sérieusement la milice au service de l'état, de s'abstenir de tous les excès ci-dessus, soit sous prétexte de réjouissance, ou quelqu'autre que ce puisse être, capables de troubler la tranquillité publique, & particulièrement de porter des cocardes couleur d'orange, des nœuds, rubans, papiers & fleurs de la susdite couleur, & tous autres ornemens ; défendons pareillement auxdites troupes toutes sortes d'acclamations séditieuses, & bien particulièrement encore de crier *Hoezée Orange par-dessus tout* & autres cris de joie semblables ; de plus, leur défendons d'exciter dans leurs garnisons, ou ailleurs, aucuns mouvemens qui puissent donner occasion à des tumultes & à des combustions : le tout sous peine, non-seulement de notre haute indignation pour les contrevenans, mais en outre d'être poursuivis comme des perturbateurs du repos public & comme désobéissans à nos ordres souverains, cela sans aucune connivence ni égard, & punis comme tels selon l'exigence du cas, même de la peine de mort. Chargeons notre procureur-général, de même que notre avocat-fiscal & autres nos officiers civils de notre province, de faire exécuter ponctuellement la présente ordonnance, sous peine d'être privés de leurs offices, en cas de connivence ou de contravention de leur part. Ordonnons aux commandans respectifs des régimens qui se trouvent dans notre province, ou qui sont à la répartition de notre province, de veiller scrupuleusement sur les troupes confiées à leurs ordres, sous peine d'être cassés sur le champ, en cas de négligence de leur part : recommandant la même chose aux commandans des autres régimens se trouvant sur notre territoire, mais non à notre solde, les rendant responsables des excès des troupes à leurs ordres, s'ils ne veillent pas sur elles avec le plus grand soin, &c ».

La province de Hollande ayant congédié les gardes-dragons dont elle se défioit, la Gueldre les prit aussitôt à sa solde. Les états de Hollande ayant donné à toutes les troupes à sa répartition l'ordre de se tenir prêtes à marcher, les suisses tinrent un conseil de guerre, & il paroît que le résultat fut qu'ayant prêté serment à la généralité & au stathouder, ils n'obtempéreroient point aux ordres particuliers de cette province. Sur ces entrefaites, la ville d'Utrecht étoit assiégée, & la province de Hollande vouloit défendre Utrecht avec ses troupes, & leur avoit donné ordre de marcher ; de son côté, la Gueldre avoit défendu à celles qui se trouvoient sur son territoire, d'obéir à d'autres ordres qu'aux siens. Mais avant d'expliquer pourquoi les troupes refusoient d'obéir, & de débrouiller le cahos du régime militaire & de la répartition des troupes, il est bon de développer ce qui a rapport à la ville d'Utrecht.

La ville d'Utrecht, ainsi que nous l'avons déjà dit, avoit trouvé convenable d'abolir le règlement de 1674, & de se remettre en possession de la nomination de ses régens & magistrats que choisissoit le stadhouder. Cette opération fut exécu-ée contre le gré de l'ordre de la noblesse & de celui du clergé, qui forment deux voix aux états de la province, sur trois, dont ils sont composés, les villes formant la troisième voix. La plupart des membres de ces deux ordres se retirèrent à Amersfoort, occupée par des troupes; & cette petite ville, ainsi que celle de Rhenen, également occupée par un régiment, se joignirent aux deux premiers ordres, & formèrent avec eux les seuls états qu'on ait vu dans la province, jusqu'à la révolution. Au mois de septembre 1786, lorsque les troupes de Gueldre occupèrent les deux petites villes de Hattem & Elbourg, la province de Hollande établit sur ses frontières, du côté de celle d'Utrecht, un cordon de troupes destiné à sa propre défense, & à prévenir tout acte de violence contre la ville d'Utrecht. Les divisions entre cette ville & les états résidens à Amersfoort augmentoient de plus en plus, & la voie de la négociation fut inutilement tentée. Pour mettre les états dans la nécessité d'un rapprochement, la ville avoit imaginé de fermer sa caisse, & de ne plus contribuer aux charges provinciales. Or, comme cette ville paie, elle seule, environ quatre-vingt pour cent dans la totalité des charges, il devoit en résulter un *déficit* embarrassant dans la caisse de la province. C'est dans cette espèce d'état de guerre que se trouvoient les choses lorsque, le 9 mai 1787, à deux heures après-midi, on fut instruit qu'un bataillon du régiment d'Efferen, à la solde des états de la province, s'avançoit d'Amersfoort pour s'emparer des postes de Jutphaas & de Vreefwick. Ces deux postes sont dans le territoire appartenant à la ville; & on auroit pu de-là gêner considérablement le commerce & les communications. Le conseil s'étant assemblé sur-le-champ, il fut résolu qu'on enverroit un détachement de trois cens hommes de la bourgeoisie, armés sous le commandement du sieur d'Averhout, l'un des régens, pour déloger l'ennemi. Ce détachement partit & rencontra, au village de Jutphaas, le bataillon composé de huit compagnies, qui se retira avec précipitation jusqu'à un petit bois où il se plaça en embuscade. La bourgeoisie, marchant en ordre, fut avertie, par quelques chasseurs qu'elle avoit en avant, qu'elle n'étoit plus qu'à trente ou quarante pas de l'ennemi. Presque au même instant, le bataillon d'Efferen fit deux décharges qui emportèrent quatre hommes à la bourgeoisie.

Elle tint ferme, & fit feu à son tour : il en coûta la vie à quelques soldats. Il y avoit quelques pièces de campagne de part & d'autre. Le sieur d'Averhout s'étant, au bout de quelque tems, mis en état de se servir de sa petite artillerie, en fit un usage si heureux, qu'après un engagement de moins d'une demi-heure, tout le bataillon d'Efferen prit la fuite, les soldats jettant leurs fusils pour se sauver plus vîte. Les bourgeois en ont ramassé 280, avec quatre drapeaux, des caisses, &c. qu'ils ont envoyés à Utrecht. Le sieur d'Averhout fit passer la nuit à ses troupes au village de Jutphaas; &, le lendemain, il alla s'emparer du poste de Vreefwich.

Cette nouvelle étant arrivée à la Haye, l'assemblée des états de la province prit une résolution par laquelle leurs nobles & grandes-puissances, regardant l'union comme rompue par cet acte d'hostilité, ordonnèrent au Général Van-Ryssel, commandant des troupes du cordon, de faire marcher sur le territoire d'Utrecht le nombre de troupes nécessaires pour défendre la ville contre toute invasion ultérieure.

« Les états de Gueldre ordonnèrent au colonel & officier commandant du régiment des gardes dragons, & ensuite à tous les autres régimens qui se trouvoient à la répartition de la Hollande, & qui étoient en garnison dans le territoire des états de Gueldre, de persister dans leur serment prêté à cette province. Ils ordonnèrent en même-tems auxdites troupes, par la même résolution, de ne point respecter d'autres ordres pour marcher ou autrement, que sur des patentes de S. A. comme capitaine-général & attachés des Sgrs. Députés ordinaires, en ajoutant que s'il arrivoit quelque chose auxdites troupes par rapport au retenu de leur solde, ou quelque chose de cette manière, les états de Gueldre y pourvoiront en forme de prêt ».

« Les états de Hollande reçurent aussi bientôt un ample missive des états d'Utrecht, dans laquelle ces derniers disoient n'avoir aucun dessein d'employer dans leur province des moyens de violence, particulièrement contre la ville d'Utrecht; & que la demande de troupes faite à Mgr. le stathouder, n'avoit pour motif que de se mettre en défense, puisque les états de Hollande avoient fait marcher les régimens à leur répartition, vers les frontières voisines de la province d'Utrecht, ainsi que pour garantir les régens, que les bourgeois d'Utrecht avoient démis de leurs postes; qu'au reste, ils étoient prêts à accepter la médiation offerte par la Hollande; mais qu'ils desiroient, que préalablement les états de cette province expliquassent leurs vrais sentimens sur les différends qui partagent celle d'Utrecht, attendu qu'ils permettoient que des citoyens armés de

» Hollande fe rendiffent fur le territoire d'U-
» trecht ».

« Au milieu de cet état de crife, voici le nom-
» bre de troupes qui étoient à la folde de cha-
» que province ».

» La Gueldre. La moitié du régiment de Tuil-
» van Seroöskerken, cavalerie, Orange-Gueldre
» & van Welderen, infanterie.

» La Hollande. Les gardes-du-corps, les gar-
» des à cheval, les carabiniers, Stavenisse, Pons,
» Heffe-Philipftal, la moitié de van Stoken, la
» la moitié de van der Hoop, les garde dragons,
» les dragons de Heffe-Caffel, les dragons de
» Byland, en cavalerie; & en infanterie les ré-
» gimens des gardes hollandoifes, d'Orange-
» Naffau (premier & fecond regiment), d'En-
» vie, d'Oonderwater, de Hardenhroek, de
» Waldeck (premier & fecond régiment de Houf-
» toun, de Stuart, de Dundas, de Bylandt, de
» Grenier, (Wallons), de Pallardy, de van
» Pabft, de Leefdaal, de van Salm, (de la Ma-
» rine) & de Saxe-Gotha.

« La Zélande. De van Dooff, de van Brakel,
» infanterie; de Douglas, (de la marine) & de,
» Dumoulin (mineurs).

» La Frife. D'Orange-Frife, cavalerie; & des
» gardes-Frife, une compagnie, d'Orange-Frife,
» de Baden-Dourlach, de Schepper, de van Plet-
» temberg, & de Heffe-Darmftadt, infanterie.

« Utrecht. L'autre moitié de Tuil, van Seroof-
» kerken, cavalerie, & en infanterie, le régi-
» ment du prince héréditaire Guillaume Frédéric,
» & ceux de Monfter & de van Efferen.

« Over-Yffel. L'autre moitié de van der Hoop,
» cavalerie; & le régiment de Baden-Dourlach,
» infanterie.

« Groningue. La moitié de van Stoken, cava-
» lerie; les gardes-Groningue une (une compa-
» gnie Orange Stad-en-Land-en-Drenthe pre-
» mier bataillon, Lewe & Sommerlate, (infan-
» terie.

» Le pays de Drente, paye le fecond ba-
» taillon d'Orange-Stad-en-Land-en-Drenthe.

« Il y avoit en outre fix régimens fuiffes, dont
» la province de Hollande paye la plus grande
» partie; elle a payé enfuite la légion du rhin-
» grave de Salm, qui étoit compofée de trois
» compagnies de cavalerie légère, de huit com-
» pagnies de haffards, d'une compagnie de chaf-
» feurs, & de deux compagnies d'infanterie.

» Ces divers régimens n'étoient pas can-
» tonnés dans la province qui les payoit; &
» cet arrangement qui n'avoit rien de fâcheux
» dans les temps de paix, étoit très-dangereux
» au milieu d'une guerre civile, par l'incertitude
» où fe trouvoient les troupes de favoir à qui
» elles devoient obéir, & par leurs difpofitions
» à fuivre les ordres publics, ou les infinuations
» fecrètes du ftathouder.

« Les Etats-Généraux délibérèrent fur ce point

» délicat. Les états de Hollande avoient donné
» des ordres aux régimens à leur folde particu-
» lière, alors en garnifon dans diverfes pla-
» ces de la généralité, d'en fortir & de re-
» venir dans leur province. Les gouverneurs de
» Bois-le-Duc & de Bergen-op-zoom, de même
» que le commandant de Maftricht, en l'abfence
» de M. le prince de Heffe-Caffel, qui en étoit
» gouverneur, refuférent de laiffer partir les ré-
» gimens hollandois qui fe trouvoient dans ces
» trois villes. Ces officiers-généraux, donnerent
» pour raifon, que ces régimens ayant prêté fer-
» ment aux Etats-Généraux, ne pouvoient fortir
» que par un nouvel ordre de L. H. P., & que
» les ordres des états de Hollande étoient nuls
» à leur égard. Les états de Hollande fe plaigni-
» rent aux Etats-Généraux de ces gouverneurs,
» & ils dirent que fi L. H. P. perfiftoient à ne pas
» ordonner la fortie de leurs régimens defdites
» places, ils défendroient à leurs députés de pa-
» roître à l'affemblée des Etats-Généraux, &
» qu'ils fe regarderoient comme féparés de la
» confédération. Les quatre provinces de Guel-
» dre, de Frife, de Zélande & d'Utrecht, qui
» formoient la majorité, opinoient que les Etats-
» Généraux ne devoient pas déférer à la demande
» des états de Hollande; mais voyant que ceux-
» ci, préfens en corps à l'affemblée de L. H. P.
» fe levoient pour fortir & pour effectuer leur
» menace, les débats recommencèrent; & enfin,
» par une efpèce de conciliation, il fut arrêté
» que L. H. P. donneroient les ordres les plus
» précis aux trois gouverneurs & commandans
» des villes de la généralité, de laiffer fortir les
» régimens hollandois, qui feroient rappellés par
» les états de Hollande. Il fut encore réfolu d'é-
» crire au capitaine-général, d'envoyer les let-
» tres néceffaires aux régimens. Les états de Hol-
» lande proteftèrent fortement contre cette der-
» nière réfolution; & comme ils étoient décidés
» à ôter ce droit de patentes au capitaine-géné-
» ral, & que même ils l'en avoient privé par leurs
» dernières réfolutions, ils ne purent laiffer cette
» réfolution fans la contredire. L. H. P. don-
» nèrent ordre fur-le-champ au capitaine-général
» de fe conformer à leur réfolution. Ainfi les ré-
» gimens hollandois rentrerent bientôt fous le
» commandement direct des états de cette pro-
» vince.

» Les états de Gueldre cependant prirent une
» réfolution particulière, par rapport aux régi-
» mens hollandois, qui étoient encore dans leur
» province; tels que celui des gardes-dragons
» & ils leur défendirent d'en fortir, fans les pa-
» tentes du capitaine-général; ils leur enjoigni-
» rent de n'obéir qu'à eux feuls. Pour les en-
» courager à refpecter leurs ordres, ils leur pro-
» mirent de les payer de leurs deniers particu-
» liers, au cas que les états de Hollande leur
» retiraffent la folde, ou les puniffent autrement;
» mais

» mais feulement en forme de prêt. Cette réfo-
» lution étoit d'autant plus fingulière, que la
» Gueldre eft celle de toutes les provinces la
» plus inexacte dans fes payemens à la généra-
» té, qu'elle fe plaint toujours qu'elle eft trop
» chargée, &c.

Il faut obferver qu'à cette époque, & jufqu'au moment de la révolution, les Etats-Généraux donnoient prefque toujours des décrets favorables aux ftathouders. Les députés de Gueldre, de Zélande, de Frife & d'Utrecht, y formoient quatre voix que les trois fuffrages con
traires de Hollande, de Groningue & d'Over-
Iffel, ne pouvoient balancer. La ville d'Utrecht,
ne voulant pas reconnoître les états d'Amersfoort,
imagina de créer des états dans fon enceinte, &
d'envoyer des députés de ces états qui, réunis à
ceux de Hollande, de Groningue & d'Over-Iffel,
devoient entraîner la balance.

Mais on fit aux Etats-Généraux une propofition, appuyée par la Gueldre & fur-tout par
la Zélande, d'exclure de l'affemblée de leurs
hautes-puiffances les députés des états affemblés
à Utrecht, & d'après cette propofition les états
de Hollande, interdirent le territoire de leur
province aux députés d'Amersfoort, dans le cas
où l'on perfifteroit dans les mefures violentes
projettées contre ceux d'Utrecht. Le parti patriotique efpéroit que fi les provinces oppofées
à la députation d'Utrecht, ne fe relâchoient
point du parti extrême qu'elles avoient adopté
contre elle, elles obligeroient la Hollande à per-
féverer dans fes mefures contre celle d'Amersfoort; qu'il réfulteroit de cette combinaifon que
la province d'Utrecht n'auroit plus aucun député aux Etats-Généraux, qui fe trouveroient
compofés de fix provinces feulement ; & que ces
fix provinces étant communément partagées d'o-
pinion, dans la proportion exacte de trois contre
trois, il deviendroit impoffible à leurs hautes-
puiffances de prendre une réfolution fur les objets qui avoient rapport aux divifions.

L'affemblée des Etats Généraux peu de temps
après donna pouvoir & ordre au fifcal de leurs
hautes-puiffances de pourfuivre criminellement
tous les officiers des troupes hollandoifes qui
avoient été envoyés au cordon établi fur les
frontières, pour la défenfe tant de la province
que de la ville d'Utrecht, & qui avoient confervé l'obéiffance aux états de Hollande. Dès
le lendemain, les états de Hollande, jugeant que
les Etats Généraux s'arrogeoient une autorité qui
ne leur appartenoit en aucune manière, & qui
bleffoit effentiellement la fouveraineté territoriale,
prirent à leur tour une réfolution, par laquelle
ils defendoient au fifcal des Etats-Généraux d'exécuter, fur leur territoire, les ordres des Etats-
Généraux, fous peine de punition afflictive &
corporelle. Ils donnèrent en même temps ordre

aux officiers, commandans les régimens à leur
folde, de faire arrêter tout employé qui fe préfenteroit pour exécuter cette réfolution des
Etats-Généraux.

Les Etats-Généraux votoient, réfolvoient, &
terminoient toutes leurs affaires, fans s'embarraffer le moins du monde des voix de la Hollande, d'Overiffel, & de Groningue, comme fi ces
provinces n'euffent pas exifté, ou comme fi les états
d'Utrecht, dont l'affemblée d'Amersfoort n'é-
toit encore qu'un foible diminutif, euffent formé
une prépondérance fuffifante pour mettre de côté
ces trois états.

Les Etats-Généraux parurent déclarer une
guerre ouverte à la province de Hollande, par
les réfolutions que le parti qui y dominoit avoit
le crédit d'y faire prendre à la majorité des voix.
Cette province fut fur-tout vivement affectée de
la réfolution, par laquelle leurs hautes-puiffances
approuvèrent les officiers qui refufoient d'obéir
aux ordres de leur fouverain direct, les prirent
fous leur protection, & leur adjugèrent un paiement fur la caiffe de la généralité. Comme la caiffe
de la généralité, dont on faifoit fi libéralement les honneurs, étoit fur-tout alimentée par
la province de Hollande, au moins pour la moitié, il étoit tout fimple de croire qu'elle ne permettroit point l'emploi de fes propres deniers,
& qu'ainfi ce paiement promis aux officiers re-
fractaires à fes ordres, étoit bien précaire. Mais
dans les guerres civiles, il ne s'agit que de féduire
la nation & l'étranger, ou de montrer fon reffentiment ; & on ne s'embarraffe pas de l'efficacité des moyens.

Ce qui achevoit d'embrouiller les affaires, &
donnoit plus d'affurance au parti ftathoudérien, c'eft que les états de Hollande n'étoient pas
fatisfaits de la conduite de ceux d'Over-Iffel & de
Groningue ; on s'attendoit même que leurs députés feroient défavoués par leurs commettans :
mais la province de Hollande demeuroit inébranlable, & ne changeoit abfolument rien à fa
marche, dont le fyftème, auffi fimple que noble,
tendoit à maintenir les privilèges des citoyens,
& à ne pas permettre qu'ils fuffent envahis par
les entreprifes ouvertes ou fecrètes du defpotifme, foit ariftocratique, foit ftadhoudérien.

Ce n'eft pas tout : Fatiguée du peu de zèle
des autres états, elle a fongé plus d'une fois,
pendant la durée des troubles, à fe détacher de
la confédération.

Ses états nommèrent aux principaux emplois
vacans dans le militaire par la défection des officiers qui avoient refufé de fe conformer aux
defirs de l'affemblée fouveraine. Sur ces entrefaites, il fut réfolu par le confeil d'état d'intenter une action criminelle au général Ryffel, commandant le cordon des troupes de la Hollande.
Comme ce général pouvoit exhiber les ordres
de fon fouverain direct, & qu'il n'avoit pas

C c c c c

commis d'autre crime que d'y obtempérer, il étoit clair que c'étoient les états de Hollande qu'il falloit attaquer au criminel.

Quoi qu'on en ait dit dans les feuilles étrangères foudoyées par les ennemis du patriotisme, & dans les papiers publics de quelques provinces, les états de Hollande n'ont jamais eu aucune intention hostile en formant le cordon de leurs frontières ; si on examine impartialement les époques des diverses démarches qu'on leur reproche, on les trouvera toujours motivées par une nécessité indispensable de pourvoir à la sûreté publique, ou au maintien des privilèges de la nation : ils n'ont voulu que lutter contre un débordement de projets et d'entreprises attentatoires à la liberté civile. C'est la funeste expédition de Hattem & d'Elbourg qui avoit déterminé la suspension du capitaine-général, & la formation du cordon des troupes, comme c'étoit la rumeur arrivée à la Haye qui avoit déterminé l'interdiction du commandement de la garnison, & comme c'est enfin l'affaire du Vaart qui déterminoit l'entrée des troupes hollandoises sur le territoire d'Utrecht. Il suffit de rapprocher tous les événemens pour faire voir qu'il n'en est aucun, fâcheux pour la cour de Nimègue, qui n'eut été provoqué, & qui ne tirât sa nécessité de l'ordre même des choses. La France, qui voyoit avec douleur la guerre civile des *Provinces-Unies*, essaya d'interposer sa médiation ; elle y envoya M. de Rayneval, qui entra en négociation avec le ministre de Prusse & le Stadhouder ; mais cette négociation fut infructueuse, & on dit que le Stadhouder ne pouvoit accepter les bases de la négociation entamée par les médiateurs de Prusse & de France, parce qu'il ne pouvoit se prêter à son propre abaissement : mais cette raison n'étoit qu'un sophisme, & un sophisme bien déplorable dans ses effets. Ce n'étoit pas s'abaisser que de rendre généreusement à un peuple libre de stériles privilèges, si souvent contestés, & dont aucune loi formelle ne lui assuroit la possession. Ce n'étoit pas s'abaisser que de faire à l'amour de la paix des sacrifices exigés par la raison & le bon sens. Ce n'étoit pas s'abaisser que de consentir à être le premier citoyen d'une république, dont il réunissoit sur sa tête les plus illustres emplois. Enfin, quand ces misérables droits, auxquels on tient tant, seroient mille fois mieux fondés qu'ils ne le sont, ce n'étoit pas s'abaisser que d'y renoncer, lorsqu'ils paroissoient si évidemment incompatibles avec la liberté, l'indépendance, le repos & les vœux de la majeure partie de la nation ; car il ne faut pas s'y méprendre, malgré la pluralité des voix aux Etats-Généraux & aux états particuliers de quatre des provinces, il est clair que la majeure partie de la nation favorisoit les vues de la province de Hollande.

Lorsque le parti stadhoudérien vit quelques provinces disposées à demander la médiation de la France, il profita de l'imperfection & de l'obscurité des constitutions, des loix & des réglemens, pour écarter ce moyen de conciliation. Les états de Zélande déclarèrent qu'avant de l'employer, on devoit faire usage des expédiens constitutionnels qu'indiquoit l'article XVI de l'acte d'*union*.

Il ne faut qu'un peu de bon sens & une attention médiocre pour s'appercevoir de l'artifice grossier de la résolution des états de Zélande. L'article XVI de l'union d'Utrecht semble vouloir déterminer les moyens à employer pour concilier les différens qui s'éleveront dans le sein de la république fédérale ; il distingue deux cas ; le premier, celui où les différens concerneroient quelques provinces particulières ; & il dit, « qu'ils seront terminés ou décidés par les autres provinces ou par leurs députés. » Le second cas est celui où la scission seroit établie entre toutes les provinces en général, & alors l'acte veut « que les stadhouders de ces provinces en soient les médiateurs ou les juges. » Dans le tems où l'union fut formée, chaque province avoit son stadhouder particulier, élu par les états à vie, & il n'étoit pas héréditaire ; mais depuis que, pour le malheur irréparable de cette république, la charge de stadhouder, si utile dans son origine, a été absolument dénaturée, qu'au lieu d'un dignitaire éligible à vie, le premier officier de l'état en est devenu, par le fait, le maître héréditaire, & sur tout après que tous les stadhouderats particuliers ont été réunis sur une seule tête, cette dernière partie de l'article XVI de l'union est devenue impraticable, puisqu'on y a supposé une pluralité de personnes désintéressées dans la querelle & impartiales, ou du moins en état de se contrebalancer l'une l'autre. Cependant, le dernier cas de l'article XVI existoit, & non le premier, vu que la scission n'étoit pas dans une seule province particulière, ou entre deux provinces individuelles, mais entre toutes les provinces en général, tandis que d'un côté la Gueldre, la Zélande & la Frise avec la partie des états d'Utrecht, qui s'assembloient à Amersfoort, s'étoient liguées, quoique dans des vues & par des motifs différens, pour la cause stadhoudérienne, & que, d'autre part, les provinces de Hollande, d'Over-Issel, de Groningue, & les états siégeant à Utrecht défendoient le système républicain. Dans l'impossibilité donc de réclamer la dernière partie de l'article en question, & de rendre ainsi le stadhouder juge & partie dans sa propre cause, les états de Zélande, sacrifiant la bonne foi & la vérité au désir de traîner les affaires en longueur & d'écarter la France, dissimulèrent cette dernière disposition de l'acte d'union que nous venons de citer ; & n'alléguant que la première partie de l'article XVI, ils l'appliquèrent à la conjoncture où se trouvoit la république, quoiqu'absolument hors de propos & contre la raison la plus évidente. En effet, quelle étoit la province qui n'avoit point point pris de parti, soit pour la défense de l'ancienne & véritable constitution, soit pour établir sur ses débris l'oligarchie stathoudérienne ? Il étoit question du cas, dont parle la résolution zélandoise, lorsque l'année d'auparavant les villes de Harderwyk, d'Elbourg & de Hattem firent scission avec la pluralité des états de Gueldre ; le moyen de terminer ce différend par l'intervention des autres confédérés fut réclamé, conformément à l'article XVI de l'union, par les provinces de Hollande, d'Over-Issel & de Groningue ; mais le prince stathouder & les états de Gueldre se refusèrent à ce moyen de conciliation, prescrit par la constitution même, & la voie des armes fut la seule qui leur plût.

Tout le monde a vu avec horreur les détails du pillage de Middelbourg, & ce n'est rien en comparaison de ce qui se passa dans la Zélande sous la protection trop ouverte d'un certain nombre de régens. Ces scènes, dont le parti stathoudérien en Gueldre, avoit donné l'exemple aux zélandois, se renouvellèrent dans la ville de Harderwik. Les soldats du régiment de Marine du rhingrave de Salm, (régiment déserté du cordon hollandois), furent employés par les artisans secrets de ces désordres pour répandre parmi les bons citoyens la terreur & la consternation. Par les mêmes artifices, ils firent révolter ceux du premier bataillon du second régiment du prince de Waldeck, infanterie, en garnison au Willemstadt. Cette place étant du pays de la généralité, hors des limites de la Hollande, & des états de cette province, à la solde desquels étoient les deux régimens de Waldeck, ayant déféré à la demande du prince, qui en étoit propriétaire, & dont ils portoient le nom, de ne point employer ce bataillon dans le cordon, il n'existoit pas l'ombre d'un prétexte pour se révolter contre leur légitime souverain. En effet, les officiers s'étoient conduits en hommes d'honneur, fidèles à leur serment & à leur devoir : mais les émissaires du parti stathoudérien ayant persuadé aux bas-officiers & soldats que leur commandant & les autres officiers les avoient vendus à prix d'argent aux états de Hollande, ils se soulevèrent. Le colonel de Muelich, secondé par tous les officiers du corps, fit en vain tous les efforts qu'on pouvoit attendre d'un brave chef, qui sait allier la fermeté à la prudence. Les séditieux portèrent l'audace jusqu'à forcer leurs officiers, les armes sur la gorge, à leur livrer les drapeaux, les effets & la caisse militaire du régiment. L'enseigne de Klenck, l'un de ceux qui défendirent, l'épée à la main, les drapeaux confiés à leur garde, reçut un coup de feu à la main & deux blessures à la jambe, & l'enseigne de Romer eut un coup de sabre au gras de la jambe.

Une partie des soldats n'avoit pas pris part au crime de leurs camarades ; mais ceux-ci, voyant qu'ils se tenoient tranquilles, les contraignirent à suivre la troupe, qui sortit de la place, tambour battant, drapeaux déployés, au nombre de 350 hommes, sous la conduite d'un sergent, dirigeant sa marche sur la mairie de Bois-le-Duc : ils arrivèrent à Heesel, entre cette ville & Grave, la cocarde-orange au chapeau, & tous bien pourvus d'argent. A Nimègue, où le second bataillon étoit en garnison, on étoit instruit de l'acquisition que les forces stathoudériennes alloient faire du premier bataillon sans officiers. En conséquence, on vit arriver à Heesel quelques officiers du second bataillon ; ils prirent le commandement de ces déserteurs, & les conduisirent en Gueldre, d'où ils furent mis en garnison à Wageningue.

La province de Hollande & la ville d'Amsterdam surtout montrèrent plus d'ardeur dans cette querelle domestique que les autres provinces & les autres villes : ses états ont chancelé un moment, il est vrai ; mais le parti patriotique, il faut en convenir, ne pouvoit guère compter que sur elles seules : elles n'oublieront rien de ce qui devoit irriter le parti stathoudérien. Le 3 février 1787, la ville d'Amsterdam demanda qu'on établît une commission, composée de quelques membres du gouvernement de la province, pour rechercher duement les bornes du pouvoir exécutif, tant du stathouder que du capitaine & amiral-général ; pour concerter relativement aux fonctions de ces charges, ainsi que des devoirs & prérogatives qui y sont attachés, tels plans & telles instructions qu'on jugeroit les plus convenables à la dignité de la souveraineté, à la conservation des prérogatives & de la liberté du pays & des citoyens, & au bien général de l'état, & pour en proposer le résultat à leurs commettans. Bientôt après elle déposa, presque à main armée, neuf de ses bourgue-maîtres trop favorables à la cause du prince d'Orange, & elle les remplaça par des citoyens plus favorables à la cause publique : la ville de Rotterdam ne tarda pas à imiter cet exemple que la guerre civile peut seule justifier. A cette époque, on tâchoit de persuader aux étrangers que l'animosité à l'égard du stathouder se concentroit dans un petit nombre de chefs contre le vœu général & reconnu de la nation même. Après ces démarches hardies des deux villes les plus peuplées & les plus riches de la province de Hollande, on dut reconnoître l'aversion invincible que la majorité des citoyens, qui sont proprement le corps de la nation, avoit conçue contre le parti stathoudérien, puisque c'étoit la crainte de voir revivre ce système qui avoit déterminé les deux bourgeoisies à ces coups d'éclat. Le seul moyen de regagner l'amour & la confiance de la nation, indignée de s'être vue sacrifiée à l'Angleterre, eût été de faire quelques sacrifices à la patrie, facrifices indifpenfables dans les circonftances & juftes dans leurs principes, puifqu'il eft hors de doute que le ftathoudérat, tel qu'il a été rétabli au milieu des troubles de 1747, renferme, dans la trop grande étendue de fes pouvoirs & de fon influence, le germe de fa propre deftruction, ou la perte de la conftitution républicaine.

Les états d'Over-Iffel réfolurent d'abolir le réglement illégal & inconftitutionnel de 1675, & d'en former un nouveau. Pour travailler à ce dernier ouvrage, de concert avec le ftathouder, ils avoient établi une commiffion qui devoit fe concerter avec les commiffaires du ftathouder. Les conférences furent ouvertes le 11 avril 1787, mais rompues cinq jours après, parce que les inftructions des commiffaires ftathoudériens leur enjoignoient de prendre pour bafe ce même réglement inconftitutionnel, dont S. A. croyoit ne pouvoir pas fe départir, & dans lequel elle ne vouloit admettre que certains adouciffemens. Cependant l'illégalité & l'abfurdité de ce réglement dans un gouvernement républicain avoient été plus d'une fois démontrées jufqu'à l'évidence, notamment dans l'avis que portèrent le 14 mars précédent à l'affemblée des Etats d'Over-Iffel, contre la proteftation de la pluralité de la nobleffe, fept membres de l'ordre équeftre. Il expofe fi bien les raifons & les motifs du parti patriotique, que nous croyons devoir l'inférer ici.

« Ils refpectent avec le feu baron van de Capellen du Pol la conftitution ftathoudérienne comme créée par le peuple, & ils la regardent comme étant infiniment plus propre à la fituation de la république, que ne l'étoit la précédente conftitution fans ftathouder, dans les dernières années qui précédèrent l'introduction du ftathoudérat: mais ils avouent avec la même franchife, (& c'eft l'unique point ici en conteftation), que ce n'eft pas la conftitution ftathoudérienne, renfermée dans les bornes où elle étoit circonfcrite depuis l'établiffement de la république, & jufqu'au réglement de 1675, (bornes dans lefquelles elle auroit dû refter) —— que ce n'eft pas, difent-ils, cette conftitution qui eft dangereufe pour le pays : ils fe plaignent que ces bornes aient été outrepaffées, & ils regrettent que, par le réglement qu'on fait avoir été impofé aux régens, de force, & d'une manière tout-à-fait illégale en 1675, cette conftitution ait été altérée au point que les vices qu'on y a introduits, doivent effectuer un jour la perte de la liberté de l'état & la ruine de la nation. Ils admettent pour certain que la meilleure partie de la nation, en rétabliffant le ftathoudérat, n'a eu d'autre but que de donner plus d'activité & d'unanimité aux réfolutions & à l'exécution des objets qui concernent les intérêts généraux de la confédération, par l'influence jufte & par les confeils falutaires

de celui à qui les charges les plus éminentes & les commiffions principales avoient été confiées dans toutes les provinces de la confédération, avec le commandement des forces de terre & de mer de toute la république, & à qui l'on avoit accordé le droit d'entrer & de fiéger dans le plus grand nombre des affemblées d'état, particuliérement de la province la plus puiffante; que ces mêmes citoyens ont defiré de réunir par ce moyen fes intérêts particuliers des confédérés, de prévenir toutes les odieufes divifions & les abus dans la direction générale des affaires publiques; de frayer les voies à des propofitions d'amélioration générale, qu'une perfonne, revêtue de tant de dignités éminentes, pourroit feconder de toute fon influence, tandis que les intérêts ou les idées perfonnelles de quelques affemblées ou régens pourroient fe trouver dans une trop grande oppofition; de faire conferver à tous & chacun fes droits & privilèges; en un mot, de faire fervir le ftathoudérat au bien-être commun du pays. Voilà les bornes, dans lefquelles lefdits membres de l'ordre équeftre, ainfi que la partie la plus confidérable & la plus éclairée de la nation, defireroient encore aujourd'hui de voir ramener le ftathoudérat, dont, dans ce cas, l'exercice convenable pourroit être en tout temps utile à la patrie : mais ils ne fauroient s'imaginer que ç'ait été alors ou que ce puiffe être jamais le vœu bien réfléchi & calme de la nation de fe donner, fous le nom de *ftathouder*, un maître plus abfolu, revêtu d'une autorité plus illimitée, que ne l'a jamais été aucun des feigneurs féculiers ou eccléfiaftiques, auquel les *Provinces-Unies* ont obéi; qu'ils aient voulu, par le choix d'un pareil maître, ôter à leurs régens, & par une conféquence naturelle auffi à eux mêmes, la faculté morale de juger & de voter, relativement aux intérêts publics, uniquement d'après leurs propres lumières & le témoignage de leur confcience : que la précipitation avec laquelle le ftathoudérat a été rétabli en 1747 par-tout dans la république, notamment auffi en la province d'Over-Iffel; —— la confternation & la terreur qu'une invafion hoftile avoit répandue dans tous les efprits; —— & le defir, qui animoit plufieurs des régens à cette époque, de voir s'opérer un nouvel ordre des chofes; —— que ces circonftances, prifes enfemble, ont été uniquement les caufes externes & reconnues qui ont porté avec la dernière inconfidération, & contre la véritable intention de l'ordre équeftre & des villes d'Over-Iffel, d'une extrémité à l'autre; ce dont entre plufieurs autres preuves une des plus manifeftes, c'eft que l'ordre équeftre & les villes ayant créé le prince Guillaume IV leur ftathouder, &c. fans qu'on leur accordât, comme il auroit convenu, le temps néceffaire pour une délibération mûre & calme, &, pour ainfi dire à la hâte, & lui ayant conféré cette dignité fur telles instructions qu'on jugeroit les plus utiles & les plus avantageuses pour la république & la province, ils ont néanmoins été privés de la faculté de former des instructions si hautement nécessaires par le refus que fit ce prince de se soumettre à des instructions : refus qui, la chose n'étant plus en entier, força ces régens, malgré eux & contre leurs intentions, à introduire de nouveau l'odieux réglement de 1675, & les réduisit à la nécessité de devoir adopter un moyen que l'expérience de plusieurs années a prouvé aujourd'hui être à plusieurs égards, beaucoup pire que le mal qu'on vouloit prévenir ; savoir, l'établissement du stathoudérat, d'après le réglement de 1675, qui met les régens dans la dépendance la plus absolue du stathouder, puisqu'ils sont contraints à abandonner entre ses mains, non-seulement le pouvoir que, dans le fait, il exerce arbitrairement de nommer les régens des villes & de les démettre à son bon plaisir, mais aussi la disposition directe & immédiate des principales charges & de toutes les commissions qui sont à remplir dans la province, sans la moindre précaution contre les abus qui peuvent naître d'un pouvoir aussi illimité. Cependant, à ce que jugent les soussignés, & avec eux la pluralité des membres des états, ainsi que la partie la plus notable des citoyens, tant en cette province que dans les autres, un abandon pareil déroge, sinon directement, du moins dans ses effets bien réellement à l'autorité souveraine de l'état, puisqu'elle rend non-seulement les seigneurs stathouders maîtres absolus de la moitié du gouvernement de la province, (savoir, de la régence des villes qui constituent l'ordre équestre des états d'Over-Iss l) , mais aussi que le pouvoir, qui leur avoit été laissé de conférer les principales charges & toutes les commissions d'état à qui il leur plairoit & d'en exclure d'autres à leur bon plaisir, devoit avoir pour suite nécessaire que tous les régens de la province fussent dans la dépendance la plus absolue & la plus complette de la volonté & des desirs de celui, de la main duquel ils devoient exclusivement & sans cesse demander & attendre tous les avantages de la régence ; pouvoir qui n'avoit jamais été déféré aux anciens seigneurs souverains, quels qu'ils aient été, & qui en effet mettoit entre les mains des seigneurs stathouders l'autorité suprême, sur tout si l'on considère en même temps qu'on leur avoit laissé la disposition presqu'absolue des troupes à la répartition, tant de la province d'Over-Issel que des autres ».

« Les réflexions que nous venons d'exposer, ajoutoient-ils, doivent faire convenir tout homme impartial, que c'est plus un jeu de mots que quelque chose de réel, lorsque l'on fait la distinction, « que les seigneurs stathouders exercent tous ces droits, non de leur propre chef,

mais au nom de l'ordre-équestre & des villes. » Et, puisqu'il ne s'agit ici que d'une vaine illusion de mots, les soussignés ont nommé à juste titre, dans leur proposition, le serment prêté sur le réglement, un serment contradictoire, puisqu'il implique certainement une contradiction notoire de jurer, « qu'on ne déférera jamais la souveraineté des états à qui que ce soit, ni en tout ni en partie » ; & puis, dans le même instant, & (pour ainsi dire) d'une seule haleine, d'affirmer au contraire d'une manière non moins solemnelle, « qu'on observera & exécutera le réglement de régence », c'est-à-dire, un réglement, par lequel on ne déféroit pas, il est vrai, aux seigneurs stathouders la souveraineté entière, mais certainement une partie très notable d'icelle, & des droits régaliens majeurs d'une nature si essentielle, que déférés héréditairement ils les rendoient, par leur exercice même, maîtres & possesseurs de toutes les autres parties principales de la souveraineté, particulièrement de celles qui ont rapport à l'état de la confédération ; de sorte que les membres du gouvernement de la province représentoient bien, de nom & en apparence la souveraineté, mais que dans le fait ils n'étoient que de simples instrumens pour exécuter la volonté & le bon plaisir des stathouders successifs : &, cette contradiction une fois prouvée, il s'ensuit que les membres de l'état ne peuvent ni ne doivent être crus tenus par un serment, qu'ils ont prêté de bonne foi, mais au préjudice évident du pays, & au dam du bien-être national ; au contraire, ils sont obligés de s'en délier mutuellement, ou plutôt de s'en regarder comme déchargés ipso facto, afin de pouvoir s'occuper sans trouble des corrections à faire nécessairement dans ledit réglement ».

« Les membres de l'ordre-équestre qui ont protesté contre les résolutions des états, attribuent, il est vrai, tout le danger qu'il y a dans l'exercice de ces droits régaliens par M. le stathouder héréditaire, uniquement à la pusillanimité & aux vues d'intérêt particulier de ceux qui sont revêtus d'une charge, & non au pouvoir même de celui qui la leur a conférée ; & certainement les soussignés sont bien loin de vouloir laver de pareils régens & autres personnes en place du reproche de foiblesse qu'ils méritent : mais il ne faut que peu connoître le cœur humain pour se faire une idée des effets & de l'influence, qu'assure un pouvoir si illimité de conférer toutes les charges & toutes les commissions dans tous les tems à un si grand nombre de régens déjà favorisés, ou qui demandent encore ou attendent des graces. Ainsi, de quelque côté que vienne la faute, il est toujours certain que cette influence doit nécessairement produire l'effet le plus dangereux pour le bien-être du pays, la souveraineté de la province & l'indépendance des régens, qui partagent, avec le ftadhouder, toutes les paffions & les foibleffes attachées à l'humanité ».

« Les mêmes membres, de l'ordre-équeftre, en appellent pour appuyer leur fentiment à l'expérience depuis 1747, jufqu'à nos jours : mais quels que foient les argumens qu'ils croient pouvoir en tirer en faveur du ftadhoudérat en général, jamais il n'en réfultera que cette utilité pour notre province, fe fonde fur le réglement fuf-mentionné, & qu'elle n'auroit pas été encore plus grande en s'appuyant fur un réglement plus modéré & plus convenable à une république libre. Depuis 1747 jufqu'à la dernière guerre angloife, il n'avoit encore exifté que peu de cas, dans lefquels tout ce que ce réglement a de pernicieux pût fe manifefter. Une longue paix, un commerce affez floriffant, laiffoient régens & bourgeois dans une parfaite fécurité à l'égard des progrès, par lefquels notre forme républicaine dégénéroit en un gouvernement abfolument & tout-à-fait dépendant du ftadhouder. Cependant les négocians n'avoient pas effacé de leur fouvenir les pertes immenfes que leur avoit fait effuyer le défaut de protection pendant la guerre maritime, qui dans l'intervalle avoit éclaté entre nos voifins. Ces pertes étoient trop préfentes à leur mémoire pour ne pas penfer, pendant que nous étions attaqués nous-mêmes, à des moyens qui puffent diminuer la trop grande influence du ftadhouder fur les régens, auxquels ils devoient attribuer en grande partie, finon uniquement tout ce qu'ils avoient fouffert, & rendre ceux-ci indépendans, au point qu'ils puffent, fans autre intérêt qu'uniquement celui du bien-être de l'état & de la nation, prendre les mefures les plus vigoureufes contre un ennemi, qui nous avoit opprimés de la manière la plus injufte ; & que, fi des confeils pervers détournoient le ftadhouder de la pourfuite férieufe de la guerre, ils puffent voir, par leurs propres yeux, énoncer leur propre fentiment, & non parler un langage qui leur étoit dicté par autrui. L'influence fans bornes, que de pareils réglemens donnoient au ftadhouder, tant en Over-Iffel que dans les provinces voifines, qui le rendoit prefque maître abfolu des régens, qui y dirigeoit toutes les réfolutions d'état à fon gré, qui les faifoit publier à fon bon plaifir, — cette influence a ouvert les yeux à tous les citoyens ; & dès ce moment une revifion de plufieurs évenemens anciens, mais fur-tout celle d'un enchaînement de faits récens, a conftaté l'expérience de l'utilité du réglement, (à laquelle néanmoins, meffieurs de l'ordre équeftre en appellent) & l'a établie fi fort en faveur de la pluralité des états, qu'il feroit plus poffible de dire qu'il fait nuit en plein midi, que de foutenir encore à préfent

qu'une fi grande influence des feigneurs ftadhouders fur le gouvernement du pays, fur-tout dans des tems de trouble intérieur & d'une guerre étrangère, n'eft pas évidemment pernicieufe pour la patrie, & qu'elle n'ôte pas tout-à-fait à la nation la confiance, qui, fi jamais, certainement dans des tems de perplexité publique, lui eft fi indifpenfablement néceffaire à l'égard de fes repréfentans, puifqu'elle doit foupçonner bientôt (& plût au Ciel que ce n'euffent jamais été que de fimples foupçons !) que ceux, à qui elle a confié fes intérêts les plus chers, fuivent plutôt l'impulfion toute puiffante, qui les entraîne vers les intérêts du difpenfateur exclufif de toutes les graces ou de ceux qui en difpenfent fous fon nom, qu'un mouvement libre & défintéreffé, pour voter en confcience comme l'exigent les vrais intérêts de l'état ».

Cette proteftation d'une partie de l'ordre équeftre de la province d'Over-Iffel fe trouvoit à la fuite d'une réfolution des états de cette province, où, par un motif qu'on ne peut concevoir, ils s'étoient rapprochés du fyftême ftathoudérien. Nous obferverons ici qu'une des caufes qui a facilité & précipité la dernière révolution, c'eft l'inftabilité des vues & des réfolutions des provinces de Groningue & d'Over-Iffel. D'une année à l'autre, on les voyoit adhérer fortement aux vues de la province de Hollande, & s'en écarter. Les députés d'Over-Iffel à l'affemblée des Etats-Généraux varioient auffi dans leurs opinions. Cette variation étoit une fuite des intrigues fecrettes, ou des entreprifes & des violences du parti ftathoudérien. Le confeil d'état qui, durant l'été de 1787, avoit entrepris d'effectuer une médiation, informa bientôt les états de Hollande « que ceux de Gueldre & d'Amersfoort avoient refufé d'entrer dans des conférences, à moins que la Hollande ne retirât fes forces, qui couvroient la ville d'Utrecht, ainfi que les ordres donnés à cet égard au général van-Ryffel ; mais qu'il avoit répondu auxdits états, pour les détourner d'une pareille détermination : c'eft pourquoi il prioit la Hollande de ne pas couper encore les voies à des conférences amiables ». Les états d'Over-Iffel & de Groningue envoyèrent des députés aux états de Gueldre & d'Amersfoort, pour les engager à fe défifter de leurs mefures violentes : mais en vain, & les premiers déclarèrent au député d'Over-Iffel que fa miffion leur étoit défagréable. Les états d'Over-Iffel réfolurent : « 1°. de mander pour le 12 juin leurs députés à l'affemblé des Etats-Généraux, pour qu'ils euffent à rendre compte de la conduite qu'ils avoient ofé tenir, en concourant avec les députés de Gueldre, d'Utrecht, &c. aux réfolutions contre la Hollande, au mépris des volontés connues & des intentions les plus expreffes de leurs commettans : 2°. de faire également rendre compte au stathouder, en sa qualité de capitaine-général d'Over-Issel, du procédé qu'il s'étoit permis, en faisant marcher, contre le vœu qu'ils lui avoient si expressément fait connoître, le régiment de *van der Hoop*, cavalerie, qui étoit à leur solde & à celle de la Hollande, pour l'employer dans la province d'Utrecht : 3°. de faire également rendre compte au général van der Hoop de la désobéissance qu'il avoit commise envers eux, en conduisant leurs troupes à l'attaque d'une ville de la république, contre la défense la plus positive qu'il lui en avoient faite ». Il est clair qu'à cette époque le parti patriotique dominoit aux états, & qu'au moment où une partie de l'ordre équestre fit la protestation insérée plus haut, les partisans du stathouder firent pencher la balance.

A-peu-près à la même époque, on répandit dans toute la Hollande, & probablement dans le reste de la république, une espèce de manifeste du stathouder, qui étoit à tous égards une déclaration de guerre contre les états de la province de Hollande & contre tous les citoyens, qui pouvoient rester fidèles à cette assemblée souveraine. Ceux qui faisoient parler le stathouder dans cette pièce, osoient dire que les états de Hollande se laissoient gouverner par une cabale, & c'étoit contre cette cabale qu'il invitoit tous & chacun à l'aider & à l'assister. Il commençoit par ces mots : « Nous, Guillaume V, par la grace de Dieu, prince d'Orange, &c. Il disoit que L. N. & grandes puissances avoient pris à son égard des résolutions précipitées & illégales; qu'il s'assure que ces résolutions, relatives au commandement de la garnison de la Haye & à sa suspension en qualité de capitaine-général de la province de Hollande, seront retirées sur le champ & préalablement à tout; que L. N. & G. P. le justifieront & le laveront entièrement des calomnies infâmes & des mensonges, dont on a flétri sa réputation dans leur assemblée; qu'elles le rétabliront dans la jouissance & l'exercice de toutes ses prééminences légitimes & de ses droits; & qu'ainsi elles le mettront à même, sans blesser la dignité due à sa haute naissance & à ses illustres relations, de retourner au plutôt dans leur province, &c ».

On envoya dans le même temps à Amsterdam une requête à signer, qui avoit les mêmes vues, & qui probablement sortoit de la même main que le manifeste ; & il en résulta parmi la populace & les matelots du Kattenbourg une émeute qui coûta la vie à plusieurs personnes, & qui conduisit à la potence quelques-uns des chefs. Il est sûr aujourd'hui que la première origine de ces excès a été la signature d'une requête qu'on avoit déposée en divers lieux pour la faire souscrire, même par la plus vile populace, en faveur de la cause stathoudérienne ; & que les violences qu'on se permit dans l'un de ces endroits pour contraindre les passans à signer, furent, pour ainsi dire, le signal du ravage. On jetta dans le canal un des citoyens qui refusèrent de souscrire ; & ce vacarme ayant attroupé beaucoup de monde autour de la maison, ceux qui étoient dedans firent une sortie à coups de couteaux & de sabres sur leurs antagonistes : le pillage s'ensuivit, & la fureur populaire ayant une fois franchi les bornes, ne connut plus de frein. Diverses circonstances font croire que les mesures avoient été prises d'avance pour opérer une révolution en faveur du stathouder au moyen d'un tumulte général, dans lequel quelques-uns de ses partisans seroient enveloppés. Du moins, dans le quartier du Kattenbourg, la canaille n'a pas agi sans des chefs plus relevés, & on en nomme plusieurs qui, dit-on, conduisirent les mutins. En effet, ceux-ci ont eu des ressources inconnues ; & peu après que le pont de leur quartier eut été coupé, on vit arriver une chaloupe avec de la poudre au service de leur artillerie : mais la bravoure de la milice bourgeoise l'avoit déjà rendue maîtresse de ce poste important. Les séditieux du Kattenbourg eurent une douzaine de tués, & on en saisit quarante des plus coupables.

Les députés de Gueldre à l'assemblée des Etats-Généraux, & ceux des états d'Utrecht siégeant à Amersfoort, de concert avec les députés de Zélande & de Frise, firent prendre bientôt dans l'assemblée de leurs hautes puissances, au mépris des protestations les plus expresses des provinces de Hollande, d'Over-Issel & de Groningue, & contre l'avis du conseil d'état; une résolution qui achevoit de détruire tout moyen d'accommodement : ils cassèrent les nominations que les états de Hollande avoient faites parmi les officiers de leurs propres troupes ; ils défendirent aux régimens de la répartition hollandoise toute soumission aux ordres de leurs nobles & grandes puissances ; ils leur enjoignirent de s'y opposer par force, & aux officiers démis de reprendre leur commandement. Ainsi, en réclamant la constitution de la république, ils la violoient ouvertement ; ils s'érigeoient en souverains sur le territoire de la Hollande, & ils ordonnoient la rebellion à des militaires envers l'autorité souveraine, à qui ils étoient particuliérement liés par leur serment & par leur solde. Les états de Hollande résolurent le jour même d'enjoindre à leurs troupes de ne respecter aucuns ordres, ni des Etats-Généraux, ni du conseil d'état. De plus, il fut mis en délibération de faire sortir du territoire hollandois, & par conséquent de la Haye, tous les députés aux assemblées de la généralité, qui s'étoient déclarés ennemis de la province. Au reste, ce n'étoit plus une guerre de débats, de résolutions, de remontrances & d'invectives aux Etats-Généraux, dans les états des diverses provinces, & à la cour du stathouder : ce prince étoit campé à Zeist avec une armée ; la ville d'Utrecht étoit affiégée ; une multitude de corps francs (1) gardoient les frontières & l'intérieur de la Hollande : cette dernière province où l'adminiftration ordinaire fe trouvoit fufpendue, avoit créé une commiffion, chargée avec des pouvoirs fort étendus, de veiller à la défenfe de la province & à la caufe publique. Sur ces entrefaites, la princeffe d'Orange ayant entrepris de fe rendre à la Haye, la commiffion, qu'on appelloit *la commiffion de Woërden*, craignit avec raifon qu'au point où en étoient les affaires, la préfence de cette princeffe n'excitât une révolte à la Haye, qu'on avoit beaucoup de peine à contenir ; elle l'arrêta dans fa marche, & lui défendit de fe rendre à la Haye : on la traita d'ailleurs avec les égards dus à fon fexe & à fon rang. La princeffe d'Orange fut obligée de retourner à Nimègue : mais ce malheureux incident précipita les réfolutions de la cour de Berlin ; car on ne doute pas qu'au défaut de ce prétexte, elle n'en eût imaginé d'autres pour envoyer des troupes en Hollande, & y opérer une révolution à main armée. Le grand Frédéric avoit vu naître les troubles ; il en avoit fuivi les progrès ; il avoit écrit plufieurs lettres aux *Provinces - Unies* ; il avoit laiffé entrevoir des menaces : mais foit que la caufe ne lui parût pas bonne, foit qu'à fon âge il aimât le repos, foit qu'il craignît de rallumer la guerre en Europe, foit que les circonftances ne lui fuffent pas favorables, il ne s'étoit point mêlé directement de la guerre. Son fucceffeur, moins circonfpect ou plus heureux par les circonftances, fe plaignit de l'infulte faite à fa fœur. Il en demanda une réparation éclatante.

Nous ferons ici une remarque de l'auteur du *Précis hiftorique de la révolution qui vient de s'opérer en Hollande.*

» Le prince Stadhouder avoit trois moyens pour abattre le patriotifme & enchaîner les patriotes ; celui de la fédition qui avoit toujours réuffi à fes prédéceffeurs pour gouverner l'état defpotiquement ; il commença par l'employer, mais ce moyen ne réuffit pas au gré de fes defirs, & les patriotes armés ont toujours diffipé les féditieux, quoique la plupart des magiftratures, vouées au prince, n'aient jamais puni que foiblement ceux qui étoient pris en pleine révolte. Le prince effaya le moyen de la corruption dans les états provinciaux, pour en obtenir des réfolutions qui le remiffent dans l'exercice de fon autorité ufurpée ; il réuffit en Gueldre, cela

n'étoit pas difficile ; il réuffit en Frife, on ne devoit pas s'y attendre ; il réuffit en Zélande, malgré la fermeté de la ville de Ziriczée, & la bonne volonté de celles de Vleffingue & de Terveere. Le penfionnaire Vanderfpiegel, fa créature, trouva le moyen de faire paffer aux états de fa province, tout ce qu'il crut être le plus avantageux à fon illuftre patron ; il réuffit enfin à Utrecht. La chûte des états de cette province eft encore plus furprenante que celle de ceux de Frife, car les états d'Utrecht furent au commencement les plus ardens pour la caufe patriotique, & ils invitèrent le peuple de leur petite province à expofer fes griefs contre le réglement de 1674 ; c'eft celui donné par Guillaume III. La province d'Over-Iffel tint toujours ferme contre le ftadhouder ; celle de Groningue ne lui fut pas plus favorable ; mais la province de Hollande, après avoir chancelé, tomba un inftant du côté du prince ; les patriotes armés de cette province la relevèrent en faveur de la bonne caufe, & gagnèrent une majorité fuffifante aux états, pour y faire la loi à l'ordre équeftre & aux députés des petites villes, qui, contre le vœu formel & bien connu des citoyens, votoient conftamment contre la fouveraineté de l'état, & contre la liberté du peuple ».

« Quoique le prince eût pour lui, aux Etats-Généraux, la majorité d'une voix tout au plus, il ne gagnoit rien : il falloit dompter la province de Hollande avec laquelle il avoit affaire particulièrement, & fans laquelle il ne pouvoit rien de décifif en faveur de fon ambition. Il fallut donc en venir au troifième moyen qui lui reftoit, celui de la violence & de la force ouverte. Ce parti fut réfolu à Nimègue, après la mort du grand Frédéric, de concert avec les états de Gueldre & les cabinets d'Angleterre & de Pruffe. Cependant avant d'en venir à cette extrémité, on réfolut de tenter encore un foulevement général de la populace ; voici l'étrange moyen dont on fe fervit pour y réuffir ».

« Madame la princeffe d'Orange fe chargea ouvertement du premier rôle pour faire agir cette populace au gré des defirs du parti ».

« Après avoir fait échouer la négociation d'un accommodement propofé par la cour de France à celle de Berlin, & entamée à la Haye, madame la princeffe annonça qu'elle fe chargeoit feule d'un accommodement & d'une réconciliation entre fon mari le ftadhouder, & les états de Hollande ».

---

(1) Les corps francs armés fe multiplièrent & s'accrurent infenfiblement ; ils fe font préparés pendant plus de quatre ans à foutenir leurs droits, les armes à la main : quelques-uns s'exercèrent paifiblement dans des prairies qu'ils louoient hors de leurs villes refpectives. Infenfiblement ces corps armés ont obtenu la fanction de leurs magiftratures refpectives ; ils en ont reçu des marques éclatantes & publiques de fatisfaction. Toute l'Europe fait que les états des provinces patriotiques, & fur-tout que les états de Hollande les ont pris fous leur protection immédiate ; que les confeils des fénateurs les ont encouragés, protégés, récompenfés même.

« Voici

« Voici donc comment on raifonna à Nimègue avant de tenter ce coup, l'un des plus habiles & des plus adroits en politique, dans un moment où il n'y avoit plus de tems à perdre pour porter une atteinte mortelle à la liberté nationale : Madame la princeffe, dut-on dire, arrivera à la Haye fans obftacle, ou fera arrêtée fur le cordon & forcée de rétrograder. Dans le premier cas, elle opérera feule la révolution, au moyen de la canaille qui fe foulevera en même tems dans toute la province, & dont il ne fera pas poffible d'arrêter la fureur, puifque les troupes font mal-intentionnées pour les états, & que celles qui paroiffent fidèles font occupées avec les corps francs armés, à Utrecht ou au cordon de la Hollande. Dans le fecond cas, nous crierons à la violence, à l'infulte, à l'attentat, & nous invoquerons l'affiftance du roi de Pruffe, qui, fur notre expofé, croira fon honneur intéreffé à venger l'affront fait à fa fœur. Il n'y a que ce feul moyen de finir, & de lever le camp de Zeitz, où nos troupes fe morfondent, & où elles jouent depuis longtems un trifte rôle ». L'événement a prouvé qu'on avoit très-bien raifonné à Nimègue, puifqu'en trompant le cabinet de Berlin, ou au moins fa majefté pruffienne, par un faux expofé, le parti ftathoudérien, qui étoit aux derniers abois, eft parvenu à fes fins, en ruinant le pays par les troupes pruffiennes, & en rétabliffant le defpotifme fur le trône.

Le roi de Pruffe raffembla, en effet, une petite armée dans les duchés de Juliers & de Clèves. Les états de Hollande, ayant approuvé la conduite de la commiffion de Woërden, fe bornèrent à affurer nettement qu'ils n'avoient point voulu manquer aux égards dûs au rang & au fexe de la princeffe d'Orange. Ils prévinrent les habitans de la néceffité prochaine d'une inondation partielle, au moment où les troupes étrangères menaceroient la province d'une invafion ; & promirent une indemnité à ceux des fujets dont les terres feroient fubmergées. Gorcum & Neerden étant fuppofées les deux clefs de la province, au midi & au nord, on fongea à les fortifier. Le commandement de la première de ces places fut donné au baron de Capelle de Marfch, ci-devant commandant des gardes-du-corps du prince d'Orange, & celui de la feconde au général Van-Ryffel. Sur la demande faite à la commiffion de Woërden d'indiquer un commandant en chef, capable de fe fervir des forces qui pourroient refter à la province, ce choix tomba fur le rhingrave de Salm.

Enfin, les pruffiens entrèrent en Hollande, au nombre d'environ vingt-cinq mille hommes.

Tout changea de face, & la force dicta des loix. La petite garnifon qui défendoit Utrecht abandonna la place ; les corps francs & les troupes qui gardoient les frontières de la province de Hollande, fe replièrent & entrèrent à Amfterdam, dont on fortifia les lignes.

Une partie des états de Hollande fe retira à Amfterdam, ainfi que la commiffion de Woërden. Elle y tint fes affemblées, & concerta avec les partifans qui lui reftoient, les corps francs & le confeil d'Amfterdam, les moyens de fe défendre. Sur ces entrefaites, l'autre divifion des états qui étoit reftée à la Haye, abrogeoit toutes les réfolutions prifes contre le ftadhouder & la province d'Utrecht. Elle levoit la fufpenfion des charges prononcées contre le ftadhouder ; le commandement de la Haye lui étoit rendu ; la princeffe étoit invitée à revenir, la commiffion de Woërden anéantie, & on ordonnoit à la nation de prendre les cocardes Orange. A la prière de cette partie des États, le duc de Brunfwick confentit à ce que fes troupes n'entraffent point à la Haye, & les États-Généraux ordonnèrent de recevoir les pruffiens dans toutes les villes de Hollande. Du moment où une partie des états de Hollande fe réfugia à Amfterdam, tandis que le refte demeuroit à la Haye, tout fut perdu.

Amfterdam paroiffoit difpofée à foutenir un fiège : on avoit percé les digues autour des lignes : l'armée pruffienne, après de légers combats devant quelques villes qui refufoient d'ouvrir les portes, malgré les ordres des États-Généraux & ceux de la partie de Hollande qui demeuroit à la Haye, arriva près des lignes d'Amfterdam, où elle perdit beaucoup plus de monde qu'on ne l'a dit dans les gazettes (1). Cette ville ne pouvant réfifter feule, & fans les forces de fes alliés, à un ennemi fi puiffant, craignant pour fes richeffes, & nullement difpofée à ces actes de défefpoir que l'hiftoire nous a montré fi fouvent en pareille occafion, fe mit à négocier avec le prince régnant de Brunfwick, qui commandoit l'armée pruffienne. Les autres villes & la partie des états de la province, qui fiégeoit encore à la Haye, follicitoient la régence d'ouvrir les portes : les bourgue-maîtres & le confeil d'Amfterdam déclarèrent à la bourgeoifie que, pour prévenir la ruine inévitable de cette ville, ils étoient forcés d'acquiefcer aux demandes des autres membres de la province, & même à la démiffion des nouveaux régens.

Les députés d'Amfterdam conférèrent avec les commiffaires des états de la Haye, qui alors prenoient déjà toutes les réfolutions dictées par

---

(1) Il paroît que plus de 1500 des foldats pruffiens y furent tués.

Œcon. polit. & diplomatique. Tom. III.   D d d d d

le ftathouder : ils demandèrent, au nom des bourgeois armés, les articles fuivans.

ARTICLE PREMIER.

Que le peuple eût une influence convenable
dans l'adminiftration.

II.

Que la milice bourgeoife conferveât fes armes,
comme elle les a toujours eues.

III.

Que la régence actuelle & tous les employés
conferveaffent leurs poftes refpectifs.

IV.

Que la ville reftât exempte de toute garnifon
& de tous quartiers.

V.

Que l'on n'exigeât point la publication du placard concernant le port des cocardes oranges, &c.
dans la ville d'Amfterdam ; qu'afin de prévenir les
excès qui en réfulteroient certainement, on ne fût
pas obligé d'en porter.

VI.

Que toutes perfonnes du département civil ou
militaire, qui s'étoient retirées en cette ville,
ou dans les autres places qui fervent à couvrir
Amfterdam, ou qui avoient été prifes en la protection de la ville, ne fuffent point inquiétées
ou moleftées dans leurs perfonnes ni leurs biens,
dans lequel nombre on devoit comprendre tous
les membres.

Voici la réponfe des commiffaires à ces articles.

RÉPONSE A L'ARTICLE I.

Qu'attendu qu'une commiffion d'état s'occupe
du premier article, il faut en attendre le rapport.

AU II.

Que toutes les milices-bourgeoifes autorifées
par les loix pourroient conferver leurs armes, au
cas qu'on le trouvât municipalement utiles.

AU III.

Qu'on ne pouvoit l'accorder comme étant contraire à la réfolution de leurs nobles & grandes
puiffances qui, le 22 feptembre, ont défapprouvé

ces difpofitions comme illégales & violentes, & qui
ont enjoint de rétablir à cet égard tout dans fon
premier état.

AU IV.

Qu'on pourroit l'accorder, conformément à la
fatisfaction (convention par laquelle la ville d'Amfterdam s'eft jointe à la république contre les efpagnols) accordée à Amfterdam en 1578.

AU V.

Qu'on pourroit être facile à cet égard, pourvu
que perfonne ne fût molefté, parce qu'il auroit
porté la couleur orangé.

AU VI.

Relativement à cet article, les commiffaires
de leurs nobles & grandes puiffances ne fauroient
rien dire, attendu que cela appartient à la fatif-
faction que fa majefté pruffienne exigeroit pour
fon alteffe royale.

Les pruffiens entrèrent enfin dans Amfterdam,
au mois de feptembre 1787, & alors il ne fut
plus queftion des ufurpations du ftathouder, des
moyens de réduire à leurs juftes bornes les pouvoirs de cet officier, de réformer les vices de
l'adminiftration, de rendre aux états, aux régens, aux villes & au peuple les droits qu'ils
avoient perdu chaque jour. Les trois ou quatre
mois qui ont fuivi, ont été marqués par des
opérations favorables au ftathoudérat, & par
l'abolition de tout ce qui avoit été fait durant
les troubles en faveur de la caufe publique.

Les états de Hollande, auffi foumis alors qu'ils
avoient été impétueux & ardens, publièrent le
22 du même mois des proclamations. Dans la
première, ils annoncèrent à la nation la révolution qui venoit de s'effectuer, & leur défir de
prévenir toutes démarches qui lui feroient contraires. Leur ton étoit bien différent de celui des
réfolutions précédentes.

« C'eft à ces caufes, difoient-ils, que nous voulons exhorter férieufement par les préfentes tous
& chacun, de quelque état, rang & condition
qu'ils puiffent être en cette province, particuliérement ceux qui pourroient encore s'y trouver
révêtus de la qualité de commiffaires, pour la direction ou la défenfe de quelque ville ou place,
ou qui pourroient fe l'arroger, à titre de quelques
fociétés d'exercice qui y auroient exifté, & de
toutes lefquelles nous avons ordonné la diffolution par notre réfolution du 20 de ce mois, en
leur retirant notre protection, ou à quelque autre
titre que ce foit, & qui, en vertu de cette prétendue qualité ou influence, tâcheroient d'empê-

cher les régences de quelques villes de se joindre aux résolutions que nous avons prises actuellement pour sauver la patrie, ou les forceroient à s'opposer à l'entrée des troupes prussiennes, comme si elles étoient ennemies, ou qui tâcheroient, soit en perçant des digues ou en employant d'autres moyens de défense, non seulement de ruiner d'une manière irréparable les bons habitans du pays dans leurs possessions, mais aussi de provoquer inévitablement par là à des hostilités ces troupes; quoique venues à toute autre fin dans cette province, & certainement point dans des vues hostiles, & d'exposer ainsi ces habitans, dans leurs personnes & leurs familles, à la fureur de quelques milliers de gens de guerre, aigris par une résistance infructueuse, & par conséquent aux suites les plus terribles; & nous avertissons sérieusement lesdites personnes de se désister de leurs machinations si pernicieuses pour le pays, attendu que nous déclarons que tous & chacun, quels qu'ils soient, qui coopéreroient de conseil ou de fait, ou aideroient à porter ultérieurement quelque atteinte à la constitution légale & anciennement établie, ou qui voudroient traverser le rétablissement de ladite tranquillité, union & harmonie dans cette province, nous les tiendrons pour ennemis de la vraie prospérité du pays & pour perturbateurs du repos public, contre lesquels nous voulons qu'il soit procédé comme tels de la manière la plus rigoureuse, & qu'ils soient punis comme tels, suivant l'exigence des cas ».

La seconde proclamation étoit de la teneur suivante.

« Les états de Hollande & de West-Frise, à tous ceux qui ces présentes verront ou entendront lire, salut · savoir faisons, que pour de bonnes raisons, à ce nous mouvantes, nous avons jugé à propos d'ordonner à tous les commandans des villes & places respectives en cette province, à l'apparition des troupes prussiennes & en cas d'attaque, de ne point faire de résistance, & de ne respecter aucuns ordres de la commission de défense que nous avons démise, ou de qui que ce soit, à peine de cassation. Et, afin que chacun puisse en avoir connoissance, nous ordonnons & nous enjoignons que la présente soit publiée dans les villes respectives de la province, ainsi que dans les endroits où il y a des troupes, & affichée par-tout où il convient & se faire est d'usage.

Fait à la Haye sous le petit-sceau du pays, le 22 septembre 1787.

Le prince stathouder assista le 25 à l'assemblée des Etats-Généraux, où il fut complimenté. Leurs altesses le furent également par la plupart des ministres étrangers, par les divers collèges d'état, les députés des villes, &c.

Les états de Hollande rétablirent tous les officiers qui avoient été démis précédemment, & cassèrent à jamais ceux qui avoient désobéi à leurs ordres dans le temps.

Une commission des états de Hollande s'étoit rendue auprès de la princesse d'Orange, pour s'informer de la satisfaction qu'elle exigeoit sur les empêchemens mis à son voyage à la Haye; & son altesse royale ayant requis l'éloignement de MM. Camerling, conseiller de Harlem; Blok, échevin de Leyde; de Witt, échevin d'Amsterdam; Van-Toulon, conseiller de Gouda; Van-Foreest, conseiller d'Alckmaar; Costerus, secrétaire de la commission de Woerden; de Lange, conseiller de Gouda; de Gyselaar, pensionnaire de Dordrecht; Van Zeeberg & Van de Kasteele, pensionnaires de Harlem; Van Berkel & Wischer, pensionnaires d'Amsterdam; de Kempenaer, conseiller d'Alckmaar; en outre, de MM. Van Leyden, Abbema, Hovy le jeune & Bicker, conseillers d'Amsterdam, & membres de la commission de défense de cette ville.

Les états de Hollande résolurent le 11 octobre de démettre pour toujours, de toutes charges du gouvernement, les personnes désignées par la princesse d'Orange. On en donna avis aux régences de Dordrecht, Harlem, Leyde, Amsterdam, Gouda & Alcmaër, où siégeoient ces magistrats destitués, de même qu'à la régence de Voerden, à l'égard de M. Costerus qui avoit fait les fonctions de secrétaire de la commission de défense, & dont le stathouder demandoit aussi la démission.

On proposa d'abord & on résolut ensuite, 1°. d'autoriser le stathouder à licencier tous les corps levés à la solde particulière de la province de Hollande, & à la délivrer de ce fardeau: 2°. de prendre au plutôt à la solde & au service de la république, pour un terme limité, quelques régimens de troupes du landgrave de Hesse-Cassel, ou d'autres princes d'Allemagne: Bientôt après, tout le monde se conforma unanimement & sans aucunes réserves, aux résolutions des états de Hollande, qui avoient pour objet l'entier rétablissement du prince stathouder, dans ses charges & dignités, la liberté de prendre la couleur orange, la cassation des sociétés armées, & la destitution des régens que les bourgeoisies avoient mis en place dans le courant de l'année, en divers lieux. Les bourg-mestres Beels & Dedel, & les autres régens d'Amsterdam, déposés quelques mois auparavant, furent rétablis & siégèrent au conseil.

Au milieu de toutes ces résolutions des états de Hollande, confirmées par les Etats-Généraux lorsqu'elles avoient besoin de l'être, on en voit une relative au rhingrave de Salm qui avoit évacué Utrecht à l'approche des troupes prussiennes, laquelle n'est pas trop d'accord avec ce qui avoit précédé, & avec ce qui suivit; les états de

Hollande arrêtèrent, sur la proposition des députés de Dordrecht, de casser le rhingrave de Salm de toutes ses charges militaires, & de le faire poursuivre criminellement pour crime de défertion. Les Etats-Généraux confirmèrent cette résolution, & défendirent de recevoir le rhingrave dans aucune de leurs colonies, & arrêtèrent d'écrire à leurs ministres à Hambourg & en Danemarck, de demander la saisie de cet officier, en cas qu'il voulût s'embarquer pour l'une des possessions de l'état dans l'Inde ou en Amérique.

La satisfaction donnée au stathouder & sa réintégration furent complettes; car le 28 septembre les états de Hollande prirent la résolution suivante:

« Les requêtes, remontrances, déclaratoires & mémoires présentés & remis à cette assemblée pendant le cours des dernières années, & par lesquels l'on taxe, d'une manière si indécente & si injurieuse, l'honneur, la conduite & les intentions de S. A. S. doivent leur origine à l'esprit de parti qui a eu lieu dans cette province, aux écrits calomnieux qui ont paru en si grand nombre, & avec une licence effrénée, sans que la justice ait eu suffisamment le pouvoir de les réprimer, & qui ont donné lieu à une tyrannie excessive de la part des corps francs, des bourgeoisies particulières & des sociétés des villes & du plat pays, aux excitations de toute espèce & à des entreprises inouies & arbitraires, qui ont contraint les régens de presque toutes les villes, de concourir à ces résolutions; en outre toutes les accusations & les imputations flétrissantes, alléguées dans lesdites requêtes, remontrances, déclaratoires & mémoires, paroissent destituées de fondement, & ne doivent leur existence qu'à l'irritation malheureuse de personnes très-mal intentionnées, mal instruites ou abusées. Il faut aussi attribuer la foi ou l'approbation plus ou moins nomologuée qu'y ont ajouté quelques membres de l'assemblée, malgré le sentiment & la protestation de quelques autres, aux suites des temps de faction; mais leurs nobles & grandes puissances, entièrement persuadées de la pureté des intentions de S. A. S. & ayant une confiance entière à ses intentions patriotiques & à son zèle bien intentionné pour les vrais intérêts de cette province, ne peuvent & ne doivent considérer l'acceptation desdites requêtes & adresses, & les résolutions qui ont eu lieu à cet égard, que comme les effets de contrainte à bras armé qu'exerçoient lesdites sociétés & bourgeoisies nouvelles, & qui a obligé les régens des villes à les approuver ».

« Il a été trouvé bon & arrêté que toutes ces résolutions seront abrogées, rendues nulles & mises hors d'effet, comme cela se fait par la présente, de manière qu'on ne puisse jamais induire contre le sentiment de L. N. & G. P. quelque doute touchant la pureté des intentions de S. A. S. & de sa fidélité éprouvées envers le pays; & afin que cela paroisse en effet, en faisant la lecture même desdites résolutions, comme aussi des notules inscrites dans les registres, il sera noté à côté de chaque résolution ou disposition, & à la suite de ce qui est noté en marge: *qu'elles sont abrogées, annullées & mises entièrement hors d'effet, & de conséquence, en vertu de cette résolution de leurs nobles & grandes puissances, prise aujourd'hui* ».

« Le tout cependant sauf toutes les poursuites que la justice du souverain exige, contre les auteurs de ces menaces violentes, injustes & criminelles, & les excès commis. Et enfin qu'on priera M. le conseiller pensionnaire, comme cela se fait par la présente, de communiquer en personne cette résolution de L. N. & G. P. à S. A. S. & de lui déclarer en leur nom, que L. N. & G. P. verront avec plaisir S. A. S. assister de temps en temps, dans ces jours fâcheux, aux délibérations de L. N. & G. P. pour le prompt avancement du repos, pour la sûreté de la constitution & le rétablissement de la confiance générale ».

Et, de peur que les puissances étrangères ne voulussent intervenir au milieu de cette révolution, le 21 du même mois les états de Hollande avoient pris une autre résolution, dont voici la teneur.

« Sur la proposition de messieurs les députés de la ville de Dordrecht, ayant été pris en considération qu'attendu que, dans les présentes circonstances & la conjoncture heureuse des affaires, les causes & les motifs sur lesquels étoit fondée la résolution de L. N. & Gr. P. du 10 septembre, contenant les instances les plus pressantes près de la cour de France, pour secourir, par des forces militaires suffisantes, cette province contre l'approche des troupes prussiennes, sont venus à cesser; & considéré la nécessité la plus extrême & la plus urgente, ainsi que les égards dus à cette cour, il a été trouvé bon & arrêté qu'encore aujourd'hui Mrs les ambassadeurs de cet état en France seront requis, en leur envoyant par exprès, extrait de la présente résolution, d'informer S. M. le roi de France, que les différends entre cette province & M. le stathouder-héréditaire ont été heureusement terminés, & que son altesse royale va aussi s'arranger avec la cour de Prusse; qu'ainsi, comme il n'y a plus ici d'ennemis, la résolution du 10 septembre a cessé d'avoir effet: que leurs nobles & grandes puissances se sont cru dans l'obligation d'en donner le plus promptement possible avis à sa majesté très chrétienne, ne doutant point qu'elle ne veuille bien prendre, à ce rétablissement de la tranquillité dans un pays, la part qu'elle a toujours montrée à y étouffer la discorde & à en avancer la prospérité, pour lequel effet la bonne affection de sa majesté sera toujours hautement agréable à leurs nobles & grandes puissances. Et sera de plus donné connoissance de cette résolution au chargé d'affaires de la cour de France, en lui remettant extrait de la présente résolution, ainsi que par extrait aux bourg-mestres des villes d'Amsterdam & de Pu-merend, en leur communiquant que l'assemblée s'étant déjà augmentée au nombre de seize membres présens, leurs nobles & grandes puissances prient itérativement lesdites régences d'envoyer ici leurs députés le plutôt possible ».

Les états de Hollande accordèrent une amnistie générale à tous ceux qui précédemment avoient été punis, emprisonnés, bannis ou accusés, pour avoir contrevenu aux placards de L. N. P., par un zèle outré pour la maison d'Orange; les rétablissant dans leur honneur & dans tous leurs droits, & notamment au fameux Morrand.

Si les états de Hollande se soumettoient aux volontés du stathouder & des prussiens, on pense bien que ceux d'Over-Issel & de Groningue, qui, durant les troubles, avoient fait cause commune avec la Hollande, obéissoient également à la force; & que les états de Zélande, de Frise, de Gueldre & d'Amersfoort, qui avoient été favorables au parti stathoudérien, triomphoient & montroient peu de modération envers le parti vaincu. Il seroit trop long de détailler ici ces diverses résolutions; nous n'en citerons qu'une des états de Frise, qui, après avoir rappellé l'insurrection armée qui avoit eu lieu à la fin d'août dans la province, déclarèrent déchus de leurs commissions, charges & bénéfices, & exceptèrent de l'amnistie générale dix membres de leur assemblée, formant-alors la minorité, pour avoir été les principaux auteurs des mouvemens séditieux, avoir foulé aux pieds la constitution, les loix fondamentales, & s'être soulevés contre la souveraineté de la province, pour avoir ensuite pris la fuite & abandonné leurs postes. Ils furent déclarés inhabiles à toute charge, emploi ou commission : on eut la bonté de leur permettre de *se présenter en justice dans trois mois*, POUR PROUVER LEUR INNOCENCE.

Malgré l'amnistie générale accordée, sauf les exceptions indiquées plus haut, le états de Hollande résolurent, touchant l'acte d'union passé le 8 août 1786 entre un nombre de régens de la république.

ARTICLE PREMIER.

« Que la recherche sera faite des premiers conduc-

teurs & instituteurs dudit acte; &, s'il faut intenter quelques procédures, elles feront faites devant le juge ordinaire & compétent de la personne qui y est concernée ».

I I.

« Que tous les membres de l'ordre équestre & magistrats des villes, & leurs ministres actuels, ou qui feront établis dans la suite, feront tenus dès maintenant, quand ils feront installés comme membres de l'ordre équestre, magistrats & ministres, & d'autres, n'étant point magistrats & ministres, & comparoissant cependant à l'assemblée, de promettre par serment à leur première comparition à l'assemblée de L. N. & G. P., conformément à une partie du contenu de l'article XIV de l'instruction des conseillers-comités, & au IIIe article de l'instruction du conseiller-pensionnaire, qu'ils aideront à conserver & à maintenir en toutes ses parties la souveraineté des états & leur constitution actuelle, & aussi, en particulier la résolution de L. N. & G. P. du 16 novembre 1787, concernant la charge de stathouder capitaine & amiral-général héréditaire »;

I I I.

« Comme aussi, que les régens actuels déclarent n'avoir eu aucune part directe ou indirecte à l'acte d'union passé à Amsterdam le 8 août 1786, entre plusieurs régens, se disant amis de la patrie, & signé ensuite par plusieurs autres; ou de s'en désister, en tant qu'ils pourroient y avoir eu part directe ou indirecte, & de se tenir dégagés de toute obligation contractée en vertu dudit acte ».

D'après cette belle résolution, on pourra inquiéter, persécuter & proscrire, quand on le voudra, tous ceux dont le parti stathoudérien fera mécontent. Ce prétendu acte d'amnistie des états de Hollande, qu'il faut appeler *acte de proscription*, exclut du pardon tous les régens, membres ou ministres de régence, ou hauts collèges du pays, tant de police que de justice, qui, 1°. en séduisant des habitans par argent, promesses ou menaces, ont tâché d'opérer la ruine de la constitution & de la forme du gouvernement.

« 2°. Ceux qui, par des correspondances illicites avec des étrangers, ont conspiré & intrigué, afin d'introduire des troupes étrangères dans le pays, ou qui ont abusé du nom & de l'autorité du souverain en traitant avec des puissances étrangères ».

3°. « Ceux qui, en inventant ou divulguant de faux bruits de desseins hostiles contre cette province, ont alarmé le pays, & l'ont mis dans un état de défenfe tout-à-fait inutile, & pour lequel on a dépenfé les deniers du pays d'une manière impardonnable ».

« 4°. Ceux qui ont dreffé l'acte de confédération que l'on a commencé à figner à Amfterdam, au mois d'août 1786, ou qui ont contribué à faire des propofitions aux prétendues affemblées du peuple pour renverfer la conftitution, & fpécialement les auteurs de la propofition faite à une telle affemblée, le 17 juillet 1787 ».

« En outre L. N. & G. P. excluent provifionnellement de cette amniftie & grace, toutes perfonnes, foit régens, membres ou miniftres des collèges de régence & de juftice, foit les particuliers qui ont été les moteurs & auteurs de la dépofition des régens légitimes, ou de ceux qui étoient en droit de prétendre à la nomination de régens dans quelques villes & lieux; en outre ceux qui ont donné l'ordre d'affembler de petites armées bourgeoifes, & les ont fait marcher, ainfi que ceux qui en ont dirigé les opérations, en ont eu le commandement, ou y ont fait la fonction de prétendus fecrètaires; ceux qui ont criminellement faifi, arrêté ou menacé les régens illégitimement démis, ainfi que quelques-uns de leurs concitoyens; ceux qui ont donné l'ordre de prendre des munitions dans les arfenaux du pays, de s'emparer des portes des villes, fans connoiffance préalable & le confentement de la régence, ou d'interrompre de quelque autre manière criminelle les délibérations des régens légitimes; ceux enfin qui ont donné l'ordre d'ouvrir les éclufes & de percer les digues pour inonder le pays, après que la réfolution de L. N. & G. P. de ne point faire de réfiftance aux troupes de S. M. pruffienne, étoit venue à leur connoiffance ».

« Tous les miniftres de l'Evangile & eccléfiaftiques d'autres religions, qui, renonçant aux devoirs de leur état, ont porté les armes & été membres de fociétés armées, ou qui ont affifté aux dépofitions criminelles des régens légitimes; les propriétaires & rédacteurs des papiers publics, Hiftorifche courant, Vaderlandfche courant, les deux intitulés Nederlandfche courant, & Zuid hollandfche courant, le politcke Kruyer & le Spectator met den Bril, & enfin tous ceux qui fe font rendus coupables de meurtres & d'actes de violence contre leurs concitoyens, ou d'autres excès énormes ».

« Malgré toutes ces exceptions, quiconque pourroit douter s'il eft compris dans l'amniftie, aura la liberté de s'adreffer, dans l'efpace de trois mois après la publication de ladite amniftie, à L. N. & G. P., en les priant d'être compris dans le pardon général, à quoi L. N. & G. P. jugeront comme elles le trouveront à propos ».

En conféquence de l'amniftie des états de Hollande & de Weft-Frife, les archers d'Amfterdam ont eu foin d'ôter de la potence, en préfence d'un meffager du magiftrat, le corps de Jean Rannink, qui, après avoir été tué au Kattenburg le 30 mai 1787, fut condamné, par fentence de Mrs les échevins, à être attaché par un pied à la potence. Le corps fut reftitué aux parens, qui le firent enterrer dans l'églife, appelée l'Oofter Kerk. Tous les habitans des quartiers de Kattenburg, d'Oottenburg & de Wittemburg ont été priés à cet enterrement extraordinaire par des billets imprimés, contenant un récit abrégé de ce qui étoit arrivé au mort, & de ce qui donnoit lieu au rétabliffement de fa mémoire & à fon enterrement.

La révolution opérée en Hollande doit en entraîner une autre dans les alliances politiques des Provinces - Unies : l'Angleterre n'avoit armé, au milieu des troubles, que pour foutenir la Pruffe & le parti ftathoudérien, & elle ne fe détermina à ces préparatifs de guerre qu'après avoir concerté une alliance avec le cabinet de Berlin & les Etats-Généraux. L'alliance des Provinces-Unies lui avoit été enlevée, durant la dernière guerre, par le cabinet de Verfailles : elle a profité des embarras de la France pour regagner cet allié, & on peut juger par les fuffrages univerfels, même ceux du parti de l'oppofition qu'a obtenu le miniftre, du prix que la Grande-Bretagne met à cette révolution politique. Le nouveau fyftème, établi dans les Provinces-Unies, y fera donc maintenu par les forces de la Grande-Bretagne & de la Pruffe, & le parti patriotique auroit befoin d'un grand degré de vigueur ou de nombreux fecours du dehors, pour renverfer la barrière formidable qui affure aujourd'hui la puiffance du ftathouder. Cependant, au moment où nous écrivons, cette triple alliance n'eft pas confommée, & on difcute fans doute des points de détail qui feront bientôt terminés. Au refte, ce n'eft pas la faute des Etats-Généraux; car ils ont déjà reconnu,

« Que leurs hautes puiffances doivent témoigner leur reconnoiffance & leur gratitude fincère de ce que les armes de fa majefté pruffienne ont donné lieu à l'heureufe révolution des affaires, par laquelle les liens d'union entre les provinces & leurs membres, ont été renoués, & la conftitution véritable & facrée du pays raffermie fur des fondemens inébranlables, & S. A. R. le feigneur ftathouder - héréditaire réintégré dans l'exercice de fes dignités ».

« Que L. H. P. ne pourront avoir de plus grande fatisfaction, que de pouvoir contracter avec fa majefté pruffienne une alliance plus précife & plus étroite ».

« Que comme L. H. P. ont auffi des raifons de marquer leur gratitude à fa majefté le roi de la Grande-Bretagne, des fervices rendus dans ces

derniers temps à la république, & de la bienveillance qu'elle lui a montrée, on lui témoignera
également le defir de faire avec fa majefté une
alliance plus précife & plus étroite, &c. &c ».

Ce n'eft pas à nous à raconter les déprédations commifes par les troupes au milieu de la
révolution : le lecteur les imaginera aifément ; nous
devons obferver cependant que les pruffiens ont
obfervé une difcipline auffi exacte qu'ils pouvoient
l'obferver en pareille occafion : mais nous dirons
un mot de l'affreux pillage exécuté à Bois-le-
Duc, par quelques troupes des Etats-Généraux.
Des commiffaires extraordinaires de leurs hautes
puiffances vinrent punir cet odieux attentat. Ils
y firent défarmer quatre compagnies de Tuyl,
cavalerie, le régiment du lieutenant-général Har-
denbrock, un bataillon du général-major Houf-
town, & deux compagnies d'artillerie. Le régiment de Munfter, en arrivant à Maëftricht, y
fut traité de la même manière. Toute l'ancienne
garnifon de cette place étoit fous les armes. A
mefure que les foldats de celle de Bois-le-Duc
entroient, on les défarmoit & on les conduifoit
aux cafernes. Quatre-vingt-treize hommes du
premier bataillon furent mis dans la prifon publique ; le fecond bataillon fut renfermé au Wyk.
On a vifité tous les foldats, compagnie par compagnie, & on a trouvé fur eux beaucoup de riches effets.

Leurs hautes-puiffances ordonnèrent les recherches les plus févères fur les caufes de cette fédition, & la punition févère des coupables ; &,
au moment où nous écrivons, plufieurs ont été
exécutés.

Son alteffe royale, époufe du ftathouder, avoit
demandé, après la prife d'Amfterdam, que M. le
duc de Brunfwick laiffât quatre mille pruffiens
dans la province de Hollande, pour y maintenir
la tranquillité durant l'hiver ; il fut décidé en effet
qu'on y laifferoit ces quatre mille hommes, &
ils furent cantonnés de manière qu'aucun ne reftoit dans une des dix-huit villes votantes aux
états : mais on va faire relever ces quatre mille
hommes par des troupes de Brunfwick que la
Hollande prend à fa folde. Les Etats-Généraux,
les états particuliers, les loix de profcription,
& les tribunaux aidés des troupes y fuffifent
pour confolider la révolution.

Enfin, pour donner à la révolution opérée en
faveur du ftathouder toute la ftabilité poffible,
les états de toutes les provinces ont confenti à
convertir les dignités du ftathouder, capitaine-
général & amiral-général, particulières à chacune d'elles, en une loi fondamentale de toutes
prifes collectivement, & à s'en garantir réciproquement le maintien ; les Etats-Généraux ont
pris une réfolution à cet effet, au mois de juillet
de l'année 1788, en vertu de laquelle L. H. P.

ont formé un acte de garantie en faveur du
ftathouder.

Voici cet acte de garantie mutuelle.

« Les feigneurs états des provinces de Gueldre,
Hollande & Weft-Frife, Zélande, Utrecht,
Frife, Over Iffel & Groningue, avec ceux du
pays de Drenthe, ayant réfléchi fur les caufes
des divifions domeftiques, par lefquelles la république en général, & chaque province en particulier, a été récemment agitée, & ayant trouvé
qu'elles font réfultées en grande partie des idées
erroneufes & extrêmement dangereufes que quelques perfonnes fe font formées réellement ou en
apparence, & qu'elles ont infpirées à d'autres
citoyens peu éclairés, au fujet de la conftitution
& de la forme de gouvernement de ce pays,
fpécialement touchant l'importance & la néceffité des dignités éminentes & héréditaires de
ftathouder, capitaine-général & amiral-général ;
ayant confidéré de plus que, lors de l'heureux
rétabliffement du ftathoudérat & de fa confirmation héréditaire en 1747 & 1748, les confédérés
ont regardé comme un grand avantage pour l'état,
qu'ils voyoient réunies fur la tête d'un feul &
même prince ces hautes dignités, relativement
à toutes les provinces & aux pays de la généralité, & qu'ils s'en font promis une nouvelle force
& folidité du lien de l'union ; que par conféquent
lefdites dignités, ayant reçu dès-lors une relation
plus étroite & plus immédiate par toute la confédération, devoient être regardées non-feulement
comme une partie effentielle de la conftitution
& de la forme de gouvernement de chaque province, mais de l'état en entier, & tellement liées
à l'union même, qu'il eft impoffible que l'une
fleuriffe & conferve fon bien-être fans l'autre ;
& qu'ainfi, de même que les confédérés font
obligés à s'entr'aider réciproquement au prix de
leurs biens & de leur fang pour la confervation
du lien de l'union, il doit auffi s'enfuivre néceffairement l'obligation de fe raffurer réciproquement fur les premiers & principaux moyens, par
lefquels l'union doit fe maintenir, & de veiller à
forces réunies contre toute atteinte qui y feroit
portée, d'autant plus que l'expérience a appris,
dans les derniers troubles, comment des principes les moins confidérables, qui d'abord paroiffoient avoir pour but de légers changemens, il eft
réfulté néanmoins une confufion générale, qui a
conduit la confédération fur le point d'une deftruction totale ».

« A CES CAUSES, Mrs les députés des provinces fufdites, au nom & par ordre des feigneurs
états, leurs commettans, déclarent folemnellement par la préfente, que les feigneurs états
fufdits tiennent & regardent les dignités héréditaires de ftathouder, capitaine-général & amiral-

général, avec tous les droits & prééminences qui y sont attachés, telles & sur le pied qu'elles ont été déférées dans leurs provinces respectives, & prises en possession, dans l'année 1766, par le présent seigneur stathouder-héréditaire, pour une partie essentielle de leur constitution & forme de gouvernement, & qu'ils se les garantissent réciproquement par forme de confédération comme une loi fondamentale de l'état, promettant de ne point souffrir que, dans une des provinces de la confédération, l'on s'écarte jamais de cette loi salutaire & indispensable pour le repos & la sûreté de l'état ».

La résolution des Etats-Généraux, en vertu de laquelle cet acte a été passé, portoit : « qu'il en seroit dressé deux expéditions en forme, dont l'une seroit remise à son altesse, l'autre au conseil d'état de la république, pour être gardée parmi les autres pièces authentiques qui concernent l'union, & que de plus il seroit frappé une médaille pour conserver, ainsi qu'il s'est pratiqué plusieurs fois en des cas semblables, la mémoire de cet événement, vu qu'un pareil acte solemnel est du plus grand intérêt pour la république, & doit servir au raffermissement de l'union ».

Nous n'examinerons pas en détail quelles seront les suites de cette révolution extraordinaire. Nous nous permettrons seulement quelques questions, dont le temps donnera la réponse.

1°. L'acte de l'union d'Utrecht est imparfait & vicieux dans presque tous ses points, ainsi que nous l'avons démontré, & ainsi que tout le monde en convient ; il étoit absolument nécessaire de corriger ce pacte fédéral : on ne le corrigera point, & quelles en seront les suites.

2°. Les constitutions, le régime politique & l'administration des diverses provinces offrent des imperfections & des défauts sans nombre. Il en résulte des abus crians, & une division assez ordinaire entre les divers états : ces abus ne doivent-ils pas augmenter après ce qui vient de se passer, & dans quelle proportion !

3°. Les bornes de l'autorité du stathouder n'ont jamais été fixées d'une manière précise ; ses partisans les plus zélés doivent avouer qu'il l'avoit étendue malgré les réglemens : les diverses résolutions qu'on a prises relativement à ce pouvoir, sur la fin des troubles, sont aussi vagues, & ne donneront-elles pas lieu aux mêmes abus & à des abus encore plus grands ?

4°. Si on veut assurer au stathouder tous les pouvoirs dont il jouissoit par usurpation, ou en vertu des loix, ne convient-il pas d'établir sur ce point un réglement très-détaillé : si on néglige ce soin, quelles en seront les suites, &

quel sera le moyen d'empêcher de nouveaux troubles ?

5°. Dans la position où se trouvent les *Provinces-Unies*, n'est-il pas d'une importance majeure de régler & de fixer d'une manière précise le pouvoir des Etats-Généraux ? L'administration militaire & le régime qu'on a suivi jusqu'à présent sur le cantonnement, la répartition & la solde des troupes, n'est-il pas inconcevable ? Si l'Europe entière ne l'avoit point vu, imagineroit-on qu'au milieu de ces troubles on n'a pu savoir à qui les troupes devoient obéir ? & ce point essentiel ne pouvant être déterminé qu'après qu'on aura réglé d'une manière invariable l'autorité des Etats-Généraux, celle du stathouder, & celle des états particuliers de chaque province, quels seront les effets de cet ordre des choses, ou plutôt de ce désordre, si on ne le change point ?

6°. Quel est, relativement à la population & au commerce, le nombre d'hommes qu'ont perdu les *Provinces-Unies* par la dernière révolution ?

7°. Quel effet produira la dernière révolution sur la prospérité nationale ?

8°. Quel sera dans cinquante ans le sort de ces provinces ?

9°. La révolution qui vient de s'y opérer, n'en prépare-t-elle pas une autre plus grave encore ? & après cette autre révolution qui se prépare, quel rôle joueront les *Provinces-Unies* dans le monde politique ?

10°. Y auroit-il aujourd'hui quelques moyens de prévenir l'asservissement des *Provinces-Unies* ?

SECTION IXe.

Des provinces hollandoises dans l'Inde, en Afrique & en Amérique, de la compagnie hollandoise des Indes orientales, & remarques sur l'état actuel des Provinces-Unies.

Nous avons parlé à l'article CAP, de la colonie du cap de Bonne-Espérance ; à l'article GUYANE & SURINAM, de l'établissement de la Guyane hollandoise ; à l'article EUSTACHE (S.) &c. des établissemens que les hollandois ont formés dans les isles d'Amérique ; à l'article CEYLAN, JAVA, MOLUQUES, SUMATRA, &c. des établissemens qu'ils ont formés en Asie : nous allons faire ici des observations plus générales.

Jusqu'à la découverte des côtes occidentales de l'Afrique, d'une route aux Indes par le cap de Bonne-Espérance, & sur-tout jusqu'à la découverte de l'Amérique, les peuples de l'Europe

ne

ne fe connoiffoient, ne fe vifitoient guère que par quelques incurfions barbares, dont le pillage étoit le but, & la dévaftation tout le fruit. A l'exception d'un petit nombre de tyrans armés, qui trouvoient dans l'oppreffion des foibles les moyens de foutenir un luxe extraordinairement cher, tous les habitans des différens états étoient réduits à fe contenter de ce que leur fournifioient un territoire mal cultivé, une induftrie arrêtée aux barrières de chaque province. Les grands événemens qui fixent, à la fin du quinzième fiècle, une des plus brillantes époques de l'hiftoire du monde, n'opérèrent pas dans les mœurs une révolution auffi rapide qu'on eft prompt à l'imaginer. Quelques villes anféatiques, quelques républiques d'Italie alloient, il eft vrai, chercher à Cadix & à Lisbonne, devenus de grands entrepôts, ce que les deux Indes envoyoient de rare & de précieux : mais la confommation en étoit tout-à-fait bornée, par l'impuiffance où étoient les nations de payer. Elles languiffoient, la plupart, dans une léthargie entière; la plupart ignoroient les avantages & les reffources de leur territoire.

Il falloit, pour mettre fin à cet engourdiffement, un peuple qui, forti du néant, répandît la vie & la lumière dans tous les efprits, l'abondance dans tous les marchés; qui pût offrir toutes les productions à plus bas prix, échanger le fuperflu de chaque nation avec ce qu'elle n'avoit pas; qui donnât une grande activité à la circulation des denrées, des marchandifes, de l'argent; qui, en facilitant, en étendant la confommation, encourageât la population, tous les genres d'induftrie. L'Europe dut aux hollandois tous ces avantages.

Lorfque les généreux habitans des *Provinces-Unies* levèrent la tête au-deffus de la mer & de la tyrannie, ils virent qu'ils ne pouvoient affeoir les fondemens de leur liberté fur un fol qui ne leur offroit pas même les foutiens de la vie. Ils fentirent que le commerce qui, pour la plupart des nations, n'eft qu'un intérêt acceffoire, qu'un moyen d'accroître la maffe & le revenu des productions territoriales, étoit la feule bafe de leur exiftence. Sans terre & fans productions, ils réfolurent de faire valoir celles des autres peuples, affurés que de la profpérité univerfelle fortiroit leur profpérité particulière. L'événement juftifia leur politique.

Leur premier pas établit entre les peuples de l'Europe, l'échange des productions du Nord avec celles du Midi. Bientôt toutes les mers fe couvrirent des vaiffeaux de la Hollande. C'étoit dans fes ports que tous les effets commerçables venoient fe réunir; c'étoit de fes ports qu'ils étoient expédiés pour leurs deftinations refpectives. On régloit la valeur de tout, & c'étoit avec une modération qui écartoit toute concurrence. L'ambition de donner plus de ftabilité, plus

d'étendue à fes entreprifes, rendit avec le temps la république conquérante. Sa domination s'étendit fur une partie du continent des Indes, & fur toutes les ifles importantes de l'Océan qui l'environne. Elle tenoit afférvies, par fes forterefles ou par fes efcadres, les côtes d'Afrique où elle avoit porté le coup-d'œil attentif & prévoyant de fon utile ambition. Les feules contrées de l'Amérique, où la culture eût jetté les germes des vraies richeffes, reconnoiffoient fes loix. L'immenfité de fes combinaifons embraffoit l'univers, dont elle étoit l'ame par le travail & l'induftrie. Elle étoit parvenue à la monarchie univerfelle du commerce.

Tel étoit l'état des *Provinces-Unies*, lorfque les portugais, fe relevant de la langueur & de l'inaction où la tyrannie efpagnole les avoit plongés, réuffirent à leur arracher en 1661 la partie du Bréfil qu'elles avoient conquife fur eux. Après ce premier ébranlement de leur puiffance, les hollandois auroient été chaffés du Nouveau-Monde, s'il ne leur fût refté quelques petites ifles, en particulier celle de Curaçao, qu'en 1634 ils avoient enlevée aux caftillans qui le poffédoient depuis 1527. *Voyez* l'article CURAÇAO.

De la compagnie hollandoife des Indes orientales.

Elle dut fes premiers fuccès au bonheur qu'eurent fes navires de s'emparer, dans moins d'un demi-fiècle, de plus de trois cents vaiffeaux portugais. Ces bâtimens, dont les uns étoient deftinés pour l'Europe, & les autres pour différentes échelles de l'Inde, étoient chargés des dépouilles de l'Afie. Ces richeffes, que les équipages avoient la fidélité de ne point entamer, formoient à la compagnie des retours immenfes, ou fervoient à lui en procurer. De cette manière, les ventes étoient fort confidérables, quoique les envois fuffent très-médiocres.

L'affoibliffement de la marine portugaife enhardit à attaquer les établiffemens de cette nation, & en facilita extrêmement la conquête. On trouva des forterefles folidement bâties, munies d'une artillerie nombreufe, approvifionnées de tout ce que le gouvernement & les riches particuliers d'une nation conquérante avoient dû naturellement y raffembler. Pour juger fainement de cet avantage, il ne faut que faire attention à ce qu'il en a coûté aux autres peuples pour obtenir la permiffion de fe fixer où leur intérêt les appelloit; pour bâtir des maifons, des magafins, des forts; pour acquérir l'arrondiffement néceffaire à leur confervation ou à leur commerce.

Lorfque la compagnie fe vit en poffeffion de tant d'établiffemens fi riches & fi folides, elle ne fe livra pas à une ambition trop vafte. C'eft fon commerce qu'elle voulut étendre, & non fes conquêtes. On n'eut guère à lui reprocher d'injuftices, que celles qui fembloient néceffaires à fa puiffance. Le fang des peuples de l'orient ne coula plus, comme au temps où l'envie de fe diftinguer par des exploits guerriers & par la manie des converfions, montroit par-tout les portugais aux Indes fous un appareil menaçant.

Les hollandois fembloient être venus plutôt pour venger, pour délivrer les naturels du pays, que pour les fubjuguer. Ils n'eurent de guerres contr'eux, que pour en obtenir des établiffemens fur les côtes, & pour les forcer à des traités de commerce. A la vérité, ce n'étoit pas pour l'avantage de ces peuples, qui même y perdoient une grande partie de leur liberté : mais d'ailleurs, les nouveaux dominateurs, un peu moins barbares que les conquérans qu'ils avoient chaffés, laiffoient les indiens fe gouverner eux-mêmes, & ne les contraignoient pas à changer leurs loix, leurs mœurs & leur religion.

Par la manière de placer & de diftribuer leurs forces, ils furent contenir les peuples que leur conduite leur avoit d'abord conciliés. A l'exception de Cochin & de Malaca, ils n'eurent fur le continent que des comptoirs & de petits forts. C'eft dans les ifles de Java & de Ceylan qu'ils établirent leurs troupes & leurs magafins ; c'eft de là que leurs vaiffeaux foutenoient leur autorité, & protégeoient leur commerce dans le refte des Indes.

Il y étoit très-confidérable, depuis que la ruine de la puiffance portugaife avoit fait tomber dans leurs mains les épiceries. Quoique la confommation s'en fît principalement en Europe, leurs heureux poffeffeurs ne laiffoient pas d'en placer, mais à un prix inférieur, une affez grande quantité aux Indes. Ils y débitoient annuellement dix mille livres pefant de macis, cent mille livres de mufcade, cent cinquante mille livres de girofle, deux cents mille livres de cannelle, trois ou quatre millions de poivre. C'étoit affez généralement le débouché des productions imparfaites qui n'auroient pas été vendues dans nos contrées.

Le foin d'exporter & de répandre les épiceries, aida les hollandois à s'approprier beaucoup d'autres branches de commerce. Avec le temps, ils parvinrent à s'emparer du cabotage de l'Afie, comme ils étoient en poffeffion de celui de l'Europe. Ils occupoient à cette navigation un grand nombre de vaiffeaux & de matelots qui, fans rien coûter à la compagnie, faifoient fa fûreté.

Des avantages fi décififs écartèrent long-temps les nations qui auroient voulu partager le commerce de l'Inde, ou les firent échouer. L'Europe reçut les productions de ce riche pays, des mains des hollandois. Ils n'éprouvèrent même jamais, dans leur patrie, les gênes qui depuis fe font introduites par-tout ailleurs. Le gouvernement, inftruit que la pratique des autres états ne devoit, ni ne pouvoit lui fervir de règle, permit conftamment à la compagnie de vendre librement & fans limitation fes marchandifes à la métropole.

Lorfque ce corps fut établi, les *Provinces-Unies* n'avoient ni manufactures, ni matières premières pour en élever. Ce n'étoit donc pas alors un inconvénient, c'étoit plutôt une grande fageffe de permettre aux citoyens de les engager même à s'habiller des toiles & des étoffes des Indes. Les différens genres d'induftrie que la révocation de l'édit de Nantes fit paffer à la république, pouvoient lui donner l'idée de ne plus tirer de fi loin fon vêtement : mais la paffion qu'avoit alors l'Europe pour les modes de France, préfentant aux travaux des refugiés des débouchés avantageux, on n'eut pas feulement la penfée de rien changer à l'ancien ufage. Depuis que la cherté de la main-d'œuvre, qui eft une fuite néceffaire de l'abondance de l'argent, a fait tomber les manufactures, & réduit la nation à un commerce d'économie, les étoffes de l'Afie ont été plus favorifées que jamais. On a fenti qu'il y avoit moins d'inconvénient à enrichir les indiens que les anglois ou les françois, dont la profpérité ne fauroit manquer d'accélérer la ruine d'un état qui ne foutient fon opulence que par l'aveuglement, les guerres, ou l'indolence des autres puiffances.

Cet ordre des chofes avoit porté la fortune de la compagnie à une hauteur dont elle eft enfin defcendue. Quelques détails rendront cette vérité fenfible.

Les premiers fonds de cette affociation commerçante ne furent que de 14,211,648 liv. Il en fut fourni 8,084,813 par Amfterdam ; 2,934,540 l. 8 f. par la Zélande ; 1,180,905 par Enchuyfen ; 1,034,000 par Delft ; 587,109 liv. 12 f. par Horn, & enfin 390,280 par Rotterdam.

Ce capital qui n'a jamais été augmenté, & qui, depuis l'origine jufqu'au premier janvier 1778, a rendu, année commune, vingt-un & un dix-feptième pour cent, fut divifé par fommes de 6,600 liv. qu'on nomma actions. Leur nombre fut de 2,153. On les vendit comptant, on les vendit à crédit comme toutes les marchandifes. Les formalités fe réduifoient à fubftituer le nom de l'acheteur à celui du vendeur, fur les livres de la compagnie, feul titre qu'euffent les propriétaires. L'avidité & l'efprit de calcul imaginèrent une autre manière de prendre part à ce trafic. Des hommes qui n'avoient point d'actions à vendre, des hommes qui n'en vouloient pas acheter, s'engageoient réciproquement, les uns à en livrer, les autres à en recevoir un nombre déterminé, à un prix convenu & à un temps fixe. Leur valeur, à cette époque, fixoit le fort des joueurs. Celui qui avoit perdu foldoit avec de l'argent, & la négociation fe trouvoit finie, c'eft-à-dire, qu'on faifoit alors ce que la funefte manie de l'agiotage vient de renouveller parmi nous.

Le defir de gagner, la crainte de perdre dans ces fpéculations peu délicates caufoient dans les efprits la fermentation la plus vive. On inventoit de bonnes ou de mauvaifes nouvelles ; on accréditoit ou l'on combattoit celles qui fe répandoient ; on cherchoit à furprendre le fecret des cours & à corrompre leurs miniftres. La tranquillité publique fut fi fouvent troublée par ces intérêts oppofés, que le gouvernement crut devoir prendre des mefures pour arrêter l'excès de cet agiotage. On déclara que toute vente d'actions à terme feroit nulle, à moins qu'il ne fût prouvé par les regiftres que le vendeur, dans le temps du marché, en avoit la propriété. Les gens d'honneur ne fe crurent pas difpenfés, par cette loi, de l'obligation de tenir leurs engagemens : mais elle devoit, rendre & rendit en effet ces opérations plus rares. Le lecteur obfervera que les mêmes chofes fe font paffées en France, avec cette différence toutefois au défavantage de la bourfe de Paris, qu'on y a profité de davantage des arrêts du confeil pour ne pas tenir les engagemens, & qu'aucun hollandois n'imagina alors d'accaparer toutes les actions de la compagnie, pour forcer les joueurs à les payer au prix que le monopole voudroit y mettre.

Dans des temps heureux, les actions s'élevèrent à un prix prefque incroyable ; elles acquirent jufqu'à huit fois leur valeur originaire. On les a vues déchoir fucceffivement, & un mémoire que les directeurs de la compagnie des Indes ont préfenté aux Etats-Généraux, en 1780, pour en obtenir un fecours de 14,000,000 florins, porte à 10,300,000 florins les pertes qu'elle a faites dans la dernière guerre. Le lecteur doit fentir que leur valeur intrinfèque fe trouve bien diminuée.

Le capital de la compagnie, fes dettes payées, ne paffoit pas 62,480,000 liv. à la fin de 1751. Dans cette fomme même, il n'y avoit en argent, en bon papier & en marchandifes, dans les magafins ou fur les mers d'Europe & des Indes, que 38,060,000 liv. Le refte confiftoit en créances équivoques ou défefpérées, en armes, en vivres, en artillerie, en munitions de guerre, en beftiaux, en efclaves, en quelques autres effets qui n'entroient point dans le commerce.

A la même époque, les bénéfices annuels s'élevoient à 27,940,000 liv. Mais, pour les obtenir, il falloit dépenfer 20,460,000 liv. C'étoit donc 7,480,000 liv. qu'il reftoit pour le dividende, & pour faire face aux guerres, aux incendies, aux naufrages, à tant d'autres malheurs que la prudence humaine ne peut ni prévoir, ni empêcher.

Cette fituation allarmoit fi vivement Moffel, le plus habile des chefs qui aient gouverné les Indes hollandoifes, qu'il regardoit la compagnie comme un corps épuifé qui ne fe foutenoit que par des cordiaux. C'étoit, fuivant fon expreffion, un vaiffeau qui couloit bas, & dont la fubmerfion étoit retardée par la pompe.

Quelques démarches que nous ayons faites, il ne nous a pas été poffible d'obtenir un bilan poftérieur à celui dont nous venons de nous occuper. Mais que doivent donc penfer les intéreffés de l'opiniâtreté avec laquelle on les laiffe dans l'ignorance de leur fituation ? Ou que leurs affaires font dans le plus grand défordre, ou que les perfonnages auxquels ils en ont confié l'adminiftration, font de malhonnêtes gens, dont le projet conftant eft d'ordonner, de difpofer de de tout à leur gré, de piller fans s'expofer à aucune forte de réclamation; ou que, s'ils s'expofent au foupçon de malverfation, c'eft pour fe garantir du reproche d'impéritie. Quand on réfléchit un peu profondément fur cette conduite ténébreufe, on ne fait qui il faut blâmer davantage, ou des propriétaires indolens qui peuvent demander d'autorité un compte à des gens qui ne font, après tout, que leurs commettans, & qui ne fe trouveront jamais enveloppés dans leur ruine; ou de la tyrannie de ces repréfentans, à qui leurs concitoyens ont confié leur fortune, & qui en ufent comme de la leur; ou de la connivence des chefs de l'état, qui n'ofent, ou ne peuvent, ou ne veulent pas interpofer leur autorité dans une circonftance aufli importante. Quoi qu'il en foit, le myftère dont la compagnie fait une obligation, fous ferment, à fes agens, n'empêche pas de voir que fa fituation devient de jour en jour plus fâcheufe. Elle-même a été forcée de mettre les nations dans la confidence de fa détreffe, en diminuant de plus en plus fes répartitions. Il refte à démêler les vraies caufes d'une vérité fi affligeante.

La première de toutes fut cette multitude de petites guerres qui fe fuccédèrent fans interruption. A peine les habitans des Moluques étoient revenus de l'étonnement que leur avoient caufé les victoires des hollandois fur un peuple qu'on regardoit comme invincible, qu'ils parurent impatiens du joug. La compagnie, qui craignit les fuites de ce mécontentement, attaqua le roi de Ternate, pour le forcer à confentir qu'on extirpât le girofle par-tout, excepté à Amboine. Les infulaires de Banda furent tous exterminés, parce qu'ils refufoient d'être efclaves. Macaffar, qui voulut appuyer leurs intérêts, occupa longtems des forces confidérables. La perte de Formofe entraîna la ruine des comptoirs du Tonkin & de Siam. On fut obligé d'avoir recours aux armes, pour foutenir le commerce exclufif de Sumatra. Malaca fut affiégé, fon territoire ravagé, fa navigation interceptée par des pirates. Négapatnam fut attaqué deux fois. Cochin eut à foutenir les efforts des rois de Calicut & de Travancor. Les troubles ont été prefque continuels à Ceylan, auffi fréquens & plus vifs encore à Java, où l'on n'aura jamais de paix folide qu'en mettant un prix raifonnable aux denrées qu'on exige. Toutes ces guerres ont été ruineufes, & plus ruineufes encore qu'elles ne devoient l'être, parce que ceux qui les conduisoient, les faisoient servir à leur fortune particulière.

Ces diffensions éclatantes ont été suivies, en beaucoup d'endroits, de vexations odieuses. On en a éprouvé au Japon, à la Chine, à Camboge, à Aracan, dans le Gange, à Achem, sur la côte de Coromandel, à Surate, en Perse, à Baffora, à Moka, dans d'autres lieux encore.

Les bénéfices que faifoit la compagnie dans des lieux où fon commerce n'étoit pas troublé, couvrirent long-temps les pertes que la mauvaise adminiftration ou l'anarchie lui occafionnoient ailleurs. Les autres nations européennes lui firent perdre ce dédommagement. Leur concurrence la réduifit à acheter plus cher, & à vendre à meilleur marché. Peut-être fes avantages naturels l'auroient-ils mife en état de foutenir ce revers, fi fes rivaux n'avoient pris le parti de livrer aux négocians particuliers le commerce d'Inde en Inde. Il faut entendre par ce mot, les opérations néceffaires pour porter les marchandifes d'une contrée de l'Afie à une autre contrée de l'Afie; de la Chine, du Bengale, de Surate, par exemple, aux Philippines, en Perfe & en Arabie. C'eft par le moyen de cette circulation, & par des échanges multipliés, que les hollandois obtenoient pour rien, ou pour prefque rien, les riches cargaifons qu'ils apportoient dans nos climats. L'activité, l'économie, l'intelligence des marchands libres, chafferent la compagnie de toutes les échelles où la faveur étoit égale.

Cette révolution, qui lui montroit fi bien la route qu'elle devoit fuivre, ne l'éclaira pas même fur une pratique ruineufe en commerce. Elle avoit pris l'habitude de porter toutes les marchandifes de l'Inde & d'Europe à Batavia, d'où on les verfoit dans les différens comptoirs où la vente en étoit avantageufe. Cet ufage occafionnoit des frais & une perte de temps, dont l'énormité des bénéfices avoit dérobé les inconvéniens. Lorfque les autres nations fe livrerent à une navigation directe, il devenoit indifpenfable d'abandonner un fyftême, mauvais en lui-même, infoutenable par les circonftances. L'empire de la coutume prévalut encore, & la crainte que fes employés n'abufaffent d'un changement, empêcha, dit-on, la compagnie, d'adopter une méthode dont tout lui démontroit la néceffité.

Ce motif ne fut vraifemblablement qu'un prétexte. L'infidélité des commis étoit plus que tolérée. Les premiers avoient eu la plupart une conduite exacte. Ils étoient dirigés par des amiraux qui parcouroient tous les comptoirs, qui avoient un pouvoir abfolu dans l'Inde, & qui, à la fin de chaque voyage, rendoient compte en Europe de leur adminiftration. Dès que le gouvernement eut été fédératif, les agens, moins furveillés, fe relâcherent. Ils fe livrerent à cette molleffe, dont on contracte fi aifément l'habitude dans les pays chauds. On fe vit réduit à en multi-

tiplier le nombre, & perfonne ne fe fit un point capital d'arrêter un défordre qui donnoit aux gens puiffans la facilité de placer toutes leurs créatures. Elles paffoient en Afie avec le projet de faire une fortune confidérable & rapide. Le commerce étoit interdit. Les appointemens étoient infuffifans pour vivre. Tous les moyens honnêtes de s'enrichir étoient ôtés. On eut recours aux malverfations. La compagnie fut trompée dans toutes fes affaires, par des facteurs qui n'avoient point d'intérêt à fa profpérité. L'excès du défordre fit imaginer d'allouer pour tout ce qui fe vendroit, pour tout ce qui s'acheteroit, une gratification de cinq pour cent, qui devoit être partagée entre tous les employés, fuivant leurs grades. Ils furent obligés, à cette condition, de jurer que leur compte étoit fidèle. Cet arrangement ne fubfifta que cinq ans, parce qu'on s'apperçut que la corruption ne diminuoit pas. On fupprima la gratification & le ferment. Depuis cette époque, les adminiftrateurs mirent à leur induftrie le prix que leur dictoit la cupidité.

La contagion, qui avoit d'abord infecté les comptoirs fubalternes, gagna peu à peu les principaux établiffemens, & avec le temps, Batavia même. On y avoit vu d'abord une fi grande fimplicité, que les membres du gouvernement, vêtus, dans le cours ordinaire de la vie, comme de fimples matelots, ne prenoient des habits décens que dans le lieu même de leurs affemblées. Cette modeftie étoit accompagnée d'une probité fi marquée, qu'avant 1650 il ne s'étoit pas fait une feule fortune remarquable : mais ce prodige inouï de vertu ne pouvoit durer. On a vu des républiques guerrières vaincre & conquérir pour la patrie, & porter dans le tréfor public les dépouilles de la nation. On ne verra jamais les citoyens d'une république commerçante amaffer pour un corps particulier de l'état, des richeffes dont il ne leur revient ni gloire, ni profit. L'auftérité des principes républicains dut céder à l'exemple des peuples afiatiques. Le relâchement fut plus fenfible dans le chef-lieu de la colonie, où les matières de luxe arrivant de toutes parts, le ton de magnificence fur lequel on crut devoir monter l'adminiftration, donna du goût pour les chofes d'éclat. Ce goût corrompit les mœurs, & la corruption des mœurs rendit égaux tous les moyens d'accumuler des richeffes. Le mépris même des bienféances fut pouffé fi loin, qu'un gouverneur général fe voyant convaincu d'avoir pouffé le pillage des finances au-delà de tous les excès, ne craignit point de juftifier fa conduite, en montrant un plein-pouvoir figné de la compagnie.

Comment eût-on remédié à la conduite des adminiftrateurs, dont on n'avoit pas prévu le dérangement dans les commencemens de la république, où les mœurs étoient pures & frugales?

Dans ces établiffemens hollandois , les loix avoient été faites pour des hommes vertueux : il faut d'autres loix pour d'autres mœurs.

Le défordre auroit pu être arrêté dans fon origine., s'il n'avoit dû faire les mêmes progrès en Europe qu'en Afie. Mais comme un fleuve débordé roule plus de limon qu'il ne groffit fes eaux , les vices qu'entraînent les richeffes, croiffent encore plus que les richeffes mêmes. Les places de directeurs, confiées d'abord à des négocians habiles , tombèrent, à la longue, dans des maifons puiffantes , & s'y perpétuèrent avec les magiftratures qui les y avoient fait entrer. Ces familles, occupées de vues politiques ou de foins d'adminiftration , ne virent dans les poftes qu'elles arrachoient à la compagnie, que des émolumens confidérables , & la facilité de placer leurs parens; quelques-unes même, l'abus qu'elles pouvoient faire de leur crédit. Les détails , les difcuffions , les opérations les plus importantes de commerce furent abandonnées à un fecrétaire qui, fous le nom plus impofant d'avocat , devint le centre de toutes les affaires. Des adminiftrateurs qui ne s'affembloient que deux fois l'année , le printemps & l'automne , à l'arrivée & au départ des flottes, perdirent l'habitude & le fil du travail qui demande une attention continue. Ils furent obligés d'accorder une confiance entière à un homme chargé par état de faire toutes les dépêches qui arrivoient de l'Inde, & de dreffer le modèle des réponfes qu'on devoit y rapporter. Ce guide, quelquefois peu éclairé, fouvent corrompu , toujours dangereux , jetta ceux qu'il conduifoit, dans des précipices, ou les y laiffa tomber.

L'efprit du commerce eft un efprit d'intérêt , & l'intérêt produit toujours la divifion. Chaque chambre voulut avoir fes chantiers , fes arfenaux , fes magafins pour les vaiffeaux qu'elle étoit chargée d'expédier. Les places furent multipliées , & les infidélités encouragées par une conduite fi vicieufe.

Il n'y eut point de département qui ne fe fît une loi de fournir , comme il en avoit le droit, des marchandifes en proportion de fes armemens. Ces marchandifes n'étoient pas également propres pour leur deftination , & on les vendit peu, ou on les vendit mal.

Lorfque les circonftances exigèrent des fecours extraordinaires , cette vanité puérile, qui craint de montrer de la foibleffe en montrant des befoins , empêcha de faire des emprunts en Hollande, où l'on n'auroit payé qu'un intérêt de trois pour cent. On en ordonna à Batavia, où l'argent coûtoit fix, plus fouvent encore dans le Bengale, à la côte de Coromandel où il coûtoit neuf, & quelquefois beaucoup davantage. Les abus fe multiplioient de toutes parts.

Les Etats-Généraux , chargés d'examiner tous les quatre ans la fituation de la compagnie , de s'affurer qu'elle fe tient dans les bornes de fon octroi, qu'elle rend juftice aux intéreffés, qu'elle fait fon commerce d'une manière qui n'eft pas préjudiciable à la république ; les Etats-Généraux auroient pu & dû arrêter le défordre. Ils ne rempliront leur devoir en aucune occafion , ni dans aucun temps. Jamais on ne préfenta à cette affemblée qu'un état de fituation fi confus, que les hommes les plus verfés dans les matières de comptabilité, n'en auroient pas débrouillé le chaos après les plus longues veilles ; & cependant il fut toujours approuvé d'une voix unanime, fans le plus court délai, fans la plus légère difcuffion.

Nous nous laffons de parcourir les défordres qui ont corrompu le régime d'une affociation autrefois fi floriffante. Les couleurs du tableau font trop fombres. Voyons quels remèdes il conviendroit d'appliquer à des maux fi graves & fi multipliés.

On commencera par fe bien convaincre que le gouvernement de la compagnie eft trop compliqué, en Europe même. Une direction partagée entre tant de chambres , entre tant de directeurs, entraîne néceffairement des inconvéniens fans nombre. Il n'eft pas poffible que le même efprit préfide par-tout., que les opérations ne fe reffentent des vues oppofées de ceux qui les conduifent dans des lieux divers , fans concert & fans dépendance. L'unité fi néceffaire dans les arts, eft également précieufe dans les affaires. Inutilement on objecteroit qu'il eft important pour tous les états démocratiques, que les richeffes y foient divifées , qu'il y règne entre la fortune des citoyens la plus grande égalité poffible. Cette maxime, vraie en elle même, ne fauroit être appliquée à une république fans territoire , qui n'exifte que par le commerce. Il faudroit donc foumettre à une infpection unique tous les achats, toutes les ventes ; il faudroit les réunir dans un même port. L'economie feroit le moindre des avantages que la compagnie trouveroit dans ce changement.

De ce centre, où toutes les lumières feront réunies , on ira chercher , on ira combattre les défordres jufques dans le fond de l'Afie. La conduite que tiennent les hollandois avec les princes indiens , auxquels la force a arraché un commerce exclufif, fera un des premiers abus qui fe préfenteront. Depuis trop long-temps on les a traité avec une hauteur infultante ; on veut pénétrer à découvert les myftères de leur gouvernement; on cherche à les engager dans des querelles avec des voifins ; on entretient la divifion parmi leurs fujets ; on leur montre une défiance pleine d'animofité ; on les force à des facrifices qu'ils n'ont pas promis ; on les prive des avantages que leur affurent leurs capitulations : tout cela produit fréquentes divifions qui dégénèrent quelquefois en hoftilités. Pour établir une harmonie qui devient tous les jours plus néceffaire & plus difficile, il faut employer des agens qui joignent à l'efprit de modération la connoiffance des intérêts, des ufages, de la langue, de la religion, des mœurs de ces nations. Il fe peut que la compagnie n'ait pas actuellement de tels inftrumens : mais il lui convient de les former. Peut-être même en trouveroit-elle parmi les chefs des comptoirs que tout l'invite à abandonner.

Les négocians de toutes les nations, auxquels la nature a donné l'efprit d'obfervation, conviennent unanimement que les hollandois ont trop multiplié leurs établiffemens dans l'Inde, & qu'en fe bornant à un moindre nombre, ils auroient beaucoup diminué leur dépenfe, fans rien retrancher de l'étendue de leurs affaires. Il n'eft pas poffible que la compagnie ait ignoré ce qui eft fi généralement connu. On peut penfer qu'elle n'a été déterminée à conferver des comptoirs qui lui étoient à charge, que pour n'être pas foupçonnée de l'impuiffance de les foutenir. Cette foible confidération ne l'arrêtera plus. Toute fon attention doit être de bien diftinguer ce qui lui convient de profcrire, de ce qui lui eft avantageux de maintenir. Elle a fous fes yeux une fuite de faits & d'expériences qui l'empêcheront de fe méprendre fur un arrangement de cette importance.

Dans les comptoirs fubalternes, que les intérêts de fon commerce la détermineront à conferver, elle détruira les fortifications inutiles ; elle fupprimera les confeils que le fafte, plutôt que la néceffité, lui a fait établir ; elle proportionnera le nombre des employés à l'étendue de fes affaires. Que la compagnie fe rappelle ces temps heureux, où deux ou trois facteurs choifis avec intelligence, lui expédioient des cargaifons infiniment plus-confidérables que celles qui lui font arrivées depuis ; où l'on obtenoit fur les marchandifes des bénéfices énormes, qui avec le temps fe font perdus dans les mains de fes nombreux agens : alors elle ne balancera pas à revenir à fes anciennes maximes, & à préférer une fimplicité qui l'enrichiffoit, à un vain éclat qui la ruine.

La réforme s'établira plus difficilement dans les colonies importantes. Les agens de la compagnie y forment un corps plus nombreux, plus accrédité, plus riche dans fes proportions, & par conféquent moins difpofé à rentrer dans l'ordre. Il faudra pourtant les y ramener, parce que les abus qu'ils ont introduits ou laiffé établir, cauferoient néceffairement avec le temps la ruine totale des intérêts qu'ils conduifent. On auroit peine à voir ailleurs des malverfations égales à celles qui règnent dans les atteliers, les magafins, les chantiers, les arfenaux de Batavia, & des autres grands établiffemens.

Ces arrangemens en ameneroient de plus confidérables. La compagnie établit, dès fon origine, des règles fixes & précifes, dont il n'étoit jamais

permis de s'écarter, pour quelque raifon ni dans quelque occafion que ce pût être. Ses employés étoient de purs automates, dont elle avoit monté d'avance les moindres mouvemens. Cette direction abfolue & univerfelle lui parut néceffaire pour corriger ce qu'il y avoit de vicieux dans le choix de fes agens, la plupart tirés d'un état obfcur, & communément privés de cette éducation foignée qui étend les idées. Elle-même ne fe permettoit pas le moindre changement, & elle attribuoit à cette invariable uniformité le fuccès de fes entreprifes. Des malheurs affez fréquens qu'entraîna ce fyftême, ne le lui firent pas abandonner, & elle fut toujours opiniâtrement fidèle à fon premier plan. Il eft néceffaire qu'elle adopte d'autres maximes, & qu'après avoir choifi fes facteurs avec plus de précaution, elle abandonne des intérêts éloignés, & qui changent tous les jours, à leur activité & à leurs lumières.

Ses vues s'étendront plus loin. Laffe de lutter avec défavantage contre les négocians libres des autres nations, elle fe déterminera à livrer aux particuliers le commerce d'Inde en Inde. Cette heureufe innovation rendra fes colonies plus riches & plus fortes. On les verra bientôt remplies d'hommes entreprenans, qui en verferont les abondantes & précieufes productions dans tous les marchés. Elle même tirera plus de profit des droits perçus dans fes comptoirs, qu'elle n'en pouvoit attendre des opérations compliquées & languiffantes qui s'y faifoient fi rarement.

À cette époque tomberont ces trop ruineux armemens qu'on ne ceffe de reprocher à la compagnie. Un peu après le commencement du fiècle, elle adopta dans fes chantiers une conftruction vicieufe, qui lui fit perdre beaucoup de navires & de très-riches cargaifons. Ces expériences funeftes la ramenèrent aux méthodes généralement reçues : mais, par des confidérations blâmables, elle continua d'employer dans fa navigation un tiers de bâtimens de plus qu'il ne le falloit. Cette corruption, qui n'auroit dû trouver d'excufe dans aucun temps, eft devenue fur - tout intolérable depuis que les matériaux qui fervent aux opérations navales, font montés à de très-hauts prix depuis qu'il a fallu donner aux navigateurs une folde plus confidérable.

Ces réformes ameneront l'extenfion du commerce. Relativement aux mœurs & aux circonftances, il fut autrefois très-confidérable : mais il s'arrêta, malgré le grand accroiffement que prenoit en Europe la confommation, malgré les nouveaux débouchés qu'offroient l'Afrique & le Nouveau-Monde. On le vit même rétrograder, puifque fon produit n'augmenta pas, quoique les marchandifes euffent prefque doublé de valeur. Actuellement les ventes ne s'élèvent pas au-deffus de quarante à quarante - cinq millions, fommes qu'elles donnoient il y a foixante ans, & même il y a plus long-temps.

On y trouve des toiles, du thé, de la soie, des porcelaines, du borax, de l'étain, du camphre, de la toutenague, du salpêtre, du coton, de l'indigo, du poivre, du café, du sucre, des bois de teinture, quelques autres objets plus cu moins considérables, achetés dans les différens marchés de l'Asie, ou produits par le territoire de la compagnie. Ces productions, ces marchandises sont aussi la plupart fournies par celles des nations européennes qui ont formé des liaisons aux Indes. Il n'y a guère que la cannelle, le girofle, la muscade, le macis, dont la consommation s'élève annuellement à douze millions, qui appartiennent exclusivement aux ventes hollandoises.

Après les améliorations que nous nous sommes permis de proposer, l'ordre se trouveroit rétabli pour quelque temps. Nous disons pour quelque temps, parce que toute colonie supposant l'autorité dans une contrée, & l'obéissance dans une autre contrée éloignée, est un établissement vicieux dans son principe. C'est une machine dont les ressorts se relâchent, se brisent sans cesse, & qu'il faut réparer continuellement.

Quand même il seroit possible que la compagnie trouvât un remède efficace & durable aux maux qui la fatiguent depuis si long-temps, elle n'en seroit pas moins menacée de perdre le commerce exclusif des épiceries.

On a soupçonné long-temps que ces riches productions croissoient dans des régions inconnues. Il se répandoit obscurément que les malais, qui seuls avoient des relations avec ces contrées, avoient porté du girofle & de la muscade dans plusieurs marchés. Ce bruit vague n'a jamais été confirmé par des faits certains, & il a fini par tomber dans l'oubli, comme toutes les erreurs vulgaires.

En 1774, le navigateur anglois Forrest partit de Balambangan, dans la vue d'éclaircir enfin si les épiceries croissoient dans la Nouvelle-Guinée, comme le bruit en étoit répandu depuis fort long-temps. A peu de distance de cette contrée sauvage, il trouva, dans l'isle de Manaswary, un muscadier, dont le fruit ne différoit que par une forme oblongue, de celui qui a tant de célébrité. Cet homme entreprenant arracha cent pieds de cet arbre utile, & les planta en 1776 à Bunwoot, isle saine, fertile, couverte des plus beaux arbres, inhabitée, de dix-huit milles de circonférence seulement, & que la Grande-Bretagne tient de la libéralité du roi de Mindanao. C'est-là qu'est certainement cultivé le muscadier, & vraisemblablement aussi le giroflier, puisqu'il est prouvé que Forrest a abordé à plusieurs des Moluques. Ce voyage n'a pas été ordonné sans intention par le ministère anglois, ainsi que nous l'avons dit ailleurs.

Ce n'est pas tout, les françois ont réussi en 1771 & en 1772 à tirer des Moluques des mus-

cadiers & des girofliers qu'ils ont transplantés sur leur territoire. Ces plants ont commencé à donner quelques fruits; ils peuvent en procurer un jour beaucoup & de bonne qualité.

Indépendamment de cette guerre d'industrie, les hollandois en devoient craindre une moins lente & plus destructive. La manière dont ils composent leurs forces de mer & de terre, est bien vicieuse.

La compagnie a un fonds d'environ cent navires de six cents à mille tonneaux. Tous les ans elle en expédie d'Europe vingt-huit ou trente, & en reçoit quelques-uns de moins. Ceux qui sont hors d'état de faire leur retour, naviguent dans l'Inde, dont les mers paisibles, si l'on excepte celle du Japon, n'exigent pas des bâtimens solides. Lorsqu'on jouit d'une tranquillité bien assurée, les vaisseaux partent séparément. Mais pour revenir, ils forment toujours au Cap deux flottes qui arrivent par les Orcades, où deux vaisseaux de la république les escortent jusqu'en Hollande. On imagina dans des temps de guerre cette route détournée, pour éviter les croisières ennemies : on a continué à s'en servir en temps de paix, pour empêcher la contrebande. Il ne paroissoit pas aisé d'engager des équipages qui sortoient d'un climat brûlant, à braver les frimats du nord. Deux mois de gratification surmontèrent cette difficulté. L'usage a prévalu de la donner, lors même que les vents contraires ou les tempêtes poussent les flottes dans la Manche. Une fois seulement les directeurs de la chambre d'Amsterdam tentèrent de la supprimer. Ils furent sur le point d'être brûlés par la populace qui, comme toute la nation, désapprouve le despotisme de ce corps puissant, & gémit de son privilège. La marine de la compagnie est commandée par des officiers qui ont tous commencé par être matelots ou mousses. Ils sont pilotes, ils sont manouvriers : mais ils n'ont pas la première idée des évolutions navales. D'ailleurs, les vices de leur éducation ne leur permettent ni de concevoir l'amour de la gloire, ni de l'inspirer à l'espèce d'hommes qui leur est soumise.

La formation des troupes de terre est encore plus mauvaise. A la vérité, des soldats déserteurs de toutes les nations de l'Europe devroient avoir de l'intrépidité : mais ils sont si mal nourris, si mal habillés, si fatigués par le service, qu'ils n'ont aucune volonté. Leurs officiers, la plupart tirés d'une profession vile, où ils ont gagné de quoi acheter des grades, ne sont pas faits pour leur communiquer l'esprit militaire. Le mépris qu'un peuple, qui n'est que marchand, a pour des hommes voués par état à une pauvreté forcée, joint à l'éloignement qu'il a pour la guerre, achève de les avilir, de les décourager. A toutes ces causes de relâchement, de foiblesse &

d'indifcipliné, on peut en ajouter une qui eft commune aux deux fervices de terre & de mer.

Il n'exifte peut-être pas, dans les gouvernemens les moins libres, une manière de fe procurer des matelots & des foldats, moins honnête & plus vicieufe que celle qui depuis long-temps eft mife en ufage par la compagnie. Ses agens, auxquels le peuple a donné le nom de *vendeurs d'ames*, toujours en activité fur le territoire, ou même hors des limites de la république, cherchent par-tout des hommes crédules, qu'ils puiffent déterminer à s'embarquer pour les Indes, fous l'efpérance d'une fortune rapide & confidérable. Ceux qui fe laiffent leurrer par cet appât, font enrôlés, & reçoivent deux mois de paie, qu'on livre toujours à leur féducteur. Ils forment un engagement de 300 livres au profit de l'embaucheur, chargé par cet arrangement de leur fournir quelques vêtemens qu'on peut eftimer le dixième de cette valeur. La dette eft conftatée par un billet de la compagnie, qui n'eft payé que dans le cas où les débiteurs vivent affez long-temps pour que leur folde y puiffe fuffire.

Une fociété qui fe foutient, malgré ce mépris pour la profeffion militaire & avec de fi mauvais foldats, doit faire juger des progrès qu'a fait l'art de la négociation dans ces derniers fiècles. Il a fallu fuppléer fans ceffe à la force par des traités, de la patience, de la modeftie & de l'adreffe : mais on ne fauroit trop avertir des républicains que ce n'eft là qu'un état précaire, & que les moyens les mieux combinés en politique ne réfiftent pas toujours au torrent de la violence & des circonftances. La fûreté de la compagnie exigeroit des troupes compofées de citoyens : mais cet ordre de chofes n'eft point praticable. La dépopulation de la Hollande en feroit une fuite néceffaire. Le gouvernement s'y oppoferoit, & diroit à ce corps déjà trop favorifé :

« La défenfe & la confervation de notre pays nous eft tout autrement à cœur que le bon ordre de vos affaires. A quoi nous ferviroit l'or dont vos flottes reviendroient chargées, fi nos provinces devenoient défertes ? Si nous renonçons jamais au fervice des étrangers, ce fera dans nos armées, & non fur vos vaiffeaux, que nous les remplacerons. N'expatrions, n'expofons à la mort que le moins de nos concitoyens qu'il fera poffible. Les chefs de nos comptoirs font affez opulens pour fe garantir, par tous les moyens connus, des funeftes influences d'un climat empefté. Et que nous importe-que des allemands, auxquels d'autres allemands fuccéderont, périffent ou ne périffent pas, s'il s'en trouve toujours affez que la mifère chaffera de leur patrie, & qui fe laifferont bercer d'une fortune qu'ils ne feront point ? Leur folde ceffe au moment où ils expirent ; nos coffres continuent à fe remplir, & nos provinces ne fe vuident point. La compagnie n'a de fûreté

que celle de la république ; & où fera celle de la république, fi, par une dépopulation conftante, nous réduifons notre contrée à la miférable condition de nos colonies ? »

La compagnie ne fera donc jamais fervie que par des troupes étrangères, & jamais elle ne parviendra à leur infpirer cet efprit public, cet enthoufiafme pour la gloire qu'elle n'a pas elle-même. Un corps eft toujours, à cet égard, comme un gouvernement qui ne doit jamais conduire fes troupes que par les principes fur lefquels porte fa conftitution. L'amour du gain, l'économie, font la bafe de l'adminiftration de la compagnie. Voilà les motifs qui doivent attacher le foldat à fon fervice. Il faut qu'employé dans des expéditions de commerce, il foit affuré d'une rétribution proportionnée aux moyens qu'il emploiera pour les faire réuffir, & que la folde lui foit payée en actions. Alors les intérêts perfonnels, loin d'affoiblir le reffort général, lui donneront de nouvelles forces.

Que fi ces réflexions ne déterminent pas la compagnie à porter la réforme dans cette partie importante de fon adminiftration, qu'elle fe réveille du moins à la vue des dangers qui la menacent. Si elle étoit attaquée dans l'Inde, elle fe verroit enlever fes établiffemens en beaucoup moins de temps qu'elle n'en mit pour les conquérir fur les portugais. Ses meilleures places font fans défenfe, & la marine feroit hors d'état de les protéger. Elle fait que, fans le fecours de la France, elle auroit perdu dans la dernière guerre le cap de Bonne-Efpérance & fon établiffement de Ceylan. On ne voit pas un vaiffeau de ligne dans fes ports, & il ne feroit pas poffible d'armer en guerre les bâtimens marchands. Les plus forts de ceux qui retournent en Europe, n'ont pas cent hommes ; & , en réuniffant ce qui eft difperfé fur tous ceux qui naviguent dans les Indes, on ne trouveroit pas de quoi former un feul équipage. Tout homme, accoutumé à calculer des probabilités, ne craindra pas d'avancer que la puiffance hollandoife pourroit être détruite en Afie, avant que le gouvernement eût eu le temps de venir au fecours de la compagnie. Ce coloffe, d'une apparence gigantefque, a pour bafe unique les Moluques. Six vaiffeaux de guerre & quinze cents hommes de débarquement feroient plus que fuffifans pour en faire la conquête. Cette révolution peut être l'ouvrage des françois & des anglois.

Le climat de Batavia eft fi meurtrier, qu'une partie confidérable des foldats qu'on y porte de nos contrées, périffent dans l'année. Un grand nombre de ceux qui échappent à la mort, languiffent dans les hôpitaux. A peine en refte-t-il le quart qui puiffe faire régulièrement le fervice de la place. Les hollandois fe flattent qu'en ajoutant aux caufes ordinaires de deftruction le fecours d'une inondation générale, qui eft toujours aifée, ils creuferoient un tombeau aux affaillans, ou les forceroient à se rembarquer. Les aveugles! qui ne voient pas que tous ces moyens de ruine ont besoin du secours du temps, & que la prise de la place ne seroit qu'un coup de main pour une nation aguerrie & entreprenante.

Si la république ne regarde pas comme imaginaires les dangers que l'amour du bien général des nations nous fait pressentir pour son commerce & ses possessions des Indes, elle ne doit rien oublier pour les prévenir. C'est un des soins les plus importans qui puissent l'occuper. Quels avantages l'état n'a-t-il pas tirés depuis deux siècles, de ces régions lointaines? Quels avantages n'en tire-t-il pas encore?

D'abord l'association marchande, qui régit les divers établissemens qu'elle-même y a formés sans aucun secours du gouvernement, a successivement acheté le renouvellement de son privilège. Elle obtint, en 1602, son premier octroi pour 55,000 l. Vingt ans après, il fut gratuitement renouvellé. Depuis 1643 jusqu'en 1646, on ne fit que le prolonger de six en six mois, pour des raisons qui ne nous sont pas connues. A cette époque, un don de 3,300,000 liv. le fit accorder de nouveau pour vingt-cinq ans. Ce terme n'étoit pas encore expiré, lorsqu'en 1665 le monopole fut autorisé jusqu'en 1700, à condition qu'il entretiendroit à l'état vingt bâtimens de guerre tout le temps que dureroient les hostilités commencées entre la république & l'Angleterre; 6,600,000 liv. méritèrent au corps privilégié la continuation de ses opérations jusqu'en 1740. Les deux années suivantes, son sort fut précaire. Puis il acquit de la consistance pour douze ans, en payant trois pour cent de ses répartitions, & ensuite pour vingt ans moyennant une somme de 2,640,000 liv. en argent ou en salpêtre. En 1774, ses prérogatives furent bornées à deux ans, & bientôt étendues à vingt, sous la condition qu'il sacrifieroit trois pour cent de son dividende.

Dans ces temps de crise, la compagnie a donné des secours au trésor public, déja épuisé ou prêt à l'être. On l'a, il est vrai, remboursée un peu plutôt un peu plus tard de ses avances: mais une conduite si noble soulageoit & encourageoit les citoyens.

Les besoins des flottes & des armées exigeoient beaucoup de salpêtre. La compagnie s'est obligée à le fournir à un prix modique, & a de cette manière soulagé le fisc.

Les manufactures de Harlem & de Leyde voyoient diminuer tous les jours leur activité. La compagnie a retardé leur décadence, & prévenu peut-être leur ruine entière, en s'engageant à exporter pour 440,000 liv. des étoffes sorties de ces ateliers. Elle s'est aussi soumise à les pourvoir de soies à des conditions qui lui sont certainement onéreuses.

Le revenu perpétuel de trente-trois actions & un tiers a été accordé au stathouder. Il est à désirer que ce sacrifice, fait par la compagnie au premier magistrat de l'état, tourne au profit de la république, & les derniers troubles montrent assez que les aveugles hollandois ont trop augmenté l'influence & la fortune du stathouder.

Les marchandises qui étoient envoyées aux Indes, celles qui en arrivoient, étoient autrefois soumises à des droits assez considérables. C'étoient des formalités très-embarrassantes. On vit, il y a trente ans, que ces impôts rendoient régulièrement 850,000 livres, & depuis cette époque la compagnie paie cette somme au fisc chaque année.

Indépendamment des charges que doit porter le corps en général, les intéressés ont encore à remplir des obligations particulières. Depuis plus d'un siècle, ils payoient annuellement à l'état six pour cent de la valeur primitive de chaque action. En 1777, ce droit a été réduit à quatre & demi pour cent, & il ne pourra être augmenté de nouveau que lorsque le dividende sera remonté au-dessus de douze & demi pour cent. Les intéressés devoient encore pour chaque action un impôt, nommé ampt-geld, & qui de 39 liv. 12 sols est tombé à 4 liv. 8 sols.

Qu'on ajoute à toutes ces taxations le profit que donnent à l'état, des ventes de quarante-cinq millions, obtenues avec quatre ou cinq millions de numéraire, & dont la quatrième partie ne se consomme pas sur le territoire de la république. Qu'on y ajoute les gros bénéfices que la revente de ces marchandises procure à ses négocians, & les vastes spéculations dont elle est la source. Qu'on y ajoute la multiplicité, l'étendue des fortunes particulières, faites anciennement ou de nos jours dans l'Inde. Qu'on y ajoute l'expérience que cette navigation donne à la marine. Alors on aura une idée juste des ressources que le gouvernement a trouvées dans ses possessions d'Asie. Le privilège exclusif qui les exploite, devroit même procurer de plus grands avantages aux Provinces-Unies, & le motif en est sensible.

Aucune nation, quel que fût son régime, n'a jamais douté que tous les biens qui existent dans un état, ne dussent contribuer aux dépenses du gouvernement. La raison de ce grand principe est à la portée de tous les esprits. Les fortunes particulières tiennent essentiellement à la fortune publique. L'une ne sauroit être ébranlée, sans que les autres en souffrent. Ainsi, quand les sujets d'un empire le servent de leur bourse ou de leur personne, ce sont leurs propres intérêts qu'ils défendent. La prospérité de la patrie est la prospérité de chaque citoyen. Cette maxime, vraie dans toutes les législations, est sur-tout sensible dans les associations libres.

Cependant il est des corps dont la cause, soit par sa nature, soit par son étendue, soit par sa complication, est plus essentiellement liée à la cause commune. Telle est en Hollande la compagnie des Indes. Son commerce a essentiellement les mêmes ennemis que la république ; sa sûreté ne peut avoir d'autre fondement que celle de l'état.

Les dettes publiques ont, de l'aveu de tous les hommes éclairés, sensiblement affoibli les *Provinces-Unies*, & altéré la félicité générale par l'augmentation progressive des impôts, dont elles ont été la source. Jamais on ne ramenera la république à sa splendeur primitive, sans la décharger de l'énorme fardeau sous lequel elle succombe ; & ce secours, elle doit l'attendre principalement d'une compagnie qu'elle a toujours encouragée, toujours protégée, toujours favorisée. Pour mettre ce corps puissant en état de faire des sacrifices & de grands sacrifices à la patrie, il ne sera pas nécessaire de diminuer les bénéfices des intéressés : il suffira de le rappeller à une économie, à une simplicité, à une administration qui furent les principes de ses premières prospérités.

Une réforme si nécessaire ne se seroit peut-être pas fait attendre, si la dernière révolution n'avoit pas eu lieu. Cette confiance étoit due à un gouvernement qui chercha toujours à retenir dans son sein une multitude de citoyens, & à n'en employer qu'un petit nombre dans ses établissemens éloignés. C'étoit aux dépens de l'Europe entière, que la Hollande augmentoit sans cesse le nombre de ses sujets. La liberté de conscience dont on y jouissoit, & la douceur des loix y attiroient tous les hommes qu'opprimoient en cent endroits l'intolérance & la dureté du gouvernement.

Elle procuroit des moyens de subsistance à quiconque vouloit s'établir & travailler chez elle. On voyoit les habitans des pays que dévastoit la guerre, aller chercher en Hollande un asyle & du travail.

L'agriculture n'y pouvoit pas être un objet considérable, quoique la terre y fût très-bien cultivée ; mais la pêche du hareng lui tenoit lieu d'agriculture. C'étoit un nouveau moyen de subsistance, une école de matelots. Nés sur les eaux, ils labouroient la mer ; ils en tiroient leur nourriture ; ils s'aguerrissoient aux tempêtes. A force de risques, ils apprenoient à vaincre les dangers.

Le commerce de transport, qu'elle faisoit continuellement d'une nation de l'Europe à l'autre, étoit encore un genre de navigation qui ne consommoit pas les hommes, & les faisoit subsister par le travail.

Enfin la navigation, qui dépeuple une partie de l'Europe, peuploit la Hollande ; elle étoit comme une production du pays. Ses vaisseaux étoient ses fonds de terre, qu'elle faisoit valoir aux dépens de l'étranger.

Peu de ses habitans connoissoient les commodités qu'on ne pouvoit se procurer qu'à haut prix ; tous, ou presque tous, ignoroient le luxe. Un esprit d'ordre, de frugalité, d'avarice même,

régnoit dans toute la nation & étoit entretenu avec soin par le gouvernement.

Les colonies étoient régies par le même esprit. Le dessein de conserver sa population, présidoit à son économie militaire. Elle entretenoit en Europe un grand nombre de troupes étrangères ; elle en entretenoit dans ses colonies.

Les matelots, en Hollande, étoient bien payés ; & des matelots étrangers servoient continuellement, ou sur ses vaisseaux marchands, ou sur ses vaisseaux de guerre.

Pour le commerce, il faut la tranquillité au-dedans, la paix au-dehors. Aucune nation, excepté les suisses, ne chercha plus que la Hollande à se maintenir en bonne intelligence avec ses voisins, &, plus que les suisses, elle chercha à maintenir ses voisins en paix.

La république s'étoit proposée de maintenir l'union entre les citoyens, par de très-belles loix qui indiquassent à chaque corps ses devoirs, par une administration prompte & désintéressée de la justice, par des réglemens admirables pour les négocians. Elle sentit la nécessité de la bonne foi : elle en montra dans ses traités, & elle chercha à la faire régner entre les particuliers.

Enfin, exceptées les imperfections de l'acte fédératif, des constitutions des diverses provinces, des réglemens qui ont rapport à l'étendue de l'autorité du stathouder dont nous avons assez parlé dans la section précédente, nous ne voyons en Europe aucune nation qui eût mieux combiné ce que sa situation, ses forces, sa population lui permettoient d'entreprendre, & qui eût mieux connu ou suivi les moyens d'augmenter sa population & ses forces. Nous n'en voyons aucune, dont l'objet étant le commerce & la liberté civile, qui s'appellent, s'attirent & se soutiennent, se soit mieux conduite pour conserver l'un & l'autre : malheureusement ils n'ont pas pris le même soin de leur liberté politique.

Mais combien ces mœurs sont déjà déchues & dégénérées de la simplicité du gouvernement républicain ! Les intérêts personnels, qui s'épurent par leur réunion, se sont isolés entièrement, & la corruption est devenue générale. On y parle de la patrie, de la chère patrie dans tous les actes ; mais y aime-t-on réellement la patrie ?

Quels sentimens de patriotisme ne devroit-on pas cependant attendre d'un peuple qui peut se dire à lui-même : Cette terre que j'habite, c'est moi qui l'ai rendue féconde, c'est moi qui l'ai embellie, c'est moi qui l'ai créée. Cette mer menaçante, qui couvroit nos campagnes, se brise contre les digues puissantes que j'ai opposées à sa fureur. J'ai purifié cet air que des eaux croupissantes remplissoient de vapeurs mortelles. C'est par moi que des villes superbes pressent la vase & le limon où flottoit l'Océan. Les ports que j'ai construits, les canaux que j'ai creusés, reçoivent toutes les productions de l'univers que je disperse à mon gré. Les héritages des autres peuples ne font que des poffeffions que l'homme difpute à l'homme ; celui que je laifferai à mes enfans, je l'ai arraché aux élémens conjurés contre ma demeure, & j'en fuis refté le maître. C'eft ici que j'ai établi un nouvel ordre phyfique, un nouvel ordre moral. J'ai tout fait où il n'y avoit rien. L'air, la terre, le gouvernement, la liberté, tout eft ici mon ouvrage. Je jouis de la gloire du paffé ; & lorfque je porte mes regards fur l'avenir, je vois avec fatisfaction que mes cendres repoferont tranquillement dans les mêmes lieux où mes pères voyoient fe former des tempêtes.

Que de motifs pour idolâtrer fa patrie ! Cependant le patriotifme & l'efprit public diminuent en Hollande. Et le lecteur aura-t-il befoin de preuves, après ce qu'il a lu dans la fection précédente fur la dernière révolution?

Souvenez-vous, hollandois, que le feu facré de la liberté ne peut être entretenu que par des mains pures. Vous n'êtes pas dans ces temps d'anarchie, où tous les fouverains de l'Europe, également contrariés par la nobleffe de leurs états, ne pouvoient mettre dans leurs opérations, ni fecret, ni union, ni célérité ; où l'équilibre des puiffances ne pouvoit être que l'effet de leur foibleffe mutuelle. Aujourd'hui l'autorité, devenue plus indépendante, affure aux monarchies des avantages dont un état libre ne jouira jamais. Que peuvent oppofer des républicains à cette fupériorité redoutable ? Des vertus ; & en avez-vous ? N'enhardiffez vous pas les calomniateurs de la liberté ? & que voulez-vous qu'on réponde à ces hommes qui, par préjugé d'éducation ou par mauvaife foi, difent tous les jours : le voilà ce gouvernement que vous exaltiez fi fort dans vos écrits ; voilà les fuites heureufes de ce fyftème de liberté qui vous eft fi cher. Aux vices que vous reprochez au defpotifme, ils ont ajouté un vice qui les furpaffe tous, l'impuiffance de réprimer le mal. Que répondre à cette fatyre amère de la démocratie ? Mais outre les dangers de l'invafion étrangère, que n'avez-vous pas à craindre de l'ufurpation du ftathouder ?

Comme nous avons parlé, dans la fection précédente, de la fituation où fe trouvent les *Provinces-Unies*, relativement à la conftitution & à la liberté intérieure : nous n'ajouterons rien de plus ; nous dirons feulement quelques mots de leur pofition relativement au commerce.

Les *Provinces-Unies* n'ont pas donné, à leurs poffeffions de l'autre hémifphère, l'attention qu'elles méritoient, quoique les brèches, que recevoit coup fur coup leur fortune, fuffent bien propres à leur ouvrir les yeux. Si le tourbillon de la profpérité ne les eût aveuglé, elles auroient apperçu dans la perte du Bréfil les premières fources de leur décadence. Dépouillées de cette vafte poffeffion, qui dans leurs mains pouvoit devenir la première colonie de l'univers, qui devoit couvrir le vice ou la petiteffe de fon territoire d'Europe, elles fe virent réduites à n'être que ce qu'elles étoient avant cette conquête, les facteurs des nations. Alors fe forma dans la maffe, de leurs richeffes réelles, un vuide que rien n'a rempli depuis.

Les fuites de l'acte de navigation, que fit l'Angleterre, ne furent pas moins funeftes à la Hollande. Dès lors, cette ifle ceffant d'être tributaire du commerce de la république confédérée, devint fa rivale, & bientôt acquit fur elle une fupériorité décidée en Afrique, en Afie, en Amérique.

Si les autres nations avoient adopté la politique angloife, la Hollande touchoit au terme de fa ruine. Heureufement pour elle, les rois ne connurent pas où ne voulurent pas affez la profpérité de leurs peuples. Cependant, à mefure que les lumières ont pénétré dans les efprits, chaque gouvernement a tenté d'entreprendre le commerce qui lui étoit propre. Tous les pas qu'on a faits dans cette carrière, ont refferré l'effor de la Hollande. La marche actuelle fait préfumer que chaque peuple aura tôt ou tard une navigation relative à la nature de fon territoire, à l'étendue de fon induftrie. A cette époque, où tout femble entraîner le deftin des nations, le hollandois, qui a dû fa fortune autant à l'indolence & à l'ignorance de fes voifins qu'à fon économie, à fon expérience, fe trouvera réduit à fa pauvreté naturelle.

Il n'appartient pas fans doute à la prévoyance humaine d'empêcher cette révolution : mais il ne falloit pas la précipiter, comme l'a fait la république, en cherchant à jouer un rôle principal dans les troubles qui ont fi fouvent agité l'Europe. La politique intéreffée de notre fiècle lui auroit pardonné les guerres qu'elle a entreprifes ou foutenues pour l'utilité du commerce. Mais comment approuver celles où fon ambition démefurée & des inquiétudes mal fondées ont pu l'engager ? Il a fallu qu'elle recourût à des emprunts exceffifs. Si l'on réunit les dettes féparément contractées par la généralité, par les provinces, par les villes, dettes également publiques ; on trouvera qu'elles s'élevoient, avant la dernière guerre avec l'Angleterre, à deux milliards, dont l'intérêt, quoique réduit à deux & demi pour cent, a prodigieufement augmenté la maffe des impôts.

D'autres examineront, peut-être, fi ces taxes ont été judicieufement placées, fi elles font perçues avec l'économie convenable. Il fuffit ici d'obferver que leur effet a été de renchérir fi fort les denrées de premier befoin, & par conféquent la main-d'œuvre, que l'induftrie nationale en a fouffert la plus rude atteinte. Les manufactures de laine, de foie, d'or & d'argênt, une foule d'autres ont succombé, après avoir lutté long-tems contre la progression de l'impôt & de la cherté. Quand l'équinoxe du printems amène à la fois les hautes marées & la fonte des neiges, un pays est inondé par le débordement des fleuves. Dès que la multitude des impôts fait hausser le prix des vivres, l'ouvrier qui paie davantage ses consommations, sans gagner plus de salaire, déserte les fabriques & les atteliers. La Hollande n'a sauvé du naufrage que celles de ses manufactures qui n'ont pas été exposées à la concurrence des autres nations.

L'agriculture de la république, s'il est permis d'appeller de ce nom la pêche du hareng, n'a guère moins souffert. Cette pêche, qu'on nomma long-tems la mine d'or de l'état, à cause de la quantité d'hommes qu'elle faisoit vivre, que même elle enrichissoit, a non-seulement diminué de la moitié; mais ses bénéfices, de même que ceux de la pêche de la baleine, se sont réduits peu à peu à rien; & la concurrence des anglois va lui porter le dernier coup : nous en avons déjà parlé dans la section seconde. L'impossibilité où est la Hollande de faire un usage plus utile de ses nombreux capitaux, a seule sauvé les restes de cette source primitive de la prospérité publique.

L'énormité des droits, qui a détruit les manufactures de la république, & réduit à si peu de chose le bénéfice de ses pêcheries, a beaucoup resserré sa navigation. Les hollandois tirent toujours de la première main les matériaux de leur construction. Ils parcourent rarement les mers sur leur lest. Ils vivent avec une extrême sobriété. La légéreté de la manœuvre de leurs navires leur permet d'avoir des équipages peu nombreux; & ces équipages, toujours excellens, se forment à bon marché par l'abondance des matelots qui couvrent un pays où tout est mer ou rivage. Malgré tant d'avantages soutenus du bas prix de l'argent, ils se sont vu forcés de partager le fret de l'Europe avec les suédois, avec les danois, sur-tout avec les hambourgeois, chez qui tous les leviers de la marine ne sont pas grevés des mêmes charges.

Les commissions ont diminué dans les *Provinces-Unies*, en même tems que le fret qui les amène. Lorsque la Hollande fut devenue un grand entrepôt, les marchandises y furent envoyées de toutes parts, comme au marché où la vente étoit la plus prompte, la plus sûre, la plus avantageuse. Les négocians étrangers les y faisoient passer souvent pour leur compte, d'autant plus volontiers qu'ils y trouvoient un crédit peu cher, jusqu'à la concurrence des deux tiers, des trois quarts de la valeur de leurs effets. Cette pratique assuroit aux hollandois le double avantage de faire valoir leurs fonds sans risque, & d'obtenir une commission. Les béné-

fices du commerce étoient alors si considérables qu'ils pouvoient soutenir ces frais. Les gains sont tellement bornés, depuis que la lumière a multiplié les concurrens, que le vendeur doit tout faire passer au consommateur, sans l'intervention d'aucun agent intermédiaire. Que si, dans quelques occasions, il convient d'y recourir, on préférera, toutes choses d'ailleurs égales, les ports où les marchandises ne payent aucun droit d'entrée & de sortie.

La république a vu sortir aussi de ses mains le commerce d'assurance qu'elle avoit fait autrefois, pour ainsi dire, exclusivement. C'est dans ses ports que toutes les contrées de l'Europe faisoient assurer leurs cargaisons, au grand avantage des assureurs, qui, en divisant, en multipliant leurs risques, manquoient rarement de s'enrichir. A mesure que l'esprit d'analyse s'est introduit dans toutes les idées, soit de philosophie, soit d'économie, on a senti par-tout l'utilité de ces spéculations. L'usage en est devenu familier & général; & ce que les autres peuples ont gagné, la Hollande l'a perdu nécessairement.

De ces observations, il résulte que toutes les branches du commerce de la république ont souffert d'énormes diminutions. Peut-être même auroient-elles été la plupart anéanties, si la masse de son numéraire & son extrême économie ne l'eussent mis en état de se contenter d'un bénéfice de trois pour cent, auquel nous pensons qu'on doit évaluer le produit de ses affaires. Un si grand vuide a été rempli par le placement d'argent que les hollandois ont fait en Angleterre, en France, en Autriche, en Saxe, en Danemarck, en Russie même, & qui peut monter à seize ou dix-sept cents millions de livres.

L'état proscrivit autrefois cette branche de commerce, devenue depuis la plus importante de toutes. Si la loi eût été observée, les fonds qu'on a prêtés à l'étranger seroient restés sans emploi dans le pays; parce que le commerce y trouve en si grande quantité les capitaux qui peuvent y être employés, que pour peu qu'on y ajoutât, loin de donner du bénéfice, il deviendroit ruineux par l'excès de la concurrence. La surabondance de l'argent auroit élevé dès lors les *Provinces-Unies* à ce période où l'excès des richesses est suivi de la pauvreté. Des milliers de capitalistes n'auroient pas eu de quoi vivre au milieu de leurs trésors.

La pratique contraire a fait la plus grande ressource de la république. Son numéraire, prêté aux nations voisines, lui a procuré tous les ans une balance avantageuse, par le revenu qu'il lui a formé. La créance existe toujours entière; & produit toujours les mêmes intérêts.

On n'aura pas la présomption de calculer combien de tems les hollandois jouiront d'une fituation fi douce. L'évidence autorife feulement à dire que les gouvernemens qui, pour le mal-heur des peuples, ont adopté le déteftable fyf-tême des emprunts, doivent tôt au tard l'ab-jurer; & que l'abus qu'ils en ont fait, les forcera vraifemblablement à être infidèles. Alors. la grande reffource de la république fera dans fa culture.

Cette culture, quoique fufceptible d'augmen-tation dans les pays de Breda, de Bois-le-Duc, de Zutphen & dans la Gueldre, ne fauroit jamais devenir fort confidérable. Le territoire des Pro-vinces-Unies eft fi borné, qu'un fultan avoit prefque raifon de dire, en voyant avec quel acharnement les hollandois & les efpagnols fe le difputoient, que s'il étoit à lui, il le feroit jetter dans la mer par fes pionniers. Le fol n'en eft bon que pour les poiffons, qui le couvroient avant les hollandois. On a dit, avec autant d'éner-gie que de vérité, que les quatre élémens n'y étoient qu'ébauchés.

L'exiftence de la république en Europe eft précaire par fa pofition locale, au milieu d'un élément capricieux & violent qui l'environne, qui la menace fans ceffe, & contre lequel elle eft obligée d'entretenir des forces auffi difpen-dieufes qu'une nombreufe armée; par des voifins redoutables, les uns fur les mers, les autres fur le continent; par l'ingratitude d'un fol qui ne lui fournit rien de ce qu'exige le befoin abfolu de tous les jours. Sans richeffe qui lui foit propre, fes magafins, aujourd'hui pleins de marchandifes étrangères, demain feront vuides ou refteront fur-chargés, lorfqu'il plaira aux nations, ou de ceffer de leur en fournir, ou de ceffer de leur en demander. Ex-pofés à toutes fortes de difettes, fes habitans feront forcés de s'expatrier où de mourir de faim fur leurs coffres-forts, fi l'on ne peut les fecourir, ou fi on leur refufe des fecours. S'il arrive que les peuples s'éclairent fur leurs intérêts, & fe réfolvent à porter eux-mêmes leurs productions aux diffé-rentes contrées de la terre, & à en rapporter fur leurs vaiffeaux celles qu'ils en recevront en échange, que deviendront des voituriers inutiles? Privée des matières premières, dont les poffef-feurs font les maîtres de prohiber l'exportation ou de les porter à un prix exorbitant, que de-viendront fes manufactures? Soit que la deftinée d'une puiffance dépende de la fageffe des autres puiffances, ou qu'elle dépende de leur folie, elle eft prefque également à plaindre. Sans la découverte du Nouveau-Monde, la Hol-lande ne feroit rien; l'Angleterre feroit peu de chofe; l'Efpagne & le Portugal feroient puif-fans; la France feroit ce qu'elle eft & ce qu'elle reftera, malgré fa détreffe. Une longue fuite de calamités peut la plonger dans le malheur: mais ce malheur ne fera que momentané, la nature travaillant perpétuellement à réparer fes défaftres. Et voilà l'énorme différence entre la

condition d'un peuple indigent, & la condition d'un peuple riche par fon territoire. Ce dernier peut fe paffer de toutes les nations, qui ne peuvent guère fe paffer de lui. Il faut que fa population s'accroiffe fans ceffe, fi une mau-vaife adminiftration n'en ralentit pas les progrès. Plufieurs années fucceffives d'une difette géné-rale ne le jetteront que dans un mal·aife paffa-ger, fi la prudence du fouverain y pourvoit. Il n'a prefque aucun befoin d'alliés. La poli-tique combinée de toutes les autres puiffances lui laifferoit fes denrées, qu'il n'éprouveroit que l'inconvénient du fuperflu & la diminution de fon luxe; effet qui tourneroit au profit de fa force qu'il énerve, & de fes mœurs qu'il a corrompues. La véritable richeffe; il l'a; il n'a pas befoin de l'aller chercher au loin. Que peut pour ou contre fon bonheur la furabondance, ou la rareté du métal qui la repréfente? Rien.

Section Xe.

Rapports politiques des Provinces-Unies avec les autres états de l'Europe; & dernier traité de ces républiques avec la France.

Intérêts politiques de la république des Pro-vinces-Unies.

Les hollandois, fi actifs, n'ont pu établir de grandes relations de commerce avec le Portugal: nous avons dit à l'article PORTUGAL comment l'Angleterre s'étoit appropriée le commerce de ce royaume. Les *Provinces-Unies* ont jufqu'ici tiré peu de vins & d'autres denrées du Portugal; & cependant le commerce qui fe fait entre les deux nations, où l'efpérance de l'augmenter dans des circonftances plus heureufes, ont déterminé les Etats-Généraux à entretenir un miniftre à la cour de Lisbonne, & divers confuls dans les ports de mer, qui protègent, en même tems, les négocians hollandois, établis en grand nombre dans toutes les villes marchandes du Portugal. La politique des *Provinces-Unies* à l'égard du Portugal a changé: elles firent, jadis, diverfes tentatives, avec peu de fuccès, fur le Bréfil & les autres poffeffions portugaifes en Amérique. Elles furent plus heureufes en Afie; & elles enlevèrent aux portugais la plus grande partie des établiffemens des Indes orientales. Elles cher-cheront bientôt à nuire, autant qu'elles le pour-ront, aux portugais en Afie, mais à les laiffer tranquilles en Amérique. Les tems font changés: les *Provinces-Unies* n'ont plus l'énergie & la vigueur qu'elles avoient autrefois; elles ne doivent plus fonger à conquérir: leurs efforts fur ce point feroient vraifemblablement inutiles; elles exciteroient la jaloufie de l'Angleterre, & peut-être de quelques autres nations; elles doivent fe borner au maintien des reftes de leur commerce, vivre en paix, s'occuper fur-tout de leur régime intérieur, & réformer les imperfections & les abus de la constitution politique de l'union & de celle des diverses provinces.

L'Espagne a de grandes liaisons avec les *Provinces-Unies*, & elles paroissent tourner à l'avantage réciproque des deux nations. La Hollande n'a plus à craindre que l'Espagne veuille réclamer ses anciens droits sur les Pays-Bas; & s'il s'agissoit de lui contester sa liberté, & les prérogatives qui en découlent, ce ne seroit pas au cabinet de Madrid à former ces prétentions. Les Pays-Bas étoient tombés en partage à un prince de la maison d'Autriche, l'empereur Maximilien I, qui épousa Marie, fille unique de Charles-le-Hardi, & l'héritière de Bourgogne, dont les descendans furent aussi rois d'Espagne. Le trône d'Espagne étant aujourd'hui occupé par un prince de la maison de Bourbon, & les dix provinces des Pays-Bas, étant demeurées à la maison d'Autriche; il est clair que la cour d'Espagne n'a plus rien à demander. Mais l'indépendance que les sept provinces ont acquise les armes à la main, & la reconnoissance que toutes les puissances de l'Europe en ont faite, les mettent à l'abri de toute crainte à cet égard. Les *Provinces-Unies* tirent de l'Espagne une immense quantité de laines, de vins & d'autres productions de l'Espagne; & les espagnols en échange achètent des hollandois des draps, des étoffes, des toiles, des épiceries, &c. Ils achètent ces articles pour l'intérieur du royaume & pour l'Amérique. Il y a une multitude de négocians hollandois établis dans toutes les villes d'Espagne, & la nation hollandoise a toujours un très-grand intérêt dans les galions. Lorsque l'Angleterre est en guerre avec l'Espagne, les *Provinces-Unies* tâchent toujours d'entretenir la neutralité, & par ce moyen, elles s'emparent du commerce le plus vaste & le plus confidérable de l'Europe. La Hollande entretient un ambassadeur à la cour de Madrid, pour y veiller à ses intérêts, & des consuls dans les ports de mer pour protéger le commerce.

La France a été tour-à-tour alliée intime, & ennemie déclarée de la Hollande. Il paroît que les plus beaux tems de la république ont été ceux où elle eut une alliance étroite avec la France. En effet, cette couronne, à bien considérer les choses, ne trouveroit pas son compte à réduire les sept provinces, quand même elle en auroit les moyens. Tout ce qu'elle pourroit obtenir & même espérer de plus favorable, seroit de les assujettir à une espèce de dépendance, & d'empêcher qu'elles ne prêtassent des secours aux ennemis de la maison de Bourbon. Les *Provinces Unies* doivent être alliées de l'Angleterre ou de la France, mais la rivalité de commerce qui subsistera toujours entre l'Angle-

terre & la Hollande, paroît s'opposer à la première alliance; si des circonstances politiques & si le ressentiment plutôt que la raison ont déterminé l'alliance que les *Provinces-Unies* ont contracté avec la France en 1785, elle est avantageuse, malgré les doutes qui restent à plusieurs personnes. (Nous rapporterons le traité à la fin de cette section) Ainsi les rapports des *Provinces-Unies*, qui tâchoient de ne pas s'attirer une puissance aussi formidable sur les bras pour des querelles qui ne la touchent qu'indirectement, ou pour des vues éloignées, ne sont plus les mêmes. Elles devoient se souvenir de la protection & des secours que la France leur a donné pendant la dernière guerre, &, sans blesser la justice, favoriser l'allié qu'elles venoient d'acquérir, aux depens de celui qu'elles venoient de perdre. Les intérêts de commerce qui subsistent entre ces deux puissances, les privilèges relatifs à la navigation dont la nation hollandoise jouit en France étoient de nouveaux motifs pour suivre ce plan : nous ajouterons que l'alliance entre les maisons d'Autriche & de Bourbon, ôte aux *Provinces-Unies* un des plus grands moyens qu'elles eussent à opposer à la France; & qu'ainsi tout se réuniffoit en faveur du traité qu'elles venoient de conclure; & cependant malgré ces bonnes raisons, la France a perdu cette alliance, & l'Angleterre s'est liée par des traités aux *Provinces-Unies* & à la Prusse. Nous rapporterons ces traités à l'article TRAITÉS.

Il y a une contrariété d'intérêts entre l'Angleterre & la Hollande, fondés sur le commerce. Les ministres anglois se sont efforcés vainement de soutenir à la Haye le contraire dans leurs discours publics; on ne persuadera jamais que deux peuples situés sur la même mer, qui font le même commerce, qui l'un & l'autre tâchent d'étendre leur navigation, & qui ne sauroient avoir des vues d'aggrandissement raisonnables sur ce point, puissent être étrangers à la jalousie & à la rivalité.

La Martinière, dans sa continuation de l'histoire de Puffendorff, compare l'Angleterre & la Hollande à deux négocians, qui font le même commerce, mais qui ont leur boutique trop près l'un de l'autre. L'histoire vérifie cette remarque; l'Angleterre abusant de sa prospérité & de ses forces a voulu dicter impérieusement des loix; elle a voulu exercer le despotisme sur les mers; elle avoit lassé la patience des hollandois. Les progrès du commerce de la France, des vues d'aggrandissement qu'on lui a supposé si long-tems, ont réuni l'Angleterre & la Hollande, depuis le commencement de ce siècle, afin de s'opposer d'autant mieux à ce qu'ils croyoient un danger commun : on a enfin ouvert les yeux, & les gens raisonnables ne supposent plus au cabinet de Versailles les vues d'usurpation ou d'agrandissement qu'on lui a tant reproché. Les hollandois avoient fenti, jufqu'au moment de la dernière révolution, que l'Angleterre avoit cruellement abufé de cette alliance; que la puiffance ambitieufe n'étoit pas la France, mais l'Angleterre, & qu'on gagne peu de chofe à s'unir avec un rival plus fort que foi; qu'ils avoient trop diffimulé, trop temporifé; qu'ils avoient donné des armes à la nation britannique, qui les maltraitoit prefque comme des ennemis; qu'il réfultoit de cette alliance, un placement de trop de capitaux aux hollandois dans les fonds d'Angleterre; qu'ils négligeoient leur marine militaire; que le traité déterminoit la nation & les citoyens à fe mettre de plus en plus dans la dépendance de l'Angleterre, & à accroître fon audace; que fi les hollandois avoient eu cinquante millions de moins dans les fonds d'Angleterre, & cinquante vaiffeaux de ligne de plus dans leurs ports, on ne les eût pas traités avec tant de hauteur. Ces raifons fubfiftent toujours; mais la force de la raifon eft nulle dans les révolutions politiques: & ce qu'il faut bien remarquer, c'eft pour anéantir ou du moins réduire à peu de chofe la puiffance des *Provinces-Unies*, que l'Angleterre vient de figner fon alliance avec les Etats-Généraux & la Pruffe. En effet, lorfque le ftathouder dominera tout dans les états de l'union belgique, que deviendront le commerce & la puiffance des états: il faut l'avouer, la politique du cabinet de Saint-James, dans ce moment-ci, eft odieufe, puifqu'elle travaille à l'afferviffement des *Provinces-Unies*; mais le plan eft calculé avec profondeur. Les *Provinces-Unies* devroient fe fouvenir cependant que leur fituation locale, très-différente de celle de l'Angleterre, leur défend d'entrer auffi avant que cette puiffance, dans les mefures que l'on veut oppofer à la France, d'après des calculs fi peu juftes; qu'il eft important d'entretenir leurs forces navales, afin de s'oppofer à l'Angleterre, qui ne refpecte que la force, & qui voudroit s'approprier la partie la plus lucrative du commerce de la Hollande; que la détreffe de la France paffera, & qu'alors les *Provinces-Unies* pourront regretter leur conduite actuelle fur ce point.

L'Italie n'a prefque d'autres relations avec la Hollande, que celles qui naiffent du commerce; car les liaifons politiques font indirectes, & ne regardent les républiques confédérées, qu'autant que l'Italie entre dans le fyftème général de l'Europe, & que fon intérêt exige de voir telle & telle province entre les mains d'un prince qui puiffe favorifer fes vues. Mais la voie de la négociation eft celle qu'elle emploie ordinairement en pareil cas; & nous n'avons prefque jamais vu fes troupes agir au-delà des Alpes. Les efcadres hollandoifes fe font quelquefois jointes à celles des anglois dans la Méditerranée; mais la Hollande n'y a jamais fait de grands

efforts. Au refte, il y a des comptoirs hollandois établis dans toutes les villes maritimes de l'Italie: ils font protégés par des confuls, ou des miniftres du fecond ordre. Le roi de Sardaigne, le roi des deux Siciles, & le grand duc de Tofcane entretiennent toujours des envoyés à la Haye.

Les liaifons de la Hollande avec les Treize-Cantons ont fur-tout rapport aux troupes fuiffes, qui font au fervice des fept provinces. L'on peut dire que ce corps d'infanterie eft un de ceux fur lequel les hollandois peuvent compter davantage; & c'eft auffi pour cette raifon qu'ils doivent employer tous les moyens propres à l'entretenir & à le recruter, & avoir des égards pour le corps helvétique. Les liaifons de commerce entre la Hollande & la Suiffe font peu confidérables, & la fituation de ces états fait qu'ils ne fauroient avoir des vues de conquête les uns fur les autres.

L'Allemagne occupe beaucoup la politique des *Provinces-Unies*. Elles entretiennent un miniftre à la diete de Ratisbonne, & des envoyés dans prefque toutes les cours des princes de l'Empire. Le voifinage, le commerce, les intérêts politiques, la frayeur naturelle à une puiffance qui ne fubfifte que par le commerce, qui n'a pas d'autres forces, qui eft toujours à la merci des flots, qui offre un fpectacle fi attrayant pour l'avidité des princes, & d'autres objets, forment des liaifons étroites entre le corps germanique & les *Provinces-Unies*. De concert avec l'Angleterre, la république s'eft jufqu'ici attachée à la confervation de la maifon d'Autriche; la vigilance & l'activité d'un prince jeune & amoureux de la gloire dérangent aujourd'hui fes vues à cet égard: mais elle eft demeurée fidelle au principe de maintenir, autant qu'elle le pourroit, le fyftème de l'Empire, & la forme qui lui a été donnée par la paix de Weftphalie. Nous avons parlé fort en détail (à l'article PAYS-BAS.) des difcuffions des Etats-Généraux & de l'empereur au fujet de l'Efcaut: nous avons dit par quels facrifices les *Provinces-Unies* ont acheté la paix; mais comment malgré les prétentions de l'empereur qui paroiffoient inflexibles, l'Efcaut eft refté fermé.

La Pologne n'a prefque aucune relation directe avec la Hollande. Les productions & marchandifes de ces deux pays fe tirent par la voie de l'Allemagne, ou par la Pruffe, ou par Dantzick. Lorfque le trône a été vacant, la Hollande a tâché fouvent, par la voie de la négociation, d'y faire placer un candidat felon fes vues; mais depuis que la Ruffie, l'Autriche & la Pruffe dominent en Pologne, les *Provinces-Unies* hafarderont peu de négociations, relativement à ce royaume.

Le Dannemarc a de grands rapports de commerce avec la Hollande : fans parler du péage du Sund, qui rend le Dannemarc à certains égards maître de la navigation dans la Baltique, les hollandois en tirent une quantité confidérable de mâts de vaiffeaux, de planches, de futailles, de goudron, & d'autres productions de la Norwege. Les pays, en revanche, qui font fous la domination du roi de Dannemarc, achètent beaucoup d'ouvrages des manufactures hollandoifes, beaucoup d'épiceries, &c. Ce commerce réciproque s'eft fort accru depuis l'année 1726, époque où le roi de Dannemarc défendit dans fes états l'entrée de toutes les marchandifes venant de Hambourg. Les négocians danois, depuis cette époque, fe font accoutumés à fe pourvoir de tout en Hollande. Deux objets cependant donnent de la jaloufie aux *Provinces-Unies*, & pourront peut-être dans la fuite caufer de la méfintelligence entre elles & le Dannemarc. Le premier eft la pêche de la morue fur les côtes d'Iflande, que les hollandois réclament, & que les danois leur conteftent. En 1740, les gardes-côtes prirent cinq bâtimens de pêcheurs hollandois, & les menèrent à Copenhague. Les miniftres de la république fe plaignirent, on publia de part & d'autre plufieurs mémoires. Les deux puiffances commencèrent même à armer des vaiffeaux pour foutenir leur caufe; & tout fembloit fe difpofer à une rupture, lorfque, par la médiation de la Suède, cette affaire s'arrangea : mais la dicuffion peut recommencer. Le fecond objet eft l'établiffement de la compagnie danoife des Indes orientales. Il eft fûr qu'elle nuit au commerce des Indes de la république, non fur la vente des épiceries dont les hollandois font feuls en poffeffion, mais fur les porcelaines, le thé, les toiles de coton, les indiennes, les étoffes de la Chine, &c. dont le Dannemarc approvifionne maintenant une partie du nord & des provinces feptentrionales de l'Allemagne. Il eft naturel que les hollandois foient jaloux des progrès de ce commerce, mais de quel droit voudroient-ils l'empêcher ? Des politiques prétendent que les républiques confédérées doivent ménager le Dannemarc, par rapport aux troupes auxiliaires qu'elles peuvent obtenir de cette puiffance; que le roi de Dannemarc eft en état de fournir, moyennant de bons fubfides, plus de douze mille hommes : mais il eft peu de circonftances où la foibleffe de ce royaume lui permette de vendre fes foldats.

La Suède a prefque avec la Hollande les mêmes rapports que le Dannemarc. Maîtreffe de l'autre rive du Sund, elle en peut difputer le paffage. Outre les bois, elle fournit à la Hollande, le chanvre, le cuivre, le fer & plufieurs autres productions de la Norwège fuédoife. Ces articles font néceffaires à la navigation des *Provinces-Unies*. Les loix fomptuaires qui ont été rigoureufes en Suède, empêchoient ce royaume de

tirer beaucoup de marchandifes de la Hollande; mais le cabinet de Stocholm ne paroît plus avoir aujourd'hui les mêmes principes fur le luxe. La compagnie des Indes de Gottenbourg, fait le même commerce, a le même débit, elle eft fondée d'après les mêmes vues que celle de Copenhague; & on peut lui appliquer ce que nous difions tout-à-l heure. Les liaifons de la Suède avec la France devroient refferrer les liaifons entre la Suède & les *Provinces-Unies*, fi le traité d'alliance de celles-ci, avec le cabinet de Verfailles continuoit. L'alliance avec la Suède peut d'ailleurs être d'un grand poids pour l'équilibre du nord, & par cette confidération, les Etats-Généraux doivent cultiver fon amitié, & y entretenir un miniftre qui veille à leurs intérêts.

La Ruffie a formé depuis un demi-fiècle de fi grandes liaifons avec les autres puiffances de l'Europe, & fa puiffance s'eft tellement accrue dans le nord; que toute l'Europe la ménage aujourd'hui, & recherche les moyens de vivre en bonne intelligence avec elle. Les intérêts de commerce incitent la Hollande en particulier à fuivre cette maxime. Car la cour de Ruffie, où le luxe règne avec excès, fans qu'il y ait de bonnes manufactures, retire tous les ans des hollandois une prodigieufe quantité de toutes fortes de marchandifes, & ceux-ci tirent en revanche beaucoup de productions de la Mofcovie. Le chanvre, le cuir, font, par exemple, des articles importans. Les hollandois y chargent auffi des viandes falées; le bœuf de Mofcovie étant plus abondant & à beaucoup meilleur marché que celui d'Irlande & des autres contrées. Nous avons parlé ailleurs de l'influence que la Ruffie a dans les affaires générales de l'Europe.

La Porte peut favorifer les vues de la Hollande, ou les contrarier de plufieurs manières, fur-tout lorfque cette dernière eft en méfintelligence avec la maifon d'Autriche. La Hollande fait un commerce confidérable à Smyrne, à Conftantinople, à Scandrone ou Alexandrette, & dans toutes les échelles du levant. On y trouve des comptoirs hollandois. Tant de motifs engagent la république à entretenir un ambaffadeur à la Porte, qui y veille aux intérêts de la Hollande & à ceux des particuliers.

Les pirates de la côte de Barbárie ont caufé autrefois de grands dommages au commerce des hollandois, en s'emparant des vaiffeaux marchands de cette nation, & fur-tout de ceux qui faifoient voile fur la Méditerranée; mais aujourd'hui les *Provinces-Unies* font en paix avec Alger, Maroc, Salé & Tunis; &, quelque négligée que foit la marine des hollandois, ils ont toujours affez de moyens pour faire refpecter leur pavillon, & châtier les pirates.

Traité

Traité d'alliance entre sa majesté le roi de France & les Etats-Généraux des Provinces-Unies des Pays-Bas, signé à Fontainebleau le 10 novembre 1785.

Au nom de la très-sainte et indivisible Trinité, Père, Fils, et Saint-Esprit, ainsi soit-il.

Soit notoire à ceux qu'il appartiendra, où peut appartenir en manière quelconque.

Les marques d'amitié & d'affection que sa majesté le roi très-chrétien n'a cessé de donner aux *Provinces-Unies* des Pays-Bas, & les services qu'elle leur a rendus dans des circonstances importantes, ont consolidé la confiance de leurs hautes puissances dans les principes de justice & de magnanimité de sadite majesté très-chrétienne, & elles lui ont inspiré le desir de s'attacher à elle par des liens propres à assurer d'une manière solide & permanente.

Sa majesté très-chrétienne s'est portée d'autant plus volontiers à accueillir le vœu de leurs hautes puissances qu'elle prend un intérêt véritable à la prospérité des *Provinces-Unies*, & que l'union qu'il s'agit de contracter avec elles, étant purement défensive, ne tendra au préjudice d'aucune autre puissance, & n'aura d'autre objet que de rendre plus stable la paix entre ses états & ceux de leurs hautes puissances, & de contribuer en même-tems au maintien de la tranquillité générale.

Article premier.

Il y aura une amitié & une union sincères & constantes entre sa majesté très-chrétienne, ses héritiers & successeurs & les *Provinces-Unies* des Pays-Bas. — Les hautes parties contractantes apporteront en conséquence la plus grande attention à maintenir entr'elles & leurs états & sujets respectifs, une amitié & bonne correspondance réciproques, sans permettre que de part ni d'autre l'on commette aucune sorte d'hostilité, pour quelque cause, ou sous quelque prétexte que ce puisse être, en évitant tout ce qui pourroit à l'avenir altérer l'union & la bonne intelligence heureusement établies entr'elles, & en donnant au contraire tous leurs soins à procurer en toute occasion leur utilité, honneur & avantages mutuels.

II.

Le roi très-chrétien & les seigneurs Etats-Généraux se promettent de contribuer autant qu'il sera en leur pouvoir à leur sûreté respective, de se maintenir & conserver mutuellement en la tranquillité, paix & neutralité, ainsi que la

possession actuelle de tous leurs états, domaines, franchises & libertés, & de se préserver l'un l'autre de toute aggression hostile, dans quelque partie du monde que ce puisse être. Et pour d'autant mieux fixer l'étendue de la garantie dont se charge le roi très-chrétien, il est expressément convenu qu'elle comprendra nommément les traités de Munster de 1648, & d'Aix-la-Chapelle de 1748, sauf les dérogations que les deux traités ont éprouvées, ou pourront éprouver à l'avenir.

III.

En conséquence de l'engagement contracté par l'article précédent, les deux hautes parties contractantes travailleront toujours de concert pour le maintien de la paix, & dans le cas où l'une d'elles seroit menacée d'une attaque, l'autre employera d'abord ses bons offices pour prévenir les hostilités, & ramener les choses dans les voies de la conciliation.

IV.

Mais si les bons offices ci-dessus énoncés n'ont pas l'effet desiré, dans ce cas sa majesté très-chrétienne & leurs hautes puissances s'obligent dès-à-présent à se secourir mutuellement tant par terre que par mer. Pour quel effet le roi très-chrétien fournira à la république dix mille hommes d'infanterie, deux mille hommes de cavalerie, douze vaisseaux de ligne & six frégates; & leurs hautes puissances dans le cas d'une guerre maritime, ou dans tous les cas où sa majesté très-chrétienne éprouveroit des hostilités par mer, fourniront six vaisseaux de ligne & trois frégates; & dans le cas d'une attaque du territoire françois, les Etats-Généraux fourniront leur contingent de troupes en argent, lequel sera évalué par un article ou convention séparé, à moins qu'ils ne préfèrent de le fournir en nature. L'évaluation se fera sur le pied suivant, savoir cinq mille hommes d'infanterie & mille de cavalerie.

V.

La puissance qui fournira les secours, soit en vaisseaux & frégates, soit en troupes, les paiera & entretiendra par-tout où son alliée les fera agir, & la puissance requérante sera obligée, soit que lesdits vaisseaux, frégates & troupes restent peu ou long-tems dans ses ports, de les faire pourvoir de tout ce dont ils auront besoin, au même prix que s'ils lui appartenoient en propriété; il a été convenu que dans aucun cas lesdites troupes ou vaisseaux ne pourront être à la charge de la partie requérante, & qu'ils demeureront néanmoins à sa disposition pendant toute la durée de la guerre dans laquelle elle se trouvera engagée. Le fecours dont il s'agit fera, quant à la police, fous les ordres du chef qui le commandera, & il ne pourra être employé féparément ni autrement, que de concert avec ledit chef; quant aux opérations, il fera entiérement foumis aux ordres du commandant en chef de la puiffance requérante.

V I.

Le roi très-chrétien & les feigneurs Etats-Généraux s'obligent à tenir complets & bien armés les vaiffeaux, frégates & troupes qu'ils fourniront réciproquement; de forte qu'auffi-tôt que la puiffance requife aura fourni les fecours ftipulés par l'article IV, elle fera armer dans fes ports un nombre de vaiffeaux de ligne & de frégates, égal à celui énoncé dans le même article, pour remplacer fur-le-champ ceux qui pourroient être perdus par les événemens de la guerre ou de la mer.

V I I.

Dans le cas où les fecours ftipulés ci-deffus ne feroient pas fuffifans pour la défenfe de la puiffance requérante, & pour lui procurer une paix convenable, la puiffance requife les augmentera fucceffivement felon les befoins de fon alliée. Elle l'affiftera même de TOUTES SES FORCES fi les circonftances le requièrent; mais il eft convenu expreffément que dans tous les cas le contingent des feigneurs Etats-Généraux en troupes de terre, n'excédera pas l'évaluation de vingt mille hommes d'infanterie, & de quatre mille de cavalerie, & la réferve faite dans l'article IV, en faveur des feigneurs Etats-Généraux, à l'égard des troupes de terre, aura fon application.

V I I I.

Lorfqu'il fe déclarera une guerre maritime à laquelle les deux hautes parties contractantes ne prendront aucune part, elles fe garantiront mutuellement la liberté des mers, conformément au principe qui veut que *pavillon ami fauve marchandife ennemie*: fauf toutesfois les exceptions énoncées dans les articles XIX & XX du traité de commerce, figné à Utrecht le 11 avril 1713, entre la France & les *Provinces-Unies*, lefquels articles auront la même force, & valeur que s'ils étoient inférés mot à mot dans le préfent traité,

I X.

Si (ce qu'à Dieu ne plaife) l'une des deux hautes parties contractantes fe trouve engagée dans une guerre à laquelle l'autre fe trouvera dans le cas de prendre une part directe, elles concerteront entr'elles les opérations qu'il conviendra

de faire pour nuire à l'ennemi commun, & pour l'obliger à la paix; & elles ne pourront défarmer, faire ou recevoir des propofitions de paix ou de trêve, que d'un commun accord; & dans le cas où il s'ouvriroit une négociation, elle ne pourra être commencée & fuivie par l'une des deux hautes parties contractantes, fans la participation de l'autre, & elles fe donneront fucceffivement communication de tout ce qui fe paffera en ladite négociation.

X.

Les deux hautes parties contractantes dans la vue de remplir efficacement les engagemens qui font l'objet du préfent traité s'obligent d'entretenir en tout-tems leurs forces en bon état, & elles auront la faculté de fe demander réciproquement tous les éclairciffemens qu'elles pourront defirer à cet égard; elles fe confieront également l'état de défenfe où fe trouveront leurs établiffemens militaires, & concerteront entr'elles les moyens d'y pourvoir.

X I.

Les deux hautes parties contractantes fe communiqueront de bonne foi les engagemens qui peuvent exifter entr'elles & d'autres puiffances de l'Europe, lefquelles doivent demeurer dans toute leur intégrité, & elles fe promettent de ne contracter à l'avenir aucune alliance & aucun engagement, de quelque nature qu'ils puiffent être, qui feroient contraires directement ou indirectement au préfent traité.

X I I.

L'objet du préfent traité étant non-feulement la fûreté & la tranquillité des deux hautes parties contractantes, mais auffi le maintien de la paix générale, fa majefté très-chrétienne, & leurs hautes puiffances fe font refervé la liberté d'appeller de concert telles puiffances qu'elles jugeront à propos à participer & à accéder au préfent traité,

X I I I.

Pour d'autant mieux cimenter la bonne correfpondance & l'union entre les nations françoifes & hollandoifes, il eft convenu, en attendant que les deux hautes parties contractantes faffent entr'elles un traité de commerce, que les fujets de la république feront traités en France relativement au commerce & à la navigation, comme la nation la plus favorifée; il en fera ufé de même dans les *Provinces-Unies* à l'égard des fujets de fa majefté très-chrétienne.

XIV.

Les ratifications folemnelles du préfent traité, expédiées en bonne & due forme, feront échangées en la ville de Verfailles, entre les hautes parties contractantes dans l'efpace de fix femaines, ou plutôt, fi faire fe peut, à compter du jour de la fignature du préfent traité.

Ce traité contient les articles feparés que voici:

ARTICLE PREMIER.

Dans le cas où la puiffance requérante voudra employer hors de l'Europe le fecours qui devra lui être fourni, elle fera obligée d'en prévenir auffi-tôt qu'il fera poffible, & au plus tard dans trois mois la partie requife, afin que celle-ci puiffe prendre fes mefures en conféquence.

II.

En conféquence de l'article IV du traité d'alliance figné ce jour, les hautes parties font convenues que mille hommes d'infanterie feront évalués à dix mille florins courant de Hollande par mois, & mille hommes de cavalerie à trente mille florins même valeur également par mois.

III.

En vertu de l'alliance contractée cejourd'hui,

tan fa majefté très-chrétienne que les feigneurs Etats-Généraux, procureront & avanceront fidellement le bien & la profpérité l'un de l'autre par tout fupport, aide, confeils, affiftance réelle en toute occafion & en tout tems, & ne confentiront à aucuns traités & négociations qui pourroient apporter du dommage à l'un ou à l'autre, mais les rompront & détourneront, & en donneront avis réciproquement avec foin & fincérité, auffi-tôt qu'ils en auront connoiffance.

IV.

Il eft eft expreffément convenu que la garantie ftipulée par l'article II du traité figné cejourd'hui, comprendra l'arrangement qui eft fait: fous la médiation du roi très-chrétien, entre l'empereur & les *Provinces-Unies*.

V.

Les préfens articles féparés auront la même force & vigueur, que s'ils étoient inférés dans le corps du fufdit traité d'alliance figné cejourd'hui.

Voyez les articles BATAVIA, JAVA, CEYLAN, CAP DE BONNE-ESPÉRANCE, MOLUQUES, GUYANE, SURINAM, EUSTACHE (St.), SUMATRA, &c,

FIN du Tome troifième.

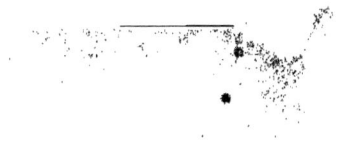

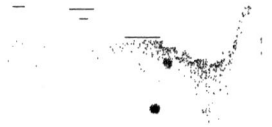